NomosHandkommentar

Prof. Dr. Christofer Lenz, Rechtsanwalt
Fachanwalt für Verwaltungsrecht, Stuttgart

Ronald Hansel
Richter am Arbeitsgericht Wuppertal

Bundesverfassungs-gerichtsgesetz

4. Auflage

Nomos

Zitiervorschlag: Lenz/Hansel § ... Rn. ...

Die Deutsche Nationalbibliothek verzeichnet diese Publikation in der Deutschen Nationalbibliografie; detaillierte bibliografische Daten sind im Internet über http://dnb.d-nb.de abrufbar.

ISBN 978-3-7560-1504-7

4. Auflage 2024

Vorwort zur 4. Auflage

Dieser Kommentar will Ihnen helfen, in Karlsruhe erfolgreich zu sein. Wenn Sie als Rechtsanwältin oder Rechtsanwalt eine Verfassungsbeschwerde oder ein anderes verfassungsgerichtliches Verfahren als Bevollmächtigte betreuen, dann sollten Sie nicht im Gestrüpp des Verfassungsprozessrechts hängen bleiben. Dasselbe gilt für die Richterinnen und Richter, die den dornenreichen Weg einer Richtervorlage nach Art. 100 Abs. 1 GG gehen. Auch sie wollen nicht am Prozessrecht scheitern. Mit dieser Zielsetzung haben wir den Kommentar auch in der 4. Auflage aus unserer eigenen anwaltlichen und richterlichen Erfahrung geschrieben, also aus der Praxis für die Praxis.

Dabei führen wir das seit der ersten Auflage 2013 verfolgte Konzept fort, weil es am Markt, bei den Rezensenten und wohl sogar beim Gericht gut ankommt.

Deshalb haben wir auch diesmal den Schwerpunkt auf die Spruchpraxis der Kammern des Bundesverfassungsgerichts gesetzt. Hier waren seit der letzten Auflage im Frühjahr 2020 über 1.000 Entscheidungen zu sichten und einzuarbeiten. Denn wir wollen das Verfassungsprozessrecht so schildern, wie es die heutigen Richterinnen und Richter des Bundesverfassungsgerichts und ihre Wissenschaftlichen Mitarbeiter tatsächlich handhaben.

Wir geben aber nicht nur wieder und analysieren, sondern wir zeigen auch Weiterentwicklungsmöglichkeiten auf und präsentieren eigene Lösungen. Der Präsident eines Landesverfassungsgerichts hat in einer Rezension zu einer Vorauflage seinen Eindruck von unserer Vorgehensweise wie folgt beschrieben: „Selten gelingt es einem Kommentar, sich so sehr von der vorgefundenen Kommentierungstradition zu lösen und eine gänzlich eigenständige, durch und durch originelle Bearbeitung vorzunehmen. Der Leser hat immer wieder den Eindruck, dass die Kommentatoren als erstes sorgfältig das Gesetz gelesen, es gründlich durchdacht und erst danach ihre Erkenntnisse mit der Rechtsprechung und anderen Kommentierungen abgeglichen haben." Das ist sicher sehr freundlich formuliert, wir erkennen aber unsere Vorgehensweise wieder.

Inhaltlich ist der Kommentar auf dem Stand von Rechtsprechung und Gesetzgebung zum 23.5.2024, dem 75. Geburtstag des Grundgesetzes. Wir erläutern aber schon die neuen, seit August 2024 geltenden Regelungen des elektronischen Rechtsverkehrs beim Bundesverfassungsgericht und ihre Vorgaben insbesondere für Rechtsanwälte.

Das Bundesverfassungsgericht ist ein mächtiges Gericht, weil es starke Kompetenzen hat und diese auch selbstbewusst ausübt. Besonders nachhaltig ist die Wirkung der Entscheidung des Zweiten Senats vom 15.11.2023, mit der das Zweite Nachtragshaushaltsgesetz 2021 für nichtig erklärt und die verfassungsrechtliche Schuldenbremse (Art. 109 Abs. 3, 115 Abs. 2 GG) gegenüber Bundestag und Bundesregierung durchgesetzt worden ist. Da in vielen Bundesländern vergleichbar gesündigt wurde, sind die Verantwortlichen in nahezu allen Parteien robust zur Einhaltung der verfassungsrechtlichen Vorgaben für den Umgang mit den von der Bevölkerung aufgebrachten Mitteln angehalten worden.

In einem gewissen Gegensatz zu dieser Stärke des Bundesverfassungsgerichts gegenüber den anderen Verfassungsorganen steht, dass in der Politik an Verfassungsänderungen zum Schutz des Bundesverfassungsgerichts gearbeitet wird.

Mit Drucklegung haben sich das Bundesministerium der Justiz sowie die Fraktionen von SPD, BÜNDNIS 90/DIE GRÜNEN, FDP und CDU/CSU auf einen gemeinsamen Vorschlag zur Stärkung der Resilienz des Bundesverfassungsgerichts geeinigt. Die Einigung sieht vor, die im BVerfGG verankerten Regelungen zum Status des Gerichts, zur Amtszeit, Altersgrenze und Zahl der Richter, zur Zahl der Senate, zum Ausschluss der Wiederwahl der Richter, zur Regelung der Fortführung der Amtsgeschäfte bis zur Wahl eines Nachfolgers sowie zur Bindungswirkung der Entscheidungen und der Geschäftsordnungsautonomie des Gerichts im Grundgesetz zu verankern. Wesentliche Strukturen der Arbeit des Bundesverfassungsgerichts sollen so dem einfachen Gesetzgeber entzogen und unmittelbar in der Verfassung, voraussichtlich in Art. 94 GG, geregelt werden. All das ist sinnvoll, führt aber abgesehen von der „Hochzonung“ auf die Ebene des Verfassungsrecht nichts dazu, dass sich inhaltlich etwas ändert. Insofern stellen die in diesem Kommentar vorgenommenen Erläuterungen zur einfachen Rechtslage auch schon eine Kommentierung der in Entstehung befindlichen neuen Verfassungsnormen dar.

Weiterhin geeinigt haben sich die Regierungsparteien und die Unionsfraktion auf eine verfassungsrechtliche „Öffnungsklausel“ zur Schaffung eines Ersatzwahlmechanismus für die Neubesetzung von Richtern für den Fall, dass eine Sperrminorität im Bundestag oder Bundesrat eine Richternachwahl blockiert. Die Neuregelung selbst soll voraussichtlich „nur“ in das BVerfGG, nicht in die Verfassung aufgenommen werden. Insoweit dürfte es im Zuge der Änderung des Grundgesetzes dann auch zu einer Änderung des Textes des Gesetzes über das Bundesverfassungsgericht kommen. Mögliche Implikationen haben wir schon in → § 5 Rn. 5 ff. erörtert und erläutert.

Ob, in welchem Umfang und mit welchen weiteren Regelungen aus den zwischen den Fraktionen verabredeten Eckpunkten tatsächlich geltendes Verfassungsrecht wird, ist noch nicht absehbar, weshalb wir darauf in der Kommentierung bei den einzelnen Vorschriften des Gesetzes nicht näher eingehen. Noch nicht endgültig entschieden scheint die heikle Frage zu sein, ob auch die derzeit nur einfach-gesetzlich in § 6 und § 7 BVerfGG geregelte Zwei-Drittel-Mehrheit für die Wahl der Richter des Bundesverfassungsgerichts in der Verfassung festgeschrieben werden soll. Einen solchen Schritt sollte sich die Politik gut überlegen. Die Verankerung von Zwei-Drittel-Mehrheiten für die Richterwahl in der Verfassung schützt zwar davor, dass eine einfache parlamentarische Mehrheit das Bundesverfassungsgericht einseitig besetzen kann. Die logisch vorgelagerte Gefahr besteht aber darin, dass es zu einer Blockade der Verfassungsrichterwahl durch ein Drittel des Bundestages kommt, wenn eine oder auch mehrere nicht integrationsfähige oder verfassungsfeindliche Tendenzen aufweisende Parteien so stark werden. Die Wahrscheinlichkeit dieses Szenarios ist deutlich größer als das einer verfassungsfeindlichen Mehrheit. Das Blockadepotential einer nicht integrationsfähigen Minderheit von mehr als einem Drittel im Deutschen Bundestag könnte zwar durch einen Rückgriff auf den Bundesrat bei der Richterwahl teilweise entschärft werden, aber auch das hat Nachteile und bietet keine vollständige Sicherheit.

So sinnvoll einzelne Absicherungen des Bundesverfassungsgerichts und seiner Arbeitsweise und Unabhängigkeit im Verfassungstext sein mögen, so klar ist doch eins: Eine funktionierende und unabhängige, nur dem Grundgesetz verpflichtete Verfassungsgerichtsbarkeit gibt es letztlich nicht gegen, sondern nur mit großen demokratischen Mehrheiten in der Bevölkerung. Verteidigung des Rechtsstaats bedeutet in Bezug auf das Bundesverfassungsgericht demokratische Wahlentscheidungen für die Parteien, die fest auf dem Boden des Grundgesetzes stehen und die freiheitlich demokratische Grundordnung in den letzten 75 Jahren oder in Teilen davon geprägt und getragen haben.

Es kommt also auf die Bürger an. Das Bundesverfassungsgericht ist ihr Gericht, weil es ihre Grundrechte gegen staatliche Übergriffe schützt. Das Bundesverfassungsgericht ist ein Bürgergericht aber auch in dem Sinne, dass es vom Wahlverhalten der Bürger abhängt, ob das Bundesverfassungsgericht seine Aufgaben auch in Zukunft so erfolgreich und am Grundgesetz orientiert ausüben kann wie in der Vergangenheit. Wir sind da zuversichtlich.

Wie immer danken wir unseren Familien und Freunden und allen Kollegen bei OPPENLÄNDER Rechtsanwälte und bei Gericht, die uns auch bei der 4. Auflage unterstützt und verständnisvoll begleitet haben. Ein großes Dankeschön geht wiederum an Dorothee Gschwender, die unsere Texte gemanagt und in weiten Teilen auch geschrieben hat. Und natürlich ist uns unser Lektor Matthias Knopik über die Jahre ans Herz gewachsen. Da niemand fehlerfrei ist, freuen wir uns weiterhin über Hinweise an Lenz@oppenlaender.de.

Stuttgart/Köln, im Juli 2024

Christofer Lenz

Ronald Hansel

Vorwort zur 1. Auflage

Recht haben ist das eine, Recht bekommen das andere. Im Verfassungsrecht hängt das „Recht bekommen" davon ab, dass man sich in den Fallstricken des Verfassungsprozessrechts nicht verheddert. Dazu will dieser Kommentar zum Gesetz über das Bundesverfassungsgericht beitragen.

Der Kommentar ist neu und er hat drei charakteristische Eigenschaften.

Er will schneller und direkter zum Punkt kommen, verzichtet deshalb auf von den einzelnen Vorschriften gelöste Einleitungen und Vorbemerkungen, und auf Darstellungen der Entstehungsgeschichte. Statt dessen konzentriert sich der Kommentar auf das, was den Praktiker tatsächlich interessiert: Die Darstellung des Norminhalts anhand der einzelnen Tatbestandsmerkmale und Rechtsfolgen, wie er sich in der Rechtspraxis bis zum 1.10.2012 herauskristallisiert hat.

Im Mittelpunkt steht dabei – das ist das zweite Charakteristikum des Kommentars – die Rechtsprechung des Bundesverfassungsgerichts, und zwar nicht nur die der Senate, sondern vor allen Dingen die Spruchpraxis der Kammern. Dabei haben wir uns auf die Kammerentscheidungen seit dem Jahr 2000 und auf die Senatsentscheidungen seit dem 100. Band der amtlichen Sammlung konzentriert. Denn das sind die Entscheidungen, an denen sich die aktuellen Richter und Wissenschaftlichen Mitarbeiter des Bundesverfassungsgerichts heute tatsächlich orientieren. Aus unserer Sicht richtige oder jedenfalls gewichtige Gegenpositionen sind aber deutlich benannt.

Und die dritte Besonderheit ist, dass wir den gesamten Text gemeinsam geschrieben haben. Der Kommentierung jedes Paragrafen liegt deshalb eine doppelte Sichtweise zugrunde: Einmal von außen, also durch die Brille des seit über 15 Jahren im Verfassungsprozessrecht tätigen Rechtsanwalts, zum anderen von innen, also aus der Erfahrung als langjähriger Wissenschaftlicher Mitarbeiter im Ersten Senat des Bundesverfassungsgerichts.

Diese doppelte Perspektive in das Gericht hinein und aus dem Gericht heraus ist ergänzt durch eine vergleichende Heranziehung von Regelungen und Handhabungen des Prozessrechts beim Europäischen Gerichtshof für Menschenrechte (EGMR) in Straßburg und beim Gerichtshof der Europäischen Union (EuGH) in Luxemburg.

Wir danken unserem Lektor Prof. Dr. Johannes Rux für den Anstoß zu diesem Kommentar, Herrn Prof. Dr. Bryde und den Mitarbeitern seines früheren Dezernats im Bundesverfassungsgericht für unzählige anregende Diskussionen, den Partnern bei OPPENLÄNDER Rechtsanwälte für ihre verständnisvolle Rücksichtnahme auf unser Projekt und vor allen Dingen Frau Dorothee Gschwender, die unsere Texte teils geschrieben, teils in Form gebracht hat. Alle Fehler verantworten wir selbst und freuen uns über Hinweise an lenz@oppenlaender.de.

Wir widmen diesen Kommentar den Menschen, die uns glücklich machen, in erster Linie Jaroslava und Walter Hansel, Dr. Gabriela Lenz mit Fabian und Anton und der Erinnerung an ihren kleinen Bruder Peter.

Stuttgart/Köln, im November 2012

Christofer Lenz

Ronald Hansel

Vorwort zur 1. Auflage

Inhaltsverzeichnis

Literaturverzeichnis (Auswahl aus dem Schrifttum)

Barczak, BVerfGG, 2018

Becker/Lange, Linien der Rechtsprechung des Bundesverfassungsgerichts, Band 3, 2014

Benda/Klein, Verfassungsprozessrecht, 4. Aufl. 2020

Burkiczak/Dollinger/Schorkopf, BVerfGG, 2. Aufl. 2021

Dörr/Lenz, Europäischer Verwaltungsrechtsschutz, 2. Aufl. 2019

Dreier, Grundgesetz, Band 1: 4. Aufl. 2023, Band 2: 3, Aufl. 2015, Band 3: 3. Aufl. 2018

Dürig/Herzog/Scholz, Grundgesetz, Loseblatt, 103. Edition, Stand: 2024

Emmenegger/Wiedmann, Linien der Rechtsprechung des Bundesverfassungsgerichts, Band 2, 2011

Epping/Hillgruber, BeckOK GG, 57. Edition 2024 (Dezember 2023)

Epping/Hillgruber, Grundgesetz, 3. Aufl. 2020

Friauf/Höfling, Berliner Kommentar zum Grundgesetz, 3, Aufl., 2023

Hömig/Wolff, Grundgesetz, 13. Aufl. 2022

Huber/Voßkuhle, Grundgesetz, 8. Aufl. 2024

Jahn/Krehl/Löffelmann/Güntge, Die Verfassungsbeschwerde in Strafsachen, 2. Aufl. 2017

Jarass/Pieroth, Grundgesetz, 18. Aufl. 2024

Kahl/Waldhoff/Walter, Bonner Kommentar zum Grundgesetz, Loseblatt, 223. Edition, Stand: 2024

Karpenstein/Mayer, EMRK, 3. Aufl. 2022

Lechner/Zuck, BVerfGG, 8. Aufl. 2019

Lenz, Rechtsschutz vor europäischen Gerichten, in: Quaas/Zuck/Funke-Kaiser, Prozesse in Verwaltungssachen, 3. Aufl. 2018, S. 1003–1048

Meyer-Ladewig/Nettesheim/von Raumer, EMRK, 5. Aufl. 2023

Modrzejewski/Naumann, Linien der Rechtsprechung des Bundesverfassungsgerichts, Band 5, 2019

Rensen/Brink, Linien der Rechtsprechung des Bundesverfassungsgerichts, Band 1, 2009

Sachs, Grundgesetz, 9. Aufl. 2021

Scheffczyk/Wolter, Linien der Rechtsprechung des Bundesverfassungsgerichts, Band 4, 2017

Schlaich/Korioth, Das Bundesverfassungsgericht, 12. Aufl. 2021

Schmidt-Bleibtreu/Klein/Bethge, BVerfGG, 57. Edition, Stand: 2019

Walter/Grünewald, BeckOK BVerfGG, 16, Aufl. 2023

Zuck, Das Recht der Verfassungsbeschwerde, 5. Aufl. 2017

Zuck, Verfassungsprozessrecht, in: Quaas/Zuck/Funke-Kaiser, Prozesse in Verwaltungssachen, 3. Aufl. 2018, S. 930–1002

Abkürzungsverzeichnis

aA	anderer Ansicht
aaO	am angegebenen Ort
abl.	ablehnend
Abs.	Absatz
Abschn.	Abschnitt
abw.	abweichend
aE	am Ende
AEUV	Vertrag über die Arbeitsweise der Europäischen Union
aF	alte Fassung
AG	Amtsgericht
allg.	allgemein
allgA	allgemeine Ansicht
allg M	allgemeine Meinung
Alt.	Alternative
aM	anderer Meinung
Anh.	Anhang
Anm.	Anmerkung
AnwBl	Anwaltsblatt
AöR	Archiv des öffentlichen Rechts
AR	Allgemeines Register
ArbGG	Arbeitsgerichtsgesetz
Art.	Artikel
Aufl.	Auflage
ausdr.	ausdrücklich
ausf.	ausführlich
Az.	Aktenzeichen
BAG	Bundesarbeitsgericht
BB	Betriebs-Berater
BBG	Bundesbeamtengesetz
Bd.	Band
BDSG	Bundesdatenschutzgesetz
BeamtVG	Gesetz über die Versorgung der Beamten und Richter des Bundes
Begr.	Begründung
Bek.	Bekanntmachung
ber.	berichtigt
bes.	besonders
Beschl.	Beschluss
BFH	Bundesfinanzhof
BGB	Bürgerliches Gesetzbuch
BGBl.	Bundesgesetzblatt
BGH	Bundesgerichtshof
BGHZ	Entscheidungen des Bundesgerichtshofs in Zivilsachen
BHO	Bundeshaushaltsordnung
BRAO	Bundesrechtsanwaltsordnung
bspw.	beispielsweise
BT-Drs.	Bundestags-Drucksache

Buchst.	Buchstabe
BVerfG	Bundesverfassungsgericht
BVerfGAmtsGehG	Gesetz über das Amtsgehalt der Mitglieder des Bundesverfassungsgerichts
BVerfGE	Entscheidungen des Bundesverfassungsgerichts
BVerwG	Bundesverwaltungsgericht
BVFG	Gesetz über die Angelegenheiten der Vertriebenen und Flüchtlinge
BvQ	Aktenzeichen des Bundesverfassungsgerichts in Verfahren der einstweiligen Anordnung
BvR	Aktenzeichen des Bundesverfassungsgerichts in Verfassungsbeschwerdesachen
BWG	Bundeswahlgesetz
BWO	Bundeswahlordnung
bzgl.	bezüglich
bzw.	beziehungsweise
CDU	Christlich Demokratische Union
ders.	derselbe
dh	das heißt
Dok.	Dokument
DRiG	Deutsches Richtergesetz
Drs.	Drucksache
DVBl	Deutsches Verwaltungsblatt
E	Entwurf
ebd.	ebenda
EFSF	Europäische Finanzstabilisierungsfazilität
EG	Europäische Gemeinschaft; Erwägungsgrund
EGMR	Europäischer Gerichtshof für Menschenrechte
Einf.	Einführung
eingetr.	eingetragen
Einl.	Einleitung
einschl.	einschließlich
einschr.	einschränkend
EL	Ergänzungslieferung
EMRK	Konvention zum Schutze der Menschenrechte und Grundfreiheiten (Europäische Menschenrechtskonvention)
Entsch.	Entscheidung
entspr.	entsprechend
Erkl.	Erklärung
Erl.	Erlass; Erläuterung
ESM	Europäischer Stabilitätsmechanismus
etc	et cetera
EU	Europäische Union
EuGH	Europäischer Gerichtshof
EuGH-Satzung	Satzung des Gerichtshofs der Europäischen Union
EuGRZ	Europäische Grundrechtezeitschrift
EUR	Euro (bei Geldbeträgen)
EuR	Europarecht

eur.	europäisch
EUV	Vertrag über die Europäische Union
EuWG	Gesetz über die Wahl der Abgeordneten des Europäischen Parlaments aus der Bundesrepublik Deutschland
EZB	Europäische Zentralbank
eV	eingetragener Verein
evtl.	eventuell
f., ff.	folgende
FamFG	Gesetz über das Verfahren in Familiensachen und in den Angelegenheiten der freiwilligen Gerichtsbarkeit
FDP	Freie Demokratische Partei
FGO	Finanzgerichtshof
Fn.	Fußnote
geänd.	geändert
gem.	gemäß
GG	Grundgesetz
ggf.	gegebenenfalls
GKG	Gerichtskostengesetz
GO-BT	Geschäftsordnung des Deutschen Bundestages
GO-BVerfG	Geschäftsordnung des Bundesverfassungsgerichts
grds.	grundsätzlich
GVG	Gerichtsverfassungsgesetz
hA	herrschende Auffassung
HdB	Handbuch
hL	herrschende Lehre
hM	herrschende Meinung
Hrsg.	Herausgeber
Hs.	Halbsatz
iA	im Auftrag
idF	in der Fassung
idR	in der Regel
idS	in diesem Sinne
ieS	im engeren Sinne
iHv	in Höhe von
ILO	International Labour Organisation
inkl.	inklusive
insbes.	insbesondere
insg.	insgesamt
iS	im Sinne
iSd	im Sinne des
iSv	im Sinne von
iÜ	im Übrigen
iVm	in Verbindung mit
iwS	im weiteren Sinne
JBeitrO	Justizbeitreibungsordnung
JuS	Juristische Schulung
JZ	Juristenzeitung
Kap.	Kapitel

KG	Kammergericht
KPD	Kommunistische Partei Deutschlands
krit.	kritisch
LBG	Landesbeamtengesetz
LG	Landgericht
lit.	litera
Lit.	Literatur
LKRZ	Zeitschrift für Landes- und Kommunalrecht Hessen/Rheinland-Pfalz/Saarland
LRiG	Landesrichtergesetz
Ls.	Leitsatz
LVerfGG-SH	Landesverfassungsgerichtsgesetz Schleswig-Holstein
mAnm	mit Anmerkung
mE	meines Erachtens
mind.	Mindestens
Mitt.	Mitteilung(en)
mN	mit Nachweisen
mwN	mit weiteren Nachweisen
mWv	mit Wirkung von
mzN	mit zahlreichen Nachweisen
nrkr	nicht rechtskräftig
nv	nicht veröffentlicht
Nachw.	Nachweise
nF	neue Fassung
NJW	Neue Juristische Wochenschrift
NJW-RR	NJW-Rechtsprechungs-Report Zivilrecht
Nov.	Novelle
Nr.	Nummer
NSDAP	Nationalsozialistische Deutsche Arbeiterpartei
NVwZ	Neue Zeitschrift für Verwaltungsrecht
o.a.	oben angegeben, angeführt
oÄ	oder Ähnliches
og	oben genannt
OLG	Oberlandesgericht
OMT	Outright Monetary Transactions
OSZE	Organisation für Sicherheit und Zusammenarbeit in Europa
PartG	Parteiengesetz
PKGrG	Gesetz über die parlamentarische Kontrolle nachrichtendienstlicher Tätigkeit des Bundes
PUAG	Gesetz zur Regelung des Rechts der Untersuchungsausschüsse des Deutschen Bundestages
RdErl.	Runderlass
resp.	respektive
Rn.	Randnummer
RPflG	Rechtspflegergesetz
Rspr.	Rechtsprechung
RsprEinhG	Gesetz zur Wahrung der Einheitlichkeit der Rechtsprechung der obersten Gerichtshöfe des Bundes

RVG	Gesetz über die Vergütung der Rechtsanwältinnen und Rechtsanwälte
S.	Seite
s.	siehe
SGB	Sozialgesetzbuch
SGG	Sozialgerichtsgesetz
Slg	Sammlung
s. o.	siehe oben
sog	sogenannt/so genannt
s. u.	siehe unten
SPD	Sozialdemokratische Partei Deutschlands
SRP	Sozialistische Reichspartei
StabMechG	Gesetz zur Übernahme von Gewährleistungen im Rahmen eines europäischen Stabilisierungsmechanismus
StB	Der Steuerberater
StGB	Strafgesetzbuch
StGH	Staatsgerichtshof
StGHG-BW	Staatsgerichtshofsgesetz Baden-Württemberg
StPO	Strafprozessordnung
st. Rspr	ständige Rechtsprechung
Tz.	Textziffer
ua	unter anderem
UAbs.	Unterabsatz
uam	und anderes mehr
uä	und ähnlich
uÄ	und Ähnliches
uE	unseres Erachtens
umstr.	umstritten
UMTS	Universal Mobile Telecommunication System
UN	Vereinte Nationen (United Nations)
unstr.	unstreitig
usw	und so weiter
uU	unter Umständen
uVm	und Vieles mehr
v.	von/vom
VBlBW	Verwaltungsblätter für Baden-Württemberg
VerfGH	Verfassungsgerichtshof
VerfO-EGMR	Verfahrensordnung des Europäischen Gerichtshofs für Menschenrechte
VerfO-EuGH	Verfahrensordnung des Gerichtshofs der Europäischen Union
VG	Verwaltungsgericht
vgl.	vergleiche
vorl.	vorläufig
VV	Vergütungsverzeichnis
VwGO	Verwaltungsgerichtsordnung
wN	weitere Nachweise
WpÜG	Wertpapiererwerbs- und Übernahmegesetz
WPrüfG	Wahlprüfungsgesetz

WRV	Weimarer Reichsverfassung
zB	zum Beispiel
ZDF	Zweites Deutsches Fernsehen
Ziff.	Ziffer
zit.	zitiert
ZPO	Zivilprozessordnung
ZRP	Zeitschrift für Rechtspolitik
zT	zum Teil
zust.	zustimmend
zutr.	zutreffend
zw.	zweifelhaft
zzgl.	zuzüglich

Gesetz über das Bundesverfassungsgericht (Bundesverfassungsgerichtsgesetz – BVerfGG)

In der Fassung der Bekanntmachung vom 11. August 1993[1] (BGBl. I S. 1473) (FNA 1104-1)
zuletzt geändert durch Art. 1, Art. 2 Zehntes G zur Änd. des BundesverfassungsgerichtsG – Einführung des elektronischen Rechtsverkehrs mit dem Bundesverfassungsgericht vom 12. April 2024 (BGBl. 2024 I Nr. 121)

I. Teil
Verfassung und Zuständigkeit des Bundesverfassungsgerichts

§ 1 [Stellung und Sitz des Gerichts]

(1) Das Bundesverfassungsgericht ist ein allen übrigen Verfassungsorganen gegenüber selbständiger und unabhängiger Gerichtshof des Bundes.

(2) Der Sitz des Bundesverfassungsgerichts ist Karlsruhe.

(3) Das Bundesverfassungsgericht gibt sich eine Geschäftsordnung, die das Plenum beschließt.

1 Das Bundesverfassungsgericht ist das populärste und **erfolgreichste Gericht in Deutschland.** Drei Viertel der Bürger haben sehr viel oder ziemlich viel Vertrauen in das Bundesverfassungsgericht, was trotz eines gewissen Rückgangs in den letzten Jahren die hohen Werte der anderen Verfassungsorgane sowie der Fachgerichte klar übertrifft.[1] Das Bundesverfassungsgericht ist das zentrale Element, um die Bindung der öffentlichen Gewalt an das Grundgesetz und an dessen Grundrechte durchzusetzen. Zwar werden die verfassungsrechtlichen Vorgaben auch von allen anderen Gerichten des Bundes und der Länder angewandt und durchgesetzt. Im heikelsten Bereich, bei der Durchsetzung des Vorrangs der Verfassung gegenüber dem parlamentarischen Gesetzgeber (Art. 20 Abs. 3, Variante 1 GG), ist die Kontrollaufgabe aber, wie sich aus Art. 100 Abs. 1 GG ergibt, beim Bundesverfassungsgericht monopolisiert.

2 Seine enorme Durchsetzungsmacht verdankt das Bundesverfassungsgericht in erster Linie dem verfassungsrechtlich gesicherten, für „Jedermann" garantierten direkten Zugang, also dem Institut der Verfassungsbeschwerde (Art. 93 Abs. 1 Nr. 4 a GG, §§ 90 ff.). Die Karlsruher Akteure tun gut daran, dies bei der Handhabung des eigenen, auch das Bundesverfassungsgericht bindenden Prozessrechts immer im Blick zu behalten. Denn es ist gerade das sprichwörtlich gewordene **Recht jedes einzelnen, „bis nach Karlsruhe**

---

1 Neubekanntmachung des BVerfGG idF der Bek. v. 12.12.1985 (BGBl. I S. 2229) in der ab 11.8.1993 geltenden Fassung.

1 Nach der in Bezug genommenen Forsa-Umfrage von Dezember 2022 ist das Vertrauen in das Bundesverfassungsgericht in den ostdeutschen Ländern deutlich geringer; vgl. zu den früher höheren Werten auch Bruttel/Abaza-Uhrberg DÖV 2014, 510 (510).

zu gehen", welches dem Bundesverfassungsgericht die Entfaltung der verfassungsrechtlichen Vorgaben auf nahezu jeden relevanten Vorgang erst ermöglicht, und sich als die wesentliche, nie versiegende Quelle seines Ansehens in der Bevölkerung erwiesen hat.

3 Das zeigt nichts besser als der **Vergleich mit der europäischen Ebene**. Die Bevölkerung hat nicht die Vorstellung, in einem europarechtlich geprägten Streitfall notfalls „bis nach Luxemburg" gehen zu können. Ein effektives Verfahren, in dem der einzelne wenigstens seine europäischen Grundrechte und -freiheiten durchsetzen kann, gibt es bis heute nicht. Die Europäische Grundrechtecharta ist nicht über eine „europäische Verfassungsbeschwerde" durchsetzbar. Die Direktklagemöglichkeiten sind wegen ihres beschränkten Anwendungsbereichs und ihrer hohen Anforderungen (vgl. Art. 263 AEUV) ebenso wenig ein Ersatz hierfür wie das von der Initiative eines nationalen Gerichts abhängige Vorabentscheidungsverfahren nach Art. 267 AEUV. Die Öffnung der Verfassungsbeschwerde nach § 90 für die Durchsetzung der europäischen Unionsgrundrechte durch den Ersten Senat im November 2019[2] und durch den Zweiten Senat im Dezember 2020[3] ist auch eine Reaktion auf dieses Defizit auf europäischer Ebene (vgl. dazu → § 90 Rn. 231 ff.).

4 Das Bundesverfassungsgericht ist nach Abs. 1 ein **Gerichtshof des Bundes**. Das bedeutet zunächst einmal, dass es sich um ein Gericht handelt, und zwar des Bundes. Die Bezeichnung als Gerichtshof in Abs. 1 ist an Art. 95 Abs. 1 GG angelehnt, der die obersten Gerichte des Bundes in den einzelnen Fachgerichtsbarkeiten als Gerichtshöfe bezeichnet. Die Einordnung als Gericht/Gerichtshof folgt daraus, dass den Mitgliedern des Bundesverfassungsgerichts rechtsprechende Gewalt anvertraut ist (Art. 92 GG), und zwar im Wesentlichen in verfassungsunmittelbar zugewiesenen Zuständigkeitsfeldern (Art. 93 Abs. 1 und 2 GG).

5 Eine wichtige Konsequenz ist, dass **auch die Mitglieder des Bundesverfassungsgerichts bei der Ausübung der richterlichen Tätigkeit den rechtsstaatlichen Garantien unterliegen**, die das Grundgesetz für gerichtliche Verfahren enthält, sei es in der Gestalt des Rechtsstaatsprinzips, sei es durch Spezialgewährleistungen wie die des gesetzlichen Richters (Art. 101 Abs. 1 Satz 2 GG).[4] Diese Bindung wird auch nur scheinbar dadurch überlagert, dass das Bundesverfassungsgericht seine eigenen (Senats- und Kammer-)Entscheidungen nicht als zulässige Gegenstände einer Verfassungsbeschwerde ansieht.[5]

6 Zwar ist damit eine innerstaatliche **Überprüfung** von Entscheidungen des Bundesverfassungsgerichts ausgeschlossen. Möglich ist sie aber **durch Anrufung des Europäischen Gerichtshofs für Menschenrechte (EGMR)**. Auf

2 BVerfGE 152, 152 (179 ff., Rn. 63 ff.) – Recht auf Vergessen I, und BVerfGE 152, 216 (236, Rn. 50) – Recht auf Vergessen II.

3 BVerfGE 156, 182 (197, Rn. 36).

4 Vgl. BVerfGE 65, 152 (154 f.). Verwaltende Tätigkeit des Bundesverfassungsgerichts wie etwa die Herausgabe von Pressemitteilungen unterliegt, weil das Bundesverfassungsgericht insoweit nicht als Rechtsprechungsorgan handelt, nicht der Bindung an Prozessgrundrechte, vgl. VG Karlsruhe, Urteil vom 25.8.2022 – 3 K 606/21, Rn. 34 bei Juris.

5 BVerfGE 19, 88 (90); Beschluss der 2. Kammer des Zweiten Senats vom 3.6.2019 – 2 BvR 510/19, Rn. 17 bei Juris; siehe auch Beschluss der 1. Kammer des Ersten Senats vom 5.12.2019 – 1 BvR 2621/18, Rn. 12 bei Juris.

entsprechende Individualbeschwerden nach Art. 34 EMRK überprüft der EGMR auch Entscheidungen des Bundesverfassungsgerichts und zwar nicht nur materiell, sondern auch auf ihre Übereinstimmung mit den rechtsstaatlichen und verfahrensrechtlichen Gewährleistungen der EMRK. Diese Gewährleistungen der EMRK unterscheiden sich im Kern nicht von denjenigen des deutschen Verfassungsrechts.

Beispielhaft hierfür steht die **Kontrolle der Dauer von Verfahren vor dem** 7
Bundesverfassungsgericht. Der EGMR stellte immer wieder im Sinne von Art. 6 EMRK überlange Verfahrensdauern beim Bundesverfassungsgericht fest, sowohl bei Verfassungsbeschwerdeverfahren[6] wie bei konkreten Normenkontrollverfahren.[7] Die Vorgaben des Art. 6 EMRK zur Verfahrensdauer entsprechen denen, die sich auch aus deutschem Verfassungsrecht[8] ergeben.[9] Der Vermeidung entsprechender Verurteilungen der Bundesrepublik Deutschland wegen überlanger Verfahrensdauer beim Bundesverfassungsgericht und zur Erfüllung der Vorgaben aus Art. 13 EMRK dient seit 2011 das Verfahren der sogenannten Verzögerungsbeschwerde nach §§ 97a ff. (→ § 97a Rn. 2 ff.). Dieses Ziel ist erreicht worden, in neuerer Zeit hat der EGMR keine Verletzungen von Art. 6 EMRK durch überlange Dauer der Verfahren beim Bundesverfassungsgericht mehr festgestellt.

Das Bundesverfassungsgericht ist ein **Verfassungsorgan**. Abs. 1 bringt das 8
durch die Formulierung „allen übrigen Verfassungsorganen gegenüber" zum Ausdruck. Die Stellung als Verfassungsorgan kann aber nicht durch einfaches Gesetz wie das Bundesverfassungsgerichtsgesetz verliehen werden, sondern nur durch die Verfassung selbst. Nach überwiegender Sichtweise ist das beim Bundesverfassungsgericht anders als bei den obersten Gerichtshöfen des Bundes nach Art. 95 GG der Fall, weil das Bundesverfassungsgericht nicht nur im Grundgesetz vorgesehen, sondern dort auch mit konkreten Zuständigkeiten ausgestattet ist (Art. 93 Abs. 1, Abs. 2 GG). Befugnisse, die nicht schon konkret in der Verfassung oder im Gesetz verankert sind, ergeben sich daraus aber nicht.[10] Als Verfassungsorgan steht das Bundesverfassungsgericht dem Bundestag, dem Bundesrat, der Bundesregierung und dem Bundespräsidenten gleich. Abs. 1 stellt klar, dass das Bundesverfassungsgericht gegenüber diesen anderen Verfassungsorganen **selbstständig** und unabhängig ist. Eine gewisse praktische Bedeutung hat das im Zusammenhang mit an ein Abendessen im Kanzleramt anknüpfenden Ablehnungen nach § 19 Abs. 1 gewonnen. Beide Senate haben diese Ablehnungen als offensichtlich unzulässig

6 Grundlegend EGMR, Urteil vom 1.7.1997 – 17820/91, Tz. 50 ff. – Pammel ./. Deutschland.

7 Grundlegend EGMR, Urteil vom 1.7.1997 – 20950/92, Tz. 47 ff. – Probstmeier ./. Deutschland; weitere Nachweise bei Dörr/Lenz EurVerwRS Rn. 651.

8 Art. 2 Abs. 1 GG i.V. mit dem Rechtsstaatsprinzip für zivilrechtliche Streitigkeiten, Art. 19 Abs. 4 GG für den Bereich des öffentlichen Rechts.

9 Vgl. Beschluss der 3. Kammer des Ersten Senats vom 10.1.2023 – 1 BvR 1346/22 ua, Rn. 12 bei Juris; Beschluss der 1. Kammer des Ersten Senats vom 6.9.2019 – 1 BvR 1763/18, Rn. 8 bei Juris; vgl. zur rechtsstaatswidrigen Verfahrensdauer speziell bei Eilverfahren Beschluss der 1. Kammer des Zweiten Senats vom 24.3.2023 – 2 BvR 116/23, Rn. 19 f. bei Juris.

10 Zutreffend Huber/Voßkuhle/Voßkuhle Art. 93 Rn. 29.

beurteilt, weil ein regelmäßiger und allgemeiner Austausch zwischen den Verfassungsorganen als sachlich geboten angesehen wurde.[11]

9 In organisatorischer Hinsicht bedeutet **Selbstständigkeit**, dass das Bundesverfassungsgericht keinem Ministerium zugeordnet und sein Präsident oberste Dienstbehörde ist.[12] Finanziell bedeutet es, dass das Bundesverfassungsgericht im Bundeshaushalt über einen eigenen, im Einzelnen trotz § 1 Abs. 2 GO-BVerfG natürlich vom Parlament bestimmten Haushalt verfügt. Diesen darf es selbst verwalten, muss aber auch mit ihm auskommen. Praktisch geworden ist das in den Fällen, in denen Deutschland bislang wegen einer überlangen Verfahrensdauer beim Bundesverfassungsgericht durch den EGMR zur Leistung einer gerechten Entschädigung nach Art. 41 EMRK an den Beschwerdeführer verurteilt worden ist. Das Verfassungsorgan Bundesverfassungsgericht muss die festgelegten Entschädigungsleistungen selbst und aus seinen eigenen Haushaltsmitteln bestreiten, gegebenenfalls durch Umwidmung anderweitig eingeplanter Mittel. Das dürfte nach richtiger, allerdings bestrittener Auffassung auch für den Anspruch nach § 97a gelten (siehe auch → § 97a Rn. 10 f.).[13] Das Bundesverfassungsgericht hat das bislang offengelassen;[14] offenbar fällt die Wahrnehmung der Selbstständigkeit als Verfassungsorgan in Karlsruhe leichter, wenn es um daraus folgende Rechte geht und nicht um Pflichten. So wird in Kommentierungen ehemaliger Wissenschaftlicher Mitarbeiter am Bundesverfassungsgericht zwar einerseits der eigene, nicht innerhalb des Bundesjustizministeriums ressortierte Haushalt als Errungenschaft gelobt,[15] für die eigene Haftung dann aber wieder ein Rückzug hinter ein aus der allgemeinen Stellung des Bundesverfassungsgerichts als Gerichtshof des Bundes (Abs. 1) abgeleitetes Rechtsträgerprinzip propagiert.[16] Anders als beim Bundesverfassungsgericht werden vergleichbare, von anderen obersten Gerichtshöfen des Bundes verursachte Schäden aus dem Haushalt des Bundesjustizministeriums bezahlt; für Ansprüche nach § 198 GVG folgt das aus der Regelung des § 200 Satz 3 GVG, die der Gesetzgeber gerade nicht in die §§ 97a ff. übernommen hat.

10 Die **Unabhängigkeit** des Bundesverfassungsgerichts gegenüber den anderen Verfassungsorganen legt diesen Rücksichtnahmepflichten auf, etwa bei einer Änderung des Sitzes (Abs. 2) oder bei der auf Beschleunigung zielenden Regelung des § 7a für die Wiederbesetzung von Richterstellen. Die Unabhängigkeit bei der richterlichen Tätigkeit der Mitglieder des Bundesverfassungsgerichts hat damit nichts zu tun; sie folgt aus Art. 97 GG.

11 Abs. 2 bestimmt, dass **Karlsruhe Sitz** des Bundesverfassungsgerichts ist. Zwar könnte diese Regelung durch den einfachen Gesetzgeber geändert werden.[17] Der von der Bundeshauptstadt Berlin deutlich abgerückte Sitz in

11 BVerfGE 159, 26 (33 ff., Rn. 20 ff.) – Äußerungen der Bundeskanzlerin Merkel in Südafrika; siehe auch BVerfGE 159, 135 (142 f., Rn. 24 f.) – Bundesnotbremse I.
12 Zur Möglichkeit der verwaltungsgerichtlichen Kontrolle der Pressetätigkeit des BVerfG vgl. VG Karlsruhe, Urteil vom 25.8.2022 – 3 K 606/21, Rn. 35 bei Juris.
13 Zutreffend Lechner/Zuck/Zuck § 97a Rn. 82.
14 Beschluss der Beschwerdekammer vom 20.8.2015 – 1 BvR 2781/13 – Vz 11/14, Tenor und Rn. 50 bei Juris.
15 Insoweit zutreffend Barczak BVerfGG/Volp § 1 Rn. 97.
16 So etwa Barczak BVerfGG/Schmaltz § 97a Rn. 20.
17 Ebenso Burkiczak/Dollinger/Schorkopf BVerfGG/Burkiczak § 1 Rn. 97.

Karlsruhe ist aber ein **symbolhafter Ausdruck der Unabhängigkeit** des Bundesverfassungsgerichts von den übrigen Verfassungsorganen im Sinne von Abs. 1. Praktisch könnte er deshalb nur im Konsens mit den aktuellen Mitgliedern des Bundesverfassungsgerichts nach Berlin oder in dessen Nähe verlegt werden. Dafür gab es aber nach der Wiedervereinigung im Plenum des Bundesverfassungsgerichts keine mehrheitliche Unterstützung.

Wie die anderen Verfassungsorgane kann sich auch das Bundesverfassungsgericht eine als Satzung anzusehende **Geschäftsordnung** geben, was Abs. 3 bestätigt. Die Norm stellt klar, dass nicht der Präsident, sondern das Plenum den Beschluss über die Geschäftsordnung trifft. Maßgeblich ist seit dem 14.3.2015 die Geschäftsordnung vom 19.11.2014;[18] sie ist im Anhang abgedruckt. Die Regelungen der Geschäftsordnung werden, sofern erforderlich, im Rahmen der Kommentierung der Vorschriften des Bundesverfassungsgerichtsgesetzes mit erläutert. Außenstehende können aus ihr keine subjektiven Rechte ableiten,[19] denkbar sind allenfalls Gleichbehandlungsansprüche, die an eine Anwendungspraxis der Geschäftsordnung gegenüber Dritten anknüpfen.[20] 12

Nicht Teil der Geschäftsordnung sind die sogenannten **Verhaltensleitlinien** für Richterinnen und Richter des Bundesverfassungsgerichts, die das Plenum im November 2017 angenommen hat. Die Verhaltensleitlinien geben sich selbst weder als Teil der Geschäftsordnung aus, noch werden sie vom Gericht als Teil der Geschäftsordnung behandelt. Im Gegenteil: Das Gericht präsentiert die Verhaltensleitlinien auf seiner Homepage nicht bei den Rechtsquellen und damit bei der GO-BVerfG, sondern unmittelbar bei der Vorstellung der Richterinnen und Richter der beiden Senate. Damit wird aufgegriffen, als was sich die Verhaltensleitlinien selbst einordnen: Als Erklärung der Richterinnen und Richter des Bundesverfassungsgerichts, sich in ihrem Verhalten während und nach dem Ende ihrer Amtszeit von Grundsätzen leiten zu lassen. Es handelt sich also um eine gleichlautende und gemeinsam abgegebene Erklärung sämtlicher 16 im November 2017 amtierender Richterinnen und Richter des Bundesverfassungsgerichts, nicht um einen Beschluss des Plenums.[21] 13

Die Präambel der Verhaltensleitlinien behauptet, die in den Leitlinien aufgeführten Grundsätze ergäben sich aus der besonderen Funktion des Bundesverfassungsgerichts als Verfassungsorgan des Bundes. Diese Anknüpfung an die in Abs. 1 angesprochene Stellung als Verfassungsorgan überzeugt schon deshalb nicht, weil die Inhalte der Verhaltensleitlinien im Zeitraum von September 1951 (Tätigkeitsaufnahme des Bundesverfassungsgerichts) bis November 2017 (Bekanntgabe der Verhaltensleitlinien) weder als selbstverständlich maßgeblich angesehen noch praktiziert worden sind. Das gilt gerade für den am weitesten gehenden Inhalt der Verhaltensleitlinien, die **Offenlegung von erzielten Einkünften** aus Vorträgen, aus der Mitwirkung an Veranstaltungen und für Publikationen. 14

---

18 BGBl. 2015 I, 286.

19 Zutreffend VG Karlsruhe, Urteil vom 25.8.2022 – 3 K 606/21, Rn. 65 bei Juris.

20 Vgl. zur Diskussion um die Herausgabe von Vorabpressemitteilungen an die Journalisten der Justizpressekonferenz VGH Baden-Württemberg, Urteil vom 20.12.2022 – 14 S 2096/22, Rn. 32 bei Juris.

21 AA Lechner/Zuck/Zuck § 1 Rn. 7b.

15 Die Verhaltensleitlinien sind deshalb lediglich eine Ankündigung der im November 2017 amtierenden Richterinnen und Richter des Bundesverfassungsgerichts, sich selbst künftig entsprechend den dort formulierten Vorgaben verhalten zu wollen, auch nach Ende der Amtszeit. Rechtliche Bindungen sind die damals handelnden Richterinnen und Richter nicht eingegangen, so dass unerheblich ist, dass es für bindende Wirkungen an einer rechtlichen Grundlage fehlt.[22] Neu ernannte Richterinnen und Richter des Bundesverfassungsgerichts entscheiden deshalb rechtlich gesehen jeweils frei, ob sie sich an die von ihren Vorgängern aufgestellten Verhaltensleitlinien halten und insbesondere die zur Erfüllung der Offenlegungspflicht nach Ziffer 9 erforderlichen Angaben machen wollen. Unverkennbar stehen sie jedoch unter einem sehr großen tatsächlichen Druck, so vorzugehen. Damit dienen die Verhaltensleitlinien letztlich dem **Schutz des hohen Ansehens des Bundesverfassungsgerichts**. Käme es in Einzelfällen zu einem frag- oder kritikwürdigen Verhalten einer Richterin oder eines Richters, auch nach Ende seiner Amtszeit, dann könnte unter Verweis auf die Verhaltensleitlinien der Schaden auf den Ruf des Betroffenen konzentriert und vom Ruf des Gerichts ferngehalten werden.[23] Deshalb können die Verhaltensleitlinien auch der Öffentlichkeitsarbeit des Gerichts zugeordnet werden.[24]

§ 2 [Senate]

(1) Das Bundesverfassungsgericht besteht aus zwei Senaten.

(2) In jeden Senat werden acht Richter gewählt.

(3) [1]Drei Richter jedes Senats werden aus der Zahl der Richter an den obersten Gerichtshöfen des Bundes gewählt. [2]Gewählt werden sollen nur Richter, die wenigstens drei Jahre an einem obersten Gerichtshof des Bundes tätig gewesen sind.

1 Abs. 1 teilt das Gericht in zwei Senate und schafft damit **zwei Gerichte in einem**. Jeder Senat ist in seinem Zuständigkeitsbereich „das Bundesverfassungsgericht"; kein Senat kann die Entscheidungen eines anderen nachprüfen.[1] Senatsübergreifende „Große Kammern", wie sie der EGMR (Art. 21 und 31 EMRK) und der EuGH (Art. 251 Abs. 1 AEUV) kennen, gibt es im Bundesverfassungsgericht nicht. Entscheidungen durch das Plenum sind nur in den von § 16 geregelten Divergenzfällen möglich (→ § 16 Rn. 3 ff.).

2 Mit der Formel von der **Wahl in den Senat** ordnet Abs. 2 an, dass die Richter während ihrer gesamten Amtszeit demselben Senat angehören. Acht Richter werden in einen Senat nicht nur gewählt, sondern alle acht Richter bilden auch die volle Besetzung des Senats, in der er in Senatssachen (zu den Kammern → § 15 Rn. 1 ff.) seine Entscheidungen trifft, wie sich aus § 15 Abs. 2 Satz 1 schließen lässt. Die **gerade Zahl von Richtern ermöglicht bewusst**

22 Zutreffend Lechner/Zuck/Zuck § 1 Rn. 7d.
23 So ausdrücklich Barczak BVerfGG/Volp § 1 Rn. 105.
24 So ausdrücklich Lechner/Zuck/Zuck § 1 Rn. 7 f.
1 BVerfGE 19, 88 (90).

eine Stimmengleichheit, bei deren Eintritt sich die vom Gesetzgeber getroffene Regelung behauptet (§ 15 Abs. 4 Satz 3).

Abs. 2 bezeichnet die in der Verfassung (Art. 94 Abs. 1 Satz 2 GG) angesprochenen Mitglieder des Bundesverfassungsgerichts auch ausdrücklich als Richter. Das von den Richtern des Bundesverfassungsgerichts bekleidete Amt (vgl. § 100 Abs. 1) ist im Gesetz verschiedentlich näher ausgestaltet. Wegen des **Status der Richter** als Mitglieder eines Verfassungsorgans können die allgemeinen Regelungen des Richtergesetzes nur zur Anwendung kommen, soweit sie mit der besonderen Rechtsstellung der Richter des Bundesverfassungsgerichts vereinbar sind (§ 69 DRiG).[2] 3

Abs. 3 verlangt, dass jedem Senat drei Richter angehören, die aus dem Kreis der Richter an den obersten Gerichtshöfen des Bundes (Art. 95 Abs. 1 GG) gewählt werden. Damit hat der Gesetzgeber die zahlenmäßige Abgrenzung zwischen den in Art. 94 Abs. 1 Satz 1 GG angesprochenen beiden Gruppen der „Bundesrichter" und der „anderen Mitglieder" abschließend geregelt. Entgegen verbreiteten Vorstellungen ist damit **kein Mindestanteil an Bundesrichtern, sondern ein fester Anteil** vorgegeben.[3] Gegen die These von einem Mindestanteil spricht auch die auf genau drei Bundesrichter bezogene Regelung in § 5 Abs. 1 Satz 2. Die Begrenzung auf drei Bundesrichter ist sachgerecht, weil Gegenstand der verfassungsgerichtlichen Überprüfung überwiegend Entscheidungen von Bundesgerichten sind, die „anderen Mitglieder" hier aber unbefangener zu Werke gehen können. Sie sollen deshalb die Mehrheit im Senat haben. Die Wahlorgane (§ 5) handhaben das anders. Derzeit gehören beiden Senaten jeweils vier Bundesrichter an, also jeweils einer zu viel. Mit Satz 3 soll erreicht werden, dass Personen nicht unmittelbar nach ihrer Ernennung zum Richter an einem obersten Bundesgericht auf die Bundesrichterquote des Satzes 1 in das Bundesverfassungsgericht gewählt werden. 4

Die in der Verfassung ausdrücklich so bezeichneten „anderen Mitglieder" müssen „anders" sein als Bundesrichter, dürfen also gerade nicht aus dem ausgeübten Amt eines Bundesrichters in das Amt des Richters des Bundesverfassungsgerichts gewählt werden. § 2 Abs. 3 hält deshalb die verbleibenden **fünf Richterämter in jedem Senat für Personen mit anderem Hintergrund** (Politik, Rechtslehre, Anwaltschaft und Verwaltung, aber auch Landesrichter) offen. Damit wird eine Balance zwischen richterlicher Professionalität und **Öffnung zu Politik und Gesellschaft** erstrebt, um dem besonderen Status des Bundesverfassungsgerichts als Verfassungsorgan gerecht zu werden. Die Besetzungspolitik der Wahlorgane (§ 5) wird dem nur teilweise gerecht. Immerhin ist dem Deutschen Bundestag Ende 2018 gelungen, mit Stephan Harbarth einen Rechtsanwalt zum Richter des Ersten Senats zu wählen. Harbarth ist erst der vierte Rechtsanwalt, der zum Richter des 5

---

2 Überblick dazu bei Burkiczak/Dollinger/Schorkopf BVerfGG/Heinrichsmeier § 3 Rn. 27.

3 Zutreffend Huber/Voßkuhle/Voßkuhle Art. 94 Rn. 5; aA Lechner/Zuck/Zuck § 2 Rn. 7; wohl auch BVerfGE 65, 152 (157), allerdings ohne Berücksichtigung von Art. 94 Abs. 1 GG.

Bundesverfassungsgerichts gewählt wurde.[4] Es war dann jedoch eher seine vorangegangene Mitgliedschaft im Deutschen Bundestag, die beide Senate in Entscheidungen beschäftigt hat, einmal mit Blick auf die §§ 18, 19[5], einmal im Zusammenhang mit der Chancengleichheit politischer Parteien beim Bundestagsbeschluss zur Einführung des neuen Art. 21 Abs. 3 GG (Ausschluss politischer Parteien von der staatlichen Teilfinanzierung).[6] Mit Peter Frank ist seit Dezember 2023 auch ein früherer Generalbundesanwalt Richter des Bundesverfassungsgerichts.

§ 3 [Qualifikation für das Richteramt]

(1) Die Richter müssen das 40. Lebensjahr vollendet haben, zum Bundestag wählbar sein und sich schriftlich bereit erklärt haben, Mitglied des Bundesverfassungsgerichts zu werden.

(2) Sie müssen die Befähigung zum Richteramt nach dem Deutschen Richtergesetz besitzen oder bis zum 3. Oktober 1990 in dem in Artikel 3 des Einigungsvertrages genannten Gebiet die Befähigung als Diplomjurist erworben haben und nach Maßgabe des Einigungsvertrages einen gesetzlich geregelten juristischen Beruf aufnehmen dürfen.

(3) [1]Sie können weder dem Bundestag, dem Bundesrat, der Bundesregierung noch den entsprechenden Organen eines Landes angehören. [2]Mit ihrer Ernennung scheiden sie aus solchen Organen aus.

(4) [1]Mit der richterlichen Tätigkeit ist eine andere berufliche Tätigkeit als die eines Lehrers des Rechts an einer deutschen Hochschule unvereinbar. [2]Die Tätigkeit als Richter des Bundesverfassungsgerichts geht der Tätigkeit als Hochschullehrer vor.

1 Die Voraussetzungen des Abs. 1 für das Richteramt lehnen sich an die für den Bundespräsidenten maßgeblichen Regelungen (Art. 54 Abs. 1 Satz 2 GG) an. Sie sind wie diese **Wählbarkeitsvoraussetzungen**, weshalb sie im Zeitpunkt der Wahl erfüllt sein müssen,[1] nicht erst bei der Ernennung nach § 10[2] oder schon bei Erstellung der Listen nach § 8. Ungewöhnlich ist nur die Wählbarkeitsvoraussetzung der vorherigen schriftlichen Bereitschaftserklärung, Mitglied des Bundesverfassungsgerichts zu werden. Sie verlagert die ansonsten regelmäßig nachfolgende **Annahme der Wahl vor den Wahlakt**. Eine weitere Vorlauffrist, deren Nichtbeachtung die Wahl eines sie versäumenden Kandidaten hindert, gibt es nicht; sie folgt auch nicht aus § 8.

2 Abs. 2 enthält die vom Grundgesetz nicht vorgegebene, deshalb änderbare, aber in der Sache bewährte **Entscheidung für ein reines Juristengericht**. Dem dazu angeordneten Verweis auf die Richteramtsbefähigung nach dem

4 Vgl. zu den rechtspolitischen Überlegungen in diesem Zusammenhang beispielhaft Lechner/Zuck/Zuck § 3 Rn. 11.
5 Vgl. BVerfGE 152, 332.
6 BVerfG, Beschluss des Zweiten Senats vom 20.6.2023 – 2 BvE 1/17, Rn. 44 bei Juris.
1 Vgl. Dürig/Herzog/Scholz GG/Herzog Art. 54 Rn. 23 (Stand: Januar 2009).
2 AA Lechner/Zuck/Zuck § 3 Rn. 3; Burkiczak/Dollinger/Schorkopf BVerfGG/Heinrichsmeier § 3 Rn. 5.

Deutschen Richtergesetz ist nach der Wiedervereinigung eine Variante angehängt worden, die die Berufung von gelernten DDR-Juristen zugelassen hätte. Die Wahlorgane haben davon drei Jahrzehnte lang keinen Gebrauch gemacht. Damit ist die für eine Übergangsphase gedachte Regelung leergelaufen und überflüssig geworden; sie sollte endlich gestrichen werden.

Abs. 3 Satz 1 wiederholt die Unvereinbarkeitsregelung des Art. 94 Abs. 1 Satz 3 3
GG. Satz 2 erleichtert die **Wahl von Regierungs- bzw. Parlamentsmitgliedern** in das Bundesverfassungsgericht durch die Anordnung, dass sie erst mit ihrer Ernennung zu Richtern des Bundesverfassungsgerichts aus Regierung bzw. Parlament ausscheiden, dann kraft Gesetzes. Das kam zuletzt zum Tragen bei der Wahl von Stephan Harbarth, der mit seiner Ernennung zum Richter am Bundesverfassungsgericht am 30.11.2018 aus dem Deutschen Bundestag ausschied.[3]

Abs. 4 gestaltet das Amt des Richters des Bundesverfassungsgerichts als 4
Hauptamt aus. Während der Amtszeit **darf ein „Zweitberuf" nicht ausgeübt** werden. Der Befolgungsanspruch der Norm richtet sich direkt an den einzelnen Richter des Bundesverfassungsgerichts. Automatische Rechtsfolgen bei Nichteinhaltung sieht das Gesetz nicht vor. Möglich sind allenfalls Disziplinarmaßnahmen nach § 105 Abs. 1 Nr. 2, allerdings wohl nur in schweren Fällen.

Die eigentliche, in ihrer Bedeutung kaum zu unterschätzende Wirkung 5
des Abs. 4 liegt in seiner **Ausnahme für Hochschullehrer**. Überzeugend begründen lässt sich dieses Privileg nicht, zumal es in Verbindung mit § 101 Abs. 3 Satz 3 dazu führt, dass Hochschullehrer-Richter bei gleichem Pflichtenkreis insgesamt höhere Amtsbezüge erhalten als sonstige Richter des Bundesverfassungsgerichts (→ § 101 Rn. 6). Diese zusätzlichen Einnahmen von Hochschullehrer-Richtern sind erheblich, eine Offenlegung erfolgt aber weder nach dem Gesetz noch nach den vom Plenum entwickelten Verhaltensleitlinien für Richterinnen und Richter des Bundesverfassungsgerichts aus dem November 2017. Offen gelegt werden nach den Verhaltensrichtlinien nur Einkünfte für Vorträge, für die Mitwirkung an Veranstaltungen und für Publikationen, obwohl die dafür anfallenden Beträge deutlich unter den Einnahmen der Hochschullehrer-Richter aus der durch Abs. 4 ermöglichten beruflichen Zweitbetätigung als Hochschullehrer liegen.

Dieses Hochschullehrer-Privileg hat praktisch dazu geführt, dass die fünf von 6
§ 2 Abs. 3 „anderen" als Bundesrichtern zugeordneten **Richterämter zum ganz überwiegenden Teil von Hochschullehrern eingenommen** werden. Aktuell sind im Ersten wie im Zweiten Senat drei von fünf Richterämtern, die anderen als Bundesrichtern zugeordnet sind, mit Hochschullehrern besetzt, also mit Personen, die vor ihrer Wahl ins Bundesverfassungsgericht hauptberuflich an einer deutschen staatlichen oder privaten Hochschule unterrichtet haben. Betrachtet man die letzten 25 Jahre, so haben nicht die in Art. 94 Abs. 1 Satz 1 GG genannten Bundesrichter, sondern die Hochschullehrer das Gericht geprägt und regelmäßig auch die Position des Präsidenten und des Vizepräsidenten besetzt. Auch in der aktuellen Besetzung mit acht Bundesrichtern leitet kein Bundesrichter einen Senat, weil der Präsident

3 Vgl. dazu BVerfGE 151, 191; siehe auch BVerfGE 154, 372 (374 f., Rn. 6).

Rechtsanwalt und die Vizepräsidentin Hochschullehrerin ist. Die dominierende Rolle der Hochschullehrer hat ganz handfeste Gründe. Denn Hochschullehrer gehören zu der einzigen juristischen Berufsgruppe, die den bisherigen Beruf dem Grunde nach während der Amtszeit als Richter des Bundesverfassungsgerichts fortführen und deshalb nach dem Amtszeitende nahtlos sowie mit gesteigertem Renommee fortsetzen kann. Es ist augenscheinlich, dass dies die Bereitschaft von Hochschullehrern fördert, sich schon kurz nach Erreichen des Mindestalters nach Abs. 1 zum Richter des Bundesverfassungsgerichts wählen zu lassen. Immerhin muss den Wahlorganen (§ 5) zu Gute gehalten werden, dass die Zahl der Hochschullehrer-Richter in letzter Zeit von acht auf sechs zurückgeführt wurde.

7 Die **Vorschrift ist deshalb reformbedürftig**. Der sinnvolle Kern ihres Anliegens ist es, dem gewählten Verfassungsrichter die Wahrnehmung zeitlich überschaubarer Lehraufträge an Hochschulen zu ermöglichen. Für die Beschränkung solcher Lehraufträge auf Hochschulen in Deutschland gibt es keinen sachlichen Grund. Im Übrigen dürfte ein kompakter Lehrauftrag ebenso wenig als „andere berufliche Tätigkeit" anzusehen sein, wie schriftstellerische Nebentätigkeiten. Solche Lehraufträge und die daraus erzielten Einkünfte sollten in die nach Ziffer 9 der Verhaltensleitlinien praktizierte Offenlegung einbezogen werden.

§ 4 [Amtszeit]

(1) Die Amtszeit der Richter dauert zwölf Jahre, längstens bis zur Altersgrenze.

(2) Eine anschließende oder spätere Wiederwahl der Richter ist ausgeschlossen.

(3) Altersgrenze ist das Ende des Monats, in dem der Richter das 68. Lebensjahr vollendet.

(4) Nach Ablauf der Amtszeit führen die Richter ihre Amtsgeschäfte bis zur Ernennung des Nachfolgers fort.

1 Die Amtszeitregelung in § 4 setzt die Akzente zwar anders als bei EuGH (sechsjährige Amtszeit und Wiederwahlmöglichkeit, Art. 20 Abs. 2 EUV) und EGMR (neunjährige Amtszeit ohne Wiederwahlmöglichkeit, Art. 23 Abs. 1 EMRK), wirft aber keine ernsthaften Auslegungsprobleme auf: Niemand kann länger als **zwölf Jahre** das Amt des Richters des Bundesverfassungsgerichts ausüben (Abs. 1). Die Frist beginnt mit der Ernennung. Eine zweite Amtszeit ist ausgeschlossen (Abs. 2).

2 Die Amtszeit endet vorzeitig mit Erreichung der **Altersgrenze von 68 Jahren** (Abs. 3), die höher liegt als bei Lebenszeitrichtern (vgl. § 48 Abs. 1 und 3 DRiG). Die volle Amtszeit von zwölf Jahren können deshalb nur Personen ausschöpfen, die zum Zeitpunkt ihrer Ernennung das 56. Lebensjahr noch nicht vollendet haben. Dieser Aspekt spielt schon bei der Auswahl der Kandidaten für das Richteramt eine Rolle. Die Wahlorgane achten darauf, dass die Kandidaten nicht oder nicht wesentlich älter als 56 Jahre sind. Insofern war die Wahl von Josef Christ in den Ersten Senat im Dezember 2017 eine

ungewöhnliche Ausnahme, weil er bei Amtsantritt schon 61 Jahre alt war und deshalb seine Amtszeit auf fast die Hälfte des Regelwertes verkürzt ist. In letzter Zeit sind mit Heinrich Amadeus Wolff, Martin Eifert und Rhona Fetzer drei Richter gewählt worden, die zum Zeitpunkt der Wahl schon älter als 56 waren.

Die Regelung des Abs. 4 soll die Funktionsfähigkeit des Gerichts auch ermöglichen, wenn sich die Wahlorgane wegen der ihnen abverlangten qualifizierten Mehrheit (§§ 6 Abs. 1, 7) nicht zeitnah auf die Wahl eines Nachfolgers verständigen können. Die Regelung gilt nur für die Fälle des Abs. 1, also für die vom Richter nicht zu beeinflussende Beendigung der Amtszeit. Abs. 4 verlängert nicht die abgelaufene Amtszeit, sondern schiebt in Verbindung mit § 98 Abs. 1 nur den Eintritt des Richters in den Ruhestand hinaus. Das Gesetz erwartet, dass der Richter die **Amtsgeschäfte auch tatsächlich fortführt**, kann ihn dazu aber schon deshalb nicht verpflichten, weil es dazu einer Verlängerung der Amtszeit bedürfte.[1] 3

§ 5 [Wahlorgane]

(1) [1]Die Richter jedes Senats werden je zur Hälfte vom Bundestag und vom Bundesrat gewählt. [2]Von den aus der Zahl der Richter an den obersten Gerichtshöfen des Bundes zu berufenden Richtern werden einer von dem einen, zwei von dem anderen Wahlorgan, von den übrigen Richtern drei von dem einen, zwei von dem anderen Wahlorgan in die Senate gewählt.

(2) Die Richter werden frühestens drei Monate vor Ablauf der Amtszeit ihrer Vorgänger oder, wenn der Bundestag in dieser Zeit aufgelöst ist, innerhalb eines Monats nach dem ersten Zusammentritt des Bundestages gewählt.

(3) Scheidet ein Richter vorzeitig aus, so wird der Nachfolger innerhalb eines Monats von demselben Bundesorgan gewählt, das den ausgeschiedenen Richter gewählt hat.

Abs. 1 Satz 1 erstreckt die Vorgabe des Art. 94 Abs. 1 Satz 2 GG, wonach die Mitglieder des Bundesverfassungsgerichts **je zur Hälfte vom Bundestag und vom Bundesrat** gewählt werden, auf die jeweils einzelnen Senate. Es gibt also keinen nur vom Bundestag bzw. nur vom Bundesrat besetzten Senat, sondern in jedem Senat vier vom Bundestag und vier vom Bundesrat gewählte Richter (Prinzip der paritätischen Besetzung). 1

Abs. 1 Satz 2 trägt dem Umstand Rechnung, dass die drei gesetzlich vorgesehenen Bundesrichter (§ 2 Abs. 3 Satz 1) in jedem Senat nicht gleichmäßig auf die beiden Wahlorgane verteilt werden können. Deshalb wählt ein Wahlorgan einen Bundesrichter und drei übrige Richter, das andere zwei Bundesrichter und zwei übrige Richter. Durch den ersten Anwendungsfall 2

1 AA Schmidt-Bleibtreu/Klein/Bethge BVerfGG/Hömig, § 4 Rn. 10 (Stand: September 2011); wohl auch Burkiczak/Dollinger/Schorkopf BVerfGG/Heinrichsmeier § 4 Rn. 13.

der Norm hat sich ergeben, dass der **Bundesrat einen, der Bundestag zwei Bundesrichter in jeden Senat wählt**.[1]

3 Nach Abs. 2 dürfen neue Richter frühestens drei Monate vor Ablauf der Amtszeit ihres Vorgängers gewählt werden. Ein Enddatum, bis zu dem die Wahl erfolgt sein muss, setzt die Norm mit Ausnahme der Sonderkonstellation des aufgelösten Bundestages nicht, jedenfalls nicht ausdrücklich. Natürlich erwartet das Gesetz von den Wahlorganen, dass der Nachfolger vor Ablauf der Amtszeit seines Vorgängers gewählt ist und ernannt werden kann.[2] Dass dies nicht immer gelingen kann, hat seine Ursache in den gesetzlich vorgegebenen 2/3-Quoren (§§ 6 Abs. 1, 7) und dem **Fehlen einer institutionalisierten „Zauberformel"** zwischen den die Wahlorgane beherrschenden politischen Parteien. Für den Fall, dass ein neuer Richter nicht rechtzeitig gewählt wird, gilt § 4 Abs. 4.

4 Abs. 3 verkürzt für den Fall des außerplanmäßigen Richterwechsels die Zeitvorgabe für die Wahl auf einen Monat, wiederum ohne die Nichteinhaltung mit einer ausdrücklichen Sanktion zu belegen. Gleichzeitig ist die Regelung Ausdruck des allgemeinen Grundsatzes, dass Nachfolger immer von demjenigen Bundesorgan gewählt werden, welches den ausgeschiedenen Richter gewählt hatte (**kein Wechsel des Wahlrechts** zwischen den Wahlorganen).

5 Hier zeichnet sich aber eine Veränderung ab. Im Rahmen der Beratungen sowohl zwischen den Ländern als auch zwischen den Regierungsfraktionen im Deutschen Bundestag und der CDU/CSU-Bundestagsfraktion zeigt sich eine klare Tendenz, Blockaden bei der Richterwahl durch die Ermöglichung eines Wechsels des Wahlrechts zwischen Bundestag und Bundesrat auszugleichen. Nach dem gemeinsamen Erläuterungspapier der Fraktionen mit der Überschrift „Resilienz des Bundesverfassungsgerichts", wie es am 23.07.2024 unter Mitwirkung auch des Bundesjustizministers öffentlich vorgestellt wurde, soll ein **Ersatzwahlmechanismus** ermöglicht werden. Dazu soll durch Änderung des Grundgesetzes in Art. 94 Abs. 1 Satz 2 in die dortige Vorgabe, dass die Mitglieder des Bundesverfassungsgerichts je zur Hälfte vom Bundestag und vom Bundesrat gewählt werden, eine Öffnungsklausel eingefügt werden, damit zeitweilig eines der beiden Verfassungsorgane mehr als die Hälfte der Mitglieder des Bundesverfassungsgerichts wählen kann. Damit soll sichergestellt werden, dass das Bundesverfassungsgericht handlungsfähig bleibt, wenn es in dem zuständigen Wahlorgan zu dauerhaften Schwierigkeiten kommt, sich auf einen von einer Zweidrittelmehrheit getragenen Kandidaten zu einigen. Dabei ist das Erfordernis „dauerhafter" Schwierigkeiten nicht wörtlich gemeint, sondern es ist an einen Zeitraum von drei Monaten gedacht.

6 Die Vorstellungen der vier Fraktionen und des Bundesjustizministers gehen dahin, dass von dieser Öffnungsklausel auch zeitgleich mit der Verfassungsänderung Gebrauch gemacht werden und im Gesetz über das Bundesverfassungsgericht ein solcher Ersatzmechanismus eingeführt werden soll. Sachgerechter Regelungsort dürfte § 5 sein. Denkbar ist aber auch an eine Platzierung in § 7a oder einem neuen § 7b. Dabei soll der Wechsel des Wahlrechts

---

1 BVerfGE 65, 152 (155 f.).
2 BVerfGE 2, 1 (9).

nicht sofort, sondern zeitlich gestaffelt erfolgen. Kann sich ein Wahlorgan, also entweder der Bundestag oder der Bundesrat, nicht auf einen Kandidaten einigen oder wird die Wahl durch eine Sperrminorität blockiert, dann **schlägt**, wie das im Kern schon bisher in § 7a BVerfGG vorgesehen ist, **das Gericht selbst drei Kandidaten** vor. Wie in der bisherigen Regelung des § 7a Abs. 4 bleibt es dabei, dass weder der Bundestag noch der Bundesrat an diese Vorschläge gebunden sind. Realistischerweise wird sich dadurch eine Blockade durch eine strukturelle Sperrminorität aber nicht auflösen lassen.

Deshalb ist dann als zweite Stufe auch der Ersatzwahlmechanismus vorgesehen. Grundidee ist, dass dann, wenn das zuständige Wahlorgan nach drei Monaten keinen Nachfolger gewählt hat, auch das andere Wahlorgan an seiner Stelle einen Richter wählen kann. Ob die Drei-Monats-Frist erst beginnt, wenn das Bundesverfassungsgericht drei Kandidaten vorgeschlagen hat oder, was deutlich effektiver wäre, schon mit dem Ablauf der Amtszeit, ist bislang offen geblieben. Wichtig ist den Initiatoren, dass der Ersatzwahlmechanismus eine parallele Zuständigkeit begründet, das Ersatzorgan das an sich zuständige Wahlorgan also nicht verdrängt. Das bedeutet, dass **beide Wahlorgane gleichermaßen zur Wahl berechtigt** sein sollen. Zum Zuge kommt dabei das Organ, in dem die Wahl zuerst gelingt. Das ist von der Vorstellung getragen, so die Wahrscheinlichkeit zu erhöhen, dass es doch bei der grundgesetzlichen Regelzuständigkeit verbleiben kann. Allerdings wird dadurch in Kauf genommen, dass es zu einem „Windhundrennen" kommt und verschiedene Kandidaten, um deren Wahl sich die Akteure im Bundestag oder im Bundesrat bemühen, in einen Konkurrenzkampf geraten. Sauberer wäre es deshalb, den Ersatzwahlmechanismus als förmlichen Übergang des Wahlrechts auszugestalten, also im Sinne eines harten Wechsels des Wahlrechts zwischen den Wahlorganen. 7

Klärungsbedürftig wäre im Gesetz auch, wie dann die weiter angestrebte Parität bei den Richterwahlen zwischen Bundestag und Bundesrat wiederhergestellt werden kann, wann es also zum kompensatorischen Wechsel des Vorschlagsrechts in umgekehrter Richtung kommt. Das ist denkbar einmal bei der nächsten frei werdenden Richterposition, für die das Verfassungsorgan das Wahlrecht hat, welches eine Ersatzwahlbefugnis ausgeübt hatte. Der Nachteil ist dann, dass eine möglicherweise strukturelle Blockadesituation in diesem Wahlorgan gleich wieder akut wird. Würde man für den **Rückwechsel des Wahlrechts** aber bis zum Ausscheiden des vom Ersatzwahlorgan gewählten Richters warten, wäre die Störung der hälftigen Parität über einen Zeitraum von zwölf Jahren festgeschrieben. Eleganter erscheint deshalb ein Mechanismus, in dem das aus seinem Wahlrecht verdrängte Verfassungsorgan dem anderen Wahlorgan mitteilen kann, dass jetzt die Blockadesituation überwunden und bei nächster Gelegenheit ein kompensatorischer Wechsel des Wahlrechts in der anderen Richtung erfolgen kann. Auch an diesen Überlegungen zeigt sich allerdings, welche Schwierigkeiten sich im Detail mit dem politisch gewollten „Wechselmodell" verbunden sind. 8

Auch wenn der Ersatzwahlmechanismus sowohl für Wahlrechte des Bundestages wie für Wahlrechte des Bundesrates gilt, ist doch die Vorstellung der an den Plänen beteiligten Politiker diejenige, dass sich im Bundesrat die erforderliche Zweidrittelmehrheit (§ 7) eher aufbringen lässt als im Bundestag. 9

Das ist auf den ersten Blick naheliegend, auf den zweiten Blick aber zweifelhaft. In der Staatspraxis hat sich etabliert, dass bei Koalitionsregierungen ein Land nur dann im Bundesrat mit Ja abstimmt, wenn alle die Koalition tragenden Parteien mit einem solchen Abstimmungsverhalten einverstanden sind. Deshalb kann im Bundesrat eine Zweidrittelmehrheit der Stimmen nur dann aufgebracht werden, wenn die Länder, die zu einem Kandidatenvorschlag mit Nein stimmen oder enthalten (müssen), nicht mehr als ein Drittel der Stimmen haben.

§ 6 [Wahlverfahren im Bundestag]

(1) [1]**Die vom Bundestag zu berufenden Richter werden auf Vorschlag des Wahlausschusses nach Absatz 2 ohne Aussprache mit verdeckten Stimmzetteln gewählt.** [2]**Zum Richter ist gewählt, wer eine Mehrheit von zwei Dritteln der abgegebenen Stimmen, mindestens die Mehrheit der Stimmen der Mitglieder des Bundestages auf sich vereinigt.**

(2) [1]**Der Bundestag wählt nach den Regeln der Verhältniswahl einen Wahlausschuß für die Richter des Bundesverfassungsgerichts, der aus zwölf Mitgliedern des Bundestages besteht.** [2]**Jede Fraktion kann einen Vorschlag einbringen.** [3]**Aus den Summen der für jeden Vorschlag abgegebenen Stimmen wird nach dem Höchstzahlverfahren (d'Hondt) die Zahl der auf jeden Vorschlag gewählten Mitglieder errechnet.** [4]**Gewählt sind die Mitglieder in der Reihenfolge, in der ihr Name auf dem Vorschlag erscheint.** [5]**Scheidet ein Mitglied des Wahlausschusses aus oder ist es verhindert, so wird es durch das nächste auf der gleichen Liste vorgeschlagene Mitglied ersetzt.**

(3) **Das älteste Mitglied des Wahlausschusses beruft die Mitglieder des Wahlausschusses unverzüglich unter Einhaltung einer Ladungsfrist von einer Woche ein und leitet die Sitzung, die fortgesetzt wird, bis Vorschläge über alle zu wählenden Richter beschlossen sind.**

(4) **Die Mitglieder des Wahlausschusses sind zur Verschwiegenheit über die ihnen durch ihre Tätigkeit im Wahlausschuß bekanntgewordenen persönlichen Verhältnisse der Bewerber sowie über die hierzu im Wahlausschuß gepflogenen Erörterungen und über die Abstimmung verpflichtet.**

(5) **Ein Wahlvorschlag wird mit mindestens acht Stimmen der Mitglieder des Wahlausschusses beschlossen.**

1 § 6 konkretisiert Art. 94 Abs. 1 Satz 2 GG, wonach die Hälfte der Mitglieder des Bundesverfassungsgerichts vom Bundestag gewählt werden. Seit der Neuregelung 2015 erfolgt die **Wahl im Plenum** (Abs. 1), nicht mehr indirekt durch einen Wahlausschuss. Die Wahl im Plenum setzt aber voraus, dass zuvor der Wahlausschuss mit der qualifizierten Mehrheit des Abs. 5 einen Vorschlag beschlossen hat. Die im Grundgesetz selbst nicht vorgesehene 2/3-Mehrheit ist anders als bis 2015 nicht nur im Ausschuss aufzubringen, sondern auch im Plenum. Sie bezieht sich zwar nicht auf die gesetzliche Mitgliederzahl des Bundestages (Art. 121 GG), sondern nur auf die abgegebe-

nen Stimmen, wobei mindestens die Mehrheit der Stimmen der Mitglieder des Bundestages erreicht sein muss (Abs. 1 Satz 2). Deshalb und weil im Plenum mit verdeckten Stimmzetteln gewählt wird (Abs. 1 Satz 1), ist es jetzt deutlich schwieriger, das für die Wahl eines vom Bundestag zu berufenden Richters erforderliche Quorum zu erzielen. Dazu trägt auch das Erstarken der AfD bei. Eine gewisse Entspannung könnte sich ergeben, wenn die Mehrheit von zwei Dritteln nur noch im Ausschuss erforderlich wäre und im Plenum nur noch eine Mehrheit der Mitglieder. Allerdings würde das nach der derzeitigen Besetzung des Wahlausschusses mit fünf Vertretern der SPD, zwei Vertretern der Grünen und einem Vertreter der FDP bedeuten, dass die Regierungskoalition im Ausschuss über eine zwei Drittel Mehrheit verfügt, von der sie im Plenum weit entfernt ist.

Der Wechsel von der indirekten zur direkten Wahl war **nicht verfassungsrechtlich geboten**;[1] daran hat das Gericht auch nach Inkrafttreten des Änderungsgesetzes vom 24.6.2015[2] festgehalten.[3] Die einschlägige Regelung des Art. 94 Abs. 1 Satz 2 GG lässt dem Bundesgesetzgeber einen **weiten Ausgestaltungsspielraum**, weil ihr Regelungskern lediglich die Aufteilung der Wahlrechte auf eine Bundesseite (Bundestag) und eine Länderseite (Bundesrat) ist. Die indirekte Wahl durch einen repräsentativen Ausschuss des Bundestages hielt sich ebenso in diesem Rahmen wie die einfach-gesetzliche Einführung eines 2/3-Quorums (Abs. 5), welche im Grundgesetz nicht ausdrücklich vorgesehen ist und in einem klaren Spannungsverhältnis steht zu Art. 42 Abs. 2 GG (Mehrheit der abgegeben Stimmen erforderlich und ausreichend) und zu den niedrigeren Quoren für die Wahl des Bundespräsidenten (Art. 54 Abs. 6 GG). Die Einschränkung der Mitwirkungsrechte und angesichts der Verschwiegenheitspflicht der Mitglieder des Wahlausschusses nach Abs. 4 auch der Informationsrechte der Bundestagsabgeordneten, die nicht dem Wahlausschuss angehören, fand ihre Rechtfertigung in dem gesetzgeberischen Ziel, das Ansehen des Bundesverfassungsgerichts und das Vertrauen in seine Unabhängigkeit zu festigen und damit seine Funktionsfähigkeit zu sichern. Das gebot zwar keine Wahl in einem Ausschuss, rechtfertigte sie aber hinreichend.[4] 2

Die bis 2015 im Gesetz angeordnete Kombination von Wahl im Ausschuss und 2/3-Quorum war **nicht nur zulässig, sondern politisch auch außerordentlich klug**. Sie hat über viele Jahrzehnte eine qualitativ hochwertige Besetzung des Bundesverfassungsgerichts ermöglicht. 3

Der Gesetzgeber hat das in der 18. Wahlperiode im Konsens der damaligen vier Fraktionen aufgegeben, weil er die **direkte Wahl als verfassungspolitisch vorzugswürdig angesehen** hat.[5] Ob das langfristig trägt, ist fraglich. Bei den bislang nach diesem neuen Verfahren durchgeführten Wahlen durch 4

1 BVerfGE 131, 230 (234 f.).
2 BGBl. 2015 I 973.
3 BVerfGE 142, 5 (7, Rn. 7); 142, 1 (3, Rn. 9).
4 Zutreffend BVerfGE 131, 230 (236).
5 BT-Drs. 18/2737, S. 1.

das Plenum drängt sich eher der Eindruck auf, dass sich die erwartete höhere Transparenz der Entscheidungsfindung sehr in Grenzen hält.[6]

5 Dem steht der klare **Nachteil der Neuregelung** gegenüber, dass es selbst bei einer Verständigung von vier der aktuell sieben parlamentarischen Fraktionen und Gruppen überzeugende Mehrheiten im Parlament schwer zu gewinnen sind. Das hat sich etwa bei der Wahl von Stephan Harbarth gezeigt. Bei 652 abgegebenen Stimmen lag das 2/3-Quorum bei 435 Stimmen, erhalten hat er 452 Stimmen. Hätte er 18 Stimmen weniger erhalten, wäre seine Wahl gescheitert. Bei den aktuellen Mehrheitsverhältnissen des Deutschen Bundestages verlangt die Kombination von Wahl im Plenum und 2/3-Quorum praktisch eine Verständigung der Fraktionen von CDU/CSU, SPD, FDP und BÜNDNIS 90/DIE GRÜNEN. Die politischen Auffassungen dieser vier Fraktionen liegen aber in vielen Sachfragen so weit auseinander, dass sich schnell einige dutzend Abgeordnete auch dieser Fraktionen finden werden, die einen von ihren Fraktionen an sich konsentierten Kandidaten wegen dessen tatsächlicher oder vermeintlicher Auffassungen zu Einzelpunkten ablehnen. Das könnte zu einer Blockade bei der Besetzung der Richterämter führen. Ein denkbarer Ausweg liegt im Verzicht auf die 2/3-Mehrheit im Plenum, nicht aber im Wahlausschuss.

6 Ungeachtet der damit beschriebenen rechtspolitischen Probleme der **Neuregelung ist** diese jedenfalls aber **verfassungskonform**. Das Organstreitverfahren von zwei Abgeordneten gegen die Wahl von Stephan Harbarth mit der Rüge der Verfassungswidrigkeit von § 6 Abs. 1 wegen des Fehlens von Offenlegungs- und Transparenzpflichten, wie sie etwa für Bundestagsabgeordnete oder politische Parteien, nicht aber für zur Wahl als Richter des Bundesverfassungsgerichts vorgeschlagene Personen bestehen, war mangels Bezugs zu eigenen Organrechten der Abgeordneten unzulässig.[7] Aber auch materiell ergibt sich weder aus Art. 94 Abs. 1 GG noch aus dem Demokratieprinzip ein Gebot, die persönlichen, politischen, wirtschaftlichen oder sonstigen Verhältnisse der vom Wahlausschuss vorgeschlagenen Person gegenüber dem Plenum umfassend oder gar auf Wunsch einzelner Abgeordneter in Detailpunkten offen zu legen. Solche amerikanischen Verhältnisse verlangt das Grundgesetz nicht und deshalb bestimmt Abs. 1 Satz 1 zu Recht, dass die Wahl im Plenum ohne Aussprache erfolgt. Das entspricht dem verfassungsunmittelbar vorgegebenen Muster der Wahl des Bundespräsidenten (Art. 54 Abs. 1 Satz 1 GG) und des Bundeskanzlers (Art. 63 Abs. 1 GG).

7 Zulässig ist auch das in § 6 Abs. 2 Satz 2 für die Besetzung des Wahlausschusses angeordnete **Höchstzahlverfahren nach d'Hondt**.[8] Von den zwölf Mitgliedern des Wahlausschusses gehören derzeit fünf der SPD-Fraktion an, drei der CDU/CSU-Fraktion, zwei der Fraktion BÜNDNIS 90/DIE GRÜNEN und je ein Mitglied den Fraktionen der FDP und der AfD. Die frühere Fraktion DIE LINKE war von ihrem Auseinanderbrechen im Dezember 2023 nicht im Wahlausschuss vertreten.

6 Sehr kritisch gerade ein dezidierter Befürworter der direkten Wahl wie Lechner/Zuck/Zuck § 6 Rn. 4: „Mogelpackung".
7 BVerfGE 151, 191 (202, Rn. 31).
8 BVerfGE 131, 230 (236).

Die Vorgaben für die Besetzung des Wahlausschusses (Abs. 2) und das einer 2/3-Mehrheit entsprechende Mindestquorum von acht Stimmen (Abs. 5) sowie die erforderliche 2/3-Mehrheit der abgegebenen Stimmen für die Wahl im Plenum (Abs. 1) werden auch weiterhin **informelle Absprachen** zwischen den Fraktionen und außerhalb der Sitzungen des Wahlausschusses praktisch erzwingen. Derzeit wird eine Aufteilung praktiziert, bei der sowohl für den Ersten wie für den Zweiten Senat Union und SPD jeweils das Vorschlagsrecht für drei Richterämter haben, BÜNDNIS 90/DIE GRÜNEN und die FDP jeweils für ein Richteramt. Es erscheint möglich, dass es in absehbarer Zeit eine Verschiebung eines Wahlvorschlagsrechts von der SPD zu den Grünen gibt, sei es in einem der beiden Senate, sei es in beiden Senaten. Von erheblicher Bedeutung ist, dass es nicht zu einem strukturellen Übergewicht einer politischen Seite kommt. In der derzeitigen Konstellation auf Bundesebene, also mit einer sogenannten Ampelregierung, die sich auf SPD, BÜNDNIS 90/DIE GRÜNEN und FDP stützt, richtet sich das Augenmerk auf die von der FDP vorgeschlagenen Richter Heinrich Amadeus Wolff im Ersten Senat und Thomas Offenloch im Zweiten Senat. Die mit fünf zu zwei Stimmen erlassene einstweilige Anordnung des Zweiten Senats betreffend das Gesetzgebungsverfahrens zum Gebäudeenergieänderungsgesetz ist als Beleg dafür zu verstehen, dass jedenfalls im Zweiten Senat keine „Ampel-Mehrheit" agiert.[9] Unabhängig von den politischen Absprachen zwischen SPD, Union, BÜNDNIS 90/DIE GRÜNEN und FDP über die Aufteilung der Vorschlagsrechte[10] ist zu beachten, dass es zwar im Plenum keine Partei mit einem aus dem Zweidrittel-Mehrheitserfordernis folgenden Vetorecht gibt, die SPD-Fraktion mit fünf der zwölf Mitglieder des Wahlausschusses dort aber eine zahlenmäßige Vetoposition hat. Denn gegen sie ist das Quorum von acht Stimmen (Abs. 5) nicht erreichbar. 8

Die **Verschwiegenheitsregelung** des Abs. 4 gilt auch für das informelle Vorverfahren im Wahlausschuss, dient dem Schutz der Bewerber und erleichtert deshalb die Abgabe der Bereitschaftserklärung nach § 3 Abs. 1. Das Gesetz schreibt eine Vorstellung oder Anhörung von Kandidaten nicht vor; sie war auch viele Jahrzehnte nicht üblich. Eine Ausnahme war die Wahl des Richters Paulus im Jahr 2010. Dieser stellte sich im Wahlausschuss vor, nachdem sich die FDP-Fraktion als vorschlagsberechtigte Fraktion auf ihn verständigt hatte. Das ist gesetzeskonform und anders als eine öffentliche Vorstellung auch vertretbar. Bislang ist daraus aber **noch keine Vorstellungspraxis im Wahlausschuss** geworden. Bei den letzten Wahlen von Verfassungsrichtern haben sich die Bewerber nur in Sitzungen einzelner Fraktionen vorgestellt,[11] nicht aber im Wahlausschuss selbst. Auch diese Vorgehensweise wirft keine Probleme auf. Denn in der Regel achten die Parteien schon im Vorfeld darauf, dass ihr Kandidat auch für die politischen Gegenspieler akzeptabel ist, um Blockadesituationen zu vermeiden. Allen Verantwortlichen an den Spitzen der Parteien und Fraktionen ist bewusst, dass parteipolitisch motivierte 9

9 BVerfG, Beschluss des Zweiten Senats vom 5.7.2023 – 2 BvE 4/23, Rn. 106 bei Juris.

10 Vgl. zu diesen Thematik vertiefend, aber ohne wirklich überzeugenden Verbesserungsvorschlag Kloepfer NJW 2022, 1509 (1511 f.).

11 Vgl. die praxisnahe Kommentierung des früheren Abgeordneten Ruppert: Burkiczak/Dollinger/Schorkopf BVerfGG/Ruppert § 6 Rn. 22; siehe auch Wiefelspütz DÖV 2012, 961 (962).

Auseinandersetzungen um die Besetzung der Richterstellen das Ansehen des Gerichts beschädigen könnten; von den einzelnen Mitgliedern der Fraktionen, die im Plenum nach Abs. 1 die eigentliche Wahl vornehmen, kann das nicht in gleicher Weise erwartet werden.

10 Der Wahlvorschlag des **Wahlausschusses** muss nach Abs. 5 mit **mindestens acht Stimmen** seiner Mitglieder beschlossen worden. Auf diese Weise wird die Wahrscheinlichkeit erhöht, dass der Wahlvorschlag des Wahlausschusses auch im Plenum die nach Abs. 1 Satz 2 erforderliche Mehrheit findet. Ganz sicher ist das aber schon deshalb nicht, weil die größeren Fraktionen wegen der Anwendung des Höchstzahlverfahrens (Abs. 2 Satz 3) im Wahlausschuss überrepräsentiert sind. Die aktuellen Regierungsfraktionen SPD, BÜNDNIS 90/DIE GRÜNEN und FDP haben im Ausschuss acht Stimmen, sind aber im Plenum von einer 2/3-Mehrheit weit entfernt.

11 Bedeutsamer ist aber, dass ein **Wahlvorschlag** des Wahlausschusses **immer nur einen Kandidaten oder eine Kandidatin** für die jeweils zu besetzende Richterstelle umfassen darf. Das folgt aus dem erkennbaren Sinn und Zweck der Regelungen in Abs. 1 und 5. Wäre es dem Ausschuss rechtlich erlaubt, mit dem erforderlichen Quorum von mindestens acht Stimmen auch einen Doppel- oder, wie bei der Wahl der EGMR-Richter vorgesehen, einen Dreiervorschlag zu machen, dann wäre weder geregelt noch erkennbar, wie das Plenum den einen Kandidaten ermitteln soll, den es mit 2/3-Mehrheit der abgegebenen Stimmen zum Richter wählt. Auch der in Abs. 1 Satz 1 vorgesehene Ausschluss einer Aussprache über den Vorschlag des Wahlausschusses verdeutlicht, dass im System des § 6 die Verengung auf einen Kandidaten oder eine Kandidatin je Richterstelle im Ausschuss geleistet wird, das Plenum diesem Vorschlag aber lediglich die erforderliche Mehrheit geben oder verweigern kann.

12 Findet der Wahlvorschlag des Wahlausschusses im Plenum nicht die nach Abs. 1 Satz 2 erforderliche Mehrheit, dann zeigen sich die Probleme des neuen Verfahrens deutlich. Klare Antworten auf die Frage, wie dann zu verfahren ist, enthält das Gesetz nicht. Die **Ablehnung des Wahlvorschlags** des Wahlausschusses im Plenum führt aber jedenfalls nicht zu einer Zuständigkeitsverlagerung; das Vorschlagsrecht geht nicht auf das Plenum über.[12] Das Plenum bleibt an eine Abstimmung über einen Wahlvorschlag des Wahlausschusses gebunden. Deshalb wäre auch Raum für eine Verständigung oder Regelung, etwa in der Geschäftsordnung des Bundestages, dass in solchen Fällen im Plenum ein zweiter Wahlgang durchgeführt werden kann. Im Kern liegt es aber nach der Gesamtsystematik der Vorschrift in solchen Fällen in der Hand des Wahlausschusses, ob er den im Plenum gescheiterten Wahlvorschlag erneut beschließt und so eine erneute Abstimmung herbeiführt oder ob er den Wahlvorschlag zurückzieht und einen Wahlvorschlag mit einem anderen Kandidaten oder einer anderen Kandidatin beschließt. Eine Verpflichtung des Wahlausschusses, dem Plenum in einem solchen Fall einen Doppel- oder Alternativvorschlag zu unterbreiten, um so eine echte Auswahlentscheidung zu ermöglichen,[13] findet keine Stütze im Gesetz und stünde im Widerspruch zu Sinn und Zweck der Gesamtregelung. Mit der

12 Zutreffend Barczak BVerfGG/Wittmann § 6 Rn. 60.
13 So offenbar die Vorstellung von Barczak BVerfGG/Wittmann § 6 Rn. 16.

einfach-gesetzlich getroffenen Entscheidung für ein 2/3-Quorum im Plenum (Abs. 1 Satz 2) ist die Vorstellung einer Auswahlentscheidung zwischen zwei Kandidaten ausgeschlossen. Die Einschaltung des Wahlausschusses als wahlvorschlagsberechtigte Instanz hat ja gerade den Zweck, außerhalb des Plenums eine Verständigung zwischen den Fraktionen auf einen Wahlvorschlag herbeizuführen, für den nach den politischen Mehrheitsverhältnissen im Plenum ein Erreichen des 2/3-Quorums jedenfalls erwartet werden kann. Wer dagegen generell oder jedenfalls im Fall des Scheiterns des ersten Wahlvorschlags des Wahlausschusses eine offen ausgetragene Konkurrenz von mindestens zwei Bewerbern im Plenum zulassen oder vorschreiben will, der muss sich vom 2/3-Quorum verabschieden und zur Richterwahl mit einfacher Mehrheit übergehen. Vorbild wären dann die Regelungen beim Europäischen Gerichtshof für Menschenrechte (Art. 22 EMRK).

§ 7 [Wahlverfahren im Bundesrat]

Die vom Bundesrat zu berufenden Richter werden mit zwei Dritteln der Stimmen des Bundesrates gewählt.

Beim Bundesrat sieht das Gesetz weder eine Ausschusslösung noch eine Verschwiegenheitsregelung wie beim Bundestag vor. Praktisch findet deshalb die Kandidatensuche in einer nicht öffentlich tagenden **Kommission der 16 Justizminister der Länder** statt und das Plenum vollzieht die Wahl des so gefundenen Kandidaten nur noch formal nach. 1

Im Bundesrat führt das Erfordernis einer 2/3-Mehrheit schon von je her zu **Vetorechten** der Unions- wie der SPD-Seite. Neu ist aber, dass wegen der Beteiligung von BÜNDNIS 90/DIE GRÜNEN an der Mehrzahl der Landesregierungen auch insoweit eine Vetoposition entstanden ist. Das hat parallel zu den politischen Kräfteverschiebungen zwischen SPD und BÜNDNIS 90/DIE GRÜNEN auch bei den vom Bundesrat zu berufenden Richtern zum Wechsel von Vorschlagsrechten von der SPD zu BÜNDNIS 90/DIE GRÜNEN geführt, und zwar beim Wechsel von Andreas Voßkuhle auf Astrid Wallrabenstein. 2

§ 7a [Wahlverfahren in besonderen Fällen]

(1) Kommt innerhalb von zwei Monaten nach dem Ablauf der Amtszeit oder dem vorzeitigen Ausscheiden eines Richters die Wahl eines Nachfolgers auf Grund der Vorschriften des § 6 nicht zustande, so hat das älteste Mitglied des Wahlausschusses unverzüglich das Bundesverfassungsgericht aufzufordern, Vorschläge für die Wahl zu machen.

(2) [1]Das Plenum des Bundesverfassungsgerichts beschließt mit einfacher Mehrheit, wer zur Wahl als Richter vorgeschlagen wird. [2]Ist nur ein Richter zu wählen, so hat das Bundesverfassungsgericht drei Personen vorzuschlagen; sind gleichzeitig mehrere Richter zu wählen, so hat das Bundesverfassungsgericht doppelt so viele Personen vorzuschlagen, als Richter zu wählen sind. [3]§ 16 Abs. 2 gilt entsprechend.

(3) Ist der Richter vom Bundesrat zu wählen, so gelten die Absätze 1 und 2 mit der Maßgabe, daß an die Stelle des ältesten Mitglieds des Wahlausschusses der Präsident des Bundesrates oder sein Stellvertreter tritt.

(4) Das Recht des Wahlorgans, einen nicht vom Bundesverfassungsgericht Vorgeschlagenen zu wählen, bleibt unberührt.

1 Verzögert sich im Wahlausschuss des Bundestages oder im Bundesrat die Richterwahl, hat nach Abs. 1 das Plenum des Bundesverfassungsgerichts Besetzungsvorschläge zu machen (§§ 56–58 GO-BVerfG). Darin liegt kein Selbstergänzungsrecht des Bundesverfassungsgerichts, weil der **Vorschlag unverbindlich** ist und das jeweilige Wahlorgan weiterhin Personen wählen kann, die nicht vom Bundesverfassungsgericht vorgeschlagen worden sind (Abs. 4).

2 Der Vorschlag des Plenums bedarf nach Abs. 2 lediglich der einfachen Mehrheit der abgegebenen Stimmen. Deshalb sind Vorschläge auch **mit weniger als neun Stimmen** möglich, solange die Beschlussfähigkeit nach § 16 Abs. 2 gegeben ist.

3 Die **praktische Wirkung** der Vorschrift liegt eher darin, das Wahlorgan anzuhalten, weitere Verzögerungen der Nachfolgerwahl zu unterlassen. Erkennbar hat der Gesetzgeber die Norm zu dem Zweck geschaffen, bei Bedarf durch Einschaltung des Bundesverfassungsgerichts als neutralen Akteurs eine politische Blockade in den Wahlorganen durch Aufzeigen einer gangbaren Wahlalternative auflösen zu helfen.[1]

§ 8 [Vorschlagslisten]

(1) Das Bundesministerium der Justiz und für Verbraucherschutz stellt eine Liste aller Bundesrichter auf, die die Voraussetzungen des § 3 Abs. 1 und 2 erfüllen.

(2) Das Bundesministerium der Justiz und für Verbraucherschutz führt eine weitere Liste, in die alle Personen aufzunehmen sind, die von einer Fraktion des Bundestages, der Bundesregierung oder einer Landesregierung für das Amt eines Richters am Bundesverfassungsgericht vorgeschlagen werden und die die Voraussetzungen des § 3 Abs. 1 und 2 erfüllen.

(3) Die Listen sind laufend zu ergänzen und spätestens eine Woche vor einer Wahl den Präsidenten des Bundestages und des Bundesrates zuzuleiten.

1 Die in Abs. 1 und 2 vorgesehenen, vom Bundesministerium der Justiz zu führenden Listen sind ein **informativer Service für die Wahlorgane**, aber rechtlich nicht verbindlich. Die Wahlorgane können auch Personen wählen, die auf den Listen nicht verzeichnet sind, sofern diese die Wählbarkeitsvoraussetzungen nach § 3 erfüllen. Die praktische Bedeutung der Listen ist

1 Zutreffend Barczak BVerfGG/Wittmann § 7a Rn. 15.

gering, wobei ohnehin nur die Liste nach Abs. 1 Personen verzeichnet; insgesamt erscheint die Regelung als überholt und entbehrlich.[1]

§ 9 [Wahl des Präsidenten und seines Stellvertreters]

(1) [1]Bundestag und Bundesrat wählen im Wechsel den Präsidenten des Bundesverfassungsgerichts und den Vizepräsidenten. [2]Der Vizepräsident ist aus dem Senat zu wählen, dem der Präsident nicht angehört.

(2) Bei der ersten Wahl wählt der Bundestag den Präsidenten, der Bundesrat den Vizepräsidenten.

(3) Die Vorschriften der §§ 6 und 7 gelten entsprechend.

1 Anders als bei den europäischen Gerichten (Art. 26 EMRK; Art. 254 AEUV) werden beim Bundesverfassungsgericht Präsident und Vizepräsident nicht von den Richtern (Plenum) bestimmt, sondern **von den Wahlorganen Bundestag und Bundesrat gewählt** nach den jeweiligen, in § 6 bzw. § 7 geregelten Verfahren. Seit über 25 Jahren wechseln sich Union und SPD beim Vorschlagsrecht für den Präsidenten ab; der Vizepräsident wird dann von der anderen politischen Seite vorgeschlagen. Zukünftige Verschiebungen des Vorschlagsrechts auf andere Parteien sind angesichts sich verändernder politischer Verhältnisse nicht ausgeschlossen (→ § 6 Rn. 8).

2 Präsident und Vizepräsident müssen nach Absatz 1 Satz 2 unterschiedlichen Senaten angehören, damit sie jeweils ihrem Senat vorsitzen können, wie das § 15 Abs. 1 vorsieht. Hierbei wechseln sich wiederum die Senate ab: Endet die Amtszeit des Präsidenten, wird der neu zu wählende Vorsitzende des Senats des bisherigen Präsidenten der Vizepräsident des Gerichts, der Vorsitzende des anderen Senats wird neuer Präsident. Aus diesem Anlass sind also **drei Wahlen** nötig, die im Bundestag und Bundesrat koordiniert werden müssen: die Wahl eines neuen Richters sowie die Wahlen der neuen Präsidenten und Vizepräsidenten. Für die Wahl durch den Bundestag oder den Bundesrat gelten nach Abs. 3 die Vorschriften der §§ 6 und 7 entsprechend. Wahlen des Präsidenten oder des Vizepräsidenten durch den Bundestag erfolgen deshalb seit der Änderung von § 6 im Jahr 2015 durch das Plenum (§ 6 Abs. 1).

3 Präsident und Vizepräsident haben in den Senaten und Kammern, denen sie angehören, **dasselbe Stimmrecht wie alle anderen Richter**. Ihre richterlichen Funktionen regelt § 15, ihre Verwaltungsfunktionen die Geschäftsordnung, insbesondere deren Teil A (§§ 1, 19 GO-BVerfG).

§ 10 [Ernennung des Gewählten]

Der Bundespräsident ernennt die Gewählten.

1 Die von den Wahlorganen Gewählten werden erst mit der Ernennung durch den Bundespräsidenten, dessen Zuständigkeit hierfür schon aus Art. 60 GG

1 Zutreffend Barczak BVerfGG/Wittmann § 8 Rn. 15 mit statistischen Angaben.

folgt, zu Richtern des Bundesverfassungsgerichts. Mit der **Übergabe der Ernennungsurkunde** beginnt ihre Amtszeit. Der Bundespräsident ist zur Ernennung der Gewählten verpflichtet, sofern die Gewählten die Wählbarkeitsvoraussetzungen erfüllen und das Verfahren gesetzeskonform durchgeführt wurde. Zu weiteren Prüfungen ist der Bundespräsident nicht berechtigt.

§ 11 [Vereidigung der Richter]

(1) [1]Die Richter des Bundesverfassungsgerichts leisten bei Antritt ihres Amtes vor dem Bundespräsidenten folgenden Eid:

> **„Ich schwöre, daß ich als gerechter Richter allezeit das Grundgesetz der Bundesrepublik Deutschland getreulich wahren und meine richterlichen Pflichten gegenüber jedermann gewissenhaft erfüllen werde. So wahr mir Gott helfe."**

[2]Wird der Eid durch eine Richterin geleistet, so treten an die Stelle der Worte „als gerechter Richter" die Worte „als gerechte Richterin".

(2) Bekennt sich der Richter zu einer Religionsgemeinschaft, deren Angehörigen das Gesetz die Verwendung einer anderen Beteuerungsformel gestattet, so kann er diese gebrauchen.

(3) Der Eid kann auch ohne religiöse Beteuerungsformel geleistet werden.

1 Vor dem Bundespräsidenten leisten die ernannten Richter des Bundesverfassungsgerichts den **Amtseid** nach § 11.

§ 12 [Recht auf jederzeitige Entlassung]

[1]Die Richter des Bundesverfassungsgerichts können jederzeit ihre Entlassung aus dem Amt beantragen. [2]Der Bundespräsident hat die Entlassung auszusprechen.

1 Während der Amtszeit kann sich ein Richter des Bundesverfassungsgerichts jederzeit und ohne Angabe von Gründen von seinem Richteramt lösen. Er kann allerdings anders als der Bundespräsident nicht mit sofortiger Wirkung zurücktreten (vgl. § 51), sondern **muss seine Entlassung aus dem Amt beantragen**. Der Bundespräsident ist nach Satz 2 verpflichtet, sie auszusprechen. Das geschieht durch Übergabe der Entlassungsurkunde durch den Bundespräsidenten.

2 Der nach § 12 Entlassene erhält ein Übergangsgeld (§ 100), **verliert** aber sonst alle Rechte aus dem Amt, auch den **Anspruch auf ein Ruhegehalt**.[1] Darin liegt der Unterschied zu der an bestimmte, in der Person des Richters liegende Voraussetzungen geknüpften vorzeitigen Versetzung in den Ruhestand nach § 98 Abs. 2 oder Abs. 3 (→ § 98 Rn. 3).

---

1 Burkiczak/Dollinger/Schorkopf BVerfGG/Burkiczak § 98 Rn. 11.

§ 13 [Zuständigkeit des Gerichts]

Das Bundesverfassungsgericht entscheidet

1. über die Verwirkung von Grundrechten (Artikel 18 des Grundgesetzes),
2. über die Verfassungswidrigkeit von Parteien (Artikel 21 Abs. 2 des Grundgesetzes),

2a. über den Ausschluss von Parteien von staatlicher Finanzierung (Artikel 21 Absatz 3 des Grundgesetzes),

3. über Beschwerden gegen Entscheidungen des Bundestages, die die Gültigkeit einer Wahl oder den Erwerb oder Verlust der Mitgliedschaft eines Abgeordneten beim Bundestag betreffen (Artikel 41 Abs. 2 des Grundgesetzes),

3a. über Beschwerden von Vereinigungen gegen ihre Nichtanerkennung als Partei für die Wahl zum Bundestag (Artikel 93 Absatz 1 Nummer 4c des Grundgesetzes),

4. über Anklagen des Bundestages oder des Bundesrates gegen den Bundespräsidenten (Artikel 61 des Grundgesetzes),
5. über die Auslegung des Grundgesetzes aus Anlaß von Streitigkeiten über den Umfang der Rechte und Pflichten eines obersten Bundesorgans oder anderer Beteiligter, die durch das Grundgesetz oder in der Geschäftsordnung eines obersten Bundesorgans mit eigenen Rechten ausgestattet sind (Artikel 93 Abs. 1 Nr. 1 des Grundgesetzes),
6. bei Meinungsverschiedenheiten oder Zweifeln über die förmliche oder sachliche Vereinbarkeit von Bundesrecht oder Landesrecht mit dem Grundgesetz oder die Vereinbarkeit von Landesrecht mit sonstigem Bundesrecht auf Antrag der Bundesregierung, einer Landesregierung oder eines Viertels der Mitglieder des Bundestages (Artikel 93 Abs. 1 Nr. 2 des Grundgesetzes),

6a. bei Meinungsverschiedenheiten, ob ein Gesetz den Voraussetzungen des Artikels 72 Abs. 2 des Grundgesetzes entspricht, auf Antrag des Bundesrates, einer Landesregierung oder der Volksvertretung eines Landes (Artikel 93 Abs. 1 Nr. 2a des Grundgesetzes),

6b. darüber, ob im Falle des Artikels 72 Abs. 4 die Erforderlichkeit für eine bundesgesetzliche Regelung nach Artikel 72 Abs. 2 nicht mehr besteht oder Bundesrecht in den Fällen des Artikels 125a Abs. 2 Satz 1 nicht mehr erlassen werden könnte, auf Antrag des Bundesrates, einer Landesregierung oder der Volksvertretung eines Landes (Artikel 93 Abs. 2 des Grundgesetzes),

7. bei Meinungsverschiedenheiten über Rechte und Pflichten des Bundes und der Länder, insbesondere bei der Ausführung von Bundesrecht durch die Länder und bei der Ausübung der Bundesaufsicht (Artikel 93 Abs.1 Nr. 3 und Artikel 84 Abs. 4 Satz 2 des Grundgesetzes),
8. in anderen öffentlich-rechtlichen Streitigkeiten zwischen dem Bund und den Ländern, zwischen verschiedenen Ländern oder innerhalb eines Landes, soweit nicht ein anderer Rechtsweg gegeben ist (Artikel 93 Abs. 1 Nr. 4 des Grundgesetzes),

8a. über Verfassungsbeschwerden (Artikel 93 Abs. 1 Nr. 4a und 4b des Grundgesetzes),
9. über Richteranklagen gegen Bundesrichter und Landesrichter (Artikel 98 Abs. 2 und 5 des Grundgesetzes),
10. über Verfassungsstreitigkeiten innerhalb eines Landes, wenn diese Entscheidung durch Landesgesetz dem Bundesverfassungsgericht zugewiesen ist (Artikel 99 des Grundgesetzes),
11. über die Vereinbarkeit eines Bundesgesetzes oder eines Landesgesetzes mit dem Grundgesetz oder die Vereinbarkeit eines Landesgesetzes oder sonstigen Landesrechts mit einem Bundesgesetz auf Antrag eines Gerichts (Artikel 100 Abs. 1 des Grundgesetzes),
11a. über die Vereinbarkeit eines Beschlusses des Deutschen Bundestages zur Einsetzung eines Untersuchungsausschusses mit dem Grundgesetz auf Vorlage nach § 36 Abs. 2 des Untersuchungsausschussgesetzes,
12. bei Zweifeln darüber, ob eine Regel des Völkerrechts Bestandteil des Bundesrechts ist und ob sie unmittelbar Rechte und Pflichten für den einzelnen erzeugt, auf Antrag des Gerichts (Artikel 100 Abs. 2 des Grundgesetzes),
13. wenn das Verfassungsgericht eines Landes bei der Auslegung des Grundgesetzes von einer Entscheidung des Bundesverfassungsgerichts oder des Verfassungsgerichts eines anderen Landes abweichen will, auf Antrag dieses Verfassungsgerichts (Artikel 100 Abs. 3 des Grundgesetzes),
14. bei Meinungsverschiedenheiten über das Fortgelten von Recht als Bundesrecht (Artikel 126 des Grundgesetzes),
15. in den ihm sonst durch Bundesgesetz zugewiesenen Fällen (Artikel 93 Abs. 3 des Grundgesetzes).

1 § 13 hat keine konstitutive Bedeutung. Die Norm stellt nur die Verfahrensarten zusammen, in denen das Bundesverfassungsgericht angerufen werden kann. Dies geschieht ohne eigene Systematisierungsleistung entlang der Reihenfolge, in der die Verfahrensarten im Grundgesetz auftauchen, mit Ausnahme der 2012 eingeführten Nichtanerkennungsbeschwerde nach Art. 93 Abs. 1 Nr. 4 c GG. Die Norm des § 13 ist **Ausdruck des sogenannten Enumerationsprinzips** der Zuständigkeiten des Bundesverfassungsgerichts. Grundgesetz und Bundesverfassungsgerichtsgesetz kennen keine Generalklausel, die in „verfassungsrechtlichen Angelegenheiten" generell den Rechtsweg zum Bundesverfassungsgericht eröffnet. Vielmehr fallen beim Bundesverfassungsgericht die Rechtswegfrage und die Frage nach der Zulässigkeit der gewählten Verfahrensart in der Zulässigkeitsprüfung zusammen. So ist für den Antrag einer politischen Partei auf Feststellung, dass sie nicht verfassungswidrig im Sinne von Art. 21 Abs. 2 GG sei, kein Rechtsweg zum Bundesverfassungsgericht eröffnet,[1] und der Antrag ist daher als unzulässig zu verwerfen.

2 Eine Übersicht schafft § 13 nur eingeschränkt, weil die dem Bundesverfassungsgericht über Art. 93 Abs. 3 GG **durch einfaches Recht zugewiesenen**

1 BVerfGE 133, 100 (106 ff.).

Zuständigkeiten von der Norm nicht im Einzelnen aufgeführt sind. Sie verbergen sich hinter der Nr. 15. Dazu gehören etwa die Vorlagen nach §§ 39 Abs. 2 SGG sowie 50 Abs. 3 VwGO, Wahlprüfungsfälle nach § 16 Abs. 3 WPG und § 26 Abs. 3 EuWG,[2] Fälle des § 18 Abs. 3 PUAG,[3] Fälle nach den §§ 14, 24 Abs. 5, 36 des Gesetzes zu Art. 29 Abs. 6 GG (Volksentscheidung, Volksbegehren),[4] Fälle der §§ 32 Abs. 3 und 4, 33 Abs. 2 PartG, die Rechtswahrungsverfahren nach Art. 44 des Einigungsvertrages, nicht aber das in § 105 geregelte Verfahren zur Versetzung von Richtern des Bundesverfassungsgerichts in den Ruhestand bzw. zu deren Entlassung. Denn hier trifft das Bundesverfassungsgericht keine abschließende Sachentscheidung, sondern beseitigt nur in einem Art Vorverfahren einen besonderen Schutz seiner Richter vor Entlassung oder zwangsweiser Versetzung in den Ruhestand.[5] Sachlich ebenfalls zu Nr. 15 gehören die vom Gesetzgeber wegen des Sachzusammenhangs mit der konkreten Normenkontrolle als Nr. 11 a zwischen die verfassungsunmittelbar vorgesehenen Verfahren eingeordneten Vorlageverfahren nach § 36 Abs. 2 PUAG über die Vereinbarkeit eines Beschlusses des Bundestages zur Einsetzung eines Untersuchungsausschusses mit dem Grundgesetz.[6]

Die Orientierungswirkung von § 13 wird weiter dadurch geschwächt, dass 3
der Gesetzgeber bei der **konkreten Ausgestaltung im III. Teil des Gesetzes** eine eigene Systematisierung mit insgesamt 17 Abschnitten vorgenommen hat, die weder der Reihenfolge noch der Gruppenbildung im Katalog des § 13 entspricht. Weiter erschwert die Orientierung, dass der Gesetzgeber in diesen §§ 36 bis 96 d die Verfahren weder mit Namen noch mit ihrer verfassungsrechtlichen Artikelnummer bedacht hat, sondern mit den Platzziffern des § 13.

Näher geregelt sind 4

- das Verfahren über die Verwirkung von Grundrechten (Nr. 1) in den §§ 36 bis 41 (Aktenzeichen: BvA)
- das Parteiverbotsverfahren (Nr. 2) in den §§ 43 bis 47 (Aktenzeichen: BvB)
- die Verfahren zum Ausschluss von Parteien von staatlicher Finanzierung (Nr. 2 a) in den §§ 43 bis 45 und §§ 46a bis 47 (Aktenzeichen: BvB)
- die Wahlprüfungsbeschwerden (Nr. 3) in § 48 (Aktenzeichen: BvC)
- die Beschwerden von Vereinigungen wegen ihrer Nichtanerkennung als Partei für die Wahl zum Bundestag (Nr. 3 a) in den §§ 96a bis 96 d (Aktenzeichen: BvC)
- die Präsidentenanklage (Nr. 4) in §§ 49 bis 57 (Aktenzeichen: BvD)
- der Organstreit (Nr. 5) in den §§ 63 bis 67 (Aktenzeichen: BvE)
- die allgemeine abstrakte Normenkontrolle (Nr. 6) und die auf die Einhaltung von Art. 72 Abs. 2 GG beschränkte besondere Normenkontrolle (Nr. 6 a) in den §§ 76 bis 79 (Aktenzeichen: BvF bzw. BvW bei Verfahren nach Nr. 6 a)

---

2 Vgl. etwa BVerfG, Beschluss des Zweiten Senats vom 7.12.2022 – 2 BvC 2/20 und 4/20, Rn. 1 bei Juris.
3 Vgl. dazu BVerfGE 124, 78 (107); siehe auch BVerfGE 156, 270 (293 f., Rn. 68 ff.).
4 Siehe dazu zuletzt BVerfGE 151, 98 (99, Rn. 3) – Land „Sachsen-Thüringen".
5 Nach wie vor anderer Meinung Schmidt-Bleibtreu/Klein/Bethge BVerfGG/Bethge § 13 Nr. 15 Rn. 18, Fußnote 86 (Stand: Juni 2023).
6 Vgl. dazu BVerfGE 113, 113 (123).

- das Kompetenzfreigabeverfahren (Nr. 6 b) in § 96 (Aktenzeichen: BvY)
- die Bund-Länder-Streitigkeiten (Nr. 7) in §§ 68 bis 70 (Aktenzeichen: BvG)
- die weiteren föderativen Verfassungsstreitigkeiten (Nr. 8) nach Art. 93 Abs. 1 Nr. 4 GG in §§ 71 und 72 (Aktenzeichen: BvH)
- die Verfassungsbeschwerde (Nr. 8 a, Var. 1) in §§ 90, 92 bis 95 (Aktenzeichen: BvR)
- die Kommunalverfassungsbeschwerde (Nr. 8 a, Var. 2) in § 91 (Aktenzeichen: BvR)
- die Richteranklage (Nr. 9) in §§ 58 bis 62 (Aktenzeichen: BvJ)
- die Verfassungsstreitigkeiten innerhalb eines Landes (Nr. 10) in §§ 73 bis 75 (Aktenzeichen: BvK)
- die konkrete Normenkontrolle (Nr. 11) in §§ 80 bis 82 (Aktenzeichen: BvL)
- das Vorlageverfahren in Untersuchungsausschusssachen (Nr. 11 a) in § 82a (Aktenzeichen: BvX)
- das Vorlageverfahren zu Regeln des Völkerrechts (Nr. 12) in §§ 83 und 84 (Aktenzeichen: BvM)
- das Vorlageverfahren durch Landesverfassungsgerichte (Nr. 13) in § 85 (Aktenzeichen: BvN)
- das Rechtsfortgeltungsverfahren (Nr. 14) in §§ 86 bis 89 (Aktenzeichen: BvO).

Die einzelnen Verfahrensarten und ihre Besonderheiten werden bei der Darstellung der genannten Vorschriften der §§ 36 bis 96 d dargestellt.

5 Die von § 13 mehr verschleierte als offen gelegte **Bedeutung der einzelnen Verfahren** spiegelt sich auch in den Fallzahlen, soweit sie das Bundesverfassungsgericht bisher auf seiner Homepage veröffentlicht hat. Von den bis Ende 2023 knapp 265.000 Verfahren, die seit Gründung beim Bundesverfassungsgericht anhängig wurden, waren 96,3 % Verfassungsbeschwerdeverfahren und nur gut 1,5 % abstrakte und konkrete Normenkontrollverfahren. Rund 2 % entfielen auf alle anderen Verfahrensarten einschließlich isolierter einstweiliger Anordnungsverfahren.

6 Für die Jahre vor 2020 hat das Bundesverfassungsgericht für alle einzelnen Verfahrensarten die Fallzahlen auf der Homepage veröffentlicht, diese Praxis aber seither in der gewohnten Detailschärfe nicht fortgeführt. In den zehn Jahren 2010 bis 2019 sind in den einzelnen Verfahrensarten folgende **Fallzahlen** erreicht worden (Eingänge):

■ § 13 Nr. 8 a	(Verfassungsbeschwerden, einschließlich Kommunalverfassungsbeschwerden, Art. 93 Abs. 1 Nr. 4 a und b GG)	59.157
■ § 13 Nr. 3 und 3 a	(Wahlprüfungsverfahren, Art. 41 Abs. 2 GG und Beschwerden von Vereinigungen wegen ihrer Nichtanerkennung als Partei für die Wahl zum Bundestag, Art. 93 Abs. 1 Nr. 4c GG)	246

■ § 13 Nr. 11	(Konkrete Normenkontrollverfahren, Art. 100 Abs. 2 GG)	241
■ § 13 Nr. 5	(Organstreitverfahren nach Art. 93 Abs. 1 Nr. 1 GG)	68
■ § 13 Nr. 6	(Abstrakte Normenkontrollverfahren, Art. 93 Abs. 1 Nr. 2 GG)	19
■ § 13 Nr. 7	(Bund-Länder-Streitigkeiten nach Art. 93 Abs. 1 Nr. 3 und Art. 84 Abs. 4 Satz 2 GG)	3
■ § 13 Nr. 2	(Verfassungswidrigkeit von Parteien, Art. 21 Abs. 2 GG)	1
■ § 13 Nr. 2 a	Ausschluss von Parteien von staatlicher Finanzierung, Art. 21 Abs. 3 GG)	1
■ § 13 Nr. 15	(Sonst durch Bundesgesetz zugewiesene Fälle, Art. 93 Abs. 3 GG).	1

Auffällig ist, dass erstmals die Wahlprüfungsverfahren die zweithöchste Fallzahl aufweisen.

In den anderen elf Verfahrensarten, die in § 13 aufgezählt sind, also bei

- § 13 Nr. 1 (Verwirkung von Grundrechten, Art. 18 GG)
- § 13 Nr. 4 (Anklagen gegen den Bundespräsidenten, Art. 61 GG)
- § 13 Nr. 6 a (Abstrakte Normenkontrollverfahren zu § 72 Abs. 2 GG nach Art. 93 Abs. 1 Nr. 2 a GG)
- § 13 Nr. 6 b (Freigabeverfahren nach Art. 93 Abs. 2 GG)
- § 13 Nr. 8 (Weitere föderative Streitigkeiten nach Art. 93 Abs. 1 Nr. 4 GG)
- § 13 Nr. 9 (Richteranklagen nach Art. 98 Abs. 2 und 5 GG)
- § 13 Nr. 10 (Landesverfassungsstreitigkeiten nach Art. 99 GG)
- § 13 Nr. 11 a (Vorlageverfahren nach § 36 Abs. 2 PUAG)
- § 13 Nr. 12 (Vorlageverfahren zum Völkerrecht, Art. 100 Abs. 2 GG)
- § 13 Nr. 13 (Vorlagen an das Landesverfassungsgericht, Art. 100 Abs. 3 GG)
- § 13 Nr. 14 (Meinungsverschiedenheiten über das Fortgelten von Recht als Bundesrecht, Art. 128 GG)

hat es in den Jahren 2010 bis 2019 keinen einzigen Verfahrenseingang gegeben.

Auch ab 2020 gab es in diesen Verfahrensarten kaum Eingänge. Eine Ausnahme betraf einen Fall des § 13 Nr. 8 (für weitere föderative Streitigkeiten und Art. 93 Abs. 1 Nr. 4 GG) in Gestalt eines Landesorganstreitverfahrens wegen Ausschusses aus der AfD-Fraktion im Hessischen Landtag.[7]

7 Die 2011 eingeführte **Verzögerungsbeschwerde** nach § 97b ist keine von § 13 erfasste weitere einzelne Verfahrensart, wie ihre Zuordnung zum IV. Teil verdeutlicht. Sie ist vielmehr in einem akzessorischen Sinne mit den eigentlichen, in § 13 aufgeführten verfassungsgerichtlichen Sachverfahrensarten verbunden (→ § 97b Rn. 3). Das kommt auch im Aktenzeichen zum Ausdruck. Das Aktenzeichen des Verzögerungsbeschwerdeverfahrens setzt sich zusammen aus dem Aktenzeichen des verfassungsgerichtlichen Verfahrens, auf das sich der Vorwurf der Verzögerung bezieht, und dem mit einem Bindestrich angehängten Zusatz Vz und der Angabe von Fallzahl und Jahr.[8]

§ 14 [Zuständigkeit der Senate]

(1) [1]Der Erste Senat des Bundesverfassungsgerichts ist zuständig für Normenkontrollverfahren (§ 13 Nr. 6 und 11), in denen überwiegend die Unvereinbarkeit einer Vorschrift mit Grundrechten oder Rechten aus den Artikeln 33, 101, 103 und 104 des Grundgesetzes geltend gemacht wird, sowie für Verfassungsbeschwerden mit Ausnahme der Verfassungsbeschwerden nach § 91 und der Verfassungsbeschwerden aus dem Bereich des Wahlrechts. [2]Das Gleiche gilt, wenn eine Landesregierung zusammen mit einem Normenkontrollantrag (§ 13 Nr. 6) nach Satz 1 einen Antrag nach § 13 Nr. 6a oder 6b stellt.

(2) Der Zweite Senat des Bundesverfassungsgerichts ist zuständig in den Fällen des § 13 Nr. 1 bis 5, 6a bis 9, 11a, 12 und 14, ferner für Normenkontrollverfahren und Verfassungsbeschwerden, die nicht dem Ersten Senat zugewiesen sind.

(3) In den Fällen des § 13 Nr. 10 und 13 bestimmt sich die Zuständigkeit der Senate nach der Regel der Absätze 1 und 2.

(4) [1]Das Plenum des Bundesverfassungsgerichts kann mit Wirkung vom Beginn des nächsten Geschäftsjahres die Zuständigkeit der Senate abweichend von den Absätzen 1 bis 3 regeln, wenn dies infolge einer nicht nur vorübergehenden Überlastung eines Senats unabweislich geworden ist. [2]Die Regelung gilt auch für anhängige Verfahren, bei denen noch keine mündliche Verhandlung oder Beratung der Entscheidung stattgefunden hat. [3]Der Beschluß wird im Bundesgesetzblatt bekanntgemacht.

(5) [1]Wenn zweifelhaft ist, welcher Senat für ein Verfahren zuständig ist, so entscheidet darüber ein Ausschuß, der aus dem Präsidenten, dem Vizepräsidenten und vier Richtern besteht, von denen je zwei von jedem

7 Vgl. BVerfG, Beschluss des Zweiten Senats vom 29.11.2021 – 2 BvH 1/21, Juris.
8 Vgl. BVerfG, Beschluss der Beschwerdekammer vom 27.5.2019 – 2 BvR 1089/18 – Vz 2/19, Juris.

Senat für die Dauer des Geschäftsjahres berufen werden. [2]Bei Stimmengleichheit gibt die Stimme des Vorsitzenden den Ausschlag.

Beschluss des Plenums des Bundesverfassungsgerichts vom 5. Dezember 2023 gemäß § 14 Abs. 4 des Gesetzes über das Bundesverfassungsgericht[1] (Auszug):

„A.

Mit Wirkung vom 1. Januar 2024 ist abweichend von § 14 Absatz 1 bis 3 des Gesetzes über das Bundesverfassungsgericht der Zweite Senat des Bundesverfassungsgerichts auch zuständig:

I. Für Normenkontrollverfahren (§ 13 Nr. 6 und Nr. 11 BVerfGG) und Verfassungsbeschwerden aus den Rechtsbereichen
   1. des Asylrechts;
   2. des Aufenthaltsrechts und der internationalen Rechtshilfe in Strafsachen;
   3. des Staatsangehörigkeitsrechts;
   4. des öffentlichen Dienstes und der Dienstverhältnisse zu Religionsgesellschaften, deren Recht dem Recht des öffentlichen Dienstes nachgebildet ist, einschließlich des jeweiligen Disziplinarrechts;
   5. des Wehr- und Ersatzdienstes einschließlich des diesen Bereich betreffenden Disziplinarrechts;
   6. des Strafrechts und des Strafverfahrensrechts mit Ausnahme von
      a) Verfahren, in denen Fragen der Auslegung und Anwendung des Artikels 5 oder des Artikels 8 GG überwiegen und
      b) Verfahren aus dem Rechtsbereich des Ersten Buches, Achter Abschnitt der Strafprozessordnung (StPO);
   7. des Vollzugs von Untersuchungs- und Strafhaft und von freiheitsentziehenden Maßregeln der Sicherung und Besserung sowie der Anordnung und des Vollzugs anderer Freiheitsentziehungen;
   8. des Bußgeldverfahrens;
   9. des Einkommensteuerrechts einschließlich des Kirchensteuerrechts;
   jeweils einschließlich der dazugehörigen Amtshaftungs-, Kostenrechts-, Prozesskostenhilfe-, Beratungshilfe- und Verzögerungsverfahren sowie Verfahren zu Befangenheitsanträgen.

II. Für Normenkontrollverfahren und Verfassungsbeschwerden, die ab dem Geschäftsjahr 2024 eingehen, aus den Rechtsbereichen
   1. des Vertriebenenrechts;
   2. des Körperschaftsteuerrechts und des Umwandlungssteuerrechts;
   3. des Waffenrechts;
   4. des Petitionsrechts;
   5. des Rechts der Zwangsversteigerung und der Zwangsvollstreckung im Sinne des Achten Buchs der Zivilprozessordnung (ZPO), wenn der angegriffene Hoheitsakt durch das Vollstreckungsgericht erlassen wurde und dieses nicht nur in unmittelbarer oder entsprechender Anwendung von § 769 Abs. 2 ZPO tätig geworden ist;
   6. des Insolvenzrechts (ausgenommen Verfahren, in denen eine Verletzung von Artikel 12 GG gerügt wird);
   7. des sonstigen Deliktsrechts;
   jeweils einschließlich der dazugehörigen Amtshaftungs-, Kostenrechts-, Prozesskostenhilfe-, Beratungshilfe- und Verzögerungsverfahren sowie Verfahren zu Befangenheitsanträgen.

III. Für Verfassungsbeschwerden, die ab dem Geschäftsjahr 2024 eingehen, aus dem Bereich der Zivilgerichtsbarkeit mit Ausnahme der Rechtsbereiche:

1 BGBl. 2023 I Nr. 14 S. 1.

1. Allgemeines Persönlichkeitsrecht;
2. Recht der Glaubens- und Bekenntnisfreiheit (Art. 4 Abs. 1 und 2 GG);
3. Recht der freien Meinungsäußerung, Informations-, Rundfunk- und Pressefreiheit (Art. 5 GG);
4. Familienrecht (einschließlich Betreuungs-, Namens-, Personenstands- und Transsexuellenrecht);
5. Recht des geistigen Eigentums;
6. Recht des Datenschutzes;
7. Kunst- und Wissenschaftsfreiheit (Art. 5 Abs. 3 GG);
8. Versammlungsfreiheit (Art. 8 GG);
9. Vereinigungsfreiheit (Art. 9 GG);
10. Recht der selbständig und vorwiegend persönlich ausgeübten Berufe (einschließlich Recht der berufsständischen Versorgungseinrichtungen);
11. Erbrecht;
12. Miet- und Pachtrecht;
13. Wettbewerbsrecht;
14. Grundstücks- und unternehmensbezogene Vermögensfragen im Zusammenhang mit der Herstellung der Deutschen Einheit;
15. Bau- und Bodenrecht einschließlich Erschließungs- und Enteignungsrecht;
16. Gesellschaftsrecht einschließlich Genossenschaftsrecht;
17. Bank-, Börsen- und Wertpapierrecht;
18. Kreditrecht einschließlich des Rechts der Sicherungen;
19. Recht der Finanzmarktstabilisierung einschließlich Enteignungen;
20. Regulierungsrecht;
21. Anwaltsvertragsrecht;
22. Wirtschaftsrechtliche Fragen der gesetzlichen Krankenversicherung;
23. Vollstreckung öffentlich-rechtlicher Forderungen;
24. Wohnungseigentumsrecht;
25. Dienst- und Werkvertragsrecht;
26. des Kaufrechts;
27. des Rechts des Versicherungswesens

jeweils einschließlich der dazugehörigen Amtshaftungs-, Kostenrechts-, Prozesskostenhilfe-, Beratungshilfe- und Verzögerungsverfahren sowie Verfahren zu Befangenheitsanträgen.

IV. Im Übrigen für Normenkontrollverfahren und Verfassungsbeschwerden
1. bei denen die Auslegung und Anwendung von Völkerrecht oder der Art. 23, 24 und 59 GG, mit Ausnahme der einzelnen menschenrechtlichen Gewährleistungen, überwiegen;
2. bei denen andere Fragen als solche der Auslegung und Anwendung der Artikel 1 bis 17, 19, 101 und 103 Abs. 1 GG (auch in Verbindung mit dem Rechtsstaatsprinzip) überwiegen."

1 Die Abgrenzung der Zuständigkeiten zwischen den beiden Senaten hat erhebliche Bedeutung, weil jeder Senat das Bundesverfassungsgericht ist (§ 2 Abs. 1) und jeder Richter lediglich seinem Senat zugeordnet ist (§ 2 Abs. 2). Die **Zuständigkeitsverteilung bestimmt deshalb den gesetzlichen Richter** im Sinne des Art. 101 Abs. 1 Satz 2 GG. Das Gesetz macht dazu drei bedeutsame Aussagen. Die Abs. 1 bis 3 bemühen sich um eine angemessene Verteilung des voraussichtlichen Geschäftsanfalls auf die Senate durch den Gesetzgeber selbst. Abs. 4 eröffnet dem Plenum des Bundesverfassungsgerichts die Möglichkeit, die Zuständigkeit davon abweichend zu regeln und unterstreicht die gesetzeskorrigierende Bedeutung dieses Beschlusses durch dessen Bekannt-

machung im Bundesgesetzblatt. Aktuell maßgeblich ist der vorstehend abgedruckte Beschluss vom 5.12.2023. Abs. 5 schafft einen senatsübergreifenden Sechser-Ausschuss, der Zuständigkeitsstreitigkeiten verbindlich entscheidet.

In **Verfassungsbeschwerdeverfahren** ist grundsätzlich der Erste Senat zuständig. Der Zweite Senat ist zuständig kraft Gesetzes für Verfassungsbeschwerden aus dem Bereich des Wahlrechts und für Kommunalverfassungsbeschwerden nach § 91 (Abs. 2 in Verbindung mit Abs. 1 Satz 1). Außerdem ist der Zweite Senat auf der Grundlage von Plenumsbeschlüssen nach Abs. 4 ohne zeitliche Befristung zuständig für Verfassungsbeschwerden zu Materien aus dem Beschluss unter A. I. (zB Asylrecht und Einkommensteuerrecht) und für Verfassungsbeschwerden nach A. III. des Beschlusses (zB betreffend Völkerrecht und bestimmte Fälle aus dem Bereich der Zivilgerichtsbarkeit). 2

Beginnend mit dem Geschäftsjahr 2016 sind dem Zweiten Senat Verfassungsbeschwerdeverfahren aus weiteren Rechtsbereichen zugeordnet worden. Der entsprechende Katalog wird unter A. II. zwar ständig fortgeschrieben, diese **zusätzlichen Zuständigkeiten** sollen aber nur **befristet** beim Zweiten Senat liegen. Die ständigen Verlängerungen haben dazu geführt, dass der Zweite Senat diese Zuständigkeiten schon seit vielen Jahren wahrnimmt und dies voraussichtlich auch über das Jahr 2024 hinaus der Fall sein wird. Jedenfalls aber für das laufende Geschäftsjahr 2024 ist der Zweite Senat zuständig für eingehende Verfassungsbeschwerden aus weiteren Rechtsbereichen, etwa des Körperschaftsteuerrechts und des Waffenrechts.

Zeitlich befristet sind auch die Regelungen zur Zuständigkeit des Zweiten Senats für Verfassungsbeschwerdeverfahren im Katalog unter A III. Dort ist aber die Regelungstechnik umgekehrt. Dem Zweiten Senat sind alle Verfassungsbeschwerden aus dem Recht der Zivilgerichtsbarkeit zugewiesen, allerdings mit sehr umfangreichen Rückausnahmen für jetzt insgesamt 27 Rechtsbereiche, für die es insoweit bei der gesetzlichen Regelzuständigkeit des Ersten Senats nach Abs. 1 S. 1 bleibt.

Normenkontrollverfahren sind dagegen grundsätzlich dem Zweiten Senat zugewiesen. Der Erste Senat entscheidet nach Abs. 1 Satz 2 in Normenkontrollverfahren nur, wenn überwiegend die Unvereinbarkeit einer Vorschrift mit Grundrechten oder Rechten aus den Artikeln 33, 101, 103 und 104 des GG geltend gemacht wird und nicht die thematischen Rückausnahmen aus Abschnitt A. des Beschlusses vom 5.12.2023 eingreifen. Das im Gesetz angelegte Regel-Ausnahme-Verhältnis spiegelt sich in der Praxis allerdings nicht wider, weil Richtervorlagen nach Art. 100 Abs. 1 GG natürlich ganz häufig überwiegend auf die Unvereinbarkeit des zur Prüfung gestellten Gesetzes mit Grundrechten gestützt werden. 3

Ausschließlich zuständig ist der **Zweite Senat in den Verfahren des § 13 Nr. 1 bis 5, 7, 8, 9, 11 a, 12, 14 und 15**. Das gilt auch für das neue Verfahren des § 13 Nr. 2a.[2] In den auf die Länder bezogenen Verfahren nach § 13 Nr. 10 und 13 sind die Zuständigkeiten nach den Grundsätzen der Abs. 1 und 2 in ihrer Modifikation durch den jeweils maßgeblichen Beschluss nach Abs. 4 4

2 Vgl. dazu BVerfG, Beschluss des Zweiten Senats vom 20.6.2023 – 2 BvE 1/17, Rn. 39 bei Juris.

verteilt. Für Verfahren nach § 13 Nr. 6 a oder 6 b ist vorbehaltlich der Ausnahme in Abs. 1 Satz 2 der Zweite Senat zuständig.

5 **Beschlüsse nach Abs. 4 trifft das Plenum**. Qualifizierte Mehrheitserfordernisse stellt das Gesetz nicht auf. Sie sind auch in der Geschäftsordnung nicht enthalten. Es genügt also Beschlussfähigkeit und die Mehrheit der anwesenden Richter. Bei Beschlüssen nach Abs. 4, die nur von einer geringen Zahl von Richtern im Plenum mitgetragen werden, dürfte es aber an dem die Plenumszuständigkeit begründenden Tatbestandsmerkmal der Unabweislichkeit infolge einer nicht nur vorübergehenden Überlastung eines Senats fehlen. Die Zuständigkeitsveränderung tritt zu Beginn des nächsten Geschäftsjahres ein. Problematisch ist die Regelung in Abs. 4 Satz 2, wonach auch anhängige Verfahren erfasst sind, bei denen noch keine mündliche Verhandlung oder Beratung der Entscheidung stattgefunden hat. Eine Korrektur dieser gesetzgeberischen Vorgabe steht dem Bundesverfassungsgericht aber nicht zu. Mit den Beschlüssen des Plenums ist seit 2010 eine Umstellung auf das vom Gesetzgeber in Abs. 4 Satz 2 vorgesehene Modell erfolgt. Der Zweck der Regelungen in Abs. 4 Satz 3, wonach der Beschluss im Bundesgesetzblatt bekannt gemacht wird, wird handgreiflich verfehlt, wenn die Bekanntmachung regelmäßig erst nach dem Datum des Inkrafttretens erfolgt.[3] Deshalb sollte das Plenum sollte darauf achten, solche Beschlüsse deutlicher vor Jahresende zu fassen. Es ist unbefriedigend, wenn die Beschlüsse erst im Januar des Folgejahres im Bundesgesetzblatt bekanntgemacht werden, obwohl sie schon ab dem 1. Januar Wirkung entfalten. Fortschritte gibt es insoweit leider nicht. Den aktuellen Beschluss nach Abs. 4 hat das Plenums am 5.12.2023 gefasst, der Präsident hat ihn erst 14 Tage später, am 19.12.2023 ausgefertigt und im Bundesgesetzblatt veröffentlicht wurde er erst 15.2.2024.[4] Das Gesetz ordnet in den Abs. 4. S. 3 nunmal ausdrücklich an, dass der Beschluss des Plenums im Bundesgesetzblatt bekannt gemacht wird, die Bekanntgabe auf der Homepage des Bundesverfassungsgerichts also nicht genügt. Reagiert hat das Gericht aber auf die Kritik, nicht immer nur Änderungen des Gesamtbeschlusses zu beschließen. Im Dezember 2023 hat es den Beschluss insgesamt neu gefasst und auf seiner Homepage leicht zugänglich gemacht.

6 Einen Zuständigkeitswechsel zwischen den Senaten außerhalb des Verfahrens des § 14 gibt es nicht. Deshalb gibt es auch **keine Verweisungsbeschlüsse**. Auch bei durch Beschlüsse nach Abs. 4 eintretenden Zuständigkeitswechseln bedarf es keines richterlichen Verweisungsbeschlusses, weil die Zuständigkeit unmittelbar durch den Beschluss des Plenums übergeht.[5]

7 Zweifelsfälle können nach Abs. 5 im **Sechser-Ausschuss** entschieden werden, wobei hier bei Stimmengleichheit die Stimme des Vorsitzenden den Ausschlag gibt. Ausschussvorsitzender ist der Präsident (vgl. § 3 Abs. 4 GO-BVerfG). Dementsprechend hat je nach dem, welchem Senat der Präsident angehört, mal der Erste und mal der Zweite Senat die Oberhand in Auseinandersetzungen über Zuständigkeitsfragen. Die Entscheidungen des Sech-

---

3 Vgl. die Veröffentlichung des Änderungsbeschlusses vom 3.12.2019 erst in dem am 29.1.2020 ausgegebenen Bundesgesetzblatt (BGBl. 2020, I S 112). Ebenso zu spät die Veröffentlichung des Änderungsbeschlusses vom 20.11.2018 in BGBl. 2019 I S 44.

4 BGBl. 2024 I Seite 1.

5 BVerfGE 23, 85 (90).

ser-Ausschusses werden nicht veröffentlicht, so dass die gerichtsintern angewandten Grundsätze bei der Bestimmung des zuständigen Senats durch Auslegung der nach § 14 und nach dem jeweils aktuellen Beschluss des Plenums maßgeblichen Regelungen nicht transparent sind. Im Konsens kann das Verfahren abgekürzt werden. Eine Sache kann von einem an den anderen Senat abgegeben werden, wenn die Vorsitzenden und die betroffenen Berichterstatter beider Senate sich darüber einig sind, dass das Verfahren zunächst dem unzuständigen Senat zugewiesen worden ist (§ 44 Abs. 2 GO-BVerfG). Andernfalls kann jedes Mitglied des Gerichts die Einberufung des Sechser-Ausschusses beantragen (§ 44 Abs. 3 Satz 1 GO-BVerfG). Nach der Änderung der Geschäftsordnung im Jahr 2015 ist es nicht mehr erforderlich, dass auf den Beschluss in der späteren Entscheidung hingewiesen wird. Hinsichtlich der Dauer der Klärung der Senatszuständigkeit vermeidet das Bundesverfassungsgericht die Festlegung einer starren Frist. Die zur Entscheidung über Verzögerungsbeschwerden berufene Beschwerdekammer (§ 97c) hat jedoch schon entschieden, dass eine Klärung der Senatszuständigkeit grundsätzlich innerhalb von etwa sechs Monaten nach Eingang der Sache geboten ist, sofern keine Gründe für eine längere Klärung bestehen.[6]

§ 15 [Vorsitz und Beschlussfähigkeit]

(1) [1]Der Präsident des Bundesverfassungsgerichts und der Vizepräsident führen den Vorsitz in ihrem Senat. [2]Sie werden von dem dienstältesten, bei gleichem Dienstalter von dem lebensältesten anwesenden Richter des Senats vertreten.

(2) [1]Jeder Senat ist beschlußfähig, wenn mindestens sechs Richter anwesend sind. [2]Ist ein Senat in einem Verfahren von besonderer Dringlichkeit nicht beschlußfähig, ordnet der Vorsitzende ein Losverfahren an, durch das so lange Richter des anderen Senats als Vertreter bestimmt werden, bis die Mindestzahl erreicht ist. [3]Die Vorsitzenden der Senate können nicht als Vertreter bestimmt werden. [4]Das Nähere regelt die Geschäftsordnung.

(3) [1]Nach Beginn der Beratung einer Sache können weitere Richter nicht hinzutreten. [2]Wird der Senat beschlußunfähig, muß die Beratung nach seiner Ergänzung neu begonnen werden.

(4) [1]Im Verfahren gemäß § 13 Nummer 1, 2, 2a, 4 und 9 bedarf es zu einer dem Antragsgegner nachteiligen Entscheidung in jedem Fall einer Mehrheit von zwei Dritteln der Mitglieder des Senats. [2]Im übrigen entscheidet die Mehrheit der an der Entscheidung mitwirkenden Mitglieder des Senats, soweit nicht das Gesetz etwas anderes bestimmt. [3]Bei Stimmengleichheit kann ein Verstoß gegen das Grundgesetz oder sonstiges Bundesrecht nicht festgestellt werden.

6 BVerfG, Beschluss der Beschwerdekammer vom 20.8.2015 – 1 BvR 2781/13 – Vz 11/14, Rn. 40 bei Juris.

1 Präsident und Vizepräsident sind die Vorsitzenden ihres jeweiligen Senats. Die **Aufgaben des jeweiligen Senatsvorsitzenden sind unspektakulär**, im Wesentlichen technischer Natur (§ 17 iVm § 176 GVG: Sitzungspolizei) und selbst dabei an die Abstimmungen mit dem Berichterstatter und den anderen Senatsmitgliedern gebunden.[1] Die Senatsvorsitzenden haben aber keinen besonderen Einfluss auf das Beratungsergebnis (vgl. Abs. 4 Satz 3, der § 196 Abs. 4 GVG verdrängt). Entsprechend gering ist die Bedeutung der Vertretungsregelung, die vom Dienst-, hilfsweise Lebensalter abhängig gemacht ist.[2]

2 Aus Abs. 2 ergibt sich, dass **Senate Entscheidungen** nicht nur in voller Besetzung, sondern **auch mit sieben oder sechs Richtern treffen können**.[3] Mitwirken können dabei nur am Beratungs- und Beschlussort körperlich anwesende Richter, was Umlaufverfahren in Senatssachen auszuschließen scheint. Gerade die Fälle, in denen ein Umlaufverfahren teilweise als zulässig angesehen wird,[4] sind nicht zeitkritisch und können bis zur nächsten gemeinsamen Sitzung warten. Die Ablehnung oder Selbstablehnung eines Richters führt grundsätzlich nicht zur Beschlussunfähigkeit, weil in diesen Fällen ein Vertreter aus dem anderen Senat bestimmt wird (§ 19 Abs. 4). Der Gesetzgeber hat die Einführung der Regelungen über den elektronischen Rechtsverkehr (§§ 23a–23e) nicht dazu genutzt, die Anwesenheitsvorgabe in Abs. 2 Satz 1 so zu verändern, dass auch eine Mitwirkung von einem anderen Ort aus möglich ist.

3 Abs. 2 Sätze 2 bis 4 regeln den **Fall der Beschlussunfähigkeit**, also Fälle der Anwesenheit von weniger als sechs Richtern. Im Normalfall haben dann Entscheidungen des Senats bis zur Wiederherstellung seiner Beschlussfähigkeit zu unterbleiben. Das setzt das Gesetz als selbstverständlich voraus und sieht nur für Sonderfälle ein Verfahren zur Herstellung der Beschlussfähigkeit vor. Das betrifft Verfahren von besonderer Dringlichkeit, in denen dann durch ein Losverfahren aus dem anderen Senat Vertreter bis zur Wiederherstellung der Beschlussfähigkeit bestimmt werden (§ 38 GO-BVerfG). Da einstweilige Anordnungen in Fällen besonderer Dringlichkeit trotz Beschlussunfähigkeit des Senats schon durch drei Richter getroffen werden können (§ 32 Abs. 7), sind Verfahren im Sinne von § 15 Abs. 2 Satz 2 nur dann von besonderer Dringlichkeit, wenn sie in der Hauptsache entschieden werden müssen, bevor mit der Wiederherstellung der Beschlussfähigkeit zu rechnen ist. Das wird nur unter ganz extremen Umständen einmal der Fall sein, am ehesten bei Verfahren nach §§ 96a ff. Hat ein Senat eine einstweilige Anordnung erlassen und steht diese wegen der Regelung des § 32 Abs. 6 Satz 1 zur Wie-

---

1 Vgl. im Einzelnen §§ 20 Abs. 2, 21 Abs. 2 Satz 1, 22 Abs. 2, Abs. 4 und Abs. 5, 38 GO-BVerfG.

2 Zu Fragen des Vertretungsfalls vgl. Burkiczak/Dollinger/Schorkopf BVerfGG/Diehm § 15 Rn. 8 ff.

3 Beispielsweise hat der Zweite Senat den Beschluss über die einstweilige Anordnung gegen das Gesetzgebungsverfahren zum Gebäudeenergiegesetzänderungsgesetz unter Mitwirkung von sieben Richtern getroffen, vgl. Beschluss vom 5.7.2023 – 2 BvE 4/23, Rn. 106 bei Juris.

4 Vgl. Schmidt-Bleibtreu/Klein/Bethge BVerfGG/Mellinghoff § 15 Rn. 26 (Stand: Juli 2002).

derholung an, dann greift nicht § 32 Abs. 7, sondern § 15 Abs. 2 Satz 1 iVm Abs. 3 Satz 2.[5]

Abs. 3 **verbietet das nachträgliche Hinzutreten weiterer Richter**. Neu in 4
einen Senat gewählte Richterinnen und Richter können an einem Verfahren nur mitwirken, wenn und soweit noch nicht mit der Beratung der Sache begonnen worden ist.[6] Ist im Verfahren eine einstweilige Anordnung erlassen worden, dann kann das noch nicht als beginnende Beratung der Hauptsache im Sinne von Abs. 3 Satz 1 angesehen werden, weil das Verfahren zum Erlass einer einstweiligen Anordnung und das Hauptsacheverfahren als eigenständige Sachen zu qualifizieren sind;[7] dafür spricht auch, dass sich Abs. 3 Satz 1 nicht des umfassenderen Begriffs des Verfahrens nach § 23 bedient.[8] Ebenso wie das Verfahren über einen Antrag nach § 32 ist auch das Verfahren über einen Antrag nach § 35, also über den Erlass einer Vollstreckungsanordnung, ein neues und selbstständiges Verfahren. An ihm können deshalb Richterinnen mitwirken, die am Hauptsacheverfahren nicht beteiligt waren.[9] Eine neue Sache soll auch dann vorliegen, wenn ein Verfahren nach einer Vorabentscheidung des Gerichtshofs der Europäischen Union fortgesetzt wird.[10] Begonnen hat die Beratung einer Sache aber jedenfalls dann, wenn der Senat auf der Grundlage eines Votums des Berichterstatters zusammentritt (§§ 21, 23 GO-BVerfG). Sinkt nach Beginn der Beratung die Zahl der mitwirkungsberechtigten und anwesenden Richter unter sechs ab, muss entweder der **Wiedereintritt der Beschlussfähigkeit abgewartet** werden oder, und nur diesen Fall regelt Abs. 3 Satz 2, die Beratung nach der Ergänzung des Senats neu begonnen werden.[11] Muss die Beratung nach Ergänzung des Senats neu begonnen werden, so ist nicht nur bis zum Wiedererreichen des Beschlussfähigkeitsquorums von sechs Richtern aufzufüllen, sondern auf die Normalbesetzung von acht Richtern im Sinne von § 2 Abs. 2.[12] Muss nach Abs. 3 Satz 2 die Beratung neu begonnen werden, dann können deshalb auch wieder Richter mitwirken, die zwischenzeitlich ausgeschlossen waren.[13]

Abs. 4 regelt die **erforderlichen Mehrheiten** für Senatsentscheidungen und 5
die prozessualen Konsequenzen eines Patts.

Eine **qualifizierte Mehrheit** verlangt Satz 1 nur, wenn in den strafrechtsähn- 6
lichen Verfahren der Grundrechtsverwirkung (§ 13 Nr. 1), des Parteiverbots (§ 13 Nr. 2), des Ausschlusses von Parteien von staatlicher Finanzierung (§ 13 Nr. 2a), der Präsidentenanklage (§ 13 Nr. 4) oder der Richteranklage (§ 13 Nr. 9) eine dem Antragsgegner nachteilige Entscheidung getroffen werden soll. Damit haben in diesen Fällen schon drei Richter eine Sperrminorität.

---

5 Vgl. BVerfGE 144, 18 (19, Rn. 4).
6 BVerfGE 133, 241 (258), Rn. 42; vgl. zu Einzelheiten Schmidt-Bleibtreu/Klein/Bethge BVerfGG/Mellinghoff § 15 Rn. 39–55 (Stand: Juli 2002).
7 BVerfGE 148, 11 (18 f., Rn. 25).
8 BVerfGE 147, 251 (252, Rn. 2), 142, 5 (8, Rn. 8).
9 BVerfGE 156, 340 (346 f., Rn. 10 ff.) – Vollstreckungsanordnung PSPP.
10 BVerfGE 142, 123 (170 f., Rn. 71 ff.).
11 Beispiel für Letzteres: BVerfGE 133, 241 (258, Rn. 42) nach dem Ausscheiden von vier Richtern.
12 BVerfGE 144, 18 (19, Rn. 4); 133, 241 (258, Rn. 42).
13 Vgl. BVerfGE 144, 18 (19, Rn. 3 und 4) im Hinblick auf die Richterinnen Hermanns und König.

7 Das erste **Parteiverbotsverfahren gegen die NPD** konnte nicht fortgeführt werden, weil der von der Partei sinngemäß gestellte Antrag auf Einstellung des Verfahrens nicht die nach Abs. 4 Satz 1 für eine Ablehnung erforderliche Mehrheit gefunden hatte, da drei Richter der Auffassung waren, dass ein nicht behebbares Verfahrenshindernis vorliegt.[14] Die insoweit einstimmige Handhabung durch den Zweiten Senat trägt der sehr weiten, den jeweiligen Antragsgegner schützenden Formulierung („in jedem Fall") Rechnung.

8 **Für alle anderen Fälle genügt die Mehrheit** der an der Entscheidung mitwirkenden Senatsmitglieder, was bei voller Besetzung fünf von acht Stimmen bedeutet. Vier Stimmen sind nur dann eine Mehrheit, wenn der Senat nicht voll besetzt ist oder nicht alle Richter anwesend sind.

9 Abs. 4 Satz 3 hat eine besondere Bedeutung für das Verhältnis des Bundesverfassungsgerichts zum parlamentarischen Gesetzgeber, aber auch zu den Fachgerichten und Behörden. Während etwa der EuGH nur in einer Besetzung mit einer ungeraden Zahl von Richtern rechtswirksam entscheiden kann (Art. 17 Abs. 1 EuGH-Satzung), hat der Gesetzgeber bei der Ausgestaltung des Bundesverfassungsgerichts durch die geraden Richterzahlen in den Senaten (acht Richter, § 2 Abs. 2) und den Verzicht auf ein Stichentscheidungsrecht des Vorsitzenden eine **Stimmengleichheit** ausdrücklich in Kauf genommen. Sie **geht** wie das qualifizierte Mehrheitserfordernis des Satzes 1 im Regelfall **zulasten des Antragstellers** (Ausnahme: Normbestätigungsverfahren nach § 76 Abs. 1 Nr. 2).

10 Das ist besonders einleuchtend dort, wo es unmittelbar oder mittelbar um die Überprüfung von förmlichen Gesetzen, also um Entscheidungen des parlamentarischen Gesetzgebers geht.[15] Seine **gesetzgeberische Entscheidung** und die damit verbundene Beurteilung, dabei die Grenzen der Verfassung gewahrt zu haben, soll **nur durch eine absolute Mehrheit der Mitglieder des jeweiligen Senats des Bundesverfassungsgerichts korrigiert** werden können, ansonsten aber unangetastet bleiben. Deshalb nimmt es das Gesetz auch ganz bewusst in Kauf, dass das Gericht in solchen hochpolitischen Fragen möglicherweise entlang der zwischen den sich politisch als links verstehenden Parteien einerseits und den sich als Mitte verstehenden politischen Parteien andererseits verteilten Vorschlagsrechte auseinanderfällt.[16]

11 Die Stimmengleichheit führt deshalb nicht zu einem Unentschieden, sondern zu einem eindeutigen Ergebnis: Es bleibt beim Status quo.[17] § 15 Abs. 4 Satz 3 ordnet das aber nicht nur zugunsten von Entscheidungen an, die der parlamentarische Gesetzgeber getroffen hat, sondern **auch bei sonstigen Rechtssetzungs-, Behörden- und Gerichtsentscheidungen**. In diesen Fällen hätte man sich auch ein doppeltes Stimmrecht des jeweiligen Senatsvorsitzenden vorstellen können.

---

14 BVerfGE 107, 339 (356).

15 Vgl. etwa BVerfGE 133, 277 (341) – Antiterrordatei.

16 Beispiele sind die Entscheidungen zu den Überhangmandaten (BVerfGE 95, 335 [349 und 367]; siehe dazu Lenz NJW 1997, 1534) und zum Entschädigungs- und Ausgleichsleistungsgesetz (BVerfGE 102, 254 [310 und 314]).

17 Vgl. BVerfGE 133, 277 (341) – Antiterrordatei.

Der Soweit-Satz in Abs. 4 Satz 2 verweist auf **im Gesetz anderweitig geregelte Fälle**, in denen entweder Einstimmigkeit (§ 24) oder eine Zweidrittelmehrheit (§§ 26 Abs. 2, 28 Abs. 2, 32 Abs. 6 und 105 Abs. 4) gefordert ist. 12

Für Entscheidungen **in den Kammern (§ 15a) gilt Abs. 4 nicht**, weil sich dieser nur auf Entscheidungen durch den Senat bezieht. Deshalb gilt Abs. 4 auch nicht für Entscheidungen des Sechser-Ausschusses nach § 14 Abs. 5. § 19 Abs. 1 ist keine Ausnahme zum Mehrheitserfordernis, sondern regelt einen von Abs. 4 Satz 3 nicht erfassten Fall. 13

§ 15a [Berufung von Kammern; Verteilung der Verfassungsbeschwerden]

(1) [1]Die Senate berufen für die Dauer eines Geschäftsjahres mehrere Kammern. [2]Jede Kammer besteht aus drei Richtern. [3]Die Zusammensetzung einer Kammer soll nicht länger als drei Jahre unverändert bleiben.

(2) Der Senat beschließt vor Beginn eines Geschäftsjahres für dessen Dauer die Verteilung der Anträge nach § 80 und der Verfassungsbeschwerden nach den §§ 90 und 91 auf die Berichterstatter, die Zahl und Zusammensetzung der Kammern sowie die Vertretung ihrer Mitglieder.

Abs. 1 schafft neben und in den beiden Senaten (§ 2 Abs. 1) mit den Kammern weitere eigenständige, aber **kleinere Spruchkörper** des Bundesverfassungsgerichts. Ihre Aufgabe ist es, die Vielzahl der Verfahren abzuarbeiten, die keine klärungsbedürftigen Fragen grundsätzlicher Art aufwerfen. Obwohl Kammern nur in den Verfahren der Richtervorlage (§ 81a) und der Verfassungsbeschwerde (§§ 93b und c) zuständig sein können, haben sie in den letzten Jahren nahezu 99 % aller Hauptsacheentscheidungen des Bundesverfassungsgerichts getroffen. Nach der letzten auf der Homepage des BVerfG veröffentlichten Statistik hat das BVerfG 2023 4.469 Verfassungsbeschwerdeverfahren durch Entscheidungen der Kammern erledigt, lediglich 9 durch Entscheidungen der beiden Senate. 1

Kammern werden innerhalb der einzelnen Senate, nicht senatsübergreifend gebildet. Jeder Senat muss nach dem Wortlaut des Abs. 1 Satz 1 mehrere Kammern haben, mindestens also zwei. Entsprechend sind die Kammern zum Beispiel als 2. Kammer des Ersten Senats bezeichnet. Derzeit hat jeder Senat drei Kammern gebildet. Bislang können die Kammern **nur einstimmig** entscheiden (§§ 81a Satz 1, 93 d Abs. 3 Satz 1). Wird die Einstimmigkeit nicht erreicht, hat der jeweilige Senat zu entscheiden. Das gilt auch für die gesetzlich nicht ausdrücklich geregelten Fälle von Kammerzuständigkeiten.[1] 2

Das Gesetz gestaltet die Kammern gegenüber dem Senat deutlich fragiler aus. Während die Mitgliedschaft eines Bundesverfassungsrichters in seinem Senat für die gesamte Amtszeit gilt (§ 2 Abs. 2), können Kammern mit jedem Jahreswechsel ganz wegfallen, neu geschaffen und vor allem personell neu zusammengesetzt werden. Abs. 1 Satz 3 hält die Senate dazu an, die Kammer- 3

1 BVerfGE 72, 34 (39).

besetzungen im Regelfall nicht länger als drei Jahre unverändert zu lassen. Da der Gesetzgeber mit dieser **Rotationsvorgabe** eine Versteinerung der Meinungsbildung in den Kammern verhindern will,[2] ist eine Überschreitung der Drei-Jahres-Frist wohl nur dann zulässig, wenn jedenfalls eines der drei Mitglieder der Kammer während des vierten Jahres wegen Ablaufs seiner Amtszeit aus dem Gericht ausscheidet.

4 Grundlage der Errichtung einer Kammer und ihrer personellen Zusammensetzung sind die vom jeweiligen Senat vor Beginn eines jeden Geschäftsjahres, das nach § 65 GO-BVerfG dem Kalenderjahr entspricht, mit Mehrheit (§ 5 Abs. 4 Satz 2) zu treffenden **Geschäftsverteilungsbeschlüsse**. Sie sind auf der Homepage des Bundesverfassungsgerichts abrufbar. Während des laufenden Geschäftsjahrs steht die Kammerbesetzung wieder neu zur Disposition, wenn ein neuer Verfassungsrichter sein Amt antritt. Die Senate pflegen dann, die Zuständigkeiten der Richter neu zu verteilen. Die ordnungsgemäße Besetzung der Kammern wird durch Art. 101 Abs. 1 Satz 2 GG geschützt und ist deshalb sowohl auf eine Besetzungsrüge wie von Amts wegen zu prüfen, sofern Anlass dazu besteht.[3]

5 Die einzige inhaltliche Vorgabe für die **Zusammensetzung der Kammern** macht das Gesetz in Abs. 1 Satz 2. Die Kammern bestehen aus drei Richtern. Überbesetzte Kammern wären unzulässig. Weitergehende Bindungen sieht das Bundesverfassungsgerichtsgesetz nicht vor. Deshalb soll es auch zulässig sein, dass alle drei Richter einer Kammer auf Vorschlag derselben politischen Partei gewählt worden sind.[4] Überzeugend ist das nicht. Das Gesetz bringt mit der Rotationsregelung in Abs. 1 Satz 3 zum Ausdruck, dass der Gefahr einer Verselbstständigung einzelner Kammern vorzubeugen ist. Diese Gefahr geht nicht nur von einem seit Jahren eingespielten Team, sondern auch von einer vollständigen Harmonie in weltanschaulichen Fragen aus. In so einseitig besetzten Kammern ist die Tendenz zur Einstimmigkeit größer und besteht deshalb die Gefahr, dass die Kammer ihre begrenzten Kompetenzen (§ 93b) überschreitet und anstelle des Senats entscheidet. Es fällt auf, dass beide Senate in neuerer Zeit eine parteipolitische Durchmischung der Kammern sichergestellt haben.. Allen insgesamt sechs Kammern gehört jeweils ein Richter oder eine Richterin an, die nicht auf Vorschlag von Ampel-Parteien gewählt worden sind.

6 **Zentrale Figur** bei einer Entscheidung durch die Kammer ist der **Berichterstatter** (Abs. 2). Er wird aber nicht von der Kammer, sondern vom Senatsvorsitzenden nach den Vorgaben des Geschäftsverteilungsplans zur Zuständigkeit der einzelnen Richter festgestellt (§ 20 Abs. 2 Satz 1 GO-BVerfG). Der Berichterstatter ist es, der Stellungnahmen der Äußerungsberechtigten (§ 82 iVm § 77; § 94) oder Dritter einholt und sich mit Ersuchen an die in § 82 Abs. 4 genannten Gerichte wendet (§ 41 GO-BVerfG). Der große Einfluss des Berichterstatters folgt aber vor allem aus der geschäftsverteilungsplanmäßigen Zuweisung der einzelnen Grundrechte oder Sachgebiete an die Bundes-

---

2 Vgl. BT-Drs. 10/2951, S. 9.

3 Vgl. Beschluss der 2. Kammer des Zweiten Senats vom 14.9.2021 – 2 BvR 966/21, Rn. 2 bei Juris; siehe auch BVerfG, Beschluss des Zweiten Senats vom 6.10.2020 – 2 BvC 32/19, Rn. 3 bei Juris; BVerfGE 131, 230 (233).

4 Beschluss der 1. Kammer des Ersten Senats vom 27.4.1989 – 1 BvR 268/88, Rn. 2 bei Juris.

verfassungsrichter. Wer für ein Sachgebiet zuständig ist, hat das verfassungsrechtliche Schicksal dieses Sachgebiets weitgehend in der Hand. Das hat sehr stark mit der Ausgestaltung des Kammersystems zu tun.

Denn in der Praxis ist der Berichterstatter **einem Einzelrichter schon sehr nahe**. Zwar muss das von ihm zu verfassende schriftliche Votum (§ 40 Abs. 1 Satz 1 GO-BVerfG) die Billigung der beiden anderen der Kammer angehörenden Richter finden (§§ 81a Satz 1, 93 d Abs. 3 Satz 1). Die hohen Fallzahlen lassen aber eine intensive Kontrolle des Berichterstatters durch die beiden anderen der Kammer angehörenden Richter nicht zu, jedenfalls nicht in jedem Fall. Jeder Richter votiert durchschnittlich 350 Kammersachen im Jahr, wirkt an den besonders arbeitsaufwendigen Senatssachen mit und wird dann noch mit den Voten seiner beiden Kammerkollegen in weiteren 700 Fällen konfrontiert. Die daraus zwangsläufig folgende Tendenz, in der Kammer im Zweifel wechselseitig die Voten des Berichterstatters abzunicken, ist der Grund für die Rotationsvorgabe in Abs. 1 Satz 3 und zugleich das zentrale Argument gegen weltanschaulich homogen zusammengesetzte Kammern. 7

Ein vollständiger Verzicht auf die **Kontrolle des Berichterstatters** durch die beiden anderen Richter der Kammer verbietet sich. Die Einführung eines echten Einzelrichters, wie sie das 14. Protokoll zur EMRK beim Europäischen Gerichtshof für Menschenrechte in Straßburg gebracht hat (Art. 27 EMRK), war eine Verzweiflungstat und ist kein Vorbild für das Bundesverfassungsgericht. 8

§ 16 [Plenarentscheidungen]

(1) Will ein Senat in einer Rechtsfrage von der in einer Entscheidung des anderen Senats enthaltenen Rechtsauffassung abweichen, so entscheidet darüber das Plenum des Bundesverfassungsgerichts.

(2) Es ist beschlußfähig, wenn von jedem Senat zwei Drittel seiner Richter anwesend sind.

§ 16 überwindet die Trennung des Bundesverfassungsgerichts in zwei Senate (§ 2 Abs. 2) sowie mehrere Kammern (§ 15a Abs. 1), indem er die Fälle benennt, in denen alle Richter des Bundesverfassungsgerichts gemeinsam (Plenum) zur Entscheidung berufen sind. Das ist wie die Regelungen über die Zuständigkeitsverteilung zwischen Senaten und Kammern ein Fall der **Bestimmung des gesetzlichen Richters** iSv Art. 101 Abs. 1 Satz 2 GG. Die übrigen, dem Plenum durch andere Vorschriften zugewiesenen Zuständigkeiten sind organisatorischer (§ 1 Abs. 3), politischer (§ 7a) und disziplinarischer (§ 105) Art. Entscheidungen in den Sachzuständigkeiten nach § 13 trifft das Plenum nur im Fall des § 16 Abs. 1. 1

Das Plenum des Bundesverfassungsgerichts nimmt insoweit Aufgaben wahr, wie sie beim Europäischen Gerichtshof für Menschenrechte die Große Kammer (Art. 26 Abs. 5, 29, 43 EMRK) und beim Gerichtshof der Europäischen Union die Große Kammer und das Plenum gemeinsam (Art. 251 AEUV iVm Art. 16 EuGH-Satzung) erfüllen: Für die **Einheitlichkeit der Rechtsprechung** des Gerichts zu sorgen. 2

3 Die Zuständigkeit des Plenums des Bundesverfassungsgerichts in Verfahren nach § 13 ist aber **auf reine Divergenzfälle beschränkt**; grundsätzliche Bedeutung genügt nicht. Die Senate entscheiden also innerhalb ihrer gesetzlich festgelegten Zuständigkeitsbereiche autonom auch in Fragen grundsätzlicher Bedeutung. Das hat der Erste Senat für sich in Anspruch genommen, als er im November 2019 ohne Abstimmung mit dem Zweiten Senat Unionsgrundrechte zum Prüfungsmaßstab für Verfassungsbeschwerden in bestimmten Konstellationen erklärt hat.[1]

4 Die Zuständigkeit des Plenums ist, wenn die tatbestandlichen Voraussetzungen des Abs. 1 vorliegen, zwingend und unausweichlich. Deshalb ist auch nicht vorgesehen, dass die Beteiligten die Entscheidung durch das Plenum anstelle durch den Senat anregen sollen oder müssen; sie können das aber. Anders als etwa beim Gerichtshof der Europäischen Union findet auch kein Verweis einer Rechtssache an das Plenum statt, sondern das Plenum entscheidet nur über die Rechtsfrage, in der es zu einem Divergenzfall gekommen ist. Insofern liegt ein **reines Zwischenverfahren** vor, welches den Vorabentscheidungsverfahren nach Art. 100 Abs. 1, 2 und 3 GG bzw. Art. 267 AEUV vergleichbar ist. Die das Verfahren abschließende Endentscheidung trifft nicht das Plenum, sondern der Senat, der es angerufen hat und nach § 14 zuständig ist.[2]

5 Bislang sind überhaupt **erst fünf Entscheidungen des Plenums** ergangen.[3] Abgesehen von der Entscheidung zum Luftsicherheitsgesetz, in der es um Gesetzgebungszuständigkeiten und um die Auslegung von Art. 35 GG ging,[4] betrafen die Entscheidungen keine Fragen des materiellen Verfassungsrechts oder der Sachgrundrechte, sondern verfassungsprozessuale Fragen oder Verfahrensgrundrechte. In dieser vergleichsweise beschränkten Anzahl und Themenpalette kommt die Bedeutung der Plenumszuständigkeit aber nur teilweise zum Ausdruck. Die Anrufungspflicht nach § 16 hält die Senate an, sachliche Divergenzen zu vermeiden oder nicht entscheidungserheblich werden zu lassen. Solange dabei die Einheitlichkeit der Rechtsprechung gewährleistet bleibt oder wird, kann dies nicht nur auf formellem Weg (vgl. § 48 Abs. 2 GO-BVerfG),[5] sondern auch informell geschehen.

6 Die Divergenz muss sich auf eine **Rechtsfrage** beziehen. Zum Recht in diesem Sinne gehören nur die prozessualen und materiellen Vorschriften, die in den vom Bundesverfassungsgericht zu entscheidenden Verfahren (§ 13) Maßstab für die Entscheidung sind. Das betrifft neben den Vorschriften des Grundgesetzes und des Bundesverfassungsgerichtsgesetzes andere Rechtsvorschriften nur in Sonderfällen, etwa das Untersuchungsausschussgesetz in Verfahren nach § 13 Nr. 11 a, Völkerrecht in Fällen des § 13 Nr. 12 oder Landesrecht in Fällen des § 13 Nr. 10 und 11.

7 Die **Divergenzlage** setzt weiter voraus, dass der jeweils andere Senat auf diese Rechtsfrage schon eine Antwort gegeben hat, und zwar in einer Entschei-

1 BVerfGE 152, 216 (249 ff., Rn. 85 ff.) – Recht auf Vergessen II.
2 BVerfGE 133, 241 (253 f.) – Luftsicherheitsgesetz.
3 BVerfGE 132, 1; 107, 395; 95, 322; 54, 277; 4, 27.
4 BVerfGE 132, 1 (5 f. und 9 ff.).
5 Siehe dazu die Schilderung der Abläufe des Anfrageverfahrens in BVerfGE 132, 1 (1 f.).

dung. Das sind jeweils alle verfahrensabschließenden Urteile und Beschlüsse des anderen Senats, auch solche nach § 24. Entscheidungen einer Kammer des anderen Senats lösen keine Divergenzlage aus, auch nicht stattgebende Kammerbeschlüsse nach § 93 c. In diesen Fällen kann der abweichungswillige Senat das bei ihm anhängige Verfahren auf der Basis seiner Rechtsauffassung ohne Vorlage an das Plenum entscheiden.[6] Tut er dies, nimmt er damit zugleich der eine andere Rechtsauffassung vertretenden Kammer des anderen Senats für die Zukunft die Möglichkeit, unter Zugrundelegung der eigenen, von der Senatsentscheidung abweichenden Rechtsauffassung Verfassungsbeschwerden stattzugeben (§ 93c Abs. 1 Satz 1).

Die entscheidende **Verengung des Anwendungsbereichs** der Plenarentscheidungen erreicht das Bundesverfassungsgericht, indem es verlangt, dass die Rechtsauffassung des anderen Senats für die damals getroffene Entscheidung tragend war.[7] Insoweit sind sich auch beide Senate einig.[8] Für die hiergegen vorgebrachten Einwände[9] spricht zwar der hinter § 16 stehende Zweck der Vereinheitlichung der Rechtsprechung des Bundesverfassungsgerichts, sie haben sich aber nicht durchsetzen können. 8

Zwischen den Senaten umstritten und deshalb klärungsbedürftig ist aber, wer über die Vorfrage zu entscheiden hat, ob die in der Entscheidung des anderen Senats enthaltene Rechtsauffassung tragende Bedeutung hatte oder nicht: Das Plenum, wenn der Senat, der die Rechtsauffassung geäußert hatte, erklärt hat, dass ihr tragende Bedeutung zukomme, während der andere Senat sie für nicht tragend hält,[10] oder der Senat, der von der Rechtsauffassung abweichen will.[11] Eine **Klärung** dürfte die **Plenarentscheidung** zum **Luftsicherheitsgesetz** gebracht haben.[12] Denn dort hat das Plenum, was wenig überraschend ist, ganz selbstverständlich für sich in Anspruch genommen, über die tragende Qualität der Rechtsauffassung zu entscheiden.[13] 9

Tragend sind jedenfalls diejenigen Auffassungen, die nicht hinweg gedacht werden können, ohne dass das konkrete Entscheidungsergebnis nach dem in der Entscheidung zum Ausdruck gekommenen Gedankengang wegfiele; dabei bestimmt sich das Entscheidungsergebnis nach dem Entscheidungstenor.[14] Wenn der Entscheidungstenor eine Norm wegen Verstoßes gegen zwei verschiedene Verfassungsvorschriften für mit dem Grundgesetz unvereinbar und nichtig erklärt, dann ändert sich die konkrete Gestalt des Entscheidungstenors schon dann, wenn divergierende Rechtsauffassungen nur hinsichtlich eines Unvereinbarkeitsgrundes bestehen. Aber auch darüber hinaus wendet 10

6 Beispiel: BVerfGE 126, 286 (316), wo eine Abweichung vom Beschluss der 3. Kammer des Ersten Senats vom 25.2.2010 – 1 BvR 230/09, Rn. 19 ff. bei Juris, angenommen wird.
7 So ausdrücklich auch BVerfGE 132, 1 (3); siehe auch BVerfGE 152, 216 (249, Rn. 86) – Recht auf Vergessen II.
8 Erster Senat: BVerfGE 112, 50 (63) und BVerfGE 96, 375 (404); Zweiter Senat: BVerfGE 112, 1 (23) und BVerfGE 96, 409 (409 f.).
9 Burkiczak/Dollinger/Schorkopf BVerfGG/Burkiczak § 16 Rn. 34.
10 So die Position des Zweiten Senats, vgl. BVerfGE 96, 409 (409).
11 So die Position des Ersten Senats, vgl. BVerfGE 96, 375 (403).
12 In diese Richtung jetzt auch Burkiczak/Dollinger/Schorkopf BVerfGG/Burkiczak § 16 Rn. 37; aA wohl Barczak BVerfGG/Jerxen § 16 Rn. 15.
13 BVerfGE 132, 1 (3 f.).
14 BVerfGE 132, 1 (3); siehe auch BVerfGE 152, 216 (251, Rn. 91) – Recht auf Vergessen II.

das Plenum seine **Hinwegdenkenstheorie** in einer Weise an, die die Feststellung einer tragenden Qualität von Rechtsauffassungen erleichtert. Auch wenn das konkrete Entscheidungsergebnis auf mehrere voneinander unabhängige und jeweils selbstständig tragfähige Rechtsauffassungen gestützt ist, von denen der andere Senat in allen Punkten abweichen möchte, soll sich eine isolierte Betrachtung jeder einzelnen dieser Rechtsauffassungen verbieten.[15] Das Plenum betont das von § 16 verfolgte Anliegen der Rechtsklarheit und die besonderen Erfordernisse der Kooperation zwischen den beiden Senaten und will erklärtermaßen verhindern, dass es dem abweichungswilligen Senat ermöglicht wird, von Rechtsauffassungen des anderen Senats, die jedenfalls in der Gesamtbetrachtung tragend sind, insgesamt ohne Anrufung des Plenums abzuweichen.[16] Auch wenn zwischen den Senaten unterschiedliche Rechtsauffassungen zu einer Rechtsfrage bestehen, liegt kein zur Zuständigkeit des Plenums führender Abweichungswille vor, wenn die unterschiedlich beantwortete Rechtsfrage für das anhängige Verfahren **nicht entscheidungserheblich** ist. Ein solches Abweichungs-obiter dictum eröffnet für künftige Verfahren aber die Voraussetzungen der Grundsatzannahme (§ 93a Abs. 2 Buchst. a)) und schließt stattgebende Entscheidungen der Kammern aus (§ 93c Abs. 1 Satz 1).

11 Sind die behandelten Voraussetzungen erfüllt und hat der Senat den geforderten Abweichungswillen, dann ist er verpflichtet, das Plenum durch Senatsbeschluss anzurufen (§ 47 GO-BVerfG). Der das Verfahren verzögernden Anrufung des Plenums bedarf es aber nach dem Zweck der Vorschrift nur dann, wenn der andere Senat an seiner bisherigen Rechtsauffassung noch festhält. Das ist zunächst durch **Anfrage beim anderen Senat** zu klären (§ 47 Abs. 2 GO-BVerfG).[17] Dieses Anfrageverfahren erfolgt durch fragende und antwortende Beschlüsse der jeweiligen Senate.[18]

12 Nach dem Wortlaut von Abs. 1 „entscheidet" das Plenum. Das eröffnet beide Entscheidungsformen, das Urteil aufgrund **mündlicher Verhandlung** oder den Beschluss ohne mündliche Verhandlung (§ 25 Abs. 2).[19] Alle bisherigen Plenarentscheidungen sind allerdings als Beschluss ergangen, mündlich verhandelt wurde nie.[20] Die Entscheidungsform Beschluss und damit der Verzicht auf mündliche Verhandlung ist aber weder gesetzlich angeordnet noch nach den allgemeinen Regelungen der §§ 25, 94 Abs. 5 zwingend. Zumindest bisher scheint man im Plenum der Auffassung gewesen zu sein, man streite sich untereinander lieber unbeobachtet und dazu könnten die am Ausgangsverfahren Beteiligten nichts hilfreiches beitragen. Die Entscheidung des Plenums wird vorbereitet durch **zwei Berichterstatter**, die jeweils vom Vorsitzenden ihres Senats benannt werden (§ 48 Abs. 1 GO-BVerfG). Sowohl im vorlegenden als auch im anderen Senat werden die Richter als Berichterstatter tätig, deren Zuständigkeitsgebiet durch die vom Plenum zu beantwortende Frage am stärksten betroffen ist. Entschieden wird, wenn

---

15 BVerfGE 132, 1 (4).
16 BVerfGE 128, 325 (326).
17 Vgl. etwa BVerfGE 128, 325 (325 f.).
18 Vgl. beispielhaft die Ablaufschilderung in BVerfGE 132, 1 (1 f.).
19 AA Barczak BVerfGG/Jerxen § 16 Rn. 65: mündliche Verhandlung unzulässig.
20 Vgl. zuletzt BVerfGE 132, 1.

die Beschlussfähigkeit nach Abs. 2 gegeben ist, mit einfacher Mehrheit (§ 15 Abs. 4 Satz 2).

Außenwirkung hat aber nicht die Entscheidung des Plenums, sondern die sie umsetzende Endentscheidung des Senats, der das Plenum angerufen hat. Die Plenarentscheidung zur verfassungsrechtlichen Gewährleistung fachgerichtlichen Rechtsschutzes bei Verstößen gegen den Anspruch auf rechtliches Gehör[21] ist vom Ersten Senat durch einen der Verfassungsbeschwerde teilweise stattgebenden Beschluss umgesetzt worden.[22] Beim Luftsicherheitsgesetz ist die Plenarentscheidung[23] durch einen den Normenkontrollanträgen teilweise stattgebenden Beschluss des Zweiten Senats umgesetzt worden.[24] 13

Nach Abs. 2 ist das Plenum nur beschlussfähig, wenn von jedem Senat zwei Drittel, also sechs, seiner Richter anwesend sind. Daran liegt wie bei § 15 Abs. 2 eine **Mindestbesetzungsvorgabe** ohne Ausnahmemöglichkeit.[25] 14

II. Teil
Verfassungsgerichtliches Verfahren

Erster Abschnitt
Allgemeine Verfahrensvorschriften

§ 17 [Anwendung von Vorschriften des Gerichtsverfassungsgesetzes]

Soweit in diesem Gesetz nichts anderes bestimmt ist, sind hinsichtlich der Öffentlichkeit, der Sitzungspolizei, der Gerichtssprache, der Beratung und Abstimmung die Vorschriften der Titel 14 bis 16 des Gerichtsverfassungsgesetzes entsprechend anzuwenden.

I. Regelungsgehalt und Bedeutung des § 17

§ 17 ordnet zu einzelnen Fragen des Verfassungsprozessrechts die **Geltung der Vorschriften des Gerichtsverfassungsgesetzes** an. Diese Vorschriften finden aber nur **subsidiär** Anwendung, soweit im Gesetz über das Bundesverfassungsgericht nichts anderes geregelt ist (Halbsatz 1). Solche vorrangi- 1

21 BVerfGE 107, 395.
22 BVerfGE 108, 341.
23 BVerfGE 132, 1.
24 BVerfGE 133, 241.
25 Staatsgerichtshof des Landes Hessen, Beschluss vom 13.8.2014 – P.St. 2466, Rn. 139 bei Juris.

gen, speziellen Regelungen des Bundesverfassungsgerichtsgesetzes können sich entweder in dessen allgemeinen Verfahrensvorschriften (§§ 17 ff.) oder in den Vorschriften zu den einzelnen Verfahrensarten (§§ 36 ff.) finden.

2 Die Verweisung auf die Vorschriften des Gerichtsverfassungsgesetzes soll eine Anbindung an das für die übrigen Gerichtsverfahren geltende Verfahrensrecht bewirken und gilt deshalb **dynamisch**, nimmt die Vorschriften des Gerichtsverfassungsgesetzes also in ihrer jeweils gültigen Fassung in Bezug.[1]

3 Bislang ohne praktische Relevanz sind Meinungsverschiedenheiten dazu geblieben, ob aus der Anordnung einer – nur – **entsprechenden Anwendung** der Vorschriften des Gerichtsverfassungsgesetzes geschlossen werden kann, dass dem Bundesverfassungsgericht Spielraum bei der Rechtsanwendung belassen werden sollte, um den Besonderheiten des Verfassungsprozessrechts Rechnung tragen zu können.[2] Auf den Wortlaut der Verweisung können sich beide Ansichten mit gleich guten Argumenten stützen: „entsprechend" kann so viel wie nur sinngemäß heißen, muss es aber nicht. So lange die Erforderlichkeit einer Abweichung von den in Bezug genommenen Vorschriften in einem konkreten Konfliktfall nicht belegt ist, besteht aber kein Anlass, dem Bundesverfassungsgericht schon prophylaktisch generell Abweichungen zu gestatten.

4 Die **Reichweite** von § 17 ist **in doppelter Hinsicht beschränkt**. Gegenständlich erfasst sie erstens nur die in der Norm ausdrücklich genannten Themenkomplexe der Öffentlichkeit, der Sitzungspolizei, der Gerichtssprache, der Beratung und Abstimmung. Deshalb sind zweitens auch nur die Titel 14 bis 16 des Gerichtsverfassungsgesetzes entsprechend anwendbar.

5 Damit ist zugleich festgelegt, dass andere Themenkomplexe für den Verfassungsprozess nicht durch Rückgriff auf in anderen Titeln des Gerichtsverfassungsgesetzes enthaltene Vorschriften geregelt sind. Konsequenterweise hat der Gesetzgeber die zum 3.12.2011 geschaffenen Vorschriften zum Rechtsschutz bei überlangen Gerichtsverfahren für das Bundesverfassungsgericht im neu eingefügten IV. Teil **„Verzögerungsbeschwerde" eigenständig geregelt** (§§ 97a-97 e), nicht durch Rückgriff auf die Vorschriften des Titels 17 des Gerichtsverfassungsgesetzes (§§ 198–201 GVG). Finden sich Regelungen zu einem prozessualen Thema weder in den durch § 17 in Bezug genommenen Vorschriften des GVG noch im Bundesverfassungsgerichtsgesetz, so sind bei der entsprechenden Anwendung der Bestimmungen anderer Verfahrensordnungen die Eigenarten des verfassungsgerichtlichen Verfahrens zu berücksichtigen (siehe auch → § 90 Rn. 150).[3]

II. In Bezug genommene Vorschriften des Gerichtsverfassungsgesetzes

6 **Öffentlichkeit** im Sinne des § 17 kommt nur in den praktisch seltenen Fällen in Betracht, in denen das Bundesverfassungsgericht mündlich verhandelt (vgl. § 25 Abs. 1, § 94 Abs. 5 Satz 2) und seine Entscheidung verkündet (§ 30

1 So auch Burkiczak/Dollinger/Schorkopf BVerfGG/von Häfen § 17 Rn. 2.
2 Wie hier: Lechner/Zuck/Zuck § 17 Rn. 1; zurückhaltend auch Barczak BVerfGG/Odörfer § 17 Rn. 6.
3 Vgl. zB zur Prozessfähigkeit im Verfassungsbeschwerdeverfahren: Beschluss der 2. Kammer des Zweiten Senats vom 8.8.2021 – 2 BvR 2000/20, Rn. 20 bei Juris; Beschluss der 3. Kammer des Ersten Senats vom 16.6.2016 – 1 BvR 2509/15, Rn. 10 bei Juris.

Abs. 1 Satz 3). Hinsichtlich der Öffentlichkeit dieser Verfahrensabschnitte gelten die §§ 169 bis 175 GVG. Dass die Verkündung der Entscheidung öffentlich erfolgen muss, ergibt sich allerdings schon unmittelbar aus § 30 Abs. 1 Satz 3 und nicht erst aus den insoweit subsidiären §§ 169 Abs. 1 Satz 1 und 173 Abs. 1 GVG.

Nach § 17 iVm § 169 Abs. 1 Satz 1 GVG galt schon bisher der **Grundsatz der Öffentlichkeit der mündlichen Verhandlung**[4] auch vor dem Bundesverfassungsgericht. Diese Bezugnahme hat aber ihre Bedeutung dadurch verloren, dass dieser Grundsatz durch das Gesetz zur Medienöffentlichkeit in Gerichtsverfahren mit Wirkung zum 18.4.2018 ausdrücklich in § 17a Abs. 1 Satz 1 aufgenommen wurde. Öffentlichkeit bedeutet, dass grundsätzlich jeder Bürger die Möglichkeit hat, einer mündlichen Verhandlung – und ebenso einer Urteilsverkündung – im Sitzungssaal beizuwohnen. Beschränkungen des Zutrittsrechts können sich aber aus Kapazitäts- und Sicherheitsgründen ergeben. Insoweit kann das Gericht auf der Grundlage des § 176 GVG vor einer mündlichen Verhandlung Maßnahmen zur Verteilung knapper Sitzplätze ergreifen sowie Ausweis- und Personenkontrollen durchführen lassen. Entsprechende Hinweise, insbesondere zur Voranmeldung interessierter Zuschauer, finden sich stets in den Pressemitteilungen, mit denen die Termine zur mündlichen Verhandlung und zur Urteilsverkündung bekanntgegeben werden. 7

Ausnahmsweise kann unter den Voraussetzungen der §§ 171b und 172 GVG für die mündliche Verhandlung und die Verkündung (vgl. § 173 Abs. 2 GVG) die **Öffentlichkeit ausgeschlossen** werden. Das Verfahren hierzu regelt § 174 GVG. Nach § 170 Abs. 1 GVG ist das Regel-Ausnahme-Verhältnis in Familiensachen (§ 111 FamFG) umgekehrt: Nach Satz 1 ist die Öffentlichkeit grundsätzlich ausgeschlossen, nach Satz 2 kann die Öffentlichkeit mit Zustimmung der Beteiligten zugelassen werden. Führt das Bundesverfassungsgericht in derartigen Fällen eine öffentliche mündliche Verhandlung durch, teilt es nicht mit, ob es zuvor die Zustimmung der Beteiligten eingeholt hat oder ob es sich aus anderen Gründen nicht an die Regel des § 170 Abs. 1 Satz 1 GVG gebunden sieht.[5] Praktische Fälle, in denen das Bundesverfassungsgericht die Öffentlichkeit ausgeschlossen hätte, gab es in den vergangenen Jahrzehnten nicht. 8

Für **Fernseh-, Rundfunk- und Filmaufnahmen** in der mündlichen Verhandlung und bei der Verkündung trifft **§ 17a** Abs. 1 Sätze 2 und 3, Abs. 2 bis 5 eine von § 169 Abs. 1 Sätze 2 bis 5, Abs. 2 bis 4 GVG abweichende, vorrangige Regelung. Damit wird § 169 GVG letztlich insgesamt von § 17a verdrängt, so dass sich die Verweisung in § 17 hinsichtlich der Öffentlichkeit nur noch auf die §§ 170 bis 175 GVG bezieht. 9

Regelungen zur **Sitzungspolizei** enthält das Gesetz über das Bundesverfassungsgericht nicht. Daher muss hierzu vollständig auf die §§ 176 bis 183 GVG zurückgegriffen werden. Die Sitzungspolizei wird in § 176 GVG als **Aufrechterhaltung der Ordnung in der Sitzung** beschrieben. 10

4 Vgl. zur verfassungsrechtlichen Grundlage des Öffentlichkeitsgrundsatzes: Beschluss der 2. Kammer des Ersten Senats vom 3.6.2022 – 1 BvR 2103/16, Rn. 44 bei Juris.

5 Beispiel: BVerfGE 121, 69.

11 **Zuständig** für die Maßnahmen, die diesem Ziel dienen, ist gemäß § 176 GVG **grundsätzlich der Vorsitzende** des Senats, dessen Sitzung betroffen ist, in bestimmten Fällen, in denen sich die Maßnahmen gegen an der Verhandlung beteiligte Personen richten, aber der gesamte Senat (§ 177 Satz 2, § 178 Abs. 2 GVG). Die Anordnungen müssen sich im Rahmen der Verhältnismäßigkeit halten[6] und die maßgebenden Gründe für die getroffene Anordnung erkennen lassen.[7] Aus einer entsprechenden Anwendung des § 181 Abs. 1 aE GVG folgt aber, dass gegen sitzungspolizeiliche Maßnahmen des Bundesverfassungsgerichts keine Beschwerdemöglichkeit besteht. Rechtliche Auseinandersetzungen hat es insoweit zwar noch nicht gegeben, aber die von § 176 GVG iVm § 17 gedeckten Hygiene- und Abstandsregeln bei mündlichen Verhandlungen des Bundesverfassungsgerichts[8] während der Corona-Pandemie waren mittelbar Auslöser von – erfolglosen – Ablehnungsgesuchen.[9]

12 Die **Gerichtssprache** ist nach dem in § 17 in Bezug genommenen § 184 Satz 1 GVG **deutsch**. Das Bundesverfassungsgericht hat das Verfahren in deutscher Sprache zu führen und seine Entscheidungen in deutscher Sprache zu verfassen. Anträge sowie schriftsätzlicher und mündlicher Vortrag der Beteiligten müssen in deutscher Sprache erfolgen. Fremdsprachige Dokumente sind mit deutscher Übersetzung zu übersenden. Dass sich das Bundesverfassungsgericht aber auch mit fremdsprachigen Dokumenten befasst, ist dadurch nicht ausgeschlossen[10] und kann im Hinblick auf die Authentizität der Originalfassung ausländischer Dokumente vorteilhaft sein,[11] sollte aber zur allgemeinen Verständlichkeit stets auch mit einer deutschen Übersetzung verbunden sein. Das ist jedenfalls dann geboten, wenn der fremdsprachige Text größeren Umfang hat und fachspezifische Themen betrifft, wie etwa die in der amtlichen Sammlung über eineinhalb Seiten abgedruckte englische Pressemitteilung zu den technischen Rahmenbedingungen des OMT-Programms der EZB.[12] Vor Herausforderungen stellt das das Bundesverfassungsgericht schon deshalb nicht, weil es umgekehrt auch in der Lage ist, international bedeutende Senatsentscheidungen in englischer, französischer oder spanischer Übersetzung auf seiner Homepage zu veröffentlichen. Ohnehin gilt: Die Beteiligten können die Hinzuziehung eines Dolmetschers beantragen (§ 185 GVG).

13 Zur **Beratung und Abstimmung** trifft das Gesetz über das Bundesverfassungsgericht in **§ 15 Abs. 3 und 4 sowie in § 30 Abs. 1 und 2** eigenständige,

6 Vgl. BVerfGE 119, 309 (317); 91, 125 (137); Beschluss der 2. Kammer des Ersten Senats vom 13.3.2012 – 1 BvR 210/12, Rn. 9 bei Juris; vgl. zur Berücksichtigung der Pressefreiheit: Beschluss der 2. Kammer des Ersten Senats vom 18.8.2020 – 1 BvR 1918/20, Rn. 9 bei Juris.

7 Vgl. Beschluss der 2. Kammer des Ersten Senats vom 21.10.2019 – 1 BvR 2309/19, Rn. 11 bei Juris; Beschluss der 3. Kammer des Ersten Senats vom 8.7.2016 – 1 BvR 1534/16, Rn. 3 bei Juris.

8 Siehe zB Pressemitteilung Nr. 96/2021 vom 16.11.2021 zur mündlichen Verhandlung des Ersten Senats in Sachen „Bayerisches Verfassungsschutzgesetz" am 14.12.2021 – 1 BvR 1609/17.

9 Beschluss der 3. Kammer des Ersten Senats vom 20.1.2022 – 1 BvR 2604/21, Rn. 7 bei Juris.

10 Vgl. BVerfGE 142, 123 (127 ff., Rn. 6, 8); 134, 366 (372 ff., Rn. 2 f.).

11 Barczak BVerfGG/Odörfer § 17 Rn. 21.

12 BVerfGE 142, 123 (128 ff., Rn. 8).

wenn auch nicht umfassende Regelungen. Die **§§ 192 bis 197 GVG** finden daher **nur subsidiär und ergänzend** Anwendung.

Bedeutung besitzen nur § 194 GVG zum **Gang der Beratung**, der der Sache nach durch § 27 GO-BVerfG aufgegriffen wird,[13] und § 197 GVG, den das Bundesverfassungsgericht hinsichtlich der **Reihenfolge der Stimmabgabe** nach dem Dienstalter und bei gleichem Dienstalter nach dem Lebensalter beachtet. Zu den notwendigen **Stimmenmehrheiten** wird § 196 Abs. 1 GVG durch den Grundsatz des § 15 Abs. 4, durch die speziellen Erfordernisse der Einstimmigkeit in den Fällen der §§ 24, 81 a Satz 1 und 93 d Abs. 3 Satz 1 und durch die Annahmemehrheit von mindestens drei Richtern des Senats gemäß § 93d Abs. 3 Satz 2 verdrängt. 14

III. Sonstige anwendbare Prozessgrundsätze

Auch unter Berücksichtigung der Verweisung des § 17 auf subsidiär anzuwendende Vorschriften des Gerichtsverfassungsgesetzes verbleiben im gesetzlich geregelten Recht des Verfahrens vor dem Bundesverfassungsgericht Lücken. Diese **Lücken** sind nicht freihändig, sondern ebenfalls **durch entsprechende Anwendung vorhandener Regelungen zu schließen**, die sich zur jeweiligen Frage in anderen Prozessordnungen finden.[14] Dabei sind die **Besonderheiten des Verfassungsprozesses**[15] und der konkret betroffenen verfassungsgerichtlichen Verfahrensart zu beachten. 15

Dafür bedarf es jedoch keiner völligen Verselbstständigung des Verfassungsprozessrechts und **keiner gänzlichen Verfahrensautonomie des Bundesverfassungsgerichts**. Zwar ist dem Bundesverfassungsgericht notwendigerweise die Interpretation des Verfassungsprozessrechts übertragen, weil niemand sonst die Verfahrensvorschriften des Bundesverfassungsgerichtsgesetzes einschließlich der zur Lückenschließung heranzuziehenden Regeln anzuwenden und fortzuentwickeln hat. Das allein befreit das Bundesverfassungsgericht in seiner Funktion als Gericht aber nicht von den Bindungen, die ihm entweder unmittelbar durch das Gesetz oder im Falle einer Lücke durch die nach allgemeinen rechtlichen Prinzipien anerkannten Voraussetzungen bei der Bildung von Analogien auferlegt sind. 16

1. Prozesskostenhilfe. Ein Regelungsbereich des Prozessrechts, der im Gesetz über das Bundesverfassungsgericht gar nicht angesprochen wird, ist die **Prozesskostenhilfe**. Das Bundesverfassungsgericht hat daraus aber zu Recht nicht geschlossen, dass die Bewilligung von Prozesskostenhilfe und Beiordnung eines Rechtsanwalts im Verfassungsprozess nicht in Betracht kommen soll, sondern wendet die Vorschriften der §§ 114 ff. ZPO entsprechend an (näher zum Ganzen → § 34a Rn. 118 ff.).[16] 17

Auf diese Vorschriften wird ausdrücklich Bezug genommen in Beschlüssen, mit denen die Bewilligung von Prozesskostenhilfe unter Bezugnahme auf 18

13 Vgl. Burkiczak/Dollinger/Schorkopf BVerfGG/von Häfen, § 17 Rn. 24.
14 Vgl. Schmidt-Bleibtreu/Klein/Bethge BVerfGG/Bethge Vor § 17 Rn. 14, 18 (Stand: Juni 2019).
15 Vgl. BVerfG, Beschluss der Beschwerdekammer vom 22.4.2024 – 2 BvR 739/17 – Vz 5/23, Rn. 2 bei Juris.
16 Grundlegend BVerfGE 1, 109 (110 ff.); vgl. auch BVerfGE 92, 122 (123).

die Voraussetzungen der §§ 114 ff. ZPO **abgelehnt** wird[17] und in mit einer Begründung versehenen Beschlüssen, mit denen ein Prozesskostenhilfeantrag positiv beschieden wird.[18] Die Anwendung der §§ 114 ff. ZPO liegt aber auch solchen Beschlüssen zugrunde, in denen Prozesskostenhilfe ohne nähere Begründung **bewilligt** wird[19] oder ohne Benennung der gesetzlichen Grundlage abgelehnt wird.[20]

19 **2. Fristen, Wiedereinsetzung und Verfahrensverbindung.** Ebenso anerkannt ist die entsprechende Anwendung der Vorschriften der ZPO zu **Fristen** (§§ 221 ff. ZPO). Dabei ist insbesondere die Fristberechnung nach § 222 ZPO zu beachten, wenn eine Verfassungsbeschwerde fristgerecht gemäß § 93 Abs. 1 und 3 erhoben werden soll (→ § 93 Rn. 17, 41 f. und 98).

20 Nur bei einer Versäumung der Frist des § 93 Abs. 1 gewährt § 93 Abs. 2 die Möglichkeit einer **Wiedereinsetzung in den vorigen Stand**. Das Fehlen entsprechender Regelungen zu anderen Fristen im Gesetz über das Bundesverfassungsgericht wird so interpretiert, dass ein allgemeiner Rückgriff auf die §§ 233 ff. ZPO gerade **nicht** möglich ist und diese Fristen daher als Ausschlussfristen zu behandeln sind (vgl. zB → § 50 Rn. 1; → § 64 Rn. 39; → § 93 Rn. 45).[21]

21 Dagegen wird die speziell für das Organstreitverfahren[22] in § 66 vorgesehene Regelung zur **Verbindung und Trennung von Verfahren** nicht als Hindernis dafür gesehen, auch in anderen Verfahrensarten Verfahren zu verbinden oder zu trennen (→ § 66 Rn. 3),[23] selbst wenn es sich um Verfahren handelt,

---

17 Vgl. BVerfG, Beschluss des Zweiten Senats vom 13.10.2022 – 2 BvC 8/20, Rn. 1 f. bei Juris; Beschluss der 1. Kammer des Zweiten Senats vom 15.1.2024 – 2 BvR 1882/23, Rn. 1 bei Juris; Beschluss der 3. Kammer des Zweiten Senats vom 26.6.2023 – 2 BvR 676/23, Rn. 9 bei Juris; Beschluss der 2. Kammer des Zweiten Senats vom 13.3.2023 – 2 BvR 829/21, Rn. 97 bei Juris; Beschluss der 1. Kammer des Ersten Senats vom 1.3.2023 – 1 BvR 174/23, Rn. 1 bei Juris.

18 Beschluss der 1. Kammer des Ersten Senats vom 2.12.2016 – 1 BvR 2014/16, Rn. 2 bei Juris; Beschluss der 3. Kammer des Zweiten Senats vom 5.2.2014 – 2 BvR 953/12, Rn. 19 bei Juris.

19 Vgl. BVerfG, Beschlüsse der Ersten Senats vom 27.9.2022 – 1 BvL 3/21, Juris, und vom 13.6.2012 – 1 BvL 10/10, Juris; Beschluss der 2. Kammer des Ersten Senats vom 14.12.2011 – 1 BvR 2867/11, Juris.

20 Vgl. Beschlüsse der 3. Kammer des Ersten Senats vom 4.4.2024 – 1 BvR 2281/22, Rn. 8 bei Juris, vom 23.5.2023 – 1 BvR 902/23, Rn. 2 bei Juris, und vom 27.12.2022 – 1 BvR 1943/22, Rn. 21 bei Juris; Beschluss der 1. Kammer des Zweiten Senats vom 11.6.2019 – 2 BvR 834/19, Rn. 3 bei Juris; Beschlüsse der 1. Kammer des Ersten Senats vom 8.3.2017 – 1 BvR 1868/16, Rn. 2 bei Juris, und vom 2.2.2017 – 1 BvR 2897/16, Rn. 2 bei Juris.

21 So auch Barczak BVerfGG/Odörfer § 17 Rn. 48; vgl. auch zur Nichtanerkennungsbeschwerde BVerfG, Beschluss des Zweiten Senats vom 22.7.2021 – 2 BvC 16/21, Rn. 5 bei Juris.

22 Vgl. BVerfGE 162, 207 (209, Ziff. 1 des Tenors).

23 Beispiele: BVerfGE 165, 103; 162, 277; 152, 274; Beschlüsse der 3. Kammer des Zweiten Senats vom 14.6.2023 – 2 BvL 3/20 ua, Tenor bei Juris, und vom 3.3.2023 – 2 BvL 11/22 ua, Ziff. 1 des Tenors bei Juris (konkrete Normenkontrollverfahren); BVerfG, Beschluss des Zweiten Senats vom 5.12.2023 – 2 BvC 18/23 ua, Tenor bei Juris; BVerfGE 129, 300 (Wahlprüfungsverfahren); BVerfG, Urteil des Zweiten Senats vom 20.6.2023 – 2 BvR 166/16 ua, Juris; BVerfGE 165, 363; 164, 193; 158, 282; 157, 30; 155, 238; 155, 119; 154, 17; 153, 182; 151, 202; 149, 293 (jeweils mehrere Verfassungsbeschwerden).

die in unterschiedlichen Verfahrensarten anhängig gemacht worden sind.[24] Die Verbindung mehrerer Verfahren zur gemeinsamen Entscheidung wird meist ausdrücklich im Entscheidungstenor beschlossen,[25] aber sie kann auch stillschweigend erfolgt sein und sich erst aus der gemeinsamen Entscheidung über mehrere Verfahren erschließen.[26] Die Abtrennung eines Streitgegenstands muss stets ausdrücklich erfolgen.[27] Über eine Abtrennung kann auch durch gesonderten Beschluss vor der Sachentscheidung entschieden werden.[28]

Der Grund dafür, dass einer besonderen Regelung im Bundesverfassungsgerichtsgesetz mal ein abschließender Gehalt zugesprochen wird, eine solche Regelung an anderer Stelle aber im Gegenteil als Grundlage für eine Verallgemeinerung herangezogen wird, dürfte im **unterschiedlichen Charakter der jeweiligen Regelungen** liegen. Einerseits handelt es sich wie bei den Fristen um Zulässigkeitsvoraussetzungen, die unmittelbar für die Entscheidung des Bundesverfassungsgerichts maßgebend sind. In den anderen, vom Bundesverfassungsgericht großzügig gehandhabten Fällen geht es hingegen nur um Fragen der Verfahrensgestaltung, bei denen prozessökonomische Erwägungen den Ausschlag geben können, jedenfalls soweit den Beteiligten dadurch keine Nachteile entstehen. 22

3. Rechtsschutzinteresse. Eine allgemeine Zulässigkeitsvoraussetzung, die im Bundesverfassungsgerichtsgesetz nicht geregelt ist, aber in den Entscheidungen des Bundesverfassungsgerichts gelegentlich erörtert wird,[29] stellt das **Rechtsschutzinteresse** dar. Verschiedene Sachentscheidungsvoraussetzungen insbesondere im Bereich der Verfassungsbeschwerde können als Konkretisierungen des Rechtsschutzinteresses verstanden werden (→ § 90 Rn. 324 f.). Aber auch darüber hinaus wird ein allgemeines Rechtsschutzinteresse nicht nur bei der Verfassungsbeschwerde (→ § 90 Rn. 323), sondern auch in ande- 23

24 Vgl. BVerfG, Beschluss des Zweiten Senats vom 6.2.2024 – 2 BvE 6/23 ua, Ziff. 1 des Tenors bei Juris; BVerfGE 161, 163; 157, 223; 149, 126; 148, 147; 143, 65; 126, 369; 123, 267 (271).

25 Vgl. BVerfG, Beschlüsse des Zweiten Senats vom 6.2.2024 – 2 BvE 6/23 ua, Ziff. 1 des Tenors bei Juris, und vom 15.11.2023 – 2 BvG 1/19 ua, Ziff. 1 des Tenors bei Juris; BVerfG, Urteil des Zweiten Senats vom 20.6.2023 – 2 BvR 166/16 ua, Ziff. 1 des Tenors bei Juris; BVerfGE 165, 103 (103, Ziff. 1 des Tenors); 164, 193 (194, Ziff. 1 des Tenors); 162, 277 (278, Ziff. 1 des Tenors); 157, 223 (224, Ziff. 1 des Tenors); 154, 17 (22, Ziff. 1 des Tenors); 153, 182 (184, Ziff. 1 des Tenors); 152, 274 (275, Ziff. 1 des Tenors); 149, 293; 148, 296; 145, 304; Beschluss der 3. Kammer des Zweiten Senats vom 3.3.2023 – 2 BvL 11/22 ua, Ziff. 1 des Tenors bei Juris.

26 Vgl. BVerfGE 165, 363; 161, 163; 158, 282; 157, 30; 155, 238; 155, 119; 149, 126; 136, 152.

27 Vgl. BVerfG, Urteil des Zweiten Senats vom 22.2.2023 – 2 BvE 3/19, Ziff. 1 des Tenors bei Juris; BVerfGE 145, 20 (52, Rn. 77); 134, 357.

28 Vgl. BVerfG, Beschlüsse des Ersten Senats vom 8.11.2022 – 1 BvR 2634/20 und 1 BvR 1547/19, jeweils bei Juris, und vom 6.4.2022 – 1 BvR 2649/21, Ziff. 1 des Tenors bei Juris; BVerfG, Beschluss des Zweiten Senats vom 14.1.2020 – 2 BvR 859/15 ua, Juris; Beschluss der 1. Kammer des Ersten Senats vom 4.12.2023 – 1 BvR 229/16, Tenor bei Juris.

29 Vgl. BVerfGE 163, 43 (70, Rn. 76 f.); 162, 378 (405, Rn. 60); 161, 299 (343, Rn. 105); 161, 1 (32 f., Rn. 64); Beschluss der 3. Kammer des Zweiten Senats vom 27.2.2024 – 2 BvR 637/23, Rn. 14 bei Juris; Beschluss der 2. Kammer des Ersten Senats vom 7.3.2023 – 1 BvR 221/23, Rn. 8 bei Juris; Beschluss der 1. Kammer des Zweiten Senats vom 22.4.2021 – 2 BvR 320/20, Rn. 23 bei Juris; Beschluss der 2. Kammer des Zweiten Senats vom 7.10.2020 – 2 BvR 2426/17, Rn. 27 bei Juris.

ren Verfahrensarten gefordert, etwa wenn bei der abstrakten Normenkontrolle ein objektives Klarstellungsinteresse vorliegen muss (→ § 76 Rn. 22 ff.).

24 **4. Prozessgrundsätze.** Ebenfalls nicht umfassend geregelt sind die allgemeinen, in den Verfahren vor dem Bundesverfassungsgericht geltenden **Prozessgrundsätze.** Hierbei sind insbesondere der Untersuchungsgrundsatz und der Dispositionsgrundsatz von Bedeutung.

25 Zwar wird der Verfassungsprozess gemäß § 26 Abs. 1 Satz 1 vom **Untersuchungsgrundsatz** bestimmt. Allerdings steht diese Regelung in einem Spannungsverhältnis zu den Vortragsobliegenheiten, die das Bundesverfassungsgericht den Antragstellern und Beschwerdeführern gemäß § 23 Abs. 1 Satz 2 auferlegt (→ § 26 Rn. 2 ff.). Außerdem hat sich das Bundesverfassungsgericht sowohl gegenüber dem Gesetzgeber als auch gegenüber den Fachgerichten eine Zurückhaltung auferlegt, die dazu führt, dass grundsätzlich Tatsachenfeststellungen der Fachgerichte[30] und prognostische Erwägungen des Gesetzgebers[31] respektiert und nicht zum Gegenstand kritischer Amtsermittlung werden.

26 Die Dispositionsmaxime, nach der grundsätzlich die Beteiligten eines Prozesses über den Verfahrensgegenstand verfügen, ist im Bundesverfassungsgerichtsgesetz nicht vorgeschrieben. Schon deswegen ist das **Bundesverfassungsgericht nicht streng an den Dispositionsgrundsatz gebunden**.

27 Der Frage, inwieweit die Beteiligten über ein anhängiges Verfahren disponieren können, ist der demgegenüber unbedingte **Antragsgrundsatz** vorgeschaltet. Sämtliche Verfahren vor dem Bundesverfassungsgericht werden durch einen Antrag eingeleitet (vgl. § 23 Abs. 1 Satz 1), der den Gegenstand bestimmt, über den das Bundesverfassungsgericht in dem dann von Amts wegen durchzuführenden Verfahren zu entscheiden hat.[32] Punktuelle Ausnahmen dahin gehend, dass der Entscheidungsausspruch über den durch den Antrag vorgegebenen Gegenstand des Verfahrens hinausgehen darf, enthalten die §§ 67 Satz 3, 78 Satz 2 und 95 Abs. 3 Satz 2.

28 **5. Antragsrücknahme.** Die Frage nach der Disponibilität des Verfahrensgegenstands stellt sich insbesondere im Hinblick auf die Folgen einer **Antragsrücknahme.** Anders als in den fachgerichtlichen Prozessordnungen fehlt dazu mit Ausnahme des § 52 Abs. 1 bei der Präsidentenanklage, der gemäß § 58 Abs. 1 auch bei der Richteranklage gilt, eine gesetzliche Regelung.

---

30 Vgl. BVerfGE 160, 129 (162, Rn. 106); 148, 69 (133, Rn. 155); vgl. aber BVerfGE 119, 1 (22); 84, 203 (210); siehe zur verfassungsgerichtlichen Überprüfung der fachgerichtlichen Überprüfung von Tatsachengrundlagen behördlicher Entscheidungen: BVerfGE 149, 407 (410 ff., Rn. 10 ff.); zur ergänzenden Tatsachenfeststellungskompetenz im Wahlprüfungsbeschwerdeverfahren zuletzt BVerfG, Urteil des Zweiten Senats vom 19.12.2023 – 2 BvC 4/23, Rn. 111 ff. bei Juris – Bundestagswahl Berlin.

31 Vgl. BVerfG, Beschluss der 1. Kammer des Ersten Senats vom 21.11.2023 – 1 BvL 6/21, Rn. 125 und 143 bei Juris; BVerfGE 161, 299 (360 f., Rn. 152); 159, 355 (406 f., Rn. 114 f.); 156, 63 (116 f., Rn. 192); 150, 1 (89 f., Rn. 174 f.); 129, 124 (182 f.); 126, 331 (362); 116, 202 (224 und 225); vgl. aber die Anforderungen an die Sachverhaltsermittlung des Gesetzgebers in: BVerfG, Urteil des Zweiten Senats vom 20.6.2023 – 2 BvR 166/16 ua, Rn. 165 bei Juris; BVerfGE 125, 175 (226), und eine zu strenge Überprüfung gesetzgeberischer Prognosen bei Wahlgesetzen in BVerfGE 135, 259 (289, Rn. 57 ff.) – Drei-Prozent-Sperrklausel bei Europawahlen, mit entsprechender Kritik bei Haratsch EuGRZ 2019, 177 (181 ff.).

32 Lechner/Zuck/Zuck Vor § 17 Rn. 9.

Die **Rücknahme einer Verfassungsbeschwerde** ist **grundsätzlich zulässig** und hat zur Folge, dass das Beschwerdebegehren nicht mehr zur Entscheidung anfällt[33] und das Verfahren eingestellt wird.[34] Insoweit erkennt das Bundesverfassungsgericht in diesem Zusammenhang die Dispositionsmaxime an. 29

Allerdings behält sich das Bundesverfassungsgericht vor, die **Wirksamkeit der Rücknahme** zu prüfen. Die Rücknahme wird, ohne dass es dafür einen ausdrücklichen gesetzlichen Anknüpfungspunkt gäbe, dann als unwirksam beurteilt, wenn die Funktion der Verfassungsbeschwerde, das objektive Verfassungsrecht zu wahren (→ § 90 Rn. 8), gegenüber dem Interesse des Beschwerdeführers an disponiblem verfassungsgerichtlichen Individualrechtsschutz im Vordergrund steht. Das ist bei einer **grundsätzlichen Bedeutung der Verfassungsbeschwerde** der Fall.[35] 30

Bei Unwirksamkeit der Rücknahme führt das Bundesverfassungsgericht das Verfassungsbeschwerdeverfahren bis zu einer Entscheidung durch. Diese Grundsätze hat das Bundesverfassungsgericht auch auf die Fortführung des Verfahrens nach dem **Tod des Beschwerdeführers** übertragen,[36] auch wenn es auch insoweit bei dem Grundsatz bleibt, dass der Tod des Beschwerdeführers zur Erledigung des Verfahrens führt.[37] Eine Ausnahme von diesem Grundsatz muss jedenfalls dann nicht gemacht werden, wenn der angegriffene Hoheitsakt durch weitere Beschwerdeführer zur verfassungsgerichtlichen Überprüfung gestellt bleibt.[38] 31

Wird die Rücknahme der Verfassungsbeschwerde als Ganzes zugelassen, so folgt daraus ebenfalls, dass die Verfassungsbeschwerde **teilweise**, also hinsichtlich einzelner von mehreren Streitgegenständen **zurückgenommen** werden kann.[39] Dies gilt auch für **einzelne Grundrechtsrügen.**[40] Dadurch kann der Beschwerdeführer insbesondere dann prozessualen Nachteilen entgehen, wenn es hinsichtlich einzelner Rügen an einer Zulässigkeitsvoraussetzung mangelt und bei Aufrechterhaltung dieser Rügen eine Unzulässigkeit der gesamten Verfassungsbeschwerde drohen würde (→ § 90 Rn. 466 ff. und → § 90 Rn. 520). 32

---

33 BVerfGE 114, 396 (397); 98, 218 (242); 85, 109 (113); vgl. zur Rücknahme eines Antrags auf Erlass einer einstweiligen Anordnung Beschluss der 2. Kammer des Zweiten Senats vom 21.12.2021 – 2 BvR 1844/20, Rn. 38 bei Juris.

34 Beschluss der 2. Kammer des Zweiten Senats vom 22.5.2019 – 2 BvR 2627/18, Rn. 1 bei Juris; vgl. zur teilweisen Einstellung des Verfahrens nach einer teilweisen Rücknahme der Verfassungsbeschwerde: Beschluss der 3. Kammer des Ersten Senats vom 13.6.2022 – 1 BvR 743/22, Rn. 1 bei Juris.

35 BVerfGE 98, 218 (243); vgl. auch BVerfGE 106, 210 (213).

36 BVerfGE 124, 300 (318).

37 Vgl. BVerfGE 153, 182 (253, Rn. 182); 141, 220 (260, Rn. 77); 124, 300 (318 f.) – Wunsiedel; Beschluss der 1. Kammer des Ersten Senats vom 4.12.2023 – 1 BvR 2354/23, Rn. 2 f. bei Juris; Beschluss der 3. Kammer des Ersten Senats vom 30.9.2022 – 1 BvR 922/21, Rn. 2 bei Juris; Beschluss der 2. Kammer des Zweiten Senats vom 1.4.2019 – 2 BvR 1224/17, Rn. 1 f. bei Juris; Beschluss der 1. Kammer des Zweiten Senats vom 4.7.2018 – 2 BvR 62/18, Rn. 2 bei Juris.

38 BVerfGE 153, 182 (253, Rn. 181).

39 Vgl. BVerfGE 162, 1 (49 f., Rn. 88); Beschluss der 3. Kammer des Ersten Senats vom 13.6.2022 – 1 BvR 743/22, Rn. 1 bei Juris; Beschluss der 1. Kammer des Ersten Senats vom 18.10.2017 – 1 BvR 2116/17, Rn. 5 bei Juris.

40 BVerfGE 126, 1 (17); vgl. zur Erledigung einzelner Grundrechtsrügen auch Beschluss der 3. Kammer des Ersten Senats vom 7.10.2021 – 1 BvR 609/21, Rn. 7 bei Juris.

33 Sinngemäß können diese Grundsätze auf andere Verfahrensarten übertragen werden, in denen über subjektive, wenn auch öffentlich-rechtliche Rechte gestritten wird, also insbesondere auf den **Organstreit** sowie den **Bund-Länder-Streit**. Auch dort gilt grundsätzlich die Dispositionsmaxime, aber nur soweit das öffentliche Interesse an der Wahrung des objektiven Verfassungsrechts nicht überwiegt.[41] Auch eine Wahlprüfungsbeschwerde erledigt sich grundsätzlich durch den Tod des Beschwerdeführers.[42]

34 Anders stellt sich die Rechtslage hingegen im Verfahren der **abstrakten Normenkontrolle** dar, da dort von vornherein keine subjektive Rechtsschutzfunktion in Rede steht, sondern allein ein objektiver Prüfungsauftrag. Das Bundesverfassungsgericht wird dem dadurch gerecht, dass es einer Antragsrücknahme keine automatische verfahrensbeendende Wirkung zuspricht. Vielmehr endet das Verfahren erst mit dessen Einstellung, über die durch konstitutiven Beschluss entschieden wird (→ § 76 Rn. 14).[43] Das Verfahren wird aber nur dann eingestellt, wenn nicht das öffentliche Interesse an der baldigen Klärung der Verfassungsmäßigkeit des Gesetzes das Interesse des Antragstellers an einer Einstellung des Verfahrens ohne Sachentscheidung überwiegt.[44] Anderenfalls wird das Verfahren trotz Antragsrücknahme fortgesetzt. Diese Grundsätze gelten entsprechend, wenn der Antragsteller das Ruhen des Verfahrens beantragt, aber ein öffentliches Interesse an einer Fortführung des Verfahrens überwiegt.[45]

35 Damit ist nicht zu übersehen, dass die **Maßstäbe** für eine Fortführung des Verfahrens gegen oder ohne den Willen des Antragstellers sowohl bei den Verfahren, die grundsätzlich der Dispositionsmaxime unterliegen, als auch den Verfahren, die grundsätzlich der Offizialmaxime unterliegen, **mehr oder weniger identisch** sind.

36 Demgegenüber ist die Durchführung eines **konkreten Normenkontrollverfahrens** stets vom Fortbestand eines zulässigen und wirksamen Vorlagebeschlusses abhängig. Der Verfassungsprozess ist insoweit zum Ausgangsverfahren akzessorisch. Das ist eine Besonderheit dieser Verfahrensart, die sich mit den Kategorien der Dispositions- oder Offizialmaxime nicht erfassen lässt.

37 Wird der Vorlagebeschluss vom vorlegenden Gericht wegen veränderter Umstände im Ausgangsverfahren wirksam aufgehoben oder entfallen seine Wirkungen aus anderen Gründen, etwa weil das Ausgangsverfahren selbst durch Vergleich oder Klagerücknahme endet, so **entfällt** damit zugleich die **Sachentscheidungsbefugnis des Bundesverfassungsgerichts**.[46] Für eine Abwägung mit dem öffentlichen Interesse an einer Klärung der Verfassungsmäßigkeit des Gesetzes ist dann grundsätzlich kein Raum. Verstirbt der im

41 Vgl. Burkiczak/Dollinger/Schorkopf BVerfGG/von Häfen, § 17 Rn. 31.
42 BVerfG, Beschlüsse des Zweiten Senats vom 24.5.2019 – 2 BvC 28/19, Rn. 2 ff. bei Juris, und vom 26.4.2018 – 2 BvC 6/15, Rn. 1 bei Juris.
43 Siehe etwa BVerfG, Beschluss des Zweiten Senats vom 13.11.2018 – 2 BvF 1/11 ua, Juris; BVerfGE 147, 184 (185, Rn. 1); 115, 394 (395).
44 Vgl. BVerfG, Beschluss des Zweiten Senats vom 22.3.2023 – 2 BvF 1/21, Rn. 8 bei Juris; BVerfGE 106, 210 (213).
45 BVerfG, Beschluss des Zweiten Senats vom 22.3.2023 – 2 BvF 1/21, Rn. 9 bei Juris.
46 Vgl. Beschluss der 1. Kammer des Ersten Senats vom 21.9.2016 – 1 BvL 6/12, Rn. 3 bei Juris; Beschluss der 3. Kammer des Ersten Senats vom 8.12.2010 – 1 BvR 7/10, Rn. 2 bei Juris; grundlegend BVerfGE 29, 325 (326 f.); 49, 217 (219).

Ausgangsverfahren Betroffene oder erledigt sich Ausgangsverfahren durch Zeitablauf und hält das vorlegende Gericht seinen Vorlagebeschluss dennoch aufrecht, so kann die Vorlage aber nach den zur Verfassungsbeschwerde entwickelten Maßstäben zulässig bleiben, wenn ein gewichtiges objektives Bedürfnis an der Klärung der Verfassungsrechtsfrage besteht.[47] Auch hier sind die Maßstäbe also letztlich vergleichbar mit den zur Verfassungsbeschwerde entwickelten Grundsätzen.

6. Berichtigungen. In letzter Zeit sind **vermehrt Berichtigungsbeschlüsse** 38
des Bundesverfassungsgerichts veröffentlicht worden, die meist kleinere Unrichtigkeiten sowohl im Sachbericht als auch in den Entscheidungsgründen in Kammerbeschlüssen, aber auch in einem Senatsurteil betreffen.[48] Vereinzelt war aber auch eine umfangreichere Berichtigung notwendig, weil den Beteiligten vermutlich nicht die Endfassung eines Nichtannahmebeschlusses zugestellt worden war.[49] Eine Rechtsgrundlage für diese Berichtigungen findet sich im Bundesverfassungsgerichtsgesetz nicht. Sie wird auch vom Bundesverfassungsgericht in den Beschlüssen meist nicht genannt.[50] Gegen eine entsprechende Anwendung des § 319 Abs. 1 ZPO bei offenbaren Unrichtigkeiten bestehen aber keine Bedenken, ebenso wenig wie gegen Tatbestandsberichtigungen auf Antrag eines Beteiligten nach § 320 Abs. 1 ZPO.[51]

§ 17a [Zulässigkeit von Ton- und Fernseh-Rundfunkaufnahmen]

(1) [1]Die Verhandlung vor dem Bundesverfassungsgericht einschließlich der Verkündung von Entscheidungen ist öffentlich. [2]Ton- und Fernseh-Rundfunkaufnahmen sowie Ton- und Filmaufnahmen zum Zwecke der öffentlichen Vorführung oder der Veröffentlichung ihres Inhalts sind nur zulässig

1. in der mündlichen Verhandlung, bis das Gericht die Anwesenheit der Beteiligten festgestellt hat,

2. bei der öffentlichen Verkündung von Entscheidungen.

[3]Die Tonübertragung in einen Arbeitsraum für Personen, die für Presse, Hörfunk, Fernsehen oder für andere Medien berichten, kann durch Anordnung des oder der Vorsitzenden zugelassen werden.

(2) Zur Wahrung schutzwürdiger Interessen der Beteiligten oder Dritter sowie eines ordnungsgemäßen Ablaufs des Verfahrens kann der oder

47 BVerfG, Beschluss des Ersten Senats vom 1.2.2023 – 1 BvL 7/18, Rn. 103 bei Juris; BVerfGE 142, 313 (334, Rn. 60 ff.).

48 BVerfG, Beschluss des Ersten Senats vom 20.12.2016 – 1 BvR 2821/11 ua, Juris; Beschluss der 2. Kammer des Zweiten Senats vom 7.4.2024 – 2 BvR 1057/22, Juris; Beschlüsse der 3. Kammer des Ersten Senats vom 3.8.2022 – 1 BvR 2180/21, Juris, und vom 24.3.2022 – 1 BvR 125/22, Juris; Beschluss der 1. Kammer des Ersten Senats vom 14.3.2022 – 1 BvR 1655/21, Juris; Beschluss der 2. Kammer des Ersten Senats vom 17.4.2019 – 1 BvR 180/17, Juris; Beschluss der 1. Kammer des Zweiten Senats vom 8.12.2016 – 2 BvR 877/16, Juris.

49 Beschluss der 2. Kammer des Zweiten Senats vom 16.8.2018 – 2 BvR 1550/17, Juris.

50 Vgl. aber Beschluss der 2. Kammer des Ersten Senats vom 12.2.2020 – 1 BvR 2896/17, Tenor bei Juris.

51 Vgl. Beschluss der 3. Kammer des Ersten Senats vom 13.3.2017 – 1 BvR 563/12, Orientierungssatz Nr. 5 bei Juris; für das verfassungsgerichtliche Verzögerungsbeschwerdeverfahren ablehnend: BVerfG, Beschluss der Beschwerdekammer vom 22.4.2024 – 2 BvR 739/17 – Vz 5/23, Rn. 5 ff. bei Juris.

die Vorsitzende die Aufnahmen nach Absatz 1 Satz 2 oder deren Übertragung sowie die Übertragung nach Absatz 1 Satz 3 ganz oder teilweise untersagen oder von der Einhaltung von Auflagen abhängig machen.

(3) [1]Tonaufnahmen der Verhandlung vor dem Bundesverfassungsgericht einschließlich der Verkündung von Entscheidungen können zu wissenschaftlichen und historischen Zwecken durch Senatsbeschluss zugelassen werden, wenn es sich um ein Verfahren von herausragender zeitgeschichtlicher Bedeutung für die Bundesrepublik Deutschland handelt. [2]Zur Wahrung schutzwürdiger Interessen der Beteiligten oder Dritter oder zur Wahrung eines ordnungsgemäßen Ablaufs des Verfahrens können die Aufnahmen durch den Vorsitzenden oder die Vorsitzende teilweise untersagt werden. [3]Die Aufnahmen sind nicht zu den Akten zu nehmen und dürfen weder herausgegeben noch für Zwecke des aufgenommenen oder eines anderen Verfahrens genutzt oder verwertet werden. [4]Die Aufnahmen sind vom Gericht nach Abschluss des Verfahrens dem Bundesarchiv zur Übernahme anzubieten, das nach dem Bundesarchivgesetz festzustellen hat, ob den Aufnahmen ein bleibender Wert zukommt. [5]Nimmt das Bundesarchiv die Aufnahmen nicht an, sind die Aufnahmen durch das Gericht zu löschen. [6]§ 25a Satz 2 bleibt unberührt.

(4) Gegen die Anordnungen des oder der Vorsitzenden kann der Senat angerufen werden.

1 § 17a ist durch das Gesetz über die Erweiterung der Medienöffentlichkeit in Gerichtsverfahren vom 8.10.2017 mit Wirkung zum 18.4.2018 **vollständig neu gefasst** worden. Anlass war nicht ein unmittelbar auf das verfassungsgerichtliche Verfahren bezogener Regelungsbedarf, sondern die Neuregelung des § 169 GVG. **§ 169 Satz 2 GVG** erklärte Funk-, Fernseh-, Ton- und Filmaufnahmen von Gerichtsverhandlungen und Verkündungen von Urteilen und Beschlüssen **früher** ausnahmslos für unzulässig. Dieses **Verbot der unmittelbaren Berichterstattung** beschränkte sich räumlich auf den Gerichtssaal und zeitlich auf die mündliche Verhandlung sowie die Verkündung einer Entscheidung, bezieht sich also nicht auf die zeitlich davor und danach gelegenen Phasen.[1] § 17a Abs. 1 aF ließ demgegenüber Fernseh- und Rundfunkaufnahmen in der mündlichen Verhandlung vor dem Bundesverfassungsgericht bis zur Feststellung der Anwesenheit der Beteiligten und bei der öffentlichen Verkündung von Entscheidungen zu. Nunmehr wird der Notwendigkeit der **Öffnung der Gerichte für die Medienöffentlichkeit** auch in § 169 GVG Rechnung getragen, indem von den Fachgerichten im Einzelfall eine Tonübertragung der Verhandlungen in einen Medienarbeitsraum (§ 169 Abs. 1 Satz 3 GVG), zu wissenschaftlichen und historischen Zwecken für das Bundes- oder Landesarchiv (§ 169 Abs. 2 Satz 1 GVG) und bei der Verkündung von Entscheidungen des Bundesgerichtshofs (§ 169 Abs. 3 Satz 1 GVG) und entsprechend der anderen obersten Gerichtshöfe des Bundes zugelassen werden kann. Der Gesetzgeber hat sich im Zuge dieser Neuregelung entschieden, die schon bislang geltenden Besonderheiten des Verfahrens vor

1 BVerfGE 103, 44 (62).

dem Bundesverfassungsgericht beizubehalten, aber § 17a im Übrigen an § 169 GVG anzupassen.[2]

So ist nunmehr der **Grundsatz der Öffentlichkeit** der Verhandlung und der Verkündung von Entscheidungen explizit in Abs. 1 Satz 1 geregelt. Er ergab sich aber schon bisher aus § 17, der auf § 169 Abs. 1 GVG verweist (→ § 17 Rn. 7). 2

Das grundsätzliche Verbot der unmittelbaren Berichterstattung nach § 169 Abs. 1 Satz 2 GVG müsste gemäß § 17 eigentlich auch für das Verfahren vor dem Bundesverfassungsgericht gelten, wenn nicht der Gesetzgeber schon im Jahr 1998 **für das verfassungsgerichtliche Verfahren in § 17a Abs. 1 aF eine Ausnahmeregelung** getroffen hätte, die sich jetzt in § 17a Abs. 1 Satz 2 inhaltlich unverändert wiederfindet. In bestimmten Grenzen wird damit dem Informationsbedürfnis der Öffentlichkeit der Vorrang vor dem Schutz des Persönlichkeitsrechts der Verfahrensbeteiligten eingeräumt. 3

Aus der mündlichen Verhandlung sind Aufnahmen **bis zur Feststellung der Anwesenheit** der Beteiligten zulässig (Abs. 1 Satz 2 Nr. 1), danach aber nicht mehr, um den Gang der Verhandlung nicht zu beeinflussen. Die **Urteilsverkündung** kann **vollständig**, das heißt einschließlich der gesamten Entscheidungsgründe, in Ton und Bild übertragen werden (Abs. 1 Satz 2 Nr. 2). Weitergehende, unmittelbar kraft Gesetzes bestehende Übertragungsmöglichkeiten, etwa die vollständige Fernsehübertragung einer mündlichen Verhandlung, lässt § 17a Abs. 1 Satz 2 nicht zu. Vielmehr ist die Regelung insoweit abschließend, wie die Verwendung des Wortes „nur" zeigt.[3] Die entsprechende Öffnung für die Medienöffentlichkeit in § 169 Abs. 3 Satz 1 GVG bleibt hinter der Regelung des § 17a Abs. 1 Satz 2 weiterhin zurück, weil sich die Zulässigkeit der Übertragung bei den obersten Gerichtshöfen des Bundes ausschließlich auf die Verkündung der Entscheidungen erstreckt und stets von einer Zulassung der Aufnahmen durch das Gericht im Einzelfall abhängt. 4

Diese neue Regelungstechnik der Zulassung von Übertragungen durch das Gericht greift § 17a aber ebenfalls auf, und zwar in Abs. 1 Satz 3 hinsichtlich der **Tonübertragung in einen Medienarbeitsraum**. Die Vorschrift entspricht inhaltlich § 169 Abs. 1 Satz 3 GVG. Sie ist für die fachgerichtlichen Verfahren neu, greift hingegen für das verfassungsgerichtliche Verfahren nur eine ohnehin schon bestehende Übung auf und schafft für sie eine ausdrückliche Rechtsgrundlage.[4] Eine Bildübertragung in den Medienarbeitsraum ermöglicht Abs. 1 Satz 3 nicht.[5] Die Entscheidung über die Zulassung der Tonübertragung trifft nach Abs. 1 Satz 3 der Senatsvorsitzende. Lehnt er eine Tonübertragung der Verhandlung in den Medienarbeitsraum ab, kann hierüber nach Abs. 4 eine Entscheidung des Senats verlangt werden. Zwar handelt es sich bei der Zulassung der Tonübertragung in den Medienraum um 5

---

2 Kritisch zum zurückhaltenden Konzept der Novellierung Lechner/Zuck/Zuck § 17a Rn. 1; Burkiczak/Dollinger/Schorkopf BVerfGG/Schwarz § 17a Rn. 14.
3 So auch Barczak BVerfGG/Odörfer § 17a Rn. 26; Burkiczak/Dollinger/Schorkopf BVerfGG/Schwarz § 17a Rn. 18.
4 So auch Burkiczak/Dollinger/Schorkopf BVerfGG/Schwarz § 17a Rn. 19 a.
5 Barczak BVerfGG/Odörfer § 17a Rn. 35.

eine Ermessensentscheidung.[6] In der Praxis sind aber ablehnende Entscheidungen nicht zu erwarten.[7]

6 Dies gilt ebenso für **Untersagungen und Auflagen nach Abs. 2**, der weitgehend dem früheren Abs. 1 Satz 2 entspricht und wie die Vorgängerregelung noch kein einziges Mal angewendet wurde. Auch hier liegt die Zuständigkeit für die Beurteilung der Frage, ob im Einzelfall schutzwürdige Interessen der Beteiligten oder Dritter sowie eines ordnungsgemäßen Ablaufs des Verfahrens ausnahmsweise Beschränkungen der ohnehin nur begrenzten Medienöffentlichkeit gebieten, nunmehr originär beim Senatsvorsitzenden und nur auf Beschwerde hin gemäß Abs. 4 noch beim Senat.

7 Die **Tonaufnahmen** der mündlichen Verhandlung, die das Bundesverfassungsgericht nach § 25a Satz 2 zu eigenen Zwecken anfertigt, erhalten durch den neuen, inhaltlich § 169 Abs. 2 GVG entsprechenden § 17a **Abs. 3** einen potenziellen zusätzlichen Verwendungszweck. Sie können in Verfahren von herausragender zeitgeschichtlicher Bedeutung **zu wissenschaftlichen und historischen Zwecken** zugelassen und nach Abschluss des Verfahrens dem Bundesarchiv zur Übernahme angeboten werden. Für diese Entscheidung ist der Senat in seiner Gesamtheit zuständig. Eine über die Zwecke des § 25a Satz 2 und § 17a Abs. 3 hinausgehende Verwendung dieser Tonaufnahmen ist nicht zulässig.[8]

8 **Abs. 4** schafft eine neue **Beschwerdemöglichkeit zum Senat** bei gegen die Medienöffentlichkeit gerichteten Entscheidungen des Senatsvorsitzenden insbesondere nach Abs. 1 Satz 3 und Abs. 2. Diese Regelung wurde nur deswegen nötig, weil die originäre Entscheidungskompetenz in diesen Fällen vom Senat auf den Vorsitzenden verlagert wurde. Diese Verfahrensgestaltung weicht ohne erkennbaren Sinn[9] von § 169 GVG ab, wo die originäre Zuständigkeit beim Gericht liegt (vgl. § 169 Abs. 1 Satz 3, Abs. 2 Satz 1, Abs. 3 Satz 1 GVG) und die Entscheidungen unanfechtbar sind (§ 169 Abs. 4 GVG).

9 Die für Fernseh- und Rundfunkaufnahmen geltenden Regeln werden vom Bundesverfassungsgericht auch auf **Fotografen** angewandt. Grundlage dafür ist aber nicht § 17a. Vielmehr handelt es sich bei der Einschränkung von Foto-Aufnahmen um eine allgemeine sitzungspolizeiliche Maßnahme, die auf § 176 GVG iVm § 17 beruht.[10] Gleiches gilt für das Verbot, im Sitzungssaal zu telefonieren und Laptops zur Datenübermittlung zu benutzen.

10 **Live-Übertragungen** etwa im Fernsehsender Phoenix gehören in bedeutenden Verfahren mittlerweile zum Standard. Sie tragen ebenso wie Kurzberichte in Nachrichtensendungen dazu bei, dass sich die Bevölkerung im wahrsten Sinne des Wortes ein Bild vom Bundesverfassungsgericht machen kann.

11 **Akkreditierungshinweise** für die Pressevertreter sind in den Pressemitteilungen enthalten, mit denen mündliche Verhandlungen und Urteilsverkündungen angekündigt werden. Mit diesen organisatorischen Hinweisen wird

---

6 Barczak BVerfGG/Odörfer § 17a Rn. 32; vgl. auch Kissel/Mayer GVG § 169 Rn. 86c.
7 Vgl. aus der fachgerichtlichen Praxis BGH, Beschluss vom 30.4.2020 – 4 StR 482/19, Rn. 4 bei Juris.
8 Barczak BVerfGG/Odörfer § 17a Rn. 55.
9 Kritisch auch Barczak BVerfGG/Odörfer § 17a Rn. 42.
10 So auch BeckOK BVerfGG/Sauer § 17a Rn. 19.

die Regelung des § 17a konkretisiert und im Sinne des § 24 Abs. 1 Satz 2 GO-BVerfG ergänzt. Das Bundesverfassungsgericht praktiziert im Einvernehmen mit den Betroffenen ein Pool-Verfahren, durch das die Zahl der anwesenden, jeweils im Wechsel aus dem Pool bestimmten Fernsehteams und Fotografen begrenzt und zugleich sichergestellt wird, dass die gefertigten Aufnahmen auch allen anderen interessierten Rundfunkanstalten und Fotoagenturen zur Verfügung gestellt werden.

§ 18 [Ausschließung eines Richters]

(1) Ein Richter des Bundesverfassungsgerichts ist von der Ausübung seines Richteramtes ausgeschlossen, wenn er

1. an der Sache beteiligt oder mit einem Beteiligten verheiratet ist oder war, eine Lebenspartnerschaft führt oder führte, in gerader Linie verwandt oder verschwägert oder in der Seitenlinie bis zum dritten Grade verwandt oder bis zum zweiten Grade verschwägert ist oder

2. in derselben Sache bereits von Amts oder Berufs wegen tätig gewesen ist.

(2) Beteiligt ist nicht, wer auf Grund seines Familienstandes, seines Berufs, seiner Abstammung, seiner Zugehörigkeit zu einer politischen Partei oder aus einem ähnlich allgemeinen Gesichtspunkt am Ausgang des Verfahrens interessiert ist.

(3) Als Tätigkeit im Sinne des Absatzes 1 Nr. 2 gilt nicht

1. die Mitwirkung im Gesetzgebungsverfahren,

2. die Äußerung einer wissenschaftlichen Meinung zu einer Rechtsfrage, die für das Verfahren bedeutsam sein kann.

Art. 101 Abs. 1 Satz 2 GG gewährleistet den Verfahrensbeteiligten, dass sie vor 1
einem **unabhängigen und unparteilichen Richter** stehen, dem es nicht an der gebotenen Distanz und Neutralität fehlt.[1] Dem entspricht auch die Gewährleistung eines fairen Verfahrens in Art. 6 Abs. 1 Satz 1 EMRK. Die §§ 18 und 19 dienen im verfassungsgerichtlichen Verfahren insofern wie die vergleichbaren Vorschriften anderer Prozessordnungen der Sicherung des Anspruchs auf den gesetzlichen Richter[2] und auf ein faires Verfahren.

Nach § 18 sind Richter unter bestimmten Voraussetzungen **kraft Gesetzes** 2
von der Ausübung des Richteramts **ausgeschlossen**. Demgegenüber führt bei einer Ablehnung eines Richters nach § 19 erst eine dem Antrag stattgebende Entscheidung des Gerichts dazu, dass der abgelehnte Richter von der weiteren Mitwirkung im Verfahren ausgeschlossen wird.[3]

---

1 BVerfGE 89, 28 (36); Beschluss der 1. Kammer des Zweiten Senats vom 1.7.2021 – 2 BvR 890/20, Rn. 14 bei Juris; Beschluss der 3. Kammer des Ersten Senats vom 5.5.2021 – 1 BvR 526/19, Rn. 19 bei Juris; Beschluss der 2. Kammer des Zweiten Senats vom 3.6.2019 – 2 BvR 910/19, Rn. 7 bei Juris.

2 Vgl. Beschluss der 1. Kammer des Ersten Senats vom 28.4.2011 – 1 BvR 2411/10, Rn. 16 f. bei Juris; vgl. auch BVerfG, Beschluss des Zweiten Senats vom 1.4.2019 – 2 BvC 4/18, Rn. 1 bei Juris.

3 BVerfGE 158, 253 (261 f., Rn. 23) – Müller.

3 Der Ausschluss nach § 18 bezieht sich stets nur auf ein konkretes einzelnes Verfahren, da er in Abs. 1 Nr. 1 und 2 an die Beteiligung an oder Betätigung in der „**Sache**“ anknüpft. Er ist **von Amts wegen** zu prüfen, da das Gericht im Hinblick auf Art. 101 Abs. 1 Satz 2 GG stets von Amts wegen darauf zu achten hat, dass die Richterbank ordnungsgemäß besetzt ist (→ § 6 Rn. 1 f. und → § 6 Rn. 4).[4] Die Verfahrensbeteiligten sind aber nicht gehindert, das Gericht auf einen bislang nicht von ihm bemerkten Ausschlussgrund hinzuweisen. Auch die Richter selbst können Umstände mitteilen, die Anlass geben, ihren Ausschluss zu prüfen.[5] Das Bundesverfassungsgericht gibt in einem solchen Fall vor seiner Entscheidung den Beteiligten und Äußerungsberechtigten Gelegenheit zur Stellungnahme.[6]

4 Besteht Anlass zur Prüfung eines Ausschlusses, hat das Gericht über den Ausschluss **ohne Mitwirkung des betroffenen Richters** zu entscheiden. Der Senat entscheidet mit seinen übrigen Mitgliedern, wobei es auch Gegenstimmen geben kann,[7] die Kammer entscheidet in ihrem Zuständigkeitsbereich (vgl. etwa § 93b Satz 1) mit ihren übrigen Mitgliedern und dem geschäftsplanmäßigen Vertreter des betroffenen Richters (§ 15a Abs. 2). § 19 Abs. 1 gilt entsprechend. Nur wenn die Umstände von vornherein nicht geeignet sind, einen Mitwirkungsausschluss zu begründen, so kann das Gericht darüber auch unter Mitwirkung des vermeintlich ausgeschlossenen Richters befinden (vgl. zu offensichtlich unzulässigen Ablehnungsgesuchen → § 19 Rn. 23 ff.).[8]

5 Da der Ausschluss kraft Gesetzes eintritt, hat die **Entscheidung** nur **deklaratorische Wirkung**.[9] Sie erfolgt unabhängig davon, ob der Ausschluss bejaht oder verneint wird, entweder durch gesonderte Zwischenentscheidung in einem „Zwischenverfahren“[10] oder kann Bestandteil der das Verfahren

---

4 Vgl. BVerfG, Beschluss des Ersten Senats vom 24.10.2023 – 1 BvR 1160/19, Rn. 9 bei Juris – Wolff; BVerfGE 152, 332 (335, Rn. 5) – Harbarth; 89, 359 (362); BVerfG, Beschlüsse des Zweiten Senats vom 29.9.2022 – 2 BvC 10/20, Rn. 3 bei Juris, und vom 6.10.2020 – 2 BvC 32/19, Rn. 3 bei Juris zu Besetzungsrügen mit der Begründung, die Wahl der Richter des Bundesverfassungsgerichts sei verfassungswidrig gewesen; Beschluss der 2. Kammer des Ersten Senats vom 17.1.2023 – 1 BvR 2279/22, Rn. 1 bei Juris; Beschluss der 2. Kammer des Zweiten Senats vom 12.3.2021 – 2 BvR 3/21, Rn. 2 bei Juris.

5 Vgl. BVerfG, Beschluss des Ersten Senats vom 24.10.2023 – 1 BvR 1160/19, Rn. 1 bei Juris – Wolff; BVerfGE 152, 332 (332, Rn. 1) – Harbarth.

6 Vgl. BVerfG, Beschluss des Ersten Senats vom 24.10.2023 – 1 BvR 1160/19, Rn. 6 ff. bei Juris – Wolff.

7 Beispielhaft BVerfGE 156, 340 (354, Rn. 9) – Wallrabenstein.

8 BVerfGE 155, 357 (370, Rn. 24) – Kessal-Wulf ua; 133, 163 (165, Rn. 4) – Gaier ua; Beschluss der 1. Kammer des Zweiten Senats vom 18.2.2020 – 2 BvR 2082/19, Rn. 2 bei Juris – Voßkuhle; Beschlüsse der 3. Kammer des Ersten Senats vom 3.6.2019 – 2 BvR 910/19, Rn. 8 bei Juris – Huber ua, und vom 3.6.2019 – 1 BvR 640/19, Rn. 3 bei Juris – Ott.

9 Vgl. Beschluss der 1. Kammer des Zweiten Senats vom 18.2.2020 – 2 BvR 2082/19, Rn. 2 bei Juris – Voßkuhle; so auch Käßner, Die Rechtsprechung des Bundesverfassungsgerichts zum Ausschluss und zur Ablehnung seiner Mitglieder nach §§ 18, 19 BVerfGG, in: Scheffczyk/Wolter, Linien der Rechtsprechung des Bundesverfassungsgerichts, Band 4, 2017, S. 3 (12).

10 Vgl. BVerfG, Beschluss des Ersten Senats vom 24.10.2023 – 1 BvR 1160/19, Rn. 1 bei Juris – Wolff; BVerfGE 152, 332 (332, Rn. 1) – Harbarth; 148, 290 (290 f.) – F. Kirchhof; 135, 248 (254, Rn. 14 ff.) – F. Kirchhof; 109, 130 – Di Fabio.

abschließenden Entscheidung sein.[11] In beiden Fällen dürfen die Verfahrensbeteiligten aber nicht vor vollendete Tatsachen gestellt werden, indem ihnen ohne Gelegenheit zur Äußerung gegebenenfalls ein von der regulären Besetzung abweichender Spruchkörper gegenübertritt.[12]

Bei den kraft Gesetzes eintretenden **Ausschlussgründen** soll es sich um objektivierbare Tatsachen und Vorgänge handeln, die jederzeit zuverlässig und eindeutig festgestellt werden können.[13] Ganz ohne Wertungen und Auslegungsfragen kommt die Anwendung des Gesetzes aber auch an dieser Stelle nicht aus. 6

Mit **„Sache"** ist in Abs. 1 Nr. 1 und Nr. 2 das verfassungsgerichtliche Verfahren und das diesem Verfahren unmittelbar vorausgegangene, ihm sachlich zugeordnete Ausgangsverfahren gemeint.[14] Das Tatbestandsmerkmal der Sache ist in einem konkreten, strikt verfahrensbezogenen Sinne auszulegen.[15] Es genügt daher beispielsweise nicht, dass der Richter in seiner früheren amtlichen oder beruflichen Eigenschaft in einem mit dem anhängigen Verfahren in irgendeinem Zusammenhang stehenden Verfahren tätig geworden ist,[16] oder dass der Richter an einem Nichtannahmebeschluss beteiligt war, den der Beschwerdeführer unzulässigerweise unter Verkennung des § 93d Abs. 1 Satz 2 erneut mit einer Verfassungsbeschwerde angreift.[17] Ebenso wenig genügt die Mitwirkung an einem Gesetzentwurf, auf dem ein mit der Verfassungsbeschwerde angegriffenes Gesetz letztlich nicht beruht.[18] 7

Das Gesetz nennt **zwei auf die Sache bezogene Ausschlussgründe**: die Beteiligung (Abs. 1 Nr. 1 iVm Abs. 2) und die Vorbetätigung (Abs. 1 Nr. 2 8

11 Vgl. BVerfGE 155, 357 (368 ff., Rn. 17 ff.) – Kessal-Wulf ua; 150, 204 (226, Rn. 64 ff.) – Müller und Huber; 94, 241 (256 f.) – Jaeger; 78, 331 (336) – Franßen; Beschluss der 3. Kammer des Ersten Senats vom 27.4.2021 – 1 BvR 519/21, Rn. 1 bei Juris – Radtke; Beschlüsse der 1. Kammer des Zweiten Senats vom 18.2.2020 – 2 BvR 2082/19, Rn. 1 ff. bei Juris, und vom 9.8.2016 – 2 BvR 1287/16, Rn. 42 ff. bei Juris – Voßkuhle.

12 So jedenfalls für den Fall einer mündlichen Verhandlung auch Käßner, Die Rechtsprechung des Bundesverfassungsgerichts zum Ausschluss und zur Ablehnung seiner Mitglieder nach §§ 18, 19 BVerfGG, in: Scheffczyk/Wolter, Linien der Rechtsprechung des Bundesverfassungsgerichts, Band 4, 2017, S. 3 (16); aA Lechner/Zuck/Zuck § 18 Rn. 13. Differenzierend Burkiczak/Dollinger/Schorkopf BVerfGG/Heusch § 18 Rn. 31.

13 Vgl. Lechner/Zuck/Zuck § 18 Rn. 2.

14 BVerfG, Beschluss des Ersten Senats vom 24.10.2023 – 1 BvR 1160/19, Rn. 13 bei Juris – Wolff; BVerfGE 155, 357 (369, Rn. 19) – Kessal-Wulf ua; 152, 332 (336, Rn. 9) – Harbarth; 148, 1 (5, Rn. 14) – Müller; 141, 182 (184, Rn. 9) – Müller; 135, 248 (254, Rn. 14 ff.) – F. Kirchhof; 133, 163 (165 f.) – Gaier ua; 82, 30 (35 f.) – P. Kirchhof; Beschluss der 1. Kammer des Zweiten Senats vom 18.2.2020 – 2 BvR 2082/19, Rn. 2 bei Juris – Voßkuhle; Beschluss der 2. Kammer des Zweiten Senats vom 3.6.2019 – 2 BvR 910/19, Rn. 4 bei Juris; Beschluss der 1. Kammer des Ersten Senats vom 13.4.2017 – 1 BvR 610/17, Rn. 3 bei Juris – F. Kirchhof und Schluckebier.

15 BVerfG, Beschluss des Ersten Senats vom 24.10.2023 – 1 BvR 1160/19, Rn. 13 bei Juris – Wolff; BVerfGE 155, 357 (368, Rn. 18) – Kessal-Wulf ua.

16 BVerfG, Beschluss des Ersten Senats vom 24.10.2023 – 1 BvR 1160/19, Rn. 13 bei Juris – Wolff; BVerfGE 155, 357 (369, Rn. 19) – Kessal-Wulf ua; Beschluss der 1. Kammer des Zweiten Senats vom 18.2.2020 – 2 BvR 2082/19, Rn. 2 f. bei Juris – Voßkuhle; Beschluss der 2. Kammer des Zweiten Senats vom 11.8.2009 – 2 BvR 343/09, Rn. 8 bei Juris – erfolgloses Bewerbungsgespräch des Beschwerdeführers bei Landau; vgl. auch BVerfGE 109, 130 (132) – Di Fabio.

17 Beschluss der 2. Kammer des Zweiten Senats vom 3.6.2019 – 2 BvR 910/19, Rn. 5 f. bei Juris.

18 BVerfGE 148, 1 (6, Rn. 15) – Müller.

iVm Abs. 3). Diese Regelung der Ausschlussgründe ist **abschließend**.[19] Sie ist als Ausnahmetatbestand konzipiert und deshalb eng auszulegen.[20] Selbst bei Personenidentität und engem Sachzusammenhang ist daher nicht von „derselben Sache" auszugehen.[21] Ausschlussgründe aus anderen Prozessordnungen, zB § 41 ZPO, können nicht ergänzend herangezogen werden.[22] Der Sache nach übereinstimmende Ausschlussgründe können aber Interpretationshilfen bieten.[23]

9 Der Ausschluss wegen einer **Beteiligung an der Sache** nach **Abs. 1 Nr. 1** greift sowohl bei einer Beteiligung des Richters selbst als auch bei einer Beteiligung seines Ehepartners, im Falle einer Lebenspartnerschaft seines Lebenspartners und im Übrigen eines der in der Vorschrift genannten nahen Verwandten ein. Beteiligte in diesem Sinne sind insbesondere die Parteien des Ausgangsverfahrens und die Beteiligten des verfassungsgerichtlichen Verfahrens.

10 Die Beteiligung zeichnet sich insofern durch ein **unmittelbares rechtliches Interesse** an der Sache aus.[24] Deshalb ist auch ein Richter ausgeschlossen, der als Behördenleiter die Verantwortung für einen Verwaltungsakt trug, der Gegenstand des Ausgangsverfahrens war.[25] Dies soll jedoch nicht der Fall sein beim Präsidenten des Bundesverfassungsgerichts hinsichtlich einer dienstlichen Beurteilung des Beschwerdeführers, die ausschließlich von dem Richter erstellt wurde, dem der Beschwerdeführer während seiner Abordnung zugewiesen war.[26] Allerdings hätte auch hier ein Ausschluss nahe gelegen, weil sich der Präsident mit dem Absehen von einer eigenen Beurteilung der Sache nach der dienstlichen Beurteilung des Richters angeschlossen hat.[27]

11 Allein ein **allgemeines Interesse am Ausgang des Verfahrens**, wie es sich etwa aufgrund der Zugehörigkeit zu einem betroffenen Berufsstand, einer politischen Partei[28] oder einer Konfession[29] ergeben kann, stellt hingegen **gemäß Abs. 2 keine den Ausschluss rechtfertigende Beteiligung** an der Sache dar. Ebenso wenig genügt es für eine Beteiligung an der Sache, wenn der Bruder eines Richters ein mit der Verfassungsbeschwerde angegriffenes Gesetz in einem Rechtsgutachten verfassungsrechtlich befürwortet hat.[30] Von einem Richter ist grundsätzlich zu erwarten, dass er sich pflichtgemäß ver-

---

19 Vgl. BVerfGE 131, 239 (253).

20 BVerfG, Beschluss des Ersten Senats vom 24.10.2023 – 1 BvR 1160/19, Rn. 12 bei Juris – Wolff; BVerfGE 155, 357 (368, Rn. 18) – Kessal-Wulf ua; 152, 332 (335 f., Rn. 8) – Harbarth; Beschluss der 1. Kammer des Zweiten Senats vom 18.2.2020 – 2 BvR 2082/19, Rn. 2 bei Juris – Voßkuhle.

21 Offengelassen in BVerfGE 155, 357 (369, Rn. 22) – Kessal-Wulf ua.

22 Burkiczak/Dollinger/Schorkopf BVerfGG/Heusch § 18 Rn. 11.

23 Vgl. BVerfGE 78, 331 (337).

24 So unter Bezugnahme auf diese Kommentierung auch Staatsgerichtshof Bremen, Beschluss vom 20.4.2020 – St 2/19, Rn. 13 bei Juris.

25 BVerfGE 72, 278 (288) – Mahrenholz.

26 Beschluss der 1. Kammer des Zweiten Senats vom 9.8.2016 – 2 BvR 1287/16, Rn. 42 ff. bei Juris.

27 Kritisch auch Barczak BVerfGG/Kliegel § 18, Fn. 47 zu Rn. 13.

28 Vgl. BVerfGE 141, 182 (184, Rn. 10) – Müller.

29 Vgl. Beschluss der 3. Kammer des Ersten Senats vom 3.7.2013 – 1 BvR 782/12, Rn. 6 bei Juris – F. Kirchhof, Masing.

30 BVerfGE 148, 290 (294, Rn. 12) – F. Kirchhof.

hält und nicht von derartigen mittelbaren Interessen, sofern sie überhaupt berührt sind,[31] beeinflussen lässt. Bestehen im Einzelfall aufgrund besonderer Umstände doch Bedenken gegen die Neutralität des Richters, ist seine Ablehnung nach § 19 zu erwägen.

Nach **Abs. 1 Nr. 2** ist ein Richter ausgeschlossen, der in derselben Sache bereits von Amts oder Berufs wegen tätig gewesen ist. Hierzu haben sich **drei Fallgruppen einer relevanten früheren Betätigung des Richters** etabliert:[32] Die Vertretung eines Beteiligten im Verfassungsprozess oder im Ausgangsverfahren, die richterliche Tätigkeit im Ausgangsverfahren und die Tätigkeit in einer am Ausgangsverfahren beteiligten Behörde. 12

Ein Verfassungsrichter ist hiernach von der Ausübung seines Richteramts ausgeschlossen, wenn er vor seiner Ernennung zum Richter des Bundesverfassungsgerichts **als Prozessbevollmächtigter** des Beschwerdeführers im verfassungsgerichtlichen Verfahren oder im Ausgangsverfahren tätig war,[33] nicht hingegen bei einer Prozessvertretung in einem anderen, wenn auch gleich gelagerten Verfahren;[34] dann kann allerdings eine Ablehnung nach § 19 nahe liegen.[35] Eine frühere Tätigkeit eines Verfassungsrichters in einem mit dem anhängigen Verfahren in irgend einem Zusammenhang stehenden Verfahren genügt nicht.[36] 13

Eine **Vorbefassung als Richter** führt nur dann zum Ausschluss, wenn der Richter **in einem früheren Rechtszug** an der im verfassungsgerichtlichen Verfahren angefochtenen Entscheidung mitgewirkt hat.[37] Unschädlich ist daher die Mitwirkung nur an einem Beschluss über die Zulassung der Revision, der nicht Gegenstand des Verfassungsbeschwerdeverfahrens ist und keine inhaltliche Entscheidung über den Streitgegenstand des Ausgangsverfahrens enthält.[38] Ebenfalls nicht ausgeschlossen ist ein Richter, der während seiner früheren fachrichterlichen Tätigkeit eine vom Bundesverfassungsgericht nach § 82 Abs. 4 eingeholte Stellungnahme abgegeben hat,[39] über eine frühere Verfassungsbeschwerde desselben Beschwerdeführers entschieden hat,[40] und zwar auch hinsichtlich desselben Ausgangsverfahrens oder derselben öffent- 14

31 Vgl. dazu BVerfGE 102, 192 (195 f.) – Jentsch, und dazu wiederum BVerfGE 108, 122 (127).
32 Grundlegend BVerfGE 78, 331 (337) – Franßen.
33 BVerfG, Beschluss des Ersten Senats vom 2.6.2004 – 1 BvR 782/94 ua, Juris – Bryde; Beschluss des Zweiten Senats vom 25.10.2001 – 2 BvE 1/97, Juris – Di Fabio; Beschluss des Ersten Senats vom 23.5.2000 – 1 BvR 1762/95 ua, Juris – Hoffmann-Riem.
34 Vgl. BVerfG, Beschluss des Ersten Senats vom 24.10.2023 – 1 BvR 1160/19, Rn. 15 f. bei Juris – Wolff.
35 BVerfGE 109, 130 (132) – Di Fabio.
36 BVerfGE 133, 377 (406, Rn. 71); siehe auch Beschluss der 1. Kammer des Zweiten Senats vom 18.2.2020 – 2 BvR 2082/19, Rn. 2 f. bei Juris – Voßkuhle.
37 Vgl. Beschluss der 3. Kammer des Zweiten Senats vom 26.6.2023 – 2 BvR 474/23, Rn. 4 bei Juris – Offenloch; Beschluss der 3. Kammer des Ersten Senats vom 27.4.2021 – 1 BvR 519/21, Rn. 1 bei Juris – Radtke.
38 Beschluss der 2. Kammer des Ersten Senats vom 14.5.2007 – 1 BvR 971/07, Juris – Eichberger.
39 BVerfGE 78, 331 (338 f.) – Franßen.
40 Vgl. Beschluss der 2. Kammer des Zweiten Senats vom 9.2.2022 – 2 BvR 2258/21, Rn. 4 bei Juris; Beschluss der 2. Kammer des Ersten Senats vom 28.10.2020 – 1 BvR 2163/20, Rn. 2 bei Juris.

lich-rechtlichen Maßnahme,[41] sich schon in anderen verfassungsgerichtlichen Verfahren zu einer entscheidungserheblichen Rechtsfrage geäußert hat[42] und eine bestimmte Rechtsauffassung ständig vertritt,[43] als Prozessbevollmächtigter eines Äußerungsberechtigten vor einem Landesverfassungsgericht in einem Verfahren zu einer teilweise wortgleichen Norm oder in einem anderen Verfahren vor dem Bundesverfassungsgericht aufgetreten ist,[44] am Nichtannahmebeschluss mitgewirkt hat, den der Beschwerdeführer unzulässigerweise mit einer weiteren Verfassungsbeschwerde angreift[45] oder in einem früheren Verfassungsbeschwerdeverfahren eine Missbrauchsgebühr gegen den Beschwerdeführer verhängt hat, gegen die dieser vergeblich vor den Verwaltungsgerichten vorgegangen ist und deren Entscheidung er mit einer weiteren Verfassungsbeschwerde angreift.[46] Auch hier können aber zusätzliche Umstände eine Ablehnung nach § 19 begründen.

15 Am ehesten der Fallgruppe der Tätigkeit in einer am Ausgangsverfahren beteiligten Behörde lässt sich der Ausschluss des Richters Müller in Organstreitverfahren zuordnen, in denen sich der Antragsteller gegen Beschlüsse der Bundesversammlung wendet.[47] Die Vorbetätigung des Richters ergibt sich hier daraus, dass er **als Mitglied der Bundesversammlung** an den streitgegenständlichen Vorgängen **mitentscheidend tätig** war, und dafür Abs. 3 Nr. 1, der eine Mitwirkung im Gesetzgebungsverfahren für unschädlich erklärt, nicht greift.

16 Stets muss die frühere Betätigung des **Richters seiner amtlichen oder beruflichen Aufgabenerfüllung zugeordnet** werden können. Daran fehlt es bei der Mitwirkung an einer Stellungnahme des Deutschen Juristinnenbundes zu einem verfassungsgerichtlichen Verfahren.[48]

17 Nach **Abs. 3** scheiden bestimmte andere frühere Tätigkeiten eines Verfassungsrichters, die mit einem verfassungsgerichtlichen Verfahren zusammenhängen, von vornherein als Tätigkeit in derselben Sache iSd Abs. 1 Nr. 2 aus. Der Anwendungsbereich des Abs. 1 Nr. 2 wird damit kraft Gesetzes praktisch auf die vom Bundesverfassungsgericht gebildeten Fallgruppen begrenzt. Ist jedenfalls einer der beiden Fälle des Abs. 3 gegeben, kann die genaue Zuordnung offen bleiben.[49]

---

41 Vgl. Beschluss der 1. Kammer des Zweiten Senats vom 18.2.2020 – 2 BvR 2082/19, Rn. 3 bei Juris; Beschluss der 3. Kammer des Ersten Senats vom 3.6.2019 – 1 BvR 640/19, Rn. 2 bei Juris – Ott; Beschluss der 1. Kammer des Ersten vom 18.10.2017 – 1 BvR 2116/17, Rn. 2 bei Juris – F. Kirchhof ua.

42 Vgl. Beschluss der 3. Kammer des Ersten Senats vom 23.2.2022 – 1 BvR 124/22, Rn. 8 bei Juris – Harbarth ua.

43 Vgl. Beschluss der 1. Kammer des Ersten Senats vom 19.6.2020 – 1 BvQ 54/20, Rn. 5 bei Juris – Harbarth ua.

44 BVerfG, Beschluss des Ersten Senats vom 24.10.2023 – 1 BvR 1160/19, Rn. 15 f. bei Juris – Wolff.

45 Beschluss der 2. Kammer des Zweiten Senats vom 3.6.2019 – 2 BvR 910/19, Rn. 5 f. bei Juris – Huber ua; Beschluss der 1. Kammer des Ersten Senats vom 13.4.2017 – 1 BvR 610 /17, Rn. 3 f. bei Juris – F. Kirchhof und Schluckebier.

46 BVerfGE 133, 163 (166 f., Rn. 9 f.) – Gaier ua.

47 BVerfG, Beschluss des Zweiten Senats vom 18.4.2012 – 2 BvE 2/09 ua, Juris.

48 BVerfGE 94, 241 (257) – Jaeger.

49 BVerfG, Beschluss des Ersten Senats vom 24.10.2023 – 1 BvR 1160/19, Rn. 19 bei Juris – Wolff.

Nach Abs. 3 Nr. 1 soll eine **Mitwirkung im Gesetzgebungsverfahren** wegen dessen besonderem, auf einen offenen Meinungsbildungsprozess ausgerichteten Charakter, der sich nicht mit einem Gerichts- oder Verwaltungsverfahren vergleichen lässt,[50] den Ausschluss eines Richters auch nicht rechtfertigen können, wenn im verfassungsgerichtlichen Verfahren über die Verfassungsmäßigkeit des Gesetzes, an dem der Richter im Gesetzgebungsverfahren mitgewirkt hat, zu entscheiden ist. Der Begriff der Mitwirkung ist hier weit zu verstehen.[51] Er umfasst nicht nur die parlamentarische Mitwirkung als Abgeordneter[52] oder als Mitglied des Bundesrats,[53] sondern auch Tätigkeiten, die der Verfassungsrichter ehemals im Gesetzgebungsverfahren als Referent oder Gutachter erbracht hat,[54] da er sich auch insoweit an der parlamentarischen Meinungsbildung beteiligt hat. Sogar das Werben für eine gesetzliche Regelung außerhalb des unmittelbaren parlamentarischen Bereichs wie etwa durch Interviews in den Medien und das Verfassen eines Zeitungsbeitrags mit einem Inhalt, der sich auf ein erst abzeichnendes Gesetzgebungsverfahren bezog, werden der Mandatsausübung zugerechnet.[55] Das Gesetz erwartet von einem solchen Richter, dass er die zur Prüfung gestellte formelle und materielle Vereinbarkeit eines Gesetzes mit dem Grundgesetz dennoch unbefangen beurteilt.[56] Zusätzliche Umstände können aber zu einer Richterablehnung nach § 19 führen. Die Teilnahme an Abstimmungen und Wahlen in der Bundesversammlung steht hingegen einer Mitwirkung im Gesetzgebungsverfahren nicht gleich und kann daher zum Ausschluss des Richters führen.[57] 18

Abs. 3 Nr. 2 stellt klar, dass eine **wissenschaftliche Äußerung** zu einer für ein verfassungsgerichtliches Verfahren maßgebenden Rechtsfrage keine Tätigkeit in derselben Sache im Sinne des Abs. 1 Nr. 2 und deshalb keinen Ausschlussgrund darstellt.[58] Die Unvoreingenommenheit eines Richters soll nicht automatisch zweifelhaft sein, nur weil er sich wissenschaftlich schon mit einer solchen Rechtsfrage befasst hat. Diese gesetzgeberische Wertung ist schon deswegen richtig, weil es sonst zu einer sachlich nicht berechtigten Unterscheidung zwischen Richtern, die ihre Auffassung veröffentlicht haben, und Richtern, die sich zwar auch eine Meinung gebildet, sie aber nicht veröffentlicht haben, käme. Im Gegenteil erscheint es sinnvoll, dass der besondere Sachverstand eines Richters dem Gericht nicht deswegen verloren geht, weil seine wissenschaftliche Betätigung einen Ausschlussgrund darstel- 19

50 BVerfGE 82, 30 (36 f.) – P. Kirchhof.
51 Vgl. BVerfGE 142, 302 (309 f., Rn. 25) – Müller.
52 Vgl. BVerfGE 152, 332 (336, Rn. 10) – Harbarth.
53 BVerfGE 150, 204 (226, Rn. 65 f.) – Müller.
54 BVerfGE 135, 248 (255, Rn. 19 f.) – F. Kirchhof; offen gelassen in BVerfG, Beschluss des Ersten Senats vom 24.10.2023 – 1 BvR 1160/19, Rn. 19 bei Juris – Wolff; BVerfGE 82, 30 (37) – P. Kirchhof.
55 BVerfGE 152, 332 (336 f., Rn. 12 f.) – Harbarth.
56 BVerfGE 150, 204 (226, Rn. 66) – Müller.
57 Vgl. BVerfG, Beschluss des Zweiten Senats vom 18.4.2012 – 2 BvE 2/09 und 2 BvE 2/10, Juris – Müller.
58 Vgl. BVerfG, Beschluss des Ersten Senats vom 24.10.2023 – 1 BvR 1160/19, Rn. 18 bei Juris – Wolff; BVerfGE 150, 204 (226 f., Rn. 67) – Huber; Beschluss der 3. Kammer des Ersten Senats vom 25.5.2007 – 1 BvR 1696/03, Rn. 6 bei Juris – Papier.

len würde.[59] Auch wenn kein genereller Ausschlussgrund vorliegt, können die Umstände im Einzelfall aber für eine Ablehnung des Richters nach § 19 sprechen (dazu → § 19 Rn. 9 f.). Schon das genügt, um den Richtern des Bundesverfassungsgerichts zumindest während ihrer richterlichen Amtszeit die gebotene Zurückhaltung[60] aufzuerlegen.

20 Bei den **Rechtsfolgen eines Ausschlusses** ist zu differenzieren: Primäre Rechtsfolge ist immer, dass der ausgeschlossene Richter keine richterlichen Aufgaben im Verfahren wahrnehmen darf. Unterschiedlich sind aber die Folgen für den zur Entscheidung berufenen Spruchkörper. Sie unterscheiden sich danach, ob zur Entscheidung der Senat oder eine Kammer berufen ist.

21 Ist ein **Senat** zuständig, dann führt er das Verfahren ohne den ausgeschlossenen Richter **in verminderter Besetzung** durch. Eine Ergänzung des Spruchkörpers, indem ein Richter des anderen Senats hinzugelost wird, sieht das Gesetz bei einem Ausschluss anders als bei einer Richterablehnung nach § 19 Abs. 4 nicht vor und wird vom Bundesverfassungsgericht auch nicht praktiziert.[61]

22 Bei Zuständigkeit einer Kammer wird der ausgeschlossene Richter durch den nach der Geschäftsordnung zuständigen Vertreter (§ 15a Abs. 2) ersetzt und die **Kammer** führt das Verfahren in **vollständiger Besetzung** mit drei Richtern (§ 15a Abs. 1 Satz 2) durch.[62]

§ 19 [Ablehnung eines Richters wegen Besorgnis der Befangenheit; Bestimmung eines Vertreters]

(1) Wird ein Richter des Bundesverfassungsgerichts wegen Besorgnis der Befangenheit abgelehnt, so entscheidet das Gericht unter Ausschluß des Abgelehnten; bei Stimmengleichheit gibt die Stimme des Vorsitzenden den Ausschlag.

(2) [1]Die Ablehnung ist zu begründen. [2]Der Abgelehnte hat sich dazu zu äußern. [3]Die Ablehnung ist unbeachtlich, wenn sie nicht spätestens zu Beginn der mündlichen Verhandlung erklärt wird.

(3) Erklärt sich ein Richter, der nicht abgelehnt ist, selbst für befangen, so gilt Absatz 1 entsprechend.

(4) [1]Hat das Bundesverfassungsgericht die Ablehnung oder Selbstablehnung eines Richters für begründet erklärt, wird durch Los ein Richter des anderen Senats als Vertreter bestimmt. [2]Die Vorsitzenden der Senate

---

59 Käßner, Die Rechtsprechung des Bundesverfassungsgerichts zum Ausschluss und zur Ablehnung seiner Mitglieder nach §§ 18, 19 BVerfGG, in: Scheffczyk/Wolter, Linien der Rechtsprechung des Bundesverfassungsgerichts, Band 4, 2017, S. 3 (12).

60 Vgl. BVerfGE 156, 340 (354, Rn. 38) – Wallrabenstein; Käßner, Die Rechtsprechung des Bundesverfassungsgerichts zum Ausschluss und zur Ablehnung seiner Mitglieder nach §§ 18, 19 BVerfGG, in: Scheffczyk/Wolter, Linien der Rechtsprechung des Bundesverfassungsgerichts, Band 4, 2017, S. 3 (12).

61 BVerfGE 140, 115 (137, Rn. 52) – Müller; vgl. sowohl zu § 19 Abs. 4 als auch zu § 18: BVerfGE 111, 54 (80); siehe auch Burkiczak/Dollinger/Schorkopf BVerfGG/Heusch § 18 Rn. 32.

62 Vgl. Beschluss der 3. Kammer des Ersten Senats vom 27.4.2021 – 1 BvR 519/21, Rn. 1 bei Juris – Radtke; so jetzt auch Barczak BVerfGG/Kliegel § 18 Rn. 36.

können nicht als Vertreter bestimmt werden. [3]Das Nähere regelt die Geschäftsordnung.

Ebenso wie der Ausschluss eines Richters des Bundesverfassungsgerichts nach § 18 sichert auch die Möglichkeit der Ablehnung und der Selbstablehnung eines Verfassungsrichters nach § 19 das Recht der Beteiligten des Verfassungsprozesses auf den **gesetzlichen Richter** im Sinne des Art. 101 Abs. 1 Satz 2 GG.[1] Ein Richter, bei dem die Besorgnis der Befangenheit begründet ist und der deshalb keine Gewähr für eine neutrale, allein an der Sache orientierte Entscheidung bietet, entspricht nicht den Anforderungen an den verfassungsrechtlich garantierten gesetzlichen Richter.[2] Das Recht auf den gesetzlichen Richter ist auch dann verletzt, wenn ein zwar nach den späteren Feststellungen des Bundesverfassungsgerichts nicht befangener Richter an der Sachentscheidung mitgewirkt hat, aber ohne dass das gegen diesen Richter gestellte Ablehnungsgesuch zumindest gemeinsam mit der Sachentscheidung beschieden wurde.[3] Der so ergangene Beschluss ist daher aufzuheben.[4] 1

Nach Abs. 1 kann sich das Ablehnungsgesuch nur **gegen einen Richter des Bundesverfassungsgerichts richten**. Auch die Selbstablehnung nach Abs. 3 betrifft nach dem Gesetzeswortlaut nur die Richter. Auf Urkundsbeamte der Geschäftsstelle ist § 19 allerdings entsprechend anzuwenden, wie es etwa auch im Zivilprozess vorgesehen ist (vgl. § 49 ZPO). 2

Adressat der Ablehnung kann stets nur der einzelne Richter oder eine andere individuelle Gerichtsperson sein. Die namentliche Bezeichnung des abgelehnten Richters ist grundsätzlich erforderlich.[5] Sie ist nur dann nicht notwendig, wenn sich durch Auslegung des Ablehnungsgesuchs ermitteln lässt, wer gemeint ist.[6] Die pauschale Ablehnung eines ganzen Senats oder einer ganzen Kammer ist grundsätzlich nicht von Abs. 1 gedeckt und daher unzulässig.[7] Aber auch insoweit kann eine Bestimmbarkeit der betroffenen Rich- 3

1 Vgl. BVerfGE 152, 332 (338, Rn. 16) – Harbarth; BVerfG, Beschluss des Zweiten Senats vom 1.4.2019 – 2 BvC 4/18, Rn. 1 bei Juris.
2 BVerfGE 89, 28 (36); Beschluss der 3. Kammer des Ersten Senats vom 6.5.2010 – 1 BvR 96 /10, Rn. 9 bei Juris.
3 BVerfG, Beschluss des Zweiten Senats vom 1.4.2019 – 2 BvC 4/18, Rn. 1 bei Juris.
4 Vgl. Beschluss der 3. Kammer des Zweiten Senats vom 22.11.2022 – 2 BvQ 92/22, Rn. 1 bei Juris.
5 Vgl. BVerfGE 159, 26 (31 f., Rn. 16); BVerfG, Beschlüsse des Zweiten Senats vom 7.12.2021 – 2 BvC 3/20, Rn. 1 bei Juris, und vom 15.6.2020 – 2 BvC 51/19, Rn. 5 bei Juris; Beschluss der 2. Kammer des Zweiten Senats vom 17.2.2020 – 2 BvR 2022/18, Rn. 3 bei Juris; Beschlüsse der 1. Kammer des Ersten Senats vom 24.10.2018 – 1 BvR 2022/18, Rn. 1 bei Juris, und vom 11.9.2018 – 1 BvR 1413/18, Rn. 1 bei Juris.
6 Vgl. Beschluss der 2. Kammer des Ersten Senats vom 4.7.2018 – 1 BvR 956/18, Rn. 3 bei Juris; Beschluss der 1. Kammer des Ersten Senats vom 27.6.2018 – 1 BVR 1316/18, Rn. 2 bei Juris; BVerfGE 46, 200 (200).
7 Vgl. BVerfGE 159, 132 (134 f., Rn. 11) unter Bezugnahme auf diese Kommentierung; 159, 26 (31 f., Rn. 16); Beschluss der 3. Kammer des Zweiten Senats vom 17.8.2022 – 2 BvQ 66/ 22, Rn. 1 f. bei Juris; Beschlüsse der 3. Kammer des Ersten Senats vom 19.4.2021 – 1 BvR 2552/18 ua, Rn. 1 bei Juris, und vom 2.11.2020 – 1 BvQ 114/20, Rn. 1 bei Juris; Beschluss der 2. Kammer des Zweiten Senats vom 3.6.2019 – 2 BvR 910/19, Rn. 10 bei Juris unter Berufung auf diese Kommentierung; vgl. auch Beschluss der 1. Kammer des Ersten Senats vom 16.11.2017 – 1 BvR 672/17, Rn. 2 bei Juris, sowie BGH Beschl. v. 4.2.2002 – II ARZ 1/ 01, NJW-RR 2002, 789.

ter genügen, wenn der Antragsteller nach dem zugrunde liegenden Sachverhalt nicht in der Lage ist, sie zu benennen.[8] Die Ablehnung bezieht sich zudem – ebenso wie der Ausschluss nach § 18 – stets nur auf ein konkretes verfassungsgerichtliches Verfahren.[9] Das Ablehnungsrecht ist also **konkret-individuell** ausgestaltet. Als gesondertes verfassungsgerichtliches Verfahren in diesem Sinne ist auch das Verfahren der Verzögerungsbeschwerde nach den §§ 97a ff. anzusehen, so dass sich die diesbezüglichen Ablehnungsgründe auf dieses konkrete Verfahren und nicht auf das Verfahren, dessen überlange Dauer beanstandet wird, beziehen müssen.[10] Die Besorgnis der Befangenheit eines Richters in einem bestimmten Verfahren ist kein Grund für die Annahme einer Befangenheit in einem anderen Verfahren.[11]

4 Allein aus der Regelung der Senatszuständigkeit nach § 14 und der senatsinternen Geschäftsverteilung nach § 15a Abs. 2 können die Verfahrensbeteiligten aber nicht immer zuverlässig ableiten, welche Richter für die Entscheidung zuständig sind, insbesondere dann nicht, wenn die Sache dem Berichterstatter im Umlaufverfahren zugeteilt wird (→ § 90 Rn. 56). Damit das konkret-individuelle Ablehnungsrecht in derartigen Fällen nicht leerläuft, können die Verfahrensbeteiligten verlangen, dass ihnen **Auskunft** darüber erteilt wird, **welche Richter zuständig sind.**[12] Wird ein Richter abgelehnt, der nicht oder nicht mehr Mitglied des zur Entscheidung berufenen Spruchkörpers oder gar nicht mehr Mitglied des Bundesverfassungsgerichts[13] ist, bedarf es keiner Entscheidung über dieses Ablehnungsgesuch.[14] Ist jedoch zugleich über die Ablehnung anderer Richter zu entscheiden, so wird gelegentlich auch über das Ablehnungsgesuch gegen die nicht zur Entscheidung berufenen Richter mit entschieden, indem das Ablehnungsgesuch insgesamt als unzulässig verworfen wird.[15] Schon das ist eigentlich überflüssig, erst

8 Vgl. BVerfGE 159, 26 (31 f., Rn. 16 f.); vgl. dazu auch BVerfGE 159, 132 (139, Rn. 11); vgl. zum fachgerichtlichen Verfahren Beschluss der 3. Kammer des Ersten Senats vom 5.5.2021 – 1 BvR 526/19, Rn. 25 bei Juris.

9 Vgl. Beschluss der 3. Kammer des Ersten Senats vom 2.11.2020 – 1 BvR 2328/20, Rn. 1 bei Juris.

10 BVerfG, Beschluss der Beschwerdekammer vom 30.8.2016 – 2 BvC 26/14 – Vz 1/16, Rn. 13 bei Juris.

11 Vgl. Beschluss der 2. Kammer des Zweiten Senats vom 15.12.2022 – 2 BvR 2194/20, Rn. 2 bei Juris.

12 So auch Barczak BVerfGG/Kliegel § 19 Rn. 6.

13 Vgl. Beschluss der 1. Kammer des Zweiten Senats vom 16.4.2024 – 2 BvR 63/22, Rn. 2 f. bei Juris; Beschlüsse der 3. Kammer des Zweiten Senats vom 6.3.2024 – 2 BvR 137/24, Rn. 2, 4 bei Juris, und vom 27.1.2020 – 2 BvR 198/18, Rn. 3 bei Juris; offen gelassen für den Fall, dass der ausgeschiedene Richter zuvor in dem Verfahren an einer Beratung teilgenommen hat, in BVerfGE 155, 357 (371, Rn. 28).

14 BVerfG, Beschluss des Zweiten Senats vom 27.4.2016 – 2 BvC 36/14, Rn. 1 bei Juris – Hermanns, Müller; BVerfGE 133, 377 (405, Rn. 67) – Di Fabio; 131, 239 (252); Beschluss der 1. Kammer des Zweiten Senats vom 16.4.2024 – 2 BvR 63/22, Rn. 3 bei Juris; Beschluss der 2. Kammer des Zweiten Senats vom 9.2.2022 – 2 BvR 2258/21, Rn. 5 bei Juris; Beschlüsse der 3. Kammer des Ersten Senats vom 3.6.2019 – 1 BvR 640/19, Rn. 6 bei Juris, und vom 19.3.2019 – 1 BvR 1511/18 ua, Rn. 1 bei Juris; Beschlüsse der 2. Kammer des Ersten Senats vom 23.4.2019 – 1 BvR 2314/18, Rn. 9 bei Juris, und vom 22.3.2018 – 1 BvR 501/18, Rn. 1 bei Juris; vgl. auch BVerfGE 159, 26 (39, Rn. 36).

15 Vgl. BVerfGE 142, 1 (5, Rn. 13); BVerfG, Beschlüsse des Zweiten Senats vom 6.10.2020 – 2 BvC 32/19, Rn. 10 bei Juris, und vom 1.3.2016 – 2 BvB 1/13, Rn. 12 f. bei Juris; Beschlüsse der 3. Kammer des Zweiten Senats vom 6.3.2024 – 2 BvR 137/24, Rn. 4 f. bei Juris, vom 17.8.2022 – 2 BvQ 66/22, Rn. 2 bei Juris, und vom 15.12.2020 – 2 BvR 2177/20, Rn. 1

recht aber die Verwerfung von Ablehnungsgesuchen, die sich ausschließlich gegen nicht für das konkrete Verfahren zuständige Richter richten.[16]

Wer zur Ablehnung eines Richters abgesehen vom Fall der Selbstablehnung nach Abs. 3 berechtigt ist, regeln weder Abs. 1 noch Abs. 2 ausdrücklich. Nach allgemeinen prozessualen Grundsätzen **steht das Ablehnungsrecht allen Beteiligten** des verfassungsgerichtlichen Verfahrens zu, also Antragstellern, Antragsgegnern, Beschwerdeführern und Dritten, die dem Verfahren beigetreten sind, nicht hingegen den nicht beigetretenen oder gar nicht beitrittsberechtigten (§ 94 Abs. 3) Äußerungsberechtigten[17] und sonstigen Betroffenen, etwa den Parteien des Ausgangsverfahrens bei einer konkreten Normenkontrolle nach Art. 100 Abs. 1 GG, §§ 80 ff..[18] Wer einem Verfahren nicht wirksam beigetreten ist, ist auch nicht berechtigt, einen Befangenheitsantrag nach § 19 zu stellen.[19] Die Maßstäbe für die Überprüfung der Besorgnis der Befangenheit nach § 19 Abs. 1 gelten jedoch für alle Verfahrensarten und unabhängig davon, ob über ein Ablehnungsgesuch nach Abs. 1 oder eine Selbstablehnung nach Abs. 3 zu entscheiden ist.[20] In jedem Fall hängen Entscheidungen des Senats oder der Kammer über die Befangenheit eines Richters von einer Ablehnung durch einen Beteiligten oder durch den Richter selbst ab. Von Amts wegen darf keine Entscheidung über die Besorgnis der Betroffenheit eines Richters getroffen werden.[21] 5

Ablehnungsgrund ist sowohl bei der Ablehnung durch einen Verfahrensbeteiligten nach Abs. 1 als auch bei der Selbstablehnung nach Abs. 3 die **Besorgnis der Befangenheit** des Richters. Anders als in sonstigen Prozessordnungen wird der Ablehnungsgrund in § 19 nicht näher beschrieben. Sinngemäß könnte auf die allgemein gültige Definition des § 42 Abs. 2 ZPO zurückgegriffen werden,[22] nach der ein Grund vorliegen muss, der geeignet ist, Misstrauen gegen die Unparteilichkeit eines Richters[23] bzw. Zweifel an seiner 6

---

bei Juris; Beschlüsse der 2. Kammer des Zweiten Senats vom 9.2.2022 – 2 BvR 2258/21, Rn. 3 bei Juris, und vom 14.9.2020 – 2 BvR 386/20, Rn. 2 bei Juris; Beschlüsse der 3. Kammer des Ersten Senats vom 20.12.2021 – 1 BvR 1170/21, Rn. 6 bei Juris, und vom 15.9.2021 – 1 BvR 1627/21, Rn. 1 bei Juris.

16 So aber Beschlüsse der 2. Kammer des Zweiten Senats vom 7.7.2023 – 2 BvR 882/23, Rn. 3 bei Juris, vom 9.1.2023 – 2 BvR 1451/22, Rn. 3 bei Juris, vom 14.1.2022 – 2 BvR 2248/21, Rn. 1 bei Juris, und vom 22.2.2021 – 2 BvR 1352/20, Rn. 1 bei Juris; Beschlüsse der 3. Kammer des Zweiten Senats vom 19.5.2022 – 2 BvR 232/22, Rn. 2 bei Juris, und vom 27.4.2021 – 2 BvR 450/19, Rn. 1 bei Juris; Beschluss der 3. Kammer des Ersten Senats vom 2.5.2022 – 1 BvR 625/22, Rn. 3 bei Juris.

17 Vgl. Beschlüsse der 2. Kammer des Ersten Senats vom 6.12.2021 – 1 BvR 1246/20, Rn. 1 bei Juris, und vom 17.6.2020 – 1 BvR 1378/20, Rn. 1 bei Juris.

18 Vgl. BVerfGE 72, 51 (59).

19 BVerfG, Beschluss des Zweiten Senats vom 5.7.2023 – 2 BvC 4/23, Rn. 32 bei Juris – kein Beitritt des Deutschen Bundestages zum Wahlprüfungsbeschwerdeverfahren.

20 BVerfG, Beschluss des Ersten Senats vom 24.10.2023 – 1 BvR 1160/19, Rn. 26 bei Juris – Wolff; BVerfGE 152, 332 (338, Rn. 16) – Harbarth.

21 BVerfG, Beschluss des Zweiten Senats vom 5.7.2023 – 2 BvC 4/23, Rn. 32 bei Juris – Bundestagswahl Berlin; siehe auch BVerfGE 165, 296 (325, Rn. 101) – Wiederholungswahl Berlin.

22 Vgl. Beschlüsse der 3. Kammer des Zweiten Senats vom 11.5.2022 – 2 BvQ 43/22, Rn. 3 bei Juris, und vom 17.8.2021 – 2 BvR 28/21, Rn. 4 bei Juris.

23 So BVerfGE 156, 340 (348 f., Rn. 21) – Wallrabenstein; 148, 290 (295, Rn. 14) – F. Kirchhof; 135, 248 (257, Rn. 23) – F. Kirchhof.

Unparteilichkeit[24] zu rechtfertigen. Das Bundesverfassungsgericht formuliert außerdem meist leicht abgewandelt: Es muss bei vernünftiger Würdigung aller Umstände **Anlass** bestehen, **an der Unvoreingenommenheit und objektiven Einstellung des Richters zu zweifeln.**[25] Frühere Überlegungen, nach der die Richter des Bundesverfassungsgerichts wegen der Eigenart des verfassungsgerichtlichen Verfahrens eine besondere Gewähr für ihre Unparteilichkeit bieten und deshalb besonders strenge Anforderungen an die Annahme eines Ablehnungsgrundes gelten sollten,[26] spielen heutzutage keine Rolle mehr.[27]

7 Die Prüfung des Ablehnungsgrundes zielt nicht darauf, ob der Richter tatsächlich befangen ist.[28] Die Ablehnung ist vielmehr schon dann begründet, wenn **aus Sicht der betroffenen Verfahrensbeteiligten** bei vernünftiger Betrachtung **objektive Gründe** vorliegen, die befürchten lassen, der Richter stehe der Sache nicht unvoreingenommen gegenüber.[29] Schon der böse Schein einer möglicherweise fehlenden Unparteilichkeit soll ausgeschlossen werden.[30] Maßgeblich ist allerdings nicht die subjektive Einschätzung der Beteiligten, sondern eine neutrale Sichtweise.[31] Nach diesen Maßstäben sollen die regelmäßigen, dem Gedankenaustausch dienenden und nicht im inhaltlichen Zusammenhang mit konkreten anhängigen Verfahren stehenden Treffen zwischen dem Bundesverfassungsgericht und der Bundesregierung als solche nicht zu beanstanden sein,[32] und zwar auch nicht bei zeitlicher Nähe mit einer bevorstehenden mündlichen Verhandlung.[33] Der genaue Inhalt der Veranstaltung und einzelne Äußerungen von Richtern des Bundesverfas-

24 So BVerfGE 159, 135 (141, Rn. 18) – Harbarth und Baer; 159, 26 (32 f., Rn. 19); 158, 253 (257, Rn. 14) – Müller; 158, 244 (248 f., Rn. 14) – Huber; 156, 340 (348, Rn. 21) – Wallrabenstein [unter Bezugnahme auf diese Kommentierung]; 154, 312 (316 Rn. 13) – Müller; 148, 1 (7, Rn. 18) – Müller.

25 Vgl. BVerfG, Beschluss des Ersten Senats vom 24.10.2023 – 1 BvR 1160/19, Rn. 21 bei Juris – Wolff; BVerfGE 159, 135 (141, Rn. 18) – Harbarth und Baer; 159, 26 (32 f., Rn. 19); 158, 253 (257, Rn. 14) – Müller; 158, 244 (248 f., Rn. 14) – Huber; 154, 312 (316, Rn. 13) – Müller; 152, 332 (337 f., Rn. 15) – Harbarth; 148, 290 (295, Rn. 14) – F. Kirchhof; 109, Beschluss der 3. Kammer des Zweiten Senats vom 26.1.2022 – 2 BvR 10/22 ua, Rn. 3 bei Juris.

26 Vgl. BVerfGE 35, 171 (172 f.) – Rottmann.

27 Vgl. Burkiczak/Dollinger/Schorkopf BVerfGG/Heusch, § 19 Rn. 8 f.

28 Vgl. BVerfG, Beschluss des Ersten Senats vom 24.10.2023 – 1 BvR 1160/19, Rn. 21 bei Juris – Wolff; BVerfGE 159, 135 (141, Rn. 18) – Harbarth und Baer; 159, 26 (32 f., Rn. 19); 158, 253 (257, Rn. 14) – Müller; 158, 244 (248 f., Rn. 14) – Huber; 156, 340 (348 f., Rn. 21) – Wallrabenstein; 154, 312 (316, Rn. 13) – Müller; 148, 1 (6, Rn. 17) – Müller.

29 Vgl. BVerfGE 156, 340 (349, Rn. 22) – Wallrabenstein; 148, 290 (295, Rn. 14) – F. Kirchhof; 142, 302 (307, Rn. 18) – Müller; 135, 248 (257, Rn. 23) – F. Kirchhof; 108, 122 (126) – Jentsch.

30 BVerfG, Beschluss des Ersten Senats vom 24.10.2023 – 1 BvR 1160/19, Rn. 22 bei Juris – Wolff; BVerfGE 159, 135 (141 f., Rn. 19) – Harbarth und Baer; 159, 26 (32 f., Rn. 19); 158, 253 (257, Rn. 14) – Müller; 158, 244 (248 f., Rn. 14) – Huber; 156, 340 (348 f., Rn. 21) – Wallrabenstein; 152, 332 (372, Rn. 15) – Harbarth; 148, 1 (6, Rn. 17) – Müller; 108, 122 (129) – Jentsch.

31 Beschluss der 2. Kammer des Zweiten Senats vom 11.8.2009 – 2 BvR 343/09, Rn. 11 bei Juris – Landau.

32 BVerfGE 159, 26 (33 ff., Rn. 20 ff.); vgl. auch BVerfGE 159, 135 (142 f., Rn. 25).

33 Vgl. BVerfGE 159, 26 (37 f., Rn. 31 f.).

sungsgerichts können aber gesondert Gegenstand eines Ablehnungsgesuchs sein.[34]

Die gesetzgeberischen Wertungen des § 18 sind auch bei der Anwendung des § 19 zu berücksichtigen.[35] Da § 18 Abs. 1 Nr. 2 abschließend bestimmt, dass die richterliche Vorbefassung mit einer Sache nur dann zum Ausschluss führt, wenn sie in einem früheren Rechtszug erfolgt ist und eine Mitwirkung an der angefochtenen Entscheidung zum Inhalt hatte, kann die richterliche Vorbefassung mit der entscheidungserheblichen Rechtsfrage in einem anderen Verfahren, in dem sich der Richter dazu geäußert hat, keine Besorgnis der Befangenheit begründen.[36] Erst recht kann der pauschale Verweis auf die bloße Mitwirkung des Richters an einer Entscheidung in einem vorangegangenen Verfahren desselben Beschwerdeführers nicht die Besorgnis der Befangenheit begründen,[37] und zwar auch dann nicht, wenn die Nichtannahmeentscheidung in dem vorangegangen Verfassungsbeschwerdeverfahren gemäß § 93d Abs. 1 Satz 3 ohne Begründung ergangen ist,[38] wenn dem Beschwerdeführer damals eine Missbrauchsgebühr angedroht worden war,[39] wenn der nunmehr abgelehnte Richter im vorangegangenen Verfahren auch an einer Entscheidung über einen Befangenheitsantrag beteiligt war,[40] wenn der Beschwerdeführer die Dauer des vorangegangenen Verfahrens beanstandet,[41] oder wenn 8

34 Vgl. BVerfGE 159, 135 (143 ff., Rn. 26 ff.).

35 Vgl. BVerfG, Beschluss des Ersten Senats vom 24.10.2023 – 1 BvR 1160/19, Rn. 25 bei Juris – Wolff; BVerfGE 159, 132 (134, Rn. 9); 156, 221 (222, Rn. 5); 155, 357 (371, Rn. 29); 152, 332 (339, Rn. 18) – Harbarth; 148, 1 (7, Rn. 20) – Müller; Beschlüsse der 1. Kammer des Ersten Senats vom 23.11.2020 – 1 BvR 2518/20, Rn. 4 bei Juris, vom 19.6.2020 – 1 BvQ 54/20, Rn. 5 bei Juris, und vom 13.5.2020 – 1 BvR 1021/20, Rn. 5 bei Juris; vgl. auch BVerfGE 148, 290 (295, Rn. 14) – F. Kirchhof; 142, 302 (309, Rn. 25 f.) – Müller; 133, 377 (406, Rn. 71) – Landau.

36 Vgl. BVerfGE 159, 132 (133, Rn. 7); 156, 221 (222, Rn. 5); 155, 357 (371, Rn. 29); BVerfG, Beschlüsse des Zweiten Senats vom 10.6.2021 – 2 BvC 61/19, Rn. 4 bei Juris, vom 6.10.2020 – 2 BvC 32/19, Rn. 11 bei Juris, und vom 15.4.2020 – 2 BvC 30/18, Rn. 3 bei Juris; BVerfGE 133, 377 (406, Rn. 71) – Landau; 131, 239 (252) – Landau; Beschluss der 3. Kammer des Ersten Senats vom 23.2.2022 – 1 BvR 124/22, Rn. 8 bei Juris; Beschlüsse der 1. Kammer des Ersten Senats vom 23.11.2020 – 1 BvR 2518/20, Rn. 4 bei Juris, vom 19.6.2020 – 1 BvQ 54/20, Rn. 5 bei Juris, und vom 13.5.2020 – 1 BvR 1021/20, Rn. 5 bei Juris.

37 BVerfGE 159, 132 (133, Rn. 7); BVerfG, Beschluss des Zweiten Senats vom 6.10.2020 – 2 BvC 32/19, Rn. 11 bei Juris; Beschlüsse der 2. Kammer des Zweiten Senats vom 9.2.2022 – 2 BvR 2258/21, Rn. 4 bei Juris, vom 22.2.2021 – 2 BvR 1387/20, Rn. 2 bei Juris, und vom 14.9.2020 – 2 BvR 386/20, Rn. 3 bei Juris; Beschlüsse der 3. Kammer des Ersten Senats vom 15.9.2021 – 1 BvR 1643/20, Rn. 3 bei Juris, und vom 11.2.2021 – 1 BvR 106 /21, Rn. 3 bei Juris; Beschlüsse der 2. Kammer des Ersten Senats vom 28.10.2020 – 1 BvR 2163/20, Rn. 2 bei Juris, und vom 22.10.2020 – 1 BvR 2351/20, Rn. 3 bei Juris; Beschluss der 3. Kammer des Zweiten Senats vom 27.1.2020 – 2 BvR 198/18, Rn. 6 bei Juris.

38 Beschlüsse der 3. Kammer des Zweiten Senats vom 26.1.2022 – 2 BvR 10/22 ua, Rn. 6 bei Juris, und vom 17.8.2021 – 2 BvR 28/21, Rn. 6 bei Juris; Beschlüsse der 2. Kammer des Zweiten Senats vom 14.9.2020 – 2 BvR 386/20, Rn. 3 bei Juris, und vom 18.12.2018 – 2 BvR 1265/18, Juris; Beschluss der 1. Kammer des Ersten Senats vom 22.4.2020 – 1 BvR 635/20, Rn. 5 bei Juris.

39 Beschluss der 1. Kammer des Ersten Senats vom 19.6.2020 – 1 BvQ 54/20, Rn. 6 bei Juris.

40 BVerfG, Beschluss des Zweiten Senats vom 11.2.2019 – 2 BvC 1/18, Rn. 2 bei Juris – Langenfeld.

41 Beschlüsse der 3. Kammer des Zweiten Senats vom 26.1.2022 – 2 BvR 10/22 ua, Rn. 6 bei Juris, und vom 17.8.2021 – 2 BvR 28/21, Rn. 6 bei Juris.

mit der Verfassungsbeschwerde unmittelbar der vorangegangene Nichtannahmebeschluss angegriffen wird.[42] Das Ablehnungsgesuch soll nicht der Fehlerkontrolle bezüglich einer früheren Entscheidung dienen.[43] Auch das kumulative Vorliegen mehrerer solcher ungeeigneter Umstände kann eine Besorgnis der Befangenheit nicht begründen.[44] Auch solche **Umstände, die nach § 18 Abs. 2 und 3 keinen Ausschluss des Richters rechtfertigen**, können nicht ohne Weiteres zur Ablehnung eines Richters herangezogen werden.[45] Vielmehr bedarf es hierfür zusätzlicher Umstände,[46] die etwa über die bloße Mitwirkung des Richters an einem Gesetzgebungsverfahren hinausgehen, indem sich der Richter als ehemaliger Politiker für ein umstrittenes Gesetz in der Öffentlichkeit besonders engagiert oder in einer Weise inhaltlich klar positioniert hat, die das Verfahren vor dem Bundesverfassungsgericht unmittelbar betrifft.[47]

9 Geht es um **wissenschaftliche Äußerungen eines Richters** zu einer Rechtsfrage (vgl. § 18 Abs. 3 Nr. 2), müssen zusätzliche Gesichtspunkte hinzukommen, die gegen eine Unparteilichkeit des Richters sprechen.[48] Das ist etwa dann der Fall, wenn die Nähe wissenschaftlicher Äußerungen zu der von einem Beteiligten vertretenen Rechtsauffassung bei einer **Gesamtbetrachtung** nicht zu übersehen ist und die wissenschaftliche Tätigkeit des Richters vom Standpunkt anderer Beteiligter aus die Unterstützung dieses Beteiligten bezweckte[49] oder eine zeitliche und sachliche Verklammerung zwischen der früheren Tätigkeit und dem anhängigen Verfahren besteht.[50] Denn dann ist die Sorge, dass der Richter die streitige Rechtsfrage nicht mehr offen und unbefangen beurteilen werde, bei lebensnaher Betrachtungsweise verständlich.[51] So liegt es auch, wenn der Verfassungsrichter über die übliche Mitwirkung im Gesetzgebungsverfahren und das Äußern wissenschaftlicher Meinungen zu einschlägigen Rechtsfragen hinaus gleichsam eine Art Urheberschaft für das nunmehr vom Bundesverfassungsgericht zu beurteilende

42 Beschluss der 2. Kammer des Zweiten Senats vom 3.6.2019 – 2 BvR 910/19, Rn. 15 bei Juris; Beschluss der 1. Kammer des Ersten Senats vom 13.4.2017 – 1 BvR 610/17, Rn. 2 ff. bei Juris.

43 Beschluss der 3. Kammer des Ersten Senats vom 23.2.2022 – 1 BvR 124/22, Rn. 8 bei Juris; Beschluss der 3. Kammer des Zweiten Senats vom 17.8.2021 – 2 BvR 28/21, Rn. 7 bei Juris; Beschluss der 1. Kammer des Ersten Senats vom 22.4.2020 – 1 BvR 635/20, Rn. 5 bei Juris.

44 Vgl. BVerfG, Beschluss des Zweiten Senats vom 6.10.2020 – 2 BvC 32/19, Rn. 11 bei Juris.

45 BVerfG, Beschluss des Ersten Senats vom 24.10.2023 – 1 BvR 1160/19, Rn. 25 bei Juris – Wolff; BVerfGE 159, 132 (134, Rn. 9) – Maidowski; 152, 332 (339, Rn. 18) – Harbarth; 148, 290 (295, Rn. 14) – F. Kirchhof; 148, 1 (8, Rn. 20) – Müller; 135, 248 (257, Rn. 23) – F. Kirchhof; 108, 122 (126) – Jentsch.

46 Vgl. BVerfG, Beschluss des Ersten Senats vom 24.10.2023 – 1 BvR 1160/19, Rn. 25 bei Juris – Wolff; BVerfGE 159, 132 (134, Rn. 10) – Maidowski.

47 BVerfGE 152, 332 (339, Rn. 18) Harbarth; 148, 1 (8, Rn. 20) – Müller.

48 BVerfGE 159, 132 (134, Rn. 9 f.) – Maidowski; Beschluss der 2. Kammer des Zweiten Senats vom 11.10.2011 – 2 BvR 1010/10, Rn. 18 bei Juris – Di Fabio.

49 Beschluss der 2. Kammer des Zweiten Senats vom 11.10.2011 – 2 BvR 1010/10, Rn. 22 bei Juris – Di Fabio.

50 BVerfG, Beschluss des Ersten Senats vom 24.10.2023 – 1 BvR 1160/19, Rn. 24 bei Juris – Wolff.

51 BVerfGE 108, 279 (282) – Papier.

gesetzgeberische Regelungskonzept übernommen hat.[52] Dagegen liegt eine Befangenheit des Richters ganz fern, wenn seine wissenschaftlichen Äußerungen ohne Bezug zum Gegenstand eines konkreten verfassungsgerichtlichen Verfahrens erfolgt sind und lange zurückliegen.[53]

Dabei kann es aus der maßgeblichen objektiven Sicht eines Verfahrensbeteiligten keine Rolle spielen, ob es sich bei dem Richter um einen Hochschullehrer handelt oder nicht. Es gibt **keinen sachlichen Grund, Hochschullehrer** im Hinblick auf eine Vorfestlegung durch wissenschaftliche Äußerungen **gegenüber anderen Richtern zu privilegieren**.[54] 10

Auch öffentliche und **politische Äußerungen** sind Richtern des Bundesverfassungsgerichts nicht grundsätzlich verwehrt, da im Normalfall zu erwarten ist, dass sie ihr Richteramt auch dann objektiv wahrnehmen, wenn sie politische Auffassungen haben und vertreten.[55] Erst recht kann die Kundgabe politischer Meinungen zu einer Zeit, als der Richter noch nicht Mitglied des Bundesverfassungsgerichts war, für sich genommen keine Besorgnis der Befangenheit rechtfertigen.[56] Allein eine bestimmte Parteizugehörigkeit des Richters oder ein früheres politisches Amt können eine Befangenheit ohnehin nicht begründen.[57] Gleiches gilt für die Religions- oder Konfessionszugehörigkeit eines Richters.[58] Schon ab dem Zeitpunkt seiner Wahl müssen Richter des Bundesverfassungsgerichts aber den besonderen Anforderungen ihres Amtes auch in ihrem Verhalten Rechnung tragen.[59] Zweifel an der Objektivität des Richters können berechtigt sein, sobald ein innerer Zusammenhang zwischen einer engagiert geäußerten politischen Überzeugung und einer für den Ausgang eines anhängigen Verfahrens maßgebenden Rechtsauffassung erkennbar wird.[60] Das **Zeitmoment** ist insoweit nicht zu unterschätzen, aber nicht allein maßgeblich, sondern stets nur in einer **Gesamtwürdigung**[61] mit Inhalt, Form und Adressatenkreis der Äußerung.[62] Allein 11

52 Vgl. BVerfGE 148, 1 (9 f., Rn. 24) – Müller; 135, 248 (257, Rn. 24) – F. Kirchhof.
53 BVerfGE 159, 132 (134, Rn. 9) – Maidowski.
54 Anders Beschluss der 2. Kammer des Zweiten Senats vom 11.10.2011 – 2 BvR 1010/10, Rn. 18 bei Juris – Di Fabio.
55 BVerfGE 156, 340 (349, Rn. 23) – Wallrabenstein; Beschluss der 2. Kammer des Zweiten Senats vom 11.10.2011 – 2 BvR 1010/10, Rn. 19 bei Juris – Di Fabio.
56 BVerfGE 158, 253 (257 f., Rn. 15) – Müller; 158, 244 (249 f., Rn. 15) – Huber; 156, 340 (350, Rn. 26) – Wallrabenstein.
57 Vgl. BVerfGE 158, 253 (261, Rn. 21) – Müller; 158, 244 (252, Rn. 22) – Huber; 156, 221 (224, Rn. 10) – Müller; 154, 312 (316, Rn. 15) – Müller; 142, 302 (307 ff., Rn. 19 ff.) – Müller; 141, 182 (185, Rn. 12) – Müller; BVerfG, Beschlüsse des Zweiten Senats vom 29.9.2022 – 2 BvC 10/20, Rn. 8 bei Juris, vom 10.6.2021 – 2 BvC 61/19, Rn. 4 bei Juris, vom 6.10.2020 – 2 BvC 32/19, Rn. 12 bei Juris, und vom 15.4.2020 – 2 BvC 30/18, Rn. 3 bei Juris.
58 BVerfG, Beschluss des Zweiten Senats vom 15.6.2020 – 2 BvC 51/19, Rn. 4 bei Juris.
59 BVerfGE 156, 340 (351, Rn. 27) – Wallrabenstein.
60 Vgl. BVerfGE 158, 253 (258 f., Rn. 16) – Müller; 158, 244 (250, Rn. 16) – Huber; 154, 312 (318, Rn. 19) – Müller; 152, 332 (338 f., Rn. 17) – Harbarth; 148, 1 (8 ff., Rn. 21 ff.) – Müller; Beschluss der 2. Kammer des Zweiten Senats vom 11.10.2011 – 2 BvR 1010/10, Rn. 22 f. bei Juris – Di Fabio.
61 Vgl. BVerfGE 158, 253 (258 f., Rn. 16) – Müller; 158, 244 (250, Rn. 16) – Huber; 156, 340 (348, Rn. 24 f.) – Wallrabenstein; 142, 302 (310 f., Rn. 27) – Müller; vgl. auch BVerfGE 154, 312 (320, Rn. 25) – Müller.
62 BVerfGE 158, 253 (258 f., Rn. 16) – Müller; 158, 244 (250, Rn. 16) – Huber; 156, 340 (350, Rn. 25) – Wallrabenstein; 142, 9 (15, Rn. 18) – Huber; Beschluss der 2. Kammer des

ein größerer zeitlicher Abstand zwischen der politischen Aktivität und der richterlichen Tätigkeit lässt die besondere Verbindung zu einem Gesetz, für das sich der Richter in der Vergangenheit besonders eingesetzt hat, nicht entfallen.[63] Erforderlich ist aber ein inhaltlicher Zusammenhang zwischen der Äußerung und dem Verfahrensgegenstand, der darauf hindeutet, dass der Richter voreingenommen sein könnte,[64] also für Gegenargumente nicht mehr offen, sondern festgelegt ist.[65] Ohne einen solchen Bezug von politischen Äußerungen zum konkreten Verfahrensgegenstand sollen keine Zweifel an der Unparteilichkeit des Richters trotz seiner früheren politischen Bekämpfung der am Verfahren beteiligten politischen Partei bestehen.[66] Unbedenklich sollen auch Themenvorschläge und Diskussionsbeiträge im Rahmen von Treffen des Bundesverfassungsgerichts mit der Bundesregierung sein, die sich nicht auf ein konkretes Verfahren, sondern nur auf abstrakte Rechtsprobleme beziehen.[67]

12 Für die Frage der Befangenheit im Sinne einer Voreingenommenheit zugunsten einer Seite ist grundsätzlich ohne Belang, ob der Richter durch das Ausmaß oder den Inhalt seiner wissenschaftlichen und politischen Äußerungen Zweifel an einer pflichtgemäßen Erfüllung seiner richterlichen Aufgaben aufkommen lässt, insbesondere im Hinblick das Gebot richterlicher Zurückhaltung gemäß §§ 39, 69 DRiG.[68] Daran ist sicher richtig, dass eine Verletzung dieser Pflichten für sich genommen keinen Anhaltspunkt für eine Bevorzugung einer bestimmten Seite bietet, so dass sich in einer Entscheidung über einen Befangenheitsantrag allenfalls kleine, gleichermaßen von Zurückhaltung geprägte Seitenhiebe zur Frage der Vereinbarkeit mit dem Gebot richterlicher Zurückhaltung finden werden.[69] Das **Ausmaß der öffentlichen Aktivitäten eines Richters** korrespondiert insoweit mit dem Ausmaß dessen, was er an öffentlicher Auseinandersetzung mit seinen Nebentätigkeiten und den daraus erzielten Einnahmen hinzunehmen hat. Das Bundesverfassungsgericht scheute diese Auseinandersetzung im damaligen Fall offenbar nicht; anders ist nicht zu erklären, dass der Beschluss der 2. Kammer des Zweiten Senats vom 11.10.2011 – 2 BvR 1010/10 – auch mit einer Pressemitteilung versehen wurde. Die 2017 vom Plenum erarbeiteten Verhaltensleitlinien für Richterinnen und Richter des Bundesverfassungsgerichts stehen für den Versuch, nicht spruchrichterliche Tätigkeiten und damit insbesondere öffentliche Aktivitäten zu begrenzen und durch die Offenlegung der daraus erzielten Einkünfte transparenter zu machen und dadurch einem

Zweiten Senats vom 11.10.2011 – 2 BvR 1010/10, Rn. 23 bei Juris – Di Fabio; vgl. auch BVerfGE 159, 26 (38, Rn. 32).

63 BVerfGE 148, 1 (10, Rn. 25) – Müller.

64 BVerfGE 156, 340 (351 ff., Rn. 30 ff.) – Wallrabenstein; 154, 312 (318, Rn. 19) – Müller.

65 Vgl. BVerfGE 158, 253 (257 ff., Rn. 14, 16) – Müller; 158, 244 (249 f., Rn. 14, 16) – Huber; 156, 340 (349, Rn. 22) – Wallrabenstein; vgl. auch BVerfG, Beschluss des Ersten Senats vom 24.10.2023 – 1 BvR 1160/19, Rn. 23 bei Juris – Wolff.

66 Vgl. BVerfGE 158, 253 (255 ff., Rn. 17 ff.) – Müller; 158, 244 (250 ff., Rn. 17 ff.) – Huber.

67 Vgl. BVerfGE 159, 135 (144 ff., Rn. 32 f., 36) – Harbarth und Baer.

68 Vgl. Beschluss der 2. Kammer des Zweiten Senats vom 11.10.2011 – 2 BvR 1010/10, Rn. 24 bei Juris – Di Fabio.

69 Vgl. Beschluss der 2. Kammer des Zweiten Senats vom 11.10.2011 – 2 BvR 1010/10, Rn. 27 bei Juris – Di Fabio.

Rechtfertigungsdruck mit beschränkender Tendenz auszusetzen (Verhaltensleitlinien, II Ziffern 8 bis 10).[70]

Eine die Besorgnis der Befangenheit begründende Nähe zu einer Seite kann auch in der **Erstattung eines** nicht ergebnisoffenen[71] oder im Vorfeld des anhängigen Verfahrens beauftragten **Gutachtens**[72] und im **Auftreten als Verfahrensbevollmächtigter** gesehen werden, sofern das Gutachten oder das frühere Verfahren mit dem nunmehr anhängigen Verfahren zeitlich und sachlich noch in einem Zusammenhang stehen.[73] Die verwandtschaftliche Beziehung eines Richters zu einer Person, die ein solches Gutachten erstellt hat, kann eine Besorgnis der Befangenheit nicht begründen.[74] 13

Rechtliche Hinweise des Berichterstatters liegen hingegen im Interesse einer sachgerechten Verfahrensgestaltung und sind daher nicht geeignet, eine Besorgnis der Befangenheit zu begründen,[75] selbst wenn der Richter zugleich auf die Möglichkeit der Verhängung einer Missbrauchsgebühr nach § 34 Abs. 2 hinweist.[76] 14

Das **Verfahren der Richterablehnung** ist unterschiedlich je nach dem, ob die Ablehnung von einem Verfahrensbeteiligten oder vom Richter selbst erklärt wird. Bei Ablehnung durch einen Beteiligten geben die Absätze 1 und 2 das Verfahren vor. Für den Fall der Selbstablehnung verweist Abs. 3 ausschließlich auf die Regelungen des Abs. 1. Große Unterschiede macht das nicht, weil eine Selbstablehnung ohne Begründung (Abs. 2 Satz 1) kaum vorstellbar ist und in der Selbstablehnung zugleich eine Äußerung des betroffenen Richters im Sinne von Abs. 2 Satz 2 liegt. 15

Will ein Verfahrensbeteiligter einen Richter ablehnen, so wird das Ablehnungsverfahren durch ein **Ablehnungsgesuch** eingeleitet. Dieses Ablehnungsgesuch, das in Abs. 2 Satz 1 nur als „Ablehnung" und sonst häufig untechnisch auch als Befangenheitsantrag[77] bezeichnet wird, unterliegt inhaltlichen Anforderungen (Abs. 2 Satz 1) und zeitlichen Beschränkungen (Abs. 2 Satz 3). Ob ein förmliches Ablehnungsgesuch gestellt wurde oder nur eine unverbindliche Anregung gemeint war, ist durch Auslegung zu ermitteln.[78] 16

Abs. 2 Satz 1 verlangt für das Ablehnungsgesuch eine **Begründung**. Die Begründung muss erkennen lassen, gegen welchen oder welche individuellen 17

70 Dazu kritisch und nennenswerte Effekte bezweifelnd Lechner/Zuck/Zuck § 1 Rn. 7 j.

71 BVerfGE 88, 1 (4) – Söllner; 82, 30 (39) – P. Kirchhof.

72 BVerfGE 102, 122 (125 f.) – Papier.

73 BVerfGE 109, 130 (132) – Di Fabio; 95, 189 (192) – Steiner; vgl. auch BVerfG, Beschluss des Ersten Senats vom 24.10.2023 – 1 BvR 1160/19, Rn. 24 bei Juris – Wolff.

74 BVerfGE148, 290 (295 f., Rn. 15) – F. Kirchhof.

75 BVerfGE 156, 221 (345 f., Rn. 8) – Müller; 154, 312 (318 ff., Rn. 21 ff.) – Müller; 141, 182 (185, Rn. 12) – Müller; Beschlüsse des Zweiten Senats vom 10.6.2021 – 2 BvC 61/19, Rn. 5 f. bei Juris, vom 6.10.2020 – 2 BvC 32/19, Rn. 12 bei Juris – Müller, und vom 28.2.2012 – 2 BvC 10/11, Rn. 4 bei Juris – Gerhardt; Beschluss der 2. Kammer des Zweiten Senats vom 11.10.2011 – 2 BvR 1010/10, Rn. 19 bei Juris – Di Fabio.

76 BVerfG, Beschluss des Zweiten Senats vom 19.8.2011 – 2 BvE 3/11, Rn. 2 bei Juris – Gerhardt.

77 Ganz schief dagegen Beschluss der 1. Kammer des Ersten Senats vom 16.11.2017 – 1 BvR 672/17, Juris: „Antrag auf Richterablehnung"; schief auch BVerfGE 152, 332 (338, Rn. 16): „Befangenheitsgesuch".

78 Vgl. BVerfG, Beschluss des Zweiten Senats vom 10.6.2021 – 2 BvC 61/19, Rn. 8 bei Juris.

Richter sich das Ablehnungsgesuch richten soll. Jedenfalls nach Auslegung des Gesuchs darf die **Individualisierung** nicht unklar bleiben und die pauschale Ablehnung eines ganzen Spruchkörpers gewollt erscheinen lassen, die unzulässig wäre (→ Rn. 3). Im Mittelpunkt der Begründung muss aber die **Darlegung des Ablehnungsgrundes** stehen, auf dem die Besorgnis der Befangenheit beruht. Mit dem Ablehnungsgesuch müssen Tatsachen vorgetragen werden, aufgrund derer Zweifel an der Unvoreingenommenheit des abgelehnten Richters zumindest möglich sein können.[79] Die Begründung kann vor der Entscheidung über das Ablehnungsgesuch durch Vortrag weiterer Tatsachen ergänzt werden.[80] Ohne eine in diesem Sinne formell ausreichende Begründung ist das Ablehnungsgesuch bereits unzulässig.[81] Dies gilt insbesondere bei bloßen Mutmaßungen,[82] Beleidigungen[83] und Wiederholungen früherer Ablehnungsgesuche.[84]

18 Von einem Ablehnungsgesuch, mit dem die Unparteilichkeit eines Richters angezweifelt wird, sind **Besetzungsrügen zu unterscheiden**, mit denen der Antragsteller die nicht ordnungsgemäße Besetzung des zur Entscheidung berufenen Spruchkörpers oder die nicht ordnungsgemäße Einrichtung des Spruchkörpers rügt (dazu näher → § 6 Rn. 1f. und → § 6 Rn. 4).[85] Die Feststellung der richtigen Besetzung des Gerichts erfolgt in der Regel ohne Beteiligung des Richters, dessen Berechtigung zur Mitwirkung zweifelhaft erscheint.[86] Ausnahmsweise haben solche Richter aber an der Entscheidung über die ordnungsgemäße Besetzung mitzuwirken, wenn die ordnungsgemäße Einrichtung des Spruchkörpers in Zweifel gezogen wird oder eine so große Zahl der Mitglieder des Spruchkörpers betroffen ist, dass die Beurteilung der vorschriftsmäßigen Besetzung der Frage nach der ordnungsgemäßen Einrichtung des Spruchkörpers gleichzusetzen ist.[87] Das ist bei einer gegen vier bzw. sieben Richter eines Senats gerichteten Besetzungsrüge der Fall.[88] Von der Mitwirkung ausgeschlossen sind die betroffenen Richter auch dann nicht, wenn die Besetzungsrüge von vornherein offensichtlich ungeeignet ist, Zweifel an der ordnungsgemäßen Besetzung des Gerichts zu begründen.[89]

---

79 BVerfGE 159, 26 (30 f., Rn. 14); 156, 340 (347, Rn. 15) – Wallrabenstein.

80 Vgl. BVerfGE 159, 135 (139 ff., Rn. 11 f., 15) – Harbarth und Baer.

81 Vgl. BVerfGE 155, 357 (370, Rn. 26); BVerfG, Beschluss der Beschwerdekammer vom 30.8.2016 – 2 BvC 26/14 – Vz 1/16, Rn. 13 bei Juris.

82 Vgl. BVerfGE 159, 26 (30, Rn. 14); Beschluss der 3. Kammer des Zweiten Senats vom 15.12.2022 – 2 BvR 2126/22, Rn. 3 bei Juris.

83 Vgl. Beschluss der 3. Kammer des Zweiten Senats vom 22.11.2022 – 2 BvQ 92/22, Rn. 4.

84 Vgl. Beschluss der 3. Kammer des Ersten Senats vom 20.12.2021 – 1 BvR 1170/21, Rn. 9 bei Juris.

85 BVerfGE 142, 1 (3, Rn. 6 ff.); 131, 230 (233), zu einer Besetzungsrüge mit der Begründung einer nicht verfassungsgemäßen Wahl der vier durch den Deutschen Bundestag gewählten Richter des Zweiten Senats.

86 Vgl. BVerfGE 159, 132 (132 f., Rn. 2); BVerfG, Beschluss des Zweiten Senats vom 29.9.2022 – 2 BvC 10/20, Rn. 3 bei Juris.

87 Vgl. BVerfGE 159, 132 (132 f., Rn. 2).

88 BVerfGE 142, 1 (4, Rn. 10); 131, 230 (233); BVerfG, Beschluss des Zweiten Senats vom 18.2.2016 – 2 BvC 69/14, Rn. 3 bei Juris.

89 BVerfG, Beschluss des Zweiten Senats vom 29.9.2022 – 2 BvC 10/20, Rn. 3 bei Juris; vgl. auch Beschluss der 2. Kammer des Ersten Senats vom 17.1.2023 – 1 BvR 2279/22, Rn. 1 bei Juris; Beschluss der 2. Kammer des Zweiten Senats vom 12.3.2021 – 2 BvR 3/21, Rn. 3 bei Juris.

Nach Abs. 2 Satz 3 darf ein Ablehnungsgesuch **nicht mehr nach Beginn der mündlichen Verhandlung** angebracht werden.[90] Lassen sich die Verfahrensbeteiligten auf eine mündliche Verhandlung vor dem Gericht in der geschäftsplanmäßigen Besetzung einschließlich eines potenziell befangenen Richters ein, haben sie ihr Ablehnungsrecht verwirkt. Die Beteiligten dürfen sich das Ablehnungsrecht nicht für den Fall aufsparen, dass sich die mündliche Verhandlung für sie nachteilig entwickelt. Diese zeitliche Schranke greift aber selbstverständlich nicht für solche Ablehnungsgründe ein, die erst nach Beginn der mündlichen Verhandlung bekannt werden, also etwa soweit sie das Verhalten oder Äußerungen eines Richters in der Verhandlung betreffen.[91] Aus dem hinter der Vorschrift stehenden Beschleunigungsgrundsatz folgt aber, dass das Ablehnungsgesuch in einem solchen Fall unverzüglich gestellt werden muss.[92] 19

Die Bedeutung der zeitlichen Beschränkung des Ablehnungsrechts nach Abs. 2 Satz 3 ist allerdings gering, weil in den meisten Verfahren **ohne mündliche Verhandlung** entschieden wird (→ § 25 Rn. 2). In solchen Fällen kann die Ablehnung jederzeit bis zur Entscheidung in der Sache erfolgen,[93] ohne dass es darauf ankommt, wann der Ablehnende Kenntnis vom Ablehnungsgrund erlangt hat.[94] Wird ein Ablehnungsgesuch rechtzeitig gestellt, versäumt es das Bundesverfassungsgericht aber, darüber vor der Entscheidung in der Sache zu befinden, so ist die verfrühte Sachentscheidung auf eine Gegenvorstellung des Antragstellers aufzuheben und die Entscheidung über den Befangenheitsantrag nachzuholen.[95] 20

Das Ablehnungsgesuch ist **den anderen Verfahrensbeteiligten zur Kenntnis zu bringen**, da auch sie von einem möglichen Richterwechsel infolge einer begründeten Richterablehnung betroffen wären. Ihnen ist daher gemäß Art. 103 Abs. 1 GG rechtliches Gehör zum Ablehnungsgesuch zu gewäh- 21

---

90 Vgl. auch BVerfGE 156, 340 (348, Rn. 18); 142, 9 (10, Rn. 1); Beschluss der 1. Kammer des Ersten Senats vom 18.1.2001 – 1 BvR 2216/96 ua, Rn. 9 bei Juris.

91 Wie hier Käßner, Die Rechtsprechung des Bundesverfassungsgerichts zum Ausschluss und zur Ablehnung seiner Mitglieder nach §§ 18, 19 BVerfGG, in: Scheffczyk/Wolter, Linien der Rechtsprechung des Bundesverfassungsgerichts, Band 4, S. 3 (24); Burkiczak/Dollinger/Schorkopf BVerfGG/Heusch, § 19 Rn. 31.

92 Barczak BVerfGG/Kliegel § 19 Rn. 14; Käßner, Die Rechtsprechung des Bundesverfassungsgerichts zum Ausschluss und zur Ablehnung seiner Mitglieder nach §§ 18, 19 BVerfGG, in: Scheffczyk/Wolter, Linien der Rechtsprechung des Bundesverfassungsgerichts, Band 4, S. 3 (24).

93 BVerfGE 156, 340 (348, Rn. 18) – Wallrabenstein; BVerfG, Beschluss des Zweiten Senats vom 22.8.2018 – 2 BvC 1/18, Rn. 3 bei Juris; vgl. auch Beschluss der 3. Kammer des Ersten Senats vom 18.4.2021 – 1 BvR 1180/17, Rn. 3 bei Juris.

94 Vgl. aber Beschluss der 1. Kammer des Ersten Senats vom 18.1.2001 – 1 BvR 2216/96, Rn. 9 bei Juris: dort wurde die Frage der Verfristung für eine Ablehnung, die erst nach Bekanntgabe einer Nichtannahme der Verfassungsbeschwerde erfolgte, offen gelassen.

95 BVerfG, Beschluss des Zweiten Senats vom 1.4.2019 – 2 BvC 4/18, Rn. 1 bei Juris – Müller; Beschluss der 3. Kammer des Zweiten Senats vom 22.11.2022 – 2 BvQ 92/22, Rn. 1 bei Juris.

ren.[96] Das Bundesverfassungsgericht gibt hierzu auch den Äußerungsberechtigten Gelegenheit zur Stellungnahme.[97]

22 Zum Ablehnungsgesuch hat der abgelehnte Richter nach Abs. 2 Satz 2 eine **dienstliche Äußerung** abzugeben, die in der Entscheidung teils wörtlich, teils sinngemäß wiedergegeben wird.[98] Die anderen Richter des Spruchkörpers, dem der abgelehnte Richter angehört, müssen sich hingegen nicht äußern.[99] Die dienstliche Äußerung kann den Ablehnungsgrund entkräften, aber ihr Inhalt sowie ihre Art und Weise können unter Umständen auch im Gegenteil die Besorgnis der Befangenheit bestätigen.[100] Auch die dienstliche Äußerung ist allen Verfahrensbeteiligten zur Wahrung ihres Anspruchs auf rechtliches Gehör gemäß Art. 103 Abs. 1 GG mit Gelegenheit zur Stellungnahme zuzuleiten.[101]

23 Schon an diesem Punkt findet eine wichtige Weichenstellung im Ablehnungsverfahren statt. Das Bundesverfassungsgericht behandelt **rechtsmissbräuchliche Ablehnungsgesuche** als **unbeachtlich**. Zu solchen unbeachtlichen Ablehnungsgesuchen muss sich der abgelehnte Richter daher noch nicht einmal äußern.[102] Das Verfahren zur Sache wird so durchgeführt, als gäbe es das Ablehnungsgesuch nicht. Erst bei der Entscheidung zur Sache wird das Ablehnungsgesuch gewürdigt, indem seine Unbeachtlichkeit festgestellt wird (dazu → Rn. 31), und zwar unter Beteiligung des abgelehnten Richters.[103] Bei einer teilweise völlig ungeeigneten Begründung der Besorgnis der Befangenheit muss sich der Richter nur zu dem anderen, beachtlichen Teil der Ablehnungsgründe äußern.[104]

24 Bei der Annahme eines rechtsmissbräuchlichen und deshalb unbeachtlichen Ablehnungsgesuchs muss sich das Bundesverfassungsgericht an den **stren-**

---

96 Vgl. BVerfGE 159, 26 (30, Rn. 11); 158, 253 (255, Rn. 7) – Müller; 158, 244 (247, Rn. 10) – Huber; 142, 9 (13, Rn. 12) – Huber; 135, 248 (253, Rn. 11) – F. Kirchhof.

97 Vgl. BVerfGE 159, 135 (141, Rn. 16) – Harbarth und Baer; 148, 290 (293, Rn. 9) – F. Kirchhof; 135, 248 (253, Rn. 11) – F. Kirchhof.

98 Vgl. BVerfGE 159, 135 (138 f., Rn. 9 f.) – Harbarth und Baer; 158, 253 (255, Rn. 6) – Müller; 158, 244 (247, Rn. 9) – Huber; 156, 340 (345, Rn. 7) – Wallrabenstein; 154, 312 (315, Rn. 10) – Müller; 148, 290 (293, Rn. 8) – F. Kirchhof; 148, 1 (4 f., Rn. 11) – Müller.

99 Vgl. BVerfGE 159, 221 (222, Rn. 4).

100 Vgl. Zöller ZPO/Vollkommer § 42 Rn. 24.

101 Vgl. BVerfGE 159, 135 (140, Rn. 13 f.) – Harbarth und Baer; 158, 244 (247, Rn. 11) – Huber; 156, 340 (345 f., Rn. 8) – Wallrabenstein; 154, 312 (316, Rn. 11) – Müller; 142, 302 (306, Rn. 13) – Müller; 142, 9 (13, Rn. 12) – Huber.

102 BVerfGE 159, 221 (222 f., Rn. 5); 159, 132 (133, Rn. 5); 159, 26 (39, Rn. 35); 156, 221 (222, Rn. 2); 155, 357 (370, Rn. 26); BVerfG, Beschlüsse des Zweiten Senats vom 29.9.2022 – 2 BvC 10/20, Rn. 6 bei Juris, vom 10.6.2021 – 2 BvC 61/19, Rn. 2 bei Juris, und vom 6.10.2020 – 2 BvC 32/19, Rn. 8 bei Juris; Beschlüsse der 3. Kammer des Zweiten Senats vom 6.3.2024 – 2 BvR 137/24, Rn. 2 bei Juris, vom 26.6.2023 – 2 BvR 474/23, Rn. 4 bei Juris, vom 15.12.2022 – 2 BvR 2126/22, Rn. 2 bei Juris, und vom 22.11.2022 – 2 BvQ 92/22, Rn. 3 bei Juris; Beschluss der 1. Kammer des Zweiten Senats vom 2.11.2023 – 2 BvR 1565/22, Rn. 4 bei Juris; Beschlüsse der 3. Kammer des Ersten Senats vom 23.5.2023 – 1 BvR 902/23, Rn. 1 bei Juris, und vom 21.3.2023 – 1 BvR 2294/22, Rn. 1 bei Juris; Beschlüsse der 2. Kammer des Zweiten Senats vom 9.1.2023 – 2 BvR 1451/22, Rn. 2 bei Juris, und vom 15.12.2022 – 2 BvR 2194/20, Rn. 2 bei Juris; Beschluss der 2. Kammer des Ersten Senats vom 12.8.2022 – 1 BvQ 54/22, Rn. 3 bei Juris.

103 Vgl. BVerfGE 159, 221 (222 f., Rn. 5) und die weiteren, in der vorstehenden Fn. zitierten Entscheidungen.

104 Vgl. BVerfGE 159, 135 (142 ff., Rn. 24, 34) – Harbarth und Baer.

gen Maßstäben festhalten lassen, die es **bei der Überprüfung der entsprechenden fachgerichtlichen Rechtsprechung** anlegt, wenn derartige fachgerichtliche Entscheidungen mit Verfassungsbeschwerden angegriffen werden. Dort soll das vereinfachte Ablehnungsverfahren, also die Selbstentscheidung durch den abgelehnten Richter wegen Rechtsmissbräuchlichkeit des Ablehnungsgesuchs, nur in Frage kommen, wenn das **Gesuch völlig ungeeignet** ist und ohne jedes Eingehen auf den Gegenstand des Verfahrens als unzulässig verworfen werden kann.[105]

Dass die entsprechende Entscheidungspraxis des Bundesverfassungsgerichts 25
in eigener Sache diesen Maßstäben folgt, kann angesichts der Menge solcher Ablehnungsgesuche etwa im Zuge querulatorischer Verfassungsbeschwerden durchaus bezweifelt werden. Häufig wird der Rechtsmissbrauch nur formelhaft begründet.[106] Als Paradebeispiel einer vom Bundesverfassungsgericht als rechtsmissbräuchlich angesehenen Begründung eines Ablehnungsgesuchs kann wohl die bloße Beanstandung der **Mitwirkung des Richters an einer vorangegangenen**, für den Antragsteller negativ ausgefallenen **Entscheidung** gelten.[107] Gleiches soll gelten, wenn lediglich beanstandet wird, dass der Richter in früheren Verfahren eine bestimmte Auffassung zu einer bestimmten Rechtsfrage vertreten hat[108] oder dass er von einer bestimmten Partei für das Richteramt vorgeschlagen worden ist.[109] Auch das Geschlecht

105 Vgl. Beschluss der 2. Kammer des Ersten Senats vom 12.12.2023 – 1 BvR 75/22, Rn. 35 ff. bei Juris; Beschluss der 3. Kammer des Ersten Senats vom 5.5.2021 – 1 BvR 526/19, Rn. 20 bei Juris, und Beschluss der 1. Kammer des Ersten Senats vom 20.7.2007 – 1 BvR 3084/06, Rn. 19 f. bei Juris, zum zivilprozessualen Verfahren; Beschluss der 1. Kammer des Ersten Senats vom 20.8.2020 – 1 BvR 793/19, Rn. 14 bei Juris, zum sozialgerichtlichen Verfahren; Beschluss der 1. Kammer des Ersten Senats vom 11.3.2013 – 1 BvR 2853/11, Rn. 31 ff. bei Juris, und Beschluss der 2. Kammer des Ersten Senats vom 18.12.2007 – 1 BvR 1273/07, Rn. 21 bei Juris, zum verwaltungsprozessualen Verfahren; Beschluss der 1. Kammer des Zweiten Senats vom 24.2.2006 – 2 BvR 836/04, Rn. 49 f. bei Juris, zu § 26a StPO.

106 Vgl. BVerfG, Beschluss des Zweiten Senats vom 22.3.2018 – 2 BvC 2/18, Juris; Beschluss der 3. Kammer des Ersten Senats vom 23.5.2023 – Rn. 1 bei Juris; Beschluss der 2. Kammer des Zweiten Senats vom 23.9.2021 – 2 BvR 4/21, Rn. 1 bei Juris; Beschluss der 1. Kammer des Zweiten Senats vom 20.2.2017 – 2 BvR 198/17, Rn. 1 bei Juris.

107 Vgl. BVerfGE 159, 132 (133, Rn. 7); BVerfG, Beschluss des Zweiten Senats vom 6.10.2020 – 2 BvC 32/19, Rn. 11 bei Juris; Beschluss der 3. Kammer des Zweiten Senats vom 6.3.2024 – 2 BvR 137/24, Rn. 5 bei Juris; Beschlüsse der 2. Kammer des Zweiten Senats vom 9.2.2022 – 2 BvR 2258/21, Rn. 4 bei Juris, vom 22.2.2021 – 2 BvR 1387/20, Rn. 2 bei Juris, und vom 14.9.2020 – 2 BvR 386/20, Rn. 3 bei Juris; Beschlüsse der 3. Kammer des Ersten Senats vom 15.9.2021 – 1 BvR 1643/20, Rn. 3 bei Juris, und vom 11.2.2021 – 1 BvR 106/21, Rn. 3 bei Juris; Beschlüsse der 2. Kammer des Ersten Senats vom 28.10.2020 – 1 BvR 2163/20, Rn. 2 bei Juris, und vom 22.10.2020 – 1 BvR 2351/20, Rn. 3 bei Juris.

108 Vgl. BVerfGE 159, 132 (133, Rn. 7); 156, 221 (222, Rn. 5); BVerfG, Beschlüsse des Zweiten Senats vom 10.6.2021 – 2 BvC 61/19, Rn. 4 bei Juris, vom 6.10.2020 – 2 BvC 32/19, Rn. 11 bei Juris, und vom 15.4.2020 – 2 BvC 30/18, Rn. 3 bei Juris; BVerfGE 133, 377 (406, Rn. 71) – Landau; 131, 239 (252) – Landau; Beschluss der 3. Kammer des Ersten Senats vom 23.2.2022 – 1 BvR 124/22, Rn. 8 bei Juris; Beschlüsse der 1. Kammer des Ersten Senats vom 23.11.2020 – 1 BvR 2518/20, Rn. 4 bei Juris, vom 19.6.2020 – 1 BvQ 54/20, Rn. 5 bei Juris, und vom 13.5.2020 – 1 BvR 1021/20, Rn. 5 bei Juris.

109 BVerfG, Beschluss des Zweiten Senats vom 28.2.2012 – 2 BvC 10/11, Rn. 3 bei Juris.

der zur Entscheidung berufenen Personen kann nicht deren Voreingenommenheit begründen.[110]

26 Das **Verfahren bei der Selbstablehnung eines Richters** wird nach Abs. 3 durch die Mitteilung des Richters in Gang gebracht, er erkläre sich für befangen.[111] Vereinzelt finden sich auch umgekehrt Erläuterungen dazu, warum sich ein Richter oder eine ganze Kammer nicht für befangen hält und sich deshalb nicht von Amts wegen selbst abgelehnt hat.[112] Im Übrigen verweist Abs. 3 lediglich auf die Regelungen des Abs. 1, die aber erst die Entscheidung über das Ablehnungsgesuch betreffen und keine näheren Verfahrensbestimmungen wie die des Abs. 2 für die Ablehnung durch einen Verfahrensbeteiligten enthalten. Das Begründungserfordernis des Abs. 2 Satz 1 muss allerdings auch bei der Selbstablehnung entsprechend gelten, da das Gericht sonst die Begründetheit der Selbstablehnung nicht fundiert beurteilen könnte. Zur Begründung der Selbstablehnung genügt der Hinweis auf Parallelverfahren, in denen der Richter von einem Beteiligten mit Erfolg abgelehnt wurde.[113] Aus Art. 103 Abs. 1 GG folgt außerdem, dass die Verfahrensbeteiligten Gelegenheit zur Stellungnahme zur Erklärung des Richters erhalten müssen.[114]

27 Abweichend vom Wortlaut des Abs. 3 hat sich beim Bundesverfassungsgericht auch die Praxis eingebürgert, dass Richter, die sich nicht für befangen halten, aber aufgekommene oder **potenzielle Zweifel an ihrer Unvoreingenommenheit** frühzeitig ausgeräumt sehen wollen, den Sachverhalt, der derartige Zweifel begründen könnte, dem zur Entscheidung in der Sache berufenen Spruchkörper **zur Überprüfung vorlegen**. Eine Selbstablehnung nach Abs. 3 soll nicht voraussetzen, dass sich der Richter für befangen hält, sondern schon dann vorliegen, wenn der Richter Umstände anzeigt, die Anlass geben, über seine eventuelle Befangenheit zu entscheiden.[115]

28 Diese Praxis ist **zu Recht auf Kritik gestoßen**, weil es für diese Vorgehensweise an einer gesetzlichen Grundlage fehlt.[116] Ist der Richter nicht nach § 18 ausgeschlossen, wird er von den Beteiligten nicht nach Abs. 1 wegen Besorgnis der Befangenheit abgelehnt und erklärt er sich auch nicht selbst

---

110 Beschluss der 1. Kammer des Ersten Senats vom 20.2.2024 – 1 BvR 2320/23, Rn. 1 bei Juris.

111 Vgl. BVerfG, Beschluss des Zweiten Senats vom 26.6.2018 – 2 BvR 1261/16, Rn. 5 bei Juris – Müller.

112 Vgl. Beschluss der 2. Kammer des Ersten Senats vom 17.6.2020 – 1 BvR 1378/20, Rn. 2 bei Juris.

113 Vgl. BVerfG, Beschluss des Zweiten Senats vom 26.6.2018 – 2 BvR 1261/16, Rn. 5 bei Juris – Müller.

114 Vgl. BVerfG, Beschluss des Ersten Senats vom 24.10.2023 – 1 BvR 1160/19, Rn. 6 bei Juris - Wolff; BVerfG, Beschluss des Zweiten Senats vom 26.6.2018 – 2 BvR 1261/16, Rn. 6 bei Juris – Müller.

115 Vgl. BVerfG, Beschluss des Ersten Senats vom 24.10.2023 – 1 BvR 1160/19, Rn. 9 bei Juris - Wolff; BVerfG, Beschluss des Ersten Senats vom 5.12.2019 – 1 BvL 7/18, Rn. 5 bei Juris – Harbarth; BVerfGE 109, 130 (131) – Di Fabio; 108, 122 (126) – Jentsch; 102, 192 (194) – Jentsch.

116 Lechner/Zuck/Zuck § 19 Rn. 8; aA zur Vermeidung eines der Verzögerung des Verfahrens dienenden Aufsparens von Ablehnungsgesuchen Barczak BVerfGG/Kliegel § 19, Fn. 155 zu Rn. 51, und Burkiczak/Dollinger/Schorkopf Heusch/BVerfGG § 19, Fn. 213 zu Rn. 41, mit Blick auf die mögliche Klärung öffentlicher Befangenheitsvorwürfe.

nach Abs. 3 für befangen, so ist er der gesetzliche Richter im Sinne des Art. 101 Abs. 1 Satz 2 GG. Seine Auswechslung durch einen anderen Richter würde gegen Art. 101 Abs. 1 Satz 2 GG verstoßen. Insofern ist über die potenzielle Befangenheit des Richters nicht zu entscheiden. **Für eine derartige Vorklärung** existiert in Wahrheit auch **kein praktisches Bedürfnis**. Hierfür würde es ausreichen, wenn das Gericht die Umstände, die eine Besorgnis der Befangenheit begründen könnten, den Beteiligten mitteilt und ihnen die Entscheidung überlässt, ob sie den Richter ablehnen oder nicht. Unbedenklich ist daher, wenn ein Richter zusätzlich zu einem Ablehnungsgesuch eines Beteiligten selbst auch um eine Entscheidung nach § 19 bittet.[117]

Die **Zuständigkeit für die Entscheidung** über das Ablehnungsgesuch liegt 29
im Verfahren der Verfassungsbeschwerde bei der Kammer, solange der Senat nicht über die Annahme der Verfassungsbeschwerde entschieden hat (§ 93d Abs. 2 Satz 1).[118] In den übrigen Verfahren richtet sich die Zuständigkeit nach der Entscheidungskompetenz in der Hauptsache. Die Entscheidung ergeht außer bei Unbeachtlichkeit des Ablehnungsgesuchs jeweils **unter Ausschluss des abgelehnten Richters** (Abs. 1, 1. Halbsatz). In der Kammer wird der abgelehnte Richter durch einen im Geschäftsverteilungsplan (§ 15a Abs. 2) festgelegten Vertreter ersetzt.[119] Der Senat entscheidet in der um den abgelehnten Richter verminderten Besetzung ohne einen für ihn eintretenden Vertreter.[120] Wurden mehrere Richter eines Senats abgelehnt und stehen die Ablehnungsgesuche in einem engen sachlichen Zusammenhang, dann sind sie jeweils auch an der Entscheidung über das gegen den anderen Richter gerichtete Ablehnungsgesuch gehindert.[121] Anderenfalls entscheiden sie über das andere Ablehnungsgesuch schon deswegen mit, um der Gefahr zu begegnen, dass das Gericht durch eine Vielzahl von Ablehnungsanträgen handlungsunfähig werden könnte.[122] Bei Unbeachtlichkeit eines rechtsmissbräuchlichen Ablehnungsgesuchs ist der abgelehnte Richter nicht nach Abs. 1, 1. Halbsatz ausgeschlossen.[123]

---

117 Vgl. BVerfGE 135, 248 (254, Rn. 14) – F. Kirchhof.

118 Vgl. Beschluss der 2. Kammer des Zweiten Senats vom 11.10.2011 – 2 BvR 1010/10, Rn. 16 bei Juris – Di Fabio.

119 Vgl. unter Bezugnahme auf diese Kommentierung Beschluss der 2. Kammer des Zweiten Senats vom 24.11.2021 – 2 BvR 1319/20, Rn. 7 bei Juris – Huber; siehe auch Beschluss der 2. Kammer des Zweiten Senats vom 11.10.2011 – 2 BvR 1010/10, Rn. 16 bei Juris – Di Fabio.

120 Vgl. BVerfGE 159, 135 (147, Rn. 37) – Harbarth und Baer; 158, 253 (256, Rn. 12) – Müller; 158, 244 (248, Rn. 12) – Huber.

121 Vgl. BVerfGE 159, 135 (147, Rn. 38) – Harbarth und Baer.

122 BVerfGE 158, 253 (256, Rn. 12) – Müller einerseits und 158, 244 (248, Rn. 12) – Huber andererseits.

123 Vgl. BVerfGE 159, 221 (222 f., Rn. 5); 159, 132 (133, Rn. 5); 159, 26 (39, Rn. 35); 156, 221 (222, Rn. 2); BVerfG, Beschlüsse des Zweiten Senats vom 29.9.2022 – 2 BvC 10/20, Rn. 6 bei Juris, vom 10.6.2021 – 2 BvC 61/19, Rn. 2 bei Juris, und vom 6.10.2020 – 2 BvC 32/19, Rn. 8 bei Juris; Beschlüsse der 3. Kammer des Ersten Senats vom 23.5.2023 – 1 BvR 902/23, Rn. 1 bei Juris, und vom 21.3.2023 – 1 BvR 2294/22, Rn. 1 bei Juris; Beschlüsse der 2. Kammer des Zweiten Senats vom 9.1.2023 – 2 BvR 1451/22, Rn. 2 bei Juris, und vom 15.12.2022 – 2 BvR 2194/20, Rn. 2 bei Juris; Beschlüsse der 3. Kammer des Zweiten Senats vom 15.12.2022 – 2 BvR 2126/22, Rn. 2 bei Juris, und vom 22.11.2022 – 2 BvQ 92/22, Rn. 3.

30 Das für eine erfolgreiche Richterablehnung notwendige **Stimmenverhältnis** ergibt sich mittelbar aus Abs. 1, 2. Halbsatz, wonach bei Stimmengleichheit die Stimme des Senatsvorsitzenden den Ausschlag gibt. Daraus wird deutlich, dass die Entscheidung im Übrigen mit einfacher Mehrheit ergeht.[124] Dies gilt dann auch bei einer Entscheidung durch die Kammer. Weder das Stimmenverhältnis noch überhaupt, dass die Entscheidung mit Gegenstimmen ergangen ist, muss mitgeteilt werden.[125]

31 Als **Ergebnis der Entscheidung über ein Ablehnungsgesuch** kommen vier Varianten in Betracht, von denen nur eine in Abs. 4 Satz 1 anklingt, nämlich dass das Gericht die Ablehnung oder Selbstablehnung eines Richters für begründet erklärt.[126] Diese Entscheidungsvariante setzt zudem, ohne dass dies im Gesetz gesondert zum Ausdruck kommt, voraus, dass das Ablehnungsgesuch zulässig ist, also insbesondere dem Begründungserfordernis des Abs. 2 Satz 1 gerecht wird. Unzulässige Ablehnungsgesuche sind zu verwerfen, etwa wenn ihr Antragsteller kein Verfahrensbeteiligter ist.[127] Zulässige, aber unbegründete Ablehnungsgesuche werden zurückgewiesen.[128] Zu rechtsmissbräuchlichen Ablehnungsgesuchen wurde früher gelegentlich lediglich festgestellt, dass sie offensichtlich unzulässig sind und über sie deshalb nicht förmlich entschieden zu werden braucht.[129] Mittlerweile wird die offensichtliche Unzulässigkeit aber stets kurz begründet und das Ablehnungsgesuch auch in einem solchen Fall als unzulässig verworfen.[130] Begrifflich schief ist aber vereinzelt auch von der Zurückweisung eines unzulässigen Ablehnungsgesuchs die Rede.[131]

32 Die das Ablehnungsverfahren abschließende **Entscheidung ist** stets **zu begründen**. § 93d Abs. 1 Satz 3 gilt für das Nebenverfahren der Richterablehnung auch dann nicht, wenn die Verfassungsbeschwerde nicht zur Entscheidung angenommen wird. Eine Tenorbegründung genügt.[132]

33 Die **Rechtsfolgen einer zulässigen und begründeten Richterablehnung** sind nur unvollständig in Abs. 4 geregelt. Das Gesetz setzt die unmittelbare Wirkung der erfolgreichen Ablehnung ungeschrieben voraus: Der abgelehn-

124 So auch Barczak BVerfGG/Kliegel § 19, Fn. 44 zu Rn. 15.
125 Vgl. aber BVerfGE 156, 340 (354, Rn. 39) – Wallrabenstein.
126 Vgl. BVerfGE 156, 340 (341) – Wallrabenstein; 148, 1 (5, Rn. 12) – Müller.
127 Vgl. BVerfGE 42, 90 (90).
128 Vgl. BVerfGE 159, 135 (136) – Harbarth und Baer; 158, 253 (253) – Müller; 154, 312 (313) – Müller; 148, 290 (291) – F. Kirchhof; 142, 302 (303) – Müller; 142, 9 (10) – Huber.
129 Vgl. BVerfGE 74, 96 (100); Beschlüsse der 3. Kammer des Zweiten Senats vom 17.2.2011 – 2 BvQ 50/10, Rn. 6 bei Juris, und vom 6.5.2011 – 2 BvQ 9/11, Rn. 4 bei Juris.
130 BVerfGE 159, 221 (221) – Paulus und fünf weitere Richter; 159, 132 (132); 159, 26 (28); 156, 221 (221) – Hermanns, Langenfeld und Müller; BVerfG, Beschlüsse des Zweiten Senats vom 29.9.2022 – 2 BvC 10/20, Tenor bei Juris, und vom 7.12.2021 – 2 BvC 3/20, Tenor bei Juris; Beschluss der 1. Kammer des Zweiten Senats vom 16.4.2024 – 2 BvR 63/22, Tenor bei Juris; Beschluss der 3. Kammer des Ersten Senats vom 23.5.2023 – 1 BvR 902/23, Tenor bei Juris; Beschluss der 2. Kammer des Zweiten Senats vom 9.1.2023 – 2 BvR 1451/22, Tenor bei Juris.
131 BVerfG, Beschluss des Zweiten Senats vom 11.2.2019 – 2 BvC 1/18, Juris.
132 Vgl. BVerfG, Beschluss des Zweiten Senats vom 22.3.2018 – 2 BvC 2/18, Juris; Beschluss der 2. Kammer des Zweiten Senats vom 18.12.2018 – 2 BvR 1265/18, Juris.

te Richter darf in dem Verfahren, in dem er abgelehnt wurde, **ex nunc keine richterliche Tätigkeit mehr** entfalten.[133]

Er ist – anders als ein nach § 18 kraft Gesetzes ausgeschlossener Richter – auch dann durch einen anderen Richter **zu ersetzen**, wenn das Verfahren als **Senatsverfahren** betrieben wird.[134] Der Ersatz-Richter wird aus dem Kreis der Richter des anderen Senats mit Ausnahme des hierfür nicht zur Verfügung stehenden Senatsvorsitzenden durch Los bestimmt (Abs. 4 Sätze 1 und 2). Weitere Einzelheiten zum Losverfahren sind auf der Grundlage von Abs. 4 Satz 3 in § 38 GO-BVerfG geregelt. Im **Kammerverfahren** wird der erfolgreich abgelehnte Richter wie ein nach § 18 ausgeschlossener Richter durch seinen geschäftsplanmäßigen Vertreter ersetzt (§ 15a Abs. 2). 34

Die Verfahrensbeteiligten, insbesondere die Beschwerdeführer im Verfahren der Verfassungsbeschwerde, und ihre Bevollmächtigten sollten sich gut überlegen, ob es **prozesstaktisch** und psychologisch wirklich sinnvoll ist, einen Richter abzulehnen, bei dem keiner der verhältnismäßig einfach objektivierbaren Ausschlussgründe des § 18 vorliegt und der sich selbst nicht für befangen hält. Der Rechtsstreit rutscht durch ein Ablehnungsgesuch notgedrungen auf die Ebene persönlicher Auseinandersetzungen, die Atmosphäre ist vergiftet. Die Erfolgsaussichten einer Verfassungsbeschwerde dürften damit im Regelfall nicht besser werden. Der Verfassungsprozess eignet sich nicht für die Strategie der „Konfliktverteidigung“. 35

§ 20 [Akteneinsicht]

Die Beteiligten haben das Recht der Akteneinsicht.

§ 20 gibt den Beteiligten ein **Akteneinsichtsrecht** jedenfalls **im laufenden Verfahren**. Dritte, die nicht Beteiligte des verfassungsgerichtlichen Verfahrens sind, können Einsicht in die Gerichtsakten hingegen nur unter den engen Voraussetzungen des § 35b verlangen. Privatpersonen müssen dafür ein besonderes berechtigtes Interesse darlegen (§ 35b Abs. 1 Satz 1 Nr. 2). Gleiches soll gemäß § 35 Abs. 2 GO-BVerfG gelten, wenn ein Beteiligter erst nach Abschluss des Verfahrens Einsicht nehmen will. § 20 lässt sich eine solche zeitliche Einschränkung des Akteneinsichtsrechts der Beteiligten nur dann entnehmen, wenn man die Beteiligtenstellung für beendet hält, sobald das Verfahren abgeschlossen ist. Mit dem Abschluss des Verfahrens kann dann aber nicht die Sachentscheidung des Bundesverfassungsgerichts gemeint sein, sondern erst der Zeitpunkt, in dem auch alle Nebenentscheidungen wie etwa die Festsetzung des Gegenstandswerts getroffen worden sind.[1] 1

Das Akteneinsichtsrecht des § 20 steht den **Beteiligten** zu. Sie sollen vor Überraschungsentscheidungen geschützt werden, indem ihnen ermöglicht 2

133 BVerfGE 158, 253 (261 f., Rn. 23) – Müller; so auch Käßner, Die Rechtsprechung des Bundesverfassungsgerichts zum Ausschluss und zur Ablehnung seiner Mitglieder nach §§ 18, 19 BVerfGG, in: Scheffczyk/Wolter, Linien der Rechtsprechung des Bundesverfassungsgerichts, Band 4, 2017, S. 3 (27).

134 Vgl. zu beiden Konstellationen BVerfGE 111, 54 (80).

1 Burkiczak/Dollinger/Schorkopf BVerfGG/Peterek § 20 Rn. 15.

wird, den dem Gericht zur Entscheidung vorliegenden Prozessstoff zu überprüfen. Ausgehend von diesem Schutzzweck ist der Begriff der Beteiligten in dieser Vorschrift nicht auf die Antragsteller und – falls vorhanden – Antragsgegner sowie die nach § 77 beigetretenen Verfassungsorgane beschränkt, sondern umfasst bei der konkreten Normenkontrolle auch die nach § 82 Abs. 3 anzuhörenden Parteien des Ausgangsverfahrens und bei der Verfassungsbeschwerde den Gegner des Ausgangsverfahrens nach einer Zustellung gemäß § 94 Abs. 3.[2]

3 § 20 gibt den Beteiligten – und über § 22 auch ihren Bevollmächtigten – ein uneingeschränktes **Recht** im Sinne eines Anspruchs. In Zweifelsfällen, etwa über die Beteiligtenstellung, müsste der Senatsvorsitzende nach Rücksprache mit dem Berichterstatter entscheiden (§ 35 Abs. 1 Satz 1 GO-BVerfG). Im Normalfall wird die Akteneinsicht aber ausschließlich über die Geschäftsstellen abgewickelt.

4 Das Einsichtsrecht bezieht sich auf die **Akte**. Die Verfahrensakte wird von der Geschäftsstelle geführt. In sie werden in chronologischer Reihenfolge alle in Bezug auf das Verfahren eingegangenen oder innerhalb des Gerichts erstellten Schriftstücke und sonstige Materialien aufgenommen. Dies geschieht derzeit noch in Papierform, aber es ist eine baldige Umstellung auf elektronische Verfahrensakten gemäß § 23e Abs. 1 zu erwarten.

5 Auch zur Verwertung durch das Gericht beigezogene **Beiakten** werden für das konkrete laufende Verfahren zum Bestandteil der einzusehenden Akte. Erst nach endgültigem Abschluss des Verfahrens greift das Zustimmungserfordernis der aktenführenden Stelle nach § 35b Abs. 3 ein.

6 **Nicht** zur Akte gehört das sog. **Sonderheft**.[3] Darin werden bei Aktenführung in Papierform in einem gesonderten Umschlag, der lose der Verfahrensakte beigefügt ist und im Falle der Akteneinsicht herausgenommen wird, Voten, Entscheidungsentwürfe, Änderungsvorschläge und Notizen der Verfassungsrichter gesammelt. Auch bei elektronischer Aktenführung gemäß § 23e Abs. 1 ist das Sonderheft mit diesen Dokumenten getrennt von der Hauptakte zu führen. Diese Unterlagen dienen intern der Vorbereitung der Beratung und der Entscheidung. § 34 Satz 3 GO-BVerfG stellt klar, dass diese Materialien nicht der Akteneinsicht nach § 20 unterliegen. Sie werden erst nach Ablauf der Fristen des § 35b Abs. 5 Satz 2 im Bundesarchiv zugänglich gemacht.

7 Die Beteiligten dürfen **Einsicht** in die Akten nehmen. Einen Anspruch auf Übersendung der Akten haben sie hingegen grundsätzlich nicht. Was für die Akteneinsicht nach Abschluss des Verfahrens gilt (§ 35b Abs. 4 Satz 1), gilt erst recht im laufenden Verfahren, wenn die Akte zur Bearbeitung im Gericht benötigt wird. Die Akteneinsicht findet daher in der Regel nach Terminabsprache in den Geschäftsstellen des Bundesverfassungsgerichts statt.[4] Eine sachgerechte Prüfung der Aktenlage wird dadurch gewährleistet, dass die Ak-

2 Lechner/Zuck/Zuck § 20 Rn. 8.
3 So in Übereinstimmung mit dieser Kommentierung jetzt auch VG Karlsruhe, Beschluss vom 15.3.2022 – 19 K 1107/21, Rn. 30 ff., 41 bei Juris.
4 Unter Berufung auf diese Kommentierung jetzt auch BVerfG, Beschluss des Zweiten Senats vom 28.9.2023 – 2 BvR 739/17, Rn. 26 bei Juris.

te bzw. einzelne Bestandteile auf Wunsch des Beteiligten vor Ort kopiert werden können. Die Kopien werden dem Beteiligten in Rechnung gestellt. Teilweise ist das Gericht auch bereit, gegen Kostenerstattung selbst eine Kopie der Akte zu erstellen und zuzusenden. Besteht am Ende des Verfahrens ein Anspruch auf Erstattung notwendiger Auslagen nach § 34a, dann sind Kosten für die Anfertigung von Kopien der Aktenbestandteile sowie Reisekosten für die am Gerichtssitz erfolgte Einsicht grundsätzlich erstattungsfähig.[5] Nach Einführung der elektronischen Akte gemäß § 23e Abs. 1 wird sich diese Problematik jedenfalls in den Fällen erledigen, in denen Verfahrensbeteiligte bzw. ihre Bevollmächtigten über das aus den fachgerichtlichen Verfahren bekannte elektronische Akteneinsichtsportal Einsicht nehmen werden.

Ebenso wie nach endgültigem Abschluss des Verfahrens (vgl. § 35b Abs. 1) 8
kann als Minus zur Einsicht **Auskunft** über den Akteninhalt verlangt werden. Derartige Anfragen – etwa dazu, ob angeforderte Stellungnahmen eingegangen sind – beantworten die Geschäftsstellen auch telefonisch.

§ 21 [Wahrung von Terminen durch Beauftragte von Personengruppen]

Wenn das Verfahren von einer Personengruppe oder gegen eine Personengruppe beantragt wird, kann das Bundesverfassungsgericht anordnen, daß sie ihre Rechte, insbesondere das Recht auf Anwesenheit im Termin, durch einen oder mehrere Beauftragte wahrnehmen läßt.

§ 21 soll dem Gericht die Verfahrensführung erleichtern, wenn am Verfah- 1
ren eine Personengruppe beteiligt ist. Die Vorschrift hat aber **keine praktische Relevanz**. Rechtsfähige sowie partiell rechtsfähige Verfahrensbeteiligte werden im verfassungsgerichtlichen Verfahren durch ihre gesetzlichen oder satzungsmäßigen Vertreter vertreten. Nur bei Personengruppen, die keinen solchen Vertreter haben, etwa die mit eigenen Rechten ausgestattete Minderheit eines Bundestages, stellt sich die Frage, wie sie ihre prozessualen Rechte ausüben soll. Kann das von einer solchen Personengruppe wahrgenommene Recht nur einheitlich ausgeübt werden, eröffnet § 21 dem Bundesverfassungsgericht die Möglichkeit, anzuordnen, dass die Personengruppe einen Beauftragten benennt, auf den die **Prozessführungsbefugnis** übergeht. Dazu kommt es in der Praxis aber deshalb nicht, weil in aller Regel die Mitglieder einer Personengruppe einen Vertreter nach § 22 bevollmächtigen und es dann keines Beauftragten mehr bedarf.

Bei der Anordnung nach § 21 handelt es sich nicht um die Beiordnung eines 2
Verfahrensbevollmächtigten iSd § 22 Abs. 1. Der Beauftragte **muss** daher **die Voraussetzungen des § 22 Abs. 1 nicht erfüllen**. Er kann das Verfahren selbst führen oder seinerseits gemäß § 22 einen Prozessbevollmächtigten für die Personengruppe beauftragen.

5 BVerfG, Beschluss des Zweiten Senats vom 28.9.2023 – 2 BvR 739/17, Rn. 22 bei Juris.

§ 22 [Prozessvertretung]

(1) [1]Die Beteiligten können sich in jeder Lage des Verfahrens durch einen Rechtsanwalt oder einen Rechtslehrer an einer staatlichen oder staatlich anerkannten Hochschule eines Mitgliedstaates der Europäischen Union, eines anderen Vertragsstaates des Abkommens über den Europäischen Wirtschaftsraum oder der Schweiz, der die Befähigung zum Richteramt besitzt, als Bevollmächtigten vertreten lassen; in der mündlichen Verhandlung vor dem Bundesverfassungsgericht müssen sie sich in dieser Weise vertreten lassen. [2]Gesetzgebende Körperschaften und Teile von ihnen, die in der Verfassung oder in der Geschäftsordnung mit eigenen Rechten ausgestattet sind, können sich auch durch ihre Mitglieder vertreten lassen. [3]Der Bund, die Länder und ihre Verfassungsorgane können sich außerdem durch ihre Beamten vertreten lassen, soweit sie die Befähigung zum Richteramt besitzen oder auf Grund der vorgeschriebenen Staatsprüfungen die Befähigung zum höheren Verwaltungsdienst erworben haben. [4]Das Bundesverfassungsgericht kann auch eine andere Person als Beistand eines Beteiligten zulassen.

(2) [1]Die Vollmacht ist schriftlich zu erteilen. [2]Sie muß sich ausdrücklich auf das Verfahren beziehen.

(3) Ist ein Bevollmächtigter bestellt, so sind alle Mitteilungen des Gerichts an ihn zu richten.

1 § 22 regelt die Frage der **Vertretung der Beteiligten** vor dem Bundesverfassungsgericht und zwar unter den Aspekten, wer in verfassungsgerichtlichen Verfahren als bevollmächtigter Vertreter tätig werden darf und wann ein solcher Vertreter bestellt werden muss (Abs. 1), in welcher Weise das zu geschehen hat (Abs. 2) und welche Rechtsfolgen sich daraus ergeben (Abs. 3). Das hat insbesondere **für** in verfassungsgerichtlichen Verfahren tätige **Rechtsanwälte erhebliche Bedeutung**. Fehlt eine Vollmacht oder genügt sie nicht den Erfordernissen des § 22 Abs. 2, dann ist ein gestellter Antrag **schon deshalb unzulässig.**[1] Die gesetzliche Vertretung juristischer Personen und nicht prozessfähiger natürlicher Personen[2] betrifft § 22 hingegen nicht.

2 Abs. 1 Satz 1 ordnet durch die Aussagen in den beiden Halbsätzen an, dass in den Verfahren vor dem Bundesverfassungsgericht **grundsätzlich kein Vertretungszwang** herrscht. Nur wenn es – was bei der Verfassungsbeschwerde aufgrund der extensiv ausgelegten Sonderregelung des § 94 Abs. 5 Satz 2 nur selten geschieht – zu einer **mündlichen Verhandlung** kommt, bestimmt § 22 Abs. 1 Satz 1, 2. Halbsatz, dass sich die Beteiligten dort vertreten lassen müssen. Der Verlauf der mündlichen Verhandlung soll in den Händen qualifizierter Juristen liegen.

1 Beschluss der 3. Kammer des Ersten Senats vom 30.7.2016 – 1 BvQ 29/16, Rn. 1 bei Juris – für einen Antrag nach § 32; siehe auch Beschlüsse der 2. Kammer des Zweiten Senats vom 18.2.2020 – 2 BvR 986/19, Rn. 1 bei Juris, und vom 4.12.2014 – 2 BvR 1052/13, Rn. 1 bei Juris; Beschluss der 4. Kammer des Ersten Senats vom 21.6.2017 – 1 BvR 781/17, Rn. 2 ff. bei Juris.

2 Vgl. zur Vertretung Minderjähriger durch ihre Eltern: Beschlüsse der 1. Kammer des Ersten Senats vom 21.9.2020 – 1 BvR 528/19, Rn. 22 bei Juris, vom 31.12.2019 – 1 BvR 2852/19, Rn. 6 f. bei Juris, und vom 23.5.2013 – 1 BvR 2059/12, Rn. 14 bei Juris.

Das deckt sich im Wesentlichen mit den Vertretungsregelungen im **Menschenrechtsbeschwerdeverfahren** vor dem Europäischen Gerichtshof für Menschenrechte.[3] Auch hier besteht für das Verfahren zunächst kein Vertretungszwang, sondern nur für die mündliche Verhandlung (Art. 36 Abs. 1 und 3 VerfO-EGMR). Allerdings muss sich in Straßburg der Beschwerdeführer **ab der Zustellung** der Beschwerde an die Vertragspartei, gegen die sich die Beschwerde richtet, durch einen Anwalt vertreten lassen (Art. 36 Abs. 2 und 4 VerfO-EGMR). Das trägt in den Beschwerdeverfahren mit substantiellerem Inhalt zu einer professionelleren Verfahrensführung bei und kann deshalb auch für das Verfassungsbeschwerdeverfahren eine Vorbildwirkung haben. Das umzusetzen ist aber Sache des Gesetzgebers. 3

Im Übrigen ist es eine Selbstverständlichkeit, dass sich eine **professionelle Vertretung** in verfassungsgerichtlichen Verfahren auch dort **empfiehlt**, wo sie noch nicht gesetzlich vorgeschrieben ist. Die frühzeitige Hinzuziehung professioneller Berater führt, wie die praktische Erfahrung zeigt, dazu, dass in substanzlosen Fällen auf die Führung eines verfassungsgerichtlichen Verfahrens verzichtet wird. In Fällen, in denen eine Verletzung von Verfassungsrechten im Sinne des § 90 Abs. 1 zu Recht gerügt wird, dürfte eine professionelle Aufbereitung des Sachverhalts und der verfassungsrechtlichen Rechtslage die Erfolgsaussichten einer Verfassungsbeschwerde wegen der erheblichen Anforderungen an die ordnungsgemäße Begründung nach § 23 Abs. 1 Satz 2, 1. Halbsatz, § 92 deutlich erhöhen. 4

§ 22 Abs. 1 Satz 1, 1. Halbsatz beschränkt den Kreis der zur Vertretung berechtigten Personen grundsätzlich auf **Rechtsanwälte** (wie § 36 Abs. 4 VerfO-EGMR) und darüber hinaus auf Lehrer des Rechts an einer Hochschule. Rechtsanwälte sind die berufenen unabhängigen Berater und Vertreter auch in Rechtsangelegenheiten vor dem Bundesverfassungsgericht (§ 3 Abs. 1 BRAO). Sie müssen über eine Zulassung an einem deutschen Gericht verfügen oder gemäß § 25 Abs. 1 EuRAG als europäischer Rechtsanwalt vorübergehend in Deutschland die Tätigkeit eines Rechtsanwalts ausüben.[4] Sind diese Voraussetzungen nicht erfüllt, etwa weil der Betreffende als rumänischer Avocat dauerhaft anwaltliche Dienstleistungen in Deutschland erbringt, kann das Bundesverfassungsgericht die fehlende Postulationsfähigkeit des Bevollmächtigten vorab durch Beschluss feststellen und so dem Beteiligten Gelegenheit geben, rechtzeitig vor der mündlichen Verhandlung einen geeigneten Vertreter zu bevollmächtigen.[5] 5

Ebenso wie Rechtsanwälte müssen die ebenfalls vertretungsberechtigten **Rechtslehrer** nicht solche an einer deutschen Hochschule sein. Maßgeblich ist nach Abs. 1 Satz 1 ein Bezug zur Europäischen Union, zum Europäischen Wirtschaftsraum und zur Schweiz. Der Begriff des Rechtslehrers erfasst neben den Hochschulprofessoren auch Rechtslehrer sonstiger wissenschaftlicher Hochschulen unabhängig von ihrer konkreten Amtsbezeichnung, also auch Honorarprofessoren, Juniorprofessoren[6] und Privatdozenten, nicht 6

3 Vgl. dazu Dörr/Lenz EurVerwRS Rn. 689.
4 BVerfGE 134, 239 (240 ff., Rn. 5 ff.).
5 Vgl. BVerfGE 134, 239 (240) einerseits und BVerfGE 135, 259 (279, Rn. 31 f.) andererseits.
6 So auch Burkiczak/Dollinger/Schorkopf BVerfGG/Dittrich § 22 Rn. 23; zweifelnd BeckOK BVerfGG/B. Grünewald § 22 Rn. 15.

aber Lehrbeauftragte.[7] Nachdem das Bundesverfassungsgericht auch Fachhochschulen Wissenschaftlichkeit zugesprochen hat,[8] wird künftig **auch Rechtslehrern an Fachhochschulen** die Vertretungsbefugnis nicht mehr abgesprochen werden können.[9] Allerdings muss die Hochschule staatlich oder zumindest vom Staat anerkannt sein, und der Rechtslehrer muss die **Befähigung zum Richteramt** besitzen. Letzteres soll nach der Gesetzesbegründung[10] die Vertrautheit mit dem deutschen Recht sicherstellen.[11] Das fängt jedenfalls für die Rechtslehrer die europäische Öffnung weitgehend auf, weil mit der Befähigung zum Richteramt die Befähigung nach dem Deutschen Richtergesetz gemeint ist.[12] Erweiternde Auslegungen kommen deshalb nicht in Betracht, weil im Gesetzgebungsverfahren klar hervorgehoben worden ist, dass mit der Befähigung zum Richteramt die umfassende Ausbildung im deutschen Recht verlangt und vorausgesetzt wird.[13] Auch aus anderen einfachgesetzlichen Regelungen lässt sich die Postulationsfähigkeit vor dem Bundesverfassungsgericht nicht ableiten.[14]

7 Lässt sich ein Beteiligter durch einen Rechtsanwalt vertreten, kann er in entsprechender Anwendung der §§ 114 ff. ZPO die Bewilligung von **Prozesskostenhilfe** und Beiordnung des Rechtsanwalts beantragen (dazu näher → § 34a Rn. 118 ff.). Anderenfalls muss er die Kosten der Beauftragung des Rechtsanwalts selbst tragen, sofern das Bundesverfassungsgericht nicht zu seinen Gunsten Auslagenerstattung nach § 34a Abs. 2 oder 3 anordnet.

8 **Sätze 2 bis 3** des Abs. 1 bestimmen, in welchen Fällen sich bestimmte Beteiligte ausnahmsweise **von anderen Personen** als Rechtsanwälten und Hochschullehrern des Rechts vertreten lassen dürfen. Hierdurch werden dem staatlichen, verfassungsnahen Bereich zuzuordnende Beteiligte privilegiert.

9 Abs. 1 Satz 2 gestattet **gesetzgebenden Körperschaften**, also Bundestag, Bundesrat und Landtagen, sowie mit eigenen Rechten ausgestatteten Teilen dieser Körperschaften, also insbesondere Fraktionen, sich durch ihre Mitglieder vertreten zu lassen. Bestimmte juristische Qualifikationen muss das zur Vertretung ausgewählte Mitglied nicht aufweisen. Das Gesetz geht von einer ausreichenden Kompetenz aus der Natur der Sache heraus aus. Einzelne Abgeordnete können auch in der mündlichen Verhandlung sich selbst und andere Abgeordnete vertreten.[15]

10 Sind der **Bund**, ein **Land** oder eines ihrer **Verfassungsorgane**, also etwa der Bundespräsident, die Bundesregierung, eine Landesregierung oder eine

---

7 Beschluss der 1. Kammer des Ersten Senats vom 22.2.2017 – 1 BvR 1877/15, Rn. 3 bei Juris; Barczak BVerfGG/Naumann § 22 Rn. 11.
8 BVerfGE 126, 1 (19 ff.).
9 BeckOK BVerfGG/B. Grünewald § 22 Rn. 14; vgl. zu Rechtslehrern an einer Gesamthochschule: BVerfGE 88, 129 (135 f.).
10 BT-Drs. 17/3356, S. 19.
11 Beschluss der 1. Kammer des Ersten Senats vom 22.2.2017 – 1 BvR 1877/15, Rn. 3 bei Juris.
12 Vgl. zur gleichlautenden Rechtslage nach § 67 Abs. 1 Satz 1 VwGO Kopp/Schenke VwGO/Schenke § 67 Rn. 9.
13 BT-Drs. 17/3556, S. 19; so auch Burkiczak/Dollinger/Schorkopf BVerfGG/Dittrich § 22 Rn. 25; Barczak BVerfGG/Naumann § 22 Rn. 12.
14 Vgl. BVerfGE 154, 372 (378, Rn. 22).
15 BVerfGE 10, 4 (11).

gesetzgebende Körperschaft im Sinne des Satzes 2 Beteiligte des Verfahrens, können sie sich nicht nur durch Rechtsanwälte, Hochschullehrer des Rechts oder, sofern es sich um eine gesetzgebende Körperschaft handelt, durch ihre Mitglieder vertreten lassen, sondern nach Abs. 1 **Satz 3** auch durch ihre Beamten. Beamte in diesem Sinne sind auch Mitglieder einer Regierung.[16] Als persönliche Qualifikation des vertretungsberechtigten Beamten ist aber die Befähigung zum Richteramt oder zum höheren Verwaltungsdienst vorgeschrieben. Gemeinden fallen nicht unter die Regelung des Abs. 1 Satz 3; sie können sich deshalb nicht durch ihre Beamten vertreten lassen.[17]

Unabhängig davon, ob es sich beim Beteiligten um eine natürliche oder 11 juristische Person oder einen der in den Sätzen 2 und 3 des Abs. 1 genannten Beteiligten handelt, kann er beim Bundesverfassungsgericht nach Abs. 1 **Satz 4** die Zulassung einer „anderen Person" als **Beistand** beantragen. Die Andersartigkeit des Beistands liegt darin, dass sie nicht die persönlichen Eigenschaften der nach den Sätzen 1 bis 3 vertretungsberechtigten Personen besitzen muss. Auch im Verfahren vor dem Europäischen Gerichtshof für Menschenrechte gibt es eine solche Möglichkeit der Zulassung **formal nicht ausreichend qualifizierter Personen** (Art. 36 Abs. 4 Buchst. a VerfO-EGMR).

Der **Antrag** auf Zulassung als Beistand kann auch konkludent gestellt sein.[18] 12 Lässt ein Beschwerdeführer die Verfassungsbeschwerde durch einen Dritten einreichen und betont darin die besondere Sachkompetenz dieser Person, möchte er sich dieser Person ersichtlich als Beistand bedienen, wenn die Voraussetzungen des Abs. 1 Satz 1 nicht erfüllt sind.[19] Von juristisch vorgebildeten Beteiligten wird allerdings erwartet, dass sie den Unterschied zwischen Vertreter und Beistand kennen, so dass bei ihnen die Umdeutung der Bevollmächtigung einer nicht nach den Sätzen 1 bis 3 vertretungsberechtigten Person in einen Antrag auf Zulassung als Beistand abgelehnt wird.[20] Jedenfalls muss der Antrag auf Zulassung innerhalb der für das jeweilige Verfahren geltenden Frist gestellt werden.[21] Daher muss der Antrag im Verfahren der Verfassungsbeschwerde innerhalb der Fristen des § 93 gestellt und der Beistand nach § 22 Abs. 2 bevollmächtigt werden.[22] Der Antrag wird gegenstandslos, wenn die als Beistand vorgesehene Person noch innerhalb der Antragsfrist als Rechtsanwalt zugelassen wird.[23]

---

16 BVerfGE 1, 14 (31).
17 Vgl. Beschluss der 1. Kammer des Ersten Senats vom 28.12.2012 – 1 BvR 2620/11, Rn. 2 f. bei Juris.
18 Vgl. BVerfG, Beschluss des Zweiten Senats vom 7.12.2022 – 2 BvC 2/20 ua, Rn. 1 bei Juris; Beschluss der 1. Kammer des Ersten Senats vom 5.10.2021 – 1 BvR 1755/21, Rn. 1 bei Juris.
19 Vgl. BVerfG, Beschluss des Zweiten Senats vom 7.12.2022 – 2 BvC 2/20 ua, Rn. 1 bei Juris; BVerfGE 154, 372 (378, Rn. 23).
20 BVerfGE 37, 361 (362 f.).
21 BVerfG, Beschluss des Zweiten Senats vom 7.12.2021 – 2 BvC 3/20, Rn. 2 bei Juris.
22 Vgl. Beschluss der 1. Kammer des Ersten Senats vom 28.12.2012 – 1 BvR 2620/11, Rn. 3 f. bei Juris; vgl. zur Notwendigkeit einer Vollmacht auch BVerfG, Beschluss des Zweiten Senats vom 7.12.2022 – 2 BvC 2/20 ua, Rn. 1 bei Juris.
23 Beschluss der 2. Kammer des Zweiten Senats vom 9.3.2022 – 2 BvR 1668/17, Rn. 7 bei Juris.

13 Die **Entscheidung** des Bundesverfassungsgerichts über den Antrag auf Zulassung als Beistand muss auch bei einer Nichtannahme der Verfassungsbeschwerde stets begründet werden, da § 93d Abs. 1 Satz 3 für diese Nebenentscheidung nicht gilt. Sie muss aber nicht vorab erfolgen, sondern kann Teil der Entscheidung über den Sachantrag des Beteiligten sein, also etwa in den Tenor der Nichtannahme der Verfassungsbeschwerde aufgenommen werden.[24]

14 Die Zulassung als Beistand liegt im pflichtgemäßen **Ermessen** des Bundesverfassungsgerichts („kann").[25] Ein Anspruch auf Zulassung als Beistand lässt sich nicht daraus ableiten, dass die bevollmächtigte Person in einem dem verfassungsgerichtlichen Verfahren vorgelagerten Verfahren bevollmächtigt war.[26] Das Gesetz gibt für die Ausübung des Ermessens keine Kriterien vor. Das Gericht ist mit der Zulassung zurückhaltend und verlangt, dass eine Vertretung durch eine der in Abs. 1 Satz 1 genannten Personen unzumutbar ist.[27] Für die Zulassung des Beistands muss nicht nur subjektiv auf Seiten des Beteiligten ein Bedürfnis bestehen, sondern sie muss auch objektiv sachdienlich sein,[28] also erwarten lassen, dass sie für das Verfahren förderlich sein wird. Dazu muss der Beistand in der Lage sein, dem Beteiligten vor dem Bundesverfassungsgericht juristisch qualifiziert beizustehen.[29] Wenn auch die Zulassung eines Beistands an den fehlenden Erfolgsaussichten nichts ändern könnte, dann kann sie nicht objektiv sachdienlich sein; ohne Weiteres feststellbar ist das für das Bundesverfassungsgericht aber vor allen Dingen in Wahlprüfungsverfahren, in denen durch ein Berichterstatterschreiben die Gründe für die fehlenden Erfolgsaussichten mitgeteilt worden sind.[30] Das Vorliegen der subjektiven und objektiven Voraussetzungen der Zulassung ist vom Beschwerdeführer oder Antragsteller substantiiert dazulegen.[31] Der Zulassungsantrag wird abgelehnt, wenn nicht dargetan werden kann, warum es den Beteiligten unzumutbar wäre, sich durch einen Rechtsanwalt oder

---

24 Vgl. zB Beschluss der 3. Kammer des Zweiten Senats vom 29.6.2023 – 2 BvR 760/23, Juris; Beschluss der 1. Kammer des Ersten Senats vom 4.7.2022 – 1 BvR 504/22, Juris.

25 BVerfGE 154, 372 (378 f., Rn. 25); Beschluss der 2. Kammer des Ersten Senats vom 20.10.2022 – 1 BvR 599/22, Rn. 1 bei Juris; Beschluss der 3. Kammer des Ersten Senats vom 10.5.2021 – 1 BvR 690/20, Rn. 1 bei Juris; Beschluss der 2. Kammer des Zweiten Senats vom 16.4.2018 – 2 BvR 492/18, Rn. 1 bei Juris.

26 Vgl. BVerfGE 154, 372 (379, Rn. 26).

27 Vgl. Beschluss der 3. Kammer des Zweiten Senats vom 29.6.2023 – 2 BvR 760/23, Juris; Beschluss der 2. Kammer des Ersten Senats vom 20.10.2022 – 1 BvR 599/22, Rn. 1 bei Juris; Beschluss der 1. Kammer des Ersten Senats vom 4.7.2022 – 1 BvR 504/22, Rn. 1 bei Juris; Beschluss der 2. Kammer des Zweiten Senats vom 1.9.2021 – 2 BvR 1019/21, Rn. 1 bei Juris.

28 BVerfG, Beschluss des Zweiten Senats vom 8.6.2022 – 2 BvC 54/19, Rn. 1 bei Juris; BVerfGE 154, 372 (378, Rn. 25); grundlegend BVerfGE 68, 360 (361); siehe auch Beschluss der 3. Kammer des Zweiten Senats vom 29.6.2023 – 2 BvR 760/23, Juris; Beschluss der 2. Kammer des Zweiten Senats vom 9.1.2023 – 2 BvR 2244/20, Rn. 1 bei Juris; Beschluss der 2. Kammer des Ersten Senats vom 20.10.2022 – 1 BvR 599/22, Rn. 1 bei Juris; Beschlüsse der 1. Kammer des Ersten Senats vom 4.7.2022 – 1 BvR 504/22, Rn. 1 bei Juris, und vom 9.8.2021 – 1 BvR 1163/21, Rn. 1 bei Juris.

29 Vgl. Beschluss der 2. Kammer des Ersten Senats vom 19.4.2021 – 1 BvR 679/21, Rn. 7 bei Juris.

30 BVerfG, Beschlüsse des Zweiten Senats vom 7.12.2022 – 2 BvC 2/20 ua, Rn. 1 und 3 bei Juris, und vom 8.6.2022 – 2 BvC 54/19, Rn. 1 bei Juris.

31 BVerfGE 154, 372 (379, Rn. 25).

durch einen Rechtslehrer vertreten zu lassen.[32] Weder der Umstand, dass für einen Rechtsanwalt Kosten aufzubringen sind, noch ein besonderes Vertrauensverhältnis zum Beistand sollen eine solche Unzumutbarkeit begründen.[33] Offenkundig ist die fehlende Unzumutbarkeit, wenn neben dem Beistand ein Rechtsanwalt beauftragt wird.[34] Zulassungsanträge haben daher praktisch kaum Aussicht auf Erfolg.

Wird eine Person als Beistand zugelassen, ist sie nur insofern nicht vollwertiger Vertreter des Beteiligten, als sie ihn nicht in der mündlichen Verhandlung vertreten kann.[35] Dort bleibt es bei den zwingenden Vertretungsregeln der Sätze 1 bis 3; das ergibt sich aus § 22 Abs. 1 Satz 1, 2. Halbsatz. **Außerhalb der mündlichen Verhandlung** stehen aber Vortrag, Erklärungen und Anträge des Beistands denen eines Vertreters gleich; der Beistand **vertritt** insoweit **den Beteiligten**.[36] 15

Nach **Abs. 2 Satz 1** bedarf die Vollmacht, durch die rechtsgeschäftlich die Vertretungsmacht für das verfassungsgerichtliche Verfahren begründet wird, zu ihrer Wirksamkeit **der Schriftform**.[37] Sie musste dem Gericht daher nach bisherigem Verständnis vom Beteiligten unterzeichnet im **Original** übersandt werden.[38] Diese Vorschrift wird aber mit Wirkung ab 1.8.2024 von den Regelungen zur Einführung des elektronischen Rechtsverkehrs mit dem Bundesverfassungsgericht (§ 23a ff.) überlagert. Nach § 23a Abs. 1 können schriftlich einzureichende Anträge, Erklärungen sowie sonstige Schriftsätze und ihre Anlagen nunmehr elektronisch übermittelt werden, und Rechtsanwälte, Behörden und juristische Personen des öffentlichen Rechts sind gemäß § 23c Satz 1 zur Nutzung dieses Übermittlungswegs verpflichtet. Eine Vollmacht iSd § 22 Abs. 2 wird hiervon zumindest als Anlage zu den schriftlich einzureichenden Schriftsätzen umfasst. Dies hätte der Gesetzgeber zwar einfach durch eine entsprechende Regelung entweder in § 22 Abs. 2 oder in § 23a Abs. 2 und § 23c Satz 1 klarstellen können. Die Problematik war spätestens bekannt, als der Rechtsausschuss des Bundesrates in seiner Beschlussempfehlung die Frage aufwarf, inwiefern die Bevollmächtigung des Vertreters künftig auf elektronischem Wege nachgewiesen werden kann.[39] Eine brauchbare Antwort erhielt der Bundesrat nicht. Auch ohne die wünschenswerte Klarstellung sind § 23a Abs. 1 und § 23c Satz 1 aber so zu verstehen, dass sie sämtliche bisher schriftlich einzureichende Dokumente umfassen und damit auch die Vollmacht des Vertreters. Eine andere Auslegung der Vorschriften würde dem Regelungszweck der Vereinfachung und Vereinheitlichung des Rechtsverkehrs durch seine Digitalisierung und den damit verbundenen 16

---

32 Beschlüsse der 2. Kammer des Zweiten Senats vom 9.3.2022 – 2 BvR 1668/17, Rn. 5 bei Juris, und vom 1.9.2021 – 2 BvR 1019/21, Rn. 1 bei Juris.

33 Beschluss der 1. Kammer des Ersten Senats vom 4.7.2022 – 1 BvR 504/22, Rn. 1 bei Juris.

34 Beschluss der 2. Kammer des Zweiten Senats vom 9.3.2022 – 2 BvR 1668/17, Rn. 6 bei Juris.

35 Ebenso Burkiczak/Dollinger/Schorkopf BVerfGG/Dittrich § 22 Rn. 38.

36 BVerfGE 8, 92 (94).

37 BVerfGE 144, 20 (190, Rn. 501) – NPD-Verbotsverfahren.

38 BVerfGE 152, 1 (5 f., Rn. 19); siehe auch Beschluss der 2. Kammer des Zweiten Senats vom 18.2.2020 – 2 BvR 986/19, Rn. 1 bei Juris; Beschluss der 2. Kammer des Ersten Senats vom 24.6.2019 – 1 BvQ 51/19, Rn. 8 bei Juris; Beschluss der 3. Kammer des Zweiten Senats vom 6.5.2016 – 2 BvR 890/16, Rn. 15 bei Juris.

39 Vgl. BT-Drs. 20/9043, S. 20.

praktischen Bedürfnissen widersprechen. Es ist daher nicht zu erwarten, dass das Bundesverfassungsgericht einem Vertreter, der seine Vollmacht elektronisch übermittelt, aufgibt, die Vollmacht zusätzlich in Schriftform einzureichen, nur um sie dann nach Einführung der elektronischen Akte einzuscannen und in ein elektronisches Dokument umzuwandeln. Erst recht wird das Bundesverfassungsgericht nicht so verfahren, wenn der Bevollmächtigte auch noch anwaltlich versichert, dass das elektronisch übermittelte Dokument mit der ihm vorliegenden Originalvollmacht übereinstimmt.

17 Erforderlich ist eine **Spezialvollmacht**. Sie muss nach **Abs. 2 Satz 2** erkennen lassen, dass sie sich konkret auf das betriebene verfassungsgerichtliche Verfahren bezieht[40] (zB Vertretung im Verfassungsbeschwerdeverfahren gegen das Urteil des Bundesgerichtshofs, Datum und Aktenzeichen, und Vorentscheidungen). Eine allgemeine rechtsgeschäftliche Vollmacht,[41] eine nur auf das vorangegangene fachgerichtliche Verfahren bezogene[42] oder eine allgemeine Prozessvollmacht genügen nicht, ebenso wenig eine allgemein „wegen Verfassungsbeschwerde" erteilte Vollmacht.[43] Dies wird häufig auch von Rechtsanwälten übersehen.

18 Die schriftliche Vollmacht muss nicht innerhalb der für den Sachantrag geltenden Fristen – bei der Verfassungsbeschwerde etwa denen des § 93 – bei Gericht eingehen, sondern **kann nachgereicht werden, und zwar grundsätzlich bis zu einer mündlichen Verhandlung[44] oder bis zum Ergehen einer Entscheidung.**[45] Deshalb kann der Rechtsanwalt als Bevollmächtigter eines Beschwerdeführers die Beschwerde ohne Vorlage der Vollmacht erheben und zunächst die Eingangsbestätigung des Gerichts abwarten, in der auch das Aktenzeichen mitgeteilt wird. Die Vollmacht kann dann unter Angabe des Aktenzeichens vom Beschwerdeführer unterzeichnet und vom Rechtsanwalt eingereicht werden. Es empfiehlt sich in solchen Fällen, schon in der Beschwerdeschrift mitzuteilen, dass die Vollmacht nach Übermittlung des Aktenzeichens nachgereicht wird. In Eilverfahren sollte besser vorab telefonisch angekündigt werden, dass die Vollmacht nachgereicht wird.[46] Der Antrag auf Erlass einer einstweiligen Anordnung scheitert aber nicht daran, dass die für das Hauptsacheverfahren notwendige Vollmacht noch nicht eingereicht wurde.[47] Weil die schriftliche Vollmacht nicht innerhalb

40 BVerfGE 152, 1 (6, Rn. 19).
41 Vgl. Beschluss der 3. Kammer des Zweiten Senats vom 14.11.2001 – 2 BvR 1898/01, Rn. 2 bei Juris.
42 Vgl. Beschluss der 2. Kammer des Zweiten Senats vom 18.2.2020 – 2 BvR 986/19, Rn. 1 bei Juris.
43 Vgl. Beschlüsse der 3. Kammer des Ersten Senats vom 7.9.2022 – 1 BvR 1654/22, Rn. 22 bei Juris, und vom 4.10.2016 – 1 BvR 2778/13, Rn. 15 bei Juris; Beschlüsse der 2. Kammer des Zweiten Senats vom 4.12.2014 – 2 BvR 1052/13, Rn. 1 bei Juris, und vom 24.10.2014 – 2 BvR 2446/14, Rn. 1 bei Juris.
44 BVerfGE 152, 1 (5 f., Rn. 19).
45 BVerfGE 62, 194 (200); 50, 381 (383); Beschluss der 3. Kammer des Ersten Senats vom 7.9.2022 – 1 BvR 1654/22, Rn. 22 bei Juris; Beschluss der 3. Kammer des Zweiten Senats vom 6.5.2016 – 2 BvR 890/16, Rn. 15 bei Juris.
46 Vgl. Beschluss der 3. Kammer des Zweiten Senats vom 6.5.2016 – 2 BvR 890/16, Rn. 16 bei Juris.
47 Vgl. Beschluss der 3. Kammer des Ersten Senats vom 7.9.2022 – 1 BvR 1654/22, Rn. 22 bei Juris.

der für den Sachantrag geltenden Fristen eingereicht werden muss, stellt sich im Verfahren beim Bundesverfassungsgericht nicht die im Menschenrechtsbeschwerdeverfahren vom EGMR bejahte Frage, ob in dringlichen Fällen auch ein lediglich plausibler Nachweis der Originalvollmacht ausreicht, sofern die eigentliche Vollmacht dann auch nach Fristablauf nachgereicht wird. Die Straßburger Richter haben es ausreichen lassen, dass ein Anwalt ein ihm per WhatsApp übermitteltes Foto der Vollmacht fristgerecht vorgelegt hat.[48]

Das Bundesverfassungsgericht prüft das Vorliegen einer Vollmacht **von Amts wegen**,[49] weist auf etwaige Mängel hin und setzt, wenn eine ordnungsgemäße Vollmacht nicht aktenkundig ist, Fristen, innerhalb derer die Vollmacht nachzureichen ist.[50] Bei Anträgen auf Erlass einer einstweiligen Anordnung kann diese Fristsetzung auch im Tenor der antragsgemäß erlassenen einstweiligen Anordnung gesetzt werden, etwa in Abschiebungssachen.[51] Wird die Frist versäumt, kann etwa die von einem nicht legitimierten Vertreter erhobene Verfassungsbeschwerde als **unzulässig** beurteilt und nicht zur Entscheidung angenommen oder ein Antrag als unzulässig verworfen werden.[52] Das gilt auch für Organstreitverfahren.[53] Maßgebend ist aber auch dann, ob die schriftliche Vollmacht im Zeitpunkt der Entscheidung vorliegt, nicht der Ablauf der Frist als solcher.[54] Bei Verfassungsorganen ist für die Frage, wer die Befugnis zur Unterzeichnung von Prozessvollmachten gemäß § 22 hat, auch die bisherige Staatspraxis zu berücksichtigen.[55] Bei mehrfacher Wiederholung einer nicht ordnungsgemäßen Vertretung soll auch die Auferlegung einer Missbrauchsgebühr nach § 34 Abs. 2 in Betracht kommen.[56] 19

Gerichtliche Mitteilungen, etwa die Bekanntgabe einer Entscheidung gemäß § 30 Abs. 3, sind nach **Abs. 3 an den Bevollmächtigten** zu richten. Wird dennoch an den Beteiligten selbst zugestellt, wird die Mitteilung ihm gegenüber nicht wirksam. Dem Prozessvertreter steht im schriftlichen Verfahren ein nach Abs. 1 Satz 4 zugelassener Beistand gleich.[57] Es wäre unsinnig, den Prozessvortrag und die Anträge des Beistands dem Beteiligten zuzurechnen, die Antworten des Gerichts aber dennoch dem Beteiligten zuzuleiten und gewissermaßen übers Eck zu kommunizieren. 20

---

48 EGMR NVwZ 2018, 1375, Tz 67 bis 74 – J.R. ua.

49 BVerfGE 144, 20 (190, Rn. 501) – NPD-Verbotsverfahren.

50 Vgl. Beschluss der 2. Kammer des Zweiten Senats vom 18.2.2020 – 2 BvR 986/19, Rn. 1 bei Juris; vgl. zu einer ausnahmsweise unterbliebenen Fristsetzung: BVerfGE 152, 1 (18, Rn. 24).

51 Beschlüsse der 1. Kammer des Zweiten Senats vom 14.12.2016 – 2 BvR 2563/16 und 2 BvR 2557/16, jeweils Juris.

52 BVerfGE 62, 194 (200); vgl. auch BVerfG, Beschluss des Ersten Senats vom 20.9.2007 – 1 BvR 1644/00, Rn. 3 bei Juris; Beschluss der 2. Kammer des Zweiten Senats vom 18.2.2020 – 2 BvR 986/19, Rn. 1 bei Juris; Beschluss der 1. Kammer des Ersten Senats vom 26.7.2018 – 1 BvR 1534/17, Rn. 2 bei Juris; Beschlüsse der 1. Kammer des Zweiten Senats vom 2.7.2012 – 2 BvR 2377/10, Rn. 9 bei Juris, und vom 26.7.2010 – 2 BvR 2244/08, Rn. 1 bei Juris.

53 BVerfG, Beschluss des Zweiten Senats vom 20.6.2012 – 2 BvE 1/12, Rn. 1 bei Juris.

54 So auch Burkiczak/Dollinger/Schorkopf BVerfGG/Dittrich § 22 Rn. 52.

55 BVerfGE 144, 20 (191, Rn. 505) – NPD-Verbotsverfahren.

56 Vgl. Beschluss der 2. Kammer des Ersten Senats vom 29.7.2020 – 1 BvR 1445/20, Rn. 3 ff. bei Juris.

57 Lechner/Zuck/Zuck § 22 Rn. 13; Barczak BVerfGG/Naumann § 22 Rn. 26; aA Schmidt-Bleibtreu/Klein/Bethge BVerfGG/Klein § 22 Rn. 14 (Stand: März 1992).

§ 23 [Einleitung des Verfahrens]

(1) [1]Anträge, die das Verfahren einleiten, sind schriftlich beim Bundesverfassungsgericht einzureichen. [2]Sie sind zu begründen; die erforderlichen Beweismittel sind anzugeben.

(2) Der Vorsitzende oder, wenn eine Entscheidung nach § 93c in Betracht kommt, der Berichterstatter stellt den Antrag dem Antragsgegner, den übrigen Beteiligten sowie den Dritten, denen nach § 27a Gelegenheit zur Stellungnahme gegeben wird, unverzüglich mit der Aufforderung zu, sich binnen einer zu bestimmenden Frist dazu zu äußern.

(3) [1]Der Vorsitzende oder der Berichterstatter kann jedem Beteiligten aufgeben, binnen einer zu bestimmenden Frist die erforderliche Zahl von Abschriften seiner Schriftsätze und der angegriffenen Entscheidungen für das Gericht und für die übrigen Beteiligten nachzureichen. [2]Das gilt nicht für elektronisch übermittelte Dokumente.

I. Regelungsgehalt

1 § 23 fasst verschiedene Regelungen zusammen, die die **Einleitung und** den **Ablauf des Verfassungsprozesses** betreffen. Diese Regelungen gelten **für alle Verfahrensarten.**

2 Die Vorschrift verfolgt **in den einzelnen Absätzen unterschiedliche Zielrichtungen**. In Abs. 1 richtet sie sich an den Antragsteller und legt ihm prozessuale Pflichten auf, die Zulässigkeitsvoraussetzungen darstellen (dazu → Rn. 6 ff.). In Abs. 2 richtet sich die Vorschrift demgegenüber an das Bundesverfassungsgericht und beschreibt verfahrensleitende Maßnahmen, die der Senatsvorsitzende oder der Berichterstatter zu ergreifen haben (dazu → Rn. 24 ff.). Abs. 3 ermöglicht es schließlich, allen Beteiligten bestimmte prozessuale Auflagen zu erteilen (dazu → Rn. 39 ff.).

II. Verfahrenseinleitende Anträge, Abs. 1 Satz 1

3 Die Regelung des Abs. 1 Satz 1 setzt ungeschrieben voraus, dass es für sämtliche Verfahren vor dem Bundesverfassungsgericht eines verfahrenseinleitenden Antrags bedarf (**Antragsgrundsatz**; → § 17 Rn. 27). Das Bundesverfassungsgericht kann nicht von Amts wegen einen Verfassungsprozess einleiten.

4 Verfahrenseinleitende Anträge zeichnen sich dadurch aus, dass sie den Verfahrensgegenstand bestimmen. Deshalb erfasst Abs. 1 Satz 1 auch Anträge innerhalb eines schon anhängigen Verfahrens, die den Verfahrensgegenstand neu bestimmen, also **auch Antragsänderungen**[1] **und Antragserweiterungen**. Für sonstige Anträge wie zum Beispiel Beweisanträge oder die Ableh-

1 Vgl. BVerfGE 154, 17 (80 f., Rn. 87).

nung eines Richters (§ 19) gilt die Vorschrift jedoch nicht, so dass sie etwa auch in einer mündlichen Verhandlung gestellt werden können.[2]

Ein **verfahrenseinleitender Antrag** im Sinne des Abs. 1 Satz 1 liegt unabhängig davon vor, ob er, wie es im Verfahren der Verfassungsbeschwerde meist der Fall ist, **von einem Bürger oder** in anderen Verfahrensarten **von einem Hoheitsträger** eingereicht wird. Auch bei der konkreten Normenkontrolle spricht das Gesetz in Bezug auf die Richtervorlage von einem Antrag (§ 80 Abs. 3, § 81a). 5

Abs. 1 Satz 1 schreibt für Anträge, die ein Verfahren vor dem Bundesverfassungsgericht einleiten, die **Schriftform** vor. Für die Wahrung dieser Form ist maßgeblich, dass aus dem Schriftstück der Inhalt der Erklärung und die Person, von der die Erklärung ausgeht, zuverlässig entnommen werden kann. Zudem muss sichergestellt sein, dass es sich nicht nur um einen Entwurf, sondern um ein mit Wissen und Wollen des Antragstellers dem Gericht zugeleitetes Schriftstück handelt.[3] Durch die am 1.8.2024 in Kraft getretene Einführung des elektronischen Rechtsverkehrs mit dem Bundesverfassungsgericht ist das Schriftformerfordernis aber erheblich modifiziert worden, weil gemäß § 23a Abs. 1 schriftlich einzureichende Anträge und damit auch verfahrenseinleitende Anträge im Sinne des Abs. 1 Satz 1 als **elektronische Dokumente** eingereicht werden können. Rechtsanwälte, Behörden und juristische Personen des öffentlichen Rechts sind zur Nutzung des elektronischen Rechtsverkehrs verpflichtet (§ 23c Satz 1), so dass die früher im Zusammenhang mit der Schriftform zu beachtenden Anforderungen nur noch selten problematisch werden dürften. 6

Für die Wahrung der Schriftform ist auch schon abgesehen von der nach § 23a Abs. 1 bestehenden Möglichkeit der elektronischen Übermittlung nicht zwingend eine eigenhändige Unterschrift erforderlich. Gegebenenfalls kann sich die Urheberschaft zuverlässig auch aus anderen Umständen ergeben und ein bloßer Entwurfscharakter des Schriftstücks ausgeschlossen werden. **In der Regel** ist die **eigenhändige Unterschrift** aber der sicherste Weg, um Probleme hinsichtlich des Schriftformerfordernisses zu vermeiden. 7

Eine Übersendung des Antrags per **Telefax** wahrt die Schriftform, und der Antrag geht schon dann formgerecht beim Bundesverfassungsgericht ein, wenn er auf dem Empfangsgerät des Bundesverfassungsgerichts gespeichert ist. Der Antragsteller sollte bei fristgebundenen Anträgen, etwa der Verfassungsbeschwerde (vgl. § 93 Abs. 1 und 3), mit dem Übermittlungsvorgang aber so frühzeitig beginnen, dass er eine zeitliche Reserve auch für den Fall einkalkuliert, dass das Empfangsgerät des Bundesverfassungsgerichts belegt ist. Anderenfalls riskiert er eine Versäumung der Frist, und auch sein Antrag auf Wiedereinsetzung in den vorigen Stand nach § 93 Abs. 2 könnte nach der insoweit sehr strengen Rechtsprechung des Bundesverfassungsgerichts zurückgewiesen werden (→ § 93 Rn. 61 ff.). Infolge der Einführung des elektronischen Rechtsverkehrs beim Bundesverfassungsgericht durch die am 1.8.2024 in Kraft getretenen §§ 23a ff. wird auch diese Problematik aber an Bedeutung verlieren. 8

2 Vgl. Barczak BVerfGG/Diehl § 23 Rn. 10, 12.

3 Vgl. Beschluss der 3. Kammer des Ersten Senats vom 18.4.2007 – 1 BvR 110/07, Rn. 153 bei Juris, zu § 130 Nr. 6 ZPO; grundlegend BVerfGE 15, 288 (291 f.).

9 Auch eine Übermittlung per **Computerfax** genügt der Schriftform.[4] Dafür muss aber auch die Unterschrift des Antragstellers eingescannt und mit dem Inhalt des Antrags erkennbar verbunden werden. Dies ist nicht der Fall, wenn die Unterschrift auf einem gesonderten Blatt eingescannt und so per Computerfax übermittelt wird.

10 Verfahrenseinleitende Anträge können **nicht** formwirksam per **E-Mail**[5] übersandt werden, und bis zur Einführung des elektronischen Rechtsverkehrs beim Bundesverfassungsgericht war dies auch nicht per De-Mail zulässig.[6] Jeder, der eine E-Mail an das Bundesverfassungsgericht schickt, wird in einer automatisierten Antwort-Mail ausdrücklich darauf hingewiesen, dass dieser Weg nicht für Anträge zur Verfügung steht. Dieser Hinweis befindet sich auch auf der Homepage des Gerichts. Die Einführung des elektronischen Rechtsverkehrs hat daran nur im Hinblick auf die Verwendung von De-Mails etwas geändert (§ 23a Abs. 4 Nr. 1).

11 Der Antrag muss nach Abs. 1 Satz 1 **beim Bundesverfassungsgericht** eingereicht werden. Das bedeutet zunächst, dass der Antrag an das Bundesverfassungsgericht als Adressaten gerichtet sein muss. Außerdem muss er mit Wissen und Wollen des Antragstellers in den Machtbereich des Bundesverfassungsgerichts gelangen. Erst dieser Zeitpunkt ist für die ggf. fristgebundene Einreichung des Antrags auch dann maßgeblich, wenn der Antragsteller ihn fälschlich bei einem anderen Gericht oder einer anderen Behörde eingereicht hat und er von dort an das Bundesverfassungsgericht weitergeleitet wird.

III. Begründungspflicht, Abs. 1 Satz 2

12 Nach Abs. 1 Satz 2, 1. Halbsatz muss der verfahrenseinleitende Antrag begründet werden. Diese allgemeine, für alle Verfahrensarten geltende **Begründungspflicht** wird durch besondere Anforderungen an die Begründung ergänzt, die sich aus den Regelungen zu den jeweiligen Verfahrensarten ergeben. So ist der Umfang der Begründungspflicht beispielsweise bei der Verfassungsbeschwerde aus § 92 iVm § 23 Abs. 1 Satz 2, 1. Halbsatz und bei der Richtervorlage aus § 80 Abs. 2 iVm § 23 Abs. 1 Satz 2, 1. Halbsatz abzuleiten. Schon aus dem Zusammenwirken dieser Vorschriften folgt daher, dass für die Zulässigkeit des Antrags nicht allein das Vorhandensein einer irgendwie gearteten Begründung genügt. Die Begründung muss vielmehr substantiiert sein.

13 Auch der Wortlaut der ergänzenden Vorschriften zu den einzelnen Verfahrensarten ist aber im Hinblick auf den genauen Umfang der notwendigen Begründung wenig aussagekräftig. Hierfür muss der Antragsteller vielmehr die **Maßstäbe** kennen, die das **Bundesverfassungsgericht** aus diesen Vorschriften **entwickelt** hat (vgl. im Einzelnen → § 92 Rn. 15 ff.; → § 80 Rn. 102 ff.).

---

4 Vgl. Beschluss des Gemeinsamen Senats der obersten Gerichtshöfe des Bundes vom 5.4.2000 – GmS-OGB 1/98, BGHZ 144, 160 (164 f.); Burkiczak/Dollinger/Schorkopf BVerfGG/Puttler, § 23 Rn. 8.

5 Vgl. BVerfG, Beschluss des Zweiten Senats vom 22.7.2021 – 2 BvC 20/21, Rn. 4 bei Juris.

6 Vgl. Beschluss der 4. Kammer des Ersten Senats vom 19.11.2018 – 1 BvR 2391/18, Rn. 4 bei Juris; Beschluss der 2. Kammer des Zweiten Senats vom 12.6.2017 – 2 BvQ 28/17, Tenorbegründung bei Juris.

Die **praktische Bedeutung der Begründung** kann insbesondere bei der Verfassungsbeschwerde gar nicht hoch genug eingeschätzt werden. Gerade an dieser Zulässigkeitsvoraussetzung lässt das Bundesverfassungsgericht die meisten Verfassungsbeschwerden scheitern und nimmt sie nicht zur Entscheidung an. 14

Als allgemeiner Grundsatz ist insbesondere zu beachten, dass bei fristgebundenen Anträgen auch die vollständige Begründung **innerhalb der Frist** beim Bundesverfassungsgericht eingereicht werden muss. Das Nachschieben einer Begründung ist grundsätzlich nicht zulässig (vgl. zur Verfassungsbeschwerde: → § 93 Rn. 11 ff.). Nur bei der Verfassungsbeschwerde besteht gemäß § 93 Abs. 2 die Möglichkeit einer Wiedereinsetzung in den vorigen Stand, wenn die Begründung unverschuldet verspätet eingereicht wurde (→ § 93 Rn. 49 ff.). 15

Zu einer ordnungsgemäßen Begründung des Antrags gehört stets, dass der Antragsteller diejenigen **Tatsachen** vollständig darlegt, die für eine sachgerechte verfassungsgerichtliche Beurteilung erforderlich sind. Die Begründung muss aus sich heraus, also insbesondere ohne Beiziehung der Akten eines vorangegangenen fachgerichtlichen Verfahrens, verständlich, vollständig und nachvollziehbar sein. Das bedeutet bei der Verfassungsbeschwerde nicht zuletzt, dass in der Regel die **angegriffenen Hoheitsakte und alle sonstigen maßgeblichen Unterlagen in Kopie** vorzulegen sind.[7] Zu diesen sonst maßgeblichen und deshalb in Kopie vorzulegenden Unterlagen gehören auch Unterlagen, auf die in den angegriffenen Entscheidungen Bezug genommen wird, etwa Stellungnahmen von Strafverfolgungsbehörden, Überlastungsanzeigen des Vorsitzenden eines Spruchkörpers sowie Präsidialbeschlüsse eines Gerichts.[8] 16

Deshalb müssen dem Antrag, wenn er fristwahrend vorab per Telefax übersandt wird, auch **schon beim Telefax alle Anlagen** beigefügt sein. Der spätere Eingang des Originals mit Anlagen genügt nach Fristablauf nicht mehr.[9] 17

Das Bundesverfassungsgericht verlangt für eine ordnungsgemäße Begründung des Antrags auch eine **rechtliche Auseinandersetzung**, in der der Antragsteller sowohl die einfachrechtliche Rechtslage als auch verfassungsrechtliche, die bisherige Rechtsprechung des Bundesverfassungsgerichts berücksichtigende Erwägungen präsentiert. An dieser Zulässigkeitshürde scheitern nicht nur viele Verfassungsbeschwerden (Beispiele: → § 92 Rn. 43 ff.), sondern häufig auch Vorlagebeschlüsse der Fachgerichte im Verfahren der konkreten Normenkontrolle (Beispiele: → § 80 Rn. 107 ff.). 18

---

7 Vgl. Beschlüsse der 2. Kammer des Ersten Senats vom 12.12.2023 – 1 BvR 75/22, Rn. 23 bei Juris, und vom 25.4.2023 – 1 BvR 619/23, Rn. 14 bei Juris; Beschluss der 3. Kammer des Zweiten Senats vom 22.2.2023 – 2 BvR 146/23, Tenorbegründung bei Juris; Beschluss der 3. Kammer des Ersten Senats vom 15.11.2022 – 1 BvR 1667/22, Rn. 13 bei Juris; siehe auch BVerfGE 88, 40 (45).

8 Vgl. etwa Beschluss der 1. Kammer des Zweiten Senats vom 14.10.2019 – 2 BvR 1768/19, Rn. 3 bei Juris.

9 Vgl. Beschluss der 3. Kammer des Ersten Senats vom 15.2.2023 – 1 BvR 2349/22, Rn. 9 ff. bei Juris; Beschluss der 2. Kammer des Ersten Senats vom 5.7.2019 – 1 BvR 1458/19, Rn. 3 bei Juris.

19 Der Antragsteller muss sich überdies darauf einstellen, dass das Bundesverfassungsgericht auch fristgerechten Vortrag zu den Umständen des Einzelfalls erwartet, aufgrund derer das Vorliegen der sonstigen **Sachentscheidungsvoraussetzungen** beurteilt werden kann (vgl. näher → § 92 Rn. 66 ff.; vgl. zu den einzelnen Zulässigkeitsvoraussetzungen der Verfassungsbeschwerde → § 90 Rn. 149, → § 90 Rn. 210, → § 90 Rn. 317, → § 90 Rn. 448 ff., → § 90 Rn. 519 f., → § 90 Rn. 535 f.; → § 93 Rn. 7 ff.).[10] Hierzu gehört auch die schlüssige Darlegung, dass die Verfassungsbeschwerdefrist aus § 93 Abs. 1 Satz 1 eingehalten ist, sofern sich dies nicht ohne Weiteres aus den Umständen ergibt.[11] Bei der Verfassungsbeschwerde sollte sich die Begründung auch auf die besonderen **Annahmevoraussetzungen** des § 93a Abs. 2 erstrecken, sofern nicht sicher davon ausgegangen werden kann, dass das Bundesverfassungsgericht die Umstände kennt, die für eine grundsätzliche Bedeutung der Verfassungsbeschwerde oder eine existenzielle Betroffenheit des Beschwerdeführers sprechen (→ § 93a Rn. 84 ff.; → § 92 Rn. 72 ff.).

20 Die Vorschrift des § 23 verlangt vom Antragsteller in **Abs. 1 Satz 2, 2. Halbsatz** weiter, dass er die erforderlichen **Beweismittel** angibt. Diese Regelung knüpft an die Bestimmung des § 26 Abs. 1 Satz 1 an, nach der das Bundesverfassungsgericht den erforderlichen Beweis erhebt. Beweismittel sind deshalb die Mittel, mit denen das Bundesverfassungsgericht den zur Erforschung der Wahrheit erforderlichen Beweis erheben kann, also insbesondere Urkunden (§ 26 Abs. 2) und Zeugen (§ 28).

21 Die Bedeutung der Angabe der Beweismittel durch den Antragsteller kann sich daher nur unter Berücksichtigung der im Verfassungsprozess geltenden **Untersuchungsmaxime** erschließen. Das Bundesverfassungsgericht muss den Sachverhalt von Amts wegen erforschen.[12] Es ist dabei nicht an die Beweisangebote des Antragstellers gebunden (→ § 26 Rn. 1), muss ihnen aber nachgehen, wenn sie auf die Feststellung von Tatsachen gerichtet sind, die für die Entscheidung erforderlich sind (→ § 26 Rn. 10).

22 Insbesondere im Verfahren der Verfassungsbeschwerde hat das Bundesverfassungsgericht die **Substantiierungspflicht** des Beschwerdeführers aber so **weit ausgedehnt** (→ § 92 Rn. 9 ff.), dass der Untersuchungsgrundsatz praktisch vollständig in den Hintergrund tritt (→ § 26 Rn. 3).

23 Anträge, die entgegen Abs. 1 Satz 1 nicht schriftlich oder gemäß § 23a Abs. 1 elektronisch beim Bundesverfassungsgericht eingereicht oder entgegen Abs. 1 Satz 2, 1. Halbsatz nicht ausreichend begründet werden, sind **unzulässig**. Wird hingegen nur die Angabe der erforderlichen Beweismittel nach Abs. 1 Satz 2, 2. Halbsatz unterlassen, führt dies nicht zur Unzulässigkeit des Antrags, sondern nur dazu, dass der Antrag gegebenenfalls deshalb als unbe-

10 Vgl. BVerfGE 112, 304 (314); Beschluss der 1. Kammer des Zweiten Senats vom 6.12.2021 – 2 BvR 2164/21, Rn. 13 bei Juris; Beschlüsse der 1. Kammer des Ersten Senats vom 27.9.2019 – 1 BvR 1700/19, Rn. 3 bei Juris, und vom 8.4.2019 – 1 BvR 1909/18, Rn. 20 ff. bei Juris.

11 Beschluss der 1. Kammer des Zweiten Senats vom 4.9.2023 – 2 BvR 1239/23, Rn. 7 bei Juris; Beschluss der 2. Kammer des Zweiten Senats vom 8.8.2021 – 2 BvR 171/20, Rn. 14 bei Juris; Beschluss der 3. Kammer des Zweiten Senats vom 24.2.2021 – 2 BvR 428/18, Rn. 2 bei Juris; Beschlüsse der 1. Kammer des Ersten Senats vom 28.10.2019 – 1 BvR 2237/19, Rn. 2 bei Juris, und vom 27.9.2019 – 1 BvR 1700/19, Rn. 3 bei Juris.

12 BVerfG, Urteil des Zweiten Senats vom 19.12.2023 – 2 BvC 4/23, Rn. 112 bei Juris.

gründet zurückgewiesen wird, weil eine Tatsache, die zur Begründung des Antrags erforderlich war, vom Bundesverfassungsgericht nicht festgestellt werden konnte.

IV. Zustellung, Abs. 2

Nach dem Wortlaut von **Abs. 2** sind verfahrenseinleitende Anträge stets **zuzustellen**. Die Realität sieht jedoch ganz anders aus, weil das Bundesverfassungsgericht in der ganz überwiegenden Zahl von Fällen von Regelungen in seiner Geschäftsordnung Gebrauch macht, die **Ausnahmen vom Zustellungserfordernis** vorsehen. Gemäß **§ 22 Abs. 1 Sätze 1 und 2 GO-BVerfG** bedarf es keiner Zustellung bei einer A-Limine-Abweisung nach § 24, bei einer Feststellung der Unzulässigkeit einer Richtervorlage durch einstimmigen Kammerbeschluss nach § 81a und bei der Nichtannahme einer Verfassungsbeschwerde nach den §§ 93a, 93 b. 24

Dogmatisch ist problematisch, dass die Ausnahmen von der gesetzlich vorgeschriebenen Zustellung nur in der Geschäftsordnung geregelt sind, die keine Gesetzesqualität besitzt. Eine umfassende Klarstellung unmittelbar im Gesetz wäre wünschenswert. Sie wird teilweise in der Bezugnahme auf stattgebende Kammerbeschlüsse nach § 93c in Abs. 2 gesehen, macht dann jedoch trotzdem in allen anderen Fällen der Ausnahmen von einer Zustellung einen Rückgriff auf die Geschäftsordnung notwendig.[13] In der Praxis ist aber das Bedürfnis unabweisbar, in den Fällen, in denen das Gesetz vereinfachte Entscheidungsmöglichkeiten zulässt, auch von den aufwändigen Abläufen einer Zustellung nach Abs. 2 absehen zu dürfen. In diesen Fällen kann es an einem sachlichen Grund für die Einholung von Stellungnahmen Dritter fehlen (→ § 94 Rn. 5), allerdings kann auch gerade die Einholung von Stellungnahmen Dritter erst zu der Erkenntnis führen, dass ein Fall vorliegt, in dem das Gesetz vereinfachte Entscheidungsmöglichkeiten zulässt.[14] Weil eine Zustellung hiernach beispielsweise im Verfahren der Verfassungsbeschwerde nur dann durchgeführt wird, wenn mit der Annahme der Verfassungsbeschwerde gerechnet werden kann, darf der Beschwerdeführer die **Zustellung** stets **als Zwischenerfolg** feiern (→ § 90 Rn. 47; → § 94 Rn. 10). 25

Die **Zuständigkeit** für die Zustellung liegt nach Abs. 2 grundsätzlich beim **Vorsitzenden des Senats**. Er unterzeichnet die vom Berichterstatter vorgeschlagene (vgl. § 22 Abs. 2 GO-BVerfG) und von dessen wissenschaftlichen Mitarbeitern vorbereitete Zustellungsverfügung, in der die Geschäftsstelle angewiesen wird, die Zustellung an die dort benannten Adressaten vorzunehmen. Inhalt dieser Zustellungsverfügung ist meist auch die **Anforderung der Akten** des Ausgangsverfahrens nach § 27 Satz 2. 26

Nur wenn eine **Stattgabe durch die Kammer** nach § 93c beabsichtigt wird, ist für die Zustellung der **Berichterstatter zuständig**. Man spricht dann im Unterschied zu der „großen“, vom Vorsitzenden verfügten Zustellung von einer **„kleinen Zustellung“**, die sich nur an den vom angegriffenen Hoheitsakt Begünstigten (§ 94 Abs. 3) und nach dem Verständnis des Bundesverfas- 27

13 Vgl. Barczak BVerfGG/Diehl § 23 Rn. 29.

14 Beschluss der 1. Kammer des Ersten Senats vom 30.3.2011 – 1 BvR 1146/08, Rn. 19 bei Juris; Lenz/Gerhard StB 2011, 319 (320 f.).

sungsgerichts, das Gerichte als vom Behördenbegriff des § 94 Abs. 2 erfasst ansieht (→ § 94 Rn. 16), an den für das betreffende Fachgericht zuständigen Minister richtet. Unabhängig davon kann der Berichterstatter gemäß § 41 GO-BVerfG schon vor seiner Entscheidung, ob er eine Zustellung veranlasst, Stellungnahmen der nach § 94 Äußerungsberechtigten oder der von § 27a erfassten sonstigen Dritten sowie Auskünfte nach § 82 Abs. 4 einholen.

28 Der Kreis der **Adressaten der Zustellung** umfasst nach dem Wortlaut des Abs. 2 drei Gruppen. Daneben kommen aber weitere, in Abs. 2 nicht ausdrücklich aufgeführte Zustellungsadressaten in Betracht.

29 Zuzustellen ist nach Abs. 2 erstens dem **Antragsgegner**. Einen solchen Antragsgegner gibt es allerdings nur in den kontradiktorisch ausgestalteten Verfahrensarten, wie zum Beispiel dem Organstreit (→ § 63 Rn. 2) und dem Bund-Länder-Streit (→ § 68 Rn. 3).

30 Zweitens spricht das Gesetz von den **übrigen Beteiligten**. Gemeint sind solche Organe, die einem Verfahren beitreten und so zu Beteiligten des Verfahrens werden können (vgl. § 65 Abs. 1; § 82 Abs. 2 iVm § 77; § 83 Abs. 2, § 88 iVm § 82 Abs. 2 iVm § 77; § 94 Abs. 5 Satz 1). Die Zustellung dient hier nicht nur dazu, diesen Organen Gelegenheit zur Stellungnahme zu geben, sondern auch dazu, sie von dem anhängigen Verfahren in Kenntnis zu setzen und sie in die Lage zu versetzen, die Entscheidung treffen zu können, ob sie dem Verfahren beitreten oder nicht.

31 Nicht in diesem Sinne Beteiligte sind **sonstige Äußerungsberechtigte**, die kein Beitrittsrecht besitzen (vgl. § 77; § 82 Abs. 3; § 82a Abs. 2; § 94 Abs. 3). Auch an sie ist aber der Antrag im Sinne des § 23 Abs. 2 zuzustellen, und dies geschieht in der Praxis im Rahmen der umfassenden Zustellungsverfügung auch, schon um die Anhörung der Äußerungsberechtigten zu dokumentieren.

32 Drittens erwähnt das Gesetz die **sachkundigen Personen**, denen nach § 27a Gelegenheit zur Stellungnahme gegeben wird. Diese Zustellung ist optional. Sie hängt davon ab, ob das Bundesverfassungsgericht überhaupt Stellungnahmen Dritter anfordert und welche sachkundigen Personen es dafür auswählt (→ § 27a Rn. 5).[15]

33 Gleiches gilt für eine weitere, in Abs. 2 nicht genannte Zustellung. Sie erfolgt gemäß § 82 Abs. 4 an **oberste Gerichtshöfe des Bundes oder oberste Landesgerichte**, wenn das Bundesverfassungsgericht von ihnen Auskünfte über ihre Anwendung einer zur verfassungsgerichtlichen Überprüfung gestellten Norm einholen will. Diese Anfragen sind nicht nur im Verfahren der konkreten Normenkontrolle möglich, sondern entsprechend auch in anderen Verfahrensarten, etwa bei der Verfassungsbeschwerde (→ § 94 Rn. 11).

34 Die Zustellung soll **unverzüglich** erfolgen. Diese Formulierung könnte suggerieren, dass die Entscheidung, ob und an wen ein Antrag zugestellt wird, unmittelbar nach Eingang des Antrags beim Bundesverfassungsgericht getroffen wird. In der Praxis findet eine derartige Sichtung der Eingänge im

15 Vgl. zur Praxis und Bedeutung für die Bundesrechtsanwaltskammer Lenz, Der Verfassungsrechtsausschuss der Bundesrechtsanwaltskammer und sein Vorsitzender, in: Herrmann/Krämer, Festschrift für Christian Kirchberg, 2017, 127 (134 ff.).

Dezernat jedes Berichterstatters zwar regelmäßig statt. Die Zustellung wird aber meist erst veranlasst, wenn die Erfolgsaussichten und die Bedeutung des Antrags in einem Votum, dem sogenannten Zustellungsvotum, analysiert worden sind. Außerdem kann sich die Zustellungsbedürftigkeit erst im Zuge der Bearbeitung eines Antrags herausstellen, und dann hängt der Zeitpunkt der Zustellung schlicht davon ab, wann mit der Bearbeitung des Antrags überhaupt begonnen wurde. Zur Beschleunigung des Verfahrens trägt die gesetzliche Anordnung der Unverzüglichkeit daher kaum bei.[16]

Weitere Vorschriften zum **Verfahren der Zustellung** enthält das Bundesverfassungsgerichtsgesetz nicht. Deshalb sind die Regelungen der §§ 166 ff. ZPO entsprechend heranzuziehen.[17] 35

Mit der Zustellung wird dem Adressaten eine **Frist** gesetzt, binnen derer er sich zu äußern hat. Außerdem werden in dem Anschreiben an den Adressaten, das dem zuzustellenden Schriftstück beigefügt ist, gelegentlich die Fragen konkretisiert, zu denen der Adressat Stellung nehmen soll. 36

Die Äußerungsfrist muss die Schwierigkeit der aufgeworfenen Fragen einerseits und die Eilbedürftigkeit der Angelegenheit andererseits angemessen berücksichtigen. Üblich sind Fristen von zwei oder drei Monaten. Auf Antrag kann die Frist verlängert werden. Deshalb sollte es im Normalfall nicht zu Fristüberschreitungen kommen. Auch **verspätete Stellungnahmen** können aber berücksichtigt werden, soweit dadurch keinem anderen Beteiligten ein prozessualer Nachteil entsteht. 37

Die in Abs. 2 ausdrücklich genannten Adressaten der Zustellung sind **nicht zur Äußerung verpflichtet**, ebenso wenig die sonstigen Äußerungsberechtigten. Die Absicht, von einer Stellungnahme abzusehen, sollten die Zustellungsadressaten gegenüber dem Bundesverfassungsgericht aber schon aus Gründen der Höflichkeit anzeigen. Oberste Gerichtshöfe des Bundes und oberste Landesgerichte sind zur Beantwortung von Ersuchen nach § 82 Abs. 4 hingegen verpflichtet. Das Bundesverfassungsgericht leitet die eingegangenen Stellungnahmen an die Beteiligten des Verfahrens und in der Regel auch an die anderen Äußerungsberechtigten weiter, und zwar jedenfalls an diejenigen Äußerungsberechtigten, die ihrerseits Stellungnahmen abgegeben haben (→ § 94 Rn. 13; → § 27a Rn. 7). 38

V. Abschriften, Abs. 3

Es besteht keine rechtliche Verpflichtung, dem Antrag schon bei seiner Einreichung Abschriften beizufügen. Vielmehr genügt es für die Bearbeitung durch die Richter und die wissenschaftlichen Mitarbeiter des Bundesverfassungsgerichts stets, den Antrag zunächst nur einfach einzureichen. Von den Antragstellern bzw. ihren Bevollmächtigten dennoch übermittelte Abschriften werden zunächst nicht genutzt, sondern meist getrennt von der Akte in der Geschäftsstelle aufbewahrt, und erst im Falle der Zustellung kann auf sie zurückgegriffen werden. In der Regel kann der Antragsteller den Antrag aber schon deshalb nicht mit der erforderlichen Anzahl von **Abschriften** einreichen, weil er nicht wissen kann, in welchem Umfang das Bundesverfas- 39

16 Vgl. Barczak BVerfGG/Diehl § 23 Rn. 33.
17 Vgl. Lechner/Zuck/Zuck vor § 17 Rn. 58 ff.

sungsgericht Zustellungen nach Abs. 2 veranlassen wird. Daher ist es auch praktisch nicht geboten, etwa wie in fachgerichtlichen Verfahren üblich jedem Antrag automatisch zwei Abschriften beizufügen. Durch die Einführung des elektronischen Rechtsverkehrs mit dem Bundesverfassungsgericht hat sich diese Frage für die darin eingebundenen Akteure des verfassungsgerichtlichen Verfahrens ohnehin erledigt.

40 Werden zum Zwecke der Zustellung Abschriften benötigt, kann der Vorsitzende oder der Berichterstatter dem Antragsteller **nach Abs. 3 Satz 1 aufgeben**, binnen einer zu bestimmenden Frist **Abschriften zu übersenden**. Seit 1.8.2024 gilt dies aber nur noch eingeschränkt, weil **Abs. 3 Satz 2** eine solche **Auflage ausschließt, wenn** das Dokument gemäß § 23a Abs. 1 **elektronisch übermittelt** wurde. Die weitere Verarbeitung erfolgt dann, ohne dass Abschriften eingereicht werden müssten, nach § 23d, solange das Bundesverfassungsgericht die Verfahrensakten noch in Papierform führt, und nach Einführung der elektronischen Verfahrensakte nach § 23e Abs. 2. Die Auflage nach Abs. 3 Satz 1 kann hinsichtlich nicht elektronisch übermittelter Dokumente auch gegenüber den anderen Beteiligten im Hinblick auf deren Schriftsätze ergehen, betrifft also anders als Abs. 1 und 2 nicht nur den verfahrenseinleitenden Antrag. Die nach Abs. 3 einzureichenden Ablichtungen beziehen sich nicht nur auf den Schriftsatz, sondern, sofern das Bundesverfassungsgericht nichts anderes anordnet, auch auf die **Anlagen.** Insbesondere bei der großen Zustellung und bei umfangreichen Anlagen kann sich dabei ein erheblicher Kopieraufwand ergeben, der im Einzelfall sogar über die vom Bundesverfassungsgericht durch seine Streitwertrechtsprechung niedrig gehaltenen gesetzlichen und erstattungsfähigen Anwaltsgebühren hinausgehen konnte (→ § 34a Rn. 68 ff.).

41 Wird der Auflage nach Abs. 3 Satz 1 nicht Folge geleistet, kann und muss das Bundesverfassungsgericht seiner Verpflichtung, den Antrag zuzustellen und die eingehenden Stellungnahmen an die jeweiligen weiteren Beteiligten weiterzuleiten, dennoch nachkommen, indem es selbst **Kopien** des Schriftsatzes anfertigen lässt. Die **Kosten** hierfür muss derjenige tragen, der es trotz Aufforderung unterlassen hat, die erforderliche Anzahl von Abschriften zu übersenden. Auch das wird durch die Einführung des elektronischen Rechtsverkehrs an Bedeutung verlieren.

42 Die Nichtbefolgung der Auflage hat allerdings **keine weitergehenden prozessualen Konsequenzen**. Insbesondere kann aus Abs. 3 Satz 1, der nur der Vereinfachung des Verfahrens und der Entlastung der Geschäftsstelle des Bundesverfassungsgerichts dient, nicht abgeleitet werden, dass bei einem Verstoß gegen Abs. 3 Satz 1 der den Anforderungen des Abs. 1 genügende Antrag nur deshalb als unzulässig beurteilt werden könnte, weil der Antragsteller keine Abschriften übersendet, oder dass entsprechend Stellungnahmen Dritter als unbeachtlich behandelt werden dürften.[18] Die gegenteilige Auffassung[19] wird vom Bundesverfassungsgericht nicht praktiziert.

18 So auch Schmidt-Bleibtreu/Klein/Bethge BVerfGG/Hömig § 92 Rn. 5 (Stand: Mai 2011); unentschieden, aber den Unterschied zur unterlassenen Übersendung einer angeforderten Vollmacht betonend Barczak BVerfGG/Diehl § 23 Rn. 41.

19 Lechner/Zuck/Zuck § 23 Rn. 17; Burkiczak/Dollinger/Schorkopf BVerfGG/Puttler, § 23 Rn. 32.

§ 23a [Maßgabe für die Einreichung beim Bundesverfassungsgericht als elektronische Dokumente]

(1) Schriftlich einzureichende Anträge und Erklärungen sowie sonstige Schriftsätze und deren Anlagen können nach Maßgabe der folgenden Absätze als elektronische Dokumente beim Bundesverfassungsgericht eingereicht werden.

(2) [1]Das elektronische Dokument muss für die Bearbeitung durch das Bundesverfassungsgericht geeignet sein. [2]Für die Übermittlung und die Eignung zur Bearbeitung durch das Bundesverfassungsgericht gelten die in der Elektronischer-Rechtsverkehr-Verordnung geregelten technischen Rahmenbedingungen des elektronischen Rechtsverkehrs entsprechend.

(3) [1]Das elektronische Dokument muss mit einer qualifizierten elektronischen Signatur der verantwortenden Person versehen sein oder von der verantwortenden Person signiert und auf einem sicheren Übermittlungsweg eingereicht werden. [2]Satz 1 gilt nicht für Anlagen.

(4) [1]Sichere Übermittlungswege sind

1. der Postfach- und Versanddienst eines De-Mail-Kontos, wenn der Absender bei Versand der Nachricht sicher im Sinne des § 4 Absatz 1 Satz 2 des De-Mail-Gesetzes angemeldet ist und er sich die sichere Anmeldung gemäß § 5 Absatz 5 des De-Mail-Gesetzes bestätigen lässt,
2. der Übermittlungsweg zwischen den besonderen elektronischen Anwaltspostfächern nach den §§ 31a und 31b der Bundesrechtsanwaltsordnung oder einem entsprechenden, auf gesetzlicher Grundlage errichteten elektronischen Postfach und der elektronischen Poststelle des Bundesverfassungsgerichts,
3. der Übermittlungsweg zwischen einem nach Durchführung eines Identifizierungsverfahrens eingerichteten Postfach einer Behörde oder einer juristischen Person des öffentlichen Rechts und der elektronischen Poststelle des Bundesverfassungsgerichts,
4. der Übermittlungsweg zwischen einem nach Durchführung eines Identifizierungsverfahrens eingerichteten elektronischen Postfach einer natürlichen oder juristischen Person oder einer sonstigen Vereinigung und der elektronischen Poststelle des Bundesverfassungsgerichts,
5. der Übermittlungsweg zwischen einem nach Durchführung eines Identifizierungsverfahrens genutzten Postfach- und Versanddienst eines Nutzerkontos im Sinne des § 2 Absatz 5 des Onlinezugangsgesetzes und der elektronischen Poststelle des Bundesverfassungsgerichts,
6. sonstige bundeseinheitliche Übermittlungswege, die durch Rechtsverordnung der Bundesregierung mit Zustimmung des Bundesrates festgelegt werden, bei denen die Authentizität und Integrität der Daten sowie die Barrierefreiheit gewährleistet sind.

[2]Für die Übermittlungswege gemäß Satz 1 Nummer 3 bis 5 gelten die näheren Regelungen der Elektronischer-Rechtsverkehr-Verordnung entsprechend.

(5) [1]Ein elektronisches Dokument ist eingegangen, sobald es auf der für den Empfang bestimmten Einrichtung des Bundesverfassungsgerichts

gespeichert ist. [2]Dem Absender ist eine automatisierte Bestätigung über den Zeitpunkt des Eingangs zu erteilen.

(6) [1]Ist ein elektronisches Dokument für das Bundesverfassungsgericht zur Bearbeitung nicht geeignet, ist dies dem Absender unter Hinweis auf die Unwirksamkeit des Eingangs unverzüglich mitzuteilen. [2]Das Dokument gilt als zum Zeitpunkt der früheren Einreichung eingegangen, sofern der Absender es unverzüglich in einer für das Bundesverfassungsgericht zur Bearbeitung geeigneten Form nachreicht und glaubhaft macht, dass es mit dem zuerst eingereichten Dokument inhaltlich übereinstimmt.

1 Die Modernisierung und Digitalisierung der Justiz erreicht jetzt auch das Bundesverfassungsgericht.[1] Der Gesetzgeber hat mit den §§ 23a bis 23 e die **rechtlichen Rahmenbedingungen für den elektronischen Rechtsverkehr** mit dem Bundesvefassungsgericht **und für die Einführung der elektronischen Verfahrensakte** beim Bundesverfassungsgericht geschaffen. Sie stellen den wesentlichen Teil des vom Deutschen Bundestag am 22.2.2024 beschlossenen „Zehnten Gesetzes zur Änderung des Bundesverfassungsgerichtsgesetzes – Einführung des elektronischen Rechtsverkehrs mit dem Bundesverfassungsgericht" vom 12.4.2024 dar und sind seit dem 1.8.2024 in Kraft.

2 Das Gesetz **orientiert sich** dabei **an** den schon bestehenden bewährten Regelungen zum elektronischen Rechtsverkehr in der Zivilprozessordnung und den anderen **Fachprozessordnungen** (§§ 130a ff. und § 298a ZPO; §§ 55a ff. VwGO; §§ 65a ff. SGG; §§ 46c ff. ArbGG; §§ 52a ff. FGO).[2] Eine andere, nicht an die schon existierenden Strukturen des elektronischen Rechtsverkehrs anknüpfende Lösung war nicht denkbar. Nur an einigen wenigen Stellen weichen die §§ 23a bis 23 e hiervon aufgrund der rechtlichen und tatsächlichen Besonderheiten des verfassungsgerichtlichen Verfahrens ab.

3 Die Verfahrensbeteiligten, die mit dem elektronischen Rechtsverkehr aus den fachgerichtlichen Verfahren vertraut sind, also insbesondere Rechtsanwälte, werden mit der **Umstellung auf die elektronische Kommunikation** auch mit dem Bundesverfassungsgericht keine Schwierigkeiten haben. Für das Bundesverfassungsgericht stellt die Einführung des elektronischen Rechtsverkehrs und der elektronischen Verfahrensakte hingegen eine größere Herausforderung dar. Wie bei den Fachgerichten mussten hierfür zunächst die technischen Voraussetzungen geschaffen werden, und die Arbeitsweise der Richter und der Beschäftigten des Bundesverfassungsgerichts muss sich an die geänderten Bedingungen anpassen. Dass der Gesetzgeber die Digitalisierung des Bundesverfassungsgerichts erst im Anschluss an die Einführung des elektronischen Rechtsverkehrs in den Fachgerichtsbarkeiten vorangetrieben hat, liegt wohl daran, dass die Arbeitsfähigkeit des Bundesverfassungsgerichts nicht gefährdet und deshalb zunächst abgewartet werden sollte, ob der elektronische Rechtsverkehr grundsätzlich funktioniert. Nunmehr müsste eine zügige vollständige Digitalisierung des Verfahrens aber auch im eigenen Interesse des Bundesverfassungsgerichts liegen, um möglichst schnell die jetzt

---

1 Vgl. zu den Motiven des Gesetzgebers BT-Drs. 20/9023, S. 1 und 10 sowie BT-Drs. 20/10408, S. 11.

2 Vgl. BT-Drs. 20/9043, S. 14 ff.

noch im Gesetz angelegte doppelte Aktenführung, einerseits in Papierform und andererseits elektronisch, zu überwinden. Eingaben in Papierform werden so oder so weiterhin zum Alltag des Gerichts gehören, weil insbesondere nicht anwaltlich vertretene Beschwerdeführer Verfassungsbeschwerden auch künftig meist per Post oder per Telefax einreichen werden.

§ 23a regelt die Voraussetzungen für die **Einreichung elektronischer Dokumente beim Bundesverfassungsgericht**. Diese Voraussetzungen gelten unabhängig davon, ob die Nutzung des elektronischen Rechtsverkehrs gemäß § 23c Satz 1 verpflichtend ist oder ob ein Verfahrensbeteiligter hiervon freiwillig Gebrauch macht. Ebenfalls unerheblich ist, wie das Bundesverfassungsgericht das elektronische Dokument weiterverarbeitet, also ob es schon in eine elektronische Verfahrensakte oder ausgedruckt und in eine Papierakte eingefügt wird. 4

Mit § 23a **Abs. 1** wird der **elektronische Zugang zum Bundesverfassungsgericht** eröffnet. Die Ermöglichung des elektronischen Rechtsverkehrs erfasst alle schriftlich einzureichenden Anträge und Erklärungen sowie sonstige Schriftsätze und deren Anlagen. Mit den schriftlich einzureichenden Anträgen sind insbesondere solche gemeint, die das Verfahren einleiten (§ 23 Abs. 1 Satz 1). Mit der Erstreckung auf alle sonstigen Schriftsätze ist die Regelung des elektronischen Rechtsverkehrs aber **umfassend** ausgestaltet und lässt keinen Bereich offen, in dem das Bundesverfassungsgericht einen Verfahrensbeteiligten darauf verweisen könnte, ein Dokument in Papierform einzureichen. Dass auch die Anlagen zu den Schriftsätzen in elektronischer Form eingereicht werden können, ist dann nur noch eine Selbstverständlichkeit, die in Abs. 1 klarstellend erwähnt ist und sich sowohl auf die schriftlich einzureichenden Anträge und Erklärungen als auch auf die sonstigen Schriftsätze bezieht. Der ebenfalls neu eingefügte § 23 Abs. 3 Satz 2 stellt außerdem klar, dass bei elektronischen Dokumenten keine Abschriften eingereicht werden müssen. 5

Auch aus der im Vergleich mit den fachgerichtlichen Regelungen, zB § 130a Abs. 1 ZPO, schlankeren Fassung der Vorschrift kann nicht geschlossen werden, dass bestimmte Schriftstücke weiterhin nur in Papierform eingereicht werden dürfen. Die **Unterschiede im Gesetzeswortlaut** liegen nur daran, dass spezielle Begrifflichlichkeiten aus den fachgerichtlichen Verfahrensordnungen, etwa der an § 129 ZPO anknüpfende Begriff der vorbereitenden Schriftsätze, nicht übernommen wurden. Es gibt daher keinen Grund für die Annahme, nicht ausdrücklich erwähnte Arten von Dokumenten wie etwa Gutachten seien von der Möglichkeit der Einreichung in elektronischer Form ausgenommen. Keiner ausdrücklichen Lösung im Gesetzestext wurde die vom Bundesrat aufgeworfene Frage zugeführt, ob auch die in § 22 Abs. 2 geregelte, auf das verfassungsgerichtliche Verfahren bezogene Vollmacht als Anlage im Sinne von Abs. 1 auf elektronischem Weg nachgewiesen bzw. vorgelegt werden kann.[3] Die dazu von der Bundesregierung abgegebene Gegenäußerung, die Bundesregierung werde das allgemein und bezogen auch auf 6

3 Vgl. die entsprechende Stellungnahme des Bundesrates vom 20.10.2023, abgedruckt in BT-Drs. 20/9043, S. 20.

die übrigen Verfahrensordnungen prüfen,[4] trägt zur Rechtssicherheit nichts bei. Die Beschlussempfehlung und der Bericht des Rechtsausschusses schweigen sich dazu aus. Richtigerweise ist davon auszugehen, dass die Vollmacht eine Anlage zu den in Abs. 1 angesprochenen schriftlich einzureichenden Anträgen, Erklärungen sowie sonstigen Schriftsätzen ist und deshalb auch in digitaler Form vorgelegt werden kann.[5] Es ist empfehlenswert, wenn der Bevollmächtigte in seinem Schriftsatz anwaltlich versichert, dass ihm das entsprechende schriftliche Original der Vollmacht vorliegt und dieses mit dem digital übersandten Anlagestück übereinstimmt (vgl. auch → § 22 Rn. 16).

7 Abs. 1 bestimmt weiter, dass elektronische Dokumente nur **„nach Maßgabe der folgenden Absätze"** eingereicht werden können. Welche **Voraussetzungen** das elektronische Dokument im Falle der Nutzung des elektronischen Rechtsverkehrs erfüllen muss, damit es in zulässiger Weise beim Bundesverfassungsgericht eingegangen ist, richtet sich folglich nach den Absätzen 2 bis 4 und Absatz 6. Die Voraussetzungen beziehen sich dabei insbesondere auf die technische Qualität sowie die Signierung und Übermittlung des Dokuments. Sie sind identisch mit den Voraussetzungen, die in fachgerichtlichen Verfahren zu beachten sind und dort mittlerweile kaum noch Probleme verursachen.[6]

8 Mit der Anordnung der **Eignung des Dokuments für seine Bearbeitung** durch das Bundesverfassungsgericht in **Abs. 2** Satz 1 und der Verweisung auf die hierzu geregelten Vorgaben in der Elektronischer-Rechtsverkehr-Verordnung (ERVV) wird vor allem ein bestimmtes Dateiformat vorgeschrieben (§ 2 Abs. 1 ERVV). Wenn ein im elektronischen Rechtsverkehr eingereichter Schriftsatz trotz Erfüllung der vorgeschriebenen technischen Voraussetzungen dennoch vom zuständigen Gericht nicht verarbeitet werden kann, steht dies einer ordnungsgemäßen Einreichung nicht entgegen, wenn sich der Inhalt des Dokuments nachträglich einwandfrei feststellen lässt.[7] Bei fehlender Eignung zur Bearbeitung hat das Gericht nach Abs. 6 zu verfahren (→ Rn. 10).

9 An die Stelle der Unterschrift bei einem in Papierform eingereichten Schriftsatz tritt im elektronischen Rechtsverkehr die **Signatur** des Unterzeichners. Mit ihr ist nach **Abs. 3 Satz 1** das übermittelte elektronische Dokument zu versehen. Die Anlagen zum Schriftsatz müssen gemäß Abs. 3 Satz 2 nicht gesondert signiert werden. Für eine formwirksame Signatur stellt Abs. 3 Satz 1 zwei Möglichkeiten zur Verfügung. Wählt der Absender einen **sicheren Übermittlungsweg iSd Abs. 4 Satz 1**, also zB die Übermittlung des Schriftsatzes über das besondere elektronische Anwaltspostfach (beA; Nr. 2), das sichere Behördenpostfach (beBPo; Nr. 3) oder das elektronische Bürger- und

4 BT-Drs. 20/9043, S. 22.

5 AA Striebel NJW 2024, 1292 (1294 f.).

6 Dementsprechend orientiert sich die Begründung zum Gesetzentwurf der Bundesregierung auch durchgehend an der Leitvorschrift des § 130a ZPO, vgl. BT-Drs. 20/9043, S. 14 ff.

7 Insoweit lassen sich die bisherigen Feststellungen des Bundesverfassungsgerichts zu den von § 23a in Bezug genommenen fachgerichtlichen Regelungen und der ERVV übertragen, vgl. Beschluss der 3. Kammer des Ersten Senats vom 16.2.2023 – 1 BvR 1881/21, Rn. 17 bei Juris.

Organisationenpostfach (eBO; Nr. 4) an die elektronische Postsstelle des Bundesverfassungsgerichts, so genügt eine einfache elektronische Signatur. Zu den Einzelheiten verweisen Abs. 4 Satz 2 und Abs. 2 Satz 2 auf die ERVV. Verwendet der Absender hingegen eine qualifizierte elektronische Signatur, ist er nicht auf einen sicheren Übermittlungsweg iSd Abs. 4 Satz 1 beschränkt, sondern kann auch das Elektronische Gerichts- und Verwaltungspostfach (EGVP) nutzen. Für den anwaltlichen Bereich gilt bei den im Gesamtverzeichnis der Bundesrechtsanwaltskammer eingetragenen Berufsausübungsgesellschaften über § 31b BRAO die Besonderheit, dass das Dokument durch einen Rechtsanwalt versandt wird, der zur Vertretung der Berufsausübungsgesellschaft berechtigt ist.[8] Eingaben per einfacher E-Mail bleiben jedoch generell unzulässig.

Abs. 5 regelt keine Voraussetzung der Nutzung des elektronischen Rechts- 10
verkehrs, sondern bestimmt in Satz 1 den **Zeitpunkt, in dem ein elektronisches Dokument beim Bundesverfassungsgericht eingegangen ist.** Dies ist für die Fristwahrung etwa einer Verfassungsbeschwerde nach § 93 Abs. 1 Satz 1 maßgebend. Vorausgesetzt wird ein nach Abs. 2 Satz 1 formwirksames und nach Abs. 3 und 4 in zulässiger Weise signiertes und übermitteltes elektronisches Dokument. Ein solches elektronisches Dokument geht schon mit seiner automatischen Speicherung auf der vom Gericht hierfür bestimmten Einrichtung ein. Unerheblich ist also, wann das Dokument innerhalb des Gerichts digital an die für die weitere Bearbeitung zuständige Stelle weitergeleitet wird oder ausgedruckt wird und in Papierform zur Gerichtsakte gelangt. Insofern ist die Regelung vergleichbar mit der Beurteilung des Eingangzeitpunkts bei der bisher überwiegenden Übermittlung per Telefax. Zum Nachweis des Zugangs erhält der Absender nach Satz 2 eine automatisierte Bestätigung über den Zeitpunkt des Eingangs.

Ist das übermittelte elektronische Dokument entgegen Abs. 2 Satz 1 für die 11
Bearbeitung durch das Bundesverfassungsgericht nicht geeignet, weil ein falsches Format verwendet wurde oder das Dokument als solches sonstwie fehlerbehaftet ist, so bietet **Abs. 6** dem Absender die Chance, den Fehler rückwirkend zu heilen. Prozessual wird dies durch die Verpflichtung des Gerichts nach Abs. 6 Satz 1 abgesichert, den Absender unverzüglich auf die Unwirksamkeit des Eingangs hinzuweisen. Kommt das Gericht dieser Pflicht nicht nach, indem es den Hinweis gar nicht oder nicht unverzüglich erteilt, geht dies nicht zulasten des Absenders des Dokuments, sondern hält ihm die Heilungschance im Gegenteil länger offen. Die **Heilung des Formmangels** setzt nach Abs. 6 Satz 2, 2. Hs. zwei Handlungen des Absenders voraus. Er muss es in einer Form nachreichen, die nunmehr den Anforderungen des Abs. 2 Satz 1 genügt, und er muss glaubhaft machen, dass das nachgereichte Dokument mit dem zuerst eingereichten, fehlerhaften Dokument inhaltlich übereinstimmt. Anders als üblicherweise bei einer Wiedereinsetzung in den vorigen Stand kommt es auf fehlendes Verschulden des Absenders nicht an. Die Möglichkeit des Nachreichens des fehlerfreien Dokuments ist allerdings zeitlich beschränkt, weil das Gesetz in Abs. 6 Satz 2 ein unverzügliches Tätigwerden des Absenders nach der Fehlermeldung des Gerichts fordert. Auf die Glaubhaftmachung, die durch eidesstattliche Versicherung

8 Vgl. den ausdrücklichen Hinweis darauf in BT-Drs. 20/9043, S. 15.

erfolgt, bezieht sich das Erfordernis der Unverzüglichkeit zwar eigentlich nicht. Dennoch sollte sie besser direkt mit dem nachgereichten Schriftsatz verbunden werden, weil der Absender regelmäßig nicht weiß, wann das Bundesverfassungsgericht entscheiden wird, und deshalb den Zeitpunkt nicht bestimmen kann, bis zu dem die Glaubhaftmachung nachgereicht werden könnte. Rechtsfolge der Handlungen des Absenders nach Abs. 6 Satz 2, 2. Halbsatz ist nach dem 1. Halbsatz dieser Vorschrift die Fiktion des Eingangs des elektronischen Dokuments zum Zeitpunkt der früheren Einreichung des fehlerhaften Dokuments.

12 Die Heilungsmöglichkeit nach Abs. 6 bezieht sich nach dem Wortlaut der Vorschrift ausschließlich auf die Fehlerhaftigkeit eines elektronischen Dokuments, das nicht den Anforderungen des Abs. 2 Satz 1 genügt („nicht geeignet“). Sie greift also nur dann ein, wenn das den Mangel aufweisende Dokument nach Abs. 3 und 4 korrekt signiert und übermittelt wurde. Auf sonstige Unwirksamkeitsgründe kann die Vorschrift mangels einer planwidrigen Regelungslücke auch nicht im Wege einer Analogie erstreckt werden. Zwar kann sich angesichts der technisch und rechtlich durchaus komplexen Vorgaben für die Signatur und die Übermittlung elektronischer Dokumente ein Bedürfnis für eine **Wiedereinsetzung in den vorigen Stand** ergeben, wenn eine Frist wegen eines damit zusammenhängenden Fehlers versäumt wird. Einen allgemeinen Grundsatz, dass in derartigen Fällen eine Wiedereinsetzung in den vorigen Stand gewährt werden kann, kennt das Bundesverfassungsgerichtsgesetz jedoch nicht, und dort, wo eine Wiedereinsetzung wie bei der Verfassungsbeschwerdefrist nach § 93 Abs. 2 speziell geregelt ist, wird es im Einzelfall auf eine Prüfung fehlenden Verschuldens des Absenders ankommen.

§ 23b [Qualifizierte elektronische Signatur]

[1]Soweit die handschriftliche Unterzeichnung durch den Richter, den Rechtspfleger oder den Urkundsbeamten der Geschäftsstelle vorgeschrieben ist, genügt dieser Form die Aufzeichnung als elektronisches Dokument, wenn die verantwortenden Personen am Ende des Dokuments ihren Namen hinzufügen und das Dokument mit einer qualifizierten elektronischen Signatur versehen. [2]Der in Satz 1 genannten Form genügt auch ein elektronisches Dokument, in welches das handschriftlich unterzeichnete Schriftstück gemäß § 23e Absatz 2 Satz 4 übertragen worden ist.

1 Gerichtliche Schriftstücke werden, sobald eine Verfahrensakte elektronisch geführt wird (§ 23e), als **gerichtliche elektronische Dokumente** erstellt. Sind sie nicht formgebunden, so wirft ihre Digitalisierung keine Probleme auf. Zu Schriftstücken, für die eine Unterschrift einer Gerichtsperson vorgeschrieben ist, bedarf es aber einer Regelung dazu, wie eine formwirksame Unterzeichnung erfolgen soll. Hierzu verhält sich § 23b, der inhaltlich weitgehend mit den entsprechenden Vorschriften der fachgerichtlichen Verfahrensordnungen übereinstimmt (zB § 130b ZPO).

Der Anwendungsbereich der Norm beschränkt sich auf Schriftstücke, für die eine handschriftliche Unterzeichnung vorgeschrieben ist. Der Kreis der Gerichtspersonen, deren Unterschriftserfordernis gemeint ist, ist aber mit Richtern, Rechtspflegern und Urkundsbeamten der Geschäftsstelle weit gefasst. Bei den **formgebundenen gerichtlichen Dokumenten** im Sinne dieser Vorschrift handelt es sich daher nicht nur um die Sachentscheidungen nach § 30 Abs. 1 Satz 2, sondern auch um alle Arten von Nebenentscheidungen, die von Richtern und Rechtspflegern zu treffen sind, sowie weiter beispielsweise um das Protokoll der mündlichen Verhandlung nach § 25a und um den Verkündungsvermerk, der mit einer nach § 30 Abs. 1 Satz 3 verkündeten Entscheidung zu verbinden ist. 2

Im Unterschied etwa zu § 130b ZPO („Soweit dieses Gesetz ...") bezieht sich § 23b nicht nur auf **Unterschriftserfordernisse**, die sich aus der betreffenden Verfahrensordnung ergeben, hier also aus dem Bundesverfassungsgerichtsgesetz. Mit der Formulierung „vorgeschrieben ist" sind alle Fälle erfasst, in denen die in einer Norm angesprochene Person mit für sie verbindlicher Wirkung zur handschriftlichen Unterzeichnung angehalten werden. Damit wird der Anwendungsbereich der Norm nicht nur potenziell auf entsprechend anwendbare Regelungen zu Unterschriftserfordernissen in anderen Verfahrensordnungen erstreckt. Sie bezieht auch mit ein, dass zahlreiche Bestimmungen zu den Einzelheiten der Verfahrensabläufe nicht unmittelbar im Bundesverfassungsgerichtsgesetz, sondern nur in der **Geschäftsordnung des Bundesverfassungsgerichts** geregelt sind. So regelt beispielsweise § 22 Abs. 2 GO-BVerfG Einzelheiten zur Zustellung nach § 23 Abs. 2, und § 22 Abs. 4 GO-BVerfG bestimmt Einzelheiten zu Ersuchen nach § 82 Abs. 4, jeweils verbunden mit der Anordnung in § 22 Abs. 6 GO-BVerfG, wonach alle derartigen Maßnahmen aktenkundig zu machen sind. Sowohl die Entscheidung über die Zustellung als auch die Verfügung eines Ersuchens werden daher in unterzeichneter Form Akteninhalt. 3

§ 23b zeigt zwei Möglichkeiten auf, wie dem Erfordernis einer handschriftlichen Unterzeichnung bei der Erstellung eines gerichtlichen elektronischen Dokuments entsprochen werden kann. Ein **originäres elektronisches Dokument nach Satz 1** bedarf neben einer qualifizierten elektronischen Signatur des Unterzeichners noch der Hinzufügung seines Namens am Ende des Dokuments. Beides zusammen ersetzt die handschriftliche Unterschrift. 4

Das gerichtliche elektronische Dokument kann aber auch durch eine **Übertragung eines** zunächst in Papierform verfassten und **handschriftlich unterschriebenen Schriftstücks nach Satz 2** erstellt werden. Dieses Verfahren regelt § 23e Abs. 2. Das Schriftsück wird hierzu eingescannt und mit einem Übertragungsnachweis versehen, der wiederum mit einer qualifizierten elektronischen Signatur des die Übertragung verantwortenden Urkundsbeamten der Geschäftsstelle zu versehen ist. Ein so signiertes elektronisches Dokument steht nach Satz 2 einem unmittelbar vom Unterzeichner nach Satz 1 signierten elektronischen Dokument gleich. 5

§ 23c [Übermittlung als elektronische Dokumente]

[1]Schriftlich einzureichende Anträge und Erklärungen sowie sonstige Schriftsätze und deren Anlagen, die durch einen Rechtsanwalt, durch eine Behörde oder durch eine juristische Person des öffentlichen Rechts einschließlich der von ihr zur Erfüllung ihrer öffentlichen Aufgaben gebildeten Zusammenschlüsse eingereicht werden, sind als elektronische Dokumente zu übermitteln. [2]Ist dies aus technischen Gründen vorübergehend nicht möglich, bleibt die Übermittlung nach den allgemeinen Vorschriften zulässig. [3]Die vorübergehende Unmöglichkeit ist bei der Ersatzeinreichung oder unverzüglich danach glaubhaft zu machen; auf Anforderung ist ein elektronisches Dokument nachzureichen.

1 **Rechtsanwälte, Behörden und juristische Personen des öffentlichen Rechts** sind nicht nur in fachgerichtlichen Verfahren, sondern nach § 23c **Satz 1** nunmehr seit dem 1.8.2024 auch in Verfahren vor dem Bundesvefassungsgericht zur ausschließlichen aktiven Nutzung des elektronischen Rechtsverkehrs verpflichtet. Die Vorschrift folgt inhaltlich den Regelungen aus den fachgerichtlichen Verfahrensordnungen, wo die **Nutzungspflicht** seit 1.1.2022 besteht (siehe zB § 130d Satz 1 ZPO).[1] „Behörde" im Sinne des Satzes 1 sind auch Verfassungsorgane wie namentlich Bundestag, Bundesrat oder Bundespräsident, die insoweit durch ihren Verwaltungsapparat handeln und sich regelmäßig eines Behördenpostfachs (§ 23a Abs. 4 Nr. 3) bedienen. Nach der Vorstellung des Gesetzgebers sollen dagegen einzelne Abgeordnete, die selbst etwas an das Bundesverfassungsgericht übermitteln, nicht von der Nutzungspflicht des § 23c erfasst sein, weil sie im Sinne dieser Vorschrift weder Behörde noch juristische Personen seien.[2]

2 Der Nutzungszwang wird auf Initiative des Rechtsausschusses gemäß Art. 2 des Zehnten Gesetzes zur Änderung des Bundesverfassungsgerichtsgesetzes **ab 1.1.2026** auf die nach § 22 Abs. 1 Satz 1 beim Bundesverfassungsgericht vertretungsberechtigten **Rechtslehrer** erstreckt. Damit wird insoweit ein Gleichlauf mit der Vertretungsbefugnis bei den Verwaltungsgerichten erreicht.[3]

3 Für den betroffenen Personenkreis weicht § 23c Satz 1 mit der Anordnung der Nutzungspflicht von der in § 23a Abs. 1 geregelten, allgemeinen Nutzungsmöglichkeit ab. Gegenständlich knüft § 23c Satz 1 konsequent vollständig an § 23a Abs. 1 an, indem in jeder Hinsicht umfassend schriftlich einzureichende Anträge und Erklärungen sowie sonstige **Schriftsätze** und deren Anlagen, also alle denkbaren Eingaben, als die Arten von Dokumenten benannt werden, die wirksam **nur noch elektronisch** eingereicht werden dürfen. Die Anforderungen hieran ergeben sich aus § 23a Abs. 2 bis 4.

4 Wortgleich mit den entsprechenden Vorschriften der fachgerichtlichen Verfahrensordnungen (siehe zB § 130d Sätze 2 und 3) erfasst § 23c Sätze 2 und 3

1 Vgl. BT-Drs. 20/9043, S. 17.

2 So ausdrücklich die Beschlussempfehlung und der Bericht des Rechtsausschusses, BT-Drs. 20/10408, S. 11 mit dem Hinweis darauf, sie könnten gleichwohl über ein Bürger- oder OZG-Postfach die elektronische Übermittlung nutzen.

3 Vgl. BT-Drs. 20/10408, S. 12.

den Fall, dass die zwingende **elektronische Übermittlung** aus technischen **Gründen vorübergehend nicht möglich** ist. Ist ein Übermittlungsversuch des Rechtsanwalts, der Behörde oder der juristischen Person aus technischen Gründen gescheitert, darf er den Schriftsatz gemäß **Satz 2** nach den allgemeinen Vorschriften einreichen, also ungeachtet der grundsätzlichen Nutzungspflicht des elektronischen Rechtsverkehrs schriftlich per Post oder Telefax. Das Gesetz bezeichnet dies in Satz 3, 1. Halbsatz als **Ersatzeinreichung**. Die Ursache der Störung ist hierbei unerheblich. Sie muss nicht in der Sphäre des Bundesverfassungsgerichts liegen, sondern kann auch die technischen Einrichtungen des Absenders betreffen. Allerdings muss die Unmöglichkeit der elektronischen Übermittlung vorübergehender Natur sein, also nicht auf strukturellen Defiziten in der Sphäre des Absenders beruhen.

Damit die Ersatzeinreichung wirksam ist und die eigentlich vorgesehene 5 elektronische Übermittlung ersetzt, muss der Absender nach **Satz 3, 1. Halbsatz** grundsätzlich schon „bei" der Ersatzeinreichung die vorübergende Unmöglichkeit **glaubhaft machen**. Die Vorschrift ist damit ohne erkennbaren Grund hinsichtlich des Zeitpunkts der Glaubhaftmachung strenger als § 23a Abs. 6 Satz 2. Zur Glaubhaftmachung muss der Absender die tatsächlichen Umstände, die ihm zur vorübergehenden technischen Unmöglichkeit bekannt sind, umfassend schildern. Die Glaubhaftmachung erfolgt durch anwaltliche oder eidesstattliche Versicherung.

Zwar eröffnet Satz 3, 2. Halbsatz scheinbar gleichrangig auch die Möglich- 6 keit, die Glaubhaftmachung auch später, also nicht zeitgleich mit der Ersatzeinreichung, nachzureichen, solange dies nur unverzüglich, dh ohne schuldhaftes Zögern, erfolgt. Die fachgerichtliche Rechtsprechung legt die entsprechenden Vorschriften der fachgerichtlichen Verfahrensordnungen aber nicht in diesem Sinne aus, sondern will dem Absender das Recht zur **nachträglichen Glaubhaftmachung** nur einräumen, wenn er das technische Defizit erst so kurz vor Fristablauf bemerkt, dass ihm neben der Ersatzeinreichung nicht mehr genügend Zeit für die gebotene Darlegung und Glaubhaftmachung des Sachverhalts verbleibt.[4] Auch dieses zusätzliche Problem müsste daher im Rahmen der Glaubhaftmachung vorgetragen werden. Mit der Übernahme der fachgerichtlichen Rechtsprechung durch das Bundesverfassungsgericht ist insoweit zu rechnen. Von einer späteren Glaubhaftmachung ist daher generell abzuraten.

Mit der ausnahmsweise zulässigen Ersatzeinreichung wahrt der Absender 7 ersatzweise die vorgeschriebene elektronische Form. Das in Papierform eingereichte Schriftstück kann, sofern die Verfahrensakte in Papierform geführt wird, ohne Weiteres in die Akte eingefügt werden. Bei elektronischer Aktenführung ist dafür das qualifizierte Einscannen des Dokuments nach § 23e Abs. 2 erforderlich. In beiden Fällen bedarf es einer **zusätzlichen elektronischen Übermittlung** des Dokuments nach Behebung der technischen Störung eigentlich nicht. Sie ist deshalb auch nicht gesetzlich vorgeschrieben. Allerdings kann das Bundesverfassungsgericht sie nach Satz 3, 2. Halbsatz verlangen. Ein praktisches Bedürfnis gibt es dafür aber nicht. Das unnötige Aufblähen der Akte durch die doppelte Übersendung sollte möglichst vermieden werden.

4 Vgl. BGH, Beschluss vom 17.11.2022 – IX ZB 17/22, Rn. 11 bei Juris.

§ 23d [Ausdrucke für Akten in Papierform]

(1) [1]Werden die Akten in Papierform geführt, ist von einem elektronischen Dokument ein Ausdruck für die Akte zu fertigen. [2]Kann dies bei Anlagen nicht oder nur mit unverhältnismäßigem Aufwand erfolgen, so kann ein Ausdruck unterbleiben. [3]Die Daten sind in diesem Fall dauerhaft zu speichern; der Speicherort ist aktenkundig zu machen.

(2) Wird das elektronische Dokument auf einem sicheren Übermittlungsweg eingereicht, so ist dies aktenkundig zu machen.

(3) Ist das elektronische Dokument mit einer qualifizierten elektronischen Signatur versehen und nicht auf einem sicheren Übermittlungsweg eingereicht, muss der Ausdruck einen Vermerk darüber enthalten,

1. welches Ergebnis die Integritätsprüfung des Dokumentes ausweist,
2. wen die Signaturprüfung als Inhaber der Signatur ausweist,
3. welchen Zeitpunkt die Signaturprüfung für die Anbringung der Signatur ausweist.

(4) Ein eingereichtes elektronisches Dokument kann nach Ablauf von sechs Monaten gelöscht werden.

1 Anders als § 23a und § 23c mit ihren Vorgaben an die Beteiligten des verfassungsgerichtlichen Verfahrens und als § 23b mit an die das Verfahren führenden und über Anträge entscheidenden Gerichtspersonen gerichteten Regelungen enthalten **§ 23d und § 23e** rein technische Verfahrensvorschriften, die die **Aktenführung** betreffen. Für den Zeitraum, in dem Verfahrensakten noch teils in Papierform und teils in elektronischer Form geführt werden, musste insbesondere geregelt werden, wie die jeweils entgegengesetzte Einreichungsform von Dokumenten behandelt wird. Auch diese Regelungen orientieren sich an den entsprechenden Normen der fachgerichtlichen Verfahrensordnungen.

2 § 23d entspricht dabei weitgehend zB § 298 ZPO. Der Norm liegt die Vorstellung zu Grunde, dass **Verfahrensakten** des Bundesverfassungsgerichts nach wie vor **in Papierform** geführt werden können. Das ist sicher richtig bei den Verfahren, die vor dem Zeitpunkt der Einführung des elektronischen Rechtsverkehrs mit dem Bundesverfassungsgericht nach § 23a und § 23c und der Einführung der elektronischen Verfahrensakte nach § 23e Abs. 1 schon anhängig waren. Bei diesen Verfahrensakten bleibt es bis zum Abschluss des Verfahrens bei der Aktenführung in Papierform, weil der Gesetzgeber keine Transformation bestehender Papierakten in elektronische Akten angeordnet hat. Wird in diesen Verfahren daneben auch eine elektronische Akte erstellt und geführt, so ändert dies nichts daran, dass die Papierakte die führende Akte ist und die elektronische Akte nur ein Aktendoppel. Die Anforderungen an die Aktenführung ergeben sich also ausschließlich aus § 23 d.

3 Die Vorschrift gilt aber auch in den Fällen, in denen nach Einführung des elektronischen Rechtsverkehrs das Bundesverfassungsgericht dennoch eine **Papierakte als führende Akte** anlegt. Diese Möglichkeit hat der Gesetzgeber dem Bundesverfassungsgericht belassen, indem er in § 23e Abs. 1 die Einführung der elektronischen Akte beim Bundesverfassungsgericht nur als Option vorgesehen und dem Gericht in eigener Verantwortung die Entschei-

dung übertragen hat, wann und ob überhaupt eine elektronische Aktenführung erfolgt (näher dazu → § 23e Rn. 1).

Damit die Papierakte die zum Verfahren gehörenden Unterlagen vollständig wiedergibt, muss gewährleistet sein, dass nicht nur in Papierform vorliegende, sondern auch elektronisch eingereichte Dokumente in die Akte eingefügt werden. Deshalb ordnet **Abs. 1 Satz 1** grundsätzlich den **Ausdruck der elektronischen Dokumente** für die Akte an. Unabhängig davon muss das elektronische Dokument auch ausgedruckt werden, wenn eine Abschrift hiervon an einen nicht am elektronischen Rechtsverkehr teilnehmenden Verfahrensbeteiligten zu übersenden ist. 4

Ein Ausdruck für die Akte kann zwar nach Abs. 1 Satz 2 ausnahmsweise bezüglich **umfangreicher Anlagen** zu einem Schriftsatz unterbleiben. Der Ausdruck wird dann nach Abs. 1 Satz 3 durch eine dauerhafte Speicherung der Anlagen ersetzt, verbunden mit einem Vermerk in der Papierakte über den Speicherort. Praktisch dürfte dies aber eher zu Komplikationen führen, so dass es in der Regel bei einem vollständigen Ausdruck bleiben wird. Der Schriftsatz als solcher muss ohnehin stets vollständig ausgedruckt werden. 5

Absätze 2 und 3 gewährleisten, dass auch in der Papierakte nachvollziehbar ist, ob das **elektronische Dokument formwirksam** eingereicht wurde. Dazu müssen entweder die Einreichung des elektronischen Dokuments auf einem sicheren Übermittlungsweg iSd § 23a Abs. 4 oder die Einzelheiten der **Signaturprüfung** einer gültigen qualifizierten elektronischen Signatur des Absenders iSd § 23a Abs. 3 Satz 1, 1. Halbsatz in der Papierakte vermerkt werden. 6

Über den Wortlaut dieser Regelungen hinaus muss die Geschäftsstelle bei der Übertragung eines elektronischen Dokuments in die Papierakte aber auch prüfen, ob das elektronische Dokument der **in § 23a Abs. 2 vorgeschriebenen Form** entspricht. Bei positivem Ergebnis ist allerdings kein entsprechender Vermerk notwendig. Nur ein negatives Ergebnis muss aktenkundig gemacht werden, damit das Gericht den Absender nach § 23a Abs. 6 Satz 1 auf den Formmangel hinweisen kann. 7

Das per Ausdruck in die Papierakte überführte elektronische Dokument ist als solches nicht Bestandteil der Akte. Um etwaige Zweifelsfragen etwa hinsichtlich der Vollständigkeit des Ausdrucks klären zu können, muss es aber zunächst gespeichert und damit zur Einsicht bereitgestellt werden. Eine **Löschung** darf nach **Abs. 4** frühestens sechs Monate nach der Übertragung in die Papierakte erfolgen. Die nach Abs. 1 Satz 2 nicht ausgedruckten Anlagen müssen nach Abs. 1 Satz 3, 1. Halbsatz dauerhaft gespeichert werden und dürfen daher auch nicht nach sechs Monaten gelöscht werden. 8

§ 23e [Elektronische Führung der Verfahrensakten]

(1) Die Verfahrensakten können elektronisch geführt werden.

(2) [1]Werden die Verfahrensakten elektronisch geführt, sind in Papierform vorliegende Schriftstücke und sonstige Unterlagen nach dem Stand der Technik zur Ersetzung der Urschrift in ein elektronisches Dokument zu übertragen. [2]Es ist sicherzustellen, dass das elektronische Dokument

mit den vorliegenden Schriftstücken und sonstigen Unterlagen bildlich und inhaltlich übereinstimmt. [3]Das elektronische Dokument ist mit einem Übertragungsnachweis zu versehen, der das bei der Übertragung angewandte Verfahren und die bildliche und inhaltliche Übereinstimmung dokumentiert. [4]Wird ein von den verantwortenden Personen handschriftlich unterzeichnetes gerichtliches Schriftstück übertragen, ist der Übertragungsnachweis mit einer qualifizierten elektronischen Signatur des Urkundsbeamten der Geschäftsstelle zu versehen. [5]Die in Papierform vorliegenden Schriftstücke und sonstigen Unterlagen können sechs Monate nach der Übertragung vernichtet werden, sofern sie nicht rückgabepflichtig sind.

1 In § 23e ist der Gesetzgeber von den entsprechenden Vorschriften der fachgerichtlichen Verfahrensordnungen abgewichen, indem er in **Abs. 1** dem Bundesverfassungsgericht anders als den Fachgerichten die vollkommene Freiheit in der Entscheidung überlassen hat, wann und sogar ob überhaupt es die elektronische Verfahrensakte einführt. Die **Umstellung auf die elektronische Akte** ist als bloße **Option** ausgestaltet.[1] Das Bundesverfassungsgericht muss den dadurch eröffneten Spielraum nicht einheitlich ausnutzen, kann also in einzelnen Verfahren die Verfahrensakten elektronisch führen, in anderen wie bisher in Papierform. Abs. 2 Satz 1 ist im Sinne einer Soweit-Regelung zu lesen.

2 Dabei hat der Gesetzgeber offenbar auf die Organisationshoheit des Bundesverfassungsgerichts und auf innere Widerstände gegen Veränderungen Rücksicht genommen. Außerdem muss dem Umstand Rechnung getragen werden, dass für das Bundesverfassungsgericht ein **spezielles elektronisches Fachverfahren** entwickelt werden muss, weil die fachgerichtlichen Anwendungen nicht passen.

3 In der Sache spricht aber nichts für eine unnötige Verzögerung der Umstellung. Die verfassungsgerichtlichen Verfahrensakten eignen sich angesichts ihrer Struktur besonders gut für eine schnelle Überführung in eine rein elektronische Form. Bei der ganz überwiegenden Zahl von Verfahren handelt es sich um Verfassungsbeschwerden, die in den meisten Fällen im Wesentlichen aus zwei Dokumenten bestehen: der Verfassungsbeschwerdeschrift und der Entscheidung des Bundesverfassungsgerichts. In solchen Verfahren, aber auch insgesamt betrachtet überwiegen die **Vorteile einer mit der Einführung des elektronischen Rechtsverkehrs vereinheitlichten elektronischen Verfahrensakte** gegenüber den in § 23d geregelten Komplikationen bei der Fortführung von Papierakten. Es ist daher zu hoffen, dass das Bundesverfassungsgericht die Einführung der elektronischen Akte im eigenen Interesse zügig betreibt, um möglichst bald eine nur noch elektronische Aktenführung vorweisen zu können.

4 Allerdings ist beim Bundesverfassungsgericht stets auch mit einer erheblichen Zahl von Eingängen in Papierform zu rechnen, weil die Verfassungsbeschwerde von „Jedermann“ auch ohne anwaltliche Vertretung und damit ohne verpflichtende Einbindung in den elektronischen Rechtsverkehr erhoben

1 Vgl. dazu auch BT-Drs. 20/9043, S. 18.

werden kann. Bei elektronischer Aktenführung muss gewährleistet sein, dass solche in Papierform eingereichten Schriftsätze korrekt in ein elektronisches Dokument übertragen und so Bestandteil der elektronischen Verfahrensakte werden. Dem dienen die **Vorgaben an das qualifizierte Einscannen in Abs. 2 Sätze 1 bis 4**. Sie entsprechen den schon bei den Fachgerichten eingeübten Abläufen und gelten entsprechend der Verweisung in § 23b Satz 2 auch für die Übertragung von Schriftstücken in die elektronische Akte, die von Richtern, Rechtspflegern und Urkundsbeamten der Geschäftsstelle handschriftlich unterzeichnet wurden.

Eingescannte und in die elektronische Akte **übertragene Papierdokumente** 5
müssen zunächst noch eine gewisse Zeit aufbewahrt werden, damit die Richtigkeit der Übertragung ggf. überprüft werden kann. **Nach Ablauf von sechs Monaten** dürfen sie aber gemäß **Abs. 2 Satz 5 vernichtet** werden, sofern sie nicht dem Absender zurückzugeben sind. Dieser Zeitraum entspricht damit dem, was nach § 23d Abs. 4 für die Löschung gespeicherter elektronischer Dokumente nach ihrer Übertragung in eine Papierakte gilt.

§ 24 [A-Limine-Abweisung]

[1]Unzulässige oder offensichtlich unbegründete Anträge können durch einstimmigen Beschluß des Gerichts verworfen werden. [2]Der Beschluß bedarf keiner weiteren Begründung, wenn der Antragsteller vorher auf die Bedenken gegen die Zulässigkeit oder Begründetheit seines Antrags hingewiesen worden ist.

Mit der sogenannten **A-Limine-Abweisung** nach § 24 hat der Gesetzgeber 1
dem Bundesverfassungsgericht ein Instrument an die Hand gegeben, um dafür geeignete Anträge effektiver erledigen zu können. Nach Satz 1 kann durch Beschluss, also unter Verzicht auf mündliche Verhandlung (vgl. § 25 Abs. 2, 2. Halbsatz) entschieden werden. Unter den Voraussetzungen des Satzes 2 kann der Verwerfungsbeschluss ganz oder teilweise[1] ohne Begründung ergehen. In beiden Varianten wird die Entscheidung aber vom Senat, nicht lediglich von einer Kammer getroffen. Das erlaubt es dem Bundesverfassungsgericht dort, wo eigentlich eine Verwerfungsentscheidung durch lediglich drei Richter vorgezeichnet, aber das Thema bedeutend ist, in der Sache und durch den Senat zu entscheiden. So ist der Zweite Senat im Fall der Verfassungsbeschwerde gegen die Einführung des Euro vorgegangen[2] und hat damit betont, dass die Einführung des Euro unter jedem denkbaren Gesichtspunkt materiell verfassungsmäßig war.[3] In Verfahrensarten wie dem Organstreit, in denen zwingend der Senat entscheiden muss, ermöglicht es § 24, auch ohne Verzicht der Beteiligten auf mündliche Verhandlung durch

1 Vgl. BVerfGE 133, 273 (276, Rn. 9); BVerfG, Beschlüsse des Zweiten Senats vom 27.9.2012 – 2 BvE 8/12, Rn. 2 bei Juris, und vom 24.9.2011 – 2 BvC 15/10, Rn. 14 bei Juris.
2 BVerfGE 97, 350 (368).
3 Lenz BB 1998, 1276.

Beschluss zu entscheiden[4] und gegebenenfalls sogar von einer Zustellung der Antragsschrift abzusehen (vgl. § 22 Abs. 1 GO-BVerfG).[5]

2 Die vereinfachte Verwerfung nach § 24 ist nahezu **in allen Verfahrensarten** möglich. Das gilt auch für Verfahren des einstweiligen Rechtsschutzes nach § 32.[6] Ausnahmen gelten nur in Verfahren der Grundrechtsverwirkung nach § 13 Nr. 1, §§ 36 ff. und des Parteiverbots nach § 13 Nr. 2, §§ 43 ff. im Hinblick auf das dort speziell geregelte Vorverfahren nach § 37 bzw. § 45. Im Übrigen stellt § 24 aber eine übergreifende Regelung dar, die eine vereinfachte Verwerfung eines Antrags auch in Verfahren ermöglicht, in denen dann, wenn die Voraussetzungen des § 24 nicht erfüllt sind, eine Entscheidung aufgrund einer mündlichen Verhandlung erfolgen muss (§ 55 Abs. 1, § 58 Abs. 1).[7]

3 Die **praktische Bedeutung** der Vorschrift hängt von der Verfahrensart ab. Angewandt wird § 24 im Wesentlichen nur noch **bei Wahlprüfungsbeschwerden** nach § 48,[8] bei Nichtanerkennungsbeschwerden[9] und gelegentlich **in Organstreitverfahren** nach §§ 63 ff.[10]

4 Für das Verfahren der **Verfassungsbeschwerde** ist § 24 durch die Regelungen des **Annahmeverfahrens nach §§ 93a ff.** verdrängt worden. Eine unzulässige oder offensichtlich unbegründete Verfassungsbeschwerde wird die Voraussetzungen des § 93a Abs. 2 nicht erfüllen und die Hürde des Annahmeverfahrens daher nicht überspringen. Die Kammer kann sie ohne Begründung nicht zur Entscheidung annehmen (§ 93b Satz 1 iVm § 93d Abs. 1 Satz 3). Das bereitet deutlich weniger Mühe als eine Verwerfung nach § 24.[11]

5 Ein **ähnlicher Rückgang** der A-Limine-Abweisungen ist **bei konkreten Normenkontrollen** nach Art. 100 Abs. 1 GG festzustellen.[12] Die Unzulässigkeit einer Richtervorlage kann, sofern sie nicht von einem Landesverfassungsgericht oder einem obersten Bundesgericht kommt, seit 1993 durch Kammerbeschluss festgestellt werden (§ 81a). Für § 24 bleibt dann nur noch Raum, wenn die Vorlage zulässig, aber offensichtlich unbegründet ist, allerdings mit der Maßgabe, dass die Vorlage nicht zu verwerfen, sondern die Vereinbarkeit der Norm mit dem Grundgesetz positiv festzustellen ist (→ Rn. 9). Trifft die Auffassung des vorlegenden Gerichts, die von ihm zur Prüfung gestellte Norm sei verfassungswidrig, offensichtlich nicht zu, wird es außerdem in der Regel schon an einer fundierten Auseinandersetzung mit der verfassungsrechtlichen Rechtslage und damit an einer hinreichenden

4 Vgl. beispielhaft BVerfGE 160, 411 (418, Rn. 24).

5 Siehe auch BVerfGE 150, 194 (199, Rn. 13) – Verhalten der Bundesregierung während der sogenannten Flüchtlingskrise.

6 BVerfGE 151, 58; 134, 135; 130, 367; BVerfG, Beschluss des Zweiten Senats vom 19.6.2019 – 2 BvQ 23/19, Rn. 1 bei Juris.

7 So auch BeckOK BVerfGG/Walter § 24 Rn. 6; Schmidt-Bleibtreu/Klein/Bethge BVerfGG/Hömig § 24 Rn. 4 (Stand: Februar 2014).

8 BVerfG, Beschlüsse des Zweiten Senats vom 16.4.2024 – 2 BvC 18/24, Juris, und vom 8.4.2024 – 2 BvC 18/24, Juris; BVerfGE 159, 132; 156, 221; 153, 72; 146, 327.

9 BVerfG, Beschlüsse des Zweiten Senats vom 27.4.2022 – 2 BvC 1/22, Juris, und vom 26.4.2019 – 2 BvC 26/19, Juris; BVerfGE 136, 125.

10 BVerfGE 160, 411; 157, 300; 152, 8; 150, 194; 141, 182; 137, 103; 133, 273; vgl. zur Einstellung eines Landesorganstreitverfahrens nach § 24: BVerfG, Beschluss des Zweiten Senats vom 29.11.2023 – 2 BvH 1/21, Juris.

11 Vgl. früher: BVerfGE 7, 61 (62); 36, 66 (69).

12 Vgl. früher: BVerfGE 85, 165 (166).

Begründung iSd § 80 Abs. 2 Satz 1 fehlen. Der Berichterstatter wird dann eher die Feststellung der Unzulässigkeit nach § 81a als eine A-Limine-Abweisung wegen offensichtlicher Unbegründetheit vorschlagen.

Der ausschlaggebende praktische Vorteil einer Entscheidung nach § 93b Satz 1 bzw. § 81a gegenüber der A-Limine-Abweisung ist die Entscheidungskompetenz: Sie liegt im Verfahren nach § 24 stets beim **Senat**, was per se einen höheren Aufwand bei der Vorbereitung der Entscheidung erfordert. Außerdem muss der Verwerfung des Antrags ein Hinweis des Gerichts auf die Unzulässigkeit oder offensichtliche Unbegründetheit vorangehen, wenn im Beschluss **von einer Begründung abgesehen** werden soll (**§ 24 Satz 2**). Das Hinweisschreiben verfasst der Berichterstatter.[13] Nur selten wird es im späteren Beschluss wiedergegeben.[14] 6

Einer **Zustellung** des Antrags an die weiteren Beteiligten und äußerungsberechtigten Dritten bedarf es nicht (§ 22 Abs. 1 Satz 1 GO-BVerfG), wenn eine A-Limine-Abweisung beabsichtigt ist.[15] Die Geschäftsordnung scheint den Verzicht auf eine Zustellung auch dort zuzulassen, wo sie gesetzlich zwingend vorgeschrieben ist (§ 77, § 82, § 65 Abs. 2). § 24 legitimiert das nicht ausdrücklich. Allerdings gehen die Stellungnahmerechte ins Leere, wenn der Antrag von vornherein offensichtlich aussichtslos ist. Beispielsweise § 77 kann daher so gelesen werden, dass das Bundesverfassungsgericht den dort genannten Stellen Gelegenheit zur Stellungnahme gibt, es sei denn, Äußerungen Dritter könnten die Bewertung des Normenkontrollantrags als unzulässig oder offensichtlich unbegründet ohnehin nicht beeinflussen. Das schließt umgekehrt nicht aus, dass das Gericht Stellungnahmen einholt und erst nach deren Auswertung in das Verfahren nach § 24 übergeht. So ist im Euro-Verfahren vorgegangen worden.[16] Auch in einem Organstreit zwischen der G-10-Kommission und der Bundesregierung sowie dem Bundeskanzleramt hat das Gericht eine Stellungnahme der Antragsgegner zur Zulässigkeit des Antrags berücksichtigt.[17] Zur Vorbereitung einer Entscheidung nach § 24 können auch Sachverhaltsermittlungen des Berichterstatters etwa durch Beiziehung von Akten notwendig sein.[18] 7

Die Verwerfung eines Antrags oder einer Richtervorlage nach § 24 erfordert **Einstimmigkeit**. Alle Mitglieder des Senats müssen sich über die Unzulässigkeit oder offensichtliche Unbegründetheit des Antrags einig sein sowie ihr **Ermessen** („kann“) dahingehend ausüben, dass nach dieser Vorschrift verfahren werden soll. 8

Entgegen der sonst üblichen Tenorierung (unzulässige Anträge: verworfen; unbegründete Anträge: abgewiesen, zurückgewiesen oder abgelehnt) gibt 9

13 Vgl. BVerfG, Beschlüsse des Zweiten Senats vom 7.12.2022 – 2 BvC 2/20 ua, Rn. 3 bei Juris, vom 8.11.2022 – 2 BvC 11/20, Rn. 1 bei Juris, und vom 29.9.2022 – 2 BvC 3/22 bei Juris; Burkiczak/Dollinger/Schorkopf BVerfGG/Dollinger § 24 Rn. 30.

14 Vgl. BVerfG, Beschlüsse des Zweiten Senats vom 18.10.2011 – 2 BvC 5/11, Rn. 3 ff. bei Juris, und vom 3.6.2011 – 2 BvC 7/11, Rn. 2 ff. bei Juris.

15 Vgl. BVerfGE 150, 194 (199, Rn. 13); BVerfG, Beschluss des Zweiten Senats vom 26.4.2019 – 2 BvC 26/19, Rn. 3 bei Juris.

16 BVerfGE 97, 350 (367).

17 BVerfGE 143, 1 (6 f., Rn. 19 ff.).

18 Vgl. BVerfGE 146, 327 (338 f., Rn. 31).

§ 24 vor, dass auch offensichtlich unbegründete Anträge verworfen werden. Nur in Normenkontrollverfahren weicht das Bundesverfassungsgericht davon ab, weil auch Beschlüsse nach § 24 die **Wirkungen des § 31** entfalten sollen. Deshalb wird die Vereinbarkeit der zur Prüfung gestellten Norm mit dem Grundgesetz ausdrücklich tenoriert.[19] Früher wurde auch – wie jetzt in § 81a vorgesehen – die Unzulässigkeit von Richtervorlagen ausdrücklich festgestellt.[20]

10 Die zu einer A-Limine-Abweisung berechtigende **Unzulässigkeit** des Antrags kann allgemeine Sachentscheidungsvoraussetzungen betreffen.[21] Sie kann sich aber auch daraus ergeben, dass besondere Zulässigkeitsvoraussetzungen der jeweiligen Verfahrensart nicht beachtet wurden.[22] Ist ein Antrag aus einem bestimmten Grund unzulässig, muss über weitere mögliche Zulässigkeitsmängel nicht entschieden werden.[23] Wird nach § 24 Satz 2 vollständig von einer Begründung abgesehen, ist der Zulässigkeitsmangel nur dem Antragsteller bekannt, der zuvor darauf hingewiesen wurde.[24]

11 Anders als bei einer Unzulässigkeit des Antrags muss die **Unbegründetheit „offensichtlich"** sein. Das versteht das Bundesverfassungsgericht nicht so, dass sich die Unbegründetheit auf den ersten Blick schon aus der Antragschrift aufdrängen müsste. Der Antrag muss die Unbegründetheit nicht auf der Stirn tragen. Die Unbegründetheit kann auch das Ergebnis einer gründlichen Prüfung unter allen rechtlichen Gesichtspunkten sein.[25] Damit der Begriff der Offensichtlichkeit aber nicht jegliche Konturen verliert, wird man zumindest verlangen müssen, dass nach sorgfältiger Prüfung keine vernünftigen Zweifel an der Unbegründetheit bestehen können.[26] Die vom Antragsteller geltend gemachte Verletzung von Verfassungsrechten muss ausgeschlossen sein.[27] Das entspricht weitgehend der Handhabung des Merkmals der

---

19 BVerfGE 95, 243 (244).

20 BVerfGE 86, 52 (52).

21 Vgl. BVerfGE 157, 300 (309 ff., Rn. 23 ff.), und 146, 327 (343 ff., Rn. 41 ff.): unzureichende Begründung gemäß § 23 Abs. 1 Satz 2; BVerfGE 154, 372 (379, Rn. 27): kein geeigneter Beistand; BVerfG, Beschluss des Zweiten Senats vom 26.4.2019 – 2 BvC 26/19, Rn. 5 f. bei Juris: kein statthafter Antragsgegenstand; BVerfGE 138, 45 (62 ff., Rn. 34 ff.), und 111, 286 (288): Unzuständigkeit des BVerfG.

22 Vgl. BVerfGE 152, 8 (18 ff., Rn. 24 ff.), und 137, 103 (107, Rn. 8): Antragsbefugnis im Organstreitverfahren nach § 63, § 64 Abs. 1; BVerfGE 150, 194 (199 ff., Rn. 15 ff.): unzulässiges Antragsziel im Organstreitverfahren; BVerfGE 143, 1 (8 ff., Rn. 27 ff.): Parteifähigkeit des Antragstellers im Organstreitverfahren; BVerfGE 133, 273 (275, Rn. 3): Passivlegitimation im Organstreitverfahren; BVerfG, Beschlüsse des Zweiten Senats vom 27.9.2012 – 2 BvE 8/12, Rn. 2 f. bei Juris, und vom 19.6.2008 – 2 BvE 6/07, Juris: Antragsfrist § 64 Abs. 3 und 4; BVerfG, Beschluss des Zweiten Senats vom 27.3.2019 – 2 BvC 23 /19, Juris: Nichtwahrung der Antragsfrist des § 14 Abs. 4a Satz 1, Satz 2 EuWG iVm § 96a Abs. 2 BVerfGG, kein statthafter Antragsgegenstand nach § 14 Abs. 4a Satz 1 EuWG.

23 Vgl. BVerfGE 157, 300 (331 f., Rn. 70 f.).

24 Vgl. BVerfG, Beschlüsse des Zweiten Senats vom 7.12.2022 – 2 BvC 13/20, Rn. 1 bei Juris, vom 8.11.2022 – 2 BvC 11/20, Rn. 1 bei Juris, und vom 29.9.2022 – 2 BvC 3/22, Rn. 1 bei Juris.

25 Vgl. BVerfGE 160, 411 (419 ff., Rn. 26 ff.); 95, 1 (15).

26 Lechner/Zuck § 24 Rn. 16.

27 Vgl. BVerfGE 152, 8 (21 f., Rn. 30), dort schon zur Zulässigkeit des Antrags im Hinblick auf die fehlende Darlegung einer möglichen Verletzung von Verfassungsrechten.

offensichtlichen Unbegründetheit in Art. 35 Abs. 3 Buchst. a) EMRK durch den Europäischen Gerichtshof für Menschenrechte.[28]

Ist ein Antrag offensichtlich unbegründet, soll bei einem Beschluss nach 12
§ 24 **dahinstehen** können, **ob** er **zulässig** ist.[29] Das hat das Bundesverfassungsgericht schon früh aus der Entlastungsfunktion der Norm abgeleitet:[30] Dem Gesetzeszweck würde es widersprechen, wenn das Gericht schwierige Rechtsfragen der Zulässigkeit prüfen und entscheiden müsste, obgleich sich von vornherein übersehen lässt, dass der Antrag in der Sache offensichtlich unbegründet ist.

Dieser Ansatz kann zwar eigentlich nicht die Konstellationen abdecken, in 13
denen die angeblich offensichtliche Unbegründetheit ihrerseits auch erst Ergebnis einer ausführlichen rechtlichen Prüfung ist. Letztlich entspricht diese Anwendung des § 24 aber der allgemeinen Tendenz des Gerichts, sich nicht durch Zulässigkeitshindernisse von Sachentscheidungen abhalten zu lassen.[31] Das Gericht kann in solchen Fällen immer für sich beanspruchen, zur Klärung – oder bei § 24 eher: Klarstellung – der verfassungsrechtlichen Rechtslage beigetragen und damit die ihm übertragene Aufgabe wahrgenommen zu haben.[32] Die grundsätzlichen **prozessualen Bedenken** gegen diese Entscheidungsvariante[33] haben sich daher **nicht durchgesetzt**. Erst recht bestehen keine Bedenken dagegen, dass eine Entscheidung nach § 24 teilweise auf die Unzulässigkeit und teilweise auf die offensichtliche Unbegründetheit eines Antrags gestützt wird.[34]

§ 25 [Grundsätze mündlicher Verhandlung; Urteil, Beschluss]

(1) Das Bundesverfassungsgericht entscheidet, soweit nichts anderes bestimmt ist, auf Grund mündlicher Verhandlung, es sei denn, daß alle Beteiligten ausdrücklich auf sie verzichten.

(2) Die Entscheidung auf Grund mündlicher Verhandlung ergeht als Urteil, die Entscheidung ohne mündliche Verhandlung als Beschluß.

(3) Teil- und Zwischenentscheidungen sind zulässig.

(4) Die Entscheidungen des Bundesverfassungsgerichts ergehen „im Namen des Volkes“.

---

28 Vgl. Meyer-Ladewig/Nettesheim/von Raumer EMRK/Peters Art. 35 Rn. 43 ff.; kritisch zur Handhabung im Einzelfall: Lenz, Rechtsschutz vor europäischen Gerichten, in: Quaas/Zuck/Funke-Kaiser, Prozesse in Verwaltungssachen, 3. Aufl. 2018, Rn. 125.

29 BVerfGE 160, 411 (418, Rn. 24); 138, 125 (133, Rn. 23); 133, 100 (111, Rn. 30); 128, 278 (280); 124, 267 (274), jeweils für das Organstreitverfahren; BVerfGE 97, 350 (368) für die Verfassungsbeschwerde; vgl. auch BVerfG, Beschluss des Zweiten Senats vom 28.2.2012 – 2 BvC 10/11, Rn. 5 bei Juris für die Wahlprüfungsbeschwerde.

30 BVerfGE 6, 7 (11 f.).

31 BVerfGE 98, 218 (242 f.) zur Unbeachtlichkeit der Rücknahme einer Verfassungsbeschwerde; BVerfGE 124, 300 (318 f.) zum Tod des Beschwerdeführers.

32 So im Ergebnis auch Burkiczak/Dollinger/Schorkopf BVerfGG/Dollinger § 24 Rn. 23.

33 Vgl. BeckOK BVerfGG/Walter § 24 Rn. 13.1; Benda/Klein VerfProzR/E. Klein, Rn. 394.

34 Vgl. BVerfGE 146, 327 (328).

1 Der **Grundsatz der Mündlichkeit** wird in **Abs. 1** unter einen zweifachen Vorbehalt gestellt: **Ausnahmen** können sich aus anderweitigen Regelungen im Bundesverfassungsgerichtsgesetz ergeben, und eine mündliche Verhandlung ist auch dann nicht erforderlich, wenn die Beteiligten des Verfassungsprozesses auf sie verzichten.

2 Vor allem der Vorbehalt einer anderen Bestimmung im Gesetz hat in der Praxis zu einer eindeutigen Abkehr vom Mündlichkeitsprinzip geführt. **Der Verfassungsprozess** ist **im Wesentlichen ein rein schriftliches Verfahren** geworden; anders ließe sich der Arbeitsanfall auch nicht mehr bewältigen. Bei rund 5.000 jährlich eingehenden Verfassungsbeschwerden ist die Durchführung einer mündlichen Verhandlung in jedem Verfahren nicht vorstellbar.

3 Daher kann bei der **Verfassungsbeschwerde** nach **§ 94 Abs. 5 Satz 2** unter bestimmten, leicht erfüllten Voraussetzungen von mündlicher Verhandlung abgesehen werden. Außerdem ergehen Nichtannahmebeschlüsse nach § 93b sowie stattgebende Kammerentscheidungen nach § 93c ohne mündliche Verhandlung (**§ 93d Abs. 1 Satz 1**). Nur noch in wenigen bedeutenden Fällen und vor der Corona-Pandemie einmal im Jahr auch am sog. Tag der offenen Tür werden Verfassungsbeschwerden öffentlich verhandelt. Weitere, weniger bedeutende Ausnahmevorschriften finden sich beispielsweise in § 32 Abs. 2 Satz 1 (einstweilige Anordnung), § 61 Abs. 2 und § 96 c. Aus dem Zusammenspiel mit § 25 Abs. 2 wird deutlich, dass auch Entscheidungen nach § 24 und § 37 ohne mündliche Verhandlung, weil stets durch Beschluss, ergehen. Demgegenüber kann in Verfahren der einstweiligen Anordnung durchaus mündlich verhandelt werden, weil § 32 Abs. 2 Satz 1 dem Bundesverfassungsgericht insoweit ein Ermessen eröffnet.[1]

4 Auch in Verfahren, zu denen das Bundesverfassungsgerichtsgesetz keine Ausnahme vom Mündlichkeitsprinzip vorsieht, kann im Einzelfall eine mündliche Verhandlung unterbleiben, **wenn die Beteiligten auf sie verzichten**. Ebenso können Beteiligte auf die Teilnahme an einer mündlichen Verhandlung, die als Instrument zur Gewährung rechtlichen Gehörs dient, verzichten; der Fortgang des Verfahrens wird dadurch nicht behindert.[2] Der Begriff des Beteiligten wird eng verstanden.[3] Den Beteiligtenstatus erlangen Verfassungsorgane, indem sie dem verfassungsgerichtlichen Verfahren beitreten. Dieses Recht steht ihnen insbesondere in den Verfahren der Verfassungsbeschwerde und der konkreten Normenkontrolle zu (§ 94 Abs. 5 Satz 1, § 82 Abs. 2), nicht jedoch bei der abstrakten Normenkontrolle. Dort ist daher ausschließlich der Antragsteller gefragt, wenn das Gericht einen Verzicht auf die mündliche Verhandlung anregen möchte (→ § 77 Rn. 3 f.).[4] Allein durch die Abgabe einer Äußerung nach § 77 können sich die Verfassungsorgane kein Mitspracherecht bei der Gestaltung des Verfahrens erarbeiten.

---

1 Beispiel: BVerfGE 151, 152 (159, Rn. 20) – Wahlrechtsausschluss betreuter Personen; 132, 195 (195) – ESM.

2 BVerfG, Urteil des Zweiten Senats vom 23.1.2024 – 2 BvB 1/19, Rn. 184 bei Juris – Finanzierungsausschluss NPD/Die Heimat.

3 Vgl. Benda/Klein VerfassungsProzR/O. Klein, Rn. 216 f.

4 Beispiele: BVerfGE 158, 51 (66, Rn. 52); 148, 40 (47, Rn. 17).

Der Verzicht ist für die Beteiligten verbindlich und **unwiderruflich**, lässt dem Gericht jedoch den Spielraum, dennoch eine mündliche Verhandlung anzusetzen.[5] In einigen Verfahren ist sogar zwingend mündlich zu verhandeln, auch wenn die Beteiligten darauf verzichten wollten (§ 32 Abs. 3 Satz 3, § 55 Abs. 1, § 58 Abs. 1). 5

Bleibt das Verfahren beteiligtenlos, etwa weil – wie es ganz üblich ist – in einem konkreten Normenkontrollverfahren kein Verfassungsorgan von seinem Recht zum Beitritt Gebrauch macht, könnte Abs. 1 so verstanden werden, dass mangels anderweitiger Regelung und eines Beteiligtenverzichts der Grundsatz der Mündlichkeit Geltung beansprucht. Das Bundesverfassungsgericht sieht dies anders und hält sich für ermächtigt, in einem solchen Fall nach eigenem **Ermessen** zu bestimmen, ob es aufgrund mündlicher Verhandlung oder im schriftlichen Verfahren entscheidet. Diese „sinngemäße Auslegung"[6] des Abs. 1 entspricht sicher den praktischen Bedürfnissen, ist aber **contra legem**.[7] Auf das Gesetz lässt sie sich schon aus systematischen Gründen nicht stützen, da das Bundesverfassungsgerichtsgesetz die Fälle, in denen das Gericht nach eigenem Ermessen ohne mündliche Verhandlung entscheiden kann, ausdrücklich benennt (vgl. §§ 32 Abs. 2 Satz 1, 48 Abs. 3, 66 a, 94 Abs. 5 Satz 2, § 96c). 6

In den **echten, gesetzlich vorgesehenen Ermessensfällen** sowie bei einem Verzicht aller Beteiligten sollte den Ausschlag für oder gegen die Durchführung einer mündlichen Verhandlung geben, ob von einer mündlichen Darlegung und Erläuterung der schriftlich vorliegenden Äußerungen ein zusätzlicher Erkenntnisgewinn zu erhoffen ist.[8] § 94 Abs. 5 Satz 2 enthält insoweit eine allgemein gültige Richtschnur. Gibt das Gericht nicht nur nach § 77 und § 27a Gelegenheit zur Stellungnahme, sondern erhebt es nach § 26 förmlich Beweis, dürfte eine mündliche Verhandlung unausweichlich sein. Der in § 24 Abs. 1 Satz 1 GO-BVerfG erwähnte Beschluss des Senats, ob eine mündliche Verhandlung stattfindet, wird im negativen Falle nicht gesondert vorab bekanntgegeben. Er steckt konkludent in der das Verfahren abschließenden Entscheidung durch Beschluss. 7

Empirisch lässt sich nicht belegen, dass aufgrund einer mündlichen Verhandlung ergangene Entscheidungen besser fundiert sind als solche, die im schriftlichen Verfahren getroffen werden. Schon eher kann ein **Verlust an Öffentlichkeit** beklagt werden, wenn allzu selten mündlich verhandelt wird. Insbesondere in den schlimmsten Jahren der Corona-Pandemie hat sich das Bundesverfassungsgericht auf die Durchführung einiger weniger mündlicher Verhandlungen beschränken müssen. Im schriftlichen Verfahren wissen meist selbst die Beteiligten nicht, wer (Kammer oder Senat) wann zu entscheiden beabsichtigt, geschweige denn die interessierte Öffentlichkeit. Einen Anhaltspunkt liefern insoweit immerhin die jeweils zu Jahresbeginn veröffentlichten und auf der Homepage des Bundesverfassungsgerichts ab- 8

5 BVerfGE 9, 73 (76).
6 BVerfGE 2, 213 (218).
7 Ähnlich Schmidt-Bleibtreu/Klein/Bethge BVerfGG/von Coelln § 25 Rn. 14 (Stand: Juni 2023): „fraglich".
8 Vgl. BVerfGE 152, 68 (106 ff., Rn. 98 ff.) – Hartz IV-Sanktionen; 132, 195 (231, Rn. 84) – ESM.

rufbaren, aber keiner Wahrheitspflicht unterliegenden Listen der im jeweiligen Jahr „zu erledigenden Verfahren". Wird ein Verfahren in dieser Liste erwähnt, spricht eine gewisse Wahrscheinlichkeit dafür, dass es nicht sang- und klanglos beendet, sondern zumindest für so bedeutend erachtet wird, dass die Entscheidung des Gerichts begründet und der Öffentlichkeit durch Pressemitteilung bekanntgegeben werden wird.

9 Demgegenüber werden der Gang des Verfahrens und der **Ablauf der mündlichen Verhandlung** in Prozessen, in denen der Grundsatz der Mündlichkeit des Abs. 1 ernst genommen wird, schriftlich im Vorfeld der Verhandlung (vgl. § 24 Abs. 2 GO-BVerfG) und zusätzlich in einem Gespräch unmittelbar vor Verhandlungsbeginn mit den Beteiligten und Äußerungsberechtigten koordiniert. Dieses Gespräch wird von dem Berichterstatter des Verfahrens sowie dem Senatsvorsitzenden moderiert. Die dabei getroffenen informellen Absprachen gehen über das hinaus, was in der gelegentlich in gesonderten Pressemitteilungen veröffentlichten[9] und sonst in der Rubrik „Termine" auf der Homepage des Bundesverfassungsgerichts oder über einen entsprechenden Hinweis in den Pressemitteilungen zur Ankündigung von mündlichen Verhandlungen zu findenden groben **Verhandlungsgliederung** erscheint. Festgelegt wird auch das Zeitkontingent, das den Beteiligten und Äußerungsberechtigten in der Verhandlung zur Verfügung gestellt und auf dessen Einhaltung mehr oder weniger streng geachtet wird. Das ist im Grundsatz nicht zu beanstanden und hält sich im Rahmen dessen, was der Gerichtshof der Europäischen Union einschließlich des EuG sowie der Europäische Gerichtshof für Menschenrechte praktizieren.[10]

10 Der Senatsvorsitzende eröffnet die mündliche Verhandlung und stellt zunächst die Anwesenheit fest. Anschließend führt er in den Sach- und Streitstand ein. Daran knüpft der Berichterstatter mit seinen einleitenden Worten an. Auch die Beteiligten fassen ihre Position kurz zusammen. Hier wird der Beteiligtenbegriff nicht mehr so eng wie bei der Anwendung des Abs. 1 verstanden. Bei einer abstrakten Normenkontrolle kommen sowohl der Antragsteller als auch die betroffenen Gesetzgebungsorgane und Regierungen zu Wort. Unter Einbeziehung der weiteren Äußerungsberechtigten und sachkundigen Dritten (§ 27a) werden dann die zu klärenden Punkte abgehandelt.[11] Die **Befragung** der Beteiligten und Äußerungsberechtigten bzw. deren Verfahrensbevollmächtigten durch die Verfassungsrichter stellt den Kern der

9 Vgl. etwa Pressemitteilung Nr. 33/2024 vom 26.3.2024 zur mündlichen Verhandlung des Ersten Senats am 25.4.2024 zu Polizeikosten – 1 BvR 548/22; Pressemitteilung Nr. 92/2019 vom 20.12.2019 zur mündlichen Verhandlung des Ersten Senats am 14.1 und 15.12020 zur Ausland-Ausland-Fernmeldeaufklärung des BND – 1 BvR 2835/17.

10 Vgl. dazu Lenz Rechtsschutz vor Europäischen Gerichten, in: Quaas/Zuck/Funke-Kaiser, Prozesse in Verwaltungssachen, 3. Aufl. 2018, Rn. 61, 92 und 139.

11 Vgl. zum Inhalt der mündlichen Verhandlung BVerfG, Urteil des Ersten Senats vom 9.4.2024 – 1 BvR 2017/21, Rn. 26 bei Juris; BVerfG, Urteil des Zweiten Senats vom 23.1.2024 – 2 BvB 1/19, Rn. 138 bei Juris; BVerfG, Urteil des Zweiten Senats vom 29.11.2023 – 2 BvF 1/21, Rn. 75 bei Juris; BVerfG, Urteil des Zweiten Senats vom 15.11.2023 – 2 BvF 1/22, Rn. 86 bei Juris; BVerfG, Urteil des Zweiten Senats vom 31.10.2023 – 2 BvR 900/22, Rn. 51 bei Juris; BVerfG, Urteil des Zweiten Senats vom 20.6.2023 – 2 BvR 166/16 ua, Rn. 133 bei Juris; BVerfG, Urteil des Zweiten Senats vom 22.2.2023 – 2 BvE 3/19, Rn. 103 ff. bei Juris; BVerfGE 165, 363 (386, Rn. 46); 165, 270 (280 f., Rn. 30 ff.); 165, 167 (179 f., Rn. 36 ff.); 164, 193 (270, Rn. 96); 162, 207 (222 f., Rn. 45 ff.); 162, 1 (49, Rn. 87); 160, 368 (376 f., Rn. 24 f.); 157, 1 (17, Rn. 50 ff.); 154, 320

mündlichen Verhandlung dar. Die Verhandlung endet mit dem Hinweis des Vorsitzenden auf den – meist erst nach Abschluss der Beratungen festzulegenden – Termin zur Verkündung der Entscheidung (§ 30 Abs. 1 Satz 4).

Der Meinungsaustausch zwischen den Verfassungsrichtern und den Verfah- 11
rensbevollmächtigten in der mündlichen Verhandlung läuft häufig auf einen Wettstreit juristischer Argumentationskunst hinaus. Den Beteiligten und Äußerungsberechtigten sollte aber bewusst sein, dass die Richter die grundlegenden rechtlichen Probleme bereits in ihrer Vorberatung diskutiert haben und die Meinungsbildung insoweit meist schon feste Formen angenommen hat. Reale Einflussmöglichkeiten auf die Entscheidungsfindung liegen eher in der **Erläuterung tatsächlicher, gesellschaftlicher, politischer oder naturwissenschaftlicher Gegebenheiten**, die den Richtern nicht aus eigener Anschauung bekannt sind. Die Bedeutung derartiger Erkenntnisse wird bei der Lektüre etwa der Urteile des Ersten Senats zum staatlichen Sportwettenmonopol[12] und zum Luftsicherheitsgesetz[13] spürbar. Gelegentlich hebt das Bundesverfassungsgericht in seinen Entscheidungen auch selbst und ausdrücklich hervor, welche Erkenntnisse es aus der mündlichen Verhandlung gewonnen hat.[14]

Besondere Regelungen zur **Wiedereröffnung der mündlichen Verhand- 12
lung,** wie sie etwa für Verfahren vor dem Gerichtshof der Europäischen Union bestehen (Art. 61 VerfO-EuGH),[15] enthält das Bundesverfassungsgerichtsgesetz nicht. Die Wiedereröffnung der mündlichen Verhandlung ist aber unter den aus anderen Prozessordnungen hierzu bekannten Voraussetzungen (zB § 156 ZPO)[16] zu erwägen.[17] Theoretisch müsste die Verhandlung daher insbesondere dann wieder eröffnet werden, wenn dem Gericht eine Verletzung rechtlichen Gehörs vorzuwerfen wäre.[18] Dazu müsste etwa die Anhörung weiterer sachkundiger Dritter zwingend veranlasst sein.[19] Auch dann müsste aber hinzukommen, dass die **Gehörsverletzung** nicht ohne die Durchführung eines weiteren Verhandlungstermins beseitigt werden könnte. Soll für die Entscheidung Vortrag eines Beteiligten oder Anhörungsberechtigten berücksichtigt werden, der erst nach einer mündlichen Verhandlung erfolgt, dann wird es in der Regel genügen, wenn den weiteren Beteiligten Gelegenheit zur schriftlichen Stellungnahme gewährt wird.[20]

(330, Rn. 34); 154, 152 (203, Rn. 55); 154, 17 (79, Rn. 82); 153, 182 (252 f., Rn. 178 ff.); 152, 68 (106 ff., Rn. 98 ff.); 149, 293 (311 ff., Rn. 42 ff.).

12 BVerfGE 115, 118.

13 BVerfGE 115, 276.

14 Vgl. BVerfGE 132, 195 (231, Rn. 84) – ESM, zur Möglichkeit einer verfassungswidrigen Auslegung der Inhalte des Vertrags zur Errichtung des Europäischen Stabilitätsmechanismus.

15 EuGH Urt. v. 19.4.2012 – Rs. C-443/09, Tz. 17 – Rillo Star.

16 Zustimmend Barczak BVerfGG/Diehl § 25 Rn. 22.

17 Vgl. BVerfGE 8, 47 (49 ff.).

18 Vgl. zur verfassungsgerichtlichen Überprüfung eines fachgerichtlichen Unterlassens der Wiedereröffnung der mündlichen Verhandlung Beschluss der 2. Kammer des Ersten Senats vom 3.7.2019 – 1 BvR 2811/18, Rn. 10 bei Juris.

19 Einen solchen Fall ablehnend BVerfG, Beschluss des Zweiten Senats vom 2.7.2019 – 2 BvR 1685/14 ua, Rn. 1 bei Juris.

20 Vgl. BVerfG, Urteil des Zweiten Senats vom 19.12.2023 – 2 BvC 4/23, Rn. 100 bei Juris.

13 Mit **Teilentscheidung** iSd **Abs. 3** ist eine Endentscheidung gemeint, die nur einen Teil des Streitgegenstands des verfassungsgerichtlichen Verfahrens erledigt. Dafür muss der Streitgegenstand in mindestens zwei Teile teilbar sein, von denen der eine entscheidungsreif ist und der andere nicht. Teilbar ist der Streitgegenstand beispielsweise, wenn verschiedene Normen oder mehrere Gerichtsentscheidungen, die nicht im Instanzenzug aufeinander aufbauen, zur verfassungsgerichtlichen Prüfung gestellt werden.[21] Auch bei einer Mehrzahl der Beschwerdeführer kann eine Teilentscheidung zweckmäßig erscheinen.[22] So kann eine Verfassungsbeschwerde zunächst teilweise nicht zur Entscheidung angenommen werden[23] und anschließend im Übrigen dem Senat zur Entscheidung übertragen werden und dort Erfolg haben.[24]

14 Durch **Zwischenentscheidungen** iSd Abs. 3 wird der Streitgegenstand hingegen nicht erledigt. Sie betreffen vielmehr prozessuale Vorfragen, die vor Erlass einer Endentscheidung in einem Zwischenverfahren geklärt werden. Beispiele sind Beschlüsse zum Ausschluss eines Richters nach § 18,[25] zu Ablehnungsgesuchen nach § 19,[26] zur ordnungsgemäßen Besetzung eines Senats,[27] zur Zulässigkeit eines Beitritts[28] oder zur Zulassung eines Beistands nach § 22 Abs. 1 Satz 4.[29]

15 Schon an der **Form der Entscheidung** (Urteil oder Beschluss) ist zu erkennen, ob die Entscheidung aufgrund mündlicher Verhandlung ergangen ist oder nicht (**Abs. 2**). Auch in Verfahren einstweiliger Anordnung ergeht, wenn ausnahmsweise mündlich verhandelt wurde, die Entscheidung als Urteil.[30] Urteile sind öffentlich zu verkünden (§ 30 Abs. 1 Satz 3). Beschlüsse werden den Beteiligten nur bekanntgegeben (§ 30 Abs. 3).

16 Nach **Abs. 4** ergehen Entscheidungen des Gerichts **im Namen des Volkes**. **Entscheidungen des Senats** werden immer so eingeleitet, also auch Beschlüsse, mit denen ausnahmsweise (vgl. § 93b Satz 2) ein Senat eine Verfassungsbeschwerde nicht zur Entscheidung annimmt.[31] **Stattgebende Kammerbeschlüsse** erhalten diesen Zusatz ebenfalls, weil sie der Entscheidung eines Senats gleichstehen (§ 93c Abs. 1 Satz 2). Solche im Namen des Volkes ergehenden Entscheidungen werden mit dem Abdruck des Bundesadlers ausgefertigt.

17 **Sonstige Entscheidungen der Kammern**, dh Nichtannahmebeschlüsse (§ 93b Satz 1 Alt. 1) sowie Beschlüsse nach § 81a zur Feststellung der Unzuläs-

---

21 Beschluss der 1. Kammer des Ersten Senats vom 24.10.2011 – 1 BvR 1848/11 ua, Rn. 1 bei Juris.
22 BVerfGE 16, 332 (337); Beschluss der 3. Kammer des Ersten Senats vom 22.3.2015 – 1 BvR 1615/10, Rn. 1 bei Juris.
23 Vgl. Beschlüsse der 1. Kammer des Ersten Senats vom 24.10.2011 – 1 BvR 1848/11, Rn. 1 bei Juris, und vom 21.6.2006 – 1 BvR 1299/05, Rn. 1 bei Juris.
24 Vgl. BVerfGE 130, 151 – Vorratsdatenspeicherung.
25 BVerfG, Beschluss des Ersten Senats vom 24.10.2023 – 1 BvR 1160/19, Juris.
26 BVerfGE 159, 221; 159, 135; 159, 132; 159, 26; 158, 244; 158, 253; 156, 340; 154, 312; 152, 332 (332, Rn. 1); 142, 9; 142, 18; 135, 248.
27 BVerfGE 142, 1.
28 BVerfGE 156, 1; 68, 346.
29 BVerfGE 68, 360; Beschluss der 1. Kammer des Ersten Senats vom 22.2.2017 – 1 BvR 1877/15, Juris.
30 Beispiele: BVerfGE 151, 152 – Wahlrechtsausschluss betreuter Personen; 132, 195 (195) – ESM.
31 BVerfGE 119, 292.

sigkeit einer Richtervorlage, stehen Entscheidungen des Senats nicht nach § 93c Abs. 1 Satz 2 gleich. Sie entfalten keine Wirkung, die im Namen des Volkes ausgesprochen werden müsste, und für sie gilt § 25 Abs. 4 daher nicht. Diese Unterscheidung setzt sich konsequent in den zu den entsprechenden Hauptsacheentscheidungen ergehenden **Nebenentscheidungen** der Senate und der Kammern fort, etwa bei der Festsetzung des Gegenstandswerts.

Eine Beendigung des Verfassungsprozesses durch **Vergleich** scheint ausgeschlossen, weil die meisten Verfahren vor dem Bundesverfassungsgericht nicht kontradiktorischer Natur sind. Eine Annäherung an den Vergleich hat das Gericht aber in BVerfGE 104, 305 versucht, indem es dem Antragsteller einer abstrakten Normenkontrolle, den Beschwerdeführern mehrerer mit demselben Ziel erhobener Verfassungsbeschwerden und dem betroffenen Landesgesetzgeber den Abschluss einer Vereinbarung vorgeschlagen hat, aufgrund derer eine gesetzliche Neuregelung in Gang gesetzt wurde. Die Verfahren wurden allerdings nicht unmittelbar durch diese Vereinbarung erledigt, sondern später durch Rücknahmen. Für ein solches Vorgehen eignen sich manchmal auch Organstreitverfahren. Ähnlich vermittelnd könnte das Bundesverfassungsgericht auch bei Urteilsverfassungsbeschwerden wirken. Dort wird häufig nur der Streit aus dem Ausgangsverfahren fortgeführt, und mit der Autorität des Gerichts im Rücken könnte er sicher gelegentlich geschlichtet werden. 18

§ 25a [Protokoll und Tonbandaufnahme]

[1]Über die mündliche Verhandlung wird ein Protokoll geführt. [2]Darüber hinaus wird sie in einer Tonbandaufnahme festgehalten; das Nähere regelt die Geschäftsordnung.

Der Ablauf der mündlichen Verhandlung wird nach Satz 1 **protokolliert**. 1
Das würde aber nicht genügen, falls es für eine Entscheidung des Gerichts auf den genauen Wortlaut einer Äußerung ankäme. Deshalb wird nach Satz 2, 1. Halbsatz die gesamte Verhandlung in einer **Tonbandaufnahme** festgehalten.

Satz 2, 2. Halbsatz verweist zur **Verwertung der Tonbandaufnahme** auf 2
die Regelungen der Geschäftsordnung. Die Aufnahme steht grundsätzlich nur den Richtern und den Verfahrensbeteiligten zum Abhören zur Verfügung (§ 24 Abs. 3 Satz 1 GO-BVerfG). Nur wenn Abschriften der Aufnahme gefertigt werden, können sie nach Maßgabe der Absätze 4 bis 6 des § 24 GO-BVerfG in engen Grenzen freigegeben werden. Entsprechende Hinweise erteilt der Vorsitzende zu Beginn jeder Verhandlung (§ 24 Abs. 7 GO-BVerfG). Diese Art der Verwertung der Tonbandaufnahme steht nunmehr auch im Einklang mit dem durch das Gesetz über die Erweiterung der Medienöffentlichkeit in Gerichtsverfahren mit Wirkung zum 8.10.2017 neu gefassten § 17a, der § 25a in Abs. 3 Satz 6 ausdrücklich in Bezug nimmt und damit alle denk-

baren Widersprüche zu dem in § 17 in Bezug genommenen, ebenfalls neu gefassten § 169 GVG auflöst.[1]

3 **Bezugnahme** und Rückgriff **auf das Tonbandprotokoll** können es ermöglichen, auf eine erneute mündliche Verhandlung zu verzichten.[2] Das hat dann praktische Bedeutung, wenn wie etwa bei der Auseinandersetzung um das Luftsicherheitsgesetz während des Verfahrens eine erhebliche Anzahl von Richtern aus dem Senat ausscheidet. Da die Antragstellerinnen in diesem Verfahren auf ihr Vorbringen in der ersten mündlichen Verhandlung Bezug nahmen, war ausreichend, dass allen zur Entscheidung berufenen Mitgliedern des Senats die Abschrift des Tonbandprotokolls dieser Verhandlung vorgelegen hat.[3]

§ 26 [Beweiserhebung]

(1) [1]Das Bundesverfassungsgericht erhebt den zur Erforschung der Wahrheit erforderlichen Beweis. [2]Es kann damit außerhalb der mündlichen Verhandlung ein Mitglied des Gerichts beauftragen oder mit Begrenzung auf bestimmte Tatsachen und Personen ein anderes Gericht darum ersuchen.

(2) Auf Grund eines Beschlusses mit einer Mehrheit von zwei Dritteln der Stimmen des Gerichts kann die Beiziehung einzelner Urkunden unterbleiben, wenn ihre Verwendung mit der Staatssicherheit unvereinbar ist.

1 Abs. 1 Satz 1 unterwirft den Verfassungsprozess dem **Untersuchungsgrundsatz.** Das Bundesverfassungsgericht hat von Amts wegen den für seine Entscheidungen maßgeblichen Sachverhalt zu ermitteln und den dafür erforderlichen Beweis zu erheben.[1] Es ist dabei weder auf die von den Beteiligten vorgetragenen Tatsachen beschränkt[2] noch an Beweisangebote der Beteiligten gemäß § 23 Abs. 1 Satz 2, 2. Halbsatz gebunden.[3]

2 Die Vorschrift steht in einem **Spannungsverhältnis zu** den vom Bundesverfassungsgericht entwickelten, aus **§ 23 Abs. 1 Satz 2** abgeleiteten Substantiierungsanforderungen (→ § 23 Rn. 21 f.). Einerseits sind hiernach die an das Gericht herangetragenen Anträge substantiiert und unter Angabe der Beweismittel zu begründen. Andererseits ist das Gericht zur Amtsermittlung verpflichtet.

3 Dieses Zusammenspiel unterschiedlicher prozessualer Pflichten löst das Bundesverfassungsgericht eindeutig zulasten der Antragsteller und Beschwerdeführer auf. Insbesondere **im Verfahren der Verfassungsbeschwerde** ist der

1 Vgl. Barczak BVerfGG/Diehl § 25a Rn. 11.
2 So auch Schmidt-Bleibtreu/Klein/Bethge BVerfGG/Niesler § 25a Rn. 8 (Stand: Juni 2019).
3 BVerfGE 133, 241 (258).
1 BVerfG, Urteil des Zweiten Senats vom 19.12.2023 – 2 BvC 4/23, Rn. 112 bei Juris; BVerfGE 160, 129 (162, Rn. 106).
2 BVerfGE 1, 299 (366).
3 BVerfG, Urteil des Zweiten Senats vom 19.12.2023 – 2 BvC 4/23, Rn. 112 bei Juris.

Untersuchungsgrundsatz **faktisch außer Kraft gesetzt** (→ § 92 Rn. 11 ff.). Die Überlastung des Gerichts liefert dafür eine fragwürdige, aber in der Praxis ausschlaggebende Rechtfertigung. Flankiert wird die Entlastungsfunktion der erheblichen Substantiierungsanforderungen von der berechtigten Erwartung, dass das Bundesverfassungsgericht über die zu entscheidenden Fragen auf gesicherter, vollständig aufbereiteter Tatsachengrundlage befinden soll,[4] und von Subsidiaritätsüberlegungen.[5] Jedenfalls dort, wo dem verfassungsgerichtlichen Verfahren ein primäres Tatsachenfeststellungsverfahren vorangeht, versteht das Bundesverfassungsgericht seine in Abs. 1 Satz 1 normierte Untersuchungskompetenz grundsätzlich als eine bloße **Reservekompetenz**,[6] die folglich nur bei verfassungsrechtlich relevanten Mängeln der Tatsachenfeststellung auszuüben ist. Deshalb ist das Bundesverfassungsgericht im Wahlprüfungsbeschwerdeverfahren nach § 48 grundsätzlich nicht gehalten, eigene Ermittlungen durch Auszählung der Stimmen durchzuführen.[7] Von weiteren Tatsachenfeststellungen kann es ebenso absehen, wie der Deutsche Bundestag als insoweit erste Tatsacheninstanz gemäß § 5 Abs. 3 Satz 2 WahlPrüfG in seiner Ermittlungskompetenz beschränkt ist.[8] Erweist sich die Beweiserhebung des Deutschen Bundestags aber als lückenhaft oder unzureichend, dann kann das Bundesverfassungsgericht als letzte Instanz des Wahlprüfungsverfahrens auch insoweit tätig werden, also weitere Ermittlungen durchführen und die bislang fehlenden Beweise erheben.[9]

Ist die Substantiierungshürde einmal überwunden, ist das Gericht zur Klärung tatsächlicher Fragen nicht auf eine förmliche Beweisaufnahme nach Abs. 1 angewiesen. Viel **häufiger** holt es **Stellungnahmen sachkundiger Dritter** nach § 27a ein. 4

Eine Ausnahme von der eigenen Ermittlungspflicht des Bundesverfassungsgerichts regelt § 33 Abs. 2, soweit es um tatsächliche Feststellungen in einem rechtskräftigen fachgerichtlichen Urteil geht, das ebenfalls in einem Verfahren mit Untersuchungsgrundsatz ergangen ist. Das Bundesverfassungsgericht grenzt sich aber auch darüber hinaus von den Fachgerichten ab, indem es prinzipiell ihnen die Aufgabe zuweist, den Sachverhalt zu ermitteln.[10] Die Feststellung des Sachverhalts wird grundsätzlich als Sache der Fachgerichte bezeichnet.[11] Das Bundesverfassungsgericht **versteht sich selbst nicht als Tatsachengericht** und schränkt zugleich die Kontrolldichte bei der Überprüfung fachgerichtlicher Tatsachenfeststellungen auf die Verletzung spezifischen Verfassungsrechts ein.[12] Will der Beschwerdeführer einer Verfassungs- 5

4 Barczak BVerfGG/Meskouris § 26 Rn. 19.
5 Vgl. Beschluss der 2. Kammer des Ersten Senats vom 5.9.2017 – 1 BvQ 46/17, Rn. 1 bei Juris.
6 BVerfGE 160, 129 (162, Rn. 106).
7 BVerfGE 160, 129 (162, Rn. 105).
8 Vgl. BVerfG, Urteil des Zweiten Senats vom 19.12.2023 – 2 BvC 4/23, Rn. 114 bei Juris; BVerfGE 160, 129 (163 f., Rn. 109).
9 BVerfG, Urteil des Zweiten Senats vom 19.12.2023 – 2 BvC 4/23, Rn. 114 und 129 f. bei Juris.
10 BVerfGE 18, 186 (192).
11 Beschlüsse der 1. Kammer des Ersten Senats vom 10.3.2022 – 1 BvR 484/22, Rn. 10 bei Juris, und vom 18.12.2012 – 1 BvR 1509/10, Rn. 23 bei Juris.
12 BVerfGE 18, 85 (92 ff.); Beschluss der 2. Kammer des Ersten Senats vom 26.9.2016 – 1 BvR 1326/15, Rn. 42 bei Juris; vgl. auch BVerfGE 148, 69 (133, Rn. 155); Beschluss der 2.

beschwerde von den Feststellungen oder von der Würdigung der Tatsachen durch die Fachgerichte abweichen, muss er seinen abweichenden Sachvortrag mit einem verfassungsrechtlichen Angriff gegen die fachgerichtliche Tatsachenfeststellung verbinden.[13] Gleiches gilt für die Rüge nicht ausreichender fachgerichtlicher Sachaufklärung.[14]

6 Im Bereich des **Art. 5 Abs. 1 GG**[15] und der Sache nach immer wieder – ohne dass dies stets ausdrücklich gesagt wurde[16] – auch im Bereich des Art. 6 Abs. 2 GG[17] nehmen tatsächliche Erwägungen des Bundesverfassungsgerichts allerdings breiten Raum ein. Zu **Art. 6 Abs. 2 und Abs. 3 GG** hat die durch BVerfGE 136, 382 (391, → Rn. 28) legitimierte Kammerrechtsprechung ihre Prüfungskompetenz ausdrücklich auf die Überprüfung deutlicher Fehler bei der Feststellung und Würdigung des Sachverhalts erstreckt[18] und dies als wegen der besonderen Eingriffsintensität in diesem Bereich gebotene Ausnahme bezeichnet.[19] Die „strengere verfassungsgerichtliche Kontrolle"[20] bei der Behandlung von Kindern bleibt aber grundrechtsbezogen. Sie betrifft nur die Wahrung der Grundrechte der Eltern und des Kindes, nicht aber derjenigen anderer Verwandter.[21] Erst recht gilt diese strengere verfassungsgerichtliche Kontrolle bei einer drohenden Verletzung des **Art. 2 Abs. 2 Satz 1 GG.**[22] Dementsprechend müsste auch die Bereitschaft des Gerichts zur Beweiserhebung jeweils **grundrechtsspezifisch** unterschiedlich groß sein.

7 Mit der grundsätzlich geringen Kontrolldichte bei der Überprüfung fachgerichtlicher Sachverhaltsfeststellungen korrespondiert auch die Zurückhaltung des Bundesverfassungsgerichts im Verhältnis zum **Gesetzgeber**. Das Gericht gesteht ihm bei der Beurteilung der Eignung und der Erforderlich-

---

Kammer des Ersten Senats vom 14.12.2023 – 1 BvR 1889/23, Rn. 22 bei Juris; Beschluss der 3. Kammer des Ersten Senats vom 12.7.2011 – 1 BvR 1616/11, Rn. 20 bei Juris; Beschluss der 2. Kammer des Ersten Senats vom 1.11.2010 – 1 BvR 261/10, Rn. 14 bei Juris.

13 Beschluss der 1. Kammer des Zweiten Senats vom 4.7.2018 – 2 BvR 1207/08, Rn. 14 bei Juris.

14 Vgl. Beschluss der 3. Kammer des Zweiten Senats vom 13.5.2024 – 2 BvR 26/24, Rn. 24 bei Juris; Beschluss der 1. Kammer des Zweiten Senats vom 22.4.2021 – 2 BvR 320/20, Rn. 26 ff. bei Juris.

15 BVerfGE 93, 266 (305 ff.); 82, 43 (50 ff.); Beschlüsse der 2. Kammer des Ersten Senats vom 9.2.2022 – 1 BvR 2588/20, Rn. 32 f. bei Juris, und vom 14.6.2019 – 1 BvR 2433/17, Rn. 19 f. bei Juris; Beschlüsse der 3. Kammer des Ersten Senats vom 2.11.2020 – 1 BvR 2727/19, Rn. 18 bei Juris, und vom 24.1.2018 – 1 BvR 2465/13, Rn. 19 ff. bei Juris; vgl. auch Beschluss der 1. Kammer des Ersten Senats vom 29.2.2012 – 1 BvR 2883/11, Rn. 13 bei Juris.

16 So aber schon Beschluss der 2. Kammer des Ersten Senats vom 28.2.2012 – 1 BvR 3116/11, Rn. 17 bei Juris.

17 Vgl. Beschlüsse der 2. Kammer des Ersten Senats vom 7.12.2017 – 1 BvR 1914/17, Rn. 34 bei Juris, vom 8.3.2012 – 1 BvR 206/12, Rn. 23 ff. bei Juris, und vom 30.6.2009 – 1 BvR 1868/08, Rn. 15 ff. bei Juris.

18 Beschluss der 3. Kammer des Ersten Senats vom 5.9.2022 – 1 BvR 65/22, Rn. 23 bei Juris; Beschluss der 1. Kammer des Ersten Senats vom 21.9.2020 – 1 BvR 528/19, Rn. 32 bei Juris.

19 Beschluss der 2. Kammer des Ersten Senats vom 3.2.2017 – 1 BvR 2569/16, Rn. 50 ff. bei Juris; Beschlüsse der 1. Kammer des Ersten Senats vom 22.5.2014 – 1 BvR 2882/13, Rn. 29 bei Juris, vom 16.4.2014 – 1 BvR 3360/13, Rn. 8 bei Juris, vom 7.4.2014 – 1 BvR 3121/13, Rn. 25 bei Juris, und vom 24.3.2014 – 1 BvR 160/14, Rn. 25 bei Juris.

20 BVerfGE 136, 382 (391, Rn. 29).

21 BVerfGE 136, 382 (391, Rn. 29).

22 Beschluss der 1. Kammer des Zweiten Senats vom 24.7.2019 – 2 BvR 686/19, Rn. 31 f.

keit eines Gesetzes einen **Beurteilungs- und Prognosespielraum** zu und wird sich deshalb in der Regel nicht veranlasst sehen, zur Richtigkeit der gesetzgeberischen Einschätzung Beweis zu erheben.[23]

Die Notwendigkeit einer umfassenden Aufklärung des Sachverhalts und damit eigentlich auch einer **vollständigen Beweiserhebung** ist hingegen insbesondere **in Parteiverbotsverfahren** nach den §§ 43 ff. anerkannt. Auch dort weicht das Bundesverfassungsgericht aber auf eine formlose Anhörung nach § 27a aus.[24] Der Erforschung des Sachverhalts können außerdem unbehebbare Verfahrenshindernisse entgegenstehen, die zu einer Einstellung des Verfahrens führen.[25] 8

Abs. 1 bestimmt nicht, welcher **Mittel** sich das Gericht **zur Beweiserhebung** bedienen darf. An anderer Stelle im Gesetz sind Zeugen und Sachverständige (§ 28, § 29 Satz 2) genannt. Auch für Urkunden findet sich eine Sonderbestimmung, die einem denkbaren staatlichen Geheimhaltungsinteresse Rechnung trägt (Abs. 2). Urkunden-, Zeugen- und Sachverständigenbeweis hat der Gesetzgeber damit ausdrücklich vorgesehen. Auch weitere, aus anderen Prozessordnungen bekannte Beweismittel wie Augenscheinnahme und Parteivernehmung sind nicht ausgeschlossen. 9

Der Antragsteller bzw. Beschwerdeführer hat die erforderlichen Beweismittel anzugeben (§ 23 Abs. 1 Satz 2, 2. Halbsatz). Ist ein Beweismittel aus Sicht des Antragstellers in diesem Sinne zur Begründung des Antrags erforderlich, kommt der Angabe des Beweismittels die Funktion eines Beweisantrags zu, der nur dann abgelehnt werden kann, wenn das Gericht die Beweiserhebung für seine Entscheidung doch nicht benötigt. Insofern können förmliche **Beweisanträge** trotz der im Verfassungsprozess herrschenden Amtsermittlung sinnvoll sein, weil sie vom Bundesverfassungsgericht zumindest als Beweisanregungen berücksichtigt[26] und in den Entscheidungsgründen abgehandelt werden.[27] 10

Grundsätzlich findet die Beweiserhebung **in der mündlichen Verhandlung** statt. Von der Möglichkeit einer Beweisaufnahme durch einen beauftragten Richter des Bundesverfassungsgerichts oder durch ein ersuchtes anderes Gericht (Abs. 1 Satz 2) wird praktisch kein Gebrauch gemacht. 11

Wird eine Beweisaufnahme durchgeführt, ist auch aus ihrem Ergebnis die **Überzeugung** zu schöpfen, aufgrund derer das Bundesverfassungsgericht letztlich entscheidet (§ 30 Abs. 1 Satz 1). Ist das Gericht auch nach einer Beweisaufnahme von einer zwischen den Beteiligten streitigen Tatsache nicht überzeugt, muss es nach den Regeln der **objektiven Beweislast** zum Nachteil desjenigen entscheiden, für den diese Tatsache günstig wäre. Deshalb bleibt eine Wahlprüfungsbeschwerde ohne Erfolg, wenn und soweit sich nach Ausschöpfung aller Möglichkeiten zur Tatsachenfeststellung und 12

---

23 BVerfGE 159, 355 (406 f., Rn. 114 f.); 146, 71 (126 f., Rn. 162); 116, 202 (224); kritisch Rieble NZA 2007, 1 (2).
24 BVerfGE 144, 20 (145, Rn. 350).
25 BVerfGE 107, 339 (356 ff.), mit abweichender Meinung Sommer, Jentsch, Di Fabio, Mellinghoff (378 ff.).
26 Vgl. BVerfG, Urteil des Zweiten Senats vom 19.12.2023 – 2 BvC 4/23, Rn. 112 bei Juris.
27 Vgl. BVerfGE 143, 246 (346, Rn. 280); Barczak BVerfGG/Meskouris § 26 Rn. 31.

Beweiserhebung nicht abschließend aufklären lässt, ob ein Wahlfehler vorliegt.[28]

§ 27 [Rechts- und Amtshilfe]

[1]Alle Gerichte und Verwaltungsbehörden leisten dem Bundesverfassungsgericht Rechts- und Amtshilfe. [2]Fordert das Bundesverfassungsgericht Akten eines Ausgangsverfahrens an, werden ihm diese unmittelbar vorgelegt.

1 Das Bundesverfassungsgericht kann nach Satz 1 alle Gerichte und Verwaltungsbehörden um Rechts- und Amtshilfe ersuchen. Soll umgekehrt das Bundesverfassungsgericht von anderen Gerichten und Behörden in Anspruch genommen werden, greift die allgemeine Regelung des **Art. 35 Abs. 1 GG**. Zu denken ist etwa an die gelegentlich von Landesverfassungsgerichten oder anderen Gerichten erbetenen Mitteilungen zum Stand eines verfassungsgerichtlichen Verfahrens.

2 **Sämtliche staatlichen Stellen** sind **verpflichtet**, das Bundesverfassungsgericht bei dessen durch § 26 vorgeschriebener Sachverhaltsermittlung und bei der Rechtsfindung zu unterstützen. Für außerstaatliche und ausländische Stellen besteht eine solche Pflicht nicht; ihnen kann das Bundesverfassungsgericht aber über § 27a Gelegenheit zur Stellungnahme geben, gerade auch zu tatsächlichen Fragen.[1]

3 Eine besondere Form der Rechtshilfe leisten die obersten Gerichtshöfe des Bundes und die obersten Landesgerichte, wenn sie **Anfragen nach § 82 Abs. 4** beantworten.

4 Die für die Arbeit des Bundesverfassungsgerichts wichtigste Hilfeleistung der Gerichte und Behörden liegt aber in der **Vorlage der Akten des Ausgangsverfahrens** (Satz 2). Im Verfahren der konkreten Normenkontrolle müssen die Gerichte die Akten auch ohne gesonderte Anforderung vorlegen (§ 80 Abs. 2 Satz 2). Im Verfahren der Verfassungsbeschwerde sind die Akten hingegen nur auf Anforderung des Bundesverfassungsgerichts zu übersenden. Sie verbleiben dann in der Regel bis zum Abschluss des verfassungsgerichtlichen Verfahrens beim Bundesverfassungsgericht, sofern sie noch als Papierakten geführt werden.

5 Die Akten werden insbesondere dann beigezogen, wenn eine Verfassungsbeschwerde nach dem Inhalt der Beschwerdeschrift Aussicht auf Erfolg hat. Die Aktenanforderung ist deshalb regelmäßig **mit der Zustellung der Verfassungsbeschwerde verbunden** (→ § 90 Rn. 45 und → § 23 Rn. 26).

6 Die Akten können aber auch schon vor der Zustellung der Verfassungsbeschwerde nach § 94 angefordert werden, damit zunächst geprüft werden kann, ob sich die vom Beschwerdeführer erhobenen Rügen nach dem Akteninhalt bestätigen. Aus § 27 Satz 2 folgt dagegen nicht, dass das Bundesverfas-

---

28 Vgl. BVerfG, Urteil des Zweiten Senats vom 19.12.2023 – 2 BvC 4/23, Rn. 113 bei Juris.
1 Etwa der Europäischen Zentralbank im Verfahren zum Euro-Rettungsschirm, vgl. → § 27a Rn. 3.

sungsgericht regelmäßig die Akten anfordert. Vielmehr **muss** der **Beschwerdeführer** grundsätzlich die wesentlichen Dokumente der Akten in Kopie **vorlegen**, um die Zulässigkeitshürden der §§ 23 Abs. 1 Satz 2 und 92 zu überwinden (dazu näher → § 92 Rn. 27 ff.).[2]

Der Gesetzgeber wird bei der Formulierung von § 27 Satz 2 an die körperliche Vorlage der Originalakten gedacht haben. So verfährt das Gericht auch noch im Regelfall. Den heutigen Kommunikationsmöglichkeiten entspricht das aber nur noch eingeschränkt. Da das Bundesverfassungsgericht selbst darüber entscheidet, ob es Akten eines Ausgangsverfahrens anfordert, hält es sich auch für befugt, auch ohne ausdrückliche Ermächtigung im Gesetz anstelle der papierenen Originalakten eine Vorlage der **Akten des Ausgangsverfahrens in elektronischer Form** zu praktizieren.[3] Angesichts der bald flächendeckenden Einführung der elektronischen Akte in den Fachgerichtsbarkeiten und der durch § 23e Abs. 1 ermöglichten elektronischen Aktenführung beim Bundesverfassungsgericht wird sich diese Übermittlungsart ohnehin durchsetzen. 7

Mit der Vorgabe, dass die Aktenvorlage **unmittelbar** erfolgt, wird klargestellt, dass die Vorlage nicht über einen behördlichen oder gerichtlichen Instanzenzug verläuft. 8

§ 27a [Stellungnahme durch sachkundige Dritte]

Das Bundesverfassungsgericht kann sachkundigen Dritten Gelegenheit zur Stellungnahme geben.

Am verfassungsgerichtlichen Verfahren **nicht beteiligte Personen** und Institutionen können in die Entscheidungsfindung **eingebunden** werden, indem ihnen der Antrag bzw. die Verfassungsbeschwerde zugestellt werden (§ 23 Abs. 2) und sie Gelegenheit zur Stellungnahme erhalten. Von dieser Möglichkeit zur Anhörung Dritter außerhalb einer förmlichen Beweisaufnahme iSd § 26 macht das Bundesverfassungsgericht in großem Umfang Gebrauch, allerdings nur in den zahlenmäßig relativ seltenen Fällen, in denen überhaupt eine Zustellung nach § 23 Abs. 2 erfolgt (→ § 23 Rn. 24 ff.). 1

Dem spezifisch verfassungsprozessualen Gestaltungsmittel der Anhörung Dritter kommt in doppelter Hinsicht **erhebliche Bedeutung** zu: Zum einen verschafft sich das Bundesverfassungsgericht auf diese Weise umfassende Kenntnis von allen in der gesellschaftlichen Wirklichkeit vorzufindenden Auffassungen zu den zur Entscheidung anstehenden Fragen. Zum anderen trägt die Einbindung der betroffenen Personengruppen und deren Interessenvertretungen in den Entscheidungsprozess des Bundesverfassungsgerichts dazu bei, dass die Urteile und Beschlüsse des Gerichts auf breite Akzeptanz stoßen.[1] 2

---

2 BVerfGE 88, 40 (45); Beschluss der 2. Kammer des Zweiten Senats vom 16.8.2021 – 2 BvR 972/21, Rn. 8 bei Juris.

3 Vgl. etwa Beschlüsse der 1. Kammer des Zweiten Senats vom 25.6.2018 – 2 BvR 631/18, Rn. 24 bei Juris, und vom 24.8.2017 – 2 BvR 77/16, Rn. 30 bei Juris.

1 So auch Barczak BVerfGG/Meskouris § 27a Rn. 3.

3 Wer **Dritter** iSd § 27a ist, lässt sich nur negativ umschreiben: Jeder, der nicht Beteiligter des Verfahrens ist und dessen Anhörung sich nicht nach anderen Vorschriften richtet. Beispielsweise folgt das Äußerungsrecht der Partei des Ausgangsverfahrens, die durch eine mit der Verfassungsbeschwerde angegriffene Gerichtsentscheidung begünstigt wird, bereits aus § 94 Abs. 3, so dass sie nicht „Dritter" sein kann. Als Nichtbeteiligte hat das Bundesverfassungsgericht im Verfahren zum Euro-Rettungsschirm auch die Europäische Zentralbank angesehen und ihr als sachkundigen Dritten Gelegenheit zur Stellungnahme gegeben,[2] obwohl die Beschwerdeführer auch die Praxis der Europäischen Zentralbank, Staatsanleihen der Mitglieder der Euro-Gruppe aufzukaufen, zum Gegenstand ihrer Beschwerden gemacht hatten. Nichtbeteiligte waren auch die vom Bundesverfassungsgericht zur Abgabe einer Stellungnahme aufgeforderten Bankinstitute, die von den parlamentarischen Anfragen gegenständlich betroffen waren, deren Beantwortung die Bundesregierung verweigert hatte.[3] Haben solche mittelbar in eigenen Angelegenheiten betroffenen Dritten die ihnen eingeräumte Gelegenheit zur Stellungnahme genutzt, dann erwartet das Bundesverfassungsgericht durchaus nachdrücklich, dass auch an einer durchgeführten mündlichen Verhandlung teilgenommen wird. Der Verzicht auf eine Teilnahme an der mündlichen Verhandlung wird anderenfalls im Urteil erwähnt.[4]

4 § 27a gibt den sachkundigen Dritten ein **Recht zur Stellungnahme**. Anders als staatliche Stellen (§ 27 und § 82 Abs. 4) und als Zeugen und Sachverständige bei einer förmlichen Beweisaufnahme nach § 26 Abs. 1 Satz 1 sind die Dritten nicht zur Erteilung der erbetenen Auskünfte verpflichtet.[5] Verbände nehmen die Gelegenheit zur Darstellung ihrer Interessen aber gerne wahr, nicht zuletzt wegen der Aufmerksamkeit der Medien, die sie sich bei einer Teilnahme an einer mündlichen Verhandlung vor dem Bundesverfassungsgericht versprechen. Verzichtet ein angefragter Dritter auf eine Stellungnahme, wird dies gelegentlich in der Entscheidung des Bundesverfassungsgerichts angemerkt,[6] um den Eindruck zu vermeiden, dieser Dritte sei vom Gericht versehentlich übergangen worden. Ein solcher Verzicht auf eine Stellungnahme kann das Bundesverfassungsgericht außerdem veranlassen, bei weiteren sachkundigen Dritten nachzufragen.[7]

5 Wer Gelegenheit zur Stellungnahme erhalten soll, entscheidet das Gericht nach pflichtgemäßem **Ermessen**. Ausschlaggebend ist hierbei nicht nur, von wem ein hilfreicher Beitrag zur Entscheidungsfindung erwartet wird. Die Einbindung eines Verbands kann auch dann geboten sein, wenn gewisse Zweifel an seiner Sachkunde bestehen, er aber angesichts seiner tatsächlichen Bedeutung nicht übergangen werden sollte. Mit der Übersendung einer Anfrage nach § 27a verleiht das Bundesverfassungsgericht dem Adressaten die notwendige Sachkunde,[8] ohne dass diese Einschätzung überprüfbar wäre

2 Vgl. BVerfGE 129, 124 (161, 165).
3 Vgl. BVerfGE 147, 50 (108, Rn. 137 und 141 ff., Rn. 154).
4 Vgl. BVerfGE 154, 17 (79, Rn. 83) – EZB.
5 So auch Lechner/Zuck/Zuck § 27a Rn. 3; Barczak BVerfGG/Meskouris § 27a Rn. 9.
6 Vgl. BVerfGE 163, 254 (270, Rn. 33); 160, 79 (90, Rn. 25); 151, 202 (273, Rn. 85).
7 Vgl. BVerfGE 160, 79 (89 f., Rn. 24).
8 Ähnlich Barczak BVerfGG/Meskouris § 27a Rn. 12.

oder auch nur begründet werden müsste. Der Verfassungsprozess wird so vor dem Hintergrund des beschriebenen Regelungszwecks des § 27a zum **Forum aller gesellschaftlichen Strömungen**, und das Gericht sieht sich mit der Aufgabe konfrontiert, das rechtlich Relevante aus den Äußerungen der Dritten herauszufiltern. Zu den regelmäßig angefragten Dritten gehören die Bundesrechtsanwaltskammer und der Deutsche Anwaltverein, die durch ihre auch dafür errichteten Verfassungsrechtsausschüsse jährlich jeweils fünf bis zehn solcher Stellungnahmen abgeben.[9]

Die Anfrage an den sachkundigen Dritten kann ganz allgemein formuliert sein, so dass scheinbar eine umfassende Stellungnahme zum Verfahrensgegenstand in tatsächlicher, einfachrechtlicher und verfassungsrechtlicher Hinsicht erwartet wird. Der sachkundige Dritte wird in dieser Situation häufig nicht genau wissen, auf welche Punkte er sich konzentrieren soll. Sinnvoll ist es daher, wenn das Gericht konkrete Fragen stellt oder den Themenkreis schon in der Anfrage eingrenzt.[10] Hierfür bietet sich die Übersendung eines Fragenkatalogs an.[11] Dieser Fragenkatalog wird in der Entscheidung des Bundesverfassungsgerichts gelegentlich wörtlich wiedergegeben.[12] Durch präzise Fragen können überflüssige Meinungsäußerungen etwa zur Zulässigkeit einer Verfassungsbeschwerde vermieden werden. Meist zielt das Auskunftsersuchen nicht auf eine rein verfassungsrechtliche Bewertung, sondern auf eine **Erläuterung der Hintergründe und Auswirkungen** eines Gesetzes oder einer bestimmten Rechtsprechung. Oftmals geht es aber auch gar nicht um Rechtsfragen. Im Verfahren zum Einsatz elektronischer Wahlgeräte hat das Gericht der Physikalisch-Technischen Bundesanstalt und dem Bundesamt für Sicherheit in der Informationstechnik nach § 27a Gelegenheit zur Stellungnahme zu den aufgeworfenen technischen Fragen gegeben.[13] Im Rahmen der mündlichen Verhandlung über die beantragte einstweilige Anordnung gegen die Einrichtung des Europäischen Stabilitätsmechanismus hat der Zweite Senat auch Vertreter der Europäischen Finanzstabilisierungsfazilität als sachverständige Dritte angehört.[14] Vertreter der Bundesanstalt für Finanzdienstleistungsaufsicht und einzelner Banken durften in der mündlichen Verhandlung zur Europäischen Bankenunion Stellungnahmen abgeben.[15] Hauptsächlich zur Klärung tatsächlicher Gegebenheiten dienten auch die Stellungnahmen sachkundiger Dritter in den Verfahren zur Suizidhilfe[16] und zur Gefangenenvergütung.[17] 6

9 Vgl. zu den Hintergründen und zum Umgang des Bundesverfassungsgerichts damit Lenz, Der Verfassungsrechtsausschuss der Bundesrechtsanwaltskammer und sein Vorsitzender, in: Herrmann/Krämer, Festschrift für Christian Kirchberg, 2017, 127 (137 ff.).

10 So auch Barczak BVerfGG/Meskouris § 27a Rn. 19.

11 Vgl. BVerfG, Urteil des Ersten Senats vom 9.4.2024 – 1 BvR 2017/21, Rn. 13 bei Juris; BVerfG, Beschluss des Ersten Senats vom 21.11.2023 – 1 BvL 6/21, Rn. 44 bei Juris; BVerfG, Beschluss des Ersten Senats vom 1.2.2023 – 1 BvL 7/18, Rn. 61 bei Juris; BVerfGE 160, 79 (89, Rn. 24); 154, 152 (203, Rn. 54); 154, 17 (49, Rn. 62); Beschluss der 2. Kammer des Ersten Senats vom 16.12.2022 – 1 BvL 6/18, Rn. 12 bei Juris.

12 Vgl. BVerfGE 163, 107 (116 f., Rn. 22); 159, 355 (372 ff. Rn. 22); 159, 223 (266 ff., Rn. 81).

13 BVerfGE 123, 39 (61 f.).

14 BVerfGE 132, 195 (274 Rn. 188).

15 BVerfGE 151, 202 (273, Rn. 84).

16 BVerfGE 153, 182 (252 f., Rn. 179).

17 BVerfG, Urteil des Zweiten Senats vom 20.6.2023 – 2 BvR 166/16, Rn. 133 bei Juris.

7 Bevor das Gericht eingegangene Stellungnahmen sachverständiger Dritter verwertet, muss es sie im Hinblick auf Art. 103 Abs. 1 GG den anderen Beteiligten **zur Kenntnisnahme übersenden** und ihnen Gelegenheit zur Erwiderung geben;[18] es kann sie auch anderen sachverständigen Dritten oder Äußerungsberechtigten im Sinne von § 94 zur Kenntnisnahme zuleiten. Das Gericht berücksichtigt auch Erwiderungen aus diesem Kreis.[19]

8 Wer sich selbst für einen sachkundigen Dritten hält und eine Stellungnahme abgeben möchte, kann dem Gericht sein **Interesse anzeigen.**[20] Eine Kontaktaufnahme kann über den Berichterstatter bzw. dessen wissenschaftliche Mitarbeiter erfolgen, gegebenenfalls vermittelt über einen Verfahrensbeteiligten. Bewährt sich ein sachkundiger Dritter, wird seine Stellungnahme sicher auch in künftigen Verfahren zum betreffenden Themenkreis eingeholt werden.[21] Demgegenüber werden unaufgefordert übersandte Meinungsäußerungen Dritter, die nicht nach § 27a zur Stellungnahme berechtigt waren, zwar dem Berichterstatter zur Kenntnisnahme vorgelegt, aber nicht zur Gerichtsakte genommen und nicht berücksichtigt.

9 In Verfassungsbeschwerdeverfahren vor der Entscheidung über die Annahme der Verfassungsbeschwerde und im Verfahren der konkreten Normenkontrolle vor der Entscheidung über die Zulässigkeit der Vorlage ist der **Berichterstatter** zur Durchführung der Anfrage befugt (§ 41 GO-BVerfG). In Senatssachen ersucht der Senatsvorsitzende die ausgewählten Dritten um Auskunft, aber auch dort geht die Initiative regelmäßig vom Berichterstatter aus (§ 22 Abs. 5 GO-BVerfG), der auch die Zustellung als solche veranlasst (§ 22 Abs. 2 GO-BVerfG).

10 Die sachkundigen Dritten rücken **nicht** in die Stellung eines **Beteiligten** ein.[22] Sie haben daher keinen Anspruch darauf, dass das Bundesverfassungsgericht ihre Eingaben wirklich würdigt. Meist werden die Stellungnahmen aber im Tatbestand der verfassungsgerichtlichen Entscheidungen zusammengefasst,[23] in den Gründen dagegen nur gelegentlich und dann eher sinngemäß wiedergegeben.[24] In dieses Bild passt auch, dass sich gelegentlich nur

---

18 Vgl. Beschluss der 3. Kammer des Ersten Senats vom 26.3.2014 – 1 BvR 3185/09, Rn. 11 bei Juris.

19 Vgl. die Erwiderung des Bundesministeriums des Inneren auf eine Stellungnahme des Chaos Computer Clubs in BVerfGE 123, 39 (63).

20 So auch Barczak BVerfGG/Meskouris § 27a Rn. 22.

21 Vgl. etwa der Chaos Computer Club in BVerfGE 165, 363 (386, Rn. 46); 154, 152 (203, Rn. 54 f.); 141, 220 (259, Rn. 74); 133, 277 (310, Rn. 78); 123, 39 (62).

22 Barczak BVerfGG/Meskouris § 27a Rn. 10.

23 Vgl. BVerfG, Urteil des Ersten Senats vom 9.4.2024 – 1 BvR 2107/21, Rn. 14 ff. bei Juris; BVerfG, Urteil des Ersten Senats vom 22.11.2023 – 1 BvR 2577/15 ua, Rn. 18 ff. bei Juris; BVerfG, Beschluss des Ersten Senats vom 21.11.2023 – 1 BvL 6/21, Rn. 47 ff. bei Juris; BVerfG, Urteil des Zweiten Senats vom 31.10.2023 – 2 BvR 900/22, Rn. 45 ff. bei Juris; BVerfGE 164, 347 (389 ff., Rn. 114 ff.); 163, 254 (270 f., Rn. 33 ff.); 163, 107 (117 ff., Rn. 23 ff.); 161, 299 (324 ff., Rn. 49 ff.); 160, 79 (95 ff., Rn. 40 ff.).

24 Beispiel für einen Ausnahmefall: Beschluss der 2. Kammer des Ersten Senats vom 7.4.2015 – 1 BvR 1432/10, Rn. 21 bei Juris; kritisch zur Praxis des Bundesverfassungsgerichts Lenz, Der Verfassungsrechtsausschuss der Bundesrechtsanwaltskammer und sein Vorsitzender, in: Herrmann/Krämer, Festschrift für Christian Kirchberg, 2017, 127 (142).

der wenig hilfreiche Hinweis darauf findet, wer eine Stellungnahme abgegeben hat.[25]

§ 28 [Zeugen und Sachverständige]

(1) Für die Vernehmung von Zeugen und Sachverständigen gelten in den Fällen des § 13 Nummer 1, 2, 2a, 4 und 9 die Vorschriften der Strafprozeßordnung, in den übrigen Fällen die Vorschriften der Zivilprozeßordnung entsprechend.

(2) [1]Soweit ein Zeuge oder Sachverständiger nur mit Genehmigung einer vorgesetzten Stelle vernommen werden darf, kann diese Genehmigung nur verweigert werden, wenn es das Wohl des Bundes oder eines Landes erfordert. [2]Der Zeuge oder Sachverständige kann sich nicht auf seine Schweigepflicht berufen, wenn das Bundesverfassungsgericht mit einer Mehrheit von zwei Dritteln der Stimmen die Verweigerung der Aussagegenehmigung für unbegründet erklärt.

Führt das Bundesverfassungsgericht eine förmliche Beweisaufnahme nach § 26 Abs. 1 durch, kann es Zeugen und Sachverständige vernehmen.[1] Das BVerfGG stellt dafür kein eigenständiges prozessuales Instrumentarium zur Verfügung. In § 28 Abs. 2 und § 29 finden sich nur punktuelle Sonderregelungen. Im Übrigen **verweist** § 28 Abs. 1 **auf andere Prozessordnungen**. Einen praktischen Anwendungsbereich hat die Vorschrift aber kaum noch, da das Bundesverfassungsgericht immer mehr auf die Möglichkeit der weniger förmlichen, andererseits aber von der Mitwirkung der angesprochenen Personen und Institutionen abhängigen Befragung sachkundiger Dritter nach § 27a zurückgreift.[2] 1

Diejenigen verfassungsgerichtlichen Verfahren, die Ähnlichkeiten mit einem Strafprozess aufweisen (Verwirkung von Grundrechten, Parteiverbot, Präsidentenanklage, Richteranklage), werden dem Regime der **Strafprozessordnung** unterstellt (§§ 48 ff., §§ 72 ff. StPO). Mit Wirkung zum 29.7.2017 ist in die Auflistung dieser Verfahren in Abs. 1, 1. Halbsatz konsequent auch das Verfahren über den Ausschluss von Parteien von staatlicher Finanzierung nach § 13 Nr. 2 a, Art. 21 Abs. 3 GG aufgenommen worden. In allen anderen Verfahren sind nach Abs. 1, 2. Halbsatz die Vorschriften der **Zivilprozessordnung** entsprechend anzuwenden (§§ 373 ff., §§ 402 ff. ZPO). 2

Abs. 2 regelt wie § 26 Abs. 2 Besonderheiten bei der Erhebung von Beweisen, die mit öffentlichen Interessen kollidieren könnten. § 54 Abs. 1 StPO und 3

25 Vgl. BVerfGE 159, 355 (374 f., Rn. 23); Beschluss der 3. Kammer des Ersten Senats vom 22.7.2019 – 1 BvR 1955/17, Rn. 8 bei Juris; vgl. auch BVerfG, Urteil vom 23.1.2024 – 2 BvB 1/19, Rn. 138 bei Juris – Finanzierungsausschluss NPD/Die Heimat.

1 Vgl. zur Vernehmung von Sachverständigen: BVerfGE 154, 152 (203, Rn. 55) – BND – Ausland-Ausland-Aufklärung; zu einem Sachverständigengutachten: BVerfGE 133, 168 (194, Rn. 48) – Verständigung im Strafverfahren.

2 Vgl. BVerfGE 164, 193 (270, Rn. 96) – ERatG – NGEU; 163, 254 (270 f., Rn. 33 ff.) – Sonderbedarfsstufe im Asylbewerberleistungsrecht; 163, 107 (116 ff., Rn. 22 ff.) – Tierarztvorbehalt; 162, 1 (49, Rn. 87) – Bayerisches Verfassungsschutzgesetz; 157, 1 (17, Rn. 52) – CETA.

§ 376 Abs. 1 ZPO verweisen für die Vernehmung von Beamten und Richtern auf das Beamtenrecht, das nach § 46 DRiG entsprechend für Richter gilt. Beamte und Richter sind zur Amtsverschwiegenheit verpflichtet (§ 67 Abs. 1 BBG) und dürfen vor Gericht nur mit besonderer Genehmigung aussagen (§ 67 Abs. 3 BBG). Die **Aussagegenehmigung** darf nach **§ 68 Abs. 1 BBG** versagt werden, wenn die Aussage dem Wohle des Bundes oder eines Landes Nachteile bereiten oder die Erfüllung öffentlicher Aufgaben ernstlich gefährden oder erheblich erschweren würde. **Davon weicht § 28 Abs. 2 Satz 1 ab.** Eine Aussagegenehmigung darf für ein Verfahren vor dem Bundesverfassungsgericht nur verweigert werden, wenn es das Wohl des Bundes oder eines Landes erfordert. Auf eine bloße Gefährdung oder Erschwerung der Erfüllung öffentlicher Aufgaben kann sich die für die Entscheidung über die Erteilung einer Aussagegenehmigung zuständige Behörde nicht berufen.

4 Aber auch wenn die zuständige Behörde die Genehmigung mit Blick auf das Wohl des Bundes oder eines Landes verweigert, kann sich das Bundesverfassungsgericht darüber hinwegsetzen und mit einer Zweidrittelmehrheit der Richter eines Senats beschließen, dass der Zeuge oder Sachverständige dennoch vernommen werden soll. Die **Verweigerung der Aussagegenehmigung** wird dann **für unbegründet erklärt** (Abs. 2 Satz 2). Dafür muss das Gericht das Interesse an der Wahrheitsfindung im Verfassungsprozess höher bewerten als das konkrete Geheimhaltungsinteresse. Ein solcher Konfliktfall ist in der Praxis bislang nicht aufgetreten.

5 Während im Falle des § 28 Abs. 2 Satz 2 eine Zweidrittelmehrheit erforderlich ist, um die Vernehmung eines Zeugen oder Sachverständigen durchführen zu können, kommt der Zweidrittelmehrheit bei der Entscheidung über die Verwertung von Urkunden nach **§ 26 Abs. 2** die **umgekehrte** Funktion zu. Dort werden zwei Drittel der Stimmen benötigt, um die Verwertung einer Urkunde, die dem Gericht anders als die noch einzuholende Aussage eines Zeugen oder Sachverständigen schon vorliegt, zum Schutz der Staatssicherheit zu verhindern.

§ 29 [Beweistermin]

[1]Die Beteiligten werden von allen Beweisterminen benachrichtigt und können der Beweisaufnahme beiwohnen. [2]Sie können an Zeugen und Sachverständige Fragen richten. [3]Wird eine Frage beanstandet, so entscheidet das Gericht.

1 Förmliche Beweisaufnahmen iSd § 26 Abs. 1 Satz 1 finden in der Regel in der mündlichen Verhandlung statt, aufgrund derer das Bundesverfassungsgericht seine Entscheidung trifft (§ 25 Abs. 1). Dann ergibt sich schon aus der Ladung zur mündlichen Verhandlung, dass die Beteiligten **der Beweisaufnahme beiwohnen** können. Die **Benachrichtigung** von der geplanten Beweisaufnahme nach § 29 Satz 1, 1. Halbsatz dient in diesem Falle nicht der Wahrung des Anwesenheitsrechts der Beteiligten, sondern soll ihnen lediglich eine sachgerechte Vorbereitung auf die Beweisaufnahme ermöglichen. Wird außerhalb der mündlichen Verhandlung des Senats Beweis erhoben, etwa durch einen beauftragten oder ersuchten Richter (§ 26 Abs. 1 Satz 2),

ist der Beweistermin den Beteiligten gesondert bekanntzugeben. Beteiligte in diesem Sinne sind wie in § 25 Abs. 1 nur die Antragsteller und die dem verfassungsgerichtlichen Verfahren beigetretenen Verfassungsorgane, nicht aber die sonstigen Äußerungsberechtigten (→ § 25 Rn. 4).

Im Rahmen der Beweisaufnahme steht den Beteiligten ein **Fragerecht** zu (Satz 2). Es wird im Anschluss an die Befragung des Zeugen oder Sachverständigen durch den Senat ausgeübt. In Zweifelsfällen entscheidet das Gericht, ob die Frage, die ein Beteiligter stellen will, zugelassen wird oder nicht. Gleiches gilt, wenn die Frage eines Beteiligten oder des Gerichts von einem anderen Beteiligten oder vom Zeugen bzw. Sachverständigen **beanstandet** wird (Satz 3). 2

Näheres zur Entscheidung über die **Zulassung oder Zurückweisung von Fragen** regelt § 29 nicht. Sachdienliche, auf das Beweisthema bezogene Fragen sind stets zuzulassen. Die Entscheidung ergeht durch **Beschluss mit einfacher Mehrheit** der Richter des verhandelnden Senats.[1] Der einfachen Mehrheit bedarf es auch zur Bestätigung der vorläufigen Entscheidung eines beauftragten oder ersuchten Richters, der die Beweisaufnahme für den Senat durchgeführt und in diesem Rahmen über die Zulassung oder Zurückweisung einer Frage entschieden hat.[2] 3

Unsicherheiten bestehen im Hinblick auf die **Befragung von sachkundigen Dritten** im Sinne von § 27 a. Ihre Beiträge und Auskünfte spielen eine erhebliche Rolle in mündlichen Verhandlungen vor dem Bundesverfassungsgericht. Das ändert aber nichts daran, dass es sich bei diesen Einzelpersonen oder Repräsentanten von Organisationen nicht um Zeugen und Sachverständige im Sinne von § 29 Satz 2 handelt. Gegen eine entsprechende Anwendung der Vorschrift[3] bestehen Bedenken. Während der von § 29 Satz 1 ausdrücklich angesprochene Zeuge und Sachverständige zur Beantwortung von Fragen verpflichtet ist, kann der sachkundige Dritte selbst entscheiden, ob und in welchem Umfang er von der ihm vom Bundesverfassungsgericht gegebenen Gelegenheit zur Stellungnahme Gebrauch macht. Anders als der Zeuge und der Sachverständige ist er nach § 27a lediglich äußerungsberechtigt und nicht auf eine objektive Rolle festgelegt, sondern darf in seinen schriftlichen und mündlichen Stellungnahmen seine eigenen Interessen am Ausgang des Verfahrens verfolgen. Insoweit ist er eher an die Rolle eines Beteiligten angenähert. Es spricht also nichts dagegen, dass das Gericht die Stellung von Fragen an die in der mündlichen Verhandlung erschienenen sachkundigen Dritten zwar zulässt, diese Personen und Organisationsvertreter jedoch frei entscheiden können, ob und zu welchen Fragen sie sich äußern wollen. 4

§ 30 [Form der Verkündung und Entscheidung]

(1) [1]Das Bundesverfassungsgericht entscheidet in geheimer Beratung nach seiner freien, aus dem Inhalt der Verhandlung und dem Ergebnis

---

1 Burkiczak/Dollinger/Schorkopf BVerfGG/Haberzettl § 29 Rn. 9.
2 So auch BeckOK BVerfGG/B. Grünewald § 29 Rn. 5.
3 So Burkiczak/Dollinger/Schorkopf BVerfGG/Haberzettl § 29 Rn. 7; der Sache nach auch Barczak BVerfGG/Meskouris § 29 Rn. 7.

der Beweisaufnahme geschöpften Überzeugung. [2]Die Entscheidung ist schriftlich abzufassen, zu begründen und von den Richtern, die bei ihr mitgewirkt haben, zu unterzeichnen. [3]Sie ist sodann, wenn eine mündliche Verhandlung stattgefunden hat, unter Mitteilung der wesentlichen Entscheidungsgründe öffentlich zu verkünden. [4]Der Termin zur Verkündung einer Entscheidung kann in der mündlichen Verhandlung bekanntgegeben oder nach Abschluß der Beratungen festgelegt werden; in diesem Fall ist er den Beteiligten unverzüglich mitzuteilen. [5]Zwischen dem Abschluß der mündlichen Verhandlung und der Verkündung der Entscheidung sollen nicht mehr als drei Monate liegen. [6]Der Termin kann durch Beschluß des Bundesverfassungsgerichts verlegt werden.

(2) [1]Ein Richter kann seine in der Beratung vertretene abweichende Meinung zu der Entscheidung oder zu deren Begründung in einem Sondervotum niederlegen; das Sondervotum ist der Entscheidung anzuschließen. [2]Die Senate können in ihren Entscheidungen das Stimmenverhältnis mitteilen. [3]Das Nähere regelt die Geschäftsordnung.

(3) Alle Entscheidungen sind den Beteiligten bekanntzugeben.

I. Zustandekommen und Verkündung der Entscheidung, Abs. 1

1 Das Bundesverfassungsgericht trifft seine Entscheidungen gemäß Abs. 1 Satz 1 **in geheimer Beratung**. An der Beratung dürfen nur die an der Entscheidung mitwirkenden Richter teilnehmen (§ 25 GO-BVerfG). Wissenschaftliche Mitarbeiter (dazu näher → § 90 Rn. 31 ff.) und Referendare werden nicht zugelassen. Die Geheimhaltungspflicht erstreckt sich nicht nur auf das Abstimmungsverhalten der Richter, sondern auf die Beratung insgesamt.

2 **Beratung** ist die mit dem Ziel einer Entscheidung über das jeweilige Verfahren durchzuführende Besprechung der Mitglieder des zuständigen Spruchkörpers. Eine Beratung in diesem Sinne setzt nach traditionellem Verständnis eine gleichzeitige Anwesenheit der an der Entscheidung beteiligten Richter voraus.[1] Gegen die Zulässigkeit einer Entscheidung im Umlaufverfahren spricht nicht nur § 15 Abs. 2 Satz 1 BVerfGG, sondern auch die Regelung des § 25 GO-BVerfG, die ersichtlich von einer persönlichen Anwesenheit der Richter bei der Beratung ausgeht. Eine Auslegung, nach der das Abzeichnen eines umlaufenden Votums und Entscheidungsentwurfs eine Beratung darstellen soll, ist auch deshalb kaum möglich, weil nach § 23 Abs. 2 GO-BVerfG zwischen der „Verteilung des Votums und der Beratung mindestens zehn Tage liegen“ sollen. Offen ist der gesetzliche Begriff der Beratung aber für eine Besprechung der Mitglieder des zuständigen Spruchkörpers über das konkrete Verfahren unter Ausnutzung moderner Kommunikationstechniken, also insbesondere im Format einer Videokonferenz (hybride Beratung).[2] Entsprechend gibt es beim Bundesverfassungsgericht eine Praxis, einzelne Senatsmit-

1 Vgl. zu den Abläufen beim Bundesverfassungsgericht Lübbe-Wolff, Beratungskulturen, 2022, 31 ff. sowie rechtsvergleichend auch Seiten 480 ff., insbes. 543 ff.
2 Siehe in diesem Zusammenhang auch die Überlegungen von Lenz/Schulte zu Praxis und Zulässigkeit von Videoformaten bei Verhandlungen des Deutschen Bundestages, NVwZ 2020, 744 ff.

glieder auf diese Weise zuzuschalten, wenn sie etwa quarantänebedingt nicht vor Ort an der Beratung teilnehmen können.[3]

Zugeschnitten ist dieses enge gesetzliche und geschäftsordnungsmäßige Verständnis der Beratung im Sinne einer Besprechung der anwesenden Richter aber nur auf **Senatsentscheidungen**. 3

Entscheidungen der Kammern gehen solche Beratungen nicht voraus. Die Kammern treten nicht zu regelmäßigen Sitzungen zusammen. Vielmehr treffen sie ihre Entscheidungen im **Umlaufverfahren**. Dabei leitet der Berichterstatter die Verfahrensakte mit einem Votum und zugleich auch schon mit einem von ihm unterschriebenen Beschlussentwurf dem zweiten Kammermitglied zu, der den Beschlussentwurf, sofern er einverstanden ist, unterzeichnet und mit der Akte und dem Votum an das dritte Kammermitglied weiterleitet. Nur wenn im ersten Umlauf keine Einigkeit in der Kammer erzielt wird und auch der Austausch schriftlicher Änderungsvorschläge nicht weiterhilft, kann sich eine Beratung im Sinne einer mündlichen Besprechung der Kammermitglieder als notwendig erweisen.[4] Nach der Einführung der elektronischen Akte, für die der Gesetzgeber mit Wirkung ab 1.8.2024 in § 23e Abs. 1 die Grundlage geschaffen hat, kann das Umlaufverfahren grundsätzlich unverändert, aber dann in digitaler Form durchgeführt werden. 4

Die Unterschiede in den Verfahren der Senate und der Kammern finden jedoch weder in den Regelungen des BVerfGG noch in der Geschäftsordnung hinreichenden Ausdruck. § 30 Abs. 1 ist nach der Einführung des Kammerverfahrens nicht angepasst worden, und auch in den Regelungen des Kammerverfahrens, insbesondere also zur Verfassungsbeschwerde in den §§ 93a ff., fehlt dazu eine klare Aussage. Derzeit kann die **Zulässigkeit des Umlaufverfahrens in Kammersachen** daher nur ungenügend begründet werden. Eine ausdrückliche Zulassung des Umlaufverfahrens dort, wo es praktisch unvermeidbar ist, also in Kammersachen, im Gesetz oder zumindest in der Geschäftsordnung wäre zur Klarstellung wünschenswert.[5] Das Bundesverfassungsgericht hat dies aber auch bei der letzten Änderung der Geschäftsordnung in der Fassung vom 19.12.2014 nicht für notwendig erachtet. 5

In **Senatsangelegenheiten** bleibt es hingegen dabei, dass nach § 30 Abs. 1 Satz 1 vor der Entscheidung beraten werden muss und Umlaufverfahren nicht zulässig sind.[6] In einem Spruchkörper mit acht Mitgliedern macht ein Umlaufverfahren auch unter pragmatischen Gesichtspunkten keinen Sinn. Jedenfalls muss stets gesichert sein, dass eine Beratung im Sinne einer Besprechung unter gleichzeitiger Anwesenheit der beteiligten Richter herbeigeführt werden kann. Das wird aber unproblematisch schon dadurch gewährleistet, dass jeder Richter bis zur Verkündung bzw. Ausfertigung der 6

3 Vgl. die Nachweise bei Lübbe-Wolff, Beratungskulturen, 2022, 681, Fn. 2080 und die dort gegebenen Hinweise auf eine entsprechende Praxis vieler anderer Verfassungsgerichte.

4 Näher zu den tatsächlichen Abläufen im Bundesverfassungsgericht Lübbe-Wolff, Beratungskulturen, 2022, 490 ff.

5 So jetzt auch Burkiczak/Dollinger/Schorkopf BVerfGG/Burkiczak, § 30 Rn. 14.

6 AA möglicherweise Lechner/Zuck/Zuck § 30 Rn. 3, der dort aber nicht zwischen Senats- und Kammerverfahren unterscheidet.

Entscheidung eine Fortsetzung der Beratung beantragen kann (§ 26 Abs. 1 GO-BVerfG).

7 Die Beratungen der Senate werden in der Regel weit im Voraus terminiert. Dafür wird am Ende des Jahres ein **Terminplan** für das Folgejahr erstellt, der später aber jederzeit geändert werden kann. Die Sitzungen finden meist alle zwei Wochen an einem oder zwei Tagen statt. Von Beratungen freigehalten wird ein Zeitraum ungefähr von Mitte Juli bis Ende September.

8 Die **Tagesordnung der Sitzungen** legt der Senatsvorsitzende in der Regel spätestens zehn Tage vor der Sitzung fest (§ 21 Abs. 2 GO-BVerfG). In der Tagesordnung wird aufgeführt, welche Voten und Beschluss- bzw, Urteilsentwürfe zur Beratung anstehen.

9 Die Senatssitzungen haben daher zwei ganz unterschiedliche Facetten. Die Entscheidung in einem Verfassungsprozess wird zum ersten Mal beraten, wenn der Berichterstatter dem Senat ein schriftliches **Votum** vorgelegt hat (§ 23 GO-BVerfG). Wird keine mündliche Verhandlung durchgeführt (dazu näher → § 25 Rn. 2 ff.), berät der Senat auf der Grundlage des Votums die Sach- und Rechtslage und stimmt über die Entscheidung ab. Ist eine mündliche Verhandlung geplant, berät der Senat zunächst nur über deren Ablauf und setzt sich nach der Verhandlung zur abschließenden Beratung und Abstimmung (vgl. dazu → § 15 Rn. 5 ff.) zusammen. Im Anschluss an die Beratung des Votums fertigt der Berichterstatter einen Urteils- bzw. Beschlussentwurf. Zu diesem Entwurf wird eine weitere Senatssitzung anberaumt, in der eine sogenannte **Leseberatung**[7] stattfindet, also unter Mitwirkung aller Richter der endgültige Text der Entscheidung erstellt wird (zum Ablauf des Verfahrens speziell bei der Verfassungsbeschwerde ausführlich → § 90 Rn. 11 ff.).

10 Grundlage der Entscheidung sind nach Abs. 1 Satz 1 der **Inhalt der Verhandlung** und **das Ergebnis der Beweisaufnahme**. Das kann selbstverständlich nur dann gelten, wenn eine mündliche Verhandlung (§ 25 Abs. 1) und eine Beweisaufnahme (§§ 26, 29) stattgefunden haben. Im schriftlichen Verfahren treten an deren Stelle der schriftliche Vortrag der Beteiligten und der sonstigen Äußerungsberechtigten sowie die Stellungnahmen Dritter nach § 27 a.[8] In der Praxis sind in erster Linie ohnehin immer die eingereichten Schriftsätze die Quelle, aus der die Richter ihre Überzeugung schöpfen. In der Norm ist dieser Regelfall nur deshalb nicht erwähnt, weil der Gesetzgeber offenbar die großen und spektakulären, aber eben sehr seltenen Senatssachen im Blick hatte.

11 Die Richter entscheiden nach ihrer **freien Überzeugung**. Diese Regelung stimmt der Sache nach mit den entsprechenden Vorschriften der fachgerichtlichen Prozessordnungen überein, zB § 108 Abs. 1 Satz 1 VwGO und § 286 Abs. 1 Satz 1 ZPO.

12 **Abs. 1 Satz 2** regelt die **Form der Entscheidung**. Auch diese Vorschrift gilt unabhängig davon, ob es sich um ein nach mündlicher Verhandlung

7 Vgl. zur Unterscheidung zwischen Sachberatung und Leseberatung beim Bundesverfassungsgericht und bei anderen Verfassungsgerichten auch Lübbe-Wolff, Beratungskulturen, 2022, 546 ff.

8 Vgl. Barczak BVerfGG/Bleiler § 30 Rn. 11.

ergehendes Urteil oder um einen im schriftlichen Verfahren ergehenden Beschluss (vgl. § 25 Abs. 2) handelt.

Die Entscheidungen sind **schriftlich abzufassen**. Nach Einführung der elektronischen Verfahrensakte müssen Entscheidungen, die in Papierform vorliegen, gemäß § 23e Abs. 2 Satz 1 in ein elektronisches Dokument übertragen werden. In ihrem äußeren Erscheinungsbild und in ihrem Aufbau unterscheiden sich die Entscheidungen des Bundesverfassungsgerichts nicht von Entscheidungen der Fachgerichte. Wesentliche Bestandteile sind Rubrum, Tenor und, sofern erforderlich (→ Rn. 14), Entscheidungsgründe, die sich aus Tatbestand und Begründung der Entscheidung zusammensetzen. Im Rubrum werden die Richter, die an der Entscheidung mitgewirkt haben, in einer festen Reihenfolge aufgeführt, beginnend mit dem Vorsitzenden des Senats bzw. der Kammer und sodann nach dem Dienstalter geordnet bis zum Dienstjüngsten am Ende der Liste (§ 28 Abs. 1 GO-BVerfG). 13

Die Entscheidungen sind nach Abs. 1 Satz 2 grundsätzlich **zu begründen**. Vom Begründungserfordernis gibt es aber Ausnahmen: Nichtannahmebeschlüsse der Kammern (§ 93d Abs. 1 Satz 3) und A-Limine-Abweisungen nach vorherigem Hinweis (§ 24 Satz 2) bedürfen keiner Begründung. Die Gründe der Senatsentscheidungen über Verfassungsbeschwerden folgen in der Regel einem bestimmten Muster: Nach der Darstellung des Sachverhalts und der einfachrechtlichen Rechtslage werden zunächst der Gang des Ausgangsverfahrens und sodann das Beschwerdevorbringen des Beschwerdeführers sowie die vom Gericht eingeholten Stellungnahmen (§ 94, § 82 Abs. 4, § 27a) geschildert. Nach diesem „Tatbestand", der nicht als solcher bezeichnet wird, folgt die rechtliche Würdigung. 14

Das Gericht neigt zu langen Begründungen, die zu ihrer Lektüre ein zeitaufwändiges Studium erfordern. Das kann den komplizierten Sachverhalten und Rechtsfragen geschuldet sein, die zur Entscheidung anstehen. Auch bei verfassungsgerichtlichen Entscheidungen sollten aber Klarheit und Nachvollziehbarkeit im Vordergrund stehen,[9] und dafür sollten sich die Gründe **auf das Wesentliche beschränken**. Darüber hinausgehender lehrbuchartiger Ausführungen[10] bedarf es nicht. Sie sind zudem geeignet, Zweifel an der immer beklagten Überlastung der Richter des Bundesverfassungsgerichts zu nähren. 15

Die Entscheidungen sind nach Abs. 1 Satz 2 **zu unterzeichnen**, und zwar von den Richtern, die bei der Entscheidung mitgewirkt haben. Das bedeutet, dass auch die Richter die Entscheidung unterzeichnen müssen, die dagegen gestimmt haben. Ist ein Richter an der Unterschrift verhindert, etwa weil er zwischenzeitlich ausgeschieden ist, wird seine Unterschrift durch einen die Verhinderung beurkundenden Vermerk des Vorsitzenden ersetzt (§ 28 Abs. 2 GO-BVerfG). Wird die Entscheidung als elektronisches Dokument erstellt, so tritt an die Stelle der handschriftlichen Unterzeichnung eine qualifizierte elektronische Signatur der Richter (§ 23b Satz 1). 16

9 So auch Barczak BVerfGG/Bleiler § 30 Rn. 15.

10 Vgl. etwa BVerfGE 123, 267 zum Zustimmungsgesetz zum Vertrag von Lissabon; besonders umfangreich zB auch BVerfGE 153, 182 – Suizidhilfe; 144, 20 – Zweites NPD-Parteiverbotsverfahren.

17 Nach **Abs. 1 Satz 3** sind Entscheidungen, denen eine mündliche Verhandlung vorangegangen ist (§ 25 Abs. 1), öffentlich **zu verkünden**. Die Verkündung erfolgt „sodann", also nach Beratung, schriftlicher Abfassung und Unterzeichnung des Urteils. Das Urteil liegt zum Zeitpunkt der Verkündung also bereits vollständig vor und wird den Beteiligten und den Pressevertretern zu Beginn des Verkündungstermins ausgehändigt.

18 Bei der Verkündung sind die **wesentlichen Entscheidungsgründe mitzuteilen**. In der Regel stellt zunächst der Vorsitzende kurz den Streitgegenstand dar und fasst die Entscheidung zusammen. Anschließend werden die Entscheidungsgründe unter Mitwirkung des Berichterstatters ausführlicher dargelegt. Dabei werden die maßgeblichen Passagen aus dem Urteil meist wörtlich vorgelesen.

19 Der **Termin zur Verkündung** kann nach **Abs. 1 Satz 4** entweder schon in der mündlichen Verhandlung oder erst nach Abschluss der Beratungen festgelegt werden. Beide Alternativen stehen nach dem Gesetz gleichwertig nebeneinander. In der Praxis hat sich aber die nachträgliche Bestimmung des Verkündungstermins, der den Beteiligten unverzüglich nach seiner Festlegung mitzuteilen ist und der Öffentlichkeit durch entsprechende Pressemitteilungen bekanntgegeben wird,[11] durchgesetzt. Das hat für das Gericht den Vorteil, bei der Beratung und der schriftlichen Abfassung des Urteils nicht unter dem zeitlichen Druck des bereits festgelegten Verkündungstermins zu stehen und den unangenehmen Weg der Verlegung des Termins nach Abs. 1 Satz 6 gehen zu müssen, wenn absehbar ist, dass der festgelegte Termin nicht eingehalten werden kann.

20 Zeitliche Vorgaben ergeben sich aber unmittelbar aus dem Gesetz: Nach **Abs. 1 Satz 5** sollen zwischen dem Abschluss der mündlichen Verhandlung und dem Verkündungstermin **nicht mehr als drei Monate** liegen. Da es sich nur um eine Soll-Vorschrift handelt, ist die Frist von drei Monaten nicht zwingend. Aus besonderen Gründen kann von ihr abgewichen werden. Verfassungsprozessuale Konsequenzen bei einer Überschreitung der Frist drohen ohnehin nicht. Immerhin hat der Gesetzgeber aber zu erkennen gegeben, welchen Zeitraum er regelmäßig für akzeptabel hält, damit gewährleistet ist, dass die Entscheidung wirklich auf der Grundlage der in der mündlichen Verhandlung gewonnenen und nicht wieder in Vergessenheit geratenen Erkenntnisse getroffen wird. Das Bundesverfassungsgericht hält sich daran nicht und mutet den Beteiligten durchaus auch erhebliche Fristüberschreitungen zu. Dies geschieht insbesondere dann, wenn die Entscheidungsfindung schwierig ist, weil der Senat gespalten ist, was sich dann in

11 Beispiele: Pressemitteilung Nr. 7/2023 vom 17.1.2023 zur Urteilsverkündung in Sachen „Desiderius-Erasmus-Stiftung" am 22.2.2023; Pressemitteilung Nr. 100/2022 vom 1.12.2022 zur Urteilsverkündung in Sachen „Anhebung der absoluten Obergrenze der Parteienfinanzierung" am 24.1.2023.

einer Entscheidung mit Stimmengleichheit zeigt.[12] In letzter Zeit nehmen erhebliche Überschreitungen der Verkündungsfrist zu.[13]

II. Abweichende Meinung und Stimmenverhältnis, Abs. 2

Abs. 2 Satz 1 bietet den Richtern, die bei der Abstimmung unterlegen waren, eine im deutschen Rechtssystem einzigartige Reaktionsmöglichkeit. Sie müssen sich zwar der Entscheidung der Mehrheit der Richter beugen, aber nicht wortlos. Ihre **abweichende Meinung** können sie in einem **Sondervotum** niederlegen.[14] Abweichende Meinungen sind auch zu Plenarentscheidungen möglich.[15] Auf europäischer Ebene sind zu einem solchen Sondervotum nur die Richter des Europäischen Gerichtshofs für Menschenrechte berechtigt (Art. 45 Abs. 2 EMRK), nicht aber die Richter des Gerichtshofs der Europäischen Union in Luxemburg (Art. 116 VerfO-EuGH). 21

Die Regelung des Abs. 2 Satz 1 kann sich ebenso wie die Möglichkeit zur Bekanntgabe des Stimmenverhältnisses nach Abs. 2 Satz 2 **nur auf Senats- und Plenarentscheidungen** beziehen, da Kammern stets nur einstimmig entscheiden können (vgl. § 93d Abs. 3 Satz 1, § 81a). 22

Voraussetzung für ein Sondervotum ist nach Abs. 2 Satz 1, 1. Halbsatz nur, dass der Richter **seine abweichende Meinung** bereits **in der Beratung vertreten** hat. Das ist dort unproblematisch, wo sich die Abweichung auf 23

12 Vgl. etwa BVerfGE 118, 277 zu Nebeneinkünften von Bundestagsabgeordneten: mündliche Verhandlung am 11.10.2006, Urteilsverkündung am 4.7.2007; beinahe mustergültig dagegen BVerfGE 130, 318 zum Sondergremium zum EFSF: mündliche Verhandlung am 29.11.2011, Urteilsverkündung am 28.2.2012.

13 Beispiele: BVerfG, Urteil des Zweiten Senats vom 20.6.2023 – 2 BvR 166/16, Juris – Gefangenenvergütung II, nach mündlicher Verhandlung vom 27.4. und 28.4.2022; BVerfG, Urteil des Zweiten Senats vom 24.1.2023 – 2 BvF 2/18, Juris – Absolute Obergrenze bei der Parteienfinanzierung, nach mündlicher Verhandlung vom 12.10. und 13.10.2021; BVerfGE 162, 207 (210) – Äußerungen von Bundeskanzlerin Merkel, Urteilsverkündung am 15.6.2022 nach mündlicher Verhandlung vom 21.7.2021.

14 Vgl. zuletzt abweichende Meinung König, Müller und Maidowski zum Urteil des Zweiten Senats vom 29.11.2023 – 2 BvF 1/21, Juris – Bundeswahlgesetz 2020; abweichende Meinung Müller und Langenfeld zum Urteil des Zweiten Senats vom 31.10.2023 – 2 BvR 900/22, Juris – Wiederaufnahme zuungunsten des Freigesprochenen; abweichende Meinung Müller zum Urteil des Zweiten Senats vom 6.12.2022 – 2 BvR 547/21 ua, BVerfGE 164, 193 (194 ff., Rn. 1 ff.) – ERatG; abweichende Meinung Wallrabenstein zum Urteil des Zweiten Senats vom 15.6.2022 – 2 BvE 4/20 ua, BVerfGE 162, 207 (210 ff., Rn. 1 ff.) – Äußerungen von Bundeskanzlerin Merkel; abweichende Meinung Müller zum Beschluss des Zweiten Senats vom 16.12.2020 – 2 BvE 4/18, BVerfGE 156, 270 (317 ff., Rn. 1 ff.); abweichende Meinungen König, Langenfeld und Maidowski zum Beschluss des Zweiten Senats vom 13.2.2020 – 2 BvR 739/17, BVerfGE 153, 74 (164 ff., Rn. 1 ff.) – Einheitliches Patentgericht; abweichende Meinung Maidowski zum Beschluss des Zweiten Senats vom 14.1.2020 – 2 BvR 1333/17, BVerfGE 153, 1 (53 ff., Rn. 1 ff.) – Kopftuchverbot für Rechtsreferendarinnen; abweichende Meinung Huber zum Beschluss des Zweiten Senats vom 14.1.2020 – 2 BvR 2055/16, BVerfGE 152, 345 (384 ff., Rn. 1 ff.) – Entfernung aus dem Beamtenverhältnis durch Verwaltungsakt; abweichende Meinung Hermanns zum Beschluss des Zweiten Senats vom 22.3.2018 – 2 BvR 780/16, BVerfGE 148, 69 (133, Rn. 1 ff.) – Richter auf Zeit; abweichende Meinungen Paulus und Baer zum Urteil des Ersten Senats vom 11.7.2017 – 1 BvR 1571/15 ua BVerfGE 146, 71 (150, Rn. 1 ff.) – Tarifeinheit; vgl. vertiefend zur Funktionsanalyse der abweichenden Meinungen Klatt, Das Sondervotum beim Bundesverfassungsgericht, 2023, S. 113 ff.

15 Vgl. abweichende Meinung Gaier zum Beschluss des Plenums vom 3.7.2012 – 2 PBvU 1/11, BVerfGE 132, 1 (24 ff., Rn. 60 ff.) – Luftsicherheitsgesetz.

den Tenor der Entscheidung bezieht. Die **abweichende Meinung zu der Entscheidung** (sog. dissenting opinion) kommt darin zum Ausdruck, dass der Richter bei der Abstimmung über das Ergebnis unterliegt, also für einen anderen als den vom Senat beschlossenen Tenor gestimmt hat.[16] Ein Sondervotum kommt aber auch in Betracht, wenn der Richter zwar mit dem Tenor der Entscheidung einverstanden ist, aber eine **abweichende Meinung zu der** von der Mehrheit der Richter in der Leseberatung ausgearbeiteten **Begründung** der Entscheidung vertritt (sog. concurring opinion).[17] Dies muss er bereits in der Beratung deutlich machen, wenn er sich die Erstellung eines Sondervotums vorbehalten will.

24 Die abweichende Meinung ist nicht Bestandteil der Entscheidung. Nach Abs. 2 Satz 1, 2. Halbsatz ist sie aber **der Entscheidung anzuschließen**. Mit der Erstellung eines Sondervotums kann der eine abweichende Meinung vertretende Richter in gleicher Weise die Öffentlichkeit erreichen wie die Senatsmehrheit. Die abweichende Meinung wird zusammen mit der Entscheidung bekanntgemacht (§ 55 Abs. 4 GO-BVerfG) und im Anschluss an die Entscheidung in der amtlichen Sammlung abgedruckt (§ 55 Abs. 5 GO-BVerfG). Wird ein Senatsurteil verkündet, kann der Richter im unmittelbaren Anschluss an die Verkündung den wesentlichen Inhalt seiner abweichenden Meinung mitteilen (§ 55 Abs. 3 GO-BVerfG). Dabei sollte der Senatsvorsitzende darauf achten, dass die Zäsur zwischen der Verkündung des Urteils und der Mitteilung des wesentlichen Inhalts der abweichenden Meinung unmissverständlich deutlich gemacht wird, da anderenfalls für das Publikum der verwirrende Eindruck entsteht, das Gericht habe zunächst das eine verkündet und dann das genaue Gegenteil. Auch in den Pressemitteilungen des Gerichts werden die abweichenden Meinungen dargestellt.

25 Verschiedene Richter können aus jeweils unterschiedlichen Gründen mit der Entscheidung oder mit deren Begründung nicht einverstanden sein. Dann können einer Entscheidung auch **mehrere abweichende Meinungen** angefügt werden.[18] Mehrere in der Abstimmung unterlegene Richter kön-

---

16 Beispiele: abweichende Meinung König, Müller und Maidowski zum Urteil des Zweiten Senats vom 29.11.2023 – 2 BvF 1/21, Juris – Bundeswahlgesetz 2020; abweichende Meinung Müller zum Urteil des Zweiten Senats vom 6.12.2022 – 2 BvR 547/21 ua, BVerfGE 164, 193 (194 ff. , Rn. 1 ff.) – ERatG; abweichende Meinungen König, Langenfeld und Maidowski zum Beschluss des Zweiten Senats vom 13.2.2020 – 2 BvR 739/17, BVerfGE 153, 74 (164 ff., Rn. 1 ff.) – Einheitliches Patentgericht; abweichende Meinung Huber zum Beschluss des Zweiten Senats vom 14.1.2020 – 2 BvR 2055/16, BVerfGE 152, 345 (384 ff., Rn. 1 ff.) – Entfernung aus dem Beamtenverhältnis durch Verwaltungsakt; abweichende Meinung Hermanns zum Beschluss des Zweiten Senats vom 22.3.2018 – 2 BvR 780/16, BVerfGE 148, 69 (133, Rn. 1 ff.) – Richter auf Zeit; abweichende Meinung Huber zum Beschluss des Zweiten Senats vom 21.6.2016 – 2 BvR 637/09, BVerfGE 142, 234 (257, Rn. 1 ff.) – Cybercrime Convention.

17 Beispiele: abweichende Meinungen Huber und Müller zum Beschluss des Zweiten Senats vom 13.4.2017 – 2 BvL 6/13, BVerfGE 145, 171 (230, Rn. 1 ff.) – Kernbrennstoffsteuer; abweichende Meinung Gaier, Masing und Baer zum Urteil des Ersten Senats vom 17.12.2014 – 1 BvL 21/12, BVerfGE 138, 136 (252, Rn. 1 ff.) – Erbschaftsteuer.

18 Vgl. abweichende Meinungen Eichberger und Schluckebier zum Urteil des Ersten Senats vom 20.4.2016 – 1 BvR 966/09 ua BVerfGE 141, 220 (353, Rn. 1 ff., und 362, Rn. 1 ff.); BVerfGE 134, 366 (419 ff., Rn. 105 ff.) abweichende Meinung Lübbe-Wolff einerseits und (430 ff., Rn. 133 ff.) abweichende Meinung Gerhardt andererseits zur Europäischen Zentralbank; BVerfGE 121, 317 (378) abweichende Meinung Bryde einer-

nen auch eine **gemeinsame abweichende Meinung** verfassen.[19] Auch der Berichterstatter eines Verfahrens, der für sein Votum keine Mehrheit im Senat gefunden hat, kann sich zur Erstellung einer abweichenden Meinung veranlasst sehen.[20] Nahezu zwangsläufig zu einer abweichenden Meinung der „Minderheit" führen Entscheidungen des Bundesverfassungsgerichts bei Stimmengleichheit nach § 15 Abs. 4 Satz 3.[21]

Für den **Verfahrensablauf** sind die Bestimmungen des § 55 GO-BVerfG von Bedeutung, mit denen das Bundesverfassungsgericht von der in Abs. 2 Satz 3 eröffneten Möglichkeit Gebrauch gemacht hat, **Einzelheiten** zur abweichenden Meinung **in der Geschäftsordnung** zu regeln. Beabsichtigt ein Richter, ein Sondervotum abzugeben, dann hat er diese Absicht dem Senat alsbald mitzuteilen (§ 55 Abs. 2 GO-BVerfG), und er muss das Sondervotum in der Regel innerhalb von drei Wochen nach Fertigstellung der Entscheidung dem Senatsvorsitzenden vorlegen (§ 55 Abs. 1 Satz 1 GO-BVerfG). 26

Der Senat kann die nunmehr vorliegende abweichende Meinung zum Anlass nehmen, **erneut in die Beratung einzutreten**. Gelegentlich geht die die Entscheidung tragende Mehrheit der Richter in den Entscheidungsgründen sodann ausdrücklich auf die abweichende Meinung ein,[22] so dass sich die wechselseitige Argumentation aus der Beratung authentisch in den Entscheidungsgründen widerspiegelt. 27

Die **Gestaltung der abweichenden Meinung** ist gesetzlich nicht vorgegeben. Der Richter ist hierbei nicht an Form und Aufbau eines Urteils oder Beschlusses gebunden. Er kann sich einzelne Gesichtspunkte der Mehrheitsentscheidung herausgreifen und sich mit ihnen geradezu essayistisch auseinandersetzen. Er muss dabei anders als die Senatsmehrheit bei der Abfassung der von ihr getragenen, aber oft im Detail kontrovers diskutierten Entscheidungsgründe keine Kompromisse eingehen.[23] 28

---

seits und (381) abweichende Meinung Masing andererseits zum Nichtraucherschutzgesetz Baden-Württemberg.

19 Vgl. abweichende Meinung König, Müller und Maidowski zum Urteil des Zweiten Senats vom 29.11.2023 – 2 BvF 1/21, Juris – Bundeswahlgesetz 2020; abweichende Meinung Müller und Langenfeld zum Urteil des Zweiten Senats vom 31.10.2023 – 2 BvR 900/22, Juris – Wiederaufnahme zuungunsten des Freigesprochenen; abweichende Meinungen König, Langenfeld und Maidowksi zum Beschluss des Zweiten Senats vom 13.2.2020 – 2 BvR 739/17, BVerfGE 153, 74 (164 ff., Rn. 1 ff.) – Einheitliches Patentgericht; abweichende Meinungen Paulus und Baer zum Urteil des Ersten Senats vom 11.7.2017 – 1 BvR 1571/15 ua BVerfGE 146, 71 (150, Rn. 1 ff.) – Tarifeinheit; abweichende Meinungen Huber und Müller zum Beschluss des Zweiten Senats vom 13.4.2017 – 2 BvL 6/13, BVerfGE 145, 171 (230, Rn. 1 ff.) – Kernbrennstoffsteuer; BVerfGE 133, 377 (426 ff., Rn. 116 ff.) abweichende Meinung Landau und Kessal-Wulf zum Ehegattensplitting bei eingetragener Lebenspartnerschaft; BVerfGE 119, 331 (386) abweichende Meinung Broß, Osterloh und Gerhardt zu § 44b SGB II (ARGE); BVerfGE 119, 1 (37) abweichende Meinung Hohmann-Dennhardt und Gaier zum Roman Esra.

20 Vgl. BVerfGE 120, 224 (255) abweichende Meinung Hassemer zu § 173 Abs. 2 Satz 2 StGB.

21 Vgl. BVerfGE 118, 227; 95, 335; ohne abweichende Meinung aber BVerfGE 133, 277 (341, Rn. 150).

22 Vgl. BVerfGE 118, 1 (22) zur abweichenden Meinung Gaier zur Begrenzung der Anwaltsvergütung; BVerfGE 104, 92 (104 und 109) zur abweichenden Meinung Haas zu Blockadeaktionen.

23 Vgl. BVerfGE 114, 121 (182) abweichende Meinung Lübbe-Wolff zur Bundestagsauflösung.

29 Der Entschluss eines in der Abstimmung unterlegenen Richters, eine abweichende Meinung zu verfassen, will dennoch gut überlegt sein. Der Richter muss nicht nur die pauschalen Vorbehalte überwinden, zur **Selbstdarstellung** zu neigen und die Autorität des Gerichts zu untergraben, indem er ein geschlossenes Auftreten nach außen verhindert.[24] Die Freiheit in der Gestaltung der abweichenden Meinung hat außerdem die Kehrseite, dass anders als bei der Mehrheitsentscheidung des Senats die individuelle Leistung des Richters erkennbar wird und er sich damit persönlicher Kritik aussetzt. Wer zu erkennen gibt, dass er ohnehin eine abweichende Meinung abgeben möchte, wird sich überdies in der Regel seiner Einflussmöglichkeiten in der Leseberatung auf den von der Mehrheit getragenen Entscheidungstext begeben.

30 Die vom Bundesverfassungsgericht geführte **Statistik** zeigt, dass von 1971, also seit der gesetzlichen Einführung des Sondervotums, bis 2020 **zu etwas mehr als 7 % der Senatsentscheidungen** abweichende Meinungen verfasst wurden. Die Zahl der abweichenden Meinungen schwankt in jedem Jahr etwa zwischen 1 und 7, was den Besonderheiten der jeweils zur Entscheidung anstehenden Verfahren geschuldet sein dürfte. Statistische Angaben zur jährlichen Anzahl der Sondervoten veröffentlicht das Gericht auf seiner Homepage aktuell nicht mehr. Jeder einzelne Richter entscheidet für sich selbst, ob er von diesem Instrument seltener oder häufiger Gebrauch macht. Ganz überwiegend gehen die Richter bei dieser Entscheidung in neuerer Zeit behutsam und zurückhaltend vor und äußern gelegentlich sogar ihr Bedauern darüber, dass sie sich zu einem Sondervotum veranlasst gesehen haben.[25] Vereinzelt weist die Bilanz eines Richters am Ende seiner Amtszeit aber mehr abweichende Meinungen als in den Senat eingebrachte eigene Voten aus.

31 **Abs. 2 Satz 2** erlaubt den Senaten eine Abweichung vom Grundsatz des Beratungsgeheimnisses, indem ihnen gestattet wird, das **Stimmenverhältnis** in ihren Entscheidungen **mitzuteilen**. Die Bekanntgabe des Stimmenverhältnisses setzt nicht voraus, dass die unterlegenen Richter der Entscheidung ein Sondervotum anfügen. Auch umgekehrt liegt es zwar nahe,[26] ist aber nicht zwingend, dass im Hinblick auf ein der Entscheidung angefügtes Sondervotum das der Entscheidung zugrunde liegende Stimmenverhältnis mitgeteilt werden müsste.[27] Obwohl sich die Ermächtigung in Abs. 2 Satz 3 von ihrer Stellung her auch auf diese Vorschrift bezieht, hat das Gericht in seiner Geschäftsordnung keine näheren Maßgaben zur Veröffentlichung des Stimmenverhältnisses getroffen.

32 Ob das Stimmenverhältnis bekanntgegeben wird, liegt daher **im Belieben des Senats**. Will ein in der Beratung unterlegener Richter sein Abstimmungsverhalten nach außen kenntlich machen, wird sich der Senat seinem

24 Vgl. zur Kritik Pagenkopf ZRP 2012, 42 (44 f.).

25 Vgl. abweichende Meinungen Paulus und Baer zum Urteil des Ersten Senats vom 17.11.2017 – 1 BvR 1571/15 ua BVerfGE 146, 71 (150, Rn. 1 ff.).

26 Beispiele: BVerfG, Urteil des Zweiten Senats vom 29.11.2023 – 2 BvF 1/21, Rn. 239 bei Juris; BVerfGE 162, 207 (271, Rn. 190); 156, 270 (317, Rn. 137); 153, 74 (164, Rn. 168); 153, 1 (53, Rn. 120); 152, 345 (383, Rn. 101); 148, 69 (133, Rn. 157); 146, 71 (150, Rn. 221).

27 So auch Barczak BVerfGG/Bleiler § 30 Rn. 33.

Wunsch nicht widersetzen und das Stimmenverhältnis veröffentlichen. Wird kein besonderes Stimmenverhältnis mitgeteilt, demonstriert der Senat hingegen ohne Weiteres seine Einheit. Einer Mitteilung der Art, dass die Entscheidung sowohl im Ergebnis als auch in der Begründung einstimmig ergangen ist, bedarf es dafür nicht. Gelegentlich findet sich trotzdem ein solcher Hinweis am Ende der Entscheidung, was jedenfalls dann sinnvoll erscheint, wenn damit klargestellt wird, dass ein nachfolgendes Sondervotum keine Kritik an Tenor und Gründen der Entscheidung enthält, sondern nur einen zusätzlichen Aspekt benennt,[28] oder wenn der Entscheidung eine besondere Bedeutung zukommt.[29]

Wird von der Möglichkeit Gebrauch gemacht, das Stimmenverhältnis mitzuteilen, kann **zusätzlich differenziert** werden. Klar ist die schlichte Mitteilung des auf die Entscheidung insgesamt bezogenen Stimmenverhältnisses.[30] Die Entscheidung kann aber auch lediglich hinsichtlich der Gründe mit einem anderen Stimmenverhältnis ergangen sein als hinsichtlich des Ergebnisses.[31] Außerdem kann genauer bezeichnet werden, zu welcher in der Entscheidung erörterten Rechtsfrage wie viele Gegenstimmen abgegeben wurden.[32] Das kann auch etwas pauschaler durch Bezugnahme auf die in einem Sondervotum vertretenen abweichenden Ansichten geschehen.[33] Wenig hilfreich ist hingegen der bloße Hinweis darauf, dass es überhaupt Gegenstimmen gab,[34] oder dass die Entscheidung teilweise, also zu bestimmten Teilen der Gründe, mit Gegenstimmen ergangen ist.[35] 33

III. Bekanntgabe der Entscheidung, Abs. 3

Nach Abs. 3 sind **alle Entscheidungen** den Beteiligten bekanntzugeben. Die Form der Bekanntgabe ist daher weder abhängig vom Spruchkörper, der die Entscheidung getroffen hat (Kammer, Senat oder Plenum), noch von der Art der Entscheidung (Urteil oder Beschluss). 34

28 Vgl. BVerfGE 138, 136 (251, Rn. 294) – Erbschaftsteuer.

29 Vgl. BVerfG, Urteil des Zweiten Senats vom 23.1.2024 – 2 BvB 1/19, Rn. 510 bei Juris – Finanzierungsausschluss NPD/Die Heimat; BVerfG, Urteil des Zweiten Senats vom 19.12.2023 – 2 BvC 4/23, Rn. 310 bei Juris – Bundestagswahl Berlin; BVerfGE 159, 355 (448, Rn. 222) – Bundesnotbremse II; 159, 223 (355, Rn. 306) – Bundesnotbremse I; 157, 30 (177, Rn. 270) – Klimaschutz; 152, 216 (274, Rn. 142) – Recht auf Vergessen II; 152, 152 (215, Rn. 157) – Recht auf Vergessen I; 144, 20 (369, Rn. 1010) – Zweites NPD-Parteiverbotsverfahren.

30 Beispiele: BVerfG, Urteil des Zweiten Senats vom 29.11.2023 – 2 BvF 1/21, Rn. 239 bei Juris; BVerfG, Beschluss des Zweiten Senats vom 5.7.2023 – 2 BvE 4/23, Rn. 106 bei Juris; BVerfGE 165, 206 (270, Rn. 165); 164, 193 (329, Rn. 238); 164, 76 (139, Rn. 194); 162, 358 (377; Rn. 66); 162, 207 (271, Rn. 190); 160, 1 (41, Rn. 111); 156, 354 (415, Rn. 163); 154, 17 (152, Rn. 237).

31 Vgl. BVerfGE 157, 223 (298, Rn. 188) – Mietenbegrenzung Berlin; 135, 1 (28, Rn. 81); 126, 286 (318) – Mangold.

32 Vgl. BVerfG, Urteil des Zweiten Senats vom 31.10.2022 – 2 BvR 900/22, Rn. 164 bei Juris; BVerfGE 157, 332 (394, Rn. 112) – EU-Wiederaufbaufonds; 150, 244 (309, Rn. 176) – Kfz-Kennzeichenerfassung 2; 148, 69 (133, Rn. 157); 146, 71 (150, Rn. 221); 142, 1 (5, Rn. 15); 136, 382 (394, Rn. 37); 136, 9 (59, Rn. 109) – ZDF; 134, 33 (94, Rn. 143); 125, 39 (103) – Berliner Ladenöffnungsgesetz.

33 Vgl. BVerfGE 125, 260 (364) – Vorratsdatenspeicherung.

34 Vgl. BVerfGE 156, 340 (354, Rn. 39).

35 Vgl. BVerfGE 133, 277 (377, Rn. 233) – Antiterrordatei.

35 Die Entscheidungen sind **den Beteiligten** bekanntzugeben. Der Kreis der Beteiligten ist bei dieser den Abschluss des Verfahrens betreffenden Vorschrift nicht weiter gezogen als während des Ablaufs des Verfahrens (→ § 25 Rn. 4). Er umfasst nicht die nach § 77 äußerungsberechtigten Verfassungsorgane, auch wenn sie eine Äußerung abgegeben haben.

36 Abs. 3 gibt nicht vor, dass die Entscheidungen in einer bestimmten Form **bekanntzugeben** sind. Die Entscheidungen müssen daher nicht förmlich zugestellt werden, sondern werden formlos übermittelt. Die überwiegende Zahl der Verfassungsprozesse findet damit ein unspektakuläres Ende.

37 Der Öffentlichkeit, also allen, die nicht Beteiligte des Verfahrens sind, wird auf mehreren anderen Wegen die Möglichkeit verschafft, von den Entscheidungen des Bundesverfassungsgerichts Kenntnis zu erlangen. Das betrifft allerdings nur die zur **Veröffentlichung** vorgesehenen Entscheidungen.

38 Bei **Senatsentscheidungen** ist das immer der Fall. Diese Entscheidungen werden in der offiziellen, von den Richtern des Bundesverfassungsgerichts herausgegebenen Entscheidungssammlung **„BVerfGE"** veröffentlicht (vgl. § 31 GO-BVerfG).

39 **Kammerbeschlüsse** werden hingegen nur dann veröffentlicht, wenn die Kammer auf dem Beschluss vermerkt, dass er der Fachpresse und Juris zugeleitet werden soll. Bei den zahlreichen Kammerentscheidungen, die ohne Begründung ergehen, würde eine Veröffentlichung keinen Sinn machen. Die wieder aufgegebene Entscheidungssammlung „BVerfGK" als Amtliche Sammlung von Kammerentscheidungen war ein Widerspruch in sich: Die Kammern sind nur dann zur Entscheidung befugt, wenn keine grundsätzlichen verfassungsrechtlichen Fragen zu klären sind (vgl. § 93b Satz 1 iVm § 93a Abs. 2 Buchst. a und § 93c Abs. 1 Satz 1; § 81a Satz 1). „Kammerentscheidungen, die über den Einzelfall hinaus bedeutsame verfassungsrechtliche Aussagen und Entscheidungen enthalten", und die deshalb in BVerfGK aufgenommen werden sollten, dürfte es im engeren Sinne eigentlich gar nicht geben. Diese Entscheidungssammlung war daher überflüssig und wurde folglich 2014 wieder eingestellt.

40 Zur Veröffentlichung bestimmte Entscheidungen können auch über die **Homepage** des Gerichts abgerufen werden (www.bundesverfassungsgericht.de). Dort werden aber nicht alle Entscheidungen eingestellt. Entscheidungen, die im Ausland Interesse wecken könnten, finden sich auf der Homepage auch in englischer und vereinzelt auch in französischer und spanischer Sprache, einschließlich Kammerentscheidungen von öffentlichem Interesse. Die englischsprachigen Fassungen haben auch für deutsche Leser gelegentlich einen Mehrwert, weil das Bundesverfassungsgericht in ihnen Fehler korrigiert, die bei der Abfassung der Originalentscheidung auf Deutsch geschehen sind. So wurde etwa der in BVerfGE 135, 259 (260–263) vergessene Bevollmächtigte des Deutschen Bundestages in der englischen Übersetzung „nachgeliefert".

41 Den zuverlässigsten und schnellsten Zugriff auf Entscheidungen des Bundesverfassungsgerichts bietet **Juris**, jedenfalls wenn dem Suchenden das Aktenzeichen bekannt ist. Nicht alle Kammerentscheidungen sind dort aber mit Schlagworten versehen.

Wichtige Entscheidungen werden überdies der Presse bekanntgegeben. Auch die **Pressemitteilungen** des Bundesverfassungsgerichts erscheinen auf seiner Homepage. Sie werden von der Pressestelle des Gerichts entworfen, der zu diesem Zweck die Entscheidung vorab, also vor Verkündung und Bekanntgabe, zur Verfügung gestellt wird. Der Text der Pressemitteilung wird aber vor deren Veröffentlichung mit dem Berichterstatter des Verfahrens, ggf. unter Mitwirkung seiner wissenschaftlichen Mitarbeiter, abgestimmt und muss auch vom Senatsvorsitzenden gebilligt werden (§ 32 Abs. 1 GO-BVerfG). Die Pressemitteilungen tragen maßgeblich zur Verständlichkeit der Entscheidungen des Gerichts in der Öffentlichkeit bei. 42

Die Prozessbeteiligten sollen die Entscheidung nicht zuerst aus der Presse erfahren. Deshalb soll die Pressemitteilung erst dann veröffentlicht werden, wenn anzunehmen ist, dass die Entscheidung den Beteiligten zugegangen ist (§ 32 Abs. 1 GO-BVerfG). Die Veröffentlichung erfolgt daher bei Beschlüssen in der Weise, dass den Beteiligten die Entscheidung auf elektronischem Weg praktisch zeitgleich zugeleitet wird. Allerdings läuft das nicht immer wie gedacht ab und deshalb wird in der Praxis die Einhaltung der gebotenen Reihenfolge nicht immer erreicht. Die Situation ist aber gegenüber der früheren Praxis, die noch mit kalkulierten Postlaufzeiten der Originalentscheidungen an die Verfahrensbeteiligten arbeitete, deutlich besser geworden. Mit Einführung des elektronischen Rechtsverkehrs wird sich das Problem ohnehin erledigt haben. Bei Urteilen kann der **Zeitpunkt der Veröffentlichung** der Pressemitteilung einfacher gesteuert werden: Sie wird bereits während der Verkündung herausgegeben. 43

§ 31 [Verbindlichkeit der Entscheidungen]

(1) Die Entscheidungen des Bundesverfassungsgerichts binden die Verfassungsorgane des Bundes und der Länder sowie alle Gerichte und Behörden.

(2) [1]In den Fällen des § 13 Nr. 6, 6a, 11, 12 und 14 hat die Entscheidung des Bundesverfassungsgerichts Gesetzeskraft. [2]Das gilt auch in den Fällen des § 13 Nr. 8a, wenn das Bundesverfassungsgericht ein Gesetz als mit dem Grundgesetz vereinbar oder unvereinbar oder für nichtig erklärt. [3]Soweit ein Gesetz als mit dem Grundgesetz oder sonstigem Bundesrecht vereinbar oder unvereinbar oder für nichtig erklärt wird, ist die Entscheidungsformel durch das Bundesministerium der Justiz und für Verbraucherschutz im Bundesgesetzblatt zu veröffentlichen. [4]Entsprechendes gilt für die Entscheidungsformel in den Fällen des § 13 Nr. 12 und 14.

I. Regelungsgehalt und Bedeutung der Norm

1 § 31 betrifft nicht die Gestaltung des Verfahrens vor dem Bundesverfassungsgericht oder die Entscheidungsfindung im verfassungsgerichtlichen Verfahren, sondern regelt **besondere Rechtswirkungen der Entscheidungen des Bundesverfassungsgerichts**. Dabei handelt es sich um die Bindungswirkung nach Abs. 1 und um die Gesetzeskraft nach Abs. 2 Sätze 1 und 2. Die Bindungswirkung für Hoheitsträger nach Abs. 1 ist unabhängig von der Verfahrensart, in der die Entscheidung ergeht. Die Gesetzeskraft nach Abs. 2 Sätze 1 und 2 ist dagegen auf bestimmte Verfahrensarten und bestimmte Entscheidungsaussprüche beschränkt.

2 Die Vorschrift wird zu Recht als zentrale Norm des Bundesverfassungsgerichtsgesetzes bezeichnet.[1] Damit soll betont werden, dass § 31 der **Sicherung des Vorrangs der Verfassung** und der Effektivität der Verfassungsgerichtsbarkeit dient. Um einen Zugriff rechtsstaatsfeindlicher politischer Tendenzen auf diese Regelung zu erschweren, wird deshalb von einer breiten parlamentarischen Mehrheit der demokratischen Parteien im Deutschen Bundestag befürwortet, der Vorschrift auch formell Verfassungsrang zu verschaffen, indem sie unmittelbar in das Grundgesetz eingefügt wird. Das Ergebnis der parlamentarischen Beratungen hierzu bleibt abzuwarten. Insbesondere die Bindungswirkung nach Abs. 1, die im Interesse des Rechtsfriedens und der Rechtssicherheit die Verbindlichkeit der Entscheidungen des Bundesverfassungsgerichts vorsieht,[2] geht deutlich über die entsprechenden Regelungen hinaus, die für Entscheidungen des Europäischen Gerichtshofs für Menschenrechte gelten. Dort spricht Art. 46 Abs. 1 EMRK nur eine Bindung der beteiligten Vertragsparteien an das endgültige Urteil in Bezug auf einen bestimmten Streitgegenstand aus und es fehlt eine § 31 Abs. 1 vergleichbare Vorschrift, wonach alle Verfassungsorgane des Bundes und der Länder sowie alle Gerichte und Behörden an die Entscheidung des Bundesverfassungsgerichts gebunden sind.[3] Gäbe es § 31 Abs. 1 nicht, dann müsste bei Entscheidungen des Bundesverfassungsgerichts auf deren faktische Orientierungs- und Leitfunktion ausgewichen werden, wie sie der Rechtsprechung des Europäischen Gerichtshofs für Menschenrechte für die Auslegung der Konvention auch über den konkret entschiedenen Einzelfall hinaus zukommt[4] und die dadurch auch Wirkung auf die Grundrechte des Grundgesetzes entfaltet.[5]

3 Nicht in § 31 geregelt sind **sonstige allgemeine Rechtswirkungen** von Entscheidungen des Bundesverfassungsgerichts (dazu → Rn. 5 ff.), die sich nach allgemeinen prozessualen Grundsätzen richten. Gemeint sind vor allem die formelle und die materielle Rechtskraft der Entscheidungen.

4 Außerdem ist § 31 im Zusammenhang mit anderen Vorschriften zu sehen, die ebenfalls Aussagen zu Folgewirkungen von Entscheidungen des Bundes-

---

1 Schmidt-Bleibtreu/Klein/Bethge BVerfGG/Bethge § 31 Rn. 1 (Stand: Februar 2019).
2 Beschluss der 2. Kammer des Ersten Senats vom 1.7.2020 – 1 BvR 2838/19, Rn. 13 bei Juris.
3 BVerfGE 111, 307 (320); siehe auch Dörr/Lenz EurVerwRS Rn. 734 ff.
4 Vgl. dazu BVerfGE 158, 1 (33 f., Rn. 65); 156, 354 (397 ff., Rn. 123 ff.); 156, 63 (164 ff., Rn. 342 ff.); 148, 296 (350 ff., Rn. 127 ff.); 141, 1 (29, Rn. 71); 128, 326 (368 ff.) – Sicherungsverwahrung; Lenz Rechtsschutz vor europäischen Gerichten, in: Quaas/Zuck/Funke-Kaiser, Prozesse in Verwaltungssachen, Rn. 162.
5 Vgl. BVerfGE 160, 79 (115 f., Rn. 101); 151, 1 (28, Rn. 64).

verfassungsgerichts treffen. So bildet § 31 insbesondere **mit § 35 und § 79 ein Regelungsgefüge.**[6] Dabei sind § 31 und § 35 in die Zukunft gerichtet und sichern die künftige Beachtung der verfassungsgerichtlichen Rechtsprechung. § 79 befasst sich demgegenüber mit der Frage, inwieweit Entscheidungen des Bundesverfassungsgerichts zur Verfassungsmäßigkeit von Gesetzen noch Auswirkungen auf rechtlich schon abgewickelte Sachverhalte haben können (→ § 79 Rn. 3 ff.).

II. Allgemeine Rechtswirkungen der Entscheidungen des Bundesverfassungsgerichts

Nicht nach § 31, sondern nach allgemeinen prozessualen Grundsätzen 5
richten sich **die innerprozessualen Rechtswirkungen der Entscheidungen** des Bundesverfassungsgerichts, also die für die Akteure eines verfassungsgerichtlichen Verfahrens eintretenden Rechtswirkungen. Für die Beteiligten eines Verfassungsprozesses ist insbesondere die Rechtskraft der Entscheidungen von Bedeutung. Aus dem Blickwinkel des Bundesverfassungsgerichts selbst stellt sich die Frage, ob und gegebenenfalls inwieweit das Gericht zur Abänderung einer Entscheidung befugt ist.

Entscheidungen des Bundesverfassungsgerichts erwachsen in **formeller** 6
Rechtskraft. Sie können von den Beteiligten des Verfassungsprozesses nicht mit ordentlichen Rechtsbehelfen angefochten werden.[7] Dies ergibt sich allein daraus, dass das Bundesverfassungsgerichtsgesetz solche ordentlichen Rechtsbehelfe gegen Entscheidungen des Bundesverfassungsgerichts grundsätzlich nicht zur Verfügung stellt.

Einer ausdrücklichen gesetzlichen Regelung der formellen Rechtskraft von 7
Entscheidungen des Bundesverfassungsgerichts bedurfte es vor diesem Hintergrund nicht. Lediglich klarstellende Bedeutung kommt daher § 93d Abs. 1 Satz 2 zu. Diese Vorschrift verdeutlicht, dass **auch Nichtannahmebeschlüsse und stattgebende Beschlüsse der Kammern** im Verfahren der Verfassungsbeschwerde formell rechtskräftig werden und nicht etwa mit ordentlichen Rechtsbehelfen einer Überprüfung durch den Senat zugeführt werden können.[8] Ein Hinweis auf die Unanfechtbarkeit ist in den Kammerentscheidungen des Bundesverfassungsgerichts üblich.[9] Demgegenüber können Urteile einer Kammer des Europäischen Gerichtshofs für Menschenrechte unter bestimmten Voraussetzungen einer Überprüfung durch die Große Kammer (Art. 44 Abs. 2 EMRK) zugeführt werden.

Eine **Ausnahme** von der Unanfechtbarkeit von Entscheidungen des Bundes- 8
verfassungsgerichts besteht nach § 32 Abs. 3, der gegen eine Entscheidung durch Beschluss im einstweiligen Anordnungsverfahren die Möglichkeit des

6 So jetzt auch Schmidt-Bleibtreu/Klein/Bethge BVerfGG/Bethge § 31 Rn. 4 (Stand: Februar 2019).
7 Schmidt-Bleibtreu/Klein/Bethge BVerfGG/Bethge § 31 Rn. 40 (Stand: Februar 2019); Barczak BVerfGG/Koch § 31 Rn. 6; Gaier JuS 2011, 961 (962).
8 Vgl. Schmidt-Bleibtreu/Klein/Bethge BVerfGG/Bethge § 31 Rn. 40 (Stand: Februar 2019); Lechner/Zuck/Zuck § 31 Rn. 8.
9 Vgl. Beschluss der 3. Kammer des Zweiten Senats vom 26.6.2023 – 2 BvR 676/23, Rn. 11 bei Juris; Beschluss der 3. Kammer des Ersten Senats vom 12.5.2023 – 1 BvR 886/22, Rn. 8 bei Juris.

Widerspruchs eröffnet (→ § 32 Rn. 123 ff.). Eine weitere Durchbrechung der formellen Rechtskraft wird durch die Wiedereinsetzung in den vorigen Stand ermöglicht, die aber nur im Verfahren der Verfassungsbeschwerde vorgesehen ist (§ 93 Abs. 2). Auch eine Wiederaufnahme des Verfahrens ist nicht allgemein zulässig, sondern nur kraft ausdrücklicher Regelung im Sonderfall des § 61.[10]

9 Entscheidungen des Bundesverfassungsgerichts kommt auch **materielle Rechtskraftwirkung** zu.[11] Das bedeutet, dass die Entscheidungen im Rahmen ihrer sachlichen, persönlichen und zeitlichen Grenzen sowohl für die Verfahrensbeteiligten als auch für das Gericht in einem künftigen Verfahren maßgeblich sind. Die materielle Rechtskraft sichert die **Verbindlichkeit der Entscheidung inter partes.**[12]

10 Für das **Bundesverfassungsgericht** folgt aus der materiellen Rechtskraft einer Entscheidung, dass es in einem Folgeverfahren von dieser Entscheidung, soweit ihre Rechtskraft greift, **nicht abweichen darf**. Für die **Beteiligten** des Verfahrens, in dem die Entscheidung ergangen ist, hat die materielle Rechtskraft zur Folge, dass sie künftig an diese Entscheidung gebunden sind und ein gegen die Entscheidung verstoßendes Verhalten **nicht wiederholen dürfen.**[13]

11 Die Wirkung der materiellen Rechtskraft ist aber in mehrfacher Hinsicht beschränkt. Diese **Grenzen der materiellen Rechtskraft** unterscheiden dieses ungeschriebene Rechtsinstitut jedenfalls im sachlichen und persönlichen Umfang der Bindung von der weitergehenden ausdrücklichen gesetzlichen Bindungswirkung nach § 31 Abs. 1.

12 Inhaltlich bezieht sich die materielle Rechtskraft **nur** auf den **konkreten Verfahrensgegenstand**[14] und **nur** auf den **Tenor** der Entscheidung, dessen Bedeutung sich insbesondere bei zurückweisenden Entscheidungen aber häufig nur im Zusammenhang mit den Entscheidungsgründen erschließen lässt.[15] Deshalb sind die Fachgerichte nach der Zurückverweisung der Sache nicht daran gehindert, im Ergebnis aus anderen als den schon entschiedenen verfassungsrechtlichen Gründen erneut so zu entscheiden wie zuvor.[16] Eine Ausnahme von der Beschränkung auf den durch den Antrag bestimmten Verfahrensgegenstand lässt § 67 Satz 3 zu,[17] der rechtskräftige Entscheidungen über die Auslegung einer Bestimmung des Grundgesetzes als Vorfrage für die eigentlich verfahrensbeendende Entscheidung ermöglicht (→ § 67 Rn. 15 ff.).

---

10 Lechner/Zuck/Zuck § 31 Rn. 10; Burkiczak/Dollinger/Schorkopf BVerfGG/Heusch § 31, Fn. 101 zu Rn. 30.
11 BVerfGE 104, 151 (196).
12 Vgl. Schmidt-Bleibtreu/Klein/Bethge BVerfGG/Bethge § 31 Rn. 42 (Stand: Februar 2019); Gaier JuS 2011, 961 (962 f.).
13 Vgl. Burkiczak/Dollinger/Schorkopf BVerfGG/Heusch § 31 Rn. 34.
14 Vgl. BVerfGE 104, 151 (196).
15 Vgl. BVerfGE 78, 320 (328); Beschluss der 3. Kammer des Zweiten Senats vom 20.5.2021 – 2 BvR 2595/16, Rn. 16 bei Juris.
16 Beschluss der 3. Kammer des Zweiten Senats vom 20.5.2021 – 2 BvR 2595/16, Rn. 17 bei Juris.
17 Vgl. Schmidt-Bleibtreu/Klein/Bethge BVerfGG/Bethge § 31 Rn. 59 (Stand: Februar 2019).

Der materiellen Rechtskraft fähig sind zudem **nur Sachentscheidungen**. 13
Prozessurteile erwachsen ebenso wenig in materieller Rechtskraft[18] wie Nichtannahmebeschlüsse im Annahmeverfahren der Verfassungsbeschwerde nach § 93a ff. (→ § 93d Rn. 6).[19]

Die materielle Rechtskraft entfaltet eine Bindungswirkung für ein späteres 14
Verfahren nicht nur ausschließlich hinsichtlich desselben Verfahrensgegenstands, sondern auch nur **ausschließlich zwischen denselben Parteien**.[20] Erfasst sind damit nur die Beteiligten eines Verfahrens einschließlich der beigetretenen Verfassungsorgane (vgl. § 94 Abs. 5 Satz 1, § 65),[21] nicht aber Organe, die von ihrem Beitrittsrecht keinen Gebrauch gemacht haben, und auch nicht bloße Äußerungsberechtigte (vgl. § 77, § 94 Abs. 1 bis 3).[22] Bleibt ein Verfahren, etwa eine konkrete Normenkontrolle, ganz ohne Beteiligte, kann die materielle Rechtskraft nur in ihrer für das Bundesverfassungsgericht geltenden Bedeutung als Abweichungsverbot wirken. Mit der inter-partes-Wirkung der materiellen Rechtskraft unvereinbar wäre es hingegen, in einem solchen Fall anzunehmen, dass die subjektiven Rechtskraftwirkungen in Wegfall geraten und die materielle Rechtskraft dann doch gegenüber jedermann gilt.[23] Weitergehende Bindungswirkungen können sich vielmehr nur aus § 31 ergeben.[24]

Eine weitere Beschränkung der materiellen Rechtskraft ist in zeitlicher Hin- 15
sicht zu beachten. Sie wirkt **nur bezogen auf den Zeitpunkt der Entscheidung**. Eine Abweichung von der materiell rechtskräftigen Entscheidung kann daher stets auf später eintretende Umstände gestützt werden.[25] Dazu zählen neue Tatsachen sowie neue normative Grundlagen.[26]

Weder nach § 31 noch nach den Grundsätzen der Rechtskraft richtet sich, 16
inwiefern das Bundesverfassungsgericht in einem Verfassungsprozess selbst an seine Entscheidungen gebunden ist, die es in genau diesem Verfassungsprozess getroffen hat. Die diese Frage beantwortende grundsätzliche **innerprozessuale Selbstbindung** des Bundesverfassungsgerichts ist aus dem allgemeinen Rechtsgrundsatz des § 318 ZPO abzuleiten. Das Bundesverfassungsgericht ist grundsätzlich nicht befugt, seine Entscheidungen im laufenden Verfahren oder nach Abschluss des Verfahrens abzuändern.[27]

Zulässig sind nur ebenfalls allgemeinen, in den §§ 319 bis 321 ZPO zum 17
Ausdruck kommenden Rechtsgrundsätzen folgende **Berichtigungen und**

18 Vgl. BVerfGE 78, 320 (328).
19 Schmidt-Bleibtreu/Klein/Bethge BVerfGG/Bethge § 31 Rn. 48 f. (Stand: Februar 2019); Barczak BVerfGG/Koch § 31 Rn. 11; vgl. auch OVG NRW, Urteil vom 8.11.2022 – 15 A 2441/20, Rn. 55 bei Juris; LSG Berlin-Brandenburg, Beschluss vom 30.12.2022 – L 17 R 22/22, Rn. 31 f. bei Juris, und Urteil vom 4.1.2022 – L 17 R 288/19, Rn. 44 bei Juris.
20 BVerfGE 104, 151 (196); 78, 320 (328).
21 So auch Barczak BVerfGG/Koch § 31 Rn. 12.
22 BVerfGE 78, 320 (328).
23 So aber Schmidt-Bleibtreu/Klein/Bethge BVerfGG/Bethge § 31 Rn. 53 (Stand: Februar 2019).
24 Vgl. dazu Burkiczak/Dollinger/Schorkopf BVerfGG/Heusch § 31 Rn. 45.
25 Lechner/Zuck/Zuck § 31 Rn. 17; Burkiczak/Dollinger/Schorkopf BVerfGG/Heusch § 31 Rn. 40.
26 Vgl. BVerfGE 82, 198 (205); 78, 38 (48), jeweils zu § 31 Abs. 1.
27 Vgl. Schmidt-Bleibtreu/Klein/Bethge BVerfGG/Bethge § 31 Rn. 33 (Stand: Februar 2019).

Ergänzungen zur Korrektur bestimmter prozessualer Fehler.[28] Die Selbstbindung nach dem aus § 318 ZPO abgeleiteten allgemeinen Rechtsgrundsatz schließt aber auch nicht generell aus, dass das Bundesverfassungsgericht seine Entscheidung trotz Fehlens ordentlicher Rechtsbehelfe auf Initiative eines Verfahrensbeteiligten abändert, etwa auf eine **Gegenvorstellung** hin. Dies ist zwischenzeitlich auch in der Senatsrechtsprechung grundsätzlich anerkannt.[29] In vielen anderen Fällen haben die Kammern die Statthaftigkeit einer Gegenvorstellung bislang offen gelassen, weil sie aus anderen Gründen keinen Erfolg haben konnte, so etwa zur möglichen Gegenvorstellung gegen die Ablehnung des Erlasses einer einstweiligen Anordnung im Falle einer Gehörsverletzung,[30] zur möglichen Abänderung eines stattgebenden Kammerbeschlusses im Falle einer Gehörsverletzung,[31] zur möglichen Abänderung eines Nichtannahmebeschlusses im Falle einer Gehörsverletzung[32] und zur Abänderung eines Beschlusses über die Ablehnung von Prozesskostenhilfe.[33]

18 Ebenfalls Ausdruck innerprozessualer Bindung und nicht erst der Bindungswirkung des § 31 Abs. 1 ist die Bindung der Fachgerichte an Entscheidungen des Bundesverfassungsgerichts, mit denen die Sache nach Aufhebung einer fachgerichtlichen Entscheidung an das Fachgericht zurückverwiesen wird (§ 95 Abs. 2).[34] Gleiches gilt für die Fortsetzung eines fachgerichtlichen Verfahrens, nachdem das Bundesverfassungsgericht eine vom Fachgericht nach § 80 Abs. 1 gestellte Vorlagefrage beantwortet hat.[35] Die **innerprozessuale Bindungswirkung** verfassungsgerichtlicher Entscheidungen in einem weiteren Sinne **erstreckt sich** damit **auf das konkret betroffene fachgerichtliche Verfahren.**

19 Nach allgemeinen prozessualen Grundsätzen stellt sich schließlich die Frage, ob Entscheidungen des Bundesverfassungsgerichts außerhalb des jeweiligen Verfassungsprozesses **Tatbestands-, Gestaltungs- und Feststellungswirkung**

---

28 So auch Burkiczak/Dollinger/Schorkopf BVerfGG/Heusch § 31 Rn. 23; vgl. BVerfG, Beschluss des Ersten Senats vom 20.12.2016 – 1 BvR 2821/11 ua, Juris; Beschlüsse der 3. Kammer des Ersten Senats vom 3.8.2022 – 1 BvR 2180/21, Juris, und vom 24.3.2022 – 1 BvR 125/22, Juris; Beschluss der 1. Kammer des Ersten Senats vom 14.3.2022 – 1 BvR 1655/21, Juris.

29 Vgl. BVerfG, Beschluss des Zweiten Senats vom 1.4.2019 – 2 BvC 4/18, Rn. 1 bei Juris, zu einer Gegenvorstellung bei einer Sachentscheidung ohne vorherige Entscheidung über ein Richterablehnungsgesuch; vgl. dazu auch Beschluss der 3. Kammer des Zweiten Senats vom 22.11.2022 – 2 BvQ 92/22, Rn. 1 bei Juris; vgl. zur Bedeutung einer im fachgerichtlichen Verfahren erhobenen Gegenvorstellung → § 90 Rn. 360 ff.

30 Beschluss der 2. Kammer des Ersten Senats vom 15.8.2019 – 1 BvQ 51/19, Rn. 5 ff. bei Juris.

31 Beschluss der 2. Kammer des Zweiten Senats vom 4.7.2019 – 2 BvR 2255/17, Rn. 3 bei Juris.

32 Beschluss der 2. Kammer des Zweiten Senats vom 19.1.2022 – 2 BvR 1872/21, Rn. 5 bei Juris; Beschluss der 2. Kammer des Ersten Senats vom 19.11.2020 – 1 BvR 856/20, Rn. 7 bei Juris; Beschluss der 3. Kammer des Ersten Senats vom 19.6.2020 – 1 BvR 1586/14, Rn. 2 bei Juris.

33 Beschluss der 3. Kammer des Ersten Senats vom 20.3.2012 – 1 BvR 3069/11, Rn. 1 bei Juris.

34 Vgl. dazu Beschluss der 3. Kammer des Zweiten Senats vom 20.5.2021 – 2 BvR 2595/16, Rn. 17 bei Juris, dort allerdings auch unter Anwendung des § 31 Abs. 1.

35 So auch Schmidt-Bleibtreu/Klein/Bethge BVerfGG/Bethge § 31 Rn. 39 (Stand: Februar 2019); Burkiczak/Dollinger/Schorkopf BVerfGG/Heusch § 31 Rn. 27 f.

entfalten.[36] Auch diese Frage beantwortet sich **nicht nach § 31**, sondern nach allgemeinen prozessualen Grundsätzen und sonstigen Bestimmungen des Bundesverfassungsgerichtsgesetzes.

Eine **Tatbestandswirkung** verfassungsgerichtlicher Entscheidungen in dem Sinne, dass die Entscheidung als solche Tatbestandsmerkmal einer Norm ist und an sie Rechtsfolgen geknüpft sind,[37] zeigt sich in § 79. Diese Vorschrift ordnet unter der Voraussetzung, dass das Bundesverfassungsgericht ein Gesetz etwa für nichtig erklärt hat, Rechtsfolgen für schon abgeschlossene Strafverfahren (§ 79 Abs. 1) und für sonstige bestands- und rechtskräftige Entscheidungen (§ 79 Abs. 2) an, die auf dem verworfenen Gesetz beruhen. Ebenso stellt § 31 Abs. 1 selbst einen Anwendungsfall der Tatbestandswirkung dar, weil die Bindungswirkung nach dieser Vorschrift eine Entscheidung des Bundesverfassungsgerichts voraussetzt. 20

Gestaltungswirkung kommt Entscheidungen des Bundesverfassungsgerichts dort zu, wo sie in Vorschriften des Bundesverfassungsgerichtsgesetzes vorgesehen ist. Dies ist etwa bei der Aufhebung fachgerichtlicher Entscheidungen nach § 95 Abs. 2 oder bei der Amtsenthebung des Bundespräsidenten nach § 56 Abs. 2 der Fall. Entscheidungen des Bundesverfassungsgerichts besitzen hingegen **keine allgemeine Feststellungswirkung**, aufgrund derer andere Hoheitsträger an alle Entscheidungselemente einschließlich tatsächlicher Feststellungen gebunden wären.[38] 21

III. Bindungswirkung der Entscheidungen, Abs. 1

Die in Abs. 1 angeordnete **spezifische Bindungswirkung verfassungsgerichtlicher Entscheidungen** geht über die nach allgemeinen prozessualen Grundsätzen bestehende innerprozessuale Bindung und die formelle sowie materielle Rechtskraft der Entscheidungen hinaus. Das wird schon aus dem erweiterten Kreis der Bindungsadressaten deutlich, betrifft aber auch den sachlichen Umfang der Bindung. 22

Die Bindung geht nach Abs. 1 von den **„Entscheidungen“** des Bundesverfassungsgerichts aus. Gemeint sind wie bei der Frage materieller Rechtskraftfähigkeit **nur Sachentscheidungen**, also keine Prozessentscheidungen und keine Ablehnung der Annahme einer Verfassungsbeschwerde.[39] Sofern in Nichtannahmebeschlüssen Ausführungen zu den verfassungsmäßigen Anforderungen an die Auslegung und Anwendung einfachgesetzlicher Normen zu finden sind (dazu ausführlich → § 93a Rn. 14),[40] so geschieht dies in der begründeten Hoffnung, dass die Fachgerichte sich dem zwar nicht aufgrund rechtlicher Bindung, aber doch faktisch anschließen werden, weil sie sich von den Entscheidungsgründen überzeugen lassen oder jedenfalls nicht riskieren wollen, bei nächster Gelegenheit aufgehoben zu werden. 23

---

36 Vgl. Schmidt-Bleibtreu/Klein/Bethge BVerfGG/Bethge § 31 Rn. 23 ff. (Stand: Februar 2019).
37 Vgl. Schmidt-Bleibtreu/Klein/Bethge BVerfGG/Bethge § 31 Rn. 23 ff. (Stand: Februar 2019).
38 Lechner/Zuck/Zuck § 31 Rn. 27.
39 BVerfGE 92, 91 (107).
40 Vgl. BVerfGE 119, 292 (298 ff.).

24 Als Entscheidung, die gemäß § 93c Abs. 1 Satz 2 einer Senatsentscheidung gleichsteht, entfaltet **auch** ein **stattgebender Kammerbeschluss** nach § 93c Abs. 1 Satz 1 die Bindungswirkung nach Abs. 1.[41]

25 Auch **Entscheidungen im Verfahren des vorläufigen Rechtsschutzes** nach § 32 können unter Beachtung des summarischen Charakters der rechtlichen Prüfung eine Bindungswirkung auslösen.[42]

26 Abweichend vom Umfang der materiellen Rechtskraft erstreckt sich die aus Abs. 1 folgende Bindung über den Tenor hinaus auf die **tragenden Gründe der Entscheidung.** Das entsprach schon früh der Rechtsprechung des Bundesverfassungsgerichts[43] und wurde seitdem nicht aufgegeben.[44] Umgekehrt ist es jedoch nicht so, dass die tragenden Gründe der Entscheidung losgelöst vom konkreten Verfahrensgegenstand der Entscheidung Bindungswirkung entfalten würden, selbst wenn sie der Sache nach auf eine andere verfassungsrechtliche Frage übertragen werden können. Deshalb haben die tragenden Gründe für die Beurteilung von Vorschriften des Erbschafts- und Schenkungssteuerrechts keine Bindungswirkung im Hinblick auf entsprechende Vorschriften des Grunderwerbsteuerrechts[45] und allgemein die tragenden Gründe einer Entscheidung zu einzelnen Vorschriften eines Artikelgesetzes keine Bindungswirkung bezüglich anderer Vorschriften des Gesetzes, auf die das Bundesverfassungsgericht die Entscheidung nicht nach § 78 Satz 2 erstreckt hat.[46]

27 Auch in der Literatur wird die Einbeziehung der tragenden Gründe in die Bindungswirkung zu Recht verteidigt.[47] Sie ist notwendig, damit die Ausstrahlungswirkung der maßgeblichen verfassungsinterpretierenden Rechtsprechung des Bundesverfassungsgerichts nicht auf die bruchstückhaften Aussagen beschränkt bleibt, die der jeweilige Entscheidungsausspruch bietet. Da die Bindung das Bundesverfassungsgericht selbst nicht betrifft (→ Rn. 33) und ohnehin bei einer Änderung der Verhältnisse entfällt, droht auch bei einer auf die Gründe erweiterten Bindungswirkung **keine Versteinerung der Verfassungsinterpretation**. Schließlich halten sich die Schwierigkeiten bei der Bestimmung der tragenden Gründe im Rahmen der üblicherweise bei der Rechtsanwendung zu bewältigenden Auslegungsprobleme.[48]

---

41 Vgl. Beschluss der 2. Kammer des Ersten Senats vom 1.7.2020 – 1 BvR 2838/19, Rn. 13 bei Juris; Beschluss der 1. Kammer des Ersten Senats vom 27.1.2006 – 1 BvQ 4/06, Rn. 29 bei Juris; Beschluss der 3. Kammer des Zweiten Senats vom 5.12.2005 – 2 BvR 1964/05, Rn. 74 bei Juris; Barczak BVerfGG/Koch § 31 Rn. 18; Burkiczak/Dollinger/Schorkopf BVerfGG/Heusch § 31 Rn. 52.

42 Vgl. Beschluss der 1. Kammer des Ersten Senats vom 27.1.2006 – 1 BvQ 4/06, Rn. 30 bei Juris; Schmidt-Bleibtreu/Klein/Bethge BVerfGG/Bethge § 31 Rn. 83 (Stand: Februar 2019); kritisch Burkiczak/Dollinger/Schorkopf BVerfGG/Heusch § 31 Rn. 54.

43 Grundlegend BVerfGE 40, 88 (93 f.); vgl. auch BVerfGE 19, 377 (392); 20, 56 (87).

44 Vgl. BVerfGE 150, 204 (227 f., Rn. 70); 112, 268 (277); scheinbar enger aber: BVerfGE 104, 151 (197); offen gelassen in BVerfGE 115, 97 (109).

45 BVerfGE 139, 285 (299 ff., Rn. 44 ff.).

46 Vgl. BVerfGE 150, 204 (227 f., Rn. 70).

47 Schmidt-Bleibtreu/Klein/Bethge BVerfGG/Bethge § 31 Rn. 96 ff. (Stand: Februar 2019); Burkiczak/Dollinger/Schorkopf BVerfGG/Heusch § 31 Rn. 56; Lechner/Zuck/Zuck § 31 Rn. 30 f.

48 Zutreffend Lechner/Zuck/Zuck § 31 Rn. 31.

Die den Tenor **tragenden Entscheidungsgründe** sind jene Rechtssätze, die nicht hinweggedacht werden können, ohne dass das konkrete Entscheidungsergebnis nach dem in der Entscheidung zum Ausdruck gekommenen Gedankengang entfällt.[49] Nicht tragend sind dagegen bei Gelegenheit der Entscheidung gemachte Rechtsausführungen, die außerhalb des Begründungszusammenhangs stehen. Bei der Beurteilung, ob ein tragender Grund vorliegt, ist von der niedergelegten Begründung in ihrem objektiven Gehalt auszugehen.[50] 28

Allerdings ergibt sich eine Beschränkung der Bindungswirkung aus der grundsätzlichen Kompetenzabgrenzung zwischen dem Bundesverfassungsgericht und der Fachgerichtsbarkeit, nach der dem Bundesverfassungsgericht die rechtsverbindliche Entscheidung über die Auslegung und Anwendung des Grundgesetzes übertragen ist. Demzufolge können Entscheidungselemente ohne Verfassungsbezug keine Bindung nach Abs. 1 auslösen.[51] Dabei handelt es sich um eine selbstverständliche Einschränkung, da das Bundesverfassungsgericht zur **Auslegung und Anwendung einfacher Gesetze** ohnehin nur mit Blick auf die Verfassungsmäßigkeit des Gesetzes oder dessen konkret in Rede stehender verfassungskonformer Auslegung und Anwendung Stellung nimmt.[52] 29

Die **Adressaten der in Abs. 1 angeordneten Bindung** sind die Verfassungsorgane des Bundes und der Länder sowie alle Gerichte und Behörden. Damit erreicht das Gesetz eine umfassende Bindung der Staatsgewalt an die Entscheidungen des Bundesverfassungsgerichts[53] und eine verbindliche einheitliche Auslegung des Grundgesetzes.[54] Dieser überragenden Bedeutung der Vorschrift könnte Rechnung getragen werden, indem sie formell mit Verfassungsrang ausgestattet und dazu in das Grundgesetz eingefügt würde. 30

Verfassungsorgane zeichnen sich dadurch aus, dass ihnen unmittelbar durch die Verfassung Kompetenzen verliehen sind. Entsprechend der Regelung zur Parteifähigkeit im Organstreitverfahren (§ 63) sind **auch Teile** solcher Organe betroffen.[55] Politische Parteien werden hingegen nur, soweit sie selbst Partei eines Verfassungsprozesses sind, von der materiellen Rechtskraft der dort ergehenden Entscheidung und im Übrigen von der Gesetzeskraft nach Abs. 2 erfasst.[56] 31

Der Begriff der **Gerichte** zielt auf die staatliche rechtsprechende Gewalt im Geltungsbereich des Gesetzes.[57] Dazu gehören auch die **Landesverfassungs-** 32

49 Vgl. BVerwG, Urteil vom 28.10.2020 – 6 C 9/19, Rn. 12 bei Juris.
50 BVerfGE 115, 97 (110); 96, 375 (404); vgl. auch VG Mainz, Urteil vom 18.1.2023 – 3 K 1015/20.MZ, Rn. 34 f. bei Juris; OVG Saarland, Beschluss vom 18.2.2021 – 1 A 259/20, Rn. 9 bei Juris.
51 Vgl. BVerwG, Urteil vom 16.3.2022 – 8 C 6/21, Rn. 14 bei Juris.
52 Vgl. Schmidt-Bleibtreu/Klein/Bethge BVerfGG/Bethge § 31 Rn. 88 (Stand: Februar 2019).
53 Gaier JuS 2011, 961 (963).
54 Vgl. BVerwG, Urteil vom 28.10.2020 – 6 C 9/19, Rn. 11 bei Juris.
55 BVerfGE 104, 151 (197).
56 Schmidt-Bleibtreu/Klein/Bethge BVerfGG/Bethge § 31 Rn. 105 (Stand: Februar 2019); Burkiczak/Dollinger/Schorkopf BVerfGG/Heusch § 31 Rn. 61.
57 Vgl. Beschluss der 2. Kammer des Ersten Senats vom 1.7.2020 – 1 BvR 2838/19, Rn. 13 bei Juris.

gerichte, aber nur soweit sie bei ihrer Entscheidung auf das Grundgesetz zurückgreifen,[58] also nicht im Kernbereich ihrer Rechtsprechung, der Auslegung des Landesverfassungsrechts. Anderenfalls wäre die Regelung des Art. 100 Abs. 3 GG nicht zu erklären.[59] Ein Landesverfassungsgericht ist an eine Entscheidung des Bundesverfassungsgerichts über ein Gesetz eines anderen Landes auch dann nicht nach § 31 Abs. 1 gebunden, wenn dieses Gesetz inhaltlich einem Gesetz entspricht, das im Zuständigkeitsbereich des Landesverfassungsgerichts gilt.[60]

33 Obwohl auch das **Bundesverfassungsgericht** sowohl ein Verfassungsorgan als auch ein Gericht ist, hat es **sich selbst stets von der Bindungswirkung des Abs. 1 ausgenommen**.[61] Dagegen wird zwar von einem funktionellen Standpunkt aus Kritik geäußert,[62] aber die Auffassung des Bundesverfassungsgerichts lässt sich gerade mit funktionellen Unterschieden gut begründen. Das Bundesverfassungsgericht ist in Abs. 1 hinsichtlich der gesetzlichen Bindungswirkung als Erzeuger der bindenden Entscheidung und damit als dazu berufener Verfassungsinterpret angesprochen, nicht als Normadressat. Außerdem bestünde sonst die Gefahr, dass die Dynamik der Verfassungsinterpretation des Bundesverfassungsgerichts durch eine formale Bindung an frühere Ansichten gebremst werden könnte. Die Vorlagepflicht nach § 16 nur bei beabsichtigter Abweichung von der Entscheidung des anderen Senats sowie die Regelung des Art. 100 Abs. 3 GG lassen sich dafür anführen, dass auch der Gesetzgeber nicht von einer generellen Selbstbindung des Bundesverfassungsgerichts nach Abs. 1 ausgeht.[63] Daher ist es denkbar, dass sich ein Fachgericht an eine Entscheidung des Bundesverfassungsgerichts hält und die deshalb unterlegene Partei gegen die fachgerichtliche Entscheidung Verfassungsbeschwerde mit dem Ziel erhebt, das Bundesverfassungsgericht von einer abweichenden verfassungsrechtlichen Beurteilung zu überzeugen.[64]

34 **Behörden** sind im funktionellen Sinne wie in § 1 Abs. 4 VwVfG zu verstehen. Maßgeblich ist die Ausübung staatlicher Verwaltungstätigkeit.[65]

35 Die **Rechtsfolge** beschreibt Abs. 1 dahin gehend, dass die Adressaten der Norm an die Entscheidungen des Bundesverfassungsgerichts **„gebunden"** sind. Das bedeutet für die Fachgerichte und die Behörden, dass sie die verfassungsrechtlichen Vorgaben, die sich aus dem Tenor und den tragenden Gründen jeder Sachentscheidung des Bundesverfassungsgerichts ergeben, auch dann beachten müssen,[66] wenn ihnen keine Gesetzeskraft nach Abs. 2 zukommt. Aufgrund der Bindungswirkung ist bei unveränderter Sach- und Rechtslage auch eine erneute Vorlage nach Art. 100 Abs. 1 GG an das Bundesverfassungsgericht nicht zulässig.[67] Missachten die Gerichte die Bindungswir-

58 BVerfGE 96, 345 (375).
59 Vgl. Burkiczak/Dollinger/Schorkopf BVerfGG/Heusch § 31, Fn. 269 zu Rn. 64.
60 Vgl. LVerfG Schleswig-Holstein, Urteil vom 30.9.2013 – LVerfG 3/12, Rn. 73 bei Juris.
61 BVerfGE 104, 151 (197); 85, 117 (121); 4, 31 (38).
62 Lechner/Zuck/Zuck § 31 Rn. 29.
63 So auch Schmidt-Bleibtreu/Klein/Bethge BVerfGG/Bethge § 31 Rn. 118 ff. (Stand: Februar 2019); Burkiczak/Dollinger/Schorkopf BVerfGG/Heusch § 31, Fn. 269 zu Rn. 64.
64 Vgl. BVerwG, Urteil vom 28.10.2020 – 6 C 9/19, Rn. 15 bei Juris.
65 So auch Burkiczak/Dollinger/Schorkopf BVerfGG/Heusch § 31 Rn. 66.
66 Vgl. OVG Sachsen-Anhalt, Beschluss vom 17.3.2022 – 3 K 221/20, Rn. 145 bei Juris.
67 Vgl. BVerwG, Urteil vom 28.10.2020 – 6 C 9/19, Rn. 11 bei Juris.

kung, so verstoßen sie gegen Art. 2 Abs. 1 iVm Art. 20 Abs. 3 GG, so dass ihre Entscheidungen mit Erfolg mit der Verfassungsbeschwerde angegriffen werden können.[68] Bei wiederholt festgestellten Grundrechtsverletzungen weist das Bundesverfassungsgericht auf die Bindungswirkung seiner Entscheidungen ausdrücklich hin, um künftige Verfassungsverstöße zu verhindern.[69]

Für die gesetzgebenden Verfassungsorgane kann sich die Bindung nach Abs. 1 schon aufgrund ihrer Funktion nicht in einer Beachtenspflicht auf der Ebene der Rechtsanwendung erschöpfen. Vielmehr trifft sie eine **Handlungspflicht**. Sie haben dafür zu sorgen, dass entsprechend den Vorgaben des Bundesverfassungsgerichts ein verfassungsgemäßer Zustand hergestellt wird.[70] 36

Allerdings erstreckt sich diese Handlungspflicht **nicht auf Parallelnormen** zu dem Gesetz, auf das sich die Aussagen des Bundesverfassungsgerichts beziehen.[71] Ebenso wenig ist eine auf eine Parallelnorm bezogene Richtervorlage nach Art. 100 Abs. 1, § 80 unzulässig.[72] Die Bindung nach Abs. 1 bewirkt auch **kein** rechtlich verbindliches **Normwiederholungsverbot**.[73] Dennoch muss der Gesetzgeber beachtliche Gründe vorweisen können, wenn er ein für verfassungswidrig erklärtes Gesetz inhaltsgleich neu erlassen möchte. Eine bloße Normwiederholung als Ausdruck der Missachtung einer Entscheidung des Bundesverfassungsgerichts wäre mit dem Grundsatz der Verfassungsorgantreue unvereinbar.[74] 37

In besonderen Fällen kann die sich aus § 31 Abs. 1 ergebende Bindungswirkung **eingeschränkt** sein. Das ist vor allen Dingen dann der Fall, wenn der Europäische Gerichtshof für Menschenrechte festgestellt hat, dass eine vom Bundesverfassungsgericht getroffene Entscheidung einen Verstoß gegen die Europäische Konvention für Menschenrechte darstellt. Aus Art. 46 Abs. 1 EMRK folgt dann, dass § 31 Abs. 1 staatliche Stellen Deutschlands, insbesondere die Gerichte, nicht daran hindert, das Urteil des Europäischen Gerichtshofs für Menschenrechte zu befolgen und durchzusetzen. Die Bindungswirkung des festgestelltermaßen konventionswidrigen Urteils des Bundesverfassungsgerichts ist insoweit im Hinblick auf die Völkerrechtsfreundlichkeit der Verfassung gelockert.[75] 38

---

68 Vgl. Beschluss der 2. Kammer des Ersten Senats vom 12.4.2022 – 1 BvR 798/19 ua, Rn. 6 f. bei Juris; Beschluss der 3. Kammer des Zweiten Senats vom 5.12.2005 – 2 BvR 1964/05, Rn. 74 bei Juris; vgl. auch BVerfGE 42, 258 (260); Beschluss der 2. Kammer des Ersten Senats vom 1.7.2020 – 1 BvR 2838/19, Rn. 14 bei Juris.

69 Vgl. Beschluss der 2. Kammer des Ersten Senats vom 1.12.2021 – 1 BvR 2708/19, Rn. 33 bei Juris; Beschluss der 2. Kammer des Zweiten Senats vom 1.4.2020 – 2 BvR 1455/19, Rn. 4 bei Juris.

70 Vgl. BVerfGE 85, 264 (326); 81, 363 (384).

71 Lechner/Zuck/Zuck § 31 Rn. 34; Schmidt-Bleibtreu/Klein/Bethge BVerfGG/Bethge § 31 Rn. 121 (Stand: Februar 2019).

72 Vgl. BVerfGE 150, 204 (227 f., Rn. 70); 139, 285 (299 ff., Rn. 44 ff.).

73 Vgl. BVerfGE 98, 265 (320 f.); 77, 84 (103 f.); Schmidt-Bleibtreu/Klein/Bethge BVerfGG/Bethge § 31 Rn. 71 ff., 121 (Stand: Februar 2019).

74 Lechner/Zuck/Zuck § 31 Rn. 35; Gaier JuS 2011, 961 (963 f.).

75 Vgl. KG Berlin, Urteil vom 29.10.2004 – 9 W 128/04, Rn. 15 bei Juris; vertiefend dazu Bergmann EuR 2006, 101 ff.; kritisch Barczak BVerfGG/Koch § 31 Rn. 24.

IV. Gesetzeskraft der Entscheidungen, Abs. 2

39 **Abs. 2 verleiht bestimmten Entscheidungen** des Bundesverfassungsgerichts, die in den Sätzen 1 und 2 festgelegt sind, **Gesetzeskraft**. Dabei handelt es sich um eine weitere Rechtswirkung der Entscheidungen, die über deren formelle und materielle, auf die jeweiligen Verfahrensbeteiligten beschränkte Rechtskraft hinausgeht. Der maßgebliche Unterschied zur Bindungswirkung nach Abs. 1 liegt darin, dass die Gesetzeskraft eine Allgemeingültigkeit der Entscheidung auslöst, also zu einer Beachtenspflicht nicht nur staatlicher Organe, sondern auch von Privatpersonen führt.[76] Wegen dieser Allgemeingültigkeit besteht kein Rechtsschutzbedürfnis mehr für weitere, auf denselben Gegenstand bezogene Verfahren.[77] In Erwartung einer bevorstehenden, Gesetzeskraft entfaltenden Entscheidung des Bundesverfassungsgerichts können andere anhängige fachgerichtliche Verfahren ausgesetzt werden.[78] Die besonderen Wirkungen verfassungsgerichtlicher Sachentscheidungen gemäß § 31 versteht das Bundesverfassungsgericht auch als Grund dafür, dass die zeitlichen Abläufe seiner Verfahren nicht nach den für die Fachgerichte maßgeblichen Kriterien beurteilt werden können.[79]

40 Der **Anwendungsbereich** des Abs. 2 erstreckt sich nach Satz 1 zunächst auf die Verfahren der abstrakten Normenkontrolle (§ 13 Nr. 6 und 6 a), der konkreten Normenkontrolle (§ 13 Nr. 11) sowie der selteneren Normenverifikation und -qualifikation (§ 13 Nr. Nr. 12 und 14). Für das Verfahren der Verfassungsbeschwerde gilt Abs. 2 nach Satz 2 dann, wenn das Bundesverfassungsgericht in der Entscheidung ein Gesetz als mit dem Grundgesetz vereinbar oder unvereinbar oder für nichtig erklärt, sei es im Rahmen einer Gesetzesverfassungsbeschwerde, sei es im Rahmen einer mittelbar gegen ein Gesetz gerichteten Verfassungsbeschwerde (vgl. § 95 Abs. 3 Sätze 1 und 2).

41 Gesetzeskraft besitzen hiernach solche **Entscheidungen** des Bundesverfassungsgerichts, mit denen **über die Gültigkeit eines Gesetzes** entschieden wird. Erfasst sind sowohl normverwerfende wie auch normbestätigende Entscheidungen. Stets muss es sich aber um Sachentscheidungen handeln, bloße Prozessentscheidungen oder Nichtannahmebeschlüsse genügen nicht.

42 Gesetzeskraft besitzt **nur** die im **Tenor** enthaltene Feststellung der Gültigkeit oder Ungültigkeit eines Gesetzes.[80] Die Gründe der Entscheidung können nur zur Auslegung des Tenors herangezogen werden.[81] Die Beschränkung der Gesetzeskraft auf den Tenor ist nicht nur der Bestimmtheit eines gesetzesgleichen Richterspruchs geschuldet, sondern kann auch aus dem Umfang der Veröffentlichungspflicht nach Sätzen 3 und 4 geschlossen werden.

43 Satz 2 nennt in Bezug auf Entscheidungen im Verfahren der Verfassungsbeschwerde **drei Entscheidungsarten**, denen Gesetzeskraft beigemessen wird.

---

76 Barczak BVerfGG/Koch § 31 Rn. 25.
77 Vgl. Beschluss der 2. Kammer des Zweiten Senats vom 27.2.2020 – 2 BvR 1494/16, Rn. 5 f. bei Juris.
78 Vgl. BAG, Beschluss vom 28.7.2021 – 10 AZR 397/20 (A), Rn. 22 f. bei Juris.
79 Grundlegend BVerfG, Beschluss der Beschwerdekammer vom 1.10.2012 – 1 BvR 170/06 – Vz 1/12, Rn. 30 bei Juris.
80 Vgl. dazu auch BFH, Urteil vom 2.12.2020 – II R 22/18, Rn. 30 bei Juris.
81 Beschluss der 3. Kammer des Zweiten Senats vom 27.6.2014 – 2 BvR 429/12, Rn. 18 bei Juris; Barczak BVerfGG/Koch § 31 Rn. 29; Burkiczak/Dollinger/Schorkopf BVerfGG/Heusch § 31 Rn. 77.

Diese Entscheidungsarten waren insoweit ausdrücklich zu bezeichnen, weil sie für die Anordnung der Gesetzeskraft aus dem größeren Kreis der nicht gesetzesbezogenen Verfassungsbeschwerden herauszulösen waren. Sie kommen aber ebenso in den anderen, in Satz 1 aufgeführten Verfahrensarten vor.

Die **Nichtigerklärung** eines Gesetzes ist für das Verfassungsbeschwerdeverfahren in § 95 Abs. 3 Satz 1, ebenso wie in § 78 Satz 1 im Verfahren der abstrakten Normenkontrolle und über die Verweisung auf diese Vorschrift in § 82 im Verfahren der konkreten Normenkontrolle, der gesetzlich vorgesehene Entscheidungsausspruch, wenn das Bundesverfassungsgericht feststellt, dass ein Gesetz mit dem Grundgesetz unvereinbar ist (→ § 95 Rn. 43; → § 78 Rn. 11).[82] 44

Das Bundesverfassungsgericht hält sich aber ohne ausdrückliche gesetzliche Ermächtigung für befugt, verfassungswidrige Gesetze abweichend von § 95 Abs. 3 Satz 1 und § 78 Satz 1 nur für mit dem Grundgesetz unvereinbar zu erklären.[83] Diesen Entscheidungsausspruch, die **Unvereinbarerklärung**, greift Abs. 2 auf. 45

Die Gesetzeskraft der Unvereinbarerklärung hätte zwar zur Folge, dass das betreffende Gesetz ebenso wie im Falle seiner Nichtigerklärung nicht angewendet werden dürfte.[84] Über die generelle **Anwendungssperre** können aber die im Zusammenhang mit der Unvereinbarerklärung verfügten weiteren Anordnungen des Bundesverfassungsgerichts hinweg helfen, die eine vorübergehende, häufig mit bestimmten Maßgaben verbundene Fortgeltung des Gesetzes bis zu einer Neuregelung ermöglichen (vgl. dazu näher → § 95 Rn. 51 ff.; → § 78 Rn. 13 f.). Eine solche Fortgeltungsanordnung ist nach Abs. 1 für alle Gerichte bindend.[85] 46

Aus Satz 2 folgt schließlich, dass auch die Normbestätigung, also die Feststellung des Bundesverfassungsgerichts, dass ein Gesetz mit dem Grundgesetz vereinbar ist, in Gesetzeskraft erwächst. Die **Vereinbarerklärung** muss dafür im Tenor enthalten sein.[86] Dies ist aber auch dann der Fall, wenn eine unmittelbar oder mittelbar gegen ein Gesetz gerichtete Verfassungsbeschwerde im Tenor lediglich zurückgewiesen wird und sich in den Entscheidungsgründen Ausführungen zur Verfassungsmäßigkeit eines Gesetzes finden.[87] Dann ist 47

82 Beispiele: BVerfGE 165, 363 (365); 165, 206 (207); 165, 103 (103); 163, 107 (108); 161, 63 (64); 160, 1 (1); 157, 223 (224); 157, 177 (178); 156, 11 (12); 153, 182 (184); 153, 74 (75); 150, 345 (346).

83 Vgl. BVerfG, Urteil des Zweiten Senats vom 20.6.2023 – 2 BvR 166/16 ua, Ziff. 2 des Tenors bei Juris; BVerfG, Beschluss des Ersten Senats vom 1.2.2023 – 1 BvL 7/18, Ziff. 1 des Tenors bei Juris; BVerfGE 165, 363 (365, Ziff. 2 des Tenors); 164, 347 (348); 161, 163 (165 f.); 160, 41 (42); 158, 282 (283); 157, 30 (33); 155, 1 (2 f.); 154, 152 (155); 152, 68 (69 f.); 151, 101 (102).

84 Vgl. BVerfGE 159, 183 (220 f., Rn. 92); 151, 101 (102, Ziff. 2 des Tenors); 135, 238 (245); 131, 316 (375 f.); 129, 49 (76); 126, 400 (431).

85 Vgl. BayVGH, Beschluss vom 8.1.2021 – 4 B 20.569, Rn. 18 bei Juris.

86 Beispiele: BVerfGE 162, 178 (178); 160, 284 (284); 153, 310 (310 f.); 150, 1 (3); 141, 1 (2); 137, 350 (351); 136, 69 (69).

87 Beispiele: BVerfGE 164, 193 (194 und 279, Rn. 120); 152, 345 (346 und 356 ff., Rn. 27 ff.); 151, 202 (204 und 370, Rn. 370 ff.).

eine Auslegung des Tenors unter Berücksichtigung der Gründe geboten.[88] Wollte man dem nicht folgen, so müsste man das Bundesverfassungsgericht für verpflichtet halten, in derartigen Fällen die Vereinbarerklärung stets ausdrücklich in den Tenor aufzunehmen.[89] Anderenfalls bliebe es dem Formulierungsbelieben des Gerichts überlassen, ob eine gesetzeskräftige Entscheidung geschaffen wird oder nicht.

48 Eine Mischform zwischen Vereinbar- und Unvereinbarerklärung stellt die Entscheidung des Bundesverfassungsgerichts dar, ein Gesetz sei nur in einer bestimmten **verfassungskonformen Auslegung** mit dem Grundgesetz vereinbar. Auch dieser Entscheidungsausspruch ist, wenn er im Tenor unter Berücksichtigung der Gründe zum Ausdruck kommt,[90] von der Gesetzeskraft nach Abs. 2 Sätze 1 und 2 erfasst.[91]

49 Die Anordnung der Gesetzeskraft wird in den Sätzen 3 und 4 mit der Verpflichtung des Bundesministeriums der Justiz flankiert, die **Entscheidungsformel im Bundesgesetzblatt zu veröffentlichen**. Die Veröffentlichung der gesetzesgleichen Entscheidungen des Bundesverfassungsgerichts dient der Rechtssicherheit und Rechtsklarheit, wirkt aber nicht konstitutiv.[92] Die Gesetzeskraft tritt vielmehr schon kraft Gesetzes nach den Sätzen 1 und 2 ein. Aus Gründen der Rechtsklarheit wäre es wünschenswert, dass die veröffentlichte Entscheidungsformel auch in den Fällen der Vereinbarerklärung und der verfassungskonformen Auslegung so gefasst wird, dass sie aus sich heraus verständlich ist. Daran fehlt es, wenn ein Gesetz lediglich für nach Maßgabe der Gründe mit dem Grundgesetz vereinbar erklärt wird.[93]

§ 32 [Einstweilige Anordnungen]

(1) Das Bundesverfassungsgericht kann im Streitfall einen Zustand durch einstweilige Anordnung vorläufig regeln, wenn dies zur Abwehr schwerer Nachteile, zur Verhinderung drohender Gewalt oder aus einem anderen wichtigen Grund zum gemeinen Wohl dringend geboten ist.

(2) [1]Die einstweilige Anordnung kann ohne mündliche Verhandlung ergehen. [2]Bei besonderer Dringlichkeit kann das Bundesverfassungsgericht davon absehen, den am Verfahren zur Hauptsache Beteiligten, zum Beitritt Berechtigten oder Äußerungsberechtigten Gelegenheit zur Stellungnahme zu geben.

(3) [1]Wird die einstweilige Anordnung durch Beschluß erlassen oder abgelehnt, so kann Widerspruch erhoben werden. [2]Das gilt nicht für den Beschwerdeführer im Verfahren der Verfassungsbeschwerde. [3]Über

88 AA BVerfGE 85, 117 (121, Rn. 14); Schmidt-Bleibtreu/Klein/Bethge BVerfGG/Bethge § 31 Rn. 283 (Stand: Februar 2019); Barczak BVerfGG/Koch § 31 Rn. 31; Burkiczak/Dollinger/Schorkopf BVerfGG/Heusch § 31 Fn. 359 zu Rn. 83.
89 Beispiel: BVerfGE 109, 133 (134).
90 Vgl. BVerfGE 153, 358 (377, Rn. 42); Schmidt-Bleibtreu/Klein/Bethge BVerfGG/Bethge § 31 Rn. 276 (Stand: Februar 2019); Burkiczak/Dollinger/Schorkopf BVerfGG/Heusch § 31 Rn. 85.
91 Vgl. BAG, Urteil vom 15.12.2021 – 7 AZR 530/20, Rn. 23 f. bei Juris.
92 Gaier JuS 2011, 961 (964).
93 Beispiel: BVerfGE 149, 126 (127, Ziff. 1 des Tenors).

den Widerspruch entscheidet das Bundesverfassungsgericht nach mündlicher Verhandlung. [4]Diese muß binnen zwei Wochen nach dem Eingang der Begründung des Widerspruchs stattfinden.

(4) **[1]Der Widerspruch gegen die einstweilige Anordnung hat keine aufschiebende Wirkung. [2]Das Bundesverfassungsgericht kann die Vollziehung der einstweiligen Anordnung aussetzen.**

(5) **[1]Das Bundesverfassungsgericht kann die Entscheidung über die einstweilige Anordnung oder über den Widerspruch ohne Begründung bekanntgeben. [2]In diesem Fall ist die Begründung den Beteiligten gesondert zu übermitteln.**

(6) **[1]Die einstweilige Anordnung tritt nach sechs Monaten außer Kraft. [2]Sie kann mit einer Mehrheit von zwei Dritteln der Stimmen wiederholt werden.**

(7) **[1]Ist ein Senat nicht beschlußfähig, so kann die einstweilige Anordnung bei besonderer Dringlichkeit erlassen werden, wenn mindestens drei Richter anwesend sind und der Beschluß einstimmig gefaßt wird. [2]Sie tritt nach einem Monat außer Kraft. [3]Wird sie durch den Senat bestätigt, so tritt sie sechs Monate nach ihrem Erlaß außer Kraft.**

I. Funktion von § 32

§ 32 ist eine der zentralen Normen des Gesetzes über das Bundesverfas- 1
sungsgericht. Sie regelt die **Gewährung einstweiligen Rechtsschutzes in allen verfassungsgerichtlichen Verfahren**, sofern für diese nichts anderes bestimmt ist (vgl. § 96a Abs. 3). Einstweiliger Rechtsschutz ist im wahrsten Sinne des Wortes ein notwendiger Bestandteil jedes Rechtsschutzes und jedes gerichtlichen Verfahrens. Gerichtliche Entscheidungen, die erst ergehen, wenn irreversible Fakten geschaffen sind, sind wertlos. Einstweiliger Rechtsschutz dient deshalb dazu, das Schaffen solcher Fakten zu verhindern oder die Verantwortung dafür zu übernehmen, dass im konkreten Fall die gegebenenfalls irreversiblen Folgen von den Betroffenen hinzunehmen sind. Deshalb kann in vielen Fällen nicht der Ausgang des konkreten verfassungsgerichtlichen Hauptsacheverfahrens abgewartet werden.

2 Die durch § 32 ermöglichte Regelung ist vorläufig, weil sie Geltung längstens (vgl. Abs. 6) bis zur Entscheidung des Bundesverfassungsgerichts über die Hauptsache entfalten kann.[1] Diese Überbrückungsfunktion[2] hat umso größere Bedeutung, je länger sich das Hauptsacheverfahren beim Bundesverfassungsgericht hinzieht. Das **Bedürfnis nach einer vorläufigen Regelung** besteht aber nicht nur in besonderen Fällen, sondern kann sich in jedem einzelnen Fall ergeben. Es hängt auch nicht vom Vorhanden- oder Betroffensein eines Antragstellers ab. Der Inhalt der vorläufigen Regelung ist aber vom Gesetz für den Regelfall vorgegeben, und zwar bei der Ausgestaltung der jeweiligen verfassungsgerichtlichen Verfahrensart des § 13.

3 Erst ausgehend davon erschließt sich die Funktion von § 32. Auf seiner Grundlage kann das Bundesverfassungsgericht durch einstweilige Anordnung **eine von der gesetzlichen Regel abweichende vorläufige Regelung** eines Zustands treffen. Deshalb stellt sich die Lage je nach Verfahrensart unterschiedlich dar.

4 **Verfahrensarten**, bei denen sich die Antragsteller des Hauptsacheverfahrens **gegen schon getroffene Akte öffentlicher Gewalt** wenden (Verfassungsbeschwerde, Kommunalverfassungsbeschwerde, abstraktes Normenkontrollverfahren, Wahlprüfungsbeschwerde, Organstreitverfahren, Bund/Länder-Streitigkeiten), sind anders als verwaltungsrechtliche Anfechtungsklagen (§§ 42 iVm 80 Abs. 1 VwGO) nicht mit einer aufschiebenden Wirkung des Antrags verbunden.[3]

5 Deshalb besteht zunächst einmal kraft Gesetzes eine vorläufige Regelung dahin, dass die Beteiligten bis zu einer Hauptsacheentscheidung des Bundesverfassungsgerichts die vor Anrufung des Bundesverfassungsgerichts **geschaffene Situation weiter hinnehmen müssen,** gegebenenfalls auch irreversible Folgen. Eine Suspendierung der Akte öffentlicher Gewalt, gegen die sich die Antragsteller in diesen anfechtungsartigen Verfahren wenden, kann nur im Rahmen einstweiliger Anordnungen nach § 32 erreicht werden.

6 Dasselbe gilt im Ergebnis auch bei **Zwischenverfahren** wie der konkreten Normenkontrolle oder anderen Vorlageverfahren (§ 13 Nr. 11 a, 12 und 13). Auch hier greift das Gesetz über das Bundesverfassungsgericht nicht in den vor seiner Anrufung bestehenden Status quo und die damit verbundenen Rechtsdurchsetzungs- bzw. Rechtsvollziehungsgrundsätze ein.

7 Umgekehrt ist die Regelung des vorläufigen Zustands bei den Verfahren, in denen das **Bundesverfassungsgericht selbst Akte öffentlicher Gewalt treffen soll** (Verwirkung von Grundrechten, Parteiverbot, Präsidentenanklage, Richteranklage). Hier ändern die von den Antragstellern gestellten Hauptsacheanträge am Status der Betroffenen zunächst einmal nichts. So bleibt eine politische Partei, deren Verbot beim Bundesverfassungsgericht beantragt wird, bis zu einem entsprechenden Endurteil legal und in ihrer Betätigung uneingeschränkt. Auch diese vorläufige Regelung ergibt sich aus der Ausge-

---

1 So jetzt unter ausdrücklicher Bezugnahme auf diese Kommentierung auch Beschluss der 1. Kammer des Ersten Senats vom 14.3.2019 – 1 BvR 169/19, Rn. 25 bei Juris.
2 Lechner/Zuck/Zuck § 32 Rn. 11.
3 Ausnahmen: Mandatsverlustentscheidung nach § 16 Abs. 1 WahlPrG; Beschwerde gegen die Nichtanerkennung als wahlvorschlagsberechtigte Partei nach § 96a iVm § 18 Abs. 4 a Satz 2 BWG.

staltung der jeweiligen Hauptsacheverfahren. Davon abweichende vorläufige Regelungen sind auch hier nur im Rahmen von § 32 möglich.

8 Für die Präsidentenanklage erlaubt das Grundgesetz ausdrücklich eine **vorläufige Suspendierung des Bundespräsidenten** durch einstweilige Anordnung des Bundesverfassungsgerichts (Art. 61 Abs. 2 Satz 2 GG, § 53); dasselbe gilt auch bei der Richteranklage (§ 58 Abs. 1 iVm § 53). Ob und inwieweit zugunsten von Betroffenen der Verfahren nach § 13 Nr. 1, Nr. 2, Nr. 2a, Nr. 4 und Nr. 9 einstweilige Anordnungen des Bundesverfassungsgerichts ergehen können, hängt nicht von der Auslegung von § 32, sondern vom Inhalt des jeweils einschlägigen materiellen Rechts ab.[4]

9 **Einstweilige Anordnungen** des Bundesverfassungsgerichts **sind verbindlich**. Das ergibt sich aus der in Abs. 1 getroffenen Aussage, wonach einstweilige Anordnungen eine vorläufige Regelung darstellen. Uneingeschränkt gilt dies in Bezug auf den Streitfall, in dem das Bundesverfassungsgericht durch die einstweilige Anordnung eine vorläufige Regelung trifft. Ob darüber hinaus einstweilige Anordnungen des Bundesverfassungsgerichts auch an der Bindungswirkung nach § 31 teilhaben, ist umstritten[5] und in der Senatsrechtsprechung des Bundesverfassungsgerichts bislang nicht ausdrücklich entschieden worden[6] (vgl. → § 31 Rn. 25).

10 Beachten staatliche Stellen eine im Streitfall ergangene einstweilige Anordnung des Bundesverfassungsgerichts nicht, **verletzt** das einen dadurch beschwerten Grundrechtsträger **in** seinem aus **Art. 6 Abs. 1 EMRK** folgenden Recht auf Zugang zu einem Gericht und dem daraus folgenden Recht auf Vollzug eines rechtskräftigen Urteils.[7]

II. Voraussetzungen nach Abs. 1

11 **1. Zuständigkeit.** Regelungsbefugt ist nach Abs. 1 das **Bundesverfassungsgericht**. Das Bundesverfassungsgericht ist dabei der Spruchkörper des Bundesverfassungsgerichts, bei dem die Hauptsache anhängig ist oder anhängig zu machen wäre. Einstweilige Anordnungen können deshalb nicht nur von den Senaten, sondern **auch von den Kammern** getroffen werden, soweit diese zuständig sind. Praktisch beschränkt sich das auf Verfassungsbeschwerdeverfahren. Zwar können Kammern auch zur Entscheidung über Richtervorlagen nach Art. 100 Abs. 1 GG (konkrete Normenkontrolle) berufen sein, aber nur dann, wenn sie einstimmig die Unzulässigkeit eines Vorlageantrags feststellen (§ 81a Satz 1). In einer solchen Konstellation ist aber der Erlass einer einstweiligen Anordnung ohnehin ausgeschlossen.[8]

12 Für das **Verfassungsbeschwerdeverfahren** erkennt § 93d Abs. 2 Satz 1 die Befugnis der Kammern an, über Anträge auf Erlass von einstweiligen An-

4 BVerfGE 103, 41 (42 f.); siehe auch BVerfGE 135, 234 (237, Rn. 9).
5 Ablehnend Burkiczak/Dollinger/Schorkopf BVerfGG/Schneider § 32 Rn. 427; befürwortend dagegen Barczak BVerfGG/Barczak § 32 Rn. 84.
6 Befürwortend allerdings der Beschluss der 1. Kammer des Ersten Senats vom 27.1.2006 – 1 BvQ 4/06, Rn. 29 f. bei Juris.
7 EGMR Urt. vom 13.1.2011 – 32715/06, Tz. 65 f. – Kübler/Deutschland; siehe auch Lenz Anwaltsblatt 2014, 398 (399).
8 Dem folgend BeckOK BVerfGG/Walter § 32 Rn. 13.1.

ordnungen zu entscheiden und sie auch zu erlassen.[9] Nur der Erlass einer einstweiligen Anordnung, mit der die Anwendung eines Gesetzes ganz oder teilweise ausgesetzt wird, bleibt dem Senat vorbehalten (→ § 93d Rn. 26).

13 **2. Im Streitfall.** Erlassen werden können einstweilige Anordnungen nur „im Streitfall". Das bringt die **Akzessorietät einstweiligen Rechtsschutzes** zum Ausdruck. Die vorübergehende Regelung ist immer auf eine Hauptsache bezogen. „Im Streitfall" bedeutet in einem Verfahren, das in die Zuständigkeit des Bundesverfassungsgerichts fällt (§ 13) und beim Bundesverfassungsgericht entweder schon anhängig ist oder noch in zulässiger Weise vor das Bundesverfassungsgericht gebracht werden kann und soll.[10] Ausgeschlossen ist der Erlass einer einstweiligen Anordnung dann, wenn sie sich auf einen Gegenstand bezieht, der mit dem beim Bundesverfassungsgericht anhängigen Verfahren in keinem Zusammenhang steht.[11]

14 Den Streitfallbegriff erfüllen nahezu **alle vor dem Bundesverfassungsgericht statthaften Verfahren** ganz unabhängig davon, ob sie kontradiktorisch ausgestaltet sind wie der Organstreit[12] oder nicht wie Verfassungsbeschwerden,[13] abstrakte Normenkontrollverfahren,[14] Parteiverbotsverfahren,[15] Bund-Länder-Streitigkeiten[16] und Kommunalverfassungsbeschwerden.[17] Kein Streitfall im Sinne von § 32 kann aber im Verfahren der Nichtanerkennungsbeschwerde nach §§ 96a ff. vorliegen, weil hier die Anwendung von § 32 ausdrücklich ausgeschlossen ist (§ 96a Abs. 3).

15 Unklar ist die Lage bei **konkreten Normenkontrollverfahren**. Hier gibt es keinen antragsberechtigten Beteiligten,[18] was aber eine von Amts wegen getroffene einstweilige Anordnung während dieses Verfahrens nicht ausschließt.[19] Sinnvollerweise wird der vorlegende Fachrichter im Rahmen

9 Beschluss der 2. Kammer des Zweiten Senats vom 7.9.2023 – 2 BvR 1233/23, Rn. 1 ff. bei Juris; Beschluss der 2. Kammer des Ersten Senats vom 15.6.2023 – 1 BvR 1076/23, Rn. 6 ff. bei Juris; Beschluss der 2. Kammer des Ersten Senats vom 15.5.2019 – 1 BvQ 43/19, Rn. 9 ff. bei Juris; Beschluss der 2. Kammer des Zweiten Senats vom 12.1.2018 – 2 BvR 37/18, Rn. 18 f. bei Juris.

10 BVerfGE 113, 113 (119 f.). Wenn eine einstweilige Anordnung beantragt wird, aber noch kein Hauptsacheverfahren anhängig gemacht wurde, muss der Anordnungsantrag auch die Angaben enthalten, die zur Begründung des Hauptsacherechtsmittels erforderlich sind, vgl. Beschluss der
1. Kammer des Zweiten Senats vom 28.2.2024 – 2 BvQ 16/24, Rn. 2 bei Juris.

11 BVerfGE 135, 234 (237, Rn. 9).

12 BVerfGE 160, 177 (184, Rn. 17) – Parlamentarisches Fragerecht zum Bundesamt für Verfassungsschutz; 151, 58 (64 ff., Rn. 14 und 17) – AfD-Bundestagsfraktion; 133, 34 (36 f., 7 f.) – FDP-Bundestagsfraktion.

13 Beschluss der 2. Kammer des Zweiten Senats vom 7.9.2023 – 2 BvR 1233/23, Rn. 1 f. bei Juris; Beschluss des 1. Kammer des Ersten Senats vom 15.6.2023 – 1 BvR 1011/23, Rn. 20 f. bei Juris.

14 BVerfGE 164, 1 (16 f., Rn. 60 f., 18, Rn. 65 und 47 f., Rn. 160 f.); 159, 40 (64, 66, Rn. 71 und 74); 140, 99 (106, Rn. 9).

15 BVerfGE 103, 41 (42).

16 BVerfGE 80, 74 (79).

17 BVerfGE 112, 216 (220).

18 Beschluss der 1. Kammer des Zweiten Senats vom 4.3.2014 – 2 BvL 2/13, Rn. 12 bei Juris.

19 Burkiczak/Dollinger/Schorkopf BVerfGG/Schneider § 32 Rn. 52; anders die Rechtslage beim Vorabentscheidungsverfahren nach Art. 267 AEUV, vgl. Dörr/Lenz EurVerwRS Rn. 377; Broberg/Fenger, Das Vorabentscheidungsverfahren vor dem Gerichtshof der Europäischen Union, 2014, 295.

seiner Prozessordnung, im Regelfall also auf Antrag der Parteien, **vor der Vorlage** über einstweilige Maßnahmen entscheiden. Dabei darf er auch von der Verfassungswidrigkeit des Gesetzes ausgehen.[20]

Ist ein solches Hauptsacheverfahren anhängig, liegt ein Streitfall vor. Ein Streitfall kann aber auch **schon vor Anhängigmachung der Hauptsache** vorliegen, wenn ein verfassungsgerichtsfähiger Streit schon entstanden ist.[21] Solche isolierten Anordnungsverfahren werden beim Bundesverfassungsgericht unter dem Aktenzeichen BvQ geführt. Verfassungsgerichtsfähig ist ein Streit dann, wenn er in der Hauptsache noch in zulässiger Weise vor das Bundesverfassungsgericht gebracht werden kann.[22] Die mögliche künftige Hauptsache muss ein statthaftes Verfahren im Sinne von § 13 sein. 16

Hinsichtlich des noch zu stellenden **Antrags in der Hauptsache** darf **nicht** schon im Zeitpunkt des Antrags auf Erlass einer einstweiligen Anordnung feststehen, dass er von **vornherein unzulässig** wäre, also dass er etwa unstatthaft wäre[23] oder dass er etwa verfristet[24] oder unzureichend begründet wäre (§ 23 Abs. 1 Satz 2, ggf. iVm § 92)[25] oder am Gebot der Rechtswegerschöpfung[26] oder am Subsidiaritätsgrundsatz scheitern würde[27] oder dass die Antragsteller in der Hauptsache nicht beschwerdebefugt wären.[28] Diese Zulässigkeitsdefizite im Hinblick auf den noch zu stellenden Antrag in der Hauptsache führen aber nicht dazu, dass das Bundesverfassungsgericht den Antrag nach § 32 als unzulässig verwirft. Solche Anträge werden im Regelfall lediglich als unbegründet ablehnt. Als eine Frage schon der Unzulässigkeit des Antrags nach § 32 werden dagegen Darlegungsdefizite in Bezug auf die zugehörige Hauptsache behandelt. Fehlt es an der Darlegung, dass der Antrag in der zugehörigen Hauptsache weder unzulässig noch offensichtlich 17

20 BVerfGE 86, 382 (389); Beschluss der 1. Kamer des Zweiten Senats vom 4.3.2014 – 2 BvL 2/13, Rn. 17 bei Juris.

21 BVerfGE 152, 55 (60, Rn. 16) – Beschlussfähigkeit des Bundestages; Beschluss der 3. Kammer des Ersten Senats vom 1.8.2022 – 1 BvQ 50/22, Rn. 28 bei Juris. Anderes gilt in Baden-Württemberg bei Verfahren vor dem VerfGH BW: Im Unterschied zu § 32 Abs. 1 BVerfGG ermöglicht § 25 Abs. 1 VerfGHG BW nicht den Erlass einer isolierten einstweiligen Anordnung, vgl. Beschluss des VerfGH BW vom 22.11.2021 – 1 GR 159/21, Rn. 22 f. bei Juris.

22 Vgl. Beschluss der 2. Kammer des Zweiten Senats vom 22.11.2021 – 2 BvQ 91/21, Rn. 2 ff. bei Juris.

23 BVerfGE 134, 135 (137 f., Rn. 4) – vorbeugende Wahlprüfungsbeschwerde; Beschlüsse der 2. Kammer des Zweiten Senats vom 7.4.2020 – 2 BvQ 19/20, Rn. 2 bei Juris, vom 21.2.2019 – 2 BvQ 7/19, Rn. 2 bei Juris – Maßnahmen des EuG, und vom 6.12.2013 – 2 BvQ 55/13, Rn. 7 ff. bei Juris – SPD-Mitgliederbefragung über Koalitionsvertrag.

24 Beschluss der 3. Kammer des Zweiten Senats vom 20.5.2020 – 2 BvQ 28/20, Rn. 3 bei Juris; Beschluss der 1. Kammer des Ersten Senats vom 30.1.2019 – 1 BvQ 1/19, Rn. 4 bei Juris.

25 Beschluss der 1. Kammer des Ersten Senats vom 24.2.2022 – 1 BvQ 12/22, Rn. 3 ff. bei Juris; Beschluss der 3. Kammer des Ersten Senats vom 20.8.2020 – 1 BvQ 60/20 ua, Rn. 5 f. bei Juris.

26 Beschlüsse der 1. Kammer des Ersten Senats vom 12.9.2023 – 1 BvQ 97/23, Rn. 4 bei Juris, und vom 25.7.2023 – 1 BvQ 71/23, Rn. 4 bei Juris.

27 Beschluss der 2. Kammer des Ersten Senats vom 4.1.2021 – 1 BvQ 108/20, Rn. 6 f. bei Juris.

28 Beschlüsse der 1. Kammer des Zweiten Senats vom 27.6.2017 – 2 BvQ 32/17, Rn. 6 ff. bei Juris, und vom 17.4.2013 – 2 BvQ 17/13, Rn. 23 ff. bei Juris – Stabilitätshilfe für Zypern.

unbegründet ist, dann soll der Antrag nach § 32 unzulässig sein;[29] gewisse Unsicherheiten der Kammerpraxis zeigen sich darin, dass der Antrag dann gleichwohl nicht verworfen, sondern lediglich abgelehnt wird. Eindeutig unzulässig ist der Antrag nach § 32 dann, wenn aus ihm hervorgeht, dass überhaupt nicht beabsichtigt ist, ein Verfahren in der Hauptsache anhängig zu machen.[30]

18 Wäre der noch zu stellende **Hauptsacheantrag offensichtlich unbegründet**, müssen die dargestellten Grundsätze erst recht gelten. Das ergibt sich aus der Natur des einstweiligen Anordnungsverfahrens als Nebenverfahren.[31] Richtigerweise gehören deshalb alle Voraussetzungen, von denen die verfassungsgerichtliche Anordnung der Sicherung und Offenhaltung des Hauptsacheverfahrens abhängt, zur Prüfung der Begründetheit des Nebenverfahrens der einstweiligen Anordnung.[32] Die literarischen Hinweise früherer Mitarbeiter des Bundesverfassungsgerichts auf die verfahrensrechtliche Disziplinierung der Unterscheidung zwischen Zulässigkeit und Begründetheit[33] treffen zwar zu, finden aber im Bundesverfassungsgericht selbst nur vereinzelt Gefolgschaft. Von einer Kammer werden Anträge auf Erlass einer einstweiligen Anordnung ohne ausdrückliche Feststellung einer Unzulässigkeit des Antrags abgelehnt, weil eine Verfassungsbeschwerde in der Hauptsache offensichtlich unbegründet wäre.[34] Eine andere Kammer behandelt einen einstweiligen Anordnungsantrag ausdrücklich als unzulässig, weil auf der Grundlage des Sachvortrags des Antragstellers eine noch zu erhebende Verfassungsbeschwerde ohne Aussicht auf Erfolg wäre.[35] Und die nächste Kammer sieht einen Antrag auf Erlass einer einstweiligen Anordnung deshalb als unzulässig an, weil es mangels Vorlage gerichtlicher Entscheidung an einer Darlegung und an einer Beurteilungsgrundlage dafür fehlt, ob eine gegen die angegriffenen Beschlüsse gerichtete Verfassungsbeschwerde unzulässig oder offensichtlich unbegründet wäre.[36] Halbwegs auf eine Linie bringen lässt sich das nur dann, wenn die bloße Feststellung der offensichtlichen Unbegründetheit des Hauptsacheantrags nur zur Unbegründetheit des Anordnungsantrags führt, eine Unzulässigkeit des Anordnungsantrags aber erst bei greifbaren Darlegungs- und Vorlagedefiziten in Bezug auf dieses Kriterium und einer deshalb antizipierten Unzulässigkeit des Hauptsacheantrags vorliegt.

---

29 Beschluss der 2. Kammer des Ersten Senats vom 31.8.2023 – 1 BvQ 91/23, Rn. 2 bei Juris; Beschluss der 3. Kammer des Ersten Senats vom 1.8.2022 – 1 BvQ 50/22, Rn. 27 bei Juris; Beschluss der 1. Kammer des Ersten Senats vom 13.2.2019 – 1 BvQ 9/19, Rn. 1 bei Juris.

30 Beschluss der 3. Kammer des Zweiten Senats vom 14.6.2011 – 2 BvQ 21/11, Rn. 2 bei Juris, allerdings wiederum mit der Ablehnens- statt der Verwerfenstenorierung.

31 Vgl. dazu Beschluss der 2. Kammer des Zweiten Senats vom 1.10.2020 – 2 BvQ 63/20, Rn. 10 bei Juris; Beschluss der 3. Kammer des Zweiten Senats vom 9.5.2019 – 2 BvQ 46/19, Rn. 2 bei Juris.

32 Zutreffend Schmidt-Bleibtreu/Klein/Bethge BVerfGG/Graßhof § 32 Rn. 41 (Stand: Januar 2022).

33 Vgl. etwa Barczak BVerfGG/Barczak § 32 Rn. 15.

34 Beschluss der 2. Kammer des Ersten Senats vom 27.4.2019 – 1 BvQ 36/19, Rn. 1 bei Juris.

35 Beschluss der 2. Kammer des Zweiten Senats vom 3.4.2019 – 2 BvQ 28/19, Rn. 4 und 6 bei Juris.

36 Beschluss der 1. Kammer des Ersten Senats vom 23.8.2023 – 1 BvQ 85/23, Rn. 2 und 4 bei Juris.

Aus dem Merkmal „im Streitfall" folgt, dass der **Gegenstand des künftigen Hauptsacheverfahrens grundsätzlich schon vorhanden sein muss.**[37] Theoretisch lässt sich darüber streiten, ob der Gegenstand des künftigen Hauptsacheverfahrens schon in dem Zeitpunkt vorhanden sein muss, in dem der Antrag nach § 32 gestellt wird oder erst in dem Zeitpunkt, in dem das Bundesverfassungsgericht darüber entscheidet.[38] Im Übrigen differenziert die Praxis des Bundesverfassungsgerichts auch danach, ob es in der Hauptsache um ein Gesetz oder um eine gerichtliche Entscheidung geht. 19

Geht es in der Hauptsache um ein **Gesetz**, sind folgende Fallgruppen zu unterscheiden: Ein Gesetz, welches im Bundesgesetzblatt **verkündet**, aber noch nicht in Kraft getreten ist, kann Gegenstand eines Antrags sein, durch einstweilige Anordnung sein Inkrafttreten auszusetzen.[39] 20

Das gilt aber ausnahmsweise auch schon dann, wenn das **Gesetz** noch gar nicht verkündet, aber **schon parlamentarisch beschlossen** worden ist (Art. 77, 78 GG). Dafür gibt es auch ein praktisches Bedürfnis, wenn das Gesetz mit seiner Verkündung sofort in Kraft tritt.[40] Nicht nur die Betroffenen, die einen Antrag nach § 32 stellen wollen, sondern auch das Gericht selbst ist in solchen Konstellationen darauf angewiesen, dass der Antrag mit einem gewissen zeitlichen Vorlauf vor der Verkündung gestellt wird und deshalb auch zulässigerweise schon dann gestellt werden kann. Das wird teilweise dadurch verschleiert, dass das Bundesverfassungsgericht die Entscheidung über den vor Verkündung gestellten Anordnungsantrag erst am Tag der Verkündung trifft[41] oder auch erst nach Verkündung.[42] Deshalb konnte gegen das Schwangeren- und Familienhilfegesetz vom 27.7.1992 schon am 14.7.1992 ein gegen das Inkrafttreten gerichteter Antrag auf Erlass einer einstweiligen Anordnung gestellt und vom Bundesverfassungsgericht dazu eine mündliche Verhandlung auf den 4.8.1992 angesetzt und dort über den Antrag entschieden werden; es war eher ein Zufall, dass die Verkündung am Tag der mündlichen Verhandlung und Entscheidung erfolgte.[43] 21

Die Zulässigkeit des Antrags auf Erlass einer einstweiligen Anordnung nach § 32 vor Verkündung eines Gesetzes setzt allerdings voraus, dass der Inhalt des Gesetzes feststeht und seine **Verkündung unmittelbar bevorsteht**. Dafür muss das Gesetzgebungsverfahren vollständig abgeschlossen sein und 22

---

37 Schmidt-Bleibtreu/Klein/Bethge BVerfGG/Graßhof § 32 Rn. 22 (Stand: Januar 2022); Barczak BVerfGG/Barczak § 32 Rn. 12; vgl. für Organstreitkonstellationen BVerfGE 150, 163 (166 f., Rn. 11); siehe auch Beschluss der 3. Kammer des Ersten Senats vom 13.2.2020 – 1 BvQ 12/20, Rn. 5 f. bei Juris – Berliner Mietenbegrenzungsgesetz.

38 Für Letzteres etwa Beschluss der 2. Kammer des Zweiten Senats vom 3.2.2021 – 2 BvQ 97/20, Rn. 34 bei Juris; Beschluss der 1. Kammer des Ersten Senats vom 13.11.2018 – 1 BvQ 82/18, Rn. 2 bei Juris.

39 BVerfGE 160, 164 (174 f., Rn. 36) – Tierarztvorbehalt; 152, 55 (60, Rn. 16) – Beschlussfähigkeit des Bundestages; 108, 45 (48 f.) – Beitragssatzsicherungsgesetz; 104, 51 (55) – Lebenspartnerschaftsgesetz; Beschlüsse der 2. Kammer des Ersten Senats vom 18.5.2016 – 1 BvR 895/16, Rn. 27 bei Juris – Tabakerzeugnisgesetz, und vom 13.5.2015 – 1 BvQ 9/15, Rn. 15 bei Juris – Mietrechtsnovellierungsgesetz.

40 BVerfGE 131, 57 (52 f.); Beschluss der 3. Kammer des Ersten Senats vom 13.2.2020 – 1 BvQ 12/20; Rn. 5 f. bei Juris.

41 Vgl. BVerfGE 86, 390 (394).

42 Vgl. BVerfGE 106, 369 (371) – Beitragssatzsicherungsgesetz.

43 Vgl. BVerfGE 86, 390 (394).

dies schließt auch die dem Bundespräsidenten vor der Ausfertigung nach Art. 82 Abs. 1 GG obliegende Kompetenz zur Prüfung des Gesetzes mit ein.[44] Das allein genügt aber noch nicht. Außerdem muss das Inkrafttreten der beanstandeten Vorschriften so zeitnah nach der Verkündung des Gesetzes zu erwarten sein, dass effektiver einstweiliger Grundrechtsschutz in der Zeitspanne zwischen Verkündung und Inkrafttreten des Gesetzes bei realistischer Einschätzung nicht zu erlangen ist.[45] Hier kann nur durch eine vorläufige vorbeugende Regelung effektiver Rechtsschutz gewährt werden.[46]

23 Andere Maßstäbe gelten bei **Vertragsgesetzen nach Art. 59 Abs. 2 GG**. Hier muss wegen der sonst eintretenden völkerrechtlichen Bindung eine einstweilige Anordnung schon beantragt werden, bevor der Bundespräsident die Ratifikationsurkunde ausfertigt und damit zur Hinterlegung freigibt.[47]

24 Die insoweit teilweise vorbeugende Wirkung von einstweiligen Anordnungen erlaubt es aber nicht, dem Parlament die bloße Beratung und Beschlussfassung über **Gesetzentwürfe** zu untersagen.[48]

25 Sind **Gerichtsentscheidungen** schon **ergangen**, dann ist ein auf sie bezogener Antrag nach § 32 zulässig. Das gilt auch dann, wenn die schriftlichen Urteilsgründe noch nicht vorliegen.[49]

26 Unter besonderen Voraussetzungen sind aber auch einstweilige Anordnungen möglich, die sich auf **erst noch bevorstehende Gerichtsentscheidungen** beziehen. Das ist auf besondere Ausnahmefälle beschränkt, dort aber durch das Bundesverfassungsgericht auch anerkannt.[50] Erlassen wurde eine solche vorbeugende einstweilige Anordnung in einem spektakulären Fall wechselseitiger internationaler Kindesentführung zwischen Deutschland und Frankreich.[51] Mit dieser Entscheidung wurde der Vollzug einer noch nicht ergangenen, aber unmittelbar bevorstehenden Entscheidung eines Oberlandesgerichts in einem Kinder-Rückführungsverfahren auf der Grundlage des Haager Übereinkommens über die zivilrechtlichen Aspekte internationaler Kindesentführung befristet ausgesetzt.

27 Das war sachgerecht, weil nur durch diese vorbeugende einstweilige Anordnung das sichere Eintreten irreparabler Folgen vermieden und überhaupt

---

44 BVerfGE 131, 47 (52 f.); vgl. zuletzt Beschlüsse der 3. Kammer des Ersten Senats vom 29.12.2020 – 1 BvQ 152/20 ua, Rn. 25 bei Juris, und vom 13.2.2020 – 1 BvQ 12/20, Rn. 6 bei Juris – Berliner Mietenbegrenzungsgesetz.

45 BVerfGE 131, 47 (52 f.); Beschluss der 3. Kammer des Ersten Senats vom 13.2.2020 – 1 BvQ 12/20, Rn. 5 f. bei Juris.

46 BVerfGE 150, 163 (167, Rn. 11).

47 Siehe auch Beschlüsse der 2. Kammer des Zweiten Senats vom 3.2.2021 – 2 BvQ 97/20, Rn. 31 bei Juris, und vom 23.3.2020 – 2 BvQ 6/20, Rn. 21 bei Juris, jeweils unter Berufung auf diese Kommentierung; vgl. BVerfGE 158, 210 (229, Rn. 48) – Einheitliches Patentgericht; 143, 65 (88, Rn. 36) – CETA; 123, 267 (304) – Vertrag von Lissabon; 89, 155 (164) – Vertrag von Maastricht; vgl. auch BVerfGE 132, 195 (197, Rn. 1) – ESM.

48 BVerfGE 105, 235 (238) – Schulgesetz Brandenburg; siehe auch BVerfGE 131, 47 (53).

49 Beschluss der 1. Kammer des Ersten Senats vom 17.6.2009 – 1 BvQ 26/09, Rn. 8 bei Juris.

50 Beschluss der 3. Kammer des Zweiten Senats vom 12.10.2017 – 2 BvQ 66/17, Rn. 3 bei Juris; zustimmend auch BVerfGE 150, 163 (167, Rn. 11); Barczak BVerfGG/Barczak § 32 Rn. 12.

51 Beschluss der 3. Kammer des Zweiten Senats vom 11.3.1999 – 2 BvQ 4/99, Rn. 11 bei Juris.

eine effektive Anrufung des Bundesverfassungsgerichts im Wege der Verfassungsbeschwerde ermöglicht wurde.[52] Ob solche vorbeugenden einstweiligen Anordnungen erlassen werden können, ist **allein eine Frage der Folgenabwägung** (dazu → Rn. 32 und 43 ff.). Insoweit gilt nichts anderes als beim ebenfalls vorbeugenden Erlass einstweiliger Anordnungen gegen das Inkrafttreten von noch nicht verkündeten, aber schon ausgefertigten Gesetzen.[53] Der Zweite Senat fasst deshalb in seiner neueren Rechtsprechung beide Fallgruppen zusammen.[54]

Prozessleitende Verfügungen der Fachgerichte in laufenden Verfahren wer- 28
den in der Regel nicht durch einstweilige Anordnung des Bundesverfassungsgerichts aufgehoben. Der Grundrechtsschutz kann insoweit durch eine verfassungsgerichtliche Kontrolle der fachgerichtlichen Endentscheidung hinreichend gesichert werden.[55] Der Eingriff in die Vergabe der Presseplätze im NSU-Prozess[56] war eine Ausnahme, wie die seither ergangenen Entscheidungen zeigen.[57] Besteht allerdings ein dringendes, schutzwürdiges Interesse an der sofortigen verfassungsrechtlichen Überprüfung einer Zwischenentscheidung, ist die selbstständige Anfechtung der Zwischenentscheidung zuzulassen. Maßgeblich ist dabei, ob die Zwischenentscheidung bereits bleibende rechtliche Nachteile mit sich bringt.[58] Dann sollte auch eine Eilentscheidung des Bundesverfassungsgerichts gegen eine solche Zwischenentscheidung möglich sein.

3. Unzulässigkeit des Antrags. Anträge auf Erlass einer einstweiligen An- 29
ordnung können auch daran scheitern, dass sie als solche nicht zulässig sind. Das ist etwa dann der Fall, wenn der Antrag dem Grundsatz der **Subsidiarität** nicht gerecht wird, der zwar ursprünglich nur aus dem Verfahren der Verfassungsbeschwerde bekannt war, aber nunmehr auch als allgemeiner Gesichtspunkt der Subsidiarität verfassungsgerichtlicher Rechtsbehelfe zu verstehen sein soll.[59] Davon geht die Spruchpraxis des Bundesverfassungsgerichts jedenfalls dann aus, wenn der Antrag nach § 32 gestellt wird, ohne dass im fachgerichtlichen Eilrechtsschutz alle eröffneten Rechtsmittel erschöpft sind und auch der Rechtsgedanke des § 90 Abs. 2 Satz 2 nicht greift.[60] Wird

52 Hauptsacheentscheidung: Beschluss der 3. Kammer des Zweiten Senats vom 31.3.1999 – 2 BvR 559/99, Juris.

53 BVerfGE 131, 47 (52 f.).

54 BVerfGE 150, 163 (167, Rn. 11).

55 Beschluss der 2. Kammer des Zweiten Senats vom 19.5.2020 – 19.5.2020, Rn. 3 bei Juris; Beschluss der 3. Kammer des Ersten Senats vom 19.4.2010 – 1 BvR 626/10, Rn. 11 bei Juris.

56 Beschluss der 3. Kammer des Ersten Senats vom 12.4.2013 – 1 BvR 990/13, Rn. 25 bei Juris.

57 Vgl. die ablehnenden Beschlüsse der 3. Kammer des Ersten Senats vom 12.2.2014 – 1 BvQ 8/14, Rn. 4 bei Juris, und vom 1.5.2013 – 1 BvQ 13/13, Rn. 3 bei Juris. Siehe aber auch Beschluss der 2. Kammer des Ersten Senats vom 18.8.2020 – 1 BvR 1918/20, Rn. 8 und 16 bei Juris: Zulassung eines Übersetzungssystems im „Syrien-Folterprozess".

58 Beschluss der 2. Kammer des Zweiten Senats vom 19.5.2020 – 2 BvR 483/20, Rn. 3 bei Juris.

59 Beschluss der 3. Kammer des Zweiten Senats vom 8.6.2023 – 2 BvQ 60/23, Rn. 2 bei Juris; Beschluss der 1. Kammer des Zweiten Senats vom 4.12.2019 – 2 BvQ 91/19, Rn. 3 bei Juris.

60 Beschlüsse der 3. Kammer des Zweiten Senats vom 8.6.2023 – 2 BvQ 60/23, Rn. 2 bei Juris, vom 26.9.2022 – 2 BvR 1627/22, Rn. 2 bei Juris, und vom 5.3.2019 – 2 BvQ 11/19,

etwa im verwaltungsgerichtlichen Verfahren Anhörungsrüge gegen den Beschluss über den Antrag auf Gewährung einstweiligen Rechtsschutzes nach der VwGO erhoben, über die noch nicht entschieden ist, dann kann diese Anhörungsrüge gemäß § 152a Abs. 6 VwGO iVm § 149 Abs. 1 Satz 2 VwGO mit einem Antrag auf Anordnung der aufschiebenden Wirkung verbunden werden. Wer einen solchen Antrag nicht stellt, dessen Antrag nach § 32 BVerfGG ist unzulässig.[61] Steht aber fest, dass die eigentlich vorrangige Inanspruchnahme fachgerichtlicher Rechtsmittel aufgrund entgegenstehender höchstgerichtlicher Rechtsprechung erfolglos sein wird, ist es nach den zu § 90 Abs. 2 Satz 2 geltenden Grundsätzen unter Zumutbarkeitsgesichtspunkten zulässig, unmittelbar um verfassungsgerichtlichen Eilrechtsschutz zu ersuchen.[62]

30 Zur Zulässigkeit des Antrags nach § 32 gehört auch die Thematik der sogenannten **Vorwegnahme der Hauptsache**. Eine Vorwegnahme der Hauptsache steht der Zulässigkeit eines Antrags auf Erlass einer einstweiligen Anordnung grundsätzlich entgegen. Eine unzulässige Vorwegnahme der Hauptsache ist anzunehmen, wenn der beantragte Inhalt der einstweiligen Anordnung und das Rechtsschutzziel in der Hauptsache deckungsgleich oder doch zumindest vergleichbar sind. Denn dann würde eine stattgebende einstweilige Anordnung mit dem Zeitpunkt ihres Erlasses einen Zustand in tatsächlicher oder rechtlicher Hinsicht zu verwirklichen erlauben, der erst durch die zeitlich spätere Entscheidung in der Hauptsache hergestellt werden soll.[63] Vorweggenommen werden darf die Hauptsache aber dann, wenn eine Entscheidung in der Hauptsache möglicherweise zu spät käme und dem Antragsteller in anderer Weise ausreichender Rechtsschutz nicht mehr gewährt werden könnte.[64] Der Rechtsschutz kommt dann nicht zu spät, wenn eine Entscheidung des Bundesverfassungsgerichts im Hauptsacheverfahren kurz bevorsteht und in der Zwischenzeit auch ohne Erlass einer einstweiligen

---

Rn. 5 bei Juris; Beschlüsse der 1. Kammer des Zweiten Senats vom 13.2.2020 – 2 BvR 168/20, Rn. 2 bei Juris, und vom 4.12.2019 – 2 BvQ 91/19, Rn. 2 bei Juris; Beschlüsse der 1. Kammer des Ersten Senats vom 22.1.2020 – 1 BvQ 10/20, Rn. 2 f. bei Juris, vom 5.9.2019 – 1 BvR 1755/19, Rn. 3 ff. bei Juris, und vom 13.8.2019 – 1 BvQ 66/99, Rn. 2 bei Juris; Beschluss der 2. Kammer des Ersten Senats vom 31.10.2019 – 1 BvQ 79/19, Rn. 4 bei Juris.

61 Beschluss der 1. Kammer des Ersten Senats vom 30.8.2020 – 1 BvQ 94/20, Rn. 8 bei Juris; Beschlüsse der 1. Kammer des Zweiten Senats vom 13.2.2020 – 2 BvR 168/20, Rn. 3 bei Juris, und vom 4.12.2019 – 2 BvQ 91/19, Rn. 3 bei Juris.

62 Beschluss der 2. Kammer des Ersten Senats vom 21.10.2019 – 1 BvR 2309/19, Rn. 9 bei Juris; Beschluss der 3. Kammer des Ersten Senats vom 6.9.2016 – 1 BvR 2001/16, Rn. 2 bei Juris.

63 BVerfG, Beschluss des Zweiten Senats vom 5.7.2023 – 2 BvE 4/23, Rn. 73 bei Juris – Gebäudeenergiegesetzänderungsgesetz; BVerfGE 165, 296 (326 f., Rn. 104) – Wiederholungswahl Berlin; 152, 63 (66, Rn. 6) – Mitwirkung der Bundesbank am PSP-Programm der EZB II; 147, 39 (47, Rn. 12) – Mitwirkung der Bundesbank am PSP-Programm der EZB; Beschluss der 3. Kammer des Zweiten Senats vom 8.5.2019 – 2 BvQ 41/19, Rn. 4 bei Juris.

64 BVerfG, Beschluss des Zweiten Senats vom 5.7.2023 – 2 BvE 4/23, Rn. 74 bei Juris – Gebäudeenergiegesetzänderungsgesetz; BVerfGE 160, 177 (185, Rn. 19) – Parlamentarisches Fragerecht zum Bundesamt für Verfassungsschutz; 152, 63 (65 f., Rn. 5) – Mitwirkung der Bundesbank am PSP-Programm der EZB II; 147, 39 (47, Rn. 11 f.) – Mitwirkung der Bundesbank am PSP-Programm der EZB; 131, 47 (54); 130, 367 (369); Beschluss der 1. Kammer des Zweiten Senats vom 2.9.2022 – 2 BvR 1532/22, Rn. 3 bei Juris.

Anordnung kein schwerer Nachteil für den Antragsteller zu befürchten ist.[65] Unter dem Aspekt des grundsätzlichen Verbots der Vorwegnahme der Hauptsache ist ein Antrag auf Erlass einer einstweiligen Anordnung regelmäßig dann unzulässig, wenn es dem Antragsteller nur um eine eilige Entscheidung über die im Hauptsacheverfahren angegriffene Entscheidung geht.[66]

Unzulässig sind Anträge nach § 32 auch dann, wenn sie einen Inhalt haben 31 sollen, den selbst die **Entscheidung in der Hauptsache** nicht haben könnte, sie also über das Rechtsschutzbegehren in der Hauptsache hinausgehen.[67] Da in einem Organstreitverfahren in der Hauptsache nicht die Unanwendbarkeit einer Norm oder die Verpflichtung des Antragsgegners zu einem bestimmten Verhalten Gegenstand sein kann, kommt auch der Erlass einer einstweiligen Anordnung mit diesem Inhalt grundsätzlich nicht in Betracht, wenn im Hauptsacheverfahren ein Organstreitverfahren zu führen wäre.[68] Ein solcher Fall des Überschreitens des durch das Hauptsacheverfahren gezogenen Rahmens wird in der Kammerrechtsprechung auch dann angenommen, wenn ein Antragsteller durch eine einstweilige Anordnung eine bestimmte Beschleunigung eines möglicherweise überlangen fachgerichtlichen Verfahrens erreichen will.[69]

Anträge nach § 32 können aber auch deshalb unzulässig sein, weil es **am** 32 **allgemeinen Rechtsschutzbedürfnis fehlt**. Das Rechtsschutzbedürfnis ist etwa verneint worden für einen Antrag auf Erlass einer einstweiligen Anordnung gegen gesetzliche Regelungen im Glücksspielbereich, weil für bestehende und betroffene Spielhallen noch eine fünfjährige Übergangsfrist bestand und deshalb zu erwarten war, dass eine Entscheidung in der Hauptsache über die Verfassungsbeschwerde bis zu diesem Zeitpunkt erfolgen wird.[70] Das Rechtsschutzbedürfnis für eine einstweilige Anordnung fehlt auch dann, wenn damit die Bundesregierung verpflichtet werden soll, sich vom Bundesverfassungsgericht in einem Vorabentscheidungsverfahren nach Art. 267 AEUV formulierte Zweifel an der Vertragskonformität einer Maßnahme von Organen, Einrichtungen und sonstigen Stellen der EU vor Abschluss des Verfahrens zu eigen zu machen.[71] Andererseits kann das Rechtsschutzbedürfnis nicht mit der Begründung verneint werden, dass die Eilbedürftigkeit durch

65 BVerfGE, 152, 63 (67, Rn. 10) – Mitwirkung der Bundesbank am PSP-Programm der EZB II.
66 Beschlüsse der 1. Kammer des Zweiten Senats vom 2.9.2022 – 2 BvR 1532/22, Rn. 3 bei Juris, und vom 6.7.2022 – 2 BvR 1139/22, Rn. 4 bei Juris. Siehe auch BVerfGE 152, 63 (65 f., Rn. 5) – Mitwirkung der Bundesbank am PSP-Programm der EZB II; 147, 39 (47, Rn. 11 f.) – Mitwirkung der Bundesbank am PSP-Programm der EZB; 131, 47 (54); 130, 367 (369).
67 BVerfGE, 162, 188 (199, Rn. 30) – Bestimmung von Ausschussvorsitzenden im Deutschen Bundestag; 159, 1 (8, Rn. 22) – Vorschlagsrecht zur Wahl eines Vizepräsidenten des Deutschen Bundestages.
68 BVerfG, Beschluss des Zweiten Senats vom 5.7.2023 – 2 BvE 4/23, Rn. 75 bei Juris – Gebäudeenergiegesetzänderungsgesetz; BVerfGE 159, 1 (8 f., Rn. 23) – Vorschlagsrecht zur Wahl eines Vizepräsidenten des Deutschen Bundestages, mit Bezugnahme auf diese Kommentierung; 151, 58 (64, Rn. 13) – AfD-Bundestagsfraktion.
69 Vgl. Beschluss der 2. Kammer des Zweiten Senats vom 17.7.2019 – 2 BvQ 60/19, Rn. 2 bei Juris.
70 Beschluss der 2. Kammer des Ersten Senats vom 22.4.2013 – 1 BvR 640/13, Rn. 2 bei Juris; vgl. auch BVerfGE 108, 238 (246).
71 BVerfGE 147, 39 (49, Rn. 18).

den Betroffenen selbst herbeigeführt wurde, wenn dieser erst kurzfristig anlässlich einer Abschiebung einen Eilantrag stellt. Ein solcher Antrag ist darüber hinaus auch nicht rechtsmissbräuchlich.[72] Das Rechtsschutzbedürfnis für einen Antrag nach § 32 ist auch dann zu bejahen, wenn der Termin zur freiwilligen Ausreise verstrichen ist, aber nach Mitteilung der Ausländerbehörde die Abschiebung nicht unmittelbar bevorsteht.[73]

33 Unzulässig sind Anträge nach § 32 im Hinblick auf § 23 Abs. 1 Satz 2 auch dann, wenn es an der **substantiierten Darlegung der Voraussetzungen** für den Erlass einer einstweiligen Anordnung fehlt.[74] Dabei unterscheiden sich die Substantiierungsanforderungen von denjenigen im jeweiligen Hauptsacheverfahren. Erforderlich ist jedenfalls die Darlegung, dass der Antrag in der zugehörigen Hauptsache weder unzulässig noch offensichtlich unbegründet ist (→ Rn. 39 ff.).[75] Eine Antragsschrift, die dem Bundesverfassungsgericht nicht die Nachprüfung ermöglicht, ob eine noch zu erhebende Verfassungsbeschwerde von vornherein unzulässig oder offensichtlich unbegründet wäre, führt wegen Nichterfüllung der Anforderungen des § 23 Abs. 1 Satz 2 Hs. 1 zur Unzulässigkeit des Antrags.[76] An der erforderlichen Substantiierung fehlt es auch, wenn im Antrag der Sachverhalt nicht nachvollziehbar und vollständig dargelegt ist.[77]

34 **4. Dringendes Gebotensein zur Abwehr schwerer Nachteile.** Die tatbestandlichen Voraussetzungen des Wenn-Satzes in Abs. 1 sind differenzierter als die Anwendungspraxis des Bundesverfassungsgerichts.[78] Ergehen kann und muss die einstweilige Anordnung, wenn sie dringend geboten ist und zwar entweder zur Abwehr schwerer Nachteile, zur Verhinderung drohender Gewalt oder aus einem anderen wichtigen Grund zum Gemeinwohl. In der Praxis dominiert als **Entscheidungsmaßstab ein Vergleich von schweren Nachteilen** (dazu → Rn. 42 f., → Rn. 56 ff. und → Rn. 69 ff.).

---

72 Beschlüsse der 1. Kammer des Zweiten Senats vom 21.2.2018 – 2 BvR 301/18, Rn. 5 bei Juris, und vom 14.9.2017 – 2 BvQ 56/17, Rn. 14 bei Juris. Allerdings sprechen nach Auffassung der 1. Kammer des Zweiten Senats gute Gründe für eine Rechtsmissbräuchlichkeit, sofern der Antragsteller mehrere Zeitpunkte verstreichen lässt, den Wiederaufgreifensgrund geltend zu machen, und er den Asylfolgeantrag erst am Tag der beabsichtigten Abschiebung stellt, obgleich ihm die drohende Abschiebung bereits einige Wochen zuvor bekannt war, Beschluss der 1. Kammer des Zweiten Senats vom 17.1.2019 – 2 BvQ 1/19, Rn. 31 bei Juris.

73 Beschluss der 1. Kammer des Zweiten Senats vom 11.4.2017 – 2 BvR 809/17, Rn. 10 bei Juris.

74 Beschlüsse der 1. Kammer des Ersten Senats vom 12.9.2023 – 1 BvQ 97/23, Rn. 2 f. bei Juris, und vom 20.11.2019 – 1 BvQ 85/19, Rn. 3 bei Juris; Beschluss der 2. Kammer des Zweiten Senats vom 12.4.2023 – 2 BvQ 35/23, Rn. 1 bei Juris; Beschluss der 2. Kammer des Ersten Senats vom 31.10.2019 – 1 BvQ 79/19, Rn. 3 bei Juris.

75 Beschlüsse der 1. Kammer des Ersten Senats vom 25.7.2023 – 1 BvQ 71/23, Rn. 3 bei Juris, vom 20.11.2019 – 1 BvQ 85/19, Rn. 4 bei Juris; Beschluss der 3. Kammer des Zweiten Senats vom 22.11.2022 – 2 BvQ 92/22, Rn. 5 bei Juris; Beschluss der 2. Kammer des Ersten Senats vom 31.10.2019 – 1 BvQ 79/19, Rn. 3 bei Juris.

76 Beschluss der 1. Kammer des Zweiten Senats vom 12.1.2023 – 2 BvQ 1/23, Rn. 4 f. bei Juris, Beschluss der 2. Kammer des Zweiten Senats vom 5.9.2019 – 2 BvQ 67/19, Rn. 2 bei Juris.

77 Beschluss der 1. Kammer des Zweiten Senats vom 12.1.2023 – 2 BvQ 1/23, Rn. 6 bei Juris; Beschluss der 1. Kammer des Ersten Senats vom 12.8.2019 – 1 BvQ 65/19, Rn. 4 bei Juris.

78 So jetzt auch Barczak BVerfGG/Barczak § 32 Rn. 40. §.

Das Element des dringend Gebotenseins hat kaum einmal eigenständige Bedeutung.[79] Die Dringlichkeit einer einstweiligen Anordnung ergibt sich in der Rechtsprechung des Bundesverfassungsgerichts grundsätzlich aus den durch sie zu verhindernden (irreversiblen) Nachteilen.[80] Steht ein Nachteil nicht unmittelbar bevor, ist nach Ansicht der 4. Kammer des Ersten Senats der sofortige Erlass einer einstweiligen Anordnung nur dann „dringlich“, wenn der spätere Eintritt der Nachteile nicht zuverlässig abgewehrt werden könnte.[81] Der Zweite Senat hat im Zusammenhang mit Angriffen gegen die Einrichtung des Europäischen Stabilitätsmechanismus den Antrag, eine europäische Verordnung bis zu einer Entscheidung des EuGH für in Deutschland unanwendbar zu erklären, wegen mangelnder Darlegung der Dringlichkeit abgelehnt, weil der Antrag auf Erlass einer einstweiligen Anordnung erst neun Monate nach Inkrafttreten der Verordnung gestellt worden war.[82] Teilweise wird die Dringlichkeit verneint, wenn vorläufiger Rechtsschutz anders, vor allem durch die Anrufung der ordentlichen Gerichte, bewirkt werden kann.[83] Richtigerweise sind das Fälle, in denen der Grundsatz der Subsidiarität den Antrag nach § 32 unzulässig macht (vgl. schon oben bei → Rn. 29). 35

Wie ein roter Faden zieht sich durch die Rechtsprechung des Bundesverfassungsgerichts die Aussage, dass bei der Prüfung des Gebotenseins einer einstweiligen Anordnung grundsätzlich ein **strenger Maßstab** anzulegen ist.[84] Das wird regelmäßig nur unter Verweis auf die „weittragenden Folgen“ einer einstweiligen Anordnung begründet,[85] teilweise aber auch detaillierter. Geht es im Hauptsacheverfahren um einen Organstreit, dann stellt das Gericht manchmal auf den Aspekt ab, dass hier jede einstweilige Anordnung einen erheblichen Eingriff des Bundesverfassungsgerichts in Autonomie und originäre Zuständigkeit anderer Verfassungsorgane darstellt.[86] Teilweise setzt derselbe Senat den strengen Maßstab in Anordnungsverfahren, bei denen es im Hauptsacheverfahren um einen Organstreit geht, aber auch ganz schlicht 36

79 So BeckOK BVerfGG/Walter § 32 Rn. 66.

80 BVerfGE 163, 107 (122, Rn. 38 f.); Beschluss der 3. Kammer des Ersten Senats vom 18.10.2023 – 1 BvR 1796/23, Rn. 19 bei Juris; Beschluss der 2. Kammer des Ersten Senats vom 22.5.2019 – 1 BvQ 42/19, Rn. 19 bei Juris; Beschluss der 2. Kammer des Ersten Senats vom 13.10.2016 – 1 BvQ 42/16, Rn. 4 bei Juris; Beschluss der 3. Kammer des Zweiten Senats vom 13.7.2016 – 2 BvQ 26/16, Rn. 7 bei Juris.

81 Beschluss der 4. Kammer des Ersten Senats vom 20.12.2017 – 1 BvR 2754/17, Rn. 24 bei Juris.

82 BVerfGE 132, 287 (293, Rn. 13).

83 Beschluss der 3. Kammer des Zweiten Senats vom 12.12.2018 – 2 BvR 2588/18, Rn. 13 bei Juris; BVerfGE 86, 46 (49).

84 Beispielsweise Beschlüsse der 2. Kammer des Zweiten Senats vom 4.10.2023 – 2 BvQ 184/23, Rn. 2 bei Juris, vom 7.9.2023 – 2 BvR 1233/23, Rn. 2 bei Juris, vom 25.10.2019 – 2 BvR 1812/19, Rn. 3 bei Juris, und Beschluss der 3. Kammer des Zweiten Senats vom 13.8.2019 – 2 BvR 900/19, Rn. 4 bei Juris.

85 BVerfGE 151, 58 (63, Rn. 11) – Änderung Parteienfinanzierung; siehe auch Beschluss der 2. Kammer des Zweiten Senats vom 7.11.2019 – 2 BvR 882/19, Rn. 16 bei Juris – Freihandelsabkommen der EU mit Singapur; Beschluss der 2. Kammer des Ersten Senats vom 15.6.2023 – 1 BvR 1076/2, Rn. 8 bei Juris; Beschluss der 2. Kammer des Zweiten Senats vom 19.5.2023 – 2 BvR 637/23, Rn. 14 bei Juris.

86 BVerfG, Beschluss des Zweiten Senats vom 5.7.2023 – 2 BvE 4/23, Rn. 67 bei Juris – Gebäudeenergiegesetzänderungsgesetz; BVerfGE 152, 55 (60, Rn. 16) – Beschlussfähigkeit des Bundestages.

voraus und verschärft („erhöht“) diesen Maßstab, wenn der Vollzug eines Gesetzes ausgesetzt werden soll, weil darin ein erheblicher Eingriff in die originäre Zuständigkeit des Gesetzgebers liegt.[87]

37 Weder der Wortlaut von § 32 Abs. 1 (Abwehr schwerer Nachteile) noch die Funktion des einstweiligen Rechtsschutzes im verfassungsgerichtlichen Verfahren geben vor, ob als Entscheidungsmaßstab ausschließlich oder überwiegend auf den mutmaßlichen Ausgang des Hauptsacheverfahrens abzustellen ist (summarisches Verfahren) oder eine reine Bewertung der tatsächlichen Folgen unabhängig von der materiellen Rechtslage anzustellen ist (Folgenabwägung). Deshalb ist die **Praxis des Bundesverfassungsgerichts**, die beide Elemente in einer gestuften Prüfung kombiniert, im Grunde nicht zu beanstanden.[88]

38 Auszugehen ist deshalb von der gefestigten Praxis des Bundesverfassungsgerichts, im Regelfall die **Begründetheitsprüfung in zwei Stufen** vorzunehmen. Aus der Sicht eines Antragstellers erweisen sich die zwei Stufen als zwei Hürden, die kumulativ genommen werden müssen.[89]

39 Die **erste Hürde** fällt in den Bereich der **summarischen Prüfung der Erfolgsaussichten der Hauptsache**. Sie ist aber rein negativ ausgestaltet. Geprüft wird nur, ob sich das Hauptsacheverfahren, im Regelfall eine Verfassungsbeschwerde, von vornherein als unzulässig oder offensichtlich unbegründet erweist.[90] Unzulässigkeit oder offensichtliche Unbegründetheit müssen positiv feststehen. Beispielsfälle für die positiv feststehende Unzulässigkeit einer Verfassungsbeschwerde betrafen Angriffe auf den Migrationspakt,[91] Angriffe auf Entscheidungen zur fehlenden Wählbarkeit der CDU in Bayern[92] und Angriffe auf die vom VerfGH Berlin erzwungene Neuwahl in Berlin.[93] Unzulässig sind natürlich auch Verfassungsbeschwerden, die nicht innerhalb der Frist des § 93 Abs. 1 Satz 1 eingelegt worden sind.[94] Wenn die Frage der Unzulässigkeit oder offensichtlichen Unbegründetheit zum

87 BVerfGE 151, 58 (63, Rn. 12) – Änderung Parteienfinanzierung; vgl. auch Beschlüsse der 3. Kammer des Ersten Senats vom 18.10.2023 – 1 BvR 1796/23, Rn. 16 bei Juris, und vom 12.9.2023 – 1 BvR 1507/23, Rn. 5 bei Juris.

88 AA Schoch, Einstweilige Anordnung, in: Badura/Dreier, Festschrift 50 Jahre Bundesverfassungsgericht, Band 1, 2001, 695, insbesondere 709 f.

89 Vgl. die Rechtsprechung zusammenfassend BVerfG, Beschluss des Zweiten Senats vom 5.7.2023 – 2 BvE 4/23, Rn. 68 und 69 bei Juris – Gebäudeenergiegesetzänderungsgesetz; siehe auch BVerfGE 152, 55 (60, Rn. 16) – Beschlussfähigkeit des Bundestages; 151, 58 (63, Rn. 11) – Änderung Parteienfinanzierung; 145, 348 (356, Rn. 28) – Ehe für alle; 143, 65 (87, Rn. 35) – CETA; 140, 225 (226 f., Rn. 7) – „Rote Karte für die AfD“; 132, 195 (232 f., Rn. 87) – ESM; vgl. zur Spruchpraxis der Kammern etwa Beschluss der 3. Kammer des Ersten Senats vom 12.9.2023 – 1 BvR 1507/23, Rn. 4 bei Juris.

90 BVerfGE 145, 348 (356, Rn. 28) – Ehe für alle; 134, 138 (140, Rn. 6) – „Spinner“; 132, 195 (234 ff., Rn. 91 ff.) – ESM; 129, 284 (298) - Beteiligungsrechte des Bundestages an der EFSF; Beschluss der 2. Kammer des Zweiten Senats vom 3.5.2023 – 2 BvQ 52/23, Rn. 2 bei Juris.

91 Beschluss der 2. Kammer des Zweiten Senats vom 7.12.2018 – 2 BvQ 105/18 ua, Rn. 13 ff. bei Juris.

92 BVerfG, Beschluss des Zweiten Senats vom 22.8.2018 – 2 BvQ 53/18 ua, Rn. 7 bei Juris.

93 BVerfGE 165, 296 (328 f., Rn. 108).

94 Beschluss der 3. Kammer des Zweiten Senats vom 20.5.2020 – 2 BvQ 28/20, Rn. 3 bei Juris; Beschluss der 2. Kammer des Zweiten Senats vom 4.9.2019 – 2 BvQ 74/19, Rn. 2 bei Juris.

Zeitpunkt der Entscheidung über den Antrag auf Erlass einer einstweiligen Anordnung noch nicht abschließend beurteilt werden kann, etwa weil das Verfahren schwierige verfassungsrechtliche Fragen berührt, scheitert der Antrag nicht an der ersten Hürde.[95] Wenn sich erst später durch Eintritt der Verfristung der in der Hauptsache zu erhebenden Verfassungsbeschwerde herausstellt, dass diese nicht mehr zulässigerweise erhoben werden kann, dann ist eine schon erlassene einstweilige Anordnung von Amts wegen aufzuheben.[96]

Hinter der ersten Hürde steht folgende Überlegung: In Fällen, in denen die Hauptsache sich **voraussichtlich als unzulässig oder als offensichtlich unbegründet** erweist, und sich dies im Anordnungsverfahren feststellen lässt,[97] gibt es für den Erlass einer einstweiligen Anordnung keinen Raum.[98] Sind die Erfolgsaussichten in der Hauptsache offen, müssen außerhalb des materiellen Rechts liegende Aspekte hinzukommen, um die vom Gesetzgeber in der Ausgestaltung der einzelnen Verfahrensarten für den Regelfall getroffenen vorläufigen Regelungen (oben → Rn. 2 bis 7) zu korrigieren. 40

Davon gibt es aber eine **wichtige Ausnahme**. Wird im Hauptsacheverfahren das **Zustimmungsgesetz zu einem völkerrechtlichen Vertrag** zur Prüfung gestellt, kann es angezeigt sein, schon im Verfahren nach § 32 Abs. 1 zu prüfen, ob die für die Verfassungswidrigkeit des angegriffenen Vertragsgesetzes vorgetragenen Gründe mit einem hohen Grad an Wahrscheinlichkeit erwarten lassen, dass das Bundesverfassungsgericht das Vertragsgesetz für verfassungswidrig erklären wird (sogenannte **summarische Prüfung**).[99] Durch diese Veränderung des Prüfungsmaßstabs soll einerseits sichergestellt werden, dass keine völkerrechtlichen Bindungen eingegangen werden, die mit dem Grundgesetz nicht vereinbar sind, zum anderen soll effektiver Rechtsschutz gewährt werden.[100] Folgt man insoweit dem Bundesverfassungsgericht, dann macht es jedoch das aus Sicht des Gerichts maßgebliche Argument der durch die Hinterlegung einer Ratifikationsurkunde zu einem völkerrechtlichen 41

95 Beispielhaft Beschluss der 3. Kammer des Ersten Senats vom 25.2.2019 – 1 BvR 842/17, Rn. 9 bei Juris.

96 Beispiel: Beschluss der 2. Kammer des Ersten Senats vom 15.8.2019 – 1 BvQ 51/19, Rn. 10 ff. bei Juris.

97 Zur durchaus unterschiedlichen Prüfungstiefe im Einzelfall vgl. BeckOK BVerfGG/Walter § 32 Rn. 46.1 (Stand: Dezember 2023).

98 BVerfGE 150, 163 (167, Rn. 14); 134, 135 (137 f., Rn. 4 f.); 130, 367 (369, Rn. 9 f.); siehe auch Beschluss der 1. Kammer des Zweiten Senats vom 15.3.2023 – 2 BvR 325/23, Rn. 3 bei Juris; Beschluss der 2. Kammer des Ersten Senats vom 9.2.2022 – 1 BvQ 11/22, Rn. 12 f. bei Juris; Beschlüsse der 2. Kammer des Zweiten Senats vom 7.12.2018 – 2 BvQ 105/18, Rn. 11 f. bei Juris, und vom 17.2.2014 – 2 BvQ 4/14, Rn. 14 ff. bei Juris.

99 Vgl. BVerfGE 164, 1 (50 f., Rn. 167 f.) – Nachtragshaushalt; 143, 65 (80 f., Rn. 36) – CETA; Beschluss der 2. Kammer des Zweiten Senats vom 7.11.2019 – 2 BvR 882/19, Rn. 18 bei Juris – Freihandelsabkommen zwischen der EU mit Singapur. Einer summarischen Prüfung bedarf es nicht, wenn die Berührungen der Verfassungsidentität im Kontext des einstweiligen Rechtsschutzes durch geeignete Vorkehrungen ausgeschlossen werden können, siehe BVerfGE 164, 1 (52, Rn. 171) – Nachtragshaushalt; 157, 332 (375, Rn. 70) – ERatG.

100 Vgl. BVerfGE 157, 332 (375, Rn. 69) – ERatG; 143, 65 (87 f., Rn. 36) – CETA; 132, 195 (233, Rn. 88) – ESM; aA BeckOK BVerfGG/Walter § 32 Rn. 65, der die vom Bundesverfassungsgericht für die summarische Prüfung angeführten Gründe bei völkerrechtlichen Verträgen für in der Folgeabwägung genauso bewältigbar hält.

Vertrag geschaffenen irreversiblen Bindungen keinesfalls erforderlich, diesen veränderten Prüfungsmaßstab außer an das Zustimmungsgesetz auch noch an davon getrennte, lediglich begleitende Regelungen anzulegen.[101] Praktische Unterschiede dürfte das kaum ausmachen, weil bei einer Suspendierung des Zustimmungsgesetzes im Hinblick auf die Begleitgesetzgebung die Folgenabwägung ebenfalls im Sinne einer Suspendierung ausfallen muss. Für die abschließende Zustimmung der Bundesregierung zu einem Rechtsakt des Unionsrechts im Rat der Europäischen Union gelten die zu Zustimmungsgesetzen zu einem völkerrechtlichen Vertrag entwickelten Prinzipien grundsätzlich entsprechend.[102] Speziell für die Abwehr völkerrechtlicher Bindungen durch einstweilige Anordnung gibt es aber noch eine weitere Modifikation des Prüfungsmaßstabs. Unabhängig vom Ergebnis einer summarischen Prüfung soll der Antrag auf Erlass einer einstweiligen Anordnung abzulehnen sein, wenn die von den Antragstellern begehrten Sicherheitsmaßnahmen ungeeignet sind, um einen endgültigen Rechtsverlust zu verhindern.[103]

42 Für den Normalfall bleibt es jedoch bei der zweistufigen Prüfungsfolge: Kann der Antragsteller die erste, am materiellen Recht orientierte Hürde nehmen, ist also sein Begehren in der Hauptsache weder von vornherein unzulässig noch offensichtlich unbegründet, dann nimmt das Bundesverfassungsgericht als **zweite Hürde** eine **Folgenabwägung** vor. Nach der klassischen Formel wägt das Bundesverfassungsgericht die Nachteile, die eintreten würden, wenn eine einstweilige Anordnung nicht erginge, das Verfahren in der Hauptsache aber Erfolg hätte, gegen die Nachteile ab, die entstünden, wenn der angegriffene Akt öffentlicher Gewalt suspendiert würde, der sich aber im Hauptsacheverfahren als verfassungsgemäß erweisen würde (**Doppelhypothese**).[104] Eine Folgenabwägung im eigentlichen Sinne findet allerdings dann nicht statt, wenn nach der Bewertung des Bundesverfassungsgerichts nicht davon auszugehen ist, dass einem Antragsteller überhaupt ein schwerer Nachteil droht.[105] Denn dann ist eine Waagschale leer. Das ist angenommen worden in einem Anordnungsverfahren, mit dem dem Bundespräsidenten die Kundgabe negativer Werturteile über eine politische Partei

101 AA BVerfGE 132, 195 (233 f., Rn. 89 f.) – ESM.

102 Beschluss der 2. Kammer des Zweiten Senats vom 7.11.2019 – 2 BvR 882/19, Rn. 19 bei Juris – Freihandelsabkommen zwischen der EU und Singapur.

103 Beschluss der 2. Kammer des Zweiten Senats vom 7.11.2019 – 2 BvR 882/19, Rn. 27 ff. bei Juris – Freihandelsabkommen zwischen der EU und Singapur.

104 BVerfG, Beschluss des Zweiten Senats vom 5.7.2023 – 2 BvE 4/23, Rn. 99 bei Juris – Gebäudeenergiegesetzänderungsgesetz; BVerfGE 164, 1 (53, Rn. 172) – Nachtragshaushalt; 162, 188 (201 f., Rn. 37) – Bestimmung von Ausschussvorsitzenden im Deutschen Bundestag; 159, 1 (7 f., Rn. 20) – Vorschlagsrecht zur Wahl eines Vizepräsidenten des Deutschen Bundestages; 152, 55 (60 f., Rn. 16) – Beschlussfähigkeit des Bundestages; 151, 58 (63, Rn. 11) – Änderung Parteienfinanzierung; 140, 225 (226 f., Rn. 7) – „Rote Karte für die AfD"; 131, 47 (55) – Preisansagepflicht für Call-by-Call Telefonate; 126, 158 (167 f.) – Euro-Stabilisierungsmechanismusgesetz; 125, 385 (393) – Währungsunion-Finanzstabilisierungsgesetz; 122, 63 (73) – Gesetz zur Neuregelung der Telekommunikationsüberwachung; Beschluss der 1. Kammer des Zweiten Senats vom 29.4.2023 – 2 BvQ 51/23, Rn. 3 bei Juris.

105 BVerfGE 152, 63 (67, Rn. 10) – Mitwirkung der Bundesbanken am PSP-Programm der EZB II; 137, 29 (32 ff., Rn. 9 ff.) – Parteipolitische Neutralität einer Bundesministerin; siehe auch Beschluss der 2. Kammer des Ersten Senats vom 24.5.2019 – 1 BvQ 45 /19, Rn. 18 bei Juris.

verboten werden sollte.[106] Verneint worden ist ein schwerer Nachteil auch, als es um die Verwendung von insgesamt drei einzelnen Wahlplakaten mit möglicherweise volksverhetzendem Inhalt ging.[107] Schließlich wurde ein schwerer (beruflicher) Nachteil im Fall einer einstweiligen Anordnung gegen das gesetzliche Verbot der Anwendung von Humanhomöopathika durch Tierheilpraktiker abgelehnt, da die Beschwerdeführerin ihr Einkommen nicht allein aus den Einnahmen ihrer Tätigkeit als Tierhomöopathin bestreitet.[108]

Die konkrete Abwägung nimmt das Bundesverfassungsgericht in den verschiedenen Sachbereichen nach durchaus **unterschiedlichen Kriterien** vor. So ist etwa in Kindschaftssachen zu berücksichtigen, dass die Abwägung nicht an einer Sanktion des Fehlverhaltens eines Elternteils, sondern vorrangig am Kindeswohl zu orientieren ist.[109] Das gilt in besonderem Maße, wenn der Antrag nach § 32 von einem Verfahrensbeistand des Kindes gestellt wird.[110] In Rückführungsfällen nach dem Haager Übereinkommen über die zivilrechtlichen Aspekte internationaler Kindesentführung ist die Folgenabwägung am Kindeswohl auszurichten.[111] 43

Besonderheiten der **Folgenabwägung** gelten auch **bei Anträgen** auf Erlass einer einstweiligen Anordnung, die sich **gegen ein Gesetz** richten. Das Bundesverfassungsgericht macht von seiner Befugnis, das Inkrafttreten eines Gesetzes zu verzögern oder seinen Vollzug auszusetzen, nur mit größter Zurückhaltung Gebrauch, da der Erlass einer solchen einstweiligen Anordnung stets einen erheblichen Eingriff in die Gestaltungsfreiheit des Gesetzgebers darstellt.[112] Ein Gesetz darf deshalb nur dann vorläufig am Inkrafttreten gehindert werden, wenn die Nachteile, die mit seinem Inkrafttreten nach späterer Feststellung seiner Verfassungswidrigkeit verbunden wären, in Ausmaß und Schwere die Nachteile deutlich überwiegen, die im Falle der vorläufigen Verhinderung eines sich als verfassungsgemäß erweisenden Gesetzes eintreten.[113] Müssen die für eine vorläufige Regelung sprechenden Gründe schon im Regelfall so schwer wiegen, dass sie den Erlass einer einstweiligen Anordnung unabdingbar machen, so müssen sie im Fall der begehrten Außervollzugsetzung eines Gesetzes darüber hinaus besonderes Gewicht haben. Insoweit ist von entscheidender Bedeutung, ob die Nachteile 44

106 BVerfGE 134, 138 (140 f., Rn. 7 f.) – „Spinner“.

107 Beschluss der 2. Kammer des Ersten Senats vom 24.5.2019 – 1 BvQ 45/19, Rn. 18 bei Juris.

108 BVerfGE 160, 164 (175 ff., Rn. 38 ff.) – Tierarztvorbehalt.

109 Beschluss der 2. Kammer des Ersten Senats vom 15.6.2023 – 1 BvR 1076/23, Rn. 8 bei Juris: Beschlüsse der 1. Kammer des Ersten Senats vom 14.9.2021 – 1 BvR 1525/20, Rn. 53 bei Juris, und vom 16.7.2020 – 1 BvR 1525/20, Rn. 7 bei Juris.

110 Beschluss der 1. Kammer des Ersten Senats vom 7.3.2022 – 1 BvR 65/22, Rn. 16 ff. bei Juris; Beschluss der 2. Kammer des Ersten Senats vom 5.12.2016 – 1 BvR 2569/16, Rn. 45 bei Juris.

111 Beschluss der 3. Kammer des Ersten Senats vom 1.8.2022 – 1 BvQ 50/22, Rn. 45 ff. bei Juris; Beschluss der 1. Kammer des Ersten Senats vom 18.7.2016 – 1 BvQ 27/16, Rn. 13 bei Juris.

112 BVerfGE 164, 1 (47, Rn. 160) – Nachtragshaushalt; 160, 164 (174, Rn. 36) – Tierarztvorbehalt; 140, 211 (219, Rn. 13) – Tarifeinheitsgesetz; Beschluss der 2. Kammer des Ersten Senats vom 6.2.2019 – 1 BvQ 4/19, Rn. 11 bei Juris.

113 BVerfGE 160, 336 (340, Rn. 11) – Impfnachweis; 131, 47 (61) – Preisansagepflicht für Call-by-Call Telefonate; Beschlüsse der 3. Kammer des Ersten Senats vom 18.10.2023 – 1 BvR 1796/23, Rn. 16 bei Juris, und vom 8.6.2016 – 1 BvQ 42/15, Rn. 13 bei Juris.

irreversibel oder nur sehr erschwert revidierbar sind, um das Aussetzungsinteresse durchschlagen zu lassen.[114] Das gilt ohne Abstriche auch in Verfahren der abstrakten Normenkontrolle und auch gegenüber Haushaltsgesetzen.[115] Wenn die jeweiligen Nachteile der abzuwägenden Fallkonstellationen sich etwa gleichgewichtig gegenüberstehen, verbietet es die mit Blick auf die Gewaltenteilung nach Art. 20 Abs. 2 Satz 2 GG notwendige Zurückhaltung des Bundesverfassungsgerichts, das angegriffene Gesetz auszusetzen, bevor geklärt ist, ob es vor der Verfassung Bestand hat.[116] Dasselbe gilt in Fällen einer zwar nicht unmittelbaren, aber faktischen Außervollzugsetzung eines Gesetzes.[117] Bei der Folgenabwägung sind die **Auswirkungen auf alle von dem Gesetz Betroffenen** zu berücksichtigen, nicht nur die Folgen, die sich für den Beschwerdeführer ergeben;[118] das gilt allerdings nur unter dem Vorbehalt, dass der Antragsteller auch eigene schwere Nachteile hinreichend substantiiert vorträgt; benennt er nur Nachteile für Dritte, ist sein Antrag unzulässig.[119] Dieser Maßstab wird vom Bundesverfassungsgericht noch weiter verschärft, soweit mit der einstweiligen Anordnung der Vollzug einer Rechtsnorm ausgesetzt werden soll, die zwingende Vorgaben des Unionsrechts umsetzt.[120] Das Bundesverfassungsgericht beanstandet solche Regelungen im Verfahren nach § 32 grundsätzlich nicht, da eine entsprechende Anordnung über die Entscheidungskompetenz des Bundesverfassungsgerichts in der Hauptsache hinausgehen könnte und eine Störung des effektiven Vollzugs des Unionsrechts bewirken könnte. Entsprechende Vorgaben macht auch die Rechtsprechung des EuGH,[121] worauf sich das Bundesverfassungsgericht ausdrücklich bezieht.[122]

45 Keinen rechten Platz haben in diesem Zwei-Hürden-System des Bundesverfassungsgerichts die allerdings wohl seltenen Fälle, in denen der **Erfolg der Hauptsache** schon zu dem frühen Zeitpunkt, zu dem über eine einstweilige

114 BVerfGE 164, 1 (47, Rn. 160) – Nachtragshaushalt; 160, 164 (174, Rn. 36) – Tierarztvorbehalt; 140, 211 (219 f., Rn. 13) – Tarifeinheitsgesetz; Beschlüsse der 2. Kammer des Ersten Senats vom 19.3.2020 – 1 BvQ 1/20, Rn. 10 bei Juris, und vom 6.2.2019 – 1 BvQ 4/19, Rn. 11 bei Juris; Beschluss der 3. Kammer des Ersten Senats vom 7.8.2018 – 1 BvR 1575/18, Rn. 3 bei Juris.

115 BVerfGE 164, 1 (47 ff., Rn. 161 ff.) – Nachtragshaushalt.

116 BVerfGE 157, 394 (402, Rn. 20) – Ausgangsbeschränkungen, 140, 99 (107, Rn. 12) – Zensusgesetz 2011; Beschluss der 3. Kammer des Ersten Senats vom 18.10.2023 – 1 BvR 1796/23, Rn. 16 bei Juris.

117 Beschlüsse der 1. Kammer des Zweiten Senats vom 20.3.2018 – 2 BvR 1266/17, Rn. 20 bei Juris, und vom 1.2.2018 – 2 BvR 1459/17, Rn. 20 bei Juris.

118 BVerfGE 160, 336 (340, Rn. 11) – Impfnachweis; 157, 394 (402 f., Rn. 20) – Ausgangsbeschränkungen; 140, 99 (107, Rn. 12) – Zensusgesetz 2011; 131, 47 (61) – Preisansagepflicht für Call-by-Call Telefonate; 122, 342 (362) – Bayerisches Versammlungsgesetz; Beschluss der 3. Kammer des Ersten Senats vom 27.6.2013 – 1 BvR 1501/13, Rn. 22 bei Juris.

119 Beschluss der 3. Kammer des Ersten Senats vom 28.10.2020 – 1 BvR 972/20, Rn. 13 bei Juris – MietenWoG Bln; Beschluss der 2. Kammer des Ersten Senats vom 5.7.2013 – 1 BvR 1014/13, Rn. 3 bei Juris – Hessisches Spielhallengesetz.

120 BVerfGE 121, 1 (18 f.); Beschluss der 2. Kammer des Ersten Senats vom 18.5.2016 – 1 BvR 895/16, Rn. 36 bei Juris.

121 Grundlegend Urteil vom 21.2.1991 – C-143/88 ua – Zuckerfabrik Süderdithmarschen ua Slg 1991, I-415, Rn. 22 ff.

122 Beschluss der 2. Kammer des Ersten Senats vom 18.5.2016 – 1 BvR 895/16, Rn. 37 bei Juris; siehe schon BVerfGE 121, 1 (18 f.).

Anordnung zu entscheiden ist, **offensichtlich** ist oder als offensichtlich erscheint. Jedenfalls der Erste Senat hat darauf eine klare Antwort gegeben. Ergibt die Prüfung in Eilrechtsschutzverfahren, dass eine Verfassungsbeschwerde offensichtlich begründet wäre, dann läge in der Nichtgewährung von Rechtsschutz der schwere Nachteil für das gemeine Wohl im Sinne des § 32 Abs. 1.[123] Dieser Ansatz wird zwar von den Kammern des Ersten Senats fortgeführt,[124] nicht aber vom Zweiten Senat und dessen Kammern. Dort wird auch in Fällen einer voraussichtlich begründeten Hauptsache die Lösung im Anordnungsverfahren weiter über die Folgenabwägung gesucht, auch wenn diese dann teilweise materiellrechtlich angereichert wird.[125]

Unabhängig hiervon spielt die Frage einer **mutmaßlichen Begründetheit** 46 der Hauptsache faktisch doch eine größere Rolle, als es in den dogmatischen Obersätzen der Zwei-Stufen-Prüfung des Bundesverfassungsgerichts zum Ausdruck kommt.[126] Gerade dann, wenn nach dem Eindruck des Bundesverfassungsgerichts viel dafür spricht, dass der Antragsteller in der Hauptsache Erfolg haben dürfte, wird die Bereitschaft im Bundesverfassungsgericht wachsen, auch eine einstweilige Anordnung zu erlassen. Das zeigen besonders Entscheidungen, in denen das Bundesverfassungsgericht sehr intensiv und detailliert aufzählt, warum aus seiner Sicht viel dafür spricht, dass der Antragsteller in der Hauptsache Erfolg haben wird,[127] obwohl es darauf nach dem Zwei-Stufen-Ansatz gar nicht ankommt. Solche Überlegungen fördern und stützen ein Ergebnis der Folgenabwägung im Sinne des Antragstellers. Aus dem Rahmen fällt allerdings ein Beschluss der 1. Kammer des Zweiten Senats, in dem lediglich die Offenheit des Ausgangs des Hauptsacheverfahrens festgestellt, auf die Folgenabwägung aber vollständig verzichtet und trotzdem eine einstweilige Anordnung erlassen wurde. Das war möglicherweise dem Umstand geschuldet, dass es um eine Abschiebungssache ging.[128] Dazu passt auch eine Entscheidung der 3. Kammer des Ersten Senats zur Versammlungsfreiheit. Soweit ein Abwarten der Entscheidung den Grundrechtsschutz vollständig vereitelt, soll für den Erlass einer einstweiligen An-

123 BVerfGE 111, 147 (153) – NPD-Versammlung; Beschlüsse der 3. Kammer des Ersten Senats vom 31.7.2014 – 1 BvR 1858/14, Rn. 9 bei Juris, und vom 8.11.2013 – 1 BvQ 52/13, Rn. 1 bei Juris; Beschlüsse der 1. Kammer des Ersten Senats vom 4.9.2010 – 1 BvR 2298/10, Rn. 4 bei Juris, und vom 4.9.2009 – 1 BvR 2147/09, Rn. 6 bei Juris. Ähnlich jetzt aber auch Beschluss der 1. Kammer des Ersten Senats vom 12.3.2024 – 1 BvR 605/24, Rn. 11 ff. bei Juris, wo ein Eilantrag einer Zeitungsverlegerin gegen die Untersagung der Bebilderung von zwei Presseartikeln zwar formal im Rahmen einer vorzunehmenden Folgenabwägung Erfolg hatte, in diese Folgenabwägung aber nach der Beschlussbegründung nur eingestellt wurde, dass die Verfassungsbeschwerde zulässig und begründet ist.

124 Beschluss der 1. Kammer des Ersten Senats vom 15.4.2020 – 1 BvR 828/20, Rn. 10 bei Juris – Versammlungsverbot; Beschluss der 2. Kammer des Ersten Senats vom 15.5.2019 – 1 BvQ 43/19, Rn. 7 und 13 bei Juris – NPD-Wahlwerbespot.

125 Vgl. etwa Beschluss der 1. Kammer des Zweiten Senats vom 22.2.2019 – 2 BvQ 9/19, Tenor Ziffer 1 bei Juris.

126 Dieser Einschätzung zustimmend auch BeckOK BVerfGG/Walter § 32 Rn. 49.

127 Etwa BVerfGE 131, 47 (57 ff.); siehe auch Beschluss der 2. Kammer des Ersten Senats vom 22.3.2022 – 1 BvR 618/22, Rn. 17 ff. bei Juris; Beschluss der 2. Kammer des Zweiten Senats vom 21.3.2018 – 2 BvR 237/18, Rn. 15 bis 17 bei Juris; Beschluss der 3. Kammer des Zweiten Senats vom 7.10.2015 – 2 BvR 1860/15, Rn. 9 bis 18 bei Juris.

128 Vgl. Beschluss der 1. Kammer des Zweiten Senats vom 22.1.2018 – 2 BvR 80/18, Rn. 4 ff. bei Juris.

ordnung alleine maßgeblich sein, ob die Verfassungsbeschwerde voraussichtlich Erfolg haben wird. Dies ist insbesondere in Fallkonstellationen von Relevanz, in denen das Recht aus Art. 8 Abs. 1 GG in Rede steht.[129]

47 **5. Praktische Hinweise für den Rechtsanwalt.** Wer selbst oder als anwaltlicher Bevollmächtigter einen Antrag auf Erlass einer einstweiligen Anordnung stellt, hat sich in der Darstellung an diesem Zwei-Hürden-Modell des Bundesverfassungsgerichts zu orientieren. Im Regelfall wird es dabei in der Hauptsache um eine Verfassungsbeschwerde gehen. Die Schwierigkeiten für den Rechtsanwalt liegen dabei im Detail. Denn das Bundesverfassungsgericht verlangt auch für das Verfahren auf Erlass einer einstweiligen Anordnung einen **ausreichend substantiierten Vortrag zu beiden Hürden.**[130]

48 Sehr viele Anträge nach § 32 scheitern schon an der ersten Hürde. Denn das Bundesverfassungsgericht prüft sowohl die Zulässigkeitsvoraussetzungen wie die Begründetheitsaspekte des mit dem Eilantrag korrespondierenden Hauptsacheverfahrens intensiv. Maßgeblich ist dabei der **Zeitpunkt**, zu dem das Bundesverfassungsgericht die Entscheidung trifft.[131]

49 Entscheidungsgrundlage ist dann die dem Bundesverfassungsgericht zu diesem Verfahrensstand **vorliegende Aktenlage.**[132] Deshalb kann eine einstweilige Anordnung nicht ergehen, wenn der Antragsteller Unterlagen, die er im Hauptsacheverfahren, also etwa in einem Verfassungsbeschwerdeverfahren, nach §§ 23 Abs. 1 Satz 2, 92 hätte vorlegen müssen, noch nicht vorgelegt oder wenigstens inhaltlich wiedergegeben hat.[133] Die einstweilige Anordnung kann auch nicht ergehen, wenn die in der Hauptsache erhobene Verfassungsbeschwerde bei derzeitigem Verfahrensstand nach Aktenlage offensichtlich unbegründet ist.[134]

---

129 Beschluss der 3. Kammer des Ersten Senats vom 24.3.2018 – 1 BvQ 18/18, Rn. 5 bei Juris.

130 BVerfGE 160, 191 (203, Rn. 32 f.) – 2G+-Regelung bei Gedenkstunde des Deutschen Bundestages – zu den Substantiierungspflichten bei beiden Hürden unter Bezugnahme auf diese Kommentierung; Beschlüsse der 1. Kammer des Ersten Senats vom 12.9.2023 – 1 BvQ 97/23, Rn. 3 bei Juris, vom 23.8.2023 – 1 BvQ 85/23, Rn. 3 bei Juris, vom 11.2.2020 – 1 BvQ 13/20, Rn. 2 ff. bei Juris, und vom 20.11.2019 – 1 BvQ 85/19, Rn. 4 bei Juris; Beschluss der 3. Kammer des Zweiten Senats vom 9.5.2019 – 2 BvQ 46/19, Rn. 2 bei Juris; Beschluss der 2. Kammer des Zweiten Senats vom 3.4.2019 – 2 BvQ 28 /19, Rn. 5 bei Juris – alle überwiegend zu Substantiierungspflichten bei Hürde 1; BVerfGE 160. 164 (175, Rn. 37) – Tierarztvorbehalt; Beschluss der 1. Kammer des Ersten Senats vom 18.3.2019 – 1 BvQ 90/19, Rn. 7 bei Juris; Beschluss der 1. Kammer des Ersten Senats vom 30.1.2019 – 1 BvQ 1/19, Rn. 2 f. bei Juris – alle überwiegend zu Hürde 2. Vgl. auch Beschluss der 1. Kammer des Ersten Senats vom 18.03.2024 – 1 BvQ 18/24, Rn. 2 bei Juris.

131 Beschluss der 1. Kammer des Ersten Senats vom 31.1.2022 – 1 BvR 208/22, Rn. 2 bei Juris; Beschluss der 2. Kammer des Zweiten Senats vom 3.2.2021 – 2 BvQ 97/20, Rn. 34 bei Juris.

132 Beschluss der 3. Kammer des Ersten Senats vom 7.2.2011 – 1 BvR 188/11, Rn. 3 bei Juris; Beschluss der 2. Kammer des Ersten Senats vom 10.3.2010 – 1 BvQ 4/10, Rn. 15 bei Juris.

133 Beschlüsse der 1. Kammer des Ersten Senats vom 24.2.2022 – 1 BvQ 12/22, Rn. 3 bei Juris, vom 2.10.2020 – 1 BvR 2248/20, Rn. 4 bei Juris, und vom 28.9.2020 – 1 BvQ 106/20, Rn. 3 bei Juris; Beschlüsse der 3. Kammer des Zweiten Senats vom 26.8.2016 – 2 BvQ 46/16, Rn. 5 bei Juris, und vom 27.11.2015 – 2 BvQ 43/15, Rn. 2 bei Juris.

134 Beschluss der 3. Kammer des Ersten Senats vom 7.2.2011 – 1 BvR 188/11, Rn. 3 bei Juris.

Ist die Verfassungsbeschwerde schon erhoben oder wird sie gleichzeitig mit dem Antrag auf Erlass einer einstweiligen Anordnung erhoben, dann kann für die Ausführungen zur ersten Hürde (zulässig und nicht offensichtlich unbegründet) auf die Verfassungsbeschwerdeschrift verwiesen werden. Ist die Verfassungsbeschwerde noch nicht erhoben, wird also isoliert eine einstweilige Anordnung beantragt, **dann muss der Antrag die zur Begründung einer Verfassungsbeschwerde erforderlichen Angaben enthalten** oder auf einen beizufügenden Entwurf der noch einzureichenden Verfassungsbeschwerde Bezug nehmen.[135] Davon weicht das Bundesverfassungsgericht auch dann nicht ab, wenn es um extreme Eilfälle geht. Es ist zwar bereit, dann die Substantiierungspflichten zu reduzieren,[136] aber auch dann, wenn nur wenige Stunden für die Gewährung effektiven Rechtsschutzes zur Verfügung stehen, bedarf es zumindest einer knappen Auseinandersetzung mit den verfassungsrechtlichen Anforderungen, denen die angegriffene gerichtliche Entscheidung nach Auffassung der Antragsteller nicht genügt.[137] 50

Vortragen muss der Antragsteller, der in der Hauptsache eine Verfassungsbeschwerde führen will, dass er den **Rechtsweg erschöpft** hat oder warum ihm das im Einzelfall unzumutbar ist (§ 90 Abs. 2).[138] Dazu soll in Fällen überlanger fachgerichtlicher Verfahren auch die Verzögerungsrüge nach § 198 Abs. 3 GVG gehören.[139] Darlegen muss der Antragsteller auch, dass er seinen Hauptsacheantrag noch fristgerecht einreichen kann[140] oder eingereicht hat.[141] Vortragen muss der Antragsteller auch, dass seine noch einzureichende Verfassungsbeschwerde dem Grundsatz der Subsidiarität genügen würde.[142] 51

Soll ein Gesetz ausgesetzt werden, muss der Antragsteller darlegen, dass er schon **selbst, gegenwärtig und unmittelbar betroffen** ist, dass es also keines Umsetzungsaktes mehr bedarf,[143] und dass keine Übergangsregelung 52

---

135 Beschlüsse der 2. Kammer des Ersten Senats vom 31.8.2023 – 1 BvQ 91/23, Rn. 2 bei Juris, und vom 21.1.2019 – 1 BvQ 5/19, Rn. 2 bei Juris; Beschluss der 1. Kammer des Zweiten Senats vom 12.1.2023 – 2 BvQ 1/23, Rn. 3 bei Juris; vgl. auch das Vorgehen der Antragsteller in BVerfGE 106, 359 (361); 106, 369 (371 f.).

136 Vgl. etwa Beschluss der 2. Kammer des Zweiten Senats vom 7.8.2021 – 2 BvQ 80/21, Rn. 7 bei Juris, und Beschlüsse der 1. Kammer des Zweiten Senats vom 17.1.2019 – 2 BvQ 1/19, Rn. 22 bei Juris; und vom 22.5.2018 – 2 BvR 941/18, Rn. 4 bei Juris.

137 Beschluss der 1. Kammer des Zweiten Senats vom 2.3.2017 – 2 BvQ 7/17, Rn. 2 f. bei Juris.

138 Vgl. Beschluss der 2. Kammer des Ersten Senats vom 31.8.2023 – 1 BvQ 91/23, Rn. 2 bei Juris; Beschlüsse der 1. Kammer des Ersten Senats vom 24.2.2022 – 1 BvQ 12/22, Rn. 3, 6 bei Juris, und vom 26.2.2019 – 1 BvR 340/19, Rn. 6 f. bei Juris.

139 Beschluss der 3. Kammer des Zweiten Senats vom 6.6.2013 – 2 BvQ 26/13, Rn. 4 bei Juris; Beschluss der 1. Kammer des Ersten Senats vom 21.12.2011 – 1 BvQ 44/11, Rn. 2 bei Juris.

140 Beschluss der 3. Kammer des Ersten Senats vom 1.8.2022 – 1 BvQ 50/22, Rn. 32 bei Juris; Beschluss der 2. Kammer des Ersten Senats vom 18.6.2016 – 1 BvQ 30/13, Rn. 4 bei Juris; Beschluss der 3. Kammer des Zweiten Senats vom 10.3.2010 – 2 BvQ 10/10, Rn. 2 bei Juris.

141 Beschlüsse der 1. Kammer des Ersten Senats vom 24.5.2023 – 1 BvR 605/23, Rn. 21 bei Juris, und vom 26.4.2023 – 1 BvR 718/23, Rn. 17 bei Juris; aus der Senatsrechtsprechung: BVerfGE 122, 63 (74).

142 Beschluss der 1. Kammer des Zweiten Senats vom 12.1.2023 – 2 BvQ 1/23, Rn. 9 bei Juris; Beschluss der 2. Kammer des Ersten Senats vom 31.10.2019 – 1 BvQ 79/19, Rn. 4 ff. bei Juris.

143 BVerfGE 158, 210 (237, Rn. 66); 157, 332 (354, Rn. 25); 122, 63 (78).

besteht, die das Rechtsschutzbedürfnis entfallen lässt.[144] Zur Selbstbetroffenheit bedarf es individualisierter Darlegung zur Betroffenheit gerade durch die vom Gesetzgeber beschlossenen Vorschriften.[145]

53 Wäre die noch anhängig zu machende Hauptsache ein **Organstreitverfahren**, scheitert die einstweilige Anordnung, wenn die angegriffenen Maßnahmen von Behörden erlassen worden sind, die weder Teile eines obersten Bundesorgans noch andere Beteiligte im Sinne von Art. 93 Abs. 1 Nr. 1 GG sind.[146]

54 Der Rechtsanwalt, der einen Antrag nach § 32 vorbereitet, tut gut daran, den Prüfungsmaßstab der **offensichtlichen Unbegründetheit** in der Hauptsache **nicht wörtlich zu nehmen**. Denn dieser Maßstab bedeutet nicht, dass die Unbegründetheit auf der Hand liegen muss. Mit der Formel, sie könne auch das Ergebnis vorgängiger gründlicher Prüfung sein,[147] eröffnet sich das Bundesverfassungsgericht faktisch die Möglichkeit, schon im Anordnungsverfahren in der Sache voll durchzuentscheiden.[148] Die Offensichtlichkeit soll nach der Praxis des Ersten Senats selbst dann nicht fehlen, wenn drei von acht Richtern für diese Feststellung überstimmt werden müssen, wie im Fall des Erneuerbare-Energien-Gesetzes 2009.[149]

55 Das Bundesverfassungsgericht kann zwar das Vorliegen der Voraussetzungen der **ersten Hürde** (zulässig und nicht offensichtlich unbegründet) offenlassen. Das nützt aber dem Antragsteller nichts, weil dies nur dann geschieht, wenn die Folgenabwägung (zweite Hürde) klar zu seinen Ungunsten ausgeht und das Bundesverfassungsgericht wegen der politischen Bedeutung zur Sache entscheiden will.[150]

56 Auch zur **Folgenabwägung** (zweite Hürde) müssen der Antragsteller oder sein anwaltlicher Bevollmächtigter die relevanten Elemente **ausreichend substantiiert vortragen** (§ 23 Abs. 1 Satz 2).[151] Dabei geht es im Wesentlichen um Tatsachen.

---

144 Beschluss der 2. Kammer des Ersten Senats vom 22.4.2013 – 1 BvR 640/13, Rn. 3 f. bei Juris.

145 Beschluss der 3. Kammer des Ersten Senats vom 28.6.2017 – 1 BvQ 28/17, Rn. 3 bei Juris.

146 Beschluss der 3. Kammer des Zweiten Senats vom 31.7.2009 – 2 BvQ 45/09, Rn. 5 bei Juris.

147 BVerfGE 122, 374 (385).

148 Vgl. Beschluss der 1. Kammer des Ersten Senats vom 23.9.2010 – 1 BvQ 28/10, Rn. 26 bei Juris; Beschluss der 2. Kammer des Ersten Senats vom 2.8.2010 – 1 BvQ 23/10, Rn. 7 bis 10 bei Juris.

149 BVerfGE 122, 374 (397).

150 BVerfGE 143, 65 (89, Rn. 41) – CETA; 125, 385 (393) – Währungsunion-Finanzstabilisierungsgesetz.

151 Vgl. BVerfGE 160, 346 (354 f., Rn. 22) – 2G+-Regelung im Deutschen Bundestag – Allgemeinverfügung; 156, 335 (337 f., Rn. 4 f.) – Staatsvertrag Rundfunkfinanzierung; Beschluss der 1. Kammer des Zweiten Senats vom 12.3.2024 – 2 BvQ 15/24, Tenorbegründung bei Juris; Beschluss der 1. Kammer des Ersten Senats vom 9.2.2024 – 1 BvR 2283/23, Rn. 1 bei Juris; Beschlüsse der 3. Kammer des Ersten Senats vom 5.2.2024 – 1 BvR 315/24, Rn. 9 f. bei Juris, und vom 18.10.2023 – 1 BvR 1796/23, Rn. 17 ff. bei Juris; Beschluss der 3. Kammer des Zweiten Senats vom 17.10.2013 – 2 BvR 1978/13, Rn. 9 bei Juris.

Soll eine **gerichtliche Entscheidung** suspendiert werden, ist zu beachten, dass das Bundesverfassungsgericht für die Folgenabwägung in aller Regel die Tatsachenfeststellungen und Tatsachenwürdigungen in den angegriffenen Entscheidungen zugrunde legt.[152] 57

Um davon abweichen zu können, muss der Antragsteller vortragen, dass die getroffenen **Tatsachenfeststellungen offensichtlich fehlerhaft** sind oder die Tatsachenwürdigung unter Berücksichtigung der betroffenen Grundrechtsnorm offensichtlich nicht trägt.[153] Helfen kann dem Antragsteller auch, wenn die wesentlichen tatsächlichen Umstände während des Verfahrens zunächst nicht erörtert, sondern erst mit Abänderungsanträgen nach § 80 Abs. 7 Satz 2 VwGO geltend gemacht worden sind.[154] 58

Schwieriger ist die Situation, wenn eine **Suspendierung von Gesetzen** beantragt wird, weil hier ein besonders strenger Maßstab bei der Folgenabwägung anzulegen ist.[155] Am deutlichsten wird das, wenn bei der Folgenabwägung auch eine **außenpolitische Situation** zu beurteilen ist. Denn hier soll der Bundesregierung im gewaltenteiligen System aufgrund ihrer fachlichen Zuständigkeit, ihrer besonderen Sachnähe und ihrer politischen Verantwortlichkeit ein Einschätzungsvorrang zukommen, der vorbehaltlich eindeutiger Widerlegung vom Bundesverfassungsgericht zu respektieren ist.[156] Dieser noch weiter verschärfte Maßstab gilt auch bei Maßnahmen mit **völkerrechtlichen oder außenpolitischen Auswirkungen**.[157] 59

Der Antragsteller und sein anwaltlicher Bevollmächtigter sind in dieser Konstellation vor die kaum zu bewältigende Aufgabe gestellt, **hinreichende Anhaltspunkte vorzutragen**, die zu der Annahme zwingen, dass etwa währungs- oder finanzpolitische Entscheidungen der Bundesregierung fehlerhaft sind.[158] 60

Ein detaillierter Vortrag zu den ohne Erlass der einstweiligen Anordnung eintretenden Nachteilen lohnt sich aber durchaus, gerade wenn es um die 61

152 Beschluss der 2. Kammer des Ersten Senats vom 22.3.2022 – 1 BvR 618/22, Rn. 6 bei Juris; Beschluss der 1. Kammer des Ersten Senats vom 6.9.2021 – 1 BvR 1750/21, Rn. 15 bei Juris; Beschluss der 3. Kammer des Zweiten Senats vom 12.12.2018 – 2 BvR 2588/18, Rn. 20 bei Juris.

153 Beschluss der 2. Kammer des Ersten Senats vom 15.6.2023 – 1 BvR 1076/23, Rn. 8 bei Juris; Beschlüsse der 3. Kammer des Ersten Senats vom 7.9.2022 – 1 BvR 1654/22, Rn. 19 bei Juris, und vom 29.8.2015 – 1 BvQ 32/15, Rn. 1 bei Juris; siehe auch BVerfGE 111, 147 (153).

154 Beschluss der 3. Kammer des Zweiten Senats vom 9.7.2008 – 2 BvR 1336/08, Rn. 5 bei Juris.

155 BVerfGE 159, 40 (65, Rn. 72) – Normenkontrolle Wahlrechtsreform 2020; 151, 58 (63 f., Rn. 12) – Änderung Parteienfinanzierung; 131, 47 (61 ff.) – Preisansagepflicht für Call-by-Call Telefonate; Beschlüsse der 3. Kammer des Ersten Senats vom 12.9.2023 – 1 BvR 1507/23, Rn. 5 bei Juris, und vom 31.5.2021 – 1 BvR 794/21, Rn. 4 bei Juris; Beschluss der 2. Kammer des Ersten Senats vom 6.2.2019 – 1 BvQ 4/19, Rn. 11 bei Juris.

156 BVerfGE 126, 158 (168 f.) – Euro-Stabilisierungsmechanismusgesetz; 125, 385 (393 f.) – Währungsunion-Finanzstabilisierungsgesetz.

157 BVerfGE 164, 1 (48 f., Rn. 163) – Nachtragshaushalt; 158, 210 (230, Rn. 50) – Einheitliches Patentgericht; 157, 332 (374, Rn. 67) – EU-Wiederaufbaufond; 143, 65 (89 bis 93, Rn. 44 bis 49) – CETA; 129, 284 (298) – Beteiligungsrechte des Bundestages an der EFSF; Beschlüsse der 2. Kammer des Zweiten Senats vom 3.2.2021 – 2 BvQ 97/20, Rn. 33 bei Juris, und vom 7.11.2019 – 2 BvR 882/19, Rn. 16 bei Juris.

158 BVerfGE 126, 158 (169) – Euro-Stabilisierungsmechanismusgesetz.

Suspendierung von Gesetzen geht. Ein **detaillierter Vortrag** des Antragstellers **verlagert** im Ergebnis **die Darlegungslast** auf die das Gesetz verteidigenden Verfassungsorgane. Das Gericht legt einen detaillierten Vortrag des Antragstellers zugrunde, wenn ihn etwa die Bundesregierung nicht substantiiert zu bestreiten vermag.[159]

62 Die Folgenabwägung ist umfassend angelegt. Geht es um die Suspendierung eines Gesetzes, sind ausdrücklich die **Auswirkungen auf alle von dem Gesetz Betroffenen** zu berücksichtigen, nicht nur die Folgen, die sich für den Beschwerdeführer ergeben;[160] die Nachteile, die mit dem Inkrafttreten oder dem Fortgelten eines Gesetzes nach späterer Feststellung seiner Verfassungswidrigkeit verbunden wären, müssen in Ausmaß und Schwere die Nachteile deutlich überwiegen, die im Falle der vorläufigen Verhinderung eines sich später verfassungsgemäß erweisenden Gesetzes eintreten.

63 Ein Rechtsanwalt, der einen Antrag nach § 32 betreut, muss sich bewusst sein, wie das Bundesverfassungsgericht zu der für die Folgenabwägung relevanten Tatsachenbasis gelangt. Das Gericht stützt sich grundsätzlich auf schon vorliegende Unterlagen, auch wenn diese möglicherweise durch Zeitablauf überholt sein könnten. Es obliegt dem Antragsteller, **neuere Unterlagen**, etwa ein aktuelles Gutachten, **vorzulegen**. Unterbleibt das, sieht sich das Bundesverfassungsgericht nicht in der Lage, den aktuellen Stand selbst festzustellen, sondern geht für die Entscheidung über den Antrag auf vorläufigen Rechtsschutz im Verfahren beim Bundesverfassungsgericht von den bisherigen gutachterlichen Feststellungen aus, was im Zweifelsfall zum Misserfolg des Antrags führt.[161] Das ist dann besonders ärgerlich, wenn es diese Unterlagen gibt und tatsächlich nur ihre Vorlage unterbleibt.[162]

64 Der Rechtsanwalt muss vor allen Dingen **die dem Bundesverfassungsgericht noch verbleibende Zeit möglichst lang halten.** Denn oftmals verhindert der Antragsteller auch selbst, dass das Bundesverfassungsgericht noch eine eigene Folgenabwägung vornehmen kann. Lässt der Beschwerdeführer den Zeitraum, bis zu dem ein Einschreiten des Bundesverfassungsgerichts erforderlich ist, zu kurz werden, dann kann die zuständige Kammer weder eine eigene Folgenabwägung vornehmen noch sich durch Beiziehung von Akten oder im Wege der Anhörung der Beteiligten rechtzeitig eine hinreichende Kenntnis aller für eine eigenständige Abwägung maßgeblichen Umstände verschaffen.[163]

---

159 Vgl. BVerfGE 131, 47 (62).

160 BVerfGE 162, 358 (366, Rn. 26) – Wiederaufnahme zuungunsten des Freigesprochenen; 160, 336 (340, Rn. 11) – Impfnachweis (COVID-19); 157, 394 (402, Rn. 20) – Nächtliche Ausgangsbeschränkungen; 131, 47 (61, Rn. 50) – Preisansagepflicht für Call-by-Call Telefonate; Beschluss der 2. Kammer des Zweiten Senats vom 21.12.2015 – 2 BvR 2347/15, Rn. 17 bei Juris.

161 Vgl. Beschluss der 1. Kammer des Ersten Senats vom 27.2.2012 – 1 BvR 22/12, Rn. 13 bei Juris, zur Prognose der von einem aus der Sicherungsverwahrung Entlassenen noch ausgehenden Gefahren für Dritte.

162 Vgl. Beschlüsse der 3. Kammer des Zweiten Senats vom 27.11.2015 – 2 BvQ 43/15, Rn. 5 bei Juris, und vom 14.10.2010 – 2 BvR 1744/10, Rn. 2 bei Juris.

163 Beschluss der 3. Kammer des Ersten Senats vom 11.9.2015 – 1 BvR 2211/15, Rn. 6 bei Juris; Beschluss der 2. Kammer des Ersten Senats vom 28.9.2013 – 1 BvQ 42/13, Rn. 5 ff. bei Juris.

Hat es der Beschwerdeführer nicht zu verantworten, dass nur wenig Zeit zur Verfügung steht, dann kann der Rechtsanwalt auch den Erlass einer **einstweiligen Anordnung zur Sicherung der Gewährung effektiven Rechtsschutzes** und des Anspruchs auf rechtliches Gehör im Verfahren auf Erlass einer einstweiligen Anordnung **beantragen**; jedenfalls in inhaltlich bedeutenderen Fällen trifft das Bundesverfassungsgericht solche Zwischenanordnungen, befristet diese aber auf sehr kurze Zeiträume.[164] In den Fällen der extremen Eilbedürftigkeit senkt das Bundesverfassungsgericht außerdem seine Anforderungen an die Substantiierung des Vortrags des Beschwerdeführers.[165] 65

Im Auge behalten muss der Rechtsanwalt auch, dass das Bundesverfassungsgericht auch für Anträge nach § 32 ein **allgemeines Rechtsschutzinteresse** für den Erlass einer einstweiligen Anordnung verlangt,[166] wobei es dessen Prüfung teilweise – und dogmatisch überzeugender – in die Folgenabwägung verlagert.[167] 66

Die Verhältnisbildung zwischen den verschiedenen Nachteilen ist naturgemäß **wertungsabhängig und ergebnisoffen**, noch stärker als bei der vorgelagerten Frage, was als gewichtiger Nachteil anzusehen ist. Soweit das Bundesverfassungsgericht je nach zu suspendierendem Gegenstand zwischen strengen, besonders strengen und verschärften besonders strengen Anforderungen[168] differenziert, kommt darin der notwendige Beurteilungsspielraum des Bundesverfassungsgerichts zum Ausdruck. Der Antragsteller muss sich darauf einstellen; ändern kann er es nicht. 67

Weder das Gesetz noch das Bundesverfassungsgericht unterscheidet ausdrücklich zwischen **Sicherungs- und Regelungsanordnungen**. Allerdings berücksichtigt das Bundesverfassungsgericht bei der Folgenabwägung durchaus, ob der Beschwerdeführer nur eine Aufrechterhaltung eines bestehenden Zustandes anstrebt oder ob er eine einstweilige Ausdehnung seiner Rechte begehrt.[169] 68

III. Spruchpraxis zur Folgenabwägung

1. Erlass einstweiliger Anordnungen. In neuerer Zeit hat die Folgenabwägung zum **Erlass einer einstweiligen Anordnung** in folgenden Fällen geführt: 69

- gegen **die Durchführung einer Zwangsräumung**, da die möglicherweise nicht rückgängig zu machenden Folgen für das Leib und Leben der 70

164 Vgl. Beschluss der 1. Kammer des Zweiten Senats vom 4.12.2014 – 2 BvR 1978/13, Juris.

165 Vgl. Beschluss der 2. Kammer des Zweiten Senats vom 7.8.2021 – 2 BvQ 80/21, Rn. 7 bei Juris; Beschlüsse der 1. Kammer des Zweiten Senats vom 17.1.2019 – 2 BvQ 1/19, Rn. 22 bei Juris, und vom 22.5.2018 – 2 BvR 941/18, Rn. 4 bei Juris.

166 Vgl. BVerfGE 159, 40 (58, 64, Rn. 52 und 69); 158, 202 (208, Rn. 6); 152, 63 (67 f., Rn. 11); 150, 163 (167, Rn. 12); siehe auch Beschluss der 3. Kammer des Zweiten Senats vom 11.5.2022 – 2 BvQ 43/22, Rn. 9 bei Juris.

167 Vgl. BVerfGE 131, 47 (54 f., 65).

168 Kritisch dazu Lechner/Zuck/Zuck § 32 Rn. 19.

169 Vgl. Beschluss der 2. Kammer des Ersten Senats vom 18.1.2010 – 1 BvR 3189/09, Rn. 12 bei Juris.

Beschwerdeführerin schwerer wiegen als die Verzögerung des Räumungstermins um wenige Monate;[170]

71 ■ für den **Aufschub der zweiten und dritten Lesung** zum Gesetzentwurf der Bundesregierung zur „Änderung des Gebäudeenergiegesetzes, zur Änderung der Heizkostenverordnung und zur Änderung der Kehr- und Überprüfungsordnung", weil das Interesse an einer Vermeidung der irreversiblen Verletzung der Beteiligungsrechte des Abgeordneten aus Art. 38 Abs. 1 S. 2 GG gegenüber dem Eingriff in die Verfahrensautonomie des Parlaments überwiegt, und weil der Aufschub der Umsetzung des konkret verfolgten Gesetzgebungsverfahrens nicht entgegensteht;[171]

72 ■ gegen die durch das Landgericht Hamburg erlassene einstweilige Verfügung, mit der der Beschwerdeführerin die **Veröffentlichung eines Presseartikels untersagt** wurde, weil das Gericht entschieden hat, ohne der Beschwerdeführerin einen entscheidungserheblichen Schriftsatz des Antragstellers des Ausgangsverfahrens zur Kenntnis zu bringen und die Verfassungsbeschwerde daher hinsichtlich der gerügten **Verletzung der prozessualen Waffengleichheit nach Art. 3 Abs. 1 iVm Art. 20 Abs. 3 GG im äußerungsrechtlichen einstweiligen Verfügungsverfahren offensichtlich zulässig und begründet ist;**[172]

73 ■ gegen den **Vollzug einer Herausgabeanordnung bzgl. der Kinder nach einer Sorgerechtsentscheidung,** weil mit dem mehrfachen Wechsel des Lebensmittelpunktes der Kinder erhebliche Belastungen für sie einhergehen, insbesondere, da die in der Vergangenheit bereits erfolgten Wechsel in den väterlichen Haushalt sehr belastend waren und diese Folgen für das Kindeswohl schwerer wiegen als ein zeitweiliger Verbleib der Kinder im Haushalt der Beschwerdeführerin;[173]

74 ■ gegen die **Vollziehung eines Unterbringungsbeschlusses gem. § 81 Abs. 1 StPO**, weil bei erfolgreicher Verfassungsbeschwerde die Unterbringung einen irreversiblen Verstoß gegen das allgemeine Persönlichkeitsrecht der Beschwerdeführerin darstellt, während der amtsgerichtliche Beschluss auch zu einem späteren Zeitpunkt vollzogen werden und die offenen Fragen zu dem Gesundheitszustand der Beschwerdeführerin nach wie vor aufgeklärt werden können;[174]

---

170 Beschluss der 3. Kammer des Zweiten Senats vom 26.2.2024 – 2 BvR 51/24, Rn. 11 bei Juris, mit Hinweisen auch zu den Aufklärungspflichten der Tatsacheninstanzen (Rn. 6 ff. bei Juris), sowie Beschluss der 2. Kammer des Zweiten Senats vom 7.9.2023 – 2 BvR 1233/23, Rn. 13 bei Juris. Ähnlich auch Beschluss der 2. Kammer des Zweiten Senats vom 14.10.2023 – 2 BvQ 184/23, Rn. 7 bei Juris und Beschluss der 3. Kammer des Zweiten Senats vom 17.11.2022 – 2 BvR 2013/22, Rn. 6 f. bei Juris.

171 BVerfG, Beschluss des Zweiten Senats vom 5.7.2023 – 2 BvE 4/23, Rn. 104 bei Juris – Gebäudeenergiegesetzänderungsgesetz.

172 Beschluss der 1. Kammer des Ersten Senats vom 15.6.2023 – 1 BvR 1011/23, Rn. 21 bei Juris. Ebenso Beschlüsse der 1. Kammer des Ersten Senats vom 24.5.2023 – 1 BvR 605/23, Rn. 20 bei Juris, und vom 26.4.2023 – 1 BvR 718/23, Rn. 16 bei Juris.

173 Beschluss der 2. Kammer des Ersten Senats vom 15.6.2023 – 1 BvR 1076/23, Rn. 13 f. bei Juris.

174 Beschluss der 2. Kammer des Zweiten Senats vom 19.5.2023 – 2 BvR 637/23, Rn. 23 f. bei Juris.

- für die Aufhebung eines **Zwangsversteigerungstermins** wegen konkreter Suizidgefahr der Räumungsschuldnerin, die gegenüber dem lediglich verzögerten Versteigerungstermin überwiegt;[175] 75
- gegen den **Vollzug einer Auslieferung nach Belgien**, weil eine Geltendmachung der Einwände des Beschwerdeführers gegen die Überstellung dann nicht mehr möglich wäre und dies die Verzögerung der Auslieferung überwiegt;[176] 76
- gegen die **Vollziehung einer Kindesrückführung zum Vater nach Spanien**, weil mit der zeitweiligen Rückführung das Kindeswohl nachhaltig gefährdet wäre, insbesondere, da sich das Kind mangels Sprachkenntnissen in Spanien kaum verständigen könnte, was einen Schulbesuch und die Erschließung eines sozialen Umfeldes stark erschweren würde, so dass diese Nachteile eine verzögerte Rückkehr überwiegen;[177] 77
- gegen die Anordnung der **Untersuchungshaft in einem strafprozessualen Wiederaufnahmeverfahren zuungunsten des Freigesprochenen** gem. § 362 Nr. 5 StPO, weil die Untersuchungshaft im Fall der unzulässigen Strafverfolgung nie hätte erfolgen dürfen und sie einen erheblichen, irreversiblen Eingriff in Art. 103 Abs. 3 GG und Art. 2 Abs. 2 Satz 2, Art. 104 Abs. 1 GG darstellen würde, so dass diesen Umständen ein größeres Gewicht zukommt als dem durch die Untersuchungshaft gesicherten staatlichen Strafverfolgungsinteresse, mithin der Vollzug des Haftbefehls nicht zu rechtfertigen ist, wohl aber die Anordnung weniger eingriffsintensiver Maßnahmen;[178] 78
- gegen den **Vollzug eines Räumungstitels wegen drohender Gesundheitsgefahr des 78-jährigen Mieters**, der schwerer wiegt als die aus einer Verzögerung der Räumung resultierenden Nachteile des Vermieters;[179] 79
- gegen den amtsgerichtlichen Beschluss über die Beauftragung eines **Sachverständigengutachtens im Rahmen eines Betreuungsverfahrens** bei fehlender vorheriger Anhörung des Betroffenen, weil dem Beschwerdeführer nicht zugemutet werden kann, abzuwarten, ob das Gericht im Falle einer Verweigerung der Begutachtung die Untersuchung gem. § 283 Abs. 1, Abs. 2 FamFG anordnen wird, ohne ihm rechtliches Gehör zu gewähren, wohingegen die bislang unterbliebene Anordnung jederzeit nachgeholt 80

---

175 Beschluss der 2. Kammer des Zweiten Senats vom 3.5.2023 – 2 BvQ 52/23, Rn. 6 f. bei Juris.

176 Beschluss der 1. Kammer des Zweiten Senats vom 17.11.2022 – 2 BvR 2009/22, Rn. 6 bei Juris. Ebenso in Bezug auf eine Auslieferung des Beschwerdeführers an die Türkei Beschluss der 1. Kammer des Zweiten Senats vom 31.10.2022 – 2 BvR 1838/22, Rn. 6 bei Juris. Ähnlich auch im Zusammenhang mit einer Abschiebung nach Rumänien Beschluss der 1. Kammer des Zweiten Senats vom 21.4.2022 – 2 BvR 635/22, Rn. 5 bei Juris.

177 Beschluss der 3. Kammer des Ersten Senats vom 1.8.2022 – 1 BvQ 50/22, Rn. 46 und 49 f. bei Juris.

178 BVerfGE 162, 358 (376 f., Rn. 63 f.) – Wiederaufnahme zuungunsten des Freigesprochenen.

179 Beschluss der 3. Kammer des Zweiten Senats vom 13.4.2022 – 2 BvR 447/22, Rn. 8 f. bei Juris.

werden kann, um dem Beschwerdeführer die Gründe für die Beauftragung des Sachverständigengutachtens mitzuteilen;[180]

81 ■ gegen eine **sorgerechtliche Entscheidung**, weil eine verzögerte Rückkehr des Kindes zu den leiblichen Eltern weniger schwer wiegt als die Nachteile, die für das Kind mit einem mehrfachen Ortswechsel einhergehen, etwa dem Wechsel der Vertrauenspersonen (derzeit die Pflegeeltern) und des häuslichen Umfeldes, insbesondere auch nicht auszuschließen ist, dass das Kind im Haushalt der Eltern einer körperlichen und seelischen Gefährdung ausgesetzt sein könnte;[181]

82 ■ gegen die **Auslieferung eines afghanischen Staatsangehörigen in den Maßregelvollzug nach Schweden**, weil der Beschwerdeführer seine Einwände gegen die Auslieferung dann nicht mehr geltend machen kann und die Möglichkeit besteht, dass es bei der Überstellung zu einer Exazerbation der bestehenden paranoiden Schizophrenie und einer damit einhergehenden erheblichen, nicht mehr zu kompensierenden Verschlechterung seines gesundheitlichen Zustands kommt, was die nur verzögerte Übergabe an die schwedischen Behörden überwiegt;[182]

83 ■ gegen die Gewährung von Akteneinsicht im Strafverfahren bzgl. einer rassistisch motivierten und in der Öffentlichkeit breit diskutierten Straftat („NSU 2.0"), weil mit der Gewährung der Aktensicht ein irreparabler Eingriff in das Recht des Beschuldigten auf informationelle Selbstbestimmung verbunden wäre, der schwerer wiegt als die zeitliche Verzögerung der Akteneinsicht, mit der kein irreparabler Eingriff einhergeht;[183]

84 ■ für die **Sicherung der Position des Beschwerdeführers in einer Zivilsache nach einer fachgerichtlichen PKH-Versagung**, weil die Folgen, die mit der Ablehnung der Prozesskostenhilfe und der damit versagten Beiordnung eines Prozessbevollmächtigten einhergehen, schwerer wiegen als die Nachteile eines zum späteren Zeitpunkt durchgeführten Berufungsverfahrens;[184]

85 ■ gegen **die Auslieferung an die Tschechische Republik**, weil der Beschwerdeführerin dann eine erfolgreiche Geltendmachung ihrer Einwände gegen die Überstellung nicht mehr möglich ist, diese bei Anordnungserlass aber lediglich auf einen späteren Zeitpunkt verschoben würde;[185]

86 ■ gegen die **Abschiebung des drogenabhängigen und unter Betreuung stehenden Antragstellers nach Afghanistan**, weil ihm durch die Abschiebung möglicherweise irreparable Schäden drohen, die gegenüber einer Verzögerung der Abschiebung überwiegen, insbesondere, da bislang

---

180 Beschluss der 2. Kammer des Ersten Senats vom 22.3.2022 – 1 BvR 618/22, Rn. 22 bei Juris.

181 Beschluss der 1. Kammer des Ersten Senats vom 7.3.2022 – 1 BvR 65/22, Rn. 21 ff. bei Juris.

182 Beschluss der 1. Kammer des Zweiten Senats vom 11.10.2021 – 2 BvR 1713/21, Rn. 6 bei Juris.

183 Beschluss der 2. Kammer des Ersten Senats vom 8.10.2021 – 1 BvR 2192/21, Rn. 17 bei Juris.

184 Beschluss der 1. Kammer des Zweiten Senats vom 3.9.2021 – 2 BvR 1514/21, Rn. 6 bei Juris.

185 Beschluss der 1. Kammer des Zweiten Senats vom 28.6.2021 – 2 BvR 1110/21, Rn. 6 bei Juris.

unklar ist, wie sich die COVID-19-Pandemie auf das afghanische Gesundheitssystem auswirkt, auf das das Verwaltungsgericht den Antragsteller bezüglich seiner Drogen- und Substitutionstherapie verweist;[186]

- gegen die **Rückführung eines Fünfjährigen aus einer Jugendhilfeeinrichtung in den Haushalt seiner Pflegemutter**, weil die Folgen der mehrfachen Wechsel das Kindeswohl in größerem Maße belasten als die Folgen des längeren Verbleibs in der Jugendhilfeeinrichtung;[187] 87
- gegen die **Zurückweisung des Antrags auf Zulassung von Hilfsmitteln zur Übersetzung ins Arabische im „Syrien-Folterprozess"**, weil die syrischen Journalisten über Monate von der eigenen, aus dem Inbegriff der Hauptverhandlung geschöpften Berichterstattung in dem Strafverfahren ausgeschlossen blieben, was die Nachteile einer möglichen Ungleichbehandlung anderer Medienvertreter – besonders vor dem Hintergrund des besonderen Interesses der Beschwerdeführer, der zahlreichen Saalplätze und der nicht vergleichbaren Bemühungen anderer ausländischer Medienvertreter – überwiegt;[188] 88
- gegen eine **gerichtliche Entscheidung, welche die Vollstreckung eines Strafurteils aus Italien für zulässig erklärt**, weil die mit der Vollstreckung der Freiheitsstrafe verbundene irreparable Beeinträchtigung des Rechts auf Freiheit der Person aus Art. 2 Abs. 2 S. 2 GG schwerer wiegt als die Nachteile einer zeitlichen Verzögerung, insbesondere, da auch bei einem Vollstreckungsaufschub kein erheblicher Nachteil für das Wohl der Allgemeinheit zu besorgen ist;[189] 89
- gegen **die Untersuchung der Dienstfähigkeit eines Bundespolizeibeamten**, weil die Untersuchung nicht auf die Feststellung einer akuten Einschränkung, sondern auf die Feststellung von Langzeitschäden der Suchterkrankung gerichtet ist, so dass mit einer weiteren Verzögerung der Untersuchung kein Beweisverlust einhergeht;[190] 90
- gegen die **sitzungspolizeiliche Anordnung zur Beschränkung der Medienberichterstattung** in einem Strafverfahren wegen Verdachts der Bildung einer rechtsterroristischen Vereinigung, weil eine Verletzung der Pressefreiheit die unbegründete Sorge des Vorsitzenden um den geordneten Ablauf der Hauptverhandlung überwiegt;[191] 91

186 Beschluss der 1. Kammer des Zweiten Senats vom 9.2.2021 – 2 BvQ 8/21, Rn. 8 und 10 bei Juris.

187 Beschluss der 1. Kammer des Ersten Senats vom 24.8.2020 – 1 BvR 1780/20, Rn. 22 bei Juris.

188 Beschluss der 2. Kammer des Ersten Senats vom 18.8.2020 – 1 BvR 1918/20, Rn. 14 f. bei Juris. Dagegen wird bezogen auf dasselbe Verfahren die einstweilige Anordnung der nicht journalistisch tätigen Beschwerdeführenden auf Zulassung von Hilfsmitteln zur Übersetzung ins Arabische abgelehnt, weil sie keine öffentliche Berichterstattung beabsichtigen und kein vergleichbarer Ausschluss der Möglichkeit besteht, sich aus anderen Quellen über das Prozessgeschehen zu informieren, Beschluss der 2. Kammer des Ersten Senats vom 18.8.2020 – 1 BvR 1919/20, Rn. 4 bei Juris.

189 Beschluss der 1. Kammer des Zweiten Senats vom 14.7.2020 – 2 BvR 852/20, Rn. 10 f. bei Juris.

190 Beschluss der 1. Kammer des Zweiten Senats vom 13.5.2020 – 2 BvR 652/20, Rn. 14 bei Juris.

191 Beschluss der 2. Kammer des Ersten Senats vom 21.10.2019 – 1 BvR 2309/19, Rn. 8 ff. bei Juris.

92 ▪ gegen ein **vorläufiges Berufsverbot für einen Rechtsanwalt** gemäß § 132a StPO iVm § 70 StGB, weil bei Vollzug schwere und nahezu irreparable berufliche und wirtschaftliche Nachteile entstehen, der angestrebte Schutz der Rechtsordnung aber nur zeitlich aufgeschoben würde;[192]

93 ▪ gegen die **Vorführungsanordnung in einer Betreuungssache** wegen unterbliebener Anhörung des Betroffenen, der ansonsten zu einer Untersuchung mit Gewalt gezwungen werde;[193]

94 ▪ gegen die **Auslieferung zur Strafverfolgung nach Weißrussland**, weil die Möglichkeit einer Verletzung der Rechtsschutzgarantie durch mangelhafte gerichtliche Aufklärung des Sachverhalts hinsichtlich der Haftbedingungen besteht, welche den durch die Verzögerung der Auslieferung entstehenden Nachteil überwiegt;[194]

95 ▪ gegen die **Auswertung von Gegenständen und Sichtung von Daten**, die bei einer möglicherweise unzulässigen **Wohnungsdurchsuchung** sichergestellt wurden;[195]

96 ▪ gegen die **Sperrung der Facebook-Seite einer rechtsextremistischen Partei** kurz vor der Europawahl, weil die Wahrnehmbarkeit der Partei irreversibel gemindert wird;[196]

97 ▪ gegen die Anwendbarkeit der **Wahlrechtsausschlüsse für Betreute** und wegen Schuldunfähigkeit untergebrachte Straftäter bei der Europawahl;[197]

98 ▪ gegen die **Einschläferung eines Rottweiler-Rüden**, weil mit dem Vollzug der Einschläferung das Eigentum des Beschwerdeführers irreparabel vernichtet würde;[198]

99 ▪ gegen die **Vollziehung eines Zuschlagsbeschlusses im Zwangsversteigerungsverfahren**, weil die Suizidgefahr des Räumungsschuldners wegen drohendem endgültigen Eigentumsverlusts gegenüber der nicht ersichtlichen Verschlechterung der Aussichten für die Gläubigerin auf Befriedigung aus dem Grundstück überwiegt;[199]

100 ▪ gegen die **Auslieferung zur Strafverfolgung nach Rumänien**, weil die Haftbedingungen möglicherweise die Menschenwürde des Beschwerdeführers verletzen, die Auslieferung aber jederzeit nachgeholt werden kann;[200]

---

192 Beschluss der 3. Kammer des Ersten Senats vom 19.7.2019 – 1 BvR 1627/19, Rn. 3 bei Juris.
193 Beschluss der 2. Kammer des Ersten Senats vom 24.6.2019 – 1 BvQ 51/19, Rn. 14 und 17 bei Juris.
194 Beschluss der 2. Kammer des Zweiten Senats vom 3.6.2019 – 2 BvR 841/19, Rn. 17 f. bei Juris.
195 Beschluss der 3. Kammer des Zweiten Senats vom 23.5.2019 – 2 BvR 886/19, Rn. 24 f. bei Juris.
196 Beschluss der 2. Kammer des Ersten Senats vom 22.5.2019 – 1 BvQ 42/19, Rn. 18 bei Juris.
197 BVerfG, Beschluss des Zweiten Senats vom 15.4.2019 – 2 BvQ 22/19, Rn. 52 bei Juris.
198 Beschluss der 3. Kammer des Ersten Senats vom 21.3.2019 – 1 BvR 673/19, Rn. 4 bei Juris.
199 Beschluss der 3. Kammer des Zweiten Senats vom 1.3.2019 – 2 BvR 305/19, Rn. 6 bei Juris.
200 Beschluss der 2. Kammer des Zweiten Senats vom 16.1.2019 – 2 BvR 2627/18, Rn. 26 bei Juris.

- gegen die **Zwangsvollstreckung wegen Suizidgefahr**, weil die drohenden schwerwiegenden Folgen für den Betroffenen irreparabel wären und somit schwerer wiegen als die verzögerte Zwangsvollstreckung;[201] 101
- gegen die **Sichtung sichergestellter Datenträger** im Rahmen eines Verfahrens wegen schweren sexuellen Missbrauchs von Kindern, weil das Recht auf informationelle Selbstbestimmung irreparabel beeinträchtigt würde, wohingegen eine verzögerte Ermittlung weniger schwer wiegt;[202] 102
- gegen **die Auslieferung eines serbischen Staatsangehörigen aufgrund eines Europäischen Haftbefehls an Ungarn** zur Strafverfolgung, weil dem Beschwerdeführer nicht die Möglichkeit genommen werden darf, seine Einwände gegen die Auslieferung geltend zu machen, welche durch eine möglicherweise mangelhafte gerichtliche Aufklärung des Sachverhalts bestehen, wohingegen die Auslieferung lediglich verzögert wird;[203] 103
- gegen die **betreuungsgerichtliche Anordnung der Untersuchung der Betroffenen in ihrem Wohnhaus** zur Vorbereitung der Erstellung eines Gutachtens zu Fragen der Unterbringungsbedürftigkeit, weil der irreversible und schwerwiegende Eingriff in die Unverletzlichkeit der Wohnung die bloße Verzögerung überwiegt, zumal die Möglichkeit besteht, die Betroffenen zum Zweck der Untersuchung an einen anderen Ort vorführen zu lassen;[204] 104
- gegen die **Auslieferung eines Inhaftierten nach Rumänien**, weil die Nachteile der dortigen Haftbedingungen nicht wiedergutzumachen sind und deshalb die Verzögerung der Auslieferung überwiegen;[205] 105
- gegen den **Widerruf der Approbation eines Arztes**, weil die für den Beschwerdeführer entstehenden nahezu irreparablen und wirtschaftlichen Nachteile gegenüber dem möglicherweise nur verzögerten Widerruf der Approbation überwiegen;[206] 106
- gegen die **Auswertung von bei der Rechtsanwaltskanzlei Jones Day sichergestellten Unterlagen der internen Ermittlungen zum Dieselskandal,** weil die möglicherweise irreparablen Beeinträchtigungen des rechtlich geschützten Vertrauensverhältnisses zwischen der Volkswagen AG und der beschwerdeführenden Kanzlei die Nachteile einer Verzögerung des Ermittlungsverfahrens für eine begrenzte Zeitspanne überwiegen;[207] 107
- gegen die **Abschiebung eines russischen Staatsangehörigen tschetschenischer Herkunft nach Polen** wegen möglicher politischer Verfolgung 108

201 Beschluss der 3. Kammer des Zweiten Senats vom 7.12.2018 – 2 BvR 2425/18, Rn. 4 f. bei Juris.
202 Beschluss der 3. Kammer des Zweiten Senats vom 25.4.2018 – 2 BvR 708/18, Rn. 20 bei Juris.
203 Beschluss der 2. Kammer des Zweiten Senats vom 21.3.2018 – 2 BvR 237/18, Rn. 18 bei Juris.
204 Beschluss der 2. Kammer des Zweiten Senats vom 15.2.2018 – 2 BvR 253/18, Rn. 12 bei Juris.
205 Beschluss der 2. Kammer des Zweiten Senats vom 12.1.2018 – 2 BvR 37/18, Rn. 24 bei Juris.
206 Beschluss der 1. Kammer des Ersten Senats vom 1.8.2017 – 1 BvR 165/17, Rn. 3 bei Juris.
207 Beschluss der 3. Kammer des Zweiten Senats vom 25.7.2017 – 2 BvR 1287/17 ua, Rn. 15 bei Juris.

im Zielstaat, weil dem Beschwerdeführer nicht die Möglichkeit genommen werden darf, seine Einwände gegen die Auslieferung geltend zu machen, welche aus einer mangelhaften Prüfung bezüglich der Gefahr der politischen Verfolgung erwächst, die wiederum gegenüber einer verzögerten Abschiebung schwerer wiegt;[208]

109 ▪ gegen die **Vollstreckung einer Verpflichtung zum Abdruck eines „Nachtrags"** im Nachrichtenmagazin „Der Spiegel", weil die weitere Verzögerung des Nachtrags, die anders als eine Gegendarstellung nicht auf Zeitnähe zur Erstmitteilung angewiesen ist, weniger stark wiegt wie der Eingriff in die redaktionelle Gestaltungsfreiheit, zumal seit der ersten Mitteilung schon mehr als sechs Jahre vergangen sind;[209]

110 ▪ gegen die **Beseitigung von Gebäuden in Kleingartenanlagen bei strittigen Pachtverhältnissen**, weil der irreversible Abriss schwerer wiegt als eine zeitliche Verzögerung der Beseitigung;[210]

111 ▪ gegen die **Pressemitteilung auf der Homepage eines Bundesministeriums**, weil die möglichen Auswirkungen auf die geplante Demonstration der AfD irreversibel sind, die Ministerin ihre generelle Kritik an dieser Partei auch später nachholen kann;[211]

112 ▪ gegen die **Auslieferung eines US-Amerikaners nach Italien** auf der Grundlage eines Europäischen Haftbefehls und Verurteilung in Abwesenheit, weil die Übergabe an die italienischen Justizbehörden erhebliche und möglicherweise nicht wiedergutzumachenden Nachteile bewirkt, gegenüber denen die Verzögerung der Übergabe weniger schwer wiegt;[212]

113 ▪ gegen die **Vollstreckung einer Freiheitsstrafe**, weil im Fall einer möglicherweise nicht hinreichend bestimmten Bewährungsauflage ein Bewährungswiderruf und eine zwischenzeitliche Vollstreckung der Freiheitsstrafe als erheblicher, nicht wiedergutzumachender Eingriff den Nachteil einer verzögerten Vollstreckung der Freiheitsstrafe überwiegt;[213]

▪

114 ▪ gegen die **Räumungsvollstreckung** aus einem Zuschlagsbeschluss nach dem ZVG, weil die drohenden Folgen für Leib und Leben der Beschwerdeführerin die Verzögerung der Räumungsvollstreckung überwiegen, auch wenn schon ein Jahr keine Miete mehr bezahlt worden ist;[214]

115 ▪ gegen die **Auskunftspflicht einer Mutter über den mutmaßlichen leiblichen Vater** eines Kindes nach erfolgreicher Vaterschaftsanfechtung, weil

---

208 Beschluss der 2. Kammer des Zweiten Senats vom 4.7.2017 – 2 BvR 1381/17, Rn. 23 f. bei Juris.

209 Beschluss der 3. Kammer des Ersten Senats vom 22.6.2017 – 1 BvR 666/17, Rn. 19 ff. bei Juris.

210 Beschluss der 1. Kammer des Zweiten Senats vom 28.7.2016 – 2 BvR 1490/16, Rn. 4 f. bei Juris.

211 BVerfGE 140, 225 (225 ff., Rn. 3, 9 und 11).

212 Beschluss der 3. Kammer des Zweiten Senats vom 27.11.2014 – 2 BvR 2735/14, Rn. 13 bei Juris.

213 Beschluss der 3. Kammer des Zweiten Senats vom 14.10.2014 – 2 BvR 2343/14, Rn. 19 f. bei Juris.

214 Beschluss der 2. Kammer des Zweiten Senats vom 9.7.2014 – 2 BvR 1340/14, Rn. 4 bei Juris.

die nicht rückgängig machbare Preisgabe privater und intimer Informationen die Verzögerung eines Unterhaltsregresses überwiegt;[215]

- gegen die **Vernehmung einer Zeugin im Strafverfahren**, soweit diese nicht als audiovisuelle Zeugenvernehmung gemäß § 247 Abs. 1 StPO durchgeführt wird, weil die dringende Gefahr einer seelischen Destabilisierung den Verzögerungseffekt überwiegt;[216] 116
- gegen die **Sichtung und Auswertung von Beweisgegenständen**, die im Rahmen einer Durchsuchung sichergestellt worden waren, weil die drohende irreparable Verletzung des Rechts auf informationelle Selbstbestimmung die Folgen einer bloßen Verzögerung des Ermittlungsverfahrens überwiegt;[217] 117
- gegen die **Besetzung einer Universitätsprofessur im hochschulrechtlichen Konkurrentenstreit**, weil die irreversiblen Nachteile für die Antragstellerin die Zeitverzögerung überwiegen, zumal eine kurzfristige Ernennung des Erstplatzierten nicht zwingend erforderlich war;[218] 118
- gegen die **Besetzung von streitbefangenen Beförderungsstellen** in einem Konkurrentenstreitverfahren, weil der irrreparable Nachteil für den Antragsteller durch Besetzung der Beförderungsstellen schwerer wiegt als die Verzögerung des Abschlusses des Beförderungsverfahrens;[219] 119
- gegen die **Zwangsvollstreckung** aus einem arbeitsgerichtlichen Teil-Versäumnisurteil **gegenüber der Republik Griechenland**, weil der Zugriff auf Vermögenswerte eines ausländischen Staats einen besonders schweren Eingriff in dessen Souveränität darstellt und dieser Nachteil die zeitliche Verzögerung überwiegt;[220] 120
- gegen die **Verrechnung von Abschlagsleistungen auf staatliche Parteienfinanzierung**, weil die Nachteile für Wahlwerbemöglichkeiten der Partei im anschließenden Bundestagswahlkampf stärker wiegen als die bloße Verzögerung, mit dem der staatliche Zahlungsanspruch durchgesetzt wird;[221] 121
- gegen die **Vollziehung eines überraschenden und kurzfristig angeordneten mehrtägigen Kindesumgangs**, weil die erhebliche Belastung für die Kinder stärker wiegt als eine Verzögerung;[222] 122

215 Beschluss der 1. Kammer des Ersten Senats vom 3.3.2014 – 1 BvR 472/14, Rn. 14 ff. bei Juris.
216 Beschluss der 3. Kammer des Zweiten Senats vom 27.2.2014 – 2 BvR 261/14, Rn. 33 f. bei Juris.
217 Beschluss der 2. Kammer des Zweiten Senats vom 5.2.2014 – 2 BvR 200/14, Rn. 8 ff. bei Juris.
218 Beschluss der 3. Kammer des Ersten Senats vom 12.1.2014 – 1 BvR 3606/13, Rn. 24 f. bei Juris.
219 Beschluss der 1. Kammer des Zweiten Senats vom 16.12.2013 – 2 BvR 1958/13, Rn. 4 f. bei Juris.
220 Beschluss der 1. Kammer des Zweiten Senats vom 16.10.2013 – 2 BvR 736/13, Rn. 12 ff. bei Juris.
221 Beschluss der 2. Kammer des Zweiten Senats vom 14.5.2013 – 2 BvR 547/13, Rn. 10 bei Juris.
222 Beschluss der 1. Kammer des Ersten Senats vom 18.4.2013 – 1 BvR 1119/13, Rn. 17 f. bei Juris.

123 ▪ gegen das **Akkreditierungsverfahren und die Vergabe der festen Sitzplätze für Medienvertreter im NSU-Prozess**, weil der ohne Einräumung gleicher Chancen erfolgte Ausschluss des Beschwerdeführers und anderer ausländischer Medien mit besonderem Bezug zu den Opfern die Nachteile für diejenigen überwiegt, die bei einer Neuvergabe ihren bisher zugesagten Platz wieder verlieren;[223]

124 ▪ gegen eine **DNA-Analyse an einem 14-Jährigen nach § 81g StPO**, weil der Eingriff bei einem Jugendlichen besonders schwer wiegt und in der Regel auch durch spätere Löschung der erhobenen Daten nicht vollständig rückgängig gemacht werden kann;[224]

125 ▪ gegen den Vollzug eines Beweisbeschlusses über die **Einholung eines Abstammungsgutachtens**, weil die mit der Abstammungsfeststellung verbundenen Nachteile gegenüber einer Verzögerung von Umgangskontakten des Putativvaters überwiegen;[225]

126 ▪ auf **Kostenübernahme für Betreuung in Tagesförderstätte**, weil die Gefahr einer physisch existentiellen Gefährdung aufgrund vollstationärer Unterbringung die Gefahr überwiegt, dass die bewilligte finanzielle Leistung möglicherweise nicht mit Erfolg zurückgefordert werden kann;[226]

127 ▪ gegen die **Vollstreckung eines Räumungsvergleichs**, weil die Suizidgefahr des Schuldners schwerer wiegt als die zeitliche Verzögerung;[227]

128 ▪ gegen die **Fortsetzung der Vollziehung einer Freiheitsstrafe**, weil vor dem Hintergrund einer unterlassenen Belehrung der irreparable Eingriff in die persönliche Freiheit das öffentliche Interesse an nachdrücklicher und beschleunigter Strafvollstreckung überwiegt;[228]

129 ▪ gegen das **Inkrafttreten einer Preisanzeigepflicht für Call-by-Call-Telefonate**, wegen des Fehlens einer Übergangsregelung und der Unmöglichkeit, zeitnah die gesetzlich sofort vorgeschriebene Preiszwischenanzeige funktionsfähig zu installieren;[229]

130 ▪ gegen die sofortige **Vollziehung der Entziehung der Zulassung zur vertragsärztlichen Versorgung**, weil die Wahrscheinlichkeit erneuter Falschabrechnungen eines medizinischen Versorgungszentrums als gering eingestuft wurde und die beruflichen Folgen für die Antragsteller sonst existentiell wären;[230]

---

223 Beschluss der 3. Kammer des Ersten Senats vom 12.4.2013 – 1 BvR 990/13, Rn. 23 f. bei Juris.

224 Beschluss der 3. Kammer des Zweiten Senats vom 23.1.2013 – 2 BvR 2392/12, Rn. 9 f. bei Juris.

225 Beschluss der 2. Kammer des Ersten Senats vom 17.12.2012 – 1 BvR 2059/12, Rn. 11 f. bei Juris.

226 Beschluss der 1. Kammer des Ersten Senats vom 28.11.2012 – 1 BvR 2366/12, Rn. 6 ff. bei Juris.

227 Beschluss der 2. Kammer des Zweiten Senats vom 22.8.2012 – 2 BvR 1858/12, Rn. 3 bei Juris.

228 Beschluss der 1. Kammer des Zweiten Senats vom 21.6.2012 – 2 BvR 2883/10, Rn. 2 bei Juris.

229 BVerfGE 131, 47 (61 ff.).

230 Beschluss der 2. Kammer des Ersten Senats vom 18.4.2012 – 1 BvR 791/12, Rn. 8 f. bei Juris.

- gegen eine **sitzungspolizeiliche Anordnung**, mit der das Anfertigen von Fernsehaufnahmen in einem Strafverfahren verboten worden war, weil der Angeklagte ein Geständnis abgelegt hatte und keine Anhaltspunkte dafür bestanden, dass Bildaufnahmen von ihm spezifische Auswirkungen auf seinen psychischen Zustand haben;[231] 131
- gegen die **Vollstreckung einer Jugendstrafe** nach fast zweijähriger Untätigkeit der Justiz;[232] 132
- gegen die **Wahrnehmung der Beteiligungsrechte des Deutschen Bundestages** gemäß § 3 StabMechG durch das sogenannte Neuner-Gremium, weil eine mögliche Verletzung der Rechte der Antragsteller irreversibel wäre und bis zu einer Entscheidung in der Hauptsache die erforderlichen Zustimmungen auch vom Deutschen Bundestag als Plenum eingeholt werden können;[233] 133
- gegen die **Rückführung eines Kindes** auf der Grundlage des Haager Übereinkommens über die zivilrechtlichen Aspekte internationaler Kindesentführung **nach Norwegen**, weil sich beide Eltern mit dem Kind in Deutschland aufhalten, es in Norwegen in einer Pflegefamilie untergebracht wird und ein erneuter Aufenthaltswechsel droht;[234] 134
- gegen **Durchsuchungsbeschlüsse für ein Notariat**, weil es sich nicht nur um Nichtbeschuldigte, sondern um Berufsgeheimnisträger handelt;[235] 135
- gegen die Erzwingung der **Teilnahme an einem Vaterschaftstest** mittels Mundschleimhautabstrich wegen lückenhafter Feststellungen der Gerichte zum Bestehen einer sozial-familiären Beziehung des Antragstellers zu dem Kind;[236] 136
- gegen die **Vollstreckung einer geringen Freiheitsstrafe von sechs Monaten**, weil durch das Zurücktreten des öffentlichen Interesses an einer nachdrücklichen und beschleunigten Vollstreckung solcher Freiheitsstrafen kein erheblicher Nachteil für das Wohl der Allgemeinheit zu besorgen wäre;[237] 137
- gegen die **Zwangsbehandlung** eines im Maßregelvollzug Untergebrachten **mit Neuroleptika**, weil die nachteiligen Wirkungen des Medikaments und der in der zwangsweisen Verabreichung liegende schwere Eingriff 138

---

231 Beschluss der 1. Kammer des Ersten Senats vom 30.3.2012 – 1 BvR 711/12, Rn. 21 bei Juris.

232 Beschluss der 3. Kammer des Zweiten Senats vom 28.10.2011 – 2 BvR 2567/10, Rn. 8 f. bei Juris.

233 BVerfGE 129, 284 (298 ff.); anschließend hat der Senat den Anträgen auch in der Hauptsache im Wesentlichen stattgegeben BVerfGE 130, 318 (319).

234 Beschluss der 2. Kammer des Ersten Senats vom 21.10.2011 – 1 BvQ 33/11, Rn. 11 f. bei Juris.

235 Beschlüsse der 3. Kammer des Zweiten Senats vom 17.10.2011 – 2 BvR 2100/11, und vom 12.10.2011 – 2 BvR 1954/11, jeweils Rn. 22 bei Juris.

236 Beschlüsse der 2. Kammer des Ersten Senats vom 20.9.2011 – 1 BvR 2250/11, Rn. 19 bei Juris, und vom 7.10.2010 – 1 BvR 2509/10, Rn. 17 f. bei Juris; siehe auch Beschluss der 2. Kammer des Ersten Senats vom 28.2.2011 – 1 BvR 440/11, Rn. 22 bei Juris.

237 Beschluss der 2. Kammer des Zweiten Senats vom 30.5.2011 – 2 BvR 957/11, Rn. 12 bei Juris.

stärker wiegen als die begrenzte Verzögerung der beabsichtigten Medikation;[238]

139 ▪ gegen die **Abschiebung nach Bosnien-Herzegowina** ungeachtet der Pflege eines erkrankten Ehegatten, weil dadurch der Aufenthalt der Beschwerdeführerin in Deutschland nur für eine überschaubare Zeit verlängert wird;[239]

140 ▪ gegen die **Vorführung von Beteiligten eines Betreuungsverfahrens** zwecks sachverständiger Begutachtung, weil die bloße Verzögerung der Untersuchung auch wegen fehlender Anhaltspunkte für eine Selbstgefährdung der Betroffenen eher hinzunehmen ist als der drohende tiefgreifende Grundrechtseingriff;[240]

141 ▪ gegen die drohende **Abschiebung von Asylantragstellern nach Griechenland** wegen der dortigen Situation von Asylantragstellern trotz des europarechtlich verankerten Systems sicherer Drittstaaten;[241]

142 ▪ gegen eine ohne Anhörung des Betroffenen ergangene **gerichtliche Entscheidung im Betreuungsverfahren zur Erstellung eines medizinischen Gutachtens**, weil weder für eine Fremd- noch für eine Selbstgefährdung konkrete Anhaltspunkte vorliegen;[242]

143 ▪ gegen die Vollziehung von Zwangsmitteln im Zwangsvollstreckungsverfahren auf **Herausgabe von Schriftstücken und Auskunftserteilung**, weil die Möglichkeit einer wahrheitsgemäßen Auskunft durch eidesstattliche Versicherung ausreiche;[243]

144 ▪ gegen die Entziehung der **Zulassung zur vertragsärztlichen Versorgung**, weil eine Tätigkeitseinstellung des medizinischen Versorgungszentrums irreparable berufliche und wirtschaftliche Nachteile bedeute und vom Weiterbetrieb keine Gefahren für Gesundheit der Patienten ausgingen;[244]

145 ▪ gegen **Vorführungsanordnungen in einer Betreuungssache** und Zwangsversteigerung einer Wohnung, weil die Verzögerung weniger schwer wiege als die Schaffung irreversibler Fakten;[245]

146 ▪ gegen Teile des **bayerischen Versammlungsgesetzes**, weil die Außerkraftsetzung allein der Bußgeldnormen die versammlungsrechtliche Grund-

---

238 Beschluss der 3. Kammer des Zweiten Senats vom 21.4.2011 – 2 BvR 633/11, Rn. 25 bei Juris.

239 Beschluss der 2. Kammer des Zweiten Senats vom 7.12.2010 – 2 BvR 2625/10, Rn. 5 bei Juris.

240 Beschluss der 2. Kammer des Ersten Senats vom 26.10.2010 – 1 BvR 2538/10, Rn. 34 bei Juris.

241 Beschlüsse der 1. Kammer des Zweiten Senats vom 12.10.2010 – 2 BvR 1902/10, Rn. 6 bei Juris, und vom 21.5.2010 – 2 BvR 1036/10, Rn. 5 bei Juris.

242 Beschluss der 2. Kammer des Ersten Senats vom 17.9.2010 – 1 BvR 2157/10, Rn. 32 bei Juris.

243 Beschluss der 1. Kammer des Zweiten Senats vom 11.6.2010 – 2 BvR 535/10, Rn. 7 bei Juris.

244 Beschluss der 2. Kammer des Ersten Senats vom 15.3.2010 – 1 BvR 722/10, Rn. 10 ff. bei Juris.

245 Beschluss der 2. Kammer des Ersten Senats vom 2.12.2009 – 1 BvR 2797/09, Rn. 35 f. bei Juris.

konzeption des Gesetzgebers nicht berühre und weil eine anlasslose Datenbevorratung zu durchgreifenden Nachteilen führe.[246]

2. Keine einstweilige Anordnung. Gescheitert ist der Erlass einer einstweiligen Anordnung an der Folgenabwägung in folgenden Konstellationen: 147

- gegen das versammlungsrechtliche Verbot, Bilder und **Videos an die Fassade der russischen Botschaft in Berlin zu projizieren**, da durch der von Artikel 22 Abs. 2 des Wiener Übereinkommens über diplomatische Beziehungen geschützte Frieden und die Würde der diplomatischen Vertretung der Russischen Föderation verletzt und das diplomatische Verhältnis zwischen der Bundesrepublik Deutschland und der Russischen Föderation beeinträchtigt würde;[247] 148
- gegen die **zwangsweise Ernährung eines Untersuchungshäftlings**, weil irreversible Folgen (das Ableben des Antragsstellers) mit an Sicherheit grenzender Wahrscheinlichkeit zu befürchten sind, die gegenüber der mit der zwangsweisen Ernährung drohenden Grundrechtsbeeinträchtigung überwiegen;[248] 149
- gegen die **Übertragung einer Kreditermächtigung in Höhe von 60 Milliarden Euro auf den „Energie- und Klimafond"**, weil die Gefahr bestehe, dass der Zweck des Zweiten Nachtragshaushaltsgesetzes – die Überwindung der Corona-Pandemie in ökonomischer Hinsicht – jedenfalls mittelfristig nicht mehr ohne Weiteres erreicht werden könnte und die damit einhergehenden wirtschaftlichen Folgen die Bürgerinnen und Bürger sowie Unternehmen unmittelbar treffen würde, was schwerer wiegt als die Nachteile, die bei Unterlassen der einstweiligen Anordnung und späterem Erfolg in der Hauptsache einträten, da derzeit davon auszugehen sei, dass die Kreditermächtigung bis zur Hauptsacheentscheidung nicht vollständig aufgebraucht sein wird und dem Gesetzgeber unterschiedliche Möglichkeiten der Bewältigung der finanziellen Folgen für den Bundeshaushalt zur Verfügung stünden;[249] 150
- gegen **versammlungsrechtliche Auflagen hinsichtlich des Ortes einer Kundgebung gegen den G7-Gipfel**, weil die Versammlung auch am zugewiesenen Versammlungsort hinreichenden Beachtungserfolg hat und damit der Nachteil einer weiteren Verschärfung der Sicherheitslage und einer damit einhergehenden Gefahr für hochrangige Grundrechtsgüter und Allgemeininteressen überwiegt;[250] 151
- gegen die **Nichtwahl des durch die Antragstellerin vorgeschlagenen Kandidaten für den Ausschussvorsitz des Deutschen Bundestags**, weil im Fall der Leitung des Ausschusses durch eine Person, die das Vertrauen der Ausschussmehrheit nicht besitzt, seine Arbeitsfähigkeit gefährdet ist und die Antragstellerin auch bei Vorenthaltung des Ausschussvorsitzes 152

---

246 BVerfGE 122, 342 (361 ff.).
247 Beschluss der 1. Kammer des Ersten Senats vom 23.2.2024 – 1 BvQ 11/24, Rn. 12 bei Juris.
248 Beschluss der 1. Kammer des Zweiten Senats vom 29.4.2023 – 2 BvQ 51/23, Rn. 6 bei Juris.
249 BVerfGE 164, 1 (75 f., Rn. 235 ff.) – Nachtragshaushalt.
250 Beschluss der 1. Kammer des Ersten Senats vom 27.6.2022 – 1 BvQ 45/22, Rn. 14 f. bei Juris.

nicht daran gehindert ist, an der parlamentarischen Willensbildung mitzuwirken;[251]

153 ▪ für die **Außervollzugsetzung der „einrichtungs- und unternehmensbezogenen Nachweispflicht"** (Immunitätsnachweis gegen COVID-19) nach § 20a IfSG, weil der nicht vermeidbare Kontakt vulnerabler Gruppen mit Personen ohne Impfschutz die Zahl der irreversiblen Infektionen mit schwerem/tödlichen Verlauf erhöht, so dass diese Nachteile überwiegen, während schwerwiegende Nebenwirkungen durch die Verabreichung des Impfstoffes jedenfalls selten sind und die Impfung nicht unausweichlich ist, auch wenn die Vermeidung der Impfung mit einem (zumindest vorübergehenden) Berufswechsel einhergeht;[252]

154 ▪ gegen die **Allgemeinverfügung der Stadt Freiburg über die Untersagung der sogenannten „Montagsspaziergänge"**, da die Untersagung der Verhinderung infektionsschutzrechtlicher Gefahren dient (Schutz von Leben und körperlicher Unversehrtheit, Art. 2 Abs. 2 GG) und durch die Gestaltung der Versammlung als „Spaziergang" eine Vorfeldkooperation und damit eine gegenüber dem Verbot grundrechtsschonende Begleitung der Versammlung durch die Versammlungsbehörde gezielt verunmöglicht worden ist, was dem Beschwerdeführer vor dem Hintergrund der Ausgestaltung der Versammlung als unangemeldetem Spaziergang offensichtlich bewusst ist;[253]

155 ▪ gegen **Art. 1 Nr. 3 bis 5 BWahlGÄndG, insbesondere die Anwendung bei der Wahl zum 20. Deutschen Bundestag**, weil die Nichtanwendung der Vorschriften einen erheblichen Eingriff in die Zuständigkeit des Wahlgesetzgebers (Art. 38 Abs. 3 GG) darstellen würde und für die gesamte Legislaturperiode keine Korrekturmöglichkeit bestünde;[254]

156 ▪ gegen die **Ausfertigung des Eigenmittelbeschluss-Ratifizierungsgesetzes („EU-Wiederaufbaufond")**, weil die Belastungen für den Bundeshaushalt, die mit einer verfassungswidrigen Ausfertigung einhergehen könnten, für weniger schwerwiegend befunden werden als die Nachteile, die durch das verzögerte Inkrafttreten des Eigenmittelbeschlusses entstünden, namentlich die Beeinträchtigung bzw. Verfehlung der Zwecksetzung des Beschlusses mit möglicherweise irreversiblen Folgen;[255]

157 ▪ gegen **das Inkrafttreten der Änderungen des Gesetzes zur Sicherung von Arbeitnehmerrechten in der Fleischwirtschaft**, weil die Ziele des Gesetzgebers, insbesondere für mehr Arbeitsschutz in der Fleischwirtschaft, für klare Verantwortlichkeiten vor Ort und für transparente Vertragsgestaltungen mit den Beschäftigten die – wenn auch erheblichen – Be-

---

251 BVerfGE 162, 188 (205 f., Rn. 48 ff.) – Bestimmung von Ausschussvorsitzenden im Deutschen Bundestag.

252 BVerfGE 160, 336 (142 f., Rn. 16 ff.).

253 Beschluss der 1. Kammer des Ersten Senats vom 31.1.2022 – 1 BvR 208/22, Rn. 10 bei Juris.

254 BVerfGE 159, 40 (84, 88 f., Rn. 118 f., 132 ff.) – Normenkontrolle Wahlrechtsreform 2020.

255 BVerfGE 157, 332 (390 f., Rn. 105 ff.) – ERatG.

einträchtigungen der Werkvertragsunternehmen (sektorales Betätigungsverbot) überwiegen;[256]

- gegen das **versammlungsrechtliche Verbot einer „Abseilaktion" von einer Autobahnbrücke**, weil die aufgrund von Verkehrsunfällen möglicherweise drohende Gefahr schwerer Personenschäden gegenüber der möglichen Verletzung des Rechts auf Bestimmung des Versammlungsortes nach Art. 8 Abs. 1 GG überwiegt;[257] 158
- gegen die **teilweise Entziehung der elterlichen Sorge**, um dem betroffenen Kind den Besuch einer Förderschule zu ermöglichen, weil die Nachteile, die dem Kind auf der Regelschule aufgrund der dauernden Überforderung und der damit verbundenen seelischen Belastung entstehen, diejenigen eines möglicherweise mehrfachen Schulwechsels überwiegen;[258] 159
- gegen die **Untersagung des Betriebs von Fitnessstudios gem. § 4 Abs. 1 Nr. 5 CoronaVO Baden-Württemberg**, weil mit einer Wiedereröffnung das Risiko weiterer Infektionsketten einherginge, die schwerwiegende oder tödliche Krankheitsverläufe und eine Überlastung der Gesundheitseinrichtungen zur Folgen haben können, so dass die wirtschaftlichen Interessen der Betreiber von Fitnessstudios derzeit zurücktreten, zumal die wirtschaftlichen Folgen durch Hilfsprogramme staatlicher Stellen zumindest abgemildert werden;[259] 160
- gegen den **Vollzug der § 68a SGB V, §§ 303a bis § 303f SGB V**, weil das unberechtigte Zugreifen auf die Daten der gesetzlich Versicherten nicht mit hinreichender Sicherheit unmittelbar bevorsteht, das Gesetz einen Personenbezug zu verhindern versucht und bei zu Unrecht erhobenen und gespeicherten Daten Löschungsanordnungen ergehen können, mithin der eingetretene Nachteil jedenfalls nicht irreversibel wäre;[260] 161
- gegen den **Berliner „Mietendeckel" (insbes. § 11 Abs. 1 Nr. 2–5, Abs. 2 MietBegrG BE)**, weil mit der vorläufigen Außerkraftsetzung der Druck entfiele, sich entsprechend dem Miet-BegrG BE zu verhalten und den Vermietern ausreichend Zeit eingeräumt wird, sich mit den neuen Vorgaben vertraut zu machen, ihnen kein schwer kalkulierbares Risiko persönlicher Sanktionen entsteht und die Ahndung einer Ordnungswidrigkeit dem Opportunitätsprinzip unterliegt;[261] 162
- gegen die **Ausfertigung von Gesetzen wegen** der Behauptung einer Verletzung von **organschaftlichen Mitwirkungs- und Beteiligungsrechten einer Fraktion**, weil verfassungsgerichtlicher Rechtsschutz grundsätzlich 163

256 Beschluss der 3. Kammer des Ersten Senats vom 29.12.2020 – 1 BvQ 152/20 ua, Rn. 33 bei Juris.

257 Beschluss der 1. Kammer des Ersten Senats vom 7.12.2020 – 1 BvR 2719/20, Rn. 9 bei Juris.

258 Beschluss der 1. Kammer des Ersten Senats vom 16.7.2020 – 1 BvR 1525/20, Rn. 9 ff. bei Juris.

259 Beschluss der 2. Kammer des Ersten Senats vom 28.4.2020 – 1 BvR 899/20, Rn. 12 f. bei Juris.

260 Beschluss der 2. Kammer des Ersten Senats vom 19.3.2020 – 1 BvQ 1/20, Rn. 14 bei Juris.

261 Beschluss der 3. Kammer des Ersten Senats vom 10.3.2020 – 1 BvQ 15/20, Rn. 27 ff. bei Juris.

nachgelagerter, kassatorischer Rechtsschutz ist und deshalb schwere Nachteile für die antragstellende Fraktion ausscheiden;[262]

164 ■ gegen die räumliche **Verlegung einer Versammlung auf dem Gelände der Gedenkstätte Buchenwald**, weil die Versammlung zu dem von dem Beschwerdeführer vorgesehenen Thema möglich bleibt und das Anliegen, die Würde der Opfer der nationalsozialistischen Gewalt- und Willkürherrschaft vor Beeinträchtigungen zu schützen, durchgesetzt werden kann;[263]

165 ■ gegen die **Entfernung von Wahlplakaten der NPD**, weil lediglich drei Wahlplakate entfernt wurden;[264]

166 ■ für die **Außervollzugsetzung des „Streikbrecherverbots"** für Leiharbeitskräfte in Art. 1 Nr. 7b AÜGuaÄndG 2017, weil die Wahrscheinlichkeit eines Arbeitskampfes gering war und selbst dann die Folgen bewältigbar waren;[265]

167 ■ für einen **Familiennachzug zu einem subsidiär schutzberechtigten Elternteil**, weil die Einreise nicht mehr rückgängig gemacht werden könnte und faktisch zur Aussetzung der gesetzlichen Regelung des § 104 Abs. 13 AufenthG 2004 führt;[266]

168 ■ gegen die **sitzungspolizeilichen Begrenzungen für Ton-, Bild- und Filmaufnahmen im Rahmen eines Strafverfahrens**, weil die Verbreitung der Aufnahmen nicht rückgängig gemacht werden kann und Aufnahmen nicht vollständig verboten wurden;[267]

169 ■ gegen das **Kopftuchverbot für Rechtsreferendarinnen** in Hessen, weil die Nachteile für die Rechtsreferendarin nur temporär sind und die Beeinträchtigung der staatlichen Neutralitätspflicht nicht überwiegen;[268]

170 ■ gegen die **Unterzeichnung, die vorläufige Anwendung und den Abschluss des Freihandelsabkommens CETA** (Comprehensive Economic and Trade Agreement) mit Kanada, weil die politischen Nachteile einer einstweiligen Anordnung mit hoher Wahrscheinlichkeit irreversibel wären, sich die mit einer vorläufigen Anwendung verbundenen Risiken aber durch geeignete Vorkehrungen praktisch ausschließen lassen;[269]

171 ■ gegen die **Regelungen über die Vorratsdatenspeicherung von Telekommunikations-Verkehrsdaten**, weil ein Eingriff in die Freiheit und Privat-

---

262 BVerfG, Beschluss des Zweiten Senats vom 17.9.2019 – 2 BvQ 59/19, Rn. 19 ff. bei Juris.

263 Beschluss der 2. Kammer des Ersten Senats vom 17.8.2019 – 1 BvQ 67/19, Rn. 4 f. bei Juris.

264 Beschluss der 2. Kammer des Ersten Senats vom 24.5.2019 – 1 BvQ 45/19, Rn. 18 bei Juris.

265 Beschluss der 3. Kammer des Ersten Senats vom 25.2.2019 – 1 BvR 842/17, Rn. 11 ff. bei Juris.

266 Beschluss der 1. Kammer des Zweiten Senats vom 1.2.2018 – 2 BvR 1459/17, Rn. 19 f. bei Juris.

267 Beschluss der 3. Kammer des Ersten Senats vom 17.8.2017 – 1 BvR 1741/17, Rn. 13 und 16 bei Juris.

268 Beschluss der 1. Kammer des Zweiten Senats vom 27.6.2017 – 2 BvR 1333/17, Rn. 37 und 41 bei Juris.

269 BVerfGE 143, 65 (92 ff., Rn. 49 einerseits und Rn. 50 ff. anderseits).

heit der Daten erst dann einen ausschlaggebenden Nachteil darstellt, wenn die Daten verwendet werden, nicht aber bei der Speicherung allein;[270]

- gegen die **Aussetzung verschiedener Vorschriften des Tabakerzeugnisgesetzes**, weil die – nicht existenzgefährdenden – wirtschaftlichen Nachteile für Einzelne hinter den Nachteilen für die Harmonisierung des europäischen Binnenmarktes zurücktreten;[271] 172
- gegen **die Außervollzugsetzung des Straftatbestandes der geschäftsmäßigen Förderung der Selbsttötung** (§ 217 StGB nF), weil die Nachteile, die bei einer Außervollzugsetzung für das Leben von vielen nach der Wertung des Gesetzgebers zu befürchten sind, die vorübergehend bleibenden Folgen auf Seiten des in seinem Selbstbestimmungsrecht betroffenen Beschwerdeführers nicht überwiegen;[272] 173
- gegen die **Umsetzung des Insolvenzplans im Suhrkamp-Insolvenzverfahren**, weil der mit der Umwandlung des Verlags in eine Aktiengesellschaft einhergehende Verlust gesellschaftsrechtlicher Mitwirkungsbefugnisse der Beschwerdeführerin den Nachteil des endgültigen Scheiterns des Umsetzungsplans und der damit beabsichtigten Sanierung nicht überwiegt;[273] 174
- gegen die Vollstreckung einer **Geldbuße für einen Verstoß gegen europäische Kartellverbote**, weil die nicht zu einer Existenzgefährdung führende Belastung für das Unternehmen das Risiko schwerwiegender außen- und integrationspolitischer Folgen für die Bundesrepublik Deutschland nicht überwiegt;[274] 175
- gegen die gesetzliche **Fusion zweier Hochschulen**, weil die Nachteile für die antragstellenden Fakultäten in der Gesamtabwägung nicht für den Erlass der einstweiligen Anordnung sprechen;[275] 176
- gegen die **Fesselung eines Strafgefangenen** während der Besuchsüberstellung, weil die damit abgewendete Gefahr eines Entweichens des zu lebenslanger Haft verurteilten Strafgefangenen von den Nachteilen für ihn nicht deutlich überwogen wird;[276] 177
- gegen die **Informationskampagne einer Bundestagsfraktion**, weil das keinen schweren Nachteil für konkurrierende politische Parteien begründet;[277] 178

---

270 Beschluss der 3. Kammer des Ersten Senats vom 8.6.2016 – 1 BvQ 42/15, Rn. 13, 18 und 25 bei Juris.

271 Beschluss der 2. Kammer des Ersten Senats vom 18.5.2016 – 1 BvR 895/16, Rn. 42 und 47 bei Juris.

272 Beschluss der 2. Kammer des Zweiten Senats vom 21.12.2015 – 2 BvR 2347/15, Rn. 20 bei Juris.

273 Beschluss der 1. Kammer des Zweiten Senats vom 18.12.2014 – 2 BvR 1978/13, Rn. 14 ff. bei Juris.

274 Beschluss der 1. Kammer des Zweiten Senats vom 30.8.2013 – 2 BvR 2752/11, Rn. 12 ff. bei Juris.

275 Beschluss der 3. Kammer des Ersten Senats vom 27.6.2013 – 1 BvR 1501/13, Rn. 21 ff. bei Juris.

276 Beschluss der 3. Kammer des Zweiten Senats vom 12.4.2013 – 2 BvR 759/13, Rn. 4 bei Juris.

277 BVerfGE 133, 34 (36 f., Rn. 8 f.) – FDP-Bundestagsfraktion.

179 ▪ gegen die **Entscheidung in einem aktienrechtlichen Spruchverfahren** aus Anlass einer Verschmelzung, weil die mit einer Nachzahlung gegenüber einer Vielzahl von Aktionären verbundenen Schwierigkeiten für diese Konstellation typisch und hinnehmbar sind, im Übrigen durch ein entsprechendes Verhalten der Beschwerdeführerin aufgefangen werden können;[278]

180 ▪ gegen **versammlungsrechtliche Verfügungen im Rahmen von „Blockupy Frankfurt"**, weil bei der Besetzung der Frankfurter Innenstadt zu Blockadezwecken die Nachteile für die Antragsteller im Verhältnis zu den drohenden Nachteilen dritter Grundrechtsberechtigter nicht schwer genug wiegen;[279]

181 ▪ gegen eine **sitzungspolizeiliche Anordnung einer lediglich verpixelten, anonymisierten Bildberichterstattung über Angeklagte**, weil die Angeklagten davon abgehalten werden könnten, weiterhin frei zur Sache auszusagen und den Belangen der Pressefreiheit dadurch Rechnung getragen wurde, dass nicht jede Berichterstattung untersagt wurde;[280]

182 ▪ gegen **abgelehnte Verlegung eines Strafgefangenen in eine andere Justizvollzugsanstalt** zum Zweck des erleichterten Kontakts zu seinen Angehörigen, weil dieser Belang die dadurch aufgeworfenen Sicherheitsaspekte und grundrechtlich geschützten Belange anderer Gefangener nicht hinreichend deutlich überwiegt;[281]

183 ▪ gegen **künftige Zwangsmedikation** eines im Maßregelvollzug Untergebrachten, weil angesichts früherer Fälle die Gefahr einer gravierenden Selbstschädigung oder Schädigung Dritter besteht;[282]

184 ▪ gegen das **Verbot** der Bayerischen Landeszentrale für neue Medien, **in Fernsehprogrammen Kampfsportsendungen auszustrahlen**, weil die Verbreitung auf anderen Wegen, etwa im Internet, möglich bleibt;[283]

185 ▪ gegen die **Fortsetzung einer Sicherungsverwahrung**, weil nach dem psychiatrischen Gutachten eine hohe Wahrscheinlichkeit der erneuten Begehung von Sexualstraftaten und Körperverletzungsdelikten gegeben ist;[284]

186 ▪ gegen die **Besitzeinweisung zum Bau einer Ethylen-Pipeline** wegen der Möglichkeit, bei Erfolg der Hauptsache für die wirtschaftlichen Nachteile angemessen entschädigt zu werden;[285]

---

278 Beschluss der 3. Kammer des Ersten Senats vom 17.9.2012 – 1 BvR 1786/12, Rn. 6 ff. bei Juris.

279 Beschluss der 1. Kammer des Ersten Senats vom 16.5.2012 – 1 BvQ 17/12, Rn. 2 bei Juris.

280 Beschluss der 1. Kammer des Ersten Senats vom 20.12.2011 – 1 BvR 3048/11, Rn. 10 bei Juris.

281 Beschluss der 3. Kammer des Zweiten Senats vom 2.3.2011 – 2 BvR 194/11, Rn. 6 bei Juris.

282 Beschluss der 3. Kammer des Zweiten Senats vom 3.2.2011 – 2 BvR 132/11, Rn. 8 bei Juris.

283 Beschluss der 1. Kammer des Ersten Senats vom 8.12.2010 – 1 BvR 2743/10, Rn. 19 f. bei Juris.

284 Beschluss der 3. Kammer des Zweiten Senats vom 13.9.2010 – 2 BvR 1940/10, Rn. 3 bei Juris.

285 Beschluss der 1. Kammer des Ersten Senats vom 6.9.2010 – 1 BvR 2297/10, Rn. 8 bis 10 bei Juris.

- gegen den sogenannten **„Euro-Rettungsschirm“**, weil dies negative Folgewirkungen an den Märkten hätte;[286] aus denselben Gründen ist auch die einstweilige Anordnung gegen die **Unterstützung Griechenlands** abgelehnt worden.[287] 187

3. Spezialkonstellationen. In jedenfalls vier Fallgestaltungen hat sich eine besondere Fallpraxis beim Bundesverfassungsgericht eingespielt. Das betrifft **Eilanträge gegen Versammlungsverbote**, Eilanträge **gegen Räumungen**, speziell bei Suizidgefahr, Eilanträge **gegen Auslieferungen** und schließlich Eilanträge im Zusammenhang mit **Kindschaftssachen.** 188

Das für das Versammlungsrecht zuständige Dezernat des Ersten Senats ist organisatorisch in der Lage, auf Eilanträge gegen Versammlungsverbote rechtzeitig reagieren zu können. In einigen Fällen hat das Bundesverfassungsgericht so durch einstweilige Anordnungen die Durchführung von Versammlungen kurzfristig ermöglicht. Das betrifft Fälle, in denen eine **Gefahrenprognose** nicht auf tatsächliche Anhaltspunkte gestützt ist,[288] Fälle einer unzureichenden Prüfung milderer Mittel wie versammlungsrechtlicher Auflagen oder des frühzeitigen und verstärkten Einsatzes **polizeilicher Vorabkontrollen**[289] und Fälle einer offensichtlich nicht tragfähigen **Deutung des Versammlungsthemas** (Forderung nach Einführung der Todesstrafe)[290] und des Versammlungskonzeptes (unterbrechungsfreies (Dauer-)Protestcamp).[291] Gegen den Erlass einer einstweiligen Anordnung kann aber sprechen, dass die Verbotsverfügung eine Versammlung betrifft, die weder aus aktuellem Anlass noch mit einem dringenden zeitgebundenen Bezug geplant ist[292] oder die auch an einem anderen Ort möglich ist.[293] Bedeutung hat oftmals auch die Frage, ob die konkret beabsichtigte Protestmaßnahme Versammlungscharakter hat oder nicht.[294] 189

Oft richten sich **Eilanträge gegen die Durchsetzung einer Wohnungsräumung** mit dem Argument der bestehenden **Suizidgefahr.**[295] In solchen Räu- 190

286 BVerfGE 126, 158 (168 f.) – Euro-Stabilisierungsmechanismusgesetz.
287 BVerfGE 125, 385 (393 ff.).
288 Beschluss der 1. Kammer des Ersten Senats vom 4.9.2010 – 1 BvR 2298/10, Rn. 7 bei Juris.
289 Beschluss der 1. Kammer des Ersten Senats vom 4.9.2009 – 1 BvR 2147/09, Rn. 17 bei Juris.
290 Beschluss der 1. Kammer des Ersten Senats vom 1.12.2007 – 1 BvR 3041/07, Rn. 12 bei Juris.
291 Beschluss der 1. Kammer des Ersten Senats vom 21.9.2020 – 1 BvR 2146/20, Rn. 13 bei Juris.
292 Beschluss der 1. Kammer des Ersten Senats vom 31.8.2012 – 1 BvR 1840/12, Rn. 8 bei Juris.
293 Beschluss der 2. Kammer des Ersten Senats vom 27.6.2022 – 1 BvQ 45/22, Rn. 15 bei Juris; Beschlüsse der 1. Kammer des Ersten Senats vom 7.12.2020 – 1 BvR 2719/20, Rn. 9 bei Juris, und vom 21.9.2020 – 1 BvR 2152/20, Rn. 9 bei Juris; Beschluss der 2. Kammer des Ersten Senats vom 17.8.2019 – 1 BvQ 67/19, Rn. 5 bei Juris.
294 Vgl. dazu Beschluss der 3. Kammer des Ersten Senats vom 28.6.2017 – 1 BvR 1387/17, Rn. 22 ff. bei Juris.
295 Vgl. zu erfolgreichen Eilanträgen etwa Beschlüsse der 2. Kammer des Zweiten Senats vom 7.9.2023 – 2 BvR 1233/23, Rn. 11 ff. bei Juris, vom 9.7.2014 – 2 BvR 1340/10, Rn. 4 bei Juris, vom 18.11.2013 – 2 BvR 2457/13, Rn. 4 bei Juris, und vom 22.8.2012 – 2 BvR 1858/12, Rn. 3 bei Juris; Beschlüsse der 3. Kammer des Zweiten Senats vom 1.3.2019 – 2 BvR 305/19, Rn. 5 f. bei Juris, und vom 7.12.2018 – 2 BvR 2425/18, Rn. 4 f. bei Juris.

mungsfällen mit Suizidgefahr ergehen oft einstweilige Anordnungen, die auf eine Folgenabwägung gestützt sind.[296] Gelegentlich wird auch gar nicht über den Antrag auf Erlass einer einstweiligen Anordnung entschieden, sondern zeitnah der Verfassungsbeschwerde stattgegeben.[297]

191 Bei **Eilanträgen gegen Auslieferungen** überwiegen meist die drohenden irreparablen Nachteile für den Beschwerdeführer, etwa weil die **Haftbedingungen** im Zielland gegen die Menschenwürde oder die menschenrechtlichen Mindestanforderungen der EMRK oder der EuGrRCh verstoßen[298] und die Auslieferung regelmäßig mit kurzem Zeitvollzug ebenfalls noch durchgeführt werden kann. Aus demselben Aspekt der Nachholbarkeit führt auch die denkbare Entziehung der Möglichkeit der Geltendmachung der Einwände des Beschwerdeführers gegen die Auslieferung oftmals zum Erlass einer einstweiligen Anordnung.[299] Eine wichtige Voraussetzung für den Erlass einer einstweiligen Anordnung im Auslieferungsverfahren bildet der Umstand, dass eine einmal bewilligte **Auslieferung möglich bleibt und nur zeitlich verzögert wird**.

192 Bei **Eilanträgen, die Kindschaftssachen betreffen**, orientiert sich die Folgenabwägung in erster Linie an dem Kindeswohl. Dabei wird regelmäßig versucht zu verhindern, dass das Kind mehrfach den Wohnort wechseln muss, um einen damit einhergehenden Wechsel der Bezugspersonen und des Umfeldes des Kindes zu vermeiden.[300]

IV. Verfahrensregelungen

193 **1. Antrag.** § 32 knüpft den Erlass einer einstweiligen Anordnung nicht ausdrücklich an einen Antrag. Deshalb hat das Bundesverfassungsgericht gelegentlich auch schon **von Amts wegen** einstweilige Anordnungen erlassen und abgeändert,[301] kann dies aber nur dann, wenn wenigstens schon ein

296 Beschlüsse der 2. Kammer des Zweiten Senats vom 7.9.2023 – 2 BvR 1233/23, Rn. 11/13 bei Juris, vom 3.5.2023 – 2 BvQ 52/23, Rn. 6 f. bei Juris, und vom 22.8.2012 – 2 BvR 1858/12, Rn. 3 bei Juris; Beschlüsse der 3. Kammer des Zweiten Senats vom 1.3.2019 – 2 BvR 305/19, Rn. 6 bei Juris, und vom 7.12.2018 – 2 BvR 2425/18, Rn. 4 f. bei Juris.

297 Beschluss der 3. Kammer des Zweiten Senats vom 26.10.2011 – 2 BvR 320/11, Rn. 47 ff. bei Juris; siehe auch Beschluss der 1. Kammer des Ersten Senats vom 7.1.2009 – 1 BvR 312/08, Rn. 12 ff. bei Juris.

298 Vgl. Beschluss der 1. Kammer des Zweiten Senats vom 13.7.2021 – 2 BvR 1214/21, Rn. 5 bei Juris; Beschlüsse der 2. Kammer des Zweiten Senats vom 16.7.2019 – 2 BvR 1258/19, Rn. 9 bei Juris, und vom 17.10.2018 – 2 BvR 2100/18, Rn. 21 bei Juris.

299 Vgl. Beschlüsse der 1. Kammer des Zweiten Senats vom 13.7.2021 – 2 BvR 1214/21, Rn. 6 bei Juris, vom 2.6.2021 – 2 BvR 908/21, Rn. 6 bei Juris, und vom 24.7.2020 – 2 BvR 1285/20, Rn. 6 bei Juris; Beschlüsse der 2. Kammer des Zweiten Senats vom 25.10.2019 – 2 BvR 1832/19, Rn. 7 bei Juris, und vom 3.6.2019 – 2 BvR 841/19, Rn. 18 bei Juris.

300 Beschluss der 2. Kammer des Ersten Senats vom 15.6.2023 – 1 BvR 1076/23, Rn. 13 f. bei Juris; Beschluss der 3. Kammer des Ersten Senats vom 1.8.2022 – 1 BvQ 50/22, Rn. 46/49 f. bei Juris; Beschlüsse der 1. Kammer des Ersten Senats vom 7.3.2022 – 1 BvR 65/22, Rn. 21 ff. bei Juris, und vom 24.8.2020 – 1 BvR 1780/20, Rn. 22 bei Juris. Näher dazu auch → § 32 Rn. 43.

301 BVerfG, Beschluss des Zweiten Senats vom 16.6.2023 – 2 BvR 900/22, Rn. 3 bei Juris; BVerfGE 46, 337 (338) – in einem abstrakten Normenkontrollverfahren; vgl. für Beispiele aus der Kammerpraxis Beschluss der 1. Kammer des Ersten Senats vom 6.9.2021 – 1 BvR 1750/21, Rn. 13 bei Juris, und Beschluss der 3. Kammer des Ersten Senats vom 20.12.2022 – 1 BvR 1654/22, Rn. 7 bei Juris; siehe auch BVerfGE 140, 211 (224, Rn. 22).

Hauptsacheverfahren anhängig gemacht worden ist. **Isolierte einstweilige Anordnungen** können **nur auf Antrag** erlassen werden,[302] weil sich andernfalls das Bundesverfassungsgericht selbst anrufen könnte. Der Erlass einer einstweiligen Anordnung von Amts wegen ist nicht angezeigt, wenn den Betroffenen andere Abhilfemöglichkeiten zur Verfügung gestanden haben oder stehen. Auch insoweit gilt der Grundsatz der Subsidiarität.[303]

Praktisch bedeutsamer ist deshalb die Frage, wer berechtigt ist, einen Antrag 194 auf Erlass einer einstweiligen Anordnung zu stellen. **Antragsberechtigt** für einen Antrag nach § 32 sind all diejenigen, die in einer schon anhängigen Hauptsache Antragsteller sind oder Antragsgegner[304] oder sonstige Beteiligte (vgl. dazu → § 25 Rn. 4), aber nicht bloße Äußerungsberechtigte. Ist noch keine Hauptsache eingeleitet, dann gibt es noch keine Antragsgegner und keine sonstigen Beteiligten, weshalb der Antrag nach § 32 nur von einem potenziellen Antragsteller der Hauptsache gestellt werden kann.

Der Antrag, dessen Voraussetzungen sich nach § 23 Abs. 1 richten, hat in 195 erster Linie die Funktion, dem Bundesverfassungsgericht das Regelungsinteresse aufzuzeigen und zugleich die für die Überwindung der beiden zu prüfenden Hürden erforderlichen Angaben zu liefern (→ Rn. 33 bis 47). Die konkrete Formulierung des beantragten Tenors ist schon deshalb nebensächlich, weil das Bundesverfassungsgericht ohnehin **nicht an den gestellten Antragswortlaut gebunden** ist.[305] Deshalb variiert der **Tenor** in der häufigsten Konstellation erfolgreicher, auf die vorläufige Suspendierung hoheitlicher Maßnahmen gerichteter einstweiliger Anordnungen erheblich. Sie werden beispielsweise einstweilen außer Kraft gesetzt,[306] oder ihre Wirksamkeit[307] bzw. ihre Vollstreckung[308] wird einstweilen ausgesetzt. Teilweise wird auch eine Handlung ausdrücklich untersagt.[309] Hat der Antrag keinen Erfolg, so hat sich für die Tenorierung durchgesetzt, dass der Antrag auf Erlass einer einstweiligen Anordnung abgelehnt wird.[310] Jedenfalls der Zweite Senat un-

---

302 Schmidt-Bleibtreu/Klein/Bethge BVerfGG/Graßhof § 32 Rn. 36 (Stand: Januar 2022).

303 Beschluss der 1. Kammer des Zweiten Senats vom 4.3.2014 – 2 BvL 2/13, Rn. 15 ff. bei Juris.

304 Vgl. etwa BVerfGE 104, 42 (50) – betroffene Partei im gegen sie gerichteten Verbotsverfahren.

305 Vgl. etwa BVerfGE 164, 1 (72 f., Rn. 229) – Nachtragshaushalt; 99, 57 (58 und 61).

306 Vgl. BVerfGE 122, 342 (342).

307 Vgl. Beschluss der 3. Kammer des Ersten Senats vom 7.9.2022 – 1 BvR 1654/22, Tenor Juris; Beschlüsse der 2. Kammer des Ersten Senats vom 22.10.2020 – 1 BvR 1949/20, Tenor Juris, und vom 29.8.2012 – 1 BvR 1766/12, Tenor Juris; Beschluss der 1. Kammer des Ersten Senats vom 30.3.2012 – 1 BvR 711/12, Tenor Juris.

308 Vgl. Beschluss der 3. Kammer des Ersten Senats vom 1.8.2022 – 1 BvQ 50/22, Tenor Juris; Beschluss der 1. Kammer des Zweiten Senats vom 10.12.2021 – 2 BvQ 101/21, Tenor Juris; Beschluss der 3. Kammer des Zweiten Senats vom 28.10.2011 – 2 BvR 2567/10, Tenor Juris.

309 BVerfG, Beschluss des Zweiten Senats vom 5.7.2023 – 2 BvE 4/23, Tenor Juris; Beschluss der 1. Kammer des Zweiten Senats vom 2.2.2021 – 2 BvR 156/21, Tenor Juris; Beschluss der 2. Kammer des Zweiten Senats vom 25.10.2019 – 2 BvR 1832/19, Tenor Juris; Beschluss der 3. Kammer des Ersten Senats vom 21.3.2019 – 1 BvR 643/19, Ziff. 1 des Tenors Juris.

310 Vgl. BVerfGE 162, 188 (188); 160, 164 (164); 160, 336 (336); 130, 367 (367); 126, 158 (159, Ziff. 2 des Tenors).

terscheidet klarer zwischen unzulässigen Anträgen, die zu verwerfen sind,[311] und unbegründeten Anträgen, die abzulehnen sind.[312] Prozessual zweifelhaft ist die Verbindung einer Ablehnung des Antrags auf Erlass einer einstweiligen Anordnung mit Maßgaben, unter denen die angegriffene Maßnahme durchgeführt werden darf.[313] Abgesehen von nur zu vermutenden, die Vermeidung einer bestimmten Öffentlichkeitswirkung einer teilweisen Stattgabe bezweckenden Hintergründen scheint sich diese Art der Tenorierung an eine Spruchpraxis in Normenkontrollverfahren anzulehnen, wo die Feststellung der Vereinbarkeit des zur Prüfung gestellten Gesetzes mit dem Grundgesetz auch unter gewissen einschränkenden Maßgaben erfolgen kann.[314] Allerdings überzeugt eine Übertragung dieser Spruchpraxis auf Entscheidungen in Verfahren des einstweiligen Rechtsschutzes, die sich auf Hauptsacheverfahren der Verfassungsbeschwerde und des Organstreits beziehen, schon deshalb nicht, weil in Normenkontrollverfahren eine Ablehnung oder Zurückweisung der Vorlage von vornherein nicht in Betracht kommt, sondern stets im Tenor ausdrücklich über die Verfassungsmäßigkeit oder Verfassungswidrigkeit des Gesetzes zu entscheiden ist (→ § 78 Rn. 6 f.; → § 81 Rn. 14). Deshalb müsste, wenn die angegriffene Maßnahme nicht vorbehaltlos gebilligt wird, dem Antrag auf Erlass einer einstweiligen Anordnung im Umfang der angeordneten Maßgaben stattgegeben und der Antrag im Übrigen, also soweit er auf die vollständige Suspendierung der Maßnahme gerichtet war, abgelehnt werden.[315]

196 **2. Mündliche Verhandlung und Gelegenheit zur Stellungnahme, Abs. 2.** Nach Abs. 2 Satz 1 kann die einstweilige Anordnung **ohne mündliche Verhandlung** ergehen, weshalb über Anträge nach § 32 regelmäßig durch Beschluss entschieden wird (§ 25 Abs. 2). Die bekanntesten Beispiele für eine mündliche Verhandlung über einen Antrag auf Erlass einer einstweiligen Anordnung sind die Fälle der Entführung von Hanns-Martin Schleyer,[316] der Angriff auf die Einrichtung des Europäischen Stabilitätsmechanismus[317] und der Wahlrechtsausschlüsse von Betreuten in allen Angelegenheiten und von Straftätern, die sich auf Grundlage der §§ 63, 20 StGB im Maßregelvollzug befinden, bei der Europawahl.[318] In Betracht kommt eine mündliche Verhandlung dann, wenn wegen der Besonderheiten des Einzelfalls an die Stelle einer Folgenabwägung eine summarische Prüfung der Frage treten muss, wie die Entscheidung in der Hauptsache ausfallen würde.[319]

197 Die Nichtdurchführung einer mündlichen Verhandlung bedeutet aber nicht, dass das Bundesverfassungsgericht allein auf der Grundlage der Angaben des-

311 BVerfGE 160, 177 (178) – Parlamentarisches Fragerecht zum Bundesamt für Verfassungsschutz; 152, 63 (64) – Mitwirkung der Bundesbank am PSP-Programm der EZB II; Beschluss der 2. Kammer des Zweiten Senats vom 3.2.2021 – 2 BvQ 97/20, Tenor Juris.
312 BVerfGE 165, 296 (296); 159, 40 (42); 149, 378 (378).).
313 BVerfGE 132, 195 (196 f.) – ESM.
314 Vgl. BVerfGE 127, 263 (264); 93, 37 (41).
315 Vgl. BVerfGE 122, 342 (342), Ziff. 2 bis 4 des Tenors; Beschluss der 1. Kammer des Ersten Senats vom 22.12.2006 – 1 BvQ 41/06, Juris.
316 BVerfGE 46, 160.
317 BVerfGE 132, 195 (196 f.) – ESM.
318 BVerfGE 151, 152 (159, Rn. 20 und 168, Rn. 41).
319 BVerfGE 132, 195 (233 f., Rn. 88 f.) – ESM; 111, 147 (153).

jenigen entscheidet, der den Erlass einer einstweiligen Anordnung beantragt hat. Aus Abs. 2 Satz 2 folgt, dass das Bundesverfassungsgericht **grundsätzlich allen** am Verfahren zur Hauptsache **Beteiligten**, den zum Beitritt Berechtigten und den Äußerungsberechtigten **Gelegenheit zur Stellungnahme** zu geben hat.[320] Das gilt auch dann, wenn das Hauptsacheverfahren noch nicht anhängig gemacht wurde, also in der Situation des isolierten Anordnungsverfahrens. Die Gelegenheit zur Stellungnahme dient nicht nur der Umsetzung der Vorgabe aus Art. 103 Abs. 1 GG, sondern verschafft dem Bundesverfassungsgericht das gerade für die tatsachenbezogene Folgenabwägung erforderliche Erkenntnismaterial.

Absehen darf das Bundesverfassungsgericht nach Abs. 2 Satz 2 von der Einholung von Stellungnahmen Dritter dann, wenn es angesichts der **besonderen Dringlichkeit ohne Rücksicht darauf** entscheiden muss. Wann diese Voraussetzungen vorliegen, wird auch davon abhängen, wie schnell Äußerungsberechtigte reagieren können. Gegen das Währungsunion-Finanzstabilisierungsgesetz vom 7.5.2010 ist nach der Beschlussfassung im Bundestag (12.00 Uhr) eine einstweilige Anordnung gegen das Inkrafttreten beantragt und deren Erlass am selben Tag nach Einholung einer Stellungnahme des Deutschen Bundestags vom Bundesverfassungsgericht abgelehnt worden.[321] 198

Das Bundesverfassungsgericht geht vergleichsweise häufig von besonderer Dringlichkeit aus.[322] Wer als an der Hauptsache zu Beteiligender, zum Beitritt Berechtigter oder sonst Äußerungsberechtigter sichergehen will, zu einem Antrag nach § 32 gehört zu werden, muss eine **Schutzschrift** hinterlegen.[323] 199

3. Widerspruchsverfahren, Abs. 3 und 4. An die als Beschluss getroffene Entscheidung über einen Antrag auf Erlass einer einstweiligen Anordnung kann sich ein Widerspruchsverfahren anschließen. Sein Zweck ist es, die Entscheidung einer **Überprüfung nach Durchführung einer mündlichen Verhandlung** zuzuführen (Abs. 3 Satz 3). Deshalb ist der Widerspruch unstatthaft, wenn abweichend von Abs. 2 Satz 1 über die einstweilige Anordnung schon aufgrund mündlicher Verhandlung durch Urteil entschieden worden ist. Nach Abs. 3 Satz 4 ist die mündliche Verhandlung strikt zeitgebunden und muss innerhalb von zwei Wochen nach dem Eingang der Begründung des Widerspruchs erfolgen. Der Widerspruchsführer kann deshalb das Verfassungsgericht zu einer sehr raschen Durchführung einer mündlichen Verhandlung zwingen. Das geht allerdings dann nicht, wenn der Widerspruch nach den Maßstäben des § 24 verworfen werden kann, etwa wenn er mangels Rechtsschutzbedürfnisses unzulässig ist; dann wird über den Widerspruch durch Beschluss entschieden.[324] 200

---

320 Vgl. beispielshaft BVerfG, Beschluss des Zweiten Senats vom 5.7.2023 – 2 BvE 4/23, Rn. 30 ff. bei Juris – Gebäudeenergiegesetzänderungsgesetz.

321 BVerfGE 125, 385 (392).

322 Vgl. BVerfGE 157, 394 (401, Rn. 16); Beschlüsse der 2. Kammer des Zweiten Senats vom 3.5.2023 – 2 BvQ 52/23, Rn. 8 bei Juris, vom 15.2.2018 – 2 BvR 253/18, Rn. 13 bei Juris, und vom 12.1.2018 – 2 BvR 37/18, Rn. 25 bei Juris; Beschlüsse der 1. Kammer des Ersten Senats vom 1.8.2017 – 1 BvR 1657/17, Rn. 5 bei Juris, und vom 23.6.2017 – 1 BvR 1292/15, Rn. 12 bei Juris; siehe auch BVerfGE 105, 235 (238).

323 Zustimmend BeckOK BVerfGG/Walter § 32 Rn. 76.

324 Vgl. BVerfGE 134, 202 (203, Rn. 1); Beschluss der 1. Kammer des Ersten Senats vom 17.9.2022 – 1 BvR 618/22, Rn. 1 ff. bei Juris.

201 Widerspruch ist möglich sowohl gegen den Erlass wie gegen die Ablehnung einer einstweiligen Anordnung. Der Kreis der **Widerspruchsberechtigten** ist aber erheblich eingegrenzt. Durch den Wortlaut von Abs. 3 Satz 2 ausgeschlossen ist der Beschwerdeführer im Verfahren der Verfassungsbeschwerde. § 32 Abs. 3 Satz 2 gilt auch dann, wenn der Antragsteller zwar keine Verfassungsbeschwerde erhoben hat, in der Hauptsache aber nur die Verfassungsbeschwerde in Betracht kommt.[325] Ausgeschlossen ist, was oft übersehen wird, in der Verfassungsbeschwerdekonstellation auch der dort äußerungsberechtigte (§ 94 Abs. 3) Prozessgegner des fachgerichtlichen Ausgangsverfahrens, der durch eine im Beschlussweg ergangene einstweilige Anordnung an der Vollstreckung der ihm günstigen rechtskräftigen Entscheidung gehindert wird.[326] Da der fachgerichtliche Prozessgegner im Verfassungsbeschwerdeverfahren auch nicht beitrittsberechtigt ist (§ 94 Abs. 5 iVm Abs. 3), kann er auch auf diesem Weg nicht widerspruchsbefugt werden.

202 Solche unzulässigen Widersprüche können dem Bundesverfassungsgericht aber Gelegenheit geben, zu prüfen, ob die einstweilige Anordnung von Amts wegen aufgehoben, abgeändert oder ihre **Vollziehung ausgesetzt** wird.[327] Ein zulässiger Widerspruch suspendiert die einstweilige Anordnung nicht (Abs. 4 Satz 1), sondern nur nach entsprechender Aussetzungsentscheidung des Bundesverfassungsgerichts (Abs. 4 Satz 2).

203 Legt ein beigetretenes Verfassungsorgan in einem Verfassungsbeschwerdeverfahren Widerspruch gegen eine Entscheidung über eine einstweilige Anordnung ein, die eine Kammer getroffen hat, entscheidet darüber der **Senat** (§ 93d Abs. 2 Satz 3). Über den Antrag auf Aussetzung der Vollziehung einer einstweiligen Anordnung in einem Verfassungsbeschwerdeverfahren entscheidet gemäß § 93d Abs. 2 Satz 1 die Kammer.[328]

204 **4. Begründung, Abs. 5.** Seit 1993 kann das Bundesverfassungsgericht die Bekanntgabe von Tenor und Begründung bei Entscheidungen nach § 32 trennen.[329] Das trägt praktischen Erfordernissen Rechnung, allerdings sollte die nach Abs. 5 Satz 2 vorzunehmende **nachträgliche** gesonderte Übermittlung der **Begründung** an die Beteiligten so zeitnah wie möglich erfolgen. Entscheidungsbekanntgaben ohne Begründung sind nicht nur den Senaten, son-

325 Beschluss der 3. Kammer des Ersten Senats vom 27.7.2018 – 1 BvQ 73/17, Rn. 2 bei Juris; Beschluss der 1. Kammer des Ersten Senats vom 26.2.2018 – 1 BvQ 72/17 ua, Rn. 3 bei Juris; Beschluss der 3. Kammer des Zweiten Senats vom 25.1.2018 – 2 BvQ 85 /17, Rn. 5 bei Juris.

326 Beschluss der 3. Kammer des Ersten Senats vom 20.12.2022 – 1 BvR 1654/22, Rn. 6 bei Juris; Beschluss der 1. Kammer des Ersten Senats vom 13.10.2021 – 1 BvR 1750/21, Rn. 6 bei Juris; BVerfGE 139, 378 (380, Rn. 6) – Flashmob.

327 Beschluss der 3. Kammer des Ersten Senats vom 20.12.2022 – 1 BvR 1654/22, Rn. 7 ff. bei Juris; Beschlüsse der 1. Kammer des Ersten Senats vom 13.10.2021 – 1 BvR 1750/21, Rn. 7 bei Juris, und vom 1.2.2005 – 1 BvR 2790/04, Rn. 7 ff. bei Juris.

328 Beschluss der 3. Kammer des Zweiten Senats vom 10.9.1993 – 2 BvR 1952/93, Rn. 1 bei Juris.

329 Beispiel: BVerfGE 165, 296 (296) – Wiederholungswahl Berlin; BVerfG, Beschlüsse des Zweiten Senats vom 26.3.2021 – 2 BvR 547/21, Juris – ERatG, und vom 15.4.2019 – 2 BvQ 22/19, Juris – Wahlrechtsausschluss für Betreute bei der Europawahl 2019; Beschluss der 2. Kammer des Zweiten Senats vom 8.10.2023 – 2 BvQ 189/23, Juris.

dern auch den Kammern möglich.[330] Inzwischen kommt auch die Tenorbegründung häufig vor,[331] auch wenn dadurch gelegentlich mehr Unklarheiten geschaffen als nützliche Informationen gegeben werden. Ein Beispiel dafür ist die Entscheidung des Zweiten Senats vom 25.4.2024, mit dem der auf ein Organstreitverfahren bezogene Antrag eines Bundestagsabgeordneten, der für eine bessere Beratung im Bundestag eine Verschiebung der Abstimmung über das Zweite Gesetz zur Änderung des Bundes-Klimaschutzgesetzes erreichen wollte, mit der sibyllinischen Begründung abgelehnt wurde, der Antrag in der Hauptsache sei derzeit von vornherein unzulässig.[332]

5. Geltungsdauer, Abs. 6. Nach Abs. 6 Satz 1 tritt eine einstweilige Anordnung nach **sechs Monaten** automatisch außer Kraft. Das bedeutet aber nicht, dass eine einstweilige Anordnung immer mindestens sechs Monate wirksam bleiben muss. Das Bundesverfassungsgericht kann bei Fällen, in denen eine kürzere Sicherung ausreicht, die Dauer der Anordnung auf einen kürzeren Zeitraum beziehen.[333] Weil bis zum Ablauf der Sechs-Monats-Frist des Satzes 1 regelmäßig über die Hauptsache noch nicht entschieden ist, kann die Anordnung nach Satz 2 wiederholt und damit der Sache nach verlängert werden, und zwar bis zur Entscheidung über die Hauptsache, maximal aber wiederum für sechs Monate.[334] 205

Mehrere Verlängerungen können sich aneinanderreihen und so Zeiträume von mehreren Jahren überbrücken. Zum Beispiel wurde in dem abstrakten Normenkontrollverfahren 2 BvF 1/15 zum Zensusgesetz 2011 die einstweilige Anordnung am 26.8.2015 erstmals durch Beschluss des Zweiten Senats getroffen und dann sechsmal verlängert mit der Folge, dass sie erst durch das am 19.9.2018 ergangene Hauptsacheurteil beendet wurde.[335] Das gilt auch für 206

330 Vgl. aus dem Bereich der Senatsentscheidungen BVerfG, Beschluss des Zweiten Senats vom 21.2.2024 – 2 BvE 1/24, Tenor bei Juris – Mitgliedschaft in Parlamentarischen Kontrollgremium; für Kammerentscheidungen beispielhaft Beschlüsse der 2. Kammer des Zweiten Senats vom 20.10.2021 – 2 BvQ 95/21, Juris, vom 6.2.2020 – 2 BvQ 9/20, Juris, und vom 27.2.2019 – 2 BvR 351/19, Juris; Beschluss der 3. Kammer des Ersten Senats vom 29.12.2020 – 1 BvQ 152/20 ua, Juris.

331 Vgl. etwa Beschluss der 1. Kammer des Zweiten Senats vom 12.03.2024 – 2 BvQ 15/24, Tenor bei Juris; Beschluss der 3. Kammer des Zweiten Senats vom 30.8.2022 – 2 BvR 1507/22; Beschluss der 1. Kammer des Ersten Senats vom 17.8.2021 – 1 BvR 2152/20; Beschluss der 2. Kammer des Zweiten Senats vom 19.3.2020 – 2 BvR 474/20; Beschluss der 1. Kammer des Zweiten Senats vom 5.12.2019 – 2 BvQ 96/19, alle Tenor Juris.

332 BVerfG, Beschluss des Zweiten Senats vom 25.04.2024 – 2 BvE 3/24, Tenor bei Juris.

333 Vgl. Beschluss der 2. Kammer des Zweiten Senats vom 6.2.2020 – 2 BvQ 9/20, Tenor Juris: Außervollzugsetzung einer Auslieferung nach Rumänien längstens für die Dauer von sechs Wochen; Beschluss der 1. Kammer des Zweiten Senats vom 4.9.2019 – 2 BvR 1380/19, Tenor Juris: Abschiebeverbot nach Italien längstens für die Dauer von drei Monaten.

334 Vgl. BVerfG, Beschluss des Zweiten Senats vom 20.12.2022 – 2 BvR 900/22, Rn. 2 f. bei Juris; BVerfGE 149, 48 (49); siehe auch Beschlüsse der 2. Kammer des Ersten Senats vom 28.2.2023 – 1 BvR 1691/22, Juris, und vom 9.6.2022 – 2 BvR 852/20, Juris; Beschlüsse der 2. Kammer des Zweiten Senats vom 26.9.2019 – 2 BvR 1845/18, Rn. 2 bei Juris, vom 26.9.2019 – 2 BvR 517/19, Rn. 2 bei Juris, und vom 26.9.2019 – 2 BvR 2100/18, Rn. 1 bei Juris; Beschluss der 1. Kammer des Zweiten Senats vom 22.5.2019 – 2 BvQ 9/19, Juris.

335 Vgl. BVerfGE 150, 1.

einstweilige Anordnungen von Kammern.[336] Eine gewisse Begrenzung liegt allerdings darin, dass für die Wiederholung durch den Senat eine Mehrheit der mitwirkenden Mitglieder nicht genügt (§ 15 Abs. 4 Satz 1), sondern eine Mehrheit von zwei Dritteln der mitwirkenden Richter erreicht werden muss. Die nur einstimmig möglichen Anordnungen der Kammern können auch nur einstimmig verlängert werden. Auch wenn die Wiederholung von Amts wegen möglich ist, sollte der Rechtsanwalt in geeigneter Weise auf eine Wiederholung hinwirken, dh vor Ablauf der einstweiligen Anordnung um ihre Verlängerung bitten. Die Wiederholung setzt allerdings voraus, dass die gesetzlichen Voraussetzungen für den erstmaligen Erlass der einstweiligen Anordnung noch gegeben sind.[337]

207 **6. Beschlussfähigkeit, Abs. 7.** Ist ein Senat nicht beschlussfähig (§ 15 Abs. 2), kann bei besonderer Dringlichkeit die einstweilige Anordnung gleichwohl erlassen werden, wenn mindestens drei Richter anwesend sind und der Beschluss einstimmig gefasst wird. Die einstweilige Anordnung eines solchen **„Notsenats"** hat eine verkürzte Geltungsdauer von lediglich einem Monat, die sich auf sechs Monate verlängert, wenn die einstweilige Anordnung vom Senat bestätigt wird.[338]

208 **7. Erledigung und Auslagenerstattung.** Das Bundesverfassungsgericht kann Anträgen nach § 32 ausweichen, indem es **über die Hauptsache entscheidet**, wenn diese schon anhängig ist.[339] Dadurch erledigt sich der Antrag auf Erlass einer einstweiligen Anordnung nach § 32, weil keine Hauptsacheentscheidung mehr aussteht, hinsichtlich derer eine vorläufige Regelung zu treffen wäre.[340]

209 Besonders wenig Aufwand macht das für das Bundesverfassungsgericht, wenn es um **Verfassungsbeschwerden** geht. Denn dann kann die Kammer eine Nichtannahmeentscheidung (§§ 93b Satz 1, 1. Alt., 93 a) treffen, die keiner Begründung bedarf (§ 93d Abs. 1 Satz 3; siehe auch → § 93d Rn. 8 ff.). Die Erledigung des Eilverfahrens bei Nichtannahme der Verfassungsbeschwerde wird in der Geschäftsordnung des Bundesverfassungsgerichts ausdrücklich erwähnt (§ 40 Abs. 3 GO-BVerfG). Die Erledigung des Antrags auf Erlass einer einstweiligen Anordnung, ohne dass über ihn entschieden wird, ist in der Praxis eine besonders häufige Form seiner Behandlung.[341]

---

336 Beispielhaft Beschluss der 1. Kammer des Zweiten Senats vom 24.11.2022 – 2 BvR 852/20; Beschlüsse der 2. Kammer des Zweiten Senats im Verfahren 2 BvR 2100/18 vom 21.9.2018, 11.4.2019 und 26.9.2019, alle bei Juris.

337 BVerfG, Beschluss des Zweiten Senats vom 16.6.2023 – 2 BvR 900/22, Rn. 3 bei Juris; Beschluss der 1. Kammer des Zweiten Senats vom 21.4.2023 – 2 BvR 1838/22, Rn. 2 bei Juris; Beschluss der 2. Kammer des Zweiten Senats vom 26.9.2019 – 2 BvR 1845/18, Rn. 2 bei Juris; BVerfGE 97, 102 (102).

338 BVerfG, Beschluss des Ersten Senats vom 11.10.1994 – 1 BvR 1651/94, Juris.

339 BVerfGE 127, 165 (167) – bei abstrakter Normenkontrolle gegen Zukunftsinvestitionsgesetz.

340 BVerfGE 100, 266 (270).

341 Vgl. Beschluss der 1. Kammer des Zweiten Senats vom 16.10.2023 – 2 BvR 1330/23; Beschlüsse der 1. Kammer des Ersten Senats vom 28.9.2023 – 1 BvR 1740/23, und vom 18.9.2023 – 1 BvR 1728/23, jeweils Tenor Juris; Beschluss der 3. Kammer des Zweiten Senats vom 27.11.2019 – 2 BvR 2046/19, Rn. 6 bei Juris; Beschlüsse der 2. Kammer des Zweiten Senats vom 13.11.2019 – 2 BvR 1965/19, Rn. 6 bei Juris, und vom 28.10.2019 – 2 BvR 966/19, Rn. 18 bei Juris.

Erledigung tritt aber auch ein, **wenn die Kammer der Verfassungsbeschwerde** nach § 93c Abs. 1 Satz 1 **stattgibt.**[342] Wurde eine einstweilige Anordnung erlassen, wird sie durch die anschließende Hauptsacheentscheidung gegenstandslos.[343] Dasselbe gilt bei Erledigung des Hauptsacheverfahrens durch Rücknahme.[344] 210

Das Anordnungsverfahren ist zwar ein Nebenverfahren zur jeweiligen Hauptsache, im Hinblick auf die **Erstattung notwendiger Auslagen** (§ 34a) aber selbstständig. Deshalb erstreckt sich die Anordnung in einem Verfassungsbeschwerdeverfahren, dass einem Beschwerdeführer Auslagen zu erstatten sind, nicht auf Auslagen, die durch einen in diesem Zusammenhang gestellten Antrag auf Erlass einer einstweiligen Anordnung entstanden sind.[345] Grundlage für eine Erstattung von Auslagen im Verfahren nach § 32 wäre auch nicht § 34a Abs. 2, sondern § 34a Abs. 3 (→ § 34a Rn. 21). 211

Eine **nachträgliche Anordnung der Auslagenerstattung** für das Anordnungsverfahren nach § 34a Abs. 3 ist möglich, aber nur dann, wenn die einstweilige Anordnung erlassen wurde oder voraussichtlich Erfolg gehabt hätte.[346] 212

8. Taktische Hinweise für den Rechtsanwalt. Ein Rechtsanwalt, der einen Antrag auf Erlass einer einstweiligen Anordnung für seinen Mandanten, im Regelfall also für einen Beschwerdeführer in einem Verfassungsbeschwerdeverfahren erwägt, muss sich über die damit verbundenen **Konsequenzen** bewusst sein. 213

Verbindet der Anwalt die von ihm eingereichte Verfassungsbeschwerde mit einem Antrag auf Erlass einer einstweiligen Anordnung, dann erreicht er damit in der Regel, dass über die eingereichte Verfassungsbeschwerde **überdurchschnittlich schnell** entschieden wird. Dafür handelt er sich aber ein überdurchschnittliches Risiko ein, dass seine Verfassungsbeschwerde **von einer Kammer ohne Begründung nicht** zur Entscheidung angenommen und damit der Antrag auf Erlass einer einstweiligen Anordnung für erledigt erklärt wird.[347] 214

342 Beschluss der 2. Kammer des Ersten Senats vom 28.2.2022 – 1 BvR 1619/21, Tenor Ziffer 4, Juris; Beschluss der 2. Kammer des Zweiten Senats vom 9.12.2021 – 2 BvR 1333/21, Juris; Beschluss der 1. Kammer des Ersten Senats vom 14.3.2019 – 1 BvR 169/19, Rn. 25 bei Juris; Beschluss der 1. Kammer des Zweiten Senats vom 25.2.2019 – 2 BvR 1193/18, Tenor Ziffer 2, Juris.

343 Beschluss der 2. Kammer des Ersten Senats vom 19.7.2007 – 1 BvR 305/07, Rn. 8 bei Juris; siehe auch Beschlüsse der 1. Kammer des Zweiten Senats vom 31.10.2022 – 2 BvR 1838/22, und vom 11.10.2021 – 2 BvR 1713/21, jeweils Tenor Juris.

344 Beschluss der 1. Kammer des Zweiten Senats vom 19.12.2016 – 2 BvR 1490/16, Rn. 7 bei Juris.

345 BVerfGE 89, 91 (94).

346 BVerfGE 89, 91 (97); Beschluss der 2. Kammer des Zweiten Senats vom 23.5.2023 – 2 BvR 2013/22, Rn. 2 f. bei Juris; Beschluss der 2. Kammer des Ersten Senats vom 6.12.2021 – 1 BvR 1246/20, Rn. 3 bei Juris; Beschluss der 1. Kammer des Zweiten Senats vom 25.4.2019 – 2 BvQ 45/18, Rn. 6 bei Juris.

347 Vgl. Beschluss der 3. Kammer des Ersten Senats vom 25.9.2023 – 1 BvR 1790/23, Tenor und Rn. 23 f. bei Juris; Beschluss der 3. Kammer des Zweiten Senats vom 27.11.2019 – 2 BvR 2046/19, Rn. 6 bei Juris; Beschluss der 2. Kammer des Zweiten Senats vom 13.11.2019 – 2 BvR 1965/19, Rn. 6 bei Juris; Beschluss der 1. Kammer des Zweiten Senats vom 14.10.2019 – 2 BvR 1768/19, Tenor Juris; vgl. aus der Senatsrechtsprechung etwa BVerfGE 138, 125 (136, Rn. 35).

215 Stellt der Anwalt isoliert, also vor Ablauf der Frist für die Einreichung der Verfassungsbeschwerde, einen Antrag auf Erlass einer einstweiligen Anordnung, dann erreicht er damit, dass das Bundesverfassungsgericht die **Entscheidung darüber begründen muss**. Denn von der Begründung freigestellt ist nur eine Entscheidung der Kammer, die Annahme der Verfassungsbeschwerde abzulehnen (§ 93d Abs. 1 Satz 3), während die Entscheidung über Anträge nach § 32 immer einer Begründung bedarf (§ 32 Abs. 5). Auch wenn eine solche Begründung nicht unbedingt sehr ausführlich ausfällt, kann sie immerhin Anhaltspunkte auch für die Begründung der Verfassungsbeschwerde liefern.

216 Oftmals ist für den Mandanten aus praktischen Gründen, etwa weil Behörden mit Vollstreckungsmaßnahmen bis zu einer Entscheidung des Bundesverfassungsgerichts freiwillig zuwarten, oder aus politischen Gründen, etwa weil das bloße Anhängigsein der Verfassungsbeschwerde einen Vorgang offenhält, eine gerichtliche einstweilige Anordnung gar nicht notwendig. In diesen Fällen muss der Anwalt seinem Mandanten bewusst machen, dass ein Antrag auf Erlass einer einstweiligen Anordnung zu einer **oftmals beschleunigten Nichtannahme** der Verfassungsbeschwerde und damit zum Verlust der praktischen oder politischen Vorteile ihres Anhängigseins führt.

217 Häufig zeichnet sich schon frühzeitig ab, dass eine **einstweilige Anordnung zu rechtsschutzungünstigen Zeitpunkten** gebraucht werden wird, also etwa kurz vor oder sogar am Wochenende oder an Feiertagen. Deshalb ist es angezeigt, dem zuständigen Berichterstatter einen solchen wahrscheinlich erforderlich werdenden Antrag auf Erlass einer einstweiligen Anordnung vorab anzukündigen.

218 Der Rechtsanwalt sollte beachten, dass eine **vermeidbare Zeitnot** des Bundesverfassungsgerichts im Zweifel **zulasten des Antragstellers** geht. Beispielsweise im Versammlungsrecht, kann es in der Folgenabwägung zulasten des Antragstellers gehen, wenn der Antrag sehr knapp vor dem vorgesehenen Versammlungsbeginn gestellt wird. Denn dann verbleiben Versammlungsbehörden und Polizei teilweise nur noch Minuten für die Maßnahmen, die zur Sicherstellung des ordnungsgemäßen Verlaufs der Versammlung notwendig sind.[348] Eine eigene Folgenabwägung des Bundesverfassungsgerichts bei Antragstellung an einem Samstag innerhalb von dreieinhalb Stunden kann nicht ernsthaft erwartet werden.[349] Ist die für das begehrte Einschreiten des Bundesverfassungsgerichts noch zur Verfügung stehende Zeit zu kurz, dann nehmen die Kammern des Gerichts gar keine eigene Folgenabwägung mehr vor, sondern beschränken sich auf eine Plausibilitätskontrolle der Abwägung, die sich aus den angegriffenen fachgerichtlichen Entscheidungen ergibt.[350]

---

348 Vgl. Beschluss der 1. Kammer des Ersten Senats vom 27.1.2012 – 1 BvQ 4/12, Rn. 9 bei Juris.

349 Vgl. Beschluss der 2. Kammer des Ersten Senats vom 28.9.2013 – 1 BvQ 42/13, Rn. 5 bei Juris.

350 Beschlüsse der 3. Kammer des Ersten Senats vom 11.9.2015 – 1 BvR 2211/15, Rn. 6 bei Juris, und vom 9.9.2013 – 1 BvR 2519/13, Rn. 9 bei Juris; Beschluss der 2. Kammer des Ersten Senats vom 28.9.2013 – 1 BvQ 42/13, Rn. 5 bei Juris.

§ 33 [Aussetzung des Verfahrens]

(1) Das Bundesverfassungsgericht kann sein Verfahren bis zur Erledigung eines bei einem anderen Gericht anhängigen Verfahrens aussetzen, wenn für seine Entscheidung die Feststellungen oder die Entscheidung dieses anderen Gerichts von Bedeutung sein können.

(2) Das Bundesverfassungsgericht kann seiner Entscheidung die tatsächlichen Feststellungen eines rechtskräftigen Urteils zugrunde legen, das in einem Verfahren ergangen ist, in dem die Wahrheit von Amts wegen zu erforschen ist.

§ 33 betrifft die Grundlage der vom Bundesverfassungsgericht zu treffenden Entscheidungen. Hierfür können tatsächliche Feststellungen und Entscheidungen der Fachgerichte abgewartet und herangezogen werden, wenn eigene Ermittlungen des Bundesverfassungsgerichts nicht notwendig erscheinen. Die Vorschrift dient damit der **Prozessökonomie**. Zugleich ist sie Ausdruck des für das Verhältnis des Bundesverfassungsgerichts zur Fachgerichtsbarkeit allgemein anerkannten **Subsidiaritätsprinzips**, das im Verfahren der Verfassungsbeschwerde in § 90 Abs. 2 Satz 1 verankert ist (→ § 90 Rn. 451 ff.). 1

Ist ein fachgerichtliches Verfahren anhängig, in dem Feststellungen oder Entscheidungen zu erwarten sind, die dem Bundesverfassungsgericht bei der Beantwortung einer sich ihm stellenden Frage des Verfassungsrechts hilfreich sein könnten, kann das verfassungsgerichtliche Verfahren bis zum Abschluss des fachgerichtlichen Verfahrens **ausgesetzt** werden (**§ 33 Abs. 1**). Die Aussetzung ist förmlich zu beschließen. 2

Ausdrückliche Erwähnung findet § 33 Abs. 1 jedoch nur ganz selten,[1] in neuerer Zeit vor allen Dingen in Fällen, in denen das Bundesverfassungsgericht gemäß Art. 267 AEUV dem EuGH Fragen zur Vorabentscheidung vorlegt.[2] Von den Vorlagen an den EuGH abgesehen wird der Verfassungsprozess in der Praxis **nicht förmlich durch Beschluss** ausgesetzt. Das Bundesverfassungsgericht muss bei der Bearbeitung seiner Verfahren keine bestimmte Reihenfolge einhalten und kann deshalb im Rahmen der durch die Vorschriften zur Verzögerungsbeschwerde (§§ 97a ff.) abgesteckten Grenzen durch schlichtes „Liegenlassen" erreichen, dass die Fachgerichte früher entscheiden. 3

Losgelöst von § 33 Abs. 1 wird in der Literatur darüber gestritten, ob das Bundesverfassungsgericht ein Verfassungsbeschwerdeverfahren aussetzen darf, wenn der Beschwerdeführer den Hoheitsakt auch mit einer **Landesverfassungsbeschwerde** angegriffen hat.[3] Die für die Zulässigkeit der Bundesverfassungsbeschwerde nach § 90 Abs. 1 erforderliche Beschwer entfällt, sobald der angegriffene Hoheitsakt vom Landesverfassungsgericht aufgehoben wird.[4] Für die Entscheidung des Bundesverfassungsgerichts, konkret für die 4

1 Vgl. BVerfGE 45, 297 (312).
2 Vgl. BVerfGE 146, 216 (293, Rn. 135); 134, 366 (419, Rn. 104).
3 Dafür: Burkiczak/Dollinger/Schorkopf BVerfGG/Henke § 90 Rn. 251; dagegen: Lechner/Zuck/Zuck § 90 Rn. 191.
4 BVerfGE 22, 267 (272).

Beurteilung der Zulässigkeit der Verfassungsbeschwerde im Zeitpunkt der Entscheidung, kann damit die Entscheidung des Landesverfassungsgerichts von Bedeutung sein. Die Aussetzungsbefugnis ergibt sich daher auch in diesem Fall richtigerweise unmittelbar aus § 33 Abs. 1. Umgekehrt können auch Landesverfassungsgerichte ein bei ihnen anhängiges Verfahren entsprechend § 33 Abs. 1, sofern das entsprechende Landesverfahrensgesetz es zulässt, bis zu einer aus ihrer Sicht maßgebenden Entscheidung des Bundesverfassungsgerichts in einem bei ihnen schon anhängigen Verfahren aussetzen.[5]

5 Zur Aussetzung im Hinblick auf eine **Vorlage an den Gerichtshof der Europäischen Union** kann das Bundesverfassungsgericht aufgrund von Art. 267 Abs. 3 AEUV sogar verpflichtet sein.[6] Für eine Aussetzungs- und Vorlagepflicht nach Art. 267 Abs. 3 AEUV muss eine unionsrechtliche Frage aber für die vom Bundesverfassungsgericht zu klärende verfassungsrechtliche Frage entscheidungserheblich sein.[7] Das hat das Bundesverfassungsgericht in Verfahren zur Klärung der Kompetenzen der Europäischen Zentralbank erstmals im Jahr 2014[8] und zuletzt erneut im Jahr 2017[9] angenommen und die anhängigen Organstreit- und Verfassungsbeschwerdeverfahren bis zur Entscheidung des Gerichtshofs der Europäischen Union im Vorabentscheidungsverfahren ausgesetzt.[10]

6 Die Aussetzung nach Abs. 1 kann nur im Hinblick auf ein zeitgleich **anhängiges** anderes Verfahren erfolgen. Darunter fällt auch ein erst zeitgleich mit der Aussetzung und der Vorlage an den Gerichtshof der Europäischen Union nach Art. 267 Abs. 3 AEUV anhängig gemachtes Vorabentscheidungsverfahren. Die dem folgende Praxis des Bundesverfassungsgerichts, die ausdrücklich auf § 33 Abs. 1 Bezug nimmt, entspricht nicht nur dem Sinn und Zweck der Aussetzungsmöglichkeit nach dieser Norm, sondern rechtfertigt sich auch durch den Aspekt der unionsrechtskonformen Auslegung im Hinblick auf die Regelung des Art. 267 Abs. 3 AEUV. Die bei engerer Auslegung jedenfalls gebotene analoge Anwendung von § 33 Abs. 1[11] ist gegenüber der vom Bundesverfassungsgericht praktizierten weiten Auslegung nicht zwingend. Ist das Bundesverfassungsgericht an einer fachgerichtlichen Einschätzung der Rechtslage interessiert, ohne dass ein anderes Verfahren anhängig ist, kommt eine Anfrage bei den obersten Gerichtshöfen des Bundes und obersten Landesgerichten nach § 82 Abs. 4 in Betracht.

7 Das Bundesverfassungsgericht hat bei einer in Frage kommenden Aussetzung nach Abs. 1, sofern keine Aussetzungspflicht nach Art. 267 Abs. 3 AEUV besteht, nach eigenem **Ermessen** abzuwägen, ob und inwieweit es bevorstehende Feststellungen und Entscheidungen anderer Gerichte in seinem Verfahren zu berücksichtigen beabsichtigt und ob vor diesem Hintergrund ein vorübergehender Stillstand des Verfassungsprozesses hinzunehmen ist. Bei der ihm obliegenden Anwendung von Verfassungsrecht ist das Bundesverfas-

---

5 Vgl. SächsVerfGH, Beschluss vom 9.7.2021 – Vf. 197-II-20, Rn. 1 bei Juris.
6 Vgl. BVerfGE 126, 286 (304); 125, 260 (308).
7 BVerfGE 125, 260 (308); vgl. auch BVerfGE 129, 186 (198 f.).
8 BVerfGE 134, 366 (390, Rn. 33).
9 BVerfGE 146, 216 (293, Rn. 135).
10 BVerfGE 146, 216 (293, Rn. 135); 134, 366 (419, Rn. 104).
11 Vgl. zu dieser Lösung bei § 94 VwGO BVerwG, Beschluss des 6. Senats vom 24.2.2010 – 6 A 7/08, Rn. 17 bei Juris.

sungsgericht nicht im engeren Sinne an die Feststellungen und Entscheidungen der Fachgerichte rechtlich gebunden und aus diesem Grunde auf sie angewiesen. Die Aussetzung nach § 33 Abs. 1 beruht daher **nicht** auf einer **Vorgreiflichkeit** der Entscheidung eines anderen Fachgerichts, etwa iSd § 148 ZPO.

Die Regelung des § 33 Abs. 1 setzt voraus, dass Feststellungen und Entscheidungen der Fachgerichte in anderen Verfahren für die Beurteilung einer verfassungsrechtlichen Frage – wenn nicht bindend, dann jedenfalls doch – bedeutsam sein können. Dies korrespondiert mit der ständigen Rechtsprechung des Bundesverfassungsgerichts zum **Vorrang der Fachgerichtsbarkeit**, der sowohl bei der Feststellung von Tatsachen[12] als auch bei der Auslegung des einfachen Rechts,[13] wo die Fachgerichte insbesondere die Möglichkeit einer verfassungskonformen Auslegung umstrittener Normen im Blick haben müssen,[14] stets hervorgehoben wird. 8

Durch die Befugnis zur Aussetzung des verfassungsgerichtlichen Verfahrens wird der Vorrang der Fachgerichtsbarkeit prozessual abgesichert. Daraus folgt umgekehrt ein **Vorrang der verfassungsgerichtlichen Aussetzungsbefugnis.** In einem theoretischen Wettstreit der Fachgerichte und des Bundesverfassungsgerichts um das Recht zur Aussetzung müssten die Fachgerichte nachgeben. Würde das Bundesverfassungsgericht die Feststellungen eines Fachgerichts abwarten wollen, dürfte das Fachgericht das bei ihm anhängige Verfahren nicht verzögern, damit zunächst eine Klärung der Verfassungsrechtsfrage durch das Bundesverfassungsgericht erfolgt. 9

Geht es um die von den Fachgerichten getroffenen tatsächlichen Feststellungen, steht deren sog. **Beweiswirkung** in Rede. Das Abwarten einer fachgerichtlichen Entscheidung kann aber – praktisch allerdings weniger wichtig – auch wegen deren sog. **Tatbestands- oder Feststellungswirkung** geboten sein.[15] 10

An die Beweiswirkung tatsächlicher Feststellungen der Fachgerichte knüpft auch **Abs. 2** an. Das Bundesverfassungsgericht akzeptiert sie nicht nur regelmäßig, sondern ist überdies ermächtigt, sie für seine Entscheidungen zu übernehmen. Die Feststellungen müssen allerdings in einem Verfahren unter Geltung des Amtsermittlungsgrundsatzes getroffen worden sein, und das fachgerichtliche Urteil oder der Beschluss müssen dafür rechtskräftig sein. 11

Das Bundesverfassungsgericht kann unter diesen Voraussetzungen abweichend von § 26 Abs. 1 Satz 1 auf eine eigene Beweisaufnahme verzichten. Die **Amtsermittlung** kann zur Entlastung des Bundesverfassungsgerichts **auf** 12

---

12 BVerfGE 83, 119 (125); 22, 267 (273); Beschluss der 1. Kammer des Ersten Senats vom 10.3.2022 – 1 BvR 484/22, Rn. 10 bei Juris; Beschluss der 2. Kammer des Ersten Senats vom 19.3.2009 – 1 BvR 316/09, Rn. 15 bei Juris.

13 Beschlüsse der 2. Kammer des Zweiten Senats vom 7.12.2022 – 2 BvR 1404/20, Rn. 39 bei Juris, und vom 23.9.2021 – 2 BvR 1144/21, Rn. 19 bei Juris; Beschluss der 1. Kammer des Zweiten Senats vom 22.7.2022 – 2 BvR 1630/21, Rn. 26 bei Juris; Beschlüsse der 1. Kammer des Ersten Senats vom 25.4.2016 – 1 BvR 1147/12, Rn. 7 bei Juris, und vom 18.12.2012 – 1 BvR 1509/10, Rn. 23 bei Juris.

14 BVerfGE 160, 1 (15, Rn. 41); 125, 175 (220); vgl. auch Beschluss der 3. Kammer des Ersten Senats vom 29.4.2022 – 1 BvL 2/17 ua, Rn. 16 bei Juris; Beschluss der 2. Kammer des Zweiten Senats vom 28.7.2015 – 2 BvR 2558/14 ua, Rn. 46 bei Juris.

15 Vgl. Lechner/Zuck/Zuck § 33 Rn. 2 ff.

die Fachgerichte delegiert werden, wenn an der Richtigkeit der dortigen Feststellungen keine Zweifel bestehen.

13 Daher kommt eine Anwendung des Abs. 2 **nicht** in Betracht, **sofern sich eine Verfassungsbeschwerde gerade gegen solche Feststellungen richtet.**[16] In einem derartigen Fall müssen die Tatsachenfeststellungen einer verfassungsgerichtlichen Überprüfung unterzogen werden. Das Bundesverfassungsgericht kann die Rüge aber zurückweisen, wenn die angegriffenen Tatsachenfeststellungen keine verfassungsrechtlich erheblichen Mängel erkennen lassen.[17] Der Verfassungsbeschwerde ist hingegen stattzugeben, wenn das Fachgericht die verfassungsrechtlichen Anforderungen an die Sachverhaltsaufklärung verkannt hat.[18]

§ 34 [Kosten des Verfahrens; Auferlegung einer Gebühr]

(1) **Das Verfahren des Bundesverfassungsgerichts ist kostenfrei.**

(2) **Das Bundesverfassungsgericht kann eine Gebühr bis zu 2 600 Euro auferlegen, wenn die Einlegung der Verfassungsbeschwerde oder der Beschwerde nach Artikel 41 Abs. 2 des Grundgesetzes einen Mißbrauch darstellt oder wenn ein Antrag auf Erlaß einer einstweiligen Anordnung (§ 32) mißbräuchlich gestellt ist.**

(3) **Für die Einziehung der Gebühr gilt § 59 Abs. 1 der Bundeshaushaltsordnung entsprechend.**

I. Grundsatz der Kostenfreiheit, Abs. 1

1 In § 34 Abs. 1 ist der für alle Verfahren vor dem Bundesverfassungsgericht geltende **Grundsatz der Gerichtskostenfreiheit** geregelt. Abweichend hiervon gibt Abs. 2 dem Gericht aber die Möglichkeit, missbräuchliche Anträge in bestimmten Verfahrensarten doch mit einer Gebühr zu ahnden. Abs. 1 und Abs. 2 stehen in einem Regel-Ausnahme-Verhältnis zueinander, wobei Abs. 2 regelt, unter welchen Voraussetzungen und in welchen Verfahren der

---

16 So auch Burkiczak/Dollinger/Schorkopf BVerfGG/Schneider § 33 Rn. 33.

17 Beschluss der 1. Kammer des Zweiten Senats vom 17.7.2007 – 2 BvR 496/07, Rn. 6 bei Juris; grundlegend BVerfGE 20, 144 (150).

18 Vgl. Beschlüsse der 1. Kammer des Zweiten Senats vom 9.3.2022 – 2 BvR 1419/18, Rn. 43 f. bei Juris, und vom 9.2.2021 – 2 BvQ 8/21, Rn. 4 ff. bei Juris; Beschlüsse der 2. Kammer des Zweiten Senats vom 9.12.2021 – 2 BvR 1985/16, Rn. 19 ff. bei Juris, vom 7.4.2020 – 2 BvR 1935/19, Rn. 30 f. bei Juris, und vom 20.4.2017 – 2 BvR 1754/14, Rn. 44 ff. bei Juris; Beschluss der 3. Kammer des Zweiten Senats vom 19.7.2011 – 2 BvR 2413/10, Rn. 14 ff. bei Juris; siehe auch Beschluss der 2. Kammer des Ersten Senats vom 19.8.2013 – 1 BvR 577/13, Rn. 10 ff. bei Juris.

Grundsatz der Kostenfreiheit durchbrochen werden kann.[1] Beschwerdeführer und Antragsteller können im Verfassungsbeschwerdeverfahren, im Beschwerdeverfahren nach Art. 41 Abs. 2 GG oder bei einem Antrag auf Erlass einer einstweiligen Anordnung daher nicht mit letzter Gewissheit davon ausgehen, dass sie kein Gerichtskostenrisiko tragen. Ausgeschlossen ist aber auch in diesen Verfahren das Risiko, als Beschwerdeführer oder Antragsteller Kosten anderer Beteiligter tragen zu müssen.

In Verfahren, an denen ohnehin nur staatliche Organe beteiligt sein können (zB abstrakte Normenkontrolle nach § 13 Nr. 6, §§ 76 ff.), verhindert § 34 2
Abs. 1 lediglich eine Verschiebung von Kosten innerhalb des staatlichen Sektors. Einen eigenständigen **Regelungszweck** verfolgt die Vorschrift aber mit Blick auf private Grundrechtsträger. Sie sollen nicht wegen einer drohenden Kostenlast aus finanziellen Gründen auf die Erhebung eines verfassungsgerichtlichen Rechtsbehelfs verzichten.

Mit der **objektiven Funktion der verfassungsgerichtlichen Verfahren**, das 3
Verfassungsrecht zu wahren, auszulegen und fortzubilden,[2] wäre ein generelles Kostenrisiko der Beteiligten unvereinbar. Die Kosten der Verfassungsgerichtsbarkeit sind vom Staat zu tragen, da das Bundesverfassungsgericht seine Aufgaben über den Schutz von individuellen Verfassungsrechten hinaus als Verfassungsorgan und Hüter der Verfassung im öffentlichen Interesse wahrnimmt. Das gilt auch im Verfahren der Verfassungsbeschwerde.[3]

Der Grundsatz der **Kostenfreiheit** des verfassungsgerichtlichen Verfahrens 4
findet seine Entsprechung **auch bei der Individualbeschwerde nach Art. 34 EMRK**. Er folgt dort aus Art. 50 EMRK.[4]

Bei steigenden Verfahrenszahlen wäre allerdings nicht auszuschließen, dass 5
rechtpolitische Forderungen nach einer **allgemeinen Gerichtsgebühr** wieder modern werden. Damit könnte aber **keine spürbare Entlastung** des Bundesverfassungsgerichts erreicht werden. Die Prüfung der Erfolgsaussichten einer Verfassungsbeschwerde würde sich häufig lediglich verlagern. Statt im Annahmeverfahren nach §§ 93a ff. müsste sich das Gericht vorab mit einer Fülle von zu erwartenden Prozesskostenhilfeanträgen befassen.

Ein anderes Konzept wurde deshalb im Jahr 2012 aus den Reihen des 6
Bundesverfassungsgerichts, namentlich durch den damaligen Präsidenten Voßkuhle, in die politische Diskussion eingebracht. Vorgeschlagen wurde die Einführung einer sogenannten **Mutwillensgebühr** für Verfahren der Verfassungsbeschwerde und darauf bezogener Verfahren des einstweiligen Rechtsschutzes. Die Gebühr sollte von Beschwerdeführern bzw. Antragstellern erhoben werden, die auf die offensichtliche Aussichtslosigkeit ihres Begehrens hingewiesen worden sind, aber auf einer richterlichen Entscheidung nach Entrichtung der Gebühr bestehen. Ob angesichts der seit mehreren Jah-

1 Beschluss der 1. Kammer des Ersten Senats vom 28.6.2017 – 1 BvR 2324/16, Rn. 3 bei Juris; Beschluss der 2. Kammer des Zweiten Senats vom 27.3.2017 – 2 BvR 871/16, Rn. 4 bei Juris.

2 BVerfGE 98, 218 (242 f.).

3 Vgl. BVerfGE 124, 300 (318); BVerfG, Beschluss der Beschwerdekammer vom 1.10.2012 – 1 BvR 170/06 – Vz 1/12, Rn. 31 bei Juris; vgl. auch BVerfGE 149, 50 (85, Rn. 96).

4 Vgl. Lenz Rechtsschutz vor europäischen Gerichten, in: Quaas/Zuck, Prozesse in Verwaltungssachen, 3. Aufl. 2018, § 9 Rn. 163.

ren konstanten Eingangszahlen und der durch das Annahmeverfahren nach §§ 93a ff. bestehenden Möglichkeiten, aussichtslose Verfassungsbeschwerden ohne großen Aufwand zu bearbeiten, eine solche Konzeptänderung wirklich angezeigt ist, erscheint eher zweifelhaft. Jedenfalls hat sich für eine solche Gesetzesänderung **keine politische Mehrheit** gefunden, und die Diskussion steht aktuell nicht mehr auf der Tagesordnung.

7 Kostenfreiheit bedeutet, dass **weder Gerichtsgebühren** anfallen **noch sonstige Gerichtskosten** erhoben werden. Das Bundesverfassungsgericht stellt den Verfahrensbeteiligten die gerichtlichen Auslagen, etwa Zustellungs- und Kopierkosten, grundsätzlich nicht in Rechnung. Eine Ausnahme wird jedoch für zusätzliche Kosten erwogen, die durch Versäumnisse von Verfahrensbeteiligten, Zeugen oder Sachverständigen entstehen.[5] Der Gesetzgeber hat in § 34 allerdings keine Sonderregelung für **Verschuldenskosten** aufgenommen, die mit der im ebenfalls gerichtskostenfreien sozialgerichtlichen Verfahren (vgl. § 183 SGG) geltenden Vorschrift des § 192 Abs. 1 Satz 1 Nr. 1 SGG vergleichbar wäre, und das Bundesverfassungsgericht hat noch in keinem Verfahren die Notwendigkeit gesehen, über derartige Kosten gesondert zu entscheiden.

8 § 34 betrifft nur die Gerichtskosten. Wer die eigenen **Kosten und Auslagen der Beteiligten** eines Verfahrens vor dem Bundesverfassungsgericht, also insbesondere die Kosten der anwaltlichen Vertretung, zu tragen hat, bestimmt demgegenüber § 34 a. **Grundsätzlich**, dh mit Ausnahme der in § 34a genannten Fälle, findet **keine Kostenerstattung** statt.

9 Angesichts der **niedrigen Gegenstandswerte**, die das Bundesverfassungsgericht im Rahmen des § 34a ansetzt (→ § 34a Rn. 76 ff.), hilft die Gerichtskostenfreiheit dem Beschwerdeführer in der Praxis nicht nennenswert weiter. Kann er sich keinen guten Anwalt leisten, wird er kaum mit Erfolg Verfassungsbeschwerde erheben können. Ist er finanziell leistungsfähig, würden Gerichtsgebühren im Vergleich zu den außergerichtlichen Kosten nicht ins Gewicht fallen. Die Betroffenen leisten, sofern sie es können, die Aufwendungen für eine professionelle Betreuung in verfassungsgerichtlichen Verfahren deshalb vergleichsweise bereitwillig, weil die Anwälte, die sie vor den Fachgerichten vertreten haben, von den vielfältigen prozessualen Fallstricken bei Verfassungsbeschwerden wissen und den Fall daher ohne entsprechende Spezialisierung in der Regel nicht selbst zum Bundesverfassungsgericht treiben wollen.

10 Angesichts der Grundsätze der Gerichtskostenfreiheit und des Selbstbehalts eigener Auslagen trifft das Bundesverfassungsgericht in seinen Urteilen und Beschlüssen **keine Kostengrundentscheidung**. Einer Tenorierung zu Fragen der Kosten und Auslagen bedarf es nur in den Ausnahmefällen des § 34 Abs. 2 und des § 34 a.[6]

II. Missbrauchsgebühr, Abs. 2 und 3

11 **1. Rechtsnatur und Funktion der Missbrauchsgebühr.** Der Grundsatz der Kostenfreiheit wird mit § 34 Abs. 2 durchbrochen. Das Bundesverfassungs-

5 Vgl. Burkiczak/Dollinger/Schorkopf BVerfGG/Reiter § 34 Rn. 28.
6 Vgl. eine Kombination von beidem im Beschluss der 2. Kammer des Ersten Senats vom 25.5.2010 – 1 BvR 1602/08, Juris.

gericht kann in den Verfahren der Verfassungsbeschwerde (§ 90), der Wahlprüfungsbeschwerde (§ 48)[7] und des einstweiligen Rechtsschutzes (§ 32)[8] eine **Missbrauchsgebühr** bis zu 2.600 Euro auferlegen. In anderen Verfahrensarten ist die Vorschrift nicht analog anwendbar, auch nicht im Nichtanerkennungsbeschwerdeverfahren nach § 96a (→ § 96a Rn. 8).

Missbrauchsgebühren sollen überflüssigen Beschwerden und Anträgen entgegenwirken. Der einzelne Beschwerdeführer, dem eine solche Gebühr auferlegt wird, soll von der Erhebung weiterer substanzloser Verfassungsbeschwerden abgehalten werden. Diesem Zweck kann gegenüber einem Dauerbeschwerdeführer auch schon die in einem Nichtannahmebeschluss ausgesprochene Warnung dienen, ihm werde in künftigen Fällen missbräuchlich erhobener Verfassungsbeschwerden eine Missbrauchsgebühr auferlegt. Von einer solchen **Androhung einer Missbrauchsgebühr** macht das Bundesverfassungsgericht zunehmend Gebrauch, und zwar in erster Linie gegenüber dem Beschwerdeführer selbst,[9] gelegentlich aber auch gegenüber dem Bevollmächtigten des Beschwerdeführers (→ Rn. 24 ff.);[10] solchen Androhungen lassen die Kammern im Wiederholungsfall auch Taten folgen.[11] Gelegentlich wird die Androhung auch wiederholt.[12] Sie kann auch dadurch erfolgen, dass dem Beschwerdeführer mitgeteilt wird, von der Auferlegung einer Missbrauchsgebühr sei nochmals – gemeint ist: ein letztes Mal – abgesehen worden.[13] Sie kann sich speziell auch auf das Stellen einstweiliger Rechtsschutzanträge beziehen, bei denen die Dringlichkeit nicht ansatzweise erkennbar ist.[14] Dass mittlerweile die Anzahl von Beschlüssen, in denen eine Missbrauchsgebühr angedroht wird, die Anzahl von Beschlüssen übersteigt, in denen sie tatsächlich festgesetzt wird, spricht dafür, dass die Androhung jedenfalls teilweise ihren Zweck erfüllt. Daneben hat das Bundesverfassungsgericht eine Zeit lang auch **generalpräventive Zwecke** verfolgt, wie eine 12

7 Vgl. etwa BVerfG, Beschluss des Zweiten Senats vom 4.10.2011 – 2 BvC 9/11, Rn. 11 bei Juris.

8 Vgl. etwa Beschlüsse der 1. Kammer des Zweiten Senats vom 13.6.2023 – 2 BvQ 64/23 ua, Rn. 4 bei Juris, und vom 21.2.2023 – 2 BvQ 6/23, Rn. 3 bei Juris.

9 Beschlüsse der 1. Kammer des Zweiten Senats vom 27.6.2023 – 2 BvR 22/23 ua, Rn. 3 bei Juris, und vom 19.5.2023 – 2 BvR 1631/22 ua, Rn. 3 bei Juris; Beschluss der 1. Kammer des Ersten Senats vom 15.2.2023 – 1 BvR 165/23, Rn. 4 bei Juris; Beschlüsse der 2. Kammer des Zweiten Senats vom 9.1.2023 – 2 BvR 2211/22, Rn. 3 bei Juris, und vom 28.10.2022 – 2 BvR 1473/22, Rn. 6 bei Juris; Beschlüsse der 2. Kammer des Ersten Senats vom 19.4.2021 – 1 BvR 471/21, Rn. 4 bei Juris, und vom 8.7.2020 – 1 BvR 199/20, Rn. 5 bei Juris.

10 Beschluss der 1. Kammer des Ersten Senats vom 19.5.2023 – 1 BvR 704/23, Rn. 2 bei Juris; Beschluss der 2. Kammer des Ersten Senats vom 30.1.2020 – 1 BvR 2635/19, Rn. 5 bei Juris.

11 Vgl. Beschluss der 1. Kammer des Zweiten Senats vom 6.12.2022 – 2 BvR 1959/22, Rn. 6 bei Juris; Beschluss der 2. Kammer des Zweiten Senats vom 23.9.2021 – 2 BvR 1627/21, Rn. 5 bei Juris; vgl. für einen Fall gegenüber dem Bevollmächtigten Beschluss der 2. Kammer des Ersten Senats vom 28.5.2019 – 1 BvR 876/19, Rn. 4 bei Juris.

12 Vgl. Beschlüsse der 1. Kammer des Zweiten Senats vom 19.5.2023 – 2 BvR 1631/22 ua, Rn. 3 bei Juris, und vom 18.11.2022 – 2 BvR 546/22 ua, Rn. 2 bei Juris; Beschluss der 1. Kammer des Ersten Senats vom 23.11.2020 – Rn. 6 bei Juris.

13 Beschluss der 1. Kammer des Ersten Senats vom 18.10.2017 – 1 BvR 2116/17, Rn. 7 bei Juris.

14 Vgl. Beschlüsse der 1. Kammer des Zweiten Senats vom 22.7.2022 – 2 BvR 901/22, Rn. 2 bei Juris, und vom 6.12.2021 – 2 BvR 1854/21, Rn. 2 bei Juris.

auffällige Häufung von Pressemitteilungen über Missbrauchsgebühren im Jahr 2010 bewies. Missbrauchsgebühren sollen offenbar gezielt zur Eindämmung der Antragsflut eingesetzt werden. Erfolg verspricht dieses Vorhaben jedoch kaum, was auch von den Wissenschaftlichen Mitarbeitern am Bundesverfassungsgericht eingeräumt wird, jedenfalls nach ihrem Ausscheiden,[15] wonach ein Abschreckungseffekt der Pressemitteilungen nicht festgestellt werden kann. Ist ein Beschwerdeführer belehrbar, wird seine (nächste) Verfassungsbeschwerde in der Regel nicht zu denjenigen zählen, mit denen sich das Bundesverfassungsgericht im Rahmen seiner Aufgaben nicht befassen möchte. Unbelehrbare Beschwerdeführer, die bei einer auffälligen Häufigkeit von Eingaben als „gerichtsbekannt" bezeichnet werden,[16] kann aber auch eine drohende Missbrauchsgebühr häufig nicht effektiv abschrecken, wie die Fälle ihrer Erhebung im Anschluss an ihre Androhung zeigen.[17] Dasselbe gilt gegenüber Bevollmächtigten.[18]

13 Die Missbrauchsgebühr ist trotz ihres Sanktionscharakters eine **gerichtliche Gebühr und kein Bußgeld.**[19]

14 Nach der allgemeinen Rechtsprechung des Bundesverfassungsgerichts sind Gebühren öffentlich-rechtliche Geldleistungen, die aus Anlass individuell zurechenbarer öffentlicher Leistungen dem Gebührenschuldner durch eine öffentlich-rechtliche Norm oder sonstige hoheitliche Maßnahmen auferlegt und dazu bestimmt sind, in Anknüpfung an diese Leistungen deren Kosten ganz oder teilweise zu decken. Aus dieser Zweckbestimmung folgt, dass Gebühren für staatliche Leistungen nicht völlig unabhängig von den tatsächlichen Kosten der gebührenpflichtigen Staatsleistung festgesetzt werden dürfen, die **Verknüpfung zwischen Kosten und Gebührenhöhe** vielmehr sachgerecht sein muss.[20] Das müsste bei der Missbrauchsgebühr nach § 34 Abs. 2 zur Konsequenz haben, dass diese umso niedriger anzusetzen ist, je offensichtlicher der Missbrauch ist, weil dann seine Feststellung und die damit verbundene Erledigung des Verfahrens wenig Aufwand macht und entsprechend wenig Kosten produziert. Die Anwendungspraxis zu § 34 Abs. 2 deutet aber darauf hin, dass stattdessen doch eine Orientierung an Bußgeld-

---

15 Schenk, Verfassungsprozessuale Nebenentscheidungen – unter besonderer Berücksichtigung des Verfahrens der Verfassungsbeschwerde, in: Becker/Lange, Linien der Rechtsprechung des Bundesverfassungsgerichts, Band 3, 2014, S. 63 (90 f.).

16 Vgl. Beschluss der 1. Kammer des Zweiten Senats vom 23.10.2018 – 2 BvR 2153/18, Rn. 6 bei Juris.

17 Vgl. Beschluss der 1. Kammer des Zweiten Senats vom 6.12.2022 – 2 BvR 1959/22, Rn. 6 bei Juris, sowie Beschlüsse der 1. Kammer des Ersten Senats vom 29.9.2016 – 1 BvQ 33/16, Rn. 5 bei Juris, und vom 28.7.2015 – 1 BvR 2498/14 ua, Rn. 5 bei Juris.

18 Vgl. beispielhaft Beschluss der 2. Kammer des Ersten Senats vom 28.5.2019 – 1 BvR 876/19, Rn. 4 bei Juris, sowie die vorangegangene Androhung im Beschluss der 3. Kammer des Ersten Senats vom 8.11.2018 – 1 BvR 1949/18 ua, Rn. 2 bei Juris; vgl. auch Beschluss der 1. Kammer des Ersten Senats vom 18.9.2023 – 1 BvR 1504/23, Rn. 5 bei Juris.

19 Vgl. Beschluss der 1. Kammer des Ersten Senats vom 28.6.2017 – 1 BvR 2324/16, Rn. 3 bei Juris; Beschluss der 2. Kammer des Zweiten Senats vom 27.3.2017 – 2 BvR 871/16, Rn. 4 bei Juris; Beschluss der 3. Kammer des Ersten Senats vom 9.10.2008 – 1 BvR 1356/03, Rn. 4 bei Juris.

20 BVerfGE 97, 332 (345).

maßstäben erfolgt, indem auf die Schwere des Missbrauchsvorwurfs und den erhofften Lerneffekt abgestellt wird.[21]

2. Begriff des Missbrauchs. Wann die Einlegung einer Verfassungsbeschwerde einen **Missbrauch** darstellt, konkretisiert das Gesetz nicht. Die Rechtsprechung orientiert sich an folgendem Ausgangspunkt: Das Bundesverfassungsgericht muss es nicht hinnehmen, dass es an der Erfüllung seiner Aufgaben durch **für jedermann erkennbar aussichtslose Verfassungsbeschwerden** gehindert wird und dadurch anderen Bürgern den ihnen zukommenden Grundrechtsschutz nur verzögert gewähren kann.[22] Das Bundesverfassungsgericht soll insbesondere nicht durch an gravierenden Zulässigkeitsmängeln leidende Verfassungsbeschwerden in der Erfüllung seiner Aufgaben behindert werden.[23] Das betrifft nicht nur die Einlegung, sondern auch die Aufrechterhaltung einer verfristeten Verfassungsbeschwerde, der der Beschwerdeführer mittels eines offensichtlich aussichtslosen Wiedereinsetzungsantrags doch noch zu einer Sachbehandlung zu verhelfen versucht.[24] 15

Der Vorwurf des Missbrauchs soll erst recht berechtigt sein, wenn die missbräuchliche Verfassungsbeschwerde zusätzlich mit einer missbräuchlichen Inanspruchnahme des Bearbeitungsvorgangs verbunden ist, den ein Eilantrag nach § 32 mit sich bringt.[25] Denkbar ist aber auch, dass nicht die Verfassungsbeschwerde, aber doch der zugleich eingelegte **Eilantrag missbräuchlich** ist, weil ihn offensichtlich keine besondere Dringlichkeit rechtfertigt,[26] oder dass ein isolierter Eilantrag mangels Eilbedürftigkeit oder aus anderen Gründen missbräuchlich erscheint.[27] 16

21 Vgl. Beschluss der 1. Kammer des Ersten Senats vom 24.9.2018 – 1 BvR 1764/18, Rn. 11 bei Juris.

22 Beschluss der 1. Kammer des Ersten Senats vom 18.9.2023 – 1 BvR 1504/23, Rn. 4 bei Juris; Beschlüsse der 1. Kammer des Zweiten Senats vom 19.5.2023 – 2 BvR 1631/22 ua, Rn. 3 bei Juris, vom 21.2.2023 – 2 BvQ 6/23, Rn. 4 bei Juris, und vom 6.12.2022 – 2 BvR 1959/22, Rn. 4 bei Juris; Beschluss der 3. Kammer des Ersten Senats vom 13.10.2022 – 1 BvR 1204/22, Rn. 5 bei Juris; Beschlüsse der 2. Kammer des Zweiten Senats vom 8.3.2022 – 2 BvR 302/22, Rn. 4 bei Juris, und vom 24.5.2019 – 2 BvR 2710/18, Rn. 4 bei Juris; Beschluss der 2. Kammer des Ersten Senats vom 31.8.2021 – 1 BvR 1549/21, Rn. 4 bei Juris.

23 Vgl. Beschluss der 1. Kammer des Ersten Senats vom 18.9.2023 – 1 BvR 1504/23, Rn. 4 bei Juris; Beschluss der 2. Kammer des Ersten Senats vom 19.12.2021 – 1 BvR 2405/21, Rn. 12 bei Juris; Beschluss der 3. Kammer des Zweiten Senats vom 15.9.2014 – 2 BvR 1746/14, Rn. 9 bei Juris.

24 Beschluss der 3. Kammer des Zweiten Senats vom 25.10.2011 – 2 BvR 751/11, Rn. 7 bei Juris.

25 Beschluss der 3. Kammer des Zweiten Senats vom 14.6.2011 – 2 BvR 1150/11, Rn. 6 bei Juris; vgl. auch Beschluss der 1. Kammer des Zweiten Senats vom 6.12.2022 – 2 BvR 1959/22, Rn. 5 f. bei Juris.

26 Beschluss der 3. Kammer des Ersten Senats vom 9.4.2013 – 1 BvR 713/13 ua, Rn. 6 bei Juris; Beschlüsse der 3. Kammer des Zweiten Senats vom 30.5.2012 – 2 BvR 800/12 ua, Rn. 14 bei Juris, und vom 7.12.2011 – 2 BvR 2449/11, Rn. 2 ff. bei Juris: Missbrauchsgebühr in Höhe von 20 Euro.

27 Beschluss der 1. Kammer des Ersten Senats vom 18.9.2018 – 1 BvQ 70/18, Rn. 6 bei Juris; Beschluss der 1. Kammer des Zweiten Senats vom 14.9.2017 – 2 BvQ 56/17, Rn. 17 f. bei Juris; Beschluss der 1. Kammer des Ersten Senats vom 29.9.2016 – 1 BvQ 33/16, Rn. 4 bei Juris.

17 Die Verfassungsbeschwerde muss also mehr als nur offensichtlich unzulässig oder offensichtlich unbegründet sein. Die **fehlenden Erfolgsaussichten müssen sich jedem Einsichtigen aufdrängen.**[28]

18 Das leuchtet ein, wenn es sich um einen **Wiederholungsfall** handelt, bei dem die geltend gemachten Rügen schon Gegenstand früherer, nicht zur Entscheidung angenommener Verfassungsbeschwerden[29] oder erfolgloser Eilanträge[30] waren. In solchen Fällen kommt den Hinweisen in den früheren Entscheidungen eine Warnfunktion für den Beschwerdeführer zu.[31] Ebenso wenig lässt sich an einem Missbrauch des Gerichts zweifeln, wenn der Beschwerdeführer **nicht wahrheitsgemäß**,[32] irreführend[33] oder unvollständig vorträgt.[34] Wird die Wahrheitswidrigkeit des Beschwerdevorbringens erst nach Abschluss des Verfassungsbeschwerdeverfahrens bekannt, kann dem Beschwerdeführer auch noch nachträglich eine Missbrauchsgebühr auferlegt werden.[35] Auch der **beleidigende Inhalt** einer Verfassungsbeschwerde kann für einen Missbrauch sprechen.[36] Die Verfassungsbeschwerde soll auch nicht für allgemeine politische Polemik genutzt werden.[37]

19 In anderen Fällen bloß **substanzloser Beschwerdebegründung** bleibt hingegen häufig unklar, warum die Grenzen zum Missbrauch überschritten sein sollen. Dann drängt sich der Eindruck auf, dass das Gericht eine als besonders schwach angesehene anwaltliche Leistung zusätzlich bestrafen wollte. So wurden Verfahrensbevollmächtigten „völlig ausufernde" Ausfüh-

28 Vgl. Beschluss der 1. Kammer des Ersten Senats vom 18.9.2023 – 1 BvR 1504/23, Rn. 4 bei Juris; Beschlüsse der 1. Kammer des Zweiten Senats vom 21.2.2023 – 2 BvQ 6/23, Rn. 4 bei Juris, und vom 6.12.2022 – 2 BvR 1959/22, Rn. 4 bei Juris. Beschluss der 2. Kammer des Zweiten Senats vom 8.3.2022 – 2 BvR 302/22, Rn. 4 bei Juris; Beschluss der 2. Kammer des Ersten Senats vom 31.8.2021 – 1 BvR 1549/21, Rn. 4 bei Juris.

29 Vgl. Beschluss der 1. Kammer des Ersten Senats vom 18.9.2023 – 1 BvR 1504/23, Rn. 5 f. bei Juris; Beschlüsse der 2. Kammer des Zweiten Senats vom 8.3.2022 – 2 BvR 302/22, Rn. 5 bei Juris, und vom 23.9.2021 – 2 BvR 1627/21, Rn. 5 bei Juris; Beschlüsse der 2. Kammer des Ersten Senats vom 24.5.2022 – 2 BvR 386/22 ua, Rn. 6 bei Juris, und vom 31.8.2021 – 1 BvR 1549/21, Rn. 5 bei Juris; Beschluss der 1. Kammer des Zweiten Senats vom 6.12.2022 – 2 BvR 1959/22, Rn. 6 bei Juris.

30 Beschluss der 1. Kammer des Ersten Senats vom 29.9.2016 – 1 BvQ 33/16, Rn. 4 f. bei Juris; vgl. auch Beschlüsse der 1. Kammer des Zweiten Senats vom 13.6.2023 – 2 BvQ 64 /23 ua, Rn. 4 bei Juris, und vom 21.2.2023 – 2 BvQ 6/23, Rn. 5 bei Juris.

31 Vgl. Beschluss der 1. Kammer des Ersten Senats vom 1.2.2018 – 1 BvR 2452/17, Rn. 5 bei Juris; Beschluss der 3. Kammer des Ersten Senats vom 29.3.2017 – 1 BvR 373/17, Rn. 5 f. bei Juris.

32 Beschluss der 1. Kammer des Ersten Senats vom 24.9.2018 – 1 BvR 1764/18, Rn. 6 bei Juris; Beschlüsse der 3. Kammer des Zweiten Senats vom 11.7.2018 – 2 BvR 1548/14, Rn. 20 f. bei Juris, und vom 6.5.2011 – 2 BvQ 9/11, Rn. 2 bei Juris.

33 Vgl. Beschluss der 1. Kammer des Zweiten Senats vom 14.9.2017 – 2 BvQ 56/17, Rn. 17 f. bei Juris.

34 Beschluss der 2. Kammer des Zweiten Senats vom 15.2.2017 – 2 BvR 2190/16, Rn. 8 bei Juris; Beschluss der 3. Kammer des Zweiten Senats vom 5.11.2013 – 2 BvR 2132/12, Rn. 2, 6 bei Juris.

35 Beschluss der 1. Kammer des Zweiten Senats vom 27.9.2017 – 2 BvR 1691/17, Rn. 2 ff. bei Juris; kritisch Burkiczak/Dollinger/Schorkopf BVerfGG/Reiter § 34 Rn. 44.

36 Beschlüsse der 2. Kammer des Zweiten Senats vom 31.3.2022 – 2 BvR 1986/21, Rn. 4 bei Juris, und vom 14.9.2020 – 2 BvR 386/20, Rn. 6 bei Juris; Beschluss der 3. Kammer des Zweiten Senats vom 5.10.2020 – 2 BvR 1490/20, Rn. 5 bei Juris; Beschluss der 2. Kammer des Ersten Senats vom 17.12.2019 – 1 BvR 2244/19, Rn. 5 f. bei Juris.

37 Vgl. Beschluss der 3. Kammer der Ersten Senats vom 20.9.2020 – 1 BvR 1709/20, Rn. 4 bei Juris.

rungen und „umfangreiche, durch nichts gerechtfertigte Wiederholungen“ vorgeworfen,[38] oder es bleibt schlicht bei der Kritik, die Rügen seien „ohne jede verfassungsrechtliche Substanz“[39] oder „mangels hinreichender Begründung für jedermann ersichtlich unzulässig“.[40]

Der erzieherische Impuls wird besonders deutlich, wenn Grundlage der Missbrauchsgebühr nicht ein Fehlverhalten eines offenbar als **Wiederholungstäter** bekannten Anwalts in einem bestimmten Verfahren war, sondern seine generelle Unfähigkeit, Verfassungsbeschwerden substantiiert zu begründen.[41] 20

Problematisch ist die Verknüpfung der Missbrauchsgebühr mit den Anforderungen an die Substantiierung einer Verfassungsbeschwerde vor allem **bei nicht anwaltlich vertretenen Beschwerdeführern**. Fehlen ihnen die zur Erhebung einer Erfolg versprechenden Verfassungsbeschwerde notwendigen verfassungsprozessualen Kenntnisse, bereitet es wenig Mühe, ihre Verfassungsbeschwerde nicht zur Entscheidung anzunehmen. Von einem die Auferlegung einer Gebühr rechtfertigenden Missbrauch des Gerichts, nur weil Beschwerdeführer die Substantiierungspflichten „ignorieren“,[42] kann jedoch keine Rede sein.[43] In den vergangenen Jahren hat sich das Bundesverfassungsgericht aber bemüht, dem Eindruck der Beliebigkeit durch eine auf den Einzelfall zugeschnittene, den Missbrauch konkret darstellende Begründung der Beschlüsse entgegenzuwirken, etwa wenn bemängelt wird, dass es an jeglicher Auseinandersetzung mit den angegriffenen Entscheidungen fehlt,[44] oder dass den Ausführungen des Beschwerdeführers schon kein subsumtionsfähiger Sachverhalt zu entnehmen ist.[45] 21

Erst recht kann kein Missbrauch des Gerichts allein daraus abgeleitet werden, dass der Beschwerdeführer trotz eines entsprechenden **Hinweises aus dem Allgemeinen Register** des Bundesverfassungsgerichts auf einer richterlichen Entscheidung über seine Verfassungsbeschwerde besteht.[46] Damit nimmt der Beschwerdeführer lediglich seine verfassungsprozessualen Rechte wahr. Die 22

38 Beschluss der 2. Kammer des Ersten Senats vom 29.6.2010 – 1 BvR 2358/08, Rn. 6 bei Juris.

39 Beschluss der 2. Kammer des Zweiten Senats vom 27.10.2009 – 2 BvR 2300/09, Juris; Beschluss der 2. Kammer des Zweiten Senats vom 18.6.2008 – 2 BvR 1066/08, Juris.

40 Beschluss der 2. Kammer des Ersten Senats vom 7.9.2011 – 1 BvR 2161/11, Rn. 2 bei Juris.

41 Beschluss der 2. Kammer des Ersten Senats vom 24.11.2009 – 1 BvR 3324/08, Rn. 3 bei Juris.

42 Beschluss der 2. Kammer des Zweiten Senats vom 19.2.2008 – 2 BvR 191/09, Rn. 5 bei Juris; vgl. auch Beschluss der 2. Kammer des Zweiten Senats vom 16.2.2009 – 2 BvR 161/09, Juris.

43 Kritisch auch Barczak BVerfGG/Barczak § 34 Rn. 19.

44 Vgl. Beschluss der 2. Kammer des Zweiten Senats vom 23.9.2021 – 2 BvR 1627/21, Rn. 5 bei Juris; Beschluss der 2. Kammer des Ersten Senats vom 31.8.2021, Rn. 5 bei Juris.

45 Beschluss der 1. Kammer des Zweiten Senats vom 21.2.2023 – 2 BvQ 6/23, Rn. 5 bei Juris.

46 Beschluss der 2. Kammer des Zweiten Senats vom 3.3.2009 – 2 BvR 239/09, Rn. 2 bei Juris; ebenso zu Hinweisen der früheren Präsidialräte Beschluss der 2. Kammer des Ersten Senats vom 23.8.2010 – 1 BvR 1443/10, Rn. 14 bei Juris; vgl. auch Beschluss der 2. Kammer des Zweiten Senats vom 3.3.2017 – 2 BvR 250/16, Rn. 3 bei Juris.

Beurteilung, ob sein Begehren rechtsmissbräuchlich ist, hat losgelöst von der Einschätzung des Allgemeinen Registers zu erfolgen.[47]

23 Dass die Rechtsprechung des Bundesverfassungsgerichts zur Missbrauchsgebühr jedenfalls phasenweise in Zeiten gefühlter Überlastung zum Exzess neigt, zeigt sich besonders deutlich bei einem **Vergleich mit der Praxis des Europäischen Gerichtshofs für Menschenrechte**. Gemäß Art. 35 Abs. 3 Buchst. a) EMRK erklärt der Gerichtshof eine nach Art. 34 EMRK erhobene Individualbeschwerde unter anderem dann für unzulässig, wenn er sie für einen Missbrauch des Beschwerderechts hält. Der Begriff des Missbrauchs des Beschwerderechts wird aber eng ausgelegt und auf Fälle wissentlich falschen Tatsachenvortrags und grober Beleidigung beschränkt.[48] Nach der Europäischen Menschenrechtskonvention führt der Missbrauch des dortigen Beschwerderechts aber immer nur zu einer beschleunigten Abweisung der Beschwerde und nicht zusätzlich zu einer mit dem Missbrauch begründeten Gebühr.

24 **3. Missbrauchsgebühr gegen den Verfahrensbevollmächtigten.** Missbrauchsgebühren werden auch **unmittelbar den Verfahrensbevollmächtigten** der Beschwerdeführer bzw. Antragsteller auferlegt.[49]

25 Das Bundesverfassungsgericht hat insoweit seine frühere Zurückhaltung aufgegeben, ohne auf die beachtliche **Kritik** in der Literatur[50] einzugehen, und gelegentlich einen sehr scharfen Ton eingeschlagen.[51]

26 Für eine gerichtliche Verfahrensgebühr ist gänzlich untypisch, dass sie nicht einer der Verfahrensbeteiligten, sondern dessen Bevollmächtigter tragen soll. In Wahrheit wird damit eine reine **Sanktion** wegen eines vom Gericht angenommenen prozessualen Fehlverhaltens eines Rechtsanwalts verhängt.

27 Diese Entscheidung ist allerdings **in Extremfällen nachvollziehbar**, etwa wenn ein Anwalt bewusst falsch[52] oder beleidigend[53] vorträgt. Dasselbe dürf-

---

47 Zu den früheren Präsidialräten vgl. Beschluss der 3. Kammer des Zweiten Senats vom 22.5.2010 – 2 BvR 1783/09, Rn. 3 bei Juris.

48 Vgl. die Nachweise bei Karpenstein/Mayer EMRK/Schäfer Art. 35 Rn. 132 ff.; Dörr/Lenz EurVerwRS, Rn. 689.

49 Beschluss der 1. Kammer des Ersten Senats vom 18.9.2023 – 1 BvR 1504/23, Rn. 6 bei Juris; Beschluss der 3. Kammer des Ersten Senats vom 13.10.2022 – 1 BvR 1204/22, Rn. 4 ff. bei Juris; Beschlüsse der 2. Kammer des Ersten Senats vom 19.12.2021 – 1 BvR 2405/21, Rn. 12 f. bei Juris, vom 4.6.2019 – 1 BvR 1011/19, Rn. 5 f. bei Juris, und vom 28.5.2019 – 1 BvR 876/19, Rn. 2 bei Juris; Beschlüsse der 1. Kammer des Zweiten Senats vom 27.9.2017 – 2 BvR 1691/17, Rn. 5 bei Juris, und vom 14.9.2017 – 2 BvQ 56/17, Rn. 17 f. bei Juris; Beschlüsse der 2. Kammer des Zweiten Senats vom 3.3.2017 – 2 BvR 250/16, Rn. 2 f. bei Juris, und vom 24.10.2016 – 2 BvR 1943/16, Rn. 2 f. bei Juris.

50 Lechner/Zuck/Zuck § 34 Rn. 4; Schmidt-Bleibtreu/Klein/Bethge BVerfGG/Graßhof § 34 Rn. 64 (Stand: Januar 2004).

51 Vgl. Beschluss der 2. Kammer des Zweiten Senats vom 4.4.2012 – 2 BvR 24/11, Rn. 6 bei Juris; Beschluss der 3. Kammer des Zweiten Senats vom 5.10.2011 – 2 BvR 1064/11, Rn. 2 bei Juris.

52 Beschluss der 1. Kammer des Ersten Senats vom 24.9.2018 – 1 BvR 1764/18, Rn. 6 ff. bei Juris; Beschluss der 1. Kammer des Zweiten Senats vom 27.9.2017 – 2 BvR 1691/17, Rn. 4 f. bei Juris; Beschluss der 2. Kammer des Zweiten Senats vom 13.11.2009 – 2 BvR 1398/09, Rn. 10 f. bei Juris; vgl. auch Beschluss der 3. Kammer des Zweiten Senats vom 5.11.2013 – 2 BvR 2132/12, Rn. 6 bei Juris.

53 Vgl. Beschluss der 2. Kammer des Ersten Senats vom 7.5.2020 – 1 BvR 275/20, Rn. 8 bei Juris; Beschluss der 3. Kammer des Zweiten Senats vom 14.12.2011 – 2 BvR 1430/11,

te gelten, wenn ein Bevollmächtigter schon mehrfach Verfassungsbeschwerde für dieselbe Person oder für andere Personen mit ähnlichen, in weiten Teilen sogar identischen Begründungen erhoben hat und diese allesamt nicht zur Entscheidung angenommen worden sind,[54] also in Wiederholungsfällen.

Die Missbrauchsgebühr soll aber auch **schon bei einem groben Sorgfaltsverstoß** berechtigt sein.[55] Von einem Anwalt oder einer sonstigen rechtskundigen Person, erst recht von einem Honorarprofessor,[56] und auch wenn der Rechtsanwalt in eigener Sache tätig wird,[57] wird in besonderem Maße verlangt, die Erfolgsaussichten einer beabsichtigten Verfassungsbeschwerde nach Prüfung der einschlägigen Rechtsprechung des Bundesverfassungsgerichts eingehend abzuwägen.[58] Insbesondere muss er sich mit den Zulässigkeitsvoraussetzungen der von ihm gewählten Verfahrensart auseinandersetzen.[59] Die Grenze zum Missbrauch soll jedenfalls dann überschritten sein, wenn der Bevollmächtigte schon einmal oder mehrmals mit einer ähnlichen Verfassungsbeschwerde gescheitert war,[60] aber auch schon dann, wenn er eine einschlägige, zeitnah ergangene Senatsentscheidung zwar zur Kenntnis nimmt, aber dennoch ohne neue Argumente Verfassungsbeschwerde erhebt,[61] oder wenn jede Auseinandersetzung mit den angegriffenen Entscheidungen fehlt.[62] 28

Rn. 7 bei Juris; Beschluss der 2. Kammer des Zweiten Senats vom 11.8.2010 – 2 BvR 1354 /10, Rn. 2 f. bei Juris.

54 Vgl. beispielhaft Beschlüsse der 1. Kammer des Ersten Senats vom 18.9.2023 – 1 BvR 1504/23, Rn. 6 bei Juris, und vom 19.5.2023 – 1 BvR 704/23, Rn. 4 bei Juris.

55 Vgl. Beschluss der 2. Kammer des Zweiten Senats vom 24.10.2016 – 2 BvR 1943/16, Rn. 3 bei Juris; Beschluss der 2. Kammer des Ersten Senats vom 6.12.2011 – 1 BvR 2336/ 11, Rn. 2 bei Juris; Beschluss der 3. Kammer des Zweiten Senats vom 30.11.2007 – 2 BvR 308/06, Rn. 3 f. bei Juris.

56 Beschluss der 2. Kammer des Zweiten Senats vom 4.4.2012 – 2 BvR 24/11, Rn. 6 bei Juris.

57 Beschluss der 1. Kammer des Ersten Senats vom 30.8.2017 – 1 BvR 1437/17, Rn. 9 bei Juris; Beschlüsse der 2. Kammer des Ersten Senats vom 19.10.2016 – 1 BvR 2248/16, Rn. 5 bei Juris, und vom 2.7.2013 – 1 BvR 1478/13, Rn. 2 f. bei Juris; Beschluss der 3. Kammer des Zweiten Senats vom 30.5.2012 – 2 BvR 800/12 ua, Rn. 15 bei Juris; vgl. auch Beschluss der 2. Kammer des Ersten Senats vom 17.12.2019 – 1 BvR 2244/19, Rn. 6 bei Juris, zum beleidigenden Inhalt der Verfassungsbeschwerde einer Rechtsanwältin in eigener Sache.

58 Vgl. Beschluss der 3. Kammer des Ersten Senats vom 13.10.2022 – 1 BvR 1204/22, Rn. 7 bei Juris; Beschluss der 2. Kammer des Zweiten Senats vom 24.10.2016 – 2 BvR 1943/16, Rn. 2 bei Juris; Beschlüsse der 1. Kammer des Ersten Senats vom 27.4.2011 – 1 BvR 791/ 11, Rn. 7 bei Juris, und vom 8.12.2010 – 1 BvR 2704/10, Rn. 6 bei Juris.

59 Vgl. Beschluss der 3. Kammer des Ersten Senats vom 13.10.2022 – 1 BvR 1204/22, Rn. 7 f. bei Juris; Beschluss der 1. Kammer des Ersten Senats vom 30.8.2017 – 1 BvR 1437/17, Rn. 9 f. bei Juris; Beschlüsse der 2. Kammer des Ersten Senats vom 2.7.2013 – 1 BvR 1478 /13, Rn. 2 bei Juris, und vom 7.9.2011 – 1 BvR 2161/11, Rn. 2 bei Juris.

60 Beschlüsse der 3. Kammer des Ersten Senats vom 29.3.2017 – 1 BvR 373/17, Rn. 5 f. bei Juris, und vom 25.1.2012 – 1 BvR 1873/11, Rn. 4 bei Juris; Beschlüsse der 2. Kammer des Ersten Senats vom 20.10.2016 – 1 BvR 2302/16, Rn. 7 bei Juris, und vom 20.7.2016 – 1 BvR 1979/14, Rn. 5 bei Juris.

61 Beschluss der 2. Kammer des Ersten Senats vom 4.6.2019 – 1 BvR 1011/19, Rn. 6 bei Juris.

62 Vgl. Beschluss der 1. Kammer des Ersten Senats vom 18.9.2023 – 1 BvR 1504/23, Rn. 5 bei Juris; Beschluss der 3. Kammer des Ersten Senats vom 13.10.2022 – 1 BvR 1204/22, Rn. 8 bei Juris.

29 Die dogmatische Grundlage der Adressatenstellung des Bevollmächtigten ist unklar. Denn **grundsätzlich** ist das Verhalten des Bevollmächtigten **dem Beschwerdeführer zuzurechnen**. Deshalb war es früher üblich, den Beschwerdeführer, dem eine von seinem Bevollmächtigten verursachte Missbrauchsgebühr auferlegt wurde, auf einen möglichen Regress hinzuweisen.[63] Für eine derartige Rechtsberatung zum Thema Regress fehlt es aber ebenfalls an einer gesetzlichen Ermächtigungsgrundlage, und sie birgt die Gefahr in sich, dass der Beschwerdeführer in einen weiteren, unter Umständen wenig Erfolg versprechenden Rechtsstreit geschickt wird, diesmal gegen seinen Verfahrensbevollmächtigten.[64] In Fällen, in denen das Gericht die Missbräuchlichkeit in einer wiederholten offensichtlichen Verfehlung der Begründungsanforderungen sieht, wird darauf abgestellt, dass die missbräuchliche Erhebung der Verfassungsbeschwerde vorrangig dem Bevollmächtigten und nicht dem Beschwerdeführer zuzurechnen ist.[65]

30 Die Gebührenlast des Bevollmächtigten kann nur als speziell in § 34 Abs. 2 angelegte **Ausnahme** von dem in § 85 Abs. 2 ZPO verankerten Grundsatz der Zurechnung verstanden werden.[66] Dann bleibt aber meist rätselhaft, warum bei Fehlverhalten des Bevollmächtigten mal dieser, mal aber doch wieder der Beschwerdeführer selbst[67] und mal beide nebeneinander[68] Gebührenschuldner sein sollen. Nur vereinzelt wird erläutert, dass die Inanspruchnahme beider erfolgt, weil von einer geteilten Verantwortlichkeit zwischen dem Beschwerdeführer und seinem Bevollmächtigten auszugehen ist.[69] In der Praxis geben also allgemeine Verantwortungserwägungen den Ausschlag.[70]

31 **4. Entscheidung und Vollstreckung.** Liegt ein Missbrauchsfall aus Sicht des Gerichts vor, entscheidet es nach seinem **Ermessen**, ob und in welcher Höhe – und mittlerweile wohl auch: wem – eine Gebühr auferlegt wird. Dabei handelt es sich nicht um eine Entscheidung darüber, wer in welchem Umfang die tatsächlich entstandenen Gerichtskosten trägt, sondern um eine eigenständige Sachentscheidung.[71] Die **Höhe** der Missbrauchsgebühr hängt nicht vom Gegenstandswert des Verfahrens ab. Sie sollte am Zweck der Gebühr ausgerichtet werden, die überflüssige Inanspruchnahme des Gerichts abzugelten und den Beschwerdeführer bzw. seinen Bevollmächtigten etwa

63 Vgl. Schmidt-Bleibtreu/Klein/Bethge BVerfGG/Graßhof § 34 Rn. 62 (Stand: Januar 2004).

64 Zustimmend Barczak BVerfGG/Barczak § 34 Rn. 23.

65 Beschlüsse der 1. Kammer des Ersten Senats vom 18.9.2023 – 1 BvR 1504/23, Rn. 6 bei Juris, und vom 19.5.2023 – 1 BvR 704/23, Rn. 4 bei Juris.

66 Beschluss der 3. Kammer des Zweiten Senats vom 19.12.2006 – 2 BvR 2357/06, Rn. 12 bei Juris; vgl. zur Zurechnung auch Beschluss der 2. Kammer des Ersten Senats vom 19.12.2021 – 1 BvR 2405/21, Rn. 13 bei Juris; Barczak BVerfGG/Barczak § 34 Rn. 23.

67 Beschluss der 2. Kammer des Zweiten Senats vom 15.1.2009 – 2 BvR 2531/08, Rn. 3 bei Juris.

68 Beschluss der 2. Kammer des Zweiten Senats vom 11.8.2010 – 2 BvR 1354/10, Rn. 2 f. bei Juris.

69 Beschlüsse der 2. Kammer des Ersten Senats vom 20.10.2016 – 1 BvR 2302/16, Rn. 7 bei Juris, und vom 6.12.2011 – 1 BvR 2336/11, Rn. 3 bei Juris.

70 Vgl. Beschluss der 2. Kammer des Ersten Senats vom 11.1.2012 – 1 BvR 2642/11, Rn. 6 bei Juris; vgl. auch Burkiczak/Dollinger/Schorkopf BVerfGG/Reiter § 34 Rn. 47: „Aufgabenbereich des Bevollmächtigten".

71 Beschluss der 3. Kammer des Ersten Senats vom 30.12.2012 – 1 BvR 1237/91, Rn. 2 bei Juris.

bei falschem Vortrag zu disziplinieren.[72] Symbolische Missbrauchsgebühren in Höhe von 20 Euro[73] sind mit diesem Zweck nicht zu vereinbaren. § 34 Abs. 2 legt den Höchstbetrag der Missbrauchsgebühr mit 2.600 Euro fest. Bei mehrfacher missbräuchlicher Inanspruchnahme wird die Höhe der Gebühr regelmäßig gesteigert.[74] Das Gericht will bei der Festlegung des angemessenen Betrags auch die mutmaßlichen Einkommens- und Vermögensverhältnisse der Betroffenen berücksichtigen, soweit sie ihm bekannt sind.[75]

Die Befugnis des Bundesverfassungsgerichts, bei einer Nichtannahme der Verfassungsbeschwerde von einer **Begründung** abzusehen (§ 93d Abs. 1 Satz 3), erstreckt sich nicht auf die Nebenentscheidung über die Auferlegung einer Missbrauchsgebühr. Gelegentlich hat sich das Gericht aber mit einer kurzen Tenorbegründung zu § 34 Abs. 2 begnügt.[76] Die Ausübung des Ermessens wird meist nicht näher begründet. Eine nach § 93d Abs. 1 Satz 3 begründungsfrei mögliche Nichtannahmeentscheidung macht im Übrigen für das Bundesverfassungsgericht weniger Aufwand als eine begründete Missbrauchsentscheidung.[77] 32

Insgesamt **verfehlt** das Bundesverfassungsgericht derzeit die mit der Missbrauchsgebühr beabsichtigte **Lenkungsfunktion**, weil die Entscheidungspraxis der Kammern zu unterschiedlich und kaum durchschaubar ist.[78] Solange keine klaren, einheitlichen Kriterien erarbeitet werden, begegnet die Tendenz, „substanzlose" Verfassungsbeschwerden als missbräuchlich zu bezeichnen, erheblichen Bedenken. 33

Die Missbrauchsgebühr ist vom Bundesamt für Justiz einzuziehen (§ 2 Abs. 2 JBeitrO). Die **Vollstreckung** blieb bislang allerdings häufig ohne Erfolg. Auch dies mag ein Grund dafür sein, dass die Gebühr verstärkt den Bevollmächtigten auferlegt wird. 34

5. Rechtsschutz gegen die Missbrauchsgebühr. Rechtsschutz gegen eine Missbrauchsgebühr sieht das BVerfGG nicht vor. Die Auferlegung der Missbrauchsgebühr ist daher unanfechtbar.[79] Vor den Fachgerichten ist die Miss- 35

72 Vgl. Beschluss der 1. Kammer des Ersten Senats vom 24.9.2018 – 1 BvR 1764/18, Rn. 11 bei Juris.

73 Vgl. Beschluss der 3. Kammer des Zweiten Senats vom 7.12.2011 – 2 BvR 2449/11, Rn. 2 ff. bei Juris.

74 Vgl. Beschluss der 2. Kammer des Zweiten Senats vom 16.3.2022 – 2 BvR 551/21 ua, Rn. 5 bei Juris; Beschlüsse der 1. Kammer des Zweiten Senats vom 8.8.2018 – 2 BvR 1342/18, Rn. 12 bei Juris, vom 26.6.2018 – 2 BvR 1032/18, Rn. 6 bei Juris, und vom 17.5.2017 – 2 BvR 93/16, Rn. 1 bei Juris.

75 Beschlüsse der 2. Kammer des Ersten Senats vom 20.10.2016 – 1 BvR 2302/16, Rn. 8 bei Juris, und vom 19.10.2016 – 1 BvR 2248/16, Rn. 7 bei Juris.

76 Beschluss der 2. Kammer des Zweiten Senats vom 16.2.2009 – 2 BvR 161/09, Juris; Beschluss der 2. Kammer des Zweiten Senats vom 18.6.2008 – 2 BvR 1066/08, Juris.

77 So zutreffend auch Schenk, Verfassungsprozessuale Nebenentscheidungen, in: Becker /Lange, Linien der Rechtsprechung des Bundesverfassungsgerichts, Band 3, 2014, S. 63 (90).

78 Kritisch auch Schenk, in: Becker/Lange, Linien der Rechtsprechung des Bundesverfassungsgerichts, Band 3, 2014, S. 63 (90 f.).

79 BVerfGE 133, 163 (167, Rn. 10); Beschluss der 1. Kammer des Zweiten Senats vom 6.12.2022 – 2 BvR 1959/22, Rn. 7 bei Juris; Beschluss der 2. Kammer des Zweiten Senats vom 23.9.2021 – 2 BvR 1627/21, Rn. 6 bei Juris; Beschluss der 2. Kammer des Ersten Senats vom 4.6.2019 – 1 BvR 1011/19, Rn. 7 bei Juris.

brauchsgebühr auch nicht anfechtbar.[80] Eine Individualbeschwerde zum Europäischen Gerichtshof für Menschenrechte nach Art. 34 EMRK gegen die Auferlegung einer Missbrauchsgebühr verspricht auch keinen Erfolg. Der Europäische Gerichtshof für Menschenrechte sieht in der Missbrauchsgebühr kein den Zugang zum Bundesverfassungsgericht beschränkendes und daher gegen Art. 6 Abs. 1 EMRK verstoßendes Hindernis, jedenfalls solange die Gebühr ein angemessenes Entgelt für die durch eine missbräuchliche Inanspruchnahme des Bundesverfassungsgerichts verursachten Kosten darstellt.[81] Das gilt auch dann, wenn die Missbrauchsgebühr dem Bevollmächtigten auferlegt wird.[82]

36 Eine andere, bislang nicht ausdrücklich gestellte Frage ist aber, ob **Art. 13 EMRK** nicht verlangt, dass im Rahmen des BVerfGG eine Beschwerdemöglichkeit gegen die Auferlegung einer Missbrauchsgebühr geschaffen werden muss.[83]

37 Einwendungen, die den beizutreibenden Anspruch selbst betreffen, etwa seine Verjährung oder den Kostenansatz, können mit der **Erinnerung** nach § 8 Abs. 1 Satz 1 Alt. 1 JBeitrO iVm § 66 Abs. 1 Satz 1 GKG geltend gemacht werden,[84] nicht jedoch Einwendungen gegen die Verhängung der Missbrauchsgebühr als solche.[85] Ein Antrag auf Anordnung der vorläufigen Einstellung der Beitreibung der Gerichtskosten nach § 8 Abs. 1 Satz 3 JBeitrO erledigt sich mit der Verwerfung der Erinnerung.[86] Auch eine Erstattung der Missbrauchsgebühr wegen angeblich unrichtiger Sachbehandlung nach § 21 Abs. 1 Satz 1 GKG kommt nicht in Betracht.[87] Unter den Voraussetzungen des § 59 Abs. 1 BHO kann die Missbrauchsgebühr aber gestundet, niedergeschlagen oder erlassen werden (§ 34 Abs. 3). Denkbar ist außerdem aus rechtsstaatlichen Erwägungen eine Aufhebung der Missbrauchsgebühr, wenn das Gericht den Anspruch des Beschwerdeführers auf rechtliches Gehör verletzt hat.[88]

§ 34a [Erstattung der Auslagen]

(1) Erweist sich der Antrag auf Verwirkung der Grundrechte (§ 13 Nr. 1), die Anklage gegen den Bundespräsidenten (§ 13 Nr. 4) oder einen Rich-

80 BVerfGE 133, 163 (167, Rn. 10).
81 EGMR, Entscheidung vom 13.10.2009 – 4041/06, Tz. 48 ff. – Matterne/Deutschland.
82 EGMR, Entscheidung vom 17.10.2017 – 38130/12, Tz. 20 – Grüner/Deutschland.
83 Vgl. zur Notwendigkeit eines förmlichen Rechtsbehelfs gegen überlange Verfahrensdauer EGMR, Urteil vom 2.9.2010 – 46344/06, Tz. 47 – Rumpf/Deutschland.
84 Beschluss der 3. Kammer des Ersten Senats vom 9.10.2008 – 1 BvR 1356/03, Rn. 5 bei Juris; vgl. auch Beschluss der 1. Kammer des Ersten Senats vom 28.6.2017 – 1 BvR 2324/16, Rn. 2 f. bei Juris; Beschluss der 2. Kammer der Zweiten Senats vom 27.3.2017 – 2 BvR 871/16, Rn. 3 f. bei Juris.
85 Beschlüsse der 1. Kammer des Ersten Senats vom 27.10.2017 – 1 BvR 160/15, Rn. 2 bei Juris, und vom 28.6.2017 – 1 BvR 2324/16, Rn. 4 bei Juris; Beschluss der 2. Kammer der Zweiten Senats vom 27.3.2017 – 2 BvR 871/16, Rn. 3 f. bei Juris; Beschluss der 3. Kammer des Zweiten Senats vom 31.5.2012 – 2 BvR 611/12, Rn. 5 bei Juris.
86 Beschluss der 1. Kammer des Ersten Senats vom 28.6.2017 – 1 BvR 2324/16, Rn. 5 f. bei Juris.
87 Beschluss der 3. Kammer des Ersten Senats vom 30.12.2012 – 1 BvR 1237/91, Rn. 1 f. bei Juris.
88 Barczak BVerfGG/Barczak § 34 Rn. 28; vgl. Beschluss der 3. Kammer des Zweiten Senats vom 28.10.2015 – 2 BvR 740/15, Rn. 4 bei Juris.

ter (§ 13 Nr. 9) als unbegründet, so sind dem Antragsgegner oder dem Angeklagten die notwendigen Auslagen einschließlich der Kosten der Verteidigung zu ersetzen.

(2) Erweist sich eine Verfassungsbeschwerde als begründet, so sind dem Beschwerdeführer die notwendigen Auslagen ganz oder teilweise zu erstatten.

(3) In den übrigen Fällen kann das Bundesverfassungsgericht volle oder teilweise Erstattung der Auslagen anordnen.

I. Bedeutung der Regelung

1 § 34a regelt, unter welchen Voraussetzungen und in welchem Umfang die an verfassungsgerichtlichen Verfahren Beteiligten **Erstattung ihrer Auslagen beanspruchen können.** Das Bundesverfassungsgericht versteht § 34a als abschließende Ausnahme von dem Grundsatz des sogenannten Selbstbehalts eigener Auslagen, den es aus § 34 und dem dort verankerten Gebot der Kostenfreiheit des Verfahrens ableitet (→ § 34 Rn. 7).[1]

2 Die Vorschrift hat eine deutlich **geringere Bedeutung** als die Kostenerstattungsregelungen in den Prozessordnungen der Fachgerichte. Das hat zwei Gründe. Erstens gewährt die Vorschrift für ca. 90 % der vom Bundesverfassungsgericht entschiedenen Verfahren schon dem Grunde nach keinen Erstattungsanspruch (vgl. zu den Gründen → Rn. 12 ff.). Zweitens handhabt das Bundesverfassungsgericht die Regelung bei der Bemessung der Erstattungshöhe so, dass die Erstattungsberechtigten regelmäßig nur einen kleinen Bruchteil der tatsächlichen Auslagen erstattet erhalten, die bei ihnen typischerweise anfallen (vgl. im Einzelnen → Rn. 47 ff.). Das gilt insbesondere für die Kosten anwaltlicher Vertretung.

3 Die Gründe dafür, dass **nur in einem ganz geringen Anteil aller verfassungsgerichtlichen Verfahren eine Auslagenerstattung erfolgt**, liegen in Struktur und Regelungsinhalt von § 34 a. Unbedingte Ansprüche auf Erstattung von Auslagen sehen zwar die Abs. 1 und 2 vor. Abs. 1 führt allerdings nicht nennenswert zu Erstattungsfällen, weil die dort erfassten Verfahren praktisch nicht durchgeführt werden. Die von Abs. 2 erfassten Verfassungsbeschwerden werden zwar in großer Zahl durchgeführt, bleiben aber in über 95 % aller Fälle erfolglos. In allen übrigen Fällen kann das Bundesverfas-

1 Vgl. BVerfGE 152, 345 (383, Rn. 100); 85, 117 (124 f.); Beschluss der 1. Kammer des Ersten Senats vom 5.10.2022 – 1 BvR 856/22, Rn. 3 bei Juris; Beschlüsse der 1. Kammer des Zweiten Senats vom 27.9.2019 – 2 BvR 306/19, Rn. 3 bei Juris, und vom 17.9.2019 – 2 BvR 1204 /19, Rn. 3 bei Juris.

sungsgericht nach Abs. 3 eine Erstattung der Auslagen nach seinem Ermessen anordnen, was aber wiederum eher die Ausnahme als die Regel ist.

4 Wenn selbst die dem Grunde nach Erstattungsberechtigten **regelmäßig nur einen kleinen Bruchteil der ihnen tatsächlich entstandenen Auslagen** über § 34a erstattet erhalten, dann hat das verschiedene Ursachen. Die am verfassungsgerichtlichen Verfahren Beteiligten wenden für eine professionelle, im Regelfall also anwaltliche Vertretung (§ 22 Abs. 1) erhebliche Beträge auf, einmal weil ihnen die Sache das wert ist, zum anderen weil die Marktpreise für solche **spezialisierten Beratungs- und Vertretungsleistungen** sich eben so eingependelt haben. Das ist nur möglich, wenn sie von Angebots- wie Nachfrageseite als im Wesentlichen sachgerecht empfunden werden.

5 Deshalb liegen die wahren **Ursachen in der gesetzlichen und richterlichen Konkretisierung des Erstattungsanspruchs der Höhe** nach. Das beginnt mit der Auslegung der Rechtsbegriffe der notwendigen Auslagen (Abs. 1 und 2) und der Auslagen (Abs. 3) in § 34a (dazu → Rn. 47 ff.), setzt sich fort bei den gesetzlichen Gebührenregelungen für anwaltliche Tätigkeit in verfassungsgerichtlichen Verfahren (§ 37 RVG; dazu → Rn. 58 ff.) und endet bei der Rechtsprechung des Bundesverfassungsgerichts zur Bemessung der Gegenstandswerte der bei ihm geführten Verfahren (dazu → Rn. 68 ff.). Jeder dieser drei Gesichtspunkte führt schon für sich genommen, erst recht aber zusammen mit den anderen dazu, dass die Erstattungspraxis nach § 34a die am Markt für anwaltliche Beratungsleistungen in verfassungsgerichtlichen Verfahren verlangten, vereinbarten und bezahlten Beträge weit unterschreitet.

6 Das kann am Regelfall der Auslagenerstattung verdeutlicht werden. Der typische Fall, in dem Auslagen nach § 34a zu erstatten sind, ist eine Verfassungsbeschwerde, der durch eine Kammer stattgegeben worden ist (§ 93c Abs. 1). In dieser Konstellation kann der Beschwerdeführer **im Regelfall** für seine **anwaltliche Vertretung** ein **Gesamthonorar von 982,40 Euro erstattet** bekommen zuzüglich Steuern sowie gesetzliche Auslagen für Telekommunikation, Porto, Kopien und Reisen (zur Herleitung vgl. im Einzelnen → Rn. 60 ff., → Rn. 114 ff.).

7 Dem steht gegenüber, dass nach den eher strengen Maßstäben des Amtshaftungsrechts als Schadensposition gezahlte **Vergütungen von 350 Euro die Stunde** zuzüglich Steuern und Auslagen **für eine spezialisierte anwaltliche Vertretung in verfassungsgerichtlichen Verfahren** erstattungsfähig sind, weil sie dafür als marktkonform angesehen werden.[2] Da die zugrunde liegende Amtshaftungsrechtsprechung schon über zehn Jahre alt ist, dürften mit Blick auf die Geldentwertung auch Stundensätze von über 400 EUR für die Vertretung in verfassungsgerichtlichen Verfahren marktkonform sein.

8 Dieser Vergleich zeigt: Mit dem im typischen Fall erstattungsfähigen Betrag für die anwaltliche Vertretung im Verfahren vor dem Bundesverfassungsgericht kann sich der Beschwerdeführer am Markt **zwei Stunden und 30 Minuten anwaltliche Vertretungstätigkeit** einkaufen.

---

2 Vgl. OLG Stuttgart, Urt. v. 27.7.2011 – 4 U 78/08, Rn. 316 bei Juris.

Das deutliche Zurückbleiben der nach § 34a erstattbaren gegenüber den für eine fachkundige Vertretung tatsächlich entstehenden Auslagen wirkt sich nicht zum Nachteil der Rechtsanwälte aus, sondern **zum Nachteil der Beschwerdeführer** und sonst nach § 34a Erstattungsberechtigten. 9

Denn mit Verfahren beim Bundesverfassungsgericht vertraute Rechtsanwälte übernehmen Vertretungsmandate nur auf der Grundlage einer **Vergütungsvereinbarung** mit marktkonformen Konditionen, die für den Vertretenen zu Aufwendungen führt, welche deutlich über den nach § 34a erstattungsfähigen Auslagen liegen.[3] 10

Inhaltlich sind **zwei Regelungsaussagen** auseinanderzuhalten. Erstens geht es darum, ob und unter welchen Voraussetzungen welche Beteiligten Auslagen erstattet bekommen (Erstattungsanspruch dem Grunde nach; dazu unter → Rn. 12 ff.). Erst auf der zweiten Ebene stellt sich die Frage, welche konkreten Auslagen davon erfasst sind und in welcher Höhe diese erstattungsfähig sind (Erstattungshöhe; dazu → Rn. 47 ff.). 11

II. Erstattungsanspruch dem Grunde nach

Beim Erstattungsanspruch dem Grunde nach verläuft die gesetzliche **Trennlinie zwischen den Abs. 1 und 2** einerseits **und** dem **Abs. 3** andererseits. 12

In den Fällen des Abs. 3 steht es, wie das Wort „kann“ zeigt, im Ermessen des Bundesverfassungsgerichts, ob eine Auslagenerstattung angeordnet wird (fakultative Auslagenerstattung).[4] Dagegen sind in den von den Abs. 1 und 2 erfassten Konstellationen die Auslagen immer zu erstatten (obligatorische Auslagenerstattung).[5] 13

1. Fälle des Abs. 1. Im Tatbestand des Abs. 1 sind mit dem Antrag auf Verwirkung der Grundrechte (§§ 13 Nr. 1, 36 ff.) und den Anklagen gegen den Bundespräsidenten (§§ 13 Nr. 4, 49 ff.) oder einen Richter (§§ 13 Nr. 9, 58 ff.) **drei strafrechtsähnliche Verfahrensarten** zusammengefasst. Auslagenerstattungsansprüche haben in diesen Verfahren nur diejenigen, gegen die sich der jeweilige Antrag richtet, und auch diese nur dann, wenn sich der jeweilige Antrag als unbegründet erweist. 14

Anwendungsfälle hat es bislang nur in Gestalt der vier gestellten **Anträge auf Verwirkung der Grundrechte** gegeben. Dazu hat das Bundesverfassungsgericht zunächst angenommen, eine Anwendung der heute in § 34a Abs. 1 enthaltenen Regelung setze voraus, dass das Bundesverfassungsgericht zuvor die Durchführung der Verhandlung nach § 37 beschlossen hat und sich dann erst in der mündlichen Verhandlung erweist, dass die Anträge unbegründet sind.[6] Die Literatur folgt dem heute noch überwiegend.[7] 15

3 Jahn, in: Jahn ua, Die Verfassungsbeschwerde in Strafsachen, 2. Aufl. 2017, Rn. 25; Lenz BRAK-Mitteilungen 1998, 259 (261); siehe auch Zuck/Eisele, Das Recht der Verfassungsbeschwerde, 6. Aufl. 2022, Rn. 1096.

4 Vgl. BVerfGE 66, 142 (154).

5 Vgl. BVerfGE 85, 117 (122).

6 BVerfGE 38, 347 (347).

7 Lechner/Zuck/Zuck § 34a Rn. 15; ohne eigene Stellungnahme: Burkiczak/Dollinger/Schorkopf BVerfGG/Schenk § 34a Rn. 22.

16 Dabei wird übersehen, dass das Bundesverfassungsgericht sich längst korrigiert und Auslagenerstattung nach Abs. 1 angeordnet hat, obwohl die Anträge auf Verwirkung von Grundrechten nicht über das Stadium des Vorverfahrens nach § 37 hinausgekommen waren.[8] Diese neuere Rechtsprechung trägt dem **auf Waffengleichheit und die Ermöglichung eines fairen Verfahrens zielenden Zweck der Regelung**[9] besser Rechnung.[10]

17 **2. Begründete Verfassungsbeschwerden, Abs. 2.** Praktische Bedeutung im Hinblick auf die ermessensunabhängige Auslagenerstattung hat ohnehin nicht der Tatbestand des Abs. 1, sondern der Tatbestand des Abs. 2. Auslagenerstattung steht danach dem Beschwerdeführer zu, dessen **Verfassungsbeschwerde** sich als begründet erwiesen hat.[11] Das erfasst sowohl Beschwerdeführer, die eine Verfassungsbeschwerde nach § 90 (Jedermann-Verfassungsbeschwerde) geführt haben wie Beschwerdeführer, die als Gemeinde oder Gemeindeverband eine sogenannte Kommunalverfassungsbeschwerde nach § 91 geführt haben.[12]

18 Auch bei Abs. 2 ist auslegungsbedürftig, wann sich eine solche Verfassungsbeschwerde als **begründet erweist**. Begründet ist eine Verfassungsbeschwerde jedenfalls in den Fällen, in denen ein Senat oder im Rahmen von § 93c Abs. 1 eine Kammer **einer Verfassungsbeschwerde stattgibt.**

19 Für die Jedermann-Verfassungsbeschwerde nach § 90 ist aber zu beachten, dass infolge § 93a auch eine zulässige und begründete Verfassungsbeschwerde nicht zur Entscheidung angenommen werden muss und deshalb im Ergebnis **trotz Begründetheit erfolglos** bleiben kann. Wenn das Bundesverfassungsgericht in einer solchen Nichtannahmeentscheidung nach § 93a die Begründetheit der Verfassungsbeschwerde in den Entscheidungsgründen darlegt und damit feststellt,[13] liegt eine Anwendung von Abs. 2 nahe. Das Bundesverfassungsgericht verfährt aber anders und sieht in diesen Konstellationen „übrige Fälle" im Sinne von Abs. 3.[14] Dafür lässt sich immerhin anführen, dass die Verfassungsbeschwerde, die nicht zur Entscheidung angenommen wird, zwar begründet sein kann, sich aber im Ergebnis nicht als begründet „erweist."

20 Nach dem Wortlaut von Abs. 2 sind dem in diesem Sinne erfolgreichen Beschwerdeführer Auslagen **ganz oder teilweise zu erstatten**. Das darf nicht zu dem Fehlschluss verleiten, dem Bundesverfassungsgericht stehe insoweit ein Ermessen zu. Vielmehr soll dadurch nur zum Ausdruck gebracht sein, dass sich der **Umfang, in dem sich eine Verfassungsbeschwerde als begründet erweist**, auch in der Quote widerspiegelt, zu der das Gericht

---

8 Vgl. BVerfG, Beschluss des Zweiten Senats vom 18.7.1997 – 2 BvA 1/92 ua, Rn. 1 bei Juris, im Anschluss an den in diesem Verfahren ergangenen Beschluss vom 18.7.1996, Juris.
9 Vgl. dazu auch BVerfGE 110, 407 (410 f.) – abweichende Meinung Gerhardt.
10 Ebenso Schmidt-Bleibtreu/Klein/Bethge BVerfGG/Graßhof § 34a Rn. 29 ff. (Stand: April 2008).
11 BVerfGE 148, 147 (150 und 217, Rn. 181).
12 Vgl. BVerfGE 155, 310 (311, Ziff. 4 des Tenors und 356 f., Rn. 106); 86, 90 (91, 122).
13 Vgl. Beschluss der 1. Kammer des Ersten Senats vom 23.8.2000 – 1 BvR 68/95 ua, Rn. 24 ff. bei Juris.
14 Vgl. Beschluss der 3. Kammer des Ersten Senats vom 15.5.2012 – 1 BvR 2821/09, Rn. 25 bei Juris.

die Erstattung notwendiger Auslagen anordnet. Nur wenn sich eine Verfassungsbeschwerde als lediglich teilweise begründet erweist, erfolgt auch eine entsprechend teilweise Erstattung der notwendigen Auslagen.[15] Ist die Verfassungsbeschwerde nahezu in vollem Umfang begründet, ist es geboten, die notwendigen Auslagen ganz zu erstatten.[16]

Nicht von Abs. 2 erfasst sind Fälle, in denen das Bundesverfassungsgericht 21 **einstweilige Anordnungen** nach § 32 erlassen hat und zwar auch dann nicht, wenn dies zugunsten des Beschwerdeführers einer Verfassungsbeschwerde erfolgt ist. Das Verfahren nach § 32 ist kostenrechtlich **selbstständig** und es führt nach den Entscheidungsmaßstäben regelmäßig nicht zu einer Aussage dazu, ob eine Verfassungsbeschwerde begründet ist (→ § 32 Rn. 34 bis 41). Deshalb sind Verfahren nach § 32 ein „übriger Fall" im Sinne von Abs. 3. Nach dieser Vorschrift bestimmt sich, ob der mit einem Antrag auf Erlass einer einstweiligen Anordnung erfolgreiche Beschwerdeführer einer Verfassungsbeschwerde für das einstweilige Anordnungsverfahren Auslagenerstattung erhält.[17] Deshalb kann eine Auslagenerstattung auch für einen erfolgreichen Eilantrag versagt werden, wenn sich das Begehren des Beschwerdeführers im Hauptsacheverfahren der Verfassungsbeschwerde als unbegründet erweist.[18]

Wer im Fall des Abs. 2 Auslagen erstatten muss, hängt davon ab, gegen 22 welchen Gegenstand sich die erfolgreiche Verfassungsbeschwerde gerichtet hat. Waren es Regelungen oder gerichtliche Entscheidungen eines Landes, dann ist **Erstattungspflichtiger** das jeweilige Land,[19] waren es Rechtsvorschriften des Bundes oder Entscheidungen von Bundesgerichten, ist es die Bundesrepublik Deutschland. Wegen des Gebots der Rechtswegerschöpfung (§ 90 Abs. 2 Satz 1) sind jedenfalls bei Urteilsverfassungsbeschwerden die Kosten oftmals hälftig vom Bund und vom jeweiligen Land zu tragen.[20] Die Praxis des Bundesverfassungsgerichts ist hier aber nicht einheitlich.[21] Bei erfolgreichen Verfassungsbeschwerden gegen kommunale Regelungen ist erstattungspflichtig die jeweilige Kommune, wobei auch hier der Bund anteilig mit herangezogen werden kann, wenn das Bundesverwaltungsgericht den Verfassungsverstoß nicht beseitigt hat.[22]

3. Übrige Fälle, Abs. 3. Abs. 3 ist ein **Auffangtatbestand**, der die übrigen 23 Fälle erfasst. Damit sind alle Konstellationen gemeint, in denen weder

15 BVerfGE 146, 71 (73 und 149, Rn. 220); 123, 267 (436 f.); Beschluss der 1. Kammer des Zweiten Senats vom 3.8.2023 – 2 BvR 1838/22, Ziff. 5 des Tenors bei Juris; Schmidt-Bleibtreu/Klein/Bethge BVerfGG/Graßhof § 34a Rn. 39 (Stand: April 2008).

16 Beschluss der 3. Kammer des Zweiten Senats vom 17.4.2015 – 2 BvR 1986/14, Rn. 19 bei Juris; Beschluss der 3. Kammer des Ersten Senats vom 15.5.2012 – 1 BvR 2821/09, Rn. 25 bei Juris; aus der Senatsrechtsprechung BVerfGE 86, 90 (122).

17 BVerfGE 117, 126 (141).

18 Vgl. Beschluss der 1. Kammer des Zweiten Senats vom 25.4.2019 – 2 BvQ 45/18, Rn. 6 f. bei Juris.

19 Beispielhaft BVerfGE 138, 377 (377 und 397, Rn. 55). Dasselbe gilt in Fällen des Abs. 3, vgl. etwa Beschluss der 2. Kammer des Zweiten Senats vom 24.3.2023 – 2 BvR 431/22, Tenor und Rn. 4 bei Juris.

20 BVerfGE 149, 222 (224).

21 Vgl. die Nachweise bei Schmidt-Bleibtreu/Klein/Bethge BVerfGG/Graßhof § 34a Rn. 14 (Stand: April 2008).

22 BVerfGE 114, 316 (317); aA unter Berufung auf die Zuordnung der Kommunen zu den Ländern BeckOK BVerfGG/Scheffczyk § 34a Rn. 11.

Abs. 1 noch Abs. 2 einschlägig sind. Deshalb kann auch in den von Abs. 1 und 2 angesprochenen Verfahrensarten nach Abs. 3 eine Auslagenerstattung angeordnet werden, wenn die jeweils weiteren Voraussetzungen der Abs. 1 und 2 nicht vorliegen, also sich etwa eine Verfassungsbeschwerde nicht als begründet erwiesen hat. Die in Abs. 1 und 2 überhaupt nicht angesprochenen Verfahren einschließlich der auf Erlass einer einstweiligen Anordnung nach § 32 gerichteten Verfahren fallen immer unter Abs. 3.

24 Der Wortlaut von Abs. 3 lässt nicht erkennen, **wer** in diesen übrigen Fällen **Berechtigter einer Auslagenerstattung** sein kann. Für die Urteilsverfassungsbeschwerde stellt sich deshalb die Frage, ob die nach § 94 Abs. 3 äußerungsberechtigten Begünstigten der angegriffenen fachgerichtlichen Entscheidung über Abs. 3 Erstattung ihrer Auslagen für die Äußerung erhalten können. Denkbar wäre auch, dass in einem Vorlageverfahren nach den §§ 80 ff. die am Ausgangsverfahren Beteiligten, die nach §§ 82 Abs. 3, 82 a Abs. 1 und 84 äußerungsberechtigt sind, über § 34a Abs. 3 Auslagenerstattung erhalten können. Das Bundesverfassungsgericht hat das bislang durchgehend verneint,[23] weil es den Grundsatz des Selbstbehalts der eigenen Auslagen betont und § 34a deshalb restriktiv anwendet. **Nur** die eigentlichen **Beteiligten verfassungsgerichtlicher Verfahren im Sinne von § 13** sollen Auslagenerstattung erhalten können.

25 Das Bundesverfassungsgericht behandelt auch die durch die §§ 97a ff. eingeführten **Verfahren der Verzögerungsrüge** und der **Verzögerungsbeschwerde** als übrige Fälle im Sinne von Abs. 3.[24] Zwar sind diese Verfahrensarten keine in § 13 genannten Verfahrensarten, auf die sich § 34a ursprünglich alleine bezog, aber die Einbeziehung der neuen Verfahren in Abs. 3 ist sachlich vernünftig und durch die offene Formulierung „in den übrigen Fällen" auch vertretbar zu begründen.

26 Liegt nach diesen Maßstäben ein übriger Fall vor, steht es im Ermessen des Bundesverfassungsgerichts, ob und in welchem Umfang es eine Erstattung von Auslagen anordnet. Diese **Ermessensentscheidung** soll sich **nach** der Rechtsprechung des Bundesverfassungsgerichts an **Billigkeitserwägungen** orientieren[25] und eine Gesamtwürdigung aller bekannten Umstände verlangen.[26] Ob das im Einzelnen oder wenigstens in den wichtigsten Fallgruppen gelingt, ist durchaus zweifelhaft. Ausgehend von der Anwendungspraxis durch das Gericht kann nach Verfahrensarten und im Übrigen wie folgt differenziert werden.

27 Für **Parteiverbotsverfahren**, die nach ihrer Rechtsnatur eigentlich zu den in Abs. 1 ausdrücklich angesprochenen strafrechtsähnlichen Verfahren gehören,

---

23 Vgl. BVerfGE 99, 46 (48); siehe auch Beschluss des Ersten Senats vom 11.2.2020 – 1 BvL 11/14, Rn. 8 bei Juris.

24 Vgl. BVerfG, Beschluss der Beschwerdekammer vom 20.8.2015 – 1 BvR 2781/13 – Vz 11/14, Rn. 51 bei Juris.

25 BVerfGE 133, 37 (38, Rn. 2); BVerfG, Beschluss des Zweiten Senats vom 14.12.2011 – 2 BvR 987/10, Rn. 1 bei Juris; grundlegend BVerfGE 87, 394 (397).

26 Beschluss der 1. Kammer des Ersten Senats vom 5.10.2022 – 1 BvR 856/22, Rn. 3 bei Juris; Beschluss der 3. Kammer des Zweiten Senats vom 28.10.2019 – 2 BvR 962/19, Rn. 2 bei Juris; Beschluss der 2. Kammer des Ersten Senats vom 9.2.2017 – 1 BvR 309/11, Rn. 2 bei Juris.

hat das Bundesverfassungsgericht sich für eine restriktive Linie entschieden und dabei den Gesichtspunkt der Waffengleichheit aus den Augen verloren. Das Bundesverfassungsgericht macht die Auslagenerstattung in Parteiverbotsverfahren selbst dann von besonderen Billigkeitsgründen abhängig und verneint sie bei deren Fehlen, wenn das Verfahren lange im Stadium des Vorverfahrens nach § 45 anhängig war und dann eingestellt wurde[27] oder wenn der Verbotsantrag zwar aus Sachgründen, aber nur mangels Potentialität zurückgewiesen wurde.[28]

Das **überzeugt in beiden konkret entschiedenen NPD-Verbotsverfahren** 28
nicht. Im ersten NPD-Verbotsverfahren deshalb nicht, weil die zur Einstellung führenden Umstände (V-Leute-Einsatz) allein der das Verfahren betreibenden staatlichen Seite zuzurechnen waren.[29] Im zweiten NPD-Verbotsverfahren ist sogar eine zurückweisende Sachentscheidung getroffen worden. Aus Sicht des Zweiten Senats war der Verbotsantrag des Bundesrates deshalb unbegründet, weil die NPD nach den Feststellungen des Zweiten Senats zwar planvoll und mit hinreichender Intensität auf die Beseitigung der freiheitlichen demokratischen Grundordnung hinarbeitet, es aber an konkreten Anhaltspunkten für die Möglichkeit eines Erfolgs dieser Bemühungen fehlt.[30] Damit entfernt sich die Verweigerung der Auslagenerstattung doch sehr weit von der aus Abs. 1 ableitbaren Gerechtigkeitsüberlegung, dass der mit einem unbegründeten Antrag überzogene Antragsgegner Ersatz der dadurch ausgelösten Verteidigungskosten erhalten soll. Das Parteiverbotsverfahren ist für die davon betroffene Partei ähnlich dramatisch wie die in Abs. 1 aufgeführten Verfahren für die dortigen Antragsgegner oder Angeklagten und es hat auch nicht routineartigen Charakter, wie dies etwa bei Organstreitverfahren zwischen Verfassungsorganen der Fall ist (dazu → Rn. 30). Überzeugender wäre es deshalb gewesen, wenn der Zweite Senat entweder den Mut aufgebracht hätte, auf das von ihm erstmals entwickelte Potentialitäts-Erfordernis zu verzichten, die NPD im zweiten Verbotsverfahren zu verbieten und dann natürlich auch keine Auslagenerstattung anzuordnen oder aber, wenn er aus – unbegründeter – Furcht vor dem EGMR am Potentialitätserfordernis festhalten will, dann auch eine Auslagenerstattung zu gewähren. Wenn überhaupt, könnte ein pauschaler Ausschluss der Kostenerstattung in Parteiverbotsverfahren damit begründet werden, dass die politischen Parteien bei Überschreiten gewisser, nicht hoch angesetzter Schwellenwerte an einer staatlichen Teilfinanzierung (§§ 18 ff. PartG) teilnehmen können und ein anhängiges, aber noch nicht abgeschlossenes Parteiverbotsverfahren daran auch nichts ändert.

Bei **Wahlprüfungsbeschwerden** wird eine Auslagenerstattung angeordnet, 29
wenn die Beschwerde, was bislang noch nicht vorgekommen ist[31], Erfolg hat,

27 BVerfGE 110, 407 (409) – NPD I.
28 BVerfGE 144, 20 (368 f., Rn. 1009) – NPD II.
29 Zutreffend Schmidt-Bleibtreu/Klein/Bethge BVerfGG/Graßhof § 34a Rn. 50 (Stand: April 2008); siehe auch abweichende Meinung Gerhardt BVerfGE 110, 407 (410 f.).
30 BVerfGE 144, 20 (325 ff., Rn. 896 ff.) – NPD II.
31 Einzige Ausnahme ist die vergleichsweise neue Entscheidung des Zweiten Senats vom 19.12.2023 – 2 BvC 4/23, Juris, zur teilweisen Wiederholung der Bundestagswahl 2021. In dieser Entscheidung hat der Zweite Senat aber die Kostentragungsfrage gar nicht entschieden.

vor allen Dingen aber, wenn ein Erfolg der Beschwerde nur am Grundsatz des Bestandsschutzes des Parlaments oder an der fehlenden Mandatsrelevanz gescheitert ist.[32] Auslagenerstattung wird auch angeordnet, wenn sich ein Wahlprüfungsverfahren deshalb erledigt, weil der Senat den vom Beschwerdeführer gerügten Wahlfehler und dessen Mandatsrelevanz in einem anderen Verfahren festgestellt hat. Soweit der Beschwerdeführer die Beschwerde im Übrigen aufrechterhält, weil er weitergehende Rechtsfolgen angeordnet bekommen möchte (Wiederholungswahl; Neuverteilung der Sitze), führt das dazu, dass ihm eine Auslagenerstattung nur zu einem Teil zugesprochen wird.[33] Eine teilweise Auslagenerstattung kommt auch dann in Betracht, wenn die erfolglose Wahlprüfungsbeschwerde immerhin zur Klärung einer bedeutsamen Frage des Wahlrechts geführt hat.[34] Dabei bezieht sich die Auslagenerstattung nach Abs. 3 nur auf die Kosten im Wahlprüfungsverfahren vor dem Bundesverfassungsgericht selbst, nicht auf das vorgelagerte Wahleinspruchsverfahren beim Deutschen Bundestag.[35]

30 Im **Organstreitverfahren** ist eine Auslagenerstattung im Regelfall fernliegend und wird vom Bundesverfassungsgericht auch nicht vorgenommen,[36] weil die am Verfahren Beteiligten ihre Auslagen für die Verfahrensbeteiligung aus den ihnen zustehenden öffentlichen Mitteln bestreiten können.

31 Allerdings ist ungeachtet der bei **Fraktionen** ganz überwiegenden und bei **Parteien** erheblichen staatlichen (Teil-)Finanzierung zugunsten dieser Beteiligten am Organstreitverfahren eine Kostenerstattung über Abs. 3 grundsätzlich möglich.[37] Auch **Abgeordnete** können als Antragsteller im Organstreitverfahren Kostenerstattung erlangen,[38] das ist aber die Ausnahme.[39]

32 In den **Verfahren nach § 13 Nr. 6, 6 a, 6 b, 7 und 8** kommt eine Kostenerstattungsanordnung nach Abs. 3 im Regelfall schon deshalb nicht in Betracht, weil sich die Beteiligten in diesen Verfahren ohnehin aus öffentlichen Kassen finanzieren. Dagegen ist im sogenannten Nichtanerkennungsbeschwerdeverfahren nach den § 96a ff. BVerfGG eine Kostenerstattung möglich und im Erfolgsfall regelmäßig auch billig.[40]

33 In den **richterlichen Vorlageverfahren** nach § 13 Nr. 11, 11 a, 12 und 13 kann es keine Auslagenerstattung geben, weil es in diesen Verfahren keine Beteilig-

32 BVerfGE 132, 39 (59 f., Rn. 57) – Wahlrecht von Auslandsdeutschen; 129, 300 (346) – Sperrklausel bei Europawahlen; 123, 39 (88); 121, 266 (316).
33 BVerfGE 131, 230 (238 f.): Auslagenerstattung zu zwei Dritteln.
34 BVerfGE 130, 212 (239).
35 BVerfG, Beschluss des Zweiten Senats vom 20.9.2021 – 2 BvE 5/21 ua, Rn. 7 f. bei Juris; BVerfGE 163, 358 (361 f., Rn. 16 f.).
36 BVerfGE 157, 1 (30, Rn. 86); 152, 8 (35, Rn. 55); 148, 11 (39, Rn. 81); 146, 1 (70, Rn. 161); 137, 185 (273, Rn. 231); 110, 407 (409); 96, 66 (67).
37 BVerfGE 123, 267 (436 f.); 44, 125 (166 f.); siehe auch BVerfG, Beschluss des Zweiten Senats vom 3.4.2006 – 2 BvE 2/02, Rn. 2 bei Juris.
38 BVerfGE 130, 318 (367) – Delegation von Entscheidungsbefugnissen bezüglich der EFSF vom Bundestag auf ein Sondergremium.
39 Vgl. zur Regel BVerfGE 148, 11 (39, Rn. 81); 137, 185 (273, Rn. 231); 124, 161 (199).
40 BVerfG, Beschluss des Zweiten Senats vom 8.10.2021 – 2 BvC 8/21, Rn. 1 bei Juris.

ten gibt, auf die das Bundesverfassungsgericht die Auslagenerstattung nach Abs. 3 begrenzt.[41]

Besondere Bedeutung hat Abs. 3 im Hinblick auf **Verfassungsbeschwerdeverfahren**, weil die Norm die Möglichkeit gibt, in bestimmten Fällen auch dann zu einer Kostenerstattung zu gelangen, wenn die Voraussetzungen des Abs. 2 nicht erfüllt sind[42] oder die Verfassungsbeschwerde nur teilweise Erfolg hatte und die Auslagenerstattung auch für den übrigen Teil des Verfahrens angeordnet werden soll.[43] Dabei sind folgende **Fallgruppen** zu unterscheiden. 34

Verfassungsbeschwerden können deshalb ohne Sachentscheidung bleiben, weil der Gegenstand der Verfassungsbeschwerde oder die davon ausgehende Beschwer nachträglich wegfällt. Auch **in solchen Erledigungsfällen** ist die Anordnung einer Auslagenerstattung unter Billigkeitsgesichtspunkten möglich.[44] Dabei kommt dem Grund, der zur Erledigung geführt hat, maßgebliche Bedeutung zu.[45] Die neuere Rechtsprechung betont allerdings den Ausnahmecharakter bezogen auf den Grundsatz des Selbstbehalts der eigenen Auslagen nach Abs. 3 unter Billigkeitsgesichtspunkten.[46] 35

Wenn die öffentliche Gewalt von sich aus den mit der Verfassungsbeschwerde **angegriffenen Akt beseitigt** oder der Beschwer auf andere Weise abhilft, so kann, falls keine anderweitigen Gründe ersichtlich sind, davon ausgegangen werden, dass sie das Begehren des Beschwerdeführers selbst für berechtigt erachtet hat. Dann ist es **billig**, dem Beschwerdeführer die **Erstattung seiner Auslagen** in gleicher Weise zuzusprechen, wie wenn seiner Verfassungsbeschwerde stattgegeben worden wäre.[47] Das leuchtet besonders dort 36

41 Vgl. BVerfG, Beschluss des Ersten Senats vom 11.2.2020 – 1 BvL 11/14, Rn. 8 bei Juris; BVerfG, Beschluss des Ersten Senats vom 26.3.2018 – 1 BvL 4/14, Rn. 2 bei Juris; BVerfGE 99, 46 (48).

42 Vgl. zu einer solchen im Ergebnis ablehnenden Prüfung aus der Senatsrechtsprechung: BVerfGE 151, 202 (374, Rn. 320).

43 Vgl. Beschluss der 1. Kammer des Zweiten Senats vom 13.10.2016 – 2 BvR 1275/16, Rn. 61 bei Juris; Beschluss der 2. Kammer des Zweiten Senats vom 5.3.2015 – 2 BvR 746/13, Rn. 40 bei Juris.

44 Beschluss der 3. Kammer des Zweiten Senats vom 27.2.2024 – 2 BvR 637/23, Rn. 22 bei Juris; Beschluss der 1. Kammer des Ersten Senats vom 24.8.2023 – 1 BvR 614/20, Rn. 7 ff. bei Juris; Beschluss der 1. Kammer des Zweiten Senats vom 27.7.2023 – 2 BvR 917/20, Rn. 34 bei Juris; Beschluss der 2. Kammer des Zweiten Senats vom 22.11.2019 – 2 BvR 894/19, Rn. 5 ff. bei Juris; Beschluss der 3. Kammer des Zweiten Senats vom 28.10.2019 – 2 BvR 962/19, Rn. 2 bei Juris; Beschluss der 1. Kammer des Zweiten Senats vom 19.12.2016 – 2 BvR 1490/16, Rn. 9 bei Juris, unter Berufung auf diese Kommentierung.

45 BVerfGE 133, 37 (38, Rn. 2); grundlegend zur Senatsrechtsprechung BVerfGE 87, 394 (397); vgl. aus der neueren Kammerrechtsprechung etwa Beschlüsse der 1. Kammer des Zweiten Senats vom 6.5.2024 – 2 BvR 1661/23, Rn. 9 bei Juris und vom 27.7.2023 – 2 BvR 917/20, Rn. 34 bei Juris sowie Beschluss der 1. Kammer des Ersten Senats vom 5.10.2022 – 1 BvR 856/22, Rn. 4 bei Juris.

46 Beschluss der 1. Kammer des Zweiten Senats vom 17.9.2019 – 2 BvR 1204/19, Rn. 3 bei Juris.

47 Beschluss der 3. Kammer des Zweiten Senats vom 27.2.2024 – 2 BvR 637/23, Rn. 22 bei Juris; Beschluss der 1. Kammer des Zweiten Senats vom 27.7.2023 – 2 BvR 917/20, Rn. 34 bei Juris; Beschluss der 2. Kammer des Zweiten Senats vom 24.3.2023 – 2 BvR 431/22, Rn. 3 bei Juris; Beschluss der 2. Kammer des Zweiten Senats vom 14.2.2023 – 2 BvR 533/22, Rn. 3 bei Juris; Beschluss der 3. Kammer des Zweiten Senats vom 6.1.2023 – 2 BvR 1967/22, Rn. 3 bei Juris; Beschluss der 2. Kammer des Zweiten Senats vom

ein, wo eine Sachentscheidung des Bundesverfassungsgerichts nur deshalb nicht mehr ergeht, weil schon in einem zuvor vom Bundesverfassungsgericht entschiedenen Verfahren die Verfassungswidrigkeit der staatlichen Handlungen positiv festgestellt worden ist.[48] Das gilt auch, wenn die andere Entscheidung nicht vom Bundesverfassungsgericht selbst, sondern von einem Landesverfassungsgericht stammt.[49] Gewisse Besonderheiten gelten, wenn sich die Verfassungsbeschwerde gegen ein Gesetz richtet und die Erledigung deshalb eintritt, weil das Bundesverfassungsgericht das Gesetz auf andere, teilweise auch deutlich früher erhobene Verfassungsbeschwerden für nichtig erklärt. Wenn bei solchen Nachzügler-Verfassungsbeschwerden gegen ein Gesetz schon bekannt war, dass Verfassungsbeschwerden anhängig sind, findet im Regelfall keine Erstattung notwendiger Auslagen statt.[50] Davon gibt es aber wieder eine Rückausnahme, wenn die Beschwerdeführer wie im Fall des Berliner Mietendeckels mit einer erheblichen Straf- oder Bußgeldandrohung konfrontiert sind.[51]

37 Von der Zubilligung einer Auslagenerstattung in derartigen Fällen gibt es aber **Ausnahmen**. Wenn eine staatliche Stelle der Verfassungsbeschwerde abhilft, aber zugleich zum Ausdruck bringt, sie halte daran fest, ihr ursprüngliches Verhalten sei verfassungsmäßig gewesen, liegt in der Abhilfe **kein Anerkenntnis eines Verfassungsverstoßes**, welches die Anordnung der Auslagenerstattung rechtfertigt.[52] Das gilt auch, wenn der Gesetzgeber eine

---

29.12.2022 – 2 BvR 1216/21, Rn. 3 bei Juris; Beschluss der 1. Kammer des Zweiten Senats vom 16.12.2022 – 2 BvR 1203/22, Rn. 3 bei Juris; Beschluss der 2. Kammer des Ersten Senats vom 6.12.2021 – 1 BvR 1380/20, Rn. 4 bei Juris; Beschluss der 2. Kammer des Zweiten Senats vom 22.11.2019 -. 2 BvR 894/19, Rn. 6 bei Juris; Beschluss der 3. Kammer des Zweiten Senats vom 28.10.2019 – 2 BvR 962/19, Rn. 2 bei Juris; Beschluss der 1. Kammer des Zweiten Senats vom 17.9.2019 – 2 BvR 1204/19, Rn. 3 bei Juris; Beschluss der 2. Kammer des Zweiten Senats vom 22.5.2019 – 2 BvR 2231/18, Rn. 2 bei Juris; vgl. zu den abstrakten Vorgaben der Senatsrechtsprechung BVerfGE 133, 37 (38, Rn. 2); 87, 394 (397).

48 Vgl. Beschluss der 1. Kammer des Zweiten Senats vom 10.1.2022 – 2 BvR 1851/21, Rn. 3 bei Juris; Beschluss der 2. Kammer des Ersten Senats vom 10.5.2016 – 1 BvR 2322/14, Rn. 15 bei Juris; Beschluss der 1. Kammer des Ersten Senats vom 12.11.2014 – 1 BvR 159/09, Rn. 8 bei Juris.

49 Vgl. etwa Beschluss der 1. Kammer des Ersten Senats vom 24.8.2023 – 1 BvR 614/20, Rn. 7 ff. bei Juris sowie Beschluss der 2. Kammer des Zweiten Senats vom 14.2.2023 – 2 BvR 533/22, Rn. 4 bei Juris, jeweils für die Konstellation einer parallel erhobenen Landesverfassungsbeschwerde. Siehe auch Beschluss der 3. Kammer des Zweiten Senats vom 24.8.2022 – 2 BvR 257/21, Rn. 5 ff. bei Juris; Beschluss der 1. Kammer des Zweiten Senats vom 21.9.2021 – 2 BvR 2020/21, Rn. 6 f. bei Juris.

50 Beschluss der 2. Kammer des Ersten Senats vom 9.4.2018 – 1 BvR 790/12, Rn. 9 f. bei Juris; grundlegend BVerfGE 85, 117 (125 f.).

51 Vgl. Beschluss der 3. Kammer des Ersten Senats vom 19.5.2021 – 1 BvR 487/20 ua, Rn. 10 bei Juris; siehe auch Beschluss der 2. Kammer des Zweiten Senats vom 27.2.2020 – 2 BvR 1494/16, Rn. 10 bei Juris.

52 So unter Bezugnahme auf diese Kommentierung Beschluss der 2. Kammer des Zweiten Senats vom 15.3.2017 – 2 BvR 144/17, Rn. 4 f. bei Juris; Beschluss der 2. Kammer des Ersten Senats vom 30.11.2011 – 1 BvR 3269/08 ua, Rn. 11 bei Juris. Dasselbe gilt, wenn die Behörde einen Ausgangsbescheid aus Gründen aufhebt, die schon rein thematisch nichts mit dem bisher geführten Verfahren zu tun haben, vgl. etwa die Konstellation in dem Beschluss der 2. Kammer des Zweiten Senats vom 29.12.2022 – 2 BvR 1216/21, Rn. 6 bei Juris; vergleichbar auch Beschluss der 1. Kammer des Ersten Senats vom 4.10.2022 – 1 BvR 856/22, Rn. 4 bei Juris: Keine geänderte Auffassung, sondern nachträglich veränderte Umstände.

angegriffene Vorschrift aufhebt und sich dabei auf den Standpunkt stellt, er habe dies nicht deshalb getan, um etwaigen grundrechtswidrigen Eingriffen abzuhelfen;[53] dasselbe gilt, wenn sich dem Gesetz nicht entnehmen lässt, dass der Gesetzgeber die rückwirkend vorgenommene Änderung für verfassungsrechtlich geboten hielt.[54] Für die Anerkennung eines Verfassungsverstoßes genügt aber, dass in den Beratungen einzelne Abgeordnete etwa auf anhängige Verfassungsbeschwerden oder Petitionen Bezug genommen haben.[55] Teilweise stellen die Senate ergänzend auch darauf ab, dass die beteiligten Stellen des Landes oder des Bundes ihrer Kostenauferlegung nicht entgegengetreten sind.[56]

Deshalb soll eine allein auf einfach-rechtliche Gesichtspunkte gestützte Ab- 38
hilfe eine Auslagenerstattung nicht rechtfertigen,[57] wohl aber, wenn die Korrektur auch mit Zweifeln an der Verfassungsmäßigkeit begründet worden ist.[58] Die **Entscheidungen** der Kammern sind insoweit aber **nicht verlässlich vorhersehbar**. So soll dann, wenn ein die Beschwer beseitigender Verfahrensablauf ein gewisses Indiz dafür bietet, dass das Fachgericht die mit der Verfassungsbeschwerde erhobene Rüge einer überlangen Verfahrensdauer nicht als völlig aus der Luft gegriffen einschätzt und sich deshalb zu einer Sachentscheidung in der Lage gesehen hat, die Erstattung von drei Vierteln der entstandenen Kosten anzuordnen sein.[59]

Eine Abhilfeentscheidung führt auch dann nicht zur Anordnung der Ausla- 39
generstattung nach Abs. 3,[60] wenn die **Verfassungsbeschwerde** vor Erlass der Abhilfeentscheidung **unzulässig** war,[61] etwa weil im Zeitpunkt der Erledigung über eine anhängig gemachte Gehörsrüge noch nicht entschieden

53 Beschluss der 1. Kammer des Ersten Senats vom 8.3.2012 – 1 BvR 872/10, Rn. 6 bei Juris.

54 Vgl. Beschluss der 1. Kammer des Ersten Senats vom 9.2.2017 – 1 BvR 309/11, Rn. 4 bei Juris.

55 Vgl. Beschluss der 1. Kammer des Zweiten Senats vom 27.7.2023 – 2 BvR 917/20, Rn. 35 bei Juris.

56 Vgl. etwa Beschluss der 2. Kammer des Zweiten Senats vom 24.3.2023 – 2 BvR 431/22, Rn. 4 bei Juris.

57 Vgl. Beschluss der 2. Kammer des Zweiten Senats vom 29.12.2022 – 2 BvR 1216/21, Rn. 6 bei Juris; Beschluss der 2. Kammer des Ersten Senats vom 8.11.2010 – 1 BvR 2643/10, Rn. 3 bei Juris.

58 Beschluss der 3. Kammer des Zweiten Senats vom 27.2.2024 – 2 BvR 637/23, Rn. 22 bei Juris; Beschluss der 1. Kammer des Ersten Senats vom 4.11.2010 – 1 BvR 661/06, Rn. 9 bei Juris.

59 Beschluss der 1. Kammer des Ersten Senats vom 1.12.2010 – 1 BvR 1725/10, Rn. 3 bei Juris.

60 Beschlüsse der 3. Kammer des Zweiten Senats vom 28.10.2019 – 2 BvR 962/19, Rn. 2 bei Juris, und vom 27.3.2019 – 2 BvR 262/19, Rn. 2 f. bei Juris.

61 Beschluss der 3. Kammer des Zweiten Senats vom 5.4.2023 – 2 BvR 2250/22, Rn. 3 f. bei Juris; Beschluss der 3. Kammer des Zweiten Senats vom 18.8.2022 – 2 BvR 1276/20, Rn. 3 ff. bei Juris; so unter Berufung auf diese Kommentierung auch Beschlüsse der 1. Kammer des Zweiten Senats vom 24.2.2022 – 2 BvR 1030/21, Rn. 5 bei Juris, und vom 9.12.2019 – 2 BvR 1890/19, Rn. 6 bei Juris; Beschluss der 3. Kammer des Zweiten Senats vom 28.10.2019 – 2 BvR 962/19, Rn. 2 bei Juris; Beschlüsse der 1. Kammer des Ersten Senats vom 23.1.2019 – 1 BvR 2066/18, Rn. 2 bei Juris, und vom 21.4.2018 – 1 BvR 2684/17, Rn. 3 bei Juris.

war[62] oder über einen Antrag auf Ergänzung des angegriffenen fachgerichtlichen Beschlusses noch nicht entschieden war.[63]

40 Auch wenn die zur Erledigung führende Abhilfeentscheidung nicht als Anerkenntnis des Verfassungsverstoßes verstanden werden kann, bleibt eine Auslagenerstattung mit Blick auf die mutmaßlichen Erfolgsaussichten möglich. Zwar hält das Bundesverfassungsgericht eisern daran fest, dass in verfassungsgerichtlichen Verfahren regelmäßig **keine Beurteilung der Erfolgsaussichten** analog den Verfahrensanordnungen der einzelnen Gerichtszweige (§ 91a Abs. 1 Satz 1 ZPO, § 161 Abs. 2 Satz 1 VwGO, § 138 Abs. 1 FGO) stattfindet, sondern nur dann, wenn ausnahmsweise die Erfolgsaussichten der Verfassungsbeschwerde im Rahmen der Entscheidung nach § 34a Abs. 3 unterstellt werden können[64] oder wenn die verfassungsrechtliche Lage schon geklärt ist.[65]

41 Dieser **Maßstab** wurde von den Kammern lange sehr variabel gehandhabt, **ist** jetzt aber durch eine Entscheidung des Ersten Senats **konkretisiert worden.**[66] Geklärt ist die verfassungsrechtliche Lage, wenn es schon eine Entscheidung des Bundesverfassungsgerichts in einem gleichgelagerten Fall gegeben hat. Die 2. Kammer des Zweiten Senats hat eine Klärung der verfassungsrechtlichen Lage in diesem kostenrechtlichen Sinne schon dann angenommen, wenn eine zulässige Verfassungsbeschwerde auf der Grundlage der bisherigen Rechtsprechung **offensichtlich begründet** war.[67] Dadurch wird allerdings ein vom Gesetzgeber für die Stattgabe einer Verfassungsbeschwerde durch die Kammer aufgestelltes Erfordernis (vgl. § 93c Abs. 1 Satz 1) zur Rechtfertigung dafür herangezogen, nach Erledigung gleichwohl noch aus Kostengründen zur Sache entscheiden zu können; nähme man das ernst, dann könnte in allen Fällen des § 93c Abs. 1 Satz 1 trotz Erledigung eine Kostenentscheidung ergehen. Dogmatisch vorzugswürdig erscheint deshalb das etwas zurückhaltendere Verständnis anderer Kammerbeschlüsse, die zusätzlich verlangen, dass im Rahmen der hierfür vorzunehmenden kursorischen Prüfung **zu verfassungsrechtlichen Zweifelsfragen nicht Stellung genom-**

---

62 Vgl. Beschluss der 3. Kammer des Zweiten Senats vom 28.10.2019 – 2 BvR 962/19, Rn. 3 bei Juris; Beschlüsse der 2. Kammer des Zweiten Senats vom 2.5.2017 – 2 BvR 572/17, Rn. 3 bei Juris, und vom 9.10.2014 – 2 BvR 550/14, Rn. 3 bei Juris; Beschluss der 3. Kammer des Zweiten Senats vom 23.6.2014 – 2 BvR 1222/14, Rn. 3 bei Juris. Das gilt erst recht, wenn die erforderliche Anhörungsrüge gar nicht geführt worden ist, vgl. Beschluss der 3. Kammer des Zweiten Senats vom 6.1.2023 – 2 BvR 1967/22, Rn. 4 bei Juris.

63 Beschluss der 3. Kammer des Zweiten Senats vom 5.4.2023 – 2 BvR 2250/22, Rn. 4 f. bei Juris.

64 Ein neuerer Beispielfall hierfür ist der Beschluss der 1. Kammer des Zweiten Senats vom 6.5.2024 – 2 BvR 1661/23, Rn. 10 bei Juris.

65 Vgl. BVerfGE 133, 37 (38, Rn. 2); 87, 394 (397 f.); 85, 109 (115 f.); Beschluss der 2. Kammer des Zweiten Senats vom 23.5.2023 – 2 BvR 2013/22, Rn. 3 bei Juris; Beschluss der 2. Kammer des Ersten Senats vom 28.3.2022 – 1 BvR 2210/21, Rn. 11 ff. bei Juris; Beschlüsse der 3. Kammer des Zweiten Senats vom 15.1.2020 – 2 BvR 849/15, Rn. 10 bei Juris, und vom 28.10.2019 – 2 BvR 962/19, Rn. 2 bei Juris.

66 BVerfGE 133, 37 (38, Rn. 2). Siehe aus der Kammerrechtsprechung zuletzt Beschluss der 1. Kammer des Zweiten Senats vom 6.5.2024 – 2 BvR 1661/23, Rn. 9 bei Juris.

67 Beschluss der 2. Kammer des Zweiten Senats vom 16.10.2013 – 2 BvR 1446/12, Rn. 7 f. bei Juris; verallgemeinernd bestätigt durch Beschluss der 3. Kammer des Zweiten Senats vom 15.1.2020 – 2 BvR 849/15, Rn. 10 bei Juris.

men zu werden braucht.[68] Unverkennbar gibt es aber weiter eine Tendenz der Kammern, für erledigt erklärte Verfassungsbeschwerden als offensichtlich begründet anzusehen und diese Beurteilung in einigen Randnummern zu erläutern.[69] Klare **Grenzen** werden **überschritten**, wenn Kammern in Erledigungsfällen das Thema der Auslagenerstattung zum Anlass nehmen, eine **vertiefte und seitenlange Prüfung von Begründetheitsfragen** vorzunehmen.[70]

42 Außerhalb von Erledigungsfällen praktizieren die Kammern des Bundesverfassungsgerichts eine Auslagenerstattung auch dann, wenn in der Sache ein Verfassungsverstoß gegeben sein dürfte und die Verfassungsbeschwerde lediglich aus prozessualen Gründen, die für den Beschwerdeführer nur schwer antizipierbar waren, nicht zur Entscheidung angenommen werden kann.[71] Auf diese Weise können Fälle einzelfallgerecht gelöst werden, in denen etwa die Frage, ob eine Anhörungsrüge statthaft und als Teil des Rechtswegs anzusehen ist, nicht verlässlich vorab zu beantworten war. Es ist aber unverkennbar, dass diese Rechtsprechung in einem gewissen Spannungsverhältnis zu der in → Rn. 39 behandelten Konstellation steht, in der die öffentliche Hand der Beschwer abhilft, die Verfassungsbeschwerde zu diesem Zeitpunkt aber beispielsweise wegen einer fehlenden oder noch nicht beschiedenen Anhörungsrüge nicht oder noch nicht zulässig war.

43 Da die Verfassungsbeschwerde auch eine objektive Funktion hat, kann eine Auslagenerstattung auch dann angeordnet werden, wenn der Beschwerdeführer durch seine **Beschwerde dazu beigetragen** hat, dass **wichtige verfassungsrechtliche Fragen geklärt** werden konnten.[72] Unter dem Aspekt der Klärung grundsätzlicher Fragen wird oftmals nur ein Bruchteil der Auslagen als erstattungsfähig angesehen, etwa die Hälfte[73] oder ein Viertel.[74] In der Fallgruppe der Klärung einer (verfassungsrechtlichen) Frage von grundsätzlicher Bedeutung kann aber nicht nur, auch wenn das die Regel ist, eine teilweise, sondern sogar auch eine volle Erstattung der Auslagen angeordnet

---

68 Beschluss der 2. Kammer des Zweiten Senats vom 23.5.2023 – 2 BvR 2013/22, Rn. 3 bei Juris; Beschluss der 1. Kammer des Zweiten Senats vom 1.8.2019 – 2 BvR 1556/17, Rn. 10 bei Juris; Beschluss der 3. Kammer des Zweiten Senats vom 27.3.2019 – 2 BvR 262/19, Rn. 2 bei Juris; Beschluss der 1. Kammer des Zweiten Senats vom 25.1.2018 – 2 BvQ 49/17, Rn. 3 bei Juris; Beschluss der 2. Kammer des Zweiten Senats vom 21.9.2017 – 2 BvQ 40/17, Rn. 3 bei Juris; Beschlüsse der 1. Kammer des Ersten Senats vom 23.11.2015 – 1 BvR 1795/08, Rn. 5 f. bei Juris, und vom 24.4.2014 – 1 BvR 1700/11, Rn. 15 bei Juris.

69 Vgl. etwa Beschluss der 2. Kammer des Ersten Senats vom 28.3.2022 – 1 BvR 2210/21, Rn. 11 ff. bei Juris.

70 So aber Beschluss der 2. Kammer des Ersten Senats vom 30.11.2011 – 1 BvR 3269/08 ua, Rn. 13 bis 20 bei Juris; ähnlich, aber zum Verfahren nach § 32 der Beschluss der 1. Kammer des Ersten Senats vom 26.6.2007 – 1 BvR 1418/07, Rn. 12 bis 26 bei Juris, wo unter dem Vorwand der Auslagenerstattungsprüfung die aus Zeitgründen nicht rechtzeitig geleistete Prüfung des Antrags nach § 32 zu versammlungsrechtlichen Anordnungen gegen G8-Gegner nachgeholt wurde.

71 Vgl. beispielhaft Beschluss der 2. Kammer des Zweiten Senats vom 3.3.2023 – 2 BvR 1810/22, Rn. 30 bei Juris.

72 BVerfGE 149, 50 (85, Rn. 96); 141, 56 (81, Rn. 65); entsprechendes gilt für Wahlprüfungsbeschwerden, vgl. BVerfGE 132, 39 (59 f., Rn. 57) – Wahlrecht der Auslandsdeutschen.

73 BVerfGE 149, 50 (85, Rn. 96).

74 BVerfGE 141, 56 (81, Rn. 65).

werden.[75] Das ist dann besonders überzeugend, wenn sich die erreichten verfassungsrechtlichen Klarstellungen in der Zukunft für die Beschwerdeführer günstig auswirken können.[76]

44 **Bedenklich** wird es allerdings, wenn nicht einmal mehr verfassungsrechtliche Fragen geklärt werden, sondern **nur** noch **Fragen des Verfassungsprozessrechts**. Deshalb ist es zumindest überraschend, wenn der Zweite Senat den Beschwerdeführern gegen die Griechenland-Hilfe und gegen Euro-Rettungsmaßnahmen[77] die Erstattung ihrer Auslagen zu einem Drittel gewährt hat, nur weil er die Frage nach der Zulässigkeit der Verfassungsbeschwerden unter einem von mehreren Gesichtspunkten im Sinne der Beschwerdeführer beantwortet hat.[78] Auch die Erstattungsquote scheint in Widerspruch zur Praxis des Zweiten Senats bei anderen Verfahren mit europarechtlichem Bezug zu stehen.[79]

45 Das **Verfahren auf Erlass einer einstweiligen Anordnung** nach § 32 ist kostenrechtlich selbstständig.[80] Eine Ausnahme sind aber einstweilige Anordnungen innerhalb des Hauptsacheverfahrens, die überhaupt keine Kostenfolge auslösen.[81] Für das Verfahren nach § 32 gilt deshalb im Grundsatz dasselbe wie im jeweils zugrundeliegenden Hauptsacheverfahren,[82] auch wenn dieses noch gar nicht anhängig gemacht worden ist. Bei einstweiligen Anordnungen in Bezug auf Verfassungsbeschwerdeverfahren wirkt sich allerdings die Wertung des Abs. 2 dahin gehend aus, dass bei Erlass einer einstweiligen Anordnung, also wenn sich der Antrag als zulässig und begründet erwiesen hat, im Regelfall Auslagenerstattung nach Abs. 3 angeordnet wird.[83] Erledigt sich das Anordnungsverfahren, kommt eine Auslagenerstattung aufgrund Billigkeit nur dann in Betracht, wenn ausnahmsweise die Erfolgsaussichten im Verfahren nach § 32 ohne weiteres unterstellt werden können,[84] was insbesondere dann der Fall sein kann, wenn das Fachgericht durch die Gewährung von Eilrechtsschutz selbst zum Ausdruck gebracht hat, dass es das Begehren des Antragstellers für berechtigt erachtete.[85]

---

75 BVerfGE 116, 69 (95) – gesetzliche Grundlage für den Jugendstrafvollzug.

76 Vgl. BVerfGE 84, 90 (132): Entscheidung zu den Enteignungen auf besatzungsrechtlicher Grundlage enthielt Klärungen für die Ausgestaltung der künftigen Ausgleichsleistungsgesetzgebung.

77 Vgl. BVerfGE 129, 124.

78 Vgl. BVerfG, Beschluss des Zweiten Senats vom 14.12.2011 – 2 BvR 987/10, Rn. 1 bei Juris – zur Rüge einer Verletzung der dauerhaften Handlungsautonomie des Deutschen Bundestages.

79 Vgl. BVerfGE 123, 267 (436 f.) – Vertrag von Lissabon.

80 BVerfGE 141, 56 (81, Rn. 65).

81 BVerfGE 136, 274 (277, Rn. 5).

82 So unter Berufung auf diese Kommentierung auch Beschluss der 1. Kammer des Zweiten Senats vom 12.3.2021 – 2 BvQ 18/21, Rn. 3 bei Juris.

83 Beschlüsse der 2. Kammer des Zweiten Senats vom 28.10.2019 – 2 BvR 1813/18, Rn. 32 bei Juris, vom 14.2.2019 – 2 BvR 1457/18, Rn. 21 bei Juris, und vom 20.9.2018 – 2 BvR 2530/16 ua, Rn. 12 bei Juris; Beschluss der 3. Kammer des Ersten Senats vom 30.9.2018 – 1 BvR 1783/17, Rn. 28 bei Juris.

84 Beschluss der 1. Kammer des Zweiten Senats vom 12.3.2021 – 2 BvQ 18/21, Rn. 3 bei Juris.

85 Vgl. Beschluss der 1. Kammer des Zweiten Senats vom 6.5.2021 – 2 BvQ 8/21, Rn. 5 bei Juris.

Wird in der Entscheidung über die Verfassungsbeschwerde die Erstattung notwendiger Auslagen angeordnet, erfasst dieser Ausspruch regelmäßig nicht die Auslagen, die durch einen Antrag auf Erlass einer einstweiligen Anordnung entstanden sind.[86] Vielmehr muss der Antragsteller, falls eine Entscheidung über die Auslagenerstattung ausdrücklich auch für das Verfahren des einstweiligen Rechtsschutzes **nicht von Amts wegen** erfolgt ist,[87] eine solche Entscheidung **gesondert beantragen**. War die Verfassungsbeschwerde erfolgreich, dann kommt eine Auslagenerstattung im sachlich nicht beschiedenen Verfahren nach § 32 nur dann in Betracht, wenn der Antrag auf Erlass einer einstweiligen Anordnung nach den hierfür geltenden Maßstäben Erfolg gehabt hätte.[88] Auch wenn die Verfassungsbeschwerde erfolglos geblieben ist, ist eine Auslagenerstattung für das Verfahren der einstweiligen Anordnung nach § 32 möglich.[89] Umgekehrt hindert der Umstand, dass im Anordnungsverfahren nur eine teilweise Auslagenerstattung ausgesprochen worden ist, das Bundesverfassungsgericht nicht daran, für das Verfassungsbeschwerdeverfahren die vollständige Erstattung der notwendigen Auslagen anzuordnen.[90] Übermäßig restriktiv erscheint es, wenn in einem Verfassungsbeschwerdeverfahren die Auslagenerstattung nach Abs. 3 abgelehnt wird, obwohl schon im vorangegangenen Verfahren der einstweiligen Anordnung eine Grundrechtsverletzung festgestellt worden und dort Auslagenerstattung angeordnet worden ist, der Beschwerdeführer dann aber im Verfassungsbeschwerdeverfahren nicht hinreichend zu seinem weiter fortbestehenden Rechtsschutzbedürfnis vorgetragen hat.[91] 46

III. Erstattung der Höhe nach

1. Notwendige Auslagen. Gegenstand der Erstattung sind die **notwendigen Auslagen**. Das ist im Gesetz zwar nur für den in Abs. 2 geregelten Fall der begründeten Verfassungsbeschwerde ausdrücklich angeordnet, wird aber vom Bundesverfassungsgericht durchgehend so praktiziert. 47

Der **Wortlaut und die Systematik** des Gesetzes legen etwas anderes nahe. Wenn in Abs. 1 die notwendigen Auslagen einschließlich der Kosten der Verteidigung zu ersetzen sind, dann wollte der Gesetzgeber damit zum Ausdruck bringen, dass das in diesen strafrechtsähnlichen Verfahren zu Ersetzende tendenziell weiter zu verstehen ist als dann, wenn isoliert nur die notwendigen Auslagen angesprochen wären. Auch **Abs. 3** ist nach dem Wortlaut deutlich weiter formuliert, weil hier anders als in den beiden Absätzen zuvor **nicht verlangt wird, dass die Auslagen notwendig sind**, sondern schlicht der Begriff der Auslagen verwandt wird. 48

86 BVerfGE 89, 91 (94); Beschluss der 1. Kammer des Zweiten Senats vom 25.6.2018 – 2 BvR 631/18, Rn. 43 bei Juris.

87 Vgl. zu einer unterschiedlichen Entscheidung über die Auslagenerstattung für das Hauptsacheverfahren und für das Eilverfahren in einem einheitlichen Beschluss: 1. Kammer des Ersten Senats vom 1.12.2010 – 1 BvR 1725/10, Rn. 2 und 6 bei Juris.

88 Vgl. dazu Beschluss der 1. Kammer des Zweiten Senats vom 25.6.2018 – 2 BvR 631/18, Rn. 43 bei Juris.

89 Vgl. Beschluss der 1. Kammer des Zweiten Senats vom 25.4.2019 – 2 BvQ 45/18, Rn. 6 bei Juris; Beschluss der 2. Kammer des Zweiten Senats vom 15.3.2017 – 2 BvR 890/16, Rn. 1 bei Juris.

90 Vgl. BVerfGE 133, 37 (39 f., Rn. 6).

91 Vgl. Beschluss der 1. Kammer des Ersten Senats vom 22.12.2022 – 1 BvR 2681/20, Rn. 4 bei Juris.

49 Gerade wenn man die denkbaren Gründe betont, die auch im Fall des Abs. 3 eine Beschränkung auf notwendige Auslagen rechtfertigen könnten,[92] bleibt doch der klare Befund, dass der Gesetzgeber sich diese Überlegungen nicht zu eigen gemacht hat. Deshalb wäre es angebracht, bei der fakultativen Anordnung der Auslagenerstattung **stärker davon auszugehen, was der Erstattungsberechtigte selbst aufgewandt und damit als für die Verfahrensführung erforderlich angesehen hat.**

50 Was Auslagen zu notwendigen Auslagen im Sinne von § 34a Abs. 2 macht, ist weder im Gesetz über das Bundesverfassungsgericht definiert noch soll es durch Rückgriff auf Regelungen in den Prozessordnungen der Fachgerichte zu bestimmen sein. Vielmehr will das Bundesverfassungsgericht unter notwendigen Auslagen im Allgemeinen diejenigen **Auslagen** verstehen, **die zu einer zweckentsprechenden Rechtsverfolgung im Verfahren vor dem Bundesverfassungsgericht aufgewendet werden müssen.**[93] Bei der Verfassungsbeschwerde sollen deshalb die Auslagen erstattungsfähig sein, die bei Durchführung der Verfassungsbeschwerde aufzuwenden sind und dem mit der Verfassungsbeschwerde verfolgten Zweck entsprechen.

51 Damit ist der eigentliche Akzent gesetzt. Das Bundesverfassungsgericht fragt nicht danach, was der in einem verfassungsgerichtlichen Verfahren Beteiligte bei der Durchführung des Verfahrens tatsächlich an Auslagen aufwendet, sondern **was er aus der Perspektive des über das Verfahren entscheidenden Bundesverfassungsrichters dafür hätte aufwenden sollen.**

52 Diese **Perspektivenverschiebung** von den im Durchschnitt tatsächlich anfallenden Auslagen auf die aus richterlicher Sicht angemessenen Auslagen **hat** keine erweiternde, sondern eine **beschränkende Wirkung.**

53 Das ist deshalb nicht ganz selbstverständlich, weil das Bundesverfassungsgericht in vielen Verfahrensarten, besonders vom Beschwerdeführer im Verfahren der Verfassungsbeschwerde, sehr viel an Substantiierung verlangt (→ § 92 Rn. 15 ff.). Die Vielzahl an Entscheidungen, in denen das Bundesverfassungsgericht auch anwaltlich vertretenen Beschwerdeführern mit barschen Worten vorhält, diesen Substantiierungspflichten nicht gerecht geworden zu sein, deutet darauf hin, dass **die meisten Beschwerdeführer nicht zu viel, sondern deutlich zu wenig Aufwand treiben.**

54 Das gerät dem Bundesverfassungsgericht bei der Anwendung von § 34a oft aus dem Blick. Mit den Auslagen, die das Bundesverfassungsgericht als notwendig und deshalb erstattungsfähig ansieht, ist im Regelfall **die Not** des Beschwerdeführers, die ihn zum Mittel der Verfassungsbeschwerde greifen lässt, **nicht abwendbar**, jedenfalls nicht angesichts der strengen Anforderungen des Bundesverfassungsgerichts.

55 Immerhin zieht das Bundesverfassungsgericht nicht in Zweifel, dass Auslagen eines Beteiligten für die **Hinzuziehung eines Rechtsanwalts** oder sonst qualifizierten Bevollmächtigten **notwendig** und im Grunde erstattungsfähig

92 Vgl. die Überlegungen bei Schmidt-Bleibtreu/Klein/Bethge BVerfGG/Graßhof § 34a Rn. 45 (Stand: April 2008).

93 BVerfG, Beschluss des Zweiten Senats vom 28.9.2023 – 2 BvR 739/17, Rn. 14 bei Juris; BVerfGE 99, 46 (47); 87, 270 (272); Beschluss der 2. Kammer des Zweiten Senats vom 20.9.2018 – 2 BvR 2530/16 ua, Rn. 12 bei Juris.

sind.[94] Damit trägt das Gericht, obwohl die Vertretung durch einen im Regelfall anwaltlichen Bevollmächtigten nur in der mündlichen Verhandlung gesetzlich vorgeschrieben ist (§ 22 Abs. 1 Satz 1, 2. Halbsatz), im wahrsten Sinne einer Notwendigkeit Rechnung. Dem Rechtsanwalt, der in eigener Sache beim Bundesverfassungsgericht tätig wird, sind die Gebühren und Auslagen zu erstatten, die er als Gebühren und Auslagen eines bevollmächtigten Rechtsanwalts erstattet verlangen könnte; § 91 Abs. 2 Satz 3 ZPO ist auch in verfassungsgerichtlichen Verfahren anwendbar.[95]

Das Bundesverfassungsgericht hat sogar eingeräumt, dass in bestimmten Fällen die Hinzuziehung **mehrerer Bevollmächtigter** unter dem Gesichtspunkt der „Waffengleichheit" **erforderlich sein kann**,[96] handhabt dies aber im Einzelfall zu eng.[97] Dazu trägt auch bei, dass diese Frage aus der Kostengrundentscheidung in das Kostenfestsetzungsverfahren verlagert ist, das in der Zuständigkeit des Rechtspflegers liegt.[98] 56

Die eigentlichen **Probleme** liegen bei der Frage, welche Auslagen für rechtsanwaltliche Bevollmächtigte als notwendig und damit erstattungsfähig anzusehen sind. Diese Probleme **haben zwei Ursachen**: erstens die schematische Gleichsetzung dessen, was notwendig ist, mit den Gebührentatbeständen des § 37 RVG (→ Rn. 58 ff.), und zweitens die unangemessen niedrige Bestimmung der Gegenstandswerte in verfassungsgerichtlichen Verfahren (→ Rn. 68 ff.). 57

2. Gebührentatbestände. Obwohl das Gericht die Eigenständigkeit der Regelung des § 34a betont und den Begriff der Notwendigkeit der Auslagen als autonomen Begriff des Verfassungsprozessrechts versteht,[99] füllt es ihn bei den Auslagen für die anwaltliche Vertretung ausnahmslos mit dem **Rückgriff auf § 37 RVG** aus. 58

Das steht in deutlichem Kontrast zu der flexibleren, auf den entsprechenden Vortrag des Beschwerdeführers abstellenden **Praxis des Europäischen Gerichtshofs für Menschenrechte** in Straßburg, die auch eine **zeitaufwandsbezogene Abrechnung** nach Stundensätzen berücksichtigt hat und in innerstaatlichen Gebührenregelungen nur einen Anhaltspunkt für die eigenständige Prüfung der Angemessenheit sieht.[100] Anstatt das auf das Verfahren vor dem Bundesverfassungsgericht auszudehnen, versucht der deutsche Gesetzgeber mit dem 2013 eingeführten § 38a RVG das Regelungsmodell des § 37 RVG auf Verfahren vor dem Europäischen Gerichtshof für Menschenrechte zu übertragen. Da der Europäische Gerichtshof für Menschenrechte nationale Gebührenregelungen ohnehin nur als Orientierungshilfe bei seinen im 59

94 BVerfGE 81, 387 (390).
95 BVerfG, Beschluss des Zweiten Senats vom 28.9.2023 – 2 BvR 739/17, Rn. 15 bei Juris.
96 BVerfGE 98, 163 (167); siehe auch Beschluss der 2. Kammer des Zweiten Senats vom 22.11.2019 – 2 BvR 894/19, Rn. 7 bei Juris.
97 Kritisch auch Schmidt-Bleibtreu/Klein/Bethge BVerfGG/Graßhof § 34a Rn. 75 (Stand: April 2008).
98 Vgl. BVerfGE 133, 37 (40, Rn. 7); Beschluss der 2. Kammer des Zweiten Senats vom 22.11.2019 – 2 BvR 894/19, Rn. 7 bei Juris.
99 Vgl. zuletzt BVerfG, Beschluss des Zweiten Senats vom 28.9.2023 – 2 BvR 739/17, Rn. 14 bei Juris.
100 Vgl. dazu Karpenstein/Meyer/Wenzel, EMRK, 3. Aufl. 2022, Art. 41 Rn. 51; vgl. dazu Brunozzi, in: Meyer-Ladewig ua, EMRK, 5. Aufl. 2023 Art. 41 Rn. 33 ff.

Rahmen von Art. 41 EMRK zu treffenden Kostenerstattungsanordnungen ansieht, dürfte es in Straßburg bei der bisherigen Pauschalierungspraxis bleiben. Das entspräche auch dem Stand der Rechtsprechung in der Zivilgerichtsbarkeit, die im Hinblick auf die Erstattung von Anwaltskosten in Verfahren vor dem Bundesverfassungsgericht wie vor dem Europäischen Gerichtshof für Menschenrechte einen Schritt weiter ist. Sie hat schon vor über zehn Jahren erkannt, dass sowohl in Karlsruher wie in Straßburger Verfahren eine Abrechnung nach Stundensätzen von 350 Euro zuzüglich Steuern und Auslagen marktüblich und solche Auslagen im Amtshaftungsverfahren auch erstattungsfähig sind (vgl. schon bei → Rn. 7).

60 Die Anwendung von § 37 RVG hat immerhin den Vorteil, dass sie vorhersehbare Ergebnisse mit sich bringt. Einschlägig sind dabei, weil die von § 37 Abs. 1 RVG erfassten, dem Strafprozess ähnlichen verfassungsgerichtlichen Verfahren entweder gar nicht oder nicht nennenswert vorkommen,[101] über § 37 Abs. 2 RVG die **Vorschriften in Teil 3 Abschnitt 2 Unterabschnitt 2 des Vergütungsverzeichnisses**. Danach entsteht in verfassungsrechtlichen Verfahren **für die Vertretung** durch einen Rechtsanwalt **eine 1,6 Verfahrensgebühr** nach Vergütungsverzeichnis (VV) 3206.

61 Versuche, § 37 Abs. 2 Satz 1 RVG so zu verstehen, dass sich die Verfahrensgebühr nicht auf die 1,6 Gebühr nach Vergütungsverzeichnis 3206, sondern auf die im Verfahren **vor obersten Bundesgerichten** einschlägige VV 3208 mit ihrem Satz von **2,3** bezieht,[102] sind vom Bundesverfassungsgericht zurückgewiesen worden.[103]

62 Für den Fall einer **mündlichen Verhandlung** kann außerdem eine **1,5 Terminsgebühr** nach VV 3210 anfallen. Für das verfassungsgerichtliche Verfahren hat das keine große Bedeutung, weil die Entscheidungen des Bundesverfassungsgerichts in der Regel ohne mündliche Verhandlung ergehen (→ § 25 Rn. 2). Zwar entsteht die Terminsgebühr auch, wenn in einem Verfahren, für das mündliche Verhandlung vorgeschrieben ist, im Einverständnis mit den Parteien ohne mündliche Verhandlung entschieden wird, und erweckt § 25 Abs. 1 den Eindruck, dass dieser Mechanismus auch in verfassungsrechtlichen Verfahren regelmäßig greift. Tatsächlich gilt das aber nur in hier zu vernachlässigenden Ausnahmekonstellationen, weil im Regelfall das Bundesverfassungsgericht auch ohne Einverständnis der Beteiligten ohne mündliche Verhandlung entscheiden kann (→ § 25 Rn. 3 und → § 25 Rn. 6).[104]

63 Eine **Erhöhungsgebühr** nach dem Gebührentatbestand VV 1008 ist zwar auch im verfassungsgerichtlichen Verfahren grundsätzlich möglich, wenn ein Rechtsanwalt in derselben Angelegenheit für mehrere Mandanten tätig wird und wenn der Gegenstand der anwaltlichen Tätigkeit derselbe ist. Eine solche **Identität** des Gegenstands ist indes **nicht gegeben**, wenn Verfassungsbeschwerden mehrerer Auftraggeber sich gegen denselben Akt der öffentlichen Gewalt wenden, weil hier die jeweilige subjektive verfassungsrechtli-

101 Vgl. zu den dort maßgeblichen Gebührentatbeständen Gerold/Schmidt/Burhoff, RVG, 25. Aufl. 2021, § 37 Rn. 4 ff.
102 Vgl. dazu Hartung, in: Hartung/Schons/Enders, RVG, 3. Aufl. 2017, § 37 Rn. 11.
103 BVerfGE 132, 294 (298 ff., Rn. 14 ff.).
104 Vgl. Lechner/Zuck/Zuck § 34a Rn. 66.

che Beschwer des einzelnen Beschwerdeführers den Verfahrensgegenstand bestimmt.[105] Einer über das subjektive Interesse eines Beschwerdeführers hinausgehenden objektiven Bedeutung des Verfahrens glaubt das Bundesverfassungsgericht durch eine Erhöhung des Gegenstandswerts hinreichend Rechnung zu tragen.[106]

Aus diesen Gründen führt die Gleichsetzung der notwendigen Auslagen mit den nach § 37 Abs. 2 Satz 1 RVG anfallenden Gebühren dazu, dass für die eigentliche anwaltliche Tätigkeit insgesamt, also abgesehen von Steuern und Nebenauslagen, **lediglich** eine **1,6 Verfahrensgebühr** erstattungsfähig sein soll. Welche absoluten Beträge **für die gesamte anwaltliche Tätigkeit in einem verfassungsgerichtlichen Verfahren** das ergibt, hängt davon ab, welcher Gegenstandswert zugrunde gelegt wird (§ 2 Abs. 1 RVG). 64

Um auf dieser Grundlage ein anwaltliches **Nettohonorar** für die Betreuung des verfassungsgerichtlichen Verfahrens von wenigstens **3.500 Euro** zu ermöglichen, müsste der **Gegenstandswert auf 200.000 Euro** festgesetzt werden. Das kommt zwar gelegentlich vor, ist aber nicht der Regelfall (zur Gegenstandswertrechtsprechung → Rn. 68 ff.). 65

Deshalb ist es auch ein zweifelhaftes Privileg, wenn das Bundesverfassungsgericht bei Bevollmächtigten, die keine Rechtsanwälte, sondern **Hochschullehrer** sind, dieselben Gebühren als notwendig ansieht, wie sie bei Rechtsanwälten aus dem RVG folgen.[107] 66

Auch der **Rechtsanwalt, der sich selbst** im Verfahren vor dem Bundesverfassungsgericht **vertritt**, kann Auslagen in Höhe der gesetzlichen Gebühren eines bevollmächtigten Rechtsanwalts als notwendig ersetzt bekommen.[108] Für den sich selbst vertretenden Hochschullehrer gilt das nicht.[109] 67

3. Gegenstandswert. In Verfahren vor dem Bundesverfassungsgericht gibt es wegen der Kostenfreiheit des Verfahrens (§ 34 Abs. 1) weder einen Streitwert noch eine Streitwertfestsetzung im Sinne von § 32 RVG. Auch der Bevollmächtigte interessiert sich aus zwei Gründen gewöhnlich nicht für den Gegenstandswert. Erstens, weil er mit seinem am verfassungsgerichtlichen Verfahren beteiligten Mandanten eine Vergütungsvereinbarung getroffen hat. Und zweitens, weil es im Regelfall ohnehin keine Auslagenerstattung gibt, die gegenüber einem anderen Verfahrensbeteiligten geltend gemacht werden könnte. Deshalb geht es an dieser Stelle auch nicht darum, dem Bundesverfassungsgericht eine „Anwaltsferne" beim Umgang mit dem Kostenrecht vorzuwerfen.[110] Die Aufgabe einer sachgerechten Festsetzung des Gegenstandswerts **betrifft**, und das wird im Bundesverfassungsgericht entweder nicht erkannt oder beiseite geschoben, im Regelfall **ausschließlich den am verfassungsgerichtlichen Verfahren Beteiligten**, der im Erstattungsfall einen 68

105 BVerfGE 137, 345 (348, Rn. 16 f.).
106 BVerfGE 137, 345 (349, Rn. 17); Beschluss der 1. Kammer des Ersten Senats vom 27.10.2010 – 1 BvR 2736/08, Rn. 7 f. bei Juris; grundlegend BVerfGE 96, 251 (257 f.).
107 Lechner/Zuck/Zuck § 34a Rn. 37.
108 Beschluss der 3. Kammer des Ersten Senats vom 2.6.2009 – 1 BvR 2295/08, Rn. 29 bei Juris; BVerfGE 81, 387 (389).
109 BVerfGE 71, 23 (24 f.).
110 In diesem Sinne aber Schenk, Verfassungsprozessuale Nebenentscheidungen, in: Becker/Lange, Linien der Rechtsprechung des Bundesverfassungsgerichts, Band 3, 2014, S. 63 (87).

möglichst großen Anteil der tatsächlich bei ihm entstandenen Auslagen auf den Erstattungspflichtigen überwälzen möchte.

69 Die Berechtigung dieses Anliegens ist groß. Denn der Erstattungsfall setzt im Regelfall voraus, dass der Erstattungsberechtigte vom Erstattungsverpflichteten in seinen Grundrechten verletzt worden ist und die Fachgerichte nicht in der Lage waren, diesen Verfassungsverstoß zu beseitigen (vgl. § 90 Abs. 2 Satz 1). Erstattungsberechtigter ist also jemand, bei dem sich der erstattungspflichtige Hoheitsträger eigentlich für die Grundrechtsverletzung entschuldigen sollte. Vor diesem Hintergrund gibt es **kein berechtigtes Interesse, den Haushalt des Trägers öffentlicher Gewalt, der verfassungswidrig gehandelt hat, zulasten des in seinen Grundrechten verletzten Beschwerdeführers** oder sonst Erstattungsberechtigten **zu schonen**. Genau darauf läuft aber die Praxis des Gerichts hinaus. Denn es ist außerhalb des Gerichts Konsens, auch bei seinen ehemaligen Richtern und wissenschaftlichen Mitarbeitern, dass das Bundesverfassungsgericht den Gegenstandswert regelmäßig viel zu niedrig ansetzt.[111]

70 **Gesetzliche Grundlage** für die Bestimmung des Gegenstandswerts ist **§ 37 Abs. 2 Satz 2 RVG**. Danach ist der Gegenstandswert unter Berücksichtigung der in § 14 Abs. 1 RVG genannten Umstände nach billigem Ermessen zu bestimmen und beträgt mindestens 5.000 Euro. Die Kriterien des § 14 RVG sind vor allen Dingen der Umfang und die Schwierigkeit der anwaltlichen Tätigkeit, die Bedeutung der Angelegenheit sowie die Einkommens- und Vermögensverhältnisse des Auftraggebers, aber auch ein besonderes Haftungsrisiko. § 14 Abs. 1 Satz 4 RVG enthält zudem die Wertung, dass eine Bewertung durch den Erstattungsberechtigten gegenüber Dritten bis zur Grenze der Unbilligkeit verbindlich sein soll.

71 § 37 Abs. 2 Satz 2 RVG gilt nicht für die einem Strafprozess ähnlichen verfassungsgerichtlichen Verfahren nach § 13 Nr. 1, 2, 4 und 9, weil hier streitwertunabhängige Gebührentatbestände greifen. **Hauptanwendungsfälle** der Bestimmung des Gegenstandswerts in verfassungsgerichtlichen Verfahren sind deshalb die Verfahrensarten der **Verfassungsbeschwerde**, der **Wahlprüfungsbeschwerde** und des **Organstreits.**

72 Der Standardfall ist eine sogenannte **Urteilsverfassungsbeschwerde**, also eine Verfassungsbeschwerde, die sich gegen Entscheidungen der Fachgerichte richtet. Da **in** diesen **fachgerichtlichen Verfahren** in aller Regel **ein Streitwert** durch die Fachgerichte **bestimmt** worden ist, läge es nahe, auch für das Verfahren der Urteilsverfassungsbeschwerde im Grundsatz hieran anzuknüpfen. Denn wenn es im fachgerichtlichen Verfahren um viel ging, dann geht es bei einem verfassungsgerichtlichen Angriff auf die im fachgerichtlichen Verfahren ergangenen Entscheidungen regelmäßig auch um viel, meistens um dasselbe.

73 Das kann anders sein, wenn der Streitwert im fachgerichtlichen Verfahren aus der Perspektive der dafür maßgeblichen klagenden Partei niedriger liegt als er sich für die prozessuale Gegenseite darstellt. Hat etwa ein Umweltver-

111 Schenk, Verfassungsprozessuale Nebenentscheidungen, in: Becker/Lange, Linien der Rechtsprechung des Bundesverfassungsgerichts, Band 3, 2014, S. 63 (87).

band oder ein Nachbar mit einer Klage gegen eine Anlagengenehmigung vor den Verwaltungsgerichten Erfolg, dann war der nach deren Interesse bestimmte Streitwert regelmäßig deutlich niedriger als das Interesse des Anlagenbetreibers, der im Wege der Verfassungsbeschwerde die seine Anlagengenehmigung aufhebenden fachgerichtlichen Entscheidungen angreift. Es kommt aber immer auf das **Interesse des jeweiligen Rechtsbehelfsführers** an.[112]

Deshalb ist bezogen auf die subjektive Rechtsschutzfunktion der Verfassungsbeschwerde der fachgerichtlich festgesetzte Streitwert als **Untergrenze für die Bestimmung des Gegenstandswerts im verfassungsgerichtlichen Verfahren** zu verstehen. Abweichungen davon sind nur denkbar, wenn das verfassungsgerichtliche Verfahren sich auf Teile der fachgerichtlichen Entscheidung beschränkt. 74

Erhöhungen können sich aus der bei Verfassungsbeschwerdeverfahren typischerweise gegebenen **objektiven Bedeutung** ergeben.[113] Das Bundesverfassungsgericht verwendet dafür den Begriff der „Flächenwirkung" der angestrebten Entscheidung.[114] Sie kann in gewissem Umfang daraus folgen, dass sich die Entscheidung auf parallele Sachverhalte und Rechtsstreitigkeiten auswirkt, vor allen Dingen aber daraus, dass Normen ausgelegt oder mittelbar oder unmittelbar auf ihre Verfassungsmäßigkeit überprüft werden. Das müsste an sich nicht nur, aber vor allen Dingen bei sogenannten Rechtssatzverfassungsbeschwerden zur Bestimmung erheblicher Gegenstandswerte führen. 75

Die **Praxis des Bundesverfassungsgerichts** ist aber eine andere. Sie lebt von der durch BVerfGE 79, 365 (366 und 369) begründeten These, dass es für den Gegenstandswert **auch auf den Erfolg** des Rechtsbehelfs ankommen soll. Das entspricht weder allgemeinen Grundsätzen des anwaltlichen Gebührenrechts noch der Regelung des § 37 RVG, sondern ist nichts anderes als **gesetzeswidriges Richterrecht**. Das gilt insbesondere für die Handhabung, die sich zwischenzeitlich in der Praxis der Kammern des Bundesverfassungsgerichts verfestigt hat. Danach gelten folgende Grundsätze. 76

Der Gegenstandswert einer **Verfassungsbeschwerde**, die **von einer Kammer nicht zur Entscheidung angenommen** worden ist, soll immer der Mindestwert aus § 37 Abs. 2 Satz 2, 2. Halbsatz RVG sein, also **5.000 Euro** betragen.[115] 77

Das hat für das Bundesverfassungsgericht den Vorteil, dass in diesen Fällen ein **Rechtsschutzinteresse** für die Festsetzung des Gegenstandswerts pauschal **verneint** werden kann, weil der Gegenstandswert sowieso feststeht.[116] 78

---

112 BVerfGE 79, 357 (362).

113 BVerfGE 79, 357 (363).

114 BVerfGE 79, 365 (369).

115 Beschluss der 3. Kammer des Zweiten Senats vom 28.10.2019 – 2 BvR 962/19, Rn. 5 bei Juris; Beschluss der 2. Kammer des Ersten Senats vom 28.10.2018 – 1 BvR 700/18, Rn. 4 f. bei Juris; immer noch grundlegend BVerfGE 79, 365 (369).

116 Beschluss der 1. Kammer des Ersten Senats vom 3.4.2023 – 1 BvR 2057/18, Rn. 2 bei Juris; Beschluss der 1. Kammer des Zweiten Senats vom 24.2.2022 – 2 BvR 1030/21, Rn. 7 bei Juris; Beschluss der 3. Kammer des Zweiten Senats vom 28.10.2019 – 2 BvR 962/19, Rn. 4 f. bei Juris; Beschluss der 2. Kammer des Ersten Senats vom 28.10.2018 –

79 Wird einer **Verfassungsbeschwerde durch eine Kammer stattgegeben** (§ 93c Abs. 1) oder erledigt sich die Verfassungsbeschwerde dadurch, dass die Fachgerichte dem Begehren des Beschwerdeführers zwischenzeitlich abgeholfen haben, dann beträgt der Gegenstandswert **im Regelfall das Doppelte des Mindestwerts, jetzt also 10.000 Euro**.[117] Auf den einfachen Mindestwert abgestellt worden ist in einem Fall, in dem die Verfassungsbeschwerde nur den Streit um die Kosten eines Rechtsstreits für eine Klageforderung von 18.470,64 Euro zum Gegenstand hatte[118] sowie bei der Aufhebung eines amtsgerichtlichen Urteils.[119] Die 2. Kammer des Ersten Senats hat bei einem stattgebenden Beschluss einen Gegenstandswert von 7.000 Euro festgelegt und das damit begründet, dass die Rechtssache nur Probleme von unterdurchschnittlichem Schwierigkeitsgrad aufwarf.[120]

80 Die standardisierte Festsetzung des Doppelten des Mindeststreitwerts, also von 10.000 Euro, als Gegenstandswert bei stattgebenden Kammerentscheidungen wird vom Bundesverfassungsgericht damit gerechtfertigt, dass nach § 93c Abs. 1 Satz 1 die Kammer einer Verfassungsbeschwerde nur stattgeben darf, wenn die für die Beurteilung der Verfassungsbeschwerde **maßgebliche verfassungsrechtliche Frage durch das Bundesverfassungsgericht schon entschieden** ist. Deshalb soll solchen Sachen kein zu höheren Werten führendes objektives Gewicht zukommen.[121]

81 Das **entspricht** allerdings schon im Ausgangspunkt **nicht der verfassungsprozessualen Rechtslage**.[122] Denn die Stattgabe durch die Kammern nach § 93c Abs. 1 setzt zusätzlich voraus, dass die Voraussetzungen des § 93a Abs. 2 Buchst. b) erfüllt sind, die Annahme der Verfassungsbeschwerde zur Entscheidung also zur Durchsetzung der Grundrechte angezeigt ist. Schon nach den gesetzlichen Regelbeispielen in § 93a Abs. 2 Buchst. b) ist dies insbesondere dann der Fall, wenn dem Beschwerdeführer durch die Versagung der Entscheidung zur Sache ein besonders schwerer Nachteil entsteht. **Schwere Nachteile haben aber keine Gegenstandswerte von lediglich 10.000 Euro.**

---

1 BvR 700/18, Rn. 4 f. bei Juris; grundlegend BVerfGE 79, 365 (369); kritisch dazu Schenk, Verfassungsprozessuale Nebenentscheidungen, in: Becker/Lange, Linien der Rechtsprechung des Bundesverfassungsgerichts, Band 3, 2014, S. 63 (85).

117 Beschluss der 2. Kammer des Zweiten Senats vom 23.5.2023 – 2 BvR 2013/22, Rn. 9 bei Juris; Beschluss der 3. Kammer des Zweiten Senats vom 28.4.2023 – 2 BvR 924/21, Rn. 45 bei Juris; Beschluss der 3. Kammer des Zweiten Senats vom 5.4.2022 – 2 BvR 946/19, Rn. 2 bei Juris; Beschluss der 3. Kammer des Zweiten Senats vom 4.2.2020 – 2 BvR 305/19, Rn. 1 bei Juris; Beschluss der 2. Kammer des Zweiten Senats vom 22.11.2019 – 2 BvR 894/19, Rn. 8 bei Juris; Beschlüsse der 1. Kammer des Zweiten Senats vom 27.9.2019 – 2 BvR 306/19, Rn. 5 bei Juris, und vom 1.8.2018 – 2 BvR 1258/18, Rn. 37 bei Juris; unter Berufung auf diese Kommentierung ebenso Staatsgerichtshof Baden-Württemberg, Beschluss vom 30.10.2014 – 1 VB 56/14, Rn. 47 bei Juris, obwohl der Staatsgerichtshof nicht als Kammer, sondern in voller Besetzung entschieden hat.

118 Beschluss der 2. Kammer des Ersten Senats vom 27.3.2014 – 1 BvR 3533/13, Rn. 16 bei Juris.

119 Beschluss der 1. Kammer des Ersten Senats vom 7.9.2011 – 1 BvR 1012/11, Juris.

120 Beschluss vom 17.1.2012 – 1 BvR 2728/10, Rn. 23 bei Juris.

121 Grundlegend BVerfGE 79, 365 (369), wo aber noch deutlicher herausgearbeitet ist, dass dadurch nur eine Erhöhung des subjektiven Werts ausgeschlossen ist.

122 Ablehnend auch Hartung, in: Hartung/Schons/Enders, RVG, 3. Aufl. 2017, § 37 Rn. 18.

Das gilt gerade auch, wenn man sich entsprechend der Rechtsprechung beider Senate[123] nicht auf existentielle Nachteile beschränkt, sondern auf das besondere Gewicht des Verfassungsverstoßes oder auf die generelle Verkennung von Grundrechten abstellt (→ § 93a Rn. 55 ff.). Auch unter diesen Voraussetzungen geht es um mehr als um einen fiktiven, stets gleichen Betrag von 10.000 Euro.

Deshalb folgt aus dem vom Bundesverfassungsgericht selbst gegebenen Hinweis auf § 93c das genaue Gegenteil: Stattgebende Entscheidungen der Kammer sollten, weil die Voraussetzungen der Durchsetzungsannahme nach § 93a Abs. 2 Buchst. b) erfüllt sein müssen, dazu führen, dass der Gegenstandswert **nicht unterhalb eines sechsstelligen Eurobetrags** bestimmt wird. Das verursacht auch keine übertriebenen Erstattungsverpflichtungen des sich verfassungswidrig verhaltenden Trägers öffentlicher Gewalt, weil sich bei einem Gegenstandswert von 100.000 Euro die allein erstattungsfähige 1,6 Verfahrensgebühr auf einen Nettobetrag von 2.648,00 Euro beläuft. 82

Solche sechsstelligen oder **höhere Gegenstandswerte in Kammersachen** sind auch schon in der bisherigen Praxis **möglich**, aber selten. Wenn die Kammern des Bundesverfassungsgerichts überhaupt über den Wert von 10.000 Euro hinausgehen, dann bleiben sie zumeist im unteren fünfstelligen Bereich.[124] Deshalb stellt es einen klaren Ausreißer dar, wenn bei einem stattgebenden Kammerbeschluss im Zusammenhang mit der Zuteilung von CO^2-Zertifikaten der Gegenstandswert auf **zwei Millionen Euro** festgesetzt wurde, was aber immer noch um ein Drittel unter dem Streitwert des fachgerichtlichen Verfahrens lag.[125] Im erledigten Verfassungsbeschwerdeverfahren zur Sitzplatzvergabe im NSU-Verfahren ist ein Gegenstandswert von 50.000 Euro festgesetzt worden.[126] 83

Entscheidet der Senat über die Verfassungsbeschwerde, müssten nach dem argumentativen Ausgangspunkt des Bundesverfassungsgerichts[127] höhere Gegenstandswerte festgesetzt werden, was auch der Fall ist, aber nicht ausnahmslos. Erledigt sich etwa ein nicht bei einer Kammer, sondern beim Senat anhängiges Verfassungsbeschwerdeverfahren durch behördliche Abhilfe, dann wird teilweise trotzdem nur schematisch der Gegenstandswert auf 10.000 Euro festgesetzt.[128] 84

123 BVerfGE 96, 245 (248 ff.); 90, 22 (24 f.).

124 Beschlüsse der 2. Kammer des Ersten Senats vom 18.10.2016 – 1 BvR 354/11, der 1. Kammer des Ersten Senats vom 12.9.2016 – 1 BvR 1630/16, und der 3. Kammer des Ersten Senats vom 29.6.2016 – 1 BvR 2646/15, jeweils Juris: alle 25.000 EUR; Beschluss der 2. Kammer des Ersten Senats vom 22.10.2014 – 1 BvR 1815/12, Juris: 12.500 Euro; Beschluss der 1. Kammer des Ersten Senats vom 24.4.2014 – 1 BvR 1700/11, Juris: 16.661 Euro bei zwei Beschwerdeführern; Beschluss der 2. Kammer des Zweiten Senats vom 10.7.2014 – 2 BvR 974/12, Juris: 12.000 Euro.

125 Beschluss der 3. Kammer des Ersten Senats vom 10.12.2009 – 1 BvR 3151/07, Rn. 82 bei Juris.

126 Beschluss der 3. Kammer des Ersten Senats vom 16.4.2014 – 1 BvR 990/13, Juris.

127 BVerfGE 79, 365 (369).

128 BVerfG, Beschluss des Zweiten Senats vom 23.7.2016 – 2 BvR 3/16, Tenorbegründung Juris.

85 So soll auch in Fällen, in denen der Senat eine Verfassungsbeschwerde wegen ihrer fehlenden Zulässigkeit **nicht zur Entscheidung annimmt**,[129] genauso wie bei einer Nichtannahmeentscheidung einer Kammer der Gegenstandswert der gesetzlich festgelegte Mindestwert sein.[130] Das ist heute über § 37 Abs. 2 Satz 2, 2. Halbsatz RVG ein Betrag von **5.000 Euro**.

86 Wie das **mit der ursprünglichen Leitentscheidung** zur Auslagenerstattung in BVerfGE 79, 365 (369) zusammenpassen soll, wonach die objektive Bedeutung einer Sache auch darin zum Ausdruck kommt, ob über sie in der Kammer oder im Senat entschieden wird, sagt das Bundesverfassungsgericht nicht. Es **passt** auch **nicht zusammen**. Motiv dürfte gewesen sein, auch in diesen Fällen durch den Verweis auf den Mindestwert das Rechtsschutzbedürfnis für Anträge auf Festsetzung des Gegenstandswerts verneinen zu können.[131] Rechtlich zulässig sind Senatsentscheidungen über unzulässige Verfassungsbeschwerden in der Regel ohnehin nur dann, wenn sich die drei Richter der zuständigen Kammer in der Beurteilung der Verfassungsbeschwerde nicht einig waren (§ 93d Abs. 3 Satz 1; vgl. → § 93b Rn. 11).

87 **Höhere Gegenstandswerte** setzen beide Senate durchaus fest, allerdings **ohne** dass dabei ein insgesamt **stimmiges Konzept** deutlich wird. Erkennbar ist allerdings, wie die nachfolgenden Beispiele zeigen, dass sich der Zweite Senat deutlich häufiger im sechsstelligen Bereich bewegt als der Erste Senat. Festgesetzt wurden folgende Gegenstandswerte:

88 **15.000 Euro** bei einer Verfassungsbeschwerde, aufgrund derer eine Norm der Bundesnotarordnung für mit dem Grundgesetz unvereinbar erklärt worden ist.[132] Nach der heute für neue Fälle maßgeblichen Fassung des RVG betrüge die sich danach ergebende 1,6 Verfahrensgebühr **1.148,80 Euro**.

89 **20.000 Euro** bei einer erfolgreichen Verfassungsbeschwerde zum Werberecht freiberuflich Tätiger,[133] wobei schon die Fachgerichte einen Streitwert von 20.000 Euro angesetzt hatten.[134] Die sich nach der heute maßgeblichen Fassung des RVG ergebende 1,6 Verfahrensgebühr betrüge **1.315,20 Euro.**

90 **30.000 Euro** bei einer Verfassungsbeschwerde gegen die Benachteiligung eingetragener Lebenspartner im Erbschaftssteuerrecht,[135] wobei die wirtschaftlichen Folgen der Erbschaftssteuerfestsetzung 12.040 Euro betragen haben.[136] Die sich nach der heute maßgeblichen Fassung des RVG ergebende 1,6 Verfahrensgebühr betrüge **1.528,00 Euro**. Denselben Gegenstandswert hat das Bundesverfassungsgericht festgesetzt bei einer Verfassungsbeschwerde zur Erhebung einer Zweitwohnungssteuer, wobei der Beschwerdeführer einen

129 Wie etwa in BVerfGE 99, 84 (87 f.).
130 BVerfG, Beschluss des Zweiten Senats vom 25.5.1999 – 2 BvR 1790/94, Rn. 2 f. bei Juris.
131 Vgl. BVerfG, Beschluss des Zweiten Senats vom 25.5.1999 – 2 BvR 1790/94, Rn. 1 bei Juris; siehe auch BVerfGE 79, 365 (369).
132 BVerfG, Beschluss des Ersten Senats vom 21.7.2005 – 1 BvR 2561/03, Juris; BVerfGE 112, 255 (255 f.).
133 BVerfG, Beschluss des Ersten Senats vom 14.7.2005 – 1 BvR 981/00, Juris; BVerfGE 111, 366 (366).
134 Oberlandesgericht Naumburg, Urteil vom 13.4.2000 – 7 U 127/99, Juris.
135 BVerfG, Beschluss des Ersten Senats vom 1.2.2011 – 1 BvR 2464/07, Juris; BVerfGE 126, 400 (401 f.).
136 BVerfG, Beschluss des Ersten Senats vom 1.2.2011 – 1 BvR 2464/07, Rn. 6 bei Juris.

Steuerbescheid über einen Betrag von weniger als 3.000 Euro angegriffen hatte.[137]

35.000 Euro bei einer erfolgreichen Verfassungsbeschwerde gegen die Ungleichbehandlung von Ehe und eingetragener Lebenspartnerschaft im Erbschaftssteuer- und Schenkungssteuergesetz[138] bei wirtschaftlicher Bedeutung der Erbschaftssteuerfestsetzung von 31.339,64 Euro. Die weitgehende Gleichsetzung von subjektiver und objektiver Bedeutung soll daraus folgen, dass nur eine geringe Zahl von Fällen noch unter das außer Kraft getretene Recht fiel, die Einzelnen aber erheblich betroffen waren und eine verfassungsrechtliche Frage von allgemeiner Bedeutung geklärt wurde.[139] Die sich nach der heute maßgeblichen Fassung des RVG ergebende 1,6 Verfahrensgebühr betrüge **1.657,60 Euro**. 91

40.000 Euro bei einer erfolgreichen Verfassungsbeschwerde gegen eine strafprozessuale Verurteilung wegen der Verwertung rechtswidrig erhobener personenbezogener Informationen.[140] Die sich nach der heute maßgeblichen Fassung des RVG ergebende 1,6 Verfahrensgebühr betrüge **1.787,20 Euro.** 92

45.000 Euro bei einer erfolgreichen Verfassungsbeschwerde gegen die sogenannte Dreiteilungsmethode bei der Feststellung des nachehelichen Unterhaltsbedarfs.[141] Die sich nach der heute maßgeblichen Fassung des RVG ergebende 1,6 Verfahrensgebühr betrüge **1.916,80 Euro**. 93

50.000 Euro bei einer erfolgreichen Verfassungsbeschwerde zur Grundrechtsbindung der von der öffentlichen Hand beherrschten gemischt wirtschaftlichen Unternehmen im Zusammenhang mit Demonstrationsmöglichkeiten auf dem Flughafen Frankfurt.[142] Die sich nach der heute maßgeblichen Fassung des RVG ergebende 1,6 Verfahrensgebühr betrüge **2.046,40 Euro**. Denselben Gegenstandswert hat das Bundesverfassungsgericht festgesetzt bei einer Verfassungsbeschwerde gegen wiederkehrende Straßenausbaubeiträge von 146,30 Euro bzw. von 27,36 Euro.[143] 94

55.000 Euro bei einer teilweise erfolgreichen Verfassungsbeschwerde zur Zulassung eines Transsexuellen zum Abschluss einer eingetragenen Lebenspartnerschaft.[144] Die sich nach der heute maßgeblichen Fassung des RVG ergebende 1,6 Verfahrensgebühr betrüge **2.196,80 Euro**. 95

137 BVerfGE 135, 126 (133, Rn. 9).
138 BVerfG, Beschluss des Ersten Senats vom 10.11.2011 – 1 BvR 611/07, Rn. 5 f. bei Juris; BVerfGE 126, 400 (401 f.).
139 BVerfG, Beschluss des Ersten Senats vom 10.11.2011 – 1 BvR 611/07, Rn. 6 bei Juris.
140 BVerfG, Beschluss des Zweiten Senats vom 21.11.2012 – 2 BvR 2500/09 ua Juris; BVerfGE 130, 1 (51).
141 BVerfG, Beschluss des Ersten Senats vom 16.5.2011 – 1 BvR 918/10, Juris; BVerfGE 128, 193 (193).
142 BVerfG, Beschluss des Ersten Senats vom 23.5.2011 – 1 BvR 699/06, Juris; BVerfGE 128, 226 (227).
143 BVerfG, Beschluss des Ersten Senats vom 25.6.2014 – 1 BvR 668/10 ua, Rn. 14 und 19 bei Juris.
144 BVerfG, Beschluss des Ersten Senats vom 18.7.2011 – 1 BvR 3295/07, Juris; BVerfGE 128, 109 (109 f.).

96 **60.000 Euro** für erfolgreiche Verfassungsbeschwerden gegen gesetzliche Regelungen zur Sicherheitsverwahrung nach dem StGB.[145] Die sich nach der heute maßgeblichen Fassung des RVG ergebende 1,6 Verfahrensgebühr betrüge **2.196,80 Euro.**

97 **62.500 Euro** für teilweise erfolgreiche Anträge auf Erlass einer einstweiligen Anordnung im Zusammenhang mit Verfassungsbeschwerden gegen die Vorratsdatenspeicherung von Telekommunikations-Verkehrsdaten.[146] Die sich nach der heute maßgeblichen Fassung des RVG ergebende 1,6 Verfahrensgebühr betrüge **2.196,80 Euro.**

98 **75.000 Euro** bei einer erfolgreichen Verfassungsbeschwerde betreffend den Sorgerechtsausschluss des Vaters eines nichtehelichen Kindes.[147] Die sich nach der heute maßgeblichen Fassung des RVG ergebende 1,6 Verfahrensgebühr betrüge **2.347,20 Euro.**

99 **100.000 Euro** bei einer erfolgreichen Verfassungsbeschwerde gegen die Zwangsbehandlung eines im Maßregelvollzug Untergebrachten[148] und einer erfolglosen Verfassungsbeschwerde gegen die Bemessung der Beiträge zur gesetzlichen Arbeitslosenversicherung.[149] Die sich nach der heute maßgeblichen Fassung des RVG ergebende 1,6 Verfahrensgebühr betrüge **2.648,00 Euro**. Derselbe Gegenstandswert ist festgesetzt worden bei einer teilweise erfolgreichen Verfassungsbeschwerde zur Bestandsdatenspeicherung[150] sowie bei der erfolglos gebliebenen Verfassungsbeschwerde eines Syndikus-Rechtsanwalts gegen die Ablehnung seiner Befreiung von der Rentenversicherungspflicht.[151]

100 **120.000 Euro** bei einer erfolgreichen Verfassungsbeschwerde gegen gesetzliche Regelungen über den Tierarztvorbehalt[152] und bei einer erfolgreichen Verfassungsbeschwerde im Zusammenhang mit dem Investitionszulagengesetz 1999.[153] Die sich nach der heute maßgeblichen Fassung des RVG ergebende 1,6 Verfahrensgebühr betrüge **2.798,40 Euro.**

101 **125.000 Euro** bei der erfolgreichen Verfassungsbeschwerde gegen die Absenkung der Beteiligungsquote bei der Besteuerung privater Veräußerungen von

145 BVerfG, Beschluss des Zweiten Senats vom 21.11.2012 – 2 BvR 2333/08, Juris; BVerfGE 128, 326 (419).
146 BVerfG, Beschlüsse des Ersten Senats vom 8.12.2010 und vom 11.3.2008 – 1 BvR 256/08, Juris.
147 BVerfG, Beschluss des Ersten Senats vom 20.12.2010 – 1 BvR 420/09, Juris; BVerfGE 127, 132 (133).
148 BVerfG, Beschluss des Zweiten Senats vom 16.11.2011 – 2 BvR 882/09, Juris; BVerfGE 128, 282 (283).
149 BVerfG, Beschluss des Ersten Senats vom 31.10.2018 – 1 BvR 1728/12 ua, Juris; BVerfGE 149, 50 (51).
150 BVerfG, Beschluss des Ersten Senats vom 27.11.2012 – 1 BvR 1299/05, Juris; BVerfGE 130, 151 (212).
151 Beschluss der 2. Kammer des Ersten Senats vom 19.7.2016 – 1 BvR 2584/14, Ziff. 4 des Tenors bei Juris.
152 BVerfG, Beschluss des Ersten Senats vom 12.4.2023 – 1 BvR 2380/21, Juris.
153 BVerfG, Beschlüsse des Ersten Senats vom 18.10.2011 – 1 BvR 857/07, Juris, und vom 31.5.2011 – 1 BvR 857/07, Juris; BVerfGE 129, 1.

Kapitalanteilen.[154] Die sich nach der heute maßgeblichen Fassung des RVG ergebende 1,6 Verfahrensgebühr betrüge **2.798,40 Euro.**

150.000 Euro bei einer teilweise erfolgreichen Verfassungsbeschwerde zu den Grenzen des Untreuetatbestandes[155] und bei einer erfolgreichen Verfassungsbeschwerde gegen Fortdauer und nachträgliche Anordnung der Unterbringung und der Sicherungsverwahrung.[156] Die sich nach der heute maßgeblichen Fassung des RVG ergebende 1,6 Verfahrensgebühr betrüge **3.099,20 Euro.** 102

200.000 Euro bei der erfolgreichen Verfassungsbeschwerde gegen die Absenkung der Beteiligungsquote bei der Besteuerung privater Veräußerungen von Kapitalanteilen[157] und bei einem erfolgreichen Verfassungsbeschwerdeverfahren gegen landesrechtliche Rauchverbote in Gaststätten.[158] Die sich nach der heute maßgeblichen Fassung des RVG ergebende 1,6 Verfahrensgebühr betrüge **3.550,40 Euro.** 103

300.000 Euro bei einer Verfassungsbeschwerde bezüglich der von der Kinderzahl unabhängigen Beitragsbelastung von Eltern in der sozialen Pflegeversicherung.[159]sich nach der heute maßgeblichen Fassung des RVG ergebende 1,6 Verfahrensgebühr betrüge danach **4.395,20 Euro.** 104

500.000 Euro bei einer erfolgreichen Gesetzesverfassungsbeschwerde gegen polizeiliche Befugnisse im Land Mecklenburg-Vorpommern[160] und bei einer erfolgreichen Verfassungsbeschwerde gegen wahlrechtliche Regelungen, welche über 3.000 Beschwerdeführer erhoben hatten.[161] Die sich nach der heute maßgeblichen Fassung des RVG ergebende 1,6 Verfahrensgebühr betrüge **5.662,40 Euro.** Derselbe Gegenstandswert ist festgesetzt worden in einem Verfassungsbeschwerdeverfahren gegen die Preisansagepflicht von Telekommunikationsdiensteanbietern bei Call-by-Call-Gesprächen[162] und in einem nach Erledigung des Grundsatzverfahrens eingestellten Verfassungsbeschwerdeverfahren gegen das Tarifeinheitsgesetz[163] sowie in dem teilweise erfolgreichen Senatsverfahren zum Tarifeinheitsgesetz.[164] 105

---

154 BVerfG, Beschluss des Zweiten Senats vom 5.5.2011 – 2 BvR 748/05, Juris; BVerfGE 127, 61 (61 f.); vgl. zu höheren Werten in Parallelverfahren → Rn. 103.
155 BVerfG, Beschluss des Zweiten Senats vom 19.7.2011 – 2 BvR 491/09, Juris; BVerfGE 126, 170 (171).
156 BVerfG, Beschluss des Zweiten Senats vom 19.7.2011 – 2 BvR 571/10, Juris; BVerfGE 128, 326 (329 ff.).
157 BVerfG, Beschluss des Zweiten Senats vom 17.2.2011 – 2 BvR 753/05, Juris; BVerfGE 127, 61 (61 f.).
158 BVerfG, Beschluss des Ersten Senats vom 14.1.2009 – 1 BvR 3262/07, Juris; BVerfGE 121, 317 (318 f.).
159 BVerfG, Beschluss des Ersten Senats vom 16.2.2023 – 1 BvR 2257/16, Juris.
160 BVerfG, Beschluss des Ersten Senats vom 12.5.2023 – 1 BvR 1345/21, Juris.
161 BVerfG, Beschluss des Zweiten Senats vom 22.11.2012 – 2 BvR 2670/11, Juris; BVerfGE 131, 316 (317 f.).
162 BVerfGE 133, 37 (38); 131, 47 (48).
163 Beschluss der 2. Kammer des Ersten Senats vom 10.8.2017 – 1 BvR 571/16, Rn. 20 bei Juris.
164 BVerfGE 146, 71 (149, Rn. 219).

106 **550.355 Euro** bei einer erfolgreichen Verfassungsbeschwerde gegen die Festsetzung von Körperschaftssteuer,[165] was den wirtschaftlichen Folgen für die Beschwerdeführerin entsprach. Die sich nach der heute maßgeblichen Fassung des RVG ergebende 1,6 Verfahrensgebühr betrüge **5.926,40 Euro.**

107 **750.000 Euro** bei einer **erfolglosen** Verfassungsbeschwerde gegen das Zustimmungsgesetz zum Vertrag von Lissabon.[166] Die sich nach der heute maßgeblichen Fassung des RVG ergebende 1,6 Verfahrensgebühr betrüge **6.982,40 Euro.**

108 **1.000.000 Euro** bei der teilweise erfolgreichen Verfassungsbeschwerde zum Bundes-Klima-schutzgesetz[167] und bei einer **erfolglosen** Verfassungsbeschwerde eines anderen Beschwerdeführers gegen das Zustimmungsgesetz zum Vertrag von Lissabon.[168] Die sich nach der heute maßgeblichen Fassung des RVG ergebende 1,6 Verfahrensgebühr betrüge **8.302,40 Euro**. Derselbe Gegenstandswert ist festgesetzt worden im sogenannten OMT-Verfahren, in dem der Zweite Senat des Bundesverfassungsgerichts Fragen zum entsprechenden Programm der EZB dem EuGH vorgelegt hat.[169]

109 Würde der Gesetzgeber dem § 37 Abs. 2 RVG einen solchen Gegenstandswertkatalog beifügen, müsste er damit rechnen, dass das Bundesverfassungsgericht ihn für **willkürlich** hält.

110 Bei **erledigten Verfassungsbeschwerden** werden im Regelfall Gegenstandswerte in Höhe des Doppelten des Mindestwertes nach § 37 Abs. 2 Satz 2, 2. Halbsatz RVG von 10.000 Euro festgesetzt[170] oder in Höhe des Mindestwerts von 5.000 Euro.[171]

111 In **Organstreitverfahren** werden, was auch an der Zuständigkeit des Zweiten Senats liegen dürfte, die Gegenstandswerte höher festgesetzt. Sie bewegen sich zwischen rund 250.000 Euro[172] und 1.000.000 Euro[173] im Verfahren zum Stabilisierungsmechanismusgesetz.[174] Etwas aus dem Rahmen fallen die lediglich 25.000 Euro in dem unzulässigen Organstreitverfahren der Partei NPD gegen den Bundestagsbeschluss zur Änderung von Art. 21 GG.[175]

---

165 BVerfG, Beschluss des Ersten Senats vom 19.8.2010 – 1 BvR 2192/05, Rn. 4 bei Juris; BVerfGE 125, 1 (1 f.).

166 BVerfG, Beschluss des Zweiten Senats vom 13.10.2010 – 2 BvR 1022/08, Juris; BVerfGE 123, 267 (270 f.).

167 BVerfG, Beschluss des Ersten Senats vom 22.12.2022 – 1 BvR 2656/18 ua, Juris.

168 BVerfG, Beschluss des Zweiten Senats vom 13.10.2010 – 2 BvR 1010/08, Juris; BVerfGE 123, 267 (270 f.).

169 BVerfG, Beschluss des Zweiten Senats vom 16.5.2018 – 2 BvR 2728/13 ua, Tenor bei Juris; BVerfGE 142, 123 (126).

170 Beschluss der 2. Kammer des Zweiten Senats vom 22.11.2019 – 2 BvR 894/19, Juris; Beschluss der 1. Kammer des Zweiten Senats vom 27.9.2019 – 2 BvR 306/19, Juris; BVerfG, Beschluss des Zweiten Senats vom 13.7.2016 – 2 BvR 3/16, Juris.

171 Vgl. Beschluss der 2. Kammer des Ersten Senats vom 8.11.2010 – 1 BvR 2643/10, Rn. 5 bei Juris.

172 BVerfG, Beschluss des Zweiten Senats vom 15.11.2000 – 2 BvH 3/91, Juris; BVerfGE 21, 190 (191), jeweils 500.000 DM.

173 BVerfG, Beschluss des Zweiten Senats vom 17.8.2012 – 2 BvE 8/11, Juris.

174 BVerfGE 130, 318 (367).

175 BVerfG, Beschluss des Zweiten Senats vom 20.6.2023 – 2 BvE 1/17, Ziff. 3 des Tenors, Juris.

Vergleichbares gilt in den ebenfalls dem Zweiten Senat zugewiesenen **Wahlprüfungsverfahren**. In den teilweise erfolgreichen Wahlprüfungsverfahren gegen die Verwendung von elektronischen Wahlgeräten[176] sind die Gegenstandswerte auf 250.000 Euro festgesetzt worden.[177] Dasselbe gilt für die Wahlprüfungsverfahren, die zur Unvereinbarkeitserklärung der Regelungen über die 5%-Klausel bei Europawahlen geführt haben.[178] Für die in diesem Zusammenhang geführte Besetzungsrüge gegen die indirekte Wahl von Bundesverfassungsrichtern durch den Wahlausschuss des Bundestages gemäß § 6 ist ein Gegenstandswert von 80.000 Euro festgesetzt worden.[179] Im Verfahren betreffend das Wahlrecht von Auslandsdeutschen ist der Gegenstandswert auf 100.000 Euro festgesetzt worden,[180] bei der teilweise erfolgreichen Wahlprüfungsbeschwerde wegen Zurückweisung einer Landesliste zur Bundestagswahl 2017 dagegen nur 50.000 Euro.[181] 112

Gelegentlich sind auch Gegenstandwerte in **Richtervorlageverfahren** festzusetzen. Der Erste Senat hat für das Verfahren, in dem er auf Vorlage ua des Bundessozialgerichts die Regelleistungen beim Arbeitslosengeld II als verfassungswidrig angesehen hat,[182] einen Gegenstandwert von 8.000 Euro festgesetzt.[183] Im Normenkontrollverfahren zum Asylbewerberleistungsgesetz, wo es im konkreten Ausgangsverfahren jeweils um einige 100 Euro ging,[184] ist der Gegenstand der anwaltlichen Tätigkeit auf 20.000 Euro festgesetzt worden.[185] In einem Verfahren zu einer beamtenrechtlichen Thematik[186] betrug der Gegenstandswert 40.000 Euro.[187] Das Numerus-Clausus-Urteil des Ersten Senats vom 19.12.2017[188] führte wegen der erheblichen Bedeutung des Verfahrens und Schwierigkeit der Materie zu einem Gegenstandswert von 500.000 Euro.[189] 113

4. Nebenauslagen. Die 1,6 Verfahrensgebühr des Bevollmächtigten ist einschließlich **Umsatzsteuer** (VV 7008) erstattungsfähig sowie zuzüglich der Aufwendungen für Ablichtungen (VV 7000), für Post- und Telekommunikationsdienstleistungen (VV 7001 und 7002) und für Reisekosten (VV 7003 bis 7006).[190] Bei Ablichtungen und Kommunikationskosten wird es infolge der Einführung des elektronischen Rechtsverkehrs durch die §§ 23a ff. zu Verschiebungen kommen, insbesondere bei anwaltlicher Tätigkeit. In Altfällen 114

176 BVerfGE 123, 39 (39 f.).
177 BVerfG, Beschluss des Zweiten Senats vom 15.6.2009 – 2 BvC 3/07 ua Juris.
178 Vgl. die Beschlüsse des Zweiten Senats vom 4.4.2012 – 2 BvC 8/10, Juris, und vom 29.3.2012 – 2 BvC 4/10, Juris, im Nachgang zu BVerfGE 129, 300.
179 BVerfGE 131, 230 (239).
180 BVerfG, Beschluss des Zweiten Senats vom 22.11.2012 – 2 BvC 1/11 ua Juris; BVerfGE 132, 39 (59 f., Rn. 57).
181 BVerfGE 161, 136 (137).
182 BVerfGE 125, 175 (176 f.).
183 BVerfG, Beschluss des Ersten Senats vom 14.4.2010 – 1 BvL 1/09, Juris.
184 Vgl. BVerfG 132, 134 (149).
185 BVerfG, Beschluss des Ersten Senats vom 1.10.2012 – 1 BvL 10/10 ua, Juris.
186 BVerfGE 149,1.
187 BVerfG, Beschluss des Zweiten Senats vom 25.6.2018 – 2 BvL 10/16, Juris.
188 BVerfGE 147, 253.
189 BVerfG, Beschluss des Ersten Senats vom 26.3.2018 – 1 BvL 4/14, Rn. 3 bei Juris.
190 Vgl. dazu im Detail Lechner/Zuck/Zuck § 34a Rn. 40 bis 46; vgl. zur Notwendigkeit der konkreten Darlegung der entstandenen Kosten Beschluss der 2. Kammer des Zweiten Senats vom 20.9.2018 – 2 BvR 2530/16 ua, Rn. 12 ff. bei Juris.

und dort, wo keine Verpflichtung zur Nutzung des elektronischen Rechtsverkehrs besteht, bleiben die alten Themenstellungen erhalten. Insofern gilt also weiter, dass es sachgerecht wäre, wenn das Bundesverfassungsgericht auch die Kosten der zur sicheren Fristwahrung erforderlichen Zustellung der Verfassungsbeschwerde per Boten als erstattungsfähig ansähe, anstelle den Beschwerdeführer auf das bekanntermaßen fehleranfällige und für alle Beteiligten lästige Verfahren der Übersendung per Telefax zu verweisen;[191] das läge nicht zuletzt im eigenen Interesse des Bundesverfassungsgerichts, dem dann die Beschwerden nicht doppelt zugestellt werden müssten. Erstattungsfähig waren und sind insbesondere die teilweise erheblichen Auslagen für **Ablichtungen**, die dann anfallen, wenn das Bundesverfassungsgericht vom Beschwerdeführer die Überlassung von Mehrdrucken der Verfassungsbeschwerde und ihrer Anlagen für die kleine oder große Zustellung verlangt. Ohne eine solche Aufforderung sind Kosten für Mehrfertigungen nicht erstattungsfähig.[192] Es steht aber zu erwarten, dass das Bundesverfassungsgericht insofern seine Zustellungspraxis digitalisiert, das Thema der Ablichtungen also auch bei Beteiligten, die nicht zur Nutzung des elektronischen Rechtsverkehrs verpflichtet sind, an Bedeutung verlieren wird. Erstattungsfähig sind aber Kosten für die Anfertigung von Kopien im Rahmen der Akteneinsicht nach § 20.[193] Zu erwarten ist, dass das Bundesverfassungsgericht auch das Verfahren der Akteneinsicht digitalen Lösungen zuführt.

115 Auch außerhalb der Gebühren und Aufwendungen eines Bevollmächtigten sind in gewissem Umfang ebenfalls notwendige Auslagen denkbar, etwa für eine **Informationsreise** des Beschwerdeführers oder Beteiligten zu seinem Bevollmächtigten[194] oder umgekehrt des Bevollmächtigten zum Beschwerdeführer oder zu einer Informationsreise von Beschwerdeführer und Bevollmächtigten zu dem im fachgerichtlichen Verfahren tätigen Anwalt[195] sowie für Reisen zum Verhandlungs- und auch zum **Verkündungstermin**.[196] Auch Reisekosten und damit verbundene Tage- und Abwesenheitsgelder (Nrn. 7004 und 7005 VV RVG) für die Inanspruchnahme von Akteneinsicht beim Bundesverfassungsgericht sind erstattungsfähig.[197] Aufwendungen für einen privaten Gutachter sind nur in extremen Ausnahmefällen erstattungsfähig.[198]

---

191 So aber der zu enge Beschluss der 2. Kammer des Zweiten Senats vom 16.5.1994 – 2 BvR 196/92, Rn. 11 f. bei Juris, sowie der Beschluss der Rechtspflegerin des Zweiten Senats vom 10.9.2014 – 2 BvR 974/12.

192 Vgl. jetzt BVerfG, Beschluss des Zweiten Senats vom 28.9.2023 – 2 BvR 739/17, Rn. 17 ff. bei Juris; BVerfGE 65, 72 (74).

193 BVerfG, Beschluss des Zweiten Senats vom 28.9.2023 – 2 BvR 739/17, Rn. 22 ff. bei Juris mit der Ergänzung, dass dies auch die Reisekosten für die am Gerichtssitz erfolgte Einsicht einschließt.

194 BVerfGE 96, 217 (221).

195 Vgl. Beschluss der Rechtspflegerin des Zweiten Senats vom 10.9.2014 – 2 BvR 974/12; für Reisen des Beschwerdeführers soll dabei entsprechend § 91 Abs. 1 Satz 2 ZPO das Justizvergütungs- und Entschädigungsgesetz (JVEG) mit seinen Kilometerpauschalen von 0,35 Euro anwendbar sein.

196 BVerfGE 36, 308 (309).

197 BVerfG, Beschluss des Zweiten Senats vom 28.9.2023 – 2 BvR 739/17, Rn. 22 und 26 bei Juris, auch unter Berufung auf unsere Kommentierung zu § 20, dort Rn. 7.

198 BVerfGE 88, 382 (383 f.).

IV. Verfahrensfragen

Die Erstattung von Auslagen bedarf immer der **Anordnung** durch das Bundesverfassungsgericht. 116 Das gilt nicht nur in den Fällen des Abs. 3, wo dies schon im Gesetzeswortlaut so vorgesehen ist, sondern auch in den Fällen der Abs. 1 und 2, die lediglich Erstattungsansprüche begründen. Über die Auslagenerstattung entscheidet das Bundesverfassungsgericht **von Amts wegen** zusammen **mit der Entscheidung in der Sache**. Ergeht keine solche, etwa weil sich das Verfahren erledigt hat, trifft der zuständige Spruchkörper einen isolierten Beschluss zu § 34 a.[199]

Es kommt aber immer wieder vor, dass sich das Bundesverfassungsgericht zur 117 Frage einer Auslagenerstattung nach § 34a nicht von sich aus äußert. Dann muss derjenige, der meint, es bestehe ein Anspruch auf Auslagenerstattung oder eine solche Anordnung sei jedenfalls im Rahmen von § 34a Abs. 3 nach dem Ermessen des Gerichts möglich, einen entsprechenden **Antrag** auf Anordnung der Auslagenerstattung stellen.[200]

Hatte vor Eintritt eines Erledigungstatbestandes der Senat noch nicht über 118 die Annahme der Verfassungsbeschwerde entschieden, **entscheidet** über die Erstattung der Auslagen die **Kammer** (§ 93d Abs. 2 Satz 1).[201]

Anders liegt es bei der **Festsetzung des Gegenstandswerts**, die nicht von 119 Amts wegen zu erfolgen hat, sondern nach § 33 RVG stets **antragsbedürftig** ist. Gestellt werden kann der Antrag sowohl vom Rechtsanwalt wie von seinem Auftraggeber (§ 33 Abs. 2 RVG). Ob es gegen die Festsetzung des Gegenstandswerts durch das Bundesverfassungsgericht ein Rechtsmittel gibt, hat der Zweite Senat teilweise verneint,[202] teilweise offengelassen.[203] Auch erhobene Gegenvorstellungen bleiben regelmäßig ohne Erfolg.[204] Ungeachtet des gesetzlichen Antragserfordernisses sind die Senate[205] und die Kammern vereinzelt dazu übergegangen, den Gegenstandswert von Amts wegen gleich in der Sachentscheidung mit festzusetzen.[206] Voraussetzung für eine Wertfestsetzung nach § 33 Abs. 1 RVG ist aber, dass eine anwaltliche Tätigkeit in einem gerichtlichen Verfahren stattgefunden hat. Ein Beschwerdeführer, der sich

---

199 Vgl. Schmidt-Bleibtreu/Klein/Bethge BVerfGG/Graßhof § 34a Rn. 67 (Stand: April 2008).

200 Vgl. Beschluss der 1. Kammer des Ersten Senats vom 24.8.2023 – 1 BvR 614/20, Rn. 3 bei Juris; Beschluss der 1. Kammer des Zweiten Senats vom 11.11.2019 – 2 BvR 586/19, Rn. 1 f. bei Juris; Beschluss der 2. Kammer des Zweiten Senats vom 22.5.2019 – 2 BvR 2231/18, Rn. 1 bei Juris.

201 Siehe auch Beschlüsse der 2. Kammer des Zweiten Senats vom 22.5.2019 – 2 BvR 2231 /18, Rn. 1 bei Juris, und vom 16.10.2013 – 2 BvR 1446/12, Rn. 3 bei Juris; Beschluss der 2. Kammer des Ersten Senats vom 8.11.2010 – 1 BvR 2643/10, Rn. 1 bei Juris.

202 BVerfG, Beschluss des Zweiten Senats vom 23.4.2014 – 2 BvR 2500/09 ua., Juris.

203 BVerfGE 137, 345 (349, Rn. 18).

204 Vgl. BVerfGE 137, 345 (349, 18); Beschluss der 3. Kammer des Ersten Senats vom 4.12.2013 – 1 BvR 1751/12, Juris.

205 BVerfG, Beschluss des Zweiten Senats vom 20.6.2023 – 2 BvE 1/17, Ziff. 3 des Tenors und Rn. 49 bei Juris.

206 Vgl. etwa Beschluss der 2. Kammer des Ersten Senats vom 30.8.2023 – 1 BvR 1654/22, Ziff. 5 und 6 des Tenors, Juris; Beschluss der 3. Kammer des Zweiten Senats vom 4.8.2023 – 2 BvR 54/19, Ziff. 6 des Tenors, Juris; Beschluss der 1. Kammer des Zweiten Senats vom 3.8.2023 – 2 BvR 1838/22, Ziff. 6 des Tenors und Rn. 61 bei Juris; vgl. zu dieser Praxis und sie billigend Schmidt-Bleibtreu/Klein/Bethge BVerfGG/Graßhof § 34a Rn. 117 (Stand: April 2008).

außer- oder vorgerichtlich anwaltlich beraten ließ, hat keinen Anspruch auf gerichtliche Wertfestsetzung.[207] Deshalb fehlt es am Rechtsschutzbedürfnis für einen Antrag auf Gegenstandswertfestsetzung, wenn kein Rechtsanwalt, sondern nur Betreuer tätig geworden sind.[208]

120 Die eigentliche **Kostenfestsetzung** ist nicht mehr Sache des gerichtlichen Spruchkörpers, sondern erfolgt auf Antrag **durch den Rechtspfleger** (§ 21 RPflG analog).[209] Gegen den vom Rechtspfleger getroffenen Festsetzungsbeschluss ist je nach Beschwerdewert sofortige Beschwerde oder Erinnerung möglich (§ 104 Abs. 3 Satz 1 ZPO; § 11 Abs. 2 Satz 1 RPflG).[210] In beiden Fällen ist eine Frist von zwei Wochen einzuhalten. Allerdings kann der Rechtsanwalt diese Rechtsbehelfe nicht in eigenem Namen einlegen.[211] Über den Rechtsbehelf entscheidet dann der Spruchkörper, der schon die Auslagenerstattung angeordnet hat.[212]

V. Prozesskostenhilfe im verfassungsgerichtlichen Verfahren

121 Mit dem Regelungsinhalt des § 34a ist auch die Thematik verknüpft, ob und unter welchen Voraussetzungen für das verfassungsgerichtliche Verfahren Prozesskostenhilfe gewährt werden kann. Denn **Prozesskostenhilfe im verfassungsgerichtlichen Verfahren** bezieht sich der Sache nach auf dieselben gesetzlichen Gebühren eines anwaltlichen Bevollmächtigten, die als notwendige Auslagen über § 34a nach den dortigen Voraussetzungen erstattungsfähig sein können (vgl. § 45 RVG). Da diese Gebühren aus den dargelegten Gründen (→ Rn. 47 ff.) im Regelfall gering sind, ist auch der Entlastungseffekt einer gewährten Prozesskostenhilfe gering. Anders als im fachgerichtlichen Verfahren hat er nicht die Funktion, von der Pflicht zur Tragung von Gerichtskosten zu befreien (vgl. § 122 Abs. 1 ZPO), weil das verfassungsgerichtliche Verfahren ohnehin gerichtskostenfrei ist (§ 34 Abs. 1).

122 Das Gesetz über das Bundesverfassungsgericht enthält keine Regelung über die Gewährung von Prozesskostenhilfe. Nach der Rechtsprechung des Bundesverfassungsgerichts soll die Gewährung von Prozesskostenhilfe aber **entsprechend §§ 114 ff. ZPO zulässig** sein,[213] allerdings nur dann, wenn dies unbedingt erforderlich erscheint.[214] Gewährt werden kann die Prozesskos-

207 BVerfG, Beschluss des Ersten Senats vom 7.12.2011 – 1 BvR 748/06, Rn. 3 bei Juris.
208 Beschluss der 2. Kammer des Ersten Senats vom 29.11.2013 – 1 BvR 1711/09, Rn. 4 f. bei Juris.
209 Vgl. BVerfGE 133, 37 (40, Rn. 7).
210 Vgl. BVerfG, Beschluss des Zweiten Senats vom 28.9.2023 – 2 BvR 739/17, Rn. 12 bei Juris; BVerfGE 163, 358 (361, Rn. 13); 152, 1 (5, Rn. 15).
211 BVerfGE 96, 251 (253).
212 Vgl. BVerfG, Beschluss des Zweiten Senats vom 28.9.2023 – 2 BvR 739/17, Rn. 13 bei Juris; BVerfGE 163, 358 (361, Rn. 13); 152, 1 (5, Rn. 15); Beschluss der 1. Kammer des Zweiten Senats vom 15.6.2020 – 2 BvR 1556/17, Rn. 6 bei Juris.
213 Beschluss der 2. Kammer des Zweiten Senats vom 7.7.2023 – 2 BvR 882/23, Tenor bei Juris; Beschluss der 3. Kammer des Zweiten Senats vom 26.6.2023 – 2 BvR 676/23, Rn. 9 bei Juris; Beschluss der 2. Kammer des Zweiten Senats vom 28.6.2018 – 2 BvR 2380/17, Rn. 2 bei Juris; Beschluss der 3. Kammer des Zweiten Senats vom 5.2.2014 – 2 BvR 953/12, Rn. 19 bei Juris; grundlegend BVerfGE 1, 109 (110).
214 BVerfGE 92, 122 (123); Beschluss der 1. Kammer des Zweiten Senats vom 7.2.2023 – 2 BvR 872/22, Rn. 2 bei Juris; Beschluss der 2. Kammer des Zweiten Senats vom 28.6.2018 – 2 BvR 2380/17, Rn. 2 bei Juris; Beschluss der 1. Kammer des Ersten Senats vom 2.12.2016 – 1 BvR 2014/16, Rn. 2 bei Juris; Beschluss der 2. Kammer des Zweiten

tenhilfe nicht nur dem Beschwerdeführer im Verfassungsbeschwerdeverfahren, sondern auch den Äußerungsberechtigten im Verfahren der konkreten Normenkontrolle nach Art. 100 Abs. 1 GG, §§ 80 ff.[215] und dem im Verfassungsbeschwerdeverfahren äußerungsberechtigten Begünstigten der angegriffenen fachgerichtlichen Entscheidungen (§ 94 Abs. 3).[216] Ob die Gewährung von Prozesskostenhilfe für das Verfahren der Verzögerungsbeschwerde nach § 97b in Betracht kommt, hat das Bundesverfassungsgericht bislang offengelassen.[217]

Die Gewährung von Prozesskostenhilfe im verfassungsgerichtlichen Verfahren hängt von **drei Voraussetzungen** ab. Der Betroffene muss gehindert sein, seine Rechte selbst und ohne anwaltliche Hilfe angemessen wahrzunehmen. Es muss ihm unmöglich sein, die Kosten der Prozessführung durch Beauftragung eines Rechtsanwalts aufzubringen. Bei einem Beschwerdeführer darf die Einlegung der Verfassungsbeschwerde nicht mutwillig sein, muss also gewisse Erfolgsaussichten haben.[218] Bei Äußerungsberechtigten nach § 94 Abs. 3 kommt Prozesskostenhilfe erst nach Zustellung der Verfassungsbeschwerde in Betracht.[219] 123

Deshalb wird oft gesagt, Prozesskostenhilfe spiele im Verfahren vor dem Bundesverfassungsgericht keine große Rolle.[220] Gleichwohl gibt es **gelegentlich Kammerbeschlüsse, die Prozesskostenhilfe gewähren,**[221] im Regelfall ohne Ratenzahlung und unter Beiordnung eines Rechtsanwalts (§ 121 ZPO).[222] Selbst im Verfahren nach § 32 wird Prozesskostenhilfe gewährt, dann aber regelmäßig im Beschluss über die einstweilige Anordnung.[223] 124

Die Gewährung von Prozesskostenhilfe **durch eine Kammer** ist möglich, weil sie trotz der mit ihr verbundenen Bewertung der Erfolgschancen der 125

Senats vom 11.8.2016 – 2 BvR 1754/14, Rn. 2 bei Juris; Beschluss der 2. Kammer des Zweiten Senats vom 9.6.2017 – 2 BvR 336/16, Rn. 2 bei Juris.

215 BVerfG, Beschluss des Ersten Senats vom 29.7.2022 – 1 BvL 3/21, Juris; BVerfGE 79, 252 (254).

216 BVerfGE 92, 122 (124 f.).

217 BVerfG, Beschluss der Beschwerdekammer vom 21.6.2017 – 2 BvR 1349/17 – VZ 12/17, Rn. 6 bei Juris; Beschluss der Beschwerdekammer vom 3.4.2013 – 1 BvR 2256/10 – Vz 32/12, Rn. 21 bei Juris.

218 Vgl. zu allen drei Gesichtspunkten Beschluss der 1. Kammer des Zweiten Senats vom 7.2.2023 – 2 BvR 872/22, Rn. 2 bei Juris; Beschluss der 3. Kammer des Zweiten Senats vom 9.7.2010 – 2 BvR 2258/09, Rn. 6 f. bei Juris.

219 BVerfGE 92, 122 (125).

220 Vgl. Lechner/Zuck/Zuck § 34a Rn. 12.

221 Beschluss der 3. Kammer des Ersten Senats vom 14.7.2015 – 1 BvR 1332/14, Ziff. 4 des Tenors bei Juris; Beschluss der 2. Kammer des Ersten Senats vom 18.6.2012 – 1 BvR 1530/11, Rn. 22 bei Juris; Beschluss der 3. Kammer des Zweiten Senats vom 2.3.2011 – 2 BvR 133/10, Juris.

222 Vgl. Beschluss der 3. Kammer des Ersten Senats vom 14.7.2015 – 1 BvR 1332/14, Juris; Beschlüsse der 2. Kammer des Ersten Senats vom 22.12.2011 – 1 BvR 2930/11, Juris, und vom 14.12.2011 – 1 BvR 2867/11, Juris.

223 Beschluss der 1. Kammer des Ersten Senats vom 15.4.2020 – 1 BvR 828/20, Rn. 16 bei Juris; Beschluss der 3. Kammer des Zweiten Senats vom 3.6.2011 – 2 BvR 1165/11, Rn. 20 f. bei Juris.

Frage nicht vorgreift, ob die Verfassungsbeschwerde gemäß § 93a Abs. 2 anzunehmen wäre.[224]

126 Der **Antrag** auf Bewilligung der Prozesskostenhilfe ist innerhalb der für das Sachverfahren maßgeblichen Frist, für die Urteilsverfassungsbeschwerde also innerhalb der **Monatsfrist des § 93 Abs. 1**, beim Bundesverfassungsgericht zu stellen. Den erforderlichen Nachweis, dass die beabsichtigte Rechtsverfolgung hinreichende Aussicht auf Erfolg bietet, kann der Antragsteller praktisch nur durch Vorlage eines Verfassungsbeschwerdeschriftsatzes samt Anlagen leisten.[225] Es wundert deshalb nicht, dass einem positiven Prozesskostenhilfebeschluss oftmals ein der Verfassungsbeschwerde stattgebender Kammerbeschluss nachfolgt.[226] Abzulehnen ist ein Prozesskostenhilfeantrag, wenn auch auf Nachfrage kein beizuordnender Rechtsanwalt benannt ist.[227]

127 Der Antrag auf Gewährung von Prozesskostenhilfe wirkt, wie oft gesagt wird,[228] ähnlich wie ein Antrag nach § 32. Er kann dazu führen, dass das Bundesverfassungsgericht die **Verfassungsbeschwerde rasch nicht zur Entscheidung annimmt**, weil dann auch der Prozesskostenhilfeantrag ohne zusätzlichen Begründungsaufwand mangels Erfolgsaussichten der Verfassungsbeschwerde abgelehnt werden kann.[229]

128 Der Antrag auf Gewährung von Prozesskostenhilfe **kann** allerdings **auch beschleunigend wirken**, wenn das Bundesverfassungsgericht seine Prüfung zum Anlass genommen hat, über die Verfassungsbeschwerde rasch und stattgebend zu entscheiden. Das führt wegen der dann nach § 34a Abs. 2 obligatorischen Auslagenerstattung zur Erledigung des Antrags auf Bewilligung von Prozesskostenhilfe, weil damit feststeht, dass der Beschwerdeführer nicht selbst die Kosten für die Beauftragung seines Verfahrensbevollmächtigten

224 Beschluss der 3. Kammer des Zweiten Senats vom 4.6.2011 – 2 BvR 1165/11, Rn. 20 bei Juris; Beschluss der 3. Kammer des Zweiten Senats vom 9.7.2010 – 2 BvR 2258/09, Rn. 9 bei Juris.

225 Vgl. auch Beschluss der 2. Kammer des Ersten Senats vom 26.11.2008 – 1 BvR 1813/08, Rn. 13 ff. bei Juris.

226 Vgl. die Beschlüsse des 2. Kammer des Ersten Senats vom 24.7.2008 – 1 BvR 746/08, Juris, und vom 5.12.2008 – 1 BvR 746/08, Rn. 43 bei Juris, sowie die Beschlüsse der 2. Kammer des Ersten Senats vom 30.4.2009 – 1 BvR 728/09, Juris, und vom 30.6.2009 – 1 BvR 728/09, Rn. 6 bei Juris.

227 Beschluss der 1. Kammer des Zweiten Senats vom 7.2.2023 – 2 BvR 872/22, Rn. 3 bei Juris.

228 Lechner/Zuck/Zuck § 34a Rn. 12.

229 Beschluss der 1. Kammer des Zweiten Senats vom 17.4.2023 – 2 BvR 526/22, Tenor bei Juris; vgl. Beschlüsse der 2. Kammer des Zweiten Senats vom 18.2.2020 – 2 BvR 981/19, Juris, und vom 16.10.2014 – 2 BvR 437/12, Rn. 16 bei Juris; Beschluss der 3. Kammer des Zweiten Senats vom 17.9.2014 – 2 BvR 732/14, Rn. 7 bei Juris; unzutreffend dagegen Beschluss der 3. Kammer des Zweiten Senats vom 27.7.2009 – 2 BvR 2186/07, Rn. 22 bei Juris, wonach sich der Antrag bei Nichtannahme der Verfassungsbeschwerde – ohne dafür erkennbare Rechtsgrundlage – „erledigt".

zu tragen hat.[230] Dasselbe gilt, wenn, etwa wegen einer Erledigung, eine Auslagenerstattung nach § 34a Abs. 3 angeordnet worden ist.[231]

§ 35 [Regelung der Vollstreckung]

Das Bundesverfassungsgericht kann in seiner Entscheidung bestimmen, wer sie vollstreckt; es kann auch im Einzelfall die Art und Weise der Vollstreckung regeln.

§ 35 regelt nicht unmittelbar die Vollstreckung der Entscheidungen des Bundesverfassungsgerichts. Vielmehr **ermächtigt** die Vorschrift **das Bundesverfassungsgericht, Anordnungen im Hinblick auf die Vollstreckung zu treffen**, die in § 35 nicht konkret, sondern nur der Art nach beschrieben werden. Dieses Konzept der Vollstreckung der Entscheidungen des Bundesverfassungsgerichts hat damit schon im Ansatz nichts mit der aus anderen Prozessordnungen bekannten Vollstreckung fachgerichtlicher Entscheidungen zu tun. Die Anordnungskompetenz nach § 35 steht wie die Normverwerfungskompetenz nach Art. 100 Abs. 1 GG allein dem Bundesverfassungsgericht zu.[1] 1

Die dem Bundesverfassungsgericht übertragene Regelung der Vollstreckung bezieht sich auf seine **Entscheidungen**. Gemeint sind alle Arten von Sachentscheidungen in sämtlichen Verfahrensarten, also grundsätzlich auch in Organstreitverfahren.[2] 2

Praktische Bedeutung haben Anordnungen nach § 35 aber **insbesondere bei Normverwerfungen** erlangt (dazu → Rn. 12 ff.). Dass diese Entscheidungen in Form eines die Nichtigkeit oder Unvereinbarkeit des Gesetzes feststellenden Tenors ergehen, steht Vollstreckungsregelungen im Sinne des § 35 nicht entgegen. Auch darin liegt ein Unterschied zur Vollstreckung fachgerichtlicher Entscheidungen nach den dafür geltenden Prozessordnungen. 3

Ob das Bundesverfassungsgericht überhaupt eine Regelung zur Vollstreckung seiner Entscheidung trifft, steht in seinem pflichtgemäßen **Ermessen** („kann").[3] Die Anordnungen ergehen vom Amts wegen.[4] Das schließt Anträge von Verfahrensbeteiligten auf Erlass einer Vollstreckungsanordnung allerdings nicht aus. Vor Verkündung der Sachentscheidung sind sie aber nur 4

230 Beschluss der 2. Kammer des Zweiten Senats vom 10.5.2023 – 2 BvR 775/19, Rn. 22 bei Juris; Beschluss der 1. Kammer des Zweiten Senats vom 24.3.2023 – 2 BvR 116/23, Rn. 27 bei Juris; Beschluss der 1. Kammer des Ersten Senats vom 28.9.2017 – 1 BvR 1510/17, Rn. 25 bei Juris; Beschluss der 2. Kammer des Ersten Senats vom 21.4.2016 – 1 BvR 2154/15, Rn. 21 bei Juris; siehe auch BVerfGE 105, 239 (240).

231 Vgl. Beschluss der 1. Kammer des Zweiten Senats vom 10.1.2022 – 2 BvR 1851/21, Rn. 7 bei Juris; Beschluss der 3. Kammer des Zweiten Senats vom 22.7.2015 – 2 BvR 746/15, Juris.

1 Vgl. BFH, Urteil vom 27.5.2020 – II R 38/18, Rn. 60 bei Juris.

2 Vgl. BVerfG, Urteil des Zweiten Senats vom 22.2.2023 – 2 BvE 3/19, Rn. 249 bei Juris; BVerfGE 147, 50 (121 f., Rn. 176).

3 BVerfG, Urteil des Zweiten Senats vom 22.2.2023 – 2 BvE 3/19, Rn. 249 bei Juris; BVerfGE 158, 89 (116, Rn. 73).

4 Vgl. BVerfG, Urteil des Zweiten Senats vom 22.2.2023 – 2 BvE 3/19, Rn. 249 bei Juris; Schmidt-Bleibtreu/Klein/Bethge BVerfGG/Bethge § 35 Rn. 74a (Stand: Juni 2019).

als Anregung der Beteiligten zu verstehen.[5] Spätere Anträge sind nur dann zulässig, wenn die begehrte Vollstreckungsanordnung die Sachentscheidung, deren Vollstreckung sie dienen soll, nicht ändern, modifizieren, ergänzen oder erweitern würde.[6] Ein Antrag, der sich auf ein Änderungsgesetz zu einem vom Bundesverfassungsgericht für mit dem Grundgesetz unvereinbar erklärten Gesetz bezieht, überschreitet diese Grenzen, weil die Beurteilung der Verfassungsmäßigkeit des Änderungsgesetzes eine neue eigenständige Überprüfung vorrangig durch die Fachgerichte und anschließend ggf. durch das Bundesverfassungsgericht im Rahmen einer konkreten Normenkontrolle oder einer Verfassungsbeschwerde erfordert.[7] Dies gilt nicht nur für nach Verkündung der Sachentscheidung erlassene Gesetze, sondern für alle Hoheitsakte, die zu einer nachträglichen Änderung der Sach- und Rechtslage geführt haben.[8] Umgekehrt fehlt aber das Rechtsschutzbedürfnis für einen Antrag auf Erlass einer Vollstreckungsanordnung zu einem Urteil, wenn aufgrund einer erfolgreichen Verfassungsbeschwerde gegen ein zur Umsetzung der Vorgaben des damaligen Urteils ergangenes Gesetz feststeht, dass die Vorgaben des Bundesverfassungsgerichts noch nicht umgesetzt worden sind und der Gesetzgeber weiterhin schon aufgrund des damaligen Urteils zur Neuregelung verpflichtet ist.[9] Wird der Antrag auf Erlass einer Vollstreckungsanordnung negativ beschieden, kann sich das Bundesverfassungsgericht auf eine Tenorbegründung beschränken, wonach nicht zu erkennen ist, dass es zur Durchsetzung der in einer Entscheidung enthaltenen Vorgaben einer solchen Anordnung bedarf.[10]

5 Wenn das Bundesverfassungsgericht die Vollstreckung regelt, müssen die Anordnungen grundsätzlich **in seiner Entscheidung** ergehen. An diese nach dem Wortlaut der Norm vorgeschriebene Verknüpfung der Sachentscheidung mit der Vollstreckungsregelung sieht sich das Bundesverfassungsgericht aber nicht ausnahmslos gebunden.[11] Auf nach der Sachentscheidung eintretende, eine Vollstreckungsregelung notwendig machende Umstände, die sich als Nichtbefolgung seiner Entscheidung darstellen, kann das Bundesverfassungsgericht grundsätzlich reagieren, indem es **nachträgliche Vollstreckungsanordnungen** nach § 35 beschließt.[12] Allein schon die Möglichkeit nachträglicher Vollstreckungsanordnungen trägt dazu bei, dass der Gesetzgeber die vom Bundesverfassungsgericht im Zuge von Normverwerfungen ausgesprochenen Neuregelungsaufträge beachtet. Zuständig für nachträgliche Anordnungen ist der Spruchkörper, der die ursprüngliche Sachentscheidung getroffen hat, bei vom Senat getroffenen Sachentscheidungen also der Senat.[13] Wird ein Antrag auf Erlass einer nachträglichen Vollstreckungsanord-

5 BVerfG, Urteil des Zweiten Senats vom 22.2.2023 – 2 BvE 3/19, Rn. 249 bei Juris.
6 BVerfGE 158, 89 (117, Rn. 77) unter Bezugnahme auf diese Kommentierung; 142, 116 (120, Rn. 7).
7 BVerfGE 158, 89 (118, Rn. 79); 142, 116 (120 ff., Rn. 7 ff.).
8 BVerfGE 158, 89 (118 f., Rn. 80).
9 BVerfGE 155, 418 (418 f., Rn. 2), im Anschluss an BVerfGE 143, 246 und 155, 378.
10 Vgl. BVerfG, Beschluss des Zweiten Senats vom 26.9.2012 – 2 BvR 1390/12, Juris.
11 Kritisch Barczak BVerfGG/Burmeister § 35 Rn. 15.
12 BVerfGE 100, 263 (265).
13 BVerfGE 100, 263 (264).

nung als unzulässig beurteilt, ist er zu verwerfen.[14] Eine solche Entscheidung kann in den Verfahrensarten, in denen § 24 Anwendung findet, auch als A-limine-Beschluss ergehen.[15]

Der Umfang der in § 35 geregelten Ermächtigung wird zentral durch den Begriff der **Vollstreckung** bestimmt. Dabei steht im Ansatz außer Frage, dass es um die Durchsetzung der gerichtlichen Sachentscheidung geht.[16] § 35 legitimiert solche Anordnungen, die erforderlich sind, um der Sachentscheidung in der Realität Geltung zu verschaffen.[17] Die zu treffenden Regelungen sind dabei auf das zur Durchsetzung der Entscheidung Unumgängliche zu beschränken.[18] Nicht gedeckt sind hingegen Änderungen, Ergänzungen oder Erweiterungen der zu vollstreckenden Entscheidung.[19] Die Vollstreckungsanordnung ist zu der Sachentscheidung akzessorisch und nur in den Grenzen des Tenors und der ihn tragenden Gründe zulässig, die durch den Verfahrensgegenstand der Sachentscheidung bestimmt werden.[20] Damit im Verfahren nach § 35 nicht doch der Sache nach weitere Sachentscheidungen getroffen werden, müssen Inhalt und Tragweite der zu vollstreckenden Sachentscheidung genau bestimmt und stets im Blick behalten werden.[21] 6

§ 35 befasst sich demnach im weitesten Sinne mit den Folgen und Wirkungen verfassungsgerichtlicher Entscheidungen. Die Vorschrift ist daher in einem **Zusammenhang mit** der formellen und materiellen Rechtskraft der Entscheidungen des Bundesverfassungsgerichts (→ § 31 Rn. 6 ff.), mit deren innerprozessualen Bindungswirkungen (→ § 31 Rn. 16 ff.), mit der Bindungswirkung nach **§ 31** (→ § 31 Rn. 22 ff.) **und** mit den Auswirkungen auf bereits abgeschlossene Gerichts- und Verwaltungsverfahren gemäß **§ 79** zu sehen. Für alle weiter gehenden Folgeregelungen, die der Durchsetzung der Entscheidung dienen, bedarf es zusätzlicher Anordnungen auf der Grundlage des § 35. 7

Dabei ermächtigt die Vorschrift das Bundesverfassungsgericht zu zwei unterschiedlichen Vorgehensweisen. Sie ist, was die dem Bundesverfassungsgericht zur Durchsetzung seiner Entscheidungen übertragenen Kompetenzen betrifft, weit auszulegen.[22] Nach dem **1. Halbsatz** kann das Gericht bestimmen, **wer** seine Entscheidung vollstreckt. Das Bundesverfassungsgericht kann die Vollstreckung also selbst übernehmen oder auf andere Vollstreckungsorgane übertragen. 8

Auch diese Entscheidung trifft das Bundesverfassungsgericht nach seinem Ermessen. Das gilt auch für die Auswahl des Vollstreckungsorgans, falls sich das Bundesverfassungsgericht für eine **Übertragung der Vollstreckung** auf einen Dritten entscheidet. In Betracht kommen alle Organe und Behörden 9

---

14 Vgl. BVerfGE 158, 89 (122); 155, 418 (418 f., Rn. 2); 142, 116 (120, Rn. 6).
15 Vgl. BVerfG, Beschluss des Zweiten Senats vom 22.3.2023 – 2 BvR 1176/22, Rn. 1 bei Juris.
16 BVerfGE 158, 89 (116, Rn. 74).
17 Vgl. BVerfGE 158, 89 (117, Rn. 77); 68, 132 (140).
18 BVerfGE 158, 89 (116, Rn. 74) unter Bezugnahme auf diese Kommentierung.
19 BVerfGE 158, 89 (117, Rn. 77); 142, 116 (120, Rn. 7); 100, 263 (265).
20 BVerfGE 158, 89 (116 f., Rn. 75).
21 BVerfGE 158, 89 (119, Rn. 81).
22 Vgl. BVerfGE 158, 89 (115 f., Rn. 72).

des Bundes und der Länder. Auch ohne ausdrückliche gesetzliche Vorgaben ist das Bundesverfassungsgericht gehalten, eine geeignete Behörde auszuwählen[23] und wird daher bei der Auswahl des Vollstreckungsorgans darauf achten, dass es über die zur Vollstreckung erforderlichen Mittel und die notwendige Sachkompetenz verfügt. In jüngerer Zeit hat es eine derartige Übertragung der Vollstreckung auf Dritte nicht gegeben.[24]

10 Unabhängig davon, ob das Bundesverfassungsgericht die Vollstreckung selbst durchführt oder auf Dritte überträgt, kann es nach dem **2. Halbsatz** die **Art und Weise der Vollstreckung** regeln.[25] Dass diese Regelung nach dem Gesetzeswortlaut nur „im Einzelfall“ ergehen kann, hat keine eigenständige Bedeutung, da ohnehin nur Vollstreckungsregelungen bezüglich konkreter Sachentscheidungen möglich sind.

11 Wird die Vollstreckung auf ein anderes Organ übertragen, erfolgt die Regelung der Art und Weise der Vollstreckung in Gestalt von **Anweisungen an den Beauftragten**. Die konkrete, gegenüber den Betroffenen wirkende Vollstreckungsmaßnahme wird dann vom Beauftragten durchgeführt. Übernimmt das Bundesverfassungsgericht die Vollstreckung hingegen selbst, richten sich seine **Vollstreckungsanordnungen** als Regelungen der Art und Weise der Vollstreckung **unmittelbar gegen die Betroffenen**.

12 In der Praxis übernimmt das Bundesverfassungsgericht die Vollstreckung überwiegend selbst. So hat der Zweite Senat unter ausdrücklicher Berufung auf seine Befugnis nach § 35 die Unvereinbarkeitserklärung der gesetzlichen Regelungen zur Anordnung von Fixierungen,[26] zur **Sicherungsverwahrung**[27] und zu Rundfunkgebühren[28] mit der Anordnung der vorübergehenden Weitergeltung und deren Maßgaben verbunden. Derartige Vollstreckungsanordnungen ergehen meist aber ohne ausdrückliche Bezugnahme auf § 35.[29]

13 Diese Beispiele zeigen schon, dass sich das Bundesverfassungsgericht zu Vollstreckungsanordnungen nach § 35 immer wieder vor allem dann veranlasst sieht, wenn es eine **Entscheidung über die Verfassungswidrigkeit eines Gesetzes** trifft. Die dann auf der Grundlage des § 35 angeordneten Folgeregelungen balancieren auf der Schwelle zwischen originär verfassungsgerichtlicher, rechtsprechender Aufgabenwahrnehmung und Eingriffen in gesetzgeberische Kompetenzen.[30]

14 Das hat zum einen damit zu tun, dass das Bundesverfassungsgericht dazu neigt, statt der gesetzlich vorgeschriebenen Rechtsfolge, der Nichtigerklä-

---

23 Lechner/Zuck/Zuck § 35 Rn. 15.
24 Vgl. früher: BVerfGE 2, 139 (142); 5, 85 (392).
25 Vgl. etwa BVerfGE 149, 293 (294 f.) – Fixierung; siehe dazu auch Jürschik/Schulte NVwZ 2018, 1695 (1696).
26 BVerfGE 149, 293 (294 f.).
27 BVerfGE 128, 326 (405); siehe auch BVerfGE 130, 131 (150 f.).
28 BVerfGE 158, 389 (431, Rn. 113).
29 Vgl. BVerfGE 162, 1 (176 ff., Rn. 404 ff.); 155, 310 (355 f., Rn. 102 ff.); 155, 119 (236 f., 268 ff.); 151, 101 (151, Rn. 132); 149, 222 (292, Rn. 155); 148, 147 (211 ff., Rn. 167 ff.); 148, 40 (63 f., Rn. 64); 145, 106 (168 ff., Rn. 162 ff.); 142, 313 (353, Rn. 103).
30 Dem ausdrücklich folgend jetzt auch OVG Lüneburg, Beschluss vom 31.1.2024 – 9 LC 266/21, Rn. 34 bei Juris.

rung des verfassungswidrigen Gesetzes (§ 95 Abs. 3 Satz 1; § 78 Satz 1), das Gesetz lediglich für mit dem Grundgesetz unvereinbar zu erklären (→ § 95 Rn. 46 ff.; → § 78 Rn. 11 ff.). Ein solcher Entscheidungsausspruch wirft automatisch die Frage auf, ob und inwieweit das Gesetz zumindest bis zu einer Neuregelung weiter anwendbar sein soll. Die als Antwort auf diese Frage ergehende **Weitergeltensanordnung** und die gegebenenfalls damit verbundenen Maßgaben[31] können – wenn überhaupt (→ Rn. 16 ff.) – nur auf § 35 gestützt werden.[32]

Zum anderen kann sich ein Bedarf an Folgeregelungen aber auch dann ergeben, wenn ein Gesetz für nichtig erklärt wird und das dadurch entstehende Regelungsdefizit bis zu einer gesetzlichen Neuregelung zu beheben ist. In derartigen Fällen hält sich das Bundesverfassungsgericht gemäß § 35 sogar für befugt, **gesetzesvertretendes Übergangsrecht** zu schaffen.[33] Eine vom Bundesverfassungsgericht geschaffene Übergangsregelung kommt aber auch in Betracht, wenn ein Gesetz nur für unvereinbar erklärt, dabei jedoch von einer Anordnung seiner vorübergehenden Fortgeltung bis zu einer gesetzlichen Neuregelung abgesehen wird,[34] oder wenn eine vom Bundesverfassungsgericht festgestellte Schutzlücke bis zu der dem Gesetzgeber aufgegebenen Regelung geschlossen werden soll.[35] 15

Die dadurch entstehende Konfliktlage mit den Kompetenzen des Gesetzgebers liegt auf der Hand. Das Bundesverfassungsgericht versucht sie zu entschärfen, indem es sich selbst zur **größtmöglichen Schonung des erkennbaren gesetzgeberischen Willens** verpflichtet.[36] Diese Selbstbeschränkung ist selbstverständlich geboten, löst aber nicht das grundsätzliche Problem, ob § 35 überhaupt als Kompetenztitel für derartige Weitergeltensanordnungen und gesetzesvertretende Übergangsregelungen taugt. 16

Der **Wortlaut der Norm** lässt sich für diese Entscheidungsaussprüche gewiss nicht anführen. Auch wenn man Vollstreckung in einem weiten Sinne als sämtliche Maßnahmen zur Durchsetzung der Sachentscheidung versteht, gehen Anordnungen, die den Zustand nach der Verfassungswidrigerklärung eines Gesetzes regeln sollen, über das hinaus, was zur Durchsetzung der Verfassungswidrigerklärung als solcher notwendig ist.[37] Dafür würde an sich die Unanwendbarkeit des Gesetzes stets genügen, ergänzt durch die Regelungen des § 79. Das Bundesverfassungsgericht verfolgt aber häufig ein anderes 17

31 Vgl. BVerfG, Urteil des Ersten Senats vom 20.6.2023 – 2 BvR 166/16, Rn. 234 ff. bei Juris; BVerfG, Beschluss des Ersten Senats vom 1.2.2023 – 1 BvL 7/18, Rn. 188 ff. bei Juris; BVerfGE 165, 363 (440 f., Rn. 175 f.); 165, 1 (100 f., Rn. 202 ff.); 163, 254 (297, Rn. 97); 163, 43 (105 f. , Rn. 163 ff.); 162, 1 (176 ff., Rn. 403 ff.); 157, 30 (176, Rn. 267 f.); 155, 310 (355 f., Rn. 102 ff.); 155, 238 (309 f., Rn. 176); 155, 119 (236 f., Rn. 268 ff.); 154, 152 (311 f., Rn. 329 ff.); 152, 68 (150 f., Rn. 218 ff.); 151, 101 (151, Rn. 132) 149, 293 (343 ff., Rn. 124 ff.); 149, 222 (292, Rn. 155); 148, 147 (211 ff., Rn. 167 ff.); 148, 40 (63 f., Rn. 64); 147, 1 (30 f., Rn. 66); 145, 106 (168 ff., Rn. 162 ff.); 143, 246 (394 f., Rn. 399 ff.).

32 AA Burkiczak/Dollinger/Schorkopf BVerfGG/Burkiczak § 35 Rn. 53: als Minus gegenüber der Nichtigerklärung von § 78 Satz 1, § 95 Abs. 3 gedeckt.

33 Vgl. BVerfGE 88, 203 (209 ff.).

34 Vgl. BVerfGE 132, 134 (174 ff., Rn. 98 ff.) – Asylbewerberleistungsgesetz.

35 Vgl. BVerfGE 142, 313 (353, Rn. 103).

36 BVerfGE 93, 37 (85).

37 Zutreffend Burkiczak/Dollinger/Schorkopf BVerfGG/Burkiczak § 35 Rn. 54; OVG Lüneburg, Beschluss vom 31.1.2024 – 9 LC 266/21, Rn. 34 bei Juris im Anschluss an diese Kommentierung.

Anliegen, etwa die Vermeidung eines im Vergleich mit der bisher gesetzlich geregelten Rechtslage noch verfassungswidrigeren Zustands, der bei einer Nichtigerklärung des Gesetzes ohne eine Folgenregelung entstünde (→ § 95 Rn. 52 ff.).

18 Ein Kompetenztitel für derartige Anordnungen lässt sich aus § 35 daher nur dann ableiten, wenn die Vorschrift in einen größeren, funktionellen Zusammenhang eingeordnet wird. Aus der Stellung des Bundesverfassungsgerichts folgt seine Verantwortung auch für die Durchsetzung des Verfassungsrechts, um dessen Vorrang zu sichern. Diesem **Ziel**, der **Durchsetzung des Verfassungsrechts**, dient im Hinblick auf die konkret vom Bundesverfassungsgericht getroffenen Entscheidungen die Vorschrift des § 35. Deshalb können auf diese Vorschrift auch solche Folgeregelungen gestützt werden, die einer Normsetzung für eine vorübergehende Zeit gleichkommen, wenn solche Regelungen zur Wahrung des Verfassungsrechts unumgänglich erscheinen, etwa – wie es in BVerfGE 142, 313 und 88, 203 der Fall war – zum Schutz von Grundrechten, die bei einem regelungsfreien Zustand gefährdet wären.[38] Das leuchtet in besonderer Weise bei der Sicherung des grundrechtlich garantierten Existenzminimums ein.[39]

19 Akzeptiert man mit dieser Begründung § 35 grundsätzlich als Kompetenztitel für Weitergeltensanordnungen und gesetzesvertretende Übergangsregelungen,[40] so schließt das nicht aus, sondern gebietet es im Gegenteil, dass die Rechtsprechung des Bundesverfassungsgerichts in jedem Einzelfall einer kritischen Prüfung unterzogen wird, ob sich das Gericht bei seinen Folgeregelungen **auf das Unumgängliche beschränkt**[41] und die Gestaltungsfreiheit des Gesetzgebers so wenig wie möglich angetastet hat,[42] wenn es doch zur Begründung von bloßen Unvereinbarerklärungen die Gestaltungsspielräume des Gesetzgebers selbst betont.[43]

20 Zu diesem Zweck sind Übergangsregelungen **ausschließlich zur Überbrückung** des kürzest möglichen, für eine gesetzliche Neuregelung ausreichenden Zeitraums als zulässig anzusehen.[44] Insbesondere die Freiheitsgrundrechte erfordern eine enge Begrenzung des Übergangszeitraums.[45] Außerdem könnte das Konfliktpotenzial erheblich abgebaut werden, wenn sich das Bundesverfassungsgericht wieder mehr auf die eigentlich gesetzlich vorgese-

---

38 OVG Lüneburg, Beschluss vom 31.1.2024 – 9 LC 266/21, Rn. 34 bei Juris. Ähnlich Schmidt-Bleibtreu/Klein/Bethge BVerfGG/Bethge § 35 Rn. 29a (Stand: Juni 2019).

39 BVerfGE 132, 134 (173 f., Rn. 97) – Asylbewerberleistungsgesetz.

40 Vgl. auch Lechner/Zuck/Zuck § 35 Rn. 4; ablehnend Burkiczak/Dollinger/Schorkopf BVerfGG/Burkiczak § 35 Rn. 54 ff.

41 So unter Bezugnahme auf diesen Kommentar ausdrücklich BVerfGE 158, 89 (116, Rn. 74).

42 Vgl. auch BVerfG, Urteil des Zweiten Senats vom 22.2.2023 – 2 BvE 3/19, Rn. 250 bei Juris.

43 Vgl. BVerfG, Urteil des Ersten Senats vom 20.6.2023 – 2 BvR 166/16, Rn. 236 bei Juris; BVerfGE 161, 163 (297, Rn. 370); 160, 41 (78, Rn. 91); 158, 282 (379 ff., Rn. 238, 245); 148, 147 (211 ff., Rn. 165 ff.); 147, 253 (363, Rn. 253).

44 Vgl. BVerfGE 161, 163 (298, Rn. 374); Schmidt-Bleibtreu/Klein/Bethge BVerfGG/Bethge § 35 Rn. 42 (Stand: Juni 2019).

45 Vgl. BVerfGE 165, 363 (440 f., Rn. 175); 162, 1 (176, Rn. 403); 154, 152 (63, Rn. 331); 149, 293 (345, Rn. 130).

hene Rechtsfolge der Feststellung der Verfassungswidrigkeit eines Gesetzes besinnen würde, also die Nichtigerklärung des Gesetzes.[46]

Das Verfahren nach § 35 bildet im Verhältnis zum Hauptsacheverfahren einen neuen und selbstständigen Verfahrensabschnitt. Deshalb sind neu gewählte Richter nicht nach § 15 Abs. 3 Satz 1 von der Mitwirkung an der Entscheidung über den Antrag auf Erlass einer Vollstreckungsanordnung ausgeschlossen,[47] und Ablehnungsgesuche nach § 19 können gesondert bezogen auf diesen Verfahrensabschnitt gestellt werden.[48] Besondere Regelungen zum **Verfahren**, das zu einer Vollstreckungsanordnung führt, enthält § 35 aber nicht. Das Bundesverfassungsgericht soll nicht einmal verpflichtet sein, den Beteiligten oder Betroffenen vor Erlass einer solchen Anordnung **rechtliches Gehör** zu gewähren.[49] Das mag zutreffen, wenn die Vollstreckungsanordnung als Komplementärregelung unmittelbar mit der Sachentscheidung verknüpft ist und die Beteiligten insoweit Gelegenheit zur Äußerung hatten. Vor Erlass einer nachträglichen Vollstreckungsanordnung sollten die Betroffenen hingegen angehört werden.[50] Die Anhörung kann allerdings dann unterbleiben, wenn sie wegen eines zeitlichen Entscheidungszwangs nicht rechtzeitig durchgeführt werden kann.[51] 21

Die Vollstreckungsanordnungen des Bundesverfassungsgerichts nach § 35 sind **unanfechtbar**. Sie sind für andere Hoheitsträger **gemäß § 31 Abs. 1 bindend**.[52] Ihnen kommt aber auch dann keine Gesetzeskraft nach § 31 Abs. 2 zu, wenn sie im Zusammenhang mit Normverwerfungen stehen.[53] 22

Die Frage nach der **Anfechtbarkeit einzelner Vollstreckungsmaßnahmen**, die auf der Grundlage einer Anordnung nach § 35 ergangen sind, kann sich nur stellen, wenn das Bundesverfassungsgericht die Vollstreckung auf ein anderes Organ übertragen hat und dessen Durchführung der Vollstreckung beanstandet wird. Wurde dieses Organ nur allgemein mit der Vollstreckung beauftragt und führt es die Vollstreckung dann im Rahmen seines originären Kompetenzbereichs durch, bestehen die auch sonst bei derartigen Vollstreckungsmaßnahmen unmittelbar gegen dieses Organ gegebenen, fachgerichtlichen Rechtsschutzmöglichkeiten. Wird die vollziehende Behörde hingegen aufgrund eines ganz konkret gefassten Vollstreckungsauftrags lediglich als ausführendes Organ des Bundesverfassungsgerichts tätig, wäre auch ohne ausdrückliche gesetzliche Regelung eine unmittelbare Beschwerde an das Bundesverfassungsgericht zulässig.[54] Auch das ist in der Praxis aber bisher nicht vorgekommen. 23

---

46 So zB BVerfGE 165, 103 166, Rn. 176); 162, 277 (324, Rn. 113); 160, 1 (40, Rn. 110); 157, 223 (297 f., Rn. 186 f.); 156, 11 (63, Rn. 136); 153, 182 (337, Rn. 337) – Sterbehilfe.

47 BVerfGE 156, 340 (346 f., Rn. 10 ff.).

48 Vgl. BVerfGE 156, 340 (348 ff., Rn. 20 ff.).

49 Vgl. Lechner/Zuck/Zuck § 35 Rn. 17; ohne eigene Positionierung Schmidt-Bleibtreu/Klein/Bethge BVerfGG/Bethge § 35 Rn. 74a (Stand: Juni 2019).

50 So auch Barczak BVerfGG/Burmeister § 35 Rn. 17; aA aber BVerfGE 158, 89 (116, Rn. 73).

51 Vgl. die Konstellation in BVerfGE 100, 263 (264).

52 Vgl. BVerwG, Urteil vom 25.1.2023 – 6 C 6/21, Rn. 19 bei Juris.

53 So auch Barczak BVerfGG/Burmeister § 35 Rn. 19; Schmidt-Bleibtreu/Klein/Bethge BVerfGG/Bethge § 35 Rn. 84 (Stand: Juni 2019).

54 Vgl. BVerfGE 2, 139 (142 f.).

Zweiter Abschnitt
Akteneinsicht außerhalb des Verfahrens

§ 35a [Auskunft über personenbezogene Daten]

[1]Betreffen außerhalb des Verfahrens gestellte Anträge auf Auskunft aus oder Einsicht in Akten des Bundesverfassungsgerichts personenbezogene Daten, so gelten die allgemeinen datenschutzrechtlichen Vorschriften, soweit die nachfolgenden Bestimmungen keine abweichende Regelung treffen. [2]Übermittelt das Bundesverfassungsgericht einer öffentlichen Stelle auf deren Ersuchen personenbezogenen Daten, so trägt die öffentliche Stelle die Verantwortung für die Zulässigkeit der Übermittlung. [3]In diesem Fall prüft das Bundesverfassungsgericht nur, ob das Übermittlungsersuchen im Rahmen der Aufgaben der ersuchenden Stelle liegt, es sei denn, dass besonderer Anlass zur Prüfung der Zulässigkeit der Übermittlung besteht.

1 Das Recht der Beteiligten eines verfassungsgerichtlichen Verfahrens auf **Akteneinsicht** während des laufenden Verfahrens regelt § 20. § 35a Satz 1 stellt klar, welche gesetzlichen Bestimmungen für die Weitergabe personenbezogener Daten **außerhalb eines Verfahrens** zur Anwendung kommen. Der Verweis auf die „nachfolgenden Bestimmungen" ist allerdings ungenau, da nur § 35b einschlägig ist. § 35c legitimiert demgegenüber die **Verwendung personenbezogener Daten** über das Verfahren hinaus, in dem die Daten bekannt geworden sind, gerichtsintern durch das Bundesverfassungsgericht selbst und betrifft nicht Anträge Beteiligter oder Dritter auf Auskunft oder Akteneinsicht.

2 **Im Übrigen**, das heißt soweit sich in § 35b keine abweichende, nach § 1 Abs. 2 Satz 1 BDSG vorrangige Regelung findet, verwies § 35a früher allein auf die **Vorschriften des Bundesdatenschutzgesetzes**. Einschlägig sind insoweit die allerdings weitgehend durch die speziellen Regelungen des § 35b verdrängten §§ 22 ff. BDSG. Die Verweisung allein auf das BDSG war jedoch seit der Geltung der vorrangigen und nur noch durch das BDSG im Rahmen der verbleibenden Regelungskompetenzen des nationalen Gesetzgebers ergänzten europäischen Datenschutz-Grundverordnung (DS-GVO) vom 25.4.2016 nicht mehr korrekt. Eine Anpassung des Gesetzestextes, indem umfassend auf die allgemeinen datenschutzrechtlichen Vorschriften verwiesen wird, ist deshalb mit Wirkung zum 26.11.2019 durch das Gesetz zur Umsetzung der Richtlinie (EU) 2016/680 im Strafverfahren sowie zur Anpassung datenschutzrechtlicher Bestimmungen an die Verordnung (EU) 2016/679 erfolgt.[1] Zugleich wurde in den Sätzen 2 und 3 klargestellt, dass bei Auskunfts- und Akteneinsichtsanträgen öffentlicher Stellen, die ihrerseits an die Vorgaben des Datenschutzrechts gebunden sind, die primäre Verantwortung für die datenschutzrechtliche Zulässigkeit der Übermittlung personenbezogener Daten bei diesen öffentlichen Stellen und nicht beim Bundesverfassungsgericht liegt, jedenfalls so-

1 Vgl. BR-Drs. 433/18, S. 16, 81.

lange sich das Ersuchen im Rahmen der Aufgaben der ersuchenden Stelle bewegt.

3 Mit der Regelung des § 35a Satz 1 hat der Gesetzgeber dem Umstand Rechnung getragen, dass zwar Besonderheiten hinsichtlich der Akteneinsichts- und Auskunftsrechte Dritter im verfassungsgerichtlichen Verfahren anerkennenswert erschienen, sie jedoch nur rudimentär in der Geschäftsordnung des Bundesverfassungsgerichts geregelt waren. Die Geschäftsordnung besitzt nicht den Rang eines Gesetzes und konnte deshalb schon wegen § 4 Abs. 1 BDSG aF, aber auch wegen der Bedeutung des **Rechts auf informationelle Selbstbestimmung** gemäß Art. 2 Abs. 1 iVm Art. 1 Abs. 1 GG[2] keine Abweichungen von den Vorschriften des Bundesdatenschutzgesetzes begründen.[3] Dafür bedurfte es einer **ausdrücklichen gesetzlichen Regelung**, die nunmehr in den §§ 35a und 35 b enthalten ist. Sie dient zugleich der Ausgestaltung des aus Art. 5 Abs. 1 Satz 1, 2. Halbsatz GG abgeleiteten Grundrechts der Informationsfreiheit.[4]

4 Die **ergänzende Regelung des § 35 GO-BVerfG** ist nur noch von Interesse, soweit sie in ihrem Abs. 1 die **Zuständigkeit** für die Entscheidung über einen Antrag auf Akteneinsicht festlegt: Es entscheidet grundsätzlich der Senatsvorsitzende im Benehmen mit dem Berichterstatter (§ 35 Abs. 1 Satz 1 GO-BVerfG). Die materiellen Voraussetzungen für die Gewährung der Akteneinsicht und die Erteilung von Auskünften, die personenbezogene Daten betreffen, ergeben sich ausschließlich aus § 35b und subsidiär aus den Vorschriften des Bundesdatenschutzgesetzes und der DS-GVO.

5 Für die **Abgrenzung zum Anwendungsbereich des § 20** ist maßgeblich, ob der Antrag von einem Beteiligten im laufenden Verfahren (dann § 20), von einem Dritten im laufenden Verfahren (dann § 35b) oder von einem Dritten oder ehemaligen Beteiligten nach Abschluss des Verfahrens (dann ebenfalls § 35b) gestellt wird (→ § 20 Rn. 1 f.). Zwischen § 20 und den §§ 35a f. besteht insofern ein Ausschließlichkeitsverhältnis.[5] Zum Begriff und Inhalt der Akte, in die Einsicht gewährt und über die Auskunft erteilt werden kann, gelten auch im Rahmen der §§ 35a f. die zu § 20 ausgeführten Grundsätze (→ § 20 Rn. 4 ff.) mit den das Sonderheft betreffenden, durch § 35b Abs. 5 Satz 2 geregelten Besonderheiten. Für weitere, über den Akteninhalt hinausgehende Auskünfte stellen §§ 35a f. keine Rechtsgrundlage dar.[6]

6 § 35a gilt nur, wenn bei Gewährung der Akteneinsicht und Erteilung der begehrten Auskunft **personenbezogene Daten** im Sinne des Art. 4 Nr. 1 DS-GVO betroffen sind. Haben insoweit Dritte unter den Voraussetzungen des § 35b ein Recht auf Auskunft und Akteneinsicht, so muss dieser Anspruch aber erst recht bestehen, wenn ausschließlich nicht personenbezogene Daten betroffen sein sollten.[7] Die Verfahrensakte wird allerdings ohnehin stets personenbezogene Daten enthalten.

---

2 Grundlegend BVerfGE 65, 1 (46); zuletzt BVerfGE 163, 43 (77 f., Rn. 95 f.).
3 Vgl. zur Gesetzesbegründung BR-Drs. 165/97, S. 13 ff.
4 Dazu BVerfGE 145, 365 (372 f., Rn. 29).
5 Burkiczak/Dollinger/Schorkopf BVerfGG/Peterek § 35a Rn. 23.
6 Vgl. VG Karlsruhe, Beschluss vom 10.12.2022 – 3 K 3267/22, Rn. 40 bei Juris.
7 Burkiczak/Dollinger/Schorkopf BVerfGG/Peterek § 35a Rn. 33; Barczak BVerfGG/Barczak § 35a Rn. 5.

7 Die **Überlassung anonymisierter Entscheidungsabschriften** gemäß § 36a GO-BVerfG unterliegt zwar nicht den Beschränkungen des § 35 b. Sie hat aber kaum noch eine praktische Bedeutung, seitdem sämtliche begründeten Entscheidungen des Bundesverfassungsgerichts jedenfalls bei Juris veröffentlicht werden.

8 **Rechtsbehelfe** gegen die Verweigerung der beantragten Auskunft oder Akteneinsicht sieht das Bundesverfassungsgerichtsgesetz nicht vor. Der Rechtsweg zu den Verwaltungsgerichten nach § 40 VwGO steht jedoch offen.[8]

9 Insgesamt sind die Regelungen in § 35a und den beiden nachfolgenden Paragraphen vergleichsweise restriktiv ausgestaltet und stellen den Datenschutz über die Informationsfreiheit. Daran haben auch die 2013 neu eingefügten Absätze 5 bis 7 des § 35b nichts geändert, die lediglich die rechtshistorische Aufbereitung lange zurückliegender Verfahren erleichtern sollen. **Beim Europäischen Gerichtshof für Menschenrechte** sind demgegenüber alle im Verfahren angefallenen Schriftstücke **grundsätzlich der Öffentlichkeit zugänglich**, sofern nicht der Präsident des Gerichtshofs etwas anderes entscheidet (Art. 40 Abs. 2 EMRK iVm Art. 33 VerfO-EGMR).

§ 35b [Zur Einsicht Berechtigte; Auskunft aus beigezogenen Akten; Versendung von Akten]

(1) [1]Auskunft aus oder Einsicht in Akten des Bundesverfassungsgerichts kann gewährt werden

1. öffentlichen Stellen, soweit dies für Zwecke der Rechtspflege erforderlich ist oder die in § 23 Absatz 1 Nummer 2 bis 5 des Bundesdatenschutzgesetzes genannten Voraussetzungen vorliegen oder soweit dies zur Durchführung wissenschaftlicher Forschung erforderlich ist, das wissenschaftliche Interesse an der Durchführung des Forschungsvorhabens das Interesse des Betroffenen an dem Ausschluss der Zweckänderung erheblich überwiegt und der Zweck der Forschung auf andere Weise nicht oder nur mit unverhältnismäßigem Aufwand erreicht werden kann,

2. Privatpersonen und anderen nichtöffentlichen Stellen einschließlich früherer Beteiligter nach Abschluss ihres Verfahrens, soweit sie ein berechtigtes Interesse darlegen und die datenschutzrechtlichen Belange Dritter gewahrt bleiben.

[2]Einer Unterrichtung des Betroffenen von der Übermittlung seiner Daten bedarf es nicht; die Erteilung der Auskunft und die Gewährung der Akteneinsicht sind in der Akte zu vermerken. [3]Auskunft oder Akteneinsicht kann auch gewährt werden, soweit der Betroffene eingewilligt hat.

(2) Akteneinsicht kann nur gewährt werden, wenn unter Angabe von Gründen dargelegt wird, daß die Erteilung einer Auskunft zur Erfüllung der Aufgaben der die Akteneinsicht begehrenden öffentlichen Stelle (Absatz 1 Satz 1 Nummer 1) oder zur Wahrnehmung des berechtigten Interesses der die Akteneinsicht begehrenden Privatperson oder anderen

8 Vgl. VG Karlsruhe, Urteil vom 15.3.2022 – 19 K 1107/21, Rn. 17 ff. bei Juris.

nicht-öffentlichen Stelle (Absatz 1 Satz 1 Nummer 2) nicht ausreichen würde oder die Erteilung einer Auskunft einen unverhältnismäßigen Aufwand erfordern würde.

(3) Aus beigezogenen Akten, die nicht Aktenbestandteil sind, dürfen Auskünfte nur erteilt werden, wenn der Antragsteller die Zustimmung der Stelle nachweist, um deren Akten es sich handelt; gleiches gilt für die Akteneinsicht.

(4) [1]Die Akten des Bundesverfassungsgerichts werden nicht übersandt. [2]An öffentliche Stellen können sie übersandt werden, wenn diesen gemäß Absatz 2 Akteneinsicht gewährt werden kann oder wenn einer Privatperson auf Grund besonderer Umstände dort Akteneinsicht gewährt werden soll.

(5) [1]Für die Einsicht in die Akten des Bundesverfassungsgerichts, die beim Bundesarchiv oder durch das Bundesarchiv als Zwischenarchivgut aufbewahrt werden, gelten nach Ablauf von 30 Jahren seit Abschluss des Verfahrens die archivgesetzlichen Regelungen. [2]Für Entwürfe von Urteilen, Beschlüssen und Verfügungen, Arbeiten zu ihrer Vorbereitung und Dokumente, die Abstimmungen betreffen, gilt dies nach Ablauf von 60 Jahren; soweit die Einsicht zur Durchführung eines Forschungsvorhabens unerlässlich ist, das im Schwerpunkt mögliche Auswirkungen des Nationalsozialismus auf das Bundesverfassungsgericht einschließlich seiner Mitglieder zum Gegenstand hat, gilt dies nach Ablauf von 50 Jahren. [3]Das Bundesverfassungsgericht behält für das abgegebene Schriftgut, das beim Bundesarchiv aufbewahrt wird, zu gerichtsinternen und prozessualen Zwecken das jederzeitige und vorrangige Rückgriffsrecht. [4]Zu diesem Zweck ist es ihm auf Anforderung umgehend zu übersenden.

(6) Die Akten zu Kammerentscheidungen, die nicht zur Veröffentlichung bestimmt sind, einschließlich der Entwürfe von Beschlüssen und Verfügungen, Arbeiten zu ihrer Vorbereitung und Dokumente, die Abstimmungen betreffen, können mit Einverständnis des Bundesarchivs nach Ablauf von 30 Jahren vernichtet werden.

(7) Die Akten zu den im Allgemeinen Register eingetragenen Vorgängen, die nicht in das Verfahrensregister übertragen worden sind, können mit Einverständnis des Bundesarchivs fünf Jahre nach der letzten die Sache betreffenden Verfügung vernichtet werden.

§ 35b in der Fassung des Gesetzes zur Umsetzung der Richtlinie (EU) 2016/680 im Strafverfahren sowie zur Anpassung datenschutzrechtlicher Bestimmungen an die Verordnung (EU) 2016/679 vom 20.11.2019 und des Zehnten Gesetzes zur Änderung des Bundesverfassungsgerichtsgesetzes vom 12.4.2024 regelt die Voraussetzungen und die Ausübung des **Akteneinsichts- und Auskunftsrechts Dritter**, also nicht an dem verfassungsgerichtlichen Verfahren Beteiligter, sowie der Beteiligten nach endgültigem Abschluss des Verfahrens einschließlich seiner Nebenentscheidungen. Das Recht auf Akteneinsicht – und sinngemäß auch auf Auskunft (→ § 20 Rn. 8) – der Beteiligten während des laufenden Verfahrens folgt demgegenüber aus § 20. 1

Nur subsidiär sind neben § 35b die allgemeinen Vorschriften des Bundesdatenschutzgesetzes heranzuziehen (§ 35a; siehe auch § 1 Abs. 2 Satz 1 BDSG). Die Regelungsbefugnis des nationalen Gesetzgebers ergibt sich insoweit aus Art. 6 Abs. 2 und 3 Buchst. b DS-GVO. Den Vorschriften des Informationsfreiheitsgesetzes geht die Regelung des § 35b gemäß § 1 Abs. 3 IFG vor.[1] Die Absätze 5 bis 7 des § 35b regeln zudem auf der Grundlage der Verweisung auf die Vorschriften des Bundesarchivgesetzes in Abs. 5 Satz 1 Einzelheiten der Aktenaufbewahrung und der Möglichkeit der Einsicht in Akten abgeschlossener Verfahren im Zusammenwirken mit dem Bundesarchiv.

2 Abs. 1 dient dem **Ausgleich des Auskunftsinteresses Dritter, auch der Presse,[2] und des Geheimhaltungsinteresses der Personen, die vom Akteninhalt betroffen sind**. Nach der Grundentscheidung des Gesetzgebers ist die Gewährung von Akteneinsicht und Auskunft aus den Akten für verfahrensfremde Zwecke, sofern nicht die Fristen des Abs. 5 Sätze 1 und 2 abgelaufen sind, eine Ausnahme und bedarf einer Begründung, etwa durch ein berechtigtes Interesse oder durch die Einwilligung des Betroffenen. Im Bereich des Europäischen Gerichtshofs für Menschenrechte ist das Regel-Ausnahmeverhältnis umgedreht. Hier sind alle im Verfahren angefallenen Schriftstücke grundsätzlich der Öffentlichkeit zugänglich, sofern der Präsident des Gerichtshofs nicht aus gegenläufigen Gründen ausnahmsweise etwas anderes entscheidet (Art. 40 Abs. 2 EMRK iVm Art. 33 VerfO-EGMR).

3 Die Regelung des § 35b differenziert zwischen Akteneinsichts- und Auskunftsbegehren öffentlicher und nicht-öffentlicher Stellen und knüpft insofern an die Begriffsbestimmungen des § 2 BDSG und die unterschiedlichen Regelungen in § 23 und § 24 BDSG an. **Öffentliche Stellen** können Auskunft oder Akteneinsicht nur unter bestimmten, abschließend in Abs. 1 Satz 1 Nr. 1 aufgezählten Voraussetzungen begehren. Weil § 23 BDSG anders als der früher in Bezug genommene § 14 BDSG aF die Auskunft und Akteneinsicht für wissenschaftliche Zwecke nicht mehr regelt, das Bundesverfassungsgericht hierzu aber weiterhin verpflichtet bleiben soll, mussten die Voraussetzungen hierfür nunmehr gesondert in Abs. 1 Satz 1 Nr. 1 aufgenommen werden.[3]

4 **Privatpersonen und andere nicht-öffentliche Stellen** müssen ein berechtigtes Interesse vorweisen können, und auch das genügt nicht, wenn datenschutzrechtliche Belange Dritter entgegenstehen (Abs. 1 Satz 1 Nr. 2). Diese Regelung gilt nunmehr klarstellend ausdrücklich auch für die früheren Beteiligten eines verfassungsgerichtlichen Verfahrens nach dessen Abschluss. Die Abwägungs- und Ermessensentscheidung trifft nach § 35 Abs. 1 Satz 1 GO-BVerfG der Senatsvorsitzende nach Rücksprache mit dem Berichterstatter. Einer Abwägung nach Abs. 1 Satz 1 Nr. 2 bedarf es nicht, wenn der Betroffene (vgl. § 3 Abs. 1 BDSG) eingewilligt hat (Abs. 1 Satz 3) oder wenn die Fristen des Abs. 5 Sätze 1 und 2 abgelaufen sind. Dass eine Unterrichtung des Betroffenen ausnahmsweise unterbleiben kann, ergab sich früher daraus, dass Abs. 1 Satz 1 Nr. 2 die Geltung des § 16 Abs. 3 BDSG aF ausschloss,

1 Barczak BVerfGG/Barczak § 35b Rn. 1a.
2 Vgl. BVerwG, Beschluss vom 23.3.2021 – 6 VR 1/21, Rn. 20 bei Juris.
3 Vgl. BR-Drs. 433/18, S. 17, 81.

musste aber nach der Neufassung des BDSG gesondert geregelt werden. Die entsprechende Regelung findet sich jetzt in Abs. 1 Satz 2, womit gleichzeitig klargestellt wird, dass sie sich auf beide Ziffern des Abs. 1 Satz 1 bezieht. Zur Rechtfertigung iSd Art. 23 Abs. 1 Buchst. e und f DS-GVO soll aus Sicht des Gesetzgebers die hohe Belastung des Bundesverfassungsgerichts genügen.[4]

Abs. 1 schreibt für den **Antrag** auf Erteilung der Auskunft oder Gewährung 5
der Akteneinsicht zwar nicht ausdrücklich eine bestimmte Form vor. Er sollte aber schon deshalb **schriftlich** gestellt werden,[5] weil das Auskunftsinteresse darzulegen ist. Soll die Akteneinsicht beispielsweise schon vor Ablauf der 30-jährigen Frist des Abs. 5 Satz 1 Forschungszwecken dienen, muss erläutert werden, warum die Übersendung einer anonymisierten, also keine personenbezogenen Daten iSd § 35a enthaltenden Abschrift der Gerichtsentscheidung nicht ausreicht. Wird Akteneinsicht begehrt, müssen auch Gründe dafür angegeben werden, dass die vom Gesetzgeber offenbar als weniger aufwändig angesehene Erteilung einer Auskunft nicht genügt (Abs. 2).

Nach **Abs. 3** hängt das Recht zur Einsicht in **Beiakten** einer Verfahrensakte 6
des Bundesverfassungsgerichts von der Zustimmung der aktenführenden Behörde ab.

Abs. 4 erklärt die Übersendung von Akten an den zur Einsicht Berechtigten 7
zum Ausnahmefall. Es gilt, wenn schon Akteneinsicht statt der nach Abs. 2 grundsätzlich einfacher zu erlangenden Auskunft begehrt wird, ein Vorrang der **Akteneinsicht** vor Ort. In der Regel ist daher nach Terminabsprache **in den Geschäftsstellen** des Bundesverfassungsgerichts Einsicht zu nehmen (vgl. auch → § 20 Rn. 7). Nach Einführung der elektronischen Verfahrensakte gemäß § 23e Abs. 1 wird für Antragsteller, die am elektronischen Rechtsverkehr teilnehmen, auch die Möglichkeit der Einsichtnahme über das elektronische Akteneinsichtsportal eröffnet sein.

Das Bundesverfassungsgericht bewahrt seine Verfahrensakten zehn Jahre lang 8
auf (vgl. § 37 Abs. 1 Satz 1 GO-BVerfG) und übergibt sie dann gemäß § 2 Abs. 1 BArchG dem Bundesarchiv. Die in den Absätzen 5 bis 7 des § 35b geregelten Einzelheiten zur Aufbewahrung der Akten des Bundesverfassungsgerichts und zur Einsichtnahme in diese Akten, die die Bedingungen **für Wissenschaft und Forschung** durch **erleichterten Aktenzugang** verbessern sollen,[6] gehen insgesamt den Regelungen des § 37 GO-BVerfG und hinsichtlich der Akteneinsicht nach Ablauf der gesetzlich bestimmten Fristen den allgemeinen Regelungen der Absätze 1 und 2 sowie des § 34 Satz 3 GO-BVerfG vor.

Abs. 5 unterscheidet in den Sätzen 1 und 2 hinsichtlich des Rechts auf 9
Einsicht in die beim Bundesarchiv aufbewahrten Akten zwischen der Verfahrensakte und den im Sonderheft zur Akte geführten sonstigen Unterlagen, insbesondere den Entscheidungsentwürfen und Voten. Das Spektakuläre an dieser Regelung ist, dass damit überhaupt erstmals **Entscheidungsentwürfe und Voten** der Öffentlichkeit zugänglich gemacht werden. Dass diese Möglichkeit aber ausschließlich der rechtshistorischen Aufbereitung der Ar-

4 Vgl. BR-Drs. 433/18, S. 81.
5 So auch Burkiczak/Dollinger/Schorkopf BVerfGG/Peterek § 35b Rn. 5.
6 Vgl. BT-Drs. 17/13469, S. 3.

beit des Bundesverfassungsgerichts dienen soll, zeigt die **Schutzfrist von grundsätzlich 60 Jahren** nach Abschluss des Verfahrens (Satz 2, 1. Halbsatz), die dem hohen Rang des Beratungsgeheimnisses Rechnung tragen soll; die Schutzfrist von 60 Jahren für dieses sensible Material entspricht der allgemeinen archivrechtlichen Behandlung von Akten, die dem Steuer-, Sozial- und Bankgeheimnis unterliegen.[7] Die Arbeitsweise der Richter des Bundesverfassungsgerichts dürfte diese Erweiterung des Akteneinsichtsrechts daher nicht beeinflussen.[8] Durch das Zehnte Gesetz zur Änderung des Bundesverfassungsgerichtsgesetzes vom 12.4.2024 ist mit Wirkung ab dem 18.4.2024 in Abs. 5 Satz 2 ein 2. Halbsatz eingefügt worden, mit dem die Schutzfrist für die Einsichtnahme in die Entscheidungsmaterialien im Hinblick auf bestimmte Forschungsvorhaben von 60 auf 50 Jahre verkürzt wird. Es handelt sich dabei um Forschungsvorhaben, die schwerpunktmäßig auf die Erforschung möglicher Auswirkungen des Nationalsozialismus auf das Bundesverfassungsgericht und seine Mitglieder zielen. Damit soll dem besonderen öffentlichen Interesse gerade auf diesem Forschungsgebiet Rechnung getragen werden.[9] Voraussetzung für eine Einsichtnahme schon nach Ablauf von 50 Jahren nach Abschluss des Verfahrens ist zwar, dass gerade die vorzeitige Einsicht zur Durchführung des Forschungsvorhabens unerlässlich ist. Eine schwere Hürde stellt dies jedoch nicht dar. Der Antragsteller wird hierfür nicht mehr darlegen müssen, als dass er das entsprechende Forschungsvorhaben nicht zeitnah abschließen kann, wenn er nicht Einsicht nehmen kann. Für die ersten Tätigkeitsjahre des Bundesverfassungsgerichts sind die Schutzfristen abgelaufen.[10] Gerade auf diese Jahre werden sich Forschungsprojekte zum möglichen Einfluss des Nationalsozialismus konzentrieren, so dass der Forschung insoweit nunmehr alle Quellen zur Verfügung stehen.

10 Für die **Verfahrensakten** als solche beträgt die **Schutzfrist** nach Abs. 5 Satz 1 entsprechend der Regelung des § 5 Satz 1 Satz 1 BArchG **30 Jahre**. Nach Ablauf dieser Frist kann jedermann in die beim Bundesarchiv aufbewahrten Akten Einsicht nehmen, ohne ein besonderes berechtigtes Interesse iSd Abs. 1 Satz 1 Nr. 2 darlegen zu müssen. Für eine Ablehnung der Akteneinsicht müssten umgekehrt die besonderen Gründe des § 5 Abs. 6 BArchG vorliegen. Die allgemeine Verweisung auf das Archivrecht löst aber weitere Einschränkungen aus, etwa bei personenbezogenem Archivgut (§ 5 Abs. 2 Satz 1 BArchG).[11]

11 Eine Selbstverständlichkeit regeln die Sätze 3 und 4 des Abs. 5: Das Bundesverfassungsgericht kann das dem Bundesarchiv überlassene Schriftgut jederzeit zurückfordern, wenn es für seine Arbeit benötigt wird. Dieses **Rückgriffsrecht des Bundesverfassungsgerichts** hat für die Zeit, in der sich die Akte wieder beim Gericht befindet, Vorrang vor dem Akteneinsichtsrecht nach Abs. 5 Sätze 1 und 2.

12 Die **Absätze 6 und 7** treffen Sonderregelungen für Akten, die keine rechtshistorische Bedeutung haben. Sie dürfen im Falle nicht zur Veröffentlichung

7 Vgl. BT-Drs. 17/13469, S. 3.
8 So auch Burkiczak/Dollinger/Schorkopf BVerfGG/Peterek § 35b Rn. 32.
9 BT-Drs. 20/9043, S. 19.
10 Vgl. zu den dadurch möglich gewordenen Erkenntnissen Meinel/Kram JZ 2014, 913 (917, 919 ff.).
11 Vgl. dazu auch Meinel/Kram JZ 2014, 913 (917).

bestimmter **Kammerentscheidungen** einschließlich des Sonderhefts nach Ablauf von 30 Jahren seit Abschluss des Verfahrens und im Falle von **Vorgängen aus dem Allgemeinen Register** schon nach fünf Jahren vernichtet werden, weil nach Ablauf dieser Zeitspanne grundsätzlich ausgeschlossen werden kann, dass ein Interesse an einer Akteneinsicht bestehen könnte. Ob eine Kammerentscheidung zur Veröffentlichung bestimmt ist, hängt in erster Linie vom Verhalten des Bundesverfassungsgerichts ab. Kammerentscheidungen, die das Gericht für die mittlerweile eingestellte Entscheidungssammlung BVerfGK ausgewählt hat, zu denen es eine Pressemitteilung herausgibt oder die es auf seine Homepage setzt, sind immer zur Veröffentlichung bestimmt. Kammerentscheidungen, mit denen einer Verfassungsbeschwerde gemäß § 93c Abs. 1 stattgegeben wird, dürften schon deshalb zur Veröffentlichung bestimmt sein, weil sie der Entscheidung eines Senats gleichstehen (§ 93c Abs. 1 Satz 2). Bei nicht zur Veröffentlichung bestimmten Kammerentscheidungen iSd Abs. 6 wird es sich deshalb in der Regel um Nichtannahmebeschlüsse ohne Gründe gemäß § 93d Abs. 1 Satz 3 handeln. Im Einzelfall kann die Bedeutung des Verfahrens aber anders beurteilt und von einer Vernichtung der Akte abgesehen werden. Die Vernichtung der Akte setzt deshalb stets das Einverständnis des Bundesarchivs voraus.[12]

§ 35c [Nutzung personenbezogener Daten für andere Verfahren]

Das Bundesverfassungsgericht darf in einem verfassungsgerichtlichen Verfahren zu den Akten gelangte personenbezogene Daten für ein anderes verfassungsgerichtliches Verfahren verarbeiten.

§ 35c ist keine prozessrechtliche, sondern eine **datenschutzrechtliche Vorschrift.**[1] Sie ermächtigt das Bundesverfassungsgericht datenschutzrechtlich zur gerichtsinternen Nutzung personenbezogener Daten, die in einem verfassungsgerichtlichen Verfahren zu den Akten gelangt sind, auch im Rahmen weiterer Verfahren. Damit hat der Gesetzgeber eine spezielle Rechtsvorschrift erlassen, die gemäß § 1 Abs. 2 Satz 1 BDSG den allgemeinen Regelungen des Bundesdatenschutzgesetzes vorgeht und von Art. 6 DS-GVO gedeckt ist. Die zum 26.11.2019 in Kraft getretene Änderung des Gesetzestextes, mit der das Wort „nutzen“ durch „verarbeiten“ ersetzt wurde, dient allein einer redaktionellen Anpassung an die datenschutzrechtlichen Begrifflichkeiten.[2] 1

Das Bundesverfassungsgericht verarbeitet personenbezogene Daten, indem es jeder Verfassungsbeschwerdeakte eine Aufstellung der vom Beschwerdeführer früher eingeleiteten Verfahren beifügt. Diese sogenannte **Vorstückliste** soll den Richtern und den wissenschaftlichen Mitarbeitern einen schnellen Überblick vor allem darüber verschaffen, ob der Beschwerdeführer schon in der Vergangenheit gleichartige oder ähnliche Eingaben gemacht hat, so 2

12 So auch Barczak BVerfGG/Barczak § 35b Rn. 19.
1 Ebenso Burkiczak/Dollinger/Schorkopf BVerfGG/Peterek § 35c Rn. 4.
2 Vgl. BR-Drs. 433/18, S. 17, 82.

dass eine Beiziehung der anderen Verfahrensakten sinnvoll sein könnte. Diese Praxis wird datenschutzrechtlich durch § 35c legitimiert.[3]

3 Ob und inwieweit die gespeicherten personenbezogenen Daten, also etwa die Tatsache, dass der Beschwerdeführer schon mehrfach ohne Erfolg gleichartige Verfassungsbeschwerden erhoben hat, prozessrechtlich in einem anderen Verfahren verwendet werden können, regelt § 35c hingegen nicht. Die grundsätzliche **prozessuale Zulässigkeit der Beiziehung von Akten** anderer Verfahren als Mittel der Sachverhaltserforschung folgt vielmehr aus **§ 26 Abs. 1 Satz 1**.

III. Teil
Einzelne Verfahrensarten

Erster Abschnitt
Verfahren in den Fällen des § 13 Nr. 1
[Verwirkung von Grundrechten]

§ 36 [Antragsberechtigte]

Der Antrag auf Entscheidung gemäß Artikel 18 Satz 2 des Grundgesetzes kann vom Bundestag, von der Bundesregierung oder von einer Landesregierung gestellt werden.

1 Die §§ 36 bis 41 dienen der verfahrensrechtlichen Umsetzung der in Art. 18 GG geregelten **Verwirkung von Grundrechten**. Nach dieser Verfassungsnorm, die Ausdruck des Prinzips der streitbaren Demokratie ist,[1] verwirkt derjenige die Grundrechte aus Art. 5 Abs. 1 und 3, Art. 8, Art. 9, Art. 10, Art. 14 und Art. 16a GG, wer sie zum Kampf gegen die freiheitliche demokratische Grundordnung missbraucht. Das aktive und passive Wahlrecht (Art. 38 Abs. 1 GG) wird im Verfassungstext des Art. 18 Abs. 2 GG nicht als verwirkbares Recht genannt, was auch mit der systematischen Stellung der Norm im Grundrechtskatalog und der Besonderheit von Wahlrecht und Wählbarkeit zusammenhängen mag (dazu → § 39 Rn. 4).[2] Die EMRK verfolgt in Art. 17 ein mit Art. 18 Abs. 2 GG vergleichbares Ziel. Aussprechen kann die Verwirkung und deren Ausmaß allein das Bundesverfassungsgericht (Art. 18 Satz 2 GG). Zuständig für dieses Verfahren ist der Zweite Senat (§ 14 Abs. 2).

2 Bei der Aberkennung von Grundrechten nach Art. 18 GG, §§ 13 Nr. 1, 36 ff. handelt es sich um eine besondere staatliche Maßnahme der **Gefahrenab-**

---

3 So jetzt auch Burkiczak/Dollinger/Schorkopf BVerfGG/Peterek § 35c Rn. 5; Barczak BVerfGG/Barczak § 35c Rn. 5; kritisch Lechner/Zuck/Zuck § 35c Rn. 2.
1 BVerfGE 80, 244 (253).
2 Vgl. zu weitergehenden rechtspolitischen Überlegungen Lenz/Stützel NVwZ-Beil. 2024, 55 (62).

wehr. Entscheidend ist die Gefährlichkeit des Antragsgegners für die freiheitlich-demokratische Grundordnung mit Blick auf die Zukunft.[3]

Angesichts der vom Bundesverfassungsgericht streng gehandhabten materiellen Voraussetzungen der Grundrechtsverwirkung ist der praktische Anwendungsbereich der §§ 36 ff. gering. **Bisher** hat in der Bundesrepublik **niemand** seine Grundrechte verwirkt. Der Staat kann sich darauf verlassen, dass verfassungsfeindliche Bestrebungen auf gesellschaftlicher und politischer Ebene sowie mit den sonstigen Mitteln des Polizei- und Strafrechts abgewehrt werden. Die wenigen in der Vergangenheit eingeleiteten Verfahren der Grundrechtsverwirkung scheiterten bereits im Vorverfahren, in dem die Anträge gemäß § 37 zurückgewiesen wurden (dazu → § 37 Rn. 1 ff.), weil von den Antragsgegnern jedenfalls im Zeitpunkt der Entscheidung des Bundesverfassungsgerichts keine erheblichen verfassungsfeindlichen Aktivitäten mehr zu erwarten waren.[4] 3

§ 36 stellt klar, dass das Verfahren der Grundrechtsverwirkung **nur auf Antrag** betrieben werden kann. Der Antrag muss gemäß § 23 Abs. 1 Satz 1, Satz 2, 1. Halbsatz schriftlich gestellt und begründet werden. **Antragsberechtigt** sind nur der Bundestag, die Bundesregierung und die Landesregierungen. Ob sie ihr Antragsrecht gegen eine Person, die ihre Grundrechte iSd Art. 18 Satz 1 GG missbraucht, tatsächlich ausüben, liegt in ihrem pflichtgemäßen Ermessen („kann"). Ebenso können sie einen gestellten Antrag nach ihrem Ermessen jederzeit zurücknehmen und das Verfahren vor dem Bundesverfassungsgericht damit beenden. Die Beurteilung der politischen Opportunität eines Verwirkungsverfahrens liegt allein bei den Antragsberechtigten und geht auch nach Verfahrenseinleitung nicht auf das Bundesverfassungsgericht über; deshalb kann das Gericht bei dieser spezifischen Verfahrensart nach Rücknahme des Antrags dem Verfahren nicht unter Berufung auf ein öffentliches Interesse an einer Entscheidung über den Antrag Fortgang geben.[5] 4

§ 37 [Vorverfahren]

Das Bundesverfassungsgericht gibt dem Antragsgegner Gelegenheit zur Äußerung binnen einer zu bestimmenden Frist und beschließt dann, ob der Antrag als unzulässig oder als nicht hinreichend begründet zurückzuweisen oder ob die Verhandlung durchzuführen ist.

Das **Verfahren** der Grundrechtsverwirkung ist wie das Parteiverbotsverfahren (vgl. § 45) **zweigeteilt**. Das Vorverfahren des § 37 – nicht zu verwechseln mit der Voruntersuchung des § 38 Abs. 2 – dient der Feststellung, ob der Antrag als unzulässig oder als nicht hinreichend begründet zurückzuweisen ist oder ob zum Antrag die mündliche Verhandlung durchgeführt werden soll. Durch die positive Entscheidung über die Durchführung der Verhandlung wird der zweite Verfahrensabschnitt, das Hauptverfahren, eröffnet. 1

3 BVerfGE 38, 23 (24); 11, 282 (282 f.).
4 BVerfGE 38, 23 (24 f.); 11, 282 (283); BVerfG, Beschluss des Zweiten Senats vom 18.7.1996 – 2 BvA 1/92, Juris.
5 Anders wohl Barczak BVerfGG/Kliegel § 36 Rn. 10.

2 Das Vorverfahren wird eingeleitet, indem der Senatsvorsitzende (§ 23 Abs. 2) veranlasst, dass der Antrag der Person, deren Grundrechtsverwirkung ausgesprochen werden soll, zur Stellungnahme zugestellt wird. Diese Person wird im Gesetz **Antragsgegner** genannt. Antragsgegner kann jeder Träger der in Art. 18 Satz 1 GG aufgeführten Grundrechte sein, unter den Voraussetzungen des Art. 19 Abs. 3 GG also auch eine juristische Person. Dass sich das Verfahren der Grundrechtsverwirkung auch gegen juristische Personen richten kann, wird mittelbar auch aus § 39 Abs. 2 deutlich.

3 Nach Eingang der Stellungnahme des Antragsgegners oder nach fruchtlosem Ablauf der ihm zur Äußerung gesetzten Frist trifft der Senat die das Vorverfahren abschließende Entscheidung. Diese Entscheidung ergeht ohne mündliche Verhandlung durch **Beschluss.**[1] Das folgt schon aus dem Wortlaut des Gesetzes („beschließt"; vgl. § 25 Abs. 2), aber auch daraus, dass Gegenstand der Entscheidung gerade die Frage ist, ob überhaupt eine mündliche Verhandlung durchzuführen ist.

4 Der Beschluss, die Verhandlung durchzuführen, bedarf einer **qualifizierten Mehrheit** von zwei Dritteln der Mitglieder des Senats (§ 15 Abs. 4 Satz 1). Wird diese Mehrheit verfehlt, so liegt darin noch nicht automatisch ein Zurückweisungsbeschluss. Denn ein solcher kann nach § 15 Abs. 4 Satz 2 nur von der Mehrheit der mitwirkenden Senatsmitglieder gefasst werden. Kommt auch diese für den Zurückweisungsbeschluss erforderliche Mehrheit nicht zustande, dann muss der Senat das Verfahren einstellen (vgl. zum Parteiverbotsverfahren: → § 45 Rn. 10). Bei Einstimmigkeit im Senat kann nach § 24 verfahren und auch von einer Begründung der Zurückweisung des Antrags abgesehen werden.[2] Das Verfahren ist mit einer das Vorverfahren beendenden Zurückweisung des Antrags als unzulässig oder als nicht hinreichend begründet zugunsten des Antragsgegners abgeschlossen.

5 Eine solche Entscheidung, die strafprozessual etwa mit der Einstellung des Verfahrens vergleichbar ist, darf aber nur ergehen, wenn schon nach Auswertung des Antrags und der eventuellen Stellungnahme des Antragsgegners **Gewissheit** besteht, **dass** der **Antrag** unzulässig ist oder in der Sache **keinen Erfolg haben kann** („nicht hinreichend begründet"). Anderenfalls bedarf es einer Sachentscheidung nach mündlicher Verhandlung. Darauf hat der Antragsteller einen Anspruch, und zwar auch dann, wenn in diesem Verfahrensstadium eine Verwirkung noch nicht als wahrscheinlich erscheint.[3] Dafür spricht auch, dass das Grundgesetz die verfassungsgerichtliche Anordnung der Grundrechtsverwirkung ausdrücklich als Verteidigungsmittel der freiheitlich demokratischen Grundordnung vorsieht und den Kreis der Antragsberechtigten auf den Bundestag und die Regierungen auf Bundes- und Landesebene beschränkt.

1 BVerfGE 38, 23 (23).
2 So der Beschluss des Zweiten Senats vom 18.7.1996 – 1 BvA 1/92 und 2/92, Juris; aA Barczak BVerfGG/Kliegel § 37 Rn. 4.
3 AA Barczak BVerfGG/Kliegel § 37 Rn. 6.

§ 38 [Beschlagnahme und Durchsuchung]

(1) Nach Eingang des Antrags kann das Bundesverfassungsgericht eine Beschlagnahme oder Durchsuchung nach den Vorschriften der Strafprozeßordnung anordnen.

(2) [1]Das Bundesverfassungsgericht kann zur Vorbereitung der mündlichen Verhandlung eine Voruntersuchung anordnen. [2]Die Durchführung der Voruntersuchung ist einem Richter des nicht zur Entscheidung in der Hauptsache zuständigen Senats zu übertragen.

Abs. 1 verschafft dem Gericht die Möglichkeit, im Verfahren der Grund- 1 rechtsverwirkung Maßnahmen zur **Sicherstellung von Beweismitteln** zu ergreifen. Die Vorschrift gilt entsprechend im Parteiverbotsverfahren (§ 47). Die Anordnung kann jederzeit **„nach Eingang des Antrags"** erfolgen. Das Gesetz verlangt also nicht, dass das Bundesverfassungsgericht vor einer Anordnung nach Abs. 1 das Vorverfahren nach § 37 abschließt. Allerdings muss das Gericht, bevor es einen Beschlagnahme- oder Durchsuchungsbeschluss nach Abs. 1 erlässt, abwägen, ob der mit der Anordnung einer solchen Maßnahme schon im Vorverfahren verbundene Eingriff in Grundrechte des Antragsgegners in Anbetracht der Erfolgsaussichten des Antrags gerechtfertigt ist.

Zuständig für die Anordnung ist als „das Bundesverfassungsgericht" der auch 2 für die spätere Sachentscheidung zuständige Zweite Senat (§ 14 Abs. 2). Die Einzelheiten der Durchführung der Beschlagnahme und der Durchsuchung richten sich **nach** den Regelungen im Achten Abschnitt des Ersten Buchs **der Strafprozessordnung**.

Zur Vorbereitung der mündlichen Verhandlung, also erst nachdem im Vor- 3 verfahren nach § 37 die Entscheidung des Gerichts für die Durchführung einer Verhandlung gefallen ist, kann das Gericht nach **Abs. 2** Satz 1 eine **Voruntersuchung** anordnen. Auch diese Regelung gilt entsprechend im Parteiverbotsverfahren (§ 47). Die Voruntersuchung ist zeitlich zwischen dem Vorverfahren und der mündlichen Verhandlung angesiedelt. Sie dient der Ermittlung des Sachverhalts, auch durch Erhebung von Beweisen (§ 26 Abs. 1 Satz 2). Als Untersuchungsrichter wird nach Abs. 2 Satz 2 ein Richter des anderen Senats, also des Ersten Senats, tätig, damit später bei der Auswertung der Ergebnisse der Voruntersuchung im Hauptverfahren nicht der Eindruck der Befangenheit entstehen kann.

§ 39 [Entscheidung über Verwirkung von Grundrechten]

(1) [1]Erweist sich der Antrag als begründet, so stellt das Bundesverfassungsgericht fest, welche Grundrechte der Antragsgegner verwirkt hat. [2]Es kann die Verwirkung auf einen bestimmten Zeitraum, mindestens auf ein Jahr, befristen. [3]Es kann dem Antragsgegner auch nach Art und Dauer genau bezeichnete Beschränkungen auferlegen, soweit sie nicht andere als die verwirkten Grundrechte beeinträchtigen. [4]Insoweit bedürfen die Verwaltungsbehörden zum Einschreiten gegen den Antragsgegner keiner weiteren gesetzlichen Grundlage.

(2) Das Bundesverfassungsgericht kann dem Antragsgegner auf die Dauer der Verwirkung der Grundrechte das Wahlrecht, die Wählbarkeit und die Fähigkeit zur Bekleidung öffentlicher Ämter aberkennen und bei juristischen Personen ihre Auflösung anordnen.

1 § 39 regelt den **Inhalt der Entscheidung** im Verfahren der Grundrechtsverwirkung, sofern das Gericht im Hauptverfahren nach mündlicher Verhandlung (→ § 37 Rn. 1) zulasten des Antragsgegners entscheidet. Die Vorschrift dient der Ausgestaltung des Art. 18 Satz 2 GG: Das Bundesverfassungsgericht spricht **die Verwirkung und ihr Ausmaß** aus. Die andere Entscheidungsvariante, die Zurückweisung eines unzulässigen oder unbegründeten Antrags, erwähnt das Gesetz nicht. Auch zu diesem Ergebnis kann das Gericht aber nach seiner Überzeugung (§ 30 Abs. 1 Satz 1) selbstverständlich auch noch im Hauptverfahren kommen, sofern es diese Erkenntnis nicht schon im Vorverfahren gewonnen hat (→ § 37 Rn. 5). Für eine Entscheidung zulasten des Antragsgegners ist eine **qualifizierte Mehrheit** von zwei Dritteln der Mitglieder des Senats erforderlich (§ 15 Abs. 4 Satz 1). Das Gericht entscheidet durch Urteil (§ 25 Abs. 2).

2 Die Entscheidung über die Verwirkung umfasst mehrere Elemente. Die **verwirkten Grundrechte** aus dem Katalog des Art. 18 Satz 1 GG sind **zu bezeichnen** (Abs. 1 Satz 1); auf diese Grundrechte kann sich der Antragsgegner fortan nicht berufen. Weiter muss über die **Dauer der Verwirkung** entschieden werden (Abs. 1 Satz 2). Das Gesetz lässt dem Bundesverfassungsgericht einen Spielraum von einer Befristung von einem Jahr bis zu einer unbefristeten Anordnung der Grundrechtsverwirkung (vgl. auch § 40 Satz 1).

3 Dem Antragsgegner können außerdem im Zusammenhang mit den ihm aberkannten Grundrechten konkrete **Beschränkungen**, etwa Unterlassungsanordnungen und Betätigungsverbote, auferlegt werden, um der Aberkennung der Grundrechte praktisch Geltung zu verschaffen (Abs. 1 Satz 3). Die Verwaltungsbehörden werden dadurch unmittelbar zum Eingreifen ermächtigt (Abs. 1 Satz 4). Das ist insgesamt als Regelung des Ausmaßes der Grundrechtsverwirkung verfassungsgemäß.[1]

4 Nach **Abs. 2** kann der Ausspruch der Verwirkung von Grundrechten auf **weitere Rechte** erstreckt werden: das Wahlrecht, die Wählbarkeit und das Recht zur Bekleidung öffentlicher Ämter. Diese weiteren Rechte sind in Art. 18 Satz 1 GG nicht ausdrücklich genannt. Die Herleitung dieser Befugnis des Bundesverfassungsgerichts ist daher problematisch. Sie lässt sich allenfalls insoweit rechtfertigen, als ein unauflösbarer sachlicher Zusammenhang zwischen dem aberkannten Grundrecht, zB der Meinungsfreiheit, und etwa der Übernahme öffentlicher Ämter besteht. Hinsichtlich der in Abs. 2 genannten Rechte besteht keine ausschließliche Zuständigkeit des Bundesverfassungsgerichts für die Feststellung des Verlusts dieser Rechte.[2] Wünschenswert wäre es, wenn der verfassungsändernde Gesetzgeber den Verlust des passiven Wahlrechts und der Fähigkeit zur Bekleidung öffentlicher Ämter

1 Benda/Klein VerfassungsProzR/E. Klein § 34 Rn. 1238.
2 Vgl. zum Verlust des Rechts, das Amt eines ehrenamtlichen Richters bekleiden zu können etwa OVG Sachsen-Anhalt, Beschluss vom 21.10.2008 – 1 P 125/08, Rn. 3 bei Juris.

ausdrücklich und auch unabhängig von der in Art. 18 GG derzeit geregelten Verwirkung materieller Grundrechte normiert.[3]

Werden die Grundrechte einer **juristischen Person** aberkannt, kann nach Abs. 2 zugleich ihre **Auflösung** angeordnet werden. Dem Bundesverfassungsgericht wird damit im Verfahren der Grundrechtsverwirkung die Kompetenz zum Ausspruch des in Art. 9 Abs. 2 GG verankerten Verbots verfassungsfeindlicher Vereinigungen übertragen.[4] 5

§ 40 [Aufhebung der Verwirkung]

[1]Ist die Verwirkung zeitlich nicht befristet oder für einen längeren Zeitraum als ein Jahr ausgesprochen, so kann das Bundesverfassungsgericht, wenn seit dem Ausspruch der Verwirkung zwei Jahre verflossen sind, auf Antrag des früheren Antragstellers oder Antragsgegners die Verwirkung ganz oder teilweise aufheben oder die Dauer der Verwirkung abkürzen. [2]Der Antrag kann wiederholt werden, wenn seit der letzten Entscheidung des Bundesverfassungsgerichts ein Jahr verstrichen ist.

Satz 1 ermöglicht eine **Aufhebung der Verwirkung** oder eine Verkürzung ihrer Dauer, wenn die Voraussetzungen des Art. 18 Satz 1 GG nachträglich weggefallen sind. Im Unterschied zu einer im Verfahren der Grundrechtsverwirkung nicht gesetzlich vorgesehenen Wiederaufnahme des Verfahrens wirkt eine solche Entscheidung nur ex nunc. 1

Der **Abänderungsantrag** kann von beiden Seiten gestellt werden. Der erste Antrag kann auch schon vor Ablauf von zwei Jahren seit der Verkündung des Verwirkungsurteils gestellt werden, aber eine Abänderung zugunsten des Antragsgegners des vorangegangenen Verwirkungsverfahrens kann vom Gericht erst nach Ablauf der zwei Jahre ausgesprochen werden. Das bedeutet, dass ein Abänderungsverfahren, anders als es der Wortlaut des 1. Halbsatzes nahelegt, nur dann durchgeführt werden kann, wenn die Verwirkung für mehr als zwei Jahre ausgesprochen worden ist. 2

Im Abänderungsverfahren ist eine mündliche Verhandlung nicht vorgeschrieben. Die Zurückweisung des Abänderungsantrags, also die Bestätigung des Ausspruchs der Verwirkung für die Zukunft, bedarf wiederum einer Mehrheit von zwei Dritteln der Mitglieder des Senats (§ 15 Abs. 4 Satz 1). Im Abstand von einem Jahr zur jeweils letzten negativen Entscheidung können unbegrenzt **neue Abänderungsanträge** gestellt werden (Satz 2). 3

§ 41 [Wiederholung eines Antrags]

Hat das Bundesverfassungsgericht über einen Antrag sachlich entschieden, so kann er gegen denselben Antragsgegner nur wiederholt werden, wenn er auf neue Tatsachen gestützt wird.

3 Vgl. dazu Lenz/Stützel NVwZ-Beil. 2024, 55 (62).
4 Kritisch Lechner/Zuck/Zuck § 39 Rn. 10.

1 § 41 begrenzt das prozessuale Recht der im Verfahren der Grundrechtsverwirkung antragsberechtigten Staatsorgane (§ 36), einen erfolglos gebliebenen Antrag zu wiederholen. Gemeint sind Anträge gegen denselben Antragsgegner mit demselben Antragsziel. Die Regelung, die im Parteiverbotsverfahren entsprechend gilt (§ 47), greift für das Verfahren der Grundrechtsverwirkung den Grundsatz **„ne bis in idem“** aus Art. 103 Abs. 3 GG auf. In diesem grundsätzlichen Wiederholungsverbot liegt kein allgemeiner verfassungsprozessualer Grundsatz.[1]

2 Das Antragsrecht ist nur dann verbraucht, wenn das Bundesverfassungsgericht über den Antrag auf Ausspruch einer Verwirkung von Grundrechten **sachlich entschieden** hat. Das Gericht muss sich mit dem Antrag in der Sache auseinandergesetzt und über seine Begründetheit abschließend befunden haben. Daran fehlt es, wenn der Antrag – gleichgültig ob schon im Vorverfahren nach § 37 oder erst im Hauptverfahren – als unzulässig zurückgewiesen oder vom Antragsteller vor einer Entscheidung des Gerichts zurückgenommen wurde. Gleiches gilt, wenn das Verfahren wegen eines Verfahrenshindernisses eingestellt wurde (→ § 47 Rn. 4).

3 Umstritten ist, ob das Antragsrecht auch dann verbraucht ist, wenn der Antrag schon im Vorverfahren nach § 37 als nicht hinreichend begründet zurückgewiesen wurde. Für einen Verbrauch des Antragsrechts spricht, dass der Entscheidungsmaßstab in einem solchen Fall dem einer Sachentscheidung angenähert ist, dagegen aber das prozessrechtlich ausschlaggebende Argument, dass es sich nur um eine Entscheidung prozessualer Art handelt.[2] Das Bundesverfassungsgericht nimmt keine Sperrwirkung einer zurückweisenden Entscheidung im Vorverfahren an und lässt einen **Rückgriff auf nach § 37 schon abgearbeitete Vorgänge** dann zu, wenn die betroffene Person die Grundrechte künftig im Kampf gegen die freiheitlich-demokratische Grundordnung missbraucht und deshalb ein neues Verfahren gegen sie eingeleitet wird.[3]

4 Ist das Antragsrecht grundsätzlich verbraucht, ist ein neuer Antrag nicht zwingend ausgeschlossen. Er ist ausnahmsweise zulässig, wenn er auf **neue Tatsachen** gestützt wird. Neu sind aber nur solche Tatsachen, die in der Entscheidung noch nicht verarbeitet werden konnten. Dafür wird man meist auf den Stand am Schluss der mündlichen Verhandlung abstellen können, sofern es nicht später noch weiteren, vom Gericht berücksichtigten Vortrag gegeben hat.[4] Ob das Gericht solchen nachgetragenen Tatsachenvortrag noch verarbeitet hat, muss aus der Entscheidung ersichtlich sein.[5]

5 Wird ein wiederholter Antrag gestellt, beginnt ein **neues Verfahren nach Maßgabe der §§ 37 ff.** Zunächst wird im Vorverfahren nach § 37 zu prüfen sein, ob der Antrag zulässig ist, also auch, ob die Voraussetzungen für eine Ausnahme vom Verbrauch des Antragsrechts nach § 41 erfüllt sind.

§ 42 (weggefallen)

1 BVerfGE 20, 56 (88).
2 Lechner/Zuck/Zuck § 41 Rn. 2.
3 BVerfGE 38, 23 (25); 11, 282 (283).
4 Zutreffend Barczak BVerfGG/Kliegel § 41 Rn. 6.
5 Vgl. beispielhaft BVerfGE 144, 20 (146 ff., Rn. 356 ff.).

Zweiter Abschnitt Verfahren in den Fällen des § 13 Nummer 2 und 2a [Parteiverbot]

§ 43 [Antragsberechtigte]

(1) [1]Der Antrag auf Entscheidung, ob eine Partei verfassungswidrig (Artikel 21 Absatz 2 des Grundgesetzes) oder von staatlicher Finanzierung ausgeschlossen ist (Artikel 21 Absatz 3 des Grundgesetzes), kann von dem Bundestag, dem Bundesrat oder von der Bundesregierung gestellt werden. [2]Der Antrag auf Entscheidung über den Ausschluss von staatlicher Finanzierung kann hilfsweise zu einem Antrag auf Entscheidung, ob eine Partei verfassungswidrig ist, gestellt werden.

(2) Eine Landesregierung kann den Antrag nur gegen eine Partei stellen, deren Organisation sich auf das Gebiet ihres Landes beschränkt.

1 Die §§ 43 bis 47 behandeln das **Parteiverbotsverfahren,** das auf Feststellung der Verfassungswidrigkeit und Auflösung der verfassungswidrigen Partei gerichtet ist (Art. 21 Abs. 2 GG, § 46 Abs. 3).[1] Ergänzt worden ist das Parteiverbotsverfahren 2017 durch das Verfahren auf Ausschluss einer Partei von staatlicher Finanzierung (Art. 21 Abs. 3 GG, § 46a).[2] Art. 21 Abs. 4 GG hat die Entscheidung über die Frage der Verfassungswidrigkeit einer Partei (Art. 21 Abs. 2 GG) und über die den Ausschluss einer Partei von der staatlichen Finanzierung (Art. 21 Abs. 3 GG) beim Bundesverfassungsgericht monopolisiert. Politische Parteien können anders als sonstige Vereinigungen nicht von der Exekutive (Art. 9 Abs. 2 GG, § 3 Vereinsgesetz) verboten werden,[3] sondern sind durch Art. 21 GG mit einer erhöhten Schutz- und Bestandsgarantie ausgestattet, dem sogenannten **Parteienprivileg.**[4] In Reaktion auf die Entscheidung des Bundesverfassungsgerichts im zweiten NPD-Verbotsverfahren[5] hat der verfassungsändernde Gesetzgeber unterhalb des Parteiverbots die Sanktion des **Ausschlusses von staatlicher Finanzierung** eingeführt; die Regelung ist verfassungsgemäß.[6] Einfach-gesetzlich ist das durch die Einbettung dieses Verfahrens in die §§ 43 bis 47 sowie durch die Einfügung des neuen § 46a ausgestaltet worden. § 43 wird zunächst erläutert in Bezug auf das Parteiver-

---

1 Vgl. BVerfGE 144, 20 (23); 107, 339 (341).

2 BVerfG, Urteil des Zweiten Senats vom 23.1.2024 – 2 BvB 1/19, Rn. 198 ff. bei Juris; siehe dazu Lenz/Stützel NVwZ-Beil. 2024, 57 ff.

3 Vgl. Beschluss der 3. Kammer des Ersten Senats vom 2.7.2019 – 1 BvR 1099/16, Rn. 14 bei Juris; vgl. auch Beschluss der 2. Kammer des Ersten Senats vom 1.2.2023 – 1 BvR 1336/20 ua, Juris.

4 BVerfGE 107, 339 (362).

5 BVerfGE 144, 20 (307 ff., Rn. 845 ff.).

6 So ausdrücklich BVerfG, Urteil des Zweiten Senats vom 23.1.2024 – 2 BvB 1/19, Rn. 199 bis 239 bei Juris; siehe dazu auch Lenz/Stützel NVwZ-Beil. 2024, 57 ff. Zuvor war schon eine gegen diese Grundgesetzänderung gerichtete Organklage der NPD wegen Unzulässigkeit erfolglos geblieben, vgl. BVerfG, Beschluss des Zweiten Senats vom 20.6.2023 – 2 BvE 1/17, Rn. 25 ff. bei Juris.

bot, im Anschluss werden die Besonderheiten für das neue Verfahren des Ausschlusses von der staatlichen Finanzierung behandelt (dazu → Rn. 21).

2 Das verfassungsgerichtliche Verbot einer politischen Partei, die nicht völlig unbedeutend ist, ist immer ein tiefer Eingriff in den von Freiheit und Offenheit geprägten demokratischen Willensbildungsprozess eines Staatsvolks.[7] Es ist die **schärfste und** überdies **zweischneidige Waffe** des demokratischen Rechtsstaats gegen seine organisierten Feinde.[8]

3 Folgerichtig sind deshalb sowohl die Entscheidung für die grundsätzliche **Zulassung des Rechtsinstruments Parteiverbot** wie seine wesentlichen formellen (Entscheidungszuständigkeit des Bundesverfassungsgerichts) und materiellen Voraussetzungen **unmittelbar in der Verfassung** (Art. 21 Abs. 2 und 4 GG) getroffen und geregelt.[9]

4 **Innere Rechtfertigung** für das Rechtsinstitut des Parteiverbots im Grundgesetz ist die Verteidigungsfähigkeit der freiheitlich demokratischen Verfassungsordnung des Grundgesetzes gegen politische Parteien, die sie im legalen Gewand beseitigen wollen. Damit wird auch auf die Unfähigkeit der Weimarer Republik reagiert, die **Machtergreifung und Terrorherrschaft der Nationalsozialisten** durch ein rechtzeitiges Verbot der NSDAP zu verhindern.[10]

5 Entsprechend hat Art. 21 Abs. 2 GG die **Voraussetzungen der Verfassungswidrigkeit** von politischen Parteien definiert. Sie müssen nach ihren Zielen oder nach dem Verhalten ihrer Anhänger darauf ausgehen, die freiheitlich demokratische Grundordnung zu beeinträchtigen oder zu beseitigen oder den Bestand der Bundesrepublik Deutschland zu gefährden. Die politisch-programmatischen Ziele der Partei und das Verhalten ihrer Anhänger, soweit es der Partei zugerechnet werden kann, sind dabei die Erkenntnismittel,[11] die **freiheitlich demokratische Grundordnung** und, was bislang keine praktische Bedeutung gewonnen hat, der Bestand der Bundesrepublik Deutschland die geschützten Rechtsgüter. Dabei geht es, wie auch die Formulierung des „Darauf Ausgehens" zeigt, nicht um eine repressive Sanktionierung, sondern um **präventive Gefahrenabwehr**.[12]

6 In Wahrnehmung dieses **Präventionsauftrags**[13] hatte das Bundesverfassungsgericht auf entsprechende Anträge **bislang Verbote der Sozialistischen Reichspartei und der KPD** ausgesprochen und dabei die verfassungsrechtlichen Maßstäbe konkretisiert.[14] Von diesen Maßstäben ist es 2017 in seinem Urteil über den **zweiten NPD-Verbotsantrag** des Bundesrats entscheidend und in nicht überzeugender Weise abgerückt.[15] Danach kommt ein Parteiverbot nur noch in Betracht, wenn eine Partei über hinreichende Wirkungsmöglichkeiten verfügt, die ein Erreichen der von ihr verfolgten verfassungs-

---

7 BVerfGE 144, 20 (194, Rn. 511).
8 Siehe auch BVerfGE 144, 20 (225, Rn. 586); 107, 339 (369).
9 Vgl. BVerfGE 107, 339 (391).
10 Vgl. auch BVerfGE 107, 339 (362); siehe auch Lenz/Stützel NVwZ-Beil. 2024, 57 (57).
11 BVerfGE 144, 20 (214 ff., Rn. 557 ff.); 107, 339 (382).
12 BVerfGE 144, 20 (199 f., Rn. 522); 107, 339 (365, 367, 383, 385, 386); 5, 85 (142).
13 BVerfGE 107, 339 (387).
14 BVerfGE 5, 85 (140 ff.); 2, 1 (10 ff.).
15 BVerfGE 144, 20 (225 ff., Rn. 586 ff.).

feindlichen Ziele nicht völlig aussichtslos erscheinen lassen, und wenn sie von diesen Wirkungsmöglichkeiten auch Gebrauch macht. Andernfalls soll es am Merkmal eines „Darauf Ausgehens" im Sinne von Art. 21 Abs. 2 GG fehlen.

Mit dieser **Einführung eines Grundsatzes der „Potentialität"** hat der Zweite Senat 2017 eingestandenermaßen mit den Maßstäben des KPD-Urteils gebrochen;[16] das ist zu Recht als erhebliche Überdehnung des Wortlauts des Verfassungstextes kritisiert worden.[17] Anstelle für ein „Darauf Ausgehen" ausreichen zu lassen, dass die zur Feststellung der Verfassungsfeindlichkeit führenden Äußerungen für die Partei handlungsleitende Qualität haben, hat der Zweite Senat das Merkmal mit der Anforderung überladen, es müssten konkrete Anhaltspunkte von Gewicht bestehen, die einen Erfolg der mit der Verbreitung des verfassungswidrigen Gedankenguts der Partei verbundenen Handlungsaufforderungen möglich erscheinen lassen.[18] Übersetzt auf den Erfolg bei Wahlen stellt der Zweite Senat darauf ab, ob die vom Verbotsantrag betroffene Partei Aussichten hat, bei Wahlen eigene Mehrheiten zu gewinnen oder sich jedenfalls durch die Beteiligung an Koalitionen eigene Gestaltungsspielräume zu verschaffen.[19] 7

Diese Formel ist schon deshalb **untauglich, weil** mit ihr bis zu den Wahlen des Jahres 1932 ein **Verbot der NSDAP nicht möglich gewesen wäre**. Wie hart der vom Zweiten Senat vorgenommene Bruch ist, zeigt sich gerade dort, wo die Entscheidung noch den Anschluss an die bisherige Rechtsprechung und überwiegende Literaturauffassung sucht. Ohne sich davon zu distanzieren, hat der Zweite Senat in Rn. 522 seines Urteils vom 17.1.2017 ausgeführt, dass es sich bei Art. 21 Abs. 2 nicht um eine Regelung zur Abwehr konkreter Gefahren handele, sondern im Wege präventiven Verfassungsschutzes die Entstehung konkreter Gefahren für die freiheitlich demokratische Grundordnung **bereits weit im Vorfeld** verhindert werden soll.[20] Das kann entweder als unüberbrückter und unüberbrückbarer Widerspruch verstanden werden oder als Möglichkeit, die Anforderung des neu entwickelten Grundsatzes der „Potentialität" künftig doch deutlicher einzugrenzen. 8

Die neue „Potentialitäts"-Formel wird vor allen Dingen mit einer **vorsorglichen Rücksichtnahme auf die Rechtsprechung des EGMR** erklärt.[21] Der Zweite Senat hat sein neues, deutlich verengtes Verständnis des Merkmals des „Darauf Ausgehens" aber aus seiner eigenständigen Auslegung von Art. 21 GG gewonnen.[22] Im Gegenteil betont der Zweite Senat zutreffend, dass der EGMR den Konventionsstaaten einen gewissen Beurteilungsspielraum bei der Frage zubilligt, wann der richtige Zeitpunkt für ein notwendi- 9

16 BVerfGE 144, 20 (225, Rn. 586).
17 Zutreffend Dürig/Herzog/Scholz/Klein Art. 21 Rn. 540a. Kritisch zu den Konsequenzen jetzt auch Lenz/Stützel NVwZ-Beil. 2024, 57 (58 ff.).
18 BVerfGE 144, 20 (226 f., Rn. 589).
19 BVerfGE 144, 20 (325, Rn. 897).
20 BVerfGE 144, 20 (199, Rn. 522) unter Berufung auf BVerfGE 107, 339 (386), 9, 164 (165) und 5, 85 (142).
21 Vgl. nur Dürig/Herzog/Scholz/Klein Art. 21 Rn. 540a; Ebert/Karaosmanoglu DVBl 2017, 375 (377).
22 BVerfGE 144, 20 (224 ff., Rn. 583 ff.).

ges Parteiverbot gekommen ist.[23] Der Zweite Senat zeigt außerdem selbst auf, dass der EGMR auch in neuerer Zeit Verbote von Parteien in den Konventionsstaaten für konventionskonform erklärt hat, obwohl die jeweils betroffene Partei keine reale Chance zur Herbeiführung politischer Veränderungen in ihrem Sinne gehabt hat.[24] Auch unabhängig von abstrakten juristischen Obersätzen erscheint es wenig plausibel, dass im Streitfall die Richter des EGMR ein vom Bundesverfassungsgericht ausgesprochenes Verbot einer Partei, die klar in einer **Wesensverwandtschaft mit der NSDAP** steht,[25] in einer demokratischen Gesellschaft nicht notwendig erachten, nur weil diese Partei in Deutschland weder parlamentarische Mehrheiten erringen noch Macht über Koalitionsbeteiligungen auszuüben vermag. Immerhin kommen die Richter des EGMR nahezu ausnahmslos aus Staaten, die das nationalsozialistische Deutschland überfallen und mit unmenschlichem Terror überzogen hat.[26]

10 Die starke Verankerung des Gedankens der Wehrhaftigkeit der Demokratie kommt in der Rechtsprechung des Straßburger Gerichtshofs unmissverständlich zum Ausdruck. Der EGMR drückt eine gemeineuropäische Verfassungsüberzeugung aus, wenn er in diesem Zusammenhang formuliert, angesichts der sehr klaren Verbindung zwischen der EMRK und der Demokratie **dürfe niemandem erlaubt sein, sich auf die Konvention zu berufen, um die Ideale und Werte einer demokratischen Gesellschaft zu schwächen oder zu zerstören.**[27]

11 Eine **Korrektur** der nicht überzeugenden „Potentialitäts"-Rechtsprechung zu Art. 21 Abs. 2 GG dürfte jedoch **verfassungsrechtlich erschwert** sein. Denn mit dem neu eingefügten Art. 21 Abs. 3 GG für den Ausschluss von Parteien von der staatlichen Finanzierung ist ein Maßstab eingeführt worden, der bei richtigem Verständnis dem „Darauf Ausgehen" aus Art. 21 Abs. 2 GG entspricht, das „Darauf Ausgerichtet"-Sein. Diese von Art. 21 Abs. 2 GG abweichende Formulierung soll wohl klarstellen, dass für den bloßen Ausschluss von der staatlichen Finanzierung die „Potentialitäts"-Anforderung jedenfalls nicht greift. Insoweit besteht die Gefahr, dass der verfassungsändernde Gesetzgeber die inhaltlich nicht überzeugende Auslegung des Tatbestandsmerkmals „Darauf Anlegen" in Art. 21 Abs. 2 GG durch die Entscheidung des Zweiten Senats vom 17.1.2017 in der Verfassung festgeschrieben hat. Gerade die Entscheidung des Zweiten Senats vom 17.1.2017 zeigt aber die Fähigkeit der jeweiligen Richter des Bundesverfassungsgerichts, Erkenntnisse ihrer Vorgänger relativ leicht wieder abzustreifen. In dieser Konstellation wäre das eine Rückkehr zum ursprünglichen Gehalt des Grundgesetzes.

12 Eigentliches Regelungsthema von § 43 ist die **Antragsberechtigung.** Vorgelagert ist aber die ausdrückliche Klarstellung, dass die Entscheidung des Bundesverfassungsgerichts über die Verfassungswidrigkeit einer Partei wie

23 BVerfGE 144, 20 (236, Rn. 613).
24 BVerfGE 144, 20 (239, Rn. 620) unter Berufung auf EGMR, Urteil vom 20.10.2005 – 59489/00, Tz 61 – The United Macedonian Organisation Ilinden–Pirin ua / Bulgarien und EGMR, Urteil vom 10.12.2002 – 25141/94, Tz 55 – DEP / Türkei.
25 So ausdrücklich BVerfGE 144, 20 (295 ff., Rn. 805 ff.).
26 Vgl. auch Lenz/Stützel NVwZ-Beil. 2024, 57 (59).
27 EGMR-GK, Urteil vom 13.2.2003 – 41340/98 ua, Tz. 99 – Refah Partisi ua / Türkei.

alle Verfahren vor dem Bundesverfassungsgericht antragsgebunden ist. Eine solche **Bindung an ein Antragserfordernis** setzt, ohne sie ausdrücklich erwähnen zu müssen, die Verfassung auch in Art. 21 Abs. 4 GG selbst voraus. Das ergibt sich auch aus dem Status des Bundesverfassungsgerichts als Gerichtshof des Bundes (Art. 93 Abs. 1 GG, § 1) und der antragsbezogenen Ausgestaltung aller anderen Verfahren vor dem Bundesverfassungsgericht (vgl. auch § 23 Abs. 1 Satz 1). Erst mit der Stellung des Antrags aktualisiert sich der dem Bundesverfassungsgericht gegebene Präventionsauftrag.[28]

Abs. 1 beschränkt den **Kreis der Antragsberechtigten** auf den Bundestag, 13 den Bundesrat und die Bundesregierung. Jedes dieser Bundesverfassungsorgane kann das Antragsrecht eigenständig ausüben. Gleichgerichtete, aber formal getrennt gestellte Anträge mehrerer Antragsberechtigter kann das Bundesverfassungsgericht verbinden.[29] Landesregierungen sind bei bundesweit auftretenden Parteien nie antragsberechtigt. Das folgt aus dem systematischen Zusammenspiel mit Abs. 2 und dem Gegensatz zur Regelung in § 36. Das gilt auch dann, wenn nur einzelne Landesverbände einer bundesweit agierenden Partei die Voraussetzungen für ein Verbot nach Art. 21 Abs. 2 GG verwirklichen. Der Antrag ist, weil sowohl das Grundgesetz wie das Gesetz über das Bundesverfassungsgericht das Wort Parteiverbot vermeiden, auf die Feststellung der Verfassungswidrigkeit einer Partei und auf deren Auflösung gerichtet (§ 46 Abs. 1 und Abs. 3 Satz 1).[30] Diese Ausgestaltung des Verfahrens ist ebenso verfassungskonform wie das damit verbundene Verbot der Schaffung von Ersatzorganisationen und die fakultative Einziehung des Parteivermögens nach § 46 Abs. 3 Satz 1 und 2.[31] Dagegen ist eine politische Partei nicht nach § 43 antragsbefugt, ihre eigene Verfassungskonformität positiv feststellen zu lassen.[32] Zu einer unzumutbaren Rechtsschutzlücke führt das nicht, weil bis zur Entscheidung des Bundesverfassungsgerichts niemand die Verfassungswidrigkeit einer Partei rechtlich geltend machen kann,[33] weil jede politische Partei eine entscheidungsorientierte öffentliche Erörterung über die Einleitung eines Verbotsverfahrens ertragen muss und weil im Übrigen fachgerichtliche Rechtsschutzmöglichkeiten in Bezug auf Verfassungsschutzberichte oder beamtenrechtliche Streitigkeiten bestehen.[34]

Das entscheidende Wort in § 43 Abs. 1 ist aber das Wort **„kann"**. Damit 14 ist nicht nur die als Kompetenz zu verstehende Berechtigung zur Antragstellung gemeint, sondern zugleich **eine politisch auszuübende und zu verantwortende Entscheidungsfreiheit der Antragsberechtigten.**[35] Jede andere

28 BVerfGE 107, 339 (387).
29 BVerfG, Beschluss des Zweiten Senats vom 3.7.2001 – 2 BvB 1/01 ua, Juris.
30 Siehe auch BVerfGE 144, 20 (23); 107, 339 (341).
31 BVerfGE 144, 20 (202, Rn. 527).
32 BVerfGE 133, 100 (106, Rn. 17).
33 Vgl. zu diesem Aspekt ausdrücklich BVerfGE 144, 20 (201, Rn. 526).
34 Zusammenfassend BVerfGE 133, 100 (106 ff., Rn. 18 ff.); vgl. zur Effizienz und daraus folgenden Erschöpfungspflicht dieser innerstaatlichen fachgerichtlichen Rechtsbehelfe von Parteien gegen Maßnahmen des Verfassungsschutzes EGMR, Beschluss vom 11.6.2019 – 57939/18, Tz 22 – Alternative für Deutschland / Deutschland mit Einordnung durch Lenz/Schulte NVwZ 2019, 1652 (1654 f.).
35 BVerfGE 5, 85 (113); Burkiczak/Dollinger/Schorkopf BVerfGG/Dollinger § 43 Rn. 30 f.; ebenso Barczak BVerfGG/Kliegel § 43 Rn. 19; ohne überzeugende Gründe aA Huber/Voßkuhle/Streinz Art. 21 Rn. 245.

Sichtweise wäre mit dem Umstand, dass ein Verbotsantrag eine eminent politische Entscheidung ist, nicht zu vereinbaren. Die Antragsberechtigten können sich deshalb auch dann gegen die Stellung eines Verbotsantrags und für eine allein politische Auseinandersetzung mit der Partei entscheiden,[36] wenn nach ihrer Einschätzung die Voraussetzungen für ein Parteiverbot gegeben sind. Ein „Schrumpfen des **Ermessensspielraums bis auf Null**" kommt nicht ernsthaft in Betracht.[37] Von einem rechtlich nicht eingeschränkten politischen Spielraum geht auch das Bundesverfassungsgericht aus. Es hat bezogen auf die NPD festgestellt, es könne nicht behauptet werden, das den Antragsberechtigten in Bezug auf die Stellung eines Verbotsantrags zukommende Ermessen sei auf Null reduziert.[38] Nach der verfassungsunmittelbaren Eröffnung der Option, lediglich den Ausschluss von der staatlichen Finanzierung zu beantragen, ist für die Annahme einer Verpflichtung zur Stellung eines Verbotsantrags noch weniger Raum.[39]

15 Das Parteiverbotsverfahren ist, was in der neueren Rechtsprechung des Bundesverfassungsgerichts deutlicher wird als in den beiden grundlegenden Entscheidungen zur SRP und zur KPD, ein **kontradiktorisches Verfahren** mit der politischen Partei als Antragsgegner.[40] Als Antragsgegner kann die politische Partei eigenständig **alle denkbaren Anträge stellen**, etwa auf Erlass einstweiliger Anordnungen,[41] auf Vorlage an den Gerichtshof der Europäischen Union[42] und auf Einstellung des Verfahrens.[43] Die politische Partei kann das Verfahren nach § 43 aber nicht selbst in Gang setzen.[44]

16 Die Partei hat im Parteiverbotsverfahren einen **Anspruch auf ein faires Verfahren,**[45] das sich aus dem Rechtsstaatsprinzip in Verbindung mit dem verfassungsrechtlichen Status politischer Parteien aus Art. 21 Abs. 1 GG ergibt. Dementsprechend hat das Bundesverfassungsgericht eine Garantenstellung für die Wahrung der rechtsstaatlichen Anforderungen an das Entscheidungsverfahren und die Entscheidungsfindung im Parteiverbotsverfahren.[46]

17 Eine Antragsfrist sieht das Gesetz nicht vor. Vor der Antragstellung müssen die dazu berechtigten **Kollegialorgane** entsprechende **Beschlüsse fassen**, die Bundesregierung im Kabinett, Bundestag und Bundesrat jeweils im Ple-

---

36 Vgl. BVerfGE 40, 287 (291); 39, 334 (357); daran ausdrücklich anknüpfend auch BVerfGE 133, 100 (110, Rn. 25).

37 Ebenso auch Barczak BVerfGG/Kliegel § 43 Rn. 19 und Lenz/Stützel NVwZ-Beil. 2024, 57 (61); aA Dürig/Herzog/Scholz/Klein Art. 21 Rn. 547 (Stand: Januar 2018): Ermessen weit, aber nicht unbegrenzt.

38 BVerfGE 133, 100 (110, Rn. 25).

39 Vgl. zu den damit verbundenen Überlegungen zur Anwendung des Verhältnismäßigkeitsgrundsatzes BVerfGE 144, 20 (242, Rn. 625).

40 Ebenso Schmidt-Bleibtreu/Klein/Bethge BVerfGG/von Coelln § 43 Rn. 16 (Stand: Juli 2020).

41 BVerfGE 135, 234 (237, Rn. 9); 104, 41 (41); 104, 39 (40); 104, 38 (39).

42 BVerfGE 104, 214 (218 ff.); siehe auch BVerfGE 144, 20 (243 ff., Rn. 627 ff.).

43 Vgl. BVerfGE 107, 339 (352 f.); siehe dazu auch BVerfGE 144, 20 (157 ff., Rn. 400 ff.).

44 BVerfGE 133, 100 (106 ff.); siehe dazu auch BVerfGE 144, 20 (192, Rn. 507 f.).

45 BVerfGE 144, 20 (163 ff., Rn. 416 ff.); 107, 339 (383); 104, 42 (50); siehe für das auf Ausschluss von der staatlichen Parteienfinanzierung gerichtete Verfahren nach Art. 21 Abs. 3 GG jetzt auch BVerfG, Urteil des Zweiten Senats vom 23.1.2024 – 2 BvB 1/19, Rn. 151 ff. bei Juris.

46 BVerfGE 107, 339 (364); siehe auch BVerfGE 144, 20 (163 ff., Rn. 417 ff.) und BVerfG, Urteil des Zweiten Senats vom 23.1.2024 – 2 BvB 1/19, Rn. 139 ff. bei Juris.

num.[47] Die Antragsteller müssen ihre Verfahrensbevollmächtigten wirksam bevollmächtigen, was das Bundesverfassungsgericht von Amts wegen prüft und wobei es beim Bundesrat auch eine Unterzeichnung durch den Direktor ausreichen lässt.[48] Die zur Vorbereitung einer solchen Entscheidung gesammelten Materialien sowohl in Bezug auf die konkrete Partei wie auf Unterlagen, in denen in abstrakter oder rechtsgutachterlicher Weise Fragen von Parteiverboten erörtert werden, sind gegenüber auf das Informationsfreiheitsgesetz gestützten Ansprüchen der betroffenen Partei weitgehend geschützt.[49]

Zum Grad zulässiger staatlicher Beobachtung der Partei war der Zweite Senat im ersten NPD-Verbotsverfahren unterschiedlicher Meinung. Die damals das Ergebnis der Einstellung des Verfahrens tragenden Richter waren der Auffassung, dass schon mit der vor der Beschlussfassung des Antragstellers liegenden öffentlichen Bekanntmachung der Absicht, einen Verbotsantrag zu stellen, die staatlichen Stellen gehalten sein sollen, ihre Quellen (V-Leute) in den Vorständen einer politischen Partei „abzuschalten" und auf eine „Nachsorge" zu verzichten.[50] Dem stellten die anderen Mitglieder des Zweiten Senats das Argument gegenüber, dass der Zweck der **nachrichtendienstlichen Beobachtung**, aus Gründen des präventiven Verfassungsschutzes Informationen über verfassungsfeindliche Bestrebungen zu sammeln, auch während des anhängigen Parteiverbotsverfahrens fortbesteht, wenn nur auf diese Weise neue Erkenntnisse über die Gefahren gewonnen werden können, die von der Partei möglicherweise ausgehen.[51] 18

Beide Themen sind mittlerweile im Urteil im zweiten NPD-Verbotsverfahren zusammengeführt worden. Was die Beobachtung der Partei durch **V-Leute oder Verdeckte Ermittler** angeht, so müssen die staatlichen Stellen spätestens mit der öffentlichen Bekanntmachung der Absicht, einen Antrag nach § 43 zu stellen, ihre Quellen in den Vorständen einer politischen Partei abgeschaltet haben und dürfen auch keine die „Abschaltung" umgehende „Nachsorge" betreiben; eingeschleuste Verdeckte Ermittler sind zurückzuziehen.[52] Andererseits gilt während eines laufenden Verbotsverfahrens kein Verbot der Beobachtung einer Partei und ihrer Mandatsträger mit nachrichtendienstlichen Mitteln, sofern die Beobachtung auf einer gesetzlichen Grundlage beruht, zum Schutz der freiheitlich demokratischen Grundordnung erfolgt und dem Grundsatz der Verhältnismäßigkeit Rechnung trägt.[53] 19

Abs. 2 begründet eine **Antragsbefugnis von Landesregierungen**, beschränkt sie aber auf politische Parteien, die sich auf dieses Land beschränkt haben. Ob dies der Fall ist, hängt nicht von einem bundesweiten politischen 20

47 Vgl. für den Beschluss des Bundesrats, den zweiten Verbotsantrag gegen die NPD zu stellen: BR-Drucks 770/12; vgl. dazu auch BVerfGE 144, 20 (50, Rn. 12).
48 Vgl. insoweit eher großzügig BVerfGE 144, 20 (190 ff., Rn. 501 ff.).
49 Vgl. dazu OVG Berlin-Brandenburg, Beschluss vom 28.5.2013 – 12 S 23.13, Rn. 7 ff. bei Juris.
50 BVerfGE 107, 339 (369).
51 BVerfGE 107, 339 (392).
52 BVerfGE 144, 20 (160 f., Rn. 407 f.). Entsprechendes gilt auch für das auf Ausschluss von der staatlichen Parteienfinanzierung gerichtete Verfahren nach Art. 21 Abs. 3 GG, vgl. BVerfG, Urteil des Zweiten Senats vom 23.1.2024 – 2 BvB 1/19, Rn. 146 ff. bei Juris. Vgl. zu den damit verbundenen Nachteilen Lenz/Stützel NVwZ-Beil. 2024, 57 (58).
53 BVerfGE 144, 20 (164, Rn. 418).

Einfluss ab, sondern ausschließlich von den Organisationsstrukturen. Maßgeblich ist, wo die Partei **Gebietsverbände** im Sinne von § 7 PartG errichtet hat.[54] Landtage sind nicht antragsberechtigt.[55]

21 Die **Besonderheiten beim** Verfahren auf **Ausschluss einer Partei von der staatlichen Finanzierung** (Art. 21 Abs. 3 GG) sind überschaubar. Das hat sich beim ersten Anwendungsfall gezeigt mit dem Ausschluss der früheren NPD und jetzigen Partei „Die Heimat" aus der staatlichen Parteienfinanzierung durch das Urteil des Zweiten Senats vom 23.1.2024.[56] Hinsichtlich der Antragsberechtigung gilt uneingeschränkt dasselbe wie im Parteiverbotsverfahren, auch bei Parteien, deren Organisation sich auf das Gebiet eines Landes beschränkt. Eine ausdrückliche Sonderregelung enthält nur der neue **Abs. 1 Satz 2.** Er erlaubt es ausdrücklich, den Antrag auf Entscheidung über den Ausschluss von staatlicher Finanzierung nicht nur isoliert, sondern auch hilfsweise zu einem als Hauptantrag gedachten Parteiverbotsantrag zu stellen. Damit sollen Restzweifel ausgeräumt werden, ob über beide Anträge im selben Verfahren entschieden werden kann.[57] Ein eigenständiges Verfahren zum Finanzierungsausschluss wird nicht dadurch entbehrlich, dass das Bundesverfassungsgericht zur selben Partei im Verfahren nach Art. 21 Abs. 2 GG schon festgestellt hat, dass die Partei nach ihren Zielen und dem Verhalten ihrer Anhänger die Beseitigung der freiheitlichen demokratischen Grundordnung anstrebt.[58] Auch über § 43 hinaus gelten für den Antrag auf Entscheidung, ob eine Partei von der staatlichen Finanzierung ausgeschlossen ist, grundsätzlich die übrigen Vorschriften der §§ 44 bis 47 mit Ausnahme von § 46.[59] Eine kleine Rückausnahme enthält § 46a Abs. 1 Satz 4 (→ § 46a Rn. 6). Das Rechtsschutzbedürfnis für den Antragsteller entfällt auch nicht dadurch, dass die betroffene Partei im Zeitpunkt der Antragstellung oder der Entscheidung nicht in einem relevanten Umfang an der staatlichen Parteienfinanzierung teilnimmt.[60]

§ 44 [Vertretung der Partei]

[1]Die Vertretung der Partei bestimmt sich nach den gesetzlichen Vorschriften, hilfsweise nach ihrer Satzung. [2]Sind die Vertretungsberechtigten nicht feststellbar oder nicht vorhanden oder haben sie nach Eingang des Antrags beim Bundesverfassungsgericht gewechselt, so gelten als vertretungsberechtigt diejenigen Personen, die die Geschäfte der Partei während der Tätigkeit, die den Antrag veranlaßt hat, zuletzt tatsächlich geführt haben.

1 § 44 regelt, wer die Partei im gegen sie gerichteten Verbotsverfahren nach Art. 21 Abs. 4 Variante 1 GG vertritt. Die Regelung gilt auch für die Vertre-

54 Zustimmend Schmidt-Bleibtreu/Klein/Bethge BVerfGG/von Coelln § 43 Rn. 10 (Stand: Juli 2020); Burkiczak/Dollinger/Schorkopf BVerfGG/Dollinger § 43 Rn. 20.
55 Dürig/Herzog/Scholz/Klein Art. 21 Rn. 544.
56 BVerfG, Urteil des Zweiten Senats vom 23.1.2024 – 2 BvB 1/19, Rn. 185 ff. bei Juris.
57 Vgl. zu den Motiven der Gesetzesinitiatoren BT-Drs. 18/12358, S. 9.
58 BVerfG, Beschluss des Zweiten Senats vom 20.6.2023 – 2 BvE 1/17, Rn. 31 bei Juris.
59 Siehe auch BT-Drs. 18/12358, S. 9.
60 BVerfG, Urteil des Zweiten Senats vom 23.1.2024 – 2 BvB 1/19, Rn. 191 ff. bei Juris.

tungsthematik im gegen die Partei gerichteten Verfahren auf Ausschluss von der staatlichen Finanzierung (Art. 21 Abs. 4 Variante 2 GG). Die gesetzliche Vertretungsregelung hat den **Zweck**, einem insoweit obstruktiven Verhalten der Partei vorzubeugen. Das Verbotsverfahren und das Verfahren auf Ausschluss von der staatlichen Finanzierung sollen vom Streit um die Vertretungsberechtigung entlastet und zugleich gegen den Vorwurf abgeschirmt werden, der Partei sei, weil auf die falschen Personen abgestellt worden sei, kein ausreichendes rechtliches Gehör gewährt worden.

Nur das erklärt, dass **Satz 1** die **Vertretung** in erster Linie nach den gesetz- 2
lichen Vorschriften und lediglich hilfsweise **nach der Satzung der Partei** bestimmt. Das Gesetz fürchtet einen missbräuchlichen Einsatz der Satzungsautonomie der Partei. Spürbare Konsequenzen hat das aber schon deshalb nicht, weil nach der Regelung des § 11 Abs. 3 Satz 2 PartG zwar der Vorstand nach § 26 Abs. 1 Satz 2 und 3 BGB die Partei vertritt, aber nur, soweit nicht die Satzung eine abweichende Regelung trifft.[1]

Deshalb wird es im Regelfall eine **Mehrzahl von Vertretungsberechtigten** 3
geben. Davon scheint auch der nachfolgende Satz 2 durch die Verwendung des Plurals auszugehen. Der nachfolgende § 45 spricht aber nur noch im Singular von dem Vertretungsberechtigten. Jedenfalls in der neueren Praxis scheint das Bundesverfassungsgericht vom Naheliegenden auszugehen und führt im Rubrum den Vorsitzenden der Partei an.[2] Dagegen war in den Entscheidungen zum Verbot der SRP und der KPD noch auf die Angabe eines Vertreters der Partei im Rubrum verzichtet worden.[3]

Für die Fälle, dass die Vertretungsberechtigten nicht feststellbar oder nicht 4
vorhanden sind oder nach Eingang des Antrags beim Bundesverfassungsgericht gewechselt haben, enthält **Satz 2** eine **Vertretungsfiktion**. Danach gelten als vertretungsberechtigt diejenigen Personen, die die Geschäfte der Partei während der Tätigkeit, die den Antrag veranlasst hat, zuletzt tatsächlich geführt haben. Die Fiktion des Satzes 2 **hat**, wenn ihre tatbestandlichen Voraussetzungen vorliegen, **Vorrang vor der Vertretungsregelung nach Satz 1**.

Nach dem Wortlaut des Gesetzes führt jeder Wechsel im Amt des Parteivor- 5
sitzenden, der zeitlich nach Eingang des Antrags beim Bundesverfassungsgericht erfolgt, zum Eintritt der Fiktionswirkung mit der Folge, dass nicht der neu gewählte Vorsitzende vertretungsberechtigt ist, sondern diejenigen, welche die Geschäfte der Partei während der Tätigkeit tatsächlich geführt haben, die den Antrag veranlasst hat. Diese Konsequenz entspricht aber dem lediglich auf die Verhinderung von Missbrauch gerichteten Zweck des Satzes 2 nicht. Sachgerecht ist deshalb eine **teleologische Reduktion** der Vorschrift dahin, dass ein Vorsitzendenwechsel nur beim Vorhandensein

---

1 Vgl. Ipsen PartG/Ipsen § 11 Rn. 24; Lenski, Parteiengesetz und Recht der Kandidatenaufstellung, 2011, § 11 PartG, Rn. 25.

2 BVerfGE 144, 20 (23); 140, 316 (317); 135, 234 (235); 107, 339 (339); so auch im Verfahren der NPD auf Feststellung, dass sie nicht verfassungswidrig sei BVerfGE 133, 100 (100 f.).

3 BVerfGE 5, 85 (86); 2, 1 (2). So auch BeckOK BVerfGG/Waldhoff § 44 Rn. 6.

von Missbrauchselementen die Fiktionslösung des Satzes 2 auslöst.[4] Dem entsprach dann auch die Handhabung durch den Zweiten Senat im zweiten Verbotsverfahren gegen die NPD. Sowohl das das Verfahren beendende Urteil vom 17.1.2017 – 2 BvB 1/13 als auch die während des Verfahrens ergangenen Zwischenentscheidungen[5] nennen jeweils den zum Zeitpunkt der Beschlüsse amtierenden Bundesvorsitzenden als Vertretungsberechtigten, nicht denjenigen, der zum Zeitpunkt der Antragstellung am 3.12.2013 noch Parteivorsitzender war.[6]

§ 45 [Vorverfahren]

Das Bundesverfassungsgericht gibt dem Vertretungsberechtigten (§ 44) Gelegenheit zur Äußerung binnen einer zu bestimmenden Frist und beschließt dann, ob der Antrag als unzulässig oder als nicht hinreichend begründet zurückzuweisen oder ob die Verhandlung durchzuführen ist.

1 Im Parteiverbotsverfahren ist wie im Grundrechtsverwirkungsverfahren (dort § 37) mit § 45 ein **Vorverfahren**[1] vorgesehen, das ähnlich wie der Eröffnungsbeschluss im Strafprozess eine **Filterfunktion** hat. § 45 gilt auch im Verfahren nach Art. 21 Abs. 3 GG, § 46a.[2]

2 Formell dient das Vorverfahren dazu, der politischen Partei durch den Vertretungsberechtigten nach § 44 **Gelegenheit zur Äußerung zu den Verbotsanträgen** zu geben. Damit erhält die Partei vor dem Bundesverfassungsgericht, gegebenenfalls letztmalig, die Chance, dem Vorbringen eines Antragstellers, der ein Parteiverbot zur Gefahrenabwehr für notwendig erklärt, das **Bild einer loyalen verfassungsrechtlichen Institution** entgegenzusetzen, deren weitere Teilnahme am Prozess der Volks- und Staatswillensbildung gerade im Interesse einer freiheitlich demokratischen Grundordnung notwendig und legitim ist.[3]

3 Der Gesetzeswortlaut hebt, obwohl dies eine Selbstverständlichkeit ist, hervor, dass für diese Äußerungsmöglichkeit der politischen Partei eine **Frist** zu setzen ist. Daraus wird man aber folgern müssen, dass das Vorverfahren von einem **Beschleunigungsgrundsatz** geprägt ist und das Bundesverfassungsgericht deshalb nicht befugt ist, den Abschluss des Vorverfahrens nach Vorliegen der Äußerung der politischen Partei durch Liegenlassen hinauszuschieben.

4 In diesem Sinne der Sache nach auch Schmidt-Bleibtreu/Klein/Bethge BVerfGG/von Coelln § 44 Rn. 13; dem ausdrücklich folgend auch Barczak BVerfGG/Kliegel § 44 Rn. 7 (Stand: Juli 2020).

5 Vgl. etwa die Beschlüsse des Zweiten Senats vom 19.3.2015 (BVerfGE 138, 397) und 28.1.2014 (BVerfGE 135, 234).

6 BVerfGE 144, 20 (23); 138, 397 (397); 135, 234 (235).

1 BVerfGE 144, 20 (118, Rn. 256); 140, 316 (317); 107, 339 (389); 103, 41 (43).

2 BVerfG, Beschluss des Zweiten Senats vom 20.6.2023 – 2 BvE 1/17, Rn. 30 bei Juris.

3 BVerfGE 107, 339 (368); vgl. die Darstellung der Schriftsatzarbeit der Antragsgegnerin im Vorverfahren des zweiten NPD-Verbotsverfahrens, dokumentiert in BVerfGE 144, 20 (69 bis 118, Rn. 75 bis 255).

In den Verbotsverfahren gegen die Sozialistische Reichspartei und gegen die KPD hat das Vorverfahren jeweils lediglich **zwei Monate** in Anspruch genommen,[4] im ersten NPD-Verbotsverfahren sechs bzw. **acht Monate.**[5] Aus dem Rahmen fallen lediglich die jeweils 14 Monate dauernden Vorverfahren in den Verfahren betreffend die Nationale Liste und die Freiheitliche Deutsche Arbeiterpartei, was darauf zurückzuführen ist, dass hier jeweils das Verfahren abschließende, begründungsbedürftige Zurückweisungsbeschlüsse ergingen.[6] Ein beschleunigter Abschluss des Vorverfahrens ist auch deshalb geboten, weil das bloße Anhängigsein des Verbotsantrags die Chancengleichheit der betroffenen politischen Partei massiv beeinträchtigt.[7] Problematisch war deshalb die Entwicklung des zweiten Verbotsverfahrens gegen die NPD. Hier dauerte das Vorverfahren vom Verbotsantrag (3.12.2013) bis zum Beschluss der Durchführung der mündlichen Verhandlung (2.12.2015) fast exakt **zwei Jahre.**[8] Das ist für ein Vorverfahren unverhältnismäßig lang, zumal das eigentliche Verfahren („Verhandlung") einschließlich mündlicher Verhandlung und Urteilsabsetzung dann nur weitere 13 Monate (2.12.2015 bis 17.1.2017) in Anspruch genommen hat.[9] 4

§ 45 und Art. 21 Abs. 1 GG gewähren einer politischen Partei **keine zeitlich vorgelagerten Beteiligungsrechte**, etwa auf Einsicht in die Akten möglicher Antragsteller, die der Vorbereitung von Parteiverbotsanträgen gegen diese politische Partei dienen. Solche Akteneinsichts- und Anhörungsrechte bestehen erst, nachdem der Verbotsantrag gegen die Partei beim Bundesverfassungsgericht gestellt ist.[10] 5

Das Vorverfahren **endet durch einen Beschluss** des Bundesverfassungsgerichts.[11] Der Beschluss stellt eine vorläufige Bewertung nach Aktenlage dar, die allein aufgrund des Vorbringens des Antragstellers und der Erwiderung des Antragsgegners vorzunehmen ist.[12] Durch ihn kann entweder die Durchführung der Verhandlung und damit der **Übergang ins Hauptverfahren**[13] beschlossen **oder** das **Verfahren insgesamt beendet** werden, indem der Antrag zurückgewiesen wird. Der Antrag wird zurückgewiesen, wenn er sich als unzulässig oder als nicht hinreichend begründet erweist. 6

Die **Zulässigkeit** ist im Vorverfahren **uneingeschränkt zu prüfen.** Dazu gehört insbesondere die Frage, ob es sich bei dem Antragsgegner überhaupt um eine politische Partei im Sinne von Art. 21 GG handelt, weil nur dann die Entscheidung über die Verfassungsmäßigkeit der Organisation vom Bun- 7

4 BVerfGE 5, 85 (102 und 106); 2, 1 (6 und 7).
5 Vgl. BVerfGE 104, 63 (65).
6 BVerfGE 91, 276 (276 und 278); 91, 262 (262 und 273).
7 BVerfGE 107, 339 (359).
8 Vgl. auch BVerfGE 140, 316 (317); siehe auch BVerfGE 144, 20 (118, Rn. 256).
9 Vgl. BVerfGE 144, 20 (23 und 118, Rn. 256).
10 BVerfGE 103, 41 (43); ablehnend zu Informationszugangsansprüchen der Partei nach Beschlussfassung eines möglichen Antragstellers, ein Verfahren zur Feststellung der Verfassungswidrigkeit einer Partei einzuleiten, OVG Berlin-Brandenburg Beschl. v. 28.5.2013 – 12 S 23.13, Rn. 7 ff. bei Juris.
11 BVerfGE 104, 63 (65).
12 BVerfGE 107, 339 (389); davon ohne Begründung abweichend der Hinweisbeschluss des Zweiten Senats vom 19.3.2015 – 2 BvB 1/13, Rn. 5 ff. bei Juris.
13 BVerfGE 107, 339 (389).

desverfassungsgericht zu treffen ist.[14] Politische Vereinigungen, die den **Parteibegriff des Art. 21 Abs. 1 GG**, § 2 PartG nicht erfüllen, können zwar ebenfalls verboten werden, aber nicht vom Bundesverfassungsgericht, sondern nur vom jeweils zuständigen Minister (Art. 9 Abs. 2 GG, § 3 Vereinsgesetz). Deshalb waren die Verbotsanträge gegen die politischen Vereinigungen Freiheitliche Deutsche Arbeiterpartei und Nationale Liste unzulässig.[15] Als unzulässig zurückzuweisen wäre ein Verbotsantrag auch dann, wenn eine als Partei auftretende Organisation so stark **durch staatliche Akteure fremdgesteuert** ist, dass ihr die Parteiqualität fehlt.[16]

8 Zurückzuweisen ist der Antrag auch dann, wenn er **nicht hinreichend begründet** ist. Das hat das Bundesverfassungsgericht in den bislang bei ihm anhängig gemachten Fällen aber noch nie angenommen. An der hinreichenden Begründung dürfte es auch nur dann fehlen, wenn nach Auswertung des Antrags und einer etwa abgegebenen Äußerung des Antragsgegners **Gewissheit** besteht, dass der **Antrag in der Sache keinen Erfolg haben kann** (→ § 37 Rn. 5).[17] Wer sich davon abweichend auf den Standpunkt stellt, die Verhandlung dürfe nur durchgeführt werden, wenn nach vorläufiger Bewertung die Wahrscheinlichkeit eines Verbots besteht,[18] der bewirkt nicht nur eine Vorverlagerung der Prüfung auch schwieriger Rechtsfragen in das Vorverfahren und damit seine Verlängerung, sondern gerät dann auch in logische Probleme, wenn der Antrag später an einem von vornherein erkennbaren Problem scheitert, wie das beim zweiten NPD-Verbotsverfahren unter dem Aspekt des „Darauf Ausgehens" der Fall war.[19] Bezüglich der NPD war während des gesamten zweiten Parteiverbotsverfahrens greifbar, dass es an konkreten Anhaltspunkten von Gewicht fehlt, die es jedenfalls möglich erscheinen lassen, dass die Partei mit ihren gegen die freiheitlich demokratische Grundordnung gerichteten Zielen einen qualifizierten Erfolg haben kann.

9 Ist der Antrag weder unzulässig noch nicht hinreichend begründet, ist die Verhandlung über den Antrag durchzuführen. Mit diesem Wechsel ins Hauptverfahren ist die Wahrscheinlichkeit eines Verbots deutlich gestiegen. Der **Durchführungsbeschluss** bedarf anders als die zur Beendigung des Verfahrens führenden Zurückweisungsbeschlüsse keiner Begründung, sondern kann sich auf die Entscheidungsformel beschränken.[20] Er kann gleichzeitig mit der Entscheidung über das Vorliegen der Prozessvoraussetzungen ergehen.[21]

14 BVerfGE 91, 276 (283).
15 BVerfGE 91, 276 (290 ff.); 91, 262 (272 ff.).
16 BVerfGE 107, 339 (381).
17 Siehe auch BVerfGE 38, 23 (25) zur Grundrechtsverwirkung; Schmidt-Bleibtreu/Klein/Bethge BVerfGG/von Coelln § 45 Rn. 8 (Stand: Juli 2020), der BVerfGE 38, 23 (25) anders liest und statt einer Gewissheit schon eine Wahrscheinlichkeit ausreichen lassen will.
18 So etwa auch Barczak BVerfGG/Kliegel § 45 Rn. 9.
19 Vgl. BVerfGE 144, 20 (307 ff., Rn. 845 ff.). Das übersieht etwa Schmidt-Bleibtreu/Klein/Bethge BVerfGG/von Coelln § 45 Rn. 8 (Stand: Juli 2020).
20 Vgl. BVerfGE 140, 316 (317); 104, 63 (65).
21 BVerfGE 138, 397 (398, Rn. 4).

Der das Vorverfahren abschließende Beschluss ergeht ohne mündliche Verhandlung. Der Durchführungsbeschluss **bedarf einer qualifizierten Mehrheit** von zwei Dritteln der Mitglieder des Senats, weil er eine für den Antragsgegner nachteilige Entscheidung im Sinne von § 15 Abs. 4 Satz 1 ist.[22] Wird diese Mehrheit verfehlt, so liegt darin noch nicht automatisch ein Zurückweisungsbeschluss. Denn ein solcher kann nach § 15 Abs. 4 Satz 2 nur von der Mehrheit der mitwirkenden Senatsmitglieder gefasst werden. Allerdings dürfte ohne die für einen Durchführungsbeschluss notwendige Mehrheit entsprechend BVerfGE 107, 339 (356 ff.) ein nicht behebbares Verfahrenshindernis vorliegen, welches zur Einstellung des Verfahrens führt.[23] Nach der Gegenauffassung hat das Bundesverfassungsgericht den Verbotsantrag zurückzuweisen, wenn die für die Durchführung der mündlichen Verhandlung erforderliche Anzahl von sechs Stimmen nicht erreicht wird, und zwar mit den Gründen der den Antrag ablehnenden Richter.[24] 10

Wenn das Vorverfahren mit einem Durchführungsbeschluss geendet hat, ist nach dem Wortlaut des § 45 die Verhandlung durchzuführen. Damit ist eine **öffentliche mündliche Verhandlung** gemeint, wie sich aus dem Zusammenspiel von §§ 25 Abs. 1 und 45 ergibt. Die aus dem Rechtsstaatsprinzip folgenden Grundsätze der Öffentlichkeit und Mündlichkeit der Verhandlung garantieren eine umfassende Gewährung von Gehör vor Gericht, dienen der Information der Allgemeinheit über den Gegenstand der gerichtlichen Entscheidungen und ermöglichen die Kontrolle gerichtlicher Tätigkeit.[25] Deshalb sind im Verbotsverfahren **Tatsachen**, die für eine Prozessentscheidung oder für die Sachentscheidung erheblich sind, in einer öffentlichen mündlichen Verhandlung **aufzuklären.**[26] So ist der Zweite Senat auch im vollständig durchgeführten zweiten NPD-Verbotsverfahrens vorgegangen.[27] 11

Sofern nicht alle Beteiligten ausdrücklich auf mündliche Verhandlung verzichtet haben (§ 25 Abs. 1), dürfen **verfahrensabschließende Entscheidungen** außerhalb der mündlichen Verhandlung grundsätzlich nicht getroffen werden.[28] Ob ein nicht behebbares Verfahrenshindernis, wie es im ersten NPD-Verbotsverfahren von einer ausreichenden Zahl von Richtern des Zweiten Senats angenommen wurde,[29] ausnahmsweise eine Entscheidung außerhalb mündlicher Verhandlung rechtfertigt, erscheint zweifelhaft. Jedenfalls müssen die damit zusammenhängenden Fragen, wie im ersten NPD-Verfahren auch geschehen, in einem **Erörterungstermin** mit den Beteiligten verhandelt werden.[30] 12

22 BVerfGE 107, 339 (357); siehe auch BVerfGE 140, 316 (317).
23 Dem folgend Burkiczak/Dollinger/Schorkopf BVerfGG/Dollinger § 45 Rn. 14.
24 Schmidt-Bleibtreu/Klein/Bethge BVerfGG/von Coelln § 45 Rn. 11 (Stand: Juli 2020); Barczak BVerfGG/Kliegel § 45 Rn. 11.
25 BVerfGE 103, 44 (63 f.).
26 BVerfGE 107, 339 (383); zur Beweiserhebung vgl. den weiterführenden Hinweis bei Barczak BVerfGG/Kliegel § 45 Rn. 13 ff.
27 BVerfGE 144, 20 (144 ff., Rn. 349 ff.).
28 BVerfGE 107, 339 (383).
29 BVerfGE 107, 339 (360 ff.).
30 BVerfGE 107, 339 (349 f.).

§ 46 [Entscheidung über Verfassungswidrigkeit einer politischen Partei]

(1) Erweist sich der Antrag auf Entscheidung gemäß Artikel 21 Absatz 2 des Grundgesetzes als begründet, so stellt das Bundesverfassungsgericht fest, daß die politische Partei verfassungswidrig ist.

(2) Die Feststellung kann auf einen rechtlich oder organisatorisch selbständigen Teil einer Partei beschränkt werden.

(3) [1]Mit der Feststellung ist die Auflösung der Partei oder des selbständigen Teiles der Partei und das Verbot, eine Ersatzorganisation zu schaffen, zu verbinden. [2]Das Bundesverfassungsgericht kann in diesem Fall außerdem die Einziehung des Vermögens der Partei oder des selbständigen Teiles der Partei zugunsten des Bundes oder des Landes zu gemeinnützigen Zwecken aussprechen.

1 § 46 regelt den **Inhalt von Entscheidungen** über Parteiverbotsanträge gemäß Art. 21 Abs. 2 GG; Anträge auf Entscheidung, ob eine Partei von staatlicher Finanzierung ausgeschlossen ist, behandelt die neu eingeführte Parallelnorm des § 46a (→ § 46a Rn. 1). Der Regelungsgehalt des § 46 beschränkt sich aber auf die Fälle, dass der Antrag ganz (Abs. 1) oder teilweise (Abs. 2) begründet ist. Ist er nicht begründet, ist der Antrag unter Rückgriff auf die Formulierung des § 45 zurückzuweisen. Mit dem Merkmal „begründet" verweist Abs. 1 auf die **verfassungsunmittelbaren Voraussetzungen des Art. 21 Abs. 2 GG** (→ § 43 Rn. 5 f.). Ziffer 1 des Entscheidungstenors lautet deshalb, die Partei ist verfassungswidrig. Dabei handelt es sich, wie die Norm in Abs. 1, Abs. 2 und Abs. 3 Satz 1 selbst klarstellt, um eine Feststellung.

2 Dieser Entscheidungstenor **verbindet deklaratorische mit konstitutiven Elementen.** Die Entscheidung ist deklaratorisch, soweit sie eine seit der Verwirklichung der Tatbestandsmerkmale von Art. 21 Abs. 2 Satz 1 GG gegebene materielle Rechtslage feststellt. Entscheidend ist aber, dass erst der Ausspruch des Bundesverfassungsgerichts gestattet, Rechtsfolgen aus dieser materiellen Rechtslage abzuleiten.[1] Deshalb dominiert das konstitutive Element.[2] Aus diesem Grund hat die Entscheidung des Bundesverfassungsgerichts nach § 46 Abs. 1 auch keine Rückwirkungen.[3]

3 **Abs. 2** enthält zwei Aussagen. Unausgesprochen liegt der Norm die Aussage zugrunde, dass die Feststellung der Verfassungswidrigkeit einer Partei all ihre **Teil- und Unterorganisationen** erfasst, also sowohl Gebietsverbände im Sinne von § 7 PartG wie gruppenspezifische Organisationseinheiten, insbesondere **Jugendverbände.**[4] Das gilt, wie schon der Wortlaut zeigt, auch dann, wenn etwa eine Jugendorganisation rechtlich verselbstständigt ist.[5] Diese Auslegung liegt auch im Interesse sowohl der politischen Parteien wie ihrer

1 Lechner/Zuck/Zuck § 46 Rn. 1.
2 Vgl. Dürig/Herzog/Scholz/Klein Art. 21 Rn. 555 f.; siehe auch Burkiczak/Dollinger/Schorkopf BVerfGG/Dollinger § 46 Rn. 40.
3 BVerfGE 12, 296 (304 f.).
4 Vgl. die Formulierung der Verbotsanträge in BVerfGE 144, 20 (23) und 107, 299 (339); siehe auch BVerfGE 135, 234 (234).
5 Zutreffend Dreier/Morlok Art. 21 Rn. 42 f.

rechtlich verselbstständigten Teile, weil andernfalls rechtlich verselbstständigte (Jugend-)Organisationen außerhalb des Verfahrens des Art. 21 Abs. 2 GG als bloße Vereinigungen (§ 3 VereinsG) verboten werden könnten. Ihre Einbeziehung in den Begriff des – wenn auch rechtlich oder organisatorisch selbstständigen – „Teiles der Partei" erstreckt das Parteienprivileg (→ § 43 Rn. 1) auch auf sie.

Die ausdrücklich ausgesprochene Aussage von Abs. 2 besteht darin, dass sich die **Feststellung der Verfassungswidrigkeit auch auf** solche, weit verstandene **Teile einer Partei beschränken kann**. Das trägt sowohl dem Grundsatz der Verhältnismäßigkeit wie der Zielsetzung des Art. 21 Abs. 2 GG Rechnung. Ist der Antrag nur in Bezug auf solche Teile einer Partei begründet, kann die Feststellung der Verfassungswidrigkeit nicht nur auf diesen Teil beschränkt werden, sondern sie muss es auch.[6] Angewandt wurde die Vorschrift bislang noch nicht. Da sie sich nur auf die Rechtsfolgenseite bezieht, bietet sie keine Grundlage für eine Antragsbefugnis von Landesregierungen, die nur den Landesverband einer bundesweit agierenden Partei verboten haben wollen. Das folgt aus dem systematischen Zusammenhang mit § 43 Abs. 2 und § 36. 4

Das **eigentliche Parteienverbot** ist nicht die Feststellung der Verfassungswidrigkeit einer Partei, sondern die damit nach **Abs. 3 Satz 1** zu verbindende **Auflösung der Partei**.[7] Mit der Auflösung erlischt rechtlich die Existenz der Partei.[8] Praktisch führt sie zu einer Zerschlagung der Parteiorganisation. Das gilt auch für Teilorganisationen. Mit diesem Auflösungskonzept ist § 46 Abs. 3 Satz 1 auch verfassungskonform.[9] 5

Bei einer freiwilligen Auflösung einer politischen Partei (§§ 6 Abs. 2 Nr. 11, 9 Abs. 3 PartG) würde über das Parteivermögen nach vereinsrechtlichen Grundsätzen ein Liquidationsverfahren (§§ 47 f. BGB) durchgeführt, sofern nicht eine Anfallsbestimmung getroffen ist (§§ 45, 46 BGB). Darauf nimmt § 46 **Abs. 3 Satz 2** scheinbar Rücksicht, indem es die **Einziehung des Vermögens der Partei** nicht verbindlich vorschreibt, sondern durch die Formulierung „kann … aussprechen" in das „pflichtgemäße Ermessen des Bundesverfassungsgerichts gestellt" hat.[10] 6

Das täuscht aber einen größeren Spielraum vor, als er nach der Rechtsprechung des Bundesverfassungsgerichts tatsächlich besteht. Denn es kann nur dann davon abgesehen werden, die Einziehung des Vermögens auszusprechen, wenn entweder offensichtlich keine nennenswerten Vermögenswerte der aufgelösten Partei vorhanden sind oder ihre vermögensrechtlichen Verhältnisse so klar liegen, dass eine Auseinandersetzung in kürzester Frist möglich erscheint. In allen anderen Fällen, insbesondere, wenn die Vermögensverhältnisse nicht übersichtlich sind, **muss** das Vermögen **eingezogen werden**.[11] Damit soll verhindert werden, dass Organe der aufgelösten Partei 7

6 Lechner/Zuck/Zuck § 46 Rn. 13; Ipsen PartG/Stein § 33 Rn. 7.
7 Vgl. die Antragstellung in BVerfGE 144, 20 (23).
8 Dürig/Herzog/Scholz/Klein Art. 21 Rn. 559; siehe auch Burkiczak/Dollinger/Schorkopf BVerfGG/Dollinger § 46 Rn. 44.
9 BVerfGE 144, 20 (202, Rn. 527).
10 BVerfGE 5, 85 (392).
11 BVerfGE 5, 85 (392); sowie BeckOK BVerfGG/Walter § 46 Rn. 6; zu oberflächlich BVerfGE 144, 20 (202, Rn. 527), wo von einer „fakultativen Einziehung" des Parteiver-

unter dem Vorwand der Vermögensauseinandersetzung den Zusammenhalt der Partei aufrechterhalten.

8 Die Einziehung erfolgt **zugunsten des Bundes oder des Landes** zu gemeinnützigen Zwecken. Zugunsten des Bundes erfolgt sie bei länderübergreifend tätigen Parteien, zugunsten eines Landes dann, wenn dessen Landesregierung Antragstellerin war (§ 43 Abs. 2).

9 Mit der Feststellung der Verfassungswidrigkeit ist nicht nur die Auflösung der Partei zu verbinden, sondern nach **Abs. 3 Satz 1** auch das **Verbot, eine Ersatzorganisation zu schaffen**. Ersatzorganisationen in diesem Sinne sind dazu bestimmt, an die Stelle einer nicht mehr vorhandenen oder nicht mehr funktionierenden Organisation zu treten. Sie unterscheiden sich organisatorisch, wollen aber funktionell dasselbe.[12] Auch die gesetzliche Vorgabe des Verbots einer Ersatzorganisation ist verfassungskonform.[13]

10 Ersatzorganisationen können **auch neue Parteien** sein. In solchen Fällen ist nicht immer ein neues Parteiverbotsverfahren vor dem Bundesverfassungsgericht erforderlich. Einschlägig ist **§ 33 PartG**. Eine Feststellungsentscheidung durch das Bundesverfassungsgericht, dass es sich um eine verbotene Ersatzorganisation handelt, ist dann zu treffen, wenn die Partei schon vor dem Verbot der ursprünglichen Partei bestanden hat oder im Bundestag oder in einem Landtag vertreten ist (§ 33 Abs. 2 PartG; parteiverbotsähnliches Verfahren). Auf alle anderen Parteien und auf Vereine, die Ersatzorganisationen einer verbotenen Partei sind, ist die für Vereinsverbote einschlägige Regelung des § 8 Abs. 2 Vereinsgesetz entsprechend anzuwenden (§ 33 Abs. 3 PartG). Die Durchführung des Ersatzorganisationsverbots erfolgt insoweit also in einem administrativen Verfahren.[14]

11 Nicht in § 46, sondern in den Wahlgesetzen von Bund und Ländern sind die **Auswirkungen auf Parlamentsmandate** geregelt. Nach § 46 Abs. 1 Satz 1 Nr. 5 BWG verliert ein Abgeordneter die Mitgliedschaft im Deutschen Bundestag bei Feststellung der Verfassungswidrigkeit der Partei, der er angehört, durch das Bundesverfassungsgericht; dasselbe gilt für in Deutschland gewählte Abgeordnete des Europäischen Parlaments (§ 22 Abs. 2 Nr. 5 EuWG). Beides ist verfassungsmäßig,[15] zumal sich der vom **Mandatsverlust** bedrohte Abgeordnete diesem Verlust entziehen kann, indem er vor Feststellung des Verbots aus der Partei austritt. Denn dann gehört er ihr nicht mehr an im Sinne von §§ 46 Abs. 1 Satz 1 Nr. 5 BWG, 22 Abs. 2 Nr. 5 EuWG. § 22 Abs. 2 Nr. 5 EuWG ist auch unionsrechtskonform.[16]

12 Der **Europäische Gerichtshof für Menschenrechte** hat bei einem zulässigen Parteiverbot den damit verbundenen Mandatsverlust führender Parteimitglieder nicht beanstandet.[17] Für die weniger herausgehobenen Parteimitglieder könnte der in den Wahlgesetzen von Bund und Ländern angeordnete

---

mögens gesprochen wird. In diese Richtung aber auch Burkiczak/Dollinger/Schorkopf BVerfGG/Dollinger § 46 Rn. 45.

12 BVerfGE 6, 300 (307).

13 BVerfGE 144, 20 (202, Rn. 527).

14 Einzelheiten bei Ipsen PartG/Stein § 33 Rn. 18 ff.

15 Dürig/Herzog/Scholz/Klein Art. 21 Rn. 568 f.

16 BVerfGE 104, 214 (219).

17 EGMR, Urteil vom 13.2.2003 – 41340/98 ua, Tz. 133 f. – Refah Partisi ua / Türkei.

Mandatsverlust im Hinblick auf Art. 3 Abs. 1 des 1. Zusatzprotokolls zur EMRK unverhältnismäßig sein.[18] Fraktionsvorsitzende, ihre Stellvertreter und parlamentarische Geschäftsführer sowie die im Sinne von § 44 zur Vertretung der Partei auf Bundes- und Landesebene zuständigen Personen wird man aber als führende Parteimitglieder ansehen dürfen. Dasselbe gilt für den Spitzenkandidaten einer Partei, der nach der Aufhebung der Drei-Prozent-Sperrklausel als einziger Vertreter seiner Partei in das Europäische Parlament gewählt worden ist.

§ 46a [Entscheidung über den Ausschluss von der staatlichen Parteienfinanzierung]

(1) [1]**Erweist sich der Antrag auf Entscheidung gemäß Artikel 21 Absatz 3 des Grundgesetzes als begründet, so stellt das Bundesverfassungsgericht fest, dass die Partei für sechs Jahre von der staatlichen Finanzierung nach § 18 des Parteiengesetzes ausgeschlossen ist.** [2]**Die Feststellung ist auf Ersatzparteien zu erstrecken.** [3]**Dass eine Partei die Bestrebungen einer nach Satz 1 von der staatlichen Finanzierung ausgeschlossenen Partei als Ersatzpartei an deren Stelle weiter verfolgt oder fortführt, stellt das Bundesverfassungsgericht entsprechend Satz 1 fest.** [4]**Die Feststellung erfolgt auf Antrag eines Berechtigten nach § 43 Absatz 1 Satz 1; § 45 ist auf das Verfahren nicht anzuwenden.**

(2) [1]**Beantragt einer der Antragsberechtigten spätestens sechs Monate vor Ablauf der Frist nach Absatz 1 Satz 1 ihre Verlängerung, bleibt die Partei bis zur Entscheidung über diesen Antrag von staatlicher Finanzierung ausgeschlossen.** [2]**§ 45 ist auf das Verfahren nicht anzuwenden.** [3]**Das Bundesverfassungsgericht kann ohne mündliche Verhandlung entscheiden.** [4]**Für die Entscheidung gilt Absatz 1 entsprechend.** [5]**Erneute Verlängerungsanträge sind statthaft.**

§ 46a ist eine Sondervorschrift für das neue Verfahren über den Antrag, ob eine Partei von der staatlichen Finanzierung ausgeschlossen ist (Art. 21 Abs. 3 GG). Den ersten Anwendungsfall stellt das Urteil des Zweiten Senats vom 23.1.2024 dar, mit dem die frühere NPD und jetzige Partei „Die Heimat" von der staatlichen Finanzierung nach § 18 PartG ausgeschlossen worden ist.[1] Der angesprochene Antrag auf Entscheidung gemäß Art. 21 Abs. 3 GG ist auch gegenüber einem vorangegangenen Parteiverbotsverfahren eigenständig.[2] Regelungsgegenstand des § 46a ist wie bei der Parallelvorschrift des § 46 für den Parteiverbotsantrag der Inhalt der vom Bundesverfassungsgericht zu treffenden Entscheidung. Geregelt wird nur der Fall, dass sich der Antrag 1

18 Siehe auch Dürig/Herzog/Scholz/Klein Art. 21 Rn. 570a; konventionsrechtlichen Handlungsbedarf sieht auch Burkiczak/Dollinger/Schorkopf BVerfGG/Dollinger § 46 Rn. 72.

1 BVerfG, Urteil des Zweiten Senats vom 23.1.2024 – 2 BvB 1/19, Tenor Ziff. 1, Juris; vgl. zur Einordnung Lenz/Stützel NVwZ-Beil. 2024, 57 ff. Zuvor hatte der Zweite Senat mit Beschluss vom 23.5.2023 – 2 BvB 1/19, Juris, entschieden, die mündliche Verhandlung durchzuführen.

2 BVerfG, Beschluss des Zweiten Senats vom 20.6.2023 – 2 BvE 1/17, Rn. 32 bei Juris.

als begründet erweist; andernfalls ist der Antrag unter Rückgriff auf die Formulierung des § 45 zurückzuweisen. Mit dem Merkmal „begründet" verweist Abs. 1 Satz 1 auf die **verfassungsunmittelbaren Voraussetzungen des Art. 21 Abs. 3 GG**. Ziffer 1 des Entscheidungstenors muss deshalb lauten: „Die Partei ist von der staatlichen Finanzierung ausgeschlossen." Die Dauer des Ausschlusses – für sechs Jahre – ergibt sich aus dem Gesetz, muss also nicht eigens erwähnt werden. Der Zweite Senat hat das gleichwohl in den Tenor im Fall des Ausschlusses der früheren NPD aufgenommen.[3] Dabei handelt es sich, wie die Norm in Abs. 1 Sätze 1 und 2 selbst klarstellt, um eine Feststellung.[4] Für das Feststellungsverfahren nach Abs. 1 Satz 1 gelten wegen der systematischen Einbettung in III. Teil, Zweiter Abschnitt die §§ 43 bis 47 mit Ausnahme der auf Parteiverbotsverfahren beschränkten Norm des § 46.[5] Einen über die Feststellung hinausgehenden Entscheidungsinhalt, wie bei § 46 die Auflösung der Partei, kann es deshalb bei § 46a nicht geben.

2 Der verfassungsunmittelbare Begriff „Ausschluss von staatlicher Finanzierung" wird in Abs. 1 Satz 1 konkretisiert auf den Ausschluss von der staatlichen Finanzierung nach § 18 des Parteiengesetzes. Das ist die sogenannte Teilfinanzierung der allgemein den Parteien nach dem Grundgesetz obliegenden Tätigkeit, wie das Parteiengesetz sie in Umsetzung der Grundsatzentscheidung von BVerfGE 85, 264 ausgestaltet hat, wobei wegen des Eingreifens einer gesetzlichen Dynamisierungsregelung das Gesamtvolumen nicht mehr unmittelbar aus dem Gesetz ablesbar ist (§ 18 Abs. 2 PartG). Das gibt den **Umfang des Ausschlusses** aber nur unvollständig wieder. Mit dem Gesetz zum Ausschluss verfassungsfeindlicher Parteien von der Parteienfinanzierung sind auch eine ganze Reihe von steuerlichen Vorschriften so geändert worden, dass sie von den dort vorgesehenen Begünstigungen politischer Parteien die Parteien ausnehmen, die gemäß § 18 Abs. 7 PartG von der staatlichen Teilfinanzierung ausgeschlossen sind. Das betrifft etwa die Regelungen über die Abzugsfähigkeit von Parteispenden im Rahmen des Einkommensteuerrechts, etwa in § 10b Abs. 2 Satz 1 und § 34g Satz 1 Nr. 1 EStG.[6] Diese Erweiterung des Ausschlusses hält sich im Rahmen der Verfassung. Art. 21 Abs. 3 Satz 2 GG stellt ausdrücklich klar, dass bei Feststellung des Ausschlusses von der staatlichen Finanzierung auch die steuerliche Begünstigung dieser Parteien und von Zuwendungen an diese Parteien entfällt.[7]

3 Interessant ist, dass der Ausschluss kraft Gesetzes **auf sechs Jahre beschränkt** ist. Die Frist beginnt mit der Verkündung der Feststellungsentscheidung (§ 30). Mit dieser gesetzlichen Befristung des Ausschlusses hat der Gesetzgeber den im Gesetzentwurf der Fraktionen der CDU/CSU und der SPD vorgesehenen Mechanismus umgekehrt. Der Entwurf sah einen unbefristeten Ausschluss vor, der lediglich auf Antrag der betroffenen Partei alle vier Jahre überprüft werden konnte.[8] Der grundsätzlich auf sechs Jahre befristete Ausschluss kann aber nach Abs. 2 verlängert werden. Mit der

---

3 BVerfG, Urteil des Zweiten Senats vom 23.1.2024 – 2 BvB 1/19, Tenor Ziff. 1, Juris.
4 So jetzt auch Burkiczak/Dollinger/Schorkopf BVerfGG/Drossel § 46a Rn. 24.
5 Vgl. Lechner/Zuck/Zuck § 46a Rn. 6; Barczak BVerfGG/Barczak § 46a Rn. 15, 18 f.
6 Vgl. dazu BT-Drs. 18/12358, S. 4 und S. 10 f.
7 Zu praktischen Umsetzungsfragen vgl. Ipsen PartG/Koch § 18 Rn. 43 ff.
8 BT-Drs. 18/12358.

Kombination aus Befristung und Verlängerungsmöglichkeit stellt das Gesetz sicher, dass die Initiative nicht auf die belastete Partei übergeht, sondern bei den antragsberechtigten staatlichen Organen verbleibt und sich auch die Verfahrensrollen der Beteiligten nicht umkehren.[9]

Nach Abs. 1 Satz 2 ist die Feststellung **auf Ersatzparteien zu erstrecken**. Das folgt dem Vorbild der Regelung in § 46 Abs. 3 Satz 1 für das Parteiverbotsverfahren und hat wie dort konstitutive Wirkung (→ § 46 Rn. 9 f.). Während beim Parteiverbot die Feststellung, ob eine Einheit sich als Ersatzorganisation darstellt, im Parteiengesetz geregelt ist (§ 33 Abs. 2 und 3 PartG), ist beim Finanzierungsausschluss das dazu erforderliche Feststellungsverfahren unmittelbar im Gesetz über das Bundesverfassungsgericht geregelt, und zwar in § 46a Abs. 1 Satz 3 und 4. 4

Die Feststellung, dass eine Partei die Bestrebungen einer nach Abs. 1 Satz 1 von der staatlichen Finanzierung ausgeschlossenen Partei als Ersatzpartei an deren Stelle weiterverfolgt oder fortführt, trifft das Bundesverfassungsgericht in einer Abs. 1 Satz 1 entsprechenden Weise (Abs. 1 Satz 3). Im praktischen Ergebnis bedeutet das, dass **gleichsam erneut ein Verfahren nach Art. 21 Abs. 3 GG**, §§ 43, 46a durchzuführen ist, auch wenn es jetzt im Kern nur noch um die „Ersatzfunktion“ der anderen Partei geht. Hat die bislang noch nicht beurteilte Partei die Funktion einer Ersatzpartei für die ausgeschlossene Partei, dann wird das Vorliegen der Voraussetzungen des Art. 21 Abs. 3 GG nicht erneut geprüft; etwas anderes gilt nur dann, wenn die Sechs-Jahres-Frist nach Abs. 1 Satz 1 abgelaufen und nicht verlängert (Abs. 2) worden ist. 5

Abs. 1 Satz 4 bestimmt, dass die Feststellung nach Abs. 3 über den Status als Ersatzpartei **ebenfalls auf Antrag der Berechtigten** nach § 43 Abs. 1 Satz 1 erfolgt, also auf Antrag des Bundestages, des Bundesrats oder der Bundesregierung. Es ist nicht erforderlich, dass der Antragsteller des Verfahrens nach Abs. 1 Sätze 3 und 4 auch Antragsteller des Verfahrens nach Abs. 1 Satz 1 war.[10] Landesregierungen können keine Anträge auf Feststellung des Status als Ersatzpartei stellen, weil § 43 Abs. 2 in Abs. 1 Satz 4 nicht erwähnt wird.[11] Das Ersatzparteifeststellungsverfahren ist gegenüber dem Verfahren über den Antrag auf Entscheidung, ob eine Partei von staatlicher Finanzierung ausgeschlossen ist, verkürzt, weil es der Sache nach nur um die Funktion der neuen Partei als Ersatzpartei geht. Abs. 1 Satz 4, 2. Halbsatz trägt dem dadurch Rechnung, dass § 45 auf dieses Ersatzparteifeststellungsverfahren nicht anzuwenden ist. Das erlaubt einen Verzicht auf eine mündliche Verhandlung und lässt das Vorverfahren wegfallen.[12] 6

Abs. 2 enthält die in den Beratungen des Innenausschusses des Deutschen Bundestages gefundene **Verlängerungsregelung**. Verlängerung bedeutet, dass der nach Abs. 1 angeordnete Ausschluss ohne Unterbrechung fortgeführt wird. Käme es zu einer Unterbrechung, läge ein neuer Ausschluss vor, der nur nach Abs. 1 Satz 1 möglich ist. Die Regelung des Abs. 2 Satz 1, nach der ein Verlängerungsantrag spätestens fünfeinhalb Jahre nach der Feststellung 7

9 Vgl. zur Motivlage BT-Drs. 18/12846, S. 10.
10 So jetzt auch Burkiczak/Dollinger/Schorkopf BVerfGG/Drossel § 46a Rn. 32.
11 AA Barczak BVerfGG/Barczak § 46a Rn. 8.
12 BT-Drs. 18/12846, S. 10.

des Ausschlusses von der Parteienfinanzierung gestellt werden muss, ist deshalb als Ausschlussfrist zu verstehen,[13] nicht aber als bloße Voraussetzung für die weitere Aufrechterhaltung des Ausschlusses bis zur Entscheidung über den Verlängerungsantrag.[14] Der Verlängerungsantrag kann von jedem der nach § 43 Antragsberechtigten gestellt werden, im Fall von Landesparteien also auch von der Landesregierung. Das Gesetz erwartet vom Bundesverfassungsgericht, dass es innerhalb der verbleibenden sechs Monate bis zum Ablauf der Sechs-Jahres-Periode zu einer Entscheidung über den Verlängerungsantrag kommt. Für den Fall, dass das nicht gelingt, erledigt sich nicht etwa der Verlängerungsantrag,[15] sondern bleibt nach der ausdrücklichen Anordnung von Abs. 2 Satz 1 die Partei durch den rechtzeitig gestellten Verlängerungsantrag bis zur Entscheidung über diesen Antrag von staatlicher Finanzierung ausgeschlossen. Insoweit löst schon die rechtzeitige Stellung des Verlängerungsantrags eine gewisse Verlängerung der Geltungsdauer der Ausschlussentscheidung nach Abs. 1 Satz 1 aus.[16] Das verhindert einerseits ein kurzzeitiges Wiedereintreten der Partei in die staatliche Finanzierung und zwingt die Antragsberechtigten nicht, zur Vermeidung eines solchen Hin und Hers einen Antrag nach § 32 zu stellen. Auch bezogen auf Verlängerungsanträge ist ein Vorverfahren durch Abs. 2 Satz 2 ausgeschlossen und es kann, wie Satz 3 klarstellt, ohne mündliche Verhandlung entschieden werden. Nach Satz 4 gilt für die Entscheidung Abs. 1 entsprechend. Das verweist zum einen auf den Maßstab nach Art. 21 Abs. 3 GG. Zum anderen ist damit vorgegeben, dass die Verlängerung erneut für sechs Jahre gilt. Satz 5 stellt klar, dass Verlängerungsanträge immer wieder gestellt werden können; auch insoweit bleibt es bei den Beschränkungen nach Satz 1.

8 Insgesamt erweist sich das Gesetz gewordene Verfahren als gegenüber dem ursprünglichen Gesetzentwurf **mildere Modell**.[17] Zwar gilt eine Ausschlussfeststellung mit sechs Jahren zwei Jahre länger, dafür endet sie automatisch und belastet nicht die Partei mit der Verpflichtung, das Verfahren aktiv zu betreiben. Insofern hält sich die Gesetz gewordene Lösung näher an dem in § 39 Abs. 1 Satz 2 (→ § 39 Rn. 2) für die Grundrechtsverwirkung schon verankerten Modell einer Befristung auf einen bestimmten Zeitraum.[18]

§ 47 [Beschlagnahme, Durchsuchung]

Die Vorschriften der §§ 38 und 41 gelten entsprechend.

1 § 47 ordnet an, dass im Parteiverbotsverfahren und im Verfahren auf Ausschließung von der staatlichen Finanzierung die für das Grundrechtsverwirkungsverfahren maßgeblichen Vorschriften der **§§ 38 und 41 entsprechend gelten**. Thematisch betrifft das die Durchführung von Beschlagnahmen und Durchsuchungen durch das Bundesverfassungsgericht, eine richterliche Vor-

13 Zutreffend Lechner/Zuck/Zuck § 46a Rn. 13 und 17.
14 So aber Barczak BVerfGG/Barczak § 46a Rn. 22.
15 So aber Lechner/Zuck/Zuck § 46a Rn. 17.
16 Ebenso Burkiczak/Dollinger/Schorkopf BVerfGG/Drossel § 46a Rn. 40.
17 Ablehnend deshalb Ipsen JZ 2017, 933 (936).
18 Siehe auch Barczak BVerfGG/Barczak § 46a Rn. 16.

untersuchung und die Grenzen für eine Wiederholung eines Antrags nach Art. 21 Abs. 4 GG, § 41.

§ 47 in Verbindung mit § 38 Abs. 1 gibt dem Bundesverfassungsgericht **eigene Möglichkeiten zur Sicherstellung von Beweismitteln**, und zwar ab Eingang des Antrags (→ § 38 Rn. 1 f.).[1] Zwar wäre denkbar gewesen, das Bundesverfassungsgericht erst nach Abschluss des Vorverfahrens im Sinne von § 45 mit der Befugnis zur Anordnung von Durchsuchungen und Beschlagnahmen auszustatten,[2] aber diese Einschränkung hat der Gesetzgeber nicht vorgesehen. Das Gesetz vertraut vielmehr darauf, dass das Bundesverfassungsgericht verhältnismäßig vorgeht. 2

Auch im Parteiverbotsverfahren kann nach § 47 iVm § 38 Abs. 2 zur Vorbereitung der mündlichen Verhandlung eine **Voruntersuchung** angeordnet werden, die dann von einem Richter des Ersten Senats durchgeführt wird.[3] Davon wird in der Praxis aber kein Gebrauch gemacht. Stattdessen hat sich das Bundesverfassungsgericht aus Anlass des ersten NPD-Verbotsverfahrens von den Ländern eine ganze Reihe von **zusätzlichen wissenschaftlichen Mitarbeitern** abordnen lassen. 3

§ 47 iVm § 41 lässt eine **Wiederholung eines Verbotsantrags** gegen dieselbe Partei, nachdem das Bundesverfassungsgericht über einen Antrag sachlich entschieden hat, nur dann zu, wenn er auf neue Tatsachen gestützt wird. Dazu hat das Bundesverfassungsgericht im ersten NPD-Verfahren klargestellt, dass bei einer **Einstellung** eines Verfahrens wegen eines als unbehebbar angesehenen Verfahrenshindernisses **keine sachliche Entscheidung** über den Antrag im Sinne von § 47 iVm § 41 erfolgt und deshalb ein neuer Antrag ohne Weiteres möglich ist, insbesondere nicht auf neue Tatsachen gestützt sein muss.[4] Deshalb hat ein aus § 47 iVm § 41 abgeleitetes Wiederholungsverbot beim zweiten NPD-Verbotsverfahren auch keine Rolle gespielt.[5] 4

Dritter Abschnitt
Verfahren in den Fällen des § 13 Nr. 3
[Wahlprüfung]

§ 48 [Zulässigkeit des Antrags]

(1) Die Beschwerde gegen den Beschluß des Bundestages über die Gültigkeit einer Wahl, die Verletzung von Rechten bei der Vorbereitung oder Durchführung der Wahl, soweit sie der Wahlprüfung nach Artikel 41 des Grundgesetzes unterliegen, oder den Verlust der Mitgliedschaft im Bundestag kann der Abgeordnete, dessen Mitgliedschaft bestritten ist, eine wahlberechtigte Person oder eine Gruppe von wahlberechtigten Personen, deren Einspruch vom Bundestag verworfen worden ist,

1 Vgl. auch BVerfGE 107, 339 (389).
2 Vgl. Burkiczak/Dollinger/Schorkopf BVerfGG/Dollinger § 47 Rn. 6; Schmidt-Bleibtreu/Klein/Bethge BVerfGG/von Coelln § 47 Rn. 7.
3 Vgl. dazu Dürig/Herzog/Scholz/Klein Art. 21 Rn. 549.
4 BVerfGE 107, 339 (372).
5 Vgl. BVerfGE 144, 20 (32 bis 34).

eine Fraktion oder eine Minderheit des Bundestages, die wenigstens ein Zehntel der gesetzlichen Mitgliederzahl umfaßt, binnen einer Frist von zwei Monaten seit der Beschlußfassung des Bundestages beim Bundesverfassungsgericht erheben; die Beschwerde ist innerhalb dieser Frist zu begründen.

(2) Das Bundesverfassungsgericht kann von einer mündlichen Verhandlung absehen, wenn von ihr keine weitere Förderung des Verfahrens zu erwarten ist.

(3) Erweist sich bei Prüfung der Beschwerde einer wahlberechtigten Person oder einer Gruppe von wahlberechtigten Personen, dass deren Rechte verletzt wurden, stellt das Bundesverfassungsgericht diese Verletzung fest, wenn es nicht die Wahl für ungültig erklärt.

I. Gegenstand und Bedeutung

1 Die Beschwerde nach § 48 ist die sogenannte **Wahlprüfungsbeschwerde**. Diese auch vom Bundesverfassungsgericht verwendete Bezeichnung[1] taucht zwar weder im Grundgesetz noch im Gesetz über das Bundesverfassungsgericht auf, gibt den Verfahrensgegenstand aber im Kern richtig wieder. Im Verfahren nach § 48 erfolgt nicht die dem Bundestag vorbehaltene Wahlprüfung (Art. 41 Abs. 1 GG), sondern eine **Überprüfung der Wahlprüfung** darauf, ob ihr Ergebnis mit den gesetzlichen und verfassungsrechtlichen Vorgaben übereinstimmt.[2] Gegenstand der Wahlprüfungsbeschwerde ist ein auf Einspruch des Beschwerdeführers ergangener Beschluss des Bundestages über die Gültigkeit der jeweiligen Bundestagswahl.[3] Einzelne Handlungen von Wahlorganen können deshalb kein zulässiger Gegenstand der Wahlprüfungsbeschwerde sein.[4] Ebenso wenig können Verfahren, die vor Durchführung

1 Vgl. BVerfG, Urteil des Zweiten Senats vom 19.12.2023 – 2 BvC 4/23, Ziff. 3 des Tenors bei Juris – Bundestagswahl in Berlin.

2 So ausdrücklich unter Berufung auf diese Kommentierung BVerfGE 160, 129 (137, Rn. 31) – Ermittlungspflichten des Wahlprüfungsausschusses; ebenso BVerfG, Urteil des Zweiten Senats vom 19.12.2023 – 2 BvC 4/23, Rn. 109 und Rn. 114 bei Juris – Bundestagswahl in Berlin; BVerfGE 146, 327 (348, Rn. 55) – Eventualstimme; 132, 39 (47, Rn. 22) – Wahlberechtigung der Auslandsdeutschen; 129, 300 (316 f.) – Fünf-Prozent-Sperrklausel bei Europawahlen.

3 Vgl. BVerfG, Urteil des Zweiten Senats vom 19.12.2023 – 2 BvC 4/23, Rn. 109 und 114 bei Juris – Bundestagswahl in Berlin; BVerfG, Beschluss des Zweiten Senats vom 19.9.2023 – 2 BvC 5/23, Rn. 146 bei Juris – Wahlprüfungsbeschwerde der AfD-Fraktion; BVerfGE 146, 327 (345, Rn. 47).

4 BVerfGE 160, 129 (137, Rn. 31) mit dem klarstellenden Hinweis, dass ihre mittelbare Überprüfung in einem gegen die Entscheidung des Deutschen Bundestages gerichte-

der Wahl Rechtsschutz gewährleisten sollen, Teil der Wahlprüfungsbeschwerde im Sinne von § 48 sein.[5] Davon ist die vom Bundesverfassungsgericht offener gesehene Frage zu unterscheiden, ob die Wahlprüfungsbeschwerde ausnahmsweise auch schon vor Abschluss des Wahleinspruchsverfahrens im Deutschen Bundestag zulässig wird, etwa wenn sich dieses unangemessen verzögert (→ Rn. 6 ff.).[6] Für die verfassungsgerichtliche Kontrolle der Nichtanerkennung einer Vereinigung als wahlvorschlagsberechtigter Partei im Sinne von § 18 Abs. 4 BWG ist in Umsetzung der 2012 eingefügten Verfassungsnorm des Art. 93 Abs. 1 Nr. 4 c GG ein gesondertes, von der Wahlprüfungsbeschwerde getrenntes Verfahren der Nichtanerkennungsbeschwerde geschaffen worden (§§ 13 Nr. 3 a, 96 a bis 96 d). § 48 erfasst auch solche Verfahren nicht, die vom Antragsteller zwar als Wahlprüfungsbeschwerde bezeichnet werden, sich aber nicht auf die Wahl des Deutschen Bundestages beziehen, sondern auf die Wahl des Bundespräsidenten.[7]

Diese Ausgestaltung der Wahlprüfungsbeschwerde als der Wahl und der parlamentarischen Wahlprüfung zeitlich nachgelagerte Kontrolle folgt schon **unmittelbar aus der Verfassung**. Danach ist die Wahlprüfung zunächst Sache des Deutschen Bundestages (Art. 41 Abs. 1 GG).[8] § 48 ist lediglich die Ausführungsregelung für das in Art. 41 Abs. 2 iVm Abs. 1 GG vorgegebene Verfahren einer Beschwerde beim Bundesverfassungsgericht gegen Entscheidungen des Bundestages im Rahmen der Wahlprüfung (Art. 41 Abs. 1 Satz 1 GG) und der Mandatsprüfung (Art. 41 Abs. 1 Satz 2 GG). Dabei unterscheidet sich verfassungsrechtlich die Mandatsprüfung von der Wahlprüfung im engeren Sinne dadurch, dass die Mandatsprüfung auf die Frage beschränkt ist, ob ein schon gewählter Abgeordneter des Bundestages die Mitgliedschaft nachträglich verloren hat (vgl. § 15 Satz 1 WPrüfG). Das einfache Recht hat allerdings Mandatsprüfungsvorgänge verfahrensmäßig dem Mechanismus der Wahlprüfung geöffnet. 2

Die teilweise anzutreffende Vorstellung, die zeitlich und sachlich nachgelagerte Kontrollmöglichkeit im Beschwerdeverfahren vor dem Bundesverfassungsgericht sei an verfassungsrechtlichen Maßstäben zu prüfen oder gar 3

ten Wahlprüfungsverfahren dann erfolgen kann, wenn einzelne Handlungen von Wahlorganen einen Wahlfehler begründen, schon im Einspruchsverfahren beanstandet wurden und durch den Bundestag darüber zu entscheiden war.

5 Gegen die Zulässigkeit einer „vorverlegten Wahlprüfungsbeschwerde" BVerfGE 134, 135 (138, Rn. 5); ebenso Beschluss der 3. Kammer des Zweiten Senats vom 18.7.2019 – 2 BvR 1301/19, Rn. 19 bei Juris – Verfassungsbeschwerde der AfD Sachsen gegen die teilweise Nichtzulassung der Landesliste für die Landtagswahl 2019; aA VerfGH Sachsen, Urteil vom 16.8.2019 – Vf. 76-IV-19 (Hs.) ua, Rn. 40, 60 ff. bei Juris – vorverlegte Prüfung von Wahlfehlern mit außerordentlichem Gewicht als Ausnahme, entschieden zur teilweisen Nichtzulassung der AfD-Landesliste für die Landtagswahl 2019.

6 Vgl. die jeweils offen lassenden Entscheidungen BVerfGE 149, 378 (380, Rn. 8) und 149, 374 (376 f., Rn. 7) sowie BVerfG, Beschluss des Zweiten Senats vom 22.8.2018 – 2 BvQ 53/18 ua, Rn. 18 bei Juris, alle zum einstweiligen Rechtsschutz.

7 Beschluss der 2. Kammer des Zweiten Senats vom 14.3.2017 – 2 BvR 498/17, Rn. 1 f. bei Juris.

8 BVerfG, Urteil des Zweiten Senats vom 19.12.2023 – 2 BvC 4/23, Rn. 106 bei Juris – Bundestagswahl in Berlin.

im Ergebnis verfassungswidrig,[9] geht an der Verfassungslage vorbei.[10] Das Grundgesetz selbst hat sich dafür entschieden, die **Wahlprüfung als „Sache des Bundestages"** auszugestalten (Art. 41 Abs. 1 Satz 1 GG) und ihm auch die primäre Entscheidung darüber vorzubehalten, ob ein Abgeordneter des Bundestages die Mitgliedschaft verloren hat (Art. 41 Abs. 1 Satz 2 GG).

4 Dadurch und durch das Zusammenspiel mit Art. 41 Abs. 2 GG ist auf der Ebene der Verfassung entschieden, dass eine **gerichtliche Kontrolle** im Verfahren der Wahlprüfungsbeschwerde nur zeitlich nachgelagert und **nur in Bezug auf einen vorliegenden Beschluss des Bundestages** möglich ist.[11] Grundsätzlich ist allein dieser Parlamentsbeschluss Prüfungsgegenstand der Beschwerde. Lediglich im Rahmen seiner verfassungsgerichtlichen Überprüfung kann das Bundesverfassungsgericht dann auch inhaltlich abweichend über Fragen der Gültigkeit der Wahl und des Mandatsverlusts eines Abgeordneten entscheiden. Deshalb ist es Zweck der Wahlprüfungsbeschwerde, die gesetzmäßige Zusammensetzung des Bundestages zu gewährleisten.[12] Diese verfassungsrechtlich vorgegebene Ausrichtung der Wahlprüfung ist durch die einfach-gesetzlichen Regelung in Abs. 1 und in § 1 Abs. 1 WahlPrüfG dahin gehend erweitert, dass unter Wegfall des Erfordernisses der Mandatsrelevanz (Abs. 3) auch Verletzungen subjektiver Rechte bei der Vorbereitung und Durchführung der Wahl festgestellt werden können.[13]

5 Genau diesen Beschwerdegegenstand benennt § 48 Abs. 1, 1. Halbsatz. Im Bereich der Wahlprüfung im Sinne von Art. 41 Abs. 1 Satz 1 GG ist Beschwerdegegenstand der Beschluss des Bundestages über die **Gültigkeit einer Wahl** und, seit der ausdrücklichen Neufassung des Gesetzes vom 19.7.2012, auch über die Verletzung von Rechten bei der Vorbereitung oder Durchführung der Wahl, soweit sie der Wahlprüfung nach Art. 41 des Grundgesetzes unterliegen (vgl. auch § 1 Abs. 1 WPrüfG). Bei der Mandatsprüfung im Sinne von Art. 41 Abs. 1 Satz 2 GG ist Beschwerdegegenstand ein Beschluss des Bundestages über den **Verlust der Mitgliedschaft im Bundestag** (vgl. §§ 15 ff. WPrüfG). § 13 Nr. 3 fasst diese Beschlüsse des Bundestages unter dem Begriff der Entscheidungen zusammen und stellt darauf ab, was sie „betreffen": Einmal die Gültigkeit einer Wahl und zum anderen den „Erwerb oder den

9 Vgl. die Nachweise in VerfGH Sachsen Urteil vom 16.8.2019 – Vf. 76-IV-19 (Hs.) ua, Rn. 45 bei Juris.

10 Ständige Rechtsprechung des Bundesverfassungsgerichts zum Verfassungsraum des Bundes, vgl. BVerfGE 149, 378 (381 f., Rn. 9); 149, 374 (377 f., Rn. 8); 134, 135 (138, Rn. 5); aA für den Verfassungsraum des Freistaats Sachsen VerfGH Sachsen, der zwar an der grundsätzlichen Sperrwirkung des Wahlprüfungsverfahrens festhält und dies für verfassungskonform erklärt, aber im Wege praktischer Konkordanz eine Ausnahme nach sächsischem Landesverfassungsrecht zulassen will, wenn es um einen besonders qualifizierten Rechtsverstoß geht und der Wahlfehler außerordentliches Gewicht hat und deshalb möglicherweise bei seiner Beseitigung erst nach der Wahl landesweite Neuwahlen erforderlich werden, vgl. Urteil vom 16.8.2019 – Vf. 76-IV-19 (Hs.), Rn. 45 ff. und 60 ff. bei Juris.

11 Vgl. dazu auch BVerfGE 160, 129 (137, Rn. 31); 149, 378 (381 f., Rn. 9); 149, 374 (377 f., Rn. 8); 134, 135 (137 f., Rn. 4); siehe auch Beschluss der 3. Kammer des Zweiten Senats vom 18.7.2019 – 2 BvR 1301/19, Rn. 19 bei Juris.

12 BVerfG, Urteil des Zweiten Senats vom 19.12.2023 – 2 BvC 4/23, Rn. 104 bei Juris – Bundestagswahl in Berlin.

13 BVerfG, Urteil des Zweiten Senats vom 19.12.2023 – 2 BvC 4/23, Rn. 104 bei Juris; siehe zur Einordnung der 2012 vorgenommenen Reform auch BVerfGE 151, 1 (14 f., Rn. 31).

Verlust der Mitgliedschaft eines Abgeordneten". Diese Formulierung ist insoweit misslungen, als es Entscheidungen des Bundestages, die isoliert den Erwerb der Mitgliedschaft eines Abgeordneten feststellen, gar nicht gibt; auch beim Nachrücken ist die Feststellung des Erwerbs der Mitgliedschaft eines Abgeordneten Sache des Landeswahlleiters (vgl. § 48 Abs. 1 Satz 6 BWG).

Die durch Art. 41 Abs. 2 GG vorgegebene **Akzessorietät** der Wahlprüfungsbeschwerde zum Beschluss des Bundestages **führt zu Problemen**, wenn der Bundestag lange braucht, um über bei ihm eingereichte Wahleinsprüche zu entscheiden.[14] Solange es keinen abschließenden Beschluss des Bundestags gibt, ist auch keine Wahlprüfungsbeschwerde zulässig.[15] Wird die Beschwerde dann mit dem verspäteten Beschluss endlich zulässig, wirkt sich das nicht zugunsten des Beschwerdeführers aus, weil allein die **Dauer des Verfahrens** beim Bundestag dessen Entscheidung nicht die Grundlage entziehen soll.[16] Diese Problemlage ist auch den Richterinnen und Richtern des Zweiten Senats bewusst. Eine **Offenheit für eine Korrektur** in Verzögerungsfällen hat der Zweite Senat in drei Entscheidungen aus dem Jahr 2018 angedeutet. Er hat jeweils ausdrücklich offengelassen, „ob etwas anderes gilt", wenn der Bundestag über einen Wahlanspruch nicht in angemessener Zeit entschieden hat und deshalb die Gefahr besteht, dass das Wahlprüfungsbeschwerdeverfahren nicht mehr zeit- oder sachgerecht durchgeführt werden kann.[17] 6

Damit greift der Zweite Senat des Bundesverfassungsgerichts landesverfassungsgerichtliche Überlegungen auf, wonach sich die betroffenen Einspruchsführer dann auch schon während des Einspruchsverfahrens verfassungsgerichtlich **gegen die Überlänge des Einspruchsverfahrens oder gegen die Untätigkeit des Bundestages wehren** können.[18] Diese grundsätzliche Offenheit des Zweiten Senats ist auch dadurch vorbereitet worden, dass die subjektive Rechtsschutzfunktion des Wahlprüfungsverfahrens durch den Gesetzgeber (§ 48 Abs. 1 Var. 2) und in der Rechtsprechung[19] gestärkt worden ist. Praktische Konsequenzen hat das bislang noch nicht gehabt. Die Entscheidung, mit der der Zweite Senat die Bundestagswahl 2021 in Berlin teilweise für ungültig erklärt hat, ist zwar erst zwei Jahre und nahezu drei Monate nach der Bundestagswahl ergangen, aber nur ein gutes Jahr davon 7

14 Vgl. dazu Morlok NVwZ 2012, 913 (919); Schreiber DVBl 2010, 609 (617). Siehe zum Verhältnis zwischen Begrenzung der Aufklärungspflicht des Wahlprüfungsausschusses und der Vermeidung überlanger Verfahrensdauern auch BVerfGE 160, 129 (152, Rn. 75).

15 Vgl. BVerfG, Beschlüsse des Zweiten Senats vom 5.5.2010 – 2 BvC 1/09, Rn. 2 bei Juris, vom 4.10.2011 – 2 BvC 9/11, Rn. 9 bei Juris, und vom 5.5.2010 – 2 BvC 1/09, Rn. 2 bei Juris.

16 BVerfGE 123, 39 (65); 121, 266 (290).

17 BVerfGE 149, 378 (380 f., Rn. 8); 149, 374 (376 f., Rn. 7); siehe auch BVerfG, Beschluss des Zweiten Senats vom 22.8.2018 – 2 BvQ 53/18 ua, Rn. 8 bei Juris.

18 Vgl. VerfGH Saarland, Urteil vom 31.1.2011 – Lv 13/10, Rn. 83 f. bei Juris; darauf jeweils Bezug nehmend BVerfGE 149, 378 (380 f., Rn. 8); 149, 374 (376 f., Rn. 7) sowie BVerfG, Beschluss des Zweiten Senats vom 22.8.2018 – 2 BvQ 53/18 ua, Rn. 8 bei Juris.

19 BVerfGE 151, 1 (14 f., Rn. 31 f. und 17, Rn. 38); siehe auch schon Beschluss der 3. Kammer des Zweiten Senats vom 1.9.2009 – 2 BvR 1928/09 ua, Rn. 13 bei Juris.

entfällt auf das in diesem Fall äußerst komplexe, sachverhaltslastige Wahlprüfungsverfahren vor dem Bundesverfassungsgericht selbst.[20]

8 Während die Überlegungen des Verfassungsgerichtshofs Saarland[21] eher auf die ausnahmsweise Zulassung der Verfassungsbeschwerde gerichtet waren, zielen die Erwägungen in den drei Beschlüssen des Zweiten Senats aus dem Jahr 2018 eher auf eine ausnahmsweise Zulassung des Wahlprüfungsverfahrens nach § 48 Abs. 1 auch schon vor Abschluss eines verzögerten Wahleinspruchsverfahrens vor dem Deutschen Bundestag ab.[22] Darauf deutet nicht nur die systematische Stellung der Offenheit für eine Ausnahmelösung in diesen Entscheidungen hin (bei Wahlprüfungsverfahren, nicht bei der Verfassungsbeschwerde), sondern auch die inhaltlichen Überlegungen. Der Zweite Senat lehnt einen Ausnahmefall ab, wenn die bisherige Dauer des Wahleinspruchsverfahrens weniger als ein Jahr beträgt und wenn auch nicht absehbar ist, dass die Entscheidung des Bundestages erst zu einem Zeitpunkt ergehen wird, der die Durchführung ordnungsgemäßer Wahlprüfungsbeschwerdeverfahren vor dem Bundesverfassungsgericht gefährdet. Er hat ausdrücklich auch den Fall im Auge, dass sich die Dinge durch ein vorzeitiges Ende einer bestehenden Regierungskoalition und eine danach folgende mögliche vorzeitige Auflösung des Deutschen Bundestages zeitlich überstürzen. Er wehrt deshalb Ausnahmeüberlegungen unter diesem Aspekt mit der Feststellung ab, es seien im konkreten Fall keine Gründe für solche Entwicklungen ersichtlich gewesen.[23] Unverkennbar hält der Zweite Senat die tatsächlichen Anforderungen an die Umstände, in denen eine Ausnahmelage bestehen könnte, bewusst unklar. Er übt damit Druck auf den Deutschen Bundestag aus, die Wahlprüfungsverfahren deutlich schneller zu Ergebnissen zu führen, als dies jahrzehntelang üblich war. Bei aller betonten Offenheit des Zweiten Senats muss aber berücksichtigt werden, dass eine Zulassung des Wahlprüfungsverfahrens vor Abschluss eines laufenden Wahleinspruchsverfahrens beim Deutschen Bundestag der Systematik des Art. 41 GG zuwider läuft[24] und deshalb nur in Extremfällen in Betracht kommt.

9 Ganz allgemein gilt, dass das Bundesverfassungsgericht durch die verfassungsgerichtliche Überprüfung des Bundestagsbeschlusses Zugriff auch auf den Entscheidungsgegenstand des Bundestages erhält (vgl. §§ 1, 15 WPrüfG). Mit der **Kompetenz** zur Überprüfung der Bundestagsentscheidung über die Gültigkeit einer Wahl oder den Verlust der Mitgliedschaft im Bundestag gewinnt das Bundesverfassungsgericht der Sache nach auch die Zuständigkeit, **selbst über Gültigkeit oder Ungültigkeit der Wahl** oder über Fortbestand oder Verlust der Mitgliedschaft im Bundestag **zu entscheiden.**

10 Dabei geht die Entscheidungskompetenz des Bundesverfassungsgerichts noch über diejenige des Bundestages hinaus. Denn anders als der Bundes-

20 Vgl. dazu BVerfG, Urteil des Zweiten Senats vom 19.12.2023 – 2 BvC 4/23, Ziff. 1 und 2 des Tenors bei Juris – Bundestagswahl in Berlin.
21 Urteil vom 31.1.2011 – Lv 13/10, Rn. 83 ff. bei Juris.
22 Vgl. BVerfGE 149, 378 (380 f., Rn. 8); 149, 374 (376 f., Rn. 7); BVerfG, Beschluss des Zweiten Senats vom 22.8.2018 – 2 BvQ 53/18 ua, Rn. 8 bei Juris.
23 BVerfGE 149, 378 (380 f., Rn. 8); 149, 374 (376 f., Rn. 7); BVerfG, Beschluss des Zweiten Senats vom 22.8.2018 – 2 BvQ 53/18 ua, Rn. 8 bei Juris.
24 Insoweit zutreffend Barczak BVerfGG/Misol § 48 Rn. 20.

tag, der auch im Verfahren nach Art. 41 Abs. 1 GG nicht die Befugnis hat, für den Wahlvorgang relevante Parlamentsgesetze als verfassungswidrig zu verwerfen,[25] hat das Bundesverfassungsgericht diese **Normenkontrollbefugnis.**[26] Insoweit enthält die Beschwerde nach § 48 auch ein Element einer anlassbezogenen und mittelbaren Normenkontrolle,[27] was auch die Befugnis zu Nichtigkeitserklärungen einschließt.[28]

Die Nichtigkeitserklärung ist auch dann möglich, wenn die Wahlprüfungs- 11
beschwerde mit ihrem primären Ziel, die Wahl für ungültig zu erklären, keinen Erfolg hat. Grundlage für solche **isolierten Nichtigkeitserklärungen** sollen die entsprechend anwendbaren §§ 78 Satz 1, 95 Abs. 3 Satz 2 sein.[29] Faktisch liegt in dieser Normenkontrollfunktion sogar der Schwerpunkt von Beschwerdeverfahren nach § 48, weil Ungültigkeitsanordnungen bezüglich der angefochtenen Wahl zu vermeiden sind (dazu näher → Rn. 55 ff.).[30] Dazu passt, dass das Bundesverfassungsgericht es seit der Neufassung des § 48 im Jahr 2012 ausdrücklich zulässt, wenn die Wahlprüfungsbeschwerdeführer den Gegenstand des Verfahrens von vornherein auf eine Feststellung der Verletzung ihrer Rechte aus Art. 38 Abs. 1 Satz 1 GG und der Nichtigkeit bestimmter wahlrechtlicher Vorschriften begrenzen (§ 48 Abs. 1, Var. 2), die Gültigkeit der Wahl des konkreten Deutschen Bundestages aber gar nicht mehr angreifen.[31]

Die Wahlprüfungsbeschwerde hat mit Ausnahme des spektakulären Falls 12
der Bundestagswahl in Berlin im Jahr 2021[32] noch nie zur Feststellung der Ungültigkeit einer Bundestagswahl geführt. Trotzdem ist die **Bedeutung** der Wahlprüfungsbeschwerde gerade im Hinblick auf die Überprüfung von Wahlgesetzen **kaum zu überschätzen**. In den letzten 15 Jahren sind im Rahmen von Wahlprüfungsverfahren zentrale Regelungen sowohl des Bundestagswahlrechts als auch, was über § 26 Abs. 3 EuWG möglich ist, des deutschen Europawahlgesetzes teils für verfassungswidrig, teils für nichtig erklärt worden.[33] Dieser **Trend zu richterlichem Aktivismus** wird begleitet

25 BVerfGE 151, 152 (164, Rn. 32); BVerfG, Beschluss des Zweiten Senats vom 25.2.2010 – 2 BvC 6/07, Rn. 12 bei Juris; siehe auch BVerfGE 122, 304 (307); 121, 266 (290).

26 BVerfG, Urteil des Zweiten Senats vom 19.12.2023 – 2 BvC 4/23, Rn. 109 bei Juris – Bundestagswahl in Berlin; BVerfGE 160, 129 (145, Rn. 57) – Ermittlungspflichten Wahlprüfungsausschuss.

27 BVerfG, Beschluss des Zweiten Senats vom 25.2.2010 – 2 BvC 6/07, Rn. 12 bei Juris.

28 Vgl. etwa BVerfGE 151, 1 (56 ff., Rn. 136 ff.) – Wahlrechtsausschluss betreuter Personen; siehe auch BVerfGE 132, 39 (59, Rn. 55) – Wahlberechtigung der Auslandsdeutschen; 129, 300 (343) – Fünf Prozent-Sperrklausel bei Europawahlen.

29 BVerfGE 129, 300 (343) – Fünf Prozent-Sperrklausel bei Europawahlen.

30 Vgl. BVerfGE 132, 39 (59, Rn. 55 f.) – Wahlberechtigung der Auslandsdeutschen; 129, 300 (345) – Fünf-Prozent-Sperrklausel bei Europawahlen.

31 BVerfGE 151, 1 (12 f., Rn. 25 f.) – Wahlrechtsausschluss betreuter Personen.

32 Vgl. dazu BVerfG, Urteil des Zweiten Senats vom 19.12.2023 – 2 BvC 4/23, Ziff. 1 und 2 des Tenors, Juris – Bundestagswahl in Berlin, wo allerdings schon der Deutsche Bundestag die Wahl in einer Vielzahl von Wahlbezirken für ungültig erklärt hatte. Der VerfGH Berlin hat die gleichzeitig abgehaltene Wahl zum Abgeordnetenhaus von Berlin insgesamt für ungültig erklärt, vgl. Urteil vom 16.11.2022 – 154/21, Ziff. 1 des Tenors, Juris.

33 BVerfGE 151, 1 (1 f.) – Wahlrechtsausschluss betreuter Personen; 121, 266 (266 f.) – sog. negatives Stimmgewicht; 129, 300 (345) – Fünf-Prozent-Sperrklausel bei Europawahlen; anders noch BVerfGE 51, 222 (233, 246).

von einem **Anschwellen der Fallzahlen** bei Wahlprüfungsbeschwerden. Sie fallen ausnahmslos in die Zuständigkeit des Zweiten Senats (§ 14 Abs. 2), der darüber jeweils als Senat entscheiden muss und nicht auf Kammern ausweichen kann. Ein großer Teil der vom Zweiten Senat getroffenen Senatsentscheidungen entfällt deshalb auf Wahlprüfungsbeschwerden, wenn auch oftmals abgekürzt über § 24 und unter Verweis auf Berichterstatterschreiben.[34]

13 Die Bedeutung der Wahlprüfungsbeschwerde hängt auch mit der **großen Reichweite der Wahlprüfung** im Sinne von Art. 41 Abs. 1 Satz 1 GG zusammen. Sie umfasst alles von der Wahlvorbereitung über die Wahldurchführung, die Ergebnisermittlung und Ergebnisfeststellung bis zur Mandatsverteilung.[35] Die Einbeziehung der Wahlvorbereitung und der Wahldurchführung in die Wahlprüfungsbeschwerde ist durch das Gesetz zur Verbesserung des Rechtsschutzes in Wahlsachen vom 12.7.2012 auch ausdrücklich in den Wortlaut von § 48 Abs. 1 aufgenommen worden (Var. 2). Die Frage nach der Gültigkeit einer Parlamentswahl kann deshalb bei Fehlern bei der **Kandidatenaufstellung**[36] ebenso gestellt werden wie bei Fehlern im Bereich der **Parteienfinanzierung**.[37] Lediglich Sachverhalte, die „bei Gelegenheit" einer Wahl geschehen, ohne in einem auch nur mittelbaren Bezug zum Wahlvorgang und dessen Ergebnis zu stehen, sind zur Begründung eines Wahlfehlers ungeeignet.[38]

14 Gerade bei der wahlrechtlichen Kontrolle von Vorgängen im Bereich der politischen Parteien ist aber die **Gefahr** groß, dass **demokratisch getroffene Wahlentscheidungen ohne hinreichend gewichtigen Grund verfassungsgerichtlich kassiert** werden. Das Bundesverfassungsgericht hat dieser Gefahrenlage bisher immer Rechnung getragen (→ Rn. 55 ff.), was bei den teilweise semi-professionell besetzten Verfassungs- und Wahlprüfungsgerichten der Länder nicht immer gewährleistet war. Innerparteiliche Fehler bei der Kandidatenaufstellung der CDU rechtfertigen ganz offensichtlich nicht die Auflösung eines Parlaments, in dem die ordnungsgemäß aufgestellten Kandidaten der SPD die absolute Mehrheit der Sitze erreicht haben.[39] Die rechtsfehlerhafte Zurückweisung der Landesliste der früheren NPD bei der Bundestagswahl 2017 führte zu einer partiell stattgebenden Entscheidung des Zweiten Senats, in der die Verletzung der subjektiven Rechte der beschwerdeführenden Partei festgestellt wurde. Soweit die Wahlprüfungsbeschwerde gegen die Gültigkeit der Bundestagswahl 2017 im Land Berlin gerichtet war,

---

34 Vgl. zu diesen § 24-Fällen zuletzt etwa BVerfG, Beschlüsse des Zweiten Senats vom 22.1.2024 – 2 BvC 14/22, Rn. 1 bei Juris, vom 28.11.2023 – 2 BvC 17/23 ua, Rn. 4 bei Juris, und vom 1.12.2023 – 2 BvC 29/22, Rn. 1 bei Juris.

35 Dürig/Herzog/Scholz/Klein/Schwarz Art. 41 Rn. 59 ff. (Stand: Januar 2021); siehe jetzt auch BVerfG, Urteil des Zweiten Senats vom 19.12.2023 – 2 BvC 4/23, Rn. 41 ff. bei Juris – Bundestagswahl in Berlin.

36 Vgl. BVerfGE 161, 136 (144 ff., Rn. 30 ff.) – Nichtzulassung einer NPD-Landesliste zur Bundestagswahl 2017; siehe jetzt auch StGH Bremen, Beschluss vom 27.4.2023 – St 1/23, Rn. 27 ff. bei Juris – Nichtzulassung des Wahlvorschlags der AfD; vgl. zu den grundlegenden Hamburger Fällen BVerfGE 89, 243 (251 ff.); Hamburgisches Verfassungsgericht, Urteil vom 4.5.1993 – 3/92, Rn. 155 ff. bei Juris.

37 BVerfGE 146, 327 (342, Rn. 39); 103, 111 (116); Staatsgerichtshof Hessen, Urteil vom 13.2.2002 – P.St. 1633, Rn. 28 ff. bei Juris.

38 BVerfGE 161, 136 (149, Rn. 44); 146, 327 (342, Rn. 39).

39 AA Hamburgisches Verfassungsgericht, Urteil vom 4.5.1993 – 3/92, Rn. 155 ff. bei Juris.

war sie aber unzulässig, weil es an einem hinreichenden Vortrag zur Mandatsrelevanz fehlte.[40]

Das weite Verständnis der Wahlprüfung wirkt andererseits aber auch rechtsschutzbegrenzend. Denn nach der etablierten Rechtsprechung des Bundesverfassungsgerichts soll aus Art. 41 GG zugleich folgen, dass die parlamentarische Wahlprüfung und die Beschwerdemöglichkeit zum Bundesverfassungsgericht in ihrem Anwendungsbereich eine abschließende Sonderregelung darstellen, die sonstigen Rechtsschutz ausschließt. Diese **Exklusivität der Wahlprüfung**[41] bedeutet, dass Entscheidungen und Maßnahmen, die sich unmittelbar auf das Wahlverfahren beziehen, nur mit den in den Wahlvorschriften vorgesehenen Rechtsbehelfen und im Wahlprüfungsverfahren angefochten werden können,[42] Verfassungsbeschwerden, die Maßnahmen in Bezug auf eine konkrete Bundestagswahl zum Gegenstand haben, dagegen unzulässig sind.[43] Ob die Exklusivität der Wahlprüfung bei Beschwerden gegen Handlungen der Wahlorgane auch im Verhältnis zum Organstreitverfahren gilt, hat das Bundesverfassungsgericht bislang offen gelassen.[44] Uneingeschränkt zulässig sind aber abstrakte Normenkontrollverfahren gegen wahlrechtliche Vorschriften als solche, weil insoweit der Grundsatz der Exklusivität des Wahlprüfungsverfahrens schon wegen der unterschiedlichen Gegenstände keine Anwendung findet.[45] 15

Dahinter steht die im Kern richtige Überlegung, schon der Verfassungsgeber habe der **ungestörten Durchführung des Wahlorganisationsverfahrens** den **Vorrang** gegenüber einem umfassenden gerichtlichen Rechtsschutz vor dem Wahltermin gegen Wahlvorbereitungs- und Wahldurchführungsentscheidungen gegeben.[46] § 49 BWG bestimmt in diesem Sinne, dass Entscheidungen und Maßnahmen, die sich unmittelbar auf das Wahlverfahren beziehen, nur mit den im Bundeswahlgesetz und in der Bundeswahlordnung vorgesehenen Rechtsbehelfen sowie im Wahlprüfungsverfahren angefochten werden können. Die damit einhergehende Beschränkung der Rechtsschutzmöglichkeiten ist mit Art. 19 Abs. 4 GG vereinbar, weil es sich bei der Wahl um ein Massenverfahren handelt, das zügig durchgeführt werden und zeitnah zur Feststellung des Wahlergebnisses führen muss; ein reibungsloser Ab- 16

40 Vgl. zum Ganzen BVerfGE 161, 136 (144 ff., Rn. 30 ff. sowie 149 ff., Rn. 43 ff.).

41 So ausdrücklich BVerfGE 151, 1 (14 f., Rn. 31) – Wahlrechtsausschluss betreuter Personen; siehe auch BVerfGE 159, 105 (130, Rn. 73) und 159, 40 (66, Rn. 75).

42 BVerfGE 149, 378 (381 f., Rn. 9); 149, 374 (377 f., Rn. 8); 83, 156 (157 f.).

43 So zuletzt BVerfGE 151, 1 (14 f., Rn. 30) – Wahlrechtsausschluss betreuter Personen; siehe auch Beschluss der 3. Kammer des Zweiten Senats vom 18.7.2019 – 2 BvR 1301/19, Rn. 19 bei Juris; ausdrücklich abweichend für den Verfassungsraum des Freistaats Sachsen und beschränkt auf Wahlfehler mit außerordentlichem Gewicht VerfGH Sachsen Urteil vom 16.8.2019 – Vf. 76-IV-19 (Hs.) ua, Rn. 40, 60 ff. bei Juris – teilweise Nichtzulassung der AfD-Landesliste für die Landtagswahl 2019.

44 Beschluss der 3. Kammer des Zweiten Senats vom 31.7.2009 – 2 BvQ 45/09, Rn. 5 bei Juris; grundlegend BVerfGE 83, 156 (157); zu Beschwerden gegen wahlgesetzliche Vorschriften vor der Wahl vgl. → Rn. 19.

45 BVerfGE 159, 40 (67, Rn. 78); 151, 152 (163, Rn. 32); siehe auch BVerfG, Urteil des Zweiten Senats vom 29.11.2023 – 2 BvF 1/21, Rn. 78 bei Juris – Normenkontrolle Bundeswahlgesetz 2020.

46 Beschluss der 3. Kammer des Zweiten Senats vom 1.9.2009 – 2 BvR 1928/09 ua, Rn. 4 bei Juris; siehe auch BVerfG, Beschluss des Zweiten Senats vom 22.8.2018 – 2 BvQ 53/18 ua, Rn. 9 bei Juris.

lauf der Wahl kann nur gewährleistet werden, wenn die Rechtskontrolle der zahlreichen Einzelentscheidungen der Wahlorgane während des Wahlverfahrens begrenzt und einer nach der Wahl stattfindenden Prüfung vorbehalten bleibt.[47] Das ist nach dem Verständnis des Bundesverfassungsgerichts eine verfassungskonforme Konkretisierung eines sich aus der Verfassung selbst ergebenden Grundsatzes.[48] Auch der verfassungsändernde Gesetzgeber ist hiervon ausgegangen, als er am 11.7.2012 für den Bereich der Nichtanerkennung von Vereinigungen als wahlvorschlagsberechtigte politische Parteien bei der Bundestagswahl ein gesondertes Beschwerdeverfahren geschaffen hat (Art. 93 Abs. 1 Nr. 4 c GG; siehe dazu auch → § 96a Rn. 2). Der Zweite Senat hat insoweit bestätigt, dass der verfassungsändernde Gesetzgeber die bisherige Konzeption des Rechtsschutzes in Wahlangelegenheiten beibehalten wollte.[49]

17 Indem Art. 41 GG die Wahlprüfung als „Sache des Bundestages" bezeichnet, sperrt er für die Korrektur etwaiger Wahlfehler, einschließlich solcher, die subjektive Rechte verletzen, den Rechtsweg im Sinne von Art. 19 Abs. 4 GG und öffnet stattdessen ausschließlich die Beschwerde zum Bundesverfassungsgericht gemäß Art. 41 Abs. 2 GG. Dem **subjektiven Wahlrechtsschutz** und damit Art. 19 Abs. 4 GG wird gleichwohl und aus der Sicht des Bundesverfassungsgerichts ausreichend[50] dadurch Rechnung getragen, dass im Verfahren der Wahlprüfungsbeschwerde die Verletzung subjektiver Wahlrechte auch unabhängig von der Gültigkeit der Bundestagswahl festgestellt werden kann, also beim Fehlen einer Mandatsrelevanz.[51] Das ist seit 2012 im Gesetzestext als Variante 2 von § 48 Abs. 1 iVm Abs. 3[52] ausdrücklich klargestellt, entsprach aber schon vorher der Praxis des Zweiten Senats.[53]

18 Die seit Längerem, insbesondere im Zusammenhang mit Verfahren anlässlich der Bundestagswahl 2009 geführte Diskussion über eine Ausnahme von der Exklusivität der nachträglichen Wahlprüfungsbeschwerde, soweit es um die **Nichtzulassung einer Partei zur Wahl** geht (→ § 96a Rn. 2 f.), ist 2012 vom Gesetzgeber durch ein Sonderverfahren gelöst worden. Art. 93 Abs. 1 Nr. 4 c GG und die §§ 13 Nr. 3 a, 96 a bis 96 d haben für diese Konstellation eine Beschwerde von Vereinigungen geschaffen, die sich gegen ihre Nichtanerkennung als Partei für die Wahl zum Bundestag wenden. Diese Nichtanerkennungsbeschwerde ist bei den Erläuterungen zu den §§ 96a bis 96 d näher dargestellt.

47 So ausdrücklich BVerfGE 151, 152 (163, Rn. 31).

48 Vgl. BVerfGE 151, 1 (14 f., Rn. 31) – Wahlrechtsausschluss betreuter Personen; siehe auch Beschlüsse der 3. Kammer des Zweiten Senats vom 18.7.2019 – 2 BvR 1301/19, Rn. 19 bei Juris, und vom 1.9.2009 – 2 BvR 1928/09 ua, Rn. 6 bei Juris.

49 BVerfGE 134 (135, 138, Rn. 5) unter Hinweis auf BT-Drs. 17/9391, S. 5 f.; siehe auch BVerfGE 151, 152 (163, Rn. 31); 151, 1 (14 f., Rn. 31) – Wahlrechtsausschluss betreuter Personen; 149, 378 (381 f., Rn. 9); 149, 374 (377 f., Rn. 8).

50 Vgl. BVerfGE 151, 1 (14 f., Rn. 31) – Wahlrechtsausschluss betreuter Personen.

51 Ein gutes Beispiel hierfür ist die gespaltene Entscheidung zur Nichtzulassung einer Landesliste der früheren NPD bei der Bundestagswahl 2017 in Berlin, vgl. BVerfGE 161, 136 (144 ff., Rn. 30 ff. einerseits und 149 ff., Rn. 43 ff. andererseits).

52 Vgl. BT-Drs. 17/9391, S. 11.

53 Vgl. Beschluss der 3. Kammer des Zweiten Senats vom 1.9.2009 – 2 BvR 1928/09 ua, Rn. 13 bei Juris.

Die Exklusivität der Wahlprüfung ist ohnehin auf den von Art. 41 Abs. 2 GG, §§ 13 Nr. 3, 48 erfassten Streitgegenstand begrenzt. Das ist die Wahlprüfungsentscheidung des Deutschen Bundestages. Diese Entscheidung des Parlaments ist auf die Feststellung von Wahlfehlern beschränkt und umfasst die Prüfung der Verfassungsmäßigkeit von Wahlgesetzen nicht (→ Rn. 10). Da die Spezialität des Wahlprüfungsverfahrens nicht weiter reichen kann als der Gegenstand der Wahlprüfung durch den Bundestag, **gilt die Exklusivität der Wahlprüfung nur für Maßnahmen und Entscheidungen**, die sich unmittelbar auf das Wahlverfahren beziehen, nicht aber für die Gültigkeit der diesen Maßnahmen und Entscheidungen zugrundeliegenden Gesetze.[54] Eine verfassungsgerichtliche Kontrolle der gesetzlichen Grundlagen einer Wahl ist deshalb in deren Vorfeld möglich, und zwar auch im unmittelbaren zeitlichen Umfeld einer Wahl.[55] Jedenfalls für die abstrakte Normenkontrolle mit ihrem überschaubaren Kreis möglicher Antragsteller bestehen in der Tat keine durchschlagenden Gründe für die Annahme einer Beeinträchtigung der Wahldurchführung, zumal das Bundesverfassungsgericht dem im Rechtsfolgenausspruch Rechnung tragen kann, etwa durch eine Unvereinbarkeitserklärung in Verbindung mit einer Fortgeltensanordnung.[56] Das sind auch keine neuen Erkenntnisse. Schon vor der ersten gesamtdeutschen Bundestagswahl 1990 waren die gesetzlichen Regelungen über deren Durchführung Gegenstand zulässiger und erfolgreicher Organstreit- und Verfassungsbeschwerdeverfahren.[57] Deshalb sind zulässig nach den allgemeinen Zulässigkeitsvoraussetzungen insbesondere **Verfassungsbeschwerden, abstrakte Normenkontrollverfahren und Organstreitverfahren unmittelbar gegen Wahlrechtsvorschriften**. Demzufolge kann man sagen, dass der Grundsatz der Exklusivität der Wahlprüfung vor allen Dingen Entscheidungen und Maßnahmen der Wahlorgane, die sich auf das Wahlverfahren beziehen, vor einer Vorabkontrolle abschirmt, also etwa die Nichtzulassung eines Bewerbers oder einer ganzen Wahlliste oder von Teilen davon. Das hat sich auch bei der eine solche Entscheidung eines Wahlorgans betreffenden Auseinandersetzung um die teilweise Nichtzulassung der **AfD-Liste für die Landtagswahl in Sachsen im Jahr 2019** gezeigt. Sowohl die dazu ergangene Kammerentscheidung des Bundesverfassungsgerichts[58] wie die Entscheidung des Verfassungsgerichtshofs des Freistaats Sachsen[59] haben die Sperrwirkung des Wahlprüfungsverfahrens zugrunde gelegt; das Spektakuläre an der Entscheidung des Verfassungsgerichtshofs Sachsen war lediglich, dass er die Sperrwirkung des Wahlprüfungsverfahrens nicht als absolut verstanden hat, sondern hiervon unter dem Aspekt der praktischen Konkordanz in eng umgrenzten Fällen eine Ausnahme zugelassen hat, wenn die Entscheidung eines Wahlorgans auf einem besonders qualifizierten Rechtsverstoß beruht, voraussichtlich einen Wahlfehler von außerordentlichem Gewicht begründet 19

54 BVerfGE 159, 40 (67, Rn. 78); 151, 152 (163, Rn. 32).
55 Eingehend dazu BVerfGE 159, 40 (67 f., Rn. 79); siehe auch BVerfGE 151, 152 (164, Rn. 33).
56 BVerfGE 159, 40 (67, Rn. 78); 151, 152 (163, Rn. 32).
57 BVerfGE 82, 322 (325 f.); 82, 353 (354 f.).
58 Beschluss der 3. Kammer des Zweiten Senats vom 18.7.2019 – 2 BvR 1301/19, Rn. 19 bei Juris.
59 VerfGH Sachsen Urteil vom 16.8.2019 – Vf. 76-IV-19 (Hs.) ua, Rn. 62 ff. bei Juris.

und nach der Wahl mutmaßlich durch Neuwahlen beseitigt werden muss. Das mag im konkreten Fall unter pragmatischen Aspekten vernünftig und dogmatisch gerade noch vertretbar sein, ist in seiner Übertragbarkeit auf den Verfassungsraum des Bundes aber zweifelhaft. Mit der Rechtsprechung des Bundesverfassungsgerichts leichter zu vereinbaren wäre eine Lösung, die den Weg über einen Angriff auf die von den sächsischen Wahlorganen sehr streng verstandenen wahlrechtlichen Vorschriften wählt; hinsichtlich der gesetzlichen Vorschriften greift der Grundsatz der Exklusivität der Wahlprüfungsbeschwerde gerade nicht. Dasselbe gilt für Verfassungsbeschwerden gegen im Zusammenhang mit Bundestagswahlen getroffene Entscheidungen und Maßnahmen, soweit sich diese nicht im Sinne von § 49 BWG unmittelbar auf das Wahlverfahren beziehen.[60] Die Exklusivität der Wahlprüfung erfasst auch nicht die unmittelbar in der Verfassung verankerte Nichtanerkennungsbeschwerde (Art. 93 Abs. 1 Nr. 4 c GG, §§ 13 Nr. 3 a, 96 a bis 96 d).[61]

II. Voraussetzungen einer zulässigen Beschwerde

20 **1. Beschwerdeberechtigung. Abs. 1, 1. Halbsatz** bestimmt, wer beschwerdeberechtigt ist. Die Regelung ist **abschließend**.[62] Dabei sind drei Gruppen zu unterscheiden, von denen zwei über einen privilegierten Status verfügen.

21 **Privilegiert beschwerdeberechtigt** sind einmal Abgeordnete, deren Mitgliedschaft bestritten ist, und zum anderen Teile des Bundestages, und zwar entweder eine Fraktion oder eine sonstige, wenigstens 1/10 der gesetzlichen Mitgliederzahl umfassende Minderheit des Bundestages. Betroffene Abgeordnete und Parlamentsminderheiten müssen nicht zuvor beim Bundestag einen Einspruch eingelegt oder einen sonstigen Antrag gestellt haben. Das ist bei Beschwerden von wahlberechtigten Personen oder einer Gruppe von wahlberechtigten Personen anders („deren Einspruch vom Bundestag verworfen worden ist“; vgl. dazu → Rn. 27).

22 a) **Parlamentsminderheit.** Für den Begriff der **Fraktion** kann auf § 10 GO-BT abgestellt werden. Funktionell ersetzt die uneingeschränkte Beschwerdeberechtigung von Fraktionen jedenfalls bei im Bundestag in Fraktionsstärke vertretenen politischen Parteien die diesen fehlende Beschwerdebefugnis. **Politische Parteien**, die im Bundestag nicht in Fraktionsstärke vertreten sind, können Wahlprüfungsbeschwerden nicht als Fraktion oder qualifizierte Parlamentsminderheit in eigenem Namen führen, sondern nur entweder durch einzelne wahlberechtigte Mitglieder[63] oder in eigenem Namen dann, wenn man Parteien als Gruppen von wahlberechtigten Personen (vgl. dazu → Rn. 26) versteht.[64] Beides setzt aber auch nach der Novellierung von § 48 Abs. 1 einen vorherigen Einspruch dieser Wahlberechtigten voraus.

---

60 Beschluss der 3. Kammer des Zweiten Senats vom 1.9.2009 – 2 BvR 1928/09 ua, Rn. 2 bei Juris.

61 Vgl. zum komplexen Verhältnis von Nichtanerkennungsbeschwerde und Wahlprüfungsbeschwerde unter dem Aspekt der inzidenten Kontrolle von Wahlrechtsnormen BVerfGE 159, 105 (128 ff., Rn. 68 ff.).

62 BVerfGE 128, 322 (324 f.).

63 Vgl. BVerfG, Beschluss des Zweiten Senats vom 31.1.2012 – 2 BvC 13/10, Juris; BVerfGE 128, 322 (329).

64 Kritisch dazu Barczak BVerfGG/Misol § 48 Rn. 15 f.

Ebenfalls privilegiert antragsberechtigt ist eine **Minderheit des Bundestages**, die keine Fraktion ist. Das Quorum eines Zehntels der gesetzlichen Mitgliederzahl liegt doppelt so hoch wie die Mindeststärke einer Fraktion, was die Heterogenität einer solchen sich ad hoc formierenden Abgeordnetengruppe ausgleichen soll. Die gesetzliche Mitgliederzahl bezieht sich entsprechend Art. 121 GG auf den sog. konkreten Soll-Bestand, berücksichtigt also Abweichungen durch Überhangmandate und anderes.[65] Auf die gesetzliche Mindestzahl von Abgeordneten nach § 1 Abs. 1 BWG kommt es dagegen nicht an. Aus der Formulierung „Minderheit des Bundestages" dürfte aber folgen, dass zu dieser Gruppe nur Abgeordnete gehören können, die dem mit der Beschwerde anzugreifenden Beschluss jedenfalls nicht zugestimmt haben.[66] 23

b) **Abgeordneter.** Uneingeschränkt beschwerdeberechtigt ist als **einzelner Abgeordneter** nur, wer erstens diesen Status im Verfahren des Bundeswahlgesetzes (§§ 45, 48 Abs. 1 Satz 6 BWG) erworben hat und für den zweitens der Bundestag den Verlust dieser Mitgliedschaft festgestellt hat (§§ 46 f. BWG). Die Formulierung des Gesetzes, wonach eine Mitgliedschaft „bestritten" sein muss, führt in die Irre. War die Mitgliedschaft zwar in Frage gestellt worden, etwa nach § 14 WPrüfG, hat der Bundestag aber keinen Verlust der Mitgliedschaft festgestellt, dann ist die Mitgliedschaft dieses Abgeordneten nicht mehr bestritten und es fehlt ihm die Beschwerdeberechtigung.[67] Das ist auch konsequent, weil ein solcher Abgeordneter in seinem Status nicht beschwert ist. 24

Wer sich um die Mitgliedschaft im Deutschen Bundestag beworben hat, aber nach der Feststellung des Ergebnisses durch den Bundeswahlausschuss nicht gewählt (§ 45 Abs. 1 BWG) oder dessen Nachrücken vom Landeswahlleiter nicht festgestellt worden ist (§ 48 Abs. 1 Satz 6 BWG), ist kein Abgeordneter und deshalb nicht privilegiert beschwerdeberechtigt. Beschwerdeberechtigt ist der **erfolglose Wahlbewerber** nur in seiner Eigenschaft als wahlberechtigte Person.[68] 25

c) **Wahlberechtigte Person und Gruppe von wahlberechtigten Personen.** Die ganz überwiegende Mehrzahl der Wahlprüfungsbeschwerden wird von Wahlberechtigten erhoben, die das Gesetz wahlberechtigte Personen nennt. **Wahlberechtigte Person** im Sinne von § 48 Abs. 1 ist, wer zum Zeitpunkt der Bundestagswahl, deren Gültigkeit er in Frage stellt, wahlberechtigt war. Das bestimmt sich nach §§ 12, 13 BWG. Nimmt man das ernst, dann können nicht wahlberechtigte Personen ihren gesetzlich angeordneten Ausschluss vom Wahlrecht nicht im Wege einer Wahlprüfungsbeschwerde angreifen; Wahlprüfungsbeschwerden von Minderjährigen wären deshalb schon wegen Art. 38 Abs. 2 GG unzulässig. Bei Wahlprüfungsbeschwerden von volljährigen deutschen Staatsangehörigen, die aber nie einen Wohnsitz in Deutschland hatten, hat der Zweite Senat stillschweigend und damit 26

65 Jarass/Pieroth/Pieroth Art. 121 Rn. 2.
66 Großzügiger Barczak BVerfGG/Misol § 48 Rn. 50.
67 Ebenso Schmidt-Bleibtreu/Klein/Bethge BVerfGG/Schmidt-Bleibtreu § 48 Rn. 29 (Stand: März 2006).
68 BVerfGE 58, 172 (172 f.); vgl. zum Bewerber auf einer Landesliste auch BT-Drs. 17/9391, S. 10.

ohne jedes Sachargument eine Beschwerdebefugnis angenommen.[69] Dieses Begründungsdefizit ist zwischenzeitlich geschlossen worden. Bei Wahlprüfungsbeschwerden, deren Gegenstand der Ausschluss von Wahlberechtigung selbst ist, steht die fehlende Wahlberechtigung der Beschwerdeberechtigung nicht entgegen, da andernfalls eine materiellrechtliche Überprüfung des Ausschlusses von der Wahlberechtigung überhaupt nicht möglich wäre. Deshalb ist im Rahmen der Zulässigkeit die Wahlberechtigung im Sinne von § 48 Abs. 1 als gegeben zu unterstellen.[70] Das Gesetz verlangt für die Beschwerdeberechtigung an keiner Stelle, dass der Beschwerdeführer an der von ihm angegriffenen Wahl teilgenommen hat oder durch die Entscheidung des Bundestages materiell beschwert ist.[71] Die **Beschwerdeberechtigung** der wahlberechtigten Person und einer Gruppe von wahlberechtigten Personen **ist** aber **in mehrfacher Hinsicht eingeschränkt**.

27 Die erste Einschränkung ergibt sich aus dem Erfordernis, dass der Bundestag einen **Einspruch dieser wahlberechtigten Person oder Gruppe von wahlberechtigten Personen verworfen** haben muss. Das bedeutet zunächst einmal, dass die beschwerdeführende wahlberechtigte Person oder Gruppe von wahlberechtigten Personen überhaupt beim Bundestag Einspruch gegen die Gültigkeit der Wahlen eingelegt haben muss (§ 2 WPrüfG) und dass dieser Antrag keinen Erfolg hatte. Die Formulierung „verworfen" bedeutet nicht, dass der Einspruch unzulässig gewesen sein muss. Im Gegenteil: Ein Einspruch, den die wahlberechtigte Person oder Gruppe wahlberechtigter Personen schon beim Bundestag nicht fristgerecht (§ 2 Abs. 4 WPrüfG) eingelegt hat, verschafft einer einsprechenden Person oder einer Gruppe von einsprechenden Personen keinen Anspruch auf materielle Überprüfung der Wahlprüfungsentscheidung des Bundestages durch das Bundesverfassungsgericht. Die im Wahlprüfungsverfahren beim Deutschen Bundestag vorgesehene Möglichkeit, einen Gruppenbevollmächtigten zu benennen (§ 2 Abs. 3 Halbsatz 2 WPrüfG), findet im Verfahren der Wahlprüfungsbeschwerde beim Bundesverfassungsgericht keine Anwendung.[72]

28 Inhaltlich kann die wahlberechtigte Person oder Gruppe wahlberechtigter Personen in der Beschwerde nur Rügen erheben, die sie schon im Einspruchsverfahren fristgerecht erhoben hat; **mit anderen Einwänden ist sie materiell präkludiert**.[73] Unzulässig mangels Beschwerdebefugnis ist auch eine Wahlprüfungsbeschwerde, die allein auf die Feststellung einer Verletzung subjektiver Rechte zielt, dazu aber nichts darlegt.[74]

29 Ganz **ausgeschlossen** ist die wahlberechtigte Person oder Gruppe von wahlberechtigten Personen von Verfahren der **Mandatsprüfung** im Sinne von Art. 41 Abs. 1 Satz 2 GG. Denn diese Konstellation ist verfassungsprozessual auf die Überprüfung von Beschlüssen des Bundestags begrenzt, die den Verlust der Mitgliedschaft im Bundestag betreffen. Solche Entscheidungen ergehen nicht in einem von einem Wahlberechtigten betriebenen Einspruchsver-

69 BVerfGE 132, 39 (46 f., Rn. 20) – Wahlberechtigung der Auslandsdeutschen.
70 So jetzt ausdrücklich BVerfGE 151, 1 (13, Rn. 27).
71 Schreiber Bundeswahlgesetz/Austermann § 49 Rn. 32.
72 BVerfGE 154, 372 (378, Rn. 22).
73 BVerfGE 89, 243 (265); 79, 161 (165); ebenso Burkiczak/Dollinger/Schorkopf BVerfGG/Bechler § 48 Rn. 20.
74 BVerfGE 151, 1 (15, Rn. 34) – Wahlrechtsausschluss betreuter Personen.

fahren und sie können, weil sie die Mandatsverteilung korrigieren, nicht im Widerspruch zu einer gegen das Wahlergebnis erhobenen Rüge eines Wahlberechtigten stehen.

d) **Streichung des Beitrittserfordernisses.** Bis zum 18.7.2012 war bei Wahlprüfungsbeschwerden von Wahlberechtigten ein **qualifiziertes Unterstützungserfordernis** vorgesehen. Der Beschwerde mussten mindestens 100 andere Wahlberechtigte beitreten (§ 48 Abs. 2 aF). Damit sollten Beschwerden von Wahlberechtigten auf solche Fälle beschränkt werden, die nach Ansicht wenigstens einer gewissen Anzahl Wahlberechtigter Grund zur Beschwerde geben.[75] 30

Diesen, auch der Entlastung des Bundesverfassungsgerichts dienenden Filter **hat der Gesetzgeber** mit dem Gesetz zur Verbesserung des Rechtsschutzes in Wahlsachen vom 12.7.2012 **ersatzlos aufgegeben**.[76] Man wird annehmen dürfen, dass dies im Einvernehmen mit dem Zweiten Senat, wenn nicht auf dessen Initiative hin geschehen ist. Die Gesetzesbegründung betont, die Streichung der Voraussetzung des Beitritts von mindestens 100 anderen Wahlberechtigten diene der stärkeren Ausrichtung auch der verfassungsgerichtlichen Wahlprüfungsbeschwerde auf die Überprüfung einer Verletzung der dem einzelnen Wahlberechtigten zustehenden Rechte.[77] 31

Das **bedarf deutlicher Kritik**. Die bislang aufgetretenen Fälle bieten keinen Anlass zu der Annahme, dass wirklich substantielle Wahlprüfungsbeschwerden wegen des Beitrittserfordernisses keinen Erfolg hatten. Im Gegenteil: In den letzten Jahren ist die Zahl der auch unter diesem Aspekt zulässigen Wahlprüfungsbeschwerden deutlich angeschwollen. Das wäre weniger dramatisch, wenn über Wahlprüfungsbeschwerden in dafür geeigneten Fällen auch Kammern (§ 15a) entscheiden könnten. Für die Wahlprüfungsbeschwerde nach § 48 gab es aber noch nie Vorschriften wie § 81a für Richtervorlagen und §§ 93b, 93 c Abs. 1 für Verfassungsbeschwerden. Deshalb sind Wahlprüfungssachen immer Senatssachen. Daran hat der Gesetzgeber auch im Rahmen des Gesetzes zur Verbesserung des Rechtsschutzes in Wahlsachen nichts geändert.[78] Das ist deshalb befremdlich, weil Wahlprüfungsbeschwerden schon in der Vergangenheit, also unter der Geltung des Erfordernisses eines Beitritts von 100 weiteren Wahlberechtigten, die deutliche Mehrzahl aller Senatsentscheidungen des Zweiten Senats verbraucht haben, der nach § 14 Abs. 2 für Wahlprüfungsbeschwerden zuständig ist. 32

2. Frist. Für die Einlegung der Wahlprüfungsbeschwerde gilt eine **Frist von zwei Monaten** (Abs. 1, 1. Halbsatz). Der nachfolgende 2. Halbsatz stellt ausdrücklich klar, dass die Beschwerde innerhalb dieser Frist auch abschließend zu begründen ist. Die Frist ist mit zwei Monaten länger als üblich, was ausgleicht, dass sie schon mit der Beschlussfassung des Bundestages zu laufen beginnt. Auf den Zeitpunkt der Zustellung oder einer sonstigen Kenntnis- 33

75 BVerfG, Beschlüsse des Zweiten Senats vom 12.12.2011 – 2 BvC 16/11, Rn. 2 bei Juris, und vom 18.10.2011 – 2 BvC 11/10, Rn. 3 bei Juris.
76 Zu den Hintergründen vgl. Barczak BVerfGG/Misol § 48 Rn. 4 f.
77 BT-Drs. 17/9391, S. 10.
78 Kritisch dazu auch Schreiber Bundeswahlgesetz/Austermann § 49 Rn. 40.

nahme durch einen einspruchführenden Wahlberechtigten kommt es nicht an.[79]

34 Die Frist ist eine **Ausschlussfrist**.[80] Deshalb ist auch eine Wiedereinsetzung in die versäumte Beschwerdefrist nicht möglich. Es fehlt schon an einer entsprechenden Regelung für das Verfahren der Wahlprüfungsbeschwerde. Eine analoge Anwendung von § 93 Abs. 2 scheidet wegen des Zwecks der Beschwerdefrist aus.[81] Eine Wiederaufnahme kommt außerhalb der Tatbestände des Wahlprüfungsgesetzes nicht in Betracht.[82] Die ausdrückliche Öffnung des Wahlprüfungsverfahrens für die Feststellung subjektiver Rechte (§ 48 Abs. 1, Var. 2) hat daran nichts geändert,[83] zumal der Gesetzestext die Fristvorgaben für alle Normen und Zielrichtungen von Beschwerden nach § 48 einheitlich formuliert hat.

35 **3. Begründungspflichten.** Schon aus der allgemeinen Verfahrensvorschrift des § 23 Abs. 1, die auch für Wahlprüfungsbeschwerden gilt,[84] folgt, dass die Wahlprüfungsbeschwerde schriftlich zu erheben und zu begründen ist. § 48 Abs. 1, 2. Halbsatz greift das **Begründungserfordernis** auf und stellt klar, dass es innerhalb der Zwei-Monats-Frist für die Erhebung der Beschwerde zu erfüllen ist. Die Anforderungen an die Substantiierung sind ähnlich hoch wie im Verfassungsbeschwerdeverfahren. Der Beschwerdeführer muss nicht nur den Beschluss des Bundestages, gegen den sich seine Beschwerde richtet, vorlegen, sondern auch im Einzelnen dar- und belegen, dass die Voraussetzungen seiner Beschwerdeberechtigung gegeben sind.

36 Inhaltlich muss die Begründung den Sachverhalt darstellen und in Auseinandersetzung mit der Argumentation des Bundestages den behaupteten **Wahlfehler darlegen**.[85] Dabei genügt es weder, Zeitschriftenartikel vorzulegen, solange deren Inhalt nicht im Beschwerdeschriftsatz wiedergegeben wird, noch ist es ausreichend, das an den Bundestag gerichtete Einspruchsschreiben vorzulegen und darauf Bezug zu nehmen.[86] Die bloße Andeutung der Möglichkeit von Wahlfehlern oder die Äußerung einer dahin gehenden,

---

79 So unter Berufung auf diese Kommentierung jetzt auch BVerfG, Beschluss des Zweiten Senats vom 5.6.2024 – 2 BvC 15/20, Rn. 19 bei Juris. Siehe auch Benda/Klein VerfassungsProzR/O. Klein Rn. 1294.

80 BVerfG, Beschluss des Zweiten Senats vom 18.10.2011 – 2 BvC 11/10, Rn. 3 bei Juris; BVerfGE 58, 172 (172); ebenso für die entsprechende landesrechtliche Regelung VerfG Sachsen-Anhalt, Beschluss vom 5.9.2022 – LVG 12/22, Rn. 20 bei Juris.

81 BVerfG, Beschluss des Zweiten Senats vom 18.10.2011 – 2 BvC 11/10, Rn. 7 bei Juris; dem ausdrücklich folgend VerfG Sachsen-Anhalt, Beschluss vom 5.9.2022 – LVG 12/22, Rn. 21 bei Juris.

82 Schmidt-Bleibtreu/Klein/Bethge BVerfGG/Schmidt-Bleibtreu § 48 Rn. 34 (Stand: März 2006).

83 AA wohl Burkiczak/Dollinger/Schorkopf BVerfGG/Bechler § 48 Rn. 23. Siehe auch BVerfG, Beschluss des Zweiten Senats vom 5.6.2024 – 2 BvC 15/20, Rn. 24 bei Juris.

84 BVerfG, Beschluss des Zweiten Senats vom 19.9.2023 – 2 BvC 5/23, Rn. 45 bei Juris – Wahlprüfungsbeschwerde der AfD-Fraktion; BVerfGE 161, 136 (144 f., Rn. 32) – Landesliste der früheren NPD; 160, 129 (138, Rn. 34) – Ermittlungspflichten Wahlprüfungsausschuss; 156, 224 (236 f., Rn. 36 f.); 151, 1 (15, Rn. 32); 146, 327 (340, Rn. 37).

85 So unter Bezugnahme auf diese Kommentierung BVerfGE 156, 224 (237, Rn. 37); siehe auch BVerfGE 146, 327 (341, Rn. 37); BVerfG, Beschluss des Zweiten Senats vom 4.10.2011 – 2 BvC 9/11, Rn. 10 bei Juris.

86 BVerfGE 122, 304 (310).

nicht belegten Vermutung genügen nicht.[87] Sieht der Beschwerdeführer den Wahlfehler in einer verfassungswidrigen Wahlrechtsnorm, dann muss er substantiiert dartun, warum die Norm gegen welche Verfassungsvorgabe verstößt.[88] Begründungsdefizite können nach Ablauf der Zwei-Monats-Frist durch ergänzenden Vortrag nicht mehr beseitigt werden (Abs. 1, 2. Halbsatz).

Mehr und mehr verlangt der Zweite Senat doch einen **Vortrag dazu, dass** und warum ein vorgetragener Wahlfehler ihn dazu bewegen muss, die **Wahl** für **ungültig** zu erklären.[89] Erforderlich für eine ordnungsgemäße Begründung ist aber vor allem die Darlegung, dass der dargelegte Wahlfehler Einfluss auf die Mandatsverteilung haben kann (**Grundsatz der potenziellen Kausalität**).[90] Dabei genügt die nur theoretische Möglichkeit eines Kausalzusammenhangs zwischen der geltend gemachten Rechtsverletzung und dem Ergebnis der angefochtenen Wahl jedoch nicht. Vielmehr hat der Beschwerdeführer darzulegen, dass es sich bei der Auswirkung eines Wahlfehlers auf die Sitzverteilung um eine nach der allgemeinen Lebenserfahrung konkrete und nicht ganz fernliegende Möglichkeit handelt.[91] Unzulässig war deshalb der Teil einer Wahlprüfungsbeschwerde, die in der Unterlassung einer Veröffentlichung von Informationen über den Zuschnitt von Wahlkreisen im Vorfeld der Wahl einen Wahlfehler gesehen hatte; hier war weder dargetan noch ersichtlich, dass ein solcher Umstand Einfluss auf die Mandatsverteilung haben könnte.[92] Unzulässig war auch ein Angriff auf die Gültigkeit einer Wahl wegen Nichtzulassung der Landesliste einer Partei, die in dem Land bislang immer nur Wahlergebnisse in einer Größenordnung von 1,5 % erzielt hatte.[93] Die stärkere Betonung des subjektiven Rechtsschutzes der Wahlprüfungsbeschwerde, wie sie in § 48 Abs. 1, Var. 2 und in § 48 Abs. 3 zum Ausdruck kommt, hat aber zu einer Weiterentwicklung dieser Rechtsprechung geführt. Geht es wegen einer Beschränkung durch den Beschwerdeführer oder jedenfalls hilfsweise nur noch um die Feststellung einer subjektiven Rechtsverletzung, dann muss der Beschwerdeführer nur die Möglichkeit einer Verletzung seines Wahlrechts substantiiert darlegen, ein Vortrag zur Mandatserheblichkeit ist dann entbehrlich.[94] Denn die Feststellung einer Verletzung von Rechten setzt nicht zwingend voraus, dass dieser Wahlfehler Einfluss auf die Mandatsverteilung haben könnte.[95] 37

Der das Wahlprüfungsverfahren betreuende Rechtsanwalt wird besonderes Augenmerk darauf zu legen haben, dass der Sachverhalt, aus dem ein **Wahl-** 38

87 BVerfG, Beschluss des Zweiten Senats vom 19.9.2023 – 2 BvC 5/23, Rn. 46 bei Juris – Wahlprüfungsbeschwerde der AfD-Fraktion; BVerfGE 156, 224 (237, Rn. 36); 146, 327 (341, Rn. 37).
88 Vgl. BVerfGE 151, 1 (15, Rn. 33) – Wahlrechtsausschluss betreuter Personen.
89 Besonders deutlich BVerfG, Beschluss des Zweiten Senats vom 19.9.2023 – 2 BvC 5/23, Rn. 45 bei Juris – Wahlprüfungsbeschwerde der AfD-Fraktion.
90 BVerfG, Beschluss des Zweiten Senats vom 19.9.2023 – 2 BvC 5/23, Rn. 45 bei Juris – Wahlprüfungsbeschwerde der AfD-Fraktion; BVerfGE 161, 136 (145, Rn. 32); 146, 327 (342, Rn. 40); 122, 304 (308); scheinbar großzügiger noch BVerfGE 132, 39 (46 f., Rn. 20) – Wahlberechtigung der Auslandsdeutschen.
91 BVerfGE 161, 136 (145, Rn. 32); 146, 327 (342, Rn. 40).
92 Vgl. BVerfGE 130, 212 (220) – Wahlkreiseinteilung nach deutscher Bevölkerung.
93 BVerfGE 161, 136 (145 f., Rn. 34 ff.).
94 BVerfGE 161, 136 (146, Rn. 37); 151, 1 (15, Rn. 32).
95 BVerfGE 161, 136 (149 ff., Rn. 43 ff.).

fehler abgeleitet werden soll, **in der Beschwerdeschrift dargelegt und belegt** wird. Denn das Bundesverfassungsgericht sieht es nicht als seine Aufgabe an, Handlungen im Umfeld von Wahlen umfassend aufzuklären und auf einen möglichen Verstoß gegen wahlrechtliche Vorschriften zu prüfen.[96] Daran ändert sich schon unter dem Gesichtspunkt der anwaltlichen Vorsicht nichts dadurch, dass das Bundesverfassungsgericht sich zuletzt in offensichtlich problematischen Fällen stärker auf den Amtsermittlungsgrundsatz des § 26 Abs. 1 besinnt und sich selbst in die Pflicht nimmt, in Wahlprüfungsverfahren die zugrunde liegenden Tatsachen zu erforschen.[97]

III. Verfahren und Entscheidung

39 **1. Verfahrensablauf.** Wahlprüfungsbeschwerden fallen in die Zuständigkeit des Zweiten Senats (§ 14 Abs. 2) und sind, weil das Gesetz dafür keine Entscheidungszuständigkeit von Kammern vorsieht, **immer Senatssachen**. Der einzige Weg zu einer vereinfachten Bearbeitung auch mehr oder minder offensichtlich aussichtsloser Beschwerden ist deshalb die Anwendung des § 24.

40 Bei dieser **A-Limine-Abweisung nach § 24** liegt wegen der nach § 48 Abs. 2 ohnehin gegebenen Möglichkeit, von einer mündlichen Verhandlung abzusehen, der Vereinfachungseffekt eher darin, dass auf die Begründung ganz oder im Wesentlichen verzichtet werden kann, wenn der Beschwerdeführer zuvor auf die Bedenken gegen die Zulässigkeit oder Begründetheit seiner Beschwerde hingewiesen worden ist. Von § 24 macht das Bundesverfassungsgericht bei Beschwerden nach § 48 rege Gebrauch.[98] In diesen Abweisungsbeschlüssen wird gelegentlich ausführlich aus dem in § 24 Satz 2 angesprochenen **Hinweisschreiben des Berichterstatters** zitiert,[99] ganz überwiegend aber nur pauschal auf die „gegebenen Hinweise“ oder „genannten Gründe“ Bezug genommen.[100] Gerade weil auf Hinweisschreiben des Berichterstatters regelmäßig Senatsbeschlüsse nach § 24 folgen, reagieren Wahlprüfungsbeschwerdeführer auf die Hinweisschreiben oftmals mit gegen den Berichterstatter gerichteten Ablehnungsanträgen nach § 19 Abs. 1. Nach der Praxis des Senats können solche Hinweisschreiben des Berichterstatters grundsätzlich nicht zu einer Befangenheit führen, weil in ihnen nur die vorläufige Rechtsauffassung in sachlicher Form und im Rahmen einer zulässigen richterlichen Aufklärungstätigkeit wiedergeben wird; entsprechende Ablehnungsgesuche sind deshalb offensichtlich unzulässig und können unter Mitwirkung des Berichterstatters verworfen werden.[101]

96 BVerfGE 122, 304 (309).

97 Vgl. BVerfG, Urteil des Zweiten Senats vom 19.12.2023 – 2 BvC 4/23, Rn. 112 bei Juris – Bundestagswahl in Berlin.

98 Vgl. BVerfG, Beschlüsse des Zweiten Senats vom 22.1.2024 – 2 BvC 14/22, Rn. 1 bei Juris, vom 28.11.2023 – 2 BvC 17/23 ua, Rn. 4 bei Juris, und vom 1.2.2023 – 2 BvC 29/22, Rn. 1 bei Juris.

99 Vgl. BVerfG, Beschlüsse des Zweiten Senats vom 24.9.2011 – 2 BvC 15/10, Rn. 4 ff. bei Juris, und vom 3.6.2011 – 2 BvC 7/11, Rn. 3 ff. bei Juris.

100 Vgl. BVerfG, Beschlüsse des Zweiten Senats vom 22.1.2024 – 2 BvC 14/22, Rn. 1 bei Juris, vom 28.11.2023 – 2 BvC 17/23 ua, Rn. 4 bei Juris, und vom 1.2.2023 – 2 BvC 29/22, Rn. 1 bei Juris.

101 Vgl. BVerfG, Beschlüsse des Zweiten Senats vom 24.6.2019 – 2 BvC 37/18, Rn. 3 bei Juris, und vom 21.9.2017 – 2 BvC 29/14, Rn. 3 bei Juris.

41 Die Wahlprüfung ist **kein kontradiktorisches Verfahren** und kennt deshalb auch keinen Beschwerdegegner. § 48 enthält keine Regelungen über Beitrittsrechte Dritter, und das Bundesverfassungsgericht hat deshalb sogar dem Deutschen Bundestag einen Beitritt zu einem Wahlprüfungsverfahren verweigert.[102] Das Gesetz macht auch keine inhaltliche Vorgaben, wen das Bundesverfassungsgericht am Verfahren zu beteiligen hat. In der Praxis gibt das Bundesverfassungsgericht, ohne dafür eine besondere, über § 27a hinausgehende Rechtsgrundlage anzuführen, nicht nur dem Bundestag, sondern auch dem Bundesrat, der Bundesregierung, den Landesregierungen, den Bundesverbänden der im Bundestag vertretenen Parteien und dem Bundeswahlleiter **Gelegenheit zur Äußerung** und stellt ihnen dazu die Beschwerde zu,[103] teilweise auch dem Statistischen Bundesamt und dem Deutschen Institut für Menschenrechte.[104] All diesen Äußerungsberechtigten, auch dem Deutschen Bundestag, fehlt es aber mangels förmlicher Verfahrensbeteiligung an der Befugnis, Befangenheitsanträge zu stellen.[105]

42 Dieser Kreis von Äußerungsberechtigten und natürlich der Beschwerdeführer können in einer mündlichen Verhandlung, wenn sie durchgeführt wird (dazu → Rn. 43), **mündlich vortragen.**[106] Zu technischen und mathematischen Fragen greift das Bundesverfassungsgericht, wenn es mündlich verhandelt, auf sachverständige Auskunftspersonen zurück.[107] Teilweise stellt der Zweite Senat nach Durchführung einer mündlichen Verhandlung weitere Stellungnahmeersuchen an den Bundestag oder an andere Personen und Institutionen, denen er Gelegenheit zur Äußerung gegeben hat.[108]

43 **Mündliche Verhandlungen** gibt es auch im Wahlprüfungsverfahren **nur in Ausnahmefällen**. Nach **Abs. 2** bleibt es zwar formal bei der Regelvorgabe von § 25 Abs. 1 Satz 1, wonach aufgrund mündlicher Verhandlung zu entscheiden ist. Vom Regelungsansatz her sieht § 48 Abs. 2 nur eine Befugnis des Gerichts vor, von einer mündlichen Verhandlung abzusehen. Praktisch führt das aber zu einer Beschränkung der mündlichen Verhandlung auf wenige besonders bedeutsame und mutmaßlich auch begründete Beschwerden.[109] Denn Voraussetzung für ein Absehen von der mündlichen Verhandlung ist nur, dass von ihrer Durchführung keine weitere Förderung des Verfahrens zu erwarten ist. Da sich das naturgemäß im Wesentlichen aus der Perspektive

---

102 BVerfG, Beschluss des Zweiten Senats vom 5.7.2023 – 2 BvC 4/23, Rn. 16 ff. bei Juris.

103 BVerfG, Urteil des Zweiten Senats vom 19.12.2023 – 2 BvC 4/23, Rn. 65 bei Juris – Bundestagswahl in Berlin; BVerfGE 130, 212 (220) – Wahlkreiseinteilung nach deutscher Bevölkerung; 129, 300 (313) – Fünf-Prozent-Sperrklausel bei Europawahlen; 121, 266 (286 f.).

104 BVerfGE 151, 1 (10 f., Rn. 19 f.) – Wahlrechtsausschluss betreuter Personen.

105 Vgl. BVerfG, Beschluss des Zweiten Senats vom 5.7.2023 – 2 BvC 4/23, Rn. 32 bei Juris.

106 BVerfG, Urteil des Zweiten Senats vom 19.12.2023 – 2 BvC 4/23, Rn. 95 bei Juris – Bundestagswahl in Berlin; vgl. BVerfGE 121, 266 (288).

107 BVerfGE 123, 39 (61 ff.) – Physikalisch-technische Bundesanstalt, Bundesamt für Sicherheit in der Informationstechnik und Chaos-Computer-Club; 121, 266 (289) – Mathematikprofessor.

108 BVerfG, Urteil des Zweiten Senats vom 19.12.2023 – 2 BvC 4/23, Rn. 96 ff. bei Juris – Bundestagswahl in Berlin.

109 Ein aktuelles Beispiel dafür ist das nach mündlicher Verhandlung ergangene Urteil des Zweiten Senats vom 19.12.2023 – 2 BvC 4/23, Juris, zur Bundestagswahl in Berlin 2021.

der Richter des Zweiten Senats bestimmt, kann nahezu immer eine Förderungserwartung verneint werden; das Bundesverfassungsgericht entscheidet dann durch Beschluss (§ 25 Abs. 2). Der Zweite Senat begründet regelmäßig nicht, warum er von der Durchführung einer mündlichen Verhandlung absieht.[110] Der Zweite Senat wendet Abs. 2 im Wege des Erst-Recht-Schlusses auch auf solche Fälle an, in denen er schon mündlich verhandelt hat, danach aber bei einzelnen Äußerungsberechtigten noch weitergehende schriftliche Stellungnahmen einholt. Er sieht es als ausreichend an, wenn dem Beschwerdeführer und dem Deutschen Bundestag zu diesen nachträglich eingeholten schriftlichen Stellungnahmen rechtliches Gehör gewährt wird.[111]

44 Mündliche Verhandlungen hat das Bundesverfassungsgericht in letzter Zeit durchgeführt zu Wahlprüfungsbeschwerden **gegen die Bundestagswahl in Berlin 2021,**[112] gegen die **5 %-Sperrklausel bei Europawahlen**, gegen den Einsatz von **Wahlcomputern** und gegen das **negative Stimmgewicht**. Im ersten Fall führte das Verfahren zu einer teilweisen Wiederholung der Bundestagswahl in Berlin, während in allen drei anderen Fällen die Beschwerden gegen gesetzliche Regelungen gerichtet und jedenfalls im Hinblick auf die Feststellung ihrer Verfassungswidrigkeit auch erfolgreich waren.[113] Der Zweite Senat erklärt gesetzliche Regelungen über das Wahlrecht aber auch dann für nichtig, wenn er darüber nicht einmal mündlich verhandelt hat.[114]

45 Eine vergleichsweise geringe Rolle spielt der Beschwerdeführer. Er überbrückt durch seine frei zu treffende Entscheidung, eine Beschwerde nach § 48 einzulegen, die fehlende Befugnis des Bundesverfassungsgerichts, im Zusammenhang mit der Wahlprüfung von Amts wegen tätig zu werden. Die Wahlprüfungsbeschwerde des Beschwerdeführers soll demnach lediglich eine **Anstoßfunktion** haben, über den weiteren Verlauf des überwiegend objektiven Verfahrens entscheidet jedoch dann das Bundesverfassungsgericht.[115]

46 Das hat Konsequenzen in zweierlei Hinsicht. Der **Beschwerdeführer kann nicht über seine Beschwerde disponieren**. Nimmt er sie zurück, muss das Bundesverfassungsgericht das Verfahren nicht einstellen, sondern kann auch in der Sache entscheiden. Das gilt jedenfalls außerhalb einer Wahlprüfungsbeschwerde, die nur auf die Feststellung der Verletzung eigener Rechte gerichtet ist (§ 48 Abs. 1, Var. 2). Zur Begründung stützt sich das Bundesverfassungsgericht darauf, dass Gegenstand der Wahlprüfung in erster Linie nicht die Verletzung subjektiver Rechte, sondern die Gültigkeit der Wahl als solche ist. Ein weiteres Argument lautet, dass nach § 2 Abs. 6 WPrüfG zwar im Fall der Rücknahme des Einspruchs der Bundestag das Verfahren einstellen

---

110 Vgl. BVerfGE 151, 1 (12 ff., Rn. 25 ff.) – Wahlrechtsausschluss betreuter Personen; 130, 212 (220) – Wahlkreiseinteilung nach deutscher Bevölkerung.

111 BVerfG, Urteil des Zweiten Senats vom 19.12.2023 – 2 BvC 4/23, Rn. 100 bei Juris – Bundestagswahl in Berlin.

112 BVerfG, Urteil des Zweiten Senats vom 19.12.2023 – 2 BvC 4/23, Rn. 95 bei Juris – Bundestagswahl in Berlin.

113 BVerfGE 129, 300 (300 f.) – Fünf-Prozent-Sperrklausel bei Europawahlen; 123, 39 (39 f.); 121, 266 (266 f.).

114 Vgl. BVerfGE 151, 1 (12, Rn. 24) – Wahlrechtsausschluss betreuter Personen; 132, 39 (39) – Wahlberechtigung der Auslandsdeutschen.

115 Zuletzt BVerfGE 160, 129 (140, Rn. 39); siehe auch BVerfG, Beschluss des Zweiten Senats vom 25.2.2010 – 2 BvC 6/07, Rn. 9 bei Juris, und BVerfGE 122, 304 (306).

kann, aber nicht einstellen muss.[116] Dabei kann ein **öffentliches Interesse an einer Klärung** von nicht unwichtigen wahlrechtlichen Zweifelsfragen einer Beendigung des Verfahrens ohne Entscheidung zur Sache entgegenstehen.

Dieses Abstellen auf ein **öffentliches Interesse** an einer Entscheidung des Bundesverfassungsgerichts soll es diesem auch erlauben, noch in der Sache über eine Wahlprüfungsbeschwerde zu entscheiden, die die Wahl eines Bundestags betrifft, der gar nicht mehr besteht.[117] Das ist besonders begründungsbedürftig, weil auch nach der neueren Rechtsprechung der **Ablauf einer Legislaturperiode** jedenfalls dann grundsätzlich zur **Erledigung** einer anhängigen Wahlprüfungsbeschwerde führt, wenn diese vorrangig auf die Feststellung der gesetzmäßigen Zusammensetzung des Bundestages gerichtet ist;[118] streng genommen fehlt es deshalb am Rechtsschutzbedürfnis.[119] 47

Trotzdem meint das Bundesverfassungsgericht, auch nach Ablauf einer Wahlperiode könne ein öffentliches Interesse an einer **Entscheidung** des Bundesverfassungsgerichts über die Verfassungsmäßigkeit von Wahlrechtsnormen und die Anwendung des geltenden Wahlrechts bestehen, etwa wenn ein möglicher Wahlfehler über den Einzelfall hinaus grundsätzliche Bedeutung hat.[120] Diese über den Einzelfall hinausgehende grundsätzliche Bedeutung liegt regelmäßig vor, wenn die Wahlprüfungsbeschwerde die Verfassungswidrigkeit wahlrechtlicher Vorschriften gerügt hat, da diese über die jeweilige Wahlperiode hinaus solange Wirkung entfalten, bis sie entweder vom Gesetzgeber geändert werden oder vom Bundesverfassungsgericht für nichtig oder für mit dem Grundgesetz unvereinbar erklärt werden.[121] 48

Das mag im Ergebnis vernünftig sein, führt aber zwangsläufig zu Kritik am Verhalten des Zweiten Senats. Denn wenn es ein solches öffentliches Interesse an einer Entscheidung des Bundesverfassungsgerichts über die Wahlprüfungsbeschwerde wirklich gibt, dann ist doch **unverständlich, warum das Bundesverfassungsgericht es überhaupt zum Eintritt der Erledigung kommen lässt.** Entweder entscheidet das Bundesverfassungsgericht, was wirklich nicht zu viel verlangt ist, innerhalb einer regulären Wahlperiode des Bundestages über Beschwerden, die immerhin die Gültigkeit der Wahl dieses Bundestags in Zweifel ziehen. Oder das Bundesverfassungsgericht ist dazu entweder nicht gewillt oder wegen Überlastung nicht in der Lage. Weder das eine noch das andere rechtfertigt es, im Nachhinein noch über erledigte Wahlprüfungsbeschwerden in der Sache entscheiden zu wollen. Die Zeitabläufe verschiedener Wahlprüfungsverfahren haben das jedenfalls in der Vergangenheit belegt. Über die Wahlprüfungsbeschwerde gegen den Wahlrechtsausschluss betreuter Personen (2 BvC 62/14), die nach der Bundes- 49

116 BVerfGE 89, 291 (299).
117 BVerfGE 160, 129 (140, Rn. 39); 122, 304 (306).
118 BVerfGE 151, 1 (16, Rn. 36) – Wahlrechtsausschluss betreuter Personen; siehe auch BVerfGE 122, 305 (306).
119 Vgl. Barczak BVerfGG/Misol § 48 Rn. 57.
120 BVerfGE 160, 129 (139 ff., Rn. 39 ff.) – Ermittlungspflichten Wahlprüfungsausschuss; 151, 1 (16 f., Rn. 36 ff.) – Wahlrechtsausschluss betreuter Personen; 122, 304 (306); ebenso BVerfG, Beschluss des Zweiten Senats vom 25.2.2010 – 2 BvC 6/07, Rn. 10 bei Juris.
121 BVerfGE 160, 129 (140, Rn. 40) – Ermittlungspflichten Wahlprüfungsausschuss; 151, 1 (16 f., Rn. 36 f.) – Wahlrechtsausschluss betreuter Personen; 122, 304 (307).

tagswahl 2013 erhoben worden war, hat der Zweite Senat erst nach einer Verfahrensdauer von über vier Jahren und damit eineinhalb Jahre nach Ablauf der Wahlperiode entschieden. Diese objektiv zu langsame Bearbeitung durch den Zweiten Senat hat dazu geführt, dass auch die Wahl 2017 nochmals unter Geltung der auch damals schon verfassungswidrigen Wahlrechtsausschlüsse betreuter Personen durchgeführt wurde. Das ist auch kein Einzelfall. Eine Wahlprüfungsbeschwerde betreffend die Bundestagswahl 2005 war seit Februar 2007 beim Bundesverfassungsgericht anhängig. Obwohl feststand, dass mit der nächsten Bundestagswahl im Herbst 2009 Erledigung eintreten würde, hat der Zweite Senat in den bis dahin verbleibenden über zweieinhalb Jahren keine Sachentscheidung treffen können.[122] Die grundlegende Entscheidung im Verfahren 2 BvC 4/04 betraf zwar den 2002 gewählten und 2005 vorzeitig aufgelösten Bundestag, aber auch hier war die Wahlprüfungsbeschwerde vor der Auflösung des Bundestages schon 18 Monate anhängig.[123] Wenn es in diesem Zusammenhang ein relevantes **öffentliches Interesse** gibt, dann das **an einer zeitnahen Sachentscheidung** des Bundesverfassungsgerichts über Wahlprüfungsbeschwerden, jedenfalls aber **vor Eintritt der Erledigung**. Zutreffend sind dagegen die Überlegungen, dass es bei auf die Feststellung einer subjektiven Rechtsverletzung (§ 48 Abs. 1, Var. 2) beschränkten Wahlprüfungsverfahren mit Ende der Wahlperiode nicht zu einer Erledigung kommt.[124]

50 In seiner neueren Rechtsprechung betont der Zweite Senat, dass er die Wahlprüfungsentscheidung des Bundestages grundsätzlich einer **umfassenden rechtlichen Kontrolle** unterzieht. Er führt also keine bloße Vertretbarkeitskontrolle durch, hat aber die Entscheidungsspielräume zu beachten, die das einfache Recht dem Deutschen Bundestag einräumt.[125] Ausschlaggebend dafür ist, dass Art. 41 Abs. 2 GG keine Beschränkung vorsieht, weniger das vom Bundesverfassungsgericht auch in diesem Zusammenhang strapazierte Argument einer „Entscheidung in eigener Sache".[126] Deshalb ist es an sich konsequent, aber angesichts der sonstigen Praxis des Bundesverfassungsgericht überraschend, dass der Zweite Senat neuerdings seine eigene Rolle als Tatsacheninstanz betont und unter Verweis auf die allgemeine Regelung des § 26 Abs. 1 Satz 1 eine eigenständige Untersuchungskompetenz des Bundesverfassungsgerichts postuliert, welche die Tatsachenfeststellung durch den Deutschen Bundestag im Wahleinspruchsverfahren ergänzt.[127] Ausdrücklich festgestellt hat der Zweite Senat eine Verletzung der Amtsermittlungspflicht

122 Vgl. BVerfG, Beschluss des Zweiten Senats vom 25.2.2010 – 2 BvC 6/07, Rn. 2 ff. bei Juris.
123 BVerfGE 122, 304 (305).
124 Offen hierfür BVerfGE 151, 1 (17, Rn. 38) – Wahlrechtsausschluss betreuter Personen.
125 BVerfG, Urteil des Zweiten Senats vom 19.12.2023 – 2 BvC 4/23, Rn. 109 bei Juris – Bundestagswahl in Berlin.
126 So aber BVerfG, Urteil des Zweiten Senats vom 19.12.2023 – 2 BvC 4/23, Rn. 110 bei Juris – Bundestagswahl in Berlin.
127 Grundlegend BVerfGE 160, 129 (162, Rn. 106) – Ermittlungspflichten des Wahlprüfungsausschusses; ausdrücklich bestätigt durch BVerfG, Urteil des Zweiten Senats vom 19.12.2023 – 2 BvC 4/23, Rn. 111 bei Juris – Bundestagswahl in Berlin.

des Deutschen Bundestages im Wahleinspruchsverfahren betreffend die Bundestagswahl 2021 in Berlin.[128]

Einstweiliger Rechtsschutz durch **Erlass einstweiliger Anordnungen in oder mit Bezug auf ein Wahlprüfungsbeschwerdeverfahren** ist bislang noch nie gewährt worden.[129] Für den Bereich der Mandatsprüfung sind, nachdem ein seines Mandats für verlustig erklärter Abgeordneter Beschwerde zum Bundesverfassungsgericht erhoben hat, einstweilige Anordnungen des Bundesverfassungsgerichts gegen dessen sofortige Suspendierung (§ 16 Abs. 3, Alt. 1 iVm Abs. 2 WPrüfG) ebenso möglich wie eine vorübergehende Suspendierung des Abgeordneten durch einstweilige Anordnungen des Bundesverfassungsgerichts (§ 16 Abs. 3, Alt. 2 WPrüfG). Deshalb wird man annehmen müssen, dass auch im Bereich der Wahlprüfung im engeren Sinne (Art. 41 Abs. 1 Satz 1 GG) einstweilige Anordnungen nach § 32 nicht insgesamt ausgeschlossen sind. Da es aber keine Gründe geben dürfte, das Gesamtparlament durch einstweilige Anordnung vorübergehend zu suspendieren, kommen einstweilige Anordnungen nur in Betracht, wenn die in der Hauptsache zugrundeliegende Wahlprüfungsbeschwerde auf eine Teilungültigkeitserklärung und damit auf eine nur teilweise Korrektur der personellen Zusammensetzung des Bundestags abzielt. Nur dann ist auch noch eine gedankliche **Nähe zu der in § 16 Abs. 3 WPrüfG geregelten Konstellation der Suspendierung einzelner Abgeordneter** gegeben. Praktisch geworden ist das bislang aber ebenso wenig wie eine Anwendung von § 16 Abs. 3 WPrüfG. 51

Aus der verfassungsrechtlich vorgegebenen Ausgestaltung der Wahlprüfungsbeschwerde als nachlaufender Kontrolle von Wahlprüfungsbeschlüssen des Bundestages und der daraus vom Bundesverfassungsgericht abgeleiteten sogenannten Exklusivität der Wahlprüfung folgt, dass vor einem Wahlprüfungsbeschluss des Bundestages und einer dagegen gerichteten Beschwerde eine einstweilige Anordnung nach § 32, die sich gegen Entscheidungen und Maßnahmen im Wahlverfahren richtet, nicht in Betracht kommt. Eine in **das einstweilige Anordnungsverfahren vorverlagerte Wahlprüfungsbeschwerde ist für den Verfassungsraum des Bundes** grundsätzlich **ausgeschlossen.**[130] 52

Deshalb sind bisher alle Anträge auf Erlass einstweiliger Anordnungen, die gegen Entscheidungen des Bundeswahlausschusses gerichtet waren, als unzulässig angesehen worden, weil die als Hauptsacheverfahren denkbare Verfassungsbeschwerde wegen des Grundsatzes der Exklusivität der Wahlprüfung von vorne herein unzulässig sei.[131] Einstweilige Anordnungen auf Zulassung politischer Parteien zur Bundestagswahl werden auch künftig unzulässig bleiben, weil dieses Rechtsschutzinteresse nicht anerkannter politischer Parteien im neuen Verfahren der §§ 96a bis 96 d befriedigt werden kann 53

128 BVerfG, Urteil vom 19.12.2023 – 2 BvC 4/23, Rn. 120 ff. bei Juris – Bundestagswahl in Berlin.

129 Vgl. aus neuerer Zeit etwa BVerfGE 154, 372 (381 ff., Rn. 33 ff.).

130 BVerfGE 149, 378 (380 ff., Rn. 8 f.); 149, 374 (376 ff., Rn. 7 f.); 134, 135 (138, Rn. 5); grundlegend BVerfGE 63, 73 (76).

131 Beschluss der 3. Kammer des Zweiten Senats vom 24.8.2009 – 2 BvQ 50/09, Rn. 4 bei Juris; Beschluss der 2. Kammer des Zweiten Senats vom 13.9.2005 – 2 BvQ 31/05, Rn. 4 bei Juris; siehe auch BVerfGE 134, 135 (137 f., Rn. 3 ff.) – Quotenregelung bei der innerparteilichen Kandidatenaufstellung.

und hier einstweilige Anordnungen ausdrücklich ausgeschlossen sind (§ 96a Abs. 3).

54 Möglich sind **einstweilige Anordnungen** nach § 32 aber, soweit sie im Zusammenhang mit einem **unmittelbar gegen Wahlrechtsnormen** gerichteten, nicht verfristeten verfassungsgerichtlichen Verfahren stehen. Das gilt in erster Linie für die an keine Fristen gebundene abstrakte Normenkontrolle nach § 76, wie zuletzt das Verfahren gegen die Wahlrechtsausschüsse für betreute Personen bei der Europawahl 2019 gezeigt hat.[132] Dasselbe gilt grundsätzlich für die fristgebundenen Verfahren der Verfassungsbeschwerde und des Organstreits, weil in diesen Konstellationen ebenso wie bei der abstrakten Normenkontrolle wegen des anderen Streitgegenstandes die Exklusivität der Wahlprüfungen nicht berührt ist.[133] Das ist allerdings auch keine neue Erkenntnis. Schon im unmittelbaren Vorfeld der **ersten gesamtdeutschen Bundestagswahl 1990** konnte der Zweite Senat nicht nur Regelungen des Bundeswahlgesetzes für nichtig erklären,[134] sondern durch Erlass einer einstweiligen Anordnung im Bezug auf ein Organstreitverfahren politische Parteien von gesetzlich vorgegebenen Pflichten zur Vorlage von Unterstützungsunterschriften befreien.[135] Eine **weitere Ausnahme** könnte sich auch im Bereich des Verfassungsraums des Bundes im Anschluss an die spektakuläre Entscheidung des **Verfassungsgerichtshofs Sachsen** ergeben, wonach nach dortigem Landesverfassungsrecht der grundsätzliche Vorrang der Wahlprüfung und der damit einhergehende Ausschluss einstweiliger Anordnungen im Vorfeld von Wahlen dann durchbrochen werden kann, wenn eine Entscheidung eines Wahlorgans auf einen besonders qualifizierten Rechtsverstoß beruht und voraussichtlich ein Wahlfehler von außerordentlichem Gewicht begründet, der nach der Wahl möglicherweise zu landesweiten Neuwahlen zwingt.[136] Nicht zu dieser Thematik vorherigen einstweiligen Rechtsschutzes gehören die Konstellationen, in denen der Deutsche Bundestag das Wahleinspruchsverfahren für lange Zeit nicht abschließt; hier hat das Bundesverfassungsgericht eine Offenheit für einstweiligen Rechtsschutz in drei Entscheidungen aus dem Jahr 2018 angedeutet;[137] hier geht es aber nicht um Rechtsschutz vor der Wahl, sondern nur um zeitnahen und deshalb gegebenenfalls zu beschleunigenden Rechtsschutz nach der Wahl.

55 **2. Materielles Wahlprüfungsrecht und Tenorierung.** Das materielle Wahlprüfungsrecht ist gesetzlich nicht ausdrücklich geregelt, sondern vom Bundesverfassungsgericht richterrechtlich durch die Auslegung der Verfassung konkretisiert und festgelegt worden. Ist ein Wahlfehler festgestellt, bestimmen sich die **Rechtsfolgen nach Abwägung** zwischen dem Grundsatz der richtigen Abbildung des Wählerwillens im Bundestag und dem Grundsatz des **Bestandschutzes der gewählten Volksvertretung**, der seine rechtliche

---

132 BVerfGE 151, 152 (160 ff., Rn. 22 ff.).
133 Vgl. BVerfGE 151, 152 (162 ff., Rn. 28 ff.).
134 BVerfGE 82, 322 (325, 336).
135 BVerfGE 82, 353 (369, mit abweichender Meinung Winter 371 ff.).
136 VerfGH Sachsen Urteil vom 16.8.2019 – Vf. 76-IV-19 Hs. ua, Rn. 60 ff. bei Juris; anders zum selben Vorgang Beschluss der 3. Kammer des Zweiten Senats vom 18.7.2019 – 2 BvR 1301/19, Rn. 19 bei Juris.
137 BVerfGE 149, 378 (380 f., Rn. 8); 149, 374 (376 f., Rn. 7); BVerfG, Beschluss des Zweiten Senats vom 22.8.2018 – 2 BvQ 53/18 ua, Rn. 8 bei Juris.

Grundlage im Demokratiegebot findet.[138] Dabei muss das Korrekturinteresse im konkreten Fall nach Art und Ausmaß das Interesse am Bestand des gewählten Parlaments überwiegen.[139]

Diese Abwägung fällt immer für den Bestandsschutz aus, wenn der Wahlfehler sich auf die Mandatsverteilung gar nicht auswirkt.[140] Das ist die sogenannte **Mandatsrelevanz**.[141] Mandatsrelevanz bedeutet zwar nicht eine sichere Auswirkung des Wahlfehlers auf die Sitzverteilung, aber eine solche Auswirkung muss sich als eine nach der allgemeinen Lebenserfahrung konkrete, nicht ganz fernliegende Möglichkeit darstellen (Grundsatz der potenziellen Kausalität).[142] Bei der Feststellung, ob sich ein Wahlfehler auf die Mandatsverteilung ausgewirkt haben kann, ist auch das potenzielle Wahlverhalten zu berücksichtigen.[143] Lässt sich letztlich nicht aufklären, ob ein vorliegender Wahlfehler sich auf die Zusammensetzung des Parlaments ausgewirkt haben kann, bleibt die Wahlprüfungsbeschwerde ohne Erfolg.[144] In den Fällen, in denen ein Wahlfehler sich in diesem Sinne auf die Mandatsverteilung ausgewirkt haben kann, unterliegt die Wahlprüfungsentscheidung des Bundesverfassungsgerichts dem **Gebot des geringstmöglichen Eingriffs**.[145] Grundsätzlich möglich und auch vorrangig ist eine **Berichtigung des Wahlergebnisses**, wenn es die Art des Wahlfehlers zulässt. Das ist jedenfalls dann der Fall, wenn sich innerhalb des Kreises der zur Wahl zugelassenen Parteien und Kandidaten Sitzverschiebungen berechnen lassen. Fehlt es an der Möglichkeit zur Berichtigung des Wahlergebnisses, etwa weil sich Effekte eines Wahlfehlers in nicht bestimmbarem Umfang auf das Gesamtwahlergebnis ausgewirkt haben,[146] scheidet eine Berichtigung aus. 56

---

138 Eingehend dazu zuletzt BVerfG, Urteil des Zweiten Senats vom 19.12.2023 – 2 BvC 4/23, Rn. 252 ff. bei Juris – Bundestagswahl in Berlin; siehe auch BVerfGE 154, 372 (381, Rn. 34); 129, 300 (344) – Fünf-Prozent-Sperrklausel bei Europawahlen; 123, 39 (87); 121, 266 (311); vgl. die Darstellung bei Dürig/Herzog/Scholz/Klein/Schwarz Art. 41 Rn. 104 ff. (Stand: Januar 2021).

139 BVerfG, Urteil des Zweiten Senats vom 19.12.2023 – 2 BvC 4/23, Rn. 252 bei Juris – Bundestagswahl in Berlin; BVerfGE 121, 266 (311).

140 Vgl. Schreiber DVBl 2010, 609 (612).

141 Umfassend dazu jetzt BVerfG, Urteil des Zweiten Senats vom 19.12.2023 – 2 BvC 4/23, Rn. 235 ff. bei Juris – Bundestagswahl in Berlin.

142 BVerfG, Urteil des Zweiten Senats vom 19.12.2023 – 2 BvC 4/23, Rn. 235 bei Juris – Bundestagswahl in Berlin; BVerfGE 161, 136 (144 f., Rn. 32) – Nichtzulassung einer NPD-Landesliste; 146, 327 (342, Rn. 40 und 363 ff., Rn. 89 ff.) – Eventualstimme.

143 So ausdrücklich BVerfG, Urteil des Zweiten Senats vom 19.12.2023 – 2 BvC 4/23, Rn. 238 ff. bei Juris – Bundestagswahl in Berlin unter ausdrücklicher Ablehnung der gegenteiligen Auffassung des VerfGH Berlin (vgl. dessen Urteil vom 16.11.2022 – VerfGH 154/21, Rn. 128 f. bei Juris), der allerdings annimmt, damit nicht in Widerspruch zur bisherigen Rechtsprechung des Bundesverfassungsgerichts zu geraten.

144 BVerfG, Urteil des Zweiten Senats vom 19.12.2023 – 2 BvC 4/23, Rn. 113 bei Juris – Bundestagswahl in Berlin; BVerfGE 160, 129 (141 f., Rn. 46) – Ermittlungspflichten Wahlprüfungsausschuss; 146, 327 (365, Rn. 92) – Eventualstimme.

145 BVerfG, Urteil des Zweiten Senats vom 19.12.2023 – 2 BvC 4/23, Rn. 253 ff. bei Juris – Bundestagswahl in Berlin; BVerfGE 129, 300 (344) – Fünf-Prozent-Sperrklausel bei Europawahlen; 121, 266 (311).

146 BVerfGE 129, 300 (344 f.) – Fünf-Prozent-Sperrklausel bei Europawahlen; nochmals ausdrücklich bestätigt durch BVerfG, Beschluss des Zweiten Senats vom 19.6.2012 – 2 BvC 2/10, Rn. 22 bei Juris.

57 Eine über eine Wahlfehlerberichtigung hinausgehende teilweise Ungültigkeitserklärung setzt einen sehr schwerwiegenden Wahlfehler voraus. Ist eine Wahlwiederholung unumgänglich, so darf diese nur dort stattfinden, wo sich der Wahlfehler ausgewirkt hat, also in dem hiervon betroffenen Stimmbezirk, Wahlkreis oder Land.[147] Die Ungültigkeit einer gesamten Wahl kommt nur bei einem erheblichen Wahlfehler von solchem Gewicht in Betracht, dass ein **Fortbestand der in dieser Weise gewählten Volksvertretung unerträglich erscheint.**[148] Im Gegensatz zur praktischen Handhabung durch den VerfGH Berlin hält sich der Zweite Senat strikt an das Prinzip, dass unterhalb dieser Schwelle nur eine teilweise Ungültigkeitserklärung der Wahl in Betracht kommt.[149] Die praktischen Konsequenzen sind in den gegenläufigen Entscheidungen des Zweiten Senats und des VerfGH Berlin zu den am selben Tag abgehaltenen Bundestagswahlen in Berlin und den Wahlen zum Abgeordnetenhaus von Berlin deutlich geworden. Dabei versteht sich von selbst, dass die aufgetretenen Wahlfehler in Berlin nicht das erforderliche Gewicht haben, die Bundestagswahl in ganz Deutschland für ungültig zu erklären. Aber auch bezogen auf das Gebiet des Landes Berlin ist das Bundesverfassungsgericht mit einer partiellen Ungültigkeitserklärung ausgekommen, während der VerfGH Berlin eine vollständige Ungültigkeitserklärung der Abgeordnetenhaus-Wahl ausgesprochen hat. Letztlich zeigt sich hier eine gewisse Offenheit der abstrakten Kriterien für die Beurteilung durch den jeweiligen verfassungsgerichtlichen Spruchkörper. Auch wenn nach den abstrakten Maßstäben die Teilungültigkeitslösung des Zweiten Senats überzeugender erscheint, ergibt sich mit Blick auf die praktischen Konsequenzen ein gegenteiliges Bild. Die zwischenzeitlich durchgeführte teilweise Wiederholung der Bundestagswahl in einzelnen Wahllokalen in Berlin hat wegen der gesunkenen Wahlbeteiligung nur zu einer Verringerung der Vertretung Berlins im Deutschen Bundestag geführt. Die vom VerfGH Berlin erzwungene vollständige Neuwahl des Abgeordnetenhauses von Berlin hat bei normaler Wahlbeteiligung zu einer Abwahl der für die unzulängliche Wahldurchführung 2021 verantwortlichen Regierungskoalition geführt, war also auch mit einer demokratischen Sanktion verbunden. Das war aber in Bezug auf die für die Durchführung der Bundestagswahl in Berlin verantwortlichen Landeswahlorgane für das Bundesverfassungsgericht gar nicht erreichbar. So gesehen erweisen sich beide Entscheidungen als wenn nicht richtig, so doch jedenfalls vertretbar. Einfacher liegen die Dinge, wenn eine Rechtsverletzung allenfalls theoretisch die Zusammensetzung des Deutschen Bundestages berührt haben kann. Dann scheidet eine Ungültigkeitserklärung ohne Weiteres aus.[150]

---

147 BVerfG, Urteil des Zweiten Senats vom 19.12.2023 – 2 BvC 4/23, Rn. 257 bei Juris – Bundestagswahl in Berlin.

148 BVerfG, Urteil des Zweiten Senats vom 19.12.2023 – 2 BvC 4/23, Rn. 257 bei Juris – Bundestagswahl in Berlin; BVerfGE 129, 300 (344) – Fünf-Prozent-Sperrklausel bei Europawahlen; 121, 266 (311 f.); 103, 111 (134); siehe auch BVerfG, Beschluss des Zweiten Senats vom 19.6.2012 – 2 BvC 2/10, Rn. 20 f. bei Juris.

149 BVerfG, Urteil des Zweiten Senats vom 19.12.2023 – 2 BvC 4/23, Rn. 258 ff. bei Juris – Bundestagswahl in Berlin; siehe demgegenüber VerfGH Berlin, Urteil vom 16.11.2022 – 154/21, Ziff. 1 des Tenors, Juris.

150 BVerfGE 132, 39 (59, Rn. 56) – Wahlberechtigung von Auslandsdeutschen.

Auch bei Feststellung der Verfassungswidrigkeit von wichtigen wahlgesetzlichen Regelungen hat das Bundesverfassungsgericht bislang immer dem Bestandsschutz der im Vertrauen auf die Verfassungsmäßigkeit des Wahlgesetzes zusammengesetzten Volksvertretung Vorrang gegenüber der Durchsetzung des festgestellten Wahlfehlers eingeräumt, teilweise sogar die Änderungsfristen für den Gesetzgeber so bestimmt, dass noch eine Bundestagswahl auf der Grundlage des fehlerhaften Wahlgesetzes durchgeführt werden konnte.[151] Dieses **Übergewicht des Bestandsschutzes** ist auch deshalb **sachgerecht**, weil jedenfalls neue wahlgesetzliche Regelungen im Vorfeld einer Bundestagswahl in verschiedenen verfassungsgerichtlichen Verfahren und von einer Vielzahl von möglichen Antragstellern und Beschwerdeführern einer verfassungsgerichtlichen Überprüfung zugeführt werden können und das Bundesverfassungsgericht bei entsprechendem Bedarf schon vor der Wahl entweder in der Hauptsache entscheiden oder einstweiligen Rechtsschutzes gewähren kann. Das gilt nicht nur im Sonderfall der ersten gesamtdeutschen Wahl,[152] sondern das belegen auch die Verfahren gegen das 19. Gesetz zur Änderung des Bundeswahlgesetzes[153] und gegen den Wahlrechtsausschluss betreuter Personen bei der Europawahl 2019.[154] 58

Für die **Tenorierung** bedeutet das, dass eine in vollem Umfang stattgebende, die Wahl für ungültig erklärende Entscheidung des Bundesverfassungsgerichts in Wahlprüfungsverfahren nur in Extremfällen vorstellbar ist, zu denen es bislang nicht gekommen ist. Liegt der Wahlfehler in der Verfassungswidrigkeit einer **Norm**, wird diese mit dem Grundgesetz **für** unvereinbar und **nichtig erklärt**[155] oder das Bundesverfassungsgericht stellt die Verfassungswidrigkeit fest und verpflichtet den Gesetzgeber, innerhalb einer bestimmten **Frist eine verfassungsgemäße Regelung zu treffen**.[156] Da dabei aber nicht zugleich eine Ungültigkeitserklärung der Wahl erfolgt, ist in diesen Fällen die Wahlprüfungsbeschwerde im Übrigen zurückzuweisen, sofern sie nicht von vornherein auf die Feststellung des subjektiven Rechtsverstoßes beschränkt war (§ 48 Abs. 1, Var. 2).[157] 59

Die Regelung des **Abs. 3** greift gerade dann, wenn zwar eine Verletzung subjektiver Rechte feststellbar ist, das Bundesverfassungsgericht die Wahl aber nicht für ungültig erklärt. Diese Norm verpflichtet das Bundesverfassungsgericht zur Prüfung und gegebenenfalls Feststellung auch solcher Wahlrechtsverletzungen, denen keine über den Einzelfall hinausgehende objektive Bedeutung zukommt, bei denen aber eine Rechtsverletzung des Beschwerdeführers vorliegt.[158] Der Tenor besteht dann aus einer Verwerfung der Wahlprüfungsbeschwerde, soweit sie sich gegen die Gültigkeit der Wahl richtet, 60

151 Vgl. BVerfGE 121, 266 (312 f.); siehe auch BVerfGE 132, 39 (59, Rn. 56) – Wahlberechtigung von Auslandsdeutschen.
152 BVerfGE 82, 322 (336 ff.); 82, 353 (369).
153 BVerfGE 131, 316 (375 f.).
154 Offen hierfür BVerfGE 151, 1 (17, Rn. 38) – Wahlrechtsausschluss betreuter Personen.
155 BVerfGE 151, 1 (56, Rn. 136) – Wahlrechtsausschluss betreuter Personen; 132, 39 (59, Rn. 55) – Wahlberechtigung von Auslandsdeutschen; 129, 300 (343) – Fünf-Prozent-Sperrklausel bei Europawahlen; siehe auch BVerfGE 123, 39 (39 f., 87).
156 BVerfGE 121, 266 (267, 317).
157 Vgl. BVerfGE 151, 1 (14 f., Rn. 31 f.).
158 Vgl. BT-Drs. 17/9391, S. 11.

und aus einer ausdrücklichen Feststellung, dass und welcher konkrete Wahlfehler die Beschwerdeführer in welchen Grundrechten verletzt.[159]

61 Entsprechend ist der Zweite Senat vorgegangen im Verfahren zu den Wahlausschlüssen betreuter Personen bei Bundestagswahlen,[160] wo die Wahlprüfungsbeschwerde von vornherein auf die Feststellung einer Rechtsverletzung beschränkt war, über Gültigkeitsfragen also gar nicht entschieden werden musste. Der Umstand, dass in diesem Verfahren auch die relevanten gesetzlichen Vorschriften teils mit dem Grundgesetz unvereinbar, teils für nicht erklärt worden sind, ändert an der Verpflichtung zur expliziten Feststellung der Rechtsverletzung im Tenor nichts. Abs. 3 verpflichtet das Bundesverfassungsgericht zur Prüfung und gegebenenfalls Feststellung auch solcher Wahlrechtsverletzungen, denen keine über den Einzelfall hinausgehende objektive Bedeutung zukommt, bei denen aber eine Rechtsverletzung des Beschwerdeführers vorliegt.[161] Das gilt nach dem Gesetzeswortlaut allerdings nur, wenn der Beschwerdeführer eine wahlberechtigte Person oder eine Gruppe von wahlberechtigten Personen ist. Nach dem Willen des Gesetzgebers soll dadurch ausgeschlossen werden, dass das Bundesverfassungsgericht die Fragen nach dem Vorliegen eines Wahlfehlers offen lässt oder bei der Tenorierung zu der für den Beschwerdeführer unbefriedigenden Verwerfungsformel greift.[162] Die **Verpflichtung zur „expliziten Feststellungstenorierung"**[163] besteht nach dem Gesetzeswortlaut nur dann, wenn das Bundesverfassungsgericht die Wahl nicht für ungültig erklärt. Praktische Bedeutung dürfte diese Einschränkung kaum haben, weil es bislang noch nie zu einer vollständigen Ungültigkeitserklärung gekommen ist.

IV. Parallelregelungen

62 Eine § 48 entsprechende Regelung für die **Wahlen zum Europäischen Parlament** enthält auf der Grundlage von Art. 93 Abs. 3 GG, § 13 Nr. 15 die Vorschrift des § 26 Abs. 3 EuWG.[164]

63 Eine weitere, bislang noch nicht zum Tragen gekommene Parallelregelung zu § 48 enthält das Gesetz über Verfahren bei Volksentscheid, Volksbegehren und Volksbefragung nach Art. 29 Abs. 6 GG, also **in Fällen der Neugliederung des Bundesgebiets**.[165] Thematisch einschlägige Entscheidungen sind allerdings vor Inkrafttreten dieses Gesetzes ergangen.[166]

159 Vgl. beispielhaft BVerfGE 161, 136 (137, Ziff. 1 und 2 des Tenors) – Nichtzulassung einer NPD-Landesliste zur Bundestagswahl 2017.
160 BVerfGE 151, 1 (1 f., Ziff. 3 des Tenors und 58, Rn. 141).
161 Vgl. BT-Drs. 17/9391, S. 11.
162 BT-Drs. 17/9391, S. 11.
163 BT-Drs. 17/9391, S. 11.
164 Vgl. dazu Lenz/Gerhard, in: Das Deutsche Bundesrecht, Europawahlgesetz, Rn. 84 (Stand: März 2019); vgl. auch BVerfGE 129, 300 (316 f.) – Fünf-Prozent-Sperrklausel bei Europawahlen.
165 Vgl. dazu Benda/Klein VerfassungsProzR/O. Klein Rn. 1307 ff.
166 Vgl. BVerfGE 37, 84 – zum Volksentscheid im ehemaligen Land Baden 1970.

Vierter Abschnitt
Verfahren in den Fällen des § 13 Nr. 4
[Präsidentenanklage]

§ 49 [Anklageschrift]

(1) Die Anklage gegen den Bundespräsidenten wegen vorsätzlicher Verletzung des Grundgesetzes oder eines anderen Bundesgesetzes wird durch Einreichung einer Anklageschrift beim Bundesverfassungsgericht erhoben.

(2) Auf Grund des Beschlusses einer der beiden gesetzgebenden Körperschaften (Artikel 61 Abs. 1 des Grundgesetzes) fertigt deren Präsident die Anklageschrift und übersendet sie binnen eines Monats dem Bundesverfassungsgericht.

(3) [1]Die Anklageschrift muß die Handlung oder Unterlassung, wegen der die Anklage erhoben wird, die Beweismittel und die Bestimmung der Verfassung oder des Gesetzes, die verletzt sein soll, bezeichnen. [2]Sie muß die Feststellung enthalten, daß der Beschluß auf Erhebung der Anklage mit der Mehrheit von zwei Dritteln der gesetzlichen Mitgliederzahl des Bundestages oder von zwei Dritteln der Stimmen des Bundesrates gefaßt worden ist.

Die §§ 49 bis 57 gestalten das in Art. 61 GG vorgesehene Verfahren der **Anklage gegen den Bundespräsidenten** aus. Das Rechtsinstitut der Präsidentenanklage ist zwar ein primär verfassungsgeschichtlich verständliches Überbleibsel, es hat aber auch heute noch die Funktion, in einem rechtlich geordneten Verfahren eine **Absetzung des Staatsoberhaupts zu ermöglichen**.[1] Das Grundgesetz formuliert das in Art. 61 Abs. 2 Satz 1 vornehmer, wenn es davon spricht, dass das Bundesverfassungsgericht den Bundespräsidenten „des Amtes für verlustig erklären“ kann. 1

Bislang hat es **kein solches Verfahren** gegeben und es ist seitens der antragsberechtigten Organe die Erhebung einer solchen Anklage noch nicht einmal ernsthaft erwogen worden. Das macht das Rechtsinstitut der Präsidentenanklage aber nicht obsolet, sondern ist vielmehr Ausdruck des Umstandes, dass sich keiner der bisherigen Bundespräsidenten in einer Weise verhalten hat, die ihm gegenüber den Vorwurf einer vorsätzlichen Verletzung des Grundgesetzes oder eines anderen Bundesgesetzes herausgefordert hat. 2

Allerdings hat **Horst Köhler** seinen Rücktritt vom Amt des Bundespräsidenten in der Rücktrittserklärung vom 31.5.2010 auch damit begründet, ihm werde zu Unrecht unterstellt, er befürworte Einsätze der Bundeswehr, die vom Grundgesetz nicht gedeckt wären. Bundespräsident **Christian Wulff** ist am 18.2.2012 zurückgetreten, nachdem am Vortag die Staatsanwaltschaft Hannover wegen Verdachts auf Vorteilsannahme die Aufhebung seiner Im- 3

1 Vgl. dazu Dürig/Herzog/Scholz/Herzog Art. 61 Rn. 1; Isensee/Kirchhof StaatsR-HdB/Nettesheim § 61 Rn. 66.

munität (Art. 60 Abs. 4 GG) beantragt hatte.[2] Herzog hält in solchen Fällen Art. 61 GG, §§ 49 ff. für verschlossen.[3]

4 Das Verfahren nach Art. 61 GG, §§ 49 ff. enthält mit der Feststellung eines Schuldig-Seins und bei der verfahrensmäßigen Ausgestaltung Elemente eines Strafprozesses, ist aber **kein Strafverfahren**, sondern ein völlig eigenständiges verfassungsrechtliches Verfahren.[4]

5 Die **wesentlichen Konturen** des Verfahrens sind **schon auf der Ebene der Verfassung festgelegt**: Den prozessualen Antrag, den die Verfassung Anklage nennt, können nur der Bundestag oder der Bundesrat stellen und zwar jeweils mit einer qualifizierten Mehrheit von zwei Dritteln der Mitglieder bzw. Stimmen. Die Anklage kann nur auf eine vorsätzliche Verletzung des Grundgesetzes oder eines anderen Bundesgesetzes gestützt werden (Art. 61 Abs. 1 GG). Inhaltlich ist das Verfahren auf die Feststellung gerichtet, ob der Bundespräsident einer vorsätzlichen Verletzung des Grundgesetzes oder eines anderen Bundesgesetzes schuldig ist. Ist dies der Fall, so kann das Bundesverfassungsgericht ihn des Amtes für verlustig erklären (Art. 61 Abs. 2 Satz 1 GG).

6 Daran anknüpfend enthält § 49 Regelungen im Zusammenhang mit der Anklageschrift. Dabei wiederholt **Abs. 1** nur die schon in Art. 61 Abs. 1 Satz 1 GG enthaltene Vorgabe, dass Grund für die Anklage nur eine behauptete **vorsätzliche Verletzung des Grundgesetzes oder eines anderen Bundesgesetzes** durch den Bundespräsidenten sein kann. Ein anderes Bundesgesetz kann in diesem Zusammenhang, wie sich auch aus der Beschränkung der Anklagebefugnis auf die beiden gesetzgebenden Körperschaften ergibt, nur ein parlamentarisch beschlossenes, also formelles Bundesgesetz sein, nicht aber eine Rechtsverordnung der Bundesregierung.[5] Die Abwandlung der verfassungsunmittelbaren Formulierung, die von einer Anklage des Bundespräsidenten spricht, in eine Anklage gegen den Bundespräsidenten, ist nicht mit einem rechtlichen Unterschied verbunden. § 49 Abs. 1 stellt klar, dass die Anklage durch Einreichung einer Anklageschrift zu erfolgen hat. Das versteht sich angesichts des Verfahrensgegenstandes von selbst und folgt im Übrigen aus § 23 Abs. 1 Satz 1.

7 **Abs. 2** überträgt dem Präsidenten der jeweils tätig werdenden gesetzgebenden Körperschaft die Fertigung der Anklageschrift, nachdem der in Art. 61 Abs. 1 Satz 3 GG vorausgesetzte Anklageerhebungsbeschluss gefasst wurde. Mit diesem Beschluss beginnt für den Präsidenten der gesetzgebenden Körperschaft auch die **Monatsfrist für die Fertigung und Übersendung der Anklageschrift**. Diese Frist **ist** keine bloße Ordnungsfrist, die überschritten werden kann,[6] sondern **eine Ausschlussfrist**.[7] Es wäre mit der gebotenen Achtung vor dem Amt des Staatsoberhauptes nicht vereinbar, wenn die

2 Kritisch zum Verhalten der Medien in diesem Fall Burkiczak/Dollinger/Schorkopf BVerfGG/Lorenz § 49 Rn. 13.
3 Dürig/Herzog/Scholz/Herzog Art. 61 Rn. 18.
4 Dürig/Herzog/Scholz/Herzog Art. 61 Rn. 10; Barczak BVerfGG/Stamm § 49 Rn. 7.
5 Dürig/Herzog/Scholz/Herzog Art. 61 Rn. 15; Burkiczak/Dollinger/Schorkopf BVerfGG/Lorenz § 49 Rn. 17.
6 So Lechner/Zuck/Zuck § 49 Rn. 2.
7 Dürig/Herzog/Scholz/Herzog Art. 61 Rn. 45.

gesetzgebenden Körperschaften durch die in Art. 61 Abs. 1 Satz 3 GG vorgesehene Beschlussfassung zwar in der Öffentlichkeit den Vorwurf vorsätzlichen Gesetzesbruchs erheben dürften, dann aber die Durchführung des der Klärung dieses Vorwurfs dienenden verfassungsgerichtlichen Verfahrens verschleppen könnten, und sei es auch nur innerhalb der Frist des § 50.

Abs. 3 Satz 1 bestimmt in Anlehnung an § 200 StPO den Inhalt der Anklageschrift. Den von Satz 2 geforderten Nachweis der Beschlussfassung nach Art. 61 Abs. 1 Satz 3 GG kann die antragstellende Körperschaft durch Vorlage des Plenarprotokolls führen.[8] Einen bestimmten Antrag muss die Anklageschrift nicht enthalten (vgl. dazu § 56). 8

§ 50 [Frist für Anklageerhebung]

Die Anklage kann nur binnen drei Monaten, nachdem der ihr zugrunde liegende Sachverhalt der antragsberechtigten Körperschaft bekannt geworden ist, erhoben werden.

§ 50 enthält für die Anklageerhebung eine **weitere**, zu § 49 Abs. 2 hinzutretende **Ausschlussfrist von drei Monaten.**[1] Die Frist des § 50 beginnt, wenn der der Anklage zugrundezulegende Sachverhalt der antragsberechtigten Körperschaft bekannt geworden ist. Das ist dann der Fall, wenn die Tatsachen allgemein bekannt sind oder dem Präsidenten des Deutschen Bundestages bzw. des Bundesrats bekannt gegeben werden. Auch diese Ausschlussfrist schützt das Amt des Bundespräsidenten vor länger zurückliegenden Vorwürfen (→ § 49 Rn. 7). 1

Die Frist wird nicht durch die Beschlussfassung nach Art. 61 Abs. 1 Satz 3 GG, sondern **nur durch die Einreichung der Anklageschrift** (§ 49) beim Bundesverfassungsgericht gewahrt. Zur ordnungsgemäßen Begründung der Anklage gemäß § 23 Abs. 1 Satz 2 gehört auch, dass der Zeitpunkt der Kenntnisnahme mitgeteilt wird.[2] 2

Das Zusammenspiel der Fristen aus § 50 und § 49 Abs. 2 zwingt den Bundespräsidenten, zeitnah zu entscheiden, wie er auf einen Anklageerhebungsbeschluss nach Art. 61 Abs. 1 Satz 3 GG reagiert. Einem Anklageverfahren vor dem Bundesverfassungsgericht kann er nur dadurch ausweichen, dass er **vor Einreichung** der Anklageschrift **zurücktritt** (vgl. dazu → § 51 Rn. 1 f.). 3

§ 51 [Durchführung des Verfahrens]

Die Einleitung und Durchführung des Verfahrens wird durch den Rücktritt des Bundespräsidenten, durch sein Ausscheiden aus dem Amt oder durch Auflösung des Bundestages oder den Ablauf seiner Wahlperiode nicht berührt.

---

8 So jetzt auch Burkiczak/Dollinger/Schorkopf BVerfGG/Lorenz § 49 Rn. 31.
1 Wie hier Burkiczak/Dollinger/Schorkopf BVerfGG/Lorenz § 50 Rn. 1.
2 Barczak BVerfGG/Stamm § 50 Rn. 5.

1 § 51 bestimmt, dass die vier dort **aufgeführten Ereignisse** Einleitung und Durchführung des **Verfahrens unberührt lassen**. Danach haben der Rücktritt des Bundespräsidenten, sein Ausscheiden aus dem Amt, die Auflösung des Bundestages oder der Ablauf der Wahlperiode des Bundestages keine Auswirkungen auf das Verfahren.

2 Verfahren ist dabei **nur die schon erhobene Anklage** im Sinne von § 49 Abs. 1, nicht das vorangehende Verfahren in den gesetzgebenden Körperschaften (Art. 61 Abs. 1, Sätze 2 und 3 GG). Einleitung meint die erste, an die Einreichung der Anklageschrift anknüpfende Bearbeitung der Anklage im Bundesverfassungsgericht (vgl. § 23 Abs. 2), Durchführung den weiteren Verlauf des Verfahrens. Daraus wird deutlich, dass der durch § 51 bewirkte zeitliche Einschnitt mit der Anklageerhebung im Sinne von § 49 Abs. 1 eintritt. Tritt eines der vier in der Vorschrift genannten Ereignisse schon vor der Anklageerhebung ein, gilt nicht § 51, sondern bleibt es bei den allgemeinen Regeln.

3 Das hat besondere Bedeutung für den **Rücktritt des Bundespräsidenten**. Rücktritt ist die zu jeder Zeit und mit sofortiger Wirkung mögliche Aufgabe des Amtes durch seinen Inhaber, wie sie von Bundespräsident Horst Köhler 2010 und von Bundespräsident Christian Wulff 2012 praktiziert wurde. Da weder Verfassung noch Gesetz eine Erklärung des Rücktritts gegenüber dem Präsidenten des Deutschen Bundestages als dem geborenen Präsidenten der für die Wahl eines Nachfolgers zuständigen Bundesversammlung (Art. 54 Abs. 4 Satz 2 GG) verlangen, genügt auch eine Bekanntgabe gegenüber der Öffentlichkeit.[1] Das entspricht der durch die Rücktritte von Horst Köhler und Christian Wulff geprägten **Staatspraxis**.

4 Ein Rücktritt des Bundespräsidenten erst nach Einreichung der Anklageschrift steht der Einleitung und Durchführung des Anklageverfahrens nicht entgegen. Wird der **Rücktritt** zwar nach der Fassung des Anklagebeschlusses (Art. 61 Abs. 1 Satz 3 GG), aber **vor Anklageeinreichung** (§ 49 Abs. 2) erklärt, dann ist zwar nicht nach § 51, aber nach allgemeinen Grundsätzen die Einleitung und Durchführung eines Verfahrens nach Art. 61 GG, §§ 49 ff. ausgeschlossen. Art. 61 Abs. 1 Satz 1 GG ermöglicht eine Anklage nur gegen den amtierenden Bundespräsidenten.[2] Die von Herzog vertretene Auffassung, es könne auch gegen einen früheren Bundespräsidenten noch Anklage erhoben werden,[3] berücksichtigt nicht, dass das Verfahren des Art. 61 GG auf eine Absetzung des Staatsoberhaupts ausgelegt ist (vgl. Art. 61 Abs. 2 GG).[4]

5 Dasselbe gilt für das **Ausscheiden aus dem Amt**, welches im Gegensatz zum Rücktritt den turnusmäßigen Ablauf der Amtszeit meint (Art. 54 Abs. 2 Satz 1 GG).

6 Die beiden anderen in § 51 genannten Ereignisse betreffen den vorzeitigen oder regulären **Wegfall des Bundestages**, der möglicherweise die Anklage erhoben hat. Insoweit soll der Grundsatz der Diskontinuität nicht gelten.

1 Dem folgend jetzt auch Barczak BVerfGG/Stamm § 51 Rn. 3; enger Lechner/Zuck/Zuck § 51 Rn. 3.
2 So jetzt auch Barczak BVerfGG/Stamm § 51 Rn. 2.
3 Dürig/Herzog/Scholz, Grundgesetz/Herzog, Art. 61 Rn. 13.
4 So zutreffend Dürig/Herzog/Scholz/Herzog Art. 61 Rn. 1.

Der mit der Vertretung der Anklage Beauftragte des Bundestages nach Art. 61 Abs. 1 Satz 4 GG führt das Verfahren fort.[5] Läuft die Wahlperiode des Bundestages dagegen vor Anklageerhebung ab, oder wurde er vorher aufgelöst, dann kann der Bundestag keine Anklage mehr gegen den Bundespräsidenten erheben. Etwaige Einwände gegen eine vom Bundespräsidenten getroffene Auflösungsentscheidung sind im Verfahren des Organstreits möglich.

Der Ablauf der Wahlperiode des Bundestages oder dessen Auflösung vor einer Anklageerhebung gegen den Bundespräsidenten hindern den **Bundesrat** nicht, seinerseits Anklage gegen den Bundespräsidenten zu erheben. 7

Die in § 51 aufgeführten, aber für unerheblich erklärten Ereignisse können den gesetzgebenden Körperschaften aber **Anlass** geben, erhobene Anklagen **zurückzunehmen** (§ 52). 8

Aus § 51 ist auch zu schließen, dass das Verfahren beim **Tod** des Bundespräsidenten einzustellen ist. 9

§ 52 [Zurücknahme der Anklage]

(1) [1]Die Anklage kann bis zur Verkündung des Urteils auf Grund eines Beschlusses der antragstellenden Körperschaft zurückgenommen werden. [2]Der Beschluß bedarf der Zustimmung der Mehrheit der gesetzlichen Mitgliederzahl des Bundestages oder der Mehrheit der Stimmen des Bundesrates.

(2) Die Anklage wird vom Präsidenten der antragstellenden Körperschaft durch Übersendung einer Ausfertigung des Beschlusses an das Bundesverfassungsgericht zurückgenommen.

(3) Die Zurücknahme der Anklage wird unwirksam, wenn ihr der Bundespräsident binnen eines Monats widerspricht.

Zu den Besonderheiten der Präsidentenanklage gehört es, dass hier kraft ausdrücklicher gesetzlicher Regelung in § 52 vorbehaltlich eines Widerspruchs des angeklagten Bundespräsidenten bis zur Urteilsverkündung eine **Entscheidung des Bundesverfassungsgerichts durch Zurücknahme der Anklage verhindert** werden kann. Im Gegensatz zu anderen Verfahrensarten kann das Bundesverfassungsgericht das Verfahren deshalb auch nicht unter Berufung auf Gründe des öffentlichen Interesses fortführen (→ § 17 Rn. 28 ff.). Für die Zurücknahme ist keine Zwei-Drittel-Mehrheit wie bei der Anklageerhebung erforderlich, sondern die gesetzgebende Körperschaft kann diesen Beschluss mit der Mehrheit ihrer gesetzlichen Mitglieder bzw. Stimmen fassen. 1

Nach Abs. 2 wird die Rücknahme **wirksam mit dem Eingang** einer vom jeweiligen Präsidenten der antragstellenden Körperschaft übersandten Ausfertigung des Rücknahmebeschlusses beim Bundesverfassungsgericht. 2

Nach Abs. 3 kann der Bundespräsident **auf einer Entscheidung** über die zurückgenommene Anklage **beharren**. Die Zurücknahme wird unwirksam, 3

---

5 Dem folgend auch Burkiczak/Dollinger/Schorkopf BVerfGG/Lorenz § 51 Rn. 4.

wenn er ihr innerhalb eines Monats widerspricht. Auch diese Frist ist eine Ausschlussfrist.[1] Sie beginnt, sobald das Bundesverfassungsgericht den Bundespräsidenten über den Eingang der Beschlussausfertigung nach Abs. 2 unterrichtet hat.

4 Die Vorschrift gilt mit Ausnahme des Mehrheitserfordernisses aus Abs. 1 Satz 2 für die Rücknahme einer **Richteranklage entsprechend** (§ 58 Abs. 1).

§ 53 [Einstweilige Anordnung]

Das Bundesverfassungsgericht kann nach Erhebung der Anklage durch einstweilige Anordnung bestimmen, daß der Bundespräsident an der Ausübung seines Amtes verhindert ist.

1 Die einstweilige Anordnung nach § 53 ist **kein Unterfall des § 32,** sondern wiederholt nur die verfassungsunmittelbare Regelung in Art. 61 Abs. 2 Satz 2 GG. Die Verfahrensregelungen des § 32 sind nicht anwendbar, auch nicht sinngemäß.[1] Eine einstweilige Anordnung bedarf einer Mehrheit von sechs Richtern (§ 15 Abs. 4 Satz 1) und dem Bundespräsidenten ist vor der Entscheidung rechtliches Gehör zu gewähren.[2]

2 Entscheidungsmaßstab ist hier die **summarische Prüfung der Erfolgsaussichten** des Antrags; ist eine Amtsenthebung sehr wahrscheinlich, ist es geboten, den Bundespräsidenten schon vor der endgültigen Entscheidung des Bundesverfassungsgerichts „aus dem Verkehr zu ziehen".[3] Von den Erfolgsaussichten gelöste Folgenabwägungen haben hier keinen Platz.[4] Vertreter wäre der Präsident des Bundesrates (Art. 57 GG).

3 Die Vorschrift ist **entsprechend anwendbar bei der Richteranklage**, § 58 Abs. 1. Anwendungsfälle hat es auch dort nicht gegeben.

§ 54 [Voruntersuchung]

(1) Das Bundesverfassungsgericht kann zur Vorbereitung der mündlichen Verhandlung eine Voruntersuchung anordnen; es muß sie anordnen, wenn der Vertreter der Anklage oder der Bundespräsident sie beantragt.

(2) Die Durchführung der Voruntersuchung ist einem Richter des nicht zur Entscheidung in der Hauptsache zuständigen Senats zu übertragen.

1 Im Präsidentenanklageverfahren kann das Bundesverfassungsgericht wie im Verfahren der Grundrechtsverwirkung (§ 38 Abs. 2), im Parteiverbotsverfah-

1 Barczak BVerfGG/Stamm § 53 Rn. 2; Burkiczak/Dollinger/Schorkopf BVerfGG/Lorenz § 52 Rn. 3.

1 Wie hier Barczak BVerfGG/Stamm § 53 Rn. 1.
2 Dürig/Herzog/Scholz/Herzog Art. 61 Rn. 68 (Stand: Januar 2009).
3 Dürig/Herzog/Scholz/Herzog Art. 61 Rn. 66 und 69 (Stand: Januar 2009).
4 AA Barczak BVerfGG/Stamm § 53 Rn. 4.

ren (§ 47 iVm § 38 Abs. 2) und im Richteranklageverfahren (§ 58 Abs. 1 iVm § 54) eine **Voruntersuchung** anordnen. Hat die mündliche Verhandlung begonnen, kann keine Anordnung der Voruntersuchung mehr beantragt werden oder erfolgen.[1]

Dabei handelt es sich ungeachtet naheliegender Assoziationen zur StPO und zur Bundesdisziplinarordnung um **ein eigenständiges verfassungsprozessuales Instrument**. Es dient, wie der Gesetzeswortlaut ausdrücklich klarstellt, zur Vorbereitung der mündlichen Verhandlung und deckt deshalb alle Maßnahmen ab, die diesbezüglich zweckmäßig sind. Das gilt sowohl für die Aufarbeitung und Ermittlung der relevanten Tatsachen wie der relevanten Rechtsfragen. Die Grenze liegt in der Wahrung des vorbereitenden Charakters. Sowohl die für die Entscheidung über die Präsidentenanklage maßgebenden Tatsachenfeststellungen wie die Rechtsauslegung nimmt ausschließlich der zur Entscheidung berufene Zweite Senat (§ 14 Abs. 2 iVm § 13 Nr. 4) in der mündlichen Verhandlung und in den nachfolgenden Beratungen vor. 2

Wenn überhaupt, dann hat das Instrument der Voruntersuchung gewisse Parallelen zur Tätigkeit der **Generalanwälte beim EuGH** (Art. 252 AEUV) und verbleibt wie diese im Bereich gutachterlicher Tätigkeit. Dazu passt, dass die Voruntersuchung nicht von einem Mitglied des zur Sachentscheidung berufenen Senats durchzuführen ist (Abs. 2). 3

Die Anordnung einer Voruntersuchung ist in das **Ermessen** des Bundesverfassungsgerichts gestellt (Abs. 1, 1. Halbsatz). Anders als in den auf Grundrechtsverwirkung und Parteiverbot gerichteten Verfahren können aber sowohl der Vertreter der Anklage wie der Bundespräsident durch entsprechenden Antrag **erzwingen**, dass eine Voruntersuchung angeordnet und durchgeführt wird (Abs. 1, 2. Halbsatz). 4

Abs. 2 spricht davon, dass die **Durchführung der Voruntersuchung** einem Richter des nicht zur Entscheidung in der Hauptsache zuständigen Senats zu übertragen ist. Wegen der Zuständigkeit des Zweiten Senats (§ 14 Abs. 2 iVm § 13 Nr. 4) ist das ein **Richter des Ersten Senats**. 5

Da die Anordnung der Voruntersuchung durch Beschluss des Zweiten Senats erfolgt, ist die Annahme naheliegend, dass auch die Übertragung auf den konkreten Richter des Ersten Senats **durch einen Beschluss des** in der Hauptsache zuständigen **Zweiten Senats** erfolgt bzw. im Fall des Abs. 1, 2. Halbsatz erfolgen muss. Für die auf Herzog zurückgehende Auffassung, letzteres sei bedenklich und es käme für die Bestimmung des die Voruntersuchung durchführenden Richters des Ersten Senats nur ein Losentscheid analog § 19 Abs. 4 in Betracht,[2] gibt weder der Wortlaut noch Sinn und Zweck der Voruntersuchung etwas her. Der Richter des Ersten Senats, dem die Durchführung der Voruntersuchung übertragen wird, ist nicht zur Entscheidung berufen und deshalb kein gesetzlicher Richter im Sinne von Art. 101 Abs. 1 Satz 2 GG. Er muss deshalb auch nicht im vorhinein durch den Geschäftsverteilungsplan bestimmt sein. Auch im Beauftragungsfall des 6

1 Vgl. Lechner/Zuck/Zuck § 54 Rn. 2.
2 Barczak BVerfGG/Stamm § 54 Rn. 3.

§ 26 Abs. 1 Satz 2, Variante 1 sieht das Gesetz **keinen Losentscheid, sondern eine Auswahlentscheidung** des beauftragenden Spruchkörpers vor.

§ 55 [Mündliche Verhandlung]

(1) Das Bundesverfassungsgericht entscheidet auf Grund mündlicher Verhandlung.

(2) [1]Zur Verhandlung ist der Bundespräsident zu laden. [2]Dabei ist er darauf hinzuweisen, daß ohne ihn verhandelt wird, wenn er unentschuldigt ausbleibt oder ohne ausreichenden Grund sich vorzeitig entfernt.

(3) In der Verhandlung trägt der Beauftragte der antragstellenden Körperschaft zunächst die Anklage vor.

(4) Sodann erhält der Bundespräsident Gelegenheit, sich zur Anklage zu erklären.

(5) Hierauf findet die Beweiserhebung statt.

(6) [1]Zum Schluß wird der Vertreter der Anklage mit seinem Antrag und der Bundespräsident mit seiner Verteidigung gehört. [2]Er hat das letzte Wort.

1 § 55 enthält **Regelungen über die mündliche Verhandlung** im Präsidentenanklageverfahren. Der Regelungsgehalt des **Abs. 1** besteht weniger darin, dass aufgrund mündlicher Verhandlung zu entscheiden ist, weil sich das schon aus der allgemeinen Regelung des § 25 Abs. 1 ergibt. Die eigentliche Aussage liegt darin, dass insoweit eine andere Bestimmung im Sinne von § 25 Abs. 1 vorliegt, die dem Bundesverfassungsgericht die sonst gegebene Möglichkeit nimmt, bei ausdrücklichem Verzicht aller Beteiligten ohne mündliche Verhandlung zu entscheiden.[1]

2 Nach **Abs. 2** Satz 1 ist der **Bundespräsident** zur Verhandlung **zu laden**. Er muss aber, wie sich aus Satz 2 ergibt, nicht an der Verhandlung teilnehmen.

3 Die **Abs. 3 bis 6 strukturieren den Ablauf** der mündlichen Verhandlung. Sie beginnt mit dem Vortrag des nach Art. 61 Abs. 1 Satz 4 GG von der Körperschaft bestimmten Beauftragten. Sofern der Beauftragte nicht selbst schon ein **professioneller Prozessvertreter** im Sinne von § 22 Abs. 1 ist, kann er den Vortrag auch durch einen von ihm Bevollmächtigten halten lassen. Denn § 22 Abs. 1 Satz 1 bestimmt ausdrücklich, dass sich die Beteiligten in jeder Lage des Verfahrens durch einen Rechtsanwalt oder durch einen Hochschullehrer vertreten lassen können. Es gibt keinen Grund, davon für das Verfahren der Präsidentenanklage eine Ausnahme anzunehmen. Dasselbe gilt im Übrigen für den Bundespräsidenten, der nach Abs. 4 nachfolgend Gelegenheit hat, sich zur Anklage zu erklären.

4 Die **Beweiserhebung** findet anschließend statt (Abs. 5). Hierher und nicht zum Vortrag der Anklage[2] gehört auch die Einführung der Ergebnisse einer

1 Vgl. auch Dürig/Herzog/Scholz/Herzog Art. 61 Rn. 54.
2 So aber Lechner/Zuck/Zuck § 55 Rn. 4.

etwaigen Voruntersuchung nach § 54.[3] Für die Beweiserhebung gelten im Übrigen die allgemeinen Regelungen der §§ 26 und 28 (→ § 26 Rn. 8 ff. und → § 28 Rn. 1 ff.). Den jeweiligen Schlussplädoyers (Abs. 6 Satz 1) folgt wie in einem Strafprozess die Möglichkeit des Bundespräsidenten, das **letzte Wort** zu sprechen (Abs. 6 Satz 2).

Die Frage, ob der Beauftragte der antragstellenden Körperschaft auch berechtigt ist, den Antrag zu stellen, den Bundespräsidenten nicht für schuldig zu erklären,[4] stellt sich so nicht. Denn darin läge in der Sache eine **Zurücknahme des Antrags**. Die Zurücknahme ist durch § 52 Abs. 1 aber an einen vorherigen Mehrheitsbeschluss der gesetzgebenden Körperschaft gebunden und dieser kann nur vom Präsidenten der Körperschaft übermittelt werden. Solange beides nicht geschehen ist, ist der Beauftragte nach Art. 61 Abs. 1 Satz 4 GG an den nach Art. 61 Abs. 1 Satz 3 GG getroffenen Beschluss der Körperschaft gebunden.[5] 5

§ 56 [Urteil]

(1) Das Bundesverfassungsgericht stellt im Urteil fest, ob der Bundespräsident einer vorsätzlichen Verletzung des Grundgesetzes oder eines genau zu bezeichnenden Bundesgesetzes schuldig ist.

(2) [1]Im Falle der Verurteilung kann das Bundesverfassungsgericht den Bundespräsidenten seines Amtes für verlustig erklären. [2]Mit der Verkündung des Urteils tritt der Amtsverlust ein.

Über den in der Anklage erhobenen Vorwurf entscheidet das Bundesverfassungsgericht **durch Urteil**. Der mögliche Tenor ist durch Art. 61 Abs. 2 GG vorgegeben und zugleich begrenzt. 1

Nach **Abs. 1** besteht der Tenor im Falle einer Stattgabe zunächst aus einer **feststellenden Komponente**, die entsprechend Art. 61 Abs. 2 Satz 1 GG besagt, dass der Bundespräsident einer vorsätzlichen Verletzung des Grundgesetzes oder eines Bundesgesetzes schuldig ist. § 56 Abs. 1 ergänzt das durch die Aussage, dass das verletzte Bundesgesetz dabei genau zu bezeichnen ist, während es bei einer vorsätzlichen Verletzung des Grundgesetzes keiner Nennung des konkret verletzten Artikels im Entscheidungstenor bedarf (siehe auch § 67 Satz 2),[1] auch wenn sie in der Praxis wohl zu erwarten wäre. 2

Hat der Bundespräsident aber weder das Grundgesetz noch ein Bundesgesetz verletzt oder fehlt es bei einer bestehenden Verletzung jedenfalls am Vorsatz, dann ist das nicht im Tenor festzustellen, sondern der **Antrag zu verwerfen**. Das ist nicht nur sachgerecht,[2] sondern auch mit dem Gesetzestext zu vereinbaren. Denn dieser ist mit Blick auf Art. 61 Abs. 2 Satz 1 GG dahin auszulegen, dass nur die positive Feststellung erfasst ist. 3

---

3 Zustimmend auch Barczak BVerfGG/Stamm § 55 Rn. 4.
4 Vgl. Lechner/Zuck/Zuck § 55 Rn. 4 und 7.
5 Wie hier wohl Burkiczak/Dollinger/Schorkopf BVerfGG/Lorenz § 55 Rn. 6; aA Barczak BVerfGG/Stamm § 55 Rn. 5.
1 AA Dürig/Herzog/Scholz/Herzog Art. 61 Rn. 60 (Stand: Januar 2009).
2 So auch Dürig/Herzog/Scholz/Herzog Art. 61 Rn. 57 und 60 (Stand: Januar 2009).

4 Nach **Abs. 2** kann das Bundesverfassungsgericht den Bundespräsidenten im Fall der Verurteilung **seines Amtes für verlustig erklären**. Das greift eine Formulierung aus Art. 61 Abs. 2 Satz 1 GG auf. Die entscheidende Frage ist, ob das Wort **„kann"** dem Bundesverfassungsgericht insoweit einen ermessensartigen Spielraum einräumt und wenn, nach welchen Kriterien dieses Ermessen auszuüben ist.

5 Herzog und mit ihm der ganz überwiegende Teil der Literatur bejahen ein solches **pflichtgemäßes Ermessen** und wollen für die Ausfüllung darauf abstellen, ob der Bundespräsident nach der Schwere des festgestellten Rechtsverstoßes wirklich untragbar geworden ist.[3] Das greift scheinbar den Wortlaut von Gesetz und Verfassung auf und wirkt auch verhältnismäßig.

6 Andererseits ist zu beachten, dass die Anklage nur nach dem Beschluss einer **sehr breiten Mehrheit in einer oder beiden der gesetzgebenden Körperschaften** möglich ist. Bei zwar vorsätzlichen, aber aus welchen Gründen auch immer weniger gewichtigen Verstößen des Bundespräsidenten gegen das Grundgesetz oder ein Bundesgesetz entscheidet nach der Gesamtsystematik des Art. 61 GG primär die breite Mehrheit der gesetzgebenden Körperschaften darüber, ob sie ein auf den Amtsverlust des Bundespräsidenten zielendes Verfahren einleitet oder nicht. Deshalb wird das Bundesverfassungsgericht den **Amtsverlust** nach Abs. 2 ungeachtet des Wortlauts im **Regelfall** aussprechen müssen. Andernfalls müsste entweder die Verfassung oder das Gesetz dem Zweiten Senat Kriterien dafür an die Hand geben, in welchen Fällen trotz vorsätzlicher Verletzung des Grundgesetzes oder eines Bundesgesetzes und trotz einer Anklageerhebung durch zwei Drittel der Mitglieder bzw. Stimmen einer gesetzgebenden Körperschaft ein Verbleib des rechtlich und politisch so beurteilten Bundespräsidenten in seinem Amt gerechtfertigt werden können soll. Verfassung und Gesetz enthalten aber kein solches Kriterium. Wieso die Richter des Zweiten Senats dennoch besser beurteilen können sollen, ob ein Verbleib des Bundespräsidenten trotz der festgestellten vorsätzlichen Verfassungsverstöße oder Gesetzesbrüche dem Staatswohl nicht in einem den Amtsverlust rechtfertigenden Umfang schadet, erschließt sich nicht. Diese Frage wird von der Verfassung in die Hände der beiden antragsberechtigten Körperschaften und ihrer jeweiligen 2/3-Mehrheiten gelegt.

7 Der Amtsverlust tritt nach Abs. 2 Satz 2 **mit der Verkündung** des Urteils ein. Nach Art. 57, Variante 2 GG werden die Befugnisse des Bundespräsidenten dann vorübergehend vom Präsidenten des Bundesrates wahrgenommen.

§ 57 [Ausfertigung des Urteils]

Eine Ausfertigung des Urteils samt Gründen ist dem Bundestag, dem Bundesrat und der Bundesregierung zu übersenden.

1 Das Urteil im Präsidentenanklageverfahren ist, weil zwingend mündlich zu verhandeln ist (§ 55 Abs. 1), unter Mitteilung der wesentlichen Entschei-

3 Dürig/Herzog/Scholz/Herzog Art. 61 Rn. 62 (Stand: Januar 2009); weitere Nachweise bei Barczak BVerfGG/Stamm § 56 Fn. 3 zu Rn. 2.

dungsgründe **öffentlich zu verkünden** (§ 30 Abs. 1 Satz 3). Die durch § 30 Abs. 3 vorgeschriebene Bekanntgabe der Entscheidung gegenüber den Beteiligten, hier also der anklageführenden Körperschaft und dem Bundespräsidenten ist nicht an eine bestimmte Form (Zustellung) gebunden, sondern auch durch formlose Übersendung möglich (→ § 30 Rn. 36).

§ 57 dehnt diese **Übersendungsverpflichtung** auch auf die nicht anklage- 2
berechtigte Bundesregierung und auf die Körperschaft aus, die von ihrer Anklagebefugnis keinen Gebrauch gemacht hat. Darüber hinaus wird man der Norm entnehmen können, dass die dort genannten Verfassungsorgane auch dann, wenn sie selbst entweder keine Anklage erhoben haben oder gar nicht anklageberechtigt sind, im Präsidentenanklageverfahren auch ohne Beteiligtenstellung **äußerungsberechtigt** sind.[1]

Fünfter Abschnitt
Verfahren in den Fällen des § 13 Nr. 9
[Richteranklage]

§ 58 [Richteranklage]

(1) Stellt der Bundestag gegen einen Bundesrichter den Antrag nach Artikel 98 Abs. 2 des Grundgesetzes, so sind die Vorschriften der §§ 49 bis 55 mit Ausnahme des § 49 Abs. 3 Satz 2, der §§ 50 und 52 Abs. 1 Satz 2 entsprechend anzuwenden.

(2) [1]Wird dem Bundesrichter ein Verstoß im Amt vorgeworfen, so beschließt der Bundestag nicht vor rechtskräftiger Beendigung des gerichtlichen Verfahrens oder, wenn vorher wegen desselben Verstoßes ein förmliches Disziplinarverfahren eingeleitet worden ist, nicht vor der Eröffnung dieses Verfahrens. [2]Nach Ablauf von einem Jahr seit der rechtskräftigen Beendigung des gerichtlichen Verfahrens, in dem der Bundesrichter sich des Verstoßes schuldig gemacht haben soll, ist der Antrag nicht mehr zulässig.

(3) Abgesehen von den Fällen des Absatzes 2 ist ein Antrag gemäß Absatz 1 nicht mehr zulässig, wenn seit dem Verstoß fünf Jahre verflossen sind.

(4) Der Antrag wird vor dem Bundesverfassungsgericht von einem Beauftragten des Bundestages vertreten.

Die §§ 58 bis 62 gestalten das in Art. 98 Abs. 2 und 5 GG vorgesehene und 1
im Katalog des § 13 unter Ziff. 9 aufgeführte Verfahren der **Anklage gegen Bundesrichter und Landesrichter** aus. Da § 58 Abs. 1 für das Verfahren der Richteranklage weitgehend auf die Vorschriften der Präsidentenanklage verweist, ergibt sich das Regelungsgefüge der Richteranklage erst aus einer Zusammenschau des Art. 98 Abs. 2 und 5 GG mit den §§ 58 ff. und den in § 58 Abs. 1 in Bezug genommenen Vorschriften der §§ 49 bis 55 sowie subsidiär den allgemeinen Verfahrensvorschriften der §§ 17 ff.

1 AA Burkiczak/Dollinger/Schorkopf BVerfGG/Lorenz § 57 Rn. 1 Fn. 5.

2 Das Ziel der Richteranklage kann aus Art. 98 Abs. 2 GG abgeleitet werden: Sie dient der **Sicherstellung der Verfassungstreue der Richter**, indem sie im Falle eines Verstoßes gegen die Grundsätze des Grundgesetzes oder gegen die verfassungsmäßige Ordnung eines Landes Sanktionsmöglichkeiten gegen den Richter bis hin zu seiner Entlassung eröffnet.

3 Die Richteranklage stellt ein **eigenständiges verfassungsrechtliches Verfahren** dar, das neben die sonstigen, nach einfachem Recht bestehenden Möglichkeiten insbesondere des Disziplinarrechts und des Strafrechts tritt, die für die Kontrolle der Verfassungstreue der Richter zur Verfügung stehen. Einer Koordination mit dem einfachrechtlichen Disziplinarrecht dienen insoweit die Regelungen des § 58 Abs. 2 und des § 60.

4 Die Besonderheit der verfassungsrechtlichen Richteranklage liegt im Vergleich mit den weiteren einfachrechtlichen Kontrollmöglichkeiten darin, dass die Verfassungstreue der Richter der **Kontrolle des Parlaments** unterstellt wird, indem allein dem Bundestag das Antragsrecht für die Richteranklage zugesprochen wird.[1] Damit stellt Art. 98 Abs. 2 GG einen Bezug her zwischen der richterlichen, durch Unabhängigkeit gemäß Art. 97 Abs. 1 GG gekennzeichneten Tätigkeit und der Verantwortlichkeit der Richter gegenüber dem durch das Parlament repräsentierten Volk, in dessen Namen sie Recht sprechen.

5 In der Kontrollbefugnis des Parlaments liegt die eigenständige, allerdings eher rechtstheoretische Bedeutung des Verfahrens der Richteranklage. In der Praxis haben sich die einfachrechtlichen behördlichen und strafrechtlichen Sanktionsmöglichkeiten bei Fehlverhalten von Richtern jahrzehntelang offenbar als ausreichend erwiesen, so dass es **bislang zu keinem einzigen Verfahren** einer parlamentarisch angestrengten Richteranklage nach Art. 98 Abs. 2 oder 5 GG, §§ 58 ff. **gekommen** ist. Zu neuen Diskussionen gibt nun allerdings die Rückkehr von ehemaligen Bundestagsabgeordneten der AfD in den Richterdienst auf Landesebene Anlass, die schon Verfahren mit ähnlicher Zielrichtung nach § 31 DRiG hervorgerufen hat.[2] Gerade um die Effektivität des Richteranklageverfahrens zu verbessern und potenzielle Verfahrenshindernisse zu beseitigen,[3] hat der Gesetzgeber mit dem Zehnten Gesetz zur Änderung des Bundesverfassungsgerichts vom 12.4.2024 die Fristen für eine zulässige Anklageerhebung in § 58 Abs. 2 Satz 2 und Abs. 3 erheblich verlängert.[4]

6 **Zuständig** für das Verfahren der Richteranklage ist **der Zweite Senat** (§ 14 Abs. 2). Eine Übertragung auf die Kammer ist nicht möglich. Das vereinfachte Verfahren des § 24 im Falle unzulässiger oder offensichtlich unbegründeter Anträge ist aber anwendbar.

7 Einige **wesentliche Konturen** des Verfahrens der Richteranklage sind **schon auf der Ebene der Verfassung festgelegt**. Das betrifft insbesondere die Antragsberechtigung (dazu → Rn. 8), den Kreis der Antragsgegner (dazu

1 Vgl. Beschluss der 3. Kammer des Zweiten Senats vom 19.5.2022 – 2 BvR 232/22, Rn. 4 bei Juris.
2 Vgl. VG Berlin, Urteil vom 13.10.2022 – DG 1/22, Rn. 21 bei Juris.
3 Vgl. BT-Drs. 20/10408, S. 13.
4 Die Regelung ist am 18. April 2024 in Kraft getreten, vgl. Art. 3 Abs. 2 des Gesetzes, BGBl. I 121 vom 17.4.2024.

→ Rn. 9 f.), die Begrenzung des Prüfungsmaßstabs auf Verstöße gegen die Grundsätze des Grundgesetzes oder gegen die verfassungsmäßige Ordnung eines Landes (dazu → Rn. 11 f.), sowie hinsichtlich der Entscheidung des Bundesverfassungsgerichts (dazu → § 59 Rn. 4 ff.) die möglichen Sanktionen und das für den Ausspruch einer Sanktion notwendige Stimmenverhältnis. Hierzu enthält bereits Art. 98 Abs. 2 und 5 GG die maßgeblichen Regelungen, die in den §§ 58 ff. aufgegriffen und hinsichtlich des Erfordernisses einer Zweidrittelmehrheit in § 15 Abs. 4 Satz 1 ergänzt werden.

Den verfahrenseinleitenden **Antrag** iSd § 23 Abs. 1 kann bei der Anklage gegen einen Bundesrichter gemäß Art. 98 Abs. 2 GG nur der **Bundestag** stellen. Hierfür ist die Mehrheit der abgegebenen Stimmen notwendig (Art. 42 Abs. 2 Satz 1 GG). Bei der Anklage gegen einen Landesrichter nach Art. 98 Abs. 5 GG, § 62 steht die Antragsberechtigung entsprechend dem **Landtag** zu.[5] Die Beschränkung des Antragsrechts auf das Parlament unterscheidet die Richteranklage von der Präsidentenanklage nach Art. 61 GG, §§ 49 ff., die auch vom Bundesrat eingeleitet werden kann. 8

Nach Art. 98 Abs. 2 GG kann sich die Richteranklage **gegen Bundesrichter** richten. Davon sind nicht die Richter des Bundesverfassungsgerichts umfasst. Deren Versetzung in den Ruhestand und Entlassung bestimmt sich allein nach § 105.[6] 9

Gegen Landesrichter ist eine Richteranklage nur dann statthaft, wenn sie nach dem betreffenden Landesrecht vorgesehen ist (Art. 98 Abs. 5 Satz 1 GG). Zuständig ist auch für das Verfahren der Anklage gegen einen Landesrichter ausschließlich das Bundesverfassungsgericht (Art. 98 Abs. 5 Satz 3 GG). Für die Ausgestaltung des Verfahrens und für die Entscheidung können sich aber im Vergleich mit der Anklage gegen einen Bundesrichter Besonderheiten ergeben, die § 62 aufgreift. 10

Der **Anklagevorwurf** nach Art. 98 Abs. 2 GG, der zugleich den **Prüfungsmaßstab des Bundesverfassungsgerichts** im Verfahren der Richteranklage vorgibt, unterscheidet sich in mehrfacher Hinsicht von dem der Präsidentenanklage (dazu → § 49 Rn. 6). 11

Der einem Richter vorzuwerfende **Verstoß** muss sich **gegen die Grundsätze des Grundgesetzes oder gegen die verfassungsmäßige Ordnung eines Landes** richten. Daraus wird deutlich, dass einzelne Verletzungen verfassungsrechtlicher Anforderungen an die Ausübung des Richteramtes, etwa die Verletzung des Anspruchs auf rechtliches Gehör gemäß Art. 103 Abs. 1 GG, selbstverständlich schon im Hinblick auf die richterliche Unabhängigkeit nach Art. 97 Abs. 1 GG nicht gemeint sind. Vielmehr geht es um Angriffe gegen die freiheitlich demokratische Grundordnung.[7] Ein Verstoß gegen einfaches Recht genügt anders als bei der Präsidentenanklage erst recht nicht. Vorsätzliches Verhalten des Richters ist – ebenfalls abweichend von der Präsidentenanklage – nicht erforderlich, sondern spielt erst bei der Auswahl der angemessenen Sanktion eine Rolle (vgl. Art. 98 Abs. 2 Satz 2 GG). Geahndet werden können auch Verstöße, die der Richter außerhalb seines Amtes begangen hat. 12

5 Benda/Klein VerfassungsProzR/Klein Rn. 1264.
6 Barczak BVerfGG/Diehm § 58 Rn. 1.
7 Vgl. Benda/Klein VerfassungsProzR/Klein Rn. 1266.

13 Das **Verfahren richtet sich über die Verweisung in § 58 Abs. 1 weitgehend nach den für die Präsidentenanklage geltenden Vorschriften**. Sie werden nur insoweit modifiziert, wie § 58 Abs. 1 bestimmte Regelungen der §§ 49 bis 55 ausnahmsweise für unanwendbar erklärt und § 58 Abs. 2 bis 4 sowie die §§ 59 ff. besondere Regelungen enthalten.

14 Die Anklage gegen den Richter wird durch Einreichung einer **Anklageschrift** beim Bundesverfassungsgericht erhoben (vgl. § 49 Abs. 1), die vom Präsidenten des Bundestags bzw. im Fall des Art. 98 Abs. 5 GG des Landtags zu fertigen und innerhalb eines Monats nach dem Beschluss des Parlaments zu übersenden ist (vgl. § 49 Abs. 2). Die notwendigen Angaben der Anklageschrift ergeben sich aus § 49 Abs. 3 Satz 1. Ein Hinweis im Sinne des § 49 Abs. 3 Satz 2 auf die im Bundestag erzielte Mehrheit ist nach § 58 Abs. 1 anders als bei der Präsidentenanklage nicht erforderlich.

15 Die **Frist für die Anklageerhebung** richtet sich nicht nach § 50 (vgl. § 58 Abs. 1). Vielmehr gelten für die Richteranklage die besonderen Regelungen des § 58 Abs. 2 und 3 in der Neufassung des Zehnten Gesetzes zur Änderung des Bundesverfassungsgerichtsgesetzes vom 12.4.2024. Dabei betrifft Abs. 2 nur Anklagen, mit denen dem Richter ein Verstoß im Amt vorgeworfen wird, während Abs. 3 eine Ausschlussfrist bei Verstößen außerhalb des Amtes regelt.

16 Bezieht sich der Anklagevorwurf auf ein **Verhalten des Richters im Amt**, also bei der Ausübung der rechtsprechenden Gewalt iSd Art. 92 GG,[8] stellt **Abs. 2 Satz 1** eine Verknüpfung mit dem betreffenden Gerichtsverfahren her. Dem Bundestag wird eine **Wartefrist** auferlegt, deren Ablauf davon abhängt, ob zugleich während des anhängigen Gerichtsverfahrens ein Disziplinarverfahren gegen den Richter eingeleitet wird oder nicht. Wird kein Disziplinarverfahren eingeleitet, muss der Bundestag mit der Anklageerhebung bis zum rechtskräftigen Abschluss des Gerichtsverfahrens warten, um den Eindruck einer Einflussnahme auf den Prozess zu vermeiden. Sobald ein Disziplinarverfahren gegen den Richter eröffnet wird, darf aber auch schon das Parlament über eine Richteranklage beschließen.

17 Nach Ablauf dieser Wartefrist muss der Bundestag bzw. der Landtag die **Ausschlussfrist des Abs. 2 Satz 2** beachten, die sich ebenfalls nur auf Verstöße des Richters im Amt bezieht. Der Antrag war bis zum Inkrafttreten des Zehnten Gesetzes zur Änderung des Bundesverfassungsgerichts nur **innerhalb von sechs Monaten** nach rechtskräftigem Abschluss des betreffenden gerichtlichen Verfahrens zulässig. Diese Frist hat der Gesetzgeber nunmehr **auf ein Jahr verlängert** und damit dem Bundestag mehr Zeit zur Prüfung und Beurteilung der gegen die Grundsätze des Grundgesetzes gerichteten Amtsausübung des Richters zugebilligt. Dem lag die Befürchtung zugrunde, dass eine sechsmonatige Frist für etwaige Vorermittlungen, für Beratungen im Parlament und für die Erstellung der Antragsschrift sowie deren Beschlussfassung zu kurz sein könnte.[9] Zur Wahrung der Frist muss der Antrag rechtzeitig beim Bundesverfassungsgericht eingehen. Auf den Zeitpunkt des Parlamentsbeschlusses kommt es hierfür nicht an.

8 Vgl. Burkiczak/Dollinger/Schorkopf BVerfGG/Meister § 58 Rn. 13.
9 Vgl. BT-Drs. 20/10408, S. 13.

Eine **andere Ausschlussfrist**, innerhalb derer der Antrag beim Bundesverfassungsgericht eingehen muss, ist einzuhalten, wenn dem Richter ein **Fehlverhalten außerhalb eines** von ihm durchgeführten **gerichtlichen Verfahrens** vorgeworfen wird. Nach **Abs. 3** war der Antrag **früher** nicht mehr zulässig, wenn seit dem Verstoß des Richters **zwei Jahre** vergangen sind. Auch diese Frist ist mit der Zielrichtung, die auch der Änderung des Abs. 2 Satz 2 zugrunde lag, nunmehr deutlich **verlängert** worden, und zwar **auf fünf Jahre**. Unerheblich ist, wann der Bundestag von dem Verstoß Kenntnis erlangt hat.[10] Auch darin liegt ein Unterschied zu § 50 und zugleich ein nachvollziehbarer Grund dafür, dass außerdienstliche Verfassungsverstöße, die nicht zeitnah öffentlich geworden sind, nicht schon nach relativ kurzer Zeit als Anklagegrund ausscheiden sollen. 18

Die Regelung des **§ 51**, nach der bestimmte Ereignisse der Durchführung des Verfahrens der Präsidentenanklage nicht entgegenstehen, kann auf die Richteranklage nur teilweise übertragen werden, nämlich insoweit, als dass eine Auflösung des Bundestags oder der Ablauf seiner Wahlperiode das Verfahren nicht berühren. Ist der angeklagte **Richter** hingegen **nicht mehr im Amt**, entfällt der Zweck des Verfahrens vollständig, weil das Bundesverfassungsgericht anders als nach § 56 Abs. 1 im Falle der Präsidentenanklage den Verstoß des Richters – was nach dem Verlust des Amtes noch allein denkbar wäre – nicht nur feststellen kann, sondern darüber zu entscheiden hat, ob der Richter in ein anderes Amt oder in den Ruhestand zu versetzen, zu entlassen oder freizusprechen ist (vgl. § 59 Abs. 1). 19

Bundestag und Landtag können den **Antrag** jederzeit **zurücknehmen** (§ 52 Abs. 1 Satz 1, Abs. 2 iVm § 58 Abs. 1), aber der Richter kann auf einer Entscheidung des Bundesverfassungsgerichts bestehen und der Rücknahme binnen eines Monats widersprechen (§ 52 Abs. 3 iVm § 58 Abs. 1). Einer qualifizierten Mehrheit iSd § 52 Abs. 1 Satz 2 bedarf es für die Rücknahme nicht (vgl. § 58 Abs. 1). 20

Entsprechend anwendbar sind außerdem die Vorschriften des **§ 53** über eine **einstweilige Anordnung**, mit der dem angeklagten Richter die Ausübung seines Amtes vorläufig bis zur Entscheidung über die Anklage untersagt werden kann, und des **§ 54** über eine durch einen Richter des Ersten Senats durchzuführende **Voruntersuchung**. 21

Nach **§ 55 Abs. 1** iVm § 58 Abs. 1 ist im Verfahren der Richteranklage zwingend **aufgrund mündlicher Verhandlung** zu entscheiden, es sei denn der Antrag wird durch Beschluss nach § 24 verworfen. Die Einzelheiten zur mündlichen Verhandlung finden sich in § 55 Abs. 2 bis 6. 22

Abs. 4 stellt klar, dass sich der Bundestag im Verfahren der Richteranklage durch einen vom Parlament bestimmten **Beauftragten** vertreten lässt. Auch hierfür gelten dieselben Grundsätze wie bei der Präsidentenanklage (→ § 55 Rn. 3). 23

10 Barczak BVerfGG/Diehm § 58 Rn. 9; Lechner/Zuck/Zuck § 58 Rn. 7.

§ 59 [Urteil]

(1) Das Bundesverfassungsgericht erkennt auf eine der im Artikel 98 Abs. 2 des Grundgesetzes vorgesehenen Maßnahmen oder auf Freispruch.

(2) Erkennt das Bundesverfassungsgericht auf Entlassung, so tritt der Amtsverlust mit der Verkündung des Urteils ein.

(3) Wird auf Versetzung in ein anderes Amt oder in den Ruhestand erkannt, so obliegt der Vollzug der für die Entlassung des Bundesrichters zuständigen Stelle.

(4) Eine Ausfertigung des Urteils mit Gründen ist dem Bundespräsidenten, dem Bundestag und der Bundesregierung zu übersenden.

1 § 59 trifft mehrere, nicht abschließende Einzelregelungen zur **Entscheidung** des Bundesverfassungsgerichts im Verfahren der Richteranklage. Die Vorschriften zur Entscheidung bei der Präsidentenanklage (§§ 56, 57) sind nicht entsprechend anzuwenden. Sie sind von der Verweisung des § 58 Abs. 1 nicht umfasst.

2 § 59 setzt voraus, dass die Entscheidung **grundsätzlich durch Urteil** ergeht. Das folgt nicht nur aus der Verwendung des Begriffs „Urteil" in Abs. 2 und Abs. 4, sondern auch daraus, dass die Entscheidung gemäß § 58 Abs. 1 iVm § 55 Abs. 1 grundsätzlich aufgrund mündlicher Verhandlung ergeht (vgl. § 25 Abs. 2). In Betracht kommt aber auch eine A-Limine-Abweisung durch Beschluss nach § 24, wenn der Antrag unzulässig oder offensichtlich unbegründet ist.

3 Aber auch für die Entscheidung durch Urteil zeigt § 59 Abs. 1 nicht alle möglichen Entscheidungsalternativen auf. Vielmehr betrifft die Regelung nur den Entscheidungsausspruch bei der Entscheidung über einen zulässigen Antrag. Ist der **Antrag unzulässig**, so ist er nach allgemeinen prozessualen Grundsätzen **zu verwerfen**. Für eine Abweichung von diesen prozessualen Grundsätzen und eine anderweitige Beendigung des Verfahrens bei Unzulässigkeit des Antrags, etwa durch Einstellung des Verfahrens,[1] fehlt es nicht nur an einem prozessualen Bedürfnis, sondern auch an einer rechtlichen Grundlage.[2]

4 Der mögliche **Tenor des Urteils** ist im Übrigen, also bei Zulässigkeit des Antrags, durch § 59 **Abs. 1** vorgegeben. Das Gesetz schreibt den Entscheidungsausspruch sowohl für den Fall der Begründetheit als auch für den Fall der Unbegründetheit des Antrags ausdrücklich vor.

5 Dabei erweist sich der Antrag nur dann als begründet, wenn das Bundesverfassungsgericht mit einer **Mehrheit von zwei Dritteln der Mitglieder des Senats** die Überzeugung gewinnt, dass der angeklagte Richter gegen die Grundsätze des Grundgesetzes oder gegen die verfassungsmäßige Ordnung eines Landes verstoßen hat. Das folgt schon unmittelbar aus Art. 98 Abs. 2 Satz 1 GG und wird in § 15 Abs. 4 Satz 1 noch einmal aufgegriffen.

---

1 Dafür ohne nähere Begründung Lechner/Zuck/Zuck § 59 Rn. 1.
2 Burkiczak/Dollinger/Schorkopf BVerfGG/Meister § 59 Rn. 3.

Beurteilt das Bundesverfassungsgericht die Richteranklage mit der notwendigen Mehrheit als **begründet**, verweist Abs. 1 insoweit auf **die in Art. 98 Abs. 2 GG vorgesehenen Maßnahmen**. Das Bundesverfassungsgericht kann je nach Schwere des festgestellten Verstoßes auf Versetzung des Richters in ein anderes Amt, Versetzung in den Ruhestand oder Entlassung entscheiden. Auf Entlassung kann aber nur bei einem vorsätzlichen Verstoß des Richters erkannt werden (Art. 98 Abs. 2 Satz 2 GG). 6

Andere disziplinarrechtliche oder strafrechtliche **Sanktionen** darf das Bundesverfassungsgericht **nicht** aussprechen. Der Katalog des Art. 98 Abs. 2 GG iVm § 59 Abs. 1 ist abschließend.[3] Umgekehrt lassen diese Vorschriften auch nicht zu, dass das Bundesverfassungsgericht gänzlich von einer Sanktion absieht, wenn es einen Verstoß gegen die Grundsätze des Grundgesetzes oder gegen die verfassungsmäßige Ordnung eines Landes feststellt. Eine solche Feststellung schließt per se aus, dass das Fehlverhalten des Richters so geringfügig sein könnte, dass keine der in Art. 98 Abs. 2 GG vorgesehenen Sanktionen verhältnismäßig wäre. Insofern erübrigt sich eine Diskussion darüber, ob bei der Feststellung eines Verstoßes, aber der Ablehnung des Ausspruchs einer Sanktion aus Gründen der Verhältnismäßigkeit der Richter freizusprechen oder das Verfahren einzustellen wäre.[4] 7

Anders als bei der Entscheidung über eine Präsidentenanklage (vgl. § 56 Abs. 1) ist die **Feststellung**, ob ein Verstoß des Richters iSd Art. 98 Abs. 2 GG vorliegt, **nicht in den Tenor aufzunehmen**. Diese Feststellung ist allein Bestandteil der Entscheidungsgründe. Einen sachlichen Grund für diesen Unterschied in der Tenorierung gibt es jedoch nicht. 8

Erweist sich die Richteranklage als **unbegründet**, weil der dem Richter zur Last gelegte Verstoß nicht mit der notwendigen Mehrheit der Stimmen festgestellt werden kann, so ist der **Richter** nach Abs. 1 ausdrücklich **freizusprechen**. Auch darin liegt eine Abweichung zum entsprechenden Entscheidungsausspruch bei der Präsidentenanklage (dazu → § 56 Rn. 3). Der Freispruch schließt das Verfahren ab und bedeutet, dass das Amt des Richters unberührt bleibt. 9

Die **Absätze 2 und 3** beschreiben die **Wirkungen einer stattgebenden Entscheidung** des Bundesverfassungsgerichts im Verfahren der Richteranklage. Sie unterscheiden sich je nach der Art der ausgesprochenen Sanktion. 10

Erkennt das Bundesverfassungsgericht auf **Entlassung des Richters** (Art. 98 Abs. 2 Satz 2 GG iVm § 59 Abs. 1), so tritt der Amtsverlust gemäß **Abs. 2** unmittelbar mit der Verkündung des Urteils ein. Als Folge der Entlassung entfällt jeglicher Anspruch auf Besoldung und Versorgung.[5] 11

Wird hingegen nur auf die milderen Sanktionen der **Versetzung in ein anderes Amt oder in den Ruhestand** erkannt, hat das Bundesverfassungsgericht diese Maßnahmen lediglich anzuordnen (Art. 98 Abs. 2 Satz 1 GG). Der Vollzug der Maßnahme bleibt dann nach **Abs. 3** der für die Entlassung des Bundesrichters zuständigen Stelle überlassen. Das ist bei Bundesrichtern 12

3 Barczak BVerfGG/Diehm § 59 Rn. 1.
4 Vgl. dazu Burkiczak/Dollinger/Schorkopf BVerfGG/Meister § 59 Rn. 10.
5 Vgl. für Bundesrichter: § 39 Satz 1 BBG iVm § 46 DRiG.

nach Art. 60 Abs. 1 GG der Bundespräsident und bei Landesrichtern die im jeweiligen Landesrecht bezeichnete Stelle.[6] Die zuständige Stelle ist an die Anordnungen des Bundesverfassungsgerichts gebunden.[7]

13 Das Urteil ist gemäß § 30 Abs. 1 Satz 3 unter Mitteilung der wesentlichen Entscheidungsgründe öffentlich zu **verkünden** und den Beteiligten, bei einem Verfahren gegen einen Bundesrichter also dem Bundestag als Antragsteller und dem angeklagten Richter, gemäß § 30 Abs. 3 **bekanntzugeben**. Darüber hinaus regelt **Abs. 4**, dass eine Ausfertigung des Urteils dem Bundespräsidenten, dem Bundestag und der Bundesregierung zu übersenden ist. Die Vorschrift soll wohl der Unterrichtung der obersten Verfassungsorgane dienen, erscheint aber anders als die entsprechende Regelung des § 57 zur Präsidentenanklage (dazu → § 57 Rn. 2) nicht ganz schlüssig, weil die Entscheidung dem Bundestag als einzigem denkbaren Antragsteller bei einem gegen einen Bundesrichter gerichteten Verfahren ohnehin nach § 30 Abs. 3 bekanntzugeben ist.

§ 60 [Aussetzung eines Disziplinarverfahrens]

[1]Solange ein Verfahren vor dem Bundesverfassungsgericht anhängig ist, wird das wegen desselben Sachverhalts bei einem Disziplinargericht anhängige Verfahren ausgesetzt. [2]Erkennt das Bundesverfassungsgericht auf Entlassung aus dem Amt oder auf Anordnung der Versetzung in ein anderes Amt oder in den Ruhestand, so wird das Disziplinarverfahren eingestellt; im anderen Falle wird es fortgesetzt.

1 Das verfassungsgerichtliche Verfahren der Richteranklage steht als dritter Pfeiler selbstständig neben den einfachrechtlichen Möglichkeiten, richterliches Fehlverhalten strafrechtlich und disziplinarrechtlich zu ahnden. Die Sanktionen, die das Bundesverfassungsgericht nach Art. 98 Abs. 2 GG, § 59 Abs. 1 aussprechen kann, weisen aber Übereinstimmungen mit der Zuständigkeit der Dienstgerichte nach § 62 Abs. 1 und § 78 DRiG auf. Deshalb besteht ein Bedürfnis, **das Richteranklageverfahren mit einem ggf. parallel eingeleiteten Disziplinarverfahren** zu **koordinieren**. Diesem Zweck dient § 60.

2 **Satz 1** stellt klar, dass ein Disziplinarverfahren vor einem Disziplinargericht nicht zeitgleich neben dem verfassungsgerichtlichen Richteranklageverfahren durchgeführt werden darf, sofern es denselben Sachverhalt betrifft. **Das verfassungsgerichtliche Verfahren hat Vorrang** und entfaltet gegenüber dem disziplinargerichtlichen Verfahren eine Sperrwirkung. Diese Wirkung tritt mit Anhängigkeit der Richteranklage ein, also mit Eingang der Antragschrift beim Bundesverfassungsgericht (§ 49 Abs. 1 iVm § 58 Abs. 1).

3 Verfahrensrechtlich wird der Vorrang des verfassungsgerichtlichen Verfahrens nach Satz 1 durch die Anordnung umgesetzt, dass das **Disziplinarverfahren ausgesetzt** wird. Die gleichzeitige Anhängigkeit des Richteranklage-

6 ZB in Nordrhein-Westfalen nach § 16 Abs. 1 Satz 1, § 28 Abs. 1 Satz 1 LBG iVm § 2 Abs. 2 LRiStaG die Landesregierung.

7 Vgl. Barczak BVerfGG/Diehm § 59 Rn. 4.

verfahrens stellt einen zwingenden gesetzlichen Aussetzungsgrund für das anhängige Disziplinargerichtsverfahren dar. Die Aussetzung hat nicht nur zu erfolgen, sobald während eines anhängigen Disziplinargerichtsverfahrens das Richteranklageverfahren anhängig wird, sondern auch im umgekehrten Fall, dass während eines laufenden Richteranklageverfahrens ein disziplinargerichtliches Verfahren eingeleitet wird, und zwar dann unmittelbar nach Eingang des Antrags beim Disziplinargericht.

Auszusetzen ist nur das Verfahren vor dem Disziplinargericht. Vor der Anhängigkeit des dienstgerichtlichen Verfahrens einzuleitende **sonstige Maßnahmen im Rahmen des Disziplinarverfahrens**, etwa innerbehördliche Ermittlungen, bleiben **zulässig.**[1] 4

Satz 2 beschreibt demgegenüber die **Wirkungen der Entscheidung des Bundesverfassungsgerichts** über eine Richteranklage **auf** ein gegen den Richter geführtes **Disziplinarverfahren.** Hier ist anders als in Satz 1 nicht nur ein beim Disziplinargericht anhängiges Verfahren angesprochen, sondern das gesamte Disziplinarverfahren. 5

Das **Disziplinarverfahren**, das im Falle eines schon anhängigen disziplinargerichtlichen Verfahrens nach Satz 1 ausgesetzt ist oder in dem ein Antrag zum Dienstgericht noch bevorsteht, ist **einzustellen, wenn das Bundesverfassungsgericht der Richteranklage stattgibt** und auf Entlassung oder auf Versetzung des Richters in ein anderes Amt oder in den Ruhestand erkennt. Daraus folgt zugleich, dass nach einer solchen Entscheidung des Bundesverfassungsgerichts ein bis dahin noch nicht eingeleitetes Disziplinarverfahren gar nicht erst eingeleitet werden darf und dass eine bereits rechtskräftige disziplinarrechtliche Entscheidung, von der eine spätere stattgebende Entscheidung des Bundesverfassungsgerichts abweicht, wieder aufgehoben werden muss, indem das disziplinargerichtliche Verfahren wieder aufgenommen und sodann eingestellt wird.[2] 6

„Im anderen Falle", also **wenn der angeklagte Richter freigesprochen wird, darf das Disziplinarverfahren** hingegen **fortgesetzt werden.** Diese Regelung macht nur Sinn, wenn das Dienstgericht im fortzusetzenden Disziplinarverfahren nicht an das Ergebnis des verfassungsgerichtlichen Richteranklageverfahrens gebunden ist. Das muss schon deswegen so sein, weil der Prüfungsmaßstab des Dienstgerichts ein anderer ist als der des Art. 98 Abs. 2 GG. Der Richter ist schon dann disziplinarrechtlichen Konsequenzen ausgesetzt, wenn er seine Dienstpflichten verletzt hat, die selbstverständlich über seine Verfassungstreue hinausgehen. 7

Überzeugen kann die Regelung des Satzes 2 im Hinblick auf die inhaltliche Unabhängigkeit des Disziplinarrechts von der Zielrichtung des Richteranklageverfahrens aber nicht ganz. Während diese Trennung bei einem Freispruch durchschlägt, berücksichtigt das Gesetz **im Falle einer Verurteilung** des Richters im Verfahren der Richteranklage wegen Verstoßes gegen die Verfassung nicht, dass ein disziplinarrechtliches Bedürfnis nach einer zusätzlichen 8

1 Barczak BVerfGG/Diehm § 60 Rn. 1.
2 Burkiczak/Dollinger/Schorkopf BVerfGG/Meister § 60 Rn. 4.

oder einer anderen, auch härteren Sanktion[3] wegen Verstoßes gegen die richterlichen Dienstpflichten bestehen kann. Offenbar liegt der Regelung die Vorstellung zugrunde, dass ein Verstoß gegen die Grundsätze des Grundgesetzes immer zugleich einen Verstoß gegen die Dienstpflichten des Richters darstellt, so dass insoweit das Bundesverfassungsgericht bei der Festlegung der angemessenen Sanktion die **Funktion des Dienstgerichts** auch in Bezug auf die Verletzung der Dienstpflichten **übernehmen** kann.

§ 61 [Wiederaufnahme des Verfahrens]

(1) [1]Die Wiederaufnahme des Verfahrens findet nur zugunsten des Verurteilten und nur auf seinen Antrag oder nach seinem Tode auf Antrag seines Ehegatten, Lebenspartners oder eines seiner Abkömmlinge unter den Voraussetzungen der §§ 359 und 364 der Strafprozeßordnung statt. [2]In dem Antrag müssen der gesetzliche Grund der Wiederaufnahme sowie die Beweismittel angegeben werden. [3]Durch den Antrag auf Wiederaufnahme wird die Wirksamkeit des Urteils nicht gehemmt.

(2) [1]Über die Zulassung des Antrages entscheidet das Bundesverfassungsgericht ohne mündliche Verhandlung. [2]Die Vorschriften der §§ 368, 369 Abs. 1, 2 und 4 und der §§ 370 und 371 Abs. 1 bis 3 der Strafprozeßordnung gelten entsprechend.

(3) In der erneuten Hauptverhandlung ist entweder das frühere Urteil aufrechtzuerhalten oder auf eine mildere Maßnahme oder auf Freispruch zu erkennen.

1 § 61 ist die **einzige Vorschrift** des Bundesverfassungsgerichtsgesetzes, die bezogen auf ein bestimmtes Verfahren vor dem Bundesverfassungsgericht eine **Durchbrechung der Rechtskraft durch eine Wiederaufnahme des Verfahrens zulässt.** Da bislang kein Richteranklageverfahren durchgeführt worden ist, fehlen jegliche praktische Erfahrungen mit dem Wiederaufnahmeverfahren.

2 Eine entsprechende Regelung einer Wiederaufnahmemöglichkeit existiert auch nicht zu dem sonst vergleichbar ausgestalteten Verfahren der Präsidentenanklage, weil dort eine Rückkehr des Präsidenten in das ihm entzogene Amt undenkbar erscheint. Auch eine **analoge Anwendung** auf andere Verfahrensarten ist angesichts des speziellen Charakters des an das Wiederaufnahmerecht der Strafprozessordnung angelehnten Wiederaufnahmeverfahrens nach § 61 **nicht möglich.**[1]

3 Nach **Abs. 1 Satz 1** kommt eine Wiederaufnahme des Verfahrens **nur zugunsten des verurteilten Richters** in Betracht. Das setzt voraus, dass das Bundes-

3 Ein Bedürfnis hierfür aber verneinend: Burkiczak/Dollinger/Schorkopf BVerfGG/Meister § 60 Rn. 6.

1 Benda/Klein VerfassungsProzR/E.Klein Rn. 1501; offen gelassen in BVerfG, Urteil des Zweiten Senats vom 30.5.1983 – 2 BvR 409/83, Rn. 1 bei Juris. Konsequenzen aus späteren Entscheidungen des EGMR können ohne förmliche Wiederaufnahme auch nach rechtskräftig abgeschlossenen verfassungsgerichtlichen Verfahren gezogen werden (vgl. BVerfGE 128, 326 [364]).

verfassungsgericht durch Urteil nach § 59 Abs. 1 eine der Maßnahmen des Art. 98 Abs. 2 GG gegen den Richter angeordnet hat. Eine Wiederaufnahme auf Antrag des Bundestags im Falle eines Freispruchs scheidet ebenso aus wie in den Fällen, in denen keine Sachentscheidung ergangen ist.

Das **Ziel des Wiederaufnahmeantrags** lässt sich den möglichen Ergebnissen entnehmen, die Abs. 3 für den Fall der Wiederaufnahme des Verfahrens regelt. Der Richter kann nicht nur den Freispruch, sondern auch lediglich eine gegenüber der erfolgten Verurteilung mildere Sanktion begehren. Dementsprechend ist die Vorschrift des § 363 StPO, die ein derartiges Antragsziel für das strafprozessuale Wiederaufnahmeverfahren ausschließt, nicht anwendbar.[2] 4

Das **Antragsrecht** steht nach **Abs. 1 Satz 1** originär nur dem verurteilten Richter zu. Verstirbt er, kann der Antrag von seinem Ehegatten, seinem Lebenspartner und seinen Abkömmlingen gestellt werden. 5

Abs. 1 Satz 1 benennt durch die Bezugnahme auf § 359 und § 364 StPO zugleich die **Gründe**, die **für eine Wiederaufnahme** des Verfahrens vorliegen müssen. Dieser Katalog der Wiederaufnahmegründe ist abschließend. 6

Der Grund der Wiederaufnahme muss gemäß **Abs. 1 Satz 2** ebenso im **Antrag** angegeben werden wie die dem Nachweis des Wiederaufnahmegrundes dienenden Beweismittel. Diese Vorschrift konkretisiert damit die formellen Antragsvoraussetzungen des § 23 Abs. 1 Satz 2, 1. und 2. Halbsatz. 7

Abs. 1 Satz 3 stellt klar, dass der Antrag auf Wiederaufnahme des Verfahrens die **Wirksamkeit des Urteils nicht hemmt**. Der verurteilte Richter bleibt also auch dann, wenn die Voraussetzungen für eine Wiederaufnahme erfüllt sind, bis zu einer erneuten Entscheidung über die Richteranklage nach Abs. 3 daran gehindert, sein früheres Amt auszuüben. Auch eine davon abweichende vorläufige Anordnung kommt nicht in Betracht, da eine dem § 360 Abs. 2 StPO entsprechende Vorschrift fehlt.[3] 8

Das **Verfahren** zur Entscheidung über den Wiederaufnahmeantrag ist nach **Abs. 2** dem entsprechenden strafprozessualen Verfahren nachgebildet. Eine eigenständige Regelung enthält Abs. 2 Satz 1 nur dahin gehend, dass das Wiederaufnahmeverfahren als **schriftliches Verfahren** durchgeführt wird, so dass die Entscheidung über den Wiederaufnahmeantrag durch Beschluss ergeht (§ 25 Abs. 2). 9

Das Bundesverfassungsgericht prüft zunächst die **Zulässigkeit des Antrags**. Ein unzulässiger Antrag wird als unzulässig verworfen (Abs. 2 Satz 2 iVm § 368 Abs. 1 StPO). Ein zulässiger Antrag ist dem Bundestag mit einer Frist zur Stellungnahme zuzustellen (Abs. 2 Satz 2 iVm § 368 Abs. 2 StPO). 10

Anschließend beginnt die Prüfung der **Begründetheit des Antrags**, also der Frage, ob ein Wiederaufnahmegrund vorliegt oder nicht. Dazu ist, falls erforderlich, eine Beweisaufnahme nach Maßgabe der in Abs. 2 Satz 2 in Bezug genommenen Bestimmungen des § 369 Abs. 1, 2 und 4 StPO durchzuführen. 11

Erweist sich der Antrag als unbegründet, ist er zu verwerfen (§ 370 Abs. 1 StPO). Wird ein Wiederaufnahmegrund festgestellt, hat das Bundesverfas- 12

2 Burkiczak/Dollinger/Schorkopf BVerfGG/Meister § 61 Rn. 2 f.; aA Lechner/Zuck/Zuck § 61 Rn. 2.
3 Burkiczak/Dollinger/Schorkopf BVerfGG/Meister § 61 Rn. 10.

sungsgericht nach Abs. 2 Satz 2 iVm § 370 Abs. 2 StPO die **Wiederaufnahme des Verfahrens und** die **Erneuerung der mündlichen Verhandlung** anzuordnen. Mit dieser Entscheidung ist das schriftliche Verfahren nach Abs. 2 Satz 1 abgeschlossen.

13 Das **Richteranklageverfahren** ist im Falle der Anordnung der Wiederaufnahme des Verfahrens nach Maßgabe der §§ 58 ff. **von Neuem durchzuführen**. Eine mündliche Verhandlung findet jedoch abweichend von §§ 58 Abs. 1, 55 Abs. 1 nicht statt, wenn der verurteilte Richter verstorben ist (Abs. 2 Satz 2 iVm § 371 Abs. 1 StPO), und nach Ermessen des Gerichts, wenn schon genügend Beweise für einen Freispruch vorliegen und der Bundestag einer Entscheidung im schriftlichen Verfahren zustimmt (Abs. 2 Satz 2 iVm § 371 Abs. 2 StPO).

14 Die möglichen **Entscheidungsaussprüche**, mit denen das wieder aufgenommene Richteranklageverfahren abgeschlossen werden kann, sind in **Abs. 3** aufgeführt. Das Bundesverfassungsgericht kann das vorangegangene Urteil aufrechterhalten, wenn sich der dem Richter vorgeworfene Verstoß erneut bestätigt, oder auf eine mildere Maßnahme oder auf Freispruch erkennen. In den beiden letztgenannten Fällen, in denen das neue Urteil zugunsten des angeklagten Richters vom früheren Urteil abweicht, ist zugleich das frühere Urteil aufzuheben (Abs. 2 Satz 2 iVm § 371 Abs. 3 StPO).[4]

§ 62 [Verfahren gegen Landesrichter]

Soweit gemäß Artikel 98 Abs. 5 Satz 2 des Grundgesetzes fortgeltendes Landesverfassungsrecht nichts Abweichendes bestimmt, gelten die Vorschriften dieses Abschnitts auch, wenn das Gesetz eines Landes für Landesrichter eine dem Artikel 98 Abs. 2 des Grundgesetzes entsprechende Regelung trifft.

1 Die Regelung des § 62 bezieht sich auf die Vorschrift des Art. 98 Abs. 5 GG, nach der eine **Richteranklage** nicht nur, wie es Art. 98 Abs. 2 GG ausdrücklich zulässt, gegen Bundesrichter in Betracht kommt, sondern unter bestimmten Voraussetzungen auch **gegen Landesrichter**. Dass auch für Anklagen gegen Landesrichter allein das Bundesverfassungsgericht zuständig ist, ergibt sich unmittelbar aus Art. 98 Abs. 5 Satz 3 GG.

2 Ein Landesrichter kann allerdings nur dann entsprechend Art. 98 Abs. 2 GG wegen Verstoßes gegen die Grundsätze des Grundgesetzes oder gegen die verfassungsmäßige Ordnung des Landes, in dessen Diensten er steht, angeklagt werden, **wenn** das **nach dem Recht des betreffenden Landes vorgesehen** ist (Art. 98 Abs. 5 Satz 1 GG). Darauf nimmt der letzte Halbsatz des § 62 Bezug. Derartige Regelungen zur Richteranklage fehlen derzeit vollständig nur noch in Bayern und im Saarland und gelten in Berlin nur für Richter der gemeinsamen Fachobergerichte der Länder Berlin und Brandenburg.

3 § 62 ordnet für das Verfahren sodann an, dass hierfür grundsätzlich die **Vorschriften der §§ 58 ff. entsprechend** gelten. Das bedeutet, dass Adressaten

4 AA wohl Barczak BVerfGG/Diehm § 61 Rn. 7: Aufhebung des Urteils nur bei Freispruch.

dieser Regelungen auf Antragstellerseite anstelle des Bundestags der Landtag und auf Antragsgegnerseite anstelle des angeklagten Bundesrichters ein Landesrichter sind.

Ausnahmsweise werden die §§ 58 ff. aber verdrängt, soweit **fortgeltendes** 4
Landesverfassungsrecht abweichende Regelungen enthält (Art. 98 Abs. 5 Satz 2 GG iVm § 62, 1. Halbsatz). Derartige abweichende Vorschriften haben Vorrang. Das Landesverfassungsrecht geht aber unter Berücksichtigung des Art. 98 Abs. 5 Satz 2 GG nur vor, wenn es im Zeitpunkt des Inkrafttretens des Grundgesetzes bereits in Kraft war. Solche Regelungen gibt es nur in Rheinland-Pfalz, wo nach Art. 132 Abs. 1 der Landesverfassung die Anklagebehörde nicht der Landtag, sondern der Generalstaatsanwalt auf Anweisung des Ministerpräsidenten ist, sowie in Hessen und Bremen, wo nach Art. 127 Abs. 4 iVm Abs. 2 der Verfassung des Landes Hessen bzw. Art. 136 Abs. 3 iVm Abs. 2, Art. 138 der Landesverfassung der Freien Hansestadt Bremen ein von Art. 98 Abs. 2 GG abweichender Prüfungsmaßstab gilt.

Sechster Abschnitt
Verfahren in den Fällen des § 13 Nr. 5
[Organstreitigkeiten]

§ 63 [Antragsteller und Antragsgegner]

Antragsteller und Antragsgegner können nur sein: der Bundespräsident, der Bundestag, der Bundesrat, die Bundesregierung und die im Grundgesetz oder in den Geschäftsordnungen des Bundestages und des Bundesrates mit eigenen Rechten ausgestatteten Teile dieser Organe.

I. Organstreit als kontradiktorische, konkrete Maßnahmekontrolle

§ 63 und die nachfolgenden Regelungen bis § 67 – § 66a ist ein Sonderfall 1
– regeln den sogenannten **Organstreit**. Gemeint sind damit, wie die verfassungsrechtliche Verankerung dieser Verfahrensart in Art. 93 Abs. 1 Nr. 1 GG zeigt, echte „Streitigkeiten" zwischen obersten Bundesorganen und sogenannten anderen Beteiligten sowie innerhalb von obersten Bundesorganen. § 63 greift beide Elemente auf, sowohl den Zuschnitt auf „Organe" wie das Merkmal einer Streitigkeit, letzteres durch die Gegenüberstellung von Antragsteller und Antragsgegner. Allerdings regelt die Norm entgegen dem Wortlaut nicht nur, wer Antragsteller und Antragsgegner eines solchen Organstreits sein kann.

2 Im Zusammenspiel mit dem in § 64 verankerten Grundsatz der Kontrolle konkreter Maßnahmen (vgl. dazu → § 64 Rn. 3 f.) und dem auf diese konkret im Streit stehende Maßnahme bezogenen Feststellungstenor nach § 67 (vgl. dazu → § 67 Rn. 9) konkretisiert § 63 durch die Figur eines Antragsgegners die maßgebliche **Ausgestaltung** des verfassungsgerichtlichen Organstreits **als kontradiktorische und konkrete Maßnahmenkontrolle.**[1] Der Organstreit dient maßgeblich der gegenseitigen Abgrenzung der Kompetenzen von Verfassungsorganen oder ihren Teilen in einem Verfassungsrechtsverhältnis, nicht hingegen der Kontrolle der objektiven Verfassungsmäßigkeit eines bestimmten Organhandelns.[2] Kann das Verfahren nicht mehr kontradiktorisch geführt werden, darf es mangels eines Rechtsschutzbedürfnisses des Antragstellers gar nicht mehr fortgesetzt werden.[3] Die Fähigkeit zur kontradiktorischen Fortführung eines Organstreitverfahrens auf der Passivseite und ein fortbestehendes Rechtsschutzbedürfnis nimmt das Bundesverfassungsgericht aber auch dann noch an, wenn eine als Antragsgegnerin angegangene Bundesministerin während des Verfahrens ihren Status als Bundesministerin verliert,[4] genauso beim Ausscheiden der als Antragsgegnerin angegangenen Bundeskanzlerin aus diesem Amt.[5] Die richtige Begründung hierfür ist aber nicht, dass sich die Beurteilung der Parteifähigkeit eines Beteiligten im Organstreitverfahren nach dem Zeitpunkt bestimmt, zu dem der Verfassungsstreit anhängig gemacht worden ist,[6] sondern das rechtliche Fortbestehen des Organs oder Organteils (Organidentität) unabhängig davon, aus welchen konkreten Menschen Organ oder Organteil zwischenzeitlich bestehen.[7]

3 Die Ausgestaltung als kontradiktorische und konkrete Maßnahmenkontrolle steht zwar in einem gewissen **Spannungsverhältnis zu** der verunglückten Formulierung in **Art. 93 Abs. 1 Nr. 1 GG**. Nach dem reinen Verfassungswortlaut könnte der Organstreit auch als ein Verfahren der abstrakten Verfassungsauslegung verstanden werden, zu dem konkrete Handlungen der obersten Bundesorgane nur den Anlass, nicht aber den Überprüfungsgegenstand beisteuern, und das auch nicht zwingend kontradiktorisch angelegt sein muss. Bei einem solchen Verständnis geriete der Organstreit in die Nähe des Vorabentscheidungsverfahrens nach Art. 267 AEUV beim Gerichtshof der Europäischen Union, allerdings ohne dass noch eine andere Instanz

1 Schmidt-Bleibtreu/Klein/Bethge BVerfGG/Bethge § 63 Rn. 1 (Stand: Juli 2016); Huber/Voßkuhle/Voßkuhle Art. 93, Rn. 99 f.

2 BVerfG, Beschluss des Zweiten Senats vom 20.6.2023 – 2 BvE 1/17, Rn. 26 bei Juris – Änderung von Art. 21 GG; BVerfG, Urteil des Zweiten Senats vom 22.2.2023 – 2 BvE 3/19, Rn. 130 bei Juris – Finanzierung Desiderius-Erasmus-Stiftung; BVerfGE 165, 270 (282 f., Rn. 40) – Parteienfinanzierung; 157, 1 (19, Rn. 57) – CETA; 152, 35 (164 f., Rn. 27) – Ordnungsgeld; 152, 8 (20 f., Rn. 28) – Einsatz deutscher Streitkräfte gegen den Islamischen Staat; 150, 194 (200 f., Rn. 18).

3 Vgl. BVerfGE 136, 190 (192, Rn. 5) – FDP-Bundestagsfraktion; siehe auch BVerfGE 162, 207 (226, Rn. 64 f. und 67) – Äußerungsbefugnisse der Bundeskanzlerin; 152, 35 (46, Rn. 28) – Ordnungsgeld.

4 BVerfGE 148, 11 (20, Rn. 29 und 22, Rn. 36).

5 BVerfGE 162, 207 (224 Rn. 55 und 226 f. Rn. 64 und 67) – Äußerungsbefugnisse der Bundeskanzlerin.

6 So aber BVerfGE 162, 207 (224, Rn. 55); 148, 11 (20, Rn. 29); verkürzend in diesem Sinne auch BVerfGE 165, 270 (282, Rn. 37) in Bezug auf eine Fraktion und den Deutschen Bundestag nach einer zwischenzeitlichen Bundestagswahl.

7 Zutreffend auf die Organidentität abstellend BVerfGE 165, 167 (283 f., Rn. 42) – Parlamentarisches Fragerecht zum BfV.

vorhanden wäre, welche die abstrakte Auslegung des (Verfassungs-) Rechts in verbindlicher Weise auf den konkreten Sachverhalt anwendet.

Deshalb macht es schon nach der **Interessenlage der beteiligten obersten Bundesorgane** keinen Sinn, den in Art. 93 Abs. 1 Nr. 1 GG verfassungsrechtlich verankerten Organstreit als abstrakten Interpretationsstreit zu verstehen. Da das Organstreitverfahren ohnehin regelmäßig hochpolitische Rechts- bzw. eigentlich Kompetenzabgrenzungsfragen[8] zwischen den wesentlichen Verfassungsorganen und innerhalb von ihnen betrifft, muss es auf eine Entscheidung auch des konkreten Streitfalls ausgerichtet sein. Deutlicher als im Grundgesetz kommt dieser Zweck des Organstreits in den älteren Landesverfassungen von Bayern (Art. 64) und von Rheinland-Pfalz (Art. 130 Abs. 1) zum Ausdruck. 4

Nach diesem Zweck des Organstreits darf schon auf der verfassungsrechtlichen Ebene Art. 93 Abs. 1 Nr. 1 GG nicht so gelesen werden, als ob die abstrakte Auslegung des Grundgesetzes der Gegenstand des Verfahrens sei und der Streit zwischen den obersten Bundesorganen nur eine bloße Verfahrensvoraussetzung. Zielführend ist allein, den Organstreit als Verfahren zur (feststellenden) **Entscheidung eines Streits zwischen obersten Bundesorganen und anderen Beteiligten über die richtige Auslegung des Grundgesetzes in einem konkreten Anwendungsfall** zu verstehen[9] und in diesem, verfassungsrechtlich nicht zu beanstandenden Sinne gestalten die §§ 63 ff. das Verfahren auch aus. 5

II. Regelung der Parteifähigkeit

Mit der Bestimmung, wer **Antragsteller und Antragsgegner** sein kann, regelt § 63 die Parteifähigkeit im Organstreit. Dem Gesetz liegt die Vorstellung zugrunde, dass jedenfalls theoretisch jeder, der Antragsteller sein kann, in einem von einem anderen Antragsteller betriebenen Verfahren auch Antragsgegner sein kann (zu Ausnahmen bei → Rn. 33). 6

1. Verhältnis zu Art. 93 Abs. 1 Nr. 1 GG. In § 63 ist die Abgrenzung des identischen Kreises der Antragsteller und Antragsgegner in Organstreitverfahren aber missglückt, weil sie hinter dem verfassungsrechtlich Vorgegebenen zurückbleibt, deshalb nicht als abschließend verstanden werden kann, sondern **durch Rückgriff auf Art. 93 Abs. 1 Nr. 1 GG ergänzt** werden kann und muss.[10] 7

§ 63 nennt mit dem Bundespräsidenten, dem Bundestag, dem Bundesrat und der Bundesregierung lediglich vier oberste Bundesorgane als parteifähige Antragsteller und Antragsgegner und ansonsten nur noch Teile dieser Organe, sofern sie im Grundgesetz oder in den Geschäftsordnungen des Bundestages und des Bundesrats mit eigenen Rechten ausgestattet sind. Demgegenüber öffnet Art. 93 Abs. 1 Nr. 1 GG den Organstreit **allen obersten Bundesorganen sowie anderen Beteiligten**, die durch das Grundgesetz oder in der Geschäftsordnung eines obersten Bundesorgans mit eigenen Rechten ausge- 8

---

8 BVerfGE 136, 190 (192, Rn. 5) – FDP-Bundestagsfraktion; 126, 55 (67).

9 Das ist auch das seit 60 Jahren praktizierte Verständnis des Bundesverfassungsgerichts, vgl. BVerfGE 126, 55 (67 f.).

10 Vgl. BVerfGE 143, 1 (9, Rn. 31); 136, 277 (299, Rn. 59).

stattet sind. Das hat auch eine gewisse Begrenzungsfunktion, weshalb es für die Parteifähigkeit im Organstreit nicht genügt, dass eine Einheit in irgendeinem Sinne als Staatsorgan oder Organteil betrachtet werden kann.[11]

9 Dogmatisch sind **vier Gruppen von parteifähigen Akteuren** zu unterscheiden und zwar (1) die in § 63 konkret aufgeführten obersten Bundesorgane (Bundespräsident, Bundestag, Bundesrat und Bundesregierung; dazu → Rn. 10), (2) die sonstigen, nur durch Art. 93 Abs. 1 Nr. 1 GG erfassten obersten Bundesorgane (dazu → Rn. 10), (3) die in § 63 nicht ausdrücklich angesprochenen anderen Beteiligten, die nicht Teil eines obersten Bundesorgans sind (autonome andere Beteiligte; dazu → Rn. 11 ff.) und (4) die Beteiligten, die Teil eines obersten Bundesorgans sind (Organteile; dazu → Rn. 25 ff.). Praktisch bedeutsam ist insbesondere die Abgrenzung zwischen den Gruppen 1 bis 3 einerseits und der die Organteile umfassenden Gruppe 4 andererseits (dazu im Einzelnen → Rn. 25 ff.).

10 **2. Oberste Bundesorgane.** Oberstes Bundesorgan im Sinne von Art. 93 Abs. 1 Nr. 1 GG kann nur ein Akteur sein, der keinem anderen Organ untergeordnet und dem die **Wahrnehmung einer eigenständigen Aufgabe im Bereich der politischen Staatsleitung** vom Grundgesetz zugewiesen ist.[12] Diese Voraussetzungen erfüllen neben den in § 63 konkret genannten vier Organen (Bundespräsident, Bundestag, Bundesrat und Bundesregierung) sonst nur die **Bundesversammlung**,[13] der **Bundeskanzler**,[14] der **Gemeinsame Ausschuss** nach Art. 53a GG[15] und der **Vermittlungsausschuss**,[16] nicht aber die G 10-Kommission des Deutschen Bundestages.[17] Keine obersten Bundesorgane sind wegen ihrer Abhängigkeit vom Bundeskanzler die einzelnen Bundesminister (→ Rn. 26)[18] und wegen der fehlenden Teilhabe an der politischen Staatsleitung der Bundesrechnungshof (→ Rn. 35). Bei der Bundesversammlung als einem obersten Bundesorgan, das sich jeweils nur für einen sehr kurzen Zeitraum für die Wahl des Bundespräsidenten konstituiert, soll auch über die Beendigung der jeweils konkreten Bundesversammlung hinaus „vom Fortbestand der Bundesversammlung für das Organstreitverfahren auszugehen" sein.[19]

11 **3. Andere Beteiligte.** Größere praktische Bedeutung hat der Begriff der **„anderen Beteiligten"** in Art. 93 Abs. 1 Nr. 1 GG. Denn darunter fallen die Akteure, die mit Abstand am Häufigsten als Antragsteller in Organstreitverfahren auftreten: die einzelnen **Abgeordneten** des Bundestages, die **Fraktio-**

---

11 BVerfGE 143, 1 (10, Rn. 33).
12 Siehe auch BVerfGE 143, 1 (9, Rn. 31).
13 BVerfGE 136, 277 (299, Rn. 58 f.).
14 AA Barczak BVerfGG/Barczak § 63 Rn. 53; wie hier BeckOK BVerfGG/Walter § 63 Rn. 12, und Schmidt-Bleibtreu/Klein/Bethge BVerfGG/Bethge § 63 Rn. 40 (Stand: Juli 2016). BVerfGE 162, 207 (224, Rn. 54) – Äußerungsbefugnisse der Bundeskanzlerin hat die konkrete Herleitung offen gelassen, die hier vertretene Einordnung als oberstes Bundesorgan unter Verweis auf diesen Kommentar aber als an erster Stelle genannt.
15 So jetzt auch Huber/Voßkuhle/Voßkuhle Art. 93, Rn. 102.
16 Lenz NVwZ 2015, 1755 (1756); offen gelassen von BVerfGE 140, 115 (139, Rn. 57): jedenfalls anderer Beteiligter.
17 BVerfGE 143, 1 (14 f. Rn. 42 ff.).
18 Siehe auch BVerfGE 148, 11 (19, Rn. 28) – Bundesministerin Wanka; aA BeckOK BVerfGG/Walter § 63 Rn. 12; Huber/Voßkuhle/Voßkuhle Art. 93, Rn. 102.
19 BVerfGE 136, 277 (299 f., Rn. 60).

nen des Bundestages und jedenfalls nach der Praxis des Bundesverfassungsgerichts auch die **politischen Parteien.**

Begrifflich sind die anderen Beteiligten solche Akteure, die zwar selbst keine obersten Bundesorgane sind, im politischen Prozess aber eine vergleichbare Funktion haben und deshalb **prozessual den Bundesorganen gleichgestellt** werden sollen. Deshalb müssen sie wie die obersten Bundesorgane entweder durch das Grundgesetz oder durch die Geschäftsordnung eines obersten Bundesorgans mit eigenen Rechten ausgestattet sein. Das gilt für die oben (→ Rn. 9) gebildeten Gruppen 3 und 4 gleichermaßen. Sie unterscheiden sich nur danach, ob sie Teil eines obersten Bundesorgans sind (**Organteile** im Sinne der Fallgruppe 4) oder nicht (**autonome andere Beteiligte** im Sinne der Fallgruppe 3). 12

Zu den autonomen anderen Beteiligten sollen nur zwei Kompetenzträger gehören.[20] Erfasst sind in erster Linie die **einzelnen Bundestagsabgeordneten.**[21] Der Abgeordnete ist zwar selbst kein oberstes Bundesorgan, sondern gehört mit dem Bundestag einem obersten Bundesorgan an. Er erfüllt aber materiell die Voraussetzungen eines eigenen Bundesorgans, weil er infolge Art. 38 Abs. 1 GG keinem anderen Organ, auch nicht dem Bundestag untergeordnet ist, und weil er eigenständig Aufgaben im Bereich der politischen Staatsleitung wahrzunehmen hat. Deshalb sieht das Bundesverfassungsgericht in ihm zutreffend **keine „Gliederung“ des Bundestages,**[22] sondern eine autonome, über den Begriff „andere Beteiligte“ in Art. 93 Abs. 1 Satz 1 GG den obersten Bundesorganen gleichgestellte Partei eines Organstreitverfahrens. Daher müssen die Rechte, die ein einzelner Abgeordneter im Organstreitverfahren als Antragsteller geltend machen kann, auch nicht mit den Rechten des Bundestages übereinstimmen. 13

Geklärt ist auch, wie sich das **Ausscheiden aus einem Parlament** auf die Parteifähigkeit des dann früheren Abgeordneten auswirkt. In seiner neueren Rechtsprechung stellt der Zweite Senat für die Parteifähigkeit von Abgeordneten im Organstreit auf den Status in dem Zeitpunkt ab, zu dem sie den Verfassungsstreit anhängig gemacht haben.[23] Sind sie schon vor Antragstellung ausgeschieden, fehlt ihnen die Parteifähigkeit. Scheiden sie erst nach Antragstellung aus dem Parlament aus, ändert sich an der einmal gegebenen Parteifähigkeit nichts.[24] Dies entspricht der Rechtsprechung zu Bundesministern nach Beendigung ihres Amtes.[25] 14

Teilweise vergleichbar mit der Situation des einzelnen Bundestagsabgeordneten ist diejenige des **Mitglieds der Bundesversammlung**, welches ebenfalls gemäß Art. 93 Abs. 1 Nr. 1 GG im Organstreit parteifähig ist. Das ergibt sich allerdings nicht durch Rückgriff auf Art. 38 Abs. 1 GG, sondern aus dem Status der Bundesversammlung als oberstem Bundesorgan und den aus Art. 54 Abs. 3 und 6 GG folgenden Rechten der Mitglieder von Bundesversamm- 15

20 BVerfGE 143, 1 (10, Rn. 32).
21 BVerfGE 165, 167 (180 f., Rn. 41) – Parlamentarisches Fragerecht zum BfV; 147, 50 (117 f., Rn. 162); 143, 1 (10, Rn. 32); 137, 185 (223, Rn. 104); 124, 161 (184).
22 BVerfGE 123, 267 (337) – Lissabon.
23 BVerfGE 140, 115 (138, Rn. 55); 108, 251 (271).
24 BVerfGE 139, 239 (244, Rn. 13).
25 BVerfGE 148, 11 (20, Rn. 29).

lungen, an dieser teilzunehmen und an der von der Bundesversammlung durchzuführenden Wahl des Bundespräsidenten mitzuwirken.[26] Im Übrigen ergeben sich organstreitfähige Rechte von Mitgliedern der Bundesversammlung auch aus der von ihr beschlossenen Geschäftsordnung sowie aus dem Bundespräsidentenwahlgesetz, welches als Geschäftsordnung eines obersten Bundesorgans im Sinne von Art. 93 Abs. 1 Nr. 1 GG anzusehen ist, soweit dadurch teilweise die Geschäftsordnung der Bundesversammlung geregelt ist.[27]

16 Allerdings hat das Bundesverfassungsgericht nicht klar ausgesprochen, ob die Mitglieder von Bundesversammlungen als autonome andere Beteiligte anzusehen sind oder lediglich als Organteil der Bundesversammlung.[28] Gegen eine völlige Gleichstellung mit Bundestagsabgeordneten sprechen der verfassungsrechtliche schwächere Status und die **Kurzlebigkeit der Mitgliedschaft** in der jeweiligen Bundesversammlung. Letztere zwingt das Bundesverfassungsgericht schon zu der Verrenkung, für das Organstreitverfahren vom Fortbestand sowohl der Bundesversammlung wie der Parteifähigkeit ihrer Mitglieder nach der Beendigung der jeweiligen Bundesversammlung auszugehen.[29] Abweichend von der Rechtslage bei Bundestagsabgeordneten (→ Rn. 14) dürfen die Mitglieder der Bundesversammlung Organstreitanträge auch noch stellen, wenn zum Zeitpunkt der Antragstellung ihr Status als Mitglied der Bundesversammlung wegen deren Beendigung schon sein Ende gefunden hatte;[30] die Frist des § 64 Abs. 3 verhindert, dass hierdurch eine zeitlich unbegrenzte Rechtsunsicherheit ausgelöst wird.

17 Ausdrücklich anerkannt als weiteren autonomen anderen Beteiligten hat das Bundesverfassungsgericht aber seit langem die **politische Partei** im Sinne von Art. 21 GG.[31] Das ist nur historisch als Folge der von Leibholz vertretenen Parteienstaatslehre nachvollziehbar, dogmatisch aber nicht begründbar.[32] Denn Parteien gehören nicht zum Staat, sondern als frei gebildete, im gesellschaftlich-politischen Bereich wurzelnde Vereinigungen zur Sphäre der Gesellschaft[33] und haben deshalb in einem konkreten Streit zwischen Staatsorganen nichts zu suchen.

---

26 BVerfGE 138, 125 (133, Rn. 25); 136, 277 (300, Rn. 61).

27 Vgl. BVerfGE 138, 125 (132, Rn. 21); 136, 277 (300, Rn. 61).

28 Nicht angesprochen in BVerfGE 136, 277 (303, Rn. 71); 130, 367 (370).

29 Vgl. zu ersterem ausdrücklich und zu zweiterem konkludent BVerfGE 136, 277 (299 f., Rn. 60 und 61).

30 Vgl. BVerfGE 136, 277 (299 f., Rn. 60) für die Parteifähigkeit der Bundesversammlung auf der Antragsgegnerseite.

31 BVerfG, Urteil des Zweiten Senats vom 22.2.2023 – 2 BvE 3/19, Rn. 121 bei Juris – Finanzierung Desiderius-Erasmus-Stiftung; BVerfGE 162, 207 (223 f., Rn. 52) – Äußerungsbefugnisse der Bundeskanzlerin; 154, 320 (330 f., Rn. 36); 143, 1 (10, Rn. 32); 140, 1 (23, Rn. 61); 138, 102 (107, Rn. 22); 136, 323 (330 f., Rn. 22); 135, 259 (279, Rn. 30); grundlegend BVerfGE 4, 27 (30).

32 Vgl. Sachs, Grundgesetz/Ipsen/Koch Art. 21 Rn. 50 ff; Huber/Voßkuhle/Voßkuhle Art. 93 Rn. 106.

33 BVerfG, Urteil des Zweiten Senats vom 22.2.2023 – 2 BvE 3/19, Rn. 170 bei Juris – Finanzierung Desiderius-Erasmus-Stiftung; BVerfGE 162, 207 (228 f., Rn. 71) – Äußerungsbefugnisse der Bundeskanzlerin; 154, 320 (334, Rn. 45) – Seehofer-Interview auf der Homepage des BMI; 104, 14 (19).

Die politischen Parteien mögen zwar von den obersten Bundesorganen unabhängig sein, sind aber **nicht zur eigenständigen und unmittelbaren Ausübung staatsleitender Funktionen berufen**, weder vom Grundgesetz noch von Geschäftsordnungen oberster Bundesorgane. Sie wirken zwar an der Gesetzgebung wie am exekutiven Handeln vorbereitend (zB beim Abschluss der sogenannten Koalitionsverträge) und oftmals faktisch determinierend mit, beschließen aber weder das Gesetz noch treffen sie die konkrete Regierungs- oder Verwaltungsentscheidung. Soweit sie von legislativen oder exekutiven Maßnahmen betroffen sind, sind sie in keiner anderen Situation als der auf die Verfassungsbeschwerde des § 90 verwiesene „Jedermann".[34] 18

Wenn überhaupt, so lässt sich die Praxis des Bundesverfassungsgerichts nur damit verteidigen, dass sie **infolge ihrer 70-jährigen Dauer einen Eigenwert** gewonnen hat und ein Schaden aus ihr nicht entwächst.[35] Dieser Eigenwert fehlt aber, sofern politische Parteien neuerdings auch noch in die Lage versetzt werden wollen, Organstreitverfahren gegen Fraktionen des Deutschen Bundestages zu führen, obwohl diese weder Staatsorgane sind noch öffentliche Gewalt ausüben (§ 46 Abs. 3 AbgG). Der Zweite Senat konnte die Frage in seinem Beschluss vom 6.5.2014 offen lassen, weil der antragstellenden Partei wegen des Wegfalls der mit dem Antrag überzogenen Fraktion jedenfalls das erforderliche Rechtsschutzbedürfnis fehlte.[36] 19

Bei den **Konsequenzen** ist zu differenzieren. Vorteilhaft **für politische Parteien** ist, dass ihre Anträge im Organstreitverfahren nicht durch das bei der Verfassungsbeschwerde vorgesehene Annahmeverfahren (§ 93a) müssen, über sie immer der ganze Senat entscheiden muss und nicht so leicht wie bei Verfassungsbeschwerden auf mündliche Verhandlung verzichtet werden kann. Schon bei den Fristen kann aber es zu Nachteilen kommen. Die Frist von sechs Monaten für den Organstreitantrag (§ 64 Abs. 3) ist zwar länger als bei der Urteilsverfassungsbeschwerde, aber nur halb so lang wie bei der Verfassungsbeschwerde gegen ein Gesetz oder gegen einen sonstigen Hoheitsakt, gegen den ein Rechtsweg nicht offensteht (§ 93 Abs. 3: ein Jahr).[37] 20

Der eigentliche Nachteil der Rechtsprechung des Bundesverfassungsgerichts besteht darin, dass der Organstreit gar nicht alle für politische Parteien relevanten Konstellationen abdeckt und die Parteien deshalb in vielen Fällen doch wieder auf die Verfassungsbeschwerde verwiesen sind. Im Ergebnis müssen deshalb politische Parteien jeweils sehr genau **prüfen, ob für ihr konkretes Anliegen der Organstreit oder die Verfassungsbeschwerde der richtige Rechtsbehelf** ist. 21

Der Organstreit scheidet für eine politische Partei jedenfalls immer dann aus, wenn es um eine Maßnahme oder um ein Unterlassen einer staatlichen Einheit geht, die ihrerseits in einem Organstreitverfahren nicht parteifähig ist und deshalb kein Antragsgegner sein kann. Das gilt etwa für den **Bundes-** 22

34 AA BVerfGE 111, 382 (397).
35 So Dürig/Herzog/Scholz GG/H.-H. Klein Art. 21 Rn. 401 (Stand: Dezember 2014).
36 BVerfGE 136, 190 (192, Rn. 4) – FDP-Bundestagsfraktion.
37 Siehe dazu auch BVerfG, Urteil des Zweiten Senats vom 22.2.2023 – 2 BvE 3/19, Rn. 164 ff. bei Juris – Finanzierung Desiderius-Erasmus-Stiftung; BVerfGE 140, 1 (40, Rn. 111).

wahlleiter und für den von ihm berufenen Bundeswahlausschuss[38] und erst recht für öffentlich-rechtliche **Rundfunkanstalten** wie ARD und ZDF.[39]

23 Davon ist die bei § 64 zu verortende Frage zu unterscheiden, ob zwischen einer politischen Partei und einem grundsätzlich parteifähigen Antragsgegner ein **konkretes Verfassungsrechtsverhältnis** besteht (vgl. → § 64 Rn. 15 ff.).[40] Soweit der Bundestagspräsident die parteienfinanzierungsrechtlichen Vorschriften des Parteiengesetzes gegenüber politischen Parteien anwendet, **handelt** er **als Verwaltungsbehörde** und nicht als Staatsorgan, weshalb hier trotz der Einschlägigkeit von Art. 21 GG der betroffenen politischen Partei nicht der Organstreit, sondern nur die Verfassungsbeschwerde offen steht.[41]

24 Innerparteilich ist für die Einleitung eines Organstreitverfahrens der Partei deren **Vorstand zuständig** (§ 11 Abs. 3 Satz 2 PartG iVm § 26 Abs. 1 Satz 2 und 3 BGB), sofern die Satzung der Partei keine abweichende Regelung trifft. Das Bundesverfassungsgericht prüft das von Amts wegen und verwirft Anträge von Parteien als unzulässig, wenn bei der antragstellenden Partei verfahrenseinleitend die falschen Personen tätig gewesen sind.[42]

25 Außer den einzelnen Abgeordneten und den politischen Parteien sowie möglicherweise den Mitgliedern der Bundesversammlung hat das Bundesverfassungsgericht bislang keine weiteren „autonomen anderen Beteiligten" anerkannt.[43] Dafür besteht auch kein praktisches Bedürfnis.[44] Denn neben den obersten Bundesorganen und den autonomen anderen Beteiligten (einzelne Abgeordnete, politische Parteien) sind an vielen verfassungsgerichtlichen Organstreitverfahren **Organteile** beteiligt.

26 **4. Organteile.** Die in § 63 ausdrücklich hervorgehobenen Teile der dort genannten Bundesorgane sind ebenfalls andere Beteiligte und damit parteifähig im Organstreit, auch neben dem Bundesorgan, dessen Teil sie sind. Das betrifft bei der Bundesregierung die **Bundesminister**[45] und wohl auch die

38 Beschluss der 3. Kammer des Zweiten Senats vom 31.7.2009 – 2 BvQ 45/09, Rn. 5 bei Juris.

39 Beschluss der 2. Kammer des Zweiten Senats vom 30.8.2002 – 2 BvR 1332/02, Rn. 2 bei Juris: TV-Duell der Kanzlerkandidaten.

40 Siehe auch BVerfG, Urteil des Zweiten Senats vom 22.2.2023 – 2 BvE 3/19, Rn. 129 bei Juris – Finanzierung Desiderius-Erasmus-Stiftung; BVerfGE 114, 107 (114) – Auflösung des Bundestages.

41 BVerfGE 111, 54 (81); siehe auch Beschluss der 3. Kammer des Zweiten Senats vom 9.7.2019 – 2 BvR 547/13, Rn. 21 bei Juris.

42 Vgl. BVerfGE 135, 259 (279, Rn. 30) – Drei-Prozent-Sperrklausel bei Europawahlen.

43 Vgl. auch BVerfGE 143, 1 (10, Rn. 32).

44 Ebenso für den Fall der G 10-Kommission BVerfGE 143, 1 (19, Rn. 56).

45 BVerfG, Urteil des Zweiten Senats vom 22.2.2023 – 2 BvE 3/19, Rn. 124 bei Juris – Bundesminister des Inneren und Bundesminister der Finanzen; BVerfGE 156, 270 (294, Rn. 72) – Bundesminister des Inneren; 154, 320 (331 Rn. 36) – Bundesminister des Inneren; 148, 11 (19, Rn. 28) – Bundesministerin für Bildung und Forschung; 143, 101 (131, Rn. 100) – Bundesminister für besondere Aufgaben und Chef des Bundeskanzleramts; 138, 102 (108, Rn. 24) – Bundesministerin für Familie, Senioren, Frauen und Jugend; grundlegend BVerfGE 45, 1 (28) – Bundesminister der Finanzen. Bundesministerien selbst sind als oberste Bundesbehörden nicht organstreitfähig, vgl. zuletzt BVerfG, Urteil des Zweiten Senats vom 22.2.2023 – 2 BvE 3/19, Rn. 124 bei Juris – Finanzierung Desiderius-Erasmus-Stiftung.

Parlamentarischen Staatssekretäre,[46] beim Bundesrat dessen Präsidenten und die Ausschüsse, bei der Bundesversammlung den sie nach Art. 54 Abs. 4 Satz 2 GG leitenden Präsidenten des Bundestages[47] und **beim Bundestag** die **Ausschüsse**[48] einschließlich der Untersuchungsausschüsse, den **Präsidenten**, die **Fraktionen**[49] sowie bestimmte qualifizierte Minderheiten (zu Letzteren gleich → Rn. 27 f.). Kein Organteil des Deutsches Bundestages ist die G 10-Kommission, weil sie weder ein unmittelbar durch das Grundgesetz oder die Geschäftsordnung des Bundestages mit eigenen Rechten ausgestatteter Teil des Deutschen Bundestages ist noch von der Verfassung als Pflichtgremium des Deutschen Bundestages statuiert wird und schließlich inhaltlich im Funktionsbereich der Exekutive tätig wird.[50]

Die im Organstreitverfahren beteiligungsfähigen **bestimmten qualifizierten Minderheiten im Parlament** sind die durch Antragstellung konstituierte konkrete Antragsminderheit für die Einsetzung eines Untersuchungsausschusses nach Art. 44 Abs. 1 Satz 1 GG[51] sowie deren Repräsentanten im Untersuchungsausschuss, soweit sie ohne Dissens zur konkret in Erscheinung getretenen Einsetzungsminderheit handeln.[52] Dasselbe gilt aber auch für die sogenannte potenzielle Einsetzungsminderheit. Die sie bildenden Abgeordneten werden ein mit eigenen Rechten ausgestattetes Organteil im Sinne von Art. 93 Abs. 1 Nr. 1 GG durch Erreichen des in Art. 44 Abs. 1 Satz 1 GG genannten Quorums.[53] Gewährt das Geschäftsordnungsrecht über Art. 44 Abs. 1 Satz 1 GG hinausgehende Rechte auf Einsetzung eines Untersuchungsausschusses, sind auch Gesamtheiten von Abgeordneten, die das in der Geschäftsordnung genannte Quorum erfüllen, organstreitfähige Organteile im Sinne von Art. 93 Abs. 1 Nr. 1 GG,[54] auch wenn sie sich auf bloßes Geschäftsordnungsrecht im Organstreitverfahren nicht berufen können.[55] Als Organteil im Organstreit antragsfähig ist auch die zur Stellung von Beweisanträgen berechtigte **Minderheit im Untersuchungsausschuss**, auch wenn sie den Einsetzungsantrag nicht gestellt hat,[56] nicht aber eine Sperrminorität im Bundestag gegen Verfassungsänderungen[57] und erst recht **nicht eine bloße Abstimmungsmehrheit** oder -minderheit.[58] 27

46 BeckOK BVerfGG/Walter § 63 Rn. 26.
47 BVerfGE 136, 277 (300 f., Rn. 62).
48 Vgl. aus neuerer Zeit BVerfG, Urteil des Zweiten Senats vom 22.2.2023 – 2 BvE 3/19, Rn. 123 bei Juris – Finanzierung Desiderius-Erasmus-Stiftung.
49 BVerfGE 165, 270 (282, Rn. 36) – Parteienfinanzierung; 158, 51 (66 f., Rn. 54); 156, 270 (292, Rn. 63); 150, 194 (202, Rn. 24); 147, 50 (118, Rn. 163); 146, 1 (35 f., Rn. 78); 143, 101 (124, Rn. 73); 142, 25 (47, Rn. 58).
50 BVerfGE 143, 1 (15 ff., Rn. 48 ff.).
51 Vgl. BVerfGE 156, 270 (292 f., Rn. 65 f.); 143, 101 (124 f., Rn. 74 ff.); 124, 78 (107).
52 Sogenannte Fraktion im Ausschuss BVerfGE 143, 101 (126, Rn. 82); siehe auch BVerfGE 124, 78 (107); 113 (121); 105, 197 (220 f.).
53 BVerfGE 156, 270 (292 f., Rn. 66); 143, 101 (125, Rn. 77 f.).
54 BVerfGE 143, 101 (125 f., Rn. 79 f.).
55 BVerfGE 143, 101 (128 f., Rn. 90 f.).
56 BVerfGE 156, 270 (293, Rn. 68 f.); 105, 197 (220).
57 BVerfGE 90, 286 (341 f.).
58 BVerfGE 2, 143 (160 ff.).

28 Besondere praktische Bedeutung hat die **Parteifähigkeit der Fraktionen im Organstreit.**[59] Fraktionen sind nicht nur an einer Vielzahl von Organstreitverfahren beteiligt, sondern sie nehmen als Repräsentanten der politischen Opposition Kontrollaufgaben des Parlaments gegenüber der Bundesregierung wahr, welche die die Regierung tragende Parlamentsmehrheit im parlamentarischen Regierungssystem nahezu zwangsläufig nicht mehr selbst erfüllen kann.[60] Das ist möglich, weil das Bundesverfassungsgericht Fraktionen als nach der Geschäftsordnung des Bundestages ständig vorhandene Gliederungen für befugt ansieht, im eigenen Namen **Rechte des Bundestages** geltend zu machen.[61] Darüber hinaus verfügen die Fraktionen über in der Geschäftsordnung des Deutschen Bundestages verankerte **eigene Rechte**, die von Art. 93 Abs. 1 Nr. 1 GG als im Organstreitverfahren wehrfähig bestimmt worden sind.[62] Bei den Fraktionen stellt sich allerdings das Thema des Wegfalls der Parteifähigkeit etwas anders dar als bei den einzelnen Abgeordneten und Ministern (dazu oben → Rn. 14). Während Abgeordnete, die durch Mandatsverzicht oder nach einer Neuwahl des Bundestages aus diesem ausscheiden, lediglich ihren Abgeordnetenstatus verlieren, aber als Person weiter existieren, entfällt bei Fraktionen, die sich in einem zwischenzeitlich gebildeten neuen Deutschen Bundestag nicht erneut bilden und die Rechtsnachfolge der Vorgängerfraktion antreten (§ 54 Abs. 7 AbgG), die Rechtsstellung und ist ein Liquidationsverfahren durchzuführen (§ 54 Abs. 1 und 2 AbgG). Deshalb dürfte in solchen Fällen regelmäßig die Parteifähigkeit für Organstreitverfahren weggefallen sein.[63] Dasselbe dürfte gelten, wenn eine Fraktion während einer Wahlperiode durch Austritt einzelner Abgeordneter unter die für die Bildung einer Fraktion erforderliche Schwelle absinkt und deshalb die Rechtsstellung als Fraktion entfällt (§ 62 Abs. 1 Nr. 1 AbgG), wie zuletzt bei der früheren Fraktion DIE LINKE Ende 2023.

29 **5. Prozessstandschaft nur bei Organteilen.** Diese Überlegung führt zu einem praktisch sehr relevanten Unterschied zwischen den autonomen anderen Beteiligten und den anderen Beteiligten, die Teil eines obersten Bundesorgans sind. Die autonomen anderen Beteiligten, wie etwa der einzelne Abgeordnete, können Antragsteller nur dann sein, wenn sie ihren eigenen verfassungsrechtlichen Status verteidigen. Die anderen Beteiligten, die Teile eines obersten Bundesorgans sind, also insbesondere die Fraktionen, können dagegen nicht nur eigene Rechte geltend machen, sondern grundsätzlich **als Prozessstandschafter auch Rechte des Organs, dessen Teil sie sind**. Das gilt auch dann, wenn das Organ, dem sie angehören, selbst die von

59 BVerfGE 165, 270 (282, Rn. 36) – Parteienfinanzierung; 160, 208 (270, Rn. 158) – vorläufige Anwendung CETA; 158, 51 (66 f., Rn. 54); 152, 8 (18, Rn. 25); 143, 101 (128 ff., Rn. 89 ff.); 135, 317 (395, Rn. 150 ff.).

60 Vgl. BVerfGE 142, 25 (47, Rn. 58).

61 BVerfGE 165, 270 (282, Rn. 36) – Parteienfinanzierung; 160, 208 (270, Rn. 158) – vorläufige Anwendung CETA; 158, 51 (66 f., Rn. 54); 152, 8 (18, Rn. 25); 142, 25 (49, 66); 140, 115 (138 f., Rn. 56); 139, 194 (220, Rn. 96); 135, 317 (397, Rn. 156 f.).

62 BVerfGE 165, 270 (282, Rn. 36) – Parteienfinanzierung; 135, 317 (397 f., Rn. 150, 153); 124, 78 (107).

63 Offen gelassen in BVerfGE 136, 190 (192, Rn. 4), weil im dort entschiedenen Fall der Antragstellerin jedenfalls das Rechtsschutzbedürfnis gegenüber der in Liquidation befindlichen FDP-Bundestagsfraktion fehlte.

ihnen angegriffene Maßnahme getroffen oder gebilligt hat.[64] Mit der so verstandenen Prozessstandschaft, die § 64 Abs. 1 vorsieht (dazu im Einzelnen → § 64 Rn. 25 ff.), wird der Organstreit in die Wirklichkeit des politischen Kräftespiels gestellt, in der sich Gewaltenteilung über die klassische Gegenüberstellung der geschlossenen Gewaltenträger hinaus in erster Linie in der Einrichtung von Minderheitenrechten verwirklicht.[65]

Die **Prozessstandschaft ist eine Ausnahme** von dem allgemeinen verfahrensrechtlichen Grundsatz, dass Verfahrensbeteiligte nur eigene Rechte geltend machen können. Deshalb bedarf der Prozessstandschafter einer ausdrücklichen gesetzlichen Zulassung.[66] Diese fehlt aber von vornherein bei allen nach Art. 93 Abs. 1 Nr. 1 GG iVm § 63 parteifähigen obersten Bundesorganen und autonomen anderen Beteiligten, weil sie ihre im Organstreit wehrfähigen Rechte autonom innehaben. 30

Das ist **bei Organteilen** anders. Nur bei ihnen hat das Bundesverfassungsgericht eine Prozessstandschaft zugelassen, bislang **beschränkt auf Fraktionen**,[67] sogenannte anerkannte Gruppen nach § 10 Abs. 4 GO-BT[68] und bestimmte qualifizierte Antrags- und Ausschussminderheiten, soweit sie das Grundgesetz vorsieht.[69] Das Bundesverfassungsgericht versteht die Prozessstandschaftsbefugnis als **Ausdruck eines Minderheitenschutzes** und macht ihre Zuerkennung davon abhängig,[70] was Prozessstandschaftsbefugnisse außerhalb von parlamentarischen Versammlungen ausschließen dürfte. Auch innerhalb von parlamentarischen Versammlungen kann das Geschäftsordnungsrecht die Befugnis, Rechte des gesamten Parlaments als Prozessstandschafter geltend zu machen, nicht über den Kreis der im Grundgesetz selbst vorgesehenen Minderheiten ausdehnen.[71] Gerade bei den Fraktionen wird, wie das Beispiel des Rechts auf Information durch die Bundesregierung zeigt, oftmals wohl im Wege der Prozessstandschaft sowohl ein von den Fraktionen rügbares Recht des Deutschen Bundestages als auch ein eigenes Recht der Fraktionen gegeben sein.[72] 31

Im parlamentarischen Bereich sieht das Bundesverfassungsgericht den **Sinn und Zweck der Prozessstandschaft** darin, der Parlamentsminderheit die Befugnis zur Geltendmachung der Rechte des Bundestages in zwei Fällen zu erhalten. Einerseits, wenn der Bundestag seine Rechte, insbesondere im Verhältnis zu der von ihm getragenen Bundesregierung, nicht wahrnehmen will, und andererseits auch dann, wenn die vom Grundgesetz angesprochene Parlamentsminderheit Rechte des Bundestages gegen die die Bundesregierung 32

64 BVerfGE 142, 25 (49 f., Rn. 67); 134, 366 (397); vgl. auch BVerfGE 165, 270 (282, Rn. 36) – Parteienfinanzierung.
65 BVerfGE 142, 25 (50, Rn. 67).
66 BVerfGE 123, 267 (337) – Lissabon.
67 BVerfGE 165, 270 (282, Rn. 36) – Parteienfinanzierung; 160, 208 (270, Rn. 158) – vorläufige Anwendung CETA; 158, 51 (66 f., Rn. 54); 152, 8 (18, Rn. 25); 146, 1 (35 ff., Rn. 78 und 80); 139, 194 (220, Rn. 96); 135, 317 (397, Rn. 156); 131, 152 (190); 124, 78 (106).
68 BVerfGE 96, 264 (276).
69 BVerfGE 156, 217 (293, Rn. 68 f.); 143, 101 (129 ff., Rn. 95 ff.); 142, 25 (65 ff., Rn. 109 ff.); 124, 78 (107).
70 BVerfGE 142, 25 (50, Rn. 67); 131, 152 (150); 123, 267 (339).
71 BVerfGE 143, 101 (129 f., Rn. 95 ff.).
72 BVerfGE 146, 1 (36 f., Rn. 80).

politisch stützende Parlamentsmehrheit geltend machen will.[73] Dasselbe gilt für die nach den Maßstäben des Grundgesetzes qualifizierte Ausschussminderheit gegenüber dem Untersuchungsausschuss,[74] nicht aber für eine Minderheit, die lediglich nach dem Geschäftsordnungsrecht qualifiziert ist.[75]

33 Die bislang enge Handhabung der Prozessstandschaft in Organstreitverfahren entspricht dem **Charakter des Organstreits**, der keine objektive Beanstandungsklage ist, sondern der Abgrenzung von Kompetenzen dient.[76]

34 **6. Kein Organstreit bei Fehlen eines parteifähigen Antragsgegners.** Das in § 63 zum Ausdruck kommende **Erfordernis eines Antragsgegners** begrenzt den Anwendungsbereich des Organstreits. Denn wenn sich ein parteifähiger Antragsteller gegen in seine eigenen Rechte eingreifende Maßnahmen oder Unterlassungen eines anderen verteidigen will, kann er dies im Wege des Organstreits nur dann, wenn der Handelnde oder Unterlassende parteifähig ist.

35 Ausgeschlossen sind deshalb Organstreitverfahren gegen den **Bundeswahlleiter**,[77] gegen das **Staatsvolk**,[78] gegen die **Bundesbank** und gegen das **Bundesverfassungsgericht**.[79] Für den **Bundesrechnungshof** ist die Parteifähigkeit richtigerweise ebenfalls zu verneinen.[80] Allerdings neigen die Landesverfassungsgerichte dazu, ihre Landesverfassungen und ihr Landesverfassungsprozessrecht so zu interpretieren, dass die dortigen Landesrechnungshöfe im Landesorganstreitverfahren beteiligungsfähig sind.[81] Das ist nach den gegebenen Begründungen nicht auf § 63 übertragbar.[82]

36 Ausgeschlossen sind auch Organstreitverfahren, die sich **gegen politische Parteien** richten. Politische Parteien sind zwar von der Rechtsprechung als Beteiligte eines Organstreitverfahrens anerkannt worden, aber nur auf der Aktivseite, wenn sie ihren verfassungsrechtlichen Status gegenüber einem Verfassungsorgan geltend machen.[83] Antragsgegner einer Organklage können sie nicht sein, weil die Parteien über keine hoheitliche Gewalt verfügen und deshalb die in § 64 angesprochenen Maßnahmen gar nicht treffen können.[84]

---

73 BVerfGE 123, 267 (338 f.); siehe auch BVerfGE 143, 101 (128 ff., Rn. 89 ff.).
74 BVerfGE 105, 197 (221).
75 BVerfGE 143, 101 (129 f., Rn. 95 ff.).
76 BVerfG, Beschluss des Zweiten Senats vom 20.6.2023 – 2 BvE 1/17, Rn. 26 bei Juris; BVerfG, Urteil des Zweiten Senats vom 22.2.2023 – 2 BvE 3/19, Rn. 130 bei Juris; BVerfGE 165, 270 (282 f., Rn. 40).
77 Beschluss der 3. Kammer des Zweiten Senats vom 31.7.2009 – 2 BvQ 45/09, Rn. 5 bei Juris.
78 BVerfGE 60, 175 (200 f.).
79 Vgl. für Landesverfassungsgerichte BVerfGE 60, 175 (202 f.).
80 Wie hier Lechner/Zuck/Zuck § 63 Rn. 7; aA Barczak BVerfGG/Barczak § 63 Rn. 55 sowie Huber/Voßkuhle/Voßkuhle Art. 93, Rn. 102; für den Landesrechnungshof mit verneinender Tendenz offen gelassen von BVerfGE 92, 130 (133).
81 VerfGH Sachsen, Urteil vom 25.2.2014 – Vf. 71-I-12, Rn. 35 bei Juris.
82 In diesem Sinne auch VerfGH Nordrhein-Westfalen, Urteil vom 13.12.2011 – 11/10, Rn. 84 ff. bei Juris.
83 Jetzt auch Barczak BVerfGG/Barczak § 63 Rn. 26.
84 Schmidt-Bleibtreu/Klein/Bethge BVerfGG/Bethge § 63 Rn. 75 und 77 (Stand: Juli 2016); BeckOK BVerfGG/Walter § 63m Rn. 34; aA Dürig/Herzog/Scholz GG/H.-H. Klein Art. 21 Rn. 402 (Stand: Dezember 2014), mit der Einschränkung, dass solche Konstellationen praktisch nicht denkbar sind.

§ 64 [Antragsbefugnis]

(1) Der Antrag ist nur zulässig, wenn der Antragsteller geltend macht, daß er oder das Organ, dem er angehört, durch eine Maßnahme oder Unterlassung des Antragsgegners in seinen ihm durch das Grundgesetz übertragenen Rechten und Pflichten verletzt oder unmittelbar gefährdet ist.

(2) Im Antrag ist die Bestimmung des Grundgesetzes zu bezeichnen, gegen die durch die beanstandete Maßnahme oder Unterlassung des Antragsgegners verstoßen wird.

(3) Der Antrag muß binnen sechs Monaten, nachdem die beanstandete Maßnahme oder Unterlassung dem Antragsteller bekannt geworden ist, gestellt werden.

(4) Soweit die Frist bei Inkrafttreten dieses Gesetzes verstrichen ist, kann der Antrag noch binnen drei Monaten nach Inkrafttreten gestellt werden.

I. Zulässigkeitsvoraussetzungen des Organstreits

1 § 64 enthält die **zentralen Zulässigkeitsvoraussetzungen** für den Organstreit sowohl in objektiver Hinsicht wie subjektiv, also bezogen auf die entsprechende Geltendmachung durch den Antragsteller. Dabei behandeln Abs. 1 den Antragsgegenstand und die Antragsbefugnis, Abs. 2 die Pflicht zur Benennung des relevanten Prüfungsmaßstabs und die Absätze 3 und 4 Fristvorgaben. Ein allgemeines Rechtsschutzbedürfnis fordert das Gesetz nicht ausdrücklich, aber das Bundesverfassungsgericht (dazu → Rn. 29 ff.).

2 Die Zulässigkeitsvorgaben in den Abs. 1 und 2 sind subjektiv („geltend macht", „zu bezeichnen") formuliert, in den Absätzen 3 und 4 rein objektiv. Insoweit bleibt es bei der allgemeinen **Begründungs- und Darlegungspflicht** aus § 23 Abs. 1 Satz 2, die vom Bundesverfassungsgericht aber auch auf die Antragsbefugnis nach Abs. 1 bezogen wird.[1]

1 BVerfG, Beschluss des Zweiten Senats vom 21.2.2024 – 2 BvE 1/24, Tenor-Begründung bei Juris; BVerfG, Urteil des Zweiten Senats vom 22.2.2023 – 2 BvE 3/19, Rn. 146 bei Juris – Finanzierung Desiderius-Erasmus-Stiftung; BVerfGE 165, 270 (288, Rn. 55) – Parteienfinanzierung; 157, 300 (310, Rn. 25) – Unterschriftenquorum Bundestagswahl; 123, 267 (338) – Lissabon.

II. Antragsgegenstand

3 Abs. 1 regelt zunächst den Antragsgegenstand, also dasjenige, woran sich die in Art. 93 Abs. 1 Nr. 1 GG, § 13 Nr. 5 genannten Streitigkeiten konkret festmachen. Der Antragsgegenstand muss objektiv vorliegen.[2] Er wird zwar vom Antragsteller in seinem, vom Bundesverfassungsgericht gegebenenfalls auszulegenden,[3] Antrag nach § 23 Abs. 1 Satz 1 bestimmt und ist darauf beschränkt.[4] Der Antragsgegenstand betrifft aber immer **Handlungen des Antragsgegners**. Das Gesetz bezeichnet sie als „Maßnahme oder Unterlassung des Antragsgegners". Bezogen auf diese konkrete Maßnahme erfolgt im Organstreitverfahren eine Kontrolle durch das Bundesverfassungsgericht darauf, ob gegen eine Bestimmung des Grundgesetzes verstoßen wurde (§ 67 Satz 1), sofern der Antragsteller das behauptet (vgl. zur Antragsbefugnis → Rn. 15 ff.) und der Antragsgegner das bestreitet. Hat der Antragsgegner seine Verfassungsverletzung im Vorfeld des Verfahrens eingeräumt, dürfte es schon an dem von Art. 93 Abs. 1 Nr. 1 GG vorausgesetzten Element der Streitigkeit fehlen, jedenfalls aber am Rechtsschutzbedürfnis des Antragstellers (dazu → Rn. 31 ff.).

4 Der Gegenstand des Antrags muss vom Antragsteller hinreichend klar bestimmt werden, wozu er **konkrete Maßnahmen benennen** und sich mit deren Inhalt und Wirkungen näher auseinandersetzen muss;[5] insoweit gilt die Pflicht zur Geltendmachung (dazu → Rn. 28 ff.) auch bezogen auf den Antragsgegenstand. Da Antragsgegenstand im Organstreitverfahren konkrete Maßnahmen oder Unterlassungen sein müssen, kann das Rechtsschutzbedürfnis (→ Rn. 31 ff.) fehlen, wenn der Sache nach die Erstattung eines Rechtsgutachtens zu einer abstrakten Rechtsfrage begehrt wird.[6] Insgesamt zeigt sich bei § 64 Abs. 1 die maßgebliche Ausgestaltung des verfassungsrechtlichen Organstreits als kontradiktorische und konkrete Maßnahmenkontrolle (vgl. dazu → § 63 Rn. 2 bis 5). Wird in einem laufenden Organstreitverfahren eine weitere konkrete Maßnahme angegriffen, die Gegenstand eines selbstständigen Organstreits sein könnte, ist in Anlehnung an § 66 zu entscheiden, ob eine Verbindung zweckmäßig ist, was dann zu verneinen ist, wenn in einem fortgeschrittenen Organstreitverfahren durch den neuen Gegenstand neue verfassungsrechtliche Fragestellungen aufgeworfen werden, die in tatsächlicher und rechtlicher Hinsicht im bisherigen Verfahren nicht oder nur unzureichend erörtert worden sind.[7] Ist die nachträgliche Erweiterung des Streitgegenstands unzulässig, dann wird das Verfahren insoweit abgetrennt.

---

2 BVerfGE 150, 163 (166 f., Rn. 11).

3 BVerfGE 157, 1 (20, Rn. 62); 151, 191 (197, Rn. 13); 150, 194 (199, Rn. 15); 143, 101 (123, Rn. 70 f.); 139, 194 (220, Rn. 97); 136, 277 (302, Rn. 66 f.).

4 BVerfGE 165, 270 (288, Rn. 55); 157, 1 (20, Rn. 62); 150, 194 (199, Rn. 15).

5 So zuletzt ausdrücklich unter Berufung auf diese Kommentierung BVerfG, Urteil des Zweiten Senats vom 22.2.2023 – 2 BvE 3/19, Rn. 127 und mit konkreten Anwendungsfällen Rn. 141 f. bei Juris; BVerfGE 118, 244 (255).

6 BVerfGE 121, 135 (151); siehe dazu auch BVerfGE 90, 286 (390 ff.) – abweichende Meinung Böckenförde und Kruis; siehe zum Umgang mit solchen auf abstrakte Rechtsfragen gerichteten Anträgen auch BVerfG, Urteil des Zweiten Senats vom 22.2.2023 – 2 BvE 3/19, Rn. 119 bei Juris.

7 BVerfG, Urteil des Zweiten Senats vom 22.2.2023 – 2 BvE 3/19, Rn. 109 bis 116 bei Juris – Finanzierung Desiderius-Erasmus-Stiftung.

Aus dem Antragsgegenstand folgt auch, **wer Antragsgegner** ist. Beanstandet der Antragsteller den Erlass eines Gesetzes, so richtet sich der Antrag gegen die Gesetzgebungskörperschaft, also sowohl gegen den Bundestag wie gegen den Bundesrat (insbesondere bei Zustimmungsgesetzen), wobei es das Bundesverfassungsgericht aber ausreichen lässt, wenn der Antrag allein gegen den Bundestag gerichtet wird.[8] Wendet sich der Antragsteller gegen Abläufe bei der Wahl des Bundespräsidenten, können sowohl die Bundesversammlung wie der sie leitende Präsident des Deutschen Bundestages Antragsgegner sein.[9] Ermächtigt Geschäftsordnungsrecht des Bundestages den Präsidenten des Deutschen Bundestages zum Erlass von rechtlich verbindlichen Bestimmungen, ist bei einem gegen eine solche Bestimmung gerichteten Organstreitverfahren nur der Präsident, nicht aber der Bundestag Antragsgegner.[10] Bei einem Organstreitverfahren, das sich gegen den Ausschluss von der Mitwirkung an einer Arbeitsgruppe des Vermittlungsausschusses im Rahmen eines Vermittlungsverfahrens richtet, ist richtiger Antragsgegner nur der Vermittlungsausschuss selbst, nicht aber der Bundestag und der Bundesrat;[11] die Nichtbeteiligung einer Antragstellerin an einer rein informellen Gesprächsrunde von Mitgliedern des Vermittlungsausschusses ist dagegen schon mangels Zurechnung zum Antragsgegner Vermittlungsausschuss keine organstreitfähige Maßnahme.[12] Richtiger Antragsgegner bei einem Organstreit, mit dem ein Beweisbeschluss eines Untersuchungsausschusses umgesetzt werden soll, ist der Bundesminister, in dessen Ressortkompetenz nach Art. 65 Satz 2 GG das fällt, aber auch die Bundesregierung insgesamt.[13] 5

Zum Begriff der **Maßnahme** gehört, dass sie **rechtserheblich** sein muss.[14] 6
Als Maßnahme kommt deshalb jedes Verhalten des Antragsgegners in Betracht, welches geeignet ist, die Rechtsstellung des Antragstellers zu beeinträchtigen,[15] also neben einem Rechtsakt auch ein Realakt.[16] Deshalb können Maßnahmen sowohl punktuelle Einzelakte, der Erlass eines Gesetzes, die Mitwirkung an einem Normsetzungsakt und der Erlass oder die Änderung einer Vorschrift der Geschäftsordnung sein, sofern sie beim Antragsteller eine aktuelle rechtliche Betroffenheit auszulösen vermögen. Handlungen, die nur vorbereitenden oder bloß vollziehenden Charakter haben, scheiden als Angriffsgegenstand im Organstreit aus;[17] das ist angenommen worden für

---

8 BVerfG, Urteil des Zweiten Senats vom 22.2.2023 – 2 BvE 3/19, Rn. 160 bei Juris; BVerfGE 118, 277 (322).

9 BVerfGE 136, 277 (300 f., Rn. 62) – Wahl des Bundespräsidenten.

10 BVerfGE 118, 277 (323) – Ausführungsbestimmungen zu den Verhaltensregeln für die Abgeordneten des Deutschen Bundestages.

11 BVerfGE 140, 115 (139 ff., Rn. 58 ff.); zustimmend Lenz NVwZ 2015, 1755 (1756).

12 BVerfGE 140, 115 (142 ff., Rn. 67 ff.); zustimmend Lenz NVwZ 2015, 1755 (1756).

13 BVerfGE 156, 270 (295, Rn. 77); siehe auch BVerfGE 147, 50 (125, Rn. 193) und 143, 101 (131, Rn. 100).

14 BVerfGE 165, 270 (283, Rn. 41) Parteienfinanzierung; vgl. BVerfGE 157, 1 (18, Rn. 55); 150, 194 (199 f., Rn. 17).

15 BVerfG, Beschluss des Zweiten Senats vom 20.6.2023 – 2 BvE 1/17, Rn. 27 bei Juris; BVerfG, Urteil vom 22.2.2023 – 2 BvE 3/19, Rn. 126 bei Juris; BVerfGE 157, 1 (18, Rn. 55); 140, 115 (139 f., Rn. 59); 138, 45 (60, Rn. 27); 137, 185 (223, Rn. 106).

16 BVerfGE 140, 115 (139 f., Rn. 59).

17 BVerfG, Urteil des Zweiten Senats vom 22.2.2023 – 2 BvE 3/19, Rn. 128 bei Juris; BVerfGE 165, 270 (283, Rn. 41); 157, 1 (18, Rn. 55); 150, 194 (199 f., Rn. 17); 145, 348 (357 f., Rn. 31).

die Beratung eines Gesetzentwurfs durch die Ausschüsse des Bundestages im Verhältnis zum Befassungsanspruch von Gesetzesinitianten gegen das Plenum des Bundestages.[18] In der spektakulären einstweiligen Anordnung zum Gebäudeenergiegesetzänderungsgesetz, mit dem eine Verschiebung der zweiten und dritten Lesung des Gesetzentwurfs angeordnet worden war, neigt der Zweite Senat klar dazu, hierin dann eine nicht nur vorbereitende, sondern schon rechtserhebliche Maßnahme zu sehen, wenn der Abgeordnete eine Verletzung eigener Rechte in Bezug auf ein ordnungsgemäßes Gesetzgebungsverfahren rügt.[19]

7 Eine rechtserhebliche **Maßnahme der Bundesregierung** war nach diesen Maßstäben der vorbehaltlich der Zustimmung des Bundestages getroffene **Beschluss**, Tornado-Aufklärungsflugzeuge nach Afghanistan zu entsenden.[20] Rechtserheblich ist auch eine im Zusammenhang mit der unionsrechtlichen Anlastung von der Bundesregierung gegenüber einem Land abgegebene **Aufrechnungserklärung.**[21] Rechtserheblich ist auch die **Öffentlichkeitsarbeit** der Bundesregierung[22] und die **Verweigerung von Auskünften** an Abgeordnete.[23] Das Abstimmungsverhalten der Bundesregierung im Rat der Europäischen Union ist eine im Organstreitverfahren angreifbare Maßnahme.[24] Organstreitfähig ist auch die Weigerung der Bundesregierung, zum Zwecke der Zeugenvernehmung durch einen Untersuchungsausschuss den im BfV zuständigen V-Personen-Führer zu benennen.[25] Dagegen ist die Ablehnung von auf Mittelbewilligungen für Nichtverfassungsorgane gerichteten Anträge durch nachgeordnete Behörden keine Maßnahme im Sinne von § 64 Abs. 1.[26]

8 Rechtserhebliche **Maßnahmen des Bundestages** sind in erster Linie von ihm beschlossene **Gesetze,**[27] einschließlich der Haushaltsgesetze[28] und der Zustimmungs- und Umsetzungsgesetze bei völkerrechtlichen Verträgen.[29] Allerdings ist Maßnahme im Sinne eines zulässigen Angriffsgegenstandes im Organstreitverfahren nicht das Gesetz als solches, sondern allein dessen

18 BVerfG, Urteil des Zweiten Senats vom 22.2.2023 – 2 BvE 3/19, Rn. 128 bei Juris – Finanzierung Desiderius-Erasmus-Stiftung; BVerfGE 145, 348 (358, Rn. 32).

19 BVerfG, Beschluss des Zweiten Senats vom 5.7.2023 – 2 BvE 4/23, Rn. 85 bei Juris mit Abgrenzung zu BVerfGE 112, 363 (365 f.).

20 BVerfGE 118, 244 (257).

21 BVerfGE 116, 271 (299) zu einem Verfahren nach Art. 93 Abs. 1 Nr. 3 GG, für das § 64 gemäß § 69 entsprechend gilt.

22 BVerfGE 162, 207 (225, Rn. 58) – Äußerungsbefugnisse der Bundeskanzlerin; 154, 320 (331, Rn. 37) – Seehofer-Interview auf der Homepage des BMI; 138, 102 (108, Rn. 24) – Interview der Bundesministerin Schwesig; vgl. zur klassischen Öffentlichkeitsarbeit der Bundesregierung grundlegend BVerfGE 44, 125 (137 f.).

23 BVerfGE 165, 167 (181, Rn. 43) – Parlamentarisches Fragerecht zum BfV; 146, 1 (36, Rn. 79); 139, 194 (220 f., Rn. 98); 137, 185 (223, Rn. 196); 124, 161 (185).

24 BVerfGE 160, 208 (270, Rn. 159) – Vorläufige Anwendung CETA.

25 BVerfGE 156, 270 (291, Rn. 60) – Amri-Untersuchungsausschuss.

26 BVerfG, Urteil des Zweiten Senats vom 22.2.2023 – 2 BvE 3/19, Rn. 134 f. bei Juris – Finanzierung Desiderius-Erasmus-Stiftung.

27 BVerfG, Beschluss des Zweiten Senats vom 20.6.2023 – 2 BvE 1/17, Rn. 28 bei Juris – Änderung von Art. 21 GG; BVerfGE 131, 316 (333 f.); 118, 277 (317); 111, 382 (397).

28 BVerfG, Urteil des Zweiten Senats vom 22.2.2023 – 2 BvE 3/19, Rn. 132 bei Juris – Finanzierung Desiderius-Erasmus-Stiftung.

29 BVerfGE 123, 267 (338).

Erlass durch die gesetzgebende Körperschaft.[30] Und gerade deshalb, weil der Erlass des Gesetzes Streitgegenstand des Organstreitverfahrens ist, können **einzelne Akte des Gesetzgebungsverfahrens** dann rechtserhebliche Maßnahmen des Bundestages sein, wenn insbesondere einzelne Abgeordnete oder Fraktionen schlüssig darlegen können, dadurch in ihren Rechten berührt zu sein.[31] Deshalb kommt es etwa für die Frage, ob die Terminierung einer zweiten und dritten Lesung eines Gesetzentwurfs schon eine rechtserhebliche oder lediglich eine vorbereitende Maßnahme ist, auf die Möglichkeit einer Verletzung von Organrechten des Antragstellers an.[32] Richtet sich ein Organstreit wegen Verletzung von Mitwirkungsbefugnissen gegen das Gesetzgebungsverfahren in seiner Gesamtheit, stellt das immer eine rechtserhebliche Maßnahme dar.[33] Eine rechtserhebliche Maßnahme kann auch die Ablehnung eines Gesetzentwurfs sein, wenn sie nach inhaltlicher Befassung erfolgte und sich deshalb als qualifizierte Unterlassung darstellt.[34] Ein Gesetz, mit dem das Grundgesetz geändert wird, ist dann kein tauglicher Antragsgegenstand in einem Organstreitverfahren, wenn von der veränderten Grundgesetznorm keine automatischen Rechtsfolgen ausgehen, sondern es erst noch der Einleitung eines entsprechenden Verfahrens bedarf.[35] Das bestätigt aber nur den allgemeinen Grundsatz, dass Handlungen, die nur vorbereitenden oder bloß vollziehenden Charakter haben, mangels Rechtserheblichkeit als Angriffsgegenstand im Organstreitverfahren ausscheiden.[36]

Rechtserhebliche Maßnahmen sind auch die Aufnahme von Neuregelungen 9
in die Geschäftsordnung des Deutschen Bundestages[37] und die sogenannten **Verhaltensregeln für Mitglieder des Deutschen Bundestages** (Anlage 1 GO-BT), weil es sich dabei um unmittelbar bindende abstrakt-generelle Anordnungen handelt.[38] Dasselbe gilt auch für die **Ausführungsbestimmungen zu den Verhaltensregeln**, obwohl diese anders als die Verhaltensregeln selbst nicht vom Parlament beschlossen, sondern vom Präsidenten des Deutschen Bundestages erlassen worden sind. Maßgeblich ist, dass der Bundestagspräsident hier nicht als Verwaltungsbehörde tätig geworden ist, sondern den Status der Abgeordneten durch die Setzung von Binnenrecht geregelt

30 BVerfG, Beschluss des Zweiten Senats vom 20.6.2023 – 2 BvE 1/17, Rn. 28 bei Juris; BVerfGE 165, 270 (283, Rn. 42) – Parteienfinanzierung; siehe auch schon BVerfGE 102, 224 (234).
31 BVerfGE 165, 270 (283, Rn. 42) – Parteienfinanzierung.
32 Im Ergebnis als möglich unterstellt im Fall des Gebäudeenergiegesetzänderungsgesetzes durch BVerfG, Beschluss des Zweiten Senats vom 5.7.2023 – 2 BvE 4/23, Rn. 85 bei Juris. Im konkreten Fall noch verneint von BVerfGE 112, 363 (365 f.).
33 BVerfGE 165, 270 (284, Rn. 45) – Parteienfinanzierung.
34 BVerfGE 142, 25 (47, f. Rn. 60) – normative Begründung von Minderheiten- und Oppositionsrechten; 120, 82 (98 f.).
35 Vgl. für den Fall der Einführung einer Ermächtigung zum Ausschluss politischer Parteien von der staatlichen Teilfinanzierung in das Grundgesetz BVerfG, Beschluss des Zweiten Senats vom 20.6.2023 – 2 BvE 1/17, Rn. 30 bei Juris – Änderung von Art. 21 GG.
36 BVerfG, Urteil des Zweiten Senats vom 22.2.2023 – 2 BvE 3/19, Rn. 128 bei Juris – Finanzierung Desiderius-Erasmus-Stiftung; BVerfGE 150, 194 (199 f., Rn. 17).
37 BVerfGE 142, 25 (48, Rn. 61).
38 BVerfGE 118, 277 (318).

hat.[39] Auch Beschlüsse über das Zählverfahren für die Besetzung von Gremien sind rechtserhebliche Maßnahmen des Bundestages.[40]

10 Der **Beschluss des Ältestenrats** des Bundestages, eine zweite und dritte Lesung für ein Vertragsgesetz anzuberaumen, ist dagegen keine rechtserhebliche Maßnahme, sondern bereitet eine solche in der Gestalt der Zustimmung oder Ablehnung des Gesetzentwurfs durch den Bundestag erst vor.[41] Das lag aber möglicherweise auch daran, dass in dem konkreten Organstreitverfahren primär eine inhaltliche Verfassungswidrigkeit des beabsichtigten Zustimmungsgesetzes geltend gemacht worden war, nicht eine Beeinträchtigung von innerparlamentarischen Mitwirkungsrechten wie im Fall des Gebäudeenergiegesetzänderungsgesetzes.[42] Bei **bewertenden Aussagen** verneint das Bundesverfassungsgericht regelmäßig die Rechtserheblichkeit, etwa bei einer vom Präsidenten des Deutschen Bundestages gegenüber einem Abgeordneten ausgesprochenen Rüge.[43] Eine rechtserhebliche Maßnahme des **Vermittlungsausschusses** kann die Bildung einer offiziellen Arbeitsgruppe sein, wenn in diese die Repräsentantin einer im Vermittlungsausschuss vertretenen Fraktion des Deutschen Bundestages nicht berufen wird.[44] Das Betreten und Durchsuchen von Abgeordnetenräumen im Deutschen Bundestag durch die Polizei beim Deutschen Bundestag im Rahmen der Polizeigewalt nach Art. 40 Abs. 1 Satz 1 Var. 2 GG ist eine organstreitfähige Maßnahme des Präsidenten des Deutschen Bundestages.[45]

11 Rechtserhebliche **Maßnahmen des Bundespräsidenten** sind seine Entscheidungen über die **Auflösung des Bundestages**, die **Ausfertigung der Ratifikationsurkunde** zu einem völkerrechtlichen Vertrag nach Art. 59 GG[46] und **Äußerungen über politische Parteien**.[47]

12 Durch die Formulierung Maßnahme oder Unterlassung stellt das Gesetz klar, dass nicht nur aktives Handeln Antragsgegenstand sein kann, sondern auch eine Unterlassung, wenn sie einer Maßnahme gleichsteht. Bei § 64 Abs. 1 bedeutet Unterlassung deshalb die **Unterlassung einer Maßnahme**, muss also ihrerseits rechtserheblich sein. Rechtserheblich ist ein Unterlassen nur, wenn eine verfassungsrechtliche Verpflichtung zur Vornahme der unterlassenen Maßnahme nicht ausgeschlossen werden kann.[48] Weil das Gesetz Maßnahme und Unterlassung gleichermaßen als taugliche Antragsgegenstände benennt, kommt es regelmäßig nicht auf die schwierige Grenzziehung an, ob es sich etwa bei als unzureichend gerügten Antworten der Bundesregierung auf Fragen von Abgeordneten um eine Maßnahme in Form der Verweigerung einer hinreichenden Antwort oder um ein Unterlassen in Form einer pflicht-

---

39 BVerfGE 118, 277 (318).
40 BVerfGE 112, 118 (132 f.) – Vermittlungsausschuss.
41 BVerfGE 112, 363 (365 f.).
42 Vgl. die Differenzierungsüberlegungen in BVerfG, Beschluss des Zweiten Senats vom 5.7.2023 – 2 BvE 4/23, Rn. 85 bei Juris – Gebäudeenergiegesetzänderungsgesetz.
43 BVerfGE 60, 374 (381 ff.).
44 BVerfGE 140, 115 (140 ff., Rn. 60 ff.).
45 BVerfGE 154, 354 (363, Rn. 30) – Betreten von Abgeordnetenräumen.
46 Vgl. BVerfGE 123, 267 (304, 337 f.); siehe auch BVerfGE 126, 158 (166 f.); 33, 195 (196 f.) – Ostverträge.
47 BVerfGE 136, 323 (330 f., Rn. 22) – NPD-Anhänger als Spinner.
48 Vgl. Lechner/Zuck/Zuck § 64 Rn. 9.

widrigen Nichtbeantwortung oder einer nicht hinreichenden Beantwortung der jeweiligen Anfrage handelt.[49] Für die Rechtserheblichkeit der Maßnahme oder Unterlassung ist es ausreichend, dass die Antwortverweigerung, die schlichte Nichtbeantwortung oder die nicht hinreichende Beantwortung der Anfrage den Antragsteller in seinem Rechtskreis aus Art. 38 Abs. 1 Satz 2 GG betreffen können.[50]

Erhebliche praktische Bedeutung hat das Unterlassen vor allen Dingen im Bereich der **außen- und verteidigungspolitischen Tätigkeit der Bundesregierung**. Rechtserheblich war die Unterlassung der Bundesregierung, für die Teilnahme deutscher Soldaten an der AWACS-Überwachung der Türkei **die Zustimmung des Bundestags einzuholen**,[51] und die Nichteinholung der erneuten Zustimmung des Deutschen Bundestages zur deutschen Beteiligung an der KFOR-Mission nach der Unabhängigkeitserklärung des Kosovo.[52] Tauglicher Gegenstand eines Organstreitverfahrens war auch die Unterlassung der Bundesregierung, für die Evakuierung deutscher Staatsangehöriger aus Libyen durch Soldaten der Bundeswehr die nachträgliche Zustimmung des Bundestags einzuholen.[53] Ebenfalls organstreitfähig war die Unterlassung der Bundesregierung, dem Bundestag zeitnah den Text der Europäischen Kommission über die Einrichtung des **Europäischen Stabilitätsmechanismus** sowie den Entwurf des darauf bezogenen Vertrages zuzuleiten.[54] Organstreitfähig sind auch Unterlassungen der Bundesregierung, haushaltsverfassungsrechtlich gebotene Zustimmungen des Bundestags einzuholen.[55] 13

Auch **Unterlassen des Gesetzgebers** kann rechtserheblich und damit Gegenstand einer Organklage sein. Das Bundesverfassungsgericht hat das im Grundsätzlichen zwar immer offen gehalten,[56] was voraussetzt, dass es auf diese Frage wegen anderer zur Zulässigkeit führender Aspekte nicht ankommt. Richtigerweise steht ein Unterlassen des Gesetzgebers einer gesetzgeberischen Maßnahme dann gleich, wenn eine gesetzgeberische Handlungspflicht jedenfalls möglich ist und deshalb kein bloßes, sondern ein **qualifiziertes Unterlassen** angegriffen wird.[57] Ein solches qualifiziertes Unterlassen des Gesetzgebers und damit einen zulässigen Antragsgegenstand hat das Bundesverfassungsgericht angenommen in einem Fall, in dem der Gesetzgeber nach intensiver Beratung einen Gesetzentwurf abgelehnt hat.[58] Ein qualifiziertes Unterlassen liegt auch vor, wenn der Deutsche Bundestag Anträge 14

49 BVerfGE 165, 167 (181, Rn. 43) – Parlamentarisches Fragerecht zum BfV; 137, 185 (223, Rn. 106) – Fragerecht.
50 BVerfGE 165, 167 (181, Rn. 43) – Parlamentarisches Fragerecht zum BfV.
51 BVerfGE 121, 135 (150).
52 BVerfGE 124, 267 (274 f.).
53 BVerfGE 140, 160 (183 f., Rn. 56).
54 BVerfGE 131, 152 (191).
55 Grundlegend BVerfGE 45, 1 (28); siehe auch BVerfGE 129, 356 (365) für die Unterlassung einer parlamentarischen Zustimmung zur Genehmigung der Regierung für einen Veräußerungsvorgang im Bereich der Deutschen Bahn AG.
56 BVerfGE 142, 25 (47, Rn. 60); 120, 82 (97); 114, 107 (118).
57 Dem folgend auch BeckOK BVerfGG/Walter § 64 Rn. 26.
58 BVerfGE 142, 25 (47, f. Rn. 60) – normative Begründung von Minderheiten- und Oppositionsrechten; 120, 82 (98 f.) – zu einem Landesorganstreit.

auf Schaffung weitergehender Regelungen in seiner Geschäftsordnung zwar diskutiert, entsprechende Anträge aber ablehnt.[59]

III. Antragsbefugnis

15 Die auf den so bestimmten Antragsgegenstand bezogene **Antragsbefugnis** setzt voraus, dass der Antragsteller oder das Organ, dem er angehört, geltend machen kann, durch den bezeichneten Antragsgegenstand in seinen ihm durch das Grundgesetz übertragenen Rechten und Pflichten verletzt oder unmittelbar gefährdet worden zu sein. Das Bundesverfassungsgericht arbeitet dabei über den Gesetzeswortlaut hinaus und im Sinne einer weiteren Begrenzung mit der Formel, die als verletzt geltend gemachte Rechtsposition müsse in einem Verfassungsrechtsverhältnis gründen.[60]

16 Ein **Verfassungsrechtsverhältnis** in diesem Sinne liegt vor, wenn auf beiden Seiten des Streits Verfassungsorgane oder Teile von Verfassungsorganen stehen und um verfassungsrechtliche Positionen streiten.[61] Daran fehlt es, wenn der benannte Antragsgegner generell (→ § 63 Rn. 31 ff.) oder im konkreten Fall **kein zulässiger Antragsgegner** ist, etwa weil er nicht als Verfassungsorgan, sondern als Verwaltungsbehörde gehandelt hat;[62] statthafte Verfahrensart ist dann regelmäßig die Verfassungsbeschwerde.[63] An einem einschlägigen Verfassungsrechtsverhältnis fehlt es auch dann, wenn das von einer antragstellenden Fraktion geltend gemachte haushaltsrechtliche Beteiligungsrecht des Deutschen Bundestages unter keinem denkbaren verfassungsrechtlichen Gesichtspunkt in Betracht kommt.[64] Ein Verfassungsrechtsverhältnis fehlt mangels organschaftlicher Rechte auch einem Mitglied der Bundesversammlung, welches die fehlerhafte Zusammensetzung der Bundesversammlung rügt.[65]

17 Das Verfassungsrechtsverhältnis fehlt auch dann, soweit der Antragsteller sich **nicht in seinen Organrechten**, sondern in seinen Grundrechten verletzt sieht[66] oder ein Bundestagsabgeordneter gegenüber der Bundesregierung Rechte rügt, die nicht ihm, sondern dem Bundestag zustehen.[67] Es fehlt auch, wenn der Antragsgegner **nicht Verpflichteter** der vom Antragsteller als verletzt gerügten Verfassungsnorm ist.

18 Die Antragsbefugnis entfällt regelmäßig nicht unter dem Aspekt eines **Verzichts** auf die Ausübung von Rechten. Besonders deutlich wird das,

59 BVerfGE 142, 25 (48, Rn. 61).
60 Vgl. BVerfG, Urteil des Zweiten Senats vom 22.2.2023 – 2 BvE 3/19, Rn. 129 bei Juris – Finanzierung Desiderius-Erasmus-Stiftung.
61 BVerfG, Urteil des Zweiten Senats vom 22.2.2023 – 2 BvE 3/19, Rn. 129 bei Juris – Finanzierung Desiderius-Erasmus-Stiftung; BVerfGE 143, 101 (127, Rn. 86); 138, 45 (63, Rn. 38); 131, 152 (191); 118, 277 (318); siehe auch BVerfG, Beschluss des Zweiten Senats vom 31.10.2023 – 2 BvE 4/21, Rn. 22 bei Juris – Eigenmittelbeschluss-Ratifizierungsgesetz.
62 BVerfG, Urteil des Zweiten Senats vom 22.2.2023 – 2 BvE 3/19, Rn. 129 bei Juris – Finanzierung Desiderius-Erasmus-Stiftung; siehe auch schon BVerfGE 84, 290 (298).
63 Beschlüsse der 3. Kammer des Zweiten Senats vom 9.7.2019 – 2 BvR 547/13, Rn. 22 bei Juris – NPD, und vom 15.8.2014 – 2 BvR 969/14, Rn. 26 bei Juris – Edathy.
64 BVerfGE 129, 356 (365).
65 BVerfGE 136, 277 f. (303 ff., Rn. 71 ff.) – Wahl des Bundespräsidenten.
66 BVerfGE 84, 290 (299); differenzierter dazu BVerfGE 118, 277 (319 f.).
67 BVerfGE 117, 359 (368 ff.).

wenn eine Parlamentsminderheit im Wege der Prozessstandschaft Rechte des Bundestages gegenüber der Bundesregierung einklagt. Dann scheitert die Antragsbefugnis nicht daran, dass ein von der Antragstellerin initiierter Entschließungsantrag von der Parlamentsmehrheit abgelehnt wurde und die Regierung darin einen Verzicht auf die Ausübung der Rechte des Bundestages sieht.[68]

1. Eigene Rechte und Pflichten. Objektiver Kern der Antragsbefugnis ist grundsätzlich, dass es auf Seiten des Antragstellers um die **Durchsetzung und Verteidigung von eigenen Rechten und Pflichten** geht.[69] Dahinter verbergen sich nicht nur klassische subjektive Rechte, sondern vor allen Dingen Kompetenzen und Zuständigkeiten von Verfassungsorganen. Solche Kompetenzen und Zuständigkeiten sind Pflichten, weil sie unter bestimmten Voraussetzungen auszuüben sind, ohne dass es wie bei eigentlichen subjektiven Rechten darauf ankommt, ob ihr Träger sie ausüben will oder nicht. In diesem Sinne dient das Organstreitverfahren maßgeblich der gegenseitigen **Abgrenzung der Kompetenzen von Verfassungsorganen** oder ihren Teilen in einem Verfassungsrechtsverhältnis.[70] 19

Aus dieser Funktion folgt auch, in welchem Grad diese Rechte und Pflichten dem Antragsteller zugeordnet sein müssen. Während die Verfassung noch von „Rechten und Pflichten eines obersten Bundesorgans" spricht, formuliert § 64 Abs. 1 deutlicher und spricht aus Sicht des Antragstellers von „seinen" Rechten und Pflichten. Deshalb sind mit Rechten im Sinne des § 64 Abs. 1 allein diejenigen **Rechte gemeint, die dem Antragsteller zur ausschließlich eigenen Wahrnehmung oder zur Mitwirkung übertragen** sind oder deren Beachtung erforderlich ist, um die Wahrnehmung seiner Kompetenzen und die Gültigkeit seiner Akte zu gewährleisten.[71] Deshalb dürfte es für einen Organstreit gegen ein die Schuldenbremse (Art. 109, 115 GG) verletzendes Haushaltsgesetz keinen in eigenen Rechten verletzten Antragsteller geben.[72] Es gibt auch kein organstreitfähiges Recht des Deutschen Bundestages oder einer Bundestagsfraktion darauf, dass Änderungen des Vertrags über die Arbeitsweise der Europäischen Union im Rahmen eines ordentlichen Vertragsänderungsverfahrens nach Art. 48 Abs. 2 bis 5 EUV nach Einberufung eines Konvents unter Beteiligung des Deutschen Bundestages erfolgen.[73] Erst recht lässt sich aus dem Grundgesetz kein Recht des Deutschen Bundestages dahin gehend ableiten, dass jegliches materiell oder formell verfassungswidrige Handeln der Bundesregierung unterbleibe.[74] Während beispielsweise Parteien im Organstreitverfahren bei entsprechen- 20

68 BVerfGE 140, 160 (185, Rn. 59); 121, 135 (151).

69 So jetzt unter jeweils ausdrücklicher Bezugnahme auf diese Kommentierung auch BVerfGE 152, 8 (20, Rn. 28) – Einsatz deutscher Streitkräfte gegen den Islamischen Staat; 150, 194 (200 f., Rn. 18).

70 BVerfGE 152, 8 (20, Rn. 28) – Einsatz deutscher Streitkräfte gegen den Islamischen Staat; 136, 190 (192, Rn. 5); 126, 55 (67 f.); siehe auch BVerfGE 151, 191 (198, Rn. 20) – Wahl des Bundesverfassungsrichters Harbarth.

71 BVerfGE 151, 191 (199, Rn. 21), – Wahl des Bundesverfassungsrichters Harbarth; 150, 194 (201 f., Rn. 19); 126, 55 (68).

72 Lenz/Burgbacher NJW 2009, 2561 (2566); ebenso BeckOK BVerfGG/Walter § 64 Rn. 7; siehe auch Lenz NVwZ 2022, 1108 (1109).

73 BVerfGE 132, 195 (237, Rn. 100 f.); s. auch BVerfGE 135, 317 (395, Rn. 151).

74 BVerfGE 150, 194 (200 f., Rn. 18).

dem Antragsgegner das Recht auf Chancengleichheit im Wettbewerb der politischen Parteien nach Art. 21 Abs. 1 Satz 1 GG geltend machen können, steht den Fraktionen ein solches Recht nicht zu; sie können im Organstreit nur Rechte aus dem innerparlamentarischen Raum verfolgen.[75]

21 Selbstverständlich muss es sich um **verfassungsrechtliche Rechte** handeln.[76] Eine Verletzung einfachen Rechts kann im Organstreitverfahren nicht geltend gemacht werden.[77] Davon gibt es die verfassungsunmittelbar in Art. 93 Abs. 1 Nr. 1 GG angeordnete und von § 63 aufgegriffene **Ausnahme der aus den Geschäftsordnungen** eines obersten Bundesorgans **abgeleiteten Rechte.** Aber auch solche in den Geschäftsordnungen der obersten Bundesorgane enthaltenen Rechte müssen sich letztlich, um organstreitfähig zu sein, als im Grundgesetz begründet darstellen.[78]

22 Organstreitfähig ist das **Recht des Bundestages**, dass der Einsatz bewaffneter Streitkräfte von Verfassungs wegen seiner grundsätzlich vorherigen Zustimmung bedarf.[79] Davon abgesehen eröffnet der Organstreit aber keine allgemeine Kontrolle außen- oder verteidigungspolitischer Maßnahmen der Bundesregierung.[80] Das in Art. 20 Abs. 1 und Abs. 2 GG gewährleistete Demokratieprinzip ist, auch soweit es durch Art. 79 Abs. 3 GG für unantastbar erklärt wird, kein Recht des Bundestages.[81] Generell sind für den Bundestag im Verhältnis zur Bundesregierung vor **allem die Gesetzgebungsbefugnisse und sonstigen Mitwirkungsrechte** des Bundestages rügefähig.[82]

23 Organstreitfähig ist das aus Art. 38 Abs. 1 iVm Art. 20 Abs. 2 Satz 2 GG abzuleitende **Fragerecht des Abgeordneten** und die grundsätzliche Verpflichtung der Bundesregierung und ihrer Mitglieder, auf Fragen Rede und Antwort zu stehen und den Abgeordneten die zur Ausübung ihres Mandats erforderlichen Informationen zu verschaffen.[83] Das **Informationsrecht** der einzelnen Abgeordneten und des gesamten Deutschen Bundestages umfasst auch den Anspruch auf korrekte Antworten auf Fragen, die andere Abgeordnete gestellt haben (derivatives Frage- und Informationsrecht).[84] Ob es ein aus Art. 38 Abs. 1 GG ableitbares Recht eines Abgeordneten gibt, das Volk bei der Ausübung der Staatsgewalt zu repräsentieren und demokratische Legitimation hervorzubringen, hat das Bundesverfassungsgericht offen gelassen.[85] Organstreitfähig ist das aus Art. 38 Abs. 1 Satz 2 GG abgeleitete Recht des

75 BVerfGE 150, 163 (167 f., Rn. 14).
76 BVerfGE 145, 348 (357, Rn. 31).
77 BVerfGE 158, 51 (67, Rn. 57); 143, 101 (127, Rn. 86); 142, 25 (53, Rn. 79); 138, 45 (63, Rn. 41); 131, 152 (191).
78 Vgl. BVerfGE 130, 367 (369 f.), dort verneinend für ein möglicherweise geschäftsordnungsrechtlich geregeltes Recht von Mitgliedern der Bundesversammlung, an der Stimmauszählung teilzunehmen; siehe auch BVerfGE 143, 101 (128 f., Rn. 91); 142, 25 (53, Rn. 79).
79 BVerfGE 121, 135 (150).
80 BVerfGE 152, 8 (21, Rn. 28) – Einsatz deutscher Streitkräfte gegen den Islamischen Staat; 118, 244 (257).
81 BVerfGE 123, 267 (339).
82 BVerfGE 152, 8 (21, Rn. 28) – Einsatz deutscher Streitkräfte gegen den Islamischen Staat; 118, 244 (258).
83 BVerfGE 147, 50 (119, Rn. 168); 137, 185 (224 f., Rn. 108 f.) – Fragerecht; 124, 161 (185).
84 BVerfGE 147, 50 (120, Rn. 170).
85 BVerfGE 123, 267 (337).

einzelnen Abgeordneten auf **beratende und beschließende Mitwirkung an der haushaltspolitischen Gesamtverantwortung des Bundestages**, was gerade im Zusammenhang mit Euro-Rettungsmaßnahmen deutlich wurde.[86] Grundsätzlich sind für einen Abgeordneten nur solche Rechte organstreitfähig, die sich aus seiner organschaftlichen Stellung im Sinne des Art. 38 Abs. 1 Satz 2 GG ergeben.[87]

Politische Parteien können im Organstreitverfahren ihre aus Art. 21 GG folgenden Rechte gegen gesetzliche Regelungen verteidigen, welche die Zusammensetzung der gewählten Volksvertretung betreffen[88], oder gegen Regelungen der **Parteienfinanzierung**.[89] Dagegen werden nicht im Parlament vertretene politische Parteien durch die **Auflösung des Bundestages** gemäß Art. 68 Abs. 1 GG nicht in eigenen Rechten verletzt oder unmittelbar gefährdet, weil diese Norm nicht ihrem Schutz dient und zwischen Art. 68 GG und dem aus Art. 3, Art. 21 und Art. 38 GG folgenden Recht der politischen Parteien auf Chancengleichheit kein Zusammenhang besteht.[90] Ihr Recht auf Chancengleichheit können politische Parteien im Organstreitverfahren auch verteidigen gegen Äußerungen des Bundespräsidenten[91] und von Mitgliedern der Bundesregierung.[92] 24

2. Prozessstandschaft. Organstreitfähig können aber auch **Rechte sein, die der Antragsteller im Wege zulässiger Prozessstandschaft** wahrnimmt, also bei Organteilen (→ § 63 Rn. 26 ff.). So können **Fraktionen** Rechte des gesamten Parlaments in Prozessstandschaft geltend machen,[93] Vertreter von Fraktionen in Ausschüssen dann, wenn kein Dissens zwischen ihnen und ihren Fraktionen besteht.[94] Fraktionen können in Prozessstandschaft eine Verletzung des Frage- und Informationsrechts des Deutschen Bundestages geltend machen, auch in Bezug auf Fragen, die einzelne Abgeordnete gestellt haben.[95] 25

Die **qualifizierte Minderheit in einem Untersuchungsausschuss** darf als sogenannte Fraktion im Ausschuss die Verletzung von Minderheitsrechten aus Art. 44 Abs. 1 GG gegenüber dem Ausschuss geltend machen, ihr ist es aber verwehrt, in Prozessstandschaft um Rechte des Bundestages gegen den Ausschuss zu streiten.[96] § 18 Abs. 3 PUAG vermittelt der qualifizierten Minderheit im Untersuchungsausschuss die Befugnis, Untersuchungskompetenzen des Bundestages gegenüber der Bundesregierung im Wege der Pro- 26

86 BVerfGE 135, 317 (395, Rn. 150); 132, 195 (237, Rn. 102), jeweils zum ESM; vgl. auch BVerfGE 130, 318 (340).
87 BVerfGE 151, 191 (199, Rn. 21); 118, 277 (320).
88 BVerfGE 120, 82 (96).
89 BVerfGE 111, 382 (397).
90 BVerfGE 114, 107 (115).
91 BVerfGE 136, 223 (330, Rn. 22) – NPD-Anhänger als Spinner.
92 BVerfGE 138, 102 (108, Rn. 24); 137, 29 (31 f., Rn. 8).
93 BVerfGE 163, 298 (324, Rn. 62) – EUNAVFOR MED; 156, 270 (294, Rn. 74) – Amri-Untersuchungsausschuss; 152, 8 (18 f., Rn. 25 f.) – Anti-IS-Einsatz; 147, 50 (120, Rn. 169) – Frage- und Informationsrecht; 146, 1 (35 ff., Rn. 78); 143, 101 (129, Rn. 92); 142, 25 (47, Rn. 58); 142, 25 (49, Rn. 66); 135, 317 (397 f., Rn. 156) – ESM; 130, 318 (350 ff.).
94 BVerfGE 124, 78 (107 f.); 105, 197 (221).
95 BVerfGE 147, 50 (120, Rn. 170).
96 BVerfGE 105, 197 (220 f.).

zessstandschaft geltend zu machen.[97] Das gilt aber nur in Bezug auf die in Art. 44 GG vorgesehenen Minderheitenrechte, nicht für darüber hinausgehende Regelungen in der Geschäftsordnung.[98]

27 **3. Verletzung und Gefährdung.** Das Gesetz verlangt weiter, dass die eigenen oder im Wege der Prozessstandschaft von ihm geltend zu machenden Rechte des Antragstellers durch den Antragsgegenstand nicht nur betroffen, sondern verletzt oder unmittelbar gefährdet sind. Da insoweit keine objektive Feststellung, sondern lediglich die Geltendmachung (dazu → Rn. 28 ff.) gefordert wird, wirft das keine größeren Auslegungsprobleme auf. **Verletzung** bedeutet, dass die Beeinträchtigung der Rechte des Antragstellers schon eingetreten ist, **Gefährdung**, dass sie unmittelbar bevorsteht.[99] Durch einen Wechsel von der Rüge einer Verletzung zur Rüge einer unmittelbaren Gefährdung eigener Rechte kann der fehlende rechtserhebliche Charakter einer Maßnahme nicht überbrückt werden, weil dieser Punkt der Frage einer Verletzung oder Gefährdung vorgeschaltet ist.[100]

28 **4. Geltendmachung.** Die **Geltendmachung** stellt Anforderungen an den Antragsteller, beurteilt deren Erfüllung aber aus der Perspektive des Bundesverfassungsgerichts. Maßstab ist dabei, ob es nach dem Vorbringen des Antragstellers im Einzelnen **möglich erscheint**, dass der Antragsgegner durch die benannte Maßnahme oder Unterlassung das dem Antragsteller als eigenes zugewiesene oder zulässigerweise im Wege der Prozessstandschaft geltend gemachte Recht verletzt hat.[101] Es lässt sich nicht vermeiden, dass an dieser Stelle Teile der Begründetheitsprüfung schon vorweg genommen werden. So hat etwa der Zweite Senat nach dem vorgetragenen Sachverhalt die von der Fraktion DIE LINKE im Deutschen Bundestag behauptete Verletzung von Gesetzgebungsrechten des Deutschen Bundestages aus Art. 24 Abs. 2 iVm Art. 59 Abs. 2 Satz 1 GG durch einen Auslandseinsatz der Bundeswehr zur Bekämpfung des Islamischen Staats als von vornherein ausgeschlossen angesehen, dafür aber eine 24 Randnummern umfassende, sehr ins Detail gehende Begründung gegeben.[102] Dagegen fehlt es an der Möglichkeit einer Verletzung eigener Rechte, wenn ein Abgeordneter zwar eine Verletzung seines Fragerechts rügt, aber nicht zu sagen weiß, inwieweit die Antwort der Bundesregierung falsch oder unvollständig sein soll.[103] Die Möglichkeit einer Verletzung eigener Rechte ist auch dann ausgeschlossen, wenn das Bun-

---

97 BVerfGE 124, 78 (107).

98 BVerfGE 143, 101 (129 ff., Rn. 95 ff.) – NSA-Sektorenliste.

99 Wie hier Barczak BVerfGG/Barczak § 64 Rn. 30 f.

100 BVerfG, Urteil des Zweiten Senats vom 22.2.2023 – 2 BvE 3/19, Rn. 139 bei Juris – Finanzierung Desiderius-Erasmus-Stiftung.

101 BVerfG, Beschluss des Zweiten Senats vom 31.10.2023 – 2 BvE 4/21, Rn. 22 bei Juris – Eigenmittelbeschluss–Ratifizierungsgesetz; BVerfG, Beschluss des Zweiten Senats vom 20.6.2023 – 2 BvE 1/17, Rn. 34 bei Juris – Änderung von Art. 21 GG; BVerfG, Urteil des Zweiten Senats vom 22.2.2023 – 2 BvE 3/19, Rn. 144 bei Juris – Finanzierung Desiderius-Erasmus-Stiftung; BVerfGE 165, 270 (287, Rn. 53) – Parteienfinanzierung; 152, 35 (45 f., Rn. 27) – Ordnungsgeld gegen Abgeordnete; 151, 191 (199, Rn. 22); 150, 194 (201, Rn. 20); 147, 50 (121, Rn. 173); 140, 160 (184 f., Rn. 58); 140, 1 (21 f., Rn. 58); 137, 185 (224, Rn. 107); 136, 277 (303, Rn. 70); 129, 356 (365); 124, 78 (108).

102 BVerfGE 152, 8 (21 ff., Rn. 30–54) – Anti-IS-Einsatz.

103 BVerfGE 147, 50 (120, Rn. 172).

desverfassungsgericht nach Stellung des Organstreitantrags in einem anderen Verfahren die Rechtslage im gegenteiligen Sinne geklärt hat.[104]

Bezogen auf die Verletzung eigener Rechte fehlt es an der Geltendmachung, wenn ein einzelner Abgeordneter als Prozessstandschafter Rechte des Bundestages verteidigt; dazu ist er nicht befugt.[105] Ein Mitglied der Bundesversammlung hat die Verletzung eigener Rechte nicht geltend gemacht, wenn es vermeintliche Fehler in der Zusammensetzung der Bundesversammlung als Verfälschung des Erfolgswerts seiner Stimme angreift.[106] An der substantiierten Geltendmachung fehlt es auch, wenn ein Abgeordneter zwar Meinungsverschiedenheiten zwischen ihm und dem Bundestag in Bezug auf die Auslegung des Gesetzes über die parlamentarische Kontrolle nachrichtendienstlicher Tätigkeiten des Bundes darlegt, aber nicht ausführt, ob und inwieweit seine Mitgliedschaft in dem parlamentarischen Kontrollgremium Teil derjenigen Rechte ist, die aus seinem durch Art. 38 Abs. 1 GG gewährleisteten Abgeordnetenstatus fließen.[107] 29

Das Bundesverfassungsgericht hält sich für befugt, die im Organstreitverfahren **gestellten Anträge** beschränkend **auszulegen.** Voraussetzung hierfür ist aber, dass es für eine solche Konkretisierung der Anträge ausreichende Hinweise in der Antragsbegründung gibt.[108] Eine beschränkende Auslegung scheidet jedoch aus, wenn der Antragsteller einen solchen beschränkenden Antrag ohnehin zusätzlich gestellt hat.[109] 30

IV. Allgemeines Rechtsschutzbedürfnis

Das Bundesverfassungsgericht prüft, obwohl das weder in § 64 noch sonst in den Vorschriften über den Organstreit vorgesehen ist, auch, ob ein **allgemeines Rechtsschutzbedürfnis** des Antragstellers gegeben ist,[110] was das Gericht teilweise auch als subjektives Rechtsschutzbedürfnis bezeichnet.[111] Grundsätzlich ist das Rechtsschutzbedürfnis gegeben, wenn und **solange** 31

---

104 Vgl. etwa BVerfG, Beschluss des Zweiten Senats vom 31.10.2023 – 2 BvE 4/21, Rn. 24 bei Juris – Eigenmittelbeschluss-Ratifizierungsgesetz.

105 BVerfGE 117, 359 (366) – zu Normenkontrollanträgen zweier Mitglieder einer Regierungsfraktion.

106 Vgl. BVerfGE 138, 125 (132, Rn. 21); 136, 277 (303 ff., Rn. 71 ff.) – Wahl des Bundespräsidenten.

107 BVerfG, Beschluss des Zweiten Senats vom 21.2.2024 – 2 BvE 1/24, Tenorbegründung bei Juris, zur Ablehnung der einstweiligen Anordnung; siehe auch BVerfGE 160, 368 (381 ff., Rn. 43 ff.) – Wahl eines Vizepräsidenten des Bundestages.

108 BVerfGE 137, 185 (223, Rn. 106) – Fragerecht; 131, 152 (189 f.) – ESM; siehe zur Auslegung von Organstreitanträgen auch BVerfGE 151, 191 (197, Rn. 13) – Wahl des Bundesverfassungsrichters Harbarth; 150, 194 (199, Rn. 15 und 201 ff., Rn. 23 ff.).

109 Vgl. BVerfGE 136, 277 (302, Rn. 66 und 67) – Wahl des Bundespräsidenten.

110 Vgl. BVerfGE 165, 167 (183, Rn. 50) – Parlamentarisches Fragerecht zum BfV; 160, 208 (271 f., Rn. 164 ff.) – Vorläufige Anwendung CETA; 152, 35 (45 f., Rn. 27) – Ordnungsgeld gegen Abgeordnete; 151, 191 (199, Rn. 22); 148, 11 (21, Rn. 33); 147, 31 (37, Rn. 17); 142, 25 (52, Rn. 76); 140, 160 (185 f., Rn. 60 ff.); 140, 115 (146, Rn. 80); 137, 185 (230, Rn. 126 f.); 136, 277 (307 f., Rn. 85); 131, 152 (193 f.); 121, 135 (151 ff.).

111 BVerfG, Urteil des Zweiten Senats vom 23.1.2024 – 2 BvB 1/19, Rn. 190 bei Juris – Finanzierungsausschluss NPD/Die Heimat unter ausdrücklichem Verweis auf den Organstreit.

über die Rechtsverletzung zwischen den Beteiligten **Streit besteht.**[112] Deshalb entfällt das Rechtsschutzbedürfnis weder, wenn der Antragsgegner die angegriffene Handlung aufgibt (Entfernung einer Pressemitteilung von der Homepage des Ministeriums), wenn der Anlass für die angegriffene Äußerung einer Antragsgegnerin durch Zeitablauf weggefallen ist oder wenn die sich als Ministerin äußernde Antragsgegnerin ihr Ministeramt verloren hat.[113] Das Rechtsschutzbedürfnis eines Abgeordneten entfällt nicht mit dem Ablauf der Wahlperiode, wenn der antragstellende Abgeordnete weiterhin Mitglied des Deutschen Bundestages ist.[114] Es entfällt aber bei einem Streit um die Reichweite des Fragerechts eines Abgeordneten, wenn der fragende Abgeordnete durch Niederlegung des Mandats aus dem Deutschen Bundestag ausgeschieden ist,[115] und auch dann, wenn ein Abgeordneter seine Anträge zurückgenommen hat, nachdem er aus dem Deutschen Bundestag ausgeschieden ist.[116] Bei einem Organstreit eines Abgeordneten gegen den Ausschluss aus der von seiner Partei gebildeten Fraktion ist vom Wegfall des Rechtsschutzbedürfnisses auszugehen, wenn der Abgeordnete später aus der Partei austritt.[117] Für das Begehren festzustellen, dass der Bundestag einen verfassungsändernden Gesetzentwurf einer Fraktion hätte beschließen müssen, fehlt das Rechtsschutzbedürfnis nicht unter dem Aspekt, dass für eine Verfassungsänderung nach Art. 79 Abs. 2 GG auch eine Beteiligung des Bundesrates notwendig ist; insoweit stellt das Bundesverfassungsgericht darauf ab, dass es sich bei dem Begehren der antragstellenden Fraktion um einen abgrenzbaren Teilakt im Verfahren der Verfassungsänderung handelt.[118]

32 Im Einzelfall können die Dinge jedoch anders liegen. An diesem Rechtsschutzbedürfnis kann es insbesondere dann fehlen, wenn ein Antragsteller die Rechte, die er im Organstreitverfahren verteidigen will, in vollem Umfang **in einem anderen Verfahren verteidigen kann**, etwa im Verfahren der Verfassungsbeschwerde. Deshalb soll es etwa für Rechte aus Art. 38 Abs. 1 GG jedenfalls in bestimmten Konstellationen kein „eigenständiges statusspezifisches Rechtsschutzinteresse" des Abgeordneten für ein Organstreitverfahren geben.[119] Wann das allgemeine Rechtsschutzbedürfnis fehlen kann, ist deutlich geworden bei Angriffen eines Abgeordneten auf ein gegen ihn vom Präsidenten des Deutschen Bundestages verhängtes Ordnungsmittel, konkret gegen ein Ordnungsgeld in Höhe von 1.000 EUR. Hier fehlt das allgemeine Rechtsschutzbedürfnis für ein unmittelbar gegen das festgesetzte Ordnungsgeld eingeleitetes Organstreitverfahren, wenn der mit dem Ordnungsgeld belegte Abgeordnete das in der Geschäftsordnung des Deutschen Bundes-

112 BVerfGE 152, 35 (46, Rn. 28); 147, 50 (122, Rn. 178); 147, 31 (37, Rn. 18); 140, 160 (185 f., Rn. 61 ff.).
113 Vgl. zu allem BVerfGE 148, 11 (21 f., Rn. 34 ff.) – Bundesministerin Wanka; siehe auch BVerfGE 163, 298 (322, Rn. 57) – EUNAVFOR MED.
114 BVerfGE 165, 167 (183, Rn. 50) – Parlamentarisches Fragerecht zum BfV; 137, 185 (230, Rn. 127).
115 BVerfGE 147, 50 (123 f., Rn. 181 ff.).
116 BVerfGE 139, 239 (244, Rn. 13).
117 Vgl. zu einem Landesorganstreitverfahren unter dem Aspekt eines öffentlichen Fortführungsinteresses nach Antragsrücknahme BVerfG, Beschluss des Zweiten Senats vom 29.11.2023 – 2 BvH 1/21, Rn. 1 bei Juris.
118 BVerfGE 142, 25 (54, Rn. 81).
119 BVerfGE 123, 267 (337).

tages vorgesehene Einspruchsverfahren nach § 39 iVm § 37 GO-BT nicht durchgeführt hat. Bei diesem Einspruchsverfahren handelt es sich nicht um eine diffuse Handlungsmöglichkeit, sondern um eine Option, die normativ gerade deshalb vorgesehen ist, um ein Verfassungsrechtsverhältnis erst zu konkretisieren, zu gestalten und gegebenenfalls zu klären.[120] Noch etwas weitergehende Anforderungen verbergen sich hinter dem Schlagwort der sogenannten **Konfrontationsobliegenheit**, die vor allen Dingen im Hinblick auf das parlamentarische Fragerecht von Abgeordneten entwickelt worden ist. Bei vermeintlich oder tatsächlich unrichtig beantworteten parlamentarischen Fragen trifft den Antragsteller eine Konfrontationsobliegenheit. Er muss der Bundesregierung durch einen Hinweis auf die aus seiner Sicht gegebene Unrichtigkeit der Antwort die Möglichkeit geben, die Sach- und Rechtslage ihrerseits zu prüfen und ihre Antwort gegebenenfalls zu berichtigen oder zu ergänzen.[121] Entscheidend ist, dass der Konflikt, dessen Bereinigung der Antragsteller im kontradiktorischen Verfahren des Organstreits begehrt, für den Antragsgegner zuvor erkennbar war.[122] Deshalb genügt es, wenn der Konflikt über die Verfassungsrechtslage für alle Verfahrensbeteiligten offen zu Tage lag.[123] Diese richterlichen Konkretisierungen begründen eine Art **Subsidiaritätsgedanken im Organstreitverfahren**.[124]

Das Rechtsschutzbedürfnis im Organstreitverfahren entfällt grundsätzlich 33
nicht deshalb, weil die **beanstandete Rechtsverletzung in der Vergangenheit liegt und schon abgeschlossen ist**.[125] Ob es in diesen Fällen besonderer Umstände im Sinne eines „Fortsetzungsfeststellungsinteresses" bedarf,[126] hat das Bundesverfassungsgericht bislang offen gelassen,[127] auch weil solche Umstände regelmäßig gegeben sind. Denn regelmäßig besteht ein objektives Klärungsinteresse schon unter dem Aspekt der **Wiederholungsgefahr**. Eine Wiederholungsgefahr bejaht hat das Bundesverfassungsgericht etwa bei regelmäßig wiederkehrenden Vorgängen und Abläufen wie etwa bei Bundesversammlungen zur Wahl des Bundespräsidenten[128] oder bei politischen Äußerungen,[129] im Übrigen auch dann, wenn sich ein Vorgang wiederholen kann, dessen verfassungsrechtliche Einordnung in der Rechtsprechung des Bundesverfassungsgerichts noch nicht geklärt ist und der Antragsgegner an seiner vom Antragsteller beanstandeten Rechtsauffassung auch für die Zukunft festhält.[130] Eine Wiederholungsgefahr besteht aber dann nicht, wenn

120 BVerfGE 152, 35 (48 ff., Rn. 32 ff.) – Ordnungsgeld.
121 BVerfGE 147, 31 (37 f., Rn. 19); bestätigt durch BVerfGE 165, 167 (183, Rn. 50) – Parlamentarisches Fragerecht zum BfV; 152, 35 (47 f., Rn. 31) – Ordnungsgeld.
122 BVerfGE 165, 167 (183, Rn. 50) – Parlamentarisches Fragerecht zum BfV; 147, 31 (37, Rn. 19).
123 BVerfGE 162, 188 (202 f., Rn. 40) – Bestimmung von Ausschussvorsitzenden im Bundestag.
124 Vgl. dazu auch BVerfGE 142, 25 (53 f., Rn. 80); siehe auch die Überlegungen bei Burkiczak/Dollinger/Schorkopf BVerfGG/Schorkopf § 64 Rn. 21.
125 BVerfGE 163, 298 (322, Rn. 57) – EUNOAVFOR MED; 160, 208 (271 f., Rn. 164 f.); 148, 11 (22, Rn. 35); 140, 115 (146, Rn. 81); 131, 152 (193 f.); 121, 135 (152).
126 Schmidt-Bleibtreu/Klein/Bethge BVerfGG/Bethge § 64 Rn. 99 (Stand: Januar 2017).
127 BVerfGE 158, 51 (68, Rn. 60); 148, 11 (22, Rn. 35); 147, 50 (124, Rn. 187); 140, 160 (186, Rn. 62); 131, 152 (193 f.); 121, 135 (152).
128 BVerfGE 136, 277 (307 f., Rn. 85) – Wahl des Bundespräsidenten.
129 BVerfGE 148, 11 (22, Rn. 35) – Rote Karte für die AfD.
130 BVerfGE 163, 298 (322, Rn. 58) – EUNAVFOR MED.

das im Wege des Organstreitverfahrens beanstandete Gesetz zwischenzeitlich in einem anderen Verfahren vom Bundesverfassungsgericht für verfassungswidrig erklärt und vom Gesetzgeber durch neue Regelungen ersetzt worden ist.[131] Dagegen besteht ein Rechtsschutzbedürfnis für einen gegen eine bestimmte Berichtspraxis der Bundesregierung gerichteten Organstreitantrag fort, auch wenn die Bundesregierung eine Änderung ihrer Informationspraxis für die Zukunft angekündigt hat.[132]

34 Im Übrigen lässt sich ein Erfordernis eines **Fortsetzungsfeststellungsinteresses** nicht daraus ableiten, dass im Organstreitverfahren nicht über abstrakte Rechtsfragen entschieden werden darf, weil die Konkretisierung schon durch die Benennung des Antragsgegenstands (Maßnahme oder Unterlassung) erfolgt.[133] Einen sinnvollen Anwendungsbereich hat das Erfordernis eines Rechtsschutzbedürfnisses dort, wo der Antragsteller sich gegen ein Unterlassen wendet, welches der Antragsgegner schon vor Stellung des Antrags beendet hat.[134] Umgekehrt können sich Klarstellungsinteresse oder Wiederholungsgefahr daraus ergeben, dass der Antragsgegner in der Antragserwiderung **an einer Rechtsauffassung festhält**, auf die er die angegriffenen und zwischenzeitlich beendeten Unterlassungen gestützt hat.[135]

35 Umstritten war unter dem Aspekt des Rechtsschutzbedürfnisses die Frage, ob einem Antragsteller der Weg des Organstreits versperrt ist, weil er es versäumt hat, die angegriffene Maßnahme oder Unterlassung durch ihm zur Verfügung stehende **andere, auch politische Handlungsmöglichkeiten** zu Fall zu bringen. Das ist im grundlegenden AWACS-Verfahren mehrheitlich verneint worden.[136] Obwohl danach überflüssig, stellt das Bundesverfassungsgericht aber trotzdem fest, dass solche möglichen Schritte unternommen worden sind.[137] Die neuere Rechtsprechung des Bundesverfassungsgerichts **verlangt vom Antragsteller** aber, vor Einleitung eines Organstreits das in Streit stehende Recht geltend zu machen, wenn dessen Bestehen bislang nicht in Erwägung gezogen worden ist. Erst dadurch werde dem tatsächlich oder vermeintlich Verpflichteten Veranlassung gegeben, die Rechtslage seinerseits zu prüfen und gegebenenfalls dem Begehren des Berechtigten und damit seinen verfassungsrechtlichen Pflichten nachzukommen; unterbleibt eine solche **vorprozessuale Berufung** auf das dem Antragsteller vermeintlich zustehende Beteiligungsrecht, fehlt es am Rechtsschutzbedürfnis für den Organstreit.[138]

131 BVerfG, Beschluss des Zweiten Senats vom 14.2.2012 – 2 BvE 3/11, Rn. 4 f. bei Juris.
132 BVerfGE 137, 185 (230, Rn. 126) – Fragerecht.
133 In diesem Sinne BVerfGE 90, 286 (339).
134 Vgl. BVerfGE 124, 267 (275) – vor Antragstellung nachgeholte Zustimmung des Bundestages; siehe auch BVerfG, Beschluss des Zweiten Senats vom 14.2.2012 – 2 BvE 3/11, Rn. 5 f. bei Juris.
135 BVerfGE 137, 185 (230, Rn. 126); 131, 152 (194).
136 BVerfGE 90, 286 (339); daran ausdrücklich anschließend BVerfGE 129, 356 (374 f.); aA BVerfGE 90, 286 (392 ff.) – abweichende Meinung Böckenförde und Kruis.
137 BVerfGE 121, 135 (153).
138 BVerfGE 152, 35 (47, Rn. 31); 147, 31 (37 f., Rn. 19); 129, 356 (374 f.).

V. Bezeichnung der verletzten Grundgesetzbestimmung (Abs. 2)

Abs. 2 verpflichtet den Antragsteller, in seinem Antrag auch die Bestimmung des Grundgesetzes zu bezeichnen, gegen die nach seiner Auffassung durch die von ihm beanstandete Maßnahme oder Unterlassung des Antragsgegners verstoßen wird;[139] die Grundgesetznorm muss nicht ausdrücklich genannt sein, sie muss sich aber aus dem Inhalt der Antragsbegründung entnehmen lassen.[140] Erst mit dieser Rückbeziehung des Antragsgegenstands auf eine konkrete Verfassungsnorm hat der Antragsteller den **Streitgegenstand** im Organstreitverfahren **abschließend bestimmt**.[141] Die Angabe ist deshalb Zulässigkeitsvoraussetzung und bestimmt auch den nach § 67 möglichen Entscheidungstenor. Eher zu großzügig ist demgegenüber BVerfGE 136, 277 (→ § 307 Rn. 84) bei der Wahl des Bundespräsidenten, wo der Antragsteller keine auf ihn anwendbare Bestimmung des Grundgesetzes angeführt hatte, § 64 Abs. 2 aber gleichwohl als gewahrt angesehen worden ist, weil deutlich geworden sei, dass der Antragsteller eine Verletzung der ihm aufgrund seiner Stellung als Mitglied der Bundesversammlung zustehenden Rechte gerügt hat. Ernst genommen hat der Zweite Senat den Abs. 2 im Organstreitverfahren der AfD-Bundestagsfraktion gegen die Novelle des Parteiengesetzes 2018. Hier hatte die Antragstellerin Art. 38 Abs. 1 Satz 2 GG in Bezug auf ihre Mitwirkungsrechte im Gesetzgebungsverfahren weder ausdrücklich als verletzte Grundgesetzbestimmung bezeichnet noch kam dies in ihrem Sachvortrag sinngemäß zum Ausdruck. Deshalb fehlte es insoweit an der Antragsbefugnis.[142] 36

VI. Sechs-Monats-Frist (Abs. 3)

Die Absätze 3 und 4 regeln die Antragsfrist, wobei Abs. 4 durch Zeitablauf obsolet geworden ist und gestrichen werden sollte. Im Organstreit muss der Antragsteller seinen Antrag binnen sechs Monaten stellen, nachdem ihm die beanstandete Maßnahme oder Unterlassung bekannt geworden ist. Darin liegt eine **gesetzliche Ausschlussfrist**, nach deren Ablauf im Organstreitverfahren Rechtsverletzungen nicht mehr geltend gemacht werden können, und die für jeden einzelnen Haupt- oder Hilfsantrag gesondert zu prüfen ist.[143] Das dient der Rechtssicherheit.[144] 37

Ist ein **Gesetz Antragsgegenstand**, dann beginnt die Frist mit der Verkündung und endet mit Ablauf des Tages mit derselben Zahl wie der Verkündungstag oder, wenn es sich dabei um einen Samstag, Sonntag oder Feiertag handelt, mit Ablauf des nächsten Werktages (§§ 187 Abs. 1, 188 Abs. 2, 1. Alt. 38

139 BVerfGE 150, 194 (201, Rn. 21); 139, 194 (220, Rn. 97).
140 BVerfGE 68, 1 (64).
141 So unter Bezugnahme auf diese Kommentierung jetzt auch BVerfG, Urteil des Zweiten Senats vom 22.2.2023 – 2 BvE 3/19, Rn. 145 bei Juris – Finanzierung Desiderius-Erasmus-Stiftung, sowie BVerfGE 165, 270 (287, Rn. 54) – Parteienfinanzierung.
142 BVerfGE 165, 270 (291, Rn. 63 ff.) – Parteienfinanzierung.
143 BVerfGE 151, 191 (197 f., Rn. 17 f.) – Wahl des Bundesverfassungsrichters Harbarth; 129, 356 (370 f.); 118, 277 (320).
144 BVerfGE 114, 107 (116).

iVm § 193 BGB).[145] Im **Geschäftsordnungsrecht** beginnt die Sechs-Monats-Frist mit dem Inkrafttreten der Norm.[146]

39 Ändert der Gesetzgeber bestehende gesetzliche Regelungen, kann das die **Frist neu in Gang setzen**. Das betrifft aber nur die Fälle, in denen die **Gesetzesänderung** die Verfassungswidrigkeit der angegriffenen Norm erst begründet oder verstärkt, insbesondere wenn sie einen zusätzlichen, belastenden Gehalt hat.[147] Die Frist kann auch dann wieder zu laufen beginnen, wenn der Gesetzgeber zwar nicht den Wortlaut einer Norm, aber deren normatives Umfeld und damit zugleich ihren materiellen Gehalt verändert hat.[148]

40 Komplizierter ist die Frage der Fristwahrung, wenn sich der **Antrag gegen ein (fortdauerndes) Unterlassen** richtet. Rechtserhebliche Unterlassungen setzen die Frist des Abs. 3 in Gang und zwar spätestens dann, wenn sich der Antragsgegner erkennbar weigert, in der ihm angesonnenen und nach dem verfassungsrechtlichen Rechtsverhältnis gebotenen Weise tätig zu werden (erkennbare konkrete Unterlassung).[149]

41 Da der Organstreit ein Streit zwischen Verfassungsorganen ist, kommt es in einem Organstreit gegen die Bundesregierung nicht auf Verweigerungshaltung eines Referatsleiters eines Bundesministeriums an. Hier kann der Lauf der Frist nach § 64 Abs. 3 nicht vor einer entsprechenden und eindeutigen **Weigerung des zuständigen Ressortministers** beginnen.[150]

42 Bei Organstreitverfahren gegen die Bundesregierung ist fristauslösendes Moment oftmals deren Ablehnung der begehrten Maßnahme im Rahmen der **Antwort auf eine kleine Anfrage** nach § 104 GO-BT; die Frist beginnt dann mit dem Zeitpunkt der Zuleitung der Antwort.[151]

43 Einfach ist der Fristbeginn zu bestimmen, wenn wie im Fall von BVerfGE 129, 356 (371, 374) die Bundesregierung ihre ablehnende Haltung in einem Ausschuss des Bundestages bekannt gibt und dem keine weiteren parlamentarischen Beratungen zu diesem Punkt folgen; dann beginnt die Frist des § 64 Abs. 3 für alle im Ausschuss vertretenen Fraktionen mit der Bekanntgabe im Ausschuss.[152] Dagegen kommt es auf die Behandlung im Plenum an, wenn sie stattfindet.[153] Teilweise wird das verneint, sofern der Plenarsitzung schon eine **Beratung im Ausschuss** mit entsprechender Positionierung der Regierung vorausgegangen ist.[154] Richtigerweise dürfte die Rechtsprechung

145 BVerfGE 140, 1 (22, Rn. 59); 118, 277 (321). Ebenso unter Berufung auf diese Kommentierung LVerfG Schleswig-Holstein, Beschluss vom 2.2.2024 – LVerfG 5/23, Rn. 33 bei Juris.
146 BVerfGE 118, 277 (322).
147 BVerfGE 114, 107 (117 f.); 111, 382 (411); vgl. auch Lenz/Würtenberger NVwZ 2010, 168 (169).
148 BVerfGE 131, 316 (333 f.).
149 BVerfGE 163, 298 (323, Rn. 59 f.) – EUNAVFOR MED; 140, 1 (22, Rn. 59) – finanzielle Mittel für Fraktionen und Stiftungen; 134, 141 (193, Rn. 153) – Beobachtung von Abgeordneten; 131, 152 (191), 129, 356 (371); 118, 244 (256 f.); zustimmend Lenz NVwZ 2015, 1368 (1369).
150 BVerfGE 131, 152 (191 f.).
151 BVerfGE 134, 141 (193, Rn. 154) – Beobachtung von Abgeordneten.
152 BVerfGE 129, 356 (371).
153 BVerfGE 129, 356 (371); grundlegend BVerfGE 45, 1 (30 f.).
154 Vgl. etwa VerfGH Berlin, Beschluss vom 20.6.2014 – 51/13, Rn. 38 bei Juris.

des Bundesverfassungsgerichts so zu verstehen sein, dass es auf den Ausschuss nur dann ankommt, wenn das Plenum nicht mit dem Vorgang befasst worden ist.[155] Die Praxis tut trotzdem gut daran, im Zweifel auf den frühestmöglichen Zeitpunkt abzustellen, um die Frist zu wahren. Denn verpasst ein Antragsteller die auf den bei Unterlassungen maßgeblichen Zeitpunkt bezogene Sechs-Monats-Frist, dann kann er auch dann keine Organklage mehr führen, wenn die anzugreifende Unterlassung weiterhin fortdauert.[156]

Eine schon abgelaufene Frist nach § 64 Abs. 3 kann sich unter bestimmten Umständen aber wieder neu eröffnen. Ausdrücklich anerkannt wurde das vom Bundesverfassungsgericht für Fälle, in denen Maßnahmen des Gesetzgebers Angriffsgegenstand des Organstreitverfahrens sind (vgl. → § 93 Rn. 101 ff.).[157] Eine Übertragung auf andere Angriffsgegenstände erscheint dann angebracht, wenn sich später die Sach- oder Rechtslage ändert und die fortgesetzte Unterlassung für den Antragsteller eine zusätzliche Beschwer bedeutet.[158] 44

Bislang immer offen gelassen hat das Bundesverfassungsgericht, ob ein bloßes **Unterlassen des Gesetzgebers** im Wege des Organstreitverfahrens überhaupt angreifbar ist (näher → Rn. 14).[159] Auch insoweit gilt aber, dass die Frist des Abs. 3 spätestens dann zu laufen beginnt, wenn sich der Bundestag erkennbar weigert, in der Weise tätig zu werden, wie es der Antragsteller zur Wahrung der Rechte aus seinem verfassungsrechtlichen Status für erforderlich hält.[160] 45

Im Organstreitverfahren ist der Antrag auf **Wiedereinsetzung in den vorherigen Stand nicht statthaft.**[161] 46

Die Ausschlusswirkung des § 64 Abs. 3 kann nicht dadurch umgangen werden, dass ein fristgerecht gestellter Antrag nachträglich hinsichtlich des Streitgegenstandes verändert und erweitert wird, wenn die weiteren Anträge derselben, abgelaufenen Frist unterlagen (→ Rn. 14).[162] Großzügig ist das Bundesverfassungsgericht dagegen, wenn der Antragsteller nach Ablauf der Sechs-Monats-Frist für die zunächst angegriffene Maßnahme weitere Maßnahmen angreifen will, die erst später ergangen sind. In solchen Fällen muss nicht zwingend ein neues Organstreitverfahren eingeleitet werden. Die **nachträglich** in das Verfahren innerhalb der für diese späteren Maßnahmen geltenden Frist **einbezogenen Maßnahmen** können Gegenstand des ursprünglichen Organstreitverfahrens werden, weil sie – so der konkrete Fall – als Maßnahmen im Rahmen ein und desselben Verfahrens vor einem Untersuchungsausschuss des Deutschen Bundestages in einem Zusammenhang stehen, da die Forderung, für die hinzukommenden neuen Antragsgegenstände 47

155 Lenz DVBl 2014, 1463 (1464); vgl. zu einer reinen Ausschusssituation auch BVerfGE 131, 152 (192).
156 BVerfGE 118, 244 (257); vgl. auch BVerfGE 129, 356 (370 ff.).
157 BVerfGE 111, 382 (411) in Anlehnung an die zu § 93 Abs. 3 etablierte Rechtsprechung.
158 Vgl. zum Landesrecht VerfGH Berlin, Beschl. v. 20.6.2014 – 51/13, Rn. 36 bei Juris; Lenz DVBl 2014, 1463 (1463).
159 Vgl. BVerfGE 142, 25 (47, Rn. 60); 114, 107 (118).
160 BVerfGE 114, 107 (118).
161 BVerfGE 129, 356 (370 f.); BVerfG, Beschluss des Zweiten Senats vom 19.6.2008 – 2 BvE 6/07, Rn. 2 bei Juris.
162 BVerfGE 134, 141 (192, Rn. 149 f.) – Beobachtung von Abgeordneten.

jeweils ein neues Verfahren einzuleiten, eine bloße Förmelei darstellen würde.[163]

§ 65 [Beitritt zum Verfahren]

(1) Dem Antragsteller und dem Antragsgegner können in jeder Lage des Verfahrens andere in § 63 genannte Antragsberechtigte beitreten, wenn die Entscheidung auch für die Abgrenzung ihrer Zuständigkeiten von Bedeutung ist.

(2) Das Bundesverfassungsgericht gibt von der Einleitung des Verfahrens dem Bundespräsidenten, dem Bundestag, dem Bundesrat und der Bundesregierung Kenntnis.

1 **Abs. 1** regelt die **Beteiligung Dritter** am Organstreit **durch Beitritt**. Das schließt den Rückgriff auf das verwaltungsgerichtliche Institut der Beiladung aus.[1] Unterhalb der Schwelle des Beitritts kann das Gericht Dritten lediglich Gelegenheit zur Äußerung (vgl. Abs. 2, → Rn. 14) und zur Stellungnahme (§ 27a) geben. Die Vorschrift des § 65 ist über den Verweis in § 69 für den Bund-Länder-Streit entsprechend anzuwenden (→ § 69 Rn. 1 und → § 69 Rn. 13). Sie wird auch für die in § 71 Abs. 1 geregelten anderen föderativen Verfahrensarten herangezogen (→ § 71 Rn. 15). Dagegen ist ein Beitritt im Verfahren der abstrakten Normenkontrolle nicht statthaft,[2] auch nicht im Wahlprüfungsverfahren.[3] Die Möglichkeit des Beitritts zu einem verfassungsgerichtlichen Verfahren ist kein allgemeines Prinzip des Verfassungsprozessrechts, sondern sie besteht grundsätzlich nur dann, wenn das Gesetz den Beitritt ausdrücklich vorsieht.[4]

2 Der Beitritt ist eine **spezifisch verfassungsprozessuale Rechtsfigur**, die Verfassungsorganen auch im Verfahren der Verfassungsbeschwerde (§ 94 Abs. 5)[5] und den Vorabentscheidungsverfahren der konkreten Normenkontrolle (§ 82 Abs. 2) und des Völkerrechtsfeststellungsverfahrens (§ 83 Abs. 2 Satz 2) zur Verfügung steht.[6] Anders als im Verfassungsbeschwerdeverfahren wird im Organstreit aber nicht dem Verfahren,[7] sondern entweder **dem Antragsteller oder dem Antragsgegner beigetreten.** Mit der Erledigung eines Organstreitverfahrens findet auch der Beitritt sein Ende.[8] Das trägt der kontradikto-

163 BVerfGE 124, 78 (111 f.).
1 BVerfGE 20, 18 (26).
2 BVerfGE 156, 1 (4 f., Rn. 11 ff.); grundlegend schon BVerfGE 68, 346 (348 ff.).
3 BVerfG, Beschluss des Zweiten Senats vom 5.7.2023 – 2 BvC 4/23, Rn. 15 ff. bei Juris; siehe auch BVerfG, Beschluss des Zweiten Senats vom 19.12.2023 – 2 BvC 4/23, Rn. 76 bei Juris.
4 BVerfG, Beschluss des Zweiten Senats vom 5.7.2023 – 2 BvC 4/23, Rn. 17 bei Juris.
5 Vgl. BVerfGE 164, 193 (269, Rn. 93); 132, 195 (276 f., Rn. 187).
6 AA Barczak BVerfGG/Barczak § 65 Rn. 1 mit einem an die ZPO angelehnten Ansatz.
7 Vgl. beispielhaft zu einem Beitritt in einem Verfassungsbeschwerdeverfahren BVerfGE 149, 293 (311, Rn. 40).
8 BVerfG, Beschluss des Zweiten Senats vom 20.9.2021 – 2 BvE 5/21 ua, Rn. 10 bei Juris.

rischen Natur des Organstreits Rechnung. Durch den Beitritt unterstützt der Beitretende entweder den Antragsteller oder den Antragsgegner.[9]

Anders als bei einer bloßen Äußerung oder Stellungnahme als dazu Berechtigter oder aufgeforderter Dritter erlangt der Beitretende eine **eigenständige prozessuale Beteiligtenstellung**. Der Beigetretene hat die vollen Verfahrensrechte, wie sie die Hauptpartei hat, auf deren Seite er beigetreten ist,[10] und kann sie ohne Einvernehmen der Hauptpartei ausüben, **auch bei der Richterablehnung.**[11] 3

Der Beigetretene darf auch **eigene Sachanträge** stellen und hier auch den Streitgegenstand erweitern, aber die Sachanträge müssen mit dem Antrag der unterstützenden Hauptpartei in einem inneren Zusammenhang stehen. Das ist dann der Fall, wenn die Beitretenden lediglich beantragen, zusätzlich festzustellen, dass sie durch die verfahrensgegenständlichen Maßnahmen der Antragsgegner ebenfalls in ihren organstreitfähigen Rechten verletzt worden sind.[12] Der notwendige innere Zusammenhang fehlt hingegen, wenn ursprünglicher Gegenstand des Organstreitverfahrens der Erlass eines Schulgesetzes in Niedersachsen ist und beigetretene Länder dann Hilfsanträge in Bezug auf die Schulbestimmungen ihrer Landesverfassungen und zur Geltung des Reichskonkordats in ihrem Bundesland stellen, also **völlig neue und andersartige Gegenstände** in den Rechtsstreit einführen.[13] 4

Der Beigetretene wird aber **nicht selbst Streitpartei**. Das kann nur erreicht werden, indem ein eigenständiger Organstreitantrag gestellt wird. Für den eigenständigen Organstreitantrag gilt aber die Sechs-Monats-Frist des § 64 Abs. 3. 5

Der **Beitritt** nach § 65 **ist** dagegen **nicht** ausdrücklich **fristgebunden**, sondern der Gesetzeswortlaut spricht mit der Formulierung, dass „in jeder Lage des Verfahrens“ beigetreten werden kann, für das Gegenteil. Das Bundesverfassungsgericht hat zwar angedeutet, dass sich im Hinblick auf die Frist des § 64 Abs. 3 in bestimmten Konstellationen etwas anderes ergeben könnte,[14] einen solchen Fall bislang aber noch nicht festgestellt.[15] Denn § 65 bringt ein verfassungsrechtliches Interesse an einer möglichst umfassenden Darstellung und rechtlichen Bewertung des Streitstoffs zum Ausdruck,[16] welches die auf die Herstellung von Rechtsfrieden gerichtete Funktion der Frist des § 64 Abs. 3 überlagert. Deshalb ermöglicht der Beitritt eine aktive Mitführung eines Organstreitverfahrens grundsätzlich auch dann noch, wenn der Bei- 6

9 BVerfG, Beschluss des Zweiten Senats vom 5.7.2023 – 2 BvC 4/23, Rn. 17 bei Juris; siehe auch BVerfGE 132, 195 (276 f., Rn. 187), 130, 318 (341).

10 Lechner/Zuck/Zuck § 65 Rn. 6; Schmidt-Bleibtreu/Klein/Bethge BVerfGG/Bethge § 65 Rn. 18 (Stand: Juli 2016).

11 Vgl. BVerfGE 1, 66 (68). Für die umgekehrte Situation der fehlenden Ablehnungsbefugnis bei unzulässigem Beitritt BVerfG, Beschluss des Zweiten Senats vom 5.7.2023 – 2 BvC 4/23, Rn. 32 bei Juris.

12 Vgl. BVerfGE 136, 277 (308, Rn. 87) – Wahl des Bundespräsidenten.

13 Vgl. BVerfGE 6, 309 (326).

14 BVerfGE 120, 82 (101); 92, 203 (229).

15 Zu restriktiv deshalb Schmidt-Bleibtreu/Klein/Bethge BVerfGG/Bethge § 65 Rn. 16 f. (Stand: Juli 2016); wie hier auch Burkiczak/Dollinger/Schorkopf BVerfGG/Schorkopf § 65 Rn. 10.

16 BVerfGE 120, 82 (101).

tretende selbst in zulässiger Weise kein eigenständiges Organstreitverfahren mehr einleiten könnte. Das gilt jedenfalls dann, wenn der Beitretende sich dem fristgerechten Antrag der Antragstellerin anschließen und lediglich zusätzlich die Verletzung auch seiner eigenen Rechte festgestellt haben will.[17] Als zulässig angesehen hat das Bundesverfassungsgericht in einem einstweiligen Anordnungsverfahren auch den Beitritt einen Tag vor der gerichtlichen Entscheidung.[18]

7 Anders als bei den Beteiligungsformen Dritter in fachgerichtlichen Verfahren, insbesondere bei der verwaltungsgerichtlichen Beiladung (§ 65 VwGO), geht das einem Organstreitverfahren beitretende Verfassungsorgan nicht das Risiko einer sonst nicht gegebenen Bindung an die Entscheidung ein. Denn diese **Bindungswirkung** ergibt sich **unabhängig von der Ausübung eines Beitrittsrechts** ohnehin aus § 31 Abs. 1 (→ § 31 Rn. 22 ff.). § 65 Abs. 1 will deshalb den Beitrittsberechtigten im Kern die Möglichkeit geben, aktiv auf eine sie ohnehin bindende Entscheidung Einfluss zu nehmen.

8 Die Beitrittsberechtigung ist in personeller Hinsicht auf „andere in § 63 genannte Antragsberechtigte“ begrenzt. Der **Kreis der Beitrittsberechtigten** ist deshalb mit dem Kreis der generell im Organstreit Parteifähigen (→ § 63 Rn. 6 ff.) identisch.[19] Entgegen dem Wortlaut kommt es nicht darauf an, ob die nach der Rechtsprechung des Bundesverfassungsgerichts materiell Antragsberechtigten im Organstreit auch konkret in § 63 genannt sind. Deshalb sind **auch politische Parteien** grundsätzlich beitrittsberechtigt.[20] Beitreten kann auch, wer als **Prozessstandschafter** antragsberechtigt wäre, also etwa eine Fraktion.[21] Dagegen können nicht antragsberechtigte Bundesorgane auch nicht beitreten.[22]

9 Die grundsätzliche Beitrittsfähigkeit genügt aber nicht. Der Beitritt setzt auch eine auf den konkreten Streit bezogene **Beitrittsbefugnis** voraus.[23] Sie ist nur dann gegeben, wenn die Entscheidung auch für die Abgrenzung der Zuständigkeiten des Beitretenden von Bedeutung ist.[24] **Zuständigkeiten meint** dabei die **organstreitfähigen Kompetenzen** (→ § 64 Rn. 19 ff.) einschließlich der damit zusammenhängen Pflichten,[25] bei politischen Parteien auch deren verfassungsrechtlichen Status, insbesondere unter dem Aspekt der Chancengleichheit.[26] Für die so verstandene Abgrenzung ihrer Zuständigkeiten ist die Entscheidung von Bedeutung, wenn nach dem Streitgegenstand der mögliche Tenor und die ihn tragenden Gründe Aussagen erwarten lassen, welche die Zuständigkeiten des Beitretenden ihrer Art nach **thematisch berühren**.[27]

---

17 BVerfGE 120, 82 (101); 92, 203 (229).
18 BVerfG, Beschluss des Zweiten Senats vom 5.7.2023 – 2 BvC 4/23, Rn. 64 bei Juris.
19 BVerfGE 130, 318 (341).
20 BVerfGE 120, 82 (100); 20, 18 (21 f.).
21 Schmidt-Bleibtreu/Klein/Bethge BVerfGG/Bethge § 65 Rn. 10 (Stand: Juli 2016).
22 So ausdrücklich zum Organstreit: BVerfGE 129, 108 (123) – Schuldenbremse.
23 Zustimmend Schmidt-Bleibtreu/Klein/Bethge BVerfGG/Bethge § 65 Rn. 11 (Stand: Juli 2016).
24 BVerfGE 136, 277 (308, Rn. 86) – Wahl des Bundespräsidenten.
25 Vgl. BVerfGE 130, 318 (341).
26 BVerfGE 120, 82 (100); 20, 18 (24).
27 Vgl. BVerfGE 120, 82 (100).

Das Bundesverfassungsgericht verlangt aber weiter, dass die **rechtlichen Interessen** des Beitretenden **gleichgerichtet mit denen derjenigen Hauptpartei** sind, auf deren Seite der Beitritt erfolgen soll.[28] Deshalb kann eine politische Partei einer anderen politischen Partei, die sich im Organstreit auf ihren verfassungsrechtlichen Status gegenüber anderen Verfassungsorganen beruft, in der Regel beitreten,[29] nicht aber einem anderen Verfassungsorgan, dem eine als Hauptpartei auftretende politische Partei eine Verletzung des verfassungsrechtlichen Status politischer Parteien vorwirft.[30] Das deckt sich mit der Rechtsprechung zum Bund-Länder-Streit, wo ein Beitritt eines weiteren Landes nur auf der Seite des als Hauptpartei beteiligten Landes zugelassen wird (→ § 69 Rn. 13). 10

Deshalb sollen nicht im Bundestag vertretene **politische Parteien** dem Organstreitverfahren **einer gewählten Bundestagsabgeordneten gegen die vorzeitige Auflösung des Bundestages nicht beitreten** dürfen. Während die antragstellende Abgeordnete ihren verfassungsrechtlichen Status als Bundestagsabgeordnete gegen die mit der Auflösung des Bundestags einhergehende vorzeitige Entziehung verteidigt, führen die beitrittswilligen politischen Parteien ihren verfassungsrechtlichen Status im Hinblick auf die Verkürzung der Vorbereitungszeit für die nächste Bundestagswahl und damit kein gleichgerichtetes rechtliches Interesse an.[31] 11

Der Beitritt **muss schriftlich ausgesprochen** werden (§ 23 Abs. 1 Satz 1);[32] auch insoweit genügt Telefax.[33] Seit dem 1.8.2024 ist nach § 23a der elektronische Rechtsverkehr möglich und im Organstreit teilweise verpflichtend (→ § 23c Rn. 1). In der mündlichen Verhandlung kann eine mündliche Erklärung genügen. Kollegialorgane müssen zunächst einen Beitrittsbeschluss fassen.[34] Ein nur hilfsweise erklärter Beitritt ist unzulässig, weil der Verfahrensbeitritt nicht von einer Bedingung abhängig gemacht werden kann.[35] Ein Antrag, an einem Organstreitverfahren unbeschränkt beteiligt zu werden, ist als Beitrittserklärung anzusehen,[36] wobei die Partei, der beigetreten werden soll, anhand des gemachten Sachvortrags zu ermitteln ist.[37] 12

Der Beitritt entfaltet seine **Wirkungen mit seiner Erklärung** durch den Beitretenden. Das gilt aber nur, wenn der Beitritt auch zulässig ist, was das Bundesverfassungsgericht von Amts wegen prüft. Feststellungen dazu finden sich, sofern nicht eine gesonderte Entscheidung ergeht, nicht im 13

---

28 BVerfGE 136, 277 (308, Rn. 87) – Wahl des Bundespräsidenten; 130, 318 (341); 114, 105 (106); 20, 18 (25).
29 BVerfGE 131, 316 (331); 120, 82 (100).
30 BVerfGE 20, 18 (25).
31 BVerfGE 114, 105 (106).
32 Vgl. BVerfG, Urteil des Zweiten Senats vom 6.12.2022 – 2 BvR 547/21 ua, Rn. 93 bei Juris; BVerfGE 130, 318 (336).
33 Ausdrücklich für den Beitritt einer Bundestagsfraktion zu einem auf ein Organstreitverfahren bezogenen einstweiligen Anordnungsverfahren BVerfGE 145, 348 (356, Rn. 25).
34 Vgl. BVerfGE 129, 108 (116) – Schuldenbremse; 20, 18 (22).
35 BVerfGE 163, 298 (323 f., Rn. 61).
36 BVerfGE 20, 18 (25).
37 BVerfGE 20, 18 (25 f.).

Tenor, sondern nur in den Entscheidungsgründen.[38] Teilweise bringt das Bundesverfassungsgericht die Zulässigkeit des Beitritts auch stillschweigend zum Ausdruck.[39]

14 **Abs. 2** verpflichtet das Bundesverfassungsgericht, zumindest den dort genannten, grundsätzlich beitrittsberechtigten Verfassungsorganen **von der Einleitung des Verfahrens Kenntnis zu geben**. Das Gesetz hat diese eigentlich selbstverständliche Pflicht in einen systematischen Zusammenhang mit der Regelung des Beitritts in Abs. 1 gestellt. Es würde aber zu kurz greifen, die Vorschriften nur so zu verstehen, dass die dort genannten Verfassungsorgane auf die Anhängigkeit eines ihren Verfahrensbeitritt ermöglichenden Organstreits hingewiesen werden, ggf. sogar nur unter den einschränkenden Voraussetzungen des Abs. 1. Die Vorschrift ist vielmehr so zu verstehen, dass jedenfalls die dort genannten Verfassungsorgane immer die **Möglichkeit** haben sollen, **sich** zu einem Organstreitverfahren **zu äußern**. Deshalb erwähnt das Bundesverfassungsgericht manchmal im Sachbericht, dass es den in Abs. 2 genannten Verfassungsorganen Gelegenheit zur Stellungnahme gegeben hat.[40]

15 Von dieser Benachrichtigungspflicht der grundsätzlich beitrittsberechtigten Verfassungsorgane und von deren Möglichkeit, sich an einem Organstreitverfahren äußernd zu beteiligen, gibt es aber eine **nicht aus dem Gesetz selbst ersichtliche Ausnahme**. Das Bundesverfassungsgericht kann von der Zustellung der Antragsschrift eines Organstreitverfahrens an den Antragsgegner und an die in Abs. 2 genannten Verfassungsorgane absehen, wenn es über den Organstreit nach **§ 24** entscheidet, ihn also durch einstimmigen Beschluss als unzulässig oder offensichtlich unbegründet verwirft (§ 22 Abs. 1 Satz 1 GO-BVerfG). So ist der Zweite Senat etwa beim Organstreitverfahren der AfD-Bundestagsfraktion bezüglich des Verhaltens der Bundesregierung während der sogenannten Flüchtlingskrise vorgegangen.[41]

§ 66 [Verbindung und Trennung von Verfahren]

Das Bundesverfassungsgericht kann anhängige Verfahren verbinden und verbundene trennen.

1 § 66 erlaubt dem Bundesverfassungsgericht, nach seinem **Ermessen** getrennt anhängig gemachte Organstreitverfahren (§ 13 Nr. 5) zu verbinden oder verbunden anhängig gemachte Verfahren zu trennen. Dasselbe gilt über die Verweisung in § 69 auch für die sogenannten Bund-Länder-Streitverfahren nach §§ 13 Nr. 7, 68 ff.

---

38 BVerfGE 136, 277 (308, Rn. 87) – Wahl des Bundespräsidenten; 135, 259 (279, Rn. 29) – Drei Prozent-Sperrklausel bei der Wahl zum Europäischen Parlament; 130, 318 (341); vgl. demgegenüber Feststellung der Unzulässigkeit eines Beitritts im Tenor: BVerfG, Urteil vom 26.10.2022 – 2 BvE 3/15 ua, Ziff. 4 des Tenors bei Juris.

39 Vgl. BVerfGE 164, 193 (269, Rn. 93); 131, 316 (331, 333 f.); siehe auch BVerfGE 132, 195 (196): Feststellung der Zulässigkeit des Beitritts der Bundesregierung ergibt sich lediglich aus dem Rubrum.

40 BVerfGE 145, 348 (356, Rn. 26).

41 BVerfGE 150, 194 (199, Rn. 13).

In der Praxis überwiegt die **Verbindung von Verfahren zur gemeinsamen Entscheidung**, wobei die Verbindung regelmäßig nicht begründet wird.[1] Das Gesetz nennt für die Verbindung zwar keine materiellen Voraussetzungen, sie kommt aber vor allen Dingen dann in Betracht, wenn verschiedene Antragsteller der Sache nach dieselben Rechtsfragen aufgeworfen haben. Für die Trennung gilt das Umgekehrte, sie kommt aber seltener vor, etwa im Zusammenhang mit dem spektakulären Schritt des Bundesverfassungsgerichts, zu Teilen des OMT-Verfahrens dem Gerichtshof der Europäischen Union Fragen zur Vorabentscheidung nach Art. 267 AEUV vorzulegen;[2] den darauf bezogenen Teil der Verfahren hat der Zweite Senat mit einem zeitlich früher gefassten Beschluss abgetrennt.[3] Die Trennung ist aber auch gemeinsam mit einer Sachentscheidung über den nicht abgetrennten Teil des Verfahrens möglich.[4] Ansonsten wird eine Trennung auch bei verschiedenen Antragstellern praktiziert.[5] 2

§ 66 ist zwar die einzige Regelung über die Verbindung und Trennung von Verfahren vor dem Bundesverfassungsgericht und wegen seiner systematischen Stellung im Abschnitt im Organstreitverfahren selbst nicht verallgemeinerungsfähig. Das Bundesverfassungsgericht hält sich aber **auch ohne ausdrückliche Ermächtigung** für befugt, **andere Verfahren** zur gemeinsamen Verhandlung und Entscheidung zu verbinden, wenn dies aus Gründen der Prozessökonomie zweckmäßig erscheint und im Wesentlichen dieselben oder voneinander abhängige Fragen streitig sind.[6] § 66 wird insoweit als Ausdruck eines allgemeinen Grundsatzes verstanden.[7] **Verbunden** werden deshalb auch mehrere gleichgelagerte Wahlprüfungsverfahren,[8] mehrere gleichgerichtete Parteiverbotsverfahren,[9] mehrere gleichgelagerte konkrete Normenkontrollverfahren,[10] mehrere gleichgelagerte abstrakte Normenkontrollverfahren[11] und mehrere Verfassungsbeschwerden.[12] Verbunden werden können auch Verfahren, die in unterschiedlichen Verfahrensarten anhängig gemacht worden sind, also etwa Verfassungsbeschwerden mit Richtervorlagen nach § 80[13] oder Verfassungsbeschwerden und Organstreitverfahren[14] und 3

1 BVerfGE 131, 316 (317); 123, 267 (270 f.).
2 Vgl. BVerfGE 134, 366 (369).
3 BVerfGE 134, 357 (364).
4 So zuletzt BVerfG, Urteil des Zweiten Senats vom 22.2.2023 – 2 BvE 3/19, Ziff. 1 des Tenors und Rn. 108 ff. bei Juris – Finanzierung politischer Stiftungen.
5 Vgl. BVerfGE 84, 304 (317).
6 BVerfGE 51, 384 (386); vgl. auch Schmidt-Bleibtreu/Klein/Bethge BVerfGG/Bethge § 66 Rn. 6 (Stand: Januar 2017).
7 Beschluss der 3. Kammer des Zweiten Senats vom 26.1.2022 – 2 BvR 10/22 ua, Rn. 9 bei Juris.
8 Vgl. BVerfG, Beschluss des Zweiten Senats vom 21.11.2018 – 2 BvC 22/18 ua, Juris; BVerfGE 129, 300 (301).
9 BVerfG, Beschluss des Zweiten Senats vom 3.7.2001 – 2 BvB 1/01 ua, Juris.
10 Vgl. BVerfGE 165, 103 (103); 162, 277 (277); 152, 274 (274); 150, 204 (204), 127, 31 (33).
11 BVerfGE 150, 1 (3).
12 Vgl. BVerfG, Urteil des Zweiten Senats vom 20.6.2023 – 2 BvR 166/16 ua, Ziff. 1 des Tenors bei Juris; BVerfGE 151, 202 (204); 136, 194 (195); 129, 208 (209); Beschluss der 3. Kammer des Zweiten Senats vom 26.1.2022 – 2 BvR 10/22 ua, Rn. 9 bei Juris.
13 Vgl. BVerfGE 161, 163; 148, 147; 126, 369.
14 BVerfGE 135, 259 – Drei Prozent-Sperrklausel für die Wahl zum Europäischen Parlament; 123, 267 (270 f.).

abstrakte Normenkontrollverfahren, Organstreitverfahren und Verfassungsbeschwerdeverfahren.[15]

4 Die Verbindung hat **Grenzen**. Sie ist ausgeschlossen mit einem Verfahren, das vor dem Plenum stattfindet,[16] und mit Verfahren, die bei einem anderen Senat anhängig sind.[17] Trotz der Verbindung bleiben die Verfahren selbstständig, weshalb sich ein zu einem Verfahren erklärter Beitritt (§ 65) ohne ausdrückliche Erklärung nicht auf das verbundene Verfahren ausdehnt. Über verbundene Verfahren wird gleichzeitig entschieden.

§ 66a [Entscheidung nach dem Untersuchungsausschussgesetz]

[1]In Verfahren nach § 13 Nr. 5 in Verbindung mit § 2 Abs. 3 des Untersuchungsausschussgesetzes sowie in Verfahren nach § 18 Abs. 3 des Untersuchungsausschussgesetzes, auch in Verbindung mit den §§ 19 und 23 Abs. 2 des Untersuchungsausschussgesetzes, kann das Bundesverfassungsgericht ohne mündliche Verhandlung entscheiden. [2]Gleiches gilt bei Anträgen gemäß § 14 des Gesetzes über die parlamentarische Kontrolle nachrichtendienstlicher Tätigkeit des Bundes in Verbindung mit § 63.

1 § 66a betrifft **besondere Verfahrenskonstellationen**, die im Untersuchungsausschussgesetz (PUAG) und im Gesetz über die parlamentarische Kontrolle nachrichtendienstlicher Tätigkeit des Bundes (PKGrG) geregelt sind. Die Norm hat zwei Regelungsebenen, eine direkte und eine indirekte. Die direkte betrifft die im Wortlaut ausdrücklich angeordnete Rechtsfolge der Entbehrlichkeit der mündlichen Verhandlung. Die indirekte Regelung ist die Zuordnung der angesprochenen Verfahren und Anträge zur Verfahrensart des Organstreits.[1]

2 Thematisch geht es um drei Konstellationen: Um den Rechtsschutz gegen die **teilweise Ablehnung des Antrags auf Einsetzung eines Untersuchungsausschusses** (§ 2 Abs. 3 PUAG), um den Rechtsschutz des eingesetzten Ausschusses oder eines Viertels seiner Mitglieder gegen die Sperrung von Beweismitteln durch die Bundesregierung (§§ 18 Abs. 3, 1. Halbsatz, 19 und 23 Abs. 2, 2. Halbsatz PUAG) und um **Streitigkeiten zwischen dem Parlamentarischen Kontrollgremium für die Nachrichtendienste des Bundes und der Bundesregierung** (§ 14 PKGrG). Das betrifft jeweils genuin verfassungsrechtliche Fragen.[2] Ist der Anwendungsbereich von § 18 Abs. 3 PUAG eröffnet, kann § 66 Satz 1 auf Anträge der dort nicht genannten Fraktionen und auch der konkreten oder potenziellen Einsetzungsminderheit im Sinne des Art. 44 Abs. 1 Satz 1 GG erstreckt werden.[3]

3 In all diesen Verfahren kann das Bundesverfassungsgericht **ohne mündliche Verhandlung** entscheiden. Darin liegt eine Ausnahme zu **§ 25 Abs. 1**. Oh-

---

15 BVerfGE 131, 316 (316).
16 BVerfGE 51, 384 (386).
17 Burkiczak/Dollinger/Schorkopf BVerfGG/Schorkopf § 66 Rn. 6.
1 Vgl. auch Schmidt-Bleibtreu/Klein/Bethge BVerfGG/Bethge § 66a Rn. 3 und 17 (Stand: Januar 2017); Burkiczak/Dollinger/Schorkopf BVerfGG/Schorkopf § 66a Rn. 6.
2 Vgl. zu § 18 Abs. 3 PUAG: BVerfGE 124, 78 (105) – BND-Untersuchungsausschuss.
3 BVerfGE 156, 270 (291, Rn. 58); 143, 101 (122, Rn. 64).

ne die Regelung in § 66a könnte durch Beschluss (§ 25 Abs. 2, 2. Halbsatz) nur entschieden werden, wenn alle Beteiligten ausdrücklich auf mündliche Verhandlung verzichtet hätten. Denn für Organstreitverfahren enthalten die allgemeinen Vorschriften der §§ 63 bis 66 und 67 keine spezielle Ermächtigung des Gerichts, ohne Zustimmung der Beteiligten von einer mündlichen Verhandlung abzusehen. Das trägt der besonderen verfassungsrechtlichen und politischen Bedeutung von Organstreitverfahren Rechnung. Hier ist ausnahmsweise die Durchführung der mündlichen Verhandlung die Regel, nicht wie sonst beim Bundesverfassungsgericht der Verzicht auf sie.

Ob in Fällen des § 66a mündlich verhandelt wird oder nicht, entscheidet das Gericht nach eigenem **Ermessen** (→ § 25 Rn. 7). Die Durchführung einer mündlichen Verhandlung kann in vielen Fällen sinnvoll bleiben. Der Gesetzgeber hat aus drei Gründen auf die obligatorische mündliche Verhandlung verzichtet. Er wollte erstens den Beteiligten die Möglichkeiten nehmen, durch Nichtverzicht auf die mündliche Verhandlung das Verfahren in die Länge zu ziehen, zweitens zur Entlastung des Gerichts beitragen und drittens berücksichtigen, dass unter Umständen, etwa bei geheimhaltungsbedürftigem Material, die mündliche Verhandlung nicht sinnvoll ist.[4] Im Organstreit um die NSA-Sektorenliste hat der Zweite Senat aus Geheimschutzgründen von der Durchführung einer mündlichen Verhandlung abgesehen,[5] ebenso im Organstreit um die Benennung des zuständigen V-Personen-Führers beim Bundesamt für Verfassungsschutz im Zusammenhang mit dem Berliner Breitscheidplatz-Attentat.[6] Für die Verfahren nach § 66a Satz 2 ist im Gesetzgebungsverfahren ausschließlich die Gewährleistung der notwendigen Geheimhaltung angeführt worden.[7] 4

Allerdings hat der Aspekt der Geheimhaltung wegen des Akteneinsichtsrechts der Beteiligten (→ § 20 Rn. 3 f.) eine reduzierte Bedeutung, die sich vor allen Dingen darin widerspiegelt, dass das Gericht dann in der Entscheidung auf die Wiedergabe von Inhalten verzichtet, die sich aus von den Beteiligten vorgelegten Akten mit Verschlusssachen-Status ergibt.[8] Außerdem sind im Organstreitverfahren wegen der damit verbundenen hohen politischen Aktualität die Beteiligten regelmäßig nicht an einer Verzögerung, sondern an einer Beschleunigung interessiert. Überwiegend wird es deshalb die **Entlastungsfunktion** sein, die mit dem **Verlust an Erkenntnismöglichkeiten** und Transparenz abgewogen werden muss.[9] 5

Auf andere Verfahren ist die Norm **nicht analog anwendbar**,[10] auch nicht bei anderen Organstreitverfahren. Die Gesetzgebungsmaterialien deuten nicht auf eine planwidrige Lücke hin. Wenn überhaupt, dann kommt eine analoge Anwendung nur in Betracht, wenn es zwar um die Verfahrensgegen- 6

4 Vgl. BT-Drs. 14/9220, S. 5 zu § 66a Satz 1.
5 BVerfGE 143, 101 (122, Rn. 64).
6 BVerfGE 156, 270 (291, Rn. 58).
7 BT-Drs. 16/13220, S. 9.
8 BVerfGE 143, 101 (122, Rn. 65).
9 So jetzt auch Barczak BVerfGG/Barczak § 66a Rn. 5; Burkiczak/Dollinger/Schorkopf BVerfGG/Schorkopf § 66a Rn. 5.
10 Lechner/Zuck/Zuck § 66a Rn. 6; Schmidt-Bleibtreu/Klein/Bethge BVerfGG/Bethge § 66a Rn. 12 (Stand: Januar 2017).

stände des § 66a geht, aber andere Antragsteller auftreten, als in den dort in Bezug genommenen Vorschriften vorgesehen, etwa Fraktionen.[11]

7 Die zweite Bedeutung liegt in der **Zuordnung** der von § 66a angesprochenen Verfahren und Anträge **zu der** in den §§ 63 ff. ausgestalteten **Verfahrensart des Organstreits** nach Art. 93 Abs. 1 Nr. 1 GG, § 13 Abs. 5. Der Gesetzgeber hat alle drei von der Norm erfassten Konstellationen als Fälle des Organstreits verstanden.[12] Im Gesetz ist das sowohl im Wortlaut durch die Erwähnung von § 13 Nr. 5 in Satz 1, 1. Halbsatz und von § 63 in Satz 2 als auch in der systematischen Stellung der Norm im Abschnitt über den Organstreit verankert. Deshalb ist auch das in Satz 1, 2. Halbsatz sogenannte „Verfahren nach § 18 Abs. 3" PUAG ein Organstreitverfahren.[13]

8 Soweit das Gesetz in einzelnen Aspekten von den allgemeinen Regeln des Organstreits abweichen will, ist das in den **spezialgesetzlichen Regelungen** unmissverständlich formuliert. So sind Organstreitanträge des Parlamentarischen Kontrollgremiums in § 14 PKGrG von einem Zwei-Drittel-Quorum abhängig gemacht.[14] Das ändert nach dem Wortlaut des Gesetzes aber nichts daran, dass es sich um Organstreitverfahren zwischen dem Parlamentarischen Kontrollgremium und der Bundesregierung handelt, nicht zwischen dem Quorum und der Bundesregierung.[15] Umgekehrt ist in § 18 Abs. 3, 1. Halbsatz PUAG für die Aktenvorlage und über die Inbezugnahme in §§ 19 und 23 PUAG auch für den Augenschein und die Vernehmung von Amtsträgern die Antragsbefugnis auf ein Viertel der Mitglieder des Untersuchungsausschusses ausgedehnt. Das Bundesverfassungsgericht sieht darin eine gesetzlich angeordnete Prozessstandschaft, deren Ausübung an einen Konsens mit den jeweils entsendenden Fraktionen gebunden ist.[16]

9 Im Hinblick auf die in Satz 1, 2. Halbsatz geregelten Konstellationen ist zu beachten, dass das Bundesverfassungsgericht zwischenzeitlich den **Fraktionen**, und zwar auch solchen, die weniger als ein Viertel der Mitglieder des Deutschen Bundestages umfassen, die Antragsbefugnis jedenfalls im Wege der **Prozessstandschaft für den Bundestag** zugebilligt hat und auch die Geltendmachung eigener Rechte solcher Fraktionen jedenfalls für möglich hält.[17]

11 Vgl. die Fallkonstellationen in BVerfGE 124, 78 (106 f.); 113, 113 (120); siehe auch Lenz NJW 2005, 2495 (2496 f.).

12 Satz 1, 1. Halbsatz: klassischer Fall des Organstreits, BT-Drs. 14/9220, S. 4; Satz 1, 2. Halbsatz: Variante des Organstreits, BT-Drs. 14/9220, S. 5; Satz 2: Organstreit, BT-Drs. 16/13220, S. 9.

13 BVerfGE 143, 101 (103, Rn. 1); 124, 78 (107).

14 Vgl. BT-Drs. 16/12411, S. 13.

15 Offen für Letzteres dagegen Schmidt-Bleibtreu/Klein/Bethge BVerfGG/Bethge § 66a Rn. 17 (Stand: Januar 2017).

16 BVerfGE 143, 101 (126, Rn. 82); 124, 78 (107); weitergehend wohl die Vorstellung des Gesetzgebers, vgl. BT-Drs. 14/9220, S. 4.

17 BVerfGE 143, 10 (129, Rn. 92); 142, 25 (49, Rn. 66); 135, 317 (397, Rn. 156); 131, 152 (190); 124, 78 (106 f.); 113, 113 (120 f.); Lenz NJW 2005, 2495 (2496).

§ 67 [Entscheidung]

[1]Das Bundesverfassungsgericht stellt in seiner Entscheidung fest, ob die beanstandete Maßnahme oder Unterlassung des Antragsgegners gegen eine Bestimmung des Grundgesetzes verstößt. [2]Die Bestimmung ist zu bezeichnen. [3]Das Bundesverfassungsgericht kann in der Entscheidungsformel zugleich eine für die Auslegung der Bestimmung des Grundgesetzes erhebliche Rechtsfrage entscheiden, von der die Feststellung gemäß Satz 1 abhängt.

§ 67 regelt die **Tenorierung** der Entscheidungen des Bundesverfassungsgerichts **in Organstreitverfahren** nach den §§ 63 ff., § 13 Nr. 5, Art. 93 Abs. 1 Nr. 1 GG, für die stets der Zweite Senat zuständig ist (§ 14 Abs. 2). Die Vorschrift gilt über die Verweisung in § 69 entsprechend im Verfahren des Bund-Länder-Streits (Art. 93 Abs. 1 Nr. 3 GG) und partiell auch für länderinterne Streitverfahren, die in die Zuständigkeit des Bundesverfassungsgerichts fallen (vgl. § 72 Abs. 2 Satz 2, § 74). 1

Die **Regelungsintention ist in den Sätzen 1 und 2 einerseits und in Satz 3 andererseits unterschiedlich**. In den Sätzen 1 und 2 schreibt § 67 einen bestimmten Inhalt des Tenors vor und bindet das Bundesverfassungsgericht insoweit (dazu → Rn. 3 ff.). Die Regelung des Satzes 3 erweitert demgegenüber den Entscheidungsspielraum des Bundesverfassungsgerichts, indem sie ihm erlaubt, die Entscheidung über den unmittelbaren Streitgegenstand des konkreten Organstreits hinaus auf eine hierfür mittelbar erhebliche Rechtsfrage zu erstrecken (dazu → Rn. 15 ff.). 2

Nach **Satz 1** handelt es sich beim Entscheidungsausspruch des Bundesverfassungsgerichts ausschließlich um einen **Feststellungstenor**.[1] Der Entscheidung im Organstreit fehlt eine gestaltende Komponente in Form einer Aufhebung oder Nichtigerklärung der beanstandeten Maßnahme.[2] Das Bundesverfassungsgericht kann deshalb im Organstreitverfahren **keine Entscheidung über die Gültigkeit einer Norm** treffen.[3] Aufgrund der Bindungswirkung der Entscheidung gemäß § 31 Abs. 1 ist der Gesetzgeber aber gehalten, den nach Satz 1 festgestellten verfassungswidrigen Zustand zu beseitigen.[4] 3

Das Bundesverfassungsgericht ist **grundsätzlich auch nicht** befugt, im Tenor eine **Verpflichtung des Antragsgegners** auszusprechen.[5] Zu einer Ausnahme von diesem Grundsatz hat sich das Bundesverfassungsgericht nur in 4

1 Vgl. zuletzt BVerfG, Urteil des Zweiten Senats vom 22.2.2023 – 2 BvE 3/19, Rn. 250 bei Juris – Finanzierung politischer Stiftungen.

2 BVerfGE 138, 125 (131 f., Rn. 17 und 19); 136, 277 (301, Rn. 64); vgl. zur Verfassungsbeschwerde: § 95 Abs. 2 und 3; zur abstrakten Normenkontrolle: § 78.

3 Ausdrücklich BVerfGE 165, 270 (284, Rn. 43) – Erhöhung der Obergrenze für die Parteienfinanzierung II; 151, 58 (65, Rn. 14).

4 BVerfG, Urteil des Zweiten Senats vom 22.2.2023 – 2 BvE 3/19, Rn. 248 bei Juris – Finanzierung politischer Stiftungen; BVerfGE 162, 188 (205, Rn. 47) – Wahl von Ausschussvorsitzenden im Bundestag; 160, 177 (186, Rn. 21) – Parlamentarisches Fragerecht zum BfV; 85, 264 (326).

5 Vgl. zuletzt im Anschluss an diese Kommentierung BVerfG, Urteil des Zweiten Senats vom 22.2.2023 – 2 BvE 3/19, Rn. 248 bei Juris – Finanzierung politischer Stiftungen; BVerfGE 165, 270 (284, Rn. 43) – Erhöhung der Obergrenze für die Parteienfinanzierung II; 159, 1 (8 f., Rn. 23) – Vorschlagsrecht für die Wahl des Vizepräsidenten des Bun-

einer Konstellationen veranlasst gesehen, in der die konkret beanstandete Maßnahme unter den damaligen Bedingungen als noch verfassungsgemäß beurteilt werden konnte, für die Zukunft aber einer Neuregelung bedurfte, zu der der Antragsgegner dementsprechend verpflichtet wurde.[6] Das Gericht sieht hierin selbst eine Sonderkonstellation.[7]

5 Der Feststellung nach Satz 1 bedarf es nur, wenn dem Antrag, der dem Organstreit zugrunde liegt, ganz oder teilweise stattgegeben wird, ein Verstoß gegen eine Bestimmung des Grundgesetzes also positiv festgestellt wird.[8] Soweit sich der **Antrag** als **unzulässig oder unbegründet** erweist, genügt es, wenn er **verworfen oder zurückgewiesen** wird.[9] Eine Feststellung, dass die beanstandete Maßnahme ganz oder teilweise nicht gegen die nach § 64 Abs. 2 im Antrag bezeichnete Bestimmung des Grundgesetzes verstößt, ist nicht notwendig.[10]

6 Dieser langjährigen **Tenorierungspraxis des Bundesverfassungsgerichts**[11] steht der Wortlaut der Norm nicht entgegen (vgl. auch → § 56 Rn. 3). Die bloße Verwerfung oder Zurückweisung des Antrags kann nicht zu Unklarheiten führen, wenn sich der Antragsgegenstand hinreichend deutlich aus den Entscheidungsgründen ergibt.

7 Der Antrag kann auch durch **A-Limine-Abweisung nach § 24** verworfen werden,[12] und zwar bei Unzulässigkeit oder offensichtlicher Unbegründetheit. Dabei kann die Zulässigkeit des Antrags offen bleiben, wenn er offensichtlich unbegründet ist (dazu näher → § 24 Rn. 11).[13]

8 Der durch Satz 1 für den Fall einer Stattgabe vorgeschriebene Inhalt des Feststellungstenors gibt zugleich Aufschluss über den **Streitgegenstand und die Rechtsnatur des Organstreits**. In einer Gesamtschau mit der Regelung des § 63, die den Organstreit als ein Verfahren zwischen Antragsteller und Antragsgegner ausgestaltet, und der Regelung des § 64 Abs. 1, die den Organstreit jeweils auf eine bestimmte Maßnahme oder Unterlassung bezieht, stellt sich der Organstreit als kontradiktorisches Verfahren der konkreten Maßnahmenkontrolle dar (vgl. → § 63 Rn. 2 f.).[14]

---

destages; 151, 58 (58 f., Rn. 14); 151, 58 (64 f., Rn. 14) – Erhöhung der Obergrenze für die Parteienfinanzierung I; 138, 125 (131, Rn. 18); 136, 277 (301, Rn. 64); 124, 161 (188).

6 BVerfGE 112, 118 (145 ff.).

7 Vgl. BVerfGE 136, 277 (301, Rn. 64).

8 Vgl. BVerfG, Urteil des Zweiten Senats vom 22.2.2023 – 2 BvE 3/19, Ziff. 2 des Tenors – Finanzierung politischer Stiftungen; BVerfGE 148, 11 (12, Ziff. 1 des Tenors); 147, 50 (52 f., Ziff. 1 des Tenors); 137, 185 (187 f., Ziff. 1 des Tenors); 135, 259 (263 f., Ziff. 3 des Tenors) – Drei-Prozent-Sperrklausel für die Wahl der Deutschen Abgeordneten zum Europäischen Parlament.

9 BVerfGE 165, 270 (284, Rn. 43) – Erhöhung der Obergrenze für die Parteienfinanzierung II; 151, 58 (59) – Erhöhung der Obergrenze für die Parteienfinanzierung I; 147, 50 (52 f., Ziff. 2 bis 4 des Tenors); 147, 31 (32); 141, 182 (183); 137, 185 (188); 136, 323 (324); 136, 277 (280).

10 Schmidt-Bleibtreu/Klein/Bethge BVerfGG/Bethge § 67 Rn. 17 f., 38 (Stand: Mai 2017).

11 Vgl. BVerfGE 147, 31 (32); 135, 317 (322 f.); 135, 259 (263); 129, 356 (356); 124, 161 (162).

12 BVerfGE 151, 191 (192) – Wahl und Ernennung des Richters des Bundesverfassungsgerichts Harbarth; 150, 194 (195); 138, 125 (127).

13 BVerfGE 138, 125 (133, Rn. 23); 124, 267 (274).

14 BVerfGE 165, 270 (284, Rn. 43) – Erhöhung der Obergrenze für die Parteienfinanzierung II; 151, 58 (64 f., Rn. 14) – Erhöhung der Obergrenze für die Parteienfinanzie-

§ 67 Satz 1 greift die Vorgaben der §§ 63, 64 insofern auf, als der **Feststellungstenor** folgende **Elemente** enthalten muss: erstens die vom Antragsteller beanstandete Maßnahme (→ § 64 Rn. 6 ff.) oder Unterlassung (→ § 64 Rn. 12 ff.), die vom Antragsgegner ausgehen muss, und zweitens die Bestimmung des Grundgesetzes, gegen die die beanstandete Maßnahme oder Unterlassung verstößt und bei der es sich um eine solche handeln muss, die Rechte und Kompetenzen des Antragstellers oder des Organs, dessen Teil der Antragsteller ist, begründet (→ § 64 Rn. 19 ff.). 9

Der Entscheidungsinhalt entspricht damit ebenso wie die Verfahrensvorschriften der §§ 63, 64 nicht exakt der Umschreibung des Verfahrensgegenstands des Organstreits in **Art. 93 Abs. 1 Nr. 1 GG, § 13 Nr. 5**. Die dort **im Vordergrund** stehende **Auslegung des Grundgesetzes** ist nicht Bestandteil des Tenors nach Satz 1, sondern die Entscheidung der Streitigkeiten zwischen Organen oder Organteilen, die nach dem Wortlaut des Art. 93 Abs. 1 Nr. 1 GG, § 13 Nr. 5 nur als Anlass der Auslegungsfrage erscheinen. Nach dem Zweck des Organstreits[15] und unter Berücksichtigung der Funktion des Bundesverfassungsgerichts mit seinen judikativen Aufgaben ist es jedoch verfassungsrechtlich unbedenklich und entspricht im Übrigen dem durchweg praktizierten Verständnis des Gerichts, dass Satz 1 die Entscheidung im Organstreitverfahren nicht auf eine bloße Verfassungsauslegung reduziert (→ § 63 Rn. 2 ff.). 10

Satz 2 ordnet an, dass im Tenor die **verletzte Bestimmung des Grundgesetzes ausdrücklich zu bezeichnen** ist. Auch diese Regelung kommt konsequenterweise (vgl. zu Satz 1: → Rn. 5) nur zum Tragen, wenn dem Antrag stattgegeben wird. 11

Das für die Entscheidung geltende **Zitiergebot** des Satzes 2 korrespondiert, bezogen auf die Verfahrenseinleitung, mit der Obliegenheit des Antragstellers, die aus seiner Sicht verletzte Bestimmung des Grundgesetzes gemäß § 64 Abs. 2 schon im Antrag zu bezeichnen. Auch mit der Angabe des verletzten Rechts gibt der Antragsteller den Prüfungsgegenstand des Bundesverfassungsgerichts vor, über den sodann nach Satz 1 zu befinden ist (vgl. → § 64 Rn. 36).[16] 12

Dadurch ist aber nicht generell ausgeschlossen, dass die vom Antragsteller im verfahrenseinleitenden Antrag als verletzt bezeichnete Bestimmung des Grundgesetzes und die im Tenor einer stattgebenden Entscheidung genannte Norm nicht übereinstimmen. Die Bezeichnung der aus Sicht des Antragstellers verletzten Bestimmung des Grundgesetzes ist nach § 64 Abs. 2 eine zwingende Voraussetzung für die Zulässigkeit des Antrags,[17] entbindet das Bundesverfassungsgericht aber, sofern die Zulässigkeitsvoraussetzung erfüllt 13

rung I; 136, 190 (192, Rn. 5) – Öffentlichkeitsarbeit der FDP-Bundestagsfraktion; 134, 141 (194, Rn. 160) – Ramelow.

15 BVerfGE 165, 270 (284, Rn. 43) – Erhöhung der Obergrenze für die Parteienfinanzierung II; 151, 58 (64 f., Rn. 14) – Erhöhung der Obergrenze für die Parteienfinanzierung I; 136, 190 (192, Rn. 5) – Öffentlichkeitsarbeit der FDP-Bundestagsfraktion; 134, 141 (194, Rn. 160) – Ramelow.

16 BVerfGE 148, 11 (22 f., Rn. 38) – Rote Karte für Wanka; 134, 141 (192, Rn. 149) – Ramelow.

17 BVerfGE 134, 141 (192, Rn. 149) – Ramelow.

wurde, nicht von einer **Auslegung des Antrags**. Hierbei ist es geboten, den Kreis der Bestimmungen des Grundgesetzes, gegen die die beanstandete Maßnahme verstoßen haben soll, auch aus dem Inhalt der Antragsbegründung zu entnehmen.[18]

14 Die Auslegung kann unter Berücksichtigung der Antragsbegründung zum Ergebnis führen, dass der Antragsteller sich auf ein ihm zustehendes Recht beruft, es jedoch im Antrag falsch oder neben anderen Rechten gar nicht bezeichnet hat. Im ersten Fall ist die **Falschbezeichnung unschädlich** und durch Auslegung zu korrigieren. Im zweiten Fall ist das Bundesverfassungsgericht, sollte es nicht selbst im Wege der Auslegung die fehlende Bezeichnung überwinden, zumindest prozessual verpflichtet, **auf eine Ergänzung des Antrags hinzuwirken**,[19] jedenfalls solange die Antragsfrist des § 64 Abs. 3 nicht abgelaufen ist. In beiden Fällen ist letztlich ein „Austausch" der als verletzt bezeichneten Bestimmung des Grundgesetzes im Verhältnis des verfahrenseinleitenden Antrags zum Tenor möglich.

15 **Satz 3** greift den in Art. 93 Abs. 1 Nr. 1 GG, § 13 Nr. 5 angesprochenen Auftrag zur Auslegung des Grundgesetzes dann doch noch im Hinblick auf die Entscheidung des Bundesverfassungsgerichts über ein Organstreitverfahren auf, aber nicht bezüglich des schon von den Sätzen 1 und 2 erfassten konkreten Streitgegenstands. Vielmehr ermächtigt diese Vorschrift das Bundesverfassungsgericht, die **Entscheidung auf eine dem Feststellungstenor** nach Satz 1 **zugrundeliegende Vorfrage zu erstrecken**. Wird von den Beteiligten des Organstreitverfahrens eine entsprechende Entscheidung beantragt, sieht das Bundesverfassungsgericht darin lediglich eine bloße Anregung auf Entscheidung gemäß § 67 Satz 3, über die das Gericht nach freiem Ermessen von Amts wegen befindet.[20]

16 Der Entscheidungsausspruch nach Satz 3 darf sich nur auf eine **Rechtsfrage** beziehen, **die für die Auslegung** gerade der Bestimmung des Grundgesetzes **erheblich war**, die der Antragsteller, ggf. nach Auslegung des Antrags, nach § 64 Abs. 2 als verletzt bezeichnet hat und die deshalb Prüfungsmaßstab für die Entscheidung nach den Sätzen 1 und 2 war. Ob dem Antrag stattgegeben wurde oder nicht, spielt hingegen keine Rolle.[21]

17 Entscheidungsinhalt ist dann die Beurteilung der sich inzident stellenden Rechtsfrage. Dieser Auslegungsentscheidung kommt ebenso **Bindungswirkung nach § 31 Abs. 1** zu wie dem feststellenden Teil des Tenors. Sie dient der verbindlichen Klärung der Auslegungsfrage über den Einzelfall hinaus.

18 Das Bundesverfassungsgericht hat bislang von der in seinem Ermessen stehenden, antragsunabhängigen Tenorierungsmöglichkeit nach Satz 3 **keinen Gebrauch gemacht**. Dafür dürfte ausschlaggebend sein, dass anlässlich eines konkreten Einzelfalls schwerlich alle weiteren denkbaren Fallkonstellationen überblickt werden können, für die die Richtigkeit einer bestimmten Normauslegung garantiert werden kann.

---

18 BVerfGE 134, 141 (192, Rn. 149) – Ramelow; 129, 356 (364 f.).
19 Schmidt-Bleibtreu/Klein/Bethge BVerfGG/Bethge § 67 Rn. 48 (Stand: Mai 2017).
20 BVerfG, Urteil des Zweiten Senats vom 22.2.2023 – 2 BvE 3/19, Rn. 119 bei Juris – Finanzierung politischer Stiftungen.
21 Übereinstimmend Schmidt-Bleibtreu/Klein/Bethge BVerfGG/Bethge § 67 Rn. 70 (Stand: Mai 2017).

Siebenter Abschnitt
Verfahren in den Fällen des § 13 Nr. 7
[Streitigkeiten zwischen Bund und Ländern]

§ 68 [Antragsteller und Antragsgegner]

Antragsteller und Antragsgegner können nur sein: für den Bund die Bundesregierung, für ein Land die Landesregierung.

§ 68 ist die erste von drei Normen über den sogenannten **Bund-Länder-Streit.** Die charakteristischen Konturen und Zulässigkeitsvoraussetzungen dieser Verfahrensart sind auf der Ebene der Verfassung in Art. 93 Abs. 1 Nr. 3 GG, teilweise ergänzt durch Art. 84 Abs. 4 Satz 2 GG, vorgegeben und in den §§ 68 bis 70 näher ausgestaltet, teils unmittelbar, teils durch Verweis auf die für das Organstreitverfahren geltenden Regelungen der §§ 64 bis 67. Das besondere Kompetenzfreigabeverfahren nach Art. 93 Abs. 2 Satz 1 GG, § 96 ist zwar auch eine föderative Streitigkeit, aber kein Bund-Länder-Streitverfahren[1] im Sinne der §§ 68 ff., sondern ein Verfahren mit eigenem Charakter (→ § 96 Rn. 5).[2] 1

Nach Art. 93 Abs. 1 Nr. 3 GG, § 13 Nr. 7 entscheidet das Bundesverfassungsgericht bei **Meinungsverschiedenheiten über Rechte und Pflichten des Bundes und der Länder**, insbesondere bei der Ausführung von Bundesrecht durch die Länder und bei der Ausübung der Bundesaufsicht. Parteien des Bund-Länder-Streits sind deshalb schon von Verfassungs wegen nur der Bund und ein Land oder mehrere Länder.[3] Auch § 68 ist so zu verstehen, dass Bundesregierung bzw. Landesregierungen lediglich ein materielles Vertretungsrecht für ihren jeweiligen Verband haben.[4] Zutreffend wird deshalb in der neueren Praxis des Bundesverfassungsgerichts der jeweilige Verband, also das Land oder die Bundesrepublik, im Rubrum als Antragsteller oder Antragsgegner genannt, die jeweilige Regierung nur als prozessführendes Organ.[5] 2

Der Bund-Länder-Streit ist aber nicht nur eine **Verbandsstreitigkeit**,[6] sondern wie der Organstreit **als kontradiktorische Streitigkeit ausgestaltet**, bei der aus konkretem Anlass über subjektive Berechtigungen und Verpflichtungen gestritten wird.[7] § 68 bringt das durch die Gegenüberstellung von Antragsteller und Antragsgegner zum Ausdruck. Die historischen Vorläufer des Bund-Länder-Streits, die in Art. 93 Abs. 1 Nr. 3 GG angeführten Beispiele und 3

1 Unsauber: BT-Drs. 16/814, S. 34.
2 Siehe dazu auch Lechner/Zuck/Zuck Vor § 96 Rn. 11; Schmidt-Bleibtreu/Klein/Bethge BVerfGG/von Coelln § 96 Rn. 12 (Stand: Dezember 2012).
3 BVerfGE 129, 108 (115) – Schuldenbremse.
4 Schmidt-Bleibtreu/Klein/Bethge BVerfGG/Bethge § 68 Rn. 3 (Stand: Juli 2021).
5 BVerfG, Beschluss des Zweiten Senats vom 15.11.2023 – 2 BvG 1/19 ua, Rn. 48 bei Juris in Verbindung mit dem Rubrum – Kostentragungsstreit der Freistaaten Sachsen und Thüringen; BVerfGE 129, 108 (108) – Schuldenbremse; zur früheren Praxis, bei der nur die Regierungen genannt wurden, vgl. etwa BVerfGE 116, 271 (271).
6 BVerfGE 129, 108 (115) – Schuldenbremse.
7 BVerfGE 103, 81 (87); siehe auch BVerfGE 129, 108 (122) – Schuldenbremse.

der systematische Zusammenhang mit den „anderen öffentlich-rechtlichen Streitigkeiten zwischen dem Bund und den Ländern" nach Art. 93 Abs. 1 Nr. 4 GG verdeutlichen, dass der kontradiktorische Charakter **schon auf der Ebene der Verfassung vorgeprägt** ist.[8]

4 Ebenfalls nicht im Bundesverfassungsgerichtsgesetz, sondern nur in der Verfassung ist der **Streitgegenstand** des Bund-Länder-Streits bestimmt. Auslöser der Meinungsverschiedenheiten können Maßnahmen und Unterlassungen des jeweils anderen Verbandes sein und zwar unabhängig davon, ob sie die Gebiete der Gesetzgebung, der Verwaltung oder gar der Justiz betreffen.[9]

5 Die entscheidende Begrenzung liegt darin, dass die **Maßnahme ein den Bund und zumindest ein Land umspannendes materielles Verfassungsrechtsverhältnis betrifft** und eine verfassungsrechtliche Rechtsposition des antragstellenden Verbandes verletzen oder unmittelbar gefährden kann.[10] Für die Bestimmung der Rechtsnatur eines Streits kommt es nicht auf die Vorstellungen des Antragstellers, sondern maßgeblich auf das verfassungsrechtliche Grundverhältnis an,[11] im Ergebnis also auf die verfassungsrechtliche **Anspruchsgrundlage.**[12] Liegt dagegen eine öffentlich-rechtliche Streitigkeit nicht verfassungsrechtlicher Art zwischen dem Bund und den Ländern vor, ist nach §§ 40 Abs. 1 Satz 1, 50 Abs. 1 Nr. 1 VwGO das Bundesverwaltungsgericht zur Entscheidung berufen.[13] Für diese Abgrenzung kommt es alleine auf die objektive Rechtslage an. Es ist unerheblich, dass die Verfahrensbeteiligten die Rechtsnatur des Streitgegenstandes übereinstimmend als verfassungsrechtlich beurteilen.[14]

6 Die zur Nachprüfung gestellte Maßnahme oder Unterlassung muss rechtserheblich sein oder sich zumindest zu einem die Rechtsstellung des Antragstellers beeinträchtigenden, **rechtserheblichen Verhalten** verdichten können. Daran fehlt es, wenn die Maßnahme für den Antragsteller erst in Folge eines selbstständigen Umsetzungsaktes rechtliche Bedeutung erlangt und bis dahin noch nicht auf seinen Rechtskreis im Sinne einer Rechtsgefährdung einwirkt.[15]

7 Die wesentlichen **Anwendungsfälle** betrafen zuletzt die Schuldenbremse,[16] die Haftungsverteilung in sogenannten Anlastungsfällen nach Art. 104a,

8 Vgl. Huber/Voßkuhle/Voßkuhle Art. 93 Rn. 134.

9 BVerfG, Beschluss des Zweiten Senats vom 15.11.2023 – 2 BvG 1/19 ua, Rn. 49 bei Juris – Kostentragungsstreit der Freistaaten Sachsen und Thüringen; BVerfGE 129, 108 (120) – Schuldenbremse.

10 BVerfG, Beschluss des Zweiten Senats vom 15.11.2023 – 2 BvG 1/19 ua, Rn. 49 bei Juris – Kostentragungsstreit der Freistaaten Sachsen und Thüringen; BVerfGE 116, 271 (298); 109, 1 (5); 104, 238 (245).

11 BVerfGE 109, 1 (6).

12 So jetzt ausdrücklich auch BVerfG, Beschluss des Zweiten Senats vom 15.11.2023 – 2 BvG 1/19 ua, Rn. 50 bei Juris – Kostentragungsstreit der Freistaaten Sachsen und Thüringen.

13 BVerfGE 109, 1 (5); siehe auch BVerfGE 103, 81 (88) sowie BVerwG, Beschl. v. 9.5.2019 – 4 VR 1/19 ua, Rn. 8 bei Juris.

14 BVerfG, Beschluss des Zweiten Senats vom 15.11.2023 – 2 BvG 1/19 ua, Rn. 51 bei Juris – Kostentragungsstreit der Freistaaten Sachsen und Thüringen.

15 BVerfGE 116, 271 (298 ff.).

16 BVerfGE 129, 108.

Abs. 5, 6 GG,[17] die Nichtbeteiligung der Länder an den Erträgen aus der Versteigerung der UMTS-Lizenzen,[18] Weisungen des Bundes nach Art. 85 Abs. 3 GG[19] sowie Verfahren zur Hilfeleistungspflicht des Bundes bei extremer Lage des Landeshaushalts,[20] zu atomrechtlichen Fragen[21] und zur Sicherung der Länderrechte bei Rechtssetzung im Rahmen der Europäischen Union.[22] Der letzte Anwendungsfall des Bund-Länder-Streits betraf vereinigungsbedingte ökologische Altlasten, für die die Freistaaten Sachen und Thüringen eine weitergehende Kostentragungspflicht des Bundes geltend gemacht haben.[23]

Föderative Streitgegenstände werden aber oftmals auch im **Verfahren der abstrakten Normenkontrolle** ausgetragen, und zwar teils neben,[24] teils anstelle von einem Bund-Länder-Streit.[25] Das hat verschiedene Gründe. Bei der abstrakten Normenkontrolle ist der Kreis parteifähiger Antragsteller größer, es gelten keine Fristen und die Entscheidungswirkung reicht weiter, da in diesem Verfahren das Bundesverfassungsgericht ein streitbefangenes Gesetz mit Gesetzeskraft (§ 31 Abs. 2) für nichtig erklären kann.[26] 8

Unmittelbarer Regelungsinhalt von § 68 ist die Festlegung, wer für die streitfähigen Verbände (Bund und Länder) Antragsteller oder Antragsgegner sein kann. Das betrifft die Frage der **Vertretungsberechtigung**. Sie ist in § 68 sowohl für den Bund wie für die Länder konstitutiv und abschließend dahin gehend beantwortet, dass nur die Regierung des jeweiligen Verbands berechtigt ist, für ihn einen verfahrenseinleitenden Antrag im Bund-Länder-Streit zu stellen und ihn im Bund-Länder-Streit zu vertreten.[27] 9

Das war in Frage gestellt worden durch einen vom Präsidenten des Landtags von Schleswig-Holstein und durch den Schleswig-Holsteinischen **Landtag** 2010 **im Namen des Landes** Schleswig-Holstein gestellten Bund-Länder-Streit-Antrag gegen die neu in das Grundgesetz aufgenommenen Regelungen über die sogenannte Schuldenbremse (Art. 109 Abs. 3 Sätze 1 und 5 GG).[28] Dort war argumentiert worden, bei **Streitigkeiten über die Gesetzgebungskompetenz** müssten auch der jeweilige Landtag und die gesetzgebenden Körperschaften des Bundes vertretungsberechtigt sein.[29] 10

Der **Zweite Senat** hat die in § 68 angeordnete Beschränkung der Antragsberechtigung auf die jeweiligen Regierungen als verfassungskonform angesehen und sich dabei einerseits auf die Regelungsermächtigung in Art. 94 Abs. 2 Satz 1 GG, andererseits auf den Charakter des Bund-Länder-Streits als 11

---

17 BVerfGE 116, 271; 109, 1; vgl. auch BVerfGE 99, 361.
18 BVerfGE 105, 185.
19 BVerfGE 102, 167.
20 BVerfG, Beschluss des Zweiten Senats vom 13.7.2011 – 2 BvG 3/05, Juris; siehe auch BVerfGE 95, 250.
21 BVerfGE 104, 249; 104, 238; 84, 25.
22 BVerfGE 92, 203.
23 BVerfG, Beschluss des Zweiten Senats vom 15.11.2023 – 2 BvG 1/19 ua, Rn. 1 bei Juris – Kostentragungsstreit der Freistaaten Sachsen und Thüringen.
24 Vgl. BVerfGE 105, 185 (186 f.) – UMTS-Erlöse.
25 Vgl. BVerfGE 116, 328 (375 f.) – Haushaltsnotlage Berlin.
26 Burkiczak/Dollinger/Schorkopf BVerfGG/Schorkopf §§ 68, 69 Rn. 4.
27 BVerfGE 129, 108 (115) – Schuldenbremse.
28 Vgl. dazu und zur Verfassungsmäßigkeit dieser Regelungen Lenz/Burgbacher NJW 2009, 2561 (2565 f.).
29 Vgl. BVerfGE 129, 108 (109 f.) – Schuldenbremse.

Verbandsstreitigkeit berufen und darauf verwiesen, dass die **Länder** gemäß Art. 51 GG auch im Bundesrat **nicht durch ihre Landesparlamente**, sondern durch ihre Regierungen **vertreten werden.**[30]

12 Im praktischen Ergebnis bedeutet das, dass Landesparlamente, die ihre Landesregierung nicht mit politischen Einflussmöglichkeiten zur Einleitung eines Bund-Länder-Streits bewegen können, darauf verwiesen sind, ein darauf abzielendes **Organstreitverfahren vor ihrem Landesverfassungsgericht** zu führen.[31] Das Bundesverfassungsgericht erwartet von den Landesverfassungsgerichten, dass solche Organstreitverfahren so rasch geführt werden, dass die Antragsfrist für einen Bund-Länder-Streit nach § 69 iVm § 64 Abs. 3 nicht leerläuft; das Bundesverfassungsgericht selbst ist dazu in der Lage, wie die rasche Behandlung des Pofalla-Falls gezeigt hat.[32]

13 Im Bund-Länder-Streit gibt es **auch keine Prozessstandschaft** eines Parlaments, und zwar weder in Bezug auf die Regierung noch in Bezug auf den eigenen Verband.[33] Da Wesen einer Prozessstandschaft ist, dass fremde Rechte in eigenem Namen verfolgt werden, es im Bund-Länder-Streit aber um Zuständigkeiten und Rechtspositionen des eigenen Verbandes geht, kommt eine Prozessstandschaft ohnehin nur für den Verband, nicht aber für die in § 68 genannte Regierung in Betracht. Eine Prozessstandschaft des Parlaments für den Verband liefe aber auf eine **Umgehung von § 68** hinaus.

14 Die **Rechtsprechung zur Prozessstandschaft von Fraktionen** für den Bundestag im Rahmen des Organstreitverfahrens (→ § 64 Rn. 25) ist **nicht übertragbar**. Sie findet ihre Grundlage in § 63 und im Merkmal „Teilen" der dort aufgeführten Organe, und § 64 setzt das nur um. Die Regelung des § 69 verweist aber gerade nicht auf § 63. Außerdem besteht für den Bund-Länder-Streit nicht das für den als In-Sich-Prozess angelegten Organstreit relevante Bedürfnis, der parteienstaatlichen Prägung des grundgesetzlichen Institutionengefüges Rechnung zu tragen.[34]

15 Die Vertretungsbefugnis der Regierung **bedarf**, weil es sich dabei um ein Kollegialorgan handelt, **eines Kabinettsbeschlusses.**[35] Das gilt für Bund und Land gleichermaßen, aber immer nur für die Antragstellung, nicht für die Wahrnehmung der Funktion als Antragsgegner. Dieser kann die Regierung des Verbandes, gegen die sich der Antrag richtet, nicht ausweichen.[36]

16 § 68 verdeutlicht auch, dass ein Bund-Länder-Streit der **Disposition des Antragstellers** unterliegt. Nimmt der Antragsteller seinen Antrag zurück, dann

30 BVerfGE 129, 108 (116 f.) – Schuldenbremse.
31 BVerfGE 129, 108 (117) – Schuldenbremse; vgl. zu einem – gescheiterten – Versuch, im Wege des Bundesorganstreitverfahrens die Bundesregierung zur Einleitung eines Bund-Länder-Streites zu bewegen: BVerfGE 103, 81 (86 ff.) – Pofalla.
32 Vgl. BVerfGE 103, 81 (81 und 84).
33 BVerfGE 129, 108 (122 ff.) – Schuldenbremse.
34 Vgl. zum Ganzen BVerfGE 129, 108 (122 ff.) – Schuldenbremse.
35 BVerfGE 129, 108 (115 f.) – Schuldenbremse.
36 Schmidt-Bleibtreu/Klein/Bethge BVerfGG/Bethge § 68 Rn. 12 (Stand: Juli 2021).

ist das Verfahren einzustellen.[37] Auch ein öffentliches Interesse an der Fortführung des Verfahrens kann seiner Einstellung nicht entgegenstehen.[38]

§ 69 [Verweisung auf Organstreitigkeiten]

Die Vorschriften der §§ 64 bis 67 gelten entsprechend.

§ 69 bestimmt mit wenigen Worten, dass **für den Bund-Länder-Streit die für den Organstreit formulierten Regelungen der §§ 64 bis 67** entsprechend gelten. Tragender Grund hierfür ist, dass der Bund-Länder-Streit wie der Organstreit ein kontradiktorisches Verfahren ist, bei dem sich Antragsteller und Antragsgegner in einem verfassungsrechtlichen Rechtsverhältnis gegenüberstehen, aus dem sich Rechte und Pflichten ergeben, die sie gegenseitig achten müssen und die zwischen ihnen streitig geworden sind.[1] 1

Die Vorschriften der §§ 64 bis 67 **gelten** aber **nur entsprechend,** weil sich der Bund-Länder-Streit als Streitigkeit zwischen Verbänden von dem als In-Sich-Prozess ausgestalteten Organstreit unterscheidet, auch in seiner geringeren Öffnung für die parteipolitischen Prägungen.[2] Ausgehend von diesen Unterschieden muss jeweils im Einzelnen bestimmt werden, inwieweit die Vorgaben der §§ 64 bis 67 für den Bund-Länder-Streit zu modifizieren sind. Zu beachten ist aber auch, ob und inwieweit im Gesetz nicht ausdrücklich enthaltene, von der Rechtsprechung aber zum Organstreit entwickelte Anforderungen auch für den Bund-Länder-Streit gelten (→ Rn. 19). 2

Der vom Verweis des § 69 erfasste § 64 Abs. 1 regelt die Thematik des Antragsgegenstands und der Antragsbefugnis. Der **Antragsgegenstand** des Bund-Länder-Streits ist aber schon **unmittelbar in der Verfassung** durch Art. 93 Abs. 1 Nr. 3 GG **bestimmt** als Meinungsverschiedenheit über Rechte und Pflichten des Bundes und der Länder (→ § 68 Rn. 4 ff.), wobei die Voraussetzung eines materiellen Verfassungsrechtsverhältnisses den Anforderungen entspricht, die zu § 64 Abs. 1 entwickelt worden sind.[3] Dasselbe gilt für den durch § 13 Nr. 7 dem Verfahren der §§ 68 ff. zugeordneten Spezialfall des Art. 84 Abs. 4 GG (vgl. zu diesem sogenannten Mängelrügeverfahren → § 70 Rn. 1 ff.).[4] Beides geht der auf Art. 93 Abs. 1 Nr. 1 GG bezogenen Formulierung des Antragsgegenstands in § 64 Abs. 1 vor. 3

Dagegen kommen die in **§ 64 Abs. 1** verankerten Vorgaben für die **Antragsbefugnis** (→ § 64 Rn. 15 ff.) im Wesentlichen auch für den Bund-Länder-Streit zum Tragen. Wie im Organstreit geht es auch im Bund-Länder-Streit 4

---

37 Vgl. BVerfG, Beschluss des Zweiten Senats vom 21.11.2017 – 2 BvG 1/14, Rn. 1 bei Juris; vgl. auch Barczak BVerfGG/Müller § 69 Rn. 29.

38 Anders BVerfG, Beschluss des Zweiten Senats vom 13.7.2011 – 2 BvG 3/05, Juris, nur weil der Bund-Länder-Streit zuvor mit zwei abstrakten Normenkontrollverfahren verbunden worden war.

1 BVerfGE 103, 81 (86 f.).

2 Vgl. BVerfGE 129, 128 (122 und 123 f.) – Schuldenbremse.

3 BVerfG, Beschluss des Zweiten Senats vom 15.11.2023 – 2 BvG 1/19 ua, Rn. 50 bei Juris – Kostentragungsstreit der Freistaaten Sachsen und Thüringen.

4 Barczak BVerfGG/Müller § 69 Rn. 22 f.

um die **Verteidigung eigener, dem antragstellenden Verband zugeordneter Rechtspositionen.**

5 Dazu gehören **nicht die Grundrechte.**[5] Die aus Anlass des Streits um Adenauers Deutschland-Fernsehen davon gemachte Ausnahme für die Rundfunkfreiheit[6] ist nicht überzeugend, weder im Hinblick auf die zur Begründung angeführte „fundamentale Bedeutung für das verfassungsrechtliche Leben in den Ländern", noch im Ergebnis.

6 Für die Wehrfähigkeit von Verfassungspositionen im Bund-Länder-Streit kommt es nicht darauf an, welche Bedeutung sie „in den Ländern" haben, sondern welche Bedeutung sie für das Verhältnis zwischen Bund und Ländern haben, also ob sie das föderative Bund-Länder-Verhältnis prägen. Das ist zutreffend **verneint** worden **für** Grundprinzipien wie das **Rechtsstaatsprinzip** aus Art. 20 Abs. 3 GG **und** für die Staatszielbestimmung des Schutzes der natürlichen Lebensgrundlagen nach **Art. 20a GG.**[7]

7 Die aus dem Bundesstaatsprinzip des Art. 20 Abs. 1 GG folgende **Pflicht** von Bund und Ländern **zu bundesfreundlichem Verhalten** begründet keine eigenständige, im Bund-Länder-Streit wehrfähige Rechtsposition, sondern nur im Zusammenspiel mit anderen verfassungsrechtlichen Positionen des Bundes oder eines Landes.[8]

8 Im Bereich der bundeseigenen Verwaltung gibt es keine wehrfähigen Rechtspositionen der Länder,[9] wohl aber in den Bereichen der landeseigenen und der **Bundesauftragsverwaltung** durch die Länder.[10]

9 Rechtspositionen, die im Bund-Länder-Streit geltend gemacht werden können, folgen etwa aus den **Haftungsverteilungsregelungen** des Art. 104a Abs. 4, 5 GG,[11] aus den Regelungen über die Verteilung des **Steueraufkommens** und sonstiger Einnahmen[12] und vor allen Dingen aus den **legislativen Kompetenzen.**[13]

10 **Nicht** auf den Bund-Länder-Streit übertragbar sind die in Zusammenhang mit § 64 Abs. 1 beim Organstreit entwickelten Fälle zulässiger **Prozessstandschaft** (→ § 68 Rn. 13 f.).

11 Der Verweis auf **§ 64 Abs. 2** verpflichtet den Antragsteller zur Angabe der als verletzt angesehenen Verfassungsnorm (→ § 64 Rn. 36).

12 Der Verweis auf **§ 64 Abs. 3** überträgt für die Antragstellung die für den Organstreit angeordnete **Ausschlussfrist**[14] von **sechs Monaten** auf alle Fälle des Bund-Länder-Streits, sofern nicht die Ausnahme des § 70 eingreift (→ § 70 Rn. 1). Eine Wiedereinsetzung in den vorigen Stand gibt es bei Versäumung

5 BVerfGE 129, 108 (118) – Schuldenbremse; 104, 238 (246).
6 BVerfGE 12, 205 (259 ff.); daran festhaltend BVerfGE 104, 238 (246).
7 BVerfGE 104, 238 (246).
8 BVerfGE 103, 81 (88 f.).
9 BVerfGE 104, 238 (247).
10 Vgl. BVerfGE 104, 249 (264); 102, 167 (172).
11 BVerfGE 116, 271 (298).
12 Vgl. zu Art. 106 Abs. 3 und 4 GG: BVerfGE 105, 185 (192 ff.) – UMTS.
13 Vgl. BVerfGE 129, 108 (117) – Schuldenbremse; 92, 203 (227).
14 BVerfGE 129, 356 (370); 116, 271 (301); 109, 1 (12); siehe zu § 64 Abs. 3 auch BVerfG, Urteil des Zweiten Senats vom 22.2.2023 – 2 BvE 3/19, Rn. 164 bei Juris – Finanzierung politischer Stiftungen.

der Frist nicht.[15] Durch § 69 iVm § 64 Abs. 3 sollen nach einer bestimmten Zeit auch im verfassungsrechtlichen Bund-Länder-Streit angreifbare Maßnahmen im Interesse der Rechtssicherheit und des alsbaldigen Eintritts von **Rechtsfrieden** außer Streit gestellt werden.[16] Die Frist beginnt, wenn die beanstandete Maßnahme oder Unterlassung dem Antragsteller bekannt wird.[17] Die Frist kann nicht durch die Anrufung des unzuständigen Bundesverwaltungsgerichts (§ 50 Abs. 1 Nr. 1 VwGO) gewahrt werden.[18]

Für den **Beitritt zum Bund-Länder-Streit** folgt aus der nur entsprechenden Anwendung von § 65, dass nicht die in § 65 Abs. 1 über die Verweisung auf § 63 bezeichneten Antragsberechtigten des Organstreits, sondern nur die im Bund-Länder-Streit nach § 68 Antragsberechtigten beitreten können.[19] Deshalb können von vorneherein **nur Länder** beitreten[20] und dies auch nur auf der Seite eines anderen Landes.[21] Die Beteiligungsregelung des § 65 Abs. 2 gilt über § 69 auch für den Bund-Länder-Streit.[22] 13

In § 68 nicht genannte **Organe** von Bund und Ländern **können** am Bund-Länder-Streit **nicht beteiligt werden**. Der vom Bundesverfassungsgericht im allerersten Bund-Länder-Streit um die Neugliederung der Länder Baden, Württemberg-Baden und Württemberg-Hohenzollern zugelassene Beitritt des Deutschen Bundestages[23] war nicht vom Gesetz gedeckt. Auch für den in BVerfGE 8, 122 (128) praktizierten Ausweg, eine bloße Äußerung des Deutschen Bundestages zuzulassen, fehlt eine gesetzliche Grundlage, wie sie für das abstrakte Normenkontrollverfahren in § 77 enthalten ist und damit vom Gesetz als erforderlich angesehen wird. Denkbar wäre allenfalls, auf den erst später eingeführten § 27a zurückzugreifen. 14

Die Beteiligungsfähigkeit lediglich anderer Länder führt auch dazu, dass das Bundesverfassungsgericht gemäß § 69 in entsprechender Anwendung von § 65 Abs. 2 **nur den anderen Ländern Kenntnis von der Einleitung** des Verfahrens gibt,[24] nicht aber weiteren Organen des Bundes neben der ihn vertretenden Bundesregierung. 15

Materiell setzt ein Beitritt eines anderen Landes voraus, dass die Entscheidung für die Rechte und Pflichten auch dieses beitretenden Landes im Bundesstaat von Bedeutung ist.[25] Der **Beitritt** ist **nicht** an die aus §§ 69, 64 Abs. 3 folgende Sechs-Monats-**Frist gebunden**, solange sich die Beitretenden einem 16

---

15 BVerfGE 109, 1 (12).

16 BVerfGE 116, 271 (301).

17 BVerfGE 109, 1 (10); 104, 238 (245); siehe zu § 64 Abs. 3 auch BVerfG, Urteil des Zweiten Senats vom 22.2.2023 – 2 BvE 3/19, Rn. 164 f. – Finanzierung politischer Stiftungen sowie BVerfGE 131, 152 (193 f.) – Euro-Plus-Pakt.

18 BVerfGE 109, 1 (9).

19 Noch anders gehandhabt von BVerfGE 1, 14 (30 f.).

20 Schmidt-Bleibtreu/Klein/Bethge BVerfGG/Bethge § 69 Rn. 117 ff. (Stand: Juli 2021); Burkiczak/Dollinger/Schorkopf BVerfGG/Schorkopf §§ 68, 69 Rn. 42.

21 BVerfGE 12, 308 (310).

22 BVerfG, Beschluss des Zweiten Senats vom 15.11.2023 – 2 BvG 1/19 ua, Rn. 46 bei Juris – Kostentragungsstreit der Freistaaten Sachsen und Thüringen.

23 BVerfGE 1, 14 (31).

24 BVerfGE 13, 54 (56); 12, 308 (309).

25 BVerfGE 12, 308 (309).

fristgerechten Antrag anschließen und lediglich zusätzlich die Verletzung auch ihrer eigenen Rechte festgestellt haben wollen.[26]

17 Über den Verweis auf **§ 66** gilt die Befugnis des Bundesverfassungsgerichts, anhängige Verfahren zu verbinden und verbundene zu trennen, auch für die Bund-Länder-Streitverfahren. **Verbindungen** sind **auch über Verfahrensarten hinweg** möglich, etwa zwischen Bund-Länder-Streitverfahren und abstrakten Normenkontrollverfahren.[27]

18 Für die **Tenorierung** greift der Verweis auf **§ 67**. Wie im Organstreit stellt das Bundesverfassungsgericht auch im Bund-Länder-Streit lediglich fest, ob die konkret beanstandete Maßnahme oder Unterlassung des Antragsgegners gegen eine genau bezeichnete Bestimmung des Grundgesetzes verstößt.[28] Ist der auf diese Feststellung gerichtete Antrag nicht begründet, wird er zurückgewiesen. Leistungsurteile passen nicht zum Streitgegenstand des Bund-Länder-Streits und Gesetze können in diesem Verfahren vom Bundesverfassungsgericht nicht für nichtig erklärt werden. Allerdings darf das Bundesverfassungsgericht, wie sich schon aus dem Wortlaut von § 67 Satz 3, auf den § 69 verweist, ergibt, auch im Bund-Länder-Streit prüfen, ob ein Bundesgesetz gültig ist.[29]

19 Nicht im Wortlaut der §§ 64 bis 67 angelegt sind Vorgaben zum Rechtsschutzbedürfnis. Dazu hat das Bundesverfassungsgericht beim Organstreit die Figur der sogenannten **Konfrontationsobliegenheit** entwickelt (→ § 64 Rn. 32). Ob das auf den Bund-Länder-Streit zu übertragen ist, hat das Bundesverfassungsgericht noch nicht zu entscheiden gehabt. Eine solche Übertragung ist aber nach dem Zweck der Konfrontationsobliegenheit naheliegend. Sie bezweckt, den Konflikt offen zu legen und Gelegenheit zur Überprüfung und gegebenenfalls zur Korrektur des eigenen Verhaltens zu geben.[30] Dafür dürfte ausreichen, wenn ein Mitglied der jeweiligen Regierung im Namen des jeweiligen Verbands einen Verfassungsverstoß gegenüber einem Mitglied der Regierung des anderen Verbands sachgerecht rügt. Das wird im Regelfall über ein Schreiben erfolgen. Wegen des oftmals kooperativen Verhaltens von Bund und Ländern ist es naheliegend, hier keine besonders hohen formellen Anforderungen zu stellen und etwa auch Protokollerklärungen im Rahmen einer Fachministerkonferenz von Bund und Ländern ausreichen zu lassen.

---

26 BVerfGE 92, 203 (229).

27 BVerfG, Beschluss des Zweiten Senats vom 13.7.2011 – 2 BvF 3/05 ua, Rn. 1 bei Juris; BVerfGE 116, 271 (272).

28 Beispielhaft BVerfGE 116, 271 (272).

29 Vgl. dazu Burkiczak/Dollinger/Schorkopf BVerfGG/Schorkopf §§ 68, 69 Rn. 49.

30 Vgl. BVerfGE 165, 167 (183, Rn. 50) – Parlamentarisches Fragerecht zum BfV, betreffend ein Organstreitverfahren.

§ 70 [Anfechtungsfrist]

Der Beschluß des Bundesrates nach Artikel 84 Abs. 4 Satz 1 des Grundgesetzes kann nur binnen eines Monats nach der Beschlußfassung angefochten werden.

§ 70 **gilt nur für** den in § 13 Nr. 7 dem Bund-Länder-Streit zugeordneten 1
Sonderfall des sogenannten Mängelrügeverfahrens nach Art. 84 Abs. 4 GG, also für den Umgang mit Mängeln im Bereich der Landeseigenverwaltung, welche die Bundesregierung bei der Ausführung der Bundesgesetze in den Ländern festgestellt hat. Die Verfassung sieht hier in Art. 84 Abs. 4 Satz 1 GG ein außergerichtliches Vorverfahren beim Bundesrat vor, dessen Beschluss dann gemäß Art. 84 Abs. 4 Satz 2 GG durch Anrufung des Bundesverfassungsgerichts verfassungsgerichtlich überprüft werden kann.

§ 70 setzt für die Anrufung des Bundesverfassungsgerichts eine Frist von 2
einem Monat, die den Charakter einer **Ausschlussfrist** hat; eine Wiedereinsetzung ist nicht möglich.[1] Hinsichtlich der Fristlänge ist die Regelung eine lex specialis zu der sonst über die Verweisung in § 69 anwendbaren Vorschrift des § 64 Abs. 3 mit ihrer Frist von sechs Monaten.

Die Monatsfrist des § 70 **beginnt mit der Beschlussfassung** des Bundesrats, 3
auf eine Bekanntgabe kommt es nicht an.[2]

Wird innerhalb der Frist kein Antrag gestellt, wird der Beschluss des Bundes- 4
rats unanfechtbar und verbindlich.[3] Wird der eine Rechtsverletzung des Landes feststellende Beschluss des Bundesrats **bestandskräftig**, kann der Bund unmittelbar zum Instrument des Bundeszwangs nach Art. 37 GG greifen.[4]

Wird ein Antrag rechtzeitig gestellt, ist **Streitgegenstand** der **Beschluss des** 5
Bundesrats. Das wirkt sich auch auf die Tenorierung aus. Es geht im Verfahren nach Art. 84 Abs. 4 Satz 2 GG, §§ 13 Nr. 7, 70 nicht darum, lediglich festzustellen, ob beanstandete Maßnahmen gegen das Grundgesetz verstoßen. Will das Bundesverfassungsgericht den angegriffenen Beschluss des Bundesrates in vollem Umfang bestätigen, weist es den dagegen gestellten Antrag zurück. In allen anderen Fällen ändert es den Beschluss des Bundesrats ganz oder teilweise ab und trifft selbst die Feststellung, ob und inwieweit das Land das Recht im Sinne von Art. 84 Abs. 4 Satz 1 GG verletzt hat.[5]

---

1 Vgl. BVerfGE 109, 1 (12).
2 Wie hier Barczak BVerfGG/Müller § 70 Rn. 8.
3 Burkiczak/Dollinger/Schorkopf BVerfGG/Schorkopf § 70 Rn. 7.
4 Dürig/Herzog/Scholz/F. Kirchhof Art. 84 Rn. 248 (Stand: Oktober 2020).
5 Vgl. Lechner/Zuck/Zuck § 70 Rn. 2; Dürig/Herzog/Scholz/F. Kirchhof Art. 84 Rn. 253 (Stand: Oktober 2020).

Achter Abschnitt
Verfahren in den Fällen des § 13 Nr. 8
[Andere öffentlich-rechtliche Streitigkeiten zwischen dem Bund und den Ländern, zwischen verschiedenen Ländern oder innerhalb eines Landes]

§ 71 [Antragsteller und Antragsgegner]

(1) Antragsteller und Antragsgegner können nur sein
1. bei öffentlich-rechtlichen Streitigkeiten gemäß Artikel 93 Abs. 1 Nr. 4 des Grundgesetzes zwischen dem Bund und den Ländern:
die Bundesregierung und die Landesregierungen;
2. bei öffentlich-rechtlichen Streitigkeiten gemäß Artikel 93 Abs. 1 Nr. 4 des Grundgesetzes zwischen den Ländern:
die Landesregierungen;
3. bei öffentlich-rechtlichen Streitigkeiten gemäß Artikel 93 Abs. 1 Nr. 4 des Grundgesetzes innerhalb eines Landes:
die obersten Organe des Landes und die in der Landesverfassung oder in der Geschäftsordnung eines obersten Organs des Landes mit eigenen Rechten ausgestatteten Teile dieser Organe, wenn sie durch den Streitgegenstand in ihren Rechten oder Zuständigkeiten unmittelbar berührt sind.

(2) Die Vorschrift des § 64 Abs. 3 gilt entsprechend.

I. Subsidiäre Verfahren nach Art. 93 Abs. 1 Nr. 4 GG

1 Die beiden Vorschriften der §§ 71 und 72 sind die knappe einfach-gesetzliche **Ausgestaltung von drei durchaus unterschiedlichen Verfahrensarten**, die von der Verfassung in **Art. 93 Abs. 1 Nr. 4 GG** zusammengefasst und konturiert sind. Dabei handelt es sich um andere öffentlich-rechtliche Streitigkeiten erstens zwischen dem Bund und den Ländern, zweitens zwischen verschiedenen Ländern und drittens innerhalb eines Landes, über die das Bundesverfassungsgericht aber jeweils nur entscheidet, soweit nicht ein anderer Rechtsweg gegeben ist (Art. 93 Abs. 1 Nr. 4 GG, § 13 Nr. 8).

2 Diese für alle drei Verfahrensarten geltende **Subsidiarität** einer Entscheidung durch das Bundesverfassungsgericht ist nach dem klaren Wortlaut von Art. 93 Abs. 1 Nr. 1 GG schon auf der Ebene der Verfassung vorgegeben.[1] Der jeweilige Gesetzgeber kann nur den Umfang der Subsidiarität steuern, indem er für solche Streitigkeiten intensiv oder restriktiv andere Rechtswege zur

1 So auch Burkiczak/Dollinger/Schorkopf BVerfGG/Meister § 71 Rn. 14.

Verfügung stellt.[2] Jedenfalls haben alle drei in Art. 93 Abs. 1 Nr. 4 GG, §§ 13 Nr. 8, 71 f. behandelten Verfahrensarten lediglich eine Auffangfunktion.

Eine weitere Gemeinsamkeit der drei Verfahrensarten besteht in ihrem **kontradiktorischen Charakter**.[3] Sowohl bei den Verbandsstreitigkeiten zwischen Bund und Ländern (Art. 93 Abs. 1 Nr. 4, Variante 1 GG, § 71 Abs. 1 Nr. 1) oder zwischen verschiedenen Ländern (Art. 93 Abs. 1 Nr. 4, Variante 2 GG, § 71 Abs. 1 Nr. 2) wie bei Innerverbandsstreitigkeiten (Landesorganstreit nach Art. 93 Abs. 1 Nr. 4, Variante 3 GG, § 71 Abs. 1 Nr. 3) stehen sich jeweils Antragsteller und Antragsgegner gegenüber. Die jeweiligen Antragsteller müssen antragsbefugt sein, also eigene, dem Verband oder im Fall der Variante 3 dem antragstellenden Organ zugeordnete Rechtspositionen verteidigen. 3

II. Antragsteller und Antragsgegner, Abs. 1

Unmittelbarer Regelungsgegenstand von § 71 **Abs. 1** ist folgerichtig, **wer** in den einzelnen Verfahrensarten **Antragsteller und Antragsgegner** sein kann, und unter welchen Voraussetzungen die Antragsbefugnis besteht. Dadurch werden zugleich die schon auf der Ebene der Verfassung vorgegebenen Konturen der Verfahren deutlich herausgestellt. 4

1. Bund-Länder-Streit. Abs. 1 Nr. 1 behandelt die Konstellation eines Bund-Länder-Streits,[4] die ausschließlich öffentlich-rechtliche Streitigkeiten gemäß Art. 93 Abs. 1 Nr. 4, Variante 1 GG zwischen dem Bund und den Ländern erfasst. Zwar nicht durch den Wortlaut von § 71 Abs. 1 Nr. 1, wohl aber durch den Verweis auf Art. 93 Abs. 1 Nr. 4 GG ist klargestellt, dass darunter **nur die „anderen" Bund-Länder-Streitigkeiten** fallen, also solche, die nicht schon durch Art. 93 Abs. 1 Nr. 3 und Art. 84 Abs. 4 Satz 2 GG, §§ 13 Nr. 7, 68 ff. erfasst sind.[5] Schon von Art. 93 Abs. 1 Nr. 3 GG, §§ 68 ff. erfasst sind alle verfassungsrechtlichen Streitigkeiten zwischen Bund und Ländern, die grundgesetzlich fundierte Streitigkeiten betreffen, also auch in einem formellen Sinne verfassungsrechtlicher Art sind.[6] 5

Damit verbleibt für Art. 93 Abs. 1 Nr. 4, Variante 1 GG und so auch für § 71 Abs. 1 Nr. 1 nur noch der **schmale Anwendungsbereich von Streitigkeiten über** lediglich materielles Verfassungsrecht, insbesondere über **verfassungsrechtliche Verträge**.[7] Paradebeispiel hierfür ist die Entscheidung im Streit zwischen dem Land Brandenburg und dem Bund über Rechte aus dem als verfassungsrechtlich eingestuften **Einigungsvertrag**.[8] 6

Noch nicht ausdrücklich entschieden hat das Bundesverfassungsgericht die Frage, ob der Begriff der anderen öffentlich-rechtlichen Streitigkeiten zwischen dem Bund und den Ländern von vornherein **nur Streitigkeiten ver-** 7

2 Vgl. BVerfGE 102, 245 (250 f.).
3 Huber/Voßkuhle/Voßkuhle Art. 93 Rn. 150.
4 BVerfGE 94, 297 (298).
5 Huber/Voßkuhle/Voßkuhle Art. 93 Rn. 154.
6 Vgl. dazu Schmidt-Bleibtreu/Klein/Bethge BVerfGG/Bethge § 71 Rn. 45 ff. (Stand: Februar 2013).
7 Vgl. Schmidt-Bleibtreu/Klein/Bethge BVerfGG/Bethge § 71 Rn. 47 ff. (Stand: Februar 2013).
8 BVerfGE 94, 297 (310).

fassungsrechtlicher Natur erfasst[9] oder auch sogenannte nichtverfassungsrechtliche Streitigkeiten.[10]

8 Praktische Unterschiede macht das kaum, weil für öffentlich-rechtliche **Streitigkeiten nicht verfassungsrechtlicher Art** auch dann, wenn sie zwischen Bund und Ländern ausgetragen werden, der **Verwaltungsrechtsweg** eröffnet ist (§ 40 Abs. 1 Satz 1 VwGO), wofür eine sachliche Zuständigkeit des Bundesverwaltungsgerichts normiert ist (§ 50 Abs. 1 Nr. 1 VwGO). § 50 Abs. 3 VwGO sieht in diesem Zusammenhang für Fälle, in denen das Bundesverwaltungsgericht die nach § 50 Abs. 1 Nr. 1 VwGO vor es gebrachte Streitigkeit für eine von verfassungsrechtlicher Art hält, eine Vorlagepflicht an das Bundesverfassungsgericht vor.[11] Von dem damit für öffentlich-rechtliche Streitigkeiten nicht verfassungsrechtlicher Art auch zwischen Bund und Ländern eröffneten Verwaltungsrechtsweg wird die Subsidiaritätsklausel des Art. 93 Abs. 1 Nr. 4 GG ausgelöst. Deshalb entscheidet das Bundesverfassungsgericht über solche Streitigkeiten selbst dann nicht, wenn man den Begriff der anderen öffentlich-rechtlichen Streitigkeiten zwischen dem Bund und den Ländern, wie er in Art. 93 Abs. 1 Nr. 4, Variante 1 GG, § 13 Nr. 8 sowie in § 71 Abs. 1 Nr. 1 verwendet wird, in einem weiten, auch Streitigkeiten nicht verfassungsrechtlicher Art einbeziehenden Sinn versteht.

9 Für den Bereich **sozialrechtlicher Streitigkeiten** zwischen dem Bund und den Ländern gilt nichts anderes (§ 39 Abs. 2 SGG).

10 Die Gesamtsystematik sowohl des Art. 93 Abs. 1 Nr. 4 GG wie des § 71 Abs. 1 legt es aber nahe, den dort verwandten Begriff der öffentlich-rechtlichen Streitigkeiten **von vornherein als auf Streitigkeiten verfassungsrechtlicher Art beschränkt** anzusehen. Denn jedenfalls zu den in Art. 93 Abs. 1 Nr. 4, Variante 3 GG geregelten Landesorganstreitigkeiten ist in der Rechtsprechung des Bundesverfassungsgerichts geklärt, dass hierunter nur Verfassungsstreitigkeiten im materiellen Sinne zu verstehen sind.[12] Das entspricht auch besser der funktionellen Stellung des Bundesverfassungsgerichts als „Spezialgericht für Verfassungsfragen".[13]

11 § 71 Abs. 1 Nr. 1 regelt, wer für die streitfähigen Verbände (Bund und Länder) Antragsteller oder Antragsgegner sein kann. Das betrifft wie bei § 68 die Frage der **Vertretungsberechtigung**. Die Regelung ist als abschließend anzusehen.[14] Nur die Regierung des jeweiligen Verbandes, nicht sonstige Organe wie ein Parlament, sind berechtigt, für den Verband einen verfahrenseinleitenden Antrag zu stellen und den Verband in dieser Form des Bund-Länder-Rechtsstreits zu vertreten. Eine Prozessstandschaft anderer Organe gibt es nicht (→ § 68 Rn. 13 f.).

---

9 Dafür ausdrücklich Huber/Voßkuhle/Voßkuhle Art. 93 Rn. 151; Dürig/Herzog/Scholz/Walter Art. 93 Rn. 300 (Stand: Juni 2017); Schmidt-Bleibtreu/Klein/Bethge BVerfGG/Bethge § 71 Rn. 43 (Stand: Februar 2013).
10 So Lechner/Zuck/Zuck Vor §§ 71 ff. Rn. 9 f.; Dreier/Wieland Art. 93 Rn. 71; dafür lässt sich die Entstehungsgeschichte zur VwGO anführen, vgl. BVerwGE 117, 244 (246).
11 Beispiel: BVerfGE 109, 1 (2).
12 BVerfGE 60, 175 (199 f.).
13 Huber/Voßkuhle/Voßkuhle Art. 93 Rn. 151; anders wohl Barczak BVerfGG/Müller § 71 Rn. 24.
14 Vgl. zu § 68: BVerfGE 129, 108 (115 f.) – Schuldenbremse.

2. Zwischen-Länder-Streitigkeiten. Abs. 1 Nr. 2 regelt **Streitigkeiten zwischen den Ländern**, und zwar wiederum nur solche, die verfassungsrechtlicher Art sind (siehe auch → Rn. 10).[15] Ginge man auch in diesem Zusammenhang davon aus, dass öffentlich-rechtliche Streitigkeiten auch solche nicht verfassungsrechtlicher Art sein können, greift wiederum die Subsidiaritätsklausel des Art. 93 Abs. 1 Nr. 4 GG. Denn nach §§ 40 Abs. 1 Satz 1, 50 Abs. 1 Nr. 1 VwGO entscheidet das Bundesverwaltungsgericht auch über öffentlich-rechtliche Streitigkeiten nicht verfassungsrechtlicher Art zwischen verschiedenen Ländern.[16] 12

Von § 71 Abs. 1 Nr. 2 erfasste **Zwischen-Länder-Streitigkeiten kommen selten vor**, sind seit mehr als 40 Jahren nicht mehr aufgetreten und betrafen im Übrigen nahezu ausnahmslos Streitigkeiten um verfassungsrechtliche Rechtspositionen von vorkonstitutionell durch **Eingliederungsverträge** untergegangenen deutschen Gliedstaaten.[17] Aus dem Rahmen fällt lediglich der Streit zwischen Nordrhein-Westfalen und anderen Ländern einerseits und Bayern andererseits um Pflichten des Freistaats aus dem Staatsvertrag über die Vergabe von Studienplätzen. Dieser Streit war vor dem Bundesverfassungsgericht jedoch unzulässig, weil er eine Streitigkeit nicht verfassungsrechtlicher Art betraf.[18] 13

Antragsteller und Antragsgegner können in diesem Zwischen-Länder-Streitverfahren nach der ausdrücklichen Bestimmung des § 71 Abs. 1 Nr. 2 **nur die jeweiligen Landesregierungen** sein. Auch insoweit gilt, dass eine Vertretungsbefugnis durch andere Organe weder unmittelbar noch im Wege der Prozessstandschaft in Betracht kommt.[19] 14

Auch ohne gesonderte gesetzliche Regelung hält das Bundesverfassungsgericht in solchen Verfahren den **Beitritt anderer Länder** für **zulässig**, jedenfalls dann, wenn mehrere Länder in gleicher Lage dasselbe Interesse an rechtskräftiger Feststellung und Klärung einer bestimmten Rechtsposition haben.[20] Das entspricht der Rechtslage beim Bund-Länder-Streit nach Art. 93 Abs. 1 Nr. 3 GG (→ § 69 Rn. 12). 15

Ganz generell kann hinsichtlich der Sachurteilsvoraussetzungen, soweit sie nicht in den §§ 71 und 72 geregelt sind, auf die Vorschriften über den Bund-Länder-Streit nach Art. 93 Abs. 1 Nr. 3 GG zurückgegriffen werden, also insbesondere auf § 69.[21] 16

3. Landesorganstreit. Gegenstand von **Abs. 1 Nr. 3** sind öffentlich-rechtliche Streitigkeiten innerhalb eines Landes und zwar zwischen Organen eines Landes. Der damit erfasste **Landesorganstreit** ist die Entsprechung zu dem in Art. 93 Abs. 1 Nr. 1 GG, §§ 13 Nr. 5, 63 ff. geregelten Organstreit auf Bundesebene. Deshalb kann auf die beim Bundesorganstreit maßgeblichen Prinzipien (§§ 63 ff.) zurückgegriffen werden, sofern nicht der Umstand der 17

15 Huber/Voßkuhle/Voßkuhle Art. 93 Rn. 156.
16 BVerfGE 62, 295 (312).
17 Zuletzt BVerfGE 62, 295 (312 ff.).
18 BVerfGE 42, 103 (112 ff.).
19 Vgl. zu § 68: BVerfGE 129, 108 (122 ff.) – Schuldenbremse.
20 BVerfGE 42, 103 (118 f.).
21 Huber/Voßkuhle/Voßkuhle Art. 93 Rn. 155.

Subsidiarität der Zuständigkeit des Bundesverfassungsgerichts für Landesorganstreitverfahren etwas anderes gebietet (→ Rn. 22 f.).

18 Antragsteller und Antragsgegner im Landesorganstreit nach Art. 93 Abs. 1 Nr. 4, Variante 3 GG, §§ 13 Nr. 8, 71 Abs. 1 Nr. 3 können **nur die obersten Organe des Landes und Teile solcher Landesorgane** sein, Letztere nur, wenn sie in der Landesverfassung oder in der Geschäftsordnung mit eigenen Rechten ausgestattet sind. Deshalb kann in einem Organstreitverfahren das Land selbst nicht Antragsteller oder Antragsgegner sein.[22] Ebenfalls keine tauglichen Antragsgegner sind Landesrechnungshöfe (→ § 63 Rn. 10, → § 63 Rn. 32)[23] und Landesverfassungsgerichte.[24]

19 Mögliche Antragsteller in Verfahren nach § 71 Abs. 1 Nr. 3 sind dagegen insbesondere politische **Parteien,**[25] **Landtagsfraktionen**[26] und **einzelne Landtagsabgeordnete.**[27] Für die Parteifähigkeit soll, insbesondere bei Organteilen, der Status zu dem Zeitpunkt maßgeblich sein, zu dem diese den Organstreit anhängig gemacht haben.[28]

20 Besonderes Augenmerk ist aber immer darauf zu richten, ob ein generell parteifähiger Antragsteller im konkreten Fall auch über eine **Antragsbefugnis** verfügt. Die Antragsbefugnis ist im Landesorganstreit gegeben, wenn Antragsteller **schlüssig behaupten**, dass sie und der Antragsgegner an einem verfassungsrechtlichen Rechtsverhältnis unmittelbar beteiligt sind und dass der Antragsgegner hieraus erwachsende **eigene verfassungsmäßige Rechte und Zuständigkeiten** der Antragsteller durch die beanstandete Maßnahme oder das Unterlassen verletzt oder unmittelbar gefährdet hat.[29] Für die Schlüssigkeit der Behauptung legt das Bundesverfassungsgericht den vom Antragsteller vorgetragenen Sachverhalt zugrunde und prüft, ob danach eine Rechtsverletzung möglich erscheint.[30]

21 Während es beim Bundesorganstreit nach § 64 Abs. 1 ausreicht, dass das Organ, dem der Antragsteller angehört, in seinen durch die Verfassung übertragenen Rechten und Pflichten verletzt oder unmittelbar gefährdet ist, was die Möglichkeit der Prozessstandschaft eröffnet (→ § 64 Rn. 25 f.), sind nach § 71 Abs. 1 Nr. 3 im Landesorganstreit antragstellende Organteile nur dann antragsbefugt, wenn sie durch den Streitgegenstand in ihren eigenen Rechten oder Zuständigkeiten unmittelbar berührt sind. Das **schließt eine Prozessstandschaft** im Landesorganstreit nach Art. 93 Abs. 1 Nr. 4, Variante 3 GG **aus.**[31] Deshalb können Landtagsfraktionen nur eigene Rechte verteidi-

22 Vgl. BVerfGE 109, 275 (278).

23 Offen gelassen in BVerfGE 92, 130 (133); zutreffend verneinend jetzt auch Dürig/Herzog/Scholz/Walter Art. 93 Rn. 316 (Stand: Juni 2017); bejahend allerdings VerfGH Sachsen, Urteil vom 25.2.2014 – Vf. 71-I-12, Rn. 35 bei Juris.

24 BVerfGE 67, 65 (68); 60, 175 (202 f.).

25 BVerfGE 109, 275 (278).

26 BVerfGE 93, 175 (203).

27 BVerfGE 102, 224 (231). Siehe für die Konstellation eines Landesorganstreits zwischen einem einzelnen Abgeordneten und der Fraktion, aus der er ausgeschlossen wurde, auch BVerfG, Beschluss des Zweiten Senats vom 29.11.2023 – 2 BvH 1/21, Rn. 1 bei Juris.

28 BVerfGE 102, 224 (231).

29 BVerfGE 102, 224 (231 f.); 93, 195 (203).

30 BVerfGE 102, 224 (232).

31 BVerfGE 91, 246 (250).

gen, nicht aber Rechte ihres Parlaments.[32] Dasselbe gilt für Landtagsabgeordnete.[33]

22 Ihre sachliche Rechtfertigung findet diese strengere Handhabung der Antragsbefugnis in der Subsidiarität der Zuständigkeit des Bundesverfassungsgerichts für Landesorganstreitigkeiten nach Art. 93 Abs. 1 Nr. 4, Variante 3 GG. Das Bundesverfassungsgericht ist in dieser Verfahrensart nur als ein **„subsidiäres Landesverfassungsgericht“**[34] zuständig und zwar **zur Gewährung eines Mindestrechtsschutzes.**[35] Deshalb war der Gesetzgeber auch nicht gezwungen, im Gesetz über das Bundesverfassungsgericht die prozessstandschaftliche Wahrnehmung von Rechten im Landesorganstreitverfahren zuzulassen.[36]

23 Aus der Subsidiaritätsanordnung des Art. 93 Abs. 1 Nr. 4 GG folgt, dass ein Landesorganstreitverfahren **nur** dann zulässigerweise vor das Bundesverfassungsgericht gebracht werden kann, **wenn für die konkrete Rechtsstreitigkeit keine Zuständigkeit des jeweiligen Landesverfassungsgerichts besteht.**[37] Das ist unproblematisch für die Fälle, in denen das jeweilige Landesrecht ein entsprechendes Verfahren vor dem Landesverfassungsgericht grundsätzlich nicht kennt, etwa, weil ein Landesverfassungsgericht noch gar nicht errichtet ist, wie es unmittelbar nach der Wiedervereinigung in den neuen Bundesländern der Fall war.[38] Dazu gehören auch Fälle, in denen das Landesverfassungsgericht zwar schon errichtet, hinsichtlich der zu beanstandenden Maßnahme die dort vorgesehene Antragsfrist aber zum Zeitpunkt der Errichtung des Landesverfassungsgerichts oder der Einführung der betreffenden landesverfassungsgerichtlichen Verfahrensart schon abgelaufen war, so dass der Antragsteller den Antrag nicht mehr in zulässiger Weise vor dem Landesverfassungsgericht stellen könnte.[39]

24 Bedeutsamer ist aber, dass die Subsidiaritätsklausel nach der Rechtsprechung des Bundesverfassungsgerichts auch dann nicht eingreifen soll, **wenn** das **Landesrecht** für die Anrufung des dortigen Landesverfassungsgerichts **den Kreis der Antragsberechtigten enger zieht** als dies nach Art. 93 Abs. 1 Nr. 4, Variante 3 GG, § 71 Abs. 1 Nr. 3 der Fall ist. Auf diese Weise können Antragsteller, die nicht die Möglichkeit haben, ein Verfahren vor dem Landesverfassungsgericht einzuleiten, in diesen Fällen ein Landesorganstreitverfahren vor dem Bundesverfassungsgericht führen,[40] sofern sie nur nach bundesrechtlichen Maßstäben Beteiligte in einem Verfassungsrechtsstreit sind.

25 Das Bundesverfassungsgericht sieht die Rechtfertigung für diese deutliche Abschwächung der Subsidiaritätsklausel in der Annahme, das subsidiäre Landesorganstreitverfahren nach Art. 93 Abs. 1 Nr. 4, Variante 3 GG gewährleiste einen **lückenlosen Rechtsschutz für die am Verfassungsleben eines**

32 BVerfGE 93, 175 (204).
33 BVerfGE 92, 130 (134).
34 BVerfGE 109, 275 (278 f.); 102, 245 (250).
35 BVerfGE 102, 245 (253).
36 BVerfGE 92, 130 (134).
37 BVerfGE 111, 286 (288); 109, 275 (279); 102, 224 (231).
38 BVerfGE 93, 208 (212); 92, 130 (133).
39 Vgl. BVerfGE 102, 224 (231).
40 BVerfGE 109, 275 (279); 102, 245 (250).

Landes Beteiligten gegen alle Verletzungen ihrer eigenen Rechte aus der Landesverfassung.[41]

26 Das zwingt den Landesgesetzgeber, der die Entscheidung in Landesorganstreitverfahren bei seinem Landesverfassungsgericht konzentrieren will, die **Antragsbefugnis nach bundesrechtlichen Standards zu gestalten**. Tut er dies, dann entzieht er auch einem schon zulässigerweise anhängig gemachten subsidiären Landesorganstreit nach Art. 93 Abs. 1 Nr. 4, Variante 3 GG, § 71 Abs. 1 Nr. 3 nachträglich die Zulässigkeit, und zwar auch dann, wenn darüber schon mündlich verhandelt worden ist.[42]

27 Deshalb wäre es nicht überraschend, wenn das Bundesverfassungsgericht, etwa unter Entlastungsgesichtspunkten, an dieser Stelle eine **Korrektur** vornimmt und schon durch die Einrichtung eines landesrechtlichen Organstreitverfahrens generell den Weg zum Bundesverfassungsgericht nach Art. 93 Abs. 1 Nr. 4, Variante 3 GG als ausgeschlossen ansieht.[43]

28 Ein den Rückgriff auf Art. 93 Abs. 1 Nr. 4 GG, §§ 13 Nr. 8, 71 f. sperrender anderer Rechtsweg ist auch dann gegeben, wenn eine andere Bestimmung des Grundgesetzes die **Zuständigkeit des Bundesverfassungsgerichts ohne Vorbehalt** begründet, wie dies Art. 99 GG, § 13 Nr. 10, 73 ff. für Verfassungsstreitigkeiten innerhalb eines Landes ermöglicht.[44] Praktische Bedeutung hat das nach der Schaffung eigenständiger Verfassungsgerichte in allen Ländern derzeit nicht mehr (→ §§ 73 ff. Rn. 1 f.).

29 Die im Landesorganstreitverfahren nach Art. 93 Abs. 1 Nr. 4, Variante 3 GG, § 71 Abs. 1 Nr. 3 abzuwehrende Verletzung eigener Rechte kann auch im Erlass eines Gesetzes bestehen.[45] Deshalb können auch **landesverfassungsrechtliche Normenkontrollverfahren** ein zur Subsidiarität der bundesverfassungsgerichtlichen Entscheidungskompetenz führender anderer Rechtsweg im Sinne von Art. 93 Abs. 1 Nr. 4 GG sein.[46]

30 Im Übrigen und abgesehen von der nicht zugelassenen Prozessstandschaft greift das Bundesverfassungsgericht für die Handhabung des Verfahrens im Landesorganstreit auf **die für den Bundesorganstreit maßgeblichen Vorgaben** zurück. § 65 Abs. 2 ist dabei entsprechend in der Weise anzuwenden, dass nur den beitrittsberechtigten Landesorganen Kenntnis von der Verfahrenseinleitung zu geben ist. Das Bundesverfassungsgericht nimmt, was zumindest über § 27a gerechtfertigt werden kann, zu Landesorganstreitverfahren nach Art. 93 Abs. 1 Nr. 4, Variante 3 GG, § 71 Abs. 1 Nr. 3 auch **Stellungnahmen von Organen des Bundes** entgegen, etwa solche des Bundestags und des Bundesrechnungshofs.[47]

III. Frist, Abs. 2

31 Nach § 71 **Abs. 2** gilt für alle drei Verfahren des § 71 die Vorschrift des § 64 Abs. 3 entsprechend. Danach können Anträge nur innerhalb von **sechs**

---

41 BVerfGE 102, 245 (250); 102, 224 (231).
42 BVerfGE 102, 245 (251 f.).
43 Dafür ausdrücklich Huber/Voßkuhle/Voßkuhle Art. 93 Rn. 159.
44 BVerfGE 1, 208 (218).
45 BVerfGE 102, 224 (231).
46 Vgl. BVerfGE 102, 245 (251).
47 BVerfGE 102, 224 (229 f.).

Monaten, nachdem die beanstandete Maßnahme oder Unterlassung dem Antragsteller bekannt geworden ist, gestellt werden. Die Frist ist eine **Ausschlussfrist**, Wiedereinsetzung in den vorherigen Stand ist nicht möglich (vgl. dazu und zu weiteren Einzelheiten → § 64 Rn. 37 ff.).

§ 72 [Entscheidung]

(1) Das Bundesverfassungsgericht kann in seiner Entscheidung erkennen auf

1. die Zulässigkeit oder Unzulässigkeit einer Maßnahme,
2. die Verpflichtung des Antragsgegners, eine Maßnahme zu unterlassen, rückgängig zu machen, durchzuführen oder zu dulden,
3. die Verpflichtung, eine Leistung zu erbringen.

(2) [1]In dem Verfahren nach § 71 Abs. 1 Nr. 3 stellt das Bundesverfassungsgericht fest, ob die beanstandete Maßnahme oder Unterlassung des Antragsgegners gegen eine Bestimmung der Landesverfassung verstößt. [2]Die Vorschriften des § 67 Satz 2 und 3 gelten entsprechend.

§ 72 regelt, welchen **Inhalt die Entscheidungen** des Bundesverfassungsgerichts in den drei von Art. 93 Abs. 1 Nr. 4 GG, § 71 Abs. 1 erfassten Verfahrensarten haben können. Dabei differenziert die Vorschrift zwischen den beiden Verbandsstreitigkeiten einerseits und dem Landesorganstreitverfahren andererseits. 1

Die Einzelheiten dieser **Differenzierung nach Verfahrensarten** erschließen sich aber nicht auf den ersten Blick. Der Wortlaut der Vorschrift scheint dafür zu sprechen, dass Abs. 1 für alle drei Verfahrensarten des § 71 Abs. 1 gleichermaßen gilt und Abs. 2 für die Verfahrensart des Landesorganstreits (§ 71 Abs. 1 Nr. 3) zusätzlich einen Mindestinhalt und eine Mindestform des Tenors in Anlehnung an den Bundesorganstreit (§ 67) vorschreibt. Das wäre aber eine Fehlinterpretation. Es gibt kein Bedürfnis dafür, dem Bundesverfassungsgericht beim Landesorganstreit weitergehende Entscheidungskompetenzen einzuräumen als beim Bundesorganstreit. Die **Norm muss** deshalb **von hinten gelesen werden.**[1] Abs. 2 ist eine abschließende Sonderregelung für den Landesorganstreit, Abs. 1 ist nur auf die Verfahren nach § 71 Abs. 1 Nr. 1 und Nr. 2 anwendbar.[2] 2

Abs. 1 eröffnet dem Bundesverfassungsgericht für die beiden Formen der **Verbandsstreitigkeiten** nach § 71 Abs. 1 Nr. 1 (zwischen Bund und Ländern) und nach § 71 Abs. 1 Nr. 2 (zwischen verschiedenen Ländern) **drei Entscheidungsvarianten.** 3

Nach **Nr. 1** erkennt das Bundesverfassungsgericht in seiner Entscheidung auf die Zulässigkeit oder Unzulässigkeit einer Maßnahme. Das ist der **Normalfall eines Feststellungsurteils**, wie er auch für den Bund-Länder-Streit nach Art. 93 Abs. 1 Nr. 3 GG, § 69 iVm § 67 angeordnet ist. Dort ist anerkannt, 4

1 Wie hier jetzt auch Barczak BVerfGG/Müller § 73 Rn. 10.
2 So auch Lechner/Zuck/Zuck § 72 Rn. 1.

dass Leistungsurteile nicht zum Streitgegenstand eines Bund-Länder-Streits passen (→ § 69 Rn. 18).

5 **Nr. 2** erlaubt es dem Bundesverfassungsgericht, den Antragsgegner zu verpflichten, eine Maßnahme zu unterlassen, rückgängig zu machen, durchzuführen oder zu dulden. Die **Nr. 3** ergänzt das noch dahin gehend, dass der Antragsgegner auch verpflichtet werden kann, eine Leistung zu erbringen. In beiden Fällen ergeht anstelle oder zusätzlich zu einer Feststellungsentscheidung eine **Leistungsentscheidung.**

6 Gerade die Nrn. 2 und 3 geben dem Bundesverfassungsgericht eine erhebliche **Flexibilität bei der Anordnung sachgerechter Entscheidungsinhalte.** Diese wird noch dadurch erhöht, dass es auch für Entscheidungsinhalte nach den Nrn. 2 und 3 keines ausdrücklichen Antrags des Antragstellers bedarf.[3]

7 Das hat es dem Bundesverfassungsgericht ermöglicht, im sogenannten Waldeck-Pyrmont-Fall den auf Feststellung der Verletzung des Staatsvertrags gerichteten Hauptantrag zurückzuweisen, weil sich die maßgeblichen Verhältnisse geändert haben, dem Vorbehalt der clausula rebus sic stantibus aber durch die **Verpflichtung** des beklagten Landes **zur Zahlung eines** vom Antragsteller gar nicht begehrten **Geldbetrages** Rechnung zu tragen.[4]

8 Für die **Landesorganstreitverfahren** (§ 71 Abs. 1 Nr. 3) gilt nach **Abs. 2** nichts Besonderes. Wie im Bundesorganstreitverfahren stellt das Bundesverfassungsgericht hier lediglich fest, ob die beanstandete Maßnahme gegen die Verfassung verstößt. Relevant sind dabei nur Bestimmungen der jeweiligen Landesverfassung, womit nochmals klargestellt ist, dass diese der Prüfungsmaßstab für Landesorganstreitigkeiten ist.[5] Ansonsten bleibt es bei den zu § 67 erläuterten Grundsätzen (→ § 67 Rn. 1 ff.).

Neunter Abschnitt
Verfahren in den Fällen des § 13 Nr. 10
[Verfassungsstreitigkeiten innerhalb eines Landes]

§ 73 [Beteiligte]

(1) An einer Verfassungsstreitigkeit innerhalb eines Landes können nur die obersten Organe dieses Landes und die in der Landesverfassung oder in der Geschäftsordnung eines obersten Organs des Landes mit eigenen Rechten ausgestatteten Teile dieser Organe beteiligt sein.

(2) Die Vorschrift des § 64 Abs. 3 gilt entsprechend, sofern das Landesrecht nichts anderes bestimmt.

3 Lechner/Zuck/Zuck § 72 Rn. 1; Burkiczak/Dollinger/Schorkopf BVerfGG/Meister § 72 Rn. 8.
4 BVerfGE 42, 345 (363).
5 Schmidt-Bleibtreu/Klein/Bethge BVerfGG/Bethge § 72 Rn. 25 (Stand: Februar 2013).

§ 74 [Entscheidung]

Bestimmt das Landesrecht nicht, welchen Inhalt und welche Wirkung die Entscheidung des Bundesverfassungsgerichts haben kann, so gilt § 72 Abs. 2 entsprechend.

§ 75 [Verfahren]

Für das Verfahren gelten die allgemeinen Vorschriften des II. Teiles dieses Gesetzes entsprechend.

Die §§ 73 bis 75 regeln das Verfahren vor dem Bundesverfassungsgericht für Verfassungsstreitigkeiten innerhalb eines Landes, die dem Bundesverfassungsgericht durch Landesgesetz zur Entscheidung zugewiesen wurden (§ 13 Nr. 10 BVerfGG iVm Art. 99, Variante 1 GG). Von dieser Ermächtigung hat **früher Schleswig-Holstein** Gebrauch gemacht. 1

Die Vorschriften sind aber **derzeit gegenstandslos**, weil mittlerweile alle Länder einschließlich Schleswig-Holsteins Landesverfassungsgerichte eingerichtet und deshalb keine landesinternen Zuständigkeiten mehr dem Bundesverfassungsgericht übertragen haben. Die letzte Entscheidung des Bundesverfassungsgerichts auf der Grundlage der §§ 73 bis 75 – zu einem schleswig-holsteinischen Landesorganstreitverfahren – stammt deshalb aus dem Jahr 2008.[1] Mit einem Wiederaufleben dieser Verfahrensart ist nicht zu rechnen. 2

Eine **Streichung** der Vorschriften **empfiehlt sich** gleichwohl **nicht**. Die Reservezuständigkeit des Bundesverfassungsgerichts für Verfassungsstreitigkeiten innerhalb eines Landes ist durch Art. 99, Variante 1 GG vorgegeben und hängt nur davon ab, dass sie durch ein Landesgesetz aktiviert wird. Der Fortbestand der §§ 73 bis 75 hält diese Option offen, ohne dass dafür der Bundesgesetzgeber erneut aktiv werden muss. 3

Zehnter Abschnitt
Verfahren in den Fällen des § 13 Nr. 6 und 6a
[Abstrakte Normenkontrolle]

§ 76 [Zulässigkeit des Antrags]

(1) Der Antrag der Bundesregierung, einer Landesregierung oder eines Viertels der Mitglieder des Bundestages gemäß Artikel 93 Abs. 1 Nr. 2 des Grundgesetzes ist nur zulässig, wenn der Antragsteller Bundes- oder Landesrecht

1. wegen seiner förmlichen oder sachlichen Unvereinbarkeit mit dem Grundgesetz oder dem sonstigen Bundesrecht für nichtig hält oder

2. für gültig hält, nachdem ein Gericht, eine Verwaltungsbehörde oder ein Organ des Bundes oder eines Landes das Recht als unvereinbar

1 BVerfGE 120, 82.

mit dem Grundgesetz oder sonstigem Bundesrecht nicht angewendet hat.

(2) Der Antrag des Bundesrates, einer Landesregierung oder der Volksvertretung eines Landes gemäß Artikel 93 Abs. 1 Nr. 2a des Grundgesetzes ist nur zulässig, wenn der Antragsteller ein Bundesgesetz wegen Nichterfüllung der Voraussetzungen des Artikels 72 Abs. 2 des Grundgesetzes für nichtig hält; der Antrag kann auch darauf gestützt werden, daß der Antragsteller das Bundesgesetz wegen Nichterfüllung der Voraussetzungen des Artikels 75 Abs. 2[1] des Grundgesetzes für nichtig hält.

I. Abstraktes Normenkontrollverfahren

1 **1. Allgemeines.** Abs. 1 regelt in Ausfüllung von Art. 93 Abs. 1 Nr. 2 GG das sogenannte **abstrakte Normenkontrollverfahren**. Abstrakt ist das Verfahren deshalb, weil die Prüfung der Norm unabhängig von einem konkreten Anwendungsfall der Norm durchgeführt werden kann. Deshalb und wegen seines objektiven Charakters kann das Verfahren nicht wie die Verfassungsbeschwerde von „jedermann" (§ 90 Abs. 1) eingeleitet werden, sondern nur von einem Kreis privilegierter Antragsberechtigter. Diese Antragsberechtigten haben die Stellung von „Garanten einer verfassungsgemäßen Rechtsordnung".[2]

2 **2. Prüfungsgegenstand. Prüfungsgegenstand** ist gleichermaßen Bundes- wie Landesrecht.[3] Überprüfbar sind damit alle geltenden Rechtsnormen mit Außenwirkung, also Parlamentsgesetze[4] einschließlich Zustimmungsgesetzen zu völkerrechtlichen Verträgen und zu Staatsverträgen[5] und auch einschließlich des Haushaltsgesetzes samt Haushaltsplan,[6] Rechtsverordnungen,[7] Satzungen sowie Verfassungsnormen,[8] nicht aber Verwaltungsvorschriften.[9] Geltend bedeutet dabei nicht, dass das jeweilige Recht materiell gültig

1 Aufgehoben mWv 1.9.2006 durch G v. 28.8.2006 (BGBl. I S. 2034).
2 BVerfGE 127, 165 (190); 122, 1 (17).
3 Beispiel für eine erfolgreiche abstrakte Normenkontrolle gegen eine landesrechtliche Regelung ist die Nichtigerklärung des Gesetzes zur Mietenbegrenzung im Wohnungswesen in Berlin durch BVerfGE 157, 223 (224).
4 Vgl. zuletzt BVerfG, Beschluss des Zweiten Senats vom 29.11.2023 – 2 BvF 1/18, Rn. 63 bei Juris – Kommunalinvestitionsförderungsgesetz; siehe auch BVerfGE 151, 152 (162, Rn. 28); 148, 40 (47, Rn. 18).
5 BVerfGE 136, 9 (13) – ZDF-Aufsichtsgremien.
6 BVerfG, Urteil des Zweiten Senats vom 15.11.2023 – 2 BvF 1/22, Rn. 92 bei Juris – Zweites Nachtragshaushaltsgesetz 2021; BVerfGE 119, 96 (116).
7 BVerfGE 136, 69 (92, Rn. 44); 127, 293 (318).
8 BVerfGE 103, 111 (124).
9 BVerfGE 12, 180 (199).

ist, sondern nur, dass es mit dem formellen Anspruch auf Geltung auftritt.[10] Insoweit kommt es auf die Verkündung (für Bundesgesetze: Art. 82 Abs. 1 GG) an, nicht auf das Inkrafttreten.[11]

Noch **im Entstehen befindliche Vorschriften** gehören dazu grundsätzlich nicht. Dieses Verbot einer vorbeugenden Normenkontrolle durchbricht das Bundesverfassungsgericht nur bei Zustimmungsgesetzen zu ratifizierungsbedürftigen **völkerrechtlichen Verträgen**, weil wegen der mit der Ratifikation eintretenden völkerrechtlichen Bindung ein nachfolgendes abstraktes Normenkontrollverfahren ins Leere ginge. Wegen dieser Ausnahmekonstellation kann der Normenkontrollantrag gegen das Zustimmungsgesetz nach Abschluss der parlamentarischen Beratungen und Entscheidungen, aber vor Verkündung gestellt werden.[12] 3

Das ermöglicht den Antragsberechtigten bei jeder Änderung der vertraglichen Grundlagen der Europäischen Union eine indirekte und vorbeugende **Kontrolle** des **neuen Unionsrechts**. Versuche, primäres oder sekundäres Unionsrecht unmittelbar – mit der Behauptung, es handele sich um Bundesrecht – zum Gegenstand eines abstrakten Normenkontrollverfahrens zu machen, hat es nicht gegeben. Der neu gefasste Art. 23 Abs. 1 a GG verdeutlicht zudem, dass der verfassungsändernde Gesetzgeber die Kontrolle von Gesetzgebungsakten der Europäischen Union beim Gerichtshof der Europäischen Union konzentriert sehen will (→ § 90 Rn. 199 ff.).[13] 4

Auch **außer Kraft getretene Normen** des Bundes- oder Landesrechts unterliegen der abstrakten Normenkontrolle, wenn sie noch Rechtswirkungen entfalten können.[14] Das ist bislang nur entschieden für Fälle, in denen die Norm während des Kontrollverfahrens außer Kraft getreten ist[15] oder die in ihr vorgesehenen Übergangsfristen zwischenzeitlich abgelaufen sind,[16] muss aber auch dann gelten, wenn die Norm schon zum Zeitpunkt der Antragstellung außer Kraft getreten war.[17] In vielen Bereichen des einfachen Rechts entfalten außer Kraft getretene Rechtsnormen noch Rechtwirkungen für bestimmte Fallkonstellationen (meist Altfälle), teils infolge eines Entschlusses des Gesetzgebers, teilweise wegen verfassungsrechtlicher Vorgaben (Art. 103 Abs. 2 GG). Beispielsweise entfalten wahlrechtliche Regelungen auch nach ihrem Außerkrafttreten Wirkungen, solange die auf ihrer Grundlage gewählten Abgeordneten ihre Mandate ausüben.[18] Der Zweite Senat vermengt die 5

10 BVerfGE 1, 396 (400).
11 BVerfGE 42, 263 (283).
12 BVerfGE 36, 1 (15).
13 Vertiefend dazu Schmidt-Bleibtreu/Klein/Bethge BVerfGG/Rozek § 76 Rn. 36 f. (Stand: September 2017).
14 BVerfG, Urteil des Zweiten Senats vom 15.11.2023 – 2 BvF 1/22, Rn. 90 und 94 bei Juris – Zweites Nachtragshaushaltsgesetz 2021; BVerfGE 151, 152 (161 f., Rn. 27); 150, 1 (77 f., Rn. 138); 127, 293 (319); 119, 96 (116).
15 BVerfGE 100, 249 (257); 97, 198 (213).
16 BVerfGE 127, 293 (319); vgl. auch die Konstellation von BVerfGE 151, 152 (161 f., Rn. 27).
17 So jetzt auch BVerfG, Urteil des Zweiten Senats vom 15.11.2023 – 2 BvF 1/22, Rn. 92 bei Juris – Zweites Nachtragshaushaltsgesetz 2021.
18 BVerfGE 151, 152 (161 f., Rn. 27). Siehe jetzt auch BVerfG, Urteil des Zweiten Senats vom 29.11.2023 – 2 BvF 1/21, Rn. 78 bei Juris sowie den vorangegangen Beschluss des Zweiten Senats vom 22.3.2023 – 2 BvF 1/21, Rn. 11 f. bei Juris.

Frage des tauglichen Gegenstandes, also nach einer Regelung, die noch Rechtswirkungen entfaltet oder entfalten kann, mit der im Gesetz nicht vorgesehenen und sachlich überflüssigen Figur eines „notwendigen objektiven Feststellungsinteresses" (→ Rn. 25 f.), welches bei Antragstellung durch einen dazu Berechtigten indiziert ist und nur dann fehlt, wenn von der zur Prüfung gestellten Norm unter keinen denkbaren Gesichtspunkten mehr Rechtwirkungen ausgehen können.[19] Dann fehlt es aber schon an einem tauglichen Verfahrensgegenstand. Auch der Zweite Senat stellt nicht in Frage, dass es im Verfahren des § 76 keines subjektiven allgemeinen Rechtschutzinteresses bedarf.[20]

6 Wird eine mit der Normenkontrolle angegriffene Norm während des Verfahrens vom Gesetzgeber geändert, wird sie in ihrer Neufassung nur dann Gegenstand des schon eingeleiteten Normenkontrollverfahrens, wenn der Inhalt im Zuge der **Gesetzesänderung** im Wesentlichen gleichbleibt oder der Antragsteller sie durch einen Antrag in das Verfahren einbezieht.[21] Für die Einbeziehung gelten die Begründungsvorgaben des § 23 Abs. 1 Satz 2 uneingeschränkt.[22] Bestehen nach einer Gesetzesänderung Unklarheiten über den zulässigen Verfahrensgegenstand, sind sie im Dialog zwischen dem Antragsteller und dem Bundesverfassungsgericht auszuräumen. Bezieht sich der Antrag aber auch nach wohlwollender Auslegung ausschließlich auf eine außer Kraft getretene Gesetzesfassung, die keine Rechtswirkungen mehr entfaltet, ist er unzulässig.

7 Gegenstand der Prüfung ist zunächst nur die vom Antragsteller ausdrücklich angegriffene Norm. Davon gibt es aber Ausnahmen, wenn die ausdrücklich angegriffene Norm in einem **engen Regelungszusammenhang mit anderen, nicht ausdrücklich angegriffenen Normen** steht. Das Bundesverfassungsgericht hält sich für befugt, die Prüfung dann von Amts wegen auf Normen auszudehnen, die auf die zulässigerweise angegriffene Bestimmung ausstrahlen oder notwendiger Bestandteil einer Gesamtregelung sind.[23]

8 **3. Prüfungsmaßstab.** Der **Prüfungsmaßstab** für Bundesrecht und Landesrecht ist ungeachtet der missverständlichen Formulierung in Abs. 1 unterschiedlich. Für das Bundesrecht ist Prüfungsmaßstab nur das Grundgesetz, nicht das sonstige Bundesrecht (Art. 93 Abs. 1 Nr. 2 GG, § 78 Satz 1). An dieser verfassungsunmittelbaren Vorgabe kann und will, wie sich deutlich aus § 78 Satz 1 ergibt, die in diesem Punkt nicht eindeutige Regelung des § 76 Abs. 1 Nr. 1 nichts ändern.[24] Das sonstige Bundesrecht ist neben dem Grundgesetz Maßstab nur für die Prüfung von Landesrecht. Ändert sich der Prüfungsmaßstab etwa durch eine Veränderung des Grundgesetzes, dann ist die Norm

19 Vgl. zuletzt BVerfG, Urteil des Zweiten Senats vom 29.11.2023 – 2 BvF 1/21, Rn. 77 bei Juris – Wahlrechtsreform 2020, sowie BVerfG, Urteil des Zweiten Senats vom 15.11.2023 – 2 BvF 1/22, Rn. 94 bei Juris – Zweites Nachtragshaushaltsgesetz 2021. Siehe auch BVerfGE 157, 223 (249 f., Rn. 66).

20 Vgl. zuletzt BVerfG, Urteil des Zweiten Senats vom 15.11.2023 – 2 BvF 1/22, Rn. 94 bei Juris – Zweites Nachtragshaushaltsgesetz 2021; BVerfGE 157, 223 (249 f., Rn. 66).

21 BVerfGE 100, 33 (44 f.); genauso bei der Verfassungsbeschwerde: BVerfGE 136, 338 (358, Rn. 41).

22 BVerfGE 128, 1 (32).

23 BVerfGE 128, 1 (32).

24 BVerfGE 127, 293 (318).

sowohl an der alten wie an der neuen Fassung zu messen. Hätte ein Gesetz gegen eine Vorgabe des Grundgesetzes verstoßen, dann wäre die Norm von Anfang an nichtig gewesen. Ungeachtet dessen ist die Verfassungsmäßigkeit eines Gesetzes aber auch mit Blick auf die Fassung des Grundgesetzes zu beurteilen, die im Zeitpunkt der verfassungsgerichtlichen Entscheidung gilt. Denn diese Norm ist ebenfalls Prüfungsmaßstab der abstrakten Normenkontrolle.[25]

Die von Verfassung und Gesetz unmissverständlich angeordnete Maßstabs- 9
differenzierung durchbricht das Bundesverfassungsgericht aber bei der **Kontrolle von Rechtsverordnungen des Bundes**. Im Rahmen einer als Vorfragenprüfung bezeichneten Vorgehensweise erlaubt sich das Bundesverfassungsgericht, „vorab" die Vereinbarkeit der Rechtsverordnung mit einfachem Bundesrecht zu prüfen. Nur so soll sich feststellen lassen, dass für die Prüfung, ob die Verordnung mit dem Grundgesetz übereinstimmt, ein gültiger Gegenstand gegeben ist.[26] Die Grundlage hierfür ist zweifelhaft. Der von BVerfGE 101, 1 (31) gegebene Verweis auf BVerfGE 2, 307 (320 f.) trägt das Ergebnis nicht, weil es dort um eine Landesrechtsverordnung ging, die selbstverständlich auch der Überprüfung am Maßstab des gesamten Bundesrechts unterliegt. Vorzugswürdig dürfte es sein, auf Art. 80 Abs. 1 Satz 1 iVm mit Satz 2 GG als grundgesetzlichen Prüfungsmaßstab abzustellen und daraus die verfassungsrechtliche Vorlage abzuleiten, dass aus rechtsstaatlichen und demokratischen Gründen Rechtsverordnungen nur auf der Grundlage und im Rahmen einer hinreichend bestimmten Ermächtigungsgrundlage erlassen werden dürfen.[27] Ist also eine Rechtsverordnung des Bundes von ihrer Ermächtigungsgrundlage nicht gedeckt, dann verstößt die Rechtsverordnung selbst gegen Art. 80 Abs. 1 Satz 1 GG als verfassungsrechtlichem Kontrollmaßstab.[28] In diese Richtung geht die neuere Praxis des Zweiten Senats, der bei Bundesrechtsverordnungen die Prüfung der Einhaltung der Ermächtigungsgrundlage als Frage mit „verfassungsrechtlicher Relevanz" versteht und unter dem Prüfungsmaßstab des Art. 80 Abs. 1 Satz 1 und 2 GG behandelt.[29]

Im Übrigen gilt: Verfassung und Gesetz lassen es bei der abstrakten Normen- 10
kontrolle ausreichen, dass die zu prüfende Norm Teil des Bundesrechts ist.[30] Hält die Rechtsverordnung des Bundes der Überprüfung auf Vereinbarkeit mit dem Grundgesetz durch das Bundesverfassungsgericht stand, kann ihre **Vereinbarkeit mit einfachem Recht von den dazu berufenen Fachgerichten geprüft** und, weil Art. 100 Abs. 1 GG insoweit nicht sperrt, auch entschieden werden.

Nicht überzeugend und deshalb aufzugeben ist eine weitere Erweiterung, die 11
das Bundesverfassungsgericht im Zusammenhang mit der Tierschutz-Nutz-

25 BVerfG, Beschluss des Zweiten Senats vom 29.11.2023 – 2 BvF 1/18, Rn. 66 bei Juris – Kommunalinvestitionsförderungsgesetz.

26 BVerfGE 136, 69 (92); 106, 1 (12); 101, 1 (30 f.); siehe auch BVerfGE 127, 293 (318 f.).

27 So zutreffend Schmidt-Bleibtreu/Klein/Bethge BVerfGG/Rozek § 76 Rn. 67 (Stand: September 2017); gegen die „Vorfrage"-Rechtsprechung auch Huber/Voßkuhle/Voßkuhle Art. 93 Rn. 126.

28 Schmidt-Bleibtreu/Klein/Bethge BVerfGG/Rozek § 76 Rn. 67 (Stand: September 2017).

29 BVerfGE 136, 69 (92 ff., Rn. 45 ff.).

30 BVerfGE 1, 396 (400).

tierhaltungsverordnung entwickelt hat. Die sowohl verfassungsrechtliche wie einfach-gesetzliche Beschränkung des Prüfungsmaßstabs der abstrakten Normenkontrolle von Bundesrechtsverordnungen auf das Grundgesetz wird zwar anerkannt. Dies schließe jedoch nicht aus, dass das Bundesverfassungsgericht, wenn eine Rechtsverordnung des Bundes mit einem zulässigen, ihre Vereinbarkeit mit dem Grundgesetz betreffenden Antragsgrund zur Prüfung gestellt ist, im Hinblick auf eine **spezifisch verfassungsrechtliche Bedeutung** bestimmter Vorgaben des einfachen Rechts auch die Vereinbarkeit der Verordnung mit einfach-gesetzlichen Normen prüft.[31] Einen solchen Fall hat der Zweite Senat dann für bestimmte tierschutzrechtliche Gesetzesvorschriften angenommen.[32] Das überzeugt weder dogmatisch noch gibt es für eine solche Erweiterung des Prüfungsmaßstabs ein Bedürfnis: Gerade wenn die Bundesrechtsverordnung ohnehin schon mit einem zulässigen Antragsgrund auf den verfassungsrechtlichen Prüfstand gestellt worden ist, bedarf es keiner Zusatzprüfung auf Verstöße der Bundesrechtsverordnung gegen einfaches Bundesrecht.

12 **Landesrecht** muss dagegen an allen Formen des Bundesrechts gemessen werden, was nach ihrer Einordnung als einfaches Bundesrecht[33] auch die EMRK einschließt.[34] Die Überprüfung von Landesrecht am Maßstab von Landesverfassungsrecht oder vorrangigem Landesrecht ist nicht Sache des Bundesverfassungsgerichts.[35]

13 **4. Verfahrensablauf.** Das Prüfungsverfahren setzt den **Antrag eines Antragsberechtigten** voraus. Das ist neben der Bundesregierung jede Landesregierung oder ein Viertel der Mitglieder des Bundestags. Die Antragsbefugnis jeder einzelnen der 16 Landesregierungen (statt des Bundesrats) und eines Viertels der gesetzlichen Zahl der Mitglieder des Deutschen Bundestages bei Antragstellung (statt des Bundestages) soll sicherstellen, dass jedenfalls aus dem Kreis der jeweiligen Opposition die Aufgabe als Garanten der Verfassung im gebotenen Umfang wahrgenommen wird.[36] Das Antragsquorum in Höhe eines Viertels der Mitglieder des Deutschen Bundestages ist in der Verfassung unmittelbar vorgesehen (Art. 93 Abs. 1 Nr. 2 GG) und auch in der Sache verfassungsrechtlich nicht zu beanstanden,[37] weshalb es auch vor einer Umgehung durch eine übermäßige Ausdehnung der Antragsbefugnis im Organstreitverfahren geschützt werden muss.[38] Angesichts der Fragmentierung des Deutsches Bundestages in jetzt sieben Fraktionen und Gruppen im 20. Deutschen Bundestag, von denen, soweit sie die Regierungen nicht tragen, allein die oppositionelle CDU/CSU-Bundestagsfraktion aus eigener

31 BVerfGE 127, 293 (318 f.).
32 BVerfGE 127, 293 (331 ff.).
33 BVerfGE 111, 307 (317).
34 Zustimmend Schmidt-Bleibtreu/Klein/Bethge BVerfGG/Rozek § 76 Rn. 45 (Stand: September 2017); ebenso Burkiczak/Dollinger/Schorkopf BVerfGG/Graßhof § 76 Rn. 52.
35 BVerfGE 96, 133 (138).
36 Vgl. Lenz/Burgbacher NJW 2009, 2561 (2566).
37 BVerfG, Urteil des Zweiten Senats vom 24.1.2023 – 2 BvE 5/18, Rn. 51 bei Juris; BVerfGE 142, 25 (64 ff., Rn. 107 ff.).
38 Vgl. in diesem Zusammenhang auch BVerfG, Urteil des Zweiten Senats vom 24.1.2023 – 2 BvE 5/18, Rn. 51 bei Juris.

Kraft das Viertelquorum aufzubringen vermag, führt das entweder zu weniger Verfahren nach § 76 oder zu politisch heterogenen, multicoloren Antragstellerformationen. Antragsfähig war die Opposition im 19. Deutschen Bundestag für das Verfahren der abstrakten Normenkontrolle nur in einem Zusammenwirken der Abgeordneten der Fraktionen von FDP, DIE LINKE und BÜNDNIS 90/DIE GRÜNEN.[39] Eine naheliegende abstrakte Normenkontrolle gegen die beabsichtigte Fortführung des Solidaritätszuschlags für einen Teil der Steuerpflichtigen scheitert hieran ebenso wie ein Einsatz des Instruments der abstrakten Normenkontrolle für die migrationsgeprägte Agenda der AfD-Fraktion. Für die Berechnung des Antragsquorums in Höhe eines Viertels der Mitglieder des Deutschen Bundestages ist der Zeitpunkt der Antragstellung sowie die sich aus dem Bundeswahlgesetz ergebende gesetzliche Mitgliederzahl des Deutschen Bundestages maßgeblich.[40]

Für die Antragstellung muss sowohl die Bundesregierung wie die Landesregierung einen **Kabinettsbeschluss** fassen und dies dem Bundesverfassungsgericht durch Vorlage des Beschlusses dokumentieren. 14

Die antragstellenden Mitglieder des Bundestages dokumentieren ihren Antragswillen durch Unterschrift unter den Antrag oder durch **Erteilung entsprechender Vollmacht** für einen gemeinsamen Bevollmächtigten.[41] Die Fraktionsvorsitzenden sind ohne gesonderten Bevollmächtigungsakt nicht berechtigt, den Antrag für und im Namen ihrer Fraktionsmitglieder zu stellen.[42] Für die Erfüllung des Quorums ist rechtlich unerheblich, ob die Abgeordneten derselben oder verschiedenen Fraktionen angehören.[43] Politisch spielt das trotzdem eine erhebliche Rolle. Die Abgeordneten der Fraktionen von FDP, DIE LINKE und BÜNDNIS 90/DIE GRÜNEN haben eine Mitwirkung von Abgeordneten der AfD am Normenkontrollverfahren gegen das Gesetz zur Änderung des Parteiengesetzes und anderer Gesetze vom 10.7.2018 nicht zugelassen.[44] Andere Mitglieder des Deutschen Bundestages haben weder ein Recht, dem von einem Viertel der Mitglieder des Deutschen Bundestages initiierten Normenkontrollverfahren beizutreten, um so selbstständige Verfahrensbeteiligte zu werden, noch können sie sich ohne Zustimmung der Antragsteller des abstrakten Normenkontrollverfahrens diesen unselbständig anschließen.[45] Weder gibt es für das abstrakte Normenkontrollverfahren eine den §§ 65 Abs. 1, 69 vergleichbare Beitrittsregelung, noch muss das antragsstellende Viertelquorum des Bundestages es hinnehmen, gegen seinen Willen mit politisch andersdenkenden Abgeordneten als verfassungsprozessuale Einheit aufzutreten. Die Antragsbefugnis entfällt auch **nicht durch Wahl ei-** 15

39 Vgl. das Verfahren zum Wahlrechtsausschluss für Betreute BVerfGE 151, 152 (161 f., Rn. 27).
40 BVerfG, Urteil des Zweiten Senats vom 15.11.2023 – 2 BvF 1/22, Rn. 88 bei Juris – Zweites Nachtragshaushaltsgesetz 2021; BVerfGE 157, 223 (248 f., Rn. 63) – Berliner Mietendeckel.
41 Vgl. BVerfGE 68, 346 (350) zur Notwendigkeit eines gemeinsamen Bevollmächtigten; zuletzt BVerfGE 156, 1 (7, Rn. 21).
42 Wie hier Burkiczak/Dollinger/Schorkopf BVerfGG/Graßhof § 76 Rn. 15.
43 Vgl. BVerfGE 156, 1 (8, Rn. 21); 151, 152 (161 f., Rn. 27).
44 Vgl. BVerfGE 156, 1 (2 f., Rn. 6).
45 BVerfGE 157, 299 (300) – abstrakte Normenkontrolle Berliner Mietendeckel; 156, 1 (4 ff., Rn. 11 ff.) – abstrakte Normenkontrolle Parteienfinanzierung.

nes neuen Bundestages;[46] der Antrag bleibt zulässig, sofern die ihn stellenden Personen zum Zeitpunkt der Antragstellung ein Viertel der gesetzlichen Mitglieder des Deutschen Bundestages umfassten.[47]

16 Der Normenkontrollantrag ist gemäß § 23 Abs. 1 Satz 2 zu begründen. Dazu muss der Antragsteller oder sein Bevollmächtigter (§ 22 Abs. 1) **substantiiert darlegen**, aus welchen rechtlichen Erwägungen die angegriffene Norm mit welcher höherrangigen Norm für unvereinbar gehalten wird.[48] Daran scheitern Normenkontrollanträge mit einer Rüge einer Verletzung von Art. 23 Abs. 1 GG, wenn damit der Sache nach nur behauptet wird, eine Rechtsverordnung des Bundes verstoße gegen Richtlinien der Europäischen Union.[49] Vortragen müssen Antragsteller vor allen Dingen, dass sie von der Nichtigkeit der angegriffenen Regelungen überzeugt sind.[50] Das entspricht der Sache nach den Anforderungen an die Überzeugung des vorlegenden Gerichts bei der konkreten Normenkontrolle nach § 80.[51]

17 Ist der Antrag einmal gestellt, hat sich der Antragsteller in die Hand des Bundesverfassungsgerichts begeben. Für den weiteren Verlauf des abstrakten Normenkontrollverfahrens sind Anträge und Anregungen der Antragsteller nicht mehr erforderlich,[52] es kommt ausschließlich auf Gesichtspunkte des öffentlichen Interesses an.[53] Die Rücknahme des Antrags ist zwar möglich, sie führt aber wegen des Offizialcharakters der abstrakten Normenkontrolle nicht notwendig zur Einstellung des Verfahrens.[54] Das Bundesverfassungsgericht stellt das Verfahren bei **Antragsrücknahme** ein, wenn Gründe für seine Fortführung im öffentlichen Interesse nicht vorliegen.[55] Ein solches öffentliches Fortführungsinteresse hat das Bundesverfassungsgericht bislang bei „zurückgenommenen" Normenkontrollanträgen regelmäßig verneint und nur in Fällen bejaht, in denen der Antrag lediglich teilweise zurückgenommen worden war.[56] In der neueren Rechtsprechung scheint es allerdings einen **Trend zu einer Einstellungsautomatik** zu geben. Der Zweite Senat arbeitete zuletzt mit der scheinbar keine Ausnahmen zulassenden Formulierung, wegen der Antragsrücknahme seien die Verfahren einzustellen.[57] Im abstrakten Normenkontrollverfahren zur Wahlrechtsform 2020 hat das Bundesverfassungsgericht den Antrag auf Anordnung des Ruhens des Verfahrens

46 BVerfGE 119, 96 (116); 79, 311 (327).
47 BVerfGE 157, 223 (248 f., Rn. 63) – Berliner Mietendeckel.
48 BVerfGE 128, 1 (32).
49 BVerfGE 136, 69 (91 f., Rn. 43).
50 BVerfGE 157, 223 (250, Rn. 67).
51 Vgl. BVerfGE 159, 149 (171, Rn. 59).
52 BVerfGE 156, 1 (6, Rn. 16).
53 Vgl. zuletzt BVerfG, Beschluss des Zweiten Senats vom 22.3.2023 – 2 BvF 1/21, Rn. 7 bei Juris.
54 Vgl. zuletzt BVerfG, Beschluss des Zweiten Senats vom 22.3.2023 – 2 BvF 1/21, Rn. 8 bei Juris.
55 Grundlegend BVerfGE 115, 394 (395); siehe auch BVerfG, Beschluss des Ersten Senats vom 30.1.2012 – 1 BvF 1/09, Rn. 1 bei Juris; BVerfG, Beschluss des Zweiten Senats vom 13.7.2011 – 2 BvF 3/05, Rn. 1 bei Juris.
56 BVerfGE 110, 33 (46 f.).
57 Grundlegend BVerfGE 147, 184 (185) – Umsatzsteuerverteilung und Finanzausgleich; BVerfG, Beschluss des Zweiten Senats vom 13.11.2018 – 2 BvF 1/11 ua, Rn. 1 bei Juris – Elftes Gesetz zur Änderung des Atomgesetzes.

abgelehnt, weil ein öffentliches Interesse an der Fortführung des Verfahrens besteht.[58]

Der Zulässigkeit von Anträgen steht nicht entgegen, dass die Antragsteller der von ihnen jetzt angegriffenen Norm **im Gesetzgebungsverfahren zugestimmt haben**. Das folgt aus dem objektiven Charakter des abstrakten Normenkontrollverfahrens und gilt für Landesregierungen, die im Bundesrat zugestimmt haben,[59] ebenso wie für Abgeordnete, die dem Gesetz im Bundestag oder im Vermittlungsausschuss zugestimmt haben, sowie für die Bundesregierung, die ein entsprechendes Gesetzgebungsverfahren selbst betrieben hat. Denn das Normenkontrollverfahren dient der gerichtlichen Überprüfung einer in Kraft getretenen Norm, nicht einer schon während des Normentstehungsverfahrens eingeleiteten Kontrollentscheidung.[60] Die Stellung eines Antrags gemäß § 76 nach vorheriger Zustimmung im Gesetzgebungsverfahren wird vom Bundesverfassungsgericht grundsätzlich nicht als rechtsmissbräuchlich angesehen.[61] 18

Der **Antrag ist auch nicht an eine Frist gebunden**. Eine indirekte Befristung ergibt sich daraus, dass die angegriffene Norm zum Zeitpunkt der Antragstellung noch Rechtswirkungen entfalten muss. Ein Haushaltsgesetz kann deshalb nur bis zur Entlastung der Bundesregierung und im Zusammenhang mit der Ermächtigung zur Kreditaufnahme lediglich bis zum Ende des nächsten Haushaltsjahres zum Gegenstand eines abstrakten Normenkontrollverfahrens gemacht werden.[62] Für abstrakte Normenkontrollanträge gegen wahlrechtliche Vorschriften gibt es keine Zeitgrenze, auch nicht unter dem Aspekt des Erreichens eines im Übrigen vagen „unmittelbaren zeitlichen Umfelds seiner Wahl".[63] 19

Durch den Antrag eines Antragsberechtigten ist die Norm insgesamt auf den verfassungsrechtlichen Prüfstand gestellt. Das Bundesverfassungsgericht ist dabei nicht auf die vom Antragsteller für die Verfassungswidrigkeit genannten Gründe beschränkt.[64] 20

5. Normverwerfungs- und Normbestätigungsverfahren. Das Gesetz unterscheidet **zwei Formen** der abstrakten Normenkontrolle: 21

- die offensive, auf Nichtigkeitserklärung gerichtete Variante der Nr. 1, die zugleich den Hauptanwendungsfall ausmacht (**Normverwerfungsverfahren**) und
- die defensive, auf Feststellung der Gültigkeit einer Norm gerichtete Variante der Nr. 2 (**Normbestätigungsverfahren**).

Beiden Varianten ist gemeinsam, dass nach dem Wortlaut der Antragsteller von der Nichtigkeit (bei Nr. 1) oder der Gültigkeit (bei Nr. 2) der Norm überzeugt sein muss (**Antragsgrund**). Das Erfordernis einer Überzeugung steht 22

58 BVerfG, Beschluss des Zweiten Senats vom 22.3.2023 – 2 BvF 1/21, Rn. 10 ff. bei Juris.
59 BVerfG, Urteil des Zweiten Senats vom 29.11.2023 – 2 BvF 1/18, Rn. 62 bei Juris – Kommunalinvestitionsförderungsgesetz; BVerfGE 127, 165 (190); 101, 158 (213).
60 BVerfGE 101, 158 (213).
61 BVerfGE 127, 165 (190).
62 BVerfGE 119, 96 (116).
63 So BVerfGE 151, 152 (164 f., Rn. 33 f.).
64 BVerfG, Urteil des Zweiten Senats vom 29.11.2023 – 2 BvF 1/21, Rn. 79 bei Juris – Wahlrechtsreform 2020; BVerfGE 165, 206 (238, Rn. 90); 112, 226 (254); 101, 239 (257).

in einem deutlichen **Spannungsverhältnis zur verfassungsrechtlichen Regelung in Art. 93 Abs. 1 Nr. 2 GG**, wo nur von Meinungsverschiedenheiten oder Zweifeln gesprochen wird.

23 Der Streit darum, ob § 76 Abs. 1 deshalb eine verfassungswidrige Einschränkung des Antragsrechts darstellt,[65] lohnt für die praktische Rechtsanwendung nicht. Im Ergebnis ergibt sich aus der Formulierung in § 76 Abs. 1 Nr. 1 nur die **Verpflichtung des Antragstellers zu dem Vortrag, von der Verfassungswidrigkeit und Nichtigkeit der Norm subjektiv überzeugt zu sein.**[66] Entsprechendes gilt umgekehrt für den Fall der Nr. 2. Das Bundesverfassungsgericht hat es bislang vermieden, in eine sachliche Überprüfung einer solchen vom Antragsteller vorgetragenen Überzeugung einzutreten. Denn das wäre mit dessen Rolle als Garanten der Verfassung auch nicht zu vereinbaren.

24 Da eine verfassungsrechtlich zweifelhafte Norm dann nicht nichtig ist, wenn sie verfassungskonform ausgelegt werden kann, sollte der Antragsteller darlegen, warum **verfassungskonforme Auslegungen**[67] der von ihm für nichtig gehaltenen Norm nicht möglich sind.

25 Die **Unterschiede zwischen den Varianten der Nr. 1 und 2** hängen zusammen mit dem Anlass zur Antragstellung und mit dem vom Bundesverfassungsgericht ohne Bezug zu den konkreten Formulierungen in Art. 93 Abs. 1 Nr. 2 GG, § 76 Abs. 1 verlangten objektiven Klarstellungsinteresse des Antragstellers.[68]

26 Rechtlich begründen lässt sich das **Erfordernis eines objektiven Klarstellungsinteresses** nicht. Der Verfassungsgeber selbst hat mit der Bestimmung des Kreises der Antragsberechtigten festgelegt, dass auf deren Antrag hin immer eine Klarstellung vorzunehmen ist, ohne dass das Bundesverfassungsgericht dieser Aufgabe durch Verweis auf von ihm selbst und letztlich unüberprüfbar definierte „objektive Interessen" ausweichen kann. Die Frage, ob von einer Rechtsnorm noch Rechtswirkungen ausgehen oder ausgehen können, betrifft schon die vorgelagerte Frage des Prüfungsgegenstandes (→ Rn. 5).

27 Für Normverwerfungsanträge nach Nr. 1 hat das Erfordernis eines objektiven Klarstellungsinteresses keine praktischen Auswirkungen. Denn hier trägt das Bundesverfassungsgericht der Stellung des Antragstellers als Garanten der Verfassung Rechnung, indem es das verlangte objektive Klarstellungsinteresse durch den schlichten Umstand der **Antragstellung und den Antragsgrund**, also den Vortrag des Antragstellers, von der Verfassungswidrigkeit überzeugt zu sein, als **indiziert** ansieht.[69] Fehlen soll das objektive Klarstellungsinteresse nur, wenn eine Verordnungsermächtigung zur Prüfung

65 Verneinend BVerfGE 96, 133 (137); bejahend Huber/Voßkuhle/Voßkuhle Art. 93 Rn. 123.
66 Vgl. BVerfGE 119, 96 (117); siehe auch BVerfGE 150, 1 (77 f., Rn. 138).
67 Vgl. zB BVerfGE 124, 25 (39).
68 Zuletzt BVerfG, Urteil des Zweiten Senats vom 29.11.2023 – 2 BvF 1/21, Rn. 77 f. bei Juris – Wahlrechtsreform 2020. Siehe auch BVerfGE 157, 232 (249 f., Rn. 66); 151, 152 (161 f., Rn. 27); 150, 1 (77 f., Rn. 138).
69 BVerfGE 157, 223 (249 f., Rn. 66); 150, 1 (77 f., Rn. 138).

gestellt ist, von der die Exekutive endgültig keinen Gebrauch gemacht hat und von der sie auch in Zukunft keinen Gebrauch mehr machen kann.[70]

Im Normbestätigungsverfahren nach Nr. 2 soll das objektive Klarstellungsinteresse aber dann fehlen, wenn die Geltung der Norm auch aus anderen Gründen bestritten worden ist als wegen Unvereinbarkeit mit dem Grundgesetz und sonstigem Bundesrecht, also bei **fehlender Entscheidungserheblichkeit**,[71] oder wenn nach Stellung des Normbestätigungsantrags diese **Bestätigung schon in einem anderen (landes-)verfassungsgerichtlichen Verfahren** erfolgt ist.[72] 28

Die restriktivere Linie des Bundesverfassungsgerichts bei Normbestätigungsverfahren nach Nr. 2 geht auf den vom Gesetzgeber konkretisierten Anlass zur Antragstellung zurück. Anders als bei der rein abstrakt ausgestalteten offensiven Normenkontrolle nach Nr. 1 ist der Normbestätigungsantrag nach Nr. 2 nur zulässig in Reaktion auf eine konkrete Entscheidung eines Gerichts, einer Verwaltungsbehörde oder eines Bundes- oder Landesorgans, das Recht als unvereinbar mit dem Grundgesetz oder sonstigem Bundesrecht nicht anzuwenden. Der **Antrag nach Nr. 2** ist insoweit **mit einem konkreten Normanwendungsfall verknüpft.** Das macht es vertretbar, über einen Normbestätigungsantrag nicht in der Sache zu entscheiden, wenn schon vor Antragstellung die dazu anlassgebende Nichtanwendungsentscheidung eines Gerichts durch ein anderes Gericht mit Befolgungsanspruch ausgeräumt worden war und deshalb die konkrete Komponente des abstrakten Verfahrens nach Nr. 2 gefehlt hat. 29

6. Einstweilige Anordnung. Auch im Verfahren der abstrakten Normenkontrolle ist der **Erlass einstweiliger Anordnungen** nach § 32 zulässig und **möglich** (→ § 32 Rn. 13 ff.).[73] Ein solcher Antrag nach § 32 kann schon im Vorgriff auf einen angekündigten Antrag im Hauptsacheverfahren gestellt und beschieden werden.[74] Der Umstand, dass Art. 93 Abs. 1 Nr. 2 GG, § 76 Abs. 1 den Kreis der Antragsteller im abstrakten Normenkontrollverfahren von vornherein begrenzt, führt nicht dazu, dass in einer solchen Normenkontrollkonstellation der Erlass einer einstweiligen Anordnung erleichtert wird.[75] 30

II. Abstraktes Normenkontrollverfahren zu Art. 72 Abs. 2 GG

Abs. 2 regelt eine besondere **Variante der abstrakten Normenkontrolle**,[76] wie sie das Grundgesetz seit 1994 in Art. 93 Abs. 1 Nr. 2 a GG zusätzlich und neben der allgemeinen Normenkontrolle (Art. 93 Abs. 1 Nr. 2 GG) zur ef- 31

70 BVerfGE 113, 167 (193); siehe auch BVerfGE 128, 1 (32 f.).
71 Vgl. BVerfGE 96, 133 (138): zugleich Verstoß gegen Landesrecht.
72 BVerfGE 106, 244 (251 f.): Bestätigung einer Landesnorm als landesverfassungskonform entziehe im konkreten Fall auch dem Vorwurf der Bundesrechtswidrigkeit den Boden.
73 Vgl. BVerfGE 159, 40 (58 ff., Rn. 52 ff.); 147, 251 (252, Rn. 1); 140, 99 (107 ff., Rn. 13 ff.); 104, 51 (55).
74 BVerfGE 151, 152 (161 ff., Rn. 26 ff.); siehe auch BVerfGE 104, 51 (55); 86, 390 (395).
75 So zuletzt BVerfGE 164, 1 (48, Rn. 162): keine einstweilige Anordnung gegen das zweite Nachtragshaushaltsgesetz 2021 mit seiner Übertragung einer Kreditermächtigung in Höhe von 60 Mrd. Euro auf den „Energie- und Klimafonds“.
76 BT-Drs. 13/7673, S. 12.

fektiven Durchsetzung der Kompetenzausübungsschranke aus Art. 72 Abs. 2 GG[77] vorsieht.

32 Zwar überwiegen strukturell die **Gemeinsamkeiten** zur allgemeinen abstrakten Normenkontrolle nach Abs. 1 Nr. 1 (Abstraktheit, Antragserfordernis, begrenzter Kreis von Antragsberechtigten, Nichtigkeit als Antragsziel). Die **Unterschiede** liegen aber in deutlichen Einschränkungen bei dem Prüfungsgegenstand und vor allen Dingen bei dem Prüfungsmaßstab, aber auch bei einer gewissen Erweiterung des Kreises der Antragsberechtigten.

33 Prüfungsgegenstand ist hier abweichend von Abs. 1 nicht Bundesrecht, sondern nur ein Bundesgesetz, das nach dem 15.11.1994 verkündet sein muss.[78] Das ist zwingende Folge des **begrenzten Prüfungsmaßstabs**. Prüfungsmaßstab ist nur, ob die Voraussetzung des zum 15.11.1994 verschärften Art. 72 Abs. 2 GG vorliegt (Art. 93 Abs. 1 Nr. 2 a GG). Dort wird das Gesetzgebungsrecht des Bundes auf den Gebieten des Art. 74 Abs. 1 Nr. 4, 7, 11, 13, 15, 19 a, 20, 22, 25 und 26 GG nur eröffnet, wenn und soweit die Herstellung gleichwertiger Lebensverhältnisse im Bundesgebiet oder die Wahrung der Rechts- oder Wirtschaftseinheit im gesamtstaatlichen Interesse eine **bundesgesetzliche Regelung erforderlich** macht. Diese sogenannte Erforderlichkeitsprüfung ist aber schon durch Art. 72 Abs. 2 GG nur auf einen thematisch engen Ausschnitt möglicher Bundesgesetze beschränkt, insbesondere aus dem Bereich Recht der Wirtschaft (Art. 74 Abs. 1 Nr. 11 GG).

34 Der Begriff des Bundesgesetzes in Abs. 2 schließt aber auch Gesetze ein, die auf Art. 105 Abs. 2, Variante 2 GG oder den früheren Art. 75 GG gestützt werden bzw. worden sind. Denn in beiden Fällen ist bzw. war die Gesetzgebungskompetenz für solche **Steuer- bzw. Rahmengesetze** teilweise (Art. 105 Abs. 2, Variante 2 GG) oder generell (Art. 75 GG aF) davon abhängig, dass die „Voraussetzungen des Art. 72 Abs. 2 vorliegen“. Das ist im Gesetzgebungsverfahren zur Einfügung von Abs. 2 auch gesehen worden.[79] Art. 105 Abs. 2, Variante 2 GG musste in den Text von § 76 Abs. 2 schon deshalb nicht aufgenommen werden, weil das dortige Tatbestandsmerkmal des Bundesgesetzes nicht auf Bundesgesetze nach Art. 72 Abs. 2 GG beschränkt ist.

35 Unklar ist die Entscheidung, wenn das dem Bundesverfassungsgericht zur Überprüfung vorgelegte **Gesetz gar nicht auf einem der „Gebiete“ liegt**, die in Art. 72 Abs. 2 GG genannt sind. Vorkommen dürfte dieser Fall nur, wenn der Bundesgesetzgeber eine der dort aufgeführten Kompetenznormen als thematisch einschlägig angesehen hat, das Bundesverfassungsgericht diese Beurteilung aber nicht teilt. Bei streng wörtlicher Anwendung von Art. 93 Abs. 1 Nr. 2 a GG, § 76 Abs. 2 müsste der Antrag dann erfolglos bleiben, obwohl das angegriffene Bundesgesetz im Regelfall mangels einer anderen einschlägigen Kompetenzgrundlage offensichtlich verfassungswidrig wäre (Art. 70 Abs. 1 GG).

36 Einer solchen Handhabung steht aber der erklärte und vom Bundesverfassungsgericht auch schon festgestellte **Zweck des Verfahrens nach Art. 93 Abs. 1 Nr. 2 GG**, § 76 Abs. 2 entgegen. Denn der verfassungsändernde Ge-

77 BVerfGE 106, 62 (142 f.).
78 Beispiel: BVerfGE 140, 65 (78, Rn. 27) – Betreuungsgeldgesetz vom 15.2.2013.
79 BT-Drs. 13/7673, S. 12.

setzgeber hat mit der Einrichtung eines speziellen verfassungsgerichtlichen Verfahrens nach Art. 93 Abs. 1 Nr. 2 a GG das Ziel verfolgt, die Positionen der Länder zu stärken und zugleich eine effektive verfassungsgerichtliche Überprüfung sicherzustellen.[80] Für die Zulässigkeit des Antrags nach Abs. 2 ist deshalb ausreichend, dass das „Bundesgesetz" vom Bundesgesetzgeber auf eine in Art. 72 Abs. 2 GG aufgeführte Kompetenznorm (Art. 74 Abs. 1 Nr. 4, 7, 11, 13, 15, 19 a, 20, 22, 25 und 26 GG) gestützt worden ist.[81]

Aus der beiläufigen Aussage in BVerfGE 106, 62 (142), wonach im Verfahren des Abs. 2 nur eine Kontrolle am Maßstab des Art. 72 Abs. 2 GG erfolgen könne, folgt nichts anderes. Das Bundesverfassungsgericht wollte dort nur Einwände gegen die **volle Justitiabilität von Art. 72 Abs. 2 GG** zurückweisen, nicht aber die darauf aufbauende Norm des Art. 93 Abs. 1 Nr. 2 a GG zulasten der Länderseite ineffektiv machen. 37

Gleichwohl dürfte die praktische Bedeutung von Abs. 2 weiterhin gering bleiben. Das ergibt sich aus dem **Kreis der Antragsberechtigten**. Landesregierungen werden immer den Antrag nach Abs. 1 vorziehen, der eine vollständige Prüfung des Bundesgesetzes an der Verfassung insgesamt ermöglicht und der ihnen ebenfalls offensteht; in der Praxis stellen Landesregierungen Anträge nach Abs. 2 gemeinsam mit Anträgen nach Abs. 1 Nr. 1.[82] Der Bundesrat kann zwar nur Anträge nach Abs. 2, nicht aber nach Abs. 1 stellen. Es ist aber davon auszugehen, dass die im Bundesrat vertretenen Landesregierungen durch die Stellung einzelner, auch paralleler Anträge nach Abs. 1 den Weg der vollen verfassungsgerichtlichen Überprüfung wählen werden. 38

Als Antragsteller für isolierte Anträge nach Abs. 2 bleibt eigentlich nur die **„Volksvertretung eines Landes"**. Die damit angesprochenen Landesparlamente können einen solchen Schritt nach Maßgabe des jeweiligen Landesverfassungsrechts gehen, im Regelfall also durch Mehrheitsbeschluss, wenn nicht eine Ausgestaltung im Sinne eines Minderheitsrechts entsprechend Art. 23 Abs. 1 a Satz 2 GG gewählt wird. Anträge, die auf einem solchen landesrechtlichen Minderheitenrecht beruhen, bleiben bundesverfassungsrechtlich Anträge der Volksvertretung eines Landes.[83] Auch Untersuchungsausschüsse von Parlamenten, deren Einsetzung traditionell als Minderheitenrecht ausgestaltet ist, bleiben Untersuchungsausschüsse des ganzen Parlaments. Für Mehrheiten in Landesparlamenten dürfte der Weg über einen Antrag des Landesparlamentes im Regelfall uninteressant sein; denn jedenfalls verfestigte Mehrheiten in Länderparlamenten haben faktisch schon immer die Möglichkeit gehabt, über die von ihnen getragene Landesregierung ein allgemeines abstraktes Normenkontrollverfahren nach Abs. 1 einzuleiten. 39

Zum **Antragsgrund** gelten die Grundsätze des Abs. 1 Nr. 1 entsprechend. Der Antragsteller muss auch bei Abs. 2 darlegen, dass er von der Nichtigkeit des Bundesgesetzes (hier wegen Nichterfüllung der Voraussetzungen des Art. 72 Abs. 2 GG) überzeugt ist. Wie bei Abs. 1 Nr. 1 wird das Bundesverfassungsgericht das nicht überprüfen. 40

---

80 BVerfGE 106, 62 (136); siehe auch BT-Drs. 13/7673, S. 6.
81 So auch Huber/Voßkuhle/Voßkuhle Art. 93 Rn. 131.
82 Beispiel: BVerfGE 140, 65 (78, Rn. 27) – Betreuungsgeldgesetz vom 15.2.2013.
83 So auch Barczak BVerfGG/Kees § 76 Rn. 66; aA Burkiczak/Dollinger/Schorkopf BVerfGG/Graßhof § 76 Rn. 58.

41 **Der zweite Halbsatz des Abs. 2** war der Versuch des Gesetzgebers, unter dem Gesichtspunkt der Prozessökonomie den Antragstellern auch im Verfahren nach Art. 93 Abs. 1 Nr. 2 a GG die Möglichkeit zu eröffnen, durch das Bundesverfassungsgericht prüfen zu lassen, ob der Bundesgesetzgeber die über Art. 72 Abs. 2 GG hinausgehenden Anforderungen des früheren Art. 75 Abs. 2 GG eingehalten hat.[84] Das war eine nach Art. 93 Abs. 3 GG zulässige Erweiterung, die theoretisch noch für Altfälle zur Anwendung kommen kann.

§ 77 [Äußerungsberechtigte Bundes- und Landesorgane]

Das Bundesverfassungsgericht gibt

1. **in den Fällen des § 76 Abs. 1 dem Bundestag, dem Bundesrat, der Bundesregierung, bei Meinungsverschiedenheiten über die Gültigkeit von Bundesrecht auch den Landesregierungen und bei Meinungsverschiedenheiten über die Gültigkeit einer landesrechtlichen Norm der Volksvertretung und der Regierung des Landes, in dem die Norm verkündet wurde,**
2. **in den Fällen des § 76 Abs. 2 dem Bundestag, dem Bundesrat, der Bundesregierung sowie den Volksvertretungen und Regierungen der Länder**

binnen einer zu bestimmenden Frist Gelegenheit zur Äußerung.

1 Die Normenkontrollverfahren nach § 76 Abs. 1 und 2 sind keine kontradiktorischen Verfahren, weil es neben dem notwendigen Antragsteller **keinen prozessual gleichberechtigten Antragsgegner** gibt, auch nicht die Bundes- oder Landesorgane, auf die die angegriffene Norm zurückgeht. § 77 zieht daraus die Konsequenz und räumt einem abschließend normierten Kreis von Bundes- und Landesorganen ein Äußerungsrecht ein. Davon kann, muss aber nicht Gebrauch gemacht werden.[1] Das Äußerungsrecht gilt nicht nur in Hauptsacheverfahren nach § 76, sondern auch für darauf bezogene Anträge auf Erlass einer einstweiligen Anordnung nach § 32.[2]

2 § 77 ist **entsprechend anwendbar** für die konkrete Normenkontrolle (§ 82 Abs. 1 und 2), für Verfassungsbeschwerden, die sich mittelbar oder unmittelbar gegen ein Gesetz richten (§ 94 Abs. 4), sowie im Verfahren nach Art. 126 GG (§ 88 iVm § 82).

3 Im Gegensatz zu diesen anderen Verfahren haben die Äußerungsberechtigten in abstrakten Normenkontrollverfahren **kein Recht auf Beitritt** zum Verfahren.[3] Sie können deshalb nicht Beteiligte im Sinne von § 25 Abs. 1 werden.[4]

84 BT-Drs. 13/7673, S. 12.
1 Wie hier Barczak BVerfGG/Kees § 77 Rn. 7.
2 Vgl. die Handhabung in BVerfGE 164, 1 (27, Rn. 100).
3 BVerfGE 24, 33 (45); auch Bundestagsabgeordnete, die nicht selbst das Antragsquorum erfüllen, haben kein Beitrittsrecht BVerfGE 157, 299 (300); 156, 1 (4 ff., Rn. 11 ff.).
4 Siehe auch BVerfGE 68, 346 (348 f.).

Die fehlende Beitrittsmöglichkeit erleichtert es dem Bundesverfassungsgericht, über abstrakte Normenkontrollanträge **ohne mündliche Verhandlung** zu entscheiden. Vom Sonderfall des § 24 (Abweisung A-Limine) abgesehen, ist nach § 25 Abs. 1 mündlich zu verhandeln, wenn nicht alle Beteiligten darauf verzichten. Eine solche Verzichtserklärung der Äußerungsberechtigten ist aber im Verfahren der abstrakten Normenkontrolle mangels Beitrittsmöglichkeiten und daraus folgendem Beteiligtenstatus nicht erforderlich.[5] Notwendig ist allerdings der Verzicht des Antragstellers[6] auf mündliche Verhandlung, weil dieser infolge seines prozessualen Rechts, ein abstraktes Normenkontrollverfahren überhaupt in Gang bringen zu können, Beteiligter im Sinne von § 25 Abs. 1 ist. Die im Ergebnis entsprechende ältere Rechtsprechung[7] ist in ihrem Begründungsansatz zu restriktiv. Mit der zwischenzeitlichen Anerkennung der im Sinne von § 76 Antragsberechtigten als „Garanten einer verfassungsmäßigen Rechtsordnung“[8] ist nach Ausübung des Antragsrechts ein **verfassungsunmittelbarer Status als notwendig Beteiligter** am Normenkontrollverfahren gegeben. 4

Das Äußerungsrecht erstreckt sich auf alle zum Verfahren eingereichten Erklärungen und Schriftsätze des Antragstellers und anderer Äußerungsberechtigter und schließt das Recht ein, in einer durchgeführten **mündlichen Verhandlung** auftreten zu können. Allein diese Auslegung entspricht dem besonderen Status der nach § 77 Äußerungsberechtigten als legislative und exekutive Verfassungsorgane auf Bundes- und Landesebene.[9] Das entspricht der Praxis des Bundesverfassungsgerichts. Deshalb wirkt das abstrakte Normenkontrollverfahren oftmals wie ein kontradiktorisches Verfahren. 5

Der **Kreis der Äußerungsberechtigten** ist in nachvollziehbarer Weise gezogen. Bundestag, Bundesrat und Bundesregierung sind in Verfahren nach § 76 Abs. 1 immer äußerungsberechtigt. Ist Prüfungsgegenstand Bundesrecht, sind auch die Landesregierungen äußerungsberechtigt,[10] ist Prüfungsgegenstand Landesrecht, sind es auch Volksvertretung und Regierung des Landes, in dem die Norm verkündet wurde; dagegen sind Regierungen anderer Länder in dieser Konstellation nicht nach § 77 äußerungsberechtigt.[11] Das Bundesverfassungsgericht handhabt das allerdings pragmatisch und lässt – ohne das auf den heranzuziehenden § 27a zu stützen – Äußerungen anderer Landesregierungen zu.[12] Weiter gefasst ist der Kreis der Äußerungsberechtigten in den Fällen des § 77 Nr. 2. Bei den dort geregelten Verfahren nach § 76 Abs. 2 sind neben Bundestag, Bundesrat und Bundesregierung auch die Volksvertretungen und Regierungen aller Länder äußerungsberechtigt. 6

Wer nicht nach § 77 äußerungsberechtigt ist, dem kann das Bundesverfassungsgericht nur nach **§ 27a** als **sachkundigem Dritten** Gelegenheit zur Stellungnahme geben. Mit den Begrifflichkeiten geht das Bundesverfassungs- 7

5 BVerfGE 2, 307 (311 f.).
6 Vgl. BVerfGE 127, 293 (318).
7 BVerfGE 2, 307 (312); 1, 396 (407 f.).
8 BVerfGE 122, 1 (17).
9 Verkannt von Barczak BVerfGG/Kees § 77 Rn. 19.
10 Vgl. beispielhaft BVerfGE 165, 206 (225, Rn. 45).
11 Schmidt-Bleibtreu/Klein/Bethge BVerfGG/Rozek § 77 Rn. 4 (Stand: Februar 2013).
12 Vgl. BVerfGE 121, 30 (40).

gericht lässig um und stellt dabei gelegentlich die Dinge auf den Kopf, etwa wenn behauptet wird, Äußerungsberechtigten im Sinne von § 77 sei Gelegenheit zur Stellungnahme gegeben worden,[13] und Dritte, denen nach § 27a Gelegenheit zur Stellungnahme gegeben werden kann, hätten Gelegenheit zur Äußerung erhalten.[14] Das ist unprofessionell, die Ungenauigkeit scheint aber keinem der acht beteiligten Richter aufgefallen zu sein oder ihn gestört zu haben.

§ 78 [Nichtigerklärung von Gesetzen]

[1]Kommt das Bundesverfassungsgericht zu der Überzeugung, daß Bundesrecht mit dem Grundgesetz oder Landesrecht mit dem Grundgesetz oder dem sonstigen Bundesrecht unvereinbar ist, so erklärt es das Gesetz für nichtig. [2]Sind weitere Bestimmungen des gleichen Gesetzes aus denselben Gründen mit dem Grundgesetz oder sonstigem Bundesrecht unvereinbar, so kann sie das Bundesverfassungsgericht gleichfalls für nichtig erklären.

1 § 78 regelt die **Tenorierung** der Entscheidungen des Bundesverfassungsgerichts **im Verfahren der abstrakten Normenkontrolle.** Satz 1 schreibt einen bestimmten Entscheidungsausspruch über den Antragsgegenstand vor, während Satz 2 das Bundesverfassungsgericht ermächtigt, diesen Entscheidungsausspruch auf weitere Regelungen des gleichen Gesetzes zu erstrecken, die gar nicht Gegenstand des Antrags waren.

2 Die Vorschrift gilt **über die Verweisung in § 82 Abs. 1 auch für das Verfahren der konkreten Normenkontrolle**. Da Satz 1 zudem im Wesentlichen mit § 95 Abs. 3 Satz 1 übereinstimmt, werden die zu § 78 entwickelten Grundsätze einschließlich der Erweiterung der Entscheidungsbefugnis nach Satz 2 auch auf das Verfahren der Verfassungsbeschwerde übertragen (→ § 95 Rn. 16 und → § 95 Rn. 85). Außerdem findet § 78 Satz 1 Anwendung, wenn in einem Wahlprüfungsverfahren nach § 48 eine Wahlrechtsvorschrift als verfassungswidrig beurteilt wird.[1]

3 **Satz 1 regelt nur eine der möglichen Entscheidungen**, die Ergebnis der Beurteilung eines abstrakten Normenkontrollantrags sein können, und zwar den Fall, dass das Bundesverfassungsgericht das zur Prüfung gestellte Gesetz wegen Unvereinbarkeit mit dem Grundgesetz oder bei Landesrecht auch wegen Unvereinbarkeit mit sonstigem Bundesrecht als verfassungswidrig qualifiziert. Dann hat das Bundesverfassungsgericht nach dem Wortlaut des Satzes 1 **das verfassungswidrige Gesetz für nichtig zu erklären** (zu den Ausnahmen → Rn. 11 ff.).

4 Keine Vorgaben zum Entscheidungsausspruch enthält das Gesetz für den Fall, dass sich der abstrakte **Normenkontrollantrag** als **unzulässig** erweist.

---

13 Vgl. zuletzt wieder BVerfGE 165, 206 (225, Rn. 45).
14 BVerfGE 127, 293 (310).
1 BVerfGE 151, 1 (56, Rn. 137) – Wahlrechtsausschlüsse betreuter Personen; 129, 300 (343) – Fünf-Prozent-Klausel bei der Europawahl.

Ein solcher Antrag ist nach allgemeinen prozessualen Gepflogenheiten **zu verwerfen.**[2]

Wird ein abstrakter Normenkontrollantrag zurückgenommen, beschließt das Bundesverfassungsgericht nur noch, dass das **Verfahren eingestellt** wird, jedenfalls sofern kein öffentliches Interesse an einer Fortführung des Verfahrens besteht.[3] 5

Ebenfalls nicht geregelt ist die Entscheidung für den Fall, dass das Bundesverfassungsgericht zum Ergebnis kommt, das zur Prüfung gestellte Gesetz sei **mit dem Grundgesetz und** bei Landesrecht auch mit **sonstigem Bundesrecht vereinbar.** Eine Regelung hierzu hätte nahe gelegen, weil die Normbestätigung nach § 76 Abs. 1 Nr. 2 unmittelbar Gegenstand des Verfahrens der abstrakten Normenkontrolle sein kann. Die Normbestätigung kann aber auch Ergebnis einer offensiven Normenkontrolle nach § 76 Abs. 1 Nr. 1 sein, wenn der Antrag als unbegründet beurteilt wird. Das Bundesverfassungsgericht stellt in solchen Fällen die Vereinbarkeit ausdrücklich im Tenor fest.[4] In Betracht kommt auch, dass ein zur Prüfung gestelltes Gesetz hinsichtlich einzelner Vorschriften mit dem Grundgesetz vereinbar und hinsichtlich anderer Vorschriften nichtig ist.[5] 6

Dabei kann die **Vereinbarkeit** eines Gesetzes mit dem Grundgesetz oder bei Landesrecht auch mit sonstigem Bundesrecht unter der Voraussetzung stehen, dass das Gesetz in einer bestimmten Weise **verfassungskonform ausgelegt** wird. Diese Einschränkung ist dann in den Tenor aufzunehmen, zumindest durch Bezugnahme auf die entsprechenden Entscheidungsgründe, entweder indem die Vereinbarkeit „nach Maßgabe der Gründe"[6] oder in einer näher dargelegten Auslegung[7] festgestellt wird (siehe zur Tenorierung bei der Verfassungsbeschwerde → § 95 Rn. 74 f.). 7

Die unmittelbar in Satz 1 geregelte **Nichtigerklärung**[8] kann sich auch auf einen abgrenzbaren, im Tenor präzise zu bezeichnenden **Teil des zur Prüfung gestellten Gesetzes**[9] oder nur auf einen bestimmten Anwendungsfall des Gesetzes[10] beziehen. Eine Teilnichtigkeit scheidet aber dort aus, wo die verbleibenden Bestimmungen keinen eigenständigen sinnvollen Regelungs- 8

2 Vgl. BVerfGE 136, 69 (69, Ziff. 2 des Tenors); 106, 244 (244); 96, 133 (133).

3 Vgl. BVerfG, Beschluss des Zweiten Senats vom 13.11.2018 – 2 BvF 1/11 ua, Juris; BVerfGE 147, 184 (185); 115, 394 (395).

4 Vgl. BVerfGE 150, 1 (1); 137, 350 (351); 136, 69 (69); 128, 1 (1 f.); 119, 394 (395); vgl. in Verfahren der konkreten Normenkontrolle: BVerfG, Beschluss des Ersten Senats vom 21.11.2023 – 1 BvL 6/21, Tenor bei Juris; BVerfGE 162, 178 (178); 160, 284 (284); 153, 310 (310); 152, 274 (275).

5 Vgl. BVerfGE 133, 241 (241 f.) – Luftsicherheitsgesetz.

6 Vgl. BVerfGE 92, 365 (367); 83, 238 (241); vgl. zur konkreten Normenkontrolle BVerfGE 149, 126 (127); die Notwendigkeit einer verfassungskonformen Auslegung dagegen nur in den Gründen aufzeigend: BVerfGE 153, 358 (377, Rn. 42).

7 Vgl. BVerfGE 134, 33 (33 f.); 133, 241 (262 ff., Rn. 78 ff.); 93, 37 (41).

8 Vgl. BVerfGE 165, 206 (269, Rn. 162 ff.); 157, 223 (297 f., Rn. 186 f.); vgl. zur konkreten Normenkontrolle: BVerfGE 160, 1 (40, Rn. 110); 150, 345 (378, Rn. 83 ff.).

9 Vgl. BVerfGE 133, 241 (241 f.); 127, 165 (166 f. und 223); vgl. zur konkreten Normenkontrolle BVerfGE 147, 253 (262, Ziff. 2 des Tenors).

10 Vgl. BVerfGE 121, 30 (31); vgl. zur konkreten Normenkontrolle: BVerfGE 157, 177 (178, Tenor).

gehalt besäßen.[11] Ist ein Normenkontrollantrag teilweise zulässig und teilweise unzulässig, kommt eine Nichtigerklärung nur hinsichtlich der Vorschrift in Betracht, die in zulässiger Weise zur Überprüfung gestellt wurde.[12]

9 Die Nichtigerklärung wirkt **ex tunc.**[13] Das für nichtig erklärte Gesetz ist grundsätzlich als vom Zeitpunkt seines Inkrafttretens an ungültig anzusehen.[14] Aufgrund der Regelung des § 79 Abs. 2 wirkt sich die Nichtigerklärung aber häufig erst für die Zukunft aus.[15]

10 Keine praktische verfassungsprozessuale Bedeutung hat hingegen die dogmatische Frage, ob die Nichtigerklärung **gestaltend** wirkt, also ein bis dahin gültiges Gesetz seiner Wirksamkeit beraubt, **oder** nur **feststellenden, deklaratorischen Charakter** hat. Dem deutschen Rechtsverständnis widerstrebt zwar die Vorstellung, ein verfassungswidriges Gesetz sei bis zu einer gerichtlichen Entscheidung in einem antragsabhängigen Verfahren wirksam.[16] Allerdings ist nicht zu verkennen, dass sich das Bundesverfassungsgericht mit seiner Neigung, von der Nichtigerklärung abzusehen und die vorübergehende Fortgeltung des als verfassungswidrig beurteilten Gesetzes anzuordnen (→ Rn. 13 f.), vom Nichtigkeitsdogma zunehmend entfernt.

11 **Nach seinem Wortlaut ordnet Satz 1 die Nichtigerklärung** des Gesetzes, das mit dem Grundgesetz oder bei Landesrecht auch mit sonstigem Bundesrecht unvereinbar ist, zwingend und **ausnahmslos an**. Das Bundesverfassungsgericht hat aber – jedenfalls ursprünglich contra legem[17] – einen davon abweichenden Entscheidungsausspruch entwickelt: die bloße **Unvereinbarerklärung** (vgl. dazu ausführlich → § 95 Rn. 46 ff.). Sie kann sich wie die Nichtigkeitserklärung auch nur auf einen Teil oder einen bestimmten Anwendungsfall des zur Prüfung gestellten Gesetzes beziehen.[18]

12 Eine **ausdrückliche gesetzliche Legitimationsgrundlage** für diese Tenorierungspraxis enthält das Gesetz über das Bundesverfassungsgericht nach wie vor **nicht** (vgl. dazu näher → § 95 Rn. 47 ff.). Der Gesetzgeber hat sie allenfalls mittelbar als Faktum akzeptiert, indem er die Unvereinbarerklärung in § 79 Abs. 1 und § 31 Abs. 2 Sätze 2 und 3 erwähnt.

13 Die bloße Unvereinbarerklärung hat zur Folge, dass die betreffende Norm vorübergehend, meist bis zu einem vom Bundesverfassungsgericht festgelegten Zeitpunkt,[19] **weitergilt**. Die Feststellung ihrer Verfassungswidrigkeit

11 Vgl. BVerfGE 111, 226 (270 ff.).
12 Vgl. zur konkreten Normenkontrolle: BVerfGE 162, 277 (278, Ziff. 2 und 3 des Tenors).
13 Lechner/Zuck/Zuck § 78 Rn. 3; Barczak BVerfGG/Kees § 78 Rn. 8.
14 Vgl. BVerfGE 144, 369 (411, Rn. 111); 132, 334 (359, Rn. 71).
15 Vgl. Burkiczak/Dollinger/Schorkopf BVerfGG/Graßhof § 78 Rn. 18.
16 Vgl. Schmidt-Bleibtreu/Klein/Bethge BVerfGG/Bethge § 78 Rn. 7 (Stand: Juni 2018); Gaier JuS 2011, 961 (962).
17 Vgl. Schmidt-Bleibtreu/Klein/Bethge BVerfGG/Bethge § 78 Rn. 58 (Stand: Juni 2018).
18 Vgl. zur konkreten Normenkontrolle: BVerfG, Beschluss des Zweiten Senats vom 28.11.2023 – 2 BvL 8/13, Tenor bei Juris; BVerfGE 165, 103 (103, Ziff. 2 des Tenors); 155, 1 (1, Ziff. 1 des Tenors); 152, 68 (68, Ziff. 1 des Tenors); 148, 40 (40, Ziff. 1 des Tenors).
19 Vgl. BVerfGE 148, 40 (41); 127, 293 (333 f.); vgl. zur konkreten Normenkontrolle: BVerfG, Beschluss des Zweiten Senats vom 28.11.2023 – 2 BvL 8/13, Tenor bei Juris; BVerfG, Beschluss des Ersten Senats vom 1.2.2023 – 1 BvL 7/18, Ziff. 2 des Tenors bei

steht allerdings grundsätzlich ihrer Anwendbarkeit entgegen.[20] Das Bundesverfassungsgericht nutzt aber die Beschränkung des Entscheidungsausspruchs auf die bloße Unvereinbarkeit dazu, ausnahmsweise die vorübergehende **weitere Anwendbarkeit des verfassungswidrigen Gesetzes anzuordnen**,[21] ggf. mit Vorgaben, die sich aus den Entscheidungsgründen ergeben.[22]

Als **Rechtsgrundlage für diese Anordnung einer Ausnahme von der generellen Anwendungssperre** wird **§ 35** herangezogen.[23] Dies gilt ebenso wie für den an den Gesetzgeber gerichteten, fristgebundenen Neuregelungsauftrag (vgl. dazu auch → § 95 Rn. 71)[24] und die näheren Maßgaben für die Gesetzesanwendung in der Übergangsphase.[25] 14

Im Verfahren der abstrakten Normenkontrolle hat das Bundesverfassungsgericht den **Ausnahmecharakter der Unvereinbarerklärung** bislang konsequenter beachtet als im Verfahren der Verfassungsbeschwerde, wo entgegen § 95 Abs. 3 Satz 1 gelegentlich auch ohne tragfähige Begründung zu voreilig aus falsch verstandener Rücksichtnahme auf den verfassungswidrig handelnden Gesetzgeber von einer Nichtigerklärung abgesehen wird (→ § 95 Rn. 54 f., → § 95 Rn. 59 f.). Die Nichtigerklärung stellt bei der abstrakten Normenkontrolle auch tatsächlich noch den Regelfall dar, wenn das Bundesverfassungsgericht zur Überzeugung der Verfassungswidrigkeit einer Norm kommt,[26] und dieser Regelfall bedarf dann anders als der ausnahmsweise gebotene Ausspruch einer bloßen Unvereinbarkeit und deren begleitender Anordnungen keiner gesonderten Begründung.[27] Begründet werden nur Nichtigerklärungen, die sich auf Teile der gesetzlichen Bestimmung beschränken,[28] und Nichtigerklärungen, die eine besonders rechtfertigungsbedürftige Schutzlücke herbeiführen.[29] Die Begründung kann sich auch darauf beziehen, dass sich die vorangegangene Fassung eines Gesetzes, die aufgrund der Nichtigkeit eines Gesetzes wieder anzuwenden ist, keinen verfassungsrechtlichen Bedenken ausgesetzt sieht.[30] Teilweise wird auch dargelegt, dass eine verfassungskonforme Auslegung nicht möglich war.[31] 15

Juris; BVerfGE 161, 163 (166, Ziff. 2 des Tenors); 160, 41 (42, Ziff. 2 des Tenors); 159, 183 (184, Ziff. 2 des Tenors); 155, 1 (4, Ziff. 2 des Tenors).

20 Vgl. BVerfGE 164, 139 (193, Rn. 153); 159, 183 (220 f., Rn. 92); 135, 238 (245); 131, 316 (375 f.); vgl. in diesem Sinne auch BVerfGE 160, 41 (78 f., Rn. 93); 155, 1 (76, Rn. 183).

21 Vgl. BVerfG, Beschluss vom 28.11.2023 – 2 BvL 8/13, Tenor und Rn. 199 bei Juris; BVerfGE 161, 163 (298, Rn. 373); 152, 68 (70 f., Ziff. 2 des Tenors); 148, 40 (63 f., Rn. 64); 127, 293 (293); vgl. zum Verfassungsbeschwerdeverfahren auch BVerfG, Urteil des Zweiten Senats vom 20.6.2023 – 2 BvR 166/16, Rn. 234 bei Juris, sowie die Kommentierung zu § 95 Rn. 52 ff.

22 Vgl. BVerfG, Beschluss des Ersten Senats vom 1.2.2023 – 1 BvL 7/18, Rn. 191 ff. bei Juris; BVerfGE 163, 254 (297 f., Rn. 97); 152, 68 (70 f., Ziff. 2 des Tenors); 148, 40 (63 f., Rn. 64).

23 Vgl. BVerfGE 130, 372 (402); 128, 326 (405).

24 Vgl. BVerfGE 127, 293 (335).

25 Vgl. BVerfGE 158, 389 (431, Rn. 113) – Rundfunkgebühren; 133, 277 (376 f., Rn. 231) – Antiterrordatei; 130, 372 (402 f.); 128, 326 (405); 127, 132 (164 f.).

26 Ausnahme aber: BVerfGE 148, 40 (40 f.).

27 Vgl. BVerfGE 157, 223 (298, Rn. 187); 127, 165 (223); 119, 247 (279).

28 BVerfGE 127, 165 (223).

29 BVerfGE 133, 241 (260 f., Rn. 52) – Luftsicherheitsgesetz.

30 BVerfGE 165, 206 (269, Rn. 164).

31 BVerfGE 119, 247 (279).

16 Der Zweite Senat hat die **Voraussetzungen einer Unvereinbarerklärung** im Beschluss zur Legehennenhaltung vom 12.10.2010[32] dahin gehend zusammengefasst, dass der Ausspruch bloßer Unvereinbarkeit anstelle der Nichtigerklärung angezeigt ist, wenn hierfür sprechende **verfassungsrechtliche Belange überwiegen**. Das soll dann der Fall sein, wenn der Zustand, der sich im Falle der Nichtigkeit ergäbe, der verfassungsgemäßen Ordnung noch ferner stünde als die befristete Weitergeltung der verfassungswidrigen Regelung (vgl. dazu auch → § 95 Rn. 52 ff.).[33] Als dafür maßgebende Erwägungen werden verfassungsrechtliche Schutzaufträge,[34] Gründe der Rechtssicherheit und Rechtsklarheit sowie das Bestreben, Verstöße gegen das Völkerrecht und das Unionsrecht zu vermeiden, genannt.[35]

17 Zwar wird damit im Ansatz zu Recht (→ § 95 Rn. 62, → § 95 Rn. 69) auch der **Zusammenhang mit dem Europarecht** in den Blick genommen. Allein der Umstand, dass bei Nichtigkeit des Gesetzes ein Umsetzungsdefizit hinsichtlich einer EU-Richtlinie entstünde,[36] kann aber kein überwiegender verfassungsrechtlicher Belang sein, der die Weitergeltung eines verfassungswidrigen Gesetzes rechtfertigen könnte.

18 Ein anderer, vom Bundesverfassungsgericht[37] zunächst bei Verstößen gegen den Gleichheitssatz des Art. 3 Abs. 1 GG, später aber umfassend verfolgter Begründungsansatz für ein Absehen von der gesetzlich vorgeschriebenen Nichtigerklärung, die **Wahrung des Gestaltungsspielraums des Gesetzgebers** im Hinblick auf die Ausgestaltung der notwendigen Neuregelung (→ § 95 Rn. 56 ff.), hat in Verfahren der abstrakten Normenkontrolle bislang keine Bedeutung erlangt.

19 Eine andere Möglichkeit, unerwünschte Folgen infolge eines Regelungsvakuums nach der Feststellung der Verfassungswidrigkeit eines Gesetzes zu vermeiden, liegt in der Anordnung von **Übergangsregelungen** durch das Bundesverfassungsgericht.[38] Hierbei gibt das Gericht vor, welche Rechtslage entweder im Zeitraum zwischen einer Nichtigerklärung und einer gesetzlichen Neuregelung oder für den Fall gilt, dass der Gesetzgeber die ihm im Zuge einer bloßen Unvereinbarerklärung gesetzte Frist zu einer Neuregelung

---

32 BVerfGE 127, 293 (333).

33 Vgl. BVerfG, Beschluss des Ersten Senats vom 1.2.2023 – 1 BvL 7/18, Rn. 187 bei Juris; BVerfG, Urteil des Zweiten Senats vom 24.1.2023 – 2 BvF 2/18, Rn. 162 bei Juris; BVerfGE 163, 254 (298, Rn. 96); 155, 1 (75, Rn. 181); 133, 241 (260, Rn. 51) – Luftsicherheitsgesetz; vgl. zu einer Verfassungsbeschwerde auch BVerfG, Urteil des Zweiten Senats vom 20.6.2023 – 2 BvR 166/16, Rn. 236 bei Juris.

34 Vgl. BVerfGE 148, 40 (63, Rn. 63).

35 BVerfGE 127, 293 (333 f.).

36 BVerfGE 127, 293 (334 f.).

37 Vgl. BVerfG, Beschluss des Zweiten Senats vom 28.11.2023 – 2 BvL 8/13, Rn. 197 bei Juris; BVerfG, Beschluss des Ersten Senats vom 1.2.2023 – 1 BvL 7/18, Rn. 187, 189 bei Juris; BVerfGE 164, 139 (191, Rn. 149); 161, 163 (297, Rn. 369); 160, 41 (77 f., Rn. 90 f.); 152, 68 (149 f., Rn. 212 f.); 151, 101 (151, Rn. 131); 149, 222 (290 ff., Rn. 151 ff.): 148, 147 (211 ff., Rn. 165 ff.); 147, 1 (30, Rn. 65); 145, 106 (166, Rn. 152 f.); 143, 246 (394, Rn. 401).

38 Beispiele: BVerfG, Beschluss des Ersten Senats vom 1.2.2023 – 1 BvL 7/18, Rn. 192 bei Juris; BVerfGE 163, 254 (255, Ziff. 2 des Tenors, und 297 f., Rn. 97) 152, 68 (70 f., Ziff. 2 des Tenors und Rn. 218); 148, 40 (94, Rn. 64); 146, 71 (148, Rn. 215 ff.); 133, 59 (60 und 99, Rn. 107 f.) – Sukzessivadoption; 132, 134 (135 f.) – Asylbewerberleistungsgesetz.

ungenutzt verstreichen lässt.[39] Auch diese Maßgaben stützt das Bundesverfassungsgericht auf § 35 (näher dazu und zu der gegen diese Rechtsprechungspraxis gerichteten Kritik → § 35 Rn. 12 ff.).[40]

Nach **Satz 2** kann das Bundesverfassungsgericht auch **Vorschriften für nichtig erklären, die nicht Antragsgegenstand waren**. Damit wird der Grundsatz ne ultra petita mit dem Ziel durchbrochen, eine aus prozessökonomischer Sicht unnötige Anhäufung von Parallelverfahren zu vermeiden und schnell Rechtsklarheit auch für Parallelvorschriften herbeizuführen.[41] Einbezogen werden können natürlich auch zwischenzeitlich in Kraft getretene Fassungen der beanstandeten Normen.[42] 20

Im unmittelbaren Anwendungsbereich des Satzes 2 im Verfahren der abstrakten Normenkontrolle hat das Bundesverfassungsgericht von seiner Erweiterungsbefugnis in neuerer Zeit nur vereinzelt Gebrauch gemacht.[43] **Anwendungsfälle** finden sich aber häufiger **in Entscheidungen zur konkreten Normenkontrolle**, für die Satz 2 über die Verweisung in § 82 Abs. 1 gilt,[44] und noch **häufiger in Entscheidungen zu Verfassungsbeschwerden**, für die Satz 2 im Rahmen des § 95 Abs. 3 entsprechend herangezogen wird (dazu → § 95 Rn. 16, 85). Dabei kommt die Erweiterung des Entscheidungsausspruchs auch dann in Betracht, wenn die Norm nicht für nichtig, sondern nur für unvereinbar erklärt wird.[45] 21

Die Nichtig- oder Unvereinbarerklärung darf nur auf **weitere Bestimmungen des gleichen Gesetzes** erstreckt werden. Das deckt aber nicht nur andere Regelungen des Gesetzes exakt in der Fassung ab, die der Antragsteller zur Prüfung gestellt hat. Erfasst vom Begriff des „gleichen Gesetzes" sind jedenfalls auch inhaltsgleiche Nachfolgeregelungen[46] und inhaltsgleiche Regelungen für Folgezeiträume, die eigentlich nicht Gegenstand des verfassungsgerichtlichen Verfahrens waren.[47] Inhaltsgleiche Bestimmungen anderer Gesetze[48] oder parallele Regelungen zu anderen Sachverhalten[49] könnten hingegen nur erfasst sein, wenn man sich vom Gesetz als Anknüpfungspunkt 22

---

39 Vgl. BVerfGE 163, 254 (255, Ziff. 2 des Tenors, und 297 f., Rn. 97); 152, 68 (70 f., Ziff. 2 des Tenors); 148, 40 (94, Rn. 64); 130, 240 (241 und 262); 103, 111 (141 f.); 99, 300 (304).

40 Vgl. BVerfGE 149, 293 (343 ff., Ziff. 4 des Tenors und Rn. 124 ff.); Gaier JuS 2011, 961 (964 f.).

41 Vgl. BVerfGE 165, 103 (166, Rn. 177); 132, 179 (192, Rn. 41); 130, 240 (261); Schmidt-Bleibtreu/Klein/Bethge BVerfGG/Bethge § 78 Rn. 39 f. (Stand: Juni 2018); Burkiczak/Dollinger/Schorkopf BVerfGG/Graßhof § 78 Rn. 26.

42 Vgl. BVerfGE 164, 139 (192, Rn. 151); 160, 41 (78, Rn. 92); 133, 241 (272, Rn. 89).

43 BVerfGE 133, 241 (272, Rn. 89) – Luftsicherheitsgesetz.

44 Vgl. BVerfGE 165, 103 (166, Rn. 177); 164, 139 (192, Rn. 151); 160, 41 (78, Rn. 92); 152, 68 (111, Rn. 113 und 115); 150, 169 (193, Rn. 65); 132, 179 (192, Rn. 41); 125, 175 (256 f.); 104, 126 (150).

45 Vgl. BVerfG, Urteil des Zweiten Senats vom 20.6.2023 – 2 BvR 166/16 ua, Rn. 240 ff. bei Juris; BVerfGE 164, 347 (66, Rn. 209); 164, 76 (138, Rn. 189); 158, 282 (379 f., Rn. 240 f.); 150, 244 (308, Rn. 171); 149, 222 (291 f., Rn. 154); 132, 179 (192, Rn. 41); 128, 326 (404).

46 Vgl. BVerfG, Urteil des Zweiten Senats vom 20.6.2023 – 2 BvR 166/16 ua, Rn. 240 ff. bei Juris; BVerfGE 164, 347 (66, Rn. 209); 164, 139 (192, Rn. 151); 164, 76 (138, Rn. 189); 160, 41 (78, Rn. 92); 150, 244 (308, Rn. 171); 150, 169 (193, Rn. 65); 133, 241 (272, Rn. 89) – Luftsicherheitsgesetz; 128, 326 (404); 125, 175 (256); 120, 125 (166 f.).

47 Vgl. BVerfGE 158, 282 (379 f., Rn. 240).

48 Vgl. BVerfGE 149, 222 (291 f., Rn. 154); 94, 241 (265 f.).

49 Vgl. BVerfGE 158, 282 (380, Rn. 241).

löst und auf den geregelten Lebenssachverhalt abstellt.[50] Diese Sichtweise ist aber abzulehnen, da sie den nach Satz 2 zulässigen Entscheidungsgegenstand überspannt.[51] Erst recht scheidet eine Erstreckung auf Parallelvorschriften anderer Landesgesetzgeber aus.[52]

23 Die Nichtig- oder Unvereinbarerklärung weiterer Vorschriften setzt zudem voraus, dass sie auf **dieselben Gründe** gestützt werden kann, die für den Entscheidungsausspruch zum unmittelbaren Antragsgegenstand maßgebend sind.[53] Diese Gründe müssen auf die weiteren Bestimmungen ohne zusätzliche substanzielle Erwägungen übertragen werden können.[54] Ebenso kann das Bundesverfassungsgericht klarstellen, dass eine erweiternde Auslegung des für verfassungswidrig erklärten Gesetzes analog § 78 auch ausgeschlossen ist, weil das Gesetz auch insoweit aus denselben Gründen verfassungswidrig ist.[55] Ist dies nicht der Fall, etwa weil eine eigenständige verfassungsrechtliche Prüfung der weiteren Vorschriften erforderlich wäre[56] und dazu auch die fachgerichtliche Aufarbeitung der Sach- und Rechtslage fehlt,[57] so stellt das Bundesverfassungsgericht meist nur kurz fest, dass die Voraussetzungen einer Erstreckung des Nichtigkeitsausspruchs auf weitere Bestimmungen des Gesetzes nicht vorliegen.[58]

24 Die Erweiterung des Entscheidungsausspruchs auf andere Gesetzesbestimmungen nach Satz 2 liegt im **Ermessen** des Bundesverfassungsgerichts. Eines Antrags bedarf es dafür naturgemäß nicht. Vielmehr würde ein Antrag, eine bestimmte weitere Vorschrift in die Normenkontrolle einzubeziehen, den ursprünglichen Verfahrensgegenstand auf diese Vorschrift erstrecken, so dass sich die Entscheidung über die Gültigkeit dieser Vorschrift auf den im Zeitpunkt der Entscheidung aktuellen Verfahrensgegenstand bezöge und keine Erstreckung nach Satz 2 darstellen würde.

25 Entscheidet das Bundesverfassungsgericht in der Sache über einen abstrakten Normenkontrollantrag, so kommt der Entscheidung die **Bindungswirkung** für Verfassungsorgane, Gerichte und Behörden nach § 31 Abs. 1 und **Gesetzeskraft** gemäß § 31 Abs. 2 Satz 1 zu, und zwar sowohl bei Normverwerfung als auch bei Normbestätigung. Folgewirkungen für rechtskräftige Gerichtsentscheidungen, die auf einer als verfassungswidrig beurteilten Norm beruhen, ergeben sich aus § 79.

50 Vgl. Burkiczak/Dollinger/Schorkopf BVerfGG/Graßhof § 78 Rn. 29.
51 Kritisch auch Schmidt-Bleibtreu/Klein/Bethge BVerfGG/Bethge § 78 Rn. 40 (Stand: Juni 2018); Barczak BVerfGG/Kees § 78 Rn. 19.
52 Anders BVerfGE 149, 222 (291 f., Rn. 154) dagegen auch Barczak BVerfGG/Kees § 78 Rn. 19; Burkiczak/Dollinger/Schorkopf BVerfGG/Graßhof § 78 Rn. 29.
53 Vgl. BVerfGE 158, 282 (379 f., Rn. 240 f.).
54 Vgl. BVerfGE 132, 179 (192, Rn. 41); Barczak BVerfGG/Kees § 78 Rn. 19.
55 Vgl. BVerfG, Beschluss des Ersten Senats vom 29.9.2023 – 1 BvR 2380/21, Rn. 156 bei Juris.
56 Vgl. BVerfGE 158, 282 (380 f., Rn. 243).
57 Vgl. BVerfGE 152, 68 (111, Rn. 114).
58 Vgl. BVerfGE 133, 112 (143, Rn. 74); vgl. aber die ausführlichere Begründung in BVerfGE 158, 282 (380 f., Rn. 243).

§ 79 [Wirkung der Entscheidung]

(1) Gegen ein rechtskräftiges Strafurteil, das auf einer mit dem Grundgesetz für unvereinbar oder nach § 78 für nichtig erklärten Norm oder auf der Auslegung einer Norm beruht, die vom Bundesverfassungsgericht für unvereinbar mit dem Grundgesetz erklärt worden ist, ist die Wiederaufnahme des Verfahrens nach den Vorschriften der Strafprozeßordnung zulässig.

(2) [1]Im übrigen bleiben vorbehaltlich der Vorschrift des § 95 Abs. 2 oder einer besonderen gesetzlichen Regelung die nicht mehr anfechtbaren Entscheidungen, die auf einer gemäß § 78 für nichtig erklärten Norm beruhen, unberührt. [2]Die Vollstreckung aus einer solchen Entscheidung ist unzulässig. [3]Soweit die Zwangsvollstreckung nach den Vorschriften der Zivilprozeßordnung durchzuführen ist, gilt die Vorschrift des § 767 der Zivilprozeßordnung entsprechend. [4]Ansprüche aus ungerechtfertigter Bereicherung sind ausgeschlossen.

I. Regelungsgehalt und Systematik der Norm

§ 79 ist keine verfassungsprozessuale Vorschrift im engeren Sinne. Die Norm 1 macht weder dem Bundesverfassungsgericht Vorgaben zur Entscheidungsfindung oder zum Entscheidungsausspruch noch den Beteiligten Vorgaben dazu, unter welchen Voraussetzungen sie den Verfassungsprozess in zulässiger Weise führen können. Vielmehr regelt § 79 die **Folgewirkungen von** bestimmten, die Gültigkeit von Gesetzen betreffenden **Entscheidungen des Bundesverfassungsgerichts**. Die Vorschrift gilt nicht nur für Normverwerfungen als Ergebnis einer abstrakten Normenkontrolle, sondern über die Verweisungen in § 82 Abs. 1 und § 95 Abs. 3 Satz 3 auch für entsprechende Entscheidungen in Verfahren der konkreten Normenkontrolle und der Verfassungsbeschwerde.

Bei einer Verfassungsbeschwerde und bei einer konkreten Normenkontrolle 2 stehen die **Personen, die unmittelbar** von einer Normverwerfung durch das Bundesverfassungsgericht **profitieren**, fest. Bei der Verfassungsbeschwerde ist es der Beschwerdeführer. Ihm kommt zugute, dass die im Regelfall (§ 90 Abs. 2 Satz 1) mit angegriffenen, auf dem verfassungswidrigen Gesetz beruhenden Entscheidungen nach § 95 Abs. 2 aufgehoben werden. Bei der konkreten Normenkontrolle ist begünstigt die Partei des zwischenzeitlich ausgesetzten und nach der Entscheidung des Bundesverfassungsgerichts fortzusetzenden Ausgangsverfahrens, zu deren Nachteil das verfassungswidrige Gesetz anderenfalls hätte angewendet werden müssen.

Bei der abstrakten Normenkontrolle kann es unmittelbare Begünstigte nicht 3 geben, weil das Verfahren nicht mit einem konkreten Rechtsstreit verknüpft ist (→ § 76 Rn. 1). Aber auch infolge einer Normverwerfung in den Verfahren der Verfassungsbeschwerde und der konkreten Normenkontrolle stellt sich die Frage, welche **Auswirkungen** die Entscheidung des Bundesverfassungsgerichts **für andere** als die unmittelbar profitierenden **Personen** haben soll. Diese Frage beantwortet ein **Regelungsgefüge**, das sich **aus den §§ 31, 35 und 79** ergibt.

§ 31 Abs. 1 bindet alle Verfassungsorgane, Gerichte und Behörden an die Ent- 4 scheidung des Bundesverfassungsgerichts. § 31 Abs. 2 ordnet zudem die Gesetzeskraft und damit die Allgemeingültigkeit der Normverwerfung an. Auf **§ 35** stützt das Bundesverfassungsgericht die Anordnung der vorübergehenden Weitergeltung eines verfassungswidrigen, aber nicht für nichtig, sondern nur für unvereinbar erklärten Gesetzes sowie die Anordnung von Übergangsregelungen (→ § 78 Rn. 14, → § 95 Rn. 66 ff.). Diese Regelungsmechanismen sind damit alle **zukunftsgerichtet**. Sie sichern die künftige Befolgung der Entscheidung des Bundesverfassungsgerichts.

5 Demgegenüber regelt **§ 79**, ob und gegebenenfalls welche **Auswirkungen** die Entscheidung des Bundesverfassungsgerichts noch **auf schon abgeschlossene und abgewickelte Geschehnisse** hat. Es geht also darum, ob von der verfassungswidrigen Norm ehemals Betroffene von der Entscheidung des Bundesverfassungsgerichts noch profitieren.

6 § 79 ist aber ungeschickt formuliert[1] und deshalb erschließen sich **Regelungsgehalt und Systematik des § 79** erst auf den zweiten Blick. Die Kernaussage steht nicht am Anfang, sondern steckt erst in Abs. 2 Satz 1: Grundsätzlich bleiben die nicht mehr anfechtbaren Entscheidungen, die auf einer für nichtig erklärten Norm beruhen, unberührt.[2] Das Bundesverfassungsgericht bezeichnet dies selbst als **„Rückabwicklungsverbot“**.[3] Neben den unmittelbar in Abs. 2 Satz 1 genannten Ausnahmetatbeständen stellt bezogen auf diesen Grundsatz auch die Sonderregelung für rechtskräftige Strafurteile in Abs. 1 eine Ausnahme dar. Durch den Ausschluss von Ansprüchen aus ungerechtfertigter Bereicherung in Abs. 2 Satz 4 wird die Grundregel des Abs. 2 Satz 1 gestützt. Die Vollstreckungssperre des Abs. 2 Satz 2 und die Verweisung auf die Vollstreckungsabwehrklage in Abs. 2 Satz 3 erlauben hingegen ebenfalls gewisse Durchbrechungen der Grundregel.

7 Durch die Entscheidung, bestands- und rechtskräftige Entscheidungen, die auf einer ex tunc (→ § 78 Rn. 9) für nichtig erklärten Norm beruhen, grundsätzlich unberührt zu lassen, gibt das Gesetz dem Gesichtspunkt des **Rechtsfriedens den Vorrang vor der Einzelfallgerechtigkeit.** Entscheidungen in abgeschlossenen Verfahren genießen grundsätzlich auch dann Bestandsschutz, wenn sie auf verfassungswidriger Grundlage zustande gekommen sind. Dies gilt auch dann, wenn ein Kläger seine Klage zurückgenommen hat, nachdem ihm das Gericht einen Hinweis erteilt hat, der auf einer später für verfassungswidrig erkannten Norm beruhte.[4] Die Partei, die sich nicht mit einer Verfassungsbeschwerde gegen den sie belastenden, auf einem verfassungswidrigen Gesetz beruhenden Hoheitsakt zur Wehr gesetzt hat, muss die von diesem Hoheitsakt ausgehenden Belastungen hinnehmen, soweit nicht eine der Ausnahmen und Durchbrechungen in § 79 eingreift.

8 Diese Grundentscheidung zugunsten der Rechtssicherheit und die Umsetzung dieser Grundentscheidung in § 79 ist als Ergebnis einer Abwägung wertungsoffener Schutzgüter **weder verfassungsrechtlich**[5] **noch rechtspoli-**

---

1 Ähnlich jetzt Burkiczak/Dollinger/Schorkopf BVerfGG/Graßhof § 79 Rn. 2: „missglückt“.
2 Vgl. BVerfGE 132, 72 (99, Rn. 61); vgl. auch Beschluss der 1. Kammer des Zweiten Senats vom 14.2.2019 – 2 BvR 2781/17, Rn. 28 bei Juris.
3 BVerfGE 144, 369 (412, Rn. 113).
4 BayVGH, Beschluss vom 30.4.2020 – 7 ZB 20.42, Rn. 10 f. bei Juris.
5 Vgl. BVerfGE 20, 230 (235).

tisch zu beanstanden.[6] Sie wird auch auf Ebene des Landesverfassungsrechts durch eine entsprechende Anwendung des § 79 Abs. 2 nachvollzogen.[7]

II. Grundsatz des Bestandsschutzes, Abs. 2

Die bestandskraftsichernde Grundregel des **Abs. 2 Satz 1** gilt für alle **„Entscheidungen"**, also insbesondere Verwaltungsakte und Gerichtsentscheidungen. Die Entscheidung darf nur nicht auf dem Gebiet des materiellen Strafrechts ergangen sein, da der Gesetzgeber dafür in Abs. 1 eine Sonderregelung getroffen hat. Das ist mit der Einschränkung in Abs. 2 Satz 1 gemeint, nach der die Vorschrift nur **„im Übrigen"** anzuwenden ist. 9

Die Entscheidungen müssen **unanfechtbar** sein. Sind sie noch mit regulären Rechtsbehelfen anfechtbar, bedarf es keiner besonderen Folgenregelung im Sinne des § 79, da die Gerichte die Entscheidung des Bundesverfassungsgerichts, das ein Gesetz für nichtig erklärt hat, in einem rechtshängigen Verfahren schon nach § 31 Abs. 1 zu beachten haben. Hat der Gesetzgeber die Fälligkeit einer Gebühr gar nicht an einen der Bestandskraft fähigen Bescheid gebunden, kann ihm das Rückabwicklungsverbot des Abs. 2 Satz 1 nicht zugutekommen und er muss ggf. mit Regressansprüchen rechnen.[8] 10

Die Folgenregelung des Abs. 2 Satz 1 lässt abgesehen vom Sonderfall des Abs. 1 **zwei weitere Ausnahmen** vom Grundsatz des Bestandsschutzes zu. Diese Ausnahmen sind als Vorbehalt zugunsten des § 95 Abs. 2 und zugunsten sonstiger besonderer gesetzlicher Regelungen formuliert. 11

Abs. 2 Satz 1 räumt damit erstens der Regelung des **§ 95 Abs. 2** den Vorrang ein, nach der **Entscheidungen aufzuheben** sind, **wenn einer** gegen sie gerichteten **Verfassungsbeschwerde stattgegeben wird**. Dies gilt auch dann, wenn sich die Verfassungsbeschwerde, gegebenenfalls mittelbar,[9] gegen ein Gesetz richtete, auf dem die angefochtene Entscheidung beruhte, und dieses Gesetz für nichtig erklärt wird (vgl. § 95 Abs. 3 Satz 2). Abs. 2 Satz 1 verbietet dann selbstverständlich[10] nicht die in § 95 Abs. 2 vorgesehene Aufhebung der zugrunde liegenden Entscheidung. 12

Zweitens lässt Abs. 2 Satz 1 **anderweitige gesetzliche Sonderregelungen** zu, auf deren Grundlage die Rechtslage nach der Nichtigerklärung eines Gesetzes rückwirkend neu geregelt wird. Das hat das Bundesverfassungsgericht im Zuge der Nichtigerklärung gelegentlich ausdrücklich als Option des Gesetzgebers in den Entscheidungsgründen erwähnt.[11] Diese Option geht über die grundsätzliche Verpflichtung des Gesetzgebers hinaus, einen festgestellten Verfassungsverstoß hinsichtlich aller noch nicht bestandskräftigen 13

6 Vgl. Lechner/Zuck/Zuck § 79 Rn. 2: „vom Rechtsleben als besterreichbare Lösung akzeptiert"; Burkiczak/Dollinger/Schorkopf BVerfGG/Graßhof § 79 Rn. 3: „gerechtfertigt"; Schmidt-Bleibtreu/Klein/Bethge BVerfGG/Bethge § 79 Rn. 8 (Stand: Januar 2020): „im wesentlichen gelungen".

7 Vgl. BayVerfGH, Beschluss vom 20.8.2019 – Vf. 2-VII-18, Rn. 34 bei Juris.

8 Vgl. BVerfGE 144, 369 (412, Rn. 113) – Brandenburgische Rückmeldegebühr; 132, 334 (359 f., Rn. 72) – Berliner Rückmeldegebühr.

9 Zustimmend Schmidt-Bleibtreu/Klein/Bethge BVerfGG/Bethge § 79 Rn. 55 (Stand: Januar 2020).

10 Vgl. Schmidt-Bleibtreu/Klein/Bethge BVerfGG/Bethge § 79 Rn. 55 (Stand: Januar 2020).

11 Vgl. BVerfGE 132, 72 (99, Rn. 61); 116, 96 (135); 101, 1 (45); 100, 104 (137).

Entscheidungen, die auf einer für verfassungswidrig erklärten Vorschrift beruhen, rückwirkend zu beseitigen.[12] Im Sozialrecht steht Abs. 2 Satz 1 der Anwendung der allgemein, also nicht nur für den Fall der Nichtigerklärung eines Gesetzes, für sozialrechtliche Verwaltungsakte geltenden Regelungen der §§ 44, 45 SGB X nicht entgegen.[13]

14 Der Bestandsschutz nach Abs. 2 Satz 1 setzt voraus, dass die Entscheidung **auf einer** gemäß § 78 **für nichtig erklärten Norm beruht**. Über die Verweisung in § 95 Abs. 3 Satz 3 gilt dies auch für eine Nichtigerklärung im Verfahren der Verfassungsbeschwerde nach § 95 Abs. 3 Satz 1 und 2. Bei bloßen Zweifeln an der Verfassungsmäßigkeit einer Norm greift § 79 aber nicht.[14]

15 Über den Wortlaut der Norm hinaus erfasst der Bestandsschutz des Abs. 2 Satz 1 erst recht auch Entscheidungen, die auf einem Gesetz beruhen, das das Bundesverfassungsgericht nicht für nichtig, sondern nur für mit dem Grundgesetz oder bei Landesrecht auch mit sonstigem Bundesrecht **unvereinbar** erklärt hat.[15] Dagegen scheint zwar auf den ersten Blick zu sprechen, dass die Unvereinbarerklärung einer Nichtigerklärung nur in der Sonderregelung des Abs. 1 ausdrücklich gleichgestellt wurde, nicht aber in der Grundsatzregelung des Abs. 2 Satz 1. Es wäre aber ungereimt, nur die nicht mehr anfechtbaren Entscheidungen, die auf einer für nichtig erklärten Norm beruhen, nach Abs. 2 Satz 1 unberührt zu lassen, andererseits aber bestands- und rechtskräftige Entscheidungen, die auf einer bloß für unvereinbar erklärten Norm beruhen, vom Bestandsschutz auszunehmen. Daher ist davon auszugehen, dass in Abs. 2 Satz 1 eine unbeabsichtigte Regelungslücke zur Unvereinbarerklärung besteht, die durch eine Einbeziehung dieser Entscheidungsalternative in den Geltungsbereich der Vorschrift zu schließen ist.[16]

16 Dieses Argument lässt sich ebenso auf den Fall übertragen, dass das Bundesverfassungsgericht ein Gesetz weder für nichtig noch für unvereinbar, aber eine bestimmte Auslegung des betreffenden Gesetzes für mit dem Grundgesetz unvereinbar erklärt hat. Auch insoweit hebt Abs. 1 für den Spezialfall rechtskräftiger Strafurteile den grundsätzlichen Bestandsschutz nach Abs. 2 Satz 1 auf, ohne dass der Gesetzgeber die dem zugrunde liegende Erwägung, der Bestandsschutz sei grundsätzlich auch im Falle der Entscheidung des Bundesverfassungsgerichts über eine **verfassungskonforme Auslegung** gerechtfertigt, ausdrücklich in Abs. 2 Satz 1 verankert hätte. Auch diese Regelungslücke kann sinnvoll nur geschlossen werden, indem der Bestandsschutz nach Abs. 2 Satz 1 auf Entscheidungen erstreckt wird, die auf einer Gesetzesauslegung beruhen, die das Bundesverfassungsgericht als verfassungswidrig qualifiziert hat.[17] Da derartige Entscheidungen zu den nach § 93c Abs. 1 Satz 1 zulässigen Kammerentscheidungen gehören und ihnen die

12 Vgl. zu diesem Grundsatz BVerfGE 164, 193 (292, Rn. 152).
13 Vgl. BVerfGE 140, 65 (99, Rn. 73).
14 Vgl. BFH, Beschluss vom 30.7.2020 – VII B 73/20 (AdV), Rn. 88 bei Juris.
15 Vgl. BVerfGE 81, 363 (384); BayVGH, Beschluss vom 30.4.2020 – 7 ZB 20.42, Rn. 11 bei Juris.
16 Insoweit zutreffend BVerfGE 115, 51 (64 f.); vgl. auch Burkiczak/Dollinger/Schorkopf BVerfGG/Graßhof § 79 Rn. 26; eine planwidrige Regelungslücke bezweifelnd: Barczak BVerfGG/Kees § 79 Rn. 13.
17 Insoweit ebenfalls noch zutreffend BVerfGE 115, 51 (65 f.); aA Burkiczak/Dollinger/Schorkopf BVerfGG/Graßhof § 79 Rn. 38.

Bindungswirkung des § 31 Abs. 1 zukommt, findet Abs. 2 Satz 1 auch auf Beschlüsse Anwendung, mit denen die Kammer einer Verfassungsbeschwerde stattgibt, weil die mit ihr angefochtenen Gerichtsentscheidungen auf einer verfassungswidrigen Gesetzesauslegung beruhen.[18]

Nach BVerfGE 115, 51 (66 f.) soll Abs. 2 analog aber auch auf Entscheidungen des Bundesverfassungsgerichts Anwendung finden, durch welche die Fachgerichte angehalten werden, bei der **Auslegung und Anwendung von Generalklauseln** oder sonstigen auslegungsbedürftigen Regelungstatbeständen des bürgerlichen Rechts die jeweils einschlägigen Grundrechte interpretationsleitend zu berücksichtigen, wie dies im Bürgschaftsbeschluss[19] geschehen ist. Allein das Argument des Gleichlaufs der Anwendungsbereiche der Grundsatzregelung des Abs. 2 Satz 1 und der Sonderregelung des Abs. 1 hilft für diese vom Bundesverfassungsgericht entwickelte **„doppelte Analogie"**[20] nicht mehr weiter, weil eine Regelung dieses Falles auch in Abs. 1 fehlt. Aus Art. 3 Abs. 1 GG soll aber die Notwendigkeit folgen, die Durchsetzung der Ausstrahlungswirkung der Grundrechte auf das einfache Recht mit der verfassungsgerichtlichen Vorgabe einer verfassungskonformen Auslegung eines Gesetzes gleich zu behandeln. 17

Diese Erweiterung des Anwendungsbereichs des Abs. 2 ist **auf Kritik und Bedenken gestoßen.**[21] Dem Bundesverfassungsgericht ist die gute Absicht zu konzidieren, Bürgen, die sich in sittenwidriger Weise verbürgt hatten und dennoch in den von ihnen geführten Prozessen unterlegen waren, im Anschluss an die Bürgschaftsentscheidung des Bundesverfassungsgerichts die Möglichkeit einer Vollstreckungsabwehrklage (Abs. 2 Satz 3 iVm § 767 ZPO) zu eröffnen. Ob dieses verständliche Anliegen aber bei der Anwendung zivilrechtlicher Generalklauseln ebenso wie bei der Unvereinbarerklärung und bei der verfassungskonformen Auslegung[22] überzeugend auf die Annahme einer ausfüllungsbedürftigen Gesetzeslücke gestützt werden kann, erscheint zweifelhaft. 18

Vielmehr lässt das Bundesverfassungsgerichtsgesetz im Regelfall ohnehin zu, dass verfassungswidrige Entscheidungen bestands- und rechtskräftig bleiben, und zwar grundsätzlich in allen denjenigen Fällen, in denen der Betroffene von einer Anfechtung der ihn belastenden Entscheidung mittels einer Verfassungsbeschwerde absieht. Auswirkungen auf solche Entscheidungen durch Urteile und Beschlüsse des Bundesverfassungsgerichts zu anderen Streitgegenständen kommen **nicht** in Betracht, wenn sie lediglich auf einer **verfassungswidrigen Rechtsanwendung im Einzelfall** beruhen. Selbst wenn die vom Bundesverfassungsgericht aufgehobene Entscheidung in einer anderen Entscheidung, die denselben Tatsachenkomplex betrifft, zitiert wurde, kann diese Entscheidung nach ihrer Rechtskraft nicht mehr mit Erfolg angegriffen werden, wenn der Betroffene von der Erhebung einer Verfassungsbeschwerde 19

18 BVerwG, Beschluss vom 2.6.2021 – 9 B 9/20, Rn. 8 f. bei Juris.
19 BVerfGE 89, 214 (229).
20 Vgl. Lechner/Zuck/Zuck § 79 Rn. 19.
21 Vgl. abweichende Meinung Haas, in BVerfGE 115, 51 (72 ff.), dort auch schon gegen die Erweiterung auf die Fälle verfassungskonformer Auslegung; Schmidt-Bleibtreu/Klein/Bethge BVerfGG/Bethge § 79 Rn. 45 a (Stand: Januar 2020): bedenklich.
22 Insoweit gegen eine unterschiedliche Betrachtung: Barczak BVerfGG/Kees § 79 Rn. 14.

abgesehen hat. Das ist im Hinblick auf die konzeptionelle Uneinheitlichkeit der Rechtsprechung hinzunehmen, und § 79 ist in solchen Fällen nicht analog anzuwenden.[23]

20 Die grundrechtsgeleitete Anwendung zivilrechtlicher Generalklauseln hätte aber ebenso gut dieser Fallgestaltung zugeordnet werden können, für die eine Gleichbehandlung mit der Anordnung einer generell zu beachtenden verfassungskonformen Auslegung nicht in Betracht kommt. Vor diesem Hintergrund spricht gegen die vom Bundesverfassungsgericht befürwortete doppelte Analogie jedenfalls, dass sie unnötig erscheint und vermeidbare **Abgrenzungsschwierigkeiten** schafft. Klar ist aber, dass bei einer nur irgendwie gewandelten Auslegung einer verfassungsgemäßen Norm § 79 keine Anwendung findet.[24]

21 Die von Abs. 2 Satz 1 vorgeschriebene **Rechtsfolge** ist hinsichtlich der nicht mehr anfechtbaren Entscheidungen, die auf einem für nichtig oder für unvereinbar erklärten Gesetz oder auf einer für unvereinbar erklärten Auslegung des Gesetzes beruhen, dass diese Entscheidungen von der das Gesetz betreffenden Entscheidung des Bundesverfassungsgerichts **unberührt** bleiben. Ihr Fortbestand wird durch die Entscheidung des Bundesverfassungsgerichts nicht in Frage gestellt, und sie unterliegen auch nicht der Rückabwicklung.[25]

22 Beispielsweise für **bestandskräftige Verwaltungsakte** bedeutet dies, dass sie grundsätzlich nicht nach § 51 VwVfG aufgehoben oder geändert werden müssen. Andererseits steht Abs. 2 Satz 1 einer im Ermessen der Behörde stehenden, aber eben nicht allein unter Berufung auf die Verfassungswidrigkeit des dem Verwaltungsakt zugrunde liegenden Gesetzes erzwingbaren Rücknahme des Verwaltungsakts nicht entgegen. Zu einem Wiederaufgreifen des Verfahrens nach § 51 VwVfG ist die Behörde jedoch verpflichtet, soweit es um die Wirkungen eines Dauerverwaltungsakts für die Zukunft geht.[26]

23 Als Konsequenz der Fortbestandsgarantie **schließt Abs. 2 Satz 4 Ansprüche aus ungerechtfertigter Bereicherung aus**. Diese Regelung hätte nur deklaratorischen Charakter, wenn sie entsprechend ihrem Wortlaut nur eine Rückabwicklung auf der Grundlage der Vorschriften der §§ 812 ff. BGB, auch in ihrer entsprechenden Anwendung in Form eines öffentlich-rechtlichen Erstattungsanspruchs, ausschließen würde. Denn insoweit ist angesichts des Fortbestands des die verfassungswidrige Norm vollziehenden Hoheitsakts ohnehin eine Voraussetzung des Bereicherungsanspruchs nicht erfüllt, und zwar das Fehlen eines Rechtsgrundes.

24 Aus Abs. 2 Satz 4 wird aber darüber hinaus ein **allgemeines Konterkarierungsverbot** abgeleitet, das allen Ansprüchen entgegensteht, die mit der

---

23 Beschluss der 3. Kammer des Ersten Senats vom 19.12.2006 – 1 BvR 2723/06, Rn. 13, 17 bei Juris.

24 Vgl. BVerwG, Beschluss vom 12.11.2020 – 2 B 1/20, Rn. 9 bei Juris.

25 BVerfGE 132, 334 (359, Rn. 72).

26 Vgl. BVerwG, Urteil vom 7.10.2020 – 2 C 18/19, Rn. 48 f. bei Juris; BVerwG, Beschluss vom 8.5.2013 – 2 B 5/13, Rn. 10 f. bei Juris; Burkiczak/Dollinger/Schorkopf BVerfGG/Graßhof § 79 Rn. 31; Schmidt-Bleibtreu/Klein/Bethge BVerfGG/Bethge § 79 Rn. 53, 56 (Stand: Januar 2020).

Fortbestandsgarantie des Abs. 2 Satz 1 im Widerspruch stünden.[27] Die gesetzgeberische Grundausrichtung darf auch nicht mittelbar durch die Gewährung staatshaftungsrechtlicher Folgenbeseitigungs- oder Entschädigungsansprüche ausgehebelt werden.[28]

Durch die Regelung des **Abs. 2 Satz 2** ist der Betroffene einer Entscheidung, die auf einem für nichtig erklärten Gesetz beruht, immerhin dann geschützt, wenn die Entscheidung noch nicht oder nicht vollständig vollzogen ist. Die Vorschrift gewährt dem Betroffenen insoweit **Vollstreckungsschutz**. Diese Vollstreckungssperre kann gegen Behörden vor den Fachgerichten durchgesetzt werden.[29] War die Entscheidung im Zeitpunkt der Nichtigerklärung schon vollzogen, bleibt es hingegen beim Rückabwicklungsverbot nach Abs. 2 Sätze 1 und 4.[30] 25

Der Vollstreckungsschutz nach Abs. 2 Satz 2 greift auch ein, wenn das der Entscheidung zugrunde liegende Gesetz nur **für unvereinbar erklärt** wurde, es sei denn, das Bundesverfassungsgericht hat zugleich die vorübergehende Weitergeltung des Gesetzes angeordnet und Vollstreckungsmaßnahmen nicht verboten.[31] Nach umstrittener Rechtsprechung (→ Rn. 15 ff.)[32] gilt der Vollstreckungsschutz auch in Fällen der **verfassungskonformen Auslegung** und der Durchsetzung **grundrechtsgeleiteter Anwendung zivilrechtlicher Generalklauseln**. 26

Das gesetzliche Vollstreckungsverbot ist von den Vollstreckungsorganen **von Amts wegen zu beachten**. Wird nach den Vorschriften der Zivilprozessordnung, gegebenenfalls über Verweisungen in anderen Prozessordnungen (§ 167 Abs. 1 VwGO, § 198 Abs. 1 SGG, § 62 Abs. 2 Satz 1 ArbGG), vollstreckt, so kann der Betroffene das Vollstreckungsverbot gemäß **Abs. 2 Satz 3** mittels einer **Vollstreckungsabwehrklage nach § 767 ZPO** durchsetzen. 27

Das über diese Klage entscheidende Fachgericht muss die Nichtigerklärung bzw. die anderen genannten Entscheidungsvarianten des Bundesverfassungsgerichts als **Einwendung** im Sinne des § 767 Abs. 1 ZPO behandeln, die **nicht** nach § 767 Abs. 2 ZPO **präkludiert** ist, obwohl mit der Nichtigerklärung eigentlich die Verfassungswidrigkeit der Norm ex tunc festgestellt ist (→ § 78 Rn. 9). Darin liegt die eigenständige Bedeutung der Regelung des Abs. 2 Satz 3. 28

III. Sonderregelung für Strafurteile, Abs. 1

Eine bedeutsame **Ausnahme vom Grundsatz des Bestandsschutzes** nach Abs. 2 Satz 1 hat der Gesetzgeber **für das Rechtsgebiet des Strafrechts** vorgesehen. Hierfür gelten nicht die Regelungen des Abs. 2, sondern allein des 29

27 So auch Barczak BVerfGG/Kees § 79 Rn. 18.
28 Vgl. Schmidt-Bleibtreu/Klein/Bethge BVerfGG/Bethge § 79 Rn. 66, 71 ff. (Stand: Januar 2020); vgl. auch BGH, Beschluss vom 20.3.2013 – XII ZB 81/11, Rn. 23 ff. bei Juris; OVG Berlin-Brandenburg, Beschluss vom 4.9.2019 – OVG 9 S 18.18, Rn. 28 bei Juris.
29 Vgl. beispielhaft für die Finanzgerichtsbarkeit FG Hamburg, Beschluss vom 30.8.2022 – 1 V 117/22, Rn. 27 ff. bei Juris.
30 Vgl. Schmidt-Bleibtreu/Klein/Bethge BVerfGG/Bethge § 79 Rn. 58 (Stand: Januar 2020).
31 Vgl. Schmidt-Bleibtreu/Klein/Bethge BVerfGG/Bethge § 79 Rn. 59 (Stand: Januar 2020).
32 BVerfGE 115, 51 (66 f.).

Abs. 1. Der Makel einer Strafe soll stets ausgeräumt werden können, wenn sie auf einem verfassungswidrigen Gesetz beruht.

30 Der **Anwendungsbereich des Abs. 1** wird durch den Begriff des **Strafurteils** bestimmt. Davon erfasst sind Verurteilungen, auch durch einen Strafbefehl, auf der Grundlage jeglicher, materiell dem Strafrecht zuzurechnender Normen, also auch solchen des Ordnungswidrigkeiten- und des Disziplinarrechts.[33]

31 Davon abzugrenzen sind Fälle, in denen der Verurteilte gegen ein Strafurteil vorgehen möchte, das auf **Normen des Gerichtsverfassungs- und Strafverfahrensrechts** beruht, die das Bundesverfassungsgericht für nichtig erklärt hat. Abs. 1 ist hier **nicht** einschlägig,[34] ebenso wenig wie für Strafvollstreckungsmaßnahmen.

32 Eine analoge Anwendung des Abs. 1 auf **berufsgerichtliche Verurteilungen** ist **nicht** zwingend durch das Rechtsstaatsprinzip **geboten**, wäre aber einfachrechtlich nicht ausgeschlossen gewesen[35] und hätte den Vorzug verdient. In den nicht von Abs. 1 erfassten Fällen bleibt es bei der Grundregel des Abs. 2 Satz 1 und dem damit einhergehenden Vollstreckungsverbot nach Abs. 2 Satz 2.

33 Abs. 1 nennt **drei Arten von Entscheidungsaussprüchen**, die zu der in der Vorschrift geregelten Folgewirkung für rechtskräftig abgeschlossene Strafverfahren führen. Der Tatbestand ist damit kraft Gesetzes nicht auf den durch § 78 Satz 1, § 95 Abs. 3 Satz 1 vorgeschriebenen Regelfall der Entscheidung, die Nichtigerklärung, beschränkt. Für die Anwendung des Abs. 1 auf die weiteren Entscheidungsaussprüche bedarf es daher keiner gesonderten, den Wortlaut der Norm überwindenden Begründung, wie es für die Anwendung des Abs. 2 (→ Rn. 15 ff.) und überhaupt für die Herleitung der Befugnis des Bundesverfassungsgerichts, verfassungswidrige Gesetze nur für unvereinbar zu erklären (vgl. dazu → § 95 Rn. 46 ff., → § 78 Rn. 11 ff.), erforderlich ist.

34 Als weitere Entscheidungsvariante neben der Nichtigerklärung eines Gesetzes nennt Abs. 1 zunächst die **Unvereinbarerklärung**. Deshalb wird diese Vorschrift – ihren Regelungsgehalt insoweit allerdings überspannend – als Argument dafür herangezogen, dass der Gesetzgeber damit die Rechtsprechungspraxis der Unvereinbarerklärung allgemein legitimiert habe (vgl. dazu → § 95 Rn. 47 f.). Die fachgerichtliche Rechtsprechung lässt die Wiederaufnahme des Strafverfahrens allerdings nicht zu, wenn das Bundesverfassungsgericht das zugrunde liegende Gesetz zwar für mit dem Grundgesetz unvereinbar erklärt, aber zugleich die befristete Fortgeltung des Gesetzes angeordnet hat.[36]

35 Schließlich soll nach Abs. 1 eine Ausnahme von der Bestandsgarantie im Hinblick auf Strafurteile auch dann eingreifen, wenn das Bundesverfassungsgericht eine bestimmte **Auslegung eines Strafgesetzes** für **mit dem Grund-**

33 Vgl. Schmidt-Bleibtreu/Klein/Bethge BVerfGG/Bethge § 79 Rn. 25 (Stand: Januar 2020).
34 BVerfGE 11, 263 (265).
35 Vgl. Beschluss der 2. Kammer des Ersten Senats vom 18.8.2009 – 1 BvR 2102/98, Rn. 7 f. bei Juris.
36 Vgl. OLG München, Beschluss vom 21.8.2014 – 2 Ws 741/12, Rn. 6 ff. bei Juris.

gesetz unvereinbar erklärt hat. Dieser Tatbestand knüpft damit an Entscheidungen des Bundesverfassungsgerichts an, in denen zwar nicht die Norm als solche als verfassungswidrig beurteilt, aber eine bestimmte verfassungskonforme Auslegung generell und verbindlich mit der Bindungswirkung nach § 31 Abs. 1 angemahnt wird.[37] Der Verurteilte kann sich dann darauf berufen, das ihn betreffende Strafurteil beruhe auf einer Auslegung eines Strafgesetzes, die das Bundesverfassungsgericht als nicht verfassungskonform qualifiziert hat.

Nicht erfasst sind aber auch hier (vgl. zu Abs. 2 → Rn. 19) vom Bundesver- 36
fassungsgericht beanstandete **Rechtsanwendungsfehler im Einzelfall**. In den Genuss der Vergünstigung des Abs. 1 kommt nicht, wer ohne Bezug zur Gültigkeit oder zur verfassungskonformen Auslegung eines Strafgesetzes lediglich geltend machen kann, sein Strafurteil weise den gleichen Rechtsfehler auf wie ein Urteil, das vom Bundesverfassungsgericht aufgehoben wurde.[38] Abs. 1 schützt nur vor Mängeln des Gesetzes und nicht vor Rechtsanwendungsfehlern.[39]

Insoweit sollte auch BVerfGE 115, 51 (66 ff.) keinen Anhaltspunkt für eine 37
extensivere Anwendung des Abs. 1 bieten, zumal diese Entscheidung nur zivilrechtliche Generalklauseln betraf, zu denen sich im Strafrecht keine Entsprechung finden dürfte. Um zu befürchtende[40] **Abgrenzungsschwierigkeiten** zu vermeiden, wäre es aber hilfreich, wenn das Bundesverfassungsgericht immer dort, wo es eine verfassungskonforme Auslegung im Sinne des Abs. 1 generell vorgeben will, dies ausdrücklich sagt.

Das Strafurteil muss auf dem für verfassungswidrig erklärten Gesetz oder 38
seiner als verfassungswidrig qualifizierten Auslegung **beruhen**. Dafür genügt nach strafprozessualen Grundsätzen, dass das Fachgericht die Norm angewandt hat und es zumindest möglich erscheint, dass das Urteil bei Nichtanwendung der Norm anders ausgefallen wäre.[41]

Als **Rechtsfolge** ordnet Abs. 1 – anders als Abs. 2 für sonstige Entscheidun- 39
gen – hinsichtlich des Strafurteils **kein automatisches Vollstreckungsverbot** an. Vielmehr soll die Verurteilung als solche trotz ihrer Rechtskraft einer erneuten Überprüfung zugeführt werden können. Dieses Ziel wird erreicht, indem die **Wiederaufnahme des Verfahrens** ermöglicht wird.[42]

Abs. 1 reiht sich damit in die Auflistung der gesetzlichen Wiederaufnahme- 40
gründe des § 359 StPO ein und hätte auch dort platziert werden können.[43] Der Wiederaufnahmegrund der vom Bundesverfassungsgericht ausgesprochenen Verfassungswidrigkeit eines Strafgesetzes oder einer bestimmten Auslegung eines Strafgesetzes bildet eine **Parallele zu § 359 Nr. 6 StPO**, der die Wiederaufnahme des Verfahrens für den Fall zulässt, dass das Strafurteil

37 Vgl. Beschluss der 3. Kammer des Zweiten Senats vom 26.2.2002 – 2 BvR 175/97, Rn. 19 bei Juris, dort im konkreten Fall verneint.
38 Zustimmend Schmidt-Bleibtreu/Klein/Bethge BVerfGG/Bethge § 79 Rn. 34 a (Stand: Januar 2020).
39 Burkiczak/Dollinger/Schorkopf BVerfGG/Graßhof § 79 Rn. 19.
40 Vgl. Schmidt-Bleibtreu/Klein/Bethge BVerfGG/Bethge § 79 Rn. 33 a (Stand: Januar 2020); so jetzt auch Barczak BVerfGG/Kees § 79 Rn. 8.
41 Lechner/Zuck/Zuck § 79 Rn. 7.
42 So auch Barczak BVerfGG/Kees § 79 Rn. 9.
43 Ähnlich Barczak BVerfGG/Kees § 79 Rn. 9.

auf einer vom Europäischen Gerichtshof für Menschenrechte festgestellten Verletzung der EMRK beruht.

Elfter Abschnitt Verfahren in den Fällen des § 13 Nr. 11 und Nr. 11 a [Nachprüfung von Gesetzen; Nachprüfung von Beschlüssen zur Einsetzung eines Untersuchungsausschusses]

§ 80 [Vorlage – Beschluss]

(1) Sind die Voraussetzungen des Artikels 100 Abs. 1 des Grundgesetzes gegeben, so holen die Gerichte unmittelbar die Entscheidung des Bundesverfassungsgerichts ein.

(2) [1]Die Begründung muß angeben, inwiefern von der Gültigkeit der Rechtsvorschrift die Entscheidung des Gerichts abhängig ist und mit welcher übergeordneten Rechtsnorm sie unvereinbar ist. [2]Die Akten sind beizufügen.

(3) Der Antrag des Gerichts ist unabhängig von der Rüge der Nichtigkeit der Rechtsvorschrift durch einen Prozeßbeteiligten.

I. Bedeutung und Ausführung der Richtervorlage

1 Die **Überprüfung der Verfassungsmäßigkeit von Gesetzen** gehört zu den Kernaufgaben des Bundesverfassungsgerichts. Das Bundesverfassungsgericht übt diese Aufgabe sowohl im Verfahren der Verfassungsbeschwerde (→ § 90 Rn. 159 ff.) als auch in den beiden im Bundesverfassungsgerichtsgesetz geregelten Verfahrensarten der Normenkontrolle aus, dh der abstrakten Normenkontrolle (§§ 77 ff.) und der konkreten Normenkontrolle (§§ 80 ff.). Eine mittelbare Normenkontrolle erfolgt auch im Verfahren der Wahlprüfungsbeschwerde (→ § 48 Rn. 10).

2 Die **konkrete Normenkontrolle** unterscheidet sich von den anderen Verfahrensarten, die auf die Überprüfung der Gültigkeit eines Gesetzes zielen können, in erster Linie dadurch, dass die Entscheidung des Bundesverfassungsgerichts während eines konkret anhängigen Gerichtsverfahrens im Hinblick auf dessen noch zu ergehende Entscheidung herbeigeführt wird.[1] Das Verfahren der konkreten Normenkontrolle ist insoweit jeweils zu einem be-

1 Vgl. BVerfG, Beschluss des Ersten Senats vom 1.2.2023 – 1 BvL 7/18, Rn. 103 bei Juris.

stimmten kontradiktorischen Rechtsstreit akzessorisch, seinerseits aber nicht kontradiktorisch ausgestaltet, sondern im Verhältnis zum Ausgangsverfahren ein **selbstständiges, objektives Zwischenverfahren**.

Dementsprechend sind die **Parteien des Ausgangsverfahrens** im Verfahren der konkreten Normenkontrolle als einem rein objektiven Normprüfungsverfahren zwar nach § 82 Abs. 3 äußerungsberechtigt, aber **keine antragsberechtigten Beteiligten**,[2] die etwa berechtigt wären, einen Richter des Bundesverfassungsgerichts nach § 19 abzulehnen.[3] Erst recht steht ein solches Ablehnungsrecht auch nicht dem vorlegenden Richter zu.[4] 3

Die zentrale Bedeutung der konkreten Normenkontrolle nach Art. 100 Abs. 1 GG, §§ 80 ff. liegt darin, dass sie dem Bundesverfassungsgericht das **Letztentscheidungsrecht** und das **Normverwerfungsmonopol**[5] sichert, wenn ein Bundesgesetz oder ein Landesgesetz wegen Verletzung des Grundgesetzes und wenn ein Landesgesetz wegen Unvereinbarkeit mit einem Bundesgesetz verfassungswidrig ist. Darüber hinaus weist Art. 100 Abs. 1 Satz 1 GG den Landesverfassungsgerichten die alleinige Befugnis zur Verwerfung eines Landesgesetzes zu, das gegen die Landesverfassung verstößt. 4

Davon zu unterscheiden sind Recht und Pflicht aller Gerichte, die Vereinbarkeit der von ihnen im konkreten Streitfall anzuwendenden Gesetze mit höherrangigem Recht zu prüfen. Dieses **Prüfungsrecht aller Gerichte** folgt aus der Bindung an Recht und Gesetz gemäß Art. 20 Abs. 3 GG.[6] 5

Kommt ein Gericht bei dieser Prüfung aber zum Ergebnis, dass ein entscheidungserhebliches Gesetz verfassungswidrig ist, kann es diese Feststellung nicht selbst rechtsverbindlich treffen, sondern muss die Frage dem Bundesverfassungsgericht zur Entscheidung vorlegen. Dies gilt im Strafprozess schon im Verfahrensabschnitt des Zwischenverfahrens.[7] Die Konzentration der Normverwerfungskompetenz beim Bundesverfassungsgericht dient dem **Schutz der Autorität des parlamentarischen Gesetzgebers** und der **Wahrung der Einheitlichkeit der Rechtsprechung zur Gültigkeit von Gesetzen**.[8] Das Normverwerfungsmonopol des Bundesverfassungsgerichts trägt auch zur **Befriedung im konkret betroffenen Rechtsstreit** bei, dessen Parteien gewissermaßen von oberster Stelle Gewissheit über die Verfassungsmäßigkeit oder Verfassungswidrigkeit eines streitentscheidenden Gesetzes erhalten. Der Entscheidung des Bundesverfassungsgerichts kommt überdies eine allgemeine Befriedungsfunktion zu,[9] weil Zweifel an der Gültigkeit der betreffenden Norm endgültig geklärt werden. 6

Umgesetzt wird die Konzentration der Entscheidungskompetenz des Bundesverfassungsgerichts dadurch, dass das Gericht, das von der Verfassungswidrigkeit eines Gesetzes überzeugt ist, den bei ihm anhängigen **Rechtsstreit** 7

2 Vgl. BVerfG, Beschluss des Ersten Senats vom 11.2.2020 – 1 BvL 11/14, Rn. 8 bei Juris.
3 BVerfGE 72, 51 (59).
4 Beschluss der 3. Kammer des Ersten Senats vom 22.12.2005 – 1 BvL 9/05, Rn. 6 bei Juris.
5 Vgl. BVerfG, Beschluss des Zweiten Senats vom 28.11.2023 – 2 BvL 8/13, Rn. 114 bei Juris.
6 Benda/Klein VerfassungsProzR/E. Klein Rn. 783.
7 BVerfGE 160, 284 (315 f., Rn. 85). Näher dazu Herz, Die konkrete Normenkontrolle in Strafsachen, 2022, S. 171 ff.
8 BVerfGE 97, 117 (122).
9 BVerfG, Beschluss des Ersten Senats vom 1.2.2023 – 1 BvL 7/18, Rn. 103 bei Juris; BVerfGE 161, 163 (243 f., Rn. 211); 142, 313 (334 f., Rn. 62 f.); 62, 354 (363).

aussetzt und die Entscheidung des Bundesverfassungsgerichts einholt. Die Rechtsgrundlage für diese Entscheidung des Ausgangsgerichts ist unmittelbar in Art. 100 Abs. 1 GG, § 80 Abs. 1 zu sehen.

8 Der **Aussetzungs- und Vorlagebeschluss** des vorlegenden Gerichts führt die mit einer Aussetzung nach der jeweiligen Prozessordnung verbundenen prozessualen Rechtswirkungen herbei (vgl. zB § 249 ZPO, § 94 VwGO) und setzt mit seinem Eingang beim Bundesverfassungsgericht das Normenkontrollverfahren in Gang. Der Vorlagebeschluss stellt damit zugleich einen verfahrenseinleitenden Antrag gemäß § 23 Abs. 1 Satz 1 dar. Die formellen Anforderungen an den Beschluss ergeben sich daher im Hinblick auf die Zulässigkeit des Normenkontrollantrags aus § 23 Abs. 1 iVm § 80 Abs. 2.

9 In § 80 Abs. 1 wird über den Wortlaut des Art. 100 Abs. 1 GG hinaus klargestellt, dass das Ausgangsgericht die Entscheidung des Bundesverfassungsgerichts **unmittelbar** einzuholen hat. Unterinstanzliche Gerichte sind ebenso vorlageberechtigt und -verpflichtet wie oberste Gerichtshöfe des Bundes und müssen die Vorlage nicht vorab den höheren Instanzgerichten zur Kenntnis bringen oder gar sich absegnen lassen.

10 Der Aussetzungs- und Vorlagebeschluss ist **unanfechtbar**. Die nach den fachgerichtlichen Prozessordnungen bestehenden Beschwerdemöglichkeiten gegen Aussetzungsbeschlüsse sind für die Entscheidung nach Art. 100 Abs. 1 GG nicht eröffnet.[10]

11 Die **Aussetzung** des Ausgangsverfahrens **endet** bestimmungsgemäß **mit der Entscheidung des Bundesverfassungsgerichts** über die Vorlagefrage (dazu näher → § 81 Rn. 2, 13 ff.). Zugleich entfällt damit die Anhängigkeit des Normenkontrollverfahrens beim Bundesverfassungsgericht.

12 Das Normenkontrollverfahren kann außerdem dadurch beendet werden, dass das Ausgangsgericht den **Vorlagebeschluss aufhebt.**[11] Die akzessorische Verknüpfung des konkreten Normenkontrollverfahrens mit dem Ausgangsverfahren hat zur Folge, dass sich das Normenkontrollverfahren mit der wirksamen Aufhebung des Vorlagebeschlusses erledigt.[12]

13 Eine wirksame Aufhebung des Vorlagebeschlusses setzt jedoch voraus, dass das **Ausgangsgericht berechtigt** ist, den **Antrag** beim Bundesverfassungsgericht **zurückzunehmen**. Eine ausdrückliche Rechtsgrundlage hierfür gibt es nicht. Sie lässt sich auch nicht aus einer in den fachgerichtlichen Prozessordnungen geregelten Abänderungsbefugnis hinsichtlich der Aussetzung ableiten, da sich diese Befugnis nicht auf die Vorlageentscheidung und das verfassungsprozessuale Verfahren beziehen kann.

14 Allerdings muss tatsächlichen und rechtlichen Änderungen, die sich nach Eingang des Vorlagebeschlusses beim Bundesverfassungsgericht ergeben, Rechnung getragen werden, **wenn sich** diese **Veränderungen auf die Zulässigkeit der Vorlage auswirken.**[13] Dann macht es keinen Sinn anzunehmen,

---

10 Burkiczak/Dollinger/Schorkopf BVerfGG/Dollinger § 80 Rn. 90; Benda/Klein VerfassungsProzR/E. Klein Rn. 892.

11 Vgl. FG Bremen v. 3.9.2021 – 2 K 37/19 (1), Rn. 5 bei Juris, zum Verfahren 1 BvL 3/19.

12 Vgl. Erledigungsvermerk vom 1.4.2010 zum Verfahren 2 BvL 2/10, Juris.

13 Vgl. zu einer Gesetzesänderung, die sich nicht auf die Zulässigkeit der Vorlage ausgewirkt hat: BVerfGE 162, 277 (298, Rn. 48).

dass das Ausgangsgericht an seinen Vorlagebeschluss unabänderlich gebunden sein und tatenlos zuschauen soll, wie das Bundesverfassungsgericht die zwischenzeitlich eingetretene Unzulässigkeit der Vorlage feststellt.

Das ist jedenfalls, aber nicht nur dann der Fall, wenn die Entscheidungserheblichkeit der Frage der Gültigkeit des zur Prüfung gestellten Gesetzes für das Ausgangsverfahren entfällt, weil sich das **Ausgangsverfahren anderweitig erledigt** hat, etwa durch Klagerücknahme, Prozessvergleich oder Tod des Betroffenen.[14] Hebt das Ausgangsgericht den Vorlagebeschluss trotz Erledigung nicht auf, entscheidet das Bundesverfassungsgericht regelmäßig, dass die Vorlage unzulässig ist, um das Normenkontrollverfahren zu beenden.[15] Die objektive, auf Rechtsklärung und Befriedung ausgerichtete Funktion der Normenkontrolle kann es aber ausnahmsweise rechtfertigen, auch nach einem erledigenden Ereignis wie dem Tod des Betroffenen im Ausgangsverfahren die vorgelegte Frage nach der Gültigkeit einer Norm gleichwohl zu beantworten, wenn ein gewichtiges Klärungsbedürfnis besteht.[16] Das kann etwa dann der Fall sein, wenn von der ungeklärten Verfassungsrechtsfrage weitere Personen betroffen sind und es angesichts des Verfahrensgegenstands nicht vertretbar ist, bis zu einer etwaigen neuen Vorlage zu warten.[17] Ein grundsätzliches Klärungsbedürfnis liegt auch bei Fragen von wesentlicher grundrechtlicher Bedeutung nahe, insbesondere wenn im Anwendungsbereich der vorgelegten Vorschrift strukturell das Problem besteht, dass stets eine Erledigung vor einer verfassungsgerichtlichen Entscheidung eintreten wird.[18] Das hinter dieser Ausweitung der Zulässigkeit einer Vorlage und damit der Entscheidungskompetenz des Bundesverfassungsgerichts im Verfahren der konkreten Normenkontrolle stehende Anliegen ist bei anderenfalls drohenden erheblichen Verfassungsverletzungen nachvollziehbar und setzt die entsprechende Rechtsprechung zur Verfassungsbeschwerde fort.[19] Dogmatisch lässt sich die vollständige Ablösung von einer noch bevorstehenden Entscheidung im Ausgangsverfahren und damit letztlich die abstrakte Klärung einer Verfassungsrechtsfrage bei der konkreten Normenkontrolle aber kaum verorten. Vielmehr gilt grundsätzlich, dass dem Bundesverfassungsgericht die Möglichkeit genommen ist, über die ihm zur Prüfung vorgelegte Rechtsfrage zu entscheiden, wenn im Ausgangsverfahren keine Entscheidung mehr zu treffen ist.[20] 15

Durch eine anderweitige Erledigung des Ausgangsverfahrens wird das auf Überprüfung der Gültigkeit eines Gesetzes zielende Normenkontrollverfahren vor dem Bundesverfassungsgericht **nicht automatisch gegenstandslos**. Eine bloße Einstellung des Verfahrens kommt bei einer solchen anderweiti- 16

14 Vgl. Beschluss der 1. Kammer des Ersten Senats vom 21.9.2016 – 1 BvL 6/12, Rn. 3 bei Juris.
15 Vgl. Beschluss der 3. Kammer des Ersten Senats vom 8.12.2010 – 1 BvL 7/10, Rn. 2 bei Juris.
16 BVerfG, Beschluss des Ersten Senats vom 1.2.2023 – 1 BvL 7/18, Rn. 103 bei Juris; BVerfGE 142, 313 (334 f., Rn. 63).
17 BVerfGE 142, 313 (335 f., Rn. 65).
18 BVerfG, Beschluss des Ersten Senats vom 1.2.2023 – 1 BvL 7/18, Rn. 104 f. bei Juris.
19 Vgl. BVerfGE 142, 313 (335, Rn. 63).
20 Beschluss der 2. Kammer des Zweiten Senats vom 9.10.2019 – 2 BvL 13/19, Rn. 14 bei Juris.

gen Erledigung daher nicht in Betracht.[21] In dieser Weise entfällt der Gegenstand des Normenkontrollverfahrens vielmehr nur, wenn das Bundesverfassungsgericht zwischenzeitlich in einem anderen Vorlageverfahren über die Verfassungsmäßigkeit des Gesetzes entschieden hat.[22] In den weiteren anhängigen Normenkontrollverfahren bleibt nur noch die Feststellung ihrer Erledigung.[23] Bei anderweitiger Erledigung des Ausgangsverfahrens ist hingegen die Unzulässigkeit der Vorlage festzustellen.[24]

17 Ebenso wie die Fälle der Erledigung des Ausgangsverfahrens sind alle sonstigen Veränderungen zu beurteilen, aufgrund derer die Vorlage nachträglich unzulässig wird. Daher darf das Ausgangsgericht den Vorlagebeschluss auch dann aufheben, wenn es nachträglich die **Überzeugung von der Verfassungswidrigkeit des Gesetzes verloren** hat. Auch dann bliebe dem Bundesverfassungsgericht, sofern das vorlegende Gericht die Änderung seiner Auffassung offenlegen würde, nur noch übrig, mangels einer im maßgebenden Zeitpunkt der Entscheidung des Bundesverfassungsgerichts noch fortbestehenden Überzeugung des Ausgangsgerichts von der Verfassungswidrigkeit die Unzulässigkeit der Vorlage festzustellen, und dieser in der Sache nicht weiterführenden Entscheidung darf das Ausgangsgericht durch Aufhebung des Vorlagebeschlusses zuvorkommen.[25]

18 Das Bundesverfassungsgericht ist hingegen grundsätzlich nicht befugt, über die Gültigkeit eines Gesetzes, also über die Begründetheit des Antrags im Verfahren der konkreten Normenkontrolle zu entscheiden, obwohl es an einer zulässigen Vorlage fehlt. Das gilt sowohl für eine von Anfang an unzulässige Vorlage als auch für den Fall, dass die Zulässigkeit nachträglich entfällt, und zwar unabhängig davon, ob das Ausgangsgericht den Vorlagebeschluss dann aufhebt oder ob der Normenkontrollantrag weiterhin beim Bundesverfassungsgericht zur Entscheidung ansteht. Die **Bindung an die zulässige Vorlage** korrespondiert mit dem Charakter des zum Ausgangsverfahren akzessorischen konkreten Normenkontrollverfahrens.[26] Bei einer nachträglich eingetretenen Erledigung des Ausgangsverfahrens ist eine Sachentscheidung des Bundesverfassungsgerichts daher nur noch dann möglich, wenn es die Vorlage dennoch weiterhin als zulässig als beurteilt.[27] Zwar besteht bei einer A-Limine-Abweisung wegen offensichtlicher Unbegründetheit der Vorlage nach § 24 die Möglichkeit, die Zulässigkeit der Vorlage offen zu lassen (→ § 81 Rn. 3). Über das Fehlen eines Vorlagebeschlusses, den das vorlegende Gericht zwischenzeitlich aufgehoben hat, hilft aber auch diese Möglichkeit nicht hinweg.

19 Die Rechtsprechung des Bundesverfassungsgerichts, nach der die Rücknahme einer Verfassungsbeschwerde unwirksam ist, wenn sich der Beschwerde-

21 AA Lechner/Zuck/Zuck § 80 Rn. 51.
22 Vgl. BVerfGE 24, 63 (67).
23 Beschlüsse der 2. Kammer des Zweiten Senats vom 9.6.2021 – 2 BvL 2/21, Rn. 1 bei Juris, und vom 10.5.2021 – 2 BvL 6/20 ua, Rn. 1 bei Juris.
24 Vgl. Beschluss der 1. Kammer des Ersten Senats vom 21.9.2016 – 1 BvL 6/12, Rn. 7 bei Juris.
25 Benda/Klein VerfassungsProzR/E. Klein Rn. 899; für eine umfassende Aufhebungskompetenz auch Burkiczak/Dollinger/Schorkopf BVerfGG/Dollinger § 80 Rn. 96.
26 Vgl. Burkiczak/Dollinger/Schorkopf BVerfGG/Dollinger § 80 Rn. 17.
27 Vgl. BVerfGE 142, 313 (334 ff., Rn. 60 ff.).

führer damit einer für ihn ungünstigen Entscheidung zu entziehen versucht und das öffentliche Interesse an der Entscheidung demgegenüber vorrangig erscheint,[28] kann auf die Aufhebung eines Vorlagebeschlusses im Verfahren der konkreten Normenkontrolle nicht übertragen werden. Das vorlegende Gericht verfolgt mit dem Vorlagebeschluss keine subjektiven Interessen und kann sich deshalb von vornherein nicht dem Verdacht ausgesetzt sehen, bei einer Aufhebung des Vorlagebeschlusses rechtsmissbräuchlich zu handeln. Dementsprechend sind **keine Entscheidungen bekannt, in denen das Bundesverfassungsgericht erwogen hätte, trotz Aufhebung des Vorlagebeschlusses über den Normenkontrollantrag in der Sache zu entscheiden**.

Dem Grundsatz der Bindung an die zulässige Vorlage entspricht es nicht nur, dass das Bundesverfassungsgericht eine Beschränkung der Vorlagefrage auf eine nur teilweise Verfassungswidrigkeit einer Norm akzeptiert,[29] sondern dass es auch unpräzise **zu weit gefasste Vorlagefragen auf ihren zulässigen Teil beschränkt** und nur insoweit in der Sache entscheidet. Das kommt insbesondere dann vor, wenn nur einzelne der vom Ausgangsgericht genannten Vorschriften oder nur Teilbereiche der gesetzlichen Regelung entscheidungserheblich erscheinen[30] oder das Ausgangsgericht die Verfassungsmäßigkeit nur einzelner der in der Vorlagefrage aufgeführten Vorschriften in Zweifel zieht.[31] Dies ist Ausdruck der Befugnis des Bundesverfassungsgerichts, die Vorlagefrage auszulegen und zu präzisieren.[32] Hat das vorlegende Gericht aber ausdrücklich auch andere, nicht entscheidungserhebliche Teilregelungen einer Norm vorgelegt, so ist die Vorlagefrage nicht auslegungsfähig und muss die Normenkontrolle insoweit als unzulässig zurückgewiesen werden.[33] 20

Dagegen stellt es eine **Durchbrechung der Akzessorietät** dar, wenn das Bundesverfassungsgericht den **Prüfungsgegenstand** im Vergleich mit dem an ihn herangetragenen Vorlagegegenstand **erweitert**. Eine solche Erstreckung der Prüfung hat der Gesetzgeber in § 78 Satz 2 iVm § 82 Abs. 1 nur im Hinblick auf andere Bestimmungen des gleichen Gesetzes und nur für den Fall vorgesehen, dass sie aus denselben Gründen verfassungswidrig sind wie die zur Prüfung gestellte Vorschrift (→ § 78 Rn. 20 ff.). In einem solchen Fall darf das Bundesverfassungsgericht daher auch die Unvereinbarkeit der weiteren Vorschriften des Gesetzes mit dem Grundgesetz feststellen.[34] Findet keine Erstreckung der Prüfung und Entscheidung des Bundesverfassungsgerichts auf weitere Vorschriften eines Gesetzes statt, so können diese weiteren 21

28 BVerfGE 98, 218 (242 f.).

29 BVerfG, Beschluss des Ersten Senats vom 1.2.2023 – 1 BvL 7/18, Rn. 99 bei Juris; BVerfGE 156, 354 (386, Rn. 99).

30 Vgl. BVerfGE 153, 310 (330 f., Rn. 47 ff.); 150, 204 (229 f., Rn. 72 ff.); 145, 106 (140 f., Rn. 95); 141, 82 (95 f., Rn. 40); 132, 302 (316, Rn. 37); 126, 369 (388); 125, 175 (219); 120, 1 (22); vgl. auch Beschluss der 2. Kammer des Ersten Senats vom 24.11.2014 – 1 BvL 20/11, Rn. 7 bei Juris.

31 Vgl. BVerfGE 161, 163 (244, Rn. 213); 132, 72 (81, Rn. 18); Beschluss der 3. Kammer des Ersten Senats vom 29.4.2022 – 1 BvL 2/17 ua, Rn. 13 bei Juris.

32 Vgl. BVerfGE 162, 277 (295 f., Rn. 41), 161, 163 (243 f., 211); 153, 310 (330, Rn. 46); Beschluss der 3. Kammer des Ersten Senats vom 18.7.2019 – 1 BvL 1/18 ua, Rn. 35 bei Juris.

33 Vgl. BVerfGE 162, 277 (297, Rn. 45 f.).

34 Vgl. BVerfGE 150, 169 (193, Rn. 65).

Vorschriften Gegenstand einer zulässigen Vorlage sein, auch wenn die verfassungsrechtliche Beurteilung erkennbar parallel verlaufen wird.[35]

22 Aber auch darüber hinaus hält sich das Bundesverfassungsgericht für ermächtigt, den Prüfungsgegenstand auf solche gesetzliche Bestimmungen zu erweitern, die das Ausgangsgericht zwar nicht ausdrücklich zur Prüfung gestellt hat, die das Bundesverfassungsgericht aber im Hinblick auf das Ausgangsverfahren als entscheidungserheblich ansieht. Gegen diese Vorgehensweise bestehen keine Bedenken, wenn dem Vorlagebeschluss durch **Auslegung** zu entnehmen ist, dass das Ausgangsgericht diese gesetzlichen Regelungen zwar nicht ausdrücklich als verfassungswidrig bezeichnet hat, aber auch von deren Ungültigkeit ausgeht oder ausgehen würde, wie es bei einer inhaltlich unveränderten Neuregelung anzunehmen ist.[36]

23 Auch das Bundesverfassungsgericht begrenzt seine Befugnis im Ansatz insoweit zunächst auf die Auslegung und Präzisierung der Vorlagefrage. Im selben Atemzug setzt es die Auslegung und Präzisierung der Vorlagefrage aber mit der umfassenden **Befugnis** gleich, **die Rechtsfrage zu begrenzen, zu erweitern, auszudehnen oder umzudeuten**[37] und begründet dies mit der Befriedungsfunktion des Normenkontrollverfahrens.[38] Eine derartige unbeschränkte Befugnis zur Loslösung vom Vorlagebeschluss ist jedoch **mit dem Charakter der akzessorischen konkreten Normenkontrolle unvereinbar**.

24 Soll die Prüfung auf **vom Ausgangsgericht nicht bedachte Vorschriften** erweitert werden, bedarf es vielmehr einer entsprechenden **Ergänzung des Vorlagebeschlusses**, die das Bundesverfassungsgericht im Rahmen des anhängigen Normenkontrollverfahrens auch im Dialog mit dem vorlegenden Gericht anregen darf.[39] Es wäre prozessökonomisch unsinnig, die Vorlage zunächst als unzulässig oder unbegründet zurückzuweisen und die Entscheidung über die eigentlich erheblichen Gesetze erst in einem neuen Vorlageverfahren zu treffen.

25 Demgegenüber kommt eine Ergänzung des Vorlagebeschlusses nicht in Betracht, wenn entscheidungserheblich nur die vom Ausgangsgericht bezeichneten Vorschriften sind, deren Ungültigkeit aber zugleich Auswirkungen auf andere Vorschriften hätte. In diesem Ausnahmefall besteht keine andere Möglichkeit, als die weiteren, nicht konkret entscheidungserheblichen Vorschriften **kraft Sachzusammenhangs** in die Normenkontrolle einzubeziehen.[40] Ein Bedürfnis für die Einbeziehung dieser weiteren Vorschriften in die Normenkontrolle ist allerdings nur dann anzuerkennen, wenn diese weiteren Vorschriften in einem untrennbaren Zusammenhang mit der vorgelegten Norm stehen und ohne die in ihr enthaltene Regelung keinen Bestand haben können. Wären hingegen eine eigenständige verfassungsrechtliche Würdigung der weiteren Vorschriften und eine fachgerichtliche Aufarbeitung

35 Vgl. BVerfGE 150, 204 (227 f., Rn. 70).
36 Vgl. BVerfGE 104, 373 (384); vgl. auch Beschluss der 1. Kammer des Zweiten Senats vom 18.12.2023 – 2 BvL 9/16, Rn. 64 bei Juris.
37 BVerfGE 145, 1 (31 f., Rn. 15); 121, 241 (253).
38 Vgl. BVerfGE 161, 163 (243 f., Rn. 211); 149, 1 (14, Rn. 30); 132, 302 (316, Rn. 39).
39 Benda/Klein VerfassungsProzR/E. Klein Rn. 882.
40 BVerfGE 149, 1 (14, Rn. 30); 122, 210 (229); 83, 363 (376).

der Sach- und Rechtslage erforderlich, dann scheidet eine Erweiterung der Vorlagefrage aus.[41]

Liegen die Voraussetzungen des Art. 100 Abs. 1 GG vor, so ist das Gericht zur Vorlage an das Bundesverfassungsgericht verpflichtet. Die **Vorlagepflicht** entfällt auch nicht dadurch, dass ein anderes Gericht das betreffende Gesetz schon dem Bundesverfassungsgericht zur Prüfung vorgelegt hat. Auch in dieser Konstellation sind die Gerichte bis zu einer Entscheidung des Bundesverfassungsgerichts daran gehindert, die Norm einfach unangewendet zu lassen. Eine **Mehrfachvorlage** kann nur vermieden werden, wenn das Gericht den bei ihm anhängigen Rechtsstreit im Einvernehmen mit den Parteien bis zu einer Entscheidung des Bundesverfassungsgerichts über die Gültigkeit der Norm ruhend stellt.[42] 26

Bei einer **Verletzung der Vorlagepflicht verstößt** das Gericht **gegen** das Recht der Parteien auf den gesetzlichen Richter gemäß **Art. 101 Abs. 1 Satz 2 GG**. Eine derartige Verletzung des Art. 101 Abs. 1 Satz 2 GG können die Parteien mit einer gegen die Endentscheidung des Gerichts gerichteten Verfassungsbeschwerde nach Erschöpfung des fachgerichtlichen Rechtswegs rügen. Die Verfassungsbeschwerde kann im Hinblick auf § 90 Abs. 2 Satz 1 also erst erhoben werden, wenn auch das letztinstanzliche Gericht seiner Vorlagepflicht nicht nachgekommen ist. 27

Allerdings überprüft das Bundesverfassungsgericht in diesem Rahmen nur, ob das Gericht die Vorlage nach Art. 100 Abs. 1 Satz 1 GG **willkürlich** unterlassen hat. Das sollte nur dann der Fall sein, wenn sich die Verfassungswidrigkeit des Gesetzes so sehr aufdrängt, dass angenommen werden muss, das Gericht habe von einer Vorlage abgesehen, obwohl es selbst von der Verfassungswidrigkeit überzeugt war.[43] An diesem ganz engen Prüfungsmaßstab hat das Bundesverfassungsgericht aber zuletzt nicht mehr festgehalten und den Blick vielmehr auf die in objektiv willkürlicher Weise fehlerhafte Rechtsanwendung gerichtet. Deshalb kann die Garantie des gesetzlichen Richters auch dann verletzt sein, wenn ein Gericht die Vorlage einer Norm, von deren Verfassungswidrigkeit es ansonsten überzeugt wäre, unterlässt, weil es in nicht vertretbarer Weise die Möglichkeit einer verfassungskonformen Auslegung des Gesetzes annimmt.[44] 28

Bislang ist allerdings **erst ein Fall aufgetreten**, in dem das Bundesverfassungsgericht wegen des Unterlassens einer Vorlage nach Art. 100 Abs. 1 GG eine Verletzung von Art. 101 Abs. 1 Satz 2 GG angenommen hat.[45] Eine solche Begründung der Verfassungsbeschwerde erscheint in der Regel auch deshalb praktisch wenig sinnvoll, weil die letztinstantliche Gerichtsentscheidung, die auf einem aus Sicht des Beschwerdeführers verfassungswidrigen Gesetz be- 29

41 Vgl. BVerfGE 152, 68 (111, Rn. 114 f.); 148, 147 (179, Rn. 81).
42 So auch Burkiczak/Dollinger/Schorkopf BVerfGG/Dollinger § 80 Rn. 98.
43 BVerfGE 117, 330 (356); vgl. Beschluss der 1. Kammer des Ersten Senats vom 16.6.2009 – 1 BvR 2269/07, Rn. 3 bei Juris; vgl. zu den Anforderungen an die Begründung der Verfassungsbeschwerde auch Beschluss der 1. Kammer des Ersten Senats vom 6.4.2011 – 1 BvR 1765/09, Rn. 39 bei Juris.
44 BVerfGE 138, 64 (87 f., Rn. 71); vgl. auch Beschluss der 1. Kammer des Zweiten Senats vom 2.5.2016 – 2 BvR 1947/15, Rn. 37 bei Juris.
45 BVerfGE 138, 64.

ruht, primär mit Blick auf die Verfassungswidrigkeit des Gesetzes angegriffen werden kann, so dass der prozessuale Gesichtspunkt, das Fachgericht habe das Gesetz dem Bundesverfassungsgericht zur Überprüfung vorlegen müssen, gerade in dem Fall, dass die Auffassung des Beschwerdeführers zutrifft, in den Hintergrund tritt. Etwas anderes gilt, wenn derjenige, der sich durch die aus seiner Sicht zu Unrecht unterlassene Vorlage belastet sieht, kein Träger von Sachgrundrechten ist, sondern sich nur auf prozessuale Grundrechte wie Art. 101 Abs. 1 Satz 2 GG berufen kann. Das gilt gerade für die verschiedenen Erscheinungsformen der öffentlichen Hand (vgl. dazu → § 90 Rn. 141 ff.). Das belegt der Fall von BVerfGE 138, 64. Hier war die Verfassungsbeschwerde von einer Behörde des Landes Berlin erhoben worden und konnte deshalb von vornherein nur auf Art. 101 Abs. 1 Satz 2 GG gestützt werden, nicht auf Sachgrundrechte.[46]

30 Im früheren Prüfungsansatz des Bundesverfassungsgerichts bei der Überprüfung der Vorlagepflicht nach Art. 100 Abs. 1 GG mit dem Blick allein auf einer bewussten Missachtung der Vorlagepflicht lag ein wesentlicher **Unterschied zur Vorlagepflicht an den Gerichtshof der Europäischen Union** gemäß Art. 267 Abs. 3 AEUV. Diese Vorlage ist allein an die objektiven Voraussetzungen dieser Regelung geknüpft und nicht auch daran, dass das vorlegende Gericht etwa von der Europarechtswidrigkeit einer nationalen Norm überzeugt sein muss. Deshalb kann auch die Überprüfung des Vorlageverhaltens der Fachgerichte durch das Bundesverfassungsgericht im Hinblick auf Art. 267 Abs. 3 AEUV nicht darauf beschränkt sein, ob das Gericht nicht vorgelegt hat, obwohl es selbst von einer Vorlagepflicht ausging (dazu näher → § 90 Rn. 261 f.).[47] Mit der neuen Ausweitung des Prüfungsmaßstabs auch bei der Vorlagepflicht nach Art. 100 Abs. 1 GG haben sich die Prüfungsmaßstäbe aber angenähert.

31 Die Zahl der anhängig gemachten konkreten Normenkontrollen schwankt stark, liegt aber im Schnitt der letzten zehn Jahre bei rund 25 pro Jahr. Zuletzt wurden in der **Statistik** des Bundesverfassungsgerichts 41 Eingänge im Jahr 2014, 12 Eingänge im Jahr 2015, 17 Eingänge im Jahr 2016, 29 Eingänge im Jahr 2017, 22 Eingänge im Jahr 2018, 20 Eingänge im Jahr 2019, **36 Eingänge im Jahr 2020, je 19 Eingänge in den Jahren 2021 und 2022 und 29 Eingänge im Jahr 2023** verzeichnet.

32 Das Bundesverfassungsgericht erfasst auch, **aus welcher Fachgerichtsbarkeit die Richtervorlagen stammen**. Auffällig ist dabei eine Zurückhaltung der Zivil- und Arbeitsgerichtsbarkeit, die es offenbar eher auf eine Überprüfung der Gesetze im Rahmen der gegen ihre Entscheidungen gerichteten Verfassungsbeschwerden ankommen lassen, als sich häufig bescheinigen lassen zu müssen, dass sie die Rechtslage nicht ausreichend geprüft und die Vorlage nicht gemäß Abs. 2 Satz 1 ordnungsgemäß begründet haben. Die restriktive Linie der Rechtsprechung des Bundesverfassungsgerichts (→ Rn. 106 ff.) zeigt hier deutliche Wirkungen.

---

46 BVerfGE 138, 64 (81 ff., Rn. 51 ff.).

47 Zu den früher im Einzelnen umstrittenen, aber nunmehr geklärten Prüfungsmaßstäben und Fallgruppen vgl. BVerfGE 149, 222 (284 ff., Rn. 138 ff.); 147, 364 (378 ff., Rn. 37 ff.); 135, 155 (231, Rn. 179); 129, 78 (106 f.); 126, 286 (315 ff.).

Von einer **geringen Erfolgsquote**[48] bei der konkreten Normenkontrolle zu sprechen, verbietet sich eigentlich angesichts des objektiven Charakters des Verfahrens. Auch in der Statistik des Bundesverfassungsgerichts wurde aber der Begriff des Erfolgs in diesem Zusammenhang verwendet. Der Erste Senat hat im Jahr 2014 nur viermal, im Jahr 2015 einmal, im Jahr 2016 viermal, im Jahr 2017 einmal, im Jahr 2018 dreimal, im Jahr 2019 einmal und im Jahr 2020 kein einziges Mal bei Entscheidungen über einen konkreten Normenkontrollantrag die Überzeugung des vorlegenden Gerichts von der Verfassungswidrigkeit des Gesetzes geteilt, der Zweite Senat im Jahr 2014 einmal, im Jahr 2015 kein einziges Mal, im Jahr 2016 einmal, im Jahr 2017 viermal, im Jahr 2018 wieder ein einziges Mal und in den Jahren 2019 und 2020 jeweils zweimal. Zuletzt hatten aber wieder mehr konkrete Normenkontrollverfahren „Erfolg“: 2021 und 2022 jeweils in fünf Fällen, davon zweimal beim Ersten Senat und achtmal beim Zweiten Senat. Im Jahr 2023 gab es in jedem Senat einen Fall, in dem das Bundesverfassungsgericht die Überzeugung des vorlegenden Gerichts von der Verfassungswidrigkeit des Gesetzes geteilt hat. 33

Die **Verfahrensdauer** ist teilweise so lang, dass darunter die Befriedungsfunktion im Hinblick auf den Ausgangsrechtsstreit notgedrungen leidet.[49] Bei solchen Verfahrensdauern in konkreten Normenkontrollverfahren wird es auch im Hinblick auf die Regelungen der §§ 97a bis 97 d nicht bleiben können. Der durch diese Vorschriften bezweckte Beschleunigungseffekt ist in den Verfahren nach § 80 aber bisher nicht eingetreten (vgl. allgemein zur Bewährung der §§ 97a → § 97a, Rn. 30 f.). 34

II. Voraussetzungen einer zulässigen Vorlage

Die **Voraussetzungen der Zulässigkeit** eines konkreten Normenkontrollantrags ergeben sich zunächst aus **Art. 100 Abs. 1 GG**, auf den **§ 80 Abs. 1** insoweit ausdrücklich verweist. Hiernach muss die Vorlage von einem Gericht beschlossen worden sein. Sie muss sich auf ein Gesetz im Sinne des Art. 100 Abs. 1 GG beziehen. Außerdem muss es für die Entscheidung des vorlegenden Gerichts im Ausgangsverfahren auf die Gültigkeit des Gesetzes ankommen. Schließlich muss das vorlegende Gericht das Gesetz für verfassungswidrig halten. 35

Weitere Sachentscheidungsvoraussetzungen enthält **§ 80 Abs. 2**, der die allgemeinen formellen Antragsvoraussetzungen des § 23 Abs. 1 ergänzt. Insbesondere werden in Abs. 2 Satz 1 die Anforderungen an die **Begründung der Vorlage** konkretisiert. 36

1. Vorlageberechtigung: Gericht. Zur Vorlage berechtigt sind nach Art. 100 Abs. 1 Satz 1 GG, § 80 Abs. 1 die **Gerichte**. Damit scheidet eine Vorlageberechtigung von Behörden und Organen der Legislative von vornherein aus; das gilt auch für den Bundestag im Rahmen der Wahlprüfung nach Art. 41 Abs. 1 GG.[50] Gerichte im Sinne des Art. 100 Abs. 1 GG sind alle staatlichen, unab- 37

48 So Lechner/Zuck/Zuck vor § 80 Rn. 10.
49 Vgl. zB BVerfGE 165, 103: 9 Jahre; 162, 277: 8 Jahre; 160, 41: 8 Jahre; 150, 345: 10 Jahre; 145, 106: 6 Jahre; 145, 1: 7 Jahre.
50 BVerfGE 121, 266 (290).

hängigen, durch Gesetz mit gerichtlichen Aufgaben betrauten, als Gericht bezeichneten und durch Richter handelnden Spruchstellen.[51]

38 Diese Begriffsbestimmung erfordert eine **Negativabgrenzung** insbesondere in zwei Richtungen. Nicht vorlageberechtigt sind zum einen nichtstaatliche Spruchstellen und zum anderen innerhalb staatlicher Gerichte nicht für die richterliche Entscheidung zuständige Organe.

39 Als **nichtstaatlichen Spruchstellen** steht weder kirchlichen Gerichten noch privaten Schiedsgerichten ein Vorlagerecht zu. Neben den Gerichten der Fachgerichtsbarkeiten sowie den Landesverfassungsgerichten[52] erfüllen aber auch von Körperschaften des öffentlichen Rechts gebildete Berufsgerichte[53] und Truppendienstgerichte[54] die Voraussetzungen staatlicher Spruchstellen und sind daher vorlageberechtigt.

40 Innerhalb der staatlichen Spruchstellen setzt die Vorlageberechtigung voraus, dass **richterliche Aufgaben** wahrgenommen werden. Daher sind Rechtspfleger nicht zur Vorlage an das Bundesverfassungsgericht befugt, sondern müssen die Sache, wenn sie bei der Ausübung ihrer Aufgaben von der Verfassungswidrigkeit eines Gesetzes überzeugt sind, zunächst gemäß § 5 Abs. 1 Nr. 1 RPflG dem Fachrichter vorlegen, der dann über eine eventuelle Vorlage nach Art. 100 Abs. 1 GG zu entscheiden hat.[55] Ebenso wenig kommt eine Vorlage in Betracht, wenn Richter außerhalb ihrer originären Rechtsprechungsaufgaben, also im Bereich der Justizverwaltung, tätig werden.[56]

41 Bei der Ausübung richterlicher Tätigkeit ist die Vorlageberechtigung **nicht** auf bestimmte Arten von Entscheidungen und auf bestimmte Verfahrensarten, etwa also **auf die Endentscheidung in einem streitigen Hauptsacheverfahren, beschränkt**. Die Vorlageberechtigung besteht auch in selbstständigen Zwischenverfahren, sofern der weitere Verfahrensablauf nicht dazu führen kann, dass es auf die Klärung der Verfassungsmäßigkeit der Norm nicht mehr ankommt,[57] im strafprozessualen Zwischenverfahren[58] sowie in Verfahren der freiwilligen Gerichtsbarkeit[59] und bei richterlichen Entscheidungen in Vollstreckungsverfahren.

42 Auch in **Verfahren des vorläufigen Rechtsschutzes** können die Gerichte Entscheidungen treffen, die von der Verfassungsmäßigkeit der anzuwendenden Gesetze abhängen, so dass eine Vorlageberechtigung nicht grundsätzlich

51 Grundlegend BVerfGE 6, 55 (63); Burkiczak/Dollinger/Schorkopf BVerfGG/Dollinger § 80 Rn. 29.

52 Vgl. BVerfGE 69, 112 (117 f.); vgl. auch Beschluss der 1. Kammer des Zweiten Senats vom 2.5.2016 – 2 BvR 1947/15, Rn. 34 ff. bei Juris, zu einer möglichen Vorlagepflicht eines Landesverfassungsgerichts.

53 Vgl. BVerfGE 18, 241 (253).

54 Beschluss der 3. Kammer des Zweiten Senats vom 6.11.2014 – 2 BvL 2/11, Juris; Beschluss der 2. Kammer des Zweiten Senats vom 3.7.2014 – 2 BvL 25/09 u.a.. Juris; BVerfGE 21, 391 (398).

55 BVerfGE 61, 75 (77); vgl. auch BVerfGE 101, 397 (404 f.).

56 Vgl. BVerfGE 20, 309 (311).

57 Beschluss der 2. Kammer des Ersten Senats vom 14.1.2004 – 1 BvL 8/03, Rn. 10 f. bei Juris; aus der Senatsrechtsprechung vgl. BVerfGE 63, 1 (22).

58 Vgl. BVerfGE 160, 284 (315 f., Rn. 85); siehe auch Herz, Die konkrete Normenkontrolle in Strafsachen, 2022, S. 171 ff.

59 BVerfGE 14, 263 (273); 4, 45 (48).

in Zweifel gezogen werden kann.[60] Die Zulässigkeit der Vorlage scheitert aber an der fehlenden Entscheidungserheblichkeit, wenn die vorläufige Entscheidung im Eilverfahren auch ohne eine abschließende Beurteilung der Verfassungsmäßigkeit des Gesetzes ergehen kann. Genau das ermöglicht den Fachgerichten aber die Rechtsprechung des Bundesverfassungsgerichts, nach der die Fachgerichte nicht daran gehindert sind, schon vor der im Hauptsacheverfahren einzuholenden Entscheidung des Bundesverfassungsgerichts vorläufigen Rechtsschutz zu gewähren, wenn dies nach den Umständen des Falles im Interesse eines effektiven Rechtsschutzes geboten erscheint und die Hauptsacheentscheidung dadurch nicht vorweggenommen wird.[61]

Danach wird aber eine Vorlage in einem Verfahren einstweiligen Rechtsschutzes regelmäßig nicht in Betracht kommen, weil eine **Aussetzung des Eilverfahrens mit dem Erfordernis effektiven Rechtsschutzes grundsätzlich nicht vereinbar** ist.[62] Das entspricht weitgehend der Situation bei Vorlagen an den EuGH nach Art. 267 AEUV. Auch hier ist eine Verletzung von Art. 101 Abs. 1 Satz 2 GG durch Nichtvorlage an den EuGH nach Art. 267 AEUV in Verfahren einstweiligen Rechtsschutzes kaum vorstellbar.[63] 43

Die **Großen Senate und der Gemeinsame Senat der Obersten Gerichtshöfe des Bundes** können zwar nicht zur Klärung der Verfassungsmäßigkeit eines Gesetzes angerufen werden.[64] Werden sie aber aus anderem Anlass angerufen und stellt sich für ihre Entscheidung sodann in entscheidungserheblicher Weise die Frage, ob ein von ihnen anzuwendendes Gesetz verfassungsgemäß ist, so sind auch sie zur Vorlage nach Art. 100 Abs. 1 GG befugt.[65] 44

Das vorlagebefugte Gericht ist der zur Entscheidung, für die es auf die Verfassungsmäßigkeit des Gesetzes ankommt, **zuständige Spruchkörper in seiner vollständigen Besetzung**. Das Gericht muss den Vorlagebeschluss in der Besetzung fassen, in der es die Entscheidung hätte treffen müssen, für die die Vorlagefrage erheblich ist.[66] Die Alleinentscheidung des Kammervorsitzenden genügt nicht.[67] Gehören dem Spruchkörper Laienrichter an, müssen sie die Vorlage mit beschließen,[68] es sei denn der oder die Berufsrichter sind wie im Falle des § 349 Abs. 3 ZPO kraft Gesetzes zur Alleinentscheidung be- 45

60 Vgl. BVerfGE 46, 43 (51).
61 BVerfGE 86, 382 (389); Beschluss der 3. Kammer des Zweiten Senats vom 15.12.2011 – 2 BvR 2362/11, Rn. 4 f. bei Juris; Beschluss der 1. Kammer des Ersten Senats vom 19.7.1996 – 1 BvL 39/95, Rn. 8 bei Juris.
62 Vgl. Beschlüsse der 1. Kammer des Ersten Senats vom 26.2.2020 – 1 BvL 1/20, Rn. 7 bei Juris, und vom 19.7.1996 – 1 BvL 39/95, Rn. 9 bei Juris; offen gelassen im Beschluss der 2. Kammer des Zweiten Senats vom 30.6.2021 – 2 BvL 20/20, Rn. 37 bei Juris.
63 Beschluss der 1. Kammer des Zweiten Senats vom 19.10.2006 – 2 BvR 2023/06, Rn. 13 bei Juris; Beschluss der 2. Kammer des Zweiten Senats vom 29.11.2001 – 2 BvR 1486/01, Rn. 2 bei Juris; Beschluss der 1. Kammer des Ersten Senats vom 10.5.2001 – 1 BvR 481/01, Rn. 20 f. bei Juris; siehe auch EuGH, Urteil vom 27.10.1982 – verbundene Rechtssachen 35 und 36/82, Morson und Jhanjan / Niederländischer Staat Slg 1982, 3723, Tz. 10.
64 BVerfGE 22, 311 (316).
65 Lechner/Zuck/Zuck § 80 Rn. 6.
66 BVerfGE 153, 310 (331 f., Rn. 51); 114, 303 (315); Beschluss der 3. Kammer des Zweiten Senats vom 26.7.2010 – 2 BvL 21/08, Rn. 5 bei Juris; Sachs GG/Detterbeck, Art. 100 Rn. 4.
67 Vgl. BVerfGE 102, 147 (166).
68 BVerfGE 153, 310 (331 f., Rn. 51); Beschluss der 3. Kammer des Ersten Senats vom 15.4.2005 – 1 BvL 6/03, Rn. 7 bei Juris.

rechtigt.[69] Hat der vollständige Spruchkörper die Vorlage beschlossen, kann ihre Begründung aber auf der Grundlage der im Vorlagebeschluss bekundeten Auffassung durch einen nur von den Berufsrichtern gefassten Beschluss nachgeholt oder ergänzt,[70] nicht jedoch auf einen neuen Vorlagegegenstand erweitert werden.[71]

46 Der **Einzelrichter** in einem mit mehreren Berufsrichtern besetzten Spruchkörper ist nicht zur Vorlage berechtigt, wenn er aufgrund einer Ermessensnorm zur Entscheidung berufen ist. Vielmehr muss er dann, wenn die Problematik der Verfassungsmäßigkeit der anzuwendenden Norm auftritt, vorschlagen, dass der Rechtsstreit nach den dafür geltenden Vorschriften der jeweiligen Prozessordnung (§ 348 Abs. 3 ZPO, § 6 Abs. 3 VwGO, § 6 Abs. 3 FGO) auf das Kollegialorgan rückübertragen wird, damit dieses hierüber und über eine eventuelle Vorlage an das Bundesverfassungsgericht entscheiden kann. Das Ermessen des Einzelrichters ist insoweit auf Null reduziert.[72]

47 Dass und wie der Vorlagebeschluss unterzeichnet sein muss[73] und **welche Richter den Vorlagebeschluss unterzeichnen müssen**, ist hingegen keine Frage der Vorlageberechtigung des vorlegenden Gerichts im Sinne des konkret zuständigen Spruchkörpers, sondern eine Formfrage, die sich ausschließlich nach den Prozessordnungen des Ausgangsverfahrens richtet. Fehlt dort eine ausdrückliche Regelung, ist so wie bei Urteilen zu verfahren.[74] Danach kann es genügen, dass einen Vorlagebeschluss, den der Spruchkörper in seiner Besetzung mit Laienrichtern getroffen hat, nur die Berufsrichter unterzeichnen.[75] Nach Einführung der elektronischen Akte in den Fachgerichtsbarkeiten genügt dafür die elektronische Signatur. Auch die weiteren prozessualen Wirksamkeitsvoraussetzungen, die der Vorlagebeschluss nach den jeweiligen Prozessordnungen erfüllen muss, werden vom Bundesverfassungsgericht überprüft.[76]

48 **2. Vorlagegegenstand: Gesetz.** Gegenstand einer Richtervorlage kann nach Art. 100 Abs. 1 Satz 1 GG nur ein **Gesetz** sein.[77] Gemeint ist damit nicht ein Gesetz in seiner Gesamtheit, sondern die einzelne Regelung, die das vorlegende Gericht im Falle ihrer Gültigkeit anzuwenden hätte, oder bei einem untrennbaren Zusammenhang mehrerer Regelungen auch ein Normenkomplex.[78] Wegen eines solchen Zusammenhangs können aber auch ursprünglich nur bestimmte einzelne Vorschriften eines Gesetzes betreffende

69 BVerfGE 98, 145 (151 f.).
70 BVerfGE 153, 310 (332, Rn. 53).
71 BVerfGE 114, 303 (307 und 315 f.).
72 Beschlüsse der 3. Kammer des Ersten Senats vom 15.11.2010 – 1 BvL 12/10, Rn. 6 f. bei Juris, und vom 5.5.1998 – 1 BvL 23/97, Rn. 17 ff. bei Juris.
73 Vgl. Beschluss der 2. Kammer des Ersten Senats vom 10.8.2009 – 1 BvL 15/09, Rn. 10 f. bei Juris.
74 Beschluss der 2. Kammer des Zweiten Senats vom 7.3.1994 – 2 BvL 69/92, Rn. 2 bei Juris; aus der Senatsrechtsprechung BVerfGE 34, 257 (260).
75 Vgl. BVerfGE 44, 322 (335).
76 Vgl. Beschluss der 1. Kammer des Ersten Senats vom 9.7.2018 – 1 BvL 2/18, Rn. 12 f. bei Juris.
77 BVerfGE 159, 183 (204, Rn. 51).
78 Vgl. BVerfGE 107, 59 (86); 99, 165 (177).

Normenkontrollen zur Feststellung der Verfassungswidrigkeit des gesamten Gesetzes führen.[79]

49 Das Ausgangsgericht kann sich mit der konkreten Normenkontrolle **nicht** gegen eine bestimmte, von ihm für verfassungswidrig gehaltene **Auslegung eines Gesetzes** wenden, auch wenn eine höhere Instanz diese Auslegung vertritt.[80] Die Normenkontrolle dient nicht dazu, Meinungsverschiedenheiten zwischen Gerichten desselben Rechtszugs zu klären. Das unterinstanzliche Gericht mag bei seiner Auffassung bleiben, und wenn seine Entscheidung aufgehoben werden sollte, so bleibt es den Parteien des konkreten Rechtsstreits überlassen, gegen die beanstandete Auslegung des Gesetzes mit der Verfassungsbeschwerde vorzugehen.[81]

50 Nach der Rechtsprechung des Bundesverfassungsgerichts sind vom Begriff des Gesetzes im Sinne des Art. 100 Abs. 1 GG **nur nachkonstitutionelle formelle Gesetze** erfasst.[82] Das ist eine Folge der Zweckbestimmung der konkreten Normenkontrolle, mit der unter anderem verhindert werden soll, dass die Autorität des parlamentarischen Gesetzgebers untergraben wird, indem sich jedes Gericht über den Willen des Gesetzgebers hinwegsetzen kann. Das deshalb bestehende Normverwerfungsmonopol des Bundesverfassungsgerichts (→ Rn. 4 ff.) erstreckt sich aber nur so weit, wie der parlamentarische Gesetzgeber unter der Geltung des Grundgesetzes gehandelt hat.[83]

51 Vorlagefähige **formelle Gesetze** sind dementsprechend nur solche, die vom Bundestag oder einem Landesparlament beschlossen und verkündet wurden. Auf den inhaltlichen Bezug des Gesetzes kommt es für seine Vorlagefähigkeit hingegen nicht an. Deshalb können beispielsweise auch Zustimmungsgesetze zu völkerrechtlichen Verträgen vorgelegt werden.[84]

52 Das vorgelegte Gesetz muss **ausgefertigt und verkündet** sein. Eine Präventivkontrolle kommt nicht in Betracht.[85] Für die Zulässigkeit der Vorlage muss das Gesetz außerdem in Kraft getreten sein, da es anderenfalls noch nicht in einem konkreten Rechtsstreit entscheidungserheblich zur Anwendung kommen kann.[86]

53 Das **Außerkrafttreten des vorgelegten Gesetzes** steht der Zulässigkeit des Normenkontrollantrags grundsätzlich nicht entgegen. Es ist nur eine Frage der Entscheidungserheblichkeit, ob die Norm für das konkrete Ausgangsverfahren noch Rechtswirkungen entfaltet oder nicht.[87]

54 Außerparlamentarische Vorschriften sind grundsätzlich **kein zulässiger Gegenstand** einer konkreten Normenkontrolle. Das gilt insbesondere für

79 Vgl. BVerfGE 157, 223 (297 f., Rn. 186).
80 BVerfGE 80, 54 (59).
81 Beschluss der 2. Kammer des Ersten Senats vom 12.1.2006 – 1 BvL 12/05, Rn. 7 bei Juris.
82 BVerfGE 97, 117 (122); 70, 126 (129 f.).
83 BVerfGE 97, 117 (122).
84 BVerfGE 95, 39 (44); vgl. auch BVerfGE 52, 187 (199).
85 Barczak BVerfGG/Moradi Karkaj § 80 Rn. 45; Benda/Klein VerfassungsProzR/E. Klein Rn. 805.
86 Sachs GG/Detterbeck Art. 100 Rn. 8; Dürig/Herzog/Scholz GG/Dederer Art. 100 Rn. 80 (Stand: September 2022).
87 Vgl. BVerfGE 149, 382 (389, Rn. 11); 141, 143 (163, Rn. 43); 134, 1 (12, Rn. 32); 106, 275 (297).

Rechtsverordnungen[88] mit Ausnahme sogenannter gesetzesvertretender Verordnungen[89] sowie für **Satzungen** und **Verwaltungsvorschriften**. Die verfassungsrechtliche Nachprüfung solcher Normen im Rang unter dem förmlichen Gesetz obliegt jedem Richter in eigener Verantwortung.[90]

55 Kaum noch praktische Bedeutung besitzt der Grundsatz, dass das Bundesverfassungsgericht im Verfahren der konkreten Normenkontrolle **nur nachkonstitutionelles Recht** überprüft. Als nachkonstitutionell in diesem Sinne gelten auch gesetzliche Vorschriften, die der Gesetzgeber unter der Geltung des Grundgesetzes in seinen Willen aufgenommen hat.[91]

56 Je länger der **Gesetzgeber vorkonstitutionelle Regelungen** in Kraft lässt, desto geringer werden die Zweifel daran, dass er sie **in seinen Willen aufgenommen** hat.[92] Zwar werden dadurch objektiv erkennbare Anhaltspunkte, aus denen auf einen Bestätigungswillen des Gesetzgebers geschlossen werden kann,[93] nicht entbehrlich.[94] Dennoch müsste sich dieses Problem durch Zeitablauf zunehmend erledigen, wofür auch spricht, dass sich das Bundesverfassungsgericht in jüngster Zeit nur noch vereinzelt mit dieser Frage befassen musste.

57 Die Grundsätze zum vorkonstitutionellen Recht hat das Bundesverfassungsgericht sinngemäß auch auf das nach dem Einigungsvertrag fortgeltende **DDR-Recht** übertragen und angenommen, dass es vom bundesdeutschen Gesetzgeber nicht in seinen Willen aufgenommen worden sei und daher grundsätzlich keinen tauglichen Prüfungsgegenstand einer konkreten Normenkontrolle darstelle.[95] Auch diese Problematik ist in jüngster Zeit in der Rechtsprechung des Bundesverfassungsgerichts nicht mehr aufgetreten und darf daher als erledigt gelten.

58 Unmittelbar aus der Beschränkung auf formelle, vom Bundestag oder einem Landesparlament beschlossene Gesetze folgt, dass **nur deutsches Recht** Gegenstand einer konkreten Normenkontrolle sein kann.[96] Auch Rechtsetzungsakte der Europäischen Union, etwa Verordnungen nach Art. 288 AEUV, scheiden damit als unmittelbarer Prüfungsgegenstand des Bundesverfassungsgerichts in diesem Verfahren von vornherein aus. Eine Überprüfung europäischer Normen am Maßstab des Grundgesetzes kann nicht durch eine Vorlage nach Art. 100 Abs. 1 GG herbeigeführt werden. Das Bundesverfassungsgericht hat sich darüber zwar früher im Wege einer „Fortbildung des Verfahrensrechts“[97] hinweggesetzt und die Möglichkeit einer entsprechenden Richtervorlage auch später noch erwähnt,[98] aber diese Rechtsprechung darf als widerlegt und überholt gelten.[99] Das Bundesverfassungsgericht selbst

88 BVerfGE 31, 357 (362); 19, 282 (286); kritisch Lechner/Zuck/Zuck vor § 80 Rn. 7.
89 BVerfGE 52, 1 (16 f.).
90 BVerfGE 48, 29 (35).
91 BVerfGE 132, 327 (386, Rn. 38); grundlegend BVerfGE 6, 55 (65).
92 Vgl. BVerfGE 70, 126 (130).
93 Vgl. BVerfGE 132, 372 (386, Rn. 39).
94 BVerfGE 70, 126 (130 f.).
95 BVerfGE 97, 117 (124).
96 Lechner/Zuck/Zuck § 80 Rn. 12.
97 BVerfGE 37, 271 (277 ff.) – Solange I.
98 BVerfGE 102, 147 (164) – Bananenmarktordnung.
99 So auch Benda/Klein VerfassungsProzR/E. Klein Rn. 828, 831.

spricht von einer von ihm praktizierten **Zurücknahme der Ausübung seiner Gerichtsbarkeit bei der Prüfung von Unionsrecht.**[100]

Bewegung ist in dieses Thema aber durch die beiden Entscheidungen des Ersten Senats vom 6.11.2019 zum „Recht auf Vergessen“ gekommen, durch die die Unionsgrundrechte unter bestimmten Voraussetzungen zu Grundrechten im Sinne von Art. 93 Abs. 1 Nr. 4a GG erklärt worden sind und damit zum Prüfungsmaßstab für Verfassungsbeschwerden (vgl. → § 90 Rn. 231 ff.).[101] Das kann auf den Maßstab des Art. 100 Abs. 1 GG, § 80 durchschlagen (näher dazu → Rn. 63). Diese Rechtsprechung hat das Potential, auch **unionsrechtlich determinierte deutsche Parlamentsgesetze in vollem Umfang zum Prüfungsgegenstand** im konkreten Normenkontrollverfahren zu machen. Ob das dann auf die determinierende unionsrechtliche Rechtsvorschrift selbst ausgedehnt werden kann (vgl. zur Parallelproblematik bei der Verfassungsbeschwerde → § 90 Rn. 166), ist offen und unsicherer, weil das Verfahren des Art. 100 Abs. 1 GG, § 80 dem Schutz des deutschen parlamentarischen Gesetzgebers dient (→ Rn. 6 f.). Der europäische Rechtssetzer ist aber schon durch das grundsätzliche Verwerfungsmonopol des Gerichtshofs der Europäischen Union geschützt, dem auch das Bundesverfassungsgericht durch eigene Vorlagen Rechnung tragen müsste (vgl. im Einzelnen die Darstellung bei der Verfassungsbeschwerde → § 90 Rn. 237). 59

Da beide Entscheidungen des Ersten Senats zum „Recht auf Vergessen“ mit ihrer Aufwertung der Unionsgrundrechte zum verfassungsgerichtlichen Prüfungsmaßstab zu Verfahren ergangen sind, in denen es um die Überprüfung fachgerichtlicher Urteile ging, fehlt es derzeit noch an verfassungsgerichtlichen Aussagen dazu, was gilt, wenn Gegenstand eines konkreten Normenkontrollverfahrens deutsche Parlamentsgesetze sind, die teilweise oder ganz unionsrechtlich determiniert sind. Bislang sind seitdem nur Senatsentscheidungen ergangen, in denen sich die Vorlagen auf nicht unionsrechtliche determinierte Gesetze bezogen, so dass die Entscheidungskompetenz des Bundesverfassungsgerichts und die Entscheidungserheblichkeit der Vorlagefrage nicht zweifelhaft waren.[102] Die frühere Handhabung, in Fällen, in denen ein Gesetz unionsrechtlich determiniert ist, die Entscheidungserheblichkeit zu verneinen[103] und die Fachgerichte auf eigenständige Vorlagen zum unionsrechtlichen Umsetzungsspielraum zu verweisen,[104] dürfte sich kaum aufrechterhalten lassen. Wegen des formell nach wie vor greifenden Aspekts des Schutzes des deutschen parlamentarischen Gesetzgebers liegt es näher, die vom Ersten Senat zur Verfassungsbeschwerde entwickelten Grundsätze vollständig auf das Verfahren der konkreten Normenkontrolle 60

100 BVerfGE 129, 186 (198 ff.) – Investitionszulagengesetz.

101 BVerfGE 152, 152 (169, 177 ff., Rn. 43 und 61 ff.) – Recht auf Vergessen I, und BVerfGE 152, 216 (236, Rn. 50) – Recht auf Vergessen II; vgl. auch BVerfGE 158, 1 (23 ff., Rn. 35 ff.); 156, 182 (197 ff., Rn. 35 ff.).

102 Vgl. BVerfGE 163, 254 (255, Rn. 48); 156, 354 (387, Rn. 101); 153, 310 (337 f., Rn. 64 ff.); vgl. auch BVerfG, Beschluss des Ersten Senats vom 21.11.2023 – 1 BvL 6/21, Rn. 62 f. bei Juris – Contergan II, wo mangels Durchführung des Rechts der Union die Grundrechtecharta nicht anwendbar war.

103 Vgl. BVerfGE 129, 186 (198 ff.) – Investitionszulagengesetz.

104 BVerfGE 129, 186 (200 ff.) – Investitionszulagengesetz; siehe auch BVerfGE 149, 126 (138, Rn. 29).

zu übertragen, also auch im unionsrechtlich determinierten Bereich eine verfassungsgerichtliche Kontrolle vorzunehmen (zu den bei der Verfassungsbeschwerde maßgeblichen Argumenten → § 90 Rn. 165 ff.). Dafür muss der **Begriff „verfassungswidrig" in Art. 100 Abs. 1 GG in einer den Verstoß gegen Unionsgrundrechte einschließenden Weise verstanden werden.**[105]

61 **Unterlassen des Gesetzgebers** steht einem Gesetz nicht gleich und kann als solches daher nicht dem Bundesverfassungsgericht nach Art. 100 Abs. 1 GG zur Prüfung vorgelegt werden.[106] Gegenstand einer konkreten Normenkontrolle kann aber die Frage sein, ob ein Gesetz in verfassungswidriger Weise bestimmte Sachverhalte nicht berücksichtigt, also etwa gegen Art. 3 Abs. 1 GG verstößt, indem es bestimmte Personengruppen von einer gesetzlich geregelten Begünstigung ausschließt, oder wenn in einer lückenhaften gesetzlichen Regelung die Verletzung staatlicher Schutzpflichten liegt. Vorzulegen ist dann das aus Sicht des Fachgerichts lückenhafte Gesetz.[107] Allerdings setzt die Entscheidungserheblichkeit der Vorlagefrage in einem solchen Fall voraus, dass die bislang benachteiligte Partei des Ausgangsverfahrens durch die nach der Verfassungswidrigerklärung des Bundesverfassungsgerichts notwendige gesetzliche Neuregelung begünstigt wird (dazu näher → Rn. 81 ff.).

62 **3. Überzeugung von der Verfassungswidrigkeit.** Nach Art. 100 Abs. 1 Satz 1 GG muss das Gericht das Gesetz, auf dessen Gültigkeit es bei seiner Entscheidung ankommt, **für verfassungswidrig halten**. Das Gericht muss von der Verfassungswidrigkeit des Gesetzes überzeugt sein.[108] Bloße Zweifel an der Verfassungsmäßigkeit des Gesetzes oder Bedenken genügen nicht.[109]

63 Die **Überzeugung von der Verfassungswidrigkeit eines Gesetzes** gewinnt ein Gericht, indem es sich eine Meinung dazu bildet, welchen Regelungsgehalt das Gesetz besitzt, weiter den Regelungsgehalt der möglicherweise kollidierenden höherrangigen Norm, etwa bei einer in Rede stehenden Verletzung des Grundgesetzes also einer bestimmten Vorschrift des Grundgesetzes, ermittelt und schließlich auf dieser Grundlage die Unvereinbarkeit der einfachrechtlichen Regelung mit der Vorschrift des Grundgesetzes feststellt.[110] Gleiches muss im Fall der Einbeziehung der Unionsgrundrechte in den verfassungsgerichtlichen Prüfungsmaßstab bei Art. 100 Abs. 1 GG, § 80 (vgl. dazu → Rn. 59 f.) dann gelten, wenn es um die Vereinbarkeit eines Gesetzes mit den Grundrechten der Charta der Grundrechte der Europäischen Union geht.[111] Dieser hohen Anforderung für die Zulässigkeit einer Richtervorlage nach Art. 100 Abs. 1 GG, § 80 können die Gerichte in unionsrechtlich mitbestimmten Konstellationen im Rahmen ihres insoweit bestehenden Ermes-

105 So sinngemäß jetzt auch Burkiczak/Dollinger/Schorkopf BVerfGG/Dollinger § 80 Rn. 55a.
106 Ebenso BVerfGE 159, 183 (204, Rn. 51); 142, 313 (331, Rn. 54); Lechner/Zuck/Zuck § 80 Rn. 11.
107 Vgl. BVerfGE 159, 183 (204, Rn. 51 f.); 142, 313, (331, Rn. 53 ff.).
108 Vgl. BVerfGE 159, 183 (205, Rn. 55).
109 Beschluss der 3. Kammer des Ersten Senats vom 6.3.2018 – 1 BvL 1/16, Rn. 20 bei Juris; Beschluss der 1. Kammer des Zweiten Senats vom 9.12.2008 – 2 BvL 7/04, Rn. 21 bei Juris; siehe auch BVerfGE 68, 352 (359).
110 Vgl. Burkiczak/Dollinger/Schorkopf BVerfGG/Dollinger § 80 Rn. 57.
111 Vgl. für die Situation bei der Verfassungsbeschwerde BVerfGE 152, 216 (239 ff., Rn. 57 ff.) – Recht auf Vergessen II.

sens[112] durch eine Entscheidung für das insoweit einfachere und näher liegende Verfahren der Vorlage zum Gerichtshof der Europäischen Union nach Art. 267 AEUV ausweichen,[113] wenn nicht schon feststeht, dass das beanstandete Gesetz unionsrechtswidrig ist und deshalb ohnehin nicht angewendet werden darf.[114]

An der Überzeugung des vorlegenden Gerichts von der Verfassungswidrigkeit des Gesetzes fehlt es, wenn das Gericht selbst die **Möglichkeit** erkennt, **dass das Gesetz verfassungskonform ausgelegt werden kann**.[115] Dann ist für die mit dem Normenkontrollantrag angestrebte Nichtig- oder Unvereinbarerklärung des Gesetzes als solchen kein Raum. Vielmehr hat das Gericht die Norm in ihrer verfassungskonformen Auslegung anzuwenden.[116] 64

Zieht das vorlegende Gericht aber nicht selbst eine verfassungskonforme Auslegung des Gesetzes in Erwägung, so ist es offenbar von der Verfassungswidrigkeit des Gesetzes überzeugt. Die Richtervorlage kann dann jedoch mangels ausreichender **Begründung** im Sinne des Abs. 2 Satz 1 unzulässig sein,[117] weil jedenfalls in solchen Fällen, in denen eine verfassungskonforme Auslegung nahe liegt und sie nicht dem eindeutigen Willen des Gesetzgebers widerspräche,[118] zu einer ordnungsgemäßen Begründung gehört, dass das Gericht darlegt, inwiefern es sich um eine verfassungskonforme Auslegung bemüht hat und warum dies nach keiner Auslegungsmethode gelungen ist (dazu näher → Rn. 109).[119] 65

An der fehlenden Überzeugung des vorlegenden Gerichts wird die Zulässigkeit der Vorlage daher kaum jemals scheitern. Ein Fachgericht wird in der Regel erst dann eine konkrete Normenkontrolle beim Bundesverfassungsgericht beantragen, wenn es sich wirklich außerstande sieht, den Rechtsstreit ohne Klärung der Gültigkeit des anzuwendenden Gesetzes zu entscheiden. Die **Problematik** der Überzeugung von der Verfassungswidrigkeit **liegt** erst **in den Anforderungen**, die das Bundesverfassungsgericht gemäß Abs. 2 Satz 1 **an die Begründung der Überzeugung** stellt (dazu → Rn. 107 ff.). 66

Die **Auffassung der Parteien** des Ausgangsverfahrens zur Gültigkeit der für ihren Rechtsstreit maßgebenden Gesetze ist hingegen **unerheblich**. Es kommt allein auf die Überzeugung des vorlegenden Gerichts an. Dies wird durch **Abs. 3** ausdrücklich klargestellt. Hiernach erfolgt die Vorlage von Amts wegen unabhängig davon, ob einer der Prozessbeteiligten die Verfas- 67

---

112 Vgl. BVerfGE 160, 1 (16 f., Rn. 45).
113 Vgl. zu den dort bestehenden Grenzen Dörr/Lenz EurVerwRS, Rn. 365 ff.
114 Vgl. BVerfGE 160, 1 (16 f., Rn. 45).
115 BVerfGE 68, 337 (344).
116 Vgl. BVerfGE 160, 1 (15, Rn. 41); 159, 149 (171 f., Rn. 60); Dürig/Herzog/Scholz GG/Dederer Art. 100 Rn. 134 (Stand: September 2022).
117 Vgl. BVerfGE 159, 149 (171, 178 ff., Rn. 60, 78 ff.); 124, 251 (262); 121, 108 (117); Beschluss der 3. Kammer des Zweiten Senats vom 18.12.2023 – 2 BvL 7/16, Rn. 26 bei Juris; Beschluss der 1. Kammer des Ersten Senats vom 26.2.2020 – 1 BvL 1/20, Rn. 10 bei Juris; Beschlüsse der 3. Kammer des Ersten Senats vom 6.3.2018 – 1 BvL 1/16, Rn. 24 bei Juris, vom 12.2.2014 – 1 BvL 7/11, Rn. 9 bei Juris, und vom 28.4.2011 – 1 BvL 1/10, Rn. 18 bei Juris.
118 Vgl. BVerfGE 160, 1 (15, Rn. 41); 159, 149 (171 f., Rn. 60); 126, 331 (356).
119 Vgl. BVerfGE 153, 358 (376, Rn. 40); Beschluss der 1. Kammer des Zweiten Senats vom 19.12.2023 – 2 BvL 9/16, Rn. 43 bei Juris; Beschluss der 2. Kammer des Ersten Senats vom 16.12.2022 – 1 BvL 6/18, Rn. 14 bei Juris.

sungswidrigkeit des anzuwendenden Gesetzes rügt oder nicht, also bei entsprechender Überzeugung des Gerichts selbst dann, wenn beide Parteien von der Verfassungsmäßigkeit des Gesetzes ausgehen.

68 Das bedeutet allerdings nicht, dass eine Partei, die ein entscheidungserhebliches Gesetz für verfassungswidrig hält, generell nicht gehalten wäre, die **Verfassungswidrigkeit schon im Ausgangsverfahren** zu **rügen**. Bringt sie diese Rüge im Ausgangsverfahren nicht vor, so kann sie sich damit unter Umständen die Möglichkeit abschneiden, später mit der Verfassungsbeschwerde die Verfassungswidrigkeit der Norm geltend machen zu können (vgl. → § 90 Rn. 499 ff.).[120]

69 **4. Entscheidungserheblichkeit.** Nach Art. 100 Abs. 1 Satz 1 GG setzt eine Richtervorlage weiter voraus, dass es **bei der Entscheidung** des vorlegenden Gerichts **auf die Gültigkeit der Norm ankommt**. § 80 Abs. 2 Satz 1 meint dasselbe, wenn es dort – allerdings im Hinblick auf die Begründung der Vorlage – heißt, dass die Entscheidung des Gerichts von der Gültigkeit der Rechtsvorschrift abhängig sein muss.

70 Auf die Gültigkeit der Norm kommt es an, wenn das vorlegende Gericht **bei Gültigkeit des Gesetzes im Ergebnis anders entscheiden müsste als bei dessen Ungültigkeit.**[121] Damit fehlt es an der Entscheidungserheblichkeit, solange die Möglichkeit besteht, dass das Gericht den Rechtsstreit entscheiden kann, ohne die von ihm für verfassungswidrig gehaltene Norm anwenden zu müssen.[122] Die Entscheidung der verfassungsrechtlichen Frage muss zur abschließenden Beurteilung des konkreten gerichtlichen Verfahrens unerlässlich sein.[123]

71 Für die Entscheidungserheblichkeit genügt, dass es für die Entscheidung **mittelbar** auf das zur Prüfung gestellte Gesetz ankommt.[124] Eine Norm kann auch dann entscheidungserheblich sein, wenn sie nicht unmittelbare Grundlage der fachgerichtlichen Entscheidung ist, sondern aus ihr nur Schlüsse auf die Auslegung oder den Fortbestand einer unmittelbar entscheidungserheblichen Norm, etwa einer Rechtsverordnung, zu ziehen sind, mit der Folge, dass die zu treffende Entscheidung bei Ungültigkeit der vorgelegten

---

120 Wie hier Barczak BVerfGG/Moradi Karkaj § 80 Rn. 121.

121 Vgl. BVerfG, Beschluss des Zweiten Senats vom 9.4.2024 – 2 BvL 2/22, Rn. 34 bei Juris; BVerfGE 161, 163 (245, Rn. 216); 160, 1 (14, Rn. 37); 159, 183 (205, Rn. 54); 159, 149 (170 f., Rn. 58); 157, 223 (250, Rn. 70); 153, 358 (375 f., Rn. 37); 153, 310 (333, Rn. 54); 141, 143 (160, Rn. 34); 138, 136 (171, Rn. 92); 133, 1 (10 f., Rn. 34); 131, 88 (117); 125, 175 (219 f.); Beschluss der 1. Kammer des Zweiten Senats vom 19.12.2023 – 2 BvL 9/16, Rn. 40 bei Juris; Beschlüsse der 2. Kammer des Ersten Senats vom 24.1.2023 – 1 BvL 11/20, Rn. 17 bei Juris, und vom 29.10.2020 – 1 BvL 7/17, Rn. 9 bei Juris; Beschlüsse der 3. Kammer des Ersten Senats vom 29.4.2022 – 1 BvL 2/17 ua, Rn. 17 bei Juris, und vom 31.3.2022 – 1 BvL 8/21, Rn. 8 bei Juris; Beschlüsse der 2. Kammer des Zweiten Senats vom 14.8.2019 – 2 BvL 12/19, Rn. 10 bei Juris, und vom 17.7.2019 – 2 BvL 10/19, Rn. 16 bei Juris.

122 Burkiczak/Dollinger/Schorkopf BVerfGG/Dollinger § 80 Rn. 61.

123 Beschluss der 1. Kammer des Zweiten Senats vom 26.4.2023 – 2 BvL 14/19. Rn. 28 bei Juris; Beschluss der 2. Kammer des Zweiten Senats vom 30.6.2021 – 2 BvL 20/20, Rn. 27 bei Juris.

124 Vgl. BVerfGE 138, 136 (172, Rn. 94 ff.) – Erbschaftsteuer.

Norm anders ausfallen würde als bei ihrer Gültigkeit.[125] Die Auswahl der vorzulegenden Norm ist dabei allein am Kriterium der Entscheidungserheblichkeit und nicht am potenziellen Klärungsinteresse des Gesetzgebers auszurichten.[126]

Die Entscheidung, die von der Gültigkeit des Gesetzes abhängt, muss grundsätzlich die das Ausgangsverfahren abschließende **Endentscheidung** sein.[127] Dabei ist allerdings grundsätzlich unerheblich, ob es sich bei dem Verfahren um ein Hauptsacheverfahren oder etwa ein selbstständiges Zwischenverfahren[128] handelt (→ Rn. 41). 72

Das Fachgericht muss das **Verfahren** aber zunächst so weit wie möglich **bis zur Entscheidungsreife fördern**, um dann zu beurteilen, ob es für die Entscheidung auf die Verfassungsmäßigkeit einer hierfür maßgeblichen Norm ankommt oder nicht. In der Regel bedarf es dafür einer **mündlichen Verhandlung.**[129] 73

Insbesondere muss der **Sachverhalt vollständig aufgeklärt** werden, bevor ein Gericht dem Bundesverfassungsgericht die Rechtsfrage der Gültigkeit eines Gesetzes vorlegt.[130] Die ungeprüfte Übernahme von Parteivorbringen genügt nicht.[131] Daher müssen auch die erforderlichen **Beweise erhoben** werden.[132] Keinesfalls darf das Gericht so argumentieren, dass eine Beweisaufnahme nur dann erforderlich wäre, wenn das Gesetz verfassungsgemäß wäre, und mit dieser Begründung den konkreten Normenkontrollantrag anbringen, um die Gültigkeit des Gesetzes schon vor Durchführung der Beweisaufnahme klären zu lassen. Vielmehr muss das Gericht vorläufig unterstellen, dass das anzuwendende, die Beweisaufnahme gebietende Gesetz verfassungsgemäß ist.[133] 74

Lediglich im umgekehrten Fall, dass die Beweisaufnahme nach der bestehenden Gesetzeslage ausgeschlossen ist, aber bei Verfassungswidrigkeit des Gesetzes geboten wäre, ist zunächst die Entscheidung des Bundesverfassungsgerichts einzuholen.[134] Sonstige **Ausnahmen**, die das Bundesverfassungsgericht zugelassen hat, sind vom offenkundigen einzelfallbezogenen Bestreben ge- 75

125 Beschluss der 1. Kammer des Zweiten Senats vom 9.5.2006 – 2 BvL 5/02, Rn. 11 bei Juris; aus der Senatsrechtsprechung etwa BVerfGE 75, 166 (175); vgl. auch BVerfGE 149, 382 (388 f., Rn. 10).

126 BVerfGE 149, 382 (388 f., Rn. 10).

127 Vgl. Beschluss der 1. Kammer des Zweiten Senats vom 26.4.2023 – 2 BvL 14/19, Rn. 27 bei Juris.

128 Vgl. BVerfGE 160, 284 (315 f., Rn. 85).

129 Vgl. BVerfGE 79, 256 (264 f.); Beschluss der 3. Kammer des Ersten Senats vom 26.2.2020 – 1 BvL 5/19, Rn. 10 bei Juris; Beschluss der 1. Kammer des Ersten Senats vom 29.12.2015 – 1 BvL 4/11, Rn. 14 bei Juris.

130 Vgl. Beschluss der 2. Kammer des Zweiten Senats vom 4.5.2022 – 2 BvL 1/22, Rn. 21 f. bei Juris; Beschlüsse der 3. Kammer des Ersten Senats vom 26.2.2020 – 1 BvL 5/19, Rn. 10 bei Juris, und vom 18.7.2019 – 1 BvL 1/18 ua, Rn. 42 bei Juris; vgl. auch Beschluss der 2. Kammer des Ersten Senats vom 16.12.2022 – 1 BvL 6/18, Rn. 15 bei Juris; BVerfGE 64, 251 (254).

131 Beschluss der 3. Kammer des Ersten Senats vom 26.2.2020 – 1 BvL 5/19, Rn. 10 bei Juris.

132 Beschluss der 3. Kammer des Ersten Senats vom 13.5.2009 – 1 BvL 7/08, Rn. 14 bei Juris; siehe auch BVerfGE 34, 118 (127).

133 Benda/Klein VerfassungsProzR/E. Klein Rn. 849.

134 BVerfGE 79, 256 (265 f.).

prägt, die Sachentscheidung nicht an der fehlenden Entscheidungserheblichkeit scheitern zu lassen. Das gilt für das diffuse Kriterium der allgemeinen und grundsätzlichen Bedeutung für das Gemeinwohl[135] ebenso wie für das angesichts einer gleichzeitig vorliegenden und unzweifelhaft zulässigen Vorlage des Hessischen Landessozialgerichts überflüssige Zugeständnis, auch das Bundessozialgericht habe trotz offener Sachverhaltsfragen eine zulässige Vorlage zu den Hartz-IV-Gesetzen hinbekommen, weil sie sich unabhängig vom Ausgang der eigentlich noch ausstehenden Beweisaufnahme ohnehin nicht vermeiden lasse.[136]

76 Ist eine vom Gericht für verfassungswidrig gehaltene Norm nur für eine **Zwischenentscheidung** erheblich, scheidet insoweit eine Richtervorlage nach Art. 100 Abs. 1 GG – anders als bei der ein selbstständiges Zwischenverfahren abschließenden Entscheidung (→ Rn. 72) – grundsätzlich aus. Das Gericht muss für die Zwischenentscheidung von der Verfassungsmäßigkeit des Gesetzes ausgehen. Eine Ausnahme kommt aber dann in Betracht, wenn der Zwischenentscheidung für den weiteren Ablauf des Verfahrens wesentliche Bedeutung zukommt und deshalb nicht zuletzt im Hinblick auf die Interessen der Verfahrensbeteiligten eine Klärung dringend geboten erscheint.[137]

77 Die Entscheidungserheblichkeit hängt **in Verfahren des vorläufigen Rechtsschutzes** davon ab, ob das Gericht für seine Entscheidung auf eine Beurteilung der Verfassungsmäßigkeit des Gesetzes angewiesen ist oder nicht. Das wird in der Regel nicht der Fall sein, weil die Fachgerichte grundsätzlich nicht gehindert sind, schon vor der im Hauptsacheverfahren einzuholenden Entscheidung des Bundesverfassungsgerichts über die Gültigkeit eines anzuwendenden Gesetzes vorläufigen Rechtsschutz zu gewähren (vgl. dazu → Rn. 42 f.).

78 Ob bei Gültigkeit des Gesetzes eine **andere Entscheidung** zu treffen wäre als bei Ungültigkeit des Gesetzes, wird sich in der Regel am **Tenor** der beiden in Betracht kommenden Entscheidungen ablesen lassen,[138] und zwar entweder an dem die Hauptsache betreffenden Tenor oder an den Nebenentscheidungen.[139] Im Extremfall wird die Norm über Stattgabe oder Abweisung der Klage entscheiden.[140] Aber auch andere Abweichungen im Tenor genügen.[141] Bei identischem Tenor und Unterschieden nur in der **Begründung** der Entscheidung kommt es darauf an, ob die Begründung gegenüber den Beteiligten des Ausgangsverfahrens eine eigenständige rechtliche Wirkung erlangt.[142]

79 **Maßgeblicher Zeitpunkt** für die Beurteilung der Entscheidungserheblichkeit ist der, in dem das Bundesverfassungsgericht über die Richtervorlage ent-

135 BVerfGE 47, 146 (157) – Kernkraft.
136 BVerfGE 125, 175 (220 f.).
137 BVerfGE 63, 1 (22).
138 Vgl. Beschluss der 1. Kammer des Zweiten Senats vom 26.4.2023 – 2 BvL 14/19, Rn. 28 bei Juris.
139 Vgl. Beschluss der 3. Kammer des Zweiten Senats vom 6.11.2014 – 2 BvL 2/11, Rn. 6 bei Juris.
140 Vgl. BVerfGE 157, 223 (252, Rn. 75).
141 Vgl. BVerfGE 104, 74 (82 f.): Zurückverweisung an die Vorinstanz oder Zurückweisung des Rechtsmittels; 91, 118 (122): Verwerfung eines Rechtsmittels als unzulässig oder sachliche Bescheidung.
142 Vgl. BVerfGE 44, 297 (301).

scheidet.[143] Das entspricht nicht nur dem allgemeinen prozessualen Grundsatz, dass die Zulässigkeit im Zeitpunkt der Sachentscheidung gegeben sein muss, sondern auch der Akzessorietät der konkreten Normenkontrolle zum Ausgangsverfahren. Entfällt die Entscheidungserheblichkeit nachträglich, weil sich der Ausgangsrechtsstreit erledigt, könnte sich eine Entscheidung des Bundesverfassungsgerichts über die Gültigkeit der vorgelegten Norm nicht mehr auf den Ausgang des ausgesetzten Rechtsstreits auswirken. Die Vorlage ist dann unzulässig.[144]

Ist das vorgelegte **Gesetz** zwischenzeitlich **außer Kraft getreten**, muss das 80 nicht zur Verneinung der Entscheidungserheblichkeit und damit zur Unzulässigkeit der Vorlage führen. Zum einen kann es auf die Verfassungsgemäßheit des Gesetzes im Ausgangsverfahren weiterhin ankommen, etwa weil die Norm für den im Ausgangsverfahren relevanten Zeitraum weiterhin maßgeblich ist[145] oder weil die dortigen Kläger im Hinblick auf die Vergangenheit zu einer Fortsetzungsfeststellungsklage übergehen könnten oder schon übergegangen sind.[146] Zum anderen kann sich die Vorlagefrage auf eine neue, in ihrem Regelungsgehalt aber im Wesentlichen unverändert gebliebene Gesetzesfassung erstrecken.[147] Vorlegende Fachgerichte müssen dann, wenn die im Vorlagebeschluss als verfassungswidrig beurteilte gesetzlichen Norm außer Kraft getreten oder geändert worden ist, näher darlegen, dass diese Vorschrift für die Entscheidung im Ausgangsverfahren trotzdem entscheidungserheblich bleibt. Dazu wird im Regelfall eine förmliche Überprüfung oder Ergänzung des Vorlagebeschlusses erforderlich sein.[148]

Wird mit der Vorlage die **Verletzung eines der Gleichheitssätze** des Art. 3 81 GG gerügt, weil eine Partei des Ausgangsverfahrens in verfassungswidriger Wese von einer gesetzlichen Vergünstigung ausgenommen sei, so könnte der Entscheidungserheblichkeit auf den ersten Blick entgegenstehen, dass auch bei einer Verfassungswidrigkeit des Gesetzes eine Verbesserung der Situation der betroffenen Partei noch davon abhängt, dass der Gesetzgeber sie bei einer Neuregelung ebenfalls begünstigt. Häufig werden dem Gesetzgeber aber mehrere Möglichkeiten zur Beseitigung des Gleichheitsverstoßes offenstehen, und zwar auch solche, die keine Erweiterung des Kreises der Begünstigten mit sich bringen.

Für die Entscheidungserheblichkeit genügt es in einem solchen Fall aber, 82 dass zumindest **nicht ausgeschlossen** werden kann, **dass die bislang benachteiligte Person von der gesetzlichen Neuregelung profitiert**.[149] Dies

143 BVerfG, Beschluss des Zweiten Senats vom 9.4.2024 – 2 BvL 2/22, Rn. 34 bei Juris; Beschluss der 2. Kammer des Zweiten Senats vom 30.6.2021 – 2 BvL 20/20, Rn. 27 bei Juris; Lechner/Zuck/Zuck § 80 Rn. 39 a; vgl. auch BVerfGE 85, 191 (203).

144 Vgl. Beschluss der 2. Kammer des Zweiten Senats vom 9.10.2019 – 2 BvL 13/19, Rn. 14 bei Juris.

145 BVerfGE 162, 277 (298, Rn. 48); 149, 382 (389, Rn. 11); siehe auch Beschluss der 1. Kammer des Zweiten Senats vom 19.12.2023 – 2 BvL 9/16, Rn. 40 bei Juris.

146 Vgl. BVerfGE 149, 1 (11 f., Rn. 24); 141, 143 (163, Rn. 43); 106, 275 (297).

147 Vgl. BVerfGE 67, 256 (273).

148 BVerfG, Beschluss der 1. Kammer des Zweiten Senats vom 19.12.2023 – 2 BvL 9/16, Rn. 51 bei Juris.

149 Vgl. BVerfGE 161, 163 (245 f., Rn. 217); 160, 41 (61, Rn. 46); 159, 183 (206, Rn. 56); 159, 149 (174, Rn. 66); 130, 131 (140); Beschluss der 3. Kammer des Ersten Senats vom

kann mittelbar auch für an sich von der zur Prüfung gestellten Privilegierungsnorm nicht erfasste Personen der Fall sein.[150] Damit der potenziell begünstigten Person die Neuregelung im Ausgangsverfahren zu Gute kommen kann, muss der Rechtsstreit bis zur Neuregelung ausgesetzt bleiben.[151] Die andere Entscheidung, die bei Ungültigkeit des Gesetzes zustände käme, ist dann im Vergleich mit der bei Gültigkeit der Norm gebotenen Klageabweisung die Aussetzung bis zu einer Neuregelung.[152] Die Entscheidungserheblichkeit entfällt in derartigen Fällen auch nicht dadurch, dass das Bundesverfassungsgericht im Falle einer Unvereinbarerklärung die vorübergehende weitere Anwendung des bisherigen Rechts anordnen kann.[153]

83 Zählt der Kläger des Ausgangsverfahrens aber zum Kreis der durch das Gesetz Begünstigten, lehnt das Bundesverfassungsgericht die Entscheidungserheblichkeit ab, wenn das Fachgericht das Gesetz für verfassungswidrig hält, weil es – wenn auch nicht zulasten des Klägers – gegen einen der Gleichheitssätze des Art. 3 GG verstößt.[154] **Zugunsten des Begünstigten haben die Gerichte das möglicherweise gleichheitswidrige Gesetz** daher **weiter anzuwenden**. Der dagegen gerichteten Kritik[155] ist zuzugestehen, dass das Bundesverfassungsgericht den Gerichten damit zumutet, eine als verfassungswidrig erkannte Norm anzuwenden. Dahinter steckt aber die berechtigte Erwägung, dass der konkrete Rechtsstreit keinen Anlass bietet, dem nicht in seinen Grundrechten verletzten Kläger die ihm vom Gesetzgeber insoweit beanstandungsfrei gewährte Begünstigung zu entziehen.

84 Die Fragen der Entscheidungserheblichkeit waren immer schon schwierig zu beantworten, wenn das vorgelegte Gesetz der **Umsetzung europarechtlicher Vorgaben** diente. Angesichts der bis zu den beiden Entscheidungen des Ersten Senats vom 6.11.2019 zum „Recht auf Vergessen“[156] von beiden Senaten des Bundesverfassungsgerichts angenommenen Beschränkung der Entscheidungskompetenz[157] konnten Fragen der Vereinbarkeit des Gesetzes mit dem Grundgesetz nicht entscheidungserheblich sein und die Vorlage an das Bundesverfassungsgericht konnte zur Lösung des Ausgangsfalls nichts beitragen.[158]

85 Dabei wurde unterschieden, ob das Gesetz auf einer Richtlinie beruht, die dem nationalen Gesetzgeber einen **Umsetzungsspielraum** belässt, oder auf einem europäischen Hoheitsakt, der zwingende Vorgaben macht. Existierte ein Umsetzungsspielraum, so bestanden keine Bedenken dagegen, dass das

---

18.7.2019 – 1 BvL 1/18 ua, Rn. 36 bei Juris; siehe auch Benda/Klein VerfassungsProzR/E. Klein Rn. 844.

150 Vgl. BVerfGE 160, 41 (61, Rn. 46); 138, 136 (172 f., Rn. 97 f.).

151 Vgl. BVerfGE 126, 29 (55); 121, 108 (132).

152 BVerfGE 142, 313 (332, Rn. 55); 138, 136 (175, Rn. 104) – Erbschaftsteuer; 93, 386 (395).

153 BVerfGE 161, 163 (245 f., Rn. 217); 138, 136 (175, Rn. 104) – Erbschaftsteuer.

154 BVerfGE 67, 239 (244); 66, 100 (105); Beschluss der 3. Kammer des Ersten Senats vom 18.7.2019 – 1 BvL 1/18 ua, Rn. 39 bei Juris; vgl. auch BVerfGE 125, 175 (219).

155 Dürig/Herzog/Scholz GG/Dederer Art. 100 Rn. 163 (Stand: September 2022); Benda/Klein VerfassungsProzR/E. Klein Rn. 879.

156 BVerfGE 152, 152 (177 ff., Rn. 61 ff.); 152, 216 (236, Rn. 50).

157 BVerfGE 149, 126 (138, Rn. 29); 143, 38 (51 f., Rn. 32); 129, 186 (198) – Investitionszulagengesetz; 126, 286 (302) – Mangold; 123, 267 (353 f.) – Lissabon; 73, 339 (387) – Solange II; vgl. auch BVerfGE 156, 354 (386 f., Rn. 100 f.).

158 BVerfGE 129, 186 (200) – Investitionszulagengesetz.

Bundesverfassungsgericht auf eine Richtervorlage hin überprüft, ob der deutsche Gesetzgeber bei der Umsetzung der Richtlinie nationales Verfassungsrecht verletzt hat oder nicht.[159] Eine Überschneidung mit Kompetenzen der Europäischen Union drohte in einem solchen Fall nicht. Die Entscheidungserheblichkeit war daher nach allgemeinen Kriterien ohne Rücksicht auf europarechtliche Besonderheiten zu prüfen. Anders lag der Fall, wenn das nationale Gesetz **zwingenden europarechtlichen Vorgaben** folgte. Hier war bislang angenommen worden, eine Überprüfung des Gesetzes am Maßstab des Grundgesetzes kollidiere mit dem etablierten Grundsatz, dass das Bundesverfassungsgericht abgesehen von einem Ultra-vires- und Verfassungsidentitätsvorbehalt die Kontrolle europäischer Rechtsakte dem Gerichtshof der Europäischen Union am Maßstab der europäischen Grundrechte überlässt.[160]

Genau diese Beschränkung auf die Kontrolle von Umsetzungsspielräumen hat aber der Erste Senat durch die Einbeziehung der Unionsgrundrechte in den Begriff der Grundrechte bei Art. 93 Abs. 1 Nr. 4a GG, § 90 für die Verfassungsbeschwerde Ende 2019 aufgegeben. Es ist zwar noch nicht entschieden, aber naheliegend, dass dieses **neue Konzept auch auf das konkrete Normenkontrollverfahren nach Art. 100 Abs. 1 GG, § 80 übertragen** wird mit der Folge, dass die bisher an die Frage des Bestehens oder Nichtbestehens eines Umsetzungsspielraums angeknüpften Überlegungen zur fehlenden oder gegebenen Entscheidungserheblichkeit obsolet geworden sind. Zwischenzeitlich ist es gefestigte Rechtsprechung des Bundesverfassungsgerichts, dass es keinen Vorrang des Vorabentscheidungsverfahrens nach Art. 267 AEUV in dem Sinn gibt, dass dieses der Zulässigkeit der konkreten Normenkontrolle entgegenstünde.[161] Jedenfalls dann, wenn sowohl die verfassungsrechtliche als auch die unionsrechtliche Rechtslage umstritten sind, besteht zwischen beiden Zwischenverfahren keine feste Rangfolge. 86

Praktisch bedeutsamer ist etwas anderes. Mit der fachrichterlichen Vorlage an den EuGH haben diese, anders als die Verfassungsbeschwerdeführer, die sich nicht selbst an den Gerichtshof der Europäischen Union wenden können, eine zweite Vorlagemöglichkeit. Das ist die fachrichterliche Vorlage an den EuGH nach Art. 267 AEUV, die in der Konstellation von Art. 267 Abs. 3 AEUV ohnehin obligatorisch ist. Angesichts der hohen Hürden für eine zulässige Richtervorlage nach Art. 100 Abs. 1 GG, § 80 und der ganz niedrigen Schwelle für eine zulässige Vorlage nach Art. 267 AEUV werden die Fachrichter auch in Zukunft diesen leichteren Weg nach Luxemburg einschlagen (vgl. → Rn. 63). 87

Ebenfalls keine praktische Bedeutung wird der Umstand haben, dass es den Fachgerichten weiterhin unbenommen bleibt, die Vorlage nach Art. 100 Abs. 1, § 80 unter **Bezug auf den Ultra-vires- oder den Verfassungsidentitätsvorbehalt** zu begründen oder gar die Auffassung zu vertreten, der Grundrechtsschutz werde durch den Gerichtshof der Europäischen Union 88

159 Vgl. BVerfGE 149, 126 (138 f., Rn. 31); 143, 38 (52, Rn. 33); so zuletzt auch BVerfGE 163, 254 (275, Rn. 48 ff.).
160 BVerfGE 123, 267 (354 f.).
161 Vgl. zuletzt BVerfG, Beschluss des Ersten Senats vom 21.11.2023 – 1 BvL 6/21, Rn. 60 bei Juris – Contergan II; BVerfGE 160, 1 (16, Rn. 44 f.); 129, 186 (203); 116, 202 (214 f.).

strukturell doch nicht gewährleistet. Eine so begründete Vorlage wäre nach den Maßstäben, die im Mangold-Beschluss des Zweiten Senats deutlich geworden sind,[162] derzeit ohnehin **aussichtslos**.

89 Stattdessen muss ein Gericht, das ein Gesetz für verfassungswidrig hält, aber erkennt, dass das Gesetz zwingende europarechtliche Vorgaben umsetzt, seinen Blick **vorrangig** dem Europarecht zuwenden und **prüfen, ob das zugrunde liegende Unionsrecht** nicht auch **gegen die** mit den Grundrechten des Grundgesetzes strukturell vergleichbaren **europäischen Grundrechte verstößt**. Diese Prüfung im Rahmen der Auslegung und Anwendung von Unionsrecht obliegt nach bisherigem Verständnis – vorbehaltlich der infolge der „Recht auf Vergessen"-Entscheidungen vorgezeichneten Entwicklungen (vgl. → Rn. 60) – nicht dem Bundesverfassungsgericht im Rahmen der konkreten Normenkontrolle, sondern den Fachgerichten, die diesbezügliche Unklarheiten durch Anrufung des Gerichtshofs der Europäischen Union gemäß Art. 267 AEUV zu beseitigen haben.[163]

90 **Konsequenzen** müsste das Aufgreifen des Unionsrechts in immer weitere Rechtsmaterien aber eigentlich **im Hinblick auf den Prüfungsumfang des Bundesverfassungsgerichts** an anderer Stelle haben. Ob die Fachgerichte ihrer Vorlagepflicht nach Art. 267 AEUV nachkommen, überprüft das Bundesverfassungsgericht bislang **im Rahmen des Art. 101 Abs. 1 Satz 2 GG** im Wesentlichen nur an einem Willkürmaßstab.[164]

91 Die 1. Kammer des Zweiten Senats hatte mit Beschluss vom 29.4.2014 die Auffassung vertreten, dass weder das Unionsrecht noch die Europäische Menschenrechtskonvention einen über Willkürkontrolle hinausgehenden verfassungsgerichtlichen Prüfungsmaßstab in Bezug auf die Handhabung der Vorlagepflicht nach Art. 267 Abs. 3 AEUV gebieten.[165] Diese **Beschränkung der Überprüfung** des Vorlageverhaltens der Fachgerichte erscheint aber dann **nicht** als **gerechtfertigt**, wenn der Grundrechtsschutz des Grundgesetzes im Bereich der Umsetzung zwingender europarechtlicher Vorgaben nicht durch das Bundesverfassungsgericht in den Verfahren der Verfassungsbeschwerde und der konkreten Normenkontrolle realisiert wird, sondern ausschließlich auf europäischer Ebene durch Anwendung der europäischen Grundrechte, aber insoweit eben abhängig davon, dass der Gerichtshof der Europäischen Union gemäß Art. 267 AEUV von den Fachgerichten angerufen wird.

92 Die Beschränkung auf einen engen Willkürmaßstab birgt die Gefahr, dass die **Fachgerichte in diesem grundrechtsrelevanten Bereich weitgehend freie Hand** haben, weil sie weder unmittelbar hinsichtlich der Anwendung der Grundrechte noch – von Willkürfällen abgesehen – hinsichtlich der Beachtung der Vorlagepflicht der Kontrolle des Bundesverfassungsgerichts unterliegen. In der praktischen Anwendung der zur Konkretisierung des Willkürmaßstabs entwickelten Fallgruppen (→ § 90 Rn. 262) wird dieser Ge-

162 BVerfGE 126, 286 (307 ff.).
163 BVerfGE 129, 186 (202) – Investitionszulagengesetz.
164 BVerfGE 135, 155 (231, Rn. 179); 126, 286 (316).
165 2 BvR 1572/10, Rn. 24 ff. bei Juris, dort auch umfangreiche Nachweise zur Ablehnung dieser Engführung in der Literatur.

fahr in der jüngeren Rechtsprechung mit einer auffälligen Häufung stattgebender Verfassungsbeschwerden begegnet.[166]

Die früheren **Differenzen zwischen den Senaten** dürften daher allenfalls noch auf der Ebene unterschiedlicher Begrifflichkeiten erkennbar, in der Sache aber **ausgeräumt** sein (→ § 90 Rn. 261). Der Erste Senat hat die Konsequenzen außerdem durch eine Verschärfung der Kontrollbefugnisse im Verfahren der konkreten Normenkontrolle gezogen, allerdings mit anderer Zielrichtung (dazu → Rn. 99 ff.). 93

Unabhängig vom Vorrang der Vorlage an den Gerichtshof der Europäischen Union gemäß Art. 267 AEUV bei unklarer europarechtlicher Rechtslage fehlt es an der Entscheidungserheblichkeit einer Vorlagefrage nach Art. 100 Abs. 1 GG, **wenn feststeht, dass das vorgelegte Gesetz europarechtswidrig ist** und daher wegen des Anwendungsvorrangs des Unionsrechts nicht mehr angewendet werden darf. Auf die bundesverfassungsrechtliche Gültigkeit des Gesetzes kommt es dann nicht mehr an, weil das vorlegende Gericht die Norm bei der Entscheidung im Ausgangsverfahren ohnehin unangewendet lassen muss.[167] Bei einer unionsrechtlich umstrittenen Rechtslage bleibt es aber dabei, dass kein Vorrang des Vorabentscheidungsverfahrens nach Art. 267 AEUV gegenüber der konkreten Normenkontrolle besteht.[168] 94

Für die Beurteilung der Entscheidungserheblichkeit ist **grundsätzlich die Rechtsauffassung des vorlegenden Gerichts maßgeblich**.[169] Das ist Folge der grundsätzlichen Kompetenzverteilung zwischen der Fachgerichtsbarkeit und dem Bundesverfassungsgericht.[170] Die Auslegung und Anwendung des einfachen Rechts ist in erster Linie Aufgabe der Fachgerichte.[171] 95

---

166 Vgl. BVerfGE 147, 364; Beschlüsse der 1. Kammer des Zweiten Senats vom 20.4.2022 – 2 BvR 1713/21, Rn. 40 ff. bei Juris, und vom 30.3.2022 – 2 BvR 2069/21, Rn. 35 ff. bei Juris; Beschlüsse der 2. Kammer des Zweiten Senats vom 6.10.2017 – 2 BvR 987/16, Rn. 2 ff. bei Juris, und vom 15.12.2016 – 2 BvR 221/11, Rn. 27 ff. bei Juris; Beschlüsse der 3. Kammer des Zweiten Senats vom 4.3.2021 – 2 BvR 1161/19, Rn. 52 ff. bei Juris, und vom 19.7.2016 – 2 BvR 470/08, Rn. 51 ff. bei Juris; Beschluss der 2. Kammer des Ersten Senats vom 14.1.2021 – 1 BvR 2853/19, Rn. 8 ff. bei Juris.

167 BVerfGE 160, 1 (16 f., Rn. 45); 116, 202 (214); Beschluss der 2. Kammer des Ersten Senats vom 9.9.2014 – 1 BvL 2/14, Rn. 12 bei Juris; Beschluss der 3. Kammer des Ersten Senats vom 18.11.2008 – 1 BvL 4/08, Rn. 12 bei Juris; kritisch Lechner/Zuck/Zuck § 80 Rn. 38.

168 Vgl. zuletzt BVerfG, Beschluss des Ersten Senats vom 21.11.2023 – 1 BvL 6/21, Rn. 60 bei Juris – Contergan II; BVerfGE 160, 1 (16, Rn. 44).

169 Vgl. BVerfG, Beschluss des Zweiten Senats vom 9.4.2024 – 2 BvL 2/22, Rn. 34 bei Juris; BVerfG, Beschluss des Ersten Senats vom 21.11.2023 – 1 BvL 6/21, Rn. 53 bei Juris; BVerfGE 161, 163 (245, Rn. 216); 160, 1 (14, Rn. 37); 159, 183 (205, Rn. 54); 159, 149 (170 f., Rn. 58); 157, 223 (250, Rn. 70); 152, 68 (109, Rn. 108); 148, 64 (67 f., Rn. 13); 141, 1 (11, Rn. 22); 138, 1 (15, Rn. 41); 133, 1 (10 f., Rn. 35); 131, 1 (15); 127, 224 (244); 126, 77 (97); Beschluss der 3. Kammer des Zweiten Senats vom 7.11.2023 – 2 BvL 12/20, Rn. 29 bei Juris; Beschluss der 2. Kammer des Zweiten Senats vom 4.5.2022 – 2 BvL 1/22, Rn. 17 bei Juris; Beschluss der 2. Kammer des Ersten Senats vom 29.10.2020 – 1 Bvl 7/17, Rn. 9 bei Juris.

170 Vgl. Becker, Die Entscheidungserheblichkeit im Verfahren der konkreten Normenkontrolle, in: Becker/Lange, Linien der Rechtsprechung des Bundesverfassungsgerichts, Band 3, 2014, 15 f.

171 BVerfGE 129, 186 (203) – Investitionszulagengesetz; vgl. auch BVerfGE 165, 1 (32 f., Rn. 45); 162, 1 (54, Rn. 100).

96 Das Bundesverfassungsgericht macht hiervon aber beachtliche **Ausnahmen**. Zudem unterwirft es die Anwendung des einfachen Rechts dadurch seiner Kontrolle, dass es für die Begründung der Entscheidungserheblichkeit unter Berufung auf Abs. 2 Satz 1 strenge Anforderungen entwickelt hat (dazu → Rn. 114 ff.).

97 Das Bundesverfassungsgericht akzeptiert die Annahme des Fachgerichts, die Entscheidung sei von der Gültigkeit der vorgelegten Norm abhängig, nicht, wenn diese Auffassung **offensichtlich unhaltbar** ist.[172] Die Auffassung des Fachgerichts muss zumindest nachvollziehbar sein.[173] Allein der fachgerichtliche Wunsch, ein Gesetz der verfassungsgerichtlichen Überprüfung im Wege einer konkreten Normenkontrolle anzuvertrauen, weil bislang niemand ein abstraktes Normenkontrollverfahren eingeleitet hat, genügt dafür ersichtlich nicht.[174]

98 Außerdem fühlt sich das Bundesverfassungsgericht nicht an die Rechtsauffassung des vorlegenden Gerichts gebunden, soweit es zum Ergebnis der Entscheidungserheblichkeit auch **verfassungsrechtliche Erwägungen** angestellt hat.[175] Damit können nur Erwägungen zu verfassungsrechtlichen Vorfragen gemeint sein,[176] da die Überzeugung von der Verfassungswidrigkeit der Norm als solcher dem Fachgericht ohnehin stets eine verfassungsrechtliche Prüfung abverlangt und diese Prüfung dann Gegenstand der Normenkontrolle durch das Bundesverfassungsgericht ist, das insoweit selbstverständlich nicht an die Auffassung des Fachgerichts gebunden ist. Aber auch bezüglich der verfassungsrechtlichen Vorfragen, zu denen das vorlegende Gericht bei der Darlegung der Entscheidungserheblichkeit Stellung genommen hat, macht es keinen Sinn, dass das Bundesverfassungsgericht eine aus seiner Sicht fehlerhafte Auslegung des Grundgesetzes hinzunehmen hätte, über die Gültigkeit der vorgelegten Norm entscheiden müsste und das Ausgangsverfahren dann auf der Grundlage der fehlerhaften verfassungsrechtlichen Auffassung des Fachgerichts fortgeführt würde.[177]

99 Von der Bindung an die Auffassung des Ausgangsgerichts zur Entscheidungserheblichkeit, hatte das Bundesverfassungsgericht schon bisher eine Ausnahme für den Fall entwickelt, dass sich die Vorlage auf ein **Gesetz** bezieht,

---

172 Vgl. BVerfG, Beschluss des Zweiten Senats vom 9.4.2024 – 2 BvL 2/22, Rn. 34 bei Juris; BVerfG, Beschluss des Ersten Senats vom 21.11.2023 – 1 BvL 6/21, Rn. 53 bei Juris; BVerfGE 161, 163 (245, Rn. 216); 160, 1 (14, Rn. 37); 159, 183 (205, Rn. 54); 159, 149 (170 f., Rn. 58); 157, 223 (251, Rn. 70); 148, 64 (67 f., Rn. 13); 141, 1 (11, Rn. 22); 138, 1 (15, Rn. 41); 133, 1 (10 f., Rn. 35); 131, 1 (15); 126, 77 (97); 124, 251 (260); 117, 1 (27); 108, 86 (208); 105, 61 (67); bejaht in BVerfGE 78, 25 (30); Beschluss der 1. Kammer des Zweiten Senats vom 26.4.2023 – 2 BvL 14/19, Rn. 31 bei Juris; Beschluss der 2. Kammer des Ersten Senats vom 24.1.2023 – 1 BvL 11/20, Rn. 17 bei Juris; Beschluss der 3. Kammer des Ersten Senats vom 29.4.2022 – 1 BvL 2/17 ua, Rn. 17 bei Juris.

173 Vgl. BVerfGE 127, 224 (244); 116, 164 (179); 112, 268 (277); vgl. auch BVerfGE 163, 254 (274 f., Rn. 45); 160, 41 (61, Rn. 46); 157, 223 (251, Rn. 72); Beschlüsse der 2. Kammer des Zweiten Senats vom 4.5.2022 – 2 BvL 1/22, Rn. 20 bei Juris, und vom 9.10.2019 – 2 BvL 13/19, Rn. 16 bei Juris.

174 Vgl. Beschluss der 2. Kammer des Zweiten Senats vom 30.6.2021 – 2 BvL 20/20, Rn. 38 bei Juris.

175 Vgl. BVerfGE 131, 1 (15); 89, 144 (152).

176 Vgl. BVerfGE 145, 171 (189, Rn. 52).

177 Kritisch aber Benda/Klein VerfassungsProzR/E. Klein Rn. 868.

das Unionsrecht umsetzt.[178] Hier hing die Entscheidungserheblichkeit bisher davon ab, ob das Unionsrecht dem deutschen Gesetzgeber einen Umsetzungsspielraum belassen hatte oder nicht (→ Rn. 84 ff.). Maßgeblich war folgende Überlegung: Wäre das Bundesverfassungsgericht an die diesbezügliche Einschätzung des vorlegenden Gerichts, das von einem Umsetzungsspielraum ausgeht, gebunden, müsste es auf die Richtervorlage hin Kontrollaufgaben im Hinblick auf ein europarechtlich geprägtes Gesetz wahrnehmen, auf die es grundsätzlich verzichtet hat. Deshalb hatte das Bundesverfassungsgericht bislang selbst überprüft, ob ein Fall vorliegt, in dem das nationale Recht am Maßstab des Grundgesetzes gemessen werden kann, oder ob dies wegen zwingender europarechtlicher Vorgaben, denen der deutsche Gesetzgeber gefolgt ist, nicht der Fall ist.

Im Ergebnis konnte das Bundesverfassungsgericht so relativ leicht das vorlegende Fachgericht darauf verweisen, die Frage, ob ein Umsetzungsspielraum existiert oder nicht, **zunächst durch Vorlage an den Gerichtshof der Europäischen Union gemäß Art. 267 AEUV klären zu lassen.**[179] Damit hatte der Erste Senat schon einen Weg gefunden, die Vorlagepflicht der Fachgerichte gemäß Art. 267 AEUV durchzusetzen und dabei anders als bei einer auf eine Verletzung des Art. 101 Abs. 1 Satz 2 GG gestützten Verfassungsbeschwerde nicht auf die Willkürkontrolle beschränkt zu sein. Der Unterschied im Prüfungsmaßstab ließ sich dogmatisch überzeugend begründen.[180] 100

Zwischenzeitlich hat der Erste Senat durch seine beiden Entscheidungen zum „Recht auf Vergessen“ vom 6.11.2019[181] dem aber den argumentativen Boden entzogen, weil er **auch im unionsrechtlich determinierten Bereich für die Verfassungsbeschwerde eine eigene Prüfungskompetenz** eröffnet hat, und zwar am Maßstab der Unionsgrundrechte (vgl. wiederum → § 90 Rn. 231 ff.). 101

5. Ordnungsgemäß begründeter Vorlagebeschluss, Abs. 2. Nach § 23 Abs. 1 Satz 2, 1. Halbsatz sind alle verfahrenseinleitenden Anträge zu begründen, also auch Richtervorlagen nach § 80 Abs. 1. Diese **Begründungspflicht** des Antragstellers wird für das Verfahren der konkreten Normenkontrolle **durch § 80 Abs. 2 Satz 1 präzisiert:** Das vorlegende Gericht muss angeben, zum einen inwiefern seine Entscheidung im Ausgangsverfahren von der Gültigkeit der zur Prüfung gestellten Rechtsvorschrift abhängig ist, und zum anderen mit welcher übergeordneten Rechtsnorm diese entscheidungserhebliche Vorschrift unvereinbar ist. Dabei genügt es, wenn der Vorlagebeschluss die Begründungsanforderungen zumindest hinsichtlich eines von mehreren möglichen Verfassungsverstößen erfüllt.[182] Das Bundesverfassungsgericht hat die vorgelegte Norm dann unter allen in Betracht kommenden verfassungsrechtlichen Gesichtspunkten zu prüfen, unabhängig davon, ob sie im Vorlagebeschluss angesprochen und hinreichend begründet worden sind oder nicht.[183] Fehlt es aber insgesamt an einem notwendigen Begrün- 102

178 BVerfGE 129, 186 (203 f.) – Investitionszulagengesetz.
179 BVerfGE 129, 186 (208) – Investitionszulagengesetz.
180 BVerfGE 129, 186 (204) – Investitionszulagengesetz.
181 BVerfGE 152, 152 (177 ff., Rn. 61 ff.); 152, 216 (236, Rn. 50).
182 Vgl. BVerfGE 153, 358 (376 Rn. 39); 150, 345 (365 f., Rn. 51).
183 BVerfGE 153, 358 (376, Rn. 39); 141, 1 (159 f., Rn. 31).

dungselement, dann ist die Vorlage unzulässig, ohne dass es auf die weiteren Voraussetzungen einer ordnungsgemäßen Begründung ankommt.[184]

103 Neben den inhaltlichen Anforderungen an die Begründung des Vorlagebeschlusses muss das vorlegende Gericht dem Normenkontrollantrag gemäß **§ 80 Abs. 2 Satz 2** stets, also nicht erst auf gesonderte Anforderung des Bundesverfassungsgerichts nach § 27 Satz 2, die vollständigen **Akten des Ausgangsverfahrens beifügen**. Würde ein Gericht diese Verpflichtung übersehen, dürfte das Bundesverfassungsgericht die Vorlage aber nicht direkt als unzulässig verwerfen. Vielmehr müsste es das vorlegende Gericht auf Abs. 2 Satz 2 hinweisen und abwarten, ob das Gericht innerhalb einer angemessenen Frist seiner Verpflichtung nachkommt. Nach Einführung der elektronischen Akte in den Fachgerichtsbarkeiten und des elektronischen Rechtsverkehrs mit dem Bundesverfassungsgericht wird auch die Übermittlung der Akten des Ausgangsverfahrens auf elektronischem Weg erfolgen.

104 Auch eine **Nachholung und Ergänzung der Begründung** der Vorlage nach Abs. 2 Satz 1 ist bis zur Entscheidung des Bundesverfassungsgerichts über den Normenkontrollantrag möglich,[185] weil das Gesetz keine Fristen für die Begründung vorsieht und für die Beurteilung der Zulässigkeit eines Antrags grundsätzlich der Zeitpunkt der Entscheidung maßgeblich ist. Allerdings entspricht es insoweit nicht der Praxis des Bundesverfassungsgerichts, von sich aus vor einer Entscheidung auf Begründungsmängel hinzuweisen[186] und dem vorlegenden Gericht Gelegenheit zur Nachbesserung zu geben. Nur im Einzelfall, etwa bei einer zwischenzeitlichen Änderung der Gesetzeslage, kann es vorkommen, dass der Berichterstatter das vorlegende Gericht bittet, die Vorlage zu überdenken.[187] War der Vorlagebeschluss im Zeitpunkt seines Eingangs beim Bundesverfassungsgericht ausreichend begründet, besteht aber keine generelle verfassungsprozessuale Verpflichtung des vorlegenden Gerichts, den Vorlagebeschluss im Hinblick auf nachträgliche tatsächliche oder rechtliche Entwicklungen fortlaufend zu überwachen und gegebenenfalls zu aktualisieren.[188] Derartige nachträgliche Entwicklungen können sich auf die Entscheidungserheblichkeit auswirken (vgl. etwa → Rn. 80), aber keinen Zulässigkeitsmangel im Hinblick auf die Begründung des Vorlagebeschlusses erzeugen.

105 Der inhaltliche **Bezug der Begründungspflicht nach Abs. 2 Satz 1 entspricht** den beiden wesentlichen Zulässigkeitsvoraussetzungen der Richtervorlage, die nach Abs. 1 iVm Art. 100 Abs. 1 GG objektiv vorliegen müssen:

---

184 Vgl. Beschluss der 3. Kammer des Zweiten Senats vom 3.3.2023 – 2 BvL 11/22 ua, Rn. 31, 34 bei Juris; Beschluss der 2. Kammer des Ersten Senats vom 24.1.2023 – 1 BvL 11/20, Rn. 19 ff., 24 bei Juris.

185 Vgl. BVerfGE 136, 127 (142 f., Rn. 47); 132, 302 (310); 120, 1 (24); offen gelassen bezüglich der Nachholung der Voraussetzungen eines wirksamen Vorlagebeschlusses in: Beschluss der 1. Kammer des Ersten Senats vom 9.7.2018 – 1 BvL 2/18, Rn. 14 bei Juris; auch insofern bejahend jetzt BVerfGE 153, 310 (331 f., Rn. 50, 53).

186 Vgl. aber Beschluss der 2. Kammer des Zweiten Senats vom 30.6.2021 – 2 BvL 20/20, Rn. 19 f. bei Juris.

187 Vgl. BVerfGE 135, 1 (11, Rn. 32).

188 BVerfGE 160, 284 (316, Rn. 86); 135, 1 (11, Rn. 32); vgl. aber Beschluss der 1. Kammer des Zweiten Senats vom 26.4.2023 – 2 BvL 14/19, Rn. 29 bei Juris; Beschluss der 2. Kammer des Zweiten Senats vom 5.2.2020 – 2 BvL 7/19, Rn. 22 bei Juris; Beschluss der 3. Kammer des Ersten Senats vom 6.3.2018 – 1 BvL 1/16, Rn. 23 bei Juris.

der Überzeugung des vorlegenden Gerichts von der Verfassungswidrigkeit des Gesetzes und der Entscheidungserheblichkeit für das Ausgangsverfahren. Abs. 2 Satz 1 stellt über das objektive Vorliegen dieser Voraussetzungen hinaus aber eine zusätzliche Zulässigkeitshürde auf, indem die Vorschrift dem Vorlagebeschluss im Hinblick auf die Begründung dieser Voraussetzungen durch das vorlegende Gericht eine bestimmte Qualität abverlangt.

Welche **Anforderungen** an die Begründung der Vorlage gestellt werden, ergibt sich dabei **nicht allein aus dem Wortlaut des Gesetzes**. Hiernach müsste es im Hinblick auf die Verfassungswidrigkeit des Gesetzes eigentlich genügen, wenn das vorlegende Gericht die übergeordnete Norm angibt, mit der das beanstandete Gesetz aus seiner Sicht kollidiert. Offener sind in Abs. 2 Satz 1 die Anforderungen an die Begründung der Entscheidungserheblichkeit formuliert, indem das vorlegende Gericht verpflichtet wird, darzulegen, „inwiefern" die Gültigkeit der vorgelegten Norm entscheidungserheblich ist. Zu beiden Punkten ist der **Umfang der Begründungspflicht** aber **in der Rechtsprechung des Bundesverfassungsgerichts erheblich weiterentwickelt** worden, weil der Begründungszwang nach dem Selbstverständnis des Gerichts seiner Entlastung dienen soll.[189] 106

Das vorlegende Gericht muss seine **Überzeugung von der Verfassungswidrigkeit** der vorgelegten Norm nachvollziehbar darlegen. Dafür muss es sich mit allen naheliegenden tatsächlichen und rechtlichen Gesichtspunkten auseinandersetzen. Der Sachverhalt muss so umfassend dargestellt werden, dass er aus sich heraus, also ohne Studium der beigefügten Verfahrensakten, verständlich ist.[190] In rechtlicher Hinsicht hat der Vorlagebeschluss nicht nur den verfassungsrechtlichen Prüfungsmaßstab anzugeben, sondern muss sich auch **eingehend mit der Rechtslage auseinandersetzen**.[191] Zweifel an der Verfassungsgemäßheit der vorgelegten Norm genügen nicht,[192] ebenso wenig die bloße Bezugnahme auf die Ausführungen anderer Gerichte, weil das vorlegende Gericht selbstständig und in eigener Verantwortung über die Vorlage entscheiden muss, was eine eigene Überzeugung von der Verfassungswidrigkeit voraussetzt.[193] Greift das Gericht auf andernorts formulierte Argumente 107

189 BVerfGE 159, 149 (170 f., Rn. 58); 153, 310 (333, Rn. 55); Beschluss der 3. Kammer des Zweiten Senats vom 3.3.2023 – 2 BvL 11/22 ua, Rn. 28 bei Juris.

190 Vgl. Beschluss der 3. Kammer des Zweiten Senats vom 3.3.2023 – 2 BvL 11/22 ua, Rn. 28 bei Juris; Beschlüsse der 2. Kammer des Zweiten Senats vom 4.5.2022 – 2 BvL 1/22, Rn. 21 f. bei Juris, vom 14.8.2019 – 2 BvL 12/19, Rn. 11 bei Juris, und vom 19.7.2017 – 2 BvL 4/17, Rn. 19 bei Juris.

191 BVerfG, Beschluss des Zweiten Senats vom 9.4.2024 – 2 BvL 2/22, Rn. 33, 35 bei Juris; BVerfG, Beschluss der Ersten Senats vom 21.11.2023 – 1 BvL 6/21, Rn. 54 bei Juris; BVerfGE 161, 163 (246 Rn. 218); 160, 1 (15, Rn. 40); 159, 149 (170 f., Rn. 58); 157, 223 (250 f., Rn. 71); 149, 1 (10 f., Rn. 21); 141, 143 (160 f., Rn. 34); 138, 1 (13 f., Rn. 37); 132, 360 (367) Rn. 20; 131, 1 (15); 127, 335 (356); 105, 48 (56); Beschluss der 3. Kammer des Zweiten Senats vom 3.3.2023 – 2 BvL 11/22 ua, Rn. 28 bei Juris; Beschluss der 2. Kammer des Ersten Senats vom 16.12.2022 – 1 BvL 6/18, Rn. 15 bei Juris; Beschluss der 2. Kammer des Zweiten Senats vom 4.5.2022 – 2 BvL 1/22, Rn. 18 bei Juris; Beschluss der 1. Kammer des Ersten Senats vom 26.2.2020 – 1 BvL 1/20, Rn. 10 bei Juris; Beschlüsse der 3. Kammer des Ersten Senats vom 26.2.2020 – 1 BvL 5/19, Rn. 12 bei Juris, und vom 17.12.2019 – 1 BvL 6/16, Rn. 16 bei Juris.

192 Beschlüsse der 3. Kammer des Ersten Senats vom 6.3.2018 – 1 BvL 1/16, Rn. 20 bei Juris, und vom 20.11.2012 – 1 BvL 13/10, Rn. 6 bei Juris.

193 Beschluss der 2. Kammer des Ersten Senats vom 9.5.2018 – 1 BvL 1/17, Rn. 9 bei Juris.

zurück, muss deutlich werden, dass es sich diese Argumente zu eigen macht und sie eigenständig auf den konkreten Fall bezieht.[194]

108 Zur Darlegung der Überzeugung muss das vorlegende Gericht zwar nicht auf jede denkbare Rechtsauffassung eingehen,[195] aber es müssen auch **die in Literatur und Rechtsprechung entwickelten Rechtsauffassungen** zur Verfassungsmäßigkeit der vorgelegten Norm[196] sowie die in der Entstehungsgeschichte der Norm zum Ausdruck kommenden **Erwägungen des Gesetzgebers** berücksichtigt werden.[197] Nicht zuletzt muss das vorlegende Gericht auf die **maßgebliche Rechtsprechung des Bundesverfassungsgerichts** eingehen.[198]

109 Die verschiedenen Auffassungen zu den denkbaren Auslegungsmöglichkeiten des einfachen Rechts sind mit Blick auf den zur Entscheidung stehenden Sachverhalt dazulegen, zu erörtern und verfassungsrechtlich zu würdigen.[199] Dazu gehört auch die Erörterung einer **verfassungskonformen Auslegung**, wenn offensichtlich mehrere Auslegungsmöglichkeiten in Betracht kommen, die zu unterschiedlich starken Eingriffen in grundrechtlich geschützte Positionen führen und den verfassungsrechtlichen Bedenken des vorlegenden Gerichts nicht in gleicher Weise ausgesetzt sind.[200] Das vorlegende Gericht muss vertretbar begründen, warum es eine verfassungskonforme Auslegung des Gesetzes nicht für möglich hält.[201] Dafür genügt es nicht, dass die vom

194 Vgl. BVerfGE 163, 254 (275, Rn. 46); 152, 68 (110, Rn. 112).

195 BVerfG, Beschluss des Zweiten Senats vom 9.4.2024 – 2 BvL 2/22, Rn. 33 bei Juris; BVerfGE 160, 1 (15, Rn. 40); 159, 149 (170 f., Rn. 58); 157, 223 (250 f., Rn. 71); 157, 177 (199, Rn. 48); Beschluss der 1. Kammer des Zweiten Senats vom 26.4.2023 – 2 BvL 14/19, Rn. 30 bei Juris; Beschluss der 2. Kammer des Zweiten Senats vom 4.5.2022 – 2 BvL 1/22, Rn. 18 bei Juris; vgl. bzgl. der Entscheidungserheblichkeit BVerfGE 159, 183 (205, Rn. 54).

196 Beschluss der 1. Kammer des Zweiten Senats vom 26.4.2023 – 2 BvL 14/19, Rn. 30 bei Juris; Beschluss der 1. Kammer des Ersten Senats vom 26.2.2020 – 1 BvL 1/20, Rn. 9 f. bei Juris; Beschluss der 2. Kammer des Zweiten Senats vom 5.2.2020 – 2 BvL 7/19, Rn. 15 bei Juris; Beschluss der 3. Kammer des Ersten Senats vom 17.12.2019 – 1 BvL 6/16, Rn. 16 bei Juris.

197 Vgl. BVerfGE 157, 177 (199, Rn. 49); 145, 171 (188, Rn. 50); 127, 335 (356); 86, 71 (77 f.); Beschluss der 2. Kammer des Ersten Senats vom 6.9.2012 – 1 BvL 13/12, Rn. 18 bei Juris; Beschluss der 3. Kammer des Ersten Senats vom 14.3.2011 – 1 BvL 13/07, Rn. 55 bei Juris; Beschlüsse der 2. Kammer des Zweiten Senats vom 17.4.2013 – 2 BvL 20/08, Rn. 28 bei Juris, und vom 16.12.2010 – 2 BvL 16/09, Rn. 22 bei Juris.

198 BVerfG, Beschluss des Zweiten Senats vom 9.4.2024 – 2 BvL 2/22, Rn. 35 bei Juris; BVerfG, Beschluss des Ersten Senats vom 21.11.2023 – 1 BvL 6/21, Rn. 54 bei Juris; BVerfGE 159, 183 (205, Rn. 55); 159, 149 (171, Rn. 59); 153, 310 (335, Rn. 60); 131, 88 (118); Beschluss der 3. Kammer des Zweiten Senats vom 7.11.2023 – 2 BvL 12/20, Rn. 30 bei Juris; Beschluss der 1. Kammer des Zweiten Senats vom 26.4.2023 – 2 BvL 14/19, Rn. 30 bei Juris; Beschlüsse der 3. Kammer des Ersten Senats vom 29.4.2022 – 1 BvL 2/17 ua, Rn. 16 bei Juris, und vom 17.12.2019 – 1 BvL 6/16, Rn. 16 bei Juris; Beschlüsse der 1. Kammer des Ersten Senats vom 9.7.2018 – 1 BvL 2/18, Rn. 15 bei Juris, und vom 23.1.2014 – 1 BvL 2/13 ua, Rn. 22, 25 ff. bei Juris.

199 BVerfGE 127, 335 (356); 124, 251 (264).

200 BVerfGE 159, 149 (171 f., Rn. 60); 149, 1 (13, Rn. 27); 124, 251 (264).

201 Vgl. BVerfG, Beschluss des Zweiten Senats vom 9.4.2024 – 2 BvL 2/22, Rn. 36 bei Juris; BVerfG, Beschluss des Ersten Senats vom 21.11.2023 – 1 BvL 6/21, Rn. 55 bei Juris; BVerfGE 163, 254 (275, Rn. 47); 160, 1 (15 f., Rn. 41 ff.); 159, 149 (171 f., Rn. 60); 153, 358 (376, Rn. 40); 131, 88 (118); 121, 108 (117); Beschluss der 3. Kammer des Ersten Senats vom 29.4.2022 – 1 BvL 2/17, Rn. 16 bei Juris; Beschluss der 1. Kammer des Ersten Senats vom 26.2.2020 – 1 BvL 1/20, Rn. 10 bei Juris; Beschlüsse der 2. Kammer des

vorlegenden Gericht angenommene einfachrechtliche Auslegung vertretbar ist. Vielmehr müssen alle anderen, mit der Verfassung vereinbaren Norminterpretationen ausgeschlossen werden können.[202]

Mit diesen Anforderungen verlangt das Bundesverfassungsgericht dem vorlegenden Gericht ein **umfassendes verfassungsrechtliches Gutachten** ab. Diese Rechtsprechung des Bundesverfassungsgerichts führt folglich dazu, dass die Überprüfung der Verfassungsmäßigkeit des Gesetzes, die eigentlich Gegenstand der Entscheidung über den konkreten Normenkontrollantrag in der Sache sein sollte, weitgehend in die Zulässigkeitsprüfung verlagert wird. Für das vorlegende Gericht bedeutet das im Regelfall der Unzulässigkeit der Vorlage mangels hinreichender Begründung, dass es zwar keine rechtsverbindliche Sachentscheidung des Bundesverfassungsgerichts über die Verfassungsmäßigkeit der Norm erhält. Aus der Begründung der Entscheidung des Bundesverfassungsgerichts wird es aber in der Regel entnehmen können, dass das Bundesverfassungsgericht seine Bedenken gegen die Verfassungsmäßigkeit des Gesetzes nicht teilt.[203] 110

Für das Bundesverfassungsgericht hat diese strenge Handhabung der Begründungspflicht den Effekt, dass sie **Rechtsprechungskapazitäten im Gericht schont**. Denn abgesehen von Vorlagen oberster Gerichtshöfe des Bundes kann im Fall der Unzulässigkeit statt des Senats nach § 81a die Kammer entscheiden (→ § 81a Rn. 4). 111

Nochmals erhöhte Anforderungen werden an die Begründung einer Richtervorlage gestellt, mit der eine schon vom Bundesverfassungsgericht entschiedene Rechtsfrage erneut aufgeworfen wird.[204] Die vorangegangene Entscheidung des Bundesverfassungsgerichts ist gemäß § 31 Abs. 1 bindend, steht aber einer erneuten Überprüfung eines Gesetzes nicht entgegen, wenn sich zwischenzeitlich tatsächliche oder rechtliche Veränderungen ergeben haben, die eine abweichende verfassungsrechtliche Beurteilung der Norm gebieten könnten. Genau darauf muss sich dementsprechend die **Begründung einer wiederholten Vorlage** konzentrieren. Sie muss die frühere Entscheidung des Bundesverfassungsgerichts zum Ausgangspunkt nehmen und Aspekte aufzeigen, die vom Bundesverfassungsgericht damals nicht berücksichtigt worden sind und eine erneute verfassungsgerichtliche Überprüfung der Norm veranlassen könnten.[205] Hingegen genügt es nicht, wenn das vorlegende Gericht 112

Ersten Senats vom 6.10.2017 – 1 BvL 2/15 ua, Rn. 14 bei Juris, vom 21.12.2016 – 1 BvL 10/14, Rn. 17 bei Juris, und vom 24.11.2014 – 1 BvL 20/11, Rn. 8 f. bei Juris.

202 Vgl. BVerfGE 159, 149 (178 f., Rn. 78); siehe auch BVerfG, Beschluss des Zweiten Senats vom 28.11.2023 – 2 BvL 8/13, Rn. 195 f. bei Juris; Beschluss der 3. Kammer des Zweiten Senats vom 18.12.2023 – 2 BvL 7/16, Rn. 26 ff. bei Juris.

203 Vgl. Beschlüsse der 2. Kammer des Ersten Senats vom 15.2.2016 – 1 BvL 8/12, Rn. 21 ff. bei Juris, und vom 18.8.2011 – 1 BvL 10/11, Rn. 17 ff. bei Juris; Beschluss der 2. Kammer des Zweiten Senats vom 3.7.2014 – 2 BvL 25/09 ua, Rn. 29 ff. bei Juris; Beschluss der 3. Kammer des Ersten Senats vom 24.6.2010 – 1 BvL 5/10, Rn. 22 ff. bei Juris.

204 Vgl. BVerfGE 120, 1 (23); 105, 61 (70 f.); 87, 341 (346); Beschluss der 1. Kammer des Zweiten Senats vom 26.1.1999 – 2 BvL 2/98, Rn. 28 f. bei Juris.

205 Vgl. Barczak BVerfGG/Moradi Karkaj § 80 Rn. 110.

lediglich seine eigene Rechtsauffassung jener des Bundesverfassungsgerichts entgegensetzt.[206]

113 Diese besonderen Anforderungen an die Begründung einer Vorlage gelten aber nicht, wenn die vorangegangene Entscheidung des Bundesverfassungsgerichts keine Entscheidung zur Sache mit Bindungswirkung nach § 31 Abs. 1 war, sondern sich ihrerseits nur auf die Zulässigkeit einer Vorlage bezog. Dann können die dort gerügten **Zulässigkeitsmängel behoben und eine erneute konkrete Normenkontrolle beantragt** werden, die den allgemeinen Begründungsanforderungen des § 80 Abs. 2 Satz 1 genügen muss.[207]

114 Auch die **Entscheidungserheblichkeit** muss sorgfältig begründet werden.[208] Das Bundesverfassungsgericht hat auch hierzu strenge Anforderungen aufgestellt.[209] Das vorlegende Gericht muss darlegen, dass und aus welchen Gründen der Rechtsstreit bei Gültigkeit des Gesetzes anders entschieden werden müsste als bei Ungültigkeit des Gesetzes.[210] Dabei muss deutlich werden, welche Entscheidung im Ausgangsverfahren überhaupt noch aussteht.[211]

115 Zu einer erschöpfenden Begründung der Entscheidungserheblichkeit muss insoweit zunächst der der Entscheidung zugrunde liegende, vollständig aufgeklärte (vgl. auch → Rn. 74)[212] **Sachverhalt** umfassend dargestellt werden.[213] Dafür muss der Vorlagebeschluss einen verständlichen[214] Tatbestand enthal-

206 Beschluss der 1. Kammer des Zweiten Senats vom 8.9.2010 – 2 BvL 3/10, Rn. 14 bei Juris.

207 Vgl. erfolgreich: BVerfGE 152, 68 (109, Rn. 108) und zuvor Beschluss der 3. Kammer des Ersten Senats vom 6.5.2016 – 1 BvL 7/15, Rn. 18 ff. bei Juris; dagegen auch im zweiten Versuch erfolglos: Beschluss der 2. Kammer des Ersten Senats vom 16.12.2022 – 1 BvL 6/18, Rn. 13 bei Juris und zuvor Beschluss der 2. Kammer des Ersten Senats vom 9.5.2018 – 1 BvL 1/17, Rn. 8 ff. bei Juris.

208 Vgl. Becker, Die Entscheidungserheblichkeit im Verfahren der konkreten Normenkontrolle, in: Becker/Lange, Linien der Rechtsprechung des Bundesverfassungsgerichts, Band 3, 2014, 22 ff.

209 Vgl. Beschluss der 1. Kammer des Zweiten Senats vom 26.4.2023 – 2 BvL 14/19, Rn. 29 bei Juris.

210 BVerfGE 149, 1 (10 f., Rn. 21); 141, 1 (10 f., Rn. 22); 131, 88 (117); 131, 1 (15); 129, 186 (204 f.) – Investitionszulagengesetz; 124, 251 (260); 121, 233 (252 f.); Beschluss der 3, Kammer des Zweiten Senats vom 18.12.2023 – 2 BvL 7/16, Rn. 23 bei Juris; Beschlüsse der 3. Kammer des Ersten Senats vom 17.12.2019 – 1 BvL 6/16, Rn. 15 bei Juris, vom 18.7.2019 – 1 BvL 1/18 ua, Rn. 36 bei Juris, vom 2.12.2013 – 1 BvL 5/12, Rn. 5 bei Juris, und vom 14.3.2011 – 1 BvL 13/07, Rn. 55 bei Juris.

211 Vgl. Beschlüsse der 2. Kammer des Zweiten Senats vom 9.10.2019 – 2 BvL 13/19, Rn. 17 f. bei Juris, und vom 17.7.2019 – 2 BvL 11/19, Rn. 18 bei Juris.

212 Vgl. Beschlüsse der 2. Kammer des Zweiten Senats vom 4.5.2022 – 2 BvL 1/22, R. 21 f. bei Juris, vom 17.7.2019 – 2 BvL 11/19, Rn. 11 bei Juris, und vom 16.11.2010 – 2 BvL 12/09, Rn. 59 bei Juris; Beschluss der 1. Kammer des Ersten Senats vom 29.12.2015 – 1 BvL 4/11, Rn. 13 bei Juris; Beschluss der 3. Kammer des Ersten Senats vom 13.5.2009 – 1 BvL 7/08, Rn. 14 bei Juris.

213 Beschluss der 3. Kammer des Ersten Senats vom 26.2.2020 – 1 BvL 5/19, Rn. 10 bei Juris; Beschlüsse der 2. Kammer des Zweiten Senats vom 5.2.2020 – 2 BvL 7/19, Rn. 14 bei Juris, vom 9.10.2019 – 2 BvL 13/19, Rn. 16 bei Juris, vom 14.8.2019 – 2 BvL 12/19, Rn. 11 bei Juris, vom 5.12.2017 – 2 BvL 12/17, Rn. 18 bei Juris, und vom 16.11.2010 – 2 BvL 12/09, Rn. 60 bei Juris; aus der Senatsrechtsprechung vgl. BVerfGE 88, 187 (194).

214 Vgl. Beschluss der 3. Kammer des Zweiten Senats vom 3.3.2023 – 2 BvL 11/22 ua, Rn. 30 bei Juris.

ten.[215] Die Schilderung des Sachverhalts und die daraus folgende Annahme des Fachgerichts, die vorgelegte Norm sei entscheidungserheblich, müssen aus sich heraus, also auch ohne Studium der beigefügten Verfahrensakten, verständlich sein.[216] Die spezifische Betroffenheit der Parteien des Ausgangsverfahrens muss verdeutlicht werden.[217] Maßgebende Unterlagen, die nicht Akteninhalt sind, auf die das vorlegende Gericht aber seine Begründung stützen möchte, müssen vorgelegt oder ihrem wesentlichen Inhalt nach wiedergegeben werden.[218]

Bei der Annahme eines **Gleichheitsverstoßes** gehört dazu auch die eindeutige Bezeichnung der Sachverhalte oder Personengruppen, die aus Sicht des Gerichts miteinander verglichen werden können und zu Unrecht ungleich behandelt werden.[219] Im Übrigen reicht es für die Begründung der Entscheidungserheblichkeit insoweit aber aus, dass nicht ausgeschlossen werden kann, dass der Kläger des Ausgangsverfahrens bei einer gesetzlichen Neuregelung in den Genuss der ihm bislang versagten Vergünstigung kommt; das Offenhalten einer Chance genügt insoweit.[220] 116

Außerdem muss sich das Gericht eingehend mit der **einfachrechtlichen Rechtslage** auseinandergesetzt haben.[221] Dazu muss es – genau wie zur Frage der Verfassungswidrigkeit der vorgelegten Norm – die zur Auslegung und Anwendung des Gesetzes in Rechtsprechung und Literatur vertretenen Auffassungen berücksichtigen[222] und zu unterschiedlichen Auslegungsmöglichkeiten Stellung nehmen, soweit sie für die Entscheidungserheblichkeit maßgeblich sein können.[223] Der Hinweis auf in Aufsätzen in Fachzeitschriften vertretene Auffassungen ersetzt nicht die geforderte eigenständige Begrün- 117

---

215 Vgl. Beschluss der 2. Kammer des Zweiten Senats vom 14.8.2019 – 2 BvL 12/19, Rn. 13 bei Juris.

216 Vgl. BVerfGE 107, 59 (85); 88, 187 (194); Beschlüsse der 2. Kammer des Ersten Senats vom 15.2.2016 – 1 BvL 8/12, Rn. 18 bei Juris, und vom 25.9.2012 – 1 BvL 6/11, Rn. 20 bei Juris.

217 Beschluss der 3. Kammer des Ersten Senats vom 29.4.2022 – 1 BvL 3/17 ua, Rn. 34 f. bei Juris.

218 Vgl. Beschluss der 2. Kammer des Ersten Senats vom 29.10.2020 – 1 BvL 7/17, Rn. 17 f. bei Juris.

219 Vgl. Beschlüsse der 2. Kammer des Ersten Senats vom 16.6.2016 – 1 BvL 9/14, Rn. 15 bei Juris, und vom 15.2.2016 – 1 BvL 8/12, Rn. 18 bei Juris; Beschluss der 3. Kammer des Ersten Senats vom 24.6.2010 – 1 BvL 5/10, Rn. 21 bei Juris.

220 Vgl. BVerfGE 161, 163 (246 f., Rn. 221); 160, 41 (61, Rn. 46); 159, 183 (206, Rn. 56); 159, 149 (174, Rn. 66); 130, 131 (140); 121, 108 (115); Beschluss der 3. Kammer des Ersten Senats vom 18.7.2019 – 1 BvL 1/18 ua, Rn. 36 bei Juris.

221 Vgl. BVerfGE 148, 64 (68 f., Rn. 14); Beschluss der 2. Kammer des Zweiten Senats vom 5.2.2020 – 2 BvL 7/19, Rn. 14 bei Juris.

222 BVerfGE 159, 183 (205, Rn. 54); 124, 251 (260); 121, 233 (238); Beschluss der 1. Kammer des Zweiten Senats vom 26.4.2023 – 2 BvL 14/19, Rn. 29 bei Juris; Beschluss der 2. Kammer des Ersten Senats vom 24.1.2023 – 1 BvL 11/20, Rn. 17 bei Juris; Beschlüsse der 3. Kammer des Ersten Senats vom 29.4.2022 – 1 BvL 2/17 ua, Rn. 17 bei Juris, und vom 31.3.2022 – 1 BvL 8/21, Rn. 8 bei Juris; Beschluss der 2. Kammer des Zweiten Senats vom 17.7.2019 – 2 BvL 10/19, Rn. 17 bei Juris; Beschluss der 1. Kammer des Ersten Senats vom 29.12.2015 – 1 BvL 4/11, Rn. 14 bei Juris.

223 BVerfGE 105, 48 (56); Beschluss der 2. Kammer des Ersten Senats vom 29.10.2020 – 1 BvL 7/17, Rn. 9 bei Juris; Beschluss der 2. Kammer des Zweiten Senats vom 14.8.2019 – 2 BvL 12/19, Rn. 11 bei Juris; Beschluss der 3. Kammer des Zweiten Senats vom 11.8.2008 – 2 BvL 5/03, Rn. 29 bei Juris.

dung der Entscheidungserheblichkeit und Auseinandersetzung mit einschlägiger Rechtsprechung und Literatur.[224]

118 **Hängt die Entscheidung von mehreren Rechtsvorschriften ab**, müssen auch diejenigen, die das vorlegende Gericht für sich genommen nicht für verfassungswidrig hält, in die rechtlichen Erwägungen einbezogen werden.[225]

119 Das vorlegende Gericht muss auch begründen, warum es die Klage nach den im Ausgangsverfahren maßgeblichen Vorschriften des Prozessrechts überhaupt für zulässig hält.[226] Hierfür kann auch eine Auslegung des fachgerichtlichen Antrags erforderlich sein.[227] Wird aus dem Vorlagebeschluss nicht deutlich, warum das vorlegende Gericht von der **Zulässigkeit der Klage** ausgeht, bleibt die Möglichkeit offen, dass die materiellrechtliche Frage, deren Beurteilung von der Gültigkeit der zur Prüfung gestellten Norm abhängt, nicht zur Entscheidung anfällt,[228] und insofern fehlt es dann an einer hinreichenden Begründung der Entscheidungserheblichkeit. An eine nicht näher begründete Behauptung des vorlegenden Gerichts, dass eine Sachurteilsvoraussetzung vorliege, ist das Bundesverfassungsgericht nicht gebunden.[229]

120 Aus der Begründung der Entscheidungserheblichkeit muss also deutlich werden, dass das vorlegende Gericht alle denkbaren Entscheidungsalternativen geprüft hat und warum es im Falle der Gültigkeit der Norm zu einem bestimmten Ergebnis und im Falle der Ungültigkeit der Norm zwingend zu einem bestimmten anderen Ergebnis gekommen ist. Insofern bietet die Begründung der Entscheidungserheblichkeit dem Bundesverfassungsgericht auch die **Möglichkeit, auf die Auslegung einfachen Rechts zuzugreifen** und den Fachgerichten vorzuhalten, wie das Gesetz aus Sicht des Bundesverfassungsgerichts ausgelegt werden sollte, um verfassungsrechtliche Bedenken auszuräumen. An die fachgerichtliche Auslegung einfachen Rechts ist das Bundesverfassungsgericht nicht gebunden.[230]

121 Ein weiterer Aspekt bei der Begründung der Entscheidungserheblichkeit war schon bisher die Verknüpfung mit Europarecht. Nach der bisherigen Rechtsprechung entfiel die Entscheidungserheblichkeit, wenn das Gesetz

224 Beschluss der 2. Kammer des Zweiten Senats vom 20.8.2013 – 2 BvL 7/11, Rn. 11 bei Juris.

225 Vgl. BVerfGE 159, 149 (170 f. Rn. 58); 131, 1 (15); 124, 251 (260); 105, 48 (56); Beschluss der 3. Kammer des Zweiten Senats vom 7.11.2023 – 2 BvL 12/20, Rn. 29 bei Juris; Beschluss der 1. Kammer des Ersten Senats vom 26.2.2020 – 1 BvL 1/20, Rn. 9 bei Juris; Beschluss der 3. Kammer des Ersten Senats vom 17.12.2019 – 1 BvL 6/16, Rn. 15 bei Juris; Beschlüsse der 1. Kammer des Zweiten Senats vom 3.5.2012 – 2 BvL 17/08, Rn. 20 bei Juris, und vom 9.12.2008 – 2 BvL 7/04, Rn. 21 bei Juris; vgl. auch Beschlüsse der 2. Kammer des Ersten Senats vom 9.5.2018 – 1 BvL 1/17, Rn. 12 bei Juris, und vom 6.10.2017 – 1 BvL 2/15 ua, Rn. 17 f. bei Juris.

226 Beschluss der 1. Kammer des Zweiten Senats vom 19.12.2023 – 2 BvL 9/16, Rn. 41 bei Juris.

227 Vgl. Beschluss der 1. Kammer des Zweiten Senats vom 26.4.2023 – 2 BvL 14/19, Rn. 29 bei Juris.

228 Vgl. Beschluss der 1. Kammer des Zweiten Senats vom 21.6.2011 – 2 BvL 15/08, Rn. 32 bei Juris; vgl. auch BVerfGE 160, 1 (14 f., Rn. 38).

229 Beschluss der 1. Kammer des Zweiten Senats vom 26.4.2023 – 2 BvL 14/19, Rn. 31 bei Juris.

230 BVerfG, Beschluss des Zweiten Senats vom 28.11.2023 – 2 BvL 8/13, Rn. 116 bei Juris.

nicht der Prüfung durch das Bundesverfassungsgericht unterlag, weil der **Gesetzgeber zwingende europarechtliche Vorgaben ohne eigenen Regelungsspielraum umgesetzt** hatte (dazu → Rn. 86 ff.). Deshalb musste das vorlegende Fachgericht bislang zur Begründung der Entscheidungserheblichkeit im Hinblick auf ein Gesetz, das auf europarechtlichen Vorgaben beruht, seine Annahme begründen, dass das einschlägige Unionsrecht dem nationalen Gesetzgeber in der betreffenden Frage einen Umsetzungsspielraum belässt, und sich hierbei mit den in Rechtsprechung und Literatur vertretenen Auffassungen auseinandersetzen.[231] Dieses Begründungserfordernis besteht hingegen nicht, wenn die vorgelegte nationale Norm lediglich im Umfeld europarechtlicher Vorschriften angesiedelt, aber selbst nicht unionsrechtlich überformt ist.[232]

Ebenso bedurfte es einer Befassung mit der europarechtlichen Rechtslage, 122
wenn im Raum steht, dass das nationale Gesetz **wegen Verstoßes gegen europarechtliche Vorgaben unanwendbar** ist. Das vorlegende Gericht muss zur Begründung der Entscheidungserheblichkeit darlegen, warum es nicht von einer europarechtlich gebotenen Unanwendbarkeit der Norm ausgeht.[233]

Diese Verschärfung der Begründungspflicht in der Rechtsprechung des Bun- 123
desverfassungsgerichts stieß in der Literatur auf gravierende **Kritik**, und zwar nicht nur deshalb, weil die Anforderungen des Bundesverfassungsgerichts **kaum noch erfüllbar** schienen,[234] sondern auch deshalb, weil sie **nicht mehr kalkulierbar** waren.[235] Letztlich konnte mit den Maßstäben des Bundesverfassungsgerichts jede Vorlage mangels hinreichender Begründung als unzulässig beurteilt werden, weil sich stets ein Gesichtspunkt des Verfassungsrechts, des Europarechts oder des einfachen Rechts finden ließ, auf den das vorlegende Gericht noch genauer hätte eingehen können und zu dem daher mit einer juristisch in sich schlüssigen Begründung gesagt werden kann, dass sich das Gericht mit dieser Frage nicht ausreichend auseinandergesetzt hat.

Das dürfte sich aus den schon behandelten Gründe (vgl. → Rn. 59 f. und 124
→ Rn. 86) im Gefolge der Anerkennung der Unionsgrundrechte als verfassungsgerichtlichen Prüfungsmaßstab in einem neuen Licht darstellen. Da das Beurteilungsrisiko für die Entscheidungserheblichkeit und ihre Begründung beim Fachrichter liegt, wird dieser **dem Thema durch Vorlage an den Gerichtshof der Europäischen Union nach Art. 267 AEUV ausweichen**. Wenn das Bundesverfassungsgericht das vermeiden will, wofür die Stoßrichtung der „Recht auf Vergessen"-Rechtsprechung des Ersten Senats spricht, dann müsste es in den europarechtlich beeinflussten Fallkonstellationen die Darlegung der Entscheidungserheblichkeit als Zulässigkeitserfordernis weitgehend aufgeben. Ob das geschieht, ist deshalb zweifelhaft, weil damit die restriktive Handhabung im Übrigen, also in Fällen ohne europarechtlichen Einschlag, unter Rechtfertigungsdruck gesetzt wird.

---

231 Vgl. BVerfGE 129, 186 (204 f.) – Investitionszulagengesetz.
232 Vgl. BVerfGE 156, 354 (386 f., Rn. 100 f.).
233 Vgl. BVerfGE 160, 1 (16 f., Rn. 45 f.); Beschluss der 3. Kammer des Ersten Senats vom 18.11.2008 – 1 BvL 4/08, Rn. 12 bei Juris; vgl. auch Beschluss der 2. Kammer des Ersten Senats vom 3.9.2013 – 1 BvL 7/12, Rn. 17 bei Juris.
234 Vgl. Lechner/Zuck/Zuck § 80 Rn. 31.
235 Vgl. Benda/Klein VerfassungsProzR/E. Klein Rn. 889.

125 Denn generell gilt: Wenn das Bundesverfassungsgericht einem Gericht ausnahmsweise bescheinigt, die Vorlage ordnungsgemäß begründet zu haben, drängt sich der **Eindruck der Beliebigkeit** auf. Das Bundesverfassungsgericht hat sich mit der Verschärfung der Begründungspflicht die Möglichkeit geschaffen, weitgehend frei zu entscheiden, welche Gesetze es auf eine Richtervorlage hin auf ihre Verfassungswidrigkeit untersucht und welche nicht. Sowohl die hohen Hürden als solche als auch der Eindruck der Beliebigkeit sind geeignet, die Fachgerichte davon abzuhalten, konkrete Normenkontrollverfahren einzuleiten. Es kann unterstellt werden, dass diese **abschreckende Wirkung** der Intention des Bundesverfassungsgerichts entspricht.

126 Die Gründe, die vom Bundesverfassungsgericht zur Rechtfertigung seiner Rechtsprechung angeführt werden, können allenfalls das generelle Bedürfnis belegen, die Richtervorlagen auf die Fälle zu beschränken, in denen die Verfassungswidrigkeit eines entscheidungserheblichen Gesetzes ernsthaft in Frage kommt. Das Bundesverfassungsgericht beruft sich hierfür neben der allgemeinen Entlastungsfunktion des Begründungszwangs[236] und dem Unterschied zwischen konkreter und abstrakter Normenkontrolle[237] einerseits auf die funktionsgerechte Aufgabenteilung zwischen dem verfassungsgerichtlichen und dem fachgerichtlichen Verfahren,[238] also auf den Gedanken der **Subsidiarität der Verfassungsgerichtsbarkeit**,[239] und weist andererseits darauf hin, dass die Fachgerichte den **Justizgewährungsanspruch der Parteien des Ausgangsverfahrens** zu beachten haben und ihn beeinträchtigen, wenn sie den Rechtsstreit ohne ausreichenden Anlass zum Zwecke der Richtervorlage aussetzen und dadurch eine Verzögerung verursachen.[240] Die Kritik an einer Überdehnung der Anforderungen an die Begründung der Vorlage und an der dadurch ermöglichten Beliebigkeit der Anwendung dieser Anforderungen im Einzelfall können diese Argumente jedoch nicht widerlegen.

§ 81 [Entscheidung über die Rechtsfrage]

Das Bundesverfassungsgericht entscheidet nur über die Rechtsfrage.

1 § 81 betrifft die **Entscheidung** des Bundesverfassungsgerichts **im Verfahren der konkreten Normenkontrolle**. Die Regelung ist aber nur rudimentär.

---

236 Vgl. BVerfGE 159, 149 (170 f., Rn. 58); 153, 310 (333, Rn. 55); Beschluss der 3. Kammer des Zweiten Senats vom 3.3.2023 – 2 BvL 11/22 ua, Rn. 28 bei Juris.

237 Beschluss der 1. Kammer des Zweiten Senats vom 26.4.2023 – 2 BvL 14/19, Rn. 29 bei Juris.

238 BVerfGE 132, 360 (388, Rn. 45).

239 Beschlüsse der 3. Kammer des Ersten Senats vom 12.9.2013 – 1 BvL 11/12, Rn. 5 bei Juris, vom 20.11.2012 – 1 BvL 13/10, Rn. 5 bei Juris, und vom 13.5.2009 – 1 BvL 7/08, Rn. 14 bei Juris; Beschluss der 2. Kammer des Ersten Senats vom 30.11.2010 – 1 BvL 3/07, Rn. 34 bei Juris; siehe auch schon BVerfGE 65, 265 (277).

240 Vgl. Beschluss der 2. Kammer des Zweiten Senats vom 30.6.2021 – 2 BvL 20/20, Rn. 27 bei Juris; Beschluss der 2. Kammer des Ersten Senats vom 19.8.2011 – 1 BvL 15/11, Rn. 12 bei Juris; siehe auch schon BVerfGE 78, 165 (178); zustimmend Burkiczak/Dollinger/Schorkopf BVerfGG/Dollinger § 80 Rn. 89.

Die Vorschrift äußert sich nur zu einem einzelnen Aspekt des Inhalts der Entscheidung. Die weiteren Fragen der Entscheidungsfindung, der Entscheidungszuständigkeit und des Entscheidungsausspruchs müssen anhand anderer Vorschriften des Bundesverfassungsgerichtsgesetzes beantwortet werden.

Die Entscheidung, die in § 81 angesprochen ist, ist die Sachenentscheidung, 2 die im Falle der Zulässigkeit der Richtervorlage zu treffen ist. Wird der Normenkontrollantrag hingegen schon als unzulässig beurteilt, stellt das Bundesverfassungsgericht lediglich die **Unzulässigkeit der Vorlage** fest, ohne über die ihm zur Prüfung vorgelegte Rechtsfrage in der Sache zu entscheiden.[1] Die Feststellung der Unzulässigkeit der Vorlage erfolgt durch den Senat oder unter den Voraussetzungen des § 81a durch die Kammer. Auch diese prozessuale Entscheidung beendet das konkrete Normenkontrollverfahren und lässt den Aussetzungsgrund im Ausgangsverfahren entfallen. Sie entfaltet aber keine Bindungswirkung nach § 31 Abs. 1 und keine Gesetzeskraft nach § 31 Abs. 2, weil mit ihr nicht über die Gültigkeit der Norm in der Sache entschieden wird (→ § 81a Rn. 12).

Die Prüfung der Zulässigkeit der Vorlage hat prozessual grundsätzlich Vor- 3 rang vor der Sachentscheidung über die vorgelegte Rechtsfrage. Nur bei einer **A-Limine-Abweisung** nach § 24 kann die Zulässigkeit der Vorlage offengelassen werden, wenn der konkrete Normenkontrollantrag offensichtlich unbegründet ist.[2] Eine solche A-Limine-Abweisung wegen offensichtlicher Unbegründetheit stellt eine Sachentscheidung im Sinne des § 81 dar. Allerdings hat die Regelung des § 24, die eine vereinfachte Entscheidung des Senats ermöglicht, im Verfahren der konkreten Normenkontrolle seit Einführung der Kammerzuständigkeit nach § 81a nur noch geringe praktische Bedeutung (→ § 24 Rn. 5).[3]

Über welche **Rechtsfrage** gemäß § 81 ausschließlich zu entscheiden ist, ergibt 4 sich aus dem Gegenstand des konkreten Normenkontrollverfahrens, der sich aus Art. 100 Abs. 1 GG und mittelbar aus den Begründungsanforderungen des § 80 Abs. 2 Satz 1 erschließt. Das Bundesverfassungsgericht hat über die Gültigkeit des ihm zur Prüfung vorgelegten Gesetzes zu entscheiden, also über seine Vereinbarkeit mit dem Grundgesetz, ggf. aber auch mit Unionsgrundrechten (siehe → § 80 Rn. 60) oder im Falle eines Landesgesetzes auch mit sonstigem Bundesrecht.

Indem § 81 bestimmt, dass das Bundesverfassungsgericht „nur" über diese 5 Rechtsfrage zu entscheiden hat, stellt das Gesetz klar, dass **für die Entscheidung im Ausgangsverfahren** nach Abschluss des konkreten Normenkontrollverfahrens weiterhin **ausschließlich das vorlegende Gericht zuständig** ist. Allerdings ist das Fachgericht an die Entscheidung des Bundesverfassungsgerichts über die Gültigkeit der Norm schon aufgrund der innerprozessualen Bindungswirkung dieser Entscheidung gebunden (→ § 31 Rn. 18).[4] Die

1 Vgl. BVerfGE 159, 149 (149); 148, 64 (64); 132, 360 (360).
2 BVerfG, Beschluss des Ersten Senats vom 7.7.2004 – 1 BvL 3/04, Rn. 1 bei Juris; BVerfGE 78, 232 (244); 76, 100 (105).
3 Siehe aber auch BVerfG, Beschluss des Ersten Senats vom 7.7.2004 – 1 BvL 3/04, Rn. 1 bei Juris.
4 Vgl. auch Schmidt-Bleibtreu/Klein/Bethge BVerfGG/Ulsamer/Müller-Terpitz § 81 Rn. 26 (Stand: Januar 2017).

darüberhinausgehende Bindungswirkung der Entscheidung für alle anderen Gerichte und Behörden sowie für den Gesetzgeber folgt aus § 31 Abs. 1.[5]

6 Zwar setzt die Zulässigkeit der Richtervorlage gemäß § 80 Abs. 2 Satz 1 voraus, dass das vorlegende Gericht angibt, mit welcher übergeordneten Rechtsvorschrift das zur Prüfung gestellte Gesetz aus seiner Sicht unvereinbar ist. Die Begründetheitsprüfung des Bundesverfassungsgerichts ist aber nicht darauf beschränkt, die Vereinbarkeit des Gesetzes mit dieser vom vorlegenden Gericht bezeichneten Vorschrift zu untersuchen. Vielmehr wird die **Verfassungsmäßigkeit des** in zulässiger Weise zur Prüfung gestellten **Gesetzes umfassend** unter allen in Betracht kommenden verfassungsrechtlichen Gesichtspunkten **geprüft.**[6]

7 Das Bundesverfassungsgericht ist überdies nicht an den Wortlaut der ihm zur Prüfung gestellten Rechtsfrage gebunden. Es kann **den Inhalt der Rechtsfrage durch Auslegung näher bestimmen.**[7] Dabei hält sich das Bundesverfassungsgericht für befugt, die Rechtsfrage nicht nur auf ihren entscheidungserheblichen Teil zu begrenzen,[8] sondern sie gegebenenfalls auch zu erweitern[9] oder umzudeuten (vgl. näher → § 80 Rn. 21 ff.).[10]

8 Selbstverständlich ist das Bundesverfassungsgericht **nicht an das Verständnis des vorlegenden Gerichts vom Regelungsgehalt der Vorschrift des Grundgesetzes gebunden**, mit der aus Sicht des Fachgerichts das zur Prüfung gestellte Gesetz unvereinbar ist. Vielmehr hat das Bundesverfassungsgericht im Rahmen seiner Kompetenz gerade zu prüfen, ob die Auffassung des vorlegenden Gerichts, die Vorschrift des Grundgesetzes sei in einem bestimmten Sinne zu verstehen und werde deshalb durch das vorgelegte Gesetz verletzt, richtig ist oder nicht.

9 Aber **auch im Übrigen** ist das Bundesverfassungsgericht **nicht an die Rechtsauffassung des vorlegenden Gerichts gebunden**, dh auch nicht an die fachgerichtliche Auslegung des einfachen Rechts.[11] So kann das Bundesverfassungsgericht insbesondere einer vom Fachgericht verworfenen **verfassungskonformen Auslegung** des zur Prüfung gestellten Gesetzes den Vorzug geben, aufgrund derer sich das Gesetz als mit höherrangigem Recht vereinbar erweist. In der Regel wird es die Richtervorlage in einem solchen Fall zwar schon als unzulässig beurteilen, weil das vorlegende Gericht die verfassungskonforme Auslegung des Gesetzes nicht hinreichend erwogen

---

5 Dagegen auch für das vorlegende Gericht auf § 31 Abs. 1 abstellend: Barczak BVerfGG/Moradi Karkaj § 81 Rn. 20; Burkiczak/Dollinger/Schorkopf BVerfGG/Dollinger § 81 Rn. 23.

6 Vgl. BVerfGE 153, 358 (376, Rn. 39); 141, 1 (14 f., Rn. 31); 133, 1 (12, Rn. 41); 126, 369 (388); 126, 268 (276); 126, 77 (98).

7 Vgl. BVerfGE 162, 277 (295 f., Rn. 41); 161, 163 (243 f., Rn. 211); 153, 310 (330, Rn. 46); 132, 72 (81, Rn. 18).

8 Vgl. BVerfGE 153, 310 (330 f., Rn. 47 ff.); 150, 204 (228 f., Rn. 72 ff.); 145, 106 (140 f., Rn. 95); 141, 82 (95 f., Rn. 40); 139, 285 (297 ff., Rn. 38 f.).

9 Vgl. BVerfGE 161, 163 (243 f., Rn. 211); 152, 68 (111, Rn. 113 und 115).

10 BVerfGE 150, 204 (227 f., Rn. 70); 149, 1 (14 f., Rn. 29 ff.); 145, 1 (7 f., Rn. 15); 139, 285 (297 ff., Rn. 37 ff.).

11 Vgl. BVerfG, Beschluss des Zweiten Senats vom 28.11.2023 – 2 BvL 8/13, Rn. 116 bei Juris; Schmidt-Bleibtreu/Klein/Bethge BVerfGG/Ulsamer/Müller-Terpitz § 81 Rn. 11 (Stand: Januar 2017).

und die Vorlage daher nicht nach § 80 Abs. 2 Satz 1 ordnungsgemäß begründet hat.[12] Zwingend ist das aber nicht. Das Bundesverfassungsgericht kann die Begründung des vorlegenden Gerichts auch als zulässig akzeptieren und dann bei der Sachentscheidung dennoch von der fachgerichtlichen Auslegung des vorgelegten Gesetzes abweichen.[13]

Die Sachentscheidung über die Gültigkeit eines Gesetzes kann im Verfahren der konkreten Normenkontrolle stets nur der nach § 14 zuständige **Senat** treffen. Den Kammern ist gemäß § 81a nur eine begrenzte Entscheidungsbefugnis zur Feststellung der Unzulässigkeit der Richtervorlage zugewiesen. 10

Das **Verfahren**, das zu einer Sachentscheidung über die Rechtsfrage nach § 81 führt, richtet sich nach den allgemeinen Verfahrensvorschriften der §§ 17 ff. unter Berücksichtigung der besonderen Regelungen des § 82. Der Entscheidung hat daher gemäß § 25 Abs. 1 grundsätzlich eine mündliche Verhandlung voranzugehen,[14] sofern nicht alle Beteiligten auf sie verzichten. Beteiligte sind aber nur die Verfassungsorgane, die dem Verfahren nach § 82 Abs. 2 beitreten. Die Parteien des Ausgangsverfahrens erhalten zwar in einer mündlichen Verhandlung das Wort (§ 82 Abs. 3, 2. Halbsatz), aber sie sind nicht Beteiligte des konkreten Normenkontrollverfahrens und können die Durchführung der mündlichen Verhandlung daher nicht erzwingen (→ § 82 Rn. 11 ff.). 11

Treten die Verfassungsorgane dem Verfahren nicht bei, bleibt das Verfahren somit beteiligtenlos, und das Bundesverfassungsgericht hält sich in einem solchen Fall für berechtigt, nach eigenem Ermessen von einer mündlichen Verhandlung abzusehen (dazu → § 25 Rn. 6).[15] Das führt dazu, dass faktisch eine **mündliche Verhandlung meist unterbleibt**. 12

Der **Entscheidungsausspruch** hängt davon ab, ob sich das Bundesverfassungsgericht der Auffassung des vorlegenden Gerichts, das die vorgelegte Norm für verfassungswidrig hält, anschließt oder ob es das Gesetz als verfassungsgemäß beurteilt. Die Entscheidung über die Rechtsfrage entfaltet in beiden Entscheidungsvarianten **Bindungswirkung nach § 31 Abs. 1** und besitzt **Gesetzeskraft nach § 31 Abs. 2** (→ § 31 Rn. 41). Deshalb muss die Gültigkeit oder Ungültigkeit des zur Prüfung gestellten Gesetzes ausdrücklich tenoriert werden. Eine bloße Zurückweisung des Normenkontrollantrags genügt im Falle einer Sachentscheidung über die Rechtsfrage nicht.[16] 13

Wird das zur Prüfung gestellte Gesetz als verfassungsgemäß beurteilt, stellt das Bundesverfassungsgericht fest, dass das Gesetz mit dem Grundgesetz oder 14

---

12 Vgl. BVerfGE 159, 149 (178 f., Rn. 78); 131, 88 (118); 124, 251 (262); 121, 108 (117); Beschlüsse der 3. Kammer des Ersten Senats vom 6.3.2018 – 1 BvL 1/16, Rn. 24 bei Juris, und vom 28.4.2011 – 1 BvL 1/10, Rn. 18 bei Juris; Beschluss der 2. Kammer des Ersten Senats vom 6.10.2017 – 1 BvL 2/15 ua, Rn. 18 bei Juris.

13 Vgl. BVerfGE 153, 358 (376, Rn. 40); Benda/Klein VerfassungsProzR/E. Klein Rn. 860.

14 Vgl. BVerfGE 152, 68 (106, Rn. 98); 148, 147 (177, Rn. 76); 147, 253 (300, Rn. 85); 130, 263 (264).

15 Vgl. BVerfGE 157, 223 (248, Rn. 60), wo nach einer Verbindung einer abstrakten mit mehreren konkreten Normenkontrollverfahren nur die Beteiligten des abstrakten Normenkontrollverfahrens nach einem Verzicht auf eine mündliche Verhandlung gefragt wurden.

16 So auch Barczak BVerfGG/Moradi Karkaj § 81 Rn. 12; Burkiczak/Dollinger/Schorkopf BVerfGG/Dollinger § 81 Rn. 18.

im Falle eines Landesgesetzes auch mit dem übrigen Bundesrecht **vereinbar** ist.[17] Dabei kann das Bundesverfassungsgericht im Tenor auch eine bestimmte **verfassungskonforme Auslegung** des Gesetzes vorgeben,[18] die Vereinbarkeit an aus den Entscheidungsgründen folgende Maßgaben knüpfen[19] oder die Einschränkung der Prüfung des Gesetzes auf eine bestimmte entscheidungserhebliche Rechtsfrage zum Ausdruck bringen.[20] Der Ausspruch der Vereinbarkeit eines Gesetzes mit dem Grundgesetz findet sich in den Entscheidungen des Bundesverfassungsgerichts im Verfahren der konkreten Normenkontrolle seltener als eine Normverwerfung, weil die Vorlage dann, wenn das Bundesverfassungsgericht die Auffassung des vorlegenden Fachgerichts von der Verfassungswidrigkeit einer Norm nicht teilt, meist schon mangels hinreichender Begründung der Verfassungswidrigkeit (dazu näher → § 80 Rn. 62 ff.) als unzulässig beurteilt wird.

15 Kommt das Bundesverfassungsgericht zum Ergebnis, dass das vorgelegte Gesetz verfassungswidrig ist, schreibt § 82 Abs. 1 iVm § 78 Satz 1 den Entscheidungsausspruch vor: **Das Gesetz ist für nichtig zu erklären.**[21] Wie im Falle der unmittelbaren Anwendung des § 78 Satz 1 im Verfahren der abstrakten Normenkontrolle und des § 95 Abs. 3 Satz 1 im Verfahren der Verfassungsbeschwerde behält sich das Bundesverfassungsgericht aber vor, ein als verfassungswidrig erkanntes Gesetz **lediglich** mit dem Grundgesetz **für unvereinbar zu erklären** (dazu näher → § 82 Rn. 7, → § 78 Rn. 11 ff., → § 95 Rn. 46 ff.).[22] Dieser Entscheidungsausspruch kann mit der Nichtigerklärung des Gesetzes für den Fall, dass der Gesetzgeber die verfassungswidrigen Regelungen nicht innerhalb einer angeordneten Frist durch eine Neuregelung ersetzt, kombiniert werden.[23] Ein Gesetz kann hinsichtlich mehrerer Regelungsinhalte auch teilweise nichtig und teilweise nur mit dem Grundgesetz unvereinbar sein[24] oder für teilweise nichtig und teilweise mit dem Grundgesetz vereinbar erklärt werden.[25]

---

17 Beispiele: BVerfG, Beschluss des Ersten Senats vom 21.11.2023 – 1 BvL 6/21, Tenor bei Juris; BVerfGE 160, 284 (284); 156, 354 (355); 153, 358 (359); 152, 274 (275); 141, 1 (2); 136, 152 (152); 133, 1 (1); 131, 20 (21); 127, 224 (224); 126, 233 (234); 123, 111 (112).

18 Beispiel: BVerfGE 127, 263 (264).

19 Beispiel: BVerfGE 149, 126 (127).

20 Beispiele: BVerfGE 153, 310 (310 f.); 141, 82 (82); 126, 369 (370); 126, 331 (332); 126, 77 (78).

21 Beispiele: BVerfGE 165, 103 (166, Rn. 175 f.); 162, 277 (324 f., Rn. 113 ff.); 160, 1 (17, Rn. 47); 157, 223 (297 f., Rn. 186); 157, 177 (222 f., Rn. 98); 150, 345 (377 f., Rn. 80 ff.); 149, 382 (406 f., Rn. 39); 149, 1 (2); 145, 171 (171); 145, 1 (1); 144, 369 (370 f.); 143, 38 (38 f.).

22 Beispiele: BVerfG, Beschluss des Zweiten Senats vom 28.11.2023 – 2 BvL 8/13, Rn. 197 bei Juris; BVerfG, Beschluss des Ersten Senats vom 1.2.2023 – 1 BvL 7/18, Rn. 186 ff. bei Juris; BVerfGE 164, 139 (191 ff., Rn. 149 ff.); 163, 254 (297 f., Rn. 96 f.); 161, 163 (297 ff., Rn. 369 ff.); 160, 41 (78, Rn. 91); 159, 183 (220 f., Rn. 92); 152, 68 (149 f., Rn. 212 f.); 150, 204 (243, Rn. 109 ff.); 150, 169 (192 f., Rn. 63 f.); 148, 147 (211 ff., Rn. 164 ff.); 143, 216 (217); 142, 313 (313 f.); 141, 143 (143 f.); 135, 238 (238); 134, 1 (1); 133, 59 (60); 132, 372 (372); 132, 134 (134); 130, 263 (264 f.).

23 Vgl. BVerfGE 145, 106 (107 und 168 ff., Rn. 162 ff.); 130, 240 (241).

24 Vgl. BVerfGE 147, 253 (362 f., Rn. 251 ff.).

25 Vgl. BVerfGE 132, 302 (303 f.).

§ 81a [Feststellung der Unzulässigkeit eines Antrags]

[1]Die Kammer kann durch einstimmigen Beschluß die Unzulässigkeit eines Antrages nach § 80 feststellen. [2]Die Entscheidung bleibt dem Senat vorbehalten, wenn der Antrag von einem Landesverfassungsgericht oder von einem obersten Gerichtshof des Bundes gestellt wird.

§ 81a ist eine **reine Zuständigkeitsvorschrift**, die den Kammern bestimmte 1
Entscheidungskompetenzen im Verfahren der konkreten Normenkontrolle zuweist. Insofern ist die Vorschrift in ihrer Struktur mit der im Verfahren der Verfassungsbeschwerde geltenden Regelung des § 93b vergleichbar, inhaltlich aber weit weniger kompliziert ausgestaltet.

Die Übertragung von Entscheidungskompetenzen auf die Kammer soll der 2
Entlastung des Bundesverfassungsgerichts dienen.[1] Das Bundesverfassungsgericht nimmt diese Möglichkeit der Kammerentscheidung in großem Umfang wahr. In den Jahren 2011 bis 2020 wurden **mehr als die Hälfte der Richtervorlagen durch Kammerbeschlüsse nach § 81a Satz 1 für unzulässig erklärt** (61 Kammerbeschlüsse, 58 Senatsentscheidungen). Auch wenn für die Folgejahre eine Differenzierung nach Senats- und Kammerentscheidungen über Richtervorlagen in den Jahresberichten des Bundesverfassungsgerichts nicht mehr zu finden ist, dürfte sich das Verhältnis angesichts der Vielzahl veröffentlichter Kammerentscheidungen nicht wesentlich geändert haben.

Die **Sachentscheidung über die Rechtsfrage** gemäß § 81, also über die Gül- 3
tigkeit der zur Prüfung gestellten Norm, bleibt **stets dem Senat vorbehalten.**

Die **Zuständigkeit der Kammern nach § 81a Satz 1** beschränkt sich darauf, 4
die **Unzulässigkeit der Richtervorlage** festzustellen. Diese Entscheidungskompetenz ist aber in ihrer Bedeutung nicht zu unterschätzen. Das Bundesverfassungsgericht hat die Zulässigkeitsvoraussetzungen der Richtervorlage, insbesondere was die Begründung der Verfassungswidrigkeit und der Entscheidungserheblichkeit nach § 80 Abs. 2 Satz 1 betrifft, derart verschärft (→ § 80 Rn. 106 ff.), dass häufig schon auf der Ebene der Zulässigkeit die Entscheidung darüber fällt, ob der Normenkontrollantrag Erfolg haben kann oder nicht. In der Praxis gibt daher der Berichterstatter, der das Verfahren entweder der Kammer mit dem Votum, die Unzulässigkeit des Antrags festzustellen, oder dem Senat zur Beratung in der Sache vorlegt, die entscheidende Weichenstellung vor.

Die Feststellung der Unzulässigkeit des Antrags nach § 81a Satz 1 setzt aller- 5
dings voraus, dass die Kammer diese Entscheidung **durch einstimmigen Beschluss** trifft. Insofern tragen die anderen Mitglieder der Kammer neben dem Berichterstatter die Verantwortung dafür, dass die Anforderungen an die Zulässigkeit der Vorlage nicht überdehnt werden und die Kammer von ihrer Entscheidungskompetenz nicht übermäßig Gebrauch macht.

Kann in der Kammer **keine Einstimmigkeit** erzielt werden, hat der **Senat** 6
zu entscheiden. Ein Indiz dafür, dass die Herbeiführung einer Entscheidung

1 Lechner/Zuck/Zuck § 81a Rn. 2; Schmidt-Bleibtreu/Klein/Bethge BVerfGG/Ulsamer/Müller-Terpitz § 81a Rn. 1 (Stand: Januar 2017).

des Senats auf fehlender Einstimmigkeit in der Kammer beruht, kann darin liegen, dass auch die Senatsentscheidung, mit der die Unzulässigkeit der Vorlage festgestellt wird, nicht einstimmig ausfällt.[2]

7 Die Entscheidungskompetenz der Kammer ist außerdem nur **optional**. Die Kammer „kann" die Unzulässigkeit der Vorlage feststellen, kann die Entscheidung aber auch dann, wenn die Voraussetzungen des § 81a Satz 1 erfüllt sind, dem Senat überlassen.[3] Ein Beispiel hierfür ist der A-Limine-Abweisungsbeschluss des Ersten Senats vom 7.7.2004,[4] aber auch außerhalb des Anwendungsbereichs des § 24 kann die Unzulässigkeit der Vorlage vom Senat festgestellt werden.[5]

8 **Bei grundsätzlicher Bedeutung der zu entscheidenden Zulässigkeitsfrage sollte** möglichst so verfahren und **die Entscheidung vom Senat getroffen werden**. Aus diesem Grunde hat der Erste Senat zur Entscheidungserheblichkeit im Hinblick auf die eingeschränkte Prüfungskompetenz des Bundesverfassungsgerichts bei Gesetzen, die europarechtliche Vorgaben umsetzen, Stellung genommen.[6]

9 Diesem Gedanken der Bedeutung der Vorlage versucht offenbar auch **§ 81a Satz 2** Rechnung zu tragen. Diese Vorschrift regelt eine **Ausnahme von der Kammerzuständigkeit** nach Satz 1. Stammt die Richtervorlage von einem Landesverfassungsgericht oder einem obersten Gerichtshof des Bundes, ist für die Entscheidung auch dann, wenn die Unzulässigkeit der Vorlage festgestellt wird, nicht die Kammer, sondern stets der Senat zuständig.[7] Diese Ausnahmeregelung mutet aber merkwürdig an, weil ihr die Vorstellung zugrunde zu liegen scheint, dass einer Vorlage dieser Gerichte typischerweise größeres Gewicht zukommt als einer Vorlage der Instanzgerichte oder dass sie mehr Respekt verdienen als die Instanzgerichte und deshalb nicht mit einer Kammerentscheidung abgespeist werden sollten. Die Unterscheidung lässt sich auch nicht mit einer für letztinstanzliche Fachgerichte bestehenden, besonderen Vorlagepflicht erklären.[8]

10 Die Kammer kann die Unzulässigkeit der Vorlage feststellen, ohne den Antrag zuvor an die Beteiligten des Ausgangsverfahrens gemäß § 82 Abs. 3 und die in § 77 iVm § 82 Abs. 1 genannten Verfassungsorgane zuzustellen und ihnen Gelegenheit zur Stellungnahme zu geben. Das ergibt sich zwar nicht unmittelbar aus diesen Vorschriften, hat aber seinen sachlichen Grund darin, dass nur eine Sachentscheidung über die Gültigkeit der Norm die Interessen Dritter berühren kann und ihnen deshalb nur im Falle einer solchen Sachentscheidung zwingend rechtliches Gehör zu gewähren ist.[9] Die **Möglichkeit, von einer Anhörung Dritter bei einer Entscheidung nach**

---

2 Beispiel: BVerfGE 121, 233 (241).
3 Lechner/Zuck/Zuck § 81a Rn. 3; Schmidt-Bleibtreu/Klein/Bethge BVerfGG/Ulsamer/Müller-Terpitz § 81a Rn. 6 (Stand: Januar 2017).
4 BVerfG, Beschluss des Ersten Senats vom 7.7.2004 – 1 BvL 3/04, Rn. 1 bei Juris.
5 Beispiel: BVerfGE 131, 1 (14).
6 BVerfGE 129, 186 (198 ff.) – Investitionszulagengesetz.
7 Beispiele: BVerfGE 159, 149 (169 f., Rn. 56 ff.); 148, 64 (64 und 67 ff., Rn. 12 ff.); 136, 127 (127 und 141 ff., Rn. 42 ff.); 132, 360 (360); 127, 335 (335).
8 So aber Burkiczak/Dollinger/Schorkopf BVerfGG/Dollinger § 81a Rn. 4.
9 So auch Barczak BVerfGG/Moradi Karkaj § 81a Rn. 12.

§ 81a Satz 1 abzusehen, ist deshalb in § 22 Abs. 1 GO-BVerfG vorgesehen und entspricht der Praxis des Bundesverfassungsgerichts. Der Berichterstatter ist aber, wie § 41 GO-BVerfG zeigt, nicht gehindert, Stellungnahmen Dritter dennoch einzuholen,[10] wenn sie für die Beurteilung der Zulässigkeit der Vorlage sinnvoll erscheinen.

Die Kammer entscheidet nach § 81a Satz 1 durch **Beschluss**, also stets ohne mündliche Verhandlung (vgl. § 25 Abs. 2). Häufig weist die Kammer ausdrücklich darauf hin, dass ihre Entscheidung auf § 81a Satz 1 beruht.[11] Der Beschluss **muss begründet werden** (§ 30 Abs. 1 Satz 2). Auf eine dem § 93d Abs. 1 Satz 3 entsprechende Regelung hat der Gesetzgeber für das Verfahren der konkreten Normenkontrolle zu Recht verzichtet, weil das vorlegende Gericht zumindest erfahren soll, warum das Bundesverfassungsgericht die beantragte Entscheidung über die Gültigkeit der zur Prüfung gestellten Norm nicht getroffen hat, um daraus seine Konsequenzen für das Ausgangsverfahren ziehen zu können. Dies schließt sehr kurze, formelhafte Begründungen nicht aus.[12] 11

Die Feststellung der Unzulässigkeit der Vorlage durch die Kammer hat dieselben **Rechtswirkungen** wie die entsprechende prozessuale Entscheidung des Senats. Sie stellt keine nach § 31 Abs. 1 und Abs. 2 bindende Sachentscheidung über die Gültigkeit der Norm dar, so dass die Rechtsfrage ohne Weiteres Gegenstand einer erneuten Vorlage sein kann (→ § 80 Rn. 113). Das Normenkontrollverfahren ist durch die Entscheidung der Kammer abgeschlossen, so dass der Aussetzungsgrund im Ausgangsverfahren entfällt. 12

Der Kammerbeschluss ist **unanfechtbar**.[13] Angesichts des objektiven Charakters des Verfahrens (→ § 80 Rn. 2 f.) ist insbesondere eine Gegenvorstellung des vorlegenden Gerichts ausgeschlossen.[14] 13

§ 82 [Beitritts- und Äußerungsberechtigte]

(1) Die Vorschriften der §§ 77 bis 79 gelten entsprechend.

(2) Die in § 77 genannten Verfassungsorgane können in jeder Lage des Verfahrens beitreten.

(3) Das Bundesverfassungsgericht gibt auch den Beteiligten des Verfahrens vor dem Gericht, das den Antrag gestellt hat, Gelegenheit zur Äuße-

---

10 Vgl. Beschlüsse der 1. Kammer des Zweiten Senats vom 15.6.2023 – 2 BvL 11/14 ua, Rn. 26 bei Juris, und vom 26.4.2023 – 2 BvL 14/19, Rn. 22 bei Juris; Beschluss der 2. Kammer des Ersten Senats vom 16.12.2022 – 1 BvL 6/18, Rn. 12 bei Juris.

11 Vgl. Beschluss der 1. Kammer des Zweiten Senats vom 26.4.2023 – 2 BvL 14/19, Rn. 39 bei Juris; Beschluss der 2. Kammer des Ersten Senats vom 24.1.2023 – 1 BvL 11/20, Rn. 16 bei Juris; Beschluss der 2. Kammer des Zweiten Senats vom 4.5.2022 – 2 BvL 1/22, Rn. 34 bei Juris.

12 Vgl. Beschluss der 3. Kammer des Ersten Senats vom 29.8.2023 – 1 BvL 4/22, Rn. 8 f. bei Juris.

13 Vgl. Beschluss der 1. Kammer des Zweiten Senats vom 26.4.2023 – 2 BvL 14/19 – Rn. 40 bei Juris; Beschluss der 2. Kammer des Ersten Senats vom 24.1.2023 – 1 BvL 11/20, Rn. 25 bei Juris; Beschluss der 2. Kammer des Zweiten Senats vom 30.6.2021 – 2 BvL 20 /20, Rn. 39 bei Juris.

14 Beschluss der 3. Kammer des Ersten Senats vom 25.1.2000 – 1 BvL 30/97, Rn. 8 bei Juris.

rung; es lädt sie zur mündlichen Verhandlung und erteilt den anwesenden Prozeßbevollmächtigten das Wort.

(4) [1]Das Bundesverfassungsgericht kann oberste Gerichtshöfe des Bundes oder oberste Landesgerichte um die Mitteilung ersuchen, wie und auf Grund welcher Erwägungen sie das Grundgesetz in der streitigen Frage bisher ausgelegt haben, ob und wie sie die in ihrer Gültigkeit streitige Rechtsvorschrift in ihrer Rechtsprechung angewandt haben und welche damit zusammenhängenden Rechtsfragen zur Entscheidung anstehen. [2]Es kann sie ferner ersuchen, ihre Erwägungen zu einer für die Entscheidung erheblichen Rechtsfrage darzulegen. [3]Das Bundesverfassungsgericht gibt den Äußerungsberechtigten Kenntnis von der Stellungnahme.

1 § 82 fasst verschiedene **Regelungen zum Verfahren und zur Entscheidung** bei einer konkreten Normenkontrolle zusammen. Diese Regelungen ergänzen die Verfahrensvorschriften des allgemeinen Teils (§§ 17 ff.) und die ebenfalls nur punktuellen Regelungen des Entscheidungsinhalts in § 81 und der Entscheidungszuständigkeit von Kammer und Senat in § 81 a.

2 **Abs. 1** ordnet für das Verfahren der konkreten Normenkontrolle die **entsprechende Geltung** der unmittelbar für das Verfahren der abstrakten Normenkontrolle nach Art. 93 Abs. 1 Nr. 2 GG, 76 ff. geltenden Vorschriften **der §§ 77 bis 79** an. Trotz der dogmatischen Unterschiede zwischen abstrakter und konkreter Normenkontrolle bietet sich eine Übertragung dieser Vorschriften auf das Verfahren der konkreten Normenkontrolle an, soweit es um die Gestaltung des Verfahrens und um die in beiden Verfahrensarten gleichermaßen zu treffende Entscheidung über die Verfassungsmäßigkeit eines Gesetzes geht.

3 Über die Verweisung in § 82 Abs. 1 folgt aus **§ 77**, welchen Verfassungsorganen Gelegenheit zur Stellungnahme zu einer Richtervorlage zu geben ist. Der **Kreis der äußerungsberechtigten Verfassungsorgane** hängt danach davon ab, ob es sich bei dem zur Prüfung gestellten Gesetz um ein Bundes- oder ein Landesgesetz handelt (→ § 77 Rn. 6).[1] Diesen Verfassungsorganen steht zudem nach Abs. 2 ein Beitrittsrecht zu (dazu → Rn. 10). Darüber hinaus besteht die Möglichkeit, sachkundigen Dritten nach § 27a Gelegenheit zur Stellungnahme zu geben.[2]

4 Allerdings bedarf es **ausnahmsweise keiner Anhörung** nach § 77, wenn das Bundesverfassungsgericht keine Entscheidung über die Gültigkeit des Gesetzes trifft, sondern nur die **Unzulässigkeit der Vorlage** feststellt.[3] In diesen Fällen muss die Richtervorlage nicht an die Äußerungsberechtigten zugestellt werden.[4] Das ergibt sich zwar ausdrücklich nur aus der Bezugnahme

1 Siehe zB BVerfGE 160, 284 (297 ff., Rn. 37 ff.); 160, 1 (11, Rn. 28); 157, 177 (188, Rn. 23); 132, 334 (344, Rn. 34 ff.).

2 Vgl. BVerfG, Beschluss des Ersten Senats vom 21.11.2023 – 1 BvL 6/21, Rn. 47 ff. bei Juris; BVerfGE 163, 254 (270 ff., Rn. 33 ff. bei Juris); 161, 163 (222 ff., Rn. 149 ff.); 160, 284 (300 ff., Rn. 44 ff.); 153, 310 (326 ff., Rn. 36 ff.); 149, 382 (387 f., Rn. 8).

3 Vgl. Burkiczak/Dollinger/Schorkopf BVerfGG/Dollinger § 82 Rn. 6.

4 Vgl. aber zur Einholung von Stellungnahmen vor Feststellung der Unzulässigkeit der Vorlage: BVerfGE 159, 149 (169, Rn. 54 f.).

auf § 81a in § 22 Abs. 1 GO-BVerfG, entspricht aber auch einer sachgerechten einschränkenden Auslegung des § 82 Abs. 1 iVm § 77. Eine bloße Prozessentscheidung des Bundesverfassungsgerichts über die Zulässigkeit der Vorlage kann anders als die Sachentscheidung nach § 81 keine Rechtswirkungen entfalten, die die Interessen der in § 77 genannten Organe beeinträchtigen könnte (→ § 81a Rn. 10).

Nicht das Verfahren, sondern die Entscheidung betrifft die Verweisung des § 82 Abs. 1 auf **§ 78.** Dabei regelt § 78 nur eine der möglichen Entscheidungsalternativen, und zwar die **Entscheidung im Falle der Begründetheit des Normenkontrollantrags**. 5

§ 78 äußert sich nicht dazu, wie das Bundesverfassungsgericht zu entscheiden hat, wenn es die Vorlage für unzulässig oder unbegründet hält. Beurteilt das Bundesverfassungsgericht die Richtervorlage als unzulässig, stellt es die **Unzulässigkeit der Vorlage** durch die Kammer oder den Senat fest (→ § 81 Rn. 2; → § 81a Rn. 4 ff.). Hält es den Normenkontrollantrag für **unbegründet**, stellt es fest, dass das zur Prüfung gestellte **Gesetz mit dem Grundgesetz vereinbar** ist (→ § 81 Rn. 14). 6

Kommt das Bundesverfassungsgericht zu der Überzeugung, dass das Gesetz verfassungswidrig ist, hat es das Gesetz gemäß § 78 Satz 1 iVm § 82 Abs. 1 **für nichtig zu erklären**; einer besonderen Begründung bedarf das nicht,[5] das Bundesverfassungsgericht gibt sie aber oftmals trotzdem.[6] Ebenso wie im Verfahren der abstrakten Normenkontrolle (→ § 78 Rn. 11 ff.) und im Verfahren der Verfassungsbeschwerde (→ § 95 Rn. 46 ff.) neigt das Bundesverfassungsgericht zunehmend dazu, verfassungswidrige Gesetze contra legem nur für mit dem Grundgesetz **unvereinbar** zu erklären und dem Gesetzgeber eine Frist zur Neuregelung zu belassen (→ § 81 Rn. 15).[7] Gegen diese Tendenz sprechen erhebliche Gründe, die in der Kommentierung zu § 95 im Einzelnen ausgeführt werden (→ § 95 Rn. 47 ff.). Sie gelten für die Entscheidung über Richtervorlagen entsprechend. 7

Nach **§ 78 Satz 2** iVm § 82 Abs. 1 kann das Bundesverfassungsgericht den Umfang der **Nichtigerklärung** über die konkret zur Prüfung gestellte Norm **auf weitere Bestimmungen des gleichen Gesetzes erstrecken**, die aus denselben Gründen wie die vorgelegte Norm verfassungswidrig sind (zum Regelungsgehalt des § 78 Satz 2 → § 78 Rn. 20 ff.). Das Bundesverfassungsgericht macht im Verfahren der konkreten Normenkontrolle aber nicht nur von dieser Ermächtigung Gebrauch,[8] sondern hält sich auch darüber hinaus für befugt, die Vorlagefrage im Wege der Auslegung auf weitere, dort nicht ausdrücklich bezeichnete Vorschriften zu erstrecken (→ § 80 Rn. 22 ff.).[9] 8

---

5 Vgl. BVerfGE 160, 1 (40, Rn. 110).

6 Vgl. BVerfGE 165, 103 (166, Rn. 177); 162, 277 (324, Rn. 114 f.); 157, 177 (222, Rn. 98); 150, 345 (377 f., Rn. 81 ff.); 132, 334 (358 f., Rn. 69 ff.) – Berliner Rückmeldegebühr.

7 Vgl. BVerfG, Beschluss des Zweiten Senats vom 28.11.2023 – 2 BvL 8/13, Rn. 197 bei Juris; BVerfG, Beschluss des Ersten Senats vom 1.2.2023 – 1 BvL 7/18, Rn. 186 ff. bei Juris; BVerfGE 160, 41 (77 f., Rn. 90 f.); 161, 163 (297 f., Rn. 369 ff.); 159, 183 (220 f., Rn. 92); 155, 1 (75, Rn. 181); 152, 68 (149 f., Rn. 212 f.).

8 BVerfGE 165, 103 (166, Rn. 177); 164, 139 (192, Rn. 151); 160, 41 (78, Rn. 92); 150, 169 (193, Rn. 65); 147, 253 (362, Rn. 249); 145, 106 (166, Rn. 154).

9 Vgl. BVerfGE 149, 1 (14, Rn. 30); 122, 210 (229); 121, 241 (253); vgl. auch BVerfGE 161, 163 (243 f., Rn. 211); 152, 68 (111, Rn. 115).

9 Die Entscheidung des Bundesverfassungsgerichts über die Gültigkeit eines Gesetzes entfaltet auch im Verfahren der konkreten Normenkontrolle über die Verweisung in § 82 Abs. 1 die in **§ 79** geregelten Folgewirkungen für bereits abgeschlossene Verfahren (dazu → § 79 Rn. 5 ff.). Diese Folgewirkungen treten zu der Bindungswirkung nach § 31 Abs. 1 und der Gesetzeskraft nach § 31 Abs. 2 hinzu. Damit stimmen die **Rechtsfolgen** mit denen entsprechender Entscheidungen bei einer abstrakten Normenkontrolle und bei einer Verfassungsbeschwerde, wo § 95 Abs. 3 Satz 3 ebenfalls auf § 79 Bezug nimmt, überein.[10]

10 **Abs. 2** knüpft an die Verweisung des Abs. 1 auf § 77 an und gibt den nach dieser Vorschrift äußerungsberechtigten Organen das **Recht, dem konkreten Normenkontrollverfahren beizutreten.**[11] Der Beitritt setzt einen wirksamen Beschluss des Organs voraus.[12] Der Beitritt erfolgt sodann durch Erklärung gegenüber dem Bundesverfassungsgericht und verschafft dem Organ bestimmte prozessuale Rechte, die über das Äußerungsrecht nach § 77 hinausgehen. Die beigetretenen Organe können insbesondere die Durchführung einer mündlichen Verhandlung verlangen (vgl. § 25 Abs. 1) und prozessuale Anträge stellen, etwa den Antrag auf Erlass einer einstweiligen Anordnung nach § 32.[13]

11 Nach **Abs. 3** sind neben den in § 77 genannten Organen auch die **Beteiligten des Ausgangsverfahrens** zur Richtervorlage **anzuhören** (1. Halbsatz).[14] Sie erhalten Gelegenheit zur Äußerung, indem ihnen die Richtervorlage zugestellt wird. Die Regelung des Abs. 3, 1. Halbsatz entspricht sinngemäß § 94 Abs. 3, der im Verfahren der Verfassungsbeschwerde denjenigen Beteiligten des Ausgangsverfahrens ein Äußerungsrecht gibt, die durch die mit der Verfassungsbeschwerde angegriffene Entscheidung begünstigt sind. Außerdem sind die Beteiligten des Ausgangsverfahrens zu einer mündlichen Verhandlung, sofern eine durchgeführt wird, zu laden und kommen dort zu Wort (2. Halbsatz).[15] Auch das Äußerungsrecht der Beteiligten des Ausgangsverfahrens besteht wie das der Verfassungsorgane des § 77 nur im Hinblick auf eine Sachentscheidung über die Rechtsfrage gemäß § 81 und entfällt deshalb, wenn das Bundesverfassungsgericht lediglich im Sinne des § 81a die Unzulässigkeit der Vorlage feststellt (§ 22 Abs. 1 GO-BVerfG; → § 81a Rn. 10).

12 Die Beteiligten des Ausgangsverfahrens müssen sich **in der mündlichen Verhandlung durch ihre Prozessbevollmächtigten**, die dafür die Voraussetzungen des § 22 Abs. 1 erfüllen müssen, vertreten lassen, was in Abs. 3, 2.

10 Vgl. Schmidt-Bleibtreu/Klein/Bethge BVerfGG/Ulsamer/Müller-Terpitz § 82 Rn. 16 (Stand: Januar 2017).
11 Vgl. BVerfGE 160, 1 (11 f., Rn. 29); 147, 253 (288 f., Rn. 55); Beschluss der 1. Kammer des Zweiten Senats vom 4.3.2014 – 2 BvL 2/13, Rn. 12 bei Juris.
12 Grundlegend zu § 82: BVerfGE 7, 282 (288 f.); zur vergleichbaren Rechtslage bei der Verfassungsbeschwerde vgl. BVerfGE 102, 307 (383).
13 Vgl. Beschluss der 1. Kammer des Zweiten Senats vom 4.3.2014 – 2 BvL 2/13, Rn. 12 bei Juris.
14 Vgl. BVerfG, Beschluss des Ersten Senats vom 21.11.2023 – 1 BvL 6/21, Rn. 46 bei Juris.
15 Vgl. BVerfGE 152, 68 (106, Rn. 98); 147, 253 (300, Rn. 85).

Halbsatz ausdrücklich klargestellt wird. Schriftliche Äußerungen können sie hingegen selbst abgeben.[16]

Die Beteiligten des Ausgangsverfahrens besitzen anders als die äußerungsberechtigten Verfassungsorgane **kein Beitrittsrecht** und können daher unter keinen Umständen die Stellung eines Beteiligten im verfassungsgerichtlichen Verfahren erlangen. Das führt dazu, dass sie für einen Antrag auf Erlass einer einstweiligen Anordnung nach § 32 nicht antragsbefugt sind.[17] Außerdem sind ihre Auslagen, etwa die **Kosten**, die durch die Vertretung durch einen Rechtsanwalt in der mündlichen Verhandlung entstehen, nach der insoweit strengen Rechtsprechung des Bundesverfassungsgerichts **nicht** nach § 34a **erstattungsfähig.**[18] 13

Deshalb kann ein verstärktes Bedürfnis bestehen, **Prozesskostenhilfe** unter Beiordnung eines Rechtsanwalts zu erhalten.[19] Auch diese Möglichkeit schränkt das Bundesverfassungsgericht aber auf Fälle ein, in denen besondere Gründe eine Vertretung des Beteiligten des Ausgangsverfahrens für geboten erscheinen lassen oder von den Äußerungen des Prozessbevollmächtigten in der mündlichen Verhandlung eine Förderung der Entscheidung zu erwarten ist,[20] so dass im Ergebnis die Gefahr besteht, dass die Beteiligten des Ausgangsverfahrens nur dann von ihrem Äußerungsrecht Gebrauch machen, wenn sie ohne Weiteres bereit sind, die damit verbundenen wirtschaftlichen Belastungen zu tragen (→ § 34a Rn. 24). 14

Die Beteiligten des Ausgangsverfahrens können aber, obwohl sie nicht Beteiligte des konkreten Normenkontrollverfahrens sind, hinsichtlich dessen Dauer **Verzögerungsrüge** erheben (§ 97b Abs. 1 Satz 2 iVm § 97a Abs. 1 Satz 1)[21] und im Wege einer Verzögerungsbeschwerde auch eine angemessene Entschädigung für infolge unangemessener Dauer des konkreten Normenkontrollverfahrens entstandene Nachteile beanspruchen (§ 97b Abs. 2 iVm § 97a Abs. 1; vgl. dazu → § 97a Rn. 14). 15

Abs. 4 regelt einen weiteren Bestandteil der im Falle der Zulässigkeit der Vorlage erfolgenden, sogenannten **großen Zustellung**, die außerdem die Zustellung an die nach Abs. 1 iVm § 77 und nach Abs. 3 Äußerungsberechtigten sowie gegebenenfalls nach § 27a an sachkundige Dritte umfasst, denen Gelegenheit zur Stellungnahme gegeben werden soll (→ § 23 Rn. 24 ff.). Die Vorschrift gibt dem Bundesverfassungsgericht die Möglichkeit, **die obersten Gerichtshöfe des Bundes und die obersten Landesgerichte um Auskünfte** im Zusammenhang mit der vorgelegten Norm **zu ersuchen.** 16

Beim Inhalt der Mitteilungen, um die die Fachgerichte ersucht werden, können ein **berichtender Teil (Satz 1)** und ein **gutachterlicher Teil (Satz 2)** 17

---

16 Schmidt-Bleibtreu/Klein/Bethge BVerfGG/Ulsamer/Müller-Terpitz § 82 Rn. 19 (Stand: Januar 2017).
17 Beschluss der 1. Kammer des Zweiten Senats vom 4.3.2014 – 2 BvL 2/13, Rn. 12 bei Juris.
18 Vgl. BVerfGE 36, 101 (101).
19 Beispiele für stattgebende Entscheidungen: BVerfG, Beschluss des Ersten Senats vom 27.9.2022 – 1 BvL 3/21, Juris; BVerfG, Beschluss des Ersten Senats vom 13.6.2012 – 1 BvL 10/10, Juris.
20 Vgl. BVerfG, Beschluss des Ersten Senats vom 18.4.2007 – 1 BvL 9/04, Rn. 2 bei Juris; BVerfGE 93, 179 (180 f.); grundlegend BVerfGE 79, 252 (254).
21 Ebenso jetzt auch Barczak BVerfGG/Moradi Karkaj § 82 Rn. 22.

unterschieden werden.[22] Zum einen haben die Fachgerichte dem Bundesverfassungsgericht auf dessen Ersuchen hin ihre Erfahrungen bei der Auslegung und Anwendung der zur Prüfung gestellten Norm sowie der Auslegung und Anwendung des Grundgesetzes in der streitigen Frage zu berichten und mitzuteilen, ob Verfahren zu den damit zusammenhängenden Rechtsfragen anhängig sind.[23] Zum anderen kann das Bundesverfassungsgericht die Fachgerichte nach ihrer Auffassung zu einer für die Entscheidung über die Richtervorlage erheblichen Rechtsfrage befragen.

18 Beide Zielrichtungen des Auskunftsersuchens dienen dazu, die Entscheidung des Bundesverfassungsgerichts auf ein möglichst breites Fundament möglicher Auffassungen sowohl zur Auslegung des einfachen Rechts als auch zur verfassungsrechtlichen Bewertung des vorgelegten Gesetzes zu stellen. Dementsprechend werden **die Stellungnahmen** auch **in der** späteren **Entscheidung des Bundesverfassungsgerichts** zusammenfassend **wiedergegeben.**[24]

19 Welche Gerichte das Bundesverfassungsgericht befragt und um welche Mitteilungen es sie im Spektrum der Sätze 1 und 2 ersucht, steht im **Ermessen des Bundesverfassungsgerichts**. Der Adressat des Auskunftsersuchens wird dabei sinnvollerweise nach dem Zuständigkeitsbereich des Fachgerichts ausgewählt, je nach dem welches Gericht mit der zur Entscheidung anstehenden Rechtsfrage in seiner Praxis befasst sein dürfte. Die um Mitteilung ersuchten Gerichte sind zur **Erteilung der Auskünfte verpflichtet.**[25]

20 Das Auskunftsersuchen ist **dem Präsidenten des jeweiligen Fachgerichts zuzustellen**. Die berichtenden Auskünfte nach Satz 1 erteilt der Präsident des Fachgerichts nach entsprechender Befragung der Senate, die geschäftsverteilungsplanmäßig mit den in Rede stehenden Vorschriften befasst sein könnten.[26] Das Gutachten nach Satz 2 geben hingegen die für das betreffende Sachgebiet zuständigen Senate der Fachgerichte im Rahmen ihrer geschäftsverteilungsplanmäßigen Zuständigkeit eigenverantwortlich ab, und der Präsident des Fachgerichts leitet es lediglich an das Bundesverfassungsgericht weiter. So können auch mehrere unterschiedliche Stellungnahmen der Senate eines Gerichts eingehen.[27]

21 Nach **Abs. 4 Satz 3** sind die **Auskünfte der befragten Fachgerichte den Äußerungsberechtigten**, also den Verfassungsorganen des § 77 und den Beteiligten des Ausgangsverfahrens gemäß Abs. 3, **zuzuleiten**. Dabei ist nicht zwischen Äußerungsberechtigten, die von ihrem Äußerungsrecht Gebrauch gemacht haben, und solchen, die sich bislang nicht geäußert haben, zu diffe-

22 Vgl. Schmidt-Bleibtreu/Klein/Bethge BVerfGG/Ulsamer/Müller-Terpitz § 82 Rn. 25 (Stand: Januar 2017).

23 So auch Barczak BVerfGG/Moradi Karkaj § 82 Rn. 29; vgl. BVerfGE 163, 254 (270, Rn. 32); Beschluss der 3. Kammer des Zweiten Senats vom 31.7.2023 – 2 BvR 1014/21, Rn. 24 bei Juris.

24 Beispiele: BVerfGE 162, 277 (290 f., Rn. 25 f.); 161, 163 (222, Rn. 147 f.); 160, 41 (59 f., Rn. 41); 153, 310 (325 f., Rn. 35); 152, 68 (104, Rn. 92); 147, 253 (293 ff., Rn. 67 ff.); 141, 1 (10, Rn. 19); 132, 334 (347, Rn. 40).

25 Wie hier: Lechner/Zuck/Zuck § 82 Rn. 5; Burkiczak/Dollinger/Schorkopf BVerfGG/Dollinger § 82 Rn. 15.

26 Vgl. BVerfGE 164, 139 (168 f., Rn. 82); 160, 41 (55, Rn. 29); 153, 310 (325 f., Rn. 35).

27 Vgl. Schmidt-Bleibtreu/Klein/Bethge BVerfGG/Ulsamer/Müller-Terpitz § 82 Rn. 29 (Stand: Januar 2017).

renzieren, da möglicherweise gerade erst die Mitteilung eines Fachgerichts nach Abs. 4 eine Stellungnahme eines Äußerungsberechtigten herausfordert. Die Auskünfte sind nach dem Wortlaut des Gesetzes nur zur Kenntnis zu übersenden, aber der eigentliche Sinn liegt darin, dass die Äußerungsberechtigten vor der Entscheidung des Bundesverfassungsgerichts Gelegenheit erhalten, ihrerseits gegebenenfalls auf die Auskünfte der Fachgerichte erwidern zu können.

§ 82a [Verfahren nach dem Untersuchungsausschussgesetz]

(1) Die §§ 80 bis 82 gelten vorbehaltlich der Absätze 2 und 3 sinngemäß für die Überprüfung der Vereinbarkeit eines Beschlusses des Deutschen Bundestages zur Einsetzung eines Untersuchungsausschusses mit dem Grundgesetz auf Vorlage nach § 36 Abs. 2 des Untersuchungsausschussgesetzes.

(2) [1]Äußerungsberechtigt sind der Bundestag und die qualifizierte Minderheit nach Artikel 44 Abs. 1 des Grundgesetzes, auf deren Antrag der Einsetzungsbeschluss beruht. [2]Ferner kann das Bundesverfassungsgericht der Bundesregierung, dem Bundesrat, Landesregierungen, der qualifizierten Minderheit nach § 18 Abs. 3 des Untersuchungsausschussgesetzes und Personen Gelegenheit zur Äußerung geben, soweit sie von dem Einsetzungsbeschluss berührt sind.

(3) Das Bundesverfassungsgericht kann ohne mündliche Verhandlung entscheiden.

§ 82a regelt einige prozessuale Einzelheiten zu dem vom Gesetzgeber im 1 Jahr 2002 durch **§ 36 Abs. 2 des Untersuchungsausschussgesetzes (PUAG)** eingeführten Verfahren vor dem Bundesverfassungsgericht. Grundlage dafür ist Art. 93 Abs. 3 GG. Im Zuständigkeitskatalog des § 13 ist dieses Verfahren seitdem unter Nr. 11 a aufgelistet.

Zeitgleich hat der Gesetzgeber in § 2 Abs. 3 PUAG und § 18 Abs. 3 PUAG iVm 2 § 66a Satz 1 ein weiteres, allerdings als Organstreitverfahren ausgestaltetes Verfahren eingeführt, das im Wesentlichen eine verfassungsgerichtliche Auseinandersetzung zwischen den Akteuren im Bundestag über die Einsetzung und die Arbeit eines Untersuchungsausschusses ermöglicht (→ § 66a Rn. 2). Bei dem Verfahren nach § 82a handelt es sich hingegen um ein **Verfahren der Richtervorlage**, das deshalb nachvollziehbar nach den Vorschriften zur konkreten Normenkontrolle (§§ 80 bis 82) eingefügt wurde und diese Vorschriften in Abs. 1 in Bezug nimmt.[1]

Zuständig für das Verfahren nach § 82a ist gemäß § 14 Abs. 2 der **Zweite** 3 **Senat**. Eine Zuständigkeit der Kammer kommt aufgrund der Regelung des § 81a Satz 2 iVm § 82a Abs. 1 nicht in Betracht, so dass auch bei Unzulässigkeit der Vorlage der Senat entscheiden müsste,[2] gegebenenfalls durch

1 Vgl. Glauben/Brocker PUAG/Glauben § 36 Rn. 20.
2 Schmidt-Bleibtreu/Klein/Bethge BVerfGG/Müller-Terpitz § 82a Rn. 19 (Stand: Juni 2023).

A-Limine-Abweisung nach § 24. **Bislang** hat es allerdings überhaupt **keine praktischen Anwendungsfälle** des § 82a gegeben. Aktenzeichen wäre BvX.

4 Nach der Konzeption des § 36 Absätze 1 und 2 PUAG ist der Bundesgerichtshof allein zur verfahrensrechtlichen Überprüfung der Ausschussarbeit im Einzelnen befugt, bei der die dem Ablauf eines Strafprozesses vergleichbare Ordnung des Untersuchungsverfahrens im engeren Sinne in Rede steht.[3] Allein der Bundesgerichtshof entscheidet auch über Beschwerden gegen Entscheidungen des Ermittlungsrichters im Untersuchungsausschussverfahren (§ 36 Abs. 3 PUAG).[4] Die **Zuständigkeit für die verfassungsrechtliche Beurteilung der Einsetzung** des Untersuchungsausschusses liegt hingegen beim Bundesverfassungsgericht.[5] Deshalb können sich Privatpersonen, die mit einem Verfahren nach dem PUAG vor dem Bundesgerichtshof ohne Erfolg geblieben sind, mit dem Instrument der Verfassungsbeschwerde dann an das Bundesverfassungsgericht wenden.[6]

5 Das **Ziel des Verfahrens** nach § 82a beschreibt Abs. 1 dementsprechend mit der Überprüfung der Vereinbarkeit des Bundestagsbeschlusses zur Einsetzung eines Untersuchungsausschusses mit dem Grundgesetz. Die prozessuale Ausgangssituation ergibt sich im Übrigen aus § 36 Abs. 2 PUAG: Es liegt ein Einsetzungsbeschluss des Deutschen Bundestages vor, und der Bundesgerichtshof (§ 36 Abs. 2 Satz 1 PUAG) bzw. der Ermittlungsrichter beim Bundesgerichtshof (§ 36 Abs. 2 Satz 2 PUAG) sind im Rahmen ihrer verfahrensrechtlichen Zuständigkeit nach § 36 Abs. 1 PUAG bzw. § 17 Abs. 4, § 18 Absätze 3 und 4, § 27, § 29 Absätze 2 und 3, § 30 Abs. 4 PUAG mit einer Rechtsstreitigkeit im Zusammenhang mit dem eingesetzten Untersuchungsausschuss befasst.

6 Bei der Ausübung ihrer verfahrensrechtlichen Befugnisse haben der **Bundesgerichtshof und der Ermittlungsrichter des Bundesgerichtshofs** (§ 130 Abs. 1 GVG)[7] als Vorfrage stets im Auge zu behalten, ob der Einsetzungsbeschluss verfassungsgemäß ist. Gelangen sie bei der Prüfung dieser Frage zum Ergebnis, dass sie den Einsetzungsbeschluss für verfassungswidrig halten, und kommt es für ihre Entscheidung darauf an, so entzieht ihnen § 36 Abs. 2 PUAG die Entscheidungsbefugnis über diese verfassungsrechtliche Frage und legt ihnen eine **Vorlagepflicht** an das Bundesverfassungsgericht auf.[8]

7 Ihrer Vorlagepflicht kommen der Bundesgerichtshof und der Ermittlungsrichter des Bundesgerichtshofs nach, indem sie gemäß § 36 Abs. 2 Satz 1 PUAG und **§ 82a Abs. 1, § 80 Abs. 1** unmittelbar die **Entscheidung des Bundesverfassungsgerichts einholen**. Das bei ihnen anhängige Verfahren müssen sie zu diesem Zweck aussetzen (§ 36 Abs. 2 Satz 1 PUAG) und die Entscheidung des Bundesverfassungsgerichts in dem Vorlageverfahren abwarten,

---

3 Vgl. BGH, Beschlüsse vom 17.11.2020 – 3 Ars 14/20, Rn. 11 bei Juris, und vom 17.2.2009 – 3 ARs 24/08, Rn. 14 bei Juris.

4 Vgl. BGH, Beschlüsse vom 16.12.2021 – 3 StB 34/21, und vom 6.2.2019 – 3 ARs 10/18, Juris.

5 BVerfGE 124, 78 (104), zu einem Organstreitverfahren.

6 Vgl. Glauben/Brocker/Glauben, Das Recht der parlamentarischen Untersuchungsausschüsse in Bund und Ländern § 8 Rn. 22.

7 Vgl. zur Abgrenzung der Zuständigkeiten BGH, Beschluss vom 17.2.2009 – 3 ARs 24/08, Rn. 16 bei Juris.

8 So auch Barczak BVerfGG/Moradi Karkaj § 82a Rn. 2.

das im Hinblick auf das Ausgangsverfahren als Zwischenverfahren anzusehen ist.[9]

Der **Vorlagebeschluss** ist **unanfechtbar**. Die Beschwerdemöglichkeit nach § 36 Abs. 3 PUAG gilt für den Vorlagebeschluss nicht.[10] 8

Die Voraussetzungen für die **Zulässigkeit der Vorlage** ergeben sich im Wesentlichen unmittelbar aus § 36 Abs. 2 PUAG. Vorlageberechtigt sind der Bundesgerichtshof und der Ermittlungsrichter des Bundesgerichtshofs. Sie müssen von der Verfassungswidrigkeit des Einsetzungsbeschlusses **überzeugt** sein („hält"; vgl. zur Überzeugung von der Verfassungswidrigkeit eines Gesetzes: → § 80 Rn. 62 ff.). Auf die Auffassung der Streitparteien des Ausgangsverfahrens kommt es hingegen nicht an (§ 82a Abs. 1 iVm § 80 Abs. 3). Die Gültigkeit des Einsetzungsbeschlusses muss für das Ausgangsverfahren **entscheidungserheblich** sein (→ § 80 Rn. 69 ff.). Das wird – anders als bei der Gesetzesvorlage nach § 80 Abs. 1 – im Normalfall keine Probleme machen, weil die Verfassungswidrigkeit eines Einsetzungsbeschlusses jede Handlung des Untersuchungsausschusses betrifft. 9

Sowohl die Überzeugung von der Verfassungswidrigkeit als auch die Entscheidungserheblichkeit muss das vorlegende Gericht substantiiert darlegen. Diese **Begründungspflichten** folgen aus der Regelung des § 82a Abs. 1 iVm § 80 Abs. 2,[11] mit der die allgemeinen Anforderungen des § 23 Abs. 1 Satz 2, 1. Halbsatz konkretisiert werden. 10

Für das **Verfahren** vor dem Bundesverfassungsgericht verweist § 82a Abs. 1 auf § 82, soweit sich nicht aus den Absätzen 2 und 3 Besonderheiten ergeben. 11

Den Kreis der **Äußerungsberechtigten** bestimmt § 82a **Abs. 2** abweichend von § 82 Abs. 1 iVm § 77 und von § 82 Abs. 3. Zwingend anzuhören sind nur der Bundestag und die qualifizierte Einsetzungsminderheit nach Art. 44 Abs. 1 GG, die die Einsetzung des Untersuchungsausschusses beantragt hat. Daneben zählt § 82a Abs. 2 weitere mögliche Äußerungsberechtigte auf, deren Anhörung im Ermessen des Bundesverfassungsgerichts liegt und davon abhängt, ob sie vom Einsetzungsbeschluss berührt sind oder nicht.[12] 12

Unabhängig davon kann das Bundesverfassungsgericht **sachkundigen Dritten** nach § 27a Gelegenheit zur Stellungnahme geben. Ein Auskunftsersuchen nach § 82a Abs. 1, § 82 Abs. 4 scheidet hingegen aus, weil andere Fachgerichte als der insoweit allein zuständige Bundesgerichtshof (§ 36 Abs. 1 PUAG) nicht mit der Materie befasst sein können. 13

Die obligatorisch Äußerungsberechtigten sowie die fakultativ Äußerungsberechtigten, sofern sie das Bundesverfassungsgericht angehört hat, können **dem Verfahren beitreten** (§ 82a Abs. 1, § 82 Abs. 2). Mit dem Beitritt werden sie zu Beteiligten des Verfahrens. 14

Die Durchführung einer mündlichen Verhandlung können auch die beigetretenen Äußerungsberechtigten jedoch nicht erzwingen. § 82a **Abs. 3** regelt insofern etwas „anderes" im Sinne des § 25 Abs. 1 und stellt es in das Er- 15

---

9 So auch Burkiczak/Dollinger/Schorkopf BVerfGG/Dollinger § 82a Rn. 6.
10 Lechner/Zuck/Zuck § 82a Rn. 9.
11 So auch Burkiczak/Dollinger/Schorkopf BVerfGG/Dollinger § 82a Rn. 11 und Fn. 34.
12 Schmidt-Bleibtreu/Klein/Bethge BVerfGG/Müller-Terpitz § 82a Rn. 19 (Stand: Juni 2023).

messen des Bundesverfassungsgerichts, **ohne mündliche Verhandlung** zu entscheiden. Das entspricht der Regelung zur anderen, das Untersuchungsausschussverfahren betreffenden Verfahrensart in § 66a Satz 1 (dazu → § 66a Rn. 4).

16 Die Entscheidungskompetenz des Bundesverfassungsgerichts im Verfahren nach § 82a ist an die **Entscheidung** über eine konkrete Normenkontrolle angelehnt. Nach § 82a Abs. 1, § 81 entscheidet das Bundesverfassungsgericht im Falle einer Sachentscheidung, also bei Zulässigkeit der Vorlage, nur über die durch § 36 Abs. 2 Satz 1 PUAG, § 82a Abs. 1 vorgegebene Rechtsfrage der Verfassungsmäßigkeit und überlässt dem vorlegenden Gericht oder Ermittlungsrichter die Umsetzung der Entscheidung im Ausgangsverfahren. Ist die Vorlage unzulässig, stellt das Bundesverfassungsgericht die Unzulässigkeit fest (→ § 81 Rn. 2).

17 Schließt sich das Bundesverfassungsgericht der Auffassung des Bundesgerichtshofs oder des Ermittlungsrichters an, dass der Einsetzungsbeschluss verfassungswidrig ist, so hat es den Einsetzungsbeschluss gemäß § 82a Abs. 1 iVm § 82 Abs. 1, § 78 Satz 1 **für nichtig** zu **erklären**. Die weiteren Regelungen des § 78 Satz 2 und des § 79, auf die § 82a Abs. 1 iVm § 82 Abs. 1 im Hinblick auf die Entscheidung des Bundesverfassungsgerichts verweist, spielen im Vorlageverfahren nach § 82a hingegen keine Rolle.

18 Die Nichtigerklärung des Einsetzungsbeschlusses bindet nicht nur das vorlegende Gericht wegen der damit verbundenen innerprozessualen **Bindungswirkung** (→ § 31 Rn. 18), sondern nach § 31 Abs. 1 auch den Bundestag. Er muss den Untersuchungsausschuss deshalb auflösen.[13]

Zwölfter Abschnitt Verfahren in den Fällen des § 13 Nr. 12 [Nachprüfung von Völkerrecht]

§ 83 [Entscheidung; Beitritt des Bundestages, des Bundesrates, der Bundesregierung zum Verfahren]

(1) Das Bundesverfassungsgericht stellt in den Fällen des Artikels 100 Abs. 2 des Grundgesetzes in seiner Entscheidung fest, ob die Regel des Völkerrechts Bestandteil des Bundesrechts ist und ob sie unmittelbar Rechte und Pflichten für den einzelnen erzeugt.

(2) [1]Das Bundesverfassungsgericht hat vorher dem Bundestag, dem Bundesrat und der Bundesregierung Gelegenheit zur Äußerung binnen einer zu bestimmenden Frist zu geben. [2]Sie können in jeder Lage des Verfahrens beitreten.

1 § 83 und die nachfolgende Vorschrift des § 84 gestalten das in Art. 100 Abs. 2 GG iVm Art. 25 GG konturierte verfassungsgerichtliche Verfahren näher aus, wobei die wesentlichen Weichenstellungen schon auf der Ebene der Verfas-

13 Barczak BVerfGG/Moradi Karkaj § 82a Rn. 28.

sung getroffen sind. Das **Verfahren nach Art. 100 Abs. 2 GG, §§ 83 f. ist** ebenso wie die konkrete Normenkontrolle nach §§ 80 ff. und das Divergenzverfahren nach §§ 86 ff. seiner Art nach **ein Vorabentscheidungsverfahren auf Vorlage eines anderen Gerichts**, für dessen Ausgangsverfahren die vorgelegte Frage entscheidungserheblich ist. Es ist auf eine Zwischenfeststellung durch das Bundesverfassungsgericht gerichtet.[1] Erledigt sich das Ausgangsverfahren und hebt das vorlegende Gericht daraufhin den Vorlagebeschluss auf, führt das auch zur Erledigung des Verfahrens vor dem Bundesverfassungsgericht; die Erledigung ist durch Beschluss auszusprechen.[2]

Das Charakteristische des Vorabentscheidungsverfahrens nach Art. 100 Abs. 2 GG, § 83 Abs. 1 ist die Beschränkung der vorlagefähigen Frage darauf, ob eine Regel des Völkerrechts Bestandteil des Bundesrechts ist und ob sie unmittelbar Rechte und Pflichten für den Einzelnen erzeugt. Das ist nur verständlich vor dem Hintergrund des Art. 25 GG, der als **Ausdruck der allgemeinen Völkerrechtsfreundlichkeit des Grundgesetzes** die sogenannten allgemeinen Regeln des Völkerrechts zum Bestandteil des Bundesrechts macht (Satz 1) und in Satz 2 anordnet, dass sie den Gesetzen vorgehen und Rechte und Pflichten unmittelbar für die Bewohner des Bundesgebiets erzeugen. 2

Hätte es dabei sein Bewenden, dann würde ein etwaiger Streit um die Tatbestandsmerkmale des Art. 25 GG allein vor den jeweiligen Fachgerichten ausgetragen. Sie hätten zu prüfen und zu entscheiden, ob die im jeweiligen Rechtsstreit relevant werdende Regel existiert, Teil des Völkerrechts und in dem Sinne allgemein ist, dass sie von der überwiegenden Mehrheit im Staat anerkannt wird.[3] Denn diese Fragen der Verifikation von bestimmten völkerrechtlichen Regeln haben ersichtlich **keinen originär verfassungsrechtlichen Charakter**. 3

Die Zuständigkeit des Bundesverfassungsgerichts ist deshalb anders als bei der konkreten Normenkontrolle nicht als Entscheidungsmonopol ausgestaltet,[4] sondern soll nur dazu beitragen, dass **divergierende fachgerichtliche Entscheidungen** soweit wie möglich **vermieden** werden. Insoweit hat das Grundgesetz dem Bundesverfassungsgericht eine Aufgabe zugewiesen, die sonst vom Gemeinsamen Senat der obersten Gerichtshöfe des Bundes (§ 1 RsprEinhG) wahrgenommen wird. 4

Die Bedeutung dieser Verfahrensart musste gering bleiben. Zwar nehmen Art. 100 Abs. 2 GG und § 83 Abs. 1 ganz allgemein auf eine Regel des Völkerrechts Bezug, der in Art. 100 Abs. 2 GG enthaltene Klammerhinweis auf Art. 25 GG macht aber unmissverständlich klar, dass wie dort nur die allgemeinen Regeln des Völkerrechts gemeint sind. Deshalb kann von vornherein die **große Mehrzahl völkerrechtlicher Vorschriften nicht Gegenstand dieser Verfahrensart** sein, und zwar gilt das für alle völkerrechtlichen Verträge[5] und alle Vorschriften des regionalen Völkerrechts wie etwa der Europäischen Menschenrechtskonvention. 5

---

1 Beschluss der 2. Kammer des Zweiten Senats vom 12.10.2011 – 2 BvR 2984/09 ua, Rn. 21 bei Juris; grundlegend BVerfGE 15, 25 (30).
2 BVerfGE 121, 388 (389 ff.).
3 Vgl. BVerfGE 118, 124 (134).
4 Beschluss der 2. Kammer des Zweiten Senats vom 12.10.2011 – 2 BvR 2984/09 ua, Rn. 21 bei Juris.
5 BVerfGE 118, 124 (135).

6 Damit verbleiben als geeigneter Verfahrensgegenstand jedenfalls nach dem Verständnis des Bundesverfassungsgerichts vor allen Dingen die Regeln des **universell geltenden Völkergewohnheitsrechts**, ergänzt durch aus den nationalen Rechtsordnungen tradierte **allgemeine Rechtsgrundsätze.**[6] Was dazu im Einzelnen gehört, bestimmt sich nicht nach verfassungsrechtlichen Maßstäben, sondern nach dem Völkerrecht selbst, weshalb es auch nicht darauf ankommt, ob gerade die Bundesrepublik Deutschland die Regel anerkannt hat.[7] An die Feststellung einer allgemeinen Regel des Völkerrechts sind wegen der darin zum Ausdruck kommenden grundsätzlichen Verpflichtung aller Staaten hohe Anforderungen zu stellen.[8] Das Bundesverfassungsgericht ist im Rahmen des Verfahrens nach Art. 100 Abs. 2 GG auch nicht dazu berufen, das Völkergewohnheitsrecht weiterzuentwickeln.[9]

7 Verfassungsrechtlicher und verfassungsprozessualer Natur ist aber die Thematik, **welche** auf eine allgemeine Regel des Völkerrechts bezogene **Frage** denn **vorlagefähig** und im Fall des Art. 100 Abs. 2 GG auch vorlagepflichtig ist. Das wird weit verstanden. Einer Vorlage nach Art. 100 Abs. 2 GG bedarf es immer dann, wenn zweifelhaft ist, ob eine allgemeine Regel des Völkerrechts im Sinne des Art. 25 GG als Bestandteil des Bundesrechts existiert, und zwar hinsichtlich ihres Inhalt, Umfangs, ihrer Tragweite, Allgemeinheit sowie ihres zwingenden Charakters.[10] Es geht also nicht nur darum, ob es im Völkerrecht überhaupt eine solche Regel gibt und ob sie allgemeiner Natur ist, sondern es kann auch um die Bestimmung ihres konkreten Inhalts gehen.[11] Der Wortlaut sowohl von Art. 100 Abs. 2 GG wie von § 83 Abs. 1 spricht im Übrigen dafür, dass entgegen dem durch Art. 25 Satz 2 GG nahegelegten Eindruck auch die Frage aufgeworfen werden kann, ob die allgemeine Regel des Völkerrechts unmittelbar Rechte und Pflichten für den Einzelnen erzeugt. Große praktische Bedeutung dürfte das nicht gewinnen, weil das in Art. 2 Abs. 1 GG verankerte Recht der freien Entfaltung der Persönlichkeit den Einzelnen auch vor gerichtlichen Entscheidungen schützt, die im Widerspruch zu einer allgemeinen Regel des Völkerrechts stehen.[12]

8 Das in § 83 Abs. 1 enthaltene Tatbestandsmerkmal „in den Fällen des Art. 100 Abs. 2 GG“ greift auch das zweite zentrale verfassungsunmittelbare Element des Verfahrens auf, wonach die Geltung der allgemeinen Regel des Völkerrechts in einem Rechtsstreit zweifelhaft sein muss. Damit ist zunächst einmal klargestellt, dass in evidenten Fällen die Fachgerichte nicht nur selbst ent-

---

6 BVerfGE 118, 124 (134); Beschlüsse der 3. Kammer des Zweiten Senats vom 3.7.2019 – 2 BvR 824/15 ua, Rn. 31 bei Juris, und der 2. Kammer des Zweiten Senats vom 4.9.2008 – 2 BvR 1475/07, Rn. 20 bei Juris; siehe dazu Art. 38 Abs. 1 Buchstabe b und c des Statuts des Internationalen Gerichtshofs.

7 BVerfGE 118, 124 (134).

8 Beschluss der 3. Kammer des Zweiten Senats vom 3.7.2019 – 2 BvR 824/15 ua, Rn. 31 bei Juris.

9 Beschluss der 1. Kammer des Zweiten Senats vom 13.8.2013 – 2 BvR 2660/06 ua, Rn. 51 bei Juris; grundlegend BVerfGE 118, 124 (139).

10 Beschluss der 2. Kammer des Zweiten Senats vom 6.5.2020 – 2 BvR 331/18, Rn. 16 bei Juris.

11 BVerfGE 117, 141 (151); Beschluss der 2. Kammer des Zweiten Senats vom 15.12.2008 – 2 BvR 2495/08, Rn. 17 bei Juris, zum Grundsatz der Staatenimmunität.

12 BVerfGE 112, 1 (22); vgl. auch Beschluss der 1. Kammer des Zweiten Senats vom 19.3.2021 – 2 BvR 408/21, Rn. 38 bei Juris.

scheiden können, sondern selbst entscheiden müssen. Das ergibt sich aus dem Wort zweifelhaft. Gerade weil es kein Entscheidungsmonopol des Bundesverfassungsgerichts gibt, genügt dafür nicht jeder etwa von den am Prozess beteiligten Parteien angemeldete Zweifel (vgl. auch § 84 iVm § 80 Abs. 3), sondern es muss sich um einen aus der objektiven Sicht eines Fachrichters **ernst zu nehmenden Zweifel** handeln.[13] Solche ernst zu nehmenden Zweifel an dem Bestehen oder der Tragweite einer allgemeinen Regel des Völkerrechts sind dann gegeben, wenn das Gericht von der Meinung eines Verfassungsorgans oder von den Entscheidungen hoher deutscher, ausländischer oder internationaler Gerichte oder von den Lehren anerkannter Autoren der Völkerrechtswissenschaft abweichen würde.[14] Objektiv ernst zu nehmende Zweifel können auch vorliegen, wenn das Bundesverfassungsgericht die diesbezügliche Frage in einer früheren Entscheidung ausdrücklich offen gelassen hat oder wenn es keine einschlägige höchstrichterliche Rechtsprechung zu den vorgelegten Fragen gibt und die Judikatur internationaler Gerichte nicht in für die Vorlagefrage entscheidender Weise Stellung nimmt.[15]

Es ist aber nicht erforderlich, dass der vorlegende Fachrichter die von ihm 9
ernst genommenen Zweifel auch tatsächlich teilt.[16] Nicht das erkennende Gericht, sondern nur das Bundesverfassungsgericht hat die Befugnis, vorhandene Zweifel selbst aufzuklären. Wer eigene Zweifel des Fachgerichts verlangt,[17] wird der **Gewährleistungsfunktion** nicht gerecht, welche die Verfassung mit dem Mechanismus des Art. 100 Abs. 2 GG für die Durchsetzung dieses Teilbereichs des Völkerrechts in Deutschland verfolgt.[18]

Die in Art. 100 Abs. 2 GG enthaltene Formel „in einem Rechtsstreit“ bringt 10
zum Ausdruck, dass die vorgelegte Frage **für das Ausgangsverfahren** des zur Vorlage verpflichteten Gerichts **entscheidungserheblich** sein muss.[19] Das entspricht der Situation bei der konkreten Normenkontrolle und wie dort akzeptiert das Bundesverfassungsgericht hinsichtlich der Beurteilung der Erheblichkeit auch bei § 83 Abs. 1 die Einschätzung des vorlegenden Gerichts, sofern es sie nicht für offensichtlich unhaltbar hält.[20] In diesem Zusammenhang sieht sich das Bundesverfassungsgericht auch befugt, die Vorlagefrage ausgerichtet am Erfordernis der Entscheidungserheblichkeit zu korrigieren.[21] Mangels Erheblichkeit entfallen Vorlagepflicht und -berechtigung, wenn das

13 BVerfGE 96, 68 (77); zuletzt Beschluss der 3. Kammer des Zweiten Senats vom 3.7.2019 – 2 BvR 824/15 ua, Rn. 28 bei Juris.
14 Vgl. Beschlüsse der 3. Kammer des Zweiten Senats vom 3.7.2019 – 2 BvR 824/15 ua, Rn. 29 bei Juris, der 1. Kammer des Zweiten Senats vom 13.8.2013 – 2 BvR 2660/06 ua, Rn. 50 bei Juris, und der 2. Kammer des Zweiten Senats vom 12.10.2011 – 2 BvR 2984/09 ua, Rn. 27 bei Juris.
15 Beschluss der 3. Kammer des Zweiten Senats vom 3.7.2019 – 2 BvR 824/15 ua, Rn. 29 bei Juris.
16 Beschlüsse der 3. Kammer des Zweiten Senats vom 3.7.2019 – 2 BvR 824/15 ua, Rn. 28 bei Juris, und der 1. Kammer des Zweiten Senats vom 13.8.2013 – 2 BvR 2660/06 und 487/07, Rn. 50 bei Juris.
17 So aber die abweichende Meinung Lübbe-Wolff in BVerfGE 118, 124 (146 f.).
18 Wie hier auch Burkiczak/Dollinger/Schorkopf BVerfGG/Matz-Lück §§ 83, 84 Rn. 24.
19 Beschluss der 3. Kammer des Zweiten Senats vom 3.7.2019 – 2 BvR 824/15 ua, Rn. 28 bei Juris.
20 Vgl. etwa BVerfGE 100, 209 (211 ff.).
21 BVerfGE 118, 124 (132 ff.); anderer Ansicht die abweichende Meinung Lübbe-Wolff in BVerfGE 118, 124 146 ff.).

Ergebnis des Fachgerichts auch auf andere Gründe als die von ihm zur völkerrechtlichen Frage vertretene Auffassung gestützt werden kann.[22]

11 Das hat auch Bedeutung für die Fälle, in denen das Fachgericht nicht vorgelegt hat, die unterlegene Partei des Rechtsstreits aber der Auffassung ist, es hätte nach Art. 100 Abs. 2 GG vorlegen müssen. Insoweit ist zwar anerkannt, dass auch ein **Nichtbefolgen der Vorlagepflicht** aus Art. 100 Abs. 2 GG den **gesetzlichen Richter** nach Art. 101 Abs. 1 Satz 2 GG **entziehen** kann.[23] Dies kommt aber nur dann in Betracht, wenn erstens objektive Zweifel an dem Bestehen oder der Tragweite einer allgemeinen Regel des Völkerrechts bestehen,[24] zweitens die völkerrechtliche Zweifelsfrage für den Ausgangsrechtsstreit entscheidungserheblich ist und drittens die angegriffene Entscheidung auf der unterbliebenen Vorlage beruht.[25] Bei Verfassungsbeschwerden, die eine unterbliebene Vorlage nach Art. 100 Abs. 2 GG als Entzug des gesetzlichen Richters nach Art. 101 Abs. 1 Satz 2 GG rügen, sind auch einstweilige Anordnungen nach § 32 möglich.[26]

12 Bei der **Beruhensprüfung** wirkt sich allerdings zulasten solcher Beschwerdeführer aus, dass das Bundesverfassungsgericht selbst der gegebenenfalls entzogene Richter ist und deshalb in solchen Situationen einfach „durchentscheidet". Deshalb kann die Rüge von Art. 101 Abs. 1 Satz 2 GG praktisch nur Erfolg haben, wenn die vom Fachgericht getroffene Sachentscheidung den Beschwerdeführer zugleich in Art. 2 Abs. 1 GG iVm Art. 25 GG verletzt.[27]

13 Schon der Wortlaut von § 83 Abs. 1 verdeutlicht, dass die Entscheidung, welche das Fachgericht beim Bundesverfassungsgericht einzuholen hat, **feststellenden Charakter** hat. Das Bundesverfassungsgericht stellt entweder fest, dass eine dann im Tenor wiederzugebende allgemeine Regel des Völkerrechts besteht und Bestandteil des Bundesrechts ist[28] oder dass eine allgemeine Regel des Völkerrechts mit dem anzugebenden Inhalt nicht feststellbar ist.[29] Bedeutsamer als Feinheiten bei der Abfassung des Tenors[30] ist, dass das Bundesverfassungsgericht eine gegebenenfalls von ihm festgestellte Regel nicht

22 Beschluss der 2. Kammer des Zweiten Senats vom 12.10.2011 – 2 BvR 2984/09 ua, Rn. 24 bei Juris; siehe auch Kammergericht, Beschluss vom 6.10.2011 – 8 W 61/11, Rn. 7 und 11 ff. bei Juris.

23 BVerfGE 109, 13 (22); 96, 68 (77); siehe auch Beschlüsse der 2. Kammer des Zweiten Senats vom 6.5.2020 – 2 BvR 331/18, Rn. 15 bei Juris, und vom 3.11.2015 – 2 BvR 2019/09, Rn. 53 bei Juris; Beschluss der 3. Kammer des Zweiten Senats vom 3.7.2019 – 2 BvR 824 /15 ua, Rn. 28 bei Juris; Beschlüsse der 1. Kammer des Zweiten Senats vom 16.10.2013 – 2 BvR 736/13, Rn. 10 bei Juris, und vom 13.8.2013 – 2 BvR 2660/06 ua, Rn. 49 bei Juris.

24 Verneinend zB Beschluss der 2. Kammer des Zweiten Senats vom 6.5.2020 – 2 BvR 331 /18, Rn. 17 ff. bei Juris.

25 Vgl. Beschlüsse der 3. Kammer des Zweiten Senats vom 3.7.2019 – 2 BvR 824/15 ua, Rn. 28 bei Juris, und der 2. Kammer des Zweiten Senats vom 3.11.2015 – 2 BvR 2019/09, Rn. 53 bei Juris; siehe auch BVerfGE 109, 13 (22).

26 Vgl. etwa Beschluss der 1. Kammer des Zweiten Senats vom 16.10.2013 – 2 BvR 736/13, Rn. 12 ff. bei Juris.

27 Vgl. Beschluss der 2. Kammer des Zweiten Senats vom 12.10.2011 – 2 BvR 2984/09 ua, Rn. 22 und 25 ff. bei Juris; kritisch Lechner/Zuck/Zuck Vor §§ 83 ff. Rn. 8.

28 Vgl. BVerfGE 46, 342 (345).

29 BVerfGE 118, 124 (125).

30 Vgl. dazu Benda/Klein VerfassungsProzR/E. Klein Rn. 991.

selbst auf einen konkreten Sachverhalt anwendet; das bleibt Sache des Fachgerichts.[31]

Davon abgesehen enthält § 83 Abs. 1 **keine weiteren Vorgaben**. Lediglich ergänzend sind über die Verweisung in § 84 die Voraussetzungen des § 80 zu beachten. Das unterstreicht, dass auch nach Auffassung des Gesetzgebers die zentralen Konturen des Verfahrens schon auf der Ebene der Verfassung in Art. 100 Abs. 2 GG vorgegeben sind. 14

Dementsprechend behandelt § 83 im nachfolgenden **Abs. 2** die eher technische Frage, welchen Staatsorganen das Bundesverfassungsgericht in Verfahren dieser Art **Gelegenheit zur Äußerung** zu geben hat. Das sind nach Satz 1 der Bundestag, der Bundesrat und die Bundesregierung. Nur durch den in Satz 2 ermöglichten **Beitritt** können diese Organe die Eigenschaft als Verfahrensbeteiligte gewinnen. Dann haben sie aufgrund von § 25 Abs. 1 auch die Möglichkeit, die Durchführung einer mündlichen Verhandlung zu erzwingen (→ § 25 Rn. 4). Die Beschränkung der Beitrittsmöglichkeit in § 83 Abs. 2 Satz 2 auf die dort genannten Verfassungsorgane dürfte abschließend sein und auch einer analogen Anwendung auf einzelne oder mehrere Mitglieder des Deutschen Bundestages entgegenstehen.[32] § 83 ist auch keine Grundlage, um im Wege der analogen Anwendung im abstrakten Normenkontrollverfahren den Beitritt einzelner Mitglieder des Deutschen Bundestages zuzulassen.[33] 15

Wie im konkreten Normenkontrollverfahren schließt § 83 Abs. 2 auch für das Verfahren des Art. 100 Abs. 2 GG die **Beteiligten des Ausgangsverfahrens** von der Beitrittsmöglichkeit aus, was aus den zu § 82 Abs. 2 schon genannten Gründen (→ § 82 Rn. 13 f.) nicht sachgerecht ist.[34] Mangels Beteiligtenstellung können die am Ausgangsverfahren beteiligten Parteien im Verfahren vor dem Bundesverfassungsgericht keine Prozessanträge stellen.[35] Die Einflussmöglichkeiten der Beteiligten des Ausgangsverfahrens richten sich vielmehr nach § 84 iVm § 82 Abs. 3 (→ § 84 Rn. 7). 16

§ 84 [Entsprechende Geltung anderer Verfahrensvorschriften]

Die Vorschriften der §§ 80 und 82 Abs. 3 gelten entsprechend.

§ 84 schließt die Regelungen über das Verfahren nach Art. 100 Abs. 2 GG durch einen kargen Verweis darauf ab, dass die **Vorschriften der §§ 80 und 82 Abs. 3 entsprechend gelten**. Damit lehnt das Gesetz das Verfahren der Verifikation völkerrechtlicher Regeln an das Verfahren der konkreten 1

31 Beschluss der 2. Kammer des Zweiten Senats vom 12.10.2011 – 2 BvR 2984/09, Rn. 21 bei Juris.

32 Vgl. dazu den zum abstrakten Normenkontrollverfahren ergangenen, aber auch auf § 83 Abs. 2 bezogenen Beschluss zum Beitrittsantrag von AfD-Abgeordneten zum Normenkontrollverfahren gegen finanzierungsrechtliche Regelungen im Parteiengesetz: BVerfGE 156, 1 (5 f., Rn. 14 f.).

33 BVerfGE 156, 1 (5, Rn. 14).

34 Siehe auch Benda/Klein VerfassungsProzR/E. Klein Rn. 986.

35 Beschluss der 1. Kammer des Zweiten Senats vom 8.10.2003 – 2 BvR 1309/03, Rn. 10 bei Juris.

Normenkontrolle nach Art. 100 Abs. 1 GG, §§ 80 ff. an. Was das im Einzelnen bedeutet, ist hinsichtlich der einzelnen in Bezug genommenen Regelungen differenziert zu sehen.

2 Die Aussage des **§ 80 Abs. 1** würde bei entsprechender Anwendung bedeuten, dass die Gerichte unmittelbar die Entscheidung des Bundesverfassungsgerichts einholen. Das ist aber ohnehin in Art. 100 Abs. 2 GG schon so angeordnet. § 80 Abs. 1 besagt ebenso wenig wie Art. 100 Abs. 2 GG ausdrücklich, dass das Gericht zum Zweck der Einholung der Entscheidung des Bundesverfassungsgerichts sein **Verfahren auszusetzen** hat. Das ist deshalb etwas verwunderlich, weil das für das konkrete Normenkontrollverfahren in Art. 100 Abs. 1 GG schon in der Verfassung so vorgesehen ist. Man wird unterstellen dürfen, dass der Verfassungsgesetzgeber insoweit bei Art. 100 Abs. 2 und 3 GG nichts anderes gewollt, sondern nur eine abgekürzte Formulierung gewählt hat. Jedenfalls müsste der in § 84 angeordnete Verweis auf § 80 Abs. 1 auch als Verweis auf die in § 80 Abs. 1 in Bezug genommene Regelung des Art. 100 Abs. 1 GG und die dort vorgeschriebene Verfahrensaussetzung verstanden werden.

3 Bei der entsprechenden Heranziehung von **§ 80 Abs. 2 Satz 1** geht es um die Frage, worauf sich die **Begründung des vorlegenden Gerichts** beziehen muss. Der wesentliche Unterschied zur konkreten Normenkontrolle liegt beim Verfahren der Verifikation von völkerrechtlichen Regeln darin, dass es nicht um die Vereinbarkeit von Rechtsvorschriften mit dem Grundgesetz geht, sondern um Fragen nach der Existenz und Geltung der allgemeinen Regeln des Völkerrechts. Darauf muss sich die im Vorlagebeschluss zu formulierende Frage des Fachgerichts beziehen. Das genügt hier aber nicht, weil es nach Art. 100 Abs. 2 GG, § 83 Abs. 1 darauf ankommt, ob die Existenz oder Tragweite einer allgemeinen Regel des Völkerrechts zweifelhaft ist (→ § 83 Rn. 8). Dazu muss das vorlegende Gericht darlegen, dass es entweder keine einschlägige oder wenigstens übertragbare Judikatur zu dieser Frage gibt,[1] oder dass es von solchen Entscheidungen oder anderen gewichtigen Auffassungen abweichen würde.[2]

4 Aus dem Verweis auf § 80 Abs. 2 folgt auch, dass das vorlegende Gericht in der Begründung seines Vorlagebeschlusses angeben muss, inwieweit seine Entscheidung von der Antwort auf die vorgelegte Frage abhängig ist. Das vorlegende Gericht muss also **die Entscheidungserheblichkeit in zureichender Weise dartun**.[3] Deshalb scheitert die Zulässigkeit an der fehlenden Darlegung der Entscheidungserheblichkeit bzw. des „Abhängigseins" im Sinne von §§ 84 iVm § 80 Abs. 2, wenn aus dem Vorlagebeschluss hervorgeht, dass sich das Gericht noch keine abschließende Meinung zu der Frage gebildet hat, ob von einem etwaigen Verstoß gegen eine allgemeine Regel des Völkerrechts tatsächlich das Ergebnis des bei ihm anhängigen Verfahrens abhängt.[4] Zur Unzulässigkeit nach § 84 iVm § 80 Abs. 2 führt es auch, wenn

1 BVerfGE 118, 124 (133).
2 Beschluss der 2. Kammer des Zweiten Senats vom 12.10.2011 – 2 BvR 2984/09 ua, Rn. 27 bei Juris; siehe auch Dürig/Herzog/Scholz/Dederer Art. 100 Rn. 306 f. (Stand: Dezember 2013).
3 BVerfGE 118, 124 (133).
4 BVerfGE 100, 209 (212).

sich das vorlegende Gericht nicht näher mit Literatur und Rechtsprechung inhaltlich auseinandersetzt. Den Begründungsanforderungen ist nur genügt, wenn das vorlegende Gericht die bisherige Behandlung eines Problemkreises fundiert würdigt und darstellt, inwiefern sich seine Rechtsauffassung mit den in Literatur und Rechtsprechung vertretenen Ansichten deckt oder von ihnen abweicht.[5]

Da § 84 auch auf **§ 80 Abs. 2 Satz 2** verweist, muss das vorlegende Gericht auch seine **Akten** dem Vorlagebeschluss **beifügen**. 5

Der Verweis auf **§ 80 Abs. 3** stellt klar, dass das Fachgericht bei Vorliegen der Vorlagevoraussetzungen **von Amts wegen** vorlegen muss und es auf Anträge der Verfahrensbeteiligten ebenso wenig ankommt wie auf deren Rechtsauffassung zu der vorgelegten Frage.[6] Entscheidend ist, ob aus Sicht des Fachgerichts ernstliche Zweifel und Entscheidungserheblichkeit gegeben sind. 6

Der Verweis auf **§ 82 Abs. 3** ergänzt die in § 83 Abs. 2 für die Beteiligung von Verfassungsorganen schon gegebene Regelung und bezieht sich deshalb nach seinem Wortlaut und nach der Systematik ausschließlich auf die Mitwirkungsmöglichkeiten der am fachgerichtlichen Verfahren Beteiligten im Verfahren vor dem Bundesverfassungsgericht. Danach ist ihnen Gelegenheit zur Äußerung zu geben. Sie sind zur mündlichen Verhandlung zu laden und anwesenden Prozessbevollmächtigten ist das Wort zu erteilen. Eine Stellung als Beteiligte des verfassungsgerichtlichen Verfahrens haben sie nicht und können diese, weil für sie § 83 Abs. 2 Satz 2 nicht gilt, auch nicht durch Verfahrensbeitritt erlangen. Praktisch bedeutet das vor allen Dingen, dass sie keine Durchführung der mündlichen Verhandlung durchsetzen können (§ 25 Abs. 1). 7

§ 84 verweist **nicht auf § 82 Abs. 4**. Das kann nur bedeuten, dass das Bundesverfassungsgericht im Verfahren der Verifikation von völkerrechtlichen Regeln **nicht** die ihm im konkreten Normenkontrollverfahren zustehende Befugnis besitzt, **oberste Gerichtshöfe des Bundes oder oberste Landgerichte** um Mitteilung zu ersuchen, wie sie die Vorlagefrage bislang beantwortet haben. Das dürfte auch kein Versehen und deshalb nicht durch das Bundesverfassungsgericht korrigierbar sein, weil anders als bei der konkreten Normenkontrolle im Verfahren der Verifikation völkerrechtlicher Regeln im Regelfall nicht davon ausgegangen werden kann, dass oberste Gerichtshöfe des Bundes oder oberste Landesgerichte über entsprechende Anwendungserfahrung verfügen. 8

Im Übrigen folgt aus § 84 iVm § 80 Abs. 2 und der dazu ergangenen Rechtsprechung des Bundesverfassungsgerichts die **Verpflichtung des vorlegenden Fachgerichts**, in der Begründung seines Vorlagebeschlusses **auf** solche **schon vorliegende Rechtsprechung** oberster Gerichtshöfe des Bundes oder oberster Landesgerichte näher **einzugehen** (→ Rn. 3 f.). Fehlt es daran, ist die Vorlage unzulässig. Ist dieser Vortrag erfolgt, ist eine direkte Beteiligung dieser Gerichte entbehrlich. 9

5 BVerfGE 100, 209 (214).
6 Wie hier Barczak BVerfGG/Röcker § 84 Rn. 2.

10 Weitergehende Befugnisse des Bundesverfassungsgerichts können auch nicht aus dem **Präzedenzfall** von **BVerfGE 75, 1 (9)** abgeleitet werden, wo ohne Bezugnahme auf § 84 iVm § 82 Abs. 3 zu einer Vorlage des Oberlandesgerichts München dem Bundesgerichtshof und dem Generalbundesanwalt Gelegenheit zur Stellungnahme gegeben wurde. Darin lag entweder ein Fehler[7] oder diese Vorgehensweise war **Ausdruck der seinerzeit noch großzügigeren Praxis** des Bundesverfassungsgerichts bei der Beurteilung der Darlegungserfordernisse, die das vorlegende Gericht nach § 84 iVm § 80 Abs. 2 zu erfüllen hat.[8]

11 Es gibt **keine Verweisung auf § 81 a**. Deshalb muss über Vorlagen nach Art. 100 Abs. 2 GG der Senat auch dann entscheiden, wenn die Vorlage unzulässig ist. Eine Zuständigkeit von Kammern für solche Fälle ist wohl deshalb bislang nicht eingeführt worden, weil angesichts der überschaubaren Fallzahlen die Entlastungswirkung gering wäre.

Dreizehnter Abschnitt
Verfahren in den Fällen des § 13 Nr. 13 [Vorlagebeschluss eines Landesverfassungsgerichts]

§ 85 [Verfahren; Entscheidung]

(1) Ist die Entscheidung des Bundesverfassungsgerichts gemäß Artikel 100 Abs. 3 Satz 1 des Grundgesetzes einzuholen, so legt das Verfassungsgericht des Landes unter Darlegung seiner Rechtsauffassung die Akten vor.

(2) Das Bundesverfassungsgericht gibt dem Bundesrat, der Bundesregierung und, wenn es von einer Entscheidung des Verfassungsgerichts eines Landes abweichen will, diesem Gericht Gelegenheit zur Äußerung binnen einer zu bestimmenden Frist.

(3) Das Bundesverfassungsgericht entscheidet nur über die Rechtsfrage.

1 § 85 dient der verfahrensrechtlichen **Ausgestaltung des Vorlageverfahrens nach Art. 100 Abs. 3 GG**, das im Kompetenzkatalog des § 13 unter Nr. 13 aufgeführt ist. Nach Art. 100 Abs. 3 GG muss ein Landesverfassungsgericht, das bei der Auslegung des Grundgesetzes von einer Entscheidung des Bundesverfassungsgerichts oder eines Verfassungsgerichts eines anderen Landes abweichen will, die Entscheidung des Bundesverfassungsgerichts einholen. Die in § 85 Abs. 1 enthaltene Konkretisierung der Verweisung auf „Satz 1" des Art. 100 Abs. 3 GG geht ins Leere, da Art. 100 Abs. 3 GG nur aus einem Satz besteht.

2 Die **praktische Bedeutung** des Vorlageverfahrens nach Art. 100 Abs. 3 GG, § 85 ist **gering**. Die letzte der wenigen, in dieser Verfahrensart ergangenen Entscheidungen des Bundesverfassungsgerichts stammte lange Zeit aus dem

7 Lechner/Zuck/Zuck § 84 Rn. 12.
8 Vgl. BVerfGE 75, 1 (11).

Jahr 1997,[1] und dass das Bundesverfassungsgericht die neueste Vorlage nach Art. 100 Abs. 3 GG, § 85 aus dem Jahr 2021 als unzulässig beurteilt hat,[2] wird die Landesverfassungsgerichte auch künftig nicht zu solchen Vorlagen ermuntern. Die im Vergleich mit der Richtervorlage nach Art. 100 Abs. 1 GG, §§ 80 ff. verschwindend geringe Fallzahl erschließt sich ohne Weiteres aus der Beschränkung der Antragsberechtigung auf die Verfassungsgerichte der Länder und aus der Spezialität des Vorlagegegenstands.

Anders als bei der Richtervorlage nach Art. 100 Abs. 1 GG geht es bei der Vorlage nach Art. 100 Abs. 3 GG, § 85 **nicht** um die Verfassungswidrigkeit und **Gültigkeit eines Gesetzes**, sondern um die **Auslegung des Grundgesetzes**. Diese Vorlage setzt daher voraus, dass es auch in Verfahren vor den Landesverfassungsgerichten dazu kommen kann, dass Normen des Grundgesetzes auszulegen und anzuwenden sind.[3] 3

Das kann schon deshalb der Fall sein, weil die Landesverfassungsgerichte das **Landesverfassungsrecht im Einklang mit dem Grundgesetz auslegen und anwenden** müssen, das im bundesstaatlichen Normengefüge nach Art. 31 GG den Vorrang genießt. Dazu bedarf es der Feststellung des Regelungsgehalts der jeweils betroffenen Vorschrift des Grundgesetzes. Außerdem kann eine Norm des Grundgesetzes in einem Verfahren vor dem Landesverfassungsgericht dann Bedeutung erlangen, wenn sie durch ausdrückliche landesverfassungsrechtliche Bestimmung Bestandteil der Landesverfassung ist[4] oder wenn sie inhaltsgleich mit einer Regelung der Landesverfassung ist.[5] 4

Denkbar ist, dass sowohl die Voraussetzungen einer Vorlage nach Art. 100 Abs. 1 GG als auch die einer Vorlage nach Art. 100 Abs. 3 GG vorliegen, weil das Landesverfassungsgericht ein Landesgesetz für mit dem Grundgesetz unvereinbar hält und hierbei von einer Auslegung des Grundgesetzes ausgeht, die von der Rechtsprechung des Bundesverfassungsgerichts oder eines anderen Landesverfassungsgerichts abweicht. Das Bundesverfassungsgericht sieht in einem solchen Fall **keinen Vorrang der einen oder der anderen Vorlage** und gibt dem Landesverfassungsgericht die freie Wahl, welchen Weg es einschlägt.[6] 5

Art. 100 Abs. 3 GG ordnet eine **Vorlagepflicht** der Landesverfassungsgerichte an, aufgrund derer das Bundesverfassungsgericht als das Gericht, an das die Vorlage zu erfolgen hat, zum gesetzlichen Richter im Sinne des Art. 101 Abs. 1 Satz 2 GG wird. Die Verletzung der Vorlagepflicht kann daher mit der Verfassungsbeschwerde nach § 90 Abs. 1 gerügt werden. Die Verfassungsbeschwerde kann aber nach der Rechtsprechung des Bundesverfassungsgerichts nur dann 6

1 BVerfGE 96, 345.
2 BVerfGE 163, 239 (241).
3 BVerfGE 163, 239 (246, Rn. 15); vgl. auch Beschluss der 3. Kammer des Zweiten Senats vom 31.3.2016 – 2 BvR 1576/13, Rn. 54 bei Juris; Schmidt-Bleibtreu/Klein/Bethge BVerfGG/Bethge § 85 Rn. 16 (Stand: August 2015); Sachs/Detterbeck Art. 100 Rn. 29.
4 Vgl. für Art. 140 GG die Regelung in Art. 5 Verfassung Baden-Württemberg.
5 Vgl. BVerfGE 96, 345 (361); vgl. auch BVerfGE 163, 239 (246 f., Rn. 17 f.).
6 BVerfGE 163, 239 (246, Rn. 15); 36, 342 (356).

Erfolg haben, wenn dem Landesverfassungsgericht, das von einer Vorlage abgesehen hat, Willkür vorzuwerfen ist.[7]

7 Schon aus dem Wortlaut des Art. 100 Abs. 3 GG wird deutlich, dass Ziel der Vorlage die Vermeidung von Abweichungen in der Rechtsprechung der Landesverfassungsgerichte und des Bundesverfassungsgerichts ist. Zutreffend wird diese Vorlage deshalb als **Divergenzvorlage** bezeichnet.[8] Sie dient der Rechtssicherheit und der Rechtseinheit[9] im Hinblick auf die Auslegung des Grundgesetzes und weist insoweit dem Bundesverfassungsgericht das letzte Wort zu.[10]

8 Verfahrensrechtlich umgesetzt wird die Divergenzvorlage nach Art. 100 Abs. 3 GG, § 85, indem das Landesverfassungsgericht das bei ihm anhängige Verfahren aussetzt[11] und die Entscheidung des Bundesverfassungsgerichts einholt. Das Verfahren vor dem Bundesverfassungsgericht stellt wie bei der Vorlage nach Art. 100 Abs. 1 GG im Hinblick auf das Ausgangsverfahren ein **Zwischenverfahren** dar.

9 Das Verfahren besitzt keinen kontradiktorischen, sondern einen rein **objektiven Charakter**. Deshalb erlangen weder das vorlegende Landesverfassungsgericht noch die Beteiligten des Ausgangsverfahrens vor dem Bundesverfassungsgericht eine Beteiligtenstellung, und das Gesetz sieht auch keine Beitrittsrechte Dritter, etwa der nach § 85 Abs. 2 Äußerungsberechtigten, vor.[12]

10 Das Fehlen von Beteiligten hat zur Folge, dass sich das Bundesverfassungsgericht abweichend von der Grundregel des § 25 Abs. 1 für befugt hält, **ohne mündliche Verhandlung** zu entscheiden (→ § 25 Rn. 6). Ausgeschlossen ist die Durchführung einer mündlichen Verhandlung aber nicht.[13]

11 Die **Zulässigkeitsvoraussetzungen** der Divergenzvorlage ergeben sich weitgehend **unmittelbar aus Art. 100 Abs. 3 GG**. § 85 Abs. 1 kommt insoweit nur ergänzende Bedeutung zu, und die weiteren Absätze des § 85 betreffen nicht mehr die Zulässigkeit der Vorlage, sondern das Verfahren und die Entscheidung des Bundesverfassungsgerichts.

12 **Vorlageberechtigt** sind ausschließlich die **Verfassungsgerichte der Länder**. Die Vorlage ist durch den Spruchkörper in seiner vollständigen Besetzung zu beschließen, der auch für die Endentscheidung zuständig ist.[14]

13 Eine Vorlageberechtigung der **Fachgerichte** sieht das Grundgesetz im Hinblick auf seine Auslegung hingegen nicht vor. Sie sind **strikt an die Recht-**

---

7 Beschluss der 2. Kammer des Zweiten Senats vom 21.12.2021 – 2 BvR 1844/20, Rn. 54, 59 f. bei Juris; Beschluss der 3. Kammer des Zweiten Senats vom 31.3.2016 – 2 BvR 1976 /13, Rn. 55 bei Juris; Beschluss der 1. Kammer des Ersten Senats vom 27.10.1997 – 1 BvR 1604/97, Rn. 30 ff. bei Juris.

8 BVerfGE 163, 239 (245 f., Rn. 13); Beschluss der 1. Kammer des Zweiten Senats vom 2.5.2016 – 2 BvR 1974/15, Rn. 33 bei Juris; Beschluss der 3. Kammer des Zweiten Senats vom 31.3.2016 – 2 BvR 1576/13, Rn. 54 bei Juris.

9 BVerfGE 96, 345 (360).

10 Barczak BVerfGG/Peters § 85 Rn. 1.

11 Vgl. Thüringer VerfGH, Beschluss vom 19.5.2021 – 110/20, Tenor bei Juris; Schmidt-Bleibtreu/Klein/Bethge BVerfGG/Bethge § 85 Rn. 61 (Stand: August 2015).

12 Burkiczak/Dollinger/Schorkopf BVerfGG/Schwarz § 85 Rn. 27.

13 So auch Barczak BVerfGG/Peters § 85 Rn. 71; aA Lechner/Zuck/Zuck § 85 Rn. 16.

14 Burkiczak/Dollinger/Schorkopf BVerfGG/Schwarz § 85 Rn. 24.

sprechung des Bundesverfassungsgerichts gemäß § 31 Abs. 1 gebunden und nicht berechtigt, davon abzuweichen. Die Bindung nach § 31 Abs. 1 gilt zwar auch für Landesverfassungsgerichte (→ § 31 Rn. 32), aber ihnen bietet Art. 100 Abs. 3 GG die Möglichkeit, eine Änderung der Rechtsprechung des Bundesverfassungsgerichts herbeizuführen und sich so eine beabsichtigte Abweichung legitimieren zu lassen.[15]

14 Das Landesverfassungsgericht muss von einer Entscheidung des Bundesverfassungsgerichts oder eines anderen Landesverfassungsgerichts abweichen wollen. Diese **Divergenzabsicht** muss sich gerade auf die Auslegung des Grundgesetzes im Sinne eines abstrakten Rechtssatzes[16] beziehen. Unterschiedliche Auffassungen der Landesverfassungsgerichte zu vergleichbaren Vorschriften verschiedener Landesverfassungen können eine Vorlage nach Art. 100 Abs. 3 GG hingegen nicht begründen,[17] und zwar auch dann nicht, wenn die der Sache nach ggf. abweichende Entscheidung zu einer vergleichbaren Vorschrift einer anderen Landesverfassung vom Bundesverfassungsgericht in seiner Funktion als Landesverfassungsgericht gemäß § 71 Abs. 1 Nr. 3 stammt.[18] An einem tauglichen Vorlagegegenstand fehlt es auch, wenn keine Abweichung bezüglich eines abstrakten, die Auslegung des Grundgesetzes betreffenden Rechtssatzes vorgelegt wird, sondern das Landesverfassungsgericht nur die Anwendung verfassungsrechtlicher Maßstäbe auf den konkreten Einzelfall und eine einzelfallbezogene Subsumtion abfragt.[19] Insoweit unklar formulierte Vorlagefragen sind aber vom Bundesverfassungsgericht auszulegen und ggf. umzudeuten.[20] Die beabsichtigte Divergenz, die den Vorlagegrund darstellt,[21] muss sich aus einem Vergleich zwischen der vorhandenen einschlägigen bundes- oder landesverfassungsgerichtlichen Rechtsprechung, die im Tenor oder in den tragenden Gründen einer Entscheidung zum Ausdruck kommt,[22] und der Auffassung des vorlegenden Landesverfassungsgerichts ergeben.[23] Erwägungen im Rahmen eines obiter dictums sind dabei ebenso wenig maßgebend wie eine bloß abweichende Begründung, die im Ergebnis zu keiner anderen Norminterpretation führt.[24]

15 Das vorlegende Landesverfassungsgericht muss von der Richtigkeit seiner abweichenden Auffassung überzeugt sein. Ohne diese **Überzeugung** fehlt dem Gericht der nach Art. 100 Abs. 3 GG vorausgesetzte Wille zur Abweichung, und die Vorlage würde das unzulässige Ziel verfolgen, eine gutachterliche

---

15 Vgl. BVerfGE 96, 345 (375).
16 Vgl. BVerfGE 163, 239 (246, Rn. 15); Beschluss der 3. Kammer des Zweiten Senats vom 14.9.2023 – 2 BvR 107/21, Rn. 28 bei Juris.
17 Vgl. StGH Hessen Beschl. v. 18.4.2012 – P.St. 2336, Rn. 47 bei Juris.
18 LVerfG Schleswig-Holstein Urt. v. 30.9.2013 – LVerfG 13/12, Rn. 73 bei Juris.
19 Vgl. BVerfGE 163, 239 (249 ff., Rn. 25 und 35); vgl. auch Beschluss der 3. Kammer des Zweiten Senats vom 14.9.2023 – 2 BvR 107/21, Rn. 29 bei Juris.
20 Vgl. BVerfGE 163, 239 (248, Rn. 20 f.).
21 Vgl. BVerfGE 163, 239 (248 f., Rn. 23).
22 BVerfGE 163, 239 (248 f., Rn. 23); Beschluss der 3. Kammer des Zweiten Senats vom 14.9.2023 – 2 BvR 107/21, Rn. 28 bei Juris; Burkiczak/Dollinger/Schorkopf BVerfGG/Schwarz § 85 Rn. 16.
23 Divergenz verneinend BVerfGE 163, 239 (249 ff., Rn. 24 f. und 34).
24 BVerfGE 163, 239 (248 f., Rn. 23); Beschluss der 3. Kammer des Zweiten Senats vom 14.9.2023 – 2 BvR 107/21, Rn. 28 bei Juris.

Stellungnahme des Bundesverfassungsgerichts einzuholen, ohne dass eine echte Divergenz in Rede steht.[25]

16 Der konkret streitbezogene Charakter der Vorlage nach Art. 100 Abs. 3 GG, § 85 zeigt sich auch darin, dass die Vorlagefrage ebenso wie bei der konkreten Normenkontrolle nach Art. 100 Abs. 1 GG, §§ 80 ff. im Hinblick auf das Ausgangsverfahren **entscheidungserheblich** sein muss.[26] Dafür muss die Entscheidung des vorlegenden Landesverfassungsgerichts im Ergebnis unterschiedlich ausfallen, wenn einerseits die in der vorhandenen Rechtsprechung des Bundesverfassungsgerichts oder eines anderen Landesverfassungsgerichts vertretene Auffassung zur Auslegung des Grundgesetzes und andererseits die davon abweichende eigene Auffassung des vorlegenden Landesverfassungsgerichts, die zu den tragenden Gründen seiner Entscheidung gehören muss, zugrunde gelegt werden.[27] Das unterschiedliche Ergebnis kann auch darin liegen, dass nur bei einer der zwei in Betracht kommenden Auslegungen der betreffenden Norm des Grundgesetzes der beim Landesverfassungsgericht anhängige Antrag als unzulässig zu beurteilen wäre.[28]

17 Das Bundesverfassungsgericht verzichtet allerdings weitgehend auf eine Nachprüfung der vom Landesverfassungsgericht angenommenen Entscheidungserheblichkeit. Es hält die **Auffassung des Landesverfassungsgerichts insoweit** für **maßgebend**, jedenfalls soweit sie naheliegend erscheint.[29] Das ist wohl dem Umstand geschuldet, dass das Bundesverfassungsgericht Aussagen zu dem im Ausgangsverfahren konkret streitgegenständlichen Landesverfassungsrecht möglichst vermeiden und die Selbständigkeit der Landesverfassungsgerichtsbarkeit nicht antasten will.[30] Lässt sich aber aus der eigenen Rechtsansicht des vorlegenden Gerichts die fehlende Entscheidungserheblichkeit ableiten, so kann das Bundesverfassungsgericht nicht darüber hinwegsehen.[31]

18 Von der strengen Bindung an die Entscheidungserheblichkeit löst sich das Bundesverfassungsgericht, wenn es dem Landesverfassungsgericht gestattet, die Vorlagefrage über den entscheidungserheblichen Aspekt hinaus weiter zu fassen, sofern die Vorlage hinsichtlich einer unmittelbar entscheidungserheblichen Rechtsfrage zulässig ist,[32] und wenn es sich selbst für befugt hält, die **Vorlagefrage zu ergänzen**.[33] Die hierfür vom Bundesverfassungsgericht angeführten Gründe der Prozessökonomie entsprechen der Rechtsprechung zur konkreten Normenkontrolle (→ § 80 Rn. 21 ff.).[34]

19 Als formale Voraussetzung für die Zulässigkeit der Vorlage verpflichtet § 85 Abs. 1 das Landesverfassungsgericht, dem Bundesverfassungsgericht die **Akten** des Ausgangsverfahrens ohne eine zusätzliche Anforderung nach § 27

25 Barczak BVerfGG/Peters § 85 Rn. 42.
26 BVerfGE 163, 239 (250 f., Rn. 30).
27 BVerfGE 163, 239 (250 f., Rn. 30).
28 Vgl. BVerfGE 96, 345 (359); 36, 342 (357 f.).
29 BVerfGE 96, 345 (359).
30 Barczak BVerfGG/Peters § 85 Rn. 48.
31 Vgl. BVerfGE 163, 239 (251 f., Rn. 33).
32 Vgl. BVerfGE 163, 239 (253 f., Rn. 37 f.).
33 BVerfGE 163, 239 (248, Rn. 20); 96, 345 (359 f.).
34 BVerfGE 163, 239 (248, Rn. 20).

Satz 2 **vorzulegen**. Außerdem muss das Landesverfassungsgericht im Vorlagebeschluss seine **Rechtsauffassung darlegen**.

Damit umschreibt Abs. 1 die **Begründungspflicht** des Antragstellers im Sinne des § 23 Abs. 1 Satz 2, 1. Halbsatz. Das Landesverfassungsgericht ist gehalten, eine präzise Vorlagefrage zu formulieren, seine eigene Auffassung zur Auslegung der betreffenden Vorschrift des Grundgesetzes sowie die abweichende Auffassung eines anderen Landesverfassungsgerichts bzw. des Bundesverfassungsgerichts zu schildern und die Entscheidungserheblichkeit der Auslegungsfrage für das Ausgangsverfahren darzulegen.[35] 20

Die **Anforderungen** an die Begründung der Vorlage sind insoweit **nicht geringer als** die vergleichbaren, auf **§ 80 Abs. 2** beruhenden Begründungspflichten bei der Richtervorlage nach Art. 100 Abs. 1 GG.[36] 21

Zum **Verfahren** vor dem Bundesverfassungsgericht regelt **§ 85 Abs. 2** lediglich, wem zwingend Gelegenheit zur Äußerung zu geben ist. **Äußerungsberechtigt** sind hiernach ausschließlich der Bundesrat, die Bundesregierung und in dem Falle, dass das vorlegende Landesverfassungsgericht von der Entscheidung eines anderen Landesverfassungsgerichts abweichen will, auch dieses andere Landesverfassungsgericht. Der Wortlaut des Abs. 2, nach dem es scheinbar nicht auf die Divergenzabsicht des vorlegenden Landesverfassungsgerichts, sondern des Bundesverfassungsgerichts ankommen soll („es"), beruht auf einem redaktionellen Versehen.[37] 22

Nicht zwingend anzuhören sind hiernach insbesondere der **Bundestag und die Beteiligten des Ausgangsverfahrens**. Ein sachlicher Grund für diese Abweichung von den entsprechenden Regelungen bei der konkreten Normenkontrolle (§ 82 Abs. 1 und Abs. 3, 1. Halbsatz) ist jedoch nicht erkennbar. Das Bundesverfassungsgericht hält sich daher auch im Verfahren nach § 85 faktisch an diese Vorschriften und gibt Gelegenheit zur Stellungnahme.[38] 23

Auch die Beschränkung auf die Anhörung des Landesverfassungsgerichts, von dessen Entscheidung das vorlegende Gericht abweichen will, leuchtet nicht unbedingt ein. Die Auffassungen aller anderen Landesverfassungsgerichte, die sich ggf. bislang nicht mit der in Frage stehenden Auslegung des Grundgesetzes befasst haben, können für die Vorbereitung der Entscheidung ebenfalls von Interesse sein. Schließlich kann es auch im Vorlageverfahren nach Art. 100 Abs. 3 GG, § 85 sinnvoll sein, Auskünfte oberster Gerichtshöfe des Bundes oder oberster Landesgerichte gemäß § 82 Abs. 4 einzuholen. § 85 Abs. 2 ist deshalb nur als eine fragmentarische Mindestregelung zur Anhörung Dritter zu verstehen und hindert das Bundesverfassungsgericht nicht, den **Kreis der Äußerungsberechtigten zu erweitern**.[39] 24

Für die Entscheidung über die Vorlage nach Art. 100 Abs. 3 GG, § 85 bestimmt sich die **Senatszuständigkeit** nach § 14 Abs. 3, der auf die – allerdings 25

35 Schmidt-Bleibtreu/Klein/Bethge BVerfGG/Bethge § 85 Rn. 59 (Stand: August 2015); Benda/Klein VerfassungsProzR/Klein Rn. 978.

36 So auch Burkiczak/Dollinger/Schorkopf BVerfGG/Schwarz § 85 Rn. 26; Barczak BVerfGG/Peters § 85 Rn. 59; aA Lechner/Zuck/Zuck § 85 Rn. 11.

37 Vgl. Schmidt-Bleibtreu/Klein/Bethge BVerfGG/Bethge § 85 Rn. 69 (Stand: August 2015); Burkiczak/Dollinger/Schorkopf BVerfGG/Schwarz § 85 Rn. 30.

38 Vgl. BVerfGE 163, 239 (245, Rn. 12).

39 Vgl. auch Barczak BVerfGG/Peters § 85 Rn. 69; kritisch Lechner/Zuck/Zuck § 85 Rn. 15: „nicht gewollt".

durch Plenumsbeschluss vom 5.12.2023 auf der Grundlage des § 14 Abs. 4 modifizierte – Zuständigkeitsverteilung nach den Absätzen 1 und 2 des § 14 verweist. Eine Entscheidungskompetenz der Kammer sieht das Gesetz anders als bei der konkreten Normenkontrolle nach Art. 100 Abs. 1 GG nicht vor. Das entspricht auch der in § 81a Satz 2 zum Ausdruck gebrachten Wertung, dass die Entscheidung über Anträge eines Landesverfassungsgerichts auch in Verfahren nach Art. 100 Abs. 1 GG dem Senat vorbehalten bleibt.

26 Zum **Entscheidungsinhalt** bestimmt **§ 85 Abs. 3**, dass das Bundesverfassungsgericht nur über die Rechtsfrage entscheidet. Diese Regelung stimmt mit der entsprechenden Vorschrift des § 81 zur konkreten Normenkontrolle nach Art. 100 Abs. 1 GG überein. Sie bedeutet für die Vorlage nach Art. 100 Abs. 3 GG, dass das Bundesverfassungsgericht lediglich über die aufgeworfene Frage der Auslegung des Grundgesetzes entscheidet, die Entscheidung im Ausgangsverfahren auf der Grundlage der vom Bundesverfassungsgericht vorgegebenen Auslegung des Grundgesetzes aber dem vorlegenden Landesverfassungsgericht überlassen bleibt.

27 Wie bei § 81 ist damit nur die Sachentscheidung des Bundesverfassungsgerichts im Falle der Zulässigkeit der Vorlage angesprochen. **Unzulässige Vorlagen** können verworfen werden,[40] aber es genügt auch die bloße Feststellung der Unzulässigkeit.[41] Bei fehlender Entscheidungserheblichkeit der Vorlagefrage kann das Bundesverfassungsgericht auch tenorieren, dass das vorlegende Gericht durch die aus seiner Sicht entgegenstehende Entscheidung eines anderen Verfassungsgerichts nicht gehindert ist, den bei ihm anhängigen Rechtsstreit zu entscheiden.[42]

28 Ist die Vorlage zulässig und hat das Bundesverfassungsgericht deshalb eine **Sachentscheidung** zu treffen, so ist die für richtig befundene **Auslegung des Grundgesetzes in den Tenor aufzunehmen.**[43]

29 Die Sachentscheidung des Bundesverfassungsgerichts, die das Zwischenverfahren abschließt, ist gegenüber dem vorlegenden Landesverfassungsgericht schon aufgrund ihrer innerprozessualen Wirkung bindend (→ § 31 Rn. 18). Darüber hinaus entfaltet die Entscheidung über die Auslegung des Grundgesetzes eine **Bindungswirkung** für die Verfassungsorgane des Bundes und der Länder sowie alle Gerichte und Behörden nach § 31 Abs. 1.[44] Zu den Entscheidungen, denen nach § 31 Abs. 2 Gesetzeskraft zukommt, gehört die Entscheidung über eine Vorlage nach Art. 100 Abs. 3 GG, § 85 hingegen nicht.

---

40 Schmidt-Bleibtreu/Klein/Bethge BVerfGG/Bethge § 85 Rn. 73 (Stand: August 2015).
41 Vgl. BVerfGE 163, 239 (241).
42 BVerfGE 3, 261 (261).
43 BVerfGE 96, 345 (346); 36, 342 (343).
44 Lechner/Zuck/Zuck § 85 Rn. 19.

Vierzehnter Abschnitt
Verfahren in den Fällen des § 13 Nr. 14
[Fortgeltung von Recht als Bundesrecht]

§ 86 [Antragsberechtigte]

(1) **Antragsberechtigt sind der Bundestag, der Bundesrat, die Bundesregierung und die Landesregierungen.**

(2) **Wenn in einem gerichtlichen Verfahren streitig und erheblich ist, ob ein Gesetz als Bundesrecht fortgilt, so hat das Gericht in sinngemäßer Anwendung des § 80 die Entscheidung des Bundesverfassungsgerichts einzuholen.**

Art. 126 GG weist dem Bundesverfassungsgericht die Kompetenz zur Entscheidung über Meinungsverschiedenheiten über das Fortgelten von Recht als Bundesrecht zu. Die §§ 86 bis 89 regeln die verfahrensrechtliche Ausgestaltung dieses **Normenqualifizierungsverfahrens**, das im Zuständigkeitskatalog des § 13 unter Nr. 14 aufgeführt ist. 1

Diese Verfahrensart fällt in die ausschließliche **Zuständigkeit des Zweiten Senats** (§ 14 Abs. 2). Eine Entscheidungskompetenz der Kammer sieht das Gesetz nicht vor. 2

Gegenstand des Verfahrens ist die Qualifizierung von **Rechtsvorschriften, die in der Zeit vor dem Zusammentritt des Bundestages erlassen wurden** und gemäß Art. 123 Abs. 1 GG fortgelten. Für diese Vorschriften enthalten die Art. 124, 125, 125 a und 125 b Abs. 1 GG[1] Regelungen dazu, ob sie als Bundesrecht fortgelten. 3

Das Bundesverfassungsgericht soll nach Art. 126 GG nur Meinungsverschiedenheiten über die **Normqualifizierung als Bundesrecht**, nicht über die Fortgeltung einer Norm als solche klären. Die Gültigkeit der zur Prüfung gestellten Norm als solche kann vom Bundesverfassungsgericht nur als Vorfrage behandelt werden,[2] ist aber nicht unmittelbar Gegenstand des Verfahrens und der durch § 89 vorgegebenen Entscheidung des Bundesverfassungsgerichts. Es handelt sich daher nicht um ein Normenkontrollverfahren.[3] 4

Klärungsbedarf an einer Normqualifizierung nach Art. 126 GG, §§ 86 bis 89 hat sich zuletzt im Jahr 1972 ergeben.[4] Seitdem hat diese Verfahrensart **keine praktische Bedeutung mehr** erlangt, und ein Wiederaufleben der Verfahrensart ist nicht zu erwarten. Anträge nach § 86 hätten zwar auch im Hinblick auf die Überleitung von DDR-Recht nach dem Einigungsvertrag ge- 5

1 Im Einzelnen str., vgl. Schmidt-Bleibtreu/Klein/Bethge BVerfGG/von Coelln § 86 Rn. 20 ff. (Stand: August 2010); Burkiczak/Dollinger/Schorkopf BVerfGG/Preisner § 86 Rn. 31.
2 BVerfGE 28, 119 (139).
3 Benda/Klein VerfassungsProzR/E. Klein Rn. 921.
4 BVerfGE 33, 206.

stellt werden können,[5] aber ein solches Verfahren ist nicht anhängig gemacht worden.

6 Das Verfahren besitzt trotz der Anknüpfung an eine Meinungsverschiedenheit in Art. 126 GG einen **objektiven Charakter**.[6] Es wird von einem der in § 86 genannten Antragsteller eingeleitet, kennt aber keinen Antragsgegner, ist also nicht kontradiktorisch ausgestaltet.[7]

7 Der **Prüfungsgegenstand** des Normqualifizierungsverfahrens wird in Art. 126 GG, § 13 Nr. 14 einerseits („Recht") und § 86 Abs. 2, § 89 andererseits („Gesetz") unterschiedlich beschrieben. Maßgeblich ist der weitergehende, in Art. 126 GG verwendete und durch das einfachgesetzliche Verfahrensrecht nicht einschränkbare Begriff des Rechts, der alle **Gesetze im materiellen Sinne** umfasst, also beispielsweise auch Rechtsverordnungen.[8]

8 Die Zulässigkeit eines Normenqualifizierungsantrags wird unmittelbar in Art. 126 GG nur davon abhängig gemacht, dass über die Fortgeltung von Recht als Bundesrecht eine Meinungsverschiedenheit bestehen muss. Die weitere Ausgestaltung des Verfahrens hat das Grundgesetz gemäß Art. 94 Abs. 2 Satz 1 GG den Regelungen des Bundesverfassungsgerichtsgesetzes überlassen. Auf dieser Grundlage hat der Gesetzgeber die Normqualifizierung durch § 86 Abs. 1 und 2 in **zwei unterschiedliche Verfahrensarten** aufgespalten.

9 Diese Spaltung in zwei Verfahrensarten zeigt sich nicht nur in den Regelungen zur Antragsberechtigung in den Absätzen 1 und 2 des § 86, sondern setzt sich fort in den daran anknüpfenden **unterschiedlichen Zulässigkeitsvoraussetzungen**. Selbst der durch die Verfassung vorgegebene Begriff der Meinungsverschiedenheit erhält eine unterschiedliche Bedeutung je nachdem, ob es sich um eine abstrakte Normenqualifikation nach § 86 Abs. 1 oder eine konkrete Normenqualifikation nach § 86 Abs. 2 handelt.[9] Als für die Praxis relevant hat sich aber zu der Zeit, aus der die einschlägigen Entscheidungen des Bundesverfassungsgerichts stammen, ohnehin nur die konkrete Normenqualifikation nach § 86 Abs. 2 erwiesen; nur ein einziger Antrag wurde im Verfahren nach § 86 Abs. 1 gestellt.[10]

10 Das **Verfahren nach § 86 Abs. 1** ist im Vergleich mit dem Verfahren nach § 86 Abs. 2 in dem Sinne **abstrakt**, wie auch die Normenkontrolle nach § 76 im Vergleich mit der konkreten Normenkontrolle nach Art. 100 Abs. 1 GG, § 80 als abstrakt bezeichnet wird. Sie ist nicht mit einem konkreten Gerichtsverfahren verknüpft. Besonderheiten ergeben sich insoweit aber aus § 87 Abs. 1, der für Anträge des Bundesrats, der Bundesregierung oder einer Landesregierung einen Bezug zu einer vollzogenen oder unmittelbar bevorstehenden Maßnahme verlangt (dazu → § 87 Rn. 4 ff.).

---

5 Burkiczak/Dollinger/Schorkopf BVerfGG/Preisner § 86 Rn. 29 f.; Benda/Klein VerfassungsProzR/E. Klein Rn. 920; gegen die Zulässigkeit eines solchen Antragsgegenstands Lechner/Zuck/Zuck Vor § 86 ff. Rn. 5.

6 Benda/Klein VerfassungsProzR/E. Klein Rn. 921.

7 Das betont auch Burkiczak/Dollinger/Schorkopf BVerfGG/Preisner § 86 Rn. 32.

8 BVerfGE 28, 119 (132 ff.); Barczak BVerfGG/Salomon § 86 Rn. 9; Burkiczak/Dollinger/Schorkopf BVerfGG/Preisner § 86 Rn. 36.

9 Dem folgend auch Burkiczak/Dollinger/Schorkopf BVerfGG/Preisner § 86 Rn. 32.

10 BVerfGE 8, 143.

Losgelöst von einem konkreten Anwendungsfall in einem Gerichtsverfahren steht die **Antragsberechtigung** nur den in § 86 Abs. 1 genannten Organen zu: dem Bundestag, dem Bundesrat, der Bundesregierung und den Landesregierungen. 11

Bemerkenswert sind die **Unterschiede zur** Antragsberechtigung bei der **abstrakten Normenkontrolle**. Dort genügt für das Antragsrecht des Bundestages nach § 76 Abs. 1 ein Beschluss eines Viertels der Mitglieder des Bundestages, während bei § 86 Abs. 1 mangels abweichender Regelung die Mehrheit der abgegebenen Stimmen erforderlich ist (Art. 42 Abs. 2 Satz 1 GG). Außerdem gewährt § 86 Abs. 1 den Landesparlamenten kein Antragsrecht, obwohl ihre Betroffenheit hier mit derjenigen übereinstimmt, die im Verfahren der abstrakten Normenkontrolle ein Antragsrecht nach § 76 Abs. 2 begründet. Im Verfahren der Normenqualifizierung sind sie nicht antragsberechtigt, aber immerhin äußerungs- und beitrittsberechtigt (§ 88 iVm § 82 Abs. 1 und 2, § 77). 12

Das Antragsrecht setzt auch im Falle der abstrakten Normenqualifikation nach § 86 Abs. 1 voraus, dass **Meinungsverschiedenheiten** über die Geltung des Rechts als Bundesrecht im Sinne des Art. 126 GG bestehen. Diese Meinungsverschiedenheiten müssen aber nicht anlässlich eines konkreten Anwendungsfalls und auch nicht gerade zwischen dem Antragsteller und einem anderen antragsberechtigten Organ aufgetreten sein. Es genügt, dass überhaupt unterschiedliche Ansichten zur Qualifikationsfrage vertreten werden.[11] Konkretere Züge erhält das notwendige Klarstellungsinteresse des Antragstellers erst durch die zusätzlichen Anforderungen des § 87 Abs. 1. 13

§ 86 Abs. 2 regelt demgegenüber ein **Verfahren der Richtervorlage**, das schon nach seinem Wortlaut sinngemäß dem der konkreten Normenkontrolle nach § 80 entspricht. Insofern ist die Bezeichnung dieses Verfahrens als **konkrete Normqualifikation** berechtigt. Das Antragsrecht in diesem Verfahren steht allen staatlichen Gerichten zu. 14

Anders als Abs. 1 stellt für den Fall einer konkreten Normqualifikation Abs. 2 klar, was unter einer **Meinungsverschiedenheit** im Sinne des Art. 126 GG zu verstehen sein soll. Die Frage der Fortgeltung eines Gesetzes als Bundesrecht muss in einem gerichtlichen Verfahren streitig und erheblich sein. 15

Nach der Rechtsprechung des Bundesverfassungsgerichts ist die Frage **in einem gerichtlichen Verfahren** schon dann **streitig**, wenn das Gericht die Beantwortung der Frage für ernstlich zweifelhaft hält[12] oder wenn die von ihm vertretene Ansicht im Widerspruch zu einer beachtlichen, im wissenschaftlichen Schrifttum vertretenen Meinung oder zur Auffassung eines Landesverfassungsgerichts, eines obersten Bundesgerichts oder eines Verfassungsorgans des Bundes oder des Landes steht.[13] 16

Dagegen soll **nicht** genügen, dass die Frage allein **zwischen den Parteien des Ausgangsverfahrens streitig** ist, das Gericht aber eine eindeutige, nicht im Widerspruch zu den sonst außerhalb des konkreten Rechtsstreits vertre- 17

11 Vgl. Schmidt-Bleibtreu/Klein/Bethge BVerfGG/von Coelln § 86 Rn. 41 (Stand: August 2010); enger Barczak BVerfGG/Salomon § 86 Rn. 30.
12 BVerfGE 4, 358 (369 f.).
13 Vgl. BVerfGE 33, 206 (214); 17, 287 (291); 11, 89 (92 f.).

tenen Auffassungen stehende Ansicht vertritt.[14] Die Vorlage soll nicht der Dispositionsbefugnis der Parteien unterliegen.

18 Während der letztgenannte Gesichtspunkt **in der Literatur** auf Zustimmung stößt, werden die Gleichsetzung eines nach § 86 Abs. 2 notwendigen Streits mit bloßen Zweifeln und die Anknüpfung an außerhalb des Gerichtsverfahrens vertretene Auffassungen **kritisiert.**[15] Die Rechtsprechung des Bundesverfassungsgerichts setzt sich in der Tat darüber hinweg, dass das Grundgesetz an anderer Stelle durchaus zwischen Meinungsverschiedenheiten und Zweifeln unterscheidet (vgl. Art. 93 Abs. 1 Nr. 2 GG), so dass der Begriff des Streits in § 86 Abs. 2, der der Ausgestaltung des Begriffs der Meinungsverschiedenheiten im Sinne des Art. 126 GG dient, bei systematischer Betrachtung kaum mit Zweifeln gleichgesetzt werden kann.

19 Dennoch spricht vieles für die Auffassung des Bundesverfassungsgerichts, weil sie mit der mit Art. 126 GG verfolgten Konzeption im Einklang steht, dem Bundesverfassungsgericht die Entscheidung über die Fortgeltung eines Gesetzes als Bundesrecht zuzuweisen, sobald sich diese Frage als klärungsbedürftig erweist. Das kann in einem Gerichtsverfahren auch schon dann sein, wenn das Fachgericht auf beachtliche gegenläufige Ansichten trifft, und zwar **unabhängig von der Quelle der streitigen Ansichten**. Stets handelt es sich dann um Meinungsverschiedenheiten im Sinne des Art. 126 GG.[16]

20 Dass sich das Verfahren nach § 86 Abs. 2 in den gesetzlich vorgegebenen Grenzen einer konkreten Normqualifikation hält, wird durch das Erfordernis der Erheblichkeit gewährleistet. Gemeint ist eine **Entscheidungserheblichkeit** der Vorlage, wie sie etwa auch bei der konkreten Normenkontrolle nach Art. 100 Abs. 1 GG, § 80 erforderlich ist (→ § 80 Rn. 69 ff.). Das Ergebnis des Ausgangsverfahrens muss davon abhängen, ob das anzuwendende Gesetz als Bundesrecht fort gilt bzw. zumindest in dem für die Entscheidung im Ausgangsverfahren maßgeblichen Zeitpunkt fort galt.[17] Die Einschätzung des vorlegenden Gerichts zur Entscheidungserheblichkeit wird insoweit vom Bundesverfassungsgericht akzeptiert, sofern sie nicht offensichtlich unhaltbar ist.[18]

21 Liegen die Voraussetzungen des Art. 126 GG, § 86 Abs. 2 vor, so ist das Gericht zur Vorlage an das Bundesverfassungsgericht verpflichtet. Die **Vorlagepflicht**, aufgrund derer das Bundesverfassungsgericht zum gesetzlichen Richter im Sinne des Art. 101 Abs. 1 Satz 2 GG wird, ergibt sich unmittelbar aus dem Wortlaut des Gesetzes, nach dem das Gericht die Entscheidung des Bundesverfassungsgerichts einzuholen hat.

22 Das vorlegende Gericht setzt die Vorlagepflicht um, indem es das bei ihm anhängige Verfahren bis zur Entscheidung des Bundesverfassungsgerichts **aus-**

---

14 BVerfGE 4, 358 (369).

15 Vgl. Schmidt-Bleibtreu/Klein/Bethge BVerfGG/von Coelln § 86 Rn. 47 (Stand: August 2010); Barczak BVerfGG/Salomon § 86 Rn. 34.

16 Zustimmend Burkiczak/Dollinger/Schorkopf BVerfGG/Preisner § 86 Rn. 41; ebenso Benda/Klein VerfassungsProzR/E. Klein Rn. 932.

17 Vgl. BVerfGE 33, 206 (213 f.).

18 BVerfGE 28, 119 (138).

setzt.[19] Das verfassungsgerichtliche Normenqualifizierungsverfahren stellt daher im Hinblick auf das Ausgangsverfahren ein **Zwischenverfahren** dar.[20]

Für beide Arten der Normqualifikation richten sich die formellen Anforderungen an den Antrag nach den allgemeinen Vorgaben des § 23 Abs. 1 Sätze 1 und 2. Der Antrag ist schriftlich einzureichen und zu begründen. Die **Begründung** muss sich im Falle der konkreten Normqualifikation insbesondere auf die in § 86 Abs. 2 bezeichneten Voraussetzungen des Antrags beziehen und insoweit den sinngemäß anzuwendenden Voraussetzungen des § 80 Abs. 2 genügen.[21] Insbesondere muss das vorlegende Gericht darlegen, inwiefern seine Entscheidung von der Fortgeltung des Rechts als Bundesrecht abhängt.[22] Für die abstrakte Normqualifikation gilt speziell § 87 Abs. 2. 23

§ 87 [Zulässigkeit des Antrags]

(1) Der Antrag des Bundesrates, der Bundesregierung oder einer Landesregierung ist nur zulässig, wenn von der Entscheidung die Zulässigkeit einer bereits vollzogenen oder unmittelbar bevorstehenden Maßnahme eines Bundesorgans, einer Bundesbehörde oder des Organs oder der Behörde eines Landes abhängig ist.

(2) Aus der Begründung des Antrags muß sich das Vorliegen der in Absatz 1 bezeichneten Voraussetzung ergeben.

§ 87 stellt **besondere Zulässigkeitsvoraussetzungen für die abstrakte Normqualifikation** nach § 86 Abs. 1 als einer der zwei Varianten des Normenqualifizierungsverfahrens nach Art. 126 GG auf. Mit diesen zusätzlichen Anforderungen hat der Gesetzgeber das Verfahren im Rahmen der ihm durch Art. 94 Abs. 2 Satz 1 GG eingeräumten Ermächtigung ausgestaltet.[1] 1

Die Normqualifikation nach § 86 Abs. 1 ist zwar in dem Sinne abstrakt, dass sie anders als die konkrete Normqualifikation nach § 86 Abs. 2 nicht mit einem konkreten Rechtsstreit verknüpft ist. Anders als bei der abstrakten Normenkontrolle nach § 76 verlangt § 87 Abs. 1 aber einen **Bezug zu einem konkreten Anlass für die Klärung** der Fortgeltung eines Gesetzes als Bundesrecht. 2

Allerdings gilt diese Voraussetzung nach dem Wortlaut des § 87 Abs. 1 nicht für alle Fälle der abstrakten Normqualifikation, sondern nur für Anträge, die vom Bundesrat, von der Bundesregierung oder von einer Landesregierung gestellt werden. Der **Bundestag** als möglicher Antragsteller (§ 86 Abs. 1) ist hiervon **ausgenommen**, und eine Erstreckung der Norm auf den Bundestag gegen den Wortlaut der Vorschrift ist weder dogmatisch zulässig noch in der Sache geboten, da ein Feststellungsinteresse gerade des zur Gesetzgebung 3

19 Vgl. Schmidt-Bleibtreu/Klein/Bethge BVerfGG/von Coelln § 86 Rn. 53 (Stand: August 2010).
20 Benda/Klein VerfassungsProzR/E. Klein Rn. 922.
21 Vgl. Schmidt-Bleibtreu/Klein/Bethge BVerfGG/von Coelln § 86 Rn. 52 (Stand: August 2010).
22 BVerfGE 28, 119 (137).
1 Siehe zu einem Fall des § 86 Abs. 2 auch BVerfGE 28, 119 (136).

berufenen Organs des Bundes auch ohne konkreten Anlass anerkennenswert erscheint.[2]

4 Für die anderen Antragsberechtigten des § 86 Abs. 1 ordnet § 87 Abs. 1 an, dass der Antrag nur dann zulässig ist, wenn von der Entscheidung über die Fortgeltung eines Gesetzes als Bundesrecht die Zulässigkeit einer schon vollzogenen oder unmittelbar bevorstehenden Maßnahme abhängt. Mit „Zulässigkeit" ist die **Rechtmäßigkeit der Maßnahme** gemeint.[3]

5 Die Maßnahme muss von einer der in § 87 Abs. 1 genannten Stellen ausgehen. Von der Aufzählung in § 87 Abs. 1 sind letztlich **sämtliche Hoheitsträger** umfasst, so dass als Maßnahme jeder hoheitliche Akt in Betracht kommt.[4] Dazu gehören auch Gerichtsentscheidungen. Die Antragsteller einer abstrakten Normenqualifikation dürfen schon aufgrund der Existenz anhängiger oder abgeschlossener Gerichtsverfahren, in denen die Fortgeltung eines Gesetzes als Bundesrecht eine Rolle spielt, von einem objektiven, durch das Bundesverfassungsgericht aufzulösenden Klärungsbedarf ausgehen.[5]

6 Die Maßnahme, die den Antragsteller zur Einleitung eines abstrakten Normenqualifizierungsverfahrens veranlasst, muss **bereits vollzogen** sein **oder unmittelbar bevorstehen**. Insofern wird das notwendige objektive Klarstellungsinteresse des Antragstellers in zeitlicher Hinsicht konkretisiert. Eine zusätzliche Einschränkung bei schon abgeschlossenen Maßnahmen dahin gehend, dass sie noch rückgängig gemacht werden oder zumindest Ersatzansprüche auslösen können,[6] ist hingegen nicht gerechtfertigt.[7] Insoweit genügt, dass eine Maßnahme, die auf der Fortgeltung eines Gesetzes als Bundesrecht beruht, überhaupt zeigt, dass konkrete Anwendungsfälle vorhanden sind.

7 **§ 87 Abs. 2** erstreckt die allgemeine **Begründungspflicht** des Antragstellers nach § 23 Abs. 1 Satz 2, 1. Halbsatz auf die Voraussetzungen des § 87 Abs. 1. Der Antragsteller muss bei einer abstrakten Normqualifikation darlegen, dass die Rechtmäßigkeit eines schon ergangenen oder unmittelbar bevorstehenden Hoheitsakts davon abhängt, ob ein dem Hoheitsakt zugrunde liegendes Gesetz als Bundesrecht fort gilt oder nicht.

8 Anträge, für die es keinen Anlass im Sinne des § 87 Abs. 1 gibt oder die der Antragsteller nicht in einer den Anforderungen des § 87 Abs. 2 entsprechenden Weise begründet hat, sind **unzulässig**.[8] Der Prüfungsumfang des Bundesverfassungsgerichts ist insoweit anders als bei der Prüfung der Ent-

---

2 Barczak BVerfGG/Salomon § 87 Rn. 2; Burkiczak/Dollinger/Schorkopf BVerfGG/Preisner § 87 Rn. 4 f.
3 Vgl. Schmidt-Bleibtreu/Klein/Bethge BVerfGG/von Coelln § 87 Rn. 8 (Stand: August 2010).
4 Lechner/Zuck/Zuck § 87 Rn. 1.
5 Vgl. Schmidt-Bleibtreu/Klein/Bethge BVerfGG/von Coelln § 87 Rn. 9 (Stand: August 2010); aA BeckOK BVerfGG/Sauer § 87 Rn. 3; Burkiczak/Dollinger/Schorkopf BVerfGG /Preisner § 87 Rn. 8: nur Vorlage durch das Gericht nach § 86 Abs. 2 möglich.
6 Lechner/Zuck/Zuck § 87 Rn. 1; Barczak BVerfGG/Salomon § 87 Rn. 4.
7 So auch Burkiczak/Dollinger/Schorkopf BVerGG/Preisner § 87 Rn. 9.
8 Vgl. die Prüfung in BVerfGE 8, 143 (147).

scheidungserheblichkeit bei einer Richtervorlage (→ § 86 Rn. 20) nicht auf eine Plausibilitätsprüfung beschränkt.[9]

§ 88 [Beitritt anderer Beteiligter]

Die Vorschrift des § 82 gilt entsprechend.

§ 88 verweist für das Verfahren der Normenqualifizierung uneingeschränkt auf die Regelung des **§ 82**. Diese Vorschrift gilt daher entsprechend **sowohl bei der abstrakten Normqualifikation** nach § 86 Abs. 1 **als auch bei der konkreten Normqualifikation** nach § 86 Abs. 2. Einzelne Regelungen des § 82 sind hierbei aber differenziert zu betrachten. 1

Nach **§ 82 Abs. 1, § 77** bestimmt sich der Kreis der im Verfahren der Normenqualifizierung **Äußerungsberechtigten**. Die Verweisung ist jedoch nicht ganz eindeutig, weil § 77 seinerseits verschiedene Fälle unterscheidet, die nicht ohne Weiteres auf die möglichen Konstellationen einer Normenqualifikation übertragen werden können. Wegen der Ähnlichkeit mit dem in § 77 Nr. 2 geregelten Fall des § 76 Abs. 2 und wegen der Möglichkeit der räumlichen Erstreckung der Entscheidung des Bundesverfassungsgerichts (→ § 89 Rn. 5) liegt es allerdings nahe, neben dem Bundestag, dem Bundesrat und der Bundesregierung stets auch alle Landesregierungen und alle Landesparlamente anzuhören.[1] 2

Folge der Äußerungsberechtigung der in § 77 genannten Organe ist zugleich, dass sie gemäß **§ 82 Abs. 2** dem Verfahren beitreten können. Mit der Ausübung des Beitrittsrechts werden sie neben dem Antragsteller zu Beteiligten des Verfahrens. Das **Beitrittsrecht** ist angesichts der umfassenden Verweisung des § 88 nicht auf die konkrete Normqualifikation beschränkt und unterscheidet sich insofern von den Normenkontrollverfahren nach §§ 76 ff. und §§ 80 ff., wo es nur bei der konkreten Normenkontrolle nach § 82 Abs. 2, nicht aber bei der abstrakten Normenkontrolle nach den §§ 76 ff. besteht.[2] 3

Nach **§ 82 Abs. 3** ist auch den **Beteiligten des Ausgangsverfahrens** Gelegenheit zur Äußerung zu geben. Diese Regelung passt ersichtlich nur auf die konkrete Normqualifikation nach § 86 Abs. 2. Dem Verfahren beitreten können die Beteiligten des Ausgangsverfahrens nicht. 4

Das Bundesverfassungsgericht kann auch im Verfahren der Normenqualifizierung **Auskünfte oberster Bundes- und Landesgerichte nach § 82 Abs. 4** einholen. 5

Die Verweisung auf **§ 82 Abs. 1, § 78 Satz 1** geht ins Leere, weil diese Regelung zum **Entscheidungsinhalt durch** die spezielle Vorschrift des **§ 89 verdrängt** wird.[3] Eine Erstreckung der Entscheidung auf andere als die zur 6

9 So auch Burkiczak/Dollinger/Schorkopf BVerfGG/Preisner § 87 Rn. 10.
1 So auch Benda/Klein VerfassungsProzR/E. Klein Rn. 937; aA Barczak BVerfGG/Salomon § 88 Rn. 9; differenzierend Schmidt-Bleibtreu/Klein/Bethge BVerfGG/von Coelln § 88 Rn. 5 ff. (Stand: August 2010).
2 So auch Burkiczak/Dollinger/Schorkopf BVerfGG/Preisner § 88 Rn. 11.
3 Lechner/Zuck/Zuck § 88 Rn. 1.

Prüfung gestellten Vorschriften nach § 82 Abs. 1, § 78 Satz 2 kommt aber grundsätzlich in Betracht (dazu → § 89 Rn. 5).

7 Die Regelung des **§ 82 Abs. 1, § 79** zu den **Folgewirkungen** der Nichtigerklärung oder Unvereinbarerklärung eines Gesetzes passt zwar nicht unmittelbar zur bloßen Normenqualifikation, so dass ihre Anwendung insoweit verbreitet abgelehnt wird.[4] Die Problematik einer zu Unrecht auf Bundesrecht gestützten Entscheidung weist aber nicht nur Parallelen zu der unmittelbar in § 79 angesprochenen Frage auf, sondern besitzt gleichermaßen Verfassungsrang (vgl. Art. 124 ff. GG). Das spricht eher dafür, die Verweisung auf § 79 auch im Falle der Normenqualifizierung durchgreifen zu lassen.[5]

§ 89 [Entscheidung]

Das Bundesverfassungsgericht spricht aus, ob das Gesetz ganz oder teilweise in dem gesamten Bundesgebiet oder einem bestimmten Teil des Bundesgebiets als Bundesrecht fortgilt.

1 § 89 regelt den **Inhalt der Entscheidung** des Bundesverfassungsgerichts in beiden Arten der Verfahren der Normenqualifizierung nach Art. 126 GG, § 86 Abs. 1 und 2. Allerdings betrifft die Vorschrift nur die Sachentscheidung im Falle der Zulässigkeit des Antrags.

2 Fehlt eine der nach Art. 126 GG, §§ 86, 87 notwendigen Sachentscheidungsvoraussetzungen, stellt das Bundesverfassungsgericht die **Unzulässigkeit des Antrags** fest.[1] Das kann auch durch A-Limine-Abweisung nach § 24 geschehen.[2]

3 Der mögliche **Entscheidungsausspruch bei einer Sachentscheidung** wird durch § 89 dahin gehend begrenzt, dass das Bundesverfassungsgericht ausschließlich darüber zu entscheiden hat, **ob und inwieweit das** zur Prüfung gestellte **Gesetz als Bundesrecht** aufgrund der Art. 124 ff. GG **fort gilt oder nicht**. Der mögliche Tenor orientiert sich damit an dem durch Art. 126 GG vorgegebenen Verfahrensgegenstand.

4 Sonstige Feststellungen, etwa ob die Norm überhaupt gilt oder ob sie als Landesrecht gilt, muss das Bundesverfassungsgericht gegebenenfalls als Vorfrage oder in Abgrenzung zur Fortgeltung als Bundesrecht klären. In den Tenor der Entscheidung sind sie jedoch nicht aufzunehmen. Das Bundesverfassungsgericht entscheidet im Normqualifizierungsverfahren **nicht** über die **Gültigkeit des Gesetzes**.[3] Deshalb ist auch dann, wenn die Norm als ungültig beurteilt wird oder wenn sie als Landesrecht gilt, dahin gehend zu tenorieren, dass sie nicht als Bundesrecht fort gilt.[4]

---

4 Lechner/Zuck/Zuck § 88 Rn. 1; Schmidt-Bleibtreu/Klein/Bethge BVerGG/von Coelln § 88 Rn. 13 (Stand: August 2010).
5 Dafür auch BeckOK BVerfGG/Sauer § 88 Rn. 4.
1 Vgl. BVerfGE 16, 329 (330).
2 Vgl. BVerfGE 7, 59 (59).
3 Vgl. BVerfGE 3, 357 (358).
4 Barczak BVerfGG/Salomon § 89 Rn. 6.

Der Prüfungsgegenstand wird grundsätzlich durch den Antrag bestimmt. Das Bundesverfassungsgericht ist aber aufgrund der Verweisung des § 88 auf § 82, § 78 Satz 2 befugt, seine Prüfung und die Entscheidung im Rahmen des § 78 Satz 2 **auf weitere Vorschriften zu erstrecken**.[5] Außerdem kommt eine Erstreckung der Entscheidung auch in räumlicher Hinsicht auf Gebiete in Betracht, die zwar nicht vom Antrag oder von der Vorlage erfasst sind, in denen die zu prüfende Norm aber auch gilt.[6] Dies korrespondiert mit der Anhörung aller Landesregierungen und Landesparlamente nach § 88 iVm § 82 Abs. 1, § 77 (→ § 88 Rn. 2).[7] 5

§ 89 eröffnet auch die Möglichkeit, dem Antrag **teilweise stattzugeben**. Das kann Teile des zur Qualifizierung anstehenden Gesetzes oder dessen räumlichen Geltungsbereich im Bundesgebiet betreffen. Die Entscheidung kann sich hingegen nicht darauf beziehen, seit wann ein Gesetz als Bundesrecht fort gilt.[8] 6

Die Sachentscheidung des Bundesverfassungsgerichts bindet das vorlegende Gericht im Falle der konkreten Normenqualifizierung nach § 86 Abs. 2 genauso wie die Entscheidung bei einer konkreten Normenkontrolle nach Art. 100 Abs. 1 GG schon aufgrund ihrer **innerprozessualen Bindungswirkung** (→ § 31 Rn. 18). Das Gericht hat daher nach Abschluss des Zwischenverfahrens vor dem Bundesverfassungsgericht die nach § 89 getroffene Entscheidung im weiteren Verlauf des Ausgangsverfahrens zugrunde zu legen. 7

Außerdem sind alle Verfassungsorgane, Gerichte und Behörden gemäß § 31 Abs. 1 an die Entscheidung gebunden. Die Entscheidung hat darüber hinaus gemäß § 31 Abs. 2 Satz 1 **Gesetzeskraft** und ist deshalb nach § 31 Abs. 2 Satz 4 im Bundesgesetzblatt zu veröffentlichen. Die Geltung des § 79 ist umstritten (→ § 88 Rn. 7). 8

Fünfzehnter Abschnitt
Verfahren in den Fällen des § 13 Nr. 8 a [Verfassungsbeschwerde]

§ 90 [Aktivlegitimation]

(1) Jedermann kann mit der Behauptung, durch die öffentliche Gewalt in einem seiner Grundrechte oder in einem seiner in Artikel 20 Abs. 4, Artikel 33, 38, 101, 103 und 104 des Grundgesetzes enthaltenen Rechte verletzt zu sein, die Verfassungsbeschwerde zum Bundesverfassungsgericht erheben.

(2) [1]Ist gegen die Verletzung der Rechtsweg zulässig, so kann die Verfassungsbeschwerde erst nach Erschöpfung des Rechtswegs erhoben werden. [2]Das Bundesverfassungsgericht kann jedoch über eine vor Erschöpfung des Rechtswegs eingelegte Verfassungsbeschwerde sofort entschei-

5 Vgl. BVerfGE 28, 119 (151).
6 Barczak BVerfGG/Salomon § 89 Rn. 11; ablehnend für § 86 Abs. 2: BVerfGE 4, 358 (361).
7 Vgl. Burkiczak/Dollinger/Schorkopf BVerfGG/Preisner § 89 Rn. 15.
8 BVerfGE 4, 358 (367 f.).

den, wenn sie von allgemeiner Bedeutung ist oder wenn dem Beschwerdeführer ein schwerer und unabwendbarer Nachteil entstünde, falls er zunächst auf den Rechtsweg verwiesen würde.

(3) Das Recht, eine Verfassungsbeschwerde an das Landesverfassungsgericht nach dem Recht der Landesverfassung zu erheben, bleibt unberührt.

A. Einführung

I. Gesamtüberblick

1 § 90 ist eine der **zentralen Normen des Gesetzes** über das Bundesverfassungsgericht, weil sie in Ausfüllung des Art. 93 Abs. 1 Nr. 4 a GG die Verfahrensart der Verfassungsbeschwerde regelt. Auf Verfassungsbeschwerden nach § 90 entfallen über 95 % aller beim Bundesverfassungsgericht anhängig gemachten Verfahren (vgl. dazu → Rn. 67 ff.). Die Gewährleistung eines wirksamen Grundrechtsschutzes im Verfahren der Verfassungsbeschwerde gehört zu den zentralen Aufgaben des Bundesverfassungsgerichts.[1]

2 Die große Beliebtheit des Instruments der Verfassungsbeschwerde zum Bundesverfassungsgericht, aus der sich auch die Popularität des Bundesverfassungsgerichts als Institution speist (→ § 1 Rn. 2), ist Folge des weiten, schon unmittelbar durch die Verfassung (Art. 93 Abs. 1 Nr. 4 a GG) eröffneten Anwendungsbereichs dieses Rechtsbehelfs: Der **in Abs. 1 beschriebene Anwendungsbereich** der Verfassungsbeschwerde ist

- weit im Hinblick auf den Kreis möglicher Beschwerdeführer,
- weit im Hinblick auf die angreifbaren Akte und
- weit im Hinblick auf die verfassungsrechtlichen Rechte, deren Verletzung vom Beschwerdeführer gerügt und vom Bundesverfassungsgericht festgestellt werden kann.

3 Erhoben werden kann die Verfassungsbeschwerde ausdrücklich von **„Jedermann"** (dazu → Rn. 75 ff.). Zur Überprüfung gestellt werden kann zumindest nach dem Wortlaut jedes Verhalten der **öffentlichen Gewalt** (dazu → Rn. 154 ff.). Durchsetzen kann der Beschwerdeführer durch eine Verfassungsbeschwerde zum Bundesverfassungsgericht **seine Grundrechte** und weitere, ausdrücklich aufgeführte Rechte aus dem Grundgesetz, insbesondere grundrechtsgleiche Verfahrensgarantien (dazu → Rn. 214 ff.), neuerdings in bestimmten Fällen auch die Rechte aus der Charta der Grundrechte

1 Vgl. BVerfGE 152, 216 (239, Rn. 58) – Recht auf Vergessen II.

der Europäischen Union (dazu → Rn. 165 ff., → Rn. 177, → Rn. 212 und → Rn. 231 ff.).[2] Nicht unmittelbar aus dem Normtext ersichtlich ist, ob und in welchem Umfang der Beschwerdeführer zusätzlich ein allgemeines Rechtsschutzbedürfnis haben muss (dazu → Rn. 323 ff.). Dem Anspruch nach bietet die Verfassungsbeschwerde einen umfassenden Grundrechtsschutz gegenüber der gesamten deutschen Staatsgewalt in allen ihren Ausprägungen.[3]

4 Die in Abs. 1 angelegte große Reichweite des Rechtsbehelfs Verfassungsbeschwerde wird über die **prozessualen Anforderungen des Abs. 2** auf ein praktikables Maß begrenzt. Das Bundesverfassungsgericht ist danach nicht die erste, sondern die ultimative Anlaufstelle, wenn die Verletzung von Grundrechten oder gleichgestellten Rechten abgewehrt werden soll.

5 Die Begrenzungen durch das in Abs. 2 näher beschriebene Gebot der **vorherigen Rechtswegerschöpfung** (dazu → Rn. 348 ff.) und den darin zum Ausdruck kommenden allgemeinen, aber ungeschriebenen **Grundsatz der Subsidiarität der Verfassungsbeschwerde** (dazu → Rn. 451 ff.) sind der Bevölkerung jedenfalls latent bewusst. Das zeigt besonders schön die bekannte Redeweise, in einem Rechtskonflikt „bis nach Karlsruhe" gehen zu wollen. Denn diese Formel bringt zum Ausdruck, dass sich ein seine Grundrechte oder grundrechtsgleichen Rechte gegen die öffentliche Gewalt verteidigender Beschwerdeführer im Regelfall (zu Ausnahmen → Rn. 521 ff.) zunächst vor den Fachgerichten um eine Beseitigung seiner Beschwer bemühen muss. Das ist das Thema von Abs. 2.

6 Der Rechtsbehelf der Verfassungsbeschwerde ist aber nicht nur von außerordentlicher praktischer und politischer Bedeutung, sondern auch prozessual gesehen ein **außerordentlicher Rechtsbehelf.**[4] Anders als die Rechtsmittel nach den Prozessordnungen der Fachgerichte hemmt oder beseitigt die Einlegung der Verfassungsbeschwerde weder die Rechtskraft angegriffener Gerichtsentscheidungen noch entfaltet sie sonst einen Suspensiveffekt (siehe auch → § 32 Rn. 4 f.).[5]

7 Die **Funktion der Verfassungsbeschwerde** liegt **primär** in der **Sicherung und Durchsetzung subjektiver Rechte**, welche die Verfassung dem beschwerdebefugten „Jedermann" gewährt,[6] sie erschöpft sich aber nicht darin. Denn das Grundgesetz mobilisiert mit dem außerordentlichen Rechtsbehelf der Verfassungsbeschwerde zum Bundesverfassungsgericht den Jedermann, also insbesondere den Bürger und erreicht gerade damit eine nahezu lückenlose Einhaltung des objektiven Verfassungsrechts, worin die sekundäre Funktion der Verfassungsbeschwerde zu sehen ist. Die in diesem Zusammenhang

---

2 BVerfGE 152, 216 (236 ff., Rn. 50 ff.) – Recht auf Vergessen II.
3 Vgl. BVerfGE 152, 216 (239, Rn. 58) – Recht auf Vergessen II.
4 Vgl. zuletzt BVerfGE 152, 216 (245, Rn. 73) – Recht auf Vergessen II; siehe auch BVerfGE 115, 81 (92); 107, 395 (413); Beschluss der 2. Kammer des Ersten Senats vom 5.9.2023 – 1 BvR 1691/22, Rn. 12 bei Juris; Beschluss der 2. Kammer des Zweiten Senats vom 10.5.2023 – 2 BvR 390/21, Rn. 21 bei Juris.
5 Vgl. BVerfGE 165, 296 (337, Rn. 123); 107, 395 (413); 93, 381 (385).
6 BVerfGE 126, 1 (17) – Fachhochschullehrer.

angesprochene Aus- und Fortbildung des Verfassungsrechts betrifft beide Funktionen gleichermaßen.[7]

Soweit das gesetzlich ausgeformt ist, begrenzen sich die beiden Funktionen auch gegenseitig. So kann die **objektive Funktion** der Durchsetzung des Verfassungsrechts daran scheitern, dass der konkrete Beschwerdeführer **prozessuale Fehler** macht oder schon vor den Fachgerichten gemacht hat (dazu → Rn. 420 ff.), die zur Unzulässigkeit seiner Verfassungsbeschwerde führen. 8

Aber auch die primäre Funktion der Durchsetzung subjektiver Rechtspositionen gilt anders als im fachgerichtlichen Verfahren nicht absolut. Denn sonst müsste jede zulässige und begründete Verfassungsbeschwerde mit einem Erfolg des in seinen Rechten verletzten Beschwerdeführers enden. Das ist aber seit der Einführung des **Annahmeverfahrens nach §§ 93a ff.** (→ § 93a Rn. 1 ff.) nicht mehr so. Auch zulässige und begründete Verfassungsbeschwerden können erfolglos bleiben, wenn das Bundesverfassungsgericht sie nicht zur Entscheidung annimmt. Die beiden Annahmevoraussetzungen der grundsätzlichen verfassungsrechtlichen Bedeutung und der Durchsetzung der in § 90 Abs. 1 genannten Rechte (→ § 93a Rn. 24 ff.) spiegeln, wenn auch in verkehrter Reihenfolge, die subjektive und objektive Funktion der Verfassungsbeschwerde wider. 9

Die beiden Funktionen der Verfassungsbeschwerde begrenzen sich aber nicht nur, sondern können auch zur **Erweiterung der Entscheidungsbefugnisse** des Bundesverfassungsgerichts führen. Insbesondere die objektive Funktion der Verfassungsbeschwerde dient dem Bundesverfassungsgericht regelmäßig als Argument, um Verfassungsbeschwerden noch entscheiden zu können, für die unter dem Gesichtspunkt der Sicherung subjektiver Rechte Zulässigkeit und Entscheidungsbedürfnis weggefallen oder zweifelhaft wären.[8] 10

II. Praktische Hinweise zum Ablauf des Verfassungsbeschwerdeverfahrens

Der Ablauf des Verfahrens der Verfassungsbeschwerde unterscheidet sich erheblich vom Gang eines gewöhnlichen fachgerichtlichen Verfahrens. Deshalb sollten dem potenziellen Beschwerdeführer und seinem Bevollmächtigten einige **Weichenstellungen im Verfahren** bekannt sein, die sich nur zum Teil aus dem Gesetz ergeben, im Übrigen aber auf internen organisatorischen Gegebenheiten im Bundesverfassungsgericht beruhen.[9] 11

Im Normalfall der Urteilsverfassungsbeschwerde wird sich häufig bereits im Verlauf des fachgerichtlichen Verfahrens abzeichnen, dass eine Verfassungsbeschwerde in Erwägung zu ziehen ist. Dann ist der Blick frühzeitig auf die **besonderen Zulässigkeitsvoraussetzungen der Verfassungsbeschwerde** zu lenken. Viele dieser Zulässigkeitsvoraussetzungen beziehen sich nämlich auf das Ausgangsverfahren. Insbesondere muss die Verfassungsbeschwerde innerhalb einer bestimmten Frist nach Abschluss des Ausgangsverfahrens erhoben 12

7 Etwas missverständlich formuliert in BVerfGE 124, 235 (242); vgl. auch Beschluss der 2. Kammer des Zweiten Senats vom 10.5.2023 – 2 BvR 390/21, Rn. 21 bei Juris; Beschluss der 3. Kammer des Zweiten Senats vom 15.10.2015 – 2 BvR 624/12, Rn. 6 bei Juris.
8 Vgl. BVerfGE 124, 300 (318).
9 Vgl. dazu jetzt auch den Überblick von Overkamp NVwZ 2024, 699 ff.

werden (§ 93 Abs. 1 Satz 1), und vor ihrer Erhebung muss der fachgerichtliche Rechtsweg vollständig und ordnungsgemäß erschöpft worden sein (§ 90 Abs. 2; dazu → Rn. 346 ff.).

13 Steht der Entschluss zur Erhebung einer Verfassungsbeschwerde fest, muss sie entsprechend den Vorgaben der §§ 92, 23 Abs. 1 Satz 2 substantiiert begründet werden (dazu im Einzelnen → § 23 Rn. 12 ff., → § 92 Rn. 15 ff.). Der Beschwerdeführer hat dann dafür Sorge zu tragen, dass die **Beschwerdeschrift** form- und fristgerecht (§ 23 Abs. 1 Satz 1, § 93) beim Bundesverfassungsgericht eingeht.

14 **1. Registrierung durch Mitarbeiter der Abteilung „Justizverwaltung“.** Die erste Entscheidung über die Behandlung der Verfassungsbeschwerde trifft kein Richter des Bundesverfassungsgerichts, sondern ein Mitarbeiter des Gerichts mit der Befähigung zum Richteramt. Heute erfolgt die Prüfung, ob eine Verfassungsbeschwerde direkt mit dem Registerzeichen BvR in das Verfahrens- oder zunächst in das Allgemeine Register eingetragen wird, durch **Mitarbeiter der Abteilung der „Justizverwaltung“** mit der Befähigung zum Richteramt. In die Prüfung der Zuständigkeit für ein Verfahren eingebunden sind Wissenschaftliche Mitarbeiter und Mitarbeiterinnen der in Betracht kommenden Dezernate des Bundesverfassungsgerichts. Seit dem 14.3.2015 findet dieses Verfahren seine Grundlage in den neu gefassten Vorschriften der §§ 12, 16 und 64 GO-BVerfG.

15 Das **Allgemeine Register** wird von AR-Referenten mit der Befähigung zum Richteramt geleitet (§ 65 GO-BVerfG); diese bearbeiten aber die dem Allgemeinen Register zugewiesenen Verfahren nicht allein. Die weitere Durchführung des Verfahrens, also insbesondere die Korrespondenz mit dem Beschwerdeführer, übernehmen weitere Mitarbeiter der Geschäftsstelle des Allgemeinen Registers.

16 Die Verfassungsbeschwerde wird im Allgemeinen Register registriert, wenn eine Annahme zur Entscheidung nach § 93a nicht in Betracht kommt (§ 63 Abs. 2 Buchst. a) GO-BVerfG). Den AR-Referenten obliegt damit eine Vorprüfung der Erfolgsaussichten der Verfassungsbeschwerde. Diese Vorprüfung ist aber nach § 63 Abs. 2 Buchst. a) GO-BVerfG auf zwei Gesichtspunkte beschränkt: Die Eintragung in das Allgemeine Register darf nur erfolgen, wenn die Verfassungsbeschwerde **offensichtlich unzulässig** ist oder wenn sie **unter Berücksichtigung der Rechtsprechung des Bundesverfassungsgerichts offensichtlich keinen Erfolg** haben kann (→ § 93a Rn. 20).

17 Wird die Verfassungsbeschwerde aus einem dieser Gründe in das Allgemeine Register eingetragen, wird dies dem Beschwerdeführer mitgeteilt. Zugleich wird er auf die Bedenken gegen die Zulässigkeit der Verfassungsbeschwerde oder auf die Zweifel an ihren Erfolgsaussichten **hingewiesen**. Dabei wird regelmäßig auch das „Merkblatt über die Verfassungsbeschwerde des Bundesverfassungsgerichts“ übersandt, in dem die gängigen Probleme aufgelistet sind. Es ist auf der Homepage des Gerichts abrufbar.

18 Die AR-Referenten sind nicht unfehlbar. Die Behandlung der Verfassungsbeschwerden erfolgt im Allgemeinen Register **formalisiert**. Dabei können Besonderheiten des Einzelfalls übersehen werden. Außerdem können Zulässigkeitsmängel überwunden werden, allerdings nur solange die für den Regelfall einer Urteilsverfassungsbeschwerde maßgebende Monatsfrist des § 93

Abs. 1 Satz 1 noch nicht abgelaufen ist. Die Hinweise der AR-Referenten sind in keiner Weise bindend.

Ein prozessualer Nachteil entsteht dem Beschwerdeführer auch bei einem fehlerhaften Hinweis durch die AR-Referenten nicht. Ergibt eine sorgfältige Prüfung des Hinweises, dass die darin geäußerten Bedenken nicht überzeugen können, kann ohne Weiteres eine **Übertragung in das Verfahrensregister** und eine richterliche Entscheidung verlangt werden (§ 64 Abs. 2 GO-BVerfG). Auf dieses Recht wird der Beschwerdeführer im Anschreiben des AR-Referenten hingewiesen[10]. Der Antrag kann formlos und ohne Begründung gestellt werden. Sinnvoll ist aber, diese Gelegenheit zu nutzen, um die Einwände des AR-Referenten zu widerlegen. Ohne eine solche Begründung droht eine schnelle Nichtannahmeentscheidung der Kammer (§ 93b Satz 1, 1. Alternative), die sich der Auffassung des AR-Referenten anschließen könnte. 19

Sieht der Beschwerdeführer hingegen ein, dass seine Verfassungsbeschwerde offensichtlich unzulässig oder aussichtslos ist, ist das Verfassungsbeschwerdeverfahren beendet, noch bevor es richtig begonnen hat. Seine stillschweigende Kapitulation führt dazu, dass das Verfahren nach sechs Monaten **statistisch als erledigt behandelt** wird. Theoretisch kann er es aber jederzeit wieder aufrufen, solange er nicht selbst eine verfahrensbeendende Erklärung abgegeben hat. 20

2. Klärung der Senatszuständigkeit. Soll die Verfassungsbeschwerde unmittelbar oder aufgrund eines entsprechenden Begehrens des Beschwerdeführers nach § 64 Abs. 2 GO-BVerfG in das Verfahrensregister eingetragen werden, ist als Nächstes die grundlegende Entscheidung zu treffen, ob die Verfassungsbeschwerde in die Zuständigkeit des Ersten oder des Zweiten Senats fällt, also ob sie ein „1 BvR"- oder ein „2 BvR"-Aktenzeichen erhalten soll. Die **Senatszuständigkeit** richtet sich nach § 14 und den davon abweichenden, vom Plenum des Bundesverfassungsgerichts beschlossenen Regelungen (→ § 14 Rn. 5), die auf der Homepage des Gerichts dokumentiert sind. 21

In den allermeisten Fällen ist die Senatszuständigkeit eindeutig und wird die damit befassten Mitarbeiter der Abteilung „Justizverwaltung" nicht vor Probleme stellen. Kommen aber Zweifel auf, ist gerichtsintern eine Klärung herbeizuführen, die unter Umständen einige Zeit in Anspruch nehmen kann. In einem solchen Falle wird die Verfassungsbeschwerde **für die Zwischenzeit im Allgemeinen Register registriert** (§ 63 Abs. 2 Buchst. c) GO-BVerfG). Darüber wird der Beschwerdeführer informiert. 22

Die Mitarbeiter der Abteilung „Justizverwaltung" und die dienstältesten[11] wissenschaftlichen Mitarbeiter der Senatsvorsitzenden bemühen sich zunächst, die Unklarheit über die Senatszuständigkeit einvernehmlich zu beseitigen, indem sie die Auffassung der Richter, die innerhalb der Senate für das Verfahren zuständig wären, und deren wissenschaftlicher Mitarbeiter abfragen. Kann auf diesem Wege aber keine Einigkeit über die Senatszuständigkeit erzielt werden, muss gemäß § 14 Abs. 5 der **Sechser-Ausschuss** entscheiden (→ § 14 Rn. 7). 23

10 Siehe auch Overkamp NVwZ 2024, 699 (701).
11 Als Dienstalter gilt die Zeit, die am Bundesverfassungsgericht verbracht wurde, vgl. Overkamp NVwZ 2024, 699 (701, Fn. 25).

24 **3. Feststellung des Berichterstatters.** Ist entschieden, dass die Verfassungsbeschwerde im Verfahrensregister registriert wird und welcher Senat für sie zuständig ist, wird ihr das vollständige Aktenzeichen verliehen. Innerhalb des zuständigen Senats ist sodann der **zuständige Berichterstatter** (→ § 15a Rn. 6 ff.) zu bestimmen.

25 Die senatsinterne Verteilung der Verfahren richtet sich nach dem jeweils gültigen **Geschäftsverteilungsplan** (→ § 15a Rn. 4). Dieser regelt die Zuständigkeiten der einzelnen Richter nach Grundrechten und nach besonderen Sachgebieten, aber stets nur innerhalb des Senats, nachdem dessen Zuständigkeit festgestellt wurde.[12] Verfassungsbeschwerden, die senatsintern weder einem bestimmten Grundrecht noch einem besonderen Sachgebiet zugeordnet werden können, werden im Umlaufverfahren verteilt.

26 Die Feststellung des Berichterstatters obliegt dem **Senatsvorsitzenden** (§ 20 Abs. 2 Satz 1 GO-BVerfG). Ihm werden täglich alle eingegangenen und seinem Senat zugewiesenen Verfassungsbeschwerden zur Unterzeichnung des **Zuteilungsvermerks** vorgelegt. Auch die Feststellung des Berichterstatters wird aber vom AR-Referenten bzw. vom dienstältesten wissenschaftlichen Mitarbeiter des Senatsvorsitzenden vorbereitet. Bei Zweifeln oder Unklarheiten werden die betroffenen Richter und ihre wissenschaftlichen Mitarbeiter beteiligt.

27 Dem Beschwerdeführer wird schriftlich mitgeteilt, unter welchem Aktenzeichen seine Verfassungsbeschwerde geführt wird, nicht aber, wer zum Berichterstatter bestimmt wurde. Das kann er sich zwar in Fällen, in denen es eindeutig um ein bestimmtes Grundrecht oder ein besonderes Sachgebiet geht, aus dem Geschäftsverteilungsplan des jeweiligen Senats erschließen. In allen übrigen Fällen bleibt aber nur die Möglichkeit, den Berichterstatter telefonisch oder schriftlich bei der Geschäftsstelle zu erfragen. Wer Berichterstatter ist, ist schon deswegen nicht unwichtig, weil davon zugleich abhängt, **welche Kammer** (→ § 15a Rn. 2 ff.) über die Annahme oder Nichtannahme der Verfassungsbeschwerde entscheiden wird. Es wird die Kammer sein, deren Mitglied der Berichterstatter ist (§ 40 Abs. 1 GO-BVerfG).

28 **4. Entscheidungsfindung in der Kammer und im Senat.** Die Verfassungsbeschwerde ist damit im **Annahmeverfahren** der §§ 93a ff. angekommen. Nunmehr wird darüber entschieden, ob die Verfassungsbeschwerde zur Entscheidung angenommen wird (§ 93a Abs. 1). Es gehört zu den verbreiteten Missverständnissen, dass das Bundesverfassungsgericht isolierte Annahmeentscheidungen trifft; tatsächlich ist das Verfahren **immer einstufig** (→ § 93a Rn. 9 ff., → § 93a Rn. 75 ff.).

29 Im Wesentlichen gibt es **drei Entscheidungsvarianten**: Die ersten beiden führen zu einer endgültigen Erledigung des Verfahrens durch die Kammer und bedürfen deshalb der Einstimmigkeit (§ 93d Abs. 3 Satz 1). Die Kammer kann die Annahme einstimmig ablehnen (§ 93b Satz 1, 1. Alternative), wenn die Annahmevoraussetzungen des § 93a Abs. 2 nicht erfüllt sind. Die Kammer kann die Verfassungsbeschwerde aber auch einstimmig annehmen und ihr stattgeben, wenn sie offensichtlich begründet ist (§ 93b Satz 1, 2. Alternative. iVm § 93c). Gibt es in der Kammer weder für das eine noch für das andere

12 Vgl. Barczak BVerfGG/Hellmann § 90 Rn. 31.

eine Einstimmigkeit oder ist der Senat aus anderen Gründen ausschließlich zuständig (→ § 93b Rn. 12 ff.), dann hat der Senat über die Annahme der Verfassungsbeschwerde zu entscheiden (§ 93b Satz 2).

Die Entscheidung ist **vom Berichterstatter vorzubereiten**. Sowohl Kammer- als auch Senatsentscheidungen liegen Voten des Berichterstatters zugrunde (§§ 40 Abs. 1 Satz 1, 23 Abs. 1 Satz 1 GO-BVerfG). 30

a) **Mitwirkung der wissenschaftlichen Mitarbeiter.** Die Verfahrensakte wird dem Berichterstatter von der Geschäftsstelle vorgelegt. Je nach den Gepflogenheiten im Dezernat des Berichterstatters kann es aber auch sein, dass die Akte unmittelbar seinem dienstältesten wissenschaftlichen Mitarbeiter zugeleitet wird. Jetzt steht die nächste Verteilungsentscheidung an. Es muss festgelegt werden, welcher wissenschaftliche Mitarbeiter des Dezernats für das Verfahren zuständig sein soll, wer also im Wesentlichen intern für das Votum verantwortlich sein soll. Diese **Verteilung auf die wissenschaftlichen Mitarbeiter** kann der Richter selbst vornehmen oder jedenfalls bei den weniger bedeutenden Verfahren den Mitarbeitern überlassen. 31

Die Verfassungsrichter wählen ihre **wissenschaftlichen Mitarbeiter** selbst aus (§ 13 Abs. 2 Satz 1 GO-BVerfG). Eine Ausschreibung der Mitarbeiterstellen findet nicht statt. Jedem Verfassungsrichter stehen vier volle Mitarbeiterstellen zu. Der Präsident kann einen zusätzlichen wissenschaftlichen Mitarbeiter als persönlichen Referenten einstellen. Da auch Teilzeitkräfte beschäftigt werden, sind ständig rund 70 wissenschaftliche Mitarbeiter im Einsatz. 32

Die Mitarbeiter werden, sofern sie im Staatsdienst tätig sind, an das Bundesverfassungsgericht **abgeordnet, oder** sonst **befristet angestellt**. Meist bleiben sie zwei bis drei Jahre beim Bundesverfassungsgericht, gelegentlich auch deutlich länger. 33

Die Richter akquirieren die wissenschaftlichen Mitarbeiter **aus allen juristischen Tätigkeitsbereichen**. Die meisten sind relativ dienstjunge Richter aus der Fachgerichtsbarkeit, bevorzugt aus einem der Rechtsgebiete, für das der Verfassungsrichter als Berichterstatter zuständig ist und mit dem er vor seiner Amtszeit beim Bundesverfassungsgericht unter Umständen noch nie etwas zu tun hatte. Zahlreiche Mitarbeiter kommen aber auch von den Universitäten. Seltener werden Juristen aus der Verwaltung und Rechtsanwälte angesprochen. Bewährt hat sich in den Dezernaten eine Mischung von Wissenschaftlern und Praktikern. 34

Die **Aufgabe der wissenschaftlichen Mitarbeiter** liegt darin, die Verfassungsrichter bei deren dienstlicher Tätigkeit zu unterstützen (§ 13 Abs. 1 Satz 1 GO-BVerfG). Die von ihnen geschuldete Unterstützung leisten die Mitarbeiter im Wesentlichen dadurch, dass sie die Voten entwerfen oder bei der Erstellung der Voten mithelfen, die Grundlage der Entscheidungen der Kammern und Senate sind. 35

Die **Verantwortung für die Voten tragen aber allein die Verfassungsrichter**. Die Voten werden zum Zeichen ihres Einverständnisses von ihnen unterzeichnet, bevor sie der Kammer oder dem Senat vorgelegt werden. An der Beratung über eine Verfassungsbeschwerde sind die wissenschaftlichen Mitarbeiter ohnehin nicht beteiligt (vgl. § 25 GO-BVerfG). 36

Die wissenschaftlichen Mitarbeiter haben je nach der von ihrem Verfassungsrichter vorgegebenen Arbeitsteilung unterschiedlichen **Einfluss** auf das Er- 37 gebnis des Verfassungsbeschwerdeverfahrens. Die Richter entscheiden selbstverständlich nicht ohne Rücksicht auf das von den wissenschaftlichen Mitarbeitern vorbereitete Material.

38 Da die Stellung der wissenschaftlichen Mitarbeiter aber **nicht gesetzlich fixiert** ist, entsteht Raum für Spekulationen. Das führt dazu, dass kritische außenstehende Beobachter die Einflussmöglichkeiten der Mitarbeiter überschätzen und unterstellen, in Wahrheit träfen die Mitarbeiter – unter Verstoß gegen **Art. 92 GG** – im Massengeschäft des Bundesverfassungsgerichts die Entscheidungen.[13] Schon um diesen Einwand einer maßgeblichen, aber gesetzlich nicht geregelten Mitwirkung Dritter zu entkräften, wäre es sinnvoll, die Tätigkeit der wissenschaftlichen Mitarbeiter im Bundesverfassungsgerichtsgesetz selbst zu verankern und ggf. an bestimmte Voraussetzungen zu knüpfen, etwa die Befähigung zum Richteramt.[14]

39 Die Befürchtung, die **Trennlinie zwischen Unterstützung und Entscheidung** werde überschritten, ist in der Sache aber schon deshalb nicht begründet, weil die Verfassungsrichter selbst eine solche Kompetenzverschiebung niemals zulassen würden.[15] Das schließt natürlich nicht aus, dass viele Voten und Entscheidungsentwürfe der wissenschaftlichen Mitarbeiter, gerade bei Nichtannahmeentscheidungen der Kammern, ohne wesentliche Änderungen übernommen werden. Auch das ist aber nicht Ausdruck eines Kompetenzverlusts der Verfassungsrichter, sondern entspringt ihrer Entscheidungsbefugnis im Vertrauen auf die Qualität der Arbeit der wissenschaftlichen Mitarbeiter und geschieht nicht etwa ungeprüft.

40 Stets behalten sich die **Verfassungsrichter das letzte Wort** vor, und zwar – häufig zum Bedauern der auch nicht unter Selbstunterschätzung leidenden wissenschaftlichen Mitarbeiter – bis in die kleinsten Formulierungen hinein. In Standardfällen kann sich die Prüfung des Verfassungsrichters in der Praxis auf eine Plausibilitätskontrolle des vom wissenschaftlichen Mitarbeiter vorbereiteten Votums beschränken. Die Prüfungsintensität wächst mit der Qualität der Verfassungsbeschwerdeschrift, dann aber sowohl für den vorbereitend tätigen Mitarbeiter als auch für den prüfenden und entscheidenden Richter. Alle Entscheidungen des Bundesverfassungsgerichts sind richterliche Entscheidungen.

41 Gerade die trotzdem verbleibende, erhebliche Bedeutung der wissenschaftlichen Mitarbeiter für die Entscheidungsfindung lässt eine **größere Transparenz** geboten erscheinen. Das Gericht sollte sich dazu entschließen, die wissenschaftlichen Mitarbeiter einschließlich ihrer Zuordnung zum jeweiligen Richter auf der Homepage zu zeigen. Das erleichtert nicht nur die in bestimmten Situationen erforderliche Kontaktaufnahme zu den wissenschaftlichen Mitarbeitern (→ Rn. 51), sondern fördert auch deren Akzeptanz.

42 **b) Einordnung als Senats- oder als Kammersache.** Liegt die Verfassungsbeschwerde dem Berichterstatter vor, muss zunächst überlegt werden, ob die Sache **für eine Senatsentscheidung oder eine Kammerentscheidung vor-**

---

13 Zuck NJW 1996, 1656: „Die Gesetzlosen"; Roellecke NJW 2001, 946; siehe auch Quaas DVBl 2022, 937 (938).

14 Vgl. die dafür von Lechner/Zuck/Zuck vor §§ 93a ff. Rn. 16 vorgebrachten Argumente.

15 So jetzt auch Overkamp NVwZ 2024, 699 (702).

bereitet werden soll. Die Kammern sind gemäß § 93b Satz 1 zuständig, wenn eine Verfassungsbeschwerde nicht zur Entscheidung angenommen werden soll, weil die Annahmevoraussetzungen des § 93a Abs. 2 nicht erfüllt sind, und wenn der Verfassungsbeschwerde unter den Voraussetzungen des § 93c stattgegeben werden soll.

Ordnet der Berichterstatter die Verfassungsbeschwerde bei ihrer ersten Durchsicht wie in den meisten Fällen als Kammersache ein, muss damit aber noch nicht das letzte Wort gesprochen sein. Eine **Überleitung in ein Senatsverfahren** ist schon deshalb jederzeit möglich, weil Kammerentscheidungen nur einstimmig ergehen können (§ 93d Abs. 3 Satz 1). Jedes Kammermitglied hat es daher in der Hand, ein Verfahren einer Senatsentscheidung zuzuführen. Sind sich die Mitglieder einer Kammer aber einig, dass die Entscheidungskompetenz der Kammer nach § 93b Satz 1 eröffnet ist, haben die übrigen Richter des Senats keine rechtliche Möglichkeit, die Sache an den Senat zu ziehen. Es ist eine Frage gegenseitigen Vertrauens und der informellen Kommunikation der Richter, dass die Kammern nicht in die Senatszuständigkeit übergreifen (→ § 93b Rn. 23 ff.). 43

c) **Fortgang und Abschluss des Verfahrens in Kammersachen.** Wird die Verfassungsbeschwerde vom Berichterstatter als Kammersache behandelt, ist als Nächstes zu prüfen, ob Dritte angehört (§ 94), sachkundige Personen um Stellungnahme gebeten (§ 27a) und Auskünfte oberster Gerichtshöfe des Bundes eingeholt werden (§ 82 Abs. 4). Dieses Verfahren wird intern als **Zustellung** der Verfassungsbeschwerde bezeichnet (vgl. im Einzelnen zur Zustellung: → § 23 Rn. 24 ff.). Ob die Verfassungsbeschwerde zugestellt wird oder nicht, entscheidet im Annahmeverfahren der Berichterstatter (§ 41 GO-BVerfG). 44

Wird die Verfassungsbeschwerde zugestellt, so werden zugleich die **Akten des Ausgangsverfahrens** angefordert (§ 27 Satz 2). Weil die Zustellungsentscheidung noch in Unkenntnis des Akteninhalts, sondern nur auf der Grundlage der vom Beschwerdeführer vorgelegten Unterlagen erfolgt, stellt sich gelegentlich erst nach der Zustellung heraus, dass die Verfassungsbeschwerde schon wegen prozessualer Fehler des Beschwerdeführers im Verfahren vor den Fachgerichten unzulässig ist.[16] 45

Die Zustellung erfolgt im Annahmeverfahren nur, wenn eine erste Prüfung der Verfassungsbeschwerdeschrift und ihrer Anlagen eine Stattgabe durch die Kammer nach § 93c Abs. 1 Satz 1 nahe legt. Läuft das Verfahren hingegen auf eine **Nichtannahme** hinaus, wird die Verfassungsbeschwerde **nicht zugestellt**. 46

Der Beschwerdeführer kann einen ersten Zwischenerfolg feiern, wenn ihm das Gericht mitteilt, dass seine Verfassungsbeschwerde zugestellt wurde und die Akten des Ausgangsverfahrens angefordert wurden; die **durchschnittlichen Erfolgschancen sind dann auf mindestens 50 % gestiegen.** 47

Deshalb entspricht die Zustellung einer Verfassungsbeschwerde in den Augen eines laienhaften Beschwerdeführers einer Annahmeentscheidung. Der 48

16 Vgl. Beschluss der 1. Kammer des Ersten Senats vom 30.3.2011 – 1 BvR 1146/08, Rn. 13 bei Juris; siehe dazu Lenz/Gerhard StB 2011, 319 (320).

Beschwerdeführer hat durch die Zustellung das sachlich berechtigte Gefühl, das Bundesverfassungsgericht hebe seinen Fall aus der Vielzahl der offensichtlich aussichtslosen Beschwerden heraus und beschäftige sich mit ihm intensiv (**„gefühlte Annahme“**). Dazu trägt bei, dass auf die Zustellung im Regelfall Stellungnahmen Dritter oder sachkundiger Personen eingehen und damit eine Situation entsteht, die zwar nicht kontradiktorisch ist, aber der laienhaften Vorstellung eines Gerichtsverfahrens als Rechtsstreit und als Auseinandersetzung mit anderen Beteiligten entspricht. Selbst wenn die Verfassungsbeschwerde dann doch nicht zur Entscheidung angenommen wird, äußert das Bundesverfassungsgericht dennoch häufig Bedenken gegen die Verfassungsmäßigkeit der angegriffenen Hoheitsakte und verschafft dem Beschwerdeführer damit zumindest eine gewisse Genugtuung.[17]

49 Wegen der Filterfunktion der Zustellung sollte das Bundesverfassungsgericht über seine bisherige Praxis hinaus (→ § 34a Rn. 34 ff.) immer prüfen, ob dem Beschwerdeführer auch dann, wenn er trotz der Zustellung später in der Sache keinen Erfolg hat, volle und teilweise **Auslagenerstattung** nach § 34a gewährt wird.[18] Denn Verfassungsbeschwerden, die von vornherein keinen Beitrag zur Klärung verfassungsrechtlicher Fragen leisten können, hätte das Gericht auch nicht zuzustellen brauchen.

50 Unterbleibt eine Zustellung, wird der Beschwerdeführer **über den weiteren Verlauf des Annahmeverfahrens nicht** automatisch **informiert**. In der Regel erfährt er vom Abschluss des Verfahrens erst durch Bekanntgabe der Entscheidung (§ 30 Abs. 3).

51 **Anfragen nach dem Stand der Bearbeitung** werden vom Gericht beantwortet, auch telefonisch durch die wissenschaftlichen Mitarbeiter, zu denen sich der Beschwerdeführer bzw. sein Bevollmächtigter über die Zentrale verbinden lassen kann. Der Beschwerdeführer sollte es damit aber nicht übertreiben. Die Sachstandsanfrage kann auch den Reflex auslösen, das Verfahren nunmehr einer schnellen Entscheidung zuzuführen, und schnelle Entscheidung kann im Annahmeverfahren bei einer nicht zugestellten Verfassungsbeschwerde nur ihre Nichtannahme durch die Kammer bedeuten.

52 Eine bestimmte **Reihenfolge** müssen die wissenschaftlichen Mitarbeiter bei der Bearbeitung der ihnen zugewiesenen Verfassungsbeschwerden nicht einhalten. Konkrete Fristen müssen sie nicht beachten. Das schließt Vorgaben der Richter im Einzelfall natürlich nicht aus. Äußerste, auch überprüfbare Grenzen für die zeitliche Bearbeitung von Verfassungsbeschwerden ergeben sich aus Art. 6 Abs. 1 EMRK[19] und aus den Regelungen zur Verzögerungsrüge und Verzögerungsbeschwerde nach §§ 97a ff.

53 Für das vom wissenschaftlichen Mitarbeiter auf der Grundlage der Verfassungsbeschwerdeschrift und ggf. der eingeholten Stellungnahmen zu erstellende **Votum** gibt es keine festen Regeln. Um der Kammer die Entscheidung

---

17 Vgl. zB Beschluss der 1. Kammer des Ersten Senats vom 25.9.2023 – 1 BvR 2219/20, Rn. 12 ff. bei Juris.

18 Vgl. zB Beschluss der 1. Kammer des Zweiten Senats vom 27.7.2023 – 2 BvR 917/20, Rn. 14 und 33 ff. bei Juris.

19 Grundlegend EGMR, Urteil von 1.7.1997 – 20950/92, Tz. 44 ff. – Probstmeier / Deutschland; siehe auch EGMR, Urteil von 4.12.2003 – 68103/01, Tz. 18 ff. – Trippel / Deutschland.

über die Verfassungsbeschwerde zu ermöglichen, muss das Votum aber den Sachverhalt wiedergeben, also Inhalt und Gang des Ausgangsverfahrens sowie die Rügen des Beschwerdeführers schildern, und die Rechtslage aufbereiten. Der Umfang der Sachverhaltsschilderung und der rechtlichen Würdigung hängt vom Umfang und verfassungsrechtlichen Gehalt des Prozessstoffes ab. Bei ganz einfach zu beurteilenden, offensichtlich aussichtslosen Verfassungsbeschwerden kann eine kurze Zusammenfassung genügen. Das Votum schließt mit einem Entscheidungsvorschlag, im Annahmeverfahren also etwa mit dem Vorschlag, die Verfassungsbeschwerde nicht zur Entscheidung anzunehmen.

Im Kammerverfahren wird den Richtern zusammen mit dem Votum auch der schon darauf beruhende **Beschlussentwurf** präsentiert. Wird die Annahme der Verfassungsbeschwerde abgelehnt, bedarf der Beschluss keiner Begründung (§ 93d Abs. 1 Satz 3). Ob ein Nichtannahmebeschluss begründet wird oder nicht, schlägt der Berichterstatter vor. Er ist aber für abweichende Vorschläge der anderen Kammermitglieder offen. Stattgaben muss die Kammer immer begründen. 54

Der wissenschaftliche Mitarbeiter legt seinem **Richter** Votum und Beschlussentwurf vor. Nur in problematischen Fällen, insbesondere zur Klärung, ob die Verfassungsbeschwerde zugestellt werden soll, haben sie vorher über den Fall diskutiert. In allen anderen Fällen wird der Richter durch das Votum zum ersten Mal im Detail über die Verfassungsbeschwerde und die vom wissenschaftlichen Mitarbeiter entwickelte rechtliche Würdigung in Kenntnis gesetzt. **Zur rechtlichen Prüfung** liegen ihm nunmehr die Verfahrensakte, dh die Verfassungsbeschwerde mit ihren Anlagen und eventuellen Stellungnahmen Dritter, sowie das Votum und der Beschlussentwurf vor. 55

Teilt der Richter die Beurteilung des wissenschaftlichen Mitarbeiters insgesamt oder in einzelnen Punkten nicht, gibt er Votum und Beschlussentwurf entweder zur Überarbeitung zurück oder überarbeitet sie selbst. Wenn und sobald der Richter mit den Vorschlägen des wissenschaftlichen Mitarbeiters einverstanden ist, unterzeichnet er das Votum und den Beschlussentwurf. Diese Unterlagen sind nicht Bestandteil der Akte. Zusammen mit der Akte werden sie im **Umlaufverfahren** dem zweiten Kammermitglied zugeleitet. 56

Ist dieser Richter mit dem Vorschlag des Berichterstatters einverstanden, unterzeichnet er den Beschlussentwurf und leitet die Unterlagen an das dritte Kammermitglied weiter. Dort wird die Verfassungsbeschwerde ebenso geprüft. Ein umfassendes Studium der gesamten **Verfahrensakte** sollte dabei aber nicht immer erwartet werden. Vielmehr basiert die Vorgehensweise auf dem Vertrauen darauf, dass das Votum den Richtern die für ihre rechtliche Beurteilung erforderliche Zusammenfassung des Sach- und Streitstandes liefert. Zwar kann mit der Verfahrensakte die Richtigkeit dieser Zusammenfassung im Zweifel belegt oder mit weiteren Einzelheiten, die im Votum nicht ausdrücklich erwähnt werden, angereichert werden, dafür wird es aber aus der Sicht der im Gericht Beteiligten nur im Ausnahmefall und allenfalls punktuell Bedarf geben. 57

Für den Beschwerdeführer, der diese Abläufe von außen weder erkennen noch nachvollziehen kann, ist das verständlicherweise unbefriedigend. Das gilt vor allen Dingen dann, wenn er, etwa aus Telefongesprächen mit dem 58

Berichterstatter oder dessen wissenschaftlichen Mitarbeiter, den berechtigten oder unberechtigten Eindruck gewonnen hat, das **Votum übergehe im Verfahren angesprochene Aspekte** inhaltlicher Art, etwa zu den gerügten oder zu nicht fristgerecht gerügten Grundrechten, oder Aspekte prozessualer Natur, etwa zu den Grenzen der Kammerzuständigkeit im Verhältnis zu Senat und Plenum. In eine entsprechende Situation kann auch der Anhörungsberechtigte nach § 94 Abs. 1 bis 4 kommen, bei einer Urteilsverfassungsbeschwerde also insbesondere der durch die angegriffene Entscheidung Begünstigte (§ 94 Abs. 3).

59 In solchen Fällen gerät der Rechtsanwalt eines Beschwerdeführers oder Anhörungsberechtigten in eine **Zwickmühle**. Unternimmt er nichts und gehen mangels Blick in die Verfahrensakte auch die beiden anderen Richter über diesen Punkt hinweg, dann ist durch die von der Kammer getroffene Entscheidung das Verfahren abgeschlossen und innerstaatlich nicht mehr korrigierbar. Gegenvorstellungen werden kaum Erfolg haben.[20] Traut sich der Rechtsanwalt, vorbeugend etwas dagegen zu unternehmen, indem er sich unmittelbar an die einzelnen Richter der Kammer oder des Senats wendet, läuft er in hohem Maße Gefahr, die zur Entscheidung berufenen Verfassungsrichter zu verärgern und dem Anliegen seines Mandanten mehr zu schaden als zu nutzen.

60 Die Schwierigkeiten dieser Entscheidungssituation würden erleichtert, wenn innerhalb des Bundesverfassungsgerichts der berufsrechtliche Hintergrund des einen Beteiligten vertretenden Rechtsanwalts berücksichtigt wird. Denn dieser hat nach der Rechtsprechung des Bundesgerichtshofs immer die berufsrechtliche **Pflicht**, den für seinen Auftraggeber relativ **sichersten und ungefährlichsten Weg** zum Ziel **vorzuschlagen**, damit der Mandant eine sachgerechte Entscheidung treffen kann.[21] Diese Pflichten gelten auch im Verfahren vor dem Bundesverfassungsgericht. Deshalb sollte das Gericht einer Kommunikation mit den Verfahrensbevollmächtigten schon im Stadium der Entscheidungsfindung weniger skeptisch gegenüberstehen.

61 Hat einer der Richter Einwände gegen die vom Berichterstatter vorgeschlagene Lösung, beraten die Richter über mögliche Änderungen im Beschlussentwurf. **Änderungsvorschläge** werden meist schriftlich ausgetauscht, so lange bis ein Konsens gefunden oder endgültig klar wird, dass eine einstimmige Entscheidung nicht zustande kommt. Da dann die Kammer nicht entscheiden kann (vgl. § 93d Abs. 3 Satz 1), muss die Verfassungsbeschwerde dem Senat zur Annahmeentscheidung vorgelegt werden.

62 Haben die Richter in der Kammer eine Einigung erzielt, wird dies dadurch dokumentiert, dass der dritte unterzeichnende Richter den Beschlussentwurf mit einem Datum versieht. Aus dem Entwurf wird so ein **Beschluss**, der das Verfahren abschließt und Bestandteil der Akte wird. Die Unterlagen werden dem Berichterstatter zurückgereicht, der die Erledigung des Verfahrens zur Kenntnis nimmt und bei begründeten Beschlüssen vermerkt, ob und wie sie

20 Vgl. Beschluss der 1. Kammer des Ersten Senats vom 5.9.2023 – 1 BvR 932/22, Rn. 2 bei Juris; Beschluss der 3. Kammer des Zweiten Senats vom 13.7.2016 – 2 BvR 1304/14, Rn. 2 bei Juris.

21 BGH, Urteil vom 19.3.2009 – IX ZR 214/07, Rn. 9 bei Juris; BGHZ 129, 386 (396).

veröffentlicht werden sollen. Geschäftsstelle und Kanzlei sind anschließend für die Ausfertigung und die Bekanntgabe des Beschlusses zuständig.

d) Fortgang und Abschluss des Verfahrens in Senatssachen. Anders verläuft das **Verfahren**, wenn der Berichterstatter die Verfassungsbeschwerde **dem Senat zur Entscheidung vorlegen** will. Die Zustellung ist dann obligatorisch, und sie wird vom Senatsvorsitzenden abgezeichnet. Dafür muss der Berichterstatter dem Senatsvorsitzenden die Gründe, die für eine Senatsentscheidung sprechen, in einem kurzen sogenannten **Zustellungsvotum** darlegen. Der Senatsvorsitzende ist daher bereits frühzeitig darüber informiert, aus welchen Dezernaten in nächster Zeit Verfahren in die Senatsberatung eingebracht werden. 63

Auch die Entscheidungen des Senats werden durch ein Votum des Berichterstatters vorbereitet (§ 23 Abs. 1 Satz 1 GO-BVerfG). Das **Senatsvotum** ist meist deutlich umfangreicher als die Kammervoten. Sobald der Berichterstatter das Votum verfasst hat, lässt er es an alle Mitglieder des Senats mit der Bitte um Beratung verteilen. Die Verfahrensakte verbleibt beim Berichterstatter. Stattdessen erhalten die anderen Richter Handakten, in denen sich alle erheblichen Schriftstücke in Kopie befinden. Dazu gehören die Verfassungsbeschwerde mit ihren Anlagen, die angegriffenen Hoheitsakte und die Stellungnahmen. Nach Einführung der elektronischen Akte wird die Verteilung der Dokumente in Papierform nicht mehr nötig sein. Auch das gesamte im Votum zitierte Schrifttum und die dort angeführten Gerichtsentscheidungen werden in elektronischer Form zur Verfügung gestellt. 64

Die **Beratung im Senat** (vgl. im Einzelnen → § 30 Rn. 2) spaltet sich in zwei Teile. Der Senat berät zunächst über das Votum und kommt, ggf. nach mündlicher Verhandlung (dazu → § 25 Rn. 2 ff.), zu einer Entscheidung über die Verfassungsbeschwerde. Damit ist zugleich der Auftrag an den Berichterstatter verbunden, einen Entwurf des Urteils bzw. Beschlusses zu fertigen. Dieser Entwurf wird im Senat verteilt. Die anderen Richter nehmen dazu Stellung und reichen dem Berichterstatter Änderungsvorschläge herein. Der Berichterstatter fügt die Änderungsvorschläge in seinen ursprünglichen Entwurf ein und macht sie durch Hervorhebungen im Text kenntlich. Dieser sog. konsolidierte Urteils- oder Beschlussentwurf wird erneut verteilt und ist Grundlage der sog. Leseberatung, in der der Senat alle Einzelheiten der Entscheidung berät. Auch diese gesamte Kommunikation in der Beratungsphase des Senats wird mit Einführung der elektronischen Akte erleichtert und beschleunigt werden. 65

Die abgestimmte, von der Mehrheit der Richter getragene **Urschrift** der Entscheidung mit allen ihren bislang handschriftlichen Änderungen und Ergänzungen wird am Ende der Beratung von den Richtern unterzeichnet. Aus der Urschrift wird die Reinschrift der Entscheidung erstellt. Auch dieser Vorgang wird nach Einführung der elektronischen Akte und der damit einhergehenden elektronischen Signatur durch die Richter vereinfacht. Geschäftsstelle und Kanzlei übernehmen schließlich die Ausfertigung und die Bekanntgabe der Entscheidung. Im Falle einer mündlichen Verhandlung wird die Entscheidung in einem dafür bestimmten Termin verkündet (§ 30 Abs. 1 Sätze 2 und 3). 66

III. Statistisches

67 Die Arbeitsabläufe und die Entscheidungspraxis des Bundesverfassungsgerichts werden maßgeblich vom Verfahren der Verfassungsbeschwerde geprägt. Von den bis 31.12.2023 verzeichneten 264.137 Verfahrenseingängen waren 252.041 Verfassungsbeschwerden. Im Jahr 2023 betrug der **Anteil der Verfassungsbeschwerden an den Gesamteingängen** 4.296 von 4.828. Während bis 2018 die Anzahl der jährlich neu eingehenden Verfassungsbeschwerden im Schnitt bei rund 6.000 lag, ist in den letzten Jahren ein kontinuierlicher Rückgang auf **unter 5.000** neue Verfassungsbeschwerden eingetreten.

68 Davon überwindet nur ein geringer Teil die erste Hürde auf dem Weg zu einem Erfolg und wird nach § 94 zugestellt (→ Rn. 44 ff.). Seit einigen Jahren liegt die Anzahl der zugestellten Verfassungsbeschwerden bei durchschnittlich weit unter 200. Im Jahr 2020 wurden nur 127 Verfassungsbeschwerden zugestellt.

69 Bis zu einer Entscheidung über die Verfassungsbeschwerde kann im Einzelfall erhebliche Zeit vergehen. Über **80 %** der in den Jahren 2011 bis 2020 eingegangenen Verfassungsbeschwerden wurde aber **innerhalb eines Jahres** und über weitere 10 % innerhalb des zweiten Jahres nach ihrem Eingang **entschieden**. Bei 2 % der Verfassungsbeschwerden betrug die Verfahrensdauer mehr als drei Jahre. Ähnlich ist die Entwicklung bei Einbeziehung auch der anderen Verfahren beim Bundesverfassungsgericht. Die dafür vom Gericht veröffentlichten neueren Zahlen für die Jahre 2014 bis 2023 ergeben durchschnittliche Verfahrensdauern von bis zu einem Jahr in 82 % der Verfahren. Weitere 11 % der Verfahren haben eine Verfahrensdauer von bis zu zwei Jahren. Alles in allem hat sich die Verfahrensdauer im Schnitt in den vergangenen Jahren beachtlich verkürzt.

70 Die **Entscheidungen** über Verfassungsbeschwerden werden aufgrund der Besonderheiten des Annahmeverfahrens nach §§ 93a ff. **ganz überwiegend von den Kammern** getroffen. Bezogen auf den gesamten Zeitraum der Tätigkeit des Bundesverfassungsgerichts bis einschließlich 2020 stammen 211.452 Entscheidungen von den Kammern und 4.129 Entscheidungen von den Senaten. Im Jahr 2023 standen 4.469 Kammerbeschlüssen nur noch neun Senatsentscheidungen über Verfassungsbeschwerden gegenüber. Die Zahl der dadurch erledigten Verfassungsbeschwerden lag mit 4.843 noch etwas höher, weil in etlichen Fällen mehrere Verfassungsbeschwerden zur Entscheidung verbunden waren (→ § 66 Rn. 3).

71 Der **Anteil der erfolgreichen Verfassungsbeschwerden** lag im Zeitraum 2014 bis 2023 durchschnittlich bei knapp 1,7 %. Im Jahr 2020 wurde lediglich 55 Verfassungsbeschwerden stattgegeben. Der prozentuale Anteil der erfolgreichen Verfassungsbeschwerden betrug danach 1,2 %. Wie in den Vorjahren stammten die Stattgaben ganz überwiegend von den Kammern, und die Stattgaben führten regelmäßig zur Aufhebung von Gerichtsentscheidungen. Insgesamt sind im Jahr 2023 lediglich zehn Entscheidungen von Obersten Gerichtshöfen des Bundes Gegenstand erfolgreicher Verfassungsbeschwerden gewesen.

B. Beschwerdeberechtigung und Beschwerdegegenstand, Abs. 1

§ 90 Abs. 1 regelt zum einen subjektive, die Person des Beschwerdeführers betreffende Zulässigkeitsvoraussetzungen der Verfassungsbeschwerde. Zum anderen wird in dieser Vorschrift der Verfahrensgegenstand der Verfassungsbeschwerde beschrieben. Beides **entspricht** der verfassungsrechtlichen Gewährleistung des Verfassungsbeschwerderechts in **Art. 93 Abs. 1 Nr. 4 a GG.** 72

Die Voraussetzungen des Beschwerderechts sind in § 90 Abs. 1 auf den ersten Blick denkbar **weit gefasst**. Die Verfassungsbeschwerde steht „Jedermann“ offen, und zwar gegen sämtliche Akte der „öffentlichen Gewalt“, und der Beschwerdeführer muss eine Verletzung seiner Grundrechte oder grundrechtsgleichen Rechte nur „behaupten“. Das Zusammenwirken dieser Voraussetzungen wirft jedoch zahlreiche Fragen auf und verdeutlicht die Grenzen des Beschwerderechts. 73

I. Beschwerdeführer

Die **persönlichen Eigenschaften**, die ein Beschwerdeführer erfüllen muss, ergeben sich nicht allein aus § 90 Abs. 1. Der zur Erhebung einer Verfassungsbeschwerde entschlossene „Jedermann“ (dazu → Rn. 75 ff.) muss nach allgemeinen prozessualen Grundsätzen, die auch für das Verfassungsbeschwerdeverfahren gelten, auch prozessfähig (dazu → Rn. 150 ff.) und postulationsfähig (dazu → Rn. 153) sein. 74

1. Beschwerdeberechtigung: Jedermann. Art. 93 Abs. 1 Nr. 4 a GG und § 90 Abs. 1 ordnen an, dass **Jedermann** Verfassungsbeschwerde erheben kann, also beschwerdeberechtigt ist. Das heißt aber nicht, dass die **Beschwerdeberechtigung** keinen prozessualen Beschränkungen unterliegt. Die Grenzen der Beschwerdeberechtigung ergeben sich daraus, dass der Beschwerdeführer nach Abs. 1 eine Verletzung „seiner“ Grundrechte oder grundrechtsgleichen Rechte behaupten können muss. Der Beschwerdeführer muss daher Träger der Grundrechte sein, deren Verletzung er rügt.[22] Sonst ist er kein Jedermann. 75

Die Beschwerdeberechtigung folgt also der **Grundrechtsfähigkeit**, bezogen auf das jeweils gerügte Grundrecht oder grundrechtsgleiche Recht. Der Beschwerdeführer muss Inhaber des als verletzt gerügten Rechts sein. „Jedermann“ bedeutet dann, dass das prozessuale Recht, die Verletzung eines Grundrechts mit der Verfassungsbeschwerde zu rügen, jedem Träger dieses Grundrechts zusteht. Die Verfassungsbeschwerde erlaubt demnach einen **umfassenden individuellen Grundrechtsschutz**. 76

Ob eine Verletzung des Grundrechts nach der Begründung der Verfassungsbeschwerde möglich erscheint, ist dann erst eine der Beschwerdeberechtigung des Jedermann nachfolgende Frage der **Beschwerdebefugnis**, die noch zum Bereich der Zulässigkeit der Verfassungsbeschwerde gehört (dazu → Rn. 211 ff.). Ist der Beschwerdeführer beschwerdeberechtigt und beschwerdebefugt, ergibt schließlich die Prüfung der **Begründetheit der Verfassungsbeschwerde**, ob der Beschwerdeführer wirklich in einem seiner Grundrechte oder grundrechtsgleichen Rechte verletzt ist. 77

22 Ebenso unter Berufung auf diese Kommentierung Beschluss der 3. Kammer des Zweiten Senats vom 27.6.2018 – 2 BvR 1287/17 ua, Rn. 25 bei Juris – Jones Day.

78 Die für die Beschwerdeberechtigung entscheidende Grundrechtsfähigkeit ist keine Frage des einfachen Rechts, sondern des Verfassungsrechts. Die Formulierungen in Art. 1 Abs. 1 und 2 GG (Menschenwürde, Bekenntnis zu den unveräußerlichen Menschenrechten), die teilweise ausdrücklich auf Menschen bezogenen Formulierungen in den einzelnen Grundrechtsartikeln[23] und vor allen Dingen Art. 19 Abs. 3 GG, wonach die Grundrechte auch für inländische juristische Personen gelten, soweit sie ihrem Wesen nach auf diese anwendbar sind, legen für die Grundrechtsfähigkeit eine Betrachtung nahe, die **zwischen natürlichen und juristischen Personen differenziert**.

79 a) **Natürliche Personen. Natürliche Personen** sind **im Regelfall grundrechtsfähig**. Sie sind daher auch der typische Adressat der Beschwerdeberechtigung zur prozessualen Durchsetzung des Grundrechtsschutzes. Sie sind beschwerdeberechtigt, wenn und soweit sie Träger der in Abs. 1 genannten Grundrechte und grundrechtsgleichen Rechte sind, deren Verletzung sie mit der Verfassungsbeschwerde behaupten wollen.

80 Dabei ist in jedem Einzelfall zu prüfen, ob gerade das als verletzt gerügte Grundrecht der beschwerdeführenden natürlichen Person zusteht. **Einschränkungen** können sich insoweit unmittelbar aus dem persönlichen Geltungsbereich des betreffenden Grundrechts ergeben. Der individuelle Grundrechtsschutz kann zudem zeitlichen Grenzen unterliegen.

81 aa) **Grundrechtsfähigkeit.** Der persönliche Geltungsbereich mancher Grundrechte des Grundgesetzes ist beschränkt. Bestimmte Grundrechte, etwa Art. 8 Abs. 1, Art. 9 Abs. 1 und Art. 12 Abs. 1 GG, schützen nur Deutsche. Die Verletzung dieser **Deutschengrundrechte** können daher grundsätzlich nur deutsche Staatsbürger iSd Art. 116 GG mit der Verfassungsbeschwerde geltend machen. Solche grundrechtlichen Differenzierungen nach Staatsangehörigkeit finden sich teilweise auch noch in modernen Grundrechtstexten. So differenziert etwa die Charta der Grundrechte der Europäischen Union vom 12.12.2007 für den Bereich der Berufsfreiheit teilweise zwischen den Rechten, die allen Unionsbürgerinnen und Unionsbürgern zustehen, und solchen, die Staatsangehörige dritter Länder genießen (Art. 15 Abs. 2 und 3).

82 Nach deutschem Verfassungsrecht können Ausländer, die sich der Sache nach auf eine Verletzung des durch ein Deutschengrundrecht gewährleisteten Schutzes berufen wollen, nur eine Verletzung ihrer allgemeinen Handlungsfreiheit gemäß **Art. 2 Abs. 1 GG als Auffanggrundrecht** rügen. Sie sind dann insoweit beschwerdeberechtigt. Der Schutzgehalt des Art. 2 Abs. 1 GG geht aber in der Regel nicht so weit wie der der speziellen Deutschengrundrechte, da die allgemeine Handlungsfreiheit nur im Rahmen der verfassungsmäßigen Ordnung gewährleistet ist.[24]

83 Ausnahmsweise führt dies jedoch dann nicht zur Absenkung des Schutzniveaus, wenn sich aus dem betroffenen Sachbereich kein sachlicher Grund für eine Differenzierung ergibt. Geht es beispielsweise um eine **Berufszugangsprüfung im Hochschulbereich**, ist Ausländern über Art. 2 Abs. 1 iVm Art. 5

23 Vgl. Art. 3 Abs. 1 GG: Alle Menschen sind vor dem Gesetz gleich.

24 BVerfGE 162, 325 (347, Rn. 82) – Zinsen Kernbrennstoffsteuer; 161, 1 (51, Rn. 119) – Übernachtungssteuer; 104, 337 (346).

Abs. 3 Satz 1 und Art. 19 Abs. 4 GG kein geringerer grundrechtlicher Schutz zuzubilligen als Deutschen, die sich auf Art. 12 Abs. 1 GG berufen können.[25]

Eine Durchbrechung der im Wortlaut des Grundgesetzes angelegten Unterscheidung zwischen Deutschengrundrechten und Menschenrechten, die auch Ausländern zustehen, zeichnet sich auch im Hinblick auf **Staatsbürger anderer EU-Mitgliedstaaten** ab, die wie Deutsche die Unionsbürgerschaft nach Art. 9 Satz 2 EUV, Art. 20 Abs. 1 AEUV besitzen.[26] Das Bundesverfassungsgericht hat sich zwar noch nicht abschließend festgelegt, ob sich ausländische Unionsbürger uneingeschränkt auf Deutschengrundrechte berufen können.[27] Dem Vorwurf einer Diskriminierung von ausländischen Unionsbürgern will sich das Gericht aber sicher nicht aussetzen. Dafür spricht auch, dass das Gericht die 2011 vorgenommene Erstreckung der Grundrechtsberechtigung auf juristische Personen aus Mitgliedstaaten der Europäischen Union gerade mit dem allgemeinen Diskriminierungsverbot wegen der Staatsangehörigkeit (Art. 18 AEUV) begründet hat.[28] Dafür spricht weiter, dass in bestimmten Konstellationen die Prüfung am Maßstab der deutschen Grundrechte durch weitergehende Gewährleistungen aus der Charta der Grundrechte der Europäischen Union ergänzt wird[29] oder dort, wo Grundrechte des Grundgesetzes durch den Anwendungsvorrang des Unionsrechts verdrängt werden, die Anwendung des Unionsrechts durch deutsche Stellen vom Bundesverfassungsgericht am Maßstab der Unionsgrundrechte kontrolliert wird (sog. Recht auf Vergessen-Rechtsprechung, vgl. dazu Rn. 231 ff.).[30] Schon vor dieser Rechtsprechung suchte das Bundesverfassungsgericht eine Lösung der Problematik der Deutschengrundrechte über die unionsrechtskonforme Auslegung des Art. 2 Abs. 1 GG, wenngleich ausdrücklich offengelassen wird, ob auch eine Berufung auf Art. 12 Abs. 1 GG für eine ausländische juristische Person möglich wäre.[31] Diese sei allerdings zweifelhaft, da das Grundrecht der Berufsfreiheit nach seinem eindeutigen Wortlaut nur für Deutsche gilt. Würde man das Recht aus Art.12 Abs. 1 GG auf Unionsbürger anderer Mitgliedstaaten ausweiten, so überstiege das nach Auffassung der 3. Kammer des Zweiten Senats die Wortlautgrenze. Mit Blick auf Art. 26 Abs. 2 AEUV und Art. 18 Abs.1 AEUV müssten Unionsbürger anderer Mitgliedsstaaten und ihnen gleichgestellte juristische Personen aber Deutschen beziehungsweise inländischen juristischen Personen gleichgestellt sein. Die- 84

25 Beschluss der 3. Kammer des Ersten Senats vom 4.11.2010 – 1 BvR 3389/08, Rn. 51 bei Juris.

26 Vgl. Schmidt-Bleibtreu/Klein/Bethge BVerfGG/Bethge § 90 Rn. 131 (Stand: Februar 2018).

27 Offengelassen in den Beschlüssen der 3. Kammer des Ersten Senats vom 4.11.2010 – 1 BvR 3389/08, Rn. 51 bei Juris, und vom 19.12.2007 – 1 BvR 2157/07, Rn. 21 bei Juris; ebenfalls offengelassen, ob sich eine ausländische juristische Person auf das Deutschengrundrecht des Art. 12 Abs. 1 GG berufen kann, Beschluss der 3. Kammer des Zweiten Senats vom 4.11.2015 – 2 BvR 282/13 u.a.., Rn. 8 bei Juris.

28 BVerfGE 129, 78 (97 ff.); bestätigt in Beschluss der 3. Kammer des Zweiten Senats vom 4.11.2015 – 2 BvR 282/13 ua, Rn. 9 bei Juris.

29 BVerfGE 152, 152 (180 ff., Rn. 67 ff.) – Recht auf Vergessen I.

30 BVerfGE 152, 152 (172, Rn. 50) – Recht auf Vergessen II; siehe auch BVerfGE 158, 1 (23 ff., Rn. 36 ff.) – Ökotox-Daten.

31 Beschluss der 3. Kammer des Zweiten Senats vom 4.11.2015 – 2 BvR 282/13 ua, Rn. 8 bei Juris.

sen müsse jedenfalls im Wege einer unionsrechtskonformen Auslegung des Art. 2 Abs. 1 GG derselbe Schutz zukommen, den Deutsche durch Art. 12 Abs. 1 GG genießen. Schließlich sei dies auch mit dem offenen Wortlaut des Art. 2 Abs. 1 GG vereinbar.[32] Im Anwendungsbereich des Unionsrechts ist die Grundrechtsberechtigung daher auf ausländische juristische Personen zu erstrecken, zumindest wenn ein hinreichender Inlandsbezug besteht.[33] Erst recht muss dies dann auch für ausländische natürliche Personen gelten.

85 Für die vom Grundgesetz als Deutschengrundrechte ausgestalteten Grundrechte der Versammlungsfreiheit und der Vereinigungsfreiheit (Art. 8 und Art. 9 GG) wird eine Gleichstellung ausländischer Unionsbürger mit Deutschen bei der Grundrechtsträgerschaft auch dadurch nahegelegt, dass die korrespondierenden, auch ausländischen Unionsbürgern zustehenden Menschenrechte aus der **Europäischen Menschenrechtskonvention** (Art. 11 EMRK) einen nicht nach Staatsangehörigkeit differenzierten Schutzstandard gewährleisten. Dasselbe gilt für Art. 12 der Charta der Grundrechte der Europäischen Union, die im Gegensatz zur EMRK seit den Entscheidungen des Ersten Senats vom 6.11.2019 unmittelbarer Prüfungsmaßstab in Verfassungsbeschwerdeverfahren sein kann.[34]

86 **bb) Zeitliche Grenzen des Grundrechtsschutzes.** Der Mensch ist **von seiner Geburt bis zu seinem Tod** grundrechtsfähig. Die Beschwerdeberechtigung ist nicht vom Alter oder von der Einsichtsfähigkeit abhängig. Minderjährige sind daher beschwerdeberechtigt. Allenfalls kann ihnen die prozessuale Fähigkeit fehlen, selbst Verfahrenshandlungen im Verfassungsbeschwerdeverfahren vorzunehmen (dazu → Rn. 151).

87 Aus Art. 1 Abs. 1 und Art. 2 Abs. 2 Satz 1 GG folgt die Verpflichtung des Staates, das ungeborene Leben zu schützen.[35] Der Grundrechtsschutz kann daher schon **vor der Geburt** einsetzen. Für den Verfassungsprozess handelt es sich dabei aber eher um eine nur theoretische Feststellung. Die unmittelbare gerichtliche Durchsetzung pränataler Rechte im Verfassungsprozess ist schwer vorstellbar.

88 Grundrechte können auch noch **nach dem Tod** des Menschen Wirkung entfalten. Bekannt ist insbesondere der postmortale Persönlichkeitsschutz.[36] Für die Beschwerdeberechtigung markiert der Tod des Grundrechtsträgers aber eine absolute Grenze. Davon zu trennen ist die Frage, ob eine andere Person, etwa der Erbe, zum Schutz des postmortalen Persönlichkeitsrechts des Verstorbenen eine Verfassungsbeschwerde erheben oder das von einer später verstorbenen Person eingeleitete Verfassungsbeschwerdeverfahren im eigenen Namen fortführen kann (dazu → Rn. 289 f.). Unabhängig davon hält sich das Bundesverfassungsgericht für befugt, unter Umständen trotz des

32 Beschluss der 3. Kammer des Zweiten Senats vom 4.11.2015 – 2 BvR 282/13 ua, Rn. 9 ff. bei Juris.

33 BVerfGE 163, 363 (420, Rn. 104); 153, 182 (254, Rn. 186).

34 BVerfGE 152, 152 (179 ff., Rn. 63 ff.) – Recht auf Vergessen I, und BVerfGE 152, 216 (236 ff., Rn. 50 ff.) – Recht auf Vergessen II; ebenso der Zweite Senat in BVerfGE 158, 1 (23 ff., Rn. 36 ff.) – Ökotox-Daten.

35 BVerfGE 88, 203 (251).

36 Beschlüsse der 1. Kammer des Ersten Senats vom 24.10.2022 – 1 BvR 19/22, Rn. 28 ff. bei Juris, und vom 19.12.2007 – 1 BvR 1533/07, Rn. 7 ff. bei Juris.

Todes des Beschwerdeführers, also nach dem Wegfall der Beschwerdeberechtigung, über seine Verfassungsbeschwerde in der Sache zu entscheiden, obgleich sich die Verfassungsbeschwerde zur Durchsetzung höchstpersönlicher Rechte des Beschwerdeführers grundsätzlich mit seinem Tod erledigt.[37]

b) **Juristische Personen.** Anders als bei natürlichen Personen ist die **Beschwerdeberechtigung juristischer Personen oftmals zweifelhaft**. Die damit zusammenhängenden prozessualen, verfassungsrechtlichen und grundrechtstheoretischen Fragen sind alles andere als einfach, geschweige denn eindeutig zu beantworten. Die in der bisherigen Rechtsprechung des Bundesverfassungsgerichts gegebenen Antworten auf die Behandlung einzelner Fallgruppen sind ausgesprochen differenziert und naturgemäß nicht frei von verschiedenen Widersprüchlichkeiten.[38] Sie werden in der Literatur sowohl hinsichtlich der Ergebnisse wie der Begründung teilweise heftig kritisiert, allerdings auch mit sich widersprechenden Stoßrichtungen. 89

Ausgangspunkt sollten die **Aussagen** sein, die sich **aus dem Verfassungstext** ohne größere Auslegungsanstrengungen und damit verbundenen Wertungen entnehmen lassen. Erst im Anschluss daran wird die Rechtsprechung des Bundesverfassungsgerichts erläutert (dazu → Rn. 103 ff.). 90

aa) **Grundlegende Aussagen im Verfassungstext.** In Art. 19 Abs. 3 GG ist für die Grundrechtsgeltung von Organisationen eine **Differenzierung zwischen inländischen und ausländischen juristischen Personen** vorgezeichnet. Zur ausländischen juristischen Person fehlt eine unmittelbare Aussage im Verfassungstext, während für die inländische juristische Person die Grundrechtsgeltung positiv festgehalten und lediglich unter den Vorbehalt gestellt ist, soweit die Grundrechte ihrem Wesen nach auf inländische juristische Personen anwendbar sind. Der Akzent liegt im Soweit-Satz bei einer Differenzierung nach den Grundrechten, nicht oder jedenfalls weniger bei einer Differenzierung nach Rechtsform, Zustandekommen, Verfassung und Tätigkeit der inländischen juristischen Person. 91

Sowohl in Art. 19 Abs. 3 GG wie im restlichen Verfassungstext gibt es **keine Differenzierung danach, ob die Organisation zivilrechtlicher oder öffentlich-rechtlicher Natur** ist. Das ist deshalb bemerkenswert, weil die Europäische Menschenrechtskonvention, die 1950 nahezu zeitgleich mit dem Grundgesetz entstanden ist, die Beschwerdeberechtigung jenseits von natürlichen Personen ausdrücklich auf „nichtstaatliche Organisationen oder Personengruppen" beschränkt (Art. 34 Satz 1 EMRK: „non-governmental organisation or group of individuals"). 92

Für eine besonders wichtige Gruppe von Organisationen öffentlich-rechtlicher Natur, die **Gemeinden** und **Gemeindeverbände,** stellt die Verfassung mit Art. 93 Abs. 1 Nr. 4 b GG eine **besondere Form von** ausdrücklich so benannten **Verfassungsbeschwerden** zur Verfügung, damit die dort genannten kommunalen Körperschaften des öffentlichen Rechts auf diesem Weg ihr Recht auf Selbstverwaltung nach Art. 28 GG verteidigen können, allerdings 93

37 BVerfGE 153, 182 (253, Rn. 181 ff.) – Suizidhilfe; 124, 300 (318 f.); siehe auch Beschluss der 1. Kammer des Ersten Senats vom 19.6.2023 – 1 BvR 932/22, Rn. 1 bei Juris; Beschluss der 3. Kammer des Ersten Senats vom 30.9.2022 – 1 BvR 922/21, Rn. 2 bei Juris.
38 Dazu auch Lenz/Gerhold DVBl 2021, 980 (982).

nur gegenüber dem Gesetzgeber. Zu anderen öffentlich-rechtlich organisierten **Organisationen mit Selbstverwaltungsrecht** macht die Verfassung unter dem Gesichtspunkt der Verfassungsbeschwerdefähigkeit keine ausdrückliche Aussage, nicht einmal zu den in Deutschland traditionell öffentlich-rechtlich organisierten **Kirchen** (Art. 140 GG iVm Art. 137 Abs. 5 WRV).

94 Nach dem Verfassungstext spielt es für die Grundrechtsberechtigung auch **keine Rolle, ob es um materielle oder Prozessgrundrechte** geht. Zwar ordnet Art. 93 Abs. 1 Nr. 4 a GG die prozessualen Rechte aus Art. 101 GG (etwa das Recht auf den gesetzlichen Richter) und aus Art. 103 GG (etwa das Recht auf rechtliches Gehör) nicht als Grundrechte, sondern als den Grundrechten gleichgestellte Rechte ein, aber die in Art. 93 Abs. 1 Nr. 4 a GG angelegte Differenzierung folgt nicht durchgehend dem Gegensatz materiell/prozessual. Denn die wichtigen, ebenfalls nicht als Grundrechte bezeichneten, verfassungsbeschwerdefähigen Rechte aus Art. 33 und 38 GG sind materieller Natur, während der nur wegen seiner Grundrechtsqualität verfassungsbeschwerdefähige Anspruch auf effektiven Rechtsschutz nach Art. 19 Abs. 4 GG prozessualer Natur ist.[39]

95 Klar ist im Übrigen auch der Befund, dass das **Grundgesetz den einzelnen Menschen in den Mittelpunkt und an den Anfang stellt** (Art. 1 Abs. 1 GG). Das legt es nahe, Grundrechtsschutz und Beschwerdefähigkeit für die Verfassungsbeschwerde nur den juristischen Personen zu gewähren, deren Bildung und Betätigung sich als Ausdruck der freien Entfaltung der einzelnen Menschen darstellt (sog. **Durchgriffstheorie**). Alle anderen Organisationen wären für eigenständige verfassungsrechtliche Abwehrmöglichkeiten auf deren ausdrückliche Anordnung angewiesen, sei es unmittelbar in der Verfassung (wie für die Gemeinden in Art. 93 Abs. 1 Nr. 4 b GG), sei es durch einfach-gesetzliche Regelung (Art. 93 Abs. 3 GG).

96 Es gibt zwar, wie die Vielzahl der mit dieser Zielsetzung vor das Bundesverfassungsgericht gebrachten Verfahren und die außergerichtliche Beratungspraxis zeigt, einen **viel größeren Bedarf an verfassungsprozessualen Beschwerdemöglichkeiten juristischer Personen**. Auffällig ist allerdings, dass seit Gründung der Bundesrepublik Deutschland weder der einfache noch der verfassungsändernde Gesetzgeber Anlass gesehen hat, diesen Bedarf zu befriedigen.

97 Deshalb wäre das Bundesverfassungsgericht bei der Frage der Beschwerdeberechtigung nach Art. 93 Abs. 1 Nr. 4 a GG, § 90 Abs. 1 in einer völlig unangreifbaren Position, wenn es eine konsequente Beschränkung auf die Organisationen praktiziert hätte, deren Bildung und Betätigung sich wirklich als Ausdruck der freien Entfaltung von Menschen darstellt. Diese Voraussetzung erfüllen zwar die vom Bundesverfassungsgericht als beschwerdefähig anerkannten **Kirchen**,[40] nicht aber die vom Staat gegründeten und getragenen

39 Siehe auch Lenz/Gerhold DVBl 2021, 980 (981).
40 Vgl. BVerfGE 139, 321 (346 f., Rn. 83); 125, 39 (73); 102, 307 (387).

Hochschulen und die **öffentlich-rechtlichen Rundfunkanstalten**,[41] wobei letztere nicht einmal Menschen als Mitglieder haben.

98 Zu einem solchen Ansatz hätte auch gehört, dass das Bundesverfassungsgericht den **Unternehmen**, die nicht von Privatpersonen, sondern **von der öffentlichen Hand gebildet worden sind**, die Grundrechts- und damit Beschwerdefähigkeit solange verweigert, bis sich die öffentliche Hand aus ihnen ganz oder bis auf einen bagatellarischen Rest zurückgezogen hat. Dann hätte aber der vom Staat gegründeten Deutsche Telekom AG im Jahre 2006 bei einem dem Bund noch zuzurechnenden Kapitalanteil von 31,7 % und damit einer faktischen Hauptversammlungsmehrheit die Grundrechtsfähigkeit nicht zu-, sondern abgesprochen werden müssen.[42]

99 Und schließlich hätten den öffentlichen Händen und den von ihnen geschaffenen Einrichtungen auch die **Prozessgrundrechte nicht zugesprochen** werden können,[43] weil darin ein klarer Systembruch liegt.[44]

100 Die Erstreckung des Schutzes durch materielle Grundrechte auf vom Staat geschaffene Unternehmen auch bei Verbleiben einer erheblichen staatlichen Beteiligung (Deutsche Telekom AG) und auf Einrichtungen des öffentlichen Rechts (Hochschulen, Rundfunkanstalten) sowie die Einbeziehung der öffentlichen Hand und ausländischer Organisationen in den Schutz der Prozessgrundrechte bedarf **zusätzlicher, von der Freiheitsbetätigung einzelner Menschen gelöster Begründungen**. Das Bundesverfassungsgericht sieht die Begründungen im Ausschluss einer staatlichen Beherrschung (für teilprivatisierte Unternehmen der öffentlichen Hand), in der Sicherung einer Autonomie öffentlich-rechtlicher Einrichtungen gegenüber dem Staat (Hochschulen, Rundfunkanstalten) und in der Verbindung mit dem Rechtsstaatsprinzip (Prozessgrundrechte).

101 Jeder dieser Wertungsgesichtspunkte und erst recht alle gemeinsam führen aber auf eine **schiefe Ebene**, auf der es keinen überzeugend begründbaren Endpunkt gibt. Wie groß muss die Beteiligung Privater an einem von der öffentlichen Hand gegründeten Unternehmen sein, um diesem zur Grundrechtsfähigkeit zu verhelfen? Warum sollen öffentliche Organisationen, deren Autonomie und Selbstverwaltungsrechte ähnlich groß und abgesichert sind wie diejenigen von Hochschulen und Rundfunkanstalten, nicht auch grundrechtsfähig sein, insbesondere wenn ihre Mitglieder einzelne Menschen sind? Und warum sollen ausländischen Organisationen materielle Grundrechte, die nicht durch den Verfassungstext als Deutschengrundrechte ausgestaltet sind, vorenthalten werden, wenn sie doch Träger von Prozessgrundrechten sein können?

102 Daraus ergeben sich folgende Konsequenzen: Die Rechtsprechung des Bundesverfassungsgerichts zur Reichweite der Grundrechtsfähigkeit ist labil und

41 Denkbar wäre hier eine Regelung des verfassungsändernden Gesetzgebers parallel zu derjenigen von Gemeinen und Gemeindeverbänden in Art. 93 Abs. 1 Nr. 4b GG. Dazu auch → Rn. 130; ebenso Lenz/Gerhold DVBl 2021, 980 (984 ff.).
42 Anders aber BVerfGE 115, 205 (227).
43 Anders aber die ständige Rechtsprechung des BVerfG, vgl. beispielsweise BVerfGE 163, 363 (422, Rn. 111).
44 Vgl. etwa Huber/Voßkuhle/Huber Art. 19 Rn. 346.

voller Bruchstellen, die **Entwicklungspotential in unterschiedliche Richtungen** lassen. Zu vielen Fallgruppen genügen weitere Kammerentscheidungen nicht mehr, sondern bedarf es einer Fortentwicklung oder Verteidigung der Rechtsprechung durch neue Senatsentscheidungen. Insoweit war die Entscheidung des Ersten Senats zur verneinten Grundrechtsfähigkeit der Fraport AG ein Schritt in die richtige Richtung.[45]

103 **bb) Grundrechtsfähigkeit bei von Privaten gebildeten Organisationen.** Im Grundsatz folgt das Bundesverfassungsgericht der sog. **Durchgriffstheorie.** Es versteht die Grundrechte seit jeher in erster Linie als individuelle Rechte, die natürlichen Personen zustehen und juristischen Personen nur dann, wenn eine Wertung ergibt, dass sie natürlichen Personen gleichzustellen sind. Diese Wertung richtet das Bundesverfassungsgericht danach aus, ob sich **Bildung und Betätigung der juristischen Person als Ausdruck der freien Entfaltung der privaten natürlichen Personen** darstellen.[46] Entscheidend ist danach also, ob die jeweilige Organisation **von grundrechtsberechtigten Menschen gegründet** worden ist oder sich ihre Aktivitäten jedenfalls zwischenzeitlich als Ausdruck subjektiver Präferenzen Privater darstellen[47] und ihr Schutzbedürfnis deshalb dem natürlicher Personen ähnlich ist.[48]

104 Dem liegt die Vorstellung zugrunde, dass es eine in jedem Fall bestimmbare, exakte **Trennlinie gibt** zwischen **dem bürgerschaftlichen Bereich der Gesellschaft und** damit dem Bereich der grundrechtsfähigen Organisationen **und dem Bereich der öffentlichen Hände**, in dem Organisationen grundsätzlich die Grundrechtsfähigkeit fehlt, sondern vielmehr eine Bindung an Grundrechte Privater besteht.[49] Das ist das sogenannte **Konfusionsargument.**[50] Es versagt allerdings bei Unternehmen, die einem ausländischen Staat gehören.[51]

105 Das bedarf noch zweier an sich selbstverständlicher Ergänzungen. Art. 19 Abs. 3 GG verwendet zwar den Begriff der juristischen Person, meint dies

45 BVerfGE 128, 226 (244 ff.) mit abweichender Meinung Schluckebier (270 ff.).

46 BVerfGE 68, 193 (205 f.) – Zahntechniker-Innungen; vgl. aus der neueren Kammerrechtsprechung Beschluss der 1. Kammer des Ersten Senats vom 15.12.2020 – 1 BvR 1395/19, Rn. 33 bei Juris – Jugendamt; Beschluss der 1. Kammer des Ersten Senats vom 18.8.2020 – 1 BvQ 82/20, Rn. 9 bei Juris – privatrechtliches Energieunternehmen in überwiegend öffentlicher Hand; Beschluss der 2. Kammer des Ersten Senats vom 6.9.2016 – 1 BvR 1305/13, Rn. 19 bei Juris; Beschluss der 2. Kammer des Ersten Senats vom 7.9.2010 – 1 BvR 2160/09, Rn. 26 bei Juris – GASAG; Beschluss der 2. Kammer des Ersten Senats vom 21.12.2009 – 1 BvR 2738/08, Rn. 17 bei Juris – Vattenfall; Beschluss der 1. Kammer des Ersten Senats vom 18.5.2009 – 1 BvR 1731/05, Rn. 16 bei Juris – Mainova.

47 Vgl. BVerfGE 128, 226 (244 f.) – Fraport.

48 Vgl. BVerfGE 158, 170 (182, Rn. 21).

49 BVerfGE 128, 226 (244) – Fraport; vgl. auch Beschluss der 2. Kammer des Ersten Senats vom 4.10.2022 – 1 BvR 382/21, Rn. 7 bei Juris – Bundesland; Beschlüsse der 2. Kammer des Zweiten Senats vom 21.12.2021 – 2 BvR 1844/20, Rn. 46 bei Juris, und vom 22.2.2019 – 2 BvR 2203/18, Rn. 20 bei Juris; Beschluss der 2. Kammer des Ersten Senats vom 10.5.2016 – 1 BvR 2871/13, Rn. 5 bei Juris; vgl. dazu Huber/Voßkuhle/Huber Art. 19 Rn. 266.

50 So auch Beschluss der 2. Kammer des Zweiten Senats vom 21.12.2021 – 2 BvR 1844/20, Rn. 46 bei Juris; Huber/Voßkuhle/Huber Art. 19 Rn. 266.

51 Vgl. BVerfGE 143, 246, (315 f., Rn. 192 ff.) – Vattenfall.

aber nicht in einem engen zivilrechtlichen Sinne vollständiger oder teilweiser Rechtsfähigkeit, sondern erfasst jede verfestigte Organisation.[52] Als inländische juristische Personen in diesem Sinne gelten daher nicht nur beispielsweise eingetragene Vereine und Genossenschaften,[53] sondern auch Gesellschaften bürgerlichen Rechts.[54] Diese vom Grundgesetz als juristische Personen bezeichneten Organisationen sind aber hinsichtlich jedes einzelnen Grundrechts nur dann dessen Träger, wenn das betreffende Grundrecht seinem Wesen nach auf sie anwendbar ist. Entscheidend ist, ob die vom jeweiligen Grundrecht **geschützten Aktivitäten auch von Organisationen ausgeübt werden können** oder nur auf natürliche Personen zugeschnitten sind.[55]

Grundrechtsfähig sind nach der Rechtsprechung des Bundesverfassungsgerichts sowohl die von Privaten gegründeten Organisationen, die im weitesten Sinne ideelle Zwecke verfolgen, als auch Wirtschaftsunternehmen aller Art. Zu den **Organisationen mit ideellen Zwecken** gehören neben Vereinigungen mit sozialer, kultureller und sportlicher Zielsetzung auch solche, die auf die Ausgestaltung der Arbeits- und Wirtschaftsbedingungen (**Gewerkschaften** und Arbeitgeberverbände, Art. 9 Abs. 3 GG), auf die kollektive Ausübung der Glaubens- und Gewissensfreiheit (Kirchen und andere **Weltanschauungsgemeinschaften**, Art. 140 GG) und auf die Teilnahme an Parlamentswahlen ausgerichtet sind (**politische Parteien**, Art. 21 GG). Die Grundrechtsfähigkeit dieser Organisationen hängt nicht davon ab, ob sie zivilrechtliche oder, im Wesentlichen aus historischen Gründen, öffentlich-rechtliche Rechtsformen nutzen, weil ihre Begründung und ihre Betätigung ausschließlich Ausdruck freier Entfaltung der privaten natürlichen Personen war und ist. 106

Deshalb ist die **Grundrechtsfähigkeit der** als **Körperschaften des öffentlichen Rechts organisierten Kirchen** (Art. 140 GG iVm Art. 137 Abs. 5 WRV) keine Ausnahme,[56] sondern ein klarer Anwendungsfall der Durchgriffstheorie. Der von der Verfassung angebotene Status einer Körperschaft des öffentlichen Rechts für Religionsgemeinschaften ist ein Mittel zur Entfaltung der Religionsfreiheit der Einzelnen und ändert deshalb nichts daran, dass auch solche Kirchen Teile der Gesellschaft sind.[57] 107

Die damit auch den öffentlich-rechtlich organisierten Kirchen mögliche Berufung auf die Religionsfreiheit des Art. 4 Abs. 1 und 2 GG verleiht diesen prozessual eine teilweise überraschend starke Position. Nach der insoweit nur von fünf der acht Richter getragenen Entscheidung des Ersten Senats zum Berliner Ladenöffnungsgesetz können sie auch eine **Verletzung des Sonn- und Feiertagsschutzes** aus Art. 140 GG iVm Art. 139 WRV rügen, weil sich der daraus ergebende objektiv-rechtliche staatliche Schutzauftrag als Konkre- 108

52 BVerfGE 135, 90 (107 f., Rn. 44 und 109 f., Rn. 53 f.) – Vorgesellschaft; 102, 370 (383) – nicht rechtsfähiger Verein.
53 Vgl. BVerfGE 164, 76 (110, Rn. 103).
54 BVerfGE 158, 170 (181, Rn. 21).
55 Übersicht dazu bei Huber/Voßkuhle/Huber Art. 19 Rn. 337 ff.
56 So aber BVerfGE 143, 246 (314, Rn. 189); 61, 82 (102); zuletzt auch Beschluss der 2. Kammer des Ersten Senats vom 4.10.2022 – 1 BvR 382/21, Rn. 7 bei Juris.
57 Zutreffend BVerfGE 102, 370 (387).

tisierung des Grundrechts aus Art. 4 Abs. 1 und 2 GG darstellt.[58] Das ist zwar kritisiert worden,[59] aber die damit der Religionsfreiheit zugebilligte **Subjektivierung objektiven Verfassungsrechts** geht nicht über die vergleichbare Rechtsprechung zur allgemeinen Handlungsfreiheit hinaus.[60]

109 **Politische Parteien sind** als von Bürgern begründete Teile der Gesellschaft **grundrechtsfähig.**[61] Dies gilt ungeachtet ihres besonderen, durch Art. 21 GG geschützten verfassungsrechtlichen Status, für dessen Verteidigung nicht die Verfassungsbeschwerde, sondern der Organstreit (Art. 93 Abs. 1 Nr. 1 GG, §§ 63 ff. BVerfGG) die richtige Verfahrensart sein soll (dazu näher → § 63 Rn. 15 ff.).[62] Im Verfassungsbeschwerdeverfahren beschwerdeberechtigt sind politische Parteien dann, wenn sie eine Verletzung von Grundrechten geltend machen, die ihnen unabhängig von ihrem besonderen verfassungsrechtlichen Status wie jedermann zustehen[63] oder wenn die Gegenseite nicht organstreitfähig ist, wie etwa bei Rundfunkanstalten.[64]

110 Die eigentlichen Anwendungsschwierigkeiten betreffen die **Unternehmen.** Sobald sich an ihnen die öffentliche Hand beteiligt, bedarf es einer Differenzierung. Diese darf aber nicht vorschnell auf Beteiligungsverhältnisse abstellen. Vielmehr kommt es darauf an, ob sich Bildung und Betätigung des Unternehmens als Ausdruck der freien Entfaltung der privaten natürlichen Personen darstellen.[65] Ist ein Unternehmen in diesem Sinne von privaten Grundrechtsträgern, also von natürlichen Personen oder anderen grundrechtsfähigen Organisationen, gebildet worden, dann spricht das zunächst einmal völlig unabhängig von später eintretenden Veränderungen der Beteiligungsverhältnisse für einen **Fortbestand seiner ursprünglich begründeten Grundrechtsfähigkeit.**

111 Ein ursprünglich grundrechtsfähiges, weil von Privaten gegründetes Unternehmen verliert seine Grundrechtsfähigkeit nur dann, wenn die Beteiligung Privater soweit absinkt, dass sich die unternehmerische Betätigung nicht mehr als Ausdruck der freien Entfaltung der privaten Anteilseigner darstellt. Davon wird man nicht ausgehen können, wenn die **unternehmerische Führung** weiterhin von einem oder verschiedenen privaten Anteilseignern ausgeübt wird. Deshalb sind Beteiligungen der öffentlichen Hand, die den Charakter einer **bloßen Finanzinvestition** haben oder nur **vorübergehender Natur** sein sollen, wie etwa bei der Commerzbank hinsichtlich der vom Bund im Zuge der Finanzmarktkrise eingegangenen Beteiligung, nicht relevant. Dasselbe dürfte für **ausländische Staatsfonds** und Staatsunternehmen gelten, weil hier die Konfusionsthese nicht greift, da ausländische staatliche Einheiten in Deutschland nicht an die Grundrechte des Grundgesetzes ge-

58 BVerfGE 125, 39 (84 ff.).
59 Classen JZ 2010, 144 ff.
60 Vgl. Dürig/Herzog/Scholz/Di Fabio Art. 2 Abs. 1 Rn. 12 (Stand: Juli 2001).
61 BVerfGE 121, 30 (56 f.); aA nur Huber/Voßkuhle/Huber Art. 19 Rn. 263.
62 Vgl. zur Abgrenzung BVerfGE 111, 54 (81).
63 Beschluss der 3. Kammer des Zweiten Senats vom 9.7.2019 – 2 BvR 547/13, Rn. 23 bei Juris.
64 Vgl. Beschluss der 2. Kammer des Zweiten Senats vom 8.10.2023 – 2 BvQ 189/23, Rn. 16 bei Juris.
65 So auch Dürig/Herzog/Scholz/Remmert Art. 19 Abs. 3 Rn. 69 (Stand: Mai 2009).

bunden sind,[66] und im Übrigen regelmäßig eine bloße Finanzinvestition vorliegt.

Bei einem von Privaten gebildeten Unternehmen haben die **Schutzinteressen der verbleibenden privaten Anteilseigner besonders hohes Gewicht**. Diese privaten Anteilseigner können hier, anders als bei von der öffentlichen Hand gebildeten Unternehmen,[67] nicht darauf verwiesen werden, ihre Beteiligung aufzugeben. Die Grundrechtsfähigkeit eines privaten Unternehmens entfällt jedenfalls dann, wenn die öffentliche Hand ihren Anteil soweit aufgestockt hat, dass sie einen Squeeze-out durchführen (wie bei der Hypo Real Estate) oder einen **Beherrschungsvertrag** abschließen kann (§ 293 AktG), nicht aber schon bei Überschreiten einer staatlichen Beteiligungsquote von 50 %.[68] 112

Verschiedene öffentliche Hände, die sich an einem von Privaten gegründeten und deshalb grundrechtsfähigen Unternehmen beteiligen, sind **jeweils getrennt zu betrachten**, soweit sie ihre Beteiligungen nicht in einer rechtlich relevanten Weise koordinieren – sog. **acting in concert.**[69] Das verdeutlicht auch die Rechtsprechung zum umgekehrten Fall, also zu teilweise privatisierten, ursprünglich vom Staat gegründeten Unternehmen (→ Rn. 116 ff.). 113

cc) **Grundsätzlich fehlende Grundrechtsfähigkeit von Organisationen im Bereich der öffentlichen Hände.** Organisationen aus dem Bereich der öffentlichen Hände **fehlt** nach der Rechtsprechung des Bundesverfassungsgerichts **grundsätzlich die Grundrechtsfähigkeit**, weil sich weder deren Bildung noch ihre Betätigung als Ausdruck der freien Entfaltung natürlicher Personen darstellt. Das gilt für alle durch Gesetz oder staatlichen Verwaltungsakt gebildeten **Körperschaften, Anstalten und Stiftungen des öffentlichen Rechts.** Das gilt aber auch, wenn von der öffentlichen Hand private Rechtsformen benutzt werden. 114

Bei von der öffentlichen Hand gebildeten **Unternehmen in Privatrechtsform** fehlt die Grundrechtsfähigkeit nicht nur dann, wenn sie vollständig im Eigentum der öffentlichen Hand stehen, sondern auch dann, wenn sie sich **überwiegend im Eigentum der öffentlichen Hand** befinden.[70] Dabei besteht im Hinblick auf die Grundrechtsfähigkeit kein Unterschied zwischen Unternehmen in unmittelbarer staatlicher Hand und solchen in kommunaler Trägerschaft.[71] Im Einzelnen ist wie folgt zu differenzieren: 115

---

66 Vgl. Möllinger, Eigentumsrechtliche Entflechtung der Übertragungsnetze, 2009, 294 ff.

67 Dazu BVerfGE 128, 226 (247) – Fraport.

68 Zu undifferenziert die Aussagen in BVerfGE 143, 246 (314, Rn. 190) – Atomausstieg, und im Beschluss der 1. Kammer des Ersten Senats vom 18.8.2020 – 1 BvQ 82/20, Rn. 10 bei Juris.

69 Insoweit zutreffend die abweichende Meinung Schluckebier BVerfGE 128, 226 (270) – Fraport, sogar für ein von der öffentlichen Hand gegründetes Unternehmen.

70 BVerfGE 143, 246 (314, Rn. 119) – Vattenfall; 128, 226 (246 f.) – Fraport; Beschlüsse der 1. Kammer des Ersten Senats vom 18.8.2020 – 1 BvQ 82/20, Rn. 10 bei Juris – überwiegend in kommunaler Hand liegender Energieversorger, vom 26.11.2018 – 1 BvR 318/17 ua, Rn. 23 f. bei Juris – Kommunale Krankenhäuser, und vom 18.5.2009 – 1 BvR 1731/05, Rn. 16 f. bei Juris – Mainova.

71 Beschlüsse der 1. Kammer des Ersten Senats vom 18.8.2020 – 1 BvQ 82/20, Rn. 7 ff. bei Juris, vom 25.10.2018 – 1 BvR 1689/16, Rn. 2 bei Juris, und vom 6.10.2016 – 1 BvR 292/16, Rn. 16 bei Juris.

116 Oftmals werden ursprünglich vom Staat gegründete Unternehmen später **teilweise privatisiert**. Die Bildung solcher Unternehmen kann sich naturgemäß noch nicht als Ausdruck der freien Entfaltung Privater darstellen. Konsequenz müsste sein, dass hier auch ein Anwachsen der Beteiligung Privater bis zur Schwelle von 50 % noch nicht zur Begründung der Grundrechtsfähigkeit dieses Unternehmens führt. Gerade wenn es sich um Publikumsgesellschaften handelt, bei denen die privaten Beteiligungen regelmäßig zersplittert sind, wird der Staat auch mit einer Beteiligung von über einem Drittel regelmäßig noch eine beherrschende Rolle spielen, weil er angesichts der üblichen Präsenzquoten über eine **Hauptversammlungsmehrheit** verfügen dürfte.

117 Das entspricht auch der **Wertung des § 29 WpÜG**, wonach das Halten von 30 % der Stimmrechte Kontrolle begründet. Deshalb war es keinesfalls selbstverständlich, dass der Erste Senat die **Deutsche Telekom AG** 2006 bei einer dem Staat noch zuzurechnenden Beteiligung von 31,7 % (heute 30,5 %, davon 16,6 % über die KfW), schon als grundrechtsfähig angesehen hat.[72] In der Begründung dieser Entscheidung klingt an, dass ein als maßgeblich angesehener beherrschender Einfluss des Bundes auf die Unternehmensführung der Telekom auch bei einer Bundesbeteiligung von über 50 % durch eine gesetzliche Unabhängigkeitsvorgabe ausgeräumt werden kann, jedenfalls aber durch eine Beteiligungsabsenkung auf unter 50 %. Deshalb ist im Jahr 2009 auch für die **Deutsche Post AG** trotz ihres mittelbaren Bundesanteils von damals 30,5 % und einer ansonsten zersplitterten Aktionärsstruktur die Grundrechtsfähigkeit bejaht worden.[73]

118 **Trennt sich die öffentliche Hand**, wie das Land Berlin im Fall der GASAG, **von allen Aktien, dann erlangt das vom Staat gebildete Unternehmen damit volle Grundrechtsfähigkeit**, auch wenn im Rahmen der Privatisierung ein ausländisches Staatsunternehmen knapp ein Drittel der Anteile erwirbt. An der erlangten Grundrechtsfähigkeit ändert sich auch dann nichts, wenn einzelne anfänglich private Aktionäre später von einem anderen ausländischen Staatsunternehmen übernommen werden.[74] Das hat die 2. Kammer des Ersten Senats verkannt, als sie aus diesen Gründen die Grundrechtsfähigkeit bezweifelt, die Frage für die GASAG aber letztlich offengelassen hat.[75]

119 Eingetragenen Vereinen im Sinne von §§ 55 ff. BGB fehlt die Grundrechtsfähigkeit, wenn sie ein **Zusammenschluss ausschließlich von grundrechtsunfähigen juristischen Personen** sind.[76]

120 Vielfach verfügen Organisationen, die von der öffentlichen Hand gegründet sind, über teilweise erhebliche **Selbstverwaltungsrechte**. Entsprechend groß ist ihr Bedarf, sich gegen darin eingreifende Gesetze, Gerichts- und Behördenentscheidungen vor dem Bundesverfassungsgericht zur Wehr zu setzen.

---

72 BVerfGE 115, 205 (227).
73 Beschluss der 2. Kammer des Ersten Senats vom 9.11.2009 – 1 BvR 2298/09, Rn. 12 bei Juris.
74 Vgl. Möllinger, Eigentumsrechtliche Entflechtung der Übertragungsnetze, 2009, 295 f.
75 Beschluss vom 7.9.2010 – 1 BvR 2160/09, Rn. 26 f. bei Juris.
76 BVerfGE 68, 193 (214) – Zahntechniker-Innungen.

Das Bundesverfassungsgericht hat solche Anträge bislang nahezu durchgehend abgelehnt.

Verneint worden ist die Grundrechtsfähigkeit von Innungskrankenkassen,[77] von allgemeinen Ortskrankenkassen[78] und betrieblichen **Krankenkassen,**[79] von **Berufsgenossenschaften,**[80] von **Rentenversicherungsträgern,**[81] von **Berufskammern**[82] und **Kassenärztlichen Vereinigungen.**[83] 121

Die bisher vorgebrachten **Gegenargumente**, die auf eine Öffnung etwa des Gesundheitssektors für den Wettbewerb, auf vermeintlich grundrechtstypische Gefährdungslagen der von der öffentlichen Hand gegründeten Organisation und auf deren Sachwalterfunktion für die von ihr repräsentierten einzelnen Menschen abstellten, haben daran nichts zu ändern vermocht. Das Bundesverfassungsgericht ist, auch im Sozialbereich, weiter bei der **liberalen Auffassung** geblieben, **der Einzelne könne seine Grundrechtspositionen selbst wahrnehmen und verteidigen.**[84] 122

Eine weniger restriktive Handhabung deutet die Rechtsprechung des Bundesverfassungsgerichts insofern an, als dort zunehmend **nach der wahrgenommenen Aufgabe differenziert** wird. Das geschah zunächst bei juristischen Personen des öffentlichen Rechts mit der Formel, die Frage der Grundrechtsfähigkeit sei bei diesen „jedenfalls" dann zu verneinen, wenn sie öffentliche Aufgaben wahrnehmen.[85] Diese Formel wird zunehmend auch für juristische Personen des Privatrechts angewandt, wenn diese sich überwiegend im Eigentum der öffentlichen Hand befinden.[86] Praktische Bedeutung hat das aber bislang nur für den **Sonderfall einer Landesinnung für Orthopädietechnik** gewonnen, welche durch die damals von ihr angegriffenen Kostendämpfungsmaßnahmen nicht in ihrer Funktion als Teil der staatlichen Verwaltung, sondern als Interessenvertretung ihrer grundrechtsfähigen Mitglieder betroffen gewesen sein soll.[87] Diese jetzt bald 40 Jahre alte Entscheidung ist vereinzelt geblieben, überzeugt nicht und dürfte überholt sein. 123

77 Beschluss der 3. Kammer des Ersten Senats vom 11.12.2008 – 1 BvR 1665/08, Rn. 5 f. bei Juris.
78 Beschluss der 2. Kammer des Ersten Senats vom 31.1.2008 – 1 BvR 2156/02, Rn. 3 f. bei Juris.
79 Beschluss der 3. Kammer des Zweiten Senats vom 9.6.2004 – 2 BvR 1248/03 ua, Rn. 25 ff. bei Juris.
80 Beschluss der 1. Kammer des Ersten Senats vom 1.9.2000 – 1 BvR 178/00, Rn. 8 f. bei Juris.
81 BVerfGE 21, 362 (366).
82 Beschluss der 2. Kammer des Ersten Senats vom 23.1.1997 – 1 BvR 1317/86, Rn. 9 bei Juris – Ärztekammer.
83 Beschluss der 3. Kammer des Zweiten Senats vom 27.9.2000 – 2 BvR 687/00, Rn. 2 bei Juris; Beschluss der 2. Kammer des Ersten Senats vom 20.9.1995 – 1 BvR 597/95, Rn. 4 bei Juris.
84 Beschluss der 3. Kammer des Zweiten Senats vom 9.6.2004 – 2 BvR 1248/03 ua, Rn. 36 bei Juris; BVerfGE 75, 192 (196).
85 Beschluss der 1. Kammer des Ersten Senats vom 1.9.2000 – 1 BvR 178/00, Rn. 8 f. bei Juris – Berufsgenossenschaften; früher schon BVerfGE 70, 1 (15).
86 BVerfGE 143, 246 (291, Rn. 111); Beschlüsse der 1. Kammer des Ersten Senats vom 18.8.2020 – 1 BvQ 82/20, Rn. 7 f. bei Juris, und vom 18.5.2009 – 1 BvR 1731/05, Rn. 16 bei Juris – Mainova.
87 BVerfGE 70, 1 (20).

124 Als solche **Sachwalter ihrer Einwohner** verstehen sich aber auch viele Gemeinden, wenn sie unter Berufung auf ihr privates, zumeist landwirtschaftlich genutztes Grundeigentum gegen von ihnen abgelehnte überörtliche oder sonst größere Vorhaben vorgehen. Das Bundesverfassungsgericht hat seit dem Sasbach-Beschluss[88] (dazu → Rn. 114 ff.) die **Grundrechtsfähigkeit von Gemeinden durchgehend abgelehnt.**[89] Dasselbe gilt für Landkreise als Gemeindeverbände iSv Art. 28 Abs. 2 Satz 2 GG.[90]

125 Die Gemeinden sind keine vom Staat distanzierten und unabhängigen Einrichtungen, sondern von der Verfassung wie der Bund und die Länder an das Prinzip demokratischer Repräsentation (Art. 28 Abs. 1 Satz 2 GG) gebunden und mit einer Allzuständigkeit für örtliche öffentliche Aufgaben ausgestattet (Art. 28 Abs. 2 Satz 1 GG). Damit fehlt ihnen die erforderliche „Staatsferne".[91] Das Bundesverfassungsgericht ist auch insoweit konsequent bei seinem liberalen Standpunkt geblieben und davon ausgegangen, dass der Bürger seine Grundrechte selbst wahrnimmt und etwaige Verletzungen geltend macht. Die grundrechtlich verbürgten **Freiheiten der Menschen sollen danach prinzipiell nicht von öffentlichen Einrichtungen verwaltet werden.**[92] Deshalb gilt für die Grundrechtsfähigkeit von Unternehmen aus dem kommunalen Bereich nichts anderes als für Unternehmen anderer öffentlicher Hände.[93]

126 **dd) Doppelausnahme für Hochschulen und Rundfunkanstalten.** Eine historisch verfestigte, dogmatisch aber **zweifelhafte Doppelausnahme** macht das Bundesverfassungsgericht, indem es in ständiger Rechtsprechung für öffentlich-rechtliche Rundfunkanstalten und Hochschulen eine partielle Grundrechtsfähigkeit anerkennt. Tragender Grund soll in beiden Fällen sein, dass den jeweiligen juristischen Personen des öffentlichen Rechts oder ihren Teilgliederungen durch die Rechtsordnung Aufgaben übertragen sind, die **unmittelbar einem durch bestimmte Grundrechte geschützten Lebensbereich zuzuordnen** sind.[94] Eine Ausweitung dieses problematischen Ansatzes auf Kommunen, kommunale Unternehmen oder auf die Länder als Arbeitgeber hat das Bundesverfassungsgericht wiederholt mit dem Argument abgelehnt, dass sie nicht in gleicher Weise wie Hochschulen oder Rundfunk-

---

88 BVerfGE 61, 82 (103 ff.).

89 Beschlüsse der 2. Kammer des Zweiten Senats vom 12.3.2021 – 2 BvR 1673/19, Rn. 4 bei Juris, vom 9.11.2020 – 2 BvR 163/15, Rn. 5 bei Juris, und vom 22.2.2019 – 2 BvR 2203/18, Rn. 19 ff. bei Juris; Beschluss der 3. Kammer des Ersten Senats vom 21.2.2008 – 1 BvR 1987/07, Rn. 8 ff. bei Juris; Beschlüsse der 1. Kammer des Zweiten Senats vom 29.5.2007 – 2 BvR 695/07, Rn. 21 ff. bei Juris, und vom 23.5.2007 – 2 BvR 2124/05, Rn. 7 f. bei Juris.

90 Beschluss der 1. Kammer des Ersten Senats vom 15.12.2020 – 1 BvR 1395/19, Rn. 37 bei Juris.

91 Vgl. Beschluss der 1. Kammer des Ersten Senats vom 15.12.2020 – 1 BvR 1395/19, Rn. 37 bei Juris.

92 BVerfGE 61, 82 (104).

93 Beschlüsse der 1. Kammer des Ersten Senats vom 18.8.2020 – 1 BvQ 82/20, Rn. 7 ff. bei Juris, vom 26.11.2018 – 1 BvR 318/17 ua, Rn. 24 f. bei Juris – Kommunale Krankenhäuser, und vom 18.5.2009 – 1 BvR 1731/05, Rn. 16 f. – Mainova.

94 BVerfGE 68, 193 (207); Beschluss der 1. Kammer des Zweiten Senats vom 29.5.2007 – 2 BvR 695/07, Rn. 22 bei Juris; zuletzt BVerfGE 143, 246 (314, Rn. 189) – Vattenfall; Beschluss der 2. Kammer des Ersten Senats vom 4.10.2022 – 1 BvR 382/21, Rn. 7 bei Juris; Beschlüsse der 1. Kammer des Ersten Senats vom 15.12.2020 – 1 BvR 1395/19, Rn. 34 bei Juris, und vom 18.8.2020 – 1 BvQ 82/20, Rn. 9 bei Juris.

anstalten eigenständige, vom Staat unabhängige oder jedenfalls distanzierte Einrichtungen sind, die einem grundrechtlichen Schutzbereich spezifisch zugeordnet wären.[95]

Öffentlich-rechtliche Hochschulen und ihre Untergliederungen wie Fakultäten sollen danach den Schutz der Wissenschaftsfreiheit aus Art. 5 Abs. 3 Satz 1 GG genießen, etwa zur Abwehr hochschulorganisatorischer Entscheidungen, welche ihre Aufgabe gefährden, **freie Wissenschaft zu ermöglichen.**[96] In diesem begrenzten Umfang erscheint es auch noch plausibel, öffentliche Hochschulen und ihre Untergliederungen als Einrichtungen anzusehen, die Bürgern auch zur Verwirklichung ihrer individuellen Grundrechte dienen.[97] 127

Die Zuerkennung der **Grundrechtsfähigkeit für öffentlich-rechtliche Rundfunkanstalten ist dagegen problematisch.**[98] Anders als die Hochschule hat die öffentlich-rechtliche Rundfunkanstalt keine Grundrechtsträger als Mitglieder, die ihre individuellen Freiheiten innerhalb einer vom Staat geschaffenen Anstalt und in relativer Unabhängigkeit zum Staat ausüben. Der einzelne, grundrechtsberechtigte Mensch in Deutschland kann zwar die Programme der öffentlichen Rundfunkanstalten konsumieren oder eben auch nicht, er kann sie aber nicht inhaltlich beeinflussen und muss sie trotzdem über hoheitlich erhobene Abgaben bezahlen. Auch die gesellschaftlichen Gruppen, die Personen in Aufsichtsgremien öffentlich-rechtlicher Rundfunkanstalten entsenden dürfen, sollen dadurch gerade nicht zum Träger des Grundrechts der Rundfunkfreiheit gemacht werden.[99] 128

Heute stehen die öffentlich-rechtlichen Rundfunkanstalten auf dem Nutzer- wie dem Werbemarkt in **Konkurrenz zu privaten, voll grundrechtsfähigen Rundfunkveranstaltern**. Das Argument, wegen der früheren Frequenzknappheit könne die von Art. 5 Abs. 1 Satz 2 GG als Grundrecht gewährleistete Freiheit der Berichterstattung durch Rundfunk nur im Rahmen öffentlich-rechtlicher Anstalten verwirklicht werden, ist weggefallen. 129

Das Festhalten des Bundesverfassungsgerichts an einer auf Art. 5 Abs. 1 GG und Art. 10 GG beschränkten partiellen Grundrechtsfähigkeit öffentlich-rechtlicher Rundfunkanstalten[100] ist nur noch von dem nackten Zweck getragen, diesen die **Überprüfung von gesetzlichen Regelungen** im Bereich 130

---

95 BVerfGE 61, 82 (103); vgl. aus der Kammerrechtsprechung etwa Beschluss der 1. Kammer des Ersten Senats vom 26.11.2018 – 1 BvR 318/17 ua, Rn. 25 bei Juris – Kommunale Krankenhäuser; auch der Abschluss von Arbeitsverträgen durch die Länder als tariffähige Arbeitgeber begründet keine Grundrechtsfähigkeit, Beschluss der 2. Kammer des Ersten Senats vom 4.10.2022 – 1 BvR 382/21, Rn. 8 bei Juris.

96 BVerfGE 111, 333 (354 f.); Beschluss der 3. Kammer des Ersten Senats vom 27.6.2013 – 1 BvR 1501/13, Rn. 12 bei Juris; Beschluss der 2. Kammer des Ersten Senats vom 7.8.2007 – 1 BvR 2667/05, Rn. 27 bei Juris; vgl. auch BVerfGE 136, 338 (359, Rn. 44); 122, 89 (114).

97 Kritisch zum „schutzgutspezifischen Mehrwert“ im Hinblick auf die landesgesetzliche Zulassung wissenschaftsfremder Einflüsse auf die Hochschulen Huber/Voßkuhle/Huber Art. 19 Rn. 280.

98 Vgl. dazu auch Dürig/Herzog/Scholz/Remmert Art. 19 Abs. 3 Rn. 61 (Stand: August 2023).

99 Vgl. BVerfGE 136, 9 (31, Rn. 35) – ZDF-Aufsichtsgremien.

100 BVerfGE 158, 389 (413, Rn. 64); 119, 181 (211); 107, 299 (310).

des Rundfunks im Wege der Verfassungsbeschwerde zu ermöglichen.[101] Sachgerecht wäre deshalb eine Neuregelung im Grundgesetz, die den öffentlich-rechtlichen Rundfunkanstalten dieselben verfassungsprozessualen Möglichkeiten eröffnet, wie sie Gemeinden haben (Art. 93 Abs. 1 Nr. 4 b GG), sie darauf aber auch beschränkt.

131 Denkbar wäre auch, im Wege einer **konventionskonformen Auslegung** des Grundgesetzes darauf abzustellen, ob es sich bei der jeweils einzelnen öffentlich-rechtlichen Rundfunkanstalt um eine Nichtregierungsorganisation im Sinne von Art. 34 Abs. 1 EMRK handelt. Danach hängt die Grundrechtsfähigkeit von öffentlich-rechtlichen Rundfunkanstalten vom Grad ihrer Unabhängigkeit von staatlichen Stellen ab.[102] Bei einem solchen Ansatz führt eine **fehlende Staatsferne**, wie sie für das **ZDF** behauptet und vom Bundesverfassungsgericht 2014 auch festgestellt wurde,[103] allerdings dazu, dass es an einer Grundrechtsträgerschaft und damit Beschwerdefähigkeit fehlte,[104] jedenfalls bis zur Neufassung des ZDF-Staatsvertrags in Reaktion auf die Entscheidung des Bundesverfassungsgerichts. In neueren Entscheidungen geht das Bundesverfassungsgericht von der Grundrechtsträgerschaft des ZDF wie der ARD-Anstalten aus und beruft sich dafür auch auf die Rechtsprechung des EGMR etwa zur BBC.[105] Pragmatisch erscheint auch der Ansatz des EuGH, der in Bezug auf die unternehmerische Freiheit nach Art. 16 der Charta der Grundrechte der Europäischen Union bei Sendeunternehmen nicht danach differenziert, ob diese private Unternehmen oder öffentlich-rechtliche Einrichtungen sind.[106]

132 ee) **Ausländische Organisationen.** Das Bundesverfassungsgericht hat bislang eine **Grundrechtsfähigkeit von ausländischen Organisationen grundsätzlich abgelehnt.**[107] Das lässt sich auf die Entstehungsgeschichte und wohl auch noch auf den Wortlaut von Art. 19 Abs. 3 GG stützen,[108] ist aber **ohne innere Logik.** Logisch wäre es, auch bei ausländischen Organisationen danach zu differenzieren, ob das jeweilige Grundrecht im Verfassungstext als Deutschengrundrecht formuliert ist (Art. 8, 9, 11 und 12 GG) oder menschenrechtlich ausgestaltet ist und damit nicht auf die Staatsangehörigkeit abstellt.

---

101 Vgl. auch Dürig/Herzog/Scholz/Remmert Art. 19 Abs. 3 Rn. 63 (Stand: August 2023).

102 Vgl. EGMR, Urteil von 7.12.2006 – Beschwerdenr. 35841/02, Tz. 47 und 51 – Österreichischer Rundfunk; siehe auch HK-EMRK/Meyer-Ladewig/Kalick Art. 34 Rn. 14.

103 BVerfGE 136, 9 (52 ff., Rn. 88 ff.).

104 Anders Huber/Voßkuhle/Huber Art. 19 Rn. 285.

105 BVerfGE 158, 389 (413, Rn. 64).

106 EuGH, Urteil vom 26.4.2012 – 2 C-510/10, Tz 12 und 57 – DR und TV 2.

107 BVerfGE 163, 363 (418, Rn. 101 f.); 100, 313 (364); Beschluss der 3. Kammer des Zweiten Senats vom 27.6.2018 – 2 BvR 1287/17 ua, Rn. 27 bei Juris – Jones Day; Beschluss der 2. Kammer des Ersten Senats vom 27.12.2007 – 1 BvR 853/06, Rn. 9 bei Juris; hingegen sind Funktionsträger ausländischer juristischer Personen dann grundrechtsberechtigt, wenn sie nicht als Sachwalter die Grundrechte der ausländischen juristischen Person, sondern ihre eigenen Grundrechte geltend machen. Dies gilt auch dann, wenn damit einhergehend der durch sie geltend gemachte Schutz der ausländischen juristischen Person zugutekommt, vgl. BVerfGE 154, 152 (207 f., Rn. 69).

108 In diesem Sinne BVerfGE 163, 363 (418, Rn. 101 f.); 129, 78 (96 f.), sowie ausdrücklich der Jones Day-Beschluss der 3. Kammer des Zweiten Senats vom 27.6.2018 – 2 BvR 1287/17 ua, Rn. 27 bei Juris.

Letzteres gilt etwa für die **Eigentumsgarantie**. Wenn ein ausländischer Unternehmer sich zum Schutz seines in Deutschland belegenen Sacheigentums auf Art. 14 Abs. 1 GG berufen kann, warum soll das dann einem **ausländischen Unternehmen** verwehrt sein? Denn grundrechtsfähig kann ein solches ausländisches Unternehmen nach den allgemeinen Vorgaben (→ Rn. 95, → Rn. 103 ff.) ohnehin nur sein, wenn sich seine Bildung und Betätigung als Ausdruck der freien Entfaltung privater natürlicher Personen darstellt. Besonders deutlich wird dieser Widerspruch, wenn solche Grundrechtspositionen nicht von den Erben der im **Nationalsozialismus** verfolgten Juden, sondern von zu deren Rechtsdurchsetzung gegründeten Organisationen wie der **Jewish Claims Conference** geltend gemacht werden. Ihnen darf eine Grundrechtsfähigkeit nicht abgesprochen werden.[109] 133

Es ist nicht erkennbar, welchen Nutzen die Bundesrepublik Deutschland davon haben soll, wenn ausländischen Organisationen, die nach den allgemeinen Regeln grundrechtsfähig wären, die Grundrechtsfähigkeit wegen ihres fehlenden Inländerstatus verweigert wird. Diese ausländischen Organisationen können dann zwar keine zulässige Verfassungsbeschwerde nach § 90 mehr führen, sie können aber die den Grundrechten des Grundgesetzes **entsprechenden Rechte aus der Europäischen Menschenrechtskonvention unmittelbar beim Europäischen Gerichtshof für Menschenrechte in Straßburg** geltend machen. Denn dort kommt es im Regelfall nicht darauf an, ob die beschwerdeführende Organisation in Bezug auf den betreffenden Konventionsstaat oder die Europäische Union in- oder ausländisch ist (Art. 34 EMRK und argumentum e contrario aus Art. 16 EMRK).[110] Für ausländische Organisationen gehört die ihnen verwehrte Verfassungsbeschwerde nicht mehr zum vor einer Anrufung des Europäischen Gerichtshofs für Menschenrechte zu erschöpfenden innerstaatlichen Rechtsweg (Art. 35 Abs. 1 EMRK). Sie müssen das Bundesverfassungsgericht nicht mehr anrufen, sondern können nach Erschöpfung des Rechtswegs vor den deutschen Fachgerichten direkt Individualbeschwerde beim EGMR einlegen. 134

Eine Erweiterung der Grundrechtsfähigkeit ausländischer Organisationen ist nicht nur rechtspolitisch wünschenswert. Die Problematik ließe sich auch bei der Auslegung und Anwendung des Art. 19 Abs. 3 GG reduzieren, wenn für den Status als inländische Person schon einzelne Aktivitäten oder wenigstens eine Niederlassung in Deutschland ausreichen würden. Das ist aber bislang nicht der Fall, weil das Bundesverfassungsgericht in ständiger Rechtsprechung **auf den Sitz der juristischen Personen** abstellt.[111] Sitz in diesem Sinne ist der Ort der tatsächlichen Hauptverwaltung und deshalb liegt dieser bei einer international verflochtenen juristischen Person nur dann im Inland, wenn die Mehrheit der Entscheidungen über die Geschäfts- 135

109 Offen gelassen von der 3. Kammer des Ersten Senats im Beschluss vom 18.8.2010 – 1 BvR 3268/07, Rn. 34 bei Juris; siehe auch Beschluss der 3. Kammer des Ersten Senats vom 8.3.2011 – 1 BvR 1880/10, Rn. 2 bei Juris.

110 Im Grundsatz anerkannt durch BVerfGE 143, 246 (319 f., Rn. 202) – Vattenfall.

111 BVerfGE 163, 363 (419, Rn. 103); Beschluss der 3. Kammer des Zweiten Senats vom 27.6.2018 – 2 BvR 1287/17 ua, Rn. 28 bei Juris – Jones Day; Beschlüsse der 3. Kammer des Ersten Senats vom 8.3.2011 – 1 BvR 1880/10, Rn. 2 bei Juris, und vom 18.8.2010 – 1 BvR 3268/07, Rn. 34 bei Juris.

führung im Inland fällt.[112] Selbst eine deutsche Staatsangehörigkeit der hinter der juristischen Person stehenden natürlichen Personen verhilft dieser nicht zur Grundrechtsfähigkeit.[113] Daraus folgt im Umkehrschluss, dass das Bundesverfassungsgericht bei juristischen Personen mit Sitz im Inland die Grundrechtsfähigkeit nicht deshalb verneinen kann, weil die Gesellschafter und Aktionäre überwiegend ihren Sitz im Ausland haben.[114] Quer zu dieser sitzbezogenen Auslegung des Begriffs inländisch liegt der Ansatz, die Berufung auf materielle Grundrechte gegebenenfalls dann zuzulassen, wenn inländische Standorte einer ausländischen juristischen Person von staatlichen Ermittlungsmaßnahmen wie eine inländische juristische Person betroffen sind. In der Jones Day-Entscheidung ist das deshalb verneint worden, weil an den deutschen Standorten dieser Rechtsanwaltssozietät kein ausreichendes Maß an organisatorischer Eigenständigkeit dargelegt werden konnte.[115] Entscheidend ist richtigerweise der Unterschied, dass die eine Kanzlei ihren Sitz außerhalb der Europäischen Union hatte (Jones Day), die andere (Freshfields) vor dem Brexit innerhalb der Europäischen Union.[116]

136 An der dargestellten **restriktiven Handhabung des Begriffs inländisch** hat das Gericht leider auch in seiner Grundsatzentscheidung zur Erweiterung der Grundrechtsberechtigung nach Art. 19 Abs. 3 GG auf juristische Personen aus EU-Mitgliedstaaten festgehalten.[117] Weder soll aus dem Umstand, dass das Territorium der anderen Mitgliedstaaten der Europäischen Union nicht mehr Ausland im klassischen Sinne ist, eine Zuordnung zum Inlandsbegriff des Art. 19 Abs. 3 GG gefolgert werden können,[118] noch wird auf den Sitz als Zuordnungskriterium verzichtet.[119] Das überzeugt schon deshalb nicht, weil der Erste Senat als Voraussetzung für die Berufungsmöglichkeit auf die Grundrechte einen **hinreichenden Inlandsbezug** verlangt, der die Geltung der Grundrechte in gleicher Weise wie für inländische juristische Personen geboten erscheinen lässt, und dafür ausreichen lässt, dass die juristische Person **in Deutschland tätig wird** und hier vor den Fachgerichten klagen und

112 BVerfGE 163, 363 (419, Rn. 103); Beschluss der 3. Kammer des Zweiten Senats vom 27.6.2018 – 2 BvR 1287/17 ua, Rn. 29 bei Juris – Jones Day.

113 BVerfGE 163, 363 (419, Rn. 103); Beschluss der 3. Kammer des Zweiten Senats vom 27.6.2018 – 2 BvR 1287/17 ua, Rn. 28 bei Juris – Jones Day; Beschluss der 2. Kammer des Ersten Senats vom 27.12.2007 – 1 BvR 853/06, Rn. 9 bei Juris; Huber/Voßkuhle/Huber, Art. 19 Rn. 323; siehe aber als Beispiel für eine solche Durchgriffsbetrachtungsregelung § 25 Abs. 2 Nr. 3a PartG für die Zulässigkeit von Parteispenden ausländischer Unternehmen je nach Staatsangehörigkeit der Anteilseigner.

114 Huber/Voßkuhle/Hubert Art. 19 Rn. 320; zutreffend Dreier/Dreier Art. 19 Rn. 93.

115 Beschluss der 3. Kammer des Zweiten Senats vom 27.6.2018 – 2 BvR 1287/17 ua, Rn. 37 ff. bei Juris in Abgrenzung zur sogenannten Freshfields-Entscheidung der 1. Kammer des Zweiten Senats vom 18.3.2009 – 2 BvR 1036/08, Rn. 60 bei Juris.

116 Vgl. zu diesem Kriterium zuletzt BVerfGE 163, 363 (420, Rn. 104); siehe auch BVerfGE 153, 182 (254 f., Rn. 186 ff.) und Beschluss der 3. Kammer des Zweiten Senats vom 27.6.2018 – 2 BvR 1287/17 ua, Rn. 35 bei Juris.

117 BVerfGE 129, 78 (95 ff., 98 f.); ebenso BVerfGE 153, 182 (254, Rn. 186) – schweizerischer Sterbehilfeverein.

118 BVerfGE 129, 78 (96).

119 BVerfGE 129, 78 (95 f.); ebenso BVerfGE 163, 363 (419, Rn. 103).

verklagt werden kann,[120] was im Übrigen der etablierten Rechtsprechung zu den Prozessgrundrechten entspricht.[121]

Lediglich die **Gleichstellung von juristischen Personen mit Sitz im EU-Ausland mit inländischen juristischen Personen** hat der Erste Senat des Bundesverfassungsgerichts mittlerweile vollzogen.[122] Diese lange diskutierte Frage war in der Kammerrechtsprechung zuvor offen gelassen worden.[123] Der Zweite Senat hat sich der Grundsatzentscheidung des Ersten Senats angeschlossen und zugleich abgelehnt, für juristische Personen mit Sitz außerhalb der Europäischen Union eine Grundrechtsberechtigung aus dem Unionsrecht oder aus der Europäischen Menschenrechtskonvention abzuleiten.[124] Der Erste Senat stützt seine als Erweiterung der Grundrechtsberechtigung bezeichnete neue Position sowohl auf eine europa- wie auf eine verfassungsrechtliche Argumentation. 137

Europarechtlich soll die „Anwendungserweiterung des Grundrechtsschutzes auf juristische Personen aus der Europäischen Union" den **durch die europäischen Verträge übernommenen vertraglichen Verpflichtungen** entsprechen, wie sie insbesondere in den europäischen Grundfreiheiten und – subsidiär – in dem allgemeinen Diskriminierungsverbot des Art. 18 AEUV zum Ausdruck kommen.[125] Der Anwendungsvorrang des Unionsrechts auch gegenüber nationalem Verfassungsrecht überlagert die nach dem Wortlaut („inländische") engeren Regelungen in Art. 19 Abs. 3 GG, und zwar ohne dass damit die Identität der nationalen Verfassung beeinträchtigt wäre.[126] Die Kraft der unionsrechtlich geschützten Niederlassungsfreiheit hat den Ersten Senat zwischenzeitlich sogar dazu gebracht, die Grundrechtsberechtigung eines formell inländisch, materiell aber vollständig einem anderen Mitgliedstaat der Europäischen Union gehörenden Unternehmen anzuerkennen.[127] 138

Bedeutsamer ist aber die verfassungsrechtliche Argumentationslinie, die im Beschluss auch zuvor abgehandelt wird. Der Erste Senat arbeitet zutreffend heraus, dass dem Art. 19 Abs. 3 GG kein Wille des Verfassungsgebers zugrundeliegt, eine Berufung auf die Grundrechte auch seitens juristischer Personen aus Mitgliedstaaten der Europäischen Union dauerhaft auszuschließen.[128] Denn im **Parlamentarischen Rat** war nur unter den damaligen Umständen davon ausgegangen worden, dass **(noch) „kein Anlass"** besteht, auch ausländischen juristischen Personen den verfassungsmäßigen Schutz der Grundrechte zu gewähren. 139

Das hat sich aber nicht nur durch die Gründung der Europäischen Gemeinschaften und ihrer Weiterentwicklung zur heutigen Europäischen Union ge- 140

120 BVerfGE 129, 78 (98 f.); ebenso BVerfGE 153, 182 (254, Rn. 186).
121 Vgl. schon BVerfGE 12, 6 (8).
122 BVerfGE 154, 152 (205 f., Rn. 62 f.); 129, 78 (94 ff.); vgl. auch Beschluss der 3. Kammer des Zweiten Senats vom 27.6.2018 – 2 BvR 1287/17 ua, Rn. 27 f. bei Juris; Beschluss der 2. Kammer des Zweiten Senats vom 2.2.2017 – 2 BvR 787/16, Rn. 28 bei Juris.
123 Beschluss der 1. Kammer des Ersten Senats vom 3.9.2009 – 1 BvR 1098/08, Rn. 3 bei Juris.
124 BVerfGE 163, 363 (419 f., Rn. 103 f.); 153, 182 (254, Rn. 186).
125 BVerfGE 153, 182 (254, Rn. 186 f.); 129, 78 (97).
126 BVerfGE 129, 78 (99 f.).
127 Vgl. die Vattenfall-Entscheidung: BVerfGE 143, 246 (317 ff., Rn. 196 ff.).
128 BVerfGE 129, 78 (96).

ändert, sondern schon mit dem **Inkrafttreten der Europäischen Menschenrechtskonvention** am 3.9.1953 nach Hinterlegung der erforderlichen Ratifikationsurkunden, auch der deutschen. Spätestens seit diesem Zeitpunkt gibt es aus den bei → Rn. 132 ff. behandelten Gründen den bei Inkrafttreten des Grundgesetzes noch fehlenden „Anlass", auch juristischen Personen mit Sitz im Ausland den verfassungsmäßigen Schutz der Grundrechte zu gewähren, wenn sie sich in Deutschland betätigen.[129] Dies verkennen die neuen Entscheidungen des Zweiten Senats aus den Jahren 2022 und 2019, wenn sie die Ableitung einer Grundrechts- und Beschwerdeberechtigung ausländischer juristischer Personen aus der EMRK ablehnen.[130] Das Argument, Art. 14 EMRK enthalte keinen selbstständigen Gleichheitssatz, geht am Thema vorbei. Art. 34 EMRK ermöglicht allen nichtstaatlichen Organisationen die Individualbeschwerde, auch denen, die ihren Sitz nicht in einem Vertragsstaat des EMRK haben. Für eine Öffnung spricht auch die 2019 vom Ersten Senat vorgenommene Aufwertung der Charta der Grundrechte der Europäischen Union zum ergänzenden oder ersetzenden Prüfungsmaßstab in unionsrechtlich teilharmonisierten oder vollständig vereinheitlichten Rechtsmaterien,[131] weil die dortigen Gewährleistungen der unternehmerischen Freiheit (Art. 16 GRCh) und des Eigentums (Art. 17 GRCh) nicht nach dem Sitz des Unternehmens differenzieren. Von diesen Entwicklungen koppelt sich der Zweite Senat ab.

141 **ff) Sonderfall Prozessgrundrechte.** Einen **völlig anderen Ansatz** verfolgt das Bundesverfassungsgericht **bei den sog. Prozessgrundrechten**. Hier soll, in noch zu erläuterndem Umfang (→ Rn. 143 ff.), weder der Status als ausländisch[132] noch die Zuordnung zur öffentlichen Hand der Grundrechtsträgerschaft entgegenstehen. Selbst Bund und Länder sowie ausländische Staaten[133] sollen Träger der Prozessgrundrechte sein. Als Grund wird angeführt, auch juristische Personen des öffentlichen Rechts oder ausländische juristische Personen befänden sich im Prozess gegenüber der rechtsprechenden Staatsgewalt in keiner anderen Lage als natürliche Personen und grundrechtsfähige inländische juristische Personen. Die durch die Justizgrundrechte garantierten **objektiven Verfahrensgrundsätze müssten gegenüber jedem an einem Gerichtsverfahren Beteiligten eingehalten werden** und seien deshalb im Sinne des Art. 19 Abs. 3 GG auch auf jede juristische Person anwendbar.[134]

142 Das steht nicht nur im **Widerspruch zu der auf das Individuum bezogenen Grundrechtskonzeption des Grundgesetzes,**[135] sondern überzeugt

129 Siehe in diesem Zusammenhang auch die Überlegungen in BVerfGE 143, 246 (319 f., Rn. 202) – Vattenfall.

130 BVerfGE 163, 363 (420, Rn. 104); 153, 182 (256, Rn. 189).

131 Dazu BVerfGE 152, 152 (179 ff., Rn. 63 ff.) – Recht auf Vergessen I, und BVerfGE 152, 216 (236 ff., Rn. 50 ff.) – Recht auf Vergessen II.

132 Vgl. BVerfGE 163, 363 (422, Rn. 111); 153, 182 (254, Rn. 186); Beschluss der 3. Kammer des Zweiten Senats vom 27.6.2018 – 2 BvR 1287/17 ua, Rn. 27 bei Juris – Jones Day.

133 BVerfGE 163, 363 (422, Rn. 111); Beschluss der 1. Kammer des Ersten Senats vom 15.12.2020 – 1 BvR 1395/19, Rn. 32 bei Juris; Beschluss der 1. Kammer des Zweiten Senats vom 17.3.2014 – 2 BvR 736/13, Rn. 17 bei Juris.

134 Beschluss der 3. Kammer des Zweiten Senats vom 28.9.2004 – 2 BvR 622/03, Rn. 3 bei Juris.

135 Huber/Voßkuhle/Huber Art. 19 Rn. 348.

auch vor dem Hintergrund der Europäischen Menschenrechtskonvention nicht. Denn obwohl dort gerade die Prozessgrundrechte eine erhebliche Bedeutung haben, bleibt ihr Schutz staatlichen Organisationen ausdrücklich versagt (Art. 34 Abs. 1 EMRK). Unterstützung verdient die Rechtsprechung des Bundesverfassungsgerichts zu den Prozessgrundrechten deshalb nur, soweit sie Organisationen zugutekommt, denen ohne tragfähige Begründung die allgemeine Grundrechtsfähigkeit für Sachgrundrechte vorenthalten wird, also insbesondere den ausländischen Organisationen (→ Rn. 132 ff.).

Die Anwendbarkeit der Justizgrundrechte auf alle juristischen Personen ist für den Anspruch auf rechtliches Gehör gemäß **Art. 103 Abs. 1 GG** und den Anspruch auf den gesetzlichen Richter gemäß **Art. 101 Abs. 1 Satz 2 GG** anerkannt,[136] darauf aber wohl auch beschränkt.[137] Sie setzt außerdem voraus, dass die Verletzung dieser grundrechtsgleichen Rechte durch ein deutsches Gericht iSd Art. 92 GG gerügt wird, da internationale Organisationen und ihre Gerichte nicht an sie gebunden sind und ihre Verfahrensleitung daher nicht gegen sie verstoßen kann.[138] 143

Lange nicht abschließend geklärt war die Rechtslage im Hinblick auf **Art. 19 Abs. 4 GG**. Die Frage nach der Existenz eines Justizgewährungsanspruch auch für juristische Personen des öffentlichen Rechts ohne materielle Grundrechtspositionen oder außerhalb einer einschlägigen materiellen Grundrechtsposition wurde lange Zeit offengelassen,[139] wird inzwischen aber abgelehnt.[140] 144

Die darin zum Ausdruck kommende mögliche Einschränkung der prozessgrundrechtsbezogenen Beschwerdeberechtigung steht in einem Spannungsverhältnis zu der tragenden Begründung des Bundesverfassungsgerichts, wonach die objektiven Verfahrensgrundsätze gegenüber jedem an einem Gerichtsverfahren Beteiligten eingehalten werden müssten. Der argumentative Ansatz des Bundesverfassungsgerichts hätte es durchaus nahegelegt, auch den juristischen Personen des öffentlichen Rechtes **eine uneingeschränkte Berufung auf den Anspruch auf effektiven Rechtsschutz** gemäß Art. 19 Abs. 4 GG bzw. Art. 2 Abs. 1 GG iVm dem Rechtsstaatsprinzip zu ermöglichen. Als nächster Schritt wäre dann auch denkbar gewesen und wird weiter vertreten,[141] den materiell nicht grundrechtsberechtigten Einheiten hinsichtlich der Anwendung verfahrensrechtlicher Vorschriften durch die Fachgerichte 145

136 BVerfGE 163, 363 (422, Rn. 111); 129, 78 (92); 61, 82 (104); Beschluss der 1. Kammer des Zweiten Senats vom 17.3.2014 – 2 BvR 736/13, Rn. 17 bei Juris; Beschluss der 2. Kammer des Ersten Senats vom 9.1.2007 – 1 BvR 1949/05, Rn. 14 bei Juris.

137 Eine Berufung auf die materiellen Grundrechte ist nicht möglich, siehe BVerfGE 163, 363 (418, Rn. 101 f.); Beschlüsse der 1. Kammer des Ersten Senats vom 15.12.2020 – 1 BvR 1395/19, Rn. 32 f. bei Juris, vom 18.8.2020 – 1 BvQ 82/20, Rn. 6 ff. bei Juris, und vom 26.11.2018 – 1 BvR 318/17 ua, Rn. 26 bei Juris – Kommunale Krankenhäuser.

138 BVerfGE 163, 363 (423, Rn. 112).

139 BVerfGE 107, 299 (310 f.); 61, 82 (109); vgl. auch Beschluss der 3. Kammer des Ersten Senats vom 19.3.2014 – 1 BvR 2169/13 ua, Rn. 3 f. und 9 f. bei Juris; Beschluss der 1. Kammer des Ersten Senats vom 26.2.2008 – 1 BvR 2327/07, Rn. 14 bei Juris; Beschluss der 1. Kammer des Zweiten Senats vom 29.5.2007 – 2 BvR 695/07, Rn. 27, 29 bei Juris.

140 BVerfGE 163, 363 (418 f., Rn. 102); Beschlüsse der 2. Kammer des Zweiten Senats vom 23.9.2021 – 2 BvR 1144/21, Rn. 14 bei Juris, und vom 22.2.2019 – 2 BvR 2203/19, Rn. 19 bei Juris.

141 Etwa Lechner/Zuck/Zuck § 90 Rn. 52.

auch die Berufung auf das aus Art. 3 Abs. 1 GG folgende Willkürverbot im Verfassungsbeschwerdeverfahren zu eröffnen.[142] Mittlerweile hat der **Zweite Senat** aber die Ampeln insoweit außerhalb der grundrechtsgleichen Rechte aus Art. 101 Abs. 1 Satz 2 GG und Art. 103 Abs. 1 GG auf Rot geschaltet. Zuerst hat er einem Land die Berufung auf Art. 19 Abs. 4 GG mit der apodiktischen Begründung versagt, die **Rechtsschutzgarantie** diene der Durchsetzung von Rechten natürlicher und juristischer Personen des Privatrechts und **finde auf Gebietskörperschaften** und deren Organe grundsätzlich **keine Anwendung.**[143] Mit Urteil vom 8.11.2022 hat er das dann auch auf Unternehmen ausgedehnt und ganz allgemein für ausländische juristische Personen entschieden.[144] Im Verhältnis zu ausländischen juristischen Personen arbeitet der Zweite Senats mit dem Argument, eine Erstreckung des Schutzes von Art. 19 Abs. 4 GG auch auf sie würde das Regelungsanliegen von Art. 19 Abs. 3 GG in erheblichem Umfang umgehen. Überzeugend ist das aus den schon unter Rn. 126 ff. behandelten Gründen nicht. Angesichts dieser Rechtsprechung müssen sich juristische Personen des öffentlichen Rechts darauf einstellen, dass sie Art. 19 Abs. 4 GG nur dann geltend machen können, wenn sie sich ausnahmsweise auch auf die materiellen Grundrechte berufen können.[145]

146 Zur generell restriktiven Rechtsprechung des Zweiten Senats passt, dass auch die Kammern des Ersten Senats kommunalen Unternehmen und generell Hoheitsträgern die Berufung auf das Willkürverbot und auf die verfassungsrechtlichen Grenzen richterlicher Rechtsfortbildung mit dem Argument verweigern, dass es insoweit nicht um die Ausgestaltung des fachgerichtlichen Verfahrens wie bei Art. 101 Abs. 1 Satz 2 GG oder Art. 103 Abs. 1 GG gehe, sondern um das Ergebnis des Rechtsstreits und um die Entscheidung über den Inhalt der Rechtspositionen der Betroffenen.[146] Große Überzeugungskraft entfaltet diese Rechtsprechung des Bundesverfassungsgerichts nicht. Die zu Art. 19 Abs. 4 GG und zum Willkürverbot hinsichtlich der Anwendung verfahrensrechtlicher Vorschriften durch die Fachgerichte geltend gemachte Verbindung mit den materiellen Grundrechten besteht natürlich auch bei den Ansprüchen auf rechtliches Gehör gemäß Art. 103 Abs. 1 GG und auf den gesetzlichen Richter gemäß Art. 101 Abs. 1 Satz 2 GG, wie sich beispielhaft schon an der Beruhensprüfung bei Gehörsverstößen zeigt. Kategoriale Unterschiede gibt es insoweit in der Sache nicht. Eigentlicher Grund für die differenzierte Rechtsprechung des Bundesverfassungsgerichts dürfte es sein, die im Hinblick auf Art. 101 Abs. 1 Satz 2 GG und Art. 103 Abs. 1 GG geöffnete **Büchse der Pandora jedenfalls nicht noch weiter zu öffnen.** Für

142 Ablehnend allerdings schon Beschluss der 3. Kammer des Ersten Senats vom 18.8.2010 – 1 BvR 3268/07, Rn. 33 bei Juris; vgl. Beschluss der 2. Kammer des Zweiten Senats vom 22.2.2019 – 2 BvR 2203/18, Rn. 25 bei Juris.

143 BVerfGE 129, 108 (118) – Schuldenbremse.

144 BVerfGE 163, 363 (418 f., Rn. 2); vgl. aus der Kammerrechtsprechung zuvor schon Beschlüsse der 2. Kammer des Zweiten Senats vom 23.9.2021 – 2 BvR 1144/21, Rn. 14 bei Juris, und vom 22.2.2019 – 2 BvR 2203/19, Rn. 19 bei Juris; so wohl auch das Verständnis im Beschluss der 1. Kammer des Ersten Senats vom 26.11.2018 – 1 BvR 318/17 ua, Rn. 26 bei Juris – Kommunale Krankenhäuser.

145 Vgl. etwa Beschluss der 2. Kammer des Ersten Senats vom 6.9.2016 – 1 BvR 1305/13, Rn. 20 bei Juris; siehe auch BVerfGE 107, 299 (310 f.).

146 Beschluss der 1. Kammer des Ersten Senats vom 26.11.2018 – 1 BvR 318/17 ua, Rn. 26 bei Juris – Kommunale Krankenhäuser; siehe auch Beschluss der 2. Kammer des Ersten Senats vom 9.1.2007 – 1 BvR 1949/05, Rn. 15 bei Juris.

die Beschränkung auf diese beiden grundrechtsgleichen Rechte kann zwar kein überzeugendes materielles Argument genannt werden, aber immerhin verwiesen werden auf die formale Einordnung der Rechte aus den Art. 101 und 103 GG als außerhalb der eigentlichen Grundrechte liegend durch den Wortlaut von Art. 93 Abs. 1 Nr. 4a GG. Letztlich zeigt sich aber auch an dieser Stelle die **innere Widersprüchlichkeit der Rechtsprechung** des Bundesverfassungsgerichts zur Grundrechtsfähigkeit juristischer Personen.

gg) Differenzierung nach einzelnen Grundrechten. Ob sich Grundrechte ihrem Wesen nach gemäß Art. 19 Abs. 3 GG auf juristische Personen übertragen lassen, ist **nach der Eigenart jedes einzelnen Grundrechts**, häufig auch erst mit Blick auf seinen konkreten Schutzgehalt zu bestimmen. Bei einigen Grundrechten liegt der potenzielle kollektive Bezug auf der Hand.[147] Ebenso klar ist die wesensmäßige Anwendbarkeit von Prozessgrundrechten auf im fachgerichtlichen Verfahren prozessfähige Vereinigungen.[148] Ebenso wurde zu Art. 103 Abs. 2 GG festgestellt, dass juristische Personen Träger dieses grundrechtsgleichen Rechts sein können.[149] 147

Ausgeschlossen ist die Grundrechtsfähigkeit juristischer Personen aber hinsichtlich **höchstpersönlicher**, an das Individuum geknüpfter **Rechte** wie Art. 1 Abs. 1, Art. 2 Abs. 2, Art. 6 Abs. 1 und Art. 16a Abs. 1 GG. Bei einigen Grundrechten ist zu differenzieren: Art. 4 Abs. 1 GG schützt die auch kollektiv mögliche Ausübung der Glaubensfreiheit, aber auch die Gewissensfreiheit, die nur der einzelnen natürlichen Person zustehen kann. Auf die in Art. 2 Abs. 1 GG verankerte allgemeine Handlungsfreiheit können sich auch juristische Personen berufen,[150] ebenso auf das für juristische Personen dann aber allein aus Art. 2 Abs. 1 GG – also nicht wie bei natürlichen Personen iVm Art. 1 Abs. 1 GG – folgende Recht auf informationelle Selbstbestimmung[151] und auch auf die grundrechtliche Gewährleistung der Vertraulichkeit und Integrität informationstechnischer Systeme, wenn dieses Recht nicht auf Art. 1 Abs. 1 GG gestützt ist,[152] nicht hingegen auf die höchstpersönlichen Schutzgarantien dieses Grundrechts.[153] 148

c) **Anforderungen an die Begründung der Verfassungsbeschwerde zur Beschwerdeberechtigung: Hinweise für den Rechtsanwalt.** Vortrag zur Beschwerdeberechtigung ist zur Begründung der Verfassungsbeschwerde (§ 23 Abs. 1 Satz 2, 1. Halbsatz, § 92) in der Regel nicht notwendig. Die Pro- 149

147 BVerfGE 162, 325 (340, Rn. 58); 135, 90 (109, Rn. 52 f.); 131, 47 (57); 126, 112 (136); 106, 275 (298) und Beschluss der 2. Kammer des Ersten Senats vom 26.9.2016 – 1 BvR 1326/15, Rn. 21 bei Juris, alle zu Art. 12 Abs. 1 GG; BVerfGE 122, 342 (355) zu Art. 8 Abs. 1 GG; BVerfGE 103, 293 (304) zu Art. 9 Abs. 3 GG; Beschluss der 3. Kammer des Zweiten Senats vom 26.3.2007 – 2 BvR 1006/01, Rn. 16 bei Juris, zu Art. 13 Abs. 1 GG.

148 BVerfGE 162, 325, (340, Rn. 58); Beschlüsse der 2. Kammer des Ersten Senats vom 6.9.2016 – 1 BvR 1305/13, Rn. 19 bei Juris, und vom 8.11.2010 – 1 BvR 722/10, Rn. 19 bei Juris, zu Art. 19 Abs. 4 GG.

149 Beschluss der 2. Kammer des Ersten Senats vom 9.1.2014 – 1 BvR 299/13, Rn. 12 bei Juris; für ausländische juristische Personen offen gelassen in BVerfGE 153, 182 (256 f., Rn. 190 f.).

150 BVerfGE 153, 182 (258, Rn. 197); 146, 164 (190, Rn. 69); Beschluss der 2. Kammer des Ersten Senats vom 20.4.2010 – 1 BvR 1670/09, Rn. 10 bei Juris.

151 BVerfGE 118, 168 (203).

152 BVerfGE 158, 170 (181 f., Rn. 21).

153 BVerfGE 95, 220 (242).

blematik sollte aber dann ausdrücklich angesprochen werden, **wenn die Grundrechtsträgerschaft des Beschwerdeführers zweifelhaft sein kann**, also insbesondere bei Ausländern, sofern ein von einem Deutschengrundrecht erfasster Lebensbereich erfasst ist, und bei juristischen Personen. Hier können Angaben zum Sitz[154] und zum Betätigungsfeld der Gesellschaft die Feststellung der Beschwerdeberechtigung, bezogen auf das als verletzt gerügte Grundrecht, erleichtern.[155] Ebenso können Ausführungen zur wesensgemäßen Anwendbarkeit des Grundrechts notwendig sein beispielsweise beim Recht auf informationelle Selbstbestimmung im Hinblick auf die in Rede stehenden Informationen und den Tätigkeitskreis des Beschwerdeführers.[156] Bei juristischen Personen mit Beteiligung der öffentlichen Hand sind zudem die Tatsachen darzulegen, aufgrund derer ein beherrschender Einfluss des Staates auf die Unternehmensführung ausgeschlossen werden kann.[157]

150 **2. Prozessfähigkeit.** Der als Grundrechtsträger beschwerdeberechtigte Beschwerdeführer kann die Verfassungsbeschwerde nur dann in zulässiger Weise selbst erheben oder durch einen von ihm gewählten Bevollmächtigten erheben lassen, wenn er prozessfähig ist. Die **Prozessfähigkeit** als Fähigkeit, Prozesshandlungen vorzunehmen, ist im BVerfGG **nicht ausdrücklich geregelt**. Die Frage nach der Prozessfähigkeit ist daher in Analogie zum sonstigen Prozessrecht zu beantworten.[158]

151 Das bedeutet aber nicht, dass schlicht etwa auf die §§ 51 ff. ZPO zurückgegriffen werden könnte. Im Rahmen der Verfassungsbeschwerde richtet sich die Fähigkeit, die erforderlichen Verfahrenshandlungen vorzunehmen, vielmehr nach der Ausgestaltung der in Anspruch genommenen Grundrechte und deren Beziehung auf das im Ausgangsverfahren streitige Rechtsverhältnis.[159] Dadurch wird die Prozessfähigkeit über den Kreis der selbstverständlich verfahrensfähigen voll geschäftsfähigen Personen hinaus erweitert. Auch **Minderjährige**[160] **und Geschäftsunfähige** können prozessfähig sein, soweit effektiver Grundrechtsschutz nicht über die prozessuale Wahrnehmung ihrer Interessen durch ihre gesetzlichen Vertreter gesichert wäre, etwa weil gerade das Rechtsverhältnis zum gesetzlichen Vertreter betroffen ist.[161] Die gesetzliche Vertretung richtet sich dabei nach einfachem Recht, so dass beispielsweise der nicht sorgeberechtigte Elternteil die Verletzung der Grundrechte seines Kindes nicht geltend machen kann.[162]

---

154 Beschluss der 2. Kammer des Ersten Senats vom 27.12.2007 – 1 BvR 853/06, Rn. 13 bei Juris.
155 Vgl. BVerfGE 129, 78 (92).
156 Beschluss der 1. Kammer des Ersten Senats vom 22.11.2022 – 1 BvR 2020/22, Tenor bei Juris.
157 Zur erforderlichen Begründung der Grundrechts- und Beschwerdefähigkeit juristischer Personen, die von der öffentlichen Hand gehalten oder beherrscht werden, vgl. Beschluss der 2. Kammer des Ersten Senats vom 2.11.2015 – 1 BvR 1530/15 ua, Rn. 6 bei Juris.
158 BVerfGE 72, 122 (132).
159 BVerfGE 51, 405 (407).
160 Vgl. BVerfGE 162, 378 (400 f., Rn. 48).
161 Vgl. dazu Beschluss der 1. Kammer des Ersten Senats vom 12.2.2021 – 1 BvR 1780/20, Rn. 17 ff. bei Juris.
162 Beschluss der 1. Kammer des Ersten Senats vom 14.4.2021 – 1 BvR 1839/20, Rn. 39 bei Juris.

Juristische Personen sind über ihre organschaftlichen Vertreter prozessual handlungsfähig. Eine nicht nach einfachem Recht zur Vertretung befugte Person kann für die juristische Person keine Verfassungsbeschwerde erheben. 152

3. Postulationsfähigkeit. Ist die Verfassungsbeschwerde durch einen beschwerdeberechtigten und prozessfähigen Beschwerdeführer erhoben worden, überlässt ihm das Bundesverfassungsgerichtsgesetz weitgehend auch die weitere prozessuale Betätigung. **Grundsätzlich** herrscht **kein Anwaltszwang**, der die Postulationsfähigkeit des Beschwerdeführers ausschließen würde. **Lediglich bei Durchführung einer mündlichen Verhandlung** muss er sich dort durch einen Rechtsanwalt oder einen Rechtsprofessor vertreten lassen (§ 22 Abs. 1 Satz 1, 2. Halbsatz; dazu → § 22 Rn. 2, 5 f.). 153

II. Beschwerdegegenstand: öffentliche Gewalt

Mit der Verfassungsbeschwerde kann eine Verletzung von Grundrechten und grundrechtsgleichen Rechten **durch die öffentliche Gewalt** gerügt werden. Mit diesem Begriff wird der Beschwerdegegenstand der Verfassungsbeschwerde sowohl in § 90 Abs. 1 BVerfGG als auch in Art. 93 Abs. 1 Nr. 4 a GG beschrieben. 154

Anders als in Art. 19 Abs. 4 GG, wo mit öffentlicher Gewalt nur die Verwaltung gemeint ist, umfasst die öffentliche Gewalt im Sinne des § 90 Abs. 1 **alle drei Arten der Ausübung von Staatsgewalt**: die gesetzgebende, die vollziehende und die rechtsprechende.[163] Der durch die Verfassungsbeschwerde gewährleistete Grundrechtsschutz entspricht damit prozessual der umfassenden materiellen Grundrechtsbindung aller Staatsgewalt gemäß Art. 1 Abs. 3 GG.[164] Daraus folgt zugleich, dass sich die Verfassungsbeschwerde grundsätzlich nur gegen Maßnahmen der grundrechtsgebundenen deutschen Staatsgewalt richten kann (dazu → Rn. 163 ff., → Rn. 199 ff.). Maßnahmen einer politischen Partei sind deshalb kein im Verfahren der Verfassungsbeschwerde angreifbarer Beschwerdegegenstand.[165] 155

Die Maßnahme, die mit der Verfassungsbeschwerde angegriffen werden soll, muss staatlichen Ursprungs sein. Akte öffentlicher Gewalt in diesem Sinne sind **Maßnahmen der unmittelbaren und der mittelbaren Staatsgewalt.**[166] Unerheblich ist die Organisationsform, in der der Staat handelt.[167] 156

Die weite Formulierung des Gesetzes könnte suggerieren, dass sich der Beschwerdeführer allgemein oder pauschal gegen die öffentliche Gewalt in einer ihrer drei Ausprägungen wenden kann. Ein solches Verständnis würde der Ausgestaltung des Verfahrens der Verfassungsbeschwerde als eines zwar nicht kontradiktorischen, aber doch auf einen konkreten Angriffsgegenstand bezogenen Prozesses nicht gerecht. Die Verfassungsbeschwerde richtet sich nicht gegen den Staat oder eine Behörde als solche, sondern gegen die 157

163 Ebenso Barczak BVerfGG/Hellmann § 90 Rn. 93; Burkiczak/Dollinger/Schorkopf BVerfGG/Ruppert/Schorkopf § 90 Rn. 64.
164 Schmidt-Bleibtreu/Klein/Bethge BVerfGG/Bethge § 90 Rn. 182 (Stand: Februar 2018).
165 Beschluss der 2. Kammer des Zweiten Senats vom 6.12.2013 – 2 BvQ 55/13, Rn. 4 ff. bei Juris – Abstimmung der SPD-Mitglieder über Koalitionsvertrag.
166 Vgl. Beschluss der 3. Kammer des Zweiten Senats vom 27.9.1988 – 2 BvR 753/88, Rn. 2 bei Juris.
167 Vgl. BVerfGE 128, 226 (245).

von einer staatlichen Stelle konkret ausgeübte Gewalt. Streitgegenstand und damit Prüfungsgegenstand der Verfassungsbeschwerde ist die gerügte Grundrechtsverletzung durch eine **bestimmte Maßnahme öffentlicher Gewalt.**[168] Nur ein konkreter, vom Beschwerdeführer präzise zu bezeichnender Hoheitsakt kann Beschwerdegegenstand sein.[169] Welchen Hoheitsakt der Beschwerdeführer angreifen will, ist durch Auslegung der Begründung der Verfassungsbeschwerde zu ermitteln.[170]

158 An der Ausübung öffentlicher Gewalt fehlt es, wenn das beanstandete Verhalten des Hoheitsträgers keine **Außenwirkung besitzt**, wie das etwa bei Verwaltungsvorschriften und im Regelfall auch beim Haushaltsgesetz angenommen wird.[171] Der Beschwerdeführer muss dann abwarten, bis es zu einer Umsetzung nach außen kommt, und ggf. diesen Rechtsakt mit der Verfassungsbeschwerde angreifen.[172]

159 **1. Formen der Ausübung öffentlicher Gewalt.** Die öffentliche Gewalt wird durch Maßnahmen der gesetzgebenden, der vollziehenden und der rechtsprechenden Gewalt ausgeübt. Jede dieser Arten von Hoheitsakten wirft bei der Frage nach dem zulässigen Beschwerdegegenstand unterschiedliche Probleme auf. Der Beschwerdeführer kann mit der Verfassungsbeschwerde **sowohl** ein konkretes **Handeln** der Staatsgewalt (dazu a) bis c)) **als auch** deren potenziell grundrechtsverletzendes **Unterlassen** (dazu d)) angreifen.

160 **a) Maßnahmen der Legislative.** Eine der genuinen Aufgaben und dementsprechend ein Schwerpunkt der Tätigkeit des Bundesverfassungsgerichts liegt in der **verfassungsgerichtlichen Kontrolle des Gesetzgebers.** Immer wieder führen Verfassungsbeschwerden dazu, dass Gesetze gemäß § 95 Abs. 3 Satz 1 bzw. Satz 2 insgesamt oder teilweise für nichtig oder für mit dem Grundgesetz nicht vereinbar erklärt werden.[173] War ein Gesetz schon einmal Gegenstand einer verfassungsgerichtlichen Überprüfung, so kann es mit der Verfassungsbeschwerde nur dann noch einmal angegriffen werden, wenn sich zwischenzeitlich neue Umstände ergeben haben, die geeignet sind, die Grundlagen der damaligen Entscheidung in Frage zu stellen.[174]

---

168 Vgl. BVerfGE 78, 320 (328).

169 Vgl. Beschlüsse der 2. Kammer des Zweiten Senats vom 10.10.2019 – 2 BvQ 85/19, Rn. 3 bei Juris, und vom 28.6.2018 – 2 BvR 2380/17, Rn. 3 bei Juris; Beschluss der 1. Kammer des Zweiten Senats vom 20.5.2019 – 2 BvR 649/19, Rn. 10 bei Juris.

170 Vgl. BVerfGE 163, 43 (71, Rn. 79); 162, 378 (401, Rn. 49 f.); 162, 1 (49 ff., Rn. 88 ff.); 161, 63 (83, Rn. 26); 160, 208 (262, Rn. 133); 141, 220 (259 f., Rn. 76); Beschluss der 2. Kammer des Zweiten Senats vom 7.3.2017 – 2 BvR 162/16, Rn. 17 bei Juris.

171 Vgl. Beschluss der 1. Kammer des Zweiten Senats vom 20.5.2019 – 2 BvR 649/19, Rn. 9 bei Juris.

172 So auch Barczak BVerfGG/Hellmann § 90 Rn. 97.

173 Vgl. aus neuerer Zeit: BVerfG, Urteil des Zweiten Senats vom 31.10.2023 – 2 BvR 900/22, Juris – Wiederaufnahme zuungunsten des Freigesprochenen; BVerfG, Urteil des Zweiten Senats vom 20.6.2023 – 2 BvR 166/16 ua, Juris – Gefangenenvergütung II; BVerfGE 165, 363 – Automatisierte Datenanalyse; 165, 1,– Polizeiliche Befugnisse nach SOG MV; 164, 76 – Körperschaftssteuerminderungspotenzial II; 163, 107 – Tierarztvorbehalt; 163, 1 – Windenergie im Wald; 162, 1 – Bayerisches Verfassungsschutzgesetz; 158, 282 – Vollverzinsung; 156, 11 – Antiterrordateigesetz II; 155, 238 – Offshore-Windpark; 154, 152 – BND – Ausland-Ausland-Aufklärung; 152, 182 – Sterbehilfe; 151, 101- Stiefkindadoption; 150, 309 (309 ff.) – Kfz-Kennzeichenkontrolle.

174 Beschluss der 1. Kammer des Ersten Senats vom 7.11.2016 – 1 BvR 1089/12 ua, Rn. 45 bei Juris.

aa) Gesetzgeber. Als Gesetzgeber, dessen Rechtsetzungsakte als Akte öffentlicher Gewalt angegriffen werden können, kommen **alle staatlichen Stellen** auf sämtlichen Hierarchieebenen in Betracht. In der Regel richtet sich die Rechtssatzverfassungsbeschwerde gegen Parlamentsgesetze des Bundes oder der Länder. So können tauglicher Gegenstand der Verfassungsbeschwerde auch Normen des BVerfGG sein.[175] Der Überprüfung durch das Bundesverfassungsgericht können aber auch Rechtsetzungsakte der Exekutive zugeführt werden,[176] etwa **Satzungen**[177] und **Rechtsverordnungen auf kommunaler**[178] **oder auf Länderebene**,[179] nicht aber Erlasse von Ministerien.[180] 161

Die Tätigkeit des Gesetzgebers bedarf der Abgrenzung zur privaten Rechtsetzung. Soweit nichtstaatliche Institutionen Rechtsetzung betreiben, können die von ihnen gesetzten Normen nicht unmittelbar mit der Verfassungsbeschwerde angegriffen werden. Es handelt sich **nicht** um **Akte öffentlicher Gewalt**. Dies gilt etwa für **Tarifverträge**, die nicht für allgemeinverbindlich erklärt worden sind.[181] Eine Überprüfung solcher Regelungen durch das Bundesverfassungsgericht kann nur erreicht werden, indem eine Verfassungsbeschwerde gegen Gerichtsentscheidungen erhoben wird, die auf der Grundlage dieser Vorschriften ergangen sind. **Satzungsbestimmungen der** Versorgungsanstalt des Bundes und der Länder als **Anstalt des öffentlichen Rechts** sind hingegen tauglicher Beschwerdegegenstand, auch wenn sie im Verhältnis zum Versicherten als privatrechtliche Allgemeine Geschäftsbedingungen gelten.[182] Das gilt auch, sofern die Satzungsregelungen auf Vereinbarungen der Tarifvertragsparteien zurückzuführen sind, deren Handlungsspielraum durch Art. 9 Abs. 3 GG geschützt ist, da dies die öffentliche Gewalt ebenso wenig generell von der Beachtung der Grundrechte entbindet wie das Handeln in privatrechtlichen Organisationsformen.[183] 162

bb) Sonderkonstellation: Umsetzung von Recht der Europäischen Union. Eine besondere Situation besteht im Hinblick auf das Vorliegen eines zulässigen Beschwerdegegenstands in Fällen der **Umsetzung von Unionsrecht durch deutsche Legislativakte**. Formal liegt ein grundsätzlich beschwerdefähiger Gegenstand in der Gestalt eines deutschen Gesetzes vor, 163

---

175 Vgl. Beschluss der 2. Kammer des Zweiten Senats vom 15.5.2017 – 2 BvR 865/17, Rn. 6 bei Juris.

176 Vgl. auch Schmidt-Bleibtreu/Klein/Bethge BVerfGG/Bethge § 90 Rn. 188 (Stand: Februar 2018), und Barczak BVerfGG/Hellmann § 90 Rn. 102, die solche Rechtsakte aber der vollziehenden Gewalt zurechnen.

177 BVerfGE 135, 126 (141, Rn. 40); 114, 316 (332); Beschluss der 2. Kammer des Ersten Senats vom 18.7.2019 – 1 BvR 807/12 u.a. Juris; vgl. auch BVerfGE 161, 1 (33, Rn. 65).

178 Vgl. Beschluss der 1. Kammer des Ersten Senats vom 28.4.2009 – 1 BvR 224/07, Rn. 10 bei Juris.

179 Vgl. Beschluss der 1. Kammer des Ersten Senats vom 26.5.2021 – 1 BvR 1185/21, Rn. 1 bei Juris; Beschluss der 3. Kammer des Ersten Senats vom 30.5.2018 – 1 BvR 45/15, Juris; Beschluss der 2. Kammer des Ersten Senats vom 22.4.2009 – 1 BvR 121/08, Rn. 43 ff. bei Juris.

180 BVerfGE 153, 1 (32, Rn. 74).

181 Beschluss der 3. Kammer des Ersten Senats vom 28.4.2011 – 1 BvR 1409/10, Rn. 48 bei Juris; Schmidt-Bleibtreu/Klein/Bethge BVerfGG/Bethge § 90 Rn. 217 (Stand: Februar 2018).

182 BVerfGE 131, 66 (78); anders noch Beschluss der 2. Kammer des Ersten Senats vom 9.5.2007 – 1 BvR 1700/02, Rn. 41 bei Juris.

183 BVerfGE 131, 66 (79).

materiell sind die Inhalte des deutschen Gesetzes aber vollständig oder weitgehend durch das umzusetzende Unionsrecht determiniert. Für den Umgang mit dieser Problematik erweisen sich die beiden Beschlüsse des Ersten Senats zum „Recht auf Vergessen" und der nachfolgende Ökotox-Beschluss des Zweiten Senats als eine Zäsur.[184]

164 Vor den Entscheidungen **des Ersten Senats zum Recht auf Vergessen** war ein Unionsrecht umsetzendes deutsches Gesetz nur dann zulässiger Beschwerdegegenstand nach § 90 Abs. 1, wenn und soweit dem deutschen Gesetzgeber ein **eigener Regelungsspielraum** verblieben ist.[185] Dieser Rechtsprechung lag die Überlegung zugrunde, dass nur in dem unionsrechtlich noch nicht determinierten Bereich, also im Regelungsspielraum des deutschen Gesetzgebers, dessen Bindung an die Grundrechte des Grundgesetzes (Art. 1 Abs. 3 GG) es rechtfertigt, das Umsetzungsgesetz insoweit als Prüfungsgegenstand der Verfassungsbeschwerde zuzulassen. Im Übrigen sollte aber der Anwendungsvorrang des Unionsrechts gegenüber jeder Form nationalen Rechts dazu führen, dass die deutschen Grundrechte als Kontrollmaßstab unanwendbar sind und deshalb nicht nur die Beschwerdebefugnis, sondern schon der beschwerdefähige Gegenstand fehlt.[186]

165 Diese **Differenzierung beim Beschwerdegegenstand ist überholt**. Vielmehr sind **deutsche Gesetze uneingeschränkt Beschwerdegegenstand** im Rahmen der Verfassungsbeschwerde nach § 90 Abs. 1, und zwar ganz unabhängig davon, ob das von ihnen umgesetzte Unionsrecht eine vollständige Vereinheitlichung vornimmt oder nur eine Teilharmonisierung mit verbleibendem Regelungsspielraum des nationalen Gesetzgebers schafft.[187] Das ist Folge eines zwar gleichbleibenden unionsrechtlichen Befunds, aber eines durch die beiden Entscheidungen des Ersten Senats vom 6.11.2019 zum „Recht auf Vergessen" einstweilen abgeschlossenen Prozesses der **Erweiterung der verfassungsgerichtlichen Prüfung** durch Richterrecht des Bundesverfassungsgerichts. Unverändert geblieben ist der unionsrechtlich erforderliche **Anwendungsvorrang des Unionsrechts** gegenüber nationalem Recht, der grundsätzlich auch die Grundrechte des Grundgesetzes verdrängt.[188] Ausnahmen davon waren und sind auch künftig nur dort möglich, wo sich das Bundesverfassungsgericht die unmittelbare Überprüfung auch der Verfassungskonformität von Unionsrecht vorbehalten hat (dazu → Rn. 199 ff.),[189] also unter dem Aspekt der fehlenden Gewährleistung des

---

184 BVerfGE 158, 1 – Ökotox-Daten; 152, 216 – Recht auf Vergessen II; 152, 152 – Recht auf Vergessen I.

185 BVerfGE 130, 151 (177) – Speicherung und Verwendung von Telekommunikationsdaten; 129, 78 (90); 125, 260 (306 f.); 121, 1 (15); zur konkreten Normenkontrolle entsprechend BVerfGE 129, 186 (199 f.) – Investitionszulagengesetz; siehe auch die zustimmende Darstellung in der Vorauflage, § 90 Rn. 163 bis 167 sowie Burkiczak/Dollinger /Schorkopf BVerfGG/Ruppert/Schorkopf § 90 Rn. 79; in diesem Sinne das allgemeine Verständnis beschreibend, damals aber schon kritisch Barczak BVerfGG/ Hellmann § 90 Rn. 172.

186 BVerfGE 129, 78 (90).

187 Wie hier schon: Barczak BVerfGG/Hellmann § 90 Rn. 175.

188 Zusammenfassend BVerfGE 152, 216 (235 ff., Rn. 47 ff.) – Recht auf Vergessen II; siehe auch BVerfGE 140, 317 (335 ff., Rn. 37 ff.); 129, 78 (99); 126, 286 (301 f.); 123, 267 (388 ff.).

189 Vgl. BVerfGE 123, 267 (353 f.).

unabdingbar gebotenen Grundrechtsschutzes auf Unionsebene, der sogenannten Ultra-Vires-Kontrolle und der sogenannten Identitätskontrolle.[190] All das wird in diesem Zusammenhang nicht in Frage gestellt.[191]

Die Praxis der eingeschränkten Überprüfbarkeit am Maßstab der Grundrechte des Grundgesetzes hat ihre Bedeutung für die Zulässigkeit des Beschwerdegegenstands verloren, nachdem das Bundesverfassungsgericht durch die beiden Beschlüsse zum Recht auf Vergessen in unionsrechtlich ganz oder teilweise determinierten Bereichen seinen **Prüfungsmaßstab** und damit die Beschwerdebefugnis auch auf die Rechte aus der Charta der Grundrechte der Europäischen Union **erweitert** hat, also **auf die Unionsgrundrechte**. Das gilt uneingeschränkt in unionsrechtlich vollständig vereinheitlichten Rechtsbereichen.[192] Dasselbe gilt unter bestimmten Voraussetzungen auch in unionsrechtlich nur teilharmonisierten Bereichen, und zwar jedenfalls dann, wenn die Grundrechte des Grundgesetzes trotzdem verdrängt sind.[193] Beide Entscheidungen des Ersten Senats vom 6.11.2019 und die des Zweiten Senats vom 27.4.2021 betreffen zwar nicht die Gültigkeitsprüfung deutscher Umsetzungsnormen, sondern nur deren konkretisierende Anwendung durch deutsche Fachgerichte. Die Begründung für die verfassungsgerichtliche Überprüfung der Anwendung der europarechtlichen Vorgaben durch Fachgerichte am Maßstab der Unionsgrundrechte trägt aber auch in Fällen, in denen die deutschen Umsetzungsvorschriften unmittelbar, also im Wege der Gesetzesverfassungsbeschwerde angegriffen werden. Die **Kompetenz** des Bundesverfassungsgerichts zur Prüfung am Maßstab der Unionsgrundrechte haben beide Senate **aus Art. 23 GG iVm den grundgesetzlichen Vorschriften über die Aufgaben des Bundesverfassungsgerichts im Bereich des Grundrechtsschutzes** abgeleitet und betont, darin liege ein Funktionsäquivalent für die wegen des Vorrangs des Unionsrechts nicht mehr mögliche Prüfung am Maßstab der deutschen Grundrechte.[194] Gerade das **Funktionsäquivalenzargument** rechtfertigt die Übertragung auf deutsche Unionsumsetzungsgesetze und deren vollständige Einbeziehung in den Kreis der verfassungsbeschwerdefähigen Gegenstände. Der Erste Senat hat diese Frage zwar offengelassen, aber lediglich mangels Entscheidungserheblichkeit (dazu → Rn. 238).[195] 166

Für die Einbeziehung aller deutschen Umsetzungsgesetze in den Kreis der verfassungsbeschwerdefähigen Akte öffentlicher Gewalt unabhängig davon, ob noch ein nationaler Regelungsspielraum verblieben ist, sprechen neben dem Funktionsäquivalenzargument noch zwei andere Gesichtspunkte. 167

190 Etwa BVerfGE 164, 193 (283 ff., Rn. 128 ff. und 287 ff., Rn. 138 ff.); 160, 208 (273 ff., Rn. 172 ff.).

191 Vgl. insoweit auch BVerfGE 152, 216 (236, Rn. 49) – Recht auf Vergessen II.

192 BVerfGE 152, 216 (236, Rn. 50) – Recht auf Vergessen II im sinngemäßen Anschluss an die dort zitierte Rechtsprechung der Verfassungsgerichte Österreichs aus dem Jahr 2012, Belgiens und Frankreichs aus dem Jahr 2018 und Italiens aus dem Jahr 2019. Inzwischen bereits vielfach bestätigt etwa in BVerfGE 158, 1 (23 f., Rn. 35 ff.); 156, 182 (197, Rn. 34 ff.).

193 BVerfGE 152, 152 (169, Rn. 43 und 179 ff., Rn. 63 ff.) – Recht auf Vergessen I.

194 BVerfGE 152, 216 (238, Rn. 53 und 239 f., Rn. 59) – Recht auf Vergessen II.

195 BVerfGE 152, 216 (237, Rn. 51) – Recht auf Vergessen II; siehe zu weiteren Motiven auch Wendel JZ 2020, 157 (167).

Schon vor den Entscheidungen zum Recht auf Vergessen hatte der Erste Senat eine weitere Möglichkeit gefunden, um zu einer verfassungsgerichtlichen Kontrolle des deutschen Umsetzungsgesetzes unionsrechtlicher Richtlinien zu kommen. So waren Urteilsverfassungsbeschwerden dann zulässig, wenn der Beschwerdeführer mittelbar eine Unionsrichtlinie als ungültig angesehen und deshalb eine **Vorlage durch das Bundesverfassungsgericht an den Europäischen Gerichtshof** erstrebt hat, damit dieser im Wege der Vorabentscheidung nach Art. 267 AEUV die Richtlinie für nichtig erklärt und so den Weg für eine Überprüfung der angegriffenen Regelungen am Maßstab der deutschen Grundrechte frei macht.[196] Das muss erst recht gelten, nachdem das Bundesverfassungsgericht auch die Unionsgrundrechte zum Maßstab seiner Prüfung im Rahmen der Verfassungsbeschwerde gemacht hat, sofern eine Prüfung an den Grundrechten des Grundgesetzes am Vorrang des Unionsrechts scheitert. Diese frühere Linie des Ersten Senats zeigt im Übrigen auch den Weg auf, den das Bundesverfassungsgericht gehen müsste, wenn es im Rahmen der Prüfung eines deutschen Unionsrechtsumsetzungsgesetzes zu dem Ergebnis kommt, dass unionsrechtliche Vorgaben für den deutschen Gesetzgeber gegen die Unionsgrundrechte verstoßen: Es müsste selbst vorlegen.[197] Der zweite Gesichtspunkt betrifft **eine Parallele zur Praxis des EuGH bei europäischen Rechtsnormen zur Umsetzung von UN-Recht**. Die Europäische Union erlässt regelmäßig legislative Akte, die ganz oder teilweise der Umsetzung verbindlicher Vorgaben der Vereinten Nationen dienen. In seiner Praxis sieht der EuGH solche Rechtsakte insgesamt als einer Prüfungskompetenz unterworfen und prüft sie ohne Rücksicht auf eine Gestaltungsfreiheit der Europäischen Union.[198]

168 cc) **Arten von Gesetzen.** Die gesetzgebende Gewalt ist im Rahmen des § 90 Abs. 1 **im materiellen Sinne** zu verstehen. Die Form, in der die Norm ergangen ist, ist unerheblich. Nicht nur Parlamentsgesetze, wozu auch Zustimmungsgesetze zu völkerrechtlichen Verträgen zählen,[199] können mit der Verfassungsbeschwerde angegriffen werden, sondern auch Rechtsetzungsakte der Exekutive, also insbesondere Rechtsverordnungen und Satzungen staatlicher Verwaltungsträger (→ Rn. 161). Normen der Exekutive werden auch von den Kammern des Bundesverfassungsgerichts für nichtig erklärt, die sich dafür – allerdings nicht unbestritten – auf eine enge Auslegung des Begriffs des Gesetzes in § 93c Abs. 1 Satz 3 berufen (dazu näher → § 93c Rn. 25 f.).[200]

169 Ab welchem **Zeitpunkt**, ggf. schon vor Inkrafttreten des Gesetzes, und bis zu welchem Zeitpunkt eine zulässige Verfassungsbeschwerde gegen ein Ge-

196 BVerfGE 130, 151 (177 f.) – Speicherung und Verwendung von Telekommunikationsdaten; 125, 260 (307).

197 Vgl. dazu auch BVerfGE 152, 216 (243 f., Rn. 68 f.) – Recht auf Vergessen II.

198 EuGH, Urteil der Großen Kammer vom 3.9.2008 – C-402/05 P. ua, Tz 326 – Kadi.

199 Vgl. BVerfGE 164, 193 (272, Rn. 104) – Eigenmittelbeschluss-Ratifizierungsgesetz; 153, 74 (131 f., Rn. 93 f.) – Zustimmungsgesetz zum Abkommen über ein Einheitliches Patentgericht; 142, 234 (245 f., Rn. 11 ff.) – Zustimmungsgesetz zur Konvention des Europarats über Computerkriminalität, und zwar auch mittelbar, vgl. BVerfGE 149, 346 (346, Rn. 1 und 370 ff., Rn. 55 ff.) – Europäische Schule; vgl. auch BVerfGE 160, 208 (269 f., Rn. 155).

200 Vgl. Beschluss der 2. Kammer des Ersten Senats vom 18.7.2019 – 1 BvR 807/12 ua, Rn. 76 bei Juris; Beschlüsse der 3. Kammer des Ersten Senats vom 30.5.2018 – 1 BvR 45/15, Rn. 14 bei Juris, und vom 19.6.2007 – 1 BvR 1290/05, Rn. 23 bei Juris, mwN.

setz erhoben werden kann, ist keine Frage des statthaften Beschwerdegegenstands, sondern der Beschwerdebefugnis (→ Rn. 302)[201] und der Beschwerdefrist (dazu → § 93 Rn. 97 ff.). Allerdings ist der bloße Gesetzentwurf kein zulässiger Beschwerdegegenstand.[202] Er wird es frühestens, wenn das Landesparlament oder bei Bundesgesetzen der Bundestag und der Bundesrat ihre Beschlussfassung abgeschlossen haben.[203] Vorher – und vor der Ausfertigung durch den Bundespräsidenten nach Art. 82 Abs. 1 Satz 1 GG – steht der Inhalt des Gesetzes nicht fest und seine Verkündung nicht unmittelbar bevor, so dass auch der Erlass einer einstweiligen Anordnung nach § 32 gegen das Gesetz grundsätzlich noch nicht in Betracht kommt. Davon kann in Ausnahmefällen abgewichen werden, wenn effektiver Grundrechtsschutz andernfalls nicht gewährleistet werden könnte (→ § 32 Rn. 21 f.).[204]

dd) Unmittelbare und mittelbare Angreifbarkeit von Gesetzen. Verfassungsbeschwerden **unmittelbar** gegen Gesetze müssen erhebliche Zulässigkeitshürden überwinden. Sie scheitern häufig mangels eigener, gegenwärtiger oder unmittelbarer Betroffenheit des Beschwerdeführers an der fehlenden **Beschwerdebefugnis** iSd § 90 Abs. 1 (dazu → Rn. 291 ff.) oder an dem aus § 90 Abs. 2 Satz 1 abgeleiteten Grundsatz der **Subsidiarität** der Verfassungsbeschwerde (dazu → Rn. 503 ff.). 170

Deshalb kommt es häufig nicht zu einer zeitnahen Überprüfung der Verfassungsmäßigkeit eines Gesetzes im Rahmen einer gesetzesunmittelbaren Verfassungsbeschwerde. Vielmehr wird dem Beschwerdeführer meist zugemutet, solche Hoheitsakte abzuwarten, durch die das von ihm beanstandete Gesetz mit konkreten Rechtswirkungen ihm gegenüber umgesetzt wird. Die Verfassungsbeschwerde ist dann gegen diese Hoheitsakte, etwa Gerichtsentscheidungen, zu richten. Hängt der Erfolg der Verfassungsbeschwerde von der Verfassungsmäßigkeit des zugrunde liegenden Gesetzes ab, wird so das Gesetz selbst **mittelbar** der Kontrolle durch das Bundesverfassungsgericht zugeleitet. Eine ausdrückliche Bezeichnung des Gesetzes als mittelbarer Beschwerdegegenstand[205] ist dafür nicht zwingend notwendig, aber zur Vermeidung von Missverständnissen sinnvoll.[206] 171

Hält das Bundesverfassungsgericht das vom Beschwerdeführer beanstandete Gesetz für verfassungswidrig, so ist für den Entscheidungsausspruch unerheblich, ob das Gesetz unmittelbar oder nur mittelbar Beschwerdegegenstand war. **In beiden Fällen** kann das Gesetz gemäß **§ 95 Abs. 3 Satz 1 und 2** für nichtig oder zumindest für mit einer bestimmten Vorschrift des Grundgesetzes unvereinbar erklärt werden (dazu → § 95 Rn. 41 ff.). 172

---

201 Beschluss der 3. Kammer des Ersten Senats vom 15.6.2016 – 1 BvR 2544/08, Rn. 9 bei Juris.

202 Vgl. Beschluss der 3. Kammer des Zweiten Senats vom 21.11.2011 – 2 BvR 2333/11, Rn. 3 bei Juris.

203 Vgl. für Zustimmungsgesetze zu völkerrechtlichen Verträgen BVerfGE 160, 208 (269, Rn. 155); Schmidt-Bleibtreu/Klein/Bethge BVerfGG/Bethge § 90 Rn. 209 (Stand: Februar 2018).

204 BVerfGE 131, 47 (52 f.); Beschlüsse der 3. Kammer des Ersten Senats vom 29.12.2020 – 1 BvQ 152/20 ua, Rn. 25 bei Juris, und vom 13.2.2020 – 1 BvQ 12/20, Rn. 5 bei Juris.

205 Vgl. Beschluss der 3. Kammer des Zweiten Senats vom 9.7.2019 – 2 BvR 547/13, Rn. 1 bei Juris.

206 So auch Barczak BVerfGG/Hellmann § 90 Rn. 108.

173 b) **Maßnahmen der vollziehenden Gewalt (Verwaltung).** Die öffentliche Gewalt iSd Abs. 1 umfasst auch die staatliche Verwaltung. Allerdings steht gegen Verwaltungshandeln grundsätzlich der **Rechtsweg zu den Verwaltungsgerichten** offen (§ 40 Abs. 1 VwGO), der in der Regel gemäß § 90 Abs. 2 Satz 1 vor Erhebung der Verfassungsbeschwerde zu erschöpfen ist. Verfassungsbeschwerden isoliert gegen Akte der vollziehenden Gewalt kommen daher praktisch nicht vor. Allenfalls werden Maßnahmen der Verwaltung gemeinsam mit den sie bestätigenden fachgerichtlichen Entscheidungen angegriffen und dann vom Bundesverfassungsgericht mit überprüft.[207] Ausgangspunkt der Prüfung des Bundesverfassungsgerichts ist aber stets die letzte fachgerichtliche Entscheidung, durch die eventuelle verfassungsrechtliche Mängel, die den Entscheidungen der Vorinstanzen und den Maßnahmen der Verwaltung anhafteten, beseitigt worden sein könnten. Ist dies der Fall, wird die Verfassungsbeschwerde insgesamt keinen Erfolg haben.

174 Als Verwaltungsträger, dessen Maßnahmen Gegenstand einer Verfassungsbeschwerde sein können, kommen neben staatlich errichteten **Behörden** als Trägern unmittelbarer Staatsverwaltung auch **Träger mittelbarer Staatsverwaltung** sowie **Regierungen** in Betracht. Dabei kommt es nicht darauf an, ob die den Beschwerdeführer belastende Maßnahme im Rahmen der klassischen Eingriffsverwaltung oder im Bereich der Leistungsverwaltung ergangen ist, etwa in sozialrechtlichen Angelegenheiten.[208] Auch die Form des Verwaltungshandelns ist ohne Belang. Auch informelle Tätigkeit von Behörden und Regierungen kann der verfassungsgerichtlichen Kontrolle zugeführt werden.[209] Die Stellungnahme des Bundesministeriums für Wirtschaft und Technologie in einem vorläufigen Beihilfeprüfverfahren der Europäischen Kommission kann jedoch mangels unmittelbarer Rechtswirkung nicht mit Erfolg mit der Verfassungsbeschwerde angegriffen werden.[210] Für Entscheidungen und Maßnahmen, die sich unmittelbar auf das Wahlverfahren zum Deutschen Bundestag beziehen, gilt der Grundsatz der Exklusivität der Wahlprüfung (→ § 48 Rn. 15 ff.), so dass insoweit eine Verfassungsbeschwerde grundsätzlich ausscheidet.[211]

175 c) **Maßnahmen der Rechtsprechung.** Mit Abstand **häufigster Beschwerdegegenstand** sind Gerichtsentscheidungen. Das liegt daran, dass nach dem Grundsatz der Rechtswegerschöpfung gemäß § 90 Abs. 2 Satz 1 vorrangig der gegen Verwaltungshandeln eröffnete fachgerichtliche Rechtsweg zu beschreiten ist (dazu → Rn. 346 ff.) und fachgerichtliche Entscheidungen in der Regel auch dann zunächst herbeizuführen sind, wenn sich der Beschwerdeführer gegen ein Gesetz wenden möchte. Letzteres folgt daraus, dass Gesetze meist nicht unmittelbar, sondern erst aufgrund eines gerichtlich angreifbaren Umsetzungsaktes in Rechtspositionen der Betroffenen eingreifen (dazu

---

207 Vgl. zB Beschluss der 2. Kammer des Ersten Senats vom 7.4.2021 – 1 BvR 176/15, Tenor bei Juris; aA Beschluss der 2. Kammer des Ersten Senats vom 17.1.2013 – 1 BvR 121/11 ua, Rn. 26 bei Juris: prozessual überholt.

208 Beschluss der 3. Kammer des Ersten Senats vom 16.3.2011 – 1 BvR 591/08, Rn. 24 bei Juris.

209 Vgl. BVerfGE 105, 279 (292); 105, 252 (264).

210 Beschluss der 3. Kammer des Ersten Senats vom 23.11.2011 – 1 BvR 2682/11, Rn. 8 bei Juris; vgl. auch BVerfGE 153, 1 (32, Rn. 74) zu dem Erlass eines Ministeriums.

211 BVerfGE 149, 374 (380 f., Rn. 8).

→ Rn. 291 ff.), oder jedenfalls aus dem in § 90 Abs. 2 Satz 1 verankerten Grundsatz der Subsidiarität der Verfassungsbeschwerde (dazu → Rn. 503 ff.). Nach Erschöpfung des Rechtswegs können das Verwaltungshandeln und mittelbar auch das zugrunde liegende Gesetz zugleich mit den herbeigeführten fachgerichtlichen Entscheidungen Beschwerdegegenstand der Verfassungsbeschwerde sein. Als öffentliche Gewalt werden die Gerichte im Übrigen auch dann eingeordnet, wenn sie außerhalb ihrer spruchrichterlichen Tätigkeit aufgrund eines ausdrücklich normierten Richtervorbehalts oder im Rahmen der Übermittlung von Aktenbestandteilen oder Auskünften gegenüber Dritten tätig werden.[212] Schließlich kann auch die gerichtsinterne Geschäftsverteilung Gegenstand einer verfassungsgerichtlichen Überprüfung werden.[213]

aa) Gerichte. Die rechtsprechende Gewalt[214] wird durch die **staatlichen Gerichte** ausgeübt. Akte privater oder kirchlicher Gerichtsbarkeit können hingegen nicht unmittelbar mit der Verfassungsbeschwerde angegriffen werden. Regelmäßig können sie aber vor den staatlichen Fachgerichten angegriffen werden. Gegen die Entscheidung dieser staatlichen Fachgerichte ist dann auch die Verfassungsbeschwerde möglich, was zu einer mittelbaren Überprüfung der Akte privater oder kirchlicher Gerichte führen kann (→ Rn. 209). 176

Urteile staatlicher Gerichte können auch dann tauglicher Gegenstand einer Verfassungsbeschwerde im Sinne von § 90 Abs. 1 sein, wenn es um die Anwendung von Rechtsvorschriften geht, die **Unionsrecht** in deutsches Recht umsetzen. Das gilt jetzt uneingeschränkt. Der Erste Senat des Bundesverfassungsgerichts hat mit den beiden Entscheidungen zum „Recht auf Vergessen" im November 2019 den Prüfungsmaßstab des Bundesverfassungsgerichts bei Verfassungsbeschwerden auch auf die Unionsgrundrechte aus der Charta der Grundrechte der Europäischen Union erweitert, jedenfalls dort, wo die Grundrechte des Grundgesetzes wegen des Anwendungsvorrangs des Unionsrechts als Prüfungsmaßstab verdrängt sind (**Funktionsäquivalenzthese**),[215] und dort, wo Unionsrecht den umsetzenden deutschen Gesetzgeber auch für die Füllung von fachlichen Spielräumen an den Maßstab der Unionsgrundrechte bindet.[216] Auf die in der früheren Rechtsprechung des Bundesverfassungsgerichts vorgenommene Differenzierung danach, ob ein Bereich des unionsrechtlich nicht vollständig determinierten Rechts betroffen und das Fachgericht bei der Auslegung des nationalen Umsetzungsrechts einen den Mitgliedstaaten verbleibenden Umsetzungsspielraum verkannt hat,[217] kommt es jetzt nicht mehr an. Der Zweite Senat hat sich dem im April 2021 angeschlossen.[218] 177

212 Vgl. BVerfGE 138, 33 (39 ff., Rn. 17 ff.); Beschluss der 3. Kammer des Ersten Senats vom 13.3.2017 – 1 BvR 563/12, Rn. 15 bei Juris.
213 Vgl. Beschluss der 2. Kammer des Ersten Senats vom 15.9.2020 – 1 BvR 2435/18 ua, Rn. 24 f. bei Juris; Beschluss der 1. Kammer des Zweiten Senats vom 25.8.2016 – 2 BvR 877/16, Rn. 16 ff. bei Juris.
214 Vgl. BVerfGE 103, 111 (136 ff.); Beschluss der 3. Kammer des Zweiten Senats vom 28.10.2020 – 2 BvR 765/20, Rn. 46 ff. bei Juris.
215 Vgl. BVerfGE 152, 216 (239 f., Rn. 59) – Recht auf Vergessen II.
216 BVerfGE 152, 152 (180 ff., Rn. 67 ff.) – Recht auf Vergessen I.
217 So bislang BVerfGE 129, 78 (90 f.); siehe auch BVerfGE 126, 286 (298 f.).
218 BVerfGE 158, 1 (23 ff., Rn. 35 ff.) – Ökotox-Daten.

178 Zu den staatlichen Gerichten gehören neben den Fachgerichten auch die **Landesverfassungsgerichte**. Verfassungsbeschwerden gegen ihre Entscheidungen sind grundsätzlich statthaft, da die Landesverfassungsgerichte als Teil der öffentlichen Gewalt nach Art. 1 Abs. 3 GG an die Grundrechte gebunden sind.[219] Erst beim Prüfungsumfang des Bundesverfassungsgerichts ergeben sich insoweit Einschränkungen (dazu → Rn. 545 ff.). Auch das **Bundesverfassungsgericht** selbst übt mit seinen Entscheidungen öffentliche rechtsprechende Gewalt aus.[220] Entscheidungen des Bundesverfassungsgerichts gehören aber nicht zu den Akten öffentlicher Gewalt, die § 90 Abs. 1 meint.[221] Eine Verfassungsbeschwerde gegen die Zurückweisung oder Nichtannahme einer Verfassungsbeschwerde ist daher unzulässig.[222]

179 **bb) Arten von Gerichtsentscheidungen.** Gerichtsentscheidungen stellen Akte öffentlicher Gewalt unabhängig von der Form dar, in der sie ergangen sind. Mit der Verfassungsbeschwerde angreifbar sind **Urteile und Beschlüsse.**

180 Für die Frage der Statthaftigkeit des Beschwerdegegenstands spielt es keine Rolle, ob es sich um eine gerichtliche Endentscheidung oder eine **Zwischenentscheidung** handelt. Auch Zwischenentscheidungen wie zum Beispiel die Zurückweisung eines Richterablehnungsgesuchs[223] oder ein Verweisungsbeschluss[224] sind Akte öffentlicher Gewalt. Der Zulässigkeit der Verfassungsbeschwerde kann allenfalls das Subsidiaritätsprinzip entgegengehalten werden, und auch das nur, wenn die Zwischenentscheidungen sicher keinen rechtlichen Nachteil verursachen, der im weiteren Verlauf des Verfahrens nicht mehr behoben werden kann (dazu ausführlich → Rn. 478 ff.).[225] Bloße Hinweis- oder Anhörungsschreiben eines Gerichts sind hingegen keine Akte der öffentlichen Gewalt.[226]

---

219 BVerfGE 165, 296 (328, Rn. 108), im konkreten Fall nicht statthaft; 96, 231 (245); 85, 148 (157); Beschluss der 3. Kammer des Zweiten Senats vom 14.9.2023 – 2 BvR 107/21, Rn. 15 bei Juris; Beschluss der 2. Kammer des Zweiten Senats vom 21.12.2021 – 2 BvR 1844/20, Rn. 41 bei Juris.

220 Barczak BVerfGG/Hellmann § 90 Rn. 122.

221 Beschluss der 3. Kammer des Zweiten Senats vom 25.10.1990 – 2 BvR 1388/90, Rn. 2 bei Juris; grundlegend BVerfGE 1, 89 (90).

222 Beschluss der 2. Kammer des Zweiten Senats vom 3.6.2019 – 2 BvR 910/19, Rn. 17 bei Juris.

223 Vgl. Beschluss der 2. Kammer des Ersten Senats vom 12.12.2023 – 1 BvR 75/22, Rn. 31 ff. bei Juris; Beschluss der 1. Kammer des Ersten Senats vom 21.11.2018 – 1 BvR 436/17, Rn. 8 ff. bei Juris.

224 Vgl. Beschlüsse der 3. Kammer des Ersten Senats vom 28.4.2020 – 1 BvR 209/20, bei Juris, vom 4.5.2017 – 1 BvR 783/17, Rn. 2 bei Juris, und vom 14.2.2016 – 1 BvR 3514/14, Rn. 1 bei Juris.

225 Vgl. BVerfGE 132, 99 (118, Rn. 47); 119, 292 (294); Beschlüsse der 3. Kammer des Zweiten Senats vom 10.5.2021 – 2 BvQ 47/21, Rn. 1 bei Juris, und vom 20.11.2019 – 2 BvR 886/19, Rn. 42 bei Juris; Beschluss der 2. Kammer des Zweiten Senats vom 19.5.2020 – 2 Bvr 483/20, Rn. 3 bei Juris; Beschluss der 1. Kammer des Ersten Senats vom 12.8.2019 – 1 BvR 1784/19, Rn. 6 bei Juris.

226 Beschluss der 3. Kammer des Ersten Senats vom 19.10.2020 – 1 Bvr 2124/20, Rn. 1 bei Juris; Beschlüsse der 2. Kammer des Ersten Senats vom 18.8.2020 – 1 BvR 1552/18, Rn. 2 bei Juris, und vom 12.11.2018 – 1 BvR 1370/18, Rn. 3 bei Juris; Beschluss der 1. Kammer des Ersten Senats vom 18.3.2020 – 1 BvR 337/20, Rn. 7 bei Juris.

Auch bloßen **Prozesskostenhilfebeschlüssen,**[227] **Streitwertfestsetzungen**[228] **oder Kostenentscheidungen**[229] fehlt nicht der Charakter einer Maßnahme öffentlicher Gewalt. Verfassungsprozessuale Probleme werfen solche Beschwerdegegenstände allerdings stets beim Rechtsschutzbedürfnis auf (dazu → Rn. 342 ff.). 181

cc) **Regelfall: Angriff gegen letztinstanzliche Entscheidung.** Ist der fachgerichtliche Rechtsweg erschöpft worden und ist der Beschwerdeführer mit der **letztinstanzlichen** und daher rechtskräftigen Entscheidung nicht einverstanden, muss er mit der Verfassungsbeschwerde jedenfalls diese Entscheidung angreifen und sich mit ihren Gründen auseinandersetzen (dazu näher → Rn. 408 ff.). 182

Daneben, aber aufgrund des Erfordernisses der Rechtswegerschöpfung gemäß § 90 Abs. 2 Satz 1 grundsätzlich nicht isoliert, können auch die **Entscheidungen der Vorinstanzen**, sofern sie zulasten des Beschwerdeführers ergangen sind, in zulässiger Weise zum Gegenstand der Verfassungsbeschwerde gemacht werden.[230] Erforderlich ist das im Regelfall nicht, da das Bundesverfassungsgericht im Falle einer Grundrechtsverletzung durch eine letztinstanzliche Entscheidung diese Entscheidung aufhebt und an das letztinstanzliche Gericht zurückverweist (§ 95 Abs. 2), das innerhalb des fachgerichtlichen Verfahrens eine neue letztinstanzliche Entscheidung mit Rücksicht auf die Grundrechte des Beschwerdeführers zu treffen hat. Damit wird dem verfassungsrechtlichen Rechtsschutzbedürfnis des Beschwerdeführers Genüge getan, insbesondere wenn das letztinstanzliche Gericht in vollem Umfang unter Auswechslung der Begründung über den Streitgegenstand entschieden hat. Nur dann kann die Entscheidung der Vorinstanz als prozessual überholt gelten.[231] 183

Ein Angriff auch auf die Entscheidungen der Vorinstanzen ist angezeigt, wenn der Beschwerdeführer für den angestrebten Prozesserfolg **auf die Feststellung weiterer Tatsachen angewiesen** ist, die das letztinstanzliche Gericht wegen einer Beschränkung auf Rechtsfragen nicht treffen kann.[232] Greift der Beschwerdeführer auch die Entscheidungen der Vorinstanzen an, 184

227 Vgl. Beschluss der 1. Kammer des Zweiten Senats vom 4.2.2024 – 2 BvR 944/23, Juris; Beschluss der 2. Kammer des Ersten Senats vom 30.10.2023 – 1 BvR 687/22, Juris.

228 Vgl. Beschluss der 2. Kammer des Ersten Senats vom 6.9.2016 – 1 BvR 1586/15, Rn. 9 bei Juris.

229 BVerfGE 74, 78 (90); vgl. Beschluss der 3. Kammer des Ersten Senats vom 8.2.2023 – 1 BvR 311/22, Juris; Beschluss der 1. Kammer des Ersten Senats vom 14.3.2018 – 1 BvR 300/18, Rn. 8 bei Juris; Beschluss der 2. Kammer des Ersten Senats vom 7.7.2014 – 1 BvR 1063/14, Rn. 12 ff. bei Juris.

230 AA fälschlicherweise Beschluss der 2. Kammer des Ersten Senats vom 25.4.2023 – 1 BvR 619/23, Rn. 12 bei Juris; Beschluss der 1. Kammer des Ersten Senats vom 31.3.2020 – 1 BvR 2392/19, Rn. 9 bei Juris; Beschlüsse der 3. Kammer des Ersten Senats vom 20.12.2018 – 2 BvR 2377/16, Rn. 34 bei Juris, vom 13.8.2018 – 2 BvR 745/14, Rn. 19 bei Juris, und vom 8.11.2017 – 2 BvR 2129/16, Rn. 11 bei Juris; Beschluss der 2. Kammer des Zweiten Senats vom 31.7.2014 – 2 BvR 571/14, Rn. 14 bei Juris: prozessual überholt.

231 Beschluss der 2. Kammer des Zweiten Senats vom 30.1.2020 – 2 BvR 1005/18, Rn. 30 bei Juris.

232 So auch Barczak BVerfGG/Hellmann § 90 Rn. 126.

muss sich die Begründung der Verfassungsbeschwerde gemäß § 23 Abs. 1 Satz 2 und § 92 auch mit ihren Gründen substantiiert auseinandersetzen.[233]

185 **dd) Entscheidung des Bundesverfassungsgerichts bei Verfassungsbeschwerden gegen Entscheidungen mehrerer Instanzen.** Auch wenn der Beschwerdeführer Entscheidungen mehrerer Instanzgerichte angegriffen hat, kann sich das Bundesverfassungsgericht mit der Feststellung begnügen, dass die letztinstanzliche Entscheidung den Beschwerdeführer in seinen Grundrechten verletzt, und gemäß § 95 Abs. 2 allein diese Entscheidung aufheben und den Rechtsstreit zur erneuten Entscheidung an das letztinstanzliche Gericht zurückverweisen. Eventuelle Grundrechtsverletzungen durch die Vorinstanzen bleiben dann ungeprüft, und die Verfassungsbeschwerde wird insoweit nicht zur Entscheidung angenommen, weil die Annahmevoraussetzungen des § 93a Abs. 2 nicht erfüllt sind. Diese **Entscheidungspraxis der Kammern**[234] wird der in § 90 Abs. 2 Satz 1 und im daraus entwickelten Grundsatz der Subsidiarität der Verfassungsbeschwerde (dazu → Rn. 451 ff.) zum Ausdruck kommenden Aufgabenverteilung zwischen den Fachgerichten und dem Bundesverfassungsgericht gerecht: Vorrangig sollen die Fachgerichte selbst Rechtsschutz gegen Verfassungsverletzungen gewähren und etwaige im Instanzenzug auftretende Fehler durch Selbstkontrolle beheben.[235]

186 Diesem Grundsatz entspricht auch die Feststellung der Grundrechtsverletzung durch alle Entscheidungen, aber **Zurückverweisung an das letztinstanzliche Gericht**, dem die Umsetzung der verfassungsrechtlichen Anforderungen durch Korrektur der vorangegangenen Instanzentscheidungen überlassen wird.[236]

187 **d) Hoheitliches Unterlassen.** Mit der Verfassungsbeschwerde kann sich der Beschwerdeführer nicht nur gegen eine schon ergangene Maßnahme der öffentlichen Gewalt wenden, sondern auch ein **Unterlassen der öffentlichen Gewalt** rügen. Wo ein Anspruch auf staatliches Tätigwerden besteht, kann sich die Untätigkeit eines Hoheitsträgers als Verletzung von Grundrechten oder grundrechtsgleichen Rechten darstellen, die Gegenstand einer Verfassungsbeschwerde sein kann. Angegriffen werden kann aber nur ein hinreichend bestimmtes Unterlassen.[237]

188 **aa) Unterlassen des Gesetzgebers (Abgrenzung zur Unvollständigkeit des Gesetzes).** Ein **Unterlassen des Gesetzgebers**, also das Fehlen eines von Verfassungs wegen notwendigen Gesetzes, kann gegenüber dem Betroffenen Ausübung öffentlicher Gewalt iSd Abs. 1 sein. Gegenstand einer Verfassungsbeschwerde kann ein Unterlassen des Gesetzgebers aber nur sein, wenn sich

233 Vgl. Beschluss der 3. Kammer des Zweiten Senats vom 20.5.2022 – 2 BvR 1982/20, Rn. 53 bei Juris; Beschluss der 2. Kammer des Ersten Senats vom 21.12.2010 – 1 BvR 2760/08, Rn. 13 bei Juris.

234 Vgl. Beschluss der 1. Kammer des Zweiten Senats vom 20.9.2019 – 2 BvR 880/19, Rn. 33 bei Juris.

235 BVerfGE 68, 376 (380).

236 Beispiel: BVerfGE 124, 199 (200); vgl. im Einzelnen zu den Entscheidungsvarianten: → § 95 Rn. 25, → § 95 Rn. 29 ff.

237 Vgl. Beschluss der 2. Kammer des Zweiten Senats vom 10.10.2019 – 2 BvQ 85/19, Rn. 4 bei Juris; vgl. zur Auslegung einer der Sache nach gegen ein hoheitliches Unterlassen gerichteten Verfassungsbeschwerde: Beschluss der 3. Kammer des Ersten Senats vom 12.5.2020 – 1 BvR 1027/20, Rn. 3 bei Juris.

der Beschwerdeführer auf einen **ausdrücklichen Auftrag des Grundgesetzes** berufen kann, der Inhalt und Umfang der Gesetzgebungspflicht im Wesentlichen umgrenzt hat.[238]

Gesetzgeberisches Unterlassen kann als solches ohnehin **nur bei völliger Untätigkeit** des Gesetzgebers mit der Verfassungsbeschwerde gerügt werden.[239] Hat der Gesetzgeber hingegen eine Regelung getroffen, die nach Ansicht des Beschwerdeführers verfassungswidrig ist, weil sie nur bestimmte Personenkreise begünstigt, so muss sich die Verfassungsbeschwerde allein gegen diese gesetzliche Vorschrift richten.[240] Gleiches gilt, wenn der Beschwerdeführer meint, der Gesetzgeber sei durch eine gesetzliche Regelung seinen Schutzpflichten nicht gerecht geworden.[241] 189

Bei einem bloßen **gleichheitswidrigen Begünstigungsausschluss** sind überdies zunächst die vorrangigen Möglichkeiten der Erlangung fachgerichtlichen Rechtsschutzes in Anspruch zu nehmen, die zu einer ergänzenden Auslegung oder analogen Anwendung des aus Sicht des Beschwerdeführers lückenhaften Gesetzes führen können.[242] Bei völliger Untätigkeit des Gesetzgebers existiert hingegen kein zu erschöpfender fachgerichtlicher Rechtsweg.[243] 190

Richtet sich der Vorwurf eines verfassungswidrigen Unterlassens gegen die Exekutive als Normgeber, die aus Sicht des Beschwerdeführers zum Erlass einer **Rechtsverordnung oder Satzung** verpflichtet sein soll, ist der aus § 90 Abs. 2 Satz 1 folgende Vorrang fachgerichtlichen Rechtsschutzes zu beachten. Das Bundesverwaltungsgericht hält eine **Feststellungsklage** nach § 43 VwGO für zulässig.[244] 191

bb) Unterlassen der Verwaltung: Vorrang fachgerichtlichen Rechtsschutzes. Auch das **Unterlassen eines Verwaltungsträgers** kann als Maßnahme der öffentlichen Gewalt Gegenstand einer Verfassungsbeschwerde sein. Allerdings muss sich der Beschwerdeführer nach § 90 Abs. 2 Satz 1 zunächst erfolglos um fachgerichtlichen Rechtsschutz bemüht haben, etwa durch Erhebung einer Untätigkeitsklage nach § 75 VwGO, mit der die Behörde zum Erlass eines Bescheids verurteilt werden soll.[245] 192

---

238 Vgl. BVerfGE 160, 79 (104, Rn. 67); 139, 321 (346, Rn. 82); 129, 124 (176); vgl.zur Handlungspflicht eines Bundeslandes bei der Rundfunkfinanzierung BVerfGE 158, 389 (414, Rn. 66).
239 BVerfGE 157, 30 (89, Rn. 95); Beschluss der 1. Kammer des Ersten Senats vom 2.5.2018 – 1 BvR 3250/15, Rn. 8 bei Juris.
240 BVerfGE 157, 30 (89, Rn. 95); Beschluss der 2. Kammer des Zweiten Senats vom 14.12.2008 – 2 BvR 2338/07, Rn. 3 bei Juris; vgl. auch BVerfGE 158, 170 (182 f., Rn. 22).
241 BVerfGE 157, 30 (89, Rn. 95) unter Berufung auf diese Kommentierung; vgl. auch BVerfGE 158, 170 (182 f., Rn. 22); Beschlüsse der 1. Kammer des Ersten Senats vom 11.1.2016 – 1 BvR 2980/14, Rn. 19 bei Juris, und vom 4.5.2011 – 1 BvR 1502/08, Rn. 36 ff. bei Juris.
242 Vgl. Beschlüsse der 2. Kammer des Ersten Senats vom 10.2.2022 – 1 BvR 1073/21, Rn. 32 bei Juris, und vom 27.12.2005 – 1 BvR 1725/05, Rn. 24 ff. bei Juris.
243 Schmidt-Bleibtreu/Klein/Bethge BVerfGG/Bethge § 90 Rn. 226 (Stand: Februar 2018).
244 Vgl. BVerwG Urt. v. 30.9.2009 – 8 CN 1/08, Rn. 18 bei Juris, mwN.
245 Vgl. Beschluss der 1. Kammer des Ersten Senats vom 6.2.1995 – 1 BvR 54/94, Rn. 5 bei Juris.

193 Auch die Vernachlässigung einer **Schutzpflicht des Staates** kann sich als Unterlassen seiner der Verwaltung zuzurechnenden Organe wie der Bundesregierung darstellen und von dem Betroffenen mit der Verfassungsbeschwerde geltend gemacht werden.[246] Auch in diesem Fall soll aber der verwaltungsgerichtliche Rechtsschutz in Gestalt einer Leistungsklage Vorrang haben.

194 cc) **Unterlassen der Gerichte, insbesondere überlange Verfahrensdauer.** Immer stärker in den Fokus des Bundesverfassungsgerichts gerät der Schutz der Prozessparteien gegen das **Unterlassen von Fachgerichten**. Nicht gemeint ist ein Unterlassen, das Inhalt einer fachgerichtlichen Entscheidung ist, etwa das mit Art. 101 Abs. 1 Satz 2 GG unvereinbare Unterlassen einer Vorlage an den Gerichtshof der Europäischen Union nach Art. 267 Abs. 3 AEUV (dazu → Rn. 261 f.), die gegen den Anspruch auf effektiven Rechtsschutz gemäß Art. 19 Abs. 4 GG bzw. Art. 2 Abs. 1 iVm Art. 20 Abs. 3 GG verstoßende Nichtzulassung eines Rechtsmittels[247] oder die Nichtgewährung rechtlichen Gehörs gemäß Art. 103 Abs. 1 GG (dazu → Rn. 263 f.). Vielmehr geht es um die Untätigkeit eines Gerichts, das nicht entscheidet und dadurch den Anspruch auf effektiven Rechtsschutz verletzt. Diese Untätigkeit ist als Ausübung öffentlicher Gewalt statthafter Gegenstand der Verfassungsbeschwerde.

195 Die Untätigkeit eines Gerichts kann sich in der **Nichtbescheidung eines einzelnen Antrags** äußern, den das Gericht übersehen oder versehentlich für schon beschieden gehalten hat, ohne dass es hierdurch zu einer überlangen Verfahrensdauer gekommen ist. Soweit die fachgerichtlichen Prozessordnungen in einem solchen Fall keine Rechtsbehelfe vorsehen, muss sich der Beschwerdeführer aus Gründen der Subsidiarität der Verfassungsbeschwerde vor deren Erhebung lediglich formlos um die Herbeiführung einer Entscheidung bemüht haben (→ Rn. 362 f.).

196 Die Verfassungsbeschwerde kann sich aber auch gegen die **überlange Dauer eines Gerichtsverfahrens** richten.[248] Das Bundesverfassungsgericht hat derartige Verfassungsbeschwerden, sichtlich beeinflusst durch die immer kritischer werdende Rechtsprechung des Europäischen Gerichtshofs für Menschenrechte,[249] sehr ernst genommen,[250] die Situation hat sich aber wegen der vom Gesetzgeber zur Verfügung gestellten Abhilfemöglichkeiten in den fachgerichtlichen Verfahren (§§ 198 ff. GVG) in den letzten Jahren entspannt.

197 In den Jahren vor und kurz nach der Einführung der §§ 198 ff. GVG war eine **Vielzahl von Verfassungsbeschwerden erfolgreich**, die mit dem Ziel erhoben wurden, eine Verletzung des Anspruchs auf effektiven Rechtsschutz durch eine überlange Verfahrensdauer festzustellen und dadurch dem Fach-

---

246 Vgl. Beschluss der 2. Kammer des Ersten Senats vom 29.5.2013 – 2 BvR 1804/12, Rn. 19 bei Juris; Beschluss der 2. Kammer des Zweiten Senats vom 18.2.2010 – 2 BvR 2502/08, Rn. 15 bei Juris.

247 BVerfGE 151, 173 (184, Rn. 27 ff.); Beschluss der 2. Kammer des Ersten Senats vom 28.5.2019 – 1 BvR 2006/16 ua, Rn. 10 f. bei Juris.

248 Siehe nur Beschluss der 3. Kammer des Zweiten Senats vom 21.9.2023 – 2 BvR 825/23, Juris; Beschluss der 1. Kammer des Ersten Senats vom 6.9.2019 – 1 BvR 1763/18, Rn. 1 bei Juris.

249 Vgl. nur EGMR, Urteil von 2.9.2010 – 46344/06, Tz. 64 ff. – Rumpf / Deutschland.

250 Vgl. die Nachweise im Beschluss der 3. Kammer des Ersten Senats vom 23.6.2010 – 1 BvR 324/10, Rn. 5 bei Juris.

gericht eine beschleunigte Fortsetzung des Verfahrens aufzugeben.[251] Eine bestimmte Verfahrensgestaltung kann das Bundesverfassungsgericht dem Fachgericht jedoch nicht aufgeben.[252] Das Rechtsschutzbedürfnis des Beschwerdeführers an der Feststellung der Verfassungswidrigkeit der überlangen Verfahrensdauer kann auch dann fortbestehen, wenn die betreffende fachgerichtliche Instanz zwischenzeitlich doch abgeschlossen wurde.[253] Das fortbestehende Rechtsschutzbedürfnis kann in derartigen Fällen aber angesichts der Vorschriften der §§ 198 ff. GVG kaum noch mit einer Wiederholungsgefahr begründet werden,[254] sondern muss auf eine besonders schwerwiegende Grundrechtsverletzung gestützt werden.[255]

Schadensersatz wegen überlanger Dauer eines fachgerichtlichen Verfahrens kann der Beschwerdeführer nicht vor dem Bundesverfassungsgericht erstreiten. Innerstaatlich ist in solchen Fällen eine Entschädigung nur auf dem durch §§ 198 ff. GVG eröffneten Weg möglich. Jenseits der deutschen Gerichte kann Schadensersatz wegen überlanger Dauer eines fachgerichtlichen Verfahrens in Deutschland vor dem Europäischen Gerichtshof für Menschenrechte auf der Grundlage des Art. 41 EMRK erlangt werden.[256] Zu den Auswirkungen der Regelungen in den §§ 198 ff. GVG gehört es, dass Entschädigungsgewährungen durch den Europäischen Gerichtshof für Menschenrechte zu seltenen Ausnahmen geworden sind. Den §§ 198 ff. GVG entsprechende Regelungen hat der Gesetzgeber auch für das Verfahren vor dem Bundesverfassungsgericht geschaffen (§§ 97a ff.). 198

2. Grundrechtsschutz in Deutschland gegen Akte einer nicht-deutschen Hoheitsgewalt. Die Frage, ob und unter welchen Voraussetzungen es im Rahmen der Verfassungsbeschwerde durchsetzbaren Grundrechtsschutz in 199

251 Vgl. zB: Beschlüsse der 3. Kammer des Ersten Senats vom 5.8.2013 – 1 BvR 2965/10, Rn. 16 ff. bei Juris: Dauer eines Kündigungsschutzverfahrens von mehr 20 Jahren, und vom 2.12.2011 – 1 BvR 314/11, Rn. 6 ff. bei Juris: erstinstanzliche Entscheidung des Landgerichts in einem aktienrechtlichen Spruchverfahren erst nach 22 Jahren; Beschluss der 2. Kammer des Ersten Senats vom 7.6.2011 – 1 BvR 194/11, Rn. 26 ff. bei Juris: Dauer eines finanzgerichtlichen Verfahrens über die Wiederbestellung eines Steuerberaters von nahezu fünf Jahren; Beschluss der 3. Kammer des Ersten Senats vom 14.12.2010 – 1 BvR 404/10, Rn. 17 bei Juris: keine verfahrensfördernden Maßnahmen eines Landessozialgerichts über einen Zeitraum von zwei Jahren und fünf Monaten; Beschluss der 2. Kammer des Ersten Senats vom 5.10.2010 – 1 BvR 772/10, Rn. 13 ff. bei Juris: Untätigkeit eines Landgerichts von 18 Monaten; Beschluss der 3. Kammer des Ersten Senats vom 23.6.2010 – 1 BvR 324/10, Rn. 6 ff. bei Juris: Gesamtdauer eines erstinstanzlichen Schadensersatzprozesses vor dem Landgericht von über 15 Jahren.

252 Beschluss der 2. Kammer des Zweiten Senats vom 17.7.2019 – 2 BvQ 60/19, Rn. 2 bei Juris.

253 Beschlüsse der 3. Kammer des Ersten Senats vom 5.8.2013 – 1 BvR 2965/10, Rn. 13 bei Juris, vom 14.12.2010 – 1 BvR 404/10, Rn. 20 f. bei Juris, und vom 4.11.2010 – 1 BvR 3389/08, Rn. 46 bei Juris.

254 Beschlüsse der 3. Kammer des Ersten Senats vom 5.8.2013 – 1 BvR 2965/10, Rn. 14 bei Juris, und vom 13.8.2012 – 1 BvR 1098/11, Rn. 20 bei Juris.

255 Vgl. Beschluss der 3. Kammer des Zweiten Senats vom 21.9.2023 – 2 BvR 825/23, Rn. 25 bei Juris; Beschluss der 3. Kammer des Ersten Senats vom 5.8.2013 – 1 BvR 2965/10, Rn. 15 bei Juris.

256 Vgl. etwa EGMR, Urteil von 21.10.2010 – 32936/09, Tz. 38 bis 41 – Träxler/Deutschland; Einzelheiten bei Lenz Rechtsschutz vor Europäischen Gerichten, in: Quaas/Zuck/Funke-Kaiser, Prozesse in Verwaltungssachen § 9 Rn. 148 ff.

Deutschland gegen Akte einer nicht-deutschen Hoheitsgewalt gibt, ist heikel und die darauf von der Rechtsprechung gegebenen oder zu gebenden Antworten werden unterschiedlich verstanden.[257] Der Ausgangspunkt ist aber eindeutig: Zwar beschränken weder der Wortlaut der Verfassung (Art. 93 Abs. 1 Nr. 4 a GG) noch derjenige des § 90 die Verfassungsbeschwerde ausdrücklich auf Akte der deutschen öffentlichen Gewalt. Eine grundsätzlich auf Akte deutscher öffentlicher Gewalt beschränkte verfassungsgerichtliche Prüfungs- und Entscheidungskompetenz korrespondiert aber mit dem Umfang der durch Art. 1 Abs. 3 GG angeordneten Grundrechtsbindung der deutschen Staatsgewalt. Daraus ergibt sich als Regelaussage, dass **ausländische Staaten und internationale Organisationen nicht an die Grundrechte des Grundgesetzes gebunden** sind. Deshalb scheiden ihre Hoheitsakte grundsätzlich als unmittelbarer Beschwerdegegenstand einer Verfassungsbeschwerde aus.[258]

200 Als taugliche Beschwerdegegenstände iSd Art. 93 Abs. 1 Nr. 4 a GG und § 90 Abs. 1 erachtet das Bundesverfassungsgericht grundsätzlich nur Hoheitsakte deutscher öffentlicher Gewalt.[259] Allerdings kann es vom grundsätzlichen Ausschluss ausländischer oder supranationaler Akte aus dem Kreis verfassungsbeschwerdefähiger Gegenstände **Ausnahmen** geben, insbesondere **um den effektiven Grundrechtsschutz in Deutschland sicherzustellen**. Für den Grundrechtsberechtigten in Deutschland ist es unerheblich, ob in seine Grundrechte durch die deutsche öffentliche Gewalt eingegriffen wird oder durch ausländische oder supranationale öffentliche Gewalt. Sofern diese fremden Hoheitsakte für den Grundrechtsberechtigten in Deutschland unmittelbare Wirkung entfalten, müssen sie einer prozessual effektiven Grundrechtskontrolle unterworfen sein. Das braucht allerdings keine Kontrolle durch das Bundesverfassungsgericht zu sein; möglich ist auch ein Verweis auf gleichwertigen Rechtsschutz auf der zwischenstaatlichen Ebene.[260] Soweit und solange im Rahmen der internationalen Organisation oder durch den ausländischen Staat hinreichender Grundrechtsschutz gewährleistet wird, überdeckt das die **latente Zuständigkeit des Bundesverfassungsgerichts**. Diese aktualisiert sich nur, wenn der Grundrechtsschutz innerhalb der supranationalen Organisation oder im ausländischen Staat grundlegend versagt oder wenn aus sonstigen Gründen ergänzender verfassungsgerichtlicher Rechtsschutz im Wege der Verfassungsbeschwerde geboten sein soll.[261]

201 Überholt ist der mit dem Maastricht-Urteil des Zweiten Senats im Jahr 1993 begonnene Ansatz, auch Akte der Europäischen Union als zulässige Gegen-

---

257 Vgl. exemplarisch Lechner/Zuck/Zuck § 90 Rn. 122 ff. einerseits und Barczak BVerfGG/Hellmann § 90 Rn. 142 ff. andererseits.

258 Vgl. für einen Hoheitsakt des polnischen Staates Beschluss der 1. Kammer des Zweiten Senats vom 9.7.2007 – 2 BvQ 23/07, Rn. 2 bei Juris.

259 BVerfGE 164, 193 (272, Rn. 104); 163, 363 (423, Rn. 114); 160, 208 (263, Rn. 137); Beschluss der 2. Kammer des Zweiten Senats vom 5.3.2021 – 2 BvR 2454/18 ua, Rn. 13 f. bei Juris.

260 BVerfGE 149, 346 (365 f., Rn. 40) – Europäische Schule.

261 Zu den im Verhältnis zur Europäischen Union relevanten Fallgruppen der Ultra-vires-Kontrolle vgl. → Rn. 206, der Identitätskontrolle vgl. → Rn. 207 und der Durchsetzung der Unionsgrundrechte vgl. → Rn. 231 ff.

stände der Verfassungsbeschwerde zu verstehen,[262] und zwar mit der Figur einer Reserveprüfungskompetenz des Bundesverfassungsgerichts. Daran anknüpfend hatte sich zwar nicht zur EU, aber zu Akten anderer supranationaler Organisationen eine breite Praxis der Kammern des Zweiten Senats herausgebildet. **Akte** supranationaler Organisationen wie **des Europäischen Patentamts** oder **des Internationalen Währungsfonds** kamen danach ausnahmsweise als Beschwerdegegenstand in Betracht, wenn sie kraft der der Organisation eingeräumten Ermächtigung unmittelbar in die Rechtsstellung des Adressaten eingreifen.[263]

Es dominiert jetzt die vom Zweiten Senat beginnend mit der Entscheidung 202
zur Griechenlandhilfe[264] und dem OMT-Beschluss[265] entwickelte Linie, dass **Akte der Europäischen Zentralbank keine** von Verfassungsbeschwerdeführern **angreifbaren Hoheitsakte deutscher öffentlicher Gewalt** im Sinne von Art. 93 Abs. 1 Nr. 4 a GG und § 90 Abs. 1 sind. In dem Beschluss zum Europäischen Patentamt vom 8.11.2022 beschreibt der Zweite Senat das selbst als inzwischen „gefestigte Rechtsprechung", nach der eine unmittelbare Anfechtung von Maßnahmen der Organe, Einrichtungen und sonstigen Stellen der Europäischen Union mit der Verfassungsbeschwerde ausgeschlossen seien.[266] Damit ist aber nicht der Ausschluss einer verfassungsgerichtlichen Überprüfung bezweckt, sondern die Maßnahmen der Organe der Europäischen Union sollen mittelbar Gegenstand der Prüfung des Bundesverfassungsgerichts bleiben. Abgestellt werden soll darauf, ob eine deren Integrationsverantwortung verletzende Untätigkeit deutscher Verfassungsorgane in Ansehung des Zustandekommens und der Ausführung dieser europäischen Rechtsakte sowie die Mitwirkung deutscher Stellen an der Umsetzung mit der Verfassungsbeschwerde rügefähige Rechte berührt.[267]

Bis zur Entscheidung vom 8.11.2022 hatte der Zweite Senat allerdings noch 203
nicht ausdrücklich entschieden,[268] ob dies **auch für Akte anderer supranationaler Organisationen** durchschlägt. Während die alte Kammerrechtsprechung sowie Teile des Schrifttums eine Verfassungsbeschwerde, die sich unmittelbar gegen Hoheitsakte einer zwischenstaatlichen Einrichtung richtet, für zulässig erachten,[269] hat sich der Zweite Senat jetzt ausdrücklich und un-

262 BVerfGE 89, 155 (175); vgl. dazu auch Zuck/Lenz NJW 1997, 1193 (1194 ff.); BeckOK BVerfGG/Grünewald § 90 Rn. 72.

263 Beschlüsse der 2. Kammer des Zweiten Senats vom 27.4.2010 – 2 BvR 1848/07, Rn. 16 bei Juris, und vom 27.1.2010 – 2 BvR 2253/06, Rn. 16 bei Juris, jeweils zum Europäischen Patentamt; Beschluss der 1. Kammer des Zweiten Senats vom 4.5.2006 – 2 BvR 120/03, Rn. 8 f. bei Juris – Internationaler Währungsfonds.

264 BVerfGE 129, 124 (175 f.).

265 BVerfGE 142, 23 (179 f., Rn. 79). Siehe auch BVerfGE 154, 17 (81 f., Rn. 89); 151, 202 (283 f., Rn. 112).

266 BVerfGE 163, 363 (424, Rn. 116) mit Verweis auf BVerfGE 154, 17 (81 f., Rn. 89); 151, 202 (283, Rn. 112); 142, 123 (179, Rn. 97 ff.).

267 BVerfGE 163, 363 (424, Rn. 116); 142, 123 (123, Rn. 99); dazu auch Beschlüsse der 2. Kammer des Zweiten Senats vom 16.8.2021 – 2 BvR 1862/20, Rn. 2 ff. bei Juris, und vom 5.3.2021 – 2 BvR 2454/18 ua, Rn. 14 bei Juris; eine solche Verletzung wurde bejaht im Urteil zum PSPP-Programm der EZB, BVerfGE 154, 17 (84, Rn. 97). Siehe dazu → Rn. 206.

268 BVerfGE 163, 363 (424 f., Rn. 117).

269 Beschluss der 4. Kammer des Zweiten Senats vom 4.4.2001 – 2 BvR 2368/99, Rn. 10 ff. bei Juris; Lechner/Zuck/Zuck § 90 Rn. 122 ff.

ter Berufung auch auf diese Kommentierung denjenigen angeschlossen, die diese Möglichkeit ablehnen.[270] Die naheliegende Begründung ist die strukturelle Vergleichbarkeit des Art. 24 Abs. 1 GG mit Art. 23 Abs. 1 GG. Tatsächlich kann das Bundesverfassungsgericht Maßnahmen anderer zwischenstaatlicher Einrichtungen ebenso wenig aufheben wie diejenigen von Organen, Einrichtungen und sonstigen Stellen der EU.[271] Allerdings gelingt es in der Praxis ohnehin oftmals, auf „nationale" Beschwerdegegenstände auszuweichen, etwa auf supranationales Recht anwendende deutsche Gerichtsentscheidungen[272] oder deutsche Zustimmungsgesetze wie im Fall des SSM-VO-Gesetzes, welches den deutschen Vertreter im Rat der Europäischen Union ermächtigte, dem Vorschlag der Kommission auf eine Verordnung über die Übertragung besonderer Aufgaben (Bankenaufsicht) auf die Europäische Union zuzustimmen.[273]

204 Das Bundesverfassungsgericht betont selbst, dass die Aktivierung seiner Reservefunktion und damit die unmittelbare oder mittelbare Prüfung europäischer und sonstiger supranationaler Akte am Maßstab des Grundgesetzes **sehr hohen Substantiierungsanforderungen** unterliegt.[274] Der Beschwerdeführer, den sich das Grundgesetz auch in diesen Konstellationen als Jedermann vorstellt, muss in seiner Beschwerdebegründung zwar kein europa- oder völkerrechtliches Lehrbuch verfassen, aber jedenfalls punktuell und beispielhaft **darstellen, welche Rechtsschutzmöglichkeiten innerhalb der supranationalen Organisation bestehen und wie es mit der Spruchpraxis der dortigen Rechtsschutzeinheiten** bestellt ist.[275] Dabei kann sich der Beschwerdeführer an den Fragestellungen und Kriterien orientieren, die auch der Europäische Gerichtshof für Menschenrechte für die Kontrolle des Menschenrechtsschutzes in internationalen Organisationen zugrunde legt.[276]

205 Die bundesverfassungsgerichtliche Kontrolle supranationaler Organisationen, insbesondere der Europäischen Union ist aber schon seit längerem nicht auf die dargestellte, prozessual schwierig zu handhabende Fallgruppe beschränkt, dass eine supranationale Organisation den nach dem Grundgesetz als unabdingbar gebotenen Grundrechtsschutz generell und offenkundig nicht mehr gewährleistet. Die Aufgabe des Bundesverfassungsgerichts erstreckt sich noch auf zwei andere Aspekte. Das ist erstens die sogenannte **Ultra-Vires-Kontrolle**, also die Kontrolle darauf, ob Handlungen europäischer Organe und Einrichtungen auf offensichtlichen und strukturell bedeutsamen Kompetenzüberschreitungen beruhen.[277] Die Ultra-Vires-Kontrolle ist laut Bundesverfassungsgericht zurückhaltend und europafreundlich

270 BVerfGE 163, 363 (424 f., Rn. 117).
271 BVerfGE 163, 363 (424 ff., Rn. 117 ff.).
272 BVerfGE 149, 346 (356 f., Rn. 17) – Europäische Schule.
273 BVerfGE 151, 202 (274, Rn. 89) – Europäische Bankenaufsicht.
274 BVerfGE 152, 216 (236, Rn. 48) – Recht auf Vergessen II; 102, 147 (164).
275 Vgl. Beschluss der 2. Kammer des Zweiten Senats vom 27.1.2010 – 2 BvR 2253/06, Rn. 20 bei Juris – Europäisches Patentamt.
276 Vgl. EGMR, Urteil der Großen Kammer vom 30.6.2005 – 45036/98, Tz. 157 – Bosphorus Hava / Irland; siehe dazu auch Lenz Rechtsschutz vor Europäischen Gerichten, in: Quaas/Zuck/Funke-Kaiser, Prozesse in Verwaltungssachen § 9 Rn. 29 ff.
277 BVerfGE 164, 193 (283 f., Rn. 129 f.); 160, 208 (265 f., Rn. 144); 154, 17 (90, Rn. 110); 151, 202 (300, Rn. 150 ff.); 142, 123 (200, Rn. 148); 134, 366 (392, Rn. 37); siehe auch BVerfGE 152, 216 (239 f., Rn. 59) – Recht auf Vergessen II; vgl. aus der Spruchpraxis der Kam-

auszuüben.[278] Die Auslegung der Verträge durch die europäischen Organe und insbesondere den EuGH muss für die Annahme eines Ultra-Vires-Aktes **objektiv willkürlich** sein; die **Kompetenzüberschreitung** muss ein für das Demokratieprinzip und die Volkssouveränität **erhebliches Gewicht** besitzen.[279]

Das Bundesverfassungsgericht kann diese Voraussetzungen regelmäßig erst dann feststellen, nachdem es zuvor die unionsrechtlichen Fragen **dem EuGH vorgelegt** hat.[280] Diese Umstände führen dazu, dass über eine sehr lange Zeit nicht ein einziger Ultra-Vires-Fall festgestellt wurde. Dies änderte sich allerdings im Jahr 2020, als der Zweite Senat in seinem spektakulären Urteil zum PSPP-Programm der EZB entschied, dass die Beschlüsse der EZB mangels Prüfung der Maßnahmen im Hinblick auf ihre Verhältnismäßigkeit eine qualifizierte, offensichtliche und strukturell bedeutsame Überschreitung der in Art. 119, Art. 127 ff. AEUV und Art. 17 ff. ESZB-Satzung zugewiesenen Kompetenzen der EZB darstellen und insoweit als Ultra-Vires-Maßnahmen anzusehen sind.[281] Daran ändere auch die andere Auffassung des EuGH infolge der Vorlage nach Art. 267 AEUV nichts, da diese schlechterdings nicht mehr nachvollziehbar sei. Zwar legt das Bundesverfassungsgericht in Rahmen seiner Prüfung grundsätzlich die Beurteilung des EuGH zugrunde. Dies gelte aber nicht bei einer objektiv willkürlichen Auslegung der Verträge. Da das Urteil des EuGH vom 11.12.2018 offenkundig das ihm in Art. 19 Abs. 2 Satz 2 EUV erteilte Mandat überschreite, stelle es selbst einen Ultra-Vires-Akt dar, so dass ihm keine Bindungswirkung zukomme.[282] Die Verfassungsbeschwerde hatte daher insoweit Erfolg, als „sie sich gegen das Unterlassen von Bundesregierung und Bundestag richtet, geeignete Schritte dagegen zu unternehmen, dass die EZB mit dem PSPP und mit den Ankäufen von Wertpapieren auf der Basis des PSPP ihre währungspolitische Kompetenz überschreitet und in die wirtschaftspolitische Kompetenz der Mitgliedstaaten übergreift."[283] 206

Der zweite Ausnahmefall ist die sogenannte **Identitätskontrolle,** also die Kontrolle darauf, ob die durch Art. 79 Abs. 3 GG iVm Art. 1 und Art. 20 GG für unantastbar erklärten Grundsätze durch eine Maßnahme der Europäischen Union berührt sind.[284] Während ein Ultra-Vires-Akt nur dann möglich ist, wenn die europäischen Organe und Einrichtungen unter Verstoß gegen ihr eigenes, also das europäische Recht ihre Kompetenzen überschrei- 207

---

mern Beschlüsse der 2. Kammer des Zweiten Senats vom 15.6.2020 – 2 BvR 71/20 ua, Rn. 15 bei Juris, und vom 7.11.2019 – 2 BvR 882/19, Rn. 22 ff. bei Juris.

278 BVerfGE 164, 193 (287 f., Rn. 139); 154, 17 (91, Rn. 112); 151, 202 (300 f., Rn. 151); 142, 123 (203 ff., Rn. 154 ff.).

279 BVerfGE 151, 202 (301, Rn. 152 f.); Beschluss der 2. Kammer des Zweiten Senats vom 15.6.2020 – 2 BvR 71/20 ua, Rn. 15 bei Juris.

280 Vgl. exemplarisch den Vorlagebeschluss von BVerfGE 146, 216 (256, Rn. 58); 134, 366 (385, Rn. 27).

281 BVerfGE 154, 17 (94 f., Rn. 116).

282 BVerfGE 154, 17 (94 ff., Rn. 116 ff.).

283 BVerfGE 154, 17 (84, Rn. 97).

284 BVerfGE 164, 193 (287 f., Rn. 138 f.); 160, 208 (274, Rn. 173); sogenannte „absolute Grenze" des Übertragbaren, vgl. BVerfGE 151, 202 (325, Rn. 204); 146, 216 (253 ff., Rn. 54 ff.); 134, 366 (384 f., Rn. 27); kritisch Wendel JZ 2020, 157 (167), der von einer „zunehmenden Inflationierung des Art. 79 Abs. 3 GG" spricht.

ten, geht es bei der Identitätskontrolle unabhängig von der Vereinbarkeit von Handlungen europäischer Organe und Einrichtungen mit europäischem Recht allein um die Wahrung letzter verfassungsrechtlicher Prinzipien des Grundgesetzes, die selbst für den verfassungsändernden Gesetzgeber unantastbar sind (Verfassungsidentität). Auch die Identitätskontrolle ist zurückhaltend und europarechtsfreundlich anzuwenden.[285]

208 Bei der Ultra-Vires-Kontrolle geht es um die Prüfung der Grenzen des auf die Europäische Union Übertragenen, also um eine relative Grenze, bei der Identitätskontrolle geht es um die Wahrung des Unübertragbaren, also um eine absolute Grenze.[286] Dies spräche dafür, dass die beiden Kontrollen in einem **Stufenverhältnis** stehen, das Bundesverfassungsgericht also zuerst eine Ultra-Vires- und erst dann eine Identitätskontrolle vornimmt.[287] Jedenfalls in Fällen, in denen die Verfassungsbeschwerde zulässigerweise eine Verletzung des sogenannten „Rechts auf Demokratie" (dazu auch noch → Rn. 222)[288] rügt, sollen aber nach der neueren Rechtsprechung des Zweiten Senats Ultra-Vires- und Identitätskontrolle sogar **zwei Seiten ein und derselben Medaille** sein.[289] Hier scheint die dogmatische Entwicklung noch nicht ganz abgeschlossen zu sein.

209 **3. Kirchliche Hoheitsakte.** Für die Zulässigkeit kirchlicher Maßnahmen als Beschwerdegegenstand einer Verfassungsbeschwerde bedarf es der Differenzierung. Verfassungsprozessual können kirchliche Maßnahmen als solche nur dann mit der Verfassungsbeschwerde angegriffen werden, wenn es sich dabei um Akte der öffentlichen Gewalt im Sinne von § 90 Abs. 1 handeln würde. Das ist angesichts der Stellung der Kirchen außerhalb des Staates und ihrer Grundrechtsträgerschaft fernliegend und wird traditionell verneint. Kirchen üben **keine staatliche Hoheitsgewalt** aus, soweit es sich um **innerkirchliche Maßnahmen** handelt.[290] Für derartige Angelegenheiten steht den Kirchen das Recht zur selbstständigen Ordnung und Verwaltung zu (Art. 140 GG iVm Art. 137 Abs. 3 WRV). Deshalb kann beispielsweise die Entscheidung eines Kirchengerichts über die Versetzung eines Pfarrers in den Ruhestand nicht mit der Verfassungsbeschwerde angegriffen werden.[291] Davon zu unterscheiden ist aber die Frage, ob und in welchem Umfang auch gegen solche innerkirchlichen Maßnahmen die staatliche Justizgewährleistungspflicht greift, also Fachgerichte zulässigerweise angerufen werden und nach, gegebenenfalls zurückgenommenen, Maßstäben des staatlichen Rechts hierüber entscheiden dürfen und müssen; richtigerweise ist das grundsätzlich zu bejahen und den Gewährleistungen aus Art. 140 GG iVm Art. 137 Abs. 3 WRV

---

285 BVerfGE 164, 193 (287 f., Rn. 139).
286 Vgl. BVerfGE 151, 202 (325, Rn. 204) – Europäische Bankenunion.
287 Dafür unter Berufung auf den Vorlagebeschluss in Sachen OMT noch die 2. Auflage, vgl. BVerfGE 134, 366 (418 f., Rn. 102 f.).
288 So die in Anführungszeichen gesetzte Selbstbewertung durch den Zweiten Senat in BVerfGE 142, 123 (200, Rn. 147) – OMT.
289 BVerfGE 151, 202 (326, Rn. 205) – Europäische Bankenunion.
290 BVerfGE 111, 1 (5).
291 Beschluss der 2. Kammer des Zweiten Senats vom 9.12.2008 – 2 BvR 717/08, Rn. 2 ff. bei Juris.

durch Abstufung in der Kontrollintensität Rechnung zu tragen.[292] Die Rücksichtnahme auf das Selbstbestimmungsrecht der Religionsgemeinschaften bei der Erfüllung des Justizgewährungsanspruchs gebietet es aber, dass staatliche Gerichte über Fragen des kirchlichen Amtsrechts jedenfalls nicht vor Erschöpfung des kirchlichen Rechtswegs entscheiden.[293]

4. Anforderungen an die Begründung der Verfassungsbeschwerde zum Beschwerdegegenstand: Hinweise für den Rechtsanwalt. Da der Beschwerdegegenstand den Streitgegenstand des Verfassungsbeschwerdeverfahrens maßgeblich bestimmt, sollte der Beschwerdegegenstand in der Beschwerdeschrift möglichst **genau und unmissverständlich** angegeben werden.[294] Bei Gerichtsentscheidungen bedeutet das also die Angabe des Gerichts, des Aktenzeichens und des Datums der Entscheidung, die in vollständiger Kopie mit vorzulegen ist. Bei Gesetzen muss nach Paragraf, Absatz und Satz klargestellt werden, welche Regelungen genau angegriffen werden sollen. Im Übrigen erfordert die Begründung der Verfassungsbeschwerde hinsichtlich des Beschwerdegegenstands aber nur in den Grenzfällen besondere Aufmerksamkeit, in denen die Entscheidungskompetenz des Bundesverfassungsverfassungsgerichts zweifelhaft sein könnte, also insbesondere bei der Überprüfung von Hoheitsakten mit internationalem Bezug. Bei Gerichtsentscheidungen, die Rechtsvorschriften betreffen, welche **Unionsrecht in deutsches Recht umsetzen**, musste der Beschwerdeführer früher darlegen, dass das Gericht bei der Auslegung nationalen Umsetzungsrechts einen den Mitgliedstaaten verbleibenden Umsetzungsspielraum verkannt und sich zu Unrecht durch Unionsrecht gebunden gesehen hat,[295] oder dass die zugrunde liegende Richtlinie ungültig ist und das Bundesverfassungsgericht nach Art. 267 AEUV eine entsprechende Entscheidung des Gerichtshofs der Europäischen Union herbeiführen soll, um den Weg für eine Überprüfung der angegriffenen Umsetzungsregelungen am Maßstab der deutschen Grundrechte freizumachen.[296] Seit den Recht auf Vergessen-Beschlüssen des Ersten Senats[297] sind diese Einschränkungen bezüglich des Beschwerdegegenstands nicht mehr zu beachten (siehe → Rn. 164 ff.); die Begründungserfordernisse haben sich insoweit aber bezüglich der möglichen Beschwer verschoben (→ Rn. 212). 210

III. Behauptung einer Verletzung von Grundrechten oder grundrechtsgleichen Rechten (Beschwerdebefugnis)

Der beschwerdeberechtigte Beschwerdeführer kann nach § 90 Abs. 1 Verfassungsbeschwerde erheben, wenn er behaupten kann, durch die angegriffene Maßnahme öffentlicher Gewalt in einem seiner Grundrechte oder in einem seiner in Art. 20 Abs. 4, Art. 33, 38, 101, 103 und 104 GG enthaltenen Rechte 211

292 Im Grundsatz zutreffend Dreier/Morlok Art. 137 WRV Rn. 75; siehe auch die abweichende Meinung Lübbe-Wolff BVerfGE 111, 1 (8 f.).
293 Beschluss der 3. Kammer des Zweiten Senats vom 3.4.2019 – 2 BvR 328/16, Rn. 5 bei Juris.
294 Vgl. Beschluss der 1. Kammer des Ersten Senats vom 31.7.2013 – 1 BvQ 28/13, Rn. 7 bei Juris.
295 Vgl. BVerfGE 129, 78 (90 f.).
296 Vgl. BVerfGE 130, 151 (177 f.).
297 BVerfGE 152, 216; 152, 152.

verletzt zu sein. So beschreibt die Vorschrift, inhaltsgleich mit Art. 93 Abs. 1 Nr. 4 a GG und § 13 Nr. 8 a, die **verfassungsrechtlich erhebliche Beschwer**, zu deren Beseitigung die Verfassungsbeschwerde eingesetzt werden soll. Damit wird zum einen der Kreis der beschwerdefähigen Rechte festgelegt. Zum anderen stellt die Behauptung der Verletzung dieser Rechte das notwendige verfassungsprozessuale Bindeglied zwischen dem Beschwerdeführer und dem angegriffenen Hoheitsakt dar: Der Beschwerdeführer muss gerade durch den angegriffenen Hoheitsakt[298] in einem der genannten subjektiven Verfassungsrechte, und zwar einem seiner Rechte,[299] verletzt sein können. Die Beschwerdebefugnis als Zulässigkeitsvoraussetzung dient damit dem **Ausschluss einer Popularverfassungsbeschwerde.**[300]

212 Mit seinen beiden Beschlüssen vom 6.11.2019 zum „Recht auf Vergessen" hat der Erste Senat den Begriff der „Grundrechte" in Art. 93 Abs. 1 Nr. 4 a GG und § 90 Abs. 1 erweitert. Das Zusammenspiel aus dem Anwendungsvorrang des Unionsrechts, der Bindung des Unionsrechts an die Unionsgrundrechte aus der Charta der Grundrechte der Europäischen Union, der Funktionsäquivalenzthese und der Integrations- und Grundrechtsschutzverantwortung des Bundesverfassungsgerichts aus Art. 23 Abs. 1 GG, Art. 93 Abs. 1 Nr. 4 a GG führt dazu, dass in unionsrechtlich ganz oder teilweise determinierten Bereichen **Grundrechte im Sinne von Art. 93 Abs. 1 Nr. 4 a GG und § 90 Abs. 1 auch die Unionsgrundrechte sind, soweit sie nationale Grundrechte überlagern** (→ Rn. 163 ff.).[301] An dieser Rechtsprechungswende kann kritisiert werden, dass sie weder in formalisierter Weise (§ 16 Abs. 1) mit dem Zweiten Senat abgestimmt war noch im Einklang mit den bisherigen Entscheidungen auch aus dem Ersten Senat steht, wonach die zum Unionsrecht gehörende Europäische Grundrechte-Charta keine im Verfassungsbeschwerdeverfahren unmittelbar rügefähigen Rechte enthält.[302] In der Sache erweist sich die Weiterentwicklung der Rechtsprechung des Bundesverfassungsgerichts aber deshalb als richtig, weil sie einer Linie folgt, die die nationalen Verfassungsgerichte rund um Deutschland herum seit Längerem eingeleitet haben.[303] Bei allen Unterschieden im Detail ist die gemeinsame argumentative Basis dieser Rechtsprechungslinien der nationalen Verfassungsgerichte der Gedanke, dass nicht nur die Bindung, sondern auch die verfassungsgerichtliche Prüfung am Maßstab der Unionsgrundrechte das **funktionale Äquivalent** dafür ist, dass in den jeweiligen Mitgliedstaaten

298 Vgl. BVerfGE 129, 49 (67).

299 Vgl. Beschluss der 2. Kammer des Ersten Senats vom 8.11.2016 – 1 BvR 3237/13, Rn. 24 bei Juris; Beschluss der 1. Kammer des Ersten Senats vom 8.11.2016 – 1 BvR 935/14, Rn. 8 f. bei Juris; Beschlüsse der 3. Kammer des Ersten Senats vom 26.3.2014 – 1 BvR 3185/09, Rn. 20 bei Juris, und vom 29.5.2013 – 1 BvR 1083/09, Rn. 16 bei Juris.

300 Vgl. BVerfGE 157, 30 (94, Rn. 110).

301 BVerfGE 152, 216 (236 ff., Rn. 50 ff.) – Recht auf Vergessen II, und 152, 152 (169, Rn. 43 und 179 ff., Rn. 63 ff.) – Recht auf Vergessen I.

302 So noch Beschluss der 2. Kammer des Ersten Senats vom 27.6.2014 – 1 BvR 1313/14, Rn. 7 bei Juris.

303 Vgl. Verfassungsgerichtshof Österreich, Erkenntnis vom 14.3.2014 – U 466/11 u.a. bei Gliederungsabschnitt 5.5; Verfassungsgerichtshof Belgien, Entscheid vom 15.3.2018 – 29–218, B.9, B.10.5 und B.15 ff.; Conseil Constitutionnel, Entscheidung vom 26.7.2018 – 2018–768 DC., Rn. 10, 12 und 38; Corte constituzionale, Entscheidung vom 23.1.2019 – 20/2019, Rn. 2.1 und 2.3; zustimmend auch Hoffmann NVwZ 2020, 33 (34).

der Europäischen Union die Verfassungsgerichte wegen des Anwendungsvorrangs des Unionsrechts gegenüber jeglicher Form von nationalem Recht **grundsätzlich keinen verfassungsgerichtlichen Rechtsschutz nach Maßgabe der nationalen Grundrechte mehr** gewähren können, wenn der Bereich unionsrechtlich ganz oder teilweise geregelt ist. Demgegenüber tritt der Umstand in den Hintergrund, dass ungeachtet des sicher engeren historischen Verständnisses die Formulierung „Grundrechte" sowohl in Art. 93 Abs. 1 Nr. 4 a GG als auch in § 90 Abs. 1 ohne offenes Wortlautproblem über die Grundrechte des Grundgesetzes (vgl. Art. 1 Abs. 3 GG) hinaus auf die Unionsgrundrechte aus der Charta der Grundrechte der Europäischen Union erweitert werden kann. Maßgeblich ist letztlich der Sinn und Zweck der Normen über die Verfassungsbeschwerde (Art. 93 Abs. 1 Nr. 4 a GG und § 90 Abs. 1). Versteht man ihn mit dem Ersten Senat so, dass es zu den zentralen Aufgaben des Bundesverfassungsgerichts gehört, wirksamen Grundrechtsschutz gegenüber der gesamten deutschen Staatsgewalt in all ihren Ausprägungen zu gewährleisten, dann rechtfertigt es der Gedanke der Funktionsäquivalenz hinreichend, dies auch beim Vollzug und bei der Anwendung von Unionsrecht durch deutsche Stellen zu tun.[304] Allerdings wird damit das **bisherige Gewand der prozessualen Ausgestaltung der Verfassungsbeschwerde erheblich strapaziert.** Das zeigt gerade der vom Ersten Senat nicht berührte Aspekt des Wortlauts von § 95 Abs. 1. Danach hat das Bundesverfassungsgericht in einer der Verfassungsbeschwerde stattgebenden Entscheidung festzustellen, welche Vorschrift des Grundgesetzes verletzt wurde. Das passt für Verfassungsbeschwerden, die wegen einer Verletzung von Unionsgrundrechten begründet sind, nicht wirklich und kann allenfalls dadurch halbwegs geglättet werden, dass dann Art. 23 Abs. 1 Satz 1 GG in Verbindung mit der einschlägigen Norm der Charta der Grundrechte der Europäischen Union angegeben wird. Das sind aber Schlachten der Vergangenheit. Der Zweite Senat hat in der Ökotox-Daten-Entscheidung vom 27.4.2021 nachgezogen.[305] Auch wenn der Zweite Senat eher das Gemeinsame der Grundrechtskataloge des Grundgesetzes, der EMRK und der Grundrechte der Charta der Europäischen Union betont, so sind doch im praktischen Ergebnis beide Senate wieder auf einer gemeinsamen Linie. Der Beschwerdeführer einer Verfassungsbeschwerde kann sich entweder auf die Grundrechte des Grundgesetzes oder auf die Grundrechte der Charta der Grundrechte der Europäischen Union berufen, je nachdem, ob und inwieweit der jeweilige Fall unionsrechtlich determiniert ist. Besonders wichtig für die praktische anwaltliche Arbeit an entsprechenden Verfassungsbeschwerden ist die klare Aussage des Zweiten Senats, dass beide Maßstäbe in der Regel nicht zu unterschiedlichen Ergebnissen führen.[306]

1. Beschwer. Die Beschwer, die zur Erhebung der Verfassungsbeschwerde 213
berechtigt, wird durch die **Aufzählung der beschwerdefähigen Rechte** in § 90 Abs. 1 in doppelter Hinsicht qualifiziert. Die Regelung macht erstens deutlich, dass mit der Verfassungsbeschwerde nur die Beseitigung verfassungsrechtlich erheblicher Beschwernisse begehrt werden kann. Zweitens

304 Vgl. BVerfGE 152, 216 (239, Rn. 58) – Recht auf Vergessen II.
305 BVerfGE 158, 1 (23 ff., Rn. 35 ff.).
306 BVerfGE 158, 1 (23, Rn. 35 und 41, Rn. 81) – Ökotox-Daten.

zeigt die Beschränkung auf Grundrechte und bestimmte grundrechtsgleiche Rechte, dass nur subjektive, dem Beschwerdeführer persönlich zustehende Verfassungsrechte den prozessualen Schutz durch die Verfassungsbeschwerde genießen. Die Verfassungsbeschwerde ist kein Instrument allgemeiner Aufsicht über die Rechtmäßigkeit von Vorgängen im Bereich der Staatsorganisation.[307] Ebenso wenig kann mit der Verfassungsbeschwerde unter Berufung auf Art. 1, Art. 2 Abs. 1, Art. 3 Abs. 1 oder Art. 19 Abs. 4 GG ein allgemeiner Gesetzesvollziehungsanspruch durchgesetzt werden.[308]

214 a) **Verfassungsrechtlich erhebliche Beschwernis.** Als verfassungsrechtlich erhebliche Beschwernis kommt die Verletzung von **zwei Arten subjektiver Verfassungsrechte** in Betracht. § 90 Abs. 1 spricht einerseits allgemein von **Grundrechten** und zählt andererseits einige weitere Verfassungsrechte auf, die insoweit verfassungsprozessual Grundrechten gleichgestellt werden. Diese anderen subjektiven Verfassungsrechte werden deshalb als **grundrechtsgleiche Rechte** bezeichnet.

215 Die Aufzählung beschwerdefähiger Rechte in § 90 Abs. 1 ist im Sinne eines **numerus clausus** abschließend. Der durch die Verfassungsbeschwerde gewährleistete prozessuale Schutz ist exklusiv auf Grundrechte und auf die genannten grundrechtsgleichen Rechte beschränkt.[309]

216 aa) **Verletzung von Grundrechten des Grundgesetzes.** Mit dem **Begriff der Grundrechte** nimmt § 90 Abs. 1 ebenso wie Art. 93 Abs. 1 Nr. 4 a GG und in erster Linie auf die in Abschnitt I. des Grundgesetzes gewährleisteten Rechte Bezug.[310] Die Bezugnahme auf die Grundrechte des Abschnitts I. des Grundgesetzes bedeutet aber nicht, dass eine Verfassungsbeschwerde stets mit der Verletzung jeder der Regelungen der Art. 1 bis 19 GG begründet werden könnte. Vielmehr muss der Grundrechtscharakter der Regelung, die der Beschwerdeführer für sich in Anspruch nehmen möchte, gesondert festgestellt werden. Kein eigenständiges subjektives Grundrecht enthalten zB Art. 17a GG[311] und Art. 18 GG als Kompetenznorm[312] sowie Art. 28 Abs. 1 Satz 2 GG als lediglich objektivrechtliches Verfassungsgebot.[313] Auch bei der kommunalen Selbstverwaltungsgarantie gemäß Art. 28 Abs. 2 GG handelt es sich nicht um ein mit der Individualverfassungsbeschwerde durchsetzbares Grundrecht oder grundrechtsgleiches Recht.[314] Die allgemeine Handlungsfreiheit des Art. 2 Abs. 1 GG ist zwar ein Grundrecht, ihre Verletzung wird

307 Beschluss der 3. Kammer des Zweiten Senats vom 22.5.2010 – 2 BvR 1783/09, Rn. 2 bei Juris.

308 Vgl. BVerfGE 132, 195 (235) – ESM; Beschluss der 2. Kammer des Zweiten Senats vom 19.7.2018 – 2 BvR 943/18, Rn. 2 bei Juris.

309 Vgl. Barczak BVerfGG/Hellmann § 90 Rn. 194; Burkiczak/Dollinger/Schorkopf BVerfGG/Drossel § 90 Rn. 83.

310 Zur 2019 etablierten Einbeziehung der Unionsgrundrechte in den Grundrechtebegriff vgl. → Rn. 166 ff., → Rn. 177, → Rn. 212 und → Rn. 231 ff.

311 BVerfGE 44, 197 (205).

312 Vgl. Schmidt-Bleibtreu/Klein/Bethge BVerfGG/Bethge § 90 Rn. 78 (Stand: Februar 2018).

313 Beschluss der 3. Kammer des Zweiten Senats vom 12.12.2012 – 2 BvQ 54/12, Rn. 4 bei Juris.

314 Vgl. Beschluss der 1. Kammer des Ersten Senats vom 26.11.2018 – 1 BvR 318/17 ua, Rn. 27 bei Juris; Beschluss der 2. Kammer des Ersten Senats vom 18.10.2016 – 1 BvR 354/11, Rn. 47 bei Juris.

aber nicht mehr geprüft und kann deshalb nicht mehr erfolgreich gerügt werden, wenn der Schutzbereich eines spezielleren Freiheitsrechts betroffen ist.[315]

Zu den Grundrechten zählt auch die **Menschenwürde** gemäß Art. 1 Abs. 1 GG. Trotz rechtstheoretischer Zweifel[316] ist undenkbar, dass das Bundesverfassungsgericht eine auf die Verletzung des Art. 1 Abs. 1 GG gestützte Verfassungsbeschwerde mit der Begründung zurückweist, die Menschenwürde sei kein rügefähiges Recht iSd § 90 Abs. 1. Meist erlangt Art. 1 Abs. 1 GG aber ohnehin als Bestandteil eines aus mehreren Verfassungsbestimmungen entwickelten Grundrechts Bedeutung, etwa beim allgemeinen Persönlichkeitsrecht in Verbindung mit Art. 2 Abs. 1 GG,[317] bei der informationellen Selbstbestimmung ebenfalls in Verbindung mit Art. 2 Abs. 1 GG[318] und beim Grundrecht auf Gewährleistung eines menschenwürdigen Existenzminimums in Verbindung mit Art. 20 Abs. 1 GG.[319] 217

bb) Verletzung von grundrechtsgleichen Rechten aus dem Grundgesetz. Auch bei den in § 90 Abs. 1 aufgelisteten weiteren Normen (Art. 20 Abs. 4, 33, 38, 101, 103 und 104 GG), deren Verletzung zur Erhebung der Verfassungsbeschwerde berechtigt, muss gesondert geprüft werden, welcher ihrer Regelungsinhalte **Individualschutz** gewährleistet und deshalb als grundrechtsgleiches Recht rügefähig ist.[320] Nicht individualschützende Regelungen innerhalb dieser Vorschriften werden nicht allein deswegen zu grundrechtsgleichen Rechten, weil die Vorschrift in § 90 Abs. 1 pauschal erwähnt wird. 218

So verschafft **Art. 33 GG** in seinem Abs. 2 dem Beamten ein grundrechtsgleiches Recht auf ermessens- und beurteilungsfehlerfreie Einbeziehung in die Bewerberauswahl[321] und in seinem Abs. 5 ein grundrechtsgleiches Recht auf amtsangemessene Alimentation.[322] Art. 33 Abs. 4 GG schützt hingegen nicht individuelle Beamten- oder Verbeamtungsinteressen, sondern enthält insoweit nur einen objektivrechtlichen Funktionsvorbehalt zugunsten des Berufsbeamtentums.[323] Von den von hoheitlicher Aufgabenwahrnehmung in ihren Grundrechten betroffenen Bürgern kann die Vorschrift zwar in Verbindung mit Art. 2 Abs. 1 GG für eine Verfassungsbeschwerde mobilisiert werden,[324] aber im Ergebnis steht sie einer Privatisierung des Maßregelvollzugs nicht entgegen.[325] 219

---

315 Vgl. BVerfGE 149, 86 (125, Rn. 107).
316 Vgl. die Meinungsübersicht bei Lechner/Zuck/Zuck § 90 Rn. 76, Fn. 231.
317 Vgl. BVerfG, Urteil des Ersten Senats vom 22.11.2023 – 1 BvR 2577/15 ua, Rn. 50 bei Juris; BVerfGE 148, 267 (284, Rn. 43); 147, 1 (18 f., Rn. 38).
318 Vgl. BVerfG, Urteil des Ersten Senats vom 16.2.2023 – 1 BvR 1547/19 ua, Rn. 50 bei Juris – Sanktionen im Bereich der Grundsicherung für Arbeitssuchende; 150, 244 (263, Rn. 35); 130, 151 (183).
319 BVerfGE 152, 68 (112 ff., Rn. 117 ff.); 142, 353 (369 f., Rn. 36).
320 Barczak BVerfGG/Hellmann § 90 Rn. 201.
321 Beschluss der 1. Kammer des Zweiten Senats vom 12.7.2019 – 2 BvR 612/19, Rn. 15 ff. bei Juris.
322 BVerfGE 145, 304 (324 ff., Rn. 65 ff.); 117, 330 (351).
323 BVerfGE 130, 76 (109); vgl. auch Beschluss der 1. Kammer des Zweiten Senats vom 2.5.2016 – 2 BvR 1137/14, Rn. 23 bei Juris; Schmidt-Bleibtreu/Klein/Bethge BVerfGG/Bethge § 90 Rn. 83 (Stand: Februar 2018).
324 BVerfGE 130, 76 (109).
325 BVerfGE 130, 76 (111).

220 Die Rechtsstellung der Bundestagsabgeordneten gemäß **Art. 38 Abs. 1 Satz 2 GG** kann in bestimmten Konstellationen ein von § 90 Abs. 1 mit umfasstes grundrechtsgleiches Recht sein.[326] Das gilt ungeachtet dessen, dass der Bundestagsabgeordnete seine Rechtsstellung grundsätzlich im Organstreitverfahren verteidigen muss.[327] Der Verweis auf den Organstreit greift jedoch nur dann, wenn der Abgeordnete einen Streit mit einem Staatsorgan führt,[328] aber nicht, wenn er sich etwa im Verhältnis zum Bundesamt für Verfassungsschutz gegen seine Beobachtung wendet.[329] Die Verfassungsbeschwerde ist auch dann das richtige Verfahren, wenn ein Abgeordneter gestützt auf Art. 46 Abs. 2 GG iVm Art. 38 Abs. 1 Satz 2 GG eine Missachtung seiner Immunität durch Maßnahmen der Strafverfolgungsbehörden rügt.[330] Gleiches gilt für **Abgeordnete** von Landesparlamenten.[331]

221 Die Verletzung der **Wahlrechtsgrundsätze des Art. 38 Abs. 1 Satz 1 GG** kann nur im Hinblick auf Bundestagswahlen mit einer Verfassungsbeschwerde gerügt werden, nicht jedoch bei Wahlen auf der Ebene der Länder, also bei den Wahlen zu den Landesparlamenten und bei Kommunalwahlen.[332] Insoweit vermittelt auch Art. 28 Abs. 1 Satz 2 GG dem Einzelnen keine mit der Verfassungsbeschwerde rügefähige subjektive Rechtsposition, und auch ein Rückgriff auf Art. 3 Abs. 1 GG scheidet aus.[333]

222 Die durch den Verfassungswortlaut klar gedeckte restriktive Auslegung von Art. 38 GG im Hinblick auf die Überprüfung von Wahlen in den Ländern durch das Instrument der Verfassungsbeschwerde steht in deutlichem Kontrast zu der nach dem Verfassungstext fernliegenden, rein richterrechtlichen Aufwertung des Art. 38 GG und darauf gestützter Verfassungsbeschwerden im Bereich der Kontrolle der europäischen Integration. Hier hat der Zweite Senat beginnend in der Maastricht-Entscheidung[334] über die Entscheidungen zum Vertrag von Lissabon,[335] zur Euro-Rettung,[336] zu den Maßnahmen der EZB,[337] zur Europäischen Bankenunion,[338] zum Einheitlichen Patent-

326 BVerfGE 134, 141 (170, Rn. 85) – Ramelow.
327 Vgl. dazu BVerfGE 118, 277 (320); siehe auch BVerfGE 113, 318 (340); Beschluss der 3. Kammer des Ersten Senats vom 1.6.2021 – 1 BvR 927/21, Rn. 4 bei Juris.
328 Vgl. Beschluss der 1. Kammer des Zweiten Senats vom 6.12.2021 – 2 BvR 2164/21, Rn. 30 bei Juris.
329 BVerfGE 134, 141 (170, Rn. 85 ff.) – Ramelow.
330 Beschluss der 3. Kammer des Zweiten Senats vom 15.8.2014 – 2 BvR 969/14, Rn. 26 bei Juris; siehe auch BVerfGE 104, 310 (331 ff.).
331 Beschluss der 3. Kammer des Zweiten Senats vom 5.5.2011 – 2 BvR 2599/10, Rn. 9 bei Juris.
332 BVerfGE 165, 296 (329 f., Rn. 110); Beschluss der 2. Kammer des Zweiten Senats vom 26.8.2013 – 2 BvR 441/13, Rn. 17 ff. bei Juris; Beschluss der 3. Kammer des Zweiten Senats vom 26.10.2010 – 2 BvR 1913/09, Rn. 5 ff. bei Juris.
333 BVerfGE 165, 296 (329 f., Rn. 110); Beschluss der 3. Kammer des Zweiten Senats vom 18.7.2019 – 2 BvR 1301/19, Rn. 16 bei Juris; ständige Rechtsprechung seit BVerfGE 99, 1 (7 ff.); siehe dazu Lenz NJW 1999, 34 (34).
334 BVerfGE 89, 155 (171 ff.); siehe dazu Zuck/Lenz NJW 1997, 1193 (1194).
335 BVerfGE 123, 267 (328 ff.).
336 BVerfGE 134, 366 (380 ff., Rn. 17 ff.); 129, 124 (167 bis 172).
337 BVerfGE 154, 17 (85 ff., Rn. 99 ff.) – PSPP-Programm der EZB; 146, 216 (249 ff., Rn. 44 ff.) – PSP-Programm der EZB; 142, 123 (172 ff., Rn. 77 ff.) – OMT.
338 BVerfGE 151, 202 (274 ff., Rn. 91 ff.) – Europäische Bankenunion.

gericht,[339] zur vorläufigen Anwendung des CETA-Abkommens,[340] zur Änderung des Vertrags zur Einrichtung des Europäischen Stabilitätsmechanismus[341] und zum EU-Wiederaufbaufonds[342] **Art. 38 Abs. 1 GG zu einem Superkontrollgrundrecht gegen Europa** weiterentwickelt. Der „Jedermann" soll auf der Grundlage von Art. 38 Abs. 1 GG eine Verletzung des Demokratieprinzips, des Verlusts der Staatlichkeit der Bundesrepublik Deutschland und sogar eine Verletzung des Sozialstaatsprinzips[343] und eine Aushöhlung der Haushaltsautonomie des Deutschen Bundestages[344] rügen können. Das stößt auf eine rege Nachfrage: Gegen die Einrichtung des Europäischen Stabilitätsmechanismus haben auf dieser argumentativen Grundlage über 37.000 „Jedermänner" Verfassungsbeschwerde geführt und auch Teilerfolge erzielt, schon im Verfahren der einstweiligen Anordnung,[345] vor allem aber im Hauptsacheverfahren in Gestalt der ersten Vorlageentscheidung des Bundesverfassungsgerichts an den Gerichtshof der Europäischen Union nach Art. 267 Abs. 3 AEUV überhaupt.[346] Die Antworten des Gerichtshofs der Europäischen Union auf das Vorabentscheidungsersuchen[347] haben dann im Ergebnis zwar zur vollständigen Abweisung der auf das „Superkontrollgrundrecht gegen Europa" des Art. 38 Abs. 1 GG gestützten Verfassungsbeschwerden geführt,[348] nicht aber zur Aufgabe des ausgedehnten Verständnisses von Art. 38 Abs. 1 GG.[349]

Die Beibehaltung dieser Maßstäbe durch den Zweiten Senat hat sich auch in dem Vorlagebeschluss vom 18.7.2017 gezeigt, mit dem dem Gerichtshof der Europäischen Union Fragen zum Programm zum Ankauf von Wertpapieren des öffentlichen Sektors an den sekundären Märkten durch die EZB vorgelegt wurden. Die zentrale Aussage besteht in der These, Art. 38 Abs. 1 Satz 1 GG verbürge deutschen Staatsbürgern in dem durch Art. 79 Abs. 3 GG geschützten Umfang ein mit der Verfassungsbeschwerde durchsetzbares **grundrechtsgleiches Recht auf demokratische Selbstbestimmung**, welches durch das Bundesverfassungsgericht mittels der sogenannten **Ultra-vires-Kontrolle** und der sogenannten **Identitätskontrolle** gesichert wird.[350] Der Zweite Senat nennt das selbst, allerdings in Anführungszeichen, ein „Recht auf Demokratie"[351] oder einen „Anspruch auf Demokratie".[352] Der Gewährleistungsbereich dieses Rechts auf demokratische Selbstbestimmung soll sich zwar auf Strukturveränderungen im staatsorganisationsrechtlichen 223

339 BVerfGE 158, 210 (232 f., Rn. 55 f.); 153, 74 (133 ff., Rn. 96 ff.).
340 BVerfGE 160, 208 (275, Rn. 175 f.).
341 BVerfGE 163, 165 (211 ff., Rn. 79 ff.).
342 BVerfGE 164, 193 (280 ff., Rn. 121 ff.).
343 BVerfGE 123, 267 (328).
344 BVerfGE 146, 216 (253 f., Rn. 54 f.); 135, 317 (385, Rn. 122) – ESM und Fiskalpakt; BVerfGE 134, 366 (396 f., Rn. 51 ff.) – OMT; 132, 195 (234 f., Rn. 92); 129, 124 (167, 170 ff.).
345 BVerfGE 132, 195 (196 f.) – ESM.
346 BVerfGE 134, 366 (369 ff.).
347 Wiedergegeben in BVerfGE 142, 123 (153 ff., Rn. 67 ff.).
348 BVerfGE 142, 123 (126).
349 BVerfGE 142, 123 (172 ff., Rn. 77 ff.).
350 BVerfGE 151, 202 (275 f., Rn. 92 f.) – Europäische Bankenunion; 146, 216 (249, Rn. 44) – PSP-Programm der EZB.
351 BVerfGE 142, 123 (200, Rn. 147) – OMT.
352 BVerfGE 151, 202 (275, Rn. 92).

Gefüge beschränken, wie sie etwa bei der Übertragung von Hoheitsrechten auf die Europäische Union oder andere supranationale Einrichtungen eintreten können, wird dann aber doch recht filigran ausgestaltet. Unter dem Aspekt der sogenannten Ultra-vires-Kontrolle kann überprüft werden, ob eine Maßnahme von Organen, Einrichtungen oder sonstigen Stellen der Europäischen Union das Integrationsprogramm in hinreichend qualifizierter Weise überschreitet und ihr deshalb in Deutschland die demokratische Legitimation fehlt (Einzelheiten schon bei → Rn. 205).[353] Gestützt auf Art. 38 Abs. 1 GG kann Jedermann auch die sogenannte Identitätskontrolle durch das Bundesverfassungsgericht auslösen, wobei insoweit überprüft wird, ob die durch Art. 79 Abs. 3 GG für unantastbar erklärten Grundsätze bei der Übertragung von Hoheitsrechten durch den deutschen Gesetzgeber oder durch eine Maßnahme von Organen, Einrichtungen oder sonstigen Stellen der Europäischen Union berührt werden (siehe dazu näher schon → Rn. 207 f.).[354]

224 Dogmatisch abgeleitet wird die Eröffnung der Prüfungskompetenz des Bundesverfassungsgerichts aus dem in Art. 38 Abs. 1 und 2 GG gewährleisteten subjektiven Recht, an der Wahl der Abgeordneten des Deutschen Bundestages teilzunehmen. Der insoweit individualisierte Gewährleistungsinhalt soll aber nicht nur das Wahlrecht zum Bundestag selbst und die Einhaltung der dabei maßgeblichen Wahlrechtsgrundsätze sichern, sondern seinem Sinn nach auch gewährleisten, dass der Bundestag noch über ein hinreichendes Maß an Aufgaben und Befugnissen verfügt.[355] Das ist mit der Formel einer „Erfindung von Grundrechten" zutreffend charakterisiert[356] und **ist in der Sache nach wie vor nicht überzeugend.**[357] Die hier vertretene Kritik geht von einem verfassungsprozessualen Standpunkt aus, wie er aus § 90 Abs. 1 und Art. 93 Abs. 1 Nr. 4 a GG abzuleiten ist. Sie bezieht sich nicht auf die vom Bundesverfassungsgericht richterlich entwickelten materiellen Prüfungsmaßstäbe für Handlungen im Rahmen der europäischen Integration. Eine Kontrolle an Ultra-vires-Maßstäben lässt sich hören, insbesondere wenn sie wie bislang zurückhaltend ausgeübt wird. Es geht auch nicht darum, dass das Bundesverfassungsgericht, insbesondere sein Zweiter Senat, in Sachen Europa eine Kontrollfunktion einnimmt, insbesondere bei den absoluten Grenzen des auf die Europäische Union Übertragbaren (Identitätskontrolle). Es geht darum, dass **nicht „Jedermann" der Garant der Einhaltung dieser äußersten Grenzen ist und sein kann**. Dafür sind folgende Überlegungen maßgeblich:

---

353 BVerfGE 151, 202 (301, Rn. 152 f.) – Europäische Bankenunion; 146, 216 (252, Rn. 52).

354 BVerfGE 151, 202 (325, Rn. 204) – Europäische Bankenunion; 146, 216 (253 f., Rn. 54) – PSP-Programm der EZB.

355 BVerfGE 151, 202 (274 f., Rn. 91) – Europäische Bankenunion; 146, 218 (249 f., Rn. 45 f.); 134, 366 (396 f., Rn. 51 ff.) – OMT; 129, 124 (168 f.); 123, 267 (330); grundlegend BVerfGE 89, 155 (172).

356 So ursprünglich und bis zur 7. Aufl. 2015 Lechner/Zuck/Zuck § 90 Rn. 97 a.

357 Vgl. zur Auseinandersetzung des Gerichts mit seinen zahlreichen literarischen Kritikern unter verfassungsrechtlichen Gesichtspunkten BVerfGE 129, 124 (173) sowie zum OMT-Beschluss die abweichende Meinung Lübbe-Wolff BVerfGE 134, 366 (419 ff., Rn. 105 ff.) und die abweichende Meinung Gerhardt BVerfGE 134, 366 (430 ff., Rn. 133 ff.).

Die **verfassungsprozessuale Schranke für eine überbordende Kontrolltätigkeit des Bundesverfassungsgerichts** liegt nach der Verfassung und dem Gesetz über das Bundesverfassungsgericht in der **Erforderlichkeit eines zulässigen Antrags.** Ohne ihn kann das Bundesverfassungsgericht nichts prüfen und darf nichts entscheiden.[358] Kompetenzverschiebungen auf die Europäische Union beruhen auf einem deutschen Zustimmungsgesetz. Dieses deutsche Zustimmungsgesetz ist unbefristet angreifbar im Verfahren der abstrakten Normenkontrolle nach Art. 93 Abs. 1 Nr. 2 GG, § 76 Abs. 1. Deshalb kann auf diesem Wege nicht nur die Übertragung angegriffen werden, sondern es kann auch auf Ultra-vires-Handlungen durch nachträglichen Angriff auf das Zustimmungsgesetz reagiert werden. Antragsbefugt im Verfahren ist nicht nur die Bundesregierung, sondern jede der 16 Landesregierungen und ein Viertel der Mitglieder des Deutschen Bundestages. Dieser Kreis der Antragsberechtigten bei der abstrakten Normenkontrolle ist privilegiert, weil er anders als der Jedermann bei der Verfassungsbeschwerde weder eine Frist beachten noch in eigenen Rechten betroffen sein muss. Die im Verfahren nach § 76 Antragsberechtigten haben von Verfassungs wegen ganz bewusst die Stellung von „Garanten einer verfassungsgemäßen Rechtsordnung".[359] Dann ist es aber gerade in heiklen Fragen, ob absolute Kompetenzübertragungsgrenzen unter dem Aspekt der Identität der Bundesrepublik Deutschland betroffen sind oder die Europäische Union gravierend ultra vires handelt, ausreichend und sachgerecht, wenn nur diese Garanten der Verfassung den Vorwurf der Identitätsverletzung erheben und das Bundesverfassungsgericht zu einer Entscheidung darüber veranlassen dürfen. Eine Übertragung dieser sensiblen Befugnis auf jeden einzelnen „Jedermann" ist weder erforderlich noch sinnvoll. Würden die Organe der Europäischen Union wirklich objektiv willkürlich Kompetenzüberschreitungen von erheblichem Gewicht begehen oder würden die gesetzgebenden Körperschaften wirklich die Verfassungsidentität durch Preisgabe letzter verfassungsrechtlicher Prinzipien des Grundgesetzes bei der Kompetenzübertragung beeinträchtigen, dann fände sich aus dem Kreis der nach Art. 93 Abs. 1 Nr. 2 GG, § 76 Abs. 1 Antragsberechtigten auch ein solcher Garant der verfassungsgemäßen Ordnung für einen entsprechenden, im abstrakten Normenkontrollverfahren zulässigen Überprüfungsantrag. Zwar wurde ein solcher Antrag noch nie von einem nach § 76 Abs. 1 Antragsberechtigten gestellt, aber das zeigt nur, wie wenig die Garanten der Verfassung von der Vorstellung halten, die Union handle gravierend ultra vires oder die Grenzen der Verfassungsidentität seien überschritten. Die kontinuierliche demokratische Erneuerung der Garanten der Verfassung in den Wahlen zum Bundestag und zu den Landtagen stellt ausreichend sicher, dass sich kritische Sichtweisen im Volk auch im Verhalten der Garanten niederschlagen können. Diese Zusammenhänge verdeutlichen, worum es bei der Uminterpretation des Art. 38 Abs. 1 GG in ein Superkontrollgrundrecht gegen Europa geht. **Durch die Aufwertung des Jedermanns zum Garanten der Verfassung** ermöglicht es sich das Bundesver- 225

358 Huber/Voßkuhle/Voßkuhle Art. 93 Rn. 21; den zulässigen Verfassungsbeschwerde- oder Organstreitantrag verneint im Verfahren zu dem OMT-Beschluss der Europäischen Zentralbank die abweichende Meinung Gerhardt BVerfGE 134, 366 (430 ff., Rn. 133 ff.).

359 BVerfGE 127, 165 (190).

fassungsgericht, eine richterliche Überprüfung der Identitäts- und Ultra-Vires-Grenzen vorzunehmen, die bei richtigem Verständnis der Antragsberechtigungen in verfassungsgerichtlichen Verfahren am Fehlen eines zulässigen Antrag scheitern würde. Das verletzt die verfassungsprozessualen Schranken gegen eine überbordende Kontrolltätigkeit des Bundesverfassungsgerichts aus letztlich eigenem Antrieb.

226 Das offenbar gleichwohl verbreitet und kontinuierlich vorhandene **Bedürfnis nach verfassungsgerichtlicher Kontrolle europäischer Integrationsschritte** hat der Zweite Senat durch seine überbordende Handhabung von Art. 38 Abs. 1 GG jetzt schon mehr als 30 Jahre lang befriedigt. Damit ist, wohl entgegen den Zielsetzungen der Beschwerdeführer, im Ergebnis ein Beitrag zur ergänzenden, zwar nicht demokratischen, aber **verfassungsgerichtlichen Legitimation** der bisherigen europäischen Integrationsschritte geleistet worden. Das begann mit dem Euro, dessen Einführung Gegenstand einer Verfassungsbeschwerde war, die der Zweite Senat unter Überspringung der Zulässigkeitsfrage nach § 24 als offensichtlich unbegründet verworfen hat,[360] und ging weiter mit der Stabilisierung des Euro durch die Mitgliedstaaten und durch die EZB, dort insbesondere durch die im Wege verfassungskonformer Auslegung **verstärkte parlamentarische Mitwirkung** bei der Übernahme von finanziellen Gewährleistungen.[361] Die letztlich ohne greifbare Ergebnisse gebliebenen beiden Vorlagen des Zweiten Senats an den EuGH und das Übergreifen der Rechtsprechung zu Art. 38 Abs. 1 GG auch auf Handelsabkommen relativiert aber die Befriedungswirkung. Dies sollte beim Zweiten Senat zum Nachdenken darüber führen, ob es über 30 Jahre nach der Maastricht-Entscheidung nicht an der Zeit ist, das seinerzeitige Konzept des „Rechtsschutzes gegen Europa“[362] aufzugeben. Dafür könnte auch sprechen, dass der Erste Senat mit den beiden Entscheidungen zum „Recht auf Vergessen“[363] 2019 den umgekehrten Ansatz eines „Rechtsschutzes mit Europa“ eingeschlagen hat (vgl. im Einzelnen dazu → Rn. 231 ff.).

227 In der Praxis haben sich die **Prozessgrundrechte** der Art. 101 und Art. 103 GG zu den beliebtesten und häufig am ehesten Erfolg versprechenden Mitteln entwickelt, wenn mit der Verfassungsbeschwerde Gerichtsentscheidungen zu Fall gebracht werden sollen. Diese in § 90 Abs. 1 ausdrücklich aufgeführten Rechte sind dabei in einer Linie mit dem unter „Grundrechte“ fallenden **Anspruch auf effektiven Rechtsschutz und auf ein faires Verfahren** gemäß Art. 19 Abs. 4 GG bzw. Art. 2 Abs. 1 GG in Verbindung mit dem Rechtsstaatsprinzip zu nennen.[364] Für sich alleine kann eine Verletzung

360 BVerfGE 97, 350 (368 ff.); siehe dazu Zuck/Lenz NJW 1998, 1119 (1120); Lenz BB 1998, 1276 (1277).

361 BVerfGE 129, 124 (185 f.) – Euro-Rettungsschirm; siehe auch BVerfGE 135, 317 (398 ff., Rn. 158 ff.) – ESM und Fiskalpakt.

362 Vgl. dazu Zuck/Lenz NJW 1997, 1193 ff.

363 BVerfGE 152, 152 (169, Rn. 43 und 179 ff., Rn. 63 ff.) – Recht auf Vergessen I, und 152, 216 (236, Rn. 50) – Recht auf Vergessen II.

364 Vgl. dazu BVerfGE 151, 173 (184 f., Rn. 26 ff.); 149, 407 (413 ff., Rn. 18 ff.); Beschluss der 1. Kammer des Zweiten Senats vom 19.12.2023 – 2 BvR 1936/22, Rn. 29 f. bei Juris; Beschluss der 3. Kammer des Zweiten Senats vom 4.12.2023 – 2 BvR 1699/22, Rn. 53 bei Juris; Beschluss der 2. Kammer des Ersten Senats vom 13.4.2023 – 1 BvR 667/22, Rn. 15 bei Juris; siehe auch Lenz DVBl 2019, 605 (606 ff.).

des Rechtsstaatsprinzips gemäß Art. 20 Abs. 3 GG hingegen nicht gerügt werden.[365]

Das Recht auf den gesetzlichen Richter gemäß Art. 101 Abs. 1 Satz 2 GG spielte früher hauptsächlich bei der Frage nach der Bestimmtheit von Regelungen in gerichtlichen Geschäftsverteilungsplänen eine Rolle.[366] Zuletzt hat das Bundesverfassungsgericht aber wegen einer Verletzung des Art. 101 Abs. 1 Satz 2 GG zunehmend auch solche Gerichtsentscheidungen aufgehoben, die unter Missachtung von Richterablehnungsgesuchen[367] oder unter Umgehung von Vorlagepflichten ergangen sind.[368] Auch der Verstoß eines Fachgerichts gegen den Grundsatz der Staatenimmunität führt zu einer Verletzung des Art. 101 Abs. 1 Satz 2 GG.[369] 228

Der **Anspruch auf Gewährung rechtlichen Gehörs** gemäß Art. 103 Abs. 1 GG ist insbesondere dann verletzt, wenn das Gericht entscheidungserhebliches Vorbringen einer Partei übergangen, gegen seine Hinweispflichten verstoßen oder der Partei nicht ausreichend Gelegenheit zur Stellungnahme gegeben hat. Zu allen Fallgruppen findet sich mittlerweile eine Vielzahl stattgebender Kammerbeschlüsse.[370] 229

Die in **Art. 104 GG formulierten zusätzlichen Anforderungen an Freiheitsbeschränkungen** spielen hauptsächlich im Zusammenhang mit dem schon von Art. 2 Abs. 2 Satz 2 GG garantierten Grundrecht auf Freiheit der Person eine Rolle, etwa im Zusammenhang mit Abschiebehaft,[371] bei der Ablehnung bzw. beim Widerruf der Strafaussetzung zur Bewährung,[372] bei Unterbringung von Kindern in einer geschlossenen psychiatrischen Kli- 230

365 BVerfGE 149, 86 (108, Rn. 59).

366 Vgl. BVerfGE 17, 294 (299); aus neuerer Zeit: BVerfGE 95, 322 (327); Beschluss der 1. Kammer des Zweiten Senats vom 20.2.2018 – 2 BvR 2675/17, Rn. 16 ff. bei Juris; Beschluss der 2. Kammer des Zweiten Senats vom 23.12.2016 – 2 BvR 2023/16, Rn. 22 ff. bei Juris.

367 Beschluss der 1. Kammer des Zweiten Senats vom 1.7.2021 – 2 BvR 890/20, Rn. 13 ff. bei Juris; Beschluss der 1. Kammer des Ersten Senats vom 21.11.2018 – 1 BvR 436/17, Rn. 17 ff. bei Juris; Beschluss der 2. Kammer des Ersten Senats vom Rn. 11 ff. bei Juris; Beschluss der 3. Kammer des Zweiten Senats vom 12.12.2012 – 2 BvR 1750/12, Rn. 12 ff. bei Juris.

368 BVerfGE 147, 364 (378 f., Rn. 37 ff.); Beschluss der 2. Kammer des Zweiten Senats vom 8.11.2023 – 2 BvR 1079/20, Rn. 65 ff. bei Juris; Beschluss der 1. Kammer des Zweiten Senats vom 20.4.2022 – 2 BvR 1713/21, Rn. 40 ff. bei Juris; Beschluss der 3. Kammer des Zweiten Senats vom 4.3.2021 – 2 BvR 1161/19, Rn. 52 ff. bei Juris; Beschluss der 2. Kammer des Ersten Senats vom 14.1.2021 – 1 BvR 2853/19, Rn. 8 ff. bei Juris.

369 Beschluss der 1. Kammer des Zweiten Senats vom 17.3.2014 – 2 BvR 736/13, Rn. 30 ff. bei Juris.

370 Vgl. aus jüngerer Zeit Beschlüsse der 2. Kammer des Ersten Senats vom 30.8.2023 – 1 BvR 1654/22, Rn. 24 ff. bei Juris, vom 20.4.2023 – 2 BvR 1605/21, Rn. 45 bei Juris, und vom 7.7.2021 – 1 BvR 2356/19, Rn. 13 f. bei Juris; Beschluss der 3. Kammer des Zweiten Senats vom 4.8.2023 – 2 BvR 54/19, Rn. 23 bei Juris; Beschluss der 2. Kammer des Zweiten Senats vom 10.5.2023 – 2 BvR 370/22, Rn. 22 bei Juris.

371 Beschluss der 3. Kammer des Zweiten Senats vom 18.12.2023 – 2 BvR 1210/23, Rn. 11 bei Juris; Beschluss der 2. Kammer des Zweiten Senats vom 12.3.2008 – 2 BvR 2042/05, Rn. 12 f. bei Juris.

372 Beschluss der 2. Kammer des Zweiten Senats vom 24.2.2023 – 2 BvR 117/20 ua, Rn. 48 ff. bei Juiris; Beschluss der 3. Kammer des Zweiten Senats vom 16.1.2020 – 2 BvR 252/19, Rn. 22 ff. bei Juris.

nik,[373] bei der Fortdauer der Unterbringung in einem psychiatrischen Krankenhaus,[374] bei der Anordnung und Aufrechterhaltung von Untersuchungshaft,[375] bei der Aufhebung von Haftverschonungsbeschlüssen,[376] bei der Sicherungsverwahrung[377] und bei der Fixierung psychisch kranker Untergebrachter.[378]

231 cc) **Verletzung der Unionsgrundrechte im Anwendungsbereich der Charta der Grundrechte der Europäischen Union.** Zu den beschwerdefähigen Rechten im Sinne von Art. 93 Abs. 1 Nr. 4 a GG, § 90 Abs. 1 gehören seit November 2019 **auch die Unionsgrundrechte**, jedenfalls unter bestimmten Voraussetzungen. Angeordnet hat das weder der Verfassungs- noch der Gesetzgeber. Es handelt sich vielmehr um eine rein richterliche Erweiterung des Kreises der verfassungsbeschwerdefähigen Rechte durch die beiden Entscheidungen des Ersten Senats vom 6.11.2019 zum „Recht auf Vergessen".[379] Der Einbeziehung der Unionsgrundrechte in den Kreis der verfassungsbeschwerdefähigen Rechte hat sich der Zweite Senat angeschlossen,[380] wenngleich eine Abstimmung mit dem Zweiten Senat nach § 16 Abs. 1 nicht stattgefunden hat. Bei der Rechtsprechung zum Recht auf Vergessen handelt sich um einen **Bruch mit der bis zu diesem Zeitpunkt geltenden Praxis des Bundesverfassungsgerichts**, die ausschließlich deutsche Grundrechte und grundrechtsgleiche Rechte als unmittelbaren Prüfungsmaßstab von Verfassungsbeschwerden nach § 90 verstanden hat, wohingegen Unionsgrundrechte nicht im Wege der Verfassungsbeschwerde gerügt werden konnten.[381] Dogmatisch stützt der Erste Senat die Prüfungskompetenz auf **Art. 23 Abs. 1 GG iVm den grundgesetzlichen Vorschriften über die Aufgaben des Bundesverfassungsgerichts im Bereich des Grundrechtsschutzes.**[382] Diese verfassungsrechtliche Grundlage ist kühn, aber gut vertretbar (vgl.

---

373 Beschluss der 1. Kammer des Ersten Senats vom 14.6.2007 – 1 BvR 338/07, Rn. 25 bei Juris.

374 Vgl. Beschluss der 1. Kammer des Zweiten Senats vom 10.1.2022 – 2 BvR 537/21, Rn. 44 ff. bei Juris; Beschluss der 3. Kammer des Zweiten Senats vom 3.7.2019 – 2 BvR 2256/17, Rn. 31 ff. bei Juris; Beschluss der 2. Kammer des Zweiten Senats vom 13.11.2013 – 2 BvR 1797/13, Rn. 11 ff. bei Juris.

375 Beschluss der 2. Kammer des Zweiten Senats vom 3.2.2021 – 2 BvR 2128/20, Rn. 34 ff. bei Juris; Beschluss der 1. Kammer des Zweiten Senats vom 23.1.2019 – 2 BvR 2429/18, Rn. 52 ff. bei Juris.

376 Beschluss der 2. Kammer des Zweiten Senats vom 8.7.2021 – 2 BvR 575/21, Rn. 37 ff. bei Juris; Beschluss der 3. Kammer des Zweiten Senats vom 11.6.2012 – 2 BvR 720/12, Rn. 45 ff. bei Juris.

377 BVerfGE 128, 326 (372 ff.); Beschluss der 1. Kammer des Zweiten Senats vom 25.9.2020 – 2 BvR 556/18, Rn. 31 ff. bei Juris; Beschluss der 3. Kammer des Zweiten Senats vom 5.7.2019 – 2 BvR 382/17, Rn. 24 ff. bei Juris.

378 BVerfGE 149, 293 (318 ff., Rn. 64 ff.).

379 BVerfGE 152, 152 (169, Rn. 43 und 179 ff., Rn. 63 ff.) – Recht auf Vergessen I, und BVerfGE 152, 216 (236, Rn. 50) – Recht auf Vergessen II.

380 BVerfGE 156, 182 (197, Rn. 34 ff.); 158, 1 (23 f., Rn. 35 ff.); ebenso bereits einige Kammerentscheidungen des Zweiten Senats, etwa die Beschlüsse der 1. Kammer des Zweiten Senats vom 15.2.2023 – 2 BvR 2009/22, Rn. 17 bei Juris, und vom 19.5.2022 – 2 BvR 1110/21, Rn. 38 bei Juris.

381 Beschlüsse der 2. Kammer des Ersten Senats vom 15.10.2015 – 1 BvR 2329/15, Rn. 12 bei Juris, und vom 27.6.2014 – 1 BvR 1313/14, Rn. 7 bei Juris; den Bruch durchaus einräumend BVerfGE 152, 216 (251, Rn. 91) – Recht auf Vergessen II.

382 BVerfGE 152, 216 (238 ff., Rn. 53 ff.) – Recht auf Vergessen II; vormals wurde dies durch den Ersten Senat ausdrücklich abgelehnt, siehe BVerfGE 110, 141 (154 f.).

auch → Rn. 166 f. und → Rn. 212).[383] Eine Änderung des Wortlauts der Verfassung (Art. 93 Abs. 1 Nr. 4 a GG) hält der Erste Senat – anders als verbreitet angenommen wurde[384] – nicht für erforderlich. Auch die **Verfassungsgerichte in Österreich, Belgien, Frankreich und Italien** waren in der Lage, ohne Tätigwerden ihres jeweiligen nationalen Verfassungs- und Gesetzgebers die Unionsgrundrechte in einem bestimmten Umfang zum unmittelbaren Prüfungsmaßstab ihrer verfassungsgerichtlichen Verfahren zu machen.[385] Dann ist es **nach Sinn und Zweck** von Art. 93 Abs. 1 Nr. 4 a GG und § 90 Abs. 1 **legitim**, wenn das Bundesverfassungsgericht das für die Jedermann-Verfassungsbeschwerde nachvollzieht, soweit das Unionsrecht durch seinen Anwendungsvorrang oder durch sonstige Vorgaben verfassungsgerichtlichen Rechtsschutz nach Maßgabe der nationalen Grundrechte unmöglich gemacht hat (vgl. → Rn. 212, dort auch zum offenen Wortlaut der Regelungen über die Beschwerdebefugnis).

Die argumentative Grundlage und zugleich Grenze der Heranziehung 232
der Unionsgrundrechte als Prüfungsmaßstab der Jedermann-Verfassungsbeschwerde nach § 90 ergibt sich damit aus dem Aspekt der Funktionsäquivalenz. Die richterrechtliche Erhebung der Unionsgrundrechte zum Prüfungsmaßstab im Verfassungsbeschwerdeverfahren **schließt für den Jedermann eine verfassungsgerichtliche Rechtsschutzlücke**, die wegen der Überlagerung der deutschen Grundrechte durch den Anwendungsvorrang jeglicher Form des Unionsrechts und wegen der dadurch ausgelösten grundsätzlichen Zurücknahme der Prüfungsbefugnis des Bundesverfassungsgerichts für unionsrechtlich Vorbestimmtes am Maßstab deutscher Grundrechte entstanden war. Für den Jedermann bedeutet das die Rückkehr zu den verfassungsgerichtlichen Beschwerdemöglichkeiten, wie sie vor der Übertragung von Zuständigkeiten auf die Europäische Union und ihre Rechtsvorgängerinnen bestanden, allerdings modifiziert durch den Wechsel des Prüfungsmaßstabs von deutschen Grundrechten auf europäische Unionsgrundrechte und durch die Anbindung der Verwerfungsbefugnis des Bundesverfassungsgerichts an die Erfordernisse des Vorabentscheidungsverfahrens nach Art. 267 AEUV.

Das durch den Ersten Senat im Jahr 2019 eingeführte System hat sich in- 233
zwischen etabliert und wird von beiden Senaten und ihren Kammern im Rahmen der Prüfung von Verfassungsbeschwerden angewendet.[386] Es ist allerdings sehr differenziert und deshalb für den Beschwerdeführer und seine anwaltlichen Berater nicht einfach zu handhaben. Die **Unionsgrundrechte** sind im Verfassungsbeschwerdeverfahren nicht pauschal, sondern **nur in bestimmten Fallgruppen unmittelbarer Prüfungsmaßstab**. Das hat schon mit ihrem begrenzten Anwendungsbereich zu tun. Nach Art. 51 Abs. 1 Satz 1 Charta der Grundrechte der Europäischen Union gilt diese für die Mitgliedstaaten ausschließlich bei der Durchführung des Rechts der Union. In rein

383 Tendenziell aA wohl Barczak BVerfGG/Barczak Einleitung Rn. 90, der eine Verfassungsänderung für erforderlich hält.

384 So insbesondere Barczak BVerfGG/Barczak Einleitung Rn. 90.

385 Vgl. im Einzelnen Wendel JZ 2020, 157 (163 f.).

386 Siehe beispielsweise BVerfGE 158, 1 (23 f., Rn. 35 ff.); 155, 119 (163 ff., Rn. 85 ff.); Beschluss der 2. Kammer des Zweiten Senats vom 11.5.2023 – 2 BvR 852/20, Rn. 7 bei Juris; Beschluss der 3. Kammer des Ersten Senats vom 1.6.2022 – 1 BvR 75/20, Rn. 17 bei Juris.

nationalen Vorgängen, die das Unionsrecht nicht erfasst, gelten die Unionsgrundrechte aus der Charta nicht und sind deshalb auch nicht unmittelbarer Prüfungsmaßstab von Jedermann-Verfassungsbeschwerden.

234 Uneingeschränkt Prüfungsmaßstab sind die Unionsgrundrechte bei Verfassungsbeschwerden in Bereichen, in denen das **Fachrecht unionsrechtlich vollständig vereinheitlicht** ist.[387] Die Grundrechte des Grundgesetzes sind in diesen Fällen nicht heranzuziehen.[388] Eine Vollharmonisierung liegt regelmäßig im Geltungsbereich europäischer Verordnungen vor, sofern diese nicht nationale Öffnungsklauseln enthalten oder richtlinienartig formuliert sind;[389] sie kann aber im Einzelfall auch im Geltungsbereich europäischer Richtlinien greifen, wenn deren Auslegung ergibt, dass eine vollständige Harmonisierung vorliegt.[390] Überlagert sind die Unionsgrundrechte als Prüfungsmaßstab der Jedermann-Verfassungsbeschwerde im unionsrechtlich vollharmonisierten Bereichen nur dann, wenn entweder der Reservevorbehalt für den Fall des grundsätzlichen Wegbrechens des Grundrechtsschutzes greift oder die weiteren Vorbehalte der Ultra-vires-Kontrolle und der Wahrung der Verfassungsidentität zum Tragen kommen sollten (→ Rn. 201 bis 208).[391] Ein praxisrelevantes Beispiel für diese Fallgruppe der vollständigen unionsrechtlichen Vereinheitlichung des Fachrechts sind Verfahren der Überstellung im Anwendungsbereich des Rahmenbeschlusses über den Europäischen Haftbefehl. Darauf bezogene Verfassungsbeschwerden prüft das Bundesverfassungsgericht am Maßstab der Unionsgrundrechte.[392] In einigen dieser Fälle stellte das Bundesverfassungsgericht eine Verletzung des

---

387 BVerfGE 152, 216 (237 f., Rn. 52 f.) – Recht auf Vergessen II; inzwischen bereits vielfach bestätigt, beispielsweise durch BVerfGE 156, 182 (197, Rn. 34 ff.); Beschluss der 1. Kammer des Zweiten Senats vom 15.2.2023 – 2 BvR 2009/22, Rn. 17 bei Juris; Beschluss der 3. Kammer des Ersten Senats vom 1.6.2022 – 1 BvR 75/20, Rn. 17 bei Juris.

388 BVerfGE 156, 182 (197, Rn. 36); Beschluss der 1. Kammer des Zweiten Senats vom 14.1.2021 – 2 BvR 1285/20, Rn. 22 bei Juris.

389 Soweit eine Verordnung Gestaltungsspielräume belässt, ist sie dem nicht vollständig unionsrechtlich determinierten Recht zuzuordnen, vgl. BVerfGE 155, 119 (164 f., Rn. 86 f.) – Bestandsdatenauskunft II.

390 Vgl. zu einem solchen Fall und zum erforderlichen Prüfungsprogramm BVerfGE 152, 216 (230 ff., Rn. 37 ff.) – Recht auf Vergessen II. Demnach lassen sich aus der Rechtsform allein noch keine abschließenden Konsequenzen herleiten, siehe BVerfGE 163, 107 (128 f., Rn. 57) – Tierarztvorbehalt. Bislang nicht durch das BVerfG entschieden ist, ob Exequaturentscheidungen deutscher Gerichte auf teil- oder vollharmonisierter unionaler Grundlage beruhen: weiterhin ausdrücklich offengelassen im Beschluss der 2. Kammer des Zweiten Senats vom 11.5.2023 – 2 BvR 852/20, Rn. 8 bei Juris.

391 So ausdrücklich BVerfGE 152, 216 (235 f., Rn. 47 bis 49) – Recht auf Vergessen II; bestätigt in BVerfGE 158, 1 (25 f., Rn. 41); 156, 182 (213, Rn. 68).

392 BVerfGE 156, 182 (197, Rn. 34 ff.); Beschlüsse der 1. Kammer des Zweiten Senats vom 15.2.2023 – 2 BvR 2009/12, Rn. 17 bei Juris, vom 19.5.2022 – 2 BvR 1110/21, Rn. 38 bei Juris, und vom 14.1.2021 – 2 BvR 1285/20, Rn. 21 ff. bei Juris. Teilweise führen die Kammern des Bundesverfassungsgerichts im Rahmen dieser Entscheidungen nicht einmal mehr an, dass es sich um einen unionsrechtlich vollständig determinierten Rechtsbereich handelt und daher die Unionsgrundrechte unmittelbar Prüfungsmaßstab sind. Vielmehr überprüfen sie mit großer Selbstverständlichkeit die angegriffenen Gerichtsentscheidungen auf Verstöße gegen die Unionsgrundrechte, siehe etwa Beschlüsse der 1. Kammer des Zweiten Senats vom 27.1.2022 – 2 BvR 1214/21, Rn. 53 ff. bei Juris, vom 18.8.2021 – 2 BvR 908/21, Rn. 24 ff. bei Juris, und vom 27.4.2021 – 2 BvR 156/21, Rn. 16 ff. bei Juris.

Verbots unmenschlicher, erniedrigender Behandlung oder Bestrafung nach Art. 4 GRCh fest. Dabei zog es die durch den EuGH aufgestellten Kriterien heran.[393] In der Rechtsprechung des EuGH ist bereits geklärt, dass das mit einem Überstellungsersuchen befasste Gericht ein Überstellungsverfahren, das durch einen europäischen Haftbefehl eingeleitetet wurde, beenden muss, wenn die konkrete Gefahr besteht, dass die Übergabe zu einer unmenschlichen bzw. erniedrigenden Behandlung der betreffenden Person im Sinne des Art. 4 GRCh führt.[394] Dies ist in zwei Prüfungschritten von Amts wegen aufzuklären, die der EuGH in einigen Entscheidungen dargelegt hat.[395] Demnach kann das Bundesverfassungsgericht die fachgerichtlichen Entscheidungen an diesen Maßstäben überprüfen.

In **unionsrechtlich teilharmonisierten Rechtsbereichen**, in denen also ein Gestaltungsspielraum des deutschen Rechtssetzers besteht, sind im Regelfall die Grundrechte des deutschen Grundgesetzes Maßstab der Prüfung des Bundesverfassungsgerichts. Hingegen sind die Unionsgrundrechte im nicht vollständig harmonisierten Bereich nur ausnahmsweise unmittelbarer Prüfungsmaßstab, und zwar in zwei Konstellationen, die als „Anordnungsfall" und als „Zurückbleibensfall" bezeichnet werden können: Ein „Anordnungsfall" liegt vor, wenn konkrete und hinreichende Anhaltspunkte dafür bestehen, dass das unionsrechtliche Fachrecht für seinen jeweiligen Bereich **ausnahmsweise unionsweit einheitliche Grundrechtsstandards** in Form der Unionsgrundrechte anordnet und deshalb die Unionsgrundrechte Anwendungsvorrang haben.[396] Das verlängert die sogenannte Åkerberg Fransson-Rechtsprechung des EuGH[397] zu unionsrechtlich nur teilharmonisierten Bereichen in das Verfassungsprozessrecht. Zweitens sind die Unionsgrundrechte auch dann Prüfungsmaßstab des Bundesverfassungsgerichts im Verfahren nach § 90, wenn das zwar nicht aus dem Fachrecht der Union folgt, aber aus einem **Zurückbleiben des Grundrechtsschutzes** durch die Grundrechte des Grundgesetzes gegenüber dem Schutz, der sich aus der Charta der Grundrechte der Europäischen Union im konkreten Fall ergeben würde (Zurückbleibensfall). Dann ist die Vermutung, dass insoweit der Grundrechtsschutz nach den Grundrechten des Grundgesetzes ausreichend ist, widerlegt und das Bundesverfassungsgericht prüft am Maßstab der insoweit strengeren Unionsgrundrechte.[398] Schließlich stellt sich noch die Frage, wie mit Konstellationen umzugehen ist, in denen sowohl vollständig harmonisierte als auch 235

393 BVerfGE 156, 182 (196/200 f., Rn. 33/Rn. 42 ff.); Beschlüsse der 1. Kammer des Zweiten Senats vom 27.1.2022 – 2 BvR 1214/21, Rn. 53 ff. bei Juris, vom 18.8.2021 – 2 BvR 908/21, Rn. 24 ff. bei Juris, vom 27.4.2021 – 2 BvR 156/21, Rn. 16 ff. bei Juris, und vom 14.1.2021 – 2 BvR 1285/20, Rn. 21 ff. bei Juris.

394 BVerfGE 156, 182 (200, Rn. 42).

395 EuGH, Urteil vom 15.10.2019 – C-128/18, EU:C:2019:857, Rn. 52 – Dorobantu, v. 25.7.2018 – C 220/18 PPU, EU:C:2018:589, Rn. 59 f. – Generalstaatsanwaltschaft Haftbedingungen in Ungarn, und v. 5.4.2016 – C-404/15 und C-659/15 PPU, EU:C:2016:198, Rn. 89 – Aranyosi und Căldăraru.

396 Vgl. BVerfGE 152, 152 (179 ff., Rn. 63 ff.) – Recht auf Vergessen I.

397 Vgl. dessen Urteil vom 26.2.2013 – C-617/10, Rn. 29 – Åkerberg Fransson.

398 Vgl. dazu BVerfGE 152, 152 (180, Rn. 66 und 181 f., Rn. 69) – Recht auf Vergessen I; zur Mitgewährleistungsvermutung auch BVerfGE 158, 1 (24 f., Rn. 39 f.); 155, 238 (306 f., Rn. 169); Beschluss der 1. Kammer des Ersten Senats vom 18.8.2020 – 1 BvQ 82/20, Rn. 19/24 bei Juris.

teilharmonisierte Bereiche betroffen sind. Soweit zwingende Vorgaben des Unionsrechts umgesetzt werden, betreffen sie den unionsrechtlich determinierten Rechtsbereich, so dass Prüfungsmaßstab der Verfassungsbeschwerde die Unionsgrundrechte sind.[399] Wenn die Rüge des Beschwerdeführers allerdings (auch) Bereiche betrifft, in denen das Unionsrecht Gestaltungsspielräume belässt, sind diese jeweils für sich als teilharmonisiert anzusehen. Deshalb können insoweit die deutschen Grundrechte gerügt werden.[400]

236 Soweit das Bundesverfassungsgericht die Unionsgrundrechte als Prüfungsmaßstab in Verfassungsbeschwerdeverfahren anlegt, übt es seine Kontrolle in enger Kooperation mit dem EuGH aus.[401] Denn materiell liegt die Zuständigkeit für die letztverbindliche Auslegung des Unionsrechts und damit auch der Charta der Grundrechte der Europäischen Union beim EuGH (Art. 19 Abs. 1 UA 1 Satz 2 EUV). Art. 267 AEUV sichert das auch prozessual ab. Durch die Prüfung der Unionsgrundrechte wird das Bundesverfassungsgericht zu einer fachgerichtsartigen **Außenstelle des EuGH und** in der gleichen Weise wie nationale Fachgerichte, die letztinstanzlich entscheiden, zu einem nach Art. 267 Abs. 3 AEUV **grundsätzlich vorlageverpflichteten Gericht**, soweit es um die Auslegung der Unionsgrundrechte aus der Charta der Grundrechte der Europäischen Union geht. Von der Vorlage kann auch das Bundesverfassungsgericht nur dann absehen, wenn die dafür vom EuGH insbesondere in der C.I.L.F.I.T.-Entscheidung[402] entwickelten Voraussetzungen vorliegen.[403] Das Bundesverfassungsgericht ist im Hinblick auf die Anwendung und Auslegung der Unionsgrundrechte innerstaatlich letztentscheidende Instanz im Sinne von Art. 267 Abs. 3 AEUV[404] und deshalb vorlagepflichtig, wenn die Antworten auf die sich insoweit zur Auslegung der Charta der Grundrechte der Europäischen Union stellenden Fragen nicht derart offenkundig sind, dass für einen vernünftigen Zweifel kein Raum bleibt, oder durch die Rechtsprechung des EuGH schon geklärt sind (→ Rn. 263 ff.).[405]

---

399 Beschluss der 2. Kammer des Ersten Senats vom 8.9.2020 – 1 BvR 895/16, Rn. 25 f. bei Juris.

400 Vgl. Beschluss der 2. Kammer des Ersten Senats vom 8.9.2020 – 1 BvR 895/16, Rn. 33 bei Juris.

401 BVerfGE 152, 216 (Rn. 243 f., Rn. 68) – Recht auf Vergessen II.

402 Vgl. EuGH, Urteil vom 6.10.1982 – C-283/81, Rn. 21 – C.I.L.F.I.T.

403 BVerfGE 152, 216 (244, Rn. 69) – Recht auf Vergessen II.

404 BVerfGE 152, 216 (244, Rn. 69) – Recht auf Vergessen II; vgl. auch Beschluss der 1. Kammer des Zweiten Senats vom 15.2.2023 – 2 BvR 2009/22, Rn. 18 bei Juris.

405 BVerfGE 152, 152 (183, Rn. 72) – Recht auf Vergessen I, und 152, 216 (244 f., Rn. 70 f.) – Recht auf Vergessen II; in jüngerer Vergangenheit bestätigt durch die Beschlüsse der 1. Kammer des Zweiten Senats vom 15.2.2023 – 2 BvR 2009/22, Rn. 18 bei Juris, vom 19.5.2022 – 2 BvR 1110/21, Rn. 39 bei Juris, und vom 20.4.2022 – 2 BvR 1713/21, Rn. 41 f. bei Juris. Beispielsweise stellte die 1. Kammer des Zweiten Senats in dem Beschluss vom 19.5.2022 eine Verletzung des Art. 50 GRCh (Doppelbestrafungsverbot) infolge einer Einstellungsverfügung fest. Der Begriff einer rechtskräftigen Verurteilung bzw. eines rechtskräftigen Freispruchs gem. Art. 50 GRCh iVm Art. 54 SDÜ umfasse nach der Rechtsprechung des EuGH auch staatsanwaltschaftliche Einstellungsentscheidungen, die das nationale Ermittlungsverfahren endgültig abschließen. Eine Vorlage zum EuGH war demnach aufgrund der durch den EuGH bereits geklärten Fragen nicht geboten, Beschluss der 1. Kammer des Zweiten Senats vom 19.5.2022 – 2 BvR 1110/21, Rn. 41 bei Juris.

Das Konzept der Unionsgrundrechte als unmittelbarer verfassungsgerichtlicher Prüfungsmaßstab gilt unabhängig von der **Art des Beschwerdegegenstands**. Sicher anwendbar ist es, wenn **deutsche Gerichtsentscheidungen**, die Unionsrecht auslegend angewandt haben, Beschwerdegegenstand sind. Diese Konstellation lag den beiden Entscheidungen des Ersten Senats vom 6.11.2019 zum „Recht auf Vergessen" zugrunde. Dasselbe hat aber zu gelten, wenn sich die Jedermann-Verfassungsbeschwerde unmittelbar gegen **deutsche Gesetze** richtet, die europäische Richtlinien oder Verordnungen umsetzen. Das ist zwar bislang in der Rechtsprechung des Bundesverfassungsgerichts offen geblieben,[406] aber hier greift in gleicher Weise das tragende Argument der Funktionsäquivalenz. Die vom Bundesverfassungsgericht genannte Grundlage für seine Kompetenz zur Prüfung am Maßstab der Unionsgrundrechte (Art. 23 GG iVm den grundgesetzlichen Vorschriften über die Aufgaben des Bundesverfassungsgerichts im Bereich des Grundrechtsschutzes),[407] unterscheidet nicht zwischen administrativ-gerichtlichen und legislativen Beschwerdegegenständen. Nichts anderes folgt aus dem Umstand, dass die Verwerfung oder Ungültigerklärung von Unionsrecht allein dem EuGH vorbehalten ist. Denn der EuGH ist vom Bundesverfassungsgericht in solchen Fällen ohnehin schon zur Auslegung der Reichweite der Unionsgrundrechte im Wege des Vorabentscheidungsverfahrens nach Art. 267 Abs. 3 AEUV einzubeziehen (→ Rn. 237). Das Bundesverfassungsgericht hat insoweit eben nur eine Prüfungs-, aber keine Verwerfungskompetenz.[408] Offener ist, ob das neue Konzept des Ersten Senats auch auf die **Überprüfung des unionsrechtlichen Fachrechts** selbst erstreckt werden kann. Sachlich wäre das richtig. Denn gerade bei den unmittelbar in den Mitgliedstaaten geltenden Verordnungen wäre andernfalls das Ergebnis, dass der Jedermann deren Unionswidrigkeit zwar vor den deutschen Fachgerichten geltend machen könnte, nicht aber im Wege der Verfassungsbeschwerde. Vorgelegt werden an den EuGH müsste aber doch in jedem Fall. Der Erste Senat hat auch selbst erkannt, dass er durch sein neues Konzept in gleicher Weise vorlagepflichtig werden kann wie deutsche Fachgerichte. Die fehlende Verwerfungskompetenz für Unionsrecht bei allen deutschen Gerichten stellt sicher, dass auch das Bundesverfassungsgericht bei einer Prüfung am Maßstab der Unionsgrundrechte eine Verordnung der Europäischen Union nicht selbst verwerfen, wohl aber dem EuGH vorlegen kann. Problematisch ist allerdings, dass für eine Erstreckung der Unionsgrundrechte als verfassungsgerichtlicher Prüfungsmaßstab auch auf das unionsrechtliche Fachrecht wohl zunächst das Plenum nach § 16 Abs. 1 anzurufen wäre. Das Bundesverfassungsgericht, insbesondere der Zweite Senat, hat entscheidungserheblich zum Ausdruck gebracht, dass es seine Gerichtsbarkeit über die Anwendbarkeit vom abgeleiteten Unionsrecht 237

406 Vgl. etwa BVerfGE 153, 74 (142, Rn. 116) – Zustimmungsgesetz zum Abkommen über ein einheitliches Patentgericht. Dies wiedergebend auch BVerfGE 155, 119 (163, Rn. 84) – Bestandsdatenauskunft II. Mangels Entscheidungserheblichkeit offen gelassen von BVerfGE 152, 216 (237, Rn. 51) – Recht auf Vergessen II; Beschluss der 2. Kammer des Ersten Senats vom 8.9.2020 – 1 BvR 895/16, Rn. 24 bei Juris.

407 Vgl. BVerfGE 152, 216 (238, Rn. 53) – Recht auf Vergessen II.

408 So auch schon Barczak BVerfGG/Barczak Einleitung Rn. 90.

insgesamt nicht ausübt, was aber bei einer Prüfung am Maßstab der Unionsgrundrechte der Fall wäre.[409]

238 Schließlich ist zu beachten, dass überall dort, wo die Unionsgrundrechte auch nach der Rechtsprechung nicht unmittelbar Prüfungsmaßstab im Verfassungsbeschwerdeverfahren sind, die **Grundrechte des Grundgesetzes** weiterhin auch **im Lichte der Charta** der Grundrechte der Europäischen Union **auszulegen** sind.[410]

239 Die Einbeziehung der Unionsgrundrechte in den Kreis der verfassungsbeschwerdefähigen Rechte zwingt den **anwaltlichen Berater in einem Verfassungsbeschwerdemandat, vor Einlegung der Verfassungsbeschwerde zu prüfen**, ob der gegenständliche Rechtsbereich unionsrechtlich vollständig oder teilweise harmonisert ist. Denn davon hängt ab, ob die Unionsgrundrechte oder die Grundrechte des deutschen Grundgesetzes zu rügen sind. Insbesondere besteht die Notwendigkeit, sich mit der Rechtsprechung des EuGH auseinanderzusetzen.[411] Dies gilt nicht nur für die Frage der Abgrenzung von teil- und vollständig determinierten Rechtsmaterien. Daneben müssen sich Anwälte auch mit der Auslegung der möglicherweise betroffenen Unionsgrundrechte durch den EuGH befassen. Demnach gehen mit der Möglichkeit der Geltendmachung von Unionsgrundrechten auch erhebliche Anforderungen an die nach §§ 23 Abs. 1 Satz 2, 92 erforderliche Begründung der Verfassungsbeschwerde einher.[412] So hat beispielsweise die 3. Kammer des Ersten Senats die Verfassungsbeschwerde einer Fernseh-Reporterin wegen Lohndiskriminierung abgewiesen, in der sich die Beschwerdeführerin auf Art. 23 Abs. 1 GRCh stützte. Nach Auffassung der Kammer habe sie nicht hinreichend substantiiert dargelegt, dass die Voraussetzungen für die Überprüfung der angegriffenen Entscheidungen anhand der Unionsgrundrechte vorlagen.[413] So müssten im unionsrechtlich nicht vollständig determinierten Bereich konkrete Anhaltungspunkte vorliegen, welche die grundsätzliche Vermutung der Mitgewährleistung des Schutzniveaus der Charta widerlegen. Die Beschwerdeführerin hätte daher ausführen müssen, inwieweit in der Auslegung der jeweiligen Grundrechte ein ungleiches Schutzniveau erreicht wird.[414] Insbesondere der Erste Senat erwägt eine deutliche Verschärfung der Darlegungs- und Begründungspflichten von Beschwerdeführern in Konstellationen, in den eine Anwendbarkeit der Unionsgrundrechte zur Diskussion steht. In dem Verfahren 1 BvR 948/23 hat der Erste Senat im Verfahren nach § 27a um Stellungnahmen dazu gebeten, welche Darlegungsanforderung aus §§ 23 Abs. 1 S. 2, 92 BVerfGG bei Sachverhalten folgen, bei denen die Abgrenzung zwischen der Anwendbarkeit der Grundrechte des Grundgesetzes

409 Vgl. dazu BVerfGE 152, 216 (250 f., Rn. 90) – Recht auf Vergessen II unter Bezugnahme auf BVerfGE 102, 149 (163) und 73, 393 (387).

410 Vgl. BVerfGE 152, 152 (177 ff., Rn. 60 ff.) – Recht auf Vergessen I; siehe auch BVerfGE 158, 1 (27, Rn. 46); Beschlüsse der 1. Kammer des Zweiten Senats vom 10.10.2019 – 2 BvR 1380/19, Rn. 15 bei Juris, und vom 7.10.2019 – 2 BvR 721/19, Rn. 18 bei Juris.

411 Burkiczak/Dollinger/Schorkopf BVerfGG/Drossel § 90 Rn. 98.

412 Burkiczak/Dollinger/Schorkopf BVerfGG/Drossel § 90 Rn. 98.

413 Beschluss der 3. Kammer des Ersten Senats vom 1.6.2022 – 1 BvR 75/20, Rn. 16 ff. bei Juris.

414 Beschluss der 3. Kammer des Ersten Senats vom 1.6.2022 – 1 BvR 75/20, Rn. 21 bei Juris.

einerseits und der Grundrechte der Grundrechte gerade andererseits fraglich ist.[415]

dd) Verletzung von Rechten aus der EMRK. Die **Europäische Menschenrechtskonvention** (EMRK) und ihre Zusatzprotokolle enthalten zwar materiell menschenrechtliche Gewährleistungen, die Grundrechtscharakter haben und insoweit mit den Grundrechten des Grundgesetzes und den Unionsgrundrechten vergleichbar sind. Trotzdem soll die EMRK im Verfahren der Verfassungsbeschwerde **kein Prüfungsmaßstab** für das Bundesverfassungsgericht sein, sondern **nur Auslegungshilfe** zur Ermittlung von Inhalt und Reichweite der Grundrechte des Grundgesetzes.[416] Einer Aufwertung der EMRK zum unmittelbaren Prüfungsmaßstab für Verfassungsbeschwerden steht aus Sicht des Bundesverfassungsgerichts deren **Rang als lediglich einfaches Bundesgesetz** entgegen.[417] Dieses formale Argument ist deshalb unbefriedigend, weil gleich drei Gesichtspunkte für eine starke inhaltliche Berücksichtigung der EMRK in Verfassungsbeschwerdeverfahren sprechen. Erstens sind die Vorgaben aus der EMRK dort als grundrechtliche Mindeststandards definiert (Art. 53 EMRK), hinter denen die Konventionsstaaten nicht zurückbleiben dürfen. Zweitens hat die Konvention mit dem Europäischen Gerichtshof für Menschenrechte in Straßburg ein gerichtliches Kontrollsystem geschaffen, welches ohnehin auf entsprechende Individualbeschwerde jeden Akt eines Konventionsstaats auf seine Vereinbarkeit mit der Konvention überprüft (Art. 34, 46 EMRK). Und drittens enthält die Konvention keinen Vorbehalt dahin, dass von der Verfassung des Konventionsstaats vorgegebene oder gedeckte staatliche Akte nicht überprüft werden dürfen, denn ein solcher Verfassungsvorbehalt wäre eine Einladung dazu, konventionsfreie Räume zu schaffen. 240

Diese materiellen Umstände lassen sich aber befriedigen, indem die Konvention zwar nicht zum unmittelbaren Prüfungsmaßstab erhoben wird, ihre mittelbare Berücksichtigung aber im Ergebnis weitgehend darauf hinausläuft, weil den Gewährleistungen der Konvention eben doch mittelbar eine verfassungsrechtliche Dimension zugesprochen wird.[418] Dem trägt das Bundesverfassungsgericht dadurch Rechnung, dass die Berücksichtigung der EMRK im Verfassungsbeschwerdeverfahren zwar mittelbarer Natur bleibt, faktisch aber einer unmittelbaren Prüfung schon sehr angenähert ist. Dieser **Status als de-facto-Prüfungsmaßstab** zeigt sich an der Entscheidung des Zweiten Senats zum Streikverbot für Beamte exemplarisch. Auf die eigentliche Prüfung an verfassungsrechtlichen Maßstäben entfallen 26 Randnum- 241

415 Vgl. dazu die auf der Homepage der Bundesrechtsanwaltskammer abrufbare Stellungnahme ihres Verfassungsrechtsausschusses (28/2024 – Sampling).

416 BVerfGE 162, 325 (351, Rn. 94); 158, 1 (36, Rn. 69 f.); 152, 152 (176, Rn. 58) – Recht auf Vergessen I; 149, 160 (201 f., Rn. 115); 148, 296 (350 ff., Rn. 126 ff.); 138, 296 (356, Rn. 149); 134, 33 (60 ff., Rn. 69 ff.); 131, 268 (295 f.); 128, 326 (367 ff.); 111, 307 (317) – Görgülü; Beschluss der 3. Kammer des Zweiten Senats vom 21.9.2023 – 2 BvR 825/23, Rn. 31 bei Juris; siehe auch BVerfG, Urteil des Ersten Senats vom 9.4.2024 – 1 BvR 2017/21, Rn. 92 bei Juris – Vaterschaftsanfechtung.

417 Vgl. zuletzt BVerfGE 158, 1 (36, Rn. 70); 148, 296 (350 f., Rn. 127) – Streikrecht für Beamte; siehe auch BVerfGE 128, 326 (367); 111, 307 (316 f.).

418 BVerfGE 158, 1 (36, Rn. 70).

mern der Entscheidung,[419] aber im Anschluss folgen nochmals 26 Randnummern dazu, ob das verfassungsrechtliche Ergebnis auch mit den Vorgaben der Konvention und der dazu ergangenen Rechtsprechung des Straßburger Gerichtshofs in Einklang zu bringen ist.[420] Das hat einen einfachen Grund. Auch die Richter des Bundesverfassungsgerichts haben verstanden, dass ihre Entscheidungen in EMRK-relevanten Konstellationen „EGMR-gefährdet" sind. Sie wissen auch, was die beste Verteidigung ihrer Entscheidung gegen eine Beanstandung durch den EGMR im Rahmen einer nachfolgenden Individualbeschwerde ist: Die eigene Darlegung, dass und warum das von ihnen nach Maßstäben des Grundgesetzes gefundene Ergebnis auch mit den Vorgaben der EMRK und insbesondere der Rechtsprechung des EGMR vereinbar ist. Dieses **„Schielen auf Straßburg"** hat beispielsweise dazu geführt, dass der Erste Senat einem von einer ausländischen öffentlichen Gewalt beherrschten Unternehmen mit Blick auf die Einbeziehung solcher Unternehmen in den Eigentumsschutz nach Art. 1 des 1. Zusatzprotokolls zur EMRK auch eine Berufung auf die Eigentumsgarantie aus Art. 14 Abs. 1 GG ermöglicht hat (siehe auch → Rn. 134).[421]

242 Mit diesem Druck auf das Bundesverfassungsgericht, keine konventionswidrigen Entscheidungen zu treffen, verträgt sich nur schwer die vom Bundesverfassungsgericht nach wie vor propagierte **These vom „letzten Wort" der deutschen Verfassung.**[422] Letztlich geht es hier, wie im Verhältnis zur Europäischen Union, um einen Vorbehalt für Extremfälle oder, wie es das Bundesverfassungsgericht sagt, um die absolute Grenze des Kerngehalts der Verfassungsidentität.[423] Anders als im Verhältnis zur Europäischen Union hat es beim Verhältnis zur EMRK und dem sie auslegenden Europäischen Gerichtshof für Menschenrechte bislang **keine** Konstellation gegeben, in der ernsthaft eine Überschreitung dieser Grenze in Frage stand. Aus Sicht der Bundesverfassungsrichter mag deren These vom letzten Wort der deutschen Verfassung dazu beitragen, den EGMR bei der Wahrnehmung seiner Kontrollaufgabe auch gegenüber dem Bundesverfassungsgericht zu einer gewissen Zurückhaltung zu bewegen. Diese Zurückhaltung kann darin bestehen, jedenfalls vertretbare Auslegungsergebnisse des Bundesverfassungsgerichts zu den Inhalten der Konvention noch zu akzeptieren. In diesem Sinne zusammenfinden könnten Bundesverfassungsgericht und EGMR dogmatisch unter Rückgriff auf die **„margin of appreciation"-Rechtsprechung des EGMR**, wobei der konventionsstaatliche Beurteilungsspielraum dann vom Bundesverfassungsgericht ausgeübt würde.[424] Diesem konventionsrechtlichen Beurteilungsspielraum des Mitgliedstaats und seiner Gerichte entspricht ein vom

419 BVerfGE 148, 296 (356 ff., Rn. 137 bis 162).
420 BVerfGE 148, 296 (373 ff., Rn. 163 bis 188).
421 BVerfGE 143, 246 (315 f., Rn. 202) – Vattenfall.
422 BVerfGE 148, 296 (352, Rn. 129) – Streikrecht für Beamte; 128, 326 (368 f.) – Sicherungsverwahrung.
423 BVerfGE 148, 296 (355, Rn. 130) – Streikrecht für Beamte; 128, 326 (371) – Sicherungsverwahrung, jeweils unter Verweis auf BVerfGE 123, 267 (344).
424 Vgl. zur margin of appreciation-Rechtsprechung des EGMR eingehend Schulte, Zur Übertragbarkeit der Margin of appreciation-Doktrin des EGMR auf die Rechtsprechung des EuGH im Bereich der Grundfreiheiten, 2018, S. 22 ff.; siehe auch BVerfGE 152, 152 (174, Rn. 54) – Recht auf Vergessen I.

Bundesverfassungsgericht entwickelter Begrenzungsansatz für die Heranziehung der EMRK im Rahmen der Verfassungsbeschwerde. Bei der Heranziehung der EMRK als Auslegungshilfe für die Bestimmung des Grundgesetzes ist nach den Obersätzen des Bundesverfassungsgerichts ergebnisorientiert vorzugehen. Statt einer schematischen Parallelisierung ist eine **Kontextualisierung der Rechtsprechung des EGMR** geboten und dabei vor allen Dingen den Grundwertungen der Konvention Rechnung zu tragen, jedenfalls aber Konflikte mit ihnen zu vermeiden.[425] Letztlich wird das Ergebnis der Prüfung aber meist eine weitgehende inhaltliche Deckungsgleichheit der Grundrechtskataloge der Konvention, der Charta der Grundrechte der Europäischen Union und der Grundrechte des Grundgesetzes sein,[426] weil sich die Auslegung aller dieser Rechtsquellen an den gemeinsamen Verfassungsüberlieferungen der Mitgliedstaaten in Gestalt ihrer höchstrichterlichen Konkretisierung auszurichten hat.[427]

Das Bundesverfassungsgericht verpflichtet aber nicht nur sich selbst, sondern 243
auch alle anderen Grundrechtsanwender zu einer völkerrechtsfreundlichen Auslegung des Grundgesetzes unter **Berücksichtigung der EMRK und der Rechtsprechung des Europäischen Gerichtshofs für Menschenrechte, insbesondere die Fachgerichte.** Deshalb ist es möglich, mit der Verfassungsbeschwerde zu rügen, ein Fachgericht habe eine Bestimmung der EMRK oder eine Entscheidung des Europäischen Gerichtshofs für Menschenrechte missachtet oder nicht berücksichtigt.[428] Der Beschwerdeführer muss dazu einen Verstoß gegen das in seinem Schutzbereich **berührte Grundrecht des Grundgesetzes in Verbindung mit dem Rechtsstaatsprinzip** rügen[429] oder sich auf die Verletzung eines Verfahrensgrundrechts berufen.[430] Darin liegt auch keine stumpfe Waffe, sondern eine **„äußerst wirksame Hebeltechnik"** zum Schutz der Einhaltung der Konventionsgarantien.[431] In seinem Beschluss vom 8.6.2011 hat der Zweite Senat klargestellt, dass es **nicht darauf ankommt**, ob sich die Fachgerichte im Zeitpunkt ihrer jeweiligen Entscheidung an **schon ergangenen Entscheidungen des Europäischen Gerichtshofs für Menschenrechte** oder des Bundesverfassungsgerichts orientieren können. Denn für die Feststellung der Grundrechtsverletzung kommt es allein auf die objektive Verfassungswidrigkeit der angefochtenen Urteile im Zeitpunkt der Entscheidung des Bundesverfassungsgerichts an, nicht darauf, ob die Grundrechtsverletzung den Fachgerichten vorwerfbar ist.[432]

Das wirkt sich auch auf die **Handhabung der** Voraussetzung für die soge- 244
nannte **Durchsetzungsannahme** nach § 93a Abs. 2 Buchst. b) aus. Eine gene-

425 BVerfGE 148, 296 (353 f., Rn. 131 f.).
426 Vgl. BVerfGE 158, 1 (35, Rn. 67).
427 Vgl. BVerfGE 158, 1 (36, Rn. 69); 156, 182 (198, Rn. 37).
428 BVerfGE 111, 307 (316); siehe auch BVerfGE 128, 326 (374 f.) – Sicherungsverwahrung.
429 BVerfGE 124, 300 (319); 111, 307 (316); Beschluss der 1. Kammer des Zweiten Senats vom 19.5.2023 – 2 BvR 78/22, Rn. 24 ff. bei Juris.
430 Vgl. Beschluss der 3. Kammer des Zweiten Senats vom 21.9.2023 – 2 BvR 825/23, Rn. 28 ff. bei Juris, zu Art. 19 Abs. 4 GG; Beschluss der 2. Kammer des Ersten Senats vom 3.6.2022 – 1 BvR 2103/16, Rn. 32 ff. bei Juris; Beschluss der 1. Kammer des Zweiten Senats vom 19.10.2011 – 2 BvR 754/10, Rn. 13 ff. bei Juris.
431 Vgl. Huber/Voßkuhle/Voßkuhle Art. 93 Rn. 89.
432 BVerfGE 129, 37 (48); der Sache nach ebenso schon BVerfGE 128, 326 (408).

relle Vernachlässigung von Grundrechten durch die Fachgerichte kann nicht verneint werden, wenn zum Zeitpunkt der fachgerichtlichen Entscheidung schon mehrere einschlägige Entscheidungen des Europäischen Gerichtshofs für Menschenrechte vorlagen und lediglich noch eine klar herausstellende Entscheidung des Bundesverfassungsgerichts gefehlt hat. Die früher vertretene gegenteilige Auffassung[433] steht in einem Spannungsverhältnis zur Rechtsprechung des gesamten Senats und dürfte jedenfalls mit dessen Beschluss vom 8.6.2011[434] überholt sein.

245 Besonders bedeutsam ist, dass der Erste Senat auch bei der Bestimmung der Rechtsfolge der Verfassungswidrigkeit einer deutschen Norm auf den Verstoß gegen die EMRK abgestellt hat. Eine unter normalen Umständen denkbare **Fortgeltensanordnung bis zu einer Neuregelung** durch den Gesetzgeber **kommt nicht in Betracht**, wenn die Fachgerichte sonst Normen weiterhin anwenden müssen, die vom Europäischen Gerichtshof für Menschenrechte schon für unvereinbar mit der EMRK erklärt worden sind.[435]

246 ee) **Verletzung sonstiger supranationaler Vorschriften.** Supranationale Vorschriften außerhalb der Unionsgrundrechte und der EMRK scheiden als unmittelbarer Prüfungsmaßstab für eine Verfassungsbeschwerde weiterhin aus. Das gilt für die Bestimmungen des **internationalen Pakts über bürgerliche und politische Rechte** ebenso wie für die **Behindertenrechtskonvention** oder das **ILO-Übereinkommen über Zwangs- und Pflichtarbeit**.[436] Grundrechtsartige Gewährleistungen supranationaler Natur können aber **Bedeutung für die Auslegung des Grundgesetzes** insgesamt haben,[437] insbesondere für die Bestimmung des Inhalts und der Reichweite der Grundrechte und der rechtsstaatlichen Grundsätze des Grundgesetzes.[438] Noch stärker als bei der EMRK betont das Bundesverfassungsgericht hier aber, dass die Heranziehung Grenzen hat. Zwar sind die Vorschriften des Grundgesetzes nach Möglichkeit so auszulegen, dass ein Konflikt mit den völkerrechtlichen Verpflichtungen der Bundesrepublik Deutschland nicht entsteht,[439] aber die Möglichkeit der völkerrechtsfreundlichen Auslegung endet dort, wo diese nach den anerkannten Methoden der Gesetzesauslegung und Verfassungsinterpretation nicht mehr vertretbar scheint.[440]

247 Grundrechtsartige Gewährleistungen in sonstigen supranationalen Vorschriften haben danach zwar mit den Rechten aus der EMRK die Funktion als Auslegungshilfe für die deutschen Grundrechte gemein, ihre **Durchschlagskraft** ist aber gegenüber den Vorgaben der EMRK **beschränkt**. Das liegt vor allen Dingen daran, dass es in diesen sonstigen supranationalen Zusammen-

433 Beschluss der 3. Kammer des Zweiten Senats vom 6.6.2011 – 2 BvR 2076/08, Rn. 3 bei Juris.
434 BVerfGE 129, 37 (48).
435 BVerfGE 127, 132 (163 f.).
436 Vgl. BVerfGE 151, 1 (26 f., Rn. 61); Beschluss der 3. Kammer des Zweiten Senats vom 3.3.2011 – 2 BvR 176/11, Rn. 5 bei Juris.
437 Vgl. BVerfG, Urteil des Ersten Senats vom 22.11.2023 – 1 BvR 2577/15, Rn. 118 bei Juris zur Behindertenrechtskonvention, und BVerfG, Urteil des Zweiten Senats vom 20.6.2023 – 2 BvR 166/16 ua, Rn. 25 bei Juris.
438 BVerfGE 151, 1 (27, Rn. 62).
439 BVerfGE 141, 1 (27, Rn. 65).
440 BVerfGE 151, 1 (27 f., Rn. 63); 141, 1 (30, Rn. 72).

hängen entweder keine eigenständigen Gremien zur Konkretisierung dieser völkerrechtlichen Vorgaben gibt oder solche Einrichtungen zwar vorhanden sind, ihnen aber kein Mandat zur verbindlichen Interpretation des Vertragstextes zukommt. Das nimmt das Bundesverfassungsgericht etwa an bei Stellungnahmen von Ausschüssen oder vergleichbaren Vertragsorganen zur Auslegung von Menschenrechtsabkommen an und verweigert ihnen mit dieser Begründung die Orientierungs- und Leitfunktion, die der Rechtsprechung des EGMR zukommt.[441] Auf diese Weise sichert sich das Bundesverfassungsgericht das letzte Wort dazu, wie diese supranationalen Gewährleistungen im konkreten Fall auszulegen und anzuwenden sind.

ff) Verletzung sonstiger Rechte. Aus der Beschränkung auf Grundrechte und auf enumerativ benannte grundrechtsgleiche Rechte in § 90 Abs. 1 folgt, dass mit der Verfassungsbeschwerde **nicht die Verletzung sonstiger Rechte** gerügt werden kann. Als unmittelbar rügefähige Rechte scheiden damit durch einfaches Gesetz begründete Rechtspositionen aus.[442] Im Ergebnis dasselbe gilt für die in den Landesverfassungen geregelten Grundrechte[443] und das Landesrecht insgesamt.[444] Zwar könnten die Landesgrundrechte wie die Unionsgrundrechte auch als Grundrechte im Sinne von Art. 93 Abs. 1 Nr. 4 a GG, § 90 Abs. 1 verstanden werden, aber dagegen spricht die Trennung der Verfassungsräume zwischen Bund und Ländern. Derartige Rechte können in die Begründung einer Verfassungsbeschwerde stets **nur mittelbar** einfließen, etwa in dem Sinne, dass einem Fachgericht vorgeworfen wird, einfaches Recht oder Landesverfassungsrecht in verfassungswidriger Weise ausgelegt oder angewendet und dadurch ein Grundrecht oder grundrechtsgleiches Recht iSd § 90 Abs. 1 verletzt zu haben. Das als verletzt gerügte Recht bildet dann dennoch allein das Grundrecht oder grundrechtsgleiche Recht des Grundgesetzes. 248

b) Beschwer durch Gerichtsentscheidungen. Richtet sich die Verfassungsbeschwerde gegen eine Gerichtsentscheidung als Akt öffentlicher Gewalt, liegt die Beschwer des Betroffenen in der Regel auf der Hand.[445] Sie ergibt sich schon daraus, dass ihn die angegriffene Entscheidung negativ betrifft.[446] 249

Eines **Rückgriffs auf die Betroffenheits-Trias** „selbst, gegenwärtig und unmittelbar", die auf Eingriffe durch den Gesetzgeber zugeschnitten ist, bedarf es insoweit zur Begründung einer für die Beschwerdebefugnis notwendigen Betroffenheit des Beschwerdeführers nicht.[447] Besonderheiten sind lediglich in Sonderfällen zu beachten, etwa wenn Dritte, also nicht unmittelbar am Verfahren Beteiligte, Gerichtsentscheidungen angreifen wollen (dazu → Rn. 276 ff.) oder wenn sich die Beschwer aus anderen Umständen als 250

441 BVerfGE 151, 1 (28 f., Rn. 64 f.).
442 Vgl. Beschluss der 2. Kammer des Ersten Senats vom 13.7.2018 – 1 BvR 80/13, Rn. 1 bei Juris.
443 Vgl. Beschluss der 1. Kammer des Zweiten Senats vom 27.6.2017 – 2 BvQ 32/17, Rn. 7 bei Juris.
444 Beschluss der 3. Kammer des Zweiten Senats vom 21.11.2011 – 2 BvR 2333/11, Rn. 2 bei Juris – Volksabstimmung zu Stuttgart 21.
445 Vgl. BVerfGE 140, 42 (57, Rn. 56) unter Berufung auf diese Kommentierung.
446 Vgl. Beschluss der 3. Kammer des Ersten Senats vom 4.4.2011 – 1 BvR 1803/08, Rn. 12 bei Juris.
447 So auch BVerfGE 140, 42 (57, Rn. 56); Barczak BVerfGG/Hellmann § 90 Rn. 236.

dem für den Beschwerdeführer eigentlich günstigen Tenor ergeben soll (dazu → Rn. 265 ff.). Im Regelfall einer selbstverständlichen Betroffenheit des Beschwerdeführers durch die von ihm angegriffene Gerichtsentscheidung kann im Rahmen der Zulässigkeitsvoraussetzung der Beschwerdebefugnis lediglich die Behauptung der Grundrechtsverletzung problematisch werden (dazu → Rn. 311 ff.).

251 aa) **Prüfungsmaßstab: Spezifisches Verfassungsrecht.** Der Beschwerdeführer muss sich vergegenwärtigen, welchen **Maßstab** das Bundesverfassungsgericht anlegt, wenn es Gerichtsentscheidungen auf ihre **Vereinbarkeit mit Grundrechten und grundrechtsgleichen Rechten** prüft. Nur bezogen auf diesen Prüfungsmaßstab kann ermittelt werden, ob der Beschwerdeführer eine für das Verfassungsbeschwerdeverfahren geeignete Beschwer geltend machen kann und daher beschwerdebefugt ist.

252 Einen **eingeschränkten Kontrollmaßstab** hat das Bundesverfassungsgericht insbesondere hinsichtlich der Beachtung materieller Grundrechtspositionen durch die Fachgerichte entwickelt. Aber auch an die Feststellung einer Verletzung von Prozessgrundrechten und dementsprechend schon an die Darlegung einer solchen Verletzung in der Begründung der Verfassungsbeschwerde werden gesteigerte Anforderungen gestellt.

253 Nicht nur die Gestaltung des Verfahrens, die Feststellung und Würdigung des Tatbestands, die Auslegung des einfachen Rechts und seine Anwendung auf den Einzelfall sind primär Sache der dafür nach einfachem Prozessrecht zuständigen Gerichte. Auch die Wahrung und Durchsetzung der Grundrechte obliegt an erster Stelle den Fachgerichten. Das Bundesverfassungsgericht wird nur **subsidiär** tätig, wenn der fachgerichtliche Grundrechtsschutz ausnahmsweise versagt. Daraus erklären sich nicht nur das Erfordernis der Rechtswegerschöpfung gemäß § 90 Abs. 2 Satz 1 und der weitergehende Grundsatz der Subsidiarität der Verfassungsbeschwerde, sondern auch eine Beschränkung der Prüfungsintensität des Bundesverfassungsgerichts im Rahmen von Urteilsverfassungsbeschwerden.

254 Das Bundesverfassungsgericht greift nur bei einer **Verletzung von spezifischem Verfassungsrecht** ein. So lautet das Fazit der nach einem früheren Verfassungsrichter sogenannten **Heck'schen Formel**.[448]

255 Im Wesentlichen bedeutet das, dass eine Urteilsverfassungsbeschwerde – abgesehen von Verstößen gegen das in Art. 3 Abs. 1 GG verankerte Willkürverbot[449] – nur dann Erfolg haben kann, wenn die angegriffene Entscheidung Auslegungsfehler erkennen lässt, die auf einer **grundsätzlich unrichtigen Anschauung von der Bedeutung eines Grundrechts** beruhen und in ihrer

448 Grundlegend BVerfGE 18, 85 (92 f.); vgl. BVerfGE 148, 69 (132 f., Rn. 155); vgl. auch Beschluss der 3. Kammer des Ersten Senats vom 12.5.2023 – 1 BvR 886/22, Rn. 5 bei Juris; Beschluss der 2. Kammer des Zweiten Senats vom 8.6.2021 – 2 BvR 2010/20, Rn. 23 bei Juris; Beschluss der 1. Kammer des Zweiten Senats vom 20.9.2019 – 2 BvR 880/19, Rn. 30 bei Juris; Beschluss der 1. Kammer des Ersten Senats vom 14.11.2018 – 1 BvR 433/16, Rn. 17 bei Juris.

449 Vgl. Beschluss der 2. Kammer des Zweiten Senats vom 13.12.2023 – 2 BvR 2143/21, Rn. 22 bei Juris; Beschluss der 3. Kammer des Zweiten Senats vom 19.7.2019 – 2 BvR 2283/19, Rn. 21 f. bei Juris.

materiellen Bedeutung für den Rechtsfall von einiger Bedeutung sind.[450] Der Extremfall ist die vollständige Verkennung, dass ein Grundrecht überhaupt betroffen ist.[451] Die Prüfungstiefe vergrößert sich allerdings, wenn die **wertsetzende Bedeutung spezifischer Grundrechte** schon bei der Anwendung und Auslegung des einfachen Rechts zu beachten ist, wie etwa bei der Rundfunkfreiheit[452] und bei Art. 2 Abs. 2 Satz 2 GG.[453]

Auf dieser Grundlage beanstandet das Bundesverfassungsgericht fachgerichtliche **Grundrechtsabwägungen** grundsätzlich nicht, wenn die widerstreitenden grundrechtlichen Schutzgüter hinreichend berücksichtigt wurden.[454] Die Auslegung des einfachen Rechts beanstandet das Bundesverfassungsgericht dann nicht, wenn sich das Fachgericht mit vom Beschwerdeführer als richtig angesehenen Auslegungsalternativen auseinandergesetzt und sie willkürfrei verworfen hat.[455] 256

Auch die **richterliche Rechtsfortbildung** unterliegt nur einer begrenzten verfassungsgerichtlichen Kontrolle. Richterliche Rechtsfortbildung überschreitet die sich aus dem Grundsatz der Gewaltenteilung ergebenden verfassungsrechtlichen Grenzen, wenn sie deutlich erkennbare gesetzliche Entscheidungen abändert oder ohne ausreichende Rückbindung an gesetzliche Aussagen neue Regelungen schafft.[456] Richterliche Rechtsfortbildung darf nicht dazu führen, dass der Richter seine eigene materielle Gerechtigkeitsvorstellung an die Stelle derjenigen des Gesetzgebers setzt.[457] Dem Bundesverfassungsgericht ist es aber grundsätzlich untersagt, die fachgerichtliche Wertung durch eine eigene zu ersetzen. Es prüft nur, ob das Fachgericht in vertretbarer Weise eine einfachgesetzliche Lücke angenommen und geschlossen hat, indem es die gesetzgeberische Grundentscheidung respektiert und von den anerkannten Methoden der Gesetzesauslegung in vertretbarer Weise Gebrauch gemacht hat.[458] Dabei kommt den betreffenden Gesetzesmateriali- 257

---

450 BVerfGE 89, 1 (9 f.); Beschluss der 2. Kammer des Ersten Senats vom 17.11.2023 – 1 BvR 1076/23, Rn. 22 bei Juris.

451 Vgl. Beschluss der 1. Kammer des Ersten Senats vom 31.8.2009 – 1 BvR 3275/07, Rn. 19 bei Juris – Außerachtlassung der Berufsfreiheit durch den Bundesfinanzhof.

452 BVerfGE 117, 244 (260); Beschluss der 1. Kammer des Ersten Senats vom 10.12.2010 – 1 BvR 2020/04, Rn. 30 bei Juris.

453 Vgl. Beschluss der 2. Kammer des Zweiten Senats vom 24.2.2023 – 2 BvR 117/20 ua, Rn. 50 ff. bei Juris; Beschluss der 1. Kammer des Zweiten Senats vom 10.10.2019 – 2 BvR 1380/19, Rn. 14 ff. bei Juris.

454 Vgl. Beschlüsse der 2. Kammer des Ersten Senats vom 27.8.2019 – 1 BvR 879/12, Rn. 11 ff. bei Juris, und vom 18.2.2019 – 1 BvR 2556/17, Rn. 9 ff. bei Juris.

455 Beschluss der 2. Kammer des Ersten Senats vom 1.11.2010 – 1 BvR 261/10, Rn. 15 bei Juris.

456 BVerfGE 126, 286 (306); Beschluss der 2. Kammer des Ersten Senats vom 31.10.2016 – 1 BvR 871/13 ua, Rn. 23 bei Juris; Beschluss der 2. Kammer des Zweiten Senats vom 26.9.2011 – 2 BvR 2216/06, Rn. 56 bei Juris.

457 BVerfGE 149, 126 (154, Rn. 73); 132, 99 (127 f., Rn. 75 f.); Beschluss der 3. Kammer des Zweiten Senats vom 9.8.2023 – 2 BvR 1373/20, Rn. 29 bei Juris; Beschluss der 2. Kammer des Zweiten Senats vom 5.7.2019 – 2 BvR 167/18, Rn. 41 bei Juris; Beschluss der 1. Kammer des Ersten Senats vom 26.11.2018 – 1 BvR 318/17 ua, Rn. 31 bei Juris.

458 BVerfGE 131, 130 (145 f.); Beschluss der 1. Kammer des Ersten Senats vom 17.9.2013 – 1 BvR 1928/12, Rn. 34 bei Juris.

en eine wichtige Indizwirkung zu.[459] Die vom Fachgericht vorgenommene Erweiterung des Normenbereichs darf außerdem Wertungen der Verfassung nicht widersprechen.[460] Letzteres ist dann der Fall, wenn die fachgerichtliche Lückenfüllung eine Rechtslage schafft, die der Gesetzgeber nicht ohne Verstoß gegen den allgemeinen Gleichheitssatz des Art. 3 Abs. 1 GG schaffen könnte.[461]

258 Das Kriterium der Vertretbarkeit wird der Sache nach auch aufgegriffen, wenn mit der Verfassungsbeschwerde eine fachgerichtliche Rechtsanwendung als willkürlich gerügt wird. Einen Verstoß gegen das **Willkürverbot** des Art. 3 Abs. 1 GG nimmt das Bundesverfassungsgericht erst dann an, wenn die Rechtsanwendung bei verständiger Würdigung der das Grundgesetz beherrschenden Gedanken nicht mehr verständlich ist und sich daher der Schluss aufdrängt, dass sie auf sachfremden Erwägungen beruht.[462] Die angegriffene Entscheidung muss sachlich schlechthin unhaltbar sein.[463]

259 **bb) Prüfungsmaßstab bei den Prozessgrundrechten.** Aber auch eine Verfassungsbeschwerde, mit der die Verletzung von Prozessgrundrechten gerügt wird, muss beachten, dass das Bundesverfassungsgericht **nicht jeden Verstoß gegen Vorschriften der einfachgesetzlichen Prozessordnungen** zugleich als Verfassungsverstoß ansieht. Die Grenze zur Verletzung eines Prozessgrundrechts ist vielmehr erst bei einer **besonders krassen Missachtung** von Verfahrens- und Zuständigkeitsvorschriften überschritten. Hierzu haben sich zu den einzelnen Prozessgrundrechten, insbesondere zu Art. 101 Abs. 1 Satz 2 GG und Art. 103 Abs. 1 GG, konkrete Maßstäbe entwickelt, die vom Bundesverfassungsgericht in ständiger Rechtsprechung beinahe schematisch angewandt werden.

260 Zum **Recht auf den gesetzlichen Richter** gilt, dass das Bundesverfassungsgericht die Auslegung und Anwendung von Zuständigkeitsnormen nur beanstandet, wenn sie willkürlich oder offensichtlich unhaltbar ist oder wenn die richterliche Entscheidung Bedeutung und Tragweite der Verfassungsgarantie des Art. 101 Abs. 1 Satz 2 GG grundlegend verkennt.[464]

---

459 BVerfGE 149, 126 (154 f., Rn. 74); Beschluss der 2. Kammer des Zweiten Senats vom 5.7.2019 – 2 BvR 167/18, Rn. 45 bei Juris; Beschluss der 1. Kammer des Ersten Senats vom 26.11.2018 – 1 BvR 318/17 ua, Rn. 32 bei Juris.

460 Beschluss der 3. Kammer des Ersten Senats vom 4.4.2011 – 1 BvR 1803/08, Rn. 16 bei Juris.

461 Beschluss der 3. Kammer des Ersten Senats vom 16.3.2011 – 1 BvR 591/08, Rn. 32 bei Juris.

462 Beschluss der 2. Kammer des Zweiten Senats vom 13.12.2023 – 2 BvR 2143/21, Rn. 22 bei Juris; Beschluss der 3. Kammer des Zweiten Senats vom 20.10.2023 – 2 BvR 499/23, Rn. 26 bei Juris; Beschluss der 3. Kammer des Ersten Senats vom 22.9.2023 – 1 BvR 422/23Rn. 16 bei Juris; siehe auch BVerfGE 86, 59 (62 f.).

463 Vgl. Beschluss der 2. Kammer des Zweiten Senats vom 13.12.2023 – 2 BvR 2143/21, Rn. 22 bei Juris; Beschluss der 1. Kammer des Zweiten Senats vom 7.10.2019 – 2 BvR 721/19, Rn. 17 bei Juris; Beschluss der 2. Kammer des Zweiten Senats vom 26.8.2014 – 2 BvR 2172/13, Rn. 17 bei Juris; Beschluss der 2. Kammer des Ersten Senats vom 15.12.2011 – 1 BvR 2490/10, Rn. 18 bei Juris.

464 BVerfGE 138, 64 (87 f., Rn. 71); Beschluss der 2. Kammer des Zweiten Senats vom 20.4.2023 – 2 BvR 1605/21, Rn. 50 bei Juris; Beschluss der 1. Kammer des Ersten Senats vom 21.11.2018 – 1 BvR 436/17, Rn. 19 bei Juris.

261 Dieser Willkürmaßstab wird grundsätzlich auch angelegt, wenn eine Verletzung von Art. 267 Abs. 3 AEUV durch **unterlassene Vorlage an den Gerichtshof der Europäischen Union** in Rede steht,[465] aber das ist heute in der praktischen Rechtsanwendung überlagert durch verschiedene, speziell auf das Vorabentscheidungsverfahren zugeschnittene Fallgruppen, über die zwischen dem Ersten und dem Zweiten Senat weitgehend Einigkeit besteht (→ Rn. 262). Der Zweite Senat betont zwar weiterhin stärker den Aspekt, dass das Bundesverfassungsgericht kein „oberstes Vorlagenkontrollgericht" ist,[466] verneint aber einen Verstoß gegen Art. 101 Abs. 1 Satz 2 GG durch Nichtvorlage an den EuGH nicht mehr schon dann, wenn ein Gericht die entscheidungserheblichen materiellen Fragen des Unionsrechts in zumindest vertretbarer Weise beantwortet hat,[467] sondern hat den Ansatz des Ersten Senats übernommen, wonach methodisch immer auf die Vertretbarkeit der Handhabung der Vorlagepflicht in Art. 267 Abs. 3 AEUV durch das Fachgericht abzustellen ist.[468] Das zeigt sich auch in den Ergebnissen. Die neuere Rechtsprechung, gerade des Zweiten Senats und seiner Kammern, trägt dem Rechnung und stellt jetzt öfter Verletzungen fest.[469]

262 Für die weitere Behandlung solcher Fälle sind heute ausschlaggebend die im Konsens beider Senate gefundenen **Konkretisierungen**, die in Anlehnung an die C.I.L.F.I.T.-Entscheidung des Gerichtshofs der Europäischen Union[470] zu drei konkreten und „benannten" Fallgruppen sowie einer all-

465 Vgl. BVerfGE 152, 216 (245 f., Rn. 74) – Recht auf Vergessen II; 149, 222 (285 f., Rn. 141 ff.) – Erster Senat; 147, 364 (379 f., Rn. 39); 135, 155 (231 f., Rn. 180 ff.) – jeweils Zweiter Senat; 129, 78 (106 f.); 128, 157 (187 f.) – jeweils Erster Senat; 126, 286 (316) – Zweiter Senat, damals noch in ausdrücklicher Frontstellung gegen den kontrollfreundlicheren Beschluss der 3. Kammer des Ersten Senats vom 25.2.2010 – 1 BvR 230/09, Rn. 15 ff. bei Juris; aus der Kammerrechtsprechung zuletzt etwa Beschluss der 2. Kammer des Zweiten Senats vom 8.11.2023 – 2 BvR 1079/20, Rn. 65 ff. bei Juris.

466 BVerfGE 147, 364 (380, Rn. 40); ebenso der Erste Senat: BVerfGE 149, 222 (286, Rn. 141).

467 So aber noch BVerfGE 126, 286 (316 f.).

468 BVerfGE 135, 155 (232 ff., Rn. 180 ff.); siehe auch die Rechtsprechung des Ersten Senats BVerfGE 149, 222 (285 f., Rn. 141); vgl. zur Entwicklung auch Lenz, Rechtsschutz vor Europäischen Gerichten in: Quaas/Zuck/Funke-Kaiser, Prozesse in Verwaltungssachen § 9 Rn. 53 ff.

469 Vgl. BVerfGE 147, 364 (378, Rn. 35 f.) – Verletzung durch das Hanseatische Oberlandesgericht; Beschluss der 2. Kammer des Zweiten Senats vom 8.11.2023 – 2 BvR 1079/20, Rn. 65 ff. bei Juris (Verletzung durch den Bundesfinanzhof); Beschluss der 1. Kammer des Zweiten Senats vom 20.4.2022 – 2 BvR 1713/21, Rn. 40 ff. bei Juris (Verletzung durch das Oberlandesgericht Düsseldorf); Beschluss der 1. Kammer des Zweiten Senats vom 30.3.2022 – 2 BvR 2069/21, Rn. 35 ff. bei Juris (Verletzung durch das Oberlandesgericht Hamm); Beschluss der 3. Kammer des Zweiten Senats vom 4.3.2021 – 2 BvR 1161/19, Rn. 52 ff. bei Juris (Verletzung durch den Bundesfinanzhof); Beschluss der 2. Kammer des Ersten Senats vom 14.1.2021 – 1 BvR 2853/19, Rn. 8 ff. bei Juris (Verletzung durch das Amtsgericht Goslar); Beschluss der 2. Kammer des Zweiten Senats vom 9.5.2018 – 2 BvR 37/18, Rn. 22 bei Juris (Verletzung durch das Schleswig-Holsteinische Oberlandesgericht); Beschluss der 2. Kammer des Zweiten Senats vom 6.10.2017 – 2 BvR 987/16, Rn. 2 bei Juris (Verletzung durch das Landgericht Zweibrücken); Beschluss der 2. Kammer des Zweiten Senats vom 15.12.2016 – 2 BvR 221/11, Rn. 27 ff. bei Juris (Verletzung durch den Bundesgerichtshof); Beschluss der 3. Kammer des Zweiten Senats vom 19.7.2016 – 2 BvR 470/08, Rn. 51 ff. bei Juris (Verletzung durch das Oberlandesgericht München).

470 EuGH, Urteil vom 6.10.1982 – C-283/81, Tz 16 ff. – C.I.L.F.I.T.

gemeinen Auffangformulierung geführt haben.[471] Ein Fall der **grundsätzlichen Verkennung der Vorlagepflicht** ist gegeben, wenn ein letztinstanzliches Hauptsachegericht eine Vorlage trotz der seiner Auffassung nach bestehenden Entscheidungserheblichkeit der unionsrechtlichen Frage überhaupt nicht in Erwägung zieht, obwohl es selbst Zweifel hinsichtlich der richtigen Beantwortung der Frage hegt und das Unionsrecht somit eigenständig fortbildet.[472] Das Bundesverfassungsgericht verlangt dabei vom Fachgericht, dass es sich hinsichtlich des materiellen Unionsrechts hinreichend kundig macht, die Rechtsprechung des Gerichtshofs auswertet und, um eine Kontrolle durch das Bundesverfassungsgericht zu ermöglichen, die Gründe für seine Entscheidung über die Vorlagepflicht angibt.[473] Die Fallgruppe des **bewussten Abweichens ohne Vorlagebereitschaft** betrifft Fälle, in denen das letztinstanzliche Hauptsachegericht in seiner Entscheidung bewusst von der Rechtsprechung des Gerichtshofs der Europäischen Union zu entscheidungserheblichen Fragen abweicht und gleichwohl nicht oder nicht neuerlich vorlegt;[474] der Anwalt des Beschwerdeführers muss das bewusste Abweichen aus den Entscheidungsgründen oder sonstigen Anhaltspunkten ableiten.[475] Die Fallgruppe **der Unvollständigkeit der Rechtsprechung** betrifft Fälle, in denen zu einer entscheidungserheblichen Frage des Unionsrechts einschlägige Rechtsprechung des Gerichtshofs noch nicht vorliegt oder die vorliegende Rechtsprechung die entscheidungserhebliche Frage möglicherweise noch nicht erschöpfend beantwortet, oder eine Fortentwicklung der Rechtsprechung des Gerichtshofs nicht nur eine entfernte Möglichkeit ist. Art. 101 Abs. 1 Satz 2 GG ist dann verletzt, wenn das letztinstanzliche Hauptsachegericht den ihm in solchen Fällen notwendig zukommenden Beurteilungsrahmen in unvertretbarer Weise überschreitet.[476] Das ist jedenfalls dann der Fall, wenn die Fachgerichte das Vorliegen eines „acte clair" oder

---

471 Vgl. BVerfGE 149, 222 (284 ff., Rn. 137 ff.); 147, 364 (380 ff., Rn. 41 ff.); siehe zuletzt etwa Beschluss der 2. Kammer des Zweiten Senat vom 8.11.2023 – 2 BvR 1079/20, Rn. 67 f. bei Juris.

472 Vgl. Beschluss der 2. Kammer des Zweiten Senats vom 8.11.2023 – 2 BvR 1079/20, Rn. 67 f. bei Juris; Beschluss der 2. Kammer des Ersten Senats vom 14.1.2021 – 1 BvR 2853/19, Rn. 21 bei Juris; Beschluss der 1. Kammer des Zweiten Senats vom 22.7.2019 – 2 BvR 1702/18, Rn. 22 bei Juris; siehe aus der Senatsrechtsprechung auch BVerfGE 149, 222 (286, Rn. 142); 147, 364 (380 f., Rn. 41); 135, 155 (232, Rn. 181); 129, 78 (106 f.); 128, 157 (157 f.).

473 BVerfGE 147, 364 (381, Rn. 41); vgl. Beschluss der 2. Kammer des Zweiten Senats vom 8.11.2023 – 2 BvR 1079/20, Rn. 68 bei Juris; Beschluss der 1. Kammer des Zweiten Senats vom 22.7.2019 – 2 BvR 1702/18, Rn. 22 bei Juris; Beschluss der 2. Kammer des Zweiten Senats vom 9.5.2018 – 2 BvR 37/18, Rn. 27 bei Juris.

474 Vgl. BVerfGE 149, 222 (286, Rn. 142); 147, 364 (381, Rn. 42); 135, 155 (232, Rn. 182); Beschluss der 2. Kammer des Zweiten Senats vom 8.11.2023 – 2 BvR 1079/20, Rn. 67 bei Juris.

475 Vgl. etwa den Beschluss der 1. Kammer des Ersten Senats vom 7.1.2014 – 1 BvR 2571/12, Rn. 10 bei Juris.

476 Vgl. Beschluss der 2. Kammer des Zweiten Senats vom 8.11.2023 – 2 BvR 1079/20, Rn. 69 bei Juris; Beschluss der 3. Kammer des Zweiten Senats vom 4.3.2021 – 2 BvR 1161/19, Rn. 56 bei Juris; Beschluss der 1. Kammer des Zweiten Senats vom 22.7.2019 – 2 BvR 1702/18, Rn. 24 bei Juris; Beschluss der 2. Kammer des Zweiten Senats vom 9.5.2018 – 2 BvR 37/18, Rn. 29 bei Juris; aus der Senatsrechtsprechung etwa BVerfGE 147, 364 (381 f., Rn. 43).

eines „acte éclairé“ willkürlich bejahen.[477] Die drei benannten, klassischen **Fallgruppen** decken zwar die meisten Konstellationen ab, **sind** aber **nicht** abschließend.[478] Art. 101 Abs. 1 Satz 2 GG kann auch in anderen Fällen einer unvertretbaren Handhabung der Vorlagepflicht verletzt sein, etwa unter dem Aspekt der Entwicklung einer „eigenen Lösung“ zum Unionsrecht durch das letztinstanzliche Gericht.[479]

Offene Fragen ergeben sich insoweit aber aus der Rechtsprechung des Ersten Senats zur Erweiterung des Prüfungsmaßstabs für Verfassungsbeschwerden auf die Unionsgrundrechte.[480] Ein Verfassungsgericht, welches Unionsgrundrechte in einem verfassungsgerichtlichen Verfahren zum Prüfungsmaßstab macht, könnte dadurch selbst zu dem im Sinne von Art. 267 Abs. 3 AEUV einzelstaatlichen Gericht werden, dessen Entscheidung nicht mehr mit Rechtsmitteln des innerstaatlichen Rechts angefochten werden kann. Naheliegende Konsequenz wäre, dass es dann nicht nur selbst vorlagepflichtig nach Art. 267 Abs. 3 AEUV wird, sondern die ihm vorgelagerten obersten Fachgerichte zwar weiterhin nach Art. 267 Abs. 2 AEUV vorlegen können, aber ihren Status als letztinstanzliches Gericht im Sinne von Art. 267 Abs. 3 AEUV verlieren. Vorlageverpflichtet im Sinne von Art. 267 Abs. 3 AEUV wäre dann nur noch das Verfassungsgericht, nicht mehr das höchste Fachgericht.[481] Der Erste Senat hat dazu nicht abschließend Stellung bezogen, es aber als grundsätzlich möglich angesehen, dass dann mit dem am Maßstab der Unionsgrundrechte prüfenden (Bundes-)**Verfassungsgericht und dem letztinstanzlichen Fachgericht zwei Gerichte nebeneinander und gleichzeitig als letztinstanzliches Gericht** im Sinne von Art. 267 Abs. 3 AEUV anzusehen sind.[482] Auch wenn man insoweit die Rechtslage als noch offen und klärungsbedürftig ansehen muss, erscheint doch der Ansatz des Ersten Senats richtig und überzeugend. Dafür spricht erstens, dass das Bundesverfassungsgericht nur im Hinblick auf den Prüfungsmaßstab der Unionsgrundrechte die Entscheidungen letztinstanzlicher Fachgerichte überprüft, nicht im Hinblick auf alle anderen Formen des Unionsrechts. Und zum anderen lässt auch der Charakter der Verfassungsbeschwerde als außerordentlicher Rechtsbehelf Raum dafür, eine parallele Geltung des Art. 267 Abs. 3 AEUV für das letztinstanzliche nationale Fachgericht und für das am Maßstab 263

---

477 Vgl. BVerfGE 149, 222 (286 f., Rn. 142); 147, 364 (381 f., Rn. 43); 135, 155 (232 f., Rn. 183); Beschluss der 2. Kammer des Zweiten Senats vom 8.11.2023 – 2 BvR 1079/20, Rn. 67 f. bei Juris; Beschluss der 1. Kammer des Zweiten Senats vom 20.4.2022 – 2 BvR 1713/21, Rn. 55 bei Juris; Beschluss der 2. Kammer des Zweiten Senats vom 9.5.2018 – 2 BvR 37/18, Rn. 30 bei Juris; Beschluss der 3. Kammer des Zweiten Senats vom 10.12.2014 – 2 BvR 1549/07, Rn. 23 bei Juris.

478 Vgl. BVerfGE 128, 157 (187): „insbesondere in den Fällen“; ebenso Beschluss der 3. Kammer des Zweiten Senats vom 10.12.2014 – 2 BvR 1549/07, Rn. 20 bei Juris.

479 Vgl. Beschluss 2. Kammer des Ersten Senats vom 14.1.2021 – 1 BvR 2853/19, Rn. 21 bei Juris; Beschluss der 2. Kammer des Ersten Senats vom 3.3.2014 – 1 BvR 2083/11, Rn. 30 bei Juris; siehe auch BVerfGE 149, 222 (287, Rn. 145).

480 BVerfGE 152, 152 (169, Rn. 43 und 179 ff., Rn. 63 ff.) – Recht auf Vergessen I, und 152, 216 (236, Rn. 50) – Recht auf Vergessen II.

481 So die Lösung des Verfassungsgerichtshofs Österreich, Erkenntnis vom 14.3.2012 – U 466/11 ua, bei Gliederungspunkt 5.7; siehe dazu auch EuGH, Urteil vom 11.9.2014 – C-112/13, Tz 39 ff.

482 BVerfGE 152, 216 (245, Rn. 73) – Recht auf Vergessen II.

der Unionsgrundrechte prüfende nationale Verfassungsgericht zu bejahen.[483] Letztlich liegt diese Frage aber nicht in der Hand nationaler Richter, sondern beim EuGH, weil nur er Art. 267 Abs. 3 AEUV abschließend auslegen kann (Art. 267 Abs. 1 Buchstabe a) AEUV).

264 Wird einem Fachgericht eine Verletzung des **Anspruchs auf Gewährung rechtlichen Gehörs** gemäß Art. 103 Abs. 1 GG vorgeworfen, weil es gegen seine **Hinweispflichten** verstoßen habe, so ist zu beachten, dass der verfassungsrechtlich abzuleitende Umfang gerichtlicher Hinweispflichten deutlich hinter den einfachgesetzlichen Regelungen, zB § 139 ZPO, zurückbleibt. Art. 103 Abs. 1 GG ist erst dann verletzt, wenn ein Gericht ohne vorherigen Hinweis Anforderungen an den Sachvortrag stellt oder auf rechtliche Gesichtspunkte abstellt, mit denen auch ein gewissenhafter und kundiger Prozessbeteiligter nach dem bisherigen Prozessverlauf nicht zu rechnen brauchte.[484] Von einer Verletzung des Anspruchs auf rechtliches Gehör ist auch nicht schon dann auszugehen, wenn ein Gericht auf Vortrag einer Partei oder auf Beweisanträge nicht eingeht. Zwar verpflichtet Art. 103 Abs. 1 GG die Gerichte, die Ausführungen der Prozessbeteiligten zur Kenntnis zu nehmen und in Erwägung zu ziehen. Dass dies geschehen ist, wird aber vom Bundesverfassungsgericht grundsätzlich zugunsten der Fachgerichte vermutet. Art. 103 Abs. 1 GG ist daher nicht schon dann verletzt, wenn sich ein Gericht nicht mit allen Aspekten des Vorbringens der Beteiligten in den Gründen seiner Entscheidung ausführlich auseinandersetzt,[485] sondern erst dann, wenn im Einzelfall besondere Umstände deutlich machen, dass tatsächliches Vorbringen eines Beteiligten, das den wesentlichen Kern seines Vortrags zu einer Frage von zentraler Bedeutung darstellte,[486] entweder überhaupt nicht zur Kenntnis genommen oder bei der Entscheidung nicht erwogen wurde,[487] beziehungsweise wenn die **Nichtberücksichtigung von Vortrag oder von Beweisanträgen** im Prozessrecht keine Stütze mehr findet.[488]

265 cc) **Beschwer grundsätzlich nur durch den Tenor.** Richtet sich eine Verfassungsbeschwerde gegen eine gerichtliche Entscheidung, kann sich die

483 In diesem Sinne wohl BVerfGE 152, 216 (245, Rn. 73) – Recht auf Vergessen II.

484 Beschluss der 2. Kammer des Zweiten Senats vom 10.5.2023 – 2 BvR 370/22, Rn. 22 bei Juris; Beschlüsse der 3. Kammer des Ersten Senats vom 21.9.2022 – 1 BvR 2754/17, Rn. 18 bei Juris, und vom 7.7.2020 – 1 BvR 1978/19, Rn. 13 bei Juris; Beschluss der 3. Kammer des Zweiten Senats vom 13.2.2019 – 2 BvR 633/16, Rn. 24 bei Juris; Beschluss der 2. Kammer des Ersten Senats vom 27.9.2018 – 1 BvR 426/13, Rn. 2 bei Juris; siehe auch BVerfGE 86, 133 (144 f.).

485 Vgl. Beschluss der 3. Kammer des Ersten Senats vom 24.9.2014 – 1 BvR 3017/11, Rn. 18 bei Juris.

486 Vgl. Beschluss der 2. Kammer des Zweiten Senats vom 23.3.2023 – 2 BvR 808/21, Rn. 19 bei Juris; Beschluss der 3. Kammer des Zweiten Senats vom 30.6.2015 – 2 BvR 433/15, Rn. 9 bei Juris; Beschluss der 2. Kammer des Ersten Senats vom 14.3.2013 – 1 BvR 1457/12, Rn. 10 bei Juris.

487 Vgl. Beschluss der 2. Kammer des Zweiten Senats vom 10.5.2023 – 2 BvR 370/22, Rn. 22 bei Juris; Beschluss der 3. Kammer des Ersten Senats vom 21.9.2022 – 1 BvR 2754/17, Rn. 17 bei Juris.

488 Vgl. Beschluss der 1. Kammer des Zweiten Senats vom 16.1.2024 – 2 BvR 1114/23, Rn. 30 bei Juris; Beschluss der 2. Kammer des Zweiten Senats vom 9.1.2023 – 2 BvR 2697/18, Rn. 5 bei Juris; Beschluss der 3. Kammer des Ersten Senats vom 20.12.2018 – 1 BvR 1155/18, Rn. 11 bei Juris; aus der Senatsrechtsprechung BVerfGE 86, 133 (144 ff.).

Beschwer in aller Regel **nur aus dem Tenor** der Entscheidung ergeben.[489] Nachteilige Ausführungen in den Gründen einer Entscheidung begründen grundsätzlich keine genügende Beschwer. Dieser im Verfahrensrecht allgemein anerkannte Rechtsgrundsatz gilt auch für das Verfahren der Verfassungsbeschwerde, die in erster Linie dem Rechtsschutz des Einzelnen gegenüber der Staatsgewalt dient. Deshalb kann eine Verfassungsbeschwerde grundsätzlich nicht darauf gestützt werden, dass ein Gericht lediglich in den Gründen seiner Entscheidung eine Rechtsauffassung vertreten hat, die der Beschwerdeführer für grundrechtswidrig erachtet,[490] oder dass die Begründung einer zugunsten des Beschwerdeführers ausgefallenen Entscheidung unvollständig ist.[491]

Erklärt beispielsweise der Bundesgerichtshof Satzungsvorschriften insgesamt für unwirksam, ist eine gegen dieses Urteil gerichtete Verfassungsbeschwerde unzulässig, wenn mit ihr gerügt wird, die Vorschriften seien **auch aus anderen** als den vom Bundesgerichtshof erkannten **Gründen grundrechtswidrig** gewesen. Allein die Gefahr, dass der Satzungsgeber bei einer Neuregelung an den vom Bundesgerichtshof für sich genommen nicht beanstandeten, vom Beschwerdeführer aber für verfassungswidrig gehaltenen Einzelregelungen festhalten könnte, begründet keine ausreichende eigenständige Beschwer.[492] 266

Eine **Ausnahme** von der allein aus dem Tenor der angegriffenen Gerichtsentscheidungen abzuleitenden Beschwer ist vielmehr nur dann anzunehmen, wenn die Urteilsgründe den Beschwerdeführer so belasten, dass darin losgelöst von dem für ihn günstigen Urteilstenor eine erhebliche unzumutbare Beeinträchtigung eines grundrechtlich geschützten Bereichs zu sehen ist.[493] 267

dd) Beschwer durch Zwischenentscheidungen. Entspricht eine Gerichtsentscheidung im Tenor nicht dem vom Beschwerdeführer gestellten Antrag, handelt es sich in jedem Falle um einen Hoheitsakt, durch den er beschwert ist. Dafür macht es keinen Unterschied, ob es sich um eine bloße **Zwischenentscheidung** oder um eine den gesamten Rechtsstreit oder ein selbstständiges Zwischenverfahren abschließende Entscheidung handelt. Die Zulässigkeit einer gegen eine nachteilige Gerichtsentscheidung erhobenen Verfassungsbeschwerde kann nicht schon am Fehlen einer Beschwer, sondern allenfalls nach § 90 Abs. 2 Satz 1 am Erfordernis der Rechtswegerschöpfung oder am Grundsatz der **Subsidiarität der Verfassungsbeschwerde** scheitern,[494] weil der Beschwerdeführer zunächst abwarten muss, ob die Beschwer nicht noch im fachgerichtlichen Verfahren durch eine im Ergebnis für ihn günstige Endentscheidung beseitigt wird (dazu näher → Rn. 478 ff.). 268

489 BVerfGE 140, 42 (54 f., Rn. 47 f.); Beschluss der 3. Kammer des Ersten Senats vom 15.2.2023 – 1 BvR 1773/22, Rn. 5 bei Juris.

490 BVerfGE 140, 42 (54 f., Rn. 48); Beschlüsse der 3. Kammer des Ersten Senats vom 15.2.2023 – 1 BvR 1773/22, Rn. 5 bei Juris, und vom 20.11.2018 – 1 BvR 1502/16, Rn. 8 bei Juris.

491 Beschluss der 3. Kammer des Zweiten Senats vom 30.5.2012 – 2 BvR 800/12, Rn. 8 bei Juris.

492 Beschluss der 3. Kammer des Ersten Senats vom 29.3.2010 – 1 BvR 1373/08, Rn. 20 ff. bei Juris.

493 Vgl. BVerfGE 140, 42 (55 f., Rn. 49 ff.); Beschluss der 3. Kammer des Zweiten Senats vom 30.5.2012 – 2 BvR 800/12, Rn. 8 bei Juris; Beschluss der 3. Kammer des Ersten Senats vom 29.3.2010 – 1 BvR 1373/08, Rn. 21 bei Juris.

494 Vgl. BVerfGE 119, 292 (299 ff.).

269 So liegt der Fall auch, wenn ein Rechtsmittelgericht den Rechtsstreit nicht abschließend entscheidet, sondern gegen den Willen des Beschwerdeführers **an die Vorinstanz zurückverweist**; auch dann fehlt es richtigerweise nicht an der Beschwer, sondern an der Rechtswegerschöpfung (→ Rn. 412 f.).[495]

270 ee) **Beschwer durch Entscheidungen über Anhörungsrügen. Uneinheitlich** ist die Kammerrechtsprechung zur Anfechtbarkeit von Beschlüssen über fachgerichtliche Anhörungsrügen. Dabei darf die früher in einigen Kammerentscheidungen pauschal vertretene Auffassung, der Beschwerdeführer sei allein dadurch, dass seine Anhörungsrüge keinen Erfolg hatte, nicht beschwert,[496] aber als widerlegt gelten, nachdem der Erste Senat eine **Verfassungsbeschwerde gegen einen Beschluss über eine Anhörungsrüge** ausdrücklich für **zulässig** erklärt hat.[497] Auch in zahlreichen weiteren, neueren Kammerentscheidungen werden solche Beschlüsse wegen der damit verbundenen Beschwer für anfechtbar gehalten.[498]

271 Eine Beschwer liegt geradezu auf der Hand, wenn eine Anhörungsrüge zu Unrecht als unzulässig beurteilt wurde und deshalb die verfassungsrechtlich gebotene[499] fachgerichtliche Überprüfung einer gerügten Gehörsverletzung unterblieben ist.[500] Die **Verwerfung einer Anhörungsrüge als unzulässig** muss daher einer verfassungsgerichtlichen Kontrolle zugänglich sein, und zwar nicht nur dann, wenn im Verfahren über die Anhörungsrüge selbst erneut der Anspruch auf rechtliches Gehör verletzt wurde, sondern bei jeder Verletzung von Verfassungsrechten, insbesondere des Anspruchs auf effektiven Rechtsschutz.[501]

272 An einer Beschwer fehlt es richtigerweise aber auch dann nicht, wenn das Fachgericht die Gehörsverletzung zwar in der Sache geprüft, die **Anhörungsrüge** aber **als unbegründet zurückgewiesen** hat.[502] Dies gilt auch

495 Beschluss der 3. Kammer des Ersten Senats vom 16.11.2009 – 1 BvR 2545/09, Rn. 2 bei Juris; Beschluss der 2. Kammer des Ersten Senats vom 14.9.2009 – 1 BvR 1993/09, Rn. 2 bei Juris.

496 Beschluss der 2. Kammer des Zweiten Senats vom 4.9.2008 – 2 BvR 2162/07, Rn. 17 bei Juris; Beschluss der 3. Kammer des Ersten Senats vom 20.2.2008 – 1 BvR 2722/06, Rn. 6 bei Juris; Beschluss der 1. Kamer des Zweiten Senats vom 29.3.2007 – 2 BvR 547/07, Rn. 8 bei Juris; vgl. auch Beschluss der 2. Kammer des Zweiten Senats vom 26.5.2014 – 2 BvR 683/12, Rn. 23 bei Juris, zu § 33a StPO.

497 BVerfGE 119, 292 (295).

498 Vgl. nur Beschluss der 3. Kammer des Zweiten Senats vom 20.5.2022 – 2 BvR 1982/20, Rn. 45 bei Juris; Beschlüsse der 1. Kammer des Ersten Senats vom 10.9.2021 – 1 BvR 1029/20, Rn. 12 bei Juris, und vom 26.2.2019 – 1 BvR 1264/17, Rn. 19 bei Juris; Beschluss der 3. Kammer des Ersten Senats vom 1.10.2019 – 1 BvR 552/18, Rn. 8 ff. bei Juris; Beschlüsse der 2. Kammer des Zweiten Senats vom 14.2.2019 – 2 BvR 1457/18, Rn. 19 bei Juris, und vom 19.12.2016 – 2 BvR 1997/15, Rn. 17, 21 bei Juris; Beschluss der 2. Kammer des Ersten Senats vom 29.7.2016 – 1 BvR 1225/15, Rn. 13 f., 17 bei Juris.

499 Vgl. BVerfGE 107, 395.

500 Vgl. Kirchberg, Die Anhörungsrüge – viel Aufwand, wenig Ertrag?, in: Festschrift für Krämer, 2009, S. 43 (52 f.).

501 Vgl. Beschluss der 3. Kammer des Zweiten Senats vom 20.5.2022 – 2 BvR 1982/20, Rn. 45 bei Juris; Beschluss der 2. Kammer des Ersten Senats vom 4.4.2007 – 1 BvR 66/07, Rn. 13 ff. bei Juris; vgl. auch Beschluss der 2. Kammer des Ersten Senats vom 6.12.2018 – 1 BvR 875/18, Rn. 16 ff. bei Juris.

502 Vgl. Beschluss der 3. Kammer des Ersten Senats vom 1.10.2019 – 1 BvR 552/18, Rn. 8 ff. bei Juris; Beschluss der 1. Kammer des Ersten Senats vom 26.2.2019 – 1 BvR 1264/17, Rn. 19 bei Juris; Beschluss der 2. Kammer des Zweiten Senats vom 19.12.2016 – 2 BvR

dann, wenn die Erwägungen des Fachgerichts nur hilfsweise für den Fall der Zulässigkeit der Anhörunsrüge erfolgt sind.[503] Die Beschwer liegt auch hier bereits im Tenor, der die für den Beschwerdeführer nachteilige hoheitliche Maßnahme ausmacht, und materiell betrachtet in der Verkennung des durch Art. 103 Abs. 1 GG intendierten Rechtsschutzes, zu dessen Gewährleistung auch und vorrangig die Fachgerichte aufgerufen sind.[504] Deshalb ist an dieser Stelle auch keine Differenzierung danach geboten, ob ein neuer eigenständiger Gehörsverstoß oder lediglich die Perpetuierung des Gehörsverstoßes aus der vorangegangenen Sachentscheidung gerügt wird.[505]

Wer in diesem Fall demgegenüber keine eigenständige verfassungsrechtliche 273
Beschwer zu erkennen vermag und eine Anfechtbarkeit einer solchen Entscheidung verneint,[506] verhält sich **widersprüchlich**.[507] Er übersieht, dass umgekehrt für eine ausreichende Begründung der Verfassungsbeschwerde unter Berücksichtigung des Zwecks des Gebots der Rechtswegerschöpfung gefordert wird, dass der Beschwerdeführer, der eine Verletzung seines grundrechtsgleichen Rechts aus Art. 103 Abs. 1 GG rügen will, mit der Verfassungsbeschwerde auch den Beschluss über die Anhörungsrüge angreifen oder jedenfalls innerhalb der Frist des § 93 Abs. 1 Satz 1 vorlegen und sich mit dessen Gründen auseinandersetzen muss.[508] Der Beschluss über die Anhörungsrüge kann aber nicht gleichzeitig von der Anfechtbarkeit ausgenommen und als Angriffsziel vorgeschrieben sein.

Eine **Differenzierung** ist erst **bei der Tenorierung** angebracht: Enthält 274
der Beschluss zur Anhörungsrüge eine Verletzung von Verfassungsrechten in dem Sinne, dass das Fachgericht eine sachliche Befassung mit der Anhörungsrüge zu Unrecht abgelehnt oder mit der Entscheidung über die Anhörungsrüge Grundrechte des Beschwerdeführers verletzt hat, wird der Beschluss aufgehoben, damit die bislang verweigerte oder verfassungswidrige Entscheidung nachgeholt oder korrigiert werden kann.[509] Anderenfalls, dh

---

1997/15, Rn. 17, 21 bei Juris; Beschluss der 2. Kammer des Ersten Senats vom 14.9.2016 – 1 BvR 1304/13, Rn. 27 ff. bei Juris.

503 Vgl. Beschluss der 3. Kammer des Zweiten Senats vom 20.5.2022 – 2 BvR 1982/20, Rn. 45 bei Juris.

504 BVerfGE 107, 395 (403).

505 So aber Beschlüsse der 2. Kammer des Zweiten Senats vom 13.12.2023 – 2 BvR 2143/21, Rn. 35 bei Juris, und vom 10.5.2023 – 2 BvR 370/22, Rn. 20 bei Juris.

506 Beschluss der 3. Kammer des Zweiten Senats vom 20.11.2019 – 2 BvR 886/19, Rn. 43 bei Juris; Beschluss der 2. Kammer des Zweiten Senats vom 16.1.2010 – 2 BvR 2299/09, Rn. 16 bei Juris; Beschluss der 1. Kammer des Zweiten Senats vom 20.6.2007 – 2 BvR 746/07, Rn. 2 ff. bei Juris; Jost, Verfassungsprozessuale Probleme der Anhörungsrüge, in: Rensen/Brink, Linien der Rechtsprechung des Bundesverfassungsgerichts, Band 1, 2009, S. 59 (76 f.).

507 Vgl. Gertler, Neuere Rechtsprechung des Bundesverfassungsgerichts zur Anhörungsrüge, in: Emmenegger/Wiedmann, Linien der Rechtsprechung des Bundesverfassungsgerichts, Band 2, S. 53 (65 f.).

508 Vgl. Beschluss der 3. Kammer des Ersten Senats vom 4.5.2017 – 1 BvR 2584/16, Rn. 10 f. bei Juris; Beschluss der 1. Kammer des Ersten Senats vom 7.4.2014 – 1 BvR 447/14, Rn. 2 bei Juris.

509 Beschluss der 3. Kammer des Zweiten Senats vom 20.5.2022 – 2 BvR 1982/20, Ziff. 1 des Tenors bei Juris; Beschluss der 1. Kammer des Ersten Senats vom 10.9.2021 – 1 BvR 1029/20, Ziff. 1 des Tenors bei Juris; Beschluss der 3. Kammer des Ersten Senats vom 1.10.2019 – 1 BvR 552/18, Ziff. 1 des Tenors bei Juris; Beschluss der 2. Kammer des Ersten Senats vom 4.4.2007 – 1 BvR 66/07, Ziff. 1 des Tenors bei Juris.

bei einer Aufhebung der vorangegangenen, gegen Art. 103 Abs. 1 GG versto-ßenden Sachentscheidung kann der Beschluss über die Anhörungsrüge für gegenstandslos erklärt werden.[510] Nur die 2. Kammer des Ersten Senats hat vereinzelt die davon abweichende, ungenaue Formulierung verwendet, dass sich der Beschluss über die Anhörungsrüge erledigt.[511] Teilweise werden aber sowohl die Sachentscheidung als auch der Beschluss über die Anhörungsrüge aufgehoben.[512] Greift die Verfassungsbeschwerde die Zurückweisung der Anhörungsrüge nicht zusammen mit der Sachentscheidung an und hebt das Bundesverfassungsgericht die Sachentscheidung auf, so wird nur in den Entscheidungsgründen erwähnt, dass der Beschluss über die Anhörungsrüge gegenstandslos geworden ist.[513] Gelegentlich geschieht dies prozessual nicht korrekt aber auch, obwohl die Entscheidung über die Anhörungsrüge mit angegriffen war. Der Tenor ist dann unvollständig.[514]

275 Eine entsprechende Lösung liegt im Übrigen auch nahe, wenn mit der Verfassungsbeschwerde auch die **Nichtabhilfeentscheidung** des Ausgangsgerichts in einem fachgerichtlichen Beschwerdeverfahren angegriffen wird. Sie kann zusammen mit der nachfolgenden Beschwerdeentscheidung mit der Verfassungsbeschwerde angegriffen werden und wird im Erfolgsfalle entweder mit aufgehoben[515] oder für gegenstandslos erklärt.[516] Dass die Verfassungsbeschwerde insoweit mangels einer Beschwer unzulässig sein soll, überzeugt dagegen nicht.[517] Bloße **Hinweisbeschlüsse** eines Gerichts lösen

510 Beschlüsse der 2. Kammer des Ersten Senats vom 31.10.2023 – 1 BvR 571/23, Ziff. 4 des Tenors bei Juris, vom 30.8.2023 – 1 BvR 1654/22, Ziff. 3 des Tenors bei Juris, und vom 1.7.2021 – 1 BvR 145/20, Ziff. 1 des Tenors bei Juris; Beschlüsse der 3. Kammer des Zweiten Senats vom 4.8.2023 – 2 BvR 54/19, Ziff. 3 des Tenors bei Juris, vom 7.6.2023 – 2 BvR 2139/21, Ziff. 4 des Tenors bei Juris, und vom 28.4.2023 – 2 BvR 924/21, Tenor bei Juris; Beschlüsse der 2. Kammer des Zweiten Senats vom 20.4.2023 – 2 BvR 1605/21, Tenor bei Juris, vom 23.3.2023 – 2 BvR 808/21, Tenor bei Juris, und vom 25.5.2021 – 2 BvR 1719/16, Ziff. 2 des Tenors bei Juris; Beschluss der 3. Kammer des Ersten Senats vom 13.10.2022 – 1 BvR 1019/22, Ziff. 3 des Tenors bei Juris; Beschluss der 1. Kammer des Zweiten Senats vom 12.11.2020 – 2 BvR 1532/20, Ziff. 2 des Tenors bei Juris.

511 Beschlüsse der 2. Kammer des Ersten Senats vom 17.2.2014 – 2 BvR 57/13, Ziff. 2 des Tenors Juris, und vom 26.8.2013 – 2 BvR 225/13, Ziff. 2 des Tenors Juris.

512 Beschluss der 2. Kammer des Ersten Senats vom 8.12.2020 – 1 BvR 117/16, Ziff. 1 des Tenors bei Juris; Beschluss der 3. Kammer des Zweiten Senats vom 27.5.2020 – 2 BvR 1809/17, Tenor bei Juris; Beschluss der 1. Kammer des Ersten Senats vom 26.2.2019 – 1 BvR 1264/17, Rn. 22 bei Juris; Beschlüsse der 2. Kammer des Zweiten Senats vom 14.2.2019 – 2 BvR 1457/18, Rn. 20 bei Juris, und vom 19.12.2016 – 2 BvR 1997/15, Rn. 17, 21 bei Juris; Beschlüsse der 1. Kammer des Zweiten Senats vom 24.1.2018 – 2 BvR 2026/17, Tenor bei Juris, und vom 29.8.2017 – 2 BvR 863/17, Tenor bei Juris.

513 Vgl. Beschluss der 3. Kammer des Ersten Senats vom 13.3.2017 – 1 BvR 563/12, Rn. 23 bei Juris.

514 Vgl. Beschluss der 3. Kammer des Ersten Senats vom 16.2.2023 – 1 BvR 1881/21, Tenor sowie Rn. 6 und 24 bei Juris.

515 Vgl. Beschluss der 3. Kammer des Zweiten Senats vom 5.5.2011 – 2 BvR 1011/10, Ziff. 1 des Tenors Juris.

516 Beschluss der 2. Kammer des Ersten Senats vom 13.12.2007 – 1 BvR 2007/07, Rn. 27 bei Juris.

517 So aber Beschlüsse der 2. Kammer des Zweiten Senats vom 13.12.2023 – 2 BvR 2143/21, Rn. 34 bei Juris, und vom 17.12.2020 – 2 BvR 1787/20, Rn. 43 bei Juris; Beschluss der 3. Kammer des Ersten Senats vom 20.5.2022 – 2 BvR 1982/20; Rn. 54 bei Juris; Beschluss der 1. Kammer des Zweiten Senats vom 18.8.2021 – 2 BvR 27/21, Rn. 22 bei Juris.

jedoch keine Beschwer aus und sind daher nicht mit der Verfassungsbeschwerde angreifbar.[518]

ff) Beschwer bei unmittelbar rechtlicher Betroffenheit Dritter. Nicht allein mit Blick auf den Tenor lässt sich die Frage beantworten, ob eine am fachgerichtlichen Verfahren nicht beteiligte Person eine dort ergangene Entscheidung mit der Verfassungsbeschwerde angreifen kann. Würde die belastende Wirkung einer Gerichtsentscheidung ausschließlich damit umschrieben, dass der konkrete Rechtsstreit verloren wurde, wäre eine Verfassungsbeschwerde durch einen Dritten niemals denkbar. Gerichtsentscheidungen können aber auch nicht am Verfahren Beteiligte nicht nur mittelbar faktisch, sondern **unmittelbar rechtlich** in einem grundrechtlich geschützten Bereich berühren. Derart betroffene Dritte können eine Beschwer iSd § 90 Abs. 1 geltend machen.[519] 276

In der Regel bleibt es aber dabei, dass auch die Verfassungsbeschwerde für an einem Prozess nicht beteiligte und dort auch keine Rechtsmittelbefugnis besitzende Dritte kein geeigneter Weg ist, um die Aufhebung einer Gerichtsentscheidung zu erreichen.[520] Es **fehlt** bereits an einer **verfassungsrechtlich erheblichen Beschwer** des Dritten.[521] 277

Dass in einem Strafverfahren Feststellungen über eine Beteiligung eines Dritten an der Straftat getroffen werden, genügt für eine Beschwer des Dritten schon deshalb nicht, weil diese Feststellungen **keine Bindungswirkung** für Verfahren haben, die den Dritten selbst betreffen.[522] Ebenfalls unzulässig ist die Verfassungsbeschwerde eines Arbeitgeberverbands, dessen Satzungsbestimmungen Grundlage eines Urteils in einem zwischen einem Arbeitnehmer und einem Arbeitgeber geführten Rechtsstreit über tarifvertragliche Ansprüche waren.[523] Eine eigenständige Beschwer des Verbands wird nicht allein dadurch begründet, dass der Satzung in den Entscheidungsgründen nicht die vom Verband gewünschten Rechtswirkungen beigemessen wurden. 278

Sind die Person des Beschwerdeführers, die Partei des Ausgangsverfahrens und der Grundrechtsträger nicht identisch, kommt es für die Beschwerdebefugnis somit stets darauf an, **wessen Rechtspositionen** durch die angegriffenen Gerichtsentscheidungen **unmittelbar betroffen** sind. Eine nur faktische 279

518 Beschluss der 2. Kammer des Ersten Senats vom 26.6.2013 – 1 BvR 1148/13, Rn. 6 bei Juris; anders Beschluss der 3. Kammer des Ersten Senats vom 31.3.2013 – 1 BvR 1314/11, Rn. 24 bei Juris: wird gegenstandslos.

519 BVerfGE 125, 260 (305); 125, 39 (75); 106, 28 (35); Beschluss der 3. Kammer des Ersten Senats vom 11.4.2011 – 1 BvR 2390/10, Rn. 5 bei Juris; Beschluss der 2. Kammer des Ersten Senats vom 2.12.2010 – 1 BvR 2414/10, Rn. 18 bei Juris – Beschwerde des Kindes gegen eine Gerichtsentscheidung, mit der der Mutter das Aufenthaltsbestimmungsrecht zur Durchsetzung einer Fremdunterbringung des Kindes entzogen wurde.

520 Beschlüsse der 3. Kammer des Ersten Senats vom 16.2.2012 – 1 BvR 1118/10, Rn. 3 bei Juris, und vom 19.4.2010 – 1 BvR 626/10, Rn. 6 bei Juris; Beschluss der 1. Kammer des Ersten Senats vom 25.3.2010 – 1 BvR 448/09, Rn. 9 bei Juris.

521 Vgl. BVerfGE 142, 74 (94 f., Rn. 63); vgl. auch Beschluss der 3. Kammer des Ersten Senats vom 21.4.2021 – 1 BvR 683/21 ua, Rn. 2 bei Juris.

522 Beschluss der 2. Kammer des Zweiten Senats vom 3.9.2009 – 2 BvR 2540/08, Rn. 3 ff. bei Juris.

523 Vgl. Beschluss der 2. Kammer des Ersten Senats vom 4.10.2022 – 1 BvR 382/21, Rn. 11 bei Juris; Beschluss der 3. Kammer des Ersten Senats vom 1.12.2010 – 1 BvR 2593/09, Juris.

Beeinträchtigung im Sinne einer Reflexwirkung reicht hierfür nicht aus.[524] Mit dieser Maßgabe können auch die folgenden besonderen Prozesssituationen bewältigt werden.

280 **gg) Sonderthematik Prozessstandschaft.** Im Verfahren der Verfassungsbeschwerde ist eine gewillkürte **Prozessstandschaft**, also die Geltendmachung fremder Rechte im eigenen Namen, grundsätzlich **unzulässig.**[525] Ob eigene oder fremde Rechte geltend gemacht werden, bedarf einer exakten Betrachtung. Kein Fall einer unzulässigen Prozessstandschaft liegt etwa vor, wenn ein Möbelhersteller mit dem Urheber der Möbelmodelle Exklusivverträge über die Herstellung und Vermarktung geschlossen hat, weil er dadurch in dessen durch Art. 14 Abs. 1 GG gewährleistete Schutzrechte des geistigen Eigentums eingerückt ist.[526]

281 Wer lediglich als Prozessstandschafter am Ausgangsverfahren beteiligt war, ist durch die dortigen Gerichtsentscheidungen **nicht** in einer zur Erhebung der Verfassungsbeschwerde berechtigenden Weise **in materiellen Grundrechtspositionen beschwert.**[527] Insofern kann auch eine Partei des Ausgangsverfahrens an der Erhebung einer Verfassungsbeschwerde gehindert sein, wenn sie vor den Fachgerichten – materiell betrachtet – nicht über ihre eigenen Rechte gestritten hat.

282 Die Zulässigkeit der **Prozessstandschaft im fachgerichtlichen Verfahren** wird also **nicht** automatisch auf das Verfassungsbeschwerdeverfahren **übertragen**. Im Sinne des § 90 Abs. 1 beschwert ist vielmehr allein der Grundrechtsträger, auch wenn seine Rechte im Ausgangsverfahren durch einen Dritten geltend gemacht wurden.[528] Deshalb kann selbst eine Verwertungsgemeinschaft von Urhebern, die vor den Fachgerichten auch eine Verwertungsgemeinschaft anderer Urheber vertreten hat, im Verfassungsbeschwerdeverfahren für diese nicht prozessstandschaftlich auftreten,[529] sondern nur für ihre eigenen Urheber und dies auch nur deshalb, weil der Gesetzgeber die Vergütungsansprüche verwertungsgesellschaftspflichtig gemacht hat.[530] Bei fehlender Verwertungsgesellschaftspflicht scheidet auch eine derartige Prozessstandschaft aus.[531]

---

524 BVerfGE 142, 74 (94 f., Rn. 63).

525 Vgl. BVerfGE 129, 78 (92); 77, 263 (268); Beschluss der 1. Kammer des Zweiten Senats vom 16.1.2024 – 2 BvR 1114/23, Rn. 23 bei Juris; Beschluss der 1. Kammer des Ersten Senats vom 15.12.2020 – 1 BvR 1395/19, Rn. 22 bei Juris; Beschluss der 3. Kammer des Zweiten Senats vom 27.6.2018 – 2 BvR 1562/17, Rn. 40 bei Juris; Beschlüsse der 2. Kammer des Ersten Senats vom 8.11.2016 – 1 BvR 3237/13, Rn. 24 bei Juris, und vom 22.3.2013 – 1 BvR 791/12, Rn. 8 bei Juris.

526 BVerfGE 129, 78 (92).

527 Beschluss der 2. Kammer des Zweiten Senats vom 5.6.2013 – 2 BvR 2677/11, Rn. 6 bei Juris; Beschluss der 3. Kammer des Ersten Senats vom 7.10.2009 – 1 BvR 178/09, Rn. 2 bei Juris; grundlegend BVerfGE 72, 122 (131); 31, 275 (280).

528 Beschluss der 1. Kammer des Zweiten Senats vom 16.1.2024 – 2 BvR 1114/23, Rn. 23 bei Juris; so auch Barczak BVerfGG/Hellmann § 90 Rn. 252.

529 Beschluss der 2. Kammer des Ersten Senats vom 21.12.2010 – 1 BvR 2742/08, Rn. 12 bei Juris, dort allerdings ohne Auswirkung auf die Entscheidung.

530 BVerfGE 77, 263 (269); Beschluss der 2. Kammer des Ersten Senats vom 21.12.2010 – 1 BvR 2760/08, Rn. 12 bei Juris.

531 Beschluss der 2. Kammer des Ersten Senats vom 22.6.2011 – 1 BvR 2553/10, Rn. 25 bei Juris.

Ganz ohne verfassungsprozessuale Auswirkungen darf es aber nicht bleiben, dass die Prozessstandschaft im Ausgangsverfahren zulässig war. Um zu verhindern, dass trotz der fachgerichtlichen Zulassung der Prozessstandschaft im Ergebnis weder der Prozessstandschafter noch der Grundrechtsträger eine Verfassungsbeschwerde erheben können, muss der **Rechtsweg auch zugunsten des Grundrechtsträgers** als **erschöpft** iSd § 90 Abs. 2 gelten, obwohl er das Ausgangsverfahren nicht selbst geführt hat. 283

Hiernach kann sich etwa derjenige auf eine eigene Beschwer berufen, der einen Anspruch zur gerichtlichen Geltendmachung an einen Dritten abgetreten hatte und nach der Abweisung der Klage und einer **Rückabtretung des Anspruchs** gegen die Gerichtsentscheidungen vorgehen möchte. Hier betreffen die fachgerichtlichen Entscheidungen zwar auf den ersten Blick formal nicht den Beschwerdeführer, da er nicht Partei des Ausgangsverfahrens war. Materiell betrachtet wurde im Ausgangsverfahren aber über seine Rechte gestritten, so dass er durch die Klageabweisung beschwert ist. 284

Wiederum anders stellt sich die Problematik bei der **Verletzung von Prozessgrundrechten** dar. Eine Beschwer, die in der Verletzung von Prozessgrundrechten liegt, kann die Partei des Ausgangsverfahrens auch dann geltend machen, wenn sie das fachgerichtliche Verfahren nur als **Prozessstandschafter** geführt hat.[532] Die Gerichte hatten im Ausgangsverfahren beispielsweise den Anspruch des Prozessstandschafters als Prozesspartei auf Gewährung rechtlichen Gehörs gemäß Art. 103 Abs. 1 GG zu beachten, so dass eine Verletzung dieses Rechts eine eigene Beschwer des Prozessstandschafters begründet.[533] 285

Umgekehrt stellt sich die Frage, ob sich auch der Inhaber des materiellen Rechts, dessen Geltendmachung er im Ausgangsverfahren einem Prozessstandschafter überlassen hat, auf eine **Verletzung von Prozessgrundrechten** berufen kann. Dies erscheint zweifelhaft, weil der Rechtsinhaber gerade nicht selbst um effektiven Rechtsschutz oder rechtliches Gehör gekämpft hat, also um die Rechte, deren Verletzung mit der Verfassungsbeschwerde gerügt werden soll. Für eine **eigene Beschwer des Rechtsinhabers** und eine Zulässigkeit der Verfassungsbeschwerde spricht aber, dass den Prozessgrundrechten eine Hilfsfunktion im Hinblick auf die Wahrung der materiellen Rechte zukommt. So erlangt der prozessuale Anspruch auf effektiven Rechtsschutz erst im Zusammenhang mit dem zu wahrenden materiellen Recht seine wahre Bedeutung. Wurde die Durchsetzung dieses materiellen Rechts im Ausgangsverfahren unter Verstoß gegen den Anspruch auf effektiven Rechtsschutz vereitelt, ist dadurch nicht nur der Prozessstandschafter in seiner Rolle als Partei, sondern materiell betrachtet auch und erst recht der Rechtsinhaber beschwert. 286

hh) Weitere Sonderkonstellationen. Zu diesen Grundsätzen passt dann allerdings nicht, dass die Beschwerdebefugnis bei der Veräußerung einer **streitbefangenen Sache nicht** auf den **Erwerber** als neuen Rechtsträger 287

---

532 Beschluss der 2. Kammer des Ersten Senats vom 30.8.2010 – 1 BvR 1631/08, Rn. 43 bei Juris.

533 Beschluss der 3. Kammer des Ersten Senats vom 7.10.2009 – 1 BvR 178/09, Rn. 3 bei Juris.

übergehen soll: Durch die mit der Verfassungsbeschwerde vorangegangenen fachgerichtlichen Entscheidungen soll weiterhin – auch materiell – **nur der Veräußerer** beschwert sein.[534]

288 Klar ist hingegen, dass eine **Partei kraft Amtes**, also etwa der Insolvenzverwalter, durch sie in dieser Eigenschaft belastende gerichtliche Entscheidungen beschwert ist.[535] Verfahrenspfleger[536] und Verfahrensbeistände[537] können aufgrund ihrer Bestellung im eigenen Namen Rechte des Betroffenen im Verfassungsbeschwerdeverfahren geltend machen.

289 Verstirbt der Beschwerdeführer, haben sich seine Beschwer und damit das Verfassungsbeschwerdeverfahren grundsätzlich erledigt.[538] Das Verfahren kann durch den **Erben** jedenfalls dann nicht fortgeführt werden, wenn und soweit die Beschwer des Erblassers nur dessen **höchstpersönliche Rechte** betraf.[539] Dann fehlt es an dem notwendigen eigenen Interesse des Rechtsnachfolgers.[540] Die Beschwer des Erblassers kann sich hingegen in der Person des Erben fortsetzen, wenn der Erbe **vermögenswerte Rechte** geltend gemacht hat.[541] Gleiches gilt bei einer gesellschaftsrechtlichen Rechtsnachfolge.[542]

290 Allein mit dieser Unterscheidung lässt sich aber noch nicht das endgültige Ergebnis finden. Auch im Bereich vermögenswerter Rechte ist danach zu unterscheiden, **welche Grundrechte** als verletzt gerügt werden. Denkbar ist etwa, dass die Beschwerdebefugnis bezüglich der Berufsfreiheit des Erblassers gemäß Art. 12 Abs. 1 GG nicht auf den Erben übergeht, auch wenn die ursprünglich vom Erblasser angegriffenen Gerichtsentscheidungen die Abweisung seiner Klage auf Zahlung von Arbeitsentgelt und damit vermögenswerte Rechte zum Gegenstand hatten.

291 c) **Beschwer durch Gesetze.** Speziell zur Betroffenheit des Beschwerdeführers bei einer unmittelbar gegen ein Gesetz gerichteten Verfassungsbeschwerde hat sich in der Rechtsprechung eine bis zum heutigen Tage beibehaltene Begrifflichkeit entwickelt: Der Beschwerdeführer muss **selbst, gegenwärtig**

---

534 BVerfGE 56, 296 (297).

535 BVerfGE 65, 182 (190); Beschluss der 2. Kammer des Ersten Senats vom 22.3.2013 – 1 BvR 791/12, Rn. 8 bei Juris; vgl. auch Beschluss der 1. Kammer des Ersten Senats vom 15.12.2020 – 1 BvR 1395/19, Rn. 22 bei Juris.

536 Vgl. BVerfGE 149, 293 (314, Rn. 52 ff.); Beschlüsse der 2. Kammer des Zweiten Senats vom 11.4.2018 – 2 BvR 328/18, Rn. 13 bei Juris, und vom 16.3.2018 – 2 BvR 253/18, Rn. 10 bei Juris; vgl. auch Beschluss der 2. Kammer des Ersten Senats vom 11.8.2023 – 1 BvR 1461/23, Rn. 6 bei Juris.

537 Vgl. Beschluss der 3. Kammer des Ersten Senats vom 5.9.2022 – 1 BvR 65/22, Rn. 15 bei Juris; Beschluss der 2. Kammer des Ersten Senats vom 3.2.2017 – 1 BvR 2569/16, Rn. 35 bei Juris.

538 BVerfGE 153, 182 (253, Rn. 181) – Sterbehilfe.

539 BVerfGE 109, 279 (304); vgl. auch Beschluss der 1. Kammer des Ersten Senats vom 19.6.2023 – 1 BvR 932/22, Rn. 1 bei Juris; Beschluss der 3. Kammer des Ersten Senats vom 30.9.2022 – 1 BvR 922/21, Rn. 2 f. bei Juris; Beschluss der Zweiten Kammer des Zweiten Senats vom 11.11.2019 – 2 BvR 82/19 ua, Rn. 3 bei Juris.

540 Vgl. Beschluss der 1. Kammer des Ersten Senats vom 24.10.2017 – 1 BvR 1312/16, Rn. 3 bei Juris.

541 BVerfGE 114, 371 (384); 114, 73 (87); 111, 191 (211); Beschluss der 1. Kammer des Ersten Senats vom 8.11.2018 – 1 BvR 486/13, Rn. 3 bei Juris; Beschluss der 1. Kammer des Zweiten Senats vom 13.8.2013 – 2 BvR 2660/06 ua, Rn. 31 bei Juris.

542 Beschluss der 1. Kammer des Ersten Senats vom 11.3.2013 – 1 BvR 2853/11, Rn. 22 bei Juris.

und unmittelbar betroffen sein.[543] Das ist die sogenannte **Betroffenheits-Trias**.[544]

Zwar werden diese Begriffe selbstverständlich **auch in Entscheidungen über Urteilsverfassungsbeschwerden** nicht gemieden, sondern gelegentlich genannt.[545] So fällt es nicht schwer zu sagen, dass ein am Ausgangsverfahren nicht beteiligter Dritter durch die dort ergangene Entscheidung nicht „selbst" betroffen und deshalb – abgesehen von Ausnahmefällen – nicht beschwerdebefugt ist.[546] Einen besonderen Erkenntnisgewinn bringt die Fixierung auf die Betroffenheits-Trias dort aber nicht.[547] Deshalb findet sie sich in Entscheidungen des Bundesverfassungsgerichts zu Urteilsverfassungsbeschwerden auch nicht als regelmäßiges festes Prüfungsprogramm. 292

Ihre eigentliche **Bedeutung** haben die Kriterien „selbst", „gegenwärtig" und „unmittelbar" aber **bei der** Bestimmung des zur Erhebung einer **Rechtssatzverfassungsbeschwerde** befugten Personenkreises. Dort fällt die Feststellung der Beschwerdebefugnis im Ansatz schwerer als bei der Urteilsverfassungsbeschwerde, weil es zur Eigenart eines Gesetzes gehört, dass es potenziell jedermann erfassen kann. Dies gilt aber auch, wenn sich der Beschwerdeführer mit der Verfassungsbeschwerde gegen staatliches Unterlassen wendet.[548] 293

aa) **Selbstbetroffenheit.** Das Erfordernis der **Selbstbetroffenheit** lässt sich zwar daraus ableiten, dass der Beschwerdeführer nach § 90 Abs. 1 die Verletzung **„seiner" Grundrechte** oder grundrechtsgleichen Rechte behaupten können muss.[549] Es geht aber darüber hinaus, weil nicht nur die Rüge der Verletzung von Grundrechten Dritter ausgeschlossen, sondern auch eine bestimmte Beziehung zwischen dem Beschwerdeführer und dem angegriffenen Hoheitsakt verlangt wird. 294

Ein Beschwerdeführer ist jedenfalls dann selbst betroffen, wenn er **Adressat der Norm** ist.[550] Regelt das angegriffene Gesetz nicht die vom Beschwerdeführer beanstandete Fallgestaltung, so fehlt es an der notwendigen Selbst- 295

---

543 Grundlegend BVerfGE 1, 97 (101 f.); zuletzt BVerfGE 163, 107 (122 f., Rn. 40); 163, 43 (72, Rn. 84); 162, 1 (51 f., Rn. 93); 161, 299 (331, Rn. 70); 161, 63 (85 f., Rn. 33 ff.); 159, 223 (269, Rn. 85 f.); 158, 170 (190, Rn. 45); 157, 30 (105, Rn. 129); 156, 11 (32, Rn. 56); 155, 238 (265, Rn. 60); 155, 119 (159, Rn. 72); 154, 152 (209, Rn. 71); 153, 182 (257, Rn. 194); 150, 309 (324, Rn. 34); 146, 71 (107, Rn. 108); 142, 268 (279, Rn. 41); 142, 234 (245, Rn. 11); 141, 220 (261, Rn. 81).

544 Vgl. Schmidt-Bleibtreu/Klein/Bethge BVerfGG/Bethge § 90 Rn. 343 (Stand: Februar 2018).

545 Vgl. BVerfGE 158, 282 (323, Rn. 96); 149, 50 (74, Rn. 67 f.); 141, 121 (128, Rn. 28); 106, 28 (35): „unmittelbar".

546 Vgl. Beschluss der 2. Kammer des Ersten Senats vom 4.10.2022 – 1 BvR 382/21, Rn. 10 f. bei Juris; BVerfGE 78, 123 (125) aber auch zu dieser Frage: „unmittelbar".

547 So auch ausdrücklich und unter Berufung auf diese Kommentierung BVerfGE 140, 42 (57, Rn. 56).

548 Vgl. BVerfGE 160, 79 (105 f., Rn. 72); 158, 389 (415, Rn. 71).

549 Vgl. Schmidt-Bleibtreu/Klein/Bethge BVerfGG/Bethge § 90 Rn. 355 (Stand: Februar 2018).

550 Vgl. BVerfGE 163, 107 (122 f., Rn. 40); 162, 378 (402, Rn. 52); 161, 63 (85, Rn. 33); 110, 141 (151); 108, 370 (384); Beschlüsse der 1. Kammer des Ersten Senats vom 28.1.2014 – 1 BvR 573/11, Rn. 6 bei Juris, und vom 30.10.2010 – 1 BvR 3196/09 ua, Rn. 14 bei Juris; vgl. auch BVerfGE 140, 42 (57, Rn. 57).

betroffenheit.[551] Richtet sich eine Norm an eine bestimmte Berufsgruppe, dann muss der Beschwerdeführer ausreichende Angaben dazu machen, ob er nach Ausbildung und nach Art und Umfang seiner konkreten beruflichen Tätigkeit zu dieser Gruppe gehört.[552] Ist das Gesetz nicht an ihn gerichtet, begründet es also nicht direkt zu seinen Gunsten Rechte oder zu seinen Lasten Pflichten, muss die Selbstbetroffenheit gesondert begründet werden. Dies kommt in zwei Fallgestaltungen in Betracht.

296 Ein **Nichtadressat** kann zum einen dann selbst betroffen sein, wenn eine **hinreichend enge rechtliche Beziehung** zwischen seiner Grundrechtsposition und dem angegriffenen Gesetz besteht.[553] Dies ist insbesondere dann der Fall, wenn ein an Dritte gerichtetes Verbot mittelbar auch darauf zielt, die Freiheit von Grundrechtsträgern einzuschränken, die nicht Normadressaten sind.[554] Eine nur faktische Beeinträchtigung im Sinne einer Reflexwirkung reicht dafür hingegen nicht.[555] Die Grundrechtsposition des Beschwerdeführers muss vielmehr durch das Gesetz unmittelbar zu seinem Nachteil verändert werden.[556] Deshalb **betraf** die gesetzliche **Pflicht zur Speicherung von Telekommunikationsdaten**, obwohl sie nicht die Nutzer, sondern die Diensteanbieter als Adressaten hatte, **die Nutzer selbst**, weil die Diensteanbieter rechtlich unbedingt zur Speicherung der Daten der Nutzer verpflichtet waren.[557] Allein der Umstand, dass eine sehr große Zahl von Personen betroffen ist, steht einer individuellen Grundrechtsbetroffenheit nicht entgegen.[558] Eine über die eigene Betroffenheit hinausgehende besondere Betroffenheit, die den einzelnen Beschwerdeführer von der Allgemeinheit abheben würde, ist nicht notwendig.[559] Beim Schutz vor heimlichen Maßnahmen genügt, dass der Beschwerdeführer mit einiger Wahrscheinlichkeit hiervon berührt sein wird.[560]

297 Zum anderen kann sich die Selbstbetroffenheit gerade daraus ergeben, dass der Beschwerdeführer nicht Adressat der Norm ist, er also vom Anwendungsbereich der Vorschrift – nach seiner Auffassung unter Verstoß etwa gegen den Gleichheitssatz des Art. 3 Abs. 1 GG – ausgenommen ist. Die für eine Selbstbetroffenheit genügende Beeinträchtigung der Grundrechtsposition

---

551 Beschluss der 2. Kammer des Ersten Senats vom 8.2.2013 – 1 BvR 102/13, Rn. 1 bei Juris.

552 Beschluss der 2. Kammer des Ersten Senats vom 9.11.2009 – 1 BvR 2146/09, Rn. 3 bei Juris.

553 Vgl. BVerfGE 162, 378 (402, Rn. 52); 149, 50 (74, Rn. 69); 146, 71 (109, Rn. 112); vgl. auch BVerfGE 154, 152 (210 f., Rn. 74); Beschluss der 2. Kammer des Ersten Senats vom 23.4.2019 – 1 BvR 2314/18, Rn. 5 bei Juris.

554 BVerfGE 153, 182 (257, Rn. 195) – Sterbehilfe.

555 Beschluss der 1. Kammer des Ersten Senats vom 28.1.2014 – 1 BvR 573/11, Rn. 7 bei Juris.

556 BVerfGE 162, 378 (402, Rn. 52); 125, 39 (75) – Betroffenheit der Evangelischen Landeskirche durch an Ladeninhaber gerichtete Sonntags-Öffnungsregelungen; 108, 370 (384); Beschluss der 3. Kammer des Ersten Senats vom 2.8.2010 – 1 BvR 2393/08, Rn. 22 bei Juris; Beschluss der 1. Kammer des Ersten Senats vom 30.10.2010 – 1 BvR 3196/09, Rn. 14 bei Juris.

557 BVerfGE 125, 260 (305).

558 BVerfGE 157, 30 (94, Rn. 110).

559 BVerfGE 158, 170 (190, Rn. 46); 157, 30 (94, Rn. 110); vgl. auch BVerfGE 159, 223 (269, Rn. 85): alle sich im Bundesgebiet aufhaltenden Personen.

560 Vgl. BVerfGE 163, 43 (73, Rn. 87); 156, 11 (33, Rn. 58); 155, 119 (160, Rn. 75).

des Beschwerdeführers liegt hier darin, dass **andere durch ein Gesetz begünstigt** werden, er jedoch nicht.[561]

bb) Gegenwärtige Betroffenheit. Der Beschwerdeführer muss durch das angegriffene Gesetz **gegenwärtig** betroffen sein. Teilweise wird angenommen, dieser Aspekt der Beschwerdebefugnis solle dem Ausschluss der Popularverfassungsbeschwerde dienen.[562] Die Gegenwärtigkeit der Beschwer dürfte aber eher schlicht **Ausdruck des** notwendigen **Rechtsschutzinteresses** des Beschwerdeführers sein: Eine Verfassungsbeschwerde soll von niemandem erhoben werden können, dessen Betroffenheit nicht konkret absehbar ist. Anderenfalls wäre das Bundesverfassungsgericht zur Erstattung eines verfassungsrechtlichen Gutachtens verpflichtet. Der Zusammenhang mit dem Rechtsschutzbedürfnis bestätigt sich in der Rechtsprechung des Bundesverfassungsgerichts dadurch, dass bei einer Erledigung des angegriffenen Hoheitsakts meist nicht vom Wegfall der Beschwerdebefugnis mangels fortbestehender gegenwärtiger Betroffenheit, sondern vom möglichen Wegfall des Rechtsschutzbedürfnisses die Rede ist (dazu → Rn. 333 ff.). 298

Für die gegenwärtige Betroffenheit des Beschwerdeführers muss dessen Beschwer **schon und noch vorhanden** sein.[563] Dafür müssen sowohl Voraussetzungen in der Rechtsstellung des Beschwerdeführers als auch objektiv an das Gesetz knüpfende Voraussetzungen erfüllt sein. 299

Gegenwärtig ist die Betroffenheit des Beschwerdeführers jedenfalls dann, wenn die angegriffene Norm **auf seine Rechtsstellung aktuell** und nicht nur potenziell oder virtuell **einwirkt**.[564] 300

Will der Beschwerdeführer hingegen **künftige Rechtswirkungen** eines Gesetzes verhindern, ist er nur dann beschwerdebefugt, wenn ihn das Gesetz schon jetzt zu später nicht mehr korrigierbaren Entscheidungen bzw. Dispositionen zwingt[565] oder wenn jetzt schon klar abzusehen ist, dass und wie der Beschwerdeführer in der Zukunft von dem Gesetz betroffen sein wird.[566] Letzteres wird etwa bei Rentengesetzen meist der Fall sein.[567] Abzugrenzen ist der sichere Eintritt der Betroffenheit von der bloßen vagen Aussicht, das Gesetz werde den Beschwerdeführer irgendwann in der Zukunft, etwa wenn 301

561 Beschluss der 3. Kammer des Zweiten Senats vom 31.1.2011 – 2 BvR 94/11, Rn. 4 bei Juris; Schmidt-Bleibtreu/Klein/Bethge BVerfGG/Bethge § 90 Rn. 359 (Stand: Februar 2018).

562 Lechner/Zuck/Zuck § 90 Rn. 130; vgl. Beschluss der 1. Kammer des Ersten Senats vom 11.1.2016 – 1 BvR 2980/14, Rn. 22 bei Juris.

563 Vgl. BVerfGE 161, 299 (334 f., Rn. 82); Barczak BVerfGG/Hellmann § 90 Rn. 243; Schmidt-Bleibtreu/Klein/Bethge BVerfGG/Bethge § 90 Rn. 366 (Stand: Februar 2018).

564 BVerfGE 140, 42 (58, Rn. 59); 114, 258 (277); vgl. auch BVerfGE 160, 79 (107, Rn. 77); Beschlüsse der 3. Kammer des Ersten Senats vom 1.4.2020 – 1 BvR 714/20, Rn. 2 bei Juris, und vom 24.11.2009 – 1 BvR 213/08, Rn. 52 bei Juris.

565 Vgl. BVerfGE 161, 63 (86, Rn. 35); 102, 197 (207).

566 Vgl. BVerfGE 162, 378 (403, Rn. 55); 155, 238 (266 f., Rn. 65); 146, 71 (110, Rn. 117); 140, 42 (58, Rn. 59); 110, 141 (151); Beschluss der 3. Kammer des Ersten Senats vom 16.6.2016 – 1 BvR 1705/15, Rn. 7 bei Juris; Beschluss der 2. Kammer des Ersten Senats vom 13.3.2014 – 1 BvR 3570/13, Rn. 9 bei Juris; vgl. auch BVerfGE 141, 220 (262, Rn. 84).

567 Vgl. BVerfGE 97, 271 (283).

er bestimmte Aktivitäten entfalten sollte, erfassen.[568] Nicht notwendig ist aber, dass das angegriffene Gesetz schon zur Anwendung gekommen ist.[569] Wenn der durch ein Gesetz in Gang gesetzte Verlauf nicht mehr korrigierbar ist, können auch schon Regelungen, die erst im Laufe ihrer Vollziehung zu einer Grundrechtsgefährdung führen, eine gegenwärtige Betroffenheit begründen.[570]

302 Eine gegenwärtige Beschwer geht im Regelfall von einem in Kraft getretenen Gesetz aus.[571] Sie kann auch schon von einem **verkündeten, aber noch nicht in Kraft getretenen Gesetz** ausgehen, wenn die künftigen Rechtswirkungen schon klar abzusehen und für den Beschwerdeführer gewiss sind.[572] Ob von einem vom Bundestag und Bundesrat beschlossenen, aber noch nicht verkündeten Gesetz eine gegenwärtige Beschwer ausgehen kann, ist in den Entscheidungen über Anträge auf Erlass einer einstweiligen Anordnung im Zusammenhang mit den Euro-Rettungsgesetzen vom Zweiten Senat offen gelassen worden[573] und spielte in der Hauptsacheentscheidung keine Rolle mehr (→ Rn. 309 f.).[574] Ist der Antrag auf Erlass einer einstweiligen Anordnung gegen das Inkrafttreten eines Gesetzes ausnahmsweise als zulässig zu beurteilen, weil effektiver Grundrechtsschutz anderenfalls nicht gewährleistet werden könnte, dann kann dieser Befund nicht mit der Begründung wieder rückgängig gemacht werden, dass es vor Verkündung des Gesetzes noch an einer gegenwärtigen Betroffenheit fehlt und die Verfassungsbeschwerde als das Hauptsacheverfahren, auf das sich die einstweilige Anordnung bezieht, unzulässig wäre.[575] An einer gegenwärtigen Beschwer fehlt es auch dann, wenn die angegriffene Gesetzesvorschrift zum Zeitpunkt der Entscheidung des Bundesverfassungsgerichts schon außer Kraft getreten bzw. durch eine nicht inhaltsgleiche, sondern umfassend neue Regelung ersetzt worden ist. In diesen Fällen ist der Beschwerdeführer nicht mehr beschwert, was seine Verfassungsbeschwerde unzulässig macht. Meist wird diese Problematik aber auf der Ebene des Rechtsschutzbedürfnisses des Beschwerdeführers abgehandelt.[576]

303 cc) **Unmittelbare Betroffenheit, Zusammenhang mit dem Subsidiaritätsgrundsatz.** Der Beschwerdeführer ist durch ein Gesetz nur dann unmittelbar betroffen, wenn die von ihm geltend gemachte grundrechtliche Beschwer **ohne einen vermittelnden Vollzugsakt** selbst eintritt.[577] Dafür ist

568 Vgl. BVerfGE 140, 42 (58, Rn. 59); 74, 297 (319); Beschluss der 1. Kammer des Ersten Senats vom 6.10.2016 – 1 BvR 292/16, Rn. 18 bei Juris; vgl. zu einer solchen Prüfung auch BVerfGE 159, 223 (269, Rn. 86).

569 BVerfGE 156, 11 (33 f., Rn. 59).

570 BVerfGE 157, 30 (93 f., Rn. 108).

571 BVerfGE 125, 39 (75).

572 BVerfGE 163, 107 (122 f., Rn. 40); 108, 370 (385).

573 BVerfGE 126, 158 (168) – Euro-Stabilisierungsmechanismusgesetz; 125, 385 (393) – Währungsunion-Finanzstabilisierungsgesetz.

574 BVerfGE 129, 124 (167 ff.).

575 BVerfGE 131, 47 (55 f.).

576 Vgl. BVerfGE 163, 43 (70, Rn. 76); 162, 1 (60, Rn. 116); 161, 299 (343 f., Rn. 105 f.); 155, 119 (158 f., Rn. 68).

577 BVerfGE 163, 107 (122 f., Rn. 40); 162, 378 (404, Rn. 57); 161, 63 (85 f., Rn. 34); 146, 71 (108, Rn. 110); 142, 268 (297 f., Rn. 42); 126, 112 (133); 125, 39 (76); 110, 370 (381); Beschlüsse der 2. Kammer des Ersten Senats vom 23.4.2019 – 1 BvR 2314/18, Rn. 6 bei

auch ausreichend, wenn zwar die gesetzlich angeordnete Begünstigung noch einen Vollzugsakt voraussetzt, das Gesetz aber schon jetzt bestimmt, dass der Beschwerdeführer von der Begünstigung ausgeschlossen ist.[578]

Wird in die Rechtsstellung des Beschwerdeführers dagegen erst mit einem weiteren Vollzugsakt eingegriffen, ist eine unmittelbar gegen das Gesetz gerichtete Verfassungsbeschwerde grundsätzlich unzulässig. Vielmehr muss **zunächst der Rechtsweg gegen den Vollzugsakt beschritten** und gegebenenfalls anschließend eine auch die hierzu ergangenen fachgerichtlichen Entscheidungen angreifende Verfassungsbeschwerde erhoben werden.[579] Weniger streng sieht das Bundesverfassungsgericht das, wenn der Beschwerdeführer von Vollzugsakten regelmäßig nicht rechtzeitig Kenntnis erlangt.[580] 304

Die so verstandene Unmittelbarkeit der Beschwer lässt sich relativ unproblematisch **anhand der gesetzlichen Konzeption und der Verwaltungspraxis** feststellen. Für die Zulässigkeit der Verfassungsbeschwerde ist damit aber noch nicht alles gewonnen. 305

Die unmittelbare Betroffenheit als Aspekt der Beschwerdebefugnis ist nämlich nach der Rechtsprechung des Bundesverfassungsgerichts **mit dem Grundsatz der Subsidiarität der Verfassungsbeschwerde verzahnt:** Auch wenn das Gesetz den Beschwerdeführer unmittelbar betrifft, weil es keinen Vollzugsakt vorsieht, muss sich der Beschwerdeführer vor Erhebung der Verfassungsbeschwerde grundsätzlich mit allen zur Verfügung stehenden Mitteln bemühen, zunächst die Fachgerichte mit der von ihm beanstandeten Norm und deren Verfassungsmäßigkeit zu befassen (ausführlich dazu → Rn. 503 ff.).[581] 306

Ist das Gesetz vollzugsbedürftig, erkennt das Bundesverfassungsgericht **besondere Konstellationen** an, in denen die unmittelbare Betroffenheit bejaht und damit die direkte Verfassungsbeschwerde gegen das Gesetz zugelassen wird. Der Beschwerdeführer muss den Vollzugsakt nicht abwarten und erst gegen ihn fachgerichtlich vorgehen, wenn ihn das Gesetz schon vor dem Erlass konkreter Vollzugsakte zu **nicht mehr korrigierbaren Dispositionen** veranlasst[582] oder, allgemeiner ausgedrückt, wenn das Beschreiten des Rechtswegs gegen den Vollzugsakt unzumutbar wäre.[583] Dies ist auch dann der Fall, wenn die Grundrechtsbeeinträchtigung unabhängig von noch folgen- 307

Juris, und vom 13.3.2014 – 1 BvR 3570/13, Rn. 10 bei Juris; Beschlüsse der 3. Kammer des Ersten Senats vom 8.10.2018 – 1 BvR 1658/18, Rn. 3 bei Juris, und vom 6.6.2012 – 1 BvR 503/09, Rn. 3 bei Juris; Beschluss der 1. Kammer des Ersten Senats vom 21.3.2012 – 1 BvR 2492/08, Rn. 11 f. bei Juris; vgl. auch BVerfGE 140, 42 (58, Rn. 60).

578 BVerfGE 123, 148 (171 f.).

579 Vgl. BVerfGE 155, 238 (266, Rn. 64); 146, 71 (108, Rn. 110).

580 BVerfGE 163, 43 (72, Rn. 85); 162, 1 (53 f., Rn. 99); 156, 11 (32 f., Rn. 57); 155, 119 (159 f., Rn. 73 f.); 154, 152 (209 f., Rn. 72); 150, 309 (324, Rn. 35); 141, 220 (261 f., Rn. 82); 133, 277 (311 f., Rn. 277) – Antiterrordatei; 130, 151 (176 f.) – Bestandsdatenspeicherung; 125, 39 (76) – Ladenöffnungsanzeigen mit folgender Duldung seitens der Verwaltung.

581 Zusammenfassend BVerfGE 162, 1 (54 f., Rn. 100 ff.).

582 Vgl. BVerfGE 161, 299 (54 f., Rn. 83 f.); 140, 42 (59, Rn. 64); Beschluss der 2. Kammer des Ersten Senats vom 28.7.2016 – 1 BvR 1567/16, Rn. 5 bei Juris; Beschluss der 3. Kammer des Ersten Senats vom 12.12.2012 – 1 BvR 2550/12, Rn. 4 bei Juris.

583 BVerfGE 115, 118 (137); 97, 157 (164); Beschluss der 2. Kammer des Ersten Senats vom 28.7.2016 – 1 BvR 1567/16, Rn. 5 bei Juris; vgl. auch BVerfGE 140, 42 (59, Rn. 62).

den Rechtsakten schon im angegriffenen Gesetz unumkehrbar angelegt ist.[584] Deshalb können auch schon Gesetze mit Vorwirkungen auf künftige Freiheit angegriffen werden.[585] Wenn die Nichtbeachtung gesetzlicher Pflichten mit einer **Geldbuße bewehrt** ist, ist es regelmäßig nicht zumutbar, unter Verstoß gegen die gesetzliche Regelung zunächst Vollzugsakte abzuwarten.[586]

308 Besonders einleuchtend ist das bei Gesetzen, die Grundlage von hoheitlichen Maßnahmen – etwa polizeilichen Überwachungsmaßnahmen – sind, von denen der Beschwerdeführer **keine Kenntnis erlangt** und gegen die er deshalb nicht effektiv gerichtlich vorgehen kann.[587] Es genügt dann eine vom Beschwerdeführer **darzulegende Wahrscheinlichkeit**, von solchen Maßnahmen berührt zu werden.[588]

309 Die unmittelbare Betroffenheit kann auch in einem **Sonderfall legislativer Tätigkeit** fehlen. Das betrifft insbesondere die Mitwirkung der Bundesregierung an legislativen Maßnahmen innerhalb der Europäischen Union oder in sonstigen intergouvernementalen Zusammenhängen. Anknüpfend an die etablierte Rechtsprechung zu Mitwirkungshandlungen deutscher Organe an völkerrechtlichen Verträgen[589] hat der Zweite Senat eine unmittelbare Betroffenheit von Beschwerdeführern durch die Mitwirkung der Bundesregierung an den Beschlüssen im Rat der Europäischen Union, einen Europäischen Stabilisierungsmechanismus zu schaffen, verneint.[590]

310 Ähnlich wie in der schon früher entschiedenen Fallkonstellation einer **umsetzungsbedürftigen EU-Richtlinie**[591] war hier ausnahmsweise die EU-Verordnung auf ein nationales Realisierungsgesetz, das **Euro-Stabilisierungsmechanismus-Gesetz**, angewiesen, welches zum Gegenstand der Verfassungsbeschwerde gemacht werden konnte.[592] Die Möglichkeit, ein deutsches Gesetz angreifen zu können, von dem die Beschwerdeführer unmittelbar betroffen waren, ergab sich auch im Zusammenhang mit der Europäischen Bankenaufsicht. Hier sah das sogenannte SSM-VO-Gesetz vor, dass der deutsche Vertreter dem Kommissionsvorschlag für eine Ratsverordnung mit einem bestimmten Inhalt zustimmen dürfte.[593]

311 **2. Behauptung einer Verletzung.** Ist der Beschwerdeführer durch eine Maßnahme öffentlicher Gewalt beschwert, so verlangt § 90 Abs. 1 nach seinem Wortlaut wenig, um die Maßnahme mit einer Verfassungsbeschwerde einer Überprüfung durch das Bundesverfassungsgericht zuzuführen: nur die **Behauptung**, in einem seiner Grundrechte oder einem der genannten grundrechtsgleichen Rechte verletzt zu sein. Hiernach könnte die Mitteilung

584 BVerfGE 157, 30 (106, Rn. 133).
585 Vgl. BVerfGE 157, 30 (97 f., Rn. 116).
586 BVerfGE 161, 299 (337, Rn. 87); 125, 260 (306); vgl. auch Beschluss der 1. Kammer des Ersten Senats vom 21.3.2012 – 1 BvR 2492/08, Rn. 12 bei Juris.
587 BVerfGE 163, 43 (72, Rn. 85); 162, 1 (53 f., Rn. 99); 156, 11 (32 f., Rn. 57); 155, 119 (159 f., Rn. 73 f.); 154, 152 (209 f., Rn. 72); 150, 309 (324, Rn. 35); 141, 220 (261 f., Rn. 82).
588 BVerfGE 150, 309 (325 f., Rn. 39); 125, 260 (305).
589 Vgl. BVerfGE 77, 170 (209 f.).
590 BVerfGE 129, 124 (174 ff.).
591 Beschluss der 2. Kammer des Zweiten Senats vom 12.5.1989 – 2 BvQ 3/89, Rn. 16 ff. bei Juris.
592 BVerfGE 129, 124 (136 ff., 167) – Euro-Rettungsschirm.
593 BVerfGE 151, 202 (274, Rn. 88) – Europäische Bankenaufsicht.

an das Bundesverfassungsgericht genügen, der Beschwerdeführer gehe von einer solchen Verfassungsrechtsverletzung aus.

Das Bundesverfassungsgericht will den **Kreis der beschwerdebefugten Personen aber enger** ziehen und setzt dafür an zwei Hebeln an. Erstens stellt es schon im Rahmen der Zulässigkeitsprüfung bestimmte Anforderungen an die Wahrscheinlichkeit einer Verletzung eines Grundrechts oder grundrechtsgleichen Rechts. Erst recht sieht es sich zweitens durch den sehr weit gefassten Gesetzeswortlaut („Behauptung") nicht veranlasst, bei den diesbezüglichen Darlegungsvorgaben des Beschwerdeführers gemäß §§ 92, 23 Abs. 1 Satz 2, 1. Halbsatz (dazu → § 92 Rn. 15 ff.) Abstriche zu machen. 312

Die Beschwerdebefugnis setzt voraus, dass der Beschwerdeführer zumindest möglicherweise in seinen Grundrechten oder grundrechtsgleichen Rechten verletzt ist. Die Behauptung im Sinne des § 90 Abs. 1 muss also wenigstens so plausibel sein, dass die mit der Verfassungsbeschwerde begehrte Feststellung einer Verletzung von Verfassungsrechten des Beschwerdeführers **möglich** erscheint.[594] 313

In den meisten Fällen ist allein mit dieser vom Wortlaut „Behauptung" losgelösten Verschärfung der Zulässigkeitsvoraussetzungen kein spürbarer Nachteil für den Beschwerdeführer verbunden. Behauptet er eine Grundrechtsverletzung, ist diese aber nach dem vorgetragenen Sachverhalt oder aus rechtlichen Gründen **nicht einmal möglich**, gewänne er nichts, wenn die Verfassungsbeschwerde zwar als zulässig, aber dann als offensichtlich unbegründet beurteilt würde.[595] So oder so wird sie voraussichtlich gemäß § 93b Satz 1, 1. Alternative **nicht zur Entscheidung angenommen**. 314

In der **Kombination mit den Begründungserfordernissen** der §§ 92, 23 Abs. 1 Satz 2, 1. Halbsatz liest es sich dann aber so:[596] Der Beschwerdeführer muss hinreichend substantiiert darlegen, dass eine solche Verletzung möglich erscheint. Dazu gehört die schlüssige Behauptung, selbst, gegenwärtig und unmittelbar in seinen grundrechtlich geschützten Positionen verletzt zu sein.[597] 315

Die **Problematik** liegt hiernach für den Beschwerdeführer nicht in der an eine gewisse Wahrscheinlichkeit der Begründetheit der Verfassungsbeschwerde anknüpfenden Beschwerdebefugnis, sondern **in den Anforderungen an die Substantiierung** der Verfassungsbeschwerde. Mit der Strenge dieser Anforderungen kann das Bundesverfassungsgericht den Erfolg oder Misserfolg einer Verfassungsbeschwerde eines beschwerdebefugten Beschwerdeführers steuern. Das strapaziert schon generell den dem Bundesverfassungsgericht gezogenen Rahmen und kann im Einzelfall zu seiner Überschreitung führen. 316

594 Vgl. BVerfGE 163, 43 (72, Rn. 83); 154, 152 (205, Rn. 60); 141, 220 (260 f., Rn. 80); 129, 78 (91); 127, 87 (111 f.); 83, 216 (226); Beschluss der 3. Kammer des Ersten Senats vom 16.6.2016 – 1 BvR 1707/15, Rn. 6 bei Juris; Beschluss der 3. Kammer des Zweiten Senats vom 22.5.2010 – 2 BvR 1783/09, Rn. 2 bei Juris.

595 So auch Barczak BVerfGG/Hellmann § 90 Rn. 189.

596 BVerfGE 140, 229 (232, Rn. 9); Beschluss der 2. Kammer des Ersten Senats vom 12.12.2023 – 1 BvR 75/22, Rn. 23 bei Juris; Beschluss der 3. Kammer des Zweiten Senats vom 16.7.2019 – 2 BvR 881/17, Rn. 14 bei Juris.

597 Vgl. Beschluss der 2. Kammer des Zweiten Senats vom 9.1.2023 – 2 BvR 1217/19, Rn. 14 bei Juris; Beschluss der 1. Kammer des Ersten Senats vom 8.11.2016 – 1 BvR 935/14, Rn. 9 bei Juris.

317 **3. Anforderungen an die Begründung der Verfassungsbeschwerde zur Beschwerdebefugnis: Hinweise für den Rechtsanwalt.** Bei der Beschwerdebefugnis handelt es sich um **eine der wesentlichen Zulässigkeitshürden.** Ohne sorgfältige Vorüberlegungen zur Beschwerdebefugnis und entsprechende schriftsätzliche Ausführungen kommt eine erfolgversprechende Verfassungsbeschwerde deshalb kaum aus.

318 Die in einem fachgerichtlichen Ausgangsverfahren unterlegene Partei, die eine **Urteilsverfassungsbeschwerde** erheben möchte, kann sich darauf konzentrieren, die **Möglichkeit einer Grundrechtrechtsverletzung** darzulegen. Stets ist dabei der Bezug zu einem oder mehreren der in § 90 Abs. 1 genannten Grundrechte und grundrechtsgleichen Rechte zu wahren. Ausführungen zur fachgerichtlichen Anwendung einfachen Gesetzesrechts[598] machen dabei ebenso wie Anknüpfungen an die EMRK nur Sinn, wenn ein Zusammenhang mit einem Grundrecht oder grundrechtsgleichen Recht hergestellt wird.

319 Eine Grundrechtsverletzung ist überhaupt nur dann möglich, wenn der **Schutzbereich** des Grundrechts, das als verletzt gerügt werden soll, für den Beschwerdeführer eröffnet ist.[599] Die Rechtsprechung des Bundesverfassungsgerichts zum Schutzbereich des betreffenden Grundrechts muss hierfür beachtet werden. Es ist beispielsweise nutzlos, gegen eine öffentlich-rechtlich begründete Zwangsmitgliedschaft mit der Rüge einer Verletzung des Art. 9 Abs. 1 GG vorgehen zu wollen, wenn das Bundesverfassungsgericht eine Anwendung dieses Grundrechts in diesem Bereich in ständiger Rechtsprechung ausschließt.[600] Eine ohne Auseinandersetzung mit dieser Rechtsprechung auf eine Verletzung des Art. 9 Abs. 1 GG gestützte Rüge wäre schon mangels Beschwerdebefugnis unzulässig.

320 Kann der Beschwerdeführer als unterlegene Partei des Ausgangsverfahrens darlegen, dass der Schutzbereich eines Grundrechts oder grundrechtsgleichen Rechts berührt ist, muss die **Möglichkeit einer Verletzung** des Rechts in der Verfassungsbeschwerdeschrift **nicht mehr gesondert** im Abschnitt zu ihrer Zulässigkeit erörtert werden. Zur Begründetheit der Verfassungsbeschwerde muss der Beschwerdeführer ohnehin ausführen, warum er von einer Grundrechtsverletzung ausgeht. An diesen Ausführungen misst das Bundesverfassungsgericht auch, ob die Verletzung überhaupt möglich erscheint. Die Beschwerdebefugnis wird nicht verneint werden, weil der Beschwerdeführer nichts ausdrücklich zur Möglichkeit einer Verletzung seiner Rechte geschrieben hat, sondern allenfalls deshalb, weil die Verletzung seiner Rechte nach seiner darauf in der Sache geprüften Begründung der Verfassungsbeschwerde nicht in Betracht kommt.

321 Die **Beschwer** muss **bei einer Urteilsverfassungsbeschwerde** nur in einigen Sonderfällen eigens dargelegt werden, etwa wenn sie losgelöst vom Tenor der angegriffenen Entscheidung geltend gemacht werden soll oder wenn sich

598 Vgl. Beschluss der 3. Kammer des Ersten Senats vom 18.7.2011 – 1 BvR 1618/10, Rn. 8 bei Juris.

599 Vgl. BVerfGE 149, 160 (190, Rn. 92).

600 Vgl. Beschluss der 2. Kammer des Ersten Senats vom 13.12.2006 – 1 BvR 2084/05, Rn. 30 ff. bei Juris.

eine nicht am Ausgangsverfahren beteiligte Person auf eine Grundrechtsverletzung berufen will.

Zusätzliche Mühe bereitet die Begründung der Beschwerdebefugnis bei einer **Rechtssatzverfassungsbeschwerde**. Hier orientiert sich die Zulässigkeitsprüfung des Bundesverfassungsgerichts[601] an der klassischen Betroffenheits-Trias (→ Rn. 291 ff.), und deshalb sollte zur Vermeidung unnötiger Risiken auch die Begründung der Verfassungsbeschwerde mehr oder weniger schematisch darauf eingehen, inwiefern der Beschwerdeführer durch das angegriffene Gesetz selbst, gegenwärtig und unmittelbar betroffen ist. Das Fehlen diesbezüglicher konkreter Erläuterungen kann zur Unzulässigkeit der Verfassungsbeschwerde führen. 322

IV. Allgemeines Rechtsschutzbedürfnis

Auch im Verfahren der Verfassungsbeschwerde soll grundsätzlich gelten, dass die Rechtsverfolgung des Beschwerdeführers von einem berechtigten, **anerkennenswerten Interesse** getragen sein muss, also einem Rechtsschutzinteresse.[602] Die Bedeutung des so beschriebenen allgemeinen Rechtsschutzbedürfnisses als einer ungeschriebenen Zulässigkeitsvoraussetzung der Verfassungsbeschwerde ist jedoch gering, denn die meisten Fälle fehlenden Rechtsschutzbedürfnisses werden durch **spezielle Anforderungen an die Zulässigkeit** der Verfassungsbeschwerde aufgefangen, die ausdrücklich gesetzlich geregelt sind und von der Rechtsprechung des Bundesverfassungsgerichts weiterentwickelt wurden.[603] Außerdem kann das Bundesverfassungsgericht Beschwerdeführern, denen es ein berechtigtes Interesse an der Rechtsverfolgung abspricht, eine Entscheidung versagen, indem es die Verfassungsbeschwerde unter den Voraussetzungen der §§ 93a, 93 b nicht zur Entscheidung annimmt. 323

Eine spezialgesetzliche Ausprägung des Rechtsschutzbedürfnisses findet sich in der Regelung der **Rechtswegerschöpfung** in § 90 Abs. 2 Satz 1: Sofern eine Grundrechtsverletzung noch im Rahmen des fachgerichtlichen Rechtswegs beseitigt werden kann, muss dieser Rechtsweg vor Erhebung der Verfassungsbeschwerde erschöpft werden (dazu → Rn. 348 ff.). Nach dem richterrechtlich entwickelten Grundsatz der **Subsidiarität** der Verfassungsbeschwerde müssen zudem auch alle außerhalb des Rechtswegs zur Verfügung stehenden Mittel zur Abhilfe genutzt werden (dazu → Rn. 451 ff.). Vorher besteht an einer Entscheidung des Bundesverfassungsgerichts kein rechtliches Bedürfnis. Aber auch die Anforderungen, die das Bundesverfassungsgericht im Rahmen der Beschwerdebefugnis gemäß § 90 Abs. 1 an die für die Erhebung einer Verfassungsbeschwerde notwendige **Beschwer** stellt (dazu → Rn. 213 ff.), beschreiben letztlich Facetten des Rechtsschutzbedürfnisses: Wer nicht selbst, gegenwärtig und unmittelbar beschwert ist, bedarf nicht des Rechtsschutzes der Verfassungsbeschwerde. 324

---

601 Vgl. BVerfGE 146, 71 (107 f., Rn. 108 ff.).

602 Vgl. BVerfGE 151, 101 (121, Rn. 46); 119, 309 (317); 106, 210 (214); Beschluss der 1. Kammer des Ersten Senats vom 1.10.2008 – 1 BvR 2733/04 ua, Rn. 12 bei Juris; vgl. auch BVerfGE 153, 1 (32, Rn. 75); 152, 216 (229, Rn. 31) – Recht auf Vergessen II.

603 Vgl. auch Barczak BVerfGG/Hellmann § 90 Rn. 258 f.

325 Andere Grenzbereiche des allgemeinen Rechtsschutzbedürfnisses erfasst das Bundesverfassungsgericht, indem es Verfassungsbeschwerden, an denen kein berechtigtes Interesse besteht, nicht zur Entscheidung annimmt, weil ihre **Annahme nicht** zur Durchsetzung der Verfassungsrechte des Beschwerdeführers **angezeigt** ist (vgl. § 93a Abs. 2 Buchst. b), 1. Halbsatz). Das ist insbesondere etwa dann der Fall, wenn der Beschwerdeführer auch nach einer Aufhebung der angegriffenen Entscheidung im Ergebnis keine ihm günstigere Entscheidung erreichen könnte (siehe auch → § 93a Rn. 69).[604] Auch diese Frage, ob der Beschwerdeführer sein hinter der Verfassungsbeschwerde stehendes Rechtsschutzziel erreichen kann, könnte ebenso dem allgemeinen Rechtsschutzbedürfnis als Zulässigkeitsvoraussetzung zugeordnet werden.

326 Vor diesem Hintergrund wäre es auch denkbar, das Thema des Rechtsschutzbedürfnisses durch die angesprochenen speziellen Regelungen als insgesamt abgearbeitet anzusehen und auf ein ungeschriebenes, darüber hinausgehendes Erfordernis eines allgemeinen Rechtsschutzbedürfnisses zu verzichten. Das Bundesverfassungsgericht sieht das anders und greift trotz der zur Verfügung stehenden Instrumente zur Begrenzung von nicht von einem berechtigten Anliegen getragenen Verfassungsbeschwerden gelegentlich auch auf das Kriterium des allgemeinen Rechtsschutzbedürfnisses zurück, insbesondere bei der Beurteilung der Zulässigkeit der Verfassungsbeschwerde **in Fällen der Erledigung** (dazu → Rn. 331 ff.).

327 In der Spruchpraxis des Bundesverfassungsgerichts wird nicht sauber zwischen speziellen Zulässigkeitsvoraussetzungen, allgemeinem Rechtsschutzbedürfnis und Annahmevoraussetzungen getrennt. Gerade zur Frage der Beschwer tauchen immer wieder **begriffliche Überschneidungen** auf,[605] oder dem Beschwerdeführer wird erst ein Rechtsschutzbedürfnis abgesprochen, wo es zum Zeitpunkt der Entscheidung über die Verfassungsbeschwerde schon eindeutig an einer Beschwer fehlt.[606]

328 **1. Abgrenzung zu den Annahmevoraussetzungen.** Trotzdem sollte jedenfalls dem anwaltlichen Rechtsanwender bewusst sein, dass Rechtsschutzbedürfnis und Annahmevoraussetzungen **unterschiedlichen dogmatischen Standorten** zuzuordnen sind. Sowohl bei fehlendem Rechtsschutzbedürfnis als auch bei fehlender Annahmefähigkeit aus anderen Gründen ist das **Ergebnis aber gleich**: Die Verfassungsbeschwerde wird nicht zur Entscheidung angenommen.

329 Besitzt der Beschwerdeführer kein anerkennenswertes Rechtsschutzinteresse, ist die **Verfassungsbeschwerde unzulässig**. Gäbe es nicht das Annahmeverfahren nach den §§ 93a ff., müsste sie als unzulässig verworfen werden. Unter dem Regime der §§ 93a ff. wird sie nicht zur Entscheidung angenommen werden, da die Annahmevoraussetzungen des § 93a Abs. 2 im Falle der Unzu-

604 BVerfGE 119, 292 (302); 90, 22 (25 f.); Beschluss der 2. Kammer des Zweiten Senats vom 26.6.2018 – 2 BvR 733/18, Rn. 32 bei Juris.

605 Vgl. BVerfGE 163, 43 (70, Rn. 76); Beschluss der 3. Kammer des Ersten Senats vom 27.6.2018 – 1 BvR 2001/16, Rn. 4 bei Juris; Beschluss der 2. Kammer des Ersten Senats vom 22.3.2013 – 1 BvR 791/12, Rn. 13 bei Juris.

606 Vgl. Beschluss der 3. Kammer des Ersten Senats vom 17.12.2012 – 1 BvR 488/10 ua, Rn. 20 bei Juris; vgl. auch Beschluss der 2. Kammer des Ersten Senats vom 12.3.2019 – 1 BvR 2535/16, Rn. 9 f. bei Juris.

lässigkeit der Verfassungsbeschwerde grundsätzlich nicht erfüllt sein werden (dazu → § 93a Rn. 15).

Nur wenn das Bundesverfassungsgericht das Rechtsschutzbedürfnis des Beschwerdeführers bejaht und auch im Übrigen von der Zulässigkeit der Verfassungsbeschwerde sowie ggf. sogar auch von ihrer Begründetheit ausgeht,[607] besteht Veranlassung, nach sonstigen Gründen zu fragen, die einer Annahme der Verfassungsbeschwerde zur Entscheidung gemäß § 93a entgegenstehen könnten. Wenn das Bundesverfassungsgericht also beispielsweise annimmt, die **Annahme** der Verfassungsbeschwerde sei **nicht angezeigt**, weil der Beschwerdeführer auch im Falle der Aufhebung der angegriffenen Entscheidung im Ergebnis keine ihm günstigere Entscheidung herbeiführen könnte, dann muss das Gericht – eine saubere Prüfung unterstellt – zuvor die Verfassungsbeschwerde als zulässig beurteilt und insbesondere keine Bedenken gegen ein Rechtsschutzbedürfnis des Beschwerdeführers gehabt haben.[608] 330

2. Erledigung der angegriffenen Maßnahme. Die Zulässigkeit der Verfassungsbeschwerde setzt voraus, dass im Zeitpunkt der Entscheidung des Bundesverfassungsgerichts noch ein Bedürfnis für die Aufhebung des angegriffenen Hoheitsakts oder wenigstens für die Feststellung seiner Verfassungswidrigkeit besteht.[609] Das ist Folge des allgemeinen Grundsatzes, dass die Zulässigkeitsvoraussetzungen der Verfassungsbeschwerde im Zeitpunkt der Entscheidung des Bundesverfassungsgerichts erfüllt sein müssen.[610] Erledigt sich der den Beschwerdeführer belastende Hoheitsakt nach oder sogar schon vor Erhebung der Verfassungsbeschwerde, führt dies **grundsätzlich** zu ihrer **Unzulässigkeit.**[611] In Betracht kommt dann nur noch die Anordnung der Erstattung der notwendigen Auslagen nach § 34a Abs. 3, wenn die Verfassungsbeschwerde ohne die zwischenzeitliche Erledigung offensichtlich Erfolg gehabt hätte.[612] 331

Dabei bedarf es eigentlich keines Rückgriffs auf das allgemeine Rechtsschutzbedürfnis als ungeschriebene Zulässigkeitsvoraussetzung. Vielmehr wird in der Regel durch das erledigende Ereignis die gegenwärtige Beschwer des Beschwerdeführers und damit seine unmittelbar in § 90 Abs. 1 verankerte **Beschwerdebefugnis entfallen.** Besonders klar ist dies im Falle des Todes des 332

607 Wie etwa im Nichtannahmebeschluss der 1. Kammer des Ersten Senats vom 23.8.2000 – 1 BvR 68/95 ua, Rn. 25 ff. bei Juris.
608 Vgl. Beschluss der 3. Kammer des Zweiten Senats vom 16.3.2014 – 2 BvR 2381/13, Rn. 2 ff. bei Juris.
609 Vgl. BVerfGE 153, 1 (32, Rn. 75); Beschlüsse der 2. Kammer des Ersten Senats vom 16.3.2019 – 1 BvR 1782/09, Rn. 6 bei Juris, und vom 10.8.2017 – 1 BvR 1582/15, Rn. 12 bei Juris; Beschluss der 1. Kammer des Ersten Senats vom 4.11.2010 – 1 BvR 661/06, Rn. 3 bei Juris.
610 Vgl. BVerfGE 162, 378 (405, Rn. 60); 159, 223 (273, Rn. 98); 134, 33 (54, Rn. 52); vgl. auch Beschluss der 1. Kammer des Zweiten Senats vom 5.2.2024 – 2 BvR 2192/22, Rn. 18 bei Juris.
611 Vgl. BVerfGE 163, 43 (70, Rn. 76); 161, 299 (343 f., Rn. 105 f.); Beschluss der 2. Kammer des Ersten Senats vom 14.12.2023 – 1 BvR 1889/23, Rn. 13 bei Juris.
612 Vgl. Beschluss der 1. Kammer des Ersten Senats vom 6.12.2023 – 1 BvR 605/23, Rn. 3 bei Juris; Beschluss der 2. Kammer des Zweiten Senats vom 24.3.2023 – 2 BvR 431/22, Rn. 3 bei Juris.

Beschwerdeführers, mit dem sich seine behauptete Grundrechtsverletzung grundsätzlich erledigt und die Verfassungsbeschwerde unzulässig wird.[613]

333 Das Bundesverfassungsgericht zieht das allgemeine Rechtsschutzbedürfnis in diesen Fallgestaltungen gewissermaßen mit umgekehrten Vorzeichen heran. Es fragt, ob das **Rechtsschutzbedürfnis trotz der Erledigung fortbesteht.** Dann soll die Verfassungsbeschwerde ausnahmsweise doch zulässig sein bzw. bleiben. Das fortbestehende bzw. fortwirkende[614] Rechtsschutzbedürfnis überwindet also das durch die Erledigung bei der Beschwerdebefugnis entstandene Defizit.[615]

334 In der Rechtsprechung des Bundesverfassungsgerichts haben sich die folgenden **Fallgruppen** des trotz Erledigung fortbestehenden Rechtsschutzbedürfnisses herausgebildet.[616]

335 Der Zusammenhang mit der Beschwerdebefugnis wird besonders deutlich, wenn das Bundesverfassungsgericht annimmt, das Rechtsschutzbedürfnis bestehe fort, wenn die – vordergründig – erledigte Maßnahme den Beschwerdeführer aufgrund von Folgewirkungen **weiterhin beeinträchtigt.**[617]

336 In Anlehnung an die Rechtsprechung der Verwaltungsgerichte zur Fortsetzungsfeststellungsklage[618] soll das Rechtsschutzbedürfnis auch im Verfahren der Verfassungsbeschwerde bei einer **Wiederholungsgefahr** fortbestehen.[619] Dafür muss eine Wiederholung des gerügten Verstoßes konkret zu besorgen sein.[620]

337 Der Beschwerdeführer soll sein Rechtsschutzziel auch dann weiterverfolgen dürfen, wenn der gerügte Grundrechtseingriff **besonders schwer wiegt.**[621]

---

613 Vgl. BVerfGE 153, 182 (253, Rn. 181); 141, 220 (260, Rn. 77); Beschluss der 3. Kammer des Ersten Senats vom 30.9.2022 – 1 BvR 922/21, Rn. 1 bei Juris; Beschluss der 2. Kammer des Zweiten Senats vom 1.4.2019 – 2 BvR 1224/17, Rn. 2 bei Juris; Beschluss der 1. Kammer des Ersten Senats vom 24.10.2017 – 1 BvR 1312/16, Rn. 4 bei Juris; siehe aber auch Beschluss der 2. Kammer des Zweiten Senats vom 11.11.2019 – 2 BvR 82/19 ua, Rn. 2 bei Juris.

614 Vgl. Beschluss der 2. Kammer des Ersten Senats vom 18.11.2018 – 1 BvR 1481/18, Rn. 4 bei Juris.

615 Vgl. Beschluss der 1. Kammer des Ersten Senats vom 1.10.2008 – 1 BvR 2733/04 ua, Rn. 14 ff. bei Juris.

616 Zusammenfassend BVerfGE 159, 223 (273, Rn. 98); 81, 138 (140 f.); Beschluss der 2. Kammer des Ersten Senats vom 23.8.2018 – 1 BvR 700/18, Rn. 6 bei Juris; Beschluss der 2. Kammer des Zweiten Senats vom 30.11.2016 – 2 BvR 1519/14, Rn. 23 bei Juris.

617 BVerfGE 159, 223 (273, Rn. 98); 149, 86 (111, Rn. 67); 141, 143 (163, Rn. 43); 110, 177 (188); Beschluss der 1. Kammer des Zweiten Senats vom 22.8.2018 – 2 BvR 688/18, Rn. 2 bei Juris; Beschlüsse der 3. Kammer des Zweiten Senats vom 11.6.2012 – 2 BvR 2739/10, Rn. 13 bei Juris, und vom 5.8.2010 – 2 BvR 729/08, Rn. 28 bei Juris; Beschluss der 3. Kammer des Ersten Senats vom 15.5.2012 – 1 BvR 2783/09, Rn. 15 bei Juris.

618 Vgl. dazu Beschluss der 1. Kammer des Ersten Senats vom 8.2.2011 – 1 BvR 1946/06, Rn. 20 ff. bei Juris.

619 Vgl. BVerfGE 159, 223 (273, Rn. 98); Beschluss der 3. Kammer des Zweiten Senats vom 21.9.2023 – 2 BvR 825/23, Rn. 25 bei Juris; Beschluss der 2. Kammer des Ersten Senats vom 4.2.2021 – 1 BvR 2743/19, Rn. 15 bei Juris.

620 Vgl. BVerfGE 162, 1 (60, Rn. 116); 119, 309 (317); Beschluss der 3. Kammer des Zweiten Senats vom 2.3.2011 – 2 BvR 576/09, Rn. 2 bei Juris; Beschluss der 3. Kammer des Ersten Senats vom 4.11.2010 – 1 BvR 3389/08, Rn. 46 bei Juris.

621 Vgl. Beschluss der 2. Kammer des Ersten Senats vom 15.11.2023 – 1 BvR 52/23, Rn. 17 bei Juris; Beschlüsse der 3. Kammer des Zweiten Senats vom 21.9.2023 – 2 BvR 825/23, Rn. 25 bei Juris, vom 5.7.2019 – 2 BvR 382/17, Rn. 22 bei Juris, und vom 3.7.2019 –

Das gilt auch schon im fachgerichtlichen Verfahren, so dass eine Verkennung des Rechtsschutzbedürfnisses durch die Fachgerichte in derartigen Fällen zum Erfolg der Verfassungsbeschwerde führt.[622] Besonders gewichtig ist eine Grundrechtsverletzung, die auf eine generelle Vernachlässigung von Grundrechten hindeutet, die auf einer groben Verkennung des durch ein Grundrecht gewährten Schutzes oder einem geradezu leichtfertigen Umgang mit grundrechtlich geschützten Positionen beruht, die rechtsstaatliche Grundsätze krass verletzt oder die geeignet ist, von der Ausübung von Grundrechten abzuhalten.[623]

Einen derart schwerwiegenden Grundrechtseingriff hat das Bundesverfassungsgericht insbesondere bei Fragen der **Freiheitsentziehung**,[624] aber etwa auch bei **beharrlichen Gehörsverletzungen**[625] angenommen. Gleiches gilt, wenn dem Beschwerdeführer durch die Fachgerichte Rechtsschutz innerhalb angemessener Zeit verweigert worden ist.[626] Dementsprechend müsste ein schwer wiegender, ein fortdauerndes Rechtsschutzbedürfnis begründender Grundrechtseingriff bei **überlanger Dauer eines fachgerichtlichen Verfahrens** auch dann angenommen werden, wenn das Verfahren mittlerweile abgeschlossen ist.[627] Die Brisanz dieser Problematik dürfte aber nach der Einführung der §§ 198 ff. GVG nur noch gering sein. 338

Zugunsten des Beschwerdeführers wird auch berücksichtigt, ob sich die direkte Belastung durch den angegriffenen Hoheitsakt nach dem **typischen Verfahrensablauf** auf eine Zeitspanne beschränkt, in welcher der Betroffene eine verfassungsgerichtliche Entscheidung kaum erlangen kann.[628] Unter solchen Umständen darf dem Beschwerdeführer jedenfalls bei gewichtigen Grundrechtsverletzungen eine verfassungsgerichtliche Hauptsacheentscheidung nicht versagt werden.[629] 339

---

2 BvR 2256/17, Rn. 30 bei Juris; Beschluss der 2. Kammer des Zweiten Senats vom 19.4.2023 – 2 BvR 1844/21, Rn. 35 bei Juris; Beschluss der 1. Kammer des Zweiten Senats vom 25.6.2018 – 2 BvR 2256/17, Rn. 27 bei Juris; aus der Senatsrechtsprechung: BVerfGE 159, 223 (273, Rn. 98); 110, 77 (88); 105, 239 (246).

622 Vgl. Beschluss der 2. Kammer des Zweiten Senats vom 5.7.2013 – 2 BvR 370/13, Rn. 15 ff. bei Juris.

623 Beschluss der 3. Kammer des Ersten Senats vom 14.12.2010 – 1 BvR 404/10, Rn. 20 bei Juris.

624 Vgl. Beschluss der 2. Kammer des Zweiten Senats vom 4.8.2020 – 2 BvR 1692/19, Rn. 23 bei Juris; Beschlüsse der 3. Kammer des Zweiten Senats vom 5.7.2019 – 2 BvR 382/17, Rn. 22 bei Juris, und vom 3.7.2019 – 2 BvR 2256/17, Rn. 30 bei Juris; Beschluss der 1. Kammer des Zweiten Senats vom 25.6.2018 – 2 BvR 2256/17, Rn. 27 bei Juris.

625 Beschluss der 3. Kammer des Zweiten Senats vom 15.11.2010 – 2 BvR 1183/09, Rn. 18 bei Juris.

626 Vgl. Beschlüsse der 3. Kammer des Zweiten Senats vom 21.9.2023 – 2 BvR 825/23, Rn. 25 bei Juris, und vom 3.8.2011 – 2 BvR 1739/10, Rn. 22 bei Juris.

627 So auch Beschluss der 3. Kammer des Ersten Senats vom 5.8.2013 – 1 BvR 2965/10, Rn. 12 ff. bei Juris; ablehnend Beschluss der 3. Kammer des Ersten Senats vom 23.5.2012 – 1 BvR 359/09, Rn. 16 ff. bei Juris.

628 BVerfGE 153, 1 (32, Rn. 75); 128, 109 (123); 107, 299 (311); Beschluss der 2. Kammer des Ersten Senats vom 15.11.2023 – 1 BvR 52/23, Rn. 17 bei Juris; Beschluss der 2. Kammer des Zweiten Senats vom 19.4.2023 – 2 BvR 1844/21, Rn. 35 bei Juris; vgl. auch BVerfGE 148, 267 (278 f., Rn. 28); 134, 141 (170, Rn. 87 f.) – Ramelow.

629 Vgl. Beschluss der 2. Kammer des Zweiten Senats vom 30.11.2016 – 2 BvR 1519/14, Rn. 23 bei Juris; Beschluss der 3. Kammer des Zweiten Senats vom 5.8.2010 – 2 BvR 729/08, Rn. 28 bei Juris.

340 Der hiergegen denkbare Einwand, der Beschwerdeführer könne in derartigen Fällen doch Eilrechtsschutz in Anspruch nehmen, geht fehl. Der verfassungsgerichtliche Eilrechtsschutz nach § 32 basiert auf einer reinen Interessenabwägung (dazu → § 32 Rn. 32 ff.). Die **Feststellung der Grundrechtsverletzung** kann hingegen **nur im Hauptsacheverfahren** erfolgen. Dies kann durch den Eilrechtsschutz nicht kompensiert werden.

341 Bei gewichtigen Grundrechtseingriffen wird ein fortbestehendes Rechtsschutzbedürfnis schließlich trotz Erledigung insbesondere dann angenommen, wenn anderenfalls die Klärung einer verfassungsrechtlichen Frage von **grundsätzlicher Bedeutung** unterbliebe.[630] Das Rechtsschutzbedürfnis kann trotz eigentlich eingetretener Erledigung im Hinblick auf Art. 19 Abs. 4 GG fortbestehen, wenn die Behörden eine verfassungsgerichtliche einstweilige Anordnung, die den Eintritt der Erledigung verhindern sollte, nicht beachtet haben.[631]

342 **3. Verfassungsbeschwerde gegen Nebenentscheidungen.** Auch in einem fachgerichtlichen Ausgangsverfahren ergangene, den Beschwerdeführer belastende **Nebenentscheidungen können grundsätzlich mit der Verfassungsbeschwerde angegriffen werden**. Durch deren Nebensächlichkeit, bezogen auf den Rechtsstreit in der Hauptsache, wird das Rechtsschutzbedürfnis des Beschwerdeführers nicht in Frage gestellt, wenn er gerade durch die Nebenentscheidung in seinen Grundrechten oder grundrechtsgleichen Rechten verletzt wird.

343 So kann sich die Verfassungsbeschwerde etwa gegen eine willkürliche oder unter Verstoß gegen Art. 103 Abs. 1 GG ergangene **Kostenentscheidung**,[632] gegen eine mit dem Grundsatz der Rechtsschutzgleichheit unvereinbare Versagung von **Prozesskostenhilfe**[633] oder gegen einen Verweisungsbeschluss[634] richten.

344 Davon zu unterscheiden sind allerdings Fälle, in denen ursprünglich die **Verletzung von Grundrechten durch eine Hauptsacheentscheidung** gerügt wurde, diese Beschwer sich zwischenzeitlich erledigt hat und der Beschwerdeführer die Verfassungsbeschwerde nur noch deshalb aufrecht erhalten möchte, weil er sich durch im Zusammenhang mit der erledigten Hauptsacheentscheidung ergangene Nebenentscheidungen belastet fühlt. Diese Ver-

630 Vgl. BVerfGE 159, 223 (273, Rn. 98); 153, 1 (32, Rn. 75) 119, 309 (317); 96, 288 (300); Beschluss der 1. Kammer des Ersten Senats vom 1.10.2008 – 1 BvR 2733/04, Rn. 15 bei Juris; vgl. dazu auch BVerfGE 163, 43 (70, Rn. 77); 155, 119 (158 f., Rn. 68).

631 Beschluss der 2. Kammer des Ersten Senats vom 8.10.2004 – 1 BvR 702/03; siehe dazu auch EGMR, Urteil von 13.1.2011 – 32715/06, Tz. 64 ff. – Kübler / Deutschland.

632 Beschlüsse der 3. Kammer des Ersten Senats vom 8.2.2023 – 1 BvR 311/22, Rn. 12 ff. bei Juris, vom 13.10.2022 – 1 BvR 1019/22, Rn. 17 ff. bei Juris, und vom 5.5.2020 – 1 BvR 1468/18, Rn. 8 ff. bei Juris; Beschluss der 2. Kammer des Ersten Senats vom 7.7.2020 – 1 BvR 596/17, Rn. 9 bei Juris; vgl. auch Beschluss der 1. Kammer des Ersten Senats vom 14.3.2018 – 1 BvR 300/18, Rn. 8 bei Juris.

633 Beschluss der 2. Kammer des Ersten Senats vom 30.10.2023 – 1 BvR 687/22, Rn. 17 ff. bei Juris; Beschluss der 1. Kammer des Zweiten Senats vom 28.7.2022 – 2 BvR 1814/21, Rn. 17 ff. bei Juris; Beschluss der 3. Kammer des Ersten Senats vom 30.5.2022 – 1 BvR 1012/20, Rn. 9 ff. bei Juris; BVerfGE 81, 347 (357).

634 Vgl. Beschluss der 3. Kammer des Ersten Senats vom 28.4.2020 – 1 BvR 209/20, Rn. 4 bei Juris; Beschluss der 2. Kammer des Ersten Senats vom 6.2.1998 – 1 BvR 1788/97, Rn. 5 ff. bei Juris.

fassungsbeschwerde wäre mangels eines anerkennenswerten Interesses des Beschwerdeführers unzulässig.[635] Insbesondere reicht die aus der im Rahmen der angegriffenen Hauptsacheentscheidung ergangenen Kostenentscheidung herrührende Beschwer nicht aus, um ein Rechtsschutzbedürfnis im Hinblick auf die erledigte Hauptsacheentscheidung zu begründen.[636]

Zu Unrecht schließt Bethge[637] daraus, **Kostenentscheidungen** könnten für sich allein nicht in zulässiger Weise mit der Verfassungsbeschwerde angegriffen werden. Gerade dann, wenn sie allein[638], also unabhängig von der Hauptsacheentscheidung und damit „selbstständig" die verfassungsrechtlich erhebliche Beschwer bewirkt haben, kann der Beschwerdeführer sie isoliert und mit berechtigtem Interesse angreifen. Je nebensächlicher die angegriffene Entscheidung ist, desto größer ist allerdings die Gefahr, dass die Annahmevoraussetzungen des § 93a Abs. 2 verneint werden. 345

C. Rechtswegerschöpfung und Subsidiarität, Abs. 2

Abs. 2 Satz 1 stellt eine **wesentliche Zulässigkeitsvoraussetzung** für die Verfassungsbeschwerde auf: Die Verfassungsbeschwerde kann grundsätzlich erst nach Erschöpfung des gegen die Verletzung der in § 90 Abs. 1 genannten Rechte zulässigen Rechtswegs erhoben werden. 346

Neben dem unmittelbarem Regelungsinhalt dieser Vorschrift, dem Grundsatz der Rechtswegerschöpfung ieS (dazu → Rn. 348 ff.), wird daraus das weitergehende **Prinzip der** generellen **Subsidiarität** der Verfassungsbeschwerde abgeleitet (dazu → Rn. 451 ff.). Eine Ausnahme von der Notwendigkeit der vorherigen Rechtswegerschöpfung und vom Subsidiaritätsprinzip ist nur in den Fällen des § 90 Abs. 2 Satz 2 möglich (dazu → Rn. 521 ff.). 347

I. Grundsatz der Rechtswegerschöpfung, Abs. 2 Satz 1

§ 90 Abs. 2 Satz 1 macht die Zulässigkeit der Verfassungsbeschwerde grundsätzlich von der vorherigen **Erschöpfung des Rechtswegs** abhängig. Diese Zulässigkeitshürde kann nach ihrem unmittelbaren Regelungsgehalt nur dann Geltung beanspruchen, wenn ein fachgerichtlicher Rechtsweg gegen die gerügte Verletzung von Verfassungsrechten überhaupt vorhanden ist (dazu → Rn. 349 ff.). Bieten die fachgerichtlichen Prozessordnungen einen solchen Rechtsweg an, verlangt das Gebot der vorherigen Erschöpfung des Rechtswegs nicht nur, dass der Rechtsweg formal erschöpft wurde (dazu → Rn. 407 ff.), sondern auch, dass er ordnungsgemäß beschritten wurde (dazu → Rn. 420 ff.). 348

1. Rechtsweg. Die Prüfung der Voraussetzungen des § 90 Abs. 2 Satz 1 ist am Begriff des Rechtswegs auszurichten. Die Verfassungsbeschwerde ist grund- 349

635 BVerfGE 85, 109 (113 f.); vgl. aber zur Abgrenzung Beschluss der 3. Kammer des Ersten Senats vom 13.10.2022 – 1 BvR 1019/22, Rn. 18 f. bei Juris; Beschluss der 2. Kammer des Ersten Senats vom 7.7.2020 – 1 BvR 596/17, Rn. 9 bei Juris.

636 Beschluss der 1. Kammer des Ersten Senats vom 8.7.2019 – 1 BvR 363/19, Rn. 4 bei Juris.

637 Schmidt-Bleibtreu/Klein/Bethge BVerfGG/Bethge § 90 Rn. 446 (Stand: Februar 2018).

638 BVerfGE 85, 109 (114); Beschluss der 3. Kammer des Ersten Senats vom 13.10.2022 – 1 BvR 1019/22, Rn. 19 bei Juris; Beschluss der 2. Kammer des Ersten Senats vom 7.7.2020 – 1 BvR 596/17, Rn. 9 bei Juris.

sätzlich erst dann zulässig, wenn eine letztinstanzliche Gerichtsentscheidung ergangen ist, die im fachgerichtlichen Verfahren im dafür vorgesehenen **Rechtsweg** nicht mehr überprüft werden kann.

350 a) **Bedeutung im System der Gerichtsbarkeiten.** In diesem Vorrang des fachgerichtlichen Rechtswegs zeigt sich besonders deutlich die Aufgabenverteilung zwischen der Fachgerichtsbarkeit und dem Bundesverfassungsgericht. Die **Wahrung der Grundrechte obliegt an erster Stelle den Fachgerichten** im Rahmen der regulären, einfachrechtlich vorgesehenen Rechtsschutzmöglichkeiten. Nur bei einem Versagen des fachgerichtlichen Grundrechtsschutzes aktualisiert sich die Zuständigkeit des Bundesverfassungsgerichts. Eine Erschöpfung des Rechtswegs ist deshalb auch dann nicht entbehrlich, wenn die Fachgerichte der gerügten Grundrechtsverletzung nicht selbst abhelfen könnten, sondern zur Beseitigung des gerügten Verfassungsverstoßes nur durch eine Vorlage zum Bundesverfassungsgericht gemäß Art. 100 Abs. 1 GG beitragen können.[639]

351 Die Zuständigkeit des Bundesverfassungsgerichts ist insofern nur eine **subsidiäre**. Am deutlichsten tritt dies zu Tage, wenn der den potenziellen Beschwerdeführer belastende Akt öffentlicher Gewalt schon im fachgerichtlichen Verfahren aufgehoben wird. Dann ist die Erhebung einer Verfassungsbeschwerde entbehrlich.

352 Aber auch wenn die belastende Wirkung des Hoheitsakts nach Erschöpfung des Rechtswegs im Ergebnis aufrechterhalten wird, können die überzeugenden, häufig über mehrere Instanzen erläuterten Gründe der fachgerichtlichen Entscheidungen bewirken, dass eine zunächst erwogene Verfassungsbeschwerde nicht mehr für Erfolg versprechend oder sinnvoll gehalten wird. Unabhängig von der Überzeugungskraft der fachgerichtlichen Entscheidungen kann das Gebot der vorherigen Erschöpfung des fachgerichtlichen Rechtswegs allerdings auch zu einer **Erschöpfung des Betroffenen** führen, hat also auch eine zermürbende Komponente.

353 Wenn sich der Beschwerdeführer nach Erschöpfung des Rechtswegs zur Verfassungsbeschwerde entschließt, dann ist die ihr zugrunde liegende **Sach- und Rechtslage** jedenfalls so weit **aufbereitet**, dass dem Bundesverfassungsgericht eine verlässliche Beurteilung der geltend gemachten Verfassungsrechtsverletzung erleichtert wird.

354 Dieser **zuständigkeitsverteilenden Funktion** des § 90 Abs. 2 Satz 1 kommt **in der Praxis** bei der Beurteilung der Zulässigkeit von Verfassungsbeschwerden **erhebliche Bedeutung** zu. Vor ihrem Hintergrund sind auch die Vorgaben zu sehen, die das Bundesverfassungsgericht zu weiteren, mit der Rechtswegerschöpfung zusammenhängenden Fragen macht, etwa inwieweit der Beschwerdeführer nach dem Grundsatz der **Subsidiarität der Verfassungsbeschwerde** auch außerhalb des unmittelbar gegen den angegriffenen Hoheitsakt zur Verfügung stehenden Rechtswegs Anträge stellen oder sonstige Maßnahmen ergreifen muss, die zur Beseitigung der verfassungsrechtlichen

639 Beschluss der 3. Kammer des Ersten Senats vom 1.10.2020 – 1 BvR 1106/20, Rn. 13 bei Juris; Beschluss der 3. Kammer des Zweiten Senats vom 14.8.2013 – 2 BvR 1601/13, Rn. 3 bei Juris; vgl. auch BVerfGE 150, 309 (327, Rn. 44); Beschluss der 1. Kammer des Ersten Senats vom 2.5.2018 – 1 BvR 3250/14, Rn. 13 bei Juris.

Beschwer führen können, oder wann nach § 90 Abs. 2 Satz 2 ausnahmsweise von der vorherigen Erschöpfung des Rechtswegs abgesehen werden kann.

Auch die **Anforderungen an die Begründung der Verfassungsbeschwerde** nach § 92, § 23 Abs. 1 Satz 2, 1. Halbsatz können nur bezogen auf die vom Beschwerdeführer nach § 90 Abs. 2 Satz 1 herbeizuführenden fachgerichtlichen Entscheidungen und deren jeweilige Begründung bestimmt werden. 355

b) **Maßstab: fachgerichtliche Prozessordnungen.** Welche Rechtsbehelfe eine Überprüfung vorangegangener Entscheidungen ermöglichen und daher zum Rechtsweg iSd § 90 Abs. 2 Satz 1 gehören, bestimmt sich ausschließlich **nach den Vorschriften der jeweiligen Prozessordnungen**. Das Bundesverfassungsgericht muss bei der Anwendung des § 90 Abs. 2 Satz 1 daher ständig die unterschiedlichen Prozessordnungen und die dazu ergehende fachgerichtliche Rechtsprechung präzise auswerten.[640] Mit Rechtsweg ist insoweit nur die deutsche Fachgerichtsbarkeit gemeint, so dass eine nicht zum Rechtsweg gehörende Beschwerde zum EGMR die Monatsfrist für die Erhebung der Verfassungsbeschwerde nach § 93 Abs. 1 Satz 1 nicht hinausschiebt.[641] 356

Meist greifen die Entscheidungen zur Rechtswegerschöpfung die eindeutige einfachrechtliche Rechtslage **nur** auf und haben allenfalls eine **klarstellende Funktion**, indem sie den Beschwerdeführer auf bestehende Rechtsschutzmöglichkeiten hinweisen.[642] So wurde ein Beschwerdeführer, der durch eine fehlerhafte Rechtsmittelbelehrung oder aufgrund eines anderen Justizfehlers von der rechtzeitigen Einlegung eines Rechtsmittels abgehalten wurde, darauf verwiesen, zunächst mit einem **Antrag auf Wiedereinsetzung** in den vorigen Stand als Bestandteil des Rechtswegs zu versuchen, im fachgerichtlichen Verfahren eine Beseitigung der Beschwer zu erreichen.[643] Demgegenüber überzeugt es aber mehr, dass ein Rechtsirrtum des Fachgerichts nicht dazu führen darf, dass die Verfassungsbeschwerde in Ermangelung einer Rechtswegerschöpfung unzulässig ist.[644] Vor Erhebung einer Verfassungsbeschwerde gegen die überlange Dauer eines Gerichtsverfahrens muss seit dem 3.12.2011 der fachgerichtliche Rechtsbehelf einer **Verzögerungsrüge** nach § 198 Abs. 3 Satz 1 GVG ergriffen und eine Klage auf angemessene Entschädi- 357

640 Vgl. etwa Beschluss der 3. Kammer des Ersten Senats vom 27.4.2021 – 1 BvR 2731/19, Rn. 4 f. bei Juris; Beschluss der 2. Kammer des Ersten Senats vom 7.2.2013 – 1 BvR 639 /12, Rn. 9 bei Juris; Beschluss der 3. Kammer des Zweiten Senats vom 3.11.2010 – 2 BvR 1377/07, Rn. 4 ff. bei Juris.

641 Vgl. Beschluss der 2. Kammer des Ersten Senats vom 7.3.2018 – 1 BvR 2865/17, Rn. 1 f. bei Juris.

642 Vgl. Beschluss der 3. Kammer des Zweiten Senats vom 3.3.2021 – 2 BvR 2668/18, Rn. 5 bei Juris; Beschluss der 1. Kammer des Zweiten Senats vom 24.2.2021 – 2 BvR 1780/20, Rn. 1 bei Juris; Beschluss der 1. Kammer des Ersten Senats vom 15.10.2020 – 1 BvR 2262/20, Rn. 6 f. bei Juris; Beschlüsse der 2. Kammer des Ersten Senats vom 27.8.2019 – 1 BvR 1521/14, Rn. 1 bei Juris (Anschlussrevision), und vom 9.10.2014 – 1 BvR 2335/14, Rn. 9 bei Juris (Nichtzulassungsbeschwerde); Beschlüsse der 2. Kammer des Zweiten Senats vom 22.3.2016 – 2 BvR 1664/15, Rn. 3 bei Juris, und vom 24.9.2014 – 2 BvR 1899 /14, Rn. 2 bei Juris.

643 Beschlüsse der 2. Kammer des Zweiten Senats vom 17.2.2016 – 2 BvR 854/15, Rn. 2 ff. bei Juris, und vom 16.10.2014 – 2 BvR 718/14, Rn. 3 bei Juris; Beschlüsse der 3. Kammer des Zweiten Senats vom 23.10.2013 – 2 BvR 28/13, Rn. 3 bei Juris, vom 7.8.2013 – 2 BvR 1412/13, Rn. 4 bei Juris, und vom 29.2.2012 – 2 BvR 2911/10, Rn. 5 ff. bei Juris.

644 So ausdrücklich BVerfGE 146, 294 (307 f., Rn. 22).

gung nach § 198 Abs. 1 GVG erhoben werden.[645] Auch vor dem Inkrafttreten dieser Vorschriften erhobene Verfassungsbeschwerden wurden als unzulässig beurteilt, wenn der Beschwerdeführer diese Rechtsbehelfe nicht nachgeholt hat.[646]

358 Umgekehrt geben die jeweiligen Prozessordnungen auch die **Grenzen** vor, in denen fachgerichtlicher Rechtsschutz erlangt werden kann. Deshalb muss ein Beschwerdeführer vor Erhebung der Verfassungsbeschwerde nicht gegen ein Urteil Berufung einlegen, wenn er nur die im fachgerichtlichen Verfahren isoliert nicht mehr anfechtbare Kostenentscheidung angreifen will.[647]

359 **Gelegentlich** hat das Bundesverfassungsgericht aber auch **neue Tendenzen angestoßen**, etwa indem es in BVerfGE 115, 81 (92) die Tür für den verwaltungsgerichtlichen Rechtsschutz gegen Rechtsverordnungen des Bundes in Form einer atypischen Feststellungsklage[648] geöffnet hat.

360 c) **Ungeschriebene Rechtsbehelfe.** Da das Vorhandensein eines Rechtswegs anhand der fachgerichtlichen Prozessordnungen zu bestimmen ist, kann der Beschwerdeführer in den Prozessordnungen nicht geregelte, **außerordentliche Rechtsbehelfe** vor Erhebung der Verfassungsbeschwerde **vernachlässigen.** Verspricht er sich dennoch etwas von einer außerordentlichen Beschwerde oder einer Gegenvorstellung, muss er beachten, dass durch solche Rechtsbehelfe der Beginn der Monatsfrist des § 93 Abs. 1 Satz 1 nicht hinausgeschoben wird.[649] Zur Fristwahrung muss er die Verfassungsbeschwerde daher **parallel** zum ungeschriebenen fachgerichtlichen Rechtsbehelf **einlegen.**[650]

361 **Für die Zulässigkeit der Verfassungsbeschwerde** werden diese ungeschriebenen Rechtsbehelfe in jeder Hinsicht **als nicht existent behandelt**. Dies ist durch die grundlegende Entscheidung des Ersten Senats vom 25.11.2008 zur Gegenvorstellung[651] geklärt und betrifft auch sonstige außerordentliche Be-

645 Beschluss der 2. Kammer des Zweiten Senats vom 16.10.2014 – 2 BvR 437/12, Rn. 14 f. bei Juris; Beschluss der 3. Kammer des Zweiten Senats vom 6.6.2013 – 2 BvQ 26/13, Rn. 4 bei Juris; Beschlüsse der 2. Kammer des Ersten Senats vom 5.9.2013 – 1 BvR 2447/11, Rn. 13 ff. bei Juris – dort allerdings jeweils unter dem Aspekt der materiellen Subsidiarität –, und vom 30.5.2012 – 1 BvR 2292/11, Rn. 9 bei Juris; Beschluss der 1. Kammer des Ersten Senats vom 21.12.2011 – 1 BvQ 44/11, Rn. 2 bei Juris.

646 Beschluss der 1. Kammer des Ersten Senats vom 4.6.2018 – 1 BvR 1928/16, Rn. 10 bei Juris; Beschluss der 2. Kammer des Ersten Senats vom 30.5.2012 – 1 BvR 2292/11, Rn. 10 bei Juris.

647 Beschluss der 2. Kammer des Ersten Senats vom 17.11.2009 – 1 BvR 1964/09, Rn. 8 bei Juris.

648 Vgl. Fellenberg/Karpenstein NVwZ 2006, 1133 (1134 f.).

649 Beschluss der 1. Kammer des Zweiten Senats vom 2.2.2024 – 2 BvR 1255/23, Rn. 4 bei Juris; Beschluss der 3. Kammer des Ersten Senats vom 16.9.2021 – 1 BvR 1640/21, Rn. 3 f. bei Juris; Beschlüsse der 2. Kammer des Ersten Senats vom 6.9.2016 – 1 BvR 173/15, Rn. 7 ff. bei Juris, und vom 18.6.2012 – 1 BvR 1530/11, Rn. 21 bei Juris; vgl. auch Beschluss der 2. Kammer des Zweiten Senats vom 26.7.2017 – 2 BvR 1643/17, Rn. 2 bei Juris.

650 Vgl. Beschluss der 3. Kammer des Ersten Senats vom 25.4.2012 – 1 BvR 2869/11, Rn. 10 bei Juris.

651 BVerfGE 122, 190 (202 ff.); vgl. auch Beschluss der 1. Kammer des Ersten Senats vom 18.2.2020 – 1 BvR 1750/19, Rn. 9 bei Juris.

schwerden[652] sowie Untätigkeitsbeschwerden.[653] Gegenteilige Auffassungen sind überholt.[654]

Das Bundesverfassungsgericht hat derartige Rechtsbehelfe nicht mit Wirkung für die fachgerichtlichen Verfahren abgeschafft, ihnen aber, solange sie nicht in die Prozessordnungen aufgenommen werden, aus Gründen der rechtsstaatlich gebotenen **Rechtsmittelklarheit** jegliche verfassungsprozessuale Bedeutung abgesprochen.[655] Die Beschränkung des Rechtswegs iSd § 90 Abs. 2 Satz 1 auf ausdrücklich gesetzlich geregelte Rechtsbehelfe darf daher auch **nicht über den ungeschriebenen Grundsatz der Subsidiarität** (dazu → Rn. 451 ff.) wieder **ausgehebelt** werden. Der Beschwerdeführer ist nicht wegen der Subsidiarität der Verfassungsbeschwerde gehalten, vorab auf ungeschriebene Rechtsbehelfe zurückzugreifen.[656] 362

Der Beschwerdeführer soll aber **sonstigen Sorgfaltspflichten** unterliegen. 363
Will er sich mit der Verfassungsbeschwerde gegen die Untätigkeit eines Gerichts wenden, muss er zwar nicht vorab zur Erschöpfung des Rechtswegs eine außerordentliche Untätigkeitsbeschwerde einlegen, aber sich doch zumindest um die Herbeiführung einer Entscheidung bemüht haben.[657] Die Berechtigung dieser Anforderung an den Beschwerdeführer ist praktisch nachvollziehbar und normalerweise unproblematisch, weil sich die Partei eines Gerichtsverfahrens selbstverständlich zunächst bei dem Gericht, bei dem das Verfahren anhängig ist, nach der ausstehenden Entscheidung erkundigen und sich erst dann, wenn sie keine befriedigende Antwort erhält, an das Bundesverfassungsgericht wenden wird. Rechtlich war diese Anforderung aber bis Ende 2011 zweifelhaft, weil die Prozessordnungen der Fachgerichtsbarkeiten keine solche geschriebene Verpflichtung zu „Entscheidungs-Herbeiführungs-Bemühungen" enthalten. Vorzugswürdig war insoweit deshalb der Ansatz des Europäischen Gerichtshofs für Menschenrechte, der in Untätigkeitsfällen keine solchen Bemühungen verlangt, eine Entscheidung herbeizuführen. Diese Problematik dürfte sich allerdings praktisch erledigt haben, nachdem der deutsche Gesetzgeber in den §§ 198 ff. GVG die vom Straßburger Gerichtshof mehrfach angemahnte gesetzliche **Untätigkeitsbeschwerde**[658] eingeführt hat.

d) Sonstige Anträge außerhalb des Ausgangsverfahrens (Dienstaufsichtsbeschwerden, Petitionen etc). Erst recht **gehören nicht zum Rechtsweg** 364
Anträge, die der Beschwerdeführer außerhalb des Ausgangsverfahrens, dessen

---

652 Vgl. Beschluss der 2. Kammer des Ersten Senats vom 6.9.2016 – 1 BvR 173/15, Rn. 11 bei Juris; dazu auch schon Beschluss der 2. Kammer des Ersten Senats vom 16.1.2007 – 1 BvR 2803/06, 2538, Rn. 5 bei Juris, unter Bezugnahme auf BVerfGE 107, 395 (416).

653 Anders noch Beschluss der 3. Kammer des Zweiten Senats vom 6.11.2006 – 2 BvR 2166/06, Rn. 5 bei Juris.

654 Vgl. auch Beschluss der 2. Kammer des Ersten Senats vom 30.6.2009 – 1 BvR 893/09, Rn. 19 bei Juris.

655 Vgl. Beschluss der 1. Kammer des Ersten Senats vom 18.2.2020 – 1 BvR 1750/19, Rn. 9 bei Juris.

656 Schmidt-Bleibtreu/Klein/Bethge BVerfGG/Bethge § 90 Rn. 387 (Stand: Februar 2018); Barczak BVerfGG/Hellmann § 90 Rn. 299.

657 Beschluss der 3. Kammer des Zweiten Senats vom 9.12.2009 – 2 BvQ 84/09, Rn. 2 bei Juris; vgl. auch Beschluss der 2. Kammer des Zweiten Senats vom 3.3.2023 – 2 BvR 1810/22, Rn. 24 bei Juris.

658 Vgl. EGMR, Urteil vom 2.9.2010 – 46344/06, Tz. 72 f. – Rumpf / Deutschland.

abschließende Entscheidung ihm missfällt, stellen kann. Hier sind vor allem Dienstaufsichtsbeschwerden, Petitionen und Landesverfassungsbeschwerden (§ 90 Abs. 3) zu nennen. Der Beschwerdeführer muss derartige Rechtsschutzmöglichkeiten nicht ergreifen, bevor er eine Verfassungsbeschwerde gegen eine letztinstanzliche Gerichtsentscheidung erhebt, und sie sind auch nicht geeignet, den Lauf der Monatsfrist des § 93 Abs. 1 zu hemmen.[659]

365 **Entscheidungen**, die Behörden und Gerichte **über solche Rechtsbehelfe** treffen, sind allerdings ihrerseits nach der Erschöpfung des insoweit zur Verfügung stehenden Rechtswegs **mit der Verfassungsbeschwerde angreifbar**.

366 Wird beispielsweise gerügt, dass eine **Petition** nicht oder nicht umfassend beschieden wurde, ist zunächst der Verwaltungsrechtsweg zu beschreiten. Wendet sich der Beschwerdeführer nur gegen den Inhalt des Bescheids, ist der Verwaltungsrechtsweg nicht eröffnet, aber zugleich steht fest, dass Art. 17 GG nicht verletzt sein kann, weil dieses Grundrecht keinen Anspruch auf eine bestimmte Entscheidung oder Begründung, sondern nur auf Entgegennahme, sachliche Behandlung und Bescheidung als solche verschafft.[660]

367 e) **Anhörungsrüge. Herausragende Bedeutung** in der Praxis des Bundesverfassungsgerichts hat die von ihm selbst geforderte[661] fachgerichtliche Anhörungsrüge erlangt. Sie findet sich in den fachgerichtlichen Prozessordnungen zB in § 321a ZPO, § 142a VwGO, § 33a StPO, § 78a ArbGG, § 178a SGG, § 44 FamFG, § 69a GKG, § 12a RVG und § 133a FGO. Gehörsrügen, die wie diejenigen nach § 33a StPO unbefristet möglich sind, halten die Monatsfrist des § 93 Abs. 1 Satz 1 nur dann offen, wenn der nicht befristete Rechtsbehelf innerhalb der für das Verfassungsbeschwerdeverfahren geltenden Einlegungsfrist erhoben wird.[662]

368 Die Anhörungsrüge **gehört zum Rechtsweg** iSd § 90 Abs. 2 Satz 1,[663] auch in Altfällen vor Inkrafttreten des Anhörungsrügengesetzes am 1.1.2005.[664]

369 Die Beschwerdeführer und ihre Bevollmächtigten müssen wissen, dass die AR-Abteilung und die wissenschaftlichen Mitarbeiter des Bundesverfassungsgerichts (zu deren Rolle → Rn. 31 ff.) die Prüfung einer Verfassungsbeschwerde in der Regel mit einem Blick darauf beginnen, ob eine Verletzung des Art. 103 Abs. 1 GG gerügt wird und vorab eine Anhörungsrüge erhoben worden ist. Das ist häufig **der einfachste Weg zur** Feststellung der Unzulässig-

659 Vgl. Beschlüsse der 1. Kammer des Ersten Senats vom 12.2.2020 – 1 BvR 577/19, Rn. 6 bei Juris, und vom 27.9.2019 – 1 BvR 1700/19, Rn. 5 bei Juris.

660 Beschluss der 2. Kammer des Ersten Senats vom 26.3.2007 – 1 BvR 138/07, Rn. 2 bei Juris.

661 BVerfGE 107, 395 (395).

662 Beschluss der 3. Kammer des Zweiten Senats vom 6.10.2014 – 2 BvR 1569/12, Rn. 11 bei Juris; Beschluss der 1. Kammer des Ersten Senats vom 16.6.2014 – 1 BvR 1443/12, Rn. 17 bei Juris.

663 BVerfGE 134, 106 (113, Rn. 22); 126, 1 (17); 122, 190 (198); Beschlüsse der 2. Kammer des Ersten Senats vom 14.12.2023 – 1 BvR 1889/23, Rn. 11 bei Juris, und vom 19.6.2023 – 1 BvR 929/23, Rn. 6 bei Juris; Beschlüsse der 1. Kammer des Zweiten Senats vom 17.4.2023 – 2 BvR 526/22, Rn. 4 bei Juris, und vom 7.2.2023 – 2 BvR 1057/22, Rn. 24 bei Juris; Beschluss der 2. Kammer des Zweiten Senats vom 3.3.2023 – 2 BvR 1810/22, Rn. 15 bei Juris.

664 Beschluss der 1. Kammer des Ersten Senats vom 16.6.2014 – 1 BvR 1443/12, Rn. 10 bei Juris.

keit der Verfassungsbeschwerde und damit zu ihrer **Erledigung** durch Nichtannahme. Deshalb ist es im Zusammenhang mit einer Rüge des Art. 103 Abs. 1 GG zwingend erforderlich, nicht nur vorab eine Anhörungsrüge zu erheben, sondern auch die Entscheidung über die Anhörungsrüge innerhalb der Monatsfrist des § 93 Abs. 1 Satz 1 vorzulegen[665] und sich mit ihr inhaltlich auseinanderzusetzen.[666]

aa) Nur gegen gerichtliche Entscheidungen. Will der Beschwerdeführer mit der Verfassungsbeschwerde rügen, ein **Gericht** habe seinen Anspruch auf Gewährung rechtlichen Gehörs verletzt, muss er vorab unter den in den Prozessordnungen geregelten Zulässigkeitsvoraussetzungen eine Anhörungsrüge erheben. Wird hingegen nur einer Verwaltungsbehörde, aber nicht den nachfolgenden Gerichtsentscheidungen eine Verletzung von Art. 103 Abs. 1 GG vorgeworfen, ist eine Anhörungsrüge weder nötig noch möglich.[667] 370

bb) Keine „sekundäre" Anhörungsrüge. Eine Anhörungsrüge ist zur Rechtswegerschöpfung nur dann zu verlangen, wenn sie zur Abhilfe geeignet gewesen wäre. Hat aus Sicht des Beschwerdeführers ein Instanzgericht seinen Anspruch auf rechtliches Gehörs verletzt und ist diese Gehörsverletzung in der nächsten Instanz lediglich nicht korrigiert worden, dann liegt darin **keine eigenständige neue Gehörsverletzung**. Sie muss daher nicht mit einer „sekundären" Anhörungsrüge gegen die letztinstanzliche Entscheidung angegriffen werden.[668] Gegen das bloße Perpetuieren eines vorinstanzlichen Gehörsverstoßes durch Nichtabhilfe seitens des letztinstanzlich entscheidenden Gerichts ist die Anhörungsrüge nicht statthaft.[669] Wird eine solche unstatthafte sekundäre Anhörungsrüge dennoch erhoben, kann sie die Monatsfrist zur Einlegung der Verfassungsbeschwerde nicht hinausschieben.[670] 371

Im Hinblick auf die vorangegangene gehörsverletzende Entscheidung fehlt es ebenfalls nicht an der Rechtswegerschöpfung, wenn nach der einschlägigen fachgerichtlichen Prozessordnung der vom Beschwerdeführer gewählte Rechtsbehelf, etwa eine Nichtzulassungsbeschwerde, statthaft und eine **An-** 372

665 Beschluss der 3. Kammer des Ersten Senats vom 4.5.2017 – 1 BvR 2584/16, Rn. 10 f. bei Juris; Beschluss der 1. Kammer des Ersten Senats vom 7.4.2014 – 1 BvR 47/14, Rn. 1 f. bei Juris; Beschluss der 3. Kammer des Zweiten Senats vom 14.11.2012, 2 BvR 2915/10, Rn. 3 bei Juris.

666 Vgl. Beschlüsse der 1. Kammer des Ersten Senats vom 14.3.2018 – 1 BvR 300/18, Rn. 15 bei Juris, und vom 1.2.2018 – 1 BvR 1379/14, Rn. 6 bei Juris; Beschluss der 3. Kammer des Ersten Senats vom 21.11.2008 – 1 BvR 2399/06, Rn. 14 bei Juris; Beschluss der 2. Kammer des Ersten Senats vom 23.10.2007 – 1 BvR 2208/07, Rn. 5 ff. bei Juris.

667 Beschluss der 3. Kammer des Zweiten Senats vom 17.3.2009 – 2 BvR 1466/07, Rn. 17 bei Juris.

668 Vgl. Beschlüsse der 1. Kammer des Zweiten Senats vom 25.9.2020 – 2 BvR 854/20, Rn. 21 bei Juris, vom 14.5.2020 – 2 BvR 2345/16, Rn. 39 bei Juris, und vom 14.12.2018 – 2 BvR 1594/17, Rn. 15 bei Juris; Beschlüsse der 2. Kammer des Zweiten Senats vom 4.8.2020 – 2 BvR 1692/19, Rn. 24 bei Juris, und vom 15.2.2017 – 2 BvR 395/16, Rn. 2 bei Juris; vgl. auch Beschluss der 1. Kammer des Zweiten Senats vom 7.2.2023 – 2 BvR 1057/22, Rn. 24 bei Juris; anders noch Beschluss der 2. Kammer des Zweiten Senats vom 21.6.2005 – 2 BvR 658/05, Rn. 7 bei Juris.

669 Beschluss der 3. Kammer des Zweiten Senats vom 29.2.2012 – 2 BvR 309/10, Rn. 17 bei Juris; vgl. auch Beschluss der 2. Kammer des Zweiten Senats vom 4.12.2012 – 2 BvR 2954/09, Rn. 21 bei Juris.

670 Beschluss der 2. Kammer des Ersten Senats vom 10.7.2018 – 1 BvR 1360/16, Rn. 2 bei Juris.

hörungsrüge daher zB gemäß § 321a Abs. 1 Satz 1 Nr. 1 ZPO **ausgeschlossen** war.

373 cc) **Anhörungsrüge gegen Zwischenentscheidungen.** Umgekehrt gibt es Zwischenentscheidungen, die mit der Anhörungsrüge angegriffen werden können und dementsprechend nach § 90 Abs. 2 Satz 1 angegriffen werden müssen. Die einfachrechtlichen Regelungen zur Anhörungsrüge, etwa § 321a Abs. 1 Satz 2 ZPO, sind verfassungskonform dahin gehend auszulegen, dass **gegen Entscheidungen, die ein selbstständiges Zwischenverfahren abschließen** und im weiteren Verlauf des Prozesses nicht mehr überprüft werden können, die Anhörungsrüge statthaft ist.[671] Die Statthaftigkeit der fachgerichtlichen Anhörungsrüge korrespondiert mit der ausnahmsweise bestehenden Zulässigkeit einer Verfassungsbeschwerde gegen Zwischenentscheidungen.[672]

374 Dies ist bei jeder Art von Zwischenverfahren nach den Vorschriften jeder Prozessordnung gesondert zu prüfen. Ein selbstständiges Zwischenverfahren stellen etwa die **Richterablehnung** im Zivilprozess[673] und im Sozialgerichtsprozess[674] sowie das Verfahren zur **Bestimmung des Rechtswegs** nach § 17a GVG dar.

375 Die Entscheidungen, die diese Zwischenverfahren abschließen, müssen daher, wenn eine Gehörsverletzung gerügt werden soll, vorab mit der Anhörungsrüge angegriffen werden. Die insoweit **abweichende frühere fachgerichtliche Rechtsprechung**[675] ist **überholt**.[676]

376 **Anschließend**, dh nicht erst nach Abschluss des gesamten fachgerichtlichen Prozesses, sondern **unmittelbar** nach Zurückweisung der Anhörungsrüge ist **Verfassungsbeschwerde** gegen die Zwischenentscheidung zu erheben. Versäumt der Beschwerdeführer bzw. sein Bevollmächtigter dies, wird er die Rüge einer Gehörsverletzung bezogen auf das Zwischenverfahren nicht mehr mit Erfolg anbringen können. Da das Fachgericht bei seiner späteren Sachentscheidung die in einem selbstständigen Zwischenverfahren vorgefallene Gehörsverletzung nicht mehr überprüft, kann die Sachentscheidung nicht mehr mit der Rüge angegriffen werden, im Zwischenverfahren sei das Recht auf rechtliches Gehör verletzt worden.

377 Kein Zwischenverfahren in diesem Sinne stellt das selbstständig fungierende **Prozesskostenhilfeverfahren** dar. Dafür gelten in Bezug auf die Erschöpfung des Rechtswegs keine anderen Regeln als für das Klageverfahren. Die rechtskräftige Ablehnung oder unterlassene Bescheidung eines Prozesskostenhilfeantrags kann und muss vorab mit einer Anhörungsrüge angefochten

---

671 BVerfGE 119, 292 (295).

672 Dazu Rn. 180, 478 ff.; siehe auch Beschluss der 2. Kammer des Ersten Senats vom 15.6.2015 – 1 BvR 1288/14, Rn. 8 bei Juris.

673 Beschluss der 3. Kammer der Ersten Senats vom 12.1.2009 – 1 BvR 3113/08, Rn. 8 ff. bei Juris.

674 Beschluss der 3. Kammer des Ersten Senats vom 16.5.2010 – 1 BvR 96/10, Rn. 14 ff. bei Juris.

675 Vgl. BGH, Beschluss vom 25.4.2007 – AnwZ – (B) 102/05, Rn. 2 bei Juris; BAG, Beschluss vom 14.2.2007 – 5 AZA 15/06 (B), Rn. 2 ff. bei Juris.

676 Vgl. BGH, Beschluss vom 15.6.2010 – XI ZB 33/09, Rn. 17 bei Juris; BAG, Beschluss vom 23.9.2008 – 6 AZN 84/08, Rn. 5 bei Juris.

werden, wenn eine Gehörsverletzung gerügt werden soll.[677] Die jederzeit bestehende Möglichkeit, einen neuen Prozesskostenhilfeantrag zu stellen, ändert daran nichts.[678]

dd) **Nicht bei Falschbezeichnung des Art. 103 Abs. 1 GG.** Die Zulässigkeit der Verfassungsbeschwerde scheitert nicht an der fehlenden Rechtswegerschöpfung, wenn sich der Beschwerdeführer zwar scheinbar auf eine Verletzung von Art. 103 Abs. 1 GG beruft, ohne zuvor eine Anhörungsrüge erhoben zu haben, die in der Verfassungsbeschwerde ausgeführte Rüge aber ersichtlich auf einer Verkennung des Gewährleistungsumfangs von Art. 103 Abs. 1 GG beruht, **in Wahrheit** also bei verständiger Auslegung auf die **Verletzung eines anderen Verfassungsrechts** zielt.[679] 378

Hiernach dürfte dem Beschwerdeführer eigentlich kein Nachteil erwachsen, wenn er in der Verfassungsbeschwerde auch Art. 103 Abs. 1 GG als verletztes Verfassungsrecht aufführt, aber überhaupt keine Angaben zu den Gründen macht, wegen derer eine Gehörsverletzung vorliegen soll. Unter solchen Umständen ist zwar die Rüge einer Verletzung des Art. 103 Abs. 1 GG, falls man sie nicht schon im Wege der Auslegung als nicht erhoben ausscheidet, mangels hinreichender Begründung unzulässig. Der Beschwerdeführer kann aber **nicht** darauf verwiesen werden, die schon im Ansatz nicht nachvollziehbare Rüge einer Gehörsverletzung zunächst **mit einer Anhörungsrüge** im fachgerichtlichen Verfahren geltend zu machen.[680] 379

Die **Uneinheitlichkeit der Kammerrechtsprechung** führt jedoch dazu, dass bei dieser Sachlage eine Verfassungsbeschwerde als unzulässig beurteilt wurde, weil zwar keine Gründe für, aber auch keine Gründe gegen eine Gehörsverletzung „ins Auge fallen".[681] 380

Allein mit der – versehentlichen oder vorsorglichen – Nennung des Art. 103 Abs. 1 GG geht der Beschwerdeführer in der Praxis also das **Risiko** ein, dass seine Verfassungsbeschwerde als unzulässig beurteilt wird. Vor einer leichtfertigen Auflistung des Art. 103 Abs. 1 GG in der Verfassungsbeschwerde ist **dringend zu warnen.**[682] 381

ee) **Verdeckte Gehörsrüge.** Die umgekehrte Konstellation einer „verdeckten" Gehörsrüge ist dagegen in der Senatsrechtsprechung zwischenzeitlich 382

---

677 Vgl. Beschluss der 2. Kammer des Ersten Senats vom 19.6.2023 – 1 BvR 929/23, Rn. 8 bei Juris; Beschluss der 2. Kammer des Zweiten Senats vom 8.7.2019 – 2 BvR 453/19, Rn. 7 bei Juris.

678 Beschluss der 3. Kammer des Ersten Senats vom 3.3.2011 – 1 BvR 2852/10, Rn. 9 ff. bei Juris; Beschluss der 2. Kammer des Ersten Senats vom 17.2.2011 – 1 BvR 279/11, Rn. 2 bei Juris; allerdings kann die Möglichkeit der Wiederholung eines Prozesskostenhilfeantrags zur Unzulässigkeit der Verfassungsbeschwerde nach dem Grundsatz der Subsidiarität führen, vgl. Beschluss der 3. Kammer des Ersten Senats vom 18.2.2024 – 1 BvR 465/24, Rn. 4 bei Juris.

679 Beschluss der 1. Kammer des Zweiten Senats vom 9.11.2010 – 2 BvR 2101/09, Rn. 32 f. bei Juris; Beschluss der 3. Kammer des Ersten Senats vom 11.2.2009 – 1 BvR 3582/08, Rn. 14 bei Juris; Beschluss der 2. Kammer des Zweiten Senats vom 15.3.2006 – 2 BvR 917/05, Rn. 14 bei Juris.

680 BVerfGE 126, 1 (18); Beschluss der 1. Kammer des Ersten Senats vom 18.2.2010 – 1 BvR 2477/08, Rn. 20 bei Juris.

681 Beschluss der 3. Kammer des Zweiten Senats vom 29.12.2009 – 2 BvR 244/08, Rn. 11 bei Juris.

682 Ähnlich Barczak BVerfGG/Hellmann § 90 Rn. 325.

geklärt: Sie ist dadurch gekennzeichnet, dass der Beschwerdeführer nicht ausdrücklich eine Verletzung von Art. 103 Abs. 1 GG rügt, aber die Verletzung eines materiellen Grundrechts damit begründet, dass das Gericht die Bedeutung dieses Grundrechts verkannt habe, indem es seinen Vortrag nicht zur Kenntnis genommen oder keinen vorherigen Hinweis zu seiner Rechtsauffassung erteilt habe. **Der Sache nach** werden also prozessuale Gesichtspunkte angesprochen, die richtigerweise **unter Art. 103 Abs. 1 GG zu subsumieren** wären.

383 Eine Verfassungsbeschwerde, die jedenfalls der Sache nach die Rüge einer Gehörsverletzung zum Gegenstand macht, ist **mangels Rechtswegerschöpfung unzulässig**, weil der Beschwerdeführer mit der Erhebung einer Anhörungsrüge die Möglichkeit gehabt hätte, die verfassungsrechtliche Beschwer im fachgerichtlichen Verfahren beseitigen zu lassen. Diesem Argument kann er sich nicht dadurch entziehen, dass er Art. 103 Abs. 1 GG in der Verfassungsbeschwerde nicht ausdrücklich als verletztes grundrechtsgleiches Recht bezeichnet.[683] Entscheidend ist nicht, welches Grundrecht der Beschwerdeführer benennt, sondern welches er der Sache nach rügt.[684] Die Unzulässigkeit erfasst die Verfassungsbeschwerde insgesamt, auch im Hinblick auf andere Grundrechtsrügen.[685] Etwas anderes gilt nur, wenn sich andere Grundrechtsrügen auf einen anderen Streitgegenstand beziehen als der ausdrücklich oder konkludent geltend gemachte Gehörsverstoß.[686]

384 Zwar verbietet es sich angesichts der Dispositionsfreiheit des Beschwerdeführers,[687] Rügen auf ihre Zulässigkeit und Begründetheit zu prüfen, die gar nicht erhoben worden sind. Die Dispositionsfreiheit des Beschwerdeführers wird aber nicht missachtet, sondern im Gegenteil durchgesetzt, wenn eine **Auslegung der Verfassungsbeschwerde** durch das Bundesverfassungsgericht ergibt, dass der Sache nach eine Gehörsverletzung gerügt wird.[688] Führt die Auslegung der Verfassungsbeschwerde zum Ergebnis, dass eine Gehörsverletzung auch der Sache nicht gerügt wird, scheitert die Zulässigkeit der Verfassungsbeschwerde nicht an der fehlenden Rechtswegerschöpfung, wenn der Beschwerdeführer keine Anhörungsrüge erhoben hat.[689]

---

683 BVerfGE 134, 106 (113 f., Rn. 23); Beschluss der 3. Kammer des Zweiten Senats vom 6.10.2014 – 2 BvR 1569/12, Rn. 8 f. bei Juris.

684 BVerfGE 134, 106 (113 f., Rn. 23); vgl. auch Beschlüsse der 2. Kammer des Zweiten Senats vom 3.3.2023 – 2 BvR 1810/22, Rn. 15 bei Juris, vom 10.10.2019 – 2 BvR 914/16, Rn. 13 bei Juris, und vom 7.10.2016 – 2 BvR 1313/16, Rn. 3 ff. bei Juris; Beschluss der 1. Kammer des Ersten Senats vom 11.2.2020 – 1 BvR 2662/19, Rn. 2 bei Juris.

685 Vgl. Beschlüsse der 2. Kammer des Ersten Senats vom 14.12.2023 – 1 BvR 1889/23, Rn. 11 bei Juris, und vom 19.6.2023 – 1 BvR 929/23, Rn. 8 bei Juris; Beschlüsse der 2. Kammer des Zweiten Senats vom 22.1.2021 – 2 BvR 1275/20, Rn. 2 bei Juris, und vom 10.10.2019 – 2 BvR 914/16, Rn. 13 bei Juris.

686 BVerfGE 134, 106 (113 f., Rn. 22).

687 BVerfGE 126, 1 (18); Beschluss der 2. Kammer des Zweiten Senats vom 17.11.2017 – 2 BvR 1131/16, Rn. 46 bei Juris; vgl. zur Dispositionsfreiheit auch Beschluss der 3. Kammer des Zweiten Senats vom 17.1.2024 – 2 BvR 1756/23, Rn. 11 bei Juris; Beschluss der 1. Kammer des Zweiten Senats vom 15.3.2023 – 2 BvR 325/23, Rn. 4 bei Juris.

688 So jetzt auch Barczak BVerfGG/Hellmann § 90 Rn. 331.

689 Vgl. Beschluss der 2. Kammer des Zweiten Senats vom 7.10.2020 – 2 BvR 2426/17, Rn. 29 bei Juris; Beschluss der 1. Kammer des Zweiten Senats vom 25.4.2018 – 2 BvR 2435/17, Rn. 16 bei Juris; vgl. auch Beschluss der 3. Kammer des Zweiten Senats vom

ff) Rücknahme der Gehörsrüge. Eine ohne vorherige fachgerichtliche Anhörungsrüge in der Verfassungsbeschwerde zunächst erhobene Rüge einer Gehörsverletzung **kann zurückgenommen** werden. Auch dies ist eine Folge der prozessualen **Dispositionsfreiheit des Beschwerdeführers.**[690] 385

Die Rücknahme der Rüge darf allerdings nicht unter eine Bedingung gestellt werden, sondern muss zu ihrer prozessualen Wirksamkeit **eindeutig und unbedingt** erklärt werden.[691] Die Rüge darf auch nicht der Sache nach aufrechterhalten werden (→ Rn. 382 ff.). 386

Die Verfassungsbeschwerde, die ohne die Rücknahme der Rüge einer Gehörsverletzung – nach dem Grundsatz der Subsidiarität sogar insgesamt (vgl. → Rn. 466 ff.)[692] – unzulässig gewesen wäre, wird vorbehaltlich der sonstigen Zulässigkeitsvoraussetzungen **nachträglich insgesamt zulässig.**[693] Das Subsidiaritätsprinzip darf dann auch nicht in der Weise zulasten des Beschwerdeführers mobilisiert werden, dass ihm das Unterlassen einer Anhörungsrüge vorgeworfen wird, obwohl er weder im fachgerichtlichen Verfahren noch zum maßgeblichen Entscheidungszeitpunkt (dazu → Rn. 414 ff.) im Verfassungsbeschwerdeverfahren eine Gehörsverletzung geltend gemacht hat und geltend machen wollte. Die gegenteilige Auffassung[694] untergräbt die offenkundige und begrüßenswerte Absicht des Ersten Senats, **dem** durch die Unwägbarkeiten des Anhörungsrügenrechts **tendenziell überforderten Beschwerdeführer entgegenzukommen**, indem ihm die Rücknahme einer prozessual schädlichen Rüge einer Gehörsverletzung ermöglicht wird. Der Beschwerdeführer kann nicht zur Erhebung von Rechtsbehelfen verpflichtet werden, die nicht seinem Begehren entsprechen.[695] Deshalb ist auch die Rechtsprechung einiger Kammern abzulehnen, nach der eine Anhörungsrüge auch dann erforderlich gewesen sein soll, wenn der Beschwerdeführer **keine Verletzung des Art. 103 Abs. 1 GG rügt**, bei objektiver Betrachtung aber die Erhebung der Anhörungsrüge zur Korrektur der von ihm gerügten Grundrechtsverstöße hätte führen können.[696] Diese Rechtsprechungstendenz ist unvertretbar, weil sie im **Widerspruch zu BVerfGE 134, 106 (113 f.) und zu BVerfGE 126, 1 (18)** steht.[697] Jedenfalls greift der Subsidiaritätsgrundsatz 387

17.1.2024 – 2 BvR 1756/23, Rn. 10 bei Juris, wo aber dann eine Unzulässigkeit der Verfassungsbeschwerde nach dem Grundsatz der Subsidiarität angenommen wird.

690 BVerfGE 134, 106 (113 f., Rn. 23); 126, 1 (18).

691 Beschluss der 3. Kammer des Ersten Senats vom 13.12.2007 – 1 BvR 2532/07, Rn. 9 ff. bei Juris.

692 BVerfGE 134, 106 (113, Rn. 20).

693 BVerfGE 126, 1 (18); vgl. auch Beschluss der 2. Kammer des Ersten Senats vom 19.4.2023 – 1 BvR 2357/22, Rn. 6 bei Juris, wo die Zulässigkeit der Verfassungsbeschwerde dann aber an einer unzureichenden Begründung iSd § 92 scheiterte.

694 Zuck NVwZ 2011, 795 (797 f.); in diese Richtung gehend wohl auch Beschluss der 2. Kammer des Ersten Senats vom 14.7.2011 – 1 BvR 1468/11, Rn. 6 bei Juris.

695 Vgl. gegen eine ähnliche Überdehnung des Subsidiaritätsprinzips auch → Rn. 362.

696 So Beschlüsse der 3. Kammer des Zweiten Senats vom 17.1.2024 – 2 BvR 1756/23, Rn. 11 bei Juris, vom 3.3.2021 – 2 BvR 2668/18, Rn. 3 f. bei Juris, vom 7.5.2020 – 2 BvQ 26/20, Rn. 25 ff. bei Juris; Beschluss der 1. Kammer des Zweiten Senats vom 15.3.2023 – 2 BvR 325/23, Rn. 4 bei Juris; Beschluss der 2. Kammer des Ersten Senats vom 18.11.2018 – 1 BvR 589/18, Rn. 4 bei Juris; Beschluss der 3. Kammer des Ersten Senats vom 20.11.2012 – 1 BvR 1526/12, Rn. 10 ff. bei Juris.

697 AA Barczak BVerfGG/Hellmann § 90 Rn. 333.

in einem solchen Fall nicht, wenn die angenommene Gehörsverletzung ohnehin nicht entscheidungserheblich war.[698]

388 Der Erste Senat hat im Beschluss vom 13.4.2010[699] die Dispositionsfreiheit des Beschwerdeführers **nicht zeitlich eingeschränkt** und daran seither festgehalten.[700] Die in einer früheren Entscheidung einer Kammer des Zweiten Senats vertretene Auffassung, das Rücknahmerecht könne nur innerhalb der Frist des § 93 Abs. 1 Satz 1 ausgeübt werden,[701] hat sich daher nicht durchgesetzt und kann als überholt gelten.

389 Dem Beschwerdeführer, der **von der AR-Abteilung** auf Bedenken gegen die Zulässigkeit der Verfassungsbeschwerde wegen des Fehlens einer Anhörungsrüge **hingewiesen** wird, ist daher zu raten, die Rüge einer Verletzung des Art. 103 Abs. 1 GG zurückzunehmen. Die Fortführung des Verfassungsbeschwerdeverfahrens macht aber natürlich nur dann Sinn, wenn weitere Rügen gegen den angegriffenen Hoheitsakt Erfolg versprechen.

390 Fällt das Fehlen einer Anhörungsrüge erst auf, nachdem die Verfassungsbeschwerde ein BvR-Aktenzeichen erhalten hat und dem zuständigen Richterdezernat zur Bearbeitung vorgelegt worden ist, könnten nur noch der Verfassungsrichter bzw. seine wissenschaftlichen Mitarbeiter den Beschwerdeführer auf den Zulässigkeitsmangel hinweisen und ihm so **Gelegenheit zur Rücknahme der Gehörsrüge** geben. In der Praxis geschieht dies jedoch in diesem Verfahrensstadium nicht mehr.

391 Das Gericht sieht sich zu einem derartigen Hinweis vor seiner Entscheidung nicht verpflichtet. Nach den eigenen Maßstäben zur verfassungsrechtlich auf Art. 103 Abs. 1 GG beruhenden Hinweispflicht ließe sich das nur rechtfertigen, wenn das Gericht keine Anforderungen stellen würde, mit denen ein gewissenhafter und kundiger Prozessbeteiligter nicht zu rechnen brauchte.[702] Daran konnte man bei der früher uneinheitlichen Kammerrechtsprechung zweifeln, nach der Klärung durch die Senatsentscheidungen[703] aber nicht mehr. Was bleibt, sind die **verwunderlichen Diskrepanzen** je nach dem, ob die Verfassungsbeschwerde zunächst in der AR-Abteilung behandelt oder direkt dem zuständigen Richterdezernat zur Bearbeitung vorgelegt wird.

392 **gg) Andere Angriffsmittel gegen Gehörsverletzungen.** In diesem Zusammenhang ist außerdem wichtig, dass sich der Beschwerdeführer nach Einführung der Anhörungsrüge nicht immer auf die Erhebung einer zulässigen Anhörungsrüge beschränken darf, wenn er schon im Ausgangsverfahren Gehörsverletzungen vorbeugen will. Aus dem Grundsatz der Subsidiarität der Verfassungsbeschwerde ist nunmehr darüber hinaus vereinzelt abgeleitet worden, dass der Beschwerdeführer im fachgerichtlichen Verfahren Anträge auf Einräumung einer **Schriftsatzfrist** oder auf **Vertagung** stellen muss,

---

698 Vgl. Beschluss der 2. Kammer des Zweiten Senats vom 7.10.2020 – 2 BvR 2426/17, Rn. 30 f. bei Juris.
699 BVerfGE 126, 1 (18).
700 Vgl. BVerfGE 134, 106 (113 f., Rn. 23).
701 Beschluss der 1. Kammer des Zweiten Senats vom 4.9.2007 – 2 BvR 1311/05, Rn. 6 bei Juris.
702 Vgl. BVerfGE 84, 188 (190).
703 BVerfGE 126, 1 (18); 134, 106 (113 f., Rn. 23).

um sich Gehör zu verschaffen.[704] Neben dem formalen Hindernis der Anhörungsrüge werden damit weitere, wenig praktikable Zulässigkeitshürden aufgebaut. Diese Tendenz hat sich in der Rechtsprechung allerdings nicht verfestigt.

f) **Offensichtlich unzulässige Rechtsbehelfe.** Der Beschwerdeführer muss 393
jeden möglicherweise zulässigen, gesetzlich geregelten Rechtsbehelf zur Rechtswegerschöpfung erheben.[705]

Davon kann **auch** dann nicht abgesehen werden, **wenn noch keine die** 394
Zulässigkeit des Rechtsbehelfs bejahende Rechtsprechung vorliegt.[706] Es müssen auch Rechtsbehelfe ergriffen werden, deren Zulässigkeit in der fachgerichtlichen Rechtsprechung und in der Literatur nicht eindeutig geklärt ist,[707] also wenn zweifelhaft ist, ob der Rechtsbehelf statthaft ist und in zulässiger Weise hätte eingelegt werden können.[708] Umgekehrt sollen ernsthafte Zweifel an der Zulässigkeit eines Rechtsbehelfs aber rechtfertigen, dass er nicht erhoben wurde.[709] Das Bundesverfassungsgericht scheut jedoch andererseits nicht davor zurück, den Beschwerdeführer zur möglichen Zulässigkeit eines Rechtsbehelfs auf eine fachgerichtliche Rechtsprechung zur Richterablehnung zu verweisen,[710] die mit dem Verständnis des Bundesverfassungsgerichts von selbstständigen Zwischenentscheidungen im Richterablehnungsverfahren[711] nicht mehr im Einklang steht. Überzeugend und in sich schlüssig ist das nicht.

Auf **offensichtlich unzulässige Rechtsbehelfe** darf der Beschwerdeführer 395
allerdings verzichten.[712] Legt er einen solchen Rechtsbehelf trotzdem ein, verbaut er sich eine spätere Verfassungsbeschwerde. Denn die Frist des § 93 Abs. 1 Satz 1 zur Erhebung der Verfassungsbeschwerde gegen die ihn belastende Entscheidung läuft schon ab deren Zustellung[713] und wird sich dann,

---

704 Vgl. Beschlüsse der 3. Kammer des Ersten Senats vom 9.5.2023 – 1 BvR 1/23, Rn. 6 bei Juris, und vom 18.8.2010 – 1 BvR 3268/07, Rn. 28 ff. bei Juris.

705 Vgl. Beschluss der 2. Kammer des Ersten Senats vom 25.2.2016 – 1 BvR 1042/15, Rn. 14 f. bei Juris; Beschluss der 1. Kammer des Zweiten Senats vom 28.10.2009 – 2 BvR 783/09, Rn. 2 bei Juris; Beschluss der 1. Kammer des Ersten Senats vom 14.10.2009 – 1 BvR 2436/09, Rn. 3 ff. bei Juris; grundlegend BVerfGE 68, 376 (381).

706 Beschluss der 2. Kammer des Zweiten Senats vom 19.3.2019 – 2 BvR 2638/18, Rn. 32 bei Juris; Beschluss der 1. Kammer des Ersten Senats vom 16.6.2014 – 1 BvR 1443/12, Rn. 12 bei Juris; Beschluss der 3. Kammer des Ersten Senats vom 26.3.2009 – 1 BvR 119 /09, Rn. 17 bei Juris; BVerfGE 70, 180 (186).

707 Beschluss der 2. Kammer des Zweiten Senats vom 19.3.2019 – 2 BvR 2638/18, Rn. 32 bei Juris; Beschluss der 1. Kammer des Ersten Senats vom 18.12.2018 – 1 BvR 1240/18, Rn. 6 bei Juris; Beschluss der 1. Kammer des Zweiten Senats vom 27.9.2011 – 2 BvR 1558/11, Rn. 6 bei Juris.

708 BVerfGE 158, 170 (199, Rn. 69); vgl. auch Beschluss der 2. Kammer des Ersten Senats vom 23.5.2023 – 1 BvR 2124/21, Rn. 10 bei Juris.

709 Vgl. BVerfGE 162, 325 (341, Rn. 62).

710 Beschluss der 2. Kammer des Ersten Senats vom 18.12.2007 – 1 BvR 1273/07, Rn. 9 ff. bei Juris.

711 BVerfGE 119, 292 (295).

712 BVerfGE 91, 93 (106).

713 Vgl. Beschlüsse der 2. Kammer des Ersten Senats vom 26.4.2023 – 1 BvR 256/23, Rn. 3 bei Juris, und vom 10.7.2018 – 1 BvR 1360/16, Rn. 1 f. bei Juris; Beschlüsse der 1. Kammer des Ersten Senats vom 9.2.2012 – 1 BvR 289/12, Rn. 10 bei Juris, und vom 1.12.2005 – 1 BvR 2/01, Rn. 21 bei Juris; Beschluss der 3. Kammer des Ersten Senats vom 11.2.2009 – 1 BvR 3582/08, Rn. 13 bei Juris.

wenn über den unzulässigen Rechtsbehelf entschieden worden ist, nicht mehr wahren lassen.

396 Die Lage ist **für den Beschwerdeführer prekär**: § 90 Abs. 2 Satz 1 fordert die Erhebung von Rechtsbehelfen grundsätzlich auch, wenn ihre Zulässigkeit zweifelhaft ist. Betrachtet das Bundesverfassungsgericht den Rechtsbehelf aber sogar als offensichtlich unzulässig, **läuft** dem Beschwerdeführer die **Monatsfrist davon.**[714]

397 Nur durch ein ganz **enges Verständnis der offensichtlichen Unzulässigkeit** fachgerichtlicher Rechtsbehelfe kann vermieden werden, dass dem Beschwerdeführer zwischen unzureichender Rechtswegerschöpfung und Versäumung der Monatsfrist eine aus rechtsstaatlicher Sicht inakzeptable Falle[715] gestellt wird. Die Versäumung der Monatsfrist darf ihm nur dann vorgehalten werden, wenn er vor der Verfassungsbeschwerde einen bereits **unstatthaften Rechtsbehelf** eingelegt hat.[716]

398 Die Auffassung des Beschwerdeführers, der Rechtsbehelf sei zulässig, muss **schlechterdings unvertretbar** sein.[717] Über die Unzulässigkeit des Rechtsbehelfs darf nach dem aktuellen Stand der Rechtsprechung und Lehre keine Ungewissheit bestehen.[718] Nur dann darf die Unzulässigkeit als offensichtlich gelten.[719]

399 **Unschädlich** sind damit – vorbehaltlich der Anforderungen an eine ordnungsgemäße Rechtswegerschöpfung (dazu → Rn. 420 ff.) – Rechtsbehelfe, die nach der jeweiligen Prozessordnung an sich statthaft sind und vom Fachgericht nur **aus anderen Gründen**, etwa mangels substantiierter Begründung, als **unzulässig** verworfen wurden.[720] Mit gesetzlich nicht vorgesehenen oder mit von einer im konkreten Fall nicht gegebenen Zulassung

---

714 Vgl. Beschluss der 2. Kammer des Ersten Senats vom 26.4.2023 – 1 BvR 256/23, Rn. 3 bei Juris; Beschluss der 2. Kammer des Zweiten Senats vom 31.10.2019 – 2 BvR 1339/19, Rn. 1 bei Juris; Beschluss der 1. Kammer des Ersten Senats vom 8.3.2011 – 1 BvR 2063/10, Juris.

715 Lübbe-Wolff AnwBl 2005, 509 (513); siehe auch Barczak BVerfGG/Hellmann § 90 Rn. 305.

716 So zB im Beschluss der 2. Kammer des Ersten Senats vom 26.4.2023 – 1 BvR 256/23, Rn. 3 bei Juris; Beschluss der 2. Kammer des Zweiten Senats vom 16.1.2019 – 2 BvR 1081/18, Rn. 3 bei Juris; Beschluss der 2. Kammer des Ersten Senats vom 6.9.2016 – 1 BvR 173/15, Rn. 7 ff. bei Juris (außerordentliche Beschwerde); Beschluss der 1. Kammer des Ersten Senats vom 23.5.2017 – 1 BvR 1617/15, Rn. 3 bei Juris; Beschlüsse der 3. Kammer des Zweiten Senats vom 26.4.2011 – 2 BvR 597/11, Rn. 5 bei Juris, und vom 29.12.2009 – 2 BvR 2309/09, Rn. 4 bei Juris.

717 Beschluss der 3. Kammer des Ersten Senats vom 11.2.2009 – 1 BvR 3582/08, Rn. 13 bei Juris; Beschluss der 3. Kammer des Zweiten Senats vom 3.3.2008 – 2 BvR 2672/07, Rn. 3 bei Juris.

718 Vgl. Beschluss der 2. Kammer des Zweiten Senats vom 3.3.2023 – 2 BvR 1810/22, Rn. 16 bei Juris.

719 So zB im Beschluss der 2. Kammer des Ersten Senats vom 26.4.2023 – 1 BvR 256/23, Rn. 3 bei Juris; Beschluss der 1. Kammer des Ersten Senats vom 4.6.2018 – 1 BvR 1180/17, Rn. 5 bei Juris.

720 Überzeugend daher Beschluss der 1. Kammer des Ersten Senats vom 8.4.2019 – 1 BvR 1909/18, Rn. 15 und 19 bei Juris; vgl. aber BVerfGE 48, 341 (345 f.); Beschluss der 2. Kammer des Zweiten Senats vom 12.10.2020 – 2 BvR 2460/18, Rn. 4 bei Juris.

abhängigen Rechtsbehelfen oder Anträgen[721] kann es dem Beschwerdeführer hingegen nicht gelingen, den Beginn der Monatsfrist hinauszuzögern.

Die aktuelle **Kammerrechtsprechung** zieht eine solche klare Grenze **jedoch** nicht.[722] Sie gewährt sich mit ihrer bisweilen sehr divergierenden Einschätzung der Aussichtslosigkeit[723] bei der Beurteilung der vermeintlichen Offensichtlichkeit der Unzulässigkeit eines Rechtsbehelfs einen für den Beschwerdeführer **unberechenbaren Spielraum**.[724] 400

Gravierende Bedenken bestehen etwa dagegen, dass eine fachgerichtliche **Anhörungsrüge offensichtlich unzulässig** sein soll, mit der in der Sache **keine Gehörsverletzung**, sondern eine Verletzung anderer Rechte geltend gemacht wurde.[725] Die Trennlinie zwischen dem Anspruch auf Gewährung rechtlichen Gehörs und sonstigen verfassungsrechtlich gesicherten Prozessrechten, etwa dem Anspruch auf effektiven Rechtsschutz, ist nicht so scharf, dass eine Zuordnung zu dem einen oder dem anderen Recht eindeutig bestimmte prozessuale Schritte vorgeben oder verbieten könnte. 401

Entgegen einem Beschluss der 3. Kammer des Zweiten Senats vom 26.8.2008[726] sollte Gleiches für die **Abgrenzung einer primären von einer sekundären Gehörsrüge** gelten, also für die Bewertung, ob mit der fachgerichtlichen Anhörungsrüge eine neue eigenständige Gehörsverletzung gerade durch die angefochtene Entscheidung oder lediglich die Nichtabhilfe einer früheren Gehörsverletzung beanstandet wird.[727] Dass die Anhörungsrüge in einer solchen Konstellation zweifelsfrei unzulässig war, wird dem Beschwerdeführer sogar dann vorgehalten, wenn das Bundesarbeitsgericht sie gar nicht als unzulässig, sondern als unbegründet zurückgewiesen hat.[728] 402

Begrifflich noch weiter gehen Kammerbeschlüsse, in denen allgemein auf die **offensichtliche Aussichtslosigkeit** eines Rechtsbehelfs abgestellt und damit der Anschein erweckt wird, davon werde auch eine offensichtliche Unbegründetheit erfasst.[729] Offensichtlich aussichtslos soll etwa eine Anhö- 403

721 Vgl. Beschluss der 2. Kammer des Zweiten Senats vom 26.7.2017 – 2 BvR 1643/17, Rn. 2 bei Juris.

722 Vgl. Gertler, in: Emmenegger/Wiedmann, Linien der Rechtsprechung des Bundesverfassungsgerichts, Band 2, Neuere Rechtsprechung des Bundesverfassungsgerichts zur Anhörungsrüge, S. 53 (70).

723 Vgl. Schweitzer, Die Anhörungsrüge in der Rechtsprechung des Bundesverfassungsgerichts, in: Scheffczyk/Wolter, Linien der Rechtsprechung des Bundesverfassungsgerichts, Band 4, 2017, S. 43 (53).

724 AA von Häfen/Kessen, § 93 BVerfGG und Subsidiarität der Verfassungsbeschwerde, in: Becker/Lange, Linien der Rechtsprechung des Bundesverfassungsgerichts, Band 3, 2014, S. 93 (114 f.).

725 So aber Beschlüsse der 2. Kammer des Zweiten Senats vom 29.9.2020 – 2 BvR 412/20, Rn. 3 bei Juris, und vom 31.10.2019 – 2 BvR 1339/19, Rn. 1 bei Juris; Beschluss der 2. Kammer des Ersten Senats vom 30.6.2009 – 1 BvR 893/09, Rn. 17 f. bei Juris.

726 2 BvR 1516/08, Rn. 3 bei Juris.

727 Vgl. dazu Beschluss der 1. Kammer des Ersten Senats vom 5.5.2008 – 1 BvR 562/08, Rn. 16 f. bei Juris.

728 Beschluss der 2. Kammer des Ersten Senats vom 10.7.2018 – 1 BvR 1360/16, Rn. 2 bei Juris.

729 Beschlüsse der 2. Kammer des Zweiten Senats vom 25.4.2006 – 2 BvR 459/06, Rn. 2 bei Juris, und vom 15.3.2006 – 2 BvR 917/05, Rn. 14 bei Juris.

rungsrüge sein, die sich auf einen nicht allein entscheidungserheblichen Aspekt bezieht.[730]

404 Ganz abzulehnen ist ein Beschluss, in dem der Sache nach die **Begründetheit der Gehörsrüge** sogar voll durchgeprüft wurde, um dem Beschwerdeführer nachher vorhalten zu können, die Erhebung der Anhörungsrüge habe keine Aussicht auf Erfolg gehabt.[731] Die Aussichtslosigkeit einer Anhörungsrüge kann sich allerdings auch mal zugunsten des Beschwerdeführers auswirken, wenn er die Erhebung einer Anhörungsrüge unterlassen hat und nunmehr zu prüfen ist, ob er dennoch den Rechtsweg erschöpft hat.[732]

405 Die Unsicherheit, die aufgrund der Rechtsprechung des Bundesverfassungsgerichts zu offensichtlich unzulässigen Rechtsbehelfen nicht zu verkennen ist, wird nur dadurch kompensiert, dass die Möglichkeit besteht, einen **eventuell unzulässigen fachgerichtlichen Rechtsbehelf und die Verfassungsbeschwerde parallel einzulegen** und die Verfassungsbeschwerde zunächst **im Allgemeinen Register (AR)** zu **„parken"**.[733]

406 Auch wenn diese Vorgehensweise eigentlich weder im Gesetz über das Bundesverfassungsgericht noch zu diesem Zweck in der Geschäftsordnung des Gerichts vorgesehen ist, wird sie vom Bundesverfassungsgericht auf Wunsch des Beschwerdeführers derzeit ohne Einschränkungen praktiziert. Sie ist **zur Risikominderung** unumgänglich.[734] Der Rechtsanwalt des Beschwerdeführers muss das beachten. Solange der Gesetzgeber keine gleich sichere Alternative bereit stellt, darf der Beschwerdeführer darauf vertrauen, dass das Bundesverfassungsgericht diese eingespielte Praxis beibehält (dazu auch → Rn. 417).

407 **2. Erschöpfung des Rechtswegs.** Nach § 90 Abs. 2 Satz 1 muss der Rechtsweg vor Erhebung der Verfassungsbeschwerde **erschöpft** sein. Der Beschwerdeführer muss sämtliche fachgerichtlichen Optionen zur Beseitigung der verfassungsrechtlichen Beschwer vergeblich wahrgenommen haben.

408 a) **Letzte fachgerichtliche Entscheidung.** Der Rechtsweg ist nicht schon dann erschöpft, wenn der Beschwerdeführer alle nach der jeweiligen fachgerichtlichen Prozessordnung vorgesehenen Rechtsbehelfe gegen die mit der Verfassungsbeschwerde angegriffenen Entscheidungen eingelegt hat. Vielmehr muss er grundsätzlich die **letztinstanzliche** fachgerichtliche **Entscheidung abwarten**, bevor er Verfassungsbeschwerde erhebt.[735] Das gilt auch

730 Beschluss der 3. Kammer des Zweiten Senats vom 9.8.2010 – 2 BvR 619/10, Rn. 2 f. bei Juris.

731 Beschluss der 1. Kammer des Zweiten Senats vom 29.3.2007 – 2 BvR 120/07, Rn. 11 ff. bei Juris.

732 Vgl. Beschluss der 3. Kammer des Zweiten Senats vom 29.2.2012 – 2 BvR 309/10, Rn. 17 bei Juris.

733 Vgl. zB Beschluss der 1. Kammer des Zweiten Senats vom 3.3.2021 – 2 BvR 1400/20, Rn. 23 bei Juris.

734 So auch Barczak BVerfGG/Hellmann § 90 Rn. 308.

735 Vgl. Beschlüsse der 2. Kammer des Ersten Senats vom 11.8.2023 – 1 BvR 1461/23, Rn. 9 bei Juris, und vom 1.3.2017 – 1 BvR 2311/16, Rn. 2 bei Juris; Beschluss der 3. Kammer des Ersten Senats vom 18.7.2011 – 1 BvR 1584/11, Rn. 2 bei Juris, dort zu einem nach dem Subsidiaritätsgrundsatz notwendigen Antrag auf Fortsetzung des Verfahrens; vgl. auch Beschluss der 2. Kammer des Zweiten Senats vom 10.8.2016 – 2 BvQ 36/16, Rn. 3 f. bei Juris.

für eine erhobene Anhörungsrüge, solange über sie noch nicht entschieden ist.[736] Nicht abgewartet werden muss lediglich die Entscheidung über einen ohnehin offensichtlich unzulässigen und damit von vornherein aussichtslosen Rechtsbehelf.[737] Hat der Beschwerdeführer einen zulässigen Rechtsbehelf zurückgenommen, kann er den Rechtsweg nicht erschöpft haben, sondern hat ihn sich selbst verschlossen.[738]

Anderenfalls könnte das Gebot der Rechtswegerschöpfung seine **Funktion** nicht erfüllen. Bis zur letzten fachgerichtlichen Entscheidung steht im Raum, dass die geltend gemachte Grundrechtsverletzung noch im Ausgangsverfahren beseitigt werden kann und das Bundesverfassungsgericht nicht in Anspruch genommen werden muss. Außerdem kann die letzte fachgerichtliche Entscheidung die Beurteilung der Erfolgsaussichten der Verfassungsbeschwerde erleichtern, indem sie die maßgeblichen Erwägungen, die das Fachgericht zur Verneinung einer Grundrechtsverletzung bewogen haben, in Auseinandersetzung mit der Argumentation des Beschwerdeführers (noch einmal) erläutert. 409

Die Notwendigkeit, das Ausgangsverfahren vor Erhebung der Verfassungsbeschwerde zum Abschluss zu bringen, entfällt auch dann nicht ohne Weiteres, wenn sich das Fachgericht mit der Entscheidung über einen Rechtsbehelf aus Sicht des Beschwerdeführers zu viel Zeit lässt, also **nicht rechtzeitig** darüber **entscheidet**.[739] Gleiches gilt, wenn das Gericht die Eingabe gar nicht als einen solchen Rechtsbehelf verstanden hat und deshalb **überhaupt nicht zu entscheiden beabsichtigt**.[740] 410

Denkbar und eigentlich naheliegend ist in solchen Konstellationen, dass unter den Voraussetzungen des § 90 Abs. 2 Satz 2 ausnahmsweise von der Erschöpfung des Rechtswegs abgesehen werden kann. Außerdem bleibt das **Recht** unberührt, die **unangemessene Dauer** des fachgerichtlichen Verfahrens als Verletzung des Anspruchs auf effektiven Rechtsschutz mit der Verfassungsbeschwerde **zu rügen** (→ Rn. 194 ff.).[741] Eine Anwendung des § 90 Abs. 2 Satz 2 hätte auch nahegelegen in einem Fall, in dem das Ausgangsverfahren wegen des Widerspruchs der Beschwerdeführerin gegen eine einstweilige Verfügung noch andauerte, das Bundesverfassungsgericht die Wirkung der einstweiligen Verfügung aber wegen einer Verletzung des Grundsatzes der prozessualen Waffengleichheit außer Kraft setzen wollte. Die stattdessen gewählte Begründung, für die Geltendmachung einer Verletzung der prozes- 411

736 Beschluss der 2. Kammer des Ersten Senats vom 14.12.2023 – 1 BvR 1889/23, Rn. 12 bei Juris; Beschluss der 1. Kammer des Zweiten Senats vom 9.12.2019 – 2 BvR 1890/19, Rn. 6 bei Juris; Beschluss der 1. Kammer des Zweiten Senats vom 11.11.2019 – 2 BvR 586/19, Rn. 5 bei Juris.

737 Beschluss der 1. Kammer des Zweiten Senats vom 24.7.2019 – 2 BvR 686/19, Rn. 26 bei Juris.

738 Beschluss der 2. Kammer des Zweiten Senats vom 21.6.2023 – 2 BvR 1082/21, Rn. 55 bei Juris; vgl. auch Beschluss der 3. Kammer des Ersten Senats vom 14.12.2022 – 1 BvR 1213/22, Rn. 3 bei Juris.

739 Beschluss der 3. Kammer des Zweiten Senats vom 9.12.2009 – 2 BvQ 84/09, Rn. 2 bei Juris.

740 Beschluss der 2. Kammer des Zweiten Senats vom 23.4.2008 – 2 BvR 1889/07, Rn. 3 bei Juris.

741 Vgl. Beschluss der 3. Kammer des Ersten Senats vom 24.8.2010 – 1 BvR 331/10, Rn. 10 ff. bei Juris.

sualen Waffengleichheit gebe es keinen fachgerichtlichen Rechtsbehelf,[742] passt nicht zum sonst allgemein geltenden, nicht auf einzelne Rügen bezogenen Grundsatz, dass zur Erschöpfung des Rechtswegs die letztinstanzliche Entscheidung abgewartet werden muss, weil vor ihr noch gar nicht feststeht, welche eventuellen Grundrechtsverletzungen im Verfassungsbeschwerdeverfahren korrekturbedürftig sind.

412 Mangels vollständiger Rechtswegerschöpfung ist eine Verfassungsbeschwerde grundsätzlich unzulässig, die sich gegen die Entscheidung eines Rechtsmittelgerichts richtet, mit der die Sache **an die Vorinstanz zurückverwiesen** wird.[743] Daran ändert sich auch dann nichts, wenn der Beschwerdeführer meint, die Gründe einer solchen Entscheidung enthielten einen Verstoß gegen Grundrechte.[744]

413 **Ausnahmsweise kann eine zurückverweisende Entscheidung** des Rechtsmittelgerichts mit der Verfassungsbeschwerde **angegriffen werden**, wenn aufgrund dieser Entscheidung bereits feststeht, dass der Betroffene mit seinem Begehren im fachgerichtlichen Verfahren keinen Erfolg mehr haben kann. Dafür müsste aber ausgeschlossen sein, dass der Beschwerdeführer im Ergebnis obsiegen wird, was bei einer Zurückverweisung zur erneuten Entscheidung in der Regel gerade nicht der Fall sein wird.[745] Außerdem müsste sicher sein, dass es für den fachgerichtlichen Prozessausgang überhaupt auf die vom Rechtsmittelgericht mit Bindungswirkung entschiedene Rechtsfrage ankommt.[746]

414 **b) Beurteilungszeitpunkt: Entscheidung über die Verfassungsbeschwerde.** Der Beschwerdeführer ist aber nicht in jedem Falle gehindert, die Verfassungsbeschwerde schon vor Abschluss des Ausgangsverfahrens **einzulegen**. Durch Abs. 2 Satz 1 wird lediglich eine Entscheidung des Bundesverfassungsgerichts zugunsten des Beschwerdeführers vor Erschöpfung des Rechtswegs ausgeschlossen.

415 Da sich die Zulässigkeit der Verfassungsbeschwerde aber nach den **im Zeitpunkt der Entscheidung des Bundesverfassungsgerichts** vorliegenden Umständen beurteilt,[747] scheitert sie nicht am Gebot der Rechtswegerschöpfung, wenn zu diesem Zeitpunkt alle herbeizuführenden fachgerichtlichen Entscheidungen ergangen sind.

742 Beschluss der 1. Kammer des Ersten Senats vom 12.3.2024 – 1 BvR 605/24, Rn. 12 bei Juris.

743 Vgl. Beschluss der 2. Kammer des Ersten Senats vom 30.10.2020 – 1 BvR 453/19, Rn. 9 zur Argumentation des Beschwerdeführers in Rn. 6 bei Juris; Beschluss der 1. Kammer des Zweiten Senats vom 9.3.2018 – 2 BvR 174/18, Rn. 12 bei Juris; Beschlüsse der 3. Kammer des Ersten Senats vom 6.1.2011 – 1 BvR 1565/10, Rn. 3 bei Juris, und vom 16.11.2009 – 1 BvR 2545/09, Rn. 2 bei Juris.

744 Beschluss der 2. Kammer des Ersten Senats vom 22.4.2009 – 1 BvR 386/09, Rn. 13 bei Juris; Beschluss der 2. Kammer des Ersten Senats vom 13.6.2008 – 1 BvR 2924/06, Rn. 7 bei Juris.

745 Vgl. Beschluss der 1. Kammer des Zweiten Senats vom 9.3.2018 – 2 BvR 174/18, Rn. 13 bei Juris.

746 Beschluss der 2. Kammer des Ersten Senats vom 14.9.2009 – 1 BvR 1993/09, Rn. 3 bei Juris.

747 Vgl. BVerfGE 126, 1 (17); vgl. auch Beschluss der 2. Kammer des Ersten Senats vom 5.9.2023 – 1 BvR 1691/22, Rn. 12 bei Juris; Beschluss der 3. Kammer des Ersten Senats vom 4.6.2014 – 1 BvR 1443/08, Rn. 2 bei Juris.

Das Bundesverfassungsgericht kann die Verfassungsbeschwerde daher nicht als unzulässig beurteilen, nur weil bei ihrem Eingang die Voraussetzungen des Abs. 2 Satz 1 noch nicht erfüllt waren. Auch aus BVerfGE 94, 166 (214) folgt nur, dass der Beschwerdeführer nicht erwarten kann, vor Erschöpfung des fachgerichtlichen Rechtswegs verfassungsgerichtlichen Rechtsschutz zu erlangen. Von einer generellen Unzulässigkeit einer **nachträglichen Rechtswegerschöpfung** kann jedoch nicht gesprochen werden.[748] 416

Das prozessuale Risiko des Beschwerdeführers liegt allerdings darin, dass er nicht weiß, wann das Bundesverfassungsgericht über die Annahme der Verfassungsbeschwerde zu entscheiden beabsichtigt. Will er eine schnelle Nichtannahmeentscheidung noch **vor Erschöpfung des** beschrittenen **Rechtswegs** vermeiden, sollte er deshalb darum bitten, dass über die vorsorglich erhobene Verfassungsbeschwerde vorläufig nicht entschieden wird. Das Bundesverfassungsgericht trägt eine solche Verfassungsbeschwerde **im Allgemeinen Register (AR)** ein und wartet ab, ob der Beschwerdeführer das Verfahren nach Erschöpfung des Rechtswegs fortführen möchte (so auch die Darstellung auf der Homepage des Bundesverfassungsgerichts auf der Unterseite Organisation bei der Überschrift Justizverwaltung). 417

Ist Letzteres der Fall, weil die verfassungsrechtliche Beschwer von den Fachgerichten nicht beseitigt wurde, muss der Beschwerdeführer aber weiter beachten, dass es für die Zulässigkeit der Verfassungsbeschwerde nunmehr nicht genügt, dem Bundesverfassungsgericht die letztinstanzliche Entscheidung kommentarlos zu übersenden. Vielmehr muss er sich **mit ihren Gründen**, soweit sie die gerügte Grundrechtsverletzung betreffen, **substantiiert auseinandersetzen**.[749] Das ist zwar nicht mehr unmittelbar eine Frage der Erschöpfung des Rechtswegs, sondern eher eine der Begründung der Verfassungsbeschwerde (§ 92). Dieses Begründungserfordernis folgt aber aus dem Sinn und Zweck des Gebots der Rechtswegerschöpfung. Ist die letzte fachgerichtliche Entscheidung, die zur Erschöpfung des Rechtswegs herbeizuführen ist, mit den Verfassungsrechten des Beschwerdeführers vereinbar, etwa weil das Fachgericht den bislang übergangenen Vortrag des Beschwerdeführers zur Kenntnis genommen hat, kann das Bundesverfassungsgericht keine Grundrechtsverletzung mehr feststellen, auch wenn das Ergebnis dem Beschwerdeführer immer noch missfällt. Daher muss der Beschwerdeführer auch und gerade die Begründung der ihn belastenden letzten fachgerichtlichen Entscheidung verfassungsrechtlich widerlegen. Hat sich das Begehren des Beschwerdeführers hingegen vollständig erledigt, weil die Fachgerichte doch noch zu seinen Gunsten entschieden haben, so spricht ihm das Bundesverfassungsgericht für die zum Zeitpunkt ihrer Erhebung und ihrer Erle- 418

748 So auch BeckOK BVerfGG/Niesler § 90 Abs. 2 Rn. 190; aA Schmidt-Bleibtreu/Klein/Bethge BVerfGG/Bethge § 90 Rn. 396 (Stand: Februar 2018).

749 Vgl. Beschlüsse der 1. Kammer des Ersten Senats vom 14.3.2018 – 1 BvR 300/18, Rn. 15 bei Juris, und vom 1.2.2018 – 1 BvR 1379/14, Rn. 6 bei Juris; Beschlüsse der 3. Kammer des Ersten Senats vom 3.6.2014 – 1 BvR 79/09 ua, Rn. 44 bei Juris, und vom 23.11.2008 – 1 BvR 2399/06, Rn. 14 bei Juris.

digung mangels Rechtswegerschöpfung unzulässige Verfassungsbeschwerde allerdings auch keine Auslagenerstattung nach § 34a Abs. 3 zu.[750]

419 Nach vorsorglicher Erhebung einer Verfassungsbeschwerde, die zunächst im AR registriert wurde, und anschließender Erschöpfung des Rechtswegs führt der Beschwerdeführer eine Entscheidung des Bundesverfassungsgerichts über die Verfassungsbeschwerde herbei, indem er schriftsätzlich ihre Übertragung in das BvR-Register beantragt, in diesem Schriftsatz den Angriffsgegenstand um die letzte fachgerichtliche Entscheidung erweitert und die **Begründung der Verfassungsbeschwerde** so **ergänzt**, dass er sich auch mit dieser Entscheidung auseinandersetzt. § 64 Abs. 2 GO-BVerfG wird bei im AR „geparkten" Verfassungsbeschwerden entsprechend angewendet. Der Beschwerdeführer muss also nach Erschöpfung des Rechtswegs **nicht eine ganz neue**, unmittelbar im BvR-Register einzutragende **Verfassungsbeschwerde** unter Einschluss der letzten fachgerichtlichen Entscheidung erheben. Ein solches Vorgehen würde die prozessuale Beurteilung eher erschweren, weil die Frist des § 93 Abs. 1 Satz 1, betrachtete man die neue Verfassungsbeschwerde isoliert, nur bezogen auf den Zeitpunkt ihrer Erhebung zu bestimmen wäre und dem Beschwerdeführer die zuvor zur Risikominderung erhobene und im AR registrierte Verfassungsbeschwerde nicht ohne Weiteres zugutekäme. Dafür müssten die beiden getrennten Verfassungsbeschwerden doch wieder zusammengeführt werden. Das kann aber einfacher auf dem hier vorgeschlagenen und vom Bundesverfassungsgericht ohne Weiteres akzeptierten Weg erreicht werden.

420 c) **Ordnungsgemäßes Beschreiten des Rechtswegs.** Der Beschwerdeführer muss den **Rechtsweg ordnungsgemäß beschritten** haben. Er muss von den Rechtsbehelfen, die in den fachgerichtlichen Prozessordnungen vorgesehen sind und mit denen eine Aufhebung der mit der Verfassungsbeschwerde angegriffenen Hoheitsakte erreicht werden kann, **ohne Verletzung** seiner **prozessualen Obliegenheiten** Gebrauch gemacht haben. Nur so kann er der Funktion des Gebots der Rechtswegerschöpfung gerecht werden.

421 Daraus folgt zunächst, dass ein fachgerichtlicher Rechtsbehelf, der nicht **form- und fristgerecht** eingelegt wurde, nicht geeignet ist, den Rechtsweg iSd § 90 Abs. 2 Satz 1 zu erschöpfen.[751] Verwirft das Fachgericht den Rechtsbehelf zu Recht als unzulässig und geht es deshalb auf die Begründung des Rechtsbehelfs in der Sache nicht ein, hat der Beschwerdeführer eine Gelegenheit ausgelassen, die vor Erhebung der Verfassungsbeschwerde zu einer Beseitigung seiner verfassungsrechtlichen Beschwer oder zumindest zu einer weiteren Klärung der Sach- und Rechtslage hätte führen können.

422 Die Frage nach der in diesem Sinne ordnungsgemäßen Rechtswegerschöpfung ist jedoch nicht immer einfach zu beantworten. Die Beurteilung des Bundesverfassungsgerichts **muss nicht** unbedingt **mit der fachgerichtlichen Entscheidung** über einen dortigen Rechtsbehelf **übereinstimmen**.

750 Beschluss der 1. Kammer des Zweiten Senats vom 19.11.2020 – 2 BvR 1912/20, Rn. 3 f. bei Juris; Beschluss der 3. Kammer des Zweiten Senats vom 28.10.2019 – 2 BvR 962/19, Rn. 2 f. bei Juris.

751 Vgl. Beschluss der 3. Kammer des Zweiten Senats vom 10.3.2016 – 2 BvR 408/16, Rn. 3 bei Juris.

aa) Falschbezeichnung des Rechtsbehelfs. Klar müsste noch sein, dass dem Beschwerdeführer nicht vorgehalten werden kann, er habe den fachgerichtlichen Rechtsbehelf **nicht** ausdrücklich **unter der korrekten Bezeichnung** eingelegt.[752] Deshalb schadet es auch nicht, wenn der Beschwerdeführer im Verfahren der Nichtzulassungsbeschwerde der Sache nach zu den Voraussetzungen einer grundsätzlichen Bedeutung iSd § 543 Abs. 2 Satz 1 Nr. 1 ZPO vorgetragen, aber als Zulassungsgrund § 543 Abs. 2 Satz 1 Nr. 2 ZPO benannt hat.[753] 423

Beanstandet der Beschwerdeführer beispielsweise eine Gehörsverletzung und legt seine Rügen nicht in einer Anhörungsrüge, sondern in einer Gegenvorstellung oder einer nach der Prozessordnung nicht statthaften Beschwerde dar, muss das Fachgericht den Rechtsbehelf als Anhörungsrüge **auslegen**. Dann ist die zur Rechtswegerschöpfung erforderliche Sachentscheidung über die Gehörsverletzung zu treffen, falls der Beschwerdeführer die sonstigen Zulässigkeitsvoraussetzungen einer Anhörungsrüge beachtet hat. Verhält sich das Fachgericht anders, ist ihm gegenüber der Vorwurf einer Verletzung des Anspruchs auf effektiven Rechtsschutz berechtigt, nicht aber gegenüber dem Beschwerdeführer der Vorwurf, die Erhebung eines statthaften fachgerichtlichen Rechtsbehelfs unterlassen zu haben. Seine Verfassungsbeschwerde bleibt dann zulässig. 424

bb) Bewusste Entscheidung des Fachgerichts trotz Unzulässigkeit. Zweifelhaft ist aber, ob in jedem Fall, in dem das Fachgericht auf die Rüge des Beschwerdeführers in der Sache eingeht, eine ordnungsgemäße Rechtswegerschöpfung anzunehmen ist. Das Fachgericht kann die Unzulässigkeit des Rechtsbehelfs erkannt, aber trotzdem **hilfsweise zur Begründetheit ausgeführt** haben. 425

Dem Bundesverfassungsgericht wird somit vom Beschwerdeführer das präsentiert, was es auch bei einer zulässigen Erhebung des Rechtsbehelfs erhalten hätte: Eine einlassungsfähige inhaltliche Begründung dafür, warum das Fachgericht den Einwänden des Beschwerdeführers nicht gefolgt ist. Zugleich steht damit fest, dass er **keine Gelegenheit verpasst** hat, eine im Ergebnis zu seinen Gunsten ausfallende Entscheidung herbeizuführen. Denn das Gericht, das über den Rechtsbehelf entschieden hat, hat sich auch in der Sache zu seinen Lasten festgelegt. Der Zweck der Rechtswegerschöpfung, den Fachgerichten die Möglichkeit zu geben, Verfassungsverstöße zu korrigieren, wurde damit erreicht,[754] ebenso wie der weitere Zweck, dem Bundesverfassungsgericht durch die umfassende fachgerichtliche Vorprüfung der Beschwerdepunkte ein in mehreren Instanzen geprüftes Tatsachenmateri- 426

752 Beschlüsse der 2. Kammer des Ersten Senats vom 7.12.2010 – 1 BvR 2157/10, Rn. 26 bei Juris, und vom 30.4.2010 – 1 BvR 2797/09, Rn. 26 bei Juris; hiergegen aber Zuck NVwZ 2011, 795 (796 f.).

753 Beschlüsse der 3. Kammer des Ersten Senats vom 14.11.2012 – 1 BvR 3237/08, Rn. 20 bei Juris, und vom 28.6.2012 – 1 BvR 2952/08, Rn. 20 bei Juris.

754 So Beschluss der 1. Kammer des Zweiten Senats vom 29.8.2017 – 2 BvR 863/17, Rn. 13 bei Juris.

al zu verschaffen und ihm die Fall- und Rechtsanschauung der Gerichte zu vermitteln.[755]

427 Einer Überprüfung der im fachgerichtlichen Instanzenzug bestätigten Entscheidungen durch das Bundesverfassungsgericht steht daher eigentlich nichts im Weg. Dennoch könnte **für ein Festhalten an einem formalen strengen Verständnis der ordnungsgemäßen Rechtswegerschöpfung** sprechen, dass es nicht von derartigen nicht beeinflussbaren Zufällen im fachgerichtlichen Verfahren wie dem gelegentlichen Anfügen einer Hilfsbegründung abhängen sollte, ob die Möglichkeit zur Anfechtung eines Hoheitsakts mit der Verfassungsbeschwerde eröffnet ist oder nicht.[756]

428 cc) **Zweifelhafte Verwerfung des Rechtsbehelfs als unzulässig.** Problematisch stellt sich die Rechtslage auch dar, wenn die **Zulässigkeit** des eingelegten Rechtsbehelfs **nicht eindeutig zu verneinen** war. Das Bundesverfassungsgericht steht in einem solchen Fall vor der grundsätzlichen Überlegung, ob es die Entscheidung des Fachgerichts über die Zulässigkeit übernimmt oder hierzu eigene einfachrechtliche Erwägungen anzustellen hat.

429 Die ungeprüfte Übernahme der fachgerichtlichen Verwerfung eines Rechtsbehelfs würde stets zur Unzulässigkeit der Verfassungsbeschwerde mangels ordnungsgemäßer Rechtswegerschöpfung führen. Dies kann sicher dort nicht akzeptiert werden, wo die **Verwerfung** des Rechtsbehelfs ihrerseits **verfassungswidrig** war, weil das Fachgericht die Zulässigkeitsvoraussetzungen unter Verstoß gegen das Recht auf effektiven Rechtsschutz überspannt hat.[757]

430 Aber damit ist die Frage nach der Überprüfbarkeit der Anwendung einfachen Prozessrechts nicht abschließend beantwortet.[758] Das Bundesverfassungsgericht kann schon deshalb nicht generell daran gebunden sein, wie ein Fachgericht die Zulässigkeit eines Rechtsbehelfs beurteilt hat, weil die **Kompetenz** für die verfassungsprozessuale Prüfung, ob der Beschwerdeführer den Rechtsweg ordnungsgemäß erschöpft oder die Monatsfrist des § 93 Abs. 1 Satz 1 unter Berücksichtigung der von ihm eingelegten Rechtsbehelfe gewahrt hat, allein **beim Bundesverfassungsgericht** liegt.[759]

431 Hat das Fachgericht vertretbar angenommen, der Beschwerdeführer habe den Rechtsbehelf nicht in zulässiger Weise eingelegt, **steht** damit noch **nicht fest**, dass dem Beschwerdeführer aus verfassungsprozessualer Sicht ein **Ver-**

755 So Beschluss der 1. Kammer des Zweiten Senats vom 7.2.2023 – 2 BvR 1057/22, Rn. 27 bei Juris; Beschlüsse der 2. Kammer des Zweiten Senats vom 21.9.2018 – 2 BvR 1649/17, Rn. 23 bei Juris, und vom 20.4.2017 – 2 BvR 1754/14, Rn. 40 bei Juris.

756 So im Ergebnis Beschluss der 1. Kammer des Zweiten Senats vom 29.9.2020 – 2 BvR 412/20, Rn. 4 bei Juris.

757 Vgl. BVerfGE 125, 104 (120 f. und 136 ff.); aus der Kammerrechtsprechung: Beschluss der 3. Kammer des Zweiten Senats vom 18.3.2022 – 2 BvR 1232/20, Rn. 21 ff. bei Juris; Beschlüsse der 2. Kammer des Zweiten Senats vom 21.9.2018 – 2 BvR 1649/17, Rn. 23 bei Juris, und vom 20.4.2017 – 2 BvR 1754/14, Rn. 40 bei Juris.

758 Vgl. dazu Beschluss der 3. Kammer des Ersten Senats vom 14.5.2007 – 1 BvR 730/07, Rn. 12 bei Juris.

759 Vgl. Beschluss der 1. Kammer des Zweiten Senats vom 29.9.2020 – 2 BvR 412/20, Rn. 4 bei Juris; Beschlüsse der 1. Kammer des Ersten Senats vom 16.6.2017 – 1 BvR 1877/15, Rn. 6 bei Juris, vom 23.3.2017 – 1 BvR 631/15, Rn. 5 bei Juris, und vom 25.1.2014 – 1 BvR 1126/11, Rn. 18 bei Juris; Beschluss der 2. Kammer des Zweiten Senats vom 20.4.2017 – 2 BvR 1754/14, Rn. 40 bei Juris.

säumnis vorgeworfen werden kann.[760] Seine Vorgehensweise kann ebenso verständlich erscheinen und in diesem Sinne ordnungsgemäß gewesen sein. Dabei ist zu berücksichtigen, dass ein Beschwerdeführer wegen des Grundsatzes der Subsidiarität der Verfassungsbeschwerde (→ Rn. 451 ff.) auch dann verpflichtet ist, von einem Rechtsbehelf Gebrauch zu machen, wenn dessen Zulässigkeit zweifelhaft ist[761] und im konkreten Fall unterschiedlich beurteilt werden kann. Dem Beschwerdeführer dürfen daher keine Nachteile daraus entstehen, wenn sich ein solcher Rechtsbehelf später als unzulässig erweist; etwas anderes soll nur bei einem offensichtlich unzulässigen oder nicht ordnungsgemäß genutzten Rechtsbehelf der Fall sein.[762]

Unzulässigkeit und Unbegründetheit eines Rechtsbehelfs sind zudem manchmal **schwer** voneinander **abzugrenzen**, etwa wenn es um die Darlegung eines Revisionszulassungsgrundes geht. Ist es dem Beschwerdeführer nicht gelungen, einen solchen Grund darzulegen, halten die Revisionsgerichte die Nichtzulassungsbeschwerde mal für unzulässig und mal für unbegründet. Oft legen die Revisionsgerichte ihre Auffassung dazu in der Entscheidung über die Nichtzulassungsbeschwerde auch gar nicht offen. 432

Allein aus der Verwerfung eines Rechtsbehelfs als unzulässig kann daher **nicht automatisch** auf eine nicht ordnungsgemäße Rechtswegerschöpfung geschlossen werden.[763] Vielmehr ist immer umgekehrt zu fragen, ob der Beschwerdeführer wirklich einen verfassungsprozessrechtlich erheblichen Fehler begangen hat. 433

In der **Praxis** muss man sich aber darauf einstellen, dass das Bundesverfassungsgericht im Wesentlichen nur prüft, ob die Verwerfung eines Rechtsbehelfs durch das Fachgericht verfassungsrechtlich unbedenklich ist. Wird diese Frage bejaht, gilt der Rechtsweg als nicht ordnungsgemäß erschöpft.[764] 434

Das ist nicht nur dogmatisch unsauber. Die Fachgerichte haben es so außerdem weitgehend in der Hand, ihre Entscheidungen durch strenge, aber noch verfassungsgemäße Anforderungen an die Begründung, die für die Zulässigkeit eines Rechtsbehelfs notwendig ist, **von Verfassungsbeschwerden abzuschirmen**. 435

dd) Bindung an fachgerichtliche Annahme der Zulässigkeit. Darf und sollte das Bundesverfassungsgericht bei der Beurteilung der ordnungsgemäßen Rechtswegerschöpfung daher prüfen, ob die fachgerichtliche Verwer- 436

760 Anders aber Beschluss der 2. Kammer des Ersten Senats vom 24.11.2009 – 1 BvR 3324/08, Rn. 2 bei Juris.

761 Vgl. Beschluss der 2. Kammer des Ersten Senats vom 23.5.2023 – 1 BvR 2124/21, Rn. 10 bei Juris.

762 Vgl. BVerfGE 149, 86 (110, Rn. 65); 128, 90 (99 f.); siehe zu diesen Maßstäben auch Beschluss der 1. Kanmmer des Zweiten Senats vom 29.9.2020 – 2 BvR 412/20, Rn. 2 bei Juris; Beschluss der 1. Kammer des Ersten Senats vom 8.4.2019 – 1 BvR 1909/18, Rn. 15 f. bei Juris; Beschluss der 2. Kammer des Ersten Senats vom 30.4.2018 – 1 BvR 2352/17, Rn. 22 bei Juris; Beschluss der 3. Kammer des Ersten Senats vom 26.3.2014 – 1 BvR 1133/12, Rn. 14 bei Juris.

763 Beschluss der 2. Kammer des Zweiten Senats vom 20.4.2017 – 2 BvR 1754/14, Rn. 40 bei Juris; Beschluss der 3. Kammer des Ersten Senats vom 26.3.2014 – 1 BvR 1133/12, Rn. 14 bei Juris; Beschluss der 1. Kammer des Ersten Senats vom 25.1.2014 – 1 BvR 1126/11, Rn. 18 bei Juris.

764 Beschluss der 3. Kammer des Ersten Senats vom 14.4.2010 – 1 BvR 299/10, Rn. 4, 6 bei Juris.

fung eines Rechtsbehelfs einfachrechtlich zwingend oder das Vorgehen des Beschwerdeführers ebenso vertretbar war, wäre es denkbar, auch in der umgekehrten Situation, also bei der fachgerichtlichen Behandlung des Rechtsbehelfs als zulässig und deshalb erfolgter Sachentscheidung, eine eigenständige Meinungsbildung des Bundesverfassungsgerichts zu befürworten. Dann wäre das Bundesverfassungsgericht an die fachgerichtliche Beurteilung eines Rechtsbehelfs als zulässig **nicht gebunden.**

437 Seine Prüfungskompetenz müsste insoweit aber auf die Fälle **eindeutiger, vom Fachgericht übersehener Unzulässigkeit** beschränkt sein. Liegt die Unzulässigkeit des Rechtsbehelfs klar auf der Hand, hätte der Beschwerdeführer allein durch eine zufällige unbedachte Rechtsanwendung des Fachgerichts einen nicht berechtigten verfassungsprozessualen Vorteil erlangt.

438 Über die vertretbare Auffassung eines Fachgerichts, der Rechtsbehelf leide nicht an einem Zulässigkeitsmangel, darf sich das Bundesverfassungsgericht hingegen nicht zulasten des Beschwerdeführers hinwegsetzen.[765] Auch wenn das Bundesverfassungsgericht die einfachrechtliche Auffassung des Fachgerichts nicht teilen sollte, kann es daraus gegenüber dem Beschwerdeführer **in verfassungsprozessualer Hinsicht keinen Vorwurf** ableiten, der die Unzulässigkeit der Verfassungsbeschwerde nach § 90 Abs. 2 Satz 1 zur Folge haben könnte.

439 ee) **Umfang der Rügeobliegenheit im Ausgangsverfahren.** Der Beschwerdeführer ist nicht nur gehalten, den Rechtsweg formal korrekt zu beschreiten. Er muss ihn **wirklich zur Beseitigung der verfassungsrechtlichen Beschwer nutzen**. Dafür muss er von den fachgerichtlichen Rechtsschutzmöglichkeiten in einer Weise Gebrauch machen, die gewährleistet, dass sich das Fachgericht mit seinem Vorbringen sachlich auseinandersetzt.[766]

440 Die fachgerichtlichen Prozessordnungen sehen auch **Rechtsbehelfe** vor, die auf solche Mängel der angefochtenen Entscheidungen gestützt werden können, die **mit den Rügen einer Verletzung von Verfassungsrechten korrespondieren**. Die anschließende Rüge in einer Verfassungsbeschwerde wird in einem solchen Fall am Gebot der Rechtswegerschöpfung scheitern, wenn der Beschwerdeführer zwar eine letztinstanzliche Entscheidung im Ausgangsverfahren herbeigeführt, dort diese Rüge aber nicht vorgebracht hat, obwohl der Gesetzgeber den fachgerichtlichen Rechtsbehelf gerade für einen solchen Fall geschaffen hat.[767]

---

765 Vgl. Beschlüsse der 3. Kammer des Zweiten Senats vom 28.11.2013 – 2 BvR 2784/12, Rn. 19 bei Juris, und vom 26.10.2011 – 2 BvR 1539/09, Rn. 14 bei Juris; anders aber Beschluss der 2. Kammer des Ersten Senats vom 10.7.2018 – 1 BvR 1360/16, Rn. 2 bei Juris.

766 Beschlüsse der 1. Kammer des Ersten Senats vom 4.10.2016 – 1 BvR 3091/14, Rn. 2 bei Juris, und vom 5.7.2016 – 1 BvR 979/12, Rn. 21 bei Juris; Beschluss der 2. Kammer des Zweiten Senats vom 10.3.2009 – 2 BvR 49/09, Rn. 8 bei Juris; vgl. unter dem Gesichtspunkt der Subsidiarität auch Beschlüsse der 2. Kammer des Zweiten Senats vom 17.4.2024 – 2 BvR 244/24, Rn. 15 f. bei Juris, und vom 25.1.2023 – 2 BvR 2255/22, Rn. 20 bei Juris.

767 Vgl. zur Anhörungsrüge Beschlüsse der 2. Kammer des Zweiten Senats vom 10.2.2020 – 2 BvR 336/19, Rn. 8 bei Juris, vom 28.11.2018 – 2 BvR 882/17, Rn. 11 ff. bei Juris, und vom 22.5.2017 – 2 BvR 1107/16, Rn. 13 ff. bei Juris; Beschluss der 2. Kammer des Ersten Senats vom 2.5.2017 – 1 BvR 645/17, Rn. 1 f. bei Juris.

Das Bundesverfassungsgericht nimmt also bei der Beurteilung der Rechtswegerschöpfung auch die **Begründung der eingelegten Rechtsbehelfe** in den Blick.[768] Mängel in der Begründung eines fachgerichtlichen Rechtsbehelfs schlagen auf den Verfassungsprozess durch. 441

So muss beispielsweise eine rechtsstaatswidrige **Verfahrensverzögerung** durch die Instanzgerichte im Strafverfahren **mit der Revision gerügt** werden. Unterbleibt dies, kann sich die Verfassungsbeschwerde nur noch gegen eine Verfahrensverzögerung im Revisionsverfahren selbst richten.[769] 442

Ebenso wenig reicht es, dass überhaupt eine **Nichtzulassungsbeschwerde** gegen die Nichtzulassung der Revision durch ein Berufungsgericht eingelegt wird.[770] Ihre Begründung muss den verfassungsrechtlich erheblichen Aspekt abdecken, der später, sofern der Rechtsbehelf keinen Erfolg hat, Gegenstand der Verfassungsbeschwerde werden soll. Das muss der die Verfassungsbeschwerde vorbereitende und betreuende **Rechtsanwalt überprüfen** und die Nichtzulassungsbeschwerdebegründung mit vorlegen. Wird die Rechtsmittelschrift nicht vorgelegt oder deren Inhalt wiedergegeben, so ist die Verfassungsbeschwerde nicht ordnungsgemäß begründet.[771] 443

Die Nichtzulassungsbeschwerde muss auf eine Rechtsfrage von **grundsätzlicher Bedeutung** gestützt werden, wenn die Verfassungswidrigkeit einer entscheidungserheblichen Norm geltend gemacht wird.[772] Einer solchen Begründung der Nichtzulassungsbeschwerde bzw. des Antrags auf Berufungszulassung bedarf es auch, wenn der Beschwerdeführer die grundsätzliche Bedeutung daraus ableiten will, dass die Rechtsfrage dem Gerichtshof der Europäischen Union vorzulegen ist.[773] Im Rahmen eines Revisionsverfahrens ist ein solcher Hinweis des Beschwerdeführers aber für die ordnungsgemäße Erschöpfung des Rechtswegs nicht mehr erforderlich,[774] auch nicht in Form 444

768 Vgl. Beschlüsse der 2. Kammer des Zweiten Senats vom 12.10.2020 – 2 BvR 2460/18, Rn. 4 bei Juris, vom 12.2.2020 – 2 BvR 2215/19, Rn. 3 bei Juris, und vom 10.2.2020 – 2 BvR 336/19, Rn. 10 bei Juris; Beschluss der 1. Kammer des Zweiten Senats vom 14.5.2020 – 2 BvR 2345/16, Rn. 57 bei Juris; Beschlüsse der 3. Kammer des Ersten Senats vom 3.6.2014 – 1 BvR 79/09 ua, Rn. 50 bei Juris, und vom 30.5.2012 – 1 BvR 2952/08, Rn. 20 bei Juris; Beschluss der 3. Kammer des Zweiten Senats vom 13.5.2014 – 2 BvR 599/14, Rn. 2 bei Juris.

769 Beschluss der 2. Kammer des Zweiten Senats vom 18.3.2009 – 2 BvR 229/09, Rn. 18 f. bei Juris.

770 Vgl. Beschluss der 2. Kammer des Ersten Senats vom 17.7.2017 – 1 BvR 3210/14, Rn. 3 bei Juris.

771 Vgl. Beschluss der 2. Kammer des Ersten Senats vom 16.1.2020 – 1 BvR 1307/17, Rn. 4 bei Juris; Beschluss der 1. Kammer des Ersten Senats vom 23.12.2016 – 1 BvR 1723/14, Rn. 5 bei Juris; Beschluss der 3. Kammer des Zweiten Senats vom 22.5.2012 – 2 BvR 2207/10, Rn. 6 f. bei Juris.

772 Beschluss der 1. Kammer des Ersten Senats vom 13.4.2010 – 1 BvR 3515/08, Rn. 31 bei Juris; Beschluss der 3. Kammer des Ersten Senats vom 27.11.2007 – 1 BvR 2785/07, Rn. 4 bei Juris; vgl. auch Beschluss der 1. Kammer des Ersten Senats vom 22.8.2011 – 1 BvR 1764/09, Rn. 24 ff. bei Juris; Beschluss der 3. Kammer des Ersten Senats vom 27.2.2009 – 1 BvR 3505/08, Rn. 4 ff. bei Juris.

773 Beschluss der 2. Kammer des Ersten Senats vom 19.4.2017 – 1 BvR 1994/13, Rn. 12 ff. bei Juris; Beschluss der 1. Kammer des Zweiten Senats vom 1.4.2008 – 2 BvR 2680/07, Rn. 25 ff. bei Juris, dort als Problem der Subsidiarität eingeordnet.

774 BVerfGE 129, 78 (93 f.); Beschlüsse der 2. Kammer des Zweiten Senats vom 8.11.2023 – 2 BvR 1079/20, Rn. 62 bei Juris, und vom 21.11.2011 – 2 BvR 516/09, Rn. 21 bei Juris, dort ebenfalls als Problem der Subsidiarität behandelt (dazu näher → Rn. 497).

einer Anregung zur Vorlage.[775] Dem Grundsatz der Subsidiarität ist genügt, wenn das Vorbringen bei rechtlicher Prüfung durch das Fachgericht eine Vorlage an den Europäischen Gerichtshof als naheliegend erscheinen lässt.[776]

445 Die Nichtzulassungsbeschwerde muss, soweit es nach der jeweiligen Verfahrensordnung zulässig ist, gerade auch mit einer **Verletzung des rechtlichen Gehörs** begründet werden, wenn mit der Verfassungsbeschwerde eine Verletzung von Art. 103 Abs. 1 GG gerügt werden soll.[777] Gleiches gilt für die Rüge eines Verstoßes gegen das Gebot des fairen Verfahrens gemäß Art. 2 Abs. 1, Art. 20 Abs. 3 GG.[778] Auch mit einer **Anhörungsrüge** müssen die Gehörsverletzungen gerügt werden, die dann auch zur Begründung der Verfassungsbeschwerde herangezogen werden.[779]

446 In allen diesen Fällen fehlt es sonst an der ordnungsgemäßen Erschöpfung des Rechtswegs, obwohl formal betrachtet eine letztinstanzliche fachgerichtliche Entscheidung vorliegt. Die Folge ist, wenn zusätzlich der Grundsatz der Subsidiarität berücksichtigt wird (dazu → Rn. 466 ff.), die **Unzulässigkeit der Verfassungsbeschwerde insgesamt**.[780]

447 Das bedeutet aber nicht, dass das Gebot der Rechtswegerschöpfung fordert, schon im fachgerichtlichen Prozess alle denkbaren verfassungsrechtlichen Gesichtspunkte umfassend anzusprechen. **Nur wo die Prozessordnung** gerade zu diesem Zweck **einen entsprechenden Rechtsbehelf zur Verfügung stellt**, gehört dessen sorgfältige und mit den späteren Rügen der Verfassungsbeschwerde übereinstimmende Wahrnehmung zur ordnungsgemäßen Rechtswegerschöpfung. Weitergehende Anforderungen an den Vortrag des Beschwerdeführers im Ausgangsverfahren können sich nur aus dem Grundsatz der Subsidiarität ergeben (dazu → Rn. 492 ff.).[781]

448 **3. Anforderungen an die Begründung der Verfassungsbeschwerde zur Rechtswegerschöpfung: Hinweise für den Rechtsanwalt.** Das Zulässigkeitshindernis der Rechtswegerschöpfung ist im Ansatz rein **vergangenheitsbezogen**. Es betrifft das Verhalten des Beschwerdeführers im Ausgangsverfahren. Der erst nach Ablauf der Rechtsbehelfsfristen oder nach Durchführung der Rechtsbehelfsverfahren für die Verfassungsbeschwerde mandatierte Anwalt muss daher kritisch prüfen, ob der Beschwerdeführer bzw. sein Bevollmächtigter im fachgerichtlichen Verfahren alle zur Verfügung stehenden Rechtsbehelfe ergriffen und sie ordnungsgemäß begründet haben.

---

775 AA offenbar Beschluss der 3. Kammer des Ersten Senats vom 27.4.2021 – 1 BvR 2731/19, Rn. 3 bei Juris.

776 BVerfGE 129, 78 (94); Beschluss der 2. Kammer des Zweiten Senats vom 8.11.2023 – 2 BvR 1079/20, Rn. 62 bei Juris.

777 Beschluss der 3. Kammer des Ersten Senats vom 1.12.2016 – 1 BvR 1646/16, Rn. 2 f. bei Juris; Beschluss der 1. Kammer des Ersten Senats vom 9.7.2007 – 1 BvR 646/06, Rn. 26 f. bei Juris.

778 Beschluss der 3. Kammer des Ersten Senats vom 1.12.2016 – 1 BvR 1646/16, Rn. 2 f. bei Juris.

779 Vgl. Beschlüsse der 2. Kammer des Zweiten Senats vom 17.4.2024 – 2 BvR 244/24, Rn. 16 bei Juris, vom 28.11.2018 – 2 BvR 882/17, Rn. 11 ff. bei Juris, und vom 22.5.2017 – 2 BvR 1107/16, Rn. 13 ff. bei Juris; Beschluss der 2. Kammer des Ersten Senats vom 2.5.2017 – 1 BvR 645/17, Rn. 1 f. bei Juris.

780 Beschluss der 3. Kammer des Ersten Senats vom 27.6.2007 – 1 BvR 1470/07, Rn. 13 bei Juris.

781 Vgl. BVerfGE 112, 50 (60 ff.).

Der **Gestaltungsspielraum des im Verfassungsbeschwerdeverfahren tätigen Anwalts** ist bezüglich der Rechtswegerschöpfung umso größer, je früher er eingeschaltet wird. Geschieht dies schon parallel zum fachgerichtlichen Verfahren, dann kann er noch selbst auf die Ausschöpfung offen stehender Rechtsschutzmöglichkeiten im Ausgangsprozess hinwirken. Bei Zweifeln über die Zulässigkeit eines fachgerichtlichen Rechtsbehelfs muss er darauf hinwirken, dass der Beschwerdeführer diesen Rechtsbehelf einlegt, während er für den Beschwerdeführer Verfassungsbeschwerde erhebt und darum bittet, dass deren Bearbeitung bis zur Entscheidung über den zweifelhaften Rechtsbehelf zurückgestellt wird. Zum anderen kann er die verfassungsgerichtliche Beurteilung der Zulässigkeit der Verfassungsbeschwerde dadurch steuern, dass er nur solche Verfassungsrechtsverletzungen rügt, die im Hinblick auf die Rechtswegerschöpfung keinen Bedenken begegnen. Das wird **oftmals den Verzicht auf eine Rüge von Art. 103 Abs. 1 GG** bedeuten. 449

Zur Begründung der Verfassungsbeschwerde (§§ 92, 23 Abs. 1 Satz 2, 1. Halbsatz) gehört auch die Darlegung des vor den Fachgerichten vergeblich in Anspruch genommenen Rechtsschutzes.[782] Die zur Erschöpfung des Rechtswegs ergangenen **Entscheidungen** sollten vollständig **vorgelegt** und eingehend aufbereitet werden. Da der Rechtsweg nicht nur formal, sondern auch inhaltlich ordnungsgemäß erschöpft sein muss, sollten außerdem die Unterlagen vorgelegt werden, die dem Bundesverfassungsgericht eine Bewertung der Anstrengungen des Beschwerdeführers im Ausgangsverfahren erlauben. Das sind in erster Linie die dortigen **Rechtsmittelschriften**, etwa die Begründung einer Nichtzulassungsbeschwerde zum Revisionsgericht. Das Bundesverfassungsgericht wird nicht die Akten des Ausgangsverfahrens anfordern, um die Übereinstimmung der Rügen in der Verfassungsbeschwerde mit den Angriffen im fachgerichtlichen Prozess festzustellen. Dies muss sich, soweit es für die Erschöpfung des Rechtswegs erforderlich ist, schon aus den **Anlagen zur Verfassungsbeschwerdeschrift** ergeben. 450

II. Subsidiarität der Verfassungsbeschwerde

Das Bundesverfassungsgericht überprüft das **prozessuale Verhalten des Beschwerdeführers vor Erhebung der Verfassungsbeschwerde** nicht nur darauf, ob er alle einfachrechtlich gegen den angegriffenen Hoheitsakt vorgesehenen Rechtsbehelfe eingelegt hat und ob ihm dabei keine prozessualen Versäumnisse vorzuwerfen sind, die zur Unzulässigkeit des Rechtsbehelfs geführt und eine Sachentscheidung des letztinstanzlichen Fachgerichts verhindert haben. Es gibt sich auch nicht damit zufrieden, dass der Beschwerdeführer dort, wo ein fachgerichtlicher Rechtsbehelf gegen die angegriffenen Entscheidungen schon nach einfachem Prozessrecht auch der Beseitigung einer verfassungsrechtlich erheblichen Beschwer dienen soll, sein mit der Verfassungsbeschwerde verfolgtes Begehren schon im Ausgangsverfahren zur Begründung des Rechtsbehelfs vorgebracht hat. 451

782 Beschluss der 2. Kammer des Ersten Senats vom 28.12.2023 – 1 BvR 2033/23, Rn. 7 bei Juris; vgl. auch Beschluss der 1. Kammer des Zweiten Senats vom 4.2.2024 – 2 BvR 944/23, Rn. 16 bei Juris.

452 Über diese unmittelbar in Abs. 2 Satz 1 enthaltenen Zulässigkeitsschranken einer Rechtswegerschöpfung in engerem Sinne hinaus hat das Bundesverfassungsgericht zusätzlich einen **ungeschriebenen allgemeinen Grundsatz der Subsidiarität** der Verfassungsbeschwerde entwickelt und ihn als zu einem allgemeinen Gesichtspunkt der Subsidiarität verfassungsrechtlicher Rechtsbehelfe ausgebaut, der immer dort Anwendung findet, wo eine angemessene Regelung in der Fachgerichtsbarkeit noch erreichbar erscheint.[783]

453 Das Bundesverfassungsgericht spricht hierbei von einem „unter Nutzung der Ermächtigung des Art. 94 Abs. 2 GG" **in § 90 Abs. 2 BVerfGG verankerten Prinzip**: Der Beschwerdeführer muss alle nach Lage der Sache zur Verfügung stehenden prozessualen Möglichkeiten ergreifen, um die geltend gemachte Grundrechtsverletzung in dem unmittelbar mit ihr zusammenhängenden sachnächsten Verfahren zu verhindern oder zu beseitigen.[784] Neuerdings wird auch formuliert, der Grundsatz der Subsidiarität sei in Art. 94 Abs. 2 Satz 2 GG und damit im Verfassungsrecht selbst verankert[785] bzw. angelegt.[786]

454 **1. Grundlage des Subsidiaritätsprinzips. Grundlage** dieses Prinzips ist der **doppelte Regelungszweck des Abs. 2**, der eine Ausdehnung der prozessualen Obliegenheiten des Beschwerdeführers über die bloße Rechtswegerschöpfung hinaus nicht nur erlaubt, sondern sogar geboten erscheinen lässt. Soll durch die Vorschrift die Aufgabenverteilung zwischen Fach- und Verfassungsgerichtsbarkeit betont und die Arbeit des Bundesverfassungsgerichts auf unvermeidbare Verfahren konzentriert werden,[787] macht es keinen Unterschied, ob der Beschwerdeführer einen unmittelbar zum Rechtsweg gehörenden Rechtsbehelf nicht ergriffen hat oder ob er den Rechtsweg zwar formell vollständig beschritten, aber einen anderen oder geeigneteren Weg zur Vermeidung bzw. Beseitigung der Grundrechtsverletzung nicht wahrgenommen hat.

455 In beiden Fällen hätte der Beschwerdeführer es in der Hand gehabt, den **Fachgerichten** eine **Selbstkorrektur einer verfassungswidrigen Entscheidung zu ermöglichen**.[788] Es liegt im eigenen Interesse des Betroffenen, diese zeitlich vorgelagerten Abhilfemöglichkeiten gegenüber den Fachgerichten zu nutzen. Es dient nicht einer viel besprochenen Entlastung des Bundesverfassungsgerichts, sondern dem **Eigeninteresse des Betroffenen**, wenn er durch Ausschöpfung der vorhandenen Möglichkeiten vor den Fachgerichten sein Anliegen dort durchsetzt und sich einen weiteren Rechtsstreit vor

783 Beschluss der 1. Kammer des Ersten Senats vom 6.4.2012 – 1 BvQ 12/12, Rn. 7 bei Juris.
784 Vgl. BVerfGE 162, 325 (341, Rn. 60); 161, 299 (342, Rn. 103); 159, 223 (273 f., Rn. 101); 155, 238 (267, Rn. 67); 149, 407 (410, Rn. 8); 142, 268 (280, Rn. 44); 134, 106 (115, Rn. 27); 134, 242 (285, Rn. 150); 129, 78 (92 f.); 125, 104 (120); Beschluss der 2. Kammer des Zweiten Senats vom 17.4.2024 – 2 BvR 244/24, Rn. 15 bei Juris; Beschluss der 2. Kammer des Ersten Senats vom 10.4.2024 – 1 BvR 415/24, Rn. 19 bei Juris.
785 Vgl. Beschluss der 2. Kammer des Ersten Senats vom 14.12.2023 – 1 BvR 1889/23, Rn. 11 bei Juris; Beschluss der 1. Kammer des Ersten Senats vom 18.12.2018 – 1 BvR 1240/18, Rn. 5 bei Juris.
786 Beschluss der 3. Kammer des Ersten Senats vom 14.12.2022 – 1 BvR 1213/22, Rn. 2 bei Juris; Beschluss der 2. Kammer des Ersten Senats vom 21.7.2022 – 1 BvR 1147/22, Rn. 2 bei Juris.
787 Vgl. Beschluss der 1. Kammer des Ersten Senats vom 18.12.2018 – 1 BvR 1240/18, Rn. 5 bei Juris.
788 Vgl. auch BVerfGE 134, 106 (115, Rn. 27).

dem Bundesverfassungsgericht erspart oder diesen nach Ausschöpfung aller Möglichkeiten vor den Fachgerichten vor dem Bundesverfassungsgericht auf besserer rechtlicher und tatsächlicher Basis führen kann. In diesem Sinne ist die Verfassungsbeschwerde subsidiär im Verhältnis zu den primären fachgerichtlichen Rechtsschutzmöglichkeiten. Zu den zu erschöpfenden weiteren Möglichkeiten kann auch gehören, eine berufsrechtliche Sanktionierung dadurch zu vermeiden, dass ein Verfahren auf Erteilung der erforderlichen berufsrechtlichen Erlaubnis geführt wird.[789]

2. Abgrenzung zur Rechtswegerschöpfung ieS. Die **Begriffe** der Rechts- 456
wegerschöpfung und des Subsidiaritätsprinzips werden in den Entscheidungen des Bundesverfassungsgerichts **nicht einheitlich verwendet**. So wird der Fehler des Beschwerdeführers, einen gesetzlichen Rechtsbehelf nicht in einer zulässigen, zu einer Sachentscheidung des Fachgerichts führenden Weise erhoben zu haben, meist zutreffend der Erschöpfung des Rechtwegs zugeordnet,[790] gelegentlich aber auch dem Subsidiaritätsgrundsatz.[791] Richtigerweise erfasst der Grundsatz der Subsidiarität nur die „über das Gebot der Rechtswegerschöpfung im engeren Sinne hinausgehenden Möglichkeiten".[792]

Auf eine exakte begriffliche Abgrenzung kommt es für die Praxis letztlich 457
nicht an. Stets ist zu fragen, ob der Beschwerdeführer **alles Zumutbare getan** hat, um die Verletzung seiner Verfassungsrechte schon im Vorfeld einer Verfassungsbeschwerde zu verhindern oder zu beseitigen. Das ist die an den Beschwerdeführer gerichtete Forderung sowohl der Rechtswegerschöpfung als auch des Subsidiaritätsprinzips.

Soll dennoch klargestellt werden, was der Gesetzgeber in Abs. 2 Satz 1 ge- 458
regelt und welche Zulässigkeitsschranken das Bundesverfassungsgericht darüber hinaus aus dieser Vorschrift durch Rechtsfortbildung entwickelt hat, ist der angegriffene Hoheitsakt und der zu seiner Anfechtung zur Verfügung stehende fachgerichtliche **Rechtsweg zu betrachten**. Die ordnungsgemäße Beschreitung dieses Rechtswegs wird unmittelbar von Abs. 2 Satz 1 gefordert, und dazu gehört auch, dass die Rechtsbehelfe auch zur Geltendmachung verfassungsrechtlicher Mängel der angegriffenen Entscheidung genutzt werden, sofern diese Rechtsbehelfe – wie bei der Anhörungsrüge im Hinblick auf die Verletzung des Art. 103 Abs. 1 GG – darauf ausgerichtet sind (→ Rn. 439 ff.). Dennoch wird dieser Gesichtspunkt in der Kammerrechtsprechung gelegentlich ungenau dem Grundsatz der Subsidiarität zugeordnet.[793]

---

789 Vgl. Beschluss der 1. Kammer des Ersten Senats vom 20.11.2018 – 1 BvR 442/18, Rn. 7 bei Juris.

790 Beschluss der 2. Kammer des Ersten Senats vom 24.11.2009 – 1 BvR 3324/08, Rn. 2 bei Juris.

791 Beschluss der 2. Kammer des Zweiten Senats vom 8.7.2019 – 2 BvR 453/19, Rn. 7 bei Juris für eine unterlassene Anhörungsrüge nach § 33a Satz 1 StPO; Beschluss der 3. Kammer des Ersten Senats vom 3.6.2014 – 1 BvR 79/09 ua, Rn. 50 bei Juris; Beschluss der 2. Kammer des Zweiten Senats vom 10.3.2009 – 2 BvR 49/09, Rn. 8 bei Juris.

792 Vgl. Beschluss der 1. Kammer des Zweiten Senats vom 21.6.2019 – 2 BvR 2189/18, Rn. 18 bei Juris.

793 Beschlüsse der 2. Kammer des Zweiten Senats vom 17.4.2024 – 2 BvR 244/24, Rn. 15 ff bei Juris, und vom 8.7.2019 – 2 BvR 453/19, Rn. 7 bei Juris, für eine unterlassene bzw. nicht ordentlich begründete Anhörungsrüge; Beschluss der 3. Kammer des Zweiten

459 Ist der Beschwerdeführer beispielsweise mit der Ablehnung eines Antrags nach § 80 Abs. 5 VwGO durch ein Verwaltungsgericht nicht einverstanden, muss er zur Rechtswegerschöpfung im engeren Sinne eine Beschwerde zum Oberverwaltungsgericht (§ 146 Abs. 1 VwGO) und ggf. anschließend noch eine Anhörungsrüge nach § 152a VwGO erheben. Alle weiteren, **außerhalb dieses Rechtswegs liegenden Rechtsschutzmöglichkeiten**, auf die das Bundesverfassungsgericht den Beschwerdeführer verweisen möchte, also im Beispielsfall etwa die Durchführung des verwaltungsgerichtlichen Hauptsacheverfahrens, müssen sich aus dem ungeschriebenen Grundsatz der Subsidiarität ableiten lassen. Hierzu zählt das Bundesverfassungsgericht auch Abänderungsanträge nach § 80 Abs. 7 VwGO (vgl. auch → Rn. 464)[794] und im Hinblick auf die überlange Dauer eines fachgerichtlichen Verfahrens die Geltendmachung eines Entschädigungsanspruchs nach § 198 Abs. 1 Satz 1 GVG.[795] Am Grundsatz der Subsidiarität scheitert auch die Zulässigkeit einer Verfassungsbeschwerde, die sich gegen den Umgang eines Oberlandesgerichts mit der Rüge der Befangenheit des im erstinstanzlichen Verfahren tätig gewordenen Richters befasst, wenn die zum Oberlandesgericht erhobene Verfahrensrüge nach § 118 Abs. 2 Satz 2 StVollzG nicht hinreichend begründet war.[796] Außerhalb des eigentlichen Rechtswegs liegt auch, wenn ein Privater gegenüber einer Behörde, die im eigentlichen Verwaltungsprozess mit ihrem Rückzahlungsanspruch obsiegt hat, auf die Möglichkeit der Erhebung einer Klage auf Stundung verwiesen wird, sofern dies nicht von vornherein aussichtslos ist.[797] Sind fachgerichtliche Urteile lückenhaft, dann verlangt der Grundsatz der Subsidiarität der Verfassungsbeschwerde auch die Stellung von Anträgen auf Urteilsergänzung gemäß § 321 ZPO.[798] Zum Subsidiaritätsprinzip gehört auch die gegebenenfalls bestehende Verpflichtung, in einen anderen fachgerichtlichen Rechtsweg zu wechseln und auch diesen zu erschöpfen. Beispielsweise ist ein Beschwerdeführer, der als Angeklagter in einem Strafverfahren vom Strafgericht vergeblich den Erlass einer sitzungspolizeilichen Verfügung mit dem Inhalt begehrt hat, zum Schutz seiner Persönlichkeitsrechte eine Anonymisierung der von ihm im Sitzungssaal angefertigten Zeichnungen zu verfügen, unter Subsidiaritäts-

---

Senats vom 22.5.2012 – 2 BvR 2207/10, Rn. 6 bei Juris; Beschluss der 1. Kammer des Zweiten Senats vom 1.4.2008 – 2 BvR 2680/07, Rn. 25 ff. bei Juris.

794 Beschlüsse der 1. Kammer des Zweiten Senats vom 2.8.2023 – 2 BvR 593/23, Rn. 13 bei Juris, und vom 5.2.2003 – 2 BvR 153/02, Rn. 24 ff. bei Juris; Beschluss der 3. Kammer des Ersten Senats vom 21.11.2008 – 1 BvR 2399/06, Rn. 16 f. bei Juris; vgl. zum Verhältnis von § 152a zu § 80 Abs. 7 VwGO: Zuck NVwZ 2006, 1119 (1121).

795 Beschluss der 2. Kammer des Zweiten Senats vom 16.10.2014 – 2 BvR 437/12, Rn. 15 bei Juris, dort allerdings missverständlich als Fall der materiellen Subsidiarität bezeichnet; Beschlüsse der 1. Kammer des Zweiten Senats vom 28.1.2013 – 2 BvR 1912/12, Rn. 4 bei Juris, und vom 20.6.2012 – 2 BvR 1565/11, Rn. 11 ff. bei Juris; vgl. auch Beschluss der 2. Kammer des Ersten Senats vom 30.5.2012 – 1 BvR 2292/11, Rn. 8 f. bei Juris, dort zur Rechtswegerschöpfung ieS.

796 Beschluss der 3. Kammer des Zweiten Senats vom 13.5.2014 – 2 BvR 599/14, Rn. 2 bei Juris.

797 Vgl. Beschluss der 2. Kammer des Zweiten Senats vom 11.11.2013 – 2 BvR 547/13, Rn. 6 f. bei Juris.

798 Beschluss der 3. Kammer des Ersten Senats vom 20.5.2013 – 1 BvR 1024/12, Rn. 8 ff. bei Juris; vgl. zu einem Antrag auf Ergänzung eines Beschlusses in einem Verfahren zur Feststellung der Rechtswidrigkeit einer Abschiebehaft: Beschluss der 3. Kammer des Zweiten Senats vom 5.4.2023 – 2 BvR 22450/22, Rn. 4 f. bei Juris.

gesichtspunkten verpflichtet, gegenüber einer sich konkret abzeichnenden Verbreitung oder Veröffentlichung ihn identifizierender Zeichnungen auch einstweiligen Rechtsschutz vor den Zivilgerichten zu suchen.[799] Stets muss der Beschwerdeführer also weitere Rechtsschutzmöglichkeiten außerhalb des Verfahrens, bezüglich dessen er eine Grundrechtsverletzung rügen will, im Blick haben.[800]

Ein weiteres Beispiel: Nach Zurückweisung einer Anhörungsrüge ist der Rechtsweg gegen eine Gehörsverletzung erschöpft. Nur aus dem Grundsatz der Subsidiarität kann sich ergeben, dass die Verfassungsbeschwerde dennoch unzulässig sein soll, wenn der Beschwerdeführer versäumt, sich durch **Anträge auf Einräumung einer Schriftsatzfrist oder auf Vertagung** Gehör zu verschaffen (vgl. dazu → Rn. 392).[801] Ebenfalls nicht zur Rechtswegerschöpfung, sondern zum Grundsatz der Subsidiarität gehören prozessuale Obliegenheiten, die Dritten auferlegt werden, die nicht am Ausgangsverfahren beteiligt waren, sich aber durch eine Gerichtsentscheidung in ihren Grundrechten verletzt fühlen. Sie müssen, soweit es prozessual zulässig ist, ihre Beteiligung im Ausgangsverfahren im Wege der **Nebenintervention** herbeiführen und dann die ihnen zustehenden prozessualen Mittel ausschöpfen, um sich Gehör zu verschaffen und es gar nicht erst zu den gerügten Grundrechtsverletzungen kommen zu lassen.[802] 460

Durch dieses formelle Verständnis des Subsidiaritätsprinzips mit Blick auf die sich außerhalb des Rechtswegs im engeren Sinne bietenden Rechtsschutzmöglichkeiten werden jedoch nicht alle seine Facetten erfasst. In Betracht kommen außerdem besondere Anforderungen an den Vortrag des Beschwerdeführers im Rahmen der zum Rechtsweg zählenden Rechtsbehelfe (**materielle Subsidiarität**). 461

Gemeint ist nicht die bereits zur Rechtswegerschöpfung gehörende Notwendigkeit, verfassungsrechtlich geprägte Rechtsmittel nicht nur formal zu erheben, sondern mit ihnen gerade die Grundrechtsverletzungen zu rügen, die später, soweit ihnen durch die Fachgerichte nicht abgeholfen wird, Gegenstand der Verfassungsbeschwerde werden sollen. Vielmehr geht es um den im Einzelnen umstrittenen Versuch, den Beschwerdeführer zu verpflichten, schon vor den Fachgerichten auch **mit eigentlich nicht verfassungsrechtlich geprägten Rechtsbehelfen**, also etwa im gewöhnlichen zivilgerichtlichen Berufungsverfahren, seine verfassungsrechtlichen Einwendungen vorzu- 462

799 Zum Verweis auf einen zweiten Rechtsweg siehe etwa Beschluss der 2. Kammer des Ersten Senats vom 10.10.2019 – 1 BvR 2276/19, Rn. 6 f. bei Juris, dort allerdings unzutreffend als Fall der materiellen Subsidiarität bezeichnet (vgl. dazu → § 90 Rn. 492 ff.).

800 Weitere Beispiele: BVerfG, Urteil des Ersten Senats vom 22.11.2023 – 1 BvR 2577/15 ua, Rn. 29 bei Juris: Antrag auf Schreibzeitverlängerung zur Vermeidung einer späteren Zeugnisbemerkung zu Rechtschreibleistungen; Beschluss der 1. Kammer des Zweiten Senats vom 4.2.2024 – 2 BvR 944/23, Rn. 17 bei Juris; Beschluss der 2. Kammer des Zweiten Senats vom 25.1.2023 – 2 BvR 2255/22, Rn. 19 ff. bei Juris; Beschluss der 2. Kammer des Ersten Senats vom 25.5.2020 – 1 BvR 1060/20, Rn. 3 ff. bei Juris.

801 Beschluss der 3. Kammer des Ersten Senats vom 18.8.2010 – 1 BvR 3268/07, Rn. 28 ff. bei Juris.

802 Beschluss der 3. Kammer des Ersten Senats vom 28.5.1998 – 1 BvR 329/98, Rn. 13 f. bei Juris.

bringen, wenn er mit ihnen vor dem Bundesverfassungsgericht nicht präkludiert sein will (dazu → Rn. 492 ff.). Auch insoweit werden Rechtswegerschöpfung und Subsidiarität in der Rechtsprechung des Bundesverfassungsgerichts allerdings nicht sauber getrennt und der Begriff der materiellen Subsidiarität wird auch für Facetten der Rechtswegerschöpfung verwendet (vgl. auch schon → Rn. 458 und später → Rn. 498).[803]

463 **3. Besondere Ausprägungen des Subsidiaritätsprinzips.** Der Subsidiaritätsgrundsatz gilt umfassend und kann für den Beschwerdeführer **in allen denkbaren Fallgestaltungen** ein Hindernis vor Erhebung der Verfassungsbeschwerde darstellen. Das Bundesverfassungsgericht geht hierzu auf alle jeweiligen Besonderheiten der betreffenden prozessualen Konstellation ein.[804]

464 Den Beschwerdeführer können **auch nachträglich** noch Obliegenheiten im fachgerichtlichen Verfahren treffen, etwa wenn er die Ablehnung eines Antrags nach § 80 Abs. 5 VwGO angreift und sich aufgrund geänderter tatsächlicher oder rechtlicher Umstände nach Erhebung der Verfassungsbeschwerde die Möglichkeit eröffnet, einen Abänderungsantrag nach § 80 Abs. 7 VwGO zu stellen,[805] oder wenn er die überlange Dauer eines fachgerichtlichen Verfahrens rügt und sich nicht bemüht, eine Entschädigung nach § 198 Abs. 1 Satz 1 GVG zu erlangen.[806]

465 In der Rechtsprechung haben sich aber auch **Fallgruppen** herausgebildet, die so häufig Gegenstand verfassungsgerichtlicher Entscheidungen sind, dass bestimmte **Argumentationsmuster** ständig wiederkehren.

466 a) **Erstreckung auf andere Grundrechtsrügen.** Die erhebliche praktische Bedeutung des Subsidiaritätsgrundsatzes hat sich vor allen Dingen im Zusammenhang mit den verfassungsprozessualen **Folgen einer unterlassenen Anhörungsrüge** gezeigt.[807]

467 Rügt der Beschwerdeführer mit der Verfassungsbeschwerde eine Verletzung seines Anspruchs auf rechtliches Gehör gemäß Art. 103 Abs. 1 GG, ohne vorab in zulässiger Weise eine nach der fachgerichtlichen Verfahrensordnung statthafte Anhörungsrüge erhoben zu haben, dann liegt auf der Hand und folgt unmittelbar aus Abs. 2 Satz 1, dass die Rüge der Verletzung des Art. 103 Abs. 1 GG unzulässig ist. Daneben wird mit der Verfassungsbeschwerde aber häufig die **Verletzung weiterer Verfassungsrechte gerügt**. Diese weiteren Rügen hätten zwar nicht vorab zum Gegenstand des fachgerichtlichen Anhörungsrügeverfahrens gemacht werden können. Dennoch sind **auch** diese

---

803 Vgl. Beschluss der 2. Kammer des Zweiten Senats vom 28.11.2018 – 2 BvR 882/17, Rn. 11 bei Juris.

804 Vgl. Beschluss der 2. Kammer des Zweiten Senats vom 25.1.2023 – 2 BvR 2255/22, Rn. 19 ff. bei Juris; Beschluss der 3. Kammer des Ersten Senats vom 17.3.2009 – 1 BvR 432/09, Rn. 5 f. bei Juris.

805 Beschluss der 2. Kammer des Ersten Senats vom 20.12.2006 – 1 BvR 271/05, Rn. 11 bei Juris.

806 Beschluss der 1. Kammer des Zweiten Senats vom 20.6.2012 – 2 BvR 1565/11, Rn. 11 ff. bei Juris.

807 BVerfGE 134, 106 (113 ff., Rn. 20 ff.); vgl. auch den zwischenzeitlich allerdings fortentwickelten Beschluss der 3. Kammer des Ersten Senats vom 25.4.2005 – 1 BvR 644/05 – Queen Mary II.

Rügen **unzulässig**, wenn die Anhörungsrüge zur Rüge des Art. 103 Abs. 1 GG fehlt.[808]

Dem liegt die Vorstellung zugrunde, dass **auch die weiteren Grundrechtsverletzungen hätten beseitigt werden können**, wenn das Fachgericht auf eine Anhörungsrüge des Beschwerdeführers die Verletzung des Anspruchs auf rechtliches Gehör eingeräumt und das Ausgangsverfahren fortgesetzt hätte. Die von der gegenstandslos werdenden, vorangegangenen Sachentscheidung ausgehende Beschwer würde dann in jeder Hinsicht wegfallen. 468

Der Beschwerdeführer muss sich also vorwerfen lassen, **nicht alle Möglichkeiten genutzt** zu haben, eine Korrektur aller gerügten Grundrechtsverletzungen im fachgerichtlichen Verfahren zu erreichen: Bezüglich der Gehörsverletzung unmittelbar mit der dafür vorgesehenen Anhörungsrüge, und bezüglich der weiteren Grundrechtsverletzungen mittelbar wegen der prozessualen Folgen einer positiven Entscheidung über die Anhörungsrüge. Deshalb kann der Beschwerdeführer, der in Ausübung seiner Dispositionsfreiheit eigentlich keine Gehörsverletzung rügen will, gleichwohl aus Gründen der Subsidiarität der Verfassungsbeschwerde zur vorherigen Erhebung einer Anhörungsrüge bei den Fachgerichten verpflichtet sein.[809] Denn der Grundsatz der Subsidiarität der Verfassungsbeschwerde ist als Voraussetzung der Zulässigkeit einer Verfassungsbeschwerde der Verfügungsmacht des Beschwerdeführers entzogen.[810] Unter Rückgriff auf den allgemeinen Vorbehalt der Zumutbarkeit[811] hat der Erste Senat mit dem Urteil vom 16.7.2013 eine klare Abgrenzung getroffen. Zur Vermeidung der Unzulässigkeit einer Verfassungsbeschwerde, bei der sich der Beschwerdeführer nicht auf eine Verletzung des Art. 103 Abs. 1 GG beruft, muss er aus Gründen der Subsidiarität eine Anhörungsrüge oder den sonst gegen eine Gehörsverletzung gegebenen fachgerichtlichen Rechtsbehelfen nur dann ergreifen, wenn den Umständen nach ein Gehörsverstoß durch die Fachgerichte naheliegt und zu erwarten wäre, dass vernünftige Verfahrensbeteiligte mit Rücksicht auf die geltend gemachte Beschwer bereits im gerichtlichen Verfahren einen entsprechenden Rechtsbehelf ergreifen würden.[812] Praktischer Hauptwendungsfall dieser Formel werden Konstellationen sein, in denen der Beschwerdeführer erst vor Einreichung der Verfassungsbeschwerde bemerkt, dass er hätte Anhörungsrüge erheben müssen, diese aber nunmehr verfristet ist und er deshalb auf den eigentlich für ihn naheliegenden Vorwurf einer Verletzung von Art. 103 Abs. 1 GG aus opportunistischen Gründen verzichtet, um dem Einwand einer fehlenden Rechtswegerschöpfung (→ vgl. Rn. 367 ff.) auszuweichen.[813] 469

808 BVerfGE 134, 106 (113); vgl. auch Beschluss der 3. Kammer des Zweiten Senats vom 26.4.2022 – 2 BvR 1880/21, Rn. 4 bei Juris; Beschlüsse der 2. Kammer des Zweiten Senats vom 29.5.2019 – 2 BvR 217/19, Rn. 12 bei Juris, vom 16.11.2018 – 2 BvR 2172/18, Rn. 7 bei Juris, und vom 7.10.2016 – 2 BvR 1313/16, Rn. 13 bei Juris; Beschluss der 1. Kammer des Zweiten Senats vom 8.5.2019 – 2 BvR 657/19, Rn. 39 bei Juris.

809 Beschlüsse der 2. Kammer des Zweiten Senats vom 9.1.2023 – 2 BvR 1217/19, Rn. 13 bei Juris, und vom 14.4.2016 – 2 BvR 695/16, Rn. 2 bei Juris.

810 BVerfGE 134, 106 (115, Rn. 27); Beschluss der 2. Kammer des Zweiten Senats vom 9.1.2023 – 2 BvR 1217/19, Rn. 13 bei Juris.

811 Vgl. BVerfGE 132, 99 (117, Rn. 45).

812 BVerfGE 134, 106 (115 f., Rn. 28).

813 So auch BVerfGE 134, 106 (116, Rn. 29).

470 Anders stellt sich die Rechtslage nur dar, wenn die weiteren Rügen einen **anderen Streitgegenstand** betreffen, der von der Fortsetzung des Ausgangsverfahrens nicht umfasst wäre.[814] Hinsichtlich dieses anderen Streitgegenstands hätte die Entscheidung über die Anhörungsrüge keine Abhilfe schaffen können, weil das Ausgangsverfahren nach den fachgerichtlichen Prozessordnungen nur „soweit" fortzusetzen ist, wie sich die Gehörsverletzung ausgewirkt hat (vgl. zB § 321a Abs. 5 Satz 1 ZPO). Der Subsidiaritätsgrundsatz steht daher einer Verfassungsbeschwerde im Hinblick auf den anderen Streitgegenstand nicht entgegen.[815]

471 Diese Handhabung der Zulässigkeitsprüfung ist zwischenzeitlich in der Rechtsprechung des Bundesverfassungsgerichts **fest etabliert.**[816] Man wird anerkennen müssen, dass es sich um eine konsequent entwickelte Facette des Subsidiaritätsgedankens handelt.

472 Dogmatisch muss dieser Anwendungsfall des Subsidiaritätsprinzips nicht auf die Fälle unterlassener Anhörungsrüge bei einer Rüge der Verletzung des Art. 103 Abs. 1 GG beschränkt sein. Er könnte **auf andere Versäumnisse** des Beschwerdeführers im fachgerichtlichen Verfahren und auf andere Rügen **übertragen** werden.

473 Hätte der Beschwerdeführer die Gehörsverletzung eines Berufungsgerichts im fachgerichtlichen Verfahren mit einer **Nichtzulassungsbeschwerde** zum Revisionsgericht rügen können (zB § 72a Abs. 3 Nr. 3 ArbGG), hat er diesen Rechtsbehelf aber nur auf andere Revisionszulassungsgründe gestützt, ist in der Verfassungsbeschwerde nicht nur die Rüge einer Verletzung des Art. 103 Abs. 1 GG unzulässig. Nach den Grundsätzen von BVerfGE 134, 106 (113, Rn. 22) sind auch alle weiteren Rügen unzulässig, mit denen Grundrechtsverletzungen geltend gemacht werden, die bei einer Fortsetzung des Ausgangsverfahrens nach Zulassung der Revision wegen einer Verletzung des Anspruchs auf rechtliches Gehör mit beseitigt worden wären. Ausschlaggebend ist insoweit immer, dass die mit der Verfassungsbeschwerde angegriffene Entscheidung möglicherweise nur deshalb Bestand hatte, weil der Beschwerdeführer nicht alle Rügen im Rahmen der sich im fachgerichtlichen Verfahren bietenden Möglichkeiten ausgeschöpft hat.

474 Gleiches gilt, wenn der Beschwerdeführer schon das Zustandekommen der aus seiner Sicht verfassungswidrigen Entscheidung hätte verhindern können. Rügt er die Verletzung seines Rechts auf den gesetzlichen Richter (Art. 101 Abs. 1 Satz 2 GG), weil ein befangener Richter entschieden habe, und hätte er die Entscheidung durch den seiner Meinung nach ungesetzlichen Richter durch dessen vorherige Ablehnung wegen Besorgnis der Befangenheit verhindern können, ist die Verfassungsbeschwerde nach dem Subsidiaritätsgrundsatz insgesamt unzulässig, weil der Beschwerdeführer mit dem **Befangenheitsantrag** sein Rechtsschutzziel hinsichtlich aller als verletzt gerügten Grundrechte hätte erreichen können.[817] Das bedeutet aber nicht, dass der Beschwerdeführer immer dann, wenn ihm eine nachteilige Gerichtsentschei-

---

814 BVerfGE 134, 106 (116, Rn. 30).
815 BVerfGE 134, 106 (113, Rn. 22).
816 BVerfGE 134, 106 (113 ff., Rn. 120 ff.).
817 Beschluss der 3. Kammer des Zweiten Senats vom 2.9.2009 – 2 BvR 448/09, Rn. 8 ff. bei Juris.

dung droht, zum Mittel des Befangenheitsantrags greifen muss, um sich die Möglichkeit einer Verfassungsbeschwerde offen zu halten.

Will der Beschwerdeführer in solchen Fällen drohender Erstreckung fehlender Rechtswegerschöpfung auf weitere Rügen erreichen, dass zumindest die weiteren Rügen als zulässig beurteilt werden, bleibt ihm nur eine Möglichkeit: Er darf die konkrete Rüge, auf die sich sein Versäumnis im fachgerichtlichen Verfahren bezieht, auch dann nicht erheben, wenn sie in der Sache begründet wäre, und er muss sie, wenn er sie erhoben hat, rechtzeitig **zurücknehmen** (vgl. dazu → Rn. 385 ff.). 475

Ist der Rechtsweg hingegen ordnungsgemäß **erschöpft** und muss sich der Beschwerdeführer nur vorwerfen lassen, die letzte fachgerichtliche Entscheidung nicht oder nur kommentarlos vorgelegt, sie aber nicht mit der Verfassungsbeschwerde angegriffen zu haben und sich mit ihren Gründen nicht auseinanderzusetzen (vgl. dazu → Rn. 443), dann ist für eine Anwendung des Subsidiaritätsgrundsatzes kein Raum. **Unzulässig** ist und bleibt **nur die konkrete, nicht hinreichend begründete Rüge.**[818] 476

Das Unzulässigkeitsverdikt kann unter diesen Umständen **nicht** über den Subsidiaritätsgrundsatz auf die weiteren Rügen und auf die **Verfassungsbeschwerde insgesamt** erstreckt werden. Denn der Beschwerdeführer hat im fachgerichtlichen Verfahren nichts unversucht gelassen, wodurch die sonstigen gerügten Grundrechtsverletzungen hätten beseitigt werden können. Sein Versäumnis ist allein im Verfassungsprozess angesiedelt. Das Subsidiaritätsprinzip knüpft hingegen ausschließlich an den Ausgangsprozess an. 477

b) **Zwischenentscheidungen.** Wegen des Subsidiaritätsprinzips kann der Beschwerdeführer im Regelfall darauf verwiesen werden, gerichtliche Zwischenentscheidungen nicht gesondert mit der Verfassungsbeschwerde anzufechten. Eine Verfassungsbeschwerde gegen Zwischenentscheidungen ist **grundsätzlich ausgeschlossen**, weil die Verfassungsverstöße mit der Anfechtung der Endentscheidung gerügt werden können.[819] 478

Der Grund für den Ausschluss fehlt allerdings, wenn bereits die Zwischenentscheidung zu einem bleibenden rechtlichen Nachteil für den Betroffenen führt, der später nicht oder jedenfalls nicht vollständig behoben werden kann.[820] Das gilt etwa für Anordnungen einer audiovisuellen Vernehmung im Strafverfahren.[821] Solche **Entscheidungen, die ein selbstständiges Zwischenverfahren abschließen, können ausnahmsweise** gesondert mit der Verfassungsbeschwerde **angegriffen werden.** 479

818 Vgl. Beschluss der 3. Kammer des Ersten Senats vom 21.11.2008 – 1 BvR 2399/06, Rn. 14 bei Juris.

819 Grundlegend: BVerfGE 21, 139 (143); vgl. auch Beschluss der 2. Kammer des Zweiten Senats vom 13.12.2023 – 2 BvR 2143/21, Rn. 34 bei Juris; Beschluss der 3. Kammer des Zweiten Senats vom 20.11.2019 – 2 BvR 31/19 ua, Rn. 42 bei Juris; Beschluss der 1. Kammer des Ersten Senats vom 12.8.2019 – 1 BvR 1784/19, Rn. 6 bei Juris; ebenso unter Anschluss an diese Kommentierung auch VerfGH Rheinland-Pfalz, Beschluss vom 19.9.2019 – VGH B 24/19, Rn. 22 bei Juris.

820 BVerfGE 119, 292 (294); 101, 106 (120); Beschluss der 2. Kammer des Zweiten Senats vom 19.5.2020 – 2 BvR 483/20, Rn. 3 bei Juris; Beschlüsse der 1. Kammer des Ersten Senats vom 12.8.2019 – 1 BvR 1784/19, Rn. 6 bei Juris, und vom 23.5.2013 – 1 BvR 2059/12, Rn. 16 bei Juris.

821 Beschluss der 3. Kammer des Zweiten Senats vom 27.2.2014 – 2 BvR 261/14, Rn. 24 ff. bei Juris.

480 Entscheidungen der Fachgerichte über **Richterablehnungsgesuche** können zu solchen bleibenden rechtlichen Nachteilen führen und daher als Zwischenentscheidungen selbstständig angreifbar sein.[822] Dies gilt jedenfalls dann, wenn sie Bindungswirkung für das weitere Verfahren entfalten, über eine wesentliche Rechtsfrage abschließend befinden und in weiteren Instanzen nicht mehr nachgeprüft und korrigiert werden können.[823]

481 Ist dies der Fall, ist dem Beschwerdeführer **nicht zuzumuten, das Verfahren vor dem ungesetzlichen Richter fortzuführen** und auf einen für ihn günstigen Ausgang des Rechtsstreits zu hoffen. Müsste er die abschließende Sachentscheidung abwarten, bestünde die Gefahr, dass sein Grundrechtsschutz leerliefe, weil er die ihn belastende Zwischenentscheidung nicht anfechten, aber auch mit der Anfechtung der späteren Sachentscheidung keine Überprüfung der Zwischenentscheidung mehr herbeiführen könnte.[824]

482 Stets ist also zu fragen, ob die angegriffene Zurückweisung eines Ablehnungsgesuchs nach der betreffenden Prozessordnung im Rechtsmittelverfahren zur Sachentscheidung noch einmal überprüft wird oder nicht. Über den Grundsatz der Subsidiarität der Verfassungsbeschwerde darf keine nicht hinnehmbare **Rechtsschutzlücke** generiert werden. Keine solche Rechtsschutzlücke besteht, wenn gegen Ablehnungsentscheidungen der Berufungsinstanz eines Arbeitsgerichtsprozesses unmittelbar Verfassungsbeschwerde erhoben wird, von den Möglichkeiten der Überprüfung im Revisions- bzw. Nichtzulassungsbeschwerdeverfahren aber kein Gebrauch gemacht wird.[825]

483 Diese Erwägungen gelten dann auch für die in einem Richterablehnungsverfahren ergangene Entscheidung über eine vom Beschwerdeführer erhobene **Anhörungsrüge.**[826] Der Beschwerdeführer muss nicht die spätere abschließende Sachentscheidung abwarten. Einer Verfassungsbeschwerde gegen die Entscheidung über die Anhörungsrüge steht das Subsidiaritätsprinzip nicht entgegen.

484 c) **Verfassungsbeschwerden gegen fachgerichtliche Eilentscheidungen.** Der **Subsidiaritätsgrundsatz gilt** uneingeschränkt **auch für Eilanträge** vor dem Bundesverfassungsgericht.[827] Der Erlass einer einstweiligen Anordnung nach § 32 im Rahmen eines Verfassungsbeschwerdeverfahrens oder in dessen Vorfeld kommt daher nur in Betracht, wenn der Antragsteller bestehende Möglichkeiten, fachgerichtlichen Rechtsschutz zu erlangen, ausgeschöpft

---

822 Beschluss der 3. Kammer des Zweiten Senats vom 14.11.2007 – Rn. 13 bei Juris; vgl. auch BVerfGE 21, 139 (143 f.).

823 Vgl. BVerfGE 119, 292 (299); Beschlüsse der 3. Kammer des Ersten Senats vom 5.12.2023 – 1 BvR 2221/22, Rn. 13 bei Juris, und vom 12.1.2009 – 1 BvR 3113/08, Rn. 10 ff. bei Juris; dagegen überholt: Beschluss der 3. Kammer des Ersten Senats vom 27.11.2006 – 1 BvR 2719/06, Rn. 10 ff. bei Juris.

824 BVerfGE 119, 292 (300 f.); Beschluss der 3. Kammer des Ersten Senats vom 6.5.2010 – 1 BvR 96/10, Rn. 21 ff. bei Juris.

825 Beschluss der 2. Kammer des Ersten Senats vom 29.11.2017 – 1 BvR 1904/17, Rn. 4 bei Juris; vgl. für das sozialgerichtliche Verfahren: Beschluss der 3. Kammer des Ersten Senats vom 5.12.2023 – 1 BvR 2221/22, Rn. 14 ff. bei Juris.

826 BVerfGE 119, 292 (300 f.).

827 Beschluss der 1. Kammer des Ersten Senats vom 9.2.2024 – 1 BvR 2283/23, Rn. 1 bei Juris; Beschluss der 3. Kammer des Zweiten Senats vom 8.6.2023 – 2 BvQ 60/23, Rn. 2 bei Juris; Beschluss der 2. Kammer des Zweiten Senats vom 7.8.2021 – 2 BvQ 80/21, Rn. 3 bei Juris.

hat.[828] Insbesondere müssen bestehende Möglichkeiten fachgerichtlichen Eilrechtsschutzes ausgeschöpft werden.[829] Das gilt grundsätzlich auch, wenn die Statthaftigkeit eines solchen Eilrechtsbehelfs nach dem aktuellen Stand von Rechtsprechung und Lehre umstritten ist.[830]

Davon zu trennen ist die Frage, ob der Beschwerdeführer die letztinstanzliche Entscheidung im fachgerichtlichen Eilverfahren mit der Verfassungsbeschwerde angreifen kann oder ob nach dem Grundsatz der Subsidiarität vorab auch die **Erschöpfung des Rechtswegs in der Hauptsache** geboten ist. Die Verfassungsbeschwerde gegen eine fachgerichtliche Eilentscheidung ist unzulässig, wenn **nach der Art des gerügten Grundrechtsverstoßes** noch im Hauptsacheverfahren die Gelegenheit besteht, der verfassungsrechtlichen Beschwer abzuhelfen. 485

Dies ist regelmäßig anzunehmen, wenn mit der Verfassungsbeschwerde Grundrechtsverletzungen gerügt werden, die sich auf die Hauptsache beziehen.[831] Umgekehrt steht der Subsidiaritätsgedanke der Zulässigkeit der Verfassungsbeschwerde nicht entgegen, wenn der Beschwerdeführer eine Grundrechtsverletzung geltend macht, die gerade in der Behandlung seines Antrags auf vorläufigen Rechtsschutz liegt und **im Hauptsacheverfahren nicht mehr ausgeräumt** werden kann.[832] 486

Hiernach wird die fachgerichtliche Eilrechtsentscheidung in der Regel nicht unmittelbar allein mit der Rüge einer Verkennung der materiellen Grundrechte des Beschwerdeführers angegriffen werden können, aber doch mit der Rüge, die Fachgerichte hätten sein Recht auf **effektiven Rechtsschutz** (Art. 19 Abs. 4 GG bzw. Art. 2 Abs. 1 iVm Art. 20 Abs. 3 GG) verletzt,[833] etwa 487

828 Vgl. Beschlüsse der 1. Kammer des Zweiten Senats vom 23.1.2024 – 2 BvQ 5/24, Rn. 2 bei Juris, und vom 12.6.2018 – 2 BvR 991/18, Rn. 3 bei Juris; Beschluss der 1. Kammer des Ersten Senats vom 9.11.2017 – 1 BvR 1489/16, Rn. 18 ff. bei Juris.

829 Beschluss der 1. Kammer des Zweiten Senats vom 23.1.2024 – 2 BvQ 5/24, Rn. 2 bei Juris; Beschlüsse der 3. Kammer des Zweiten Senats vom 8.6.2023 – 2 BvQ 60/23, Rn. 2 ff. bei Juris, zu § 718 ZPO und § 719 Abs. 1 iVm § 707 ZPO, und vom 5.3.2019 – 2 BvQ 11/19, Rn. 5 bei Juris, zu § 304 Abs. 1 und 2 sowie zu § 307 Abs. 2 StPO; Beschluss der 2. Kammer des Zweiten Senats vom 1.12.2020 – 2 BvQ 93/20, Rn. 2 bei Juris.

830 Beschluss der 1. Kammer des Ersten Senats vom 26.2.2019 – 1 BvR 340/19, Rn. 4 ff. bei Juris.

831 Vgl. Beschluss der 1. Kammer des Ersten Senats vom 11.4.2024 – 1 BvR 2290/23, Rn. 24 bei Juris; Beschlüsse der 2. Kammer des Ersten Senats vom 10.4.2024 – 1 BvR 415/24, Rn. 19 bei Juris, vom 17.11.2023 – 1 BvR 2077/23, Rn. 3 f. bei Juris, und vom 28.4.2021 – 1 BvQ 41/21, Rn. 2 f. bei Juris; Beschluss der 3. Kammer des Ersten Senats vom 7.4.2020 – 1 BvR 2674/15, Rn. 9 bei Juris; Beschluss der 1. Kammer des Zweiten Senats vom 21.6.2019 – 2 BvR 2189/18, Rn. 18 bei Juris; vgl. auch SaarlVerfGH, Beschluss vom 8.1.2015 – Lv 2/14, Rn. 37 f. bei Juris.

832 Vgl. Beschlüsse der 2. Kammer des Ersten Senats vom 10.4.2024 – 1 BvR 415/24, Rn. 19 bei Juris, und vom 3.6.2020 – 1 BvR 1246/20, Rn. 12 bei Juris; Beschluss der 1. Kammer des Ersten Senats vom 25.8.2023 – 1 BvR 1612/23, Rn. 13 bei Juris; Beschluss der 3. Kammer des Zweiten Senats vom 5.5.2014 – 2 BvR 1823/13, Rn. 13 bei Juris; Beschlüsse der 3. Kammer des Ersten Senats vom 8.9.2014 – 1 BvR 23/14, Rn. 21 bei Juris, und vom 12.1.2014 – 1 BvR 3606/13, Rn. 18 bei Juris; Beschluss der 2. Kammer des Zweiten Senats vom 29.7.2014 – 2 BvR 1491/14, Rn. 12 bei Juris; BVerfGE 104, 65 (70 f.).

833 Vgl. Beschluss der 1. Kammer des Zweiten Senats vom 2.6.2021 – 2 BvR 899/20, Rn. 17 bei Juris.

indem sie verkannt hätten, dass zum Schutz seiner Grundrechte eine für ihn günstige Entscheidung schon im Eilverfahren erforderlich war, oder indem sie die Anforderungen an die Glaubhaftmachung des Anordnungsanspruchs überspannt hätten.[834] Eine so empfundene, speziell in der Versagung von Eilrechtsschutz liegende Beschwer könnte im Hauptsacheverfahren nicht mehr rückgängig gemacht werden.[835]

488 Auch bei der Rüge von Grundrechtsverletzungen, die sich auf die Hauptsache beziehen, kann der Beschwerdeführer ausnahmsweise nicht auf die **Durchführung des Hauptsacheverfahrens** verwiesen werden, wenn sie ihm **unzumutbar** ist. Das ist der Fall, wenn eine Klage im Hinblick auf entgegenstehende Rechtsprechung der Fachgerichte von vornherein aussichtslos ist[836] oder wenn die verfassungsrechtliche Beurteilung von keiner weiteren tatsächlichen und rechtlichen Aufklärung abhängt und die Voraussetzungen gegeben sind, unter denen das Bundesverfassungsgericht gemäß Abs. 2 Satz 2 sofort entscheiden kann.[837] Erst recht kann der Beschwerdeführer nicht auf die Durchführung des Hauptsacheverfahrens verwiesen werden, wenn alle diese Gesichtspunkte kumulativ gegeben sind.[838]

489 Erscheint demgegenüber eine **weitere fachgerichtliche Klärung notwendig**, kann das Abwarten einer Entscheidung im Hauptsacheverfahren auch dann gerechtfertigt sein, wenn der Beschwerdeführer von der Eilentscheidung existenziell betroffen ist. Dafür sollte aber bereits im Eilverfahren eine mehr als nur summarische Prüfung der maßgeblichen Rechtsfragen erfolgt sein.[839]

490 Das Bundesverfassungsgericht hat sich mit diesen Grundsätzen eine weitgehende **Flexibilität** geschaffen, die in jedem Einzelfall eine sachgerechte Entscheidung über die Zulässigkeit einer Verfassungsbeschwerde gegen die Versagung fachgerichtlichen Eilrechtsschutzes erlaubt. In die Beurteilung fließen einerseits die Betroffenheit des Beschwerdeführers, andererseits aber auch Überlegungen zur ausreichenden tatsächlichen und rechtlichen Grundlage für eine verfassungsrechtliche Entscheidung ein.[840]

---

834 Vgl. Beschluss der 1. Kammer des Zweiten Senats vom 12.9.2011 – 2 BvR 1206/11, Rn. 13 bei Juris.

835 Beschluss der 2. Kammer des Zweiten Senats vom 15.3.2006 – 2 BvR 1419/05, Rn. 9 bei Juris.

836 Beschluss der 3. Kammer des Ersten Senats vom 8.10.2014 – 1 BvR 886/11, Rn. 10 bei Juris; vgl. auch die Prüfung im Beschluss der 3. Kammer des Ersten Senats vom 1.10.2020 – 1 BvR 1106/20, Rn. 12 bei Juris.

837 Vgl. Beschluss der 2. Kammer des Ersten Senats vom 10.4.2024 – 1 BvR 415/24, Rn. 19 bei Juris; Beschluss der 1. Kammer des Zweiten Senats vom 21.6.2019 – 2 BvR 2189/18, Rn. 18 bei Juris; Beschluss der 2. Kammer des Ersten Senats vom 30.7.2013 – 1 BvR 2062/13, Rn. 8 bei Juris; Beschluss der 1. Kammer des Zweiten Senats vom 12.3.2012 – 2 BvR 2606/11, Rn. 9 bei Juris; grundlegend BVerfGE 86, 15 (22 f.).

838 Vgl. Beschluss der 1. Kammer des Ersten Senats vom 11.4.2024 – 1 BvR 2290/23, Rn. 24 bei Juris.

839 BVerfGE 104, 65 (73 f.); Beschluss der 1. Kammer des Ersten Senats vom 9.2.2007 – 1 BvR 3219/06, Rn. 13 bei Juris.

840 Vgl. Beschlüsse der 1. Kammer des Ersten Senats vom 10.4.2024 – 1 BvR 415/24, Rn. 23 bei Juris, vom 30.7.2013 – 1 BvR 2062/13, Rn. 8 ff. bei Juris, und vom 30.3.2011 – 1 BvR 426/10, Rn. 5 bei Juris; Beschluss der 3. Kammer des Ersten Senats vom 7.4.2020 – 1 BvR 2674/15, Rn. 9 bei Juris.

Je größer die noch bestehenden Unklarheiten in tatsächlicher und einfachrechtlicher Hinsicht sind, desto gravierender müssen die dem Beschwerdeführer schon vor Abschluss des Hauptsacheverfahrens entstehenden Nachteile sein, um das Bundesverfassungsgericht zu einer Entscheidung zu veranlassen.[841] Das Subsidiaritätsprinzip wird damit zu einem **Abwägungsprogramm**. Weil sich dessen Ergebnis nicht sicher prognostizieren lässt, wird der **Rechtsanwalt** im Zweifel zur Einlegung der Verfassungsbeschwerde schon gegen die fachgerichtliche Eilentscheidung zu raten haben. 491

d) **Rügeobliegenheiten im Ausgangsverfahren: materielle Subsidiarität?** 492
Zu den unter dem Stichwort „materielle Subsidiarität" diskutierten Fragen hat das Bundesverfassungsgericht in einem Beschluss des Ersten Senats vom 9.11.2004 eine eindeutige Position bezogen[842] und diese am 19.7.2011 nochmals bekräftigt:[843] Es hat einer allgemeinen Pflicht des Beschwerdeführers, von Beginn des fachgerichtlichen Verfahrens an auch verfassungsrechtliche Erwägungen und Bedenken vorzutragen, eine **Absage erteilt**. Das ist in jeder Hinsicht zu begrüßen.

Der Beschwerdeführer kann sich deshalb im Ausgangsverfahren regelmäßig damit begnügen, auf eine ihm günstige Auslegung und Anwendung des einfachen Rechts hinzuwirken, ohne dass ihm daraus prozessuale Nachteile im Verfahren der Verfassungsbeschwerde erwachsen. Er muss das fachgerichtliche Verfahren **nicht schon als „Verfassungsprozess" führen**.[844] Alles andere könnte von den Richtern der Fachgerichtsbarkeit ohnehin als kaum zu ertragende Zumutung empfunden werden. 493

Davon zu trennen ist die Obliegenheit des Beschwerdeführers, die für die Entscheidung maßgeblichen **Tatsachen** schon im Ausgangsverfahren vollständig vorzutragen.[845] Ebenso wie Rechtsmittelgerichte unter bestimmten Voraussetzungen neuen Sachvortrag zurückweisen dürfen, kann auch die Ergänzung des Tatsachenvortrags, auf dem die Beschwerdebegründung beruht, nach dem Grundsatz der Subsidiarität zur Folge haben, dass die mit der Verfassungsbeschwerde erhobene Rüge einer Grundrechtsverletzung unzulässig ist. Hat der Beschwerdeführer die Tatsachen vor den Fachgerichten nicht vollständig vorgetragen, hat er nicht alles ihm Zumutbare getan, um eine fachgerichtliche Entscheidung zu seinen Gunsten herbeizuführen.[846] 494

Demgegenüber ist nicht zu verlangen, dass der Beschwerdeführer im Ausgangsverfahren substantiierte Ausführungen zur **einfachrechtlichen Rechtslage** gemacht hat, sofern nicht das einfache Verfahrensrecht rechtliche Darlegungen verlangt.[847] Die Beurteilung der einfachrechtlichen Rechtslage ist originäre Aufgabe der Fachgerichte. Der Beschwerdeführer muss seine Angriffe 495

---

841 Vgl. Beschluss der 1. Kammer des Zweiten Senats vom 12.9.2011 – 2 BvR 1206/11, Rn. 11 bei Juris.
842 BVerfGE 112, 50 (60 ff.).
843 BVerfGE 129, 78 (92 f.).
844 BVerfGE 129, 78 (92); 112, 50 (61); Beschluss der 1. Kammer des Ersten Senats vom 13.4.2010 – 1 BvR 3515/08, Rn. 30 bei Juris.
845 Beschluss der 2. Kammer des Ersten Senats vom 14.11.2023 – 1 BvR 1498/23, Rn. 19 bei Juris; Beschluss der 3. Kammer des Zweiten Senats vom 15.8.2014 – 2 BvR 969/14, Rn. 33 ff. bei Juris.
846 BVerfGE 140, 229 (233 f., Rn. 10); 81, 22 (27 f.).
847 BVerfGE 129, 78 (92).

gegen den beanstandeten Hoheitsakt lediglich so deutlich vortragen, dass ihre Prüfung im Ausgangsverfahren gewährleistet ist, und zwar unabhängig davon, ob dieses der Parteimaxime oder dem Amtsermittlungsgrundsatz unterliegt.[848]

496 Einige **Ausnahmen** sind jedoch weiterhin von Bedeutung. Der Grundsatz der Subsidiarität verlangt in bestimmten Situationen, dass der Beschwerdeführer **verfassungsrechtliche Einwände** schon im fachgerichtlichen Verfahren vorbringt.

497 Hierzu zählt noch nicht die Obliegenheit, vor der Rüge der Verletzung von **Verfahrensgrundrechten**, insbesondere der Gewährleistungen aus Art. 101 Abs. 1 Satz 2 und Art. 103 Abs. 1 GG, alle Mittel des einfachen Prozessrechts zu nutzen, um diesen Verstoß zu verhindern oder zu beseitigen, und Anträge auf Zulassung eines Rechtsmittels auf die Verletzung von Verfassungsrecht zu stützen, wo dies schon nach der fachgerichtlichen Verfahrensordnung statthaft ist. Dagegen ist zwischenzeitlich klargestellt, dass ein Beschwerdeführer, der beim Bundesverfassungsgericht den Entzug des gesetzlichen Richters durch Nichtvorlage an den Gerichtshof der Europäischen Union nach Art. 267 Abs. 3 AEUV rügt, vor den Fachgerichten diese Vorlage nicht ausdrücklich beantragen muss. Denn ein solcher Antrag ist nach allgemeinem Verfahrensrecht nicht erforderlich, da ein letztinstanzliches nationales Gericht unter den Voraussetzungen des Art. 267 Abs. 3 AEUV von Amts wegen gehalten ist, den Gerichtshof der Europäischen Union anzurufen. Der Erste Senat sieht deshalb die Subsidiaritätsvorgaben als erfüllt an, wenn das Vorbringen bei rechtlicher Prüfung durch das Fachgericht eine Vorlage an den Gerichtshof der Europäischen Union als naheliegend erscheinen lässt. Die Anforderung an den Beschwerdeführer lautet deshalb, dem Fachgericht hinreichenden Anlass zu geben, die Notwendigkeit eines Vorabentscheidungsverfahrens selbst zu klären.[849]

498 Diese Erfordernisse werden zwar vom Ersten Senat dem Grundsatz der Subsidiarität zugeordnet.[850] Sie zählen aber richtigerweise schon zur **Rechtswegerschöpfung** des Abs. 2 Satz 1 ieS (→ Rn. 439 ff.).[851]

499 In den Anwendungsbereich des Subsidiaritätsprinzips gehört es hingegen, wenn vom Beschwerdeführer auch in bestimmten weiteren Fällen verlangt wird, vor Erhebung der Verfassungsbeschwerde die Fachgerichte in geeigneter Weise mit der verfassungsrechtlichen Frage zu befassen.[852] Dies soll

848 Beschluss der 3. Kammer des Ersten Senats vom 8.6.2011 – 1 BvR 759/08, Rn. 25 bei Juris.

849 Vgl. BVerfGE 129, 78 (93 f.); Beschluss der 2. Kammer des Zweiten Senats vom 8.11.2023 – 2 BvR 1079/20, Rn. 62 bei Juris; eine „Anregung" durch den Beschwerdeführer verlangt hingegen Beschluss der 3. Kammer des Ersten Senats vom 27.4.2021 – 1 BvR 2731/19, Rn. 3 bei Juris.

850 BVerfGE 129, 78 (93 f.); Beschluss der 3. Kammer des Ersten Senats vom 28.4.2011 – 1 BvR 3007/07, Rn. 17 bei Juris.

851 Beschluss der 3. Kammer des Ersten Senats vom 27.11.2007 – 1 BvR 2785/07, Rn. 3 f. bei Juris.

852 Vgl. Beschluss der 2. Kammer des Ersten Senats vom 23.5.2023 – 1 BvR 2124/21, Rn. 11 bei Juris; Beschluss der 1. Kammer des Ersten Senats vom 20.1.2022 – 1 BvR 1377/21, Rn. 6 bei Juris; Beschluss der 3. Kammer des Zweiten Senats vom 15.8.2014 – 2 BvR 969/14, Rn. 34 bei Juris; Beschluss der 2. Kammer des Zweiten Senats vom 17.4.2013 –

dann notwendig sein, wenn bei verständiger Einschätzung der Rechtslage und der jeweiligen verfahrensrechtlichen Situation ein Begehren **nur unter Einbeziehung verfassungsrechtlicher Erwägungen Aussicht auf Erfolg** haben kann.[853] Das ist etwa dann der Fall, wenn ein Bundestagsabgeordneter im Verfassungsbeschwerdeverfahren eine Verletzung seiner Immunität behauptet, sich vor den Fachgerichten aber gar nicht auf das Bestehen einer Immunität berufen hat.[854]

Besonders deutlich wird dies bei Rechtsstreiten, deren Ausgang von der **Verfassungswidrigkeit** oder der verfassungskonformen Auslegung **einer Norm** abhängt.[855] Ohne Berücksichtigung der verfassungsrechtlichen Rechtslage macht das fachgerichtliche Verfahren in solchen Fällen in der Tat wenig Sinn. Im Umkehrschluss lassen sich daraus besondere Vortragslasten eines Beschwerdeführers ableiten, der von vornherein nur ein verfassungsrechtliches Anliegen verfolgt. 500

Das Bundesverfassungsgericht hat diesen Ausnahmefall allerdings nur als Möglichkeit formuliert[856] und verlangt verfassungsrechtlichen Vortrag im Ausgangsverfahren jedenfalls dann nicht, wenn es sich bei den Fragen, die der Fall hinsichtlich der Verfassungsmäßigkeit eines Gesetzes aufwirft, nicht um solche handelt, zu deren Prüfung die Gerichte nur auf der Grundlage hinreichend substantiierten Vorbringens des Beschwerdeführers angehalten sind.[857] Allzu große Probleme dürfte es nicht aufwerfen, sich auf diese **Mindestanforderungen** einzustellen: Die Betroffenen werden in diesen Verfahren schon ganz zwangsläufig zumindest sinngemäß die Vereinbarkeit der ihrem Anspruch entgegenstehenden Norm mit höherrangigem Recht in Zweifel ziehen. 501

Die Maßstäbe und Grenzen der sogenannten materiellen Subsidiarität sind damit klar und für die Zulässigkeitsprüfung **verlässlich** abgesteckt. Allerdings kann nicht ausgeschlossen werden, dass sich in der Kammerrechtsprechung in Einzelfällen nach wie vor Spuren eines materiell verstandenen Grundsatzes der Subsidiarität im Sinne einer umfassenden Vortragsobliegenheit im fachgerichtlichen Verfahren finden.[858] Es ist Aufgabe aller Richter des Bundesverfassungsgerichts, das zu vermeiden und den Leitlinien der Senatsrechtsprechung[859] zu folgen. 502

---

2 BvR 2411/12, Rn. 3 bei Juris, zur behaupteten Verletzung des Verhältnismäßigkeitsgrundsatzes.

853 BVerfGE 129, 78 (93); vgl. auch Beschluss der 2. Kammer des Ersten Senats vom 23.5.2023 – 1 BvR 2124/21, Rn. 11 bei Juris; Beschluss der 1. Kammer des Ersten Senats vom 20.1.2022 – 1 BvR 1377/21, Rn. 6 bei Juris.

854 Beschluss der 3. Kammer des Zweiten Senats vom 15.8.2014 – 2 BvR 969/14, Rn. 33 ff. bei Juris.

855 BVerfGE 112, 50 (62 f.); 74, 102 (114); Beschluss der 2. Kammer des Ersten Senats vom 23.5.2023 – 1 BvR 2124/21, Rn. 11 bei Juris; Beschlüsse der 1. Kammer des Ersten Senats vom 20.1.2022 – 1 BvR 1377/21, Rn. 6 bei Juris, und vom 30.3.2011 – 1 BvR 1146/08, Rn. 12 bei Juris.

856 BVerfGE 112, 50 (62): „Etwas anderes kann in den Fällen gelten …“.

857 BVerfGE 129, 269 (279).

858 Vgl. Beschluss der 2. Kammer des Zweiten Senats vom 6.5.2019 – 2 BvR 1429/16, Rn. 8 bei Juris; Beschluss der 3. Kammer des Ersten Senats vom 8.4.2010 – 1 BvR 1473/09, Rn. 4 bei Juris.

859 BVerfGE 129, 78 (92 ff.); 112, 50 (61).

503 e) **Verfassungsbeschwerden unmittelbar gegen Gesetze.** Hält der Beschwerdeführer ein Gesetz für verfassungswidrig und will er es unmittelbar mit der Verfassungsbeschwerde angreifen, so liegt ein wesentliches Zulässigkeitshindernis schon darin, dass für die **Beschwerdebefugnis** verlangt wird, der Beschwerdeführer müsse **unmittelbar** durch die Rechtsnorm **betroffen** sein (zu Abs. 1: → Rn. 303 ff.). Setzt ein Gesetz einen Vollzugsakt voraus, muss dieser Hoheitsakt herbeigeführt oder abgewartet und mit der Verfassungsbeschwerde angegriffen werden, nicht aber das Gesetz selbst, auch wenn das Gesetz der Verwaltung keinen Entscheidungsspielraum belässt.

504 **Aus dem Subsidiaritätsgrundsatz** ergeben sich jedoch noch **weiter gehende Anforderungen** an die Zulässigkeit der Rechtssatzverfassungsbeschwerde. Das Subsidiaritätsprinzip trägt auch im Falle einer Rechtssatzverfassungsbeschwerde dazu bei, den Rechtsschutz den besonderen Aufgaben des Bundesverfassungsgerichts und der Fachgerichtsbarkeit entsprechend auszugestalten und die Funktionsfähigkeit des Bundesverfassungsgerichts zu erhalten.[860]

505 Daher ist der Beschwerdeführer, selbst wenn er durch ein Gesetz unmittelbar betroffen ist, auch bei einer Rechtssatzverfassungsbeschwerde grundsätzlich verpflichtet, vor einer Anrufung des Bundesverfassungsgerichts die Fachgerichte auf jedem erdenklichen Weg mit seinem Anliegen zu befassen.[861] Die Prüfungen der **Beschwerdebefugnis und** des **Subsidiaritätsprinzips** laufen allerdings **meist parallel**.[862]

506 Durch die vorherige Anrufung der Fachgerichte soll erreicht werden, dass das Bundesverfassungsgericht **nicht auf ungesicherter Tatsachen- und Rechtsgrundlage** weitreichende Entscheidungen trifft.[863] Dem Bundesverfassungsgericht soll ein regelmäßig in mehreren Instanzen geprüftes Tatsachenmaterial unterbreitet und die Fallanschauung und Rechtsauffassung der Fachgerichte vermittelt werden, die die Verfassungsmäßigkeit der im Streitfall maßgebenden Gesetze stets als Vorfrage zu prüfen haben.[864]

507 Bei der Rechtsanwendung durch die sachnäheren Fachgerichte können möglicherweise für die verfassungsgerichtliche Prüfung erhebliche **Tatsachen** zutage gefördert werden, die dann Grundlage einer ggf. nach Maßgabe

860 Beschluss der 3. Kammer des Ersten Senats vom 6.5.2009 – 1 BvR 3153/07, Rn. 14 bei Juris; Beschluss der 2. Kammer des Ersten Senats vom 27.12.2005 – 1 BvR 1725/05, Rn. 18 bei Juris; BVerfGE 86, 382 (388).

861 Vgl. BVerfGE 161, 299 (342, Rn. 103); 159, 223 (273 f., Rn. 101); 157, 30 (108 f., Rn. 139); 155, 378 (393, Rn. 32); 155, 238 (267, Rn. 67); 150, 309 (326 f., Rn. 41 ff.).

862 Vgl. Beschluss der 1. Kammer des Ersten Senats vom 28.1.2014 – 1 BvR 573/11, Rn. 3 ff. bei Juris; Beschluss der 3. Kammer des Ersten Senats vom 2.8.2010 – 1 BvR 2393/08, Rn. 20 ff., 32 ff. bei Juris.

863 Vgl. BVerfGE 165, 1 (32 f., Rn. 45); 161, 63 (86 f., Rn. 37); 157, 30 (108 f., Rn. 139); 150, 309 (326, Rn. 42); 123, 148 (172); 102, 197 (207); Beschluss der 2. Kammer des Zweiten Senats vom 8.3.2023 – 2 BvR 1045/22, Rn. 14 bei Juris; Beschlüsse der 3. Kammer des Ersten Senats vom 12.11.2020 – 1 BvR 2424/20, Rn. 9 bei Juris, und vom 30.3.2020 – 1 BvR 843/18, Rn. 12 bei Juris.

864 BVerfGE 114, 258 (279); Beschluss der 1. Kammer des Zweiten Senats vom 6.3.2006 – 2 BvR 2443/04, Rn. 23 f. bei Juris; Beschluss der 2. Kammer des Ersten Senats vom 27.12.2005 – 1 BvR 1725/05, Rn. 18 bei Juris.

des Art. 100 Abs. 1 GG einzuholenden Entscheidung des Bundesverfassungsgerichts sein können.[865]

Außerdem können die Behörden und Fachgerichte eine **Auslegung und Anwendung der Rechtsnormen** befürworten, die die Beschwer des Beschwerdeführers entfallen oder zumindest in einem anderen Licht erscheinen lässt. Zunächst müssen deshalb die Praxis der Rechtsanwendung durch die betroffenen Personenkreise sowie die Auslegung und Anwendung einer gesetzlichen Neuregelung durch die Fachgerichte erweisen, ob die Normen in ihrem Gesamtzusammenhang zu einer verfassungsrechtlich nicht mehr gerechtfertigten Rechtseinbuße führen.[866] Die sich aus dem einfachen Recht ergebenden Rechtsfragen müssen daher grundsätzlich vorrangig von den Fachgerichten geklärt werden, bevor ein Gesetz mit der Verfassungsbeschwerde angegriffen werden kann.[867] 508

Daher muss der Beschwerdeführer, sofern ein möglicherweise grundrechtsverletzendes Gesetz **Ausnahmen** vorsieht, vor Erhebung der Verfassungsbeschwerde versuchen, unter Berufung auf die Ausnahmebestimmung zu erreichen, dass der Eingriffsakt beseitigt wird.[868] 509

Die Subsidiarität der Verfassungsbeschwerde ist auch dann zu beachten, wenn das Gesetz **keinen Auslegungs- oder Entscheidungsspielraum** lässt.[869] Die genannten Maßstäbe gelten auch im Falle der Rüge gesetzgeberischer Schutzpflichtverletzung.[870] Am Grundsatz der Subsidiarität scheitert deshalb eine Verfassungsbeschwerde gegen ein Gesetz, wenn der Beschwerdeführer innerhalb einer vom Gesetz vorgesehenen einjährigen Übergangsfrist fachgerichtlichen (einstweiligen) Rechtsschutz in Anspruch nehmen kann.[871] 510

Deshalb stellt der Wunsch eines Mandanten, unmittelbar gegen eine parlamentsgesetzliche Vorschrift Verfassungsbeschwerde einzulegen, den **betreu-** 511

865 Beschlüsse der 3. Kammer des Ersten Senats vom 19.5.2020 – 1 BvR 672/19 ua, Rn. 11 bei Juris, und vom 2.8.2010 – 1 BvR 2393/08, Rn. 32 bei Juris; Beschluss der 2. Kammer des Ersten Senats vom 9.11.2009 – 1 BvR 2146/09, Rn. 4 bei Juris; Beschluss der 3. Kammer des Ersten Senats vom 6.5.2009 – 1 BvR 3153/07, Rn. 14 bei Juris; BVerfGE 72, 39 (44).

866 BVerfGE 114, 258 (280); Beschluss der 3. Kammer des Ersten Senats vom 24.11.2009 – 1 BvR 213/08, Rn. 54 bei Juris; vgl. auch Beschluss der 2. Kammer des Ersten Senats vom 23.3.2012 – 1 BvR 3023/11, Rn. 13 ff. bei Juris, zu einer Rüge gesetzgeberischen Unterlassens.

867 Vgl. BVerfGE 165, 1 (33, Rn. 46); 161, 63 (86 f., Rn. 37); 159, 223 (273 f., Rn. 101); 157, 30 (108 f., Rn. 139); Beschluss der 2. Kammer des Zweiten Senats vom 8.3.2023 – 2 BvR 1045/22, Rn. 15 bei Juris; Beschluss der 3. Kammer des Ersten Senats vom 12.11.2020 – 1 BvR 2424/20, Rn. 9 f. bei Juris.

868 Beschluss der 2. Kammer des Ersten Senats vom 23.8.2010 – 1 BvR 2002/10, Rn. 18 bei Juris; vgl. auch Beschluss der 3. Kammer des Ersten Senats vom 12.12.2012 – 1 BvR 2550/12, Rn. 5 bei Juris, zur Befreiung von der Rundfunkbeitragspflicht.

869 Beschluss der 3. Kammer des Ersten Senats vom 30.3.2020 – 1 BvR 843/18, Rn. 11 bei Juris; Beschluss der 1. Kammer des Ersten Senats vom 9.8.2019 – 1 BvR 1232/19, Rn. 3 bei Juris; siehe auch BVerfGE 72, 39 (43 ff.); auf die fehlende Auslegungsbedürftigkeit einer Norm hingegen abstellend: BVerfGE 161, 63 (86 f., Rn. 37 f.).

870 Vgl. BVerfGE 160, 79 (109 f., Rn. 83); Beschluss der 1. Kammer des Ersten Senats vom 4.5.2011 – 1 BvR 1502/08, Rn. 50 bei Juris; vgl. auch Beschluss der 2. Kammer des Ersten Senats vom 23.3.2012 – 1 BvR 3023/11, Rn. 13 ff. bei Juris; zu einem Ausnahmefall BVerfGE 158, 389 (415, Rn. 73).

871 Beschluss der 2. Kammer des Ersten Senats vom 22.4.2013 – 1 BvR 640/13, Rn. 3 bei Juris.

enden Rechtsanwalt vor hohe Hürden. Er muss versuchen, im konkreten Fall eine der wenigen Ausnahmekonstellationen darzulegen, in denen das Bundesverfassungsgericht eine unmittelbar gegen ein Gesetz gerichtete Verfassungsbeschwerde nicht am Grundsatz der Subsidiarität der Verfassungsbeschwerde scheitern lässt. Das ist in den nachfolgenden Konstellationen möglich.[872]

512 Die Pflicht zur vorrangigen Anrufung der Fachgerichte kann etwa **ausnahmsweise unzumutbar**[873] sein, wenn die Durchführung des fachgerichtlichen Verfahrens **offensichtlich aussichtslos** wäre,[874] wenn nach der gesetzlichen Regelung die Betroffenen in vielen Fällen keine Kenntnis von heimlichen Vollzugsakten erhalten[875] oder wenn die angegriffene Regelung den Beschwerdeführer zu **Dispositionen** zwingt, **die später nicht mehr korrigiert werden** können.[876] Dafür genügt aber weder das Risiko einer zivilgerichtlichen Verurteilung[877] noch das Risiko fehlender Realisierbarkeit eigener, von dem beanstandeten Gesetz abhängiger Ansprüche gegen Dritte.[878] Unzumutbar ist einem Beschwerdeführer, zunächst den fachgerichtlichen Rechtsweg gegen konkrete Personalentscheidungen im Hochschulbereich zu beschreiten, wenn er mit der Verfassungsbeschwerde Regelungen über Personalentscheidungen angreifen möchte, in denen er eine strukturelle Gefährdung der Wissenschaftsfreiheit sieht.[879] Den fachgerichtlichen Rechtsweg zu beschreiten, kann außerdem wegen der sich daraus ergebenden Verzögerung unzumutbar sein, und zwar insbesondere dann, wenn auch ein öffentliches Interesse an einer schnellen Klärung der Verfassungsmäßigkeit eines Gesetzes besteht.[880]

513 Eine vorherige Anrufung der Fachgerichte ist auch dann entbehrlich, wenn von ihr keine Vertiefung oder Verbreiterung des tatsächlichen und rechtlichen Materials zu erwarten ist, das für die Beurteilung der Verfassungsmäßigkeit des Gesetzes von Bedeutung sein kann.[881] Dies ist der Fall, wenn die Beantwortung der verfassungsrechtlichen Fragen **allein** von der Auslegung und Anwendung der **verfassungsrechtlichen Maßstäbe** abhängt.[882]

---

872 Vgl. zusammenfassend BVerfGE 165, 1 (33 f., Rn. 47); 150, 309 (327 f., Rn. 45).
873 Vgl. BVerfGE 160, 79 (109 f., Rn. 83); 155, 119 (160 f., Rn. 77).
874 BVerfGE 102, 197 (208); Beschlüsse der 3. Kammer des Ersten Senats vom 19.5.2020 – 1 BvR 672/19 ua, Rn. 12 bei Juris, und vom 30.3.2020 – 1 BvR 843/18, Rn. 13 bei Juris; Beschluss der 1. Kammer des Ersten Senats vom 9.8.2019 – 1 BvR 1232/19, Rn. 3 bei Juris.
875 BVerfGE 109, 279 (307).
876 Beschluss der 2. Kammer des Zweiten Senats vom 8.3.2023 – 2 BvR 1045/22, Rn. 16 bei Juris; Beschlüsse der 3. Kammer des Ersten Senats vom 19.5.2020 – 1 BvR 672/19 ua, Rn. 12 bei Juris, und vom 30.3.2020 – 1 BvR 843/18, Rn. 13 bei Juris; Beschluss der 1. Kammer des Ersten Senats vom 9.8.2019 – 1 BvR 1232/19, Rn. 3 bei Juris; siehe auch BVerfGE 60, 360 (372).
877 BVerfGE 97, 157 (167).
878 BVerfGE 79, 1 (20 ff.).
879 BVerfGE 136, 338 (361, Rn. 51).
880 Vgl. BVerfGE 155, 378 (394 f., Rn. 33 f.).
881 BVerfGE 155, 378 (393 f., Rn. 32); 155, 238 (267, Rn. 67); 101, 54 (74); 79, 1 (20).
882 Vgl. BVerfGE 163, 107 (124, Rn. 43); 163, 43 (75 ff., Rn. 91); 161, 299 (342 f., Rn. 104); 161, 63 (86 f., 37 f.); 160, 79 (109 f., Rn. 83, 85); 159, 223 (274 f., Rn. 103); 158, 389 (415 f., Rn. 73); 156, 11 (34, Rn. 60); 155, 238 (267, Rn. 67); 155, 119 (160 f., Rn. 77); 154, 152 (212, Rn. 78); Beschluss der 2. Kammer des Zweiten Senats vom 8.3.2023 – 2 BvR 1045/22,

Damit gibt die Rechtsprechung einige Fallgruppen der Unzumutbarkeit vor. Im Übrigen können zur Orientierung die **für Abs. 2 Satz 2 entwickelten Kriterien** herangezogen werden.[883] 514

Die praktische Anwendung dieser Maßstäbe durch das Bundesverfassungsgericht ist **uneinheitlich**. Das Ergebnis der Zulässigkeitsprüfung kann insoweit nur schwer vorausgesagt werden. Dem Beschwerdeführer bleibt im Zweifel nichts übrig, als den direkten Angriff auf die Gesetzesnorm zu versuchen. Wenn es zur Sache entscheiden will, dann wirft das Bundesverfassungsgericht die Frage, ob die Beschwerdeführer durch das Subsidiaritätsprinzip zur vorherigen Anrufung der Fachgerichte verpflichtet sind, erst gar nicht auf, verneint sie also konkludent.[884] 515

Die unmittelbare Anfechtung eines parlamentarischen Gesetzes mit der Verfassungsbeschwerde hat das Bundesverfassungsgericht jedenfalls im vergangenen Jahrzehnt mit **zunehmender Zurückhaltung** nur als Ausnahme zugelassen.[885] Dem lag zugrunde, dass der Wunsch der von einer gesetzlichen Neuregelung Betroffenen nach einer möglichst schnellen Klärung der verfassungsrechtlichen Rechtslage häufig von der Notwendigkeit überlagert ist, komplizierte Sachverhalte und einfachrechtliche Zusammenhänge zunächst in der fachgerichtlichen Praxis aufarbeiten zu lassen. 516

Wirklich überzeugend war das nicht. Das Bundesverfassungsgericht verbaute sich so selbst die Möglichkeit, gerade die bedeutenderen verfassungsrechtlichen Fragen zeitnah nach ihrem Auftreten zu entscheiden. Das erlaubte es Exekutive und Legislative, Fakten zu schaffen, die später auch das Bundesverfassungsgericht oftmals nicht korrigiert hat, und drängte die Rechtschutzsuchenden, stattdessen die **meist schneller mögliche Überprüfung an Maßstäben des europäischen Rechts** zu suchen. Das nimmt dem nationalen Verfassungsrichter tendenziell seine **Steuerungsfunktion gegenüber legislativem Handeln in Deutschland**. 517

In der Anwendungspraxis wird das Bundesverfassungsgericht deshalb weiter darauf achten müssen, dass verfassungsgerichtlicher Rechtsschutz bei der – praktisch meist nur noch mittelbar möglichen – Überprüfung von Rechtsnormen **nicht strukturell leerläuft**. Bislang ist das nur in Einzelfällen kritisiert worden,[886] und in jüngerer Zeit hat das Bundesverfassungsgericht unmittelbare Rechtssatzverfassungsbeschwerden wieder häufiger zugelassen. 518

4. Anforderungen an die Begründung der Verfassungsbeschwerde zur Subsidiarität: Hinweise für den Rechtsanwalt. Der Rechtsanwalt muss sich bewusst sein, dass die unmittelbare Anfechtung eines parlamentarischen Gesetzes mit der Verfassungsbeschwerde vom Bundesverfassungsgericht nur als Ausnahme zugelassen wird. Das Subsidiaritätsprinzip verlangt vom 519

Rn. 16 bei Juris; Beschlüsse der 3. Kammer des Ersten Senats vom 12.11.2020 – 1 BvR 2424/20, Rn. 11 bei Juris, vom 19.5.2020 – 1 BvR 672/19 ua, Rn. 12 bei Juris, vom 30.3.2020 – 1 BvR 843/18, Rn. 13 bei Juris, und vom 10.3.2020 – 1 BvQ 15/20, Rn. 18 bei Juris.

883 Schmidt-Bleibtreu/Klein/Bethge BVerfGG/Bethge § 90 Rn. 409 (Stand: Februar 2018).

884 BVerfGE 115, 118 (137 ff.) – Luftsicherheitsgesetz.

885 Kritisch dazu Schmidt-Bleibtreu/Klein/Bethge BVerfGG/Bethge § 90 Rn. 412 (Stand: Februar 2018); Lechner/Zuck/Zuck § 90 Rn. 167.

886 Vgl. etwa Lenz/Würtenberger NVwZ 2010, 168 (169 f.).

Rechtsanwalt vor allem ein großes Maß an prozessrechtlicher **Fantasie**. Die fachgerichtlichen Prozessordnungen müssen auf alle Möglichkeiten abgeklopft werden, wie die Verletzung von Verfassungsrechten des Beschwerdeführers, ggf. auf Umwegen, abgewendet oder rückgängig gemacht werden kann. Oft ist das eine Frage des richtigen Zeitpunkts, etwa bei der Rüge einer Verletzung des Art. 101 Abs. 1 Satz 2 GG bei einer aus Sicht des Beschwerdeführers verfassungswidrigen Zurückweisung eines Richterablehnungsgesuchs. Leisten muss das alles der **Anwalt, der den späteren Beschwerdeführer im fachgerichtlichen Verfahren vertritt**. Ein für die Verfassungsbeschwerde hinzugezogener Spezialist steht im Regelfall vor vollendeten Tatsachen.

520 Der mit den verfassungsprozessualen Fragen vertraute Spezialist wird erkennen, wenn ein Weg zur Beseitigung der verfassungsrechtlichen Beschwer im Ausgangsverfahren übersehen wurde. Dann oder wenn die AR-Abteilung des Bundesverfassungsgerichts mit nachvollziehbaren Gründen auf ein solches Versäumnis hinweist, ist es essentiell wichtig, die Rügen der Verfassungsbeschwerde dieser Situation anzupassen. Rechthaberei nützt hier nichts. Die **als unzulässig eingestufte Rüge muss fallen gelassen werden**, wenn der Beschwerdeführer nicht wegen der Rechtsprechung zur Anhörungsrüge (→ Rn. 466 ff.) Gefahr laufen will, dass seine gesamte Verfassungsbeschwerde als unzulässig angesehen und zügig nicht zur Entscheidung angenommen wird. Soll eine Verletzung materieller Grundrechte gerügt werden, sollte wegen der verfassungsprozessualen Risiken schon vorab sorgfältig geprüft werden, ob sich wirklich lohnt, daneben eine Verletzung von Prozessgrundrechten zu rügen.

III. Vorabentscheidung, Abs. 2 Satz 2

521 Wird die Verfassungsbeschwerde **vor Erschöpfung des Rechtswegs** eingelegt, ist das Bundesverfassungsgericht unter den Voraussetzungen des Abs. 2 Satz 2 zu einer Vorabentscheidung befugt. Dafür muss die Verfassungsbeschwerde allgemeine Bedeutung haben, oder es muss deutlich werden, dass dem Beschwerdeführer bei einem weiteren Abwarten ein schwerer und unabwendbarer Nachteil entstünde. Unter diesen Umständen steht eine Vorabentscheidung im **Ermessen** des Bundesverfassungsgerichts („**kann**").[887] Das Bundesverfassungsgericht muss das Ermessen aber nach dem Zweck ausüben, der Abs. 2 Satz 2 zugrundeliegt.

522 Die Voraussetzungen dieser Ausnahmeregelung werden vom Bundesverfassungsgericht streng gehandhabt[888] und machen die Norm zu einem Nadelöhr.[889] Ausnahmen vom Gebot der Rechtswegerschöpfung sollen **eng begrenzt** werden.[890]

---

887 So unter Aufgabe der früher vertretenen gegenteiligen Ansicht auch Lechner/Zuck/Zuck § 90 Rn. 177.

888 Beschluss der 1. Kammer des Ersten Senats vom 2.5.2018 – 1 BvR 3250/14, Rn. 19 bei Juris; Beschluss der 3. Kammer des Ersten Senats vom 26.3.2009 – 1 BvR 119/09, Rn. 24 ff. bei Juris.

889 Lenz NVwZ 2019, 1016 (1017).

890 Beschlüsse der 1. Kammer des Ersten Senats vom 18.12.2018 – 1 BvR 1240/18, Rn. 5 bei Juris, und vom 14.10.2009 – 1 BvR 2436/09, Rn. 10 bei Juris.

Abs. 2 Satz 2 ist nicht nur auf Fälle fehlender Rechtswegerschöpfung ieS anzuwenden, sondern **auch**, wenn der Zulässigkeit der Verfassungsbeschwerde eigentlich das **Subsidiaritätsprinzip** entgegenstünde.[891] 523

1. Nur bei noch möglicher Rechtswegerschöpfung. Eine Vorabentscheidung kommt keinesfalls in Betracht, wenn die fehlende Rechtswegerschöpfung auf prozessualen Versäumnissen des Beschwerdeführers im Ausgangsverfahren beruht, etwa weil Rechtsmittelfristen versäumt wurden. Der Rechtsweg **muss** also **noch ordnungsgemäß beschritten werden können.**[892] Nur der Zeitpunkt der Entscheidung des Bundesverfassungsgerichts wird vorverlagert. 524

2. Allgemeine Bedeutung der Verfassungsbeschwerde. Allgemeine Bedeutung hat eine Verfassungsbeschwerde, wenn über den Einzelfall hinaus Klarheit über die Rechtslage in einer Vielzahl gleichgelagerter Fälle geschaffen werden soll.[893] 525

Eine Vorabentscheidung des Bundesverfassungsgerichts wegen allgemeiner Bedeutung setzt aber weiter voraus, dass eine **fachgerichtliche Klärung** in rechtlicher und tatsächlicher Hinsicht **nicht erforderlich** ist. Müsste das Bundesverfassungsgericht selbst umfangreiche tatsächliche Feststellungen treffen und wäre es folglich ohnehin an einer sofortigen fundierten Beurteilung der Sach- und Rechtslage gehindert, wird es den Beschwerdeführer tendenziell zunächst eher auf das Beschreiten des fachgerichtlichen Rechtswegs verweisen. Deshalb kommt eine Anwendung von § 90 Abs. 2 Satz 2 grundsätzlich dann nicht in Betracht, wenn die Ausschöpfung des fachgerichtlichen Rechtswegs eine für den Fall maßgebliche Klärung einfachrechtlicher Vorfragen oder die Feststellung auch für die verfassungsrechtliche Beurteilung erheblicher Tatsachen erwarten lässt.[894] 526

Im Rahmen des durch die Kann-Vorschrift des Abs. 2 Satz 2 eröffneten Ermessens geben bei der gebotenen Gesamtabwägung letztlich prozessökonomische **Zweckmäßigkeitserwägungen** den Ausschlag, auch wenn eine allgemeine Bedeutung der Verfassungsbeschwerde nahe liegt.[895] 527

3. Schwerer und unabwendbarer Nachteil. Der **schwere und unabwendbare Nachteil** iSd Abs. 2 Satz 2 muss dem Beschwerdeführer gerade dadurch drohen, dass der fachgerichtliche Rechtsschutz nicht geeignet wäre, ihn vor einem besonders schwerwiegenden, irreparablen Eingriff in seine Grund- 528

891 BVerfGE 101, 54 (74); siehe auch BVerfGE 139, 321 (347, Rn. 84); Beschluss der 2. Kammer des Zweiten Senats vom 8.3.2023 – 2 BvR 1045/22, Rn. 26 bei Juris.

892 BVerfGE 56, 54 (68 f.).

893 BVerfGE 108, 370 (386); Beschluss der 3. Kammer des Ersten Senats vom 29.5.2020 – 1 BvR 1150/20, Rn. 9 bei Juris; Beschluss der 1. Kammer des Zweiten Senats vom 20.5.2019 – 2 BvR 649/19, Rn. 8 bei Juris; siehe dazu auch Lenz NVwZ 2019, 1016 (1017); Beschluss der 1. Kammer des Zweiten Senats vom 9.3.2018 – 2 BvR 174/18, Rn. 15 bei Juris.

894 BVerfGE 145, 365 (372, Rn. 19); vgl. auch Beschluss der 2. Kammer des Ersten Senats vom 3.6.2020 – 1 BvR 990/20, Rn. 12 bei Juris; Beschluss der 1. Kammer des Ersten Senats vom 24.4.2020 – 1 BvR 900/20, Rn. 6 bei Juris, und unter Berufung auf diese Kommentierung Beschluss der 1. Kammer des Ersten Senats vom 31.3.2020 – 1 BvR 712/20, Rn. 17 bei Juris.

895 Beschluss der 1. Kammer des Ersten Senats vom 2.5.2018 – 1 BvR 3250/14, Rn. 19 bei Juris.

rechte zu schützen. Rechtzeitiger fachgerichtlicher Rechtsschutz muss also ausgeschlossen erscheinen,[896] und etwaige wirtschaftliche Nachteile müssen erheblich sein.[897]

529 Der Anwendungsbereich dieses Ausnahmefalls ist angesichts der in den jeweiligen Prozessordnungen vorgesehenen Eilverfahren eher klein.[898] Liegen allerdings die Voraussetzungen für den Erlass einer **einstweiligen Anordnung** nach § 32 vor (→ § 32 Rn. 26 ff.), kann dies für die Anwendung des Abs. 2 Satz 2 zugleich bedeuten, dass dem Beschwerdeführer die Erhebung eines weiteren fachgerichtlichen Rechtsbehelfs unzumutbar ist.[899] Die in beiden Normen verwendeten Begriffe des Nachteils sind kaum voneinander zu unterscheiden.

530 **4. Unzumutbarkeit der Rechtswegerschöpfung.** Über die beiden gesetzlichen Tatbestandsvarianten des § 90 Abs. 2 Satz 2 hinaus kann eine Vorabentscheidung des Bundesverfassungsgerichts über eine Verfassungsbeschwerde, die vor der vollständigen Erschöpfung des Rechtswegs erhoben wurde, geboten sein, wenn die **Durchführung des fachgerichtlichen Prozesses unzumutbar** ist.[900] Allein das hohe Alter des Beschwerdeführers genügt dafür aber sicher nicht.[901]

531 Zur Begründung der Unzumutbarkeit beruft sich der Beschwerdeführer häufig, aber meist ohne Erfolg[902] auf die **vermeintliche Aussichtslosigkeit** eines fachgerichtlichen Rechtsbehelfs.[903]

532 Zwar ist in der Rechtsprechung des Bundesverfassungsgerichts grundsätzlich anerkannt, dass von vornherein leerlaufender fachgerichtlicher Rechtsschutz nicht in Anspruch genommen werden muss.[904] **In der Regel** kann der Beschwerdeführer aber **nicht** überzeugend damit argumentieren, dass sich das Fachgericht auf eine bestimmte Auffassung festgelegt hat und deshalb beispielsweise die Erhebung einer Anhörungsrüge aussichtslos und eine **bloße Förmelei** gewesen wäre. Erst recht kann nicht mit Erfolg vorgebracht wer-

896 Vgl. Beschluss der 1. Kammer des Zweiten Senats vom 9.3.2018 – 2 BvR 174/18, Rn. 18 bei Juris; siehe auch BVerfGE 69, 315 (340 f.).

897 Vgl. zu einem Fall mit nur geringen Belastungen Beschluss der 2. Kammer des Zweiten Senats vom 8.3.2023 – 2 BvR 1045/22, Rn. 25 f. bei Juris.

898 Vgl. zB Beschluss der 1. Kammer des Ersten Senats vom 24.4.2020 – 1 BvR 900/20, Rn. 6 bei Juris.

899 Beschluss der 2. Kammer des Ersten Senats vom 13.1.2010 – 1 BvR 2910/09, Rn. 13 ff. bei Juris.

900 Vgl. BVerfGE 110, 177 (189); Beschlüsse der 1. Kammer des Ersten Senats vom 11.4.2024 – 1 BvR 2290/23, Rn. 24 bei Juris, vom 1.5.2020 – 1 BvR 996/20, Rn. 7 bei Juris, und vom 15.11.2016 – 1 BvR 1170/12, Rn. 4 bei Juris.

901 Beschluss der 2. Kammer des Ersten Senats vom 8.9.2020 – 1 BvR 987/20, Rn. 9 bei Juris.

902 Ausnahmen: BVerfGE 134, 242 (285 f., Rn. 151); Beschluss der 1. Kammer des Ersten Senats vom 11.4.2024 – 1 BvR 2290/23, Rn. 24 f. bei Juris.

903 Vgl. Beschluss der 3. Kammer des Ersten Senats vom 24.4.2023 – 1 BvR 601/23, Rn. 8 f. bei Juris; Beschluss der 1. Kammer des Ersten Senats vom 24.4.2020 – 1 BvR 900/20, Rn. 6 bei Juris; Beschluss der 2. Kammer des Ersten Senats vom 15.10.2015 – 1 BvR 1645/14, Rn. 8 bei Juris; Beschluss der 3. Kammer des Zweiten Senats vom 4.10.2011 – 2 BvR 862/10, Rn. 17 bei Juris.

904 Vgl. BVerfGE 107, 299 (308 f.); Beschluss der 1. Kammer des Ersten Senats vom 11.4.2024 – 1 BvR 2290/23, Rn. 25 bei Juris; vgl. auch Beschluss der 3. Kammer des Ersten Senats vom 22.10.2020 – 1 BvQ 116/20, Rn. 6 bei Juris.

den, die Fachgerichte seien zur erforderlichen Überprüfung der Rechtslage auch unter verfassungsrechtlichen Gesichtspunkten nicht in der Lage.[905] Unzumutbar ist es aber, auf verwaltungsgerichtlichen Eilrechtsschutz verwiesen zu werden, wenn das Oberverwaltungsgericht gleichgerichtete Anträge, die angegriffene Rechtsverordnung außer Vollzug zu setzen, schon zurückgewiesen hat.[906]

Der Zweck des vorherigen fachgerichtlichen Verfahrens wird jedenfalls im Hinblick auf eine Erleichterung der Entscheidung des Bundesverfassungsgerichts schon erreicht, wenn das Fachgericht die **Begründung** seiner Auffassung, beispielsweise speziell zugeschnitten auf die Gewährung rechtlichen Gehörs, gegebenenfalls ergänzend **erläutert und vertieft**. Das Bundesverfassungsgericht kann dann auf sichererer Tatsachen- und Rechtsgrundlage entscheiden.[907] Die Aufbereitung des Sachverhalts überlässt das Bundesverfassungsgericht grundsätzlich den Fachgerichten.[908] 533

Deshalb wird es auch in diesen Fällen darauf ankommen, ob dem Beschwerdeführer das Ankämpfen gegen eine gefestigte fachgerichtliche Rechtsprechung zugemutet werden kann, weil der Eingriff in seine Grundrechte nicht besonders schwer wiegt und nicht unumkehrbar erscheint, oder ob eine sofortige Entscheidung des Bundesverfassungsgerichts zum Schutz seiner Grundrechte notwendig ist. Auch hier wird das Bundesverfassungsgericht die Umstände des Einzelfalls unter Berücksichtigung der Kriterien des Abs. 2 Satz 2 **abwägen**. Dabei müssen aber Gründe, die für die Unzumutbarkeit der Verweisung auf die Möglichkeit einer fachgerichtlichen Kontrolle sprechen könnten, in der Beschwerdebegründung formuliert oder sonst klar ersichtlich sein.[909] Unterbleibt das, wird sich das Bundesverfassungsgericht regelmäßig auf die Formel zurückziehen, es sei nicht ersichtlich, weshalb dem Beschwerdeführer die Erschöpfung des fachgerichtlichen Rechtswegs unzumutbar gewesen sein soll.[910] Allein der Umstand, dass im fachgerichtlichen Rechtsweg voraussichtlich erst ein Vorlageverfahren nach Art. 100 Abs. 1 GG oder nach Art. 267 AEUV durchgeführt werden muss, macht die vorherige Erschöpfung des Rechtswegs für den Beschwerdeführer nicht unzumutbar.[911] 534

5. Anforderungen an die Begründung der Verfassungsbeschwerde zur Vorabentscheidung: Hinweise für den Rechtsanwalt. Soll eine Vorabent- 535

905 Vgl. Beschluss der 3. Kammer des Zweiten Senats vom 15.12.2011 – 2 BvR 2362/11, Rn. 4 ff. bei Juris.

906 Beschluss der 3. Kammer des Ersten Senats vom 22.10.2020 – 1 BvQ 116/20, Rn. 6 bei Juris.

907 Vgl. Beschluss der 1. Kammer des Ersten Senats vom 26.5.2021 – 1 BvR 1185/21, Rn. 3 f. bei Juris; Beschluss der 3. Kammer des Ersten Senats vom 17.3.2009 – 1 BvR 432/09, Rn. 4 bei Juris; vgl. auch Beschluss der 1. Kammer des Ersten Senats vom 10.4.2012 – 1 BvR 413/12, Rn. 3 bei Juris.

908 Vgl. Beschluss der 1. Kammer des Ersten Senats vom 18.8.2014 – 1 BvR 2271/14, Rn. 3 bei Juris; vgl. dazu auch Beschluss der 2. Kammer des Ersten Senats vom 5.9.2017 – 1 BvQ 46/17, Rn. 1 bei Juris.

909 Vgl. Beschluss der 2. Kammer des Ersten Senats vom 9.10.2014 – 1 BvR 2335/14, Rn. 10 bei Juris.

910 Beschluss der 3. Kammer des Zweiten Senats vom 6.10.2014 – 2 BvR 1569/12, Rn. 10 bei Juris.

911 Beschluss der 3. Kammer des Ersten Senats vom 25.6.2015 – 1 BvR 37/15, Rn. 4 bei Juris.

scheidung des Bundesverfassungsgerichts vor Erschöpfung des Rechtswegs herbeigeführt werden, scheint einzig die Berufung auf einen anderenfalls drohenden, schweren und unabwendbaren Nachteil Erfolg zu versprechen. Der **Nachteil** muss ebenso **konkret dargelegt** werden[912] wie sein Zusammenhang mit der Rechtswegerschöpfung. Konsequenterweise wird zu überlegen sein, ob nicht gleichzeitig ein Antrag auf Erlass einer einstweiligen Anordnung nach § 32 gestellt wird.

536 **Allgemeine Zumutbarkeitserwägungen führen** hingegen in der Regel **nicht weiter**. Soll trotz der schlechten Aussichten versucht werden, die Vorabentscheidung mit einer Unzumutbarkeit der Rechtswegeschöpfung zu begründen, muss deutlich werden, warum ausnahmsweise in keinerlei Hinsicht eine Weiterentwicklung der fachgerichtlichen Rechtsprechung zur betreffenden Frage zu erwarten war. Dem Bundesverfassungsgericht muss die Korrektur einer eingefahrenen, aus Sicht des Beschwerdeführers verfassungswidrigen Entscheidungspraxis der Fachgerichte besonders schmackhaft gemacht werden.

D. Verhältnis zur Landesverfassungsbeschwerde, Abs. 3

537 Abs. 3 regelt das Verhältnis der Verfassungsbeschwerde nach dem Bundesverfassungsgerichtsgesetz zu Landesverfassungsbeschwerden, die nach den Gesetzen einiger Länder zu einem dort errichteten Landesverfassungsgericht bzw. Staatsgerichtshof oder Verfassungsgerichtshof erhoben werden können. Die Vorschrift **setzt die Existenz des Rechtsbehelfs einer Individual-Landesverfassungsbeschwerde voraus** und ist deshalb von vornherein bedeutungslos in einem Land, in dem – wie in Niedersachsen (§§ 8, 22 ff. StGHG Niedersachsen) und Schleswig-Holstein (vgl. §§ 3, 35 ff. LVerfGG Schleswig-Holstein) – keine Landesverfassungsbeschwerde vorgesehen ist.

I. Zulässigkeit gleichzeitiger Erhebung von Bundes- und Landesverfassungsbeschwerde

538 Der Wortlaut des Abs. 3 scheint auf die Zulässigkeit einer Landesverfassungsbeschwerde ausgerichtet zu sein. Dass das Recht zur Erhebung einer Landesverfassungsbeschwerde durch die Vorschriften des Bundesverfassungsgerichtsgesetzes unberührt bleibt, also nicht beschnitten werden kann, folgt aber schon aus Kompetenzgrundsätzen und hätte keiner besonderen Regelung bedurft. Dem Bundesgesetzgeber fehlt die Regelungskompetenz für die Errichtung von Zulässigkeitsschranken für landesrechtliche Rechtsbehelfe. Der eigentliche Regelungsgehalt des Abs. 3 bezieht sich deshalb auf die Zulässigkeit der Verfassungsbeschwerde zum Bundesverfassungsgericht und deren Verhältnis zu einer erhobenen oder möglichen, aber nicht erhobenen Landesverfassungsbeschwerde. Insofern bestimmt Abs. 3, dass die **Bundesverfassungsbeschwerde in keiner Hinsicht von der Erhebung einer Landesverfassungsbeschwerde abhängig** ist.

912 Vgl. Beschluss der 3. Kammer des Zweiten Senats vom 27.3.2019 – 2 BvR 262/19, Rn. 3 bei Juris; Beschluss der 1. Kammer des Ersten Senats vom 23.1.2019 – 1 BvR 2066/18, Rn. 3 bei Juris.

Vielmehr können gegen eine Maßnahme öffentlicher Gewalt aus Sicht des Prozessrechts der Bundesverfassungsbeschwerde **gleichzeitig** Bundesverfassungsbeschwerde und Landesverfassungsbeschwerde erhoben werden. Umgekehrt bleibt es dem Beschwerdeführer aber auch unbenommen, von einer Landesverfassungsbeschwerde abzusehen. Die Landesverfassungsbeschwerde **gehört nicht zum Rechtsweg**, der gemäß § 90 Abs. 2 Satz 1 vor Erhebung einer Verfassungsbeschwerde zum Bundesverfassungsgericht durchlaufen werden muss,[913] und auch aus dem Grundsatz der Subsidiarität der Verfassungsbeschwerde kann kein Vorrang der Landesverfassungsbeschwerde abgeleitet werden.[914] 539

Daraus folgt aber auch, dass der Beschwerdeführer mit der Erhebung der Verfassungsbeschwerde zum Bundesverfassungsgericht nicht bis zu einer Entscheidung des Landesverfassungsgerichts abwarten darf. Der Beginn der **Frist des § 93 Abs. 1 Satz 1** knüpft – sofern nicht ausschließlich die Entscheidung des Landesverfassungsgerichts angegriffen werden soll[915] – nicht an diese Entscheidung, sondern an den beanstandeten Hoheitsakt an.[916] 540

Der Einwand anderweitiger Rechtshängigkeit steht der gleichzeitigen Erhebung der Rechtsbehelfe schon deswegen nicht entgegen, weil der **Streitgegenstand** beider Verfahren **nicht identisch** ist.[917] Das Bundesverfassungsgericht prüft den angegriffenen Hoheitsakt ausschließlich am Maßstab des Grundgesetzes und ggf. auch anzuwendender internationaler Vorschriften, das Landesverfassungsgericht hingegen ausschließlich am Maßstab der Landesverfassung,[918] auch wenn die Maßstäbe letztlich inhaltsgleich sein können.[919] Der Beschwerdeführer kann daher frei wählen, welchen der beiden außerordentlichen Rechtsbehelfe er erhebt oder ob er parallel beide erheben will. Verfassungsprozessuale Nachteile für das Verfahren vor dem Bundesverfassungsgericht muss er so oder so nicht befürchten. 541

II. Prozessuale Folgefragen

Allerdings wirft das Verhältnis der Bundes- zur Landesverfassungsgerichtsbarkeit **prozessuale Folgefragen** auf, wenn beide Rechtsbehelfe parallel erhoben worden sind oder wenn sich der Beschwerdeführer zunächst auf die Erhebung einer Landesverfassungsbeschwerde beschränkt hat, mit der Entscheidung des Landesverfassungsgerichts aber nicht einverstanden ist und hiergegen mit einer Verfassungsbeschwerde zum Bundesverfassungsgericht vorgehen möchte. 542

913 Vgl. Beschluss der 2. Kammer des Ersten Senats vom 11.8.2022 – 1 BvR 1462/21, Rn. 1 bei Juris; Beschluss der 3. Kammer des Ersten Senats vom 7.6.2021 – 1 BvR 507/21, Rn. 2 bei Juris; Beschluss der 1. Kammer des Ersten Senats vom 12.2.2020 – 1 BvR 577/19, Rn. 6 bei Juris.

914 BVerfGE 122, 190 (200).

915 Vgl. zB Beschluss der 3. Kammer des Ersten Senats vom 14.9.2023 – 2 BvR 107/21, Juris.

916 Vgl. Beschluss der 2. Kammer des Ersten Senats vom 11.8.2022 – 1 BvR 1462/21, Rn. 1 bei Juris; Beschluss der 3. Kammer des Ersten Senats vom 7.6.2021 – 1 BvR 507/21, Rn. 2 bei Juris; Beschluss der 1. Kammer des Ersten Senats vom 12.2.2020 – 1 BvR 577/19, Rn. 6 bei Juris.

917 Schmidt-Bleibtreu/Klein/Bethge BVerfGG/Bethge § 90 Rn. 431 (Stand: Februar 2018).

918 BVerfGE 96, 345 (369).

919 Vgl. Beschluss der 2. Kammer des Ersten Senats vom 21.9.2021 – 2 BvR 220/21, Rn. 6 bei Juris.

543 **1. Wegfall der Beschwer bei Erfolg einer Landesverfassungsbeschwerde.** Hat der Beschwerdeführer mit einer Landesverfassungsbeschwerde Erfolg, **wird** eine parallel anhängige **Bundesverfassungsbeschwerde nachträglich unzulässig,** wenn das Landesverfassungsgericht den angegriffenen Hoheitsakt aufhebt.[920] Mehr könnte der Beschwerdeführer auch im Verfahren vor dem Bundesverfassungsgericht nicht erreichen. Es fehlt nicht nur am Rechtsschutzbedürfnis für eine Fortführung der Bundesverfassungsbeschwerde.[921] Vielmehr entfällt die für die Zulässigkeit der Verfassungsbeschwerde nach § 90 Abs. 1 erforderliche Beschwer, die noch im Zeitpunkt der Entscheidung des Bundesverfassungsgerichts vorliegen muss. Der Beschwerdeführer muss das Verfahren vor dem Bundesverfassungsgericht daher für erledigt erklären, und das Bundesverfassungsgericht ordnet wegen des voraussichtlichen Erfolgs auch der Bundesverfassungsbeschwerde die Erstattung der notwendigen Auslagen des Beschwerdeführers nach § 34a Abs. 3 an.[922]

544 **2. Aussetzungsbefugnis des Bundesverfassungsgerichts.** Ist neben der Bundesverfassungsbeschwerde auch eine Landesverfassungsbeschwerde anhängig, **darf** das Bundesverfassungsgericht das bei ihm anhängige Verfahren **aussetzen.** Das ist umstritten, kann aber ohne Weiteres aus § 33 Abs. 1 abgeleitet werden (→ § 33 Rn. 4).

545 **3. Verfassungsbeschwerde gegen Entscheidung des Landesverfassungsgerichts.** Auch Entscheidungen der Landesverfassungsgerichte sind **Akte der öffentlichen Gewalt**, gegen die nach § 90 Abs. 1 die Verfassungsbeschwerde zum Bundesverfassungsgericht statthaft ist (dazu → Rn. 177).[923] Allerdings hält sich das Bundesverfassungsgericht bei der Überprüfung von Entscheidungen der Landesverfassungsgerichte betont zurück, weil die Verfassungsbereiche des Bundes und der Länder sowie die Verfassungsgerichtsbarkeiten des Bundes und der Länder grundsätzlich selbstständig und getrennt nebeneinander stehen.[924]

546 Landesverfassungsgerichte sind jedoch auch **an die Prozessgrundrechte des Grundgesetzes gebunden**[925] und müssen das Landesrecht auch im Lichte der Grundrechte auslegen und anwenden.[926] Eine Verfassungsbeschwerde zum Bundesverfassungsgericht kann daher mit der Begründung Erfolg haben, das Landesverfassungsgericht habe etwa gegen Art. 103 Abs. 1 GG[927] oder

920 Vgl. BVerfGE 22, 267 (272).
921 So aber Lechner/Zuck/Zuck § 90 Rn. 192.
922 Beschluss der 1. Kammer des Ersten Senats vom 24.8.2023 – 1 BvR 614/20, Rn. 9 ff. bei Juris; Beschlüsse der 3. Kammer des Zweiten Senats vom 24.8.2022 – 2 BvR 257/21, Rn. 4 ff. bei Juris, und vom 5.10.2020 – 2 BvR 1216/19, Tenorbegründung bei Juris; Beschluss der 1. Kammer des Zweiten Senats vom 21.9.2021 – 2 BvR 220/21, Rn. 4 ff. bei Juris.
923 BVerfGE 165, 296 (332 f., Rn. 116).
924 BVerfGE 60, 175 (209) mwN; Beschluss der 3. Kammer des Zweiten Senats vom 14.9.2023 – 2 BvR 107/21, Rn. 41 bei Juris; vgl. auch Beschluss der 3. Kammer des Zweiten Senats vom 5.5.2011 – 2 BvR 2599/10, Rn. 11 bei Juris.
925 Vgl. Beschluss der 1. Kammer des Zweiten Senats vom 6.12.2021 – 2 BvR 1470/20, Rn. 36 bei Juris; Beschluss der 3. Kammer des Ersten Senats vom 5.3.2010 – 1 BvR 2349/08, Rn. 6 bei Juris; vgl. auch BVerfGE 165, 296 (332 f., Rn. 116); 69, 112 (120).
926 BVerfGE 97, 298 (310 ff.).
927 Vgl. zu einer solchen Prüfung Beschluss der 3. Kammer des Zweiten Senats vom 14.9.2023 – 2 BvR 107/21, Rn. 32 ff. bei Juris.

Art. 101 Abs. 1 Satz 2 GG[928] verstoßen oder bei der Auslegung und Anwendung eines Landesgesetzes die Bedeutung und Tragweite von Grundrechten des Beschwerdeführers, die sich aus dem Grundgesetz ergeben, grundlegend verkannt.

Allein die Behauptung, das Landesverfassungsgericht habe verkannt, dass der mit der Landesverfassungsbeschwerde angegriffene Hoheitsakt den Beschwerdeführer in seinen **Grundrechten aus der Landesverfassung** verletzt, genügt hingegen nicht. Es ist Sache der Landesverfassungsgerichte, Maßnahmen der staatlichen Gewalt der Länder im Rahmen ihrer Verfahrensordnungen am Maßstab der Landesgrundrechte zu bewerten. Diese Bewertung prüft das Bundesverfassungsgericht nicht nach.[929] Gleiches soll für Entscheidungen der Landesverfassungsgerichte in Wahlprüfungsverfahren gelten.[930] 547

§ 91 [Aktivlegitimation der Gemeinden]

[1]Gemeinden und Gemeindeverbände können die Verfassungsbeschwerde mit der Behauptung erheben, daß ein Gesetz des Bundes oder des Landes die Vorschrift des Artikels 28 des Grundgesetzes verletzt. [2]Die Verfassungsbeschwerde zum Bundesverfassungsgericht ist ausgeschlossen, soweit eine Beschwerde wegen Verletzung des Rechtes auf Selbstverwaltung nach dem Rechte des Landes beim Landesverfassungsgericht erhoben werden kann.

I. Gesetzesverfassungsbeschwerde für Kommunen

1 § 91 ist die einzige ausdrückliche **Ausführungsvorschrift zu Art. 93 Abs. 1 Nr. 4 b GG**. Diese Verfassungsnorm räumt Gemeinden und Gemeindeverbänden die Möglichkeit ein, beim Bundesverfassungsgericht Verfassungsbeschwerde wegen Verletzung des Rechts auf Selbstverwaltung nach Art. 28 GG durch ein Gesetz zu erheben, bei Landesgesetzen jedoch nur, soweit nicht Beschwerde beim Landesverfassungsgericht erhoben werden kann. Auf

928 Vgl. die Prüfung im Beschluss der 3. Kammer des Zweiten Senats vom 14.9.2023 – 2 BvR 107/21, Rn. 17 ff. bei Juris; Beschluss der 2. Kammer des Zweiten Senats vom 21.12.2021 – 2 BvR 1844/20, Rn. 52 ff. bei Juris; Beschluss der 1. Kammer des Zweiten Senats vom 6.12.2021 – 2 BvR 1470/20, Rn. 37 bei Juris.

929 Beschluss der 1. Kammer des Ersten Senats vom 1.6.2006 – 1 BvR 1096/05, Rn. 10 bei Juris.

930 Vgl. BVerfGE 165, 296 (335 f., Rn. 121); Beschluss der 2. Kammer des Zweiten Senats vom 14.2.2024 – 2 BvR 321/23, Rn. 8 bei Juris; Beschluss der 1. Kammer des Zweiten Senats vom 6.12.2021 – 2 BvR 1470/20, Rn. 37 bei Juris; Beschluss der 3. Kammer des Zweiten Senats vom 18.10.2010 – 2 BvR 2174/10, Rn. 5 bei Juris; grundlegend BVerfGE 99, 1 (18); siehe dazu Lenz NJW 1999, 34 (34 f.).

Verfassungsbeschwerden von Gemeinden und Gemeindeverbänden nach § 91 ist die Regelung des Satzes 2 zum Vorrang des Rechtswegs zu den Landesverfassungsgerichten aber auch begrenzt, so dass sie in Verfahren nach Art. 100 Abs. 1 GG keine Anwendung findet.[1]

2 Die Verfahrensart ist von der Verfassung selbst ausdrücklich **als Verfassungsbeschwerde gekennzeichnet** und vom Gesetz über das Bundesverfassungsgericht mitten in die Vorschriften über die sogenannte Jedermann-Verfassungsbeschwerde nach Art. 93 Abs. 1 Nr. 4 a GG gestellt (§§ 90 bis 95). Durch diese Systematik bringt das Gesetz klar zum Ausdruck, dass die allgemeinen Vorschriften über die Verfassungsbeschwerde, wie sie in den **§§ 92 bis 95** enthalten sind, auch für die sogenannte Kommunalverfassungsbeschwerde nach Art. 93 Abs. 1 Nr. 4 b GG, § 91 **gelten** (Einzelheiten dazu bei → Rn. 43 ff.). Das zeigt sich auch darin, dass im Zuständigkeitskatalog des Bundesverfassungsgerichts nach § 13 beide Formen der Verfassungsbeschwerde in Nr. 8 a zusammengefasst aufgeführt sind. Auch bei der Kommunalverfassungsbeschwerde gibt es **keinen Antragsgegner**.

3 Diese verfassungsrechtlich vorgegebene Struktur der Kommunalverfassungsbeschwerde als Verfassungsbeschwerde ist das besondere Charakteristikum dieser Verfahrensart und rückt sie klar ab von den außerhalb der §§ 90 ff. geregelten Verfahren der Kontrolle von Normen, insbesondere von der abstrakten Normenkontrolle nach den § 76 ff. Die Einordnung als Verfassungsbeschwerde ändert zwar nichts daran, dass von Verfassungs wegen Angriffsgegenstand der Kommunalverfassungsbeschwerde nach § 91 ausschließlich ein Gesetz ist, aber das ist im Rahmen von § 90 im Falle einer sogenannten **Gesetzesverfassungsbeschwerde** auch nicht anders.

4 Der Unterschied zwischen diesen beiden Formen der Gesetzesverfassungsbeschwerde und den echten Normenkontrollverfahren (§§ 76 ff., §§ 80 ff.) liegt darin, dass die Gesetzesverfassungsbeschwerde jeweils nur **zur Verteidigung eigener wehrhafter Verfassungsrechtspositionen** eröffnet ist. Das sind bei § 90 die Grundrechte und grundrechtsgleichen Rechte, bei § 91 ist es das Selbstverwaltungsrecht nach Art. 28 Abs. 2 GG. Zwar gibt es auch eine Reihe anderer öffentlich-rechtlich organisierter Selbstverwaltungskörperschaften, aber nur bei Gemeinden und Gemeindeverbänden ist die **Selbstverwaltungsgarantie** verfassungsrechtlich wehrhaft ausgestaltet und insoweit den Grundrechten Privater vergleichbar. Das erklärt, warum die Verfassung in Art. 93 Abs. 1 Nr. 4 b GG den Gemeinden und Gemeindeverbänden parallel zur Jedermann-Regelung in Art. 93 Abs. 1 Nr. 4 a GG ein allerdings spezifisches Verfahren der Verfassungsbeschwerde eröffnet. Das Bundesverfassungsgericht verwendet für beide Verfahrensarten das Aktenzeichen BvR.[2]

5 Zugleich gibt die Verfassung damit deutlich zu erkennen, dass die Gemeinden und Gemeindeverbände weder Berechtigte der Grundrechte und grundrechtsgleichen Rechte im Sinne des § 90 Abs. 1 sind noch diese im Wege der Jedermann-Verfassungsbeschwerde nach Art. 93 Abs. 1 Nr. 4 a GG verteidigen können (→ § 90 Rn. 93, → § 90 Rn. 124 f.). Eine **Ausnahme** hiervon

---

1 Vgl. zuletzt OVG Rheinland-Pfalz, Beschluss vom 27.5.2022 – 10 A 11418/21.OVG, Rn. 24 bei Juris mwN.
2 Vgl. BVerfGE 147, 185 (186) – Kinderförderungsgesetz.

macht das Bundesverfassungsgericht in ständiger Rechtsprechung **lediglich für bestimmte prozessuale Grundrechte**, die auch Organisationsformen der öffentlichen Hand, darunter die Gemeinden und Gemeindeverbände im Wege der Jedermann-Verfassungsbeschwerde nach § 90 geltend machen können sollen (→ § 90 Rn. 144 ff.). Das entspricht zwar weder der auf das Individuum bezogenen Grundrechtskonzeption des Grundgesetzes noch den ausdrücklichen Regelungen in der Europäischen Menschenrechtskonvention (→ § 90 Rn. 142), ist aber als etablierte Rechtsprechungspraxis des Bundesverfassungsgerichts bis auf Weiteres zugrundezulegen.[3]

II. Beschwerdeführer: Nur Gemeinden und Gemeindeverbände

Beschwerdeführer bei der Kommunalverfassungsbeschwerde können nur Gemeinden und Gemeindeverbände sein. Diese Begriffe sind nicht verfassungsprozessualer, sondern verfassungsrechtlicher Art. Sie haben den durch Art. 28 Abs. 2 GG vorgegebenen Inhalt. Allein nach diesem bundesverfassungsrechtlichen Maßstab bestimmt sich, was eine Gemeinde und ein Gemeindeverband ist. Auf Normen der Landesverfassungen kommt es nicht an.[4] 6

Welche Einheiten als **Gemeinden** anzusehen sind, hat bislang in der Rechtsprechung des Bundesverfassungsgerichts keine größeren Probleme aufgeworfen. Deshalb musste die Rechtsprechung bislang auch keine allgemeine Definition des Gemeindebegriffs herausarbeiten. Das Bundesverfassungsgericht neigt aber dazu, den verfassungsrechtlichen Begriff der Gemeinde aus der Kompetenzvorgabe des Art. 28 Abs. 2 Satz 1 GG abzuleiten. Weil danach den Gemeinden das Recht gewährleistet sein muss, alle Angelegenheiten der örtlichen Gemeinschaft im Rahmen der Gesetze in eigener Verantwortung zu regeln, versteht das Gericht die Gemeinde als eine mit wirklicher Verantwortlichkeit ausgestattete Einrichtung der Selbstverwaltung, durch die den Bürgern eine wirksame Teilnahme an den Angelegenheiten des Gemeinwesens ermöglicht wird.[5] 7

Gibt es auf dieser örtlichen Ebene eine mit eigenem Aufgabenbereich und eigenen Organisationsbefugnissen ausgestattete Einheit „Gemeinde", dann können deren **Untergliederungen**, auch wenn sie gesetzlich verankert sind, keine Gemeinden sein.[6] 8

Stadtstaaten sind keine Gemeinden im Sinne von § 91 Satz 1, wenn wie in Berlin und Hamburg Land und Gemeinde identisch sind. Dagegen sind im 9

3 Vgl. etwa Beschluss der 2. Kammer des Ersten Senats vom 2.7.2018 – 1 BvR 682/12, Rn. 17 bei Juris; Beschluss der 1. Kammer des Zweiten Senats vom 16.10.2013 – 2 BvR 736/13, Rn. 9 bei Juris.

4 AA Huber/Voßkuhle/Voßkuhle Art. 93 Rn. 197; zutreffend dagegen Schmidt-Bleibtreu/Klein/Bethge BVerfGG/Bethge § 91 Rn. 28 (Stand: April 2020).

5 BVerfGE 107, 1 (12).

6 BVerfGE 83, 60 (76); Beschluss der 3. Kammer des Zweiten Senats vom 14.1.2008 – 2 BvR 1975/07, Rn. 23 bei Juris, jeweils zu den Hamburger Bezirken; vgl. zu eingemeindeten, jetzt unselbstständigen Untergliederungen aufnehmender Gemeinden Beschluss der 3. Kammer des Zweiten Senats vom 6.12.2011 – 2 BvR 1470/11, Rn. 7 bei Juris.

Land Bremen die beiden Städte Bremen und Bremerhaven als Gemeinden beschwerdefähig.[7]

10 Unternehmerische Einheiten sind ebenfalls keine Gemeinden. Teilweise fehlt ihnen, wie etwa den Eigenbetrieben (vgl. § 114 GemO NRW), schon die vom Bundesverfassungsgericht verlangte Rechtsfähigkeit. Rechtlich selbstständigen **Kommunalunternehmen** einschließlich Sparkassen fehlt die in Art. 28 Abs. 2 Satz 1 GG angesprochene Zuständigkeit zur Regelung aller Angelegenheiten der örtlichen Gemeinschaft (Allzuständigkeit).[8] Das hat BVerfGE 110, 370 (382 f.) für Kommunalunternehmen auch keineswegs offen gelassen.[9] Denn die dort beschwerdeführende, mehrheitlich der öffentlichen Hand gehörende Gesellschaft hatte sich gar nicht auf die kommunale Selbstverwaltungsgarantie aus Art. 28 Abs. 2 GG berufen, sondern eine Jedermann-Verfassungsbeschwerde geführt.

11 Der Begriff des **Gemeindeverbands** betrifft überörtliche Einheiten, also nur Organisationsformen „oberhalb" der Gemeinden. Das sind klassischerweise und in erster Linie die **Kreise**,[10] nicht aber Verwaltungsgemeinschaften aus selbstständigen Gemeinden.[11]

12 **Zweckverbände** werden überwiegend nicht als Gemeindeverbände verstanden,[12] wofür auch spricht, dass Landesverfassungen, die Zweckverbände mit einem wehrhaften Selbstverwaltungsrecht ausstatten, sie neben den Gemeindeverbänden nennen (vgl. Art. 71 Abs. 1 Satz 1 LV Baden-Württemberg). Dazu passt auch, dass das Bundesverfassungsgericht die aus Kreisen zusammengesetzten Wasserverbände dem Bereich nicht-kommunaler Selbstverwaltung zugeordnet hat,[13] sie also gerade nicht als Gemeindeverbände ansieht.[14]

13 Der Status als Gemeinde oder Gemeindeverband wirkt auch **über eine Auflösung oder Eingemeindung hinaus**, allerdings verfügt eine solche Einheit nur noch über eine verfassungsrechtliche Rügeposition gegen den Akt der Auflösung oder Eingemeindung, nicht aber über sonstige, mit der Kommunalverfassungsbeschwerde rügefähige Rechtspositionen.[15]

III. Beschwerdegegenstand: nur Gesetze

14 Obwohl schon unmittelbar in der Verfassung so vorgegeben (Art. 93 Abs. 1 Nr. 4 b GG), wird immer wieder übersehen, dass Gegenstand einer Kommunalverfassungsbeschwerde nach § 91 **ausschließlich ein Gesetz** sein kann.[16]

---

7 Lechner/Zuck/Zuck § 91 Rn. 9 a; Burkiczak/Dollinger/Schorkopf BVerfGG/Diehm § 91 Rn. 7; siehe auch BVerfGE 9, 268 (290 f.).

8 Vgl. BVerfGE 83, 60 (76).

9 So unter Aufgabe der früheren gegenteiligen Auffassung auch Lechner/Zuck/Zuck § 91 Rn. 5.

10 Vgl. BVerfGE 119, 331 (352 ff.).

11 BVerfGE 107, 1 (17); vgl. zu anderen Einheiten Schmidt-Bleibtreu/Klein/Bethge BVerfGG/Bethge, § 91 Rn. 29 (Stand: April 2020).

12 Vgl. Huber/Voßkuhle/Voßkuhle Art. 93 Rn. 197.

13 BVerfGE 107, 59 (89).

14 AA Lechner/Zuck/Zuck § 91 Rn. 7.

15 Beschluss der 3. Kammer des Zweiten Senats vom 6.12.2011 – 2 BvR 1470/11, Rn. 7; siehe auch BVerfGE 83, 60 (76).

16 Vgl. zuletzt Beschluss der 1. Kammer des Ersten Senats vom 15.12.2020 – 1 BvR 1395/19, Rn. 16 bei Juris; siehe auch BVerfGE 155, 310 (323, Rn. 28) – Kommunales Bildungspa-

Gerichtliche Entscheidungen und ganz generell Richterrecht scheiden als Beschwerdegegenstand aus, weil der Verfassungsgeber selbst die Kommunalverfassungsbeschwerde auf materielle Gesetze beschränkt und damit einer Umwandlung der Kommunalverfassungsbeschwerde in ein Urteilverfassungsbeschwerdeverfahren einen Riegel vorgeschoben hat.[17]

Deshalb ist erstaunlich, wie oft das Bundesverfassungsgericht Kommunalverfassungsbeschwerden zu behandeln und zu verwerfen hat, die sich gar **nicht** gegen eine Rechtsnorm, sondern **gegen Gerichtsentscheidungen** oder gegen Verwaltungshandeln richten.[18] Das Bundesverfassungsgericht reagiert darauf teilweise mit **Missbrauchsgebühren** nach § 34 Abs. 2 und zwar, weil sich die Unzulässigkeit einer Kommunalverfassungsbeschwerde gegen Urteile angesichts des eindeutigen Wortlauts von Art. 93 Abs. 1 Nr. 4 b GG und des § 91 Satz 1 geradezu aufdrängen musste, gegen den Bevollmächtigten des kommunalen Beschwerdeführers.[19] Richtigerweise deckt § 34 Abs. 2 aber nur die Verhängung einer Missbrauchsgebühr gegenüber der beschwerdeführenden Kommune (→ § 34 Rn. 24 ff.). 15

Gesetze im Sinne von Art. 93 Abs. 1 Nr. 4 b GG, § 91 Satz 1 sind alle vom Staat erlassenen **Rechtsnormen, die Außenwirkung gegenüber einer Gemeinde** oder einem Gemeindeverband **entfalten.**[20] Das erfasst nicht nur Parlamentsgesetze,[21] sondern auch Rechtsverordnungen[22] und andere untergesetzliche Rechtsnormen.[23] Deshalb können auch Satzungen grundsätzlich Gegenstand einer Kommunalverfassungsbeschwerde sein.[24] 16

Bislang **offen**geblieben ist, **ob auch** die **Untätigkeit des Gesetzgebers** zum Gegenstand einer Kommunalverfassungsbeschwerde gemacht werden kann.[25] Ein wirkliches Bedürfnis hierfür dürfte kaum bestehen. Denn das Bundesver- 17

---

ket; 147, 186 (206 f., Rn. 36 f.) – Kinderförderungsgesetz; Beschluss der 1. Kammer des Ersten Senats vom 26.11.2018 – 1 BvR 318/17 ua, Rn. 27 bei Juris; Beschluss der 2. Kammer des Zweiten Senats vom 22.8.2016 – 2 BvR 2953/14, Rn. 19 ff. bei Juris.

17 So ausdrücklich und zutreffend Beschluss der 2. Kammer des Zweiten Senats vom 22.6.2016 – 2 BvR 2953/14, Rn. 21 bei Juris mit Andeutung einer Ausnahmemöglichkeit, wenn Richterrecht wie etwa im Bereich des Arbeitskampfrechts ein bestimmtes Rechtsgebiet angesichts des Fehlens von gesetzlichen Regelungen prägt.

18 Beschluss der 1. Kammer des Ersten Senats vom 15.12.2020 – 1 BvR 1395/19, Rn. 16 und 40 bei Juris; Beschluss der 1. Kammer des Zweiten Senats vom 14.10.2013 – 2 BvR 1961/13 ua, Rn. 3 bei Juris; Beschlüsse der 2. Kammer des Zweiten Senats vom 12.11.2009 – 2 BvR 2034/04, Rn. 35 bei Juris, und vom 11.5.2004 – 2 BvR 693/04, Rn. 8 bei Juris.

19 Beschlüsse der 3. Kammer des Zweiten Senats vom 12.5.2011 – 2 BvR 941/11, Rn. 4 f. bei Juris, vom 13.4.2011 – 2 BvR 272/11, Rn. 4 f. bei Juris, und vom 11.5.2004 – 2 BvR 693/04, Rn. 8 ff. bei Juris.

20 BVerfGE 76, 107 (114); siehe auch Beschluss der 2. Kammer des Zweiten Senats vom 22.8.2016 – 2 BvR 2953/14, Rn. 18 bei Juris.

21 Beispiel: BVerfGE 147, 185 (206 f., Rn. 36 f.) – Kinderförderungsgesetz.

22 BVerfGE 137, 108 (136 f., Rn. 83) – Optionskommunen; 107, 1 (8).

23 BVerfGE 76, 107 (114) – Raumordnungsprogramm.

24 BVerfGE 137, 108 (137, Rn. 83) – Optionskommunen; Beschluss der 2. Kammer des Zweiten Senats vom 22.8.2016 – 2 BvR 2953/14, Rn. 18 bei Juris.

25 Vgl. Beschluss der 3. Kammer des Zweiten Senats vom 18.7.2000 – 2 BvR 1501/91, Rn. 7 bei Juris; verneinend Lechner/Zuck/Zuck § 91 Rn. 15, und Schmidt-Bleibtreu/Klein/Bethge BVerfGG/Bethge, § 91 Rn. 103 (Stand: April 2020); befürwortend dagegen Huber/Voßkuhle/Voßkuhle Art. 93 Rn. 198 und Lange DÖV 2014, 793 (797 ff.); siehe auch Verfassungsgerichtshof Baden-Württemberg, Beschluss vom 17.2.2020 – 1 VB 11/19, Rn. 23 f. bei Juris– Nichtauskreisung der Stadt Reutlingen.

fassungsgericht verlangt für den Fall, dass die Untätigkeit des Gesetzgebers überhaupt zulässiger Beschwerdegegenstand einer Kommunalverfassungsbeschwerde wäre, die Darlegung, dass die bestehenden Regelungen zum Schutz der Selbstverwaltungsrechte der beschwerdeführenden Gemeinde nicht ausreichen.[26] Dann liegt es näher, das unzulängliche Gesetz direkt zum Gegenstand der Beschwerde zu machen.

18 Einen erheblichen Unterschied macht es, wer das entsprechende Gesetz beschlossen hat. **Bundesgesetze** sind uneingeschränkt taugliche Beschwerdegegenstände. Bei **Landesgesetzen** ist die Kommunalverfassungsbeschwerde schon nach der verfassungsunmittelbaren Anordnung in Art. 93 Abs. 1 Nr. 4 b GG nur möglich, soweit nicht Beschwerde beim Landesverfassungsgericht erhoben werden kann (§ 91 Satz 2; vgl. dazu → Rn. 32 ff.). Das ist auch der Grund dafür, warum die Kommunalverfassungsbeschwerde beim Bundesverfassungsgericht nur begrenzte Bedeutung entfaltet hat.[27]

IV. Beschwerdebefugnis: Behauptung einer Verletzung von Art. 28 GG

19 Beschwerdeführende Gemeinden und Gemeindeverbände müssen **behaupten**, durch das angegriffene Gesetz **in** ihrem Recht auf Selbstverwaltung aus **Art. 28 Abs. 2 GG verletzt zu sein.**[28] Zwar erweckt der Wortlaut von § 91 Satz 1 den Eindruck, es genüge, dass ein Gesetz die Vorschrift des Art. 28 GG verletzt. Schon der nachfolgende Satz 2 verdeutlicht aber, dass es dabei um die Verletzung des eigenen Rechts auf Selbstverwaltung geht, und so ist es auch durch Art. 93 Abs. 1 Nr. 4 b GG verfassungsunmittelbar vorgegeben. Selbstverwaltungsrechte enthält Art. 28 GG aber nur im Abs. 2.

20 Deshalb können die in Art. 28 Abs. 1 GG enthaltenen wahlrechtlichen Vorgaben nicht mit der Verfassungsbeschwerde nach § 91 geltend gemacht werden.[29] Sie gehören nicht zu den eigenen Selbstverwaltungsrechten der Gemeinden und Gemeindeverbände, deren Verletzung allein mit der Kommunalverfassungsbeschwerde gerügt werden kann. Bei diesem **Erfordernis der eigenen Betroffenheit** zeigt sich erneut, dass die Kommunalverfassungsbeschwerde keine echte Normenkontrolle, sondern eine besondere Form der Gesetzesverfassungsbeschwerde ist.

21 Nach der Rechtsprechung des Bundesverfassungsgerichts liegt die Beschwerdebefugnis für eine Kommunalverfassungsbeschwerde dann vor, wenn die **Verletzung von Rechten der Gemeinde** oder des Gemeindeverbandes aus Art. 28 Abs. 2 GG grundsätzlich **möglich erscheint und nicht von vornherein ausgeschlossen** ist.[30]

---

26 Vgl. Beschluss der 3. Kammer des Zweiten Senats vom 18.7.2000 – 2 BvR 1501/91, Rn. 7 bei Juris.

27 Vgl. Huber/Voßkuhle/Voßkuhle Art. 93 Rn. 196.

28 Vgl. BVerfGE 147, 185 (209, Rn. 43) – Kinderförderungsgesetz; 125, 141 (159); 119, 331 (351).

29 Beschluss der 4. Kammer des Zweiten Senats vom 18.7.2001 – 2 BvR 1176/99, Rn. 3 und 6 ff. bei Juris – zur Wahlkreiseinteilung bei Bundestagswahlen; siehe auch Beschluss der 3. Kammer des Zweiten Senats vom 6.12.2011 – 2 BvR 1470/11, Rn. 8 bei Juris.

30 Beschluss der 4. Kammer des Zweiten Senats vom 18.7.2001 – 2 BvR 1176/99, Rn. 3 bei Juris; siehe auch BVerfGE 147, 185 (209, Rn. 43) – Kinderförderungsgesetz.

Bei Art. 28 Abs. 2 GG gibt es anders als im Bereich der allgemeinen Handlungsfreiheit nach Art. 2 Abs. 1 GG[31] **keine allgemeine Versubjektivierung** mit der Folge, dass Verstöße gegen andere Verfassungsvorschriften grundsätzlich nicht im Rahmen der Kommunalverfassungsbeschwerde rügbar sind. Allerdings gibt es eine Reihe von anderen verfassungsrechtlichen Vorschriften, die insoweit ergänzend zu Art. 28 Abs. 2 GG herangezogen werden können, als sie nach ihrem Inhalt das verfassungsrechtliche Bild der Selbstverwaltung mitzubestimmen geeignet sind.[32] Diese **anderen Vorschriften** können aber nicht selbstständig gerügt werden, sondern **bleiben** im Rahmen der Kommunalverfassungsbeschwerde im Verhältnis zu Art. 28 Abs. 2 GG **akzessorisch**.[33] 22

Ob Verfassungsnormen eine solche **Mitbestimmungseignung** im Hinblick auf die Selbstverwaltungsgarantie haben, ist keineswegs einfach zu beantworten. Bejaht worden ist das etwa für die Regelungen über das Hebesatzrecht der Gemeinden bei Grundsteuer und Gewerbesteuer nach **Art. 106 Abs. 6 Satz 2 GG**[34] und bei den Regelungen über den Anteil der Gemeinden an der Einkommensteuer nach Art. 106 Abs. 5 GG.[35] Dasselbe soll für das **Bundesstaatsprinzip**[36] wie für das demokratische Prinzip[37] gelten. Anerkannt hat das Bundesverfassungsgericht eine solche Mitbestimmungseignung auch in Bezug auf Art. 84 Abs. 1 Satz 7 GG (Aufgabenübertragungsverbot), weil dadurch der Gewährleistungsgehalt von Art. 28 Abs. 2 Satz 1 und Satz 3 GG näher konkretisiert wird.[38] 23

In der neueren Rechtsprechung prüft der Zweite Senat, der nach § 14 Abs. 1 Satz 1 für alle Verfassungsbeschwerden nach § 91 zuständig ist, jedenfalls bei Kommunalverfassungsbeschwerden gegen Steuergesetze des Bundes intensiv auch die Frage, ob dem Bund insoweit die **Gesetzgebungskompetenz** zustand.[39] 24

Von vornherein **ausgeschlossen** ist eine Beschwerdebefugnis, wenn die Gemeinde nur die **Verletzung** etwaiger **Rechte aus** der jeweiligen **Landesverfassung** geltend macht; damit wird ein ungeeigneter Prüfungsmaßstab benannt[40] und zwar auch dann, wenn Rechte aus den Landesverfassungen in Verbindung mit Art. 28 Abs. 2 GG als verletzt gerügt werden. Landesverfassungsrecht ist nicht geeignet, das bundesverfassungsrechtliche Bild der Selbstverwaltung mitzubestimmen. 25

31 Sogenannte Elfes-Rechtsprechung, vgl. BVerfGE 6, 32 (37).
32 BVerfGE 155, 310 (323, Rn. 28 f.) – Kommunales Bildungspaket; 125, 141 (158); 119, 331 (357); 91, 228 (242).
33 BVerfGE 119, 331 (357).
34 BVerfGE 125, 144 (158).
35 BVerfGE 71, 25 (37 f.).
36 BVerfGE 56, 298 (311).
37 BVerfGE 91, 228 (244).
38 BVerfGE 155, 310 (323 ff., Rn. 29 ff.) – Kommunales Bildungspaket; in diesem Sinne auch schon BeckOK BVerfGG/Scheffczyk § 91 Rn. 44.
39 BVerfGE 125, 141 (153 ff.); enger BVerfGE 119, 331 (356) zu Art. 84 Abs. 1 GG gegenüber Gemeindeverbänden.
40 Beschluss der 3. Kammer des Zweiten Senats vom 9.3.2007 – 2 BvR 2215/01, Rn. 14 bei Juris.

26 Auch für die Kommunalverfassungsbeschwerde gilt, dass der Beschwerdeführer durch das angegriffene Gesetz **selbst, gegenwärtig und unmittelbar betroffen** und damit beschwert sein muss.[41] Insoweit gilt zunächst einmal dasselbe wie bei der Jedermann-Verfassungsbeschwerde (→ § 90 Rn. 291 ff.). So genügt es etwa für die Gegenwärtigkeit, wenn der Bund Gemeinden durch Gesetze verpflichtet hat, Gewerbesteuer nach einem Mindesthebesatz zu erheben, auch wenn finanzielle Folgen erst in künftigen Jahren eintreten.[42]

27 Der wesentliche **Unterschied** betrifft das Kriterium der **unmittelbaren Betroffenheit**. Dafür ist im Bereich der Jedermann-Verfassungsbeschwerde erforderlich, dass die Beschwer den Beschwerdeführer ohne einen vermittelnden Vollzugsakt trifft (siehe auch → § 90 Rn. 303 ff.).[43] Auf die Kommunalverfassungsbeschwerde ist das schon deshalb nicht übertragbar, weil Gemeinden und Gemeindeverbände sich anders als Grundrechtsträger mit der Verfassungsbeschwerde gar nicht gegen behördliche oder gerichtliche Vollzugsmaßnahmen wehren können.[44] Deshalb **kann immer nur das Gesetz** selbst, **nicht** aber **der Gesetzesvollzug** Gegenstand einer Verfassungsbeschwerde nach § 91 sein.[45]

28 Dieser Zusammenhang schließt es aus, den Beschwerdeführer darauf zu verweisen, zunächst noch nach dem Gesetz erforderliche behördliche Umsetzungsmaßnahmen abzuwarten. Es **reicht** vielmehr, **wenn** der kommunale Beschwerdeführer durch das Gesetz **abstrakt betroffen** ist.[46]

29 Lediglich dann, wenn das Gesetz einer wiederum gesetzgeberischen Konkretisierung bedarf, also **wenn etwa noch** eine **Rechtsverordnung** auf seiner Grundlage **erlassen werden muss**, fehlt es im Regelfall an der unmittelbaren Betroffenheit. Denn solche legislativen Umsetzungsmaßnahmen können ihrerseits als Gesetz im Sinne von § 91 zum Gegenstand einer Kommunalverfassungsbeschwerde gemacht werden. Eines unmittelbaren verfassungsprozessualen Angriffs auf die gesetzliche Ermächtigungsgrundlage zum Erlass dieser Rechtsverordnung bedarf es deshalb nicht.[47] Anders ist das dann, wenn die Verordnung an der Belastungswirkung des Gesetzes nichts mehr ändern kann.[48]

30 Die **Beschwer** entfällt auch nicht dadurch, dass die Kommunen nach der gesetzlichen Vorschrift etwas lediglich tun „sollen". Denn damit wird den Kommunen kein Ermessen eröffnet, sondern eine entsprechende Verpflichtung der Kommunen jedenfalls für den Regelfall begründet.[49]

---

41 BVerfGE 147, 185 (206 ff., Rn. 36 ff.) – Kinderförderungsgesetz; 137, 108 (136, Rn. 62) – Optionskommunen; 107, 1 (8); 79, 127 (141); siehe auch BVerfGE 119, 331 (351); 112, 216 (221).
42 BVerfGE 112, 216 (221).
43 BVerfGE 126, 112 (133).
44 Vgl. BVerfGE 137, 108 (136, Rn. 62) – Optionskommune.
45 Schmidt-Bleibtreu/Klein/Bethge BVerfGG/Bethge § 91 Rn. 46 (Stand: April 2020).
46 BVerfGE 112, 216 (221); siehe auch BVerfGE 147, 185 (207 ff., Rn. 38 ff.) – Kinderförderungsgesetz; 137, 108 (137, Rn. 64) – Optionskommune.
47 BVerfGE 137, 108 (136 f., Rn. 63) – Optionskommune; 76, 107 (112 f.).
48 BVerfGE 137, 108 (137 f., Rn. 66) – Optionskommune.
49 BVerfGE 119, 331 (351).

Besonderheiten sind **bei** Kommunalverfassungsbeschwerden von **Gemeindeverbänden** zu beachten. Hier ist der Schutzbereich sehr weitgehend identisch mit dem sogenannten Kernbereich mit der Folge, dass der Gemeindeverband eine Verletzung von Art. 28 Abs. 2 Satz 2 GG regelmäßig nur dann im Sinne von § 91 Satz 1 behaupten kann, wenn eine ernsthafte Beeinträchtigung des sogenannten Quartetts an kreiskommunalen Aufgaben gegeben ist.[50] 31

V. Vorrang der Landesverfassungsgerichtsbarkeit

Einen **Vorrang der Landesverfassungsgerichtsbarkeit** begründet **Satz 2**, weil bei Vorliegen der dort genannten Voraussetzungen die Kommunalverfassungsbeschwerde zum Bundesverfassungsgericht ausgeschlossen ist.[51] 32

Die Voraussetzungen der Ausschlussklausel sind in der Verfassung besser formuliert als im Gesetz über das Bundesverfassungsgericht. Art. 93 Abs. 1 Nr. 4 b GG verdeutlicht, dass die Ausschlusswirkung **zwei Voraussetzungen** hat. Beschwerdegegenstand muss ein Landesgesetz sein und gegen dieses Landesgesetz muss es eine Beschwerdemöglichkeit des Beschwerdeführers beim jeweiligen Landesverfassungsgericht geben. Wenn also eine Verletzung von Art. 28 Abs. 2 GG durch Bundesrecht im Raum steht, kann § 91 Satz 2 nicht greifen, weil Bundesrecht von vornherein nicht am Maßstab des Landesverfassungsrechts gemessen werden kann.[52] 33

Das Bundesverfassungsgericht bezeichnet § 91 Satz 2 als **„Subsidiaritätsklausel"**.[53] Eröffnet das Landesrecht den Kommunen und Gemeindeverbänden zur Geltendmachung einer Verletzung ihres Selbstverwaltungsrechts gegen ein Gesetz im Sinne von § 91 Satz 1 den Rechtsweg zum Landesverfassungsgericht, ist eine Kommunalverfassungsbeschwerde zum Bundesverfassungsgericht unzulässig.[54] 34

Nach dem Verständnis des Bundesverfassungsgerichts soll durch Art. 93 Abs. 1 Nr. 4 b GG, § 91 eine **möglichst umfassende verfassungsgerichtliche Kontrolle** von gesetzlichen Gestaltungen des kommunalen Selbstverwaltungsrechts gewährleistet werden. Deshalb ist eine Zuständigkeit des Bundesverfassungsgerichts nicht nur gegeben, wenn das Landesrecht für Streitigkeiten über die legislative Ausgestaltung des Selbstverwaltungsrechts überhaupt keine Beschwerde der Kommunen zum Landesverfassungsgericht vorsieht, sondern auch soweit der zulässige Verfahrensgegenstand durch das Landesrecht enger gefasst wird als nach der die Zuständigkeit des Bundesver- 35

50 Vgl. BVerfGE 119, 331 (355 f.); siehe auch Lenz/Würtenberger VBlBW 2012, 126 (128 f.).
51 Vgl. Beschluss der 1. Kammer des Zweiten Senats vom 4.3.2014 – 2 BvL 2/13, Rn. 14 bei Juris.
52 BVerfGE 155, 310 (329, Rn. 45).
53 BVerfGE 147, 185 (212, Rn. 50) – Kinderförderungsgesetz; 107, 1 (10); Beschluss der 1. Kammer des Zweiten Senats vom 14.10.2013 – 2 BvR 1961/13 ua, Rn. 4 bei Juris. Siehe auch Beschluss der 2. Kammer des Zweiten Senats vom 2.12.2020 – 2 BvR 865/15, Rn. 4 bei Juris: Grundsatz der Subsidiarität.
54 Beschluss der 1. Kammer des Zweiten Senats vom 4.3.2014 – 2 BvL 2/13, Rn. 14 bei Juris; Beschluss der 3. Kammer des Zweiten Senats vom 6.12.2011 – 2 BvR 1470/11, Rn. 5 bei Juris.

fassungsgerichts begründenden und von ihm auszulegenden Vorschrift des Art. 93 Abs. 1 Nr. 4 b GG, § 91.[55]

36 Die „Reservezuständigkeit des Bundesverfassungsgerichts"[56] greift deshalb dann, wenn eine **Landesrechtsverordnung** nicht zum Gegenstand einer landesverfassungsgerichtlichen Entscheidung in einem kommunalen Verfassungsbeschwerdeverfahren gemacht werden kann. Daran soll auch die Überprüfbarkeit dieses untergesetzlichen Landesrechts im verwaltungsgerichtlichen Normenkontrollverfahren, die das Landesrecht nach § 47 Abs. 1 Nr. 2 VwGO vorsehen kann, nichts ändern, weil das die von Art. 93 Abs. 1 Nr. 4 b GG geforderte verfassungsgerichtliche, durch das Bundesverfassungsgericht oder ein Landesverfassungsgericht auszuübende Kontrolle nicht ersetzen könne.[57]

37 Problematisch wird das, wenn Kommunalverfassungsbeschwerden landesverfassungsgerichtliche Entscheidungen mit dem Argument angreifen, das Landesverfassungsgericht habe eine **Kontrolle „nur dem Namen nach"** vorgenommen. Eine solche Argumentation ist grundsätzlich unzulässig. Denn dem Bundesverfassungsgericht ist eine Würdigung der Ergebnisse der landesverfassungsgerichtlichen Kontrolle verwehrt; die Kommunalverfassungsbeschwerde eröffnet nicht den Weg zu einer mittelbaren Kontrolle der Entscheidung der Landesverfassungsgerichte durch das Bundesverfassungsgericht.[58]

38 Im Urteil zum Kinderförderungsgesetz des Landes Sachsen-Anhalt hat der Zweite Senat im Jahr 2017 geklärt, wann hiervon Ausnahmen möglich sind. Das ist jedenfalls in den Fällen möglich, in denen der landesverfassungsrechtlichen Garantie der kommunalen Selbstverwaltung in der autoritativen Auslegung des Landesverfassungsgerichts wesentliche Gewährleistungselemente von Art. 28 Abs. 2 GG fehlen.[59] Wesentliche Gewährleistungsinhalte sind dabei solche, die nicht hinweg gedacht werden können, ohne dass die institutionelle Garantie der kommunalen Selbstverwaltung substantiell verändert würde, also ua die Gewährleistung eines eigenen Aufgabenbereichs der Gemeinden, die Eigenverantwortlichkeit der Aufgabenerfüllung und die Eigenständigkeit der Gemeinden auch und gerade gegenüber den Landkreisen sowie das verfassungsrechtliche Aufgabenverteilungsprinzip hinsichtlich Angelegenheiten der örtlichen Gemeinschaft zugunsten der Gemeinden sowie die strengen Rechtfertigungsanforderungen für die Entziehung einer solchen Angelegenheit.[60] Mit diesen Maßstäben hat es der Zweite Senat verstanden, einerseits Art. 28 Abs. 2 GG vor einer Aushöhlung durch die Länder zu schützen und andererseits den Einstieg in eine Vertretbarkeitsprüfung landesverfassungsgerichtlicher Entscheidungen zu vermeiden. Dazu hatten die wohl

55 So mit eingehender Herleitung BVerfGE 147, 185 (211 ff., Rn. 48 ff.) – Kinderförderungsgesetz; 107, 1 (9).
56 BVerfGE 147, 185 (213, Rn. 52) – Kinderförderungsgesetz; 107, 1 (11).
57 BVerfGE 107, 1 (10).
58 BVerfGE 147, 185 (215, Rn. 57) – Kinderförderungsgesetz; siehe auch Beschlüsse der 1. Kammer des Zweiten Senats vom 14.10.2013 – 2 BvR 1961/13, Rn. 5 bei Juris, und vom 25.6.2007 – 2 BvR 635/07, Rn. 3 bei Juris.
59 BVerfGE 147, 185 (215, Rn. 58) – Kinderförderungsgesetz.
60 Vgl. zum Ganzen BVerfGE 147, 185 (216 f., Rn. 59) – Kinderförderungsgesetz.

als überholt anzusehenden Beschlüsse der 1. Kammer des Zweiten Senats vom 14.10.2013[61] und vom 25.6.2007[62] scheinbar die Tür geöffnet. Kein Fall einer Aushöhlung der kommunalen Selbstverwaltung oder einer darauf bezogenen unzureichenden landesverfassungsgerichtlichen Kontrolle liegt vor, wenn eine Gemeinde der Sache nach nur einen Gehörsverstoß des Landesverfassungsgerichts geltend macht.[63]

VI. Weitere Zulässigkeitsvoraussetzungen

Zwar ist allgemein anerkannt, dass auch für die Kommunalverfassungsbeschwerde nach § 91 **die allgemeinen Zulässigkeitsvorschriften im Abschnitt über die Verfassungsbeschwerde** (§§ 90 bis 95) gelten. Die Besonderheiten der Kommunalverfassungsbeschwerde gegenüber der Jedermann-Verfassungsbeschwerde nach § 90 Abs. 1, auf die der Gesetzgeber die Regelungen dieses Abschnitts zugeschnitten hat, führen bei den Einzelheiten aber zu Schwierigkeiten. 39

Zunächst einmal stellt sich die Frage nach der Anwendbarkeit von § 90 Abs. 2 und dem darin enthaltenen Gebot der Rechtswegerschöpfung. **Gegen eine Heranziehung von § 90 Abs. 2** auf die Kommunalverfassungsbeschwerde nach § 91 **spricht die systematische Stellung.**[64] Das Gebot der vorherigen Rechtswegerschöpfung steht mitten in der Norm über die Jedermann-Verfassungsbeschwerde und gehört nicht wie die Vorschriften der §§ 92 ff. zu den Regelungen, die schon nach ihrer Platzierung im Gesetz den Anspruch erheben, für beide Formen der Verfassungsbeschwerde gleichermaßen zu gelten. Auch die nachfolgende Regelung des § 90 Abs. 3, wonach das Recht, eine Verfassungsbeschwerde an das Landesverfassungsgericht nach dem Recht der Landesverfassung zu erheben, unberührt bleibt, beansprucht ersichtlich keine Geltung für die Kommunalverfassungsbeschwerde nach § 91. Sie passt hierfür schon deshalb nicht, weil Art. 93 Abs. 1 Nr. 4 b GG als Verfahrensgegenstand der Kommunalverfassungsbeschwerde auch Bundesgesetze vorgibt, die von vornherein nicht Gegenstand einer Überprüfung durch ein Landesverfassungsgericht sein können. 40

Gegen eine Anwendung von § 90 Abs. 2 auf das Verfahren der Kommunalverfassungsbeschwerde spricht auch, dass **jedenfalls Parlamentsgesetze** des Bundes und der Länder in einem fachgerichtlichen Verfahren ohnehin **nicht** verworfen werden könnten; deshalb ist insoweit auch nach der Rechtsprechung des Bundesverfassungsgerichts die Anwendbarkeit des § 90 Abs. 2 auf die Kommunalverfassungsbeschwerde zu verneinen.[65] 41

Das Bundesverfassungsgericht meint aber, das Gebot der vorherigen Rechtswegerschöpfung nach § 90 Abs. 2 gelte, wenn das im Wege der Kommunalverfassungsbeschwerde anzugreifende Gesetz eine **untergesetzliche Rechtsnorm** ist, also eine Rechtsverordnung, ein Raumordnungsprogramm oder eine Satzung. Hiergegen soll das Bundesverfassungsgericht im Wege des § 91 42

61 2 BvR 1961/13, Rn. 5 bei Juris.
62 2 BvR 635/07, Rn. 3 bei Juris.
63 Beschluss der 2. Kammer des Zweiten Senats vom 2.12.2020 – 2 BvR 865/15, Rn. 4 bei Juris.
64 Ebenso Burkiczak/Dollinger/Schorkopf BVerfGG/Diehm § 91 Rn. 28.
65 BVerfGE 137, 108 (136, Rn. 62) – Optionskommune; 76, 107 (115).

erst angerufen werden können, wenn **zunächst ein verwaltungsgerichtliches Normenkontrollverfahren** nach § 47 VwGO durchlaufen worden ist.[66]

43 Diese **Differenzierung** je nach dem, ob Gegenstand der Kommunalverfassungsbeschwerde ein förmliches Gesetz oder eine untergesetzliche Rechtsnorm ist, **überzeugt nicht**. Anders als die Jedermann-Verfassungsbeschwerde nach § 90 ist die Kommunalverfassungsbeschwerde nach § 91 von vornherein auf die verfassungsgerichtliche Kontrolle von Rechtsnormen („Gesetz") beschränkt[67] und hat vorherige Gerichtsentscheidungen dazu gerade nicht einbezogen. Die kommunalen Verfassungsbeschwerdeführer haben deshalb nach der in der Verfassung getroffenen Entscheidung (Art. 93 Abs. 1 Nr. 4 b GG) gar nicht die Möglichkeit, verwaltungsgerichtliche Entscheidungen, die im Rahmen von § 47 Abs. 1 Nr. 2 VwGO oder im Rahmen einer Feststellungsklage nach § 43 VwGO ergehen, zum Gegenstand einer Kommunalverfassungsbeschwerde nach § 91 zu machen. Deshalb gibt es auch keine Zuständigkeit des Bundesverfassungsgerichts, solche die Verfassungsmäßigkeit der Norm rechtskräftig bestätigenden verwaltungsgerichtlichen Entscheidungen aufzuheben. In Anknüpfung an diese Zusammenhänge stellt BVerfGE 137, 108 (136, Rn. 62 – Optionskommune) erstmals klar, dass Gemeinden und Gemeindeverbände grundsätzlich nicht darauf verwiesen werden können, zunächst den gegen den Vollzugsakt eröffneten Rechtsweg zu beschreiten, weil Art. 93 Abs. 1 Nr. 4 b GG, § 91 sonst weitgehend leer liefen. Da diese Aussagen in dem zur Beschwer gehörenden Zusammenhang der unmittelbaren Betroffenheit (vgl. → Rn. 27 f.) gemacht worden sind, bleibt unklar, ob damit die unter → Rn. 42 dargestellte ältere Rechtsprechung des Bundesverfassungsgerichts zu § 90 Abs. 2 aufgegeben werden soll. Dagegen spricht, dass diese älteren Entscheidungen nicht ausdrücklich angesprochen worden sind.

44 Die vom hier vertretenen Standpunkt abweichende Sicht der bisherigen Rechtsprechung des Bundesverfassungsgerichts hatte noch nicht ausdrücklich zu der Frage Stellung genommen, ob neben oder anstelle der verwaltungsgerichtlichen Normenkontrolle nach § 47 VwGO auch eine sogenannte atypische Feststellungsklage nach § 43 Abs. 1 VwGO zu führen ist (vgl. → § 90 Rn. 359; vgl. → § 93 Rn. 95). Dies wird zwar teilweise behauptet,[68] kann sich aber nicht auf eine einschlägige Spruchpraxis des Bundesverfassungsgerichts zur Kommunalverfassungsbeschwerde stützen. Dessen Kammern scheinen davon auszugehen, dass eine **atypische Feststellungsklage nicht verlangt** wird. Andernfalls hätte die Kommunalverfassungsbeschwerde gegen untergesetzliche Regelungen der Seeanlagenverordnung nicht als verfristet angesehen werden dürfen.[69] Ein Erfordernis einer vorherigen allgemeinen verwaltungsgerichtlichen Feststellungsklage wird auch von denjenigen abgelehnt, die eine Kommunalverfassungsbeschwerde gegen eine untergesetzliche

66 BVerfGE 76, 107 (115); siehe auch BVerfGE 107, 1 (8).
67 Insoweit zutreffend Beschluss der 1. Kammer des Ersten Senats vom 26.11.2018 – 1 BvR 318/17 ua, Rn. 27 bei Juris.
68 Vgl. etwa Barczak BVerfGG/Barczak § 91 Rn. 68.
69 Beschluss der 2. Kammer des Zweiten Senats vom 12.11.2009 – 2 BvR 2034/04, Rn. 31 bei Juris.

Norm erst nach Durchführung eines verwaltungsgerichtlichen Normenkontrollverfahrens nach § 47 VwGO zulassen wollen.[70]

Unstreitig ist dagegen, dass **§ 92 mit seinen Substantiierungspflichten** auch für die Kommunalverfassungsbeschwerde **gilt** (→ § 92 Rn. 7).[71] Auch bei Verfahren nach § 91 muss der Beschwerdeführer die angegriffenen Bestimmungen genau bezeichnen und kann sich im Regelfall nicht darauf beschränken, das gesamte Gesetz anzugreifen.[72] Der kommunale Beschwerdeführer muss ausführen, inwieweit die angegriffenen Regelungen Auswirkungen auf kommunale Beteiligungsrechte oder sonst von der kommunalen Selbstverwaltungsgarantie umfasste Rechte haben könnten.[73] 45

Anwendbar sind auch die Fristenregelungen des § 93. Aus **§ 93 Abs. 3** folgt eine Jahresfrist für die Einlegung und Begründung (§§ 23 Abs. 1 Satz 2, 92) der Kommunalverfassungsbeschwerde. Das gilt sowohl bei Parlamentsgesetzen[74] wie bei Bundesrechtsverordnungen.[75] 46

In den Fällen, in denen das Bundesverfassungsgericht dem kommunalen Beschwerdeführer unter Berufung auf § 90 Abs. 2 abverlangt, zuvor die Möglichkeiten des § 47 Abs. 1 VwGO durch verwaltungsgerichtliche Normenkontrolle auszunutzen,[76] **soll** eine den Normenkontrollantrag zurückweisende **verwaltungsgerichtliche Entscheidung die Jahresfrist des § 93 Abs. 3 neu auslösen.**[77] Allerdings hält das verwaltungsgerichtliche Normenkontrollverfahren die Frist des § 93 Abs. 3 für die Kommunalverfassungsbeschwerde gegen die untergesetzliche Norm nur dann offen, wenn es innerhalb der Jahresfrist des § 93 Abs. 3 in Gang gesetzt worden ist.[78] 47

Die Frist des § 93 Abs. 3 ist auch gewahrt, wenn die Kommune auf Veranlassung des Bundesverfassungsgerichts eine **Beschwerde beim Landesverfassungsgericht** erhebt, die sich anschließend als nicht statthaft erweist.[79] Voraussetzung ist aber in beiden Fällen, dass das zunächst eingeleitete fach- oder landesverfassungsgerichtliche Verfahren bei der gebotenen ex-ante-Betrachtung nicht von vornherein offensichtlich aussichtslos war.[80] 48

---

70 Vgl. etwa Burkiczak/Dollinger/Schorkopf BVerfGG/Diehm § 91 Rn. 28.

71 Siehe etwa Beschluss der 3. Kammer des Zweiten Senats vom 9.3.2007 – 2 BvR 2215/01, Rn. 15 f. bei Juris; Schmidt-Bleibtreu/Klein/Bethge BVerfGG/Bethge § 91 Rn. 42 (Stand: April 2020).

72 Beschluss der 3. Kammer des Zweiten Senats vom 9.3.2007 – 2 BvR 2215/01, Rn. 16 bei Juris.

73 Beschluss der 3. Kammer des Zweiten Senats vom 18.7.2000 – 2 BvR 1501/91, Rn. 5 bei Juris; siehe auch Beschluss der 3. Kammer des Zweiten Senats vom 13.3.2000 – 2 BvR 860/95, Rn. 11 bei Juris.

74 BVerfGE 155, 310 (328 f., Rn. 44 f.) – Kommunales Bildungspaket; 147, 185 (217, Rn. 63) – Kinderförderungsgesetz; 137, 108 (139, Rn. 70) – Optionskommune; Beschluss der 2. Kammer des Zweiten Senats vom 26.2.1999 – 2 BvR 1268/96, Rn. 3 bei Juris.

75 Beschluss der 2. Kammer des Zweiten Senats vom 12.11.2009 – 2 BvR 2034/04, Rn. 31 bei Juris; siehe auch BVerfGE 137, 108 (139, Rn. 70) – Optionskommune.

76 BVerfGE 76, 107 (115); siehe auch BVerfGE 137, 108 (136, Rn. 63 f.) – Optionskommune; 107, 1 (8).

77 BVerfGE 147, 185 (217, Rn. 63) – Kinderförderungsgesetz; 107, 1 (8); 76, 107 (115).

78 BVerfGE 76, 107 (115 f.).

79 Vgl. BVerfGE 147, 185 (217, Rn. 63) – Kinderförderungsgesetz; 107, 1 (8); 79, 127 (142).

80 BVerfGE 147, 185 (217 f., Rn. 64) – Kinderförderungsgesetz.

49 Auch Kommunalverfassungsbeschwerden **bedürfen der Annahme nach § 93a,**[81] auch wenn das Bundesverfassungsgericht jedenfalls bei Senatsentscheidungen dies mit keinem Wort erwähnt.[82] Dabei gelten allerdings Modifikationen, die sich aus dem spezifischen Charakter der Kommunalverfassungsbeschwerde als Gesetzesverfassungsbeschwerde ergeben. Ein Gesetz, das verfassungswidrig in die Selbstverwaltungsgarantie einer Gemeinde oder eines Gemeindeverbandes eingreift, dürfte immer einen zur Annahme nach § 93a Abs. 2 Buchst. b) führenden schweren Nachteil begründen. Gegenteilige Rechtsprechung des Bundesverfassungsgerichts ist bislang nicht bekannt geworden. Deshalb kann jedenfalls die sogenannte Durchsetzungsannahme nur daran scheitern, dass die Kommunalverfassungsbeschwerde entweder nicht zulässig oder nicht begründet ist.[83] Das entspricht auch der Wertung des § 93c Abs. 1 Satz 3.

50 Bei **§ 94** ist immer der Fall des Abs. 4 gegeben, so dass sich der Kreis der Äußerungsberechtigten nach § 77 bestimmt, und für die Entscheidung des Bundesverfassungsgerichts im Falle einer zulässigen und begründeten Kommunalverfassungsbeschwerde gilt bei **§ 95** die Regelung des Abs. 3.

51 **Einstweilige Anordnungen nach § 32 sind** auch bei Verfassungsbeschwerden nach § 91 **möglich**; allerdings gelten hier, weil sich die Anordnung immer gegen ein Gesetz richten würde, besonders strenge Anforderungen.[84] Noch am ehesten kommen einstweilige Anordnungen gegen kommunale Neugliederungsgesetze in Betracht,[85] aber in diesen Konstellationen dürfte heute durchgehend die Subsidiaritätsklausel des Satzes 2 dazu führen, dass nicht das Bundesverfassungsgericht, sondern das jeweilige Landesverfassungsgericht gefordert ist.

§ 92 [Begründung der Beschwerde]

In der Begründung der Beschwerde sind das Recht, das verletzt sein soll, und die Handlung oder Unterlassung des Organs oder der Behörde, durch die der Beschwerdeführer sich verletzt fühlt, zu bezeichnen.

81 Beschluss der 2. Kammer des Zweiten Senats vom 22.8.2016 – 2 BvR 2953/14, Rn. 16 bei Juris; Beschluss der 1. Kammer des Zweiten Senats vom 14.10.2013 – 2 BvR 1961/13 ua, Rn. 2 bei Juris; Beschlüsse der 3. Kammer des Zweiten Senats vom 6.12.2011 – 2 BvR 1470/11, Rn. 4 bei Juris, sowie vom 12.5.2011 – 2 BvR 941/11, Rn. 2 bei Juris.

82 BVerfGE 155, 310 (323 ff., Rn. 27 ff.) – Kommunales Bildungspaket.

83 Beispiel: Beschluss der 1. Kammer des Zweiten Senats vom 14.10.2013 – 2 BvR 1961/13 ua, Rn. 2 bei Juris.

84 Vgl. BVerfGE 112, 216 (220); 91, 70 (74 ff.); Beschluss der 1. Kammer des Zweiten Senats vom 27.4.2000 – 2 BvR 801/99, Rn. 28 bei Juris.

85 Beispiel: BVerfGE 82, 310 (312 ff.).

I. Bedeutung des Begründungserfordernisses

1 § 92 knüpft an die Regelung des § 23 Abs. 1 Satz 2, 1. Halbsatz an, nach der jeder verfahrenseinleitende, gemäß § 23 Abs. 1 Satz 1 schriftlich einzureichende Antrag zu begründen ist. Diese allgemeine **Begründungspflicht** wird in § 92 für das Verfahren der Verfassungsbeschwerde präzisiert, indem konkrete Anforderungen an die Begründung der Beschwerde aufgestellt werden. Insofern korrespondiert die Vorschrift mit der vergleichbaren, für das Verfahren der Richtervorlage geltenden Regelung des § 80 Abs. 2 (dazu → § 80 Rn. 102 ff.). Zweck des Begründungserfordernisses ist es, dem Bundesverfassungsgericht die Möglichkeit zu eröffnen, den Hoheitsakt ohne weitere Ermittlungen einer verfassungsrechtlichen Überprüfung zu unterziehen, ihm also eine zuverlässige Grundlage für die weitere Behandlung des Begehrens verschaffen.[1]

2 Bei der ordnungsgemäßen Begründung der Verfassungsbeschwerde handelt es sich um eine zwingende **Zulässigkeitsvoraussetzung**.[2] Entspricht die Begründung der Verfassungsbeschwerde nicht den §§ 23 Abs. 1 Satz 2, 1. Halbsatz, 92, ist sie unzulässig.[3] Sie ist dann in der Regel nicht zur Entscheidung anzunehmen (→ § 93a Rn. 15, 45).

3 Erhebt der Beschwerdeführer mit der Verfassungsbeschwerde mehrere Rügen, ist **hinsichtlich jeder einzelnen Rüge** zu prüfen, ob sie ordnungsgemäß begründet ist. Fehlt es an einer hinreichenden Begründung nur in Bezug auf einzelne Rügen und sind die weiteren Rügen in zulässiger Weise erhoben worden, so ist die Verfassungsbeschwerde nur im Hinblick auf die nicht ordnungsgemäß begründeten Rügen nicht zur Entscheidung anzunehmen oder zu verwerfen. Im Übrigen ist die Verfassungsbeschwerde aber – vorbehaltlich der weiteren Zulässigkeitsvoraussetzungen – zulässig und kann Erfolg haben.[4]

4 Die Begründung der Verfassungsbeschwerde ist ebenso wie ihre Erhebung fristgebunden. Das ergibt sich für die Urteilsverfassungsbeschwerde unmittelbar aus der Regelung des § 93 Abs. 1 Satz 1, nach der die Verfassungsbeschwerde **binnen eines Monats** zu erheben und zu begründen ist, gilt aber auch für die bei der Rechtssatzverfassungsbeschwerde zu beachtende Jahresfrist des § 93 Abs. 3 Satz 1 (→ § 93 Rn. 96). Nach Ablauf der Frist kann die Begründung grundsätzlich nicht nachgeholt werden (→ § 93 Rn. 11). Eine Wiedereinsetzung in den vorigen Stand nach § 93 Abs. 2 ist bei der Urteilsverfassungsbeschwerde aber möglich (→ § 93 Rn. 43 ff.).

5 Inhaltlich bezieht sich der **Umfang der Begründungspflicht** gemäß § 92 auf zwei Voraussetzungen einer erfolgreichen Verfassungsbeschwerde, die bereits in § 90 Abs. 1 genannt sind. Der Beschwerdeführer muss nach § 90 Abs. 1 behaupten können, durch eine Maßnahme der öffentlichen Gewalt in einem seiner Grundrechte oder in einem der in der Vorschrift aufgeführten grundrechtsgleichen Rechte verletzt zu sein. Im Rahmen der Zulässigkeit der Ver-

---

1 BVerfGE 149, 346 (360, Rn. 25).
2 So auch Barczak BVerfGG/Barczak § 92 Rn. 10.
3 Schmidt-Bleibtreu/Klein/Bethge BVerfGG/Hömig § 92 Rn. 54 (Stand: Mai 2011).
4 Vgl. BVerfG, Urteil des Ersten Senats vom 22.11.2023 – 1 BvR 2577/15 ua, Rn. 25 ff. bei Juris; BVerfGE 163, 107 (123 f., Rn. 41 f.); 162, 1 (51 ff., Rn. 93 ff.); 161, 163 (249 ff., Rn. 230 ff.); 158, 131 (151 f., Rn. 51 f.); 130, 151 (174); 129, 269 (278 f.); vgl. auch Beschluss der 1. Kammer des Ersten Senats vom 12.8.2019 – 1 BvR 1742/18, Rn. 34 bei Juris.

fassungsbeschwerde ist daher zu prüfen, ob er sich auf ein beschwerdefähiges Recht beruft (→ § 90 Rn. 211 ff.) und sich gegen einen zulässigen Beschwerdegegenstand wendet (→ § 90 Rn. 154 ff.). Diese Gesichtspunkte sind zugleich für die Begründetheit der Verfassungsbeschwerde maßgebend, wenn eine Verletzung der subjektiven Verfassungsrechte des Beschwerdeführers durch die öffentliche Gewalt festgestellt werden soll.

6 § 92 greift diese beiden Gesichtspunkte auch im Hinblick auf die Begründungspflicht des Beschwerdeführers auf. Das „Recht, das verletzt sein soll", **entspricht** bei der Individualverfassungsbeschwerde den Grundrechten und grundrechtsgleichen Rechten des **§ 90 Abs. 1**, und die „Handlung oder Unterlassung des Organs oder der Behörde, durch die der Beschwerdeführer sich verletzt fühlt", korrespondiert mit dem Begriff der öffentlichen Gewalt im Sinne des § 90 Abs. 1.

7 Der von § 90 Abs. 1 abweichende Wortlaut erklärt sich daraus, dass § 92 nicht nur für die Individualverfassungsbeschwerde des § 90 Abs. 1, sondern **auch für die Kommunalverfassungsbeschwerde nach § 91** gilt (vgl. → § 91 Rn. 45).[5] Das Recht, das im Sinne des § 92 verletzt sein soll und vom Beschwerdeführer zu bezeichnen ist, kann bei der Kommunalverfassungsbeschwerde gemäß § 91 Satz 1 aber nur die Vorschrift des Art. 28 Abs. 2 GG sein, und der nach § 92 zu bezeichnende angegriffene Hoheitsakt kann gemäß § 91 Satz 1 nur ein Gesetz sein.[6] Die Gemeinde oder der Gemeindeverband müssen sich mit dem als verfassungswidrig angegriffenen Rechtsakt auseinandersetzen und ihre Beanstandungen innerhalb der Beschwerdefrist im Einzelnen darlegen.[7] Sie müssen einen Sachverhalt darlegen, aufgrund dessen der Schutzbereich des Art. 28 Abs. 2 GG betroffen sein könnte.[8]

8 Würde sich die Begründungspflicht des Beschwerdeführers auf das beschränken, was ihm § 92 nach seinem Wortlaut auferlegt, ginge sie kaum über die Voraussetzungen des § 90 Abs. 1 bzw. bei der Kommunalverfassungsbeschwerde des § 91 Satz 1 hinaus. Die Behauptung einer Verletzung von Grundrechten oder grundrechtsgleichen Rechten durch die öffentliche Gewalt gemäß § 90 Abs. 1 impliziert schon, dass der **Beschwerdeführer das aus seiner Sicht verletzte subjektive Verfassungsrecht und die Maßnahme, gegen die er sich wendet, verdeutlicht** und damit im Sinne des § 92 bezeichnet.

9 Die Bedeutung des Begründungserfordernisses geht jedoch weit über den Wortlaut der §§ 23 Abs. 1 Satz 2, 1. Halbsatz, 92 hinaus. Sie erschließt sich erst mit Blick auf die **Rechtsprechung des Bundesverfassungsgerichts**, in der die **Anforderungen** an eine ordnungsgemäße Begründung der Verfassungsbeschwerde **erheblich ausgebaut** worden sind (dazu im Einzelnen → Rn. 26 ff.).

10 Die gesetzlichen Bestimmungen stehen der Weiterentwicklung des Begründungserfordernisses in der Rechtsprechung des Bundesverfassungsgerichts

---

5 Vgl. Beschlüsse der 3. Kammer des Zweiten Senats vom 9.3.2007 – 2 BvR 2215/01, Rn. 15 bei Juris, und vom 18.7.2000 – 2 BvR 1501/91, Rn. 3 bei Juris; BVerfGE 71, 25 (34).

6 Vgl. BVerfGE 155, 310 (326, Rn. 35); Beschluss der 3. Kammer des Zweiten Senats vom 12.5.2011 – 2 BvR 941/11, Rn. 2 bei Juris.

7 BVerfGE 76, 107 (112).

8 Vgl. BVerfGE 107, 1 (8).

nicht entgegen. **§ 92** ordnet lediglich an, welche Angaben der Beschwerdeführer „in der Begründung" zu machen hat. Die Regelung gibt damit diesbezüglich **nur Mindestanforderungen** vor,[9] beschreibt den Umfang der notwendigen Begründung aber nicht abschließend. Auch § 23 Abs. 1 Satz 2, 1. Halbsatz ist insoweit offen formuliert.

Ohne Kenntnis der vom Bundesverfassungsgericht zur Begründung der Verfassungsbeschwerde aufgestellten Grundsätze ist die Erhebung einer zulässigen Verfassungsbeschwerde nahezu aussichtslos. Das ist schon deswegen bedenklich, weil damit das **Konzept einer für „Jedermann"** (Art. 93 Abs. 1 Nr. 4 a GG, § 90 Abs. 1) **möglichen Beschwerdemöglichkeit** zum Bundesverfassungsgericht **in Frage gestellt** wird. Dass eine ohne anwaltliche Hilfe erhobene Verfassungsbeschwerde Erfolg hat, erscheint nahezu ausgeschlossen, wenn vom Beschwerdeführer ernsthaft verlangt wird, dass er „eine eigene Begründungsleistung in diskursiv aufbereitender Anknüpfung an etwaig vorgegebene, durch die – verfassungsgerichtliche oder fachgerichtliche – Rechtsprechung konkretisierte Maßstabs- und Referenznormierungen erbringen" muss.[10] 11

Aber auch wenn sich der Beschwerdeführer an der Rechtsprechung des Bundesverfassungsgerichts orientiert, stößt er irgendwann unausweichlich an die **Grenzen des zu Leistenden und des Kalkulierbaren**. Mit der konkreten Ausgestaltung der Begründungspflicht verschafft sich das Bundesverfassungsgericht die Flexibilität, aus seiner Sicht nicht annahmewürdige Verfassungsbeschwerden schon auf der Ebene der Zulässigkeitsprüfung auszuscheiden.[11] Erleichtert wird dies noch dadurch, dass die Ablehnung der Annahme der Verfassungsbeschwerde gemäß § 93d Abs. 1 Satz 3 keiner Begründung bedarf. 12

Die **praktische Bedeutung der Begründungspflicht** ist **enorm**. Statistisch lässt sich das nicht genau belegen, weil gerade Verfassungsbeschwerden, die als nicht ordnungsgemäß begründet und deswegen als unzulässig beurteilt werden, meist gemäß § 93d Abs. 1 Satz 3 ohne Begründung nicht zur Entscheidung angenommen werden und die einer solchen Entscheidung zugrunde liegenden Voten nicht bekannt gemacht werden. 13

Erfahrungswerte sprechen aber dafür, dass **Begründungsmängel den häufigsten Grund darstellen, der zur Unzulässigkeit der Verfassungsbeschwerde führt**. Die Zulässigkeitsprüfung durch den Berichterstatter bzw. dessen wissenschaftlichen Mitarbeiter konzentriert sich, sofern sich die Rechtswegerschöpfung nach § 90 Abs. 2 Satz 1 als unproblematisch erweist, darauf, mögliche Schwachpunkte in der Begründung der Verfassungsbeschwerde zu finden. 14

II. Begründung der Verletzung von Verfassungsrechten

Ausgangspunkt der Bestimmung des Umfangs der Begründungspflicht sollten **die in § 92 genannten Mindestanforderungen** sein. Alle weitergehen- 15

9 Vgl. Beschluss der 3. Kammer des Ersten Senats vom 9.3.2011 – 1 BvR 2326/07, Rn. 8 bei Juris.

10 So Beschluss der 1. Kammer des Zweiten Senats vom 8.12.2017 – 2 BvR 2019/17, Rn. 18 bei Juris.

11 Kritisch dazu Lange, Darlegungs- und Substantiierungspflichten im Verfassungsbeschwerdeverfahren, 2012, S. 188 ff.

den Anforderungen ergeben sich über den Wortlaut des § 92 hinaus aus dem Zusammenspiel mit der allgemeinen Begründungspflicht des § 23 Abs. 1 Satz 2, 1. Halbsatz unter Berücksichtigung der in der Rechtsprechung des Bundesverfassungsgerichts entwickelten Grundsätze.

16 § 92 verlangt zunächst die **Bezeichnung des verletzten Rechts**. Die Verfassungsbeschwerde muss deutlich machen, dass ein bestimmtes Grundrecht oder grundrechtsgleiches Recht im Sinne des § 90 Abs. 1 – oder mehrere solche Rechte – als verletzt gerügt wird. Eine nur allgemein gehaltene Rüge der Verfassungswidrigkeit des angegriffenen Hoheitsakts ist daher von vornherein unzulässig.

17 Allerdings ist das Bundesverfassungsgericht an dieser Stelle insofern großzügig, als dass **keine ausdrückliche Benennung des als verletzt gerügten Grundrechtsartikels erforderlich** ist.[12] Für die nach § 92 notwendige Bezeichnung des verletzten Rechts genügt es, wenn sich aus der Begründung der Verfassungsbeschwerde deutlich ergibt, welches bestimmte Verfassungsrecht der Beschwerdeführer für verletzt hält.[13] Gleiches gilt für die als verletzt gerügten Vorschriften der Charta der Grundrechte der Europäischen Union.[14]

18 **Es reicht** daher, wenn eine bestimmte Verfassungsrechtsverletzung **„der Sache nach"** gerügt wird.[15] Dementsprechend ist auch eine als solche erkennbare Falschbezeichnung des als verletzt gerügten Grundrechts unschädlich.[16] Dennoch ist bei der Bezeichnung des verletzten Verfassungsrechts große Sorgfalt geboten, da Unklarheiten zulasten des Beschwerdeführers gehen und zur Unzulässigkeit der Verfassungsbeschwerde führen.

19 Gleiches gilt für die ebenfalls ausdrücklich in § 92 verlangte **Bezeichnung des beanstandeten Hoheitsakts**. Sie muss so genau sein, dass der angegriffene Hoheitsakt verlässlich identifiziert werden kann[17] und klar wird, gegen welche Maßnahme der öffentlichen Gewalt sich der Beschwerdeführer wenden will.[18] Auch hier kommt es nicht zwingend auf die ausdrückliche Benennung des Hoheitsakts an, sofern er sich durch Auslegung der Beschwerdebe-

12 Vgl. BVerfGE 162, 1 (52, Rn. 94).

13 Beschlüsse der 2. Kammer des Zweiten Senats vom 14.12.2017 – 2 BvR 2655/17, Rn. 17 bei Juris, vom 13.11.2017 – 2 BvR 1381/17, Rn. 21 bei Juris, und vom 4.3.2014 – 2 BvR 1020/13, Rn. 25 bei Juris; Beschlüsse der 1. Kammer des Zweiten Senats vom 27.9.2012 – 2 BvR 1766/12, Rn. 11 bei Juris, und vom 11.10.2010 – 2 BvR 1710/10, Rn. 16 bei Juris; vgl. auch Beschluss der 2. Kammer des Zweiten Senats vom 12.10.2011 – 2 BvR 2984/09, Rn. 23 bei Juris; vgl. auch BVerfGE 115, 166 (180); 84, 366 (369).

14 BVerfGE 152, 216 (248 f., Rn. 84) – Recht auf Vergessen II; vgl. auch BVerfGE 156, 182 (199 f., Rn. 41).

15 Vgl. BVerfGE 152, 216 (248 f., Rn. 84) – Recht auf Vergessen II; 123, 186 (222 f.); Beschluss der 2. Kammer des Zweiten Senats vom 23.10.2007 – 2 BvR 542/07, Rn. 8 bei Juris; vgl. auch Beschluss der 1. Kammer des Zweiten Senats vom 3.4.2020 – 2 BvR 1838/15, Rn. 18 bei Juris.

16 BVerfGE 130, 76 (109 f.); Beschlüsse der 3. Kammer des Zweiten Senats vom 16.7.2019 – 2 BvR 881/17, Rn. 14 bei Juris, und vom 24.3.2016 – 2 BvR 175/16, Rn. 39 bei Juris; vgl. auch Beschluss der 1. Kammer des Ersten Senats vom 31.3.2020 – 1 BvR 2392/19, Rn. 13 bei Juris.

17 Burkiczak/Dollinger/Schorkopf BVerfGG/Magen, § 92 Rn. 8.

18 Vgl. Beschluss der 2. Kammer des Zweiten Senats vom 19.7.2019 – 2 BvR 2484/18, Rn. 3 bei Juris; Beschluss der 2. Kammer des Ersten Senats vom 6.12.2011 – 1 BvR 2280/11, Rn. 10 bei Juris.

gründung eindeutig ermitteln lässt.[19] Die Auslegung hat sich daran zu orientieren, dass dem Rechtsschutzinteresse des Beschwerdeführers möglichst weitgehend entsprochen wird.[20]

Der Identifizierung des angegriffenen Hoheitsakts dient zunächst die **Angabe des Hoheitsträgers**, der ihn erlassen hat. § 92 spricht insoweit von Organ oder Behörde. Die genaue Klarstellung ist insoweit insbesondere dann notwendig, wenn mehrere Verursacher einer Grundrechtsverletzung in Betracht kommen, also etwa, wenn mehrere Gerichtsentscheidungen im Instanzenzug Gegenstand der Verfassungsbeschwerde sein könnten. 20

Richtet sich die Beschwerde gegen die **Entscheidung eines Gerichts oder einer Behörde**, müssen **Datum und Aktenzeichen der Entscheidung** angegeben werden. Auch insoweit dient die genaue Bezeichnung der Entscheidung der Bestimmung des Angriffsgegenstands vor allem deshalb, weil der Beschwerdeführer damit den Streitgegenstand vorgibt, dh ob alle oder nur einzelne Entscheidungen im Instanzenzug angegriffen werden. Ebenso muss der Beschwerdeführer seine Angaben präzisieren, wenn er nur mit bestimmten Teilen einer Entscheidung nicht einverstanden ist.[21] 21

Soweit gefordert wird, dass auch das **Datum der Verkündung oder Zustellung** der Entscheidung angegeben werden soll,[22] geht das über die ausdrücklich aus § 92 abzuleitenden Maßgaben hinaus. Allerdings kann die Angabe des Bekanntgabe- oder Zustellungsdatums im Hinblick auf die Darlegung der Wahrung der Monatsfrist des § 93 Abs. 1 Satz 1 geboten sein, da das Bundesverfassungsgericht die Begründungspflicht auch auf die Zulässigkeitsvoraussetzungen der Verfassungsbeschwerde erstreckt (dazu → Rn. 66 ff.).[23] 22

Größere Probleme wirft das für den eine Verfassungsbeschwerde betreuenden **Rechtsanwalt** nicht auf, weil er ohnehin schon bei der Annahme eines solchen Mandats als erstes danach **fragen wird**, **wann** die anzugreifende **letztinstanzliche Entscheidung** denn **zugestellt** worden ist. 23

Handelt es sich bei dem angegriffenen Hoheitsakt um ein **Gesetz**, so muss die angegriffene Regelung, durch die sich der Beschwerdeführer in seinen Grundrechten oder grundrechtsgleichen Rechten verletzt sieht, exakt nach **Datum** der angegriffenen Gesetzesfassung, **Paragraf**, **Absatz und Satz** bezeichnet werden. Es reicht nicht aus, wenn das gesamte Gesetz undifferenziert zum Gegenstand der Verfassungsbeschwerde gemacht wird.[24] 24

19 Vgl. BVerfGE 118, 1 (14 f.); Beschluss der 3. Kammer des Ersten Senats vom 10.11.2009 – 1 BvR 1178/07, Rn. 13 f. bei Juris.
20 Vgl. Beschlüsse der 3. Kammer des Ersten Senats vom 5.8.2022 – 1 BvR 2329/21, Rn. 13 bei Juris, und vom 12.5.2020 – 1 BvR 1027/20, Rn. 3 bei Juris.
21 Lechner/Zuck/Zuck § 92 Rn. 14.
22 Lechner/Zuck/Zuck § 92 Rn. 14; Schmidt-Bleibtreu/Klein/Bethge BVerfGG/Hömig § 92 Rn. 11 (Stand: Mai 2011).
23 Vgl. Beschluss der 1. Kammer des Ersten Senats vom 21.9.2020 – 1 BvR 528/19, Rn. 17 f. bei Juris.
24 BVerfGE 109, 279 (305); Beschlüsse der 1. Kammer des Ersten Senats vom 21.3.2012 – 1 BvR 2492/08, Rn. 9 bei Juris, und vom 21.9.2010 – 1 BvR 1865/10, Rn. 2 bei Juris; Beschluss der 1. Kammer des Zweiten Senats vom 12.9.2007 – 2 BvR 868/06, Rn. 14 bei Juris; vgl. auch BVerfGE 127, 87 (111).

25 Will sich der Beschwerdeführer gegen die **Unterlassung** eines Hoheitsträgers wenden, muss er genau angeben, welche Handlung aus seiner Sicht zur Abwendung der von ihm geltend gemachten Verfassungsrechtsverletzung geboten war. Damit genügt der Beschwerdeführer insoweit der Pflicht zur Bezeichnung des Angriffsgegenstands nach § 92. Weitergehende Begründungspflichten[25] ergeben sich erst aus den hierzu richterrechtlich entwickelten Grundsätzen. Allerdings ist das Unterlassen des Gesetzgebers nur bei seiner völligen Untätigkeit der taugliche Beschwerdegegenstand. Hat der Gesetzgeber hingegen eine Regelung getroffen, muss sich die Verfassungsbeschwerde gegen das aus Sicht des Beschwerdeführers unzureichende Gesetz richten.[26]

26 Nach der Rechtsprechung des Bundesverfassungsgerichts setzt eine den §§ 23 Abs. 1 Satz 2, 1. Halbsatz, 92 genügende Begründung der Verfassungsbeschwerde losgelöst vom Wortlaut dieser Vorschriften voraus, dass der die Rechtsverletzung enthaltende Vorgang **substantiiert und schlüssig** vorgetragen wird. Es muss deutlich werden, inwieweit durch die angegriffene Maßnahme das bezeichnete Grundrecht oder grundrechtsgleiche Recht verletzt sein soll.[27] Der Beschwerdeführer muss hinreichend substantiiert darlegen, dass eine solche Verletzung möglich erscheint.[28]

27 Dabei ist zu beachten, dass sich die substantiierte Begründung unmittelbar **aus der Verfassungsbeschwerde und ihren Anlagen** ergeben muss. Die Verfassungsbeschwerde muss aus sich heraus verständlich sein.[29] Das Bundesverfassungsgericht erwartet, durch die Verfassungsbeschwerdeschrift so umfassend informiert zu werden, dass es in der Lage ist, den angegriffenen Hoheitsakt ohne weitere eigene Nachforschungen einer verfassungsrechtlichen Überprüfung zu unterziehen.[30]

28 Im Annahmeverfahren nach den §§ 93a ff., in dem die Prüfung der Zulässigkeit der Verfassungsbeschwerde stattfindet, macht das Bundesverfassungsgericht von seiner Befugnis, die Akten des Ausgangsverfahrens anzufordern (§ 27 Satz 2), in der Regel keinen Gebrauch. Insofern **tritt** auch der allgemei-

25 Vgl. zB BVerfGE 160, 79 (104 ff., Rn. 69 ff.) und 158, 170 (191 f., Rn. 51 f.), jeweils zu Schutzpflichtverletzungen; Beschluss der 1. Kammer des Ersten Senats vom 4.8.2016 – 1 BvR 1291/16, Rn. 1 bei Juris, zur Rüge einer überlangen Verfahrensdauer; Beschluss der 1. Kammer des Ersten Senats vom 11.1.2016 – 1 BvR 2980/14, Rn. 18 ff. bei Juris, zur Rüge gesetzgeberischen Unterlassens; Beschluss der 1. Kammer des Zweiten Senats vom 29.5.2013 – 2 BvR 1804/12, Rn. 16 ff. bei Juris, zu einem behaupteten Unterlassen der Bundesregierung; vgl. auch Beschluss der 1. Kammer des Ersten Senats vom 9.8.2018 – 1 BvR 1981/16, Rn. 9 ff. bei Juris, zur Geltendmachung staatlicher Leistungsansprüche.

26 BVerfGE 157, 30 (89 f., Rn. 95) – Klimaschutzgesetz.

27 BVerfGE 151, 67 (84 f., Rn. 49); 130, 1 (21); Beschluss der 2. Kammer des Zweiten Senats vom 11.5.2023 – 2 BvR 852/20, Rn. 9 bei Juris.

28 Vgl. BVerfGE 161, 299 (337, Rn. 88); 159, 223 (270, Rn. 88); 123, 267 (329); Beschluss der 1. Kammer des Zweiten Senats vom 2.11.2023 – 2 BvR 1565/22, Rn. 7 bei Juris; Beschluss der 3. Kammer des Ersten Senats vom 10.9.2019 – 1 BvR 1905/14, Rn. 2 bei Juris.

29 Vgl. Beschluss der 2. Kammer des Zweiten Senats vom 11.4.2022 – 2 BvR 456/22, Rn. 2 bei Juris; Beschluss der 2. Kammer des Ersten Senats vom 24.10.2017 – 1 BvR 2762/12 ua, Rn. 40 bei Juris.

30 Vgl. Beschluss der 3. Kammer des Zweiten Senats vom 26.1.2022 – 2 BvR 10/22 ua, Rn. 18 bei Juris; Beschluss der 1. Kammer des Zweiten Senats vom 22.1.2020 – 2 BvR 1807/19, Rn. 16 bei Juris; Beschluss der 1. Kammer des Ersten Senats vom 12.8.2019 – 1 BvQ 65/198, Rn. 4 bei Juris.

ne, in § 26 Abs. 1 Satz zum Ausdruck kommende **Amtsermittlungsgrundsatz zurück**. Das mag dem Entlastungszweck des Annahmeverfahrens entsprechen. Die Anforderungen an die Begründungspflicht dürfen aber nur so weit gehen, wie der Beschwerdeführer aus eigener Kenntnis in der Lage ist, den Sachverhalt darzulegen.[31] Von ihm kann nicht mehr an Darlegung verlangt werden, als ihm noch möglich und zumutbar ist.[32]

Um seiner Darlegungslast zu genügen, muss der Beschwerdeführer **die angegriffenen Entscheidungen vollständig**[33] **in Kopie** bzw. elektronisch als Anlage zur Verfassungsbeschwerde **vorlegen**.[34] Eine unvollständige Übermittlung der angegriffenen Entscheidung kann nur dann ausnahmsweise unschädlich sein, wenn die fehlenden Seiten den für die Beurteilung der behaupteten Grundrechtsverletzung maßgebenden Vorgang erkennbar nicht betreffen.[35] 29

Zwar führt das Bundesverfassungsgericht in den genannten Entscheidungen auch aus, dass es genügen kann, die angegriffenen Entscheidungen in der Begründung der Verfassungsbeschwerde **ihrem wesentlichen Inhalt nach wiederzugeben**.[36] Ein solches Vorgehen ist aber angesichts der damit verbundenen Unsicherheiten **nicht zu empfehlen**. Bei einer bloßen Zusammenfassung der angegriffenen Entscheidungen riskiert der Beschwerdeführer, dass das Bundesverfassungsgericht die Begründung als unzureichend bewertet, weil es sich kein vollständiges Bild vom Prozessstoff machen kann. 30

In Fällen, in denen die angegriffene Entscheidung auf vorangegangene Entscheidungen, gerichtliche Hinweise oder sonstige Unterlagen Bezug nimmt, müssen **auch die in Bezug genommenen Entscheidungen** und Dokumente vorgelegt werden.[37] Diese Unterlagen muss sich der Beschwerdeführer daher vorab im Wege der Akteneinsicht beschaffen, wenn sie ihm nicht vorliegen.[38] 31

31 Vgl. Beschluss der 1. Kammer des Ersten Senats vom 26.2.2019 – 1 BvR 1264/17, Rn. 12 bei Juris.

32 Burkiczak/Dollinger/Schorkopf BVerfGG/Magen § 92 Rn. 27.

33 Vgl. Beschluss der 3. Kammer des Ersten Senats vom 3.3.2011 – 1 BvR 2852/10, Rn. 6 bei Juris.

34 Vgl. Beschluss der 2. Kammer des Zweiten Senats vom 6.5.2021 – 2 BvR 721/21, Rn. 3 f. bei Juris; Beschluss der 1. Kammer des Ersten Senats vom 28.10.2019 – 1 BvR 2208/19, Rn. 4 bei Juris; Beschluss der 2. Kammer des Ersten Senats vom 5.7.2019 – 1 BvR 1458/19, Rn. 3 bei Juris; vgl. aus der Senatsrechtsprechung: BVerfGE 158, 131 (151 f., Rn. 52); 93, 266 (288); 88, 40 (45).

35 Vgl. Beschluss der 2. Kammer des Zweiten Senats vom 29.10.2013 – 2 BvR 1119/12, Rn. 12 bei Juris.

36 Vgl. auch Beschluss der 2. Kammer des Zweiten Senats vom 5.7.2019 – 2 BvQ 40/19, Rn. 1 bei Juris; Beschluss der 3. Kammer des Zweiten Senats vom 29.2.2012 – 2 BvR 368/10, Rn. 36 bei Juris.

37 Vgl. Beschluss der 2. Kammer des Ersten Senats vom 19.4.2023 – 1 BvR 2357/22, Rn. 8 ff. bei Juris; Beschlüsse der 3. Kammer des Ersten Senats vom 15.2.2023 – 1 BvR 2349/22, Rn. 20 bei Juris, und vom 15.11.2022 – 1 BvR 1667/22, Rn. 14 bei Juris; Beschluss der 3. Kammer des Zweiten Senats vom 6.7.2021 – 2 BvR 950/21, Rn. 2 bei Juris; Beschlüsse der 2. Kammer des Zweiten Senats vom 14.5.2021 – 2 BvR 1336/20, Rn. 17 bei Juris, und vom 29.4.2020 – 2 BvR 672/20, Rn. 5 bei Juris.

38 Vgl. Beschluss der 1. Kammer des Ersten Senats vom 10.6.2020 – 1 BvR 572/20, Rn. 16 bei Juris.

32 Gleiches gilt für **alle sonstigen Dokumente**, die für die verfassungsrechtliche Beurteilung notwendig sind.[39] Das Bundesverfassungsgericht hält es nicht für seine Aufgabe, sich die in der Verfassungsbeschwerde in Bezug genommenen Dokumente zu beschaffen[40] und insoweit eigene Ermittlungen durchzuführen.[41] Richtet sich die Verfassungsbeschwerde beispielsweise gegen die Nichtzulassung eines Rechtsmittels, kann die Verfassungsmäßigkeit dieser Entscheidung nur beurteilt werden, wenn auch der vor dem Fachgericht gestellte Antrag des Beschwerdeführers auf Zulassung des Rechtsmittels vorgelegt oder zumindest in einem zur verfassungsrechtlichen Prüfung ausreichenden Maße wiedergegeben wird.[42] Zu empfehlen ist daher letztlich die vollständige Übersendung aller relevanten Anträge, Antragsbegründungen und Entscheidungen aus dem fachgerichtlichen Verfahren,[43] zumal die Frage, auf welche Unterlagen sich die Vorlageobliegenheit im jeweiligen Einzelfall bezieht, einer pauschalierenden Antwort nicht zugänglich ist.[44] Erfolgt die Wiedergabe maßgeblicher Schriftstücke nur auszugsweise und ohne die Möglichkeit, sie auf Vollständigkeit zu überprüfen, so wird dies dem Bundesverfassungsgericht nicht genügen.[45]

33 Alle für die verfassungsrechtliche Prüfung einer Urteilsverfassungsbeschwerde aussagekräftigen **Anlagen müssen innerhalb der Monatsfrist des § 93 Abs. 1 Satz 1 beim Bundesverfassungsgericht eingehen.**[46] Bei einer Übersendung der Verfassungsbeschwerde per Telefax ist daher streng darauf zu achten, dass auch die Anlagen vollständig gefaxt und nicht erst dem per Post nachgesandten Original beigefügt werden.[47]

---

39 BVerfGE 129, 269 (278); vgl. auch Beschluss der 1. Kammer des Ersten Senats vom 18.9.2023 – 1 BvR 1728/23, Rn. 20 bei Juris; Beschluss der 2. Kammer des Ersten Senats vom 29.3.2021 – 1 BvR 1794/21, Rn. 1 bei Juris; Beschluss der 2. Kammer des Zweiten Senats vom 23.10.2020 – 2 BvR 258/20, Rn. 3 ff. bei Juris.

40 Beschluss der 1. Kammer des Zweiten Senats vom 14.10.2019 – 2 BvR 1768/19, Rn. 3 bei Juris.

41 Vgl. Beschluss der 2. Kammer des Zweiten Senats vom 14.5.2021 – 2 BvR 1336/20, Rn. 18 bei Juris.

42 Vgl. Beschluss der 2. Kammer des Ersten Senats vom 28.5.2020 – 1 BvR 2437/18, Rn. 13 bei Juris; Beschluss der 1. Kammer des Ersten Senats vom 30.8.2017 – 1 BvR 1125/17, Rn. 3 bei Juris.

43 Vgl. Beschluss der 1. Kammer des Ersten Senats vom 20.8.2020 – 1 BvR 1668/20, Rn. 5 f. bei Juris; Beschluss der 3. Kammer des Zweiten Senats vom 20.3.2013 – 2 BvR 1202/12, Rn. 4 bei Juris.

44 Beschluss der 1. Kammer des Zweiten Senats vom 8.12.2017 – 2 BvR 2019/17, Rn. 10 bei Juris.

45 Vgl. Beschluss der 3. Kammer des Ersten Senats vom 24.5.2019 – 1 BvR 673/19, Rn. 2 bei Juris; Beschluss der 1. Kammer des Ersten Senats vom 30.8.2017 – 1 BvR 1125/17, Rn. 3 bei Juris.

46 Vgl. Beschluss der 3. Kammer des Ersten Senats vom 15.2.2023 – 1 BvR 2349/22, Rn. 9 bei Juris; Beschluss der 1. Kammer des Ersten Senats vom 18.1.2022 – 1 BvR 2318/21, Rn. 6 bei Juris; Beschlüsse der 2. Kammer des Zweiten Senats vom 23.2.2021 – 2 BvR 1304/17, Rn. 10 bei Juris, und vom 23.10.2020 – 2 BvR 258/20, Rn. 2 bei Juris; Beschlüsse der 2. Kammer des Ersten Senats vom 29.10.2019 – 1 BvR 859/18, Rn. 6 f. bei Juris, und vom 5.7.2019 – 1 BvR 1458/19, Rn. 3 bei Juris; Lechner/Zuck/Zuck § 93 Rn. 7.

47 Vgl. Beschlüsse der 2. Kammer des Zweiten Senats vom 6.5.2021 – 2 BvR 721/21, Rn. 3 bei Juris, und vom 1.10.2020 – 2 BvR 329/19, Rn. 2 bei Juris; Beschluss der 2. Kammer des Ersten Senats vom 5.7.2019 – 1 BvR 1458/19, Rn. 3 bei Juris; Beschluss der 3. Kammer des Ersten Senats vom 5.7.2017 – 1 BvR 1136/17, Rn. 2 f. bei Juris.

Hat der Beschwerdeführer alle relevanten Anlagen fristgerecht vorgelegt, darf er allerdings nicht dem Irrtum erliegen, damit im Wesentlichen seiner Begründungspflicht nachgekommen zu sein. Die Anlagen zur Beschwerdeschrift sollen dem Bundesverfassungsgericht die verfassungsgerichtliche Überprüfung des Begehrens des Beschwerdeführers ermöglichen, aber sie ersetzen nicht die eigentliche, in der Verfassungsbeschwerdeschrift zu erbringende Begründungsleistung. Es ist **nicht Aufgabe des Bundesverfassungsgerichts, sich das verfassungsrechtlich Relevante** aus den vorgelegten Unterlagen **herauszusuchen**[48] oder erst aus anderen anhängigen Verfahren zutage zu fördern.[49] 34

Pauschale Bezugnahmen auf Anlagen und auf schriftsätzlichen Vortrag aus dem Ausgangsverfahren **genügen** der Begründungspflicht daher **nicht**,[50] ebenso wenig das bloße Hineinkopieren von in Bezug genommenen Unterlagen in den Text der Verfassungsbeschwerde ohne weitere Erläuterungen[51] oder Verweise auf andere, beim Bundesverfassungsgericht früher geführte oder noch anhängige Verfahren.[52] Zulässig sind aber konkrete, die in Bezug genommene Stelle deutlich bezeichnende Verweisungen.[53] 35

Was den Inhalt der Verfassungsbeschwerdeschrift betrifft, erwartet das Bundesverfassungsgericht geordneten und substantiierten Vortrag sowohl in tatsächlicher als auch in rechtlicher Hinsicht. Es empfiehlt sich daher ein entsprechender **Aufbau der Beschwerdeschrift**, in der **Tatsächliches und Rechtliches getrennt** behandelt werden.[54] 36

Damit das Bundesverfassungsgericht die Annahmevoraussetzungen des § 93a Abs. 2 sowie die Zulässigkeit und Begründetheit der Verfassungsbeschwerde ohne eigene weitere Nachforschungen prüfen kann, muss der Beschwerde- 37

48 Vgl. Beschluss der 2. Kammer des Ersten Senats vom 23.5.2023 – 1 BvR 2124/21, Rn. 16 bei Juris; Beschlüsse der 2. Kammer des Zweiten Senats vom 23.2.2021 – 2 BvR 1304/17, Rn. 9 bei Juris, und vom 26.5.2020 – 2 BvR 847/19, Rn. 1 bei Juris; Beschlüsse der 1. Kammer des Zweiten Senats vom 14.10.2019 – 2 BvR 1768/19, Rn. 3 bei Juris, und vom 8.12.2017 – 2 BvR 2019/17, Rn. 10 bei Juris; aus der Senatsrechtsprechung: BVerfGE 83, 216 (228); 80, 257 (263).

49 Beschluss der 2. Kammer des Ersten Senats vom 8.9.2020 – 1 BvR 1038/20, Rn. 2 bei Juris.

50 BVerfGE 149, 346 (374, Rn. 64); Beschluss der 3. Kammer des Ersten Senats vom 16.9.2022 – 1 BvR 1807/20, Rn. 39 bei Juris; Beschluss der 2. Kammer des Zweiten Senats vom 16.8.2021 – 2 BvR 972/21, Rn. 8 bei Juris; Beschluss der 2. Kammer des Ersten Senats vom 9.7.2018 – 1 BvR 252/18, Rn. 2 bei Juris; Beschluss der 1. Kammer des Ersten Senats vom 16.6.2017 – 1 BvR 1877/15, Rn. 8 bei Juris.

51 Vgl. Beschluss der 2. Kammer des Zweiten Senats vom 16.8.2021 – 2 BvR 972/21, Rn. 8 bei Juris; Beschluss der 3. Kammer des Zweiten Senats vom 20.3.2012 – 2 BvR 1382/09, Rn. 5 bei Juris.

52 Vgl. Beschluss der 2. Kammer des Ersten Senats vom 8.9.2020 – 1 BvR 1038/20, Rn. 2 bei Juris; Beschluss der 1. Kammer des Ersten Senats vom 12.8.2019 – 1 BvQ 65/19, Rn. 4 bei Juris; vgl. aber Beschluss der 3. Kammer des Zweiten Senats vom 21.2.2018 – 2 BvR 349/14, Rn. 17 bei Juris.

53 Schmidt-Bleibtreu/Klein/Bethge BVerfGG/Hömig § 92 Rn. 51 (Stand: Mai 2011); vgl. zur Differenzierung zwischen pauschalen und konkreten Bezugnahmen auch Beschluss der 2. Kammer des Zweiten Senats vom 20.6.2017 – 2 BvR 345/17, Rn. 32 bei Juris; Beschluss der 2. Kammer des Ersten Senats vom 5.1.2010 – 1 BvR 2973/06, Rn. 4 bei Juris.

54 Vgl. Beschluss der 2. Kammer des Ersten Senats vom 20.2.2012 – 1 BvR 2695/11, Rn. 6 bei Juris.

führer zunächst den **Sachverhalt** substantiiert, vollständig[55] und wahrheitsgemäß vortragen.[56] **Der die behauptete Rechtsverletzung enthaltende Vorgang** muss substantiiert und schlüssig vorgetragen werden.[57]

38 Zu den vorzutragenden Tatsachen gehört zunächst der zugrunde liegende **Lebenssachverhalt.**[58] Hier hat der Beschwerdeführer die Tatsachen, die für die verfassungsrechtliche Beurteilung relevant sein können, substantiiert und nachvollziehbar so vorzutragen, wie sie sich aus seiner Sicht darstellen.

39 Unproblematisch ist die Schilderung des Sachverhalts bei einer Urteilsverfassungsbeschwerde dann, wenn die **tatsächlichen Feststellungen in den angegriffenen Entscheidungen** aus der Sicht des Beschwerdeführers richtig sind und er sich mit der Verfassungsbeschwerde lediglich gegen die rechtliche Wertung der Fachgerichte wendet. Dann kann sich der Beschwerdeführer auf die Wiedergabe des Tatbestands der angegriffenen, als Anlage zur Verfassungsbeschwerde beigefügten Entscheidungen beschränken.

40 Möchte der Beschwerdeführer hingegen gerade rügen, dass die Fachgerichte ihren Entscheidungen einen falschen oder unvollständigen Sachverhalt zugrunde gelegt haben, wie dies etwa bei der Rüge einer Verletzung des Anspruchs auf rechtliches Gehör gemäß Art. 103 Abs. 1 GG der Fall sein kann,[59] so bedarf es einer Gegenüberstellung der Feststellungen der Fachgerichte und der **abweichenden oder neuen Tatsachen**, die nach Auffassung des Beschwerdeführers von den Fachgerichten in verfassungswidriger Weise nicht berücksichtigt worden sind.[60]

41 Das setzt voraus, dass der Beschwerdeführer auch die **Prozessgeschichte** vollständig unter Vorlage der maßgeblichen Entscheidungen und des schriftsätzlichen Vortrags der Parteien darlegt. Nur wenn dem Bundesverfassungsgericht bekannt ist, was die Parteien im Ausgangsverfahren vorgetragen und wie die Fachgerichte diesen Vortrag prozessual behandelt und materiellrechtlich beschieden haben, kann es die Berechtigung der verfassungsrechtlichen Einwände des Beschwerdeführers verlässlich beurteilen.[61]

---

55 Vgl. Beschluss der 2. Kammer des Zweiten Senats vom 17.4.2020 – 2 BvR 46/20, Rn. 3 bei Juris.

56 Beschluss der 3. Kammer des Zweiten Senats vom 11.7.2018 – 2 BvR 1548/14, Rn. 16 bei Juris; Schmidt-Bleibtreu/Klein/Bethge BVerfGG/Hömig § 92 Rn. 35 (Stand: Mai 2011).

57 BVerfGE 151, 67 (84 f., Rn. 49) 130, 1 (21); Beschlüsse der 1. Kammer des Ersten Senats vom 31.8.2023 – 1 BvR 1601/23, Rn. 16 bei Juris, und vom 17.2.2022 – 1 BvR 732/21, Rn. 14 bei Juris; Beschluss der 1. Kammer des Zweiten Senats vom 27.7.2023 – 2 BvR 427/23, Rn. 13 bei Juris; Beschluss der 3. Kammer des Zweiten Senats vom 11.11.2021 – 2 BvR 1473/20, Rn. 16 bei Juris.

58 Vgl. Beschlüsse der 2. Kammer des Zweiten Senats vom 8.3.2022 – 2 BvR 302/22, Rn. 5 bei Juris, vom 7.12.2020 – 2 BvR 1032/20, Rn. 1 bei Juris und vom 20.11.2020 – 2 BvQ 86/20, Rn. 5 bei Juris; Beschluss der 2. Kammer des Ersten Senats vom 9.7.2018 – 1 BvR 252/18, Rn. 2 bei Juris.

59 Vgl. Beschluss der 2. Kammer des Ersten Senats vom 16.9.2020 – 1 BvR 2194/18, Rn. 7 f. bei Juris.

60 Vgl. Beschlüsse der 1. Kammer des Zweiten Senats vom 4.7.2018 – 2 BvR 1207/18, Rn. 14 bei Juris, und vom 9.8.2016 – 2 BvR 1287/16, Rn. 49 bei Juris; vgl. auch Beschluss der 3. Kammer des Ersten Senats vom 16.9.2022 – 1 BvR 1807/20, Rn. 39 bei Juris.

61 Vgl. Beschlüsse der 2. Kammer des Zweiten Senats vom 29.7.2021 – 2 BvR 1195/21, Rn. 7 bei Juris, und vom 20.3.2007 – 2 BvR 378/06, Rn. 5 bei Juris.

Die Schilderung der vollständigen Prozessgeschichte ist in erster Linie bei der Rüge einer Verletzung von Verfahrensgrundrechten notwendig. Sie sollte aber schon deswegen stets erfolgen, damit sich das Bundesverfassungsgericht nicht veranlasst sehen kann, die Zulässigkeit der Verfassungsbeschwerde unter Anwendung des **Subsidiaritätsgrundsatzes** in Zweifel zu ziehen, weil der Beschwerdeführer versäumt habe, bestimmte Einwände schon im Ausgangsverfahren vorzubringen (dazu auch → Rn. 71).[62] 42

In rechtlicher Hinsicht muss die Begründung der Verfassungsbeschwerde aufzeigen, **inwieweit durch die angegriffene Maßnahme das bezeichnete Grundrecht verletzt sein soll.**[63] Die Möglichkeit einer Grundrechtsverletzung ist deutlich zu machen.[64] Die Möglichkeit einer Verletzung von Grundrechten ist nicht hinreichend aufgezeigt, wenn nach der Rechtsprechung des Bundesverfassungsgerichts eine solche Verletzung ausscheidet und die Verfassungsbeschwerde dem nichts entgegensetzt.[65] Dies gilt insbesondere bei einer Verfassungsbeschwerde, mit der früheres Vorbringen des Beschwerdeführers wiederholt wird.[66] 43

Auf der Grundlage dieser Formulierungen verlangt das Bundesverfassungsgericht dem Beschwerdeführer nicht mehr und nicht weniger ab als eine **umfassende einfachrechtliche und verfassungsrechtliche Aufbereitung der Rechtslage.**[67] Dies gilt jedenfalls dann, wenn die Grundrechtsverletzung nicht auf der Hand liegt.[68] 44

Das ist zwar weder so im Gesetz angelegt, noch entspricht es dem klassischen Selbstverständnis eines rechtskundigen Gerichts. Die Praxis muss sich aber auf diese Begründungspflicht, die im Ergebnis zu einer weitgehenden **Verlagerung der Begründetheits- in die Zulässigkeitsprüfung** führt, als gegeben einstellen. Daran scheitern viele nicht professionell betreute Beschwerden. 45

Die **konkreten Anforderungen** an die Begründungspflicht in rechtlicher Hinsicht **hängen** insoweit **von unterschiedlichen Aspekten ab**. Der Um- 46

62 Vgl. Beschluss der 2. Kammer des Zweiten Senats vom 29.7.2021 – 2 BvR 1195/21, Rn. 7 bei Juris; Beschluss der 3. Kammer des Zweiten Senats vom 3.4.2019 – 2 BvR 328/16, Rn. 3 bei Juris; Schmidt-Bleibtreu/Kein/Bethge BVerfGG/Hömig § 92 Rn. 40 (Stand: Mai 2011).

63 Vgl. BVerfGE 163, 165 (210, Rn. 75); 162, 1 (52, Rn. 94); 151, 67 (84 f., Rn. 49), 149, 346 (359, Rn. 24); 140, 229 (232, Rn. 9); Beschluss der 2. Kammer des Zweiten Senats vom 7.11.2023 – 2 BvR 1143/21, Rn. 19 bei Juris.

64 Vgl. BVerfGE 165, 1 (30, Rn. 39); 161, 299 (337 f., Rn. 88 f.); 149, 346 (360, Rn. 26); Beschluss der 3. Kammer des Ersten Senats vom 19.9.2023 – 1 BvR 1555/23, Rn. 3 bei Juris; vgl. auch BVerfGE 163, 107 (123, Rn. 41); 161, 63 (84, Rn. 28); 159, 223 (271 f., Rn. 94 f.).

65 Beschluss der 2. Kammer des Zweiten Senats vom 12.8.2014 – 2 BvR 1698/12, Rn. 17 bei Juris; vgl. auch BVerfG, Urteil des Ersten Senats vom 16.2.2023 – 1 BvR 1547/19 ua, Rn. 48 bei Juris.

66 Vgl. Beschluss der 2. Kammer des Ersten Senats vom 9.5.2018 – 1 BvR 260/18, Rn. 2 bei Juris; vgl. auch Beschluss der 1, Kammer des Ersten Senats vom 5.12.2019 – 1 BvR 2621/18, Rn. 11 f. bei Juris.

67 Beschluss der 2. Kammer des Zweiten Senats vom 12.7.2023 – 2 BvR 482/14, Rn. 27 bei Juris; Beschluss der 4. Kammer des Ersten Senats vom 17.2.2017 – 1 BvR 781/15, Rn. 20 bei Juris.

68 Vgl. Beschluss der 3. Kammer des Ersten Senats vom 15.2.2023 – 1 BvR 1773/22, Rn. 12 bei Juris; Beschluss der 1. Kammer des Zweiten Senats vom 1.8.2017 – 2 BvR 3068/14, Rn. 45 bei Juris; Beschluss der 2. Kammer des Zweiten Senats vom 19.12.2016 – 2 BvR 1997/15, Rn. 13 bei Juris.

fang der Begründungspflicht richtet sich zum einen nach dem Angriffsgegenstand (Entscheidung oder Gesetz) und spaltet sich zum anderen in Darlegungen zur einfachrechtlichen und zur verfassungsrechtlichen Rechtslage auf. Außerdem hat das Bundesverfassungsgericht zu einigen der häufig vorkommenden Grundrechtsrügen, insbesondere im Bereich der Verfahrensgrundrechte, spezielle, auf das jeweilige Grundrecht bezogene Grundsätze entwickelt.

47 Bei einer gegen eine gerichtliche Entscheidung gerichteten Verfassungsbeschwerde hat sich der Beschwerdeführer **mit der angegriffenen Entscheidung substantiiert inhaltlich auseinanderzusetzen.**[69] Dafür ist eine ins Einzelne gehende argumentative Auseinandersetzung mit den Gründen der angefochtenen Entscheidung erforderlich.[70]

48 Werden **mehrere gerichtliche Entscheidungen** angegriffen, muss sich der Beschwerdeführer mit dem Inhalt jeder einzelnen Entscheidung auseinandersetzen.[71] Unterlässt er dies bezüglich einzelner Entscheidungen, so ist die Verfassungsbeschwerde insoweit unzulässig.[72] Stützt sich eine Entscheidung auf **mehrere selbstständig tragende Begründungen**, muss sich der Beschwerdeführer mit jeder dieser Begründungen auseinandersetzen.[73]

49 Erst wenn der Beschwerdeführer aufzeigt, warum aus seiner Sicht die angegriffene Entscheidung einfachrechtlich auf einem entscheidungserheblichen Fehler beruht, kann die Folgefrage beantwortet werden, ob der beanstandete **Rechtsanwendungsfehler** auch Verfassungsrechte des Beschwerdeführers verletzt. Deshalb erfordert die Begründung der Urteilsverfassungsbeschwerde grundsätzlich auch eine Auseinandersetzung mit der einfachrechtlichen Rechtslage.[74]

---

69 BVerfGE 130, 1 (21); Beschluss der 2. Kammer des Zweiten Senats vom 7.11.2023 – 2 BvR 1143/21, Rn. 19 bei Juris; Beschluss der 1. Kammer des Zweiten Senats vom 16.10.2023 – 2 BvR 1330/23, Rn. 22 bei Juris; Beschluss der 1. Kammer des Ersten Senats vom 31.8.2023 – 1 BvR 1601/23, Rn. 16 bei Juris.

70 BVerfGE 151, 67 (84 f., Rn. 49); 149, 346 (359, Rn. 24); Beschlüsse der 2. Kammer des Ersten Senats vom 10.4.2024 – 1 BvR 415/24, Rn. 7 bei Juris, und vom 28.8.2023 – 1 BvR 1088/23, Rn. 8 bei Juris; Beschluss der 3. Kammer des Ersten Senats vom 19.9.2023 – 1 BvR 1555/23, Rn. 3 bei Juris; Beschluss der 2. Kammer des Zweiten Senats vom 12.7.2023 – 2 BvR 482/14, Rn. 27 bei Juris.

71 Beschluss der 2. Kammer des Zweiten Senats vom 11.5.2023 – 2 BvR 852/20, Rn. 9 bei Juris.

72 BVerfGE 151, 67 (84 f., Rn. 49); Beschluss der 2. Kammer des Ersten Senats vom 21.12.2010 – 1 BvR 2760/08, Rn. 13 bei Juris; Beschluss der 2. Kammer des Zweiten Senats vom 8.6.2010 – 2 BvR 432/07, Rn. 23 bei Juris; vgl. auch Beschluss der 3. Kammer des Zweiten Senats vom 20.10.2023 – 2 BvR 499/23, Rn. 36 bei Juris.

73 Vgl. Beschluss der 3. Kammer des Ersten Senats vom 25.9.2023 – 1 BvR 1790/23, Rn. 12 bei Juris; Beschluss der 2. Kammer des Ersten Senats vom 26.5.2020 – 1 BvR 1074/18, Rn. 5 bei Juris; vgl. auch Beschluss der 1. Kammer des Ersten Senats vom 10.4.2024 – 1 BvR 2279/23, Rn. 11 bei Juris.

74 Vgl. Beschluss der 2. Kammer des Zweiten Senats vom 7.11.2023 – 2 BvR 1143/21, Rn. 19 bei Juris; Beschluss der 2. Kammer des Ersten Senats vom 30.3.2021 – 1 BvR 1989/19, Rn. 8 bei Juris.

Verlangt der Beschwerdeführer von den Fachgerichten eine **verfassungskonforme Auslegung** eines Gesetzes, muss er sich eingehend mit dem einfachrechtlichen Regelungskonzept auseinandersetzen.[75] 50

Richtet sich die **Verfassungsbeschwerde** unmittelbar oder mittelbar **gegen ein Gesetz**, setzt eine ordnungsgemäße Begründung der Verfassungsbeschwerde ebenfalls zunächst voraus, dass sich der Beschwerdeführer mit der betreffenden **einfachrechtlichen Rechtslage** auseinandersetzt.[76] Der für die verfassungsrechtliche Beurteilung maßgebliche Regelungsgehalt der angegriffenen Norm kann sich dabei gegebenenfalls erst aus einer Zusammenschau mit weiteren Normen[77] oder aus dem Verständnis des Gesetzes erschließen, das von der fachgerichtlichen Rechtsprechung hierzu entwickelt worden ist,[78] so dass sich die Auswirkungen auf den Beschwerdeführer aus der **konkreten Rechtsanwendung** ergeben.[79] 51

Maßgebend für die Beurteilung der Rechtssatzverfassungsbeschwerde kann auch das vom Gesetzgeber insgesamt beabsichtigte Regelungskonzept sein.[80] Die Ermittlung des gesetzgeberischen Konzepts bedarf gegebenenfalls einer **Auswertung der Gesetzesmaterialien**.[81] 52

Ist hiernach die einfachrechtliche Rechtslage verdeutlicht worden, besteht die weitere Aufgabe des Beschwerdeführers darin, den von ihm behaupteten **Verfassungsverstoß** zu **begründen**. Gefordert ist eine verfassungsrechtliche Argumentation,[82] mit der der Beschwerdeführer eine Verletzung spezifischen Verfassungsrechts[83] aufzeigen muss. 53

Bei der Urteilsverfassungsbeschwerde bedeutet das, dass der Beschwerdeführer darlegen muss, inwiefern die angegriffene Entscheidung verfassungswidrig ist, mit welchen verfassungsrechtlichen Anforderungen sie also kolli- 54

75 Beschluss der 2. Kammer des Ersten Senats vom 14.9.2010 – 1 BvR 1504/10, Rn. 11 bei Juris.

76 Vgl. Beschlüsse der 2. Kammer des Ersten Senats vom 30.3.2022 – 1 BvR 2821/16, Rn. 16 bei Juris, und vom 20.5.2021 – 1 BvR 928/21, Rn. 12 bei Juris; Beschluss der 1. Kammer des Ersten Senats vom 27.9.2012 – 1 BvR 1809/12, Rn. 7 bei Juris.

77 Vgl. BVerfGE 165, 1 (30, Rn. 39); 162, 1 (58, Rn. 111); Beschluss der 1. Kammer des Ersten Senats vom 20.1.2022 – 1 BvR 1552/19, Rn. 16 bei Juris; Beschluss der 1. Kammer des Zweiten Senats vom 7.9.2009 – 2 BvR 1966/04, Rn. 14 bei Juris.

78 Vgl. Schmidt-Bleibtreu/Klein/Bethge BVerfGG/Hömig § 92 Rn. 45 (Stand: Mai 2011).

79 Vgl. Beschluss der 1. Kammer des Ersten Senats vom 4.5.2011 – 1 BvR 1502/08, Rn. 22 bei Juris.

80 Beschluss der 3. Kammer des Ersten Senats vom 5.8.2022 – 1 BvR 2329/21, Rn. 11 bei Juris; Beschluss der 1. Kammer des Ersten Senats vom 4.5.2011 – 1 BvR 1502/08, Rn. 23 bei Juris; vgl. auch Beschluss der 1. Kammer des Ersten Senats vom 20.1.2022 – 1 BvR 1552/19, Rn. 17 bei Juris.

81 Vgl. Beschluss der 3. Kammer des Ersten Senats vom 5.8.2022 – 1 BvR 2329/21, Rn. 11 bei Juris; Beschluss der 2. Kammer des Ersten Senats vom 2.4.2009 – 1 BvR 2405/06, Rn. 2 bei Juris.

82 Vgl. Beschlüsse der 2. Kammer des Zweiten Senats vom 11.5.2023 – 2 BvR 852/20, Rn. 10 bei Juris, und vom 15.5.2019 – 2 BvR 1884/17, Rn. 3 bei Juris; Beschluss der 2. Kammer des Ersten Senats vom 19.12.2021 – 1 BvR 2405/21, Rn. 10 bei Juris.

83 Vgl. Beschluss der 3. Kammer des Ersten Senats vom 12.5.2023 – 1 BvR 886/22, Rn. 5 bei Juris; Beschluss der 2. Kammer des Ersten Senats vom 2.2.2023 – 1 BvR 187/21, Rn. 7 bei Juris; Beschluss der 2. Kammer des Zweiten Senats vom 23.7.2021 – 2 BvR 1369/19, Rn. 3 bei Juris.

diert.[84] Hierfür muss er sich **mit den Entscheidungsgründen auf der Ebene des Verfassungsrechts** am Maßstab der als verletzt gerügten Grundrechte oder grundrechtsgleichen Rechte **auseinandersetzen.**[85] Insbesondere ist darzulegen, dass das Fachgericht Bedeutung und Tragweite des betreffenden Grundrechts verkannt hat.[86] Nicht am Ausgangsverfahren beteiligte Dritte müsse zudem darlegen, inwiefern sie durch die angegriffenen Entscheidungen selbst betroffen sind.[87] Fehlt eine hinreichende Begründung zum Schutzbereich des als verletzt gerügten Grundrechts, zum behaupteten Eingriff und zu der aus Sicht des Beschwerdeführers fehlenden verfassungsrechtlichen Rechtfertigung des Eingriffs, so möchte der Beschwerdeführer lediglich das fachgerichtliche Verfahren in Gestalt der Verfassungsbeschwerde fortsetzen, und eine solche Verfassungsbeschwerde ist unzulässig.[88]

55 **Bei der Rechtssatzverfassungsbeschwerde** ist neben der unmittelbaren und gegenwärtigen Betroffenheit des Beschwerdeführers[89] substantiiert zu begründen, mit welchen verfassungsrechtlichen Anforderungen das angegriffene Gesetz aus welchen Gründen unvereinbar ist.[90] Hierbei muss der Beschwerdeführer zum Schutzbereich des als verletzt gerügten Grundrechts, zum Eingriff und zur aus seiner Sicht fehlenden verfassungsrechtlichen Rechtfertigung Stellung nehmen.[91]

56 Liegt zu den mit der Verfassungsbeschwerde aufgeworfenen Verfassungsfragen Rechtsprechung des Bundesverfassungsgerichts vor, so ist der behauptete Grundrechtsverstoß in **Auseinandersetzung mit den vom Bundesverfassungsgericht entwickelten Maßstäben** zu begründen.[92] Beruht die angegriffene Entscheidung auf der Rechtsprechung des Europäischen Gerichts-

84 Vgl. Beschluss der 1. Kammer des Zweiten Senats vom 2.11.2023 – 2 BvR 1565/22, Rn. 7 bei Juris; Beschluss der 3. Kammer des Ersten Senats vom 9.5.2023 – 1 BvR 1/23, Rn. 2 bei Juris; Beschluss der 2. Kammer des Zweiten Senats vom 26.11.2020 – 2 BvR 2510/20, Rn. 14 bei Juris.

85 Vgl. Beschluss der 2. Kammer des Zweiten Senats vom 9.1.2023 – 2 BvR 1217/19, Rn. 14 bei Juris; Beschlüsse der 1. Kammer des Zweiten Senats vom 4.7.2018 – 2 BvR 1207/18, Rn. 16 bei Juris, und vom 8.12.2017 – 2 BvR 2019/17, Rn. 17 bei Juris.

86 Vgl. Beschlüsse der 1. Kammer des Zweiten Senats vom 16.10.2023 – 2 BvR 1330/23, Rn. 26 bei Juris, und vom 12.3.2021 – 2 BvQ 17/21, Rn. 4 bei Juris; Beschluss der 2. Kammer des Ersten Senats vom 6.12.2011 – 1 BvR 2280/11, Rn. 13 bei Juris.

87 Vgl. Beschlüsse der 3. Kammer des Ersten Senats vom 29.7.2020 – 1 BvR 1902/19, Rn. 2 bei Juris, und vom 10.3.2014 – 1 BvR 1104/11, Rn. 18 ff. bei Juris.

88 Vgl. Beschluss der 1. Kammer des Ersten Senats vom 30.8.2017 – 1 BvR 2266/16, Rn. 5 bei Juris.

89 Vgl. BVerfGE 165, 1 (31, Rn. 41 ff.); 162, 1 (51 ff., Rn. 93, 96 ff.); 160, 79 (90, Rn. 25 ff.); 158, 170 (190 ff., Rn. 45 ff.); Beschlüsse der 2. Kammer des Ersten Senats vom 30.3.2022 – 1 BvR 2821/16, Rn. 16 bei Juris, und vom 20.5.2021 – 1 BvR 928/21, Rn. 12 bei Juris; Beschlüsse der 3. Kammer des Ersten Senats vom 1.6.2021 – 1 BvR 927/21, Rn. 6 ff. bei Juris, und vom 19.4.2021 – 1 BvR 1732/14, Rn. 28 ff. bei Juris.

90 Vgl. BVerfGE 120, 274 (298); Beschluss der 1. Kammer des Zweiten Senats vom 16.10.2023 – 2 BvR 1330/23, Rn. 23 bei Juris; Beschluss der 1. Kammer des Ersten Senats vom 4.5.2011 – 1 BvR 1502/08, Rn. 19 bei Juris; vgl. auch BVerfGE 165, 1 (30, Rn. 39).

91 Vgl. Beschluss der 1. Kammer des Zweiten Senats vom 16.10.2023 – 2 BvR 1330/23, Rn. 23 bei Juris; Beschlüsse der 2. Kammer des Ersten Senats vom 16.6.2011 – 1 BvR 2394/10, Rn. 7 bei Juris, und vom 27.1.2011 – 1 BvR 3222/09, Rn. 19 bei Juris.

92 BVerfGE 165, 1 (30, Rn. 39); 163, 165 (210, Rn. 75); 162, 1 (52, Rn. 94); 159, 223 (270, Rn. 89); 149, 346 (359, Rn. 23); 142, 234 (251, Rn. 28); 130, 1 (21); 123, 186 (234); Beschlüsse der 2. Kammer des Ersten Senats vom 24.3.2024 – 1 BvR 2324/23, Rn. 12 bei Juris, vom 30.3.2022 – 1 BvR 2821/16, Rn. 16 bei Juris, und vom 20.5.2021 – 1 BvR 928/21, Rn. 12 bei

hofs für Menschenrechte, muss sich der Beschwerdeführer auch damit auseinandersetzen.[93]

Soweit die im konkreten Fall in Betracht kommenden **verfassungsrechtlichen Maßstäbe noch nicht geklärt** sind, muss es für die Begründung der Verfassungsbeschwerde genügen, wenn der Beschwerdeführer die Verletzung spezifischen Verfassungsrechts geltend macht und die verfassungsrechtliche Problematik aus seiner Sicht so darstellt, dass die Grundrechtsverletzung möglich erscheint.[94] Da aber mittlerweile zu allen Grundrechten grundsätzliche Entscheidungen des Bundesverfassungsgerichts vorliegen dürften, kann diese Erleichterung der Begründungslast nur die Übertragung dieser Grundsätze auf eine bestimmte, noch nicht entschiedene Konstellation betreffen. An der Notwendigkeit, sich mit den Gründen der angegriffenen fachgerichtlichen Entscheidungen substantiiert auseinanderzusetzen, ändert sich auch beim Fehlen geklärter verfassungsrechtlicher Maßstäbe ohnehin nichts. 57

Die Begründung der Verfassungsbeschwerde muss daher in der Regel **an die vorhandene Rechtsprechung des Bundesverfassungsgerichts anknüpfen**. Eine Begründung, mit der der Beschwerdeführer lediglich seine eigene Sichtweise den einschlägigen Entscheidungen entgegenstellt und nicht substantiiert darlegt, warum seine abweichenden verfassungsrechtlichen Ansichten vorzugswürdig sind, hat im Regelfall keine Aussicht darauf, die Zulässigkeitshürden der §§ 23 Abs. 1 Satz 2, 1. Halbsatz, 92 zu überwinden. 58

Vom Beschwerdeführer ist daher zu verlangen, dass er die einschlägige Rechtsprechung zu dem Grundrecht oder grundrechtsgleichen Recht, in dem er sich verletzt sieht, auffindet und die Begründung seiner Verfassungsbeschwerde daran ausrichtet.[95] **Zu einigen Verfassungsrechten** greift das Bundesverfassungsgericht auf **standardmäßige Formulierungen** zurück, an denen sich der Beschwerdeführer orientieren kann. 59

III. Besonderheiten bei Gehörs- und Gleichheitsrügen

Will der Beschwerdeführer beispielsweise eine **Verletzung des Anspruchs auf rechtliches Gehör gemäß Art. 103 Abs. 1 GG** geltend machen, weil das Fachgericht seinen **Vortrag übergangen** habe, so muss er bei der Begründung der Verfassungsbeschwerde berücksichtigen, dass nach der ständigen Rechtsprechung des Bundesverfassungsgerichts[96] Art. 103 Abs. 1 GG zwar das zur Entscheidung berufene Gericht verpflichtet, die Ausführungen der Prozessbeteiligten zur Kenntnis zu nehmen und in Erwägung zu ziehen. 60

Juris; Beschlüsse der 1. Kammer des Ersten Senats vom 6.9.2019 – 1 BvR 1763/18, Rn. 3 bei Juris, und vom 13.6.2017 – 1 BvR 1370/16, Rn. 10 bei Juris.

93 Vgl. Beschluss der 3. Kammer des Zweiten Senats vom 17.9.2014 – 2 BvR 1795/14, Rn. 6 bei Juris; vgl. auch Beschluss der 1. Kammer des Ersten Senats vom 29.1.2020 – 1 BvR 2715/18, Rn. 9 bei Juris.

94 Vgl. Schmidt-Bleibtreu/Klein/Bethge BVerfGG/Hömig § 92 Rn. 50 (Stand: Mai 2011).

95 Vgl. zB zur Rüge einer Verletzung des Art. 101 Abs. 1 Satz 2 GG bei unterlassener Vorlage an den EuGH: Beschluss der 3. Kammer des Zweiten Senats vom 9.8.2023 – 2 BvR 558/22, Rn. 24 ff. bei Juris; zum Willkürverbot des Art. 3 Abs. 1 GG: Beschluss 3. Kammer des Ersten Senats vom 19.9.2023 – 1 BvR 1555/23, Rn. 4 f. bei Juris.

96 Vgl. Beschluss der 3. Kammer des Zweiten Senats vom 14.9.2023 – 2 BvR 107/21, Rn. 33 bei Juris; Beschlüsse der 2. Kammer des Ersten Senats vom 30.8.2023 – 1 BvR 1654/22, Rn. 25 bei Juris, und vom 30.3.2021 – 1 BvR 1989/19, Rn. 10 bei Juris; Beschluss der 2. Kammer des Zweiten Senats vom 9.1.2023 – 2 BvR 1217/19, Rn. 18 bei Juris.

61 Es ist allerdings grundsätzlich davon auszugehen, dass das Gericht das von ihm entgegengenommene Vorbringen der Beteiligten zur Kenntnis genommen und in Erwägung gezogen hat. Das Gericht ist insbesondere **nicht gehalten, sich in den Gründen** der Entscheidung **mit jedem Vorbringen zu befassen.**[97] Art. 103 Abs. 1 GG bietet vor allem keinen Schutz gegen Entscheidungen, die den Sachvortrag eines Beteiligten aus Gründen des formellen oder des materiellen Rechts teilweise oder ganz unberücksichtigt lassen.[98] Eine Verletzung des Anspruchs auf rechtliches Gehör ist nur anzunehmen, wenn sich aus den besonderen Umständen des Falls ergibt, dass das Gericht seiner Pflicht nicht nachgekommen ist.[99]

62 Besondere Umstände liegen etwa vor, wenn das Gericht auf den **wesentlichen Kern des Tatsachenvortrags** einer Partei zu einer Frage, die für das Verfahren von zentraler Bedeutung ist, nicht eingeht,[100] sofern er nicht nach dem Rechtsstandpunkt des Gerichts unerheblich oder aber offensichtlich unsubstantiiert war.[101] Die Begründung der Verfassungsbeschwerde muss sich deshalb ganz darauf konzentrieren, „besondere Umstände" in diesem Sinne darzulegen und zu begründen, warum der angeblich übergangene Vortrag nicht unerheblich oder offensichtlich unsubstantiiert war. Stets muss sich der Beschwerdeführer auch mit den Gründen des Beschlusses über eine fachgerichtliche Anhörungsrüge auseinandersetzen, da anderenfalls nicht klar ist, ob der behauptete Gehörsverstoß mit dieser Entscheidung nicht geheilt ist.[102]

63 Ähnlich detailliert ausgebildete Grundsätze finden sich zu Art. 103 Abs. 1 GG, soweit es um die **Nichtberücksichtigung von Beweisanträgen**[103] und um die **Verletzung der richterlichen Hinweispflichten** geht.[104]

---

97 BVerfGE 115, 166 (180); Beschluss der 2. Kammer des Ersten Senats vom 30.8.2023 – 1 BvR 1654/22, Rn. 25 bei Juris; Beschlüsse der 2. Kammer des Zweiten Senats vom 3.3.2023 – 2 BvR 1810/22, Rn. 26 bei Juris, und vom 9.1.2023 – 2 BvR 1217/19, Rn. 18 bei Juris.

98 Vgl. BVerfGE 96, 205 (216); Beschluss der 3. Kammer des Ersten Senats vom 1.10.2019 – 1 BvR 552/18, Rn. 8 bei Juris.

99 Vgl. BVerfGE 86, 133 (146); 79, 51 (62); Beschluss der 1. Kammer des Zweiten Senats vom 14.2.2024 – 2 BvR 1816/23, Rn. 5 bei Juris; Beschluss der 3. Kammer des Zweiten Senats vom 14.9.2023 – 2 BvR 107/21, Rn. 33 bei Juris; Beschluss der 2. Kammer des Ersten Senats vom 30.8.2023 – 1 BvR 1654/22, Rn. 25 bei Juris.

100 Vgl. Beschluss der 3. Kammer des Zweiten Senats vom 4.8.2023 – 2 BvR 54/19, Rn. 23 bei Juris.

101 Vgl. BVerfGE 86, 133 (146); Beschluss der 2. Kammer des Ersten Senats vom 30.8.2023 – 1 BvR 1654/22, Rn. 25 bei Juris; Beschluss der 2. Kammer des Zweiten Senats vom 23.3.2023 – 2 BvR 808/21, Rn. 19 bei Juris; Beschluss der 1. Kammer des Zweiten Senats vom 25.9.2020 – 2 BvR 854/20, Rn. 26 bei Juris.

102 Beschluss der 1. Kammer des Ersten Senats vom 1.2.2018 – 1 BvR 1379/14, Rn. 6 bei Juris.

103 Vgl. Beschluss der 2. Kammer des Zweiten Senats vom 9.1.2023 – 2 BvR 2697/18, Rn. 5 bei Juris; Beschluss der 1. Kammer des Ersten Senats vom 20.12.2018 – 1 BvR 1155/18, Rn. 11 f. bei Juris; Beschluss der 3. Kammer des Ersten Senats vom 24.1.2012 – 1 BvR 1819/10, Rn. 15 ff. bei Juris.

104 Vgl. Beschluss der 3. Kammer des Ersten Senats vom 13.10.2022 – 1 BvR 1019/22, Rn. 23 bei Juris; Beschluss der 2. Kammer des Zweiten Senats vom 25.5.2021 – 2 BvR 1719/16, Rn. 13 bei Juris; Beschluss der 2. Kammer des Ersten Senats vom 27.9.2018 – 1 BvR 426/13, Rn. 2 bei Juris; Beschluss der 1. Kammer des Zweiten Senats vom 1.8.2017 – 2 BvR 3068/14, Rn. 49 ff. bei Juris.

Außerdem muss der Beschwerdeführer bei der Rüge einer Verletzung des Art. 103 Abs. 1 GG substantiiert darlegen, **was er** im Ausgangsverfahren **vorgetragen hätte**, wenn ihm rechtliches Gehör gewährt worden wäre,[105] und inwiefern die Berücksichtigung seines ergänzenden Vortrags zu einem anderen, für ihn günstigeren Ergebnis des Rechtsstreits hätte führen können.[106] Anderenfalls kann nicht festgestellt werden, dass die angegriffene Entscheidung **auf der Gehörsverletzung beruht**,[107] und es fehlt daher an der notwendigen Darlegung der Entscheidungserheblichkeit.[108] Allerdings muss der Beschwerdeführer nur insoweit vortragen, als er aus eigener Kenntnis dazu in der Lage ist. Liegt die Gehörsverletzung gerade darin, dass dem Beschwerdeführer ein Hinweisbeschluss vorenthalten wurde, kann von ihm nicht verlangt werden, dass er sich anderweitig vom Inhalt des Beschlusses Kenntnis verschafft, um dann zu erläutern, was er dazu vorgetragen hätte.[109] 64

Ein weiteres Beispiel für den Umfang der Begründungspflicht bezüglich einer bestimmten Grundrechtsrüge: Bei der Rüge einer **Verletzung des allgemeinen Gleichheitssatzes aus Art. 3 Abs. 1 GG** muss der Beschwerdeführer darlegen, welche Vergleichsgruppen zu bilden sind[110] und inwieweit es sich bei den von ihm gebildeten Vergleichsgruppen um im Wesentlichen gleiche Sachverhalte handelt.[111] Außerdem muss er sich mit den in den angegriffenen Entscheidungen diskutierten oder nahe liegenden sachlichen Gründen für eine Differenzierung zwischen den Vergleichsgruppen auseinandersetzen.[112] Für die Feststellung, dass eine Verfassungsbeschwerde diesen Anforderungen nicht genügte, hat der Erste Senat aber auch schon mal neun 65

---

105 Beschluss der 1. Kammer des Zweiten Senats vom 12.5.2022 – 2 BvR 354/21, Rn. 8 bei Juris; Beschluss der 1. Kammer des Ersten Senats vom 10.6.2021 – 1 BvR 1997/18, Rn. 20 bei Juris; Beschlüsse der 3. Kammer des Ersten Senats vom 23.5.2019 – 1 BvR 1724/18, Rn. 39 bei Juris, und vom 4.5.2017 – 1 BvR 783/17, Rn. 4 bei Juris.

106 Vgl. BVerfGE 148, 217 (266, Rn. 159); 112, 185 (206); Beschluss der 1. Kammer des Ersten Senats vom 10.6.2021 – 1 BvR 1997/18, Rn. 20 bei Juris.

107 Vgl. Beschluss der 1. Kammer des Zweiten Senats vom 12.5.2022 – 2 BvR 354/21, Rn. 8 bei Juris; Beschluss der 1. Kammer des Ersten Senats vom 10.6.2021 – 1 BvR 1997/18, Rn. 20 bei Juris Beschluss der 2. Kammer des Zweiten Senats vom 8.6.2021 – 2 BvR 2010/20, Rn. 27 bei Juris; vgl. auch Beschluss der 3. Kammer des Zweiten Senats vom 2.6.2021 – 2 BvR 1054/19, Rn. 1 bei Juris; Beschluss der 2. Kammer des Ersten Senats vom 30.3.2021 – 1 BvR 1989/19, Rn. 17 bei Juris.

108 Vgl. dazu auch BVerfGE 161, 163 (250 f., Rn. 232).

109 Beschluss der 1. Kammer des Ersten Senats vom 26.2.2019 – 1 BvR 1264/17, Rn. 12 ff. bei Juris.

110 Vgl. BVerfGE 161, 163 (249, Rn. 230); Beschluss der 2. Kammer des Ersten Senats vom 10.2.2022 – 1 BvR 1073/21, Rn. 16 f. bei Juris; Beschlüsse der 3. Kammer des Ersten Senats vom 10.9.2019 – 1 BvR 1905/14, Rn. 3 bei Juris, und vom 18.4.2018 – 1 BvR 1213/16, Rn. 32 bei Juris; vgl. auch BVerfGE 159, 223 (271, Rn. 93).

111 BVerfGE 161, 63 (84, Rn. 30); 130, 151 (174 f.); Beschlüsse der 1. Kammer des Ersten Senats vom 17.6.2020 – 1 BvR 1134/15, Rn. 10 bei Juris, und vom 16.6.2017 – 1 BvR 1877/15, Rn. 16 bei Juris; vgl. auch BVerfGE 163, 107 (123 f., Rn. 42).

112 BVerfGE 161, 163 (249, Rn. 230); 161, 63 (84, Rn. 30); 131, 66 (82); Beschluss der 2. Kammer des Zweiten Senats vom 19.4.2023 – 2 BvR 2068/15. Rn. 14 bei Juris; Beschluss der 2. Kammer des Ersten Senats vom 10.2.2022 – 1 BvR 1073/21, Rn. 16 bei Juris; Beschluss der 1. Kammer des Ersten Senats vom 17.6.2020 – 1 BvR 1134/15, Rn. 10 bei Juris; Beschlüsse der 3. Kammer des Ersten Senats vom 10.9.2019 – 1 BvR 1905/14, Rn. 3 bei Juris, und vom 18.4.2018 – 1 BvR 1213/16, Rn. 32 bei Juris; vgl. auch BVerfGE 163, 107 (123 f., Rn. 42); 160, 79 (93, Rn. 36).

Jahre ab Eingang der Verfassungsbeschwerde beim Bundesverfassungsgericht gebraucht.[113]

IV. Begründungsanforderungen zu den sonstigen Zulässigkeitsvoraussetzungen

66 Die Zulässigkeit der Verfassungsbeschwerde ist **von Amts wegen zu prüfen.**[114] Mit diesem Grundsatz ist es eigentlich unvereinbar, dem Beschwerdeführer die Begründungslast für das Vorliegen der Zulässigkeitsvoraussetzungen aufzuerlegen.

67 Folge einer ernst genommenen **Amtsermittlungspflicht** hinsichtlich der Zulässigkeitsvoraussetzungen wäre, dass das Bundesverfassungsgericht bei Unklarheiten und Lücken im Vortrag des Beschwerdeführers die Verfassungsbeschwerde nicht ohne Weiteres als unzulässig beurteilen dürfte, sondern beim Beschwerdeführer und den betroffenen Hoheitsträgern, etwa den Gerichten des Ausgangsverfahrens, Auskünfte einholen müsste. Beispielsweise müsste dann, wenn der Beschwerdeführer eine Verletzung von Art. 103 Abs. 1 GG rügt, in der Verfassungsbeschwerde aber nicht zur vorherigen Erhebung einer fachgerichtlichen Anhörungsrüge vorträgt, beim Ausgangsgericht nachgefragt werden, ob eine Anhörungsrüge erhoben worden ist oder nicht. Ein solches Vorgehen **entspricht aber nicht der Realität.**

68 Vielmehr muss sich der Beschwerdeführer **in der Praxis** darauf einstellen, dass der Beurteilung der Zulässigkeit der Verfassungsbeschwerde nur die Angaben und Unterlagen zugrunde gelegt werden, die das Bundesverfassungsgericht in der Verfassungsbeschwerde vorfindet. Damit läuft die praktische Handhabung durch das Bundesverfassungsgericht auf eine **umfassende Darlegungs- und Begründungslast des Beschwerdeführers auch im Hinblick auf die Zulässigkeitsvoraussetzungen** hinaus (vgl. zur Beschwerdeberechtigung → § 90 Rn. 149, zum Beschwerdegegenstand → § 90 Rn. 210, zur Beschwerdebefugnis → § 90 Rn. 317 ff., zur Rechtswegerschöpfung[115] und zur Vorabentscheidung → § 90 Rn. 448 ff. und → § 90 Rn. 535 f., zum Subsidiaritätsprinzip → § 90 Rn. 519 f. und zur Beschwerdefrist → § 93, Rn. 111 ff.).[116] Deshalb führen beispielsweise widersprüchliche oder lückenhafte[117] Angaben des Beschwerdeführers zum Zugang der angegriffenen Gerichtsentscheidung im Hinblick auf die Wahrung der Beschwerdefrist des § 93 Abs. 1 Satz 1 dazu, dass die Verfassungsbeschwerde als unzulässig beurteilt wird.[118] Der Be-

113 BVerfGE 131, 66 (79 ff.).

114 Schmidt-Bleibtreu/Klein/Bethge BVerfGG/Hömig § 92 Rn. 22 (Stand: Mai 2011).

115 Vgl. Beschluss der 1. Kammer des Ersten Senats vom 28.9.2020 – 1 BvQ 106/20, Rn. 6 bei Juris.

116 Vgl. Beschluss der 1. Kammer des Ersten Senats vom 25.9.2023 – 1 BvR 2219/20, Rn. 10 bei Juris; Beschluss der 1. Kammer des Zweiten Senats vom 6.12.2021 – 2 BvR 2164/21, Rn. 13 bei Juris; Beschluss der 3. Kammer des Zweiten Senats vom 11.7.2018 – 2 BvR 1548/14, Rn. 15 bei Juris.

117 Vgl. Beschluss der 1. Kammer des Zweiten Senats vom 2.2.2024 – 2 BvR 1255/23, Rn. 3 f. bei Juris; Beschluss der 2. Kammer des Zweiten Senats vom 14.5.2021 – 2 BvR 1336/20, Rn. 13 ff. bei Juris.

118 Beschluss der 3. Kammer des Zweiten Senats vom 11.7.2012 – 2 BvR 1142/12, Rn. 7 bei Juris.

schwerdeführer muss unaufgefordert[119] unter Angabe des Datums der Zustellung der angegriffenen Entscheidung schlüssig darlegen, dass die Beschwerdefrist eingehalten ist.[120]

Erstreckt sich die Begründungspflicht auch auf die Voraussetzungen der Zulässigkeit der Verfassungsbeschwerde, folgt daraus zugleich, dass der Beschwerdeführer insoweit die Anforderungen beachten muss, die an die Begründung auch im Übrigen gelten. Insbesondere muss er **innerhalb der Monatsfrist des § 93 Abs. 1 Satz 1 alle für die Beurteilung der Zulässigkeit notwendigen Unterlagen in Kopie vorlegen.**[121] 69

Dazu gehört beispielsweise bei der Rüge einer Verletzung des Art. 103 Abs. 1 GG im Hinblick auf die Rechtswegerschöpfung nach § 90 Abs. 2 Satz 1 die **Vorlage der fachgerichtlichen Entscheidung über die Anhörungsrüge**,[122] auch wenn diese Entscheidung nicht selbst mit der Verfassungsbeschwerde angegriffen wird.[123] 70

Ebenso muss ein schriftsätzlicher **Vortrag aus dem Ausgangsverfahren** vorgelegt und erläutert werden, sofern er für die **Wahrung des Subsidiaritätsgrundsatzes** (dazu → § 90 Rn. 451 ff.) maßgeblich ist.[124] 71

V. Begründung der Annahmevoraussetzungen

Die **Begründungspflicht** nach § 92 als Zulässigkeitsvoraussetzung der Verfassungsbeschwerde **erstreckt sich nicht auf die Annahmegründe des § 93a Abs. 2.** Kann das Bundesverfassungsgericht nach dem Vortrag des Beschwerdeführers nicht feststellen, dass einer der Annahmegründe des § 93a Abs. 2 vorliegt, nimmt es die Verfassungsbeschwerde nicht zur Entscheidung an. Für eine Feststellung der Unzulässigkeit der Verfassungsbeschwerde, weil es an einem ausreichenden Vortrag zu den Annahmegründen fehle, bleibt dann von vornherein kein Raum. 72

---

119 Vgl. Beschluss der 3. Kammer des Ersten Senats vom 28.4.2020 – 1 BvR 209/20, Rn. 5 bei Juris.

120 Vgl. Beschlüsse der 1. Kammer des Ersten Senats vom 25.9.2023 – 1 BvR 2219/20, Rn. 10 bei Juris, vom 30.9.2020 – 1 BvR 28/20, Rn. 3 bei Juris, und vom 21.9.2020 – 1 BvR 528/19, Rn. 17 f. bei Juris; Beschluss der 1. Kammer des Zweiten Senats vom 4.9.2023 – 2 BvR 1239/23, Rn. 7 bei Juris; Beschluss der 2. Kammer des Ersten Senats vom 12.7.2023 – 1 BvR 58/23, Rn. 13 bei Juris; Beschluss der 2. Kammer des Zweiten Senats vom 8.8.2021 – 2 BvR 171/20, Rn. 14 und 20 bei Juris.

121 Vgl. BVerfGE 112, 304 (314 ff.); Beschluss der 3. Kammer des Ersten Senats vom 15.2.2023 – 1 BvR 2349/22, Rn. 9 bei Juris; Beschluss der 1. Kammer des Ersten Senats vom 18.1.2022 – 1 BvR 2318/21, Rn. 6 bei Juris; Beschlüsse der 2. Kammer des Zweiten Senats vom 23.2.2021 – 2 BvR 1304/17, Rn. 10 bei Juris, und vom 23.10.2020 – 2 BvR 258 /20, Rn. 2 bei Juris.

122 Beschluss der 1. Kammer des Ersten Senats vom 7.4.2014 – 1 BvR 447/14, Rn. 1 f. bei Juris.

123 Beschluss der 3. Kammer des Ersten Senats vom 4.5.2017 – 1 BvR 2584/16, Rn. 10 f. bei Juris; Beschluss der 3. Kammer des Zweiten Senats vom 14.11.2012 – 2 BvR 2915/10, Rn. 3 bei Juris.

124 Vgl. Beschluss der 1. Kammer des Zweiten Senats vom 4.9.2023 – 2 BvR 1239/23, Rn. 9 f. bei Juris; Beschluss der 3. Kammer des Ersten Senats vom 21.3.2023 – 1 BvR 2294/22, Rn. 3 f. bei Juris; Beschluss der 2. Kammer des Ersten Senats vom 16.1.2020 – 1 BvR 1307/17, Rn. 4 bei Juris; Beschluss der 2. Kammer des Zweiten Senats vom 19.6.2019 – 2 BvR 2579/17, Rn. 17 ff. bei Juris; Beschluss der 1. Kammer des Ersten Senats vom 27.11.2017 – 1 BvR 1555/14, Rn. 18 bei Juris.

73 Das bedeutet allerdings nicht, dass die Annahmevoraussetzungen des § 93a Abs. 2 nichts mit der Zulässigkeit der Verfassungsbeschwerde zu tun hätten. Ist die Verfassungsbeschwerde unzulässig, kann ihr im Hinblick auf die gerügte Verletzung von Grundrechten oder grundrechtsgleichen Rechten keine grundsätzliche Bedeutung im Sinne des § 93a Abs. 2 Nr. 1 zukommen, und die Annahme der Verfassungsbeschwerde kann auch nicht zur Durchsetzung der Verfassungsrechte des Beschwerdeführers im Sinne des § 93a Abs. 2 Nr. 2 angezeigt sein. Eine **unzulässige Verfassungsbeschwerde ist** daher **in der Regel nicht zur Entscheidung anzunehmen**, so dass die Prüfung der Zulässigkeit der Verfassungsbeschwerde meist den Ausgangspunkt ihrer verfassungsgerichtlichen Beurteilung im Annahmeverfahren darstellt (→ § 93a Rn. 12 ff.).

74 Daraus folgt aber nur, dass der Beschwerdeführer die **Zulässigkeit der Verfassungsbeschwerde sorgfältig begründen** sollte (dazu → Rn. 66 ff.), um eine Nichtannahme der Verfassungsbeschwerde wegen vermeintlicher Unzulässigkeit zu verhindern. Die Annahmevoraussetzungen werden dadurch jedoch nicht selbst zu Zulässigkeitsvoraussetzungen (vgl. im Einzelnen, auch zur Erstreckung des § 92 auf die Annahmevoraussetzungen in der Kammerrechtsprechung → § 93a Rn. 84 ff.).[125]

75 Unabhängig davon, dass § 92 nicht die Begründung der Annahmegründe des § 93a Abs. 2 im Sinne einer Zulässigkeitsvoraussetzung der Verfassungsbeschwerde verlangt, empfiehlt es sich, **im Anschluss an die Begründung zur Zulässigkeit und Begründetheit** der Verfassungsbeschwerde gesondert darzulegen, warum die Verfassungsbeschwerde nicht nur zulässig und begründet, sondern auch **annahmewürdig** ist. Denn die Umstände, die im konkreten Einzelfall einen besonders schweren Nachteil oder eine grundsätzliche verfassungsrechtliche Bedeutung im Sinne des § 93a Abs. 2 begründen, werden dem Bundesverfassungsgericht häufig nicht aus eigener Anschauung bekannt sein. Der Beschwerdeführer ist daher gehalten, sie dem Bundesverfassungsgericht zu schildern, wenn er sicherstellen will, dass sie bei der Entscheidung über die Annahme der Verfassungsbeschwerde berücksichtigt werden (dazu näher → § 93a Rn. 84 ff.).[126] Bei einer Veränderung der Sach- und Rechtslage nach Erhebung der Verfassungsbeschwerde trifft ihn eine Begründungslast auch für das Fortbestehen der Annahmevoraussetzungen.[127]

§ 93 [Einlegungsfrist]

(1) [1]**Die Verfassungsbeschwerde ist binnen eines Monats zu erheben und zu begründen.** [2]**Die Frist beginnt mit der Zustellung oder formlosen Mitteilung der in vollständiger Form abgefaßten Entscheidung, wenn diese nach den maßgebenden verfahrensrechtlichen Vorschriften von Amts wegen vorzunehmen ist.** [3]**In anderen Fällen beginnt die Frist mit**

125 Siehe Beschluss der 2. Kammer des Zweiten Senats vom 18.7.2019 – 2 BvR 1082/18, Rn. 25 bei Juris.

126 Vgl. Schmidt-Bleibtreu/Klein/Bethge BVerfGG/Hömig § 92 Rn. 17 ff. (Stand: Mai 2011).

127 Vgl. Beschluss der 1. Kammer des Zweiten Senats vom 6.4.2022 – 2 BvR 2110/11, Rn. 3 bei Juris.

der Verkündung der Entscheidung oder, wenn diese nicht zu verkünden ist, mit ihrer sonstigen Bekanntgabe an den Beschwerdeführer; wird dabei dem Beschwerdeführer eine Abschrift der Entscheidung in vollständiger Form nicht erteilt, so wird die Frist des Satzes 1 dadurch unterbrochen, daß der Beschwerdeführer schriftlich oder zu Protokoll der Geschäftsstelle die Erteilung einer in vollständiger Form abgefaßten Entscheidung beantragt. 4Die Unterbrechung dauert fort, bis die Entscheidung in vollständiger Form dem Beschwerdeführer von dem Gericht erteilt oder von Amts wegen oder von einem an dem Verfahren Beteiligten zugestellt wird.

(2) 1War ein Beschwerdeführer ohne Verschulden verhindert, diese Frist einzuhalten, ist ihm auf Antrag Wiedereinsetzung in den vorigen Stand zu gewähren. 2Der Antrag ist binnen zwei Wochen nach Wegfall des Hindernisses zu stellen. 3Die Tatsachen zur Begründung des Antrags sind bei der Antragstellung oder im Verfahren über den Antrag glaubhaft zu machen. 4Innerhalb der Antragsfrist ist die versäumte Rechtshandlung nachzuholen; ist dies geschehen, kann die Wiedereinsetzung auch ohne Antrag gewährt werden. 5Nach einem Jahr seit dem Ende der versäumten Frist ist der Antrag unzulässig. 6Das Verschulden des Bevollmächtigten steht dem Verschulden eines Beschwerdeführers gleich.

(3) Richtet sich die Verfassungsbeschwerde gegen ein Gesetz oder gegen einen sonstigen Hoheitsakt, gegen den ein Rechtsweg nicht offensteht, so kann die Verfassungsbeschwerde nur binnen eines Jahres seit dem Inkrafttreten des Gesetzes oder dem Erlaß des Hoheitsaktes erhoben werden.

(4) Ist ein Gesetz vor dem 1. April 1951 in Kraft getreten, so kann die Verfassungsbeschwerde bis zum 1. April 1952 erhoben werden.

I. Bedeutung und grundsätzliche Problematik der Beschwerdefrist

1 Die Fristenvorschrift des § 93 stellt die detailreichste Regelung zur Zulässigkeit der Verfassungsbeschwerde dar. Probleme bereitet sie aber weniger im Detail als in ihren grundsätzlichen Aussagen: Die Verfassungsbeschwerde muss **grundsätzlich innerhalb eines Monats** erhoben und begründet werden (Abs. 1), **bei Gesetzen innerhalb eines Jahres** nach dem Inkrafttreten (Abs. 3). Aus jeweils unterschiedlichen Gründen können sich diese Fristen als zu kurz erweisen, um effektiven verfassungsgerichtlichen Rechtsschutz zu erlangen.

2 Allein in der Verantwortung des Gesetzgebers liegt die Festlegung auf eine einheitlich **für die Erhebung und die Begründung der Verfassungsbeschwerde** geltende Monatsfrist in Abs. 1. Diese Frist weicht etwa von Fristen des Revisionsrechts[1] insoweit zum Nachteil des Beschwerdeführers ab, als ihm nach Erhebung der Verfassungsbeschwerde keine zusätzliche Zeit für ihre Begründung gegeben wird.

3 Die Monatsfrist für die Erhebung der Verfassungsbeschwerde kann mit dem Anliegen begründet werden, dass möglichst zeitnah **Rechtssicherheit und Rechtsfrieden** gewährleistet sein soll und die gegnerische Partei des Ausgangsverfahrens nicht über einen längeren Zeitraum befürchten muss, die dortige abschließende Entscheidung werde noch vor dem Bundesverfassungsgericht angegriffen. Der Beschwerdeführer kann und muss sich innerhalb eines Monats darüber klar werden, ob er eine Verfassungsbeschwerde erheben will oder nicht. Da die Beschwerde innerhalb der Frist auch abschließend zu begründen ist, muss die **Entscheidung** für die Einlegung der Verfassungsbeschwerde aber schon **deutlich früher fallen**, damit die Begründung unter Beachtung der Substantiierungsanforderungen der §§ 92, 23 Abs. 1 Satz 2 (dazu im Einzelnen: → § 92 Rn. 15 ff.) noch erstellt werden kann.[2]

4 Auf die **Begründung der Verfassungsbeschwerde** lässt sich der mit der kurzen Frist verfolgte Regelungszweck nicht überzeugend übertragen. Ist der Entschluss zur Erhebung der Verfassungsbeschwerde getroffen, bringt zusätzlicher Zeitdruck im Hinblick auf die Begründung der Verfassungsbeschwerde kein Mehr an Rechtssicherheit. Für den Beschwerdeführer aber kann die Erstellung einer Verfassungsbeschwerdeschrift, die den Begründungsanforderungen der §§ 92, 23 Abs. 1 Satz 2 genügen soll, jedenfalls in verfassungsrechtlich komplizierten Angelegenheiten eine **nur schwer innerhalb eines Monats zu bewältigende Aufgabe** sein. Für auf Verfassungsrecht spezialisierte Rechtsanwälte stellt das zwar kein Problem dar, aber in vielen Fällen vergehen zwei oder drei Wochen der Monatsfrist, bis der mögliche Beschwerdeführer das Thema einer eventuellen Verfassungsbeschwerde praktisch angeht. Für die Zumutbarkeit der Monatsfrist spricht aber, dass die letztinstanzliche fachgerichtliche Entscheidung, die im Regelfall Gegenstand der Verfassungsbeschwerde ist, in zeitlicher und inhaltlicher Hinsicht regelmäßig nicht überraschend kommt.

---

1 ZB § 139 Abs. 1 und 3 VwGO; §§ 548, 551 Abs. 2 Satz 2 ZPO.
2 Vgl. hieran anknüpfend auch Beschluss der 1. Kammer des Ersten Senats vom 26.2.2019 – 1 BvR 1264/17, Rn. 14 bei Juris.

Mit der Funktion der Verfassungsbeschwerde als außerordentlicher Rechtsbehelf kann die Geltung der Monatsfrist auch für die Begründung der Verfassungsbeschwerde dagegen nicht gerechtfertigt werden. Ist das Recht zur Verfassungsbeschwerde für den Jedermann eröffnet, muss sie unter zumutbaren Bedingungen sorgfältig begründet werden können, und das kann mehr als einen Monat beanspruchen. **Rechtspolitisch** könnte deshalb eine Verlängerung auf zwei Monate für Einlegung und Begründung erwogen werden. Immerhin räumt die Europäische Menschenrechtskonvention für die Erhebung einer **Individualbeschwerde zum Europäischen Gerichtshof für Menschenrechte** eine **Frist von sechs Monaten** ein (Art. 35 Abs. 1 EMRK). Ungeeignet wäre dagegen eine Anpassung an das Revisionsrecht, also die Beibehaltung der Monatsfrist für die Erhebung der Verfassungsbeschwerde in Verbindung mit einer Frist von zwei Monaten zu ihrer Begründung, weil das zusätzliche fristwahrende Verfassungsbeschwerden provoziert[3] und auch mit den Regelungen über die sogenannte Missbrauchsgebühr nach § 34 Abs. 2 nicht zusammenpasst, die überflüssigen Beschwerden entgegenwirken sollen (→ § 34 Rn. 11). 5

Für die Rechtssatzverfassungsbeschwerde ist die gesetzgeberische Wertung, Gesetze dürften aus Gründen der Rechtssicherheit[4] nur innerhalb eines Jahres nach ihrem Inkrafttreten angefochten werden, gut nachvollziehbar. Probleme ergeben sich hier aber aus der strengen Rechtsprechung des Bundesverfassungsgerichts zur **Auslegung der Jahresfrist**, etwa bei nach Ablauf der Jahresfrist erstmals eintretenden Wirkungen eines Gesetzes (dazu → Rn. 105 ff.) oder bei neuen, wiederholenden Grundsatzentscheidungen des Gesetzgebers (dazu → Rn. 101). 6

II. Monatsfrist, Abs. 1

Nach Abs. 1 Satz 1 sind sowohl die Erhebung als auch die Begründung der Verfassungsbeschwerde fristgebunden. Die Frist beträgt einheitlich einen Monat. Dabei handelt es sich um eine **nicht verlängerbare Ausschlussfrist.**[5] Ihre Einhaltung ist bezüglich jeder einzelnen Rüge einer Grundrechtsverletzung gesondert zu prüfen, so dass die Verfassungsbeschwerde auch nur hinsichtlich einer einzelnen Rüge wegen Fristversäumung unzulässig sein kann (siehe auch → Rn. 13).[6] Unschädlich ist eine Versäumung der Frist nur, wenn eine Wiedereinsetzung in den vorigen Stand nach Abs. 2 erfolgt. Die Fristversäumung ist auch dann nicht unbeachtlich, wenn sie auf einer fehlerhaften Rechtbehelfsbelehrung im fachgerichtlichen Verfahren beruht.[7] Vielmehr müsste dem Beschwerdeführer richtigerweise auch in einem solchen Fall eine Wiedereinsetzung gewährt werden. 7

---

3 So auch Barczak BVerfGG/Peters § 93 Rn. 10.

4 Vgl. Beschluss der 3. Kammer des Ersten Senats vom 4.6.2014 – 1 BvR 1443/08, Rn. 3 bei Juris.

5 BVerfGE 127, 87 (110); Beschluss der 1. Kammer des Ersten Senats vom 28.10.2019 – 1 BvR 2208/19, Rn. 7 bei Juris; Beschluss der 1. Kammer des Zweiten Senats vom 11.6.2019 – 2 BvR 834/19, Rn. 4 bei Juris.

6 Vgl. BVerfGE 161, 163 (251, Rn. 233); Beschluss der 2. Kammer des Ersten Senats vom 10.5.2016 – 1 BvR 2871/13, Rn. 7 bei Juris; Beschluss der 3. Kammer des Ersten Senats vom 20.5.2013 – 1 BvR 1024/12, Rn. 5 bei Juris.

7 Vgl. aber Beschluss der 2. Kammer des Ersten Senats vom 19.9.2017 – 1 BvR 1719/17, Rn. 2 bei Juris.

8 **1. Anwendungsbereich.** Der **Anwendungsbereich des Abs. 1** erschließt sich aus einer Abgrenzung zu den in Abs. 3 geregelten Fällen, für die abweichend von Abs. 1 eine Jahresfrist gilt. Abs. 3 betrifft Verfassungsbeschwerden, die sich unmittelbar gegen Gesetze oder gegen sonstige Hoheitsakte richten, gegen die ein Rechtsweg nicht offensteht. Die Monatsfrist des Abs. 1 gilt für alle anderen Fälle und demzufolge insbesondere für die **Urteilsverfassungsbeschwerde**. Auch fachgerichtlich angreifbare Verwaltungsentscheidungen werden von Abs. 1 erfasst. Gegen sie kann jedoch in der Regel erst nach Erschöpfung des Rechtswegs Verfassungsbeschwerde erhoben werden (§ 90 Abs. 2 Satz 1), so dass die Monatsfrist auch insoweit an die letztinstanzliche fachgerichtliche Entscheidung anknüpft.

9 **2. Erhebung und Begründung der Verfassungsbeschwerde.** Die fristgerechte **Erhebung der Verfassungsbeschwerde** im Sinne des Abs. 1 Satz 1 setzt voraus, dass die Beschwerdeschrift bis zum Ablauf des letzten Tages der Frist in der durch § 23 Abs. 1 Satz 1 vorgeschriebenen Form beim Bundesverfassungsgericht eingeht. Der Schriftsatz kann dazu per Post eingehen; der Beschwerdeführer kann ihn aber auch persönlich übergeben, in den Nachtbriefkasten einwerfen oder per Telefax beziehungsweise Computerfax (→ § 23 Rn. 9) übermitteln. Seit dem 1.8.2024, also ab dem Inkrafttreten der Vorschriften zur Einführung des elektronischen Rechtsverkehrs, kann die Verfassungsbeschwerde gemäß § 23a Abs. 1 Satz 1 auch als elektronisches Dokument beim Bundesverfassungsgericht eingereicht werden. Für Rechtsanwälte, Behörden und juristische Personen des öffentlichen Rechts ist dieser Übermittlungsweg verpflichtend (§ 23c Satz 1). Weiterhin nicht zulässig bleibt die Übersendung per E-Mail. Die Verfassungsbeschwerde muss innerhalb der Frist grundsätzlich vollständig beim Bundesverfassungsgericht eingehen. Geht ein Teil der Beschwerdeschrift bei einer Übermittlung per Telefax erst nach 23:59 Uhr des letzten Tages der Frist ein, ist dies nur dann unschädlich, wenn es sich dabei um Anlagen handelt, die schon in der Beschwerdeschrift wiedergegeben worden sind.[8] Anderenfalls ist die Verfassungsbeschwerde unzulässig.[9] Unverschuldete Verzögerungen in der Übermittlung der Verfassungsbeschwerde können allerdings zu einer Wiedereinsetzung in den vorigen Stand nach Abs. 2 führen (dazu → Rn. 59 ff.).

10 Die Monatsfrist des Abs. 1 Satz 1 erstreckt sich auch auf die **Begründung** der Verfassungsbeschwerde. Daher muss die beim Bundesverfassungsgericht eingehende Verfassungsbeschwerde grundsätzlich schon innerhalb der Monatsfrist den inhaltlichen Anforderungen der §§ 92, 23 Abs. 1 Satz 2 genügen. Dazu gehört die fristgerechte Vorlage aller für die Beurteilung der Verfassungsbeschwerde notwendigen Anlagen,[10] insbesondere der angegriffe-

---

8 Vgl. Beschluss der 3. Kammer des Zweiten Senats vom 21.4.2016 – 2 BvR 273/16, Rn. 9 bei Juris.

9 Vgl. Beschluss der 3. Kammer des Ersten Senats vom 15.2.2023 – 1 BvR 2349/22, Rn. 9 f. bei Juris; Beschlüsse der 2. Kammer des Zweiten Senats vom 6.5.2021 – 2 BvR 721/21, Rn. 3 ff. bei Juris, und vom 1.10.2020 – 2 BvR 329/19, Rn. 2 f. bei Juris.

10 Beschluss der 3. Kammer des Ersten Senats vom 15.2.2023 – 1 BvR 2349/22, Rn. 9 bei Juris; Beschlüsse der 2. Kammer des Zweiten Senats vom 8.12.2020 – 2 BvR 932/19, Rn. 4 bei Juris, und vom 23.10.2020 – 2 BvR 258/20, Rn. 2 ff. bei Juris; Beschluss der 2. Kammer des Ersten Senats vom 29.10.2019 – 1 BvR 859/18, Rn. 6 bei Juris; Beschluss der 1. Kammer des Ersten Senats vom 8.4.2019 – 1 BvR 1909/18, Rn. 20 ff. bei Juris, Be-

nen Entscheidungen und aller sonstigen wichtigen Dokumente (näher dazu → § 92 Rn. 27 ff.).[11] Die innerhalb der Monatsfrist zu leistende Begründung muss sich auch auf die Tatsachen beziehen, die für die Beurteilung der Zulässigkeit der Verfassungsbeschwerde etwa im Hinblick auf die Erschöpfung des Rechtswegs notwendig sind.[12] Bei einem isolierten Antrag auf Bewilligung von Prozesskostenhilfe für eine noch zu erhebende Verfassungsbeschwerde muss der Antragsteller innerhalb der Frist des § 93 Abs. 1 Satz 1 auch alle für die Entscheidung über das Prozesskostenhilfegesuch wesentlichen Angaben machen und durch entsprechende Unterlagen belegen.[13]

Ist die Verfassungsbeschwerde nicht fristgerecht ausreichend begründet worden, ist dieser **Zulässigkeitsmangel nicht heilbar**. Die Begründung kann – vorbehaltlich einer Wiedereinsetzung in den vorigen Stand gemäß Abs. 2 (dazu → Rn. 49 ff.) – nicht nach Ablauf der Frist nachgeholt werden.[14] Das **Nachschieben von Gründen ist grundsätzlich unzulässig**, also auch das Nachreichen von Unterlagen.[15] Der Beschwerdeführer darf sich nicht dadurch täuschen lassen, dass das Bundesverfassungsgericht das Regel-Ausnahme-Verhältnis scheinbar umgekehrt umschreibt.[16] 11

Vom unzulässigen Nachschieben von Gründen ist das **unbedenkliche Ergänzen** einer zulässigen, also fristgerecht ausreichend begründeten Rüge um erläuternden oder präzisierenden Vortrag zu unterscheiden.[17] Allerdings dürfen dabei **keine neuen Sachverhalte, einfachrechtlichen Gesichtspunkte oder Verfahrensgegenstände** eingeführt werden.[18] Zulässig ist also als Ausnahme von der Regel eigentlich nur das Nachschieben erläuternder Rechtsausführungen.[19] 12

Gleiches gilt auch getrennt betrachtet **für jede einzelne Rüge**. Auch wenn eine Verfassungsbeschwerde wegen bestimmter Rügen fristgerecht ordnungsgemäß begründet wurde und wegen bestimmter anderer Rügen nicht, kann 13

---

schluss der 3. Kammer des Zweiten Senats vom 23.3.2018 – 2 BvR 2126/17, Rn. 14 ff. bei Juris.

11 Vgl. Beschlüsse der 2. Kammer des Zweiten Senats vom 6.5.2021 – 2 BvR 721/21, Rn. 4 bei Juris, und vom 1.10.2020 – 2 BvR 329/19, Rn. 2 f. bei Juris; Beschluss der 1. Kammer des Ersten Senats vom 28.10.2019 – 1 BvR 2208/19, Rn. 4 bei Juris; Beschluss der 2. Kammer des Ersten Senats vom 5.7.2019 – 1 BvR 1458/19, Rn. 3 bei Juris.

12 Vgl. Beschluss der 1. Kammer des Ersten Senats vom 16.6.2017 – 1 BvR 1877/15, Rn. 9 bei Juris.

13 Vgl. Beschluss der 1. Kammer des Zweiten Senats vom 7.2.2023 – 2 BvR 872/22, Rn. 4 bei Juris; Beschluss der 1. Kammer des Ersten Senats vom 20.8.2020 – 1 BvR 793/19, Rn. 7 bei Juris.

14 Vgl. Beschluss der 1. Kammer des Ersten Senats vom 16.6.2017 – 1 BvR 1877/15, Rn. 9 bei Juris.

15 Beschluss der 3. Kammer des Ersten Senats vom 15.2.2023 – 1 BvR 2349/22, Rn. 9 bei Juris.

16 BVerfGE 81, 208 (214 f.).

17 Vgl. Beschluss der 1. Kammer des Ersten Senats vom 28.10.2019 – 1 BvR 2208/19, Rn. 5 bei Juris; Beschluss der 3. Kammer des Ersten Senats vom 12.1.2005 – 1 BvR 328/04, Rn. 14 bei Juris.

18 Vgl. BVerfGE 127, 87 (110); 109, 279 (304 f.); 84, 212 (223); Beschluss der 2. Kammer des Zweiten Senats vom 23.9.2016 – 2 BvR 2193/15, Rn. 16 bei Juris; Beschluss der 2. Kammer des Ersten Senats – 1 BvR 2871/13, Rn. 8 bei Juris.

19 Vgl. Beschluss der 1. Kammer des Zweiten Senats vom 28.1.2004 – 2 BvR 1140/03, Rn. 10 bei Juris.

die fehlende Begründung hinsichtlich der anderen Rügen grundsätzlich nicht nach Ablauf der Monatsfrist nachgeholt werden. Diese Rügen bleiben unzulässig. Derart **unzulässige Rügen werden** vom Bundesverfassungsgericht – jedenfalls im Ersten Senat – **nicht in die Sachprüfung einbezogen.**[20]

14 Dazu steht im Widerspruch die gelegentliche Praxis des Zweiten Senats, auch über sonstige, für sich genommen nicht ausreichend begründete Rügen zu entscheiden, sobald die Verfassungsbeschwerde mit zumindest einer Rüge fristgerecht und substantiiert begründet worden war.[21] Jedenfalls in Kammerentscheidungen **differenziert** aber durchaus auch der Zweite Senat **zwischen zulässigen und unzulässigen Rügen.**[22]

15 Aus Sicht des Beschwerdeführers kann die Devise daher ohnehin nur lauten, **jede Rüge innerhalb der Frist des Abs. 1 Satz 1 substantiiert und vollständig zu begründen.** Sonst riskiert er, dass einzelne Rügen schon an dieser Zulässigkeitshürde scheitern und deshalb vom Bundesverfassungsgericht nicht inhaltlich geprüft werden.

16 **3. Fristbeginn.** Der **Beginn der Monatsfrist** ist in den Sätzen 2 und 3 des Abs. 1 differenziert und auf den ersten Blick ziemlich kompliziert geregelt. Die im Gesetz unterschiedenen **Fallgruppen** lassen sich aber überblicksweise wie folgt zusammenfassen:

- **Zustellung oder formlose Mitteilung** der vollständigen Entscheidung gesetzlich vorgeschrieben: Fristbeginn mit Zustellung bzw. Mitteilung (Satz 2).
- Keine Zustellung oder formlose Mitteilung der vollständigen Entscheidung, aber **Verkündung** der Entscheidung mit oder ohne Gründe gesetzlich vorgeschrieben: Fristbeginn mit Verkündung (Satz 3, 1. Halbsatz, 1. Alt), aber Unterbrechungsmöglichkeit (Satz 3, 2. Halbsatz, iVm Satz 4).
- Weder Zustellung oder formlose Mitteilung noch Verkündung vorgeschrieben: Fristbeginn mit **sonstiger Bekanntgabe** (Satz 3, 1. Halbsatz, 2. Alt), aber Unterbrechungsmöglichkeit (Satz 3, 2. Halbsatz, iVm Satz 4).

17 Dogmatisch handelt es sich bei Abs. 1 Satz 2 und 3 um die Beschreibung eines für den Anfang der Frist maßgebenden Ereignisses im Sinne des § 187 BGB. Diese Vorschrift findet auf die Fristberechnung ebenso wie die weiteren Regelungen der **§§ 187 ff. BGB** Anwendung,[23] entweder als allgemein

20 Vgl. BVerfGE 117, 302 (310); Beschluss der 2. Kammer des Ersten Senats vom 7.12.2010 – 1 BvR 2157/10, Rn. 20 ff. bei Juris; Beschluss der 1. Kammer des Ersten Senats vom 13.4.2010 – 1 BvR 3515/08, Rn. 32 bei Juris; vgl. auch Beschluss der 3. Kammer des Ersten Senats vom 20.5.2013 – 1 BvR 1024/12, Rn. 5 bei Juris.

21 Vgl. BVerfGE 124, 235 (242) und dazu kritisch Lenz NVwZ 2010, 29 (30); ablehnend auch Rensen/Brink Der Streitgegenstand der Verfassungsbeschwerde, Linien der Rechtsprechung des Bundesverfassungsgericht/Klein S. 83 (95).

22 Vgl. Beschluss der 3. Kammer des Zweiten Senats vom 1.2.2011 – 2 BvR 1236/10, Rn. 10 ff. bei Juris; Beschluss der 2. Kammer des Zweiten Senats vom 8.7.2010 – 2 BvR 2485/07, Rn. 18 ff. bei Juris.

23 Vgl. Beschlüsse der 2. Kammer des Ersten Senats vom 15.8.2019 – 1 BvQ 51/19, Rn. 9 bei Juris, und vom 5.7.2019 – 1 BvR 1458/19, Rn. 3 bei Juris; Beschluss der 3. Kammer des Ersten Senats vom 6.5.2009 – 1 BvR 3153/07, Rn. 8 bei Juris.

gültiger Rechtsgrundsatz[24] oder über die Verweisung aus § 222 Abs. 1 ZPO, die sinngemäß auch im Verfassungsprozessrecht herangezogen wird.[25]

a) **Maßgebliche Entscheidung.** Die den Fristbeginn markierende **Entscheidung** ist diejenige, die der Beschwerdeführer als Gegenstand der Verfassungsbeschwerde ausgewählt hat. Ob dieser Verfahrensgegenstand unter anderen Gesichtspunkten zulässig ist, ist keine Frage der Frist des Abs. 1 Satz 1, sondern etwa der Rechtswegerschöpfung nach § 90 Abs. 2 Satz 1. Aus dieser Vorschrift folgt, dass die Verfassungsbeschwerde in der Regel gegen die letztinstanzliche Gerichtsentscheidung zu richten ist. Regelmäßig stellt diese Entscheidung daher das Objekt dar, das für den Fristbeginn in den Blick zu nehmen ist. Das gilt auch, wenn der Beschwerdeführer neben der letztinstanzlichen Entscheidung auch die Entscheidungen der Vorinstanzen und vorangegangene Behördenentscheidungen angreift (→ § 90 Rn. 183 f.). 18

Offensichtlich unzulässige Rechtsbehelfe, die nicht zu dem nach § 90 Abs. 2 Satz 1 zu erschöpfenden Rechtsweg gehören, sind allerdings nicht geeignet, den Beginn der Monatsfrist hinauszuschieben.[26] Dies gilt auch für Anhörungsrüge, die mangels Fristwahrung oder Darlegung einer Gehörsverletzung offensichtlich aussichtslos waren.[27] Die Verfassungsbeschwerde mag dann zwar gegen die den unzulässigen Rechtsbehelf verwerfende Entscheidung fristgerecht erhoben worden sein, wird insoweit aber in der Sache keine Aussicht auf Erfolg haben, und hinsichtlich der vorangegangenen Entscheidungen ist die Verfassungsbeschwerde wegen Versäumung der Monatsfrist unzulässig (dazu im Einzelnen → § 90 Rn. 393 ff.). Allerdings kommt eine Wiedereinsetzung in den vorigen Stand nach Abs. 2 in Betracht, wenn der Beschwerdeführer im fachgerichtlichen Verfahren durch eine fehlerhafte Rechtsmittelbelehrung zur Erhebung des unzulässigen Rechtsbehelfs motiviert wurde.[28] Auch die Erhebung einer Landesverfassungsbeschwerde gehört nicht zu dem nach § 90 Abs. 2 Satz 1 zu erschöpfenden Rechtsweg und hemmt den Fristablauf nicht.[29] 19

24 Vgl. BVerfGE 102, 254 (295).

25 Vgl. Lechner/Zuck/Zuck § 93 Rn. 3.

26 Vgl. Beschlüsse der 2. Kammer des Ersten Senats vom 26.4.2023 – 1 BvR 256/23, Rn. 3 bei Juris, vom 27.1.2022 – 1 BvR 2543/21 Rn. 2 bei Juris, und vom 19.12.2021 – 1 BvR 2513/21, Rn. 2 bei Juris; Beschlüsse der 3. Kammer des Zweiten Senats vom 3.2.2022 – 2 BvR 1910/21, Rn. 2 bei Juris, und vom 26.1.2022 – 2 BvR 10/22 ua, Rn. 15 bei Juris; Beschluss der 2. Kammer des Zweiten Senats vom 22.9.2021 – 2 BvR 955/17, Rn. 17 bei Juris; Beschluss der 1. Kammer des Zweiten Senats vom 29.9.2020 – 2 BvR 412/20, Rn. 2 bei Juris; BVerfGE 91, 93 (106); vgl. zur den Fristlauf ebenfalls nicht hemmenden Dienstaufsichtsbeschwerde Beschluss der 1. Kammer des Ersten Senats vom 27.9.2019 – 1 BvR 1700/19, Rn. 5 bei Juris; siehe auch Beschlüsse der 3. Kammer des Zweiten Senats vom 4.1.2023 – 2 BvR 1851/22, Rn. 5 bei Juris, und vom 31.1.2020 – 2 BvR 2992/14, Rn. 30 bei Juris mit dem Akzent darauf, dass ein Beschwerdeführer die Durchführung eines Anhörungsrügeverfahrens nicht für offensichtlich aussichtslos halten musste.

27 Vgl. Beschluss der 3. Kammer des Zweiten Senats vom 7.7.2021 – 2 BvR 2200/18, Rn. 3 bei Juris; Beschluss der 2. Kammer des Zweiten Senats vom 12.10.2020 – 2 BvR 2460/18, Rn. 4 bei Juris.

28 Beschluss der 2. Kammer des Zweiten Senats vom 22.9.2021 – 2 BvR 955/17, Rn. 19 bei Juris; vgl. auch Beschluss der 2. Kammer des Ersten Senats vom 19.9.2017 – 1 BvR 1719/17, Rn. 2 bei Juris.

29 Beschluss der 2. Kammer des Ersten Senats vom 11.8.2022 – 1 BvR 1462/21, Rn. 1 bei Juris; Beschluss der 3. Kammer des Ersten Senats vom 7.6.2021 – 1 BvR 507/21, Rn. 1 f.

20 Eine ähnliche Tendenz zur Fristversäumung wird in der Kammerrechtsprechung verfolgt, wenn der Beschwerdeführer einen zulässigen, aber nach der jeweiligen Verfahrensordnung nicht an eine Frist gebundenen Rechtsbehelf (zB § 33a StPO) einlegt und die Verfassungsbeschwerde erst im Anschluss an die Entscheidung über diesen Rechtsbehelf erhebt. Die Verfassungsbeschwerde soll in Bezug auf die dem **unbefristeten Rechtsbehelf** vorangegangene Entscheidung im Sinne einer Vorwirkung der Frist zur Erhebung der Verfassungsbeschwerde nur dann zulässig sein, wenn der fachgerichtliche Rechtsbehelf innerhalb einer der Monatsfrist des § 93 Abs. 1 entsprechenden Frist eingelegt wurde.[30]

21 Die Senatsentscheidungen, auf die sich die Kammern hierfür berufen, haben diese Frage entweder offen gelassen[31] oder betrafen die Jahresfrist für eine gesetzesunmittelbare Verfassungsbeschwerde.[32] Eine rechtliche Grundlage für die **Übertragung der Monatsfrist auf unbefristete fachgerichtliche Rechtsbehelfe** ist nicht erkennbar. Diese Erweiterung des Anwendungsbereichs des Abs. 1 ist daher **abzulehnen.**[33] Das entspricht auch der Praxis derjenigen Landesverfassungsgerichte, die sich zu wortgleichen Vorschriften ihres Landesverfassungsprozessrechts ebenfalls gegen eine solche Vorwirkung der Verfassungsbeschwerdefrist gestellt haben.[34] Eine einheitliche Handhabung der Vorwirkung ist im Übrigen selbst in der Rechtsprechung des Bundesverfassungsgerichts nicht zu erkennen. Gelegentlich wird dieser Aspekt der nicht fristgebundenen Rüge nach § 33a StPO einfach übergangen, etwa wenn eine ohne vorherige Erhebung dieses Rechtsbehelfs erhobene Verfassungsbeschwerde nur als derzeit unzulässig bezeichnet wird, obwohl sie bei Annahme der Vorwirkung der Monatsfrist doch auch später nicht mehr in zulässiger Weise erhoben werden könnte,[35] oder wenn der Rechtsbehelf des § 33a StPO nur beiläufig im Tatbestand erwähnt wird.[36]

22 b) **Arten der Bekanntgabe der Entscheidung.** An welches Ereignis der Fristbeginn anknüpft, hängt nach Abs. 1 Satz 2 und Satz 3, 1. Halbsatz davon ab, ob die anzugreifende Entscheidung nach den maßgebenden verfahrensrechtlichen Vorschriften zuzustellen bzw. formlos mitzuteilen ist oder nicht. **Bei Zustellung bzw. formloser Mitteilung von Amts wegen** löst nach **Abs. 1 Satz 2** dieses Ereignis den Fristlauf aus, sobald dem Betroffenen die in vollständiger Form abgefasste Entscheidung übermittelt wird. Sonstige Bekanntgaben der Entscheidung, etwa durch ihre Verkündung, sind in diesem Falle für den Fristbeginn unerheblich.

---

bei Juris; Beschluss der 1. Kammer des Ersten Senats vom 12.2.2020 – 1 BvR 577/19, Rn. 6 bei Juris.

30 Vgl. Beschlüsse der 2. Kammer des Ersten Senats vom 8.8.2018 – 2 BvR 1342/18, Rn. 6 bei Juris, und vom 25.11.2009 – 1 BvR 2464/09, Rn. 2 bei Juris; Beschluss der 1. Kammer des Ersten Senats vom 16.6.2014 – 1 BvR 1443/12, Rn. 17 bei Juris.

31 BVerfGE 19, 198 (200).

32 BVerfGE 76, 107 (115 f.).

33 Mit gleicher Begründung ebenso: Burkiczak/Dollinger/Schorkopf BVerfGG/Hettche § 93 Rn. 41.

34 Vgl. VerfG Brandenburg, Beschluss vom 16.3.2018 – 56/16, Rn. 35 ff. bei Juris, und VerfGH Baden-Württemberg, Urteil vom 13.4.2016 – 1 VB 83/15, Rn. 27 ff. bei Juris, jeweils unter Bezugnahme auf diese Kommentierung.

35 Vgl. Beschluss der 3. Kammer des Zweiten Senats vom 15.10.2004 – 2 BvR 1834/04, Rn. 4 bei Juris.

36 Vgl. BVerfGE 108, 129 (132).

Ob eine Zustellung bzw. formlose Mitteilung von Amts wegen zu erfolgen hat oder nicht, beantworten die prozessrechtlichen Vorschriften, die im Ausgangsverfahren maßgebend waren. Vom Beschwerdeführer bzw. seinem Verfahrensbevollmächtigten wird also gefordert, die **maßgebenden verfahrensrechtlichen Vorschriften** zu kennen, nach denen sich die Bekanntgabe der anzufechtenden Entscheidung richtet. Ein diesbezüglicher Irrtum kann zur Fristversäumung führen, wenn der Beschwerdeführer die Zustellung oder formlose Mitteilung im Sinne des Abs. 1 Satz 2 abwartet, die Frist aber nach Abs. 1 Satz 3 früher zu laufen beginnt. 23

Abs. 1 Satz 2 findet nur dann Anwendung, wenn die maßgebenden verfahrensrechtlichen Vorschriften die **Zustellung oder formlose Mitteilung** einer in vollständiger Form abgefassten Entscheidung **zwingend vorschreiben**. Nur verfahrensrechtlich notwendige Mitteilungen sollen den Lauf der Frist nach Abs. 1 Satz 2 beginnen lassen. Soweit eine Bekanntmachung der in vollständiger Form abgefassten Entscheidung lediglich auf Grundlage von Verwaltungsvorschriften oder langjähriger gerichtlicher Übung erfolgt, stellt dies aus Gründen der Rechtssicherheit keine für den Fristbeginn maßgebliche Mitteilung im Sinne des Abs. 1 Satz 2 dar.[37] Der Fristbeginn richtet sich vielmehr nach Abs. 1 Satz 3. 24

Ist keine Zustellung oder formlose Mitteilung der Entscheidung vorgeschrieben, liegt ein „anderer Fall" im Sinne des **Abs. 1 Satz 3** vor. Die Monatsfrist beginnt dann grundsätzlich mit der **Verkündung** der Entscheidung gemäß § 173 GVG, wenn nach den maßgebenden verfahrensrechtlichen Vorschriften eine Verkündung vorgesehen ist (Abs. 1 Satz 3, 1. Halbsatz, 1. Alt). Als Verkündung in diesem Sinne gilt auch die Verkündung nur der Entscheidungsformel, bei der die Entscheidungsgründe nicht bekanntgegeben werden müssen.[38] 25

Sind weder eine Zustellung oder formlose Mitteilung der Entscheidung noch ihre Verkündung vorgeschrieben, beginnt die Frist nach Abs. 1 Satz 3, 1. Halbsatz, 2. Alt. mit der **„sonstigen Bekanntgabe"** der Entscheidung durch das Gericht oder die Behörde, so etwa bei der Bekanntgabe der Entscheidung über eine Anhörungsrüge.[39] 26

Der Beschwerdeführer wird regelmäßig erst dann beurteilen können, ob die Erhebung einer Verfassungsbeschwerde Aussicht auf Erfolg hat, wenn er die anzufechtende Entscheidung in vollständig begründeter Form kennt. Der Beginn der Monatsfrist nach Abs. 1 Satz 3, 1. Halbsatz hängt davon jedoch nicht ab. Das Gesetz trägt dem Interesse des Betroffenen an einer vollständigen Unterrichtung über die Entscheidungsgründe aber dadurch Rechnung, dass es ihm in **Abs. 1 Satz 3, 2. Halbsatz** die Möglichkeit zur **Unterbrechung der Frist** einräumt.[40] 27

---

37 Beschluss der 1. Kammer des Ersten Senats vom 1.3.2010 – 1 BvR 249/10, Rn. 2 bei Juris; grundlegend BVerfGE 18, 192 (193 ff.); 9, 109 (114 ff.).

38 Vgl. BVerfGE 30, 54 (56 f.).

39 Vgl. Beschluss der 3. Kammer des Ersten Senats vom 4.5.2017 – 1 BvR 2584/16, Rn. 10 bei Juris.

40 Vgl. BVerfGE 9, 109 (117).

28 Dazu muss der Beschwerdeführer beim Fachgericht oder der Behörde, die die anzufechtende Entscheidung erlassen haben, die Erteilung einer in vollständiger Form abgefassten Entscheidung beantragen. Dieser **Antrag** muss innerhalb der Monatsfrist des Abs. 1 Satz 1 **beim Fachgericht** bzw. bei der Behörde gestellt werden, da nach Ablauf der Frist deren Unterbrechung nicht mehr in Betracht kommt.[41] Versäumt der Beschwerdeführer, einen solchen Antrag zu stellen, läuft die Monatsfrist auch dann ab, wenn er die Entscheidungsgründe nicht kennt.

29 Die **Unterbrechung** dauert gemäß **Abs. 1 Satz 4** bis zur Erteilung bzw. Zustellung der vollständigen Entscheidung fort. Ab dem Ende der Unterbrechung beginnt die Frist von einem Monat in vollständiger Länge neu zu laufen.[42] Diese Wirkung der Unterbrechung ist zwar nicht in Abs. 1 Satz 3 und 4 angeordnet und kann auch nicht unmittelbar aus der andere, nicht übertragbare Spezialfälle betreffenden Regelung des § 249 Abs. 1 ZPO abgeleitet werden.[43] Sie ist aber zwingend geboten, da nach dem Zweck der Regelung zu vermeiden ist, dass der Beschwerdeführer gegebenenfalls in Unkenntnis der Entscheidungsgründe allein zur Fristwahrung eine Verfassungsbeschwerde erheben müsste und dabei zu einer ordnungsgemäßen fristgerechten Begründung im Sinne des Abs. 1 Satz 1 nicht in der Lage wäre.

30 c) **Bekanntgabe der Entscheidung nach Verfahrensarten.** Im folgenden **Überblick** wird für einige **Arten von Entscheidungen**, die häufig Gegenstand von Verfassungsbeschwerden sind, nach den jeweiligen Prozessordnungen die Frage beantwortet, ob eine Zustellung oder Mitteilung der vollständig abgefassten Entscheidung im Sinne des Abs. 1 Satz 2 vorgeschrieben ist oder nicht. In allen Fällen gilt aber, dass es schon auf den Zugang an den fachgerichtlichen Prozessbevollmächtigten ankommt, nicht auf den regelmäßig später liegenden Tag der Weiterleitung an den Beschwerdeführer.[44]

31 Im **Zivilprozess** werden Urteile von Amts wegen zugestellt (§ 317 Abs. 1 Satz 1 ZPO). Die Frist läuft daher gemäß Abs. 1 Satz 2 ab Zustellung, nicht schon ab Verkündung.[45] Beschlüsse und Verfügungen, die außerhalb einer mündlichen Verhandlung ergehen, sind formlos mitzuteilen oder, sofern sie eine Terminsbestimmung enthalten, einen Vollstreckungstitel bilden oder der sofortigen Beschwerde bzw. der Erinnerung unterliegen, zuzustellen (§ 329 Abs. 2 und 3 ZPO); in beiden Fällen gilt Abs. 1 Satz 2. Lediglich für Beschlüsse, die aufgrund einer mündlichen Verhandlung ergehen und die weder eine Terminsbestimmung enthalten noch mit der sofortigen Beschwerde bzw. der Erinnerung anfechtbar sind, ordnet § 329 Abs. 1 ZPO nur die Verkündung, aber keine weitere Mitteilung oder Zustellung an; hier gilt daher Abs. 1 Satz 3. Gleiches gilt für Entscheidungen in Eilverfahren und in Zwangsvollstreckungsverfahren, bei denen die Zustellung nicht von Amts

41 Schmidt-Bleibtreu/Klein/Bethge BVerfGG/Hömig § 93 Rn. 12 (Stand: Juli 2013).
42 Vgl. BVerfGE 24, 236 (244).
43 So aber Lechner/Zuck/Zuck § 93 Rn. 22.
44 Vgl. Beschluss der 1. Kammer des Ersten Senats vom 28.10.2019 – 1 BvR 2208/19, Rn. 3 bei Juris; Beschluss der 3. Kammer des Ersten Senats vom 17.6.2019 – 1 BvR 2302/18, Rn. 2 bei Juris.
45 BVerfGE 50, 32 (34 f.), unter Aufgabe der früheren Rechtsprechung zu einer älteren Gesetzesfassung.

wegen, sondern im Parteibetrieb zu erfolgen hat (vgl. §§ 922 Abs. 2, 936; §§ 750 Abs. 1 Satz 2, 795, 829 Abs. 2, 835 Abs. 3 ZPO). Ist der Beschwerdeführer minderjährig, ist die Zustellung an einen vertretungsberechtigten Elternteil maßgebend.[46]

Im **Strafprozess**[47] sind Entscheidungen, die in Anwesenheit der von ihnen betroffenen Person ergehen, lediglich zu verkünden (§ 35 Abs. 1 Satz 1 StPO). Eine Abschrift ist nicht zwingend, sondern nur auf Verlangen zu erteilen (§ 35 Abs. 1 Satz 2 StPO). Deshalb beginnt die Monatsfrist gemäß Abs. 1 Satz 3 schon mit der Verkündung,[48] auch wenn die spätere Übermittlung einer vollständig abgefassten Entscheidung üblich sein sollte.[49] Andere, also nicht in Anwesenheit des Betroffenen ergehende Entscheidungen sind nach § 35 Abs. 2 StPO zuzustellen oder formlos mitzuteilen, so dass Abs. 1 Satz 2 einschlägig ist und die Frist beginnt, sobald die Zustellung an den Angeklagten oder an seinen gemäß § 145a Abs. 1 StPO empfangsbevollmächtigten Verteidiger erfolgt ist.[50] § 37 Abs. 2 StPO findet keine Anwendung.[51] Die Frist beginnt daher mit dem zuerst bewirkten Zugang der Entscheidung.[52] Deshalb müssen in der Verfassungsbeschwerde beide Zugangszeitpunkte angegeben werden.[53] Maßgebend ist bei formloser Mitteilung an den Verteidiger der Zeitpunkt des Zugangs in dessen Kanzlei.[54] Die frühere Senatsrechtsprechung, nach der nur die Zustellung an den Angeklagten maßgeblich sein sollte,[55] ist zu einer älteren Gesetzesfassung ergangen und nicht mehr zu beachten. 32

46 Vgl. Beschluss der 1. Kammer des Ersten Senats vom 21.9.2020 – 1 BvR 528/19, Rn. 24 bei Juris; vgl. zu einem Verfahrensbeistand: Beschluss der 3. Kammer des Ersten Senats vom 10.8.2022 – 1 BvQ 50/22, Rn. 3 bei Juris.

47 Vgl. dazu Jahn/Krehl/Löffelmann/Güntge Verfassungsbeschwerde/Jahn Rn. 266 ff.

48 Becker/Lange Linien der Rechtsprechung des Bundesverfassungsgericht Band 3 2014/v. Häfen/Kessen § 93 BVerfGG und Subsidiarität der Urteilsverfassungsbeschwerde, S. 94 (109).

49 Beschluss der 1. Kammer des Ersten Senats vom 1.3.2010 – 1 BvR 249/10, Rn. 2 bei Juris.

50 Vgl. Beschluss der 1. Kammer des Zweiten Senats vom 2.2.2024 – 2 BvR 1255/23, Rn. 4 bei Juris; Beschluss der 1. Kammer des Ersten Senats vom 25.9.2023 – 1 BvR 2219/20, Rn. 11 bei Juris; Beschluss der 2. Kammer des Zweiten Senats vom 8.8.2021 – 2 BvR 171/20, Rn. 15 bei Juris; Beschluss der 3. Kammer des Zweiten Senats vom 12.6.2014, Rn. 4 ff. bei Juris; aA Becker/Lange Linien der Rechtsprechung des Bundesverfassungsgerichts Band 3 2014/v. Häfen/Kessen, § 93 BVerfGG und Subsidiarität der Urteilsverfassungsbeschwerde, S. 94 (109 f.): bei Anwesenheit des Verteidigers Fristbeginn schon mit Verkündung.

51 Beschlüsse der 2. Kammer des Zweiten Senats vom 14.5.2021 – 2 BvR 1336/20, Rn. 14 bei Juris, und vom 29.4.2021 – 2 BvR 1543/20, Rn. 7 bei Juris.

52 Vgl. Beschluss der 2. Kammer des Zweiten Senats vom 9.12.2021 – 2 BvR 1789/16, Rn. 11 bei Juris; Beschluss der 3. Kammer des Zweiten Senats vom 7.7.2021 – 1 BvR 2200/18, Rn. 2 bei Juris.

53 Beschluss der 2. Kammer des Ersten Senats vom 12.7.2023 – 1 BvR 58/23, Rn. 17 f. bei Juris; Beschlüsse der 2. Kammer des Zweiten Senats vom 25.4.2022 – 2 BvR 1705/20, Rn. 1 bei Juris, vom 13.1.2022 – 2 BvR 176/21, Rn. 1 bei Juris, vom 8.8.2021 – 2 BvR 171/20, Rn. 20 bei Juris, und vom 2.6.2021 – 2 BvR 847/21, Rn. 1 bei Juris; Beschluss der 3. Kammer des Zweiten Senats vom 24.2.2021 – 2 BvR 428/18, Rn. 3 ff. bei Juris.

54 Beschluss der 3. Kammer des Zweiten Senats vom 13.7.2016 – 2 BvR 1304/14, Rn. 4 bei Juris.

55 BVerfGE 12, 113 (123).

33 Im **Verwaltungsgerichtsprozess** ist nahezu durchgehend auf Abs. 1 Satz 2 abzustellen.[56] Urteile sind unabhängig davon zuzustellen, ob sie aufgrund einer mündlichen Verhandlung oder ohne sie ergehen (§ 116 VwGO), ebenso Gerichtsbescheide (§ 84 Abs. 1 Satz 3 VwGO), Beschlüsse nach § 80 Abs. 5 und § 123 VwGO, deren Bekanntgabe ebenfalls nach § 116 VwGO erfolgt,[57] und alle übrigen Entscheidungen, durch die eine Frist in Gang gesetzt wird, sowie Terminsbestimmungen und Ladungen, wenn sie nicht ohnehin in einer mündlichen Verhandlung verkündet wurden und für sie nicht gesonderte Zustellung vorgeschrieben ist (§ 56 Abs. 1 VwGO). Sonstige Entscheidungen, die keine verwaltungsprozessuale Frist in Gang setzen, sind nach § 173 VwGO iVm § 329 Abs. 2 Satz 1 ZPO formlos mitzuteilen und unterliegen daher gleichfalls Abs. 1 Satz 2.

34 Zur Bekanntgabe von Entscheidungen im **Finanzgerichtsprozess** enthält die Finanzgerichtsordnung weitgehend der Verwaltungsgerichtsordnung entsprechende Regelungen.[58] Gerichtsbescheide sind wie Urteile zu behandeln (vgl. § 90a Abs. 2 Satz 1, Abs. 3, 1. Halbsatz FGO). Die Zustellung richtet sich nach den Vorschriften der Zivilprozessordnung (§ 53 Abs. 2 FGO), so dass Zustellungsfiktionen nach den Verwaltungszustellungsgesetzen nicht eingreifen können.[59]

35 Im **Sozialgerichtsprozess** sind sämtliche Entscheidungen von Amts wegen in vollständig abgefasster Form zuzustellen: Urteile nach §§ 133, 135 SGG, Gerichtsbescheide nach § 105 Abs. 1 Satz 2, Abs. 2 Satz 1, Abs. 3, 1. Halbsatz iVm §§ 133, 135 SGG und Beschlüsse nach §§ 133, 142 Abs. 1 SGG. Die Monatsfrist beginnt stets gemäß Abs. 1 Satz 2 mit der Zustellung.

36 Im **Arbeitsgerichtsprozess** werden Urteile von Amts wegen zugestellt,[60] ebenso über Verweisungen auf diese Vorschriften Beschlüsse im Beschlussverfahren nach den §§ 80 ff. ArbGG. Für sie gilt Abs. 1 Satz 2. Für sonstige Beschlüsse und Verfügungen gilt gemäß § 46 Abs. 2 Satz 1 ArbGG die Regelung des § 329 ZPO (dazu → Rn. 31).

37 d) **Fristbeginn in sonstigen Fällen.** Sämtliche Fallgruppen, die in Abs. 1 zum Fristbeginn geregelt sind, knüpfen als Angriffsgegenstand der Verfassungsbeschwerde an eine Entscheidung an, die sich an den Beschwerdeführer richtet und ihm auf irgendeine Weise bekanntgegeben wird. Bei **anderen Angriffsgegenständen**, die aber auch nicht unter Abs. 3 fallen, bleibt Abs. 1 außer Betracht oder muss das den Fristbeginn ausmachende Ereignis unter Rückgriff auf die der Regelung des Abs. 1 zugrunde liegenden Rechtsgedanken bestimmt werden.

38 Richtet sich eine Verfassungsbeschwerde gegen ein **Unterlassen** der öffentlichen Gewalt, greifen die Fristvorschriften des § 93 bei fortdauerndem Unterlassen grundsätzlich nicht ein. Die Verfassungsbeschwerde kann jederzeit

56 Vgl. Beschluss der 1. Kammer des Ersten Senats vom 25.3.2013 – 1 BvR 539/13, Rn. 2 bei Juris.

57 Vgl. Schmidt-Bleibtreu/Klein/Bethge BVerfGG/Hömig § 93 Rn. 23 (Stand: Juli 2013).

58 Vgl. §§ 104 Abs. 1 Satz 2, 2. Halbsatz, Abs. 2, Abs. 3 und § 121 FGO für Urteile, § 53 Abs. 1 und § 155 FGO iVm § 329 Abs. 2 Satz 1 ZPO für Beschlüsse.

59 AA Lechner/Zuck/Zuck § 93 Rn. 37.

60 § 50 Abs. 1 Satz 1 ArbGG für das Arbeitsgericht, § 64 Abs. 7 ArbGG für das Landesarbeitsgericht, § 72 Abs. 6 ArbGG für das Bundesarbeitsgericht.

erhoben werden, solange das Unterlassen andauert.[61] Die Monatsfrist des § 93 Abs. 1 beginnt bei einer gegen ein behördliches oder gerichtliches Unterlassen gerichteten Verfassungsbeschwerde aber dann, sobald der Beschwerdeführer Kenntnis davon erlangt hat, dass das Unterlassen geendet hat oder dass das von ihm geforderte Tätigwerden unmöglich geworden ist.[62]

Am Ausgangsverfahren nicht beteiligte **Dritte**, denen gegenüber eine hoheitliche Maßnahme nicht bekanntgegeben wurde, die sich durch sie aber in ihren Grundrechten verletzt fühlen, würden grundlos bevorteilt, wenn sie sich an die Monatsfrist des Abs. 1 nicht halten müssten und damit auch außerhalb des vom Gesetzgeber mit dem Ziel des Rechtsfriedens geschaffenen zeitlichen Rahmens Verfassungsbeschwerde erheben könnten. Die Frist beginnt daher zu laufen, sobald der Dritte vom Inhalt der vollständig abgefassten Entscheidung **Kenntnis** erlangt,[63] etwa durch Akteneinsicht.[64] Er darf den Zeitpunkt des Fristbeginns aber nicht verzögern, indem er vorhandene und ihm bekannte Möglichkeiten der Kenntniserlangung nicht nutzt. Das Verstreichenlassen einer solchen Möglichkeit steht positiver Kenntnis gleich.[65] 39

An einer Bekanntgabe gegenüber dem Betroffenen im Sinne der Sätze 2 und 3 des Abs. 1 fehlt es auch bei **heimlichen Maßnahmen** wie einer heimlichen Telefonüberwachung oder akustischen Wohnraumüberwachung. Die Monatsfrist kann in solchen Fällen nicht zu laufen beginnen, solange der Betroffene nicht über die Maßnahme benachrichtigt wurde oder anderweitig von ihr Kenntnis erlangt hat. Der Zeitpunkt, ab dem er darlegen kann, mit einiger Wahrscheinlichkeit von einer heimlichen Maßnahme erfasst zu sein, ist für die Bestimmung des Fristbeginns hingegen ungeeignet. Vielmehr begründet dieser Umstand allein die Beschwerdebefugnis des Beschwerdeführers im Sinne des § 90 Abs. 1, setzt der Erhebung der Verfassungsbeschwerde aber keine zeitliche Grenze im Sinne des § 93 Abs. 1.[66] Letztlich wird es darauf aber nicht ankommen, weil vorrangig fachgerichtlicher Rechtsschutz in Anspruch zu nehmen oder eine Verfassungsbeschwerde unmittelbar gegen das zugrunde liegende Gesetz innerhalb der Frist des Abs. 3 zu erwägen ist. 40

4. Fristende. Die Monatsfrist des Abs. 1 Satz 1 **endet** grundsätzlich gemäß § 188 Abs. 2, 1. Alt. iVm § 187 Abs. 1 BGB, § 222 Abs. 1 ZPO mit dem Ablauf des Tages des Folgemonats, der durch seine Zahl dem Tag entspricht, an dem das den Fristbeginn auslösende Ereignis eingetreten ist. Ist eine für den Fristbeginn nach Abs. 1 Satz 2 maßgebende Zustellung der anzugreifenden Entscheidung beispielsweise am 1.2. erfolgt, muss die Verfassungsbeschwerde spätestens am 1.3., 24 Uhr, erhoben werden (vgl. zum Unterschied zur Jahresfrist: → Rn. 98). 41

61 Beschluss der 1. Kammer des Zweiten Senats vom 29.5.2013 – 2 BvR 1804/12, Rn. 26 bei Juris; BVerfGE 77, 170 (214).
62 Beschluss der 1. Kammer des Zweiten Senats vom 29.5.2013 – 2 BvR 1804/12, Rn. 26 bei Juris.
63 BVerfGE 99, 145 (155 f.); 75, 201 (214).
64 Beschluss der 1. Kammer des Ersten Senats vom 16.6.2014 – 1 BvR 1443/12, Rn. 17 bei Juris.
65 Vgl. BVerfGE 28, 88 (93); Barczak BVerfGG/Peters § 93 Rn. 50; Schmidt-Bleibtreu/Klein/Bethge BVerfGG/Hömig § 93 Rn. 33 (Stand: Juli 2013); unklar Lechner/Zuck/Zuck § 93 Rn. 23 einerseits und Rn. 44 andererseits.
66 AA Schmidt-Bleibtreu/Klein/Bethge BVerfGG/Hömig § 93 Rn. 32 (Stand: Juli 2013).

42 Auch die **Ausnahmevorschriften der §§ 187 ff. BGB zur Berechnung der Frist** sind zu beachten: Ist der Folgemonat kürzer als der Monat, in dem die Frist zu laufen begann, und fehlt deshalb im Folgemonat der zahlenmäßig entsprechende Tag, endet die Frist nach § 188 Abs. 3 BGB mit Ablauf des letzten Tags des Monats. Fällt der letzte Tag der Frist auf einen Samstag, einen Sonntag[67] oder einen nach dem für Karlsruhe maßgebenden baden-württembergischen Feiertagsgesetz anerkannten allgemeinen Feiertag, endet die Frist erst mit Ablauf des folgenden Werktags (§ 222 Abs. 2 ZPO, § 193 BGB).

III. Wiedereinsetzung in den vorigen Stand, Abs. 2

43 Bei unverschuldeter Fristversäumung Wiedereinsetzung in den vorigen Stand zu gewähren, ist ein Gebot, das aus dem verfassungsrechtlichen Recht auf **effektiven Rechtsschutz** (Art. 19 Abs. 4 GG bzw. Art. 2 Abs. 1 GG iVm dem Rechtsstaatsprinzip),[68] auch in seiner Ausprägung als Gebot des fairen Verfahrens,[69] und auf Gewährung **rechtlichen Gehörs** (Art. 103 Abs. 1 GG)[70] beruht.[71] Seit 1993 ist die Wiedereinsetzung in den vorigen Stand deshalb auch im Verfahren der Verfassungsbeschwerde vorgesehen. Die frühere abwehrende Haltung des Bundesverfassungsgerichts selbst[72] hat sich dadurch erledigt.[73]

44 **1. Anwendungsbereich: „diese Frist".** Die Frist, bei deren unverschuldeter Versäumung eine Wiedereinsetzung in den vorigen Stand in Betracht kommt, wird in Abs. 2 Satz 1 als „diese Frist" bezeichnet. Damit verweist die Vorschrift ersichtlich auf die **Monatsfrist des Abs. 1 Satz 1.**

45 **Ausgeschlossen** ist eine Wiedereinsetzung demzufolge bei einer Versäumung der für die Rechtssatzverfassungsbeschwerde geltenden **Jahresfrist des Abs. 3.**[74] Diese Auslegung des Gesetzes ist zwingend, insbesondere aus systematischer Sicht, da anderenfalls nicht zu erklären wäre, warum der Gesetzgeber die Regelung zur Wiedereinsetzung zwischen die Vorschriften zur Monatsfrist und zur Jahresfrist eingefügt hat. Der gesetzgeberische Wille, die Wiedereinsetzung auf die Monatsfrist zu beschränken, kommt auch in den Gesetzesmaterialien zum Ausdruck.[75]

46 Aus Sicht des Beschwerdeführers kann sich auch bei einer Rechtssatzverfassungsbeschwerde das Bedürfnis nach einer Wiedereinsetzung in den vorigen Stand ergeben, wenn er die Frist ausschöpfen wollte und kurz vor Fristablauf

---

67 Vgl. Beschluss der 1. Kammer des Ersten Senats vom 25.3.2013 – 1 BvR 539/13, Rn. 2 bei Juris.

68 Vgl. BVerfGE 110, 39 (342); 88, 118 (123 ff.); Beschluss der 2. Kammer des Zweiten Senats vom 14.2.2023 – 2 BvR 653/20, Rn. 20 ff. bei Juris; Beschluss der 2. Kammer des Ersten Senats vom 24.10.2017 – 1 BvR 877/13, Rn. 24 bei Juris; Beschluss der 3. Kammer des Ersten Senats vom 11.3.2010 – 1 BvR 290/10, Rn. 14 bei Juris.

69 Beschluss der 2. Kammer des Ersten Senats vom 4.9.2020 – 1 BvR 2427/19, Rn. 22 ff. bei Juris.

70 Vgl. BVerfGE 86, 280 (284 f.); Beschluss der 2. Kammer des Zweiten Senats vom 14.2.2023 – 2 BvR 653/20, Rn. 20 bei Juris.

71 Vgl. auch BVerfGE 135, 126 (140, Rn. 35).

72 Vgl. BVerfGE 4, 309 (313 ff.); 50, 381 (384).

73 BVerfGE 122, 190 (204 f.).

74 BVerfGE 151, 202 (279, Rn. 99); Beschluss der 3. Kammer des Ersten Senats vom 4.6.2014 – 1 BvR 1443/08, Rn. 4 bei Juris.

75 Vgl. BT-Drs. 12/3628 S. 13.

ein unverschuldetes Hindernis auftritt.[76] Der Gesetzgeber hat für diesen Fall aber der **Rechtssicherheit Vorrang** vor der Effektivität des verfassungsgerichtlichen Rechtsschutzes eingeräumt und die Frist des Abs. 3 als absolute Ausschlussfrist ausgestaltet.

Damit korrespondiert die bei der Urteilsverfassungsbeschwerde geltende **Ausschlussfrist** des Abs. 2 Satz 5 **für Wiedereinsetzungsanträge**, die nach einem Jahr seit dem Ende der versäumten Monatsfrist gestellt werden. Allerdings ist zu beachten, dass diese Jahresfrist nicht jegliche Wiedereinsetzung in die Frist des § 93 Abs. 1 ausschließt, weil sie sich nur auf den Wiedereinsetzungsantrag bezieht, nicht auf die Wiedereinsetzung als solche, die nach Abs. 2 Satz 4, 2. Halbsatz auch **von Amts wegen** gewährt werden kann.[77] 47

Von der Verweisung auf „diese Frist" ist auch die Antragsfrist von zwei Wochen für den Wiedereinsetzungsantrag gemäß Abs. 2 Satz 2 nicht erfasst. Das Gesetz sieht **keine Wiedereinsetzung in diese Wiedereinsetzungsfrist** vor.[78] 48

Die Verweisung auf die Frist des Abs. 1 Satz 1 ist umfassend. Sie erstreckt sich auf beide Fristen dieser Vorschrift, dh nicht nur auf die Frist zur Erhebung, sondern **auch** auf die **Frist zur Begründung der Verfassungsbeschwerde**.[79] 49

Gelingt es dem Beschwerdeführer nicht, innerhalb der Monatsfrist des Abs. 1 Satz 1 die Verfassungsbeschwerde so zu begründen, dass sie den Anforderungen der §§ 92, 23 Abs. 1 Satz 2 genügt, kann er unter den Voraussetzungen des Abs. 2 Wiedereinsetzung in den vorigen Stand verlangen.[80] **Weder die Art des Begründungsdefizits noch ihre Ursache sind** für die Frage, ob Wiedereinsetzung in Betracht kommt, **von Bedeutung**. Abs. 2 Satz 1 kennt insoweit keine Differenzierung. 50

Vielmehr ist in allen Fällen, in denen nach der Rechtsprechung des Bundesverfassungsgerichts eine Unzulässigkeit wegen nicht fristgerechter Begründung angenommen werden kann, eine Wiedereinsetzung möglich. Sie ist deshalb **auch** zu erwägen, wenn die Verfassungsbeschwerde **bezüglich einzelner Rügen** fristgerecht erhoben und begründet wurde, bezüglich anderer Rügen aber ohne Verschulden des Beschwerdeführers keine ausreichende fristgerechte Begründung erfolgt ist.[81] 51

Wenn von der Unheilbarkeit von Substantiierungsmängeln die Rede ist, dann bezieht sich das nicht auf die Möglichkeit der Wiedereinsetzung nach Abs. 2.[82] Der wahre Kern dieser Aussage liegt vielmehr nur darin, dass ein 52

---

76 Vgl. Lechner/Zuck/Zuck § 93 Rn. 45.
77 Vgl. den Fall von BVerfGE 122, 190 (204), in dem die Jahresfrist schon klar abgelaufen war.
78 Beschluss der 1. Kammer des Ersten Senats vom 25.9.2006 – 1 BvR 2182/06, Rn. 11 bei Juris.
79 Vgl. Beschluss der 3. Kammer des Ersten Senats vom 15.2.2023 – 1 BvR 2349/22, Rn. 13 bei Juris.
80 Vgl. daran anschließend VerfGH Baden-Württemberg, Beschluss vom 21.3.2016 – 1 VB 80/15, Rn. 15 bei Juris.
81 AA Schmidt-Bleibtreu/Klein/Bethge BVerfGG/Hömig § 93 Rn. 41 (Stand: Juli 2013): „schwer vorstellbar".
82 Unzutreffend Beschluss der 3. Kammer des Ersten Senats vom 21.11.2007 – 1 BvR 2793/07, Rn. 4 bei Juris.

Substantiierungsmangel nicht durch schlichtes Nachholen der Begründung geheilt werden kann. Ob aber Wiedereinsetzung gewährt werden kann, hängt allein davon ab, ob der **Begründungsmangel**, etwa das nicht rechtzeitige Übersenden der angegriffenen Entscheidungen, **unverschuldet** ist.[83] Dann sind **auch Substantiierungsmängel heilbar**.[84]

53 **2. Wiedereinsetzungsgrund, Abs. 2 Sätze 1 und 6.** Der Beschwerdeführer muss gemäß Abs. 1 Satz 1 **ohne sein Verschulden verhindert** gewesen sein, die Monatsfrist einzuhalten. Diese Umschreibung des Wiedereinsetzungsgrundes entspricht den aus den fachgerichtlichen Prozessordnungen bekannten Regelungen (vgl. nur § 233 ZPO, § 60 Abs. 2 VwGO), so dass auf die dazu ergangene fachgerichtliche Rechtsprechung zurückgegriffen werde kann, die ihrerseits der Kontrolle durch das Bundesverfassungsgericht ausgesetzt ist.[85]

54 An einem **Hinderungsgrund** fehlt es bereits dann, wenn zum Ende der Frist noch genügend Zeit für die Erhebung und Begründung der Verfassungsbeschwerde blieb.[86] Allein mit einer faktischen Verkürzung der Frist, weil der Beschwerdeführer beispielsweise zu Beginn der Frist für zwei oder drei Wochen erkrankt war, kann die Wiedereinsetzung nicht begründet werden.[87]

55 Die Verhinderung muss nach Abs. 2 Satz 1 **ohne Verschulden des Beschwerdeführers** eingetreten sein.[88] Durch die Verfahrensregelungen der Sätze 2 bis 5 unterbrochen, wird die Regelung des Satzes 1 hinsichtlich des Wiedereinsetzungsgrundes in **Abs. 1 Satz 6** dahin gehend ergänzt, dass das **Verschulden des Bevollmächtigten** dem Verschulden des Beschwerdeführers gleichsteht.

56 **Verschulden** ist bei jeglicher Verletzung der Sorgfalt anzunehmen, die für einen gewissenhaften Beschwerdeführer im Hinblick auf die Fristwahrung geboten und ihm nach den gesamten Umständen des konkreten Falles zuzumuten ist.[89] Auch leichte Fahrlässigkeit schadet.[90] Angesichts des Verfassungsbezugs zu Art. 103 Abs. 1 und Art. 19 Abs. 4 GG dürfen die Anforderungen an die individuellen Sorgfaltspflichten nicht überspannt werden.[91]

57 Ein grundsätzlich anerkannter Wiedereinsetzungsgrund in der Person des Beschwerdeführers ist insbesondere eine die Einhaltung der Frist verhindern-

83 So auch die ganz überwiegende Kammerrechtsprechung, vgl. nur Beschlüsse der 2. Kammer des Zweiten Senats vom 20.12.2012 – 2 BvR 659/12, Rn. 14 f. bei Juris, und vom 13.11.2013 – 2 BvR 1797/13, Rn. 10 bei Juris; vgl. auch die Prüfung einer diesbezüglichen Wiedereinsetzung im Beschluss der 2. Kammer des Ersten Senats vom 21.10.2021 – 1 BvR 838/19, Rn. 4 ff. bei Juris, und im Beschluss der 2. Kammer des Zweiten Senats vom 12.2.2020 – 2 BvR 122/20, Rn. 12 bei Juris.

84 So auch Barczak BVerfGG/Peters § 93 Rn. 71.

85 BVerfGE 67, 208 (211); Beschluss der 2. Kammer des Zweiten Senats vom 14.2.2023 – 2 BvR 653/20, Rn. 20 ff. bei Juris; Beschluss der 2. Kammer des Ersten Senats vom 4.9.2020 – 1 BvR 2427/19, Rn. 22 ff. bei Juris.

86 Vgl. Beschluss der 1. Kammer des Zweiten Senats vom 21.9.2020 – 2 BvR 660/20, Rn. 2 bei Juris.

87 Vgl. Beschluss der 1. Kammer des Zweiten Senats vom 2.6.2001 – 2 BvR 957/00, Rn. 5 bei Juris, zu § 93 Abs. 2 Satz 2.

88 Vgl. dazu aus der Senatsrechtsprechung: BVerfGE 122, 190 (204).

89 Vgl. BSG, Beschluss vom 8.9.2010 – B 14 AS 96/10 B, Rn. 6 bei Juris; BVerwG, Beschluss vom 25.5.2010 – 7 B 18/10, Rn. 4 bei Juris.

90 Vgl. BFH, Beschluss vom 20.7.2016 – I R 6/16, Rn. 11 bei Juris.

91 BVerfGE 135, 126 (139, Rn. 35).

de **Erkrankung.**[92] Die bloße Vorlage einer Arbeitsunfähigkeitsbescheinigung reicht dafür aber nicht aus. Aus den vom Beschwerdeführer vorgelegten Attesten muss vielmehr ersichtlich sein, dass die Krankheit in verfahrensrelevanter Form Einfluss auf seine Urteils- und Handlungsfähigkeit hat.[93] Ebenfalls als Wiedereinsetzungsgrund anerkannt ist eine Mittellosigkeit, aufgrund derer der Beschwerdeführer vorab die Bewilligung von **Prozesskostenhilfe** und die Beiordnung eines Rechtsanwalts beantragt, um anschließend nach Wiedereinsetzung in den vorigen Stand Verfassungsbeschwerde zu erheben.[94] Dazu muss der Beschwerdeführer innerhalb der Monatsfrist des Abs. 1 Satz 1 den Prozesskostenhilfeantrag stellen, alle für die Entscheidung im Prozesskostenhilfeverfahren erheblichen Angaben machen und die notwendigen Unterlagen vorlegen.[95] Dazu gehört auch eine einigermaßen plausible Minimalbegründung der beabsichtigten Verfassungsbeschwerde, mit der der Beschwerdeführer wenigstens im Kern deutlich macht, welche verfassungsrechtliche Beanstandung er gegen den angegriffenen Hoheitsakt erheben will.[96]

Ein **Rechtsirrtum** über die Monatsfrist,[97] über den Beginn dieser Frist[98] oder 58
über die Erfolgsaussichten der Verfassungsbeschwerde wird hingegen in der Regel **nicht** als **unverschuldet** zu bewerten sein.[99] Vom Beschwerdeführer ist zu erwarten, dass er sich rechtzeitig rechtlich informiert,[100] zumal sich die entsprechenden Hinweise auf der **Homepage** des Bundesverfassungsgerichts finden, und zwar im Merkblatt des Bundesverfassungsgerichts zur Verfassungsbeschwerde.[101] Eine falsche Interpretation dieser Hinweise begrün-

92 Vgl. Beschluss der 3. Kammer des Ersten Senats vom 3.9.2020 – 1 BvR 1786/20, Rn. 2 bei Juris; Beschluss der 1. Kammer des Zweiten Senats vom 17.7.2007 – 2 BvR 1164/07, Rn. 2 bei Juris; vgl. zur Erkrankung des Bevollmächtigten: BGH, Beschluss vom 19.5.2011 – V ZB 31/11, Rn. 4 bei Juris.

93 Beschluss der 3. Kammer des Ersten Senats vom 3.9.2020 – 1 BvR 1786/20, Rn. 2 bei Juris; vgl. auch Beschluss der 2. Kammer des Zweiten Senats vom 22.12.2021 – 2 BvR 1305/18, Rn. 3 bei Juris.

94 Vgl. Beschlüsse der 1. Kammer des Ersten Senats vom 18.3.2019 – 1 BvR 2331/18, Rn. 13 bei Juris, und vom 27.8.2014 – 1 BvR 192/12, Rn. 13 bei Juris.

95 Beschluss der 1. Kammer des Zweiten Senats vom 7.2.2023 – 2 BvR 872/22, Rn. 4 bei Juris; Beschlüsse der 3. Kammer des Ersten Senats vom 5.11.2013 – 1 BvR 2544/12, Rn. 7 bei Juris, und vom 24.3.2011 – 1 BvR 2493/10, Rn. 12 bei Juris.

96 Beschluss der 1. Kammer des Ersten Senats vom 18.3.2019 – 1 BvR 2331/18, Rn. 13 ff. bei Juris; Beschluss der 3. Kammer des Ersten Senats vom 5.11.2013 – 1 BvR 2544/12, Rn. 7 bei Juris.

97 Vgl. Beschluss der 3. Kammer des Ersten Senats vom 16.9.2021 – 1 BvR 1640/21, Rn. 5 bei Juris; Beschluss der 1. Kammer des Ersten Senats vom 25.3.2013 – 1 BvR 539/13, Rn. 4 f. bei Juris.

98 Vgl. Beschluss der 3. Kammer des Ersten Senats vom 17.6.2019 – 1 BvR 2302/18, Rn. 3 bei Juris.

99 Vgl. Beschluss der 2. Kammer des Zweiten Senats vom 16.1.2019 – 2 BvR 1081/18, Rn. 4 bei Juris; Beschluss der 3. Kammer des Zweiten Senats vom 27.9.2002 – 2 BvR 855/02, Rn. 6 bei Juris.

100 Beschluss der 3. Kammer des Zweiten Senats vom 6.11.2003 – 2 BvR 1568/02, Rn. 2 bei Juris.

101 Vgl. Beschluss der 2. Kammer des Ersten Senats vom 11.8.2022 – 1 BvR 1462/21, Rn. 1 bei Juris; Beschluss der 3. Kammer des Ersten Senats vom 7.6.2021 – 1 BvR 507/21, Rn. 1 f. bei Juris; Beschluss der 1. Kammer des Ersten Senats vom 4.6.2018 – 1 BvR 1180 /17, Rn. 8 bei Juris.

det keine Wiedereinsetzung.[102] Das Bundesverfassungsgericht verlangt vom Beschwerdeführer, sich kurzfristig Rechtsrat einzuholen[103] oder darzulegen, warum dies nicht möglich war.[104] Nicht unverschuldet ist auch ein Irrtum darüber, dass vor Erhebung der Verfassungsbeschwerde die fachgerichtliche Entscheidung über einen außerordentlichen Rechtsbehelf abgewartet werden kann.[105] Ob Wiedereinsetzung ausnahmsweise denkbar ist, wenn sich der Beschwerdeführer auf einen falschen Rat verließ, den ihm eine Person erteilt hat, die er für rechtskundig halten durfte, deren Verschulden ihm aber nicht nach Abs. 2 Satz 6 zugerechnet wird,[106] ist zweifelhaft.

59 **Fehler und Verzögerungen bei der Übermittlung** der Verfassungsbeschwerdeschrift fallen dem Beschwerdeführer nicht zur Last, wenn er sie so rechtzeitig und ordnungsgemäß abgesandt hat, dass bei gewöhnlichem Verlauf der Dinge mit einem rechtzeitigen Eingang beim Bundesverfassungsgericht zu rechnen war.[107] Wird die Verfassungsbeschwerde versehentlich an ein falsches Gericht geschickt, kommt eine Wiedereinsetzung nur dann in Betracht, wenn die Verfassungsbeschwerde nach einer zügigen Weiterleitung an das Bundesverfassungsgericht dort noch hätte rechtzeitig eingehen können.[108] Auf die **üblichen Postlaufzeiten** darf der Beschwerdeführer rechtlich vertrauen,[109] dh bei Briefbeförderung durch die Deutsche Post auf eine Zustellung am nächsten Werktag; er sollte es aber tatsächlich nicht tun, sondern einen sichereren Übermittlungsweg wählen.

60 Bei **Übersendung per Telefax** können technische Defekte oder eine fehlerhafte Einstellung des Übertragungsgeräts[110] dem Beschwerdeführer nur dann vorgeworfen werden, wenn er sie so frühzeitig hätte erkennen können, dass er noch rechtzeitig auf einen anderen Übermittlungsweg hätte umsteigen können.[111] Kontrolliert der Beschwerdeführer die Richtigkeit der Empfängernummer nicht, so handelt er sorgfaltswidrig.[112] Leitungsprobleme und Defekte am Empfangsgerät des Bundesverfassungsgerichts fallen hingegen nicht in den Verantwortungsbereich des Beschwerdeführers und begründen eine

---

102 Beschluss der 2. Kammer des Ersten Senats vom 7.3.2018 – 1 BvR 2865/17, Rn. 2 bei Juris.

103 Vgl. Beschluss der 2. Kammer des Ersten Senats vom 11.8.2022 – 1 BvR 1462/21, Rn. 1 bei Juris.

104 Beschluss der 3. Kammer des Ersten Senats vom 17.6.2019 – 1 BvR 2302/18, Rn. 3 bei Juris.

105 Beschluss der 3. Kammer des Ersten Senats vom 16.9.2021 – 1 BvR 1640/21, Rn. 5 bei Juris; Beschluss der 2. Kammer des Ersten Senats vom 6.9.2016 – 1 BvR 173/15, Rn. 14 bei Juris.

106 So Schmidt-Bleibtreu/Klein/Bethge BVerfGG/Hömig § 93 Rn. 47 (Stand: Juli 2013).

107 BVerfGE 62, 334 (337); 45, 360 (362).

108 Beschluss der 2. Kammer des Ersten Senats vom 21.10.2021 – 1 BvR 838/19, Rn. 6 bei Juris.

109 Beschluss der 3. Kammer des Zweiten Senats vom 23.3.2018 – 2 BvR 2126/17, Rn. 21 bei Juris; Beschlüsse der 2. Kammer des Zweiten Senats vom 7.3.2017 – 2 BvR 162/16, Rn. 26 bei Juris, und vom 5.6.2013 – 2 BvR 586/13, Rn. 10 bei Juris; Beschlüsse der 3. Kammer des Ersten Senats vom 28.7.2016 – 1 BvR 1695/15, Rn. 14 bei Juris, und vom 8.1.2009 – 1 BvR 755/08, Rn. 12 bei Juris.

110 Vgl. Beschluss der 1. Kammer des Ersten Senats vom 16.10.2014 – 1 BvR 2452/14, Rn. 6 bei Juris.

111 Vgl. BVerwG, Beschluss vom 25.5.2010 – 7 B 18/10, Rn. 5 bei Juris.

112 Beschluss der 2. Kammer des Ersten Senats vom 21.10.2021 – 1 BvR 838/19, Rn. 5 bei Juris.

Wiedereinsetzung in den vorigen Stand.[113] Wiedereinsetzung ist auch zu gewähren, wenn der Telefaxsendebericht des Absenders keinen Fehler bei der Übermittlung erkennen lässt und der Beschwerdeführer deshalb erst durch einen Hinweis des Bundesverfassungsgerichts auf eine unvollständige Übermittlung der Verfassungsbeschwerde aufmerksam gemacht wird.[114]

Von einem Defekt des Empfangsgeräts ist aber die bloße **Belegung des Geräts** durch eine andere Telefaxsendung zu unterscheiden. Damit soll der Beschwerdeführer stets rechnen müssen. Scheitert der rechtzeitige Eingang der vollständigen Verfassungsbeschwerde daran, dass das Empfangsgerät belegt war, soll deshalb die Verspätung vom Beschwerdeführer verschuldet sein, wenn er keinen ausreichenden zeitlichen „Sicherheitszuschlag“ von mindestens 20 Minuten einkalkuliert hat.[115] Diese Kammerrechtsprechung ist mittlerweile vom Ersten Senat des Bundesverfassungsgerichts übernommen worden.[116] 61

Diese Entscheidungen des Bundesverfassungsgerichts sind auch **von der Fachgerichtsbarkeit** dankend **übernommen** und auf deren Verfahrensrecht übertragen worden.[117] 62

Diese Rechtsprechung ist aber abzulehnen. Sie kollidiert mit dem Grundsatz, dass gesetzliche Fristen voll ausgeschöpft werden dürfen,[118] und schiebt die Verantwortung für unzureichende organisatorische Vorkehrungen des Bundesverfassungsgerichts auf den Beschwerdeführer ab.[119] 63

Reichen die Kapazitäten des Empfangsgeräts, wie das Bundesverfassungsgericht mit den genannten Entscheidungen einräumt, nicht aus, um die bekannte Häufung von Sendungen an bestimmten Tagen oder zu bestimmten Uhrzeiten aufzufangen, so liegt es im Verantwortungsbereich des Gerichts, **ausreichende** zusätzliche **Kapazitäten** zu schaffen. Diese Verantwortung übernimmt das Gericht schon dadurch, dass es den Übermittlungsweg per Telefax zur Verfügung stellt,[120] und es wird dieser Verantwortung nicht schon durch die kurze Bemessung der einzukalkulierenden Sicherheitsreserve gerecht.[121] An einem Verschulden des Beschwerdeführers fehlt es daher schon 64

---

113 Vgl. Beschlüsse der 1. Kammer des Ersten Senats vom 16.10.2014 – 1 BvR 2452/14, Rn. 5 bei Juris, und vom 25.3.2010 – 1 BvR 2446/09, Rn. 9 bei Juris; Beschluss der 3. Kammer des Zweiten Senats vom 11.5.2005 – 2 BvR 526/05, Rn. 3 bei Juris.

114 Beschluss der 2. Kammer des Zweiten Senats vom 13.11.2013 – 2 BvR 1797/13, Rn. 10 bei Juris.

115 Beschlüsse der 1. Kammer des Ersten Senats vom 23.6.2016 – 1 BvR 1806/14, Rn. 4 bei Juris, vom 2.7.2014 – 1 BvR 862/13 Rn. 3 bei Juris, und vom 3.9.2013 – 1 BvR 1419/13, Rn. 20 bei Juris; Beschluss der 3. Kammer des Ersten Senats vom 23.12.2016 – 1 BvR 3511/13, Rn. 5 bei Juris; Beschluss der 3. Kammer des Zweiten Senats vom 21.4.2016 – 2 BvR 273/16, Rn. 9 bei Juris.

116 BVerfGE 135, 126 (139 f., Rn. 36 f.).

117 Vgl. BSG, Beschluss vom 15.3.2018 – B 10 ÜG 30/17 C, Rn. 8 bei Juris; BGH, Beschlüsse vom 29.9.2021 – VII ZB 12/21, Rn. 24 bei Juris, und vom 23.10.2018 – III ZB 54/18, Rn. 10 bei Juris; BFH, Beschluss vom 8.10.2015 – VII B 147/14, Rn. 4 bei Juris; nicht so streng: BVerwG, Beschluss vom 5.12.2016 – 6 B 17/16, Rn. 16 f. bei Juris; vgl. auch VerfGH Sachsen, Beschluss vom 25.6.2020 – Vf. 79-IV-20, Rn. 14 bei Juris.

118 Vgl. BGH, Beschluss vom 2.8.2006 – XII ZB 84/06, Rn. 7 bei Juris; aA BVerfGE 135, 126 (140, Rn. 37).

119 So auch Lechner/Zuck/Zuck § 93 Rn. 6.

120 AA Schmidt-Bleibtreu/Klein/Bethge BVerfGG/Hömig § 93 Rn. 55 (Stand: Juli 2013).

121 So aber BVerfGE 135, 126 (140, Rn. 37).

dann, wenn er mit der Übermittlung per Telefax so rechtzeitig begonnen hat, dass unter Berücksichtigung des Umfangs der Sendung und der daraus folgenden Übermittlungsdauer mit einem rechtzeitigen Eingang gerechnet werden konnte. Ein Verschulden kommt nur in Extremfällen in Betracht, etwa wenn mit der Übermittlung einer überlangen Verfassungsbeschwerdeschrift erst kurz vor Fristablauf begonnen wird[122] oder wenn der Verfahrensbevollmächtigte des Beschwerdeführers trotz ständiger Abstürze der Word-Datei bei einer von ihm selbst prognostizierten Übermittlungsdauer des Telefax von 1,5 Stunden noch zwischen 17.50 Uhr und 23.15 Uhr an der Fertigstellung des Schriftsatzes in Word arbeitet und erst dann mit dem Faxvorgang beginnt.[123]

65 Das sind aber alles Überlegungen, die nur dann heranzuziehen sind, wenn das Kind schon in den Brunnen gefallen ist. Für die **praktische Handhabung** ist von der scharfen Rechtsprechung des Bundesverfassungsgerichts auszugehen und ein hinreichender **Sicherheitsabstand zum Fristende** zu wahren.

66 **Verschulden eines Dritten** steht dem des Beschwerdeführers nach **Abs. 2 Satz 6** nur dann gleich, wenn es sich um seinen **Bevollmächtigten** handelt. Sorgfaltsverstöße der Angestellten des Bevollmächtigten muss sich der Beschwerdeführer hiernach nicht zurechnen lassen.

67 Allerdings wirken sich Fehler der Angestellten im Ergebnis doch auch zulasten des Beschwerdeführers aus, wenn in ihnen zugleich ein – dann nach Abs. 2 Satz 6 zurechenbares – **Organisations- und Überwachungsverschulden** des Bevollmächtigten zum Ausdruck kommt.[124] Er muss insbesondere die Fristwahrung garantierende, eindeutige Anweisungen erteilen[125] und für eine geeignete **Fristenkontrolle und Ausgangskontrolle** von Schriftstücken sorgen.[126]

68 Die bloße allgemeine Anweisung, immer auch die Anlagen per Telefax zu übermitteln, genügt dafür nicht.[127] Eine wirksame **Endkontrolle** erfordert eine abschließende Überprüfung **der** einer Verfassungsbeschwerde **beigefügten Anlagen** auf ihre Vollständigkeit[128] einschließlich eines Vergleichs etwaig gefertigter Kopien mit den Originalen. Die Erfahrung zeigt, dass von beid-

122 500 Seiten vier Stunden vor Fristablauf, vgl. Beschluss der 1. Kammer des Ersten Senats vom 11.4.2012 – 1 BvR 350/12, Rn. 1 bei Juris.

123 Vgl. Beschluss der 1. Kammer des Ersten Senats vom 2.7.2014 – 1 BvR 862/13, Rn. 4 bei Juris.

124 Vgl. Beschluss der 2. Kammer des Zweiten Senats vom 10.6.2013 – 2 BvR 1541/12, Rn. 20 bei Juris.

125 Vgl. Beschluss der 2. Kammer des Ersten Senats vom 29.10.2019 – 1 BvR 859/18, Rn. 9 bei Juris; Beschluss der 3. Kammer des Zweiten Senats vom 27.6.2011 – 2 BvR 751/11, Rn. 5 bei Juris.

126 Beschluss der 1. Kammer des Zweiten Senats vom 21.2.2001 – 2 BvR 1469/00, Rn. 5 bei Juris; vgl. auch BVerwG, Beschluss vom 8.3.2019 – 5 PB 15/18, Rn. 16 bei Juris; BGH, Beschluss vom 4.4.2019 – V ZB 156/18, Rn. 8 bei Juris; BAG, Urteil vom 25.5.2016 – 5 AZR 614/15, Rn. 20 ff. bei Juris; BSG, Beschluss vom 1.8.2018 – B 1 KR 98/17 B, Rn. 8 bei Juris.

127 Beschluss der 2. Kammer des Ersten Senats vom 30.5.2007 – 1 BvR 756/07, Rn. 2 f. bei Juris.

128 Vgl. Beschluss der 3. Kammer des Ersten Senats vom 15.2.2023 – 1 BvR 2349/22, Rn. 22 f. bei Juris.

seitig bedruckten Kopiervorlagen gerne nur die ungeraden Seiten kopiert werden. Die Rechtsprechung verlangt, dass der Bevollmächtigte die Durchführung der Ausgangskontrolle zumindest durch **allgemeine Anweisungen** sicherstellt.[129] Der Rechtsanwalt tut aber gut daran, die Endkontrolle gerade der Anlagen zur Verfassungsbeschwerdeschrift selbst vorzunehmen.

Der Rechtsanwalt darf darauf vertrauen, dass eine in einem konkreten Fall erteilte **Einzelanweisung**, Anlagen mitzuschicken, von einer sonst zuverlässigen Angestellten befolgt wird.[130] Auch das sollte man nicht strapazieren. 69

3. Wiedereinsetzungsverfahren, Abs. 2 Sätze 2 bis 5. Auch die Regelung des **Wiedereinsetzungsverfahrens** in den Sätzen 2 bis 5 deckt sich weitgehend mit den entsprechenden Vorschriften anderer Prozessordnungen. 70

a) Antrag und Frist. Abs. 2 Satz 1 erweckt den Eindruck, die Wiedereinsetzung sei stets von einem **Antrag** des Beschwerdeführers abhängig. Daran knüpft auch die Bestimmung einer Antragsfrist in Abs. 2 Satz 2 an. 71

Es gilt aber **kein strenges Antragserfordernis**. Vielmehr ist der Antrag gemäß Abs. 2 Satz 4, 2. Halbsatz entbehrlich, wenn die versäumte Handlung, hier die Erhebung und/oder Begründung der Verfassungsbeschwerde nach Abs. 1 Satz 1, innerhalb der Antragsfrist nachgeholt wird. Denn damit gibt der Beschwerdeführer zu erkennen, dass er sein Begehren trotz der Fristversäumung weiterverfolgen will. 72

Wenn alle Voraussetzungen für eine Wiedereinsetzung mit Ausnahme des Antrags unter diesen Umständen erfüllt sind, also auch das fehlende Verschulden offenkundig oder glaubhaft gemacht ist (Abs. 2 Satz 3),[131] dann ist die Wiedereinsetzung **von Amts wegen** zu gewähren.[132] So liegt der Fall etwa, wenn die Verfassungsbeschwerde zwar verspätet bei Gericht eingeht, der Poststempel aber zeigt, dass sie so rechtzeitig zur Post gegeben wurde, dass mit einem fristgerechten Eingang gerechnet werden durfte. Ein Ermessensspielraum, der eine Versagung der Wiedereinsetzung zuließe, existiert dann trotz der Ausgestaltung der Regelung als Kann-Vorschrift nicht.[133] 73

Ein Antrag auf Wiedereinsetzung bedarf, sofern er nicht nach Abs. 2 Satz 4, 2. Halbsatz entbehrlich ist, der **Schriftform** (§ 23 Abs. 1 Satz 1), die seit 1.8.2024 auch durch Übermittlung eines elektronischen Dokuments gewahrt wird (§ 23a Abs. 1). Er kann aber **auch konkludent** im Zusammenhang mit schriftsätzlichem Vortrag zur Sache gestellt sein.[134] 74

---

129 Beschluss der 3. Kammer des Ersten Senats vom 23.10.2008 – 1 BvR 2147/08, Rn. 4 bei Juris.

130 Vgl. BGH, Beschluss vom 15.11.2007 – IX ZB 219/06, Rn. 10 bei Juris.

131 Zur fehlenden Glaubhaftmachung etwa Beschluss der 2. Kammer des Ersten Senats vom 29.10.2019 – 1 BvR 859/18, Rn. 9 f. bei Juris; zur fehlenden Begründung eines unverschuldeten Hinderungsgrundes Beschluss der 1. Kammer des Zweiten Senats vom 2.2.2024 – 2 BvR 1255/23, Rn. 5 bei Juris.

132 Vgl. BVerfGE 122, 190 (204); Beschluss der 3. Kammer des Ersten Senats vom 15.2.2023 – 1 BvR 2349/22, Rn. 18 bei Juris.

133 Wohl allg. Meinung, vgl. Schmidt-Bleibtreu/Klein/Bethge BVerfGG/Hömig § 93 Rn. 68 (Stand: Juli 2013).

134 Vgl. Beschluss der 3. Kammer des Ersten Senats vom 15.2.2023 – 1 BvR 2349/22, Rn. 14 bei Juris.

75 Die **Antragsfrist** beträgt nach Abs. 2 Satz 2 **zwei Wochen**. Sie gilt entsprechend, wenn die Wiedereinsetzung ohne Antrag allein aufgrund der Nachholung der versäumten Handlung gewährt werden soll. Dies folgt aus der Verweisung in Abs. 2 Satz 4, 2. Halbsatz auf den 1. Halbsatz („ist dies geschehen"), der wiederum die Antragsfrist des Abs. 2 Satz 2 in Bezug nimmt. Eine Wiedereinsetzung in die Zwei-Wochen-Frist des Abs. 2 Satz 2 ist nicht möglich (→ Rn. 48). Von der Zwei-Wochen-Frist freigestellt ist lediglich die Glaubhaftmachung der Tatsachen, die die Wiedereinsetzung begründen sollen (siehe auch → Rn. 86 f.).[135]

76 Die Frist **beginnt mit dem Wegfall des Hindernisses**. Maßgebend ist der Umstand, der den Beschwerdeführer gemäß Abs. 2 Satz 1 ohne sein Verschulden gehindert hat, die Verfassungsbeschwerde innerhalb der Monatsfrist des Abs. 1 Satz 1 zu erheben und/oder zu begründen. Weggefallen ist das Hindernis, wenn entweder der die Fristversäumung verursachende Umstand als solcher oder der Entschuldigungsgrund nicht mehr bestehen.[136] Das kann auch noch dann der Fall sein, wenn das Bundesverfassungsgericht schon über die Verfassungsbeschwerde entschieden hat, so dass mit einer Wiedereinsetzung auch erreicht werden kann, dass eine schon ergangene Entscheidung gegenstandslos wird.[137] Erhält der Beschwerdeführer erst **nachträglich** mit der Nichtannahmeentscheidung davon Kenntnis, dass das Bundesverfassungsgericht die Verfassungsbeschwerde als verspätet beurteilt hat, und ist diese gerichtliche Würdigung fehlerhaft, etwa weil die rechtzeitig eingegangene Beschwerdeschrift im Gericht verloren gegangen ist, so ist dies kein Fall der Wiedereinsetzung;[138] vielmehr kann sich der Beschwerdeführer dagegen mit einer **Gegenvorstellung** wenden.[139]

77 Das **Fristende** berechnet sich nach § 188 Abs. 2, 1. Alt. iVm § 187 Abs. 1 BGB, § 222 Abs. 1 ZPO.

78 Daneben bestimmt Abs. 2 Satz 5 eine **Ausschlussfrist von einem Jahr** für den Wiedereinsetzungsantrag. Sie beginnt mit dem Ende der versäumten Monatsfrist des Abs. 1 Satz 1 und berechnet sich ebenfalls nach § 188 Abs. 2, 1. Alt. iVm § 187 Abs. 1 BGB, § 222 Abs. 1 ZPO. Nach Ablauf von einem Jahr und einem Monat ist eine Urteilsverfassungsbeschwerde, sofern nicht von Amts wegen Wiedereinsetzung gewährt wird,[140] daher im Interesse des Rechtsfriedens definitiv unzulässig. Ausdrückliche Ausnahmen kennt das Gesetz abweichend von einigen fachgerichtlichen Prozessordnungen nicht (vgl. § 60 Abs. 3 VwGO, § 67 Abs. 3 SGG).

79 Auch zu Jahresfristen, die wie Abs. 2 Satz 5 keine ausdrücklichen Ausnahmen kennen (vgl. § 234 Abs. 3 ZPO), sind aber aus verfassungsrechtlichen Grün-

---

135 Vgl. dazu Beschluss der 2. Kammer des Ersten Senats vom 5.7.2019 – 1 BvR 1458/19, Rn. 4 bei Juris.

136 So unter Berufung auf diese Kommentierung jetzt auch VerfGH Nordrhein-Westfalen, Beschluss vom 18.5.2021 – 140/20.VB-2, Rn. 4 bei Juris.

137 Schmidt-Bleibtreu/Klein/Bethge BVerfGG/Hömig § 93 Rn. 62 (Stand: Juli 2013).

138 Vgl. aber Beschluss der 2. Kammer des Zweiten Senats vom 12.8.2015 – 2 BvR 1180/15, Tenor bei Juris.

139 Beschluss der 3. Kammer des Zweiten Senats vom 25.10.2011 – 2 BvR 2674/10, Rn. 17 bei Juris.

140 BVerfGE 122, 190 (204).

den des effektiven Rechtsschutzes und des fairen Verfahrens **ungeschriebene Ausnahmen** erarbeitet worden, wenn der Ablauf der Frist auf die Verfahrensgestaltung durch das Gericht zurückzuführen ist.[141] Diese Ausnahmen sind auch und erst recht im verfassungsgerichtlichen Verfahren zu berücksichtigen.[142]

b) Nachholung, Begründung und Glaubhaftmachung. Die **weiteren formellen Erfordernisse**, die für eine Wiedereinsetzung erfüllt werden müssen, sind **zum Teil fristgebunden** und zum Teil nicht. Aus dem Gesetz ergibt sich dies nur unvollständig. 80

Innerhalb der Zwei-Wochen-Frist des Abs. 2 Satz 2 ist gemäß Abs. 2 Satz 4, 1. Halbsatz **die versäumte Handlung nachzuholen**. Die Verfassungsbeschwerde muss daher innerhalb von zwei Wochen nach Wegfall des Hindernisses formgerecht erhoben[143] und gemäß § 92, § 23 Abs. 1 Satz 2 begründet werden, so dass innerhalb dieser Frist auch alle für die Überprüfung der Verfassungsmäßigkeit der angegriffenen Entscheidungen relevanten Unterlagen beim Bundesverfassungsgericht eingehen müssen.[144] Geschieht dies nicht, ist die Wiedereinsetzung schon aus diesem Grunde zu versagen.[145] Auch für die Versäumung dieser Nachholfrist sieht das Gesetz keine Wiedereinsetzungsmöglichkeit vor. 81

Schließlich hat **innerhalb der Zwei-Wochen-Frist** des Abs. 2 Satz 2 nach der Kammerrechtsprechung auch eine **Begründung des Wiedereinsetzungsantrags** zu erfolgen.[146] Dabei setzt Abs. 2 Satz 3 zwar eine Begründung des Antrags voraus, verbindet sie aber nicht ausdrücklich mit einer Frist. Aus der Systematik – Satz 2 bestimmt für den Antrag eine Frist, Satz 3 löst lediglich die Glaubhaftmachung von der Frist ab[147] – ist aber zu folgern, dass die Zwei-Wochen-Frist auch für die Antragsbegründung gilt.[148] 82

Nach Ablauf der Zwei-Wochen-Frist ist allenfalls noch eine Erläuterung des Vortrags, aber kein Nachschieben einer Begründung und keine Einführung eines neuen Wiedereinsetzungsgrundes zulässig. Dies entspricht der fachgerichtlichen Rechtsprechung.[149] 83

---

141 Vgl. BGH, Beschlüsse vom 15.12.2010 – XII ZR 27/09, Rn. 37 bei Juris, und vom 20.2.2008 – XII ZB 179/07, Rn. 15 bei Juris.

142 Vgl. zu § 234 Abs. 3 ZPO: Beschluss der 3. Kammer des Ersten Senats vom 15.4.2004 – 1 BvR 622/98, Rn. 12 bei Juris.

143 Vgl. zu § 236 Abs. 2 Satz 2 ZPO: Beschluss der 2. Kammer des Ersten Senats vom 21.9.2006 – 1 BvR 1950/06, Rn. 13 ff. bei Juris; siehe auch BVerfGE 86, 118 (125 f.).

144 Beschluss der 3. Kammer des Ersten Senats vom 15.2.2023 – 1 BvR 2349/22, Rn. 20 bei Juris; vgl. auch Beschluss der 2. Kammer des Zweiten Senats vom 8.12.2020 – 2 BvR 932/19, Rn. 5 bei Juris.

145 Vgl. Beschlüsse der 3. Kammer des Ersten Senats vom 15.2.2023 – 1 BvR 2349/22, Rn. 20 bei Juris, und vom 11.12.2013 – 1 BvR 1936/11, Rn. 2 bei Juris.

146 Beschluss der 1. Kammer des Ersten Senats vom 25.9.2006 – 1 BvR 2182/06, Rn. 10 bei Juris; vgl. zur Prüfung der fristgerechten Begründung auch Beschluss der 2. Kammer des Zweiten Senats vom 22.9.2021 – 2 BvR 955/17, Rn. 20 bei Juris.

147 Vgl. Beschluss der 1. Kammer des Ersten Senats vom 5.10.1995 – 1 BvR 1566/95, Rn. 1 bei Juris.

148 Beschluss der 2. Kammer des Ersten Senats vom 5.7.2019 – 1 BvR 1458/19, Rn. 4 bei Juris.

149 Vgl. BVerwG, Beschluss vom 23.6.2011 – 1 B 7/11, Rn. 3 bei Juris; BGH, Beschluss vom 16.9.2003 – X ZR 37/03, Rn. 6 bei Juris; BAG, Urteil vom 27.6.2002 – 2 AZR 427/01, Rn. 17 bei Juris.

84 Zur **Begründung des Antrags** müssen sowohl der Hinderungsgrund als auch die Umstände, die für die Beurteilung des Verschuldens maßgebend sind,[150] dargelegt werden. Der Antrag, eine Krankenakte beizuziehen, genügt nicht.[151] Erforderlich ist eine substantiierte und schlüssige Darstellung der für die unverschuldete Fristversäumnis wesentlichen Tatsachen.[152] Soll etwa das dem Beschwerdeführer nicht zurechenbare Alleinverschulden eines Angestellten des Verfahrensbevollmächtigten dargelegt werden, muss die Fristen- und Ausgangskontrolle im Einzelnen geschildert werden. Außerdem muss angegeben werden, wann das Hindernis eingetreten und wann es weggefallen ist. Die Begründung kann sich auch nur auf eine von mehreren Rügen beziehen.[153]

85 **Entbehrlich** ist eine **Begründung** nur, soweit die maßgebenden Umstände **offenkundig bzw. aktenkundig** sind,[154] etwa der Zeitpunkt der Bewilligung von Prozesskostenhilfe, von der die Erhebung der Verfassungsbeschwerde abhängig war.

86 Nicht an die Zwei-Wochen-Frist des Abs. 2 Satz 2 gebunden ist die nach Abs. 2 Satz 3 notwendige **Glaubhaftmachung** der zur Begründung des Antrags angeführten Tatsachen. Sie kann bei der Antragstellung oder jederzeit später im Verfahren über den Wiedereinsetzungsantrag erfolgen.[155] Beabsichtigt der Beschwerdeführer, die Glaubhaftmachung nachzureichen, sollte er darauf aber im Antrag hinweisen. Anderenfalls riskiert er, dass das Gericht noch vor der Glaubhaftmachung entscheidet, da er den Entscheidungszeitpunkt nicht voraussehen kann. Allerdings müsste das Gericht auf das Fehlen der nicht fristgebundenen Glaubhaftmachung hinweisen und eine Frist zum Nachreichen setzen, bevor es die Ablehnung der Wiedereinsetzung allein darauf stützen dürfte.

87 Die Glaubhaftmachung kann **durch Versicherung an Eides Statt** nach § 294 Abs. 1 ZPO oder **durch Vorlage sonstiger Nachweise** (vgl. § 294 Abs. 2 ZPO) erfolgen. Sie muss sich auf alle Tatsachen beziehen, die zur Begründung des Antrags darzulegen sind, mit Ausnahme der offenkundigen oder gerichtsbekannten Umstände.

---

150 Vgl. Beschluss der 2. Kammer des Zweiten Senats vom 15.9.2021 – 2 BvR 30/21, Rn. 3 bei Juris; Beschluss der 1. Kammer des Zweiten Senats vom 21.9.2020 – 2 BvR 660/20, Rn. 2 bei Juris; Beschluss der 2. Kammer des Ersten Senats vom 29.10.2019 – 1 BvR 859/18, Rn. 8 ff. bei Juris.

151 Beschluss der 2. Kammer des Zweiten Senats vom 3.9.2019 – 2 BvR 2282/18, Ziff. 1 des Tenors bei Juris.

152 Vgl. Beschlüsse der 2. Kammer des Zweiten Senats vom 15.9.2021 – 2 BvR 30/21, Rn. 3 bei Juris, und vom 12.2.2020 – 2 BvR 122/20, Rn. 12 bei Juris; Beschluss der 1. Kammer des Zweiten Senats vom 21.9.2020 – 2 BvR 660/20, Rn. 2 bei Juris; Beschluss der 3. Kammer des Zweiten Senats vom 23.3.2018 – 2 BvR 2126/17, Rn. 20 bei Juris; Beschluss der 1. Kammer des Ersten Senats vom 4.6.2018 – 1 BvR 1180/17, Rn. 7 bei Juris; vgl. auch BVerwG, Beschluss vom 23.6.2011 – 1 B 7/11, Rn. 3 bei Juris.

153 Vgl. Beschluss der 3. Kammer des Ersten Senats vom 1.6.2022 – 1 BvR 75/20, Rn. 13 bei Juris.

154 Vgl. Beschluss der 1. Kammer des Ersten Senats vom 15.9.1998 – 1 BvR 1540/98, Rn. 6 bei Juris; Beschluss der 3. Kammer des Zweiten Senats vom 30.3.1995 – 2 BvR 2119/94, Rn. 14 bei Juris.

155 Insofern nicht richtig, aber ohne Auswirkung auf die Gewährung der Wiedereinsetzung: Beschluss der 2. Kammer des Zweiten Senats vom 22.9.2021 – 2 BvR 955/17, Rn. 19 bei Juris.

Der Beschwerdeführer muss das Gericht davon überzeugen, dass eine unverschuldete Verhinderung zumindest **überwiegend wahrscheinlich** war.[156] Stehen ihm dafür keine Mittel der Glaubhaftmachung zur Verfügung, kann auch ein überzeugender, auf naheliegenden Umständen beruhender Vortrag genügen.[157] 88

4. Entscheidung über den Wiedereinsetzungsantrag. Der Wiedereinsetzungsantrag wird nicht gesondert beschieden. Sowohl die Gewährung als auch die Ablehnung der Wiedereinsetzung werden **mit der Entscheidung über die Verfassungsbeschwerde**, auch mit der verfahrensbeendenden Entscheidung im Annahmeverfahren nach den §§ 93a ff., verbunden. 89

Meist wird die Entscheidung über die Wiedereinsetzung ausdrücklich **im Tenor aufgeführt.**[158] Prozessual ausreichend ist aber auch, sich mit der Wiedereinsetzung in den Entscheidungsgründen bei der Prüfung der Monatsfrist zu befassen.[159] Dies liegt insbesondere dann nahe, wenn der Beschwerdeführer keinen zu bescheidenden Antrag auf Wiedereinsetzung gestellt hat, sondern nur eine Wiedereinsetzung von Amts wegen geprüft wird.[160] 90

Häufig findet sich im Tenor der Ausspruch, dass die Verfassungsbeschwerde nicht zur Entscheidung angenommen wird, ohne dass es einer Entscheidung über den Antrag auf Wiedereinsetzung in den vorigen Stand bedarf. In derartigen Fällen war die Versäumung der Monatsfrist des Abs. 1 Satz 1 nicht ausschlaggebend, sondern die Nichtannahme beruhte auf anderen Gründen.[161] Wird die Nichtannahme der Verfassungsbeschwerde hingegen tragend auf die Versäumung der Monatsfrist und die Ablehnung einer Wiedereinsetzung gestützt, **muss** die Entscheidung über den Wiedereinsetzungsantrag **begründet werden**. § 93d Abs. 1 Satz 3 gilt dafür nicht. 91

IV. Jahresfrist, Abs. 3

Für Verfassungsbeschwerden, die sich gegen ein Gesetz oder gegen einen sonstigen Hoheitsakt, gegen den kein Rechtsweg eröffnet ist, richten, be- 92

156 Vgl. Beschluss der 3. Kammer des Ersten Senats vom 15.2.2023 – 1 BvR 2349/22, Rn. 21 bei Juris.

157 Grundlegend BVerfGE 38, 35 (39).

158 Vgl. BVerfGE 122, 190 (191); Beschlüsse der 2. Kammer des Ersten Senats vom 16.11.2023 – 1 BvR 607/22, Juris, vom 11.8.2022 – 1 BvR 1462/21, Juris, und vom 21.10.2021 – 1 BvR 838/19, Juris; Beschlüsse der 2. Kammer des Zweiten Senats vom 22.12.2021 – 2 BvR 1305/18, Juris, und vom 22.9.2021 – 2 BvR 955/17, Juris; Beschluss der 3. Kammer des Ersten Senats vom 16.9.2021 – 1 BvR 1640/21, Juris; Beschluss der 1. Kammer des Zweiten Senats vom 21.9.2020 – 2 BvR 660/20, Juris.

159 Vgl. Beschluss der 3. Kammer des Ersten Senats vom 15.2.2023 – 1 BvR 2349/22, Rn. 13 ff. bei Juris; Beschluss der 2. Kammer des Zweiten Senats vom 9.12.2021 – 2 BvR 1789/16, Rn. 12 bei Juris.

160 Vgl. Beschluss der 1. Kammer des Zweiten Senats vom 2.2.2024 – 2 BvR 1255/23, Rn. 5 bei Juris.

161 Vgl. Beschlüsse der 2. Kammer des Zweiten Senats vom 9.1.2023 – 2 BvR 2230/21, Rn. 1 bei Juris, und vom 23.3.2021 – 2 BvR 1709/20, Rn. 1 bei Juris; Beschluss der 3. Kammer des Ersten Senats vom 1.6.2022 – 1 BvR 75/20, Rn. 13 bei Juris; Beschlüsse der 1. Kammer des Ersten Senats vom 9.12.2019 – 1 BvR 2621/18, Rn. 31 bei Juris, und vom 29.11.2017 – 1 BvR 1784/16, Rn. 3 bei Juris; Beschlüsse der 2. Kammer des Ersten Senats vom 19.9.2017 – 1 BvR 1719/17, Juris, und vom 27.4.2017 – 1 BvR 563/17, Juris; missverständlich daher die Prüfung der Frist im Beschluss der 2. Kammer des Zweiten Senats vom 8.12.2020 – 2 BvR 932/19, Rn. 5 bei Juris.

stimmt Abs. 3 abweichend von Abs. 1 Satz 1 eine Frist von einem Jahr. Dabei handelt es sich um eine **Ausschlussfrist,**[162] in die keine Wiedereinsetzung gewährt werden kann (→ Rn. 45).

93 Der praktische Anwendungsbereich dieser Vorschrift liegt in der **Rechtssatzverfassungsbeschwerde**, also der unmittelbar gegen ein Gesetz erhobenen Verfassungsbeschwerde.[163] Eine auf die Verletzung von Freiheitsrechten durch gesetzgeberisches Unterlassen gestützte Verfassungsbeschwerde ist hingegen nicht an die Jahresfrist des Abs. 3 gebunden. Insofern bedarf es einer Abgrenzung zwischen den Fällen, in denen der Gesetzgeber gänzlich untätig geblieben ist, und Fällen, in denen er ablehnend oder aus Sicht des Beschwerdeführers nicht ausreichend tätig geworden ist.[164]

94 Der Begriff des Gesetzes im Sinne des Abs. 3 umfasst **nicht nur formelle Gesetze,**[165] sondern auch untergesetzliche Normen wie Rechtsverordnungen und Satzungen.[166]

95 Für die untergesetzlichen Normen kommt es nicht darauf an, ob ein Rechtsweg eröffnet ist, da sich dieser Satzteil nur auf die sonstigen Hoheitsakte bezieht. Der Beschwerdeführer, der zur Erschöpfung des Rechtswegs nach § 90 Abs. 2 Satz 2 zunächst ein **Normenkontrollverfahren nach § 47 VwGO**, das ebenfalls an eine Jahresfrist gebunden ist (§ 47 Abs. 2 Satz 1 VwGO), durchführen muss, hat anschließend nach Abs. 3 ein Jahr Zeit für die Erhebung der Verfassungsbeschwerde gegen die Norm.[167] Dasselbe gilt im Falle einer Kommunalverfassungsbeschwerde im Anschluss an ein Verfahren vor dem Landesverfassungsgericht,[168] oder wenn eine atypische Feststellungsklage nach § 43 Abs. 1 VwGO gegen die Norm geführt wird, nicht aber bei verwaltungsgerichtlichen Klagen gegen eine auf die Norm gestützte Genehmigungsentscheidung.[169] Generell gilt, dass sich die Frist für eine Verfassungsbeschwerde gegen Vollzugsakte nach § 93 Abs. 1 Satz 1 und gegen die gesetzliche Ermächtigung nach Abs. 3 richtet.[170]

96 Über den Wortlaut des Abs. 3 hinaus muss die Rechtssatzverfassungsbeschwerde innerhalb eines Jahres nicht nur erhoben, sondern wie im Falle der Monatsfrist des Abs. 1 Satz 1 **auch begründet** werden.[171]

---

162 Beschluss der 3. Kammer des Ersten Senats vom 19.4.2021 – 1 BvR 1732/14, Rn. 22 bei Juris.

163 Vgl. zu einer gegen § 93d Abs. 1 BVerfGG gerichteten Verfassungsbeschwerde Beschluss der 2. Kammer des Zweiten Senats vom 15.5.2017 – 2 BvR 865/17, Rn. 2 bei Juris.

164 Vgl. Beschluss der 1. Kammer des Ersten Senats vom 2.5.2018 – 1 BvR 3250/14, Rn. 8 bei Juris; vgl. auch BVerfGE 157, 30 (89 f. Rn. 95); Beschluss der 2. Kammer des Ersten Senats vom 16.11.2023 – 1 BvR 607/22, Rn. 16 bei Juris.

165 Beispielhaft BVerfGE 154, 152 (213 f., Rn. 81 ff.); 127, 87 (109 f.).

166 Vgl. BVerfGE 107, 1 (8); 53, 1 (15); siehe auch Beschluss der 2. Kammer des Zweiten Senats vom 12.11.2009 – 2 BvR 2034/04, Rn. 31 bei Juris.

167 Vgl. Schmidt-Bleibtreu/Klein/Bethge BVerfGG/Hömig § 93 Rn. 82 (Stand: Juli 2013); siehe auch Beschluss der 2. Kammer des Zweiten Senats vom 12.11.2009 – 2 BvR 2034 /04, Rn. 33 bei Juris.

168 BVerfGE 147, 185 (217 f., Rn. 63 f.).

169 Beschluss der 2. Kammer des Zweiten Senats vom 12.11.2009 – 2 BvR 2034/04, Rn. 33 bei Juris.

170 Vgl. BVerfGE 154, 152 (213 f., Rn. 82).

171 Vgl. BVerfGE 127, 87 (109 f.).

Die **Frist beginnt mit** dem **Inkrafttreten des Gesetzes**, und zwar auch dann, wenn der Gesetzgeber an eine schon länger bestehende Verwaltungspraxis anknüpft.[172] Der Zeitpunkt des Inkrafttretens ist im Gesetz selbst geregelt oder ergibt sich für Bundesgesetze aus Art. 82 Abs. 2 Satz 2 GG. Lediglich dann, wenn die Norm nach dem Willen des Gesetzgebers noch einer landesrechtlichen oder untergesetzlichen Umsetzung bedarf, beginnt die Jahresfrist erst mit Inkrafttreten solcher legislativer Umsetzungsbestimmungen.[173] 97

Für die **Berechnung der Frist** sind wiederum die §§ 187 ff. BGB, § 222 Abs. 1 ZPO heranzuziehen. Tritt ein Gesetz am Tag nach seiner Verkündung in Kraft, ist der Beginn dieses Tages für den Fristbeginn maßgebend (§ 187 Abs. 2 BGB). Deshalb endet die Frist gemäß **§ 188 Abs. 2, 2. Alt. BGB** schon mit Ablauf des Tages, der dem Tag vorhergeht, der durch seine Zahl dem Anfangstag entspricht. Beispiel: Wird ein solches Gesetz am 30.12 verkündet, beginnt die Frist mit dem Inkrafttreten am 31.12. um 0 Uhr und endet am 30.12.[174] um 24 Uhr. Dieser **Unterschied zur Fristberechnung bei der Monatsfrist** (→ Rn. 41) wird von Beschwerdeführern gerne übersehen.[175] 98

Ordnet ein Gesetz sein **Inkrafttreten mit Rückwirkung** an, hätte dies bei wortgetreuer Anwendung des Abs. 3 eine Verkürzung der Frist bis zu einer Verhinderung einer verfassungsgerichtlichen Rechtsschutzmöglichkeit zur Folge. Deshalb beginnt die Frist ausnahmsweise erst mit der Verkündung des Gesetzes.[176] 99

In sonstigen Sonderfällen beharrte das Bundesverfassungsgericht hingegen aus Gründen der Rechtssicherheit und im Hinblick auf die mögliche Tragweite der Entscheidung (vgl. § 95 Abs. 3 Satz 1) bislang regelmäßig auf einem **engen Verständnis** der Jahresfrist.[177] Diese enge Auslegung der Norm war nicht immer befriedigend, auch wenn in der Regel kein endgültiger Rechtsverlust drohte, sondern eine mittelbare Überprüfung der Verfassungsmäßigkeit des beanstandeten Gesetzes im Zuge einer Urteilsverfassungsbeschwerde möglich ist.[178] Nunmehr hat das Bundesverfassungsgericht erkannt, dass die gesetzlichen Fristen im Hinblick auf die Subsidiaritätsanforderungen der Verfassungsbeschwerde rechtsschutzfreundlich ausgelegt werden sollten. Die Frist des Abs. 3 kann dem Beschwerdeführer bei einer Rechtssatzverfassungsbeschwerde nicht entgegengehalten werden, wenn er innerhalb dieser Frist zunächst fachgerichtlichen Rechtsschutz in Anspruch genommen hat, dieses Begehren von den Fachgerichten aber als unzulässig beurteilt wurde und er 100

172 BVerfGE 154, 152 (213 f., Rn. 82).
173 Beschluss der 2. Kammer des Zweiten Senats vom 12.11.2009 – 2 BvR 2034/04, Rn. 32 bei Juris; siehe auch BVerfGE 110, 370 (382).
174 Vgl. Beschluss der 3. Kammer des Ersten Senats vom 29.8.2023 – 1 BvR 1331/23, Rn. 4 bei Juris.
175 Vgl. BVerfGE 102, 254 (295) – EALG; Beschluss der 3. Kammer des Ersten Senats vom 6.5.2009 – 1 BvR 3153/07, Rn. 8 ff. bei Juris; Beschluss der 3. Kammer des Ersten Senats vom 3.5.2007 – 1 BvR 1847/05, Rn. 3 bei Juris; Beschluss der 3. Kammer des Zweiten Senats vom 10.4.2007 – 2 BvR 2228/05, Rn. 2 bei Juris.
176 BVerfGE 64, 367 (376).
177 Beschluss der 3. Kammer des Ersten Senats vom 7.10.2009 – 1 BvR 3479/08, Rn. 7 bei Juris; Beschluss der 3. Kammer des Zweiten Senats vom 11.3.2009 – 2 BvR 378/09, Rn. 3 bei Juris; grundlegend BVerfGE 23, 153 (164).
178 Vgl. BVerfGE 120, 274 (299 f.).

anschließend innerhalb der Monatsfrist des Abs. 1 Satz 1 eine Verfassungsbeschwerde unmittelbar gegen das Gesetz erhebt.[179]

101 **Gesetzesänderungen** setzen die Jahresfrist grundsätzlich nur für die einzelnen geänderten Vorschriften neu in Gang. Die Norm muss dafür einen neuen oder erweiterten Inhalt erlangt haben.[180] Für die übrigen Vorschriften bleibt es bei einem schon eingetretenen Fristablauf, und zwar auch dann, wenn sie der Gesetzgeber anlässlich der Gesetzesänderung erkennbar erneut in seinen Regelungswillen aufgenommen hat.[181] Das kann jedenfalls dann nicht überzeugen, wenn der Gesetzgeber die bisherige Regelung ergebnisoffen zur Disposition gestellt und sich erst nach intensiver Abwägung aufgrund einer neuen, wiederholenden politischen Grundsatzentscheidung für ihre Beibehaltung entschieden hat.[182]

102 Keine Gesetzesänderung, die die Jahresfrist neu in Gang setzt, stellen rein **redaktionelle Änderungen**, deklaratorische Regelungen oder **Neubekanntmachungen** dar, die den materiellen Gehalt der Norm nicht berühren.[183] Löst eine Gesetzesänderung keine neuen belastenden Wirkungen aus, so bleibt dem Beschwerdeführer nur die Möglichkeit, vor den Fachgerichten gegen die Hoheitsakte vorzugehen, die auf dem Gesetz beruhen,[184] und anschließend Verfassungsbeschwerde gegen die Gerichtsentscheidungen zu erheben und dabei die Verfassungswidrigkeit der Norm geltend zu machen.

103 Umgekehrt läuft die Frist neu, wenn eine Vorschrift zwar im Wortlaut unverändert bleibt, durch Änderungen von Regelungen in ihrem Umfeld aber eine **neue materielle Bedeutung** erhält und so eine neue oder stärkere Beschwer für die Betroffenen schafft.[185] Dasselbe gilt, wenn der Anwendungsbereich von Regelungen erweitert wird.[186] Eine solche neue Beschwer entsteht auch, wenn die Geltungsdauer eines Gesetzes verlängert wird oder wenn eine Regelung, die bislang in Form einer Rechtsverordnung galt, nunmehr als Gesetz erlassen wird.[187] Wird das angegriffene Gesetz nach Erhebung der Verfassungsbeschwerde geändert und will der Beschwerdeführer gegen die Neufassung des Gesetzes vorgehen, muss er die Jahresfrist ab Inkrafttreten

179 BVerfGE 150, 309 (328 f., Rn. 46 ff.) – Kfz-Kennzeichenkontrolle BW-HE.

180 BVerfGE 131, 316 (333 f.); 129, 208 (233 ff.); siehe auch VerfGH Baden-Württemberg, Urteil vom 15.2.2016 – 1 VB 9/16, Rn. 32 bei Juris.

181 BVerfGE 137, 108 (139, Rn. 70); Beschluss der 3. Kammer des Ersten Senats vom 7.10.2009 – 1 BvR 3479/08, Rn. 7 bei Juris; Beschluss der 2. Kammer des Zweiten Senats vom 9.9.2003 – 2 BvR 508/03, Rn. 12 bei Juris; aus der Senatsrechtsprechung außerdem: BVerfGE 80, 137 (149); 43, 108 (116).

182 Lenz/Würtenberger NJW 2010, 168 (169).

183 BVerfGE 137, 108 (140, Rn. 73); vgl. auch BVerfGE 79, 1 (14); Beschluss der 3. Kammer des Ersten Senats vom 19.4.2021 – 1 BvR 1732/14, Rn. 21 ff. bei Juris; Beschluss der 2. Kammer des Zweiten Senats vom 12.11.2009 – 2 BvR 2034/04, Rn. 34 bei Juris; Beschluss der 1. Kammer des Ersten Senats vom 13.2.2006 – 1 BvR 1184/04, Rn. 60 bei Juris.

184 Vgl. Beschluss der 1. Kammer des Ersten Senats vom 27.10.2022 – 1 BvR 1650/22 ua, Rn. 4 f. bei Juris.

185 BVerfGE 163, 43 (76, Rn. 92); 127, 87 (109); 100, 313 (356); Beschluss der 2. Kammer des Ersten Senats vom 10.9.2009 – 1 BvR 2054/09, Rn. 11 bei Juris; vgl. zur Prüfung einer solchen neuen Beschwer auch Beschluss der 3. Kammer des Ersten Senats vom 19.4.2021 – 1 BvR 1732/14, Rn. 24 bei Juris.

186 BVerfGE 154, 152 (214, Rn. 83); 120, 274 (298).

187 BVerfGE 136, 338 (358, Rn. 42).

der Neufassung auch für die Umstellung des Beschwerdegegenstands beachten.[188] Schließen sich Beschwerdeführer einer schon anhängigen Verfassungsbeschwerde an, können sie fristgerecht nur die nicht vor mehr als einem Jahr in Kraft getretenen Neufassungen des Gesetzes angreifen.[189]

Dagegen steht es dem Inkrafttreten eines Gesetzes nicht gleich, wenn sich die Bedeutung einer Norm dadurch wandelt, dass sich **ihre Auslegung in der Rechtsprechung** ändert.[190] Hier liegt aber ohnehin eine Urteilsverfassungsbeschwerde näher, so dass der Meinungsstreit eher theoretischer Natur ist. 104

Auch unabhängig von Gesetzesänderungen und Rechtsprechungswandeln kann es selbstverständlich geschehen, dass ein Gesetz einen Betroffenen **erstmals nach Ablauf** der ab dem Inkrafttreten laufenden Jahresfrist **beschwert**, etwa weil er mit dem gesetzlich geregelten Sachverhalt faktisch zum ersten Mal in Berührung kommt. Das Gesetz sieht in einem solchen Fall **keine Ausnahme** vom Fristbeginn mit dem Inkrafttreten vor.[191] 105

Das **Bundesverfassungsgericht lehnt es** grundsätzlich **ab, sich** für den Fristbeginn entgegen dem Gesetzeswortlaut **am Eintritt der Beschwer zu orientieren.** Die Frist würde sonst ihren Sinn verfehlen, Rechtssicherheit zu schaffen.[192] 106

Die **Kritik** an dieser Rechtsprechung[193] ist durchaus aufgegriffen worden, wurde aber jedenfalls in solchen Fällen nicht für durchgreifend erachtet, in denen dem Beschwerdeführer die Möglichkeit offen stand, nach Rechtswegerschöpfung eine mittelbare Überprüfung der Verfassungsmäßigkeit des Gesetzes herbeizuführen.[194] 107

In dieser Konstellation setzt sich der vom Gesetzgeber in den Vordergrund gestellte Gedanke der Rechtssicherheit zu Recht durch.[195] Es wäre aber begrüßenswert, wenn das Bundesverfassungsgericht seine grundsätzliche Haltung überdenken würde, sobald ein Beschwerdeführer verdeutlichen kann, dass fachgerichtlicher Rechtsschutz und eine anschließende mittelbare Rechtssatzverfassungsbeschwerde aus tatsächlichen oder rechtlichen Gründen nach den Umständen des konkreten Einzelfalls für eine Beseitigung der Beschwer nicht geeignet sind. Diese **Rechtsschutzlücke** wäre nicht hinnehmbar. 108

Letztlich ist ein solcher Fall nicht anders zu bewerten als die **Unkenntnis** des Beschwerdeführers **von einer Beschwer** (vgl. zur Beschwer → § 90 Rn. 213 ff.). Erfährt der Beschwerdeführer von einer unmittelbar durch ein Gesetz bewirkten, aber heimlich gebliebenen Beschwer erst so spät, dass die 109

188 BVerfGE 163, 43 (210, Rn. 75).
189 Beschluss der 3. Kammer des Ersten Senats vom 5.2.2020 – 1 BvR 1586/14, Rn. 10 bei Juris.
190 Schmidt-Bleibtreu/Klein/Bethge BVerfGG/Hömig § 93 Rn. 84 (Stand: Juli 2013); aA Lechner/Zuck/Zuck § 93 Rn. 60.
191 Beschluss der 2. Kammer des Zweiten Senats vom 12.11.2009 – 2 BvR 2034/04, Rn. 32 bei Juris.
192 Beschluss der 2. Kammer des Zweiten Senats vom 12.11.2009 – 2 BvR 2034/04, Rn. 32 bei Juris; siehe auch BVerfGE 30, 112 (116).
193 Vgl. Lechner/Zuck/Zuck § 93 Rn. 71 ff.
194 Beschluss der 1. Kammer des Ersten Senats vom 21.11.1996 – 1 BvR 1862/96, Rn. 11 bei Juris.
195 Wie hier auch VerfGH NRW, Beschluss vom 27.8.2019 – 30/19.VB-1, Rn. 41 bei Juris.

mit Inkrafttreten des Gesetzes beginnende Jahresfrist bereits abgelaufen wäre, verschiebt sich der Fristbeginn auf den Zeitpunkt der Kenntnisnahme.[196]

V. Sonderregelung für Alt-Gesetze, Abs. 4

110 Die Sonderregelung des **Abs. 4** hat sich **durch Zeitablauf erledigt** und sollte gestrichen werden.[197]

VI. Hinweise für den Rechtsanwalt: Anforderungen an die Begründung der Verfassungsbeschwerde zur Beschwerdefrist

111 Der Beschwerdeführer sollte diejenigen Tatsachen vortragen, die dem Bundesverfassungsgericht die Beurteilung ermöglichen, dass die **Monatsfrist** eingehalten wurde. Dazu gehört im Falle des Abs. 1 Satz 2 insbesondere die Angabe des Tages, an dem die angegriffene Entscheidung zugestellt oder formlos mitgeteilt wurde, sofern sich die Daten nicht ohne Weiteres aus den vorgelegten Unterlagen ergeben.[198] Der Beschwerdeführer darf sich nicht darauf verlassen, dass das Bundesverfassungsgericht die der Beschwerdefrist als Zulässigkeitsvoraussetzung zugrunde liegenden Umstände von Amts wegen ermittelt,[199] sondern muss den Zugangszeitpunkt unaufgefordert mitteilen.[200] Verbleibende Unsicherheiten gehen zulasten des Beschwerdeführers.[201] Widersprüchliche und unklare Angaben des Beschwerdeführers zu den für die Fristberechnung maßgebenden Tatsachen, etwa zum Zugangszeitpunkt der angegriffenen Entscheidung, führen zur Unzulässigkeit der Verfassungsbeschwerde.[202] Dies gilt erst recht für wahrheitswidrige Angaben des Beschwerdeführers.[203]

112 Zur Begründung eines **Wiedereinsetzungsantrags** → Rn. 84.

113 Will der Beschwerdeführer eine Rechtssatzverfassungsbeschwerde erheben und handelt es sich um einen Sonderfall, in dem die Beurteilung der **Jah-**

196 Vgl. BVerfGE 77, 170 (221).

197 So auch Burkiczak/Dollinger/Schorkopf BVerfGG/Hettche § 93 Rn. 108.

198 Vgl. Beschluss der 1. Kammer des Zweiten Senats vom 4.9.2023 – 2 BvR 1239/23, Rn. 7 bei Juris; Beschluss der 2. Kammer des Ersten Senats vom 12.7.2023 – 1 BvR 58/23, Rn. 13 bei Juris; Beschlüsse der 2. Kammer des Zweiten Senats vom 25.4.2022 – 2 BvR 1705/20, Rn. 1 bei Juris, vom 8.8.2021 – 2 BvR 171/20, Rn. 15 ff. bei Juris, und vom 29.4.2021 – 2 BvR 1543/20, Rn. 7 bei Juris; Beschluss der 3. Kammer des Zweiten Senats vom 7.7.2021 – 2 BvR 2200/18, Rn. 1 f. bei Juris; Beschlüsse der 1. Kammer des Ersten Senats vom 21.9.2020 – 1 BvR 528/19, Rn. 17 f. bei Juris, und vom 28.10.2019 – 1 BvR 2237/19, Rn. 1 f. bei Juris.

199 Vgl. Beschluss der 2. Kammer des Zweiten Senats vom 16.7.2019 – 2 BvR 419/19, Rn. 41 bei Juris; Beschlüsse der 3. Kammer des Zweiten Senats vom 11.7.2018 – 2 BvR 1548/14, Rn. 15 f. bei Juris, und vom 12.6.2014 – 2 BvR 1004/13, Rn. 3 bei Juris.

200 Vgl. Beschluss der 2. Kammer des Ersten Senats vom 12.7.2023 – 1 BvR 58/23, Rn. 13 bei Juris; Beschluss der 3. Kammer des Ersten Senats vom 28.4.2020 – 1 BvR 209/20, Rn. 5 bei Juris.

201 Vgl. Beschluss der 1. Kammer des Ersten Senats vom 25.9.2023 – 1 BvR 2219/20, Rn. 10 bei Juris; Beschluss der 2. Kammer des Zweiten Senats vom 14.5.2021 – 2 BvR 1336/20, Rn. 15 bei Juris.

202 Vgl. Beschluss der 1. Kammer des Zweiten Senats vom 2.2.2024 – 2 BvR 1255/23, Rn. 4 bei Juris; Beschluss der 3. Kammer des Zweiten Senats vom 11.7.2012 – 2 BvR 1142/12, Rn. 7 bei Juris; siehe auch VerfG Brandenburg, Beschluss vom 17.2.2017 – 34/16, Rn. 3 bei Juris.

203 Vgl. Beschluss der 3. Kammer des Zweiten Senats vom 11.7.2018 – 2 BvR 1548/14, Rn. 17 ff. bei Juris.

resfrist von wertenden Elementen abhängt (vgl. zB → Rn. 101 ff.), sollten auch die tatsächlichen und rechtlichen Gesichtspunkte dargelegt werden, aufgrund derer angenommen werden kann, dass die Frist nicht schon mit dem früheren Inkrafttreten der Norm in ihrer ursprünglichen Fassung zu laufen begann.

§ 93a [Annahme zur Entscheidung]

(1) Die Verfassungsbeschwerde bedarf der Annahme zur Entscheidung.

(2) Sie ist zur Entscheidung anzunehmen,

a) soweit ihr grundsätzliche verfassungsrechtliche Bedeutung zukommt,

b) wenn es zur Durchsetzung der in § 90 Abs. 1 genannten Rechte angezeigt ist; dies kann auch der Fall sein, wenn dem Beschwerdeführer durch die Versagung der Entscheidung zur Sache ein besonders schwerer Nachteil entsteht.

I. Grundsatz der Annahmebedürftigkeit, Abs. 1

Abs. 1 stellt den **Grundsatz der Annahmebedürftigkeit** der Verfassungsbeschwerde auf. **Jede Entscheidung über eine Verfassungsbeschwerde**, sei es eine Stattgabe, eine Zurückweisung als unbegründet oder eine Verwerfung als unzulässig, setzt voraus, dass die Verfassungsbeschwerde überhaupt zur Entscheidung angenommen wird. Auch eine zulässige und begründete Verfassungsbeschwerde hat nicht allein deshalb Erfolg, sondern nur dann, wenn das Bundesverfassungsgericht sie zur Entscheidung annimmt. 1

Mit der gegenwärtigen, seit dem 11.8.1993[1] geltenden Gesetzeslage haben die schon zuvor mehrmals unterschiedlich umgesetzten Bemühungen des Gesetzgebers ihren vorläufigen Abschluss gefunden, das Bundesverfassungsgericht trotz gestiegener Eingangszahlen im Verfahren der Verfassungsbeschwerde funktionsfähig zu erhalten. Die Vorschriften über das Annahmeverfahren bei Verfassungsbeschwerden verfolgen in erster Linie den Zweck der **Entlastung des Gerichts.**[2] 2

Die **verfassungsrechtliche Ermächtigung** zur Regelung einer Annahmebedürftigkeit der Verfassungsbeschwerde liegt in Art. 94 Abs. 2 Satz 2 GG. Dem Bundesgesetzgeber wird ausdrücklich erlaubt, **für Verfassungsbeschwerden** ein **besonderes Annahmeverfahren vorzusehen**. Diese Ermächtigung überlagert die allgemeine Vorgabe des Art. 19 Abs. 4 GG, sie findet ihre Grenze 3

1 BGBl. I, S. 1442.
2 Vgl. BT-Drs. 12/3628, S. 1 und 14.

aber darin, dass der durch Art. 93 Abs. 1 Nr. 4 a GG bestimmte Charakter der Verfassungsbeschwerde als Mittel des Individualrechtsschutzes nicht grundsätzlich in Frage gestellt wird.[3]

4 Diese Grenze würde wohl überschritten, wenn der Gesetzgeber dem Bundesverfassungsgericht – ohne eine entsprechende Klarstellung im Grundgesetz – ein freies Annahmeermessen einräumt oder den Zugang zum Verfassungsbeschwerdeverfahren unter Verstoß gegen Art. 3 Abs. 1 GG regelt.[4] Die gesetzlichen Regelungen der §§ 93a ff. und ihre generelle Handhabung durch das Bundesverfassungsgericht überschreiten diese **äußersten Grenzen** nicht, was letztlich auch von kritischen Stimmen eingeräumt wird.[5]

5 Mehr kann auch von Verfassungs wegen nicht verlangt werden. Denn das in Art. 93 Abs. 1 Nr. 4 a GG begründete **Jedermann-**Recht zur Erhebung der Verfassungsbeschwerde kann angesichts der ebenfalls verfassungsrechtlich abgesicherten Ermächtigung für ein besonderes Annahmeverfahren nicht mit dem Recht gleichgesetzt werden, in jedem Fall eine Entscheidung in der Sache zu erhalten. Es bleibt zwar dabei, dass jedermann der **Zugang zum Bundesverfassungsgericht** im Verfahren der Verfassungsbeschwerde eröffnet ist, aber eine Entscheidung in der Sache hängt von der Annahme der Verfassungsbeschwerde zur Entscheidung ab.

6 Das besondere Annahmeverfahren nach §§ 93a ff. hat durch die seit seiner Einführung geleistete richterliche Konkretisierung eigenständige Konturen gewonnen. Es hat heute **Vorbildcharakter** in Europa. Die Staaten des Europarats haben zwar nicht das Gesamtverfahren, aber wesentliche Teilelemente aufgegriffen und **für den Europäischen Gerichtshof für Menschenrechte** übernommen. Das gilt etwa für die Möglichkeit, selbst begründete Menschenrechtsbeschwerden für unzulässig erklären zu können, wenn kein erheblicher Nachteil besteht (Art. 35 Abs. 3 Buchst. b) EMRK).[6] Das gilt auch für die an § 93c angelehnte Regelung in Art. 28 Abs. 1 Buchst. b) EMRK, Menschenrechtsbeschwerden in einem verkleinerten Spruchkörper für begründet zu erklären.[7]

7 Gerade weil das besondere Annahmeverfahren eine eigene, in Europa nachgeahmte Traditionslinie entwickelt hat, ist es nicht mehr angemessen, die Regelung lediglich als Modifikation des **„writ of certiorari"-Verfahren des U.S. Supreme Court** zu sehen und daraus entweder Kritik oder Verschärfungsargumente ableiten zu wollen.[8]

---

3 Beschluss der 1. Kammer des Ersten Senats vom 4.4.1998 – 1 BvR 968/97, Rn. 3 bei Juris; Beschluss der 2. Kammer des Zweiten Senats vom 13.2.1997 – 2 BvR 272/93, Rn. 3 bei Juris.

4 So wohl auch Beschluss der 1. Kammer des Ersten Senats vom 4.4.1998 – 1 BvR 968/97, Rn. 3 bei Juris.

5 Vgl. Schmidt-Bleibtreu/Klein/Bethge BVerfGG/Graßhof, § 93a Rn. 32 f. (Stand: März 2006); Lechner/Zuck/Zuck vor §§ 93a ff., Rn. 46.

6 Zur Verbindung mit der Regelung über die Durchsetzungsannahme in § 93a Abs. 2 Buchst. b) vgl. Lenz Rechtsschutz vor europäischen Gerichten, in: Quaas/Zuck/Funke-Kaiser, Prozesse in Verwaltungssachen, 3. Aufl. 2018, § 9 Rn. 127 f.; siehe auch Karpenstein/Mayer/Schäfer Art. 35, Rn. 145 ff.

7 Vgl. dazu Dörr/Lenz EurVerwRS, Rn. 635.

8 Vgl. dazu Schmidt-Bleibtreu/Klein/Bethge BVerfGG/Graßhof § 93a Rn. 24 ff. (Stand: März 2006); Burkiczak/Dollinger/Schorkopf BVerfGG/Bindig § 93a Fn. 29 zu Rn. 7.

Der **Charakter des Annahmeverfahrens nach §§ 93a ff.** erschließt sich nicht allein aus der Vorschrift des Abs. 1, sondern aus den weiteren Regelungen zu den Annahmegründen, zum Annahmeverfahren und zur Annahmeentscheidung. Allerdings enthalten die §§ 93a ff. insoweit **nur bruchstückhafte Regelungen.** Sie betreffen die Annahmegründe (§ 93a Abs. 2) und sonst im Wesentlichen nur noch die Annahmeentscheidung als solche, nicht aber die Entscheidungsfindung. 8

Die **Ausgestaltung des Annahmeverfahrens** hat der Gesetzgeber **nicht vorgegeben**. Sie bleibt damit den internen Gepflogenheiten des Bundesverfassungsgerichts überlassen. Da sich hierzu auch in den §§ 39 ff. GO-BVerfG keine umfassenden Verfahrensvorschriften finden, sollte dem Beschwerdeführer der tatsächliche praktische Verfahrensablauf bekannt sein (dazu → § 90 Rn. 28 ff.). 9

Fragt man nach der **zeitlichen Reihenfolge von Annahme- und Sachentscheidung**, so scheint zunächst nahe zu liegen, dass die Entscheidung über die Annahme einer Verfassungsbeschwerde einer Entscheidung in der Sache vorausgeht. Diese Beschreibung wäre jedoch ungenau. Richtig ist daran nur, dass die Annahmeentscheidung der Entscheidung in der Sache nicht zeitlich nachfolgen kann. 10

Dies zeigt ein Blick auf die folgenden **Entscheidungsalternativen**: Wird die Annahme abgelehnt, kommt es zu keiner Entscheidung in der Sache mehr, so dass eine zeitliche Reihenfolge von Annahme- und Sachentscheidung ohnehin nicht zur Diskussion steht. Wird die Verfassungsbeschwerde zur Entscheidung angenommen, so wird die Annahmeentscheidung vorab getroffen oder sie fällt mit der Entscheidung zur Sache zeitlich zusammen, wie es bei einer Stattgabe durch die Kammer nach § 93c stets der Fall ist, da keine Entscheidung über die Zulässigkeit und Begründetheit der Verfassungsbeschwerde, also keine Entscheidung in der Sache, ergehen darf, ohne dass die Verfassungsbeschwerde zur Entscheidung angenommen wird. 11

Die Frage nach dem Zeitpunkt der Entscheidung ist aber von der Frage zu unterscheiden, in welchem Verfahrensstadium die **Prüfung der Annahmevoraussetzungen** erfolgt, also von der Frage nach der Entscheidungsfindung. Dazu gibt das Gesetz **keine bestimmte Reihenfolge** vor, insbesondere nicht im Verhältnis der Prüfung und Beurteilung der Zulässigkeit und Begründetheit der Verfassungsbeschwerde einerseits und der Prüfung und Beurteilung der Annahmegründe des Abs. 2 andererseits. 12

Über die Annahme kann entweder losgelöst von der Prüfung der Zulässigkeit und Begründetheit der Verfassungsbeschwerde oder nach dieser Prüfung unter Berücksichtigung der dazu angestellten Erwägungen entschieden werden. Beides lässt das Gesetz zu. Das Annahmeverfahren ist daher **nicht zwingend ein vorgeschaltetes Prüfungsverfahren**. 13

Das Gesetz gibt dem Gericht **lediglich die Möglichkeit**, die Verfassungsbeschwerde auch ohne Prüfung ihrer Zulässigkeit und Begründetheit, also in diesem Sinne vorab, als nicht annahmewürdig zu beurteilen, weil auch bei unterstellter Zulässigkeit und Begründetheit der Verfassungsbeschwerde keiner der Annahmegründe des Abs. 2 vorliegt, und sie deshalb nicht zur Entscheidung anzunehmen. Von dieser Möglichkeit wird aber äußerst selten 14

Gebrauch gemacht, obwohl der Gesetzgeber gerade darin dasjenige Mittel gesehen hat, das zur Entlastung des Gerichts beitragen soll.[9] Trotz aller Betonung der grundsätzlich bedeutenden Aufgaben des Gerichts verlieren die Richter die **Einzelfallgerechtigkeit** nicht gänzlich aus dem Blick, so dass es schwer fällt, einer Verfassungsbeschwerde, die zulässig und begründet erscheint, sehenden Auges den Erfolg zu versagen.[10] Davon zu unterscheiden sind die zunehmend zu beobachtenden Fälle, in denen das Bundesverfassungsgericht die Verfassungsbeschwerde als unzulässig beurteilt und sie deshalb nicht zur Entscheidung annimmt, in den Entscheidungsgründen aber **dennoch die Verfassungswidrigkeit des angegriffenen Hoheitsakts rügt.** Hierbei gehen insbesondere die Kammern des Zweiten Senats über ihre Rechtsprechungsaufgabe hinaus und nehmen mehr schon einen **Erziehungsauftrag** wahr. Sie demonstrieren damit nach außen ein überbordendes Selbstbewusstsein und relativieren zugleich die Klagen aus dem Gericht über die eigene Überlastung. Die Ausführungen zur Verfassungswidrigkeit oder zumindest zu verfassungsrechtlichen Bedenken finden sich manchmal einleitend vor der Feststellung der Unzulässigkeit der Verfassungsbeschwerde,[11] häufig aber auch dahinter.[12] Solche zusätzlichen verfassungsrechtlichen Hinweise richten sich nicht nur an Gerichte, sondern auch an den Gesetzgeber.[13]

15 Die Prüfung der Annahmegründe kommt darüber hinaus **auch inhaltlich** kaum ohne Überlegungen zur Zulässigkeit und Begründetheit der Verfassungsbeschwerde aus. Der Annahmegrund der grundsätzlichen Bedeutung nach Abs. 2 Buchst. a) kann in der Regel nicht vorliegen, wenn die Verfassungsbeschwerde unzulässig ist, weil dann keine Sachentscheidung über die aufgeworfene materiellrechtlich bedeutsame Frage des Verfassungsrechts zu treffen sein wird (→ Rn. 44 f.). Die Durchsetzungsannahme nach Abs. 2 Buchst. b) dient per se der Durchsetzung eines zulässigen und begründeten, mit der Verfassungsbeschwerde verfolgten Begehrens.

16 Das Votum des Berichterstatters (vgl. § 23 Abs. 1 Satz 1, § 40 Abs. 1 Satz 1 GO-BVerfG) wird deshalb nur **selten ohne Stellungnahme zur Zulässigkeit**

9 Vgl. BT-Drs. 12/3628, S. 9 f.

10 Beispiel für eine der seltenen Ausnahmen: Beschluss der 1. Kammer des Ersten Senats vom 15.2.2006 – 1 BvR 1317/96, Juris.

11 Vgl. Beschlüsse der 1. Kammer des Zweiten Senats vom 2.8.2023 – 2 BvR 593/23, Rn. 8 ff. bei Juris, und vom 8.5.2019 – 2 BvR 657/19, Rn. 33 ff. bei Juris; Beschlüsse der 2. Kammer des Zweiten Senats vom 23.3.2023 – 2 BvR 1507/22, Rn. 38 ff. bei Juris, vom 29.5.2019 – 2 BvR 217/19, Rn. 9 ff. bei Juris, vom 15.5.2019 – 2 BvR 1884/17, Rn. 2 bei Juris, und vom 16.11.2016 – 2 BvR 323/16, Rn. 2 ff. bei Juris.

12 Vgl. Beschlüsse der 1. Kammer des Zweiten Senats vom 2.2.2024 – 2 BvR 1255/23, Rn. 6 ff. bei Juris, vom 24.2.2021 – 2 BvR 1780/20, Rn. 2 ff. bei Juris, und vom 26.5.2020 – 2 BvR 2699/17, Rn. 2 ff. bei Juris; Beschlüsse der 2. Kammer des Zweiten Senats vom 14.5.2021 – 2 BvR 1336/20, Rn. 21 ff. bei Juris, vom 29.4.2020 – 2 BvR 1543/20, Rn. 9 ff. bei Juris, vom 11.6.2019 – 2 BvR 916/19, Rn. 2 bei Juris, vom 6.5.2019 – 2 BvR 1429/16, Rn. 10 ff. bei Juris, vom 22.5.2017 – 2 BvR 1107/16, Rn. 18 ff. bei Juris, und vom 22.5.2017 – 2 BvR 1453/16, Rn. 5 ff. bei Juris; Beschlüsse der 2. Kammer des Ersten Senats vom 14.12.2023 – 1 BvR 1889/23, Rn. 19 ff bei Juris, vom 25.3.2020 – 2 BvR 113/20, Rn. 38 ff. bei Juris, und vom 16.8.2018 – 1 BvR 836/18, Rn. 1 bei Juris; Beschluss der 3. Kammer des Zweiten Senats vom 20.7.2016 – 2 BvR 1385/16, Rn. 8 bei Juris.

13 Vgl. Beschluss der 3. Kammer des Zweiten Senats vom 11.12.2023 – 2 BvR 195/21, Rn. 10 bei Juris; Beschluss der 2. Kammer des Zweiten Senats vom 16.12.2015 – 2 BvR 1017/14, Rn. 11 ff. bei Juris.

und Begründetheit der Verfassungsbeschwerde darauf gestützt, dass die Annahmegründe allein aufgrund anderer Umstände fehlen. Die Kammern und Senate richten ihre Annahmeentscheidung fast ausschließlich an den Kriterien der Zulässigkeit und Begründetheit der Verfassungsbeschwerde aus und nehmen das Angebot des Gesetzgebers nicht an, Verfassungsbeschwerden mit anderer, gegebenenfalls einfacherer Begründung nicht annehmen zu dürfen. Da eine Annahme der Verfassungsbeschwerde aber schon dann nicht in Betracht kommt, wenn die Verfassungsbeschwerde entweder unzulässig oder unbegründet ist, kann zur Begründung der Nichtannahme die Zulässigkeit der Verfassungsbeschwerde offen bleiben und unmittelbar auf ihre Unbegründetheit abgestellt werden.[14] Diese Möglichkeit besteht angesichts der Rechtskraftwirkung einer Sachentscheidung, die bei Unzulässigkeit eines Antrags nicht herbeigeführt werden darf, außerhalb eines Annahmeverfahrens nicht.

Zwar haben also die Entscheidung über die Annahme der Verfassungsbe- 17
schwerde und die Entscheidung in der Sache rechtstheoretisch einen unterschiedlichen Gegenstand. Die inhaltlichen **Überschneidungen** und die Vermengung der Prüfung im Verfahrensablauf sind aber **unvermeidbar**.

So liegt die **praktische Relevanz des Annahmevorbehalts** denn auch nicht 18
in der Schaffung einer erleichterten, von der Zulässigkeit und Begründetheit der Verfassungsbeschwerde abgekoppelten Möglichkeit ihrer Nichtannahme. Geprägt wird das Verfahren der Verfassungsbeschwerde durch die Regelungen der §§ 93a ff. vielmehr hauptsächlich insoweit, als dass **Entscheidungskompetenzen weitgehend auf die Kammern übertragen** worden sind (§ 93b Satz 1, § 93c Abs. 1 Satz 1) und die Ablehnung der Annahme der Verfassungsbeschwerde **keiner Begründung** bedarf (§ 93d Abs. 1 Satz 3). Die gewollte Entlastung wird also dadurch erreicht, dass der Berichterstatter meist nur zwei statt sieben Richterkollegen von dem Ergebnis, das er vorschlägt, überzeugen muss, und dass bei der Entscheidung der mit der Formulierung von Gründen einhergehende Aufwand ganz oder teilweise entfällt.

Gerade das Zusammenspiel dieser Entlastungseffekte hat bewirkt, dass bei 19
der Verfassungsbeschwerde das Annahmeverfahren der §§ 93a ff. die **A-Limine-Abweisung** unzulässiger oder offensichtlich unbegründeter Anträge nach § 24 **verdrängt** hat (→ § 24 Rn. 4).

Mit dem Annahmeverfahren nicht zu verwechseln ist die Behandlung von 20
Verfassungsbeschwerden im **Allgemeinen Register** (dazu → § 90 Rn. 14 ff.). In das Allgemeine Register werden solche Verfassungsbeschwerden eingetragen, bei denen nach Ansicht eines Mitarbeiters der Abteilung „Justizverwaltung" mit der Befähigung zum Richteramt (vgl. § 65 GO-BVerfG) eine Annahme zur Entscheidung ausscheidet, weil sie offensichtlich unzulässig sind oder unter Berücksichtigung der Rechtsprechung des Bundesverfassungsgerichts offensichtlich keinen Erfolg haben können. Die Eintragung im Allgemeinen Register hat für den Beschwerdeführer zur Folge, dass seine Verfas-

14 Vgl. Beschluss der 3. Kammer des Ersten Senats vom 21.9.2022 – 1 BvR 437/21, Rn. 5 bei Juris; Beschluss der 2. Kammer des Ersten Senats vom 7.7.2020 – 1 BvR 479/20; Beschluss der 2. Kammer des Zweiten Senats vom 5.7.2019 – 2 BvR 167/18, Rn. 23 bei Juris; Beschluss der 3. Kammer des Zweiten Senats vom 16.8.2017 – 2 BvR 1496/15, Rn. 14 bei Juris.

sungsbeschwerde nicht direkt dem als Berichterstatter zuständigen Richter des Bundesverfassungsgerichts vorgelegt wird; vielmehr erhält er von einem AR-Referenten einen Hinweis auf die aus dessen Sicht **offensichtlich fehlenden Erfolgsaussichten.**

21 Rechtliche Bedenken dagegen sind nicht begründet.[15] Der gesetzliche Richter (Art. 101 Abs. 1 Satz 2 GG) wird dem Beschwerdeführer nicht entzogen, da und solange er **jederzeit** sein Begehren weiterverfolgen und **eine richterliche Entscheidung verlangen kann** (§ 64 Abs. 2 GO-BVerfG). Die Verfassungsbeschwerde wird dann in das BvR-Verfahrensregister übertragen. Die Richter des Bundesverfassungsgerichts sind bei der Entscheidung über die Annahme der Verfassungsbeschwerde nach §§ 93a ff. selbstverständlich nicht an die zuvor vom AR-Referenten geäußerte Auffassung gebunden[16] und durchaus in der Lage, sich ein eigenes Urteil über die Zulässigkeit und Begründetheit der Verfassungsbeschwerde zu bilden.[17]

22 Allerdings sollte sich das Bundesverfassungsgericht davor hüten, bei den Beschwerdeführern die Hemmschwelle, einen Antrag auf Übertragung in das BvR-Verfahrensregister zu stellen, dadurch zu erhöhen, dass in Beschlüssen über die Auferlegung einer **Missbrauchsgebühr** nach § 34 Abs. 2 der Eindruck erweckt wird, die Missbrauchsgebühr sei schon deshalb gerechtfertigt, weil der Beschwerdeführer nach einem Hinweis eines AR-Referenten auf einer richterlichen Entscheidung bestanden hat (→ § 34 Rn. 22). Eine solche Verknüpfung der Missbrauchsgebühr mit der Ausübung des Antragsrechts nach § 64 Abs. 2 GO-BVerfG könnte als Mittel zur Entziehung des gesetzlichen Richters bewertet werden. Außerdem wäre es schon aus Gründen der Transparenz begrüßenswert, wenn die Ausgestaltung des Verfahrens im Allgemeinen Register auf eine gesetzliche Grundlage gestellt würde.

23 Die Bedeutung des Annahmeverfahrens lässt sich unschwer aus der auf der Homepage des Bundesverfassungsgerichts veröffentlichten **Statistik** ablesen: Im Jahr 2023 waren von den 4.478 Entscheidungen des Bundesverfassungsgerichts über Verfassungsbeschwerden 4.429 Nichtannahmeentscheidungen der Kammern. Nur 49 Verfassungsbeschwerden wurden zur Entscheidung angenommen und in der Sache beschieden. Das sind 1,1 %. Das Verfassungsbeschwerdeverfahren ist zahlenmäßig weit überwiegend zu einem **Annahmeverweigerungsverfahren** geworden.

II. Annahmegründe, Abs. 2

24 Die Annahme der Verfassungsbeschwerde ist **an die gesetzlichen Gründe des Abs. 2 gebunden**. Die Verfassungsbeschwerde unterliegt keiner freien Annahmeentscheidung des Bundesverfassungsgerichts.

25 Die Annahmegründe des Abs. 2 sind **zwingend und abschließend**. Das Bundesverfassungsgericht muss die Verfassungsbeschwerde zur Entscheidung annehmen, wenn die Annahmevoraussetzungen erfüllt sind („ist"). Es darf die Verfassungsbeschwerde nicht zur Entscheidung annehmen, wenn keiner der Annahmegründe vorliegt. Das Gesetz räumt dem Gericht **kein Annah-**

15 So auch Lechner/Zuck/Zuck vor §§ 93a ff., Rn. 9.
16 Vgl. Barczak BVerfGG/Nettersheim § 93a Rn. 5.
17 Zu Unrecht zweifelnd Selder ZRP 2011, 164 (165).

meermessen ein.[18] Daher ist es verfehlt, wenn in Nichtannahmebeschlüssen darauf hingewiesen wird, dass nicht nur kein zwingender Annahmegrund nach § 93a Abs. 2 vorliegt, sondern auch sonst kein Grund für ihre Annahme ersichtlich ist.[19] Solche anderen denkbaren Annahmegründe existieren weder im Gesetz noch über das Gesetz hinaus.[20] Trotz der von den Kammern des Ersten Senats praktizierten Formel, dass auch sonst kein Grund für die Annahme ersichtlich sei, ist damit kein zusätzlicher Annahmegrund entwickelt worden. Betrachtet man die Entscheidungen näher, werden entweder nur die beiden im Gesetz genannten Annahmegründe geprüft oder vorgelagert oder integriert Fragen der Zulässigkeit oder der Begründetheit der Verfassungsbeschwerde diskutiert.[21]

Allerdings verwendet das Gesetz **unbestimmte Rechtsbegriffe**, die einer Auslegung bedürfen und in ihrer Anwendung einen Beurteilungsspielraum eröffnen. Daran hat sich auch dadurch nichts geändert, dass die Annahmevoraussetzungen nach Abs. 2 Buchst. a) und b) **in der Senatsrechtsprechung näher definiert** worden sind.[22] Die gesetzlichen Annahmevoraussetzungen belassen dem Bundesverfassungsgericht einen **Spielraum bei der Auslegung und Anwendung** der für die Annahmeentscheidung maßgebenden, ausfüllungsbedürftig formulierten Rechtsbegriffe.[23] Dies entspricht auch dem Willen des Gesetzgebers.[24] 26

Die Annahme kann sich auch nur auf einen abgrenzbaren Teil der Verfassungsbeschwerde beziehen. Eine **Teilannahme** als Teilentscheidung iSd § 25 Abs. 3 kommt in Betracht, wenn die Annahmevoraussetzungen hinsichtlich eines von mehreren Streitgegenständen erfüllt sind, hinsichtlich der anderen aber nicht. Dabei wird der Streitgegenstand durch den angegriffenen Hoheitsakt und die Rüge des verletzten Grundrechts oder grundrechtsgleichen Rechts im Sinne des § 90 Abs. 1 bestimmt. Über den zur Entscheidung angenommenen Teil der Verfassungsbeschwerde ist dann in der Sache zu entscheiden, während im Übrigen die Annahme abgelehnt wird und keine Sachentscheidung erfolgt;[25] das wird hin und wieder sogar von den Kammern des Bundesverfassungsgerichts selbst nicht beachtet.[26] Ebenso möglich ist eine 27

18 Vgl. Lechner/Zuck/Zuck § 93a Rn. 5; Barczak BVerfGG/Nettersheim § 93a Rn. 25; Burkiczak/Dollinger/Schorkopf BVerfGG/Bindig § 93a Rn. 18.

19 So aber Beschlüsse der 2. Kammer des Ersten Senats vom 18.7.2023 – 1 BvR 600/19, Rn. 12 bei Juris, und vom 23.5.2023 – 1 BvR 2124/21, Rn. 8 bei Juris; Beschluss der 3. Kammer des Ersten Senats vom 12.6.2023 – 1 BvR 847/23, Rn. 1 bei Juris.

20 So zutreffend auch Burkiczak/Dollinger/Schorkopf BVerfGG/Bindig § 93a Rn. 44.

21 Vgl. beispielhaft Beschluss der 2. Kammer des Ersten Senats vom 18.7.2023 – 1 BvR 600/19, Rn. 12 ff. bei Juris, wo sich an die Prüfung der beiden gesetzlichen Annahmegründe in den Rn. 13 bis 31 keine weitere Prüfung eines ungeschriebenen Annahmegrundes anschließt. Siehe auch Beschluss der 3. Kammer des Ersten Senats vom 12.6.2023 – 1 BvR 847/23, Rn. 1 bis 7 bei Juris, und Beschluss der 2. Kammer des Ersten Senats vom 12.5.2023 – 1 BvR 886/22, Rn. 3 bis 6 bei Juris.

22 Erster Senat: BVerfGE 90, 22 (24 f.); Zweiter Senat: BVerfGE 96, 245 (248 ff.).

23 BVerfGE 107, 395 (414) – Plenum.

24 BT-Drs. 12/3628, S. 9.

25 Vgl. beispielhaft Beschluss der 2. Kammer des Zweiten Senats vom 17.8.2023 – 2 BvR 1851/22, Ziffern 1 und 2 des Tenors bei Juris.

26 Vgl. Beschluss der 2. Kammer des Ersten Senats vom 22.8.2013 – 1 BvR 1067/12, Ziff. 2 des Tenors bei Juris: Im Übrigen wird die Verfassungsbeschwerde zurückgewiesen; ähnlich fehlerhaft Beschluss der 2. Kammer des Ersten Senats vom 4.9.2020 – 1 BvR

Teilnichtannahme, bei der die Kammer einen Teil der Verfassungsbeschwerde nicht zur Entscheidung annimmt und sie hinsichtlich des verbleibenden Teils, bei dem einer der Annahmegründe in Betracht kommt, dem Senat zur Entscheidung über die Annahme überträgt.[27] Die Teilnichtannahme ist in den Tenor aufzunehmen.[28]

28 Die **Zulässigkeit der Teilannahme** folgt bei der Grundsatzannahme nach Abs. 2 Buchst. a) unmittelbar aus dem Wortlaut des Gesetzes („soweit"). Trotz des hiervon abweichenden Wortlauts („wenn") ist sie als Folge des allgemeinen prozessualen Grundsatzes, dass über getrennte Streitgegenstände unterschiedlich entschieden werden kann, zu Recht auch bei der Durchsetzungsannahme nach Abs. 2 Buchst. b) anerkannt.[29] Dabei kann sich die teilweise Nichtannahme sowohl auf einen von mehreren Angriffsgegenständen als auch auf einen von mehreren Beschwerdeführern oder sogar auf eine Kombination dieser beiden Varianten beziehen.[30] Keiner bloßen Teilannahme und einer Nichtannahme im Übrigen bedarf es allerdings, wenn die Verfassungsbeschwerde zur begehrten vollständigen Aufhebung des angegriffenen Hoheitsakts führt, das Bundesverfassungsgericht die Begründetheit der Verfassungsbeschwerde aber nur auf eine von mehreren der vom Beschwerdeführer erhobenen Grundrechtsrügen stützt.[31] In einem solchen Fall genügt vielmehr die Feststellung, dass die weiteren erhobenen Rügen keiner Entscheidung bedürfen, weil der Beschwerdeführer mit ihnen kein weitergehendes Anfechtungsziel verfolgt.[32]

29 Die beiden Annahmegründe des Abs. 2 spiegeln die Rechtsschutzfunktionen der Verfassungsbeschwerde wieder. Die Verfassungsbeschwerde dient sowohl dem individuellen Grundrechtsschutz als auch der Wahrung des objektiven Verfassungsrechts (→ § 90 Rn. 7 ff.). Dementsprechend können **subjektive wie objektive Gründe** für ihre Annahme zur Entscheidung sprechen. Aus-

---

2427/19, Ziff. 4 des Tenors bei Juris, wo die Verfassungsbeschwerde eines von mehreren Beschwerdeführern verworfen wird, anstatt sie richtigerweise nicht zur Entscheidung anzunehmen.

27 Beschluss der 1. Kammer des Ersten Senats vom 24.10.2011 – 1 BvR 1848/11, Rn. 1 und 8 bei Juris.

28 Nicht beachtet im Beschluss der 2. Kammer des Ersten Senats vom 7.12.2017 – 1 BvR 1914/17, Juris.

29 Vgl. nur Beschlüsse der 2. Kammer des Zweiten Senats vom 14.12.2023 – 2 BvR 1233/23, Juris, vom 17.8.2023 – 2 BvR 1851/22, Ziffern 1 und 2 des Tenors bei Juris, vom 10.5.2023 – 2 BvR 370/22, Juris, und vom 19.4.2023 – 2 BvR 1844/21, Juris; Beschlüsse der 3. Kammer des Zweiten Senats vom 4.8.2023 – 2 BvR 54/19, Juris, und vom 28.4.2021 – 2 BvR 1451/18, Juris; Beschlüsse der 2. Kammer des Ersten Senats vom 26.6.2023 – 1 BvR 491/23, Juris, und vom 16.9.2020 – 1 BvR 2194/18, Juris.

30 Vgl. Beschluss der 1. Kammer des Ersten Senats vom 21.9.2020 – 1 BvR 528/19, Juris.

31 So aber Beschluss der 2. Kammer des Ersten Senats vom 19.8.2020 – 1 BvR 2249/19, Rn. 29 bei Juris; Beschlüsse der 3. Kammer des Ersten Senats vom 29.6.2016 – 1 BvR 2646/15, Rn. 21 bei Juris, und vom 2.7.2013 – 1 BvR 1751/12, Rn. 22 bei Juris; Beschlüsse der 1. Kammer des Ersten Senats vom 29.2.2012 – 1 BvR 2883/11, Rn. 10, 19 bei Juris, und vom 7.11.2011 – 1 BvR 1403/09, Rn. 29, 52 bei Juris.

32 Vgl. Beschlüsse der 3. Kammer des Zweiten Senats vom 4.8.2023 – 2 BvR 54/19, Rn. 33 bei Juris, vom 31.7.2023 – 2 BvR 1014/21, Rn. 44 bei Juris, und vom 7.6.2023 – 2 BvR 2139/21, Rn. 26 bei Juris; Beschluss der 1. Kammer des Zweiten Senats vom 19.5.2023 – 2 BvR 78/22, Rn. 36 bei Juris; Beschluss der 2. Kammer des Ersten Senats vom 13.4.2023 – 1 BvR 667/22, Rn. 31 bei Juris; Beschluss der 2. Kammer des Zweiten Senats vom – 2 BvR 808/21, Rn. 30 bei Juris.

schließlich an das objektive Element knüpft ersichtlich die Grundsatzannahme nach Abs. 2 Buchst. a) an. Das objektive Element liegt aber durchaus auch den Voraussetzungen der Durchsetzungsannahme nach Abs. 2 Buchst. b) zugrunde, bei der allerdings das subjektive Element im Vordergrund steht.

30 **1. Grundsatzannahme, Buchst. a.** Der Annahmegrund des Buchst. a) setzt voraus, dass der Verfassungsbeschwerde **grundsätzliche verfassungsrechtliche Bedeutung** zukommt. In einem solchen Fall darf die Verfassungsbeschwerde nicht durch Nichtannahme erledigt werden.

31 Die grundsätzliche Bedeutung der Verfassungsbeschwerde muss **verfassungsrechtlicher Natur** sein. Bloße Auslegungsfragen des einfachen Rechts, tatsächliche Probleme oder Fragen der konkreten Einzelfallwürdigung der Fachgerichte[33] reichen dafür nicht. Verfassungsrechtliche Bedeutung können solche Fragen aber gewinnen, wenn sie mit den Vorschriften des Grundgesetzes verknüpft sind, etwa wenn verfassungsrechtliche Vorgaben an die Anwendung oder Auslegung eines Gesetzes zu klären sind. Auch verfassungsprozessuale Probleme können einer Verfassungsbeschwerde grundsätzliche verfassungsrechtliche Bedeutung verleihen, weil der durch die gesetzlichen Zulässigkeitsvoraussetzungen regulierte Zugang zum verfassungsgerichtlichen, in Art. 93 Abs. 1 Nr. 4 a GG garantierten Rechtsschutz betroffen ist. Deshalb musste die verfassungsprozessuale Bedeutung von Gegenvorstellungen in einer Senatsentscheidung geklärt werden.[34] Bei vollständig unionsrechtlicher Determinierung der Rechtslage sind die Grundrechte der Charta der Europäischen Union als Prüfungsmaßstab heranzuziehen,[35] so dass es insoweit darauf ankommt, ob die entscheidungserheblichen Rechtsfragen in der Rechtsprechung des Gerichtshofs der Europäischen Union geklärt sind.[36] Ist dies nicht der Fall, muss das Bundesverfassungsgericht sie dem EuGH nach § 267 Abs. 3 AEUV zur Entscheidung vorlegen;[37] in Bezug auf § 93a Abs. 2 Buchst. a) kann dann grundsätzliche verfassungsrechtliche Bedeutung gegeben sein.

32 Die grundsätzliche verfassungsrechtliche Bedeutung einer Verfassungsbeschwerde bestimmt sich **nach zwei Merkmalen**: Der **Klärungsbedürftigkeit** der aufgeworfenen verfassungsrechtlichen Frage und der **über den Einzelfall hinausgehenden Auswirkung** der Klärung.[38]

33 **Klärungsbedürftig** ist eine verfassungsrechtliche Frage, wenn sie sich nicht ohne Weiteres aus dem Grundgesetz beantworten lässt und noch nicht durch die verfassungsgerichtliche Rechtsprechung geklärt oder durch veränderte Verhältnisse erneut klärungsbedürftig geworden ist.[39]

---

33 Vgl. Beschluss der 1. Kammer des Zweiten Senats vom 4.7.2018 – 2 BvR 1207/18, Rn. 12 bei Juris.
34 BVerfGE 122, 190 (205 ff.); dies verkennt die gegenteilige Ansicht von Barczak BVerfGG/Nettersheim § 93a Rn. 30.
35 BVerfGE 152, 216 (238 ff., Rn. 53 ff.).
36 Vgl. BVerfGE 156, 182 (200 f., Rn. 42 ff.).
37 Vgl. BVerfGE 156, 182 (199, Rn. 39); Beschluss der 1. Kammer des Zweiten Senats vom 15.2.2023 – 2 BvR 2009/22, Rn. 18 bei Juris.
38 Grundlegend: BVerfGE 90, 22 (24 f.).
39 BVerfGE 90, 22 (24); 96, 245 (248); Beschluss der 2. Kammer des Ersten Senats vom 18.7.2023 – 1 BvR 600/19, Rn. 13 bei Juris; Beschluss der 2. Kammer des Zweiten Senats

34 Ob die verfassungsrechtliche Frage **in der Rechtsprechung des Bundesverfassungsgerichts schon geklärt** ist, bedarf in jedem Einzelfall einer umfassenden Analyse der vorhandenen Entscheidungen. Maßgebend sind allein Entscheidungen der Senate.[40] Wenn im Nichtannahmebeschluss dennoch unsauber nur eine Kammerentscheidung als Beleg dafür herangezogen wird, dass das Bundesverfassungsgericht die maßgebende verfassungsrechtliche Frage schon entschieden hat, dann kann dies nur dann die fehlende Klärungsbedürftigkeit begründen, wenn die Kammerentscheidung ihrerseits auf einer gefestigten Senatsrechtsprechung beruht.[41] Der Klärungsbedarf entfällt, wenn in einem Parallelverfahren eine Senatsentscheidung ergeht.[42] Kammerbeschlüsse können hierfür hingegen nicht herangezogen werden, weil sie entweder als Nichtannahmeentscheidungen rechtsdogmatisch ohnehin keine Entscheidung zur Sache treffen (→ Rn. 77 ff.) oder als mit der Annahme der Verfassungsbeschwerde verbundene Stattgaben nach § 93c Abs. 1 Satz 1 ihrerseits nur ergangen sein können, wenn die maßgebliche verfassungsrechtliche Frage durch das Bundesverfassungsgericht bereits entschieden ist (dazu → § 93c Rn. 7 ff.).

35 Insofern besteht folgender **Zusammenhang** des Annahmegrunds der grundsätzlichen verfassungsrechtlichen Bedeutung **mit** der Kammerzuständigkeit für stattgebende Entscheidungen nach **§ 93c**: Ist die verfassungsrechtliche Frage schon durch das Bundesverfassungsgericht entschieden und damit geklärt, scheidet eine Grundsatzannahme nach § 93a Abs. 2 Buchst. a) aus und ist die Kammer unter den Voraussetzungen der Durchsetzungsannahme nach § 93a Abs. 2 Buchst. b) zur Stattgabe nach § 93c befugt. Fehlt einschlägige Senatsrechtsprechung, kann eine Annahme nach § 93a Abs. 2 Buchst. a) in Betracht kommen, die stets zu einer Senatszuständigkeit führt. Selbst wenn die Annahme nach § 93a Abs. 2 Buchst. a) abgelehnt wird, weil ihre weiteren Voraussetzungen, also das über den Einzelfall hinausgehende Interesse an einer Klärung, nicht erfüllt sind, ist die Entscheidungskompetenz der Kammer für eine mit einer Durchsetzungsannahme nach § 93a Abs. 2 Buchst. b) gemäß § 93c Abs. 1 Satz 1 iVm § 93b Satz 1 nicht eröffnet. Für eine Stattgabe ist dann schon deshalb allein der Senat zuständig, weil es an einschlägiger Senatsrechtsprechung im Sinne des § 93c Abs. 1 Satz 1 fehlt.

36 Ist eine einschlägige Rechtsprechung des Bundesverfassungsgerichts vorhanden, kann die verfassungsrechtliche Frage erneut klärungsbedürftig gewor-

---

vom 18.11.2020 – 2 BvR 477/17, Rn. 13 bei Juris; Beschluss der 3. Kammer des Zweiten Senats vom 21.10.2020 – 2 BvR 652/20, Rn. 43 bei Juris.

40 Vgl. die Prüfung im Beschluss der 3. Kammer des Zweiten Senats vom 21.10.2020 – 2 BvR 652/20, Rn. 42 ff. bei Juris, und in den Beschlüssen der 2. Kammer des Ersten Senats vom 18.3.2013 – 1 BvR 2436/11 ua, Rn. 21 bei Juris, und vom 13.3.2012 – 1 BvR 210/12, Rn. 7 bei Juris; vgl. auch Beschluss der 1. Kammer des Zweiten Senats vom 14.5.2020 – 2 BvR 243/15 ua, Rn. 14 ff. bei Juris; Beschluss der 3. Kammer des Ersten Senats vom 6.3.2020 – 1 BvR 2862/16, Rn. 5 bei Juris; Beschluss der 1. Kammer des Ersten Senats vom 9.11.2017 – 1 BvR 2440/16, Rn. 17 ff. bei Juris.

41 Vgl. Beschluss der 3. Kammer des Zweiten Senats vom 5.7.2019 – 2 BvR 382/17, Rn. 21 bei Juris, der auf die Nachweise im Beschluss derselben Kammer vom 16.8.2017 – 2 BvR 1496/15, Rn. 17 ff. bei Juris, verweist.

42 Vgl. Beschluss der 3. Kammer des Ersten Senats vom 19.5.2021 – 1 BvR 487/20 ua, Rn. 4 f. bei Juris; Beschluss der 2. Kammer des Ersten Senats vom 15.4.2019 – 1 BvR 1811/17 ua, Rn. 4 bei Juris.

den sein, wenn sich die rechtlichen oder tatsächlichen **Umstände geändert** haben. Dafür genügt auch, wenn sich veränderte Anschauungen herausgebildet haben, die aus Sicht der in § 93d Abs. 3 Satz 2 vorgesehenen Mindestanzahl von drei Richtern eines Senats die Neubewertung einer früher entschiedenen Frage erfordern. Für die Klärung der Frage, ob eine erneute Befassung des Bundesverfassungsgerichts mit einer verfassungsrechtlichen Rechtsfrage notwendig erscheint, ist auch die zu einer vergleichbaren Rechtsfrage ergangene Rechtsprechung des Europäischen Gerichtshofs für Menschenrechte in den Blick zu nehmen.[43]

Auch wenn noch keine einschlägige Senatsentscheidung vorliegt, kann eine verfassungsrechtliche Frage als nicht klärungsbedürftig angesehen werden, wenn sich die Antwort ohne Weiteres unmittelbar aus dem Grundgesetz ableiten lässt.[44] Dieser Aspekt erinnert an die **acte-claire**-Rechtsprechung des Gerichtshofs der Europäischen Union:[45] Bei eindeutiger Rechtslage entfällt die Vorlagepflicht der nationalen Gerichte nach Art. 267 Abs. 3 AEUV.[46] Eine klärende Sachentscheidung des Bundesverfassungsgerichts ist dann nicht notwendig. Auch eine gefestigte Kammerrechtsprechung zu einer bestimmten Frage kann als Beleg dafür gelten, dass die verfassungsrechtliche Rechtslage jedenfalls aus Sicht des Bundesverfassungsgerichts eindeutig ist. 37

Über die Beantwortung der aufgeworfenen verfassungsrechtlichen Frage müssen also, damit sie klärungsbedürftig erscheint, **ernsthafte Zweifel** bestehen. Als Anhaltspunkt für eine grundsätzliche Bedeutung erkennt das Bundesverfassungsgericht zwar an, dass die verfassungsrechtliche Frage in der Fachliteratur kontrovers diskutiert oder in der Rechtsprechung der Fachgerichte unterschiedlich beantwortet wird.[47] Eine grundsätzliche verfassungsrechtliche Bedeutung wird hingegen nicht allein dadurch begründet, dass unterschiedliche Auffassungen zu einer – einfachrechtlichen – Rechtsfrage vertreten werden und die Fachgerichte zu ihr eine Antwort gefunden haben, die aus verfassungsrechtlicher Sicht einer Korrektur bedarf. Vielmehr ist gerade dafür die Möglichkeit einer Stattgabe durch die Kammer nach § 93c Abs. 1 Satz 1 geschaffen worden. 38

Sämtliche Kriterien, die eine Klärungsbedürftigkeit der verfassungsrechtlichen Frage ausmachen, bieten dem Bundesverfassungsgericht bei der Übertragung auf den Einzelfall einen **Beurteilungsspielraum**, wie er bei der Anwendung unbestimmter Rechtsbegriffe stets unvermeidbar ist. Eine klare Grenze zwischen der Entwicklung neuer verfassungsrechtlicher Maßstäbe in einer Sachentscheidung über eine Verfassungsbeschwerde und der bloßen Übertragung bereits in der Senatsrechtsprechung des Bundesverfassungsgerichts aufgestellter Grundsätze zur Auslegung und Anwendung der Vorschrif- 39

43 Vgl. Beschluss der 1. Kammer des Ersten Senats vom 4.12.2013 – 1 BvR 1154/10, Rn. 5 bei Juris; Beschluss der 2. Kammer des Ersten Senats vom 18.3.2013 – 1 BvR 2436/11 ua, Rn. 21 bei Juris.
44 BVerfGE 90, 22 (25).
45 Vgl. Barczak BVerfGG/Nettersheim § 93a Rn. 35.
46 Vgl. EuGH Urt. v. 15.9.2005 – C-495/03, Slg 2005, I-8151, Rn. 33 – Intermodal Transports; siehe auch BVerfGE 135, 155 (233, Rn. 124); 129, 78 (99); Beschluss der 2. Kammer des Ersten Senats vom 24.5.2022 – 1 BvR 2342/17, Rn. 12 ff. bei Juris.
47 BVerfGE 90, 22 (24 f.).

ten des Grundgesetzes, die keine Annahme nach Abs. 2 Buchst. a) erfordert, ist nicht einfach zu ziehen, wenn nicht gar unmöglich.[48]

40 Abweichende Auffassungen darüber, ob eine verfassungsrechtliche Frage als geklärt bzw. eindeutig zu beantworten oder als klärungsbedürftig beurteilt wird, werden sich meist nicht daraus ergeben, dass die vorhandene Senatsrechtsprechung unterschiedlich interpretiert wird. Vielmehr hängt die Beurteilung in erster Linie davon ab, wie **eng oder weit** man die **Fragestellung** fasst. Je mehr Besonderheiten des konkreten Anwendungsfalles in die Frage einfließen, desto eher wird anzunehmen sein, dass eine Antwort des Bundesverfassungsgerichts noch aussteht; dann wächst aber die Gefahr, dass das Bundesverfassungsgericht ein über den Einzelfall hinausgehendes Klärungsinteresse verneint und an diesem zweiten Erfordernis die Grundsatzannahme scheitern lässt.[49]

41 Dem Bedürfnis nach einer bestimmbaren, der Gesetzesbindung der Annahmegründe entsprechenden Auslegung des Abs. 2 Buchst. a) wird nur die Aussage gerecht, dass **in einer Nichtannahmeentscheidung durch eine Kammer oder einen Senat** – ebenso wie in einer stattgebenden Entscheidung durch eine Kammer nach § 93c Abs. 1 Satz 1 – **keine neuen verfassungsrechtlichen Maßstäbe** aufgestellt werden dürfen. Daraus folgt ein sehr enges Verständnis des Annahmegrundes Buchst. a), das auf die Klärung bislang ungeklärter verfassungsrechtlicher Maßstäbe beschränkt ist. Im Ergebnis werden dadurch den Kammern große Gebiete der Verfassungsrechtsprechung zugewiesen, weil die Kammern nach § 93b Satz 1 für die Ablehnung der Annahme der Verfassungsbeschwerde zuständig sind.

42 Versuche, die Grundsatzannahme auf weitere Bereiche der Übertragung bestehender verfassungsrechtlicher Maßstäbe auf konkrete Fallgestaltungen zu erstrecken, müssen daran scheitern, dass das Gesetz hierfür keine Kriterien bereit stellt, die eine verlässliche Grenzziehung erlauben würden. Dann ist aber einer Grenze der Vorzug zu geben, die im Verfahren der Verfassungsbeschwerde **den Senaten nur die wirklich grundlegenden Entscheidungen zum Verfassungsrecht** in dafür geeigneten Fällen überlässt.

43 Damit die maßgebende verfassungsrechtliche Frage „grundsätzlich" ist, muss an ihrer Klärung zudem ein **über den Einzelfall hinausgehendes Interesse** bestehen. Das kann etwa dann der Fall sein, wenn sie für eine nicht unerhebliche Anzahl von Streitigkeiten bedeutsam ist oder ein Problem von einigem Gewicht betrifft, das in künftigen Fällen erneut Bedeutung erlangen kann.[50] Dabei kommt es nicht entscheidend auf die Betroffenheit einer bestimmten, ohnehin nicht abstrakt festzulegenden Zahl von Personen an,[51] sondern auf das Interesse der Allgemeinheit an einer Klärung der Frage durch das Bundesverfassungsgericht. Verneint worden ist ein über den Einzelfall hinausgehendes Interesse, wenn sich die aufgeworfene Frage nur in einer ganz

48 Vgl. Schmidt-Bleibtreu/Klein/Bethge BVerfGG/Graßhof § 93a Rn. 94 (Stand: März 2006).

49 Vgl. Beschluss der 3. Kammer des Ersten Senats vom 9.12.2009 – 1 BvR 1542/06, Rn. 14 bei Juris.

50 BVerfGE 90, 22 (25); Beschluss der 3. Kammer des Zweiten Senats vom 21.10.2020 – 2 BvR 652/20, Rn. 43 bei Juris.

51 Vgl. BAG, Beschluss vom 28.6.2011 – 3 AZN 146/11, Rn. 11 bei Juris.

besonderen Fallkonstellation, also in einem **seltenen Ausnahmefall** stellt.[52] Das Interesse an einer grundsätzlichen Klärung muss im Zeitpunkt der Entscheidung des Bundesverfassungsgerichts vorliegen.[53] Im Regelfall besteht für **nicht mehr geltendes Recht** kein über den Einzelfall hinausgehendes Interesse, seine Verfassungsmäßigkeit noch zu klären.[54] Gleiches gilt für die Klärung der Verfassungsmäßigkeit einer fachgerichtlichen Auslegung eines zwischenzeitlich außer Kraft getretenen Gesetzes.[55]

Die aufgeworfene verfassungsrechtliche Frage muss schließlich wie im Revisionsrecht **entscheidungserheblich** sein. Bei der Prüfung der Annahme muss bereits absehbar sein, dass sich das Bundesverfassungsgericht bei seiner Entscheidung über die Verfassungsbeschwerde mit der Grundsatzfrage befassen muss.[56] 44

Deshalb scheidet bei einer **unzulässigen Verfassungsbeschwerde** eine Annahme nach Abs. 2 Buchst. a) hinsichtlich einer aufgeworfenen materiellrechtlichen Frage grundsätzlich aus, weil sie zu keiner Entscheidung über diese Frage führen würde.[57] Besitzt das der Verfassungsbeschwerde anhaftende Zulässigkeitsproblem aber seinerseits grundsätzliche verfassungsrechtliche Bedeutung und muss deshalb vom Senat geklärt werden, ist die Verfassungsbeschwerde nach Abs. 2 Buchst. a) schon deshalb ohne Rücksicht auf das Gewicht des materiellrechtlichen Streitgegenstands zur Entscheidung anzunehmen.[58] 45

Die Entscheidungserheblichkeit fehlt auch, wenn ein mit der Verfassungsbeschwerde angegriffenes Urteil auf **mehrere Begründungserwägungen** gestützt ist und nur eine davon die in der Verfassungsbeschwerde behauptete grundsätzliche verfassungsrechtliche Bedeutung hat.[59] 46

2. Durchsetzungsannahme, Buchst. b. Nach Abs. 2 Buchst. b) ist die Verfassungsbeschwerde zur Entscheidung anzunehmen, wenn die Annahme **zur Durchsetzung der in § 90 Abs. 1 genannten Rechte angezeigt** ist. Ist dies der Fall, darf die Annahme der Verfassungsbeschwerde nicht abgelehnt wer- 47

52 Beschluss der 3. Kammer des Ersten Senats vom 9.12.2009 – 1 BvR 1542/06, Rn. 14 bei Juris.

53 Beschluss der 2. Kammer des Ersten Senats vom 18.9.2017 – 1 BvR 361/12, Rn. 12 bei Juris.

54 Vgl. Beschluss der 2. Kammer des Zweiten Senats vom 10.5.2023 – 2 BvR 390/21, Rn. 27 bei Juris; Beschlüsse der 1. Kammer des Ersten Senats vom 5.3.2018 – 1 BvR 2926/14, Rn. 15 bei Juris, und vom 26.9.2017 – 1 BvR 1486/16, Rn. 17 bei Juris; BVerfGE 91, 186 (200).

55 Beschluss der 2. Kammer des Ersten Senats vom 21.8.2018 – 1 BvR 2674/17, Rn. 4 bei Juris.

56 BVerfGE 90, 22 (25); Beschluss der 1. Kammer des Ersten Senats vom 9.11.2017 – 1 BvR 2440/16 ua, Rn. 15 bei Juris; Beschluss der 2. Kammer des Ersten Senats vom 22.8.2012 – 1 BvR 573/12, Rn. 17 bei Juris; vgl. auch Beschluss der 3. Kammer des Ersten Senats vom 5.2.2020 – 1 BvR 1586/14, Rn. 8 bei Juris.

57 Beschlüsse der 1. Kammer des Zweiten Senats vom 21.6.2019 – 2 BvR 2189/18, Rn. 16 bei Juris, und vom 9.3.2018 – 2 BvR 174/18, Rn. 17 bei Juris; Beschluss der 2. Kammer des Ersten Senats vom 22.8.2012 – 1 BvR 573/12, Rn. 17 bei Juris.

58 Beispiel: BVerfGE 122, 190 (197 ff.).

59 Vgl. Beschluss der 1. Kammer des Ersten Senats vom 27.5.2008 – 1 BvR 478/08, Rn. 2 bei Juris; grundlegend schon BVerfGE 90, 22 (25).

den. Auch hier hat der Beschwerdeführer einen Rechtsanspruch auf Annahme.[60]

48 Der Annahmegrund des Abs. 2 Buchst. b) knüpft an die subjektiven Verfassungsrechte des Beschwerdeführers an und dient deren Durchsetzung. Die **subjektive Rechtsschutzkomponente** steht damit nach dem Wortlaut der Vorschrift zunächst im Vordergrund.

49 Die in § 90 Abs. 1 genannten Rechte des Beschwerdeführers können mit der Annahme der Verfassungsbeschwerde nur dann durchgesetzt werden, wenn so eine Verletzung der Rechte abgewendet werden soll. Dafür muss die Verfassungsbeschwerde **zulässig und begründet** sein. Die Annahme einer unzulässigen oder unbegründeten Verfassungsbeschwerde kann nicht zu einer Durchsetzung der Verfassungsrechte des Beschwerdeführers führen und scheidet deshalb aus.[61]

50 Daraus wird deutlich, dass es sich bei der Regelung des Abs. 2 Buchst. b) in Wahrheit um ein Negativ-Kriterium handelt, bei dessen Ablehnung einer Verfassungsbeschwerde, die zulässig und begründet ist, trotzdem der Erfolg versagt werden darf, indem sie gar nicht erst zur Entscheidung angenommen wird. In der Norm kommt dies darin zum Ausdruck, dass die Annahme der Verfassungsbeschwerde **angezeigt** sein muss.

51 Die Annahme einer unzulässigen oder unbegründeten Verfassungsbeschwerde kann zur Durchsetzung der Rechte des Beschwerdeführers niemals angezeigt sein. Die Bedeutung des Angezeigtseins muss daher woanders, das heißt auch außerhalb der subjektiven Rechtsschutzkomponente liegen, da sonst der Annahmegrund des Abs. 2 Buchst. b) vollständig mit der Zulässigkeits- und Begründetheitsprüfung zusammenfiele. Das Merkmal des Angezeigtseins dient bei der Durchsetzungsannahme als Einfallstor für die Berücksichtigung der zweiten Funktion der Verfassungsbeschwerde, der **Wahrung des objektiven Verfassungsrechts**.

52 Ist die Annahme der Verfassungsbeschwerde aus Gründen der Wahrung des objektiven Verfassungsrechts nicht angezeigt, kann für die Entscheidung über die Nichtannahme die **Zulässigkeit und Begründetheit** der Verfassungsbeschwerde gegebenenfalls auch **offen gelassen** werden. Zu einer Annahme würde es selbst bei unterstellter Zulässigkeit und Begründetheit der Verfassungsbeschwerde nicht kommen, wenn die Annahme nicht angezeigt ist.

53 Nähere Vorgaben, wann die Annahme der Verfassungsbeschwerde angezeigt sein soll, enthält die Vorschrift im 1. Halbsatz nicht. Das Gesetz ist bewusst offen gefasst. Dem Bundesverfassungsgericht sollte ein **Entscheidungsspielraum** eingeräumt werden.[62]

54 Allerdings darf die Auslegung des Merkmals „angezeigt“ **nicht** so weit gehen, dass das Gericht ein **freies Annahmeermessen** besitzt. Dies wäre mit

---

60 Lechner/Zuck/Zuck § 93a Rn. 5.

61 Vgl. zu einer unzulässigen Verfassungsbeschwerde: Beschluss der 2. Kammer des Zweiten Senats vom 10.5.2023 – 2 BvR 390/21, Rn. 18 bei Juris; zu einer jedenfalls unbegründeten Verfassungsbeschwerde: Beschluss der 3. Kammer des Zweiten Senats vom 9.8.2023 – 2 BvR 1373/20, Rn. 14 bei Juris.

62 BT-Drs. 12/3628, S. 13.

dem Konzept gesetzesgebundener und zwingender Annahmegründe, wie es Abs. 2 zugrunde liegt („ist zur Entscheidung anzunehmen"), unvereinbar (→ Rn. 24 f.).

Zur Wahrung der Gesetzesbindung und der Nachvollziehbarkeit der Annahmeentscheidung haben sich deshalb **Fallgruppen** und Kriterien herausgebildet, die die Gesetzesbegründung aufgreifen.[63] Diese Fallgruppen umschreiben Verletzungen von Grundrechten und grundrechtsgleichen Rechten, die **besonders gewichtig** sind und deshalb die Annahme der Verfassungsbeschwerde angezeigt sein lassen. 55

Besonders gewichtig ist eine Grundrechtsverletzung, die auf eine **generelle Vernachlässigung von Grundrechten** hindeutet oder wegen ihrer Wirkung geeignet ist, von der Ausübung von Grundrechten abzuhalten.[64] Entscheidend ist hier die **Abgrenzung zu einem bloßen Ausreißer** oder einem einmaligen Versehen,[65] das über den Einzelfall hinaus keine Auswirkungen befürchten lässt. 56

Die Bewertung, ein Hoheitsträger neige zu einer generellen Vernachlässigung eines oder mehrerer Grundrechte, erfordert deshalb eine Betrachtung auch des Umfelds des angegriffenen Hoheitsakts.[66] Eine **generelle Vernachlässigung** von Grundrechten liegt nahe, wenn ein Gericht in ständiger Rechtsprechung eine verfassungswidrige Ansicht vertritt,[67] wenn die Begründung der angegriffenen Entscheidung erwarten lässt, dass die Grundrechte auch in künftigen Fällen nicht hinreichend beachtet werden,[68] und wenn die angegriffene Entscheidung Vorbildfunktion für andere Gerichte haben könnte.[69] 57

Eine geltend gemachte Grundrechtsverletzung hat ferner dann besonderes Gewicht, wenn sie auf einer **groben Verkennung** des durch ein Grundrecht 58

---

63 BT-Drs. 12/3628, S. 14.

64 BVerfGE 90, 22 (25); Beschluss der 1. Kammer des Zweiten Senats vom 4.3.2024 – 2 BvR 184/22, Rn. 54 bei Juris; Beschlüsse der 2. Kammer des Zweiten Senats vom 25.5.2021 – 2 BvR 1719/16, Rn. 19 bei Juris, und vom 14.2.2019 – 2 BvR 1457/18, Rn. 18 bei Juris; Beschluss der 3. Kammer des Zweiten Senats vom 12.11.2020 – 2 BvR 1616/18, Rn. 30 bei Juris; Beschlüsse der 1. Kammer des Ersten Senats vom 5.3.2018 – 1 BvR 2926/14, Rn. 26 bei Juris, und vom 9.11.2017 – 1 BvR 2440/16 ua, Rn. 29 bei Juris).

65 Vgl. Beschluss der 2. Kammer des Ersten Senats vom 14.9.2016 – 1 BvR 1304/13, Rn. 34 bei Juris; vgl. auch Beschluss der 2. Kammer des Ersten Senats vom 23.7.2021 – 1 BvR 1653/21, Rn. 3 bei Juris.

66 Vgl. Beschluss der 3. Kammer des Ersten Senats vom 15.3.2007 – 1 BvR 2138/05, Rn. 23 bei Juris.

67 Vgl. Beschluss der 3. Kammer des Zweiten Senats vom 12.11.2020 – 2 BvR 1616/18, Rn. 30 bei Juris; Beschluss der 1. Kammer des Zweiten Senats vom 27.6.2006 – 2 BvR 677/05, Rn. 11 bei Juris.

68 Vgl. Beschlüsse der 3. Kammer des Zweiten Senats vom 7.6.2023 – 2 BvR 2139/21, Rn. 11 bei Juris, und vom 19.7.2019 – 2 BvR 2283/18, Rn. 17 bei Juris. Diese Ausdifferenzierung der Fallgruppen zur Durchsetzungsannahme ist von Fällen zu unterscheiden, bei denen im Rahmen der Prüfung der Zulässigkeit einer Verfassungsbeschwerde ähnliche Überlegungen angestellt werden etwa mit Blick auf eine bewusste und systematische Übergehung prozessualer Rechte als Voraussetzung dafür, dass der Beschwerdeführer unter dem Aspekt der Erschöpfung des Rechtswegs nicht auf ein anschließendes Hauptsacheverfahren verwiesen werden kann, vgl. Beschluss der 1. Kammer des Ersten Senats vom 25.8.2023 – 1 BvR 1612/23, Rn. 18 bei Juris.

69 Vgl. Lechner/Zuck/Zuck § 93a Rn. 25.

gewährten Schutzes oder einem geradezu **leichtfertigen Umgang** mit grundrechtlich geschützten Positionen beruht oder rechtsstaatliche Grundsätze krass verletzt.[70] Bei einem solchen „qualifizierten Verfassungsverstoß"[71] kann auch nur ein Versagen des Hoheitsträgers im Einzelfall die Annahme der Verfassungsbeschwerde begründen. Zu restriktiv gehandhabt wird die Durchsetzungsannahme aber, wenn für den qualifizierten Verfassungsverstoß verlangt wird, dass schon eine einschlägige Rechtsprechung des Bundesverfassungsgerichts vorgelegen haben muss, von der die Fachgerichte gleichwohl abweichen.[72]

59 Die angegriffene Maßnahme oder Entscheidung muss sich so weit vom geltenden Verfassungsrecht entfernt haben, dass ein Eingreifen des Bundesverfassungsgerichts unumgänglich ist. Der Fehler muss vorwerfbar erscheinen. Ein **bloßes Versehen** bei der Rechtsanwendung genügt dafür nicht (→ Rn. 56).[73] Gegen eine generelle Vernachlässigung von Grundrechten und eine krasse Verletzung von rechtsstaatlichen Grundsätzen soll es auch sprechen, wenn die Fachgerichte in den angegriffenen Entscheidungen den Schutzbereich der Grundrechte des Beschwerdeführers nicht grob verkennen und sich mit seinem Schutzbedürfnis ausführlich auseinandersetzen.[74] Allgemein gilt jedenfalls, dass eine Durchsetzungsannahme umso unwahrscheinlicher ist, je ausführlicher sich das Fachgericht mit der verfassungsrechtlichen Lage auseinandergesetzt hat.[75]

60 Unabhängig von den Kriterien der generellen Vernachlässigung und groben Verkennung von Grundrechten, die an das Verhalten des Hoheitsträgers anknüpfen, kann auch ein **Blick auf die Auswirkungen beim Beschwerdeführer** ergeben, dass die geltend gemachte **Verletzung** von Grundrechten oder grundrechtsgleichen Rechten **besonderes Gewicht** hat. Insofern wird gleichsam als Korrektiv zu einer drohenden Nichtannahme mangels einer

---

70 BVerfGE 90, 22 (25); vgl. Beschluss der 1. Kammer des Zweiten Senats vom 4.3.2024 – 2 BvR 184/22, Rn. 54 bei Juris; Beschlüsse der 2. Kammer des Zweiten Senats vom 25.5.2021 – 2 BvR 1719/16, Rn. 19 bei Juris, vom 17.9.2020 – 2 BvR 1605/16, Rn. 24 bei Juris, und vom 14.2.2019 – 2 BvR 1457/18, Rn. 19 bei Juris; Beschluss der 3. Kammer des Ersten Senats vom 1.10.2019 – 1 BvR 552/18, Rn. 17 bei Juris; Beschlüsse der 2. Kammer des Ersten Senats vom 19.6.2013 – 1 BvR 667/13, Rn. 14 bei Juris, und vom 17.4.2012 – 1 BvR 3071/10, Rn. 16 bei Juris; vgl. auch Beschlüsse der 3. Kammer des Ersten Senats vom 21.3.2023 – 1 BvR 1620/22, Rn. 8 bei Juris, und vom 21.9.2022 – 1 BvR 1349/20, Rn. 22 bei Juris.

71 Vgl. Beschluss der 3. Kammer des Ersten Senats vom 22.11.2005 – 1 BvR 1216/05, Rn. 8 bei Juris.

72 So aber Beschluss der 3. Kammer des Zweiten Senats vom 6.6.2011 – 2 BvR 2076/08, Rn. 3 bei Juris, der schon deshalb nicht überzeugt, weil die Fachgerichte auch gegen zum Zeitpunkt ihrer Entscheidung schon vorliegende Rechtsprechung des Europäischen Gerichtshofs für Menschenrechte verstoßen haben.

73 Offen gelassen aber im Beschluss der 2. Kammer des Ersten Senats vom 17.4.2012 – 1 BvR 3071/10, Rn. 16 bei Juris.

74 Vgl. Beschluss der 3. Kammer des Ersten Senats vom 9.12.2009 – 1 BvR 1542/06, Rn. 16 bei Juris, in dem bei der Bewertung des Schutzbedürfnisses des Beschwerdeführers jedoch zu wenig berücksichtigt wird, dass die Minderheitsaktionäre in der Situation des Squeeze out immer über sehr wenige Aktien verfügen, weil der den Squeeze out betreibende Hauptaktionär nach § 327a Abs. 1 AktG 95 % der Aktien halten muss.

75 Vgl. Beschluss der 1. Kammer des Ersten Senats vom 5.3.2018 – 1 BvR 2926/14, Rn. 29 bei Juris.

besonderen objektiven Bedeutung doch wieder das Gewicht der subjektiven Rechtsverletzung herangezogen.

Dazu stellt der **2. Halbsatz** des Abs. 2 Buchst. b) klar, dass die Annahme auch dann angezeigt sein kann, wenn dem Beschwerdeführer durch die Versagung der Entscheidung zur Sache ein **besonders schwerer Nachteil** entsteht. Hierfür verlangen sowohl die Gesetzesbegründung[76] als auch die Rechtsprechung des Bundesverfassungsgerichts[77] eine existenzielle Betroffenheit des Beschwerdeführers, so dass der Anwendungsbereich des 2. Halbsatzes scheinbar auf Extremfälle einer im Einzelfall unerträglichen Grundrechtsverletzung beschränkt bleibt. 61

Die Anwendungspraxis führt den notwendigen Grad der Betroffenheit aber auf den Gesetzeswortlaut, also auf einen besonders schweren Nachteil im Sinne einer schwer wiegenden Beeinträchtigung zurück,[78] auch wenn formal am Begriff der existenziellen Betroffenheit festgehalten wird.[79] Gemeint sind stets die **weiteren tatsächlichen oder rechtlichen Folgen** der Grundrechtsverletzung. 62

Eine **existenzielle Betroffenheit** des Beschwerdeführers im Sinne eines besonders schweren Nachteils kann sich vor allem aus dem Gegenstand der angegriffenen Entscheidung oder seiner aus ihr folgenden Belastung ergeben.[80] Als **Gegenstand der Entscheidung**, der per se einen besonders schweren Nachteil impliziert, sind beispielsweise die Versagung eines Aufnahmebescheids nach § 27 Abs. 1 Satz 1 BVFG,[81] die Versagung der Anerkennung als Asylberechtigte,[82] eine Ausweisung oder Abschiebung,[83] eine strafrechtliche Verurteilung, sofern sich der Beschwerdeführer gegen den Schuldspruch wendet,[84] die Verwerfung eines Klageerzwingungsantrags bezüglich einer Straftat, die zum Tod des Kindes der Beschwerdeführerin geführt hatte,[85] und 63

76 BT-Drs. 12/3628, S. 14.
77 BVerfGE 90, 22 (24).
78 Vgl. Beschlüsse der 2. Kammer des Zweiten Senats vom 18.4.2024 – 2 BvR 29/24, Rn. 32 bei Juris, und vom 25.8.2020 – 2 BvR 640/20, Rn. 38 bei Juris; Beschluss der 2. Kammer des Ersten Senats vom 16.8.2017 – 1 BvR 1584/17, Rn. 2 bei Juris; Beschluss der 1. Kammer des Ersten Senats vom 20.8.2001 – 1 BvR 487/99, Rn. 9 bei Juris.
79 Vgl. Beschluss der 1. Kammer des Zweiten Senats vom 4.3.2024 – 2 BvR 184/22, Rn. 54 bei Juris; Beschlüsse der 2. Kammer des Zweiten Senats vom 7.10.2020 – 2 BvR 2426/17, Rn. 39 bei Juris, und vom 23.3.2020 – 2 BvR 1615/16, Rn. 72 f. bei Juris; Beschluss der 2. Kammer des Ersten Senats vom 25.4.2016 – 1 BvR 2423/14, Rn. 4 bei Juris; Beschluss der 3. Kammer des Ersten Senats vom 19.8.2015 – 1 BvR 1917/15, Rn. 11 bei Juris.
80 BVerfGE 90, 22 (24); Beschluss der 2. Kammer des Zweiten Senats vom 23.3.2020 – 2 BvR 1615/16, Rn. 72 bei Juris.
81 Beschluss der 2. Kammer des Ersten Senats vom 23.2.2011 – 1 BvR 500/07, Rn. 26 bei Juris.
82 Beschluss der 1. Kammer des Zweiten Senats vom 14.5.2003 – 2 BvR 134/01, Rn. 12 bei Juris.
83 Vgl. Beschlüsse der 2. Kammer des Zweiten Senats vom 18.4.2024 – 2 BvR 29/24, Rn. 32 bei Juris, vom 7.10.2020 – 2 BvR 2426/17, Rn. 39 bei Juris, und vom 25.8.2020 – 2 BvR 640/20, Rn. 38 bei Juris.
84 BVerfGE 96, 245 (249).
85 Beschluss der 2. Kammer des Zweiten Senats vom 23.3.2020 – 2 BvR 1615/16, Rn. 73 bei Juris.

die Verurteilung zur Räumung einer Wohnung bei Suizidgefahr[86] angesehen worden.

64 **Sonstige Belastungen** können nur nach den Umständen des jeweiligen Einzelfalls bewertet werden.[87] An einer solchen Belastung fehlt es, wenn der Beschwerdeführer schon anderweitig im fachgerichtlichen Verfahren ausreichend Genugtuung erfahren hat,[88] insbesondere wenn eine Gehörsverletzung durch die Entscheidung über eine Anhörungsrüge geheilt wurde.[89] Eine feste Betragsgrenze, ab der ein finanzieller Nachteil als besonders schwer gilt, kann schon deshalb nicht etabliert werden, weil der Grad der Belastung je nach den individuellen persönlichen und wirtschaftlichen Verhältnissen des Beschwerdeführers unterschiedlich sein kann.[90]

65 Bei rein betragsmäßig **geringfügigen Belastungen** scheidet eine Annahme nach dem 2. Halbsatz aber grundsätzlich aus,[91] etwa bei einem Bußgeld von 40 Euro, auch wenn es mit einer Eintragung ins Verkehrszentralregister einhergeht,[92] bei einer zulasten des Beschwerdeführers ergangenen Kostenentscheidung in einem Verfahren, in dem der Gegenstandswert nur 200 Euro betrug,[93] oder bei einem Streit nur um 13,14 Euro, und zwar erst recht, nachdem das vom Fachgericht angewendete Gesetz zwischenzeitlich außer Kraft getreten war.[94] Bei – substanzlosen – Bagatellsachen droht im Gegenteil eine Missbrauchsgebühr nach § 34 Abs. 2.[95]

66 Eine Durchsetzungsannahme nach dem 2. Halbsatz wird aber **nicht nur** bei geringfügiger Belastung im Sinne einer **Bagatellgrenze** abgelehnt. Ein Ordnungsgeld von 300 Euro soll die Annahme „ungeachtet einer Verletzung des Grundsatzes eines fairen Verfahrens“ nicht begründen können,[96] ebenso

---

86 Beschluss der 2. Kammer des Ersten Senats vom 2.5.1994 – 1 BvR 549/94, Rn. 10 bei Juris.

87 Vgl. Beschlüsse der 3. Kammer des Ersten Senats vom 22.9.2023 – 1 Bvr 422/23, Rn. 13 bei Juris, und vom 15.11.2012 – 2 BvR 683/11, Rn. 5 bei Juris.

88 Vgl. Beschluss der 2. Kammer des Zweiten Senats vom 15.9.2014 – 2 BvR 2192/13, Rn. 18 bei Juris.

89 Beschluss der 3. Kammer des Zweiten Senats vom 15.7.2016 – 2 BvR 857/14, Rn. 11 f. bei Juris; vgl. auch Beschluss der 1. Kammer des Ersten Senats vom 16.6.2021 – 1 BvR 709/21, Rn. 18 bei Juris; Beschluss der 2. Kammer des Zweiten Senats vom 18.7.2019 – 2 BvR 1082/18, Rn. 11 f. bei Juris.

90 Vgl. Beschluss der 3. Kammer des Ersten Senats vom 22.9.2023 – 1 BvR 422/23, Rn. 13 bei Juris; Lechner/Zuck/Zuck § 93a Rn. 30.

91 Vgl. aber Beschluss der 3. Kammer des Ersten Senats vom 22.9.2023 – 1 BvR 422/23, Rn. 13 bei Juris, wo aufgrund der zu erwartenden Wiederholung der beanstandeten Rechtsanwendung die Annahme nicht an der zunächst nur geringfügigen Belastung scheiterte.

92 Beschluss der 1. Kammer des Ersten Senats vom 24.3.2011 – 1 BvR 143/11, Rn. 7 f. bei Juris.

93 Beschluss der 3. Kammer des Zweiten Senats vom 14.8.2013 – 2 BvR 1548/13, Rn. 4 bei Juris.

94 Beschluss der 2. Kammer des Ersten Senats vom 10.5.2017 – 1 BvR 253/17, Rn. 9 bei Juris.

95 Vgl. Beschluss der 2. Kammer des Ersten Senats vom 4.12.1997 – 1 BvR 1985/96, Rn. 8 bei Juris; Beschluss der 2. Kammer des Zweiten Senats vom 6.11.1995 – 2 BvR 1806/05, Rn. 9 bei Juris.

96 Beschluss der 1. Kammer des Ersten Senats vom 2.6.2006 – 1 BvR 1350/03, Rn. 1 bei Juris; vgl. auch Beschluss der 1. Kammer des Ersten Senats vom 19.12.2001 – 1 BvR 218/01, Rn. 13 bei Juris.

wenig ein mit einem einmonatigen Fahrverbot verbundenes Bußgeld von 120 Euro.[97] Gleiches gilt für einen Schaden von 715 Euro, obwohl die gerügte Grundrechtsverletzung vorlag und die Verfassungsbeschwerde sogar, nachdem sie fast zehn Jahre anhängig war, nur aufgrund einer zwischenzeitlich ergangenen Entscheidung des Bundesverfassungsgerichts in einem Parallelfall ihre grundsätzliche Bedeutung eingebüßt hatte.[98]

In diesem 715 EUR-Fall wurde übersehen, dass dem Beschwerdeführer von der Gegenpartei des fachgerichtlichen Ausgangsverfahrens, einer Lebensversicherung, 70 % der ihm bei verfassungsmäßigem Vorgehen zustehenden Rückvergütung vorenthalten worden war. Auch nach den **Maßstäben des EGMR**, den ein wegen vermeintlicher Geringfügigkeit vom Bundesverfassungsgericht trotz Begründetheit seiner Verfassungsbeschwerde abgewiesener Beschwerdeführer anrufen könnte, spielen sich Trivialfälle, in denen es an einem erheblichen Nachteil für den Beschwerdeführer fehlt (Art. 35 Abs. 3 Buchst. b) EMRK), in einem Bereich von deutlich unter 715 Euro ab.[99] Es macht im Übrigen gerade unter dem Gesichtspunkt der Schonung von Entscheidungskapazitäten beim Bundesverfassungsgericht keinen Sinn, eine solche Beschwerde durch eine langatmig begründete Entscheidung mit 85 Randnummern zu erledigen. In solchen Fällen ist es angebracht, das angehörte Versicherungsunternehmen, für das dieser Betrag wirklich eine Bagatelle ist, dazu aufzufordern, den Beschwerdeführer klaglos zu stellen. 67

Insgesamt zeigen sich in solchen Nichtannahmeentscheidungen **bedenkliche Tendenzen** bei der Ausübung des Beurteilungsspielraums des Bundesverfassungsgerichts. Dem Beschwerdeführer dürfte kaum zu vermitteln sein, warum gerade in seinem Einzelfall die ihn belastende verfassungswidrige Entscheidung im Ergebnis nicht aufgehoben wird. Außerdem sollte das Gericht jedenfalls sein legitimes Eigeninteresse wahrnehmen, nicht unnötig Anlässe zu schaffen, in denen seine Entscheidungen vom Straßburger Menschenrechtsgerichtshof aufgehoben werden müssen. Richtigerweise ist eine Annahme der Verfassungsbeschwerde jedenfalls unter dem Gesichtspunkt der generellen Vernachlässigung von Grundrechten oder eines leichtfertigen Umgangs mit grundrechtlich geschützten Positionen auch bei einer verhältnismäßig geringfügigen finanziellen Belastung für den Beschwerdeführer angezeigt.[100] 68

Ein besonders schwerer Nachteil ist – abgesehen von den Fällen, in denen die Verfassungsbeschwerde ohnehin keine hinreichende Aussicht auf Erfolg hat – auch dann nicht anzunehmen, wenn deutlich abzusehen ist, dass der Beschwerdeführer **auch im Falle einer Zurückverweisung** an das Ausgangsgericht dort im Ergebnis **keinen Erfolg** haben würde. Diese Ein- 69

97 Beschluss der 2. Kammer des Zweiten Senats vom 12.8.2021 – 2 BvR 2227/19, Rn. 5 bei Juris.
98 Beschluss der 1. Kammer des Ersten Senats vom 15.2.2006 – 1 BvR 1317/96, Rn. 82 f. bei Juris.
99 Vgl. die Nachweise bei Karpenstein/Mayer/Schäfer Art. 35 Rn. 150 und 150 a.
100 So zutreffend Beschlüsse der 3. Kammer des Zweiten Senats vom 12.11.2020 – 2 BvR 1616/18, Rn. 30 bei Juris, und vom 19.7.2019 – 2 BvR 2283/18, Rn. 17 bei Juris; Beschluss der 2. Kammer des Zweiten Senats vom 17.9.2020 – 2 BvR 1605/16, Rn. 25 bei Juris; Beschluss der 3. Kammer des Ersten Senats vom 1.10.2019 – 1 BvR 552/18, Rn. 17 bei Juris.

schränkung findet sich so erstmals in BVerfGE 90, 22 (26) und erfreut sich seitdem einer wachsenden Popularität in den Nichtannahmeentscheidungen des Gerichts.[101] Das Bundesverfassungsgericht vergeudet aber seine Rechtsprechungsressourcen, wenn es solche Feststellungen am Ende seitenlanger Senatsentscheidungen trifft. Eine solche Vorgehensweise verkennt auch, dass nach dem Wortlaut von § 93a Abs. 2 Buchst. b) die Nichtannahme eine Versagung der Entscheidung zur Sache darstellt, was seitenlange Ausführungen zur Begründetheit ausschließt.

70 Gemeint ist bei einer derartigen Begründung der Nichtannahme etwas anderes als die ohnehin notwendige Entscheidungserheblichkeit der gerügten Grundrechtsverletzung für das Verfassungsbeschwerdeverfahren.[102] Das Bundesverfassungsgericht wendet sich dem fachgerichtlichen Ausgangsverfahren zu, unterstellt einen Erfolg der Verfassungsbeschwerde und eine Aufhebung der angegriffenen Entscheidung, und überlegt nun im Hinblick auf eine Durchsetzungsannahme der Verfassungsbeschwerde, ob eine neue Entscheidung im Ausgangsverfahren zugunsten des Beschwerdeführers ausfallen könnte. Kann dies mit Gewissheit ausgeschlossen werden, weil sein **im Ausgangsverfahren verfolgtes Begehren** aus Gründen, die mit der Grundrechtsverletzung nichts zu tun haben, **aussichtslos** ist, ist die Annahme der Verfassungsbeschwerde nach Abs. 2 Buchst. b) nicht angezeigt.

71 Für diese Prüfung muss das Bundesverfassungsgericht auf das **einfache Recht** zugreifen. Die hypothetische einfachrechtliche Lösung muss eindeutig sein. Könnte die Fortführung des Ausgangsverfahrens auch nur möglicherweise zu einem Ergebnis führen, das für den Beschwerdeführer günstiger als das bisherige wäre, scheidet eine Nichtannahme wegen fehlender Erfolgsaussichten bei einer Zurückverweisung aus.[103] Dass die maßgebenden Senatsentscheidungen insoweit den sich in jedem Falle abzeichnenden Misserfolg des Beschwerdeführers mal als deutlich[104] und mal als hinreichend sicher[105] bezeichnen, deutet nicht auf einen weniger strengen Maßstab als den der Gewissheit, dass das Begehren des Beschwerdeführers im Ausgangsverfahren ohnehin aussichtslos ist. Weiterer Klärungsbedarf besteht nicht mehr.[106]

---

101 Vgl. nur BVerfGE 119, 292 (302); Beschlüsse der 1. Kammer des Zweiten Senats vom 3.8.2023 – 2 BvR 49/23, Rn. 25 f. bei Juris, und vom 2.6.2021 – 2 BvR 899/20, Rn. 26 bei Juris; Beschluss der 1. Kammer des Ersten Senats vom 26.6.2018 – 1 BvR 733/18, Rn. 32 bei Juris; Beschlüsse der 2. Kammer des Zweiten Senats vom 2.5.2017 – 2 BvR 1511/16, Rn. 11 bei Juris, und vom 1.2.2017 – 2 BvR 2438/15, Rn. 7 bei Juris; Beschluss der 3. Kammer des Zweiten Senats vom 13.3.2018 – 2 BvR 2990/14, Rn. 19 bei Juris; Beschlüsse der 2. Kammer des Ersten Senats vom 24.10.2017 – 1 BvR 1026/13, Rn. 67 bei Juris, und vom 13.4.2017 – 1 BvR 1790/14, Rn. 3 bei Juris; Beschluss der 3. Kammer des Ersten Senats vom 21.12.2016 – 1 BvR 32/14, Rn. 2 bei Juris.

102 Vgl. dazu Beschluss der 2. Kammer des Ersten Senats vom 24.10.2022 – 1 BvR 1556/20, Rn. 1 bei Juris; Beschluss der 1. Kammer des Ersten Senats vom 10.6.2021 – 1 BvR 1997 /18, Rn. 19 ff. bei Juris; Beschlüsse der 2. Kammer des Zweiten Senats vom 7.2.2018 – 2 BvR 549/18, Rn. 9 bei Juris, und vom 26.4.2017 – 2 BvR 1016/16, Rn. 5 bei Juris.

103 Vgl. Beschlüsse der 1. Kammer des Zweiten Senats vom 7.2.2023 – 2 BvR 1057/22, Rn. 41 bei Juris, und vom 4.12.2019 – 2 BvR 1600/19, Rn. 29 bei Juris.

104 BVerfGE 90, 22 (26).

105 BVerfGE 119, 292 (302).

106 Zweifelnd Barczak BVerfGG/Nettersheim § 93a Rn. 55.

Der **Begründungsaufwand**, den das Bundesverfassungsgericht hierfür betreibt, kann **erheblich** sein.[107] Je ausführlicher solche Erwägungen geraten und je länger das Bundesverfassungsgericht gebraucht hat, um die Lösung zu finden, desto mehr Zweifel an der Eindeutigkeit der einfachrechtlichen Rechtslage und an der Richtigkeit der Nichtannahme sind angebracht. In neueren Entscheidungen findet eine gewisse Akzentverschiebung statt, und zwar in dem Sinne, dass jetzt der Beschwerdeführer greifbare Chancen einer Korrektur bei einer Zurückverweisung an die Fachgerichte darlegen muss. Manche Kammern ziehen sich auf den leichter abzuarbeitenden Prüfungsmaßstab zurück, auf der Grundlage der mit der Verfassungsbeschwerde gemachten Auswirkungen sei nicht ersichtlich, dass im Fall der Aufhebung der Entscheidung des Fachgerichts der Beschwerdeführer eine ihm günstigere Entscheidung erreichen könnte.[108] 72

Hat sich das Ausgangsbegehren des Beschwerdeführers zwischenzeitlich **erledigt**, genügt dies für eine Ablehnung der Annahme nicht, wenn der Beschwerdeführer nunmehr zulässigerweise die Feststellung der Verfassungswidrigkeit der Entscheidung oder Maßnahme bzw. vor den Fachgerichten die Feststellung der Rechtswidrigkeit beantragen kann (→ § 90 Rn. 331 ff.). Die Annahme einer gegen die Nichtzulassung der Revision wegen grundsätzlicher Bedeutung gerichteten Verfassungsbeschwerde bleibt auch dann angezeigt, wenn zwischenzeitlich in einem Parallelfall eine Entscheidung des Revisionsgerichts zur maßgebenden Rechtsfrage ergangen ist.[109] 73

Ist für den Fall einer Nichtannahme ein besonders schwerer Nachteil zu befürchten, so ist die Annahme der Verfassungsbeschwerde zwingend angezeigt. Dass die Annahme nach dem Wortlaut von § 93a Abs. 2 Buchst. b), 2. Halbsatz bei einem besonders schweren Nachteil angezeigt sein **„kann"**, eröffnet auch an dieser Stelle **kein Ermessen.** Vielmehr bezeichnet das Gesetz so einen der möglichen Anwendungsfälle der Durchsetzungsannahme.[110] 74

III. Entscheidung über die Annahme

Die Prüfung der Annahme einer Verfassungsbeschwerde kann zu folgenden **Ergebnissen** führen: 75

- **Keiner der Annahmegründe des Abs. 2 liegt vor**: Dann Nichtannahme, in der Regel durch die Kammer (§ 93b Satz 1, 1. Alt), aber bei fehlender Einstimmigkeit in der Kammer (vgl. § 93d Abs. 3 Satz 1) durch den Senat;
- **Annahmegrund des Abs. 2 Buchst. a) liegt vor**: Die Verfassungsbeschwerde ist zur Entscheidung anzunehmen, keine Entscheidungsbefugnis der Kammer (vgl. § 93b Satz 2), Annahmeentscheidung des Senats ergeht konkludent im Zuge der Sachentscheidung über die Verfassungsbeschwerde;

107 Vgl. Beschlüsse der 1. Kammer des Ersten Senats vom 25.6.2009 – 1 BvR 134/03, Rn. 56 bis 81 bei Juris, und vom 20.2.2009 – 1 BvR 2266/04 ua, Rn. 24 bis 27 bei Juris.

108 Beispielhaft Beschluss der 1. Kammer des Zweiten Senats vom 3.8.2023 – 2 BvR 49/23, Rn. 26 bei Juris.

109 Vgl. Beschluss der 2. Kammer des Ersten Senats vom 10.4.2019 – 1 BvR 2284/15 ua, Rn. 4 f. bei Juris; Beschluss der 3. Kammer des Ersten Senats vom 14.11.2012 – 1 BvR 3237/08, Rn. 27 bei Juris.

110 Lechner/Zuck/Zuck § 93a Rn. 32.

- **Annahmegrund des Abs. 2 Buchst. b) liegt vor**: Die Verfassungsbeschwerde ist zur Entscheidung anzunehmen, durch die Kammer bei Stattgabe nach § 93c iVm § 93b Satz 1, 2. Alt., sonst durch den Senat;
- **Beide Annahmegründe des Abs. 2 liegen vor**: Die Verfassungsbeschwerde ist zur Entscheidung anzunehmen, angesichts der grundsätzlichen Bedeutung keine Entscheidungsbefugnis der Kammer nach § 93 c.

76 Danach hängt es von der jeweiligen Fallgestaltung ab, ob die positive Feststellung eines der Annahmegründe genügt oder ob **beide Annahmegründe geprüft** werden müssen. Liegt der Annahmegrund der grundsätzlichen Bedeutung nach Abs. 2 Buchst. a) vor, kann offen bleiben, ob daneben auch der Annahmegrund des Abs. 2 Buchst. b) vorliegt, da ohnehin nur der Senat entscheidungsbefugt ist und die Annahme zwingend zu erfolgen hat. Liegt der Annahmegrund des Buchst. b) vor, muss der Annahmegrund des Buchst. a) ausgeschlossen werden, wenn die Kammer der Verfassungsbeschwerde nach § 93c stattgeben will. Eine Nichtannahme setzt das Fehlen beider Annahmegründe voraus, so dass beide zu prüfen sind.[111]

77 Der **Nichtannahmebeschluss**, der bei Fehlen beider Annahmegründe ergeht, stellt keine Entscheidung in der Sache dar.[112] Dies gilt unabhängig davon, ob die Kammer oder der Senat die Nichtannahme beschließt. Die Ablehnung der Annahmegründe wird aber häufig auf der Unzulässigkeit und/oder Unbegründetheit der Verfassungsbeschwerde beruhen (→ Rn. 15 f.), und sofern nicht nach § 93d Abs. 1 Satz 3 von einer Begründung abgesehen wird, nimmt der Beschluss dann zur Zulässigkeit und Begründetheit der Verfassungsbeschwerde Stellung. Wird eine zulässige und begründete Verfassungsbeschwerde nicht zur Entscheidung angenommen, dann sollte sich ein solcher Nichtannahmebeschluss auf die Darstellung der Nichtannahmegründe beschränken. In der Praxis kann sich aber das Bedürfnis ergeben, auch in einem solchen Fall die Zulässigkeit und Begründetheit der Verfassungsbeschwerde zu erläutern.

78 Da ein Nichtannahmebeschluss dogmatisch keine Entscheidung in der Sache darstellt, entfalten die Ausführungen zur Zulässigkeit und Begründetheit der Verfassungsbeschwerde in einem Nichtannahmebeschluss **keine materielle Rechtskraftwirkung** und erst recht **keine Bindungswirkung nach § 31 Abs. 1.**[113] Sie binden einen Senat auch **nicht** dahin gehend, dass er das **Plenum** nach § 16 Abs. 1 anrufen müsste, wenn er eine abweichende Auffassung vertreten will.

79 Auch für **spätere Kammerentscheidungen**, die von den Erwägungen eines Nichtannahmebeschlusses abweichen wollen, entfaltet ein solcher Beschluss keine formelle Sperrwirkung. Allerdings werden unterschiedliche Auffassungen zwischen den Kammern regelmäßig eine Klärungsbedürftigkeit indizieren, die eine Grundsatzannahme nach Abs. 2 Buchst. a) gebietet.[114]

---

111 Vgl. beispielhaft Beschluss der 1. Kammer des Zweiten Senats vom 3.8.2023 – 2 BvR 49/23, Rn. 25 und 26 bei Juris.

112 Vgl. Lechner/Zuck/Zuck vor §§ 93a ff., Rn. 22.

113 Barczak BVerfGG/Nettersheim § 93a Rn. 63; vgl. auch LSG Berlin-Brandenburg, Beschluss vom 30.12.2022 – L 17 R 22/22, Rn. 31 bei Juris.

114 So auch Barczak BVerfGG/Nettersheim § 93a Rn. 65.

Die **faktische Außenwirkung** eines begründeten Nichtannahmebeschlusses kann aber losgelöst von ihren rechtlichen Wirkungen der Außenwirkung einer Sachentscheidung durchaus entsprechen. Der formelle Abschluss des Verfassungsbeschwerdeverfahrens durch die Nichtannahme bedeutet für den Beschwerdeführer und die anderen Beteiligten des Ausgangsverfahrens Rechtssicherheit und Rechtsklarheit. Aber auch für die interessierte Öffentlichkeit können die Gründe der Nichtannahmebeschlüsse wünschenswerte verfassungsrechtliche Klarstellungen in dem Sinne bieten, dass und wie ihre Fallgestaltung anhand der schon geklärten verfassungsrechtlichen Maßstäbe zu beurteilen ist. 80

Das Bundesverfassungsgericht unterstreicht selbst das Gewicht seiner Nichtannahmebeschlüsse, indem es sie durch **Pressemitteilungen** als Entscheidungen des Gerichts veröffentlicht. Die Fachpresse greift die Entscheidungen ebenfalls auf. 81

Verschwimmt aber in der Außenwahrnehmung der dogmatische Unterschied zwischen einer Sachentscheidung über eine Verfassungsbeschwerde und einer Nichtannahmeentscheidung, so wird die Kompetenzabgrenzung zwischen Senaten und Kammern nach § 93b nicht etwa weniger wichtig. In der Praxis ist das Gegenteil der Fall: Prägen auch Nichtannahmebeschlüsse der Kammern die verfassungsrechtliche Rechtsprechung jedenfalls in ihrer Außenwirkung, muss besonders darauf geachtet werden, dass die **Kammern nur innerhalb der ihnen gesetzlich verliehenen Kompetenzen** agieren. Sie dürfen sich keine Entscheidungskompetenz über Fragen von grundsätzlicher verfassungsrechtlicher Bedeutung anmaßen, und zwar erst nicht recht in der Weise, dass Kammern des einen Senats von Senatsentscheidungen des anderen Senats in den Obersätzen oder im Ergebnis abweichen. 82

In verstärktem Maße gilt dies für **Kammerstattgaben nach § 93 c**. Sie sind Sachentscheidungen, die unmittelbar mit der Annahme nach Abs. 2 Buchst. b) verbunden sind, materielle Rechtskraft besitzen und nach § 31 Abs. 1 bindend sind. Der Übergriff einer Kammer in den Zuständigkeitsbereich der Senate für die Klärung grundsätzlicher verfassungsrechtlicher Fragen wäre hier erst recht nicht akzeptabel. 83

IV. Hinweise für den Rechtsanwalt: Anforderungen an die Begründung der Verfassungsbeschwerde zu den Annahmegründen

Die Annahmegründe sind **von Amts wegen** zu prüfen. Das bedeutet aber nicht, dass das Bundesverfassungsgericht ohne nähere Anhaltspunkte von sich aus alle Umstände ermittelt, die für die Beurteilung der objektiven oder subjektiven Wichtigkeit der Verfassungsbeschwerde maßgebend sind. 84

Vielmehr besteht insoweit eine **Vortragsobliegenheit** des Beschwerdeführers, der im eigenen Interesse die Umstände darlegen sollte, die eine grundsätzliche verfassungsrechtliche Bedeutung der Verfassungsbeschwerde im Sinne des Abs. 2 Buchst. a) belegen oder die Annahme nach Abs. 2 Buchst. b) angezeigt sein lassen (→ § 92 Rn. 72 ff.).[115] Die Praxis der Kammern geht noch 85

115 Schmidt-Bleibtreu/Klein/Bethge BVerfGG/Graßhof § 93a Rn. 100, 142 (Stand: März 2006); ähnlich Burkiczak/Dollinger/Schorkopf BVerfGG/Bindig § 93a Rn. 45: „ratsam“.

einen Schritt darüber hinaus und erstreckt die **Begründungspflicht** nach § 23 Abs. 1 Satz 2 der Sache nach, aber gelegentlich sogar ausdrücklich auch auf die Annahmevoraussetzungen des § 93a Abs. 2.[116] Teilweise arbeiten die Kammern mit der Formel, der Beschwerdeführer habe das Vorliegen der Voraussetzungen des § 93a Abs. 2 nicht aufzuzeigen vermocht.[117] Im Ergebnis entsprechen diese Verschärfungstendenzen aber der hier schon immer vertretenen Auffassung, wonach eine Verfassungsbeschwerde dann nicht zur Entscheidung anzunehmen ist, wenn die Annahmevoraussetzungen nicht hinreichend substantiiert dargelegt werden (→ § 92 Rn. 72).[118]

86 Viele der Kriterien, die für die Annahmegründe maßgebend sind, betreffen rechtliche Aspekte, die auch bei der Beurteilung der Zulässigkeit und Begründetheit der Verfassungsbeschwerde eine Rolle spielen. Außerdem muss dem Beschwerdeführer klar sein, dass in der Praxis der **Ausgangspunkt** der Prüfung des Bundesverfassungsgerichts auch mit Blick auf die Annahmevoraussetzungen die **Zulässigkeit und Begründetheit der Verfassungsbeschwerde** ist (→ Rn. 15 f.).

87 Diesem Prüfprogramm folgend, empfiehlt es sich daher, **im Anschluss an die Begründung zur Zulässigkeit und Begründetheit** der Verfassungsbeschwerde gesondert darzulegen, warum die Verfassungsbeschwerde nicht nur zulässig und begründet, sondern auch **annahmewürdig** ist.[119]

88 Dabei kann der Beschwerdeführer davon ausgehen, dass das Bundesverfassungsgericht die **Klärungsbedürftigkeit** einer verfassungsrechtlichen Frage als wesentliches Kriterium des Abs. 2 Buchst. a) eigentlich selbst verlässlich feststellen kann. Dennoch ist zu empfehlen, die sich stellende verfassungsrechtliche Frage aus Sicht des Beschwerdeführers zu formulieren und zu erläutern, ob diese Frage ohne Weiteres aus dem Grundgesetz oder anhand der zu diesem Themenbereich bislang ergangenen verfassungsgerichtlichen Rechtsprechung beantwortet werden kann.

89 Eine Information, über die das Bundesverfassungsgericht möglicherweise nicht verfügt, ist das **über den Einzelfall hinausgehende Interesse** an der Klärung der aufgeworfenen verfassungsrechtlichen Frage. Der Beschwerdeführer, der sich auf den Annahmegrund des Abs. 2 Buchst. a) berufen will, sollte daher vortragen, ob die Fallgestaltung aktuell oder künftig auch anderweitig vorkommen kann.

90 Erst recht kommt die Verfassungsbeschwerde nicht ohne Ausführungen zum Annahmegrund der Durchsetzungsannahme nach Abs. 2 Buchst. b) aus. Dem Bundesverfassungsgericht ist das **besondere Gewicht der Grundrechtsverletzung** zu verdeutlichen. Dabei kann sowohl an die Verursacher-

116 Vgl. Beschluss der 2. Kammer des Zweiten Senats vom 18.7.2019 – 2 BvR 1082/18, Rn. 25 bei Juris, der sich dafür allerdings nur auf schon 20 Jahre alte Kammerentscheidungen berufen kann; vgl. auch Beschluss der 2. Kammer des Ersten Senats vom 23.2.2022 – 1 BvR 717/18, Tenorbegründung bei Juris.

117 Vgl. etwa Beschluss der 1. Kammer des Zweiten Senats vom 3.8.2023 – 2 BvR 49/23, Rn. 23 bei Juris. Die „Nicht-Aufzeigens-Formel" findet sich auch schon in BVerfGE 89, 340 (342 f.), nicht aber in der ebenfalls oft dafür herangezogenen Grundlagenentscheidung zu den Annahmevoraussetzungen BVerfGE 90, 22 (27).

118 Darauf Bezug nehmend auch Beschluss der 2. Kammer des Zweiten Senats vom 18.7.2019 – 2 BvR 1082/18, Rn. 25 bei Juris.

119 Zutreffend Lechner/Zuck/Zuck § 93a Rn. 34.

seite angeknüpft und die generelle Vernachlässigung bzw. grobe Verkennung der Verfassungsrechte begründet als auch die Situation des Beschwerdeführers betont und der besonders schwere Nachteil dargelegt werden.

§ 93b [Befugnisse der Kammer]

[1]Die Kammer kann die Annahme der Verfassungsbeschwerde ablehnen oder die Verfassungsbeschwerde im Falle des § 93c zur Entscheidung annehmen. [2]Im übrigen entscheidet der Senat über die Annahme.

§ 93b ist eine reine **Zuständigkeitsregelung**, die die Entscheidungskompetenzen im Annahmeverfahren auf Kammern und Senate verteilt. Die Norm regelt nicht das zur Annahme- oder Nichtannahmeentscheidung führende Verfahren, sondern bestimmt für diese Entscheidung im Zusammenspiel mit § 14 und § 15a den gesetzlichen Richter im Sinne des Art. 101 Abs. 1 Satz 2 GG. 1

Welcher Senat zuständig ist, folgt aus § 14. **Welche Kammer** innerhalb eines Senats zuständig ist, richtet sich nach der senatsinternen Verteilung der Verfahren, die im Geschäftsverteilungsplan geregelt wird (§ 15a Abs. 2). Ob im Annahmeverfahren der Senat oder eine der Kammern entscheidet, regelt § 93b. 2

Eine weitere Zuständigkeitsregelung für das Annahmeverfahren findet sich zu **Nebenentscheidungen** – wie zum Beispiel über Anträge auf Erlass einer einstweiligen Anordnung nach § 32 – in **§ 93d Abs. 2.** Das Gesamtgefüge der Kompetenzvorschriften wird vervollständigt durch **§ 41 GO-BVerfG**, der den Berichterstatter vor einer Nichtannahmeentscheidung ermächtigt, die Verfassungsbeschwerde zuzustellen, also Äußerungen und Stellungnahmen nach den §§ 94, 82 Abs. 4 und 27a einzuholen, und durch § 40 Abs. 2 GO-BVerfG, der die Entscheidungskompetenz auch hinsichtlich der Nebenentscheidungen auf den Senat zurückfallen lässt, wenn ein einstimmiger Beschluss der Kammer nicht zustande kommt. 3

Regelungstechnisch bezeichnet **§ 93b Satz 1 abschließend** die Entscheidungen, die im Annahmeverfahren in die **Kompetenz der Kammern** fallen. **Im Übrigen**, also hinsichtlich aller weiteren Entscheidungen, liegt die Zuständigkeit nach **Satz 2** beim **Senat.** 4

Den Kammern werden durch § 93b **weitreichende Entscheidungsbefugnisse übertragen.** Deshalb wird die Entscheidungspraxis des Bundesverfassungsgerichts im Verfahren der Verfassungsbeschwerde zahlenmäßig durch Entscheidungen der Kammern dominiert. Die Kammern treffen seit Einführung des Annahmeverfahrens durchschnittlich weit über 99 % aller Entscheidungen über Verfassungsbeschwerden. Im Jahr 2023 standen 4.469 Kammerentscheidungen nur 9 Entscheidungen durch die Senate gegenüber. 5

Die Kammern sind nach Satz 1 für zwei Arten von **Entscheidungen** zuständig, **die das Annahmeverfahren abschließen**, also im Anschluss an die Prüfung der Annahmegründe des § 93a Abs. 2 ergehen. 6

Zum einen entscheidet die **Kammer** über die Ablehnung der Annahme. Die Kammern haben hiernach eine **umfassende Nichtannahmekompetenz.** 7

Diese Kompetenz ist inhaltlich an das Fehlen der Annahmegründe des § 93a Abs. 2 und verfahrensmäßig an die Einstimmigkeit in der Kammer gemäß § 93d Abs. 3 Satz 1 gebunden.

8 Zum anderen kann die **Kammer** eine Verfassungsbeschwerde zur Entscheidung annehmen, sofern die **Annahme** mit einer Stattgabe **nach § 93c** einhergeht.[1] Isolierte Annahmebeschlüsse kann die Kammer nicht treffen. Inhaltlich ist die Annahmekompetenz der Kammer an die Voraussetzungen des § 93c Abs. 1 gebunden, so dass sie nur bei einer Durchsetzungsannahme nach § 93a Abs. 2 Buchst. b), nicht aber bei grundsätzlicher verfassungsrechtlicher Bedeutung im Sinne des § 93 Abs. 2 Buchst. a) in Betracht kommt (→ § 93a Rn. 35). In verfahrensrechtlicher Hinsicht kann auch diese Entscheidung nur einstimmig ergehen (§ 93d Abs. 3 Satz 1).

9 Das Erfordernis der **Einstimmigkeit** nach § 93d Abs. 3 Satz 1 erweist sich damit neben der Zuständigkeitsregelung des § 93b als **zusätzliches Element in der Kompetenzverteilung** zwischen Kammer und Senat (→ § 93d Rn. 19 f.).

10 Die Kammer kann auf der Grundlage von § 25 Abs. 3 auch eine **Teilentscheidung** dahin gehend treffen, dass sie die Verfassungsbeschwerde, soweit sie in die Zuständigkeit der Kammer fällt, nicht zur Entscheidung annimmt und zum verbleibenden Teil die Entscheidung über die Annahme der Verfassungsbeschwerde dem Senat vorbehält, etwa wenn wegen unterschiedlicher Sichtweisen Oberster Bundesgerichte eine grundsätzliche verfassungsrechtliche Bedeutung der Verfassungsbeschwerde (§ 93a Abs. 2 Buchst. a)) insoweit ernsthaft in Betracht kommt (→ § 93a Rn. 27 f.).[2]

11 Dass die Kammer in den ihr zugewiesenen Fällen entscheiden **„kann"**, bedeutet nicht, dass sie nach eigenem Ermessen von ihrer Entscheidungsbefugnis nach Satz 1 Gebrauch machen kann oder nicht. Vielmehr steht dieses „kann" für die Entscheidungskompetenz der Kammer.[3] Gegen ein Entscheidungsermessen spricht nicht unbedingt die Entlastungsfunktion des Annahmeverfahrens und der Stattgabebefugnis der Kammern nach § 93c Abs. 1 Satz 1,[4] da das Gericht ebenso gut auf eine ihm gesetzlich eingeräumte bloße Möglichkeit einer Entlastung verzichten könnte. Die Bestimmung des gesetzlichen Richters im Sinne des Art. 101 Abs. 1 Satz 2 GG fordert aber, dass die Zuweisung von Entscheidungskompetenzen an einzelne Spruchkörper vorhersehbar und eindeutig sein muss. Damit ist **kein Ermessen** vereinbar.

12 Die **Zuständigkeiten des Senats „im Übrigen" nach Satz 2** betreffen im Sinne einer Negativabgrenzung alle Entscheidungen, für die den Kammern keine Kompetenz nach Satz 1 zugewiesen ist:

- **Annahme** der Verfassungsbeschwerde wegen grundsätzlicher verfassungsrechtlicher Bedeutung im Sinne des **§ 93a Abs. 2 Buchst. a**);
- **Annahme** der Verfassungsbeschwerde zur Durchsetzung der in § 90 Abs. 1 genannten Rechte des Beschwerdeführers im Sinne des **§ 93a Abs. 2**

1 Vgl. Beschluss der 2. Kammer des Ersten Senats vom 6.7.2020 – 1 BvR 2843/17, Rn. 12 bei Juris.
2 Beschluss der 1. Kammer des Ersten Senats vom 24.10.2011 – 1 BvR 1848/11 ua, Rn. 1 und 8 bei Juris.
3 So auch Burkiczak/Dollinger/Schorkopf BVerfGG/Bindig § 93b Rn. 3.
4 So aber Lechner/Zuck/Zuck § 93b Rn. 6.

Buchst. b), wenn nicht zugleich die Voraussetzungen für eine **Stattgabe durch die Kammer** nach § 93c Abs. 1 Satz 1 erfüllt sind;

- **Nichtannahme**, weil keiner der Annahmegründe des § 93a Abs. 2 vorliegt, innerhalb der Kammer dazu aber **keine Einstimmigkeit** gemäß § 93d Abs. 3 Satz 1 herbeigeführt werden konnte.

Für die positive Annahmeentscheidung des Senats verlangt § 93d Abs. 3 Satz 2 die **Zustimmung von mindestens drei Richtern**. 13

Ausdrückliche Entscheidungen des Senats erfolgen insoweit **nur im Falle der Nichtannahme**, weil die Ablehnung der Annahme das Verfassungsbeschwerdeverfahren abschließt. Solche Nichtannahmebeschlüsse der Senate kommen aber nur selten vor; seit 2009 gab es lange keinen solchen Nichtannahmebeschluss eines Senats. Erst wieder im Jahr 2022 traf der Zweite Senat eine Nichtannahmeentscheidung,[5] nachdem er zuvor über mit den Verfassungsbeschwerden verbundene Anträge auf Erlass einer einstweiligen Verfügung entschieden hatte.[6] 14

Wenn schon der Senat ausnahmsweise etwa wegen fehlender Einstimmigkeit innerhalb der Kammer mit einer solchen Entscheidung befasst ist, liegt es nahe, den Beschluss zu begründen, also von der Möglichkeit des § 93d Abs. 1 Satz 3 keinen oder allenfalls teilweisen Gebrauch zu machen. **Begründete Nichtannahmebeschlüsse der Senate** werden auch in die Entscheidungssammlung **BVerfGE** aufgenommen.[7] 15

Nimmt der Senat die Verfassungsbeschwerde hingegen zur Entscheidung an, ergeht hierzu kein gesonderter Beschluss. Das Gesetz schreibt keine Form und keinen Zeitpunkt des Annahmebeschlusses vor. Indem der Senat aber eine Entscheidung in der Sache trifft, macht er **konkludent** deutlich, dass er die **Annahme** beschlossen hat. Ohne Annahme dürfte er nicht über die Zulässigkeit und Begründetheit der Verfassungsbeschwerde entscheiden. 16

Dabei führt die **Durchsetzungsannahme** nach § 93a Abs. 2 Buchst. b) zwingend zu einer Stattgabe. Bei einer **Grundsatzannahme** nach § 93a Abs. 2 Buchst. a) ist das Ergebnis in der Sache dagegen offen: Die Verfassungsbeschwerde kann Erfolg haben oder als unbegründet zurückgewiesen oder, sofern die grundsätzliche verfassungsrechtliche Bedeutung auf einem Zulässigkeitsproblem beruhte, auch als unzulässig verworfen werden. 17

Das Absehen von einem gesonderten, den Beteiligten nach § 30 Abs. 3 bekanntgegebenen Annahmebeschluss des Senats ist zulässig, aber deshalb problematisch, weil vom Zeitpunkt der Annahme abhängt, ab wann die Zuständigkeit für Nebenentscheidungen nach § 93d Abs. 2 Satz 1 auf den Senat übergeht. Die **Bestimmung des gesetzlichen Richters für** solche **Nebenentscheidungen** setzt voraus, dass der Zeitpunkt der Annahme festgestellt werden kann. 18

Diesen Anforderungen wird nur entsprochen, wenn der **Beginn der Senatsberatung zur Sache als Annahme** zur Entscheidung gewertet wird. Wenn sich der Senat mit der Verfassungsbeschwerde in der Sache befasst, kommt 19

---

5 BVerfGE 162, 357 (358).
6 BVerfGE 158, 210.
7 Beispiele: BVerfGE 162, 357 (358); 120, 169 (175 ff.); 119, 292 (301 f.).

darin hinreichend deutlich zum Ausdruck, dass er die Verfassungsbeschwerde zur Entscheidung annimmt. Der Zeitpunkt der erstmaligen Beratung zur Sache kann verlässlich ermittelt werden, und der Beschwerdeführer kann hierzu vom Berichterstatter Auskunft erhalten. Weniger überzeugend erscheint es, stets erst den Zeitpunkt der Sachentscheidung des Senats als Zeitpunkt der konkludenten Annahme zu betrachten.[8] Dann läge die Kompetenz für Nebenentscheidungen nach § 93d Abs. 2 Satz 1 bis zur endgültigen Sachentscheidung des Senats stets bei der Kammer, was jedenfalls in einem späten Beratungsstadium des Senats nicht sachgerecht wäre.

20 Allein aus der **Zustellung** einer Verfassungsbeschwerde kann hingegen noch nicht auf eine Annahme zur Entscheidung geschlossen werden, auch wenn die Erfolgschancen einer Verfassungsbeschwerde mit ihrer Zustellung faktisch durchschnittlich auf mindestens 50 % steigen (→ § 90 Rn. 47 f.). Die Zustellung veranlassen der Berichterstatter oder der Senatsvorsitzende (§ 23 Abs. 2 BVerfGG, § 41 GO-BVerfG). Kammer und Senat haben sich zu diesem Zeitpunkt noch nicht mit der Verfassungsbeschwerde und ihrer Annahme befasst. Nach der Einholung von Stellungnahmen ist aber zumindest zu erwarten, dass eine Nichtannahme begründet wird, damit der Beschwerdeführer und die angehörten Dritten erfahren, warum die Verfassungsbeschwerde keinen Erfolg hatte.[9] Dagegen zeigt die **Ansetzung einer mündlichen Verhandlung** nach § 24 Abs. 1 GO-BVerfG iVm § 25 Abs. 1, § 94 Abs. 5 Satz 2, dass die Verfassungsbeschwerde in der Senatsberatung zur Entscheidung angenommen wurde.[10] Solange die Entscheidung über die Annahme noch aussteht, kann keine mündliche Verhandlung durchgeführt werden (vgl. § 93d Abs. 1 Satz 1).

21 Nicht ausgeschlossen ist auch, dass im Laufe eines Verfahrens die **Zuständigkeit** von einem Spruchkörper zu einem anderen **wechselt**. So kann die Kammer, wenn auch gewiss nur im informellen Einvernehmen mit dem Senat, auch dann noch die Nichtannahme beschließen, wenn der Senat zuvor über einen gleichzeitig mit der Verfassungsbeschwerde gestellten Antrag auf Erlass einer einstweiligen Verfügung, aber noch nicht über die Annahme der Verfassungsbeschwerde in der Hauptsache entschieden hat.[11] § 93d Abs. 2 Satz 1 betrifft nicht diese Konstellation, sondern die Kompetenz der Kammern für Nebenentscheidungen wie den Erlass einer einstweiligen Anordnung. Denkbar ist aber auch, dass eine zunächst für eine Kammerentscheidung votierte Verfassungsbeschwerde an den Senat abgegeben wird, weil sich ihre grundsätzliche Bedeutung aufgrund veränderter Umstände oder der eingeholten Stellungnahmen nachträglich herausstellt.

22 Eine solche **Abgabe an den Senat** muss aber vor allem dann erfolgen, wenn in der Kammer keine Einstimmigkeit erzielt werden kann. Der Senat kann dann entweder direkt zur Sache beraten oder zunächst nur eine soge-

8 So aber Barczak BVerfGG/Nettersheim § 93b Rn. 22 f.

9 Vgl. Beschluss der 2. Kammer des Zweiten Senats vom 4.5.2022 – 2 BvR 1330/16 ua Juris; Beschluss der 2. Kammer des Ersten Senats vom 25.2.2016 – 1 BvR 1042/15, Juris; Beschluss der 3. Kammer des Ersten Senats vom 19.8.2015 – 1 BvR 8/14, Juris.

10 So der Sache nach auch Burkiczak/Dollinger/Schorkopf BVerfGG/Binding § 93b Rn. 25.

11 Beschluss der 1. Kammer des Ersten Senats vom 21.3.2012 – 1 BvR 2492/08, Rn. 24 bei Juris.

nannte Annahmeberatung durchführen. Ergibt diese Senatsberatung, dass abgesehen von der Einstimmigkeit eigentlich alle Voraussetzungen für eine Stattgabe nach § 93c oder für eine Nichtannahme erfüllt sind, entspricht es den Gepflogenheiten, dass der Senat die zuständige Kammer noch einmal um Prüfung bittet, ob nicht doch eine einstimmige Kammerentscheidung zustande kommt. Wird diese Anfrage bejaht, so wird die Verfassungsbeschwerde zur Annahme- bzw. Nichtannahmeentscheidung **an die Kammer zurückgegeben**. Bedenken gegen diese Praxis bestehen im Hinblick auf Art. 101 Abs. 1 Satz 2 GG nicht, solange der Rückgabe an die Kammer lediglich eine Annahmeberatung im Senat vorangegangen ist, also keine schon als Annahme zu wertende Beratung des Senats zur Sache (→ Rn. 18), nach deren Beginn eine Rückgabe an die Kammer ausgeschlossen wäre. Ist sich die Kammer allerdings weiterhin uneinig, muss der Senat entscheiden. So kommen gelegentlich die verhältnismäßig seltenen Nichtannahmebeschlüsse der Senate zustande.

Kompetenzkonflikte zwischen Kammer und Senat im Annahmeverfahren regelt das Gesetz nicht. Übergriffe der Kammern in Senatszuständigkeiten sowohl durch Nichtannahmebeschlüsse als auch durch stattgebende Entscheidungen nach § 93c, also eine fehlerhafte Anwendung der Annahmevoraussetzungen des § 93a Abs. 2 (dazu → § 93a Rn. 30 ff.) oder der Stattgabevoraussetzungen des § 93c (dazu → § 93c Rn. 4) sind aber nicht nur unter dem Gesichtspunkt des gesetzlichen Richters gemäß Art. 101 Abs. 1 Satz 2 GG, sondern auch wegen des drohenden Verlusts der Kontinuität und Verlässlichkeit der Rechtsprechung des Bundesverfassungsgerichts unbedingt zu vermeiden. 23

Die **Verantwortung** für die Herbeiführung einer kompetenzgerechten Annahmeentscheidung liegt zunächst **beim Berichterstatter**, der den ersten Zugriff auf die Verfassungsbeschwerde hat. Er ordnet sie als Kammer- oder Senatsverfahren ein und legt sein Votum dem aus seiner Sicht zuständigen Spruchkörper vor (→ § 90 Rn. 42 ff.). Wird das Verfahren als Kammerverfahren geführt, nehmen an der Verantwortung für die richtige Beurteilung der Frage, ob keine Senatszuständigkeit nach Satz 2 besteht, auch die anderen Kammermitglieder teil. Ihnen wird hierzu zusammen mit dem Votum und dem Entscheidungsvorschlag des Berichterstatters die vollständige Verfahrensakte mit den eingereichten Schriftsätzen vorgelegt. 24

Die Richter des Senats, die nicht Mitglieder der betreffenden Kammer sind, erfahren in der Regel nichts darüber, dass eine bestimmte Verfassungsbeschwerde außerhalb ihrer geschäftsverteilungsmäßigen Zuständigkeit anhängig ist. Ihnen stehen deshalb im Vorfeld einer Entscheidung **keine rechtlich abgesicherten Kontrollmechanismen** zur Verfügung, mit denen eine Fehlbeurteilung der Kammer über ihre Entscheidungskompetenz rechtzeitig erkannt und verhindert werden könnte. Deshalb bleibt dem Bevollmächtigten eines Beteiligten, der eine sich abzeichnende Behandlung des Verfahrens als Kammersache durch den Berichterstatter für falsch hält, unter Umständen nichts anderes übrig, als die für eine Zuständigkeit des Senats sprechenden Gründe nicht nur dem Berichterstatter und den Kammermitgliedern durch einen Schriftsatz zur Akte, sondern auch den anderen, mit dem Verfahren nicht befassten Mitgliedern des Senats unmittelbar zugänglich zu machen. 25

Rechtlich sind solche Versuche nicht zu beanstanden. Denn eine nachträgliche **Korrektur** einer kompetenzwidrigen Entscheidung ist grundsätzlich 26

ausgeschlossen. Die Entscheidung über die Annahme oder Nichtannahme einer Verfassungsbeschwerde ist gemäß § 93d Abs. 1 Satz 2 unanfechtbar und unabänderlich (dazu → § 93d Rn. 5).

27 Die Richter sind daher weitgehend auf einen **informellen Austausch** über anhängige, möglicherweise grundsätzlich bedeutsame Verfahren angewiesen. Dazu werden sie monatlich nach dem Eingang wichtigerer Eingänge befragt. Dass selbst Verfahren, die zunächst nicht so eingeschätzt wurden, später doch dem Senat zur Entscheidung vorgelegt worden sind,[12] lässt auf einen verantwortungsvollen Umgang mit der Problematik schließen.

28 Neben dem wechselseitigen Vertrauen und dem Respekt, der die Zusammenarbeit der Richter des Bundesverfassungsgerichts auszeichnet, ist ein weitgehend effektives **rechtliches Hindernis für Kompetenzübergriffe** zudem mittelbar im Erfordernis der **Einstimmigkeit** nach § 93d Abs. 3 Satz 1 zu sehen. In der Regel werden nicht drei Richter die grundsätzliche verfassungsrechtliche Bedeutung einer Verfassungsbeschwerde im Sinne des § 93a Abs. 2 Buchst. a) übersehen oder sich gar bewusst über sie hinwegsetzen.

§ 93c [Stattgabe der Beschwerde durch die Kammer]

(1) **[1]Liegen die Voraussetzungen des § 93a Abs. 2 Buchstabe b vor und ist die für die Beurteilung der Verfassungsbeschwerde maßgebliche verfassungsrechtliche Frage durch das Bundesverfassungsgericht bereits entschieden, kann die Kammer der Verfassungsbeschwerde stattgeben, wenn sie offensichtlich begründet ist. [2]Der Beschluß steht einer Entscheidung des Senats gleich. [3]Eine Entscheidung, die mit der Wirkung des § 31 Abs. 2 ausspricht, daß ein Gesetz mit dem Grundgesetz oder sonstigem Bundesrecht unvereinbar oder nichtig ist, bleibt dem Senat vorbehalten.**

(2) **Auf das Verfahren finden § 94 Abs. 2 und 3 und § 95 Abs. 1 und 2 Anwendung.**

1 **§ 93c regelt**, wann eine Kammer einer Verfassungsbeschwerde stattgeben kann und wann das dem Senat vorbehalten bleibt. Damit regelt die Vorschrift anders als § 93b keine Zuständigkeit im Annahmeverfahren, sondern **eine Sachentscheidungskompetenz für die Stattgabe**.[1] Diese Kompetenz ist allerdings mit der Annahmeentscheidung inhaltlich und verfahrensrechtlich verwoben, was den Standort der Norm in den §§ 93a ff. erklärt. Denn ist die Annahme der Verfassungsbeschwerde gemäß § 93a Abs. 2 Buchst. b) zur Durchsetzung der subjektiven Verfassungsrechte des Beschwerdeführers angezeigt, folgt daraus zugleich, dass der Verfassungsbeschwerde stattzugeben ist.

12 Beispiel: BVerfGE 122, 190.

1 Die Kammern sprechen von „Voraussetzung für eine stattgebende Kammerentscheidung“, vgl. Beschluss der 3. Kammer des Zweiten Senats vom 4.8.2023 – 2 BvR 54/19, Rn. 1 bei Juris; Beschluss der 1. Kammer des Zweiten Senats vom 3.8.2023 – 2 BvR 1838/22, Rn. 40 bei Juris.

§ 93c Abs. 1 dient der **Entlastung der Senate**,[2] die ohne die Übertragung der Entscheidungskompetenz auf die Kammern nach Abs. 1 Satz 1 stets für stattgebende Entscheidungen zuständig wären. Diesem Vorbild des Bundesverfassungsgerichtsgesetzes folgt in der Fassung durch das 14. Zusatzprotokoll auch die EMRK, die in Art. 28 Abs. 1 Buchst. b) auch den aus drei Richtern bestehenden Ausschüssen die Kompetenz eingeräumt hat, anstelle der Kammer mit sieben Richtern über die Begründetheit von Beschwerden auch in stattgebender Weise zu entscheiden.[3] Ähnlich wie in § 93c Abs. 1 Satz 1, wo die maßgebliche verfassungsrechtliche Frage durch das Bundesverfassungsgericht bereits entschieden sein muss, ist auch hier die **Entscheidungskompetenz des kleineren Spruchkörpers materiell gebunden**. Sie besteht nur, sofern die der Rechtssache zugrundeliegende Frage der Auslegung oder Anwendung der EMRK Gegenstand einer gefestigten Rechtsprechung des Europäischen Gerichtshofs für Menschenrechte ist.[4] 2

Die **Verknüpfung von § 93c mit dem Annahmeverfahren** liegt inhaltlich darin, dass eine stattgebende Entscheidung der Kammer das Vorliegen des Annahmegrundes des § 93a Abs. 2 Buchst. b), also der Durchsetzungsannahme, voraussetzt. Im Verfahrensablauf fällt die Annahme der Verfassungsbeschwerde mit der Stattgabe zusammen, da die Zuständigkeit der Kammer für eine Annahme der Verfassungsbeschwerde nur im Falle des § 93c Abs. 1 Satz 1 besteht (§ 93b Satz 1). 3

Die Voraussetzungen einer Stattgabe durch die Kammer lauten nach Abs. 1: 4

- Die Annahme ist zur Durchsetzung der subjektiven Verfassungsrechte des Beschwerdeführers nach **§ 93a Abs. 2 Buchst. b)** angezeigt (Abs. 1 Satz 1; vgl. dazu → § 93a Rn. 47 ff.);
- die maßgebliche verfassungsrechtliche Frage ist **bereits** durch das Bundesverfassungsgericht **entschieden** (Abs. 1 Satz 1);
- die Verfassungsbeschwerde ist **offensichtlich begründet** (Abs. 1 Satz 1);
- es bedarf zur Stattgabe **keines Ausspruchs der Unvereinbarkeit oder Nichtigkeit eines Gesetzes** (Abs. 1 Satz 3).

Da die Stattgabekompetenz der Kammer auf die Fälle der Durchsetzungsannahme nach § 93a Abs. 2 Buchst. b) beschränkt wird, verbleibt die Zuständigkeit für stattgebende Entscheidungen im Übrigen beim Senat. Das bedeutet, dass weiterhin allein der **Senat** zuständig ist, wenn die Verfassungsbeschwerde wegen **grundsätzlicher verfassungsrechtlicher Bedeutung** im Sinne des § 93a Abs. 2 Buchst. a) anzunehmen ist. Die Kammer muss eine grundsätzliche verfassungsrechtliche Bedeutung der Verfassungsbeschwerde ausschließen, wenn sie ihr nach Abs. 1 Satz 1 stattgeben will. Über grundsätzliche verfassungsrechtliche Fragen entscheidet stets der Senat (vgl. aber zu Nebenentscheidungen: → § 93d Rn. 31). 5

Außerdem folgt im Umkehrschluss aus Abs. 1 Satz 1, dass der Senat grundsätzlich auch dann für stattgebende Entscheidungen zuständig ist, wenn die Annahme **zur Durchsetzung der Grundrechte des Beschwerdeführers** 6

2 BT-Drs. 12/3628, S. 14.
3 Vgl. HK-EMRK/Müller-Elschner Art. 28 Rn. 12.
4 Vgl. dazu Dörr/Lenz EurVerwRS Rn. 635.

nach § 93a Abs. 2 Buchst. b) erfolgt.[5] Die Zuständigkeit geht auf die Kammer nur dann über, wenn die besonderen Voraussetzungen der insoweit als **Ausnahmevorschrift** zu verstehenden Regelung **des Abs. 1 Satz 1** und 3 vorliegen.

7 Hierfür müssen die für die Beurteilung der Verfassungsbeschwerde **maßgeblichen verfassungsrechtlichen Fragen bereits** durch das Bundesverfassungsgericht **entschieden** sein. Eine grundsätzliche verfassungsrechtliche Bedeutung der Verfassungsbeschwerde muss gerade dadurch entfallen, dass über sie anhand der schon vorhandenen Rechtsprechung des Bundesverfassungsgerichts entschieden werden kann, und nicht aus anderen Gründen, etwa weil sich die Antwort auf die aufgeworfenen Fragen unschwer aus dem Grundgesetz ableiten lässt. Die Voraussetzungen für die Stattgabe durch die Kammer nach § 93c Abs. 1 Satz 1 sind deshalb strenger als die Voraussetzungen für die Grundsatzannahme nach § 93a Abs. 2 Buchst. a) (vgl. dazu → § 93a Rn. 30 ff.).

8 Ist über eine verfassungsrechtliche Frage durch das Bundesverfassungsgericht bereits entschieden, scheidet eine Stattgabe nach Abs. 1 Satz 1 dennoch aus, wenn veränderte Umstände eine **erneute Klärungsbedürftigkeit** hervorgerufen haben. Die neu entstandene Klärungsbedürftigkeit begründet eine grundsätzliche verfassungsrechtliche Bedeutung der Verfassungsbeschwerde im Sinne des § 93a Abs. 2 Buchst. a) (→ § 93a Rn. 36), und überdies fehlt es an der Offensichtlichkeit einer Begründetheit der Verfassungsbeschwerde (→ Rn. 14 ff.).

9 Entschieden ist eine verfassungsrechtliche Frage durch das Bundesverfassungsgericht nur dann, wenn einschlägige **Senatsrechtsprechung** vorliegt.[6] Eine sich selbst bestätigende Kammerrechtsprechung kann keine Stattgabekompetenz der Kammern begründen.

10 Wann eine verfassungsrechtliche Frage als durch den Senat **entschieden** gelten kann, ist ebenso schwierig zu beantworten wie die Frage der Klärungsbedürftigkeit im Sinne des Annahmegrundes des § 93a Abs. 2 Buchst. a) (→ § 93a Rn. 39 ff.). So wie in Nichtannahmeentscheidungen dürfen Kammern auch bei Stattgaben nach § 93c Abs. 1 Satz 1 keine neuen verfassungsrechtlichen Maßstäbe aufstellen.

11 Der gesetzlichen Zuständigkeitsverteilung entspricht es aber, dass Kammern geklärte verfassungsrechtliche Maßstäbe auf die ihnen vom Beschwerdeführer vorgetragenen Sachverhalte übertragen, die sich notwendigerweise nicht mit den aus den Senatsentscheidungen bekannten decken. So tragen die Kammern zur **Konkretisierung und Weiterentwicklung des Verfassungsrechts** bei.[7]

12 Diese Arbeitsweise der Kammern kann für viele Rechtsgebiete belegt werden. Durchaus stattgabefreundlich sind die Kammern zum Beispiel im **Fa-**

---

5 Vgl. auch Barczak BVerfGG/Nettersheim § 93c Rn. 19.
6 Vgl. Beschluss der 2. Kammer des Ersten Senats vom 22.11.2007 – 1 BvR 2218/06, Rn. 23 ff. bei Juris; zustimmend Barczak BVerfGG/Nettersheim § 93c Rn. 5.
7 So auch Burkiczak/Dollinger/Schorkopf BVerfGG/Bindig § 93c Rn. 7.

milienrecht[8] und im **Ausländerrecht.**[9] **Besonders häufig** werden Gerichtsentscheidungen aller Fachgerichtsbarkeiten aber wegen der Verletzung von **Prozessgrundrechten** aufgehoben, etwa von **Art. 19 Abs. 4 GG,**[10] **Art. 101 Abs. 1 Satz 2 GG**[11] und **Art. 103 Abs. 1 GG.**[12]

Das weitgehende **Selbstverständnis der Kammern** wird gerichtsintern nicht in Frage gestellt. Engere Grenzen sind gesetzlich nicht vorgesehen und können auch nicht Erfolg versprechend, das heißt unter Wahrung einer besseren Bestimmbarkeit des gesetzlichen Richters, gezogen werden (→ § 93a Rn. 39 ff.). 13

Für eine Stattgabe durch die Kammer muss nach Abs. 1 Satz 1 hinzukommen, dass die Verfassungsbeschwerde **offensichtlich begründet** ist. Nicht nur die für die Entscheidung über die Verfassungsbeschwerde maßgebenden verfassungsrechtlichen Maßstäbe müssen klar sein. Auch das Ergebnis ihrer Übertragung auf den konkreten Einzelfall muss eindeutig sein. 14

In der Kammerrechtsprechung findet sich keine Konkretisierung des Begriffs der Offensichtlichkeit. Die **Kammern geben lediglich den Gesetzeswortlaut wieder**, indem sie einleitend feststellen, dass die Verfassungsbeschwerde offensichtlich begründet ist.[13] Manchmal wird sogar darauf verzichtet.[14] 15

---

8 Vgl. nur Beschlüsse der 2. Kammer des Ersten Senats vom 17.11.2023 – 1 BvR 1076/23, Rn. 20 ff. bei Juris, und vom 28.2.2022 – 1 BvR 1619/21, Rn. 11 ff. bei Juris; Beschluss der 3. Kammer des Ersten Senats vom 5.9.2022 – 1 BvR 65/22, Rn. 14 ff. bei Juris; Beschluss der 1. Kammer des Ersten Senats vom 14.4.2021 – 1 BvR 1839/20, Rn. 14 ff. bei Juris.

9 Vgl. nur Beschlüsse der 1. Kammer des Zweiten Senats vom 27.1.2022 – 2 BvR 1214/21, Rn. 53 ff. bei Juris, und vom 8.12.2021 – 2 BvR 1282/21, Rn. 12 ff. bei Juris; Beschlüsse der 2. Kammer des Zweiten Senats vom 9.12.2021 – 2 BvR 1333/21, Rn. 44 ff. bei Juris, vom 6.12.2021 – 2 BvR 860/21, Rn. 15 ff. bei Juris, und vom 17.7.2019 – 2 BvR 1327/18, Rn. 19 ff. bei Juris.

10 Vgl. nur Beschlüsse der 1. Kammer des Zweiten Senats vom 19.12.2023 – 2 BvR 1936/22, Rn. 28 ff. bei Juris, vom 24.3.2023 – 2 BvR 116/23, Rn. 16 ff. bei Juris, und vom 7.2.2023 – 2 BvR 1057/22, Rn. 29 ff. bei Juris; Beschluss der 2. Kammer des Ersten Senats vom 26.6.2023 – 1 BVR 491/23, Rn. 15 ff. bei Juris; Beschlüsse der 1. Kammer des Ersten Senats vom 20.2.2023 – 1 BvR 795/21, Rn. 13 ff. bei Juris, und vom 9.11.2022 – 1 BvR 2263/21, Rn. 25 ff. bei Juris; Beschluss der 3. Kammer des Zweiten Senats vom 18.3.2022 – 2 BvR 1232/20, Rn. 21 ff. bei Juris.

11 Beschluss der 2. Kammer des Zweiten Senats vom 8.11.2023 – 2 BvR 1079/20, Rn. 64 ff. bei Juris; Beschlüsse der 1. Kammer des Zweiten Senats vom 20.4.2022 – 2 BvR 1713/21, Rn. 39 ff. bei Juris, vom 30.3.2022 – 2 BvR 2069/21, Rn. 35 ff. bei Juris, und vom 1.7.2021 – 2 BvR 890/20, Rn. 11 ff. bei Juris; Beschluss der 3. Kammer des Ersten Senats vom 5.5.2021 – 1 BvR 526/19, Rn. 16 ff. bei Juris.

12 Beschluss der 2. Kammer des Ersten Senats vom 30.8.2023 – 1 BvR 1654/22, Rn. 23 ff. bei Juris; Beschluss der 3. Kammer des Zweiten Senats vom 7.6.2023 – 2 BvR 2139/21, Rn. 12 ff. bei Juris; Beschlüsse der 2. Kammer des Zweiten Senats vom 10.5.2023 – 2 BvR 370/22, Rn. 21 ff. bei Juris, vom 23.3.2023 – 2 BvR 808/21, Rn. 17 ff. bei Juris, und vom 25.5.2021 – 2 BvR 1719/16, Rn. 11 ff. bei Juris; Beschlüsse der 3. Kammer des Ersten Senats vom 16.2.2023 – 1 BvR 1881/21, Rn. 12 ff. bei Juris, vom 13.10.2022 – 1 BvR 1349/20, Rn. 21 ff. bei Juris, und vom 21.9.2022 – 1 BvR 2754/17, Rn. 16 ff. bei Juris.

13 Vgl. Beschluss der 1. Kammer des Zweiten Senats vom 19.12.2023 – 2 BvR 1936/22, Rn. 27 bei Juris; Beschluss der 3. Kammer des Zweiten Senats vom 31.7.2023 – 2 BvR 1014/21, Rn. 30 bei Juris; Beschluss der 2. Kammer des Zweiten Senats vom 21.3.2023 – 2 BvR 626/20, Rn. 20 bei Juris.

14 Vgl. Beschluss der 2. Kammer des Ersten Senats vom 13.4.2023 – 1 BvR 667/22, Rn. 13 f. bei Juris; Beschluss der 3. Kammer des Zweiten Senats vom 19.7.2019 – 2 BvR 2283/18, Rn. 16 ff. bei Juris.

16 Das heißt aber nicht, dass die Offensichtlichkeit der Begründetheit bei der **Prüfung der Stattgabekompetenz** keine praktische Bedeutung hätte[15] oder gar außer Acht gelassen werden dürfte. Es handelt sich um eine **eigenständige gesetzliche Voraussetzung** für eine Stattgabe durch die Kammer.

17 Allerdings sollte **Offensichtlichkeit** nicht so verstanden werden, dass die Begründetheit der Verfassungsbeschwerde auf den ersten Blick erkennbar sein müsste (vgl. auch → § 24 Rn. 11).[16] Auch eine eingehende Prüfung der verfassungsrechtlichen Rechtslage kann zu einem eindeutigen Ergebnis führen.[17] Nur so ist zu erklären, dass die Kammern gelegentlich mehr als fünf Jahre brauchen, um die Unbegründetheit einer Verfassungsbeschwerde festzustellen[18] oder eine Verfassungsbeschwerde erst nach mehreren Jahren als offensichtlich begründet zu beurteilen.[19] Entscheidend ist, dass die Kammer ihre senatsgleiche (vgl. Abs. 1 Satz 2) Entscheidungskompetenz nur dann ausübt, wenn sie ausschließen kann, dass der Senat oder ein anderer Spruchkörper des Bundesverfassungsgerichts eine andere Auffassung vertreten würde (vgl. dazu auch → Rn. 30 und → § 90 Rn. 261 f.). Insofern weist die Entscheidung der Kammer ein Prognoseelement auf.[20] Im Übrigen ist zu bedenken, dass die Offensichtlichkeit nur dann bejaht werden kann, wenn sich alle drei Mitglieder der Kammer einig sind. Das entschärft die Problemlage gegenüber der Handhabung der offensichtlichen Unbegründetheit in Art. 35 Abs. 3 Buchst. a) EMRK durch den **Europäischen Gerichtshof für Menschenrechte**, der teilweise mit Stimmenmehrheit eine offensichtliche Unbegründetheit feststellt.[21] Für den exakt vergleichbaren Fall des Art. 28 Abs. 1 Buchst. b) EMRK, also die Stattgabe in einem etwaigen Beschwerdeverfahren durch die drei Mitglieder des Ausschusses, wird anders als nach § 93c Abs. 1 Satz 1 keine Offensichtlichkeit vorausgesetzt.

18 Trotz bereits vorhandener einschlägiger verfassungsgerichtlicher Rechtsprechung und einer offensichtlichen Begründetheit der Verfassungsbeschwerde scheidet eine Stattgabe zur Durchsetzung der Verfassungsrechte des Beschwerdeführers aus, wenn mit der Entscheidung die **Nichtigkeit eines Gesetzes oder seine Unvereinbarkeit** mit dem Grundgesetz oder mit sonstigem Bundesrecht auszusprechen ist (**Abs. 1 Satz 3**). In derartigen Fällen bleibt die Entscheidung **dem Senat vorbehalten**. Diese Vorschrift ordnet damit eine Rückausnahme von der Übertragung der Stattgabekompetenz auf die Kammer an. Sie greift unabhängig davon ein, ob die Nichtigkeit oder Unvereinbarkeit eines Gesetzes als Ergebnis einer direkten Rechtssatzverfassungsbeschwerde oder der mittelbaren Überprüfung der Verfassungs-

---

15 So aber Lechner/Zuck/Zuck § 93c Rn. 14; zweifelnd auch Barczak BVerfGG/Nettersheim § 93c Rn. 11.

16 Vgl. zur Unterscheidung zwischen Offensichtlichkeit und Offenkundigkeit VG Potsdam Urt. v. 25.4.2019 – 8 K 257/17, Rn. 44 bei Juris.

17 Vgl. Barczak BVerfGG/Nettersheim § 93c Rn. 11.

18 Vgl. zB Beschlüsse der 3. Kammer des Zweiten Senats vom 3.11.2017 – 2 BvR 2135/09, Rn. 7 ff. bei Juris, und vom 24.3.2016 – 2 BvR 2081/08, Rn. 19 ff. bei Juris.

19 Vgl. zB Beschluss der 2. Kammer des Ersten Senats vom 20.3.2023 – 1 BvR 669/18 ua, Rn. 13 bei Juris; Beschluss der 1. Kammer des Ersten Senats vom 7.11.2022 – 1 BvR 655/17 ua, Rn. 12 bei Juris.

20 Lechner/Zuck/Zuck § 93b Rn. 14.

21 Vgl. dazu Dörr/Lenz EurVerwRS Rn. 688.

mäßigkeit eines Gesetzes im Rahmen einer Urteilsverfassungsbeschwerde auszusprechen ist.

Die dem Senat nach Abs. 1 Satz 3 vorbehaltene Entscheidung beschränkt sich auf den Ausspruch der Unvereinbarkeit oder Nichtigkeit eines Gesetzes **mit der Wirkung des § 31 Abs. 2, also im Tenor der Entscheidung** gemäß § 95 Abs. 3 Satz 1, der allerdings auch im Falle eines mittelbaren Angriffs gegen ein Gesetz im Sinne des § 95 Abs. 3 Satz 2 in Betracht kommt (→ § 95 Rn. 77 ff.). 19

Ebenso wenig kann eine stattgebende Entscheidung aber auf die inzidente Annahme gestützt werden, ein Gesetz, das bislang nicht vom Bundesverfassungsgericht für nichtig oder unvereinbar erklärt wurde, sei verfassungswidrig. Damit würde die Kammer zwar keine gegen Abs. 1 Satz 3 verstoßende Normverwerfungskompetenz in Anspruch nehmen, aber doch eine ihr – wie allen anderen Gerichten – auch nicht zustehende **Nichtanwendungskompetenz** (→ § 80 Rn. 6). 20

Sonstigen Aussagen zur Verfassungsmäßigkeit eines Gesetzes in einem stattgebenden Kammerbeschluss steht Abs. 1 Satz 3 jedoch nicht entgegen. Insbesondere kann die Kammer bei einer Urteilsverfassungsbeschwerde **inzident** dazu Stellung nehmen, ob das Fachgericht die seiner Entscheidung zugrunde liegende Vorschrift **verfassungskonform ausgelegt** hat,[22] und der Verfassungsbeschwerde stattgeben, wenn die angegriffene Entscheidung auf einer verfassungswidrigen Auslegung und Anwendung des Gesetzes beruht. Der Tenor muss aber auf die Feststellung der Grundrechtsverletzung durch das Urteil und auf die Aufhebung der fachgerichtlichen Entscheidung beschränkt bleiben.[23] 21

Unzulässig wäre hingegen, **im Tenor** ein Gesetz nur in einer bestimmten **verfassungskonformen Auslegung** für verfassungsgemäß zu erklären.[24] Darin läge zugleich die rechtskräftige und nach § 31 Abs. 2 bindende, den Senaten vorbehaltene Feststellung, dass die Norm in einer bestimmten anderen Auslegung mit dem Grundgesetz unvereinbar ist. 22

Eine Entscheidung mit dem Tenor, dass ein Gesetz mit dem Grundgesetz uneingeschränkt vereinbar ist, kommt im Rahmen des § 93c Abs. 1 ohnehin nicht in Betracht, weil der Verfassungsbeschwerde dann nicht stattzugeben wäre. Demgegenüber kann die Kammer in einem Nichtannahmebeschluss nach § 93b Satz 1, 1. Alt. eine **positive Aussage zur Verfassungsmäßigkeit** eines Gesetzes treffen.[25] 23

Gegenständlich bezieht sich die Sperrwirkung des Abs. 1 Satz 3 auf **Gesetze.** § 93c Abs. 2 verweist dementsprechend auch nicht auf § 95 Abs. 3. Daraus 24

---

22 Vgl. Beschluss der 3. Kammer des Ersten Senats vom 18.5.2023 – 2 BvR 1667/20, Rn. 41 bei Juris; Beschlüsse der 2. Kammer des Zweiten Senats vom 9.11.2016 – 2 BvR 545/16, Rn. 43 ff. bei Juris, und vom 14.3.2014 – 2 BvR 2168/13, Rn. 12 bei Juris; Beschlüsse der 3. Kammer des Ersten Senats vom 6.5.2010 – 1 BvR 96/10, Rn. 14 bei Juris, und vom 24.2.2010 – 1 BvR 27/09, Rn. 96 ff. bei Juris.

23 Vgl. Beschluss der 2. Kammer des Zweiten Senats vom 16.9.2010 – 2 BvR 1608/07, Juris.

24 Vgl. Barczak BVerfGG/Nettersheim § 93c Rn. 15.

25 Vgl. Beschluss der 3. Kammer des Zweiten Senats vom 6.1.2023 – 2 BvR 364/13, Rn. 105 ff. bei Juris; Beschluss der 4. Kammer des Ersten Senats vom 31.3.2017 – 1 BvR 8 /13, Rn. 5 f. bei Juris; Beschluss der 2. Kammer des Ersten Senats vom 14.7.2011 – 1 BvR 932/10, Rn. 35 ff. bei Juris.

folgt eigentlich, dass die Verwerfung einer Norm durch einen stattgebenden Kammerbeschluss generell nicht vorgesehen ist.

25 **Nach der Kammerrechtsprechung** sollen davon aber **nur Parlamentsgesetze** erfasst sein. Die Kammern halten sich für befugt, Satzungen und Rechtsverordnungen für nichtig oder unvereinbar zu erklären,[26] und begründen dieses enge Verständnis des Gesetzesbegriffs des Abs. 1 Satz 3 mit der beabsichtigten Entlastung der Senate[27] und mit der vergleichsweise geringen Bedeutung von Normen der Exekutive. § 95 Abs. 3 wird dann in entsprechender Anwendung für den Tenor herangezogen.

26 Diese Auslegung des Abs. 1 Satz 3 mag als vom Wortlaut und Zweck des Gesetzes gedeckt erscheinen. Näher liegt aber die Annahme, der Gesetzgeber hätte eine Beschränkung auf Parlamentsgesetze auszudrücken gewusst, wenn er sie gewollt hätte. Ungewöhnlich wäre jedenfalls, wenn der Begriff des Gesetzes in § 93 Abs. 3 (→ § 93 Rn. 94) und in § 93c Abs. 1 Satz 3 mit unterschiedlicher Bedeutung verwendet worden wäre. Außerdem ist die **fehlende Verweisung auf § 95 Abs. 3** systematisch kaum zu überwinden. Schließlich deutet auch die Maßstabsvorgabe der Vereinbarkeit mit sonstigem Bundesrecht darauf hin, dass nicht nur Parlamentsgesetze vom Gesetzesbegriff des § 93c Abs. 1 Satz 3 erfasst sind, sondern auch Rechtsverordnungen. Als bloßes Redaktionsversehen kann dies nicht betrachtet werden.[28] Die enge Auslegung des Gesetzesbegriffs in der Kammerrechtsprechung ist daher abzulehnen.[29]

27 Die Kammer besitzt auch hinsichtlich ihrer Stattgabekompetenz **kein Entscheidungsermessen**. Dass sie der Verfassungsbeschwerde stattgeben **„kann"**, bezeichnet nur ihre Entscheidungskompetenz.[30] Das Gebot des gesetzlichen Richters verlangt, dass die Kammer die Stattgabe beschließt, wenn die Voraussetzungen des Abs. 1 Satz 1 erfüllt sind und die Zuständigkeit nicht nach Abs. 1 Satz 3 dem Senat vorbehalten ist (siehe auch → § 93b Rn. 10).[31]

28 In ihrer **Wirkung** steht ein stattgebender Kammerbeschluss nach Abs. 1 Satz 1 einer Entscheidung des Senats gleich (**Abs. 1 Satz 2**). Er stellt eine **formell und materiell rechtskräftige Sachentscheidung** dar, die darüber hinaus **Bindungswirkung nach § 31 Abs. 1** besitzt.[32]

29 Die Gleichstellung mit einer Senatsentscheidung geht aber nicht so weit, dass der Senat, dem die Kammer nicht angehört, das **Plenum** nach § 16 Abs. 1 anrufen müsste, wenn er von einem stattgebenden Kammerbeschluss abweichen will. Die Kammer kann einer Verfassungsbeschwerde nur dann stattgeben, wenn sie dafür bereits vorhandene einschlägige Senatsrechtsprechung

26 Vgl. Beschlüsse der 2. Kammer des Ersten Senats vom 18.7.2019 – 1 BvR 2917/13, Rn. 76 bei Juris, und vom 26.9.2016 – 1 BvR 1326/15, Rn. 19 bei Juris; Beschlüsse der 3. Kammer des Ersten Senats vom 30.5.2018 – 1 BvR 45/15, Rn. 14 bei Juris, und vom 19.6.2007 – 1 BvR 1290/05, Rn. 23 bei Juris.

27 So auch Burkiczak/Dollinger/Schorkopf BVerfGG/Bindig § 93c Rn. 17.

28 So aber Burkiczak/Dollinger/Schorkopf BVerfGG/Bindig § 93c Rn. 17; BeckOK BVerfGG/Scheffczyk § 93c Rn. 15.

29 So auch Lechner/Zuck/Zuck § 93c Rn. 15; Barczak BVerfGG/Nettersheim § 93c Rn. 13 f.

30 Vgl. BT-Drs. 12/3628, S. 14.

31 So auch Barczak BVerfGG/Nettersheim § 93c Rn. 18.

32 Vgl. Beschluss der 2. Kammer des Ersten Senats vom 1.12.2021 – 1 BvR 2708/19, Rn. 33 bei Juris.

verwerten kann. Weicht ein Senat von einer solchen Kammerentscheidung ab, läge darin zugleich eine Abweichung von der der Kammerentscheidung zugrundeliegenden Senatsentscheidung und der Senat könnte insofern zu einer Vorlage an das Plenum verpflichtet sein, aber eben nicht wegen der Abweichung von der Kammerentscheidung als solcher.[33] Das Aufstellen verfassungsrechtlicher Maßstäbe ist ohnehin Sache der Senate, so dass eine Bindung der Senate an stattgebende Kammerbeschlüsse insoweit ausscheidet.

Die **Praxis** bestätigt diesen Befund. Der Zweite Senat hat die Abkehr von einer Entscheidung einer Kammer des Ersten Senats[34] in den Entscheidungsgründen und nicht durch Vorlage an das Plenum zum Ausdruck gebracht.[35] Der Erste Senat hat daraufhin klargestellt, dass er keinen Konflikt zwischen den beiden Entscheidungen sieht, sondern beide auf die frühere Senatsrechtsprechung[36] zur Vorlagepflicht an den Gerichtshof der Europäischen Union zurückführen kann, und deshalb ebenfalls von der Anrufung des Plenums abgesehen.[37] Diese Vorgehensweise ist verfahrensrechtlich nicht zu beanstanden, solange beide Senate keine Abweichung sehen, aber in der Sache wäre eine Klärung im Plenum wünschenswert gewesen (→ § 90 Rn. 261 f. und → § 80 Rn. 91 ff.). 30

Für das **Verfahren**, das zu einer stattgebenden Kammerentscheidung und der damit einhergehenden Annahme der Verfassungsbeschwerde nach § 93c Abs. 1 Satz 1 führt, gilt § 93d Abs. 1 Satz 1: Es findet **keine mündliche Verhandlung** statt. 31

Außerdem **verweist Abs. 2 auf § 94 Abs. 2 und 3**. Damit schreibt das Gesetz vor, dass vor der stattgebenden Kammerentscheidung der zuständige Minister (dazu → § 94 Rn. 16 ff.) und der von der aufzuhebenden Entscheidung Begünstigte **anzuhören** sind. Die Verfassungsbeschwerde ist ihnen zur Äußerung zuzustellen (§ 23 Abs. 2; § 41 GO-BVerfG). 32

Auf die **weiteren Absätze des § 94** verweist Abs. 2 **nicht**. Daraus wird insbesondere deutlich, dass der Gesetzgeber bei Verfassungsbeschwerden, die eine Zustellung nach § 94 Abs. 4 iVm § 77 erfordern oder ein Verfassungsorgan nach § 94 Abs. 5 Satz 1 zum Beitritt bewegen, davon ausging, sie könnten nicht im Sinne des § 93c Abs. 1 Satz 1 auf der Grundlage bereits vorhandener Senatsrechtsprechung als offensichtlich begründet beurteilt werden. 33

Die Entscheidung über die Stattgabe bei gleichzeitiger Annahme der Verfassungsbeschwerde ergeht stets durch **Beschluss** (Abs. 1 Satz 2), der **Einstimmigkeit** erfordert (§ 93d Abs. 3 Satz 1). Der Beschluss ist **vollständig zu begründen**, da nur bei einer Ablehnung der Annahme gemäß § 93d Abs. 1 Satz 3 von einer Begründung abgesehen werden darf.[38] Er ergeht als einer Senatsentscheidung gleichstehende (Abs. 1 Satz 2) Sachentscheidung im Namen des Volkes (§ 25 Abs. 4). 34

---

33 Vgl. Barczak BVerfGG/Nettersheim 2018 § 93c Rn. 29.
34 Beschluss der 3. Kammer des Ersten Senats vom 25.2.2010 – 1 BvR 230/09, Rn. 15 ff. bei Juris.
35 BVerfGE 126, 286 (316).
36 BVerfGE 82, 159 (194 f.).
37 BVerfGE 129, 78 (106 f.); 128, 157 (188 f.).
38 Falsch daher Beschluss der 2. Kammer des Ersten Senats vom 27.10.2011 – 1 BvR 2027/11, Rn. 14 bei Juris.

35 Zum **Entscheidungsinhalt** verweist **Abs. 2** auf **§ 95 Abs. 1 und 2**. Der Tenor des stattgebenden Kammerbeschlusses unterscheidet sich damit nicht von einer entsprechenden Senatsentscheidung. Er enthält die Feststellung, dass die angegriffene hoheitliche Maßnahme den Beschwerdeführer in einem oder mehreren seiner in § 90 Abs. 1 genannten Rechte verletzt. Außerdem hebt die Kammer den Hoheitsakt auf und verweist die Sache bei einer Urteilsverfassungsbeschwerde an ein Fachgericht zur erneuten Entscheidung zurück. Dies kann in den Entscheidungsgründen mit Anweisungen an das Fachgericht verbunden werden, das im Ausgangsverfahren neu zu entscheiden hat.[39] Schließlich ist zu tenorieren, dass dem Beschwerdeführer die notwendigen Auslagen zu erstatten sind (§ 34a Abs. 2).

§ 93d [Verfahren vor der Kammer]

(1) [1]Die Entscheidung nach § 93b und § 93c ergeht ohne mündliche Verhandlung. [2]Sie ist unanfechtbar. [3]Die Ablehnung der Annahme der Verfassungsbeschwerde bedarf keiner Begründung.

(2) [1]Solange und soweit der Senat nicht über die Annahme der Verfassungsbeschwerde entschieden hat, kann die Kammer alle das Verfassungsbeschwerdeverfahren betreffenden Entscheidungen erlassen. [2]Eine einstweilige Anordnung, mit der die Anwendung eines Gesetzes ganz oder teilweise ausgesetzt wird, kann nur der Senat treffen; § 32 Abs. 7 bleibt unberührt. [3]Der Senat entscheidet auch in den Fällen des § 32 Abs. 3.

(3) [1]Die Entscheidungen der Kammer ergehen durch einstimmigen Beschluß. [2]Die Annahme durch den Senat ist beschlossen, wenn mindestens drei Richter ihr zustimmen.

1 In § 93d hat der Gesetzgeber recht ungeordnet alles hineingepackt, was im Zusammenhang mit der Entscheidung über die Annahme oder Nichtannahme einer Verfassungsbeschwerde noch regelungsbedürftig erschien. **Systematisch verunglückt** werden Zuständigkeitsregelungen (Abs. 2) mit Verfahrensvorschriften (Abs. 1 und 3) vermengt.

2 Nach **Abs. 1 Satz 1** findet im Annahmeverfahren **keine mündliche Verhandlung** statt. Die Entscheidung ergeht im schriftlichen Verfahren ausschließlich auf der Grundlage der dem Bundesverfassungsgericht vorliegenden, schriftlich oder gemäß § 23a elektronisch übermittelten Unterlagen, die entweder der Beschwerdeführer übersandt oder das Gericht angefordert hat (§ 27 Satz 2 BVerfGG; § 41 GO-BVerfG iVm § 94, § 82 Abs. 4 sowie § 27a BVerfGG). Dies gilt für sämtliche Entscheidungen, die das Annahmeverfahren abschließen, also für die Ablehnung der Annahme durch Kammer oder Senat, die Annahme durch den Senat und die mit einer Stattgabe einhergehende Annahme durch die Kammer nach § 93c Abs. 1.

3 Abs. 1 Satz 1 stellt eine **andere Bestimmung im Sinne des § 25 Abs. 1** als Ausnahme vom Grundsatz der Mündlichkeit dar. Zugleich handelt es sich

39 Vgl. Beschluss der 2. Kammer des Zweiten Senats vom 12.3.2019 – 2 BvR 2255/17 ua, Rn. 33 bei Juris.

um eine **gegenüber § 94 Abs. 5 Satz 2 speziellere Regelung**, soweit die Annahme durch die Kammer nach § 93c betroffen ist. Die mündliche Verhandlung entfällt also nicht nur unter den einschränkenden Voraussetzungen des § 94 Abs. 5 Satz 2, obwohl die mit der Annahme durch die Kammer verbundene Stattgabe eine Sachentscheidung über die Verfassungsbeschwerde ist, die nach § 93c Abs. 1 Satz 2 einer Senatsentscheidung gleichsteht. Auf die Ablehnung der Annahme, bei der es zu keiner Sachentscheidung kommt, ist § 94 Abs. 5 Satz 2 ohnehin nicht anwendbar, so dass Abs. 1 Satz 1 insoweit nur klarstellend zu verstehen ist.

Alle Arten der das Annahmeverfahren abschließenden Entscheidungen können mangels mündlicher Verhandlung nur als **Beschluss** ergehen (§ 25 Abs. 2). Dies kommt auch in der Regelung der jeweils notwendigen Stimmenzahl in Abs. 3 zum Ausdruck („Beschluß", „beschlossen"). Allerdings kann bei Annahme der Verfassungsbeschwerde ein von der Sachentscheidung abgesonderter Beschluss unterbleiben (→ § 93b Rn. 16). 4

Ebenfalls für alle Entscheidungen, die das Annahmeverfahren abschließen, ordnet **Abs. 1 Satz 2** ihre **Unanfechtbarkeit** an, also ihre formelle Rechtskraft. Im Wesentlichen besitzt diese Regelung nur deklaratorische Bedeutung, da das Gesetz ohnehin keine Rechtsbehelfe vorsieht. Auch eine erneute Verfassungsbeschwerde gegen einen Nichtannahmebeschluss ist nicht statthaft.[1] Über das Fehlen von Rechtsbehelfen hinaus verdeutlicht Abs. 1 Satz 2 aber, dass Nichtannahmebeschlüsse der Kammern nicht noch zur Überprüfung durch den Senat gestellt werden können, und zwar weder auf Antrag des Beschwerdeführers noch intern auf Veranlassung eines Senats.[2] Im Verfahren der Menschenrechtsbeschwerde gibt es demgegenüber jedenfalls gegen Urteile der Kammern die rechtsmittelartige Möglichkeit, Verweisung an die Große Kammer zu beantragen (Art. 43 EMRK). Näher an der Situation des Kammerverfahrens nach § 93d ist aber die Regelung über die (Dreier-)Ausschüsse nach Art. 28 EMRK, insbesondere seitdem diese wie die Kammern des Bundesverfassungsgerichts den Verfassungsbeschwerden auch den entsprechenden Individualbeschwerden nach Art. 34 EMRK stattgeben können (Art. 28 Abs. 1 Buchst. b) EMRK). Auch für diese abweisenden oder stattgebenden Entscheidungen der (Dreier-)Ausschüsse des EGMR gilt, dass solche Entscheidungen endgültig sind, selbst wenn sie in der Form eines Urteils getroffen werden (Art. 28 Abs. 2 EMRK). Die bei Kammerentscheidungen gegebene Möglichkeit, rechtsmittelartig Verweisung an die Große Kammer zu beantragen (Art. 43 EMRK), besteht also nicht, auch nicht für die Regierung des Konventionsstaats, hinsichtlich dessen der Ausschuss eine Konventionsverletzung festgestellt hat. Insoweit gibt es dann wieder eine Parallele zu § 93d Abs. 1 Satz 2. Auch hier kann der Akteur, dessen öffentliche Gewaltausübung von der Kammer als verfassungswidrig beschieden worden ist, keine Überprüfung durch den Senat herbeiführen. 5

Die Ablehnung der Annahme entfaltet aber **keine materielle Rechtskraft** in der Sache selbst (→ § 93a Rn. 78). Der beanstandete Hoheitsakt könnte daher 6

1 Beschluss der 2. Kammer des Zweiten Senats vom 3.6.2019 – 2 BvR 910/19, Rn. 17 bei Juris.
2 So auch Barczak BVerfGG/Nettersheim § 93c Rn. 5.

theoretisch erneut mit einer Verfassungsbeschwerde angegriffen werden, in zulässiger Weise allerdings nur, sofern die Monatsfrist des § 93 Abs. 1 Satz 1 noch nicht abgelaufen ist.[3]

7 Außerdem ist der Beschwerdeführer nicht gehindert, sich informell über die Ablehnung der Annahme zu beschweren. Auch solche Eingaben werden den Richtern zur Überprüfung vorgelegt. Sehen die Richter keine Veranlassung zu einer Abänderung ihrer Entscheidung, teilen die Referenten für das Allgemeine Register dies dem Beschwerdeführer mit. Diese **Behandlung außerordentlicher Beschwerden** erfolgt routiniert und ohne großen Aufwand. Eine Fortsetzung des Verfahrens auf eine solche Beschwerde hin ist aus den letzten Jahren nur in einem einzigen Fall bekannt geworden, in dem die Verfassungsbeschwerde aufgrund eines gerichtsinternen Versehens fälschlich als verfristet beurteilt worden war.[4] Abgesehen von derartigen, auf einer Verletzung des Art. 103 Abs. 1 GG beruhenden Sonderfällen[5] werden Gegenvorstellungen als unzulässig angesehen.[6] Der Zulässigkeit weiterer gesetzlich nicht geregelter Rechtsbehelfe steht grundsätzlich entgegen, dass nach Erschöpfung des fachgerichtlichen Rechtswegs und Durchführung des Annahmeverfahrens im Verfassungsbeschwerdeverfahren ein erhebliches Interesse an einer endgültigen Beendigung des Verfahrens besteht.[7] Ein Nachkarten nach einer Nichtannahme erweist sich daher praktisch als sinnlos.

8 Nach **Abs. 1 Satz 3** bedarf die Ablehnung der Annahme keiner Begründung.[8] Dabei handelt es sich um eine Ausnahme von der Begründungspflicht nach § 30 Abs. 1 Satz 2. Unterbleibt die Begründung ganz, wird davon gesprochen, dass der Beschwerdeführer ein „leeres Blatt Papier" erhält.[9] Das ist natürlich nicht ganz richtig, da dem Beschwerdeführer die wesentliche Aussage eines Nichtannahmebeschlusses, dass die angefochtenen Hoheitsakte nicht wie mit der Verfassungsbeschwerde beantragt aufgehoben werden, durch dessen Tenor auch bei fehlender Begründung der Entscheidung deutlich wird.

9 Das heißt aber nicht, dass die Nichtannahme grundlos erfolgen darf. Vielmehr ist sie an das Fehlen der gesetzlichen Annahmegründe des § 93a Abs. 2 gebunden (→ § 93a Rn. 24 f.). Der **Nichtannahmebeschluss muss** aber **keine Entscheidungsgründe enthalten**.

---

3 So auch Barczak BVerfGG/Nettersheim § 93c Rn. 6; Burkiczak/Dollinger/Schorkopf BVerfGG/Bindig § 93c Rn. 22.

4 Beschluss der 3. Kammer des Zweiten Senats vom 25.10.2011 – 2 BvR 2674/10, Rn. 17 bei Juris.

5 Vgl. auch Beschluss der 3. Kammer des Zweiten Senats vom 1.2.2017 – 2 BvR 2148/16, Rn. 2 bei Juris; offen gelassen selbst für Gehörsfälle dagegen in: Beschlüsse der 2. Kammer des Zweiten Senats vom 19.1.2022 – 2 BvR 1872/21, Rn. 5 bei Juris, und vom 4.7.2019 – 2 BvR 2255/17, Rn. 3 bei Juris; Beschluss der 3. Kammer des Ersten Senats vom 19.6.2020 – 1 BvR 1586/14, Rn. 2 bei Juris; kritisch dazu Barczak BVerfGG/Nettersheim § 93c Rn. 9.

6 Beschluss der 2. Kammer des Zweiten Senats vom 3.6.2019 – 2 BvR 229/19, Rn. 5 bei Juris; Beschluss der 3. Kammer des Zweiten Senats vom 13.7.2016 – 2 BvR 1304/14, Rn. 2 bei Juris.

7 Beschluss der 3. Kammer des Ersten Senats vom 19.6.2020 – 1 BvR 1586/14, Rn. 2 bei Juris.

8 Siehe etwa Beschluss der 2. Kammer des Zweiten Senats vom 7.7.2023 – 2 BvR 882/23, Juris.

9 Lechner/Zuck/Zuck § 93d Rn. 7.

Diese Regelung dient bestimmungsgemäß[10] und effektiv der **Entlastung** des Gerichts. Das Formulieren von Entscheidungsgründen und die Beratung hierüber auf der Grundlage eines Votums bereiten im Arbeitsalltag des Gerichts deutlich mehr Mühe als allein das Erstellen eines Votums, das keinen formalen Vorgaben unterliegt. Wenn von einer Begründung im Beschluss abgesehen wird, muss sich die nach Abs. 3 Satz 1 geforderte Einstimmigkeit zudem nicht auf die Gründe der Nichtannahme erstrecken, weil sie nicht Inhalt der Entscheidung sind. 10

Verfassungsrechtliche Bedenken gegen den Begründungsverzicht sind **nicht berechtigt**.[11] Vielmehr entspricht die Regelung dem auch für die Fachgerichtsbarkeit anerkannten verfassungsrechtlichen Grundsatz, dass letztinstanzliche unanfechtbare Entscheidungen nicht begründet werden müssen.[12] 11

Das Absehen von einer Begründung ist an keine gesetzlichen Voraussetzungen gebunden. Die Kammern **können frei entscheiden**, ob sie den Nichtannahmebeschluss begründen oder nicht. Zunehmend werden die Entscheidungsgründe der Nichtannahmebeschlüsse für darüber hinausgehende, zur materiellen Rechtslage Stellung nehmende verfassungsrechtliche Hinweise genutzt, auch wenn die Verfassungsbeschwerde als unzulässig beurteilt wird.[13] 12

Die Begründung kann sich auch nur auf einen **Teil** der mit der Verfassungsbeschwerde aufgeworfenen Fragen beziehen. Die Kammer sieht dann unter Berufung auf Abs. 1 Satz 3 von einer weiteren Begründung ab.[14] 13

Häufig wird nur kurz angegeben, dass die Verfassungsbeschwerde aus einem bestimmten Grund unzulässig ist und deshalb nicht zur Entscheidung angenommen wird. Eine solche Kurzbegründung wird gerne auch in den Tenor des Beschlusses eingebaut (sog. **Tenorbegründung**). Der Tenor lautet dann etwa: „Die Verfassungsbeschwerde wird nicht zur Entscheidung angenommen, weil sie mangels Rechtswegerschöpfung unzulässig ist. Im Übrigen wird von einer Begründung abgesehen."[15] Die Kurzbegründung kann aber 14

10 Vgl. BT-Drs. 12/3628, S. 14.

11 So im Ergebnis auch Lechner/Zuck/Zuck § 93d Rn. 7; Burkiczak/Dollinger/Schorkopf BVerfGG/Bindig § 93d Rn. 9.

12 Vgl. BVerfGE 118, 212 (238); Beschluss der 3. Kammer des Zweiten Senats vom 30.6.2014 – 2 BvR 792/11, Rn. 14 bei Juris; Beschluss der 1. Kammer des Ersten Senats vom 1.12.2010 – 1 BvR 1382/10, Rn. 12 ff. bei Juris; vgl. auch Beschluss der 1. Kammer des Ersten Senats vom 24.11.2020 – 1 BvR 2318/19, Rn. 24 bei Juris.

13 Vgl. Beschlüsse der 1. Kammer des Zweiten Senats vom 2.8.2023 – 2 BvR 593/23, Rn. 8 ff. bei Juris, und vom 3.4.2020 – 2 BvR 1838/15, Rn. 32 ff. bei Juris; Beschlüsse der 2. Kammer des Zweiten Senats vom 23.3.2023 – 2 BvR 1507/22, Rn. 38 ff. bei Juris, und vom 18.11.2020 – 2 BvR 477/17, Rn. 23 ff. bei Juris; Beschluss der 3. Kammer des Ersten Senats vom 15.11.2022 – 1 BvR 1667/22, Rn. 15 ff. bei Juris.

14 Vgl. Beschluss der 2. Kammer des Ersten Senats vom 11.8.2023 – 1 BvR 1461/23, Rn. 13 bei Juris; Beschluss der 1. Kammer des Zweiten Senats vom 2.8.2023 – 2 BvR 593/23, Rn. 14 bei Juris; Beschluss der 3. Kammer des Zweiten Senats vom 26.6.2023 – 2 BvR 676/23, Rn. 10 bei Juris.

15 Vgl. in dieser Kürze zB Beschluss der 1. Kammer des Ersten Senats vom 11.10.2018 – 1 BvR 1984/17, Juris.

auch aus mehreren Sätzen bestehen[16] und sogar verfassungsrechtliche Bedenken gegen die angegriffene Gerichtsentscheidung äußern.[17]

15 Anders als die Option, über die Annahme der Verfassungsbeschwerde losgelöst von deren Zulässigkeit und Begründetheit entscheiden zu dürfen (→ § 93a Rn. 14 ff.), nehmen die Kammern das Angebot des Gesetzgebers an, sich durch das Absehen von einer Begründung eine Arbeitserleichterung zu verschaffen. Von den nach der **Jahresstatistik 2023**, die im Jahresbericht des Bundesverfassungsgerichts enthalten ist, ergangenen 4.429 Nichtannahmebeschlüssen der Kammern wurden nur 889 (20 %) mit einer Begründung versehen, davon 689 lediglich mit einer Tenorbegründung.

16 Die Begründungspflicht entfällt nur für die Ablehnung der Annahme als solche. **Für alle sonstigen Entscheidungen gilt Abs. 1 Satz 3 nicht**, auch wenn sie mit der Nichtannahme zusammenhängen.[18] Erst recht ist Abs. 1 Satz 3 nicht einschlägig, wenn die Verfassungsbeschwerde in vollem Umfang zur Entscheidung angenommen, ihr stattgegeben und dabei lediglich – als Teil der Begründung – offen gelassen wird, ob die angegriffene Entscheidung den Beschwerdeführer auch in weiteren Grundrechten verletzt.[19] Stattgebende Entscheidungen sind stets vollständig zu begründen.[20]

17 Auch zu **Nebenentscheidungen** fällt die Begründung aber aus anderen Gründen meist kurz aus oder ganz weg, wenn die Verfassungsbeschwerde nicht zur Entscheidung angenommen wird:

- Der **Antrag auf Erlass einer einstweiligen Anordnung** nach § 32 erledigt sich, wenn die Verfassungsbeschwerde nicht zur Entscheidung angenommen wird (§ 40 Abs. 3 GO-BVerfG).[21]
- Für einen **Antrag auf Bewilligung von Prozesskostenhilfe** bedeutet die Ablehnung der Annahme regelmäßig, dass die Verfassungsbeschwerde keine hinreichende Aussicht auf Erfolg hat; mit dieser Kurzbegründung wird der Prozesskostenhilfeantrag im Tenor des Nichtannahmebeschlusses abgelehnt.[22]
- Ist die Verfassungsbeschwerde verfristet und soll die Nichtannahme hierauf gestützt werden, muss über eine eventuell in Betracht kommende **Wiedereinsetzung in den vorigen Stand** nach § 93 Abs. 2 entschieden

---

16 Vgl. Beschluss der 3. Kammer des Zweiten Senats vom 8.6.2023 – 2 BvR 642/23, Juris; Beschluss der 1. Kammer des Ersten Senats vom 22.11.2022 – 1 BvR 2020/22, Juris; Beschluss der 2. Kammer des Ersten Senats vom 23.2.2022 – 1 BvR 717/18, Juris; Beschluss der 3. Kammer des Ersten Senats vom 9.4.2020 – 1 BvR 794/20, Juris; Beschlüsse der 2. Kammer des Zweiten Senats vom 17.3.2020 – 2 BvR 1202/19, Juris, und vom 9.7.2019 – 2 BvR 1263/19, Juris.

17 Vgl. Beschluss der 3. Kammer des Zweiten Senats vom 20.7.2016 – 2 BvR 611/15, Juris.

18 AA für Prozesskostenhilfeanträge: Barczak BVerfGG/Nettersheim § 93d Rn. 22 ff.; wie hier Burkiczak/Dollinger/Schorkopf BVerfGG/Bindig § 93d Rn. 15.

19 Unzutreffend Beschluss der 2. Kammer des Zweiten Senats vom 24.3.2010 – 2 BvR 1257/09, Rn. 36 bei Juris.

20 Falsch daher auch Beschluss der 2. Kammer des Ersten Senats vom 27.10.2011 – 1 BvR 2027/11, Rn. 14 bei Juris.

21 Vgl. Beschluss der 2. Kammer des Ersten Senats vom 11.8.2023 – 1 BvR 1461/23, Tenor bei Juris; Beschluss der 1. Kammer des Zweiten Senats vom 27.7.2023 – 2 BvR 427/23, Rn. 18 bei Juris.

22 Vgl. Beschluss der 2. Kammer des Zweiten Senats vom 7.7.2023 – 2 BvR 882/23, Juris; Beschluss der 1. Kammer des Zweiten Senats vom 17.4.2023 – 2 BvR 526/22, Juris.

und diese Entscheidung zumindest kurz begründet werden;[23] auch hierzu sind aber Tenorbegründungen möglich.[24]

- Die Entscheidung über die **Ablehnung eines Richters** nach § 19 muss begründet werden; dies gilt auch für die häufige Feststellung, ein Ablehnungsgesuch sei unbeachtlich, wenngleich hier im Nichtannahmebeschluss meist nur ein Hinweis auf die Rechtsmissbräuchlichkeit oder offensichtliche Unzulässigkeit des Antrags erfolgt.[25]

Unmittelbar die Entscheidung über die Annahme oder Nichtannahme einer Verfassungsbeschwerde betreffen im Anschluss an die Regelungen des Abs. 1 – unterbrochen durch die Kompetenzvorschriften des Abs. 2 – die **Regelungen** des **Abs. 3.** Sie **bestimmen** das in der Kammer und im Senat für eine Entscheidung, die das Annahmeverfahren abschließt, **notwendige Stimmenverhältnis.** 18

Nach **Abs. 3 Satz 1** kann die **Kammer** stets nur **einstimmig** entscheiden. Dies gilt sowohl für die Ablehnung der Annahme als auch für die mit einer Stattgabe verbundene Annahme nach § 93c sowie für die Nebenentscheidungen, soweit die Kammer nach Abs. 2 dafür zuständig ist. Bei der Nichtannahme muss die Einstimmigkeit nur hinsichtlich des Ergebnisses erzielt werden, da bei Uneinigkeit über die Begründung nach Abs. 1 Satz 3 davon abgesehen werden kann, den Beschluss mit Entscheidungsgründen zu versehen, ohne dass damit die Entscheidung als solche in Frage gestellt wäre. 19

Der Gesetzgeber ist zu Recht davon ausgegangen, dass **bei Uneinigkeit** in der Kammer in der Regel weder das Fehlen eines Annahmegrundes, insbesondere der bei ungeklärter Rechtslage gegebenen grundsätzlichen verfassungsrechtlichen Bedeutung im Sinne des § 93a Abs. 2 Buchst. a) (→ § 93a Rn. 30 ff.), noch die für eine Stattgabe nach § 93c Abs. 1 Satz 1 erforderliche offensichtliche Begründetheit der Verfassungsbeschwerde auf der Hand liegen. Die Kammer ist dann gehalten, die Annahmeentscheidung dem **Senat** zu überlassen. Insofern wirkt das Erfordernis der Einstimmigkeit als Mittel der Kompetenzabgrenzung und schützt vor einem leichtfertigen Umgang mit den der Kammer übertragenen Zuständigkeiten (vgl. → § 93b Rn. 9).[26] 20

Obliegt die Annahmeentscheidung gemäß § 93b Satz 2 oder wegen fehlender Einstimmigkeit in der Kammer dem **Senat**, ist die Annahme nach **Abs. 3 Satz 2** beschlossen, wenn **mindestens drei Richter** dafür stimmen. Dies kann in einer gesonderten Annahmeberatung geschehen, insbesondere wenn die Sache dem Senat nur wegen Uneinigkeit in der Kammer vorgelegt wurde, oder konkludent durch die Aufnahme der Beratung zur Sache. Die Bedeutung der Vorschrift erschließt sich daher besser, wenn sie umgekehrt gelesen wird: Einer Sachentscheidung kann sich der Senat, der mit einer Verfassungsbeschwerde befasst wird, nur entziehen, wenn sechs Richter die Annahme zur Entscheidung ablehnen. 21

---

23 Vgl. Beschluss der 2. Kammer des Ersten Senats vom 11.8.2022 – 1 BvR 1462/21, Rn. 1 bei Juris; Beschluss der 3. Kammer des Ersten Senats vom 3.9.2020 – 1 BvR 1786/20, Rn. 2 bei Juris.

24 Vgl. Beschluss der 2. Kammer des Zweiten Senats vom 25.3.2015 – 2 BvR 2220/14, Juris.

25 Vgl. Beschlüsse der 3. Kammer des Ersten Senats vom 23.5.2023 – 1 BvR 902/23, Rn. 1 bei Juris, und vom 5.6.2020 – 1 BvR 1634/18, Rn. 1 bei Juris; Beschluss der 2. Kammer des Zweiten Senats vom 9.1.2023 – 2 BvR 1451/22, Rn. 2 f. bei Juris.

26 So auch Barczak BVerfGG/Nettersheim § 93d Rn. 33.

22 **Abs. 2** grenzt die **Zuständigkeiten von Kammer und Senat für Nebenentscheidungen** ab, die im Annahmeverfahren zu treffen sind. Gemeint sind Entscheidungen etwa über einstweilige Anordnungen, Prozesskostenhilfe, Gegenstandswert, Auslagenerstattung und Richterablehnung.

23 **Grundsätzlich** ist für derartige Entscheidungen **nach Abs. 2 Satz 1 die Kammer** zuständig. Die Entscheidungskompetenz geht aber auf den Senat über, sobald er über die Annahme der Verfassungsbeschwerde entschieden hat. Hierfür muss der Zeitpunkt der Annahmeentscheidung genau bestimmt werden können, auch wenn sie nicht gesondert und ausdrücklich bekanntgegeben wird;[27] abzustellen ist dann auf den Beginn der Beratung zur Sache (vgl. → § 93b Rn. 18).[28]

24 Wie in § 93b Satz 1 (→ § 93b Rn. 10) und § 93c Abs. 1 Satz 1 (→ § 93c Rn. 27) eröffnet auch das **„kann"** des Abs. 2 Satz 1 der Kammer **kein Entscheidungsermessen**, sondern bezeichnet ihre Entscheidungsbefugnis. Liegen die Voraussetzungen des Abs. 2 Satz 1 vor – und besteht keine Alleinzuständigkeit des Senats nach Abs. 2 Satz 2 oder 3 –, dann ist zur Wahrung eines aus dem Gesetz heraus bestimmbaren gesetzlichen Richters im Sinne des Art. 101 Abs. 1 Satz 2 GG ausschließlich die Kammer zur Nebenentscheidung befugt.

25 Neben der in Abs. 2 Satz 1 geregelten zeitlichen Grenze setzen die **Sätze 2 und 3** den Kammern auch **inhaltliche Zuständigkeitsschranken** für Nebenentscheidungen.

26 Der Senat – ggf. in der Notbesetzung des § 32 Abs. 7 – ist nach **Abs. 2 Satz 2** ausschließlich zuständig für einstweilige Anordnungen, mit denen die **Anwendung eines Gesetzes** im Hinblick auf eine unmittelbar oder mittelbar gegen das Gesetz gerichtete Verfassungsbeschwerde vorläufig **ausgesetzt** wird.[29] Dies entspricht der Kompetenzabgrenzung zur Hauptsache in § 93c Abs. 1 Satz 3 und gilt unabhängig davon, ob die Verfassungsbeschwerde schon eingelegt ist oder noch nicht.

27 Die **Ablehnung eines** auf die vorläufige Aussetzung der Anwendung eines Gesetzes gerichteten **Eilantrags** kann die Kammer hingegen beschließen.[30] Insoweit entfaltet Abs. 2 Satz 2 keine Sperrwirkung, sondern bleibt es bei der Kompetenzabgrenzung nach Abs. 2 Satz 1.[31]

28 Nach **Abs. 2 Satz 3** besteht keine Entscheidungsbefugnis der Kammer über einen **Widerspruch** nach § 32 Abs. 3 gegen die Entscheidung über den Antrag auf Erlass einer einstweiligen Anordnung. Diese Regelung hat aber kei-

---

27 Die Bestimmbarkeit des Zeitpunkts anzweifelnd: Burkiczak/Dollinger/Schorkopf BVerfGG/Bindig § 93d Rn. 24.

28 Insoweit zustimmend Burkiczak/Dollinger/Schorkopf BVerfGG/Bindig § 93d Rn. 24; aA, Barczak BVerfGG/Nettersheim § 93d Rn. 42: Zuständigkeit der Kammer regelmäßig bis zur verfahrensabschließenden Entscheidung.

29 Beispiele: BVerfGE 131, 47; 122, 342; 117, 126.

30 Vgl. Beschlüsse der 3. Kammer des Ersten Senats vom 20.12.2022 – 1 BvR 1654/22, Rn. 3 f. bei Juris, vom 31.5.2021 – 1 BvR 794/21, Rn. 3 ff. bei Juris, vom 29.12.2020 – 1 BvQ 152/20 ua, Rn. 8 ff. bei Juris, und vom 28.10.2020 – 1 BvR 972/20, Rn. 8 ff. bei Juris; Beschluss der 1. Kammer des Ersten Senats vom 13.10.2021 – 1 BvR 1750/21, Rn. 3 f. bei Juris; Beschluss der 2. Kammer des Ersten Senats vom 29.6.2021 – 1 BvQ 61/21, Rn. 3 ff. bei Juris.

31 Vgl. zur Ablehnung eines solchen Eilantrags durch den Senat: BVerfGE 160, 164; 157, 394; 157, 332.

ne praktische Bedeutung, weil der Beschwerdeführer nach § 32 Abs. 3 Satz 2 kein Widerspruchsrecht hat. Die Verwerfung eines aus diesem Grunde unstatthaften Widerspruchs ist keine Sachentscheidung nach Abs. 2 Satz 3 und kann deshalb nach Abs. 2 Satz 1 durch die Kammer erfolgen.[32] Nur selten wird in solchen Fällen deshalb der Senat die Entscheidung an sich ziehen.[33]

Weitergehende inhaltliche Grenzen der Kammerzuständigkeit enthält das Gesetz nicht. Der Gesetzgeber hat die ausschließliche Zuständigkeit des Senats im Wesentlichen auf einstweilige Anordnungen zur Suspendierung eines Gesetzes beschränkt und im Übrigen die Entscheidungskompetenz von der Kammer auf den Senat erst dann übergehen lassen, wenn der Senat die Annahmeentscheidung getroffen hat. Dann ist aber nicht davon auszugehen, dass der Kammer die Befugnis zu Nebenentscheidungen stets auch dann entzogen ist, wenn die Verfassungsbeschwerde grundsätzliche verfassungsrechtliche Fragen aufwirft, die bei der Entscheidung über die Annahme der Verfassungsbeschwerde eine Zuständigkeit des Senats begründen. 29

Müsste die Kammer jedoch schon bei ihrer Nebenentscheidung **grundsätzliche verfassungsrechtliche Fragen** vorab entscheiden, wäre sie zur Wahrung der Entscheidungskompetenz des Senats gehalten, die Verfassungsbeschwerde dem Senat zur Annahmeentscheidung vorzulegen. Der Senat kann die Zuständigkeit für die Nebenentscheidung dann gemäß Abs. 2 Satz 1 an sich ziehen, indem er über die Annahme der Verfassungsbeschwerde entscheidet.[34] Eine nur informelle Einbeziehung der übrigen Senatsmitglieder bei der Formulierung der Entscheidungsgründe[35] ist demgegenüber mit einer unter dem Postulat des gesetzlichen Richters gemäß Art. 101 Abs. 1 Satz 2 GG stehenden Kompetenzverteilung unvereinbar. 30

Bei einem **isolierten**, also vor Erhebung einer Verfassungsbeschwerde gestellten **Antrag auf Erlass einer einstweiligen Anordnung** nach § 32 (Registerzeichen: BvQ) kann der Mechanismus einer vorgezogenen Annahmeentscheidung aber nicht greifen, weil der Senat noch gar nicht gemäß Abs. 2 Satz 1 über die Annahme der noch nicht anhängigen Verfassungsbeschwerde entscheiden kann. Hier ist daher mit Ausnahme der Fälle des Abs. 2 Satz 2 zu akzeptieren, dass die Kammer im Wege der isolierten einstweiligen Anordnung gegebenenfalls vorläufig auch über eine verfassungsrechtliche Frage von grundsätzlicher Bedeutung entscheidet, obwohl für die abschließende Entscheidung über diese Frage in einem noch einzuleitenden Verfassungsbeschwerdeverfahren der Senat zuständig sein wird. 31

Dementsprechend sind **isolierte Eilentscheidungen des Senats** ausgesprochen **selten**. Gerade im Versammlungsrecht haben die Kammern des Ersten Senats mit einer Fülle von Eilentscheidungen die Ausrichtung der verfas- 32

32 Vgl. Beschlüsse der 1. Kammer des Ersten Senats vom 17.9.2022 – 1 BvR 618/22, Rn. 2 f. bei Juris, vom 26.2.2018 – 1 BvQ 72/17 ua, Rn. 2 bei Juris, und vom 26.1.2017 – 1 BvQ 4/17, Rn. 2 bei Juris.
33 Vgl. aber BVerfGE 139, 378 (380, Rn. 5).
34 So auch Burkiczak/Dollinger/Schorkopf BVerfGG/Bindig § 93d Rn. 28.
35 Dafür: Barczak BVerfGG/Nettersheim § 93d Rn. 46.

sungsgerichtlichen Rechtsprechung in einem politisch brisanten Bereich wesentlich geprägt.[36]

33 Auch eine stattgebende Eilentscheidung der Kammer nimmt im Ausmaß ihrer Bindungsfähigkeit an der **Bindungswirkung** des § 31 Abs. 1 gemäß § 93c Abs. 1 Satz 2 iVm § 93d Abs. 2 Satz 1 teil.[37]

§ 94 [Anhörung Dritter]

(1) Das Bundesverfassungsgericht gibt dem Verfassungsorgan des Bundes oder des Landes, dessen Handlung oder Unterlassung in der Verfassungsbeschwerde beanstandet wird, Gelegenheit, sich binnen einer zu bestimmenden Frist zu äußern.

(2) Ging die Handlung oder Unterlassung von einem Minister oder einer Behörde des Bundes oder des Landes aus, so ist dem zuständigen Minister Gelegenheit zur Äußerung zu geben.

(3) Richtet sich die Verfassungsbeschwerde gegen eine gerichtliche Entscheidung, so gibt das Bundesverfassungsgericht auch dem durch die Entscheidung Begünstigten Gelegenheit zur Äußerung.

(4) Richtet sich die Verfassungsbeschwerde unmittelbar oder mittelbar gegen ein Gesetz, so ist § 77 entsprechend anzuwenden.

(5) [1]Die in den Absätzen 1, 2 und 4 genannten Verfassungsorgane können dem Verfahren beitreten. [2]Das Bundesverfassungsgericht kann von mündlicher Verhandlung absehen, wenn von ihr keine weitere Förderung des Verfahrens zu erwarten ist und die zur Äußerung berechtigten Verfassungsorgane, die dem Verfahren beigetreten sind, auf mündliche Verhandlung verzichten.

1 § 94 regelt Einzelheiten des Ablaufs im Verfahren der Verfassungsbeschwerde. Die Vorschrift bestimmt, wann **Drittbetroffene** ein **gesetzliches Äußerungsrecht** zu einer Verfassungsbeschwerde haben (Abs. 1 bis 4). Außerdem regelt Abs. 5 Satz 1 für einen privilegierten Kreis Drittbetroffener das **Recht zum Beitritt zur Verfassungsbeschwerde** und Abs. 5 Satz 2 die konditionierte Befugnis des Bundesverfassungsgerichts, **auf mündliche Verhandlung zu verzichten**.

2 Die Regelung des Äußerungsrechts Dritter in den Absätzen 1 bis 4 ist zugleich Folge und Ausdruck des Umstands, dass das Verfassungsbeschwerdeverfahren **kein kontradiktorisches Verfahren** ist und an ihm nur der

36 Vgl. nur Beschluss der 3. Kammer des Ersten Senats vom 24.3.2018 – 1 BvQ 18/18, Juris; Beschlüsse der 1. Kammer des Ersten Senats vom 10.8.2009 – 1 BvQ 34/09, Juris, vom 26.1.2006 – 1 BvQ 3/06, Juris, und vom 5.9.2003 – 1 BvQ 32/03, Juris; Ausnahme: BVerfGE 111, 147 (152); vgl. zuletzt zu während der Corona-Pandemie untersagten Versammlungen: Beschlüsse der 1. Kammer des Ersten Senats vom 5.12.2020 – 1 BvQ 145/20, Juris, vom 21.11.2020 – 1 BvQ 135/20, Juris, und vom 30.8.2020 – 1 BvQ 94/20, Rn. 9 ff. bei Juris.

37 Vgl. Beschluss der 2. Kammer des Ersten Senats vom 1.12.2021 – 1 BvR 2708/19, Rn. 33 bei Juris; Beschluss der 1. Kammer des Ersten Senats vom 27.1.2006 – 1 BvQ 4/06, Rn. 29 bei Juris; aA Barczak BVerfGG/Nettersheim § 93d Rn. 47.

Beschwerdeführer selbst förmlich beteiligt ist. § 94 erkennt an, dass ein bestimmter Kreis von Dritten ein so starkes Interesse an den Entscheidungen über die Verfassungsbeschwerde haben kann, dass er schon kraft Gesetzes zur Stellungnahme berechtigt ist. Das unterscheidet diese kraft Gesetzes Äußerungsberechtigten von sonstigen Dritten, denen das Bundesverfassungsgericht nach eigenem Ermessen Gelegenheit zur Stellungnahme geben kann (§ 27a BVerfGG und §§ 22, 41 GO-BVerfG). In ähnlicher Weise unterscheidet die EMRK für die Menschenrechtsbeschwerde zwischen schon kraft Konvention äußerungsberechtigten Dritten (Art. 36 Abs. 1 und 3 EMRK) und solchen, die erst nach einer entsprechenden Ermessensentscheidung des EGMR zur Stellungnahme berechtigt sind (Art. 36 Abs. 2 EMRK).

Die Vorschrift des § 94 ist an vielen Stellen unzureichend, jedenfalls aber **missverständlich formuliert**, etwa weil sie in Abs. 2 mit dem Begriff der Behörde, in Abs. 5 dagegen mit dem Begriff des Verfassungsorgans arbeitet. Außerdem wird der Anwendungsbereich durch Regelungen wie § 93c Abs. 2 verunklart. Das hat sich bislang nur deshalb nicht negativ ausgewirkt, weil das Bundesverfassungsgericht im wohlverstandenen eigenen Interesse Dritten großzügig Gelegenheit zur Äußerung gibt und deshalb faktisch die Unterschiede zwischen kraft Gesetzes Äußerungsberechtigten und den lediglich nach § 27a zur Abgabe einer Stellungnahme Zugelassenen relativiert hat. 3

Der **Anwendungsbereich der Norm ist** nicht einfach zu bestimmen. Nach ihrem Wortlaut ist sie so formuliert, dass sie jede Verfassungsbeschwerde erfasst und zwar unabhängig davon, ob es sich um eine „Jedermann-Verfassungsbeschwerde“ nach Art. 93 Abs. 1 Nr. 4 a GG, § 90 oder um eine Kommunalverfassungsbeschwerde nach Art. 93 Abs. 1 Nr. 4 b GG, § 91 handelt. Der Wortlaut differenziert auch nicht danach, ob über die Verfassungsbeschwerde der Senat oder eine Kammer entscheidet. Das wird aber **durch § 93c Abs. 2 überlagert**, wonach auf stattgebende Kammerentscheidungen § 94 Abs. 2 und 3 Anwendung findet. 4

Aus § 93c Abs. 2 folgt auch, dass die Regelung des § 94 entgegen ihrem insoweit irreführenden, scheinbar unbeschränkten Wortlaut bei Verfassungsbeschwerden nicht gilt, deren Annahme von einer Kammer nach § 93b Satz 1, Variante 1 iVm § 93a abgelehnt wird. **In** diesen **Fällen der Nichtannahme durch eine Kammer bedarf es keiner Anhörung** der in § 94 genannten Dritten, weil die Nichtannahme ihre Rechte nicht beeinträchtigt, sondern vielmehr bestätigt. Das gilt für den im Sinne des Abs. 3 Begünstigten einer durch die Verfassungsbeschwerde angegriffenen Gerichtsentscheidung ebenso wie für die in den Abs. 1, 2 und 4 angesprochenen öffentlichen Stellen, gegen deren Handlungen oder Unterlassungen sich die nicht zur Entscheidung angenommene Verfassungsbeschwerde gerichtet hat. 5

Die Praxis des Gerichts folgt diesem Gedanken der nur optionalen Anhörung auch dann, wenn die **Nichtannahme** nicht durch die Kammer, sondern **durch den Senat** erfolgt.[1] Dem ist entgegenzuhalten, dass der Umkehrschluss aus § 93c Abs. 2 sich nur auf das dort geregelte Annahmeverfahren vor der Kammer bezieht, weshalb es für das Annahmeverfahren im Senat bei den 6

1 Vgl. BVerfGE 119, 292 ohne Anhörung einerseits und BVerfGE 120, 169 (174 f., Rn. 15 ff.) mit Anhörung andererseits.

Anordnungen des § 94 bleiben muss.[2] Diese Orientierung am Wortlaut des Gesetzes trägt auch der besonderen Bedeutung der wenigen, überhaupt noch in die Zuständigkeit der Senate fallenden Verfassungsbeschwerden (§ 93b Satz 2; vgl. → § 93b Rn. 4 f., 11 ff.) stärker Rechnung. Entbehrlich ist die Anhörung Dritter in Senatsverfahren bei dieser Sichtweise nur in den Fällen des § 24.[3]

7 Bedarf es keiner Anhörung der in § 94 genannten Dritten, erfolgt **nur eine Bekanntgabe** der Entscheidung gemäß § 30 Abs. 3 **an den Beschwerdeführer.**

8 Ob und in welchem Umfang Dritten Gelegenheit zur Äußerung zu einer Verfassungsbeschwerde gegeben werden muss, hängt damit in erster Linie davon ab, welche Entscheidung anvisiert ist. Die maßgebenden Weichenstellungen gibt der **Berichterstatter** vor. Er kann entweder – wie in den allermeisten Fällen üblich – mit Blick auf eine Nichtannahme durch die Kammer von einer Zustellung an Dritte ganz absehen, er kann selbst Stellungnahmen einholen (§ 41 GO-BVerfG) oder dann, wenn die Verfassungsbeschwerde einer Senatsentscheidung zugeführt werden soll, dem Senatsvorsitzenden vorschlagen, dass und von wem Stellungnahmen eingeholt werden sollen (§ 22 Abs. 2 GO-BVerfG). Die Zustellung an Dritte kann aber jederzeit nachgeholt werden, wenn sie sich im Verlauf des Verfahrens als notwendig herausstellt, etwa weil eine Nichtannahme nicht einstimmig (§ 93d Abs. 3 Satz 1) zustande kommt.[4]

9 Besondere Bedeutung hat in diesem Zusammenhang die Regelung des **§ 41 GO-BVerfG**. Sie erlaubt es dem Berichterstatter, Stellungnahmen der nach § 94 Äußerungsberechtigten oder der von § 27a erfassten sonstigen Dritten auch dann einzuholen, wenn er eine Nichtannahme der Verfassungsbeschwerde in der Kammer anvisiert. Der einzige Unterschied zu der unmittelbar von § 94 erfassten Konstellation ist, dass die nach § 94 generell Anhörungsberechtigten in dieser Konstellation ein Äußerungsrecht nur dann haben, wenn es ihnen der Berichterstatter gewährt.

10 Aus dem Zusammenspiel dieser Regelungen ergibt sich für den in Abs. 3 angesprochenen Begünstigten einer durch die Verfassungsbeschwerde angegriffenen Gerichtsentscheidung zweierlei. Er kann darauf vertrauen, dass er vor einer der Verfassungsbeschwerde stattgebenden Entscheidung Gelegenheit zur Äußerung bekommt und sich deshalb **nicht vorbeugend im Sinne einer Schutzschrift** an das Gericht wenden muss, um sein rechtliches Gehör sicherzustellen. Umgekehrt signalisiert ihm eine vom Gericht vorgenommene Zustellung der gegen die ihn begünstigende Entscheidung gerichteten Verfassungsbeschwerde, dass deren **Erfolg jetzt** mindestens so **wahrscheinlich geworden ist** wie ein Misserfolg (→ § 90 Rn. 47 f.).

11 Wenn die nach § 94 Abs. 1 bis 4 Äußerungsberechtigten in Vollzug des Gesetzes oder jedenfalls im Rahmen von § 41 GO-BVerfG Gelegenheit zur Äußerung erhalten, wird die Zustellung der Verfassungsbeschwerde häufig auch dazu genutzt, weitere Auskünfte einzuholen. Mit solchen **Anfragen**

2 AA Burkiczak/Dollinger/Schorkopf BVerfGG/Haberzettl § 94 Rn. 5.
3 Insoweit zustimmend Barczak BVerfGG/Nettersheim § 94 Rn. 8.
4 Vgl. Barczak BVerfGG/Nettersheim § 94 Rn. 8.

kann sich das Bundesverfassungsgericht **an sachkundige Dritte** (§ 27a)[5] und an oberste Gerichtshöfe des Bundes oder oberste Landesgerichte (§ 82 Abs. 4 iVm § 22 Abs. 4 Satz 2 GO-BVerfG) wenden. So kommt es insbesondere bei Senatsentscheidungen häufig zu einer vielfältigen Streuung von Stellungnahmen, die im Tatbestand oder in den Entscheidungsgründen zusammengefasst werden.[6]

Die nach § 94 Abs. 1 bis 4 Äußerungsberechtigten können von ihrem Recht Gebrauch machen oder von einer Stellungnahme absehen.[7] Es besteht **keine Äußerungspflicht**, aber die Höflichkeit sollte es gebieten, dem Gericht zumindest mitzuteilen, dass keine Äußerung erfolgen wird. 12

Bevor das Gericht eingegangene **Äußerungen und Stellungnahmen** verwertet, muss es sie im Hinblick auf Art. 103 Abs. 1 GG den anderen Beteiligten, also dem Beschwerdeführer und den nach Abs. 5 Satz 1 beigetretenen Verfassungsorganen, zur Kenntnis **übersenden** und deren **Erwiderungen berücksichtigen.**[8] Die anderen Äußerungsberechtigten erhalten **im Regelfall** ebenfalls Abschriften, ohne dass das Bundesverfassungsgericht insoweit von einem Anspruch ausgeht. Ein solcher Anspruch dürfte bei den nach Abs. 3 Äußerungsberechtigten bestehen, jedenfalls wenn sie selbst durch Abgabe einer Äußerung am Verfahren aktiv teilgenommen haben.[9] 13

Nach **Abs. 1** sind **Verfassungsorgane** des Bundes oder des Landes anzuhören, wenn mit der Verfassungsbeschwerde eine Handlung oder Unterlassung eines solchen Verfassungsorgans beanstandet wird. Verfassungsorgane sind dabei vor allen Dingen Regierungen und Parlamente, **nicht** aber **der** in Abs. 2 angesprochene **Minister**. Handelt es sich bei der beanstandeten Handlung aber um ein Gesetz (Parlamentsgesetz oder Rechtsverordnung), geht die speziellere, auf § 77 Nr. 1 verweisende Regelung des Abs. 4 vor, so dass für Abs. 1 nur bei sonstigem Tätigwerden eines Verfassungsorgans oder bei der Rüge unterlassener Gesetzgebung Raum bleibt. 14

Das Gesetz bestimmt, dass die nach Abs. 1 äußerungsberechtigten Verfassungsorgane ihre Stellungnahme innerhalb einer vom Gericht bestimmten **Frist** abzugeben haben. Das ist eine Selbstverständlichkeit, ist auch in § 77, auf den Abs. 4 verweist, so vorgesehen und gilt deshalb ungeachtet des dortigen Wortlauts **auch für Äußerungen der nach Abs. 2 und 3 Berechtigten.**[10] Dann entstehen in der Praxis keine Probleme. Deshalb sind Erwägungen zur 15

5 Vgl. beispielhaft die Stellungnahmen von Bundesbank und Europäischer Zentralbank in den Verfahren zu Outright Monetary Transactions BVerfGE 134, 366 (376 ff., Rn. 6 ff.) und zum Euro-Rettungsschirm BVerfGE 129, 124 (161 ff.).

6 Vgl. BVerfG, Urteil des Zweiten Senats vom 20.6.2023 – 2 BvR 166/16, Rn. 54 ff. bei Juris; BVerfGE 163, 107 (117 ff., Rn. 17 ff. und 23 ff.); 161, 299 (322 ff., Rn. 43 ff.); 160, 79 (89 ff., Rn. 24 ff.); 153, 182 (226 ff., Rn. 88 ff.); 148, 147 (175 ff., Rn. 67 ff.); 147, 50 (108 ff., Rn. 137 ff.); 130, 372 (385 ff.); 129, 124 (161 ff.).

7 So auch Burkiczak/Dollinger/Schorkopf BVerfGG/Haberzettl § 94 Rn. 10.

8 Vgl. etwa BVerfGE 163, 363 (417, Rn. 98); Beschluss der 2. Kammer des Ersten Senats vom 21.12.2010 – 1 BvR 2760/08, Rn. 8 bei Juris; Beschluss der 2. Kammer des Zweiten Senats vom 29.4.2010 – 2 BvR 871/04 ua, Rn. 24 bei Juris; vgl. zur Gelegenheit zu einer Replik auch Beschluss der 3. Kammer des Zweiten Senats vom 8.8.2019 – 2 BvR 305/19, Rn. 28 bei Juris.

9 So jetzt auch Burkiczak/Dollinger/Schorkopf BVerfGG/Haberzettl § 94 Rn. 12.

10 Vgl. auch Beschluss der 1. Kammer des Ersten Senats vom 27.4.1992 – 1 BvR 507/92, Rn. 12 bei Juris; Lechner/Zuck/Zuck § 94 Rn. 8, 10.

Verwertbarkeit von erst nach Fristablauf eingegangenen Stellungnahmen[11] bislang theoretisch geblieben.[12]

16 Missglückt ist die Regelung in Abs. 2. Sie macht den **jeweils zuständigen Minister zum Äußerungsberechtigten** und zwar nicht nur dann, wenn seine eigene Handlung oder Unterlassung Gegenstand ist, sondern auch dann, wenn die Verfassungsbeschwerde eine Handlung oder Unterlassung einer Behörde beanstandet, für die der Minister zuständig ist. Das erfasst jedenfalls alle Fälle, in denen eine Verwaltungsbehörde den in der Verfassungsbeschwerde angegriffenen Vorgang ausgelöst hat. Obwohl der Behördenbegriff das nicht zwingend nahelegt, sollen darunter **auch alle Entscheidungen von Gerichten** fallen.[13] Ein überzeugendes Sachargument für die Annahme eines solchen Gesetzesinhalts ist nicht zu erkennen. Dass der Minister im Anschluss an die Entscheidung des Bundesverfassungsgerichts zu politischen Konsequenzen veranlasst werden soll[14] oder gar der Justizverwaltung dienstaufsichtsrechtliche Maßnahmen gegen die Richter ermöglicht werden sollen, deren Entscheidung durch das Bundesverfassungsgericht aufgehoben wird,[15] hat mit dem Zweck der auf das verfassungsgerichtliche Verfahren bezogenen Anhörung nach Abs. 2 nichts zu tun. Es erscheint vielmehr ausreichend, dem Begünstigten einer gerichtlichen Entscheidung Gelegenheit zur Äußerung zu geben und nur dann, wenn die Handlung einer Verwaltungsbehörde angegriffen wird, dem für sie zuständigen Minister.

17 In Fällen nach Abs. 2 kann die **Zustellung** der Verfassungsbeschwerde auch einen **Impuls** dafür setzen, dass die **öffentliche Hand sich korrigiert** und der Beschwer dadurch abhilft. Das führt dann zur Erledigung des Verfassungsbeschwerdeverfahrens und einer Pflicht der betroffenen Trägerkörperschaft, dem Beschwerdeführer die entstandenen notwendigen Auslagen nach § 34a Abs. 3 zu erstatten.[16]

18 Konsequenz der ganz überwiegend vertretenen und vom Bundesverfassungsgericht praktizierten, aber nie ausdrücklich begründeten Einbeziehung von Gerichten in den Behördenbegriff des Abs. 2 ist regelmäßig ein **Äußerungsrecht des** jeweils zuständigen **Justizministers.**[17] Greift die Verfassungsbeschwerde Gerichtsentscheidungen mehrerer Instanzen bis zu einem Obersten Gerichtshof des Bundes an, sind sowohl der Bundesjustizminister als auch der Justizminister des Landes, dessen Instanzgerichte betroffen sind, anzuhören. Stellungnahmen der Justizminister zu Gerichtsentscheidungen sind

---

11 Vgl. etwa Schmidt-Bleibtreu/Klein/Bethge BVerfGG/Hömig § 94 Rn. 11 (Stand: August 2010).

12 So auch Burkiczak/Dollinger/Schorkopf BVerfGG/Haberzettl § 94 Rn. 9.

13 Vgl. Burkiczak/Dollinger/Schorkopf BVerfGG/Haberzettl § 94 Rn. 14; Schmidt-Bleibtreu/Klein/Bethge BVerfGG/Hömig § 94 Rn. 13 (Stand: August 2010).

14 Vgl. Barczak BVerfGG/Nettersheim § 94 Fn. 22 zu Rn. 19.

15 Dies jetzt auch verneinend Burkiczak/Dollinger/Schorkopf BVerfGG/Haberzettl § 94 Fn. 46 zu Rn. 14.

16 Beschluss der 1. Kammer des Zweiten Senats vom 10.7.2003 – 2 BvR 1082/02, Rn. 6 bei Juris; vgl. auch Beschluss der 2. Kammer des Zweiten Senats vom 24.3.2023 – 2 BvR 431/22, Rn. 3 f. bei Juris.

17 Vgl. BVerfGE 122, 248 (257), wo auf der Grundlage von Abs. 2 sogar dem BGH-Präsidenten und dem Generalbundesanwalt Gelegenheit zur Äußerung gegeben worden ist.

aber bezeichnenderweise eher selten, so dass sich in den Entscheidungen des Bundesverfassungsgerichts meist nur die Feststellung findet, dass das Justizministerium Gelegenheit zur Äußerung hatte.[18]

Wenn mit der Verfassungsbeschwerde neben der Gerichtsentscheidung auch ein vorangegangener Verwaltungsakt angegriffen wird, müsste sowohl dem für das Gericht als **auch dem für die Verwaltungsbehörde zuständigen Minister** Gelegenheit zur Äußerung gegeben werden. 19

Eine ungleich größere Bedeutung hat die **Regelung des Abs. 3**, die bei einer Urteilsverfassungsbeschwerde auch den durch die angegriffene Entscheidung **Begünstigten zum Äußerungsberechtigten** macht. Begünstigter ist der Beteiligte des Ausgangsverfahrens vor den Fachgerichten, zu dessen Gunsten die vom Beschwerdeführer angegriffene Gerichtsentscheidung ergangen ist. Da eine solche Verfassungsbeschwerde auf die Aufhebung einer solchen gerichtlichen und im Regelfall rechtskräftigen Entscheidung und damit auf einen Eingriff in einen rechtlich geschützten Status des Begünstigten zielt, darf dieser durch eine stattgebende Entscheidung des Bundesverfassungsgerichts nicht überrascht werden, sondern muss inhaltlich und zeitlich ausreichend Gelegenheit zu einer seine Rechtsposition verteidigenden Äußerung haben.[19] 20

Der Begünstigte muss nach dem normativen Hintergrund (→ Rn. 2 ff.) und der praktischen Handhabung der Zustellungsvorschriften davon ausgehen, dass die Aufhebung der von der Verfassungsbeschwerde angegriffenen gerichtlichen Entscheidungen mindestens so wahrscheinlich ist wie der Misserfolg der Verfassungsbeschwerde. Es ist deshalb im Regelfall geboten, **von der Äußerungsmöglichkeit auch Gebrauch zu machen** und sich dazu eines im Verfassungsrecht spezialisierten Rechtsanwalts zu bedienen. Das liegt allein in der Verantwortung der begünstigten Partei des Ausgangsverfahrens, da die Zustellung unmittelbar an den Begünstigten erfolgt, **nicht an dessen Prozessbevollmächtigten aus dem Ausgangsverfahren**. Dessen dortige Vollmacht erstreckt sich nicht auf das Verfahren der Verfassungsbeschwerde, für das nach § 22 Abs. 2 Satz 2 eine besondere Vollmacht notwendig ist. 21

Der äußerungsberechtigte Begünstigte muss sich darüber klar sein, dass er seine **Äußerung auf eigene Kosten** abgibt. Auch dann, wenn die Verfassungsbeschwerde gegen das ihn begünstigende Urteil keinen Erfolg hat, kann er weder vom Beschwerdeführer noch von der öffentlichen Hand Erstattung seiner im Äußerungsverfahren angefallenen Kosten verlangen, insbesondere der Kosten für eingeschaltete Rechtsanwälte.[20] 22

Das sollte den Äußerungsberechtigten aber im Regelfall schon wegen der Bedeutung der ihn begünstigenden gerichtlichen Entscheidung nicht davon abhalten, diese durch eine anwaltlich betreute Äußerung zu verteidigen. 23

18 Vgl. Beschluss der 2. Kammer des Zweiten Senats vom 14.12.2023 – 2 BvR 1233/23, Rn. 11 f. bei Juris; Beschlüsse der 2. Kammer des Ersten Senats vom 28.3.2022 – 1 BvR 2210/21, Rn. 6 bei Juris, und vom 13.5.2020 – 1 BvR 1300/16, Rn. 5 bei Juris.

19 Vgl. dazu auch Beschluss der 1. Kammer des Ersten Senats vom 27.4.1992 – 1 BvR 507/92, Rn. 12 bei Juris.

20 BVerfGE 99, 46 (48); Beschluss der 2. Kammer des Ersten Senats vom 2.12.2010 – 1 BvR 2414/10, Rn. 35 bei Juris.

Auch dem Äußerungsberechtigten, der nicht leistungsfähig ist, soll diese Möglichkeit offengehalten werden. Deshalb kann ihm **Prozesskostenhilfe** bewilligt und ein Rechtsanwalt beigeordnet werden, wenn die Stellungnahme aus der Sicht eines vernünftigen Äußerungsberechtigten angezeigt war. Dafür müssen allerdings besondere Voraussetzungen vorliegen, etwa, dass neue Gesichtspunkte vorgebracht werden, die für die verfassungsrechtliche Beurteilung von Bedeutung sein könnten.[21] Dazu muss sich die Stellungnahme mit den aufgeworfenen verfassungsrechtlichen Fragen substantiiert auseinandersetzen.[22] Die Praxis zeigt allerdings, dass diese Voraussetzungen vom Bundesverfassungsgericht regelmäßig als nicht erfüllt angesehen werden.[23]

24 **Abs. 4** trifft eine Sonderregelung zu Abs. 1 für die Äußerungsberechtigten bei Verfassungsbeschwerden, die sich unmittelbar oder mittelbar gegen ein Gesetz wenden. Mittelbar gegen ein Gesetz richtet sich die Verfassungsbeschwerde dann, wenn unmittelbarer Gegenstand der Verfassungsbeschwerde das Gesetz anwendende Gerichtsentscheidungen sind. Soll eine solche Verfassungsbeschwerde nicht durch eine Nichtannahme erledigt werden, so kann die Entscheidung des Bundesverfassungsgerichts gemäß § 95 Abs. 3 dieselben Wirkungen haben wie eine Entscheidung im Verfahren der abstrakten Normenkontrolle (§ 78). Aus diesem Grund bestimmt Abs. 4, dass bei einer **Rechtssatzverfassungsbeschwerde** der Kreis der Äußerungsberechtigten der Regelung des § 77 entspricht, wobei nur auf die Nichtigkeitsvariante von § 77 Nr. 1 abzustellen ist.[24] Abs. 3 bleibt aber unberührt,[25] so dass bei der mittelbar gegen ein Gesetz gerichteten Verfassungsbeschwerde stets auch der durch die Gerichtsentscheidung im Ausgangsverfahren Begünstigte Gelegenheit zur Stellungnahme erhält.

25 Keiner der nach den Absätzen 1 bis 4 Äußerungsberechtigten erlangt für das Verfahren der Verfassungsbeschwerde allein durch die Abgabe einer Äußerung die **Stellung eines Beteiligten**. **Abs. 5 Satz 1** hält den dort sog. „Verfassungsorganen", die nach Abs. 1, 2 und 4 anzuhören sind, lediglich die Option offen, die Beteiligtenstellung **durch Beitritt zum Verfahren** zu erwerben. Das schließt nach dem eindeutigen Wortlaut des Abs. 5 Satz 1 auch die nach Abs. 2 äußerungsberechtigten Minister ein, obwohl diese gerade keine Verfassungsorgane sind.[26] Eine analoge Anwendung der Vorschrift auf einzelne Bundestagsabgeordnete im Verfahren der abstrakten Normenkontrolle kommt nicht in Betracht.[27]

26 Bedeutsamer ist aber, dass die **Äußerungsberechtigten im Sinne des Abs. 3**, also die durch eine Gerichtsentscheidung im Ausgangsverfahren Begünstig-

21 Beschluss der 3. Kammer des Ersten Senats vom 15.11.2022 – 1 BvR 65/22, Rn. 4 bei Juris.
22 BVerfGE 92, 122 (124 ff.).
23 Beschlüsse der 3. Kammer des Ersten Senats vom 15.11.2022 – 1 BvR 65/22, Rn. 4 f. bei Juris, und vom 5.9.2022 – 1 BvR 65/22, Rn. 36 f. bei Juris; Beschlüsse der 2. Kammer des Ersten Senats vom 2.12.2010 – 1 BvR 2424/10, Rn. 35 bei Juris, vom 18.8.2010 – 1 BvR 811/09, Rn. 23 bei Juris, und vom 11.3.2010 – 1 BvR 365/09, Rn. 27 bei Juris.
24 Barczak BVerfGG/Nettersheim § 94 Rn. 31; Schmidt-Bleibtreu/Klein/Bethge BVerfGG/Hömig § 94 Rn. 24 (Stand: August 2010).
25 So auch Barczak BVerfGG/Nettersheim § 94 Rn. 30.
26 Schmidt-Bleibtreu/Klein/Bethge BVerfGG/Hömig § 94 Rn. 30 (Stand: August 2010).
27 BVerfGE 156, 1 (5, Rn. 14).

ten, die Möglichkeit zum Verfahrensbeitritt und damit zum Erwerb der Rechtsstellung eines Verfahrensbeteiligten **nicht** haben, auch weil man ihnen die damit zusammenhängenden Gestaltungsmöglichkeiten vorenthalten will. Nicht beitrittsberechtigte Äußerungsberechtigte nach Abs. 3 können weder Verfahrensanträge wie zB Ablehnungsgesuche nach § 19 stellen[28] noch Widerspruch nach § 32 Abs. 3 Satz 1 gegen eine ohne mündliche Verhandlung ergangene Entscheidung über einen Antrag auf Erlass einer einstweiligen Anordnung erheben.[29]

Der Beitritt erfolgt durch **ausdrückliche Erklärung** gegenüber dem Bundesverfassungsgericht, die durch einen dokumentierten Beschluss des Verfassungsorgans legitimiert sein muss.[30] Im Übrigen ist der Beitritt an keine weiteren materiellen Voraussetzungen gekoppelt. Er wird in der Entscheidung des Bundesverfassungsgerichts vermerkt.[31] 27

Die durch den Beitritt bewirkte Stellung als Verfahrensbeteiligter bietet eine **Fülle kleinerer prozessualer Vorteile**,[32] die aber nur ausnahmsweise attraktiv sein dürften. Einen dieser prozessualen Vorteile regelt § 94 selbst: Nach **Abs. 5 Satz 2** hat das beigetretene Verfassungsorgan ein **Mitspracherecht** bei der Frage, ob über die Verfassungsbeschwerde mit oder ohne **mündliche Verhandlung** entschieden wird. 28

Gesetzestechnisch als **Ausnahme zu § 25 Abs. 1** geregelt, erlaubt diese Vorschrift dem Bundesverfassungsgericht, nach eigenem Ermessen („kann") von einer mündlichen Verhandlung abzusehen, wenn – im Rahmen des gerichtlichen Beurteilungsspielraums – von ihr keine Förderung des Verfahrens zu erwarten ist und die beigetretenen Verfassungsorgane damit einverstanden sind.[33] Der Beschwerdeführer kann den Verzicht auf eine mündliche Verhandlung nicht verhindern. In der Praxis wird über Verfassungsbeschwerden in den allermeisten Fällen im schriftlichen Verfahren entschieden (→ § 25 Rn. 2 f.). 29

§ 95 [Entscheidung]

(1) ¹Wird der Verfassungsbeschwerde stattgegeben, so ist in der Entscheidung festzustellen, welche Vorschrift des Grundgesetzes und durch welche Handlung oder Unterlassung sie verletzt wurde. ²Das Bundesverfassungsgericht kann zugleich aussprechen, daß auch jede Wiederholung der beanstandeten Maßnahme das Grundgesetz verletzt.

---

28 Beschlüsse der 2. Kammer des Ersten Senats vom 6.12.2021 – 1 BvR 1246/20, Rn. 1 bei Juris, und vom 17.6.2020 – 1 BvR 1378/20, Rn. 1 bei Juris.

29 Beschluss der 3. Kammer des Ersten Senats vom 20.12.2022 – 1 BvR 1654/22, Rn. 6 bei Juris.

30 BVerfGE 102, 370 (384).

31 Beispiele: BVerfGE 163, 363 (410 f., Rn. 72); 149, 293 (311, Rn. 40).

32 Vgl. die Aufzählung bei Schmidt-Bleibtreu/Klein/Bethge BVerfGG/Hömig § 94 Rn. 32 (Stand: August 2010).

33 Vgl. zum Verzicht auf die Durchführung einer mündlichen Verhandlung nach einem Beitritt: BVerfGE 163, 363 (417, Rn. 99) – Deutscher Bundestag; 161, 63 (80, Rn. 15) – Landesregierung von Mecklenburg-Vorpommern.

(2) Wird der Verfassungsbeschwerde gegen eine Entscheidung stattgegeben, so hebt das Bundesverfassungsgericht die Entscheidung auf, in den Fällen des § 90 Abs. 2 Satz 1 verweist es die Sache an ein zuständiges Gericht zurück.

(3) [1]Wird der Verfassungsbeschwerde gegen ein Gesetz stattgegeben, so ist das Gesetz für nichtig zu erklären. [2]Das gleiche gilt, wenn der Verfassungsbeschwerde gemäß Absatz 2 stattgegeben wird, weil die aufgehobene Entscheidung auf einem verfassungswidrigen Gesetz beruht. [3]Die Vorschrift des § 79 gilt entsprechend.

I. Anwendungsbereich und Bedeutung des § 95

1 § 95 regelt den **Inhalt der Entscheidung, wenn das Bundesverfassungsgericht einer Verfassungsbeschwerde stattgibt**. Die Entscheidung, genauer gesagt der Tenor, besteht aus einem feststellenden Teil, dessen Inhalt durch Abs. 1 vorgegeben wird, und einen die Folgen der Stattgabe betreffenden gestaltenden Teil, dessen Inhalt sich je nach Art des Beschwerdegegenstands nach Abs. 2 oder Abs. 3 bestimmt. Der Feststellungstenor nach Abs. 1 Satz 1 ist zwingend,[1] von den weiteren Bestandteilen nach Abs. 2 und Abs. 3 gibt es Ausnahmen (→ Rn. 33 ff. und 46 ff.).

2 Welcher weitere Entscheidungsinhalt neben den Feststellungstenor nach Abs. 1 Satz 1 tritt, bestimmt sich gemäß Abs. 2 und Abs. 3 danach, ob es sich bei dem mit Erfolg angegriffenen Hoheitsakt um eine Entscheidung oder um ein Gesetz handelt. **Für Entscheidungen gilt Abs. 2, für Gesetze Abs. 3.** Zu einer Kombination des Tenors nach Abs. 2 und Abs. 3 kommt es gemäß Abs. 3 Satz 2 bei einer erfolgreichen mittelbaren Rechtssatzverfassungsbeschwerde (→ Rn. 79).

3 Allein auf die durch § 95 vorgezeichneten Entscheidungsinhalte sollte der Beschwerdeführer seine Verfassungsbeschwerde ausrichten. **Andere Ziele**, etwa die Verurteilung des Hoheitsträgers, der für die beanstandete Maßnahme verantwortlich ist, zur Zahlung einer Entschädigung, **kann der Beschwerdeführer mit der Verfassungsbeschwerde nicht in zulässiger Weise verfolgen**. Der Entschädigungsanspruch nach § 97a stellt keine Entscheidung über

1 Schmidt-Bleibtreu/Klein/Bethge BVerfGG/Hömig § 95 Rn. 6 (Stand: Januar 2017); vgl. auch Burkiczak/Dollinger/Schorkopf BVerfGG/Müller § 95 Rn. 32.

die Verfassungsbeschwerde dar,[2] sondern eine daneben stehende Kompensation bei überlanger Dauer des Verfahrens vor dem Bundesverfassungsgericht.

Eines ausdrücklichen **Antrags** etwa auf Aufhebung der angegriffenen Entscheidung nach Abs. 2 **bedarf es** aber **nicht**. Es genügt insoweit nach § 92, dass der Beschwerdeführer den Beschwerdegegenstand präzise bezeichnet. Das Bundesverfassungsgericht trifft die nach § 95 gebotenen Entscheidungen **von Amts wegen**.[3] 4

Für den Fall, dass eine Verfassungsbeschwerde zur Entscheidung angenommen, ihr aber nicht stattgegeben wird, schreibt das Bundesverfassungsgerichtsgesetz keinen bestimmten Tenor vor. Nach allgemeinen prozessualen Grundsätzen wird die Verfassungsbeschwerde dann **als unzulässig verworfen**[4] **oder**, wenn sie unbegründet ist, **zurückgewiesen**.[5] Ist die Verfassungsbeschwerde zum Teil unzulässig und zum Teil unbegründet, wird sie dementsprechend teilweise verworfen und teilweise zurückgewiesen.[6] Manchmal verzichtet das Bundesverfassungsgericht in einem solchen Falle aber unpräzise auf diese Differenzierung und spricht trotz teilweiser Unzulässigkeit und teilweiser Unbegründetheit nur von einer Zurückweisung der Verfassungsbeschwerde.[7] Selbst vollständig unzulässige Verfassungsbeschwerden werden gelegentlich zurückgewiesen.[8] Eine genauere Verwendung der Tenorvarianten wäre wünschenswert, damit direkt zu erkennen ist, ob und inwieweit eine Sachentscheidung ergangen ist oder nicht. 5

Die Vorschrift des § 95 gilt für stattgebende Senatsentscheidungen, aber gemäß § 93c Abs. 2 **auch für stattgebende Kammerbeschlüsse** nach § 93c Abs. 1 Satz 1. Die Verweisung auf § 95 beschränkt sich insoweit aber auf dessen Absätze 1 und 2, da die Nichtigerklärung eines Gesetzes nach Abs. 3 gemäß § 93c Abs. 1 Satz 3 nicht in die Kompetenz der Kammern fällt. Halten sich die Kammern aber für befugt, nichtparlamentarische Normen für verfassungswidrig zu erklären (→ § 93c Rn. 25 f.), so greifen sie für den Entscheidungsausspruch auch auf § 95 Abs. 3 zurück.[9] 6

II. Feststellender Teil des Tenors, Abs. 1

Nach **Abs. 1 Satz 1** muss die stattgebende Entscheidung des Bundesverfassungsgerichts stets einen **feststellenden Teil** enthalten und sich dieser feststellende Teil des Tenors stets aus **zwei Elementen** zusammensetzen: erstens 7

2 So auch Barczak BVerfGG/Nettersheim § 95 Rn. 4.
3 Vgl. Barczak BVerfGG/Nettersheim § 95 Rn. 6.
4 Vgl. BVerfGE 163, 363 (365); 163, 165 (166); 137, 273 (275).
5 Vgl. BVerfGE 164, 193 (194); 162, 325 (325); 161, 299 (300); 159, 355 (357); 158, 1 (2); 156, 63 (65); 153, 1 (2); 152, 345 (346); 151, 202 (202); 149, 50 (50); 148, 296 (298); 148, 69 (70).
6 Vgl. BVerfGE 160, 208 (209 f., Ziff. 2 und 3 des Tenors); 159, 223 (225); vgl. auch BVerfGE 157, 30 (33, Ziff., 1 des Tenors einerseits und Ziff. 3 des Tenors andererseits); 154, 17 (22 f., Ziff. 2 des Tenors einerseits und Ziff. 4 des Tenors andererseits).
7 Vgl. BVerfGE 158, 282 (283, Ziff. 4 des Tenors, nach Feststellung der teilweisen Unzulässigkeit bei 322, Rn. 93 f. und der teilweisen Unbegründetheit bei 375 ff., Rn. 224 ff.).
8 Vgl. BVerfGE 158, 170 (171 und 181, Rn. 20).
9 Vgl. Beschluss der 2. Kammer des Ersten Senats vom 18.7.2019 – 1 BvR 807/12 ua, Rn. 76 bei Juris; Beschluss der 3. Kammer des Ersten Senats vom 30.5.2018 – 1 BvR 45/15, Rn. 31 bei Juris; vgl. auch Beschluss der 2. Kammer des Ersten Senats vom 26.9.2019 – 1 BvR 1326/15, Ziff. 1 des Tenors bei Juris.

der verletzten Vorschrift des Grundgesetzes und zweitens der Handlung oder Unterlassung, die die Verletzung bewirkt hat.

8 Die Vorgaben des Abs. 1 Satz 1 sind formal zu verstehen als Anforderung an das Bundesverfassungsgericht, wie es den Tenor zu formulieren hat. Die verletzte Vorschrift des Grundgesetzes ist nach Artikel, Absatz und Satz ausdrücklich zu benennen. Wird die Verletzung einer Vorschrift des Grundgesetzes festgestellt, so kann offenbleiben, ob daneben auch noch weitere Grundrechte des Beschwerdeführers verletzt sind, und der Tenor beschränkt sich auf die eine festgestellte Grundrechtsverletzung.[10] Auch die verletzende Handlung oder Unterlassung ist genau zu bezeichnen, zum Beispiel Gerichtsentscheidungen also mit Datum und Aktenzeichen. Ist die Gerichtsentscheidung nicht insgesamt, sondern nur hinsichtlich eines von mehreren Entscheidungsaussprüchen angegriffen und die Verfassungsbeschwerde insoweit erfolgreich, so muss auch dies aus dem Tenor deutlich hervorgehen.[11] Die Vorschrift dient damit der **Bestimmtheit des Entscheidungsausspruchs** und zwingt das Bundesverfassungsgericht, die Stattgabe an einem konkreten Hoheitsakt und einer bestimmten Vorschrift des Grundgesetzes festzumachen. Diffuse Begründungen einer Verletzung von Verfassungsrechten werden schon durch diese prozessuale Vorgabe verhindert.

9 Unterbleibt die exakte Benennung, wie das etwa beim Diätenurteil der Fall war,[12] dann ist es ein klares Indiz dafür, dass auch die in der Sache getroffene Entscheidung die **gebotene Nähe der Rechtsprechung** des Bundesverfassungsgerichts **zur geschriebenen Verfassung** nicht hinreichend gewahrt hat.[13] Zuletzt hat sich das Bundesverfassungsgericht auch im Klimaschutz-Beschluss auf die Feststellung der Unvereinbarkeit des als unzureichend angegriffenen Gesetzes allgemein mit Grundrechten beschränkt, ohne sie genauer zu bezeichnen.[14]

10 Werden die Bestimmtheitsvorgaben des § 95 Abs. 1 Satz 1 bei der Tenorierung verletzt, stellt sich die Frage nach den Rechtsfolgen. Ausdrückliche Aussagen dazu enthält das Gesetz über das Bundesverfassungsgericht nicht. Da sich die als verletzt angesehene Vorschrift des Grundgesetzes jedenfalls aus den Gründen der Entscheidung wird entnehmen lassen,[15] hat das Bundesverfassungsgericht, wenn es seinen Fehler erkennt oder von Dritten darauf aufmerksam gemacht wird, den **Tenor durch einen neuerlichen Beschluss zu korrigieren**. Der Beschwerdeführer und die Anhörungsberechtigten (§ 94) haben darauf einen Anspruch.

---

10 Vgl. Beschlüsse der 3. Kammer des Zweiten Senats vom 4.8.2023 – 2 BvR 54/19, Tenor und Rn. 33 bei Juris, und vom 28.4.2023 – 2 BvR 924/21, Tenor und Rn. 41 bei Juris; Beschluss der 2. Kammer des Zweiten Senats vom 23.3.2023 – 2 BvR 808/21, Tenor und Rn. 30 bei Juris.

11 Vgl. Beschluss der 1. Kammer des Zweiten Senats vom 3.8.2023 – 2 BvR 1838/22, Ziff. 1 des Tenors bei Juris; Beschluss der 3. Kammer des Zweiten Senats vom 19.7.2019 – 2 BvR 2283/18, Tenor bei Juris; vgl. auch BVerfGE 158, 131 (132, Ziff. 3 a des Tenors).

12 BVerfGE 40, 296 (298).

13 Zutreffend die abweichende Meinung von Seuffert BVerfGE 40, 296 (332 f.); ebenso Schmidt-Bleibtreu/Klein/Bethge BVerfGG/Hömig § 95 Rn. 6 (Stand: Januar 2017).

14 BVerfGE 157, 30 (33, Ziff. 2 des Tenors).

15 Beispielhaft BVerfGE 118, 168 (168 und 183).

Der durch Abs. 1 Satz 1 vorgeschriebene Entscheidungsausspruch **korrespondiert** insofern aber auch materiell **mit** dem aus § 90 Abs. 1 abzuleitenden **Streitgegenstand des Verfassungsbeschwerdeverfahrens** (→ § 90 Rn. 157). Die verletzte Vorschrift des Grundgesetzes im Sinne des § 95 Abs. 1 Satz 1 muss aus dem Kreis der in § 90 Abs. 1 aufgeführten Grundrechte und grundrechtsgleichen Rechte oder der Grundrechte der Charta der Grundrechte der Europäischen Union[16] stammen, und bei der verletzenden Handlung oder Unterlassung gemäß § 95 Abs. 1 Satz 1 handelt es sich um die vom Beschwerdeführer beanstandete Maßnahme der öffentlichen Gewalt im Sinne des § 90 Abs. 1. 11

Außerdem **korrespondiert** Abs. 1 Satz 1 **mit** den Anforderungen, die **§ 92** an die Begründung der Verfassungsbeschwerde stellt. § 92 verlangt vom Beschwerdeführer die Bezeichnung der angefochtenen Handlung oder Unterlassung sowie des Rechts, das verletzt sein soll. Anders als im Tenor nach § 95 Abs. 1 Satz 1 muss die als verletzt gerügte Norm aber in der Begründung der Verfassungsbeschwerde nicht präzise genannt werden (→ § 92 Rn. 16 ff.). 12

Hat der Beschwerdeführer **mehrere Hoheitsakte**, zum Beispiel Gerichtsentscheidungen mehrerer Instanzen, angegriffen und erweist sich die zur Entscheidung angenommene Verfassungsbeschwerde hinsichtlich mehrerer Hoheitsakte als zulässig und begründet, sind als verletzende Handlungen alle diese Hoheitsakte aufzuführen.[17] Daraus folgt zwar nicht zwingend, dass alle diese Hoheitsakte nach Abs. 2 aufgehoben werden. Eine Beschränkung der Feststellung nach Abs. 1 Satz 1 auf den Hoheitsakt, der nach Abs. 2 aufgehoben wird, ist aber in einer Sachentscheidung über die gesamte Verfassungsbeschwerde unzulässig. Allerdings kann das Bundesverfassungsgericht die Sachentscheidung von vornherein auf eine von mehreren Gerichtsentscheidungen beschränken, indem es die Verfassungsbeschwerde hinsichtlich der übrigen Gerichtsentscheidungen nicht nach § 93a Abs. 1 zur Entscheidung annimmt (vgl. auch → § 90 Rn. 185).[18] 13

Davon zu unterscheiden sind die Fälle, in denen von mehreren Hoheitsakten lediglich einer die Grundrechte des Beschwerdeführers verletzt hat und die weiteren, die zur Erschöpfung des Rechtwegs nach § 90 Abs. 2 Satz 1 herbeigeführt wurden, nur deshalb mit der Verfassungsbeschwerde beanstandet werden, weil sie die vorangegangene Grundrechtsverletzung nicht beseitigt haben. Hier genügt die Feststellung der Verfassungswidrigkeit der Entscheidung, die nach Abs. 2 aufgehoben wird, weil die dieser Entscheidung **nachfolgenden Entscheidungen** mit der Aufhebung der die Grundrechtsverlet- 14

16 Beispiele: BVerfGE 156, 182 (183 f., Ziff. 2 a und 3 a des Tenors); Beschluss der 1. Kammer des Zweiten Senats vom 15.2.2023 – 2 BvR 2009/22, Tenor bei Juris.

17 Vgl. BVerfGE 164, 76 (78, Ziff. 2 des Tenors); 158, 131 (132, Ziff. 3 a und 3 b des Tenors); 151, 101 (102, Ziff. 3 des Tenors); Beschluss der 2. Kammer des Zweiten Senats vom 21.3.2023 – 2 BvR 626/20, Tenor bei Juris; Beschluss der 3. Kammer des Ersten Senats vom 21.3.2023 – 1 BvR 1620/22, Ziff. 1 des Tenors bei Juris.

18 Vgl. Beschluss der 2. Kammer des Zweiten Senats vom 10.5.2023 – 2 BvR 370/22, Ziff. 3 des Tenors und Rn. 18 bei Juris; Beschluss der 3. Kammer des Zweiten Senats vom 29.6.2022 – 2 BvR 447/22, Rn. 55 bei Juris; Beschluss der 1. Kammer des Zweiten Senats vom 23.3.2022 – 2 BvR 1514/21, Rn. 55 bei Juris.

zung bewirkenden Entscheidung **gegenstandslos** werden.[19] Die 1. Kammer des Zweiten Senats hat dafür gelegentlich die Formulierung verwendet, dass sich der nachfolgende Beschluss mit der Aufhebung der Sachentscheidung „erledigt".[20] Bezüglich einer gegenstandslos gewordenen Entscheidung würden eine Feststellung ihrer Verfassungswidrigkeit und ihre Aufhebung ins Leere gehen, so dass sie nicht erforderlich sind.[21] Dass die Entscheidung über die Anhörungsrüge im Falle der Aufhebung der vorangegangenen Sachentscheidung gegenstandslos wird oder jedenfalls kein Grund besteht, die Verfassungsbeschwerde insoweit zur Entscheidung anzunehmen, bedeutet allerdings nicht, dass sie den Beschwerdeführer von vornherein nicht beschwert hat und die Verfassungsbeschwerde daher insoweit unzulässig war.[22] Eine Aufhebung des Beschlusses über eine Anhörungsrüge, der lediglich den vorangegangenen Gehörsverstoß perpetuiert,[23] ist unschädlich, aber überflüssig. Die Feststellung der Verfassungswidrigkeit und die Aufhebung muss sich hingegen auf die Zurückweisung der Anhörungsrüge erstrecken, wenn darin eine neue selbstständige Verletzung des Art. 103 Abs. 1 GG enthalten war.[24]

15 Hat die Verfassungsbeschwerde nur **teilweise Erfolg**, muss die Feststellung nach Abs. 1 Satz 1 eindeutig erkennen lassen, welcher Teil des angefochtenen Hoheitsakts verfassungswidrig ist. Das ist besonders bei Gesetzen von Bedeutung, wenn nur einzelne Gesetzesvorschriften für verfassungswidrig erklärt werden.[25]

16 Von der Übereinstimmung zwischen dem Umfang des Feststellungstenors nach Abs. 1 Satz 1 und dem Angriffsgegenstand der Verfassungsbeschwerde gibt es Ausnahmen. Richtet sich die Verfassungsbeschwerde gegen ein Gesetz, kann das Bundesverfassungsgericht die Prüfung in entsprechender Anwendung des § 78 Satz 2 **auf andere Bestimmungen dieses Gesetzes erstrecken** und so zur Feststellung ihrer Verfassungswidrigkeit kommen, obwohl sie der Beschwerdeführer nicht angefochten hat (vgl. auch → Rn. 85 f.).[26]

---

19 Beispiele: BVerfGE 156, 182 (220, Rn. 84); 127, 132 (133); Beschluss der 3. Kammer des Zweiten Senats vom 31.7.2023 – 2 BvR 1014/21, Rn. 46 bei Juris; Beschluss der 2. Kammer des Zweiten Senats vom 20.4.2023 – 2 BvR 1605/21, Rn. 57 bei Juris; Beschluss der 2. Kammer des Ersten Senats vom 13.4.2023 – 1 BvR 667/22, Rn. 32 bei Juris.

20 Beschlüsse vom 17.2.2014 – 2 BvR 57/13, Ziff. 2 des Tenors bei Juris, und vom 26.8.2013 – 2 BvR 225/13, Ziff. 2 des Tenors bei Juris.

21 AA Barczak BVerfGG/Nettersheim Fn. 39 zu Rn. 23.

22 So aber fälschlich Beschluss der 2. Kammer des Zweiten Senats vom 14.2.2023 – 2 BvR 653/20, Rn. 27 bei Juris; Beschluss der 2. Kammer des Ersten Senats vom 14.6.2019 – 1 BvR 2433/17, Rn. 14 bei Juris.

23 Vgl. Beschlüsse der 2. Kammer des Ersten Senats vom 8.12.2020 – 1 BvR 117/16, Ziff. 1 des Tenors und Rn. 18 bei Juris, vom 6.5.2015 – 1 BvR 2724/14, Juris, und vom 19.12.2013 – 1 BvR 859/13, Juris; Beschlüsse der 3. Kammer des Zweiten Senats vom 27.5.2020 – 2 BvR 1809/17, Juris, vom 6.3.2013 – 2 BvR 2918/12, Juris, und vom 26.9.2012 – 2 BvR 938/12, Juris; Beschluss der 1. Kammer des Zweiten Senats vom 12.12.2012 – 2 BvR 1294/10, Juris.

24 Vgl. Beschluss der 3. Kammer des Ersten Senats vom 21.9.2022 – 1 BvR 2754/17, Rn. 27 bei Juris; Beschluss der 3. Kammer des Zweiten Senats vom 29.10.2015 – 2 BvR 1493/11, Rn. 53 ff. bei Juris.

25 Beispiele: BVerfGE 161, 163 (165 f.); 161, 63 (64); 155, 119 (121); 143, 246 (248); 129, 49 (49) – BaföG; 127, 87 (87 f.).

26 BVerfG, Urteil des Zweiten Senats vom 20.6.2023 – 2 BvR 166/16 ua, Rn. 242 bei Juris; BVerfGE 164, 347 (425, Rn. 209); 164, 76 (138, Rn. 189); 158, 282 (379 f., Rn. 240 f.); 150,

Auch **Abs. 1 Satz 2** ermöglicht es dem Bundesverfassungsgericht, den Entscheidungsausspruch **über den Beschwerdegegenstand hinaus** zu erstrecken. Das Bundesverfassungsgericht kann mit der Bindungswirkung des § 31 Abs. 1 aussprechen, dass auch **jede Wiederholung der beanstandeten Maßnahme** das Grundgesetz verletzt. Das muss im Tenor geschehen.[27] Das Wiederholungsverbot stellt damit eine Form präventiven Rechtsschutzes dar. 17

Der Ausspruch der Verfassungswidrigkeit geht, wenn er mit einem Wiederholungsverbot verbunden wird, nicht nur über den konkret angegriffenen Hoheitsakt hinaus, sondern ist auch **nicht auf den Beschwerdeführer beschränkt**, der die Verfassungsbeschwerde erhoben hat.[28] Dies unterstreicht die objektive Bedeutung der Verfassungsbeschwerde (→ § 90 Rn. 7 ff.). Im Wiederholungsfall bliebe nur noch zu klären, ob ein Dritter, der sich auf einen Entscheidungsausspruch nach Abs. 1 Satz 2 beruft, zu den verletzten Grundrechtsträgern gehört. 18

Die Anordnung von Wiederholungsverboten nach Abs. 1 Satz 2 ist **in der Praxis aber seit 1957 nicht mehr vorgekommen**. Das Bundesverfassungsgericht belässt es insoweit vielmehr bei den gesetzlichen Wirkungen einer Stattgabe, die sich aus § 31 ergeben. 19

III. Aufhebung von Entscheidungen und Zurückverweisung, Abs. 2

Ist der Beschwerdegegenstand einer Verfassungsbeschwerde eine Entscheidung und wird der Verfassungsbeschwerde stattgegeben, so schreibt Abs. 2 den Entscheidungsausspruch vor: Das Bundesverfassungsgericht hat neben der Feststellung nach Abs. 1 Satz 1 die **Entscheidung aufzuheben und** im Regelfall der vorherigen Erschöpfung des Rechtswegs nach § 90 Abs. 2 Satz 1 **die Sache an ein zuständiges Gericht zurückzuverweisen**. Die Rechtsfolgen einer solchen verfassungsgerichtlichen Entscheidung regelt Abs. 2 insofern abschließend.[29] 20

Eine **Entscheidung** im Sinne des Abs. 2 ist insbesondere dann Beschwerdegegenstand, wenn sich die Verfassungsbeschwerde gegen eine gerichtliche Entscheidung oder gegen einen Verwaltungsakt richtet. Da § 95 einen anderen Entscheidungsinhalt im gestaltenden Teil des Tenors in Abs. 3 nur für Gesetze vorsieht, muss der Begriff der Entscheidung im Sinne des Abs. 2 so verstanden werden, dass alle sonstigen, nicht als materielle Gesetze einzustufenden hoheitlichen Maßnahmen erfasst sind.[30] 21

Mit der **Aufhebung** der Entscheidung entfällt deren rechtliche Wirkung. Wird ein letztinstanzliches Urteil aufgehoben, beseitigt die stattgebende Entscheidung des Bundesverfassungsgerichts die Rechtskraft des Urteils. Das Bundesverfassungsgericht wird insoweit als Kassationsgericht tätig. 22

---

244 (308, Rn. 171); 149, 222 (291 f., Rn. 154); 132, 179 (192, Rn. 41); 129, 49 (75 f.) – BaföG; 128, 326 (404); vgl. auch BVerfGE 163, 107 (164, Rn. 156).

27 Schmidt-Bleibtreu/Klein/Bethge BVerfGG/Hömig § 95 Rn. 15 (Stand: Januar 2017); so auch BVerfGE 7, 99 (100 f.).

28 Vgl. BVerfGE 7, 99 (108 f.).

29 Vgl. Beschluss der 2. Kammer des Zweiten Senats vom 8.7.2021 – 2 BvR 575/21, Rn. 62 bei Juris.

30 Vgl. Barczak BVerfGG/Nettersheim § 95 Rn. 27; Burkiczak/Dollinger/Schorkopf BVerfGG/Müller § 95 Rn. 58.

23 **Welche Entscheidung aufzuheben ist**, bestimmt sich im Ausgangspunkt danach, welche Entscheidung nach Abs. 1 Satz 1 für verfassungswidrig erklärt wurde. Das ist unproblematisch, wenn mit der Verfassungsbeschwerde nur eine Entscheidung angegriffen wurde und deren Verfassungswidrigkeit festgestellt wurde.[31]

24 Beschränkte sich die Feststellung der Verfassungswidrigkeit nur auf einen **abgrenzbaren Teil der angegriffenen Entscheidung**, so ist die Entscheidung auch nur insoweit aufzuheben.[32] Dies kann sich auch auf nur einen von mehreren Beschwerdeführern beziehen.[33] Klar ist auch, dass eine angegriffene Entscheidung, die vom Bundesverfassungsgericht lediglich anlässlich der Feststellung der Verfassungswidrigkeit einer vorangegangenen Entscheidung für **gegenstandslos** erklärt wird (→ Rn. 14), nicht der Aufhebung nach Abs. 2 unterliegt.

25 Wurde die Verfassungswidrigkeit mehrerer Entscheidungen gemäß Abs. 1 Satz 1 festgestellt, muss das Bundesverfassungsgericht nicht sämtliche mit Erfolg angegriffenen verfassungswidrigen Entscheidungen aufheben. Zwar setzt die Aufhebung einer Entscheidung nach Abs. 2 voraus, dass deren Verfassungswidrigkeit gemäß Abs. 1 Satz 1 festgestellt wurde. **Die Feststellung nach Abs. 1 Satz 1 und die Aufhebung nach Abs. 2 müssen** aber **nicht** auch umgekehrt in der Weise **kongruent sein**, dass jede als verfassungswidrig festgestellte Entscheidung aufgehoben werden müsste. Die Befugnis, von einer Aufhebung einzelner von mehreren als verfassungswidrig festgestellten Entscheidungen abzusehen, ergibt sich aus dem Gestaltungsspielraum,[34] der dem Bundesverfassungsgericht bei der Zurückverweisung der Sache an die Fachgerichte zusteht (dazu → Rn. 27 ff.).[35]

26 Die bloße Aufhebung einer Entscheidung hätte zur Folge, dass die Sache nunmehr wieder dort zur Entscheidung anstünde, wo sie zuvor getroffen wurde, das Verfahren also erneut bei dem Gericht anhängig wäre, dessen Entscheidung aufgehoben wurde. Die Regelung des Abs. 2 erweitert die Gestaltungsfreiheit des Bundesverfassungsgerichts aber über die reine Kassation hinaus, indem sie dem Bundesverfassungsgericht ermöglicht, konstitutiv die **Zurückverweisung „an ein zuständiges Gericht“** auszusprechen. Die Zurückverweisung in diesem Sinne setzt allerdings voraus, dass die Verfassungsbeschwerde nach Erschöpfung des Rechtswegs gemäß § 90 Abs. 2 Satz 1 erhoben wurde, da anderenfalls das Ausgangsverfahren ohnehin noch anhängig

31 Vgl. Beschluss der 1. Kammer des Zweiten Senats vom 19.5.2023 – 2 BvR 78/22, Juris; Beschluss der 3. Kammer des Ersten Senats vom 8.2.2023 – 1 BvR 311/22, Juris.

32 Vgl. BVerfGE 158, 131 (132, Ziff. 3 a des Tenors); 117, 71 (71 f.); Beschluss der 1. Kammer des Zweiten Senats vom 3.8.2023 – 2 BvR 1838/22, Ziff. 1 des Tenors bei Juris; Beschluss der 2. Kammer des Zweiten Senats vom 29.7.2022 – 2 BvR 54/22, Tenor bei Juris; Beschluss der 1. Kammer des Ersten Senats vom 24.11.2020 – 1 BvR 2318/19, Ziff. 2 des Tenors bei Juris; Beschlüsse der 3. Kammer des Zweiten Senats vom 21.10.2020 – 2 BvR 652/20, Juris, und vom 19.7.2019 – 2 BvR 2283/18, Juris.

33 Vgl. Beschluss der 3. Kammer des Zweiten Senats vom 4.8.2023 – 2 BvR 54/19, Ziff., 1 und 2 des Tenors bei Juris; Beschluss der 2. Kammer des Zweiten Senats vom 7.10.2020 – 2 BvR 2426/17, Tenor bei Juris.

34 So auch Burkiczak/Dollinger/Schorkopf BVerfGG/Müller § 95 Rn. 60.

35 Kritisch Barczak BVerfGG/Nettersheim § 95 Rn. 36.

ist.[36] Eine Zurückverweisung kann auch unterbleiben, wenn die Verfassungsbeschwerde eine Entscheidung in einem einstweiligen Verfügungsverfahren betrifft, die vom Beschwerdeführer befolgt wurde, und die Verfassungsbeschwerde dem Ziel der Klärung der verfassungsrechtlichen Fragen im Hinblick auf die noch anhängigen Hauptsacheverfahren dient.[37] Gegenstand der Zurückverweisung ist nach Abs. 2 die Sache, also der Rechtsstreit als solcher und nicht die angegriffene Entscheidung, die aufgehoben wird.[38] Gelegentlich stellt das Bundesverfassungsgericht auch den Zweck der Zurückverweisung im Tenor klar, wenn die Zurückverweisung der Sache entweder ausdrücklich zur erneuten Verhandlung und Entscheidung,[39] nur zur erneuten Entscheidung[40] oder zur erneuten Entscheidung über einen konkret bezeichneten Streitgegenstand[41] zurückverwiesen wird.

Da die Befugnis zur konstitutiven Zurückverweisung mehr bedeuten muss 27
als die bloße, ohnehin schon durch die Aufhebung eintretende Wiederherstellung der Anhängigkeit der Sache, muss Abs. 2 so verstanden werden, dass dem Bundesverfassungsgericht das **Recht** eingeräumt wird, **das zuständige Gericht**, an das die Sache zurückverwiesen wird, **zu bestimmen**. Dem Bundesverfassungsgericht steht insofern ein **Auswahlermessen** zu.[42] Das für die Zurückverweisung ausgewählte Gericht muss nicht immer mit dem Gericht oder innerhalb eines Gerichts nicht mit dem Spruchkörper identisch sein, dessen Entscheidung aufgehoben wird.[43]

Das Bundesverfassungsgericht hält sich daher für ermächtigt, die Sache **ausnahmsweise** auch ohne Rücksicht auf die einfachgesetzlichen Vorschriften 28
zur örtlichen Zuständigkeit oder die Regelungen der internen Geschäftsverteilung des betroffenen Fachgerichts **an ein anderes sachlich zuständiges Gericht**[44] oder zwar an das Ausgangsgericht, dort aber **an einen anderen Spruchkörper** zurückverweisen zu dürfen.[45] Zuständig im Sinne des Abs. 2

36 Vgl. Beschluss der 1. Kammer des Zweiten Senats vom 1.7.2021 – 2 BvR 890/20, Rn. 24 bei Juris; Beschluss der 1. Kammer des Ersten Senats vom 23.5.2013 – 1 BvR 2059/12, Rn. 37 bei Juris; Lechner/Zuck/Zuck § 95 Rn. 16.

37 Vgl. Beschluss der 2. Kammer des Ersten Senats vom 7.11.2022 – 1 BvR 655/17 ua Juris.

38 Ungenau daher Beschluss der 3. Kammer des Ersten Senats vom 8.2.2023 – 1 BvR 311/22, Ziff. 2 des Tenors bei Juris.

39 So zB Beschluss der 3. Kammer des Zweiten Senats vom 7.6.2023 – 2 BvR 2139/21, Ziff. 2 des Tenors bei Juris; Beschluss der 2. Kammer des Zweiten Senats vom 23.3.2023 – 2 BvR 808/21, Tenor bei Juris.

40 So zB Beschluss der 1. Kammer des Zweiten Senats vom 19.5.2023 – 2 BvR 78/22, Ziff. 2 des Tenors bei Juris; Beschluss der 1. Kammer des Ersten Senats vom 20.2.2023 – 1 BvR 795/21, Ziff. 1 des Tenors bei Juris.

41 So zB Beschluss der 2. Kammer des Zweiten Senats vom 24.2.2023 – 2 BvR 117/20 ua, Tenor bei Juris; Beschluss der 3. Kammer des Ersten Senats vom 16.2.2023 – 1 BvR 1881/21, Ziff. 3 des Tenors bei Juris; Beschluss der 2. Kammer des Ersten Senats vom 28.2.2022 – 1 BvR 1619/21, Ziff. 2 des Tenors bei Juris.

42 Beschluss der 3. Kammer des Zweiten Senats vom 19.6.2012 – 2 BvR 2521/11, Rn. 27 bei Juris; Schmidt-Bleibtreu/Klein/Bethge BVerfGG/Hömig § 95 Rn. 30 (Stand: Januar 2017).

43 Lechner/Zuck/Zuck § 95 Rn. 16; vgl. auch Beschluss der 1. Kammer des Zweiten Senats vom 24.2.2006 – 2 BvR 836/04, Rn. 69 bei Juris.

44 BVerfGE 107, 104 (105 und 133); vgl. auch Beschluss der 2. Kammer des Zweiten Senats vom 3.2.2021 – 2 BvR 2128/20, Rn. 50 bei Juris.

45 BVerfGE 111, 307 (308); Beschluss der 1. Kammer des Zweiten Senats vom 23.3.2022 – 2 BvR 1514/21, Ziff. 2 des Tenors und Rn. 67 bei Juris; Beschlüsse der 3. Kammer des

soll hiernach jedes sachlich zuständige, wenn auch möglicherweise örtlich unzuständige Gericht sein können.[46] Verweisungen an ein anderes Gericht oder einen anderen Spruchkörper kommen insbesondere in Betracht, wenn von dem sachlich und örtlich zuständigen Gericht oder dem nach der Geschäftsverteilung zuständigen Spruchkörper auch nach der Zurückverweisung keine sachgerechte Behandlung zu erwarten ist.[47] Die Zurückverweisung an ein anderes Gericht oder an einen anderen Spruchkörper soll der Wahrung der materiellen Einzelfallgerechtigkeit dienen, um sachfremden Einflüssen auf das Verfahren vorzubeugen.[48] Eine detaillierte Begründung einer solchen Entscheidung muss das Bundesverfassungsgericht aber nicht geben; die Gründe können sich vielmehr auch nur mittelbar aus den Gründen der Verfassungswidrigkeit der aufgehobenen Entscheidung ergeben.[49] Ebenso wenig bedarf es näherer Ausführungen zu den Gründen dann, wenn das Bundesverfassungsgericht den ausdrücklich gestellten Antrag des Beschwerdeführers auf eine Zurückverweisung an ein anderes Gericht ablehnt.[50] Möglich sind im Rahmen der Ermessensausübung nach Abs. 2 auch konkrete Vorgaben, in welcher Besetzung das Gericht nach der Zurückverweisung zu entscheiden hat.[51]

29 Dass dem Bundesverfassungsgericht ein **Auswahlermessen** zustehen muss, leuchtet zudem ohne Weiteres ein, **wenn mehrere angegriffene Entscheidungen im fachgerichtlichen Instanzenzug aufgehoben werden** und deshalb die Entscheidung zu treffen ist, an welches der betroffenen Gerichte die Sache zurückverwiesen wird. Aber **auch schon bei der Entscheidung darüber, ob überhaupt alle oder welche von mehreren verfassungswidrigen Entscheidungen aufgehoben werden sollen** (→ Rn. 25), muss das Bundesverfassungsgericht bedenken, an welches Gericht die Sache zurückverwiesen wird. Neben der letztinstanzlichen Entscheidung kann eine vorangegangene Instanzentscheidung nur dann mit aufgehoben werden, wenn die Sache an das Instanzgericht, das diese Entscheidung getroffen hat, zurückverwiesen wird. Wird beispielsweise sowohl das Berufungsurteil als auch das Revisionsurteil aufgehoben, muss die Zurückverweisung an das Berufungsgericht erfolgen, da nach der Aufhebung des Berufungsurteils kein Revisions-

---

Ersten Senats vom 5.5.2021 – 1 BvR 526/19, Tenor und Rn. 31 bei Juris, und vom 20.2.2020 – 1 BvR 1975/18, Ziff. 2 des Tenors und Rn. 18 bei Juris; Beschluss der 2. Kammer des Ersten Senats vom 6.5.2020 – 1 BvR 2757/19, Ziff. 1 des Tenors bei Juris; Beschluss der 1. Kammer des Ersten Senats vom 5.3.2018 – 1 BvR 1011/17, Tenor und Rn. 25 bei Juris.

46 Lechner/Zuck/Zuck § 95 Rn. 16.

47 Vgl. BVerfGE 107, 104 (133); Beschluss der 1. Kammer des Ersten Senats vom 29.11.2005 – 1 BvR 1542/05, Rn. 16 bei Juris.

48 Vgl. Beschluss der 3. Kammer des Ersten Senats vom 30.9.2020 – 1 BvR 495/19, Rn. 16 bei Juris.

49 Vgl. Beschluss der 3. Kammer des Ersten Senats vom 5.5.2021 – 1 BvR 526/19, Rn. 28 und 31 bei Juris, wo die Zurückverweisung an eine andere Kammer des Landgerichts angezeigt schien, weil sich die bisher mit der Sache befasste Kammer unter Verstoß gegen Art. 101 Abs. 1 Satz 2 GG „zum Richter in eigner Sache" gemacht hatte.

50 Vgl. Beschluss der 3. Kammer des Ersten Senats vom 30.9.2020 – 1 BvR 495/19, Rn. 16 bei Juris.

51 Vgl. Beschluss der 2. Kammer des Ersten Senats vom 19.8.2013 – 1 BvR 577/13, Rn. 15 bei Juris; vgl. auch Beschluss der 2. Kammer des Zweiten Senats vom 20.4.2023 – 2 BvR 1605/21, Tenor bei Juris: Zurückverweisung an den Einzelrichter.

verfahren durchgeführt werden kann. Will das Bundesverfassungsgericht an das Revisionsgericht zurückverweisen, darf es also nur das Revisionsurteil aufheben.[52] Soll die Sache an die erste Instanz zurückverwiesen werden, korrespondiert damit die Aufhebung aller Instanzentscheidungen.[53]

30 Die Auswahl des Gerichts, an das das Bundesverfassungsgericht die Sache nach seinem Ermessen zurückverweist, bestimmt sich nach dem Grundsatz, dass Aufhebung und Zurückverweisung lediglich so weit greifen müssen, wie dies zur Beseitigung des Verfassungsverstoßes nötig ist.[54] **Kriterien** sind hierbei die **Art der festgestellten Verfassungsverletzung sowie Aspekte der Prozesswirtschaftlichkeit.**[55] Die Entscheidung ist von Amts wegen zu treffen. Ein Antrag des Beschwerdeführers, welche von mehreren verfassungswidrigen Entscheidungen aufgehoben werden sollen und an welches Gericht die Zurückverweisung erfolgen soll, ist allenfalls als Anregung zu verstehen.[56]

31 Eine **Verletzung von Verfahrensgrundrechten** geht in der Regel damit einher, dass dem Beschwerdeführer eine verfassungskonforme Sachentscheidung durch eine verfassungswidrige Handhabung von Verfahrensvorschriften verweigert wurde. In solchen Fällen ist eine Zurückverweisung an diejenige Instanz geboten, die als erste die Verfahrensgrundrechte des Beschwerdeführers verletzt hat, da anderenfalls die Gefahr bestünde, ihm eine Instanz abzuschneiden.[57]

32 Bei **Verletzung materieller Grundrechte** hängt die Auswahl des zuständigen Gerichts im Sinne des Abs. 2[58] davon ab, ob für die neue fachgerichtliche Beurteilung weitere Tatsachenfeststellungen oder neue Tatsachenbewertungen und -abwägungen[59] nötig sind oder nicht. Ist dies der Fall oder kann dies zumindest nicht ausgeschlossen werden, muss die Zurückverweisung in eine Instanz erfolgen, die außer zur Rechtsprüfung auch zur Feststellung neuer

52 So zB BVerfGE 164, 347 (348, Ziff. 3 des Tenors und 426, Rn. 212); 164, 76 (78, Ziff. 3 des Tenors und 139, Rn. 192).

53 Vgl. BVerfGE 151, 101 (102, Ziff. 3 des Tenors).

54 BVerfGE 135, 126 (154, Rn. 92); siehe auch Beschlüsse der 3. Kammer des Zweiten Senats vom 19.6.2012 – 2 BvR 2521/11, Rn. 27 bei Juris, und vom 19.7.2011 – 2 BvR 2413/10, Rn. 24 bei Juris.

55 Beschluss der 2. Kammer des Zweiten Senats vom 10.5.2023 – 2 BvR 775/19, Rn. 20 bei Juris.

56 Vgl. aber Beschluss der 2. Kammer des Ersten Senats vom 7.7.2020 – 1 BvR 596/17, Rn. 13 bei Juris, der den Eindruck erweckt, ein entsprechender Antrag sei bindend.

57 Burkiczak/Dollinger/Schorkopf BVerfGG/Müller § 95 Rn. 63; Beispiele: Beschluss der 1. Kammer des Zweiten Senats vom 3.11.2021 – 2 BvR 828/21, Juris; Beschlüsse der 2. Kammer des Zweiten Senats vom 22.9.2021 – 2 BvR 955/17, Rn. 33 bei Juris, vom 23.9.2019 – 2 BvR 903/18, Juris, und vom 14.2.2019 – 2 BvR 1457/18, Juris; Beschluss der 3. Kammer des Zweiten Senats vom 4.5.2021 – 2 BvR 277/19, Juris.

58 Vgl. zB Beschluss der 1. Kammer des Zweiten Senats vom 16.6.2022 – 2 BvR 784/21, Ziff. 1 und 2 des Tenors bei Juris.

59 Vgl. zB Beschluss der 2. Kammer des Ersten Senats vom 11.11.2021 – 1 BvR 11/20, Rn. 24 f. bei Juris; vgl. auch Beschluss der 2. Kammer des Ersten Senats vom 16.10.2020 – 1 BvR 2805/19, Rn. 22 bei Juris.

Tatsachen befugt ist,[60] also regelmäßig nicht an das Revisionsgericht.[61] Die Zurückverweisung kann über Gerichtsentscheidungen hinweg bis hin zur Ausgangsbehörde erfolgen.[62] Ist hingegen auf gesicherter Tatsachengrundlage lediglich rechtlich neu auf der Grundlage der Vorgaben des Bundesverfassungsgerichts zu entscheiden, sollte an das letztinstanzliche Gericht zurückverwiesen und dementsprechend nur dessen Entscheidung aufgehoben werden.[63] Das dient dem Interesse des Beschwerdeführers, möglichst rasch eine das Verfahren abschließende Entscheidung zu erhalten.[64] Müsste das Rechtsmittelgericht aber zunächst über die Zulassung des Rechtsmittels entscheiden und würde sich dadurch die Entscheidung letztlich verzögern, kann auch eine Zurückverweisung an das erstinstanzliche Gericht effektiver sein.[65]

33 Noch effektiver wäre es für den Beschwerdeführer, wenn das Bundesverfassungsgericht in der Sache durchentscheiden und sie nicht nach Aufhebung der verfassungswidrigen fachgerichtlichen Entscheidungen an die Fachgerichte zur erneuten Entscheidung zurückverweisen würde. Nach Abs. 2 ist die Verpflichtung zur Zurückverweisung aber in Fällen, in denen der fachgerichtliche Rechtsweg nach § 90 Abs. 2 Satz 1 zu erschöpfen ist, zwingend. Das Gesetz sieht **keine Befugnis zum Durchentscheiden** vor. Davon zu unterscheiden ist die vom Bundesverfassungsgericht für sich in Anspruch genommene Befugnis, über die Aufhebung und Zurückverweisung nach Abs. 2 hinaus in das Ausgangsverfahren einzugreifen und insoweit zumindest vorläufige Anordnungen zu treffen. Diese Art des Durchentscheidens ist zur Gewährung effektiven Rechtsschutzes unumgänglich, wenn anderenfalls das Rechtsschutzziel des Beschwerdeführers nicht zu erreichen wäre.[66]

34 Abweichend von Abs. 2 hat das Bundesverfassungsgericht in der Vergangenheit gelegentlich von einer Zurückverweisung hinsichtlich der Sachentscheidung abgesehen und es bei einer Aufhebung der fachgerichtlichen Entscheidungen, allenfalls verbunden mit einer Zurückverweisung zum Zwecke

60 Vgl. Beschluss der 2. Kammer des Ersten Senats vom 23.6.2020 – 1 BvR 1716/17, Rn. 19 bei Juris; Beschluss der 3. Kammer des Zweiten Senats vom 6.11.2014 – 2 BvR 2928/10, Rn. 26 bei Juris.

61 BVerfGE 128, 157 (193); vgl. auch Beschluss der 1. Kammer des Ersten Senats vom 27.6.2018 – 1 BvR 100/15 ua, Rn. 24 bei Juris; Beschluss der 2. Kammer des Ersten Senats vom 23.8.2013 – 1 BvR 2912/11, Rn. 44 bei Juris; Beschlüsse der 3. Kammer des Zweiten Senats vom 19.6.2012 – 2 BvR 2521/11, Rn. 27 bei Juris, vom 8.3.2012 – 2 BvR 2537/11, Rn. 21 bei Juris, und vom 19.7.2011 – 2 BvR 2413/10, Rn. 24 bei Juris.

62 Vgl. Beschluss der 1. Kammer des Zweiten Senats vom 5.7.2022 – 2 BvR 2061/19, Ziff. 2 des Tenors bei Juris.

63 So zB Beschluss der 2. Kammer des Ersten Senats vom 19.12.2021 – 1 BvR 1073/20, Tenor bei Juris.

64 Beschluss der 2. Kammer des Zweiten Senats vom 17.12.2020 – 2 BvR 1787/20, Rn. 77 bei Juris; Beschluss der 1. Kammer des Zweiten Senats vom 12.7.2019 – 2 BvR 612/19, Rn. 31 bei Juris; Beschluss der 2. Kammer des Ersten Senats vom 25.9.2018 – 1 BvR 2814/17, Rn. 32 bei Juris; Beschlüsse der 1. Kammer des Ersten Senats vom 27.8.2014 – 1 BvR 1822/14, Rn. 43 bei Juris, und vom 22.5.2014 – 1 BvR 2882/13, Rn. 58 bei Juris.

65 Vgl. Beschluss der 2. Kammer des Zweiten Senats vom 10.5.2023 – 2 BvR 775/19, Rn. 21 bei Juris; Beschluss der 1. Kammer des Zweiten Senats vom 17.8.2015 – 2 BvR 1996/12, Rn. 16 bei Juris.

66 Beschluss der 3. Kammer des Ersten Senats vom 29.6.2022 – 2 BvR 447/22, Rn. 56 bei Juris; Beschluss der 3. Kammer des Zweiten Senats vom 26.1.2021 – 2 BvR 1786/20, Rn. 45 bei Juris.

einer neuen Kostenentscheidung, belassen.[67] **Ausnahmsweise** soll ein solches **Durchentscheiden** zulässig sein, wenn im Ausgangsverfahren nach der Entscheidung des Bundesverfassungsgerichts **kein Spielraum mehr für eigene fachgerichtliche Erwägungen** bleibt und die Fachgerichte deshalb nur noch die Entscheidung des Bundesverfassungsgerichts wiederholen könnten.[68]

Ein solcher Fall liegt etwa dann vor, wenn sich die Verfassungsbeschwerde gegen ein Bußgeld und mittelbar gegen die zugrunde liegende Bußgeldvorschrift richtet und wegen Verfassungswidrigkeit der Bußgeldvorschrift Erfolg hat.[69] Dann ist mit der Kassation sämtlicher Beschwerdegegenstände alles Notwendige und Mögliche geregelt. Das Bundesverfassungsgericht macht von dieser Ausnahme, die in den genannten Grenzen sinnvoll ist, aber im Gesetz keine Stütze findet, zu Recht nur noch sehr **zurückhaltend** Gebrauch und überlässt den Fachgerichten nahezu immer die Umsetzung der verfassungsgerichtlichen Entscheidung. Nur vereinzelt wird von der Aufhebung einer als verfassungswidrig erkannten Entscheidung mit der Begründung abgesehen, sie sei ungeachtet der festgestellten Grundrechtsverletzung sachlich nicht zu beanstanden.[70] Auch diese Entscheidungsvariante ist von Abs. 2 nicht gedeckt. Stattdessen kommt in einem solchen Fall eine Nichtannahme der Verfassungsbeschwerde in Betracht (→ § 93a Rn. 69). Wenn sich allerdings gerade erst als Folge der Entscheidung des Bundesverfassungsgerichts ergibt, dass die Fachgerichte im Falle einer Zurückverweisung nach der Klärung der verfassungsrechtlichen Rechtslage durch das Bundesverfassungsgericht nicht zugunsten des Beschwerdeführers entscheiden könnten, dann erübrigt sich eine Aufhebung der verfassungswidrigen Entscheidungen und Zurückverweisung der Sache an die Fachgerichte und kann es bei der Feststellung der Verfassungsverstöße bleiben.[71] 35

Ausnahmen von der nach Abs. 2 vorgeschriebenen Aufhebung und Zurückverweisung können sich auch aus der Natur der Sache ergeben. Wird einer Verfassungsbeschwerde stattgegeben, mit der sich der Beschwerdeführer gegen die **überlange Dauer** eines noch andauernden fachgerichtlichen Verfahrens gewendet hat, so gibt es keine fachgerichtliche Entscheidung im Sinne des Abs. 2, die aufgehoben werden könnte. Außerdem kommt eine „Zurückverweisung" an das Ausgangsgericht nicht in Betracht, da das Ausgangsverfahren während der Durchführung des Verfassungsbeschwerdeverfahrens ohnehin weiter anhängig war. Deshalb bleibt es in diesen Fällen im Tenor 36

67 Vgl. BVerfGE 104, 357 (358); 79, 69 (79); Beschluss der 2. Kammer des Ersten Senats vom 7.4.2021 – 1 BvR 176/15, Rn. 33 bei Juris; Beschlüsse der 3. Kammer des Zweiten Senats vom 30.4.2008 – 2 BvR 1231/04, Rn. 20 bei Juris, und vom 5.12.2005 – 2 BvR 1964/05, Rn. 109 bei Juris; Beschluss der 1. Kammer des Ersten Senats vom 10.6.2005 – 1 BvR 2790/04, Rn. 44 bei Juris; vgl. auch Beschluss der 2. Kammer des Zweiten Senats vom 19.4.2023 – 2 BvR 2180/20, Rn. 40 bei Juris.

68 Schmidt-Bleibtreu/Klein/Bethge BVerfGG/Hömig § 95 Rn. 32 (Stand: Januar 2017).

69 Vgl. BVerfGE 104, 357 (370).

70 Vgl. Beschluss der 3. Kammer des Zweiten Senats vom 10.10.2016 – 2 BvR 1103/17, Rn. 22 bei Juris; ähnlich Beschluss der 1. Kammer des Zweiten Senats vom 19.7.2021 – 2 BvR 1317/20, Rn. 33 bei Juris: „da … die festgestellte Grundrechtsverletzung den sachlichen Inhalt der angegriffenen Entscheidungen nicht berührt".

71 BVerfGE 158, 282 (388, Rn. 262); 151, 173 (190 f., Rn. 40); 134, 242 (320 f., Rn. 241 und 243).

bei der Feststellung nach Abs. 1, dass die überlange Dauer des Verfahrens den Beschwerdeführer in seinem Grundrecht auf effektiven Rechtsschutz aus Art. 19 Abs. 4 GG bzw. Art. 2 Abs. 1 iVm Art. 20 Abs. 3 GG verletzt.[72] Gleiches gilt auch in anderen Fällen gerichtlicher Untätigkeit.[73]

37 Das Bundesverfassungsgericht ordnet, sofern das Ausgangsverfahren noch nicht abgeschlossen ist,[74] daneben an, dass das Fachgericht nunmehr gehalten ist, **geeignete Maßnahmen zu ergreifen, die zu einem möglichst raschen Abschluss des Verfahrens führen**. Diese Anordnung findet sich aber nicht im Tenor, da § 95 dafür keinen Raum lässt, sondern nur in den Entscheidungsgründen.[75]

38 Das genügt zwar den Vorgaben des deutschen Verfassungs- und Verfassungsprozessrechts, **beseitigt** im Hinblick auf die in diesen Fällen regelmäßig auch vorliegende Verletzung von Art. 6 Abs. 1 EMRK aber **nicht die** sogenannte **Opfereigenschaft nach Art. 34 Satz 1 EMRK**. Denn dafür ist nach der Rechtsprechung des Europäischen Gerichtshofs für Menschenrechte grundsätzlich neben der Anerkennung, dass eine Konventionsverletzung vorgelegen hat, auch eine angemessene Wiedergutmachung erforderlich,[76] wie sie jetzt für die fachgerichtlichen Verfahren in § 198 GVG und für das verfassungsgerichtliche Verfahren bei dessen überlanger Dauer in § 97a vorgesehen ist.

39 Die Aufhebung einer Entscheidung und die Zurückverweisung der Sache entfallen auch, **wenn sich die Entscheidung erledigt hat** und keine belastende Wirkung mehr entfaltet, etwa infolge prozessualer Überholung oder weil die angegriffene Entscheidung zwischenzeitlich vollzogen worden ist. Auch in solchen Fällen stellt das Bundesverfassungsgericht grundsätzlich lediglich gemäß Abs. 1 Satz 1 die Verletzung von Verfassungsrechten des Beschwerdeführers fest.[77] Eine Zurückverweisung der Sache kann nach Erledigung aber zur erneuten Entscheidung über die Kosten erfolgen.[78]

---

72 Vgl. Beschlüsse der 3. Kammer des Ersten Senats vom 5.8.2013 – 1 BvR 2965/10, Juris, vom 3.12.2011 – 1 BvR 314/11, Juris, vom 27.9.2011 – 1 BvR 232/11, Juris, und vom 14.12.2010 – 1 BvR 404/10, Juris; Beschluss der 2. Kammer des Ersten Senats vom 7.6.2011 – 1 BvR 194/11, Juris.

73 Vgl. Beschluss der 2. Kammer des Ersten Senats vom 26.6.2023 – 1 BvR 491/23, Ziff. 1 des Tenors bei Juris; Beschluss der 1. Kammer des Zweiten Senats vom 25.5.2022 – 2 BvR 167/22, Ziff. 1 des Tenors bei Juris.

74 Vgl. Beschluss der 3. Kammer des Ersten Senats vom 5.8.2013 – 1 BvR 2965/10, Rn. 13 bei Juris.

75 Vgl. Beschlüsse der 3. Kammer des Ersten Senats vom 3.12.2011 – 1 BvR 314/11, Rn. 11 bei Juris, und vom 23.6.2010 – 1 BvR 324/10, Rn. 12 bei Juris; Beschluss der 2. Kammer des Ersten Senats vom 5.10.2010 – 1 BvR 772/10, Rn. 18 bei Juris.

76 Vgl. Dörr/Lenz EurVerwRS Rn. 664; HK-EMRK/Meyer-Ladewig/Kulick Art. 34 Rn. 31; siehe auch Lenz/Schulte NVwZ 2019, 1652 (1654).

77 Vgl. BVerfGE 149, 293 (294 und 316 f., Rn. 58 f.); Beschlüsse der 1. Kammer des Zweiten Senats vom 15.11.2021 – 2 BvR 336/20, Rn. 45 bei Juris, und vom 19.7.2021 – 2 BvR 1317/20, Rn. 33 bei Juris; Beschluss der 2. Kammer des Zweiten Senats vom 8.7.2021 – 2 BvR 575/21, Rn. 62 f. bei Juris; Beschluss der 2. Kammer des Ersten Senats vom 4.2.2021 – 1 BvR 2743/19, Ziff. 1 des Tenors bei Juris; Beschluss der 3. Kammer des Zweiten Senats vom 29.7.2020 – 2 BvR 1188/18, Rn. 65 f. bei Juris; Schmidt-Bleibtreu/Klein/Bethge BVerfGG/Hömig § 95 Rn. 22 (Stand: Januar 2017).

78 Vgl. Beschlüsse der 3. Kammer des Zweiten Senats vom 21.7.2022 – 2 BvR 1483/19, Rn. 26 bei Juris, und vom 29.7.2020 – 2 BvR 1324/15, Rn. 32 bei Juris; Beschluss der 2.

40 Richtet sich die Verfassungsbeschwerde gegen eine gerichtliche Entscheidung sowie **mittelbar gegen ein Gesetz**, das vom Fachgericht bei seiner Entscheidung angewandt wurde, und hat die Verfassungsbeschwerde Erfolg, weil das Bundesverfassungsgericht das angewandte Gesetz als verfassungswidrig beurteilt, so sind neben der Aufhebung der Entscheidung und der Zurückverweisung nach Abs. 2 hinsichtlich des Gesetzes die Rechtsfolgen des Abs. 3 auszusprechen (vgl. Abs. 3 Satz 2, dazu → Rn. 79). Ordnet das Bundesverfassungsgericht aber ausnahmsweise an, dass das mittelbar angegriffene verfassungswidrige Gesetz bis zu einer Neuregelung weiter anwendbar bleibt, dann müssen die unmittelbar angegriffenen Gerichtsentscheidungen nicht aufgehoben werden, und damit erübrigt sich auch eine Zurückverweisung der Sache an die Ausgangsgerichte.[79]

IV. Entscheidung bei erfolgreicher Rechtssatzverfassungsbeschwerde, Abs. 3

41 **Abs. 3** betrifft die **Rechtsfolge**, die das Bundesverfassungsgericht auszusprechen hat, **wenn einer Verfassungsbeschwerde gegen ein Gesetz stattgegeben wird**. Während Abs. 3 Satz 1 die vom Bundesverfassungsgericht anzuordnende Rechtsfolge festlegt, stellt Abs. 3 Satz 2 den Anwendungsbereich der Vorschrift klar. Über die Verweisung auf § 79 in Abs. 3 Satz 3 werden schließlich die weitergehenden, nicht in den Tenor aufzunehmenden Wirkungen einer stattgebenden Entscheidung bei einer Rechtssatzverfassungsbeschwerde angesprochen.

42 Hinsichtlich des Anwendungsbereichs der Vorschrift folgt aus einem Umkehrschluss aus Abs. 3 Satz 2, dass die unmittelbare Rechtsfolgenanordnung des **Abs. 3 Satz 1** an sich nur für den Fall einer **unmittelbaren Rechtssatzverfassungsbeschwerde** gilt. Derartige Verfassungsbeschwerden, mit denen der Beschwerdeführer unmittelbar die Verfassungswidrigkeit eines Gesetzes rügt, sehen sich aber mit hohen Zulässigkeitshürden konfrontiert, insbesondere im Hinblick auf die Beschwerdebefugnis (dazu → § 90 Rn. 291 ff.) und den Grundsatz der Subsidiarität der Verfassungsbeschwerde (dazu → § 90 Rn. 503 ff.). Deshalb kann die Verfassungswidrigkeit eines Gesetzes in zulässiger Weise häufig nur nach Erschöpfung des Rechtswegs (§ 90 Abs. 2 Satz 1) gerügt werden, der gegen eine auf dem beanstandeten Gesetz beruhende Gerichtsentscheidung gegeben ist, und zwar dann im Zuge der Begründung der unmittelbar gegen die Gerichtsentscheidung gerichteten Verfassungsbeschwerde. Das Gesetz wird in solchen Fällen mittelbar angegriffen. **Abs. 3 Satz 2** regelt die Rechtsfolgen einer erfolgreichen **mittelbaren Rechtssatzverfassungsbeschwerde**.

43 **1. Stattgabe bei gesetzesunmittelbarer Verfassungsbeschwerde, Abs. 3 Satz 1. Abs. 3 Satz 1** schreibt nach seinem Wortlaut eigentlich alternativlos (zu den Ausnahmen aber → Rn. 46 ff.) vor, dass das Bundesverfassungsgericht das als verfassungswidrig beurteilte **Gesetz für nichtig erklärt**. Insoweit entspricht dieser Teil des Entscheidungsausspruchs dem, was bei

---

Kammer des Zweiten Senats vom 8.7.2021 – 2 BvR 575/21, Rn. 66 bei Juris; Beschluss der 3. Kammer des Ersten Senats vom 13.7.2015 – 1 BvR 2480/13, Rn. 26 bei Juris.

79 Vgl. BVerfG, Urteil des Zweiten Senats vom 20.6.2023 – 2 BvR 166/16 ua, Rn. 247 bei Juris; BVerfGE 158, 282 (388, Rn. 261).

einer Urteilsverfassungsbeschwerde die Aufhebung der angefochtenen Entscheidung nach Abs. 2 ist. Zugleich wird die Rechtsfolge einer erfolgreichen Rechtssatzverfassungsbeschwerde in einen Gleichlauf mit der entsprechenden Rechtsfolge gebracht, die aus einem Verfahren der abstrakten Normenkontrolle (§ 78 Satz 1) und einem Verfahren der konkreten Normenkontrolle (§ 82 Abs. 1 iVm § 78 Satz 1) hervorgeht.

44 Wird ein Gesetz für nichtig erklärt,[80] so steht damit fest, dass es von Anfang an, also **ex tunc rechtsunwirksam** war.[81] Die Nichtigerklärung ist gemäß § 31 Abs. 1 bindend und besitzt gemäß § 31 Abs. 2 Satz 2 Gesetzeskraft. Sie führt selbstverständlich zur Unanwendbarkeit der für nichtig erklärten Norm auch für die Zukunft.[82] Darin liegt der wesentliche Unterschied zur bloßen Unvereinbarerklärung, die mit der Anordnung verbunden werden kann, dass die verfassungswidrige Norm vorläufig weitergilt. Im Übrigen ergeben sich die Rechtswirkungen der Nichtigerklärung aus dem in Abs. 3 Satz 3 in Bezug genommenen § 79 (→ § 79 Rn. 9 ff.).

45 Schon angesichts dieser Wirkungen der Nichtigerklärung kann sie durchaus als rechtsgestaltend bezeichnet werden.[83] In der Theorie **streitig,**[84] aber ohne praktische Relevanz wird die Frage diskutiert, ob die Nichtigerklärung auch in der Weise **konstitutiv** wirkt, dass die Norm erst durch die Nichtigerklärung in ihrer Geltung vernichtet wird, **oder** ob die Nichtigkeit eo ipso besteht und vom Bundesverfassungsgericht nur **deklaratorisch** festgestellt wird (dazu auch → § 78 Rn. 10).

46 Das Bundesverfassungsgericht hält sich für befugt, in gewissen Fällen abweichend vom Wortlaut des Abs. 3 Satz 1 von der Nichtigerklärung eines Gesetzes abzusehen. Stattdessen stellt es lediglich auf der Grundlage des Abs. 1 die **Unvereinbarkeit des Gesetzes mit einer bestimmten Vorschrift des Grundgesetzes** fest und erteilt dem Gesetzgeber darüber hinaus den Auftrag zu einer verfassungskonformen Neuregelung, meist bis zu einem genau festgelegten Zeitpunkt und ggf. auch rückwirkend.[85] Für eine solche Ausnahme

80 BVerfGE 165, 363 (441 f., Rn. 177) – SOG Hessen; 165, 1 (101 f., Rn. 204 ff.) – SOG MV; 163, 107 (164, Rn. 153 ff.) – Tierarztvorbehalt; 163, 1 (2, Ziff. 1 des Tenors) – Windenergie im Wald; 161, 63 (136, Rn. 168) – Windenergie-Beteiligungsgesellschaften; 156, 11 (63, Rn. 136) – Antiterrordatei II; 153, 182 (308, Rn. 337) – Sterbehilfe; 153, 74 (75, Ziff. 2 des Tenors) – Einheitliches Patentgericht; 150, 244 (306 f., Rn. 169) – Kfz-Kennzeichenkontrollen Bayern; 146, 294 (294); 143, 161 (161); 141, 220 (220); 135, 90 (91); 133, 112 (112) – SächsPsychKG.

81 Vgl. BVerfGE 144, 369 (411, Rn. 111).

82 Schmidt-Bleibtreu/Klein/Bethge BVerfGG/Hömig § 95 Rn. 40 (Stand: Januar 2017).

83 In diesem Sinne auch Schmidt-Bleibtreu/Klein/Bethge BVerfGG/Hömig § 95 Rn. 39 (Stand: Januar 2017).

84 Vgl. Meyer JZ 2012, 434.

85 Vgl. BVerfG, Urteil des Zweiten Senats vom 20.6.2023 – 2 BvR 166/16 ua, Rn. 236 bei Juris – Gefangenenvergütung II; BVerfGE 165, 363 (440 f., Rn. 175) – SOG Hessen; 165, 1 (100, Rn. 202) – SOG MV; 164, 347 (424 f., Rn. 207 f.) – Körperschaftssteuererhöhungspotenzial; 164, 76 (137 f., Rn. 187 ff.) – Körperschaftssteuerminderungspotenzial II; 163, 43 (105 f., Rn. 162 ff.) – BVerfSchG – Übermittlungsbefugnisse; 162, 1 (175 ff., Rn. 401 ff.) – Bayerisches Verfassungsschutzgesetz; 161, 163 (297 f., Rn. 369 ff.); 158, 282 (379 ff., Rn. 237 f.) – Vollverzinsung; 157, 30 (176, Rn. 267 f.) – Klimaschutz; 155, 238 (309 f., Rn. 176) – WindSeeG; 155, 119 (234 ff., Rn. 263 ff.) – Bestandsdatenauskunft II; 154, 152 (311 f., Rn. 329) – BND – Ausland-Ausland-Aufklärung; 151, 101 (151, Rn. 131) – Stiefkindadoption; 150, 244 (307 f., Rn. 170, 172); 149, 293 (295 und 345, Rn. 130); 148, 147

von der Nichtigerklärung ist eine Mehrheit im Senat erforderlich.[86] Kommt es bei der Abstimmung über den Rechtsfolgenausspruch zu einer Stimmengleichheit, muss es daher bei der Nichtigerklärung bleiben.[87] Erweisen sich verschiedene Regelungen eines Gesetzes als verfassungswidrig, kann das Bundesverfassungsgericht auch teilweise auf Nichtigkeit und teilweise auf bloße Unvereinbarkeit entscheiden.[88]

Eine **ausdrückliche gesetzliche Grundlage** für diese Entscheidungsvariante **gibt es** jedenfalls in den Regelungen zur Verfassungsbeschwerde **nicht**. Versuche, sie aus anderen Vorschriften abzuleiten (§ 79 Abs. 1,[89] § 35, § 31 Abs. 2 Satz 2 und 3[90]), befriedigen schon deshalb nicht, weil unverständlich bleibt, dass diese Art der Entscheidung vom Gesetzgeber bislang nicht in § 95 Abs. 3 als der zentralen Norm zu stattgebenden Entscheidungen des Bundesverfassungsgerichts bei Verfassungsbeschwerden gegen Gesetze aufgenommen worden ist und diese Vorschrift deshalb nach wie vor den unzutreffenden Eindruck erweckt, verfassungswidrige Gesetze seien stets für nichtig zu erklären.[91] 47

Auch in der Sache überzeugen die einzelnen Ansätze, die Entscheidungspraxis des Bundesverfassungsgerichts auf **Regelungen außerhalb des § 95 Abs. 3** zu stützen, nicht. § 35 betrifft als Regelung der Vollstreckung erst die Durchsetzung des Entscheidungsausspruchs des Bundesverfassungsgerichts und kann daher nicht das Absehen von der Nichtigerklärung als solches legitimieren. Aus der Erwähnung der Unvereinbarerklärung in § 79 Abs. 1 kann kaum gefolgert werden, der Gesetzgeber habe diese Entscheidungsvariante über den Regelungsbereich dieser Vorschrift im Rahmen der abstrakten Normenkontrolle und durch die Verweisung in § 82 Abs. 1 auch der konkreten Normenkontrolle hinaus allgemein anerkannt.[92] § 31 Abs. 2 Satz 2 zeigt lediglich, dass der Gesetzgeber – notgedrungen – Rechtsfolgen an die Entscheidungspraxis des Bundesverfassungsgerichts knüpft, kann das Defizit einer gesetzlichen Grundlage für die Unvereinbarerklärung in § 95 Abs. 3 aber auch nicht auffangen. 48

Dennoch ist die bloße **Feststellung der Unvereinbarkeit nicht generell gesetzeswidrig**. Die Kompetenz des Bundesverfassungsgerichts, gemäß Abs. 3 Satz 1 als verfassungswidrig beurteilte Gesetze für nichtig zu erklären, deckt weniger weitgehende, wenn auch nicht ausdrücklich gesetzlich verankerte 49

(149 und 211 f., Rn. 167); 148, 40 (40 f. und 63, Rn. 64); 146, 71 (149, Rn. 218); 145, 304 (305 und 345 f., Rn. 124 f.).

86 Vgl. BVerfGE 146, 71 (150, Rn. 221).

87 Vgl. BVerfGE 125, 260 (364).

88 Vgl. BVerfGE 165, 363 (365, Ziff. 1 des Tenors und 441 f., Rn. 177 einerseits und 365, Ziff. 2 des Tenors und 440 f., Rn. 175 andererseits); 165, 1 (2, Ziff. 1 des Tenors und 101 f., Rn. 204 ff. einerseits und 2, Ziff. 2 und 100 f., Rn. 202 andererseits); 162, 1 (3, Ziff. 1 des Tenors und 175 f., Rn. 402 einerseits und 3, Ziff. 2 des Tenors und 176, Rn. 403 andererseits).

89 Vgl. BVerfGE 158, 282 (379, Rn. 237).

90 Vgl. BVerfG, Urteil des Zweiten Senats vom 20.6.2023 – 2 BvR 166/16 ua, Rn. 235 bei Juris; BVerfGE 165, 363 (440, Rn. 174); 165, 1 (100, Rn. 201); 164, 347 (424, Rn. 207); 164, 76 (137 f. Rn. 187); 163, 43 (105, Rn. 162); 162, 1 (175, Rn. 401); 158, 282 (379, Rn. 237); 155, 119 (234, Rn. 263); 154, 152 (311, Rn. 329).

91 Für eine umfassende gesetzliche Neuregelung auch Lechner/Zuck/Zuck § 95 Rn. 41.

92 So aber Schmidt-Bleibtreu/Klein/Bethge BVerfGG/Hömig § 95 Rn. 56 (Stand: Januar 2017).

Entscheidungswirkungen jedenfalls dann ab, wenn diese aus anderen Gründen nicht nur zweckmäßig, sondern rechtlich geboten sind.

50 Die Abweichung von der gesetzlich vorgeschriebenen Nichtigerklärung muss dabei die stets **gesondert zu begründende Ausnahme** bleiben. Dieses Regel-Ausnahme-Verhältnis erkennt das Bundesverfassungsgericht theoretisch weiter an,[93] entfernt sich davon aber in der Entscheidungspraxis durch eine relativ großzügige, kritisch zu betrachtende Anwendung der Unvereinbarerklärung.

51 Das Bundesverfassungsgericht wählt diese Entscheidungsvariante im Wesentlichen in **zwei Konstellationen**,[94] deren gemeinsamer Nenner lediglich darin zu sehen ist, dass nach Auffassung des Gerichts als überwiegend angesehene Gründe dafür sprechen, das Gesetz trotz seiner Verfassungswidrigkeit nicht für nichtig zu erklären und ihm damit jedenfalls für die Zukunft uneingeschränkt jegliche Geltung zu nehmen. Die Herleitung dieser Gründe ist in den beiden Fallgruppen aber ganz unterschiedlich.

52 **In der ersten Fallgruppe** stehen einer Nichtigerklärung die sich daraus ergebenden **Verwerfungen** entgegen, **die der Rechtszustand ohne das für nichtig erklärte Gesetz mit sich bringen würde**. Diese Fälle zeichnen sich dadurch aus, dass es aus verfassungsrechtlichen Gründen unabdingbar erscheint, eine verfassungswidrige Vorschrift für eine Übergangszeit fortbestehen zu lassen, damit in dieser Zeit nicht ein Zustand besteht, der von der verfassungsmäßigen Ordnung noch weiter entfernt ist als der bisherige.[95] Ziel ist es, ein rechtliches Vakuum[96] beziehungsweise ein Chaos zu vermeiden.[97]

53 Die hierfür erforderlichen und **maßgeblichen verfassungsrechtlichen Gründe** können im Ansatz nachvollziehbar sowohl in **Grundrechten**[98] als auch im Rechtsstaatsprinzip in seiner Ausprägung des **Prinzips der Rechtssicherheit** gesehen werden. Dieses ist dann betroffen, wenn mit der Nichtigerklärung der angegriffenen Regelung ein rechtliches Vakuum aufträte und sowohl bei den Behörden als auch bei den Rechtsunterworfenen Unsicherheit über die Rechtslage entstünde.[99] Gleiches gilt, wenn die sofortige Ungültigkeit der beanstandeten Norm dem Schutz überragender Güter des Gemeinwohls die Grundlage entziehen würde und eine Abwägung mit den betroffenen Grundrechten ergibt, dass der Eingriff für eine Übergangszeit

93 Vgl. BVerfGE 165, 363 (440, Rn. 174); 165, 1 (100, Rn. 201); 164, 347 (424, Rn. 207); 163, 43 (105, Rn. 162); 162, 1 (175, Rn. 401); 158, 282 (379, Rn. 237); 157, 30 (176, Rn. 267); 155, 119 (234, Rn. 263); 154, 152 (331, Rn. 329); 151, 101 (151, Rn. 131); 150, 244 (306, Rn. 168); deutlicher die abweichende Meinung von Paulus und Baer in BVerfGE 146, 71 (162, Rn. 22); dagegen als gleichrangige Entscheidungsalternativen dargestellt in BVerfGE 164, 76 (137 f., Rn. 187).

94 Vgl. Gaier JuS 2011, 961 (964).

95 Vgl. BVerfG, Urteil des Zweiten Senats vom 20.6.2023 – 2 BvR 166/16 ua, Rn. 236 bei Juris; BVerfGE 157, 30 (176, Rn. 267) – Klimaschutz; 143, 246 (394, Rn. 401); 130, 372 (402); 127, 132 (133 und 163); 125, 104 (104 und 136); 119, 181 (182 und 241); 111, 191 (192 und 224); vgl. auch BVerfGE 132, 134 (174) – Asylbewerberleistungsgesetz.

96 Vgl. BVerfGE 155, 310 (355 f., Rn. 103 f.).

97 BVerfGE 128, 326 (404 f.).

98 Vgl. BVerfGE 125, 39 (103): Art. 12 Abs. 1 GG; vgl. auch BVerfGE 157, 30 (176, Rn. 268); 155, 310 (356, Rn. 104): menschenwürdiges Existenzminimum; 132, 134 (178, Rn. 111).

99 BVerfGE 155, 310 (355 f., Rn. 103); 119, 331 (383).

hingenommen werden kann.[100] Besonderes Gewicht legt das Bundesverfassungsgericht dabei auf den Gesichtspunkt, dass gegen eine gesetzliche Regelung der Art, wie sie der Gesetzgeber derzeit in verfassungswidriger Weise vorgenommen hat, keine grundsätzlichen Bedenken bestehen und daher zu erwarten ist, dass der Gesetzgeber innerhalb der für eine Neuregelung gesetzten Frist nachbessert und für eine verfassungsgemäße Ausgestaltung der beanstandeten Regelungen sorgt.[101] Die Gründe für die Verfassungswidrigkeit dürfen nicht den Kern der mit den Vorschriften verfolgten Ziele betreffen, sondern nur ihre rechtsstaatliche Ausgestaltung.[102]

Allerdings überzeugt eine auf überwiegende Schutzinteressen abstellende Be- 54
gründung für eine bloße Unvereinbarerklärung nicht, wenn sich das Bundesverfassungsgericht **durch seine eigene Verfahrensgestaltung in eine prekäre Lage gebracht** hat, in der ihm die Konsequenzen einer Nichtigerklärung zu weit zu gehen scheinen. So hätte die Nichtigerklärung einer seit mehreren Jahren geltenden Landesregelung zur Ladenöffnung an Adventssonntagen nicht vermieden werden müssen, wenn das Bundesverfassungsgericht nicht ausgerechnet zu Beginn der Adventszeit entschieden und deshalb gemeint hätte, das Vertrauen der Ladeninhaber in die geplante Ladenöffnung nicht zerstören zu dürfen.[103] Ebenso wenig überzeugt es, die mit einer bloßen Unvereinbarerklärung verbundene Fortgeltung verfassungswidriger polizeilicher Eingriffsbefugnisse damit zu begründen, dass die Polizei hiermit bisher grundrechtsschonend umgegangen ist.[104]

Gegenüber gesetzgeberischen Mängeln **zu großzügig** erweist sich die Recht- 55
sprechung außerdem dann, wenn auf **rein fiskalische Interessen** Rücksicht genommen wird.[105] Hier fehlt es an einem rechtlich tragfähigen Grund für die Aufrechterhaltung eines verfassungswidrigen Zustandes.[106] Andernfalls müsste das Bundesverfassungsgericht in solchen, zumeist steuerliche Fragen betreffenden Verfassungsbeschwerdeverfahren vorrangig und damit deutlich schneller als bislang entscheiden. Da dies aber nicht der Fall ist, kann sich der Steuergesetzgeber weitgehend darauf verlassen, dass ihm die Früchte auch klar verfassungswidriger steuerlicher Regelungen nicht nur bis zum Zeitpunkt der Entscheidung des Bundesverfassungsgerichts, sondern noch darüber hinaus verbleiben. Die Einhaltung der verfassungsrechtlichen Grenzen für die steuerliche Belastung fördert das nicht. Verständlicher ist die

---

100 BVerfGE 165, 363 (440, Rn. 174); 165, 1 (100, Rn. 201); 163, 43 (105, Rn. 163); 162, 1 (175, Rn. 401); 155, 310 (355 f., Rn. 103); 155, 119 (234 f., Rn. 263); 154, 152 (311 f., Rn. 329 f.); 150, 244 (306, Rn. 168); 149, 293 (341 ff., Rn. 119 ff.); 141, 220 (351, Rn. 355); 133, 277 (376, Rn. 230).

101 Vgl. BVerfGE 165, 1 (100 f., Rn. 202); 163, 43 (105 f., Rn. 165); 162, 1 (176, Rn. 403); 155, 119 (234 f., Rn. 264); 154, 152 (311 f., Rn. 330).

102 BVerfGE 165, 1 (100 f., Rn. 202); 163, 43 (105 f., Rn. 165); 162, 1 (176, Rn. 403); 155, 238 (309 f., Rn. 176); 155, 119 (234, Rn. 264).

103 Vgl. BVerfGE 125, 39 (103).

104 Vgl. BVerfGE 165, 363 (440, Rn. 175).

105 So zum Beispiel in BVerfGE 125, 104 (136); 111, 91 (224); vgl. auch BVerfGE 150, 204 (244, Rn. 111); zu einer Gemeindesatzung: Beschluss der 2. Kammer des Ersten Senats vom 18.7.2019 – 1 BvR 807/12 ua, Rn. 73 bei Juris.

106 Im Ergebnis ablehnend wegen der geringen Zahl betroffener Fälle auch BVerfGE 132, 179 (193) – Grunderwerbsteuer bei eingetragener Lebenspartnerschaft; 131, 239 (266) – Beamtenbesoldung eingetragener Lebenspartner.

Betonung des Interesses an einer verlässlichen Finanzplanung, wenn eine rückwirkende Umgestaltung des Beitragsrechts im Bereich der gesetzlichen Sozialversicherung vermieden werden soll.[107]

56 **In der zweiten Fallgruppe** wäre der Rechtszustand, der bei Nichtigkeit der betreffenden Norm einträte, zwar für sich genommen rechtsstaatlich nicht unerträglich. Eine Nichtigerklärung soll aber daran scheitern, dass das Bundesverfassungsgericht aus Rücksichtnahme auf den **Gestaltungsspielraum des Gesetzgebers** keinen bestimmten anderen Rechtszustand, wie ihn die bloße Nichtigerklärung zur Folge hätte, herbeiführen will. Vielmehr respektiert das Bundesverfassungsgericht, dass dem Gesetzgeber unter Umständen mehrere Möglichkeiten offen stehen, wie er einen verfassungsgemäßen Zustand herstellt.[108] Das wird, jedenfalls in der konkreten Anwendung, auch aus dem Gericht selbst heraus als unangebrachte „Fürsorglichkeit gegenüber dem Gesetzgeber" kritisiert.[109]

57 Diese Fallgruppe ist im Zusammenhang mit der **Verletzung des allgemeinen Gleichheitssatzes des Art. 3 Abs. 1 GG** entwickelt worden, weil dort besonders deutlich zu Tage tritt, dass der Gesetzgeber einem gleichheitswidrigen Begünstigungsausschluss auf mehreren Wegen entgegentreten kann, etwa durch schlichte Erweiterung des begünstigten Personenkreises auf den bislang ausgeschlossenen, aber möglicherweise ebenso durch eine ganz andersartige, den Gleichheitssatz beachtende gesetzliche Neuregelung. In dieser Konstellation kommt unter Umständen hinzu, dass die Nichtigerklärung der gleichheitswidrigen Norm doch auch eine unerwünschte Folge hätte: Die Rechtsgrundlage für die in der Norm geregelte Leistung entfiele gänzlich und damit auch für die bislang Begünstigten. Bei Verstößen gegen Art. 3 Abs. 1 GG ist die Unvereinbarerklärung daher zum Regelfall geworden.[110]

58 In der Folgezeit hat das Bundesverfassungsgericht den Gesichtspunkt der Gestaltungsfreiheit des Gesetzgebers aber **auf die Verletzung anderer Grundrechte übertragen.**[111]

59 Auch in dieser Fallkonstellation übertreibt es das Bundesverfassungsgericht aber mit seiner Zurückhaltung gegenüber dem verfassungswidrig handeln-

107 Vgl. BVerfGE 161, 163 (298, Rn. 372 f.).

108 Vgl. BVerfG, Urteil des Zweiten Senats vom 20.6.2023 – 2 BvR 166/16 ua, Rn. 235 f. bei Juris; BVerfGE 164, 347 (424 f., Rn. 207 f.); 164, 76 (137 f., Rn. 187); 161, 163 (297, Rn. 369); 158, 282 (379, Rn. 237 f.); 149, 86 (125, Rn. 109); 148, 147 (211 ff., Rn. 165 ff.); 145, 304 (345, Rn. 123); 143, 246 (394, Rn. 401); 138, 136 (249 ff., Rn. 285 ff.); 131, 239 (264 f.) – Beamtenbesoldung eingetragener Lebenspartner; vgl. auch BVerfGE 152, 68 (149, Rn. 212); 146, 71 (149, Rn. 217); 130, 131 (150).

109 Vgl. die abweichende Meinung von Paulus und Baer in BVerfGE 146, 71 (162, Rn. 22).

110 Vgl. BVerfGE 164, 347 (424, Rn. 207; 164, 76 (137 f., Rn. 187); 161, 163 (297, Rn. 369); 158, 282 (379, Rn. 237); 151, 101 (151, Rn. 131); 148, 147 (211, Rn. 165); 138, 136 (249 ff., Rn. 285 ff.); 135, 238 (245, Rn. 24); 133, 59 (99, Rn. 106) – Sukzessivadoption; 131, 239 (264 f.) – Beamtenbesoldung eingetragener Lebenspartner; grundlegend BVerfGE 22, 349 (361); vgl. auch BVerfGE 132, 179 (192, Rn. 40); 130, 131 (150).

111 Vgl. BVerfG, Urteil des Zweiten Senats vom 20.6.2023 – 2 BvR 166/16 ua, Rn. 234 ff. bei Juris zu Art. 2 Abs. 1 iVm Art. 1 Abs. 1 GG; BVerfGE 146, 71 (148 f., Rn. 217) zu Art. 9 Abs. 3 GG; BVerfGE 128, 157 (158, 192), 121, 317 (318, 373) und 115, 276 (277 und 317) zu Art. 12 Abs. 1 GG; BVerfGE 127, 87 (88 und 131 f.) zu Art. 5 Abs. 3 Satz 1 GG; BVerfGE 114, 1 (70) zu Art. 14 Abs. 1 Satz 1 GG.

den Gesetzgeber. Zwar ist anerkannt, dass bei einem Gleichheitsverstoß nicht von einer **Nichtigerklärung** abzusehen ist, **wenn der Gleichheitsverstoß ohnehin nicht anders als durch Gewährung der Leistung auch zugunsten der bislang ausgeschlossenen Personengruppe beseitigt werden kann.**[112] Für die Beschränkung auf eine Unvereinbarerklärung besteht auch dann kein Anlass, wenn dem Gesetzgeber mit der Nichtigerklärung keine von ihm so nicht gewollte Regelung aufgedrängt wird.[113]

Dann hätte aber auch die Vorschrift des Beratungshilfegesetzes, die **Beratungshilfe in steuerrechtlichen Angelegenheiten** unter Verstoß gegen 60
Art. 3 Abs. 1 GG ausschloss, insoweit für nichtig erklärt werden müssen, weil das einzig verfassungsgemäße Ergebnis – die Gewährung von Beratungshilfe auch in solchen Fällen – feststand. Daran ändert sich auch nichts dadurch, dass dem Gesetzgeber mehrere regelungstechnische Wege zur Verfügung standen, um dieses Ergebnis herbeizuführen.[114] Es verbietet sich lediglich die Einmischung in Zielvorstellungen des Gesetzgebers, nicht auch in dessen Regelungsmechanismen.

Bei **besonders gravierenden Grundrechtseingriffen** bleibt es aber trotz des 61
Gestaltungsspielraums des Gesetzgebers beim Ausspruch der Nichtigkeit des Gesetzes.[115] Hier nimmt das Bundesverfassungsgericht zu Recht keine Rücksicht darauf, dass dem Gesetzgeber zur Schaffung einer verfassungsgemäßen Eingriffsregelung verschiedene Wege offen stehen.

Die gebotene Rücksichtnahme auf die Gestaltungsfreiheit des Gesetzgebers 62
muss auch dort seine Grenzen finden, wo die **Unvereinbarerklärung** und eine daraus folgende vorübergehende Weitergeltung des verfassungswidrigen Gesetzes **mit dem Vorrang unmittelbar geltenden Unionsrechts kollidiert.** Ein gleichzeitig vorliegender Verstoß des angegriffenen Gesetzes gegen Unionsrecht darf nicht auf nationaler Ebene durch eine bloße Unvereinbarerklärung verlängert werden. Diesen Zusammenhang mit europäischen Vorgaben hat das Bundesverfassungsgericht bei der Anwendung des Abs. 3 Satz 1 zu beachten. Es hat in einem solchen Fall die Unanwendbarkeit des Gesetzes auszusprechen, indem es das Gesetz nach Abs. 3 Satz 1 für nichtig erklärt. Geschieht dies nicht, wird die Unanwendbarkeit gegen die Fortgeltungsanordnung des Bundesverfassungsgerichts gegebenenfalls später vom Gerichtshof der Europäischen Union festgestellt.[116]

Beide Begründungsansätze zur Vermeidung einer Nichtigerklärung, also 63
sowohl die Vermeidung eines noch verfassungswidrigeren Zustands als auch die Betonung des gesetzgeberischen Gestaltungsspielraums, können auch **kumulativ** zusammenfallen.[117]

---

112 Vgl. BVerfGE 85, 191 (212), dort im konkreten Fall allerdings verneint; vgl. zu eingeschränkten Abhilfemöglichkeiten bei einem Gleichheitsverstoß auch BVerfGE 124, 199 (233 f.).

113 Vgl. BVerfGE 132, 72 (98 f., Rn. 60).

114 So aber BVerfGE 122, 39 (62).

115 BVerfGE 120, 378 (432 f.); vgl. auch BVerfGE 153, 182 (308 ff., Rn. 337 ff.) – Sterbehilfe.

116 Vgl. EuGH Urt. v. 8.9.2010 – C-409/06, Tz. 69 – Winner Wetten, zu BVerfGE 115, 276 (317 ff.).

117 Vgl. BVerfG, Urteil des Zweiten Senats vom 20.6.2023 – 2 BvR 166/16, Rn. 236 bei Juris; BVerfGE 143, 246 (394, Rn. 401); 127, 132 (163); 125, 39 (103); vgl. auch BVerfGE 117, 163 (199 f.).

64 Bei einer bloßen Unvereinbarerklärung **gilt** die betreffende **Norm** anders als bei einer Nichtigerklärung **vorübergehend weiter**. Das bedeutet zunächst, dass weiterhin eine Rechtsgrundlage für Leistungen an die von der Norm Begünstigten existiert.[118]

65 Allerdings darf die als verfassungswidrig beurteilte Norm **grundsätzlich** nicht mehr für Eingriffe in Rechte Betroffener genutzt werden. Insoweit steht die grundsätzliche Rechtsfolge der Unvereinbarerklärung, eine auch vom Bundesverfassungsgericht sogenannte **Anwendungssperre**,[119] der Rechtsfolge einer Nichtigerklärung gleich. Gerichte und Verwaltungsbehörden dürfen die Norm nicht mehr anwenden, laufende Verfahren sind auszusetzen.[120]

66 Die Weitergeltung der Norm eröffnet dem Bundesverfassungsgericht aber die Möglichkeit, auf der Grundlage des § 35 auch Anordnungen zu treffen,[121] die **Ausnahmen von der Anwendungssperre** vorsehen. Das entspricht dem Sinn der Unvereinbarerklärung, wenn sie dazu dienen soll, **rechtsfreie Räume zu vermeiden** (→ Rn. 52 ff.).

67 Dafür kann es erforderlich sein, dass das Bundesverfassungsgericht sogar die **vorübergehende weitere Anwendbarkeit** des verfassungswidrigen Gesetzes **anordnet**.[122] Diese Anordnung kann sich auf einen Teil der verfassungswidrigen Regelung beziehen, während es im Übrigen zwar bei einer bloßen Unvereinbarerklärung, aber doch bei einer Anwendungssperre bleibt.[123] Folge der Anordnung der weiteren Anwendbarkeit der Norm ist, dass Entscheidungen, die auf die verfassungswidrige Regelung gestützt werden, im Ergebnis nicht allein mit Blick auf die festgestellte Verfassungswidrigkeit des Gesetzes verfassungsrechtlich zu beanstanden sind und erfolgreich mit der Verfassungsbeschwerde angegriffen werden können.[124] Wegen der Fortgeltungsanordnung scheidet eine Aufhebung der angegriffenen Gerichtsentscheidungen aus.[125] Die Anordnung der Weiteranwendung kann auch mit

---

118 Vgl. BVerfG, Urteil des Zweiten Senats vom 20.6.2023 – 2 BvR 166/16, Rn. 236 bei Juris.

119 Vgl. BVerfGE 164, 347 (425, Rn. 211); 164, 76 (139, Rn. 191); 158, 282 (384 ff., Rn. 253 ff.); 151, 101 (151, Rn. 132); 147, 1 (30 f., Rn. 66); 135, 238 (245, Rn. 24); 129, 49 (76); 126, 400 (431); vgl. auch BVerfGE 132, 179 (193, Rn. 44).

120 BVerfG, Beschluss des Zweiten Senats vom 7.12.2022 – 2 BvR 988/16, Rn. 211 bei Juris; BVerfG, Beschluss des Zweiten Senats vom 24.11.2022 – 2 BvR 1424/15, Rn. 191 bei Juris; BVerfGE 158, 282 (384 f., Rn. 253).

121 Vgl. BVerfGE 149, 293 (294, Ziff. 4 des Tenors); 130, 372 (402 f.); 121, 317 (376); Meyer JZ 2012, 434 (439 ff.); Gaier JuS 2011, 961 (964 f.).

122 Vgl. BVerfG, Urteil des Zweiten Senats vom 20.6.2023 – 2 BvR 166/16 ua, Ziff. 3 des Tenors und Rn. 236 bei Juris; BVerfGE 165, 363 (365 f., Ziff. 2 des Tenors und 440 f., Rn. 175); 165, 1 (2 f., Ziff. 3 des Tenors und 100 f., Rn. 202); 163, 43 (44, Ziff. 2 des Tenors und 105 f., Rn. 165); 162, 1 (3 ff., Ziff. 3 des Tenors und 176, Rn. 403); 161, 163 (166, Ziff. 2 des Tenors und 298, Rn. 372 f.); 158, 282 (283, Ziff. 2 des Tenors und 383 ff., Rn. 249 ff.); 157, 30 (33, Ziff. 4 des Tenors und 176, Rn. 268); 155, 238 (239, Ziff. 3 des Tenors und 309 f., Rn. 176); 155, 119 (122, Ziff. 2 des Tenors und 236 f., Rn. 268 ff.); 148, 40 (63 f., Rn. 64); 138, 136 (250 f., Rn. 288 ff.); 135, 238 (246, Rn. 25); 128, 326 (404); 127, 132 (163); 125, 104 (136); 125, 39 (103).

123 Vgl. BVerfGE 158, 282 (383 ff., Rn. 249 ff. und 253 ff.).

124 Beschluss der 3. Kammer des Zweiten Senats vom 18.4.2012 – 2 BvR 741/10, Rn. 14 bei Juris.

125 BVerfG, Urteil des Zweiten Senats vom 20.6.2023 – 2 BvR 166/16 ua, Rn. 247 bei Juris.

Maßgaben verbunden werden.[126] Diese Maßgaben beruhen – anders als die Unvereinbarerklärung als solche (→ Rn. 48) – auf § 35.[127] Erst recht gilt dies für vom Bundesverfassungsgericht angeordnete Übergangsregelungen, die bis zu einer gesetzlichen Neuregelung an die Stelle des für unvereinbar erklärten Gesetzes treten.[128]

Wird auf die Nichtigerklärung hingegen nicht zumindest auch wegen einer drohenden unerträglichen Regelungslücke verzichtet, sondern nur deshalb, um dem Gesetzgeber seinen Gestaltungsspielraum zu belassen, sollte es grundsätzlich bei der **Anwendungssperre** bis zu einer Neuregelung bleiben.[129] 68

Zwingend muss es bei einer Anwendungssperre jedenfalls dann bleiben, wenn die Fachgerichte sonst gezwungen wären, eine Vorschrift weiter anzuwenden, die vom Europäischen Gerichtshof für Menschenrechte schon für **unvereinbar mit der EMRK** erklärt worden ist.[130] Insofern hat das Bundesverfassungsgericht schon Konsequenzen aus dem Zusammenhang mit europäischen Rechtsquellen gezogen (vgl. ausführlich → § 90 Rn. 233 ff.). 69

Auch wenn die vorübergehende Anwendbarkeit des Gesetzes angeordnet wird, darf das Hauptanliegen der stattgebenden Entscheidung, den verfassungswidrigen Zustand zu beseitigen, aber nicht in den Hintergrund treten. Daher muss das Bundesverfassungsgericht zugleich mit der Anordnung der vorübergehenden weiteren Anwendbarkeit **konkrete weitere Regelungen** treffen, die einer möglichst baldigen Wiederherstellung eines verfassungsgemäßen Zustands dienlich sind. 70

Deshalb ist mit der Unvereinbarerklärung sowohl bei einer Anwendungssperre als auch im Falle vorübergehender Anwendbarkeit der verfassungswidrigen Norm zwingend ein **Regelungsauftrag** an den Gesetzgeber zu verbinden.[131] Hat das Bundesverfassungsgericht die vorübergehende Fortgeltung der verfassungswidrigen Norm angeordnet, dann kann dies auch bedeuten, dass der Gesetzgeber zu einer Neuregelung nur mit Wirkung für die Zukunft verpflichtet ist.[132] Dem Gesetzgeber ist dabei in der Regel eine **Frist** zu setzen, innerhalb derer eine Neuregelung zu schaffen ist.[133] Von einer Fristset- 71

126 BVerfGE 165, 363 (441, Rn. 176); 165, 1 (101, Rn. 203); 163, 43 (106, Rn. 166); 162, 1 (176 ff., Rn. 404 ff.); 155, 119 (236 f., Rn. 269 ff.); 148, 40 (63 f., Rn. 64); 133, 277 (376 f., Rn. 231) – Antiterrordatei; 130, 372 (402 f.); vgl. auch BVerfGE 152, 68 (70 f., Ziff. 2 des Tenors).

127 Vgl. BVerfGE 130, 372 (402 f.); 128, 326 (405).

128 Vgl. BVerfGE 149, 293 (294 f. und 343 ff., Rn. 124 ff.); 133, 59 (99, Rn. 107 f.) – Sukzessivadoption; 132, 134 (174 ff., Rn. 98 ff.) – Asylbewerberleistungsgesetz.

129 BVerfGE 151, 101 (151, Rn. 132); 129, 49 (77); 128, 109 (137); 126, 400 (431 f.); 125, 1 (38).

130 BVerfGE 127, 132 (164).

131 Vgl. BVerfG, Urteil des Zweiten Senats vom 20.6.2023 – 2 BvR 166/16 ua, Rn. 236 bei Juris; BVerfGE 165, 363 (440 f., Rn. 175); 165, 1 (100 f., Rn. 202); 161, 163 (298, Rn. 374); 158, 282 (387, Rn. 260); 157, 30 (176, Rn. 268); 155, 238 (309 f., Rn. 176); 151, 101 (151, Rn. 132); 150, 169 (170); 147, 1 (2 und 30 f., Rn. 66); 142, 313 (314 und 352 f., Rn. 102 f.); 129, 49 (76 f.); 126, 400 (431); 121, 317 (373).

132 Vgl. BVerfG, Urteil des Zweiten Senats vom 20.6.2023 – 2 BvR 166/16 ua, Rn. 243 ff. bei Juris; BVerfGE 161, 163 (298, Rn. 372 f.).

133 Vgl. BVerfG, Urteil des Zweiten Senats vom 20.6.2023 – 2 BvR 166/16 ua, Rn. 247 bei Juris BVerfGE 165, 363 (440 f., Rn. 175); 165, 1 (100 f., Rn. 202); 163, 43 (105 f., Rn. 165); 162, 1 (176, Rn. 403); 161, 163 (298, Rn. 374); 158, 282 (387, Rn. 260); 157, 30 (176,

zung kann allerdings abgesehen werden, wenn schon Anhaltspunkte für die baldige Schaffung einer verfassungsgemäßen Neuregelung vorliegen.[134] Für den Fall, dass der Gesetzgeber nicht fristgerecht eine Neuregelung schafft, kann schon im Tenor angeordnet oder in den Entscheidungsgründen klargestellt werden, dass mit Fristablauf Nichtigkeit des Gesetzes eintritt[135] oder jedenfalls das Gesetz anschließend nicht mehr anwendbar ist.[136] Aber selbst wenn dies nicht ausdrücklich geschieht, ergibt sich das Außerkrafttreten und die Unanwendbarkeit der verfassungswidrigen Norm ohne Weiteres aus der Befristung ihrer Fortgeltung.[137] Besteht Streit darüber, ob der Gesetzgeber den Regelungsauftrag erfüllt hat, kann diese Frage Gegenstand eines weiteren Verfassungsbeschwerdeverfahrens sein mit dem Ergebnis, dass festgestellt wird, dass der Beschwerdeführer weiterhin in seinen Grundrechten verletzt ist und der Gesetzgeber zu der schon zuvor angeordneten Neuregelung verpflichtet bleibt.[138]

72 Daneben können **Vorgaben für die** ausnahmsweise zulässige **Anwendung** der verfassungswidrigen Norm **innerhalb der Übergangszeit** bis zu einer Neuregelung geboten sein.[139]

73 Ist ein Gesetz nur **teilweise**, also nicht hinsichtlich aller angegriffenen Regelungen, verfassungswidrig, so ist es nur insoweit **für nichtig oder unvereinbar zu erklären**. Im Übrigen, also bezüglich der nicht mit Erfolg angegriffenen Regelungen des Gesetzes, ist die Verfassungsbeschwerde zurückzuweisen oder im Falle ihrer Unzulässigkeit zu verwerfen.[140]

74 Die Teilnichtig- oder Teilunvereinbarerklärung ist nicht zu verwechseln mit Fällen, in denen das Bundesverfassungsgericht zum Ergebnis kommt, dass eine Norm nur in einer bestimmten **verfassungskonformen Auslegung** mit dem Grundgesetz vereinbar ist. In diesem Fall ist die Norm als solche insgesamt verfassungsgemäß, so dass die Verfassungsbeschwerde zurückzuweisen ist. Lediglich in den Entscheidungsgründen, auf die im Tenor allerdings Bezug genommen werden kann,[141] führt das Bundesverfassungsgericht mit der Bindungswirkung des § 31 Abs. 1 aus, wie die Norm ausgelegt und ange-

---

Rn. 268); 155, 238 (309 f., Rn. 176); 155, 119 (236, Rn. 268); 154, 152 (312, Rn. 331); 151, 101 (151, Rn. 132); 149, 293 (294 f. und 345, Rn. 130); 147, 253 (263); 147, 1 (2); 145, 106 (168 f., Rn. 162 f.); 133, 277 (278) – Antiterrordatei.

134 BVerfGE 127, 87 (132).

135 BVerfGE 145, 106 (107); 130, 240 (241); vgl. zu einer Gemeindesatzung auch Beschluss der 2. Kammer des Ersten Senats vom 18.7.2019 – 1 BvR 807/12 ua, Ziff. I. 1., Satz 2 des Tenors Juris.

136 Vgl. BVerfGE 165, 363 (440 f., Rn. 175).

137 Vgl. BVerfGE 163, 43 (105 f., Rn. 165); 154, 152 (312, Rn. 331).

138 Vgl. BVerfGE 155, 378 (379, Ziff. 1 und 2 des Tenors).

139 BVerfGE 165, 363 (441, Rn. 176); 163, 43 (106, Rn. 166); 162, 1 (176 ff., Rn. 404 ff.); 155, 119 (236 f., Rn. 269 ff.); 148, 40 (63 f., Rn. 64); 133, 277 (376 f., Rn. 231) – Antiterrordatei; 128, 326 (405 ff.); 127, 132 (164 f.); 122, 39 (63); 121, 317 (376 f.); 115, 276 (319).

140 Vgl. BVerfGE 163, 43 (44, Ziff. 3 des Tenors); 162, 1 (5, Ziff. 4 des Tenors); 161, 163 (166, Ziff. 3 des Tenors); 161, 63 (64, Ziff. 2 des Tenors); 158, 282 (283, Ziff. 4 des Tenors); 155, 119 (122, Ziff. 3 des Tenors); 143, 246 (248); 133, 277 (279, Ziff. 4 des Tenors); 120, 274 (275); 119, 1 (2); unklar BVerfGE 155, 238 (239), wo die Verfassungsbeschwerden in Ziff. 2 des Tenors im Übrigen zurückgewiesen werden, aber in den Entscheidungsgründen nicht deutlich wird, auf welchen Teil des Streitgegenstands sich das bezieht.

141 Vgl. BVerfGE 149, 126 (127); 124, 25 (26) – Basistarif in der Krankenversicherung.

wandt werden muss, damit ihre Anwendung nicht gegen das Grundgesetz verstößt.[142]

Gelegentlich findet sich der **Ausspruch der Notwendigkeit einer verfassungskonformen Auslegung** aber doch nicht nur in Form der Bezugnahme auf die Entscheidungsgründe, sondern auch detailliert **im Tenor**, und die Verfassungsbeschwerde wird, jedenfalls wenn sie sich unmittelbar gegen eine Entscheidung und nur mittelbar gegen die Norm richtete, als begründet beurteilt, nämlich hinsichtlich der unmittelbar angegriffenen fachgerichtlichen Entscheidung, in der die Norm verfassungswidrig ausgelegt wurde.[143] 75

Von der Unvereinbarerklärung im Falle einer erfolgreichen Rechtssatzverfassungsbeschwerde sind außerdem Entscheidungsaussprüche **zu unterscheiden**, die das Bundesverfassungsgericht für Fälle entwickelt hat, in denen die Verfassungsbeschwerde zwar zurückgewiesen wird, das Bundesverfassungsgericht den Gesetzgeber aber zur Beobachtung der weiteren Entwicklung beziehungsweise bei Eintritt bestimmter Umstände zur künftigen Normkorrektur auffordert.[144] Diese Aufträge an den Gesetzgeber sind ebenfalls im Sinne des § 31 Abs. 1 bindend, auch wenn sie sich nur in den Entscheidungsgründen finden. Derartige Entscheidungen des Bundesverfassungsgerichts werden als **Appellentscheidungen** bezeichnet.[145] 76

2. Stattgabe bei mittelbarer Rechtssatzverfassungsbeschwerde, Abs. 3 Satz 2. Der unmittelbare Regelungsgehalt des **Abs. 3 Satz 2** erschöpft sich in der Aussage, dass der gestaltende Teil des Tenors auch bei einer unmittelbar gegen eine Entscheidung im Sinne des Abs. 2 gerichteten Verfassungsbeschwerde in bestimmten Fällen so auszusprechen ist, wie er für den Fall einer erfolgreichen gesetzesunmittelbaren Verfassungsbeschwerde in Abs. 3 Satz 1 vorgeschrieben ist. Dies gilt dann, wenn sich die Verfassungsbeschwerde mittelbar gegen ein Gesetz richtete und ihr genau deshalb stattgegeben wird, weil das **Gesetz, auf dem die angegriffene Entscheidung beruhte, als verfassungswidrig beurteilt** wird. 77

Bei der Verweisung des Abs. 3 Satz 2 handelt es sich aber eigentlich um eine Selbstverständlichkeit, wenn die rechtliche Konstruktion einer **mittelbaren Rechtssatzverfassungsbeschwerde** als solche anerkannt wird. Eine andere Rechtsfolgenanordnung für eine erfolgreiche Verfassungsbeschwerde als die des Abs. 3 Satz 1, auch mit deren Ausnahmen (dazu → Rn. 46 ff.) und Weiterungen (dazu → Rn. 85 f.), ist dann nicht denkbar. Die größere Bedeutung der Vorschrift ist daher darin zu sehen, dass mit ihr die praktisch notwendige Rechtsfigur der mittelbaren Rechtssatzverfassungsbeschwerde eine **gesetzliche Anerkennung** erfahren hat. 78

Abs. 3 Satz 2 betrifft nur die Rechtsfolgen hinsichtlich des mit Erfolg mittelbar angegriffenen Gesetzes. Insoweit gilt Abs. 3 Satz 1 nicht nur entsprechend, sondern „gleich" wie bei einer gesetzesunmittelbaren Verfassungsbeschwerde. Die **Rechtsfolgen** des Abs. 3 Satz 1 treten zu der Aufhebung der 79

142 Vgl. BVerfGE 129, 124 (185 f.) – Griechenlandhilfe und Euro-Rettungsschirm; 124, 25 (26) – Basistarif in der Krankenversicherung.
143 Vgl. BVerfGE 134, 33 (33 f.); 121, 69 (70 und 105 ff.).
144 Vgl. BVerfGE 123, 186 (266); 103, 271 (292).
145 Vgl. BVerfGE 86, 369 (379 f.).

gerichtlichen Entscheidung und der Zurückverweisung an das zuständige Fachgericht nach Abs. 2 hinzu.[146] Gesetz in diesem Sinne könnten auch Satzungen sein.[147]

80 **Auch bei einer mittelbaren Rechtssatzverfassungsbeschwerde** kann statt einer Nichtigerklärung eine bloße **Unvereinbarerklärung** erfolgen.[148]

81 Wenn das Bundesverfassungsgericht das von einem Fachgericht angewandte, mittelbar angegriffene Gesetz für mit dem Grundgesetz unvereinbar erklärt, die unmittelbar angegriffene Gerichtsentscheidung aufhebt, den Rechtsstreit an das Fachgericht zurückverweist und dem Gesetzgeber eine Frist zur Neuregelung setzt, folgt daraus für das Ausgangsverfahren, dass das Fachgericht den dortigen **Rechtsstreit** bis zu einer gesetzlichen Neuregelung **auszusetzen** hat, um dann auf der Grundlage dieser Neuregelung eine neue Entscheidung zu treffen.[149] Auch hier gelten aber wie bei Abs. 2 die Ausnahmen, in denen das Bundesverfassungsgericht von einer Aufhebung der angegriffenen Entscheidungen und einer Zurückverweisung absieht.[150] Außerdem kommt eine Aufhebung und Zurückverweisung nicht in Betracht, wenn das Bundesverfassungsgericht die Fortgeltung der verfassungswidrigen Norm anordnet und es daher für die Vergangenheit bei der in den angegriffenen Entscheidungen zugrunde gelegten Rechtslage bleibt.[151]

82 **3. Weitergehende Wirkungen der Stattgabe, Abs. 3 Satz 3 iVm § 79. Hinsichtlich der weitergehenden**, nicht im Tenor auszusprechenden **Wirkungen** einer stattgebenden Entscheidung bei einer Rechtssatzverfassungsbeschwerde **verweist Abs. 3 Satz 3 auf § 79**. Aus § 79 ergibt sich daher, welche Möglichkeiten den vom verfassungswidrigen Gesetz Betroffenen im Hinblick auf die Beseitigung der Wirkung rechtskräftiger Strafurteile und sonstiger Entscheidungen offenstehen, sobald eine stattgebende Entscheidung des Bundesverfassungsgerichts gegen ein Gesetz vorliegt.

83 Die Verweisung auf § 79 gilt sowohl für die gesetzesunmittelbare Verfassungsbeschwerde im Sinne des Abs. 3 Satz 1 als auch für die mittelbare Rechtssatzverfassungsbeschwerde im Sinne des Abs. 3 Satz 2. Sie gilt ferner umfassend für alle vom Bundesverfassungsgericht auf der Grundlage des Abs. 3 Sätze 1 und 2 angeordneten Rechtsfolgen, insbesondere also **auch für die bloße Unvereinbarerklärung** und die damit verbundenen Maßgaben, und zwar nicht nur in dem Bereich der Strafurteile, wo die Unvereinbarerklärung bei abstrakten Normenkontrollverfahren nach §§ 76 ff. in § 79 Abs. 1 eine ausdrückliche Erwähnung gefunden hat, sondern auch in Bezug auf die Wirkungen auf sonstige Entscheidungen gemäß § 79 Abs. 2.[152]

---

146 Vgl. BVerfGE 151, 101 (102); 149, 293 (294 f.); 149, 222 (223 f.); 147, 1 (1 f.); 146, 294 (294); 135, 90 (91).

147 BVerfGE 135, 126 (154, Rn. 91) – Zweitwohnungssteuer; vgl. auch Beschluss der 2. Kammer des Ersten Senats vom 18.7.2019 – 1 BvR 807/12 ua, Tenor bei Juris.

148 Vgl. BVerfG, Urteil des Zweiten Senats vom 20.6.2023 – 2 BvR 166/16 ua, Rn. 235 f. bei Juris; BVerfGE 158, 282 (283); 151, 101 (151, Rn. 131); 149, 222 (223); 147, 1 (1 f.); 129, 49; 128, 157 (157 f.); 128, 109 (109); 126, 400 (409 und 431); 125, 104 (104 f.); 115, 276 (277).

149 BVerfGE 151, 101 (102, Ziff. 2 des Tenors); 147, 1 (2); 129, 49 (76); 128, 157 (158); 125, 1 (2 und 39); vgl. auch BVerfGE 132, 179 (193, Rn. 44).

150 Vgl. BVerfGE 158, 282 (388, Rn. 262).

151 BVerfG, Urteil des Zweiten Senats vom 20.6.2023 – 2 BvR 166/16 ua, Rn. 247 bei Juris.

152 Schmidt-Bleibtreu/Klein/Bethge BVerfGG/Hömig § 95 Rn. 63 (Stand: Januar 2017).

Der Fall einer **verfassungskonformen Auslegung** eines Gesetzes kann von der Verweisung eigentlich nicht umfasst sein, da es dort grundsätzlich allenfalls zu einer Stattgabe hinsichtlich der das Gesetz verfassungswidrig anwendenden Gerichtsentscheidung, nicht aber im Sinne des Abs. 3 Satz 2 hinsichtlich des Gesetzes kommt (→ Rn. 74). Das Bundesverfassungsgericht hat § 79 aber – ohne § 95 Abs. 3 Satz 3 ausdrücklich zu erwähnen – auch auf Fälle ausgedehnt, in denen es nur eine bestimmte Auslegung eines Gesetzes für mit dem Grundgesetz unvereinbar erklärt hat.[153] 84

Auch wenn sich die Verweisung nur auf § 79 bezieht, wendet das Bundesverfassungsgericht eine weitere Vorschrift, die die Entscheidung im Verfahren der abstrakten Normenkontrolle betrifft, bei einer erfolgreichen Rechtssatzverfassungsbeschwerde ebenfalls **entsprechend** an: **§ 78 Satz 2** (vgl. zum feststellenden Teil des Tenors → Rn. 16). Die Nichtigerklärung oder Unvereinbarerklärung auch mit den Wirkungen des § 79 kann so nicht nur auf andere Bestimmungen des angegriffenen Gesetzes erstreckt werden, die der Beschwerdeführer nicht mit der Verfassungsbeschwerde angegriffen hat, die aber aus denselben Gründen wie die angegriffene Vorschrift verfassungswidrig sind,[154] sondern auch auf **spätere Gesetzesfassungen**[155] und auf Anwendungsfälle des Gesetzes, die über die Situation des Beschwerdeführers hinausgehen.[156] Eine Erstreckung auf inhaltsgleiche Bestimmungen anderer Gesetze oder gar auf Parallelvorschriften anderer Landesgesetzgeber[157] ist hingegen abzulehnen (vgl. → § 78 Rn. 22). § 78 Satz 2 muss nicht herangezogen werden, wenn schon die Auslegung der Verfassungsbeschwerde ergibt, dass sich der Beschwerdeführer neben von ihm unmittelbar angegriffenen Normen mittelbar auch gegen weitere, damit zusammenhängende Vorschriften wendet.[158] 85

Einen einleuchtenden Grund, warum § 78 Satz 2 im Verfahren der Verfassungsbeschwerde anders als im Verfahren der abstrakten Normenkontrolle nicht anwendbar sein sollte, gibt es nicht. Dennoch ist auch hier der **Gesetzgeber zu einer Klarstellung aufgefordert**. 86

153 BVerfGE 115, 51 (65).
154 BVerfGE 158, 282 (379 f., Rn. 240 f.); 99, 202 (216).
155 BVerfG, Urteil des Zweiten Senats vom 20.6.2023 – 2 BvR 166/16 ua, Rn. 242 bei Juris; BVerfGE 164, 347 (425, Rn. 211); 164, 76 (138, Rn. 189); 155, 119 (235 f., Rn. 267); 150, 244 (308, Rn. 171); 128, 326 (404).
156 BVerfGE 163, 43 (105, Rn. 164); 129, 49 (75 ff.) – BaföG; vgl. auch BVerfGE 163, 107 (164, Rn. 156).
157 So BVerfGE 149, 222 (291, Rn. 154).
158 Vgl. BVerfGE 155, 119 (157, Rn. 64 f.); 154, 152 (204, Rn. 57).

Sechzehnter Abschnitt
Verfahren in den Fällen des § 13 Nr. 6b
[Prüfung der Erforderlichkeit von Bundesrecht]

§ 96 [Verfahren in den Fällen des § 13 Nr. 6b]

(1) Aus der Begründung eines Antrags nach Artikel 93 Abs. 2 Satz 1 des Grundgesetzes muss sich das Vorliegen der in Artikel 93 Abs. 2 Satz 3 des Grundgesetzes bezeichneten Voraussetzung ergeben.

(2) Das Bundesverfassungsgericht gibt den anderen Antragsberechtigten sowie dem Bundestag und der Bundesregierung binnen einer zu bestimmenden Frist Gelegenheit zur Äußerung.

(3) Ein Äußerungsberechtigter nach Absatz 2 kann in jeder Lage des Verfahrens beitreten.

1 § 96 enthält ergänzende verfassungsprozessuale Regelungen zu dem sogenannten **Kompetenzfreigabeverfahren nach Art. 93 Abs. 2 GG**. Art. 93 Abs. 2 GG erfasst zwei im Grundgesetz geregelte Konstellationen, in denen es jeweils darum geht, ob die Länder durch geltende Bundesgesetze noch an der Ausübung eigener Gesetzgebungskompetenzen im Bereich der konkurrierenden Gesetzgebung nach Art. 72 GG gehindert sind.

2 Das sind die **Fälle der Art. 72 Abs. 4 und 125 a Abs. 2 GG**. Sie haben gemeinsam, dass das jeweilige Bundesrecht bei seinem Erlass den Anforderungen des jeweils anwendbaren Art. 72 Abs. 2 GG genügt hat, diese Voraussetzung aber später weggefallen ist. Bei Art. 72 Abs. 4 GG geht der Wegfall auf eine Änderung der tatsächlichen und rechtlichen Verhältnisse zurück, bei Art. 125a Abs. 2 Satz 1 GG auf die Verschärfung der Anforderungen durch die mit Ablauf des 15.9.1994 vorgenommene Umstellung des Art. 72 Abs. 2 GG von der früheren Bedürfnis- auf die neue Erforderlichkeitsklausel.[1] Sowohl Art. 72 Abs. 4 wie Art. 125a Abs. 2 Satz 2 GG sehen vor, dass in diesen Konstellationen durch Bundesgesetz bestimmt werden kann, dass die geltenden bundesgesetzlichen Regelungen durch Landesrecht ersetzt werden können. Der Erlass eines solchen **Freigabegesetzes** steht im Ermessen des Bundesgesetzgebers.[2]

3 Die **Neufassung von Art. 93 Abs. 2 GG** im Jahr 2006 hat diese politische Freigabemöglichkeit dahin gehend ergänzt, dass ein inhaltlich mögliches, vom Bund aber nicht erlassenes Freigabegesetz durch eine Entscheidung des Bundesverfassungsgerichts im neu eingeführten **gerichtlichen Kompetenzfreigabeverfahren** ersetzt werden kann. Dabei erlässt das Bundesverfassungsgericht, wie Art. 93 Abs. 2 Satz 2 GG ausdrücklich klarstellt, nicht das in Art. 72 Abs. 4 bzw. Art. 125a Abs. 2 Satz 2 GG angesprochene jeweilige Freigabegesetz, sondern es stellt lediglich fest, dass die Erforderlichkeit entfallen ist oder Bundesrecht nicht mehr erlassen werden könnte.

---

1 Vgl. Benda/Klein VerfassungsProzR/E. Klein Rn. 756.
2 BVerfGE 111, 10 (30).

Diese **Feststellung ersetzt** kraft unmittelbarer verfassungsrechtlicher Anordnung **ein Freigabegesetz** nach Art. 72 Abs. 4 oder nach Art. 125a Abs. 2 Satz 2 GG. Diese Lösung trägt alle Züge eines politischen Kompromisses, zu dem auch noch gehört, dass einer Anrufung des Bundesverfassungsgerichts der gescheiterte Versuch vorangegangen sein muss, den Erlass eines Freigabegesetzes zu bewirken (Art. 93 Abs. 2 Satz 3 GG). 4

Das Kompetenzfreigabeverfahren nach Art. 93 Abs. 2 GG, § 96 hat **eigenständigen Charakter** und entzieht sich einer klaren Zuordnung zu den traditionellen verfassungsgerichtlichen Verfahren. Deshalb ist auch nicht zu beanstanden, dass der verfassungsändernde Gesetzgeber es nicht in den Katalog des Art. 93 Abs. 1 GG aufgenommen, sondern von diesen etablierten Verfahren abgerückt und in Art. 93 Abs. 2 GG verselbstständigt hat. Die verfassungsprozessualen Voraussetzungen des Kompetenzfreigabeverfahrens sind teilweise unmittelbar im Grundgesetz, ansonsten in § 96 geregelt. Anwendungsfälle hat es seit der Novellierung im Jahr 2012 noch nicht gegeben. 5

Antragsberechtigt sind entsprechend der Zwecksetzung des Verfahrens, die Gesetzgebungskompetenz der Länder zu eröffnen, Akteure der „Länderseite". Den Antrag kann jede Landesregierung und jede Volksvertretung eines Landes stellen, außerdem, obwohl Bundesorgan, auch der Bundesrat. Einzelheiten ergeben sich aus dem jeweiligen Landesverfassungsrecht. Allerdings können wegen der unmittelbar im Grundgesetz verankerten Beschränkung der Antragsbefugnis auf die Volksvertretung eines Landes Minderheiten der Volksvertretung eines Landes keinen Antrag stellen. Das Landesrecht kann aber vorsehen, dass die Volksvertretung des Landes schon auf Antrag einer Minderheit der Volksvertretung den Antrag stellen muss.[3] Ob der Bundesrat, wie es der Gesetzeswortlaut nahelegt, auch dann antragsberechtigt ist, wenn er selbst eine auf Freigabe zielende Gesetzesvorlage abgelehnt hat, wird unterschiedlich beurteilt, ist aber im Hinblick auf dessen Funktion als Garant einer verfassungsgemäßen Rechtsordnung zu bejahen.[4] 6

Dem oder den Antragstellern steht **kein Antragsgegner** gegenüber, weil das Verfahren nicht kontradiktorisch, sondern objektiver Natur ist.[5] Es richtet sich deshalb weder gegen den Bundestag noch gegen die Bundesregierung. Beide sind aber inhaltlich betroffen und deshalb nach Abs. 2 äußerungsberechtigt (→ Rn. 13). 7

Art. 93 Abs. 2 Satz 3 GG enthält eine besondere Zulässigkeitsvoraussetzung, die die **Subsidiarität gegenüber einer politischen Lösung** verdeutlicht. Vereinfacht gesagt kann das Bundesverfassungsgericht erst angerufen werden, wenn schon ein Versuch gescheitert ist, den Bundesgesetzgeber zum Erlass eines Freigabegesetzes zu bewegen. Im Vordergrund dürfte stehen, dass eine entsprechende Gesetzesvorlage im Bundestag abgelehnt wurde (Variante 1) oder die Beschlussfassung über sie ein Jahr lang verschleppt wurde (Varian- 8

3 In diesem Sinne wohl auch Lechner/Zuck/Zuck § 96 Rn. 2.

4 Vgl. Burkiczak/Dollinger/Schorkopf BVerfGG/Hummel § 96 Rn. 10; Benda/Klein VerfassungsProzR/E. Klein Rn. 559; gegen ein Antragsrecht des Bundesrates in einer solchen Konstellation Schmidt-Bleibtreu/Klein/Bethge BVerfGG/von Coelln § 96 Rn. 25 (Stand Dezember 2012).

5 Wie hier: Barczak BVerfGG/Pottmeyer § 96 Rn. 7 bei Juris; Benda/Klein, VerfassungsProzR/E. Klein Rn. 762.

te 2). Es genügt aber auch, wenn die Gesetzesvorlage im Bundesrat abgelehnt worden ist, wofür kein rechter Anwendungsbereich ersichtlich ist.[6] Mit diesem Scheitern einer politischen Lösung hat es aber auch sein Bewenden. Weder wird verlangt, dass der Antragsteller selbst den gescheiterten politischen Lösungsversuch unternommen hat, noch dass er, was bei antragstellenden Landesregierungen oder Volksvertretungen eines Landes in Betracht käme, selbst eine den Ländern wieder zu eröffnende Landeskompetenz tatsächlich schon konkret ausüben möchte.

9 Eine **spezielle Begründungsobliegenheit** für den Antrag enthält Abs. 1. Danach muss der Antragsteller in seiner Begründung das Vorliegen der Voraussetzungen des Art. 93 Abs. 2 Satz 3 GG darlegen, also das Scheitern einer politischen Lösung. Daraus ergibt sich im Übrigen jedenfalls für den Fall der Variante 2 des Art. 93 Abs. 2 Satz 3 GG eine einjährige Wartefrist, während das Verfahren sonst nicht fristgebunden ist.

10 Ergänzend zu Abs. 1 gilt die **allgemeine Begründungspflicht** aus § 23 Abs. 1 Satz 2, 1. Halbsatz. Es obliegt dem Antragsteller darzulegen, dass im Sinne von Art. 93 Abs. 2 Satz 2 GG bei einem formellen Bundesgesetz die Erforderlichkeit für eine bundesgesetzliche Regelung weggefallen ist oder Bundesrecht nicht mehr erlassen werden könnte (Art. 72 Abs. 4, 125 a Abs. 2 Satz 1 GG).

11 Denn auf diese beiden Gesichtspunkte ist die **Prüfungsbefugnis** des Bundesverfassungsgerichts im Kompetenzfreigabeverfahren nach Art. 93 Abs. 2 GG, § 96 beschränkt.

12 Daraus ergeben sich auch die **möglichen Tenorierungen**. Ist der Antrag begründet, stellt das Bundesverfassungsgericht entsprechend Art. 93 Abs. 2 Satz 2 GG fest, dass entweder die Erforderlichkeit weggefallen ist oder Bundesrecht nicht mehr erlassen werden könnte. Ist der Antrag unbegründet, ist er zurückzuweisen. Ist die Voraussetzung des Art. 93 Abs. 2 Satz 3 GG nicht erfüllt oder fehlt sonst eine Sachentscheidungsvoraussetzung, wird der Antrag verworfen.

13 Die **Abs. 2 und 3** enthalten Regelungen über die Äußerungsberechtigung und den Beitritt. **Äußerungsberechtigt** sind all diejenigen Antragsberechtigten, die keinen Antrag gestellt haben, sowie der Bundestag und die Bundesregierung. Dadurch wird nochmals klargestellt, dass das Verfahren keinen kontradiktorischen Charakter hat, weil Bundestag und Bundesregierung dann als Antragsgegner zu bezeichnen wären. Die Äußerungsberechtigten können sich äußern, müssen es aber nicht.

14 Abs. 3 gibt allen Äußerungsberechtigten ein zeitlich uneingeschränktes **Beitrittsrecht**. Erst durch diesen Verfahrensbeitritt wird ein Äußerungsberechtigter zum Verfahrensbeteiligten und kann die damit verbundenen Rechte ausüben.

15 Seit Inkrafttreten der Regelungen im Jahr 2006 ist **noch kein Antrag** nach Art. 93 Abs. 2 GG, § 96 (vor dem 19.7.2012: § 97) **gestellt** worden. Das deutet darauf hin, dass die Länder unter der zuvor von ihnen beklagten Praxis des

6 Vgl. im Einzelnen Schmidt-Bleibtreu/Klein/Bethge BVerfGG/von Coelln § 96 Rn. 46 ff. (Stand: Dezember 2012).

Bundes, keine Freigabegesetze nach Art. 72 Abs. 4, 125 a Abs. 2 Satz 2 GG zu beschließen, nicht übermäßig leiden.

Siebzehnter Abschnitt
Verfahren in den Fällen des § 13 Nummer 3a

§ 96a [Beschwerdeberechtigte; Fristen]

(1) **Beschwerdeberechtigt sind Vereinigungen und Parteien, denen die Anerkennung als wahlvorschlagsberechtigte Partei nach § 18 Absatz 4 des Bundeswahlgesetzes versagt wurde.**

(2) **Die Beschwerde ist binnen einer Frist von vier Tagen nach Bekanntgabe der Entscheidung in der Sitzung des Bundeswahlausschusses nach § 18 Absatz 4 Satz 2 des Bundeswahlgesetzes zu erheben und zu begründen.**

(3) **§ 32 findet keine Anwendung.**

Die §§ 96a bis 96d sind Ausführungsvorschriften zur **Nichtanerkennungsbeschwerde** nach Art. 93 Abs. 1 Nr. 4 c GG, die erst 2012 in die Verfassung aufgenommen wurde. Die Nichtanerkennungsbeschwerde hat eine Zuständigkeit des Bundesverfassungsgerichts geschaffen zur Entscheidung über Beschwerden von Vereinigungen gegen ihre Nichtanerkennung als Partei für die Wahl zum Bundestag. Im Vorfeld der Bundestagswahl 2013 wurden zwölf solcher Beschwerden erhoben,[1] im Vorfeld der Bundestagswahl 2017 waren es sieben Beschwerden[2] und im Vorfeld der Bundestagswahl 2021 sogar 20 Beschwerden.[3] Das Aktenzeichen lautet wie bei der Wahlprüfungsbeschwerde nach § 48 „BvC".[4] 1

Mit der Nichtanerkennungsbeschwerde ist eine seit Längerem **diskutierte Rechtsschutzlücke geschlossen** worden, die mit dem in Wahlangelegenheiten geltenden Grundsatz zusammenhängt, dass Entscheidungen und Maßnahmen, die sich unmittelbar auf das Wahlverfahren beziehen, nur mit den in den Wahlvorschriften selbst vorgesehenen Rechtsbehelfen und dem Wahlprüfungsverfahren angefochten werden können (→ § 48 Rn. 15 f.). Diesen Grundsatz nachgelagerten Rechtschutzes in Wahlrechtssachen beseitigt die Nichtanerkennungsbeschwerde nach den §§ 96a ff. nicht, sondern macht hiervon lediglich eine punktuelle Ausnahme.[5] Während das Wahlrecht im Vorfeld der Wahl gegen zentrale Entscheidungen der Wahlbehörden Rechtsbehelfe eröffnet,[6] fehlte bis 2012 ein Rechtsbehelf vor der Wahl gegen Entscheidungen des Bundeswahlausschusses nach § 18 Abs. 4 BWG über die Anerkennung als wahlvorschlagsberechtigte Partei. Für den verfassungsän- 2

1 Überblick bei Bechler/Neidhardt NVwZ 2013, 1438 ff.
2 Dazu Frau DÖV 2018, 1552 ff.
3 Vgl. dazu BVerfG, Pressemitteilung Nr. 64/2021 vom 27.7.2021.
4 Vgl. zuletzt BVerfG, Beschluss des Zweiten Senats vom 27.4.2022 – 2 BvC 1/22, bei Juris.
5 BVerfGE 159, 105 (114, Rn. 27).
6 Übersicht in BT-Drs. 17/9392, S. 4.

dernden Gesetzgeber war auch ausschlaggebend, dass die Organisation für Sicherheit und Zusammenarbeit in Europa (OSZE) in ihrem Bericht zur Bundestagswahl 2009 die Schaffung einer solchen Beschwerdemöglichkeit empfohlen hatte.[7]

3 Ob eine solche Rechtsschutzlücke überhaupt bestand, war nach der **neueren Rechtsprechung** des Bundesverfassungsgerichts aber keineswegs gewiss. Zwar fehlte es bislang im einfachen Recht an einer ausdrücklichen Möglichkeit, die Entscheidungen des Bundeswahlausschusses im Vorfeld der Wahl gerichtlich überprüfen zu lassen, und darauf bezogene Verfahren vor dem Bundesverfassungsgericht sind vor der Einführung der Nichtanerkennungsbeschwerde stets erfolglos geblieben.[8] Auffällig war aber, dass das Bundesverfassungsgericht zuletzt seine Begründung modifiziert hatte. Es hat nur noch darauf abgestellt, dass in dem konkreten Fall keine Wahlfehler erkennbar seien und es deshalb auf die fehlende Möglichkeit, die Entscheidung über die Zulassung einer Partei im Vorfeld einer Bundestagswahl gerichtlich überprüfen zu lassen, nicht ankomme.[9] Das ließe es auch ohne Gesetzesänderung als möglich erscheinen, dass gegen klare Fehlentscheidungen des Bundeswahlausschusses doch im Wege einer Verfassungsbeschwerde Rechtsschutz im Vorfeld einer Bundestagswahl erlangt werden kann. Die 2012 durch den verfassungsändernden Gesetzgeber geschaffene Lösung hat aber **Rechtsklarheit** gebracht.

4 Der **Gegenstand der Nichtanerkennungsbeschwerde** ist schon unmittelbar in der Verfassung definiert. Art. 93 Abs. 1 Nr. 4 c GG spricht von Beschwerden von Vereinigungen gegen ihre Nichtanerkennung als Partei für die Wahl zum Bundestag. Schon diese Formel bringt hinreichend deutlich zum Ausdruck, worum es konkret geht: Um die Feststellung der Voraussetzungen für die Einreichung von Wahlvorschlägen „als Partei" zu einer konkreten Bundestagswahl.[10] Diesen Zusammenhang mit den wahlvorschlagsrechtlichen Regelungen des Bundeswahlgesetzes bringt § 96a Abs. 1 deutlicher zum Ausdruck, wenn er davon spricht, dass die Anerkennung als wahlvorschlagsberechtigte Partei nach § 18 Abs. 4 BWG versagt wurde. Die Anerkennung als Partei ist wahlrechtlich deshalb von Bedeutung, weil Wahlvorschläge nach § 18 Abs. 1 BWG im Wesentlichen nur von Parteien eingereicht werden können. Es gibt aber im Parteienrecht kein formelles Parteianerkennungsverfahren und deshalb muss im Rahmen der Zulassung von Wahlvorschlägen inzident die Parteieigenschaft geklärt werden. Das Bundeswahlgesetz lässt es für die Parteieigenschaft ausreichen, wenn die entsprechende Vereinigung im Deutschen Bundestag oder in einem Landtag seit deren letzter Wahl ununterbrochen aufgrund eigener Wahlvorschläge mit

7 Vgl. BT-Drs. 17/9392, S. 4.

8 Vgl. BVerfG, Beschluss des Zweiten Senats vom 18.10.2011 – 2 BvC 5/11, Rn. 11 bei Juris – DIE PARTEI; Beschlüsse der 3. Kammer des Zweiten Senats vom 1.9.2009 – 2 BvR 1928/09 ua, Rn. 5 bei Juris, und vom 24.8.2009 – 2 BvR 1898/09, Rn. 4 bei Juris – jeweils zu Freie Union.

9 BVerfG, Beschluss des Zweiten Senats vom 18.10.2011 – 2 BvC 5/11, Rn. 11 bei Juris.

10 Vgl. auch die Begründung im Gesetzentwurf zur Änderung des Grundgesetzes, BT-Drs. 17/9392, S. 4. Ebenso unter Anknüpfung an diese Kommentierung BVerfGE 159, 105 (111, Rn. 18) und BVerfG, Beschluss des Zweiten Senats vom 22.7.2021 – 2 BvC 14/21, Rn. 10 bei Juris.

mindestens fünf Abgeordneten vertreten war. Das ergibt sich aus einem Gegenschluss aus § 18 Abs. 2 Satz 1 BWG. Der Bundeswahlausschuss prüft deshalb zunächst, ob diese parlamentarische Präsenz gegeben und damit die Parteieigenschaft fingiert ist (§ 18 Abs. 4 Satz 1 Nr. 1 BWG). Nur wenn das nicht der Fall ist, bedarf die Parteieigenschaft einer gesonderten Prüfung und Feststellung nach § 18 Abs. 4 Satz 1 Nr. 2 BWG, und zwar entsprechend der materiellen Anforderungen, wie sie sich aus Art. 21 GG und § 2 PartG ergeben.[11] Da im Blick auf die bei der Zulassung zur Wahl zu stellenden Anforderungen gewährleistet sein soll, dass sich nur ernsthafte politische Vereinigungen und keine Zufallsbildungen von kurzer Lebensdauer um Wähler bewerben, bedarf es gewisser objektiver, im Verlauf der Zeit an Gewicht gewinnender Voraussetzungen, um einer politischen Vereinigung den Status einer Partei zuerkennen zu können.[12] Insgesamt kommt es darauf an, ob die Gesamtwürdigung der tatsächlichen Verhältnisse einer Partei – unter Einschluss der Dauer ihres Bestehens – den Schluss zulässt, dass sie ihre erklärte Absicht, an der politischen Willensbildung des Volkes mitzuwirken, ernsthaft erfolgt.[13]

§ 96a Abs. 1 knüpft durch die vollständige Bezugnahme auf § 18 Abs. 4 BWG 5
an beide Fallgruppen an und unterstreicht das noch dadurch, dass die Beschwerdeberechtigung anders als im Grundgesetz nicht nur auf Vereinigungen, sondern auf Vereinigungen und Parteien bezogen ist. Dies ist nur scheinbar eine Erweiterung des verfassungsrechtlich vorgegebenen Rahmens. Erstens entsprach diese Ausgestaltung schon dem, was der verfassungsändernde Gesetzgeber ausweislich seiner Motive mit der Einfügung von Art. 93 Abs. 1 Nr. 4 c GG erreichen wollte.[14] Zweitens liegt eine Nichtanerkennung als Partei für die Wahl zum Bundestag nur dann vor, wenn für die jeweilige Vereinigung weder eine positive Feststellung nach § 18 Abs. 4 Satz 1 Nr. 1 noch nach Nr. 2 BWG getroffen worden ist. Mit dem Beschwerdegegenstand regelt § 96a Abs. 1 zugleich auch die **Beschwerdeberechtigung**. Beschwerdeberechtigt sind die Vereinigungen, die sich erfolglos darauf berufen haben, die Voraussetzung des § 18 Abs. 4 Satz 1 Nr. 1 oder Nr. 2 BWG zu erfüllen,[15] und die deshalb für die konkrete Bundestagswahl keine Wahlvorschläge einreichen können.[16] Vereinigungen, die ohnehin fristgerecht keine Kreiswahlvorschläge oder Landeslisten eingereicht haben oder diese nicht mehr fristgerecht einreichen können, haben kein Rechtsschutzinteresse für eine Nichtanerkennungsbeschwerde. Denn die Nichtanerkennungsbeschwerde dient nicht einer von einer konkreten Wahl losgelösten Feststellung der Eigenschaft einer Vereinigung als Partei.[17] Das gilt auch dann, wenn eine Vereinigung zunächst an einer Bundestagswahl teilnehmen wollte, dann aber ihre Beteili-

11 Vgl. die Anwendung durch BVerfGE 159, 91 (96 ff., Rn. 15 ff.); 134, 124 (128 ff., Rn. 15 ff.).
12 So die zwischenzeitlich verfestigte Rechtsprechung: BVerfGE 159, 91 (97, Rn. 16); 146, 319 (323, Rn. 15); 134, 131 (133, Rn. 8); 134, 124 (129, Rn. 16).
13 BVerfGE 159, 91 (98, Rn. 18).
14 BT-Drs. 17/9392, S. 4.
15 BT-Drs. 17/9391, S. 11.
16 Ebenso BVerfGE 159, 105 (111, Rn. 19) – Deutsche Zentrumspartei.
17 BVerfG, Beschlüsse des Zweiten Senats vom 22.7.2021 – 2 BvC 14/21, Rn. 11 bei Juris und vom 25.7.2017 – 2 BvC 1/17, Rn. 8 bei Juris; BVerfGE 134, 121 (123, Rn. 6).

gungsanzeige gegenüber dem Bundeswahlleiter zurückgenommen hat.[18] Das Gesetz sagt zwar nicht ausdrücklich, wer die Vereinigung oder Partei im Verfahren der Nichtanerkennungsbeschwerde zu vertreten hat. Hierfür kann aber auf § 44 zurückgegriffen werden, der auf § 11 Abs. 3 Satz 2 PartG in Verbindung mit § 26 Abs. 1 Satz 2 und 3 BGB verweist, nicht aber auf § 18 Abs. 2 Satz 3 BWG.[19] Der Rückgriff auf § 44 gilt für den materiellen Maßstab für die Beurteilung der Vertretungsfrage, befreit die Partei aber nicht von ihrer Verpflichtung, die daraus folgenden Vertretungsverhältnisse darzulegen.[20]

6 **Abs. 2** sieht eine ungewöhnlich **kurze Frist von vier Tagen zur Erhebung und Begründung** der Nichtanerkennungsbeschwerde vor. Die Frist beginnt schon mit der in § 18 Abs. 4 Satz 2 BWG vorgesehenen mündlichen Bekanntgabe der Entscheidung des Bundeswahlausschusses, in der auch die Gründe kurz anzugeben sind (vgl. § 33 Abs. 3 Satz 1 BWO). Aus § 18 Abs. 4 Satz 1 Nr. 2, 2. Halbsatz BWG folgt, dass dazu auch die Gründe gehören, die die Ablehnung der anderen Vereinigungen tragen.[21] Das Bundesverfassungsgericht hält die Frist von vier Tagen zur Erhebung und zur Begründung der Nichtanerkennungsbeschwerde für zumutbar und verfassungskonform.[22] Nicht aus Abs. 2, wohl aber aus der allgemeinen Regelung des § 23 Abs. 1 Satz 1 ergibt sich, dass die Nichtzulassungsbeschwerde dem Schriftformerfordernis genügen muss, weshalb die Übermittlung eines verfahrenseinleitenden Antrags per E-Mail nicht genügt und das nach Ablauf der Frist des Abs. 2 auch nicht mehr wirksam nachgeholt werden kann (siehe auch → § 23 Rn. 10).[23]

7 Die sehr kurze Frist ist deshalb erforderlich, weil andernfalls die ordnungsgemäße Durchführung der Bundestagswahl nicht sichergestellt wäre. Denn § 18 Abs. 4 a Satz 2 BWG ordnet an, dass eine beschwerdeführende Partei oder Vereinigung von den Wahlorganen bis zu einer Entscheidung des Bundesverfassungsgerichts wie eine wahlvorschlagsberechtigte Partei zu behandeln ist, allerdings längstens bis zum Ablauf des 59. Tages vor der Wahl. Da die den Beschwerdegegenstand bildende Entscheidung des Bundeswahlausschusses spätestens am 79. Tage vor der Wahl getroffen werden muss (§ 18 Abs. 4 Satz 1 BWG), stehen **für das gesamte Verfahren nur 20 Tage zur Verfügung**. Deshalb ist nicht zu beanstanden, wenn dafür für das Bundesverfassungsgericht wenigstens 16 Tage reserviert bleiben. Vor diesem Hintergrund leuchtet ein,

18 BVerfG, Beschluss des Zweiten Senats vom 22.7.2021 – 2 BvC 14/21, Rn. 11 bei Juris.

19 In der Tendenz ebenso BVerfGE 159, 91 (95 f., Rn. 12) – DKP; deutlicher offen gelassen in den Beschlüssen des Zweiten Senats vom selben Tag, 2 BvC 14/21, Rn. 9 bei Juris und 2 BvC 5/21, Rn. 13 bei Juris; vgl. auch die Überlegungen bei Barczak BVerfGG/Bechler § 96a Rn. 5.

20 Insoweit zutreffend Lechner/Zuck/Zuck § 96a Rn. 12 unter Anlehnung an BVerfG, Beschluss des Zweiten Senats vom 28.11.1990 – 2 BvE 10/90, Rn. 1 bei Juris.

21 BT-Drs. 17/9391, S. 11.

22 Vgl. BVerfG, Beschlüsse des Zweiten Senats vom 22.7.2021 – 2 BvC 17/21, Rn. 12 bei Juris, vom 25.7.2017 – 2 BvC 4/17, Rn. 8 bei Juris, 2 BvC 5/17, Rn. 6 ff. bei Juris und 2 BvC 7/17, Rn. 6 bei Juris, und vom 23.7.2013 – 2 BvC 5/13, Rn. 5 bei Juris, 2 BvC 9/13, Rn. 9 bei Juris und 2 BvC 10/13, Rn. 4 bei Juris, sowie – für Europawahlen – die Beschlüsse des Zweiten Senats vom 27.3.2019 – 2 BvC 23/19, Rn. 5 bei Juris, und vom 1.4.2014 – 2 BvC 3/14, Rn. 4 bei Juris; siehe auch Staatsgerichtshof Niedersachsen, Beschluss vom 17.8.2022 – 3/22, Rn. 8 bei Juris.

23 BVerfG, Beschlüsse des Zweiten Senats vom 22.7.2021 – 2 BvC 20/21, Rn. 4 bei Juris und 2 BvC 17/21, Rn. 11 bei Juris sowie vom 25.7.2017 – 2 BvC 6/17, Rn. 6 f. bei Juris.

dass das Gesetz in die Vier-Tages-Frist keine Wiedereinsetzung ermöglicht, auch nicht durch analoge Anwendung von § 93 Abs. 2.[24]

Darin liegt zugleich das zentrale Argument dafür, die kurze Vier-Tages-Frist **auch auf die Begründung** zu erstrecken. Zur Unzulässigkeit führt aber nicht nur das Fehlen einer Begründung innerhalb dieser Frist,[25] sondern auch, wenn die Begründung defizitär ist. Denn für die Begründungspflicht gelten die allgemeinen, in § 23 Abs. 1 Satz 2 gemachten Vorgaben. Das schließt es ein, die erforderlichen Beweismittel vorzulegen, insbesondere die Unterlagen, aus denen sich entweder die erforderliche parlamentarische Repräsentanz (im Sinne von § 18 Abs. 4 Satz 1 Nr. 1 BWG) oder die Parteieigenschaft im materiellen Sinne (§ 18 Abs. 4 Satz 1 Nr. 2 BWG einschließlich der Voraussetzungen der formellen Beteiligungsanzeige gem. § 18 Abs. 2 Satz 5 BWG) ergibt.[26] Die Gesetzesbegründung weist zutreffend darauf hin, dass es im eigenen Interesse der Beschwerdeführerin liegt, dem Bundesverfassungsgericht durch die unverzügliche Vorlage der maßgeblichen Unterlagen möglichst viel Zeit für die inhaltliche Prüfung zu verschaffen.[27] Wer als Vereinigung meint, er müsse als Partei anerkannt werden, und dazu eine Nichtanerkennungsbeschwerde führt, aber gleichwohl weder auf Anforderungen des Bundeswahlleiters noch im Nichtanerkennungsbeschwerdeverfahren seine Satzung und sein Programm vorlegt, blockiert missbräuchlich Rechtsprechungsressourcen des Bundesverfassungsgerichts. § 34 Abs. 2 ist aber im Verfahren der Nichtanerkennungsbeschwerde wegen des auf Wahlprüfungsverfahren beschränkten Wortlauts nicht anwendbar, so dass eine Missbrauchsgebühr nicht in Betracht kommt. 8

Abs. 3 bestimmt, dass die Regelung des § 32 keine Anwendung findet (**Ausschluss des Erlasses einstweiliger Anordnungen**). Der Gesetzgeber sieht für die Gewährung vorläufigen Rechtsschutzes angesichts der ohnehin bestehenden zeitlichen Vorgaben weder Raum noch ein Bedürfnis. Das leuchtet im Hinblick auf den sich aus § 18 Abs. 4, Abs. 4 a Satz 2 BWG ergebenden Zeitraum von 20 Tagen für das Gesamtverfahren ein, wird der Vorgabe des Art. 19 Abs. 4 GG aber nur dann gerecht, wenn das Bundesverfassungsgericht spätestens am 59. Tag vor der Wahl über die Beschwerde entscheidet.[28] Dazu dürfte es auch verpflichtet sein. Der Gesetzgeber hat zwar erklärt, bewusst darauf verzichtet zu haben, dem Bundesverfassungsgericht eine Frist für seine Entscheidung vorzugeben. Zur Begründung hat aber auch er angeführt, es könne davon ausgegangen werden, dass das Bundesverfassungsgericht der Beschwerdeführerin innerhalb des Zeitraums, den das Wahlverfahren für die Korrektur der Entscheidung des Bundeswahlaus- 9

---

24 BVerfG, Beschluss des Zweiten Senats vom 22.7.2021 – 2 BvC 16/21, Rn. 5 bei Juris.

25 Für einen solchen Fall etwa BVerfG, Beschluss des Zweiten Senats vom 25.7.2017 – 2 BvC 3/17, Rn. 7 bei Juris.

26 Vgl. BVerfG, Beschlüsse des Zweiten Senats vom 22.7.2021 – 2 BvC 4/21, Rn. 11 ff. bei Juris und vom 23.7.2013 – 2 BvC 6/13, Rn. 6 bei Juris; ebenso anknüpfend an diese Kommentierung Staatsgerichtshof Niedersachsen, Beschluss vom 17.8.2022 – 3/22, Rn. 9 bei Juris.

27 BT-Drs. 17/9391, S. 11.

28 Auf diesen Zweck unter Berufung auf diese Kommentierung abstellend auch Verfassungsgerichtshof Nordrhein-Westfalen, Beschluss vom 22.3.2022 – 23/22, Rn. 24 bei Juris.

schusses zur Parteieigenschaft lässt, effektiven Rechtsschutz gewährt.[29] Diese „normative Erwartung" sieht auch der Zweite Senat.[30]

10 Insgesamt erweist sich das Verfahren der Nichtanerkennungsbeschwerde nach Art. 93 Abs. 1 Nr. 4 c GG, wie es in den §§ 96a ff. ausgestaltet ist, als **besonders beschleunigt zu betreibendes Hauptsacheverfahren**,[31] welches dem Bundesverfassungsgericht ein deutliches Mehr an Geschwindigkeit abverlangt als die meisten Verfahren nach § 32. Die Belastung des Bundesverfassungsgerichts wird dadurch abgemildert, dass der Bundeswahlausschuss durch zwei Richter des Bundesverwaltungsgerichts erweitert (§ 9 Abs. 2 Satz 1 BWG) und am Erfordernis einer Zwei-Drittel-Mehrheit im Bundeswahlausschuss festgehalten worden ist (§ 18 Abs. 4 Satz 1 Nr. 2, 2. Halbsatz BWG). Beides ist geeignet, die Anzahl der vor dem Bundesverfassungsgericht anzugreifenden Nichtanerkennungsentscheidungen des Bundeswahlausschusses zu begrenzen. Gerade wegen der Ausgestaltung als in 16 bis 20 Tagen beschleunigt zu betreibendes Hauptsacheverfahren ist die Prüfung grundsätzlich darauf beschränkt, ob der Bundeswahlausschuss das einfache Recht korrekt angewandt hat. Eine Prüfung der einschlägigen wahlrechtlichen oder parteienrechtlichen Normen auf ihre Verfassungsmäßigkeit kann in diesem Verfahren nach seiner Ausgestaltung grundsätzlich nicht geleistet werden; etwas anderes kann allenfalls in Betracht kommen, wenn die relevanten Normen so offensichtlich verfassungswidrig sind, dass sich das auch in der kurzen Zeit substantiiert darlegen (vgl. § 23 Abs. 1 Satz 2) und feststellen lässt.[32]

11 Nach dem bisher erreichten Zwischenstand fällt die **rechtspolitische Bilanz zwiespältig** aus.[33] Die praktischen Erfahrungen zeigen, dass es sich bei den Beschwerdeführern nahezu ausnahmslos um esoterische und skurrile Vereinigungen handelt, deren Programme nicht ohne Grund nur jeweils wenige dutzend Menschen begeistern.[34] Deutlich geworden ist, dass die Regelung zwar effektiven Rechtsschutz bietet,[35] dabei aber klar über das Ziel hinausschießt. Das liegt auch an der konkreten Anwendung durch den Zweiten Senat. Es erscheint nicht sinnvoll, wenn selbst Einheiten die Anerkennung als wahlvorschlagsberechtigte Partei ermöglicht wird, die in ganz Deutschland lediglich 42 Mitglieder haben.[36] Auch ohne offene Aufgabe dieser Grundsätze hat der Zweite Senat das zwischenzeitlich insofern korrigiert, als er einer Vereinigung mit lediglich 30 Mitgliedern den Parteistatus abgesprochen hat.[37] Die Beschwerdemöglichkeit ist bislang vor allen

29 BT-Drs. 17/9391, S. 11.
30 BVerfGE 159, 105 (112, Rn. 22).
31 So unter Übernahme der hier geprägten Begrifflichkeit auch BVerfGE 159, 105 (113, Rn. 22 und 120, Rn. 46) – Deutsche Zentrumspartei.
32 So die differenzierende und sachgerechte Lösung in BVerfGE 159, 105 (123, Rn. 53), im Ergebnis allerdings mangels Vorliegens einer offensichtlichen Verfassungswidrigkeit der relevanten Normen offengelassen.
33 Kritisch, aber immer noch zu positiv Barczak BVerfGG/Bechler § 96a Rn. 24.
34 So pointiert Frau DÖV 2018, 152 (153).
35 Frau DÖV 2014, 421 (429); Bechler/Neidhardt NVwZ 2013, 1438 (1442).
36 So aber BVerfGE 134, 124 (130 f., Rn. 20) – Deutsche Nationalversammlung (DNV).
37 BVerfGE 146, 319 (326, Rn. 23) – Sächsische Volkspartei; siehe auch BVerfG, Beschluss vom 22.7.2021 – 2 BvC 3/21, Rn. 11 bei Juris zu einer Vereinigung mit lediglich fünf Mitgliedern.

Dingen von Einheiten genutzt worden, die trotz des Vorverfahrens beim Bundeswahlausschuss nicht in der Lage waren, elementare und einfache formale Voraussetzungen der Beschwerdeerhebung zu erfüllen. Von den insgesamt zwölf vor der Bundestagswahl 2013 erhobenen Beschwerden nach § 96a waren neun unzulässig[38] und zwei waren unbegründet.[39] An diesem Bild hat sich auch bei den im Zusammenhang mit der Bundestagswahl 2017 erhobenen sieben Beschwerden nichts geändert.[40] Sechs sind als unzulässig verworfen worden. Die siebte Nichtanerkennungsbeschwerde, die als „jedenfalls unbegründet" zurückgewiesen wurde, betraf eine Vereinigung, die mit gerade einmal 30 Mitgliedern ernsthaft glaubte, Parteistatus beanspruchen zu können.[41] Von den zwanzig im Zusammenhang mit der Bundestagswahl 2021 erhobenen Nichtanerkennungsbeschwerden waren lediglich zwei zulässig. Eine der beiden zulässigen Beschwerden war von der Deutschen Zentrumspartei geführt worden und scheiterte dann daran, dass der Zweite Senat die für einen Erfolg erforderliche nähere Prüfung der Verfassungskonformität der den Parteistatus ausschließenden Norm des § 2 Abs. 2 Satz 2 PartG für außerhalb des Prüfungsprogramms der Nichtanerkennungsbeschwerde liegend angesehen hat und einen offensichtlichen Verfassungsverstoß verneinte.[42] Bei diesem Gesamtbild erweist sich die auch auf Initiative des seinerzeitigen Berichterstatters im Zweiten Senat betriebene Einführung der Nichtzulassungsbeschwerde als rechtspolitisches Eigentor, gerade aus Sicht des Bundesverfassungsgerichts selbst, das sich bei einem derart **überflüssigen Verbrauch seiner Rechtsprechungskapazitäten** nicht wundern darf, wenn der Gesetzgeber anderweitige Entlastungs- und Abschreckungsmaßnahmen nicht als erforderlich ansieht.

Bisher konnte lediglich in einem einzigen Fall eine Partei in Folge des Instruments der Nichtanerkennungsbeschwerde doch noch an einer bundesweiten Wahl teilnehmen. Zur Bundestagswahl 2021 war die seit über 50 Jahren existierende und regelmäßig an Bundestagswahlen teilnehmende Deutsche Kommunistische Partei unter Berufung auf § 2 Abs. 2 Satz 2 PartG nicht zugelassen worden, weil sie Rechenschaftsberichte nach § 23 PartG zwar eingereicht hatte, aber nicht fristgerecht. Der Zweite Senats kam im Wege verfassungskonformer Auslegung dazu, dass in einer solchen Konstellation § 2 Abs. 2 Satz 2 PartG mit seiner Rechtsfolge des Verlustes der Rechtstellung als Partei nicht erfüllt sei.[43] Von diesem ersichtlich besonders gelagerten Fall abgesehen, hatte nur noch die Beschwerde der Vereinigung „Deutsche Nationalversammlung" Erfolg.[44] Dieser Fall ist typischer für die zweifelhaften Effekte des Instituts der Nichtanerkennungsbeschwerde, denn **praktisch** hat 12

38 Vgl. BVerfG, Beschlüsse des Zweiten Senats vom 23.7.2013 – 2 BvC 1/13 – Die Aktiven, 2 BvC 2/13 (BVerfGE 134, 121) – Union der Menschlichkeit, 2 BvC 5/13 – 0 Prozent-Hürdenpartei ua, 2 BvC 6/13 – Deutsche Konservative Partei, 2 BvC 8/13 – Graue Panther, 2 BvC 9/13 – Freie Wähler Deutschland, 2 BvC 10/13 – Jahw-Partei, 2 BvC 11/13 – Nachhaltigkeitspartei und 2 BvC 12/13 – Deutsches Reich.

39 BVerfG, Beschlüsse des Zweiten Senats vom 23.7.2013 – 2 BvC 4/13 – Partei der Bedrängten, und 2 BvC 7/13 – Die Nächsten.

40 Einzelheiten dazu bei Frau DÖV 2018, 152 ff.

41 BVerfGE 146, 319 (326, Rn. 23).

42 BVerfGE 159, 105 (110 ff., Rn. 14 ff.) – Deutsche Zentrumspartei.

43 BVerfGE 159, 91 (98 ff., Rn. 19 ff.) – Deutsche Kommunistische Partei.

44 BVerfG, Beschluss des Zweiten Senats vom 23.7.2013 – 2 BvC 3/13, Rn. 6 bei Juris.

diese Einheit **durch** den **Erfolg ihrer Beschwerde** aber **nichts erreicht**, denn sie war nicht in der Lage, die erforderlichen Unterschriftsquoren (§§ 20 Abs. 2, 27 Abs. 1 Satz 2 BWG) zu erfüllen, was bei lediglich 42 Mitgliedern ein wenig überraschendes Ergebnis ist. Insoweit darf sich das eine Mitglied des Zweiten Senats nachträglich bestätigt fühlen, welches gegen eine Stattgabe gestimmt hat.[45] Die Vereinigung hat auch bei der Bundestagswahl 2017 nicht mit Wahlvorschlägen teilgenommen, sondern sich im Frühjahr 2017 aufgelöst.[46]

13 Sachgerecht dürfte es sein, wenn das Bundesverfassungsgericht künftig von sich aus bei dem Beschwerdeführer und dem Bundeswahlleiter **erfragt, ob** innerhalb der Frist des § 19 BWG die **erforderlichen Unterstützungsunterschriften** für Wahlvorschläge gesammelt worden sind. Ist dies nicht der Fall, fehlt es an einem Rechtsschutzinteresse für die Nichtanerkennungsbeschwerde.[47] Ein solches Vorgehen ist auch unter Fristgesichtspunkten möglich, weil die Frist für die Einreichung der Wahlvorschläge am 69. Tag vor der Wahl abläuft (§ 19 BWG), das Bundesverfassungsgericht aber erst bis zum 59. Tag vor der Wahl über die Beschwerde entschieden haben muss (→ Rn. 7). Offensichtlich fehlt ein Rechtsschutzbedürfnis an der Feststellung der Parteieigenschaft durch das Bundesverfassungsgericht, wenn die Vereinigung weder Kreiswahlvorschläge noch Landeslisten eingereicht hat.[48]

14 Für die Wahl der Abgeordneten des **Europäischen Parlaments** aus der Bundesrepublik Deutschland gilt Art. 93 Abs. 1 Nr. 4 c GG, §§ 96a ff. nicht. § 14 Abs. 4 a EuWG sieht aber vor, dass eine Partei oder Vereinigung gegen die Zurückweisung eines Wahlvorschlags wegen fehlendem Wahlvorschlagsrecht ebenfalls binnen vier Tagen nach Bekanntgabe der Entscheidung Beschwerde zum Bundesverfassungsgericht erheben kann (Satz 1), wofür nach Satz 2 die §§ 96a Abs. 2 und 3 sowie 96b bis d entsprechend gelten.[49] Die bislang erhobenen Beschwerden sind allesamt als unzulässig verworfen worden, sowohl in Bezug auf die Europawahl 2014[50] wie in Bezug auf die Europawahl 2019.[51]

---

45 Vgl. BVerfG, Beschluss des Zweiten Senats vom 23.7.2013 – 2 BvC 3/13, Rn. 21 bei Juris.
46 Zu den Hintergründen vgl. Frau DÖV 2018, 152 (153).
47 Vgl. BVerfGE 134, 121 (123, Rn. 6), wo die Beschwerdeführerin selbst bekanntgegeben hatte, dass sie die Zahl der erforderlichen Unterschriften für die beabsichtigte Landesliste innerhalb der gesetzlichen Frist nicht erreicht hatte; ebenso im Anschluss an diese Kommentierung Staatsgerichtshof Niedersachsen, Beschluss vom 17.8.2022 – 3/22, Rn. 10 bei Juris.
48 BVerfG, Beschluss des Zweiten Senats vom 25.7.2017 – 2 BvC 1/17, Rn. 8 bei Juris; grundlegend schon BVerfGE 134, 21 (123, Rn. 6).
49 Vgl. dazu Bechler/Neidhardt NVwZ 2013, 1438 (1442).
50 BVerfGE 136, 125 (126, Rn. 4); BVerfG, Beschlüsse des Zweiten Senats vom 1.4.2014 – 2 BvC 2/14, Rn. 4 bei Juris, und 2 BvC 3/14, Rn. 4 f. bei Juris.
51 BVerfG, Beschlüsse des Zweiten Senats vom 26.4.2019 – 2 BvC 26/19, Rn. 4 ff., und vom 27.3.2019 – 2 BvC 23/19, Rn. 4 ff. bei Juris.

§ 96b [Anhörung des Bundeswahlausschusses]

Dem Bundeswahlausschuss ist Gelegenheit zur Äußerung zu geben.

§ 96b ordnet ausdrücklich an, dass dem **Bundeswahlausschuss** im Verfahren der Nichtanerkennungsbeschwerde **Gelegenheit zur Äußerung** zu geben ist. Die Äußerungsmöglichkeit dient dazu, dem Bundesverfassungsgericht die vom Bundeswahlausschuss getroffene, die Parteieigenschaft verneinende Entscheidung zu erläutern.[1] 1

Ungeachtet des auf eine schnelle Entscheidung gerichteten Verfahrens nach den §§ 96a ff. kann das Bundesverfassungsgericht wegen der Regelung in § 96b **grundsätzlich nicht davon absehen**, dem Bundeswahlausschuss Gelegenheit zur Äußerung zu geben. Das gilt auch in Fällen besonderer Dringlichkeit, zumal eine § 32 Abs. 2 Satz 2 entsprechende Regelung fehlt. Das Bundesverfassungsgericht hat deshalb bis zum Jahr 2019 in allen Entscheidungen über Nichtanerkennungsbeschwerden dem Bundeswahlausschuss Gelegenheit zur Stellungnahme gegeben.[2] Nachdem die Nichtanerkennungsbeschwerden aber weiterhin ganz überwiegend substanzlos und unzulässig geblieben sind, hat das Bundesverfassungsgericht nach Wegen gesucht, das Verfahren zu straffen. Beginnend mit den Nichtanerkennungsbeschwerden im Vorfeld der Europawahl 2019 ist es dazu übergegangen, diese unter förmlichen Rückgriff auf § 24 zu verwerfen.[3] Bei der a-limine-Abweisung einer Nichtanerkennungsbeschwerde nach § 24 ist durch den bloßen Verweis auf das Berichterstatterschreiben nicht erkennbar, ob dem Bundeswahlausschuss Gelegenheit zur Stellungnahme gegeben worden ist oder nicht.[4] Auch § 24 enthält zwar keine Ausnahme von der Pflicht zur Beteiligung des Bundeswahlausschusses in § 96b, weshalb die Praxis in der Kritik steht.[5] Der Zweite Senat versteht aber die Vorgabe des § 96b, dem Bundeswahlausschuss Gelegenheit zur Äußerung zu geben, als Zustellung im Sinne dieser Vorschrift und hält sich deshalb im Fall des Vorgehens nach § 24 für berechtigt, gemäß § 22 Abs. 1 GO-BVerfG davon abzusehen.[6] Das ist ein weiterer augenfälliger Beleg dafür, dass das Bundesverfassungsgericht die Sinnhaftigkeit des aus seinen Reihen geforderten Verfahrens der Nichtanerkennungsbeschwerde in den meisten Fällen nicht mehr für gegeben hält. 2

Behält der Zweite Senat nicht den Weg über § 24 und den Verzicht auf die Beteiligung des Bundeswahlausschusses bei, dann kann er dem Bundeswahlausschuss aber eine **sehr kurze Äußerungsfrist** setzen.[7] Das ist zwar nicht ausdrücklich so bestimmt, ergibt sich aber daraus, dass die Beschwerdebe- 3

1 BT-Drs. 17/9391, S. 11.
2 Vgl. etwa BVerfGE 134, 31 (132, Rn. 15); siehe auch BVerfG, Beschlüsse des Zweiten Senats vom 25.7.2017 – 2 BvC 1/17, Rn. 3 bei Juris, 2 BvC 2/17, Rn. 10 bei Juris, 2 BvC 3/17, Rn. 5 bei Juris.
3 Vgl. BVerfG, Beschlüsse des Zweiten Senats vom 26.4.2019 – 2 BvC 26/19, Juris, und vom 27.3.2019 – 2 BvC 23/19, Juris.
4 BVerfG, Beschluss des Zweiten Senats vom 27.4.2022 – 2 BvC 1/22, Rn. 1 bei Juris.
5 Vgl. etwa Burkiczak/Dollinger/Schorkopf BVerfGG/Hummel § 96b Rn. 2 mit weiteren Nachweisen.
6 BVerfG, Beschlüsse des Zweiten Senats vom 26.4.2019 – 2 BvC 26/19, und vom 27.3.2019 – 2 BvC 23/13, jeweils Rn. 3 bei Juris.
7 Dem folgend auch Burkiczak/Dollinger/Schorkopf BVerfGG/Hummel § 96b Rn. 4.

rechtigten ihre Beschwerde innerhalb von vier Tagen nach Bekanntgabe der Entscheidung des Bundeswahlausschusses nicht nur erheben, sondern auch begründen müssen (§ 96a Abs. 2), und dass für das gesamte Verfahren nur maximal 20 Tage zur Verfügung stehen (→ § 96a Rn. 7). Deshalb kann die Äußerungsfrist auch deutlich kürzer als vier Tage sein.

4 Es entspricht dem Zweck der Beteiligung des Bundeswahlausschusses nach § 96b, wenn dieser das Bundesverfassungsgericht nach Ablauf der **Frist des § 19 BWG** unaufgefordert darauf hinweist, dass kein Wahlvorschlag der betreffenden Partei vorliegt. Denn dadurch kann vermieden werden, dass das Bundesverfassungsgericht einer Nichtanerkennungsbeschwerde stattgibt, obwohl schon feststeht, dass die beschwerdeführende Vereinigung innerhalb der Frist des § 19 BWG keinen Wahlvorschlag mit den erforderlichen Unterschriften eingereicht hat (vgl. dazu auch → § 96a Rn. 12 f.). Hat die Vereinigung weder Kreiswahlvorschläge noch Landeslisten fristgerecht eingereicht, dann fehlt ihr grundsätzlich das Rechtsschutzbedürfnis für eine Nichtanerkennungsbeschwerde.[8]

§ 96c [Entscheidung ohne mündliche Verhandlung]

Das Bundesverfassungsgericht kann ohne Durchführung einer mündlichen Verhandlung entscheiden.

1 Auch die Regelung des § 96c dient der **Verfahrensbeschleunigung**, wenn sie die Durchführung einer mündlichen Verhandlung in das Ermessen des zuständigen Senats stellt. Die Gesetzesbegründung verweist insoweit ausdrücklich auf § 24 Abs. 1 Satz 1 GO-BVerfG.[1]

2 § 96c ist deshalb eine **andere Bestimmung im Sinne von § 25 Abs. 1**. Die Norm durchbricht den Grundsatz der mündlichen Verhandlung und macht das auch nicht von einem Verzicht der Beteiligten abhängig. Das Bundesverfassungsgericht hat bislang in allen Nichtanerkennungsbeschwerdeverfahren ohne mündliche Verhandlung durch Beschluss entschieden,[2] und zwar auch in den Verfahren, in denen die Beschwerden Erfolg hatten.[3] Ebenso ist das Gericht bei den Nichtanerkennungsbeschwerdeverfahren vorgegangen, die auf der Grundlage von § 14 Abs. 4a Satz 2 EuWG iVm der entsprechend anwendbaren Regelung des § 96c bei Europawahlen geführt wurden.[4]

8 BVerfG, Beschluss des Zweiten Senats vom 25.7.2017 – 2 BvC 1/17, Rn. 8 bei Juris.

1 BT-Drs. 17/9391, S. 12.

2 Vgl. BVerfG, Beschlüsse des Zweiten Senats vom 25.7.2017 – 2 BvC 1/17 bis 7/17, Juris, sowie BVerfGE 134, 121 und 134, 124.

3 BVerfGE 159, 91 – Deutsche Kommunistische Partei und 134, 124 – Deutsche Nationalversammlung.

4 Vgl. BVerfG, Beschlüsse des Zweiten Senats vom 26.4.2019 – 2 BvC 26/19, vom 27.3.2019 – 2 BvC 23/19, und vom 1.4.2014 – 2 BvC 1/14, 2/14 und 3/14, Juris.

§ 96d [Entscheidungsbekanntgabe ohne Begründung]

[1]Das Bundesverfassungsgericht kann seine Entscheidung ohne Begründung bekanntgeben. [2]In diesem Fall ist die Begründung der Beschwerdeführerin und dem Bundeswahlausschuss gesondert zu übermitteln.

Auch § 96d ist eine Reaktion auf den erheblichen Zeitdruck, unter dem Verfahren nach § 96a ff. regelmäßig stehen. Der Gesetzgeber hat sich deshalb entschlossen, abweichend von § 30 Abs. 1 Sätze 2 und 3 eine Bekanntgabe der Entscheidung ohne Begründung, also eine **bloße Tenorverkündung**, zu ermöglichen.[1] Die Begründung ist dann, wie Satz 2 klarstellt, nachträglich und gesondert zu übermitteln. 1

Damit hat der Gesetzgeber erstmals die nahezu wortgleich in § 32 Abs. 5 für das Verfahren der einstweiligen Anordnung vorgesehene Regelung zur Tenorverkündung auf ein Hauptsacheverfahren übertragen. Das unterstreicht den **Charakter** der Nichtanerkennungsbeschwerde als **besonders beschleunigtes Verfahren**. Von der Möglichkeit einer Tenorbegründung hat das Bundesverfassungsgericht erst einmal Gebrauch gemacht, und zwar im Fall der Zurückweisung der Nichtanerkennungsbeschwerde der Deutschen Zentrumspartei im Jahr 2021.[2] Offenbar besteht für diese Vorgehensweise dann ein Bedürfnis, wenn das Bundesverfassungsgericht, wie es im Jahr 2021 der Fall war, mit mehreren eiligen Nichtanerkennungsbeschwerden befasst ist und seine Begründungskapazitäten darauf konzentriert, eine stattgebende Entscheidung zu begründen.[3] 2

§ 97 (nicht mehr belegt)

IV. Teil
Verzögerungsbeschwerde

§ 97a [Angemessenheit der Verfahrensdauer]

(1) [1]Wer infolge unangemessener Dauer eines Verfahrens vor dem Bundesverfassungsgericht als Verfahrensbeteiligter oder als Beteiligter in einem zur Herbeiführung einer Entscheidung des Bundesverfassungsgerichts ausgesetzten Verfahren einen Nachteil erleidet, wird angemessen entschädigt. [2]Die Angemessenheit der Verfahrensdauer richtet sich nach den Umständen des Einzelfalles unter Berücksichtigung der Aufgaben und der Stellung des Bundesverfassungsgerichts.

(2) [1]Ein Nachteil, der nicht Vermögensnachteil ist, wird vermutet, wenn ein Verfahren vor dem Bundesverfassungsgericht unangemessen lange

1 BT-Drs. 17/9391, S. 12.
2 BVerfGE 159, 105 (106, Rn. 1).
3 Vgl. den am selben Tag ergangenen Beschluss des Zweiten Senats in BVerfGE 159, 91 – Deutsche Kommunistische Partei.

gedauert hat. ²Hierfür kann Entschädigung nur beansprucht werden, soweit nicht nach den Umständen des Einzelfalles Wiedergutmachung auf andere Weise, insbesondere durch die Feststellung der Unangemessenheit der Verfahrensdauer, ausreichend ist. ³Die Entschädigung gemäß Satz 2 beträgt 1200 Euro für jedes Jahr der Verzögerung. ⁴Ist der Betrag gemäß Satz 3 nach den Umständen des Einzelfalles unbillig, kann das Bundesverfassungsgericht einen höheren oder niedrigeren Betrag festsetzen.

I. Zusammenhang mit der EMRK

1 Die §§ 97a bis 97e regeln die **Folgen überlanger Verfahrensdauern beim Bundesverfassungsgericht.**[1] Dabei enthält § 97a die materielle Rechtsfolge in Form eines Entschädigungsanspruchs, während die nachfolgenden Vorschriften dessen Durchsetzung in einem besonderen Verfahren vor dem Bundesverfassungsgericht, der sogenannten Verzögerungsbeschwerde, regeln und damit wieder prozessualen Charakter haben. Der bisherige Ertrag der ambitioniert angelegten Vorschriften war bescheiden (dazu noch unter → Rn. 30).

2 Das Regelungssystem der §§ 97a ff. geht auf die **materiellen Vorgaben der Europäischen Menschenrechtskonvention** zurück und soll der zu Art. 6 und 13 EMRK ergangenen Rechtsprechung des Europäischen Gerichtshofs für Menschenrechte Rechnung tragen. Seit langem ist geklärt, dass auch das Bundesverfassungsgericht an Art. 6 Abs. 1 EMRK gebunden ist und Rechtsschutz in angemessener Frist zu gewähren hat. Das gilt für Verfassungsbeschwerdeverfahren[2] und für Verfahren der konkreten Normenkontrolle[3] gleichermaßen.

3 Gegen die überlange Dauer eines Verfahrens vor dem Bundesverfassungsgericht gab es bis 2011 überhaupt keinen Rechtsbehelf, nicht einmal die Verfassungsbeschwerde. Mit der **Verfassungsbeschwerde** konnten zwar überlange Verfahrensdauern vor den Fachgerichten angegriffen werden, aber auch in dieser Konstellation hat der Europäische Gerichtshof für Menschenrechte in der Verfassungsbeschwerde **keinen effektiven Rechtsbehelf** gesehen, wie ihn Art. 13 EMRK verlangt.[4] 2010 hat der Gerichtshof in einem

1 Deshalb ist die Dauer des einem Verfassungsbeschwerdeverfahren vorangehenden fachgerichtlichen Verfahrens kein statthafter Gegenstand einer Verzögerungsbeschwerde, vgl. BVerfG, Beschlüsse der Beschwerdekammer vom 21.12.2023 – 2 BvL 3/19 – Vz 3/23, Rn. 18 bei Juris, und vom 27.5.2019 – 2 BvR 1089/18 – Vz 2/19, Rn. 5 bei Juris.

2 Grundlegend EGMR, Urteil vom 16.12.1996 – 20024/92, Tz. 37 ff. – Süßmann / Deutschland; siehe auch die Entscheidung zur ersten Individualbeschwerde gegen einen Beschluss der Beschwerdekammer nach § 97c EGMR, Urteil vom 4.9.2014 – 68919/10, Tz. 66 ff. – Peter / Deutschland.

3 Grundlegend EGMR, Urteil vom 1.7.1997 – 17820/91, Tz. 50 ff. – Pammel / Deutschland.

4 EGMR, Urteil vom 8.6.2006 – 75529/01, Tz. 105 ff. – Sürmeli / Deutschland.

Piloturteil festgestellt, dass die überlange Verfahrensdauer in Deutschland ein strukturelles Problem ist, und für wirksame gesetzliche Maßnahmen hiergegen eine Frist von einem Jahr gesetzt.[5]

In Reaktion hierauf[6] hat der Gesetzgeber das zum 3.12.2011 in Kraft getretene **Gesetz über den Rechtsschutz bei überlangen Gerichtsverfahren** und strafrechtlichen Ermittlungsverfahren beschlossen. Dieses Gesetz hat entgegen der klaren Präferenz des Europäischen Gerichtshofs für Menschenrechte für einen primären, gegen die überlange Verfahrensdauer gerichteten Rechtsbehelf in Form einer Untätigkeitsbeschwerde allerdings lediglich eine **Kompensationslösung** gebracht. 4

Verfahren vor dem Bundesverfassungsgericht sind in diese Kompensationslösung einbezogen worden, aber nicht durch Erstreckung der allgemeinen, für die Fachgerichte entwickelten Lösung in den §§ 198 ff. GVG, sondern durch eine **eigenständige Lösung im Gesetz über das Bundesverfassungsgericht**. Das sind die unter der Überschrift „Verzögerungsbeschwerde" eingefügten Vorschriften der §§ 97a bis 97e. Im ersten und soweit ersichtlich bislang einzigen zu § 97a entschiedenen Fall hat der Europäische Gerichtshof für Menschenrechte eine Verletzung von Art. 13 Abs. 1 EMRK verneint, weil das Bundesverfassungsgericht auf der Grundlage von §§ 97a ff. die Möglichkeit habe, eine Verletzung des Rechts auf Entscheidung in angemessener Zeit festzustellen und auch für Nicht-Vermögensnachteile einen Ausgleich zuzusprechen.[7] 5

§ 97a soll zwar in erster Linie die Vorgaben der EMRK erfüllen, reicht aber hinsichtlich der erfassten Verfahren darüber hinaus. Art. 6 Abs. 1 EMRK bezieht das Verbot überlanger Verfahrensdauer nur auf Rechtstreitigkeiten zivilrechtlicher Natur und strafrechtlicher Anklagen. Solche Begrenzungen enthält **§ 97a** nicht, sondern **erfasst** grundsätzlich **sämtliche verfassungsgerichtlichen Verfahren**.[8] Ausdrücklich bestätigt ist die Einbeziehung der Wahlprüfungsbeschwerde nach § 48 in die Verzögerungsbeschwerde.[9] Die Erfassung sämtlicher verfassungsgerichtlicher Verfahren betrifft nicht nur die unterschiedlichen materiell-rechtlichen Gegenstände, sondern auch die Verfahrensarten. Erfasst sind neben Verfassungsbeschwerdeverfahren auch konkrete Normenkontrollverfahren auf Vorlage eines Fachgerichts.[10] Anwendbar sind die §§ 97a ff. auch in Nebenverfahren beim Bundesverfassungsgericht, insbesondere im Kostenfestsetzungsverfahren.[11] 6

---

5 EGMR, Urteil vom 2.9.2010 – 46344/06, Tz. 73 – Rumpf / Deutschland.

6 So ausdrücklich auch BVerfG, Beschluss der Beschwerdekammer vom 30.7.2013 – 2 BvE 2/09 – Vz 2/13, Rn. 10 bei Juris.

7 EGMR, Urteil vom 4.9.2014 – 68919/10, Tz. 59 – Peter / Deutschland.

8 Benda/Klein VerfassungsProzR/O. Klein Rn. 1353; einschränkend aber BVerfG, Beschluss der Beschwerdekammer vom 30.7.2013 – 2 BvE 2/09 – Vz 2/13, Rn. 11 f. bei Juris.

9 Vgl. BVerfG, Beschluss der Beschwerdekammer vom 30.8.2016 – 2 BvC 26/14 – Vz 1/16, Rn. 15 ff. bei Juris.

10 Vgl. BVerfG, Beschluss der Beschwerdekammer vom 21.12.2023 – 2 BvL 3/19 – Vz 3/23, Rn. 11 ff. bei Juris.

11 BVerfG, Beschluss der Beschwerdekammer vom 11.12.2023 – 2 BvR 739/17 – Vz 5/23, Rn. 64 ff. bei Juris.

II. Entschädigungsanspruch, Abs. 1

7 § 97a hat dabei keinen prozessualen, sondern einen materiellen Inhalt.[12] Die Vorschrift enthält wie die Parallelregelung in § 198 Abs. 1 und 2 GVG einen **Entschädigungsanspruch** (Abs. 1), der für Nicht-Vermögensnachteile mit einer betragsmäßigen Regelvermutung verbunden ist (Abs. 2). Abs. 1 Satz 1 bestimmt lapidar, dass derjenige, der infolge unangemessener Dauer eines Verfahrens vor dem Bundesverfassungsgericht einen Nachteil erleidet, entschädigt wird.

8 Die Entschädigung hat nach einer auf den Bundesrat zurückgehenden Ergänzung **angemessen** zu sein. Der Gesetzgeber wollte sich bewusst an die etablierte Rechtsprechungspraxis des Europäischen Gerichtshofs für Menschenrechte bei der Gewährung einer dort sogenannten gerechten Entschädigung nach Art. 41 EMRK in Fällen überlanger Verfahrensdauer anlehnen.[13] Damit soll ein Ersatz des entgangenen Gewinns (§ 252 BGB) ausgeschlossen sein.[14] Zugleich wird damit erreicht, dass die Entschädigung nach § 97a Abs. 1 Satz 1 **nicht hinter den Entschädigungsstandards des EGMR[15] zurückbleibt**.

9 Nur durch eine den Standards des EGMR entsprechende Entschädigung für die festgestellte überlange Verfahrensdauer verliert der Betroffene die sogenannte **Opfereigenschaft** nach Art. 34 EMRK und kann deshalb nicht mehr wegen der überlangen Verfahrensdauer vor dem Bundesverfassungsgericht eine zulässige Individualbeschwerde beim EGMR erheben.[16]

10 **1. Anspruchsgegner und Anspruchsberechtigter.** Das Gesetz sagt nicht ausdrücklich, wer diese Entschädigung zu leisten hat. Entschädigungsansprüche nach § 97a Abs. 1 Satz 1 sind zwar „gegen den Staat" gerichtet,[17] der **Bund ist** aber **nicht zum Anspruchsgegner bestimmt**. Zwar ist das Bundesverfassungsgericht ein Gericht des Bundes, aber die daran anknüpfende Haftungstragungsregelung in § 200 Satz 2 GVG ist auf die Fachgerichte des Bundes begrenzt und auf Verfahren vor dem Bundesverfassungsgericht nicht entsprechend anwendbar. Der Gesetzgeber hat für das Bundesverfassungsgericht ausdrücklich eine als abschließend zu verstehende Sonderregelung getroffen.[18] Eine entsprechende Heranziehung von § 200 Satz 2 GVG scheitert auch an der Regelung des § 17, welche weder thematisch die Kompensation überlanger Verfahrensdauern erfasst noch den einschlägigen Titel 17 des Gerichtsverfassungsgesetzes für entsprechend anwendbar erklärt (→ § 17 Rn. 5 f.). Im Übrigen ist das Bundesverfassungsgericht ein Verfassungsorgan des Bundes und verfügt deshalb im Gegensatz zu anderen Gerichten des Bundes über einen eigenständigen Titel im Bundeshaushalt, aus dem es seine Ausgaben

---

12 So jetzt auch Schmidt-Bleibtreu/Klein/Bethge BVerfGG/Haratsch § 97a Rn. 15 (Stand: Januar 2022).
13 BT-Drs. 17/3802, S. 34 und 40.
14 BT-Drs. 17/7217, S. 27 f.; anders noch der Regierungsentwurf, vgl. BT-Drs. 17/3802, S. 19.
15 Vgl. HK-EMRK/Brunozzi, Art. 41 Rn. 24.
16 Vgl. HK-EMRK/Kulick, Art. 34 Rn. 18 ff.; siehe auch EGMR, Urteil vom 17.11.2005 – 72438/01, Tz. 100 ff. – L.-N.S. / Deutschland.
17 Vgl. BT-Drs. 17/3802, S. 26.
18 Beschlussempfehlungen und Bericht des Rechtsausschusses, BT-Drs. 17/7217, S. 1.

bestreiten kann. Deshalb geht auch der Verweis auf das Rechtsträgerprinzip ins Leere.[19]

Die angemessene **Entschädigung** nach § 97a Abs. 1 Satz 1 ist deshalb **vom Bundesverfassungsgericht selbst zu gewähren** und zwar aus den ihm als Verfassungsorgan im Bundeshaushalt zugewiesenen Mitteln.[20] Gerechte Entschädigungen, zu deren Leistung die Bundesrepublik Deutschland vom Europäischen Gerichtshof für Menschenrechte wegen überlanger Verfahrensdauer beim Bundesverfassungsgericht nach Art. 41 EMRK verurteilt wird, werden vom Bundesverfassungsgericht unmittelbar an den Betroffenen gezahlt. Davon ist der Gesetzgeber auch für die Entschädigung nach § 97a nicht abgewichen.[21] Große praktische Bedeutung hat das bislang nicht gewonnen und auch das Bundesverfassungsgericht hat die Frage in dem einzigen Beschluss, mit dem eine Entschädigung gewährt wurde, offengelassen.[22] Eine Ablehnung der eigenen Anspruchsverpflichtung des Bundesverfassungsgerichts würde der Stellung des Gerichts als Verfassungsorgan (§ 1 Abs. 1; → § 1 Rn. 8) nicht gerecht (→ § 1 Rn. 9). Der in den zwölf Jahren seit Inkrafttreten der Regelung angefallene, vernachlässigenswerte Gesamtbetrag von 3.000 Euro sollte es dem Bundesverfassungsgericht auch unter pragmatischen Gesichtspunkten erleichtern, die Frage seiner Stellung als Verfassungsorgan entsprechend zu behandeln. 11

Als **Anspruchsberechtigter** kommt in Betracht, wer in einem Verfahren vor dem Bundesverfassungsgericht **Verfahrensbeteiligter** war. Der im Gesetz bislang nicht enthaltene Begriff des Verfahrensbeteiligten ist vom Gesetzgeber nicht näher erläutert worden, erfasst aber jedenfalls den Antragsteller im verfassungsgerichtlichen Verfahren, in kontradiktorischen Verfahrensarten auch den Antragsgegner, in konkreten Normenkontrollverfahren auch die Parteien des fachgerichtlichen Ausgangsverfahrens[23] und im Übrigen den zum Verfahren Beigetretenen (vgl. § 94 Abs. 5). Beteiligte im Organstreitverfahren sollen nur dann anspruchsberechtigt sein können, wenn sich die unangemessene Dauer des Verfahrens auf ihre individuelle Rechtsstellung auswirkt.[24] 12

Unklar ist, ob die in Verfassungsbeschwerdeverfahren gegen Gerichtsentscheidungen nach § 94 Abs. 3 zwar nicht beitritts-, aber **äußerungsberechtigten Begünstigten der angegriffenen Entscheidung** verfahrensbeteiligt im Sinne von § 97a Abs. 1 Satz 1 sind.[25] Das ist dann zu bejahen, wenn die 13

19 Vgl. etwa die Überlegungen bei Schmidt-Bleibtreu/Klein/Bethge BVerfGG/Haratsch § 97a Rn. 21 (Stand: Januar 2022).

20 Letzteres immerhin jetzt anerkennend Schmidt-Bleibtreu/Klein/Bethge BVerfGG/Haratsch § 97a Rn. 21 (Stand: Januar 2022).

21 Wie hier Lechner/Zuck/Zuck § 97a Rn. 82; aA etwa Barczak BVerfGG/Schmaltz § 97a Rn. 20 und Burkiczak/Dollinger/Schorkopf BVerfGG/Maciejewski § 97a Rn. 93.

22 BVerfG, Beschluss der Beschwerdekammer vom 20.8.2015 – 1 BvR 2781/13 – Vz 11/14, Tenor und Rn. 50 bei Juris.

23 Vgl. BVerfG, Beschluss der Beschwerdekammer vom 21.12.2023 – 2 BvL 3/19 – Vz 3/23, Rn. 11 bei Juris.

24 Vgl. BVerfG, Beschluss der Beschwerdekammer vom 30.7.2013 – 2 BvE 2/09 – Vz 2/13, Rn. 11 bei Juris.

25 Im Anschluss an diese Kommentierung auch Benda/Klein VerfassungsProzR/O. Klein Rn. 1355.

Verfassungsbeschwerde zugestellt und damit die Äußerungsberechtigung aktualisiert worden ist.[26] Denn dann ist der Begünstigte der durch die Urteilsverfassungsbeschwerde angegriffenen fachgerichtlichen Entscheidung einer ihn belastenden Unsicherheit ausgesetzt, ob es bei der fachgerichtlichen Entscheidung bleibt.

14 Für dieses Verständnis spricht auch, dass Anspruchsberechtigter nach Abs. 1 Satz 1 auch der **Aussetzungsbeteiligte** sein kann. Aussetzungsbeteiligter ist, wer Beteiligter in einem zur Herbeiführung einer Entscheidung des Bundesverfassungsgerichts ausgesetzten Verfahren ist.[27] Das sind beide Parteien eines Rechtsstreits, in dem es zu einer Richtervorlage nach Art. 100 GG, §§ 80 ff. mit der Folge der Aussetzung des fachgerichtlichen Rechtsstreits bis zur Entscheidung des Bundesverfassungsgerichts über die Richtervorlage kommt. Die Einbeziehung der Aussetzungsbeteiligten bei Richtervorlagen war nach der Straßburger Rechtsprechung geboten.[28]

15 **2. Unangemessene Dauer.** Zweite materielle Voraussetzung des Entschädigungsanspruchs ist, dass das jeweilige **Verfahren** vor dem Bundesverfassungsgericht **unangemessen lang dauert**. Dabei spielt, wie § 97b Abs. 2 zeigt, keine Rolle, ob das verfassungsgerichtliche Verfahren schon abgeschlossen ist oder noch weiter andauert.

16 Das Gesetz verzichtet auf eine inhaltliche Definition der Angemessenheit der Verfahrensdauer, sondern gibt in **Abs. 1 Satz 2** lediglich vor, dass die Angemessenheit sich nach den Umständen des Einzelfalls richtet und dass **Aufgaben und Stellung des Bundesverfassungsgerichts zu berücksichtigen** sind. Was der Gesetzgeber darunter versteht,[29] geht nicht über das hinaus, was der Europäische Gerichtshof für Menschenrechte in das Bundesverfassungsgericht betreffenden Verfahrensdauerfällen ohnehin schon berücksichtigt hat.[30] Generell gilt, dass die Frage der Angemessenheit der Verfahrensdauer von der Natur des Verfahrens und der Bedeutung der Sache für die Parteien, von den Auswirkungen einer langen Verfahrensdauer für die Beteiligten, von der Schwierigkeit der Sachmaterie, sowie von dem Verhalten

---

26 Dieser Auffassung angeschlossen haben sich zwischenzeitlich Benda/Klein/VerfassungsProzR/O. Klein Rn. 1355 und Burkiczak/Dollinger/Schorkopf BVerfGG/Maciejewski § 97a Rn. 26; aA Schmidt-Bleibtreu/Klein/Bethge BVerfGG/Haratsch § 97a Rn. 19 (Stand Januar 2022).

27 Vgl. beispielhaft BVerfG, Beschluss der Beschwerdekammer vom 21.12.2023 – 2 BvL 3/19 – Vz 3/23, Rn. 2 ff. bei Juris.

28 Grundlegend EGMR, Urteil vom 1.7.1997 – 17820/91, Tz. 50 ff. – Pammel / Deutschland.

29 Beschränkte Möglichkeiten zur Vergrößerung des Gerichts; kein Zwang zur Bearbeitung der Verfahren nach zeitlichem Eingang, vgl. BT-Drs. 17/3802, S. 26; siehe auch die darauf aufbauende Spruchpraxis der Beschwerdekammer, grundlegend BVerfG, Beschluss der Beschwerdekammer vom 1.10.2012 – 1 BvR 170/06 – Vz 1/12, Rn. 27 ff. bei Juris; vgl. zuletzt etwa BVerfG, Beschluss der Beschwerdekammer vom 21.12.2023 – 2 BvL 3/19 – Vz 3/23, Rn. 14 bei Juris. Siehe auch BVerfG, Beschlüsse der Beschwerdekammer vom 22.3.2018 – 2 BvR 289/10 – Vz 10/16, Rn. 12 bis 14 bei Juris, und vom 8.12.2015 – 1 BvR 99/11 – Vz 1/15, Rn. 30 ff. bei Juris.

30 Vgl. dazu auch EGMR, Urteil vom 4.9.2014 – 68919/10, Tz. 39 ff. – Peter / Deutschland.

der Beteiligten abhängt,[31] aber natürlich auch vom Verhalten des Bundesverfassungsgerichts selbst.[32]

Anders als im fachgerichtlichen Verfahren können die vor dem Bundesverfassungsgericht Beteiligten, insbesondere der Beschwerdeführer im Verfassungsbeschwerdeverfahren, kaum einen eigenen Beitrag zur Verzögerung und damit zur unangemessenen Dauer des Verfahrens leisten.[33] Deshalb richten sich insoweit alle Blicke auf die **Arbeitsabläufe beim Bundesverfassungsgericht**. Längere Phasen der Nichtbearbeitung sind kritisch[34] und haben in der Praxis auch im Verfahren vor der Beschwerdekammer zum Erfolg eines Beschwerdeführers geführt, weil die Frage nach der Bestimmung des zuständigen Senats eineinhalb Jahre ungeklärt blieb.[35] Kritisch sind auch Gesamtbearbeitungszeiten von über zwei Jahren, jedenfalls im Regelfall. Richtigerweise müssen sie durch andere, die Verzögerung rechtfertigende Sondergesichtspunkte ausgeglichen werden. Diesen besonderen Rechtfertigungsbedarf hat das Bundesverfassungsgericht auch in seiner ersten Entscheidung über eine Verzögerungsbeschwerde, dort bezogen auf die Dauer eines Verfassungsbeschwerdeverfahrens von 4,5 Jahren eingeräumt und die Begründung der Zurückweisung der Verzögerungsbeschwerde deshalb auf die Besonderheiten des konkreten Verfahrens zugeschnitten.[36] Davon ist anschließend auch der Europäische Gerichtshof für Menschenrechte ausgegangen, nach dessen Einschätzung die Verfahrensabläufe „unusually but not unreasonably long" waren.[37] Deshalb bedurfte es für eine Verfassungsbeschwerde mit einer Verfahrensdauer von vier Jahren und acht Monaten eines erheblichen Argumentationsaufwands, um die Überlänge letztlich doch noch zu verneinen. Die Beschwerdekammer hat eingeräumt, dass eine solche Verfahrensdauer „ungewöhnlich lang" ist, glaubte das aber in Anlehnung an die Peter-Leitlinien des EGMR noch dadurch rechtfertigen zu können, dass im fraglichen Zeitraum außergewöhnlich viele Senats- und bedeutende Kammerverfahren im Dezernat des Berichterstatters zu bearbeiten waren und bearbeitet wurden.[38] In einer neueren Entscheidung hat die Beschwerdekammer auch noch eine Verfahrensdauer von bislang etwa fünf Jahren in einem konkreten Normenkontrollverfahren noch als sachlich begründet bewertetet[39], was bedenklich erscheint. **Nicht mehr nachvollziehbar** ist es, wenn 17

31 So jeweils auch BVerfG, Beschlüsse der Beschwerdekammer vom 22.3.2018 – 2 BvR 289/10 – Vz 10/11, Rn. 9 bei Juris, vom 30.8.2016 – 2 BvC 26/14 – Vz 1/16, Rn. 18 bei Juris, und vom 8.12.2015 – 1 BvR 99/11 – Vz 1/15, Rn. 27 bei Juris.

32 Vgl. etwa BVerfG, Beschluss der Beschwerdekammer vom 20.8.2015 – 1 BvR 2781/13 – Vz 11/14, Rn. 35 bei Juris.

33 Dem jetzt auch folgend Burkiczak/Dollinger/Schorkopf BVerfGG/Maciejewski § 97a Rn. 47.

34 Vgl. EGMR, Urteil vom 22.1.2009 – 45749/06 ua, Tz. 64 – Kaemena ua / Deutschland.

35 BVerfG, Beschluss der Beschwerdekammer vom 20.8.2015 – 1 BvR 2781/13 – Vz 11/14, Rn. 35 ff. bei Juris; vgl. beispielhaft BVerfG, Beschluss der Beschwerdekammer vom 11.12.2023 – 2 BvR 739/17 – Vz 5/23, Rn. 71 bei Juris – achtzehnmonatige Inaktivität.

36 Beschluss der Beschwerdekammer vom 1.10.2012 – 1 BvR 170/06 – Vz 1/12, Rn. 36 ff. bei Juris.

37 EGMR, Urteil vom 4.9.2014 – 68919/10, Tz. 47 – Peter / Deutschland.

38 BVerfG, Beschluss der Beschwerdekammer vom 8.12.2015 – 1 BvR 99/11 – Vz 1/15, Rn. 37 ff. bei Juris.

39 Vgl. BVerfG, Beschluss der Beschwerdekammer vom 21.12.2023 – 2 BvL 3/19 – Vz 3/23, Rn. 16 ff. bei Juris.

die Beschwerdekammer eine Verfahrensdauer von **sechs Jahren und fünf Monaten** in einem Verfassungsbeschwerdeverfahren vor der offensichtlich gebotenen Feststellung der Unangemessenheit bewahren will, in dem nicht einmal mehr auf eine Belastung der Berichterstatterin durch Senatssachen, sondern lediglich auf einzelne thematisch benachbarte Kammerentscheidungen verwiesen wird.[40] Eine achtzehnmonatige Inaktivität des Gerichts bei der Kostenfestsetzung für ein Verfassungsbeschwerdeverfahren stellt eine unangemessene Verfahrensverzögerung im Sinne von Abs. 1 Satz 1 dar.[41]

18 Kritisch ist es auch, wenn das Bundesverfassungsgericht nach überdurchschnittlich langer Verfahrensdauer eine Verfassungsbeschwerde mit einer **Begründung** nicht zur Entscheidung annimmt, die so **trivial und einfach** ist, dass sie die aufgelaufene Verfahrensdauer schwerlich rechtfertigen kann. Das ist etwa dann der Fall, wenn wegen auf den ersten Blick ersichtlicher geringer wirtschaftlicher Bedeutung die Annahmevoraussetzung nach § 93a Abs. 2 Buchst. b) verneint wird[42] oder wenn eine **vergleichsweise einfach gelagerte Zulässigkeitsfrage nach mehreren Jahren verneint** wird.[43]

19 Zu den Umständen des Einzelfalls gehört naturgemäß auch die **Gesamtdauer des verfassungsgerichtlichen Verfahrens**, weshalb entsprechend der Rechtsprechung des Europäischen Gerichtshofs für Menschenrechte auch im Rahmen von § 97a Abs. 1 eine Verfahrensdauer „prima facie" überlang sein kann.[44] Die Analyse der Rechtsprechung des EGMR zu Verfahrensdauerfällen beim Bundesverfassungsgericht zeigt, dass bei einer Dauer von etwas mehr als fünf Jahren eine Obergrenze zu liegen scheint.[45] Überdurchschnittlich schnelle Entscheidungen sind, auch beim Bundesverfassungsgericht, geboten, wenn eine schnelle Entscheidung für den Beschwerdeführer besonders wichtig ist, also etwa bei **familienrechtlichen Verfahren betreffend Kinder.**[46] Das gilt natürlich auch bei Anträgen auf Erlass einer einstweiligen Anordnung (§ 32), kann nach der Praxis der Beschwerdekammer aber auch in Wahlprüfungsverfahren gelten.[47]

20 Umgekehrt kann eine auch für verfassungsgerichtliche Verfahren **besondere Komplexität und Schwierigkeit** des Falls längere Verfahrensdauern rechtfertigen. Das kommt vor allen Dingen dann in Betracht, wenn es um eine der wenigen **Senatssachen** geht. Die vorrangige Bearbeitung von solchen

---

40 BVerfG, Beschluss der Beschwerdekammer vom 22.3.2018 – 2 BvR 289/10 – Vz 10/16, Rn. 20 ff. bei Juris.

41 BVerfG, Beschluss der Beschwerdekammer vom 11.12.2023 – 2 BvR 739/17 – Vz 5/23, Rn. 71 bei Juris.

42 Beschluss der 1. Kammer des Ersten Senats vom 23.8.2000 – 1 BvR 68/95 ua, Rn. 29 f. bei Juris; nachfolgend dazu EGMR, Urteil vom 4.12.2003 – 68103/01, Tz. 15 und 33 f. – Trippel / Deutschland.

43 Beschluss der 3. Kammer des Ersten Senats vom 11.6.2010 – 1 BvR 170/06, Rn. 10 ff. bei Juris; dazu der eine unangemessene Verfahrensdauer verneinende Beschluss der Beschwerdekammer vom 1.10.2012 – 1 BvR 170/06 – Vz 1/12, Rn. 35 ff. bei Juris.

44 Vgl. EGMR, Urteil vom 8.1.2004 – 47169/99, Tz. 52.

45 Vgl. etwa die Zusammenstellung bei HK-EMRK/Harrendorf/König Art. 6 Rn. 206 mit Fn. 6, sowie bei Dörr/Lenz EurVerwRS Rn. 795 Fn. 446.

46 BT-Drs. 17/3802, S. 18.

47 BVerfG, Beschluss der Beschwerdekammer vom 30.8.2016 – 2 BvC 26/14 – Vz. 1/16, Rn. 31 bei Juris, im konkreten Fall aber verneinend.

Senatssachen soll in der letzten Phase der Amtszeit eines Verfassungsrichters auch die Zurückstellung anderer Verfahren rechtfertigen.[48]

Kammersachen hingegen wird man, jedenfalls wenn es zu keiner Zustellung kommt, grundsätzlich als nicht komplex und **nicht besonders schwierig** ansehen müssen.[49] Das folgt aus den Regelungen der §§ 93a bis 93d (keine grundsätzliche Bedeutung, keine mündliche Verhandlung, kein Begründungszwang). Das sieht die Beschwerdekammer aber anders. Sie stellt darauf ab, dass Nichtannahmebeschlüsse von Kammern nur selten, und zwar in weniger als fünf Prozent der Fälle begründet werden. Daraus folgert die Beschwerdekammer, dass eine **mit Begründung beschiedene Verfassungsbeschwerde** sich schon rein statistisch gesehen aus der Vielzahl von Verfahren heraushebt, woraus ein besonderer Aufwand abgeleitet wird, der dann auch eine längere Verfahrensdauer rechtfertigen kann.[50] 21

Große Bedeutung in der Praxis der Beschwerdekammern des Bundesverfassungsgerichts hat das begrifflich aus der Praxis des EGMR ausgeborgte **Argument des „Pilotverfahrens"**.[51] Begriff und Konzept des Pilotverfahrens gehen auf die Rechtsprechung des EGMR zurück, der oftmals mit einer Vielzahl von gleich gerichteten Verfahren konfrontiert ist, weil es in Mitgliedstaaten strukturelle Defizite gibt. In einer gewissen Weiterentwicklung seiner Befugnisse hat der EGMR dann damit begonnen, dem beklagten Staat die Vornahme bestimmter gesetzlicher verwaltungstechnischer Maßnahmen verpflichtend aufzugeben. Zugleich hat er sich dadurch in die Lage versetzt, bei Nichtbehebung dieser Defizite durch den Konventionsstaat Wiederholungsfälle (repetitive cases) unter Berufung auf die Pilotentscheidung durch stattgebende Entscheidungen seiner Dreier-Ausschüsse vergleichsweise zügig abzuarbeiten (Art. 28 Abs. 1 lit. b) EMRK, Art. 53 Abs. 2 Verfahrensordnung EGMR).[52] Das erste gegen Deutschland ergangene Piloturteil betraf bezeichnenderweise die überlangen Verfahrensdauern vor deutschen Gerichten und das Fehlen eines effektiven Rechtsbehelfs hiergegen, und deshalb wurde die Bundesrepublik Deutschland verurteilt, innerhalb eines Jahres einen Rechtsbehelf oder eine Kombination von Rechtsbehelfen in die nationale Rechtsordnung einzuführen, um im Hinblick auf Art. 6 Abs. 1 und Art. 13 EMRK den Vorgaben des Gerichtshofs gerecht zu werden.[53] Während das Piloturteils-Konzept in Straßburg der Beschleunigung von Wiederholungsfällen dient, beziehen die Beschwerdekammern diesen Begriff auf Fälle, in denen das Bundesverfassungsgericht aus einer Vielzahl von anhängigen Verfahren 22

48 Vgl. BVerfG, Beschluss der Beschwerdekammer vom 1.10.2012 – 1 BvR 170/06 – Vz 1/12, Rn. 37 bei Juris; ebenso EGMR, Urteil vom 4.9.2014 – 68919/10, Tz. 46 – Peter / Deutschland.

49 In einem Einzelfall wegen der Verbindung zu einer Senatssache großzügiger wohl EGMR, Urteil vom 4.9.2014 – 68919/10, Tz. 45 – Peter / Deutschland.

50 Vgl. BVerfG, Beschluss der Beschwerdekammer vom 8.12.2015 – 1 BvR 99/11 – Vz 1/15, Rn. 55 bei Juris.

51 Vgl. BVerfG, Beschlüsse der Beschwerdekammer vom 21.12.2023 – 2 BvL 3/10 – Vz 3/19, Rn. 19 bei Juris, vom 22.3.2018 – 2 BvR 289/10 – Vz 10/16, Rn. 14 bei Juris, und vom 30.8.2016 – 2 BvC 26/14 – Vz 1/16, Rn. 23 bei Juris; grundlegend BVerfG, Beschluss der Beschwerdekammer vom 1.10.2012 – 1 BvR 170/06 – Vz 1/12, Rn. 32 unter Berufung auf die Begründung des Gesetzentwurfs, siehe BT-Drs. 17/3802, S. 26.

52 Siehe dazu auch Dörr/Lenz EurVerwRS Rn. 744 f.

53 EGMR, Urteil vom 2.9.2010 – 46344/06, Tz. 71 ff. – Rumpf / Deutschland.

eines als Leitfall auswählt und entweder im Senat oder durch eine umfangreich begründete Kammerentscheidung bescheidet und dieses Ergebnis dann auf die formlos zurückgestellten Beschwerden paralleler Natur überträgt.[54] Das ist vernünftig, trägt der besonderen Stellung des Bundesverfassungsgerichts (Abs. 1 Satz 2) Rechnung und ist deshalb auch vom EGMR für Fälle der §§ 97a ff. akzeptiert worden.[55] In der konkreten Anwendung kommt es dann darauf an, ob sich eine behauptete Zurückstellungsentscheidung wirklich nachvollziehen lässt, ob das zurückgestellte Verfahren nach Abschluss des Pilotverfahrens zeitnah beschieden wird und ob das Pilotverfahren seinerzeit nicht selbst unangemessen lange gedauert hat.[56]

23 **3. Nachteil.** Drittens muss die unangemessene Dauer beim potenziellen Anspruchsberechtigten **einen Nachteil bewirkt** haben. Dieser Nachteil meint wegen der angestrebten Parallelität zur Rechtslage nach der Konvention die in Art. 41 EMRK angesprochenen Folgen der Konventionsverletzung, hier also der überlangen Verfahrensdauer. Der Nachteilbegriff bei § 97a Abs. 1 Satz 1 umfasst wie im System der Konvention **materielle wie immaterielle Nachteile.**[57]

24 Bei der Entschädigung materieller Nachteile wird sich wie schon im System des Art. 41 EMRK oftmals die Frage nach der Führung des **Kausalitätsnachweises** stellen, wobei es rasch zu Spekulationen über mutmaßliche Verfahrensverläufe und -ergebnisse kommt. Zu diesem Thema ist die Beschwerdekammer erst ein einziges Mal vorgedrungen und hat sich für eine sehr strikte Handhabung des Kausalitätserfordernisses („infolge“) entschieden.[58] Das mag im konkreten Fall zu einem vernünftigen Ergebnis geführt haben, wird aber der Vorbildrolle des EGMR nicht gerecht. Sachgerecht ist es, wenn sich die Beschwerdekammer bei der Kausalitätsfrage im Hinblick auf materielle Schäden an der Praxis des EGMR zu Art. 41 EMRK orientiert[59] und gegebenenfalls mit an Billigkeitsüberlegungen orientierten **Pauschalansätzen** arbeitet.

III. Vermutungsregelung für immaterielle Nachteile, Abs. 2

25 Für immaterielle Nachteile enthält Abs. 2 eine Vermutung.[60] Das war deshalb unabweisbar, weil auch der EGMR bei überlanger Verfahrensdauer eine starke, aber **widerlegbare Vermutung** für Nicht-Vermögensschäden

54 Vgl. BVerfG, Beschluss der Beschwerdekammer vom 22.3.2018 – 2 BvR 289/10 – Vz 10/16, Rn. 19 bei Juris.
55 EGMR, Urteil vom 4.9.2014 – 68919/10, Tz. 46 – Peter / Deutschland.
56 Vgl. zu diesen drei Aspekten die – nur teilweise überzeugenden – Überlegungen in BVerfG, Beschluss der Beschwerdekammer vom 22.3.2018 – 2 BvR 289/10 – Vz 10/16, Rn. 19 und Rn. 20 ff. bei Juris. Eher pauschaler dagegen die Handhabung in BVerfG, Beschluss der Beschwerdekammer vom 21.12.2023 – 2 BvL 3/19 – Vz 3/23, Rn. 19 bei Juris, wo nicht klar wird, in Bezug auf welches andere Verfahren das konkrete Verfahren so lange weder beschieden noch zugestellt wurde.
57 Vgl. BVerfG, Beschluss der Beschwerdekammer vom 20.8.2015 – 1 BvR 2781/13 – Vz 11/14, Rn. 33 bei Juris.
58 Vgl. BVerfG, Beschluss der Beschwerdekammer vom 20.8.2015 – 1 BvR 2781/13 – Vz 11/14, Rn. 45 ff. bei Juris.
59 Vgl. auch HK-EMRK/Brunozzi Art. 41 Rn. 21.
60 BVerfG, Beschluss der Beschwerdekammer vom 20.8.2015 – 1 BvR 2781/13 – Vz 11/14, Rn. 33 und Rn. 49 bei Juris.

annimmt;[61] ob sich aus dieser Übernahme einer im Konventionsrecht entwickelten Vermutung wirklich eine Beschränkung auf Verfahren des Individualrechtsschutzes ergibt,[62] erscheint zweifelhaft. Wenn der Gesetzgeber das wirklich gewollt hätte, hätte er die verfassungsgerichtlichen Verfahren, in denen Individualschutz von vorneherein ausgeschlossen ist, aus dem Anwendungsbereich des § 97a ausdrücklich herausgenommen. Davon abgesehen folgt § 97a Abs. 2 im Einzelnen nahezu wörtlich den für die Fachgerichte geltenden Regelungen des § 198 Abs. 2 GVG. Gleichwohl ergeben sich aus den Besonderheiten des Verfahrens beim Bundesverfassungsgericht inhaltliche Verschiebungen.

Das gilt etwa für **Abs. 2 Satz 2.** Danach sind Entschädigungen für Nicht-Vermögensnachteile ausgeschlossen, wenn die Wiedergutmachung nach den Umständen des Einzelfalls auf andere Weise **ausreichend** möglich ist, insbesondere durch die **Feststellung der Unangemessenheit** der Verfahrensdauer.[63] Das greift eine Rechtsprechung des Europäischen Gerichtshofs für Menschenrechte auf, die vor allen Dingen für Fälle entwickelt worden ist, in denen der Beschwerdeführer selbst erhebliche Beiträge zur Verfahrensdauer geleistet hat oder das Verfahren für ihn keine besondere Bedeutung hat.[64] Beides wird man in verfassungsgerichtlichen Verfahren ausschließen können, da es den Beteiligten an Verzögerungsmöglichkeiten weitgehend fehlt und jedenfalls Verfassungsbeschwerdeverfahren, denen eine besondere Bedeutung für die Beschwerdeführer fehlt, im Regelfall rasch nach § 93a Abs. 2 Buchst. b) ohne Sachentscheidung abgearbeitet werden können. Im bislang einzigen Anwendungsfall zu einem Hauptsacheverfahren hat die Beschwerdekammer entschieden, dass weder die bloße Feststellung der Unangemessenheit der Verfahrensdauer noch eine Wiedergutmachung auf andere Weise angesichts der Umstände des Einzelfalles ausreichend war.[65] Dagegen sollen Kostenfestsetzungsverfahren beim Bundesverfassungsgericht für den Betroffenen keine besondere Bedeutung haben, auch wegen der Verzinsungspflicht.[66] 26

Bedeutsamer ist die für Nicht-Vermögensnachteile in **Abs. 2 Satz 3** enthaltene **Regelhöhe der Entschädigung von 1.200 Euro** für jedes Jahr der Verzögerung. Nach der Vorstellung des Gesetzgebers gilt dieser Betrag nur für 27

61 EGMR, Urteil vom 29.3.2006 – 36813/97, Tz. 268 f. – Scordino / Italien; BT-Drs. 17/3802, S. 19.

62 So BVerfG, Beschluss der Beschwerdekammer vom 30.7.2013 – 2 BvE 2/09 – Vz 2/13, Rn. 12 bei Juris.

63 Vgl. zuletzt BVerfG, Beschluss der Beschwerdekammer vom 11.12.2023 – 2 BvR 739/17 – Vz 5/23, Tenor und Rn. 77 bei Juris.

64 Vgl. EGMR, Urteil vom 27.7.2000 – 33379/96, Tz. 51 – Klein / Deutschland.

65 BVerfG, Beschluss der Beschwerdekammer vom 20.8.2015 – 1 BvR 2781/13 – Vz 11/14, Rn. 50 bei Juris. Das verkennt Burkiczak/Dollinger/Schorkopf BVerfGG/Maciejewski § 97a Rn. 78, wenn dort, noch dazu unter unzutreffender Bezugnahme auf diese Kommentierung, behauptet wird, die bloße Feststellung der Unangemessenheit der Verfahrensdauer sei in der Regel auch ausreichend.

66 BVerfG, Beschluss der Beschwerdekammer vom 11.12.2023 – 2 BvR 739/17 – Vz 5/23, Rn. 77 bei Juris.

volle Jahre und ist ansonsten nach Monaten zeitanteilig zu reduzieren.[67] Dem folgt die Praxis der Beschwerdekammer.[68]

28 Die Anknüpfung an den **Begriff der Verzögerung** zwingt dazu, die noch zulässige Verfahrensdauer exakt zu bestimmen, um die pauschalierte Entschädigung berechnen zu können.[69] Anders als in der Begründung des Gesetzentwurfs behauptet[70] entspricht das nicht der Praxis des EGMR.[71]

29 Noch nicht relevant geworden ist **Abs. 2 Satz 4**, wonach das Bundesverfassungsgericht je **nach Billigkeit** und den Umständen des Einzelfalls einen höheren oder niedrigeren Betrag festsetzen kann. Unter Rückgriff auf diese Norm könnten aber rascher Ergebnisse erzielt werden, die denen des Europäischen Gerichtshofs für Menschenrechte entsprechen.[72] Dieses Ziel hat Vorrang vor einer formalisierten Ermittlung der billigen Entschädigung, wie sie der Wortlaut des Abs. 2 Satz 4 nahezulegen scheint, wonach zunächst die Entschädigung nach Abs. 2 Satz 3 errechnet, dann deren Unbilligkeit festgestellt und erst in einem dritten Schritt die billige Entschädigung festgesetzt werden soll.

IV. Bewährung in der Praxis

30 Die praktischen Wirkungen der Regelungen über die Verzögerungsbeschwerde haben sich schnell gezeigt. Die Bundesregierung hat schon am 17.10.2014 einen **Erfahrungsbericht** über die Anwendung ua der §§ 97a ff. im Zeitraum vom 3.12.2011 bis 31.12.2013 vorgelegt.[73] In diesem Zeitraum sind 74 Verzögerungsrügen erhoben und 42 Verzögerungsbeschwerden eingelegt worden. Entschieden wurden davon 39 Verzögerungsbeschwerden, 38 waren unzulässig, eine unbegründet. 2018 gab es weniger als zehn Eingänge. Seit 2020 weist das Bundesverfassungsgericht die Eingangszahlen zu den §§ 97a ff. nicht mehr gesondert aus und im Zeitraum von 2019 bis zum 1.5.2024 sind nur zwei Beschlüsse der Beschwerdekammer über Verzögerungsbeschwerden veröffentlicht worden.[74] Eine **Entschädigung** wegen überlanger Verfahrensdauer wurde seit Einführung der Regelung erst ein einziges Mal gewährt, und zwar in einem Umfang von 3.000 Euro für einen immateriellen Nachteil auf der Grundlage von Abs. 2 Satz 3.[75] Die letzte teilweise erfolgreiche Verzö-

---

67 BT-Drs. 17/3802, S. 26 iVm S. 20.

68 BVerfG, Beschluss der Beschwerdekammer vom 20.8.2015 – 1 BvR 2781/13 – Vz 11/14, Rn. 50 bei Juris.

69 So mittlerweile auch BVerfG, Beschluss der Beschwerdekammer vom 20.8.2015 – 1 BvR 2781/13 – VZ 11/14, Rn. 35, 40, 43 und 50 bei Juris. Ebenso im Anschluss an diese Kommentierung jetzt auch Schmidt-Bleibtreu/Klein/Bethge BVerfGG/Haratsch § 97a Rn. 43 (Stand: Januar 2022).

70 BT-Drs. 17/3802, S. 20.

71 So jetzt auch Barczak BVerfGG/Schmaltz § 97b Rn. 62.

72 EGMR, Urteil vom 8.1.2004 – 47169/99, Tz. 57 – Voggenreiter / Deutschland.

73 Vgl. BT-Drs. 18/2950, S. 9.

74 Vgl. BVerfG, Beschlüsse der Beschwerdekammer vom 21.12.2023 – 2 BvL 3/19 – Vz 3/23, und vom 11.12.2023 – 2 BvR 739/17 – Vz 5/23, jeweils Juris.

75 BVerfG, Beschluss der Beschwerdekammer vom 20.8.2015 – 1 BvR 2781/13 – Vz 11/14, Rn. 50 bei Juris.

gerungsbeschwerde führte lediglich zur Feststellung der überlangen Verfahrensdauer, nicht aber zu einer Entschädigung.[76]

Wirkungslos sind die Vorschriften gleichwohl nicht. Profiteur sind aber nicht die Verfahrensbeteiligten in verfassungsrechtlichen Verfahren, sondern der Staat. Das System der §§ 97a ff. **schirmt Deutschland konventionsrechtlich vor Verurteilungen** wegen überlanger Verfahrensdauer nach Art. 6 Abs. 1 EMRK in verfassungsgerichtlichen Verfahren **ab**. Gab es früher laufend Verurteilungen Deutschlands wegen der Länge von verfassungsgerichtlichen Verfahren, sind solche Fälle in dem von den §§ 97a ff. erfassten Zeitraum nicht mehr aufgetreten, obwohl statistisch keine Beschleunigung verfassungsgerichtlicher Verfahren feststellbar ist.[77] Besonders profitiert hat von den Regelungen der §§ 97a ff. die für Verfahren vor dem EGMR zuständige Abteilung im Bundesjustizministerium. Die Filterfunktion des Bundesverfassungsgerichts in Richtung Straßburg ist durch die Verzögerungsrüge verstärkt worden[78] mit der Folge, dass die früher zahlreichen Individualbeschwerden nach Art. 34 EMRK wegen überlanger Verfahrensdauer beim Bundesverfassungsgericht verschwunden sind. Ungeachtet dessen wäre es in der Sache angezeigt, wenn das Bundesverfassungsgericht die Prüfung der Gründe für eine überlange Verfahrensdauer strenger handhabt und der Gesetzgeber die Regelungen der §§ 97a ff. verschärft.[79] 31

§ 97b [Verzögerungsbeschwerde, Verzögerungsrüge]

(1) [1]Über Entschädigung und Wiedergutmachung wird auf Grund einer Beschwerde zum Bundesverfassungsgericht entschieden (Verzögerungsbeschwerde). [2]Die Verzögerungsbeschwerde ist nur zulässig, wenn der Beschwerdeführer beim Bundesverfassungsgericht die Dauer des Verfahrens gerügt hat (Verzögerungsrüge). [3]Die Verzögerungsrüge ist schriftlich und unter Darlegung der Umstände, die die Unangemessenheit der Verfahrensdauer begründen, einzulegen. [4]Sie ist frühestens zwölf Monate nach Eingang des Verfahrens beim Bundesverfassungsgericht zulässig. [5]Einer Bescheidung der Verzögerungsrüge bedarf es nicht.

(2) [1]Die Verzögerungsbeschwerde kann frühestens sechs Monate nach Erheben einer Verzögerungsrüge erhoben werden; ist eine Entscheidung des Bundesverfassungsgerichts ergangen oder das Verfahren anderweitig erledigt worden, ist die Verzögerungsbeschwerde binnen drei Monaten zu erheben. [2]Sie ist schriftlich einzulegen und gleichzeitig zu begründen. [3]Bis zur rechtskräftigen Entscheidung über die Verzögerungsbeschwerde ist der Anspruch nicht übertragbar.

76 BVerfG, Beschluss der Beschwerdekammer vom 11.12.2023 – 2 BvR 739/17 – Vz 5/23, Tenor bei Juris.
77 Ausweislich der in den Jahresberichten für 2021 bis 2023 aufgeführten Jahresstatistik ist die durchschnittliche Verfahrensdauer konstant geblieben.
78 Benda/Klein VerfassungsProzR/O. Klein Rn. 1376.
79 Vgl. dazu die Behandlung von Änderungsvorschlägen im Erfahrungsbericht der Bundesregierung, BT-Drs. 18/2950, S. 29.

1 Thema des § 97b ist die **Durchsetzung des Entschädigungsanspruchs** nach § 97a. Der Gesetzgeber hat sich dafür entschieden, darüber das Bundesverfassungsgericht selbst entscheiden zu lassen und zwar in dem dafür geschaffenen Verfahren der sogenannten Verzögerungsbeschwerde. Sie ist mit einer ihr zwingend vorgeschalteten Verzögerungsrüge verknüpft (Abs. 1 Satz 2). Verzögerungsbeschwerden, die sich auf die Dauer des einem verfassungsgerichtlichen Verfahren vorausgehenden fachgerichtlichen Verfahrens beziehen, betreffen nicht den Anspruch nach § 97a und sind deshalb nicht statthaft.[1]

2 Die **Verzögerungsbeschwerde nach Abs. 1 Satz 1** löst zwar ein selbstständiges Verfahren beim Bundesverfassungsgericht aus, ist aber selbst **keine weitere** einzelne **Verfahrensart** im Sinne des III. Teils. Die Verzögerungsbeschwerde ist auch nicht in den Katalog des § 13 aufgenommen worden, der alle im Grundgesetz angelegten Entscheidungskompetenzen des Bundesverfassungsgerichts einschließlich der Ermächtigung nach Art. 93 Abs. 3 GG aufzählt.

3 Das ist auch sachgerecht, weil die Verzögerungsbeschwerde in einem akzessorischen Sinne mit diesen verfassungsgerichtlichen Verfahrensarten verbunden ist.[2] Die Verzögerungsbeschwerde ist nach **Abs. 1 Satz 2** nur zulässig, wenn schon in der jeweils einzelnen Verfahrensart die Dauer des Verfahrens im Wege der sogenannten **Verzögerungsrüge** beanstandet worden ist. Mit der Verzögerungsrüge und mit dem Abschluss des Verfahrens der einzelnen Verfahrensart, in der die Verzögerungsrüge erhoben worden ist, ist die Verzögerungsbeschwerde auch in zeitlicher Hinsicht verknüpft (Abs. 2). Deshalb ist die Verzögerungsbeschwerde keine eigenständige Verfahrensart,[3] sondern trotz des eigenständigen Streitgegenstandes und der eigenständigen Verfahrensvorschriften der Sache nach nur ein **Annex zur einzelnen Verfahrensart**, in der es zu möglicherweise unangemessenen Verzögerungen des Verfahrens gekommen ist. Dementsprechend erhält die Verzögerungsbeschwerde ein Aktenzeichen, das sich aus dem Aktenzeichen des betroffenen Verfahrens und dem für die Verzögerungsbeschwerde vorgesehenen Registerzeichen (Vz) zusammensetzt. Das vollständige Aktenzeichen sieht dann beispielsweise so aus: 2 BvR 1089/18 – Vz 2/19. Vom Ausgangsverfahren unterscheidet sich aber das Verzögerungsbeschwerdeverfahren durch den abweichenden Streitgegenstand, der nicht mehr dem Streitgegenstand des vorangegangenen Verfahrens entspricht, sondern lediglich den Entschädigungsanspruch des Beschwerdeführers zum Gegenstand hat; insoweit liegen zwei voneinander unabhängige Verfahren vor.[4]

4 Gegenstand der Verzögerungsbeschwerde ist nach dem Wortlaut eine Entscheidung über Entschädigung und **Wiedergutmachung**. Das greift den in § 97a Abs. 2 Satz 2 verankerten Gedanken auf, dass nach den Umständen des Einzelfalls Wiedergutmachung auch auf andere Weise als durch Entschä-

1 BVerfG, Beschluss der Beschwerdekammer vom 27.5.2019 – 2 BvR 1089/18 – Vz 2/19, Rn. 5 bei Juris.
2 Benda/Klein VerfassungsProzR/O. Klein Rn. 1352.
3 Wie hier Barczak BVerfGG/Schmaltz § 97b Rn. 4; so aber infolge anderer Gewichtung Schmidt-Bleibtreu/Klein/Bethge BVerfGG/Haratsch § 97b Rn. 4 (Stand: Januar 2022).
4 Zusammenfassend BVerfG, Beschluss der Beschwerdekammer vom 30.8.2016 – 2 BvC 26/14 – Vz 1/16, Rn. 13 bei Juris.

digung erfolgen kann, insbesondere durch die **isolierte Feststellung** der Unangemessenheit der Verfahrensdauer.[5]

Die Regelung über die Verzögerungsbeschwerde in Abs. 1 Satz 1 stellt zugleich klar, dass das Bundesverfassungsgericht Entscheidungen, die eine überlange Verfahrensdauer feststellen und hierfür Entschädigung gewähren, **nur auf Initiative des Betroffenen**, nicht aber von Amts wegen treffen kann. 5

Die einzelnen **prozessualen Voraussetzungen** der Verzögerungsbeschwerde sind nur teilweise in § 97b geregelt. Wer beschwerdeberechtigt ist und worauf es im Rahmen der Beschwerdebefugnis im Einzelnen ankommt, ergibt sich aus den Regelungen über den materiellen Entschädigungsanspruch (→ § 97a Rn. 7 ff.). § 97b ergänzt dies um drei Aspekte. Das Erste ist das Erfordernis einer vorherigen Verzögerungsrüge nach Abs. 1 Sätze 2 bis 5. Das Zweite sind Fristregelungen, die aus einer Kombination einer Wartefrist und einer Ausschlussfrist bestehen (Abs. 2 Satz 1). Und das Dritte sind Begründungsvorgaben (Abs. 2 Satz 2), die ihrerseits auf die Voraussetzungen des materiellen Anspruchs nach § 97a rückbezogen sind. Im Einzelnen gilt dabei: 6

Verzögerungsbeschwerde kann nur erhoben werden, wenn der Beschwerdeführer die Dauer des Verfahrens zuvor beim Bundesverfassungsgericht gerügt hat. Diese **Verzögerungsrüge** nach Abs. 1 Satz 2 ist eine **echte Zulässigkeitsvoraussetzung für die Verzögerungsbeschwerde**.[6] Diese Zulässigkeitsvoraussetzung ist nicht mehr erfüllbar, wenn das verfassungsgerichtliche Verfahren, dessen Dauer der Betroffene als überlang ansieht, abgeschlossen ist.[7] Das ergibt sich auch aus dem Zweck der Verzögerungsrüge, den damit konfrontierten Spruchkörper des Bundesverfassungsgerichts darauf hinzuweisen, dass der Verfahrensbeteiligte die Dauer des noch nicht abgeschlossenen Verfahrens schon als überlang ansieht und eine Beschleunigung erwartet. Dieser Effekt kann bei schon abgeschlossenen Verfahren aber nicht mehr eintreten. Deshalb wertet das Gesetz den möglicherweise unbedachten Verzicht auf die Erhebung der Verzögerungsrüge vor Abschluss des verfassungsgerichtlichen Verfahrens als einen Umstand, der auch die Durchsetzung des materiellen Entschädigungsanspruchs nach § 97a unmöglich macht. 7

Diese **Präklusionswirkung** ist deshalb problematisch, weil sie die Betroffenen dazu zwingt, vorsorglich im laufenden Verfahren Verzögerungsrüge einzulegen. Denn wegen der Intransparenz der Bearbeitungsabläufe im Bundesverfassungsgericht für den Antragsteller wird dieser vom Ergehen einer verfahrensbeendigenden Entscheidung des Bundesverfassungsgerichts regelmäßig überrascht. 8

Der **Adressat der Verzögerungsrüge** ist durch Auslegung zu bestimmen. Abs. 1 Satz 2 bestimmt lediglich, dass die Verzögerungsrüge „beim Bundesverfassungsgericht" zu erheben ist. Das kann entweder das Gericht als Ge- 9

5 Vgl. beispielhaft BVerfG, Beschluss der Beschwerdekammer vom 11.12.2023 – 2 BvR 739/17 – Vz 5/23, Tenor und Rn. 77 bei Juris.
6 BVerfG, Beschluss der Beschwerdekammer vom 27.5.2019 – 2 BvR 1089/18 – Vz 2/19, Rn. 6 bei Juris; siehe auch BT-Drs. 17/3802, S. 27.
7 So im Anschluss an diese Kommentierung auch Burkiczak/Dollinger/Schorkopf BVerfGG/Maciejewski § 97b Rn. 6.

samtheit, die Beschwerdekammer des § 97c Abs. 1 oder den Senat bzw. die Kammer meinen, auf deren Verfahren sich die Rüge verzögerlicher Behandlung bezieht. Die Gesetzesbegründung äußert sich dazu nicht.[8] Auch Abs. 1 Satz 5 hilft nicht weiter, weil dort nicht gesagt wird, wessen Entscheidung über die Verzögerungsrüge es nicht bedarf. Der Rügeführer wird die Klärung dieser Frage dem Bundesverfassungsgericht überlassen können. Dort werden die Verzögerungsrügen dem Berichterstatter der Spruchkammer vorgelegt, **die mit dem vermeintlich verzögerten Verfahren befasst ist**. Selbst die Einreichung der Verzögerungsbeschwerde nach Abs. 1 Satz 1 bei einem unzuständigen Gericht ist unschädlich, wenn die Beschwerde mit Wissen und Willen des Beschwerdeführers an das Bundesverfassungsgericht weitergeleitet wird, was allerdings innerhalb der Frist nach Abs. 1 Satz 1 erfolgen muss; insoweit gelten die Grundsätze zu § 23 Abs. 1 entsprechend.[9]

10 Nach **Abs. 1 Satz 3** ist die Verzögerungsrüge schriftlich und unter Darlegung der Umstände, die die Unangemessenheit der Verfahrensdauer begründen, einzulegen. Insbesondere die **Darlegungspflicht** geht über die Regelung des § 198 Abs. 3 GVG hinaus. Nach der Vorstellung des Gesetzgebers soll sie das Gericht vor formelhaft und routinemäßig eingelegten Verzögerungsrügen bewahren.[10]

11 Das trifft die Realität nur begrenzt. Die Verzögerungsrüge wird sich im Regelfall auf nicht zugestellte Verfassungsbeschwerden beziehen. Über deren Behandlung weiß der Beschwerdeführer, dem das Gesetz eine Begründung seiner Verzögerungsrüge abverlangt, regelmäßig nicht mehr als den Zeitpunkt, zu dem er die Verfassungsbeschwerde erhoben hat, und das Aktenzeichen, das das Bundesverfassungsgericht ihm mitgeteilt hat. Er weiß weder, wer Berichterstatter ist, noch was dieser zur Bearbeitung des Verfahrens verfügt hat und ob eine Entscheidung kurz- oder mittelfristig absehbar ist. **Zu** all diesen **ihm unbekannten Punkten kann er deshalb auch nichts vortragen**, sondern allenfalls Mutmaßungen anstellen. Vortragen kann er allenfalls zu der Bedeutung, die die Angelegenheit für ihn hat. Man wird aber annehmen können, dass das Bundesverfassungsgericht das schon aus dem Verfassungsbeschwerdeschriftsatz ohne Weiteres entnehmen kann.

12 Deshalb wird der Rügeführer allenfalls noch darauf hinweisen können, dass eine seit mehr als einem Jahr anhängige Verfassungsbeschwerde schon deshalb eine überlange Verfahrensdauer hat, weil im letzten Jahrzehnt **zwei Drittel aller Verfassungsbeschwerdeverfahren innerhalb eines Jahres erledigt** werden konnten.[11] In den Jahren 2014 bis 2023 betrug die durchschnittliche Verfahrensdauer in 82 % aller Verfahren weniger als ein Jahr.[12] Auch das ist dem Bundesverfassungsgericht aber bekannt und kann daher für die Zulässigkeit der Rüge im Hinblick auf eine ordnungsgemäße Begründung nicht notwendig sein.

---

8 BT-Drs. 17/3802, S. 27.
9 So jetzt ausdrücklich BVerfG, Beschluss der Beschwerdekammer vom 21.6.2017 – 2 BvR 1349/16 – Vz 12/17, Rn. 2 bei Juris.
10 BT-Drs. 17/3802, S. 27.
11 Vgl. BT-Drs. 17/3802, S. 27.
12 Vgl. den auf der Homepage abrufbaren Jahresbericht für 2023, S. 51.

Dazu passt auch die in Abs. 1 Satz 4 angeordnete **Wartefrist für die Verzögerungsrüge**. Die Verzögerungsrüge ist frühestens zwölf Monate nach Eingang des Verfahrens beim Bundesverfassungsgericht zulässig. Damit wird einerseits durch gesetzgeberische Wertung zum Ausdruck gebracht, dass eine Bearbeitungsdauer von einem Jahr von vornherein beanstandungsfrei ist,[13] aber auch, dass Verfahrensdauern von mehr als einem Jahr grundsätzlich kritisch betrachtet werden müssen. 13

Insofern hat die Verfahrensrüge für das Bundesverfassungsgericht auch eine **Warnfunktion**.[14] Dafür bedürfte es allerdings keines Impulses von außen. Denn es ist eine eigenständige Aufgabe von Gerichten, auch des Bundesverfassungsgerichts, in Verfahren, in denen sich eine Überdauer aufzubauen beginnt, für Abhilfe und Beschleunigung zu sorgen. 14

Für den Betroffenen führt der gesetzliche Zwang zur Erhebung einer Verzögerungsrüge im laufenden verfassungsgerichtlichen Verfahren in eine **Zwickmühle**. Er soll vorbeugend Kritik an der Verfahrensführung durch einen gerichtlichen Spruchkörper üben, auf dessen Unterstützung er in der Sache hofft und von dessen Entscheidung, etwa bei der Frage, ob eine Verfassungsbeschwerde zur Entscheidung angenommen wird oder nicht, er im Ergebnis abhängt, den er aber durch Erhebung der Verzögerungsrüge im Zweifel verärgern wird. Verzichtet er aber deshalb auf die Verzögerungsrüge, kann er Ansprüche auf Feststellung und Kompensation einer eingetretenen oder noch eintretenden überlangen Verfahrensdauer nicht mehr durchsetzen. Rechtspolitisch vorzugswürdig wäre eine Lösung, wonach die Verzögerungsrüge zwölf Monate nach dem Eingang des Verfahrens beim Bundesverfassungsgericht als erhoben gilt.[15] 15

Auf die schwierige Situation des Betroffenen muss im Bundesverfassungsgericht mit der gebotenen Sensibilität reagiert werden. Gerade wenn angenommen wird, dass der Gesetzgeber ein Dulde und Liquidiere bei der überlangen Verfahrensdauer ausgeschlossen hat,[16] darf es auch **kein Dulde oder Verliere** als Entscheidungsalternative geben. 16

Für die Erhebung der Verzögerungsbeschwerde enthält Abs. 2 Satz 1 zwei verschiedene Fristen. In **Abs. 2 Satz 1, 1. Halbsatz** ist eine **Wartefrist von sechs Monaten** nach Erhebung einer Verzögerungsrüge vorgesehen. Das bedeutet zusammen mit der zwölfmonatigen Wartefrist für die erstmalige Zulässigkeit der Verzögerungsrüge (§ 97b Abs. 1 Satz 4), dass die Verzögerungsbeschwerde selbst frühestens erhoben werden kann, nachdem das als verzögert angesehene verfassungsgerichtliche Verfahren mehr als 18 Monate beim Bundesverfassungsgericht anhängig ist. Deshalb kann überhaupt keine Verzögerungsbe- 17

13 Vgl. BVerfG, Beschluss der Beschwerdekammer vom 11.12.2023 – 2 BvR 739/17 – Vz 5/23, Rn. 65 bei Juris; siehe auch BVerfG, Beschlüsse der Beschwerdekammer vom 22.3.2018 – 2 BvR 289/10 – Vz 10/16, Rn. 15 bei Juris, und vom 30.8.2016 – 2 BvC 26/14 – Vz 1/16, Rn. 24 bei Juris; Benda/Klein VerfassungsProzR/O. Klein Rn. 1361, mit Einschränkungen für Verfahren des einstweiligen Rechtsschutzes.

14 Zustimmend Schmidt-Bleibtreu/Klein/Bethge BVerfGG/Haratsch § 97b Rn. 14 (Stand: Januar 2022).

15 Vgl. dazu den Erfahrungsbericht der Bundesregierung, BT-Drs. 18/2950, S. 29.

16 So Benda/Klein VerfassungsProzR/O. Klein Rn. 1351 unter Berufung auf die Gesetzesbegründung zu § 198 GVG.

schwerde mehr erhoben werden, wenn der betroffene Spruchkörper beim Bundesverfassungsgericht auf die vorangegangene Verzögerungsrüge in der Weise reagiert, dass er das Verfahren vor Ablauf einer Gesamtverfahrensdauer von 18 Monaten abschließt.[17] Im Regelfall wird das bedeuten, dass eine der Kammer zugeteilte Verfassungsbeschwerde noch vor Ablauf der 18 Monate kurzfristig nicht zur Entscheidung angenommen wird. Das verdeutlicht noch einmal das Dilemma, in das die gesetzlichen Neuregelungen den Beschwerdeführer in der Konstellation einer sich aufbauenden Verfahrensüberlänge bringen.

18 Die Wartefrist des ersten Halbsatzes ist in **Abs. 2 Satz 1, 2. Halbsatz** mit einer zusätzlichen **Ausschlussfrist von drei Monaten** verbunden.[18] Diese Frist für die Erhebung der Verzögerungsbeschwerde beginnt, wenn das verfassungsgerichtliche Verfahren, auf das sich der Vorwurf der überlangen Dauer bezieht, abgeschlossen worden ist. Dieser Abschluss erfolgt im Regelfall durch eine verfahrensabschließende Entscheidung des Bundesverfassungsgerichts.

19 **Abs. 2 Satz 2** enthält für die Verzögerungsbeschwerde eine **Begründungs- und Substantiierungslast.**[19] Dabei wiederholt die Norm mit der Vorgabe, dass die Verzögerungsbeschwerde **schriftlich einzulegen und gleichzeitig zu begründen** ist, scheinbar nur das, was sich ohnehin aus § 23 Abs. 1 für Anträge beim Bundesverfassungsgericht ergibt. Allerdings hat das Bundesverfassungsgericht die in § 23 Abs. 1 Satz 2, 1. Halbsatz allgemein formulierte Begründungsobliegenheit in den einzelnen Verfahrensarten unterschiedlich interpretiert. Daran glaubt der Gesetzgeber anknüpfen zu können, indem er Abs. 2 Satz 2 als verfahrensspezifische Klarstellung des allgemeinen Begründungserfordernisses aus § 23 Abs. 1 Satz 2 versteht und als mit § 92 vergleichbar ansieht.[20] Inhaltlich bleibt Abs. 2 Satz 2 aber unkonkret und in seiner Reichweite jedenfalls hinter § 92 zurück. Der Beschwerdeführer kann auch **Akteneinsicht** beantragen. Kombiniert er eine zunächst begründungslose Verzögerungsbeschwerde mit einem Antrag auf Akteneinsicht, dann genügt er auch mit einer nachgereichten Begründung seiner Begründungslast aus Abs. 2 Satz 2, sofern er die Begründung innerhalb der Drei-Monats-Frist des Abs. 2 Satz 1, 2. Halbsatz nachholt (→ § 97b Rn. 22).

20 Die Anforderungen sind nach dem Wortlaut nicht übermäßig, werden von der Beschwerdekammer aber vergleichsweise rigide gehandhabt. Ausreichend, aber auch erforderlich ist es, wenn der Beschwerdeführer **zu den wesentlichen Tatbestandsmerkmalen des materiellen Anspruchs** aus § 97a vorträgt.[21] Das betrifft die Stellung als Verfahrensbeteiligter, die unangemessene Dauer des verfassungsgerichtlichen Verfahrens und den kausalen Nach-

---

17 So auch das Verständnis von Schmidt-Bleibtreu/Klein/Bethge BVerfGG/Haratsch § 97b Rn. 27 (Stand: Januar 2022); BeckOK BVerfGG/von Ungern-Sternberg § 97b Rn. 5; aA ohne überzeugende Begründung Benda/Klein VerfassungsProzR/O. Klein Rn. 1366.

18 Vgl. zur Ausschlusswirkung BVerfG, Beschluss der Beschwerdekammer vom 21.6.2017 – 2 BvR 1349/16 – Vz 12/17 ua, Rn. 3 bei Juris.

19 BVerfG, Beschlüsse der Beschwerdekammer vom 20.8.2015 – 1 BvR 2781/13 – Vz 11/14, Rn. 34 bei Juris, und vom 30.7.2013 – 2 BvE 2/09 – Vz 2/13, Rn. 9 bei Juris.

20 BT-Drs. 17/3802, S. 27.

21 So auch BVerfG, Beschlüsse der Beschwerdekammer vom 30.7.2013 – 2 BvE 2/09 – Vz 2 /13 ua, Rn. 13 bei Juris, und vom 3.4.2013 – 1 BvR 2256/10 – Vz 32/12, Rn. 13 bei Juris.

teil.[22] Als unzulässig verworfen werden deshalb Verzögerungsbeschwerden, die außer dem Hinweis auf die Gesamtdauer des vorangegangenen Verfassungsbeschwerdeverfahrens nichts zur Frage der Angemessenheit der Verfahrensdauer vortragen.[23] Bei seinen Darlegungen in der Verzögerungsbeschwerde kann der Beschwerdeführer teilweise auf das Bezug nehmen, was er schon in der Verzögerungsrüge an Begründungselementen vorgetragen hat; es ist aber unerlässlich, dass der Beschwerdeführer zum Aspekt der Unangemessenheit der Verfahrensdauer auch auf die verfahrenserheblichen Umstände eingeht, die erst seit Einlegung der Verzögerungsrüge eingetreten sind.[24] Ergänzen muss der Beschwerdeführer vor allen Dingen, welche einzelnen, **bezifferten Nachteilspositionen** er beanspruchen möchte. Er muss also sagen, welche materiellen Nachteile er erlitten hat, was Kosten und Auslagen einschließt, zweckmäßigerweise auch schon für die Verzögerungsbeschwerde selbst. Die Anwendung des § 138 Abs. 3 ZPO, wonach im Zivilprozess nicht bestrittene Tatsachen als zugestanden anzusehen sind, ist bei der Feststellung der erforderlichen Indiztatsachen für den Nachteil im nicht kontradiktorischen Verzögerungsbeschwerdeverfahren ausgeschlossen.[25]

Bei Nicht-Vermögensschäden sind die **Begründungspflichten reduziert**, 21
weil sich der Beschwerdeführer insoweit auf die Vermutung des § 97a Abs. 2 Satz 1 und die Entschädigungsregelhöhe des § 97a Abs. 2 Satz 3 verlassen kann.[26] Abweichend beziffern muss der Beschwerdeführer nur, wenn er nach § 97a Abs. 2 Satz 4 eine höhere Entschädigung begehrt. Zwar nicht geboten, aber sinnvoll sind kurze Aussagen dazu, dass § 97a Abs. 2 Satz 2 nicht eingreift, also die isolierte Feststellung der Unangemessenheit der Verfahrensdauer nicht ausreicht, und dazu, wann aus Sicht des Beschwerdeführers die Verzögerung im Sinne von § 97a Abs. 2 Satz 3 begonnen hat. Zu Letzterem wird allerdings im Regelfall davon auszugehen sein, dass der Beschwerdeführer jeden über 18 Monate (§ 97b Abs. 1 Satz 4, Abs. 2 Satz 1, 1. Halbsatz) hinausgehenden Zeitraum als Verzögerung ansieht.

Zur Begründungsobliegenheit gehört auch, die erhobene **Verzögerungsrüge** 22
vorzulegen und zu den zeitlichen Abläufen vorzutragen. All das hat innerhalb der dreimonatigen Ausschlussfrist des Abs. 2 Satz 2 zu geschehen. Das ist mit dem Merkmal „gleichzeitig zu begründen" gemeint.[27]

Auf Initiative des Bundesrats, der diese Forderung aber nur auf Entschädi- 23
gungsverfahren wegen überlanger Verfahrensdauer vor den Fachgerichten

22 So auch BVerfG, Beschluss der Beschwerdekammer vom 20.8.2015 – 1 BvR 2781/13 – Vz 11/14, Rn. 34 bei Juris.

23 BVerfG, Beschluss der Beschwerdekammer vom 27.9.2017 – 1 BvR 1148/15 – Vz 2/17 ua, Rn. 2 bei Juris.

24 BVerfG, Beschlüsse der Beschwerdekammer vom 20.8.2015 – 1 BvR 2781/13 – Vz 11/14, Rn. 24 bei Juris, und vom 3.4.2013 – 1 BvR 2256/10 – Vz 32/12, Rn. 13 bei Juris.

25 BVerfG, Beschluss der Beschwerdekammer vom 20.8.2015 – 1 BvR 2781/13 – Vz 11/14, Rn. 34 bei Juris.

26 Dem folgend auch Schmidt-Bleibtreu/Klein/Bethge BVerfGG/Haratsch § 97b Rn. 95 (Stand: Januar 2022). Siehe aber auch BVerfG, Beschluss der Beschwerdekammer vom 11.12.2023 – 2 BvR 739/17 – Vz 5/23, Rn. 77 bei Juris am Ende.

27 Dem ausdrücklich folgend auch BVerfG, Beschluss der Beschwerdekammer vom 20.8.2015 – 1 BvR 2781/13 – Vz 11/14, Rn. 25 bei Juris; aA Schmidt-Bleibtreu/Klein/Bethge BVerfGG/Haratsch § 97b Rn. 23 (Stand: Januar 2022).

bezogen hatte, ist dem Abs. 2 der Satz 3 angefügt worden, der die **Unübertragbarkeit des Entschädigungsanspruchs** bis zur rechtskräftigen Entscheidung über die Verzögerungsbeschwerde bestimmt. Ob der als Begründung angeführte Aspekt, einen der Rechtspflege abträglichen Handel mit dem Anspruch zu verhindern,[28] für die Konstellation der §§ 97a ff. trägt, erscheint zweifelhaft.

§ 97c [Zuständigkeit]

(1) [1]Über die Verzögerungsbeschwerde entscheidet die Beschwerdekammer, in die das Plenum zwei Richter aus jedem Senat beruft. [2]Die regelmäßige Amtszeit beträgt zwei Jahre.

(2) Für den Fall, dass der Berichterstatter des beanstandeten Verfahrens Mitglied der Beschwerdekammer ist, ist er von der Mitwirkung am Beschwerdeverfahren ausgeschlossen.

(3) Das Nähere, insbesondere die Bestimmung des Vorsitzes und die Gewährleistung eines kontinuierlichen Nachrückens für ausscheidende Kammermitglieder sowie die Vertretung in der Kammer, regelt die Geschäftsordnung.

1 Die **Zuständigkeit** zur Entscheidung über Verzögerungsbeschwerden bestimmt § 97 c. Abs. 1 weist diese Aufgabe der neuen Beschwerdekammer zu und Abs. 2 schließt die Berichterstatter des beanstandeten Verfahrens von der Mitwirkung am Beschwerdeverfahren aus. Abs. 3 ermächtigt dazu, bestimmte weitere Fragen der Besetzung der Beschwerdekammer in der Geschäftsordnung (§ 1 Abs. 3) zu regeln.

2 **Abs. 1 Satz 1** weist die Entscheidung über die Verzögerungsbeschwerde ausdrücklich dem Bundesverfassungsgericht zu und dort einem neu geschaffenen, eigenständigen Spruchkörper, der sogenannten **Beschwerdekammer**. Es gibt nur eine Beschwerdekammer für das gesamte Bundesverfassungsgericht. Sie besteht aus vier Richtern, von denen zwei dem Ersten und zwei dem Zweiten Senat angehören müssen. Berufen werden alle vier Mitglieder der Beschwerdekammer durch das Plenum.

3 Mit dieser **senatsübergreifenden und paritätischen Lösung** will der Gesetzgeber eine bloße Selbstkontrolle durch Richter des eigenen Senats ebenso vermeiden, wie eine vollständige Kontrolle durch Richter des jeweils anderen Senats.[1] Gegen eine vor diesem Hintergrund naheliegende Zuständigkeit des Plenums sprachen aber wohl die zu erwartenden Fallzahlen und die vergleichsweise geringe Bedeutung der einzelnen Beschwerdefälle.

4 Im Interesse der Kontinuität ist eine **Regelamtszeit** der Mitglieder der Beschwerdekammer von zwei Jahren vorgesehen (Abs. 1 Satz 2). Der Gesetzgeber erwartet, dass letztlich jeder Richter während seiner zwölfjährigen Amtszeit in die Beschwerdekammer berufen wird, damit die damit verbundenen

28 BT-Drs. 17/3802, S. 36.
1 BT-Drs. 17/3802, S. 27.

Belastungen gleichmäßig verteilt werden. Deshalb besteht Raum für abweichende, auch längere Amtszeiten.

Abs. 2 enthält eine vom Gesetzgeber als abschließend verstandene **Sonderregelung des Ausschlusses wegen Vorbefassung**. Ausgeschlossen sind nicht alle Mitglieder der Kammer oder des Senats, auf deren Verfahren sich die Beanstandung der überlangen Verfahrensdauer bezieht, sondern nur der jeweilige Berichterstatter.[2] Das ist letztlich Konsequenz der senatsübergreifenden Besetzung der Beschwerdekammer. Richter, die dem das beanstandete Verfahren bearbeitenden Senat oder der es bearbeitenden Kammer angehörten, ohne Berichterstatter zu sein, sind deshalb weder von der Mitwirkung im Beschwerdeverfahren ausgeschlossen noch können sie aus diesem Grund nach § 19 wegen Besorgnis der Befangenheit abgelehnt werden.[3] 5

Insoweit verdrängt § 97c Abs. 2 die allgemeinen Regelungen der §§ 18, 19. Das gilt auch für **die Rechtsfolgen des Ausschlusses** eines Berichterstatters. Während bei einem Ausschluss nach § 18 in einem Senatsverfahren sich die Zahl der an der Entscheidung mitwirkenden Richter entsprechend reduziert,[4] wird in Verfahren vor der Kammer eines Senats der ausgeschlossene Richter durch einen anderen Richter dieses Senats ersetzt (→ § 18 Rn. 21), damit die gesetzlich vorgeschriebene Richterzahl (§ 15a Abs. 1 Satz 2) gewahrt wird. Entsprechendes gilt auch für die Beschwerdekammer. Auch hier ist durch § 97c Abs. 1 Satz 1 die Zahl von vier entscheidenden Richtern gesetzlich vorgegeben, und ist ein Nachrücken anderer Richter desselben Senats möglich.[5] § 97c Abs. 3 hat solche Vertretungsfälle im Blick und ordnet Regelungen dazu ausdrücklich der Geschäftsordnungsautonomie des Bundesverfassungsgerichts zu. 6

Zugleich wird damit die **zentrale Verantwortung des Berichterstatters** für die Angemessenheit der Verfahrensdauer betont. Im Wesentlichen hat er es in der Hand, die Verfahren seines Dezernats in angemessener Zeit zum Abschluss zu bringen.[6] Ihm obliegt deshalb auch die Aufgabe, zu dem Vorwurf der überlangen Verfahrensdauer gegenüber der Beschwerdekammer Stellung zu nehmen (§ 97d Abs. 1). 7

Abs. 3 benennt weitere Themen, die der Gesetzgeber ausdrücklich der allgemeinen, aus § 1 Abs. 3 folgenden **Geschäftsordnungsautonomie** des Bundesverfassungsgerichts zuordnet, und damit der Entscheidung des Plenums. Die nicht abschließende Aufzählung umfasst die Bestimmung des Vorsitzes, die Gewährleistung eines kontinuierlichen Nachrückens für ausscheidende Kammermitglieder sowie die Vertretung in der Kammer. Entsprechende Regelungen enthalten die §§ 59–62 GO-BVerfG, die wie die gesamte aktuelle 8

2 Vgl. BVerfG, Beschluss der Beschwerdekammer vom 27.9.2017 – 1 BvR 1148/15 – Vz 2/17 ua, Rn. 1 bei Juris: Ausschluss der Richterin Baer wegen ihrer Beteiligung als Berichterstatterin im vorangegangenen Verfassungsbeschwerdeverfahren.
3 BT-Drs. 17/3802, S. 27 f.; Benda/Klein VerfassungsProzR/O. Klein Rn. 190; Schmidt-Bleibtreu/Klein/Bethge BVerfGG/Haratsch § 97c Rn. 6 (Stand: Januar 2022).
4 Vgl. BVerfGE 111, 54 (80).
5 Vgl. das Beispiel von BVerfG, Beschluss der Beschwerdekammer vom 27.9.2017 – 1 BvR 1148/15 – Vz 2/17 ua, Rn. 1 bei Juris.
6 So auch Barczak BVerfGG/Schmaltz § 97c Rn. 10, sowie Schmidt-Bleibtreu/Klein/Bethge BVerfGG/Haratsch § 97c Rn. 5 (Stand: Januar 2022).

Geschäftsordnung des Bundesverfassungsgerichts vom 19.11.2014 mit Wirkung zum 14.3.2015 in Kraft getreten sind.[7] Mit dem Begriff des kontinuierlichen Nachrückens hält das Gesetz das Plenum dazu an, die **Amtszeiten** der ersten Mitglieder der Beschwerdekammer abweichend von der Regelvorgabe des Abs. 1 Satz 2 zu **staffeln**, damit nicht alle Mitglieder gleichzeitig aus der Beschwerdekammer ausscheiden.

§ 97d [Stellungnahme]

(1) **Der Berichterstatter des beanstandeten Verfahrens soll binnen eines Monats nach Eingang der Begründung der Verzögerungsbeschwerde eine Stellungnahme vorlegen.**

(2) **[1]Die Beschwerdekammer entscheidet mit Mehrheit. [2]Bei Stimmengleichheit gilt die Verzögerungsbeschwerde als zurückgewiesen. [3]Die Beschwerdekammer entscheidet ohne mündliche Verhandlung. [4]Der Beschluss über die Verzögerungsbeschwerde bedarf keiner Begründung.**

(3) **Die Entscheidung ist unanfechtbar.**

1 Die Norm enthält Vorgaben sowohl für den **Ablauf des Verfahrens** vor der Beschwerdekammer wie für dessen **Entscheidung**. Sie stehen jeweils im Zusammenhang mit den charakteristischen Eigenheiten des Verfahrens der Verzögerungsbeschwerde.

2 Nach **Abs. 1** soll der **Berichterstatter** des beanstandeten Verfahrens eine **Stellungnahme** zur Verzögerungsbeschwerde vorlegen, wozu er durch das berichterstattende Mitglied der Beschwerdekammer aufgefordert wird (§ 62 Abs. 1 Satz 1 GO-BVerfG).[1] Die Verzögerungsbeschwerde wird damit nicht zu einem kontradiktorischen Verfahren, aber letztlich muss jeder betroffene Berichterstatter entscheiden und mitteilen, ob er den unangenehmen Vorwurf der überlangen Verfahrensdauer in der Sache akzeptiert oder aus welchen Gründen er ihn nicht als gerechtfertigt ansieht. Betrifft die Verzögerungsbeschwerde ein Kostenfestsetzungsverfahren, obliegt die Abgabe der Stellungnahme der zuständigen Rechtspflegerin oder dem zuständigen Rechtspfleger.[2]

3 Die Beschwerdekammer gewinnt mit dieser Stellungnahme neben den Verfahrensakten ein weiteres Beweismittel. Es versteht sich deshalb von selbst, dass die Stellungnahme des Berichterstatters **dem Beschwerdeführer zugänglich zu machen** ist, damit er darauf gegebenenfalls noch einmal erwidern kann.[3] Ihm waren die Umstände, die zur Verzögerung geführt haben und vom Berichterstatter nunmehr zu erläutern sind, bislang schließlich

7 BGBl. I 2015, 286 ff.

1 Vgl. zuletzt die Stellungnahme des Bundesverfassungsrichters Maidowski in BVerfG, Beschluss der Beschwerdekammer vom 21.12.2023 – 2 BvL 3/19 – Vz 3/23, Rn. 8 bei Juris.

2 Vgl. BVerfG, Beschluss der Beschwerdekammer vom 11.12.2023 – 2 BvR 739/17 – Vz 5/23, Rn. 36 ff. bei Juris.

3 So im Anschluss an diese Kommentierung auch Schmidt-Bleibtreu/Klein/Bethge BVerfGG/Haratsch § 97d Rn. 4 (Stand: Januar 2022); vgl. die Schilderung des Verfahrensablaufs in den Beschlüssen der Beschwerdekammer vom 8.12.2015 – 1 BvR 99/11 – Vz

nicht bekannt. Die in der Begründung des Gesetzentwurfs angenommene Freiheit der Beschwerdekammer in der Entscheidung darüber, ob sie die Stellungnahme des Berichterstatters an den Beschwerdeführer weiterleitet oder nicht,[4] gibt es daher nicht.[5] Lediglich dann, wenn der Verzögerungsbeschwerde in vollem Umfang entsprochen wird, muss die Bekanntgabe der Stellungnahme nicht vor der Entscheidung, sondern kann gleichzeitig mit deren Zustellung erfolgen. Neben dem Anspruch auf Zugänglichmachung der Stellungnahme des Berichterstatters haben die Beteiligten auch ihr allgemeines Akteneinsichtsrecht nach § 20.[6]

Die Ausgestaltung als **Sollregelung** bezieht sich auf die Abgabe der Stellungnahme als solche, nicht auf die Monatsfrist für die Vorlage der Stellungnahme. Mit der Fristvorgabe bringt das Gesetz zum Ausdruck, dass das Verfahren der Verzögerungsbeschwerde beschleunigt zu betreiben und abzuschließen ist. Die Soll-Vorschrift bringt zum Ausdruck, dass der Berichterstatter in der Regel zur Abgabe einer Stellungnahme gehalten ist und nur ausnahmsweise unter besonders zu rechtfertigenden Umständen davon absehen darf. Ein Absehen von einer Stellungnahme des Berichterstatters könnte zwar vor allen Dingen dann in Betracht kommen, wenn die Verzögerungsbeschwerde offensichtlich begründet ist, also ein eindeutiger Fall vorliegt.[7] Gerade in solchen Fällen gebietet es allerdings die Befriedungsfunktion der Verzögerungsbeschwerde, dass der für die Verzögerung verantwortliche Berichterstatter dies gegenüber dem betroffenen Beschwerdeführer auch selbst und ausdrücklich einräumt. 4

Abs. 2 fasst Aspekte der **Entscheidungsfindung** zusammen. Sätze 1 und 2 bestimmen, dass die Beschwerdekammer mit Mehrheit entscheidet und bei Stimmengleichheit die Verzögerungsbeschwerde als zurückgewiesen gilt. Das entspricht in der Sache den Regelungen, die in den meisten Verfahrensarten des Bundesverfassungsgerichts gelten (§ 15 Abs. 4 Sätze 2 und 3).[8] 5

Es ist aber problematisch, dass dadurch zulasten des Beschwerdeführers ein im Gesetz sonst nirgendwo auftauchendes Quorum einer **Drei-Viertel-Mehrheit** entsteht.[9] Es liegt im Interesse des Gerichts und der Bundesrepublik Deutschland, die an weiteren, vermeidbaren Verurteilungen wegen überlanger Verfahrensdauer in Straßburg nicht interessiert sind, die erforderliche Mehrheit in der Beschwerdekammer herbeizuführen, wenn jedenfalls zwei ihrer Mitglieder der Beschwerde entsprechen wollen. Das gilt insbesondere dann, wenn ein Patt in der Beschwerdekammer lediglich Fragen der Höhe der Entschädigung betrifft. 6

Nach Abs. 2 Satz 3 entscheidet die Beschwerdekammer **ohne mündliche Verhandlung**. Die Beschwerdekammer ist dadurch selbst in den Fällen an der Durchführung einer mündlichen Verhandlung gehindert, in denen sie diese 7

1/15, Rn. 23 bei Juris, vom 3.4.2013 – 1 BvR 2256/10 – Vz 32/12, Rn. 6 f. bei Juris, und vom 1.10.2012 – 1 BvR 170/06 – Vz 1/12, Rn. 14 ff. bei Juris.
4 BT-Drs. 17/3802, S. 27.
5 Zustimmend Lechner/Zuck/Zuck § 97d Rn. 2; Barczak BVerfGG/Schmaltz § 97d Rn. 4.
6 Vgl. dies respektierend auch BVerfG, Beschluss der Beschwerdekammer vom 20.8.2015 – 1 BvR 2781/13 – Vz 11/14, Rn. 25 bei Juris; ebenso Barczak BVerfGG/Schmaltz § 97d Rn. 5.
7 BT-Drs. 17/3802, S. 28.
8 Vgl. BT-Drs. 17/3802, S. 28.
9 Kritisch auch Barczak BVerfGG/Schmaltz § 97d Rn. 7.

für sinnvoll hält. Das Gesetz ist hier übermäßig restriktiv; eine Regelung entsprechend § 32 Abs. 2 Satz 1 wäre ausreichend und vorzugswürdig gewesen.

8 Der gesetzliche Ausschluss einer mündlichen Verhandlung führt dazu, dass das Bundesverfassungsgericht über die Verzögerungsbeschwerde durch Beschluss entscheidet (§ 25 Abs. 2), was Abs. 2 Satz 4 nochmals ausdrücklich bestätigt. Die Norm erklärt zugleich eine **Begründung** für **verzichtbar** und will damit das Gericht von unnötigen Belastungen freihalten. Der Verzicht auf eine Begründung des Beschlusses über die Verzögerungsbeschwerde kommt allerdings nur in eher querulatorischen Fällen in Betracht. Denn das Gericht muss damit rechnen, dass der ohne Begründung abgewiesene Beschwerdeführer nunmehr den Europäischen Gerichtshof für Menschenrechte anruft und die Bundesrepublik Deutschland dann nicht auf schriftlich fixierte Argumente zurückgreifen kann, die den Vorwurf der überlangen Verfahrensdauer entkräften.[10] Bei nicht von vorneherein aussichtslosen Verzögerungsbeschwerden ist daher mit einer ausführlichen Begründung des Beschlusses zu rechnen.[11]

9 Die Entscheidung der Beschwerdekammer ist nach **Abs. 3 unanfechtbar**. Das bedeutet, dass gegen sie auch nicht das Plenum angerufen werden kann. Der Beschwerdeführer kann sich aber, nachdem nunmehr auch der innerstaatliche Rechtsweg erschöpft ist, im Wege der Individualbeschwerde an den Europäischen Gerichtshof für Menschenrechte wenden und zwar sowohl in den Fällen, in denen die Verzögerungsbeschwerde insgesamt zurückgewiesen wurde,[12] wie in den Fällen, in denen der Beschwerdeführer die festgesetzte Entschädigung für unzureichend hält.

§ 97e [Geltungsdauer]

[1]Die §§ 97a bis 97d gelten auch für Verfahren, die am 3. Dezember 2011 bereits anhängig waren, sowie für abgeschlossene Verfahren, deren Dauer am 3. Dezember 2011 Gegenstand einer Beschwerde beim Europäischen Gerichtshof für Menschenrechte ist oder noch werden kann. [2]Für abgeschlossene Verfahren nach Satz 1 gilt § 97b Absatz 1 Satz 2 bis 5 nicht; § 97b Absatz 2 gilt mit der Maßgabe, dass die Verzögerungsbeschwerde sofort erhoben werden kann und spätestens am 3. März 2012 erhoben werden muss.

1 § 97e sieht eine ausdrückliche, zwischenzeitlich aber gegenstandslos gewordene **Rückwirkung für Altfälle** vor, welche die Verknüpfung des gesamten IV. Titels mit den Rechtsschutzmöglichkeiten in Straßburg unterstreicht. Denn die Einräumung des Entschädigungsanspruchs nach § 97a und des Durchsetzungsinstruments der Verzögerungsbeschwerde nach den §§ 97b bis 97 d für Altfälle ist kein großzügiger Akt, sondern dient ausschließlich der **Vermeidung** noch möglicher **weiterer Verurteilungen der Bundesrepublik**

10 Ähnliche Überlegungen auch bei Barczak BVerfGG/Schmaltz § 97d Rn. 9.
11 Vgl. BVerfG, Beschluss der Beschwerdekammer vom 22.3.2018 – 2 BvR 289/10 – Vz 10/16, Rn. 7 ff. bei Juris.
12 Vgl. dazu EGMR, Urteil vom 4.9.2014 – 68919/10, Tz. 37 ff. – Peter / Deutschland.

Deutschland durch den Europäischen Gerichtshof für Menschenrechte wegen überlanger Verfahrensdauer in Verfahren vor dem Bundesverfassungsgericht.[1] Deshalb beschränkt Satz 1 die in der Vorschrift angeordnete Rückwirkung auch ausdrücklich auf Altfälle, die bei Inkrafttreten der §§ 97a ff. beim Bundesverfassungsgericht noch anhängig waren[2] oder die entweder schon Gegenstand einer Beschwerde in Straßburg waren oder noch dazu gemacht werden können. Letzteres betraf nur solche Fälle, in denen die für die Erhebung der Individualbeschwerde zum Europäischen Gerichtshof für Menschenrechte maßgebliche Sechs-Monats-Frist des Art. 35 Abs. 1 EMRK noch nicht abgelaufen war.[3] Die Verzögerungsbeschwerde war in solchen Fällen auch dann zulässig, wenn das Verfassungsbeschwerdeverfahren bei Inkrafttreten der §§ 97a ff. schon abgeschlossen war.[4]

Die Einbeziehung auch der Verfahren, die bei Inkrafttreten der Neurege- 2
lung schon Gegenstand einer Beschwerde beim Europäischen Gerichtshof für Menschenrechte waren, ist ungewöhnlich. Verständlich war sie nur vor dem Hintergrund der Rechtsprechung des Europäischen Gerichtshofs für Menschenrechte. Dieser hatte zu einer im Kern vergleichbaren Konstellation in Italien entschieden, dass solche **nachträglich eingeführten Rechtsbehelfe** gegen überlange Verfahrensdauern vom Beschwerdeführer **noch auszuschöpfen** sind und dass andernfalls eine in Straßburg erhobene Beschwerde wegen Nichterschöpfung des innerstaatlichen Rechtswegs für unzulässig erklärt wird.[5] Die Einbeziehung dieser Fälle in die Rückwirkung nach Satz 1 diente also ausschließlich dazu, in solchen Fällen eine Verurteilung in Straßburg zu vermeiden. Die Sonderregelungen des Satzes 2 haben durch den zwischenzeitlich eingetretenen Zeitablauf ihren Anwendungsbereich verloren. Im Zuge der nächsten Novellierung des Gesetzes über das Bundesverfassungsgericht könnte die Regelung des § 97e aufgehoben werden.

V. Teil
Schlußvorschriften

§ 98 [Versetzung in den Ruhestand]

(1) Ein Richter des Bundesverfassungsgerichts tritt mit Ablauf der Amtszeit (§ 4 Abs. 1, 3 und 4) in den Ruhestand.

(2) Ein Richter des Bundesverfassungsgerichts ist bei dauernder Dienstunfähigkeit in den Ruhestand zu versetzen.

---

1 So auch Barczak BVerfGG/Schmaltz § 97e Rn. 2.

2 Vgl. dazu ausdrücklich BVerfG, Beschluss der Beschwerdekammer vom 20.8.2015 – 1 BvR 2781/13 – Vz 11/14, Rn. 22 bei Juris.

3 Vgl. zu der vergleichbaren Rechtslage bei der fachgerichtlichen Verzögerungsrüge nach § 178 Abs. 3 Satz 1 GVG: Beschluss der 1. Kammer des Zweiten Senats vom 20.6.2012 – 2 BvR 1565/11, Rn. 16 bei Juris.

4 Vgl. Beschluss der Beschwerdekammer vom 1.10.2012 – 1 BvR 170/06 – Vz 1/12, Rn. 19 bei Juris.

5 EGMR, Entscheidung vom 6.9.2001 – 69789/01 – Brusco / Italien; siehe auch EGMR, Entscheidung vom 29.5.2012 – 19488/09, Tz 46 ff. – G. / Deutschland (zu §§ 198 f. GVG).

(3) Ein Richter des Bundesverfassungsgerichts ist auf Antrag ohne Nachweis der Dienstunfähigkeit in den Ruhestand zu versetzen, wenn er sein Amt als Richter des Bundesverfassungsgerichts wenigstens sechs Jahre bekleidet hat und wenn er

1. das 65. Lebensjahr vollendet hat oder

2. schwerbehinderter Mensch im Sinne des § 2 Abs. 2 des Neunten Buches Sozialgesetzbuch ist und das 60. Lebensjahr vollendet hat.

(4) In den Fällen des Absatzes 3 gilt § 4 Abs. 4 sinngemäß.

(5) [1]Ein Richter im Ruhestand erhält Ruhegehalt. [2]Das Ruhegehalt wird auf der Grundlage der Bezüge berechnet, die dem Richter nach dem Gesetz über das Amtsgehalt der Mitglieder des Bundesverfassungsgerichts zuletzt zugestanden haben. [3]Entsprechendes gilt für die Hinterbliebenenversorgung.

(6) § 70 des Beamtenversorgungsgesetzes gilt entsprechend.

1 Nach **Abs. 1** tritt der Richter **kraft Gesetzes** in den **Ruhestand**, wenn seine Amtszeit gemäß § 4 Abs. 1 nach zwölf Jahren – so etwa am 1.2.2023 bei den Richterinnen des Bundesverfassungsgerichts Baer und Britz – oder gemäß § 4 Abs. 3 mit Erreichen der Altersgrenze von 68 Jahren – so etwa am 30.11.2018 beim Vizepräsidenten des Bundesverfassungsgerichts Kirchhof – endet, spätestens aber mit dem Ende der Fortführung der Amtsgeschäfte bis zur Ernennung eines Nachfolgers nach § 4 Abs. 4 (→ § 4 Rn. 3).

2 **Abs. 2 und 3** ermöglichen dem Richter unter bestimmten persönlichen Voraussetzungen ein **vorzeitiges Ausscheiden aus dem Richteramt auf eigenen Wunsch**. Hierzu muss er entweder seine dauernde Dienstunfähigkeit (vgl. § 44 Abs. 1 BBG iVm §§ 69, 46 DRiG) nachweisen (Abs. 2) oder kann, sofern er das Richteramt schon mindestens sechs Jahre bekleidet hat, auch unabhängig von einer etwaigen Dienstunfähigkeit ab dem Erreichen des 65. Lebensjahres, als schwerbehinderter Mensch schon ab dem Erreichen des 60. Lebensjahres, seine Versetzung in den Ruhestand beantragen (Abs. 3). Dem Begehren des Richters ist dann stattzugeben. Im Falle des Abs. 3 muss er die Amtsgeschäfte aber bis zur Ernennung eines Nachfolgers fortführen (**Abs. 4** iVm § 4 Abs. 4). Von der Möglichkeit der vorzeitigen Versetzung in den Ruhestand hat zuletzt im Juli 2014 Richter der Bundesverfassungsgerichts Gerhardt nach 11-järiger Amtszeit im Alter von 66 Jahren Gebrauch gemacht.

3 Die vorzeitige Versetzung in den Ruhestand nach Abs. 2 und 3 steht dem Eintritt in den Ruhestand wegen Beendigung der Amtszeit nach Abs. 1 gleich. Darin liegt der **Unterschied zur vorzeitigen Entlassung** auf Antrag nach **§ 12**, die ein Richter beantragt, ohne die Voraussetzungen der Abs. 2 oder 3 zu erfüllen und bei der insbesondere kein Anspruch auf ein Ruhegehalt, sondern gemäß § 100 Abs. 1 Satz 1 nur auf ein Übergangsgeld besteht.

4 Sobald der Richter nach den Absätzen 1 bis 4 in den Ruhestand tritt, erhält er nach Abs. 5 Satz 1 **Ruhegehalt**. Für die Berechnung verweist § 103 auf die für Bundesrichter geltenden Vorschriften. Nach Abs. 5 Sätze 2 und 3 sind Grundlage des Ruhegehalts und der Hinterbliebenenversorgung (§§ 16 bis 28 BeamtVG iVm §§ 69, 46 DRiG) die dem Richter zuletzt zustehenden Bezüge. Zur Orientierung: Nach § 1a BVerfGAmtsGehG verdient ein Richter

des Bundesverfassungsgerichts an Grundgehalt so viel wie ein Präsident eines obersten Gerichtshofs des Bundes mit Stellenzulage, die allerdings nach § 1a Abs. 3 Satz 2 BVerfGAmtsGehG nicht ruhegehaltfähig ist, der Vizepräsident des Bundesverfassungsgerichts eineinsechstel des Grundgehalts eines Staatssekretärs und der Präsident des Bundesverfassungsgerichts so viel wie ein Bundesminister. Abs. 6 iVm § 70 BeamtVG koppelt die Anpassung des Ruhegehalts an die Anpassung der Dienstbezüge.

§ 99 (weggefallen)

§ 100 [Übergangsgeld]

(1) [1]**Endet das Amt eines Richters des Bundesverfassungsgerichts nach § 12, so erhält er, wenn er sein Amt wenigstens zwei Jahre bekleidet hat, für die Dauer eines Jahres ein Übergangsgeld in Höhe seiner Bezüge nach Maßgabe des Gesetzes über das Amtsgehalt der Mitglieder des Bundesverfassungsgerichts.** [2]**Dies gilt nicht für den Fall des Eintritts in den Ruhestand nach § 98.**

(2) **Die Hinterbliebenen eines früheren Richters des Bundesverfassungsgerichts, der zur Zeit seines Todes Übergangsgeld bezog, erhalten Sterbegeld sowie für den Rest der Bezugsdauer des Übergangsgeldes Witwen- und Waisengeld; Sterbegeld, Witwen- und Waisengeld werden aus dem Übergangsgeld berechnet.**

Gemäß § 12 auf eigenen Wunsch ausgeschiedene Richter haben keinen Anspruch auf ein dauerhaftes Ruhegehalt nach § 98 Abs. 5 Satz 1, sollen aber, wenn sie das Richteramt mindestens zwei Jahre ausgeübt haben, nicht ganz ohne finanzielle Absicherung auskommen müssen. Sie erhalten deshalb nach Abs. 1 Satz 1 für ein Jahr in Höhe ihrer bisherigen Bezüge **Übergangsgeld**, das sie sich allerdings auf in diesem Zeitraum im öffentlichen Dienst erzielte Einkünfte anrechnen lassen müssen (§ 102 Abs. 2). Die Regelung des Abs. 1 Satz 2 ist überflüssig, da eine Versetzung in den Ruhestand nach § 98 Abs. 5 Sätze 1 und 2 einen Anspruch auf Ruhegehalt begründet, so dass sich die Frage nach einem Übergangsgeld wie bei der Entlassung nach § 12 nicht stellt. 1

Gemäß Abs. 2 ist bei einer freiwilligen Entlassung nach § 12 auch die **Hinterbliebenenversorgung** beschränkt. Die Versorgung steht den Hinterbliebenen nur zu, wenn der ausgeschiedene Richter im Zeitraum des Bezugs des Übergangsgelds verstirbt. Neben den Leistungen nach § 17 und § 18 BeamtVG wird Witwen- und Waisengeld nach §§ 19, 20 und §§ 23, 24 BeamtVG nur für den Rest des Bezugsjahres des Übergangsgelds gewährt. 2

§ 101 [Ausscheiden aus dem bisherigen Amt]

(1) [1]**Ein zum Richter des Bundesverfassungsgerichts gewählter Beamter oder Richter scheidet vorbehaltlich der Vorschrift des § 70 des Deutschen Richtergesetzes mit der Ernennung aus seinem bisherigen Amt**

aus. [2]Für die Dauer des Amtes als Richter des Bundesverfassungsgerichts ruhen die in dem Dienstverhältnis als Beamter oder Richter begründeten Rechte und Pflichten. [3]Bei unfallverletzten Beamten oder Richtern bleibt der Anspruch auf das Heilverfahren unberührt.

(2) [1]Endet das Amt als Richter des Bundesverfassungsgerichts, so tritt der Beamte oder Richter, wenn ihm kein anderes Amt übertragen wird, aus seinem Dienstverhältnis als Beamter oder Richter in den Ruhestand und erhält das Ruhegehalt, das er in seinem früheren Amt unter Hinzurechnung der Dienstzeit als Richter des Bundesverfassungsgerichts erhalten hätte. [2]Soweit es sich um Beamte oder Richter handelt, die nicht Bundesbeamte oder Bundesrichter sind, erstattet der Bund dem Dienstherrn das Ruhegehalt sowie die Hinterbliebenenbezüge.

(3) [1]Die Absätze 1 und 2 gelten nicht für beamtete Lehrer des Rechts an einer deutschen Hochschule. [2]Für die Dauer ihres Amtes als Richter am Bundesverfassungsgericht ruhen grundsätzlich ihre Pflichten aus dem Dienstverhältnis als Hochschullehrer. [3]Von den Dienstbezügen aus dem Dienstverhältnis als Hochschullehrer werden zwei Drittel auf die ihnen als Richter des Bundesverfassungsgerichts zustehenden Bezüge angerechnet. [4]Der Bund erstattet dem Dienstherrn des Hochschullehrers die durch seine Vertretung erwachsenden tatsächlichen Ausgaben bis zur Höhe der angerechneten Beträge.

1 Die Vorschrift beantwortet in den Absätzen 1 und 2 die Frage, was mit dem Dienstverhältnis eines Beamten oder Richters geschieht, der zum Richter des Bundesverfassungsgerichts gewählt worden ist. Die Grundaussage des Gesetzes lautet, dass das bisherige **Dienstverhältnis fortbesteht, aber ruhend gestellt wird.** Abs. 3 trifft eine Sonderregelung für Hochschullehrer, die an deren Privileg aus § 3 Abs. 4 Satz 1 anknüpft, neben dem Richteramt weiterhin beruflich an der Hochschule tätig sein zu dürfen.

2 Absätze 1 und 2 unterscheiden zwischen zum Richter des Bundesverfassungsgerichts gewählten Bundesrichtern einerseits und sonstigen **Beamten und Richtern** andererseits. Für beide gilt allerdings, dass die Ernennung zum Richter des Bundesverfassungsgerichts nicht zur Beendigung ihres bisherigen Dienstverhältnisses führt. Nach Abs. 1 Satz 2 ruhen lediglich die Rechte und Pflichten aus diesem Dienstverhältnis; es wird also **nicht** weiter **ausgeübt**.

3 **Beamte und Richter, die nicht Bundesrichter sind**, verlieren mit der Ernennung zum Richter des Bundesverfassungsgerichts überdies ihren bisherigen Dienstposten (Abs. 1 Satz 1). Ihr Dienstverhältnis ruht also nicht nur, sondern ist auch keinem bestimmten Dienstposten mehr zugeordnet. Aus Abs. 2 Satz 1 Halbsatz 1 folgt außerdem, dass sie nach ihrem Ausscheiden aus dem Richteramt am Bundesverfassungsgericht nicht verlangen können, wieder in ihrem früheren Amt eingesetzt zu werden. Vielmehr treten sie kraft Gesetzes in den Ruhestand, sofern ihnen ihr früherer Dienstherr nicht nahtlos ein neues Amt anbietet und sie dieses Amt übernehmen. Eine Verpflichtung hierzu besteht von keiner Seite.[1]

1 Zustimmend Burkiczak/Dollinger/Schorkopf BVerfGG/Föllmer § 101 Rn. 6.

4 Tritt der Beamte oder Richter mit dem Ausscheiden aus dem Richteramt am Bundesverfassungsgericht zugleich hinsichtlich seines anderen Dienstverhältnisses in den Ruhestand, steht ihm nach Abs. 2 Satz 1 Halbsatz 2 aus dem anderen Dienstverhältnis ein **Ruhegehalt** zu, bei dessen Berechnung auch die Dienstzeit am Bundesverfassungsgericht berücksichtigt wird. Allerdings ruht dieser Anspruch, soweit der ausgeschiedene Verfassungsrichter ein Ruhegehalt nach § 98 oder Übergangsgeld nach § 100 erhält (§ 102 Abs. 1). Die Erstattungspflicht des Bundes nach Abs. 2 Satz 2 kann daher nur in dem theoretischen Fall eingreifen, dass der Verfassungsrichter nach § 105 Abs. 1 Nr. 2 entlassen wird (dazu → § 105 Rn. 4 ff.).

5 **Bundesrichter** verlieren demgegenüber mit der Ernennung zum Richter des Bundesverfassungsgerichts ihr Amt als Richter an einem obersten Gerichtshof des Bundes nicht. Ihr Dienstverhältnis wird zwar ruhend gestellt, aber nach dem Ausscheiden aus dem Amt als Richter des Bundesverfassungsgerichts leben die Rechte und Pflichten aus ihrem früheren Dienstverhältnis wieder auf. Die spezielle Regelung des § 70 Abs. 1 DRiG, auf die Abs. 1 Satz 1 insoweit verweist, geht den übrigen Regelungen des § 101 vor.[2] Sein früheres Amt übernimmt der Bundesrichter jedoch nicht, wenn er auch nach dem für Bundesrichter geltenden Dienstrecht in den Ruhestand tritt (§ 48 DRiG) oder wenn er die Versetzung in den Ruhestand beantragt (§ 70 Abs. 2 DRiG).

6 **Hochschullehrer** dürfen ihre berufliche Tätigkeit neben dem Richteramt am Bundesverfassungsgericht weiter ausüben, soweit die richterliche Tätigkeit dadurch nicht beeinträchtigt wird (§ 3 Abs. 4; kritisch dazu → § 3 Rn. 5 ff.). Konsequent vermeidet § 101 deshalb eine vollständige Ruhendstellung ihres Dienstverhältnisses und ihr Ausscheiden aus ihrem Professorenamt an der Hochschule, indem Abs. 3 Satz 1 die Absätze 1 und 2 für unanwendbar erklärt. Ihr Dienstverhältnis an der Hochschule wird nach dem Ausscheiden aus dem Amt des Verfassungsrichters grundsätzlich unverändert fortgeführt.

7 Dass ihre Pflichten aus dem Dienstverhältnis als Hochschullehrer grundsätzlich ruhen (Abs. 3 Satz 2), steht etwa der Übernahme von Vorlesungen nicht entgegen. Zugleich folgt daraus, dass sie ihre laufenden **Bezüge** aus dem Dienstverhältnis an der Hochschule nicht verlieren. Nach Abs. 3 Satz 3 werden davon nur zwei Drittel auf die ihnen als Verfassungsrichter zustehenden Bezüge angerechnet, so dass sie im Ergebnis unabhängig davon, in welchem Umfang sie Aufgaben an der Hochschule wahrnehmen, **höhere Amtsbezüge als andere Richter** des Bundesverfassungsgerichts erhalten. Diese Kumulierung von Bezügen setzt sich bei den Versorgungsansprüchen fort (§ 102 Abs. 3). Beides sollte gestrichen werden.

§ 102 [Verhältnis mehrerer Bezüge]

(1) Steht einem früheren Richter des Bundesverfassungsgerichts ein Anspruch auf Ruhegehalt nach § 101 zu, so ruht dieser Anspruch für den Zeitraum, für den ihm Ruhegehalt oder Übergangsgeld nach § 98 oder § 100 zu zahlen ist, bis zur Höhe des Betrages dieser Bezüge.

2 BVerfGE 65, 152 (159).

(2) Wird ein früherer Richter des Bundesverfassungsgerichts, der Übergangsgeld nach § 100 bezieht, im öffentlichen Dienst wiederverwendet, so wird das Einkommen aus dieser Verwendung auf das Übergangsgeld angerechnet.

(3) Bezieht ein früherer Richter des Bundesverfassungsgerichts Dienstbezüge, Emeritenbezüge oder Ruhegehalt aus einem vor oder während seiner Amtszeit als Bundesverfassungsrichter begründeten Dienstverhältnis als Hochschullehrer, so ruhen neben den Dienstbezügen das Ruhegeld oder das Übergangsgeld aus dem Richteramt insoweit, als sie zusammen das um den nach § 101 Abs. 3 Satz 3 anrechnungsfreien Betrag erhöhte Amtsgehalt übersteigen; neben den Emeritenbezügen oder dem Ruhegehalt aus dem Dienstverhältnis als Hochschullehrer werden das Ruhegehalt oder das Übergangsgeld aus dem Richteramt bis zur Erreichung des Ruhegehalts gewährt, das sich unter Zugrundelegung der gesamten ruhegehaltfähigen Dienstzeit und des Amtsgehalts zuzüglich des anrechnungsfreien Betrages nach § 101 Abs. 3 Satz 3 ergibt.

(4) [1]Die Absätze 1 bis 3 gelten entsprechend für die Hinterbliebenen. [2]§ 54 Abs. 3 und Abs. 4 Satz 2 des Beamtenversorgungsgesetzes gilt sinngemäß.

1 § 102 regelt einige Fälle des **Aufeinandertreffens verschiedener Ansprüche** auf Dienst- oder Versorgungsbezüge. So sollen Doppelleistungen an den ausgeschiedenen Verfassungsrichter und seine Hinterbliebenen im gesetzlich angeordneten Umfang vermieden werden. Subsidiär greift gemäß § 103 Satz 1 das BeamtVG ein.

2 **Abs. 1** gibt dem Anspruch auf Ruhegehalt nach § 98 und auf Übergangsgeld nach § 100 den Vorrang gegenüber dem **Ruhegehalt**, das dem ausgeschiedenen Verfassungsrichter gegen seinen früheren Dienstherrn aufgrund des Eintritts in den Ruhestand nach § 101 Abs. 2 Satz 1 zusteht (dazu → § 101 Rn. 4). Schließt sich an das Ende der Amtszeit als Verfassungsrichter hingegen abweichend von § 101 Abs. 2 Satz 1 die Übernahme eines neuen Amtes beim früheren Dienstherrn an und tritt der frühere Verfassungsrichter dort daher erst später in den Ruhestand, gilt für das Zusammentreffen mehrerer Versorgungsbezüge nicht Abs. 1, sondern gemäß § 103 Satz 1 die Regelung des § 54 BeamtVG.

3 **Abs. 2** lässt das **Übergangsgeld** nach § 100 **entfallen**, soweit der nach § 12 ausgeschiedene Verfassungsrichter Bezüge aus einer Wiederanstellung im öffentlichen Dienst erhält.

4 **Abs. 3** führt die Sonderregelung für Amtsbezüge der **Hochschullehrer-Richter** in § 101 Abs. 3 Satz 3 (dazu → § 101 Rn. 7) auf der Ebene der Versorgungsansprüche fort. Deren Anrechnung soll der nur teilweisen Anrechnung entsprechen, die während der Amtszeit des Verfassungsrichters durchgeführt wird. Diese Vorschrift verdrängt insoweit § 53 BeamtVG.

5 Nach **Abs. 4** sind die Regelungen der Absätze 1 bis 3 auf die Konkurrenz mit Ansprüchen auf die **Hinterbliebenenversorgung** des § 98 Abs. 5 Satz 3 und des § 100 Abs. 2 zu übertragen.

§ 103 [Anwendung der Vorschriften für Bundesrichter]

[1]Soweit in den §§ 98 bis 102 nichts anderes bestimmt ist, finden auf die Richter des Bundesverfassungsgerichts die für Bundesrichter geltenden versorgungsrechtlichen und beihilferechtlichen Vorschriften Anwendung; Zeiten einer Tätigkeit, die für die Wahrnehmung des Amts des Richters des Bundesverfassungsgerichts dienlich ist, sind Zeiten im Sinne des § 11 Abs. 1 Nr. 3 Buchstabe a des Beamtenversorgungsgesetzes. [2]Die versorgungsrechtlichen Entscheidungen trifft der Präsident des Bundesverfassungsgerichts.

Das **Versorgungsrecht** der Richter des Bundesverfassungsgerichts richtet sich gemäß der Verweisungsnorm des § 103 Satz 1 Halbsatz 1 abgesehen von Spezialregelungen in den §§ 98 bis 102 grundsätzlich **nach dem BeamtVG**, dessen Geltung für Bundesrichter aus § 46 DRiG folgt. Relevant ist beispielsweise die teilweise Anrechnung von nach dem Ende der Amtszeit erzielten anderweitigen Einkünften auf das Ruhegehalt nach § 53 BeamtVG. Eine Erweiterung versorgungsrechtlich berücksichtigungsfähiger Zeiten enthält Satz 1 Halbsatz 2: Abweichend von § 11 Nr. 3 Buchstabe a BeamtVG können auch Zeiten vorausgegangener, für die Wahrnehmung des Richteramtes zwar nicht notwendiger, aber immerhin dienlicher Tätigkeiten angerechnet werden. In Betracht kommen etwa Zeiten verfassungsrechtlich geprägter rechtsberatender oder wissenschaftlicher Tätigkeiten. 1

Zuständig für versorgungsrechtliche Entscheidungen, etwa über die Anerkennung ruhegehaltfähiger Dienstzeiten iSd § 11 BeamtVG, ist nach Satz 2 der **Präsident** des Bundesverfassungsgerichts. Er ist bei der Ausübung seines Ermessens an von der Bundesregierung erlassene Verwaltungsvorschriften (vgl. § 107 Satz 2 BeamtVG) gebunden. 2

Satz 1 Halbsatz 1 erklärt auch das für Bundesrichter geltende **Beihilferecht** ausdrücklich für anwendbar. Da die §§ 98 bis 102 insoweit keine Sonderregelungen enthalten, folgt der Beihilfeanspruch der Richter des Bundesverfassungsgerichts umfassend aus § 80 BBG iVm §§ 69, 46 DRiG. 3

§ 104 [Rechtsanwälte und Notare als Richter am Bundesverfassungsgericht]

(1) Wird ein Rechtsanwalt zum Richter am Bundesverfassungsgericht ernannt, so ruhen seine Rechte aus der Zulassung für die Dauer seines Amtes.

(2) Wird ein Notar zum Richter am Bundesverfassungsgericht ernannt, so gilt § 101 Abs. 1 Satz 2 entsprechend.

Anders als Hochschullehrer (dazu kritisch → § 3 Rn. 5 ff.) dürfen Rechtsanwälte und Notare, die zum Richter des Bundesverfassungsgerichts ernannt werden, gemäß § 3 Abs. 4 Satz 1 ihre berufliche Tätigkeit während ihrer Amtszeit nicht weiter ausüben (vgl. § 47 Abs. 1 Satz 1 BRAO). Dem trägt § 104 Rechnung, indem er das **Ruhen der Rechte** aus der Zulassung als 1

Rechtsanwalt (Abs. 1) und entsprechend das Ruhen der Rechte aus dem Dienstverhältnis des Notars (Abs. 2 iVm § 101 Abs. 1 Satz 2) anordnet. Seit der Ernennung von Rechtsanwalt Harbarth zum Vizepräsidenten des Bundesverfassungsgerichts im November 2018 hat die Vorschrift jetzt auch wieder einen praktischen Anwendungsfall. Er ist damit nach von Schabrendorff, Henschel und Jentsch erst der vierte „Rechtsanwalts-Richter" und seit dem 22.6.2020 der erste frühere Rechtsanwalt, der zum Präsidenten des Bundesverfassungsgerichts ernannt wurde.

2 Das Ruhen der Rechte aus der Zulassung kann auch Bedeutung erlangen bei der Beurteilung der Frage, ob ein Rechtsanwalt-Richter in einem Fall, in dem mittelbar ein Sozius betroffen ist, gemäß § 18 Abs. 2 **von der Ausübung des Richteramtes ausgeschlossen** ist.[1]

3 Für Beamte und Richter und über die Verweisung in § 104 Abs. 2 auch für Notare wurde in § 101 Abs. 1 Satz 2 eine ausdrückliche Regelung sowohl zu den Rechten als auch zu den Pflichten aus ihrem Dienstverhältnis getroffen. § 104 Abs. 1 sagt hingegen für Rechtsanwälte nichts zu ihren **Pflichten**. Dabei dürfte es sich aber nur um eine gesetzgeberische Unachtsamkeit handeln. Die mit der gesetzlich untersagten Tätigkeit in Verbindung stehenden Pflichten des Rechtsanwalts ruhen ebenfalls.[2]

4 Mit dem Ausscheiden aus dem Amt des Verfassungsrichters **endet die** in § 104 angeordnete **Ruhendstellung**. Die Zulassung als Rechtsanwalt und das Notarverhältnis bestehen wie vor der Ausübung des Richteramtes unverändert fort. Anders als bei Hochschullehrern (§ 101 Abs. 3 Satz 1), die sonst von § 101 Abs. 2 Satz 1 erfasst wären, bedarf es dafür keiner ausdrücklichen Regelung.

5 Auch die Richter des Bundesverfassungsgerichts, die zuvor Rechtsanwalt oder Notar waren, erhalten nach Ablauf ihrer Amtszeit ein **Ruhegehalt** gemäß § 98 Abs. 5, und die Versorgung richtet sich gemäß § 103 Satz 1 Halbsatz 1 grundsätzlich nach den Vorschriften des BeamtVG. Das bedeutet auch, dass nach Ende der Amtszeit erzielte **Einkünfte** aus einer wieder aufgenommenen anwaltlichen oder notariellen Tätigkeit im Rahmen des § 53 BeamtVG auf das Ruhegehalt **anzurechnen** sind, weil auch Einkünfte aus selbstständiger Arbeit anrechnungsfähiges Erwerbseinkommen darstellen (§ 53 Abs. 7 Satz 1 BeamtVG). Zeiten vorangegangener anwaltlicher Tätigkeit sind grundsätzlich als ruhegehaltsfähige Dienstzeiten zu berücksichtigen. Das folgt aus einer entsprechenden Anwendung von § 103 Satz 1 Halbsatz 2 und der Überlegung, dass die Wahl bisheriger Rechtsanwälte zu Richtern des Bundesverfassungsgerichts regelmäßig gerade deshalb erfolgen dürfte, weil die Wahlorgane die anwaltlichen Erfahrungen für die Tätigkeit im Bundesverfassungsgericht als dienlich ansehen. Auf eine besondere Vortätigkeit gerade im Verfassungsrecht kommt es nicht an.

6 Die auf zuvor im öffentlichen Dienst beschäftigte Verfassungsrichter zugeschnittenen Regelungen, die das Verhältnis des Ruhegehalts nach § 98 Abs. 5 zu aus einem anderen öffentlichen Dienstverhältnis folgenden Versorgungs-

1 Vgl. BVerfGE 102, 192 (196), im Ergebnis verneinend.
2 Barczak BVerfGG/Diehm § 104 Rn. 1; Burkiczak/Dollinger/Schorkopf BVerfGG/Föllmer § 104 Rn. 3.

bezügen betreffen, also insbesondere § 101 Abs. 2 und § 102 Abs. 1 und 3, finden hingegen auf Rechtsanwalt-Richter keine Anwendung. Deren **anderweitige**, in ihrer früheren oder späteren Tätigkeit als Rechtsanwalt erworbene **Versorgungsansprüche** stehen daher grundsätzlich **neben dem Ruhegehalt** nach § 98 Abs. 5, werden aber gemäß § 55 BeamtVG iVm § 103 Satz 1 **teilweise angerechnet** (vgl. § 55 Abs. 1 Satz 2 Nr. 4, Halbsatz 1 BeamtVG).

§ 105 [Versetzung in den Ruhestand bzw. Entlassung von Richtern am Bundesverfassungsgericht]

(1) Das Bundesverfassungsgericht kann den Bundespräsidenten ermächtigen,

1. **wegen dauernder Dienstunfähigkeit einen Richter des Bundesverfassungsgerichts in den Ruhestand zu versetzen;**
2. **einen Richter des Bundesverfassungsgerichts zu entlassen, wenn er wegen einer entehrenden Handlung oder zu einer Freiheitsstrafe von mehr als sechs Monaten rechtskräftig verurteilt worden ist oder wenn er sich einer so groben Pflichtverletzung schuldig gemacht hat, daß sein Verbleiben im Amt ausgeschlossen ist.**

(2) Über die Einleitung des Verfahrens nach Absatz 1 entscheidet das Plenum des Bundesverfassungsgerichts.

(3) Die allgemeinen Verfahrensvorschriften sowie die Vorschriften des § 54 Abs. 1 und § 55 Abs. 1, 2, 4 bis 6 gelten entsprechend.

(4) Die Ermächtigung nach Absatz 1 bedarf der Zustimmung von zwei Dritteln der Mitglieder des Gerichts.

(5) [1]Nach Einleitung des Verfahrens gemäß Absatz 2 kann das Plenum des Bundesverfassungsgerichts den Richter vorläufig seines Amtes entheben. [2]Das gleiche gilt, wenn gegen den Richter wegen einer Straftat das Hauptverfahren eröffnet worden ist. [3]Die vorläufige Enthebung vom Amt bedarf der Zustimmung von zwei Dritteln der Mitglieder des Gerichts.

(6) Mit der Entlassung nach Absatz 1 Nr. 2 verliert der Richter alle Ansprüche aus seinem Amt.

§ 105 regelt die Gründe und das Verfahren der **Amtsenthebung** eines Richters. Einen praktischen Anwendungsfall gab es bislang nicht. 1

Die vorzeitige Beendigung des Richteramtes ohne Einverständnis des Richters kommt nach Abs. 1 in **zwei Fällen** in Betracht: nach Nr. 1 wegen dauernder Dienstunfähigkeit und nach Nr. 2 aus disziplinarischen Gründen. 2

Nr. 1 kommt zur Anwendung, wenn der Richter objektiv **dauernd dienstunfähig** ist, sich aber nicht selbst nach § 98 Abs. 2 in den Ruhestand versetzen lässt. Sein Widerstand gegen die **Versetzung in den Ruhestand** führt nicht zu einem Verlust des Anspruchs auf ein Ruhegehalt nach § 98 Abs. 5. 3

Nach **Nr. 2** können Richter des Bundesverfassungsgerichts **bei bestimmten disziplinarischen Verstößen entlassen** werden. Dadurch entfällt die Auto- 4 matik der Beendigung des Dienstverhältnisses, die für andere Richter unter den Voraussetzungen des § 24 DRiG gilt. Andere disziplinarrechtliche Maßnahmen sind gegen Verfassungsrichter nicht möglich. Bei besonders schlimmen Vergehen müssten sie aus dem Dienst entfernt werden, aber im Übrigen sollen sie nicht unter dem Druck drohender Disziplinierung stehen.

5 Die Entlassung eines Richters kann auf verschiedene, in Abs. 1 Nr. 2 abschließend aufgezählte **Gründe** gestützt werden. Ist der Richter rechtskräftig verurteilt worden, kann er entlassen werden, wenn er zu einer Freiheitsstrafe von mehr als sechs Monaten verurteilt wurde, oder zwar zu einer geringeren Freiheitsstrafe oder nur einer Geldstrafe, aber – recht konturenlos – „wegen einer entehrenden Handlung". Unabhängig von einer strafrechtlichen Verurteilung droht eine Entlassung bei einer groben Pflichtverletzung. Da die Pflichtverletzung das Verbleiben im Amt ausgeschlossen erscheinen lassen muss, können nur in Bezug auf das Amt bestehende Pflichten gemeint sein.[1]

6 Folge einer Entlassung nach Nr. 2 ist gemäß Abs. 6 der **Verlust aller Ansprüche** aus dem Amt. Der entlassene Richter erhält weder ein Ruhegehalt (§ 98) noch Übergangsgeld (§ 100).

7 Die Regelungen des § 105 Absätze 2 bis 5 zum **Verfahren** gelten ohne Unterschied sowohl für die Versetzung in den Ruhestand nach Abs. 1 Nr. 1 als auch für die Entlassung des Richters nach Abs. 1 Nr. 2. Das Verfahren ist **zweigeteilt.** Es bedarf zunächst einer internen Entscheidung des Bundesverfassungsgerichts und anschließend einer Entscheidung des Bundespräsidenten. Nur wenn beide Entscheidungen zu Lasten des Richters ausfallen, kann ihm sein Amt entzogen werden.

8 Das Verfahren zur Versetzung in den Ruhestand und zur Entlassung wird gemäß Abs. 2 vom **Plenum des Bundesverfassungsgerichts** eingeleitet. Dafür genügt entsprechend § 15 Abs. 4 Satz 2 die Mehrheit der anwesenden Richter.[2] Der Ablauf des Verfahrens ist nach Abs. 3 an das Verfahren der Präsidentenanklage angelehnt und in den §§ 49 bis 54 GO-BVerfG näher ausgestaltet. Das Verfahren endet, sofern es nicht nach § 54 GO-BVerfG eingestellt wird, mit einem Beschluss des Bundesverfassungsgerichts. Eine Entscheidung zu Lasten des betroffenen Richters bedarf nach Abs. 4 einer Zweidrittelmehrheit der Mitglieder des Gerichts. Eine solche qualifizierte Mehrheit ist nach Abs. 5 auch für eine vorläufige Amtsenthebung im laufenden Verfahren erforderlich.

9 Inhalt des Beschlusses des Bundesverfassungsgerichts ist, sofern er zu Lasten des Richters ausfällt, die **Ermächtigung des Bundespräsidenten**, den Richter in den Ruhestand zu versetzen bzw. zu entlassen. Das letzte Wort hat also nach Abs. 1 der Bundespräsident. Steht fest, dass der Richter dauernd dienstunfähig ist, kann der Bundespräsident aber nicht anders entscheiden, als ihn vorzeitig in den Ruhestand zu versetzen.[3] Im Falle der Entlassung aus disziplinarischen Gründen ist er hingegen rechtlich in seiner Entscheidung

---

1 Zustimmend Burkiczak/Dollinger/Schorkopf BVerfGG/Föllmer § 105 Rn. 14.

2 Vgl. Lechner/Zuck/Zuck § 105 Rn. 7; aA mit Blick auf die allerdings nur intern geltende Regelung des § 51 Satz 1 GO-BVerfG: Burkiczak/Dollinger/Schorkopf BVerfGG/Föllmer § 105 Rn. 7; Barczak BVerfGG/Diehm § 105 Rn. 10.

3 Burkiczak/Dollinger/Schorkopf BVerfGG/Föllmer § 105 Rn. 10.

nicht gebunden. Faktisch könnte er sich zur Aufrechterhaltung der Arbeitsfähigkeit des Gerichts aber kaum dessen Votum widersetzen.

§ 106 (Inkrafttreten)

§ 106 enthielt ursprünglich eine Berlin-Klausel, die nach der Wiedervereinigung ihre Bedeutung verlor. Durch Änderungsgesetz vom 2.8.1993 wurde bestimmt, dass der bisherige § 106 gestrichen und § 107 zu § 106 wird.[1] In § 107 aF war geregelt, dass das Bundesverfassungsgerichtsgesetz am Tag nach seiner Verkündung in Kraft getreten war, also am 17.4.1951.[2] Seit der Neufassung des Bundesverfassungsgerichtsgesetzes vom 11.8.1993 hat § 106 allerdings keinen Text mehr.[3] Die Vorschrift ist damit **gegenstandslos**.

1 BGBl. I 1993 S. 1442 (1444).
2 Vgl. BGBl. I 1951 S. 243.
3 BGBl. I 1993 S. 1473 (1487).

Stichwortverzeichnis

Die **fetten** Zahlen verweisen auf den Paragrafen, die mageren auf die Randnummer.